Schreiber/Nientimp (Hrsg.)
Verrechnungspreise

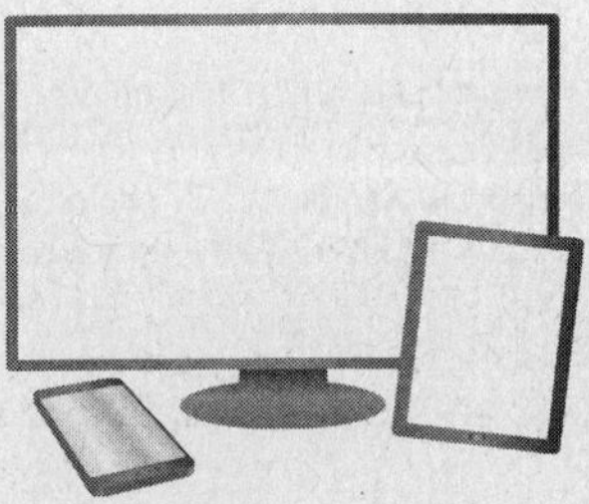

Zusätzliche digitale Inhalte für Sie!

Dieses Buch bietet Ihnen mehr als nur eine gedruckte Version! Nutzen Sie die folgenden Möglichkeiten, die Ihnen für dieses Produkt in der NWB Datenbank zur Verfügung stehen.

Aktualisierungen im Internet

Bei rechtlichen Änderungen werden entsprechende Aktualisierungen direkt in die Online-Version eingearbeitet, so dass Sie immer auf dem neuesten Stand sind.

Schalten Sie sich das Buch inklusive Mehrwert direkt frei.

Scannen Sie den QR-Code **oder** rufen Sie die Seite www.nwb.de auf.
Geben Sie den Freischaltcode ein und folgen Sie dem Anmeldedialog. Fertig!

Ihr Freischaltcode

CAXA-KCBI-XWNY-ISLT-BBPT-QDT

Verrechnungspreise

11. Auflage 2024

Herausgegeben von

Dipl.-Finanzwirt Rolf Schreiber
Of Counsel Transfer Pricing Services | Steuerberater
Oberregierungsrat a.D.,
ehemals Hauptsachgebietsleiter Außensteuerrecht
im Finanzamt für
Groß- und Konzernbetriebsprüfung Düsseldorf I

und

Prof. Dr. Axel Nientimp
Steuerberater, Fachberater für Internationales Steuerrecht,
Düsseldorf
Honorarprofessor der Universität Duisburg-Essen

nwb TEXTAUSGABE

ISBN 978-3-482-68491-3 – 11. Auflage 2024

Satz: PMGi Agentur für intelligente Medien GmbH, Hamm

Druck: L.E.G.O., Italien

Um eine gute Lesbarkeit zu gewährleisten, verwenden wir in den Fachtexten in der Regel geschlechtsspezifische Personenbezeichnungen. Selbstverständlich sind damit alle Menschen gleichermaßen gemeint.

Vorwort zur 11. Auflage

In den letzten Monaten sind – ausgelöst durch aktuelle Entwicklungen in der EU und bei der OECD – wieder eine Vielzahl von neuen Materialien zu Verrechnungspreisen erschienen bzw. geändert worden. Die 11. aktualisierte und erweiterte Auflage unserer Textausgabe beinhaltet nunmehr unter anderem:

- die Neufassung der Verwaltungsgrundsätze Verrechnungspreise 2023 des BMF sowie die lizensierten „OECD-Verrechnungspreisleitlinien für multinationale Unternehmen und Steuerverwaltungen 2022“ in deutscher Sprache,
- die neue Funktionsverlagerungsverordnung 2022,
- das BMF-Schreiben zu internationalen Verständigungs- und Schiedsverfahren aus Februar 2024 und das aktuelle BMF-Schreiben vom 6.6.2024 zur Änderung des Anwendungserlasses zur Abgabenordnung zu §§ 89 und 89a sowie
- die Änderung von § 1 AStG durch das Wachstumschancengesetz vom 27.3.2024.

Die Urteilssammlung zu Verrechnungspreisen wurde weiter aktualisiert und gestrafft.

Wir hoffen, dass die Neuauflage 2024 hilfreich für alle diejenigen ist, die auf dem Gebiet der Verrechnungspreise tätig sind. Für Anregungen und Hinweise zur Verbesserung des Werkes sind wir wie immer dankbar.

Düsseldorf, im Juli 2024 Rolf Schreiber Axel Nientimp

Inhaltsverzeichnis

I. Internationale Materialien

OECD-Verrechnungspreisleitlinien für multinationale Unternehmen und Steuerverwaltungen

2022

OECD

Organisation für wirtschaftliche Zusammenarbeit und Entwicklung

Vorwort

Bei diesen Leitlinien handelt es sich um eine Überarbeitung des OECD-Berichts *Verrechnungspreise und Multinationale Unternehmen* (1979). In ihrer ursprünglichen Fassung wurden die Leitlinien vom Ausschuss für Steuerfragen am 27. Juni 1995 und vom Rat der OECD am 13. Juli 1995 zur Veröffentlichung freigegeben.

Seitdem wurden die Leitlinien im Vergleich zur ursprünglichen Fassung wie folgt ergänzt:

- durch den *Report on Intangible Property and Services*, vom Ausschuss für Steuerfragen am 23. Januar 1996 angenommen [DAFFE/CFA(96)2] und vom Rat am 11. April 1996 zur Kenntnis genommen [C(96)46] (Kapitel VI und VII),
- durch den *Report on Cost Contribution Arrangements*, vom Ausschuss für Steuerfragen am 25. Juni 1997 angenommen [DAFFE/CFA(97)27] und vom Rat am 24. Juli 1997 zur Kenntnis genommen [C(97)144] (Kapitel VIII),
- durch den *Report on the Guidelines for Monitoring Procedures on the OECD Transfer Pricing Guidelines and the Involvement of the Business Community* [DAFFE/CFA/WD(97)11/REV1], vom Ausschuss für Steuerfragen am 24. Juni 1997 angenommen und vom Rat am 23. Oktober 1997 zur Kenntnis genommen [C(97)196] (Anhänge),
- durch den *Report on the Guidelines for Conducting Advance Pricing Arrangements under the Mutual Agreement Procedure*, vom Ausschuss für Steuerfragen am 30. Juni 1999 angenommen [DAFFE/CFA(99)31] und vom Rat am 28. Oktober 1999 zur Kenntnis genommen [C(99)138] (Anhänge),
- durch den *Report on the Transfer Pricing Aspects of Business Restructurings*, vom Ausschuss für Steuerfragen am 22. Juni 2010

angenommen [CTPA/CFA(2010)46] und vom Rat am 22. Juli 2010 gebilligt [Anhang I zu C(2010)99] (Kapitel IX),

- durch den *Report on the Guidance for Tax Administrations on the Application of the Approach to hard-to-value Intangibles*, vom Ausschuss für Steuerfragen am 4. Juli 2018 angenommen [CTPA/CFA/NOE2(2018)25] (Anhänge), sowie
- durch den *Report on the Transfer Pricing Aspects of Financial Transactions*, vom Ausschuss für Steuerfragen am 20. Januar 2020 angenommen [CTPA/CFA/NOE2(2019)75] (Kapitel I Abschnitt D.1.2.2 und Kapitel X).

Darüber hinaus wurden diese Leitlinien wie folgt geändert:

- durch eine Aktualisierung von Kapitel IV, vom Ausschuss für Steuerfragen am 6. Juni 2008 angenommen [CTPA/CFA(2008)30/REV1], sowie eine Aktualisierung des Vorworts und der Einführung, vom Ausschuss für Steuerfragen am 22. Juni 2009 angenommen [CTPA/CFA(2009)51/REV1], vom Rat am 16. Juli 2009 gebilligt [C(2009)88],
- durch eine Überarbeitung der Kapitel I–III, vom Ausschuss für Steuerfragen am 22. Juni 2010 angenommen [CTPA/CFA(2010)55] und vom Rat am 22. Juli 2010 gebilligt [Anhang I zu C(2010)99], sowie
- durch eine Aktualisierung des Vorworts, der Einführung, des Glossars, der Kapitel IV–VIII und der Anhänge, vom Ausschuss für Steuerfragen am 22. Juni 2010 angenommen [CTPA/CFA(2010)47] und vom Rat am 22. Juli 2010 gebilligt [Anhang I zu C(2010)99],
- durch eine Überarbeitung von Kapitel IV, Abschnitt E zu Safe-Harbour-Regelungen sowie die Ergänzung dieses Kapitels um einen weiteren Anhang mit drei Mustervereinbarungen für die Einführung bilateraler Safe-Harbour-Regelungen, vom Ausschuss für Steuerfragen am 26. April 2013 angenommen [CTPA/CFA(2013)23] und vom Rat am 16. Mai 2013 gebilligt [C(2013)69],
- durch eine Überarbeitung der Kapitel I, II sowie V–VIII im Rahmen des Berichts zu den BEPS-Aktionspunkten 8–10, *Gewährleistung der Übereinstimmung zwischen Verrechnungspreisergebnissen und Wertschöpfung*, sowie des Berichts zu BEPS-Aktionspunkt 13, *Verrechnungspreisdokumentation und länderbezogene Berichterstattung*, vom Rat am 1. Oktober 2015 gebilligt [C(2015)125/ADD8 und C(2015)125/ADD11],
- durch eine Überarbeitung von Kapitel IX, vom Ausschuss für Steuerfragen am 31. Dezember 2016 angenommen [CTPA/CFA/NOE2(2016)76] und vom Rat am 3. April 2017 gebilligt [C(2017)37],

- durch eine Aktualisierung des Vorworts, der Einführung, des Glossars, der Kapitel I–IV und der Anhänge, vom Ausschuss für Steuerfragen am 19. Mai 2017 angenommen [CTPA/CFA/NOE2(2017)21],
- durch eine Überarbeitung von Kapitel II Abschnitt C zur geschäftsvorfallbezogenen Gewinnaufteilungsmethode und der Anhänge, vom Ausschuss für Steuerfragen am 4. Juni 2018 angenommen [CTPA/CFA/NOE2(2018)24], sowie
- durch eine Aktualisierung des Vorworts, der Einführung, des Glossars, der Kapitel I–IX und der Anhänge, vom Ausschuss für Steuerfragen am 7. Januar 2022 angenommen [CTPA/CFA/NOE2(2021)52].

Diese Leitlinien werden auch künftig durch zusätzliche Erläuterungen, die sich mit weiteren Aspekten der Verrechnungspreisproblematik befassen, ergänzt sowie regelmäßig überprüft und laufend überarbeitet.

Inhaltsverzeichnis

Einführung

1. Seit der Annahme dieser Leitlinien im Jahr 1995 hat die Bedeutung multinationaler Unternehmen im Welthandel weiter stark zugenommen. Zurückzuführen ist dies zum Teil auf das beschleunigte Tempo der Integration der nationalen Volkswirtschaften und des technischen Fortschritts, insbesondere im Bereich der Kommunikation. Die Expansion multinationaler Unternehmen stellt sowohl die Steuerverwaltungen als auch die Unternehmen selbst vor immer schwierigere Steuerfragen, da die einzelstaatlichen Vorschriften für die Besteuerung von multinationalen Unternehmen nicht isoliert betrachtet werden können, sondern in einem breiten internationalen Kontext behandelt werden müssen.

2. Diese Fragen ergeben sich sowohl für die Steuerverwaltungen als auch für die multinationalen Unternehmen in erster Linie aus den praktischen Schwierigkeiten bei der Ermittlung der in einem Staat zu berücksichtigenden Einkünfte und Aufwendungen einer zu einem multinationalen Konzern gehörenden Gesellschaft oder Betriebsstätte, insbesondere wenn die Geschäftstätigkeit des multinationalen Konzerns stark integriert ist.

3. Für multinationale Unternehmen ergeben sich zusätzliche Probleme aus der Notwendigkeit, gesetzliche Vorschriften und administrative Auflagen zu erfüllen, die sich von Staat zu Staat unterscheiden können. Solche unterschiedlichen Anforderungen können für ein multinationales Unternehmen mit einer Mehrbelastung verbunden sein und zu höheren Befolgungskosten führen, als dies bei einem ähnlichen Unternehmen der Fall ist, das nur in einem Staat tätig ist.

4. Für die Steuerverwaltungen treten sowohl aus steuerpolitischer als auch aus praktischer Sicht besondere Probleme auf. Aus steuerpolitischer Sicht haben die Staaten zwei Erfordernisse in Einklang zu bringen: zum einen ihr legitimes Recht, die Gewinne eines Steuerpflichtigen auf Basis der Einkünfte und Aufwendungen zu besteuern, deren Quelle berechtigterweise als in ihrem Staatsgebiet gelegen anzusehen ist, und zum anderen die Vermeidung der Besteuerung derselben Einkünfte durch mehrere Staaten. Eine derartige Doppel- oder Mehrfachbesteuerung kann ein Hindernis für den grenzüberschreitenden Waren- und Dienstleistungshandel und den Kapitalverkehr

schaffen. Was die praktische Durchführung betrifft, kann die von einem Staat vorgenommene Zurechnung der Einkünfte und Aufwendungen durch Schwierigkeiten bei der Beschaffung maßgeblicher Daten aus dem Ausland behindert werden.

5. Die von einem Staat geltend gemachten Besteuerungsrechte hängen zuerst einmal davon ab, ob das Steuersystem dieses Staats auf dem Ansässigkeitsprinzip, dem Territorialprinzip oder einer Kombination beider Prinzipien beruht: In einem auf dem Ansässigkeitsprinzip beruhenden Steuersystem schließt ein Staat alle Einkünfte, die einer als in diesem Staat ansässig geltenden Person (einschließlich juristischer Personen wie etwa Kapitalgesellschaften) zufließen, unter Einbeziehung von Einkünften, die aus Quellen außerhalb dieses Staats stammen, ganz oder teilweise in die Steuerbemessungsgrundlage ein. In einem auf dem Territorial- bzw. Quellenstaatprinzip beruhenden Steuersystem bezieht ein Staat jene Einkünfte in seine Steuerbemessungsgrundlage ein, die auf seinem Staatsgebiet generiert werden, und zwar unabhängig davon, in welchem Staat der Steuerpflichtige ansässig ist. Auf multinationale Unternehmen angewandt behandeln diese zwei Prinzipien, die vielfach zusammen verwendet werden, jedes Unternehmen innerhalb des multinationalen Konzerns üblicherweise als selbstständiges Unternehmen. Die OECD-Mitgliedstaaten haben sich für den Grundsatz des selbstständigen Unternehmens als das Instrument entschieden, das am besten geeignet ist, gerechte Ergebnisse herbeizuführen und das Risiko einer nicht behobenen Doppelbesteuerung zu vermindern. Demnach unterliegt jedes einzelne Unternehmen des Konzerns mit den von ihm erzielten Einkünften der Besteuerung (nach dem Ansässigkeits- oder Territorialprinzip).

6. Um den Grundsatz des selbstständigen Unternehmens auf konzerninterne Geschäftsvorfälle anzuwenden, müssen die einzelnen Unternehmen des Konzerns auf der Grundlage besteuert werden, dass sie sich bei den zwischen ihnen stattfindenden Geschäftsvorfällen wie unabhängige Unternehmen verhalten. Die zwischen Unternehmen eines multinationalen Konzerns bestehenden Beziehungen können es diesen Unternehmen jedoch ermöglichen, für ihre konzerninternen Geschäftsvorfälle besondere Bedingungen zu vereinbaren, die von denen abweichen, die vereinbart worden wären, wenn die Unternehmen des Konzerns als unabhängige, auf freien Märkten operierende Unternehmen gehandelt hätten. Um sicherzustellen, dass das Konzept des selbstständigen Unternehmens korrekt angewendet wird, haben die OECD-Mitgliedstaaten den Fremdvergleichsgrundsatz eingeführt, durch den die Auswirkungen solcher besonderen Bedingungen auf die Höhe der Gewinne beseitigt werden sollen.

7. Die OECD-Mitgliedstaaten haben sich für diese internationalen Besteuerungsgrundsätze entschieden, da sie dem doppelten Ziel der Sicherung des angemessenen Besteuerungssubstrats in den einzelnen Staaten und der

Vermeidung von Doppelbesteuerung dienen und so Konflikte zwischen den Steuerverwaltungen vermindern und die internationale Handels- und Investitionstätigkeit fördern. In einer globalen Wirtschaft ist dieses Ziel eher durch Koordinierung zwischen den Staaten als durch Steuerwettbewerb zu erreichen. Die OECD, zu deren Auftrag es gehört, zur Ausweitung des Welthandels auf einer multilateralen, nichtdiskriminierenden Grundlage beizutragen und ein möglichst nachhaltiges Wirtschaftswachstum in ihren Mitgliedstaaten zu fördern, hat stets auf einen Konsens über die internationalen Besteuerungsgrundsätze hingearbeitet, um zu verhindern, dass auf multilaterale Probleme mit unilateralen Maßnahmen reagiert wird.

8. Die vorstehenden Grundsätze für die Besteuerung von multinationalen Unternehmen sind im OECD-Musterabkommen zur Vermeidung der Doppelbesteuerung auf dem Gebiet der Steuern vom Einkommen und vom Vermögen (OECD-Musterabkommen) enthalten, das die Grundlage für das umfassende Netz bilateraler Steuerabkommen zwischen den Mitgliedstaaten der OECD einerseits und zwischen OECD-Mitgliedstaaten und Nichtmitgliedstaaten andererseits bildet. Diese Grundsätze sind auch im Musterabkommen der Vereinten Nationen zur Vermeidung der Doppelbesteuerung zwischen entwickelten Ländern und Entwicklungsländern verankert.

9. Diese bilateralen Abkommen enthalten die wichtigsten Mechanismen zur Lösung von Fragen, die sich bei der Anwendung von internationalen Besteuerungsgrundsätzen auf multinationale Unternehmen stellen. Die Besteuerung multinationaler Unternehmen wird in erster Linie von folgenden Artikeln berührt: Artikel 4, der die Ansässigkeit definiert, Artikel 5 und 7, die die Besteuerung von Betriebsstätten regeln, Artikel 9, der sich auf die Besteuerung der Gewinne verbundener Unternehmen bezieht und den Fremdvergleichsgrundsatz umsetzt, Artikel 10, 11 und 12, die jeweils die Besteuerung von Dividenden, Zinsen und Lizenzgebühren regeln, und Artikel 24, 25 und 26, die besondere Bestimmungen in Bezug auf Gleichbehandlung, Streitbeilegung und Informationsaustausch enthalten.

10. Der Ausschuss für Steuerfragen als wichtigstes Organ der OECD im Bereich der Steuerpolitik hat eine Reihe von Berichten veröffentlicht, die sich mit der Anwendung dieser Artikel auf multinationale und andere Unternehmen befassen. Der Ausschuss hat darauf hingewirkt, dass eine einheitliche Auslegung dieser Artikel akzeptiert wird; dadurch verringert sich die Gefahr einer unangemessenen Besteuerung und wird ein zweckmäßiges Instrument zur Lösung von Problemen geschaffen, die sich aus dem Zusammenwirken der Gesetze und Praktiken verschiedener Staaten ergeben.

11. Eine der größten Schwierigkeiten bei der Anwendung der vorstehenden Grundsätze auf die Besteuerung von multinationalen Unternehmen ist die Bestimmung angemessener Verrechnungspreise für steuerliche Zwecke. Verrechnungspreise sind die Preise, zu denen ein Unternehmen physische

Waren oder immaterielle Wirtschaftsgüter an verbundene Unternehmen liefert bzw. Dienstleistungen für verbundene Unternehmen erbringt. Im Sinne dieser Leitlinien ist ein „verbundenes Unternehmen“ ein Unternehmen, das die in Artikel 9 Absatz 1 Buchstabe a und b des OECD-Musterabkommens enthaltenen Bedingungen erfüllt. Diesen Bedingungen zufolge sind zwei Unternehmen dann verbunden, wenn eines der Unternehmen unmittelbar oder mittelbar an der Geschäftsleitung, der Kontrolle oder dem Kapital des anderen Unternehmens beteiligt ist oder wenn „dieselben Personen unmittelbar oder mittelbar an der Geschäftsleitung, der Kontrolle oder dem Kapital [beider Unternehmen] beteiligt sind“ (d. h. wenn beide Unternehmen zusammen unter der Kontrolle eines dritten Unternehmens stehen). Die in diesen Leitlinien erörterten Fragen stellen sich auch bei der Behandlung von Betriebsstätten, wie im Bericht über die Zurechnung von Gewinnen zu Betriebsstätten erörtert, der vom Rat der OECD im Juli 2010 verabschiedet wurde und der den OECD-Bericht Model Tax Convention: Attribution of Income to Permanent Establishments (Musterabkommen: Zurechnung von Einkünften zu Betriebsstätten) (1994) ersetzt. Aussagen hierzu finden sich auch im OECD-Bericht International Tax Avoidance and Evasion (Internationale Steuerumgehung und Steuerhinterziehung) (1987).

12. Verrechnungspreise sind sowohl für die Steuerpflichtigen als auch für die Steuerverwaltungen von Bedeutung, da sie zu einem großen Teil die Einkünfte und Aufwendungen und damit die steuerpflichtigen Gewinne verbundener Unternehmen in verschiedenen Staaten bestimmen. Verrechnungspreisfragen stellten sich ursprünglich bei Geschäftsvorfällen zwischen verbundenen Unternehmen, die innerhalb desselben Staats tätig waren. Auf solche innerstaatlichen Fragen wird in diesen Leitlinien, die die internationalen Aspekte der Verrechnungspreise zum Gegenstand haben, nicht eingegangen. Die Behandlung dieser internationalen Aspekte gestaltet sich deshalb schwieriger, weil sie mehrere Staaten betreffen und weil somit jede Verrechnungspreiskorrektur, die in einem Staat vorgenommen wird, bedeutet, dass eine Gegenberichtigung in einem anderen Staat angebracht ist. Wenn jedoch der andere Staat einer solchen Gegenberichtigung nicht zustimmt, werden die betreffenden Gewinne des multinationalen Konzerns zweimal besteuert. Um die Gefahr einer derartigen Doppelbesteuerung zu vermindern, bedarf es eines internationalen Konsenses darüber, wie die Bestimmung von Verrechnungspreisen bei grenzüberschreitenden Geschäftsvorfällen für steuerliche Zwecke erfolgen soll.

13. Diese Leitlinien stellen eine Überarbeitung und Zusammenfassung vorangegangener Berichte des OECD-Ausschusses für Steuerfragen dar, die sich mit Verrechnungspreisen und anderen verwandten Steuerfragen im Zusammenhang mit multinationalen Unternehmen befassen. Der wichtigste dieser Berichte war *Transfer Pricing and Multinational Enterprises* (Verrechnungspreise und multinationale Unternehmen) (1979) (der „Bericht

von 1979“), der vom Rat der OECD 1995 außer Kraft gesetzt wurde. Weitere Berichte befassen sich mit Verrechnungspreisfragen im Zusammenhang mit bestimmten Themen. Dabei handelt es sich um *Transfer Pricing and Multinational Enterprises – Three Taxation Issues* (Verrechnungspreise und multinationale Unternehmen – Drei steuerliche Sonderprobleme) (1984) (der „Bericht von 1984“) und *Thin Capitalisation* (Unterkapitalisierung) (der „Bericht von 1987“). Im Vorwort findet sich eine Auflistung der an diesen Leitlinien vorgenommenen Änderungen und Ergänzungen.

14. Diese Leitlinien stützen sich auch auf die Diskussion, die von der OECD über die in den Vereinigten Staaten vorgeschlagenen Verrechnungspreisregelungen geführt wurde (vgl. OECD-Bericht *Tax Aspects of Transfer Pricing within Multinational Enterprises: The United States Proposed Regulations* [Die steuerlichen Aspekte der Verrechnungspreisgestaltung innerhalb multinationaler Unternehmen: Die von den Vereinigten Staaten vorgeschlagenen Regelungen] [1993]). Jedoch unterscheidet sich das Umfeld, in dem dieser Bericht abgefasst wurde, sehr von dem Umfeld, in dem diese Leitlinien entstanden; sein Umfang war erheblich eingeschränkter, und er befasste sich spezifisch mit den von den Vereinigten Staaten vorgeschlagenen Regelungen.

15. Die OECD-Mitgliedstaaten treten weiterhin für den Fremdvergleichsgrundsatz ein, wie er im OECD-Musterabkommen (und in den bilateralen Abkommen, die die Vertragspartner rechtlich binden) sowie im Bericht von 1979 verankert ist. Diese Leitlinien konzentrieren sich auf die Anwendung des Fremdvergleichsgrundsatzes zur Beurteilung der Verrechnungspreise verbundener Unternehmen. Die Leitlinien sollen Steuerverwaltungen (sowohl von OECD-Mitgliedstaaten als auch Nichtmitgliedstaaten) und multinationalen Unternehmen helfen, indem sie Wege zur einvernehmlichen Lösung von Verrechnungspreisfällen aufzeigen; dadurch sollen Konflikte zwischen den Steuerverwaltungen einerseits und zwischen den Steuerverwaltungen und den multinationalen Unternehmen andererseits vermindert und aufwendige Rechtsstreitigkeiten vermieden werden. Die Leitlinien analysieren die Methoden zur Beurteilung der Frage, ob die Bedingungen der kaufmännischen und finanziellen Beziehungen innerhalb eines multinationalen Konzerns dem Fremdvergleichsgrundsatz entsprechen, und erörtern die praktische Anwendung dieser Methoden. Sie setzen sich auch mit der globalen formelhaften Gewinnaufteilung auseinander.

16. Die OECD-Mitgliedstaaten werden darin bestärkt, diese Leitlinien in ihrer innerstaatlichen Verwaltungspraxis auf dem Gebiet der Verrechnungspreise zu befolgen, und die Steuerpflichtigen sind aufgerufen, sich an diese Leitlinien zu halten, wenn sie für steuerliche Zwecke beurteilen, ob ihre Verrechnungspreise dem Fremdvergleichsgrundsatz entsprechen. Die Steuerverwaltungen sind angehalten, in ihrer Prüfungspraxis die kaufmännischen Überlegungen des Steuerpflichtigen hinsichtlich der Anwendung

des Fremdvergleichsgrundsatzes zu berücksichtigen und ihre Analyse der Verrechnungspreise aus diesem Blickwinkel vorzunehmen.

17. Diese Leitlinien sollen auch in erster Linie für die Lösung von Verrechnungspreisfällen in Verständigungsverfahren zwischen Mitgliedstaaten der OECD und gegebenenfalls für Schiedsverfahren maßgeblich sein. Zudem geben sie Handreichungen, wenn ein Antrag auf Gegenberichtigung gestellt wurde. Der Kommentar zu Artikel 9 Absatz 2 des OECD-Musterabkommens stellt klar, dass der Staat, von dem eine Gegenberichtigung verlangt wird, diese nur dann vornehmen soll, wenn er der Auffassung ist, dass der berichtigte Gewinnbetrag wirklich dem Gewinn entspricht, der erzielt worden wäre, wenn die Geschäftsvorfälle unter fremdüblichen Bedingungen stattgefunden hätten. Das heißt, dass bei Verfahren der zuständigen Behörden der Staat, der die Primärberichtigung vorgeschlagen hat, gegenüber dem anderen Staat den Nachweis zu erbringen hat, dass die Berichtigung „sowohl dem Grunde als auch der Höhe nach […] gerechtfertigt ist". Von beiden zuständigen Behörden wird erwartet, dass sie bei der Lösung von Verständigungsfällen die Zusammenarbeit suchen.

18. Um einen Interessenausgleich zwischen den Steuerpflichtigen und den Organen der Steuerverwaltungen herbeizuführen, der allen Seiten gerecht wird, ist es erforderlich, alle Aspekte zu berücksichtigen, die in einem Verrechnungspreisfall von Bedeutung sind. Einer dieser Aspekte ist die Frage der Beweislast. In den meisten Staaten liegt die Beweislast bei der Steuerverwaltung, was dazu führen kann, dass die Steuerverwaltung einen Anscheinsbeweis erbringen muss, dass die Preisgestaltung des Steuerpflichtigen nicht dem Fremdvergleichsgrundsatz entspricht. Es sei jedoch angemerkt, dass eine Steuerverwaltung auch in einem solchen Fall von dem Steuerpflichtigen verlangen kann, seine Aufzeichnungen vorzulegen, um ihr die Prüfung der konzerninternen Geschäftsvorfälle zu ermöglichen. In anderen Staaten kann es sein, dass die Beweislast hinsichtlich bestimmter Fragen beim Steuerpflichtigen liegt. Einige Mitgliedstaaten der OECD sind der Auffassung, dass Artikel 9 des OECD-Musterabkommens für Verrechnungspreisfälle Beweislastregelungen trifft, die gegenteilige innerstaatliche Bestimmungen außer Kraft setzen. Andere Staaten wiederum meinen, dass Artikel 9 keine Beweislastregelungen trifft (vgl. Ziffer 4 des Kommentars zu Artikel 9 des OECD-Musterabkommens). Unabhängig davon, auf welcher Seite die Beweislast liegt, muss die Ausgewogenheit der Beweislastverteilung im Licht der anderen Merkmale des Steuersystems eines Staats, die für die Vollziehung der Verrechnungspreisvorschriften insgesamt maßgebend sind, einschließlich der Streitbeilegungsregeln, beurteilt werden. Zu diesen Merkmalen zählen Strafen, Prüfungsmethoden, verwaltungsbehördliche Rechtsmittelverfahren, Vorschriften über den Anfall von Zinsen im Veranlagungs- und Rückerstattungsverfahren, die Frage, ob Steuernachforderungen vor Einbringung eines Rechtsmittels gegen die

Berichtigung zu entrichten sind, die Verjährungsfristen und der Umfang der Vorabinformation über die angewandten Regeln. Es wäre unangemessen, sich auf eines dieser Merkmale, einschließlich der Beweislastfrage, zu berufen, um unbegründete Behauptungen über die Verrechnungspreisbestimmung aufzustellen. Einige dieser Fragen werden in Kapitel IV näher behandelt.

19. Diese Leitlinien richten das Augenmerk auf die wichtigsten Grundsatzfragen, die sich im Bereich der Verrechnungspreise stellen. Der Ausschuss für Steuerfragen beabsichtigt, seine Arbeiten auf diesem Gebiet fortzusetzen. 2010 wurde eine Überarbeitung der Kapitel I–III sowie ein neues Kapitel IX verabschiedet, um den Arbeiten des Ausschusses zu Fragen der Vergleichbarkeit, zu geschäftsvorfallbezogenen Gewinnmethoden sowie zu den Verrechnungspreisaspekten von Umstrukturierungen der Geschäftstätigkeit Rechnung zu tragen. 2013 wurden zudem die Leitlinien zu Safe-Harbour-Regelungen überarbeitet, um anzuerkennen, dass gut konzipierte Safe-Harbour-Regelungen dazu beitragen können, den Befolgungsaufwand zu verringern und den Steuerpflichtigen mehr Sicherheit zu bieten. 2016 erfolgte eine wesentliche Überarbeitung dieser Leitlinien, um die Klarstellungen und Änderungen zu berücksichtigen, die in den BEPS-Berichten von 2015 zu den Aktionspunkten 8–10, *Gewährleistung der Übereinstimmung zwischen Verrechnungspreisergebnissen und Wertschöpfung*, und zu Aktionspunkt 13, *Verrechnungspreisdokumentation und länderbezogene Berichterstattung*, vereinbart wurden. 2018 wurden überarbeitete Leitlinien zur Anwendung der Gewinnaufteilungsmethode in Kapitel II sowie ein neuer Anhang zu Kapitel VI angenommen, der Hinweise für die Steuerverwaltungen zur Anwendung des Ansatzes für schwer zu bewertende immaterielle Werte enthält, angenommen. 2020 wurden die Leitlinien schließlich um ein neues Kapitel X ergänzt, um Erläuterungen zu den Verrechnungspreisaspekten von Finanztransaktionen aufzunehmen. Der Ausschuss beabsichtigt, die Erfahrungen von OECD-Mitgliedstaaten und ausgewählten Nichtmitgliedstaaten bei der Anwendung des Fremdvergleichsgrundsatzes regelmäßig zu prüfen, um Bereiche zu ermitteln, in denen weitere Arbeiten erforderlich sein könnten.

Abkürzungsverzeichnis

APA	Vorabverständigung über Verrechnungspreisgestaltung (*advance pricing arrangements*)
BEPS	Gewinnverkürzung und Gewinnverlagerung (*base erosion and profit shifting*)
CbC MCAA	Mehrseitige Vereinbarung zwischen den zuständigen Behörden über den Austausch länderbezogener Berichte (*multilateral competent authority agreement on the exchange of country-by-country Reports*)
CUP	Preisvergleichsmethode (*comparable uncontrolled price*)
DTC	Doppelbesteuerungsabkommen (*double taxation convention*)
FuE	Forschung und Entwicklung
HTVI	Schwer zu bewertende immaterielle Werte (*hard-to-value intangibles*)
KUV	Kostenumlagevereinbarung
MAP	Verständigungsverfahren (*mutual agreement procedure*)
MAP APA	Leitlinien für Vorabverständigungen über die Verrechnungspreise im Rahmen des Verständigungsverfahrens (*advance pricing arrangement under the mutual agreement procedure*)
TIEA	Steuerinformationsabkommen (*tax information exchange agreement*)

Glossar

Ausgleichszahlung (*balancing payment*)

Zahlung, die üblicherweise von einem oder mehreren Teilnehmern einer Kostenumlagevereinbarung an einen anderen geleistet wird, um die anteilsmäßigen Beiträge der Teilnehmer anzupassen. Sie erhöht den Wert der vom Zahlenden geleisteten Beiträge und vermindert den Wert der vom Zahlungsempfänger geleisteten Beiträge um den Zahlungsbetrag.

Austrittszahlung (*buy-out payment*)

Vergütung, die ein Teilnehmer, der aus einer laufenden Kostenumlagevereinbarung (KUV) austritt, von den verbleibenden Teilnehmern für die Übertragung seiner Anteile an den Ergebnissen der bisherigen KUV-Tätigkeit erhält.

Bandbreite von Fremdvergleichswerten (*arm's length range*)

Eine Bandbreite von zulässigen Vergleichswerten, die herangezogen werden können, um zu beurteilen, ob die Bedingungen eines konzerninternen Geschäftsvorfalls fremdvergleichskonform sind, und die entweder aus der Anwendung einer einzigen Verrechnungspreismethode auf verschiedene Vergleichsdaten oder aus der Anwendung unterschiedlicher Verrechnungspreismethoden abgeleitet wurden.

Beitragsanalyse (*contribution analysis*)

Eine für die Gewinnaufteilungsmethode angewandte Analyse, bei der der maßgebliche Gewinn aus konzerninternen Geschäftsvorfällen zwischen den verbundenen Unternehmen auf der Basis des relativen Werts der Beiträge aufgeteilt wird, die die einzelnen an diesen Geschäftsvorfällen beteiligten Unternehmen leisten; diese Analyse wird, sofern möglich, durch externe Marktdaten ergänzt, die Aufschluss darüber geben, wie unabhängige Unternehmen den Gewinn unter vergleichbaren Umständen aufgeteilt hätten.

Betrieblicher immaterieller Wert (*trade intangible*)

Immaterieller Wert, der kein immaterieller Marketingwert ist.

Bruttogewinn (*gross profits*)

Der Bruttogewinn aus einem Geschäftsvorfall ist der Betrag, der sich ergibt, wenn von den Bruttoeinnahmen aus dem Geschäftsvorfall die damit im Zusammenhang stehenden Anschaffungs- oder Herstellungskosten unter Berücksichtigung der Erhöhung oder Verringerung des Lager- oder Warenbestands, aber ohne Berücksichtigung anderer Aufwendungen in Abzug gebracht werden.

Direkte Kosten (*direct costs*)

Kosten, die unmittelbar für die Herstellung eines Produkts oder die Erbringung einer Dienstleistung anfallen, wie etwa Rohmaterialkosten.

Dienstleistungen auf Abruf (*on call services*)

Dienstleistungen, die von einer Muttergesellschaft oder einem Dienstleistungszentrum des Konzerns erbracht werden und die den Unternehmen eines multinationalen Konzerns jederzeit zur Verfügung stehen.

Eintrittszahlung (*buy-in payment*)

Von einer Person, die in eine bereits laufende Kostenumlagevereinbarung (KUV) eintritt, geleistete Zahlung, um einen Anteil an den Ergebnissen der bisherigen KUV-Tätigkeit zu erhalten.

Einzigartige und wertvolle Beiträge (*unique and valuable contributions*)

Beiträge (z. B. ausgeübte Funktionen oder genutzte bzw. bereitgestellte Vermögenswerte) gelten in solchen Fällen als „einzigartig und wertvoll", in denen sie *i)* nicht mit von unabhängigen Unternehmen unter vergleichbaren Umständen geleisteten Beiträgen vergleichbar sind und *ii)* eine entscheidende Quelle tatsächlicher oder potenzieller wirtschaftlicher Vorteile für die Geschäftstätigkeit darstellen.

Fremdgeschäftsvorfälle (*uncontrolled transactions*)

Geschäftsvorfälle zwischen voneinander unabhängigen Unternehmen.

Fremdvergleichsgrundsatz (*arm's length principle*)

Der internationale Standard, der nach Übereinkunft der OECD-Mitgliedstaaten zur Bestimmung von Verrechnungspreisen für steuerliche Zwecke heranzuziehen ist. Er wird in Artikel 9 des OECD-Musterabkommens wie folgt beschrieben: Wenn „die beiden Unternehmen in ihren kaufmännischen oder finanziellen Beziehungen an vereinbarte oder auferlegte Bedingungen gebunden sind, die von denen abweichen, die unabhängige Unternehmen miteinander vereinbaren würden, dürfen die Gewinne, die eines der Unternehmen ohne diese Bedingungen erzielt hätte, wegen dieser Bedingungen aber nicht erzielt hat, den Gewinnen dieses Unternehmens zugerechnet und entsprechend besteuert werden."

Funktionsanalyse (*functional analysis*)

Analyse, die darauf abzielt, die von den am Geschäftsvorfall beteiligten Unternehmen wahrgenommenen wirtschaftlich signifikanten Tätigkeiten und Aufgaben, genutzten oder bereitgestellten Vermögenswerte und übernommenen Risiken zu ermitteln.

Gegenberichtigung (*corresponding adjustment*)

Eine Berichtigung der Steuerschuld des verbundenen Unternehmens in einem zweiten Staat, die von der Steuerverwaltung dieses Staats aufgrund einer Primärberichtigung durch die Steuerverwaltung im ersten Staat vorgenommen wird, damit die von den beiden Staaten vorgenommene Gewinnzurechnung übereinstimmt.

Geschäftsvorfallbezogene Gewinnmethode (*transactional profit method*)

Eine Verrechnungspreismethode, die die Gewinne untersucht, die mit bestimmten konzerninternen Geschäftsvorfällen erzielt werden, an denen ein oder mehrere verbundene Unternehmen beteiligt sind.

Geschäftsvorfallbezogene Nettomargenmethode (*transactional net margin method*)

Eine geschäftsvorfallbezogene Gewinnmethode, die die Nettogewinnmarge, die ein Steuerpflichtiger mit einem konzerninternen Geschäftsvorfall (oder mit konzerninternen Geschäftsvorfällen, die nach den Grundsätzen von Kapitel III zusammengefasst werden können) erzielt, in Relation zu einer geeigneten Bezugsgröße (z. B. Kosten, Umsatz, Vermögen) untersucht.

Geschäftsvorfallbezogene Standardmethoden (*traditional transaction methods*)

Preisvergleichsmethode, Wiederverkaufspreismethode und Kostenaufschlagsmethode.

Gesellschaftertätigkeit (*shareholder activity*)

Eine Tätigkeit, die ein konzernzugehöriges Unternehmen (üblicherweise die Muttergesellschaft oder eine regionale Holdinggesellschaft) nur wegen seiner Beteiligung an einem oder mehreren Konzernunternehmen durchführt, d. h. in seiner Eigenschaft als Gesellschafter.

Gewinnaufteilungsmethode (*profit split method*)

Eine geschäftsvorfallbezogene Gewinnaufteilungsmethode, nach der der auf die verbundenen Unternehmen aufzuteilende maßgebliche Gewinn aus einem konzerninternen Geschäftsvorfall (oder aus mehreren konzerninternen Geschäftsvorfällen, die nach den Grundsätzen von Kapitel III zusammengefasst werden können) ermittelt und anschließend zwischen den verbundenen Unternehmen auf einer wirtschaftlich sinnvollen Grundlage aufgeteilt wird, die der Gewinnaufteilung nahekommt, die zwischen fremden Dritten vereinbart worden wäre.

Gewinnpotenzial (*profit potential*)

Erwartete zukünftige Gewinne. In einigen Fällen kann es sich auch um Verluste handeln. Das Konzept des „Gewinnpotenzials“ wird häufig für Zwecke der Wertermittlung eingesetzt, zur Bestimmung einer fremdvergleichskonformen Vergütung für die Übertragung immaterieller Werte oder einer Geschäftstätigkeit oder zur Bestimmung einer fremdvergleichskonformen Entschädigung für die Auflösung bzw. wesentliche Neuverhandlung bestehender Vereinbarungen, wenn festgestellt wurde, dass zwischen unabhängigen Unternehmen unter vergleichbaren Umständen eine solche Vergütung oder Entschädigung erfolgt wäre.

Globale formelhafte Gewinnaufteilung (*global formulary apportionment*)

Ein Ansatz, bei dem die konsolidierten weltweiten Gewinne eines multinationalen Konzerns den verbundenen Unternehmen in verschiedenen Staaten auf der Grundlage einer im Voraus festgelegten Formel zugerechnet werden.

Immaterieller Marketingwert (*marketing intangible*)

Ein immaterieller Wert (im Sinne von Ziffer 6.6), der Marketingtätigkeiten betrifft, die kommerzielle Verwertung eines Produkts oder einer Dienstleistung unterstützt und/oder für das betreffende Produkt einen bedeutenden verkaufsfördernden Wert hat. Je nach Kontext können immaterielle Marketingwerte z. B. Marken, Firmennamen, Kundenlisten, Kundenbeziehungen sowie unternehmenseigene Markt- und Kundendaten umfassen, die für die Vermarktung und den Verkauf von Waren oder Dienstleistungen an Kunden genutzt werden oder hilfreich sind.

Indirekte Kosten (*indirect costs*)

Die Kosten für die Herstellung eines Produkts oder die Erbringung einer Dienstleistung, die zwar mit dem Fertigungsprozess in einem engen Zusammenhang stehen, aber mehrere Produkte oder Dienstleistungen betreffen (z. B. die Kosten einer Reparaturabteilung mit Serviceleistungen für Ausrüstungen, die der Herstellung verschiedener Produkte dienen).

Kompensierende Anpassung (*compensating adjustment*)

Eine Anpassung, mit der der Steuerpflichtige bei einem konzerninternen Geschäftsvorfall für steuerliche Zwecke einen nach seiner Auffassung fremdvergleichskonformen Preis ausweist, obwohl dieser von dem tatsächlich zwischen den verbundenen Unternehmen verrechneten Preis abweicht. Eine derartige Anpassung müsste vor Abgabe der Steuererklärung vorgenommen werden.

Konzerninterne Dienstleistung (*intra-group service*)

Eine Tätigkeit (z. B. administrativer, technischer, finanzieller oder kaufmännischer Art), für die ein unabhängiges Unternehmen bereit gewesen wäre, eine Vergütung zu zahlen, oder die es für sich selbst als Eigenleistung erbracht hätte.

Konzerninterne Geschäftsvorfälle (*controlled transactions*)

Geschäftsvorfälle zwischen zwei Unternehmen, die miteinander verbunden sind.

Kostenaufschlag (*cost plus mark-up*)

Der Aufschlag, der der Gewinnspanne bzw. –marge entspricht, die sich für den Erbringer einer Lieferung oder Leistung in einem Geschäftsvorfall nach Abzug der direkten und indirekten Kosten ergibt.

Kostenaufschlagsmethode (*cost plus method*)

Eine Verrechnungspreismethode, die von den Kosten ausgeht, die dem Erbringer einer Lieferung oder Leistung in einem konzerninternen Geschäftsvorfall entstehen. Anschließend wird ein angemessener Aufschlag auf diese Kosten vorgenommen, um in Anbetracht der ausgeübten Funktionen (unter Berücksichtigung der genutzten Vermögenswerte und übernommenen Risiken) sowie der Marktbedingungen zu einem angemessenen Gewinn zu gelangen. Durch Hinzurechnung des Kostenaufschlags zu den vorgenannten Kosten gelangt man zum Fremdvergleichspreis für den konzerninternen Geschäftsvorfall.

Kostenumlagevereinbarung – KUV (*cost contribution arrangement*)

Eine KUV ist eine vertragliche Vereinbarung zwischen Wirtschaftsunternehmen zur Teilung der Beiträge und Risiken im Zusammenhang mit der gemeinsamen Entwicklung, Produktion oder Beschaffung von immateriellen Werten, materiellen Vermögenswerten oder Dienstleistungen, wobei erwartet wird, dass die betreffenden immateriellen Werte, materiellen Vermögenswerte oder Dienstleistungen Vorteile für die jeweiligen Unternehmen aller Teilnehmer der Vereinbarung entstehen lassen.

Methode der direkten Preisverrechnung (*direct-charge method*)

Eine Methode der direkten Preisverrechnung bestimmter konzerninterner Dienstleistungen auf der Basis einer eindeutig festgestellten Grundlage.

Methode der indirekten Preisverrechnung (*indirect-charge method*)

Eine Methode der Preisverrechnung für konzerninterne Dienstleistungen, die auf Kostenzuordnungs- und Kostenaufteilungsmethoden beruht.

Multinationaler Konzern (*multinational enterprise group – MNE group*)

Eine Gruppe verbundener Unternehmen mit Geschäftsniederlassungen in zwei oder mehr Staaten.

Multinationales Unternehmen (*multinational enterprise – MNE*)

Ein Unternehmen, das zu einem multinationalen Konzern gehört.

Nettogewinnindikator (*net profit indicator*)

Der Nettogewinn im Verhältnis zu einer geeigneten Bezugsgröße (z. B. Kosten, Umsatz, Vermögen). Die geschäftsvorfallbezogene Nettomargenmethode beruht auf dem Vergleich eines sachgerechten Nettogewinnindikators für den konzerninternen Geschäftsvorfall mit dem gleichen Nettogewinnindikator in vergleichbaren Fremdgeschäftsvorfällen.

Preisvergleichsmethode (*comparable uncontrolled price method* – CUP)

Eine Verrechnungspreismethode, die den Preis für die in einem konzerninternen Geschäftsvorfall erfolgte Lieferung eines Wirtschaftsguts oder Erbringung einer Dienstleistung mit dem Preis vergleicht, der in einem vergleichbaren Fremdgeschäftsvorfall unter vergleichbaren Umständen für eine solche Lieferung oder Leistung berechnet wird.

Primärberichtigung (*primary adjustment*)

Eine von der Steuerverwaltung eines Staats aufgrund des Fremdvergleichsgrundsatzes vorgenommene Berichtigung der steuerpflichtigen Gewinne eines Unternehmens bei Geschäftsvorfällen, an denen ein verbundenes Unternehmen in einem anderen Staat beteiligt ist.

Restgewinnanalyse (*residual analysis*)

Eine bei der Gewinnaufteilungsmethode angewandte Analyse, bei der der maßgebliche Gewinn aus den geprüften konzerninternen Geschäftsvorfällen in zwei Kategorien unterteilt wird. In der ersten Kategorie befindet sich der Gewinn, der Beiträgen zuzuschreiben ist, die anhand von Vergleichsgrößen zuverlässig ermittelt werden können; dies sind in der Regel die weniger komplexen Beiträge, für die sich verlässliche Fremdvergleichswerte finden lassen. Gewöhnlich wird diese anfängliche Vergütung durch Anwendung einer der geschäftsvorfallbezogenen Standardmethoden oder einer geschäftsvorfallbezogenen Nettomargenmethode bestimmt, um die Vergütung zu ermitteln, die unabhängige Unternehmen bei vergleichbaren Geschäftsvorfällen erhalten würden. Somit bleibt im Allgemeinen jener Ertrag unberücksichtigt, der durch eine zweite Kategorie von Beiträgen erzielt wird, die einzigartig und wertvoll sein können und/oder einem hohen Grad an Integration oder der gemeinsamen Übernahme wirtschaftlich signifikanter Risiken zuzuschreiben sind. Die Aufteilung des Restgewinns (oder -verlusts), der nach Berücksichtigung des der ersten Kategorie von Beiträgen zuzuschreibenden Gewinns verbleibt, beruht in der Regel auf einer Analyse des relativen Werts der von den Beteiligten geleisteten Beiträge der zweiten Kategorie; diese Analyse wird, sofern möglich, durch externe Marktdaten ergänzt, die Aufschluss darüber geben, wie unabhängige Unternehmen den Gewinn unter vergleichbaren Umständen aufgeteilt hätten.

Sekundärberichtigung (*secondary adjustment*)

Eine Berichtigung, die durch die Besteuerung eines Sekundärgeschäftsvorfalls entsteht.

Sekundärgeschäftsvorfall (*secondary transaction*)

Ein „verdeckter Geschäftsvorfall", den manche Staaten, die eine Primärberichtigung vorgenommen haben, nach ihrem innerstaatlichen Recht feststellen, um die tatsächliche Gewinnaufteilung mit der Primärberichtigung in Einklang zu bringen. Sekundärgeschäftsvorfälle können die Form verdeckter Gewinnausschüttungen, verdeckter Kapitaleinlagen oder verdeckter Darlehen annehmen.

Simultanbetriebsprüfungen (*simultaneous tax examinations*)

Der Definition in Teil A des OECD-Musterübereinkommens für die Durchführung von Simultanbetriebsprüfungen (*OECD Model Agreement for the Undertaking of Simultaneous Tax Examinations*) zufolge versteht man unter Simultanbetriebsprüfung eine „Vereinbarung zwischen zwei oder mehreren Parteien, gleichzeitig und unabhängig voneinander jeweils auf ihrem eigenen Staatsgebiet jene steuerlichen Angelegenheiten eines (oder mehrerer) Steuerpflichtigen zu prüfen, an denen sie ein gemeinsames oder verwandtes Interesse haben, wobei alle maßgeblichen Informationen, die sie auf diese Weise erhalten, ausgetauscht werden sollen".

Unabhängige Unternehmen (*independent enterprises*)

Zwei Unternehmen sind voneinander unabhängige Unternehmen, wenn sie nicht miteinander verbunden sind.

Verbundene Unternehmen (*associated enterprises*)

Zwei Unternehmen sind dann miteinander verbundene Unternehmen, wenn eines der Unternehmen die Bedingungen des Artikels 9 Absatz 1 Buchstabe a oder b des OECD-Musterabkommens in Bezug auf das andere Unternehmen erfüllt.

Vergleichbarer Fremdgeschäftsvorfall (*comparable uncontrolled transaction*)

Ein vergleichbarer Fremdgeschäftsvorfall ist ein Geschäftsvorfall zwischen zwei voneinander unabhängigen Unternehmen, der sich mit dem geprüften konzerninternen Geschäftsvorfall vergleichen lässt. Es kann sich um einen vergleichbaren Geschäftsvorfall zwischen einem am konzerninternen Geschäftsvorfall beteiligten Unternehmen und einem fremden Dritten („interner Vergleichswert") oder zwischen zwei unabhängigen Unternehmen, von denen keines am konzerninternen Geschäftsvorfall beteiligt ist („externer Vergleichswert"), handeln.

Vergleichbarkeitsanalyse (*comparability analysis*)

Vergleich eines konzerninternen Geschäftsvorfalls mit einem Fremdgeschäftsvorfall oder Fremdgeschäftsvorfällen. Konzerninterne Geschäftsvorfälle sind mit Fremdgeschäftsvorfällen vergleichbar, wenn keiner der Unterschiede zwischen den Geschäftsvorfällen den mit der Methode untersuchten Aspekt (z. B. Preis oder Marge) wesentlich beeinflussen kann oder wenn hinreichend genaue Anpassungen vorgenommen werden können, um wesentliche Auswirkungen dieser Unterschiede zu beseitigen.

Verständigungsverfahren (*mutual agreement procedure*)

Ein Verfahren, in dessen Rahmen die Steuerverwaltungen über die Beilegung von Streitfällen bei der Anwendung von Doppelbesteuerungsabkommen beraten. Dieses in Artikel 25 des OECD-Musterabkommens beschriebene und durch diesen Artikel eingesetzte Verfahren kann zur Beseitigung von Doppelbesteuerungen genutzt werden, die aus Verrechnungspreiskorrekturen entstehen.

Vorabverständigung über die Verrechnungspreise (*advance pricing arrangement* – APA)

Eine Vereinbarung, in der vor konzerninternen Geschäftsvorfällen ein geeigneter Katalog von Kriterien (z. B. Methode, Vergleichswerte und sachgerechte Anpassungen dieser Vergleichswerte sowie Gültigkeitsbedingungen im Hinblick auf künftige Ereignisse) festgelegt wird, anhand dessen die Verrechnungspreise für diese Geschäftsvorfälle während eines bestimmten Zeitraums ermittelt werden. Eine Vorabverständigung über die Verrechnungspreise kann unilateral zwischen einer Steuerverwaltung und einem Steuerpflichtigen getroffen werden oder eine multilaterale Vereinbarung darstellen, an der zwei oder mehrere Steuerverwaltungen beteiligt sind.

Vorteilsausgleichsvereinbarung (*intentional set-off*)

Man spricht von einer Vorteilsausgleichsvereinbarung, wenn ein Vorteil, den ein verbundenes Unternehmen einem anderen verbundenen Unternehmen innerhalb des Konzerns verschafft, in bestimmtem Umfang durch andere Vorteile ausgeglichen werden soll, die das erstere Unternehmen dafür als Gegenleistung erhält.

Wiederverkaufspreismarge (*resale price margin*)

Eine Marge, die dem Betrag entspricht, aus dem ein Wiederverkäufer seine Aufwendungen für den Vertrieb und sonstige betriebliche Aufwendungen zu bestreiten und einen angesichts der ausgeübten Funktionen (unter Berücksichtigung der genutzten Vermögenswerte und übernommenen Risiken) angemessenen Gewinn zu erzielen sucht.

Wiederverkaufspreismethode (*resale price method*)

Eine Verrechnungspreismethode, die von dem Preis ausgeht, zu dem ein Produkt, das von einem verbundenen Unternehmen gekauft wurde, an ein unabhängiges Unternehmen weiterveräußert wird. Der Wiederverkaufspreis wird um die Wiederverkaufspreismarge reduziert. Der Restbetrag, der nach Abzug der Wiederverkaufspreismarge verbleibt, kann – nach einer Anpassung aufgrund sonstiger Kosten, die mit dem Kauf des Produkts im Zusammenhang stehen (z. B. Zollabgaben) – als Fremdvergleichspreis für die ursprüngliche Lieferung zwischen den verbundenen Unternehmen angesehen werden.

Kapitel I

Der Fremdvergleichsgrundsatz

A. Einleitung

1.1. Dieses Kapitel erläutert die Hintergründe des Fremdvergleichsgrundsatzes, der der internationale Standard für Verrechnungspreise ist und der nach Übereinkunft der Mitgliedstaaten der OECD für steuerliche Zwecke von multinationalen Konzernen und von den Steuerverwaltungen angewendet werden soll. Das Kapitel erörtert den Fremdvergleichsgrundsatz, bestätigt seinen Stellenwert als internationaler Standard und bestimmt Leitlinien für seine Anwendung.

1.2. Wenn unabhängige Unternehmen miteinander Geschäfte tätigen, werden die Bedingungen ihrer kaufmännischen und finanziellen Beziehungen (z. B. der Preis der gelieferten Waren oder erbrachten Dienstleistungen und die Bedingungen der Lieferung bzw. Leistung) gewöhnlich durch die Kräfte des Markts bestimmt. Wenn verbundene Unternehmen miteinander Geschäfte tätigen, kann es sein, dass ihre kaufmännischen und finanziellen Beziehungen nicht in gleicher Weise unmittelbar durch externe Marktkräfte beeinflusst werden, obgleich verbundene Unternehmen oft versuchen, die Dynamik solcher Kräfte in den zwischen ihnen bestehenden Geschäftsbeziehungen nachzubilden, wie dies nachstehend in Ziffer 1.5 erörtert wird. Die Steuerverwaltungen sollten bei verbundenen Unternehmen nicht automatisch davon ausgehen, dass der Versuch einer Manipulation der Gewinne unternommen wurde. Es kann tatsächlich schwierig sein, einen Marktpreis richtig zu bestimmen, wenn keine Marktkräfte wirksam werden oder wenn eine bestimmte Geschäftsstrategie verfolgt wird. Wichtig ist, daran zu denken, dass Anpassungen zur Angleichung an fremdvergleichskonforme Bedingungen unabhängig davon notwendig werden können, ob die Beteiligten vertragliche Verpflichtungen zur Zahlung eines bestimmten Preises eingegangen sind oder ob seitens der Beteiligten Steuerminimierungsabsichten bestanden. Daher wird eine dem Fremdvergleichsgrundsatz folgende steuerliche Korrektur die eigentlichen zwischen den verbundenen Unternehmen bestehenden vertraglichen Verpflichtungen für nichtsteuerliche Zwecke nicht berühren und kann sogar in Fällen angebracht sein, in denen keine Steuerminimierungs- oder Umgehungsabsicht besteht. Die Untersuchung der Verrechnungspreise sollte nicht mit der Untersuchung von Steuerhinterziehungs- oder Steuerumgehungsproblemen verwechselt werden, auch wenn die Verrechnungspreispolitik für solche Zwecke genutzt werden kann.

1.3. Wenn die Verrechnungspreisbestimmung die Marktkräfte und den Fremdvergleichsgrundsatz nicht widerspiegelt, können die Steuerverbindlichkeiten der verbundenen Unternehmen und die Steuereinnahmen der Quellenstaaten verzerrt werden. Die OECD-Mitgliedstaaten haben deshalb beschlossen, dass für steuerliche Zwecke die Gewinne verbundener Unternehmen erforderlichenfalls berichtigt werden können, um derartige Verzerrungen zu korrigieren und dadurch zu gewährleisten, dass dem Fremdvergleichsgrundsatz entsprochen wird. Die OECD-Mitgliedstaaten vertreten die Auffassung, dass eine angemessene Berichtigung dadurch erreicht wird, dass die Bedingungen kaufmännischer und finanzieller Beziehungen hergestellt werden, die man unter vergleichbaren Umständen in vergleichbaren Geschäftsvorfällen zwischen unabhängigen Unternehmen erwarten würde.

1.4. Neben steuerlichen Überlegungen können weitere Faktoren die Bedingungen der zwischen verbundenen Unternehmen vereinbarten kaufmännischen und finanziellen Beziehungen verzerren. Verbundene Unternehmen können beispielsweise (sowohl im eigenen Staat als auch im Ausland) konfligierenden staatlichen Anforderungen in Bezug auf Zollwertermittlung, Anti-Dumping-Abgaben sowie Devisen- oder Preiskontrollen unterliegen. Darüber hinaus können Verzerrungen der Verrechnungspreise durch den Cashflow-Bedarf der Unternehmen eines multinationalen Konzerns verursacht werden. Ein börsennotierter multinationaler Konzern kann Druck seitens der Aktionäre verspüren, eine hohe Rentabilität auf Ebene der Muttergesellschaft zu erzielen, besonders wenn die Rechnungslegung gegenüber den Aktionären nicht auf konsolidierter Basis erfolgt. Alle diese Faktoren können die Verrechnungspreise und die Höhe der Gewinne, die verbundene Unternehmen innerhalb eines multinationalen Konzerns erzielen, beeinflussen.

1.5. Man sollte nicht unterstellen, dass die in den kaufmännischen und finanziellen Beziehungen zwischen verbundenen Unternehmen festgelegten Bedingungen stets von den Erfordernissen des freien Markts abweichen. Verbundene Unternehmen haben innerhalb multinationaler Konzerne manchmal ein beträchtliches Maß an Unabhängigkeit und können häufig miteinander verhandeln, als ob sie unabhängige Unternehmen wären. Unternehmen reagieren auf wirtschaftliche Situationen, die sich aus Marktbedingungen ergeben, sowohl in ihren Beziehungen mit fremden Dritten als auch in ihren Beziehungen mit verbundenen Unternehmen. Zum Beispiel kann die lokale Geschäftsführung daran interessiert sein, eine gute Ertragslage auszuweisen, sodass ihr nicht daran gelegen sein dürfte, Preise festzusetzen, die die Gewinne ihrer eigenen Gesellschaft schmälern würden. Die Steuerverwaltungen sollten diese Überlegungen berücksichtigen, um einen effizienten Einsatz ihrer Ressourcen bei der Auswahl und Durchführung von Verrechnungspreisprüfungen zu erleichtern. Es kann vorkommen, dass die Beziehungen zwischen den verbundenen Unternehmen das Ergebnis von Verhandlungen beeinflussen. Deshalb reichen Belege dafür, dass hart verhandelt wurde, allein nicht aus, um nachzuweisen, dass ein Geschäftsvorfall dem Fremdvergleichsgrundsatz entspricht.

B. Begründung des Fremdvergleichsgrundsatzes

B.1. Artikel 9 des OECD-Musterabkommens zur Vermeidung der Doppelbesteuerung

1.6. Die normative Begründung des Fremdvergleichsgrundsatzes findet sich in Artikel 9 Absatz 1 des OECD-Musterabkommens, das die Grundlage für bilaterale Doppelbesteuerungsabkommen zwischen den Mitgliedstaaten der OECD und einer steigenden Anzahl von Nichtmitgliedstaaten bildet. Artikel 9 bestimmt:

> „[Wenn] die beiden [verbundenen] Unternehmen in ihren kaufmännischen oder finanziellen Beziehungen an vereinbarte oder auferlegte Bedingungen gebunden sind, die von denen abweichen, die unabhängige Unternehmen miteinander vereinbaren würden, dürfen die Gewinne, die eines der Unternehmen ohne diese Bedingungen erzielt hätte, wegen dieser Bedingungen aber nicht erzielt hat, den Gewinnen dieses Unternehmens zugerechnet und entsprechend besteuert werden."

Im Bestreben, die Gewinne unter Bezugnahme auf die Bedingungen zu berichtigen, die zwischen unabhängigen Unternehmen bei vergleichbaren Geschäftsvorfällen und unter vergleichbaren Umständen (d. h. bei „vergleichbaren Fremdgeschäftsvorfällen") gegolten hätten, folgt der Fremdvergleichsgrundsatz dem Ansatz, dass die Unternehmen eines multinationalen Konzerns als selbstständige Unternehmen und nicht als untrennbare Teile eines einzigen einheitlichen Unternehmens zu behandeln sind (*separate entity approach*, Grundsatz des selbstständigen Unternehmens). Da bei diesem Ansatz die Unternehmen eines multinationalen Konzerns wie unabhängige Unternehmen behandelt werden, richtet sich die Aufmerksamkeit besonders auf die Art der Geschäftsvorfälle zwischen den Konzernunternehmen und die Frage, ob deren Bedingungen von den Bedingungen abweichen, die bei vergleichbaren Fremdgeschäftsvorfällen erzielt würden. Eine solche Analyse der konzerninternen Geschäftsvorfälle und der Fremdvergleichsgeschäftsvorfälle wird als „Vergleichbarkeitsanalyse" bezeichnet und steht im Mittelpunkt der Anwendung des Fremdvergleichsgrundsatzes. Leitlinien zur Vergleichbarkeitsanalyse finden sich in Abschnitt D weiter unten und in Kapitel III.

1.7. Es ist wichtig, die Frage der Vergleichbarkeit in die richtige Perspektive zu rücken, um deutlich zu machen, dass es eines Ansatzes bedarf, der ausgewogen ist, was seine Zuverlässigkeit einerseits und die Belastung andererseits betrifft, die er für Steuerpflichtige und Steuerverwaltungen darstellt. Artikel 9 Absatz 1 des OECD-Musterabkommens ist die Basis für Vergleichbarkeitsanalysen, da hier die Notwendigkeit folgender Elemente eingeführt wird:

- eines Vergleichs der zwischen verbundenen Unternehmen vereinbarten oder auferlegten Bedingungen (einschließlich der Preise, aber nicht nur der Preise) mit den Bedingungen, die unabhängige Unternehmen miteinander vereinbaren würden, um zu bestimmen, ob nach Artikel 9 des OECD-Musterabkommens eine Berichtigung der Rechnungslegung für die Zwecke der Berechnung der Steuerschuld zulässig ist (vgl. Ziffer 2 des Kommentars zu Artikel 9)
- einer Bestimmung der Gewinne, die unter Zugrundelegung des Fremdvergleichsgrundsatzes erzielt worden wären, um die Höhe der etwaigen Berichtigungen der Rechnungslegung zu ermitteln

1.8. Es gibt mehrere Gründe, warum die OECD-Mitgliedstaaten und andere Staaten den Fremdvergleichsgrundsatz angenommen haben. Ein wichtiger Grund liegt darin, dass der Fremdvergleichsgrundsatz eine weitgehende steuerliche Gleichbehandlung von Unternehmen multinationaler Konzerne und unabhängigen Unternehmen bewirkt. Weil der Fremdvergleichsgrundsatz zu einer weitgehenden Gleichstellung von verbundenen und unabhängigen Unternehmen für steuerliche Zwecke führt, wird die Schaffung steuerlicher Vor- oder Nachteile vermieden, die die relative Wettbewerbsposition dieser beiden Unternehmenstypen verzerren würden. Durch diese Trennung der steuerlichen Überlegungen von den wirtschaftlichen Entscheidungen fördert der Fremdvergleichsgrundsatz das internationale Handels- und Investitionswachstum.

1.9. Zudem wurde festgestellt, dass der Fremdvergleichsgrundsatz in der großen Mehrzahl der Fälle effektiv angewendet werden kann. So gibt es viele Fälle, wie beispielsweise den Ein- und Verkauf von Verbrauchsgütern und die Kreditgewährung, in denen man in einem vergleichbaren Geschäftsvorfall, der von vergleichbaren unabhängigen Unternehmen unter vergleichbaren Verhältnissen getätigt worden ist, leicht einen Fremdpreis finden kann. Es gibt auch viele Fälle, in denen auf der Ebene von Finanzindikatoren, wie Kostenaufschlagssatz, Bruttomarge oder Nettogewinnindikatoren, ein zutreffender Vergleich der Geschäftsvorfälle vorgenommen werden kann. Dennoch gibt es einige wichtige Fälle, in denen sich die Anwendung des Fremdvergleichsgrundsatzes als schwierig und kompliziert erweist, z. B. bei multinationalen Konzernen, die in der integrierten Produktion von hochspezialisierten Waren, im Bereich einzigartiger immaterieller Werte und/oder der Erbringung spezialisierter Dienstleistungen tätig sind. Für die Behandlung dieser schwierigen Fälle gibt es Lösungen, darunter die Anwendung der in Teil III von Kapitel II beschriebenen geschäftsvorfallbezogenen Gewinnaufteilungsmethode in jenen Situationen, in denen diese Methode unter den Umständen des Einzelfalls die am besten geeignete Methode ist.

1.10. Der Fremdvergleichsgrundsatz wird gelegentlich als von Natur aus fehlerhaft betrachtet, weil der Grundsatz des selbstständigen Unternehmens (*separate entity approach*) die durch die Unternehmensintegration bewirkten Synergieeffekte und wechselseitigen Beziehungen zwischen unterschiedlichen Aktivitäten nicht immer ausreichend berücksichtigt. Es gibt allerdings keine allgemein anerkannten objektiven Kriterien, nach denen diese aus der Konzernzugehörigkeit resultierenden Größen- und Integrationsvorteile zwischen verschiedenen verbundenen Unternehmen aufgeteilt werden könnten. Die Frage von möglichen Alternativen zum Fremdvergleichsgrundsatz wird im nachstehenden Abschnitt C erörtert.

1.11. Eine praktische Schwierigkeit bei der Anwendung des Fremdvergleichsgrundsatzes liegt darin, dass verbundene Unternehmen Geschäftsbeziehungen eingehen können, die unabhängige Unternehmen nicht eingehen würden. Derartige Geschäftsbeziehungen müssen nicht zwangsläufig durch Steuervermeidung motiviert sein, sondern können deshalb zustande kommen, weil sich Unternehmen eines multinationalen Konzerns bei Geschäftsvorfällen mit anderen Unternehmen desselben Konzerns anderen kaufmännischen Umständen gegenübersehen als unabhängige Unternehmen. Wo unabhängige Unternehmen selten Geschäftsvorfälle der Art tätigen, wie sie von verbundenen Unternehmen getätigt werden, ist der Fremdvergleichsgrundsatz schwierig anzuwenden, da es wenige oder keine direkten Anhaltspunkte dafür gibt, welche Bedingungen unabhängige Unternehmen vereinbart hätten. Die alleinige Tatsache, dass ein bestimmter Geschäftsvorfall zwischen voneinander unabhängigen Unternehmen nicht anzutreffen ist, bedeutet für sich genommen noch nicht, dass er nicht dem Fremdvergleichsgrundsatz entspricht.

1.12. In bestimmten Fällen kann der Fremdvergleichsgrundsatz sowohl für den Steuerpflichtigen als auch für die Steuerverwaltungen zu einer bürokratischen Belastung führen, wenn erhebliche Mengen und Arten grenzüberschreitender Geschäftsvorfälle zu beurteilen sind. Obwohl verbundene Unternehmen die Bedingungen eines Geschäftsvorfalls normalerweise zum Zeitpunkt seiner Durchführung festsetzen, kann von ihnen zu einem späteren Zeitpunkt verlangt werden, nachzuweisen, dass diese Bedingungen mit dem Fremdvergleichsgrundsatz vereinbar sind. (Vgl. die Ausführungen zu Zeit- und Befolgungsfragen in den Abschnitten B und C von Kapitel III und in Kapitel V zur Verrechnungspreisdokumentation.) Auch die Steuerverwaltung wird eine solche Überprüfung möglicherweise einige Jahre, nachdem der Geschäftsvorfall durchgeführt wurde, vornehmen müssen. Die Steuerverwaltung wird alle Unterlagen überprüfen, die vom Steuerpflichtigen vorbereitet wurden, um nachzuweisen, dass seine Geschäftsvorfälle dem Fremdvergleichsgrundsatz entsprechen, und wird sich möglicherweise auch Informationen über vergleichbare Geschäftsvorfälle zwischen unabhängigen Unternehmen, über die Marktbedingungen zum Zeitpunkt der Durchführung der Geschäftsvorfälle usw. zu zahlreichen und unterschiedlichen Geschäftsvorfällen beschaffen müssen. Ein derartiges Unterfangen wird erfahrungsgemäß im Lauf der Zeit immer schwieriger.

1.13. Sowohl Steuerverwaltungen als auch Steuerpflichtige haben häufig Schwierigkeiten bei der Beschaffung ausreichender Informationen für die Anwendung des Fremdvergleichsgrundsatzes. Da der Fremdvergleichsgrundsatz üblicherweise erfordert, dass die Steuerpflichtigen und die Steuerverwaltungen Geschäftsvorfälle zwischen unabhängigen Unternehmen und Geschäftstätigkeiten unabhängiger Unternehmen beurteilen und diese mit den Geschäftsvorfällen und den Tätigkeiten von verbundenen Unternehmen vergleichen, kann dies eine erhebliche Menge von Daten notwendig machen. Die vorliegenden Informationen können unvollständig und schwer zu interpretieren sein; andere Informationen, soweit vorhanden, können aufgrund des Orts, an dem sie sich befinden oder an dem sich die Beteiligten befinden, bei denen sie bezogen werden müssen, schwer zu beschaffen sein. Darüber hinaus mag es aus Gründen der Vertraulichkeit nicht möglich sein, Informationen von unabhängigen Unternehmen zu beschaffen. In anderen Fällen gibt es vielleicht überhaupt keine relevanten Informationen über ein unabhängiges Unternehmen oder es gibt keine vergleichbaren unabhängigen Unternehmen, z. B. wenn die betreffende Branche ein hohes Maß an vertikaler Integration erreicht hat. Wichtig ist, das Ziel nicht aus den Augen zu verlieren, auf der Basis zuverlässiger Informationen eine angemessene Schätzung des Ergebnisses eines dem Fremdvergleichsgrundsatz entsprechenden Geschäftsvorfalls zu erhalten. An dieser Stelle gilt es auch daran zu erinnern, dass die Verrechnungspreisbestimmung keine exakte Wissenschaft ist, sondern eine Urteilsbildung, sowohl aufseiten der Steuerverwaltung als auch aufseiten des Steuerpflichtigen, erfordert.

B.2. Beibehaltung des Fremdvergleichsgrundsatzes als internationaler Konsens

1.14. Im Bewusstsein der vorangegangenen Überlegungen bleiben die Mitgliedstaaten der OECD bei ihrer Auffassung, dass für die Beurteilung von Verrechnungspreisen zwischen verbundenen Unternehmen der

Fremdvergleichsgrundsatz maßgebend sein sollte. Der Fremdvergleichsgrundsatz ist in seinem theoretischen Ansatz fundiert, da er bei der Lieferung von Wirtschaftsgütern (wie Waren, anderer Arten materieller Wirtschaftsgüter oder immaterieller Werte) oder der Erbringung von Dienstleistungen zwischen verbundenen Unternehmen eine größtmögliche Angleichung an die Funktionsweise des freien Markts ermöglicht. Mag er auch in der Praxis nicht immer einfach anzuwenden sein, führt er doch im Allgemeinen zu angemessenen Gewinnverhältnissen zwischen den Unternehmen von multinationalen Konzernen, die auch für die Steuerverwaltungen akzeptabel sind. Er spiegelt die wirtschaftliche Realität der konkreten Gegebenheiten und Umstände des verbundenen Unternehmens wider und nimmt das normale Marktgeschehen als Maßstab.

1.15. Eine Abkehr vom Fremdvergleichsgrundsatz würde zur Aufgabe der oben beschriebenen und als vernünftig erkannten theoretischen Grundlagen führen und den internationalen Konsens gefährden, wodurch sich das Doppelbesteuerungsrisiko wesentlich erhöhen würde. Die mit dem Fremdvergleichsgrundsatz gewonnenen Erfahrungen sind inzwischen hinreichend umfassend und differenziert, um eine breite Grundlage für ein gemeinsames Verständnis zwischen der Geschäftswelt und den Steuerverwaltungen zu schaffen. Dieses gemeinsame Verständnis ist von großer praktischer Bedeutung für die Sicherung einer angemessenen Steuerbemessungsgrundlage in allen Staaten und für die Vermeidung von Doppelbesteuerung. Die gewonnenen Erfahrungen sollten die Grundlage bilden, um den Fremdvergleichsgrundsatz weiterzuentwickeln, seine Funktionsweise zu verfeinern und seine Handhabung durch Schaffung klarerer Leitlinien für die Steuerpflichtigen und zeitnähere Überprüfungen zu verbessern. Zusammenfassend ist festzustellen, dass die OECD-Mitgliedstaaten den Fremdvergleichsgrundsatz weiterhin nachhaltig befürworten. Tatsächlich hat sich keine legitime oder realistische Alternative zum Fremdvergleichsgrundsatz gefunden. Die globale formelhafte Gewinnaufteilung, die manchmal als mögliche Alternative genannt wird, wäre weder in der Theorie noch in Durchführung oder Praxis akzeptabel. (Wegen einer Erörterung der globalen formelhaften Gewinnaufteilung vgl. den nachstehenden Abschnitt C.)

C. Ein nicht auf dem Fremdvergleichsgrundsatz beruhender Ansatz: die globale formelhafte Gewinnaufteilung

C.1. Hintergrund und Darstellung des Ansatzes

1.16. Zur Bestimmung einer angemessenen zwischenstaatlichen Gewinnabgrenzung wurde die globale formelhafte Gewinnaufteilung gelegentlich als Alternative zum Fremdvergleichsgrundsatz vorgeschlagen. Dieser Ansatz wurde in den Beziehungen zwischen den Staaten nicht angewendet, wenngleich einige lokale Steuerverwaltungen ihn anzuwenden versuchten.

1.17. Bei einer globalen formelhaften Gewinnaufteilung würden die konsolidierten weltweiten Gewinne eines multinationalen Konzerns den verbundenen Unternehmen in den verschiedenen Staaten mit Hilfe einer im Voraus festgelegten starren Formel zugerechnet. Die Anwendung einer globalen formelhaften Gewinnaufteilung gliedert sich in drei wesentliche Bestandteile: die Bestimmung des Steuersubjekts, d. h. der Tochtergesellschaften und Zweigniederlassungen eines multinationalen Konzerns, die das globale Steuersubjekt umfassen soll; die genaue Ermittlung der weltweit erzielten Gewinne; und die Ermittlung der Formel, die für die Aufteilung der weltweiten Gewinne des Steuersubjekts heranzuziehen ist. Die Formel dürfte auf einer bestimmten Kombination von Kosten, Wirtschaftsgütern, Lohnsumme und Umsatz beruhen.

1.18. Die globale formelhafte Gewinnaufteilung sollte nicht mit den in Teil III von Kapitel II erörterten geschäftsvorfallbezogenen Gewinnmethoden verwechselt werden. Bei einer globalen formelhaften Aufteilung würde eine Formel verwendet, die zur Gewinnaufteilung für alle Steuerpflichtigen im Voraus ermittelt wird, während geschäftsvorfallbezogene Gewinnmethoden die Gewinne eines oder mehrerer verbundener Unternehmen einzelfallbezogen den Gewinnen gegenüberstellen, die vergleichbare unabhängige Unternehmen unter vergleichbaren Verhältnissen angestrebt hätten. Die globale formelhafte Gewinnaufteilung sollte auch nicht mit Fällen verwechselt werden, in denen eine Formel ausgewählt und angewendet wird, die von beiden Steuerverwaltungen in Zusammenarbeit mit dem jeweiligen Steuerpflichtigen oder multinationalen Konzern nach sorgfältiger Analyse der konkreten Gegebenheiten und Umstände erarbeitet wurde, wie dies bei einem Verständigungsverfahren, bei einer Vorabverständigung über die Verrechnungspreise oder bei einer anderen bilateralen oder multilateralen Entscheidung der Fall sein kann. Eine derartige Formel leitet sich aus den für den Steuerpflichtigen maßgebenden konkreten Gegebenheiten und Umständen ab und vermeidet dadurch den globalen vorausbestimmten und starren Charakter der globalen formelhaften Gewinnaufteilung.

C.2. Vergleich mit dem Fremdvergleichsgrundsatz

1.19. Die globale formelhafte Gewinnaufteilung wurde als Alternative zum Fremdvergleichsgrundsatz mit dem Argument befürwortet, sie bringe für die Steuerpflichtigen weniger Verwaltungsaufwand und mehr Sicherheit. Ihre Befürworter vertreten zudem den Standpunkt, dass die globale formelhafte Gewinnaufteilung der wirtschaftlichen Realität näher kommt. Sie führen an, ein multinationaler Konzern müsse auf konzernweiter oder konsolidierter Grundlage betrachtet werden, um der tatsächlichen wirtschaftlichen Realität der Beziehungen zwischen den verbundenen Unternehmen im Konzern gerecht zu werden. Sie behaupten, dass eine auf separater Rechnungslegung beruhende Methode für hochintegrierte Konzerne nicht geeignet sei, da die Beiträge der einzelnen verbundenen Unternehmen zum Gesamtgewinn des multinationalen Konzerns schwierig zu ermitteln seien.

1.20. Davon abgesehen behaupten ihre Befürworter, die globale formelhafte Gewinnaufteilung reduziere die Befolgungskosten für die Steuerzahler, da für innerstaatliche steuerliche Zwecke grundsätzlich nur ein Konzernrechnungsabschluss erstellt werden müsse.

1.21. Die Mitgliedstaaten der OECD akzeptieren diese Darstellungen nicht und betrachten die globale formelhafte Gewinnaufteilung aus den nachfolgenden Gründen nicht als eine realistische Alternative zum Fremdvergleichsgrundsatz.

1.22. Das größte Problem mit der globalen formelhaften Gewinnaufteilung ist die Schwierigkeit, das Verfahren so umzusetzen, dass es einerseits vor Doppelbesteuerung schützt und andererseits eine Einmalbesteuerung sicherstellt. Um dies zu erreichen, wäre eine umfassende internationale Koordinierung und Übereinstimmung hinsichtlich der anzuwendenden, im Voraus bestimmten Formeln wie auch hinsichtlich der Zusammensetzung des betroffenen Konzerns erforderlich. Um eine Doppelbesteuerung zu vermeiden, müsste man sich beispielsweise zunächst auf die Anwendung des Verfahrens einigen, gefolgt von einer Einigung über die globale Besteuerungsgrundlage eines Konzerns, über die Verwendung einer einheitlichen Rechnungslegungsmethode, über die Faktoren, die für die Aufteilung der Besteuerungsgrundlage auf die verschiedenen Staaten (einschließlich der Nichtmitgliedstaaten) zu berücksichtigen wären, sowie über die Bewertung und Gewichtung dieser Faktoren. Es wäre zeitaufwendig und extrem schwierig, eine derartige Einigung zu erzielen. Es ist mehr als fraglich, ob die Staaten bereit wären, sich auf eine Universalformel zu einigen.

1.23. Selbst wenn einige Staaten bereit wären, eine globale formelhafte Gewinnaufteilung zu akzeptieren, gäbe es doch Meinungsverschiedenheiten, da jeder Staat bestrebt sein dürfte, unterschiedliche Faktoren in der Formel zu betonen oder zu berücksichtigen, je nachdem welche Tätigkeiten oder Faktoren in seinem Steuerhoheitsgebiet vorherrschend sind. Für alle Staaten bestünde ein starker Anreiz, Formeln aufzustellen oder Gewichtungen vorzunehmen, die seine Steuereinnahmen maximieren. Zudem müssten die Steuerverwaltungen gemeinsam überlegen, wie der Möglichkeit einer künstlichen Verlagerung der in der Formel verwendeten Produktionsfaktoren (z. B. Umsatz, Kapital) in Niedrigsteuerstaaten zu begegnen wäre. Es könnte zu Steuerumgehung kommen, soweit die Bestandteile der maßgeblichen Formel manipuliert werden können, beispielsweise durch die Tätigung unnötiger Finanztransaktionen, durch die bewusste Wahl bestimmter Standorte für bewegliche Wirtschaftsgüter sowie dadurch, dass von bestimmten Gesellschaften innerhalb eines multinationalen Konzerns verlangt wird, dass sie Warenbestände in einem Umfang vorhalten müssen, der das übersteigt, was bei unabhängigen Unternehmen der gleichen Art üblich ist, usw.

1.24. Die Umstellung auf ein globales formelhaftes Gewinnaufteilungssystem wäre folglich mit enormen politischen und administrativen Schwierigkeiten verbunden und würde ein Maß an internationaler Zusammenarbeit erfordern, das auf dem Gebiet des internationalen Steuerrechts realistischerweise nicht zu erwarten ist. Eine solche multilaterale Koordination würde die Beteiligung aller wichtigen Staaten erfordern, in denen multinationale Konzerne tätig sind. Würden sich nicht alle großen Staaten darauf einigen, zu einer globalen formelhaften Gewinnaufteilung überzugehen, wären die multinationalen Konzerne mit der Belastung konfrontiert, den Anforderungen zweier völlig verschiedener Systeme genügen zu müssen. Anders ausgedrückt, müssten sie für dieselben Geschäftsvorfälle die bei ihren Konzernunternehmen anfallenden Gewinne nach zwei völlig verschiedenen Maßstäben berechnen. Damit entstünde in jedem Fall die Möglichkeit einer Doppelbesteuerung (oder zu niedrigen Besteuerung).

1.25. Neben den oben erörterten Fragen der Doppelbesteuerung gibt es noch weitere wichtige Problempunkte. Dazu gehört, dass im Voraus ermittelte Formeln willkürlich sind und die Marktbedingungen, die besonderen Verhältnisse der einzelnen Unternehmen sowie die von der Geschäftsleitung selbst vorgenommene Mittelaufteilung außer Acht lassen und so zu einer Gewinnaufteilung führen, die den besonderen Gegebenheiten des Geschäftsvorfalls in keiner Weise Rechnung trägt. Genauer gesagt unterstellt eine Formel, die auf einer Kombination aus Kosten, Wirtschaftsgütern, Lohnsumme und Umsatz beruht, für jedes Unternehmen des Konzerns in jedem Steuerhoheitsgebiet implizit einen festen Gewinnanteil pro Währungseinheit (z. B. Dollar, Euro, Yen) für jedes Kombinationselement, ungeachtet der bei Funktionen, Wirtschaftsgütern, Risiken und Leistungsfähigkeit sowie zwischen den Unternehmen des Konzerns bestehenden Unterschiede. Auf diese Weise könnten einem Unternehmen, das Verluste erleiden würde, wenn es ein unabhängiges Unternehmen wäre, potenziell Gewinne zugerechnet werden.

1.26. Eine weitere Frage im Zusammenhang mit der globalen formelhaften Gewinnaufteilung betrifft Wechselkursschwankungen. Wenngleich Wechselkursschwankungen auch die Anwendung des Fremdvergleichsgrundsatzes erschweren können, haben sie hier doch nicht die gleichen Auswirkungen wie bei der globalen formelhaften Gewinnaufteilung; der Fremdvergleichsgrundsatz ist besser geeignet, den wirtschaftlichen Auswirkungen von Wechselkursschwankungen Rechnung zu tragen, da er eine Analyse der konkreten Gegebenheiten und Umstände des Steuerpflichtigen erfordert. Bei einer auf den Kosten beruhenden Formel hätte eine formelhafte Gewinnaufteilung zur Folge, dass im Fall einer kontinuierlichen Aufwertung der Währung eines Staats gegenüber einer anderen Währung, in der ein verbundenes Unternehmen seine Bücher führt, dem Unternehmen des erstgenannten Staats wegen des durch die Wechselkursänderung nominell erhöhten Lohnaufwands ein größerer Gewinnanteil zufallen würde. Bei einer globalen formelhaften Gewinnaufteilung würde die Wechselkursschwankung in diesem Beispiel somit zu einer Erhöhung des Gewinns jenes verbundenen Unternehmens führen, das seine Geschäftsvorfälle in der stärkeren Währung tätigt, obgleich eine sich festigende Währung langfristig die Konkurrenzfähigkeit der Exporte reduziert und zu einem nach unten gerichteten Druck auf die Gewinne führt.

1.27. Im Gegensatz zu den von ihren Befürwortern vertretenen Behauptungen kann die globale formelhafte Gewinnaufteilung für den Steuerpflichtigen zu unvertretbaren Befolgungskosten und Datenbeschaffungspflichten führen, weil Informationen über den gesamten multinationalen Konzern beschafft und in jedem Staat in dessen Währung sowie nach dessen kaufmännischen und steuerlichen Rechnungslegungsgrundsätzen vorgelegt werden müssen. Somit stellen die Anforderungen an die Dokumentation und an die Einhaltung der Rechtsvorschriften bei der globalen formelhaften Gewinnaufteilung im Allgemeinen eine wesentlich größere Belastung dar als bei Anwendung des Konzepts des selbstständigen Unternehmens nach dem Fremdvergleichsgrundsatz. Die Kosten einer globalen formelhaften Gewinnaufteilung würden sich zusätzlich erhöhen, wenn sich nicht alle Staaten auf die Bestandteile der Formel oder auf die Berechnung dieser Bestandteile einigen könnten.

1.28. Schwierigkeiten würden sich auch bei der Bestimmung der Umsätze der einzelnen Konzernunternehmen und bei der Bewertung von Vermögenswerten ergeben (z. B. Anschaffungs-/Herstellungskosten vs. Marktwert), insbesondere bei der Bewertung immaterieller Werte. Diese Schwierigkeiten würden durch die Existenz unterschiedlicher Rechnungslegungsvorschriften und Währungen in den verschiedenen Steuerhoheitsgebieten zusätzlich verstärkt. Um eine sinnvolle Gewinnermittlung für den gesamten multinationalen Konzern vornehmen zu können, müssten die Rechnungslegungsvorschriften aller Staaten miteinander in Einklang gebracht werden. Selbstverständlich bestehen einige dieser Probleme, etwa in Bezug auf die Bewertung von Vermögenswerten und immateriellen Werten, auch beim Fremdvergleichsgrundsatz, doch wurden hier bereits beachtliche Fortschritte erzielt, während bei der globalen formelhaften Gewinnaufteilung bisher keine glaubwürdigen Lösungen vorgeschlagen wurden.

1.29. Eine globale formelhafte Gewinnaufteilung würde zu einer konsolidierten Besteuerung des multinationalen Konzerns und damit zur Aufgabe des Grundsatzes des selbstständigen Unternehmens führen. Folglich ist es bei einer globalen formelhaften Gewinnaufteilung konkret nicht möglich, wichtige geografische Unterschiede, die unterschiedliche Effizienz der einzelnen Gesellschaften sowie andere, für eine Gesellschaft oder für Untereinheiten innerhalb des Konzerns typische Faktoren zu berücksichtigen, die für die Bestimmung der Gewinnaufteilung zwischen den Unternehmen in verschiedenen Steuerhoheitsgebieten berechtigterweise von Bedeutung sein können. Im Gegensatz dazu erkennt der Fremdvergleichsgrundsatz an, dass ein verbundenes Unternehmen ein selbstständiges Gewinn- oder Verlustzentrum mit eigenen Merkmalen darstellt und wirtschaftlich selbst dann einen Gewinn erzielen kann, wenn der Rest des multinationalen Konzerns einen Verlust erleidet. Eine globale formelhafte Gewinnaufteilung ist nicht flexibel genug, diese Möglichkeit angemessen zu berücksichtigen.

1.30. Da eine globale formelhafte Gewinnaufteilung bei der Berechnung des Konzerngewinns konzerninterne Geschäftsvorfälle außer Acht lässt, würde sie Fragen bezüglich der Erhebung von Quellensteuern auf grenzüberschreitende Zahlungen zwischen Konzernunternehmen aufwerfen und die Ablehnung einer Reihe von Regeln bilateraler Doppelbesteuerungsabkommen beinhalten.

1.31. Sofern die globale formelhafte Gewinnaufteilung nicht jedes Unternehmen eines multinationalen Konzerns einschließt, muss sie für die Nahtstellen zwischen jenem Teil, der der globalen formelhaften Aufteilung unterliegt, und den übrigen Unternehmen des multinationalen Konzerns den Grundsatz des selbstständigen Unternehmens beibehalten. Die globale formelhafte Gewinnaufteilung kann nicht angewendet werden, um die Geschäftsvorfälle zwischen dem Teil des Konzerns, für den diese Aufteilung angewendet wird, und den übrigen Unternehmen des multinationalen Konzerns zu bewerten. Ein eindeutiger Nachteil der globalen formelhaften Gewinnaufteilung besteht somit darin, dass sie keine vollständige Lösung für die Aufteilung der Gewinne eines multinationalen Konzerns bietet, sofern diese Aufteilung nicht auf der Grundlage des gesamten Konzerns angewendet wird. Dies wäre in Anbetracht des Umfangs der von größeren multinationalen Konzernen getätigten Geschäftsvorfälle und angesichts des Informationsbedarfs für eine einzelne Steuerverwaltung ein schwieriges Unterfangen. Der multinationale Konzern müsste außerdem in jedem Fall eine getrennte Rechnungslegung für jene Gesellschaften vornehmen, die zwar für die Zwecke der globalen formelhaften Gewinnaufteilung nicht Teil des Konzerns sind, aber dennoch mit einem oder mehreren Unternehmen des multinationalen Konzerns verbunden sind. Tatsächlich würden viele innerstaatliche handelsrechtliche Bestimmungen und Rechnungslegungsvorschriften immer noch die Anwendung von Fremdvergleichspreisen erfordern (z. B. zollrechtliche Vorschriften), sodass ein Steuerpflichtiger ungeachtet der geltenden steuerlichen Vorschriften jeden Geschäftsvorfall zum Fremdvergleichspreis erfassen müsste.

C.3. Ablehnung nicht fremdvergleichskonformer Methoden

1.32. Aus den vorstehenden Gründen bekräftigen die OECD-Mitgliedstaaten ihre Unterstützung für den Konsens, der sich im Lauf der Jahre in den Mitgliedstaaten und Nichtmitgliedstaaten hinsichtlich der Anwendung des Fremdvergleichsgrundsatzes herausgebildet hat, und sind sich einig, dass die Alternative zum Fremdvergleichsgrundsatz, die die globale formelhafte Gewinnaufteilung theoretisch darstellt, abzulehnen ist.

D. Leitlinien für die Anwendung des Fremdvergleichsgrundsatzes

D.1. Ermittlung der kaufmännischen oder finanziellen Beziehungen

1.33. Wie unter Ziffer 1.6 dargelegt, steht eine „Vergleichbarkeitsanalyse“ im Zentrum der Anwendung des Fremdvergleichsgrundsatzes. Die Anwendung des Fremdvergleichsgrundsatzes basiert auf einem Vergleich der Bedingungen eines konzerninternen Geschäftsvorfalls mit den Bedingungen, die vereinbart worden wären, wenn es sich bei den Beteiligten um voneinander unabhängige Unternehmen gehandelt hätte, die einen vergleichbaren Geschäftsvorfall unter vergleichbaren Umständen getätigt hätten. Eine solche Analyse hat zwei Aspekte: Der erste besteht darin, die kaufmännischen oder finanziellen Beziehungen zwischen den verbundenen Unternehmen sowie die Bedingungen und wirtschaftlich relevanten Begleitumstände dieser Beziehungen zu ermitteln, damit der konzerninterne Geschäftsvorfall sachgerecht abgegrenzt wird; der zweite besteht darin, die Bedingungen und wirtschaftlich relevanten Umstände des sachgerecht abgegrenzten konzerninternen Geschäftsvorfalls mit den Bedingungen und relevanten wirtschaftlichen Umständen vergleichbarer Geschäftsvorfälle zwischen voneinander unabhängigen Unternehmen zu vergleichen. Dieser Abschnitt von Kapitel I enthält Leitlinien zur Ermittlung der kaufmännischen oder finanziellen Beziehungen zwischen den verbundenen Unternehmen sowie zur sachgerechten Abgrenzung des konzerninternen Geschäftsvorfalls. Dieser erste Aspekt der Analyse unterscheidet sich vom zweiten Aspekt, der darin besteht, den Preis des konzerninternen Geschäftsvorfalls nach dem Fremdvergleichsgrundsatz zu untersuchen. Kapitel II und III enthalten Leitlinien zum zweiten Aspekt der Analyse. Die nach diesem Abschnitt ermittelten Informationen über den konzerninternen Geschäftsvorfall sind vor allem für den zweiten und dritten Schritt des typischen Verfahrens zur Durchführung einer Vergleichbarkeitsanalyse, wie unter Ziffer 3.4 beschrieben, relevant.

1.34. Das typische Verfahren zur Ermittlung der kaufmännischen oder finanziellen Beziehungen zwischen den verbundenen Unternehmen sowie der Bedingungen und wirtschaftlich relevanten Begleitumstände dieser Beziehungen setzt ein allgemeines Verständnis der Branche, in der der multinationale Konzern tätig ist (z. B. Bergbau, Pharmaindustrie, Luxusgüter), sowie der Faktoren, die sich auf die Ergebnisse aller in dieser Branche tätigen Unternehmen auswirken, voraus. Dieses Verständnis wird durch einen Überblick über den betreffenden multinationalen Konzern gewonnen, in dem beschrieben ist, wie der Konzern auf die Faktoren reagiert, die sich in der fraglichen Branche auf die Geschäftsergebnisse auswirken, einschließlich seiner Geschäftsstrategien, Absatzmärkte und Produkte, seiner Lieferkette sowie der ausgeübten Schlüsselfunktionen, genutzten wesentlichen Vermögenswerte und übernommenen wichtigen Risiken. Diese Informationen dürften im Rahmen der in Kapitel V beschriebenen Stammdokumentation (Master File) zur Untermauerung der vom Steuerpflichtigen vorgenommenen Verrechnungspreisbestimmung geliefert werden und bieten eine nützliche Kontextdarstellung für die Untersuchung der kaufmännischen oder finanziellen Beziehungen zwischen den Mitgliedern des multinationalen Konzerns.

1.35. Anschließend geht das Verfahren stärker ins Detail, um zu ermitteln, wie die einzelnen multinationalen Unternehmen innerhalb des multinationalen Konzerns arbeiten, liefert eine Analyse der Tätigkeit der einzelnen multinationalen Unternehmen (z. B. Fertigungsunternehmen, Vertriebsunternehmen) und bestimmt deren kaufmännische oder finanzielle Beziehungen mit verbundenen Unternehmen, wie sie in zwischen ihnen stattfindenden Geschäftsvorfällen zum Ausdruck kommen. Die sachgerechte Abgrenzung des oder der tatsächlichen Geschäftsvorfälle zwischen den verbundenen Unternehmen setzt eine Analyse der wirtschaftlich relevanten Merkmale des jeweiligen Geschäftsvorfalls voraus. Bei diesen wirtschaftlich relevanten Merkmalen handelt es sich um die Bedingungen des Geschäftsvorfalls und die wirtschaftlich relevanten Umstände, unter denen der Geschäftsvorfall stattfindet. Voraussetzung für die Anwendung des Fremdvergleichsgrundsatzes ist die Bestimmung der Bedingungen, die unabhängige Unternehmen in vergleichbaren Geschäftsvorfällen unter vergleichbaren Umständen vereinbart hätten. Bevor Vergleiche mit Fremdgeschäftsvorfällen angestellt werden, ist es daher unerlässlich, die wirtschaftlich relevanten Merkmale der kaufmännischen oder finanziellen Bedingungen zu ermitteln, die in dem konzerninternen Geschäftsvorfall zum Ausdruck kommen.

1.36. Die wirtschaftlich relevanten Merkmale oder Vergleichbarkeitsfaktoren, die in den kaufmännischen oder finanziellen Beziehungen zwischen den verbundenen Unternehmen ermittelt werden müssen, um den tatsächlichen Geschäftsvorfall sachgerecht abzugrenzen, lassen sich im Großen und Ganzen in folgende Kategorien einteilen:

- die vertraglichen Bedingungen des Geschäftsvorfalls (D.1.1)
- die von den einzelnen am Geschäftsvorfall beteiligten Unternehmen ausgeübten Funktionen, unter Berücksichtigung der genutzten Vermögenswerte und übernommenen Risiken, einschließlich der Zusammenhänge zwischen diesen Funktionen und der allgemeinen

Wertschöpfung des multinationalen Konzerns, dem die Beteiligten angehören, der Begleitumstände des Geschäftsvorfalls und der branchenüblichen Gepflogenheiten (D.1.2)

- die Eigenschaften des übertragenen Wirtschaftsguts oder der geleisteten Dienste (D.1.3)
- die wirtschaftlichen Verhältnisse der Beteiligten und des Markts, auf dem sie tätig sind (D.1.4)
- die von den Beteiligten verfolgten Geschäftsstrategien (D.1.5)

Diese Informationen über die wirtschaftlich relevanten Merkmale des tatsächlichen Geschäftsvorfalls sollten im Rahmen der in Kapitel V beschriebenen Einzeldokumentation (Local File) zur Untermauerung der vom Steuerpflichtigen vorgenommenen Verrechnungspreisbestimmung geliefert werden.

1.37. Wirtschaftlich relevante Merkmale oder Vergleichbarkeitsfaktoren werden in zwei getrennten, aber miteinander zusammenhängenden Phasen der Verrechnungspreisanalyse herangezogen. Die erste Phase bezieht sich auf den Prozess der sachgerechten Abgrenzung des konzerninternen Geschäftsvorfalls im Sinne dieses Kapitels und beinhaltet die Bestimmung der Merkmale des Geschäftsvorfalls, einschließlich seiner Bedingungen, der von den verbundenen Unternehmen ausgeübten Funktionen, genutzten Vermögenswerte und übernommenen Risiken, der Art der gelieferten Produkte oder geleisteten Dienste sowie der Situation der verbundenen Unternehmen entsprechend den im vorstehenden Absatz dargelegten Kategorien. Inwieweit das eine oder andere der im Vorstehenden genannten Merkmale in einem bestimmten Geschäftsvorfall wirtschaftlich relevant ist, hängt davon ab, inwieweit es von unabhängigen Unternehmen bei der Beurteilung der Bedingungen des Geschäftsvorfalls berücksichtigt würde, wenn der gleiche Geschäftsvorfall zwischen ihnen stattfände.

1.38. Bei der Beurteilung der Bedingungen eines potenziellen Geschäftsvorfalls vergleichen unabhängige Unternehmen diesen Geschäftsvorfall mit den Alternativen, die ihnen realistischerweise zur Verfügung stehen, und sie tätigen den Geschäftsvorfall nur dann, wenn sie keine Alternative sehen, die eine eindeutig attraktivere Möglichkeit zur Verwirklichung ihrer Geschäftsziele darstellen würde. Anders ausgedrückt würden unabhängige Unternehmen einen Geschäftsvorfall nur dann tätigen, wenn nicht zu erwarten ist, dass sie dadurch schlechter gestellt sind als mit ihrer nächstbesten Alternativmöglichkeit. So ist es z. B. unwahrscheinlich, dass ein Unternehmen einen Preis akzeptiert, der ihm von einem unabhängigen gewerblichen Unternehmen für sein Produkt angeboten wird, wenn es weiß, dass andere potenzielle Kunden bereit sind, unter den gleichen Bedingungen mehr zu zahlen oder unter günstigeren Bedingungen gleich viel zu zahlen. Unabhängige Unternehmen werden im Allgemeinen alle wirtschaftlich relevanten Unterschiede zwischen den ihnen realistischerweise zur Verfügung stehenden Möglichkeiten (wie etwa Unterschiede in der Höhe des Risikos) berücksichtigen, wenn sie diese Optionen evaluieren. Daher ist die Ermittlung der wirtschaftlich relevanten Merkmale des Geschäftsvorfalls unerlässlich, um den konzerninternen Geschäftsvorfall sachgerecht abzugrenzen und die verschiedenen Merkmale aufzuzeigen, die von den am Geschäftsvorfall beteiligten Unternehmen berücksichtigt wurden, als sie zu dem Schluss gelangten, dass es eindeutig keine attraktivere realistischerweise zur Verfügung stehende Möglichkeit zur Verwirklichung ihrer Geschäftsziele gab als den gewählten Geschäftsvorfall. Bei einer solchen Bewertung kann es notwendig oder sinnvoll sein, den Geschäftsvorfall im Kontext eines größeren Gefüges von Geschäftsvorfällen zu betrachten, da sich die Beurteilung der Optionen, die fremden Dritten realistischerweise zur Verfügung stehen, nicht zwangsläufig auf den einzelnen Geschäftsvorfall beschränkt, sondern möglicherweise einem größeren Gefüge wirtschaftlich miteinander zusammenhängender Geschäftsvorfälle Rechnung trägt.

1.39. Die zweite Phase, in der wirtschaftlich relevante Merkmale oder Vergleichbarkeitsfaktoren in einer Verrechnungspreisanalyse verwendet werden, bezieht sich auf den in Kapitel III beschriebenen Prozess des Vergleichs von konzerninternen Geschäftsvorfällen mit Fremdgeschäftsvorfällen, um einen fremdüblichen Preis für den konzerninternen Geschäftsvorfall zu bestimmen. Um solche Vergleiche anzustellen, müssen Steuerpflichtige und Steuerverwaltungen zunächst die wirtschaftlich relevanten Merkmale des konzerninternen Geschäftsvorfalls ermitteln. Wie in Kapitel III dargelegt, müssen Unterschiede zwischen den wirtschaftlichen Merkmalen von Vereinbarungen, die zwischen verbundenen, und solchen, die zwischen unabhängigen Unternehmen getroffen werden, berücksichtigt werden, um zu ermitteln, ob die verglichenen Sachverhalte tatsächlich vergleichbar sind und welche Anpassungen möglicherweise vorgenommen werden müssen, um die Vergleichbarkeit herzustellen.

1.40. Allen Methoden zur Anwendung des Fremdvergleichsgrundsatzes liegt der Gedanke zugrunde, dass unabhängige Unternehmen die ihnen realistischerweise zur Verfügung stehenden Optionen prüfen und dass sie beim Vergleich dieser Optionen alle Umstände berücksichtigen, die wesentlichen Einfluss auf deren Wert haben. Von unabhängigen Unternehmen ist beispielsweise zu erwarten, dass sie vor dem Kauf eines Produkts zu einem gegebenen Preis untersuchen, ob sie ein gleichwertiges Produkt zu ansonsten vergleichbaren Bedingungen bei einem anderen Unternehmen zu einem niedrigeren Preis erwerben können. Deshalb vergleicht die Preisvergleichsmethode, wie in Kapitel II Teil II dargestellt, einen konzerninternen Geschäftsvorfall mit ähnlichen Geschäftsvorfällen zwischen unabhängigen Unternehmen, um so eine unmittelbare Einschätzung für den Preis zu erhalten, auf den sich die Beteiligten geeinigt hätten, wenn sie als Alternative zum konzerninternen Geschäftsvorfall auf den freien Markt zurückgegriffen hätten. Die Methode stellt jedoch einen weniger verlässlichen Ersatz für echte Fremdgeschäftsvorfälle dar, wenn nicht alle Merkmale dieser konzernexternen Geschäftsvorfälle, die sich wesentlich auf den von unabhängigen Unternehmen berechneten Preis auswirken, vergleichbar sind. In ähnlicher Weise vergleichen die Wiederverkaufspreis- und die Kostenaufschlagsmethode die bei einem konzerninternen Geschäftsvorfall erzielte Bruttogewinnspanne mit den Bruttogewinnspannen, die bei ähnlichen Geschäftsvorfällen zwischen unabhängigen Unternehmen erzielt werden. Der Vergleich führt zu einer Einschätzung der Bruttogewinnspanne, die einer der Beteiligten hätte erzielen können, wenn er dieselben Funktionen für unabhängige Unternehmen ausgeübt hätte, sodass hierdurch eine Einschätzung jener Zahlungen erfolgt, die dieser Beteiligte für die Ausübung der betreffenden Funktionen unter fremdüblichen Bedingungen gefordert hätte und der andere Beteiligte zu leisten bereit gewesen wäre. Andere Methoden beruhen, wie in Kapitel II Teil III erörtert wird, auf dem Vergleich von Nettogewinnindikatoren (wie Gewinnspannen) zwischen unabhängigen und verbundenen Unternehmen und dienen der Einschätzung der Gewinne, die eines oder jedes der verbundenen Unternehmen hätte erzielen können, wenn es ausschließlich mit unabhängigen Unternehmen Geschäftsvorfälle getätigt hätte, und mithin der Zahlung, die diese Unternehmen unter fremdüblichen Bedingungen als Abgeltung für den Einsatz ihrer Unternehmensressourcen in dem konzerninternen Geschäftsvorfall gefordert hätten. Wenn Unterschiede zwischen den zu vergleichenden Sachverhalten auftreten, welche den Vergleich wesentlich beeinflussen können, müssen soweit möglich Anpassungen vorgenommen werden, um die Zuverlässigkeit des Vergleichs zu verbessern. Deshalb können unberichtigte Branchendurchschnittsgewinne für sich genommen auf keinen Fall Fremdvergleichspreise begründen.

1.41. Was die Erheblichkeit dieser Faktoren für die Anwendung von bestimmten Verrechnungspreismethoden betrifft, so wird auf deren Erörterung in Kapitel II verwiesen.

D.1.1. Die vertraglichen Bedingungen des Geschäftsvorfalls

1.42. Ein Geschäftsvorfall ist Folge oder Ausdruck der kaufmännischen oder finanziellen Beziehungen zwischen den Beteiligten. Die konzerninternen Geschäftsvorfälle können in schriftlichen Verträgen formalisiert sein, die die Absichten der Beteiligten zum Zeitpunkt des Vertragsabschlusses in Bezug auf Aspekte des Geschäftsvorfalls widerspiegeln können, die unter den Vertrag fallen, darunter üblicherweise die Verteilung der Zuständigkeiten, Pflichten und Rechte, die Übernahme der ermittelten Risiken und die Preisvereinbarungen. Wenn ein Geschäftsvorfall von den verbundenen Unternehmen durch schriftliche vertragliche Vereinbarungen formalisiert wurde, bieten diese Vereinbarungen einen Ausgangspunkt für die Abgrenzung des zwischen ihnen getätigten Geschäftsvorfalls sowie die Bestimmung der zum Zeitpunkt des Vertragsabschlusses beabsichtigten Aufteilung der Zuständigkeiten, Risiken und erwarteten Ergebnisse ihrer Zusammenarbeit. Aufschluss über die Bedingungen eines Geschäftsvorfalls können außer einem schriftlichen Vertrag auch Mitteilungen zwischen den Beteiligten geben.

1.43. Die schriftlichen Verträge allein dürften indessen kaum alle erforderlichen Informationen für eine Verrechnungspreisanalyse enthalten oder hinreichend detaillierte Informationen bezüglich der einschlägigen Bedingungen der getroffenen Vereinbarungen liefern. Es werden weitere Informationen erforderlich sein, wozu Evidenz zu den kaufmännischen oder finanziellen Bedingungen berücksichtigt werden muss, die die wirtschaftlich relevanten Merkmale der vier anderen Kategorien (vgl. Ziffer 1.36) liefern: die von den einzelnen am Geschäftsvorfall beteiligten Unternehmen ausgeübten Funktionen – unter Berücksichtigung der genutzten Vermögenswerte und übernommenen Risiken –, zusammen mit den Merkmalen der übertragenen Wirtschaftsgüter oder geleisteten Dienste, den wirtschaftlichen Verhältnissen der Beteiligten und des Markts, auf dem sie tätig sind, sowie den von den Beteiligten verfolgten Geschäftsstrategien. Zusammengenommen liefert die Analyse der fünf Kategorien wirtschaftlich relevanter Merkmale Evidenz zum tatsächlichen Verhalten der verbundenen Unternehmen. Die Evidenz kann Aspekte der schriftlichen Vertragsvereinbarungen klären, indem sie nützliche und konsistente Informationen liefert. Wenn der Vertrag sich weder explizit noch implizit (unter Berücksichtigung der geltenden Grundsätze der Vertragsauslegung) mit Merkmalen des Geschäftsvorfalls befasst, die wirtschaftlich relevant sind, dann sollten die im Vertrag enthaltenen Informationen für die Zwecke der Verrechnungspreisanalyse durch die Evidenz ergänzt werden, die sich aus der Bestimmung dieser Merkmale ergibt.

1.44. Das folgende Beispiel veranschaulicht das Konzept der Klärung und Ergänzung der schriftlichen Vertragsbedingungen auf der Grundlage der Ermittlung der tatsächlichen kaufmännischen oder finanziellen Beziehungen. Unternehmen P ist die Muttergesellschaft eines multinationalen Konzerns mit Sitz in Staat P. Unternehmen S in Staat S ist eine 100%ige Tochtergesellschaft von Unternehmen P und agiert als Vertreter für die Markenprodukte von Unternehmen P auf dem Markt von Staat S. Der Vertretungsvertrag zwischen Unternehmen P und Unternehmen S äußert sich nicht zu Marketing- und Werbetätigkeiten in Staat S, die die Beteiligten durchführen sollten. Eine Analyse der sonstigen wirtschaftlich relevanten Merkmale und insbesondere der ausgeübten Funktionen ergibt, dass Unternehmen S in Staat S eine intensive Medienkampagne zur Erhöhung der Markenbekanntheit gestartet hat. Diese Kampagne stellt eine erhebliche Investition für Unternehmen S dar. Ausgehend von der Evidenz, die das Verhalten der Beteiligten liefert, kann gefolgert werden, dass der schriftliche Vertrag die kaufmännischen oder finanziellen Beziehungen zwischen den Beteiligten möglicherweise nicht in vollem Umfang widerspiegelt. Deshalb sollte sich die Analyse nicht auf die Bedingungen beschränken, die im schriftlichen Vertrag niedergelegt sind, sondern auf zusätzliche Evidenz zum Verhalten der Beteiligten ausgedehnt werden, namentlich zu der Basis, auf der Unternehmen S die Medienkampagne durchgeführt hat.

1.45. Wenn sich die Merkmale des Geschäftsvorfalls, die wirtschaftlich relevant sind, nicht mit dem schriftlichen Vertrag zwischen den verbundenen Unternehmen decken, sollte der tatsächliche Geschäftsvorfall für die Zwecke der Verrechnungspreisanalyse normalerweise entsprechend den Merkmalen des Geschäftsvorfalls, die sich im Verhalten der Beteiligten widerspiegeln, abgegrenzt werden.

1.46. In Geschäftsvorfällen zwischen voneinander unabhängigen Unternehmen gewährleistet die Divergenz der Interessen zwischen den Beteiligten, dass *i)* Vertragsbedingungen vereinbart werden, die den Interessen beider Seiten gerecht werden, *ii)* die Beteiligten üblicherweise bestrebt sind, sicherzustellen, dass die jeweils andere Seite die Vertragsbedingungen einhält, und *iii)* die Vertragsbedingungen im Allgemeinen nur dann nicht beachtet oder nachträglich geändert werden, wenn dies im Interesse beider Seiten liegt. Eine solche Divergenz der Interessen besteht im Fall verbundener Unternehmen möglicherweise nicht bzw. kann gegebenenfalls in einer Weise überwunden werden, die durch die Beherrschungsverhältnisse, anstatt nur oder hauptsächlich durch vertragliche Vereinbarungen erleichtert wird. Es ist daher bei der Betrachtung der kaufmännischen oder finanziellen Beziehungen zwischen verbundenen Unternehmen besonders wichtig zu untersuchen, ob die Vereinbarungen, die im tatsächlichen Verhalten der Beteiligten zum Ausdruck kommen, im Wesentlichen mit dem schriftlichen Vertrag, so ein solcher vorliegt, übereinstimmen oder ob das tatsächliche Verhalten der verbundenen Unternehmen darauf hindeutet, dass die Vertragsbedingungen nicht eingehalten wurden, kein vollständiges Bild des Geschäftsvorfalls zeichnen, von den Unternehmen nicht richtig qualifiziert oder bezeichnet wurden oder nur zum Schein eingegangen wurden. Wenn das Verhalten der Beteiligten nicht voll mit wirtschaftlich erheblichen Vertragsbedingungen übereinstimmt, muss eine weitere Analyse durchgeführt werden, um den tatsächlichen Geschäftsvorfall zu bestimmen. Wenn wesentliche Abweichungen zwischen den Vertragsbedingungen und dem tatsächlichen Verhalten der verbundenen Unternehmen in ihren Beziehungen zueinander bestehen, sollten letztlich die von ihnen tatsächlich ausgeübten Funktionen, tatsächlich genutzten Vermögenswerte und tatsächlich übernommenen Risiken – im Kontext der Vertragsbedingungen betrachtet – maßgeblich für die Bestimmung der faktischen Substanz und die sachgerechte Abgrenzung des tatsächlichen Geschäftsvorfalls sein.

1.47. Wenn Zweifel darüber bestehen, was für ein Geschäftsvorfall zwischen den verbundenen Unternehmen vereinbart wurde, ist es notwendig, alle relevante Evidenz aus den wirtschaftlich relevanten Merkmalen des Geschäftsvorfalls zu berücksichtigten. Dabei darf nicht vergessen werden, dass sich die Bedingungen des Geschäftsvorfalls zwischen den Unternehmen im Lauf der Zeit verändern können. Wenn es zu einer Änderung der Bedingungen eines Geschäftsvorfalls gekommen ist, sollten die Begleitumstände dieser Änderung untersucht werden, um zu bestimmen, ob die Veränderung darauf schließen lässt, dass der ursprüngliche Geschäftsvorfall mit Wirkung zum Datum dieser Änderung durch einen neuen Geschäftsvorfall ersetzt wurde, oder ob sich in der Änderung die Absichten ausdrücken, die die Beteiligten mit dem ursprünglichen Geschäftsvorfall verfolgten. Besondere Sorgfalt ist geboten, wenn es den Anschein hat, dass die Kenntnis erster Ergebnisse des Geschäftsvorfalls Auslöser für die Änderungen war. Änderungen hinsichtlich der geltend gemachten Übernahme eines Risikos, die vorgenommen werden, wenn der Ausgang des Risikos bekannt ist, haben keinen Risikoübergang zur Folge, weil, wie unter Ziffer 1.78 erläutert, kein Risiko mehr besteht.

1.48. Das folgende Beispiel veranschaulicht das Konzept der Abweichungen zwischen den schriftlichen Vertragsbedingungen und dem Verhalten der Beteiligten mit dem Ergebnis, dass das tatsächliche Verhalten der Beteiligten für die Abgrenzung des Geschäftsvorfalls maßgeblich ist. Unternehmen S ist eine 100%ige Tochtergesellschaft von Unternehmen P. Die Beteiligten haben einen schriftlichen Vertrag geschlossen, nach dem Unternehmen P Unternehmen S eine Lizenz für die Nutzung von geistigem Eigentum von Unternehmen P in der Geschäftstätigkeit von Unternehmen S erteilt; Unternehmen S erklärt sich bereit, Unternehmen P dafür eine Lizenzgebühr zu zahlen. Evidenz aus anderen wirtschaftlich relevanten Merkmalen und insbesondere den ausgeübten Funktionen ergibt, dass Unternehmen P Verkaufsverhandlungen mit unabhängigen Kunden für Leistungen von Unternehmen S führt, Unternehmen S regelmäßig technische Unterstützung leistet, damit Unternehmen S die vertraglich vereinbarten Leistungen für seine Kunden erbringen kann, und Unternehmen S regelmäßig Personal überlässt, damit Unternehmen S seinen vertraglichen Verpflichtungen gegenüber seinen Kunden nachkommen kann. Eine Mehrzahl der Kunden besteht darauf, Unternehmen P zusammen mit Unternehmen S als Vertragspartner einzubeziehen, obwohl die im Rahmen des Vertrags zu zahlenden Gebühren an Unternehmen S gehen. Die Analyse der kaufmännischen oder finanziellen Beziehungen deutet darauf hin, dass Unternehmen S ohne erhebliche Unterstützung durch Unternehmen P nicht in der Lage wäre, die vertraglich vereinbarten Dienste zu leisten, und seine eigenen Fähigkeiten nicht weiterentwickelt. Den Vertragsbedingungen zufolge hat Unternehmen P Unternehmen S eine Lizenz erteilt, in Wirklichkeit kontrolliert es jedoch die Risiken und Ergebnisse der Geschäftstätigkeit von Unternehmen S, sodass es keine einer Lizenzvereinbarung entsprechende

Übertragung von Risiken und Funktionen vorgenommen hat und nicht als Lizenzgeber, sondern als Auftraggeber handelt. Die Bestimmung des tatsächlichen Geschäftsvorfalls zwischen Unternehmen P und Unternehmen S sollte sich nicht allein auf die Bedingungen des schriftlichen Vertrags gründen. Vielmehr sollte der tatsächliche Geschäftsvorfall anhand des Verhaltens der Beteiligten bestimmt werden, was zu der Schlussfolgerung führt, dass sich die tatsächlich von den Beteiligten ausgeübten Funktionen, genutzten Vermögenswerte und übernommenen Risiken nicht mit der schriftlichen Lizenzvereinbarung decken.

1.49. Wenn keine schriftlichen Vertragsbedingungen vorliegen, muss der tatsächliche Geschäftsvorfall aus der Evidenz zum tatsächlichen Verhalten abgeleitet werden, die durch die Ermittlung der wirtschaftlich relevanten Merkmale des Geschäftsvorfalls gewonnen wird. In manchen Situationen kann es sein, dass das tatsächliche Ergebnis kaufmännischer oder finanzieller Beziehungen vom multinationalen Unternehmen nicht als ein Geschäftsvorfall ausgewiesen wurde, aber trotzdem zu einer Übertragung von wesentlichem Wert führt, deren Bedingungen aus dem Verhalten der Beteiligten abgeleitet werden müssen. Beispielsweise kann es sein, dass technische Unterstützung geleistet wurde, dass Synergien durch bewusste konzertierte Aktionen geschaffen wurden (wie in Abschnitt D.8 besprochen) oder dass Know-how durch entsandte Mitarbeiter oder auf andere Weise zur Verfügung gestellt wurde. Es kann sein, dass diese Beziehungen vom multinationalen Unternehmen nicht erfasst wurden, sich nicht im Preis anderer mit ihnen zusammenhängender Geschäftsvorfälle widerspiegeln, nicht in schriftlichen Verträgen formalisiert wurden und nicht als Posten in den Buchhaltungssystemen erscheinen. Wenn der Geschäftsvorfall nicht formalisiert wurde, müssen alle Aspekte aus der vorliegenden Evidenz zum Verhalten der Beteiligten abgeleitet werden, einschließlich der tatsächlich ausgeübten Funktionen, der tatsächlich genutzten Vermögenswerte und der tatsächlich von den Beteiligten übernommenen Risiken.

1.50. Das folgende Beispiel veranschaulicht das Konzept der Bestimmung des tatsächlich getätigten Geschäftsvorfalls, wenn ein Geschäftsvorfall vom multinationalen Unternehmen nicht ausgewiesen wurde. Bei der Prüfung der kaufmännischen oder finanziellen Beziehungen zwischen Unternehmen P und seinen Tochtergesellschaften wird festgestellt, dass diesen Tochtergesellschaften Dienstleistungen von einem unabhängigen Unternehmen erbracht werden, das von Unternehmen P beauftragt wurde. Unternehmen P zahlt für die Dienstleistungen, die Zahlungen werden Unternehmen P von den Tochtergesellschaften weder direkt noch indirekt über den Preis eines anderen Geschäftsvorfalls erstattet, und es besteht keine Dienstleistungsvereinbarung zwischen Unternehmen P und den Tochtergesellschaften. Daraus ergibt sich, dass zusätzlich zu einer Dienstleistungserbringung durch ein unabhängiges Unternehmen gegenüber den Tochtergesellschaften weitere kaufmännische oder finanzielle Beziehungen zwischen Unternehmen P und den Tochtergesellschaften bestehen, durch die potenzieller Wert von Unternehmen P auf die Tochtergesellschaften übertragen wird. Die Analyse wird die Art dieser kaufmännischen oder finanziellen Beziehungen ausgehend von den wirtschaftlich relevanten Merkmalen ermitteln müssen, um die Bedingungen des festgestellten Geschäftsvorfalls zu bestimmen.

D.1.2. Funktionsanalyse

1.51. Bei Geschäftsvorfällen zwischen zwei voneinander unabhängigen Unternehmen kommen in der Vergütung üblicherweise die von den einzelnen Unternehmen ausgeübten Funktionen zum Ausdruck (unter Berücksichtigung der genutzten Vermögenswerte und übernommenen Risiken). Daher muss bei der Abgrenzung des konzerninternen Geschäftsvorfalls und der Bestimmung der Vergleichbarkeit von konzerninternen und Fremdgeschäftsvorfällen oder von verbundenen und unabhängigen Unternehmen eine Funktionsanalyse durchgeführt werden. Diese Funktionsanalyse zielt darauf ab, die von den am Geschäftsvorfall beteiligten Unternehmen wahrgenommenen wirtschaftlich signifikanten Tätigkeiten und Aufgaben, genutzten oder bereitgestellten Vermögenswerte und übernommenen Risiken zu ermitteln. Die Analyse richtet das Augenmerk auf das, was die Beteiligten tatsächlich tun, sowie auf die von ihnen zur Verfügung gestellten Fähigkeiten. Entsprechende Tätigkeiten und Fähigkeiten umfassen die Entscheidungsfindung, einschließlich Entscheidungen in Bezug auf Geschäftsstrategie und Risiken. Zu diesem Zweck kann es hilfreich sein, die Struktur und Organisation des multinationalen Konzerns zu kennen und zu verstehen, wie diese Aspekte das Umfeld beeinflussen, in dem das multinationale Unternehmen operiert. Insbesondere ist es wichtig zu verstehen, wie durch den Konzern insgesamt Wert geschöpft wird, wie die von den verbundenen Unternehmen ausgeübten Funktionen mit dem Rest des Konzerns zusammenwirken und welchen Beitrag die verbundenen Unternehmen zu dieser Wertschöpfung leisten. Ferner ist es von Bedeutung, welche gesetzlichen Rechte und Pflichten für die einzelnen Beteiligten bei der Ausübung ihrer Funktionen bestehen. Auch wenn ein Beteiligter eine verhältnismäßig große Anzahl an Funktionen im Vergleich zu den anderen am Geschäftsvorfall beteiligten Unternehmen ausübt, ist es doch die wirtschaftliche Bedeutung dieser Funktionen gemessen an ihrer Häufigkeit, ihrer Art und dem Nutzen, den sie für die jeweiligen am Geschäftsvorfall beteiligten Unternehmen darstellen, auf die es ankommt.

1.52. Die tatsächlichen Beiträge, Fähigkeiten und sonstigen Eigenschaften der Beteiligten können Einfluss auf die Optionen haben, die ihnen realistischerweise zur Verfügung stehen. Als Beispiel sei angenommen, dass ein verbundenes Unternehmen Logistikleistungen für den Konzern zur Verfügung stellt. Das Logistikunternehmen muss Lagerhallen mit freien Kapazitäten an mehreren Standorten unterhalten, um seinen Aufgaben auch noch nachkommen zu können, wenn es an einem Ort zu Lieferstörungen kommt. Die Option einer größeren Effizienz durch Zusammenlegung der verschiedenen Standorte und Verringerung der überschüssigen Kapazitäten besteht nicht. Die Funktionen und Vermögenswerte dieses Unternehmens können sich daher von denen eines unabhängigen Logistikunternehmens unterscheiden, wenn der unabhängige Dienstleister nicht die gleichen Kapazitäten zur Verringerung des Risikos von Lieferstörungen angeboten hat.

1.53. Daher sollte der Prozess der Ermittlung der wirtschaftlich relevanten Merkmale der kaufmännischen oder finanziellen Beziehungen eine Untersuchung der Fähigkeiten der Beteiligten, der Auswirkungen dieser Fähigkeiten auf die realistischerweise zur Verfügung stehenden Optionen sowie der Frage beinhalten, ob sich ähnliche Fähigkeiten in potenziell vergleichbaren Vereinbarungen zwischen unabhängigen Unternehmen widerspiegeln.

1.54. Die Funktionsanalyse sollte der Art der genutzten Vermögenswerte, wie etwa Maschinen und Einrichtungen, dem Einsatz von wertvollen immateriellen Werten, finanziellen Vermögenswerten usw. sowie der Beschaffenheit der genutzten Vermögenswerte, etwa in Bezug auf Alter, Marktwert, Standort, verfügbarer Eigentumsrechtsschutz usw., Rechnung tragen.

1.55. Die Funktionsanalyse kann zeigen, dass der multinationale Konzern hoch integrierte Funktionen auf mehrere Konzernunternehmen aufgeteilt hat. Zwischen den aufgeteilten Tätigkeiten können erhebliche Interaktionen bestehen. Beispielsweise kann die Aufteilung der Logistik-, Lagerhaltungs-, Marketing- und Vertriebsfunktionen auf verschiedene juristische Personen eine erhebliche Koordinierung erfordern, um ein effektives Zusammenspiel der verschiedenen Tätigkeiten zu gewährleisten. Vertriebsaktivitäten dürften stark vom Marketing abhängig sein, und die Vertriebsabwicklung, einschließlich der erwarteten Effekte der Marketingaktivitäten, erfordert eine Abstimmung mit der Lagerhaltung und der Logistikkapazität. Diese erforderliche Koordinierung kann von einigen oder allen verbundenen Unternehmen wahrgenommen werden, die den aufgeteilten Tätigkeiten nachgehen, kann von einer getrennten Koordinierungsfunktion übernommen werden oder kann durch eine Kombination dieser beiden Methoden erfolgen. Die Risiken können durch Beiträge aller Beteiligten eingedämmt werden, oder es können Tätigkeiten zur Risikominderung vorgenommen werden, hauptsächlich durch die Koordinierungsfunktion. Daher ist es bei der Durchführung einer Funktionsanalyse zur Bestimmung der kaufmännischen oder finanziellen Beziehungen bei aufgeteilten Tätigkeiten wichtig zu ermitteln, ob diese Tätigkeiten stark voneinander abhängig sind und – falls sie das sind – wie diese wechselseitigen Abhängigkeiten geartet sind und wie die Geschäftstätigkeit, zu der die verbundenen Unternehmen beitragen, koordiniert wird.

D.1.2.1. Analyse der Risiken in kaufmännischen oder finanziellen Beziehungen[1]

1.56. Eine Funktionsanalyse ist unvollständig, solange nicht die von allen Beteiligten jeweils übernommenen wesentlichen Risiken bestimmt und untersucht wurden, da die tatsächliche Übernahme von Risiken Einfluss auf die Preise und sonstigen Bedingungen von Geschäftsvorfällen zwischen den verbundenen Unternehmen hat. Auf dem freien Markt steht der Übernahme eines erhöhten Risikos üblicherweise auch ein höherer erwarteter Ertrag gegenüber, auch wenn sich der tatsächliche Ertrag, je nachdem inwieweit die Risiken tatsächlich eintreten, nicht unbedingt erhöhen muss. Höhe und Übernahme des Risikos sind deshalb wirtschaftlich relevante Merkmale, die für die Bestimmung des Ergebnisses einer Verrechnungspreisanalyse von erheblicher Bedeutung sein können.

1.57. Risiken sind einer Geschäftstätigkeit inhärent. Unternehmen gehen kommerziellen Tätigkeiten nach, weil sie Chancen zur Realisierung von Gewinnen suchen, diese Chancen sind jedoch immer mit der Unsicherheit behaftet, dass die erforderlichen Ressourcen zu ihrer Verfolgung höher sein könnten als erwartet oder dass sie nicht die erwarteten Erträge bringen. Die Ermittlung der Risiken geht Hand in Hand mit der Ermittlung der Funktionen sowie Vermögenswerte und ist integraler Bestandteil des Prozesses der Ermittlung der kaufmännischen oder finanziellen Beziehungen zwischen den verbundenen Unternehmen sowie der sachgerechten Abgrenzung des oder der Geschäftsvorfälle.

1.58. Die Übernahme von mit einer Geschäftschance verbundenen Risiken wirkt sich auf das Gewinnpotenzial dieser Chance auf dem freien Markt aus, und die Aufteilung der übernommenen Risiken zwischen den an der Vereinbarung beteiligten Unternehmen hat Auswirkungen darauf, wie die Gewinne oder Verluste aus dem Geschäftsvorfall nach dem Fremdvergleichsgrundsatz über die Bestimmung des Preises für den Geschäftsvorfall aufgeteilt werden. Daher muss bei Vergleichen zwischen konzerninternen und

1. Die Leitlinien in diesem Kapitel und insbesondere in diesem Abschnitt zu den Risiken beziehen sich nicht speziell auf eine bestimmte Branche. Das Grundkonzept, wonach ein Beteiligter, der Risiken trägt, in der Lage sein muss, diese Risiken effektiv zu bewältigen, gilt zwar für das Versicherungswesen, das Bankgewerbe und andere Finanzdienstleistungsbranchen, diese regulierten Branchen müssen jedoch Regeln befolgen, die Vorkehrungen für die Erfassung, Messung und Offenlegung von Risiken vorschreiben. Der aufsichtsrechtliche Ansatz für die Risikoaufteilung zwischen regulierten Unternehmen sollte berücksichtigt werden, und es sollte gegebenenfalls auf die speziell für Finanzdienstleistungsunternehmen geltenden Verrechnungspreisleitlinien im *Bericht über die Zurechnung von Gewinnen zu Betriebsstätten von 2010* (OECD, 2014), Bezug genommen werden.

Fremdgeschäftsvorfällen sowie zwischen verbundenen und unabhängigen Unternehmen analysiert werden, welche Risiken übernommen wurden, welche mit der Übernahme oder Wirkung dieser Risiken zusammenhängende oder sich auf sie auswirkende Funktionen ausgeübt werden und welches bzw. welche der am Geschäftsvorfall beteiligten Unternehmen diese Risiken tragen.

1.59. Dieser Abschnitt enthält Leitlinien zur Art und zu den Ursachen der Risiken, die für eine Verrechnungspreisanalyse relevant sind, um die konkrete Bestimmung der relevanten Risiken zu erleichtern. Außerdem enthält dieser Abschnitt Leitlinien zur Risikoübernahme nach dem Fremdvergleichsgrundsatz. Aus der Detailliertheit der in diesem Abschnitt enthaltenen Leitlinien zur Analyse der Risiken im Rahmen einer Funktionsanalyse, die sich auf Funktionen, Vermögenswerte und Risiken erstreckt, sollte nicht geschlossen werden, dass die Risiken wichtiger sind als die Funktionen oder Vermögenswerte. Die Bedeutung der Funktionen, Vermögenswerte und Risiken in einem bestimmten Geschäftsvorfall muss im Wege einer detaillierten Funktionsanalyse bestimmt werden. Die ausführlicheren Leitlinien zu den Risiken sind den praktischen Schwierigkeiten geschuldet, die Risiken aufwerfen: Risiken können in einem Geschäftsvorfall schwerer zu ermitteln sein als Funktionen oder Vermögenswerte, und um zu bestimmen, welches verbundene Unternehmen ein bestimmtes Risiko in einem Geschäftsvorfall übernimmt, ist möglicherweise eine sorgfältige Analyse nötig.

1.60. Die Schritte des im restlichen Teil dieses Abschnitts beschriebenen Verfahrens zur Analyse des Risikos in einem konzerninternen Geschäftsvorfall mit dem Ziel der sachgerechten Abgrenzung des tatsächlichen Geschäftsvorfalls in Bezug auf dieses Risiko lassen sich wie folgt zusammenfassen:

1. Konkrete Bestimmung der wirtschaftlich signifikanten Risiken (vgl. Abschnitt D.1.2.1.1).
2. Ermittlung der Art und Weise, wie bestimmte wirtschaftlich signifikante Risiken von den verbundenen Unternehmen gemäß den Bedingungen des Geschäftsvorfalls vertraglich übernommen werden (vgl. D.1.2.1.2).
3. Ermittlung, durch eine Funktionsanalyse, der Art und Weise, wie die am Geschäftsvorfall beteiligten verbundenen Unternehmen in Bezug auf die Übernahme und das Management der konkreten wirtschaftlich signifikanten Risiken vorgehen und insbesondere welches bzw. welche Unternehmen Kontroll- und Risikominderungsfunktionen ausüben, welches bzw. welche Unternehmen die positiven oder negativen Konsequenzen der Risikoentwicklung tragen und welches bzw. welche Unternehmen über die finanzielle Kapazität verfügen, das Risiko zu übernehmen (vgl. Abschnitt D.1.2.1.3).

4. Im zweiten und dritten Schritt wurden Informationen in Bezug auf die Übernahme und das Management von Risiken im konzerninternen Geschäftsvorfall ermittelt. Der nächste Schritt ist die Interpretation der Informationen und die Klärung der Frage, ob sich die vertragliche Risikoübernahme mit dem Verhalten der verbundenen Unternehmen und den anderen Gegebenheiten des Einzelfalls deckt, wozu analysiert wird, *i)* ob die verbundenen Unternehmen die Vertragsbedingungen nach den Grundsätzen von Abschnitt D.1.1 einhalten und *ii)* ob der Beteiligte, der die Risiken übernimmt, gemäß der Analyse unter i die Kontrolle über das Risiko ausübt und die finanzielle Kapazität besitzt, das Risiko zu tragen (vgl. Abschnitt D.1.2.1.4).

5. Wenn der Beteiligte, der das Risiko übernimmt, den Schritten 1–4i zufolge das Risiko nicht kontrolliert oder nicht über die finanzielle Kapazität verfügt, das Risiko zu tragen: Anwendung der Leitlinien zur Risikozuordnung (vgl. Abschnitt D.1.2.1.5).

6. Ermittlung des Preises des tatsächlichen Geschäftsvorfalls, wie er unter Betrachtung der Evidenz aller wirtschaftlich relevanten Merkmale des Geschäftsvorfalls gemäß den Leitlinien in Abschnitt D.1 sachgerecht abgegrenzt wurde, unter Berücksichtigung der finanziellen und sonstigen Folgen der Übernahme der sachgerecht zugeordneten Risiken und mit angemessener Vergütung der Risikomanagementfunktionen (vgl. Abschnitt D.1.2.1.6).

1.61. In diesem Abschnitt wird auf Begriffe Bezug genommen, die zunächst erläutert und definiert werden müssen. Der Begriff „Risikomanagement" wird verwendet, um die Funktion der Beurteilung der mit der Geschäftstätigkeit verbundenen Risiken sowie der Reaktion auf diese Risiken zu bezeichnen. Das Risikomanagement umfasst drei Elemente: *i)* die Fähigkeit, Entscheidungen bezüglich der Annahme, Abgabe oder Ablehnung einer risikoträchtigen Geschäftschance zu treffen, zusammen mit der tatsächlichen Ausübung dieser Entscheidungsfunktion, *ii)* die Fähigkeit, Entscheidungen darüber zu treffen, ob und wie auf die mit der Geschäftschance verbundenen Risiken zu antworten ist, zusammen mit der tatsächlichen Ausübung dieser Entscheidungsfunktion, und *iii)* die Fähigkeit, diese Risiken zu verringern, d. h. die Fähigkeit, Maßnahmen zu ergreifen, die sich auf die Entwicklung der Risiken auswirken, zusammen mit der tatsächlichen Ausübung dieser Risikominderungsfunktion.

1.62. Manche Risikomanagementfunktionen können nur von dem Beteiligten ausgeübt werden, der im Rahmen der Schaffung und Nutzung von Geschäftschancen Funktionen wahrnimmt und Vermögenswerte nutzt, während andere Risikomanagementfunktionen von einem anderen Beteiligten ausgeübt werden können. Das Risikomanagement sollte nicht so gesehen werden, als bestünde es notwendigerweise in einer gesonderten Funktion, die gesondert zu vergüten wäre und die von der Ausübung der Tätigkeiten der Gewinnoptimierung getrennt wäre. Beispielsweise kann die Entwicklung immaterieller Werte im Rahmen von Entwicklungstätigkeiten die Minderung der Risiken im Hinblick auf die spezifikationsgemäße Entwicklung nach höchstmöglichen Standards und unter Einhaltung der Fristen beinhalten; diese besonderen Risiken werden möglicherweise durch die Ausübung der Entwicklungsfunktion selbst verringert. Wenn es sich bei der vertraglichen Vereinbarung zwischen den verbundenen Unternehmen beispielsweise um eine Auftragsforschungsvereinbarung handelt, die entsprechend den Anforderungen dieses Abschnitts eingehalten wird, würde die Vergütung für die Risikominderungsfunktionen, die durch die Entwicklungstätigkeit ausgeübt werden, in die fremdübliche Dienstleistungsvergütung eingerechnet. Weder das an die immateriellen Werte selbst geknüpfte Risiko noch die verbleibenden mit diesem Risiko verbundenen Einnahmen würden dem Dienstleister zugeordnet. Vgl. auch Beispiel 1 in Ziffer 1.83.

1.63. Das Risikomanagement ist nicht mit der Übernahme eines Risikos gleichzusetzen. Die Risikoübernahme bedeutet die Inkaufnahme der positiven und negativen Konsequenzen des Risikos mit dem Ergebnis, dass der Beteiligte, der das Risiko übernimmt, auch die finanziellen und sonstigen Konsequenzen trägt, falls das Risiko eintritt. Ein Beteiligter, der einen Teil der Risikomanagementfunktionen ausübt, trägt möglicherweise nicht das Risiko, das Gegenstand dieser Risikomanagementtätigkeit ist, sondern wurde möglicherweise damit betraut, Risikominderungsfunktionen unter der Leitung des Beteiligten auszuüben, der das Risiko übernimmt. Beispielsweise können die laufenden Tätigkeiten zur Verringerung des Risikos von Produktrückrufen an einen Beteiligten übertragen werden, der die Qualitätskontrolle für einen bestimmten Herstellungsprozess nach den Anweisungen des Beteiligten wahrnimmt, welcher das Risiko trägt.

1.64. Die finanzielle Kapazität zur Risikoübernahme kann definiert werden als der Zugang zu Finanzmitteln, um das Risiko zu übernehmen oder abzugeben, um für Funktionen der Risikominderung zu zahlen und um die Konsequenzen zu tragen, sollte das Risiko eintreten. Beim Zugang des Beteiligten, der das Risiko übernimmt, zu Finanzmitteln werden die verfügbaren Vermögenswerte und die Optionen berücksichtigt, die ihm realistischerweise zur Verfügung stehen, um nötigenfalls zusätzliche Liquidität zur Deckung der im Fall des Eintritts des Risikos erwarteten Kosten zu beschaffen. Bei dieser Beurteilung sollte unterstellt werden, dass der Beteiligte, der das Risiko übernimmt, als unabhängiges Unternehmen agiert, und zwar unter den gleichen Umständen wie das verbundene Unternehmen, sachgemäß nach den Prinzipien dieses Abschnitts abgegrenzt. Beispielsweise könnte die Verwertung von Rechten an einem einkünftegenerierenden Vermögenswert dem betreffenden Beteiligten Finanzierungsmöglichkeiten eröffnen. Wenn ein Beteiligter, der ein Risiko übernimmt, konzerninterne Finanzmittel erhält, um die Finanzierungsanforderungen in Bezug auf das Risiko zu erfüllen, übernimmt der Beteiligte, der die Finanzierung bereitstellt, möglicherweise ein finanzielles Risiko, trägt aber nicht einfach aufgrund der Bereitstellung der Finanzmittel auch das konkrete Risiko, das die zusätzlichen Finanzmittel erforderlich macht. Fehlt die finanzielle Kapazität zur Übernahme eines Risikos, muss die Risikozuordnung im Rahmen von Schritt 5 eingehender untersucht werden.

1.65. Die Kontrolle über ein Risiko beinhaltet die beiden ersten Elemente des Risikomanagements nach Ziffer 1.61, die da sind: *i)* die Fähigkeit, Entscheidungen bezüglich der Annahme, Abgabe oder Ablehnung einer risikoträchtigen Geschäftschance zu treffen, zusammen mit der tatsächlichen Ausübung dieser Entscheidungsfunktion, *ii)* die Fähigkeit, Entscheidungen darüber zu treffen, ob und wie auf die mit der Geschäftschance verbundenen Risiken zu antworten ist, zusammen mit der tatsächlichen Ausübung dieser Entscheidungsfunktion. Ein Beteiligter muss nicht die laufenden Tätigkeiten zur Risikominderung wie in *iii)* beschrieben wahrnehmen, um die Kontrolle über die Risiken zu haben. Die laufenden Tätigkeiten zur Risikominderung können ausgelagert werden, wie das Beispiel unter Ziffer 1.63 veranschaulicht. Wenn die laufenden Tätigkeiten der Risikominderung ausgelagert werden, setzt die Kontrolle des Risikos allerdings die Fähigkeit voraus, die Ziele der ausgelagerten Tätigkeiten festzulegen, über die Beauftragung des Dienstleisters zu entscheiden, der die Funktionen der Risikominderung übernimmt, zu beurteilen, ob diese Ziele in angemessener Weise erfüllt werden, und nötigenfalls zu entscheiden, ob der Vertrag mit dem betreffenden Dienstleister geändert oder gekündigt werden soll, und dies zusammen mit der Ausübung dieser Beurteilungs- und Entscheidungsfunktionen. Im Einklang mit dieser Kontrolldefinition muss bei einem Beteiligten sowohl die Fähigkeit als auch die tatsächliche Funktionsausübung, wie vorstehend beschrieben, vorliegen, um die Kontrolle über ein Risiko auszuüben.

1.66. Die Fähigkeit, Entscheidungsfunktionen auszuüben, und die effektive Ausübung dieser Entscheidungsfunktionen im Zusammenhang mit einem bestimmten Risiko setzen ein Verständnis des betreffenden Risikos voraus, das auf einer sachdienlichen Analyse der zur Beurteilung der vorhersehbaren negativen und positiven Risikoergebnisse einer entsprechenden Entscheidung sowie der Konsequenzen für die Geschäftstätigkeit des Unternehmens beruht. Die Entscheidungsträger sollten über Kompetenz und Erfahrung im Bereich des spezifischen Risikos verfügen, für das die Entscheidung getroffen wird, und sich über die Auswirkungen ihrer Entscheidung auf das Unternehmen im Klaren sein. Sie sollten auch Zugang zu den relevanten Informationen haben, indem sie diese Informationen entweder selbst einholen oder indem sie von ihren Befugnissen Gebrauch machen, um die relevanten Informationen zur Unterstützung des Entscheidungsprozesses festzulegen und sie beschaffen zu lassen. Dazu müssen sie über die Fähigkeit verfügen, die Ziele der Informationssammlung und -analyse festzulegen, den Beteiligten zu beauftragen, der die Informationssammlung und -analyse übernimmt, zu beurteilen, ob die richtigen Informationen gesammelt werden und die Analyse sachgemäß durchgeführt wird, und nötigenfalls zu entscheiden, ob der Vertrag mit dem betreffenden Dienstleister geändert oder gekündigt werden soll, und dies zusammen mit der Ausübung dieser Beurteilungs- und Entscheidungsfunktionen. Weder eine bloße Formalisierung des Ergebnisses der Entscheidungsfindung, beispielsweise in Form von Besprechungen zur formellen Billigung von andernorts getroffenen Entscheidungen, Protokollen von Ausschusssitzungen und der Unterzeichnung der Unterlagen über die Entscheidung, noch die Festlegung der maßgeblichen Politik für das Risiko (vgl. Ziffer 1.76) gelten als eine hinreichende Ausübung einer Entscheidungsfunktion, um die Kontrolle über ein Risiko unter Beweis zu stellen.

1.67. Wenn von der Kontrolle über ein Risiko gesprochen wird, sollte dies nicht notwendigerweise so verstanden werden, als könne das Risiko an sich beeinflusst oder die Unsicherheit ganz ausgeräumt werden. Manche Risiken können nicht beeinflusst werden und sind eine allgemeine Bedingung kaufmännischer Betätigung, von der alle Unternehmen betroffen sind, die der jeweiligen Geschäftstätigkeit nachgehen. Risiken im Zusammenhang mit der allgemeinen Wirtschaftslage oder der Rohstoffpreisentwicklung beispielsweise können in der Regel von einem multinationalen Konzern nicht beeinflusst werden. Die Kontrolle über ein Risiko sollte vielmehr als die Fähigkeit und Befugnis verstanden werden, über die Übernahme des Risikos sowie darüber zu entscheiden, ob und wie auf das Risiko geantwortet werden soll, z. B. durch die Wahl des Investitionszeitpunkts, die Art der Entwicklungsprogramme, die Gestaltung von Marketingstrategien oder die Festlegung der Produktionsmengen.

1.68. Die Risikominderung bezieht sich auf Maßnahmen, die ergriffen werden, um die Risikoentwicklung zu beeinflussen. Dabei kann es sich um Maßnahmen handeln, die die Unsicherheit verringern, oder um solche, die die Folgen im Fall des Eintretens der negativen Auswirkungen eines Risikos mindern. Kontrolle sollte nicht so interpretiert werden, als setze sie voraus, dass Maßnahmen zur Risikominderung ergriffen werden; denn Unternehmen können bei der Beurteilung von Risiken auch entscheiden, dass die Unsicherheit im Zusammenhang mit manchen Risiken, einschließlich von Risiken, die für ihre zentrale Geschäftstätigkeit möglicherweise grundlegend sind, nachdem diese evaluiert wurden, akzeptiert und konfrontiert werden sollte, um Chancen zu schaffen und zu maximieren.

1.69. Das Kontrollkonzept kann anhand der folgenden Beispiele veranschaulicht werden. Unternehmen A beauftragt einen spezialisierten Hersteller, Unternehmen B, mit der Fertigung von Produkten in seinem Namen. Die vertraglichen Vereinbarungen lassen darauf schließen, dass Unternehmen B die Ausführung der Fertigungsleistungen übernimmt, dass die Produktspezifikationen und das Produktdesign jedoch von Unternehmen A stammen und dass Unternehmen A den Produktionsplan, einschließlich der Produktionsvolumen und der Auslieferungstermine, festlegt. Aus den Vertragsbeziehungen ergibt sich, dass Unternehmen A das Lagerrisiko und das Risiko von Produktrückrufen trägt. Unternehmen A beauftragt Unternehmen C damit, regelmäßige Qualitätskontrollen des Herstellungsprozesses vorzunehmen. Unternehmen A legt die Ziele der Qualitätsprüfungen sowie die Informationen fest, die Unternehmen C in seinem Auftrag sammeln soll. Unternehmen C berichtet direkt an Unternehmen A. Die Analyse der wirtschaftlich relevanten Merkmale zeigt, dass Unternehmen A seine Produktrückruf- und Lagerrisiken kontrolliert, indem es von seiner Fähigkeit und Befugnis Gebrauch macht, eine Reihe relevanter Entscheidungen in Bezug darauf zu treffen, ob und wie Risiken übernommen und wie auf sie geantwortet werden soll. Daneben verfügt Unternehmen A über die Fähigkeit, die Funktionen der Risikominderung zu beurteilen, diesbezügliche Entscheidungen zu treffen und diese Funktionen tatsächlich auszuüben. Diese Funktionen beinhalten die Bestimmung der Ziele der ausgelagerten Tätigkeiten, die Entscheidung zur Beauftragung des betreffenden Herstellers und des Unternehmens, das die Qualitätskontrollen durchführt, die Beurteilung der ordnungsgemäßen Erfüllung der Ziele und nötigenfalls die Entscheidung, die Verträge zu ändern oder zu kündigen.

1.70. Angenommen, ein Anleger beauftragt einen Fondsmanager, auf seine Rechnung Kapital zu investieren. Je nachdem was zwischen Anleger und Fondsmanager vereinbart ist, könnte letzterer befugt sein, im Namen des Anlegers laufende Beteiligungsinvestitionen in einer Weise zu tätigen, die den Risikopräferenzen des Anlegers entspricht, wobei das Risiko des Wertverlusts der Anlagen allerdings vom Anleger getragen wird. In einem solchen Fall kontrolliert der Anleger das Risiko über vier relevante Entscheidungen: die Entscheidung über seine Risikopräferenzen und somit über die erforderliche Diversifizierung der an die verschiedenen Beteiligungen, die Teil des Portfolios sind, geknüpften Risiken, die Entscheidung, den besagten Fondsmanager zu beauftragen (oder den Vertrag mit ihm zu kündigen), die Entscheidung über den Umfang der dem Fondsmanager übertragenen Befugnisse und über die Ziele, die dieser erreichen soll, sowie die Entscheidung über die Höhe des Kapitals, das der Fondsmanager für ihn verwalten soll. Darüber hinaus dürfte der Fondsmanager im Allgemeinen verpflichtet sein, dem Anleger regelmäßig Bericht zu erstatten, da dieser die Ergebnisse der Tätigkeit des Fondsmanagers beurteilen möchte. In einem solchen Fall erbringt der Fondsmanager eine Dienstleistung und managt sein Geschäftsrisiko nach seinen Gesichtspunkten (z. B. um seine Glaubwürdigkeit zu wahren). Das operationelle Risiko des Fondsmanagers, einschließlich der Möglichkeit, den Kunden zu verlieren, unterscheidet sich vom Anlagerisiko seines Kunden. Dies veranschaulicht die Tatsache, dass ein Anleger, der eine andere Person ermächtigt, für ihn Tätigkeiten der Risikominderung wahrzunehmen, wie sie vom Fondsmanager ausgeübt werden, die Kontrolle des Anlagerisikos nicht zwangsläufig auf die Person überträgt, die diese laufenden Entscheidungen trifft.

D.1.2.1.1. Erster Schritt: Konkrete Bestimmung der wirtschaftlich signifikanten Risiken

1.71. Es gibt viele Risikodefinitionen, in einem Verrechnungspreiskontext ist es jedoch angebracht, das Risiko als den Effekt der Unsicherheit auf die Ziele der Geschäftstätigkeit zu betrachten. In allen Geschäftstransaktionen eines Unternehmens, bei jedem Schritt, der zur Nutzung von Geschäftschancen unternommen wird, jedes Mal, wenn ein Unternehmen Geld ausgibt oder Einkünfte erwirtschaftet, besteht Unsicherheit und werden Risiken eingegangen. Ein Unternehmen dürfte große Aufmerksamkeit auf die Ermittlung der Unsicherheitsfaktoren richten, denen es gegenübersteht, wenn es evaluiert, ob und wie Geschäftschancen angesichts ihrer inhärenten Risiken verfolgt werden sollen, und wenn es geeignete Strategien zur Risikominderung entwickelt, die wichtig sind für die Aktionäre, die eine bestimmte Rendite erzielen wollen. Risiken sind mit Chancen verbunden und haben nicht allein negative Konnotationen; sie sind der Geschäftstätigkeit inhärent, und Unternehmen entscheiden, welche Risiken sie eingehen wollen, um die Chance zur Erzielung von Gewinnen zu haben. Nicht gewinnorientierte Unternehmen gehen Risiken im Zusammenhang mit Geschäftschancen ein, ohne eine positive Rendite zu erwarten. Zu negativen Auswirkungen von Risiken kommt es, wenn die erwarteten günstigen Ergebnisse nicht eintreten. Beispielsweise kann es sein, dass ein Produkt bei den Kunden keine so große Nachfrage auslöst wie erwartet. Ein solches Ereignis ist die negative Seite der Ungewissheit, die mit Geschäftschancen verbunden ist. Unternehmen dürften erhebliche Aufmerksamkeit auf die Ermittlung und das Management wirtschaftlich signifikanter Risiken richten, um die positiven Erträge zu maximieren, die durch die Verfolgung der den Risiken gegenüberstehenden Chancen erzielt werden können. Dies kann Tätigkeiten zur Festlegung der Produktstrategie sowie der Methoden umfassen, um das Produkt von anderen zu differenzieren, im steten Wandel begriffene Markttrends zu erkennen, politische und soziale Veränderungen zu antizipieren und Nachfrage zu schaffen. Die Bedeutung eines Risikos hängt von der Wahrscheinlichkeit und dem Umfang der potenziellen Verluste oder Gewinne ab, die sich aus dem Risiko ergeben können. Im Fall einer neuen Eiscremesorte z. B., bei der es sich nicht um das einzige Produkt des betreffenden Unternehmens handeln dürfte, kann es sein, dass die Kosten der Entwicklung, Einführung und Vermarktung gering sind, dass der Erfolg oder Misserfolg des Produkts mit keinen großen Reputationsrisiken verbunden ist, solange die Regeln für das Geschäftsmanagement befolgt werden, und dass die Entscheidungsfindung an die lokale oder regionale Geschäftsführung delegiert wurde, die über Informationen über die geschmacklichen Vorlieben der örtlichen Bevölkerung verfügt. Bahnbrechende Technologien oder innovative medizinische Behandlungsmethoden hingegen können das einzige oder wichtigste Produkt eines Unternehmens sein, können signifikante strategische Entscheidungen in verschiedenen Stadien voraussetzen, erhebliche Investitionskosten verursachen, den Ruf des Unternehmens potenziell erheblich verbessern oder im Gegenteil zerstören und ein zentralisiertes Management erfordern, das für Aktionäre und andere Unternehmensbeteiligte von großem Interesse ist.

1.72. Risiken können auf verschiedene Weise kategorisiert werden, ein für die Verrechnungspreisanalyse sinnvoller Rahmen ist jedoch die Betrachtung der Ursachen der Unsicherheit, die zu den Risiken führt. Die folgende nicht erschöpfende Liste von Risikoursachen soll keine Hierarchie der Risiken nahelegen. Mit ihr sollen auch keine festen Risikokategorien aufgestellt werden, da zwischen den verschiedenen Risiken Überschneidungen bestehen. Sie soll vielmehr einen Rahmen aufzeigen, der dabei helfen kann sicherzustellen, dass bei einer Verrechnungspreisanalyse die Bandbreite verschiedener Risiken betrachtet wird, die sich aus den kaufmännischen oder finanziellen Beziehungen der verbundenen Unternehmen sowie dem Umfeld, in dem diese Beziehungen zum Tragen kommen, ergeben dürften. Dabei wird auf extern und auf intern motivierte Risiken Bezug genommen, um die Klärung der Ursachen der Unsicherheit zu unterstützen. Daraus soll jedoch nicht geschlossen werden, dass extern motivierte Risiken weniger relevant sind, nur weil sie nicht direkt durch die Geschäftstätigkeit entstehen. Im Gegenteil dürfte die Fähigkeit eines Unternehmens, externen Risiken entgegenzutreten, auf sie zu reagieren und sie einzudämmen, eine notwendige Voraussetzung sein, um wettbewerbsfähig zu bleiben. Wichtig ist, dass die Leitlinien zur Bandbreite der möglichen Risiken dabei helfen, wesentliche Risiken konkret zu bestimmen. Eine ungenaue Beschreibung oder fehlende Differenzierung der Risiken dient nicht den Zwecken einer Verrechnungspreisanalyse, bei der der tatsächliche Geschäftsvorfall und die tatsächliche Risikoaufteilung zwischen den Beteiligten abgegrenzt werden sollen.

a) Strategische oder Marktrisiken. Hierbei handelt es sich großenteils um externe Risiken, die durch das Wirtschaftsumfeld, politische und aufsichtsrechtliche Entwicklungen, Wettbewerb, technischen Fortschritt oder soziale und ökologische Veränderungen hervorgerufen werden. Die Beurteilung solcher Unsicherheitsfaktoren kann ausschlaggebend für die Definition der Produkte und Märkte sein, die das Unternehmen anvisiert, sowie für die Fähigkeiten, die es benötigt, einschließlich Investitionen in immaterielle Werte und materielle Wirtschaftsgüter sowie in die Talente seiner Mitarbeiter. Es besteht ein erhebliches Abwärts-, aber auch ein beträchtliches Aufwärtspotenzial, wenn das Unternehmen den Effekt der externen Risiken richtig erkennt, seine Produkte differenziert und seinen Wettbewerbsvorteil kontinuierlich sichert. Beispiele entsprechender Risiken sind Markttrends, neue Absatzregionen und die Konzentration von Entwicklungsinvestitionen.

b) Infrastruktur- oder Geschäftsrisiken. Dazu dürften die Unsicherheitsfaktoren im Zusammenhang mit der Geschäftsdurchführung gehören, was die Wirksamkeit der Verfahren und Vorgänge umfassen kann. Der Effekt solcher Risiken ist stark abhängig von der Art der Tätigkeiten und den Unsicherheitsfaktoren, die das Unternehmen in Kauf zu nehmen bereit ist. Produktionsausfälle können in manchen Fällen einen verheerenden Effekt auf die Arbeit oder den Ruf des Unternehmens haben und dessen Existenz bedrohen, wohingegen ein erfolgreiches Management solcher Risiken den Ruf des Unternehmens verbessern kann. In anderen Fällen kann es vorkommen, dass es einem Unternehmen nicht gelingt, ein Produkt rechtzeitig auf den Markt zu bringen, die Nachfrage zu decken, Kundenvorgaben einzuhalten oder hohen Qualitätsanforderungen zu genügen, was seiner Wettbewerbsposition und seinem Ansehen schaden und Unternehmen einen Vorteil verschaffen kann, die Konkurrenzprodukte rascher auf den Markt bringen, die Schutzphasen, z. B. für Patente, besser zu nutzen wissen oder deren Management von Lieferkettenrisiken und Qualitätskontrolle besser ist. Manche Infrastrukturrisiken sind externer Art und können Verkehrsverbindungen, politische und soziale Umstände oder Gesetze und sonstige Rechtsvorschriften betreffen, während andere interner Art sind und sich auf die Ausstattung mit Wirtschaftsgütern und deren Kapazitäten, die Fähigkeiten der Mitarbeiter, Prozessgestaltung und -umsetzung, Vereinbarungen über die Auslagerung von Geschäftstätigkeiten sowie IT-Systeme beziehen.

c) Finanzielle Risiken. Alle Risiken dürften sich auf die Finanzergebnisse eines Unternehmens auswirken, es gibt jedoch spezielle finanzielle Risiken, die mit der Fähigkeit des Unternehmens, seine Liquidität und seinen Cashflow zu managen, seiner Finanzkraft und seiner Kreditwürdigkeit zusammenhängen. Die Unsicherheit kann extern bedingt sein, z. B. durch wirtschaftliche Schocks oder Kreditkrisen, kann aber auch intern motiviert sein, durch Kontrollen, Investitionsentscheidungen, Kreditbedingungen sowie als Folge von Infrastruktur- oder operationellen Risiken.

d) Transaktionsrisiken. Hierzu dürften Preis- und Zahlungsbedingungen von geschäftlichen Transaktionen im Zusammenhang mit der Lieferung von Waren bzw. Wirtschaftsgütern oder der Erbringung von Dienstleistungen gehören.

e) Unfall- und Katastrophenrisiken. Dies dürfte externe negativ wirkende Ereignisse umfassen, die Schäden oder Verluste verursachen, einschließlich von Unfällen und Naturkatastrophen. Solche Risiken können häufig durch Versicherungen eingedämmt werden, eine Versicherung deckt jedoch möglicherweise nicht den gesamten potenziellen Schaden, vor allem wenn der Betrieb oder der Ruf des Unternehmens erheblich beeinträchtigt werden.

1.73. Die Bestimmung der wirtschaftlichen Bedeutung eines Risikos sowie der Art und Weise, wie sich dieses Risiko auf den Preis eines Geschäftsvorfalls zwischen verbundenen Unternehmen auswirken kann, ist Teil der allgemeineren Funktionsanalyse, bei der untersucht wird, wie der multinationale Konzern Wert schöpft, welche Tätigkeiten es ihm erlauben, seine Gewinne zu sichern, und welches die wirtschaftlich relevanten Merkmale des Geschäftsvorfalls sind. Die Risikoanalyse hilft auch bei der Bestimmung der Vergleichbarkeit nach den Leitlinien von Kapitel III. Wenn potenzielle Vergleichswerte ermittelt werden, ist es zweckmäßig zu bestimmen, ob sie den gleichen Grad an Risiken und Risikomanagement beinhalten. Die wirtschaftliche Bedeutung von Risiken kann anhand der folgenden beiden Fälle veranschaulicht werden.

1.74. Im ersten Fall verkauft der multinationale Konzern Heizöl an Verbraucher. Die Analyse der wirtschaftlich signifikanten Merkmale ergibt, dass das Produkt nicht differenziert, der Markt wettbewerbsbestimmt und die Marktgröße vorhersehbar ist und die Beteiligten „Preisnehmer“ sind, d. h. den gegebenen Preis hinnehmen müssen. Unter solchen Umständen können die Möglichkeiten zur Beeinflussung der Gewinnmargen begrenzt sein. Die Kreditbedingungen, die durch die Pflege der Beziehungen zu den Öllieferanten erzielt werden, finanzieren das Betriebskapital und sind für die Gewinnspanne des Verkäufers entscheidend. Der Effekt des Risikos auf die Kapitalkosten ist daher signifikant im Kontext der Art und Weise, wie für die Vertriebsfunktion Wert geschöpft wird.

1.75. Im zweiten Fall kauft ein multinationales Spielzeug-Einzelhandelsunternehmen eine breite Palette von Produkten bei einer Reihe unabhängiger Hersteller ein. Der Großteil der Umsätze wird in den letzten beiden Monaten des Kalenderjahres erzielt, und ein signifikantes Risiko ist an die strategische Ausrichtung der Einkaufsfunktion und daran geknüpft, dass Trends richtig eingeschätzt und Produkte eingekauft werden, die sich gut verkaufen werden, und dies in den richtigen Mengen. Trends und Produktnachfrage können je nach Markt unterschiedlich ausfallen, und so bedarf es Fachwissen, um zu beurteilen, was sich auf dem jeweiligen Markt am besten verkaufen wird. Der Effekt des Einkaufsrisikos kann verstärkt werden, wenn das Einzelhandelsunternehmen für ein bestimmtes Produkt mit dem Hersteller eine Exklusivitätsphase vereinbart.

1.76. Bei der Kontrolle über ein bestimmtes Risiko in einem Geschäftsvorfall geht es um die Entscheidungsfindung der am Geschäftsvorfall beteiligten Unternehmen hinsichtlich des konkreten aus dem Geschäftsvorfall resultierenden Risikos. Dies heißt jedoch nicht, dass in einem multinationalen Konzern nicht noch andere Personen an der Festlegung der allgemeinen Regeln beteiligt sein können, die für die Übernahme und Kontrolle der konkreten in einem Geschäftsvorfall ermittelten Risiken relevant sein können, wobei die Festlegung dieser Regeln an sich nicht die Entscheidungsfindung darstellt. Der Aufsichtsrat und der Vorstand des Konzerns können beispielsweise die Höhe der Risiken festlegen, die der Konzern zur Erreichung seiner geschäftlichen Ziele insgesamt einzugehen bereit ist, und den Kontrollrahmen für die Verwaltung und Meldung der Risiken seiner Geschäftstätigkeit vorgeben. Die Geschäftsleitung einzelner Geschäftsbereiche, operativer Unternehmen und funktionaler Abteilungen kann Risiken ermitteln und den entsprechenden geschäftlichen Chancen gegenüberstellen und geeignete Kontrollen und Verfahren zur Bewältigung der Risiken und zur Beeinflussung der Risikoentwicklung im täglichen Geschäftsbetrieb einrichten. Die Verfolgung der Geschäftschancen durch die operativen Unternehmen setzt ein laufendes Management des Risikos voraus, dass die für die Chance bereitgestellten Ressourcen nicht die erwartete Rendite bringen. Das in einem Liefergeschäft zwischen zwei verbundenen Unternehmen bestehende Risiko im Zusammenhang mit den Lagerbeständen an Endprodukten kann beispielsweise von dem Beteiligten kontrolliert werden, der über die Fähigkeit zur Festlegung der Produktionsvolumen verfügt und die entsprechenden Entscheidungen auch trifft. Die Art und Weise, wie das Lagerrisiko in einem Geschäftsvorfall zwischen zwei verbundenen Unternehmen gehandhabt wird, kann Gegenstand eines andernorts stattfindenden Prozesses zur Festlegung von Regeln bezüglich der Gesamthöhe des Betriebskapitals, das in Lagerbeständen gebunden sein darf, oder einer Koordination der zur Verwirklichung der strategischen Ziele angemessenen Mindesthöhe der Lagerbestände auf den verschiedenen Märkten sein. Dieser allgemeine Prozess der Aufstellung von Regeln kann jedoch nicht als Entscheidung über die Übernahme, Abgabe, Ablehnung oder Verringerung des konkreten Lagerrisikos im Beispiel des Liefergeschäfts in diesem Absatz betrachtet werden.

D.1.2.1.2. Zweiter Schritt: Die vertragliche Risikoübernahme

1.77. Die Identität des oder der Beteiligten, die die Risiken übernehmen, kann in schriftlichen Verträgen zwischen den Unternehmen festgelegt sein, die an dem Geschäftsvorfall beteiligt sind, der die betreffenden Risiken mit sich bringt. In einem schriftlichen Vertrag ist in der Regel eine von den Beteiligten beabsichtigte Risikoübernahme festgelegt. Manche Risiken können mit den vertraglichen Vereinbarungen ausdrücklich übernommen werden. Ein Vertriebsunternehmen kann beispielsweise vertraglich das Delkredere-, das Lager- und das Kreditrisiko übernehmen, das mit den Verkäufen des Vertriebsunternehmens an unabhängige Kunden verbunden ist. Andere Risiken können implizit übernommen werden. Beispielsweise können vertragliche Vereinbarungen, die eine unbedingte Vergütung für einen der Beteiligten vorsehen, die Ergebnisse bestimmter Risiken, einschließlich unerwarteter Gewinne oder Verluste, implizit dem anderen Beteiligten zuweisen.

1.78. Eine vertragliche Risikoübernahme ist eine ex ante eingegangene Vereinbarung, einen Teil oder die Gesamtheit der potenziellen Kosten im Zusammenhang mit den ex post eintretenden negativen Folgen eines Risikos zu übernehmen im Gegenzug für einen Teil oder die Gesamtheit der potenziellen Gewinne im Zusammenhang mit den ex post eintretenden positiven Folgen dieses Risikos. Die vertragliche Ex-ante-Übernahme eines Risikos sollte insbesondere klare Evidenz dafür liefern, dass die Verpflichtung zur Übernahme des Risikos vor Eintreten seiner Folgen eingegangen wurde. Solche Evidenz ist ein sehr wichtiger Bestandteil der von der Steuerverwaltung durchgeführten Verrechnungspreisanalyse der Risiken in kaufmännischen oder finanziellen Beziehungen, da eine von der Steuerverwaltung durchgeführte Prüfung in der Praxis möglicherweise erst Jahre, nachdem die entsprechenden Entscheidungen von den verbundenen Unternehmen getroffen wurden, wenn die Ergebnisse bereits bekannt sind, stattfindet. Die unterstellte Übernahme eines Risikos durch verbundene Unternehmen, wenn der Ausgang des Risikos gewiss ist, stellt per definitionem keine Risikoübernahme dar, weil kein Risiko mehr besteht. Desgleichen können Ex-post-Neuzuordnungen von Risiken durch die Steuerverwaltung, wenn der Risikoausgang gewiss ist, unangemessen sein, sofern sie sich nicht auf andere Stellen dieser Leitlinien und insbesondere Abschnitt D.1.2.1 gründet.

1.79. Es ist in wirtschaftlicher Hinsicht neutral, ein Risiko im Gegenzug für höhere (niedrigere) voraussichtliche nominale Einkünfte zu übernehmen (abzugeben), solange der Kapitalwert beider Optionen identisch ist. Zwischen voneinander unabhängigen Unternehmen kann der Verkauf eines riskanten ertragbringenden Vermögenswerts z. B. teilweise Ausdruck der Präferenz des Verkäufers für ein niedrigeres, aber sichereres Einkommen sein, wofür er auf die Möglichkeit der höheren voraussichtlichen nominalen Einkünfte verzichtet, die er beziehen könnte, wenn er den Vermögenswert stattdessen behalten und nutzen würde. In einer Vereinbarung ohne Rückgriffsmöglichkeit über die Abtretung von Forderungen (Factoring) zwischen unabhängigen Unternehmen beispielsweise diskontiert der Verkäufer den Nominalwert seiner Forderungen im Gegenzug für eine feste Zahlung und akzeptiert so einen geringeren Ertrag, hat damit aber die Volatilität reduziert und Risiken abgegeben. Beim Factor handelt es sich häufig um ein spezialisiertes Unternehmen, das in der Lage ist, zu entscheiden, ein Risiko zu übernehmen, und zu entscheiden, wie auf dieses Risiko zu reagieren ist, insbesondere indem es Risiken diversifiziert und über die funktionalen Fähigkeiten verfügt, das Risiko zu begrenzen und mit der Chance einen Gewinn zu erzielen. Keiner der Beteiligten rechnet damit, aufgrund der Vereinbarung schlechter gestellt zu sein, vor allem deshalb, weil die Beteiligten aufgrund ihrer Fähigkeiten in Bezug auf das jeweilige Risiko unterschiedliche Risikopräferenzen haben. Der Factor ist besser in der Lage, das Risiko zu managen als der Verkäufer, und so können für beide Seiten annehmbare Bedingungen vereinbart werden.

1.80. Daraus kann jedoch nicht geschlossen werden, dass alle vertraglichen Vereinbarungen zwischen verbundenen Unternehmen, in denen potenziell höhere Einkünfte gegen niedrigere, aber weniger riskante Einkünfte getauscht werden, automatisch fremdvergleichskonform sind. Die übrigen in diesem Abschnitt dargelegten Schritte befassen sich mit den erforderlichen Informationen, um zu bestimmen, wie die verbundenen Unternehmen in Bezug auf die Übernahme und das Management von Risiken vorgehen, was zur sachgerechten Abgrenzung des tatsächlichen Geschäftsvorfalls in Bezug auf die Risiken führt.

1.81. Die Übernahme von Risiken hat einen erheblichen Effekt auf die Bestimmung des fremdüblichen Preises zwischen verbundenen Unternehmen, und es sollte nicht angenommen werden, dass allein die in den vertraglichen Vereinbarungen getroffenen Preisabmachungen darüber entscheiden, welcher Beteiligte die Risiken übernimmt. Daher kann aus der Tatsache, dass der zwischen verbundenen Unternehmen für Waren oder Dienstleistungen gezahlte Preis auf einem bestimmten Niveau oder unter Bezugnahme auf eine bestimmte Gewinnspanne angesetzt ist, nicht geschlossen werden, dass die Risiken von diesen verbundenen Unternehmen auf eine bestimmte Weise getragen werden. Zum Beispiel kann ein Produktionsunternehmen behaupten, gegenüber dem Risiko von Schwankungen der Roh-, Hilfs- und Betriebsstoffpreise abgesichert zu sein, weil es von einem anderen Konzernunternehmen auf einer Basis vergütet wird, die seinen tatsächlichen Kosten Rechnung trägt. Aus dieser Behauptung ergibt sich, dass dieses andere Unternehmen das Risiko trägt. Die Form der Vergütung kann keine unangemessenen Risikozuordnungen bedingen. Es ist die Art und Weise, wie die Beteiligten die Risiken tatsächlich managen und kontrollieren, die in den weiteren Schritten des Verfahrens der Risikoanalyse bestimmt wird, die für die Übernahme der Risiken durch die Beteiligten entscheidend und die folglich ausschlaggebend für die Auswahl der am besten geeigneten Verrechnungspreismethode ist.

D.1.2.1.3. Dritter Schritt: Funktionsanalyse in Bezug auf die Risiken

1.82. In diesem Schritt werden die risikobezogenen Funktionen der verbundenen Unternehmen untersucht, die am Geschäftsvorfall beteiligt sind. Die Analyse liefert Informationen dazu, wie die verbundenen Unternehmen in Bezug auf die Übernahme und das Management der konkreten wirtschaftlich signifikanten Risiken vorgehen und insbesondere welches bzw. welche

Unternehmen Kontroll- und Risikominderungsfunktionen ausüben, welches bzw. welche Unternehmen die positiven oder negativen Konsequenzen des Risikoeintritts tragen und welches bzw. welche Unternehmen über die finanzielle Kapazität verfügen, die Risiken zu übernehmen. Dieser Schritt wird durch die folgenden Beispiele veranschaulicht; die Schlussfolgerungen aus diesen Beispielen werden nachstehend in Abschnitt D.1.2 gezogen.

Beispiel 1

1.83. Unternehmen A möchte eine Entwicklungschance verfolgen und beauftragt ein spezialisiertes Unternehmen, Unternehmen B, einen Teil der Forschungsarbeiten in seinem Namen durchzuführen. Im ersten Schritt wurde das Entwicklungsrisiko in diesem Geschäftsvorfall als wirtschaftlich signifikant erkannt, und im zweiten Schritt wurde festgestellt, dass Unternehmen A dem Vertrag zufolge das Entwicklungsrisiko übernimmt. Die Funktionsanalyse im dritten Schritt zeigt, dass Unternehmen A sein Entwicklungsrisiko kontrolliert, indem es von seiner Fähigkeit und Befugnis Gebrauch macht, eine Reihe relevanter Entscheidungen über das Ob und Wie der Übernahme des Entwicklungsrisikos zu treffen. Dies umfasst die Entscheidung, einen Teil der Entwicklungsarbeiten selbst durchzuführen, die Entscheidung, ein spezialisiertes Unternehmen hinzuzuziehen, die Entscheidung, das betreffende Forschungsunternehmen zu beauftragen, die Entscheidung über die Art der Forschungsarbeiten, die durchgeführt werden sollen, und die damit zu verwirklichenden Ziele sowie die Entscheidung über den Unternehmen B zur Verfügung gestellten Etat. Unternehmen A verringert sein Risiko, indem es Maßnahmen zur Auslagerung von Entwicklungstätigkeiten an Unternehmen B ergreift, das die laufende Verantwortung für die Durchführung der Forschungsarbeiten unter der Kontrolle von Unternehmen A übernimmt. Unternehmen B berichtet an Unternehmen A in bestimmten Stadien, und Unternehmen A beurteilt die erzielten Entwicklungsfortschritte und ob die jeweils gesetzten Ziele erreicht wurden und entscheidet, ob sich die Investitionen in das Projekt im Licht dieser Beurteilung weiterhin lohnen. Unternehmen A verfügt über die finanzielle Kapazität, das Risiko zu tragen. Unternehmen B ist nicht in der Lage, das Entwicklungsrisiko zu beurteilen, und trifft keine Entscheidungen über die Tätigkeiten von Unternehmen A. Das Risiko von Unternehmen B besteht hauptsächlich darin sicherzustellen, dass es seine Forschungstätigkeiten kompetent durchführt, und es macht von seiner Fähigkeit und Befugnis Gebrauch, dieses Risiko durch Entscheidungen über die von ihm benötigten Verfahren, Kenntnisse und Vermögenswerte zu kontrollieren. Das von Unternehmen B übernommene Risiko unterscheidet sich von dem Entwicklungsrisiko, das Unternehmen A im Rahmen des Vertrags übernimmt und das der Evidenz der Funktionsanalyse zufolge von Unternehmen A kontrolliert wird.

Beispiel 2

1.84. Unternehmen B stellt Produkte für Unternehmen A her. Im ersten Schritt wurden das Kapazitätsauslastungs- und das Lieferkettenrisiko als in diesem Geschäftsvorfall wirtschaftlich signifikant erkannt, und im zweiten Schritt wurde festgestellt, dass Unternehmen A diese Risiken dem Vertrag nach übernimmt. Die Funktionsanalyse im dritten Schritt liefert Evidenz dafür, dass Unternehmen B seine Produktionsanlage entsprechend den Vorgaben von Unternehmen A gebaut und ausgerüstet hat, dass die Produkte entsprechend technischen Anforderungen und Designs hergestellt werden, die von Unternehmen A stammen, dass das Produktionsvolumen von Unternehmen A festgelegt wird und dass Unternehmen A die Lieferkette organisiert, einschließlich der Beschaffung von Bauteilen sowie Roh-, Hilfs- und Betriebsstoffen. Unternehmen A führt zudem regelmäßige Qualitätskontrollen des Herstellungsprozesses durch. Unternehmen B baut die Produktionsanlage, stellt kompetentes Produktionspersonal ein und schult es und bestimmt die Produktionsplanung auf der Basis der von Unternehmen A festgelegten Produktionsvolumen. Obwohl Unternehmen B Festkosten entstanden sind, verfügt es über keine Möglichkeit, die Risiken im Zusammenhang mit der Amortisierung dieser Kosten durch die Festlegung der Verteilung der Festkosten auf verschiedene Produktionseinheiten zu kontrollieren, da Unternehmen A die Produktionsvolumen festlegt. Unternehmen A entscheidet auch über erhebliche Kosten im Zusammenhang mit Bauteilen, Roh-, Hilfs- und Betriebsstoffen sowie der Versorgungssicherheit. Die Evaluierung der Evidenz ergibt, dass Unternehmen B Fertigungsleistungen erbringt. Signifikante Risiken im Zusammenhang mit der Erwirtschaftung eines Ertrags aus den Fertigungstätigkeiten werden von Unternehmen A kontrolliert. Unternehmen B kontrolliert das Risiko, dass es ihm nicht gelingt, die Leistungen kompetent zu erbringen. Beide Unternehmen verfügen über die finanzielle Kapazität, ihre jeweiligen Risiken zu tragen.

Beispiel 3

1.85. Unternehmen A hat das Eigentum an einem materiellen Wirtschaftsgut erworben und schließt Verträge über die Nutzung dieses Wirtschaftsguts mit unabhängigen Kunden ab. In Schritt 1 wurde die Auslastung des materiellen Wirtschaftsguts, d. h. das Risiko, dass nicht genügend Nachfrage nach diesem Wirtschaftsgut besteht, um die Unternehmen A entstandenen Kosten zu decken, als ein wirtschaftlich signifikantes Risiko erkannt. Im zweiten Schritt wurde festgestellt, dass Unternehmen A einen Dienstleistungsvertrag mit einem anderen Konzernunternehmen, Unternehmen C, hat; der Vertrag befasst sich nicht mit der Übernahme des Auslastungsrisikos des Eigentümers des materiellen Wirtschaftsguts, Unternehmen A. Die Funktionsanalyse im dritten Schritt liefert Evidenz dafür, dass ein anderes Konzernunternehmen,

Unternehmen B, entscheidet, dass Investitionen in das Wirtschaftsgut in Anbetracht der erwarteten Geschäftschancen, die Unternehmen B ermittelt und evaluiert hat, sowie der erwarteten Nutzungsdauer des Wirtschaftsguts sinnvoll sind; Unternehmen B macht Vorgaben für das Wirtschaftsgut und die einzigartigen Merkmale, die es besitzen muss, um den Geschäftschancen gerecht zu werden, und sorgt dafür, dass das Wirtschaftsgut im Einklang mit diesen Spezifikationen konstruiert wird und dass Unternehmen A es erwirbt. Unternehmen C entscheidet, wie das Wirtschaftsgut genutzt werden soll, vermarktet die Kapazitäten des Wirtschaftsguts an konzernfremde Kunden, handelt die Verträge mit diesen konzernfremden Kunden aus und gewährleistet, dass das Wirtschaftsgut an die konzernfremden Kunden geliefert und sachgemäß installiert wird. Obwohl Unternehmen A der rechtliche Eigentümer des Wirtschaftsguts ist, übt es keine Kontrolle über das an das materielle Wirtschaftsgut geknüpfte Investitionsrisiko aus, da ihm jede Fähigkeit fehlt, darüber zu entscheiden, ob in das betreffende Wirtschaftsgut investiert werden soll sowie ob und wie seine Investition geschützt werden soll, einschließlich ob das Wirtschaftsgut veräußert werden soll. Obwohl es der Eigentümer des Wirtschaftsguts ist, übt Unternehmen A keine Kontrolle über das Auslastungsrisiko aus, da ihm jede Fähigkeit fehlt, zu entscheiden, ob und wie das Wirtschaftsgut verwertet werden soll. Es verfügt nicht über die Fähigkeit, die Aktivitäten der Risikominderung, die andere Konzernunternehmen durchführen, zu beurteilen und diesbezügliche Entscheidungen zu treffen. Stattdessen werden die Risiken im Zusammenhang mit der Investition in das Wirtschaftsgut und dessen Verwertung unter Steigerung der Aufwärtsrisiken und Begrenzung der Abwärtsrisiken von den anderen Konzernunternehmen kontrolliert. Unternehmen A hat nicht die Kontrolle über die wirtschaftlich signifikanten Risiken im Zusammenhang mit der Investition in das Wirtschaftsgut und mit dessen Verwertung. Der funktionale Beitrag des rechtlichen Eigentümers des Wirtschaftsguts beschränkt sich auf die Bereitstellung der Finanzmittel in Höhe eines Betrags, der den Kosten des Wirtschaftsguts entspricht. Die Funktionsanalyse liefert allerdings auch Evidenz dafür, dass Unternehmen A keine Fähigkeit und Befugnis besitzt, das Risiko von Investitionen in einen finanziellen Vermögenswert zu kontrollieren. Unternehmen A besitzt weder die Fähigkeit, Entscheidungen über die Nutzung oder Nichtnutzung der Finanzierungsmöglichkeit zu treffen, noch die Fähigkeit, Entscheidungen darüber zu treffen, ob und wie auf die Risiken im Zusammenhang mit der Finanzierungsmöglichkeit reagiert werden soll. Unternehmen A übt keine Funktionen zur Evaluierung der Finanzierungsmöglichkeit aus, untersucht nicht die angemessene Risikoprämie und andere Fragen, um den angemessenen Preis für die Finanzierungsmöglichkeit zu bestimmen, und evaluiert auch nicht, was der geeignete Schutz für sein Finanzierungsinstrument ist. Unternehmen A, B und C verfügen alle über die finanzielle Kapazität, ihre jeweiligen Risiken zu tragen.

D.1.2.1.4. Vierter Schritt: Interpretation der Schritte 1 bis 3

1.86. Im zweiten und dritten Schritt geht es um die Sammlung von Informationen in Bezug auf die Übernahme und das Management von Risiken im konzerninternen Geschäftsvorfall. Der nächste Schritt besteht darin, die Informationen aus den Schritten 1 bis 3 zu interpretieren und zu bestimmen, ob die vertragliche Risikoübernahme mit dem Verhalten der Beteiligten und den anderen Gegebenheiten des Einzelfalls übereinstimmt, wozu analysiert wird, *i)* ob die verbundenen Unternehmen die Vertragsbedingungen nach den Prinzipien von Abschnitt D.1.1 einhalten und *ii)* ob der Beteiligte, der die Risiken übernimmt, gemäß der Analyse unter i die Kontrolle über die Risiken ausübt und die finanzielle Kapazität besitzt, die Risiken zu tragen.

1.87. Die Bedeutung des vierten Schritts hängt davon ab, was dabei festgestellt wird. In den in Beispiel 1 und 2 beschriebenen Situationen dürfte dieser Schritt einfach durchzuführen sein. Wenn ein Beteiligter, der ein Risiko vertraglich übernimmt, diese vertragliche Risikoübernahme in seinem Verhalten umsetzt und zudem sowohl die Kontrolle über das Risiko ausübt als auch die finanzielle Kapazität besitzt, das Risiko zu tragen, sind keine weiteren Analysen über Schritt 4i und 4ii hinaus nötig, um die Risikoübernahme zu bestimmen. Die Unternehmen A und B in beiden Beispielen erfüllen die Bedingungen, die in den Verträgen festgelegt sind, und üben die Kontrolle über die Risiken, die sie im Rahmen des Geschäftsvorfalls übernehmen, durch ihre finanzielle Kapazität unterstützt, aus. Folglich sind die Anforderungen von Schritt 4ii erfüllt, und es besteht keine Notwendigkeit, Schritt 5 durchzuführen, sodass als Nächstes Schritt 6 folgt.

1.88. Im Einklang mit der Erörterung bezüglich der Vertragsbedingungen (vgl. Abschnitt D.1.1) sollte in Schritt 4i untersucht werden, ob das Verhalten der Beteiligten mit der in den schriftlichen Verträgen vereinbarten Risikoübernahme übereinstimmt oder ob die Vertragsbedingungen nicht eingehalten wurden oder unvollständig sind. Falls zwischen den risikobezogenen Vertragsbedingungen und dem Verhalten der Beteiligten Abweichungen bestehen, die wirtschaftlich signifikant sind und von fremden Dritten bei der Preisfindung berücksichtigt würden, wenn der Geschäftsvorfall zwischen ihnen stattfände, sollte das Verhalten der Beteiligten, im Kontext der konsistenten Vertragsbedingungen, im Allgemeinen als die beste Evidenz hinsichtlich der Absichten der Beteiligten in Bezug auf die Risikoübernahme betrachtet werden.

1.89. Nehmen wir das Beispiel eines Fertigungsunternehmens, dessen funktionale Währung der US-Dollar ist und das Waren an ein verbundenes Vertriebsunternehmen in einem anderen Staat verkauft, dessen funktionale Währung der Euro ist, wobei im schriftlichen Vertrag festgelegt ist, dass das Vertriebsunternehmen alle Wechselkursrisiken in Bezug auf diesen konzerninternen Geschäftsvorfall übernimmt. Wenn das Fertigungsunternehmen dem

Vertriebsunternehmen den Preis für die Waren jedoch über einen längeren Zeitraum in Euro, der Währung des Vertriebsunternehmens, in Rechnung stellt, dann decken sich Aspekte der schriftlichen Vertragsbedingungen nicht mit den tatsächlichen kaufmännischen oder finanziellen Beziehungen zwischen den Beteiligten. Die Risikoübernahme im Geschäftsvorfall sollte anhand des tatsächlichen Verhaltens der Beteiligten im Kontext der Vertragsbedingungen anstatt anhand von Aspekten der schriftlichen Vertragsbedingungen, die in der Praxis nicht umgesetzt werden, bestimmt werden. Das Prinzip kann durch Beispiel 7 im Anhang zu Kapitel VI weiter veranschaulicht werden, wo eine Unstimmigkeit zwischen der vertraglich vereinbarten Risikoübernahme und dem Verhalten der Beteiligten, wie es in der Übernahme der Kosten im Zusammenhang mit den negativen Folgen des Risikos offensichtlich wird, besteht.

1.90. In Schritt 4ii sollte bestimmt werden, ob der Beteiligte, der dem Vertrag nach das Risiko übernimmt – wobei zu berücksichtigen ist, ob die Vertragsbedingungen Schritt 4i zufolge im Verhalten der Beteiligten Umsetzung finden –, das Risiko kontrolliert und über die finanzielle Kapazität verfügt, das Risiko zu tragen. Wenn die gesamte Situation dieselbe ist wie in Beispiel 1, außer dass der Vertrag zwischen Unternehmen A und Unternehmen B das Entwicklungsrisiko Unternehmen B zuweist, und wenn es Schritt 4i zufolge keine Evidenz aus dem Verhalten der Beteiligten gibt, die darauf hindeuten würde, dass die vertragliche Risikoaufteilung nicht eingehalten wird, dann übernimmt Unternehmen B vertraglich das Entwicklungsrisiko, wobei jedoch Tatsache bleibt, dass Unternehmen B nicht die Fähigkeit besitzt, das Entwicklungsrisiko zu evaluieren, und keine Entscheidungen über die Tätigkeiten von Unternehmen A trifft. Unternehmen B hat keine Entscheidungsfunktion, die ihm gestatten würde, das Entwicklungsrisiko durch Entscheidungen zu kontrollieren, die sich auf das Ergebnis dieses Risikos auswirken. Laut den Informationen in Beispiel 1 wird das Entwicklungsrisiko von Unternehmen A kontrolliert. Die Feststellung, dass der Beteiligte, der das Risiko übernimmt, nicht der Beteiligte ist, der das Risiko kontrolliert, bedeutet, dass im Rahmen von Schritt 5 weitere Untersuchungen durchgeführt werden müssen.

1.91. Wenn die in Beispiel 2 beschriebene Situation unverändert bleibt, außer dass im Vertrag zwar festgelegt ist, dass Unternehmen A die Lieferkettenrisiken übernimmt, Unternehmen B von Unternehmen A aber nicht entschädigt wird, wenn es nicht gelingt, entscheidende Bauteile rechtzeitig zu beschaffen, dann ergibt die Analyse in Schritt 4i, dass die vertragliche Risikoübernahme in Bezug auf dieses Lieferkettenrisiko in der Praxis nicht eingehalten wurde, sodass Unternehmen B in Wirklichkeit die negativen Konsequenzen dieses Risikos trägt. Den Informationen in Beispiel 2 zufolge hat Unternehmen B keine Kontrolle über das Lieferkettenrisiko, wohingegen Unternehmen A diese Kontrolle ausübt. Somit übt der Beteiligte, der gemäß der Analyse in Schritt 4i das Risiko übernimmt, Schritt 4ii zufolge nicht die Kontrolle über dieses Risiko aus, weshalb weitere Untersuchungen in Schritt 5 durchgeführt werden müssen.

1.92. In der Situation von Beispiel 3 zeigt die Analyse im Rahmen von Schritt 4i, dass sich die Übernahme des Auslastungsrisikos durch Unternehmen A mit seinen vertraglichen Vereinbarungen mit Unternehmen C deckt, in Schritt 4ii wird jedoch festgestellt, dass Unternehmen A die Risiken, die es im Zusammenhang mit der Investition in das Wirtschaftsgut und dessen Verwertung übernimmt, nicht kontrolliert. Unternehmen A hat keine Entscheidungsfunktion, die ihm gestatten würde, seine Risiken durch Entscheidungen zu kontrollieren, die sich auf die Entwicklung der Risiken auswirken. Schritt 4ii zufolge hat der Beteiligte, der das Risiko übernimmt, nicht die Kontrolle über dieses Risiko, weshalb weitere Untersuchungen in Schritt 5 durchgeführt werden müssen.

1.93. In manchen Fällen kann die Analyse im dritten Schritt darauf hindeuten, dass mehr als ein Unternehmen des betreffenden multinationalen Konzerns in der Lage ist, die Kontrolle über ein Risiko auszuüben. Kontrolle setzt jedoch sowohl die Fähigkeit zur als auch die funktionale Ausübung der Kontrolle über ein Risiko voraus. Wenn also mehr als ein Beteiligter in der Lage ist, die Kontrolle auszuüben, das Unternehmen, das das Risiko vertraglich übernimmt (gemäß der Analyse in Schritt 4i), aber der einzige Beteiligte ist, der die Kontrolle durch Fähigkeit und funktionale Ausübung tatsächlich wahrnimmt, dann kontrolliert der Beteiligte, der das Risiko vertraglich übernimmt, auch das Risiko.

1.94. In manchen Fällen kann es außerdem sein, dass mehr als eines der am Geschäftsvorfall beteiligten Unternehmen die Kontrolle über ein bestimmtes Risiko ausübt. Wenn das verbundene Unternehmen, das das Risiko (gemäß der Analyse in Schritt 4i) übernimmt, dieses Risiko im Einklang mit den unter Ziffer 1.65–1.66 formulierten Anforderungen kontrolliert, muss in Schritt 4ii nur noch untersucht werden, ob das Unternehmen die finanzielle Kapazität besitzt, das Risiko zu tragen. Ist dies der Fall, dann hat die Tatsache, dass andere verbundene Unternehmen ebenfalls die Kontrolle über dieses Risiko ausüben, keine Auswirkungen auf die Übernahme des Risikos durch das erstgenannte Unternehmen und Schritt 5 muss nicht durchgeführt werden.

1.95. Wenn mindestens zwei am Geschäftsvorfall beteiligte Unternehmen ein bestimmtes Risiko (wie in Schritt 4i analysiert) übernehmen und wenn sie dieses Risiko zudem gemeinsam kontrollieren und jedes von ihnen über die finanzielle Kapazität verfügt, seinen Teil des Risikos zu tragen, dann sollte diese Risikoübernahme anerkannt werden. Zu den Beispielen hierfür gehört die vertragliche Übernahme von Entwicklungsrisiken in einem Geschäftsvorfall, bei dem die Unternehmen vereinbaren, die Kosten der Schaffung eines neuen Produkts gemeinsam zu tragen.

1.96. Wenn festgestellt wird, dass das verbundene Unternehmen, das das Risiko gemäß der Analyse in Schritt 4i übernimmt, entweder nicht die Kontrolle über das Risiko ausübt oder nicht über die finanzielle Kapazität verfügt, das Risiko zu tragen, dann muss die unter Schritt 5 beschriebene Analyse durchgeführt werden.

1.97. In Anbetracht der potenziellen Schwierigkeiten, die in manchen Situationen auftreten können, wenn bestimmt werden soll, ob ein verbundenes Unternehmen, das ein Risiko übernimmt, dieses Risiko kontrolliert, sollte das Kontrollkriterium als erfüllt betrachtet werden, wenn vergleichbare Risikoübernahmen in einem vergleichbaren Fremdgeschäftsvorfall ermittelt werden können. Um vergleichbar zu sein, müssen bei diesen Risikoübernahmen die wirtschaftlich relevanten Merkmale des Geschäftsvorfalls vergleichbar sein. Wenn ein solcher Vergleich angestellt wird, ist es besonders wichtig nachzuweisen, dass das Unternehmen, das ein vergleichbares Risiko im Fremdgeschäftsvorfall übernimmt, Risikomanagementfunktionen in Bezug auf die Kontrolle dieses Risikos ausübt, die denen vergleichbar sind, die das verbundene Unternehmen ausübt, das das Risiko im konzerninternen Geschäftsvorfall trägt. Der Zweck dieses Vergleichs ist es nachzuweisen, dass ein unabhängiges Unternehmen, das ein Risiko übernimmt, das dem vergleichbar ist, das das verbundene Unternehmen übernimmt, auch Risikomanagementfunktionen ausübt, die denen vergleichbar sind, die das verbundene Unternehmen ausübt.

D.1.2.1.5. Fünfter Schritt: Risikozuordnung

1.98. Wenn in Schritt 4ii festgestellt wird, dass das verbundene Unternehmen, das den Schritten 1 bis 4i zufolge das Risiko übernimmt, nicht die Kontrolle über das Risiko ausübt oder nicht die finanzielle Kapazität besitzt, das Risiko zu tragen, sollte das Risiko dem Unternehmen zugeordnet werden, das die Kontrolle ausübt und über die finanzielle Kapazität verfügt, das Risiko zu tragen. Wenn mehrere verbundene Unternehmen ermittelt werden, die die Kontrolle ausüben und die finanzielle Kapazität besitzen, das Risiko zu tragen, dann sollte das Risiko dem verbundenen Unternehmen oder der Gruppe von verbundenen Unternehmen zugeordnet werden, das oder die am meisten Kontrolle ausüben. Die anderen Beteiligten, die Kontrolltätigkeiten ausüben, sollten angemessen vergütet werden, unter Berücksichtigung der Bedeutung der ausgeübten Kontrollfunktionen.

1.99. Unter außergewöhnlichen Umständen ist es möglich, dass kein verbundenes Unternehmen ermittelt werden kann, das sowohl die Kontrolle über das Risiko ausübt als auch die finanzielle Kapazität besitzt, das Risiko zu tragen. Da es in Geschäftsvorfällen zwischen fremden Dritten kaum zu einer solchen Situation kommen dürfte, muss eine gründliche Analyse der Gegebenheiten und Umstände des jeweiligen Falls durchgeführt werden, um die Gründe und Maßnahmen zu ermitteln, die zu dieser Situation geführt haben. Ausgehend von dieser Untersuchung werden die Steuerverwaltungen entscheiden, welche Anpassungen am Geschäftsvorfall vorgenommen werden müssen, damit der Geschäftsvorfall zu einem fremdvergleichskonformen Ergebnis führt. Möglicherweise muss eine Beurteilung der kaufmännischen Rationalität des Geschäftsvorfalls auf der Grundlage von Abschnitt D.2 durchgeführt werden.

D.1.2.1.6. Sechster Schritt: Bestimmung des Preises des Geschäftsvorfalls unter Berücksichtigung der Konsequenzen der Risikozuordnung

1.100. Gemäß diesem Abschnitt sollte der Preis für den sachgerecht abgegrenzten Geschäftsvorfall anschließend entsprechend den Instrumenten und Methoden, die den Steuerpflichtigen und Steuerverwaltungen zur Verfügung stehen und die in den folgenden Kapiteln dieser Leitlinien beschrieben sind, unter Berücksichtigung der finanziellen und sonstigen Konsequenzen der Risikoübernahme sowie der Vergütung für das Risikomanagement festgelegt werden. Der Übernahme eines Risikos sollte ein angemessener voraussichtlicher Ertrag gegenüberstehen, und Risikominderungsaktivitäten sollten angemessen vergütet werden. Folglich hat ein Steuerpflichtiger, der ein Risiko sowohl übernimmt als auch Anstrengungen zu seiner Verringerung unternimmt, Anspruch auf einen höheren voraussichtlichen Ertrag als ein Steuerpflichtiger, der ein Risiko nur übernimmt oder nur mindert, aber nicht beides tut.

1.101. In der in Beispiel 1 unter Ziffer 1.83 beschriebenen Situation übernimmt und kontrolliert Unternehmen A das Entwicklungsrisiko und sollte die finanziellen Konsequenzen eines Misserfolgs tragen und die finanziellen Konsequenzen eines Erfolgs genießen. Unternehmen B sollte eine angemessene Vergütung für die Durchführung seiner Entwicklungsleistungen erhalten, unter Einrechnung des Risikos, dass es ihm nicht gelingt, diese Leistungen auf kompetente Weise zu erbringen.

1.102. In der in Beispiel 2 unter Ziffer 1.84 beschriebenen Situation werden die signifikanten an die Erwirtschaftung eines Ertrags aus den Fertigungsaktivitäten geknüpften Risiken von Unternehmen A kontrolliert, und so sollten die positiven und negativen Konsequenzen dieser Risiken Unternehmen A zugeordnet werden. Unternehmen B kontrolliert das Risiko, dass es ihm möglicherweise nicht gelingt, die Leistungen kompetent zu erbringen, und seine Vergütung sollte diesem Risiko sowie seinen Finanzierungskosten für die Anschaffung der Produktionsanlage Rechnung tragen. Da die Risiken hinsichtlich der Kapazitätsauslastung des Wirtschaftsguts von Unternehmen A kontrolliert werden, sollte Unternehmen A das Risiko einer unzureichenden Auslastung zugewiesen werden. Das bedeutet, dass die finanziellen Konsequenzen im Zusammenhang mit dem Eintreten dieses Risikos, einschließlich von nicht amortisierbaren Fixkosten, von Abschreibungen oder Stilllegungskosten, Unternehmen A zugeordnet werden sollten.

1.103. In Beispiel 3 unter Ziffer 1.85 hängen die Konsequenzen der Risikozuordnung von der Funktionsanalyse in Schritt 3 ab. Unternehmen A hat nicht die Kontrolle über die wirtschaftlich signifikanten Risiken im Zusammenhang mit der Investition in das Wirtschaftsgut und dessen Verwertung, und diese Risiken sollten mit der Kontrolle dieser Risiken durch die Unternehmen B und C in Einklang gebracht werden. Der funktionale Beitrag von Unternehmen A beschränkt sich auf die Bereitstellung von Finanzmitteln in Höhe eines den Kosten des Wirtschaftsguts entsprechenden Betrags, welche die Schaffung und Verwertung des Wirtschaftsguts durch Unternehmen B und C ermöglicht. Die Funktionsanalyse liefert allerdings auch Evidenz dafür, dass Unternehmen A keine Fähigkeit und Befugnis besitzt, das Risiko von Investitionen in einen finanziellen Vermögenswert zu kontrollieren. Unternehmen A besitzt weder die Fähigkeit, Entscheidungen über die Nutzung oder Nichtnutzung der Finanzierungsmöglichkeit zu treffen, noch die Fähigkeit, Entscheidungen darüber zu treffen, ob und wie auf die Risiken im Zusammenhang mit der Finanzierungsmöglichkeit reagiert werden soll. Unternehmen A übt keine Funktionen zur Evaluierung der Finanzierungsmöglichkeit aus, untersucht nicht die angemessene Risikoprämie und andere Fragen, um den angemessenen Preis für die Finanzierungsmöglichkeit zu bestimmen, und evaluiert auch nicht, was der geeignete Schutz für sein Finanzierungsinstrument ist. In der in Beispiel 3 beschriebenen Situation hätte Unternehmen A keinen Anspruch auf mehr als eine risikofreie Rendite[2] als angemessene Messgröße der Gewinne, die es einbehalten darf, da ihm die Fähigkeit fehlt, die Risiken im Zusammenhang mit einer Investition in einen riskanteren finanziellen Vermögenswert zu kontrollieren. Die Risiken werden dem Unternehmen zugeordnet, das die Kontrolle ausübt und die finanzielle Kapazität besitzt, die Risiken im Zusammenhang mit dem finanziellen Vermögenswert zu tragen. In der im Beispiel beschriebenen Situation ist dies Unternehmen B. Unternehmen A kontrolliert nicht das Investitionsrisiko, an das eine potenzielle Risikoprämie geknüpft ist. Möglicherweise muss eine Beurteilung der kaufmännischen Rationalität des Geschäftsvorfalls auf der Grundlage der Leitlinien in Abschnitt D.2 unter Berücksichtigung der kompletten Gegebenheiten und Umstände des Geschäftsvorfalls durchgeführt werden.

1.104. Leitlinien zum Zusammenhang zwischen der Risikoübernahme hinsichtlich der Bereitstellung von Finanzmitteln und den operativen Tätigkeiten, für die die Mittel verwendet werden, liefern die Ziffern 6.60–6.64. Die Konzepte, die in diesen Absätzen Ausdruck finden, sind auch auf Investitionen in andere Vermögenswerte als immaterielle Werte anwendbar.

2. Unternehmen A könnte potenziell auf weniger als eine risikofreie Rendite Anspruch haben, beispielsweise wenn der Geschäftsvorfall nach Abschnitt D.2 nicht anerkannt würde.

1.105. Ein Beteiligter sollte stets angemessen für seine Kontrollfunktionen in Bezug auf die Risiken vergütet werden. Üblicherweise ergibt sich die Vergütung aus den Konsequenzen der Tatsache, ein Risiko zugewiesen zu bekommen, und deshalb wird der betreffende Beteiligte die positiven Folgen genießen können und die negativen Kosten zu tragen haben. In Fällen, in denen ein Beteiligter zur Kontrolle eines Risikos beiträgt, dieses Risiko jedoch nicht trägt, könnte eine Vergütung in Form einer nach seinem Anteil an der Kontrolle bemessenen Beteiligung an den potenziellen negativen und positiven Folgen angebracht sein.

1.106. Der Unterschied zwischen Ex-ante- und Ex-post-Erträgen, der insbesondere in Abschnitt D von Kapitel VI erörtert wird, ergibt sich zu einem großen Teil aus den Risiken im Zusammenhang mit der Unsicherheit zukünftiger Geschäftsergebnisse. Wie unter Ziffer 1.78 erörtert, sollte die vertragliche Ex-ante-Übernahme eines Risikos klare Evidenz für die Verpflichtung zur Übernahme des Risikos vor Eintreten von dessen Folgen liefern. Gemäß den in diesem Abschnitt beschriebenen Schritten ist die Verrechnungspreisanalyse maßgeblich für die sachgerechte Abgrenzung des Geschäftsvorfalls in Bezug auf die Risiken, einschließlich der Risiken im Zusammenhang mit unerwarteten Erträgen. Ein Beteiligter, der diesen Schritten zufolge das Risiko weder übernimmt noch zur Kontrolle dieses Risikos beiträgt, hat keinen Anspruch auf unerwartete Erträge aus diesem Risiko (und kann auch nicht dazu verpflichtet werden, unerwartete Verluste daraus zu tragen). In der Situation von Beispiel 3 (vgl. Ziffer 1.85) bedeutet dies, dass Unternehmen A weder unerwartete Gewinne noch unerwartete Verluste zugerechnet werden. Sollte das Wirtschaftsgut in Beispiel 3 unerwartet zerstört werden, was zu einem unerwarteten Verlust führen würde, so würde dieser Verlust demnach für Verrechnungspreiszwecke dem bzw. den Unternehmen zugerechnet, die das Investitionsrisiko kontrollieren, zur Kontrolle dieses Risikos beitragen und die finanzielle Kapazität besitzen, dieses Risiko zu tragen, und die Anspruch auf unerwartete Gewinne oder Verluste aus dem Wirtschaftsgut haben. Dieses bzw. diese Unternehmen sind verpflichtet, Unternehmen A die Rendite zu zahlen, auf die es, wie unter Ziffer 1.103 beschrieben, Anspruch hat.

D.1.2.2. Risikofreie und risikoangepasste Rendite

1.107. Dieser Abschnitt von Kapitel I enthält Leitlinien für die Bestimmung einer risikofreien bzw. einer risikoangepassten Rendite in Situationen, in denen ein verbundenes Unternehmen nach den Leitlinien in diesem Kapitel und in Kapitel VI Anspruch auf eine dieser beiden Renditeformen hat.

D.1.2.2.1. Bestimmung einer risikofreien Rendite

1.108. Wenn die sachgerechte Abgrenzung des tatsächlichen Geschäftsvorfalls nach den Leitlinien dieses Kapitels ergibt, dass ein Mittelgeber nicht über die Fähigkeit verfügt oder nicht die entsprechenden Entscheidungsfunktionen ausübt, um die an die Investition in einen finanziellen Vermögenswert geknüpften Risiken zu kontrollieren, ist als Orientierungsgröße für die Gewinne, die er einbehalten darf, nicht mehr als eine risikofreie Rendite angemessen (vgl. Ziffer 1.103 und zugehörige Fußnote). Bei der Bestimmung dieser risikofreien Rendite sollten die Kosten, die dem Mittelgeber durch die Beschaffung der ausgereichten Mittel entstehen, berücksichtigt werden; der Mittelempfänger kann dabei – vorbehaltlich der Erfüllung weiterer Bedingungen – einen Betriebsausgabenabzug im Zusammenhang mit der erhaltenen Finanzierung bis zu fremdüblicher Höhe geltend machen. Die Differenz zwischen diesen beiden Summen ist dem Unternehmen zuzurechnen, das nach den Leitlinien dieses Kapitels die Kontrolle über das Investitionsrisiko ausübt.

1.109. Eine risikofreie Rendite ist der hypothetische Ertrag, der bei einer Investition ohne Verlustrisiko zu erwarten wäre. In Wirklichkeit gibt es natürlich keine risikofreie Investition und die Verlässlichkeit der verfügbaren Näherungswerte zur Bestimmung einer risikofreien Rendite hängt von den jeweiligen Gegebenheiten und Umständen ab.

1.110. Ein in der Praxis sehr gebräuchlicher Ansatz ist, den auf bestimmte Staatsschuldtitel gezahlten Zinssatz als Referenzwert für eine risikofreie Rendite zu nehmen, da das Ausfallrisiko dieser Titel von den Marktteilnehmern im Allgemeinen als sehr gering eingestuft wird. Die Leitlinien in diesem Abschnitt sollen einen Ansatz für Referenzzwecke aufzeigen; sie sollen jedoch nicht nahelegen, dass zur Ermittlung einer risikofreien Rendite immer ein bestimmter Staatsschuldtitel verwendet werden sollte.

1.111. Um das Wechselkursrisiko auszuschalten, sollte der Referenztitel, der zur Bestimmung der risikofreien Rendite verwendet wird, in derselben Währung denominiert sein wie die Zahlungsströme des Investors, d. h. in dessen funktionaler Währung und nicht in der Währung seines Ansässigkeitsstaats. Wenn mehrere Staaten Anleihen in derselben Währung auflegen, sollte der Staatsschuldtitel mit der niedrigsten Verzinsung als Referenzgröße für die risikofreie Rendite herangezogen werden, da etwaige Zinsunterschiede auf das unterschiedliche Risiko der einzelnen Emittenten zurückzuführen sein dürften (vgl. Ziffer 10.33).

1.112. Ein weiterer wichtiger Aspekt bei der Bestimmung der risikofreien Rendite ist eine möglichst große zeitliche Übereinstimmung zwischen dem Referenztitel und dem untersuchten Geschäftsvorfall. Der Referenztitel sollte idealerweise zur gleichen Zeit aufgelegt worden sein, zu der auch der betreffende konzerninterne Geschäftsvorfall vereinbart wurde, oder eine ähnliche

Restlaufzeit aufweisen, um den Effekt von Unterschieden auszuschalten, die zwischen zu unterschiedlichen Zeitpunkten aufgelegten Wertpapieren bestehen können (vgl. Ziffer 10.32).

1.113. Ein weiterer wichtiger Aspekt ist die Laufzeit des Finanzinstruments. Die Laufzeit des Referenztitels sollte mit der Laufzeit der Investition übereinstimmen, da die Laufzeit einer Investition üblicherweise Einfluss auf ihren Preis hat. Die Laufzeit der konzerninternen Investition sollte im Rahmen der sachgerechten Abgrenzung des tatsächlichen Geschäftsvorfalls bestimmt werden. Ein Finanzinstrument z. B., das laut den zwischen den Beteiligten vereinbarten schriftlichen Vertragsbedingungen kurzfristig ist, das aber immer wieder durch ein neues Instrument ersetzt wird, ist je nach den genauen Gegebenheiten und Umständen möglicherweise sachgerecht als langfristige Anlage abzugrenzen.

1.114. Wegen Schwierigkeiten bei der konkreten Umsetzung können praxisorientierte Lösungen zur Schätzung der risikofreien Rendite erwogen werden. Beispielsweise sei angenommen, dass Unternehmen A, das einem multinationalen Konzern angehört, nach den Leitlinien dieses Kapitels für eine Mittelausreichung mit einer Laufzeit von einem Jahr an ein verbundenes Unternehmen, Unternehmen B, lediglich Anspruch auf eine risikofreie Rendite hat. Als erster Schritt zur Ermittlung dieser Rendite müsste ein Schuldtitel gefunden werden, der im Zeitpunkt der Mittelausreichung aufgelegt wurde, und zwar in der Währung, die die funktionale Währung von Unternehmen A ist. Angenommen, die Steuerverwaltung von Staat X, in dem Unternehmen A ansässig ist, stellt nun fest, dass in der funktionalen Währung von Unternehmen A drei Staatschuldtitel mit einer Laufzeit von einem Jahr aufgelegt wurden, nämlich von Staat X, Staat Y und Staat Z. Staat X hat ein Kreditrating von A, Staat Y von B und Staat Z von AA. Die Steuerverwaltung von Staat X kann ein Mindestkreditrating festlegen, über das ein Emittent verfügen muss, damit die von ihm aufgelegten Titel als risikofreie, mit dem konzerninternen Geschäftsvorfall vergleichbare Anlagen betrachtet werden können, und ausgehend davon den von Staat Z aufgelegten Schuldtitel als Referenzgröße für die risikofreie Rendite auswählen, da er von allen zum Zeitpunkt der Mittelausreichung umlaufenden Staatsschuldtiteln in der betreffenden Währung mit einjähriger Laufzeit derjenige ist, der am niedrigsten verzinst ist.

1.115. Staatsschuldtitel mit hohem Rating sind nicht die einzigen möglichen Näherungswerte zur Abbildung risikofreier Renditen; je nach den Gegebenheiten und Umständen des Einzelfalls können alternative Größen herangezogen werden, z. B. Interbankensätze, Zinsswapsätze oder Reposätze für Staatsschuldverschreibungen mit hohem Rating.

1.116. Die risikofreie Rendite kann beispielsweise relevant sein als Bestandteil der Berechnung der risikoangepassten Rendite einer Investition oder als die Rendite, die einem Investor zuzurechnen ist, der zwar Finanzmittel bereitgestellt hat, aber keine Risiken im Zusammenhang mit der Finanzierung übernommen hat.

D.1.2.2.2. Bestimmung einer risikoangepassten Rendite

1.117. Wie unter Ziffer 6.61 ausgeführt, kann ein Beteiligter, der Finanzierungsmittel bereitstellt und die Kontrolle über die finanziellen Risiken im Zusammenhang mit der Bereitstellung der Finanzierungsmittel ausübt, ohne andere konkrete Risiken, einschließlich deren Kontrolle, zu übernehmen, im Allgemeinen für seine Finanzierung nur eine risikoangepasste Rendite erwarten. (Vgl. Ziffer 1.85 und 1.103.)

1.118. Bei der Bestimmung der risikoangepassten Rendite ist es daher wichtig, das finanzielle Risiko zu bestimmen, das der Mittelgeber mit der Ausübung seiner Finanzierungstätigkeit übernimmt, und dieses Risiko von dem operationellen Risiko zu unterscheiden, das der Mittelempfänger übernimmt und das an die Nutzung der Mittel, z. B. für die Entwicklung eines immateriellen Werts, geknüpft ist. Leitlinien zum Zusammenhang zwischen der Risikoübernahme hinsichtlich der Bereitstellung von Finanzmitteln und hinsichtlich der operativen Tätigkeiten, für die die Mittel verwendet werden, können Ziffer 6.60–6.64 entnommen werden.

1.119. Als Beispiel sei angenommen, dass Unternehmen F einem verbundenen Unternehmen, Unternehmen D, das an der Entwicklung eines immateriellen Werts arbeitet, ein Darlehen gewährt. Ferner sei angenommen, dass nach den Leitlinien dieses Kapitels festgestellt wird, dass Unternehmen F das finanzielle Risiko im Zusammenhang mit der Finanzierung der Entwicklung des immateriellen Werts kontrolliert, das ihm folglich zugeordnet wird und das auch das Risiko umfasst, dass Unternehmen D bei der Entwicklung des immateriellen Werts scheitert und nicht in der Lage ist, das Darlehen zurückzuzahlen. Unternehmen F übernimmt jedoch nicht das Risiko der Entwicklung des immateriellen Werts, das nach der sachgerechten Abgrenzung des tatsächlichen Geschäftsvorfalls vollumfänglich von Unternehmen D getragen wird. Sollten die mit der Nutzung des immateriellen Werts erzielten Resultate ex post höher (oder niedriger) ausfallen als die Ergebnisse, die ex ante veranschlagt wurden, hätte Unternehmen F demnach keinen Anspruch auf diese Differenz, sondern nur auf eine risikoangepasste Rendite, wie in diesem Abschnitt beschrieben.

1.120. Die erwartete risikoangepasste Rendite einer Finanzierungstransaktion setzt sich im Allgemeinen aus zwei Bestandteilen zusammen, nämlich aus der risikofreien Rendite und einem Aufschlag für die vom Mittelgeber übernommenen Risiken.

1.121. Wenn der Mittelgeber das finanzielle Risiko gemäß den Leitlinien dieses Kapitels übernimmt und somit einem möglichen Eintreten dieses Risikos ausgesetzt ist, wird er dessen positive und negative Folgen zu tragen haben. Daher steht ihm für die Übernahme dieses Risikos eine Vergütung zu, die höher ist als eine risikofreie Rendite.

1.122. Eine risikoangepasste Rendite kann mittels verschiedener Ansätze bestimmt werden, beispielsweise ausgehend von der Rendite einer realistischen alternativen Investition mit vergleichbaren wirtschaftlichen Merkmalen oder ausgehend von den Geldbeschaffungskosten (vgl. Abschnitt C.1.2 in Kapitel X).

1.123. Ein zweckmäßiger Indikator für eine risikoangepasste Rendite kann möglicherweise anhand vergleichbarer Fremdgeschäftsvorfälle oder realistischerweise verfügbarer alternativer Investitionen mit gleichem Risikoprofil ermittelt werden. Realistische Alternativen zu einem konzerninternen Darlehen könnten je nach den Gegebenheiten und Umständen Anleiheemissionen oder Darlehen sein, bei denen es sich um Fremdgeschäftsvorfälle handelt (vgl. Ziffer 10.93).

1.124. Ein anderer Ansatz zur Bestimmung der risikoangepassten Rendite wäre die Ergänzung der risikofreien Rendite um eine Risikoprämie unter Zugrundelegung von auf dem Markt verfügbaren Informationen zu Finanzinstrumenten, die unter ähnlichen Bedingungen und Umständen begeben wurden.

1.125. Als Beispiel sei der gleiche Sachverhalt angenommen wie in Ziffer 1.114 mit dem Unterschied, dass in diesem Szenario festgestellt wird, dass Unternehmen A nach den Leitlinien dieses Kapitels Anspruch auf eine risikoangepasste Rendite hat. Um diese Rendite zu bestimmen, erwägt die Steuerverwaltung von Staat X, die risikofreie Rendite – d. h. die Verzinsung der einjährigen Anleihe von Staat Z – um eine Risikoprämie zu ergänzen. Zur Schätzung der risikoangepassten Rendite unterstellt die Steuerverwaltung von Staat X, dass die Rendite von Anleihen unabhängiger, in Staat X ansässiger und in der gleichen Branche wie Unternehmen B tätiger Unternehmen dem entspricht, was ein fremder Dritter erwarten würde, wenn er seine Mittel unter vergleichbaren Umständen in Unternehmen B investiert hätte.

1.126. Bei einem auf den Geldbeschaffungskosten basierenden Ansatz wird der Preis eines konzerninternen Geschäftsvorfalls ermittelt, indem eine Gewinnmarge zu den Kosten addiert wird, die dem Kreditgeber bei der Beschaffung der dem Kreditnehmer zur Verfügung gestellten Mittel entstanden sind. Diese Gewinnmarge sollte in einem angemessenen Verhältnis zu dem Risiko stehen, das der Kreditgeber eingeht, und nach den Leitlinien unter Ziffer 10.97–10.100 berechnet werden.

D.1.3. Merkmale der Wirtschaftsgüter oder Dienstleistungen

1.127. Unterschiede zwischen den konkreten Merkmalen von Wirtschaftsgütern oder Dienstleistungen erklären oft, zumindest teilweise, Unterschiede zwischen deren Marktwert. Vergleiche dieser Merkmale können deshalb zur Abgrenzung des Geschäftsvorfalls und zur Bestimmung der Vergleichbarkeit von konzerninternen Geschäftsvorfällen und Fremdgeschäftsvorfällen von Nutzen sein. Möglicherweise wichtige zu berücksichtigende Eigenschaften umfassen im Fall der Übertragung von materiellen Wirtschaftsgütern die physischen Merkmale der betreffenden Wirtschaftsgüter, ihre Qualität und Zuverlässigkeit sowie ihre Verfügbarkeit und Liefermenge, im Fall der Erbringung von Dienstleistungen deren Art und Umfang und im Fall von immateriellen Werten die Form des Geschäftsvorfalls (z. B. Lizenzvergabe oder Verkauf), die Art des Werts (z. B. Patent, Marke oder Know-how), die Dauer und den Grad des Schutzes sowie die voraussichtlichen Vorteile aus der Nutzung des Werts. Wegen einer eingehenderen Erörterung einiger der besonderen Merkmale immaterieller Werte, die sich in einer Vergleichbarkeitsanalyse in Bezug auf die Übertragung von immateriellen Werten oder Rechten an immateriellen Werten als wichtig erweisen könnten, vgl. Abschnitt D.2.1 von Kapitel VI.

1.128. Je nachdem welche Verrechnungspreismethode angewendet wird, muss diesem Faktor mehr oder weniger Gewicht beigemessen werden. Unter den in Kapitel II beschriebenen Methoden ist das Erfordernis der Vergleichbarkeit der Wirtschaftsgüter oder Dienstleistungen bei der Preisvergleichsmethode am strengsten. Bei der Preisvergleichsmethode kann sich jeder wesentliche Unterschied zwischen den Merkmalen der Wirtschaftsgüter oder Dienstleistungen auf den Preis auswirken und eine angemessene Anpassung erfordern (vgl. insbesondere Ziffer 2.16). Bei der Wiederverkaufspreismethode und der Kostenaufschlagsmethode haben manche Unterschiede zwischen den Eigenschaften der Wirtschaftsgüter oder Dienstleistungen mit geringerer Wahrscheinlichkeit wesentliche Auswirkungen auf die Bruttogewinnmargen oder den Kostenaufschlag (vgl. insbesondere die Ziffern 2.29 und 2.47). Die Unterschiede zwischen den Eigenschaften der Wirtschaftsgüter oder Dienstleistungen sind auch im Fall der geschäftsvorfallbezogenen Gewinnmethoden weniger kritisch als bei geschäftsvorfallbezogenen Standardmethoden (vgl. insbesondere Ziffer 2.75). Dies bedeutet allerdings nicht, dass die Frage der Vergleichbarkeit der Eigenschaften der Wirtschaftsgüter oder Dienstleistungen bei der Anwendung von geschäftsvorfallbezogenen Gewinnmethoden außer Acht gelassen werden kann, da es sein kann, dass Produktunterschiede zu Unterschieden bei den vom untersuchten Unternehmen ausgeübten Funktionen, genutzten Vermögenswerten und/oder übernommenen Risiken führen bzw. auf solche Unterschiede zurückzuführen sind. Vgl. die Ziffern 3.18–3.19 wegen einer Erörterung des Konzepts des untersuchten Unternehmens.

1.129. In der Praxis ist zu beobachten, dass in Vergleichbarkeitsanalysen für Methoden, die auf Brutto- oder Nettogewinnindikatoren basieren, Funktionsübereinstimmungen häufig mehr Bedeutung beigemessen wird als Übereinstimmungen zwischen Produkten. Je nach den Gegebenheiten und Umständen des Einzelfalls kann eine Erweiterung des Spektrums der Vergleichbarkeitsanalyse durch Einbeziehung von Fremdgeschäftsvorfällen, bei denen es um unterschiedliche Produkte geht, aber gleichartige Funktionen ausgeübt werden, akzeptabel sein. Allerdings hängt die Akzeptierbarkeit einer derartigen Vorgehensweise von den Effekten ab, die die Produktunterschiede auf die Zuverlässigkeit des Vergleichs haben und davon, ob zuverlässigere Daten verfügbar sind oder nicht. Vor einer Erweiterung der Suche mit dem Zweck, eine größere Zahl potenziell vergleichbarer Fremdgeschäftsvorfälle auf der Basis vergleichbarer ausgeübter Funktionen einzubeziehen, sollte darüber nachgedacht werden, ob es wahrscheinlich ist, dass derartige Geschäftsvorfälle zuverlässige Vergleichswerte für den konzerninternen Geschäftsvorfall liefern.

D.1.4. Wirtschaftliche Verhältnisse

1.130. Die fremdüblichen Preise können auf verschiedenen Märkten selbst für Geschäftsvorfälle unterschiedlich sein, die die gleichen Wirtschaftsgüter oder Dienstleistungen betreffen; um Vergleichbarkeit herzustellen, ist es deshalb erforderlich, dass die Märkte, auf denen die unabhängigen und die verbundenen Unternehmen tätig sind, keine Unterschiede aufweisen, die einen wesentlichen Einfluss auf die Preise haben, oder dass angemessene Anpassungen vorgenommen werden können. Als Erstes ist es wesentlich, den oder die relevanten Märkte zu ermitteln, wobei Substitutionsmöglichkeiten bei Waren und Dienstleistungen zu berücksichtigen sind. Zu den wirtschaftlichen Umständen, die für die Bestimmung der Vergleichbarkeit der Märkte relevant sein können, zählen die geografische Lage, die Größe der Märkte, die Intensität des Wettbewerbs auf den Märkten und die jeweilige Wettbewerbsposition der Käufer und der Verkäufer, die Möglichkeit (das Risiko) einer Substituierung der Waren und Dienstleistungen, die Höhe von Angebot und Nachfrage auf dem Markt insgesamt und gegebenenfalls in bestimmten Regionen, die Kaufkraft der Konsumenten, Art und Umfang der staatlichen Regulierung des Markts, die Produktionskosten einschließlich der Kosten für Grund und Boden, Arbeit und Kapital, Transportkosten, die Marktstufe (z. B. Einzelhandel oder Großhandel), der Zeitpunkt der Geschäftsvorfälle usw. Die Gegebenheiten und Umstände des Einzelfalls entscheiden darüber, ob die Unterschiede zwischen den wirtschaftlichen Verhältnissen einen wesentlichen Einfluss auf den Preis haben und ob hinreichend genaue Anpassungen vorgenommen werden können, um die Effekte dieser Unterschiede zu beseitigen. Genauere Leitlinien hinsichtlich der Bedeutung, die die Merkmale der lokalen Märkte und insbesondere die Merkmale der lokalen Märkte, die zu standortbedingten Einsparungen führen, in einer Vergleichbarkeitsanalyse haben, enthält Abschnitt D.6 dieses Kapitels.

1.131. Das Vorliegen eines Zyklus (z. B. eines Konjunktur- oder Produktzyklus) gehört zu den wirtschaftlichen Begleitumständen, die es zu ermitteln gilt. Vgl. Ziffer 3.77 zur Nutzung von Mehrjahresdaten im Fall von Zyklen.

1.132. Der geografische Markt gehört ebenfalls zu den wirtschaftlichen Verhältnissen, die ermittelt werden sollten. Die Ermittlung des relevanten Markts ist sachverhaltsabhängig. Für eine Reihe von Wirtschaftszweigen können große regionale Märkte, die mehr als einen Staat umfassen, eine ausreichende Homogenität aufweisen, während für andere die Unterschiede zwischen den verschiedenen nationalen Märkten (oder sogar innerhalb der nationalen Märkte) sehr erheblich sind.

1.133. In Fällen, in denen ähnliche konzerninterne Geschäftsvorfälle von einem multinationalen Konzern in mehreren Staaten durchgeführt werden und in denen die wirtschaftlichen Verhältnisse tatsächlich hinreichend homogen sind, kann es für diesen multinationalen Konzern angebracht sein, seine Verrechnungspreispolitik in dieser Ländergruppe auf eine Vergleichbarkeitsanalyse zu stützen, die sich auf mehrere Staaten erstreckt. Es gibt aber auch zahlreiche Situationen, in denen ein multinationaler Konzern in den einzelnen Staaten Produkt- und Dienstleistungspaletten anbietet, die sich deutlich unterscheiden, und/oder in den einzelnen Staaten deutlich unterschiedliche Funktionen ausübt (unter Verwendung deutlich unterschiedlicher Vermögenswerte und Übernahme deutlich unterschiedlicher Risiken) und/oder in denen festgestellt wird, dass sich die Geschäftsstrategien und/oder die wirtschaftlichen Umstände deutlich unterscheiden. In diesen letztgenannten Situationen kann der Rückgriff auf einen mehrere Staaten umfassenden Ansatz die Zuverlässigkeit verringern.

D.1.5. Geschäftsstrategien

1.134. Bei der Abgrenzung des Geschäftsvorfalls und der Bestimmung der Vergleichbarkeit für Verrechnungspreiszwecke müssen auch Geschäftsstrategien untersucht werden. Geschäftsstrategien tragen vielen unternehmerischen Aspekten Rechnung, wie etwa der Innovation und Entwicklung neuer Produkte, dem Diversifikationsgrad, der Risikoaversion, der Einschätzung politischer Veränderungen, dem Einfluss bestehender und geplanter Arbeitsgesetze, der Dauer der Vereinbarungen und anderen den täglichen Geschäftsbetrieb betreffende Faktoren. Es kann notwendig sein, solche Geschäftsstrategien bei der Bestimmung der Vergleichbarkeit von konzerninternen Geschäftsvorfällen und Fremdgeschäftsvorfällen sowie von verbundenen und unabhängigen Unternehmen zu berücksichtigen.

1.135. Geschäftsstrategien können auch Markterschließungsprogramme umfassen. Ein Steuerpflichtiger, der versucht, einen Markt zu erschließen oder seinen Marktanteil zu erhöhen, kann vorübergehend einen Preis für sein Produkt berechnen, der unter dem liegt, der sonst für ähnliche Produkte auf demselben Markt berechnet wird. Darüber hinaus kann ein Steuerpflichtiger, der versucht, auf einen neuen Markt vorzudringen oder seinen Marktanteil auszuweiten (oder zu verteidigen), vorübergehend höhere Kosten zu tragen haben (z. B. infolge von Anlaufkosten oder höheren Marketinganstrengungen) und deshalb niedrigere Gewinne erzielen als andere Steuerpflichtige, die auf demselben Markt tätig sind.

1.136. Zeitfragen können für die Steuerverwaltungen besondere Probleme aufwerfen, wenn es darum geht zu prüfen, ob ein Steuerpflichtiger eine Geschäftsstrategie verfolgt, die ihn von möglichen Vergleichsunternehmen unterscheidet. Einige Geschäftsstrategien, etwa solche zur Markterschließung oder zur Ausweitung eines Marktanteils, führen zu einer Reduzierung der laufenden Gewinne des Steuerpflichtigen in Erwartung höherer zukünftiger Gewinne. Wenn sich diese erhöhten Gewinne anschließend nicht einstellen, weil die angeblich verfolgte Geschäftsstrategie in Wirklichkeit nicht vom Steuerpflichtigen verfolgt wurde, dürfte zur Erzielung des angemessenen Verrechnungspreisergebnisses eine Verrechnungspreiskorrektur erforderlich sein. Rechtliche Hindernisse können die Steuerverwaltungen allerdings an einer neuerlichen Überprüfung vorangegangener Wirtschaftsjahre hindern. Zumindest teilweise aus diesem Grund kann es sein, dass die Steuerverwaltungen das Problem der Geschäftsstrategien einer besonders genauen Überprüfung unterziehen möchten.

1.137. Bei der Beurteilung der Frage, ob ein Steuerpflichtiger eine Geschäftsstrategie verfolgte, die im Interesse größerer langfristiger Gewinne zu einer vorübergehenden Gewinnminderung führte, sollten mehrere Faktoren berücksichtigt werden. Die Steuerverwaltungen sollten das Verhalten der Beteiligten untersuchen, um festzustellen, ob es mit der angeblich verfolgten Geschäftsstrategie im Einklang steht. Wenn beispielsweise ein Fertigungsunternehmen als Teil seiner Markterschließungsstrategie einem verbundenen Vertriebsunternehmen einen unter dem Marktpreis liegenden Preis berechnet, können sich die Kostenersparnisse für das Vertriebsunternehmen in den Preisen gegenüber seinen Kunden oder in höheren Aufwendungen für die Markterschließung widerspiegeln. Eine Markterschließungsstrategie eines multinationalen Konzerns kann vom Fertigungsunternehmen oder vom Vertriebsunternehmen, das dabei unabhängig vom Fertigungsunternehmen agiert (wobei die daraus resultierenden Kosten vom einen oder anderen der beiden Unternehmen getragen werden), oder von beiden zusammen auf koordinierte Weise eingerichtet werden. Darüber hinaus dürfte eine Markterschließungs- oder Marktausweitungsstrategie oft mit ungewöhnlich intensiven Marketing- und Werbeanstrengungen einhergehen. Ein weiterer zu beachtender Faktor ist, ob die Art der Beziehung zwischen den am konzerninternen Geschäftsvorfall beteiligten Unternehmen damit vereinbar ist, dass der Steuerpflichtige die Kosten der Geschäftsstrategie trägt. So wird z. B. bei Geschäftsvorfällen zwischen unabhängigen Unternehmen eine Gesellschaft, die ausschließlich als Verkaufsvertreter fungiert und wenig oder keine Verantwortung für die langfristige Marktentwicklung trägt, im Allgemeinen nicht für die Kosten einer Markterschließungsstrategie aufkommen. Hat eine Gesellschaft auf eigenes Risiko Aktivitäten zur Marktentwicklung unternommen und den Wert eines Produkts durch eine Marke oder einen Firmennamen erhöht oder durch das Produkt den Firmenwert („Goodwill") vermehrt, sollte dies bei der Funktionsanalyse zur Herstellung der Vergleichbarkeit zum Ausdruck kommen.

1.138. Ferner ist zu überlegen, ob plausiblerweise erwartet werden kann, dass die Verfolgung einer bestimmten Geschäftsstrategie einen ausreichenden Ertrag bringt, um deren Kosten innerhalb eines im Fremdvergleich akzeptablen Zeitraums zu rechtfertigen. Es ist einzuräumen, dass eine Geschäftsstrategie, beispielsweise zur Markterschließung, scheitern kann, wobei das Scheitern für sich genommen nicht als Grund ausreicht, um diese Strategie für Verrechnungspreiszwecke abzulehnen. Wenn jedoch das angestrebte Ergebnis zum Zeitpunkt des Geschäftsvorfalls unplausibel war oder wenn die eingeschlagene Geschäftsstrategie trotz Erfolglosigkeit über einen für ein unabhängiges Unternehmen inakzeptablen Zeitraum hinaus weiterverfolgt wird, kann der fremdübliche Charakter der Geschäftsstrategie in Zweifel gezogen werden und kann eine Verrechnungspreiskorrektur erforderlich sein. Bei der Einschätzung des für ein unabhängiges Unternehmen akzeptablen Zeitraums kann den Steuerverwaltungen daran gelegen sein, Evidenz zu den Geschäftsstrategien zu untersuchen, die in dem Staat, in dem die betreffende Strategie verfolgt wird, anzutreffen sind. Letztendlich wird jedoch die wichtigste Überlegung sein, ob von der betreffenden Strategie realistischerweise erwartet werden kann, dass sie sich in absehbarer Zukunft als rentabel erweist (wobei die Möglichkeit des Scheiterns der Strategie mit zu berücksichtigen ist), und ob ein unter fremdüblichen Bedingungen agierender Beteiligter unter den gleichen wirtschaftlichen Umständen und Wettbewerbsbedingungen über einen ähnlich langen Zeitraum zu einem Rentabilitätsopfer bereit gewesen wäre.

D.2. Anerkennung des sachgerecht abgegrenzten Geschäftsvorfalls

1.139. In dem entsprechend dem vorangegangenen Abschnitt durchgeführten Teil der Verrechnungspreisanalyse wurde die Substanz der kaufmännischen oder finanziellen Beziehungen zwischen den Beteiligten ermittelt und der tatsächliche Geschäftsvorfall anhand einer Analyse der wirtschaftlich relevanten Merkmale sachgerecht abgegrenzt.

1.140. Bei der Durchführung dieser Analyse wurde der tatsächliche Geschäftsvorfall zwischen den Beteiligten aus den schriftlichen Vertragsbedingungen und dem Verhalten der Beteiligten abgeleitet. Die formalen, in Verträgen anerkannten Bedingungen wurden geklärt und durch eine Analyse des Verhaltens der Beteiligten und der sonstigen wirtschaftlich relevanten Merkmale des Geschäftsvorfalls ergänzt (vgl. Abschnitt D.1.1). Wenn die Merkmale des Geschäftsvorfalls, die wirtschaftlich signifikant sind, nicht mit dem schriftlichen Vertrag übereinstimmten, wurde der tatsächliche Geschäftsvorfall im Einklang mit den Merkmalen des Geschäftsvorfalls abgegrenzt, die im Verhalten der Beteiligten zum Ausdruck kommen. Die vertragliche Risikoübernahme und das tatsächliche Verhalten in Bezug auf die Risikoübernahme wurden unter Berücksichtigung der Kontrolle über das Risiko (gemäß den Ziffern 1.65–1.68) sowie der finanziellen Kapazität zur Übernahme des Risikos (gemäß Ziffer 1.64) untersucht, und dementsprechend wurden die im Rahmen des Vertrags übernommenen Risiken im Einklang mit dem Verhalten der Beteiligten und den anderen Sachverhalten auf der Grundlage der Schritte 4 und 5 des Verfahrens zur Risikoanalyse in einem konzerninternen Geschäftsvorfall nach Abschnitt D.1.2.1.4 und D.1.2.1.5. zugeordnet. Mit der Analyse wurde somit die faktische Substanz der kaufmännischen oder finanziellen Beziehungen zwischen den Beteiligten dargelegt und der tatsächliche Geschäftsvorfall sachgerecht abgegrenzt.

1.141. Es sollte alles getan werden, um den Preis für den tatsächlichen Geschäftsvorfall zu bestimmen, wie er nach dem Fremdvergleichsgrundsatz sachgerecht abgegrenzt wurde. Die verschiedenen Instrumente und Methoden, die den Steuerverwaltungen und den Steuerpflichtigen dazu zur Verfügung stehen, sind in den folgenden Kapiteln dargelegt. Eine Steuerverwaltung sollte den tatsächlichen Geschäftsvorfall nicht unberücksichtigt lassen oder durch andere Geschäftsvorfälle ersetzen, es sei denn die außergewöhnlichen Umstände, die nachstehend unter Ziffer 1.142–1.145 beschrieben sind, seien gegeben.

1.142. In diesem Abschnitt sind die Umstände beschrieben, unter denen der sachgerecht abgegrenzte Geschäftsvorfall für Verrechnungspreiszwecke unberücksichtigt bleiben kann. Weil die Nichtanerkennung strittig sein und zu Doppelbesteuerung führen kann, sollte alles unternommen werden, um die tatsächliche Art des Geschäftsvorfalls zu bestimmen und einen fremdvergleichskonformen Preis für den sachgerecht abgegrenzten Geschäftsvorfall festzulegen und sicherzustellen, dass nicht einfach deshalb von der Nichtanerkennung Gebrauch gemacht wird, weil die Bestimmung eines fremdüblichen Preises schwierig ist. Wenn der gleiche Geschäftsvorfall zwischen fremden Dritten unter vergleichbaren Umständen anzutreffen ist (d. h. wenn sich alle wirtschaftlich relevanten Merkmale des Geschäftsvorfalls mit denen decken, unter denen der untersuchte Geschäftsvorfall getätigt wird, außer dass die Beteiligten verbundene Unternehmen sind), ist eine Nichtanerkennung nicht möglich. Wichtig ist, dass die bloße Tatsache, dass der betreffende Geschäftsvorfall zwischen voneinander unabhängigen Unternehmen möglicherweise nicht zu beobachten ist, nicht bedeutet, dass er nicht anerkannt werden sollte. Verbundene Unternehmen können die Möglichkeit haben, wesentlich vielfältigere Vereinbarungen einzugehen als unabhängige Unternehmen, und sie können Sondervereinbarungen schließen, die zwischen unabhängigen Unternehmen nicht oder nur sehr selten anzutreffen sind, und dies aus vernünftigen geschäftlichen Gründen. Der sachgerecht abgegrenzte Geschäftsvorfall kann unberücksichtigt bleiben und gegebenenfalls durch einen anderen Geschäftsvorfall ersetzt werden, wenn die in Bezug auf den Geschäftsvorfall getroffenen Vereinbarungen, in ihrer Gesamtheit gesehen, von denen abweichen, die unabhängige Unternehmen, die unter vergleichbaren Bedingungen kaufmännisch rationell handeln, getroffen hätten, und somit die Bestimmung eines Preises verhindert wird, der für beide Seiten unter Berücksichtigung ihrer jeweiligen Sichtweise sowie der ihnen im Zeitpunkt der Vereinbarung des Geschäftsvorfalls realistischerweise zur Verfügung stehenden Optionen annehmbar wäre. Ein weiteres wichtiges zu berücksichtigendes Element ist, ob der multinationale Konzern als Ganzes durch den Geschäftsvorfall auf Vorsteuerbasis schlechter gestellt ist, da dies ein Indiz dafür sein könnte, dass es dem Geschäftsvorfall in seiner Gesamtheit betrachtet an der kaufmännischen Rationalität fehlt, die Vereinbarungen zwischen unabhängigen Unternehmen aufweisen.

1.143. Die entscheidende Frage in der Analyse ist, ob der tatsächliche Geschäftsvorfall die kaufmännische Rationalität von Vereinbarungen besitzt, die zwischen unabhängigen Unternehmen unter vergleichbaren wirtschaftlichen Umständen geschlossen würden, und nicht etwa, ob der gleiche Geschäftsvorfall auch zwischen unabhängigen Unternehmen zu beobachten ist. Die Nichtanerkennung eines Geschäftsvorfalls, der die kaufmännische Rationalität fremdüblicher Vereinbarungen aufweist, stellt keine sachgemäße Anwendung des Fremdvergleichsgrundsatzes dar. Eine derartige Umqualifizierung legitimer Geschäftsvorfälle wäre eine völlig willkürliche Vorgehensweise, deren Ungerechtigkeit durch eine Doppelbesteuerung verstärkt werden könnte, zu der es kommen könnte, wenn die andere Steuerverwaltung in der Frage der Qualifizierung des Geschäftsvorfalls nicht die gleiche Ansicht vertritt. Es gilt erneut darauf hinzuweisen, dass die bloße Tatsache, dass ein Geschäftsvorfall zwischen voneinander unabhängigen Unternehmen möglicherweise nicht zu beobachten ist, nicht bedeutet, dass er nicht die Merkmale einer fremdüblichen Vereinbarung aufweist.

1.144. Die Struktur, mit der die von den Steuerpflichtigen tatsächlich gewählte Struktur für Verrechnungspreiszwecke ersetzt wird, sollte soweit wie möglich mit den Gegebenheiten des tatsächlichen Geschäftsvorfalls übereinstimmen, dabei aber zu einem kaufmännisch rationellen erwarteten Ergebnis führen, das es den Beteiligten ermöglicht hätte, einen Preis festzulegen, der für beide Seiten im Zeitpunkt der Vereinbarung des Geschäftsvorfalls annehmbar gewesen wäre.

1.145. Das Kriterium für die Nichtanerkennung kann anhand der folgenden Beispiele veranschaulicht werden.

Beispiel 1

1.146. Unternehmen S1 geht einer Fertigungstätigkeit nach, die mit umfangreichen Lagerbeständen sowie erheblichen Investitionen in Anlagen und Maschinen verbunden ist. Es ist Eigentümer gewerblicher Immobilien, die sich in einer Gegend befinden, die seit einiger Zeit einem zunehmenden Überschwemmungsrisiko ausgesetzt ist. Konzernfremde Versicherungsunternehmen sehen sich großer Unsicherheit wegen der Möglichkeit erheblicher Schadensansprüche gegenüber, was zur Folge hat, dass es keinen aktiven Markt für die Versicherung von Immobilien in dieser Gegend gibt. Unternehmen S2, ein verbundenes Unternehmen, versichert Unternehmen S1, und Unternehmen S1 zahlt dafür eine jährliche Prämie in Höhe von 80 % des Werts der Lagerbestände, der Immobilien und von deren Inhalt. In diesem Beispiel hat Unternehmen S1 eine in kaufmännischer Hinsicht irrationale Transaktion getätigt, da es angesichts der Wahrscheinlichkeit hoher Schadensansprüche keinen Markt für Versicherungen gibt und der Standortwechsel oder die Nichtversicherung eine attraktivere realistische Alternative gewesen wäre. Da der Geschäftsvorfall in kaufmännischer Hinsicht irrational ist, gibt es keinen Preis, der sowohl für S1 als auch für S2 aus deren jeweiliger Perspektive annehmbar wäre.

1.147. Nach den Leitlinien dieses Abschnitts sollte der Geschäftsvorfall nicht anerkannt werden. Unternehmen S1 wird so behandelt, als erwerbe es keine Versicherung, und sein Gewinn wird nicht um die Zahlung an S2 geschmälert; Unternehmen S2 wird so behandelt, als biete es keine Versicherung an, sodass es nicht für Schadensansprüche zur Haftung gezogen werden kann.

Beispiel 2

1.148. Unternehmen S1 führt Forschungstätigkeiten durch, um immaterielle Werte zu entwickeln, die es zur Schaffung neuer Produkte verwendet, welche es herstellen und verkaufen kann. Es vereinbart, einem verbundenen Unternehmen, Unternehmen S2, uneingeschränkte Rechte an allen zukünftigen immateriellen Werten, die aus seiner zukünftigen Arbeit während eines Zeitraums von zwanzig Jahren hervorgehen könnten, gegen Zahlung eines Pauschalbetrags zu überlassen. Die Vereinbarung ist für beide Seiten in kaufmännischer Hinsicht irrational, da weder Unternehmen S1 noch Unternehmen S2 über verlässliche Möglichkeiten verfügt, um zu bestimmen, ob die Zahlung einer angemessenen Wertstellung entspricht, sowohl weil ungewiss ist, welche Arten von Entwicklungstätigkeiten Unternehmen S1 in diesem

Zeitraum durchführen wird, als auch weil eine Bewertung der zukünftigen Ergebnisse rein spekulativ wäre. Nach den Leitlinien dieses Abschnitts sollte die vom Steuerpflichtigen gewählte Struktur der Vereinbarung, einschließlich der Form der Zahlung, für die Zwecke der Verrechnungspreisanalyse verändert werden. Die Ersatzstruktur sollte an den wirtschaftlich relevanten Merkmalen der kaufmännischen oder finanziellen Beziehungen der verbundenen Unternehmen orientiert sein, einschließlich der ausgeübten Funktionen, genutzten Vermögenswerte und übernommenen Risiken. Durch diese Sachverhalte reduziert sich das Spektrum der möglichen Ersatzstrukturen auf die Struktur, die mit den Gegebenheiten des Einzelfalls am stärksten übereinstimmt (in Abhängigkeit von diesen Sachverhalten könnte die Vereinbarung beispielsweise als Bereitstellung von Finanzmitteln durch Unternehmen S2 oder als Bereitstellung von Forschungsleistungen durch Unternehmen S1 oder – falls konkrete immaterielle Werte ermittelt werden können – als Lizenz mit bedingten Zahlungen für die Entwicklung dieser konkreten immateriellen Werte, gegebenenfalls unter Berücksichtigung der Leitlinien zu schwer zu bewertenden immateriellen Werten, umqualifiziert werden).

D.3. Verluste

1.149. Erleidet ein verbundenes Unternehmen dauerhaft Verluste, während der multinationale Konzern insgesamt Gewinne erzielt, könnte dieser Sachverhalt Anlass zu einer besonders genauen Prüfung der Verrechnungspreisfragen geben. Natürlich können verbundene Unternehmen in gleicher Weise wie unabhängige Unternehmen echte Verluste erleiden, mögen diese auf hohe Anlaufkosten, ungünstige wirtschaftliche Bedingungen, Unwirtschaftlichkeit oder auf andere legitime geschäftliche Gründe zurückzuführen sein. Ein unabhängiges Unternehmen wäre jedoch nicht bereit, Verluste auf unabsehbare Zeit hinzunehmen. Ein unabhängiges Unternehmen, das laufend Verluste erleidet, wird letzten Endes aufhören, seiner Geschäftstätigkeit unter den gegebenen Bedingungen nachzugehen. Im Gegensatz dazu kann ein Verluste schreibendes verbundenes Unternehmen seine Geschäftstätigkeit fortsetzen, wenn diese für den multinationalen Konzern insgesamt von Vorteil ist.

1.150. Der Umstand, dass ein Verluste schreibendes Konzernunternehmen mit rentablen Unternehmen seines multinationalen Konzerns geschäftliche Transaktionen tätigt, kann für Steuerpflichtige oder Steuerverwaltungen ein Hinweis sein, die Verrechnungspreisbestimmung näher zu prüfen. Es kann sein, dass das Verlustunternehmen von dem multinationalen Konzern, dem es angehört, für die aus seiner Tätigkeit gezogenen Vorteile keine ausreichende Vergütung erhält. So kann sich beispielsweise ein multinationaler Konzern genötigt sehen, eine volle Produkt- und/oder Leistungspalette anzubieten, um konkurrenzfähig zu bleiben und einen Gesamtgewinn zu erzielen, obwohl bei einigen Produktlinien vielleicht regelmäßig Verluste verzeichnet werden.

Ein Unternehmen des multinationalen Konzerns kann ständig Verluste erleiden, weil es sämtliche verlustbringenden Produkte herstellt, während die anderen Konzernunternehmen die gewinnbringenden Produkte herstellen. Ein unabhängiges Unternehmen würde eine derartige Leistung nur dann erbringen, wenn es hierfür eine angemessene Dienstleistungsvergütung erhielte. Ein möglicher Lösungsansatz für diese Art von Verrechnungspreisproblem könnte deshalb darin bestehen, zu unterstellen, dass das Verlustunternehmen die gleiche Art von Dienstleistungsvergütung erhält, wie sie ein unabhängiges Unternehmen unter fremdüblichen Bedingungen erhalten würde.

1.151. Bei der Analyse von Verlusten ist zu berücksichtigen, dass sich Geschäftsstrategien aufgrund einer Vielzahl von historischen, wirtschaftlichen und kulturellen Gründen von einem multinationalen Konzern zum anderen unterscheiden können. Wiederholte Verluste innerhalb eines vertretbaren Zeitraums können mitunter durch eine Geschäftsstrategie gerechtfertigt sein, die zur Markterschließung besonders niedrige Preise vorsieht. So kann beispielsweise ein Fertigungsunternehmen im Interesse der Markterschließung, der Markterweiterung, der Einführung von neuen Produkten oder Dienstleistungen oder der Konkurrenzabwehr seine Preise sogar so weit senken, dass vorübergehend Verluste auftreten. Solche besonders niedrigen Preise sind jedoch nur für einen begrenzten Zeitraum zu erwarten, mit dem ausdrücklichen Ziel einer langfristigen Gewinnerhöhung. Wenn die Preisstrategie allerdings über den vertretbaren Zeitraum hinaus fortgeführt wird, kann eine Verrechnungspreiskorrektur angebracht sein, besonders in Fällen, in denen Vergleichsdaten über mehrere Jahre aufzeigen, dass die Verluste über einen längeren Zeitraum hinweg angefallen sind, als sie bei vergleichbaren unabhängigen Unternehmen eingetreten wären. Ferner sollten die Steuerverwaltungen besonders niedrige Preise (z. B. Grenzkostenpreise bei nicht ausgelasteten Produktionskapazitäten) nicht als fremdübliche Preise akzeptieren, es sei denn, von unabhängigen Unternehmen wäre zu erwarten, dass sie die Preise in vergleichbarer Weise bestimmt hätten.

D.4. Auswirkungen staatlicher Maßnahmen

1.152. Es gibt Situationen, unter denen ein Steuerpflichtiger in Erwägung ziehen wird, dass ein dem Fremdvergleichsgrundsatz entsprechender Preis angepasst werden muss, um staatliche Eingriffe zu berücksichtigen, wie etwa Preiskontrollen (sogar Preiskürzungen), Zinskontrollen, Preiskontrollen in Bezug auf Dienstleistungs- oder Verwaltungsvergütungen und Lizenzgebühren, Subventionen für bestimmte Branchen, Devisenkontrollen, Anti-Dumping-Abgaben oder wechselkurspolitische Maßnahmen. Üblicherweise sollten diese staatlichen Eingriffe als Marktbedingungen im jeweiligen Staat angesehen werden, und im Normalfall sollten sie bei der Prüfung des vom Steuerpflichtigen auf diesem Markt verwendeten Verrechnungspreises berücksichtigt werden.

Allerdings stellt sich dann die Frage, ob angesichts dieser Bedingungen die von den verbundenen Unternehmen getätigten Geschäftsvorfälle den Geschäftsvorfällen zwischen unabhängigen Unternehmen tatsächlich entsprechen.

1.153. Ein dabei auftretendes Problem betrifft die Bestimmung der Stufe, auf der eine Preiskontrolle den Preis eines Produkts oder einer Dienstleistung beeinflusst. Oft ist es der Verbraucherendpreis, der unmittelbar von einer solchen Preiskontrolle betroffen ist, es kann sich aber auch eine Auswirkung auf die Preise ergeben, die auf vorgelagerten Stufen der Lieferung der Waren an den Markt gezahlt werden. In der Praxis kann es sein, dass multinationale Unternehmen keine Anpassungen ihrer Verrechnungspreise vornehmen, um Preiskontrollen Rechnung zu tragen, womit daraus resultierende Gewinneinbußen vom Endverkäufer getragen werden müssen, oder es ist möglich, dass sie Preise berechnen, die die Last auf die eine oder andere Weise zwischen dem Endverkäufer und dem Zwischenhändler aufteilen. Es sollte untersucht werden, ob sich ein unabhängiger Zulieferer an den im Zusammenhang mit Preiskontrollen anfallenden Kosten beteiligen würde oder nicht und ob ein unabhängiges Unternehmen alternative Produktlinien und Geschäftsmöglichkeiten suchen würde. Was dies anbelangt, ist es unwahrscheinlich, dass ein unabhängiges Unternehmen bereit wäre, Produkte oder Dienstleistungen zu Bedingungen zu produzieren, zu vertreiben oder anderweitig anzubieten, die es ihm nicht ermöglichen, einen Gewinn zu erzielen. Dennoch liegt es auf der Hand, dass ein Staat, in dem Preiskontrollen gelten, den Umstand berücksichtigen muss, dass diese Preiskontrollen die Gewinne der Unternehmen beeinflussen, die solchen Kontrollen unterworfene Waren verkaufen.

1.154. Ein besonderes Problem tritt dann auf, wenn ein Staat die Zahlung eines Betrags verhindert oder „blockiert“, den ein Konzernunternehmen einem anderen schuldet oder den ein Konzernunternehmen einem anderen in einer dem Fremdvergleichsgrundsatz entsprechenden Vereinbarung berechnen würde. Devisenkontrollen beispielsweise können ein Konzernunternehmen effektiv daran hindern, Zinszahlungen für ein Darlehen ins Ausland zu überweisen, das ihm von einem im Ausland befindlichen verbundenen Unternehmen gewährt wurde. Dieser Umstand kann von den beiden betroffenen Staaten unterschiedlich behandelt werden: Der Staat des Darlehensnehmers kann die nicht überwiesenen Zinsen als geleistet oder als nicht geleistet ansehen, und der Staat des Darlehensgebers kann diesen so behandeln, als wären ihm die Zinsen zugeflossen oder als wären sie ihm nicht zugeflossen. Für steuerliche Zwecke sollte in Fällen, in denen der staatliche Eingriff gleichermaßen Geschäftsvorfälle zwischen verbundenen Unternehmen und solche zwischen unabhängigen Unternehmen betrifft (sowohl de jure als auch de facto), der Lösungsansatz für das zwischen verbundenen Unternehmen auftretende Problem derselbe sein wie jener, der für Geschäftsvorfälle zwischen unabhängigen Unternehmen gewählt wurde. Betrifft der staatliche Eingriff nur Geschäftsvorfälle zwischen verbundenen Unternehmen, gibt es keine einfache Lösung des Problems. Ein eventuell möglicher Ansatz besteht darin, den Fremdvergleichsgrundsatz so anzuwenden, dass der Eingriff als eine Bedingung angesehen wird, die die Vertragsbestimmungen des Geschäftsvorfalls beeinflusst. Doppelbesteuerungsabkommen können speziell auf die Lösungsansätze eingehen, die den Abkommenspartnern zur Verfügung stehen, falls derartige Umstände gegeben sind.

1.155. Eine Schwierigkeit bei dieser Analyse besteht darin, dass unabhängige Unternehmen häufig einfach keine Geschäftsvorfälle tätigen würden, bei denen Zahlungen blockiert werden. Sollte sich ein unabhängiges Unternehmen gelegentlich in einer derartigen Vertragssituation befinden, dann höchstwahrscheinlich deshalb, weil die staatlichen Maßnahmen erst nach Wirksamwerden des Vertrags eingeführt wurden. Es erscheint indessen unwahrscheinlich, dass sich ein unabhängiges Unternehmen freiwillig einem erheblichen Zahlungsrisiko für seine Produktlieferungen oder Dienstleistungen aussetzen würde, indem es einen Vertrag zu einem Zeitpunkt abschließt, zu dem bereits schwerwiegende staatliche Eingriffe bestehen, es sei denn, die an die Geschäftsstrategie des unabhängigen Unternehmens geknüpften Gewinn- oder Ertragserwartungen seien so hoch, dass es trotz der die Zahlungen möglicherweise behindernden staatlichen Eingriffe mit einer annehmbaren Rendite rechnen kann.

1.156. Da unabhängige Unternehmen sich möglicherweise nicht an Geschäftsvorfällen beteiligen würden, die staatlichen Eingriffen ausgesetzt sind, bleibt unklar, wie der Fremdvergleichsgrundsatz angewendet werden soll. Eine Möglichkeit besteht darin, die Zahlung so zu behandeln, als wäre sie zwischen den verbundenen Unternehmen erfolgt, wobei unterstellt wird, dass ein unabhängiges Unternehmen unter ähnlichen Umständen auf einer in einer anderen Weise erfolgenden Zahlung bestanden hätte. Bei dieser Lösung würde der Gläubiger der blockierten Zahlung so behandelt, als hätte er für den multinationalen Konzern eine Dienstleistung erbracht. Ein anderer Lösungsweg, der möglicherweise in einigen Staaten gangbar ist, würde darin bestehen, sowohl den Ertrag als auch den korrespondierenden Aufwand des Steuerpflichtigen zeitlich zu verschieben. Anders ausgedrückt könnte der Beteiligte, welchem die blockierte Zahlung zusteht, Aufwendungen wie etwa Finanzierungskosten erst abziehen, wenn die blockierte Zahlung erfolgt ist. Den Steuerverwaltungen geht es in diesen Fällen hauptsächlich um ihr jeweiliges Steuersubstrat. Wenn ein verbundenes Unternehmen bei seiner Steuerberechnung einen Aufwand für eine blockierte Zahlung geltend macht, dann sollte dem anderen Beteiligten ein korrespondierender Ertrag zugerechnet werden. Auf jeden Fall sollte es dem Steuerpflichtigen nicht gestattet sein, blockierte Zahlungen, die ihm verbundene Unternehmen schulden, anders zu behandeln als blockierte Zahlungen, die ihm ein unabhängiges Unternehmen schuldet.

D.5. Verwendung von Zollwerten

1.157. Viele Zollverwaltungen wenden im weiteren Sinne den Fremdvergleichsgrundsatz an, wenn sie den Wert von Waren, die von verbundenen Unternehmen eingeführt werden und deren Wert durch die besonderen zwischen diesen Unternehmen bestehenden Beziehungen beeinflusst sein kann, mit dem Wert von gleichartigen Waren vergleichen, die von unabhängigen Unternehmen eingeführt werden. Die für Zollzwecke angewandten Bewertungsmethoden stehen aber möglicherweise nicht mit den anerkannten Verrechnungspreismethoden der OECD im Einklang. Dennoch können Zollwertermittlungen für die Steuerbehörden bei der Beurteilung der Fremdvergleichskonformität eines für einen konzerninternen Geschäftsvorfall verwendeten Verrechnungspreises nützlich sein und umgekehrt. Insbesondere können die Zollverwaltungen über zeitnahe Unterlagen hinsichtlich des Geschäftsvorfalls verfügen, die für Verrechnungspreiszwecke von Bedeutung sein können, besonders dann, wenn sie vom Steuerpflichtigen selbst erstellt wurden, während die Steuerbehörden Aufzeichnungen zu Verrechnungspreisen haben können, die ausführliche Informationen über die Umstände des Geschäftsvorfalls enthalten.

1.158. Die Anreize der Steuerpflichtigen können bei der Wertermittlung für Zoll- und für Steuerzwecke unterschiedlich gelagert sein. Im Allgemeinen dürfte ein Steuerpflichtiger, der Waren importiert, Interesse daran haben, den Preis des Geschäftsvorfalls für Zollzwecke niedrig anzusetzen, um geringe Zollgebühren zu bezahlen. (Ähnliche Überlegungen könnten in Bezug auf Mehrwertsteuern, Verbrauchsteuern o. Ä. angestellt werden.) Für Steuerzwecke erhöht die Entrichtung eines höheren Preises für die gleichen Waren hingegen die abzugsfähigen Aufwendungen im Importland (wenngleich sich dadurch auch der Umsatzerlös des Verkäufers im Exportland erhöht). Die zunehmende innerstaatliche Zusammenarbeit zwischen Steuerbehörden und Zollverwaltungen bei der Prüfung von Verrechnungspreisen wird dazu beitragen, dass Zollwertermittlungen immer seltener für steuerliche Zwecke als inakzeptabel befunden werden und umgekehrt. Eine verstärkte Zusammenarbeit auf dem Gebiet des Informationsaustauschs erscheint besonders vorteilhaft und sollte in Staaten, die die für Ertragsteuern und Zölle zuständigen Verwaltungen bereits integriert haben, problemlos zu erreichen sein. Staaten mit getrennten Verwaltungen sollten eine Änderung ihrer Vorschriften über den Informationsaustausch erwägen, um den Informationsfluss zwischen den verschiedenen Verwaltungen zu erleichtern.

D.6. Standortvorteile und sonstige Merkmale lokaler Märkte

1.159. Unter den Ziffern 1.130, 1.132 und 6.120 wird darauf hingewiesen, dass die Merkmale des geografischen Markts, auf dem Geschäftsvorfälle stattfinden, Auswirkungen auf die Vergleichbarkeit und die Fremdvergleichspreise haben können. Bei der Evaluierung der Unterschiede zwischen geografischen Märkten und der Bestimmung geeigneter Anpassungen zur Herstellung der Vergleichbarkeit können sich schwierige Fragen stellen. Dies kann beispielsweise im Zusammenhang mit der Berücksichtigung von Kosteneinsparungen der Fall sein, die der Tätigkeit auf einem bestimmten Markt zuzuschreiben sind. Solche Einsparungen werden gelegentlich als Standortvorteile bezeichnet. In anderen Situationen können sich Vergleichbarkeitsfragen in Bezug auf die Vergütung von Vorteilen beziehungsweise Nachteilen lokaler Märkte stellen, die möglicherweise nicht direkt mit standortbedingten Einsparungen zusammenhängen.

D.6.1. Standortvorteile

1.160. Die Ziffern 9.126–9.131 befassen sich mit der Behandlung von Standortvorteilen im Kontext einer Umstrukturierung der Geschäftstätigkeit. Die in diesen Absätzen beschriebenen Grundsätze gelten generell für alle Situationen, in denen Standortvorteile bestehen, nicht nur im Fall einer Umstrukturierung der Geschäftstätigkeit.

1.161. Nach den Leitlinien in Ziffer 9.126–9.131 muss bei der Bestimmung, wie Standortvorteile zwischen zwei oder mehreren verbundenen Unternehmen aufzuteilen sind, untersucht werden, *i)* ob Standortvorteile bestehen, *ii)* auf welchen Betrag sich diese standortbedingten Einsparungen belaufen, *iii)* inwieweit sie von einem oder mehreren Unternehmen des multinationalen Konzerns einbehalten oder an unabhängige Kunden oder Zulieferer weitergegeben werden und *iv)* falls die standortbedingten Einsparungen nicht in vollem Umfang an unabhängige Kunden oder Zulieferer weitergegeben werden, wie unabhängige Unternehmen, die unter vergleichbaren Umständen tätig sind, einbehaltene standortbedingte Nettoeinsparungen verteilen würden.

1.162. Wenn die Funktionsanalyse zeigt, dass Standortvorteile existieren, die nicht an Kunden oder Zulieferer weitergegeben werden, und wenn auf dem betreffenden Markt vergleichbare Unternehmen und Geschäftsvorfälle ermittelt werden können, liefern diese Vergleichswerte aus dem lokalen Markt den verlässlichsten Hinweis dazu, wie die standortbedingten Nettoeinsparungen auf zwei oder mehrere verbundene Unternehmen aufgeteilt werden sollten. Wenn also verlässliche Vergleichswerte aus dem lokalen Markt verfügbar sind und zur Bestimmung der fremdüblichen Preise herangezogen werden können, sollten keine spezifischen Anpassungsrechnungen für Standortvorteile verlangt werden.

1.163. Wenn keine verlässlichen Vergleichswerte aus dem lokalen Markt vorliegen, sollten Bestimmungen in Bezug auf die Existenz von Standortvorteilen und deren Aufteilung auf verschiedene Unternehmen eines multinationalen Konzerns sowie alle Anpassungsrechnungen, die zur Berücksichtigung der Standortvorteile erforderlich sind, auf einer Analyse sämtlicher relevanter Gegebenheiten und Umstände basieren, einschließlich der von den betreffenden verbundenen Unternehmen ausgeübten Funktionen, genutzten Vermögenswerte und übernommenen Risiken, wie dies unter den Ziffern 9.126–9.131 beschrieben ist.

D.6.2. Sonstige Merkmale lokaler Märkte

1.164. Merkmale des lokalen Markts, auf dem Geschäftstätigkeiten durchgeführt werden, können sich auf den fremdüblichen Preis in Bezug auf Geschäftsvorfälle zwischen verbundenen Unternehmen auswirken. Während einige dieser Merkmale möglicherweise zu standortbedingten Einsparungen führen, können andere Vergleichbarkeitsprobleme aufwerfen, die nicht direkt mit solchen Standortvorteilen zusammenhängen. Beispielsweise kann die im Hinblick auf eine bestimmte Frage durchgeführte Vergleichbarkeits- und Funktionsanalyse den Schluss nahelegen, dass die relevanten Merkmale des geografischen Markts, auf dem die Produkte hergestellt oder verkauft werden, die Kaufkraft und die Produktpräferenzen der privaten Haushalte auf diesem Markt, eine etwaige Expansion oder Schrumpfung dieses Markts, die Intensität des Wettbewerbs auf diesem Markt oder andere ähnliche Faktoren Auswirkungen auf die Preise und die Gewinnspannen haben, die auf dem Markt erzielt werden können. Auch kann die im Hinblick auf eine bestimmte Frage durchgeführte Vergleichbarkeits- und Funktionsanalyse darauf hindeuten, dass das relative Infrastrukturangebot im Inland, das relative Angebot an Fachkräften oder Arbeitskräften mit hohem Bildungsniveau, die Nähe zu gewinnträchtigen Märkten und sonstige Merkmale geografischer Märkte, auf denen Geschäftsvorfälle stattfinden, Marktvorteile oder Marktnachteile entstehen lassen, die berücksichtigt werden sollten. Geeignete Anpassungsrechnungen zur Berücksichtigung solcher Faktoren sollten vorgenommen werden, wenn verlässliche Anpassungen zur Verbesserung der Vergleichbarkeit ermittelt werden können.

1.165. Der zuverlässigste Ansatz zur Beurteilung, ob Vergleichbarkeitsanpassungen für solche Merkmale lokaler Märkte vorgenommen werden müssen, besteht in der Heranziehung von Daten zu vergleichbaren Fremdgeschäftsvorfällen, die auf dem jeweiligen geografischen Markt zwischen unabhängigen Unternehmen stattfinden, welche vergleichbare Funktionen ausüben, Risiken übernehmen und Vermögenswerte nutzen. Solche Geschäftsvorfälle finden unter den gleichen Marktbedingungen statt wie die konzerninternen Geschäftsvorfälle, und so sollten, wenn vergleichbare Geschäftsvorfälle auf dem jeweiligen Markt ermittelt werden können, keine spezifischen Anpassungen für Merkmale des lokalen Markts verlangt werden.

1.166. In Situationen, in denen keine hinreichend zuverlässigen Vergleichswerte auf dem lokalen Markt ermittelt werden können, sollten bei der Bestimmung der angemessenen Vergleichbarkeitsanpassungen für Merkmale des lokalen Markts alle relevanten Gegebenheiten und Umstände berücksichtigt werden. Wie bei Standortvorteilen muss in allen Fällen, in denen keine zuverlässigen Vergleichswerte auf dem lokalen Markt ermittelt werden können, untersucht werden, *i)* ob ein Marktvorteil oder Marktnachteil besteht, *ii)* wie hoch die Zunahme oder Abnahme der Einkünfte, Kosten oder Gewinne gegenüber auf anderen Märkten ermittelten Vergleichswerten ist, die den Vorteilen oder Nachteilen des lokalen Markts zuzuschreiben ist, *iii)* inwieweit die Vor- oder Nachteile lokaler Marktmerkmale an unabhängige Kunden oder Zulieferer weitergegeben werden, und *iv)* wie unabhängige Unternehmen, die unter vergleichbaren Umständen tätig sind, falls Vor- oder Nachteile bestehen, die den Merkmalen des lokalen Markts zuzuschreiben sind und die nicht in vollem Umfang an unabhängige Kunden oder Zulieferer weitergegeben wurden, solche Nettovorteile oder -nachteile unter sich aufteilen würden.

1.167. Vergleichbarkeitsanpassungen in Bezug auf Merkmale des lokalen Markts in Fällen, in denen sich keine hinreichend zuverlässigen Vergleichswerte auf diesem Markt ermitteln lassen, können in verschiedenen Kontextsituationen notwendig werden. In manchen Situationen können sich Marktvorteile oder Marktnachteile auf den fremdüblichen Preis von Warenlieferungen oder Dienstleistungen zwischen verbundenen Unternehmen auswirken.

1.168. In anderen Fällen kann eine Umstrukturierung der Geschäftstätigkeit oder eine Übertragung immaterieller Werte zwischen verbundenen Unternehmen dazu führen, dass eines der am Geschäftsvorfall beteiligten Unternehmen sich die Vorteile des lokalen Markts in einer Weise zunutze machen kann oder die Last der Nachteile des lokalen Markts in einer Weise tragen muss, die ohne die Umstrukturierung der Geschäftstätigkeit oder die Übertragung immaterieller Werte nicht möglich gewesen wäre. In solchen Fällen kann sich das voraussichtliche Vorhandensein von Vorteilen und Nachteilen des lokalen Markts auf den im Zusammenhang mit der Umstrukturierung oder der Übertragung immaterieller Werte zu zahlenden fremdüblichen Preis auswirken.

1.169. Bei der Durchführung einer Verrechnungspreisanalyse ist es wichtig, zwischen Merkmalen des lokalen Markts, bei denen es sich nicht um immaterielle Werte handelt, und zur Ausschöpfung des betreffenden Markts notwendigen vertraglichen Rechten, staatlichen Zulassungen oder Kenntnissen, bei denen es sich um immaterielle Werte handeln kann, zu unterscheiden. Je nach Situation können diese Arten immaterieller Werte einen beträchtlichen Wert besitzen, der in einer Verrechnungspreisanalyse berücksichtigt werden sollte, wie dies in Kapitel VI beschrieben ist, einschließlich der Leitlinien zur Vergütung von Unternehmen für Funktionen, Vermögenswerte und Risiken im Zusammenhang mit der Entwicklung immaterieller Werte in Abschnitt B von Kapitel VI. In manchen Situationen können vertragliche Rechte und staatliche Zulassungen den Zugang von Konkurrenten zu einem bestimmten Markt beschränken und sich somit auf die Art und Weise auswirken, wie die wirtschaftlichen Folgen der Merkmale der lokalen Märkte zwischen den an einem bestimmten Geschäftsvorfall beteiligten Unternehmen aufgeteilt werden. In anderen Fällen können viele oder alle potenzielle Marktteilnehmer die vertraglichen Rechte oder staatlichen Zulassungen für den Marktzutritt erlangen, wobei kaum Beschränkungen bestehen.

1.170. Beispielsweise kann ein Staat eine aufsichtsrechtliche Zulassung als Voraussetzung für die Ausübung einer Vermögensverwaltungstätigkeit auf seinem Staatsgebiet verlangen und die Zahl der Unternehmen in ausländischem Besitz beschränken, denen eine solche Zulassung erteilt wird. Die Vergleichbarkeits- und Funktionsanalyse kann ergeben, dass zur Erlangung einer solchen Zulassung gegenüber den zuständigen staatlichen Stellen nachgewiesen werden muss, dass das Dienstleistungsunternehmen über einen ausreichenden Grad an Erfahrung und Kapital verfügt, um eine derartige Tätigkeit seriös auszuüben. Der Markt, für den eine solche Zulassung erteilt wird, kann zudem einzigartige Merkmale aufweisen. Es kann sich z. B. um einen Markt handeln, auf dem die Struktur des Renten- und Versicherungswesens zur Entstehung hoher Barbestände führt, eine internationale Diversifizierung der Anlagen nötig macht und somit eine große Nachfrage nach qualitätsvollen Vermögensmanagementdiensten und Kenntnissen ausländischer Finanzmärkte schafft, was die Erbringung solcher Dienstleistungen zu einem hoch lukrativen Geschäft macht. Die Vergleichbarkeitsanalyse kann außerdem ergeben, dass sich diese Merkmale des lokalen Markts auf den Preis, der für bestimmte Vermögensverwaltungsdienste verlangt werden kann, sowie die Gewinnspannen auswirken kann, die mit solchen Leistungen erzielt werden können. Unter solchen Umständen kann der fragliche immaterielle Wert (d. h. die aufsichtsrechtliche Zulassung zur Ausübung einer Vermögensverwaltungstätigkeit) es dem oder den Beteiligten, die über diese Zulassung verfügen, gestatten, einen größeren Teil der Vorteile der Tätigkeit auf dem betreffenden Markt, einschließlich der Vorteile der einzigartigen Merkmale dieses Markts, für sich zu nutzen, als dies ohne das Zulassungserfordernis der Fall wäre. Allerdings kann es bei der Beurteilung des Effekts der aufsichtsrechtlichen Zulassung in einem konkreten Fall wichtig sein, wie in Abschnitt B von Kapitel VI beschrieben, die Beiträge zu berücksichtigen, die vom inländischen Konzernunternehmen auf dem lokalen Markt ebenso wie von anderen Konzernunternehmen auf anderen Märkten zur Bereitstellung der Fähigkeiten geleistet werden, die zur Erlangung der Zulassung notwendig sind.

1.171. In anderen Fällen kann die Vergleichbarkeits- und Funktionsanalyse ergeben, dass eine von staatlicher Seite erteilte Zulassung Voraussetzung für die Ausübung einer bestimmten Dienstleistungstätigkeit auf einem geografischen Markt ist. Dabei kann es allerdings sein, dass sich jedes qualifizierte Unternehmen eine solche Zulassung problemlos beschaffen kann und dass das Zulassungserfordernis die Zahl der Marktteilnehmer nicht beschränkt. Unter solchen Umständen stellt das Zulassungserfordernis möglicherweise kein wesentliches Marktzutrittshindernis dar und hat der Besitz einer solchen Zulassung möglicherweise keine nennenswerten Auswirkungen auf die Art und Weise, wie die Vorteile der Tätigkeit auf dem jeweiligen Markt zwischen unabhängigen Unternehmen aufgeteilt werden.

D.7. Mitarbeiter

1.172. Einigen Unternehmen gelingt es, einzigartig qualifizierte oder erfahrene Mitarbeiter zusammenzubringen. Das Vorhandensein einer solchen Gruppe von Mitarbeitern kann sich auf den fremdüblichen Preis der Leistungen, die von dieser Mitarbeitergruppe erbracht werden, oder auf die Effizienz des betreffenden Unternehmens bei der Dienstleistungserbringung oder Herstellung von Waren auswirken. Solche Faktoren sollten normalerweise in einer Vergleichbarkeitsanalyse für Verrechnungspreiszwecke berücksichtigt werden. Wenn es möglich ist, die Vorteile oder Nachteile einer einzigartigen Mitarbeitergruppe im Vergleich zu der Belegschaft von Unternehmen zu bestimmen, die potenziell vergleichbare Geschäftsvorfälle tätigen, können Anpassungen vorgenommen werden, um dem Effekt dieser Gruppe von Mitarbeitern auf den fremdüblichen Preis von Waren oder Dienstleistungen Rechnung zu tragen.

1.173. Bei manchen Umstrukturierungen der Geschäftstätigkeit oder ähnlichen Geschäftsvorfällen kann es vorkommen, dass eine Gruppe von Mitarbeitern im Rahmen des Geschäftsvorfalls von einem Konzernunternehmen in ein anderes entsandt wird. In solchen Fällen ist es gut möglich, dass es die Entsendung dieser Mitarbeiter zusammen mit anderen übertragenen Vermögenswerten dem übernehmenden Unternehmen gestattet, Zeit und Kosten für die Einstellung und Schulung neuer Mitarbeiter zu sparen. Je nach den Verrechnungspreismethoden, die zur Evaluierung des Gesamtgeschäftsvorfalls eingesetzt werden, kann es in solchen Fällen sinnvoll sein, derartigen Zeit- und Kosteneinsparungen durch Vergleichbarkeitsanpassungen des fremdüblichen Preises Rechnung zu tragen, der normalerweise für die übertragenen Vermögenswerte berechnet würde. In anderen Situationen kann die Entsendung der Mitarbeitergruppe zu einer Verringerung der Flexibilität des übernehmenden Unternehmens bei der Gestaltung seiner Geschäftsabläufe führen und mögliche Haftungspflichten im Fall einer Entlassung von Mitarbeitern entstehen lassen. In solchen Situationen kann es angemessen sein, dass die im Zusammenhang mit der Umstrukturierung gezahlte Vergütung den potenziellen zukünftigen Haftungspflichten und Einschränkungen Rechnung trägt.

1.174. Der vorstehende Absatz soll nicht den Schluss nahelegen, dass Entsendungen einzelner Mitarbeiter zwischen verschiedenen Unternehmen eines multinationalen Konzerns generell gesondert vergütet werden sollten. In vielen Fällen lässt die Entsendung einzelner Mitarbeiter zwischen verbundenen Unternehmen nicht die Notwendigkeit einer Vergütung entstehen. Wenn Mitarbeiter entsandt werden (d. h. wenn sie weiterhin auf der Gehaltsliste des übertragenden Unternehmens stehen, aber für das übernehmende Unternehmen arbeiten), ist die fremdübliche Vergütung der von den entsandten Mitarbeitern erbrachten Leistungen vielfach die einzige erforderliche Zahlung.

1.175. Es gilt allerdings darauf hinzuweisen, dass die Entsendung von einem oder mehreren Mitarbeitern in manchen Situationen, je nach den konkreten Gegebenheiten und Umständen, zur Übertragung von wertvollem Know-how oder anderen immateriellen Werten von einem Konzernunternehmen an ein anderes führen kann. Beispielsweise kann ein von Unternehmen A in Unternehmen B entsandter Mitarbeiter eine Geheimformel kennen, die Unternehmen A gehört, und diese Geheimformel Unternehmen B für seine Geschäftstätigkeit zur Verfügung stellen. Desgleichen können Mitarbeiter von Unternehmen A, die in Unternehmen B entsandt werden, um dort bei der Inbetriebnahme einer neuen Fabrikanlage zu helfen, Unternehmen B Fertigungs-Know-how von Unternehmen A zur Verfügung stellen, das Unternehmen B in seiner Geschäftstätigkeit einsetzen kann. Wenn eine solche Zurverfügungstellung von Know-how oder sonstigen immateriellen Werten aus der Entsendung von Mitarbeitern resultiert, sollte sie nach den Bestimmungen von Kapitel VI gesondert untersucht werden und sollte ein angemessener Preis für das Recht zur Nutzung der betreffenden immateriellen Werte gezahlt werden.

1.176. Des Weiteren gilt es darauf hinzuweisen, dass der Zugang zu einer Gruppe von Mitarbeitern mit einem besonderen Kompetenz- und Erfahrungsschatz unter bestimmten Umständen den Wert der übertragenen immateriellen Werte oder sonstigen Wirtschaftsgüter erhöhen kann, selbst wenn die Mitarbeiter, aus denen sich diese Gruppe zusammensetzt, nicht entsandt werden. Beispiel 23 im Anhang zu Kapitel VI veranschaulicht einen Fall, bei dem das Zusammenwirken von immateriellen Werten mit dem Zugang zu einer Gruppe von Mitarbeitern in einer Verrechnungspreisanalyse wichtig sein kann.

D.8. Synergien innerhalb eines multinationalen Konzerns

1.177. Vergleichbarkeitsprobleme sowie die Notwendigkeit von Anpassungen zur Herstellung der Vergleichbarkeit können auch durch das Vorhandensein von Synergien innerhalb eines multinationalen Konzerns entstehen. In manchen Fällen können multinationale Konzerne und die verbundenen Unternehmen, aus denen sie sich zusammensetzen, von Interaktionen oder Synergien zwischen den Konzernunternehmen profitieren, die für unabhängige Unternehmen in einer ähnlichen Situation im Allgemeinen nicht bestehen. Zu solchen Synergien kann es beispielsweise infolge der vereinten Kaufkraft des Konzerns oder von Skalenvorteilen, kombinierten und integrierten IT- und Kommunikationssystemen, einem integrierten Management, der Vermeidung von Doppelarbeit, erhöhtem Verschuldungsspielraum und zahlreichen ähnlichen Faktoren kommen. Solche Konzernsynergien sind häufig für den Konzern als Ganzes von Vorteil und können daher den von den Konzernunternehmen erwirtschafteten Gesamtgewinn erhöhen, je nachdem ob die erwarteten Kosteneinsparungen tatsächlich erzielt werden und abhängig von den Wettbewerbsbedingungen. In anderen Fällen können die Synergien einen negativen Effekt haben, z. B. wenn der Umfang und Rahmen der Geschäftstätigkeit bürokratische Hindernisse entstehen lässt, vor denen kleinere und flexiblere Unternehmen nicht stehen, oder wenn ein Teil des Konzerns aufgrund konzernweit geltender Standards, die vom multinationalen Konzern aufgestellt werden, gezwungen ist, mit IT- oder Kommunikationssystemen zu arbeiten, die für seine Geschäftstätigkeit nicht optimal sind.

1.178. Ziffer 7.13 dieser Leitlinien empfiehlt, nicht zu unterstellen, dass ein verbundenes Unternehmen eine konzerninterne Dienstleistung erhalten hat, oder von ihm nicht zu verlangen, eine Zahlung zu leisten, wenn ihm zufällige Vorteile entstehen, die lediglich seiner Zugehörigkeit zu einem größeren multinationalen Konzern zuzuschreiben sind. In diesem Kontext bezieht sich der Begriff „zufällig" auf Vorteile, die nur aufgrund der Zugehörigkeit zu einem Konzern entstehen, ohne dass diese Vorteile durch bewusste konzertierte Aktionen oder Geschäftsvorfälle herbeigeführt worden wären. Er beinhaltet keinen Hinweis auf den Umfang dieser Vorteile, noch soll er den Schluss nahelegen, solche Vorteile müssten gering oder relativ unbedeutend sein. In Übereinstimmung mit dieser allgemeinen Sichtweise zufälliger Vorteile der Konzernzugehörigkeit gilt, dass wenn durch Synergien bedingte Vor- oder Nachteile nur der Zugehörigkeit zu einem multinationalen Konzern zuzuschreiben sind, ohne dass ein bewusstes konzertiertes Handeln der Konzernunternehmen vorliegt oder eine Dienstleistung oder sonstige Funktion von Konzernunternehmen erbracht wurde, solche Synergieeffekte der Konzernzugehörigkeit nicht gesondert vergütet oder speziell zwischen den Mitgliedern des multinationalen Konzerns aufgeteilt werden müssen.

1.179. In manchen Situationen können durch Synergien bedingte Vor- und Nachteile der Konzernzugehörigkeit jedoch durch bewusstes konzertiertes Handeln der Konzernunternehmen herbeigeführt werden und für ein multinationales Unternehmen auf dem Markt einen wesentlichen, klar feststellbaren strukturellen Vor- oder Nachteil gegenüber Marktteilnehmern darstellen, die nicht Teil eines multinationalen Konzerns sind und die vergleichbare Geschäftsvorfälle tätigen. Ob ein solcher struktureller Vor- oder Nachteil besteht, was die Art und die Ursache des positiven oder negativen Synergieeffekts ist und ob dieser positive oder negative Effekt durch bewusstes konzertiertes

Handeln herbeigeführt wurde, kann nur im Wege einer gründlichen Funktions- und Vergleichbarkeitsanalyse bestimmt werden.[3]

1.180. Wenn ein Konzern beispielsweise konkrete Schritte zur Zentralisierung des Einkaufs in einem einzigen Konzernunternehmen unternimmt, um von Mengenrabatten zu profitieren, und wenn dieses Konzernunternehmen die Waren, die es einkauft, an andere Konzernunternehmen weiterverkauft, so findet eine bewusste konzertierte Aktion statt, um Nutzen aus der vereinten Kaufkraft des Konzerns zu ziehen. Auch wenn ein zentraler Einkaufsmanager in der Muttergesellschaft oder in einem regionalen Managementzentrum eine Dienstleistung erbringt, die darin besteht, mit einem Zulieferer einen Rabatt für den ganzen Konzern unter der Bedingung auszuhandeln, dass ein konzernweites Mindestabsatzvolumen gesichert ist, und wenn die Konzernunternehmen dann bei diesem Zulieferer einkaufen und den Rabatt erhalten, liegt ein bewusstes konzertiertes Handeln vor, auch wenn es nicht zu konkreten Kauf- und Verkaufsgeschäften zwischen den Konzernunternehmen gekommen ist. Wenn ein Zulieferer einem Unternehmen eines Konzerns von sich aus einen günstigen Preis anbietet, weil er hofft, so Aufträge von anderen Unternehmen dieses Konzerns zu erlangen, liegt hingegen kein bewusstes konzertiertes Handeln des Konzerns vor.

1.181. Wenn Unternehmenssynergien, die aus bewussten konzertierten Aktionen des Konzerns resultieren, einem Unternehmen eines multinationalen Konzerns wesentliche Vor- oder Nachteile verschaffen, die ein vergleichbares unabhängiges Unternehmen in der Regel nicht hat, muss Folgendes bestimmt werden: *i)* die Art des Vor- oder Nachteils, *ii)* der Umfang des verschafften Vor- oder Nachteils und *iii)* wie dieser Vor- oder Nachteil auf die verschiedenen Unternehmen eines multinationalen Konzerns aufgeteilt werden sollte.

1.182. Wenn wichtige Konzernsynergien bestehen und bewusstem konzertiertem Handeln zugeschrieben werden können, sollten die aus solchen Synergien erwachsenden Vorteile im Allgemeinen zwischen den einzelnen Konzernunternehmen proportional zu ihrem Beitrag zum Entstehen der Synergien aufgeteilt werden. Wenn Konzernunternehmen beispielsweise bewusste konzertierte Maßnahmen ergreifen, um die Einkaufsaktivitäten

3. In Anbetracht der Unterschiede zwischen den verschiedenen inländischen Rechtsvorschriften vertreten einige Staaten die Ansicht, dass es sich bei bewusstem konzertiertem Handeln stets um einen Geschäftsvorfall handelt, während andere Staaten nicht dieser Ansicht sind. Konsens herrscht jedoch in beiden Fällen darüber, dass eine bewusste konzertierte Aktion darin besteht, dass ein Konzernunternehmen zum Vorteil eines oder mehrerer anderer Konzernunternehmen in einer Weise Funktionen ausübt, Vermögenswerte nutzt oder Risiken übernimmt, die eine fremdübliche Vergütung erforderlich macht. Vgl. beispielsweise auch Beispiel 5 unter den Ziffern 1.190–1.193.

zusammenzulegen und so die Skalenvorteile zu nutzen, die sich aus einer hohen Abnahmemenge ergeben, sollten die nach angemessener Vergütung des Unternehmens, das die Einkaufsaktivitäten koordiniert, verbleibenden Vorteile dieser Großeinkaufssynergien zwischen den Konzernunternehmen proportional zu ihrem jeweiligen Einkaufsvolumen aufgeteilt werden.

1.183. Zur Berücksichtigung von Konzernsynergien müssen möglicherweise Anpassungen zur Herstellung der Vergleichbarkeit vorgenommen werden.

Beispiel 1

1.184. P ist die Muttergesellschaft eines multinationalen Konzerns, der einer Finanzdienstleistungstätigkeit nachgeht. Dank seiner starken Konzernbilanz kann P auf Dauer ein AAA-Kreditrating wahren. S ist ein Unternehmen des multinationalen Konzerns, das die gleichen Finanzdienstleistungen anbietet wie andere Konzernunternehmen, was es in großem Umfang auf einem wichtigen Markt tut. Seine eigene Bilanzstärke würde jedoch nur für ein Baa-Kreditrating ausreichen. Weil S jedoch Mitglied des Konzerns von P ist, sind große unabhängige Kreditgeber bereit, ihm Geld zu Zinssätzen zu verleihen, wie sie unabhängigen Kreditnehmern mit A-Rating berechnet werden, d. h. Zinssätzen, die niedriger sind, als S sie bezahlen müsste, wenn es ein unabhängiges Unternehmen mit gleicher Bilanz wäre, aber höher als die Zinsen, die der Muttergesellschaft des multinationalen Konzerns berechnet werden.

1.185. Nehmen wir an, S leiht sich 50 Mio. Euro bei einem unabhängigen Kreditgeber zu dem Marktzins, der Kreditnehmern mit A-Kreditrating berechnet wird. Nehmen wir ferner an, dass S gleichzeitig 50 Mio. Euro bei T aufnimmt, einer anderen Tochtergesellschaft von P mit den gleichen Merkmalen wie der unabhängige Kreditgeber, und zwar zu den gleichen Bedingungen und dem gleichen Zinssatz, wie ihn der unabhängige Kreditgeber berechnet (d. h. einem Zinssatz, der auf einem A-Kreditrating beruht). Nehmen wir weiter an, dass der unabhängige Kreditgeber bei der Festlegung seiner Kreditbedingungen Kenntnis von den anderen Krediten von S hatte, einschließlich des zeitgleichen Kredits, den S bei T aufgenommen hat.

1.186. In diesem Fall handelt es sich bei dem Zinssatz, den T für den Kredit an S berechnet, um einen fremdüblichen Zinssatz, weil *i)* es der gleiche Zinssatz ist, der S von einem unabhängigen Kreditgeber berechnet wird, und *ii)* keine Zahlung oder sonstige Anpassung für die Konzernsynergieeffekte nötig ist, dank denen S bei unabhängigen Unternehmen einen Kredit zu einem Zinssatz aufnehmen kann, der niedriger ist als der Zinssatz, der berechnet würde, wenn er nicht dem Konzern angehören würde, denn diese Synergieeffekte bei der Kreditaufnahme ergeben sich allein aus der Zugehörigkeit zum Konzern und sind nicht die Folge bewusster konzertierter Aktionen von Mitgliedern des multinationalen Konzerns.

Beispiel 2[4]

1.187. Die Sachverhalte in Bezug auf das Kreditrating und die Kreditmöglichkeiten von S sind dieselben wie im vorstehenden Beispiel. S nimmt 50 Mio. Euro bei Bank A auf. Die Funktionsanalyse ergibt, dass Bank A dem Unternehmen S dafür einen Zinssatz berechnen würde, wie ihn Kreditnehmer mit A-Rating ohne formelle Bürgschaft zahlen müssen. P erklärt sich jedoch bereit, für den Kredit von Bank A zu bürgen, um Bank A dazu zu bewegen, einen Zinssatz zu berechnen, wie er Kreditnehmern mit AAA-Rating angeboten würde. In diesem Fall sollte S verpflichtet werden, P eine Bürgschaftsgebühr dafür zu zahlen, dass es ihm die explizite Bürgschaft gibt. Bei der Berechnung der fremdüblichen Bürgschaftsgebühr muss den Vorteilen Rechnung getragen werden, die sich aus der Anhebung des Kreditratings von S von A auf AAA ergeben und nicht etwa von Baa auf AAA. Die Anhebung des Kreditratings von S von Baa auf A ist dem Konzernsynergieeffekt zuzuschreiben, der sich allein aus der passiven Zugehörigkeit zum Konzern ergibt und der den Ausführungen dieses Abschnitts zufolge nicht vergütet werden muss. Die Anhebung des Kreditratings von A auf AAA ist bewusstem konzertiertem Handeln, nämlich der Gewährung der Bürgschaft durch P, zuzuschreiben und sollte daher vergütet werden.

Beispiel 3

1.188. Nehmen wir an, dass Unternehmen A zum zentralen Einkaufsmanager für den gesamten Konzern bestellt wurde. Es kauft bei unabhängigen Zulieferern ein und verkauft die eingekauften Waren an verbundene Unternehmen. Unternehmen A kann allein durch den Verhandlungsvorteil, der sich aus der vereinten Kaufkraft des Konzerns ergibt, für ein bestimmtes Produkt einen Preisnachlass von 200 USD auf 110 USD pro Stück aushandeln. In diesem Fall würde der fremdübliche Preis für die von Unternehmen A an die anderen Konzernunternehmen weiterverkauften Artikel weder bei noch nahe bei 200 USD pro Stück liegen. Vielmehr müsste der fremdübliche Preis Unternehmen A für die Dienste entschädigen, die es mit der Koordinierung der Einkaufsaktivitäten leistet. Wenn die Vergleichbarkeits- und Funktionsanalyse ergibt, dass im Fall vergleichbarer Fremdgeschäftsvorfälle mit gleichem Einkaufsvolumen für eine vergleichbare Koordinationstätigkeit eine Dienstleistungsvergütung gezahlt würde, die sich aus den Kosten von Unternehmen A zuzüglich einer Gewinnspanne errechnet, was einer Gesamtdienstleistungsvergütung von 6 USD entspricht, dann würde der

4. Beispiel 2 sollte nicht so verstanden werden, als könnten daraus umfassende Verrechnungspreisleitlinien für Bürgschaftsgebühren im Zusammenhang mit Finanztransaktionen abgeleitet werden. Wegen eingehenderer Leitlinien zu den Verrechnungspreisaspekten von Finanztransaktionen vgl. Kapitel X.

konzerninterne Preis für die von Unternehmen A weiterverkauften Artikel ungefähr 116 USD pro Stück betragen. In diesem Fall entsteht jedem Konzernunternehmen durch die Gesamtkaufkraft des Konzerns ein Preisvorteil in Höhe von etwa 84 USD je Artikel. Unternehmen A verdient zusätzlich 6 USD je eingekauften Artikel durch die Dienstleistung, die es den anderen Konzernunternehmen erbringt.

Beispiel 4

1.189. Angenommen, die Situation sei die gleiche wie in Beispiel 3, außer dass Unternehmen A die Artikel nicht selbst einkauft und weiterverkauft, sondern den Preisnachlass für den Konzern insgesamt aushandelt, und dass die Konzernunternehmen dann direkt bei dem unabhängigen Zulieferer einkaufen. In diesem Fall kann davon ausgegangen werden, dass Unternehmen A der Vergleichbarkeitsanalyse zufolge für die Koordinierungstätigkeiten, die es für die anderen Konzernunternehmen wahrnimmt, Anspruch auf eine Dienstleistungsvergütung in Höhe von 5 USD pro Stück hat. (Dass in Beispiel 4 von einer niedrigeren Dienstleistungsvergütung ausgegangen wird als in Beispiel 3, ist darauf zurückzuführen, dass der Dienstleister hier ein geringeres Risiko eingehen dürfte, da er nicht Eigentümer der Artikel wird und keine Lagerbestände unterhalten muss.) Den Konzernunternehmen, die die Artikel einkaufen, verbleibt der auf ihre eigenen Einkäufe entfallende Anteil an dem Vorteil, der sich aus dem Konzernpreisnachlass ergibt, nach Zahlung der Dienstleistungsvergütung.

Beispiel 5

1.190. Nehmen wir an, dass ein multinationaler Konzern mit Sitz in Staat A Fertigungstöchter in Staat B und Staat C hat. In Staat B gilt ein Steuersatz von 30 % und in Staat C ein Steuersatz von 10 %. Zudem verfügt der Konzern über ein gemeinsames Dienstleistungszentrum in Staat D. Nehmen wir an, dass die Fertigungstöchter in Staat B und Staat C als Vorleistungen für ihre Produktion jeweils 5 000 Artikel benötigen, die von einem unabhängigen Zulieferer hergestellt werden. Nehmen wir ferner an, dass das gemeinsame Dienstleistungszentrum in Staat D von den anderen Konzernunternehmen, einschließlich der Fertigungstöchter in Staat B und Staat C, für seine Gesamttätigkeit stets auf Kostenaufschlagsbasis vergütet wird, was für die Zwecke dieses Beispiels der fremdüblichen Vergütung für den Umfang und die Art der erbrachten Leistungen entspricht.

1.191. Der unabhängige Zulieferer verkauft die benötigten Artikel für 10 USD pro Stück und gewährt einen 5%igen Preisnachlass bei einer Abnahmemenge von über 7 500 Stück. Ein Einkaufsmitarbeiter des gemeinsamen Dienstleistungszentrums in Staat D wendet sich an den unabhängigen Zulieferer und lässt sich bestätigen, dass wenn die Fertigungstöchter in Staat B und Staat C gleichzeitig jeweils 5 000 Stück abnehmen, was 10 000 Stück für den Konzern insgesamt entspricht, der Nachlass für die gesamte Absatzmenge des Konzerns gewährt wird. Der unabhängige Zulieferer bestätigt, dass er dem multinationalen Konzern insgesamt 10 000 Stück für einen Gesamtpreis von 95 000 USD verkaufen wird, d. h. mit einer Ermäßigung von 5 % im Vergleich zu dem Preis, zu dem die beiden Fertigungstöchter alleine die Artikel bei dem Zulieferer kaufen könnten.

1.192. Der Einkaufsmitarbeiter des Dienstleistungszentrums gibt dann die benötigten Artikel in Auftrag und bittet den Zulieferer, dem Fertigungsunternehmen in Staat B 5 000 Artikel zu einem Gesamtpreis von 50 000 USD und dem Fertigungsunternehmen in Staat C 5 000 Artikel zu einem Gesamtpreis von 45 000 USD in Rechnung zu stellen. Der Zulieferer stimmt dem zu, da er so den vereinbarten Preis von 95 000 USD für die insgesamt 10 000 gelieferten Artikel erhält.

1.193. In diesem Fall ist Staat B berechtigt, eine Verrechnungspreiskorrektur vorzunehmen, durch die sich die Aufwendungen der Fertigungstochter in Staat B um 2 500 USD verringern. Die Verrechnungspreiskorrektur ist angemessen, weil der Konzernsynergieeffekt, der aus der größeren Einkaufsmenge resultiert, durch die Preisvereinbarungen falsch aufgeteilt wurde. Sie ist angemessen, obwohl die Fertigungstochter in Staat B allein nicht in der Lage gewesen wäre, die Artikel für weniger als die 50 000 USD einzukaufen, die sie für sie bezahlt hat. Die bewusste konzertierte Aktion des Konzerns zur Aushandlung des Preisnachlasses bietet eine Grundlage, um einen Teil des Preisnachlasses der Fertigungstochter in Staat B zuzurechnen, obwohl kein expliziter Geschäftsvorfall zwischen den Fertigungstöchtern in Staat B und Staat C stattfand.

Kapitel II

Verrechnungspreismethoden

Teil I: Auswahl der Verrechnungspreismethode

A. Auswahl der für die Umstände des Einzelfalls am besten geeigneten Verrechnungspreismethode

2.1. In den Teilen II und III dieses Kapitels werden die „geschäftsvorfallbezogenen Standardmethoden" und die „geschäftsvorfallbezogenen Gewinnmethoden" beschrieben, die verwendet werden können, um festzustellen, ob die in den kaufmännischen oder finanziellen Beziehungen zwischen verbundenen Unternehmen festgelegten Bedingungen mit dem Fremdvergleichsgrundsatz vereinbar sind. Bei den geschäftsvorfallbezogenen Standardmethoden handelt es sich um die Preisvergleichs- bzw. CUP-Methode (*comparable uncontrolled price method*), die Wiederverkaufspreismethode und die Kostenaufschlagsmethode (*cost plus method*). Zu den geschäftsvorfallbezogenen Gewinnmethoden zählen die geschäftsvorfallbezogene Nettomargenmethode und die geschäftsvorfallbezogene Gewinnaufteilungsmethode.

2.2. Die Auswahl der Verrechnungspreismethode zielt immer darauf ab, für jeden Einzelfall die am besten geeignete Methode zu finden. Zu diesem Zweck sollte das Auswahlverfahren den jeweiligen Vor- und Nachteilen der von der OECD anerkannten Methoden, der Angemessenheit der herangezogenen Methode angesichts der Art des konzerninternen Geschäftsvorfalls, die im Einzelnen durch eine Funktionsanalyse bestimmt wird, der Verfügbarkeit zuverlässiger Informationen (insbesondere zu vergleichbaren Fremdgeschäftsvorfällen), die zur Anwendung der ausgewählten Methode und/oder Methoden notwendig sind, sowie dem Grad der Vergleichbarkeit von konzerninternen Geschäftsvorfällen und Fremdgeschäftsvorfällen Rechnung tragen, einschließlich der Zuverlässigkeit der Anpassungen, die zur Herstellung der Vergleichbarkeit erforderlich sein können, um eventuell zwischen den Geschäftsvorfällen bestehende erhebliche Unterschiede zu beseitigen. Weder ist eine Methode für alle denkbaren Situationen geeignet noch muss nachgewiesen werden, dass eine bestimmte Methode unter den betreffenden Umständen ungeeignet ist.

2.3. Die geschäftsvorfallbezogenen Standardmethoden gelten als die Methoden, mit denen sich am unmittelbarsten feststellen lässt, ob die kaufmännischen und finanziellen Beziehungen zwischen verbundenen Unternehmen fremdvergleichskonform sind. Das liegt daran, dass jeder Preisunterschied zwischen einem konzerninternen Geschäftsvorfall und einem vergleichbaren Fremdgeschäftsvorfall üblicherweise unmittelbar auf die zwischen den Unternehmen vereinbarten oder auferlegten Bedingungen zurückgeführt werden kann und die fremdvergleichskonformen Bedingungen direkt dadurch hergestellt werden können, dass der Preis aus dem konzerninternen Geschäftsvorfall durch den Preis aus dem vergleichbaren Fremdgeschäftsvorfall ersetzt wird. Infolgedessen ist in Situationen, in denen unter Berücksichtigung der in Ziffer 2.2 beschriebenen Kriterien eine geschäftsvorfallbezogene Standardmethode und eine geschäftsvorfallbezogene Gewinnmethode gleichermaßen zuverlässig angewendet werden können, der geschäftsvorfallbezogenen Standardmethode der Vorzug vor der geschäftsvorfallbezogenen Gewinnmethode zu geben. Darüber hinaus ist in Situationen, in denen unter Berücksichtigung der in Ziffer 2.2 beschriebenen Kriterien die Preisvergleichsmethode (CUP) und eine andere Verrechnungspreismethode gleichermaßen zuverlässig Anwendung finden können, die Preisvergleichsmethode vorzuziehen. Vgl. Ziffer 2.14–2.26 wegen einer Erörterung der CUP-Methode.

2.4. Es gibt Situationen, in denen sich geschäftsvorfallbezogene Gewinnmethoden als geeigneter erweisen als geschäftsvorfallbezogene Standardmethoden. In Fällen beispielsweise, in denen jeder Beteiligte einzigartige und wertvolle Beiträge zum konzerninternen Geschäftsvorfall leistet oder in denen sich die Beteiligten in hoch integrierte Geschäftsbereiche einbringen, kann eine geschäftsvorfallbezogene Gewinnaufteilungsmethode zweckmäßiger sein als eine einseitige Methode. Als weiteres Beispiel sei angeführt, dass es dort, wo keine oder nur begrenzt öffentlich zugängliche verlässliche Informationen über Bruttomargen Dritter zur Verfügung stehen, sich die Anwendung geschäftsvorfallbezogener Standardmethoden in anderen Fällen als jenen, in denen interne Vergleichsgrößen vorliegen, schwierig gestalten könnte, und eine geschäftsvorfallbezogene Gewinnmethode im Hinblick auf die verfügbaren Informationen die am besten geeignete Methode darstellen dürfte.

2.5. Jedoch ist es nicht angebracht, die geschäftsvorfallbezogene Gewinnmethode nur anzuwenden, weil Daten zu Fremdgeschäftsvorfällen schwer zu beschaffen oder in einer oder mehrerer Hinsicht unvollständig sind. Um die

Zuverlässigkeit der geschäftsvorfallbezogenen Gewinnmethode zu beurteilen, müssen dieselben unter Ziffer 2.2 aufgelisteten Kriterien, die der anfänglichen Schlussfolgerung zugrunde gelegt wurden, wonach unter den gegebenen Umständen keine der geschäftsvorfallbezogenen Standardmethoden zuverlässig angewendet werden kann, erneut untersucht werden.

2.6. Gewinnmethoden können nur insoweit akzeptiert werden, als sie mit Artikel 9 des OECD-Musterabkommens, insbesondere hinsichtlich der Vergleichbarkeit, vereinbar sind. Dies wird erreicht, indem man diese Methoden auf eine Art und Weise anwendet, die sich der Preisgestaltung zwischen fremden Dritten weitestgehend annähert. Die Anwendung des Fremdvergleichsgrundsatzes beruht im Allgemeinen auf einem Vergleich des Preises, der Marge oder der Gewinne aus bestimmten konzerninternen Geschäftsvorfällen mit dem Preis, der Marge oder der Gewinne aus vergleichbaren Geschäftsvorfällen zwischen unabhängigen Unternehmen. Bei der geschäftsvorfallbezogenen Gewinnaufteilungsmethode basiert sie auf einer Angleichung an die Aufteilung der Gewinne, die unabhängige Unternehmen aus dem bzw. den betreffenden Geschäftsvorfällen erwartet hätten (vgl. Ziffer 2.114).

2.7. Auf keinen Fall dürfen geschäftsvorfallbezogene Gewinnmethoden so angewendet werden, dass Unternehmen hauptsächlich deshalb höher besteuert werden, weil sie unterdurchschnittlich niedrige Gewinne erzielen, oder dass Unternehmen niedriger besteuert werden, die überdurchschnittlich hohe Gewinne erzielen. Nach dem Fremdvergleichsgrundsatz ist es nicht gerechtfertigt, von unterdurchschnittlich erfolgreichen Unternehmen zusätzliche Steuern zu erheben oder umgekehrt überdurchschnittlich erfolgreiche Unternehmen zu gering zu besteuern, wenn der Grund für ihren Erfolg oder mangelnden Erfolg auf geschäftliche Faktoren zurückzuführen ist.

2.8. Die Hinweise in Ziffer 2.2, denen zufolge die Auswahl der Verrechnungspreismethode immer darauf abzielt, für jeden Einzelfall die am besten geeignete Methode zu finden, bedeuten nicht, dass alle Verrechnungspreismethoden eingehend analysiert oder für die Auswahl der am besten geeigneten Methode in jedem Fall getestet werden sollen. Im Sinne einer guten Praxis sollte die Auswahl der am besten geeigneten Methode und der Vergleichsgrößen belegt werden und kann, wie in Ziffer 3.4 vorgeschlagen, Teil eines standardisierten Suchprozesses sein.

2.9. Darüber hinaus steht es multinationalen Konzernen nach wie vor frei, in diesen Leitlinien nicht behandelte Methoden zur Preisfestsetzung anzuwenden (nachstehend „sonstige Methoden“ genannt), sofern die Preise in Übereinstimmung mit diesen Leitlinien dem Fremdvergleichsgrundsatz genügen. Jedoch sollten diese sonstigen Methoden nicht anstelle der von der OECD anerkannten Methoden angewendet werden, wenn Letztere unter den Gegebenheiten und Umständen des Einzelfalls geeigneter sind. In Fällen, in denen sonstige Methoden verwendet werden, sollte bei ihrer Auswahl erklärt werden, warum die von der OECD anerkannten Methoden als weniger geeignet oder unter den Umständen des Einzelfalls als nicht anwendbar angesehen werden und warum davon ausgegangen wird, dass die ausgewählte sonstige Methode eine bessere Lösung darstellt. Der Steuerpflichtige hat die Unterlagen über die Festsetzung seiner Verrechnungspreise aufzubewahren und muss in der Lage sein, diese vorzulegen. Hinsichtlich der Dokumentationsanforderungen wird auf Kapitel V verwiesen.

2.10. Die Anwendung einer allgemeinen Faustregel stellt keinen hinreichenden Ersatz für eine vollständige Funktions- und Vergleichbarkeitsanalyse nach den Prinzipien der Kapitel I–III dar. Dementsprechend kann für den Nachweis, dass ein Preis oder eine Gewinnaufteilung fremdvergleichskonform ist, nicht auf eine Faustregel zurückgegriffen werden.

2.11. Es ist nicht möglich, spezifische Regeln aufzustellen, die jeden Fall abdecken. Steuerverwaltungen sollten zurückhaltend sein bei der Vornahme von geringfügigen oder unwesentlichen Berichtigungen. Im Allgemeinen sollten die Beteiligten versuchen, eine vernünftige Einigung zu erzielen, wobei der Ungenauigkeit der verschiedenen Methoden und der Präferenz für einen höheren Vergleichbarkeitsgrad und eine möglichst unmittelbare und enge Beziehung zum Geschäftsvorfall Rechnung zu tragen ist. Man sollte vermeiden, dass nützliche Informationen aus Fremdgeschäftsvorfällen, die mit den konzerninternen Geschäftsvorfällen nicht vollkommen übereinstimmen, nur deshalb nicht berücksichtigt werden, weil sie einigen strengen Vergleichsmaßstäben nicht in vollem Umfang entsprechen. Desgleichen können Erkenntnisse, die von Unternehmen aus konzerninternen Geschäftsvorfällen mit verbundenen Unternehmen gewonnen werden, für das Verständnis des überprüften Geschäftsvorfalls oder als Ausgangspunkt für weitere Ermittlungen von Nutzen sein. Darüber hinaus sollte jede Methode zulässig sein, deren Anwendung sowohl für die an dem bzw. den betreffenden Geschäftsvorfällen beteiligten Unternehmen des multinationalen Konzerns als auch für die Steuerverwaltungen der Staaten dieser Unternehmen akzeptabel ist.

B. Anwendung von mehr als einer Methode

2.12. Der Fremdvergleichsgrundsatz verlangt nicht die Anwendung von mehr als einer Methode bei einem bestimmten Geschäftsvorfall (oder bei einer bestimmten Gruppe von Geschäftsvorfällen, die gemäß dem in Ziffer 3.9 beschriebenen Standard zusammengefasst werden dürfen), und in der Tat könnte ein unangemessenes Erfordernis, mehrere Methoden anzuwenden, für die Steuerpflichtigen eine beträchtliche Belastung darstellen. Diese Leitlinien verlangen daher weder vom Betriebsprüfer noch vom Steuerpflichtigen Analysen, die auf mehr als einer Methode beruhen. Obwohl es in einigen Fällen nicht einfach sein mag, eine einzige Methode auszuwählen, und zunächst mehrere

Methoden ins Auge gefasst werden, wird es letztlich meist möglich sein, eine einzige Methode auszuwählen, mit der sich der Fremdvergleichspreis am besten bestimmen lässt. In schwierigen Fällen, in denen keine Methode für sich allein schlüssig ist, würde ein flexibler Ansatz es erlauben, die Beweiskraft verschiedener Methoden gemeinsam zu nutzen. In solchen Fällen ist ein mit dem Fremdvergleichsgrundsatz in Einklang stehendes Ergebnis anzustreben, das für alle Beteiligten unter praktischen Gesichtspunkten zufriedenstellend ist, wobei die Gegebenheiten und Umstände des Einzelfalls, die Zusammensetzung des vorliegenden Belegmaterials und die relative Zuverlässigkeit der verschiedenen Methoden zu berücksichtigen sind. Vgl. Ziffer 3.58–3.59 zur Erörterung von Fällen, in denen sich aus dem Einsatz von mehr als einer Methode eine Bandbreite von Werten ergibt.

Teil II: Geschäftsvorfallbezogene Standardmethoden

A. Einleitung

2.13. Dieser Teil enthält eine ausführliche Beschreibung der geschäftsvorfallbezogenen Standardmethoden, deren man sich bei der Anwendung des Fremdvergleichsgrundsatzes bedient. Bei diesen Methoden handelt es sich um die Preisvergleichs- bzw. CUP-Methode, die Wiederverkaufspreismethode und die Kostenaufschlagsmethode.

B. Preisvergleichsmethode

B.1. Allgemeines

2.14. Die Preisvergleichsmethode (*comparable uncontrolled price method* – CUP-Methode) vergleicht den in einem konzerninternen Geschäftsvorfall für die Lieferung eines Wirtschaftsguts oder die Erbringung einer Dienstleistung berechneten Preis mit dem Preis, der in einem vergleichbaren Fremdgeschäftsvorfall unter vergleichbaren Umständen für eine solche Lieferung oder Leistung berechnet wird. Ein Unterschied zwischen den beiden Preisen kann darauf hindeuten, dass die Bedingungen der kaufmännischen oder finanziellen Beziehungen zwischen den verbundenen Unternehmen nicht fremdvergleichskonform sind und dass der konzerninterne Preis durch den Fremdpreis zu ersetzen ist.

2.15. In Anlehnung an die Grundsätze in Kapitel I ist für die Zwecke der Preisvergleichsmethode ein Fremdgeschäftsvorfall mit einem konzerninternen Geschäftsvorfall vergleichbar (d. h. es handelt sich um einen „Fremdvergleichsgeschäftsvorfall"), wenn eine der beiden Voraussetzungen erfüllt ist: *a)* Keiner der etwaigen Unterschiede zwischen den verglichenen Geschäftsvorfällen oder zwischen den diese Geschäftsvorfälle tätigenden Unternehmen vermag den Preis auf dem freien Markt erheblich zu beeinflussen oder *b)* es können hinreichend genaue Anpassungen vorgenommen werden, um erhebliche Auswirkungen dieser Unterschiede zu beseitigen. Wenn Fremdvergleichsgeschäftsvorfälle vorhanden sind, stellt die Preisvergleichsmethode die direkteste und verlässlichste Methode für die Anwendung des Fremdvergleichsgrundsatzes dar. Folglich ist in derartigen

Fällen der Preisvergleichsmethode vor allen anderen Methoden der Vorzug zu geben.

2.16. Es kann schwierig sein, einen Geschäftsvorfall zwischen unabhängigen Unternehmen zu finden, der dem konzerninternen Geschäftsvorfall derart ähnlich ist, dass sich Unterschiede nicht erheblich auf den Preis auswirken. So kann beispielsweise ein geringfügiger Unterschied zwischen den Wirtschaftsgütern, die in konzerninternen Geschäftsvorfällen und in Fremdvergleichsgeschäftsvorfällen geliefert werden, den Preis bereits erheblich beeinflussen, obwohl die ausgeübten Geschäftsaktivitäten im Übrigen so ähnlich sind, dass sie dieselbe Gesamtgewinnspanne erbringen. Trifft dies zu, bedarf es einiger Anpassungen. Wie nachstehend in Ziffer 2.17 erörtert wird, beeinflussen der Umfang und die Genauigkeit derartiger Anpassungen die relative Zuverlässigkeit einer Analyse nach der Preisvergleichsmethode.

2.17. Bei der Prüfung, ob konzerninterne Geschäftsvorfälle und Fremdgeschäftsvorfälle miteinander vergleichbar sind, wird neben der bloßen Vergleichbarkeit der Produkte auch zu beachten sein, welche Auswirkung allgemeinere Geschäftsfunktionen (d. h. wesentliche Vergleichbarkeitsfaktoren nach Kapitel I) auf den Preis haben. Bestehen Unterschiede zwischen den konzerninternen Geschäftsvorfällen und den Fremdvergleichsgeschäftsvorfällen oder zwischen den diese Geschäftsvorfälle tätigenden Unternehmen, kann es schwierig sein, hinreichend genaue Anpassungen vorzunehmen, um deren Auswirkungen auf den Preis zu beseitigen. Solche Schwierigkeiten bei der Vornahme hinreichend genauer Anpassungen sollten aber nicht automatisch dazu führen, dass die Anwendung der Preisvergleichsmethode ausgeschlossen wird. Praktische Erwägungen gebieten eine flexiblere Handhabung, damit die Preisvergleichsmethode angewandt werden kann, gegebenenfalls ergänzt durch andere geeignete Methoden, wobei alle Methoden nach ihrer jeweiligen Genauigkeit zu beurteilen sind. Es sollte alles getan werden, um die Daten so anzupassen, dass sie für die Preisvergleichsmethode verwendbar werden. Wie bei jeder Methode wird die Verlässlichkeit der Preisvergleichsmethode jedoch davon abhängen, wie genau die zur Herstellung der Vergleichbarkeit nötigen Anpassungen vorgenommen werden können.

2.18. Vorbehaltlich der Leitlinien in Ziffer 2.2 für die Auswahl der am besten geeigneten Verrechnungspreismethode unter den Gegebenheiten eines bestimmten Falls ist die Preisvergleichsmethode im Allgemeinen eine angemessene Verrechnungspreismethode für die Bestimmung des fremdüblichen Preises für die Lieferung von Rohstoffen zwischen verbundenen Unternehmen. Der Begriff „Rohstoffe" ist so zu verstehen, dass er physische Produkte umfasst, für die unabhängige Unternehmen in der Branche einen notierten Preis als Bezugswert für die Bestimmung der Preise in Fremdgeschäftsvorfällen heranziehen. Der Ausdruck „notierter Preis" bezieht sich auf den im relevanten Zeitraum auf einer internationalen oder nationalen Rohstoffbörse für den Rohstoff erzielten Preis. In diesem Zusammenhang umfasst ein notierter Preis auch Preise, die bei anerkannten und transparenten Preisberichtsstellen oder Statistikbehörden oder staatlichen Preissetzungsbehörden beschafft werden, wenn unabhängige Unternehmen solche Indizes als Bezugswerte für die Preisbildung in Geschäftsvorfällen verwenden, die sie miteinander durchführen.

2.19. Nach der Preisvergleichsmethode kann der fremdübliche Preis für Rohstoffgeschäfte unter Bezugnahme auf vergleichbare Fremdgeschäftsvorfälle und unter Bezugnahme auf vergleichbare Vereinbarungen zwischen fremden Dritten, die sich im notierten Preis widerspiegeln, bestimmt werden. Notierte Rohstoffpreise spiegeln normalerweise die zwischen unabhängigen Käufern und Verkäufern auf dem Markt getroffene Vereinbarung über den Preis für eine bestimmte Art und Menge eines Rohstoffs, der unter bestimmten Bedingungen gehandelt wird, zu einem bestimmten Zeitpunkt wider. Ein maßgeblicher Faktor für die Angemessenheit der Verwendung des notierten Preises für einen bestimmten Rohstoff ist die Frage, inwieweit der notierte Preis in der Branche allgemein und routinemäßig im Rahmen des ordentlichen Geschäftsablaufs genutzt wird, um Preise für Fremdgeschäftsvorfälle auszuhandeln, die mit dem konzerninternen Geschäftsvorfall vergleichbar sind. Notierte Preise können folglich je nach den Gegebenheiten und Umständen des einzelnen Falls als Bezugswert für die Preisbestimmung in Rohstoffgeschäften zwischen verbundenen Unternehmen betrachtet werden. Steuerpflichtige und Steuerverwaltungen sollten bei der Anwendung des sachgerecht ausgewählten notierten Preises konsistent vorgehen.

2.20. Damit die Preisvergleichsmethode verlässlich auf Rohstoffgeschäfte angewendet werden kann, müssen die wirtschaftlich relevanten Merkmale des konzerninternen Geschäftsvorfalls und der Fremdgeschäftsvorfälle bzw. der Vereinbarungen zwischen unabhängigen Unternehmen, die sich im notierten Preis widerspiegeln, vergleichbar sein. Bei Rohstoffen umfassen die wirtschaftlich relevanten Merkmale u. a. die physischen Eigenschaften und die Qualität des Rohstoffs sowie die Vertragsbedingungen des konzerninternen Geschäftsvorfalls, wie beispielsweise das gehandelte Volumen, die Laufzeit der Vereinbarungen, den Zeitpunkt und die Bedingungen der Lieferung, den Transport, die Versicherung und die Devisenbedingungen. Bei einigen Rohstoffen können bestimmte wirtschaftlich relevante Merkmale (z. B. eine unverzügliche Lieferung) zu einem Preisaufschlag oder -nachlass führen. Wenn der notierte Preis als Bezugswert für die Bestimmung des fremdüblichen Preises oder Preisspektrums verwendet wird, können die standardisierten Verträge, in denen die Spezifikationen festgelegt sind, auf deren Grundlage die Rohstoffe an der Börse gehandelt werden und die zu einem notierten Preis für den Rohstoff führen, relevant sein. Falls zwischen den Bedingungen des konzerninternen Geschäftsvorfalls und den Bedingungen der Fremdgeschäftsvorfälle oder den Bedingungen, die den notierten Preis des Rohstoffs bestimmen, Unterschiede bestehen, die den Preis der untersuchten Rohstoffgeschäfte wesentlich beeinflussen, sollten hinreichend genaue Anpassungen vorgenommen werden, um sicherzustellen, dass die wirtschaftlich relevanten Merkmale der Geschäftsvorfälle vergleichbar sind. Beiträge anderer Beteiligter in der Lieferkette in Form von ausgeübten Funktionen, genutzten Vermögenswerten und übernommenen Risiken sollten im Einklang mit den in diesen Leitlinien enthaltenen Erläuterungen vergütet werden.

2.21. Um den Steuerverwaltungen bei der Durchführung einer sachlich fundierten Prüfung der Verrechnungspreispraxis des Steuerpflichtigen zu helfen, sollten die Steuerpflichtigen verlässliche Nachweise vorlegen und im Rahmen ihrer Verrechnungspreisdokumentation die Preissetzungspolitik bei Rohstoffgeschäften, die erforderlichen Informationen zur Begründung von Preisanpassungen auf der Basis der vergleichbaren Fremdgeschäftsvorfälle oder von vergleichbaren Vereinbarungen zwischen unabhängigen Unternehmen, die sich im notierten Preis widerspiegeln, sowie andere relevante Informationen, wie beispielsweise die verwendeten Preisformeln, Vereinbarungen mit unabhängigen Endkunden, Preisaufschläge oder -abschläge, das Preisstellungsdatum, Informationen über die Lieferkette sowie für nichtsteuerliche Zwecke erstellte Informationen dokumentieren.

2.22. Ein besonders relevanter Faktor für Rohstoffgeschäfte, die unter Bezugnahme auf den notierten Preis bestimmt werden, ist das Preisstellungsdatum, worunter der konkrete Zeitpunkt, das konkrete Datum oder der konkrete Zeitraum (z. B. eine bestimmte Zeitspanne, für die ein Durchschnittspreis ermittelt wird) zu verstehen sind, die von den Beteiligten für die Bestimmung des Preises von Rohstoffgeschäften gewählt wurden. Wenn der Steuerpflichtige verlässliche Nachweise für das von den verbundenen Unternehmen im betreffenden konzerninternen Geschäftsvorfall zum Zeitpunkt des Geschäftsabschlusses vereinbarte Preisstellungsdatum vorlegen kann (Angebote und Auftragsannahmen, Verträge oder registrierte Verträge oder sonstige Dokumente, in denen die Bedingungen der Vereinbarungen festgelegt sind, können beispielsweise verlässliche Nachweise darstellen), und sich dies mit dem tatsächlichen Verhalten der Beteiligten oder anderen Gegebenheiten des Falls deckt, sollten die Steuerverwaltungen nach den in Abschnitt D von Kapitel I aufgeführten Leitlinien zur sachgerechten Abgrenzung des tatsächlichen Geschäftsvorfalls den Preis des Rohstoffgeschäfts unter Bezugnahme auf das von den verbundenen Unternehmen vereinbarte Preisstellungsdatum bestimmen. Wenn sich das in einer schriftlichen Vereinbarung zwischen den verbundenen Unternehmen aufgeführte Preisstellungsdatum nicht mit dem tatsächlichen Verhalten der Beteiligten oder anderen Gegebenheiten des Falls deckt, kann die Steuerverwaltung im Einklang mit diesen anderen Gegebenheiten und dem, was unabhängige Unternehmen unter vergleichbaren Umständen vereinbart hätten (unter Berücksichtigung der branchenüblichen Gepflogenheiten), ein abweichendes Preisstellungsdatum festlegen.

Wenn der Steuerpflichtige keine verlässlichen Nachweise für das von den verbundenen Unternehmen in dem konzerninternen Geschäftsvorfall vereinbarte Preisstellungsdatum vorlegt und die Steuerverwaltung nach Kapitel I Abschnitt D nicht anderweitig ein abweichendes Preisstellungsdatum bestimmen kann, kann die Steuerverwaltung ein Preisstellungsdatum für das Rohstoffgeschäft auf der Basis der der Steuerverwaltung vorliegenden Informationen festlegen; dabei kann es sich um das Versanddatum handeln, das im Konnossement oder, je nach Transportmittel, in einem gleichwertigen Dokument aufgeführt ist. Dies würde bedeuten, dass der Preis der Rohstoffe, die Gegenstand des Geschäftsvorfalls sind, vorbehaltlich angemessener Anpassungsrechnungen auf der Basis der der Steuerverwaltung vorliegenden Informationen unter Bezugnahme auf den durchschnittlichen, am Versanddatum notierten Preis bestimmt wird. Es wäre wichtig, die Lösung von Doppelbesteuerungsfällen, die sich aus der Anwendung des unterstellten Preisstellungsdatums ergeben, durch Zugang zu dem im geltenden Doppelbesteuerungsabkommen vorgesehenen Verständigungsverfahren zu gestatten.

B.2. Beispiele für die Anwendung der Preisvergleichsmethode

2.23. Die nachstehenden Beispiele verdeutlichen die Anwendung der Preisvergleichsmethode, wobei auch Fälle behandelt werden, in denen bei Fremdgeschäftsvorfällen Anpassungen erforderlich sind, um diese Geschäftsvorfälle vergleichbar zu machen.

2.24. Die Preisvergleichsmethode erweist sich besonders dann als verlässlich, wenn ein unabhängiges Unternehmen das gleiche Produkt verkauft, das auch von einem Konzernunternehmen an ein verbundenes Unternehmen verkauft wird. Ein unabhängiges Unternehmen verkauft z. B. kolumbianische Kaffeebohnen ohne Markenzeichen, die hinsichtlich Sorte, Qualität und Quantität den Kaffeebohnen entsprechen, die ein Konzernunternehmen an ein verbundenes Unternehmen verkauft, wobei angenommen wird, dass die konzerninternen Geschäftsvorfälle und die Fremdvergleichsgeschäftsvorfälle ungefähr zum gleichen Zeitpunkt, auf der gleichen Stufe der Produktions- bzw. Vertriebskette und unter vergleichbaren Bedingungen erfolgen. Wenn der einzige zur Verfügung stehende Fremdvergleichsgeschäftsvorfall brasilianische Kaffeebohnen ohne Markenzeichen betrifft, wäre es angebracht zu untersuchen, ob dieser Unterschied zwischen den verkauften Kaffeebohnen den Preis erheblich beeinflusst. So könnte etwa die Frage gestellt werden, ob die Herkunft der Kaffeebohnen auf dem freien Markt im Allgemeinen einen Preiszuschlag oder einen Preisabschlag erforderlich macht. Solche Informationen können möglicherweise auf den Rohstoffmärkten beschafft oder aus von Rohstoffhändlern berechneten Preisen abgeleitet werden. Sollte der Unterschied den Preis erheblich beeinflussen, sind Anpassungen nötig.

Falls keine hinreichend genaue Anpassung vorgenommen werden kann, verringert sich die Zuverlässigkeit der Preisvergleichsmethode, und es könnte nötig werden, stattdessen eine andere, weniger direkte Methode anzuwenden.

2.25. Ein anschauliches Beispiel für die Notwendigkeit von Anpassungen ist der Fall, in dem zwar die Bedingungen der konzerninternen Verkäufe und der Fremdverkäufe identisch sind, jedoch der konzerninterne Preis „frei Haus" ist, während jener der Fremdverkäufe „ab Werk" gilt. Solche Unterschiede zwischen den Lieferbedingungen hinsichtlich Transport und Versicherung haben einen eindeutigen und leicht feststellbaren Einfluss auf den Preis. Der Fremdpreis muss daher entsprechend den Unterschieden zwischen den Lieferbedingungen berichtigt werden.

2.26. Als weiteres Beispiel sei angenommen, dass ein Steuerpflichtiger 1 000 Tonnen eines Produkts für 80 USD pro Tonne an ein verbundenes Unternehmen in seinem multinationalen Konzern und gleichzeitig 500 Tonnen des gleichen Produkts für 100 USD pro Tonne an ein unabhängiges Unternehmen verkauft. Dieser Fall erfordert eine Untersuchung der Frage, ob die Mengenunterschiede eine Berichtigung des Verrechnungspreises erforderlich machen. Dazu sollte der relevante Markt untersucht werden, wobei Geschäftsvorfälle mit gleichartigen Produkten zu analysieren sind, um die üblichen Mengenrabatte zu ermitteln.

C. Wiederverkaufspreismethode

C.1. Allgemeines

2.27. Die Wiederverkaufspreismethode geht von dem Preis aus, zu dem ein Produkt, das von einem verbundenen Unternehmen gekauft wurde, an ein unabhängiges Unternehmen weiterveräußert wird. Dieser Preis (der Wiederverkaufspreis) wird sodann um eine angemessene Bruttomarge auf diesen Preis (die „Wiederverkaufspreismarge" oder „Handelsspanne") reduziert, die dem Betrag entspricht, aus dem der Wiederverkäufer seine Aufwendungen für den Vertrieb und sonstige betriebliche Aufwendungen zu bestreiten und einen angesichts der ausgeübten Funktionen (unter Berücksichtigung der genutzten Vermögenswerte und übernommenen Risiken) angemessenen Gewinn zu erzielen sucht. Der Restbetrag, der nach Abzug der Bruttomarge verbleibt, kann – nach einer Anpassung aufgrund sonstiger Kosten, die mit dem Kauf des Produkts im Zusammenhang stehen (z. B. Zollabgaben) – als Fremdvergleichspreis für die ursprüngliche Lieferung zwischen den verbundenen Unternehmen angesehen werden. Diese Methode eignet sich wahrscheinlich dann am besten, wenn sie auf Vertriebstätigkeiten angewendet wird.

2.28. Die Handelsspanne des Wiederverkäufers beim konzerninternen Geschäftsvorfall kann aus der Spanne abgeleitet werden, die derselbe Wiederverkäufer bei vergleichbaren Fremdgeschäftsvorfällen erzielt („interner Vergleichswert"). Die Handelsspanne, die ein unabhängiges Unternehmen bei vergleichbaren Fremdgeschäftsvorfällen erzielt, kann ebenfalls als Richtwert dienen („externer Vergleichswert"). Wenn der Wiederverkäufer eine allgemeine Maklertätigkeit ausübt, kann die Handelsspanne von einer Maklergebühr abhängig sein, die üblicherweise prozentual zum Verkaufspreis berechnet wird. In einem derartigen Fall sollte bei der Ermittlung der Handelsspanne geprüft werden, ob der Makler als Agent oder Prinzipal auftritt.

2.29. In Anlehnung an die Grundsätze in Kapitel I ist für die Zwecke der Preisvergleichsmethode ein Fremdgeschäftsvorfall mit einem konzerninternen Geschäftsvorfall vergleichbar (d. h. es handelt sich um einen „Fremdvergleichsgeschäftsvorfall"), wenn eine der beiden Voraussetzungen erfüllt ist: *a)* Keiner der etwaigen Unterschiede zwischen den verglichenen Geschäftsvorfällen oder zwischen den diese Geschäftsvorfälle tätigenden Unternehmen vermag die Handelsspanne auf dem freien Markt erheblich zu beeinflussen, oder *b)* es können hinreichend genaue Anpassungen vorgenommen werden, um erhebliche Auswirkungen dieser Unterschiede zu beseitigen. Bei Vergleichen, die für die Zwecke der Wiederverkaufspreismethode angestellt werden, sind zur Berücksichtigung von Produktunterschieden im Allgemeinen weniger Anpassungen erforderlich als bei der Preisvergleichsmethode, da sich kleinere Produktunterschiede auf die Gewinnspannen wahrscheinlich nicht so stark auswirken wie auf den Preis.

2.30. In einer Marktwirtschaft ist die Tendenz erkennbar, dass sich Vergütungen für die Ausübung gleicher Funktionen auch in unterschiedlichen Tätigkeitsbereichen angleichen. Im Gegensatz dazu gleichen sich Preise für unterschiedliche Produkte nur insoweit an, als diese Produkte untereinander austauschbar sind. Da Bruttogewinnspannen einer Bruttovergütung nach Abzug des Wareneinsatzes für die Ausübung bestimmter Funktionen entsprechen (wobei die genutzten Vermögenswerte und übernommenen Risiken zu berücksichtigen sind), bleiben Produktunterschiede von untergeordneter Bedeutung. Wenn etwa eine Vertriebsgesellschaft, die Toaster verkauft, hierbei (unter Berücksichtigung der genutzten Vermögenswerte und übernommenen Risiken) dieselben Funktionen ausübt wie bei einem Verkauf von Mixern, dann sollte in einer Marktwirtschaft für beide Aktivitäten ein ungefähr gleiches Entgelt erzielt werden. Da die Kunden aber Toaster und Mixer nicht als leicht austauschbare Waren betrachten, ist nicht zu erwarten, dass sie den gleichen Preis haben.

2.31. Auch wenn bei der Wiederverkaufspreismethode größere Produktunterschiede zulässig sind, muss das beim konzerninternen Geschäftsvorfall gelieferte Wirtschaftsgut mit dem beim Fremdgeschäftsvorfall gelieferten Wirtschaftsgut verglichen werden. Denn größere Unterschiede könnten hier auf Unterschiede in den Funktionen hindeuten, die von den an den konzerninternen Geschäftsvorfällen und den an den Fremdvergleichsgeschäftsvorfällen beteiligten Unternehmen ausgeübt werden. Obwohl bei der Anwendung der Wiederverkaufspreismethode durchaus eine geringere Vergleichbarkeit der Produkte hingenommen werden kann, wird durch eine bessere Vergleichbarkeit der Produkte doch ein genaueres Ergebnis zu erzielen sein. Wenn in einem Geschäftsvorfall beispielsweise ein wertvoller oder einzigartiger immaterieller Wert eine Rolle spielt, kann der Ähnlichkeit der Produkte größere Bedeutung zukommen, und dieser Ähnlichkeit sollte dann besondere Aufmerksamkeit geschenkt werden, um einen zuverlässigen Vergleich zu gewährleisten.

2.32. Es kann angebracht sein, den anderen in Kapitel I behandelten Vergleichsmerkmalen (ausgeübte Funktionen, wirtschaftliche Verhältnisse usw.) mehr Gewicht beizumessen, wenn die Gewinnspanne in erster Linie von solchen anderen Merkmalen und nur in zweiter Linie vom gelieferten Produkt selbst abhängt. Dies ist üblicherweise dann der Fall, wenn die Gewinnspanne für ein verbundenes Unternehmen ermittelt wird, das keine einzigartigen Vermögenswerte (wie beispielsweise wertvolle, einzigartige immaterielle Werte) genutzt hat, die zur Werterhöhung des gelieferten Produkts beitragen. Wenn daher konzerninterne Geschäftsvorfälle und Fremdgeschäftsvorfälle hinsichtlich aller Merkmale – ausgenommen das Produkt selbst – vergleichbar sind, wird die Wiederverkaufspreismethode ein verlässlicheres Maß für fremdvergleichskonforme Bedingungen darstellen als die Preisvergleichsmethode, es sei denn, dass hinreichend genaue Anpassungen vorgenommen werden können, um den Produktunterschieden Rechnung zu tragen. Dies gilt auch für die Kostenaufschlagsmethode, die nachstehend erörtert wird.

2.33. Wenn es sich bei der verwendeten Wiederverkaufsmarge um die eines unabhängigen Unternehmens in einem vergleichbaren Geschäftsvorfall handelt, kann die Verlässlichkeit der Wiederverkaufspreismethode beeinträchtigt werden, wenn erhebliche Unterschiede zwischen der Art und Weise bestehen, wie verbundene und unabhängige Unternehmen ihre Geschäftsvorfälle tätigen. Dabei könnte es sich um Unterschiede in der Höhe der zu berücksichtigenden Kosten handeln (solche Unterschiede könnten beispielsweise aus der Effizienz des Managements in Bezug auf Art und Umfang der Lagerhaltung herrühren), die zwar Auswirkungen auf die Unternehmensrentabilität haben, aber nicht notwendigerweise die Preise beeinflussen, zu denen das Unternehmen seine Waren oder Dienstleistungen auf dem freien Markt kauft oder verkauft. Solche Merkmale müssen bei der Entscheidung, ob ein Fremdgeschäftsvorfall für die Zwecke der Anwendung der Wiederverkaufspreismethode vergleichbar ist, untersucht werden.

2.34. Die Wiederverkaufspreismethode hängt auch von der Vergleichbarkeit der ausgeübten Funktionen ab (unter Berücksichtigung der genutzten Vermögenswerte und übernommenen Risiken). Sie kann weniger zuverlässig sein, wenn Unterschiede zwischen den konzerninternen Geschäftsvorfällen und den Fremdvergleichsgeschäftsvorfällen und den an den Geschäftsvorfällen beteiligten Unternehmen bestehen und diese Unterschiede erheblichen Einfluss auf den Indikator haben, anhand dessen die fremdüblichen Bedingungen bestimmt werden, in diesem Fall die erzielte Wiederverkaufspreismarge. Bestehen erhebliche Unterschiede, die sich auf die in konzerninternen Geschäftsvorfällen und Fremdvergleichsgeschäftsvorfällen erzielten Bruttomargen auswirken (beispielsweise Unterschiede hinsichtlich der Art der von den Beteiligten ausgeübten Funktionen), so sollten Anpassungen zur Berücksichtigung dieser Unterschiede vorgenommen werden. Ausmaß und Zuverlässigkeit solcher Anpassungen werden die relative Zuverlässigkeit der Analyse nach der Wiederverkaufspreismethode im Einzelfall beeinflussen.

2.35. Die Ermittlung einer angemessenen Wiederverkaufspreismarge erweist sich dann als am einfachsten, wenn der Wert des Produkts durch den Wiederverkäufer nicht wesentlich erhöht wird. Im Gegensatz dazu wird die Anwendung der Wiederverkaufspreismethode für die Fremdvergleichspreisermittlung dann erschwert, wenn die Waren vor dem Wiederverkauf weiterverarbeitet oder in ein komplexeres Produkt eingebunden werden, sodass sich ihre Identität verliert oder verändert (z. B. wenn Teile zu Fertig- oder Halbfertigerzeugnissen zusammengefügt werden). Die Wiederverkaufspreismarge ist z. B. auch dann mit besonderer Sorgfalt zu ermitteln, wenn der Wiederverkäufer wesentlich zur Schaffung und Erhaltung von produktbezogenen immateriellen Werten beiträgt (z. B. Marken oder Firmennamen), die einem verbundenen Unternehmen gehören. In derartigen Fällen ist es nicht einfach, den Beitrag zu beurteilen, den die ursprünglich gelieferten Waren zum Wert des Endprodukts leisten.

2.36. Eine Wiederverkaufspreismarge ist genauer, wenn sie innerhalb kurzer Zeit nach dem Kauf der Waren durch den Wiederverkäufer erzielt wird. Je mehr Zeit zwischen dem ursprünglichen Kauf und dem Wiederverkauf verstreicht, desto eher werden andere Faktoren – Marktveränderungen, Wechselkursänderungen, Kostenänderungen usw. – für die Vergleichbarkeit zu beachten sein.

2.37. Es sollte davon ausgegangen werden, dass die Höhe der Wiederverkaufspreismarge vom Umfang der Tätigkeiten des Wiederverkäufers abhängt. Der Bogen dieser Tätigkeiten kann weit gespannt sein; er kann von untergeordneten Leistungen, bei denen der Wiederverkäufer als bloßer Transportagent auftritt, bis hin zu Fällen reichen, in denen der Wiederverkäufer das volle Eigentümerrisiko sowie die volle Verantwortung und die Risiken für Werbung, Marketing, Vertrieb und Garantieleistungen, Lagerfinanzierung und andere damit zusammenhängende Dienstleistungen trägt. Entfaltet der Wiederverkäufer beim konzerninternen Geschäftsvorfall keine erhebliche Geschäftstätigkeit, sondern liefert er lediglich die Waren an einen Dritten, wird man in Anbetracht der ausgeübten Funktionen von einer geringen Wiederverkaufspreismarge ausgehen. Die Marge wird höher sein, wenn aufgezeigt werden kann, dass der Wiederverkäufer bei der Vermarktung der Waren über besondere Kenntnisse verfügt, tatsächlich besondere Risiken trägt oder wesentlich zur Schaffung und Erhaltung von produktbezogenen immateriellen Werten beiträgt. Der Umfang der vom Wiederverkäufer ausgeübten Tätigkeit, mag diese nun geringfügig oder erheblich sein, muss jedoch durch entsprechende Nachweise hinreichend belegt sein. Dies beinhaltet auch die Rechtfertigung von Marketingausgaben, die als unangemessen hoch angesehen werden könnten, wenn beispielsweise ein Teil oder der Großteil der Werbeausgaben eindeutig als Dienstleistung für den rechtlichen Eigentümer der Marke getätigt wurden. In diesem Fall kann die Wiederverkaufspreismethode durchaus durch die Kostenaufschlagsmethode ergänzt werden.

2.38. Übt der Wiederverkäufer neben der eigentlichen Wiederverkaufstätigkeit eindeutig auch eine erhebliche andere Geschäftstätigkeit aus, wird eine entsprechend hohe Wiederverkaufspreismarge zu erwarten sein. Wenn der Wiederverkäufer bei seiner Tätigkeit bestimmte Vermögenswerte nutzt (z. B. immaterielle Werte des Wiederverkäufers wie etwa seine Vertriebsorganisation), kann es bei der Beurteilung, ob beim konzerninternen Geschäftsvorfall fremdvergleichskonforme Bedingungen vorliegen, unangemessen sein, ohne Anpassung eine Wiederverkaufspreismarge anzusetzen, die sich aus Fremdgeschäftsvorfällen ableitet, bei denen der unabhängige Wiederverkäufer keine vergleichbaren Wirtschaftsgüter nutzt. Wenn der Wiederverkäufer über wertvolle immaterielle Marketingwerte verfügt, kann der Gewinn, auf den der Wiederverkäufer beim konzerninternen Geschäftsvorfall Anspruch hat, bei Verwendung der Wiederverkaufspreismarge aus einem Fremdvergleichsgeschäftsvorfall zu niedrig angesetzt werden, es sei denn, der vergleichbare Fremdgeschäftsvorfall würde vom selben Wiederverkäufer oder von einem Wiederverkäufer getätigt, der über vergleichbare wertvolle immaterielle Marketingwerte verfügt.

2.39. Wurde bei einem Warenvertriebsweg eine Gesellschaft zwischengeschaltet, dann wird es für die Steuerverwaltungen wichtig sein, nicht nur auf den Wiederverkaufspreis der Waren zu achten, die bei der zwischengeschalteten Gesellschaft eingekauft wurden, sondern auch auf den Preis, den die zwischengeschaltete Gesellschaft an ihren eigenen Lieferanten gezahlt hat, und auf die Funktionen, die sie ausübt. Bei der Beschaffung solcher Informationen können durchaus praktische Schwierigkeiten auftreten, und es kann schwierig sein, die tatsächlichen Funktionen der zwischengeschalteten Gesellschaft zu ermitteln. Kann nicht nachgewiesen werden, dass die zwischengeschaltete Gesellschaft ein wirtschaftlich signifikantes Risiko trägt oder eine wirtschaftliche Funktion in der Wertschöpfungskette der Waren ausübt, dann wird jedes Preiselement, von dem behauptet wird, es sei auf die Tätigkeit der zwischengeschalteten Gesellschaft zurückzuführen, anderen Unternehmen im multinationalen Konzern zuzuordnen sein, da unabhängige Unternehmen einer solchen Gesellschaft üblicherweise keinen Anteil am Gewinn aus dem Geschäftsvorfall einräumen würden.

2.40. Die Wiederverkaufspreismarge wird erfahrungsgemäß auch davon abhängen, ob der Wiederverkäufer das ausschließliche Wiederverkaufsrecht für die Waren besitzt. Derartige Vereinbarungen sind bei Geschäftsvorfällen zwischen unabhängigen Unternehmen anzutreffen und können die Marge beeinflussen. Solche Exklusivrechte sollten deshalb bei jedem Vergleich berücksichtigt werden. Der Wert, der einem solchen Exklusivrecht zuzumessen ist, wird von dessen geografischen Geltungsbereich und der Existenz von Substitutionswaren sowie ihrer relativen Wettbewerbsfähigkeit abhängen. Bei einem Fremdvergleichsgeschäftsvorfall kann eine solche Exklusivvereinbarung sowohl dem Lieferanten als auch dem Wiederverkäufer Vorteile bringen. Sie kann beispielsweise den Wiederverkäufer anspornen, sich beim Verkauf des Sortiments des Lieferanten mehr anzustrengen. Andererseits kann eine derartige Vereinbarung dem Wiederverkäufer eine Art Monopol verschaffen, mit dem Ergebnis, dass der Wiederverkäufer ohne größere Anstrengungen einen erheblichen Umsatz erzielt. Dementsprechend muss in jedem Einzelfall sorgfältig geprüft werden, wie sich dieser Faktor auf die angemessene Wiederverkaufspreismarge auswirkt. Vgl. die Ziffern 6.118 und 6.120.

2.41. Bestehen zwischen dem konzerninternen Geschäftsvorfall und dem Fremdvergleichsgeschäftsvorfall Unterschiede in der Rechnungslegungspraxis, sind bei der Berechnung der Wiederverkaufspreismarge geeignete Anpassungen der verwendeten Daten vorzunehmen, um sicherzustellen, dass für die Berechnung der Bruttomarge stets dieselben Kostenarten verwendet werden. Kosten für Forschung und Entwicklung können beispielsweise in den betrieblichen Ausgaben oder im Wareneinsatz erfasst sein. Die Bruttomargen der beiden Geschäftsvorfälle wären in diesem Fall ohne entsprechende Anpassungen nicht vergleichbar.

C.2. Beispiele für die Anwendung der Wiederverkaufspreismethode

2.42. Angenommen, zwei Vertriebsunternehmen verkaufen das gleiche Produkt auf dem gleichen Markt unter dem gleichen Markennamen. Vertriebsunternehmen A bietet eine Garantieleistung an, Vertriebsunternehmen B nicht. Vertriebsunternehmen A bietet die Garantieleistungen nicht im Rahmen einer Preisstrategie an und verkauft sein Produkt deshalb zu einem höheren Preis, woraus sich eine Bruttomarge ergibt, die (wenn die Kosten der Erfüllung der Garantieleistungen unberücksichtigt bleiben) höher ist als diejenige des Vertriebsunternehmens B, das zu einem niedrigeren Preis verkauft. Die beiden Margen sind erst nach Vornahme einer diesen Unterschied berücksichtigenden hinreichend genauen Anpassung vergleichbar.

2.43. Angenommen, für alle Produkte werden Garantieleistungen angeboten, sodass der Preis auf den nachgelagerten Stufen einheitlich ist. Vertriebsunternehmen C übt die Garantieleistungsfunktion aus, die jedoch in Wirklichkeit vom Lieferanten durch einen niedrigen Preis abgegolten wird. Vertriebsunternehmen D übt keine Garantieleistungsfunktion aus; diese wird vom Lieferanten wahrgenommen (Produkte werden an das Werk zurückgesendet). Der Lieferant, der an Vertriebsunternehmen D liefert, berechnet D jedoch einen höheren Preis als C. Wenn Vertriebsunternehmen C die Garantieaufwendungen als Wareneinsatz (*cost of goods sold* – COGS) verbucht, erfolgt die Anpassung der Bruttomargen an diese Unterschiede automatisch. Werden jedoch diese Garantieaufwendungen als betriebliche Ausgaben verbucht, entsteht eine korrekturbedürftige Verzerrung der Margen. Dahinter steht die Überlegung, dass wenn D die Garantieleistung selbst ausüben würde, sein Lieferant den Verrechnungspreis reduzieren würde und demzufolge die Bruttogewinnspanne von D größer wäre.

2.44. Eine Gesellschaft verkauft ein Produkt über unabhängige Vertriebsunternehmen in fünf Staaten, in denen sie keine Tochtergesellschaften unterhält. Die Vertriebsunternehmen sorgen lediglich für die Vermarktung des Produkts und üben keine weiteren Tätigkeiten aus. In einem Staat hat die Gesellschaft eine Tochtergesellschaft gegründet. Da dieser konkrete Markt strategisch wichtig ist, verlangt die Gesellschaft von ihrer Tochtergesellschaft, dass diese nur ihre Produkte verkauft und für die Kunden technische Applikationen durchführt. Selbst wenn alle anderen Gegebenheiten und Umstände ähnlich sind, ist es notwendig zu prüfen, ob Anpassungen zur Herstellung der Vergleichbarkeit vorgenommen werden müssen, wenn die Margen ausgehend von denen unabhängiger Unternehmen ermittelt werden, die keine ausschließlichen Verkaufsvereinbarungen haben oder keine technischen Applikationen durchführen, wie dies bei der Tochtergesellschaft der Fall ist.

D. Kostenaufschlagsmethode

D.1. Allgemeines

2.45. Die Kostenaufschlagsmethode (*cost plus method*) geht von den Kosten aus, die dem Lieferanten (oder Leistungserbringer) bei einem konzerninternen Geschäftsvorfall durch die Lieferung eines Wirtschaftsguts (oder die Erbringung einer Dienstleistung) an einen verbundenen Erwerber entstehen. Anschließend wird ein angemessener Aufschlag auf diese Kosten vorgenommen, um unter Berücksichtigung der ausgeübten Funktionen und der Marktbedingungen zu einem angemessenen Gewinn zu gelangen. Durch Hinzurechnung des Kostenaufschlags zu den vorgenannten Kosten gelangt man zum Fremdvergleichspreis für den konzerninternen Geschäftsvorfall. Diese Methode dürfte sich dann als am zweckmäßigsten erweisen, wenn zwischen verbundenen Unternehmen Halbfabrikate verkauft werden, wenn verbundene Unternehmen Verträge über die Nutzung gemeinsamer Einrichtungen bzw. langfristige Abnahme- und Liefervereinbarungen abschließen oder wenn es beim konzerninternen Geschäftsvorfall um die Erbringung von Dienstleistungen geht.

2.46. Der Kostenaufschlag des Lieferanten beim konzerninternen Geschäftsvorfall sollte im Idealfall unter Bezugnahme auf den Kostenaufschlag festgelegt werden, den derselbe Lieferant bei vergleichbaren Fremdgeschäftsvorfällen vornimmt („interner Vergleichswert"). Daneben kann der Kostenaufschlag, den ein unabhängiges Unternehmen bei vergleichbaren Geschäftsvorfällen vornimmt, als Richtwert herangezogen werden („externer Vergleichswert").

2.47. In Anlehnung an die Grundsätze in Kapitel I ist für die Zwecke der Kostenaufschlagsmethode ein Fremdgeschäftsvorfall mit einem konzerninternen Geschäftsvorfall vergleichbar (d. h. es handelt sich um einen „Fremdvergleichsgeschäftsvorfall"), wenn eine der beiden Voraussetzungen erfüllt ist: *a)* Keiner der etwaigen Unterschiede zwischen den verglichenen Geschäftsvorfällen oder zwischen den diese Geschäftsvorfälle tätigenden Unternehmen vermag den Kostenaufschlag auf dem freien Markt erheblich zu beeinflussen oder *b)* es können hinreichend genaue Anpassungen vorgenommen werden, um erhebliche Auswirkungen dieser Unterschiede zu beseitigen. Bei der Feststellung, ob für die Zwecke der Kostenaufschlagsmethode ein Geschäftsvorfall einen Fremdvergleichsgeschäftsvorfall darstellt, gelten die in den Ziffern 2.29–2.34 für die Wiederverkaufspreismethode beschriebenen Grundsätze. Daher können bei der Kostenaufschlagsmethode möglicherweise weniger Anpassungen zur Berücksichtigung von Produktunterschieden erforderlich sein als bei der Preisvergleichsmethode, und es kann angebracht sein, den anderen Vergleichbarkeitsfaktoren, die in Kapitel I beschrieben werden, größere Bedeutung beizumessen; einige dieser Faktoren können sich auf den Kostenaufschlag stärker auswirken als auf den Preis. Wie bei der Wiederverkaufspreismethode (vgl. Ziffer 2.34) sind dort, wo Unterschiede auftreten, welche die bei den konzerninternen Geschäftsvorfällen und den Fremdvergleichsgeschäftsvorfällen vorgenommenen Kostenaufschläge erheblich beeinflussen (beispielsweise Unterschiede bei den Funktionen, die von den an den Geschäftsvorfällen beteiligten Unternehmen ausgeübt werden), hinreichend genaue Anpassungen vorzunehmen, die diesen Unterschieden Rechnung tragen. Ausmaß und Zuverlässigkeit solcher Anpassungen werden im Einzelfall die relative Zuverlässigkeit der Analyse gemäß der Kostenaufschlagsmethode beeinflussen.

2.48. Zum Beispiel sei angenommen, dass Gesellschaft A Toaster herstellt und an ein verbundenes Vertriebsunternehmen verkauft und dass Gesellschaft B Bügeleisen herstellt und an ein unabhängiges Vertriebsunternehmen verkauft und dass die Gewinnspannen bei der Herstellung von einfachen Toastern und Bügeleisen in der Haushaltsgerätebranche im Allgemeinen identisch sind. (Die Anwendung der Kostenaufschlagsmethode setzt hier voraus, dass es keine gut vergleichbaren unabhängigen Toasterhersteller gibt). Wenn die Kostenaufschlagsmethode angewendet wird, handelt es sich bei dem zu vergleichenden Kostenaufschlag im konzerninternen und im Fremdgeschäftsvorfall jeweils um die Differenz zwischen dem Verkaufspreis, den der Hersteller dem Vertriebsunternehmen berechnet, und den Kosten der Herstellung des Produkts, dividiert durch die Herstellungskosten des Produkts. Es kann allerdings sein, dass Gesellschaft A in ihren Produktionsabläufen wesentlich effizienter ist als Gesellschaft B, weshalb ihre Kosten niedriger sind. Daher wäre es folgerichtig, dass Gesellschaft A einen höheren Gewinn erzielt als Gesellschaft B, selbst wenn Gesellschaft A Bügeleisen statt Toaster herstellen und für die Bügeleisen denselben Preis wie Gesellschaft B verlangen würde (d. h. wenn keine Sonderbedingungen vorlägen). Sofern es nicht gelingt, die Auswirkungen solcher Unterschiede auf den Gewinn durch entsprechende Anpassungen auszugleichen, wäre die Kostenaufschlagsmethode in diesem Zusammenhang nicht uneingeschränkt zuverlässig.

2.49. Die richtige Anwendung der Kostenaufschlagsmethode bringt einige Schwierigkeiten mit sich, insbesondere bei der Kostenermittlung. Es ist zwar richtig, dass ein Unternehmen zur Wahrung der Wettbewerbsfähigkeit seine Kosten über einen bestimmten Zeitraum decken muss; dennoch kann es vorkommen, dass diese Kosten im Einzelfall für den angemessenen Gewinn eines Jahrs nicht ausschlaggebend sind. Während Unternehmen ihre Preise vielfach aufgrund von Wettbewerbsdruck im Verhältnis zu den Kosten der Herstellung des betreffenden Produkts oder der Erbringung der betreffenden Dienstleistung allmählich senken, gibt es andere Fälle, in denen kein Zusammenhang zwischen der Höhe der angefallenen Kosten und dem Marktpreis feststellbar ist (z. B. wenn eine wertvolle Erfindung gemacht wurde und dem Erfinder dabei nur geringfügige Forschungskosten entstanden).

2.50. Ferner sollte bei der Anwendung der Kostenaufschlagsmethode darauf geachtet werden, dass vergleichbare Kostenaufschläge auf vergleichbaren Kostenbemessungsgrundlagen vorgenommen werden. Beispielsweise könnte die Kostenbemessungsgrundlage ohne Vornahme einer Anpassung nicht vergleichbar sein, wenn der Lieferant im konzerninternen Geschäftsvorfall eigene Anlagen nutzt, während der Lieferant, auf den man sich bei der Anwendung der Kostenaufschlagsmethode bezieht, bei der Ausübung seiner Tätigkeit geleaste Anlagen einsetzt. Die Kostenaufschlagsmethode stützt sich auf einen Vergleich zwischen dem in einem konzerninternen Geschäftsvorfall vorgenommenen Kostenaufschlag und dem Kostenaufschlag, der in einem oder mehreren Fremdgeschäftsvorfällen vorgenommen wurde. Deshalb müssen Unterschiede zwischen konzerninternen Geschäftsvorfällen und Fremdvergleichsgeschäftsvorfällen, die sich auf die Höhe des Kostenaufschlags auswirken, genau untersucht werden, um festzustellen, welche Anpassungen hinsichtlich des beim Fremdvergleichsgeschäftsvorfall vorgenommenen Aufschlags notwendig sind.

2.51. Zu diesem Zweck ist es besonders wichtig, Unterschiede hinsichtlich der Art und Höhe der Aufwendungen – betriebliche Aufwendungen und nichtbetriebliche Aufwendungen einschließlich Finanzierungsausgaben – für die von den Beteiligten ausgeübten Funktionen und übernommenen Risiken bzw. für die verglichenen Geschäftsvorfälle zu berücksichtigen. Eine Untersuchung dieser Unterschiede kann Folgendes ergeben:

a) Wenn sich in den Aufwendungen ein Funktionsunterschied ausdrückt (wobei die genutzten Vermögenswerte und übernommenen Risiken zu berücksichtigen sind), dem bei der Anwendung der Methode nicht Rechnung getragen wurde, kann dies eine Anpassung des Kostenaufschlags erfordern.

b) Wenn sich in den Aufwendungen zusätzliche Funktionen ausdrücken, die über die Tätigkeiten hinausgehen, die mit der Methode untersucht wurden, dürfte für solche Funktionen ein gesondertes Entgelt anzusetzen sein. Derartige Funktionen können beispielsweise in der Erbringung von Dienstleistungen bestehen, für die dann eine angemessene Vergütung bestimmt werden kann. Desgleichen werden Aufwendungen, die aus Kapitalstrukturen resultieren, in denen sich nicht fremdübliche Vereinbarungen ausdrücken, einer gesonderten Anpassung bedürfen.

c) Wenn Unterschiede zwischen den Aufwendungen der verglichenen Unternehmen nur auf die Effizienz oder Ineffizienz der betreffenden Unternehmen zurückzuführen sind, wie dies üblicherweise bei Aufsichtskosten, allgemeinen Aufwendungen und Verwaltungskosten der Fall ist, wären Berichtigungen der Bruttomarge nicht angemessen.

Bei allen oben beschriebenen Gegebenheiten kann es zweckmäßig sein, die Kostenaufschlagsmethode und die Wiederverkaufspreismethode durch Berücksichtigung von Ergebnissen anderer Methoden zu unterstützen (vgl. Ziffer 2.12).

2.52. Ein weiterer wichtiger Aspekt der Vergleichbarkeit ist die Einheitlichkeit der Rechnungslegung. Wenn der konzerninterne Geschäftsvorfall und der Fremdvergleichsgeschäftsvorfall in der Rechnungslegung unterschiedlich erfasst werden, sind bei den verwendeten Daten entsprechende Anpassungen vorzunehmen, um im Interesse einer einheitlichen Erfassung sicherzustellen, dass in allen Fällen dieselben Kostenarten verwendet werden. Die Bruttogewinnaufschläge müssen beim verbundenen und beim unabhängigen Unternehmen einheitlich bemessen werden. Außerdem können zwischen den Unternehmen Unterschiede in der Behandlung jener Kosten bestehen, die sich auf den Bruttogewinnaufschlag auswirken; diesen Unterschieden ist Rechnung zu tragen, um einen zuverlässigen Vergleich zu ermöglichen. In manchen Fällen kann es erforderlich sein, bestimmte betriebliche Aufwendungen zu berücksichtigen, um Einheitlichkeit und Vergleichbarkeit zu erreichen; unter diesen Umständen beginnt die Kostenaufschlagsmethode mehr auf eine Analyse der Nettogewinne als auf eine Analyse der Bruttogewinne abzustellen. Die Zuverlässigkeit der Analyse kann aus den in den Ziffern 2.70–2.73 angeführten Gründen beeinträchtigt werden, wenn bei der Analyse betriebliche Aufwendungen berücksichtigt werden. Die in den Ziffern 2.74–2.81 beschriebenen Vorkehrungen können deshalb bei der Beurteilung der Verlässlichkeit derartiger Analysen von Bedeutung sein.

2.53. Trotz etwaiger Unterschiede in den Rechnungslegungsgrundsätzen und -bedingungen lassen sich die Kosten und Aufwendungen eines Unternehmens generell in drei große Kategorien einteilen. Dies sind erstens die direkten Kosten der Herstellung eines Produkts oder der Erbringung einer Dienstleistung, wie etwa Rohmaterialkosten. Als zweites sind die indirekten Herstellungskosten anzuführen, die zwar mit dem Fertigungsprozess in einem engen Zusammenhang stehen, aber mehrere Produkte oder Dienstleistungen betreffen (z. B. die Kosten einer Reparaturabteilung mit Serviceleistungen für Ausrüstungen, die der Herstellung verschiedener Produkte dienen). Drittens sind die betrieblichen Aufwendungen des Gesamtunternehmens zu erwähnen, wie etwa Aufsichtskosten, allgemeine Aufwendungen und Verwaltungskosten.

2.54. Die Unterscheidung zwischen Bruttogewinn- und Nettogewinnanalyse ist folgendermaßen zu verstehen. Im Allgemeinen greift die Kostenaufschlagsmethode auf Aufschläge zurück, die nach Abzug der direkten und indirekten Fertigungskosten berechnet werden, während eine vom Nettogewinn ausgehende Methode Gewinne verwendet, bei deren Berechnung auch die betrieblichen Aufwendungen des Gesamtunternehmens abgezogen werden. Es ist einzuräumen, dass es angesichts der unterschiedlichen Systeme in den einzelnen Staaten schwierig ist, eine genaue Trennlinie zwischen den oben beschriebenen drei Kategorien zu ziehen. So könnten beispielsweise bei Anwendung der Kostenaufschlagsmethode im Einzelfall einige Aufwendungen berücksichtigt werden, die als betriebliche Aufwendungen anzusehen sind, wie dies in Ziffer 2.52 erörtert wird. Probleme bei der mathematisch genauen Abgrenzung der drei oben beschriebenen Kategorien ändern aber nichts an der grundlegenden praktischen Unterscheidung zwischen dem Bruttogewinn- und dem Nettogewinnansatz.

2.55. Grundsätzlich sollten Anschaffungs-/Herstellungskosten den einzelnen Fertigungseinheiten zugerechnet werden, wenngleich die Kostenaufschlagsmethode zugegebenermaßen zu einer Überbewertung dieser Kosten führen kann. Einige Kostenarten, wie etwa Materialkosten, Lohn- und Transportkosten, können innerhalb eines bestimmten Zeitraums schwanken; hier wird die Ermittlung von Durchschnittskosten für diesen Zeitraum zweckmäßig sein. Solche Durchschnittswerte können auch für Produktgruppen oder für einen bestimmten Produktionszweig angebracht sein. Außerdem können Durchschnittswerte für die Kosten des Anlagevermögens angebracht sein, wenn die Erzeugung oder Verarbeitung verschiedener Produkte gleichzeitig erfolgt und der Umfang der Tätigkeit schwankt. Auch die Berücksichtigung von Kosten wie etwa Wiederbeschaffungs- oder Grenzkosten kann erforderlich sein, sofern diese feststellbar sind und zu einer genaueren Schätzung des angemessenen Gewinns führen.

2.56. Bei der Anwendung der Kostenaufschlagsmethode sind nur die Kosten zu berücksichtigen, die dem Lieferanten oder Leistungserbringer erwachsen. Diese Einschränkung kann die Frage aufwerfen, wie bestimmte Kosten zwischen den Lieferanten und Käufern aufzuteilen sind. Es ist durchaus möglich, dass der Käufer einige Kosten übernimmt, um die für die Aufschlagsberechnung maßgebenden Kosten des Lieferanten zu verringern. In der Praxis kann dies dadurch bewirkt werden, dass dem Lieferanten kein angemessener Anteil an den Gemeinkosten und anderen Kosten zugeordnet wird und diese vom Käufer (oft die Muttergesellschaft) zugunsten des Lieferanten (oft eine Tochtergesellschaft) getragen werden. Die Kostenzuordnung muss anhand einer Untersuchung der von den jeweiligen Beteiligten ausgeübten Funktionen erfolgen (wobei die genutzten Vermögenswerte und übernommenen Risiken zu berücksichtigen sind), so wie dies in Kapitel I vorgesehen ist. Damit verbunden ist die Frage, wie die Aufteilung der Gemeinkosten erfolgen soll: in Anlehnung an den Umsatz, die Anzahl der Arbeitnehmer, die Personalkosten oder nach einem anderen Kriterium. Die Frage der Kostenzuordnung wird auch in Kapitel VIII zu Kostenumlagevereinbarungen erörtert.

2.57. In einigen Fällen kann es eine Grundlage dafür geben, nur die variablen Kosten oder die Grenzkosten heranzuziehen, weil es sich bei den Geschäftsvorfällen um Verkäufe handelt, die aus einer Grenzproduktion stammen. Ein solches Vorgehen könnte dann gerechtfertigt sein, wenn die Waren auf dem jeweiligen Auslandsmarkt nicht zu einem höheren Preis verkauft werden konnten (siehe auch die Erörterung der Markterschließung in Kapitel I). Zu den Faktoren, die bei der Prüfung eines derartigen Vorgehens maßgebend sein können, gehören: Informationen darüber, ob der Steuerpflichtige noch weitere Verkäufe der gleichen oder gleichartiger Produkte auf dem besagten ausländischen Markt tätigt, der prozentuale Anteil der vom Steuerpflichtigen geltend gemachten „Grenzproduktion" an seiner Gesamtproduktion (sowohl mengen- als auch wertmäßig), die Vertragsbedingungen sowie Einzelheiten der vom Steuerpflichtigen oder vom multinationalen Konzern durchgeführten Marketinganalyse, die zu dem Schluss führte, dass die Waren auf diesem ausländischen Markt nicht zu einem höheren Preis verkauft werden konnten.

2.58. Es lässt sich hier keine allgemeingültige Regel aufstellen. Die verschiedenen Methoden der Kostenermittlung sollten jedenfalls sowohl bei konzerninternen Geschäftsvorfällen und Geschäftsvorfällen unter Fremden als auch im Zeitverlauf in Bezug auf bestimmte Unternehmen einheitlich bleiben. Bei der Ermittlung des angemessenen Kostenaufschlags kann es beispielsweise erforderlich sein zu prüfen, ob aus verschiedenen Quellen stammende Produkte zu sehr unterschiedlichen Kosten geliefert werden können. Verbundene Unternehmen können es vorziehen, die Kostenbemessungsgrundlage für ihren Kostenaufschlag nach einer festen Formel zu berechnen. Ein unabhängiges Unternehmen würde es wahrscheinlich nicht akzeptieren, wegen der Ineffizienz der anderen Seite einen höheren Preis zu zahlen. Ist die andere Seite jedoch effizienter, als man unter normalen Umständen erwarten kann, sollte sie von diesem Vorteil profitieren. Ein verbundenes Unternehmen kann bereits im Voraus vereinbaren, welche Kosten als Grundlage für die Kostenaufschlagsmethode in Betracht kommen könnten.

D.2. Beispiele für die Anwendung der Kostenaufschlagsmethode

2.59. A ist ein inländischer Hersteller von Uhrwerken für Großuhren, die für den Massenmarkt bestimmt sind. A verkauft diese Produkte an seine ausländische Tochtergesellschaft B. A erzielt als Hersteller einen Bruttogewinnaufschlag von 5 %. X, Y und Z sind unabhängige inländische Hersteller von Uhrwerken für Armbanduhren, die für den Massenmarkt bestimmt sind. X, Y und Z verkaufen an unabhängige ausländische Käufer. X, Y und Z erzielen als Hersteller einen Bruttogewinnaufschlag von 3–5 %. A berücksichtigt unter den betrieblichen Aufwendungen die Aufsichtskosten, allgemeinen Aufwendungen und Verwaltungskosten; diese Kosten sind deshalb im Wareneinsatz nicht enthalten. In den Bruttogewinnaufschlägen von X, Y und Z sind die Aufsichtskosten, allgemeinen Aufwendungen und Verwaltungskosten hingegen als Teil des Wareneinsatzes berücksichtigt. Die Bruttogewinnaufschläge von X, Y und Z müssen deshalb angepasst werden, um vergleichbare Ergebnisse zu erzielen.

2.60. Gesellschaft C im Staat D ist eine 100%ige Tochtergesellschaft von Gesellschaft E mit Sitz in Staat F. Im Vergleich zu Staat F sind die Löhne in Staat D sehr niedrig. Gesellschaft C montiert Fernsehgeräte auf Kosten und Gefahr von Gesellschaft E. Gesellschaft E liefert alle notwendigen Bestandteile, Know-how usw. Gesellschaft E garantiert den Kauf des montierten Produkts für den Fall, dass die Fernsehgeräte einem bestimmten Qualitätsstandard nicht genügen. Nach der Qualitätsprüfung werden die Fernsehgeräte – auf Kosten und Gefahr von Gesellschaft E – zu den Vertriebszentren gebracht, die Gesellschaft E in mehreren Staaten unterhält. Die Funktion von Gesellschaft C kann als eine reine Auftragsfertigungsfunktion bezeichnet werden. Die Risiken, die Gesellschaft C tragen könnte, sind mögliche Abweichungen von der vereinbarten Qualität und Menge. Die Basis für die Anwendung der

Kostenaufschlagsmethode bilden alle Kosten, die mit der Montagetätigkeit im Zusammenhang stehen.

2.61. Gesellschaft A eines multinationalen Konzerns verpflichtet sich, für Gesellschaft B desselben multinationalen Konzerns Auftragsforschung zu betreiben. Alle Risiken eines Misserfolgs dieser Forschungsarbeit trägt Gesellschaft B. Diese Gesellschaft ist auch Eigentümer aller immateriellen Werte, die durch die Forschungstätigkeiten entwickelt werden; sie hat deshalb auch alle Gewinnmöglichkeiten, die sich aus der Forschung ergeben. Dies ist ein typischer Fall für die Anwendung der Kostenaufschlagsmethode. Sämtliche Kosten der von den verbundenen Unternehmen vereinbarten Forschungsarbeiten müssen abgegolten werden. Der zusätzliche Kostenaufschlag kann zum Ausdruck bringen, wie innovativ und komplex die Forschungsarbeiten sind.

Teil III: Geschäftsvorfallbezogene Gewinnmethoden

A. Einleitung

2.62. In diesem Teil werden geschäftsvorfallbezogene Gewinnmethoden erörtert, die zur Abbildung fremdüblicher Bedingungen verwendet werden können, wenn diese Methoden für die Umstände des Einzelfalls am besten geeignet sind, vgl. Ziffer 2.1–2.12. Geschäftsvorfallbezogene Gewinnmethoden untersuchen die Gewinne, die mit bestimmten Geschäftsvorfällen zwischen verbundenen Unternehmen erzielt werden. Die einzigen fremdvergleichskonformen Gewinnmethoden sind jene, die Artikel 9 des OECD-Musterabkommens entsprechen und den Anforderungen einer Vergleichbarkeitsanalyse genügen, wie sie in diesen Leitlinien beschrieben ist. Insbesondere sind die sogenannten „Gewinnvergleichsmethoden" oder „modifizierten Kostenaufschlags- und Wiederverkaufspreismethoden" nur insoweit akzeptabel, als sie mit diesen Leitlinien übereinstimmen.

2.63. Eine geschäftsvorfallbezogene Gewinnmethode untersucht die Gewinne, die mit bestimmten konzerninternen Geschäftsvorfällen erzielt werden. Im Sinne dieser Leitlinien versteht man unter geschäftsvorfallbezogenen Gewinnmethoden die geschäftsvorfallbezogene Gewinnaufteilungsmethode und die geschäftsvorfallbezogene Nettomargenmethode. Der mit einem konzerninternen Geschäftsvorfall erzielte Gewinn kann Aufschluss darüber geben, ob der Geschäftsvorfall durch Bedingungen beeinflusst wurde, die von denen abweichen, die unabhängige Unternehmen unter ansonsten vergleichbaren Umständen vereinbart hätten.

B. Geschäftsvorfallbezogene Nettomargenmethode

B.1. Allgemeines

2.64. Die geschäftsvorfallbezogene Nettomargenmethode (*transactional net margin method*) untersucht den Nettogewinn, den ein Steuerpflichtiger mit einem konzerninternen Geschäftsvorfall (oder mit Geschäftsvorfällen, die nach den Grundsätzen der Ziffern 3.9–3.12 zusammengefasst werden dürfen) erzielt, in Relation zu einer geeigneten Bezugsgröße (z. B. Kosten, Umsatz, Vermögen).

Eine geschäftsvorfallbezogene Nettomargenmethode funktioniert somit ähnlich wie die Kostenaufschlags- oder die Wiederverkaufspreismethode. Diese Ähnlichkeit hat zur Folge, dass die geschäftsvorfallbezogene Nettomargenmethode – um die erforderliche Zuverlässigkeit zu erreichen – in entsprechender Weise angewendet werden muss wie die Wiederverkaufspreis- oder die Kostenaufschlagsmethode. Dies bedeutet insbesondere, dass der für den Steuerpflichtigen aus dem Geschäftsvorfall (oder aus Geschäftsvorfällen, die nach den Grundsätzen der Ziffern 3.9–3.12 zusammengefasst werden dürfen) resultierende Nettogewinnindikator im Idealfall entsprechend dem Nettogewinnindikator zu ermitteln ist, der von demselben Steuerpflichtigen in vergleichbaren Fremdgeschäftsvorfällen erzielt wird, d. h. in Bezug auf „interne Vergleichswerte" (vgl. Ziffer 3.27–3.28). Wo dies nicht möglich ist, kann die Nettogewinnspanne, die von einem unabhängigen Unternehmen bei vergleichbaren Geschäftsvorfällen erzielt worden wäre („externe Vergleichswerte"), als Maßstab herangezogen werden (vgl. Ziffer 3.29–3.35). Eine Funktionsanalyse der konzerninternen Geschäftsvorfälle und der Geschäftsvorfälle zwischen Fremden soll prüfen, ob die Geschäftsvorfälle vergleichbar sind und welche Anpassungen möglicherweise erforderlich sind, um zuverlässige Ergebnisse zu erhalten. Darüber hinaus sind die anderen Voraussetzungen für die Vergleichbarkeit, insbesondere die in den Ziffern 2.74–2.81 angeführten, zu verwenden.

2.65. Eine geschäftsvorfallbezogene Nettomargenmethode dürfte kaum zuverlässig sein, wenn jeder Beteiligte einzigartige, wertvolle Beiträge leistet, vgl. Ziffer 2.4. In einem solchen Fall dürfte eine geschäftsvorfallbezogene Gewinnaufteilungsmethode im Allgemeinen die am besten geeignete Methode sein, vgl. Ziffer 2.119. Jedoch kann eine einseitige Methode (Standardmethode oder geschäftsvorfallbezogene Nettomargenmethode) in Fällen anwendbar sein, in denen einer der am Geschäftsvorfall Beteiligten alle einzigartigen, wertvollen Beiträge zum konzerninternen Geschäftsvorfall leistet, während der andere Beteiligte keinen einzigartigen, wertvollen Beitrag leistet. In einem solchen Fall sollte es sich beim untersuchten Unternehmen um das weniger komplexe Unternehmen handeln. Vgl. die Ziffern 3.18–3.19 wegen einer Erörterung des Konzepts des untersuchten Unternehmens.

2.66. Es gibt auch viele Fälle, in denen ein am Geschäftsvorfall Beteiligter Beiträge leistet, die nicht einzigartig sind – beispielsweise nicht einzigartige immaterielle Werte verwendet, wie etwa nicht einzigartige Geschäftsverfahren oder nicht einzigartiges Marktwissen. In solchen Fällen kann es möglich sein, die Vergleichbarkeitsvoraussetzungen zur Anwendung einer Standardmethode oder einer geschäftsvorfallbezogenen Nettogewinnmethode einzuhalten, da zu erwarten ist, dass auch den Vergleichsgrößen eine vergleichbare Kombination nicht einzigartiger Beiträge zugrunde liegt.

2.67. Letztendlich kann bei Fehlen einzigartiger und wertvoller Beiträge in einem bestimmten Geschäftsvorfall aber nicht automatisch davon ausgegangen werden, dass die geschäftsvorfallbezogene Nettomargenmethode die am besten geeignete Methode darstellt.

B.2. Vor- und Nachteile[1]

2.68. Ein Vorteil der geschäftsvorfallbezogenen Nettomargenmethode besteht darin, dass Nettogewinnindikatoren (z. B. Vermögensrendite, Umsatzrendite und mögliche andere Nettogewinnmaßstäbe) weniger durch geschäftsvorfallbezogene Unterschiede beeinflusst werden als der Preis, wie er bei der Preisvergleichsmethode verwendet wird. Auch manche Funktionsunterschiede zwischen konzerninternen Geschäftsvorfällen und Geschäftsvorfällen zwischen Fremden dürften sich auf Nettogewinnindikatoren weniger auswirken als auf Bruttogewinnspannen. Unterschiede zwischen den von den Unternehmen ausgeübten Funktionen schlagen sich vielfach in unterschiedlich hohen betrieblichen Aufwendungen nieder. Dies kann folglich zu einer großen Bandbreite von Bruttogewinnspannen führen, während die Höhe der Indikatoren des Nettobetriebsgewinns ähnlich bleibt. In einigen Staaten kann zudem die Unklarheit der öffentlichen Daten hinsichtlich der Klassifizierung der Aufwendungen in den Brutto- oder Betriebsgewinnen die Beurteilung der Vergleichbarkeit von Bruttogewinnspannen erschweren, während dieses Problem beim Einsatz von Nettogewinnindikatoren vermieden werden kann.

2.69. Ein weiterer praktischer Vorteil der geschäftsvorfallbezogenen Nettomargenmethode besteht darin, dass, wie bei jeder einseitigen Methode, nur für eines der verbundenen Unternehmen (das „untersuchte" Unternehmen) ein Finanzindikator analysiert werden muss. Auch ist es vielfach nicht notwendig, die Bücher und Aufzeichnungen sämtlicher an der Geschäftstätigkeit Beteiligten auf einer gemeinsamen Grundlage zu erstellen oder eine Aufteilung der Kosten auf alle Beteiligten vorzunehmen, wie dies bei der geschäftsvorfallbezogenen Gewinnaufteilungsmethode der Fall ist. Dies kann in der Praxis insbesondere dann von Vorteil sein, wenn einer der am Geschäftsvorfall Beteiligten komplex ist und viele eng miteinander verbundene Tätigkeiten ausübt oder wenn zuverlässige Informationen über einen der Beteiligten schwierig zu beschaffen sind. Jedoch muss immer eine Vergleichbarkeitsanalyse (einschließlich einer Funktionsanalyse) durchgeführt werden, um den Geschäftsvorfall zwischen den Unternehmen sachgerecht zu qualifizieren und die am besten geeignete Verrechnungspreismethode zu wählen, und diese Analyse setzt im Allgemeinen voraus, dass sowohl für das untersuchte als auch für das nicht untersuchte Unternehmen einige Informationen in Bezug auf die fünf Vergleichbarkeitsfaktoren im Zusammenhang mit dem konzerninternen Geschäftsvorfall gesammelt werden. Vgl. Ziffer 3.20–3.23.

1. Ein Beispiel zur Veranschaulichung der Sensitivität von Brutto- und Nettogewinnmargenindikatoren findet sich im Anhang I zu Kapitel II.

2.70. Die geschäftsvorfallbezogene Nettomargenmethode weist allerdings auch eine Reihe von Nachteilen auf. Der Nettogewinnindikator eines Steuerpflichtigen kann von einigen Faktoren beeinflusst werden, die sich auf die Preise oder Bruttogewinnspannen zwischen unabhängigen Unternehmen entweder nicht, weniger stark oder nur mittelbar auswirken. Diese Gegebenheiten erschweren eine genaue und zuverlässige Ermittlung von fremdvergleichskonformen Nettogewinnindikatoren. Es ist deshalb wichtig, über genaue Leitlinien zur Herstellung der Vergleichbarkeit bei der geschäftsvorfallbezogenen Nettomargenmethode zu verfügen, wie sie nachstehend in den Ziffern 2.74–2.81 geliefert werden.

2.71. Die Anwendung jeder Fremdvergleichsmethode erfordert Informationen über Geschäftsvorfälle zwischen Fremden, die möglicherweise zum Zeitpunkt der konzerninternen Geschäftsvorfälle nicht verfügbar sind. Dies mag insbesondere jenen Steuerpflichtigen Schwierigkeiten bereiten, die die geschäftsvorfallbezogene Nettomargenmethode zum Zeitpunkt der konzerninternen Geschäftsvorfälle anwenden möchten (obgleich dieses Problem durch Verwendung von Mehrjahresdaten, wie in den Ziffern 3.75–3.79 erörtert, gemildert werden könnte). Zudem könnte eine zuverlässige Anwendung der Methode dann nicht möglich sein, wenn die Steuerpflichtigen keinen Zugang zu hinreichend genauen Informationen über die Gewinne aus vergleichbaren Fremdgeschäftsvorfällen haben. Auch kann es sich als schwierig erweisen, die mit dem konzerninternen Geschäftsvorfall verbundenen Einkünfte und betrieblichen Ausgaben zu ermitteln, um so den Nettogewinnindikator festzulegen, der den Gewinnmaßstab für den betreffenden Geschäftsvorfall bildet. Die Steuerverwaltungen verfügen hier möglicherweise aus Prüfungen bei anderen Steuerpflichtigen über mehr Informationen. Vgl. Ziffer 3.36 wegen einer Erörterung der Informationen, die den Steuerverwaltungen zur Verfügung stehen, gegenüber dem Steuerpflichtigen aber nicht offengelegt werden, und Ziffer 3.67–3.79 wegen einer Erörterung zeitlicher Fragen.

2.72. Ebenso wie die Wiederverkaufspreis- und die Kostenaufschlagsmethode wird die geschäftsvorfallbezogene Nettogewinnmethode nur auf eines der verbundenen Unternehmen angewendet. Der Umstand, dass die Nettogewinne durch viele verrechnungspreisunabhängige Faktoren beeinflusst werden können, kann in Verbindung mit der Einseitigkeit der Analyse bei dieser Methode die Gesamtzuverlässigkeit der geschäftsvorfallbezogenen Nettomargenmethode beeinträchtigen, wenn unzureichende Vergleichbarkeitsmaßstäbe Anwendung finden. Genaue Leitlinien zur Herstellung der Vergleichbarkeit bei der geschäftsvorfallbezogenen Nettomargenmethode finden sich im nachstehenden Abschnitt B.3.1.

2.73. Bei der Anwendung der geschäftsvorfallbezogenen Nettomargenmethode kann auch die Bestimmung einer geeigneten Gegenberichtigung Schwierigkeiten bereiten, insbesondere in Fällen, in denen die Rückrechnung auf einen Verrechnungspreis nicht möglich ist. Dies kann beispielsweise dann der Fall sein, wenn der Steuerpflichtige mit verbundenen Unternehmen konzerninterne Geschäftsvorfälle tätigt, bei denen er sowohl als Käufer als auch als Verkäufer auftritt. In diesem Fall kann Ungewissheit darüber bestehen, bei welchem verbundenen Unternehmen eine Gewinnreduzierung vorzunehmen wäre, wenn die geschäftsvorfallbezogene Nettomargenmethode darauf hindeutet, dass der Gewinn des Steuerpflichtigen nach oben korrigiert werden sollte.

B.3. Anwendungshinweise

B.3.1. Der auf die geschäftsvorfallbezogene Nettomargenmethode anzuwendende Vergleichbarkeitsmaßstab

2.74. Um die am besten geeignete Verrechnungspreismethode auswählen und anwenden zu können, muss in allen Fällen eine Vergleichbarkeitsanalyse vorgenommen werden, und der Prozess zur Auswahl und Anwendung der geschäftsvorfallbezogenen Nettomargenmethode darf nicht weniger zuverlässig sein als bei anderen Methoden. Im Sinne einer guten Praxis ist bei der Anwendung der Nettogewinnmethode wie bei jeder anderen Methode dem unter Ziffer 3.4 beschriebenen üblichen Verfahren zur Ermittlung vergleichbarer Geschäftsvorfälle und Verwendung der so ermittelten Daten bzw. jedem gleichwertigen Verfahren, das der Gewährleistung der Solidität der Analyse dient, zu folgen. Allerdings ist einzuräumen, dass Informationen zu den Faktoren, die sich auf externe vergleichbare Geschäftsvorfälle auswirken, in der Praxis häufig nur in begrenztem Umfang zur Verfügung stehen. Die verlässliche Schätzung eines fremdvergleichskonformen Ergebnisses setzt Flexibilität und gutes Urteilsvermögen voraus. Vgl. Ziffer 1.13.

2.75. Es ist anzunehmen, dass sich Produktunterschiede auf die Preise und Funktionsunterschiede auf die Bruttogewinnspannen auswirken; Nettogewinnindikatoren werden durch solche Unterschiede jedoch weniger beeinflusst. Wie bei der Wiederverkaufspreis- und der Kostenaufschlagsmethode, denen die geschäftsvorfallbezogene Nettomargenmethode gleicht, bedeutet dies nicht, dass die bloße Ähnlichkeit der Funktionen zwischen zwei Unternehmen unbedingt zu zuverlässigen Vergleichen führen muss. Auch unter der Annahme, dass es zur Anwendung der Methode möglich ist, aus der großen Palette der Funktionen, die Unternehmen wahrnehmen können, gleichartige Funktionen herauszufiltern, ist es möglich, dass die mit diesen Funktionen zusammenhängenden Nettogewinnindikatoren nicht automatisch vergleichbar sind, so z. B. wenn die betroffenen Unternehmen diese Funktionen in verschiedenen Wirtschaftssektoren oder auf verschiedenen Märkten mit unterschiedlichem Rentabilitätsniveau wahrnehmen. Wenn es sich bei den zum Vergleich herangezogenen Fremdgeschäftsvorfällen um solche unabhängiger Unternehmen handelt, muss in mehrfacher Hinsicht ein hoher Ähnlichkeitsgrad zwischen dem verbundenen Unternehmen und dem an den betreffenden Geschäftsvorfällen beteiligten unabhängigen Unternehmen vorliegen, damit die konzerninternen Geschäftsvorfälle vergleichbar sind; neben Produkten und Funktionen gibt es noch zahlreiche andere Faktoren, die die Nettogewinnindikatoren erheblich beeinflussen können.

2.76. Die Verwendung von Nettogewinnindikatoren kann bei der Ermittlung der Verrechnungspreise potenziell ein größeres Unbeständigkeitselement mit sich bringen, und zwar aus zwei Gründen: Erstens können Nettogewinnindikatoren von Faktoren beeinflusst werden, die sich auf Bruttogewinnspannen und Preise nicht (oder nicht erheblich oder bloß mittelbar) auswirken, was daran liegt, dass die Höhe der betrieblichen Aufwendungen von Unternehmen zu Unternehmen schwanken kann. Zweitens können Nettogewinnspannen zwar z. T. von den gleichen Faktoren beeinflusst werden, die auch Einfluss auf Preis und Bruttogewinnspanne haben, wie beispielsweise von der Wettbewerbsposition, doch sind hier die Wirkungen dieser Faktoren nicht so leicht zu beseitigen. Bei den Standardmethoden lassen sich diese Faktoren allein durch die Forderung nach größerer Ähnlichkeit der Produkte und Funktionen ausschalten. Je nach den Gegebenheiten und Umständen des Einzelfalls und insbesondere dem Effekt von Funktionsunterschieden auf die Kostenstruktur und auf die Erlöse der potenziellen Vergleichsunternehmen reagieren Nettogewinnindikatoren möglicherweise weniger sensibel auf Unterschiede bei Ausmaß und Komplexität der Funktionen sowie Unterschiede in der Höhe der übernommenen Risiken als Bruttomargen (unter der Annahme, dass die vertragliche Aufteilung der Risiken nach Abschnitt D.1.2.1 von Kapitel I dem Fremdvergleichsgrundsatz entspricht). Demgegenüber kann die geschäftsvorfallbezogene Nettomargenmethode je nach den Gegebenheiten und Umständen des Einzelfalls und insbesondere dem Anteil der festen und der variablen Kosten sensibler auf Unterschiede in der Kapazitätsauslastung reagieren als die Kostenaufschlags- und Wiederverkaufspreismethode, da Unterschiede bei der Absorption indirekter fester Kosten (feste Herstellungskosten oder feste Vertriebskosten) zwar den Nettogewinnindikator beeinflussen, aber nicht unbedingt die Bruttomarge oder den Bruttogewinnaufschlag, wenn sich diese nicht in Preisunterschieden niederschlagen. Vgl. Anhang I zu Kapitel II „Sensitivität von Brutto- und Nettogewinnindikatoren".

2.77. Folgende Kräfte können die Nettogewinnindikatoren im jeweiligen Wirtschaftszweig direkt beeinflussen: drohende Konkurrenz durch Neueinsteiger, Wettbewerbsposition, Effizienz des Managements und individuelle Strategien, drohende Konkurrenz durch Substitutionsprodukte, unterschiedliche Kostenstrukturen (wie sie etwa im Alter des Anlagevermögens zum Ausdruck kommen), unterschiedliche Kapitalkosten (z. B. Eigenfinanzierung gegenüber Fremdfinanzierung) und Umfang der Geschäftserfahrung (z. B. ob sich das Unternehmen in einer Anlaufphase befindet oder bereits etabliert ist). Jeder dieser Faktoren kann wiederum von zahlreichen anderen Größen beeinflusst werden. Zum Beispiel wird das Ausmaß der Bedrohung durch neue Marktteilnehmer durch Elemente wie etwa Produktdifferenzierung, Kapitalbedarf sowie staatliche Subventionen und Regelungen bestimmt. Einige dieser Elemente können auch Auswirkungen auf die Anwendung der Standardmethoden haben.

2.78. Beispielsweise sei angenommen, dass ein Steuerpflichtiger qualitativ hochwertige Audioplayer an ein verbundenes Unternehmen verkauft und dass die einzigen zur Verfügung stehenden Informationen über den in Vergleichsgeschäftsvorfällen erzielten Gewinn sich auf Verkäufe von Audioplayern durchschnittlicher Qualität beziehen. Ferner sei angenommen, dass der Markt für qualitativ hochwertige Audioplayer umsatzmäßig expandiert, eine hohe Eintrittsschwelle aufweist, durch eine geringe Zahl miteinander in Konkurrenz stehender Unternehmen gekennzeichnet ist und große Möglichkeiten zur Produktdifferenzierung bietet. Es ist wahrscheinlich, dass sich sämtliche Unterschiede auf die Rentabilität der geprüften Tätigkeiten und der verglichenen Tätigkeiten erheblich auswirken; in einem solchen Fall müssten Anpassungen vorgenommen werden. Wie bei anderen Methoden beeinflusst die Zuverlässigkeit der erforderlichen Anpassungen die Zuverlässigkeit der Analyse. Allerdings ist darauf hinzuweisen, dass sich die Rentabilität zweier Unternehmen je nach Marktanteil, Wettbewerbsposition usw. selbst dann unterscheiden kann, wenn diese Unternehmen im selben Wirtschaftszweig tätig sind.

2.79. Es könnte geltend gemacht werden, dass den potenziellen Ungenauigkeiten, die aus den genannten Arten von Faktoren resultieren, mit dem Umfang der Bandbreite der Fremdvergleichswerte Rechnung getragen werden kann. Die Verwendung von Bandbreiten kann den Grad der Ungenauigkeit zwar in gewissem Umfang mindern, sie kann aber nicht Situationen Rechnung tragen, in denen die Gewinne eines Steuerpflichtigen durch einen nur ihn selbst betreffenden Umstand erhöht oder geschmälert werden. Die Bandbreite erstreckt sich in einem solchen Fall möglicherweise nicht auf die Gewinne von unabhängigen Unternehmen, die in ähnlicher Weise von einer Sondersituation betroffen sind. Durch die Verwendung von Bandbreiten lassen sich die vorstehend erörterten Schwierigkeiten daher nicht immer ausräumen. Vgl. die Erörterung der Bandbreite für den Fremdpreis unter Ziffer 3.55–3.66.

2.80. Die geschäftsvorfallbezogene Nettomargenmethode kann eine praktische Lösung für ansonsten unlösbare Verrechnungspreisprobleme bieten, sofern sie sinnvoll eingesetzt wird und hinreichend genaue Anpassungen vorgenommen werden, um die oben beschriebenen Unterschiede zu berücksichtigen. Die geschäftsvorfallbezogene Nettomargenmethode sollte nur dann angewendet werden, wenn die Nettogewinnindikatoren aus vergleichbaren Fremdgeschäftsvorfällen desselben Steuerpflichtigen abgeleitet werden oder – falls sie aus Geschäftsvorfällen unabhängiger Unternehmen abgeleitet werden sollen – wenn die den Nettogewinnindikator wesentlich beeinflussenden Unterschiede zwischen den verbundenen und den fremden Unternehmen hinreichend berücksichtigt werden. Viele Staaten sind besorgt darüber, dass die zur Absicherung der Standardmethoden festgelegten Kriterien bei der Anwendung der geschäftsvorfallbezogenen Nettomargenmethode übersehen werden könnten. Wirken sich die Merkmale der verglichenen Unternehmen wesentlich auf die verwendeten Nettogewinnindikatoren aus, wäre es daher nicht sachgerecht, die geschäftsvorfallbezogene Nettomargenmethode ohne entsprechende Anpassungen anzuwenden. Ausmaß und Verlässlichkeit solcher Anpassungen bestimmen die Verlässlichkeit der geschäftsvorfallbezogenen Nettomargenmethode. Vgl. Ziffer 3.47–3.54 wegen einer Erörterung der zur Herstellung der Vergleichbarkeit erforderlichen Anpassungen.

2.81. Ein weiterer wichtiger Aspekt der Vergleichbarkeit ist die Einheitlichkeit der Bemessung. Die Nettogewinnindikatoren müssen bei verbundenen und fremden Unternehmen einheitlich ermittelt werden. Zudem können zwischen den Unternehmen Unterschiede in der Behandlung der die Nettogewinne beeinflussenden betrieblichen und nicht betrieblichen Aufwendungen bestehen, beispielsweise der Abschreibungen, Rücklagen und Rückstellungen, was im Hinblick auf die Erzielung einer verlässlichen Vergleichbarkeit zu beachten ist.

B.3.2. Auswahl des Nettogewinnindikators

2.82. Bei der Anwendung der geschäftsvorfallbezogenen Nettomargenmethode sollte die Auswahl des am besten geeigneten Nettogewinnindikators den Hinweisen in den Ziffern 2.2 und 2.8 bezüglich der Auswahl der am besten geeigneten Methode unter Berücksichtigung der Umstände des Einzelfalls folgen. Dabei sollte den jeweiligen Vor- und Nachteilen der verschiedenen möglichen Indikatoren, der Angemessenheit des berücksichtigten Indikators angesichts der Art des konzerninternen Geschäftsvorfalls, die insbesondere durch eine Funktionsanalyse bestimmt wird, der Verfügbarkeit zuverlässiger Informationen (insbesondere zu Vergleichsgrößen aus Fremdgeschäftsvorfällen), die zur Anwendung der auf diesem Indikator beruhenden geschäftsvorfallbezogenen Nettomargenmethode notwendig sind, sowie dem Grad der Vergleichbarkeit von konzerninternen Geschäftsvorfällen und Geschäftsvorfällen zwischen Fremden Rechnung getragen werden, einschließlich der Zuverlässigkeit der Anpassungen zur Herstellung der Vergleichbarkeit, die erforderlich sein können, um bei der Anwendung der auf diesem Indikator beruhenden geschäftsvorfallbezogenen Nettomargenmethode zwischen diesen Geschäftsvorfällen bestehende Unterschiede zu beseitigen. Diese Faktoren werden nachstehend sowohl in Bezug auf die Bestimmung des Nettogewinns als auch seine Gewichtung ausführlicher erörtert.

B.3.3. Ermittlung des Nettogewinns

2.83. Grundsätzlich sollen bei der Ermittlung des Nettogewinnindikators für die Anwendung der geschäftsvorfallbezogenen Nettogewinnmethode nur jene Elemente berücksichtigt werden, die *a)* unmittelbar oder mittelbar mit dem jeweiligen Geschäftsvorfall zwischen verbundenen Unternehmen zusammenhängen und *b)* betrieblichen Charakter haben.

2.84. Kosten und Erlöse, die nicht aus dem geprüften konzerninternen Geschäftsvorfall stammen, sind auszuschließen, wenn sie die Vergleichbarkeit mit Geschäftsvorfällen zwischen Fremden wesentlich beeinflussen. Es bedarf einer angemessenen Aufschlüsselung der Finanzdaten des Steuerpflichtigen bei der Bestimmung oder Prüfung des Nettogewinns, den er mit einem konzerninternen Geschäftsvorfall erzielt (oder mit Geschäftsvorfällen, die gemäß den Hinweisen in den Ziffern 3.9–3.12 zusammengefasst sind). Es wäre daher nicht sachgerecht, die geschäftsvorfallbezogene Nettomargenmethode auf die Gesellschaft insgesamt anzuwenden, wenn die Gesellschaft eine Vielzahl unterschiedlicher konzerninterner Geschäftsvorfälle tätigt, die nicht insgesamt mit den Geschäftsvorfällen zwischen unabhängigen Unternehmen verglichen werden können.

2.85. Dementsprechend sind bei der Untersuchung der Geschäftsvorfälle zwischen unabhängigen Unternehmen, soweit dies notwendig ist, jene Gewinnanteile aus dem Vergleich auszuschließen, die aus Geschäftsvorfällen stammen, denen die Vergleichbarkeit mit den geprüften konzerninternen Geschäftsvorfällen fehlt. Bei Verwendung von Nettogewinnindikatoren unabhängiger Unternehmen dürfen zudem die den Geschäftsvorfällen der unabhängigen Unternehmen zuzuordnenden Gewinne nicht durch konzerninterne Geschäftsvorfälle dieser Unternehmen verzerrt werden. Vgl. Ziffer 3.9–3.12 zur Beurteilung einzelner und zusammenhängender Geschäftsvorfälle eines Steuerpflichtigen sowie Ziffer 3.37 zur Verwendung nicht geschäftsvorfallbezogener Daten Dritter.

2.86. Nicht betriebliche Elemente, wie Zinseinkünfte und Zinsaufwendungen sowie Ertragsteuern, sollten bei der Bestimmung des Nettogewinnindikators ausgeschlossen werden. Auch außergewöhnliche und außerordentliche Elemente mit nichtwiederkehrendem Charakter sollten im Allgemeinen unberücksichtigt bleiben. Das ist aber nicht immer der Fall, da es Situationen geben kann, in denen ihre Einbeziehung je nach den Umständen des Einzelfalls, den ausgeübten Funktionen und den von dem untersuchten Unternehmen übernommenen Risiken angebracht wäre. Selbst wenn außergewöhnliche und außerordentliche Elemente bei der Bestimmung des Nettogewinnindikators unberücksichtigt bleiben, kann eine Überprüfung derselben sinnvoll sein, da sie wertvolle Informationen für die Vergleichbarkeitsanalyse liefern können (indem sie beispielsweise zeigen, dass das untersuchte Unternehmen ein bestimmtes Risiko trägt).

2.87. In Fällen, in denen zwischen den Kreditkonditionen und den Verkaufspreisen eine Korrelation besteht, könnte es angemessen sein, Zinseinkünften für kurzfristiges Betriebskapital in der Berechnung des Nettogewinnindikators Rechnung zu tragen und/oder Anpassungen des Betriebskapitals vorzunehmen, vgl. Ziffer 3.47–3.54. Ein solcher Fall kann beispielsweise vorliegen, wenn ein großer Einzelhändler von seinen Lieferanten lange Zahlungsfristen eingeräumt bekommt, seinen Kunden aber nur kurze Zahlungsfristen gewährt, wodurch es ihm möglich ist, Liquiditätsreserven zu bilden, die es ihm wiederum erlauben, den Kunden niedrigere Verkaufspreise anzubieten, als ihm dies ohne derart vorteilhafte Kreditkonditionen möglich wäre.

2.88. Ob Wechselkursgewinne und -verluste mit in die Bestimmung des Nettogewinnindikators einbezogen werden sollten oder nicht, wirft eine Reihe schwieriger Vergleichbarkeitsfragen auf. Erstens muss untersucht werden, ob die Wechselkursgewinne und -verluste Handelscharakter haben (d. h. es sich um Forderungen oder Verbindlichkeiten aus einem Handelsgeschäft handelt) und ob das untersuchte Unternehmen für diese verantwortlich ist oder nicht. Zweitens muss auch jede Absicherung der Wechselkursrisiken, die mit den Forderungen und Verbindlichkeiten aus dem zugrunde liegenden Handelsgeschäft einhergehen, berücksichtigt und bei der Bestimmung des Nettogewinns auf dieselbe Weise behandelt werden. Wird also eine geschäftsvorfallbezogene Nettomarge bei einem Geschäftsvorfall angewendet, in dem das Wechselkursrisiko vom untersuchten Unternehmen getragen wird, sollte Wechselkursgewinnen und -verlusten systematisch Rechnung getragen werden (entweder bei der Berechnung des Nettogewinnindikators oder gesondert).

2.89. Bei Finanzaktivitäten, bei denen es für den Steuerpflichtigen zum Tagesgeschäft gehört, Vorschüsse zu leisten oder zu empfangen, ist es bei der Bestimmung des Nettogewinnindikators im Allgemeinen angemessen, den Effekt der Zinsen und die Zinsbeträge nach Zinsart zu berücksichtigen.

2.90. Schwierige Vergleichbarkeitsfragen können sich ergeben, wenn die buchmäßige Behandlung einiger Elemente bei möglichen Vergleichsgrößen Dritter unklar ist oder keine zuverlässigen Messungen oder Anpassungen zulässt (vgl. Ziffer 2.81). Das kann insbesondere bei Abschreibungen, Tilgungen, Aktienoptionen und Pensionsaufwendungen der Fall sein. Die Entscheidung, ob derartige Elemente in die Bestimmung des Nettogewinnindikators für die Anwendung der geschäftsvorfallbezogenen Nettomargenmethode einbezogen werden, wird von einer Bewertung der von ihnen erwarteten Effekte auf die Eignung des Nettogewinnindikators unter den Umständen des Geschäftsvorfalls und der Zuverlässigkeit des Vergleichs abhängen (vgl. Ziffer 3.50).

2.91. Ob Anlauf- und Auflösungskosten in die Bestimmung des Nettogewinnindikators einbezogen werden sollen, hängt von den Gegebenheiten und Umständen des Einzelfalls und davon ab, ob unabhängige Unternehmen unter vergleichbaren Umständen einverstanden gewesen wären, dass entweder der die Funktionen ausübende Beteiligte die Anlauf- und möglichen Auflösungskosten übernimmt oder dass ein Teil oder die Gesamtheit dieser Kosten ohne Kostenaufschlag beispielsweise dem Kunden oder einem Prinzipal in Rechnung gestellt wird oder dass ein Teil bzw. die Gesamtheit dieser Kosten mit einem Kostenaufschlag in Rechnung gestellt wird, indem sie beispielsweise in die Berechnung des Nettogewinnindikators des die Funktionen ausübenden Beteiligten aufgenommen werden. Vgl. Kapitel IX Teil II Abschnitt F wegen einer Erörterung der Auflösungskosten im Kontext einer Umstrukturierung der Geschäftstätigkeit.

B.3.4. Gewichtung des Nettogewinns

2.92. Die Auswahl des Nenners sollte mit der Vergleichbarkeitsanalyse (einschließlich Funktionsanalyse) des konzerninternen Geschäftsvorfalls vereinbar sein und insbesondere die Risikoallokation unter den Beteiligten widerspiegeln (sofern besagte Risikoallokation dem Fremdvergleichsgrundsatz entspricht, vgl. Kapitel I Abschnitt D.1.2.1). So sind z. B. kapitalintensive Tätigkeiten, wie bestimmte Fertigungstätigkeiten, mit erheblichen Investitionsrisiken verbunden, selbst in den Fällen, in denen sich die operationellen Risiken (wie Marktrisiken oder Lagerrisiken) in Grenzen halten. Wird in solchen Fällen eine geschäftsvorfallbezogene Nettomargenmethode angewendet, spiegeln sich die investitionsbezogenen Risiken im Nettogewinnindikator wider, sofern es sich beim Gewinn um eine Gesamtkapitalrendite handelt (d. h. Vermögensrendite oder Rendite aus dem eingesetzten Kapital). Dieser Indikator muss gegebenenfalls angepasst werden (oder es muss ein anderer Nettogewinnindikator ausgewählt werden), was sowohl davon abhängt, welches der am konzerninternen Geschäftsvorfall beteiligten Unternehmen das Risiko trägt, als auch vom Ausmaß der Unterschiede zwischen den Risiken, die bei konzerninternen Geschäftsvorfällen des Steuerpflichtigen und bei Vergleichstätigkeiten anzutreffen sind. Vgl. Ziffer 3.47–3.54 wegen einer Erörterung der zur Herstellung der Vergleichbarkeit erforderlichen Anpassungen.

2.93. Der Nenner sollte sich auf die relevanten Indikatoren des Werts der Funktionen beziehen, die das untersuchte Unternehmen im geprüften Geschäftsvorfall wahrnimmt, unter Berücksichtigung der genutzten Vermögenswerte und übernommenen Risiken. Üblicherweise und vorbehaltlich einer Überprüfung der Gegebenheiten und Umstände des Einzelfalls könnten im Fall von Vertriebstätigkeiten die betrieblichen Aufwendungen für Verkauf und Vertrieb, im Fall von Dienstleistungs- oder Fertigungstätigkeiten die Gesamtkosten oder betrieblichen Aufwendungen und im Fall kapitalintensiver Tätigkeiten, wie bestimmter Fertigungstätigkeiten oder Versorgungsleistungen, das Betriebsvermögen eine geeignete Bezugsgröße darstellen. Abhängig von den Umständen des Einzelfalls können auch andere Bezugsgrößen angemessen sein.

2.94. Der Nenner sollte von konzerninternen Geschäftsvorfällen im Wesentlichen unabhängig sein, da sonst kein objektiver Ausgangspunkt gegeben wäre. Beispielsweise kann bei der Analyse eines Geschäftsvorfalls, der im Kauf von Waren durch eine Vertriebsgesellschaft bei einem verbundenen Unternehmen zwecks Wiederverkauf an unabhängige Kunden besteht, der Nettogewinnindikator nicht anhand des Wareneinsatzes gewichtet werden, da es sich bei diesen Kosten um die konzerninternen Kosten handelt, deren Vereinbarkeit mit dem Fremdvergleichsgrundsatz geprüft wird. Analog hierzu kann bei einem konzerninternen Geschäftsvorfall, der in der Erbringung von Dienstleistungen an ein verbundenes Unternehmen besteht, der Nettogewinnindikator nicht anhand der Einnahmen aus der Dienstleistungserbringung gewichtet werden, da es sich hierbei um den konzerninternen Geschäftsvorfall handelt, dessen Vereinbarkeit mit dem Fremdvergleichsgrundsatz geprüft wird. Wenn der Nenner durch die Kosten konzerninterner Geschäftsvorfälle erheblich beeinflusst wird, die nicht Gegenstand der Prüfung sind (wie an ein verbundenes Unternehmen gezahlte Gebühren für die zentrale Verwaltung, Mietkosten oder Lizenzgebühren), ist es wichtig zu gewährleisten, dass besagte Kosten konzerninterner Geschäftsvorfälle die Analyse nicht wesentlich verzerren und vor allem dass sie mit dem Fremdvergleichsgrundsatz in Einklang stehen.

2.95. Der Nenner sollte auf Ebene der vom Steuerpflichtigen getätigten konzerninternen Geschäftsvorfälle zuverlässig und einheitlich gemessen werden können. Ferner sollte die geeignete Bezugsgröße auf Ebene der vergleichbaren Fremdgeschäftsvorfälle auf zuverlässige und einheitliche Weise gemessen werden können. In der Praxis können daher bestimmte Indikatoren nur begrenzt verwendet werden, wie in Ziffer 2.105 weiter unten erörtert wird. Darüber hinaus sollte die vom Steuerpflichtigen vorgenommene Aufteilung allgemeiner Geschäftskosten im Rahmen des geprüften Geschäftsvorfalls angemessen sein und im Zeitverlauf einheitlich bleiben.

B.3.4.1. Fälle, in denen der Nettogewinn anhand des Umsatzes gewichtet wird

2.96. Häufig wird zur Ermittlung des fremdüblichen Preises von Anschaffungen bei einem verbundenen Unternehmen zum Zweck des Wiederverkaufs an unabhängige Kunden ein Nettogewinnindikator in Form des durch den Umsatz dividierten Nettogewinns bzw. eine Nettogewinnspanne verwendet. In diesen Fällen sollte es sich bei der Umsatzangabe im Nenner um den Umsatz handeln, der mit dem Wiederverkauf der im Rahmen des geprüften konzerninternen Geschäftsvorfalls gekauften Artikel erzielt wurde. Umsätze, die auf Geschäftsvorfällen mit Fremden beruhen (Kauf bei unabhängigen Unternehmen zum Wiederverkauf an unabhängige Unternehmen), sollten bei der Festlegung oder Prüfung der Vergütung für konzerninterne Geschäftsvorfälle nicht berücksichtigt werden, es sei denn, die Fremdgeschäftsvorfälle beeinflussten den Vergleich nicht wesentlich und/oder die konzerninternen Geschäftsvorfälle und die Geschäftsvorfälle mit fremden Dritten seien so eng miteinander verbunden, dass eine sachgerechte Beurteilung der einzelnen Geschäftsvorfälle nicht möglich ist. Diese letztgenannte Situation ist manchmal bei Kundendienstleistungen oder Ersatzteilverkäufen anzutreffen, die von einer Vertriebsgesellschaft für bzw. an unabhängige Endkunden erbracht werden, wenn diese Geschäftsvorfälle eng mit konzerninternen Anschaffungen der Vertriebsgesellschaft zum Wiederverkauf an dieselben unabhängigen Endnutzer verknüpft sind, weil die Dienstleistungstätigkeit beispielsweise unter Nutzung von Rechten oder sonstigen Vermögenswerten ausgeübt wurde, die im Rahmen des Vertriebsvertrags eingeräumt wurden. Vgl. auch die Erörterung zum Portfolio-Konzept in Ziffer 3.10.

2.97. Eine Frage, die sich in Fällen stellt, in denen der Nettogewinnindikator anhand des Umsatzes gewichtet wird, betrifft die Berücksichtigung von Rabatten und Preisnachlässen, die Kunden vom Steuerpflichtigen oder den Vergleichsunternehmen eingeräumt werden. In Abhängigkeit von den Rechnungslegungsgrundsätzen werden Rabatte und Preisnachlässe als Minderung des Umsatzes oder als Aufwand behandelt. Ähnliche Schwierigkeiten können sich in Bezug auf Gewinne und Verluste aus Devisengeschäften ergeben. In Fällen, in denen diese Posten den Vergleich wesentlich beeinflussen, kommt es entscheidend darauf an, Gleiches mit Gleichem zu vergleichen und für den Steuerpflichtigen und die Vergleichsunternehmen denselben Rechnungslegungsgrundsätzen zu folgen.

B.3.4.2. Fälle, in denen der Nettogewinn anhand der Kosten gewichtet wird

2.98. Kostenbasierte Indikatoren sollten nur in jenen Fällen verwendet werden, in denen Kosten Aufschluss über den Wert der vom untersuchten Unternehmen ausgeübten Funktionen, genutzten Vermögenswerte und übernommenen Risiken geben. Darüber hinaus sollte die Festlegung der in die Kostenbasis aufzunehmenden Kosten das Ergebnis einer sorgfältigen Prüfung der Gegebenheiten und Umstände des Einzelfalls sein. Bei einer Gewichtung des Nettogewinnindikators anhand der Kosten sollten nur die Kosten berücksichtigt werden, die unmittelbar oder mittelbar mit dem geprüften konzerninternen Geschäftsvorfall (oder den entsprechend dem Grundsatz in den Ziffern 3.9–3.12 zusammengefassten Geschäftsvorfällen) zusammenhängen. Dementsprechend bedarf es eines angemessenen Grads der Aufschlüsselung der Konten des Steuerpflichtigen, um sicherzugehen, dass der Nenner keine Kosten enthält, die mit anderen Tätigkeiten oder Geschäftsvorfällen zusammenhängen und die Vergleichbarkeit mit Geschäftsvorfällen zwischen fremden Dritten wesentlich beeinträchtigen. Ferner sollten in den meisten Fällen nur

Betriebskosten in den Nenner aufgenommen werden. Die Erörterung in den vorstehenden Ziffern 2.86–2.91 gilt auch für Kosten im Nenner.

2.99. Bei der Anwendung einer geschäftsvorfallbezogenen Nettomargenmethode wird häufig die Gesamtheit der Kosten zugrunde gelegt, darunter alle direkten und indirekten Kosten, die auf die Tätigkeit oder den Geschäftsvorfall zurückzuführen sind, und eine angemessene Aufteilung der Kosten unter Berücksichtigung der Gemeinkosten des Unternehmens vorgenommen. Dabei stellt sich möglicherweise die Frage, ob und inwieweit es im Fremdvergleich akzeptabel ist, einen signifikanten Teil der vom Steuerpflichtigen zu tragenden Kosten als Durchlaufkosten zu behandeln, denen kein Gewinnelement zugeordnet wird (d. h. sie werden wie Kosten behandelt, die potenziell aus dem Nenner des Nettogewinnindikators ausschließbar sind). Das hängt davon ab, inwieweit ein unabhängiges Unternehmen unter vergleichbaren Umständen bereit wäre, auf den Gewinnaufschlag auf einen Teil der von ihm zu tragenden Kosten zu verzichten. Die Antwort sollte nicht auf der Klassifizierung der Kosten als „interne" oder „externe" Kosten beruhen, sondern vielmehr auf einer Vergleichbarkeitsanalyse (unter Einbeziehung einer Funktionsanalyse). Vgl. Ziffer 7.34.

2.100. Wird die Behandlung von Kosten als Durchlaufkosten als fremdvergleichskonform befunden, stellt sich eine zweite Frage bezüglich der Folgen für die Vergleichbarkeit und Ermittlung der Bandbreite für den Fremdpreis. Da Gleiches mit Gleichem verglichen werden muss, sollten, wenn die Durchlaufkosten vom Nenner des Nettogewinnindikators des Steuerpflichtigen ausgeschlossen sind, entsprechende Kosten auch vom Nenner des vergleichbaren Nettogewinnindikators ausgeschlossen werden. In der Praxis können sich Vergleichbarkeitsprobleme ergeben, wenn nur in begrenztem Maße Informationen zur Aufschlüsselung der Kosten bei den Vergleichsfällen vorhanden sind.

2.101. Je nach den Gegebenheiten und Umständen des Einzelfalls kann es angemessen sein, die tatsächlichen Kosten oder auch die Sollkosten oder Plankosten als Kostenbasis zu verwenden. Die Verwendung der tatsächlichen Kosten kann ein Problem aufwerfen, da das untersuchte Unternehmen möglicherweise keinen Anreiz hat, die Kosten genau zu beobachten. In Vereinbarungen zwischen unabhängigen Unternehmen ist es nicht selten, dass die Vergütungsmethode ein Kosteneinsparungsziel enthält. Bei Fertigungsvereinbarungen zwischen unabhängigen Unternehmen kann es auch vorkommen, dass die Preise auf der Grundlage der Sollkosten festgelegt werden und jeder Rückgang oder Anstieg der tatsächlichen Kosten im Vergleich zu den Sollkosten dem Hersteller angerechnet wird. Bei der Anwendung der kostenbasierten, geschäftsvorfallbezogenen Nettomargenmethode könnten ähnliche Mechanismen maßgebend sein, wenn sie den Vereinbarungen entsprechen, die zwischen fremden Dritten getroffen würden. Vgl. Ziffer 2.58

wegen einer Erörterung derselben Problematik im Zusammenhang mit der Kostenaufschlagsmethode.

2.102. Die Verwendung von Plankosten kann ebenfalls eine Reihe von Problemen aufwerfen, wenn sich zwischen den tatsächlichen und den veranschlagten Kosten große Unterschiede ergeben. Unabhängige Unternehmen werden ihre Preise wohl kaum auf der Grundlage der Plankosten festlegen, ohne zu vereinbaren, welche Faktoren bei der Festlegung des Finanzplans berücksichtigt werden sollen, ohne zu berücksichtigen, in welchem Verhältnis die veranschlagten und die tatsächlichen Kosten in früheren Jahren zueinander standen, und ohne zu klären, wie im Fall unvorhergesehener Umstände zu verfahren ist.

B.3.4.3. Fälle, in denen der Nettogewinn anhand des Vermögens gewichtet wird

2.103. Vermögens- (oder Kapital-)Renditen können in Fällen, in denen das Vermögen (und nicht die Kosten oder der Umsatz) einen besseren Indikator für die durch das untersuchte Unternehmen erzielte Wertschöpfung darstellt, eine geeignete Bezugsgröße sein, beispielsweise bei bestimmten Fertigungstätigkeiten oder sonstigen vermögensintensiven Tätigkeiten sowie bei kapitalintensiven finanziellen Operationen. Handelt es sich bei dem Indikator um einen anhand des Vermögens gewichteten Nettogewinn, sollte nur Betriebsvermögen herangezogen werden. Zum Betriebsvermögen gehören materielle Vermögenswerte des betrieblichen Anlagevermögens, darunter Grundstücke und Gebäude, Maschinen und Einrichtungen, im Unternehmen verwendete immaterielle Werte, wie Patente und Know-how, sowie Güter des Umlaufvermögens, wie Lagerbestände und Forderungen aus Lieferungen und Leistungen (abzüglich Verbindlichkeiten aus Lieferungen und Leistungen). Investitionen und Kassenbestände zählen außerhalb des Finanzsektors generell nicht zum Betriebsvermögen.

2.104. In Fällen, in denen der Nettogewinn anhand des Vermögens gewichtet wird, stellt sich die Frage der Bewertung der Vermögenswerte, etwa zum Buchwert oder zum Marktwert. Bei Verwendung des Buchwerts könnte es beim Vergleich zu Verzerrungen kommen, beispielsweise zwischen Unternehmen, die ihre Vermögenswerte bereits abgeschrieben haben, und solchen, die Vermögenswerte jüngeren Datums mit laufender Abschreibung besitzen, sowie zwischen Unternehmen, die erworbene immaterielle Werte verwenden, und Unternehmen, die selbstentwickelte immaterielle Werte verwenden. Die Verwendung des Marktwerts könnte dieses Problem möglicherweise mindern, wenngleich sich in Fällen, in denen der Wertansatz der Vermögenswerte ungewiss ist, andere Zuverlässigkeitsfragen stellen können und sich dieses Verfahren insbesondere bei immateriellen Werten als extrem kostspielig und umständlich erweisen kann. Je nach Gegebenheiten und Umständen des Einzelfalls könnte es möglich sein, Anpassungen vorzunehmen, um die Zuverlässigkeit des Vergleichs zu verbessern. Die Auswahl zwischen Buchwert, bereinigtem Buchwert, Marktwert und anderen verfügbaren Optionen sollte in der Absicht getroffen werden, die Messgröße zu finden, die unter Berücksichtigung des Umfangs und der Komplexität des Geschäftsvorfalls und der damit verbundenen Kosten und Lasten am zuverlässigsten ist. Vgl. Kapitel III Abschnitt C.

B.3.4.4. Sonstige mögliche Nettogewinnindikatoren

2.105. Je nach den Gegebenheiten und Umständen der Geschäftsvorfälle eignen sich möglicherweise auch andere Nettogewinnindikatoren. Beispielsweise kann es je nach Wirtschaftszweig und geprüftem konzerninternem Geschäftsvorfall sinnvoll sein, andere Nenner zu betrachten, für die unabhängige Daten vorliegen können, etwa die Grundfläche von Verkaufsstellen, das Gewicht der transportierten Güter, die Zahl der Beschäftigten, Zeit, Entfernung usw. Obwohl es keinen Grund dafür gibt, die Verwendung dieser Größen auszuschließen, wenn sie sinnvolle Anhaltspunkte für die vom untersuchten Unternehmen im konzerninternen Geschäftsvorfall geleistete Wertschöpfung liefern, sollten sie nur in Fällen zum Einsatz kommen, in denen zuverlässige vergleichbare Informationen beschafft werden können, um die Anwendung der Methode mit einem solchen Nettogewinnindikator zu stützen.

B.3.5. Berry-Ratios

2.106. Eine „Berry-Ratio“ ist definiert als das Verhältnis von Bruttogewinn zu betriebsnotwendigen Aufwendungen. Zinsen und aus fremden Quellen stammende Einkünfte fließen generell nicht in die Berechnung des Bruttogewinns ein; Abschreibungen und Tilgungen können in den betrieblichen Aufwendungen enthalten sein oder nicht, was insbesondere von den möglichen Unsicherheitsmomenten abhängt, die sie in Bezug auf Bewertung und Vergleichbarkeit schaffen können.

2.107. Die Auswahl des geeigneten finanziellen Indikators hängt von den Gegebenheiten und Umständen des Einzelfalls ab, vgl. Ziffer 2.82. Es wurden Bedenken darüber geäußert, dass Berry-Ratios gelegentlich in Fällen verwendet werden, in denen dies ohne die bei der Auswahl und Bestimmung von Verrechnungspreismethoden und finanziellen Indikatoren gebotene Sorgfalt nicht angemessen ist. Vgl. Ziffer 2.98 bezüglich der Verwendung von kostenbasierten Indikatoren im Allgemeinen. Eine Schwierigkeit bei der Bestimmung von Berry-Ratios besteht häufig darin, dass sie stark darauf reagieren, ob Kosten als betriebliche Aufwendungen eingestuft werden oder nicht, was Vergleichbarkeitsprobleme aufwerfen kann. Außerdem stellen sich die in den Ziffern 2.99–2.100 in Bezug auf die Durchlaufkosten gestellten Fragen in gleichem Maße auch bei der Anwendung von Berry-Ratios.

Damit eine Berry-Ratio für die Prüfung der Vergütung eines konzerninternen Geschäftsvorfalls (der z. B. im Vertrieb von Produkten besteht) geeignet ist, müssen folgende Voraussetzungen erfüllt sein:

- Der Wert der im konzerninternen Geschäftsvorfall ausgeübten Funktionen verhält sich (unter Berücksichtigung der genutzten Vermögenswerte und übernommenen Risiken) proportional zu den betrieblichen Aufwendungen.
- Der Wert der im konzerninternen Geschäftsvorfall ausgeübten Funktionen wird (unter Berücksichtigung der genutzten Vermögenswerte und übernommenen Risiken) durch den Wert der vertriebenen Produkte nicht wesentlich beeinflusst, d. h. er verhält sich nicht proportional zum Umsatz.
- Der Steuerpflichtige übt im konzerninternen Geschäftsvorfall keine andere signifikante Funktion aus (z. B. eine Fertigungsfunktion), die anhand einer anderen Methode oder eines anderen Finanzindikators vergütet werden sollte.

2.108. Eine Situation, in der sich Berry-Ratios als sinnvoll erweisen können, sind Vermittlungstätigkeiten, bei denen ein Steuerpflichtiger Waren von einem verbundenen Unternehmen kauft und diese an andere verbundene Unternehmen weiterverkauft. In diesen Fällen ist angesichts des Fehlens von Fremdverkäufen die Wiederverkaufspreismethode nicht anwendbar, und auch eine Kostenaufschlagsmethode, mit der ein Aufschlag auf den Wareneinsatz (*cost of goods sold*) ermittelt würde, könnte in Fällen, in denen diese Kosten konzerninterne Anschaffungen betreffen, nicht anzuwenden sein. Demgegenüber können die betrieblichen Aufwendungen im Fall einer Vermittlungstätigkeit von der Verrechnungspreisbildung hinreichend unabhängig sein, sofern sie nicht durch die Kosten konzerninterner Geschäftsvorfälle, wie an ein verbundenes Unternehmen gezahlte Gebühren für die zentrale Verwaltung, Mietkosten oder Lizenzgebühren wesentlich beeinflusst werden, sodass vorbehaltlich der vorstehenden Kommentare je nach den Gegebenheiten und Umständen des Einzelfalls eine Berry-Ratio ein angemessener Indikator sein kann.

B.3.6. Weitere Hinweise

2.109. Das Problem der Verwendung nicht geschäftsvorfallbezogener Daten Dritter ist zwar nicht auf die geschäftsvorfallbezogene Nettomargenmethode beschränkt, doch wird es in der Praxis bei der Anwendung dieser Methode aufgrund der starken Abhängigkeit von externen Vergleichsgrößen akuter. Das Problem entsteht, weil häufig nicht genügend öffentliche Daten vorhanden sind, um eine Bestimmung der Nettogewinnindikatoren Dritter auf geschäftsvorfallbezogener Ebene zu ermöglichen. Aus diesem Grund bedarf es einer ausreichenden Vergleichbarkeit zwischen den konzerninternen Geschäftsvorfällen und den zum Vergleich herangezogenen Geschäftsvorfällen zwischen Fremden. Angesichts der Tatsache, dass die einzigen Daten, die über fremde Dritte zur Verfügung stehen, oftmals die Gesellschaft insgesamt betreffen, müssen die Funktionen, die der fremde Dritte in der Gesamtheit seiner Tätigkeiten wahrnimmt, eng mit den Funktionen korrelieren, die das untersuchte Unternehmen im konzerninternen Geschäftsvorfall ausübt, damit dieser fremde Dritte als Referenzgröße für die Ermittlung eines fremdvergleichskonformen Ergebnisses für das untersuchte Unternehmen herangezogen werden kann. Das Gesamtziel besteht darin, eine Segmentierungsebene zu bestimmen, die unter Zugrundelegung der Gegebenheiten und Umstände des Einzelfalls zuverlässige Vergleichsgrößen für konzerninterne Geschäftsvorfälle liefert. Sollte es in der Praxis unmöglich sein, die in diesen Leitlinien als ideal betrachtete Ebene des Geschäftsvorfalls zu erreichen, ist es, wie in Ziffer 3.2 erörtert wird, immer noch wichtig zu versuchen, die zuverlässigsten Vergleichsgrößen zu finden, indem auf der Grundlage der verfügbaren Informationen geeignete Anpassungen vorgenommen werden.

2.110. Vgl. insbesondere Ziffer 3.18–3.19 wegen Hinweisen zum untersuchten Unternehmen, Ziffer 3.55–3.66 wegen Hinweisen zur Bandbreite der Fremdvergleichspreise und Ziffer 3.75–3.79 wegen Hinweisen zu Mehrjahresdaten.

B.4. Beispiele für die Anwendung der Nettomargenmethode

2.111. Das Beispiel zur Kostenaufschlagsmethode in Ziffer 2.59 veranschaulicht die Notwendigkeit, den geschäftsvorfallbezogenen Bruttogewinnaufschlag anzupassen, um einen einheitlichen und zuverlässigen Vergleich zu ermöglichen. Entsprechende Anpassungen können ohne Schwierigkeit vorgenommen werden, wenn sich die maßgeblichen Kosten leicht analysieren lassen. Wenn eine Anpassung erforderlich ist, die konkreten Kosten, die es anzupassen gilt, jedoch nicht ermittelt werden können, kann es dennoch möglich sein, den aus dem Geschäftsvorfall resultierenden Nettogewinn zu ermitteln und so sicherzustellen, dass ein einheitlicher Maßstab verwendet wird. Können beispielsweise die als Teil des Wareneinsatzes erfassten Aufsichtskosten, allgemeinen Aufwendungen und Verwaltungskosten für die unabhängigen Unternehmen X, Y und Z nicht gesondert ermittelt werden, um den Bruttogewinnaufschlag im Hinblick auf eine verlässliche Anwendung der Kostenaufschlagsmethode anzupassen, kann es in Ermangelung zuverlässigerer Vergleichsgrößen erforderlich sein, Nettogewinnindikatoren zu untersuchen.

2.112. Ein ähnliches Vorgehen kann notwendig sein, wenn zwischen den verglichenen Unternehmen Funktionsunterschiede bestehen. Es sei angenommen, dass der Sachverhalt des Beispiels in Ziffer 2.44 vorliegt, mit dem einen Unterschied, dass die zusätzliche technische Unterstützung nicht vom verbundenen Unternehmen, sondern von den vergleichbaren Fremdunternehmen geleistet wird und dass die entsprechenden Kosten unter dem Wareneinsatz erfasst sind, aber nicht gesondert ermittelt werden können. Wegen Produkt- und Marktunterschieden wird es nicht möglich sein, einen Vergleichspreis zu ermitteln, und eine Wiederverkaufspreismethode wäre unzuverlässig, weil die Bruttogewinnspanne der unabhängigen Unternehmen höher als die des verbundenen Unternehmens sein müsste, um den zusätzlichen Funktionen Rechnung zu tragen und die unbekannten zusätzlichen Kosten zu decken. In diesem Beispiel könnte es daher zweckmäßiger sein, bei der Prüfung der auf die Funktionsunterschiede zurückzuführenden Verrechnungspreisunterschiede die Nettomargen zu untersuchen. Doch auch in einem solchen Fall ist bei Verwendung der Nettomargen die Vergleichbarkeit zu beachten, und es wäre nicht sachgerecht, wenn sich aus den zusätzlichen Funktionen oder aus den Marktunterschieden eine wesentliche Auswirkung auf die Nettogewinnspanne ergäbe.

2.113. Es liegt derselbe Sachverhalt vor wie in Ziffer 2.42. Die beim Vertriebsunternehmen A angefallenen Garantieaufwendungen lassen sich jedoch nicht ermitteln, sodass der Bruttogewinn von A nicht auf zuverlässige Weise angepasst werden kann, um die Vergleichbarkeit der Bruttogewinnspannen von A und B herzustellen. Liegen jedoch keine weiteren erheblichen Funktionsunterschiede zwischen A und B vor und ist der von A aus seinen Verkäufen erzielte Nettogewinn bekannt, kann bei B die geschäftsvorfallbezogene Nettomargenmethode angewendet werden, indem die auf die Verkäufe von A entfallende Nettogewinnspanne mit der auf der gleichen Grundlage ermittelten Spanne von B verglichen wird.

C. Geschäftsvorfallbezogene Gewinnaufteilungsmethode

C.1. Allgemeines

2.114. Die geschäftsvorfallbezogene Gewinnaufteilungsmethode (*transactional profit split method*) dient dazu, fremdübliche Ergebnisse zu erzielen oder die ausgewiesenen Ergebnisse konzerninterner Geschäftsvorfälle darauf zu prüfen, ob sie den Ergebnissen nahekommen, die zwischen unabhängigen Unternehmen erzielt worden wären, hätten diese vergleichbare Geschäftsvorfälle getätigt. Nach dieser Methode wird zunächst der aufzuteilende Gewinn ermittelt, der sich aus den konzerninternen Geschäftsvorfällen ergibt – der maßgebliche Gewinn –, und sodann zwischen den verbundenen Unternehmen auf einer wirtschaftlich sinnvollen Grundlage aufgeteilt, die der Gewinnaufteilung nahekommt, die zwischen fremden Dritten vereinbart worden wäre. Wie bei allen Verrechnungspreismethoden besteht das Ziel darin sicherzustellen, dass der Gewinn der verbundenen Unternehmen mit dem Wert ihrer Beiträge und der Vergütung, die bei vergleichbaren Geschäftsvorfällen zwischen unabhängigen Unternehmen für diese Beiträge vereinbart worden wäre, im Einklang steht. Die geschäftsvorfallbezogene Gewinnaufteilungsmethode ist dann besonders nützlich, wenn die Vergütung der verbundenen Unternehmen anhand des relativen Anteils ihrer Beiträge zu dem Gewinn, der im Zusammenhang mit den Geschäftsvorfällen erzielt wurde, verlässlicher bewertet werden kann als durch eine direktere Schätzung des Werts dieser Beiträge.

2.115. Der Begriff „Gewinn" sollte in diesem Abschnitt grundsätzlich so verstanden werden, dass er sich gleichermaßen auf Verluste bezieht. Wird festgestellt, dass eine geschäftsvorfallbezogene Gewinnaufteilungsmethode die am besten geeignete Methode ist, sollte diese Methode also grundsätzlich auch dann angewendet werden – und zwar in gleicher Weise –, wenn es sich beim maßgeblichen Ergebnis des oder der Geschäftsvorfälle um einen Verlust anstatt um einen Gewinn handelt. Asymmetrische Aufteilungen von Gewinnen und Verlusten (d. h. Aufteilungen, bei denen die beteiligten Unternehmen je nach den Ergebnissen des Geschäftsvorfalls unterschiedliche Überlegungen zugrunde legen) können zwar fremdvergleichskonform sein, sollten jedoch mit Vorsicht angewendet und angemessen dokumentiert werden.

C.2. Wann dürfte eine geschäftsvorfallbezogene Gewinnaufteilungsmethode die am besten geeignete Methode sein?

2.116. Wie in Ziffer 2.2 festgestellt, gilt es bei der Auswahl der Verrechnungspreismethode stets, die im jeweiligen Einzelfall am besten geeignete Methode zu finden, und zwar unter Berücksichtigung der Vor- und Nachteile der verschiedenen Methoden, ihrer Eignung im Hinblick auf die Art des sachgerecht abgegrenzten Geschäftsvorfalls, der Verfügbarkeit zuverlässiger, zu ihrer Anwendung notwendiger Informationen (insbesondere zu vergleichbaren Fremdgeschäftsvorfällen) sowie des Grads der Vergleichbarkeit der konzerninternen Geschäftsvorfälle und der Fremdgeschäftsvorfälle. Vgl. auch die Ziffern 2.4 bis 2.7.

2.117. Hinweise dazu, wie ermittelt werden kann, ob die geschäftsvorfallbezogene Gewinnaufteilungsmethode wohl die am besten geeignete Methode ist, werden weiter unten gegeben, u. a. zur Feststellung bestimmter Merkmale eines Geschäftsvorfalls, die dabei von Bedeutung sein könnten. Eine verbindliche Regel dafür, wie zu ermitteln ist, wann eine bestimmte Verrechnungspreismethode die am besten geeignete Methode ist, gibt es allerdings nicht.

2.118. Diese Leitlinien verlangen zwar nicht, dass in jedem Fall eine erschöpfende Analyse oder Prüfung aller Methoden durchgeführt wird, doch sollte bei der Auswahl der am besten geeigneten Methode die *relative* Eignung und Verlässlichkeit der ausgewählten Methode verglichen mit der anderer Methoden, die angewendet werden könnten, berücksichtigt werden.

C.2.1. Vor- und Nachteile der geschäftsvorfallbezogenen Gewinnaufteilungsmethode

2.119. Der Hauptvorteil der geschäftsvorfallbezogenen Gewinnaufteilungsmethode besteht darin, dass sie eine Lösung für Fälle bieten kann, in denen beide an einem Geschäftsvorfall beteiligte Seiten einzigartige und wertvolle Beiträge zu dem Geschäftsvorfall leisten (beispielsweise einzigartige und wertvolle immaterielle Werte bereitstellen). In einem solchen Fall könnten unabhängige Unternehmen den Preis für den Geschäftsvorfall effektiv proportional zu ihren jeweiligen Beiträgen bestimmen, sodass eine zweiseitige Methode angemessener wäre. Wenn die Beiträge einzigartig und wertvoll sind, wird es zudem keine verlässlichen Vergleichsdaten geben, die herangezogen werden könnten, um den Preis für den gesamten Geschäftsvorfall anhand einer anderen Methode zuverlässiger zu bestimmen. In solchen Fällen kann sich die Gewinnzurechnung nach der geschäftsvorfallbezogenen Gewinnaufteilungsmethode an den von den verbundenen Unternehmen geleisteten Beiträgen orientieren, wobei der relative Wert ihrer jeweiligen Funktionen, Vermögenswerte und Risiken zugrunde gelegt wird. Vgl. Abschnitt C.2.2 weiter unten zur Art des Geschäftsvorfalls.

2.120. Die geschäftsvorfallbezogene Gewinnaufteilungsmethode kann auch eine Lösung für hoch integrierte Tätigkeiten in Fällen bieten, in denen eine einseitige Methode nicht geeignet wäre. Vgl. Abschnitt C.2.2.2 weiter unten.

2.121. Ein anderer Vorteil der geschäftsvorfallbezogenen Gewinnaufteilungsmethode ist die Flexibilität, die sie bietet, indem sie die besonderen – möglicherweise einzigartigen – Gegebenheiten und Umstände der verbundenen Unternehmen berücksichtigt, die bei unabhängigen Unternehmen möglicherweise nicht vorliegen. Wo in Bezug auf einen Geschäftsvorfall für jedes der beteiligten Unternehmen ein hohes Maß an Unsicherheit besteht, beispielsweise bei Geschäftsvorfällen, bei denen wirtschaftlich signifikante Risiken von allen Beteiligten gemeinsam getragen werden (oder bei denen diese Risiken zwar getrennt getragen werden, aber eng miteinander verbunden sind), kann es die geschäftsvorfallbezogene Gewinnaufteilungsmethode dank ihrer Flexibilität gestatten, für jedes beteiligte Unternehmen einen fremdüblichen Gewinn zu bestimmen, der entsprechend den tatsächlichen Folgen der mit dem Geschäftsvorfall verbundenen Risiken variiert.

2.122. Ein weiterer Vorteil der geschäftsvorfallbezogenen Gewinnaufteilungsmethode besteht darin, dass die Beiträge aller maßgeblich am Geschäftsvorfall Beteiligten direkt im Rahmen der Preisbestimmung für den Geschäftsvorfall bewertet werden, d. h. dass sie konkret ermittelt und dass ihr jeweiliger Wert gemessen wird, um in Bezug auf den Geschäftsvorfall eine fremdübliche Vergütung für jeden Beteiligten zu bestimmen.

2.123. Ein Nachteil der geschäftsvorfallbezogenen Gewinnaufteilungsmethode sind Schwierigkeiten bei ihrer Anwendung. Auf den ersten Blick mag die geschäftsvorfallbezogene Gewinnaufteilungsmethode sowohl den Steuerpflichtigen als auch den Steuerverwaltungen als eine leicht einzusetzende Methode erscheinen, da sie sich weniger auf Informationen über unabhängige Unternehmen stützt. Sowohl für die verbundenen Unternehmen als auch für die Steuerverwaltungen kann es jedoch schwierig sein, die detaillierten Informationen zu erhalten, die für eine zuverlässige Anwendung einer geschäftsvorfallbezogenen Gewinnaufteilungsmethode erforderlich sind. Die Ermittlung des maßgeblichen Gewinns und der maßgeblichen Kosten für alle an den konzerninternen Geschäftsvorfällen beteiligten verbundenen Unternehmen kann sich als schwierig erweisen, da dazu möglicherweise die Bücher und Aufzeichnungen auf einer gemeinsamen Grundlage geführt und Anpassungen bei der Rechnungslegung und den Währungen vorgenommen werden müssen. Ferner kann es bei Anwendung der geschäftsvorfallbezogenen Gewinnaufteilungsmethode auf das Betriebsergebnis schwierig sein, die passenden mit den Geschäftsvorfällen zusammenhängenden betrieblichen Aufwendungen zu ermitteln und die Kosten zwischen den betreffenden Geschäftsvorfällen und den anderen Tätigkeiten der verbundenen Unternehmen aufzuteilen. Die passenden Gewinnaufteilungsfaktoren zu ermitteln, kann ebenfalls eine Herausforderung darstellen. Da bei der Bestimmung der einzelnen Parameter für die Anwendung der geschäftsvorfallbezogenen Gewinnaufteilungsmethode Ermessensentscheidungen getroffen werden müssen, ist es besonders wichtig zu dokumentieren, wie die Methode angewendet wurde, beispielsweise im Hinblick auf die Ermittlung des maßgeblichen aufzuteilenden Gewinns und der Gewinnaufteilungsfaktoren. Vgl. Abschnitt C.4 und C.5.

2.124. Es wird zuweilen geltend gemacht, dass geschäftsvorfallbezogene Gewinnaufteilungsmethoden unter unabhängigen Unternehmen selten angewendet werden und dass ihre Anwendung auf konzerninterne Geschäftsvorfälle daher ebenso selten sein sollte. Wenn festgestellt wird, dass eine derartige Methode die am besten geeignete ist, sollte dies jedoch kein Argument sein, da Verrechnungspreismethoden nicht unbedingt dazu gedacht sind, fremdübliches Verhalten nachzubilden, sondern vielmehr als Mittel dienen, um fremdübliche Ergebnisse für konzerninterne Geschäftsvorfälle zu ermitteln und/oder die Fremdvergleichskonformität der Ergebnisse solcher Geschäftsvorfälle zu prüfen. Liegen allerdings Informationen darüber vor, dass unabhängige Unternehmen bei vergleichbaren Geschäftsvorfällen untereinander eine Gewinnaufteilungsmethode anwenden, sollten diese Informationen bei der Entscheidung, ob eine geschäftsvorfallbezogene Gewinnaufteilungsmethode die am besten geeignete Methode für die konzerninternen Geschäftsvorfälle ist, berücksichtigt werden. Vgl. Ziffer 2.129.

C.2.2. Art des sachgerecht abgegrenzten Geschäftsvorfalls

2.125. Die sachgerechte Abgrenzung des tatsächlichen Geschäftsvorfalls ist wichtig, um festzustellen, ob eine geschäftsvorfallbezogene Gewinnaufteilungsmethode anwendbar sein könnte. Dabei sollten die kaufmännischen und finanziellen Beziehungen zwischen den verbundenen Unternehmen berücksichtigt werden, was eine Analyse der Tätigkeiten aller an dem Geschäftsvorfall beteiligten Unternehmen sowie des Kontexts, in dem die konzerninternen Geschäftsvorfälle stattfinden, einschließen sollte. Dies bedeutet, dass es zur sachgerechten Abgrenzung eines Geschäftsvorfalls einer zweiseitigen Analyse bedarf (oder einer mehrseitigen Analyse im Fall von Beiträgen von mehr als zwei verbundenen Unternehmen), unabhängig davon, welche Verrechnungspreismethode sich letztlich als am besten geeignet herausstellt. (Vgl. Abschnitt D.1 und insbesondere Abschnitt D.1.2 von Kapitel I.)

2.126. Die Existenz einzigartiger und wertvoller Beiträge aller am konzerninternen Geschäftsvorfall beteiligten Unternehmen ist vielleicht der eindeutigste Hinweis dafür, dass eine geschäftsvorfallbezogene Gewinnaufteilungsmethode angemessen sein könnte. Der Kontext des Geschäftsvorfalls, beispielsweise der Wirtschaftszweig, in dem er getätigt wird, und die Faktoren, die die Geschäftsergebnisse in diesem Wirtschaftszweig beeinflussen, können für die Beurteilung der Beiträge der beteiligten Unternehmen und die Frage, ob diese Beiträge einzigartig und wertvoll sind, besonders relevant sein. Weitere Anhaltspunkte dafür, dass die geschäftsvorfallbezogene Gewinnaufteilungsmethode die am besten geeignete Methode sein könnte, sind je nach den Gegebenheiten des Falls u. a. ein hoher Grad an Integration der Geschäftstätigkeiten, auf die sich die Geschäftsvorfälle beziehen, und/oder die gemeinsame Übernahme wirtschaftlich signifikanter Risiken (bzw. die getrennte Übernahme eng miteinander verbundener wirtschaftlich signifikanter Risiken) durch die am Geschäftsvorfall Beteiligten. Es ist anzumerken, dass sich diese Hinweisfaktoren nicht gegenseitig ausschließen, sondern im Gegenteil in ein und demselben Fall häufig zusammen auftreten können.

2.127. In Fällen, in denen die sachgerechte Abgrenzung des Geschäftsvorfalls hingegen ergibt, dass ein am Geschäftsvorfall beteiligtes Unternehmen lediglich einfache Funktionen ausübt, keine wirtschaftlich signifikanten Risiken in Bezug auf den Geschäftsvorfall trägt und auch sonst keinen einzigartigen und wertvollen Beitrag leistet, wäre eine geschäftsvorfallbezogene Gewinnaufteilungsmethode in der Regel nicht angemessen, da ein Anteil am Gewinn (der durch die Folgen der wirtschaftlich signifikanten Risiken beeinflusst werden kann) wahrscheinlich kein fremdübliches Ergebnis für derartige Beiträge oder eine derartige Risikoübernahme darstellen würde.

2.128. Fehlt es an vollständig vergleichbaren Geschäftsvorfälle zwischen unabhängigen Unternehmen, die andernfalls als Vergleichsmaßstab zur Ermittlung eines fremdüblichen Ertrags für das beteiligte Unternehmen verwendet werden könnten, das die weniger komplexen Funktionen ausübt, sollte daraus nicht per se gefolgert werden, dass die geschäftsvorfallbezogene Gewinnaufteilung die am besten geeignete Methode ist. Je nach den Gegebenheiten des Falls dürfte eine geeignete Methode, bei der Geschäfte unter Fremden herangezogen werden, die zwar hinreichend vergleichbar, aber nicht identisch mit dem konzerninternen Geschäftsvorfall sind, zuverlässiger sein als eine unangemessene Anwendung der geschäftsvorfallbezogenen Gewinnaufteilungsmethode. Vgl. Ziffer 3.38–3.39 wegen einer Erörterung der Frage der begrenzten Verfügbarkeit von Vergleichswerten. Vgl. auch Abschnitt C.2.3.

2.129. Es kann auch sachdienlich sein, die branchenüblichen Gepflogenheiten zu berücksichtigen. Liegen beispielsweise Informationen vor, denen zufolge unabhängige Unternehmen in ähnlichen Situationen üblicherweise Gewinnaufteilungsmethoden anwenden, sollte genau untersucht werden, ob die geschäftsvorfallbezogene Gewinnaufteilungsmethode für die konzerninternen Geschäftsvorfälle die am besten geeignete Methode ist. Derartige branchenübliche Gepflogenheiten weisen möglicherweise auf die Tatsache hin, dass alle beteiligten Unternehmen einzigartige und wertvolle Beiträge leisten und/oder dass die Beteiligten in hohem Maße voneinander abhängig sind. Wird umgekehrt festgestellt, dass unabhängige Unternehmen, die vergleichbare Geschäftsvorfälle tätigen, andere Preismethoden anwenden, sollte dies bei der Ermittlung der am besten geeigneten Verrechnungspreismethode ebenfalls berücksichtigt werden.

C.2.2.1. Einzigartige und wertvolle Beiträge aller am Geschäftsvorfall beteiligten Unternehmen

2.130. Beiträge (z. B. ausgeübte Funktionen oder genutzte bzw. bereitgestellte Vermögenswerte) gelten in solchen Fällen als „einzigartig und wertvoll", in denen sie *i)* nicht mit von unabhängigen Unternehmen unter vergleichbaren Umständen geleisteten Beiträgen vergleichbar sind und *ii)* eine entscheidende Quelle tatsächlicher oder potenzieller wirtschaftlicher Vorteile für die Geschäftstätigkeit darstellen. Diese beiden Faktoren sind oft miteinander verknüpft: Vergleichswerte für derartige Beiträge sind selten zu finden, weil sie eine wichtige Quelle wirtschaftlicher Vorteile sind. Es kann sein, dass die an die betreffenden einzigartigen und wertvollen Beiträge geknüpften Risiken in solchen Situationen nicht von dem oder den anderen beteiligten Unternehmen kontrolliert werden können. Dies kann sich auf die Risikoübernahme gemäß der sachgerechten Abgrenzung des tatsächlichen Geschäftsvorfalls auswirken. Beispielsweise kann es sein, dass sowohl der Entwickler und Hersteller einer Schlüsselkomponente eines Produkts als auch der Entwickler und Hersteller einer anderen Schlüsselkomponente, die zusammen mit der ersten Komponente das verkaufsfertige Produkt bildet, einzigartige und wertvolle Beiträge in Form von Funktionen und immateriellen Werten leisten, die eine wichtige Quelle wirtschaftlicher Vorteile darstellen. (Vgl. auch die Ziffern 6.50 bis 6.58 und 6.133.) In der Praxis ist möglicherweise keiner von beiden in der Lage, das Entwicklungsrisiko in Bezug auf das Endprodukt zu kontrollieren; stattdessen kontrollieren sie gemeinsam die Entwicklungsrisiken und teilen sich den maßgeblichen aus ihren Beiträgen resultierenden Gewinn. Die in diesem Abschnitt beschriebenen Prinzipien werden durch die Beispiele 1, 2, 3 und 4 in Anhang II zu Kapitel II veranschaulicht.

Geschäftsvorfälle mit einzigartigen und wertvollen immateriellen Werten

2.131. Wenn jeder Beteiligter Eigentümer einzigartiger und wertvoller immaterieller Werte ist, die für den Geschäftsvorfall relevant sind, wird auch geprüft werden müssen, ob jeder Beteiligter nach der sachgerechten Abgrenzung des Geschäftsvorfalls die wirtschaftlich signifikanten Risiken im Zusammenhang mit diesen immateriellen Werten trägt, z. B. die Risiken in Bezug auf Entwicklung, Produktveralterung, Rechtsverletzungen, Produkthaftung und Nutzung (vgl. die Ziffern 6.65 bis 6.68).

2.132. Wie in den Ziffern 6.148 bis 6.149 und 6.152 dargelegt, kann die geschäftsvorfallbezogene Gewinnaufteilungsmethode in manchen Fällen die am besten geeignete Methode für Übertragungen vollständig entwickelter immaterieller Werte (einschließlich der Rechte an den immateriellen Werten) sein, wenn es nicht möglich ist, verlässliche vergleichbare Fremdgeschäftsvorfälle zu ermitteln. Die geschäftsvorfallbezogene Gewinnaufteilungsmethode kann auch für Übertragungen von teilentwickelten immateriellen Werten angemessen sein. Beispiel 5 in Anhang II zu Kapitel II veranschaulicht dies. Vgl. die Ziffern 6.150 bis 6.151. Handelt es sich bei den übertragenen immateriellen Werten um schwer zu bewertende immaterielle Werte, sollten die Ausführungen von Kapitel VI Abschnitt D.4 berücksichtigt werden.

C.2.2.2. Hoch integrierte Geschäftstätigkeiten

2.133. Zwar sind die meisten multinationalen Konzerne bis zu einem gewissen Grad integriert, ein besonders hohes Maß an Integration bei bestimmten Geschäftstätigkeiten ist jedoch ein Hinweis darauf, dass die geschäftsvorfallbezogene Gewinnaufteilungsmethode in Erwägung gezogen werden sollte. Ein hoher Grad an Integration bedeutet, dass die Art und Weise, wie eines der am Geschäftsvorfall beteiligten Unternehmen Funktionen ausübt, Vermögenswerte nutzt und Risiken übernimmt, davon abhängig ist, wie ein anderes an dem Geschäftsvorfall beteiligtes Unternehmen Funktionen ausübt, Vermögenswerte nutzt und Risiken übernimmt, und somit für sich genommen nicht verlässlich evaluiert werden kann. Vielfach führt die Integration von Geschäftstätigkeiten innerhalb multinationaler Konzerne allerdings zu Situationen, in denen sich der Beitrag von mindestens einem der an dem

Geschäftsvorfall Beteiligten tatsächlich unter Bezugnahme auf vergleichbare Fremdgeschäftsvorfälle verlässlich evaluieren lässt. Werden beispielsweise sich ergänzende, aber voneinander getrennte Tätigkeiten von den Unternehmen ausgeübt, lassen sich möglicherweise verlässliche Vergleichswerte finden, da die in den verschiedenen Stadien jeweils zum Tragen kommenden Funktionen, Vermögenswerte und Risiken mit denjenigen vergleichbar sein können, die bei Fremdgeschäftsvorfällen zum Tragen kommen. Dies darf bei der Prüfung der in einem bestimmten Fall am besten geeigneten Verrechnungspreismethode nicht außer Acht gelassen werden. Die Beispiele 6, 7 und 8 in Anhang II zu Kapitel II veranschaulichen die Prinzipien dieses Abschnitts.

2.134. In manchen Fällen kann es sein, dass die beteiligten Unternehmen in solchem Maße Funktionen gemeinsam ausüben, Vermögenswerte gemeinsam nutzen und/oder sich die Übernahme von Risiken teilen, dass es unmöglich ist, ihren jeweiligen Beitrag isoliert von den Beiträgen der anderen Beteiligten zu evaluieren. So kann die geschäftsvorfallbezogene Gewinnaufteilungsmethode z. B. auf den weltweiten Handel mit Finanzinstrumenten durch verbundene Unternehmen angewendet werden. Vgl. Teil III, Abschnitt C des *Berichts über die Zurechnung von Gewinnen zu Betriebsstätten.*[2]

2.135. Ein weiteres Beispiel könnten Fälle sein, in denen sich die Integration zwischen den beteiligten Unternehmen in einem hohen Grad an gegenseitiger Abhängigkeit niederschlägt. So können Gewinnaufteilungsmethoden z. B. von unabhängigen Unternehmen angewendet werden, die langfristige Vereinbarungen geschlossen haben, in deren Rahmen jeder Beteiligte einen signifikanten Beitrag geleistet hat (z. B. in Form eines Vermögenswerts), dessen Wert vom Vertragspartner abhängig ist. In derartigen Fällen, in denen jedes beteiligte Unternehmen einen solchen Beitrag leistet und von dem anderen Beteiligten abhängig ist (oder in denen der Wert des bzw. der Beiträge des einen Beteiligten in hohem Maße von dem bzw. den Beiträgen des anderen Beteiligten abhängig ist), kann eine gewisse Flexibilität bei der Preisgestaltung zugestanden werden, die den Folgen der von den verschiedenen beteiligten Unternehmen übernommenen Risiken, die sich aus ihrer Abhängigkeit vom anderen beteiligten Unternehmen ergeben, Rechnung trägt und mit diesen variiert.

2.136. Bei hoch integrierten Geschäftstätigkeiten ist der Grad der gemeinsamen Übernahme derselben wirtschaftlich signifikanten Risiken bzw. der getrennten Übernahme eng miteinander verbundener wirtschaftlich signifikanter Risiken durch die beteiligten Unternehmen maßgeblich, um zu bestimmen, welche Methode am besten geeignet ist und, sofern eine geschäftsvorfallbezogene Gewinnaufteilungsmethode als am besten geeignete Methode betrachtet

2. Vgl. den *Bericht über die Zurechnung von Gewinnen zu Betriebsstätten* (OECD, 2014).

wird, wie diese angewendet werden sollte; hier stellt sich insbesondere die Frage, ob eine Aufteilung des tatsächlichen Gewinns oder des erwarteten Gewinns vorgenommen werden sollte. Vgl. Abschnitt C.4.1.

2.137. Trägt ein beteiligtes Unternehmen zur Kontrolle eines wirtschaftlich signifikanten Risikos bei, das jedoch von dem anderen an dem Geschäftsvorfall beteiligten Unternehmen übernommen wurde, kann dies in manchen Fällen als Nachweis dafür dienen, dass es angemessen ist, dem ersten Unternehmen einen seinem Beitrag zur Kontrolle entsprechenden Anteil an den positiven oder negativen Folgen dieses Risikos zuzurechnen. Vgl. Ziffer 1.105. Allerdings bedeutet die bloße Tatsache, dass ein Unternehmen Kontrollfunktionen im Zusammenhang mit einem Risiko ausübt, nicht zwangsläufig, dass die geschäftsvorfallbezogene Gewinnaufteilungsmethode in diesem Fall die am besten geeignete Methode ist.

2.138. Wenn die Beiträge stark miteinander verbunden bzw. voneinander abhängig sind, muss die Evaluierung der Beiträge der verschiedenen beteiligten Unternehmen möglicherweise ganzheitlich erfolgen. Somit kann sich ein hohes Maß an Integration auch darauf auswirken, ob die Beiträge der Unternehmen als einzigartig und wertvoll betrachtet werden. Ein einzigartiger Beitrag eines beteiligten Unternehmens kann beispielsweise einen deutlich höheren Wert aufweisen, wenn er zusammen mit einem bestimmten einzigartigen Beitrag des anderen beteiligten Unternehmens betrachtet wird. In Ziffer 6.93–6.94 wird diese Frage in Bezug auf Kombinationen immaterieller Werte erörtert. Vgl. auch Beispiel 9 im Anhang II zu Kapitel II.

C.2.2.3. Gemeinsame Übernahme wirtschaftlich signifikanter Risiken, getrennte Übernahme eng miteinander verbundener Risiken

2.139. Eine geschäftsvorfallbezogene Gewinnaufteilung kann die am besten geeignete Methode sein, wenn die sachgerechte Abgrenzung des Geschäftsvorfalls ergibt, dass eines oder mehrere der wirtschaftlich signifikanten Risiken im Zusammenhang mit dem Geschäftsvorfall von den verschiedenen beteiligten Unternehmen gemeinsam getragen werden (vgl. Ziffer 1.95).

2.140. Eine geschäftsvorfallbezogene Gewinnaufteilung kann auch die am besten geeignete Methode sein, wenn die sachgerechte Abgrenzung des Geschäftsvorfalls ergibt, dass die verschiedenen wirtschaftlich signifikanten Risiken im Zusammenhang mit dem Geschäftsvorfall von den Beteiligten getrennt getragen werden, diese Risiken aber so eng miteinander verbunden sind und/oder zusammenhängen, dass die Folgen der von den einzelnen Beteiligten übernommenen Risiken nicht verlässlich voneinander getrennt werden können. Vgl. Beispiel 10 im Anhang II zu Kapitel II.

2.141. Wie wichtig dieser Faktor als Hinweis auf die Eignung der geschäftsvorfallbezogenen Gewinnaufteilungsmethode ist, wird zum großen Teil davon abhängen, ob die betreffenden Risiken wirtschaftlich so signifikant sind, dass es angebracht wäre, den maßgeblichen Gewinn unter den Beteiligten aufzuteilen. Die wirtschaftliche Signifikanz der Risiken sollte in Bezug auf ihre Bedeutung für den tatsächlichen oder erwarteten maßgeblichen Gewinn aus den konzerninternen Geschäftsvorfällen geprüft werden, anstatt im Hinblick auf ihre Bedeutung für die einzelnen verbundenen Unternehmen, die möglicherweise noch andere Geschäftstätigkeiten ausüben als diejenigen, aus denen der maßgebliche Gewinn resultiert.

2.142. Wenn wirtschaftlich signifikante Risiken von allen beteiligten Unternehmen gemeinsam getragen werden oder wenn von ihnen getrennt getragene wirtschaftlich signifikante Risiken eng miteinander verbunden sind und eine geschäftsvorfallbezogene Gewinnaufteilungsmethode als die am besten geeignete Methode betrachtet wird, dürfte eine Aufteilung des tatsächlichen anstatt des erwarteten Gewinns angebracht sein, da sich in diesem tatsächlichen Gewinn – d. h. dem aufzuteilenden tatsächlichen maßgeblichen Gewinn – die Folgen des Risikos aller beteiligten Unternehmen ausdrücken. Bei einer Aufteilung des erwarteten Gewinns sind die Folgen der wirtschaftlich signifikanten Risiken hingegen tendenziell bei einem der beteiligten Unternehmen konzentriert. Das Verrechnungspreisergebnis – eine Aufteilung des tatsächlichen oder des erwarteten Gewinns – sollte also mit der sachgerechten Abgrenzung des Geschäftsvorfalls im Einklang stehen. Vgl. Abschnitt C.4.1 weiter unten zur Aufteilung des tatsächlichen bzw. des erwarteten Gewinns.

C.2.3. Verfügbarkeit verlässlicher Informationen

2.143. Das Vorliegen von Faktoren, die darauf hindeuten, dass eine geschäftsvorfallbezogene Gewinnaufteilungsmethode die am besten geeignete Methode ist, geht im Allgemeinen mit einem Fehlen von Faktoren einher, die darauf hinweisen würden, dass eine alternative Verrechnungspreismethode – die gänzlich auf Vergleichswerten beruht – nach Ziffer 2.2 die am besten geeignete Methode wäre. Anders ausgedrückt, sofern Informationen über vergleichbare Geschäftsvorfälle zwischen Fremden vorhanden sind, um den Preis für den gesamten Geschäftsvorfall zu bestimmen, wird die geschäftsvorfallbezogene Gewinnaufteilungsmethode mit geringerer Wahrscheinlichkeit die am besten geeignete Methode sein. Allerdings reichen fehlende Vergleichswerte allein nicht aus, um die Anwendung einer geschäftsvorfallbezogenen Gewinnaufteilungsmethode zu rechtfertigen. Vgl. Ziffer 2.128.

2.144. Auch wenn die geschäftsvorfallbezogene Gewinnaufteilungsmethode in Fällen angewendet werden kann, in denen es keine vergleichbaren Fremdgeschäftsvorfälle gibt, können Informationen zu Geschäftsvorfällen zwischen unabhängigen Unternehmen dennoch für die Anwendung der Methode relevant sein, beispielsweise als Richtschnur für die Aufteilung des maßgeblichen Gewinns (vgl. Abschnitt C.3.1.1) oder in Fällen, in denen eine Restgewinnanalyse durchgeführt wird (vgl. Abschnitt C.3.1.2).

C.2.4. Schlussbetrachtungen

2.145. In diesem Abschnitt wurden bestimmte Merkmale der geschäftsvorfallbezogenen Gewinnaufteilungsmethode beschrieben; ebenfalls genannt wurden mehrere Elemente, deren Vorliegen möglicherweise darauf hindeutet, dass diese Methode die am besten geeignete sein könnte, sowie mehrere Faktoren, die auf das Gegenteil hinweisen könnten. Die diesbezüglichen Leitlinien sind weder als erschöpfend noch als verbindlich zu betrachten. Aus dem Vorliegen oder Fehlen eines oder mehrerer der in diesem Abschnitt beschriebenen Hinweisfaktoren kann nicht zwangsläufig geschlossen werden, dass die geschäftsvorfallbezogene Gewinnaufteilungsmethode in einem bestimmten Fall die am besten geeignete Methode ist (oder nicht). Jeder Fall muss im Licht des jeweiligen Sachverhalts geprüft werden, und es ist wichtig, die relativen Vor- und Nachteile der verfügbaren Verrechnungspreismethoden zu berücksichtigen.

C.3. Hinweise zur Anwendung – Allgemeines

2.146. Diese Leitlinien sollen keine erschöpfende Aufzählung der Anwendungsmöglichkeiten der geschäftsvorfallbezogenen Gewinnaufteilungsmethode liefern. Wie die Methode angewendet wird, hängt von den Gegebenheiten und Umständen des Einzelfalls sowie den zur Verfügung stehenden Informationen ab; das übergeordnete Ziel ist jedoch, der Gewinnaufteilung möglichst nahezukommen, die zwischen unabhängigen Unternehmen vereinbart worden wäre.

2.147. Bei der geschäftsvorfallbezogenen Gewinnaufteilungsmethode wird der maßgebliche Gewinn zwischen den verbundenen Unternehmen auf einer wirtschaftlich sinnvollen Grundlage aufgeteilt, die der Gewinnaufteilung nahekommt, die in einer fremdüblichen Vereinbarung erwartet und festgelegt worden wäre. Im Allgemeinen sollten der aufzuteilende maßgebliche Gewinn und die Aufteilungsfaktoren

- im Einklang mit der Funktionsanalyse des geprüften konzerninternen Geschäftsvorfalls bestimmt werden, wobei insbesondere die Übernahme der wirtschaftlich signifikanten Risiken durch die Beteiligten zu berücksichtigen ist, und
- auf zuverlässige Weise ermittelt werden können.

2.148. Außerdem gilt:

- Wird zur Bestimmung der Verrechnungspreise in einem konzerninternen Geschäftsvorfall von vornherein die geschäftsvorfallbezogene Gewinnaufteilungsmethode verwendet, ist sinnvollerweise zu erwarten, dass die Gültigkeitsdauer der Vereinbarung ebenso wie die Kriterien oder Gewinnaufteilungsfaktoren im Vorfeld des Geschäftsvorfalls festgelegt werden.
- Die Person, die die geschäftsvorfallbezogene Gewinnaufteilungsmethode verwendet (Steuerpflichtiger oder Steuerverwaltung), sollte erklären können, warum sie diese Methode unter den gegebenen Umständen als die am besten geeignete Methode betrachtet, wie sie diese Methode anwendet und insbesondere, welche Kriterien oder Faktoren zur Aufteilung des maßgeblichen Gewinns zugrunde gelegt werden.
- Die Bestimmung des aufzuteilenden maßgeblichen Gewinns und der Gewinnaufteilungsfaktoren sollte grundsätzlich während der Gültigkeitsdauer der Vereinbarung einheitlich angewandt werden, auch in Verlustjahren, außer wenn der Grund für die Verwendung eines abweichenden maßgeblichen Gewinns oder abweichender Gewinnaufteilungsfaktoren im Zeitverlauf durch die Gegebenheiten und Umstände gerechtfertigt ist und dokumentiert wird.

C.3.1. Ansätze zur Gewinnaufteilung

2.149. Je nach den Merkmalen der konzerninternen Geschäftsvorfälle und den verfügbaren Informationen gibt es verschiedene Ansätze zur Anwendung der geschäftsvorfallbezogenen Gewinnaufteilungsmethode. Wie weiter oben beschrieben, dient die Methode dazu, den maßgeblichen Gewinn aus konzerninternen Geschäftsvorfällen auf einer wirtschaftlich sinnvollen Grundlage aufzuteilen, um den Ergebnissen nahezukommen, die zwischen unabhängigen Unternehmen unter vergleichbaren Umständen erzielt worden wären. Dies kann geschehen, indem der relative Beitrag der einzelnen Beteiligten untersucht wird („Beitragsanalyse"). Ist die geschäftsvorfallbezogene Gewinnaufteilungsmethode die am besten geeignete Methode, leistet aber mindestens eines der beteiligten Unternehmen auch weniger komplexe Beiträge, die anhand von Werten aus vergleichbaren Fremdgeschäftsvorfällen bestimmt werden können, könnte eine zweistufige „Restgewinnanalyse" angemessen sein.

C.3.1.1. Beitragsanalyse (*contribution analysis*)

2.150. Bei der Beitragsanalyse wird der maßgebliche Gewinn, bei dem es sich um den mit den geprüften konzerninternen Geschäftsvorfällen insgesamt erzielten Gewinn handelt, zwischen den beteiligten verbundenen Unternehmen aufgeteilt, um eine vertretbare Annäherung an die Aufteilung zu erreichen, zu der unabhängige Unternehmen in vergleichbaren Geschäftsvorfällen gelangen würden. Diese Aufteilung kann durch Daten aus vergleichbaren Geschäftsvorfällen gestützt werden, sofern solche zur Verfügung stehen. Sind keine Vergleichsdaten verfügbar, sollte die Aufteilung auf der Grundlage des relativen Werts der Beiträge aller an dem konzerninternen Geschäftsvorfall beteiligten verbundenen Unternehmen erfolgen; dieser wird anhand von konzerninternen Informationen als Näherungswert für die Aufteilung bestimmt, die unabhängige Unternehmen erzielt hätten (vgl. Abschnitt C.5.2). Lässt sich der relative Wert dieser Beiträge feststellen, ist es möglicherweise nicht nötig, den tatsächlichen Marktwert der von den einzelnen Beteiligten geleisteten Beiträge zu schätzen.

2.151. Die Ermittlung des relativen Werts der Beiträge, die die einzelnen verbundenen Unternehmen zum maßgeblichen Gewinn leisten, kann schwierig sein; welcher Lösungsansatz sich dabei anbietet, hängt von den Gegebenheiten und Umständen des Einzelfalls ab. Ein möglicher Ansatz besteht darin, Art und Umfang der verschiedenen von den Beteiligten geleisteten Beiträge (beispielsweise erbrachte Dienstleistungen, getätigte Entwicklungsausgaben, genutzte oder bereitgestellte Vermögenswerte, investiertes Kapital) zu vergleichen und ihnen auf der Grundlage dieses Vergleichs und externer Marktdaten einen prozentualen Anteil zuzuordnen. Vgl. Abschnitt C.5 wegen einer Erörterung der Frage, wie der maßgebliche Gewinn aufzuteilen ist.

C.3.1.2. Restgewinnanalyse (*residual analysis*)

2.152. Lässt sich ein Teil der Beiträge der beteiligten Unternehmen mittels einer einseitigen Methode verlässlich bewerten und anhand von Vergleichsgrößen bestimmen, wohingegen dies bei anderen Beiträgen nicht möglich ist, kann die Durchführung einer Restgewinnanalyse zweckdienlich sein. Bei einer Restgewinnanalyse wird der maßgebliche Gewinn aus den geprüften konzerninternen Geschäftsvorfällen in zwei Kategorien unterteilt. In der ersten Kategorie befindet sich der Gewinn, der Beiträgen zuzuschreiben ist, die anhand von Vergleichsgrößen zuverlässig ermittelt werden können; dies sind in der Regel die weniger komplexen Beiträge, für die sich verlässliche Fremdvergleichswerte finden lassen. Gewöhnlich wird diese anfängliche Vergütung durch Anwendung einer der geschäftsvorfallbezogenen Standardmethoden oder einer geschäftsvorfallbezogenen Nettomargenmethode bestimmt, um die Vergütung zu ermitteln, die unabhängige Unternehmen bei vergleichbaren Geschäftsvorfällen erhalten würden. Somit bleibt im Allgemeinen jener Ertrag unberücksichtigt, der durch eine zweite Kategorie von Beiträgen erzielt wird, die einzigartig und wertvoll sein können und/oder einem hohen Grad an Integration oder der gemeinsamen Übernahme wirtschaftlich signifikanter Risiken zuzuschreiben sind. Die Aufteilung dieses Restgewinns auf die beteiligten Unternehmen erfolgt in der Regel auf der Grundlage des relativen Werts der zweiten Kategorie der Beiträge der Beteiligten, und zwar auf dieselbe Weise wie bei der oben beschriebenen Anwendung der Beitragsanalyse und im Einklang mit den Ausführungen von Abschnitt C.5.

2.153. Beispiel 11 im Anhang II zu Kapitel II veranschaulicht die Anwendung einer Restgewinnanalyse im Rahmen einer geschäftsvorfallbezogenen Gewinnaufteilungsmethode.

C.4. Hinweise zur Anwendung – Ermittlung des aufzuteilenden Gewinns

2.154. Bei dem nach der geschäftsvorfallbezogenen Gewinnaufteilungsmethode aufzuteilenden maßgeblichen Gewinn handelt es sich um jenen Gewinn der verbundenen Unternehmen, der aus den geprüften konzerninternen Geschäftsvorfällen resultiert. Es ist wesentlich, das Aggregationsniveau der betreffenden Geschäftsvorfälle zu bestimmen, vgl. Ziffer 3.9–3.12. Bei der Ermittlung des maßgeblichen Gewinns kommt es daher entscheidend darauf an, zunächst die mit der geschäftsvorfallbezogenen Gewinnaufteilungsmethode zu erfassenden Geschäftsvorfälle zu bestimmen und sachgerecht abzugrenzen und sodann die maßgeblichen Einkünfte und Aufwendungen jedes Beteiligten im Zusammenhang mit diesen Geschäftsvorfällen zu ermitteln. Vgl. Abschnitt C.4.2 weiter unten. Beispiel 12 im Anhang II zu Kapitel II veranschaulicht die Prinzipien dieses Abschnitts.

2.155. Wenn sich der aufzuteilende maßgebliche Gewinn aus dem Gewinn von zwei oder mehr verbundenen Unternehmen zusammensetzt, müssen die einschlägigen Finanzdaten der am Geschäftsvorfall Beteiligten, auf die eine geschäftsvorfallbezogene Gewinnaufteilungsmethode angewendet wird, in Bezug auf Rechnungslegungspraktiken und Währung auf eine gemeinsame Grundlage gestellt und dann kombiniert werden. Da die Rechnungslegungsvorschriften signifikante Auswirkungen auf die Bestimmung des aufzuteilenden Gewinns haben können, sollten die Rechnungslegungsstandards in Fällen, in denen sich der Steuerpflichtige dafür entscheidet, die geschäftsvorfallbezogene Gewinnaufteilungsmethode anzuwenden, vor Anwendung der Methode ausgewählt und während der Gültigkeitsdauer der Vereinbarung einheitlich angewandt werden. Unterschiede bei den Rechnungslegungsstandards können sich auf den Zeitpunkt der Erfassung der Einkünfte und auf die Behandlung der Aufwendungen bei der Gewinnermittlung auswirken. Wesentliche Unterschiede zwischen den Rechnungslegungsstandards der beteiligten Unternehmen sollten aufgezeigt und bereinigt werden.

2.156. Die externe Rechnungslegung kann in Ermangelung harmonisierter Standards für die steuerliche Rechnungslegung den Ausgangspunkt für die Bestimmung des aufzuteilenden Gewinns bilden. Der Einsatz anderer Finanzdaten (z. B. der Kostenrechnung) sollte zugelassen werden, wenn entsprechende Abrechnungen existieren, die zuverlässig, überprüfbar und hinreichend geschäftsvorfallbezogen sind. In diesem Kontext können sich produktliniengebundene Erfolgsrechnungen oder Einzelabschlüsse als die zweckmäßigsten Aufzeichnungen erweisen.

2.157. Außer in Situationen, in denen die gesamte Tätigkeit jedes Beteiligten der Gewinnaufteilung unterliegt, müssen die Finanzdaten aufgeschlüsselt und Zuordnungen im Einklang mit der sachgerechten Abgrenzung des bzw. der Geschäftsvorfälle vorgenommen werden, um den mit den kombinierten Beiträgen der Beteiligten erzielten Gewinn zu ermitteln. So muss beispielsweise ein Produktlieferant bei einer Aufteilung des Gewinns mit einem verbundenen Unternehmen, das mit dem Marketing und Vertrieb in Europa betraut ist, den Gewinn aus seiner Warenproduktion für den europäischen Markt ermitteln und den Gewinn ausklammern, der aus der Fertigung von Waren für andere Märkte resultiert. Dies kann relativ leicht sein, wenn für alle Märkte die gleichen Waren gefertigt werden; wenn jedoch für unterschiedliche Märkte unterschiedliche Waren gefertigt werden, bei denen z. B. die Produktionskosten oder die zugrunde liegenden Technologien variieren, ist die Gewinnermittlung komplexer. Erwirbt das für Marketing und Vertrieb in Europa zuständige verbundene Unternehmen auch Produkte von anderen Anbietern, muss es seine Finanzdaten ebenfalls so aufschlüsseln, dass deutlich wird, welche Einnahmen, Kosten und Erträge mit den Waren zusammenhängen, die bei dem an der Gewinnaufteilung beteiligten verbundenen Produktlieferanten erworben wurden. Die Erfahrung zeigt, dass diese erste Stufe der Gewinnaufteilung in manchen Situationen hochkomplex sein kann; die zur Ermittlung des für den Geschäftsvorfall maßgeblichen Gewinns verwendete Methode sowie die hierfür zugrunde gelegten Annahmen müssen daher dokumentiert werden.

C.4.1. Geschäftsvorfallbezogene Gewinnaufteilung des tatsächlichen bzw. des erwarteten Gewinns

2.158. Die Bestimmung des aufzuteilenden Gewinns, bei der auch zu klären ist, ob es sich um den tatsächlichen oder den erwarteten Gewinn oder eine Kombination von beidem handelt, sollte mit der sachgerechten Abgrenzung des Geschäftsvorfalls im Einklang stehen. Beispiel 13 im Anhang II zu Kapitel II veranschaulicht die Prinzipien dieses Abschnitts.

2.159. Stellt sich die geschäftsvorfallbezogene Gewinnaufteilungsmethode als die am besten geeignete Methode heraus, wäre eine Aufteilung des tatsächlichen Gewinns, d. h. des durch die Folgen der wirtschaftlich signifikanten Risiken beeinflussten Gewinns, nur dann angemessen, wenn die sachgerechte Abgrenzung des Geschäftsvorfalls ergibt, dass die beteiligten Unternehmen die wirtschaftlich signifikanten Risiken, mit denen die Geschäftschance verbunden ist, entweder gemeinsam tragen oder dass diese Risiken von ihnen zwar getrennt getragen werden, aber eng miteinander zusammenhängen, weshalb sich die beteiligten Unternehmen den daraus resultierenden Gewinn oder Verlust teilen sollten. Diese Art der Risikoübernahme kann in Fällen vorkommen, in denen die Geschäftstätigkeiten hoch integriert sind und/oder jeder Beteiligte einzigartige und wertvolle Beiträge leistet.

2.160. Wenn sich die geschäftsvorfallbezogene Gewinnaufteilungsmethode als die am besten geeignete Methode herausstellt (beispielsweise weil jedes der am Geschäftsvorfall beteiligten Unternehmen einzigartige und wertvolle Beiträge leistet), einer der Beteiligten aber keine wirtschaftlich signifikanten Risiken trägt, die nach Vereinbarung des Geschäftsvorfalls eintreten könnten, wäre wiederum eine Aufteilung des erwarteten Gewinns angemessener. Vgl. Szenario 1 von Beispiel 13 im Anhang II zu Kapitel II.

2.161. Bei jeder Anwendung der geschäftsvorfallbezogenen Gewinnaufteilungsmethode ist es wichtig sicherzustellen, dass der Sachverhalt nicht rückwirkend aufgrund nachträglich gewonnener Erkenntnisse beurteilt wird. Vgl. Ziffer 3.74. Das heißt – unabhängig davon, ob eine geschäftsvorfallbezogene Gewinnaufteilung des erwarteten oder des tatsächlichen Gewinns vorgenommen wird –, dass die Grundlagen für die Aufteilung des Gewinns zwischen den verbundenen Unternehmen, einschließlich der Gewinnaufteilungsfaktoren, die Modalitäten der Berechnung des maßgeblichen Gewinns sowie alle etwaigen Anpassungen oder Eventualverbindlichkeiten ausgehend davon bestimmt werden müssen, was den beteiligten Unternehmen im Zeitpunkt des Geschäftsabschlusses bekannt oder für sie vernünftigerweise vorhersehbar war, es sei denn, es käme zu größeren unvorhergesehenen Entwicklungen, die unter unabhängigen Unternehmen zu einer Neuverhandlung der Vereinbarung geführt hätten. Dies gilt ungeachtet der Tatsache, dass die tatsächlichen Berechnungen in vielen Fällen zwangsläufig erst eine gewisse Zeit später durchgeführt werden können, beispielsweise wenn zu Beginn festgelegte Gewinnaufteilungsfaktoren auf den tatsächlichen Gewinn angewendet werden. Des Weiteren sollte nicht vergessen werden, dass der Ausgangspunkt für die sachgerechte Abgrenzung jedes Geschäftsvorfalls im Allgemeinen die schriftlichen Verträge sind, die über die Absicht der Beteiligten im Zeitpunkt des Vertragsabschlusses Aufschluss geben können. Vgl. Ziffer 1.42.

C.4.2. Unterschiedliche Gewinnmessgrößen

2.162. In den meisten Fällen handelt es sich bei dem maßgeblichen Gewinn, der bei einer geschäftsvorfallbezogenen Gewinnaufteilungsmethode aufgeteilt wird, um den Betriebsgewinn. Wird die geschäftsvorfallbezogene Gewinnaufteilungsmethode auf diese Weise angewendet, ist gewährleistet, dass sowohl die Einkünfte als auch die Aufwendungen des multinationalen Konzerns den jeweiligen verbundenen Unternehmen auf einer einheitlichen Grundlage zugerechnet werden. Je nach der sachgerechten Abgrenzung des Geschäftsvorfalls kann es aber auch zweckmäßig sein, eine Aufteilung einer anderen Gewinngröße, beispielsweise des Bruttogewinns, vorzunehmen und sodann jene Aufwendungen abzuziehen, die den einzelnen Unternehmen entstanden sind oder ihnen zugerechnet werden können (unter Ausschluss der bereits berücksichtigten Aufwendungen). In solchen Fällen ist sicherzustellen, dass die den einzelnen Unternehmen entstandenen oder zurechenbaren Aufwendungen mit der sachgerechten Abgrenzung des Geschäftsvorfalls, insbesondere den von den Unternehmen ausgeübten Tätigkeiten und übernommenen Risiken, im Einklang stehen und dass sich die Aufteilung des Gewinns mit den Beiträgen der einzelnen Beteiligten deckt.

2.163. Das heißt, dass die aufzuteilende Gewinngröße von der sachgerechten Abgrenzung des Geschäftsvorfalls abhängt. Wenn die sachgerechte Abgrenzung des Geschäftsvorfalls beispielsweise ergibt, dass die Beteiligten nicht nur das in Bezug auf Umsatzvolumen und Preise bestehende Marktrisiko gemeinsam tragen, sondern auch die mit der Fertigung oder dem anderweitigen Erwerb von Waren und Dienstleistungen verbundenen Risiken, die sich auf die Höhe des Bruttogewinns auswirken, wäre es am zweckmäßigsten, die Aufteilung auf der Grundlage des Bruttogewinns vorzunehmen. In einem solchen Fall haben die beteiligten Unternehmen möglicherweise integrierte oder gemeinsame Funktionen und Vermögenswerte im Zusammenhang mit der Fertigung oder dem Erwerb von Waren und Dienstleistungen. Wenn die sachgerechte Abgrenzung des Geschäftsvorfalls ergibt, dass die beteiligten Unternehmen zusätzlich zum Markt- und zum Produktionsrisiko eine Reihe weiterer Risiken gemeinsam tragen, die die Höhe der betrieblichen Aufwendungen beeinflussen und die Investitionen in immaterielle Werte umfassen können, wäre es am zweckmäßigsten, die Aufteilung auf der Grundlage des Betriebsgewinns vorzunehmen. In diesem Fall üben die beteiligten Unternehmen möglicherweise integrierte oder gemeinsame Funktionen im Zusammenhang mit der gesamten Wertschöpfungskette aus.

2.164. Zwei verbundene Unternehmen, die jeweils auf die Fertigung bestimmter Waren spezialisiert sind und über einzigartige und wertvolle immaterielle Werte verfügen, können beispielsweise vereinbaren, immaterielle Werte für die Fertigung innovativer, komplexer Produkte bereitzustellen. Die sachgerechte Abgrenzung des Geschäftsvorfalls ergibt, dass die Unternehmen in diesem Beispiel die Risiken des Erfolgs oder Misserfolgs der Produkte auf dem Markt gemeinsam tragen. Die Risiken im Zusammenhang mit ihren Vertriebs- und sonstigen Aufwendungen, die großenteils nicht integriert sind, tragen sie hingegen nicht gemeinsam. Die Aufteilung der Gewinne auf der Grundlage des kombinierten Betriebsgewinns nach Abzug aller Aufwendungen beider Beteiligter würde potenziell dazu führen, dass die Folgen der Risiken, die nur von einem der beteiligten Unternehmen übernommen wurden, gemeinsam getragen würden. In solchen Fällen kann es angemessener und verlässlicher sein, den Bruttogewinn aufzuteilen, da diese Gewinngröße die Ergebnisse der Markt- und Produktionstätigkeiten erfasst, die sich die Beteiligten zusammen mit der Übernahme der an sie geknüpften Risiken teilen. Im Fall von verbundenen Unternehmen, die hoch integrierte weltweite Handelstätigkeiten ausüben, kann es – sofern die sachgerechte Abgrenzung des tatsächlichen Geschäftsvorfalls ergibt, dass sich die gemeinsame Übernahme der Risiken und der Integrationsgrad nicht auf die betrieblichen Aufwendungen erstrecken – zweckmäßig sein, den Bruttogewinn aus den einzelnen Handelstätigkeiten aufzuteilen und die den einzelnen Unternehmen entstandenen betrieblichen Aufwendungen von dem auf die einzelnen Unternehmen entfallenden Anteil am ermittelten Bruttogesamtgewinn abzuziehen.

2.165. Beispiel 14 im Anhang II zu Kapitel II veranschaulicht die Prinzipien dieses Abschnitts.

C.5. Gewinnaufteilung

2.166. Die Gewinne sollten auf einer wirtschaftlich sinnvollen Grundlage aufgeteilt werden, die dem relativen Beitrag der am Geschäftsvorfall beteiligten Unternehmen Rechnung trägt und daher der Gewinnaufteilung nahekommt, zu der fremde Dritte gelangt wären. Die Bedeutung vergleichbarer Fremdgeschäftsvorfälle oder interner Daten (vgl. Abschnitt C.5.2) und die Kriterien, die zur Erreichung einer fremdvergleichskonformen Gewinnaufteilung verwendet werden, hängen von den Gegebenheiten und Umständen des Einzelfalls ab. Daher ist es nicht erstrebenswert, eine verbindliche Liste von Kriterien oder Gewinnaufteilungsfaktoren aufzustellen. Vgl. Ziffer 2.146–2.148 wegen allgemeiner Hinweise zur sachgemäßen Bestimmung der Aufteilungsfaktoren. Darüber hinaus sollten die für die Gewinnaufteilung verwendeten Kriterien oder Aufteilungsfaktoren

- von der Festlegung der Verrechnungspreispolitik unabhängig sein, d. h. sie sollten auf objektiven Daten beruhen (z. B. auf Verkäufen an unabhängige Unternehmen) und nicht auf Daten, die sich auf die Vergütung konzerninterner Geschäftsvorfälle beziehen (etwa von Verkäufen an verbundene Unternehmen),
- überprüfbar sein und
- durch Daten zu Vergleichsgeschäftsvorfällen, interne Daten oder beides gestützt werden.

2.167. Ein möglicher Ansatz besteht darin, sich bei der Aufteilung des maßgeblichen Gewinns an dem zu orientieren, was bei vergleichbaren Fremdgeschäftsvorfällen zwischen unabhängigen Unternehmen tatsächlich zu beobachten ist. Mögliche Informationsquellen über Fremdgeschäftsvorfälle, die je nach den Gegebenheiten und Umständen des Einzelfalls bei der Bestimmung der Kriterien für die Gewinnaufteilung hilfreich sein könnten, sind beispielsweise Joint-Venture-Vereinbarungen zwischen unabhängigen Unternehmen, bei denen Gewinne aufgeteilt werden (etwa Erschließungsvorhaben in der Öl- und Gasindustrie), Kooperationen in der Pharmaindustrie, Vereinbarungen über gemeinsame Marketing- oder Verkaufsförderungsaktivitäten, Vereinbarungen zwischen unabhängigen Plattenfirmen und Musikern oder Vereinbarungen zwischen unabhängigen Unternehmen im Finanzdienstleistungsbereich usw.

2.168. Es kann jedoch schwierig sein, verlässliche Vergleichsdaten zu finden, die auf diese Weise verwendet werden können. Dennoch können externe Marktdaten bei der Gewinnaufteilungsanalyse relevant sein, um den Wert der Beiträge der einzelnen verbundenen Unternehmen zu den Geschäftsvorfällen zu bestimmen. Die Annahme lautet effektiv, dass unabhängige Unternehmen den maßgeblichen Gewinn anteilig zum Wert ihrer jeweiligen Beiträge zur Gewinnerzielung im betreffenden Geschäftsvorfall aufteilen würden. In Fällen, in denen keine direkteren Anhaltspunkte dafür vorhanden sind, wie unabhängige Unternehmen unter vergleichbaren Umständen in vergleichbaren Geschäftsvorfällen den Gewinn aufgeteilt hätten, kann sich die Gewinnaufteilung daher an den relativen Beiträgen der beteiligten Unternehmen orientieren (gemessen an den von ihnen ausgeübten Funktionen, genutzten Vermögenswerten und übernommenen Risiken).

C.5.1. Gewinnaufteilungsfaktoren

2.169. Wie vorstehend festgestellt, kann davon ausgegangen werden, dass unabhängige Unternehmen den Gewinn auf der Grundlage ihrer relativen Beiträge zu dessen Erzielung aufteilen würden. Die Aufteilung des maßgeblichen Gewinns erfolgt nach der geschäftsvorfallbezogenen Gewinnaufteilungsmethode im Allgemeinen unter Verwendung eines oder mehrerer Gewinnaufteilungsfaktoren. Die Funktionsanalyse und eine Analyse des Kontexts, in dem die Geschäftsvorfälle stattfinden (z. B. Branche und Umfeld), sind zur Ermittlung der für die Gewinnaufteilung maßgeblichen Faktoren wesentlich; dies gilt auch für die Gewichtung der anzuwendenden Gewinnaufteilungsfaktoren in Fällen, in denen mehr als ein Faktor angewandt wird. Die Bestimmung des oder der zweckmäßigen Gewinnaufteilungsfaktoren sollte die für die Wertschöpfung im betreffenden Geschäftsvorfall entscheidenden Beiträge widerspiegeln. Die Beispiele 15 und 16 im Anhang II zu Kapitel II veranschaulichen die Prinzipien dieses Abschnitts.

2.170. Je nach den Gegebenheiten und Umständen des Einzelfalls kann der Faktor in Zahlen ausgedrückt werden (z. B. mit einer Aufteilung im Verhältnis 30 % : 70 % auf der Grundlage von Daten zu einer ähnlichen Aufteilung in vergleichbaren Geschäftsvorfällen zwischen unabhängigen Unternehmen) oder sich an variablen Größen orientieren (z. B. am relativen Wert der Marketingbeiträge der Beteiligten oder sonstigen möglichen Faktoren, wie nachstehend erörtert); letztere können auf der Grundlage eines einzigen Gewinnaufteilungsfaktors oder mehrerer gewichteter Faktoren berechnet werden.

2.171. Gewinnaufteilungsfaktoren auf der Grundlage von Vermögenswerten oder Kapital (z. B. von operativem Vermögen, Anlagevermögen – etwa Produktionsmitteln, Einzelhandelseinrichtungen, IT-Gütern – oder immateriellen Werten) oder von Kosten (z. B. den relativen Ausgaben und/ oder Investitionen in Schlüsselbereichen wie Forschung und Entwicklung, Ingenieurwesen oder Marketing) können verwendet werden, sofern diese die relativen Beiträge der beteiligten Unternehmen zum aufzuteilenden Gewinn widerspiegeln und verlässlich gemessen werden können. Auch wenn die Kosten möglicherweise eine unzulängliche Messgröße für den Wert der beigesteuerten immateriellen Werte sind (vgl. Ziffer 6.142), können die den beteiligten Unternehmen entstandenen relativen Kosten doch eine geeignete Hilfsvariable für den relativen Wert dieser Beiträge darstellen, wenn sich diese Beiträge ihrer Art nach ähneln (vgl. die Ziffern 8.27–8.28).

2.172. Andere Gewinnaufteilungsfaktoren, die im Kontext eines bestimmten Falls zweckmäßig sein könnten, sind z. B. Umsatzsteigerungen oder Arbeitnehmerentgelte (für Personen, die an den für die Wertschöpfung im jeweiligen Geschäftsvorfall entscheidenden Funktionen mitwirken, beispielsweise im weltweiten Handel mit Finanzinstrumenten). In anderen Situationen könnte möglicherweise die Anzahl der Mitarbeiter oder die von einer bestimmten Gruppe ähnlich qualifizierter Mitarbeiter mit ähnlichen Aufgaben aufgewendete Zeit genutzt werden, sofern ein starker und relativ konstanter Zusammenhang zwischen diesem Faktor und der Wertschöpfung besteht, die im maßgeblichen Gewinn zum Ausdruck kommt. Die Leitlinien in diesem Abschnitt sollten nicht als erschöpfende Aufzählung möglicher Gewinnaufteilungsfaktoren betrachtet werden. Andere Gewinnaufteilungsfaktoren können zulässig sein, sofern sie für alle maßgeblichen Beteiligten zu fremdüblichen Ergebnissen führen.

2.173. Zusätzlich zur Einzeldokumentation (Local File), die eine detaillierte Funktionsanalyse des Steuerpflichtigen und seiner jeweiligen verbundenen Unternehmen umfassen sollte, könnte auch die Stammdokumentation (Master File) des multinationalen Konzerns nützliche Informationen zur Bestimmung geeigneter Gewinnaufteilungsfaktoren liefern. Wie im Anhang I zu Kapitel V ausgeführt, sollte die Stammdokumentation Informationen zu wichtigen Faktoren für den Unternehmensgewinn, zu den Hauptbeiträgen der Unternehmen des Konzerns zu dessen Wertschöpfung und zu wesentlichen immateriellen Werten des Konzerns beinhalten. Dabei sollte allerdings bedacht werden, dass die Stammdokumentation lediglich einen allgemeinen Überblick über einen Konzern geben soll und nicht dazu gedacht ist, genauer aufgeschlüsselte oder detaillierte Informationen zu allen Konzernaktivitäten zu liefern.

C.5.2. Nutzung von Daten aus der Geschäftstätigkeit des Steuerpflichtigen (interne Daten)

2.174. Fehlt es an hinreichend zuverlässigen vergleichbaren Fremdgeschäftsvorfällen, um die Aufteilung des maßgeblichen Gewinns zu stützen, sollten interne Daten untersucht werden; diese können ein zuverlässiges Instrument zur Herstellung beziehungsweise Prüfung der Fremdvergleichskonformität der Gewinnaufteilung sein. Welche Arten von internen Daten relevant sind, wird von den Gegebenheiten und Umständen des Einzelfalls abhängen; die Daten sollten den Anforderungen genügen, die in diesem Abschnitt und insbesondere unter den Ziffern 2.147–2.148 sowie 2.166 dargelegt sind. Entsprechende Daten können häufig der Kostenrechnung oder der externen Rechnungslegung des Steuerpflichtigen entnommen werden.

2.175. Wird beispielsweise ein vermögensbasierter Gewinnaufteilungsfaktor eingesetzt, kann dieser auf Daten beruhen, die den Bilanzen der am Geschäftsvorfall Beteiligten entnommen sind. Häufig hängen nicht alle Aktiva des Steuerpflichtigen mit dem zu untersuchenden Geschäftsvorfall zusammen, weshalb der Steuerpflichtige Analysen durchführen muss, um eine „geschäftsvorfallbezogene" Bilanz zu erstellen, die dann bei der Anwendung der geschäftsvorfallbezogenen Gewinnaufteilungsmethode zugrunde gelegt wird. Zudem werden bestimmte Vermögenswerte, etwa selbst entwickelte immaterielle Werte, u. U. überhaupt nicht in der Bilanz ausgewiesen und müssen daher separat bewertet werden. Dabei können Bewertungsmethoden wie beispielsweise solche, die auf dem abgezinsten Wert prognostizierter zukünftiger Einnahmeströme bzw. Cashflows aus der Verwertung des immateriellen Werts beruhen, hilfreich sein. Vgl. Kapitel VI Abschnitt D.2.6.3. Vgl. auch Ziffer 2.104 wegen einer Erörterung der Bewertung von Vermögenswerten im Kontext der geschäftsvorfallbezogenen Nettomargenmethode; dort wird der Nettogewinn anhand des Vermögens gewichtet, was auch für die Bewertung von Vermögensgegenständen im Kontext einer geschäftsvorfallbezogenen Gewinnaufteilung relevant ist, in der ein vermögensbasierter Gewinnaufteilungsfaktor verwendet wird.

2.176. Werden kostenbasierte Gewinnaufteilungsfaktoren verwendet, die auf Daten basieren, die der Gewinn- und Verlustrechnung des Steuerpflichtigen entnommen wurden, kann es desgleichen notwendig sein, geschäftsvorfallspezifische Konten zu erstellen, in denen die Aufwendungen, die mit dem untersuchten konzerninternen Geschäftsvorfall zusammenhängen, von denen getrennt werden, die bei der Bestimmung des Gewinnaufteilungsfaktors ausgeklammert werden sollten. Die Art der berücksichtigten Ausgaben (z. B. Gehälter, Abschreibungen usw.) sowie die verwendeten Kriterien, um festzustellen, ob eine bestimmte Aufwendung mit dem untersuchten Geschäftsvorfall oder mit anderen Geschäftsvorfällen des Steuerpflichtigen in Zusammenhang steht (z. B. anderen Produktlinien, die nicht Gegenstand der Gewinnaufteilung sind), sollten sich für alle Beteiligten decken.

2.177. Interne Daten können auch hilfreich sein, wenn der Gewinnaufteilungsfaktor auf einem Kostenrechnungssystem beruht (z. B. mit bestimmten Aspekten des Geschäftsvorfalls zusammenhängende Personalkosten, von einer bestimmten Mitarbeitergruppe für bestimmte Aufgaben aufgewendete Zeit usw.).

2.178. Interne Daten sind äußerst wichtig für die Ermittlung des Werts der Beiträge, die die verschiedenen Beteiligten zum konzerninternen Geschäftsvorfall leisten. Diese Wertermittlung sollte sich auf eine Funktionsanalyse gründen, die alle wirtschaftlich signifikanten Funktionen, Vermögenswerte und Risiken berücksichtigt, die die Beteiligten in den konzerninternen Geschäftsvorfall einbringen. In Fällen, in denen der Gewinn auf der Basis einer Evaluierung der relativen Bedeutung der Funktionen, Vermögenswerte und Risiken für die Wertschöpfung im konzerninternen Geschäftsvorfall aufgeteilt wird, sollten dieser Evaluierung zuverlässige objektive Daten zugrunde liegen, um Willkürlichkeit weitmöglichst zu vermeiden. Besondere Aufmerksamkeit sollte der Untersuchung der relevanten Beiträge in Form einzigartiger und wertvoller immaterieller Werte und der Übernahme wirtschaftlich signifikanter Risiken sowie der Bedeutung, Relevanz und Messung der Faktoren, die zu diesen führen, gelten.

C.5.3. Beispiele für Gewinnaufteilungsfaktoren

C.5.3.1. Vermögensbasierte Gewinnaufteilungsfaktoren

2.179. Vermögensbasierte oder kapitalbasierte Gewinnaufteilungsfaktoren können in Fällen verwendet werden, in denen zwischen materiellen Vermögenswerten, immateriellen Werten oder eingesetztem Kapital und Wertschöpfung im Kontext des konzerninternen Geschäftsvorfalls ein starker Zusammenhang besteht. Um von Nutzen zu sein, sollte ein Gewinnaufteilungsfaktor einheitlich auf alle am Geschäftsvorfall Beteiligten angewendet werden. Vgl. Ziffer 2.104 wegen einer Erörterung von Vergleichbarkeitsfragen bei der Bewertung von Vermögenswerten im Rahmen der geschäftsvorfallbezogenen Nettomargenmethode, die auch im Kontext der geschäftsvorfallbezogenen Gewinnaufteilungsmethode gültig ist. Beispiel 15 im Anhang II zu diesem Kapitel veranschaulicht die Prinzipien dieses Abschnitts.

2.180. Leistet bei einem Geschäftsvorfall, für den sich die geschäftsvorfallbezogene Gewinnaufteilungsmethode als die am besten geeignete Methode herausstellt, eines oder mehrere der beteiligten Unternehmen einen Beitrag in Form von immateriellen Werten, kann dies Schwierigkeiten aufwerfen, sowohl was die Ermittlung als auch was die Bewertung dieser Werte betrifft. Hinweise zur Ermittlung und Bewertung immaterieller Werte finden sich in Kapitel VI. Vgl. auch die Beispiele im Anhang zu Kapitel VI „Beispiele zur Veranschaulichung der Leitlinien zu immateriellen Werten".

C.5.3.2. Kostenbasierte Gewinnaufteilungsfaktoren

2.181. Ein auf den Aufwendungen basierender Gewinnaufteilungsfaktor kann angebracht sein, wenn sich zwischen den getätigten relativen Aufwendungen und dem relativen Wert der Beiträge ein starker Zusammenhang feststellen lässt. Beispielsweise können Marketingaufwendungen ein geeigneter Faktor für Vertriebs-/Marketingunternehmen sein, wenn Werbung entscheidend für einzigartige und wertvolle immaterielle Marketingwerte ist (*marketing intangibles*), so z. B. im Fall von Konsumgütern, bei denen der Wert immaterieller Marketingwerte durch Werbung beeinflusst wird. Forschungs- und Entwicklungsaufwendungen können im Fall von Fertigungsunternehmen geeignet sein, wenn sie mit der Schaffung einzigartiger und wertvoller immaterieller Werte, wie z. B. Patenten, zusammenhängen. Wenn aber beispielsweise jeder am Geschäftsvorfall Beteiligte unterschiedliche wertvolle immaterielle Werte beisteuert, ist die Anwendung eines kostenbasierten Faktors nur angemessen, wenn die Kosten eine verlässliche Messgröße des relativen Werts dieser immateriellen Werte darstellen oder nach dem Risiko gewichtet werden können, um eine zuverlässige Messgröße des relativen Werts zu erhalten. Eine Risikogewichtung kann allerdings auch zweckmäßig sein, wenn alle Beteiligten die gleiche Art von immateriellen Werten beisteuern. Ist beispielsweise das Risiko eines Fehlschlags der Anstrengungen in einem frühen Entwicklungsstadium um ein Mehrfaches höher als in einem späteren Stadium oder bei der Entwicklung inkrementeller Verbesserungen eines bereits bewährten Konzepts, so sollten die in diesem früheren Stadium angefallenen Kosten eine höhere Risikogewichtung haben als die in einem späteren Stadium oder für inkrementelle Verbesserungen entstandenen Kosten. Die Vergütung für die Beschäftigten kann in Situationen relevant sein, in denen mit den Kompetenzen und dem Fachwissen der Mitarbeiter zusammenhängende Funktionen für die Erzielung des maßgeblichen Gewinns entscheidend sind.

2.182. Bei der Ermittlung und Anwendung der geeigneten kostenbasierten Gewinnaufteilungsfaktoren muss möglicherweise eine Reihe von Fragen berücksichtigt werden. So können zwischen den beteiligten Unternehmen z. B. Unterschiede beim Zeitpunkt der Aufwendungen bestehen. Beispielsweise können Forschungs- und Entwicklungskosten, die für den Wert der Beiträge eines der Beteiligten relevant sind, bereits einige Jahre zurückliegen, wohingegen ein anderer Beteiligter laufende Aufwendungen hat. Infolgedessen kann es erforderlich sein, zusätzlich zu der unter Ziffer 2.181 beschriebenen Risikogewichtung eine Anpassung der historischen Kosten an den Zeitwert vorzunehmen (wie weiter unten erörtert). Die maßgeblichen Kosten können Teil eines größeren Kostenpools sein, der zu analysieren und den verschiedenen Beiträgen zum betreffenden Geschäftsvorfall zuzuordnen ist. Ein Beispiel hierfür sind Marketingkosten, die möglicherweise für mehrere Produktlinien angefallen sind und verbucht wurden, wohingegen nur eine der Produktlinien Gegenstand des Geschäftsvorfalls ist, für den die Gewinnaufteilung vorgenommen wird. Wenn eines oder mehrere der Unternehmen eines multinationalen Konzerns Standortvorteile genießen, die signifikant zum Gewinn beitragen, und die entsprechenden Kosten in den aufzuteilenden Gewinn einfließen, dann muss die Gewinnaufteilung der Art und Weise Rechnung tragen, wie unabhängige Unternehmen solche standortbedingten Einsparungen aufteilen würden (unter Berücksichtigung der Leitlinien in Kapitel I Abschnitt D.6). Kostenbasierte Gewinnaufteilungsfaktoren können sehr stark auf Unterschiede und Änderungen der buchmäßigen Behandlung der Kosten reagieren. Deshalb ist es notwendig, im Vorfeld klar zu bestimmen, welche Kosten bei der Festlegung des Gewinnaufteilungsfaktors berücksichtigt werden, und diesen Faktor für die Beteiligten einheitlich festzulegen.

2.183. In manchen Fällen ist die Festlegung des relevanten Zeitraums, auf den sich die bei der Bestimmung des oder der Gewinnaufteilungsfaktoren berücksichtigten Elemente (z. B. Vermögen, Kosten oder andere Elemente) beziehen sollten, ein wichtiger Aspekt für die Verlässlichkeit von kostenbasierten Aufteilungsfaktoren. Eine Schwierigkeit ergibt sich hier daraus, dass zwischen dem Zeitpunkt, in dem die Aufwendungen anfallen, und dem Zeitpunkt, in dem die Wertschöpfung erfolgt, Zeit verstreichen kann, und es manchmal schwer zu entscheiden ist, welcher Zeitraum für die Aufwendungen zugrunde gelegt werden soll. Kommt beispielsweise ein kostenbasierter Faktor zum Einsatz, kann die Verwendung der Ausgaben auf Einjahresbasis in manchen Fällen angebracht sein, während es in anderen Fällen angemessener wäre, kumulierte Ausgaben aus den Vorjahren und dem laufenden Jahr zugrunde zu legen (gegebenenfalls nach Bereinigung um Abschreibungen oder Tilgungen). Je nach den Umständen und Gegebenheiten des Einzelfalls kann dies erhebliche Auswirkungen auf die Gewinnaufteilung zwischen den Beteiligten haben. Wie in Abschnitt C.5.1 weiter oben festgehalten, sollte die Auswahl des Gewinnaufteilungsfaktors unter den konkreten Umständen des jeweiligen Falls angemessen sein und eine zuverlässige Annäherung an die Gewinnaufteilung ermöglichen, die zwischen unabhängigen Unternehmen vereinbart worden wäre. Die in diesem Abschnitt beschriebenen Prinzipien werden durch Beispiel 16 in Anhang II zu Kapitel II veranschaulicht.

D. Schlussfolgerungen hinsichtlich der geschäftsvorfallbezogenen Gewinnmethoden

2.184. Die Ziffern 2.1–2.12 enthalten Hinweise zur Auswahl der am besten geeigneten Verrechnungspreismethode unter den Umständen des Einzelfalls.

2.185. Wie in diesen Leitlinien erörtert wird, bestehen hinsichtlich der Anwendung der geschäftsvorfallbezogenen Nettomargenmethode Bedenken, insbesondere dahingehend, dass diese Methode manchmal ohne angemessene Berücksichtigung der maßgeblichen Unterschiede zwischen den verglichenen verbundenen und unabhängigen Unternehmen angewendet wird. Viele Staaten sind besorgt darüber, dass die zur Absicherung der Standardmethoden festgelegten Kriterien bei der Anwendung der geschäftsvorfallbezogenen Nettomargenmethode übersehen werden könnten. Wenn sich die Merkmale der verglichenen Geschäftsvorfälle wesentlich auf die verwendeten Nettogewinnindikatoren auswirken, wäre die Anwendung der geschäftsvorfallbezogenen Nettomargenmethode nicht sachgerecht, sofern keine entsprechenden Anpassungen vorgenommen werden. Vgl. Ziffer 2.74–2.81 (auf die geschäftsvorfallbezogene Nettomargenmethode anzuwendender Vergleichbarkeitsstandard).

2.186. Die Feststellung, dass die Anwendung von geschäftsvorfallbezogenen Gewinnmethoden erforderlich sein kann, bedeutet nicht unbedingt, dass unabhängige Unternehmen diese Methoden für ihre Preisfestsetzung verwenden würden. Wie bei jeder anderen Methode ist es auch bei der Anwendung von geschäftsvorfallbezogenen Gewinnmethoden wichtig, dass geeignete Gegenberichtigungen berechnet werden können, wobei in bestimmten Fällen Gegenberichtigungen auf zusammengefasster Basis, die im Einklang mit den Grundsätzen zur Zusammenfassung von Geschäftsvorfällen nach den Ziffern 3.9–3.12 stehen, zuzulassen sind.

2.187. In allen Fällen ist Vorsicht geboten bei der Prüfung, ob eine geschäftsvorfallbezogene Gewinnmethode in einem besonderen Fall eine fremdvergleichskonforme Antwort liefert, entweder in Verbindung mit einer Standardmethode oder für sich allein. Die Frage kann letzten Endes nur für jeden Fall einzeln beantwortet werden, wobei die oben dargelegten Vor- und Nachteile der Anwendung einer bestimmten geschäftsvorfallbezogenen Gewinnmethode, die Vergleichbarkeitsanalyse (einschließlich der Funktionsanalyse) der am Geschäftsvorfall beteiligten Unternehmen und die Verfügbarkeit sowie Zuverlässigkeit von Vergleichsdaten zu berücksichtigen sind. Des Weiteren wird in diesen Schlussfolgerungen unterstellt, dass die Steuersysteme der Staaten ein hinreichendes Entwicklungsstadium erreicht haben, bevor diese Methoden angewendet werden können.

Kapitel III

Vergleichbarkeitsanalyse

A. Durchführung einer Vergleichbarkeitsanalyse

3.1. Allgemeine Hinweise zur Vergleichbarkeit finden sich in Kapitel I, Abschnitt D. Ein Vergleich beinhaltet definitionsgemäß die Untersuchung zweier Elemente: des geprüften Geschäftsvorfalls zwischen verbundenen Unternehmen einerseits und der Fremdgeschäftsvorfälle, die als potenziell vergleichbar betrachtet werden, andererseits. Die Suche nach Vergleichswerten ist nur ein Teil der Vergleichbarkeitsanalyse. Sie sollte weder mit der Vergleichbarkeitsanalyse verwechselt noch von ihr getrennt werden. Die Suche nach Informationen über möglicherweise vergleichbare Fremdgeschäftsvorfälle und das Verfahren zur Ermittlung von Vergleichswerten hängen von der vorherigen Analyse des konzerninternen Geschäftsvorfalls des Steuerpflichtigen und der wirtschaftlich relevanten Merkmale oder Vergleichbarkeitsfaktoren ab (vgl. Kapitel I Abschnitt D.1). Ein methodisches, einheitliches Vorgehen sollte eine gewisse Kontinuität oder Verbindung innerhalb des gesamten analytischen Prozesses herstellen, wodurch eine konstante Beziehung zwischen den verschiedenen Schritten aufrechterhalten wird, von der Vorabanalyse der Bedingungen der konzerninternen Geschäftsvorfälle über die Auswahl der Verrechnungspreismethode bis zur Ermittlung potenzieller Vergleichswerte und einer Entscheidung darüber, ob die untersuchten konzerninternen Geschäftsvorfälle mit dem in Artikel 9 Absatz 1 des OECD-Musterabkommens beschriebenen Fremdvergleichsgrundsatz vereinbar sind.

3.2. Im Rahmen der Auswahl und Anwendung der am besten geeigneten Verrechnungspreismethode (vgl. Ziffer 2.2) bezweckt die Vergleichbarkeitsanalyse immer die Ermittlung der verlässlichsten Vergleichswerte. Soweit es möglich ist festzustellen, dass bestimmte Fremdgeschäftsvorfälle einen geringeren Grad an Vergleichbarkeit aufweisen als andere, sollten diese ausgeschlossen werden (vgl. auch Ziffer 3.56). Dies bedeutet nicht, dass eine erschöpfende Ermittlung aller möglichen Vergleichswerte notwendig ist, da anerkannt wird, dass die Verfügbarkeit von Informationen begrenzt ist und die Ermittlung von Vergleichswerten aufwendig sein kann. Siehe dazu die Erörterung zum Befolgungsaufwand unter den Ziffern 3.80–3.83.

3.3. Um die Transparenz des Verfahrens zu gewährleisten, wird es als gute Praxis angesehen, wenn ein Steuerpflichtiger, der Vergleichswerte zur Stützung der von ihm festgesetzten Verrechnungspreise heranzieht, oder eine Steuerverwaltung, die Vergleichswerte als Grundlage für eine Berichtigung der Verrechnungspreise verwendet, geeignete Informationen zur Verfügung stellt, damit die andere Seite (Steuerprüfer, Steuerpflichtiger oder zuständige Behörde eines anderen Staats) die Verlässlichkeit der verwendeten Vergleichswerte überprüfen kann. Vgl. Ziffer 3.36 wegen einer Erörterung der Informationen, die Steuerverwaltungen zur Verfügung stehen und gegenüber Steuerpflichtigen nicht offengelegt werden. Allgemeine Hinweise zu Dokumentationspflichten finden sich in Kapitel V. Vgl. auch Anhang II zu Kapitel IV „Leitlinien für Vorabverständigungen über die Verrechnungspreise im Rahmen des Verständigungsverfahrens (MAP-APA)".

A.1. Übliches Verfahren

3.4. Im Folgenden wird ein typisches Verfahren beschrieben, das bei der Durchführung einer Vergleichbarkeitsanalyse befolgt werden kann. Dieses Verfahren wird als anerkannte gute Praxis betrachtet, ist aber nicht verpflichtend, und es können auch andere Verfahren, die zur Ermittlung verlässlicher Vergleichswerte führen, zugelassen werden, da die Verlässlichkeit des Ergebnisses wichtiger ist als das Verfahren selbst (denn die Durchführung des Verfahrens bietet keine Garantie für ein fremdvergleichskonformes Ergebnis, und die Nichtdurchführung des Verfahrens bedeutet nicht, dass das Ergebnis nicht fremdvergleichskonform sein wird).

1. Schritt: Festlegung der erfassten Jahre.

2. Schritt: Breit angelegte Analyse der Umstände des Steuerpflichtigen.

3. Schritt: Erlangung eines Verständnis des bzw. der geprüften konzerninternen Geschäftsvorfälle, insbesondere auf der Basis einer Funktionsanalyse, um das untersuchte Unternehmen (*tested party*) (wo erforderlich), die jeweils am besten geeignete Verrechnungspreismethode sowie den zu untersuchenden Finanzindikator (im Fall einer geschäftsvorfallbezogenen Gewinnmethode) auszuwählen und die signifikanten Vergleichbarkeitsfaktoren zu ermitteln, die berücksichtigt werden sollen.

4. Schritt: Überprüfung der internen Vergleichswerte, falls vorhanden.

5. Schritt: Bestimmung der verfügbaren Informationsquellen über externe Vergleichswerte, wo derartige Größen benötigt werden, unter Berücksichtigung ihrer relativen Zuverlässigkeit.

6. Schritt: Auswahl der am besten geeigneten Verrechnungspreismethode und, je nach Methode, Bestimmung des relevanten Finanzindikators (z. B. Bestimmung des relevanten Nettogewinnindikators im Fall einer geschäftsvorfallbezogenen Nettomargenmethode).

7. Schritt: Bestimmung der wichtigsten Merkmale, die Geschäftsvorfälle zwischen unabhängigen Unternehmen aufweisen müssen, um als potenziell vergleichbar betrachtet zu werden, auf der Basis der im 3. Schritt ermittelten relevanten Faktoren und entsprechend den in Kapitel I Abschnitt D.1 aufgeführten Vergleichbarkeitsfaktoren.

8. Schritt: Gegebenenfalls Bestimmung und Durchführung der Anpassungen zur Herstellung der Vergleichbarkeit.

9. Schritt: Interpretation und Verwendung der gesammelten Daten, Ermittlung der fremdüblichen Vergütung.

3.5. In der Praxis verläuft dieser Prozess nicht linear. Insbesondere die Schritte 5 bis 7 sind möglicherweise mehrfach durchzuführen, bis ein befriedigendes Ergebnis erzielt wird, also die am besten geeignete Methode gewählt wird, vor allem weil die Untersuchung der verfügbaren Informationsquellen in manchen Fällen die Auswahl der Verrechnungspreismethode beeinflussen kann. So müssen die Steuerpflichtigen in Fällen, in denen es keine verfügbaren Informationen zu vergleichbaren Geschäftsbeziehungen gibt (7. Schritt) und/oder keine hinreichend genauen Anpassungen möglich sind (8. Schritt), u. U. eine andere Verrechnungspreismethode anwenden und das Verfahren ab dem 4. Schritt wiederholen.

3.6. Vgl. Ziffer 3.82 wegen einer Erörterung eines Verfahrens für die Ermittlung, Beobachtung und Überprüfung der Verrechnungspreise.

A.2. Breit angelegte Analyse der Umstände des Steuerpflichtigen

3.7. Die „breit angelegte Analyse" ist ein wesentlicher Schritt in der Vergleichsanalyse. Sie lässt sich definieren als Analyse der Branche, der Wettbewerbssituation, der wirtschaftlichen und regulatorischen Faktoren und weiterer Elemente, die den Steuerpflichtigen und sein Umfeld betreffen, allerdings noch nicht im Kontext der Untersuchung der konkreten Geschäftsvorfälle. Dieser Schritt hilft dabei, die Bedingungen des konzerninternen Geschäftsvorfalls des Steuerpflichtigen sowie der zu vergleichenden Fremdgeschäftsvorfälle zu verstehen, insbesondere die wirtschaftlichen Umstände des Geschäftsvorfalls (vgl. Ziffer 1.130–1.133).

A.3. Betrachtung des konzerninternen Geschäftsvorfalls und Auswahl des untersuchten Unternehmens

3.8. Bei der Betrachtung des zu prüfenden konzerninternen Geschäftsvorfalls sollen die relevanten Faktoren ermittelt werden, die Einfluss auf die gegebenenfalls erforderliche Auswahl des untersuchten Unternehmens, die Auswahl und Anwendung der unter den Umständen des Einzelfalls am besten geeigneten Verrechnungspreismethode, den zu untersuchenden Finanzindikator (im Fall einer geschäftsvorfallbezogenen Gewinnmethode), die Auswahl der Vergleichsgrößen und, sofern relevant, die Bestimmung der zur Herstellung der Vergleichbarkeit erforderlichen Anpassungen haben werden.

A.3.1. Beurteilung einzelner und zusammenhängender Geschäftsvorfälle eines Steuerpflichtigen

3.9. Um die fremdüblichen Bedingungen möglichst genau abzubilden, sollte der Fremdvergleichsgrundsatz im Idealfall auf jeden einzelnen Geschäftsvorfall gesondert Anwendung finden. Häufig sind jedoch einzelne Geschäftsvorfälle so eng miteinander verbunden oder folgen so eng aufeinander, dass eine sachgerechte Beurteilung jedes einzelnen Geschäftsvorfalls nicht möglich ist. Beispiele hierfür sind: *a)* einige langfristige Verträge über Warenlieferungen und Dienstleistungen, *b)* Rechte auf Nutzung immaterieller Vermögenswerte und *c)* die Preisbestimmung für eine Palette eng miteinander verbundener Produkte (z. B. in einem Sortiment), wo eine gesonderte Preisermittlung für jedes einzelne Produkt oder jeden einzelnen Geschäftsvorfall nicht praktikabel ist. Ein weiteres Beispiel wäre die Lizenzvergabe von Herstellungs-Know-how und die Lieferung von äußerst wichtigen Bauteilen an ein verbundenes Fertigungsunternehmen; hier kann es zweckmäßiger sein, die fremdüblichen Bedingungen für die beiden Geschäftsvorfälle zusammen und nicht getrennt zu untersuchen. Derartige Geschäftsvorfälle sollten unter Anwendung der am besten geeigneten Fremdvergleichsmethode zusammen beurteilt werden. Als weiteres Beispiel könnte die Durchleitung eines Geschäftsvorfalls durch ein anderes verbundenes Unternehmen angeführt werden; es kann zweckmäßiger sein, den Geschäftsvorfall, der zum Teil in einem solchen Durchleitungsvorgang besteht, in seiner Gesamtheit zu untersuchen, als die einzelnen Geschäftsvorfälle isoliert voneinander zu betrachten. Vgl. Beispiel 26 in Anhang I zu Kapitel VI.

3.10. Ein weiteres Beispiel für die Zusammenfassung von Geschäftsvorfällen eines Steuerpflichtigen betrifft Portfolioansätze. Ein Portfolioansatz ist eine

Geschäftsstrategie, die darin besteht, dass ein Steuerpflichtiger bestimmte Geschäftsvorfälle bündelt, um über die Gesamtheit der Geschäftsvorfälle und nicht unbedingt durch ein bestimmtes Produkt innerhalb dieses Portfolios einen angemessenen Gewinn zu erzielen. Beispielsweise kann das steuerpflichtige Unternehmen manche Produkte mit einer niedrigen Gewinnmarge oder sogar mit Verlust anbieten, weil dadurch eine Nachfrage nach anderen Produkten und/oder damit verbundenen Dienstleistungen desselben Unternehmens entsteht, die dann wiederum mit hohen Gewinnmargen verkauft oder zur Verfügung gestellt werden können (z. B. bei Geräten, die nur mit bestimmtem Zubehör funktionieren, wie dies für Kaffeemaschinen und Kaffeekapseln oder Drucker und Druckerpatronen der Fall sein kann). Ähnliche Ansätze lassen sich in unterschiedlichen Wirtschaftszweigen beobachten. Portfolioansätze sind ein Beispiel für Geschäftsstrategien, die in der Vergleichbarkeitsanalyse und bei der Untersuchung der Verlässlichkeit der Vergleichswerte möglicherweise zu berücksichtigen sind. Vgl. Ziffer 1.134–1.138 zum Thema Geschäftsstrategien. Wie unter Ziffer 1.149–1.151 erläutert, reichen solche Überlegungen zur Erklärung anhaltender Gesamtverluste oder schwacher Ergebnisse im Zeitverlauf jedoch nicht aus. Um zulässig zu sein, müssen Portfolioansätze zudem hinreichend zielgerichtet sein, da sie in Fällen, in denen unterschiedliche Geschäftsvorfälle einer unterschiedlichen ökonomischen Logik gehorchen und getrennt werden sollten, nicht dazu verwendet werden sollten, eine Verrechnungspreismethode auf Ebene des Gesamtunternehmens des Steuerpflichtigen anzuwenden. Vgl. Ziffer 2.84–2.85. Darüber hinaus sollten die oben genannten Bemerkungen nicht so verstanden werden, dass es für ein Unternehmen innerhalb eines multinationalen Konzerns akzeptabel wäre, einen unter dem fremdüblichen Niveau liegenden Ertrag zu erzielen, um einem anderen Unternehmen dieses Konzerns Vorteile zu verschaffen. Vgl. insbesondere Ziffer 1.150.

3.11. Während manche getrennt voneinander vereinbarte Geschäftsvorfälle zwischen verbundenen Unternehmen zusammen beurteilt werden müssen, um festzustellen, ob die Bedingungen des Fremdvergleichsgrundsatzes eingehalten wurden, müssen andere Geschäftsvorfälle, die zwischen solchen Unternehmen im Rahmen eines Leistungspakets vereinbart wurden, möglicherweise gesondert beurteilt werden. Ein multinationales Unternehmen kann mehrere Leistungen, wie etwa Lizenzvergaben für Patente, Know-how und Marken, die Erbringung von technischen und administrativen Dienstleistungen und die Vermietung von Produktionseinheiten in einen einzigen Geschäftsvorgang zusammenfassen und hierfür einen Gesamtpreis berechnen. Diese Art von Vereinbarung wird oft als Leistungspaket (sogenannter *package deal*) bezeichnet. Solche umfassenden Leistungspakete werden aber kaum Warenverkäufe einschließen, obwohl für Warenverkäufe berechnete Preise einige begleitende Dienstleistungen abdecken können. Es kann Fälle geben, in denen ein Leistungspaket nicht als Ganzes beurteilt werden kann, sodass die Bestandteile des Pakets voneinander getrennt werden müssen. In derartigen Fällen sollte die Steuerverwaltung nach Ermittlung der gesonderten Verrechnungspreise für die einzelnen Bestandteile dennoch prüfen, ob die Verrechnungspreisbestimmung für das Leistungspaket insgesamt dem Fremdvergleichsgrundsatz entspricht.

3.12. Selbst bei Geschäftsvorfällen unter Fremden können Leistungspakete Elemente enthalten, die nach innerstaatlichem Recht oder aufgrund eines Doppelbesteuerungsabkommens steuerlich unterschiedlich zu behandeln sind. Zum Beispiel können Lizenzgebühren einer Quellensteuer unterliegen, während Leasingzahlungen Gegenstand einer Nettobesteuerung sind. Doch auch unter solchen Umständen kann es zweckmäßig sein, die Verrechnungspreisbestimmung auf der Grundlage eines Leistungspakets durchzuführen, und die Steuerverwaltung kann dann entscheiden, ob der Preis aus anderen steuerlichen Gründen auf die Elemente des Leistungspakets aufzuteilen ist. Dabei sollten die Steuerverwaltungen das Leistungspaket zwischen den verbundenen Unternehmen auf dieselbe Weise prüfen, wie sie gleichartige Verträge zwischen unabhängigen Unternehmen analysieren würden. Die Steuerpflichtigen sollten in der Lage sein nachzuweisen, dass dem Leistungspaket ein angemessener Verrechnungspreis zugrunde liegt.

A.3.2. Vorteilsausgleichsvereinbarungen

3.13. Eine Vorteilsausgleichsvereinbarung (*intentional set-off*) liegt vor, wenn ein Vorteilsausgleich von den verbundenen Unternehmen bewusst in die Bedingungen der konzerninternen Geschäftsvorfälle aufgenommen wird. Dies ist dann gegeben, wenn ein verbundenes Unternehmen einem anderen verbundenen Unternehmen innerhalb des Konzerns einen Vorteil verschafft hat, der bis zu einem gewissen Grad durch andere Vorteile ausgeglichen wird, die das erstere Unternehmen als Gegenleistung erhält. Die betreffenden Unternehmen können darauf hinweisen, dass die gegenseitig verschafften Vorteile als Voll- oder Teilzahlung für diese Vorteile gegeneinander zu verrechnen sind, sodass für die Zwecke der Bestimmung der Steuerschuld nur der Nettogewinn oder -verlust (sofern vorhanden) aus den Geschäftsvorfällen berücksichtigt werden muss. Ein Unternehmen kann beispielsweise einem anderen Unternehmen die Lizenz für eine Patentnutzung gegen Überlassung von Know-how in einem anderen Bereich einräumen und dabei geltend machen, dass keines der beiden Unternehmen aus diesen Geschäftsvorfällen einen Gewinn oder Verlust erzielt. Derartige Vereinbarungen sind gelegentlich auch zwischen unabhängigen Unternehmen anzutreffen, und es ist in Übereinstimmung mit dem Fremdvergleichsgrundsatz der Wert des jeweiligen Vorteils zu ermitteln, der als Vorteilsausgleich angesetzt wird.

3.14. Vorteilsausgleichsvereinbarungen können hinsichtlich ihres Umfangs und ihrer Komplexität variieren. Derartige Vereinbarungen reichen von der einfachen Aufrechnung von zwei Geschäftsvorfällen (wie etwa bei einem günstigen Verkaufspreis für Fertigprodukte als Gegenleistung für einen günstigen Einkaufspreis für bei der Warenherstellung verwendete Roh-, Hilfs- und Betriebsstoffe) bis hin zu einer allgemeinen Ausgleichsvereinbarung, bei der alle Vorteile, die sich die Beteiligten über einen bestimmten Zeitraum gegenseitig gewähren, miteinander verrechnet werden. Unabhängige Unternehmen würden die letztere Vereinbarungsvariante allerdings kaum in Betracht ziehen, es sei denn, dass eine ausreichende Vorteilsquantifizierung möglich wäre und der Vertrag im Voraus abgeschlossen wird. Ansonsten ziehen es unabhängige Unternehmen im Allgemeinen vor, ihre Zahlungsein- und -ausgänge getrennt voneinander abzuwickeln und alle Gewinne oder Verluste aus der normalen Handelstätigkeit zu berücksichtigen.

3.15. Die Anerkennung von Vorteilsausgleichsvereinbarungen ändert nichts an dem grundsätzlichen Erfordernis, dass für steuerliche Zwecke die Verrechnungspreise für konzerninterne Geschäftsvorfälle dem Fremdvergleichsgrundsatz entsprechen müssen. Den Steuerpflichtigen ist daher anzuraten, einen gezielt in zwei oder mehrere konzerninterne Geschäftsvorfälle aufgenommenen Vorteilsausgleich offenzulegen und nachzuweisen (oder zu bestätigen, dass entsprechende Nachweise vorhanden sind und ausreichende Analysen angestellt wurden), dass die maßgebenden Geschäftsbedingungen unter Berücksichtigung des Vorteilsausgleichs dem Fremdvergleichsgrundsatz entsprechen.

3.16. Es kann sich als notwendig erweisen, die Geschäftsvorfälle einzeln zu untersuchen, um festzustellen, ob jeder einzelne Geschäftsvorfall dem Fremdvergleichsgrundsatz entspricht. Werden die Geschäftsvorfälle zusammen analysiert, sollten vergleichbare Fremdgeschäftsvorfälle mit besonderer Sorgfalt ausgewählt und die Ausführungen unter Ziffer 3.9–3.12 berücksichtigt werden. Die Bedingungen in Vorteilsausgleichsvereinbarungen bei internationalen Geschäftsvorfällen zwischen verbundenen Unternehmen müssen sich nicht vollständig mit jenen decken, die bei rein innerstaatlichen Geschäftsvorfällen zwischen unabhängigen Unternehmen gelten, weil der Vorteilsausgleich wegen der Verschiedenheit der nationalen Steuersysteme oder wegen der abweichenden Behandlung solcher Zahlungen in einem bilateralen Abkommen steuerlich unterschiedlich erfasst werden kann. Eine Quellensteuer würde beispielsweise eine Verrechnung von Lizenzgebühren mit Verkaufserlösen erschweren.

3.17. Es kann vorkommen, dass ein Steuerpflichtiger bei einer Betriebsprüfung eine gewinnmindernde Verrechnungspreisberichtigung mit dem Argument beantragt, die steuerpflichtigen Einkünfte seien versehentlich zu hoch ausgewiesen worden. Es liegt im Ermessen der Steuerverwaltungen, solchen Ersuchen nachzukommen oder nicht. Die Steuerverwaltungen können derartige Anträge aber auch im Rahmen von Verständigungsverfahren und Gegenberichtigungen behandeln (vgl. Kapitel IV).

A.3.3. Auswahl des untersuchten Unternehmens

3.18. Wenn, wie in Kapitel II beschrieben, eine Kostenaufschlags-, Wiederverkaufspreis- oder geschäftsvorfallbezogene Nettomargenmethode angewandt wird, muss der am Geschäftsvorfall Beteiligte ausgewählt werden, für den ein finanzieller Indikator geprüft wird (Kostenaufschlag, Bruttomarge oder Nettogewinnindikator). Die Wahl des untersuchten Unternehmens sollte mit der Funktionsanalyse des Geschäftsvorfalls im Einklang stehen. Im Allgemeinen ist das untersuchte Unternehmen das, für das sich eine Verrechnungspreismethode am verlässlichsten anwenden lässt und für das die verlässlichsten Vergleichswerte zu finden sind, was heißt, dass es sich in den meisten Fällen um den Beteiligten mit der weniger komplexen Funktionsanalyse handeln wird.

3.19. Dies lässt sich folgendermaßen veranschaulichen. Als Beispiel sei angenommen, dass Gesellschaft A zwei verschiedene Produkte herstellt, P1 und P2, und diese an Gesellschaft B, ein verbundenes Unternehmen im Ausland, verkauft. Ferner sei angenommen, dass Gesellschaft A P1-Produkte herstellt, indem sie wertvolle, einzigartige immaterielle Werte verwendet, die B gehören, und dabei von B festgelegten technischen Spezifizierungen folgt. Überdies sei angenommen, dass A bei diesem P1-Geschäftsvorfall nur einfache Funktionen übernimmt und keinen wertvollen, einzigartigen Beitrag im Zusammenhang mit dem Geschäftsvorfall leistet. Das untersuchte Unternehmen für diesen P1-Geschäftsvorfall wäre in den meisten Fällen A. Nun sei zudem angenommen, dass Gesellschaft A auch P2-Produkte herstellt, wofür sie wertvolle, einzigartige immaterielle Werte wie wertvolle Patente und Marken besitzt und nutzt und die von B vertrieben werden. Wenn davon ausgegangen wird, dass B in diesem P2-Geschäft lediglich einfache Funktionen erfüllt und keinen wertvollen, einzigartigen Beitrag im Zusammenhang mit diesem Geschäftsvorfall leistet, wäre das untersuchte Unternehmen für den P2-Geschäftsvorfall zumeist Gesellschaft B.

A.3.4. Informationen zum konzerninternen Geschäftsvorfall

3.20. Um die unter den Umständen des Einzelfalls am besten geeignete Verrechnungspreismethode auszuwählen und anzuwenden, bedarf es Informationen zu den Vergleichbarkeitsfaktoren in Bezug auf den geprüften konzerninternen Geschäftsvorfall und insbesondere die Funktionen, Vermögenswerte und Risiken aller Beteiligten des konzerninternen Geschäftsvorfalls, einschließlich des bzw. der verbundenen ausländischen Unternehmen. Wenngleich insbesondere einseitige Methoden (z. B. die in Kapitel II eingehend beschriebene Kostenaufschlags-, Wiederverkaufspreis- oder geschäftsvorfallbezogene Nettomargenmethode) nur die Untersuchung eines finanziellen Indikators oder Gewinnindikators für einen der am Geschäftsvorfall Beteiligten erfordern (das unter den Ziffern 3.18–3.19 erwähnte „untersuchte Unternehmen"), sind auch bestimmte Informationen zu den Vergleichbarkeitsfaktoren des konzerninternen Geschäftsvorfalls und insbesondere zu der Funktionsanalyse des nicht untersuchten Beteiligten erforderlich, um den konzerninternen Geschäftsvorfall in geeigneter Weise zu beschreiben und die am besten geeignete Verrechnungspreismethode auszuwählen.

3.21. Handelt es sich bei der unter den Umständen des Einzelfalls am besten geeigneten Verrechnungspreismethode nach den Kriterien der Ziffern 2.1–2.12 um die geschäftsvorfallbezogene Gewinnaufteilungsmethode, sind Finanzinformationen über alle an dem Geschäftsvorfall beteiligten Unternehmen erforderlich, sowohl die in- als auch die ausländischen. Angesichts des zweiseitigen Charakters dieser Methode erfordert die Anwendung der geschäftsvorfallbezogenen Gewinnaufteilungsmethode besonders detaillierte Informationen über das ausländische verbundene Unternehmen, das am Geschäftsvorfall beteiligt ist. Dazu gehören Informationen zu den fünf Vergleichbarkeitsfaktoren, um die Beziehung zwischen den Beteiligten angemessen zu beschreiben und die Angemessenheit der geschäftsvorfallbezogenen Gewinnaufteilungsmethode nachzuweisen, sowie Finanzinformationen (zur Bestimmung des maßgeblichen aufzuteilenden Gewinns wie auch zu dessen Aufteilung sind Finanzinformationen im Zusammenhang mit allen am Geschäftsvorfall Beteiligten, einschließlich des ausländischen verbundenen Unternehmens erforderlich). Entsprechend wäre dort, wo sich die geschäftsvorfallbezogene Gewinnaufteilungsmethode den Umständen gemäß als die am besten geeignete Verrechnungspreismethode erweist, zu erwarten, dass Steuerpflichtige bereit sind, den Steuerverwaltungen die notwendigen Informationen über das an dem Geschäftsvorfall beteiligte ausländische verbundene Unternehmen zu liefern, einschließlich der Finanzinformationen, die zur Berechnung der Gewinnaufteilung benötigt werden. Vgl. Kapitel V.

3.22. Handelt es sich bei der unter den Umständen des Einzelfalls am besten geeigneten Verrechnungspreismethode nach Maßgabe der Ziffern 2.1–2.12 um eine einseitige Methode, werden zusätzlich zu den in Ziffer 3.20 erwähnten Informationen noch Finanzinformationen zu dem untersuchten Beteiligten benötigt – unabhängig davon, ob dieser ein inländisches oder ein ausländisches Unternehmen ist. Falls die am besten geeignete Methode also die Kostenaufschlags-, Wiederverkaufspreis- oder geschäftsvorfallbezogene Nettomargenmethode und das untersuchte Unternehmen das ausländische Unternehmen ist, bedarf es ausreichender Informationen, um die ausgewählte Methode verlässlich auf das ausländische untersuchte Unternehmen anwenden zu können und eine Überprüfung der Anwendung der Methode auf den ausländischen untersuchten Beteiligten durch die Steuerverwaltung des Staats des nicht untersuchten Beteiligten zu ermöglichen. Sobald eine bestimmte einseitige Methode als die am besten geeignete ausgewählt wurde und das untersuchte Unternehmen der inländische Steuerpflichtige ist, besteht für die Steuerverwaltung andererseits in der Regel kein Grund, zusätzlich den im

Rahmen der länderbezogenen Berichterstattung und der Stammdokumentation erforderlichen Informationen (vgl. Kapitel V) weitere Finanzdaten des ausländischen verbundenen Unternehmens anzufordern.

3.23. Wie bereits erläutert, bedarf es für eine Verrechnungspreisanalyse einiger Informationen über verbundene ausländische Unternehmen, deren Inhalt und Umfang insbesondere von der angewandten Verrechnungspreismethode abhängt. Die Beschaffung solcher Informationen kann jedoch für den Steuerpflichtigen mit Schwierigkeiten verbunden sein, auf die er bei Bereitstellung von Informationen über sein eigenes Unternehmen nicht stoßen würde. Diese Schwierigkeiten sind bei der Festlegung von Vorschriften und/oder Verfahren im Bereich der Dokumentation zu berücksichtigen.

A.4. Vergleichbare Fremdgeschäftsvorfälle

A.4.1. Allgemeines

3.24. Ein vergleichbarer Fremdgeschäftsvorfall ist ein Geschäftsvorfall zwischen zwei voneinander unabhängigen Unternehmen, der sich mit dem geprüften konzerninternen Geschäftsvorfall vergleichen lässt. Dabei kann es sich entweder um einen vergleichbaren Geschäftsvorfall zwischen einem am konzerninternen Geschäftsvorfall beteiligten Unternehmen und einem fremden Dritten („interner Vergleichswert“) handeln oder um einen Geschäftsvorfall zwischen zwei selbstständigen Gesellschaften, von denen keine am konzerninternen Geschäftsvorfall beteiligt ist („externer Vergleichswert“).

3.25. Vergleiche zwischen den konzerninternen Geschäftsvorfällen eines Steuerpflichtigen und anderen konzerninternen Geschäftsvorfällen, die durch den gleichen oder einen anderen multinationalen Konzern durchgeführt werden, sind für die Anwendung des Fremdvergleichsgrundsatzes irrelevant und sollten daher weder von einer Steuerverwaltung als Basis für eine Verrechnungspreisberichtigung noch von einem steuerpflichtigen Unternehmen zur Stützung seiner Verrechnungspreispolitik verwendet werden.

3.26. Sind Minderheitsgesellschafter vorhanden, kann dies dazu führen, dass die Ergebnisse der konzerninternen Geschäftsvorfälle eines Steuerpflichtigen eher fremdüblichen Bedingungen entsprechen, was jedoch allein nicht entscheidend ist. Der Einfluss der Minderheitsgesellschafter hängt von einer Vielzahl von Faktoren ab, etwa ob sie am Kapital der Muttergesellschaft oder an dem einer Tochtergesellschaft beteiligt sind und ob sie tatsächlich einen gewissen Einfluss auf die Preissetzung der konzerninternen Geschäftsvorfälle ausüben.

A.4.2. Interne Vergleichswerte

3.27. Der vierte Schritt des unter Ziffer 3.4 beschriebenen typischen Verfahrens besteht in einer Überprüfung existierender interner Vergleichswerte, sofern solche vorhanden sind. Interne Vergleichswerte stehen möglicherweise in einer direkteren und engeren Beziehung zum geprüften Geschäftsvorfall als externe Vergleichswerte. Die finanzielle Analyse könnte hier einfacher und verlässlicher sein, da davon auszugehen ist, dass dem internen Vergleichswert und dem konzerninternen Geschäftsvorfall identische Rechnungslegungsgrundsätze und -praktiken zugrunde liegen. Zudem könnte der Zugang zu Informationen über interne Vergleichswerte sowohl vollständiger als auch kostengünstiger sein.

3.28. Andererseits sind interne Vergleichswerte nicht immer verlässlicher, und nicht jeder Geschäftsvorfall zwischen einem Steuerpflichtigen und einem fremden Dritten ist als verlässlicher Vergleichswert für konzerninterne Geschäftsvorfälle des gleichen Steuerpflichtigen zu betrachten. Sofern vorhanden, müssen interne Vergleichswerte genauso den fünf Vergleichbarkeitsfaktoren gerecht werden wie externe Vergleichswerte (vgl. Ziffer 1.33–1.138). Die Hinweise zu den zur Herstellung der Vergleichbarkeit erforderlichen Anpassungen gelten auch für interne Vergleichswerte (vgl. Ziffer 3.47–3.54). So sei beispielsweise angenommen, dass ein Steuerpflichtiger ein bestimmtes Produkt herstellt, eine erhebliche Menge davon an seinen verbundenen ausländischen Einzelhändler und eine kleine Menge desselben Produkts an einen unabhängigen Geschäftspartner verkauft. In einem solchen Fall wird der Mengenunterschied wahrscheinlich die Vergleichbarkeit der beiden Geschäftsvorfälle wesentlich beeinflussen. Falls es nicht möglich sein sollte, eine hinreichend genaue Anpassung vorzunehmen, um die Effekte eines solchen Unterschieds zu beseitigen, kann der Geschäftsvorfall zwischen dem Steuerpflichtigen und seinem unabhängigen Kunden kaum einen verlässlichen Vergleichswert darstellen.

A.4.3. Externe Vergleichswerte und Informationsquellen

3.29. Verschiedene Informationsquellen stehen zur Verfügung, um potenzielle externe Vergleichswerte zu ermitteln. In diesem Unterabschnitt werden bestimmte Fragen erörtert, die sich im Hinblick auf kommerzielle Datenbanken, ausländische Vergleichswerte und den Steuerpflichtigen nicht offengelegte Informationen stellen. Außerdem könnte es, sofern verlässliche interne Vergleichswerte vorliegen, nicht notwendig sein, externe Vergleichswerte zu ermitteln. Vgl. hierzu Ziffer 3.27–3.28.

A.4.3.1. Datenbanken

3.30. Eine gebräuchliche Informationsquelle sind kommerzielle Datenbanken von Anbietern, die die von den Unternehmen bei den einschlägigen Verwaltungsorganen eingereichten Bilanzen sammeln und in elektronischem Format zur Verfügung stellen, sodass sie für Nachforschungen und statistische Analysen nutzbar sind. Diese Datenbanken können ein praktischer und manchmal kosteneffizienter Weg zur Ermittlung von externen Vergleichswerten sein und bieten je nach den Gegebenheiten und Umständen des Einzelfalls möglicherweise die verlässlichste Informationsquelle.

3.31. Häufig werden bei kommerziellen Datenbanken einige Unzulänglichkeiten festgestellt. Da sich diese kommerziellen Datenbanken auf öffentlich zugängliche Informationen stützen, sind sie nicht in allen Staaten verfügbar, denn nicht alle Staaten stellen im gleichen Umfang öffentlich zugängliche Informationen über ihre Unternehmen bereit. Außerdem enthalten sie, sofern sie vorhanden sind, nicht für alle in einem Staat tätigen Unternehmen die gleiche Art von Informationen, weil sich die Offenlegungs- und Aufbewahrungspflichten je nach Rechtsform des Unternehmens und abhängig von seiner eventuellen Börsennotierung unterscheiden können. Ob und wie diese Datenbanken verwendet werden, ist sorgfältig zu prüfen, da sie nicht zu Verrechnungspreiszwecken erstellt und präsentiert werden. Nicht immer bieten gewerbliche Datenbanken ausreichend detaillierte Informationen zur Stützung der gewählten Verrechnungspreismethode. Nicht alle Datenbanken sind gleichermaßen ausführlich und können mit gleicher Sicherheit verwendet werden. Insbesondere wurde in vielen Staaten die Erfahrung gemacht, dass kommerzielle Datenbanken verwendet werden, um die Ergebnisse von Unternehmen anstatt von Geschäftsvorfällen zu vergleichen, weil Informationen zu Geschäftsvorfällen von fremden Dritten selten verfügbar sind. Vgl. Ziffer 3.37 wegen einer Erörterung der Verwendung von nichtgeschäftsvorfallbezogenen Daten fremder Dritter.

3.32. Möglicherweise ist es nicht notwendig, eine gewerbliche Datenbank zu verwenden, wenn verlässliche Informationen aus anderen Quellen vorhanden sind, z. B. interne Vergleichswerte. Wenn gewerbliche Datenbanken verwendet werden, sollten sie auf objektive Weise genutzt werden, und es sollte wirklich versucht werden, die Datenbanken zur Bestimmung verlässlicher vergleichbarer Informationen zu verwenden.

3.33. Bei der Verwendung von gewerblichen Datenbanken sollte der Quantität nicht Vorrang vor der Qualität gegeben werden. In der Praxis kann die Durchführung einer Vergleichbarkeitsanalyse allein auf der Basis einer gewerblichen Datenbank Anlass zu Zweifeln hinsichtlich der Verlässlichkeit der Analyse geben, was an der Qualität der für eine solche Analyse relevanten Informationen liegt, die eine Datenbank üblicherweise liefern kann. Deshalb müssen Datenbankabfragen möglicherweise je nach den Gegebenheiten und Umständen durch andere öffentlich zugängliche Informationen verfeinert werden. Eine solche Ergänzung der Datenbanksuche durch andere Informationsquellen dient dazu, im Vergleich zu standardisierten Ansätzen die Qualität zu fördern, und gilt sowohl für die Datenbankabfragen der Steuerpflichtigen/Fachleute als auch für die der Steuerverwaltungen. Dies sollte im Zusammenhang mit den Überlegungen zu den Kosten und dem Befolgungsaufwand in den Ziffern 3.80–3.83 gesehen werden.

3.34. Des Weiteren werden von verschiedenen Beratungsfirmen eigene Datenbanken entwickelt und gepflegt. Zusätzlich zu den Fragen, die bereits hinsichtlich der allgemein zugänglichen gewerblichen Datenbanken erwähnt wurden, bestehen bei solchen proprietären Datenbanken außerdem Bedenken in Bezug auf den Umfang der erfassten Daten, falls sie sich auf einen kleineren Teil des Marktes beziehen als gewerbliche Datenbanken. Wenn ein Steuerpflichtiger eine proprietäre Datenbank genutzt hat, um seine Verrechnungspreise zu begründen, könnte die Steuerverwaltung aus offensichtlichen Gründen der Transparenz Zugang zu der Datenbank einfordern, um die Ergebnisse des Steuerpflichtigen zu überprüfen.

A.4.3.2. Nichtinländische Vergleichswerte oder solche aus fremden Quellen

3.35. Die Steuerpflichtigen suchen Vergleichswerte nicht unbedingt nach Staaten geordnet, z. B. wenn nicht genügend Daten auf der inländischen Ebene vorhanden sind, und/oder um die Befolgungskosten zu verringern, wenn mehrere Unternehmen innerhalb eines multinationalen Konzerns vergleichbare Funktionsanalysen aufweisen. Nichtinländische Vergleichswerte sollten nicht automatisch einfach deshalb abgelehnt werden, weil sie nicht inländisch sind. Die Entscheidung über die Verlässlichkeit der nichtinländischen Vergleichswerte kann nur für jeden Fall einzeln und abhängig davon, ob sie den fünf Vergleichbarkeitsfaktoren gerecht werden, beantwortet werden. Ob eine einzige regionale Suche nach Vergleichswerten für mehrere Tochterunternehmen eines multinationalen Konzerns in einer bestimmten Weltregion verlässlich verwendet werden kann, hängt von den genauen Umständen ab, unter denen jedes dieser Unternehmen agiert. Vgl. Ziffer 1.132–1.133 zu Marktunterschieden und Analysen mehrerer Staaten. Schwierigkeiten können auch durch unterschiedliche Rechnungslegungsgrundsätze entstehen.

A.4.3.3. Den Steuerpflichtigen gegenüber nicht offengelegte Informationen

3.36. Die Steuerverwaltungen verfügen möglicherweise über Informationen aus Prüfungen bei anderen Steuerpflichtigen oder aus dem Steuerpflichtigen gegenüber nicht offengelegten Informationsquellen. Es wäre jedoch unbillig, auf der Basis solcher Daten eine Verrechnungspreismethode anzuwenden, es sei denn, die Steuerverwaltung könnte dem Steuerpflichtigen diese Daten innerhalb der Grenzen ihrer inländischen Vertraulichkeitserfordernisse offenlegen, sodass der Steuerpflichtige die Möglichkeit besitzt, seinen Standpunkt zu verteidigen und eine wirksame Kontrolle durch die Gerichte sicherzustellen.

A.4.4. Verwendung nichtgeschäftsvorfallbezogener Daten fremder Dritter

3.37. Der geschäftsvorfallbezogene Fokus der Verrechnungspreismethoden und die Frage einer möglichen Zusammenfassung der Geschäftsvorfälle eines Steuerpflichtigen werden unter Ziffer 3.9–3.12 besprochen. Eine andere Frage ist, ob nichtgeschäftsvorfallbezogene Daten fremder Dritter Vergleichswerte für die konzerninternen Geschäftsvorfälle eines Steuerpflichtigen (oder eine Reihe von Geschäftsvorfällen, die entsprechend den Hinweisen der Ziffern 3.9–3.12 zusammengefasst wurden) liefern können. In der Praxis sind verfügbare Daten fremder Dritter je nach den geltenden Rechnungslegungsgrundsätzen oft auf Gesellschafts- oder auf Ebene einzelner Segmente zusammengefasst. Ob solche nichtgeschäftsvorfallbezogenen Daten fremder Dritter verlässliche Vergleichswerte für einen Geschäftsvorfall zwischen verbundenen Unternehmen oder eine Reihe von entsprechend den Hinweisen in Ziffer 3.9–3.12 zusammengefassten Geschäftsvorfällen darstellen können, hängt insbesondere davon ab, ob der fremde Dritte eine Palette substanziell unterschiedlicher Geschäftsvorfälle durchführt. Wenn segmentierte Daten verfügbar sind, bieten sie bessere Vergleichswerte als nicht segmentierte Daten, die die gesamte Gesellschaft betreffen, was durch den stärker geschäftsvorfallbezogenen Fokus bedingt ist, wenngleich anerkannt wird, dass segmentierte Daten Fragen hinsichtlich der Zuordnung der Aufwendungen zu einzelnen Segmenten aufwerfen können. Ebenso könnten Daten fremder Dritter auf der Ebene des gesamten Unternehmens bessere Vergleichswerte bieten als segmentierte Daten fremder Dritter, z. B. wenn die Geschäftsvorfälle, die sich in den Vergleichswerten widerspiegeln, der Palette der konzerninternen Geschäftsvorfälle des Steuerpflichtigen entsprechen.

A.4.5. Begrenzte Verfügbarkeit von Vergleichswerten

3.38. Die Ermittlung potenzieller Vergleichswerte sollte mit dem Ziel durchgeführt werden, die verlässlichsten Daten zu finden, wobei aber anzuerkennen ist, dass die Daten nicht immer perfekt sein werden. Beispielsweise können unabhängige Geschäftsvorfälle in manchen Märkten und Branchen selten sein. Möglicherweise muss auf Einzelfallbasis eine pragmatische Lösung gefunden werden, z. B. mit einer Ausweitung der Suche und der Verwendung von Informationen über Fremdgeschäftsvorfälle, die in der gleichen Branche und an einem vergleichbaren geografischen Markt stattfinden, jedoch von fremden

Dritten durchgeführt werden, die andere Geschäftsstrategien und -modelle verfolgen können oder unter etwas anderen wirtschaftlichen Umständen agieren, oder von Informationen über Fremdgeschäftsvorfälle, die in der gleichen Branche, jedoch an anderen geografischen Märkten stattfinden, bzw. von Informationen über Fremdgeschäftsvorfälle, die am gleichen geografischen Markt, jedoch in anderen Branchen stattfinden. Die Wahl zwischen diesen verschiedenen Optionen hängt von den Gegebenheiten und Umständen des Einzelfalls ab, insbesondere von der Bedeutung der erwarteten Effekte der Vergleichbarkeitsmängel auf die Verlässlichkeit der Analyse.

3.39. Eine geschäftsvorfallbezogene Gewinnaufteilungsmethode kann unter geeigneten Umständen auch ohne Vergleichsdaten in Erwägung gezogen werden, z. B. wenn das Fehlen von Vergleichsdaten durch wertvolle, einzigartige immaterielle Werte bedingt ist, die die einzelnen Beteiligten zu dem Geschäftsvorfall beisteuern (vgl. Ziffer 2.119). Doch selbst in Fällen, in denen Vergleichsdaten kaum vorhanden und unzulänglich sind, sollte die Wahl der am besten geeigneten Verrechnungspreismethode der Funktionsanalyse der am Geschäftsvorfall beteiligten Unternehmen entsprechen (vgl. Ziffer 2.2).

A.5. Auswahl oder Ablehnung potenzieller Vergleichswerte

3.40. Grundsätzlich gibt es zwei Möglichkeiten zur Ermittlung potenziell vergleichbarer Geschäftsvorfälle fremder Dritter.

3.41. Die erste Möglichkeit, die als „additiver" Ansatz bezeichnet werden kann, besteht darin, dass die Person, die die Suche vornimmt, eine Liste von fremden Dritten erstellt, von denen angenommen wird, dass sie potenziell vergleichbare Geschäftsvorfälle durchführen. Anschließend werden Informationen zu den Geschäftsvorfällen dieser Dritten gesammelt, um sicherzustellen, dass sie auf der Basis der im Voraus festgelegten Vergleichbarkeitskriterien tatsächlich geeignete Vergleichswerte darstellen. Dieser Ansatz liefert zweifellos sehr zielgenaue Ergebnisse – sämtliche in der Analyse berücksichtigten Geschäftsvorfälle werden von allseits bekannten Akteuren auf dem Markt des Steuerpflichtigen durchgeführt. Wie bereits erwähnt, ist es zur Wahrung ausreichender Objektivität wichtig, dass das Verfahren transparent, systematisch und nachprüfbar ist. Der additive Ansatz kann dort als einziger Ansatz verfolgt werden, wo die Person, die die Suche durchführt, Kenntnis von einigen fremden Dritten hat, die an Geschäftsvorfällen beteiligt sind, die mit dem untersuchten konzerninternen Geschäftsvorfall vergleichbar sind. Es ist zu beachten, dass der additive Ansatz Ähnlichkeiten mit dem Ansatz zur Ermittlung interner Vergleichswerte aufweist. In der Praxis kann ein additiver Ansatz sowohl interne als auch externe Vergleichswerte beinhalten.

3.42. Die zweite Möglichkeit, der „deduktive" Ansatz, beginnt mit einer großen Auswahl an Unternehmen, die im gleichen Bereich tätig sind, im

Großen und Ganzen vergleichbare Funktionen ausüben und keine offensichtlich unterschiedlichen wirtschaftlichen Merkmale aufweisen. Die Liste wird anschließend verfeinert, indem Auswahlkriterien und öffentlich zugängliche Informationen (z. B. aus Datenbanken, von Internetseiten, Informationen zu allgemein bekannten Konkurrenten des Steuerzahlers) verwendet werden. In der Praxis beginnt der deduktive Ansatz in der Regel mit der Suche in einer Datenbank. Deshalb ist es wichtig, den Hinweisen zu den internen Vergleichswerten und den Informationsquellen über externe Vergleichswerte zu folgen (vgl. Ziffer 3.24–3.39). Außerdem ist der deduktive Ansatz nicht für alle Fälle und alle Methoden geeignet, und die Erörterung in diesem Abschnitt sollte nicht dahingehend interpretiert werden, dass sie die unter Ziffer 2.1–2.12 aufgeführten Auswahlkriterien für Verrechnungspreismethoden berührt.

3.43. In der Praxis werden sowohl quantitative als auch qualitative Kriterien angewandt, um potenzielle Vergleichswerte zu berücksichtigen oder zu verwerfen. Beispiele für qualitative Kriterien finden sich in Produkt-Portfolios und Geschäftsstrategien. Die am häufigsten beobachteten quantitativen Kriterien sind:

- Größenkriterien hinsichtlich des Umsatzes, der Vermögenswerte oder der Belegschaftsgröße. Der Umfang des Geschäftsvorfalls in absoluten Zahlen oder im Verhältnis zu den Tätigkeiten der Beteiligten kann die jeweilige Wettbewerbsposition von Käufer und Verkäufer und demnach die Vergleichbarkeit beeinflussen.
- Kriterien im Zusammenhang mit immateriellen Werten, z. B. das Verhältnis Nettowert der immateriellen Werte/Gesamtnettowert der Vermögenswerte oder das Verhältnis Forschung und Entwicklung (FuE)/Umsatz, sofern verfügbar: Diese Kriterien können z. B. dazu dienen, Unternehmen mit wertvollen immateriellen Werten oder bedeutenden FuE-Tätigkeiten auszuschließen, wenn das untersuchte Unternehmen keine wertvollen immateriellen Werte nutzt oder nicht an bedeutenden FuE-Tätigkeiten teilnimmt.
- Kriterien im Zusammenhang mit der Bedeutung der Exportumsätze (ausländische Umsätze/Gesamtumsatz), sofern relevant.
- Kriterien im Zusammenhang mit Lagerbeständen, in absoluten oder relativen Zahlen, sofern relevant.
- Andere Kriterien zum Ausschluss von fremden Dritten, die sich in besonderen Situationen befinden, wie Unternehmen in der Gründungsphase, insolvente Unternehmen usw., wenn solche Sondersituationen offensichtlich keine angemessenen Vergleiche erlauben.

Auswahl und Anwendung der Auswahlkriterien hängen von den Gegebenheiten und Umständen jedes Einzelfalls ab, die oben genannte Liste ist weder begrenzend noch verbindlich.

3.44. Ein Vorteil des deduktiven Ansatzes ist, dass er leichter zu reproduzieren und transparenter ist als der additive. Er ist außerdem leichter nachzuprüfen, weil die Überprüfung sich auf das Verfahren und auf die Relevanz der Auswahlkriterien konzentriert. Andererseits wird anerkannt, dass die Qualität des Ergebnisses eines deduktiven Ansatzes von der Qualität der Suchinstrumente abhängt, auf die er sich stützt (z. B. der Qualität der Datenbank, wenn eine solche verwendet wird, und der Möglichkeit zur Sammlung hinreichend detaillierter Informationen). Dies kann in manchen Staaten, in denen die Verlässlichkeit und die Nützlichkeit von Datenbanken in Vergleichbarkeitsanalysen fraglich sind, in der Praxis eine Einschränkung darstellen.

3.45. Es wäre nicht angemessen, einen Ansatz systematisch dem anderen vorzuziehen, da je nach den Umständen des Einzelfalls der additive oder der deduktive Ansatz oder eine Mischung aus beiden sinnvoll sein könnte. Die Anwendung des additiven und des deduktiven Ansatzes schließen einander oft nicht aus. In einem typischen deduktiven Ansatz werden ergänzend zu der Suche in öffentlichen Datenbanken üblicherweise fremde Dritte mitberücksichtigt, z. B. bekannte Konkurrenten (oder fremde Dritte, die bekanntermaßen Geschäftsvorfälle durchführen, die potenziell mit denen des Steuerpflichtigen vergleichbar sind), die man ansonsten durch einen rein deduktiven Ansatz nicht finden könnte, z. B. weil sie nach einem anderen Branchencode eingeordnet sind. In solchen Fällen dient der additive Ansatz als Instrument zur Verfeinerung einer Suche, die auf dem deduktiven Ansatz aufbaut.

3.46. Das Verfahren zur Ermittlung potenzieller Vergleichswerte ist einer der ganz entscheidenden Aspekte der Vergleichbarkeitsanalyse und sollte sowohl transparent als auch systematisch und nachprüfbar sein. Insbesondere übt die Bestimmung der Auswahlkriterien einen großen Einfluss auf das Ergebnis der Analyse aus und sollte die wichtigsten wirtschaftlichen Besonderheiten der verglichenen Geschäftsvorfälle widerspiegeln. Ein völliger Ausschluss subjektiver Beurteilungen bei der Auswahl der Vergleichswerte wäre nicht durchführbar, es gibt jedoch zahlreiche Möglichkeiten zur Steigerung der Objektivität und Sicherung der Transparenz bei der Anwendung subjektiver Beurteilungen. Die Gewährleistung der Transparenz des Verfahrens kann davon abhängen, inwieweit die zur Auswahl potenzieller Vergleichswerte verwendeten Kriterien veröffentlicht werden können und die Gründe für den Ausschluss einiger potenzieller Vergleichswerte erklärbar sind. Die Steigerung der Objektivität und die Sicherung der Verfahrenstransparenz können auch davon abhängen, inwieweit die überprüfende Person (Steuerpflichtiger oder Steuerverwaltung) Zugang zu Informationen in Bezug auf das angewandte Verfahren und zu den gleichen Datenquellen hat. Fragen zur Dokumentierung des Verfahrens zur Ermittlung der Vergleichswerte werden in Kapitel V erörtert.

A.6. Anpassungen zur Herstellung der Vergleichbarkeit (Vergleichbarkeitsanpassungen)

3.47. In diesen Leitlinien wird mehrfach auf die Notwendigkeit einer Anpassung von Vergleichswerten und das Erfordernis der Genauigkeit und Verlässlichkeit verwiesen, sowohl für die übliche Anwendung des Fremdvergleichsgrundsatzes als auch ganz ausdrücklich im Kontext der einzelnen Methoden. Vergleichbar sein heißt, dass keiner der Unterschiede (sofern vorhanden) zwischen den im Rahmen der Methode verglichenen Sachverhalten die untersuchten Bedingungen beeinflussen kann oder dass hinreichend genaue Anpassungen erfolgen können, um die Auswirkung dieser Unterschiede zu beseitigen. Ob in einem bestimmten Fall Anpassungen zur Herstellung der Vergleichbarkeit (Vergleichbarkeitsanpassungen) vorzunehmen sind (und falls ja, welche Anpassungen dies sein sollten), ist eine Ermessensfrage, die unter Berücksichtigung der Erörterung zu Kosten und Befolgungsaufwand in Abschnitt C zu betrachten ist.

A.6.1. Unterschiedliche Arten von Vergleichbarkeitsanpassungen

3.48. Beispiele für Vergleichbarkeitsanpassungen sind Anpassungen für die Zwecke der Einheitlichkeit der Rechnungslegung, mit denen Unterschiede eliminiert werden sollen, die sich aus abweichenden Rechnungslegungspraktiken bei den konzerninternen und den Fremdgeschäftsvorfällen ergeben können, die Segmentierung der Finanzdaten zwecks Ausschluss erheblicher nichtvergleichbarer Geschäftsvorfälle sowie Anpassungen aufgrund von Unterschieden bei Kapital, Funktionen, Vermögenswerten und Risiken.

3.49. Ein Beispiel einer Betriebskapitalanpassung zur Berücksichtigung von Unterschieden in Bezug auf die Höhe der Forderungen und Verbindlichkeiten aus Lieferungen und Leistungen und der Lagerbestände findet sich im Anhang zu Kapitel III. Die Tatsache, dass solche Anpassungen in der Praxis stattfinden, bedeutet nicht, dass sie regelmäßig oder zwangsläufig durchgeführt werden sollten. Vielmehr sollte die Verbesserung der Vergleichbarkeit aufgezeigt werden, wenn solche Anpassungen vorgeschlagen werden (wie für alle Arten von Anpassungen). Des Weiteren können deutliche Unterschiede zwischen der relativen Höhe des Betriebskapitals des abhängigen und des unabhängigen Unternehmens zu einer eingehenderen Untersuchung der Vergleichbarkeitsmerkmale der potenziellen Vergleichsgröße Anlass geben.

A.6.2. Zweck der Vergleichbarkeitsanpassungen

3.50. Vergleichbarkeitsanpassungen sollten nur dann in Betracht gezogen werden, wenn damit zu rechnen ist, dass sie die Verlässlichkeit der Ergebnisse erhöhen. Zu den diesbezüglich relevanten Erwägungen gehören die Wesentlichkeit des Unterschieds, für den eine Anpassung erwogen wird, die Qualität der anzupassenden Daten, der Zweck der Anpassung und die Verlässlichkeit des Ansatzes, der zur Anpassung verwendet wird.

3.51. Es ist zu betonen, dass Vergleichbarkeitsanpassungen nur für Unterschiede angemessen sind, die erhebliche Auswirkungen auf den Vergleich haben werden. Zwischen den konzerninternen Geschäftsvorfällen des Steuerpflichtigen und den Vergleichswerten fremder Dritter werden unweigerlich einige Unterschiede bestehen. Ein Vergleich kann trotz eines nicht angepassten Unterschieds angemessen sein, sofern der Unterschied keine erheblichen Auswirkungen auf die Verlässlichkeit des Vergleichs hat. Demgegenüber kann die Notwendigkeit, zahlreiche oder substanzielle Anpassungen wichtiger Vergleichbarkeitsfaktoren durchführen zu müssen, darauf hindeuten, dass die Fremdgeschäftsvorfälle nicht hinreichend vergleichbar sind.

3.52. Nicht immer sind Anpassungen gerechtfertigt. Zum Beispiel könnte eine Anpassung aufgrund von Unterschieden bei den Forderungen aus Lieferungen und Leistungen nicht besonders hilfreich sein, wenn auch erhebliche und unüberbrückbare Unterschiede bei den Rechnungslegungsgrundsätzen bestehen. Ebenso werden manchmal komplizierte Anpassungen vorgenommen, um den falschen Eindruck zu vermitteln, dass das Ergebnis der Suche nach Vergleichswerten „wissenschaftlich“, verlässlich und sachlich richtig ist.

A.6.3. Verlässlichkeit der Anpassung

3.53. Es ist nicht angemessen, einige Vergleichbarkeitsanpassungen, z. B. für Unterschiede bei der Höhe des Betriebskapitals, als „routinemäßig“ und unzweifelhaft zu betrachten, und andere, z. B. hinsichtlich von Länderrisiken, als subjektiver anzusehen und deshalb strengeren Auflagen bezüglich Prüfung und Verlässlichkeit zu unterwerfen. Die einzigen Anpassungen, die vorgenommen werden sollten, sind diejenigen, von denen eine Verbesserung der Vergleichbarkeit erwartet wird.

A.6.4. Dokumentation und Prüfung von Vergleichbarkeitsanpassungen

3.54. Die Sicherung des erforderlichen Transparenzstandards für Vergleichbarkeitsanpassungen kann von verschiedenen Faktoren abhängen: der Verfügbarkeit einer Erläuterung der vorgenommenen Anpassungen, den Gründen, aus denen die Anpassungen als angemessen betrachtet werden, wie diese Anpassungen berechnet wurden, wie sie die Ergebnisse für jeden Vergleichswert verändern und wie die Anpassung die Vergleichbarkeit verbessert. Fragen zur Dokumentation der Vergleichbarkeitsanpassungen werden in Kapitel V erörtert.

*A.7. Bandbreite von Fremdvergleichswerten (*arm's length range*)*

A.7.1. Allgemeines

3.55. In einigen Fällen wird es möglich sein, den Fremdvergleichsgrundsatz so anzuwenden, dass man einen bestimmten Betrag (z. B. Preis oder Marge) erhält, der der zuverlässigste Betrag ist, um festzustellen, ob die Bedingungen eines Geschäftsvorfalls dem Fremdvergleichsgrundsatz entsprechen. Da jedoch die Verrechnungspreisbestimmung keine exakte Wissenschaft ist, wird es auch viele Situationen geben, bei denen die Anwendung der am besten geeigneten Methode bzw. Methoden eine Bandbreite von Werten ergibt, von denen alle mehr oder minder gleich zuverlässig sind. In diesen Fällen können die Unterschiede zwischen den Werten innerhalb der Bandbreite durch den Umstand verursacht sein, dass durch die Anwendung des Fremdvergleichsgrundsatzes im Allgemeinen nur eine Annäherung an jene Bedingungen erzielt wird, die zwischen unabhängigen Unternehmen vereinbart worden wären. Ebenso ist es möglich, dass die verschiedenen Werte innerhalb der Bandbreite darauf zurückzuführen sind, dass unabhängige Unternehmen, die vergleichbare Geschäftsvorfälle unter vergleichbaren Umständen tätigen, für einen solchen Geschäftsvorfall nicht genau den gleichen Preis festsetzen.

3.56. In einigen Fällen werden nicht alle untersuchten vergleichbaren Geschäftsvorfälle einen mehr oder minder gleichen Grad an Vergleichbarkeit aufweisen. Sofern feststellbar ist, dass manche Fremdvergleichsgeschäftsvorfälle einen geringeren Grad an Vergleichbarkeit aufweisen als andere, sollten diese ausgeschlossen werden.

3.57. Doch auch wenn sämtliche Anstrengungen unternommen wurden, um Werte auszuschließen, die einen geringeren Vergleichbarkeitsgrad aufweisen, kann es sein, dass man zu einer Bandbreite von Werten gelangt, die angesichts des für die Auswahl der Vergleichswerte angewandten Verfahrens und der Unzulänglichkeiten der verfügbaren Informationen zu den Vergleichswerten noch Vergleichbarkeitsmängel aufweisen dürfte, welche nicht ermittelt und/oder quantifiziert werden können und deshalb nicht korrigiert wurden. Wenn die Bandbreite eine beträchtliche Zahl von Beobachtungen enthält, können in solchen Fällen statistische Instrumente, die zur Begrenzung der Bandbreite die zentrale Tendenz berücksichtigen (wie beispielsweise die Interquartilsbandbreite oder sonstige Perzentile), dabei helfen, die Verlässlichkeit der Analyse zu verbessern.

3.58. Eine Bandbreite von Werten kann sich auch ergeben, wenn für die Beurteilung eines konzerninternen Geschäftsvorfalls mehr als eine Methode herangezogen wird. So können beispielsweise zur Beurteilung der Fremdvergleichskonformität eines konzerninternen Geschäftsvorfalls zwei Methoden, die einen ähnlichen Grad an Vergleichbarkeit ermöglichen, herangezogen werden. Jede Methode kann zu einem Ergebnis oder zu einer Bandbreite von Ergebnissen führen, die aufgrund der Methodenunterschiede und der Unterschiede bei den für eine bestimmte Methode maßgeblichen Daten voneinander abweichen. Dennoch lässt sich jede einzelne Bandbreite wahrscheinlich für die Bestimmung einer akzeptablen fremdvergleichskonformen Bandbreite verwenden. Die Werte aus den einzelnen Bandbreiten lassen sich für die genauere Festlegung der Bandbreite für den Fremdpreis nutzen, etwa in Fällen, in denen sich die einzelnen Bandbreiten überschneiden, oder, wenn dies nicht der Fall ist, um die Genauigkeit der verwendeten Methoden zu prüfen. Für die Verwendung solcher aus dem Einsatz mehrerer Methoden resultierender Bandbreiten lassen sich keine allgemeinen Regeln aufstellen, da die aus der Anwendung der Methoden zu ziehenden Schlüsse von der relativen Zuverlässigkeit der Methoden zur Festlegung der Bandbreiten und von der Qualität der für die Anwendung der verschiedenen Methoden herangezogenen Informationen abhängen.

3.59. Erhält man durch die Anwendung der am besten geeigneten Methode (oder gegebenenfalls mehrerer Methoden, vgl. Ziffer 2.12) eine Bandbreite von Werten, kann eine erhebliche Abweichung zwischen den Punkten innerhalb dieser Bandbreite darauf hinweisen, dass die bei der Bestimmung dieser Werte verwendeten Daten nicht so zuverlässig sind wie jene Daten, die für die anderen Punkte innerhalb dieser Bandbreite herangezogen wurden, oder dass sich die Abweichung aus Merkmalen der Vergleichsdaten erklärt, die eine Anpassung erfordern. In solchen Fällen kann eine weitere Analyse dieser Punkte nötig sein, um zu beurteilen, inwieweit sie überhaupt für die Aufnahme in eine Bandbreite von Fremdvergleichswerten geeignet sind.

A.7.2. Auswahl des am besten geeigneten Punkts innerhalb der Bandbreite

3.60. Wenn sich die maßgeblichen Bedingungen der konzerninternen Geschäftsvorfälle (z. B. Preis oder Marge) innerhalb der Bandbreite der Fremdvergleichswerte bewegen, sollte keine Anpassung vorgenommen werden.

3.61. Wenn die maßgeblichen Bedingungen der konzerninternen Geschäftsvorfälle (z. B. Preis oder Marge) außerhalb der von der Steuerverwaltung ermittelten Bandbreite von Fremdvergleichswerten liegen, sollte dem Steuerpflichtigen die Möglichkeit offenstehen, seine Argumente dafür vorzubringen, dass seine konzerninternen Geschäftsbedingungen dem Fremdvergleichsgrundsatz entsprechen und dass das Ergebnis in der Bandbreite der fremdüblichen Werte liegt (d. h. dass sich die Bandbreite der Fremdvergleichswerte von derjenigen unterscheidet, die die Steuerverwaltung ermittelt hat). Falls der Steuerpflichtige dies nicht nachweisen kann, muss die Steuerverwaltung den Punkt innerhalb der Bandbreite von Fremdvergleichswerten bestimmen, auf den die Bedingungen des konzerninternen Geschäftsvorfalls angepasst werden.

3.62. Bei der Festlegung dieses Punkts könnte, falls die Bandbreite Ergebnisse mit einer mehr oder minder gleichen und hohen Verlässlichkeit enthält, argumentiert werden, dass jeder Punkt innerhalb der Bandbreite dem Fremdvergleichsgrundsatz genügt. Wenn, wie unter Ziffer 3.57 besprochen, Vergleichbarkeitsmängel verbleiben, kann es zweckmäßig sein, statistische Messgrößen der zentralen Tendenz zu verwenden, um diesen Punkt zu bestimmen (z. B. den Median, die Mittelwerte oder die gewichteten Durchschnitte usw., je nach den genauen Merkmalen der Datenreihe), um das Fehlerrisiko aufgrund unbekannter oder nichtquantifizierbarer verbleibender Vergleichbarkeitsmängel zu minimieren.

A.7.3. Extreme Ergebnisse: Vergleichbarkeitsüberlegungen

3.63. Extreme Ergebnisse könnten in Verlusten oder ungewöhnlich hohen Erträgen bestehen. Extreme Ergebnisse können sich auf die finanziellen Indikatoren auswirken, die bei der ausgewählten Methode betrachtet werden (z. B. die Bruttomarge bei der Anwendung eines Wiederverkaufspreises oder einen Nettogewinnindikator bei Anwendung einer geschäftsvorfallbezogenen Nettomargenmethode). Sie können auch andere Posten betreffen, z. B. außergewöhnliche Posten, die außerhalb der Betrachtung liegen, aber gleichwohl außergewöhnliche Umstände widerspiegeln könnten. Wenn eine oder mehrere der potenziellen Vergleichsgrößen extreme Ergebnisse aufweisen, wären weitere Prüfungen notwendig, um die Gründe für diese extremen Ergebnisse zu verstehen. Der Grund könnte in einem Mangel an Vergleichbarkeit oder in außerordentlichen Umständen bei einem ansonsten vergleichbaren fremden Dritten bestehen. Ein extremes Ergebnis kann ausgeschlossen werden, weil zuvor übersehene erhebliche Vergleichbarkeitsmängel ans Licht gekommen sind, jedoch nicht allein deshalb, weil die Ergebnisse der vorgeschlagenen „Vergleichsgröße" stark von den Ergebnissen abzuweichen scheinen, die für andere vorgeschlagene „Vergleichsgrößen" beobachtet wurden.

3.64. Ein unabhängiges Unternehmen würde keine Verlustgeschäfte fortführen, wenn es nicht vernünftigerweise erwarten kann, in der Zukunft Gewinne zu erzielen. Vgl. Ziffer 1.149–1.151. Insbesondere einfache Funktionen oder solche mit geringem Risiko dürften keine Verluste über einen längeren Zeitraum generieren. Dies bedeutet jedoch nicht, dass Verlustgeschäfte niemals vergleichbar sein können. Im Allgemeinen sollten alle maßgeblichen Informationen genutzt werden und es sollte keine absolute Regel zur Berücksichtigung oder zum Ausschluss von Vergleichsgrößen mit Verlusten geben. Tatsächlich sind es die Gegebenheiten und Umstände des fraglichen Unternehmens, die über seinen Status als Vergleichsgröße entscheiden sollten, nicht sein finanzielles Ergebnis.

3.65. Im Allgemeinen sollte ein verlustbringender Fremdgeschäftsvorfall zu weiteren Überprüfungen Anlass geben, um festzustellen, ob er als Vergleichswert herangezogen werden kann oder nicht. Zu den Umständen, die zum Ausschluss von Verlustgeschäftsvorfällen/Verluste ausweisenden Unternehmen aus der Liste der Vergleichsgrößen führen sollten, gehören Fälle, in denen die Verluste auf keine normalen Geschäftsbedingungen zurückgehen und in denen sich in den Verlusten der fremden Dritten ein Risikoniveau ausdrückt, das nicht mit dem vom Steuerpflichtigen in seinen konzerninternen Geschäftsvorfällen zugrunde gelegten Niveau vergleichbar ist. Verluste ausweisende Vergleichsunternehmen, die der Vergleichbarkeitsanalyse genügen, sollten jedoch nicht allein deshalb ausgeschlossen werden, weil sie Verluste ausweisen.

3.66. Eine ähnliche Untersuchung sollte für potenzielle Vergleichsunternehmen durchgeführt werden, die im Verhältnis zu anderen potenziellen Vergleichsunternehmen ungewöhnlich hohe Gewinne ausweisen.

B. Zeitfragen bei der Vergleichbarkeit

3.67. Zeitfragen bei der Vergleichbarkeit stellen sich hinsichtlich des Ursprungs-, Erhebungs- und Erstellungszeitpunkts der Informationen zu Vergleichbarkeitsfaktoren und vergleichbaren Fremdgeschäftsvorfällen, die in einer Vergleichbarkeitsanalyse verwendet werden. Vgl. Ziffer 5.27 und 5.36. in Kapitel V wegen Erläuterungen zu Zeitfragen im Kontext der Anforderungen an die Verrechnungspreisdokumentation.

B.1. Ursprungszeitpunkt

3.68. Im Prinzip wird erwartet, dass Informationen hinsichtlich der Bedingungen der vergleichbaren Fremdgeschäftsvorfälle, die im gleichen Zeitraum begonnen oder durchgeführt wurden wie der konzerninterne Geschäftsvorfall („zeitgleicher Fremdgeschäftsvorfall“), die verlässlichsten Informationen für eine Vergleichbarkeitsanalyse darstellen, weil sie zeigen, wie unabhängige Unternehmen sich in einem wirtschaftlichen Umfeld verhalten haben, das mit dem wirtschaftlichen Umfeld des konzerninternen Geschäftsvorfalls des Steuerpflichtigen identisch ist. Abhängig vom Zeitpunkt der Datenerhebung können Informationen zu zeitgleichen Fremdgeschäftsvorfällen in der Praxis möglicherweise nur eingeschränkt verfügbar sein.

B.2. Zeitpunkt der Datenerhebung

3.69. In manchen Fällen erstellen Steuerpflichtige im Zeitpunkt der Durchführung ihrer konzerninternen Geschäftsvorfälle, d. h. ex ante, eine Verrechnungspreisdokumentation, um zu zeigen, dass sie hinreichende Anstrengungen unternommen haben, um den Fremdvergleichsgrundsatz zu befolgen (im Folgenden als „Arm’s length price-setting“-Ansatz bezeichnet), und zwar anhand von Informationen, die ihnen zu diesem Zeitpunkt vernünftigerweise zugänglich waren. Zu solchen Informationen gehören nicht nur Daten über vergleichbare Geschäftsvorfälle aus früheren Jahren, sondern auch wirtschaftliche Veränderungen und Marktveränderungen, die sich möglicherweise zwischen den früheren Jahren und dem Jahr des konzerninternen Geschäftsvorfalls ereignet haben. In der Tat würden unabhängige Geschäftspartner unter vergleichbaren Umständen ihren Preis nicht allein auf der Basis von Vergangenheitswerten festlegen.

3.70. In anderen Fällen können die Steuerpflichtigen das tatsächliche Ergebnis ihrer konzerninternen Geschäftsvorfälle prüfen, um ex post zu zeigen, dass die Bedingungen dieser Geschäftsvorfälle dem Fremdvergleichsgrundsatz entsprachen (im Folgenden „Arm's length outcome-testing"-Ansatz genannt). Eine solche Prüfung wird in der Regel im Zuge der Erstellung der Steuererklärung zum Jahresende durchgeführt.

3.71. Sowohl der „Arm's length price-setting"-Ansatz als auch der „Arm's length outcome-testing"-Ansatz sowie Kombinationen beider Ansätze sind in den OECD-Mitgliedstaaten anzutreffen. Die Frage der Doppelbesteuerung kann sich stellen, wenn ein konzerninterner Geschäftsvorfall zwischen zwei verbundenen Unternehmen stattfindet, in denen unterschiedliche Ansätze angewandt wurden und diese zu unterschiedlichen Ergebnissen führen, z. B. wegen einer Diskrepanz zwischen den im „Arm's length price-setting"-Ansatz berücksichtigten Markterwartungen und den tatsächlichen Ergebnissen, die im „Arm's length outcome-testing"-Ansatz beobachtet wurden. Vgl. Ziffer 4.38 und 4.39. Die zuständigen Behörden sind eingeladen, sich nach Kräften um die Lösung von Doppelbesteuerungsfragen zu bemühen, die sich aus unterschiedlichen Ansätzen der Staaten in Bezug auf Jahresendanpassungen ergeben könnten und die ihnen aufgrund eines Verständigungsverfahrens unterbreitet werden könnten (Artikel 25 des OECD-Musterabkommens).

B.3. Hohe Unsicherheit der Bewertung zu Beginn und unvorhersehbare Ereignisse

3.72. Es stellt sich die Frage, ob und falls ja, wie in der Verrechnungspreisanalyse zukünftige Ereignisse zu berücksichtigen sind, die zum Zeitpunkt der Untersuchung eines konzerninternen Geschäftsvorfalls nicht vorhersehbar waren, insbesondere wenn die Bewertung zu diesem Zeitpunkt höchst unsicher war. Bei der Lösung dieser Frage sollten sich die Steuerpflichtigen ebenso wie die Steuerverwaltungen daran orientieren, was unabhängige Unternehmen unter vergleichbaren Umständen getan hätten, um der Bewertungsunsicherheit bei der Preisbestimmung des Geschäftsvorfalls Rechnung zu tragen.

3.73. Die Ausführungen unter Ziffer 6.181–6.185, die Hinweise zur fremdvergleichskonformen Preisbestimmung für Geschäftsvorfälle mit immateriellen Werten geben, deren Bewertung zum Zeitpunkt des Geschäftsvorfalls höchst unsicher ist, lassen sich analog auf andere Arten von Geschäftsvorfällen mit Bewertungsunsicherheiten anwenden. Die Hauptfrage besteht dabei darin, ob die Bewertung von vornherein eine derart hohe Unsicherheit aufwies, dass die Beteiligten, hätte es sich um Fremdgeschäftsvorfälle gehandelt, einen Preisanpassungsmechanismus verlangt hätten, oder ob die Wertveränderung eine derart grundlegende Entwicklung darstellte, dass sie zu einer Neuverhandlung des Geschäftsvorfalls geführt hätte. Wo dies der Fall ist, hätte die Steuerverwaltung Grund dazu, den Fremdvergleichspreis für den Geschäftsvorfall auf der Grundlage einer Preisanpassungsklausel bzw. einer Neuverhandlung zu bestimmen, die in einem vergleichbaren Geschäftsvorfall zwischen unabhängigen Unternehmen vorgesehen worden wäre. In anderen Situationen, in denen kein Grund zur Annahme besteht, dass die Bewertung von vornherein eine derart hohe Unsicherheit aufwies, dass die Beteiligten eine Preisanpassungsklausel verlangt oder die Bedingungen der Vereinbarung neu verhandelt hätten, besteht für die Steuerverwaltung auch keine Veranlassung, eine solche Anpassung vorzunehmen, da dies eine unangemessene rückwirkende Beurteilung aufgrund nachträglicher Erkenntnisse darstellen würde. Das bloße Vorhandensein von Unsicherheiten sollte keine nachträgliche Anpassung erforderlich machen, ohne zu berücksichtigen, was unabhängige Unternehmen getan oder miteinander vereinbart hätten.

B.4. Daten aus Jahren, die dem Jahr des Geschäftsvorfalls folgen

3.74. Daten, die aus Jahren stammen, die dem Jahr des Geschäftsvorfalls folgen, können für die Analyse der Verrechnungspreise ebenfalls von Bedeutung sein, jedoch muss darauf geachtet werden, den Sachverhalt nicht rückwirkend aufgrund nachträglich gewonnener Erkenntnisse zu beurteilen. Daten aus Folgejahren können z. B. beim Vergleich der Lebenszyklen von Produkten aus konzerninternen Geschäftsvorfällen und Fremdgeschäftsvorfällen von Nutzen sein, wenn es darum geht festzustellen, ob der Geschäftsvorfall zwischen Fremden einen geeigneten Vergleichsmaßstab bildet, der bei der Anwendung einer bestimmten Methode herangezogen werden kann. Das Verhalten der Beteiligten in den Jahren nach dem Geschäftsvorfall ist auch bei der sachgerechten Abgrenzung des tatsächlichen Geschäftsvorfalls von Bedeutung.

B.5. Daten aus mehreren Jahren

3.75. In der Praxis ist die Untersuchung von Daten aus mehreren Jahren bei einer Vergleichbarkeitsanalyse oft hilfreich, jedoch kein systematisches Erfordernis. Daten aus mehreren Jahren sollten herangezogen werden, wenn sie den Nutzen der Verrechnungspreisanalyse steigern. Es ist nicht zweckmäßig, verbindliche Leitlinien hinsichtlich der Anzahl der abzudeckenden Jahre in mehrjährigen Analysen festzulegen.

3.76. Um die dem konzerninternen Geschäftsvorfall zugrunde liegenden Gegebenheiten und Umstände vollständig zu verstehen, kann es im Allgemeinen nötig sein, Daten sowohl des geprüften Jahres als auch der Vorjahre zu untersuchen. Die Analyse dieser Informationen könnte Tatsachen zum Vorschein bringen, die die Ermittlung des Verrechnungspreises beeinflusst haben (oder hätten beeinflussen sollen). Die Verwendung von Daten aus Vorjahren zeigt etwa, ob vom Steuerpflichtigen ausgewiesene Verluste aus einem Geschäftsvorfall Teil einer Verlustserie aus ähnlichen Geschäftsvorfällen in der Vergangenheit sind, ob sie das Ergebnis besonderer wirtschaftlicher Bedingungen eines Vorjahrs sind, die einen Kostenanstieg im Folgejahr bewirkten, oder ob sie darauf zurückzuführen sind, dass ein Produkt das Ende seines Lebenszyklus erreicht hat. Eine derartige Analyse kann sich besonders dann als wichtig erweisen, wenn eine geschäftsvorfallbezogene Gewinnmethode angewendet wird. Vgl. Ziffer 1.151 zur Nützlichkeit mehrjähriger Daten bei der Untersuchung von Verlustsituationen. Datensätze mehrerer Jahre können auch zum besseren Verständnis langfristiger Vereinbarungen beitragen.

3.77. Daten mehrerer Jahre sind auch insoweit nützlich, als sie über die maßgeblichen Geschäftstätigkeiten und Produktlebenszyklen von Vergleichsfällen Auskunft geben können. Unterschiedliche Geschäftstätigkeiten und Produktlebenszyklen können auf die Verrechnungspreisbedingungen eine erhebliche Auswirkung haben, die es bei der Feststellung der Vergleichbarkeit zu bewerten gilt. Die Daten aus den Vorjahren können aufzeigen, ob das unabhängige Unternehmen, das einen Vergleichsgeschäftsvorfall tätigt, durch vergleichbare wirtschaftliche Bedingungen auf ähnliche Weise betroffen war oder ob unterschiedliche Bedingungen in einem Vorjahr seinen Preis oder Gewinn so erheblich beeinflusst haben, dass es nicht zum Vergleich herangezogen werden sollte.

3.78. Daten aus mehreren Jahren können außerdem das Verfahren zur Auswahl von Vergleichswerten fremder Dritter verbessern, z. B. durch die Ermittlung von Ergebnissen, die auf eine erhebliche Abweichung von den grundlegenden Vergleichbarkeitsmerkmalen des untersuchten konzerninternen Geschäftsvorfalls hindeuten, was in manchen Fällen zur Ablehnung des Vergleichswerts oder zur Aufdeckung von Unregelmäßigkeiten bei den Informationen über Dritte führt.

3.79. Die Verwendung von Daten aus mehreren Jahren beinhaltet nicht unbedingt die Nutzung mehrjähriger Durchschnittswerte. Mehrjährige Daten und Durchschnittswerte können jedoch unter gewissen Umständen dazu verwendet werden, die Zuverlässigkeit der Bandbreite zu verbessern. Vgl. Ziffer 3.57–3.62 wegen einer Erörterung der statistischen Instrumente.

C. Fragen der Befolgung und Mitwirkung (Compliance)

3.80. Eine Frage, die sich stellt, wenn die Notwendigkeit von Vergleichbarkeitsanalysen in die richtige Perspektive gerückt werden soll, ist der Umfang der einem Steuerpflichtigen zumutbaren Belastungen und Kosten, um mögliche Vergleichsgeschäftsvorfälle zu ermitteln und darüber detaillierte Informationen zu beschaffen. Es wird anerkannt, dass die Kosten der Informationsbeschaffung ein Problem darstellen können, insbesondere für kleine und mittlere Unternehmen, jedoch auch für solche multinationalen Unternehmen, die eine sehr große Anzahl konzerninterner Geschäftsvorfälle in vielen Staaten abwickeln. Ziffer 4.28 sowie Kapitel V enthalten eine ausdrückliche Anerkennung der Notwendigkeit einer angemessenen Anwendung des Erfordernisses der Dokumentierung der Vergleichbarkeit.

3.81. Im Rahmen einer Vergleichbarkeitsanalyse ist es nicht notwendig, eine erschöpfende Suche nach sämtlichen möglicherweise relevanten Informationsquellen durchzuführen. Steuerpflichtige und Steuerverwaltungen sollten ihr Urteilsvermögen einsetzen, um zu entscheiden, ob bestimmte Vergleichswerte verlässlich sind.

3.82. Es gilt als gute Praxis für die Steuerpflichtigen, ein Verfahren einzurichten, um ihre Verrechnungspreise festzusetzen, zu beobachten und zu überprüfen, und zwar unter Berücksichtigung des Umfangs der Geschäftsvorfälle, ihrer Komplexität, der Höhe des Risikos sowie der Frage, ob sie in einem stabilen oder sich verändernden Umfeld stattfinden. Ein solcher praxisorientierter Ansatz würde einer pragmatischen Risikoabschätzungsstrategie oder einem Prinzip umsichtiger Unternehmensführung entsprechen. In der Praxis bedeutet dies, dass es für einen Steuerpflichtigen vernünftig sein kann, vergleichsweise weniger Mühe auf die Informationssuche über Vergleichswerte zu verwenden, wenn diese weniger bedeutsame oder weniger erhebliche konzerninterne Geschäftsvorfälle betreffen. Im Fall einfacher Geschäftsvorfälle, die in einem stabilen Umfeld durchgeführt werden und deren Merkmale identisch oder ähnlich bleiben, ist eine detaillierte Vergleichbarkeitsanalyse (einschließlich einer Funktionsanalyse) nicht unbedingt jedes Jahr notwendig.

3.83. Fragen der Verrechnungspreisbestimmung betreffen zunehmend auch kleine und mittlere Unternehmen, und die Zahl der grenzüberschreitenden Geschäftsvorfälle nimmt stetig zu. Wenngleich der Fremdvergleichsgrundsatz gleichermaßen auf kleine und mittlere Unternehmen sowie Geschäftsvorfälle anwendbar ist, können pragmatische Lösungen angebracht sein, um für jeden Verrechnungspreisfall eine angemessene Antwort zu finden.

Kapitel IV

Verwaltungsansätze zur Vermeidung und Beilegung von Verrechnungspreiskonflikten

A. Einleitung

4.1. Dieses Kapitel untersucht verschiedene Verwaltungsverfahren zur Verminderung von Verrechnungspreiskonflikten und zu deren Beilegung, wenn es zwischen den Steuerpflichtigen und ihren Steuerverwaltungen oder zwischen verschiedenen Steuerverwaltungen zu Streitigkeiten kommt. Derartige Konflikte können selbst dann eintreten, wenn die in diesen Leitlinien dargelegten Prinzipien für die Anwendung des Fremdvergleichsgrundsatzes gewissenhaft befolgt werden. In Anbetracht der Komplexität einiger Verrechnungspreisfragen und der Schwierigkeit der Interpretation und Einschätzung der Umstände der einzelnen Fälle ist es möglich, dass die Steuerpflichtigen und die Steuerverwaltungen zu unterschiedlichen Schlussfolgerungen bezüglich der fremdüblichen Bedingungen der geprüften konzerninternen Geschäftsvorfälle gelangen.

4.2. Wenn zwei oder mehrere Steuerverwaltungen bei der Festlegung fremdvergleichskonformer Bedingungen unterschiedliche Standpunkte einnehmen, kann dies zu Doppelbesteuerung führen. Doppelbesteuerung ergibt sich, wenn dieselben Einkünfte von zwei oder mehreren Steuerverwaltungen in ihrer Bemessungsgrundlage berücksichtigt werden, wobei diese Einkünfte bei verschiedenen Steuerpflichtigen (wirtschaftliche Doppelbesteuerung im Fall verbundener Unternehmen) oder bei einem einzigen Rechtsträger (juristische Doppelbesteuerung im Fall von Betriebsstätten) anfallen können. Doppelbesteuerung ist unerwünscht und sollte soweit möglich vermieden werden, da sie ein potenzielles Hindernis für die Entwicklung der internationalen Handels- und Investitionsflüsse darstellt. Die doppelte Berücksichtigung von Einkünften in der Bemessungsgrundlage von zwei oder mehreren Staaten bedeutet allerdings nicht immer, dass diese Einkünfte auch tatsächlich doppelt besteuert werden.

4.3. Dieses Kapitel erörtert mehrere Verwaltungsverfahren zur Beilegung von Streitigkeiten aufgrund von Verrechnungspreiskorrekturen und zur Vermeidung von Doppelbesteuerung. Abschnitt B erörtert die Verwaltungspraxis der Steuerverwaltungen in Verrechnungspreisangelegenheiten, insbesondere in Bezug auf Prüfungspraxis, Beweislast und Strafen. Abschnitt C erörtert die Frage der Gegenberichtigungen (Artikel 9 Absatz 2 des OECD-Musterabkommens) und das Verständigungsverfahren (Artikel 25). Abschnitt D beschreibt die Durchführung von Simultanbetriebsprüfungen durch zwei (oder mehrere) Steuerverwaltungen, um die Bestimmung, Bearbeitung und Lösung von Verrechnungspreisfällen (und anderen internationalen Steuerfragen) zu beschleunigen. Die Abschnitte E und F zeigen einige Möglichkeiten zur Verminderung von Verrechnungspreiskonflikten zwischen den Steuerpflichtigen und ihren Steuerverwaltungen auf. Abschnitt E erörtert die Möglichkeit, für bestimmte Steuerpflichtige Safe-Harbour-Regelungen zu treffen, und Abschnitt F behandelt Vorabverständigungen über die Verrechnungspreise (*advance pricing arrangements* – APA), durch die es möglich ist, die vom Steuerpflichtigen anzuwendenden Methoden und Bedingungen für die Bestimmung der Verrechnungspreise für konkrete konzerninterne Geschäftsvorfälle im Voraus festzulegen. Abschnitt G befasst sich kurz mit der Nutzung von Schiedsverfahren zur Beilegung von zwischenstaatlichen Verrechnungspreiskonflikten.

B. Verfahren zur Sicherstellung der Einhaltung der Verrechnungspreisvorschriften

4.4. Die Verfahren zur Sicherstellung der Einhaltung steuerrechtlicher Bestimmungen werden in jedem Mitgliedstaat entsprechend dessen eigenen innerstaatlichen Rechtsvorschriften und Verwaltungsverfahren entwickelt und umgesetzt. Die innerstaatliche Verwaltungspraxis verfolgt hier meist drei Hauptziele: *a)* die Möglichkeiten für nichtgesetzeskonformes Verhalten zu verringern (z. B. durch Quellensteuern und Mitteilungspflichten), *b)* gesetzeskonformes Verhalten konkret zu unterstützen (z. B. durch Aufklärung und Veröffentlichung von Leitlinien), und *c)* von nichtgesetzeskonformem Verhalten abzuschrecken. Aufgrund der innerstaatlichen Souveränität und der Besonderheiten der stark unterschiedlichen Steuersysteme verbleibt die Zuständigkeit für die Durchsetzung steuerrechtlicher Vorschriften bei den einzelnen Staaten. Die faire Anwendung des Fremdvergleichsgrundsatzes erfordert jedoch klare Verfahrensregeln, um einen ausreichenden Schutz für den Steuerpflichtigen zu gewährleisten und sicherzustellen, dass die Steuereinnahmen nicht in Staaten verlagert werden, die übermäßig strenge Verfahrensregeln haben. Handelt es sich bei dem in einem Staat einer Prüfung unterzogenen Steuerpflichtigen um ein Mitglied eines multinationalen Konzerns, kann sich die innerstaatliche Verwaltungspraxis des prüfenden

Staats indessen auf andere Staaten auswirken. Dies könnte insbesondere bei grenzüberschreitenden Verrechnungspreisfragen der Fall sein, da die Verrechnungspreise Auswirkungen auf die Steuereinnahmen der Staaten der verschiedenen verbundenen Unternehmen haben, die an einem konzerninternen Geschäftsvorfall beteiligt sind. Wenn eine Verrechnungspreisbestimmung von den anderen Staaten nicht in gleicher Form akzeptiert wird, kann der multinationale Konzern wie unter Ziffer 4.2 erörtert einer Doppelbesteuerung unterliegen. Die Steuerverwaltungen sollten deshalb bei der Anwendung ihrer innerstaatlichen Verfahren zur Durchsetzung der geltenden Vorschriften den Fremdvergleichsgrundsatz beachten und sich der Auswirkungen ihrer Verrechnungspreisvorschriften auf andere Staaten bewusst sein; auch sollten sie bestrebt sein, eine gerechte Aufteilung der Steuern zwischen den Staaten zu erleichtern und eine Doppelbesteuerung der Steuerpflichtigen zu verhindern.

4.5. Dieser Abschnitt behandelt drei Aspekte der Verrechnungspreispraxis, die besondere Beachtung finden sollten, um den Staaten zu helfen, ihre Verrechnungspreisvorschriften in einer den Steuerpflichtigen und den anderen Staaten gegenüber fairen Art und Weise zu vollziehen. Während es in anderen Bereichen in den OECD-Mitgliedstaaten allgemein übliche Verfahren zur Sicherstellung der Einhaltung der steuerrechtlichen Bestimmungen gibt – beispielsweise hinsichtlich der Nutzung des Rechtsmittelwegs oder von Sanktionen im Beweisverfahren, wenn von der Steuerverwaltung verlangte Auskünfte nicht erteilt werden –, werden diese drei Aspekte häufig Auswirkungen darauf haben, wie die Steuerverwaltungen anderer Staaten an Verständigungsverfahren herangehen und die Einhaltung ihrer eigenen Verrechnungspreisvorschriften durchsetzen. Diese drei Aspekte sind: Prüfungspraxis, Beweislast und Strafen. Die Bewertung dieser drei Aspekte wird von der Ausgestaltung der betreffenden Steuersysteme abhängen und daher zwangsläufig unterschiedlich sein; es ist folglich nicht möglich, einen einheitlichen und in allen Fällen passenden Katalog von Grundsätzen und Fragen aufzustellen. Stattdessen wird in diesem Abschnitt versucht, allgemeine Leitlinien bezüglich der Arten möglicherweise auftretender Probleme sowie sinnvolle Lösungsansätze für einen Ausgleich zwischen den Interessen der in einen Verrechnungspreisfall involvierten Steuerpflichtigen und Steuerverwaltungen aufzuzeigen.

B.1. Prüfungspraxis

4.6. Die Prüfungspraxis ist in den OECD-Ländern sehr unterschiedlich. Unterschiedliche Verfahren können auf Faktoren wie beispielsweise System und Aufbau der Steuerverwaltung, Fläche und Einwohnerzahl des Staats, Umfang des nationalen und internationalen Handels sowie kulturelle und historische Einflüsse zurückzuführen sein.

4.7. Im Hinblick auf die Prüfungspraxis können Verrechnungspreisfälle besondere Anforderungen sowohl an die Steuerverwaltungen als auch an die Steuerpflichtigen stellen. Verrechnungspreisfälle erfordern eine große Menge von Daten und können schwierige Beurteilungen hinsichtlich der Vergleichbarkeit, der Märkte sowie finanzieller und anderer branchenspezifischer Informationen erfordern. Einige Steuerverwaltungen verfügen deshalb über auf Verrechnungspreisfragen spezialisierte Betriebsprüfer, und Verrechnungspreisprüfungen können mehr Zeit in Anspruch nehmen als andere Prüfungen und nach gesonderten Verfahren ablaufen.

4.8. Da die Verrechnungspreisbestimmung keine exakte Wissenschaft ist, wird es nicht immer möglich sein, einen einzigen zutreffenden Fremdvergleichspreis zu ermitteln; vielmehr kann es, wie bereits in Kapitel III ausgeführt, erforderlich sein, den richtigen Preis innerhalb einer Bandbreite geeigneter Werte zu schätzen. Ebenso wird die Auswahl der Methoden zur Festsetzung von Verrechnungspreisen selten eindeutig sein. Die Steuerpflichtigen können vor besonderen Schwierigkeiten stehen, wenn die Steuerverwaltung die Anwendung einer Methode vorschlägt, etwa einer geschäftsvorfallbezogenen Gewinnmethode, die nicht der vom Steuerpflichtigen verwendeten Methode entspricht.

4.9. Bei einem schwierigen Verrechnungspreisfall kann selbst einem Steuerpflichtigen mit den besten Absichten aufgrund der Komplexität des zu beurteilenden Sachverhalts im guten Glauben ein Fehler unterlaufen. Und selbst ein Betriebsprüfer mit den besten Absichten kann aus einem Sachverhalt eine falsche Schlussfolgerung ziehen. Die Steuerverwaltungen sind aufgerufen, dies bei der Durchführung ihrer Verrechnungspreisprüfungen zu berücksichtigen. Dies hat zwei Konsequenzen. Erstens wird den Betriebsprüfern angeraten, in ihrer Betrachtungsweise flexibel zu sein und vom Steuerpflichtigen bei seiner Verrechnungspreisbestimmung keine unter den Umständen des Sachverhalts unrealistische Präzision zu verlangen. Zweitens sollten die Betriebsprüfer die vom Steuerpflichtigen bei der Anwendung des Fremdvergleichsgrundsatzes vorgenommene geschäftliche Beurteilung berücksichtigen, damit sich die Verrechnungspreisanalyse auf geschäftliche Realitäten stützt. Die Betriebsprüfer sollten deshalb ihre Verrechnungspreisanalyse zunächst aus dem Blickwinkel der Methode durchführen, die der Steuerpflichtige zur Festsetzung seiner Preise gewählt hat. Die Hinweise in Kapitel II Teil I zur Auswahl der am besten geeigneten Verrechnungspreismethode können hier ebenfalls hilfreich sein.

4.10. Eine Steuerverwaltung sollte beim Einsatz ihrer Prüfungsressourcen auch das Preisfestsetzungsverfahren des Steuerpflichtigen beachten; so ist beispielsweise zu berücksichtigen, ob der multinationale Konzern auf Profit-Center-Basis tätig ist. Vgl. Ziffer 1.5.

B.2. Beweislast

4.11. Die Regeln über die Beweislast in Steuerfällen sind in den Mitgliedstaaten der OECD ebenso unterschiedlich wie die Prüfungspraxis. In den meisten Staaten liegt die Beweislast aufseiten der Steuerverwaltung, und zwar sowohl in ihren internen Verfahren mit dem Steuerpflichtigen (z. B. Veranlagungs- und Einspruchsverfahren) als auch im Fall von Rechtsstreitigkeiten. In einigen Staaten kann es zur Umkehr der Beweislast kommen, was es der Steuerverwaltung erlaubt, die steuerpflichtigen Einkünfte zu schätzen, wenn befunden wird, dass der Steuerpflichtige nicht nach Treu und Glauben gehandelt hat, etwa dann, wenn er Mitwirkungspflichten oder begründeten Aufforderungen zur Vorlage von Aufzeichnungen nicht nachgekommen ist oder wenn er falsche oder irreführende Steuererklärungen abgegeben hat. In anderen Staaten liegt die Beweislast beim Steuerpflichtigen. Diesbezüglich sind jedoch die Schlussfolgerungen unter den Ziffern 4.16 und 4.17 zu beachten.

4.12. Es sollte nicht außer Acht gelassen werden, welche Auswirkungen Beweislastregeln auf das Verhalten von Steuerverwaltung und Steuerpflichtigem haben. Wo beispielsweise aufgrund des innerstaatlichen Rechts die Beweislast bei der Steuerverwaltung liegt, kann es sein, dass für den Steuerpflichtigen keine gesetzliche Pflicht besteht, die Fremdvergleichskonformität seiner Verrechnungspreise nachzuweisen, sofern die Steuerverwaltung nicht einen Anscheinsbeweis dafür erbringt, dass seine Preisbestimmung nicht mit dem Fremdvergleichsgrundsatz im Einklang steht. Doch selbst in einem solchen Kontext ist die Steuerverwaltung berechtigt, vom Steuerpflichtigen die Vorlage seiner Aufzeichnungen zu verlangen, um die Prüfung vornehmen zu können. In einigen Staaten haben die Steuerpflichtigen eine vom Gesetz auferlegte Verpflichtung zur Zusammenarbeit mit der Steuerverwaltung. Falls ein Steuerpflichtiger seiner Mitwirkungspflicht nicht nachkommt, kann die Steuerverwaltung befugt sein, die Einkünfte des Steuerpflichtigen zu schätzen und den maßgeblichen Sachverhalt anhand von auf Erfahrungswerten gestützten Annahmen zu beurteilen. In einem solchen Kontext sollten die Steuerverwaltungen nicht einen derart hohen Grad an Mitwirkung verlangen, dass es für gewöhnliche Steuerpflichtige zu schwierig würde, ihrer Mitwirkungspflicht nachzukommen.

4.13. In Staaten, in denen die Beweislast beim Steuerpflichtigen liegt, sind die Steuerverwaltungen im Allgemeinen nicht frei, Veranlagungen gegenüber Steuerpflichtigen durchzuführen, die keine solide rechtliche Grundlage haben. Es wäre der Steuerverwaltung eines Staats, der den Fremdvergleichsgrundsatz anwendet, beispielsweise nicht möglich, eine Veranlagung vorzunehmen, bei der die steuerpflichtigen Einkünfte als fester Prozentsatz des Umsatzes berechnet werden, und dabei den Fremdvergleichsgrundsatz außer Acht zu lassen. Im Rechtsmittelverfahren ergibt sich in Staaten, in denen die Beweislast beim Steuerpflichtigen liegt, oft eine Beweislastverlagerung.

Wenn der Steuerpflichtige dem Gericht gegenüber stichhaltige Argumente und Nachweise vorbringt, die darauf schließen lassen, dass seine Verrechnungspreisbestimmung dem Fremdvergleichsgrundsatz entspricht, kann die Beweislast rechtlich oder faktisch auf die Steuerverwaltung übergehen, die dann den Standpunkt des Steuerpflichtigen widerlegen und Argumente sowie Nachweise vorbringen muss, warum die Verrechnungspreisbestimmung des Steuerpflichtigen nicht dem Fremdvergleichsgrundsatz entsprach und warum die Veranlagung korrekt ist. Hat die Steuerverwaltung hingegen eine rechtlich einwandfreie Veranlagung durchgeführt und unternimmt ein Steuerpflichtiger kaum Anstrengungen, die Fremdvergleichskonformität seiner Verrechnungspreisbestimmung darzustellen, dann hat der Steuerpflichtige die ihm auferlegte Beweislastpflicht nicht erfüllt.

4.14. Bei Verrechnungspreisfragen stellen die unterschiedlichen Beweislastregeln in den OECD-Mitgliedstaaten ernste Probleme dar, wenn die aus diesen Regeln erwachsenden Rechte als Richtschnur für korrektes Verhalten herangezogen werden. Hier sei beispielsweise an den Fall gedacht, dass ein konzerninterner Geschäftsvorfall sowohl einen Staat, in dem die Beweislast aufseiten des Steuerpflichtigen liegt, als auch einen zweiten Staat betrifft, in dem die Beweislast bei der Steuerverwaltung liegt. Wenn nun die Beweislast das Verhalten bestimmt, könnte die Steuerverwaltung des ersten Staats eine vom Steuerpflichtigen hingenommene unbewiesene Behauptung bezüglich des Verrechnungspreises aufstellen, und es würde der Steuerverwaltung des zweiten Staats obliegen, diese Preisbestimmung zu widerlegen. Es könnte sein, dass weder der Steuerpflichtige im zweiten Staat noch die Steuerverwaltung des ersten Staats Anstrengungen zur Ermittlung eines geeigneten Fremdvergleichspreises unternimmt. Ein solches Verhalten kann zu erheblichen Konflikten wie auch zu Doppelbesteuerung führen.

4.15. Es sei derselbe Sachverhalt wie im Beispiel des vorstehenden Absatzes angenommen. Bestimmt wieder die Beweislast das Verhalten, kann es sein, dass ein Steuerpflichtiger im ersten Staat (ungeachtet seiner Beweislast und dieser Leitlinien), der eine Tochtergesellschaft eines Steuerpflichtigen im zweiten Staat ist, nicht imstande oder bereit ist, den Nachweis der Fremdvergleichskonformität seiner Verrechnungspreise zu erbringen. Die Steuerverwaltung im ersten Staat nimmt nach erfolgter Prüfung auf der Grundlage der ihr zur Verfügung stehenden Informationen nach Treu und Glauben eine Berichtigung vor. Die Muttergesellschaft im zweiten Staat ist nicht verpflichtet, ihrer Steuerverwaltung Informationen zu liefern, um nachzuweisen, dass die Verrechnungspreisbestimmung dem Fremdvergleichsgrundsatz entspricht, da die Beweislast bei der Steuerverwaltung liegt. Dies führt dazu, dass es für die beiden Steuerverwaltungen schwierig sein wird, in einem Verfahren zwischen den zuständigen Behörden eine Einigung zu erzielen.

4.16. In der Praxis sollten weder die Staaten noch die Steuerpflichtigen die Beweislastregeln in der oben beschriebenen Weise zweckentfremden.

Aufgrund der Schwierigkeiten bei Verrechnungspreisanalysen wäre es sowohl für die Steuerpflichtigen als auch für die Steuerverwaltungen sinnvoll, bei der Prüfung eines Verrechnungspreisfalls besondere Vorsicht walten zu lassen und von den Beweislastregeln zurückhaltenden Gebrauch zu machen. Im Sinne einer guten Praxis sollten die Beweislastregeln von den Steuerverwaltungen bzw. den Steuerpflichtigen insbesondere nicht zur Rechtfertigung grundloser und nicht nachvollziehbarer Behauptungen hinsichtlich der Verrechnungspreisbestimmung zweckentfremdet werden. Eine Steuerverwaltung sollte sich selbst dann bemühen aufzuzeigen, dass die von ihr vorgenommene Verrechnungspreisbestimmung dem Fremdvergleichsgrundsatz entspricht, wenn die Beweislast beim Steuerpflichtigen liegt; desgleichen sollten sich die Steuerpflichtigen bemühen aufzuzeigen, dass ihre Verrechnungspreise dem Fremdvergleichsgrundsatz entsprechen, unabhängig davon bei wem die Beweislast liegt.

4.17. Der Kommentar zu Artikel 9 Absatz 2 des OECD-Musterabkommens stellt klar, dass der Staat, von dem eine Gegenberichtigung verlangt wird, diese nur dann vornehmen soll, wenn er der Auffassung ist, dass der berichtigte Gewinnbetrag wirklich dem Gewinn entspricht, der bei Geschäftsbeziehungen unter fremdüblichen Bedingungen erzielt worden wäre. Das heißt, dass bei Verfahren der zuständigen Behörden der Staat, der die Primärberichtigung vorgeschlagen hat, gegenüber dem anderen Staat den Nachweis zu erbringen hat, dass die Berichtigung „sowohl dem Grunde als auch der Höhe nach [...] gerechtfertigt“ ist. Von beiden zuständigen Behörden wird erwartet, dass sie bei der Lösung von Verständigungsfällen die Zusammenarbeit suchen.

B.3. Strafen

4.18. Strafen zielen zumeist darauf ab, die Steuerpflichtigen von nichtgesetzeskonformem Verhalten abzuhalten, wobei es um verfahrensrechtliche Anforderungen gehen kann, etwa bezüglich der Erteilung notwendiger Informationen oder der Abgabe von Steuererklärungen, oder um die Ermittlung der Steuerschuld an sich. Strafen dienen im Allgemeinen dazu, Steuerverkürzungen und andere Formen der Nichteinhaltung geltender Vorschriften kostspieliger zu machen als deren Einhaltung. Der Ausschuss für Steuerfragen hat anerkannt, dass das vorrangige Ziel steuerbehördlicher Strafen darin besteht, gesetzeskonformes Verhalten zu fördern (OECD-Bericht *Taxpayers' Rights and Obligations*, 1990). Wenn eine Verständigung zur Aufhebung oder Herabsetzung einer Verrechnungspreiskorrektur führt, ist es wichtig, dass es auch Möglichkeiten gibt, eine von den Steuerverwaltungen verhängte Strafe aufzuheben oder herabzusetzen.

4.19. Beim Vergleich der verschiedenen nationalen Praktiken und Maßnahmen in Bezug auf Strafen ist Sorgfalt geboten. Zunächst ist bei jedem Vergleich zu beachten, dass Strafen, die denselben Zweck erfüllen, in verschiedenen Staaten unter unterschiedlichen Bezeichnungen laufen können. Zweitens sollten die gesamten Maßnahmen eines Staats zur Sicherstellung der Steuerehrlichkeit berücksichtigt werden. Wie bereits angeführt, hängen die nationalen Verfahren zur Durchsetzung der steuerrechtlichen Vorschriften vom gesamten Steuersystem des jeweiligen Staats ab, und beruhen auf einer Beurteilung der innerstaatlichen Notwendigkeiten und Fragen der Ausgewogenheit, etwa bei der Wahl zwischen steuerlichen Maßnahmen, die Möglichkeiten für nichtgesetzeskonformes Verhalten beseitigen oder begrenzen (z. B. eine Mitwirkungspflicht der Steuerpflichtigen gegenüber der Steuerverwaltung und eine Beweislastumkehr in Fällen, in denen festgestellt wird, dass ein Steuerpflichtiger nicht nach Treu und Glauben gehandelt hat), und abschreckend wirkenden finanziellen Nachteilen (im Fall einer Steuerverkürzung beispielsweise die Erhebung eines Steuerzuschlags zusätzlich zur Begleichung des Steuerfehlbetrags). Die Art der Steuerstrafen kann auch vom Rechtssystem eines Staats beeinflusst werden. In den meisten Staaten gibt es keine verschuldensunabhängigen Strafen (*no-fault penalities*); in einigen Staaten würde die Verhängung einer verschuldensunabhängigen Strafe beispielsweise gegen die grundlegenden Prinzipien des Rechtssystems verstoßen.

4.20. Die Staaten haben verschiedene Arten von Strafen eingeführt. Bei diesen nachteiligen Rechtsfolgen kann es sich um verwaltungsrechtliche oder strafrechtliche Nachteile handeln; Letztere kommen grundsätzlich nur in Fällen schweren Betrugs zur Anwendung und stellen üblicherweise hohe Anforderungen an die Nachweise der Partei, die die Strafe festsetzt (d. h. die Steuerverwaltung). In sämtlichen OECD-Mitgliedstaaten sind strafrechtliche Folgen nicht die wichtigsten Methoden zur Sicherstellung der Steuerehrlichkeit. Verwaltungsrechtlich begründete Nachteile sind häufiger anzutreffen und üblicherweise als Geldbuße ausgestaltet (wenngleich, wie bereits erörtert, neben Geldbußen noch andere nachteilige Rechtsfolgen eintreten können, wie die Umkehr der Beweislast, wenn etwa verfahrensrechtliche Vorschriften nicht eingehalten werden oder wenn der Steuerpflichtige seiner Mitwirkungspflicht nicht nachkommt, und eine wirksame Rechtsfolge in Form einer ermessensgerechten Berichtigung erfolgt).

4.21. Einige verwaltungsrechtliche Nachteile sollen die Einhaltung verfahrensrechtlicher Vorschriften sicherstellen, wie etwa die zeitgerechte Abgabe von Steuererklärungen und die Erteilung von Auskünften. Solche Nachteile sind zumeist betragsmäßig klein und beruhen auf einem festen Betrag, der für jeden Tag angesetzt werden kann, an dem beispielsweise der Erklärungspflicht nicht nachgekommen wird. Die schwerwiegenderen verwaltungsrechtlichen Folgen beziehen sich auf Fälle von Steuerverkürzungen.

4.22. Wenn einige Staaten von einer „Strafe“ sprechen, kann die gleiche oder eine ähnliche Maßnahme von einem anderen Staat als „Zinsen“ bezeichnet werden. Die „Strafvorschriften" einiger Staaten können deshalb für Fälle zu niedrig ausgewiesener Einkünfte, die zu einer verspäteten Steuerzahlung nach dem Fälligkeitstag führen, einen „Steuerzuschlag" oder „Zinsen" vorsehen. Diese Maßnahmen sollen zumeist sicherstellen, dass die Steuerverwaltung nachträglich wenigstens den tatsächlichen Zeitwert des ausstehenden Geld- (bzw. Steuer-)betrags erhält.

4.23. Verwaltungsrechtliche Geldbußen wegen Steuerverkürzung werden häufig durch einen oder mehrere der nachstehenden Umstände ausgelöst: bestimmte Grenzbeträge übersteigende Steuerverkürzungen, fahrlässiges Verhalten des Steuerpflichtigen oder vorsätzliche Steuerhinterziehung (auch Betrug zählt hierzu, obwohl Betrug wesentlich ernstere strafrechtliche Sanktionen zur Folge haben kann). Viele OECD-Mitgliedstaaten verhängen verwaltungsrechtliche Geldbußen bei Fahrlässigkeit oder Vorsatz, wohingegen nur wenige Staaten Steuerverkürzungen bestrafen, wenn kein schuldhaftes Verhalten vorliegt.

4.24. In abstrakter Form ist es schwer, ein Urteil darüber abzugeben, ob eine verwaltungsrechtliche Geldbuße exzessiv ist oder nicht. In den Mitgliedstaaten der OECD werden verwaltungsrechtliche Geldbußen für eine Steuerverkürzung häufig als Prozentsatz dieser Steuerverkürzung berechnet, wobei sich dieser meist zwischen 10 % und 200 % bewegt. In den meisten OECD-Mitgliedstaaten steigt der Strafsatz mit der Schwere des für die Verhängung der Strafe maßgeblichen Tatbestands. So können beispielsweise höhere Strafsätze nur verhängt werden, wenn dem Steuerpflichtigen ein hohes Verschulden nachgewiesen werden kann, wie etwa eine vorsätzliche Steuerhinterziehung. Werden „verschuldensunabhängige" Strafen angewendet, geschieht dies üblicherweise zu geringeren Sätzen als in Fällen, in denen ein Verschulden des Steuerpflichtigen vorliegt (vgl. Ziffer 4.28).

4.25. Es ist den OECD-Mitgliedstaaten ein Anliegen, die Einhaltung der Verrechnungspreisvorschriften zu verbessern, und dabei kann ein sachgerechter Einsatz von Strafmitteln von Bedeutung sein. Allerdings ist aufgrund der besonderen Gegebenheiten in Verrechnungspreisfällen Sorgfalt geboten, um sicherzustellen, dass die Handhabung der in solchen Fällen verhängten Sanktionen gerecht und für den Steuerpflichtigen keine ungerechtfertigt hohen Belastungen entstehen lässt.

4.26. Da grenzüberschreitende Verrechnungspreisfragen die Bemessungsgrundlagen zweier Staaten berühren, können übermäßig strenge Strafvorschriften in einem Staat die Steuerpflichtigen dazu verleiten, ihre steuerpflichtigen Einkünfte in diesem Staat zu hoch auszuweisen, was Artikel 9 zuwiderläuft. Geschieht dies, verfehlen die Strafvorschriften ihr vorrangiges Ziel der Förderung gesetzeskonformen Verhaltens und führen zu einer anderen Art nichtgesetzeskonformen Verhaltens – nämlich zur Nichteinhaltung des Fremdvergleichsgrundsatzes und zu einem unvollständigen Ausweis der

Einkünfte im anderen Staat. Alle OECD-Mitgliedstaaten sollten daher sicherstellen, dass ihre Verfahren zur Durchsetzung der Verrechnungspreisvorschriften nicht auf eine Art und Weise gehandhabt werden, die den Zielen des OECD-Musterabkommens zuwiderläuft, um die vorstehend erwähnten Verzerrungen zu vermeiden.

4.27. Die OECD-Mitgliedstaaten sind im Allgemeinen der Auffassung, dass die Gerechtigkeit von Strafvorschriften danach zu beurteilen ist, ob die verhängten Strafen in einem angemessenen Verhältnis zum begangenen Rechtsverstoß stehen. Dies bedeutet beispielsweise, dass die Strenge einer Strafe am Tatbestand zu bemessen ist, für den sie verhängt werden soll, und dass die Bedingungen für die Verhängung einer Strafe umso strenger gehandhabt werden müssen, je härter die Strafe ist.

4.28. Da Strafen nur einen von vielen verwaltungs- und verfahrensrechtlichen Aspekten eines Steuersystems darstellen, ist es schwierig, über die Gerechtigkeit einer bestimmten Sanktion zu urteilen, ohne auch die anderen Aspekte des Steuersystems zu berücksichtigen. Dennoch stimmen die OECD-Mitgliedstaaten darin überein, dass ungeachtet solcher anderer Aspekte des Steuersystems eines bestimmten Staats folgende Schlussfolgerungen zu ziehen sind. Erstens würde eine erhebliche „verschuldensunabhängige" Strafe, die nur deshalb verhängt würde, weil ein bestimmter Betrag zu niedrig ausgewiesen wurde und dies auf einen im guten Glauben unterlaufenen Irrtum und nicht auf Fahrlässigkeit oder Vorsatz zurückzuführen ist, einer ungerechtfertigten Härte gleichkommen. Zweitens wäre es ungerecht, beträchtliche Strafen über Steuerpflichtige zu verhängen, die sich redlich und in angemessener Weise bemüht haben, die Bedingungen ihrer Geschäftsbeziehungen zu verbundenen Unternehmen entsprechend dem Fremdvergleichsgrundsatz festzulegen. Insbesondere wäre es unangebracht, einem Steuerpflichtigen deshalb eine Verrechnungspreisstrafe aufzuerlegen, weil er für ihn unzugängliche Daten nicht beachtet hat oder weil er eine Verrechnungspreismethode nicht angewendet hat, die für ihn unzugängliche Daten erfordert hätte. Die Steuerverwaltungen sind aufgefordert, diese Erwägungen bei der Anwendung ihrer Strafbestimmungen zu berücksichtigen.

C. Gegenberichtigungen und das Verständigungsverfahren: Artikel 9 und Artikel 25 des OECD-Musterabkommens[1]

C.1. Das Verständigungsverfahren

4.29. Das Verständigungsverfahren ist ein bewährtes Instrument, mit dessen Hilfe die Steuerverwaltungen über die Beilegung von Streitfällen bei der Anwendung von Doppelbesteuerungsabkommen beraten. Dieses in Artikel 25 des OECD-Musterabkommens beschriebene und durch diesen Artikel eingesetzte Verfahren kann auch zur Beseitigung von Doppelbesteuerungen verwendet werden, die aus Verrechnungspreiskorrekturen entstehen.

4.30. Artikel 25 zeigt drei verschiedene Bereiche auf, in denen Verständigungsverfahren im Allgemeinen angewendet werden. Der erste unter die Absätze 1 und 2 des Artikels fallende Bereich umfasst Fälle, in denen eine „dem Abkommen nicht entsprechende Besteuerung" erfolgt. Verfahren in diesem Bereich werden üblicherweise vom Steuerpflichtigen angeregt. Die

1. Die Mitglieder des Inclusive Framework on Base Erosion and Profit Shifting (BEPS) haben sich auf einen Mindeststandard in Bezug auf die Beilegung abkommensbezogener Streitigkeiten geeinigt. Kapitel IV Abschnitt C ist nicht als Erläuterung des Mindeststandards gedacht, und deshalb kann nicht gefolgert werden, dass alle Mitglieder des Inclusive Framework den in diesem Abschnitt aufgeführten Leitlinien zustimmen, es sei denn, eine bestimmte Aussage wäre ausdrücklich als Punkt des Mindeststandards gekennzeichnet. Der Mindeststandard hat drei allgemeine Ziele: 1. Die Staaten sollen sicherstellen, dass die Abkommensverpflichtungen in Bezug auf das Verständigungsverfahren vollständig und nach Treu und Glauben umgesetzt und die im Verständigungsverfahren zu regelnden Fälle zügig abgeschlossen werden; 2. die Staaten sollen sicherstellen, dass Verwaltungsverfahren zur Verhinderung und zügigen Beilegung abkommensbezogener Streitigkeiten beitragen; und 3. die Staaten sollen sicherstellen, dass Steuerpflichtige, auf die Artikel 25 Absatz 1 zutrifft, Zugang zum Verständigungsverfahren haben. Die einzelnen Punkte des Mindeststandards werden erläutert in OECD (2015), *Verbesserung der Effizienz von Streitbeilegungsmechanismen, Aktionspunkt 14 – Abschlussbericht 2015*, OECD/G20-Projekt Gewinnverkürzung und Gewinnverlagerung, OECD Publishing, Paris. Der Mindeststandard wird durch eine Reihe optimaler Verfahrensweisen (zu denen sich nicht alle Mitglieder des Inclusive Framework verpflichtet haben) ergänzt, um Hemmnisse zu beseitigen, die die Beilegung abkommensbezogener Streitigkeiten durch das Verständigungsverfahren verhindern. Wenngleich derzeit nicht zwischen allen Mitgliedern des Inclusive Framework Einigkeit über die Einführung eines obligatorischen, verbindlichen Schiedsverfahrens zum zügigen Abschluss von im Verständigungsverfahren zu regelnden Fällen besteht, hat eine große Zahl von Staaten die Einführung und Umsetzung eines obligatorischen, verbindlichen Schiedsverfahrens zugesagt.

beiden anderen Bereiche, die nicht unbedingt den Steuerpflichtigen betreffen müssen, werden in Absatz 3 behandelt und berühren Fragen der „Auslegung oder Anwendung des Abkommens" und die Beseitigung der Doppelbesteuerung in Fällen, die sonst im Abkommen nicht behandelt werden. Ziffer 10 des Kommentars zu Artikel 25 stellt klar, dass Artikel 25 von den zuständigen Behörden nicht nur zur Lösung von Problemen der juristischen Doppelbesteuerung, sondern auch der wirtschaftlichen Doppelbesteuerung angewendet werden soll, die sich aufgrund von Verrechnungspreisberichtigungen nach Artikel 9 Absatz 1 ergeben.

4.31. Der 2008 in das OECD-Musterabkommen aufgenommene Absatz 5 des Artikels 25 sieht vor, dass in Fällen, die Gegenstand eines Verständigungsverfahrens sind und in denen die zuständigen Behörden nicht imstande sind, innerhalb von zwei Jahren ab Einleitung des Verfahrens nach Artikel 25 Absatz 1 eine Einigung herbeizuführen, die noch offenen Fragen auf Antrag der Person, die den Fall unterbreitet hat, im Wege eines Schiedsverfahrens gelöst werden. Diese Ausweitung des Verständigungsverfahrens stellt sicher, dass in Fällen, in denen die zuständigen Behörden über eine oder mehrere Fragen, die die Regelung des Falls behindern, keine Einigung erzielen können, der Streitfall dennoch geklärt werden kann, indem diese Fragen dem Schiedsverfahren unterworfen werden. Wurden eine oder mehrere Fragen gemäß dieser Bestimmung dem Schiedsverfahren unterworfen, ist der Schiedsspruch für beide Staaten verbindlich, hat die Besteuerung aller unmittelbar von dem Fall betroffenen Personen mit der Entscheidung über die dem Schiedsverfahren unterworfenen Fragen im Einklang zu stehen und werden die im Schiedsverfahren getroffenen Entscheidungen in der diesen Personen vorgelegten Verständigungsregelung berücksichtigt, es sei denn, dass eine unmittelbar von dem Fall berührte Person die Verständigungsregelung, mit der der Schiedsspruch umgesetzt wird, nicht akzeptiert. Enthält ein bestimmtes bilaterales Abkommen keine Schiedsklausel, die Artikel 25 Absatz 5 entspricht, sind die zuständigen Behörden nicht verpflichtet, eine Einigung herbeizuführen, um ihren Konflikt beizulegen; Artikel 25 Absatz 2 verlangt nur, dass die zuständigen Behörden „sich bemühen, den Fall durch Verständigung […] zu regeln". Die zuständigen Behörden sind aufgrund konfligierender innerstaatlicher Gesetze oder weil das innerstaatliche Recht den Verhandlungsspielraum der Steuerverwaltung einschränkt, möglicherweise nicht imstande, eine Einigung herbeizuführen. Auch wenn eine obligatorische verbindliche Schiedsklausel entsprechend Artikel 25 Absatz 5 in einem bestimmten bilateralen Abkommen fehlt, können die zuständigen Behörden der Vertragsstaaten dennoch in gegenseitigem Einvernehmen ein allgemein gültiges oder für einen konkreten Fall vorgesehenes verbindliches Schiedsverfahren einführen (vgl. Ziffer 69 des Kommentars zu Artikel 25 des OECD-Musterabkommens). Ferner ist zu beachten, dass die Mitgliedstaaten der Europäischen Gemeinschaften am 23. Juli 1990 ein multilaterales Übereinkommen über die Beseitigung der

Doppelbesteuerung im Falle von Gewinnberichtigungen zwischen verbundenen Unternehmen[2] (das Schiedsübereinkommen) unterzeichneten; das Schiedsübereinkommen, das am 1. Januar 1995 in Kraft trat, sieht einen Schiedsmechanismus zur Beilegung von Verrechnungspreiskonflikten zwischen den Mitgliedstaaten der Europäischen Union vor.

C.2. Gegenberichtigungen: Artikel 9 Absatz 2

4.32. Um bei Verrechnungspreisfällen eine Doppelbesteuerung zu vermeiden, können die Steuerverwaltungen Ersuchen um eine Gegenberichtigung, wie in Artikel 9 Absatz 2 beschrieben, prüfen. Eine solche Gegenberichtigung, die in der Praxis im Rahmen eines Verständigungsverfahrens herbeigeführt werden kann, kann Doppelbesteuerung mildern oder vermeiden, wenn eine Steuerverwaltung die steuerpflichtigen Gewinne einer Gesellschaft deshalb erhöht (d. h. eine Primärberichtigung vornimmt), weil sie auf Geschäftsvorfälle, an denen ein verbundenes Unternehmen in einem zweiten Staat beteiligt ist, den Fremdvergleichsgrundsatz anwendet. Die Gegenberichtigung sieht in einem solchen Fall so aus, dass die Steuerverwaltung des zweiten Staats die Steuerschuld dieses verbundenen Unternehmens herabsetzt, damit die Gewinnaufteilung zwischen den beiden Staaten mit der Primärberichtigung übereinstimmt und keine Doppelbesteuerung eintritt. Es ist auch möglich, dass die Steuerverwaltung des ersten Staats dazu bereit ist, die Primärberichtigung im Zuge des Verständigungsverfahrens mit der Steuerverwaltung des zweiten Staats herabzusetzen (oder zu beseitigen); in diesem Fall wäre die Gegenberichtigung niedriger (oder vielleicht nicht erforderlich). Zu beachten ist allerdings, dass der Zweck einer Gegenberichtigung nicht darin besteht, dem multinationalen Konzern einen größeren Vorteil zu verschaffen, als er gehabt hätte, wenn die konzerninternen Geschäftsvorfälle von Beginn an unter fremdvergleichskonformen Bedingungen stattgefunden hätten.

4.33. Artikel 9 Absatz 2 sieht ausdrücklich vor, dass die zuständigen Behörden nötigenfalls über die Vornahme von angemessenen Gegenberichtigungen beraten. Dies bestätigt, dass das in Artikel 25 vorgesehene Verständigungsverfahren dazu verwendet werden kann, Gegenberichtigungsersuchen zu behandeln. Vgl. Ziffer 10 des Kommentars zu Artikel 25 des OECD-Musterabkommens (wonach die gemäß Artikel 9 Absatz 2 vorzunehmenden Gegenberichtigungen im Anwendungsbereich des Verständigungsverfahrens liegen, sowohl was die Beurteilung ihrer Begründetheit als auch was die Bestimmung ihrer Höhe betrifft). Die Überschneidung zwischen den beiden Artikeln hat die OECD-Mitgliedstaaten jedoch zu Überlegungen veranlasst, ob das Verständigungsverfahren zur Herbeiführung von Gegenberichtigungen angewendet werden kann, wenn das zwischen zwei Vertragsstaaten bestehende bila-

2. Übereinkommen 90/436/EWG.

terale Doppelbesteuerungsabkommen keine Artikel 9 Absatz 2 entsprechende Bestimmung enthält. In den Ziffern 11 und 12 des Kommentars zu Artikel 25 des OECD-Musterabkommens ist ausdrücklich die Auffassung der meisten Mitgliedstaaten der OECD festgehalten, wonach das Verständigungsverfahren auch dann auf Fälle von Verrechnungspreisberichtigungen, einschließlich der Frage, ob eine Gegenberichtigung vorgenommen werden sollte, angewendet wird, wenn eine Artikel 9 Absatz 2 entsprechende Bestimmung fehlt. Ziffer 12 führt an, dass die Staaten, die diese Auffassung nicht teilen, in der Praxis in den meisten Fällen im Zusammenhang mit nach Treu und Glauben handelnden Unternehmen (*bona fide companies*), Wege finden, um bei wirtschaftlicher Doppelbesteuerung durch Anwendung innerstaatlicher Rechtsvorschriften Abhilfe zu schaffen.

4.34. Gemäß Artikel 9 Absatz 2 kann ein Vertragsstaat eine Gegenberichtigung entweder in der Weise vornehmen, dass unter Berücksichtigung des maßgebenden berichtigten Preises die in diesem Staat der Besteuerung unterliegenden Gewinne des verbundenen Unternehmens neu berechnet werden oder dass keine derartige Neuberechnung erfolgt, jedoch dem verbundenen Unternehmen eine Entlastung von den in diesem Staat erhobenen Steuern in Höhe des zusätzlichen Steuerbetrags gewährt wird, den der andere Staat gestützt auf die Verrechnungspreisberichtigung beim dortigen Unternehmen erhoben hat. Die erste Methode ist in den OECD-Mitgliedstaaten bei weitem die üblichere.

4.35. Ohne einen Schiedsspruch aus einem Artikel 25 Absatz 5 entsprechenden Schiedsverfahren, der eine Gegenberichtigung vorsieht, besteht keine Pflicht zur Vornahme einer Gegenberichtigung, was sich aus dem Grundsatz ergibt, dass für die Steuerverwaltungen im Verständigungsverfahren kein Einigungszwang besteht. Aufgrund des Artikels 9 Absatz 2 soll eine Steuerverwaltung nur insoweit eine Gegenberichtigung vornehmen, als sie die Primärberichtigung dem Grunde und der Höhe nach für gerechtfertigt hält. Der nichtobligatorische Charakter von Gegenberichtigungen ist nötig, damit die Steuerverwaltung des einen Staates nicht gezwungen ist, die Folgen einer willkürlichen oder unmotivierten Berichtigung durch den anderen Staat zu akzeptieren. Dies ist auch für die Aufrechterhaltung der steuerlichen Souveränität eines jeden Mitgliedstaates der OECD wichtig.

4.36. Wenn eine Steuerverwaltung einer Gegenberichtigung zugestimmt hat, muss bestimmt werden, ob die Berichtigung für das Jahr erfolgen soll, in dem die der Berichtigung zugrunde liegenden konzerninternen Geschäftsvorfälle getätigt wurden, oder für ein anderes Jahr, wie etwa das Jahr, in dem die Primärberichtigung vorgenommen wurde. Dies wirft auch vielfach die Frage auf, inwieweit der Steuerpflichtige in dem Staat, der der Vornahme einer Gegenberichtigung zugestimmt hat, Anspruch auf Zinsen für die zu viel gezahlten Steuern hat (dies wird in Ziffer 4.65–4.67 erörtert). Der erste Ansatz ist zweckmäßiger, da er zu einem periodengerechten Ausweis der

Einkünfte und Aufwendungen führt und besser die wirtschaftliche Situation widerspiegelt, die bei fremdvergleichskonformen konzerninternen Geschäftsvorfällen bestanden hätte. Ist jedoch die Zeitspanne zwischen dem von der Berichtigung betroffenen Jahr und dem Jahr ihrer Annahme durch den Steuerpflichtigen oder einer endgültigen Gerichtsentscheidung sehr lang, sollte die Steuerverwaltung flexibel genug sein, eine Gegenberichtigung für das Jahr der Annahme oder der Entscheidung über die Primärberichtigung zuzulassen. Diese Herangehensweise setzt innerstaatliche Rechtsvorschriften zu ihrer Umsetzung voraus. Auch wenn dieses Vorgehen üblicherweise nicht vorzuziehen ist, könnte es sich in Ausnahmefällen als sachgerechte Maßnahme zur Vereinfachung der Umsetzung und Vermeidung von Fristenhindernissen erweisen.

4.37. Gegenberichtigungen können ein sehr wirksames Mittel zur Entlastung von einer Doppelbesteuerung sein, die auf Verrechnungspreiskorrekturen zurückzuführen ist. Wird ein Verständigungsverfahren eingeleitet, bemühen sich die OECD-Mitgliedstaaten generell nach Treu und Glauben um die Herbeiführung einer Einigung. Durch das Verständigungsverfahren können die Steuerverwaltungen Probleme in einem Kontext ansprechen, in dem sie sich nicht als Streitparteien gegenüberstehen, und erzielen dabei vielfach eine einvernehmliche Lösung, die im Interesse aller Beteiligten liegt. Es erlaubt den Steuerverwaltungen zudem, auch andere steuerrechtliche Fragen zu berücksichtigen, wie etwa solche der Quellenbesteuerung.

4.38. Zumindest ein OECD-Mitgliedstaat kennt ein Verfahren, das die Notwendigkeit von Primärberichtigungen dadurch verringern könnte, dass es dem Steuerpflichtigen gestattet, bei einem konzerninternen Geschäftsvorfall für steuerliche Zwecke einen nach seiner Auffassung fremdvergleichskonformen Preis auszuweisen, obwohl dieser von dem tatsächlich zwischen den verbundenen Unternehmen verrechneten Preis abweicht. Eine derartige, gelegentlich als „kompensierende Anpassung" (*compensating adjustment*) bekannte Korrektur müsste noch vor Abgabe der Steuererklärung vorgenommen werden. Kompensierende Anpassungen können einen fremdvergleichskonformen Ausweis der steuerpflichtigen Einkünfte erleichtern, wenn man anerkennt, dass zum Zeitpunkt der von den verbundenen Unternehmen vorgenommenen Preisfestsetzung für die konzerninternen Geschäftsvorfälle noch keine Informationen über vergleichbare Fremdgeschäftsvorfälle vorlagen. Dem Steuerpflichtigen wird somit zur Abgabe einer korrekten Steuererklärung gestattet, eine kompensierende Anpassung vorzunehmen, mit der der Unterschied zwischen dem Fremdvergleichspreis und dem tatsächlich in den Geschäftsbüchern und Aufzeichnungen ausgewiesenen Preis erfasst würde.

4.39. Kompensierende Anpassungen werden jedoch von den meisten Mitgliedstaaten der OECD deshalb nicht anerkannt, weil aus der Steuererklärung die tatsächlichen Geschäftsvorfälle ersichtlich sein sollten. Wenn kompensierende Anpassungen im Staat des einen verbundenen

Unternehmens zulässig (bzw. vorgeschrieben) sind, während sie im Staat des anderen verbundenen Unternehmens nicht zulässig sind, kann dies zu Doppelbesteuerung führen, da bei Fehlen einer Primärberichtigung eine Gegenberichtigung möglicherweise nicht vorgenommen werden kann. Um Schwierigkeiten zu lösen, die sich aus kompensierenden Anpassungen ergeben, kann auf das Verständigungsverfahren zurückgegriffen werden, und die zuständigen Behörden sind eingeladen, sich nach Kräften um die Lösung von Doppelbesteuerungsfällen zu bemühen, die sich aus unterschiedlichen Ansätzen der Staaten in Bezug auf derartige Jahresendanpassungen ergeben können.

C.3. Verfahrensbezogene Bedenken

4.40. Obwohl durch Gegenberichtigungen und Verständigungsverfahren nachweislich ein Großteil der Verrechnungspreiskonflikte gelöst werden kann, wurden von den Steuerpflichtigen in diesem Zusammenhang ernste Bedenken geäußert. Da Verrechnungspreisfragen besonders komplex sind, äußerten die Steuerpflichtigen z. B. Bedenken, dass die Verfahren möglicherweise keinen ausreichenden Schutz vor Doppelbesteuerung bieten. Diesen Bedenken wurde in erster Linie durch die Ergänzung des Artikels 25 um einen neuen Absatz 5 im 2008 aktualisierten OECD-Musterabkommen Rechnung getragen, der einen Mechanismus einführt, der den Steuerpflichtigen die Beantragung eines Schiedsverfahrens in ungelösten Fragen ermöglicht, die die Erzielung einer Verständigung durch die zuständigen Behörden innerhalb eines Zeitraums von zwei Jahren verhindert haben. Im Kommentar zu Artikel 25 wird ferner der Einsatz ergänzender Mechanismen für die Lösung von Streitfällen zusätzlich zum Schiedsverfahren wohlwollend diskutiert, darunter Schlichtungsverfahren und die Überweisung von Sachstreitigkeiten an sachverständige Dritte.

4.41. Die Steuerpflichtigen äußerten auch Befürchtungen, dass ihre Fälle möglicherweise nicht aufgrund des jeweiligen individuellen Sachverhalts, sondern unter Bezugnahme auf eine Abwägung der Ergebnisse anderer Fälle gelöst werden. Eine etablierte gute Praxis bei der Lösung von Verständigungsfällen ist, dass eine zuständige Behörde die Verständigungsgespräche mit den anderen zuständigen Behörden in einer auf Prinzipien basierenden, gerechten und objektiven Art und Weise führt, wobei jeder Fall aufgrund des jeweiligen Sachverhaltes und nicht unter Bezugnahme auf die Ergebnisse anderer Fälle entschieden wird. Soweit anwendbar, stellen diese Leitlinien und die im Bericht zu BEPS-Aktionspunkt 14 aufgeführten Vorschläge (unter Berücksichtigung des Unterschieds zwischen dem Mindeststandard und den Best Practices bzw. optimalen Verfahrensweisen) eine angemessene Grundlage für die Entwicklung eines auf Prinzipien basierenden Ansatzes dar. Des Weiteren kann die Befürchtung bestehen, dass ein Staat, der um eine Gegenberichtigung ersucht wird, darauf mit Repressalien oder anderen kompensierenden Maßnahmen reagieren könnte. Es ist nicht Absicht der Steuerverwaltungen, zu Repressalien zu greifen; derartige Befürchtungen seitens der Steuerpflichtigen könnten auf eine unzureichende Kommunikation über diesen Umstand zurückzuführen sein. Die Steuerverwaltungen sollten deshalb Schritte unternehmen, um den Steuerpflichtigen die Gewissheit zu geben, dass sie dergleichen nicht zu befürchten haben und dass jeder Fall in Übereinstimmung mit dem Fremdvergleichsgrundsatz nach den Gegebenheiten des jeweiligen Sachverhalts entschieden wird. Steuerpflichtige sollten nicht davon abgeschreckt werden, in Fällen von Artikel 25 die Einleitung eines Verständigungsverfahrens zu veranlassen.

4.42. Einige der Bedenken, die im Zusammenhang mit dem Verständigungsverfahren und seinen Auswirkungen auf Gegenberichtigungen geäußert wurden, werden in den folgenden Abschnitten gesondert erörtert:

1. Steuerpflichtigen kann der Zugang zum Verständigungsverfahren in Verrechnungspreisfällen verweigert werden.
2. Die im innerstaatlichen Recht vorgesehenen Fristen für Änderungen von Steuerveranlagungen können Gegenberichtigungen verhindern, wenn diese Fristen durch das maßgebliche Doppelbesteuerungsabkommen nicht aufgehoben werden.
3. Im Verständigungsverfahren zu regelnde Fälle können viel Zeit in Anspruch nehmen.
4. Die Mitwirkung des Steuerpflichtigen ist möglicherweise begrenzt.
5. Es sind möglicherweise keine veröffentlichten Leitlinien verfügbar, die den Steuerpflichtigen über die Nutzung des Verständigungsverfahrens informieren.
6. Es gibt möglicherweise keine Verfahren, um Steuernachforderungen oder den Anfall von Zinsen bis zur Entscheidung über den Fall, der Gegenstand eines Verständigungsverfahrens ist, auszusetzen.

C.4. Leitlinien, Ansätze und Maßnahmen, um Bedenken in Bezug auf das Verständigungsverfahren zu begegnen

C.4.1. Verweigerung des Zugangs zum Verständigungsverfahren in Verrechnungspreisfällen

4.43. Ein grundlegendes Problem hinsichtlich des Verständigungsverfahrens und seiner Auswirkungen auf Gegenberichtigungen ist die Möglichkeit der Nichtgewährung des Zugangs zum Verständigungsverfahren in Verrechnungspreisfällen. Die Zusage, dem Abkommen nicht entsprechende Besteuerungsfälle durch Verständigung zu lösen, ist ein zentraler Bestandteil der von einem Vertragsstaat bei Abschluss eines Doppelbesteuerungsabkommens eingegangenen Verpflichtungen und muss nach Treu und Glauben umgesetzt werden. Die Nichtgewährung des Zugangs zum Verständigungsverfahren in Bezug auf von einem Abkommenspartner vorgenommene Verrechnungspreiskorrekturen kann einem der vorrangigen Ziele von Doppelbesteuerungsabkommen zuwiderlaufen. In den Arbeiten zu Aktionspunkt 14 des BEPS-Aktionsplans wurden die Bedenken hinsichtlich der Verweigerung des Zugangs zum Verständigungsverfahren in Bezug auf von einem Abkommenspartner vorgenommene Verrechnungspreisberichtigungen direkt berücksichtigt, indem die Verpflichtung, Zugang zum Verständigungsverfahren in Verrechnungspreisfällen zu gewähren, als Punkt 1.1 in den Mindeststandard von Aktionspunkt 14 aufgenommen wurde.

4.44. Der Mindeststandard von Aktionspunkt 14 umfasst darüber hinaus mehrere andere Elemente, die Bedenken in Bezug auf die Verweigerung des Zugangs zum Verständigungsverfahren allgemein begegnen sollen. Dazu gehören: eine Verpflichtung, Zugang zum Verständigungsverfahren zu gewähren, wenn zwischen dem Steuerpflichtigen und den eine Berichtigung vornehmenden Steuerbehörden Uneinigkeit darüber besteht, ob die Voraussetzungen für die Anwendung einer Abkommensbestimmung zur Missbrauchsbekämpfung erfüllt wurden oder ob die Anwendung einer innerstaatlichen Rechtsvorschrift zur Missbrauchsbekämpfung im Widerspruch zu einem Doppelbesteuerungsabkommen steht (Punkt 1.2); eine Verpflichtung, Vorschriften, Leitlinien und Verfahren in Bezug auf das Verständigungsverfahren zu veröffentlichen (Punkt 2.1) und in diesen Leitlinien darzulegen, welche konkreten Informationen und Unterlagen Steuerpflichtige mit dem Antrag auf Einleitung eines Verständigungsverfahrens vorlegen müssen (Punkt 3.2); eine Verpflichtung klarzustellen, dass zwischen Steuerbehörden und Steuerpflichtigen im Rahmen von Steuerprüfungen getroffene Regelungen (*audit settlements*) die Durchführung eines Verständigungsverfahrens nicht ausschließen (Punkt 2.6); sowie eine Verpflichtung sicherzustellen, dass beide zuständigen Behörden über Anträge auf Einleitung von Verständigungsverfahren in Kenntnis gesetzt werden, indem *i)* Artikel 25 Absatz 1 dahingehend geändert wird, dass Anträge auf Einleitung eines Verständigungsverfahrens bei der zuständigen Behörde jedes der beiden Vertragsstaaten gestellt werden können, oder indem *ii)* ein zweiseitiges Notifikations- oder Konsultationsverfahren in denjenigen Fällen durchgeführt wird, in denen die angerufene zuständige Behörde die Einwendung des Steuerpflichtigen für unberechtigt hält (Punkt 3.1).

C.4.2. Fristen

4.45. Eine Entlastung aufgrund des Artikels 9 Absatz 2 könnte dann nicht möglich sein, wenn die im Abkommen oder im innerstaatlichen Recht vorgesehene Frist für die Vornahme von Gegenberichtigungen abgelaufen ist.

Artikel 9 Absatz 2 äußert sich nicht zu einer Frist, nach deren Ablauf Gegenberichtigungen nicht mehr vorgenommen werden könnten. Einige Staaten ziehen Verfahren ohne Fristen vor, um Doppelbesteuerungen zu mildern. Andere Staaten wiederum betrachten ein Verfahren ohne Fristen aus administrativen Gründen als nicht sachgerecht. Daher kann eine Entlastung davon abhängen, ob das geltende Abkommen die innerstaatlichen Fristen aufhebt, andere Fristen festlegt oder die Umsetzung der Entlastung an die im innerstaatlichen Recht vorgeschriebenen Fristen knüpft.

4.46. Fristen für die endgültige Festsetzung der Steuerschuld eines Steuerpflichtigen sind im Interesse der Rechtssicherheit für den Steuerpflichtigen und für die Steuerverwaltungen notwendig. Es kann vorkommen, dass in einem Verrechnungspreisfall ein Staat nach innerstaatlichem Recht nicht in der Lage ist, eine Gegenberichtigung vorzunehmen, wenn die Frist für die Festsetzung der Steuer für das jeweilige Unternehmen abgelaufen ist. Um Doppelbesteuerungen zu minimieren, muss daher auf derartige Fristen und auf deren von Staat zu Staat unterschiedliche Dauer geachtet werden.

4.47. Artikel 25 Absatz 2 des OECD-Musterabkommens befasst sich mit der Frage der Fristen und verlangt, dass eine von den zuständigen Behörden aufgrund des Verständigungsverfahrens erzielte Regelung ungeachtet der Fristen des innerstaatlichen Rechts der Vertragsstaaten umzusetzen ist. In Ziffer 29 des Kommentars zu Artikel 25 wird anerkannt, dass im letzten Satz von Artikel 25 Absatz 2 die Verpflichtung zur Umsetzung solcher Verständigungsregelungen eindeutig festgelegt ist (und wird festgestellt, dass bei Abschluss eines Doppelbesteuerungsabkommens bestehende Umsetzungshindernisse generell in der Verständigungsregelung selbst berücksichtigt werden sollten). In Fällen, in denen ein bilaterales Abkommen diese Bestimmung enthält, wird die Vornahme von Gegenberichtigungen durch Fristen somit nicht verhindert. Einige Staaten sind jedoch möglicherweise nicht bereit oder in der Lage, ihre innerstaatlichen Fristen auf diese Weise außer Kraft zu setzen, und haben diesbezüglich ausdrückliche Vorbehalte angemeldet. Die OECD-Mitgliedstaaten sind daher eingeladen, im Fall der Inanspruchnahme des Verständigungsverfahrens ihre innerstaatlichen Fristen für die Vornahme von Gegenberichtigungen weitestgehend zu verlängern.

4.48. Hebt ein bilaterales Abkommen die innerstaatlichen Fristen für die Zwecke des Verständigungsverfahrens nicht auf, sollten die Steuerverwaltungen in der Lage sein, auf Antrag des Steuerpflichtigen rasch Verständigungsgespräche einzuleiten, und zwar deutlich vor Ablauf etwaiger eine Berichtigung ausschließender Fristen. Darüber hinaus wird den OECD-Mitgliedstaaten geraten, innerstaatliche Rechtsvorschriften vorzusehen, die es gestatten, Fristen für die Steuerfestsetzung auszusetzen, bis die Verständigungsgespräche abgeschlossen sind.

4.49. Die Arbeiten zu Aktionspunkt 14 des BEPS-Aktionsplans befassen sich direkt mit dem Hindernis, das nach innerstaatlichem Recht bestehende Fristen für effektive Verständigungsverfahren darstellen können. Punkt 3.3 des Mindeststandards von Aktionspunkt 14 enthält die Empfehlung, dass die Staaten Artikel 25 Absatz 2 Satz 2 in ihre Doppelbesteuerungsabkommen aufnehmen sollten, um sicherzustellen, dass Fristen des innerstaatlichen Rechts 1. die Umsetzung von Verständigungsregelungen der zuständigen Behörden nicht verhindern und 2. dem Ziel, Fälle abkommenswidriger Besteuerung zu lösen, nicht entgegenwirken.

4.50. Wenn ein Staat Artikel 25 Absatz 2 Satz 2 nicht in seine Doppelbesteuerungsabkommen aufnehmen kann, sieht Punkt 3.3 des Mindeststandards von Aktionspunkt 14 vor, dass er zur Aufnahme einer alternativen Abkommensbestimmung bereit sein sollte, mit der der Zeitraum eingeschränkt wird, in dem ein Vertragsstaat Berichtigungen nach Artikel 9 Absatz 1 vornehmen kann, sodass spätere Berichtigungen vermieden werden, bei denen eine Abhilfe im Wege des Verständigungsverfahrens nicht zur Verfügung steht. Der betreffende Staat erfüllt diesen Punkt des Mindeststandards, wenn die alternative Abkommensbestimmung so formuliert wurde, dass sie den im innerstaatlichen Recht dieses Staates vorgesehenen Fristen für Berichtigungen Rechnung trägt. Diese alternative Bestimmung lautet in der im Bericht zu BEPS-Aktionspunkt 14 gewählten Formulierung folgendermaßen:

> [*In Artikel 9*]:
>
> 3. Gewinne, die ein Unternehmen erzielt hätte, wegen der in Absatz 1 genannten Bedingungen aber nicht erzielt hat, darf ein Vertragsstaat nach Ablauf von [bilateral vereinbarter Zeitraum] ab dem Ende des Veranlagungszeitraums, in dem das Unternehmen die Gewinne erzielt hätte, nicht den Gewinnen des Unternehmens zurechnen und entsprechend besteuern. Dieser Absatz findet keine Anwendung bei Betrug, grober Fahrlässigkeit oder vorsätzlicher Unterlassung.

Punkt 3.3 des Mindeststandards von Aktionspunkt 14 sieht außerdem vor, dass der betreffende Staat eine ähnliche alternative Bestimmung in Artikel 7 in Bezug auf Berichtigungen der einer Betriebsstätte zuzurechnenden Gewinne aufnehmen sollte.

4.51. Es ist zwar nicht möglich, eine allgemeine Fristenempfehlung für Erstveranlagungen abzugeben, doch werden die Steuerverwaltungen eingeladen, solche Veranlagungen innerhalb der im innerstaatlichen Recht vorgesehenen Fristen ohne Verlängerung vorzunehmen. Sollte die Komplexität des Sachverhalts oder eine mangelnde Mitwirkung seitens des Steuerpflichtigen eine Verlängerung notwendig machen, sollte sich diese auf einen genau festgelegten, kürzest möglichen Zeitraum beschränken. Darüber hinaus sollte in Fällen, in denen die innerstaatlichen Fristen mit Zustimmung des Steuerpflichtigen verlängert werden können, eine derartige Verlängerung nur dann erfolgen, wenn der Steuerpflichtige seine Zustimmung tatsächlich freiwillig erteilt. Die Betriebsprüfer werden eingeladen, den Steuerpflichtigen bereits frühzeitig ihre Absicht mitzuteilen, eine Veranlagung auf der Grundlage grenzüberschreitender Verrechnungspreise vorzunehmen, damit der Steuerpflichtige, so er dies wünscht, die Steuerverwaltung im anderen betroffenen Staat informieren kann, die dann mit der Prüfung der relevanten Fragen im Hinblick auf ein mögliches Verständigungsverfahren beginnen kann.

4.52. Eine weitere zu berücksichtigende Frist ist die Dreijahresfrist, innerhalb derer ein Steuerpflichtiger das Verständigungsverfahren gemäß Artikel 25 des OECD-Musterabkommens beantragen muss. Die Dreijahresfrist beginnt ab der ersten Mitteilung der Maßnahme, die zu einer dem Abkommen nicht entsprechenden Besteuerung führt, welches der Zeitpunkt sein kann, an dem die Steuerverwaltung dem Steuerpflichtigen erstmalig die beabsichtigte Berichtigung mitteilt, was als die „Berichtigungsmaßnahme“ bzw. der „Besteuerungsakt“ bezeichnet wird, oder ein früherer Zeitpunkt, wie in den Ziffern 21–24 des Kommentars zu Artikel 25 erörtert. Während einige Staaten drei Jahre als zu kurz für die Beantragung des Verständigungsverfahrens ansehen, halten andere Staaten diesen Zeitraum für zu lang und haben zu diesem Punkt Vorbehalte angemeldet. Der Kommentar zu Artikel 25 weist darauf hin, dass die Frist „als Minimum anzusehen ist, sodass die Vertragsstaaten in ihren zweiseitigen Abkommen im Interesse der Steuerpflichtigen eine längere Frist vorsehen können“. In diesem Zusammenhang sollte darauf hingewiesen werden, dass Punkt 1.1 des Mindeststandards von Aktionspunkt 14 die Empfehlung enthält, dass die Staaten die Absätze 1 bis 3 des Artikels 25 gemäß der Auslegung im Kommentar in ihre Doppelbesteuerungsabkommen aufnehmen.

4.53. Die Dreijahresfrist wirft das Problem auf, wie der Zeitpunkt ihres Beginns bestimmt werden soll, worauf in den Ziffern 21–24 des Kommentars zu Artikel 25 eingegangen wird. Insbesondere führt Ziffer 21 an, dass die Dreijahresfrist „in der für den Steuerpflichtigen günstigsten Weise auszulegen“ ist. Ziffer 22 enthält Hinweise zur Bestimmung des Datums des Besteuerungsakts. Ziffer 23 erörtert Selbstveranlagungsfälle. Ziffer 24 stellt Folgendes klar: „Ergibt sich die dem Abkommen nicht entsprechende Besteuerung erst aus dem Zusammenwirken von Entscheidungen oder Maßnahmen, die in beiden Vertragsstaaten getroffen werden, so beginnt die Frist mit der ersten Mitteilung der jüngsten Entscheidung oder Maßnahme.“

4.54. Um möglichst zu verhindern, dass Fristen einer wirksamen Entlastung von Doppelbesteuerung oder deren Vermeidung im Verständigungsverfahren entgegenstehen, sollte es dem Steuerpflichtigen erlaubt sein, das Verständigungsverfahren zum frühestmöglichen Zeitpunkt in Anspruch zu nehmen, d. h., sobald eine Berichtigung als wahrscheinlich gilt. Eine frühzeitige

Konsultation der zuständigen Behörde, bevor unwiderrufliche Schritte von einer der beiden Verwaltungen eingeleitet werden, kann sicherstellen, dass verfahrensbezogene Hindernisse auf dem Weg zu einem für beide Seiten annehmbaren Abschluss der Gespräche weitestgehend ausgeräumt werden. Es kann allerdings sein, dass die zuständigen Behörden einiger Staaten nicht derart frühzeitig einbezogen werden wollen, da eine bloß beabsichtigte Berichtigung möglicherweise nicht in eine endgültige Maßnahme mündet oder möglicherweise keinen Anspruch auf Gegenberichtigung entstehen lässt. Eine zu frühe Inanspruchnahme des Verständigungsverfahrens kann folglich auch unnötige Arbeit verursachen.

C.4.3. Dauer von Verständigungsverfahren

4.55. Die im Rahmen des Verständigungsverfahrens eingeleiteten Gespräche können sich in die Länge ziehen. Die Komplexität von Verrechnungspreisfällen kann es den zuständigen Behörden schwer machen, rasch eine Lösung zu finden. Weite Entfernungen können häufigen Treffen zwischen den zuständigen Behörden entgegenstehen, und der Schriftverkehr ist vielfach nur ein unbefriedigender Ersatz für persönliche Gespräche. Schwierigkeiten ergeben sich auch aufgrund unterschiedlicher Sprachen, Verfahren, Rechtssysteme und Rechnungslegungsvorschriften, und diese Unterschiede können die Verfahrensdauer verlängern. Zu einer Verlängerung des Verfahrens kann es auch kommen, wenn der Steuerpflichtige die Erteilung all jener Informationen hinauszögert, welche die zuständigen Behörden für eine vollständige Kenntnis der betreffenden Verrechnungspreisfragen benötigen.

4.56. Wenngleich der Abschluss eines Falls im Wege des Verständigungsverfahrens je nach Komplexität unterschiedlich viel Zeit in Anspruch nehmen kann, bemühen sich die meisten zuständigen Behörden, innerhalb von 24 Monaten zu einer bilateralen Einigung zur Regelung des Verständigungsfalls zu gelangen. Um eine zügige, effektive und effiziente Regelung abkommensbezogener Streitigkeiten sicherzustellen, enthält der im Rahmen der Arbeiten zu Aktionspunkt 14 des BEPS-Aktionsplans verabschiedete Mindeststandard die Verpflichtung, im Verständigungsverfahren zu regelnde Fälle innerhalb von durchschnittlich 24 Monaten abzuschließen (Punkt 1.3). Die von den Staaten bei der Verwirklichung dieses Ziels erreichten Fortschritte werden regelmäßig auf der Grundlage der Statistiken[3] des vereinbarten Berichtsrahmens für Verständigungsverfahren überprüft, der entwickelt wurde, um einen konkreten Maßstab zur Beurteilung der Auswirkungen der Umsetzung des Mindeststandards von Aktionspunkt 14 zu bieten (vgl. Punkt 1.5 und

3. Vgl. OECD (2016), *BEPS Action 14 on More Effective Dispute Resolution Mechanisms – Peer Review Documents*, OECD/G20 Base Erosion and Profit Shifting Project, OECD, Paris.

1.6). Darüber hinaus sollen andere Elemente des Mindeststandards von Aktionspunkt 14 in Bezug auf die Befugnisse der für Verständigungsverfahren zuständigen Beschäftigten (Punkt 2.3), Leistungsindikatoren hinsichtlich der Aufgaben der zuständigen Behörde (Punkt 2.4) und eine angemessene Ausstattung der zuständigen Behörde (Punkt 2.5) zur zügigen Regelung von Fällen, die Gegenstand eines Verständigungsverfahrens sind, beitragen.

4.57. Grundsätzlich dürfte die Aufnahme einer Artikel 25 Absatz 5 entsprechenden obligatorischen verbindlichen Schiedsklausel in Doppelbesteuerungsabkommen zur Lösung von Problemen, die die zuständigen Behörden innerhalb der in dieser Klausel genannten Zweijahresfrist nicht lösen können, das Risiko langwieriger Verständigungsverfahren deutlich verringern. Vgl. Ziffer 4.177–4.179.

C.4.4. Mitwirkung des Steuerpflichtigen

4.58. Artikel 25 Absatz 1 des OECD-Musterabkommens berechtigt die Steuerpflichtigen, einen Antrag auf Einleitung eines Verständigungsverfahrens zu stellen. Trotz dieses Rechts auf Einleitung des Verfahrens verfügt der Steuerpflichtige nicht konkret über ein Recht, an diesem Verfahren mitzuwirken. Es wurde vorgebracht, dass der Steuerpflichtige ein solches Recht auf Verfahrensteilnahme haben sollte, was insbesondere das Recht beinhalten sollte, seinen Fall den zuständigen Behörden beider Staaten zumindest vorzutragen und über den Verlauf der Gespräche unterrichtet zu werden. Es darf in diesem Zusammenhang nicht außer Acht gelassen werden, dass die Umsetzung einer Verständigungsregelung in der Praxis von der Zustimmung des Steuerpflichtigen abhängt. Einige Vertreter von Steuerpflichtigen haben vorgeschlagen, dass der Steuerpflichtige auch das Recht haben sollte, Besprechungen zwischen den zuständigen Behörden beizuwohnen. Dies würde gewährleisten, dass bei den zuständigen Behörden keine Missverständnisse über die für den Fall des Steuerpflichtigen maßgeblichen Gegebenheiten und Argumente aufkommen.

4.59. Das in Artikel 25 des OECD-Musterabkommens vorgesehene und in viele bilaterale Abkommen übernommene Verständigungsverfahren ist kein Rechtsmittelverfahren. Obwohl in einigen Fällen die Mitwirkung des Steuerpflichtigen hilfreich sein kann, muss in Erinnerung gerufen werden, dass das Verständigungsverfahren ein zwischenstaatliches Verfahren ist und dass die zuständigen Behörden in freiem Ermessen und gegenseitigem Einvernehmen über eine etwaige Mitwirkung des Steuerpflichtigen in diesem Verfahren entscheiden sollten.

4.60. Über die tatsächlichen Gespräche zwischen den zuständigen Behörden hinaus ist es für den Steuerpflichtigen wesentlich, den zuständigen Behörden alle maßgeblichen Informationen zeitnah zukommen zu lassen. Die Ressourcen der zuständigen Behörden sind begrenzt, und die Steuerpflichtigen sollten keine Anstrengungen scheuen, zur Verfahrensvereinfachung beizutragen, insbesondere in komplexen und faktenintensiven Verrechnungspreisfällen, in denen es für die zuständigen Behörden schwierig sein kann, ein vollständiges und genaues Verständnis der Tätigkeiten der verbundenen Unternehmen zu entwickeln. Weil das Verständigungsverfahren grundsätzlich als Instrument im Dienst des Steuerpflichtigen konzipiert ist, sollten die zuständigen Behörden den Steuerpflichtigen zudem jede geeignete Möglichkeit einräumen, ihnen die maßgeblichen Gegebenheiten und Argumente zu unterbreiten, um soweit wie möglich sicherzustellen, dass in der Angelegenheit keine Missverständnisse auftreten.

4.61. In der Praxis räumen die zuständigen Behörden vieler OECD-Mitgliedstaaten den Steuerpflichtigen solche Möglichkeiten routinemäßig ein, informieren sie über den Verlauf des Verfahrens und fragen sie vielfach während der Besprechungen, ob ihnen die von den zuständigen Behörden ins Auge gefassten Lösungen akzeptabel erscheinen. Diese Methoden, die in den meisten Staaten bereits Standard sind, sollten möglichst weite Verbreitung finden. Sie werden im OECD-Handbuch zu effektiven Verständigungsverfahren (*Manual on Effective Mutual Agreement Procedures*) beschrieben.

C.4.5. Veröffentlichung einer Verfahrensbeschreibung für das Verständigungsverfahren

4.62. Die Mitwirkung der Steuerpflichtigen im Verständigungsverfahren wird natürlich erleichtert, wenn allgemeine Leitlinien zu den anwendbaren Verfahren leicht zugänglich sind. In den Arbeiten zu Aktionspunkt 14 des BEPS-Aktionsplans wurde die Bedeutung solcher Leitlinien direkt anerkannt. Punkt 2.1 des Mindeststandards von Aktionspunkt 14 zufolge sollen die Staaten Vorschriften, Leitlinien und Verfahren in Bezug auf das Verständigungsverfahren ausarbeiten und veröffentlichen und angemessene Maßnahmen ergreifen, um den Steuerpflichtigen diese Informationen zur Verfügung zu stellen. Diese Leitlinien sollten Informationen dazu umfassen, wie Steuerpflichtige einen Antrag auf Einleitung eines Verständigungsverfahrens stellen können. Sie sollten in klarer und leicht verständlicher Sprache abgefasst und für die Öffentlichkeit leicht zugänglich sein. Der Bericht zu Aktionspunkt 14 des BEPS-Aktionsprogramms stellt außerdem fest, dass solche Informationen von besonderer Bedeutung sein können, wenn eine Berichtigung Sachverhalte im Geltungsbereich eines Doppelbesteuerungsabkommens betreffen könnte, beispielsweise wenn eine Verrechnungspreiskorrektur in Bezug auf einen konzerninternen Geschäftsvorfall mit einem verbundenen Unternehmen in einem Abkommenspartnerstaat vorgenommen wird, und dass die Staaten in angemessener Weise sicherstellen sollten, dass den Steuerpflichtigen in diesen Fällen eine Verfahrensbeschreibung für das Verständigungsverfahren zur Verfügung steht. Zur Förderung der Transparenz und der Verbreitung solcher veröffentlichter Leitlinien sieht Punkt 2.2 des Mindeststandards von Aktionspunkt 14 die Veröffentlichung landesspezifischer Kurzdarstellungen des Verständigungsverfahrens auf einer gemeinsamen öffentlichen Plattform vor, um die Kontaktangaben der zuständigen Behörde, Links zu relevanten innerstaatlichen Leitlinien und andere nützliche landesspezifische Informationen allgemein zugänglich zu machen. Diese von den Mitgliedern des Inclusive Framework on BEPS[4] nach einer für diesen Zweck gemeinsam erarbeiteten Berichtsvorlage erstellten landesspezifischen Kurzdarstellungen werden auf der Website der OECD veröffentlicht.[5]

4.63. Die Arbeiten zu Aktionspunkt 14 gehen auch auf einige andere Aspekte in Bezug auf den Inhalt der Verfahrensbeschreibung für das Verständigungsverfahren ein:

- Nach Punkt 3.2 des Mindeststandards von Aktionspunkt 14 sollten die Staaten in ihrer Verfahrensbeschreibung für das Verständigungsverfahren angeben, welche Informationen und Unterlagen die Steuerpflichtigen im Einzelnen mit dem Antrag auf Einleitung eines Verständigungsverfahrens vorlegen müssen. Gemäß Punkt 3.2 sollten die Staaten den Zugang zum Verständigungsverfahren nicht mit der Begründung verweigern, der Steuerpflichtige habe unzureichende Informationen vorgelegt, wenn der Steuerpflichtige diesen Hinweisen entsprechend die vorgeschriebenen Informationen und Unterlagen vorgelegt hat.
- Punkt 2.6 des Mindeststandards von Aktionspunkt 14 zufolge sollten die Staaten in ihrer Verfahrensbeschreibung für das Verständigungsverfahren klarstellen, dass zwischen Steuerbehörden und Steuerpflichtigen im Rahmen von Steuerprüfungen getroffene Regelungen (*audit settlements)* die Durchführung eines Verständigungsverfahrens nicht ausschließen.
- Einige der nichtverbindlichen optimalen Verfahrensweisen (Best Practices) von Aktionspunkt 14 empfehlen außerdem, dass die Verfahrensbeschreibung der Staaten für das Verständigungsverfahren Folgendes umfassen sollte: eine Erläuterung des Verhältnisses zwischen dem Verständigungsverfahren und den gerichtlichen und behördlichen Rechtsmitteln nach innerstaatlichem Recht (optimale Verfahrensweise 8), eine Orientierungshilfe für die Berücksichtigung von Zinsen und Geldbußen im Rahmen des Verständigungsverfahrens (optimale Verfahrensweise 10) sowie eine Orientierungshilfe für multilaterale Verständigungsverfahren und Vorabverständigungen über die Verrechnungspreise (optimale Verfahrensweise 11). Die

4. Vgl. www.oecd.org/tax/beps/beps-about.htm#membership.
5. Vgl. www.oecd.org/tax/beps/country-map-profiles.htm.

optimale Verfahrensweise 9 beinhaltet die Empfehlung, dass diese Orientierungshilfen gewährleisten sollten, dass den Steuerpflichtigen der Zugang zum Verständigungsverfahren gestattet ist, damit die zuständigen Behörden im Wege der Konsultation das Problem der Doppelbesteuerung lösen können, das im Fall einer von einem nach Treu und Glauben handelnden Steuerpflichtigen in einem anderen Staat eingeleiteten Berichtigung auftreten kann.

4.64. Es besteht für die zuständigen Behörden keine Notwendigkeit, über Verfahrensgrundsätze oder -leitlinien eine Einigung zu erzielen, da solche Grundsätze und Leitlinien in ihrer Wirkung auf das Verhältnis der zuständigen Behörde zu den Steuerpflichtigen, die ein Verständigungsverfahren einleiten wollen, beschränkt sind. Die zuständigen Behörden sollten aber solche unilateralen Grundsätze oder Leitlinien den zuständigen Behörden ihrer Abkommenspartner zur Kenntnis bringen und sicherstellen, dass ihre landesspezifischen Kurzdarstellungen des Verständigungsverfahrens (vgl. Ziffer 4.62 weiter oben) stets auf dem neuesten Stand sind.

C.4.6. Probleme betreffend Steuernachforderungen und den Anfall von Zinsen

4.65. Das Verfahren zur Entlastung von Doppelbesteuerung mittels einer Gegenberichtigung kann durch Probleme bei Steuernachforderungen und bei der Festsetzung der Zinsen für diese Nachforderungen bzw. Steuerguthaben erschwert werden. Ein erstes Problem liegt darin, dass die festgesetzte Steuernachforderung infolge des Fehlens innerstaatlicher Verfahren zur Aussetzung der Vollziehung möglicherweise noch vor Abschluss des Gegenberichtigungsverfahrens eingefordert wird. Dies kann dazu führen, dass der multinationale Konzern bis zur Lösung des Problems dieselbe Steuer zweimal entrichten muss. Dieses Problem zeigt sich aber nicht nur im Zusammenhang mit dem Verständigungsverfahren, sondern auch im Rahmen innerstaatlicher Rechtsmittelverfahren. Bei den Arbeiten zu Aktionspunkt 14 des BEPS-Aktionsplans wurde anerkannt, dass die Erhebung von Steuern durch beide Vertragsstaaten beträchtliche Auswirkungen auf die Geschäftstätigkeit eines Steuerpflichtigen haben kann (beispielsweise infolge von Liquiditätsproblemen). Eine solche Steuererhebung kann außerdem dazu führen, dass es für die zuständige Behörde in Anbetracht der Möglichkeit, bereits erhobene Steuern zurückerstatten zu müssen, schwieriger wird, nach Treu und Glauben Gespräche im Rahmen eines Verständigungsverfahrens zu führen. Der Bericht zu BEPS-Aktionspunkt 14 empfiehlt deshalb als optimale Verfahrensweise 6, dass die Staaten angemessene Maßnahmen ergreifen, um die Aussetzung der Vollziehung während eines noch laufenden Verständigungsverfahrens zu gewährleisten; die Aussetzung der Vollziehung sollte mindestens unter denselben Voraussetzungen möglich sein, die auch bei innerstaatlichen Verwaltungs- oder Rechtshilfeverfahren gelten. Diesbezüglich ist darauf hinzuweisen, dass die gemäß Punkt 2.2 des Mindeststandards von Aktionspunkt 14 erstellten landesspezifischen Kurzdarstellungen des Verständigungsverfahrens (vgl. Ziffer 4.62) Informationen über die Verfügbarkeit von Verfahren für die Aussetzung der Vollziehung in den einzelnen Staaten enthalten.

4.66. Unabhängig davon, ob die Steuernachforderung ganz oder teilweise ausgesetzt wird oder nicht, können weitere Schwierigkeiten auftreten. Infolge der langen Bearbeitungsdauer von Verrechnungspreisfällen können die für Steuernachforderungen oder, im Fall einer Gegenberichtigung, für Steuerguthaben im anderen Staat anfallenden Zinsen die Höhe des eigentlichen Steuerbetrags erreichen oder gar überschreiten. Die Staaten sollten in ihren Verständigungsverfahren berücksichtigen, dass unterschiedliche Regelungen der beiden Staaten in Bezug auf Zinsen für den multinationalen Konzern zusätzliche Kosten oder mitunter auch Vorteile entstehen lassen können (z. B. wenn die in dem Staat, der die Gegenberichtigung vornimmt, vergüteten Zinsen die Zinsen übersteigen, die in dem Staat, der die Primärberichtigung vornimmt, erhoben werden), zu denen es nicht gekommen wäre, wenn die konzerninternen Geschäftsvorfälle von Beginn an fremdvergleichskonform gewesen wären. Wie bereits erläutert, enthält der Bericht zu BEPS-Aktionspunkt 14 als optimale Verfahrensweise 10 die Empfehlung, dass die von den Staaten veröffentlichte Verfahrensbeschreibung für das Verständigungsverfahren Leitlinien zur Berücksichtigung von Zinsen im Rahmen dieses Verfahrens enthalten sollte. Darüber hinaus enthalten die gemäß Punkt 2.2 des Mindeststandards von Aktionspunkt 14 erstellten landesspezifischen Kurzdarstellungen des Verständigungsverfahrens Informationen dazu, wie Zinsen und Geldbußen von einzelnen Staaten im Rahmen des Verständigungsverfahrens behandelt werden.

4.67. Die Höhe des Zinsbetrags (die vom angewendeten Zinssatz zu unterscheiden ist) kann in besonderem Maße davon abhängen, welchem Jahr ein Staat seine Gegenberichtigung zurechnet. Der die Gegenberichtigung vornehmende Staat kann die Berichtigung gegebenenfalls für das Jahr vornehmen, in dem die Primärberichtigung stattfindet, in welchem Fall wahrscheinlich (ungeachtet des Zinssatzes) ein geringerer Zinsbetrag zu entrichten ist; demgegenüber könnte der die Primärberichtigung vornehmende Staat darauf bedacht sein, Zinsen auf die zu niedrig ausgewiesene und nicht erhobene Steuerschuld ab dem Jahr zu erheben, in dem die konzerninternen Geschäftsvorfälle stattfanden (auch wenn dabei möglicherweise ein relativ geringer Zinssatz angelegt wird). Die Frage, welchem Jahr eine Gegenberichtigung zugerechnet werden soll, wird in Ziffer 4.36 behandelt. In bestimmten Fällen kann es für die zuständigen Behörden beider Staaten zweckmäßig sein, sich darauf zu einigen, im Zusammenhang mit der betreffenden Berichtigung keine Zinsen zu erheben oder gutzuschreiben; es kann jedoch sein, dass dies in Ermangelung einer konkreten Bestimmung hierzu im maßgeblichen bilateralen Abkommen nicht möglich ist. Ein solches Vorgehen würde auch den Verwaltungsaufwand reduzieren. Da die Zinsen auf Steuernachforderungen und auf Steuerguthaben verschiedenen Steuerpflichtigen in verschiedenen Staaten zuzurechnen sind, würde ein solches Vorgehen allerdings keine Gewähr für ein wirtschaftlich sachgerechtes Ergebnis bieten.

C.5. Sekundärberichtigungen

4.68. Gegenberichtigungen sind nicht die einzigen Berichtigungen, die durch eine Primärberichtigung der Verrechnungspreise ausgelöst werden können. Primärberichtigungen von Verrechnungspreisen und die entsprechenden Gegenberichtigungen ändern zwar die Aufteilung der steuerpflichtigen Gewinne innerhalb eines multinationalen Konzerns, sie ändern jedoch nichts an der Tatsache, dass die der Berichtigung entsprechenden Übergewinne nicht mit dem Ergebnis übereinstimmen, das erzielt worden wäre, wenn die konzerninternen Geschäftsvorfälle fremdvergleichskonform gewesen wären. Um die tatsächliche Gewinnaufteilung mit der primären Verrechnungspreisberichtigung in Einklang zu bringen, werden einige Staaten, die eine Verrechnungspreiskorrektur vorgesehen haben, nach ihrem innerstaatlichen Recht einen „verdeckten“ Geschäftsvorfall (Sekundärgeschäftsvorfall) feststellen, wobei die Übergewinne, die sich aus der Primärberichtigung ergeben, so behandelt werden, als wären sie anderweitig übertragen worden, und entsprechend besteuert werden. Üblicherweise nehmen solche Sekundärgeschäftsvorfälle die Form verdeckter Gewinnausschüttungen, verdeckter Kapitaleinlagen oder verdeckter Darlehen an. So kann beispielsweise ein Staat, der eine Primärberichtigung hinsichtlich der Einkünfte einer Tochtergesellschaft einer ausländischen Muttergesellschaft vornimmt, die Übergewinne der ausländischen Muttergesellschaft so behandeln, als wären diese als Dividende gezahlt worden; in diesem Fall kann eine Quellensteuer erhoben werden. Es kann sein, dass die Tochtergesellschaft der ausländischen Muttergesellschaft einen überhöhten Verrechnungspreis gezahlt hat, um diese Quellensteuer zu umgehen. Sekundärberichtigungen sollen somit der Differenz zwischen den neu ermittelten steuerpflichtigen Gewinnen und den ursprünglich verbuchten Gewinnen Rechnung tragen. Die Besteuerung eines Sekundärgeschäftsvorfalls führt zu einer Sekundärberichtigung des Verrechnungspreises (einer Sekundärberichtigung). Sekundärberichtigungen können somit zur Verhinderung von Steuerumgehung dienen. Welche Form ein Sekundärgeschäftsvorfall und die sich daraus ergebende Sekundärberichtigung konkret annehmen, hängt von den Gegebenheiten des Einzelfalles und von den Steuergesetzen des Staates ab, der die Sekundärberichtigung vornimmt.

4.69. Ein weiteres Beispiel dafür, wie eine Steuerverwaltung eine Sekundärberichtigung vorzunehmen sucht, kann vorliegen, wenn eine Steuerverwaltung, die eine Primärberichtigung vornimmt, die Übergewinne als ein verdecktes Darlehen behandelt, das ein Konzernunternehmen dem anderen

Konzernunternehmen gewährt. In diesem Fall würde unterstellt, dass eine Verpflichtung zur Rückzahlung des Darlehens entsteht. Die Steuerverwaltung, die die Primärberichtigung vornimmt, kann dann auf diesen Sekundärgeschäftsvorfall den Fremdvergleichsgrundsatz anwenden, um einen fremdüblichen Zinssatz zu berechnen. Geklärt werden müsste im Allgemeinen, welcher Zinssatz angelegt werden sollte, welcher Zeitplan gegebenenfalls für die Zinszahlung gelten sollte oder ob die Zinsen zu kapitalisieren sind. Wird von einem verdeckten Darlehen ausgegangen, hat dies möglicherweise nicht nur Auswirkungen für das Jahr, auf das sich eine Primärberichtigung bezieht, sondern auch für die darauffolgenden Jahre, und zwar bis zu dem Zeitpunkt, ab dem die Steuerverwaltung, die die Sekundärberichtigung vornimmt, das verdeckte Darlehen als zurückgezahlt betrachtet.

4.70. Eine Sekundärberichtigung kann zu Doppelbesteuerung führen, wenn der andere Staat für die zusätzliche Steuerschuld, die aus einer Sekundärberichtigung entsteht, keine entsprechende Anrechnung oder andere Form der Entlastung vorsieht. Handelt es sich bei der Sekundärberichtigung um eine verdeckte Gewinnausschüttung, kann für die darauf erhobene Quellensteuer u. U. keine Entlastung gewährt werden, weil nach dem innerstaatlichen Recht des anderen Staats möglicherweise keine entsprechende Einnahme unterstellt wird.

4.71. Der Kommentar zu Artikel 9 Absatz 2 des OECD-Musterabkommens stellt fest, dass sich der Artikel nicht mit Sekundärberichtigungen befasst und somit die Steuerverwaltungen weder daran hindert noch dazu verpflichtet, Sekundärberichtigungen vorzunehmen. Generell gilt, dass der Zweck von Doppelbesteuerungsabkommen in der Vermeidung von Doppelbesteuerung und der Verhinderung von Steuerhinterziehung auf dem Gebiet der Steuern vom Einkommen und vom Vermögen besteht. Viele Staaten nehmen aus praktischen Gründen keine Sekundärberichtigungen vor oder weil dies aufgrund einschlägiger innerstaatlichen Bestimmungen nicht zulässig ist. Einige Staaten könnten sich weigern, eine Entlastung für von anderen Staaten vorgenommene Sekundärberichtigungen zu gewähren, und nach Artikel 9 sind sie dazu auch nicht verpflichtet.

4.72. Einige Staaten lehnen Sekundärberichtigungen wegen der Schwierigkeiten ab, die diese in der Praxis aufwerfen. Erfolgt beispielsweise eine Primärberichtigung zwischen Schwestergesellschaften, so kann die Sekundärberichtigung zu einer hypothetischen Dividende führen, die von einer dieser Gesellschaften über eine Beteiligungskette nach oben an eine gemeinsame Muttergesellschaft fließt, gefolgt von „verdeckten" Kapitaleinlagen über eine andere Beteiligungskette bis hin zur anderen am Geschäftsvorfall beteiligten Gesellschaft. So könnten viele hypothetische Geschäftsvorfälle entstehen, was wiederum die Frage aufwirft, ob dies außer in den Staaten, die von dem zu der Primärberichtigung führenden Geschäftsvorfall betroffen sind, noch in anderen Staaten steuerliche Folgen haben sollte. Dies könnte vermieden werden, wenn es sich beim Sekundärgeschäftsvorfall um ein Darlehen handeln würde; verdeckte Darlehen werden von den meisten Staaten jedoch nicht für diesen Zweck verwendet, und sie bringen aufgrund von Fragen der Zurechnung von Zinsen ihrerseits Schwierigkeiten mit sich. Es wäre unangemessen, am konzerninternen Geschäftsvorfall nicht beteiligte Minderheitsgesellschafter, die daher auch keine überhöhten Zahlungen erhalten haben, als Empfänger einer verdeckten Gewinnausschüttung anzusehen, selbst wenn eine nicht anteilsmäßige Dividende möglicherweise nicht mit den Anforderungen des geltenden innerstaatlichen Körperschaftsrechts vereinbar ist. Im Übrigen kann eine Sekundärberichtigung wegen der Wechselwirkungen mit dem System zur Anrechnung ausländischer Steuern zu einer übermäßigen Verringerung der Gesamtsteuerbelastung des multinationalen Konzerns führen.

4.73. Angesichts der vorstehend aufgezeigten Probleme wird Steuerverwaltungen, die Sekundärberichtigungen für notwendig erachten, geraten, solche Berichtigungen so zu gestalten, dass die Möglichkeit einer daraus folgenden Doppelbesteuerung minimiert wird; dies gilt allerdings nicht für Fälle, in denen das Verhalten des Steuerpflichtigen auf eine vorsätzlich verdeckte Gewinnausschüttung zur Vermeidung einer Quellensteuer schließen lässt. Staaten, die gegenwärtig im Begriff sind, ihre Haltung in diesem Bereich festzulegen oder zu überdenken, sind aufgerufen, die vorstehend aufgezeigten Schwierigkeiten zu berücksichtigen.

4.74. Manche Staaten, die Sekundärberichtigungen vornehmen, räumen dem von der Primärberichtigung betroffenen Steuerpflichtigen eine weitere Option ein: Der Steuerpflichtige kann die Sekundärberichtigung dadurch vermeiden, dass er den multinationalen Konzern, dem er angehört, veranlasst, die Übergewinne rückzuführen, sodass der Steuerpflichtige in die Lage versetzt wird, seine Rechnungslegung der Primärberichtigung anzupassen. Die Rückführung könnte durch Einrichtung eines Debitorenkontos oder durch Umqualifizierung anderer Transfers bewirkt werden, etwa als Dividendenzahlungen, wenn die Berichtigung zwischen Mutter- und Tochtergesellschaft erfolgt, als Zahlung eines zusätzlichen Verrechnungspreises (wenn der Preis ursprünglich zu niedrig war) oder als Rückzahlung eines Verrechnungspreises (wenn der Preis ursprünglich zu hoch war).

4.75. Wenn die Rückführung über die Umqualifizierung einer Dividendenzahlung erfolgt, ist der Dividendenbetrag (bis zur Höhe der Primärberichtigung) aus dem Ertrag des Empfängers herauszurechnen (da er bereits durch die Primärberichtigung berücksichtigt wurde). Dies hat zur Folge, dass der Empfänger den Anspruch auf eine indirekte Anrechnung der Steuer (oder den Vorteil einer Befreiung der Dividenden nach der Befreiungsmethode) sowie die Anrechnung der Dividendenquellensteuer verliert.

4.76. Wenn die Rückführung über die Einrichtung eines Debitorenkontos vorgenommen wird, erfolgt die Berichtigung der Zahlungsströme im Zeitverlauf, wobei der Zeitraum für den Ausgleich des Kontos allerdings durch innerstaatliches Recht begrenzt sein kann. Diese Vorgehensweise entspricht der Verwendung eines verdeckten Darlehens zur Berücksichtigung der Übergewinne eines der am konzerninternen Geschäftsvorfall beteiligten Unternehmen. Das Anwachsen von Zinsen auf dem Konto könnte indessen eigene steuerliche Folgen haben, was je nach dem Zeitpunkt, ab dem nach innerstaatlichem Recht Zinsen anfallen, zu zusätzlichen Schwierigkeiten führen kann (vgl. Ziffer 4.69). Manche Staaten sind im Rahmen von Verständigungsverfahren bereit, auf eine kontenmäßige Zinsbelastung zu verzichten.

4.77. Wird eine Gewinnrückführung angestrebt, stellt sich die Frage, wie solche Zahlungen oder Vereinbarungen in der Rechnungslegung des Steuerpflichtigen erfasst werden sollten, der die Rückführung der Zahlung an sein verbundenes Unternehmen vornimmt, damit sowohl er als auch die Steuerverwaltung des betreffenden Staats sich im Klaren darüber sind, dass eine Rückführung stattfand bzw. eingerichtet wurde. Die tatsächliche buchmäßige Darstellung durch das Unternehmen, das die Rückführung vornehmen soll, wird im Ergebnis davon abhängen, in welcher Form die Rückführung erfolgt. Soll beispielsweise ein Dividendenbezug von der die Primärberichtigung vornehmenden Steuerverwaltung und dem die Dividende beziehenden Steuerpflichtigen als die Rückführung angesehen werden, muss die entsprechende Vereinbarung in den Konten des die Dividende zahlenden verbundenen Unternehmens möglicherweise nicht gesondert verbucht werden, da eine solche Lösung auf dessen Seite weder die Höhe noch die Qualifizierung der Dividenden berührt. Bei Einrichtung eines Kreditorenkontos müssen sich hingegen sowohl der die Verbindlichkeit verbuchende Steuerpflichtige als auch die Steuerverwaltung des betreffenden Staats bewusst sein, dass dieses Kreditorenkonto für eine Gewinnrückführung bestimmt ist, damit von diesem Konto aus getätigte Rückzahlungen oder auf den offenen Saldo berechnete Zinsen eindeutig ermittelt und nach innerstaatlichem Recht dieses Staats behandelt werden können. Darüber hinaus können sich Probleme in Bezug auf Wechselkursgewinne oder -verluste ergeben.

4.78. Da die meisten OECD-Mitgliedstaaten gegenwärtig noch nicht über viel Erfahrung mit dem Einsatz von Gewinnrückführungen verfügen, wird empfohlen, dass Rückführungsvereinbarungen zwischen Steuerpflichtigen und Steuerverwaltungen im Verständigungsverfahren erörtert werden, wenn ein solches Verfahren für die betreffende Primärberichtigung eingeleitet wurde.

D. Simultanbetriebsprüfungen

D.1. Definition und Hintergrund

4.79. Bei der Simultanbetriebsprüfung handelt es sich um eine für viele grenzüberschreitende Fragen verwendete Form der Amtshilfe, die es zwei oder mehreren Staaten ermöglicht, bei ihren steuerlichen Ermittlungen zusammenzuarbeiten. Simultanbetriebsprüfungen können insbesondere dann von Vorteil sein, wenn Informationen aus einem Drittstaat ausschlaggebend für Steuerermittlungen sind, da sie im Allgemeinen zu einem schnelleren und wirksameren Informationsaustausch führen. In der Vergangenheit haben sich Simultanbetriebsprüfungen in Verrechnungspreisfragen auf Fälle konzentriert, in denen die tatsächliche Art der Geschäftsvorfälle durch Zwischenschaltung von Steueroasen verschleiert wurde. Allerdings wurde geltend gemacht, dass Simultanbetriebsprüfungen in komplexen Verrechnungspreisfällen eine wichtigere Rolle zukommen könnte, da sie die Qualität der Daten, die den mitwirkenden Steuerverwaltungen für Verrechnungspreisanalysen zur Verfügung stehen, verbessern können. Zudem wurde darauf hingewiesen, dass Simultanbetriebsprüfungen helfen können, die Möglichkeiten einer wirtschaftlichen Doppelbesteuerung zu reduzieren, die Befolgungskosten für den Steuerpflichtigen zu senken und die Lösung von Problemen zu beschleunigen. Kommt es bei einer Simultanbetriebsprüfung zu einer Neuveranlagung, sollten beide beteiligte Staaten bestrebt sein, ein Ergebnis herbeizuführen, das eine Doppelbesteuerung für den multinationalen Konzern vermeidet.

4.80. Simultanbetriebsprüfungen werden in Teil A des OECD-Musterübereinkommens für die Durchführung von Simultanbetriebsprüfungen (*OECD Model Agreement for the Undertaking of Simultaneous Tax Examinations* – „OECD-Musterübereinkommen") definiert. Im Sinne dieses Übereinkommens versteht man unter Simultanbetriebsprüfung eine „Vereinbarung zwischen zwei oder mehreren Parteien, gleichzeitig und unabhängig voneinander jeweils auf ihrem eigenen Staatsgebiet jene steuerlichen Angelegenheiten eines (oder mehrerer) Steuerpflichtigen zu prüfen, an denen sie ein gemeinsames oder verwandtes Interesse haben, wobei alle maßgeblichen Informationen, die sie auf diese Weise erhalten, ausgetauscht werden sollen". Diese Form der Amtshilfe soll keinen Ersatz für das Verständigungsverfahren darstellen. Jeder Informationsaustausch, der aufgrund einer Simultanbetriebsprüfung erfolgt, wird weiterhin über die zuständigen Behörden durchgeführt, mit allen Schutzvorkehrungen, die für einen derartigen Austausch vorgesehen sind. Praktische Informationen zu Simultanbetriebsprüfungen finden sich im einschlägigen Modul des Handbuchs zum Informationsaustausch, das am 23. Januar 2006 vom Ausschuss für Steuerfragen angenommen wurde (vgl. www.oecd.org/ctp/eoi/manual).

4.81. Während Bestimmungen, die Artikel 26 des OECD-Musterabkommens entsprechen, die gesetzliche Grundlage für die Durchführung von Simultanbetriebsprüfungen bilden können, schließen die zuständigen Behörden vielfach auch Arbeitsvereinbarungen, die die Ziele und die Verwaltungsverfahren im Zusammenhang mit der Simultanbetriebsprüfung und dem Informationsaustausch festlegen. Sobald eine solche Einigung über die allgemeinen Linien, nach denen vorgegangen werden soll, erzielt ist und konkrete Fälle ausgewählt wurden, führen die Betriebsprüfer eines jeden Staates für sich ihre Prüfung auf ihrem Hoheitsgebiet aufgrund ihres innerstaatlichen Rechts und ihrer Verwaltungspraxis durch.

D.2. Rechtliche Grundlage für Simultanbetriebsprüfungen

4.82. Simultanbetriebsprüfungen fallen unter die Bestimmung über den Informationsaustausch, dessen Grundlage Artikel 26 des OECD-Musterabkommens bildet. Artikel 26 sieht die Zusammenarbeit zwischen den zuständigen Behörden der Vertragsstaaten in der Form vor, dass die Informationen ausgetauscht werden, die zur Durchführung des Abkommens oder ihres innerstaatlichen Rechts betreffend unter das Abkommen fallende Steuern erforderlich sind. Artikel 26 und der Kommentar beschränken die Möglichkeiten der Amtshilfe nicht auf die drei im Kommentar genannten Methoden des Informationsaustauschs (Informationsaustausch auf Ersuchen, spontaner Informationsaustausch und automatischer Informationsaustausch).

4.83. Simultanbetriebsprüfungen können auch außerhalb von Doppelbesteuerungsabkommen zulässig sein. Beispielsweise regelt Artikel 12 der Nordischen Konvention über die gegenseitige Amtshilfe in Steuersachen den Informationsaustausch und die Vollstreckungsamtshilfe zwischen den nordischen Ländern und sieht die Möglichkeit von Simultanbetriebsprüfungen vor. Diese Konvention stellt gemeinsame Leitlinien für die Auswahl der Fälle und die Durchführung solcher Prüfungen auf. Artikel 8 des gemeinsamen Abkommens des Europarats und der OECD über die gegenseitige Amtshilfe in Steuersachen sieht ebenfalls ausdrücklich die Möglichkeit von Simultanbetriebsprüfungen vor.

4.84. In allen Fällen müssen die Informationen, die die Steuerverwaltung eines Staates erhält, nach innerstaatlichem Recht vertraulich behandelt werden; sie dürfen nur für bestimmte steuerliche Zwecke verwendet und nur bestimmten Personen und Behörden zugänglich gemacht werden, die mit genau festgelegten, unter das Abkommen oder unter die Amtshilfevereinbarung fallenden Steuersachen befasst sind. Die betroffenen Steuerpflichtigen werden üblicherweise davon in Kenntnis gesetzt, dass sie für eine Simultanbetriebsprüfung ausgewählt wurden, und in einigen Staaten haben sie gegebenenfalls das Recht, darüber informiert zu werden, wenn die Steuerverwaltung eine Simultanbetriebsprüfung ins Auge fasst oder wenn Informationen im Einklang mit Artikel 26 übermittelt werden. In solchen Fällen sollte die zuständige Behörde eines Staates die zuständige Behörde des anderen Staates darüber informieren, dass eine solche Inkenntnissetzung erfolgt.

D.3. Simultanbetriebsprüfungen und Verrechnungspreise

4.85. Bei der Auswahl von Verrechnungspreisfällen für Simultanbetriebsprüfungen können erhebliche Hindernisse auftreten, die dadurch verursacht werden, dass es in den verschiedenen Staaten unterschiedliche Fristen für die Durchführung von Prüfungen oder Veranlagungen gibt und dass die Prüfung verschiedene Besteuerungszeiträume betrifft. Diese Probleme können jedoch dadurch gemildert werden, dass sich die zuständigen Behörden frühzeitig über ihre Prüfungspläne austauschen, um festzustellen, in welchen Fällen die Prüfungszeiträume sich decken, und um künftige Prüfungszeiträume zeitlich aufeinander abzustimmen. Obwohl ein frühzeitiger Austausch über die Prüfungspläne auf den ersten Blick vorteilhaft erscheinen mag, sind einzelne Staaten der Auffassung, ein Vorschlag für die Durchführung einer Simultanbetriebsprüfung habe wesentlich bessere Chancen, vom Abkommenspartner akzeptiert zu werden, wenn man in der Lage ist, die die Simultanbetriebsprüfung rechtfertigenden Umstände gründlicher darzulegen.

4.86. Sobald ein Fall für eine Simultanbetriebsprüfung ausgewählt wurde, ist es üblich, dass die Betriebsprüfer zusammentreffen und den weiteren Verlauf der Prüfung planen, koordinieren und genau verfolgen. Insbesondere in komplexen Fällen können die Zusammenkünfte der Betriebsprüfer auch unter Mitwirkung des Steuerpflichtigen erfolgen, um Sachverhaltsfragen zu klären. In jenen Staaten, in denen der Steuerpflichtige vor der Weiterleitung von Informationen an eine andere Steuerverwaltung das Recht hat, konsultiert zu werden, sollte dies auch im Zusammenhang mit einer Simultanbetriebsprüfung so gehandhabt werden. In diesem Fall sollte die Steuerverwaltung ihren Abkommenspartner noch vor Beginn der Simultanbetriebsprüfung über dieses Erfordernis in Kenntnis setzen.

4.87. Simultanbetriebsprüfungen können für die Ermittlung der exakten Steuerschuld verbundener Unternehmen beispielsweise dann ein nützliches Instrument darstellen, wenn zwischen Steuerpflichtigen, die der Steuerhoheit verschiedener Staaten unterliegen, Kosten geteilt oder in Rechnung gestellt oder Gewinne aufgeteilt werden oder ganz allgemein wenn es um Verrechnungspreisfragen geht. Simultanbetriebsprüfungen können den Austausch von Informationen über multinationale Geschäftspraktiken, komplexe Geschäftsvorfälle, Kostenumlagevereinbarungen und Gewinnaufteilungsmethoden in besonderen Bereichen, wie etwa auf dem Gebiet des „Global Trading“ und bei innovativen Finanztransaktionen erleichtern. Die Steuerverwaltungen können so ein besseres Verständnis der Gesamttätigkeiten eines multinationalen Unternehmens und einen besseren Einblick in diese Tätigkeiten gewinnen und umfassendere Möglichkeiten für den Vergleich und die Prüfung grenzüberschreitender Geschäftsvorfälle erhalten. Simultanbetriebsprüfungen können auch einem branchenweiten Informationsaustausch dienen, der Kenntnisse über das branchenrelevante Verhalten von Steuerpflichtigen sowie über branchenübliche Gepflogenheiten und Trends verschaffen soll und der über konkrete Prüfungsfälle hinaus wertvoll sein kann.

4.88. Ein Ziel von Simultanbetriebsprüfungen besteht darin, die Einhaltung der Verrechnungspreisvorschriften zu fördern. Die erforderliche Informationsbeschaffung sowie die Sachverhaltsermittlung kann sich für eine Steuerverwaltung als schwierig erweisen, wenn es um Verrechnungspreisbedingungen bei konzerninternen Geschäftsvorfällen zwischen verbundenen Unternehmen geht, die der Steuerhoheit zweier oder mehrerer Staaten unterliegen; insbesondere trifft dies zu, wenn der Steuerpflichtige seiner Mitwirkungspflicht in seinem Staat nicht nachkommt oder die notwendigen Informationen nicht zeitgerecht erteilt. Das Simultanbetriebsprüfungsverfahren kann den Steuerverwaltungen dabei helfen, den Sachverhalt schneller, wirksamer und wirtschaftlicher zu klären.

4.89. Das Verfahren könnte auch dazu beitragen, dass potenzielle Verrechnungspreisprobleme bereits frühzeitig erkannt und so Streitigkeiten mit den Steuerpflichtigen minimiert werden. Dies könnte der Fall sein, wenn die beteiligten Betriebsprüfer aufgrund der bei der Simultanbetriebsprüfung gewonnenen Erkenntnisse die Möglichkeit haben, Meinungsverschiedenheiten hinsichtlich der zwischen den verbundenen Unternehmen bestehenden Verrechnungspreisbedingungen zu besprechen und diese Konflikte auszuräumen. Wird ein solches Verfahren angewendet, sollten die beteiligten Betriebsprüfer im größtmöglichen Umfang zu übereinstimmenden Ergebnissen bei der Bestimmung und Beurteilung der Gegebenheiten und Umstände der konzerninternen Geschäftsvorfälle zwischen den verbundenen Unternehmen gelangen, wobei alle Meinungsverschiedenheiten bezüglich der Sachverhaltsbeurteilung und der rechtlichen Behandlung der zwischen den verbundenen Unternehmen bestehenden Verrechnungspreisbedingungen darzustellen wären. Diese Darstellungen könnten dann als Grundlage für anschließende Verständigungsverfahren dienen und möglicherweise jene Probleme vermeiden, die dadurch entstehen, dass ein Staat die Angelegenheiten eines Steuerpflichtigen prüft, lange nachdem der Abkommenspartner die Steuer des betroffenen verbundenen Unternehmens festgesetzt hat. Dieses Vorgehen könnte beispielsweise die Schwierigkeiten beim Verständigungsverfahren, die auf den Mangel an relevanten Informationen zurückzuführen sind, auf ein Minimum reduzieren.

4.90. Das Simultanbetriebsprüfungsverfahren kann es den beteiligten Steuerverwaltungen in manchen Fällen ermöglichen, eine Einigung über die Verrechnungspreisbedingungen in einem konzerninternen Geschäftsvorfall zwischen verbundenen Unternehmen zu erzielen. Wird eine Einigung erzielt, können Gegenberichtigungen bereits frühzeitig vorgenommen werden; auf diese Weise werden durch Fristen bedingte Hindernisse sowie wirtschaftliche Doppelbesteuerung weitgehend vermieden. Daneben kann ein zeitaufwendiger und kostspieliger Rechtsweg vermieden werden, wenn die Einigung über die Verrechnungspreise der verbundenen Unternehmen im Einvernehmen mit den Steuerpflichtigen erzielt wird.

4.91. Auch wenn es in einer Simultanbetriebsprüfung nicht immer möglich ist, eine Einigung zwischen den Steuerverwaltungen über die Verrechnungspreise verbundener Unternehmen herbeizuführen, sieht das OECD-Musterübereinkommen doch vor, dass jedes der betroffenen verbundenen Unternehmen in diesem Fall die Einleitung eines Verständigungsverfahrens zur Vermeidung der wirtschaftlichen Doppelbesteuerung zu einem früheren Zeitpunkt beantragen kann, als dies ohne Simultanbetriebsprüfung möglich wäre. Geschieht dies, können Simultanbetriebsprüfungen die Zeitspanne zwischen den Berichtigungen, die eine Steuerverwaltung bei einem Steuerpflichtigen vornimmt, und der Durchführung eines Verständigungsverfahrens erheblich verkürzen. Darüber hinaus weist das OECD-Musterübereinkommen darauf hin, dass Simultanbetriebsprüfungen das Verständigungsverfahren erleichtern können, da die Steuerverwaltungen in der Lage sind, mehr Fakten in Bezug auf die steuerlichen Korrekturen zusammenzutragen, aufgrund derer ein Steuerpflichtiger möglicherweise ein Verständigungsverfahren beantragt. Auf der Grundlage der Bestimmung und Beurteilung des Sachverhalts sowie der beabsichtigten steuerlichen Behandlung der betreffenden Verrechnungspreisfragen, die in den vorstehend beschriebenen Darstellungen der Steuerverwaltungen dargelegt werden, kann der praktische Ablauf des Verständigungsverfahrens wesentlich verbessert werden, sodass die zuständigen Behörden leichter eine Einigung erzielen können.

4.92. Für die verbundenen Unternehmen können Simultanbetriebsprüfungen auch insoweit vorteilhaft sein, als durch die Koordinierung der Ermittlungen der beteiligten Steuerverwaltungen und durch die Vermeidung von Doppelarbeit Zeit und Ressourcen eingespart werden. Ferner kann die gleichzeitige Mitwirkung von zwei oder mehreren Steuerverwaltungen an der Prüfung der Verrechnungsbestimmung zwischen verbundenen Unternehmen dem multinationalen Unternehmen Gelegenheit bieten, bei der Lösung seiner Verrechnungspreisfragen eine aktivere Rolle zu spielen. Die verbundenen Unternehmen können dadurch, dass sie gegenüber jeder der beteiligten Steuerverwaltungen die maßgeblichen Gegebenheiten und Argumente vorbringen, zur Vermeidung von Missverständnissen beitragen und die von den Steuerverwaltungen vorgenommene gemeinsame Feststellung und Beurteilung der Verrechnungspreisbedingungen erleichtern. Dadurch können die verbundenen Unternehmen bei der Bestimmung ihrer Verrechnungspreise bereits frühzeitig Planungs- bzw. Rechtssicherheit erlangen. Vgl. Ziffer 4.79.

D.4. Empfehlung über die Nutzung von Simultanbetriebsprüfungen

4.93. Aufgrund der zunehmenden Nutzung von Simultanbetriebsprüfungen in den OECD-Mitgliedstaaten beschloss der Ausschuss für Steuerfragen, dass es sinnvoll wäre, ein diesbezügliches Musterabkommen für jene Staaten auszuarbeiten, die diese Form der Zusammenarbeit wünschen und zu ihr in der Lage sind. Am 23. Juli 1992 sprach der Rat der OECD den Mitgliedstaaten gegenüber eine Empfehlung zugunsten der Nutzung dieses Musterübereinkommens aus, das Leitlinien zu den rechtlichen und praktischen Aspekten dieser Form der Zusammenarbeit enthält.

4.94. Angesichts der zunehmenden Internationalisierung des Handels und der Geschäftsbeziehungen und der Komplexität der Geschäftsvorfälle multinationaler Unternehmen sind Verrechnungspreisfragen immer wichtiger geworden. Simultanbetriebsprüfungen können die Schwierigkeiten verringern, vor denen Steuerpflichtige ebenso wie Steuerverwaltungen im Zusammenhang mit der Verrechnungspreisbestimmung multinationaler Unternehmen stehen. Deshalb wird bei der Prüfung von Verrechnungspreisfällen eine stärkere Nutzung von Simultanbetriebsprüfungen empfohlen, um den Informationsaustausch und die Durchführung von Verständigungsverfahren zu erleichtern. Kommt es bei einer Simultanbetriebsprüfung zu einer Neuveranlagung, sollten beide beteiligte Staaten bestrebt sein, ein Ergebnis herbeizuführen, das eine Doppelbesteuerung für den multinationalen Konzern vermeidet.

E. Safe-Harbour-Regelungen

E.1. Einleitung

4.95. Die Anwendung des Fremdvergleichsgrundsatzes kann umfangreiche Ressourcen in Anspruch nehmen. Sie kann sowohl für die Steuerpflichtigen als auch für die Steuerverwaltungen einen erheblichen Verwaltungsaufwand bedeuten, der durch komplexe Vorschriften und den daraus resultierenden Befolgungsaufwand noch erhöht werden kann. Diese Umstände haben die Mitgliedstaaten der OECD dazu veranlasst, Überlegungen anzustellen, ob und wann Safe-Harbour-Regelungen auf dem Gebiet der Verrechnungspreise zweckmäßig sind.

4.96. Zum Zeitpunkt der Verabschiedung dieser Leitlinien im Jahr 1995 wurden Safe-Harbour-Regelungen allgemein negativ eingeschätzt. So wurde darauf hingewiesen, dass Safe-Harbour-Regelungen zwar die Befolgung der Verrechnungspreisvorschriften und die entsprechenden Verwaltungstätigkeiten vereinfachen, aber auch grundlegende Probleme aufwerfen können, die möglicherweise unerwünschte Effekte auf die Preisentscheidungen von Unternehmen haben, welche konzerninterne Geschäftsvorfälle tätigen. Es wurde angemerkt, dass unilaterale Safe-Harbour-Regelungen negative Auswirkungen auf die Steuereinnahmen des Staats haben können, der die Safe-Harbour-

Regelungen einführt, wie auch auf die Steuereinnahmen von Staaten, in denen Unternehmen Geschäftsvorfälle mit verbundenen Steuerpflichtigen tätigen, die sich für eine solche Regelung entscheiden. Außerdem wurde darauf hingewiesen, dass Safe-Harbour-Regelungen dem Fremdvergleichsgrundsatz zuwiderlaufen können. Deshalb wurde die Schlussfolgerung gezogen, dass Safe-Harbour-Regelungen für die Verrechnungspreisbestimmung im Allgemeinen nicht ratsam sind, und folglich wurde die Nutzung von Safe-Harbour-Regelungen nicht empfohlen.

4.97. Einige Staaten haben trotz dieser allgemein negativen Schlussfolgerungen Safe-Harbour-Regelungen eingeführt. Diese Regelungen werden zumeist bei kleineren Unternehmen und/oder weniger komplexen Geschäftsvorfällen angewendet. Sowohl die Steuerverwaltungen als auch die Steuerpflichtigen bewerten sie im Allgemeinen positiv und weisen darauf hin, dass die Vorteile von Safe-Harbour-Regelungen größer sind als die an sie geknüpften Bedenken, sofern diese Regelungen zielgenau ausgerichtet und umsichtig festgelegt werden und sofern Anstrengungen unternommen werden, um die Probleme zu vermeiden, die durch schlecht konzipierte Safe-Harbour-Regelungen entstehen können.

4.98. Die Zweckmäßigkeit von Safe-Harbour-Regelungen zeigt sich wahrscheinlich am deutlichsten, wenn diese Regelungen auf Steuerpflichtige und/oder Geschäftsvorfälle abzielen, bei denen die Verrechnungspreisrisiken gering sind, und wenn sie auf bilateraler oder multilateraler Basis eingeführt werden. Es ist zu beachten, dass eine Safe-Harbour-Regelung abgesehen von der Steuerverwaltung, die sie ausdrücklich eingeführt hat, keine anderen Steuerverwaltungen in irgendeiner Weise bindet bzw. einschränkt.

4.99. Safe-Harbour-Regelungen kommen zwar in erster Linie den Steuerpflichtigen zugute; indem sie einen besseren Ressourceneinsatz ermöglichen, können sie aber auch für die Steuerverwaltungen von Vorteil sein. Die Steuerverwaltungen können die für Betriebs- und Steuerprüfungen erforderlichen Ressourcen von kleineren Unternehmen und weniger komplexen Geschäftsvorfällen abziehen (die in der Praxis zumeist sowohl in Bezug auf die Verrechnungspreismethode als auch auf die Ergebnisse auf einer einheitlichen Basis gelöst werden können) und sich auf komplexere Fälle konzentrieren, die mit größeren Risiken verbunden sind. Zugleich profitieren die Steuerpflichtigen von einer höheren Planungssicherheit und einem geringeren Befolgungsaufwand bei der Bestimmung der Preise für Geschäftsvorfälle, auf die die Regelungen angewandt werden können, sowie bei der Abgabe ihrer Steuererklärungen. Die Konzeption von Safe-Harbour-Regelungen erfordert jedoch eine sorgfältige Berücksichtigung von Bedenken in Bezug auf den Grad der Annäherung an Fremdvergleichspreise, der den betreffenden Steuerpflichtigen bei der Bestimmung von Verrechnungspreisen im Rahmen von Safe-Harbour-Regelungen möglich ist, sowie hinsichtlich des Risikos der

Entstehung unangemessener Steuerplanungsmöglichkeiten, einschließlich doppelter Nichtbesteuerung von Einkünften, der Frage der Gleichbehandlung von Steuerpflichtigen in gleicher Situation und der Möglichkeit einer Doppelbesteuerung aufgrund einer potenziellen Unvereinbarkeit der Safe-Harbour-Regelungen mit dem Fremdvergleichsgrundsatz oder den Praktiken anderer Staaten.

4.100. Die nachstehende Erörterung befasst sich mit den Vorteilen von Safe-Harbour-Regelungen und den ihnen gegenüberstehenden Bedenken und bietet Leitlinien im Hinblick auf die Umstände, unter denen Safe-Harbour-Regelungen in einem auf dem Fremdvergleichsgrundsatz beruhenden Verrechnungspreissystem angewendet werden können.

E.2. Definition und Absicht von Safe-Harbour-Regelungen

4.101. Einige der Schwierigkeiten, die bei der Anwendung des Fremdvergleichsgrundsatzes auftreten, können vermieden werden, indem Bedingungen vorgesehen werden, unter denen dafür infrage kommende Steuerpflichtige einen einfachen Katalog von festgelegten Verrechnungspreisvorschriften im Zusammenhang mit klar und umsichtig definierten Geschäftsvorfällen befolgen können oder von der Anwendung der allgemeinen Verrechnungspreisvorschriften befreit werden können. Im ersteren Fall würden die im Rahmen solcher Regelungen bestimmten Preise von den Steuerverwaltungen, die diese Regelungen ausdrücklich angenommen haben, automatisch akzeptiert. Diese optionalen Regelungen werden häufig als „Safe-Harbour-Regelungen" bezeichnet.

4.102. In einem Verrechnungspreissystem ist eine Safe-Harbour-Regelung eine Regelung, die für eine festgelegte Kategorie von Steuerpflichtigen oder Geschäftsvorfällen gilt und dafür in Betracht kommende Steuerpflichtige von bestimmten Verpflichtungen befreit, die aufgrund der allgemeinen Verrechnungspreisvorschriften eines Staats sonst zu erfüllen wären. Eine Safe-Harbour-Regelung ersetzt die Verpflichtungen des allgemeinen Verrechnungspreissystems durch einfachere Verpflichtungen. Eine solche Regelung könnte es Steuerpflichtigen beispielsweise erlauben, Verrechnungspreise auf eine bestimmte Art und Weise festzulegen, z. B. durch Anwendung einer von der Steuerverwaltung vorgegebenen vereinfachten Verrechnungspreismethode. Alternativ dazu könnte eine Safe-Harbour-Regelung eine bestimmte Kategorie von Steuerpflichtigen oder Geschäftsvorfällen von der Anwendung aller oder einiger allgemeiner Verrechnungspreisvorschriften befreien. Die dafür in Betracht kommenden Steuerpflichtigen, die die Safe-Harbour-Regelung einhalten, werden häufig von aufwendigen Befolgungspflichten befreit, einschließlich eines Teils oder der Gesamtheit der entsprechenden Anforderungen in Bezug auf die Verrechnungspreisdokumentation.

4.103. Nicht als Safe-Harbour-Regelungen im Sinne dieses Abschnitts gelten Maßnahmen zur Verwaltungsvereinfachung, bei denen es nicht direkt um die Bestimmung fremdüblicher Preise geht, wie beispielsweise vereinfachte Dokumentationsanforderungen oder die Freistellung von solchen Anforderungen (wenn keine Preisbestimmung vorliegt) sowie Verfahren, in deren Rahmen eine Steuerverwaltung und ein Steuerpflichtiger die Verrechnungspreise vor Tätigung der betreffenden konzerninternen Geschäftsvorfälle vereinbaren (Vorabverständigungen über die Verrechnungspreise), was in Abschnitt F dieses Kapitels erörtert wird. Der vorliegende Abschnitt befasst sich auch nicht mit Steuervorschriften, die eine „übermäßige" Verschuldung bei einer ausländischen Tochtergesellschaft verhindern sollen („Unterkapitalisierungsvorschriften").

4.104. Es ist möglich, dass manche Staaten andere – auf Annahmen basierende – Maßnahmen zur Verwaltungsvereinfachung einführen, um einige der in diesem Abschnitt erörterten Vorteile zu verwirklichen, auch wenn diese Maßnahmen der vorstehend aufgeführten Beschreibung einer Safe-Harbour-Regelung nicht vollständig entsprechen. So könnte beispielsweise eine widerlegbare Vermutung (*rebuttable presumption*) eingeführt werden, in deren Rahmen die Steuerverwaltung ein verbindliches Preisziel festlegt, wobei es dem Steuerpflichtigen vorbehalten ist, den Nachweis zu erbringen, dass sein Verrechnungspreis mit dem Fremdvergleichsgrundsatz in Einklang steht. Bei einem solchen System ist es von entscheidender Bedeutung, dass dem Steuerpflichtigen durch den Nachweis, dass sein Preis mit dem Fremdvergleichsgrundsatz in Einklang steht, kein größerer Aufwand entsteht, als wenn kein solches System bestünde. In jedem derartigen System ist es unerlässlich, dass die Lösung von Doppelbesteuerungsfällen, die sich aus der Anwendung der verbindlichen Vermutung ergeben, im Wege des Verständigungsverfahrens gestattet wird.

E.3. Vorteile von Safe-Harbour-Regelungen

4.105. Safe-Harbour-Regelungen haben die folgenden grundlegenden Vorteile:

1. Sie erleichtern den Steuerpflichtigen, die eine solche Regelung in Anspruch nehmen können, die Befolgung der geltenden Vorschriften und reduzieren die Befolgungskosten im Hinblick auf die Bestimmung und Dokumentation sachgerechter Bedingungen für qualifizierte konzerninterne Geschäftsvorfälle.
2. Sie bieten den betreffenden Steuerpflichtigen die Sicherheit, dass der bei einem qualifizierten konzerninternen Geschäftsvorfall berechnete oder gezahlte Preis von den Steuerverwaltungen, die die Safe-Harbour-Regelung eingeführt haben, nach einer begrenzten Prüfung bzw. – abgesehen davon, dass sichergestellt wird, dass der Steuerpflichtige die

Bedingungen für die Inanspruchnahme der Regelung erfüllt und die entsprechenden Vorschriften einhält – ohne Prüfung akzeptiert wird.

3. Sie ermöglichen es den Steuerverwaltungen, ihre Verwaltungsressourcen von der Prüfung risikoärmerer Geschäftsvorfälle auf die Prüfung von Geschäftsvorfällen oder Steuerpflichtigen zu verlagern, die komplexer oder risikoträchtiger sind.

E.3.1. Erleichterung des Befolgungsaufwands

4.106. Die Anwendung des Fremdvergleichsgrundsatzes kann die Sammlung und Analyse von Daten erforderlich machen, deren Beschaffung und/oder Evaluierung schwierig und kostspielig ist. In bestimmten Fällen kann es sein, dass der Befolgungsaufwand in keinem Verhältnis zur Größe des steuerpflichtigen Unternehmens, den von ihm ausgeübten Funktionen und den mit seinen konzerninternen Geschäftsvorfällen verbundenen Verrechnungspreisrisiken steht.

4.107. Gut konzipierte Safe-Harbour-Regelungen können den Befolgungsaufwand erheblich verringern, indem auf Anforderungen in Bezug auf die Datensammlung und die entsprechende Dokumentation verzichtet wird, wenn der Steuerpflichtige im Gegenzug die Preise der qualifizierten Geschäftsvorfälle gemäß den in der Safe-Harbour-Regelung festgelegten Parametern bestimmt. Insbesondere in Bereichen, in denen die Verrechnungspreisrisiken gering sind und der Befolgungs- und Dokumentationsaufwand in keinem Verhältnis zu diesen Risiken steht, kann ein solcher Kompromiss sowohl für die Steuerpflichtigen als auch für die Steuerverwaltungen von Vorteil sein. Im Rahmen einer Safe-Harbour-Regelung können Steuerpflichtige Verrechnungspreise bestimmen, die von den Steuerverwaltungen, die die Regelung anbieten, nicht infrage gestellt werden, und zwar ohne dass die Steuerpflichtigen dazu Vergleichsgeschäftsvorfälle suchen oder Ressourcen aufwenden müssten, um den Nachweis der Einhaltung der Verrechnungspreisvorschriften gegenüber der Steuerverwaltung zu erbringen.

E.3.2. Sicherheit

4.108. Ein weiterer Vorteil einer Safe-Harbour-Regelung ist, dass der Steuerpflichtige sich sicher sein kann, dass seine Verrechnungspreise von der Steuerverwaltung, die die Safe-Harbour-Regelung eingerichtet hat, akzeptiert werden, sofern er die Bedingungen für die Inanspruchnahme der Regelung erfüllt und die entsprechenden Vorschriften einhält. Die Steuerverwaltung akzeptiert in diesem Fall nach begrenzter Prüfung bzw. ohne Prüfung Verrechnungspreise, die den Safe-Harbour-Parametern entsprechen. Den Steuerpflichtigen könnten einschlägige Parameter genannt werden, die zu einem Verrechnungspreis führen, den die Steuerverwaltung für den qualifizierten Geschäftsvorfall für angemessen hält.

E.3.3. Verwaltungsvereinfachung

4.109. Eine Safe-Harbour-Regelung bringt für die Steuerverwaltung eine gewisse Verwaltungsvereinfachung mit sich. Ob für bestimmte Steuerpflichtige oder Geschäftsvorfälle Anspruch auf Nutzung einer Safe-Harbour-Regelung besteht, muss zwar nach den Vorgaben der jeweiligen Safe-Harbour-Regelung sorgfältig evaluiert werden, diese Evaluierung muss jedoch nicht zwangsläufig von Betriebsprüfern mit Fachwissen im Bereich der Verrechnungspreise durchgeführt werden. Wenn der Anspruch auf Nutzung einer Safe-Harbour-Regelung einmal festgestellt wurde, ist der Prüfungsaufwand für die qualifizierten Steuerpflichtigen im Hinblick auf die Verrechnungspreise konzerninterner Geschäftsvorfälle, die unter die Safe-Harbour-Regelung fallen, nur noch minimal. Dies ermöglicht es den Steuerverwaltungen, ihre Steuereinnahmen in wenig risikoträchtigen Situationen unter begrenztem Einsatz administrativer Ressourcen zu sichern und ihre Anstrengungen auf die Prüfung von Geschäftsvorfällen oder Steuerpflichtigen zu konzentrieren, die komplexer oder risikoträchtiger sind. Eine Safe-Harbour-Regelung kann außerdem die Steuerehrlichkeit kleiner Unternehmen steigern, die sonst möglicherweise glauben, dass ihre Verrechnungspreispraktiken ohnehin nicht geprüft werden.

E.4. Bedenken im Hinblick auf Safe-Harbour-Regelungen

4.110. Die Möglichkeit der Inanspruchnahme von Safe-Harbour-Regelungen für eine bestimmte Gruppe von Steuerpflichtigen oder Geschäftsvorfällen kann negative Folgen haben. Die entsprechenden Bedenken sind darauf zurückzuführen, dass

1. die Einführung einer Safe-Harbour-Regelung in einem bestimmten Staat dazu führen kann, dass steuerpflichtige Einkünfte ausgewiesen werden, die nicht mit dem Fremdvergleichsgrundsatz in Einklang stehen,
2. Safe-Harbour-Regelungen das Risiko einer Doppelbesteuerung oder doppelten Nichtbesteuerung erhöhen können, wenn sie unilateral eingeführt werden,
3. Safe-Harbour-Regelungen unangemessene Steuerplanungsmöglichkeiten schaffen können und dass
4. Safe-Harbour-Regelungen Fragen hinsichtlich Gerechtigkeit und Gleichbehandlung aufwerfen können.

E.4.1. Abweichung vom Fremdvergleichsgrundsatz

4.111. Wenn eine Safe-Harbour-Regelung eine vereinfachte Verrechnungspreismethode vorsieht, entspricht diese möglicherweise nicht in allen Fällen der am besten geeigneten Methode, welche nach den allgemeinen Verrechnungspreisbestimmungen auf die Gegebenheiten und Umstände des Steuerpflichtigen anzuwenden wäre. Eine Safe-Harbour-Regelung kann beispielsweise die Nutzung einer bestimmten Methode vorschreiben, während der Steuerpflichtige unter den konkreten Gegebenheiten und Umständen eine andere Methode für angemessener hält. Dies könnte als unvereinbar mit dem Fremdvergleichsgrundsatz betrachtet werden, der die Anwendung der am besten geeigneten Methode erfordert.

4.112. Safe-Harbour-Regelungen beinhalten einen Kompromiss zwischen dem Ziel einer strengen Einhaltung des Fremdvergleichsgrundsatzes und der Verringerung des Verwaltungsaufwands. Sie sind nicht genau auf die unterschiedlichen Gegebenheiten und Umstände einzelner Steuerpflichtiger und Geschäftsvorfälle zugeschnitten. Der Grad der Annäherung von nach einer Safe-Harbour-Regelung bestimmten Preisen an im Einklang mit dem Fremdvergleichsgrundsatz bestimmte Preise könnte durch die Sammlung, Zusammenstellung und häufige Aktualisierung von Informationen über Preise und Preisentwicklungen in Bezug auf die jeweiligen Kategorien von Geschäftsvorfällen zwischen den jeweiligen Arten von unabhängigen Unternehmen erhöht werden. Entsprechende Anstrengungen, die Parameter von Safe-Harbour-Regelungen so genau festzulegen, dass sie dem Fremdvergleichsgrundsatz entsprechen, könnten jedoch dem mit der Safe-Harbour-Regelung angestrebten Ziel der Verwaltungsvereinfachung zuwiderlaufen.

4.113. Etwaige Nachteile, die sich für die Steuerpflichtigen aus Safe-Harbour-Regelungen ergeben könnten, die von der Preisbestimmung nach dem Fremdvergleichsgrundsatz abweichen, werden vermieden, wenn die Steuerpflichtigen die Wahl haben, sich entweder für die Safe-Harbour-Regelung zu entscheiden oder den Preis eines Geschäftsvorfalls im Einklang mit dem Fremdvergleichsgrundsatz zu bestimmen. Im Fall eines solchen Ansatzes könnten Steuerpflichtige, die glauben, bei Anwendung der Safe-Harbour-Regelung einen Einkünftebetrag ausweisen zu müssen, der den fremdvergleichskonformen Betrag übersteigt, die allgemeinen Verrechnungspreisvorschriften anwenden. Eine solche Herangehensweise kann die Abweichung von einer fremdvergleichskonformen Preisbestimmung im Rahmen einer Safe-Harbour-Regelung zwar begrenzen, würde aber auch die administrativen Vorteile der Safe-Harbour-Regelung für die Steuerverwaltung verringern. Darüber hinaus müssten die Steuerverwaltungen die aus einem derartigen Ansatz resultierenden potenziellen Steuereinbußen berücksichtigen, weil die Steuerpflichtigen von den beiden Steuerbeträgen, d. h. dem nach Anwendung der Safe-Harbour-Regelung und dem nach Anwendung des Fremdvergleichsgrundsatzes ermittelten Betrag, jeweils nur den geringeren entrichten würden. Die Staaten könnten auch darüber besorgt sein, dass Steuerpflichtige die Möglichkeit haben, sich in einem Jahr für und im nächsten gegen die Anwendung der Safe-Harbour-Regelung zu entscheiden, je nachdem ob deren Nutzung in einem bestimmten Jahr für sie günstig ist oder nicht. Die Staaten könnten dieses Risiko verringern, indem sie bestimmte Bedingungen festlegen, unter denen ein Steuerpflichtiger die Safe-Harbour-Regelung in Anspruch nehmen kann, beispielsweise indem sie von den Steuerpflichtigen verlangen, die Steuerverwaltung im Voraus über die Nutzung der Safe-Harbour-Regelung zu unterrichten oder sich für eine bestimmte Zahl von Jahren zu ihrer Nutzung zu verpflichten.

E.4.2. Das Risiko von Doppelbesteuerung und doppelter Nichtbesteuerung und Bedenken im Hinblick auf das Verständigungsverfahren

4.114. Ein großes Problem bei einer Safe-Harbour-Regelung besteht darin, dass sie das Risiko der Doppelbesteuerung erhöhen kann. Wenn eine Steuerverwaltung die Safe-Harbour-Parameter auf einem Niveau festlegt, das über oder unter dem fremdüblichen Niveau liegt, um die in ihrem Staat ausgewiesenen Gewinne zu erhöhen, kann sie die Steuerpflichtigen dazu veranlassen, die Preise, die sie verbundenen Unternehmen ansonsten berechnet oder gezahlt hätten, zu verändern, um eine Überprüfung der Verrechnungspreise im Safe-Harbour-Staat zu vermeiden. Das Risiko, dass die steuerpflichtigen Einkünfte in dem Staat, der die Safe-Harbour-Regelung einrichtet, zu hoch ausgewiesen werden, ist größer, wenn dieser Staat für zu niedrig ausgewiesene Einkünfte oder die Nichterfüllung von Dokumentationsanforderungen erhebliche Strafen verhängt, wodurch zusätzliche Anreize entstehen könnten, sicherzustellen, dass die Verrechnungspreisbestimmung in diesem Staat ohne weitere Prüfung akzeptiert wird.

4.115. Wenn die Safe-Harbour-Regelung Steuerpflichtige dazu veranlasst, Einkünfte auszuweisen, die über dem fremdvergleichskonformen Niveau liegen, wirkt sich dies für die Steuerverwaltung, die die Safe-Harbour-Regelung vorsieht, vorteilhaft aus, da die betreffenden gebietsansässigen Steuerpflichtigen dann höhere steuerpflichtige Einkünfte ausweisen. Im Steuerhoheitsgebiet des ausländischen verbundenen Unternehmens, mit dem der betreffende Geschäftsvorfall getätigt wird, kann die Safe-Harbour-Regelung demgegenüber dazu führen, dass geringere steuerpflichtige Einkünfte ausgewiesen werden. Die andere Steuerverwaltung könnte in diesem Fall die Preise infrage stellen, die sich aus der Anwendung der Safe-Harbour-Regelung ergeben, mit dem Ergebnis, dass sich der Steuerpflichtige mit einer Doppelbesteuerung konfrontiert sehen könnte. Dementsprechend könnten alle administrativen Vorteile des Staats, der eine Safe-Harbour-

Regelung einrichtet, zu Lasten anderer Staaten gehen, die zum Schutz ihres Steuersubstrats systematisch untersuchen müssten, ob die nach der Safe-Harbour-Regelung zulässigen Preise oder Ergebnisse mit jenen vereinbar sind, die bei Anwendung ihrer eigenen Verrechnungspreisvorschriften erzielt worden wären. Der Verwaltungsaufwand, den sich der Staat erspart, der eine Safe-Harbour-Regelung anbietet, würde deshalb auf die anderen Staaten verlagert.

4.116. In Fällen, die kleinere Unternehmen oder weniger komplexe Geschäftsvorfälle betreffen, können die Vorteile von Safe-Harbour-Regelungen größer sein als die durch solche Bestimmungen verursachten Probleme. Unter der Voraussetzung, dass die Safe-Harbour-Regelung optional ist, können die Steuerpflichtigen zu dem Schluss gelangen, dass eine aufgrund der Safe-Harbour-Regelung möglicherweise entstehende geringe Doppelbesteuerung ein annehmbarer Preis ist, um von der Verpflichtung der Einhaltung komplexer Verrechnungspreisvorschriften befreit zu werden. Es ist davon auszugehen, dass der Steuerpflichtige in der Lage ist, selbst zu entscheiden, ob die durch die Nutzung einer Safe-Harbour-Regelung entstehende Möglichkeit einer Doppelbesteuerung für ihn akzeptabel ist oder nicht.

4.117. Wenn Safe-Harbour-Regelungen unilateral eingeführt werden, sollte Sorge getragen werden, die Safe-Harbour-Parameter so festzulegen, dass Doppelbesteuerung vermieden wird, und der die Safe-Harbour-Regelung einführende Staat sollte generell bereit sein, in einzelnen Fällen eine Änderung des aus der Safe-Harbour-Regelung resultierenden Ergebnisses im Verständigungsverfahren in Erwägung zu ziehen, um das Risiko der Doppelbesteuerung zu verringern. Um sicherzustellen, dass die Steuerpflichtigen ihre Entscheidungen auf wirklich sachkundiger Grundlage treffen, müsste der Staat, der die Safe-Harbour-Regelung anbietet, zumindest im Voraus klarstellen, ob er versuchen wird, eine gegebenenfalls aus der Anwendung seiner Safe-Harbour-Regelung resultierende Doppelbesteuerung zu mildern. Wenn eine Safe-Harbour-Regelung nicht optional ist und der betreffende Staat sich weigern würde, eine Doppelbesteuerungsentlastung in Erwägung zu ziehen, wäre das aus der Safe-Harbour-Regelung resultierende Risiko der Doppelbesteuerung natürlich unannehmbar hoch und nicht mit den Abkommensbestimmungen zur Entlastung von Doppelbesteuerung vereinbar.

4.118. Wenn eine unilaterale Safe-Harbour-Regelung es den Steuerpflichtigen demgegenüber gestattet, in dem Staat, der die Safe-Harbour-Regelung anbietet, Einkünfte auszuweisen, die unter dem fremdüblichen Niveau liegen, haben die Steuerpflichtigen einen Anreiz, sich für die Anwendung der Safe-Harbour-Regelung zu entscheiden. In einem solchen Fall besteht keine Garantie, dass der Steuerpflichtige seine Einkünfte in anderen Staaten auf einer mit der Safe-Harbour-Regelung in Einklang stehenden Basis bzw. über dem fremdüblichen Niveau ausweist. Es ist darüber hinaus unwahrscheinlich, dass andere Steuerverwaltungen befugt wären, dem Steuerpflichtigen vorzuschreiben, Einkünfte über dem fremdüblichen Niveau auszuweisen. Zwar würde die Unterbesteuerung in solchen Fällen ausschließlich den die Safe-Harbour-Regelung einführenden Staat belasten, und die Fähigkeit anderer Staaten, Einkünfte auf fremdüblicher Basis zu besteuern, würde nicht beeinträchtigt, doch wäre doppelte Nichtbesteuerung unvermeidbar, was zu Investitions- und Handelsverzerrungen führen könnte.

4.119. Es gilt darauf hinzuweisen, dass die im Rahmen von Safe-Harbour-Regelungen entstehenden Probleme in Bezug auf nicht fremdvergleichskonforme Ergebnisse sowie potenzielle Doppelbesteuerung und doppelte Nichtbesteuerung zum großen Teil beseitigt werden können, wenn die Safe-Harbour-Regelungen auf bilateraler oder multilateraler Basis durch Vereinbarungen zwischen den zuständigen Behörden der einzelnen Staaten eingeführt werden. Im Rahmen eines solchen Verfahrens könnten zwei oder mehr Staaten im gegenseitigen Einvernehmen eine Kategorie von Steuerpflichtigen und/oder Geschäftsvorfällen definieren, für die eine Safe-Harbour-Regelung gilt, und im gegenseitigen Einvernehmen Parameter für die Preisbestimmung festlegen, die von allen Vertragsstaaten akzeptiert würden, wenn sie in den einzelnen Staaten einheitlich angewendet werden. Solche Vereinbarungen könnten im Voraus veröffentlicht werden, und die Steuerpflichtigen könnten die Ergebnisse in Einklang mit der Vereinbarung in allen betroffenen Staaten einheitlich ausweisen.

4.120. Der strenge Rahmen, der sich daraus ergibt, dass zwei oder mehrere Staaten mit potenziell unterschiedlichen Interessen eine derartige Safe-Harbour-Regelung vereinbaren, dürfte es gestatten, die Willkür zu verringern, durch die eine unilaterale Safe-Harbour-Regelung gekennzeichnet sein könnte, und würde die Bedenken in Bezug auf eine aus der Safe-Harbour-Regelung resultierende Doppelbesteuerung oder doppelte Nichtbesteuerung weitgehend ausräumen. Insbesondere für einige kleinere Unternehmen und/oder weniger komplexe Geschäftsvorfälle könnte die Schaffung von bilateralen oder multilateralen Safe-Harbour-Regelungen durch eine Vereinbarung zwischen den zuständigen Behörden ein nützlicher Ansatz zur Vereinfachung der Verrechnungspreisbestimmung sein, mit dem einige der möglichen Probleme unilateraler Safe-Harbour-Regelungen vermieden würden.

4.121. Anhang I von Kapitel IV enthält Muster für Grundsatzvereinbarungen, die die zuständigen Behörden nutzen können, um in geeigneten Situationen für übliche Kategorien von Verrechnungspreisfällen bilaterale oder multilaterale Safe-Harbour-Regelungen aufzustellen. Die Nutzung dieser Mustervereinbarungen sollte bei der Einführung bilateraler oder multilateraler Safe-Harbour-Regelungen nicht als verbindlich oder als Vorschrift betrachtet werden. Sie sollen vielmehr einen möglichen Rahmen bieten, der an die besonderen Anforderungen der Steuerverwaltungen der betroffenen Staaten angepasst werden kann.

E.4.3. Möglichkeit der Eröffnung neuer Wege der Steuerplanung

4.122. Safe-Harbour-Regelungen können den Steuerpflichtigen auch Möglichkeiten zur Steuerplanung eröffnen. Die Unternehmen können einen Anreiz haben, ihre Verrechnungspreise zu ändern, um steuerpflichtige Einkünfte in andere Staaten zu verlagern. Möglicherweise kann es auch zu Steuerumgehung kommen, soweit für die Zwecke der Ausnutzung von Safe-Harbour-Regelungen künstliche Vereinbarungen geschlossen werden. Wenn Safe-Harbour-Regelungen beispielsweise für „einfache" oder „kleine" Geschäftsvorfälle gelten, könnten die Steuerpflichtigen versucht sein, Geschäftsvorfälle in verschiedene Teile aufzuspalten, um sie einfach oder klein erscheinen zu lassen.

4.123. Wenn eine Safe-Harbour-Regelung auf den Durchschnittswerten einer Branche beruht, könnten sich Steuerplanungsmöglichkeiten für Steuerpflichtige ergeben, die eine überdurchschnittliche Rentabilität aufweisen. So könnte beispielsweise eine kosteneffiziente Gesellschaft bei konzerninternen Verkäufen zum fremdüblichen Preis eine Gewinnspanne von 15 % erzielen. Würde ein Staat nun eine Safe-Harbour-Regelung einführen, die eine Gewinnspanne von 10 % vorsieht, könnte diese Gesellschaft einen Anreiz haben, die Safe-Harbour-Regelung zu befolgen und die verbleibenden 5 % in einen Niedrigsteuerstaat zu verlagern. Es käme folglich zu einer Verlagerung steuerpflichtiger Einkünfte ins Ausland. Würde dies in großem Umfang geschehen, könnte das für den Staat, der die Safe-Harbour-Regelung anbietet, einen erheblichen Steuerausfall bedeuten.

4.124. Dieses Problem kann durch die in Ziffer 4.119 erwähnte Lösung weitgehend vermieden werden, die darin besteht, Safe-Harbour-Regelungen auf bilateraler oder multilateraler Basis einzuführen und dadurch die Anwendung der Safe-Harbour-Regelungen auf Geschäftsvorfälle zu begrenzen, die Staaten mit ähnlichen Verrechnungspreisanliegen betreffen. Bei der Einführung bilateraler und multilateraler Safe-Harbour-Regelungen sollten sich die Steuerverwaltungen bewusst sein, dass der Aufbau eines umfassenden Netzes derartiger Vereinbarungen Anreize für „Safe-Harbour-Shopping", d. h. das Durchleiten von Geschäftsvorfällen durch Steuerhoheitsgebiete mit günstigeren Safe-Harbour-Regelungen, schaffen kann, und sie sollten deshalb geeignete Schritte unternehmen, um diese Möglichkeit zu verhindern. Desgleichen wären Staaten, die bilaterale Safe-Harbour-Regelungen einführen, gut beraten, relativ enge Bandbreiten von akzeptablen Ergebnissen festzulegen und zu verlangen, dass die Einkünfte in allen an der Safe-Harbour-Vereinbarung beteiligten Staaten auf einer übereinstimmenden Basis ausgewiesen werden. Falls notwendig, könnten die Staaten Abkommensbestimmungen zum Informationsaustausch nutzen, um sich zu vergewissern, dass die Einkünfte im Rahmen einer solchen bilateralen Safe-Harbour-Regelung auf einer übereinstimmenden Grundlage ausgewiesen werden.

4.125. Ob ein Staat bereit ist, mit der Einführung einer Safe-Harbour-Regelung eine mögliche Schmälerung seines Steuersubstrats hinzunehmen, muss dieser Staat selbst entscheiden. Bei einer derartigen Politikentscheidung geht es um den grundlegenden Zielkonflikt zwischen zum einen der Sicherheit und Verwaltungsvereinfachung, die die Safe-Harbour-Regelung für die Steuerpflichtigen und die Steuerverwaltungen bedeutet, und zum anderen der Möglichkeit einer Schmälerung der Steuereinnahmen.

E.4.4. Fragen hinsichtlich Gerechtigkeit und Gleichbehandlung

4.126. Safe-Harbour-Regelungen können Fragen der Gerechtigkeit und Gleichbehandlung aufwerfen. Durch die Einführung einer Safe-Harbour-Regelung werden zwei unterschiedliche Vorschriftenkataloge im Bereich der Verrechnungspreisbestimmung geschaffen. Es bedarf klar und umsichtig konzipierter Kriterien, um die für die Safe-Harbour-Regelung in Betracht kommenden Steuerpflichtigen oder Geschäftsvorfälle abzugrenzen und weitmöglichst zu verhindern, dass manche Steuerpflichtige die Anspruchsgrenze für die Safe-Harbour-Regelung unterschreiten, während andere – ansonsten vergleichbare, mit ihnen möglicherweise in Konkurrenz stehende – Steuerpflichtige die Anspruchsgrenze überschreiten, oder dass umgekehrt die Anwendung der Safe-Harbour-Regelung für Steuerpflichtige oder Geschäftsvorfälle zugelassen wird, für die diese Regelung eigentlich nicht bestimmt ist. Nicht hinreichend genaue Kriterien können dazu führen, dass vergleichbare Steuerpflichtige steuerlich unterschiedlich behandelt werden: Dem einen wird die Anwendung der Safe-Harbour-Vorschriften gestattet, womit er von der Pflicht zur Einhaltung der allgemeinen Verrechnungspreisvorschriften befreit ist, während der andere verpflichtet ist, seine Verrechnungspreise in Einklang mit den allgemeinen Verrechnungspreisvorschriften zu bestimmen. Eine präferenzielle steuerliche Behandlung einer bestimmten Gruppe von Steuerpflichtigen aufgrund von Safe-Harbour-Regelungen könnte potenziell zu Diskriminierung und Wettbewerbsverzerrungen führen. Die Einführung bilateraler oder multilateraler Safe-Harbour-Regelungen könnte unter bestimmten Umständen das Risiko einer unterschiedlichen steuerlichen Behandlung erhöhen, nicht nur von verschiedenen, aber vergleichbaren Steuerpflichtigen, sondern auch von vergleichbaren, vom selben Steuerpflichtigen mit verbundenen Unternehmen in verschiedenen Staaten durchgeführten Geschäftsvorfällen.

E.5. Empfehlungen hinsichtlich der Anwendung von Safe-Harbour-Regelungen

4.127. Die Befolgung und Verwaltung von Verrechnungspreisvorschriften ist häufig komplex, zeitaufwendig und kostspielig. Sachgemäß konzipierte, unter geeigneten Umständen angewendete Safe-Harbour-Bestimmungen können helfen, einige dieser Belastungen zu mindern und den Steuerpflichtigen mehr Sicherheit zu bieten.

4.128. Safe-Harbour-Regelungen können Probleme aufwerfen, wie beispielsweise potenziell gegenläufige Effekte auf die Preisentscheidungen von Unternehmen, die konzerninterne Geschäftsvorfälle tätigen, und negative Auswirkungen auf die Steuereinnahmen des Staats, der die Safe-Harbour-Regelung einführt, sowie auf die Staaten, in denen Unternehmen konzerninterne Geschäftsvorfälle mit verbundenen Steuerpflichtigen tätigen, die sich für eine Safe-Harbour-Regelung entscheiden. Darüber hinaus können unilaterale Safe-Harbour-Regelungen die Möglichkeit von Doppelbesteuerung oder doppelter Nichtbesteuerung entstehen lassen.

4.129. In Fällen, die kleinere Unternehmen oder weniger komplexe Geschäftsvorfälle betreffen, können die Vorteile von Safe-Harbour-Regelungen jedoch größer sein als die durch solche Bestimmungen verursachten Probleme. Wenn die Anwendung der Safe-Harbour-Regelung für die Steuerpflichtigen optional ist, können die Abweichungen von einer fremdvergleichskonformen Preisbestimmung weiter begrenzt werden. Staaten, die Safe-Harbour-Regelungen einführen, sollten bereit sein, die nach diesen Regelungen ermittelten Ergebnisse in Verständigungsverfahren zu ändern, um das potenzielle Doppelbesteuerungsrisiko zu begrenzen.

4.130. Wenn Safe-Harbour-Regelungen auf bilateraler oder multilateraler Basis ausgehandelt werden können, können sie den Befolgungsaufwand und die administrative Komplexität erheblich reduzieren, ohne Probleme der Doppelbesteuerung oder doppelten Nichtbesteuerung zu schaffen. Deshalb sollte die Nutzung bilateraler oder multilateraler Safe-Harbour-Regelungen unter den richtigen Bedingungen gefördert werden.

4.131. Es sollte klar sein, dass eine Safe-Harbour-Regelung unabhängig davon, ob sie auf unilateraler oder bilateraler Basis eingeführt wurde, für Staaten, die die Safe-Harbour-Regel selbst nicht eingeführt haben, auf keinen Fall bindend ist oder Präzedenzfallcharakter hat.

4.132. Es ist unwahrscheinlich, dass Safe-Harbour-Regelungen bei komplexeren und mit größeren Risiken verbundenen Verrechnungspreisfragen eine praktikable Alternative zu einer strengen fallweisen Anwendung des Fremdvergleichsgrundsatzes nach den Ausführungen dieser Leitlinien darstellen.

4.133. Die Steuerverwaltungen der einzelnen Staaten sollten die Vorteile von Safe-Harbour-Regelungen und die ihnen gegenüberstehenden Bedenken sorgfältig abwägen, und solche Bestimmungen nutzen, wenn sie sie für angemessen halten.

F. Vorabverständigungen über die Verrechnungspreise[6]

F.1. Definition und Ausgestaltung von Vorabverständigungen über die Verrechnungspreise

4.134. Eine Vorabverständigung über die Verrechnungspreise (*advance pricing arrangement* – APA) ist eine Vereinbarung, in der vor konzerninternen Geschäftsvorfällen ein geeigneter Katalog von Kriterien (z. B. Methode, Vergleichswerte und sachgerechte Anpassungen dieser Vergleichswerte sowie Gültigkeitsbedingungen im Hinblick auf künftige Ereignisse) festgelegt wird, anhand dessen die Verrechnungspreise für diese Geschäftsvorfälle während eines bestimmten Zeitraums ermittelt werden. Ein Vorabverständigungsverfahren wird formell von einem Steuerpflichtigen angeregt und erfordert Verhandlungen zwischen dem Steuerpflichtigen, einem oder mehreren verbundenen Unternehmen und einer oder mehreren Steuerverwaltungen. Vorabverständigungen sollen die herkömmlichen administrativen, gerichtlichen und abkommensbezogenen Mechanismen zur Lösung von Verrechnungspreisfragen ergänzen. Sie dürften am nützlichsten sein, wenn herkömmliche Mechanismen versagen oder schwer anzuwenden sind. Im Oktober 1999 wurden detaillierte Leitlinien für Vorabverständigungen über die Verrechnungspreise im Rahmen des Verständigungsverfahrens („MAP-APA“) angenommen, die in einem Anhang zu diesem Kapitel wiedergegeben sind. In den Arbeiten zu Aktionspunkt 14 des BEPS-Aktionsplans zur Gewährleistung einer zügigen, effektiven und effizienten Beilegung abkommensbezogener Streitigkeiten wurde als nichtverbindliche optimale Verfahrensweise 4 empfohlen, dass die Staaten Programme für bilaterale Vorabverständigungsverfahren einrichten sollten, sobald sie dazu in der Lage sind, womit anerkannt wurde, dass Vorabverständigungen in beiden Abkommenspartnerstaaten ein höheres Maß an Sicherheit schaffen, die Wahrscheinlichkeit einer Doppelbesteuerung verringern und Verrechnungspreiskonflikten aktiv vorbeugen können. Diesbezüglich ist darauf hinzuweisen, dass die gemäß Punkt 2.2 des Mindeststandards von Aktionspunkt 14 erstellten landesspezifischen Kurzdarstellungen des Verständigungsverfahrens Informationen über bilaterale Vorabverständigungen enthalten.

4.135. Eine zentrale Frage bei der Konzeption von Vorabverständigungen über die Verrechnungspreise ist, mit welcher Genauigkeit die Verrechnungspreise eines Steuerpflichtigen über einen Zeitraum von mehreren Jahren im Voraus bestimmt werden können, ob beispielsweise in einem konkreten Fall nur die Verrechnungspreismethode oder auch konkretere Ergebnisse festgelegt werden

---

6. Zusätzliche Hinweise für die Durchführung von Vorabverständigungen über die Verrechnungspreise nach dem Verständigungsverfahren finden sich in Anhang II zu Kapitel IV.

können. Im Allgemeinen ist große Sorgfalt geboten, wenn eine APA über die Festlegung der Methode, ihrer Anwendung und der Gültigkeitsbedingungen hinausgeht, da konkretere Schlussfolgerungen auf der Prognose künftiger Ereignisse basieren.

4.136. Die Zuverlässigkeit der in einer APA genutzten Prognosen hängt sowohl von der Art der Prognose als auch von ihren Gültigkeitsbedingungen (*critical assumptions*) ab. Es wäre beispielsweise nicht sachgerecht zu behaupten, dass der fremdvergleichskonforme kurzfristige Zinssatz für von einem bestimmten Unternehmen aufgenommene konzerninterne Darlehen während der gesamten kommenden drei Jahre unverändert bei 6 % liegen wird. Es wäre plausibler zu prognostizieren, dass der Zinssatz dem Libor zuzüglich eines festen Prozentsatzes entsprechen wird. Noch zuverlässiger wäre die Prognose, wenn eine angemessene Gültigkeitsbedingung in Bezug auf das Kredit-Rating der Gesellschaft hinzugefügt würde (z. B. dass sich der auf den Libor aufgeschlagene Prozentsatz ändert, wenn sich das Kredit-Rating ändert).

4.137. Ferner wäre es beispielsweise nicht zweckmäßig, eine Gewinnaufteilungsformel zwischen verbundenen Unternehmen festzulegen, wenn erwartet wird, dass die Funktionsaufteilung zwischen den Unternehmen Veränderungen unterworfen sein wird. Es wäre jedoch möglich, eine Gewinnaufteilungsformel vorzugeben, wenn die Aufgaben der einzelnen Unternehmen in Gültigkeitsbedingungen dargelegt sind. In bestimmten Fällen kann es sogar möglich sein, eine vertretbare Prognose über die Angemessenheit eines konkreten Gewinnaufteilungsverhältnisses zu treffen, sofern genügend Bedingungen aufgestellt werden.

4.138. Bei der Entscheidung darüber, wie genau eine APA in einem konkreten Fall sein kann, sollten die Steuerverwaltungen beachten, dass Prognosen über die absolute künftige Gewinnentwicklung die geringste Plausibilität aufweisen dürften. Es kann möglich sein, die Gewinnkennzahlen unabhängiger Unternehmen als Vergleichswerte heranzuziehen, aber auch diese sind vielfach volatil und schwer zu prognostizieren. Die Nutzung geeigneter Gültigkeitsbedingungen und die Anwendung von Bandbreiten kann die Zuverlässigkeit von Prognosen erhöhen. Vergangenheitsdaten aus der betreffenden Branche können ebenfalls als Anhaltspunkte dienen.

4.139. Insgesamt hängt die Zuverlässigkeit einer Prognose von den Gegebenheiten und Umständen des konkreten Einzelfalls ab. Bei der Prüfung des Anwendungsbereichs einer Vorabverständigung müssen Steuerpflichtige und Steuerverwaltungen der Zuverlässigkeit der Prognosen große Aufmerksamkeit beimessen. Unzuverlässige Prognosen sollten in Vorabverständigungen nicht berücksichtigt werden. Üblicherweise dürfte es mit größerer Zuverlässigkeit möglich sein, die Eignung einer Methode und ihrer Anwendung vorherzusagen und maßgebliche Gültigkeitsbedingungen festzulegen, als künftige Ergebnisse (Höhe des Preises oder des Gewinns) vorherzusagen.

4.140. Einige Staaten gestatten unilaterale Vereinbarungen, in deren Rahmen sich die Steuerverwaltung und der in ihren Zuständigkeitsbereich fallende Steuerpflichtige verständigen, ohne dass andere betroffene Steuerverwaltungen an dieser Verständigung beteiligt wären. Eine unilaterale Vorabverständigung kann sich jedoch auf die Steuerschuld verbundener Unternehmen in anderen Steuerhoheitsgebieten auswirken. Wenn unilaterale Vorabverständigungen zulässig sind, sollten die zuständigen Behörden anderer betroffener Staaten so rasch wie möglich über ein solches Verfahren informiert werden, damit sie entscheiden können, ob sie gegebenenfalls zu einer bilateralen Vorabverständigung im Rahmen des Verständigungsverfahrens bereit und in der Lage sind. Auf jeden Fall sollten Staaten, die eine unilaterale Vorabverständigung mit einem Steuerpflichtigen schließen, in diese Vereinbarung keine Bedingung aufnehmen, der zufolge der Steuerpflichtige im Fall eines Verrechnungspreiskonflikts auf den Zugang zum Verständigungsverfahren verzichtet; wenn ein anderer Staat im Zusammenhang mit einem unter die unilaterale APA fallenden Geschäftsvorfall oder Sachverhalt eine Verrechnungspreiskorrektur vornimmt, wird dem ersten Staat geraten zu untersuchen, ob eine Gegenberichtigung angemessen ist, und die unilaterale APA nicht als unumkehrbare Vereinbarung zu betrachten.

4.141. Angesichts der Risiken einer Doppelbesteuerung bevorzugen die meisten Staaten bilaterale oder multilaterale Vorabverständigungen (d. h. Vereinbarungen, an denen zwei oder mehrere Staaten mitwirken), und einige Staaten gewähren ihren gebietsansässigen Steuerpflichtigen in der Tat nicht die Möglichkeit einer unilateralen Verständigung (d. h. einer Vereinbarung zwischen dem Steuerpflichtigen und lediglich einer Steuerverwaltung). Die bilaterale (oder multilaterale) Herangehensweise gewährleistet mit deutlich größerer Wahrscheinlichkeit, dass sich mit der getroffenen Vereinbarung das Risiko einer Doppelbesteuerung verringert und dass die Vereinbarung gerecht gegenüber allen beteiligten Steuerverwaltungen und Steuerpflichtigen ist und die Sicherheit der betroffenen Steuerpflichtigen erhöht. Außerdem erlauben es die innerstaatlichen Bestimmungen einiger Staaten nicht, dass die Steuerverwaltungen mit den Steuerpflichtigen direkt verbindliche Vereinbarungen treffen, sodass Vorabverständigungen nur im Rahmen des Verständigungsverfahrens mit der zuständigen Behörde eines Abkommenspartners geschlossen werden können. Für die Zwecke dieser Erörterung erstreckt sich der Begriff Vorabverständigung über die Verrechnungspreise bzw. APA nicht auf unilaterale Vereinbarungen, es sei denn, es würde ausdrücklich darauf hingewiesen.

4.142. Für die Steuerverwaltungen können sich Vorabverständigungen über die Verrechnungspreise bei Fragen der Gewinnaufteilung oder der Zurechnung von Einkünften im Zusammenhang mit dem weltweiten Handel mit Wertpapieren und Rohstoffen wie auch im Umgang mit multilateralen Kostenumlagevereinbarungen als besonders nützlich erweisen. Das Konzept der

Vorabverständigung kann auch bei der Lösung von Fragen zu Artikel 7 des OECD-Musterabkommens in Bezug auf Aufteilungsprobleme, Betriebsstätten und Tätigkeiten von Zweigniederlassungen nützlich sein.

4.143. Vorabverständigungen, einschließlich unilateraler APA, unterscheiden sich in mehrfacher Hinsicht von den herkömmlicheren verbindlichen Auskünften (*private rulings*), die einige Steuerverwaltungen den Steuerpflichtigen erteilen. Eine Vorabverständigung befasst sich im Allgemeinen mit Sachverhaltsfragen, während sich die herkömmlichen verbindlichen Auskünfte im Allgemeinen darauf beschränken, Rechtsfragen auf der Basis des von einem Steuerpflichtigen dargestellten Sachverhalts zu behandeln. Der einem Antrag auf verbindliche Auskunftserteilung zugrunde liegende Sachverhalt wird von der Steuerverwaltung oft nicht infrage gestellt, während der zugrunde liegende Sachverhalt bei einer Vorabverständigung wahrscheinlich gründlich analysiert und untersucht wird. Darüber hinaus befasst sich eine Vorabverständigung in der Regel mit mehreren Geschäftsvorfällen, mit mehreren Arten regelmäßiger Geschäftsbeziehungen oder mit allen internationalen Geschäftsvorfällen, die ein Steuerpflichtiger in einem bestimmten Zeitraum tätigt. Im Gegensatz dazu ist eine verbindliche Auskunft üblicherweise nur für einen bestimmten Geschäftsvorfall bindend.

4.144. Die Mitwirkung der verbundenen Unternehmen ist für die erfolgreiche Aushandlung einer APA von entscheidender Bedeutung. So ist beispielsweise in der Regel zu erwarten, dass die verbundenen Unternehmen den Steuerverwaltungen mitteilen, welche Methode sie aufgrund der besonderen Gegebenheiten und Umstände für die zweckmäßigste halten. Zudem sollten die verbundenen Unternehmen Unterlagen vorlegen, die als Nachweis für die Angemessenheit ihres Vorschlags dienen können, wozu beispielsweise Daten über die Branche, die Märkte und die Staaten zählen, die unter die Vereinbarung fallen sollen. Ferner können die verbundenen Unternehmen Fremdgeschäftsvorfälle ermitteln, die hinsichtlich der ausgeübten wirtschaftlichen Tätigkeiten und der Verrechnungspreisbedingungen – z. B. der wirtschaftlichen Kosten und Risiken – mit den Geschäftsvorfällen der verbundenen Unternehmen vergleichbar sind oder ihnen entsprechen, und eine Funktionsanalyse vornehmen, wie sie in Kapitel I beschrieben wird.

4.145. Verbundene Unternehmen dürfen normalerweise am Verfahren zur Erzielung einer Vorabverständigung mitwirken, indem sie den betroffenen Steuerverwaltungen ihren Fall unterbreiten und mit ihnen verhandeln, die notwendigen Auskünfte erteilen und zu einer Einigung über die betreffenden Verrechnungspreisfragen gelangen. Aus Sicht der verbundenen Unternehmen kann diese Mitwirkungsmöglichkeit als ein Vorteil gegenüber dem herkömmlichen Verständigungsverfahren angesehen werden.

4.146. Nach Abschluss eines Vorabverständigungsverfahrens sollten die Steuerverwaltungen den verbundenen Unternehmen in ihrem Staat bestätigen, dass keine Verrechnungspreiskorrektur vorgenommen wird, solange sich der Steuerpflichtige an die Bedingungen der Vereinbarung hält. Eine APA sollte außerdem eine Bestimmung enthalten (vielleicht unter Bezugnahme auf eine Bandbreite), die eine Revision oder Kündigung der Vereinbarung für künftige Jahre ermöglicht, wenn sich die Geschäftstätigkeit erheblich ändert oder wenn nicht beeinflussbare Wirtschaftsbedingungen (z. B. erhebliche Wechselkursänderungen) die Zuverlässigkeit der Methode so entscheidend beeinträchtigen, dass unabhängige Unternehmen dies als für ihre Verrechnungspreisbestimmung wesentlich betrachten würden.

4.147. Eine APA kann sich auf alle Verrechnungspreisfragen eines Steuerpflichtigen erstrecken (was von einigen Staaten bevorzugt wird); dem Steuerpflichtigen kann aber auch die Möglichkeit gegeben werden, den APA-Antrag auf bestimmte Konzerngesellschaften und konzerninterne Geschäftsvorfälle zu beschränken. Eine Vorabverständigung gilt für künftige Jahre und Geschäftsvorfälle, wobei ihre effektive Laufzeit von der Branche, den Produkten oder den Geschäftsvorfällen abhängen kann. Die verbundenen Unternehmen können ihren Antrag auf bestimmte künftige Wirtschaftsjahre beschränken. Eine APA kann die Möglichkeit bieten, die vereinbarte Verrechnungspreismethode zur Lösung ähnlicher Verrechnungspreisfragen aus noch offenen Vorjahren anzuwenden. Dies würde jedoch die Zustimmung der Steuerverwaltung, des Steuerpflichtigen und gegebenenfalls des Abkommenspartners erfordern. Punkt 2.7 des Mindeststandards von Aktionspunkt 14 zufolge sollten Staaten mit bilateralen Vorabverständigungsverfahren in geeigneten Fällen und vorbehaltlich der einzuhaltenden Fristen (beispielsweise nach innerstaatlichem Recht bestehenden Verjährungsfristen) die rückwirkende Anwendung von Vorabverständigungen (auf Veranlagungszeiträume, die nicht in den ursprünglichen Anwendungsbereich der APA fallen) ermöglichen, wenn die relevanten Gegebenheiten und Umstände in den betreffenden früheren Wirtschaftsjahren die gleichen sind, wobei diese Gegebenheiten und Umstände jedoch im Rahmen der Steuerprüfung überprüft werden müssen.

4.148. Jede Steuerverwaltung, die an einer Vorabverständigung mitwirkt, wird natürlich bestrebt sein, deren Einhaltung durch die Steuerpflichtigen in ihrem Staat zu überwachen; dafür gibt es in der Regel zwei Möglichkeiten. Die erste besteht darin, den Steuerpflichtigen, der eine Vorabverständigung eingegangen ist, zu verpflichten, in jährlichen Berichten darzulegen, inwieweit die Bedingungen der APA eingehalten wurden und dass die Gültigkeitsbedingungen weiterhin zutreffend sind. Die zweite Möglichkeit ist, dass die Steuerverwaltung damit fortfährt, den Steuerpflichtigen im Rahmen des üblichen Prüfungsturnus zu prüfen, ohne jedoch eine Neubeurteilung der Methode vorzunehmen. Stattdessen kann die Steuerverwaltung ihre Verrechnungspreisprüfung darauf beschränken, die für den APA-Vorschlag relevanten ursprünglichen Daten zu überprüfen und festzustellen, ob der

Steuerpflichtige die Bedingungen der APA eingehalten hat. Im Hinblick auf die Verrechnungspreise kann eine Steuerverwaltung auch die Zuverlässigkeit und Genauigkeit der Darstellungen in der APA und in den Jahresberichten untersuchen und prüfen, wie genau und einheitlich die jeweilige Methode angewandt wurde. Alle anderen Fragen, die mit der APA nicht in Zusammenhang stehen, unterliegen der üblichen Prüfungstätigkeit.

4.149. Bei Betrug oder Angabe falscher Informationen während der Aushandlung einer APA oder in Fällen, in denen der Steuerpflichtige die Bedingungen der Vorabverständigung nicht einhält, sollte die Vereinbarung aufgekündigt werden können, und zwar auch rückwirkend. Wenn die Kündigung oder der Widerruf einer APA vorgeschlagen wird, sollte die Steuerverwaltung, die diese Maßnahme vorschlägt, den anderen Steuerverwaltungen ihre Absicht und die Gründe für diese Maßnahme mitteilen.

F.2. Mögliche Ansätze für rechtliche und administrative Vorschriften in Bezug auf Vorabverständigungen

4.150. Vorabverständigungen, an denen die zuständige Behörde eines Abkommenspartners beteiligt ist, sollten im Rahmen des Verständigungsverfahrens nach Artikel 25 des OECD-Musterabkommens betrachtet werden, auch wenn solche Vereinbarungen dort nicht ausdrücklich erwähnt werden. Absatz 3 dieses Artikels sieht vor, dass die zuständigen Behörden sich bemühen werden, Schwierigkeiten oder Zweifel, die bei der Auslegung oder Anwendung des Abkommens entstehen, durch Verständigung zu beseitigen. Obwohl Ziffer 50 des Kommentars darauf hinweist, dass es sich bei den in diesem Absatz angesprochenen Fragen um Schwierigkeiten allgemeiner Art handelt, die eine Gruppe von Steuerpflichtigen betreffen, wird ausdrücklich anerkannt, dass sich diese Fragen in Bezug auf einen Einzelfall ergeben können. Zu Vorabverständigungsverfahren kommt es vielfach, weil die Anwendung der Verrechnungspreisregeln auf eine bestimmte Gruppe von Steuerpflichtigen zu Zweifeln und Schwierigkeiten führt. Artikel 25 Absatz 3 weist auch darauf hin, dass die zuständigen Behörden gemeinsam beraten können, wie eine Doppelbesteuerung in Fällen vermieden werden kann, die im Abkommen nicht behandelt werden. Bilaterale Vorabverständigungsverfahren sollten unter diese Bestimmung fallen, da eines ihrer Ziele darin besteht, eine Doppelbesteuerung zu vermeiden. Das Abkommen sieht zwar Verrechnungspreiskorrekturen vor, legt abgesehen von dem in Artikel 9 verankerten Fremdvergleichsgrundsatz jedoch keine spezifischen Methoden oder Verfahren fest. Deshalb ist die Auffassung vertretbar, dass Vorabverständigungsverfahren nach Artikel 25 Absatz 3 gestattet sind, weil die in einem solchen Verfahren behandelten konkreten Verrechnungspreisfälle unter keine andere Bestimmung des Abkommens fallen. Die Bestimmungen über den Informationsaustausch in Artikel 26 könnten Vorabverständigungsverfahren ebenfalls erleichtern, da sie die Zusammenarbeit zwischen den zuständigen Behörden in Form des Informationsaustauschs ermöglichen.

4.151. Die Steuerverwaltungen könnten sich bezüglich der Befugnis zum Abschluss von Vorabverständigungen zudem auf allgemeine innerstaatliche Steuervollzugsbefugnisse berufen. In manchen Staaten sind die Steuerverwaltungen möglicherweise in der Lage, besondere Verwaltungs- und Verfahrensleitlinien für die Steuerpflichtigen zu erlassen, in denen die sachgerechte steuerliche Behandlung von Geschäftsvorfällen und die sachgerechte Preisbestimmungsmethode dargelegt werden. Wie bereits vorstehend erwähnt, enthalten die Steuergesetze einiger OECD-Mitgliedstaaten Bestimmungen, die den Steuerpflichtigen berechtigen, für verschiedene Belange verbindliche Auskünfte und sonstige steuerliche Vorbescheide zu erhalten. Auch wenn diese Vorbescheide nicht ausdrücklich für Vorabverständigungen konzipiert sind, können sie umfassend genug sein, um als Grundlage für solche Vereinbarungen zu dienen.

4.152. In einigen Staaten fehlen innerstaatliche gesetzliche Grundlagen für den Abschluss von Vorabverständigungen. Beinhaltet ein Doppelbesteuerungsabkommen allerdings eine Klausel über das Verständigungsverfahren, die Artikel 25 des OECD-Musterabkommens entspricht, sollte der Abschluss einer APA für die zuständigen Behörden zulässig sein, wenn Verrechnungspreisfragen andernfalls zu einer Doppelbesteuerung führen oder Schwierigkeiten und Zweifel bei der Auslegung oder Anwendung des Abkommens aufwerfen würden. Eine solche Vereinbarung wäre für beide Staaten rechtlich bindend und würde für die beteiligten Steuerpflichtigen Rechte schaffen. Soweit Doppelbesteuerungsabkommen Vorrang vor innerstaatlichem Recht haben, wäre das Fehlen einer innerstaatlichen Rechtsgrundlage für den Abschluss von Vorabverständigungen kein Hindernis, eine APA auf der Grundlage eines Verständigungsverfahrens zu schließen.

F.3. Vorteile von Vorabverständigungen

4.153. Ein Programm für Vorabverständigungen kann den Steuerpflichtigen helfen, indem es die Vorhersehbarkeit der steuerlichen Behandlung internationaler Geschäftsvorfälle verbessert und so Unsicherheiten beseitigt. Sofern die Gültigkeitsbedingungen erfüllt sind, kann eine Vorabverständigung den beteiligten Steuerpflichtigen für einen bestimmten Zeitraum Sicherheit hinsichtlich der steuerlichen Behandlung der in der APA behandelten Verrechnungspreisfragen verschaffen. In einigen Fällen kann eine APA auch eine Option zur Verlängerung ihrer Laufzeit enthalten. Bei Ablauf der APA kann den betroffenen Steuerverwaltungen und Steuerpflichtigen zudem die Möglichkeit offenstehen, sie neu zu verhandeln. Die durch die APA geschaffene Sicherheit kann es dem Steuerpflichtigen leichter machen, seine Steuerverbindlichkeiten im Voraus abzuschätzen, wodurch ein investitionsförderndes Steuerklima entsteht.

4.154. Vorabverständigungen können sowohl für die Steuerverwaltungen als auch für die Steuerpflichtigen eine Gelegenheit darstellen, in einem spannungsfreien Klima zu beraten und zusammenzuarbeiten. Die Möglichkeit, komplexe Steuerfragen in einer Atmosphäre zu erörtern, die weniger konfrontativ ist als bei einer Verrechnungspreisprüfung, kann den freien Informationsfluss zwischen allen Beteiligten im Hinblick auf ein rechtlich einwandfreies und praktikables Ergebnis fördern. Dieses spannungsfreie Umfeld kann auch zu einer objektiveren Überprüfung der vorgelegten Daten und Informationen führen, als dies in einem spannungsgeladeneren Kontext der Fall wäre (z. B. in einem Rechtsmittelverfahren). Die enge Beratung und Zusammenarbeit, die bei einem Vorabverständigungsverfahren zwischen den Steuerverwaltungen erforderlich ist, führt auch zu engeren Beziehungen zwischen den Abkommenspartnern in Verrechnungspreisfragen.

4.155. Eine APA kann Steuerpflichtigen und Steuerverwaltungen kostspielige und zeitaufwendige Prüfungen und Rechtsmittelverfahren im Hinblick auf wichtige Verrechnungspreisfragen ersparen. Wenn eine Vorabverständigung getroffen wurde, dürften weniger Ressourcen für die spätere Prüfung der Steuererklärung des Steuerpflichtigen erforderlich sein, da mehr Informationen zu dem Steuerpflichtigen vorliegen. Es kann allerdings schwierig sein, die Umsetzung der Vereinbarung zu überwachen. Das Vorabverständigungsverfahren kann sowohl für die Steuerpflichtigen als auch für die Steuerverwaltungen eine Zeitersparnis bedeuten, wenn sich der für herkömmliche Prüfungen erforderliche Zeitaufwand verringert; allerdings ist es auch möglich, dass insgesamt keine Zeitersparnis eintritt, beispielsweise in Staaten, die kein Betriebsprüfungsverfahren kennen und in denen die Existenz einer APA möglicherweise keinen direkten Einfluss auf den mit der Umsetzung der steuerrechtlichen Vorschriften verbundenen Aufwand hat.

4.156. Bilaterale und multilaterale Vorabverständigungsverfahren beseitigen die Möglichkeit einer juristischen oder wirtschaftlichen Doppelbesteuerung oder Nichtbesteuerung bzw. reduzieren sie erheblich, da sich alle betroffenen Staaten daran beteiligen. Im Gegensatz dazu schaffen unilaterale Vorabverständigungen keine Sicherheit im Hinblick auf die Reduzierung von Doppelbesteuerung, weil andere Steuerverwaltungen, die von den unter die Verständigung fallenden Geschäftsvorfällen betroffen sind, der Ansicht sein können, dass die angewandte Methode nicht zu einem fremdvergleichskonformen Ergebnis führt. Daneben können bilaterale und multilaterale Vorabverständigungen das Verständigungsverfahren verbessern, indem sie die zur Erzielung einer Einigung erforderliche Zeit deutlich reduzieren, da die zuständigen Behörden mit aktuellen Daten und nicht mit Daten aus Vorjahren befasst sind, deren Beschaffung schwierig und zeitaufwendig sein kann.

4.157. Die mit Vorabverständigungsverfahren verbundene Offenlegung von Informationen und der Geist der Zusammenarbeit, in dem eine APA ausgehandelt werden kann, können den Steuerverwaltungen helfen, Einblick in die von multinationalen Unternehmen getätigten komplexen internationalen Geschäftsvorfälle zu gewinnen. Ein Vorabverständigungsverfahren kann den Kenntnisstand über hochtechnische Sachverhalte und Gegebenheiten in Bereichen wie dem Global Trading und die damit verbundenen Steuerfragen verbessern und deren Verständnis erleichtern. Durch die Entwicklung von Fachkompetenzen in Bezug auf bestimmte Branchen oder Arten von Geschäftsvorfällen ist es den Steuerverwaltungen möglich, anderen Steuerpflichtigen in ähnlichen Verhältnissen bessere Dienste anzubieten. Vorabverständigungsverfahren geben den Steuerverwaltungen Zugang zu nützlichen Branchendaten und ermöglichen es ihnen, Verrechnungspreismethoden in einem kooperativen Umfeld zu analysieren.

F.4. Nachteile im Zusammenhang mit Vorabverständigungen

4.158. Unilaterale Vorabverständigungen können sowohl die Steuerverwaltungen als auch die Steuerpflichtigen vor erhebliche Probleme stellen. Aus Sicht der anderen Steuerverwaltungen können Probleme auftreten, weil sie den Schlussfolgerungen der APA möglicherweise nicht zustimmen. Aus Sicht der beteiligten verbundenen Unternehmen besteht ein Problem im möglichen Effekt auf das Verhalten der verbundenen Unternehmen. Anders als bilaterale und multilaterale Vorabverständigungen führen unilaterale Vorabverständigungen möglicherweise nicht zu einer erhöhten Sicherheit für den beteiligten Steuerpflichtigen und zu einer Reduzierung wirtschaftlicher oder juristischer Doppelbesteuerung für den multinationalen Konzern. Willigt der Steuerpflichtige in eine Vereinbarung ein, die dem Staat, mit dem er diese Vorabverständigung trifft, überhöhte Einkünfte zuweist, weil er langwierige und kostspielige Verrechnungspreisuntersuchungen oder übermäßige Strafen vermeiden will, wird der Verwaltungsaufwand von dem Staat, der die APA anbietet, auf andere Staaten verlagert. Steuerpflichtige sollten sich nicht gezwungen fühlen, eine APA aus solchen Gründen zu schließen.

4.159. Ein weiteres Problem bei einer unilateralen APA ist die Frage der Gegenberichtigungen. Die bei einer APA gegebene Flexibilität kann den Steuerpflichtigen und das verbundene Unternehmen dazu veranlassen, ihre Preise an die Bandbreite anzupassen, die im Rahmen der APA zulässig ist. Bei einer unilateralen APA ist es von entscheidender Bedeutung, dass diese Flexibilität den Fremdvergleichsgrundsatz wahrt, da die zuständige Behörde eines anderen Staats wahrscheinlich keine Gegenberichtigung gewähren wird, die sich aus einer APA ergibt, die ihrer Auffassung nach mit dem Fremdvergleichsgrundsatz nicht vereinbar ist.

4.160. Ein weiterer möglicher Nachteil kann sich zeigen, wenn eine Vorabverständigung, wie bereits vorstehend erörtert, von einer unzuverlässigen Prognose über sich ändernde Marktbedingungen ohne angemessene Gültigkeitsbedingungen ausgeht. Um die Gefahr einer Doppelbesteuerung zu vermeiden, ist es erforderlich, dass ein Vorabverständigungsprogramm flexibel bleibt, da starre Vereinbarungen fremdüblichen Bedingungen möglicherweise nicht zufriedenstellend Rechnung tragen können.

4.161. Ein Programm für Vorabverständigungen kann anfänglich zu Engpässen bei den für Verrechnungspreisprüfungen zur Verfügung stehenden Ressourcen führen, da die Steuerverwaltungen dazu im Allgemeinen Ressourcen umleiten müssen, die für andere Zwecke (z. B. Prüfung, Beratung, Rechtsmittelverfahren usw.) vorgesehen sind. Steuerpflichtige, die auf einen frühestmöglichen Entscheid über ihren APA-Antrag drängen, weil sie ihre geschäftlichen Interessen und Termine im Auge haben, können die Ressourcen einer Steuerverwaltung strapazieren, und der Rahmen für die Vorabverständigungsverfahren kann insgesamt stark von den Anforderungen der Wirtschaft bestimmt sein. Diese Anforderungen stehen möglicherweise nicht mit der Ressourcenplanung der Steuerverwaltungen im Einklang, wodurch es schwierig wird, gleichzeitig die Vorabverständigungsverfahren und andere ebenso wichtige Arbeiten effizient zu erledigen. Die Verlängerung einer bestehenden APA dürfte indessen weniger zeitaufwendig sein als deren erstmalige Einrichtung. Das Verfahren zur Verlängerung einer APA kann sich darauf konzentrieren, die Sachverhalte, die geschäftlichen und wirtschaftlichen Kriterien sowie die Berechnungen zu aktualisieren und anzupassen. Bei bilateralen Vereinbarungen muss zur Verlängerung einer APA die Zustimmung der zuständigen Behörden beider Vertragsstaaten eingeholt werden, um Doppelbesteuerung (oder Nichtbesteuerung) zu vermeiden.

4.162. Ein weiterer möglicher Nachteil kann sich ergeben, wenn eine Steuerverwaltung eine Reihe von bilateralen Vorabverständigungen getroffen hat, die nur bestimmte verbundene Unternehmen innerhalb eines multinationalen Konzerns betreffen. Dann kann eine Tendenz bestehen, spätere Vorabverständigungen im Interesse der Einheitlichkeit auf einer ähnlichen Grundlage zu treffen wie die bereits bestehenden Vereinbarungen, ohne dabei den auf anderen Märkten geltenden Bedingungen ausreichend Rechnung zu tragen. Daher ist Vorsicht geboten, wenn die Ergebnisse früherer Vorabverständigungen als repräsentativ für alle Märkte angesehen werden.

4.163. Darüber hinaus wurden Bedenken geäußert, dass Vorabverständigungsverfahren aufgrund ihrer besonderen Merkmale vor allem für Steuerpflichtige von Interesse sind, die die geltenden Vorschriften von sich aus in der Regel zuverlässig anwenden. Die Erfahrungen einiger Staaten haben gezeigt, dass es sich bei den Steuerpflichtigen, die an Vorabverständigungen interessiert sind, meistens um sehr große Unternehmen handelt, die regelmäßig geprüft werden und deren Verrechnungspreismethoden in jedem Fall untersucht werden. Was sich für sie im Hinblick auf die Prüfung der Verrechnungspreise ändert, ist eher der Zeitpunkt als der Umfang der Prüfung. Es ist allerdings nicht nachgewiesen, dass Vorabverständigungen ausschließlich oder hauptsächlich für solche Steuerpflichtige von Interesse sind. In der Tat gibt es bereits Anzeichen dafür, dass Steuerpflichtige, die mit ihrer Steuerverwaltung Schwierigkeiten in Bezug auf Verrechnungspreisfragen hatten und dem ein Ende setzen möchten, häufig an einem Vorabverständigungsverfahren interessiert sind. So besteht eine ernste Gefahr, dass Prüfungsressourcen und Fachkenntnisse für solche Steuerpflichtigen eingesetzt werden, anstatt für Untersuchungen von Steuerpflichtigen, die die Vorschriften weniger genau einhalten und bei denen die Ressourcen sinnvoller eingesetzt werden könnten, um das Risiko von Steuerausfällen zu verringern. Ein ausgewogener Einsatz der Prüfungsressourcen dürfte vor allem deshalb schwer zu erzielen sein, weil Vorabverständigungsverfahren in der Regel ein sehr erfahrenes und hochspezialisiertes Personal erfordern. APA-Anträge können sich in bestimmten Bereichen oder Sektoren häufen, z. B. im Global Trading, und dies kann zu einer Überlastung der spezialisierten Mitarbeiter führen, die die Behörden bereits für diese Bereiche abgestellt haben. Die Steuerverwaltungen benötigen Zeit, um Experten in Spezialbereichen zu schulen und so einer nicht vorhersehbaren Nachfrage der Steuerpflichtigen nach Vorabverständigungen in diesen Bereichen gerecht zu werden.

4.164. Zusätzlich zu den vorstehenden Bedenken gibt es eine Reihe von möglichen – im Folgenden beschriebenen – Problemen, die auftreten können, wenn ein Programm für Vorabverständigungen nicht sachgerecht umgesetzt wird; Steuerverwaltungen, die von Vorabverständigungen Gebrauch machen, sollten sich nach Kräften bemühen, diese Probleme mit zunehmender Praxis auf diesem Gebiet zu beseitigen.

4.165. Beispielsweise könnte ein Vorabverständigungsverfahren genauere Informationen über die Branche und den Steuerpflichtigen erfordern als eine Verrechnungspreisprüfung. Dies sollte grundsätzlich nicht der Fall sein, und die erforderliche Dokumentation sollte bei einem Vorabverständigungsverfahren nicht aufwendiger sein als bei einer Prüfung, abgesehen davon, dass die Steuerverwaltung bei einem Vorabverständigungsverfahren Einzelheiten zu Prognosen, einschließlich der Grundlagen dieser Prognosen, benötigt, was bei einer Verrechnungspreisprüfung, die sich auf abgeschlossene Geschäftsvorgänge bezieht, nicht von zentraler Bedeutung sein dürfte. Wie vorstehend erörtert, sollte in einem Vorabverständigungsverfahren in der Tat versucht werden, die Dokumentationsanforderungen zu begrenzen und stärker auf Fragen der Geschäftspraxis des Steuerpflichtigen auszurichten. Die Steuerverwaltungen müssen anerkennen, dass

a) öffentlich zugängliche Informationen über Konkurrenzunternehmen und Vergleichswerte nur beschränkt zur Verfügung stehen,

b) nicht alle Steuerpflichtigen in der Lage sind, eingehende Marktanalysen durchzuführen und

c) möglicherweise nur die Muttergesellschaften von der Preispolitik des Konzerns Kenntnis haben.

4.166. Bedenken bestehen auch in Bezug darauf, dass ein Vorabverständigungsverfahren es der Steuerverwaltung ermöglichen könnte, je nach den Gegebenheiten und Umständen eine eingehendere Prüfung der fraglichen Geschäftsvorfälle vorzunehmen, als dies im Kontext einer Verrechnungspreisprüfung der Fall wäre. Der Steuerpflichtige muss ausführliche Informationen über seine Verrechnungspreisbestimmung vorlegen und sonstige Anforderungen erfüllen, die zur Überprüfung der Einhaltung der in der Vorabverständigung genannten Bedingungen an ihn gerichtet werden. Gleichzeitig ist der Steuerpflichtige nicht vor regelmäßigen und routinemäßigen Prüfungen gefeit, die die Steuerverwaltung hinsichtlich anderer Fragen durchführt. Eine APA bewahrt den Steuerpflichtigen auch nicht vor einer Prüfung seiner Verrechnungspreisaktivitäten. Der Steuerpflichtige muss nachweisen können, dass er die Bedingungen der APA nach Treu und Glauben befolgt hat, dass die in der APA enthaltenen wesentlichen Angaben weiterhin gültig sind, dass die für die Anwendung der Methode maßgeblichen Daten korrekt waren, dass die der APA zugrunde liegenden Gültigkeitsbedingungen weiterhin zutreffend sind und einheitlich angewandt werden und dass die Methode einheitlich angewandt wird. Die Steuerverwaltungen sollten deshalb versuchen sicherzustellen, dass Vorabverständigungsverfahren nicht mit unnötigem Aufwand verbunden sind und dem Steuerpflichtigen nicht mehr abverlangen, als aufgrund des Anwendungsbereichs der APA unbedingt erforderlich ist.

4.167. Probleme könnten auch dann auftreten, wenn die Steuerverwaltungen Informationen, die sie aufgrund einer Vorabverständigung erhalten haben, in ihrer Prüfungspraxis zweckentfremden. Wenn der Steuerpflichtige seinen APA-Antrag zurückzieht oder wenn der Antrag des Steuerpflichtigen nach Abwägung aller Sachverhalte abgewiesen wird, dürfen nicht sachverhaltliche Informationen des Steuerpflichtigen im Zusammenhang mit dem APA-Antrag, wie beispielsweise Lösungsvorschläge, Begründungen, Meinungen und Beurteilungen, in keiner Weise als prüfungsrelevant behandelt werden. Auch sollte die Tatsache, dass ein Steuerpflichtiger mit einem APA-Antrag gescheitert ist, die Steuerverwaltung nicht bei der Entscheidung beeinflussen, ob für diesen Steuerpflichtigen eine Prüfung anzusetzen ist.

4.168. Die Steuerverwaltungen sollten außerdem die Vertraulichkeit von Geschäftsgeheimnissen und anderen sensiblen Informationen und Dokumenten, die ihnen im Verlauf eines Vorabverständigungsverfahrens unterbreitet werden, gewährleisten. Deshalb sollten die innerstaatlichen Geheimhaltungsvorschriften gelten. Bei einer bilateralen Vorabverständigung finden die für die

Abkommenspartner geltenden Vertraulichkeitsvorschriften Anwendung, wodurch verhindert wird, dass vertrauliche Daten an die Öffentlichkeit gelangen.

4.169. Programme für Vorabverständigungen können nicht von allen Steuerpflichtigen in Anspruch genommen werden, da die entsprechenden Verfahren kostspielig und zeitaufwendig sein können und kleine Unternehmen sie sich im Allgemeinen nicht leisten können. Dies trifft insbesondere dann zu, wenn unabhängige Sachverständige beigezogen werden. Vorabverständigungen sind deshalb möglicherweise nur bei der Lösung vornehmlich großer Verrechnungspreisfälle hilfreich. Außerdem kann der mit einem Programm für Vorabverständigungen verbundene Ressourcenaufwand zu einer Begrenzung der Anzahl der Anträge führen, die eine Steuerverwaltung bearbeiten kann. Bei der Evaluierung von Vorabverständigungen können die Steuerverwaltungen diese möglichen Probleme mildern, indem sie sicherstellen, dass der Umfang der Untersuchungen an den Umfang der betreffenden grenzüberschreitenden Geschäftsvorfälle angepasst wird.

F.5. Empfehlungen

F.5.1. Allgemeines

4.170. Seit der Veröffentlichung der Leitlinien in ihrer Originalfassung im Jahr 1995 hat eine große Anzahl von OECD-Mitgliedstaaten Erfahrungen mit Vorabverständigungen gesammelt. Die Staaten, die auf diesem Gebiet bereits Erfahrung haben, scheinen bisher zufrieden zu sein, sodass zu erwarten ist, dass der Erfahrungsschatz unter geeigneten Umständen weiter zunehmen wird. Zu den Voraussetzungen für den Erfolg von Programmen für Vorabverständigungen gehören die gebotene Sorgfalt, um den angemessenen Grad an Genauigkeit der Vereinbarungen auf der Basis von Gültigkeitsbedingungen festzulegen, die sachgerechte Umsetzung der Programme, die Existenz geeigneter Schutzvorkehrungen zur Vermeidung der vorstehend beschriebenen Probleme sowie die Flexibilität und Offenheit, mit der alle Beteiligten an das Verfahren herangehen müssen.

4.171. Es bestehen nach wie vor einige Probleme in Bezug auf die Form und den Anwendungsbereich von Vorabverständigungen, für die weitere Erfahrungen gesammelt werden müssen, um eine vollständige Lösung und eine Einigung zwischen den Mitgliedstaaten zu erzielen, so beispielsweise in der Frage unilateraler Vorabverständigungen. Der Ausschuss für Steuerfragen beabsichtigt, die weitere Entwicklung der Nutzung von Vorabverständigungen genau zu beobachten und auf mehr Einheitlichkeit in der Praxis zwischen den Staaten hinzuwirken, die sich für die Nutzung solcher Vereinbarungen entscheiden.

F.5.2. Umfang einer Vorabverständigung

4.172. Bei der Festlegung des Anwendungsbereichs einer APA müssen die Steuerpflichtigen und die Steuerverwaltungen der Zuverlässigkeit der Prognosen große Aufmerksamkeit schenken, um unzuverlässige Prognosen auszuschließen. Im Allgemeinen ist große Sorgfalt geboten, wenn die Vorabverständigung über Fragen der Methode, ihrer Anwendung und der Gültigkeitsbedingungen hinausgeht. Vgl. Ziffer 4.134–4.139.

F.5.3. Unilaterale versus bilaterale (multilaterale) Vorabverständigungen

4.173. Eine APA sollte soweit möglich auf bilateraler oder multilateraler Basis zwischen den zuständigen Behörden im Wege des Verständigungsverfahrens des geltenden Abkommens geschlossen werden. Bei einem bilateralen Vorabverständigungsverfahren ist die Gefahr geringer, dass Steuerpflichtige sich gezwungen sehen, eine APA abzuschließen oder eine nicht fremdvergleichskonforme Vereinbarung zu akzeptieren, um kostspielige und langwierige Untersuchungen und mögliche Strafen zu vermeiden. Eine bilaterale APA verringert auch erheblich die Möglichkeit, dass Gewinne entweder überhaupt nicht oder doppelt besteuert werden. Außerdem kann der Abschluss einer APA im Rahmen des Verständigungsverfahrens der einzige gangbare Weg für eine Steuerverwaltung sein, der eine innerstaatliche Rechtsgrundlage für den Abschluss verbindlicher Vereinbarungen direkt mit dem Steuerpflichtigen fehlt.

F.5.4. Gleichberechtigter Zugang zu Vorabverständigungen für alle Steuerpflichtigen

4.174. Wie bereits weiter oben erörtert, kann der Charakter des Vorabverständigungsverfahrens de facto bewirken, dass es nur von großen Unternehmen genutzt werden kann. Eine Beschränkung des Vorabverständigungsverfahrens auf große Unternehmen kann Fragen hinsichtlich Gerechtigkeit und Einheitlichkeit aufwerfen, da Steuerpflichtige in gleicher Lage nicht unterschiedlich behandelt werden sollten. Eine flexible Verteilung der Prüfungsressourcen kann diese Bedenken mildern. Eventuell müssen die Steuerverwaltungen auch die Möglichkeit ins Auge fassen, die Inanspruchnahme von Vorabverständigungen für kleine Unternehmen zu vereinfachen. Bei der Evaluierung von Vorabverständigungen sollten die Steuerverwaltungen darauf achten, den Umfang der Untersuchungen an den Umfang der betreffenden grenzüberschreitenden Geschäftsvorfälle anzupassen.

F.5.5. Ausarbeitung von Arbeitsvereinbarungen zwischen den zuständigen Behörden und Verbesserung der Verfahren

4.175. Eine Vereinheitlichung der Praktiken der Staaten, die Vorabverständigungen nutzen, könnte sowohl für die Steuerverwaltungen als auch für die Steuerpflichtigen von Vorteil sein. Die Steuerverwaltungen dieser Staaten sollten daher Arbeitsvereinbarungen zwischen den zuständigen Behörden über die Durchführung von Vorabverständigungsverfahren in Erwägung ziehen. Solche Vereinbarungen können allgemeine Leitlinien und Übereinkünfte für die Herbeiführung einer Verständigung in Fällen zum Gegenstand haben, in denen ein Steuerpflichtiger eine Vorabverständigung über die Verrechnungspreise beantragt hat.

4.176. Bilaterale Vorabverständigungen mit Abkommenspartnern sollten außerdem bestimmten Anforderungen entsprechen. Beispielsweise sollten jeder Steuerverwaltung zeitgleich dieselben notwendigen und sachdienlichen Informationen zur Verfügung gestellt werden, und die vereinbarte Methode sollte mit dem Fremdvergleichsgrundsatz im Einklang stehen.

G. Schiedsverfahren

4.177. Mit der zunehmenden Internationalisierung des Handels und der Investitionen wurden auch die Steuerstreitigkeiten, die sich gelegentlich aus diesen Aktivitäten ergeben, zunehmend international. Vor allem aber handelt es sich bei diesen Streitfällen nicht mehr bloß um Streitigkeiten zwischen einem Steuerpflichtigen und seiner Steuerverwaltung, sondern auch um Unstimmigkeiten zwischen den Steuerverwaltungen selbst. In vielen solchen Fällen ist der multinationale Konzern lediglich betroffener Akteur, während die eigentlichen Protagonisten die beteiligten Staaten sind. Doppelbesteuerungsprobleme werden zwar traditionell durch das Verständigungsverfahren gelöst, eine Entlastung ist jedoch nicht gewährleistet, sofern die Steuerverwaltungen nach erfolgten Beratungen selbst nicht zu einer Einigung gelangen und es keinen Mechanismus gibt – z. B. eine Schiedsklausel, die Artikel 25 Absatz 5 entspricht –, der eine Lösungsmöglichkeit vorsieht. Wenn jedoch ein bestimmtes Doppelbesteuerungsabkommen eine Schiedsklausel enthält, die Artikel 25 Absatz 5 entspricht, ermöglicht diese Ausweitung des Verständigungsverfahrens die Lösung des Falls, indem eine oder mehrere Fragen, über die die zuständigen Behörden keine Einigung erzielen können, dem Schiedsverfahren unterworfen werden.

4.178. Im Rahmen der Überarbeitung des OECD-Musterabkommens im Jahr 2008 wurde Artikel 25 durch einen neuen Absatz 5 ergänzt, der vorsieht, dass in Fällen, in denen die zuständigen Behörden innerhalb von zwei Jahren keine Einigung erzielen können, die noch offenen Fragen auf Antrag der Person, die den Fall vorgelegt hat, im Wege eines Schiedsverfahrens gelöst werden. Diese Ausweitung des Verständigungsverfahrens stellt sicher, dass in Fällen, in denen die zuständigen Behörden über eine oder mehrere Fragen, die die Regelung des Falls behindern, keine Einigung erzielen können, der Streitfall dennoch geklärt werden kann, indem diese Fragen dem Schiedsverfahren unterworfen werden. Das Schiedsverfahren nach Artikel 25 Absatz 5 ist ein integraler Bestandteil des Verständigungsverfahrens und stellt keine alternative Möglichkeit zur Beilegung von Streitfällen aufgrund von Doppelbesteuerungsabkommen zwischen Staaten dar. Die Ziffern 63–85 des Kommentars zu Artikel 25 liefern Hinweise für die Schiedsphase des Verständigungsverfahrens.

4.179. Die Existenz einer Artikel 25 Absatz 5 entsprechenden Schiedsklausel in einem bestimmten bilateralen Abkommen dürfte das Verständigungsverfahren auch in Fällen, in denen kein Schiedsverfahren notwendig ist, effektiver machen. Allein schon die Existenz dieser Möglichkeit dürfte eine stärkere Nutzung des Verständigungsverfahrens fördern, da sowohl die staatlichen Instanzen als auch die Steuerpflichtigen bereits zu Beginn wissen, dass die Zeit und Mühe, die sie in das Verständigungsverfahren investieren, voraussichtlich zu einem zufriedenstellenden Ergebnis führen wird. Darüber hinaus besteht für die staatlichen Instanzen ein Anreiz sicherzustellen, dass das Verständigungsverfahren effizient durchgeführt wird, um zu vermeiden, dass anschließend zusätzliche Verfahren notwendig werden.

Kapitel V

Dokumentation

A. Einleitung

5.1. Dieses Kapitel enthält Leitlinien, die von den Steuerverwaltungen bei der Ausarbeitung von Regeln und/oder Verfahren für die Dokumentation zu beachten sind, die sie von den Steuerpflichtigen im Zusammenhang mit einer Verrechnungspreisprüfung oder Abschätzung der Risiken der Verrechnungspreisbestimmung erhalten müssen. Zudem enthält es Hinweise, die den Steuerpflichtigen dabei helfen sollen, zu erkennen, welche Unterlagen am hilfreichsten sind, um die Übereinstimmung ihrer Geschäftsvorfälle mit dem Fremdvergleichsgrundsatz nachzuweisen und so zur Klärung von Verrechnungspreisfragen und zur Vereinfachung von Betriebsprüfungen beizutragen.

5.2. Als das Kapitel V dieser Leitlinien 1995 verabschiedet wurde, hatten die Steuerverwaltungen ebenso wie die Steuerpflichtigen weniger Erfahrung mit der Verwendung bzw. Erstellung von Verrechnungspreisdokumentationen als heute. Der frühere Wortlaut von Kapitel V betonte die Notwendigkeit der Angemessenheit des Dokumentationsprozesses, sowohl aus Sicht der Steuerpflichtigen als auch der Steuerverwaltungen, sowie den Wunsch, zu einem größeren Maß an Kooperation zwischen Steuerverwaltungen und Steuerpflichtigen in Dokumentationsfragen zu gelangen, um einen überhöhten Befolgungsaufwand in diesem Bereich zu vermeiden und zugleich zu gewährleisten, das ausreichende Informationen für eine verlässliche Anwendung des Fremdvergleichsgrundsatzes zur Verfügung stehen. Der frühere Wortlaut von Kapitel V enthielt weder eine Liste von Unterlagen, die in der Verrechnungspreisdokumentation enthalten sein sollten, noch klare Leitlinien in Bezug auf den Zusammenhang zwischen dem Prozess der Verrechnungspreisdokumentierung, der Verhängung von Strafen und der Beweislast.

5.3. Seitdem haben zahlreiche Staaten Regeln für die Verrechnungspreisdokumentation eingeführt, und die Zunahme dieser Auflagen führte in

Kombination mit dem drastischen Anstieg des Umfangs und der Komplexität der internationalen konzerninternen Geschäftsvorfälle sowie der verstärkten Prüfung von Verrechnungspreisfragen durch die Steuerverwaltungen zu einer deutlichen Erhöhung der Befolgungskosten für die Steuerpflichtigen. Dennoch haben die Steuerverwaltungen häufig den Eindruck, dass die Verrechnungspreisdokumentation nicht alle erforderlichen Informationen liefert und für ihren Steuerfestsetzungs- und Risikoabschätzungsbedarf nicht ausreichend ist.

5.4. In der nachstehenden Erörterung werden drei Ziele aufgezeigt, die mit Regeln für die Verrechnungspreisdokumentation verfolgt werden. Zudem enthält sie Leitlinien für die Ausarbeitung solcher Regeln, damit die Befolgung der Verrechnungspreisvorschriften einfacher und in den verschiedenen Staaten einheitlicher wird und die Steuerverwaltungen zugleich präzisere und nützlichere Informationen für Risikoabschätzungen und Prüfungen in Verrechnungspreisfragen erhalten. Eine wichtige übergeordnete Erwägung bei der Ausarbeitung solcher Regeln ist es, das richtige Gleichgewicht zu finden zwischen dem Nutzen, den die Informationen für die Steuerverwaltungen bei der Bewertung der Verrechnungspreisrisiken sowie bei sonstigen Aufgaben darstellen, und dem erhöhten Befolgungsaufwand, der den Steuerpflichtigen dadurch entsteht. Diesbezüglich sei darauf hingewiesen, dass klare und allgemein geltende Dokumentationsregeln die Befolgungskosten reduzieren können, zu denen es sonst in einem Verrechnungspreiskonflikt kommen kann.

B. Ziele der Anforderungen in Bezug auf die Verrechnungspreisdokumentation

5.5. Die drei Ziele der Verrechnungspreisdokumentation bestehen darin

1. sicherzustellen, dass die Steuerpflichtigen den Verrechnungspreisanforderungen bei der Festlegung der Preise und sonstigen Bedingungen von Geschäftsvorfällen zwischen verbundenen Unternehmen sowie bei der Angabe der Einkünfte aus diesen Geschäftsvorfällen in ihrer Steuererklärung gebührende Beachtung schenken,
2. den Steuerverwaltungen die notwendigen Informationen zur Verfügung zu stellen, um eine sachkundige Abschätzung der Verrechnungspreisrisiken durchführen zu können,
3. den Steuerverwaltungen nützliche Informationen zur Verfügung zu stellen, die sie zur Durchführung einer angemessenen und sorgfältigen Prüfung der Verrechnungspreispraxis von in ihrem Staat steuerpflichtigen Unternehmen verwenden können, auch wenn die Dokumentation im Verlauf der Prüfung möglicherweise durch zusätzliche Informationen ergänzt werden muss.

5.6. Jedes dieser Ziele sollte bei der Gestaltung geeigneter innerstaatlicher Anforderungen für die Verrechnungspreisdokumentation beachtet werden. Es ist wichtig, von den Steuerpflichtigen zu verlangen, dass sie bei bzw. vor der Erstellung ihrer Steuererklärung selbst sorgfältig evaluieren, inwieweit sie die geltenden Verrechnungspreisregeln eingehalten haben. Wichtig ist auch, dass die Steuerverwaltungen in der Lage sind, auf die Informationen zuzugreifen, die sie benötigen, um eine Bewertung der Verrechnungspreisrisiken durchzuführen und so eine sachlich fundierte Entscheidung darüber zu treffen, ob eine Prüfung durchgeführt werden sollte. Darüber hinaus ist es wichtig, dass die Steuerverwaltungen in der Lage sind, zeitnah auf alle für eine umfassende Prüfung zusätzlich notwendigen Informationen zuzugreifen bzw. diese anzufordern, wenn die Entscheidung getroffen wurde, eine solche Prüfung durchzuführen.

B.1. Beurteilung der Einhaltung des Fremdvergleichsgrundsatzes durch den Steuerpflichtigen selbst

5.7. Indem sie die Steuerpflichtigen verpflichtet, überzeugende, konsistente und stichhaltige Verrechnungspreisannahmen zu formulieren, kann die Verrechnungspreisdokumentation helfen sicherzustellen, dass eine Kultur der Steuerehrlichkeit entsteht. Im Fall einer sorgfältig ausgearbeiteten Verrechnungspreisdokumentation können die Steuerverwaltungen bis zu einem gewissen Grad darauf vertrauen, dass der Steuerpflichtige die Positionen, die er in seiner Steuererklärung wiedergibt, analysiert hat, dass er die verfügbaren Vergleichswerte untersucht hat und dass er zu konsistenten Verrechnungspreisannahmen gelangt ist. Darüber hinaus tragen die Anforderungen zur Erstellung einer zeitnahen Dokumentation zur Sicherung der Integrität der Annahmen der Steuerpflichtigen bei und hindern diese daran, nachträgliche Begründungen ihrer Annahmen auszuarbeiten.

5.8. Dieses Ziel der Steuerehrlichkeit kann durch zwei wichtige Vorgehensweisen gefördert werden. Erstens können die Steuerverwaltungen verlangen, dass die Anforderungen in Bezug auf die Verrechnungspreisdokumentation zeitnah erfüllt werden. Dies bedeutet, dass die Dokumentation zum Zeitpunkt des Geschäftsvorfalls bzw. auf jeden Fall spätestens zum Zeitpunkt der Erstellung und Einreichung der Steuererklärung für das Wirtschaftsjahr, in dem der Geschäftsvorfall stattfand, erstellt werden muss. Die zweite Möglichkeit zur Förderung der Steuerehrlichkeit ist die Einführung von verrechnungspreisbezogenen Strafregelungen, die so beschaffen sind, dass sie eine rechtzeitige und korrekte Erstellung der Verrechnungspreisdokumentation belohnen und Anreize für eine rechtzeitige und sorgfältige Betrachtung der Verrechnungspreisannahmen des Steuerpflichtigen schaffen. Die Vorlagepflichten und Strafbestimmungen in Bezug auf die Verrechnungspreisdokumentation werden weiter unten in Abschnitt D eingehender erörtert.

5.9. Zwar werden die Steuerpflichtigen die Verrechnungspreisdokumentation idealerweise als Gelegenheit nutzen, eine gut durchdachte Grundlage für ihre Verrechnungspreispolitik zu formulieren, womit sie einen wichtigen Zweck solcher Auflagen erfüllen, allerdings können Faktoren wie Kosten, Zeitmangel und eine Vielzahl verschiedener Fragen, die ebenfalls die Aufmerksamkeit der zuständigen Mitarbeiter erfordern, diesen Zielen mitunter zuwiderlaufen. Daher ist es wichtig, dass die Staaten darauf achten, dass die Dokumentationsauflagen vertretbar und auf wesentliche Geschäftsvorfälle ausgerichtet bleiben, damit gewährleistet ist, dass die wichtigsten Fragen volle Aufmerksamkeit erhalten.

B.2. Bewertung der Verrechnungspreisrisiken

5.10. Eine effektive Identifizierung und Abschätzung der Risiken ist ein wesentlicher erster Schritt im Prozess der Auswahl der richtigen Fälle für Verrechnungspreisprüfungen oder -untersuchungen sowie im Hinblick auf die Ausrichtung solcher Prüfungen auf die wichtigsten Fragen. Da den Steuerverwaltungen nur begrenzte Mittel zur Verfügung stehen, ist es wichtig, dass sie gleich zu Beginn einer möglicherweise einzuleitenden Prüfung richtig einschätzen, ob die Verrechnungspreisvereinbarungen eines Steuerpflichtigen eine eingehende Prüfung sowie die Aufwendung erheblicher Ressourcen beim Steuervollzug rechtfertigen. Gerade in Bezug auf Verrechnungspreisfragen (die im Allgemeinen komplex und faktenintensiv sind) ist eine effektive Risikobewertung eine entscheidende Vorbedingung für eine gezielte und ressourceneffiziente Prüfung. Das OECD-Forum Steuerverwaltung hat eine Reihe von Instrumenten entwickelt, die den Steuerverwaltungen bei der Durchführung solcher Risikoabschätzungen helfen sollen.

5.11. Zur richtigen Bewertung der Verrechnungspreisrisiken müssen die Steuerverwaltungen frühzeitig Zugang zu ausreichenden, sachdienlichen und verlässlichen Informationen haben. Zwar gibt es viele Quellen für sachdienliche Informationen, eine besonders wichtige Quelle solcher Informationen ist jedoch die Verrechnungspreisdokumentation.

5.12. Es gibt eine Vielzahl von Instrumenten und Informationsquellen, die zur Identifizierung und Abschätzung der Verrechnungspreisrisiken von Steuerpflichtigen und Geschäftsvorfällen herangezogen werden, darunter Verrechnungspreisformblätter (die zusammen mit der jährlichen Steuererklärung ausgefüllt werden müssen), verpflichtend auszufüllende Fragebogen zu den Verrechnungspreisen, die auf bestimmte Risikobereiche abstellen, allgemeine Vorschriften für die Verrechnungspreisdokumentation, in denen die notwendigen Unterlagen für den Nachweis der Einhaltung des Fremdvergleichsgrundsatzes durch den Steuerpflichtigen genannt sind, sowie Gespräche im Rahmen der Zusammenarbeit zwischen Steuerverwaltungen und Steuerpflichtigen. Alle diese Instrumente und Informationsquellen antworten auf dieselbe grundlegende Feststellung: Für die Steuerverwaltungen ist es notwendig, frühzeitig und problemlos auf sachdienliche Informationen zugreifen zu können, um eine sachgerechte und fundierte Bewertung der Verrechnungspreisrisiken vornehmen zu können. Die Gewährleistung, dass eine Verrechnungspreisrisikobewertung, die hohen qualitativen Anforderungen genügt, effizient und anhand der richtigen Arten verlässlicher Informationen durchgeführt werden kann, sollte ein wichtiger Gesichtspunkt bei der Gestaltung von Regeln für die Verrechnungspreisdokumentation sein.

B.3. Verrechnungspreisprüfung

5.13. Ein drittes Ziel der Verrechnungspreisdokumentation ist es, den Steuerverwaltungen nützliche Informationen an die Hand zu geben, die sie zur Durchführung einer gründlichen Verrechnungspreisprüfung einsetzen können. Verrechnungspreisprüfungen sind in der Regel faktenintensiv. Sie beinhalten häufig schwierige Beurteilungen der Vergleichbarkeit verschiedener Geschäftsvorfälle und Märkte. Sie können eine genaue Betrachtung finanzieller, sachverhaltsbezogener oder sonstiger branchenspezifischer Informationen erfordern. Die Verfügbarkeit ausreichender Informationen aus einer Vielzahl von Quellen während der Prüfung ist von entscheidender Bedeutung, um einer Steuerverwaltung die Durchführung einer ordnungsgemäßen Prüfung der konzerninternen Geschäftsvorfälle des Steuerpflichtigen mit verbundenen Unternehmen sowie die Durchsetzung der geltenden Verrechnungspreisregeln zu erleichtern.

5.14. In Situationen, in denen eine angemessene Bewertung der Verrechnungspreisrisiken darauf hindeutet, dass in Bezug auf eine oder mehrere Fragen eine sorgfältige Verrechnungspreisprüfung angebracht ist, muss es der Steuerverwaltung eindeutig möglich sein, sich innerhalb einer vertretbaren Frist alle sachdienlichen Unterlagen und Informationen zu beschaffen, die sich im Besitz des Steuerpflichtigen befinden. Dazu gehören Informationen in Bezug auf die Tätigkeiten und Funktionen des Steuerpflichtigen, sachdienliche Informationen zu den Tätigkeiten, Funktionen und Finanzergebnissen verbundener Unternehmen, mit denen der Steuerpflichtige konzerninterne Geschäftsvorfälle getätigt hat, Informationen in Bezug auf potenzielle Vergleichswerte, einschließlich interner Vergleichswerte, sowie Unterlagen zur Durchführung und zu den finanziellen Ergebnissen von potenziell vergleichbaren Fremdgeschäftsvorfällen sowie unverbundenen Dritten. Soweit solche Informationen in der Verrechnungspreisdokumentation enthalten sind, sind besondere Verfahren zur Bereitstellung von Informationen und Unterlagen unter Umständen vermeidbar. Allerdings ist einzuräumen, dass es mit einem unvertretbar hohen Aufwand verbunden und ineffizient wäre, von der Verrechnungspreisdokumentation zu verlangen, dass sie bereits alle Informationen enthält, die für eine umfassende Prüfung möglicherweise erforderlich sein könnten. Folglich wird es zwangsläufig zu Situationen kommen, in denen die Steuerverwaltungen Informationen erhalten möchten, die nicht im Dokumentationspaket enthalten sind. Der Informationszugang einer Steuerverwaltung sollte sich also weder auf die Dokumentation beschränken, auf die sich die Bewertung der Verrechnungspreisrisiken stützte, noch durch diese Dokumentation eingeschränkt werden. Wenn ein Staat verlangt, dass bestimmte Informationen für Zwecke der Verrechnungspreisprüfung aufbewahrt werden, sollte bei der Formulierung dieser Anforderung ein Ausgleich gefunden werden zwischen dem Informationsbedarf der Steuerverwaltung und dem Befolgungsaufwand des Steuerpflichtigen.

5.15. Es kann häufig der Fall sein, dass die Unterlagen und sonstigen Informationen, die für eine Verrechnungspreisprüfung erforderlich sind, im Besitz von anderen Unternehmen des multinationalen Konzerns sind als dem geprüften inländischen Konzernunternehmen. Oft befinden sich die notwendigen Unterlagen nicht in dem Staat, dessen Steuerverwaltung die Prüfung durchführt. Es ist daher wichtig, dass die Steuerverwaltung in der Lage ist, sich direkt oder durch Informationsaustausch, z. B. im Rahmen von Informationsaustauschmechanismen, Informationen zu beschaffen, die sich jenseits der Grenzen ihres Staats befinden.

C. Ein dreistufiger Ansatz für die Verrechnungspreisdokumentation

5.16. Um die in Abschnitt B beschriebenen Ziele zu erreichen, sollten die Staaten einen standardisierten Ansatz für die Verrechnungspreisdokumentation einführen. In diesem Abschnitt ist eine dreistufige Berichtsstruktur beschrieben, die sich zusammensetzt aus *i)* einer Stammdokumentation (Master File), die standardisierte Informationen enthält, die für alle Unternehmen des multinationalen Konzerns relevant sind, *ii)* einer Einzeldokumentation (Local File), die sich konkret auf wesentliche Geschäftsvorfälle des inländischen Steuerpflichtigen bezieht, und *iii)* einem länderbezogenen Bericht (Country-by-Country Report), der bestimmte Informationen hinsichtlich der weltweiten Verteilung der Einkünfte und der entrichteten Steuern des multinationalen Konzerns sowie bestimmte Indikatoren für die Orte wirtschaftlicher Tätigkeit innerhalb des multinationalen Konzerns enthält.

5.17. Dieser Ansatz für die Verrechnungspreisdokumentation wird den Steuerverwaltungen sachdienliche und verlässliche Informationen zur Durchführung einer effizienten und belastbaren Verrechnungspreisrisikoanalyse liefern. Zudem schafft er eine Grundlage für die Zusammenstellung der notwendigen Informationen für eine Prüfung und gibt den Steuerpflichtigen eine Möglichkeit und einen Anreiz, aussagekräftig zu untersuchen und zu beschreiben, wie sie den Fremdvergleichsgrundsatz bei wesentlichen Geschäftsvorfällen erfüllen.

C.1. Stammdokumentation (Master File)

5.18. Die Stammdokumentation (Master File) soll einen Überblick über die Tätigkeit des multinationalen Konzerns geben, einschließlich der Art seiner globalen Geschäftstätigkeiten, seiner Verrechnungspreispolitik insgesamt sowie der globalen Verteilung seiner Einkünfte und seiner Wirtschaftstätigkeit, um den Steuerverwaltungen bei der Evaluierung des Vorliegens eines bedeutenden Verrechnungspreisrisikos zu helfen. Die Stammdokumentation soll in der Regel einen allgemeinen Überblick geben, der es gestattet, die Verrechnungspreispraxis des multinationalen Konzerns in ihren wirtschaftlichen, rechtlichen, finanziellen und steuerlichen Gesamtkontext zu stellen. Sie soll keine ausführlichen Auflistungen sämtlicher Einzelheiten erfordern (z. B. aller Patente, die sich im Besitz von Unternehmen des multinationalen Konzerns befinden), da dies mit unnötigem Aufwand verbunden wäre und zudem nicht den Zielen der Stammdokumentation entspräche. Bei der Erstellung der Stammdokumentation, einschließlich Listen wichtiger Vereinbarungen, immaterieller Werte und Geschäftsvorfälle, sollten sich die Steuerpflichtigen bei der Entscheidung über den angemessenen Grad der Detailliertheit der gelieferten Informationen von den Prinzipien einer vernünftigen kaufmännischen Beurteilung leiten lassen und daran denken, dass der Zweck der Stammdokumentation darin besteht, den Steuerverwaltungen einen allgemeinen Überblick über die weltweite Geschäftstätigkeit und -politik des multinationalen Konzerns zu geben. Wenn die Anforderungen der Stammdokumentation vollumfänglich durch spezifische Querverweise auf bereits existierende Unterlagen erfüllt werden können, sind solche Querverweise – ergänzt durch Kopien der einschlägigen Unterlagen – ausreichend zur Erfüllung der betreffenden Anforderungen. Für die Erstellung der Stammdokumentation sollten Informationen dann als wichtig betrachtet werden, wenn ihre Nichterwähnung die Zuverlässigkeit der Verrechnungspreisergebnisse beeinträchtigen würde.

5.19. Die in der Stammdokumentation geforderten Informationen liefern eine „Blaupause" des multinationalen Konzerns und enthalten sachdienliche Elemente, die in fünf Kategorien eingeteilt werden können: *a)* Organisationsaufbau des multinationalen Konzerns, *b)* Beschreibung der Geschäftstätigkeit bzw. der Geschäftstätigkeiten des multinationalen Konzerns, *c)* immaterielle Werte des multinationalen Konzerns *d)* konzerninterne Finanztätigkeiten, *e)* Finanzlage und Steuerpositionen des multinationalen Konzerns.

5.20. Die Steuerpflichtigen sollten die in der Stammdokumentation enthaltenen Informationen für den multinationalen Konzern als Ganzes präsentieren. Eine Organisation der Informationen nach Geschäftsbereichen ist indessen zulässig, wenn sie stichhaltig durch die konkreten Sachverhalte gerechtfertigt werden kann, z. B. weil der multinationale Konzern so aufgebaut ist, dass manche größere Geschäftsbereiche weitgehend unabhängig sind, oder weil manche Geschäftsbereiche erst vor Kurzem erworben wurden. Im Fall einer

Präsentation nach Geschäftsbereichen ist darauf zu achten, dass die zentralisierten Konzernfunktionen und die Geschäftsvorfälle zwischen verschiedenen Geschäftsbereichen in der Stammdokumentation richtig beschrieben sind. Auch im Fall einer Präsentation nach Geschäftsbereichen soll in jedem Staat die gesamte Stammdokumentation mit allen Geschäftsbereichen zur Verfügung stehen, damit gewährleistet ist, dass sich jeder Staat einen angemessenen Überblick über die globale Geschäftstätigkeit des multinationalen Konzerns verschaffen kann.

5.21. In Anhang I zu Kapitel V werden die Informationen genannt, die in der Stammdokumentation enthalten sein sollen.

C.2. Einzeldokumentation (Local File)

5.22. Im Gegensatz zur Stammdokumentation, die wie unter Ziffer 5.18 beschrieben einen allgemeinen Überblick bietet, enthält die landesspezifische bzw. Einzeldokumentation detailliertere Informationen zu konkreten konzerninternen Geschäftsvorfällen. Die in der Einzeldokumentation zu liefernden Informationen ergänzen die Stammdokumentation und helfen bei der Erfüllung des Ziels sicherzustellen, dass der Steuerpflichtige bei seinen wesentlichen Verrechnungspreisannahmen, die einen bestimmten Staat betreffen, dem Fremdvergleichsgrundsatz entsprochen hat. In der Einzeldokumentation geht es um sachdienliche Informationen für die Verrechnungspreisanalyse im Zusammenhang mit Geschäftsvorfällen zwischen einem inländischen Konzernunternehmen und verbundenen Unternehmen in anderen Staaten, die im Kontext des Steuersystems des betreffenden Staats wesentlich sind. Solche Informationen umfassen sachdienliche finanzielle Informationen in Bezug auf diese konkreten Geschäftsvorfälle, eine Vergleichbarkeitsanalyse sowie die Auswahl und Anwendung der am besten geeigneten Verrechnungspreismethode. Wenn eine Anforderung der Einzeldokumentation vollumfänglich durch einen besonderen Querverweis auf in der Stammdokumentation enthaltene Informationen erfüllt werden kann, reicht ein solcher Querverweis aus.

5.23. In Anhang II zu Kapitel V werden die Informationen genannt, die in der Einzeldokumentation enthalten sein sollen.

C.3. Länderbezogener Bericht (Country-by-Country Report)

5.24. Für den länderbezogenen Bericht sind aggregierte Informationen für alle betroffenen Steuerhoheitsgebiete bezüglich der weltweiten Verteilung der Einkünfte und der entrichteten Steuern sowie bestimmte Indikatoren für die Verteilung der Orte wirtschaftlicher Tätigkeit auf die verschiedenen Steuerhoheitsgebiete, in denen der multinationale Konzern tätig ist, erforderlich. Der länderbezogene Bericht erfordert zudem eine Auflistung aller

Konzernunternehmen, für die finanzielle Informationen geliefert werden, mit Nennung des Gründungsstaats, wenn dieser vom Staat der steuerlichen Ansässigkeit abweicht, sowie der wichtigsten Geschäftstätigkeiten, denen die jeweiligen Konzernunternehmen nachgehen.

5.25. Der länderbezogene Bericht wird hilfreich sein für die Zwecke einer allgemeinen Bewertung der Verrechnungspreisrisiken. Zudem kann er von den Steuerverwaltungen für die Beurteilung anderer Gewinnverkürzungs- und Gewinnverlagerungsrisiken sowie gegebenenfalls für wirtschaftliche und statistische Analysen verwendet werden. Allerdings sollten die Informationen im länderbezogenen Bericht nicht als Ersatz für eine detaillierte Verrechnungspreisanalyse einzelner Geschäftsvorfälle und Preise auf der Grundlage einer vollständigen Funktions- und Vergleichbarkeitsanalyse verwendet werden. Die im länderbezogenen Bericht enthaltenen Informationen stellen für sich genommen keinen eindeutigen Nachweis dafür dar, dass Verrechnungspreise angemessen oder nicht angemessen sind. Sie sollten von den Steuerverwaltungen nicht genutzt werden, um Verrechnungspreiskorrekturen auf der Grundlage einer globalen formelhaften Gewinnaufteilung vorzuschlagen.

5.26. Anhang III zu Kapitel V enthält ein Musterformular für den länderbezogenen Bericht mit begleitenden Erläuterungen.

D. Fragen der Befolgung und Mitwirkung (Compliance)

D.1. Zeitnahe Dokumentation

5.27. Jeder Steuerpflichtige sollte sich bemühen, die Verrechnungspreise für steuerliche Zwecke in Übereinstimmung mit dem Fremdvergleichsgrundsatz aufgrund der Informationen festzusetzen, die im Zeitpunkt des Geschäftsvorfalls vernünftigerweise verfügbar sind. Der Steuerpflichtige sollte daher im Allgemeinen vor der Preisfestsetzung überlegen, ob seine Verrechnungspreisbestimmung den steuerlichen Erfordernissen genügt, und sich der Fremdvergleichskonformität seiner Finanzergebnisse im Zeitpunkt der Abgabe der Steuererklärung vergewissern.

5.28. Den Steuerpflichtigen sollten bei der Erstellung der Dokumentation keine unverhältnismäßig hohen Kosten und Lasten zugemutet werden. Daher sollen die Steuerverwaltungen ihre Dokumentationsanforderungen gegen den Kosten- und Verwaltungsaufwand abwägen, der dem Steuerpflichtigen durch die Erstellung der betreffenden Dokumentation voraussichtlich entsteht. Wenn ein Steuerpflichtiger unter Berücksichtigung der Prinzipien dieser Leitlinien in vertretbarer Weise nachweist, dass Vergleichsdaten entweder nicht existieren oder dass die Kosten ihrer Beschaffung gemessen an den Beträgen, um die es geht, unverhältnismäßig hoch sind, sollen dem Steuerpflichtigen die Kosten der Beschaffung dieser Daten nicht zugemutet werden.

D.2. Zeitrahmen

5.29. In den verschiedenen Staaten gelten unterschiedliche Regeln in Bezug auf den Zeitrahmen für die Erstellung der Dokumentation. Manche Staaten verlangen, dass die Informationen zum Zeitpunkt der Abgabe der Steuererklärung fertig vorliegen müssen. Andere verlangen, dass die Dokumentation vorliegen muss, wenn die Prüfung beginnt. Unterschiede bestehen auch in Bezug darauf, wie viel Zeit den Steuerpflichtigen eingeräumt wird, um auf konkrete Dokumentationsanfragen oder sonstige prüfungsbezogene Auskunftsersuchen zu antworten. Diese Unterschiede bei den Fristen für die Bereitstellung der Informationen können es für die Steuerpflichtigen schwierig machen, Prioritäten zu setzen und den Steuerverwaltungen die richtigen Informationen zur richtigen Zeit zu liefern.

5.30. Die beste Lösung besteht darin, zu fordern, dass die Einzeldokumentation spätestens zum vorgeschriebenen Termin für die Einreichung der Steuererklärung für das fragliche Wirtschaftsjahr fertiggestellt ist. Die Stammdokumentation sollte bis zu dem Termin, zu dem die oberste Muttergesellschaft des multinationalen Konzerns ihre Steuererklärung einreichen muss, überprüft und nötigenfalls aktualisiert werden. In Staaten, in denen es üblich ist, Geschäftsvorfälle im Rahmen von Programmen der kooperativen Befolgung (*co-operative compliance*) bei ihrer Durchführung zu prüfen, kann es notwendig sein, bestimmte Informationen schon vor Abgabe der Steuererklärung einzureichen.

5.31. In Bezug auf den länderbezogenen Bericht wird anerkannt, dass der Jahresabschluss und sonstige Finanzinformationen, die für die in Anhang III beschriebenen länderbezogenen Angaben relevant sein könnten, in manchen Staaten zum vorgeschriebenen Termin für die Abgabe der Steuererklärung für das betreffende Wirtschaftsjahr möglicherweise noch nicht vorliegen. In solchen Fällen kann die Frist für die Fertigstellung des in Anhang III zu Kapitel V beschriebenen länderbezogenen Berichts um ein Jahr ab dem letzten Tag des Wirtschaftsjahrs der obersten Muttergesellschaft des multinationalen Konzerns verlängert werden.

D.3. Wesentlichkeit

5.32. Nicht alle Geschäftsvorfälle zwischen verbundenen Unternehmen sind so wesentlich, als dass sie in vollem Umfang in der Einzeldokumentation zu dokumentieren sind. Die Steuerverwaltungen haben Interesse daran, die wichtigsten Informationen zu erhalten, womit es zugleich in ihrem Interesse ist, dass multinationale Konzerne durch die Befolgung der Vorschriften nicht derart überfordert werden, dass sie es versäumen, gerade die wichtigsten Punkte zu berücksichtigen und zu dokumentieren. Daher sollten die auf Anhang II zu Kapitel V basierenden Anforderungen der einzelnen Staaten in Bezug auf die

Verrechnungspreisdokumentation konkrete Wesentlichkeitsgrenzen enthalten, die den Umfang und die Beschaffenheit der inländischen Wirtschaft, die Bedeutung des multinationalen Konzerns in der inländischen Wirtschaft, den Umfang und die Beschaffenheit seiner inländischen operativen Unternehmen sowie den Gesamtumfang und die Beschaffenheit des multinationalen Konzerns berücksichtigen. Wesentlichkeitsgrenzen können relativ ausgedrückt werden (z. B. wenn Geschäftsvorfälle als unwesentlich gelten, die einen bestimmten Prozentsatz des Umsatzerlöses oder der Kosten nicht übersteigen) oder absolut (z. B. wenn Geschäftsvorfälle als unwesentlich gelten, die einen bestimmten Betrag nicht übersteigen). Die einzelnen Staaten sollten für die Zwecke der Einzeldokumentation eigene Wesentlichkeitsstandards auf der Grundlage ihrer konkreten Gegebenheiten festlegen. Bei den Wesentlichkeitsstandards sollte es sich um objektive Regeln handeln, die allgemein verstanden und in der kaufmännischen Praxis anerkannt werden. Vgl. Ziffer 5.18 wegen der Wesentlichkeitsstandards bei der Erstellung der Stammdokumentation.

5.33. Verschiedene Staaten haben in ihre Regeln für die Verrechnungspreisdokumentation Vereinfachungsmaßnahmen aufgenommen, durch die kleine und mittlere Unternehmen (KMU) von den Dokumentationsanforderungen freigestellt werden oder die den Umfang der von KMU bereitzustellenden Informationen begrenzen. Um den Steuerpflichtigen keine unverhältnismäßigen Kosten und Lasten aufzubürden, wird empfohlen, von KMU nicht zu verlangen, Dokumentation in einem Umfang bereitzustellen, wie er von größeren Unternehmen erwartet werden kann. Allerdings sollten KMU verpflichtet werden, auf konkretes Ersuchen der Steuerverwaltung im Verlauf einer Betriebsprüfung oder für Zwecke der Bewertung der Verrechnungspreisrisiken Informationen und Unterlagen zu ihren wesentlichen grenzüberschreitenden Geschäftsvorfällen bereitzustellen.

5.34. Für die Zwecke von Anhang III zu Kapitel V sollte sich der länderbezogene Bericht auf alle Steuerhoheitsgebiete erstrecken, in denen der multinationale Konzern über steuerlich ansässige Unternehmen verfügt, unabhängig vom Umfang der Geschäftstätigkeit im betreffenden Steuerhoheitsgebiet.

D.4. Aufbewahrung von Unterlagen

5.35. Die Steuerpflichtigen sollten nicht verpflichtet werden, Unterlagen über einen längeren Zeitraum aufzubewahren, als nach den innerstaatlichen Rechtsvorschriften auf Ebene der Muttergesellschaft oder des inländischen Konzernunternehmens vertretbar wäre. Allerdings können sich für das Dokumentationspaket (Stammdokumentation, Einzeldokumentation und länderbezogener Bericht) erforderliche Unterlagen und Informationen gelegentlich als sachdienlich erweisen, um die Verrechnungspreise in einem noch im zulässigen Zeitfenster liegenden Folgejahr zu prüfen – wenn beispielsweise Steuerpflichtige solche Unterlagen freiwillig aufbewahrt haben, weil sie im Zusammenhang mit langfristigen Verträgen stehen – oder um zu entscheiden, ob die Vergleichbarkeitskriterien für die Anwendung einer Verrechnungspreismethode in diesem Folgejahr noch erfüllt sind. Die Steuerverwaltungen sollten die Schwierigkeiten bei der Beschaffung von Unterlagen für Vorjahre beachten und entsprechende Anfragen auf Fälle beschränken, in denen sie im Zusammenhang mit dem geprüften Geschäftsvorfall gute Gründe haben, die betreffenden Unterlagen zu überprüfen.

5.36. Da dem eigentlichen Anliegen der Steuerverwaltung Genüge getan ist, wenn die nötigen in einem Betriebsprüfungsverfahren angeforderten Unterlagen fristgerecht vorgelegt werden, sollte dem Steuerpflichtigen überlassen werden, in welcher Form – in Papierform, elektronischer Form oder mit einem anderen System – er die Unterlagen aufbewahrt, vorausgesetzt, die fraglichen Informationen können der Steuerverwaltung rasch in der nach den Regeln und Verfahren des betreffenden Staates vorgeschriebenen Form zur Verfügung gestellt werden.

D.5. Häufigkeit der Aktualisierung der Dokumentation

5.37. Es wird empfohlen, die Verrechnungspreisdokumentation regelmäßig zu überprüfen, um zu bestimmen, ob die Funktionsanalyse und die wirtschaftliche Analyse immer noch zutreffend und sachgerecht sind, und um die Gültigkeit der angewandten Verrechnungspreismethode zu bestätigen. Die Stammdokumentation, die Einzeldokumentation und der länderbezogene Bericht sollten im Allgemeinen jährlich überprüft und aktualisiert werden. Allerdings wird anerkannt, dass sich die Beschreibungen der Geschäftstätigkeit, die Funktionsanalysen und die Beschreibungen der Vergleichswerte in vielen Situationen von einem Jahr zum nächsten möglicherweise nicht wesentlich ändern.

5.38. Um den Befolgungsaufwand der Steuerpflichtigen zu verringern, können die Steuerverwaltungen festlegen, dass die Suche nach Vergleichswerten in Datenbanken zur Untermauerung von Teilen der Einzeldokumentation alle drei Jahre anstatt jährlich wiederholt werden muss, sofern sich die Bedingungen der Geschäftstätigkeit nicht geändert haben. Die finanziellen Daten zu den Vergleichswerten sollten aber dennoch jedes Jahr aktualisiert werden, damit der Fremdvergleichsgrundsatz zuverlässig angewandt werden kann.

D.6. Sprache

5.39. Die Notwendigkeit, die Dokumentation in der Landessprache vorzulegen, kann bei der Befolgung der Verrechnungspreisvorschriften insofern eine zusätzliche Erschwernis darstellen, als die Übersetzung der Unterlagen mit erheblichem Zeit- und Kostenaufwand verbunden sein kann. In welcher Sprache die Verrechnungspreisdokumentation zu unterbreiten ist, sollte nach den inländischen Rechtsvorschriften festgelegt werden. Den Staaten wird nahegelegt, die Einreichung von Verrechnungspreisunterlagen in weitverbreiteten Sprachen zuzulassen, sofern dies den Nutzen der Unterlagen nicht beeinträchtigt. Wo die Steuerverwaltungen der Ansicht sind, dass eine Übersetzung der Unterlagen erforderlich ist, sollten sie eine solche Übersetzung speziell anfordern und für ihre Bereitstellung ausreichend Zeit einräumen, damit sie eine möglichst geringe Belastung darstellt.

D.7. Strafen

5.40. Viele Staaten haben Strafen für den Fall der Nichterfüllung der Vorschriften für die Verrechnungspreisdokumentation eingeführt, um die Wirksamkeit dieser Dokumentationsanforderungen zu sichern. Mit diesen Strafen soll erreicht werden, dass die Nichtbefolgung der Vorschriften kostspieliger ist als ihre Befolgung. Strafregelungen unterliegen den Gesetzen der jeweiligen Staaten. Die Praktiken der verschiedenen Staaten in Bezug auf die Strafen bei Nichterfüllung der Dokumentationsanforderungen unterscheiden sich deutlich. Die Existenz unterschiedlicher Strafregelungen in den verschiedenen Staaten könnte sich insofern auf die Qualität der Befolgung der Vorschriften durch die Steuerpflichtigen auswirken, als sich diese veranlasst sehen könnten, die Vorschriften eines Staates eher zu befolgen als die eines anderen.

5.41. Bei den im Fall der Nichterfüllung der Anforderungen für die Verrechnungspreisdokumentation bzw. einer nicht rechtzeitigen Übermittlung der erforderlichen Informationen verhängten Strafen handelt es sich üblicherweise um verwaltungsrechtliche Geldbußen. Diese dokumentationsauflagenbezogenen Strafen beruhen auf einem Festbetrag, der für jede fehlende Unterlage oder für jedes betrachtete Wirtschaftsjahr festgelegt werden kann, oder errechnen sich prozentual zur Höhe der letztlich festgestellten Steuerverkürzung, prozentual zur entsprechenden Gewinnberichtigung oder prozentual zum Betrag der nicht dokumentierten grenzüberschreitenden Geschäftsvorfälle.

5.42. Es sollte darauf geachtet werden, dass gegen einen Steuerpflichtigen keine dokumentationsauflagenbezogenen Strafen für die Nichteinreichung von Daten verhängt werden, zu denen der multinationale Konzern keinen Zugang hatte. Allerdings bedeutet die Entscheidung, keine Strafe wegen Nichterfüllung von Dokumentationsanforderungen zu verhängen, nicht, dass keine Einkünftekorrekturen vorgenommen werden können, wenn die Preise nicht mit dem Fremdvergleichsgrundsatz übereinstimmen. Die Tatsache, dass die Annahmen eines Steuerpflichtigen in vollem Umfang dokumentiert sind, bedeutet nicht zwangsläufig, dass diese Annahmen auch korrekt sind. Des Weiteren ist eine Erklärung eines inländischen Konzernunternehmens, wonach andere Konzernunternehmen für die Sicherstellung der Einhaltung der Verrechnungspreisregeln zuständig seien, weder ein ausreichender Grund dafür, dass dieses Unternehmen die erforderlichen Unterlagen nicht bereitstellt, noch sollte eine solche Erklärung verhindern, dass dokumentationsauflagenbezogene Strafen verhängt werden, wenn die notwendigen Informationen nicht geliefert werden.

5.43. Eine andere Möglichkeit, die Steuerpflichtigen zur Erfüllung ihrer Dokumentationspflichten anzuspornen, ist die Entwicklung von Befolgungsanreizen, wie z. B. Strafbefreiung oder Beweislastumkehr. Wenn die Dokumentation den Anforderungen entspricht und rechtzeitig eingereicht wird, könnte der Steuerpflichtige von Steuerstrafen befreit werden oder in den Genuss eines niedrigeren Strafsatzes kommen, falls trotz der Bereitstellung von Dokumentation eine Verrechnungspreiskorrektur vorgenommen und aufrechterhalten wird. In manchen Staaten, in denen die Beweislast in Verrechnungspreisfragen beim Steuerpflichtigen liegt, wäre eine Umkehrung der Beweislast hin zur Steuerverwaltung, wenn rechtzeitig eine ausreichende Dokumentation vorgelegt wurde, eine andere Maßnahme, mit der ein Anreiz zur Erfüllung der Anforderungen an die Verrechnungspreisdokumentation geschaffen werden könnte.

D.8. Vertraulichkeit

5.44. Die Steuerverwaltungen sollten alle zumutbaren Schritte ergreifen, um sicherzustellen, dass keine vertraulichen Informationen (Geschäftsgeheimnisse, wissenschaftliche Geheimnisse usw.) oder sonstige wirtschaftlich sensible Informationen, die im Dokumentationspaket (Stammdokumentation, Einzeldokumentation und länderbezogener Bericht) enthalten sind, an die Öffentlichkeit gelangen. Die Steuerverwaltungen sollten den Steuerpflichtigen zudem garantieren, dass die in ihrer Verrechnungspreisdokumentation enthaltenen Informationen vertraulich bleiben. Falls eine Offenlegung in Gerichtsverfahren oder für Gerichtsentscheidungen notwendig ist, sollte alles getan werden, um sicherzustellen, dass die Vertraulichkeit gewahrt bleibt und dass die Informationen nur im erforderlichen Umfang offengelegt werden.

5.45. Das vom Globalen Forum Transparenz und Informationsaustausch in Steuerangelegenheiten erstellte *Confidentiality and Information Security Management Toolkit* (2020) enthält Hinweise, die den Staaten helfen sollen sicherzustellen, dass ihr Rechtsrahmen in Bezug auf die Vertraulichkeit von steuerpflichtigenbezogenen Informationen ausreichend ist und die Vertraulichkeit und sachgemäße Verwendung von Informationen gewährleistet, die im Rahmen von Vereinbarungen über den internationalen Informationsaustausch ausgetauscht werden.

D.9. Sonstige Fragen

5.46. Das Erfordernis, jeweils die verlässlichsten Informationen zu verwenden, dürfte normalerweise – wenn auch nicht immer – bedeuten, dass inländische Vergleichswerte regionalen Vergleichswerten vorzuziehen sind, sofern inländische Vergleichswerte in zumutbarer Weise beschafft werden können. Die Verwendung regionaler Vergleichswerte in einer für Staaten der gleichen Region erstellten Verrechnungspreisdokumentation wird sich in Situationen, in denen inländische Vergleichswerte vorliegen, manchmal nicht mit dem Erfordernis vereinbaren lassen, die verlässlichsten Informationen zu verwenden. Auch wenn die Vorteile einer Vereinfachung durch eine Begrenzung der Zahl der Suchen nach Vergleichswerten, die ein Unternehmen durchführen muss, nicht von der Hand zu weisen sind und Aspekte wie Wesentlichkeit und Befolgungskosten wichtige Faktoren sind, die es zu berücksichtigen gilt, sollte das Streben nach Vereinfachung der Befolgungsverfahren nicht so weit gehen, dass die Erfüllung des Erfordernisses der Verwendung der verlässlichsten verfügbaren Informationen dadurch beeinträchtigt würde. Vgl. Ziffer 1.132–1.133 zu Marktunterschieden und Analysen mehrerer Staaten wegen weiterer Einzelheiten dazu, wann inländische Vergleichswerte vorzuziehen sind.

5.47. Es wird nicht empfohlen – vor allem nicht in der Phase der Bewertung der Verrechnungspreisrisiken – zu verlangen, dass die Verrechnungspreisdokumentation von einem externen Prüfer oder sonstigen Dritten bestätigt wird. Desgleichen wird auch die verpflichtende Einschaltung von Beratungsfirmen bei der Erstellung der Verrechnungspreisdokumentation nicht empfohlen.

E. Umsetzung

5.48. Dieser Abschnitt enthält Leitlinien, die eine effektive und einheitliche Umsetzung der Dokumentationspflichten für Verrechnungspreiszwecke und insbesondere der länderbezogenen Berichterstattung gewährleisten sollen.

E.1. Stammdokumentation und Einzeldokumentation

5.49. Es wird empfohlen, die Umsetzung der Bestandteile Stammdokumentation (Master File) und Einzeldokumentation (Local File) der Verrechnungspreisdokumentation über einzelstaatliche Rechtsvorschriften oder Verwaltungsverfahren zu regeln und sie direkt bei den Steuerverwaltungen der betreffenden Staaten nach deren Vorgaben einreichen zu lassen. Bei der Regelung der Bestandteile Stammdokumentation und Einzeldokumentation in den einzelstaatlichen Rechtsvorschriften oder Verwaltungsverfahren sollte den Anforderungen der Vertraulichkeit und der einheitlichen Anwendung der in den Anhängen I und II zu Kapitel V enthaltenen Standards Rechnung getragen werden.

E.2. Länderbezogener Bericht

E.2.1. Zeitplanung: Ab wann sollte die Pflicht zur länderbezogenen Berichterstattung gelten?

5.50. Es wird empfohlen, vorzuschreiben, dass die ersten länderbezogenen Berichte für Wirtschaftsjahre multinationaler Konzerne mit Beginn am oder nach dem 1. Januar 2016 vorgelegt werden. Dabei ist allerdings zu berücksichtigen, dass einige Staaten möglicherweise eine gewisse Zeit brauchen werden, um die notwendigen Gesetzesänderungen im Rahmen ihrer innerstaatlichen Gesetzgebungsverfahren vorzunehmen. Um die Staaten bei der zeitnahen Ausarbeitung ihrer Rechtsvorschriften zu unterstützen, wurde ein Muster für eine Rechtsvorschrift formuliert, welche die obersten Muttergesellschaften multinationaler Konzerne zur Vorlage des länderbezogenen Berichts in ihrem Ansässigkeitsstaat verpflichtet (siehe Anhang IV zu Kapitel V). Die Staaten können diese Mustervorschrift an ihre eigenen Rechtssysteme anpassen. In Anbetracht der Empfehlung in Ziffer 5.31, multinationalen Unternehmen für die Erstellung und Einreichung des länderbezogenen Berichts eine Frist von einem Jahr ab dem Ende des Wirtschaftsjahrs einzuräumen, auf das sich der Bericht bezieht, dürften die ersten länderbezogenen Berichte ab dem 31. Dezember 2017 vorliegen. Bei multinationalen Konzernen, deren Wirtschaftsjahr an einem anderen Datum als dem 31. Dezember endet, müsste der erste länderbezogene Bericht im Lauf des Jahres 2018 vorgelegt werden – zwölf Monate nach dem Ende des betreffenden Wirtschaftsjahrs des multinationalen Unternehmens – und würde sich auf das erste Wirtschaftsjahr des multinationalen Konzerns mit Beginn nach dem 1. Januar 2016 beziehen. Aus dieser Empfehlung folgt, dass sich die am BEPS-Projekt von OECD und G20 beteiligten Staaten einig sind, dass sie keine Pflicht zur Vorlage von länderbezogenen Berichten nach dem neuen Muster für Wirtschaftsjahre multinationaler Unternehmen mit Beginn vor dem 1. Januar 2016 einführen werden. Das Wirtschaftsjahr des multinationalen Unternehmens entspricht dem Berichtszeitraum für Konzernabschlüsse und nicht dem Steuerjahr oder dem Berichtszeitraum einzelner Tochtergesellschaften.

E.2.2. Welche multinationalen Konzerne sollten zur länderbezogenen Berichterstattung verpflichtet werden?

5.51. Es wird empfohlen, alle multinationalen Konzerne zur jährlichen Vorlage des länderbezogenen Berichts zu verpflichten, die nicht nach den nachstehenden Bedingungen davon freigestellt werden sollten.

5.52. Von der allgemeinen Vorlagepflicht freigestellt werden sollten multinationale Konzerne mit einem jährlichen konsolidierten Umsatzerlös im unmittelbar vorangegangenen Wirtschaftsjahr von weniger als 750 Mio. Euro oder einem Betrag in Landeswährung, der dem im Januar 2015 ungefähr entsprach. So wäre beispielsweise ein multinationaler Konzern, dessen Rechnungslegungszeitraum dem Kalenderjahr entspricht und dessen konsolidierter Umsatzerlös sich im Kalenderjahr 2015 auf 625 Mio. Euro belief, in keinem Staat zur Vorlage eines länderbezogenen Berichts für sein am 31. Dezember 2016 endendes Wirtschaftsjahr verpflichtet.

5.53. Es wird davon ausgegangen, dass durch die Freistellung bis zu einem Schwellenwert von 750 Mio. Euro nach Ziffer 52 zwar etwa 85–90 % aller multinationalen Konzerne nicht zur länderbezogenen Berichterstattung verpflichtet sein werden, dass auf die multinationalen Konzerne, die einen länderbezogenen Bericht vorlegen werden, aber dennoch insgesamt etwa 90 % der Umsatzerlöse des Unternehmenssektors entfallen werden. Somit gewährleistet die vorgesehene Freistellungsgrenze, dass der Berichterstattungsaufwand in einem ausgewogenen Verhältnis zum Nutzen für die Steuerverwaltungen steht.

5.54. Die am BEPS-Projekt von OECD und G20 beteiligten Staaten beabsichtigen, die Eignung des im vorstehenden Absatz genannten Schwellenwerts für den Umsatzerlös im Rahmen ihrer für 2020 geplanten Überprüfung der Umsetzung des neuen Standards – u. a. im Hinblick darauf, ob zusätzliche oder andere Daten unterbreitet werden sollten – zu prüfen.

5.55. Es herrscht die Auffassung, dass neben den im vorliegenden Abschnitt aufgeführten Freistellungen keine weiteren Ausnahmen von der Pflicht zur länderbezogenen Berichterstattung eingeführt werden sollten. Insbesondere sollte es keine Ausnahmen für einzelne Branchen geben, sollte keine allgemeine Freistellung von Investmentfonds vorgesehen und sollte keine Ausnahme bei Personengesellschaften oder nicht börsennotierten Unternehmen gemacht werden. Ungeachtet dessen sollten multinationale Konzerne mit Einkünften aus dem internationalen Verkehr oder der Binnenschifffahrt, für die Abkommensbestimmungen gelten, die sich konkret auf derartige Einkünfte beziehen und nach denen die Besteuerungsrechte in Bezug auf diese Einkünfte ausschließlich einem Staat zugewiesen werden, die im Muster für den länderbezogenen Bericht zu diesen Einkünften geforderten Informationen nur in der Zeile für den Staat angeben, dem nach den einschlägigen Abkommensbestimmungen die Besteuerungsrechte zugewiesen werden.

E.2.3. Notwendige Bedingungen im Zusammenhang mit dem Erhalt und der Verwendung des länderbezogenen Berichts

5.56. Der Erhalt und die Verwendung des länderbezogenen Berichts sind an die folgenden Bedingungen geknüpft.

Vertraulichkeit

5.57. Die Staaten sollten über Rechtsvorschriften zum Schutz der Vertraulichkeit der gemeldeten Informationen verfügen und diese durchsetzen. Durch entsprechende Vorschriften sollte die Vertraulichkeit des länderbezogenen Berichts mindestens in dem Umfang gewährleistet werden, der gelten würde, wenn die Informationen dem betreffenden Staat im Rahmen des Übereinkommens über die gegenseitige Amtshilfe in Steuersachen, eines Steuerinformationsabkommens (*tax information exchange agreement* – TIEA) oder eines Doppelbesteuerungsabkommens übermittelt würden, das den international vereinbarten und vom Globalen Forum Transparenz und Informationsaustausch in Steuerangelegenheiten geprüften Standard zum Informationsaustausch auf Ersuchen erfüllt. Zu den notwendigen Schutzmaßnahmen zählen Beschränkungen der Verwendung der Informationen, Regeln in Bezug auf die Personen, an die die Informationen weitergegeben werden dürfen, Ordre-public-Vorbehalte usw.

Einheitlichkeit

5.58. Die Staaten sollten sich nach Kräften bemühen, eine Rechtsvorschrift zu verabschieden, nach der die obersten Muttergesellschaften multinationaler Konzerne, die in ihrem Hoheitsgebiet ansässig sind, den länderbezogenen Bericht erstellen und vorlegen müssen, sofern sie nicht nach Ziffer 5.52 davon freigestellt sind. Dabei sollten sie das Standardformular aus Anhang III zu Kapitel V verwenden. Anders ausgedrückt wird ein Staat im Rahmen dieser Bedingung weder vorschreiben, dass der länderbezogene Bericht zusätzliche Informationen zu denen enthalten muss, die in Anhang III aufgeführt sind, noch auf den Ausweis von in Anhang III aufgeführten Informationen verzichten.

Sachgemäße Verwendung

5.59. Die Staaten sollten die Informationen aus dem Formular für den länderbezogenen Bericht sachgemäß wie in Ziffer 5.25 beschrieben verwenden. Insbesondere werden sich die Staaten verpflichten, den länderbezogenen Bericht für eine allgemeine Bewertung der Verrechnungspreisrisiken zu nutzen. Ferner können sie den länderbezogenen Bericht für die Bewertung anderer Gewinnverkürzungs- und Gewinnverlagerungsrisiken heranziehen. Die Staaten sollten ausgehend von den Angaben im länderbezogenen Bericht keine Korrekturen der Einkünfte eines Steuerpflichtigen auf der Grundlage einer Gewinnaufteilungsformel vorschlagen. Außerdem werden sie sich verpflichten, dass im Fall entsprechender Korrekturen anhand der Angaben im länderbezogenen Bericht durch die inländische Steuerverwaltung, diese in einem einschlägigen Verfahren der zuständigen Behörde des jeweiligen Staates unverzüglich zurückgenommen werden. Dies bedeutet jedoch nicht, dass die Staaten die Angaben im länderbezogenen Bericht nicht im Rahmen einer Steuerprüfung als Grundlage für weitere Untersuchungen der

Verrechnungspreisvereinbarungen des multinationalen Konzerns oder anderer Steuerangelegenheiten verwenden dürfen.[1]

E.2.4. Rahmen für zwischenstaatliche Mechanismen für den Austausch von länderbezogenen Berichten und Umsetzungspaket

E.2.4.1. Rahmen

5.60. Die Staaten sollten die obersten Muttergesellschaften multinationaler Konzerne, die in ihrem Hoheitsgebiet ansässig sind und für die Abschnitt E.2.2 dies vorsieht, zeitnah zur länderbezogenen Berichterstattung verpflichten und die vorgelegten Informationen automatisch mit den Staaten austauschen, in denen der multinationale Konzern tätig ist und die die in Abschnitt E.2.3 aufgeführten Bedingungen erfüllen. Nur in Fällen, in denen ein Staat einem anderen Staat, der die in Abschnitt E.2.3 genannten Bedingungen erfüllt, keine Informationen übermittelt, weil *a)* er die obersten Muttergesellschaften entsprechender multinationaler Konzerne nicht zur länderbezogenen Berichterstattung verpflichtet hat, *b)* zwischen den zuständigen Behörden nicht rechtzeitig eine Vereinbarung über den Austausch der länderbezogenen Berichte im Rahmen der bestehenden internationalen Übereinkünfte des Staates geschlossen wurde oder *c)* nach Vereinbarung eines Informationsaustauschs mit einem anderen Staat festgestellt wird, dass in der Praxis kein solcher Austausch erfolgt, wird ein Zweitmechanismus in Form der Vorlage der länderbezogenen Berichte in den einzelnen betroffenen Staaten oder in Form der Vorlage durch eine damit betraute Konzerngesellschaft statt durch die oberste Muttergesellschaft sowie eines automatischen Austauschs der Berichte durch den Staat, in dem diese Konzerngesellschaft steuerlich ansässig ist, als angemessen anerkannt.

E.2.4.2. Umsetzungspaket

5.61. Anhang IV zu Kapitel V enthält ein Umsetzungspaket für den zwischenstaatlichen Austausch von länderbezogenen Berichten, das Folgendes umfasst:

---

1. Sofern der zwischenstaatliche Austausch der länderbezogenen Berichte auf bilateralen Abkommen beruht, besteht Zugang zu einem Verständigungsverfahren. Für Fälle, in denen die internationalen Übereinkünfte, auf denen der zwischenstaatliche Austausch der länderbezogenen Berichte beruht, kein Verständigungsverfahren vorsehen, verpflichten sich die Staaten, in der auszuarbeitenden Vereinbarung zwischen den zuständigen Behörden einen Mechanismus für Verfahren der zuständigen Behörden festzulegen, in deren Rahmen über Fälle mit unerwünschten wirtschaftlichen Ergebnissen mit dem Ziel einer Klärung beraten werden kann, auch wenn solche Fälle bei einzelnen Unternehmen auftreten.

- Ein Muster für eine Rechtsvorschrift, welche die oberste Muttergesellschaft eines multinationalen Konzerns zur Vorlage des länderbezogenen Berichts in ihrem Ansässigkeitsstaat verpflichtet. Die Staaten können dieses Muster an ihre eigenen Rechtssysteme anpassen, wenn bestehende Rechtsvorschriften geändert werden müssen. Zentrale Elemente von Zweitmechanismen wurden ebenfalls ausgearbeitet.

- Umsetzungsvereinbarungen für den automatischen Austausch der länderbezogenen Berichte im Rahmen internationaler Übereinkünfte, in denen die in Abschnitt E.2.3 aufgeführten Bedingungen festgeschrieben sind. Diese Umsetzungsvereinbarungen umfassen Vereinbarungen zwischen den zuständigen Behörden (*competent authority agreements* – CAA), die auf bestehenden internationalen Übereinkünften (dem Übereinkommen über die gegenseitige Amtshilfe in Steuersachen, Doppelbesteuerungsabkommen und Steuerinformationsabkommen) beruhen und sich an den bestehenden Mustervereinbarungen für den automatischen Austausch von Informationen über Finanzkonten orientieren, die die OECD zusammen mit den G20 erarbeitet hat.

5.62. Die Staaten bemühen sich, nach Bedarf zeitnah innerstaatliche Rechtsvorschriften zu verabschieden. Außerdem sind sie dazu angehalten, ihre internationalen Übereinkünfte über den Informationsaustausch weiter auszudehnen. Die Umsetzung des Pakets wird laufend überwacht werden. Die Ergebnisse dieses Monitorings werden bei der für 2020 geplanten Überprüfung berücksichtigt werden.

Kapitel VI

Besondere Überlegungen bezüglich immaterieller Wirtschaftsgüter

6.1. Wenn die Bedingungen, die im Rahmen der Nutzung oder Übertragung von immateriellen Werten zwischen zwei verbundenen Unternehmen vereinbart oder auferlegt wurden, von denen abweichen, die unabhängige Unternehmen miteinander vereinbaren würden, gilt gemäß Artikel 9 des OECD-Musterabkommens, dass die Gewinne, die eines der Unternehmen ohne diese Bedingungen erzielt hätte, wegen dieser Bedingungen aber nicht erzielt hat, den Gewinnen dieses Unternehmens zugerechnet und entsprechend besteuert werden dürfen.

6.2. Dieses Kapitel VI soll Leitlinien liefern, die sich speziell mit der Bestimmung der fremdüblichen Bedingungen von Geschäftsvorfällen im Zusammenhang mit der Nutzung oder Übertragung immaterieller Werte befassen. In Artikel 9 des OECD-Musterabkommens geht es um die Bedingungen von Geschäftsvorfällen zwischen verbundenen Unternehmen und nicht darum, solche Geschäftsvorfälle bestimmten Kategorien zuzuordnen. Daher besteht die wesentliche Überlegung darin, ob mit einem Geschäftsvorfall wirtschaftlicher Nutzen von einem verbundenen Unternehmen an ein anderes übertragen wird, unabhängig davon, ob dieser Vorteil durch materielle Wirtschaftsgüter, immaterielle Werte, Dienstleistungen oder sonstige Posten bzw. Tätigkeiten entsteht. Bestimmte Posten oder Tätigkeiten können einen wirtschaftlichen Nutzen verschaffen, auch wenn sie in Kapitel VI möglicherweise nicht speziell behandelt werden. Soweit bestimmte Posten oder Tätigkeiten einen wirtschaftlichen Nutzen verschaffen, sollten sie bei der Bestimmung des fremdüblichen Preises berücksichtigt werden, unabhängig davon, ob es sich um immaterielle Werte im Sinne von Ziffer 6.6 handelt oder nicht.

6.3. Die in den Kapiteln I–III dieser Leitlinien dargelegten Grundsätze gelten gleichermaßen für Geschäftsvorfälle, bei denen es um immaterielle Werte geht, wie für Geschäftsvorfälle, bei denen dies nicht der Fall ist. Nach diesen Grundsätzen sollte die Analyse von Fällen im Zusammenhang mit der Nutzung oder Übertragung immaterieller Werte, wie bei anderen Verrechnungspreisfragen auch, mit einer sorgfältigen Bestimmung der kaufmännischen oder finanziellen Beziehungen zwischen den verbundenen Unternehmen sowie der Bedingungen und wirtschaftlich relevanten Begleitumstände dieser Beziehungen beginnen, damit der tatsächliche Geschäftsvorfall im Zusammenhang mit der Nutzung oder Übertragung immaterieller Werte sachgerecht abgegrenzt wird. In der Funktionsanalyse sollten die von allen betroffenen Unternehmen des multinationalen Konzerns jeweils ausgeübten Funktionen, genutzten Vermögenswerte und übernommenen Risiken[1] ermittelt werden. In Fällen im Zusammenhang mit der Nutzung oder Übertragung von immateriellen Werten ist es besonders wichtig, dass die Funktionsanalyse auf einem Verständnis der globalen Geschäftsabläufe des multinationalen Konzerns und der Art und Weise basiert, wie immaterielle Werte vom multinationalen Konzern entlang der gesamten Lieferkette genutzt werden, um Wert zu mehren oder zu schöpfen. Nötigenfalls sollte in der Analyse nach Kapitel I Abschnitt D.2 geprüft werden, ob unabhängige Unternehmen die Vereinbarung eingegangen wären und falls ja, welche Bedingungen dabei festgelegt worden wären.

6.4. Um die fremdüblichen Bedingungen für die Nutzung oder Übertragung von immateriellen Werten zu bestimmen, ist es wichtig, eine Funktions- und Vergleichbarkeitsanalyse nach Kapitel I Abschnitt D.1 auf der Grundlage einer Bestimmung der immateriellen Werte und der mit ihnen verbundenen Risiken in vertraglichen Vereinbarungen durchzuführen, und die Analyse anschließend um eine Untersuchung des tatsächlichen Verhaltens der Beteiligten auf Basis der ausgeübten Funktionen, genutzten Vermögenswerte und übernommenen Risiken, einschließlich der Kontrolle über wichtige Funktionen und wirtschaftlich signifikante Risiken, zu ergänzen. Daher liefert der nächste Abschnitt, Abschnitt A, Leitlinien zur Bestimmung immaterieller Werte. Abschnitt B untersucht das rechtliche Eigentum und sonstige Vertragsbedingungen und enthält Leitlinien zur Beurteilung des Verhaltens der Beteiligten auf der Basis von Funktionen, Vermögenswerten und Risiken. In Abschnitt C werden einige typische Szenarien im Zusammenhang mit immateriellen Werten skizziert, und Abschnitt D liefert Leitlinien für die Ermittlung der fremdüblichen Bedingungen, einschließlich der Anwendung von Preisbestimmungsmethoden und Bewertungsmethoden, und beschreibt

1. Die Risikoübernahme bezieht sich auf das Ergebnis der Bestimmung des Konzernunternehmens, das nach den Leitlinien in Kapitel I, Abschnitt D.1.2.1 ein bestimmtes Risiko übernimmt, unter Berücksichtigung der Kontrolle über das Risiko und der finanziellen Kapazität, das Risiko zu tragen. Die vertragliche Risikoübernahme bezieht sich auf die in Verträgen zwischen den Beteiligten festgelegte Aufteilung der Risiken.

einen Ansatz zur Ermittlung der fremdüblichen Bedingungen für eine bestimmte Kategorie schwer zu bewertender immaterieller Werte. Beispiele zur Veranschaulichung der Leitlinien finden sich im Anhang zu diesem Kapitel.

A. Bestimmung immaterieller Werte

A.1. Allgemeines

6.5. Schwierigkeiten können sich in einer Verrechnungspreisanalyse infolge von Definitionen des Begriffs „Immaterieller Wert" ergeben, die zu eng oder zu weit gefasst sind. Wenn eine zu eng gefasste Definition des Begriffs „Immaterieller Wert" angewendet wird, können die Steuerpflichtigen oder die staatlichen Stellen geltend machen, dass bestimmte Posten nicht unter die Definition fallen und daher ohne gesonderte Vergütung übertragen oder genutzt werden können, auch wenn eine derartige Nutzung oder Übertragung in Geschäftsvorfällen zwischen unabhängigen Unternehmen zu einer Vergütung führen würde. Wenn eine zu weit gefasste Definition angewendet wird, können die Steuerpflichtigen oder die staatlichen Stellen geltend machen, dass für die Nutzung oder Übertragung eines Postens in Geschäftsvorfällen zwischen verbundenen Unternehmen eine Vergütung gezahlt werden sollte, wenn unter vergleichbaren Umständen in Geschäftsvorfällen zwischen unabhängigen Unternehmen keine derartige Vergütung geleistet würde.

6.6. In diesen Leitlinien soll der Begriff „Immaterieller Wert" daher etwas bezeichnen, das weder ein materieller Vermögenswert noch ein finanzieller Vermögenswert[2] ist, das man zur Nutzung in Geschäftstätigkeiten besitzen oder kontrollieren kann und dessen Nutzung oder Übertragung bei einem Geschäftsvorfall zwischen unabhängigen Unternehmen unter vergleichbaren Umständen vergütet worden wäre. Anstatt auf buchhalterische oder juristische Definitionen abzustellen, sollte eine Verrechnungspreisanalyse in einem Fall, bei dem es um immaterielle Werte geht, auf die Bestimmung der Bedingungen ausgerichtet sein, die zwischen unabhängigen Unternehmen für einen vergleichbaren Geschäftsvorfall vereinbart worden wären.

6.7. Immaterielle Werte, die es für Verrechnungspreiszwecke zu berücksichtigen gilt, werden nicht immer als immaterielle Vermögenswerte für

2. Im Sinne dieser Ziffer bezieht sich der Begriff „Finanzieller Vermögenswert" auf jeden Vermögenswert, bei dem es sich um liquide Mittel, ein Eigenkapitalinstrument, ein vertragliches Recht bzw. eine vertragliche Verpflichtung, liquide Mittel oder einen anderen finanziellen Vermögenswert zu erhalten oder finanzielle Vermögenswerte bzw. Verbindlichkeiten zu tauschen, oder ein derivatives Finanzinstrument handelt. Beispiele hierfür sind Anleihen, Bankeinlagen, Aktien, Beteiligungen, nicht börsengehandelte oder börsengehandelte unbedingte Termingeschäfte und Swaps.

Rechnungslegungszwecke anerkannt. So werden mit der internen Entwicklung von immateriellen Werten verbundene Kosten in Form von Ausgaben für Forschung und Entwicklung sowie Werbung für Rechnungslegungszwecke beispielsweise manchmal als Aufwand verbucht und nicht kapitalisiert, sodass die aus solchen Ausgaben resultierenden immateriellen Werte nicht immer in der Bilanz ausgewiesen werden. Solche immateriellen Werte können dennoch genutzt werden, um erheblichen wirtschaftlichen Wert zu schaffen, und müssen möglicherweise für Verrechnungspreiszwecke berücksichtigt werden. Auch die Wertsteigerung, die sich aus der komplementären Beschaffenheit einer Gruppe von immateriellen Werten ergeben kann, wenn sie gemeinsam verwertet werden, wird nicht immer in der Bilanz ausgewiesen. Folglich kann die Qualifizierung eines Postens für Rechnungslegungszwecke zwar Anhaltspunkte dafür liefern, ob dieser Posten als immaterieller Wert für Verrechnungspreiszwecke nach Artikel 9 des OECD-Musterabkommens berücksichtigt werden sollte, aber nicht allein darüber entscheiden. Darüber hinaus entscheidet die Feststellung, dass ein Posten als immaterieller Wert für Verrechnungspreiszwecke berücksichtigt werden sollte, nicht über seine Qualifizierung für allgemeine Steuerzwecke, z. B. als Aufwendung oder abschreibungsfähiger Vermögenswert, und lässt sich auch nicht aus dieser ableiten.

6.8. Die Verfügbarkeit und die Reichweite von rechtlichen, vertraglichen oder sonstigen Schutzformen können sich auf den Wert eines Postens und die Erträge auswirken, die ihm zugerechnet werden sollten. Das Vorhandensein eines derartigen Schutzes ist jedoch keine notwendige Voraussetzung, damit ein Posten als immaterieller Wert für Verrechnungspreiszwecke qualifiziert werden kann. Desgleichen können manche immateriellen Werte gesondert ausgewiesen und getrennt übertragen werden, während andere immaterielle Werte nur in Kombination mit anderen Wirtschaftsgütern übertragen werden können. Daher ist die gesonderte Übertragbarkeit keine notwendige Voraussetzung, damit ein Posten als immaterieller Wert für Verrechnungspreiszwecke qualifiziert werden kann.

6.9. Es ist wichtig, immaterielle Werte von Marktbedingungen oder Gegebenheiten des lokalen Markts zu unterscheiden. Die Merkmale eines lokalen Markts, wie die Höhe des verfügbaren Einkommens der privaten Haushalte auf diesem Markt oder die Größe bzw. die relative Wettbewerbsfähigkeit des Markts, kann man weder besitzen noch kontrollieren. Wenngleich sie unter bestimmten Umständen Einfluss auf die Bestimmung eines fremdüblichen Preises für einen gegebenen Geschäftsvorfall haben können und in einer Vergleichbarkeitsanalyse berücksichtigt werden sollten, handelt es sich bei ihnen nicht um immaterielle Werte im Sinne von Kapitel. Vgl. Abschnitt D.6 von Kapitel I.

6.10. Die Feststellung, dass es sich bei einem Posten um einen immateriellen Wert handelt, erfolgt getrennt vom Verfahren zur Bestimmung des Preises für die Nutzung oder Übertragung dieses Postens unter den Gegebenheiten und Umständen des jeweiligen Falls und ist von diesem Verfahren zu unterscheiden. Je nach dem Wirtschaftszweig und den sonstigen spezifischen Sachverhalten eines bestimmten Falls kann die Verwertung immaterieller Werte einen großen oder einen kleinen Teil der Wertschöpfung des betreffenden multinationalen Unternehmens ausmachen. Es gilt zu betonen, dass nicht alle immateriellen Werte unter allen Umständen eine von den erforderlichen Zahlungen für Waren und Dienstleistungen getrennte Vergütung erfordern und nicht alle immateriellen Werte unter allen Umständen zu zusätzlichen Erträgen führen. Nehmen wir als Beispiel eine Situation, in der ein Unternehmen eine Dienstleistung unter Nutzung von nicht einzigartigem Know-how erbringt, wobei andere vergleichbare Dienstleistungsunternehmen über vergleichbares Know-how verfügen. Obwohl Know-how einen immateriellen Wert darstellt, kann unter den Gegebenheiten und Umständen dieses Falls bestimmt werden, dass das Know-how keine Zurechnung eines zusätzlichen Ertrags zu dem Unternehmen rechtfertigt, der über den normalen Ertrag hinausgehen würde, den vergleichbare unabhängige Anbieter ähnlicher Dienstleistungen erzielen, die vergleichbares nicht einzigartiges Know-how nutzen. Vgl. Kapitel I, Abschnitt D.1.3. Vgl. auch Ziffer 6.17 wegen einer Definition von „einzigartigen" immateriellen Werten.

6.11. Bei der Bestimmung, ob oder ab wann ein immaterieller Wert vorliegt und ob ein immaterieller Wert genutzt oder übertragen wurde, ist Sorgfalt geboten. So führen beispielsweise nicht alle Forschungs- und Entwicklungsausgaben zur Entstehung oder Verbesserung eines immateriellen Werts und ziehen nicht alle Marketingaktivitäten die Entstehung oder Verbesserung eines immateriellen Werts nach sich.

6.12. In einer Verrechnungspreisanalyse eines Falls, bei dem es um immaterielle Werte geht, ist es wichtig, die relevanten immateriellen Werte konkret zu bestimmen. In der Funktionsanalyse sollten die relevanten immateriellen Werte, um die es geht, die Art und Weise, wie sie zur Wertschöpfung im Rahmen der geprüften Geschäftsvorfälle beitragen, die bei der Entwicklung, Verbesserung, Erhaltung, dem Schutz und der Verwertung der immateriellen Werte ausgeübten wichtigen Funktionen und übernommenen spezifischen Risiken sowie die Art und Weise, wie sie mit anderen immateriellen Werten, materiellen Vermögenswerten und Geschäftstätigkeiten im Hinblick auf die Wertschöpfung zusammenwirken, ermittelt werden. Wenngleich es angebracht sein kann, immaterielle Werte zum Zweck der Ermittlung der fremdüblichen Bedingungen für die Nutzung oder Übertragung der immateriellen Werte in bestimmten Fällen zusammenzufassen, reicht es nicht aus, darauf hinzuweisen, dass ungenau bestimmte oder nicht differenzierte immaterielle Werte einen Effekt auf die Fremdvergleichspreise oder sonstigen Bedingungen haben.

Die Bestimmung der fremdüblichen Bedingungen sollte sich auf eine gründliche Funktionsanalyse, einschließlich einer Analyse der Bedeutung der ermittelten relevanten immateriellen Werte in den globalen Geschäftsabläufen des multinationalen Konzerns, stützen.

A.2. Relevanz dieses Kapitels für sonstige Steuerzwecke

6.13. Die in diesem Kapitel enthaltenen Leitlinien sollen ausschließlich Verrechnungspreisfragen behandeln. Sie sollen nicht maßgebend für sonstige Steuerzwecke sein. So enthält beispielsweise der Kommentar zu Artikel 12 des OECD-Musterabkommens eine detaillierte Erörterung der Definition von Lizenzgebühren gemäß diesem Artikel (Ziffer 8–9). Die in Artikel 12 enthaltene Definition von „Lizenzgebühren" soll keine Hinweise dazu liefern, ob und falls ja, zu welchem Preis die Nutzung oder Übertragung von immateriellen Werten zwischen unabhängigen Unternehmen vergütet wird. Sie ist daher für Verrechnungspreiszwecke nicht relevant. Darüber hinaus ist die Art und Weise, wie ein Geschäftsvorfall für Verrechnungspreiszwecke qualifiziert wird, nicht maßgeblich für die Frage, ob eine bestimmte Zahlung nach Artikel 12 eine Lizenzgebühr darstellt oder einer Quellensteuer unterliegen kann. Das Konzept der immateriellen Werte für Verrechnungspreiszwecke und die Definition von Lizenzgebühren im Sinne von Artikel 12 des OECD-Musterabkommens sind zwei verschiedene Konzepte, die nicht miteinander in Einklang stehen müssen. Es kann vorkommen, dass eine zwischen verbundenen Unternehmen geleistete Zahlung keine Lizenzgebühr im Sinne von Artikel 12 darstellt, aber für Verrechnungspreiszwecke dennoch als eine Zahlung behandelt wird, für die die Grundsätze dieses Kapitels gelten können. Beispiele hierfür könnten bestimmte Zahlungen im Zusammenhang mit Goodwill bzw. Geschäfts- oder Firmenwert sein. Es kann auch vorkommen, dass eine Zahlung, die sachgerecht als Lizenzgebühr gemäß Artikel 12 eines geltenden Doppelbesteuerungsabkommens behandelt wird, nicht als Vergütung für immaterielle Werte im Sinne dieses Kapitels geleistet wurde. Beispiele hierfür könnten bestimmte Zahlungen für technische Dienste sein. Desgleichen sollen die in diesem Kapitel aufgeführten Leitlinien auch nicht maßgebend für Zollzwecke sein.

6.14. Die in diesem Kapitel enthaltenen Leitlinien sind auch nicht maßgeblich für die Erfassung von Einkünften, die Kapitalisierung von Entwicklungskosten für immaterielle Werte, Abschreibungen oder Ähnliches. So kann beispielsweise ein Staat unter bestimmten Umständen auf die Erhebung von Steuern auf die Übertragung bestimmter Arten von immateriellen Werten verzichten. Desgleichen kann ein Staat die Abschreibung von Kosten für bestimmte erworbene Posten nicht zulassen, die nach den Definitionen dieses Kapitels als immaterielle Werte zu betrachten wären und deren Übertragung im Staat des übertragenden Unternehmens im Zeitpunkt der Übertragung möglicherweise besteuert wird. Es wird eingeräumt, dass Inkonsistenzen zwischen den Rechtsvorschriften der einzelnen Staaten in Bezug auf solche Angelegenheiten mitunter zu Doppelbesteuerung oder doppelter Nichtbesteuerung führen können.

A.3. Kategorien immaterieller Werte

6.15. In Erörterungen von Verrechnungspreisfragen im Zusammenhang mit immateriellen Werten kommt es manchmal vor, dass verschiedene Kategorien immaterieller Werte beschrieben und unterschiedliche Bezeichnungen verwendet werden. Unterscheidungen werden mitunter zwischen betrieblichen immateriellen Werten und immateriellen Marketingwerten, zwischen „weichen" immateriellen Werten und „harten" immateriellen Werten, zwischen routinemäßigen und nicht routinemäßigen immateriellen Werten sowie zwischen sonstigen Klassen und Kategorien immaterieller Werte vorgenommen. Der in diesem Kapitel dargelegte Ansatz zur Bestimmung von Fremdvergleichspreisen in Fällen, in denen es um immaterielle Werte geht, befasst sich nicht mit diesen Kategorisierungen. Im Rahmen dieser Leitlinien wird somit nicht versucht, verschiedene Klassen oder Kategorien immaterieller Werte genau abzugrenzen oder an solchen Kategorien ausgerichtete Ergebnisse vorzugeben.

6.16. Auf bestimmte Kategorien immaterieller Werte wird in Erörterungen von Verrechnungspreisfragen indessen häufig Bezug genommen. Um die Erörterungen zu erleichtern, werden die Definitionen zweier solcher häufig verwendeter Begriffe, „immaterielle Marketingwerte" und „betriebliche immaterielle Werte", im Glossar aufgeführt und wird in diesen Leitlinien von Zeit zu Zeit auf sie Bezug genommen. Es gilt zu betonen, dass allgemeine Verweise auf immaterielle Marketingwerte oder betriebliche immaterielle Werte die Steuerpflichtigen bzw. die Steuerverwaltungen nicht von ihrer Pflicht entbinden, relevante immaterielle Werte im Rahmen einer Verrechnungspreisanalyse konkret zu bestimmen, und dass die Verwendung dieser Begriffe nicht den Schluss nahelegen soll, dass ein unterschiedlicher Ansatz für die Ermittlung der fremdüblichen Bedingungen von Geschäftsvorfällen, die mit immateriellen Marketingwerten und solchen, die mit betrieblichen immateriellen Werten im Zusammenhang stehen, angewendet werden sollte.

6.17. In bestimmten Fällen wird in diesen Leitlinien auf „einzigartige und wertvolle" immaterielle Werte Bezug genommen. „Einzigartige und wertvolle" immaterielle Werte sind solche immaterielle Werte, die *i)* nicht mit immateriellen Werten vergleichbar sind, die von an potenziell vergleichbaren Geschäftsvorfällen beteiligten Unternehmen genutzt werden oder diesen zur Verfügung stehen, und *ii)* deren Nutzung im Rahmen der Geschäftstätigkeit eines Unternehmens (z. B. für Fertigung, Dienstleistungserbringung,

Marketing, Verkauf oder Verwaltung) größere zukünftige wirtschaftliche Vorteile erwarten lässt, als ohne diese immateriellen Werte erwartet würden.

A.4. Beispiele

6.18. Dieser Abschnitt liefert Beispiele für Posten, die häufig in Verrechnungspreisanalysen im Zusammenhang mit immateriellen Werten untersucht werden. Die Beispiele sollen die Ausführungen von Abschnitt A.1 klären, diese Auflistung sollte allerdings nicht als Ersatz für eine detaillierte Analyse verwendet werden. Die Beispiele zielen nicht darauf ab, umfassend zu sein oder eine vollständige Auflistung aller Elemente zu liefern, die immaterielle Werte darstellen oder nicht darstellen können. Bei zahlreichen Elementen, die in dieser Auflistung von Beispielen nicht enthalten sind, kann es sich um immaterielle Werte für Verrechnungspreiszwecke handeln. Die in diesem Abschnitt aufgeführten Beispiele sollten an den im jeweiligen Staat geltenden Rechts- und Regulierungsrahmen angepasst werden. Darüber hinaus sollten die in diesem Abschnitt gegebenen Beispiele im Kontext der Vergleichbarkeitsanalyse (einschließlich der Funktionsanalyse) des konzerninternen Geschäftsvorfalls mit dem Ziel untersucht und evaluiert werden, besser zu verstehen, wie bestimmte immaterielle Werte und Elemente, die nicht als immaterielle Werte behandelt werden, im Kontext der globalen Geschäftsabläufe des multinationalen Konzerns zur Wertschöpfung beitragen. Es gilt zu betonen, dass ein allgemeiner Verweis auf einen in der Beispielliste aufgeführten Posten die Steuerpflichtigen oder die Steuerverwaltungen nicht von ihrer Pflicht entbindet, relevante immaterielle Werte auf der Grundlage der Leitlinien in Abschnitt A.1 im Rahmen einer Verrechnungspreisanalyse konkret zu bestimmen.

A.4.1. Patente

6.19. Ein Patent ist ein Rechtsinstrument, das seinem Eigentümer das ausschließliche Recht verleiht, eine bestimmte Erfindung über einen befristeten Zeitraum in einer bestimmten geografischen Region zu nutzen. Ein Patent kann sich auf einen physischen Gegenstand oder ein Verfahren beziehen. Patentierbare Erfindungen werden oft im Rahmen risikoreicher und aufwendiger Forschungs- und Entwicklungstätigkeiten entwickelt. In manchen Fällen können jedoch auch geringe Forschungs- und Entwicklungsausgaben zu äußerst wertvollen patentierbaren Erfindungen führen. Der Entwickler eines Patents wird versuchen, durch den Verkauf patentrechtlich geschützter Produkte, durch die Vergabe einer Lizenz zur Nutzung der patentierten Erfindung an andere Personen oder einfach durch die Veräußerung des Patents seine Entwicklungskosten zu decken (und einen Ertrag zu erzielen). Die durch ein Patent gewährte Exklusivität kann es dem Patenteigentümer unter bestimmten Umständen gestatten, zusätzliche Erträge aus der Nutzung seiner

Erfindung zu ziehen. In anderen Fällen kann eine patentierte Erfindung dem Eigentümer Kostenvorteile verschaffen, die die Konkurrenten nicht haben. In wieder anderen Situationen kann es sein, dass Patente keinen bedeutenden kommerziellen Vorteil bieten. Patente sind immaterielle Werte im Sinne von Abschnitt A.1.

A.4.2. Know-how und Geschäftsgeheimnisse

6.20. Bei Know-how und Geschäftsgeheimnissen handelt es sich um unternehmenseigene Informationen oder Kenntnisse, die eine Geschäftstätigkeit unterstützen oder verbessern, jedoch nicht wie ein Patent oder eine Marke zum Zweck ihres Schutzes angemeldet werden. Know-how und Geschäftsgeheimnisse bestehen gewöhnlich aus nicht veröffentlichten, auf gewonnenen Erfahrungen basierenden Kenntnissen gewerblicher, wirtschaftlicher oder wissenschaftlicher Natur, die im Betrieb eines Unternehmens praktische Anwendung finden. Know-how und Geschäftsgeheimnisse können die Fertigung, das Marketing, die Forschung und Entwicklung oder jede sonstige geschäftliche Tätigkeit betreffen. Der Wert von Know-how und Geschäftsgeheimnissen ist häufig von der Fähigkeit des betreffenden Unternehmens abhängig, die Vertraulichkeit seines Know-hows oder seiner Geschäftsgeheimnisse zu wahren. In bestimmten Branchen kann die für den Erhalt des Patentschutzes notwendige Veröffentlichung von Informationen Konkurrenten helfen, alternative Lösungen zu entwickeln. Daher kann sich ein Unternehmen aus vernünftigen wirtschaftlichen Gründen dafür entscheiden, patentierbares Know-how nicht anzumelden, das dennoch erheblich zum Erfolg des Unternehmens beitragen kann. Der vertrauliche Charakter von Know-how und Geschäftsgeheimnissen kann durch folgende Instrumente bis zu einem gewissen Grad geschützt werden: *i)* Gesetze gegen unlauteren Wettbewerb oder ähnliche Gesetze, *ii)* Arbeitsverträge und *iii)* wirtschaftliche und technologische Wettbewerbshindernisse. Know-how und Geschäftsgeheimnisse sind immaterielle Werte im Sinne von Abschnitt A.1.

A.4.3. Markenzeichen, Firmennamen und Marken

6.21. Ein Markenzeichen ist ein einzigartiger Name oder ein einzigartiges Symbol, Logo oder Bild, den oder das der Eigentümer verwenden kann, um seine Produkte und Dienstleistungen von denen anderer Unternehmen zu unterscheiden. Die an Marken bzw. Markenzeichen geknüpften Exklusivrechte werden häufig durch Systeme zur Markeneintragung bestätigt. Der eingetragene Inhaber eines Markenzeichens kann andere daran hindern, das Markenzeichen auf eine Art und Weise zu nutzen, die auf dem Markt Verwirrung stiften würde. Eine Markeneintragung kann zeitlich unbegrenzt fortbestehen, wenn das Markenzeichen kontinuierlich genutzt und die Eintragung entsprechend verlängert wird. Markenzeichen können für Waren oder Dienstleistungen geschaffen werden, und können sich auf ein bestimmtes Produkt bzw. eine bestimmte Dienstleistung oder auf eine ganze Produkt- bzw. Leistungspalette erstrecken. Am bekanntesten dürften Markenzeichen auf der Marktstufe des Konsumenten sein, sie können aber auf allen Marktstufen anzutreffen sein. Markenzeichen sind immaterielle Werte im Sinne von Abschnitt A.1.

6.22. Ein Firmenname (bei dem es sich oft, aber nicht immer, um den Namen eines Unternehmens handelt) kann dieselbe Durchschlagskraft wie ein Markenzeichen haben und kann effektiv in einer spezifischen Ausgestaltung als Markenzeichen eingetragen werden. Die Firmennamen bestimmter multinationaler Unternehmen können leicht zu erkennen sein, und sie können für die Vermarktung einer Vielzahl von Waren und Dienstleistungen verwendet werden. Firmennamen sind immaterielle Werte im Sinne von Abschnitt A.1.

6.23. Der Begriff „Marke" wird manchmal synonym mit „Markenzeichen" und „Firmenname" verwendet. In anderen Zusammenhängen wird eine Marke als ein Markenzeichen oder ein Firmenname verstanden, das oder der von gesellschaftlicher und kommerzieller Bedeutung durchdrungen ist. Eine Marke kann effektiv eine Kombination verschiedener immaterieller Werte und/oder sonstiger Elemente darstellen, bei denen es sich u. a. um Markenzeichen, Firmennamen, Kundenbeziehungen, Reputationsmerkmale und Goodwill handeln kann. Es kann mitunter schwierig oder gar unmöglich sein, die verschiedenen Elemente, die zum Wert einer Marke beitragen, zu trennen oder gesondert zu übertragen. Eine Marke kann im Sinne von Abschnitt A.1 aus einem einzigen immateriellen Wert oder aus einer Gruppe von immateriellen Werten bestehen.

A.4.4. Rechte aus Verträgen und staatliche Zulassungen

6.24. Staatliche Zulassungen und Konzessionen können für eine bestimmte Geschäftsaktivität wichtig sein und können sich auf ein breites Spektrum an Geschäftsbeziehungen erstrecken. Solche staatlichen Zulassungen und Konzessionen sind u. a. eine staatliche Gewährung von Rechten zur Nutzung bestimmter natürlicher Ressourcen oder öffentlicher Güter (z. B. eine Breitband-Mobilfunklizenz) oder zur Fortsetzung einer bestimmten Geschäftsaktivität. Staatliche Zulassungen und Konzessionen sind immaterielle Werte im Sinne von Abschnitt A.1. Staatliche Zulassungen und Konzessionen sollten jedoch von den Auflagen der Unternehmensanmeldung unterschieden werden, die Voraussetzung für die Ausübung einer Geschäftstätigkeit in einem bestimmten Staat sind. Solche Auflagen sind keine immateriellen Werte im Sinne von Abschnitt A.1.

6.25. Rechte aus Verträgen können für eine bestimmte Geschäftsaktivität ebenfalls wichtig sein und können sich auf ein breites Spektrum an Geschäftsbeziehungen erstrecken. Dabei kann es sich u. a. um Verträge mit

Zulieferern und wichtigen Kunden sowie um Vereinbarungen in Bezug auf die Zurverfügungstellung der Dienste eines oder mehrerer Mitarbeiter handeln. Rechte aus Verträgen sind immaterielle Werte im Sinne von Abschnitt A.1.

A.4.5. Lizenzen und ähnliche begrenzte Rechte an immateriellen Werten

6.26. Begrenzte Rechte an immateriellen Werten werden häufig über eine Lizenz oder eine andere ähnliche vertragliche Vereinbarung übertragen, sei sie schriftlicher, mündlicher oder impliziter Art. Solche lizenzierten Rechte können in Bezug auf den Nutzungsbereich, die Nutzungsbedingungen, die geografische Region oder in sonstiger Weise begrenzt sein. Solche begrenzten Rechte an immateriellen Werten sind selbst immaterielle Werte im Sinne von Abschnitt A.1.

A.4.6. Goodwill und Geschäfts- oder Firmenwert

6.27. Je nach Kontext kann der Begriff Goodwill verwendet werden, um eine Reihe verschiedener Konzepte zu bezeichnen. In einigen Rechnungslegungs- und Unternehmensbewertungszusammenhängen entspricht der Goodwill der Differenz zwischen dem Gesamtwert eines aktiven Unternehmens und der Summe der Werte aller separat ermittelbaren materiellen und immateriellen Vermögenswerte. Alternativ dazu wird der Goodwill in manchen Fällen als eine Darstellung der zukünftigen wirtschaftlichen Vorteile im Zusammenhang mit Vermögenswerten des Unternehmens beschrieben, die nicht einzeln ermittelt und gesondert ausgewiesen werden. In wieder anderen Zusammenhängen bezieht sich der Goodwill auf die erwarteten zukünftigen Geschäfte mit existierenden Kunden. Der Begriff Geschäfts- oder Firmenwert wird manchmal als Wert der zusammengefassten Vermögenswerte eines aktiven Unternehmens bezeichnet, der über die Summe der separat ermittelten Werte der einzelnen Vermögenswerte hinausgeht. Es wird allgemein anerkannt, dass Goodwill und Geschäfts- oder Firmenwert nicht von anderen Vermögenswerten des Unternehmens getrennt oder gesondert übertragen werden können. Vgl. die Ziffern 9.68–9.70 wegen einer Erörterung des damit verbundenen Konzepts einer Übertragung aller Elemente einer Geschäftstätigkeit (*ongoing concern*) im Zusammenhang mit einer Umstrukturierung der Geschäftstätigkeit.

6.28. Im Sinne dieses Kapitels ist es nicht notwendig, eine genaue Definition von Goodwill bzw. Geschäfts- oder Firmenwert für Verrechnungspreiszwecke festzulegen oder zu definieren, wann es sich beim Goodwill bzw. Geschäfts- oder Firmenwert um einen immateriellen Wert handeln kann und wann nicht. Es ist jedoch wichtig zu beachten, dass ein bedeutender und monetär signifikanter Teil der zwischen unabhängigen Unternehmen gezahlten Vergütung, wenn einige oder alle Vermögenswerte eines aktiven Unternehmens übertragen werden, eine Vergütung für etwas darstellen kann, auf das in der einen oder anderen der verschiedenen Beschreibungen von Goodwill bzw. Geschäfts- oder Firmenwert Bezug genommen wird. Wenn es zu ähnlichen Geschäftsvorfällen zwischen verbundenen Unternehmen kommt, sollte dieser Wert bei der Bestimmung eines fremdüblichen Preises für den Geschäftsvorfall berücksichtigt werden. Wenn der Reputationswert, der manchmal mit dem Begriff Goodwill bezeichnet wird, im Zusammenhang mit einer Übertragung oder einer Lizenzierung einer Marke oder eines sonstigen immateriellen Werts an ein verbundenes Unternehmen übertragen oder mit diesem geteilt wird, sollte dieser Reputationswert bei der Bestimmung der angemessenen Vergütung berücksichtigt werden. Wenn die Merkmale eines Unternehmens, wie beispielsweise dessen Ruf, qualitativ hochwertige Produkte zu erzeugen oder qualitativ hochwertige Dienstleistungen zu erbringen, es diesem Unternehmen gestatten, höhere Preise für Waren oder Dienstleistungen zu verlangen als ein Unternehmen, das keinen solchen Ruf genießt, und wenn diese Merkmale nach der einen oder anderen Definition dieser Begriffe als Goodwill bzw. Geschäfts- oder Firmenwert qualifiziert werden können, sollten diese Merkmale bei der Bestimmung der fremdüblichen Preise für den Verkauf von Waren oder die Erbringung von Dienstleistungen von einem verbundenen Unternehmen an ein anderes berücksichtigt werden, unabhängig davon, ob sie als Goodwill qualifiziert werden oder nicht. Anders ausgedrückt bewirkt die Tatsache, dass der Wertbeitrag, den ein Beteiligter an einen anderen leistet, als Goodwill bzw. Geschäfts- oder Firmenwert bezeichnet wird, nicht, dass dieser Beitrag nicht vergütet werden muss. Vgl. Ziffer 6.2.

6.29. Das Erfordernis, Goodwill und Geschäfts- oder Firmenwert bei der Bestimmung der Preise von Geschäftsvorfällen zu berücksichtigen, bedeutet keineswegs, dass die Residualgrößen des Goodwill, die für spezifische Rechnungslegungs- oder Unternehmensbewertungszwecke abgeleitet werden, zwangsläufig angemessene Messgrößen des Preises sind, der für die übertragenen Geschäftstätigkeiten- oder Lizenzrechte zusammen mit dem an sie geknüpften Goodwill und Geschäfts- oder Firmenwert von unabhängigen Unternehmen gezahlt würde. Für Rechnungslegungs- und Unternehmensbewertungszwecke verwendete Messgrößen des Goodwill und des Geschäfts- oder Firmenwerts entsprechen in der Regel nicht dem Fremdvergleichspreis von übertragenem Goodwill oder Geschäfts- oder Firmenwert in einer Verrechnungspreisanalyse. Je nach den Gegebenheiten und Umständen können für Rechnungslegungszwecke vorgenommene Bewertungen und Informationen, auf die sich diese Bewertungen stützen, jedoch ein nützlicher Ausgangspunkt für die Durchführung einer Verrechnungspreisanalyse sein. Da es keine einzige und genaue Definition von Goodwill gibt, ist es wesentlich, dass die Steuerpflichtigen und die Steuerverwaltungen relevante immaterielle Werte im Zusammenhang mit einer Verrechnungspreisanalyse spezifisch beschreiben und untersuchen, ob unabhängige Unternehmen unter vergleichbaren Umständen eine Vergütung für solche immateriellen Werte leisten würden.

A.4.7. Konzernsynergien

6.30. In manchen Fällen tragen Konzernsynergien zur Höhe der Einkünfte bei, die von einem multinationalen Konzern erwirtschaftet werden. Solche Konzernsynergien können in vielerlei Form zutage treten, etwa durch ein rationalisiertes Management, die Vermeidung von kostspieliger Doppelarbeit, integrierte Systeme, Kaufkraft oder Kreditmöglichkeiten usw. Solche Merkmale können einen Effekt auf die Bestimmung der fremdüblichen Bedingungen für konzerninterne Geschäftsvorfälle haben und sollten für Verrechnungspreiszwecke als Vergleichbarkeitsfaktoren behandelt werden. Da ein Unternehmen sie weder besitzen noch kontrollieren kann, sind sie keine immateriellen Werte im Sinne von Abschnitt A.1. Vgl. Abschnitt D.8 von Kapitel I wegen einer Erörterung der verrechnungspreisbezogenen Behandlung von Konzernsynergien.

A.4.8. Marktspezifische Merkmale

6.31. Spezifische Merkmale eines bestimmten Markts können sich auf die fremdüblichen Bedingungen von Geschäftsvorfällen auf diesem Markt auswirken. So kann beispielsweise die hohe Kaufkraft der privaten Haushalte auf einem bestimmten Markt Auswirkungen auf den für ein bestimmtes Luxuskonsumgut gezahlten Preis haben. Desgleichen können niedrige Arbeitskosten, die Nähe zu den Märkten, günstige Witterungsbedingungen und dergleichen die für bestimmte Waren und Dienstleistungen auf einem bestimmten Markt gezahlten Preise beeinflussen. Solche marktspezifischen Merkmale kann man jedoch weder besitzen noch kontrollieren, und so sind sie keine immateriellen Werte im Sinne von Abschnitt A.1, und sie sollten in einer Verrechnungspreisanalyse durch die erforderliche Vergleichbarkeitsanalyse berücksichtigt werden. Vgl. Kapitel I, Abschnitt D.6 wegen Leitlinien zur verrechnungspreisbezogenen Behandlung von marktspezifischen Merkmalen.

B. Eigentum an immateriellen Werten und Geschäftsvorfälle im Zusammenhang mit der Entwicklung, Verbesserung, Erhaltung, dem Schutz und der Verwertung immaterieller Werte

6.32. In Verrechnungspreisfällen, bei denen es um immaterielle Werte geht, ist die Bestimmung des oder der Unternehmen eines multinationalen Konzerns, die letztlich Anspruch auf eine Beteiligung an den Erträgen des Konzerns aus der Verwertung der immateriellen Werte haben, entscheidend.[3] Eine damit verbundene Frage ist, welches oder welche Unternehmen inner-

3. Im Sinne dieses Textes umfasst die Verwertung eines immateriellen Werts sowohl die Übertragung des immateriellen Werts oder der Rechte an diesem immateriellen Wert als auch die Nutzung des immateriellen Werts in der Geschäftstätigkeit.

halb des Konzerns letztlich die Kosten, Investitionen und sonstigen Lasten im Zusammenhang mit der Entwicklung, Verbesserung, Erhaltung, dem Schutz und der Verwertung immaterieller Werte tragen sollten. Auch wenn dem rechtlichen Eigentümer eines immateriellen Werts möglicherweise die Erlöse aus der Verwertung dieses Werts zufließen, können andere dem multinationalen Konzern des rechtlichen Eigentümers angehörende Unternehmen Funktionen ausgeübt, Vermögenswerte genutzt[4] oder Risiken übernommen haben, von denen erwartet wird, dass sie zum Wert des immateriellen Werts beitragen. Dem multinationalen Konzern angehörende Unternehmen, die solche Funktionen ausüben, Vermögenswerte nutzen und Risiken übernehmen, müssen für ihren Beitrag eine Vergütung nach dem Fremdvergleichsgrundsatz erhalten. Dieser Abschnitt B bestätigt, dass die letztendliche Aufteilung der Erträge des multinationalen Konzerns aus der Verwertung immaterieller Werte sowie die letztendliche Aufteilung der mit immateriellen Werten zusammenhängenden Kosten und sonstigen Lasten zwischen den Unternehmen des multinationalen Konzerns erfolgt, indem die Konzernunternehmen eine Vergütung für im Zusammenhang mit der Entwicklung, Verbesserung, Erhaltung, dem Schutz und der Verwertung der immateriellen Werte ausgeübte Funktionen, genutzte Vermögenswerte und übernommene Risiken gemäß den in den Kapiteln I–III beschriebenen Grundsätzen erhalten.

6.33. Die Anwendung der Vorgaben der Kapitel I–III im Hinblick auf die Klärung dieser Fragen kann aus einer Reihe von Gründen äußerst schwierig sein. Je nach den Gegebenheiten des betreffenden Falls immaterieller Werte können u. a. folgende Faktoren Probleme bereiten:

i) eine fehlende Vergleichbarkeit der zwischen verbundenen Unternehmen stattfindenden Geschäftsvorfälle im Zusammenhang mit immateriellen Werten und der entsprechenden Geschäftsvorfälle, die zwischen unabhängigen Unternehmen festgestellt werden können

ii) eine fehlende Vergleichbarkeit der fraglichen immateriellen Werte

iii) das Eigentum an und/oder die Nutzung verschiedener immaterieller Werte durch verschiedene verbundene Unternehmen innerhalb des multinationalen Konzerns

iv) die Schwierigkeit der Isolierung des Effekts eines bestimmten immateriellen Werts auf die Einkünfte des multinationalen Konzerns

v) die Tatsache, dass verschiedene Unternehmen eines multinationalen Konzerns mit der Entwicklung, Verbesserung, Erhaltung, dem Schutz

4. Im Sinne von Abschnitt B umfasst die Nutzung von Vermögenswerten die Bereitstellung von Finanzierungsmitteln und/oder Kapital für die Entwicklung, Verbesserung, Erhaltung, den Schutz oder die Verwertung immaterieller Werte. Vgl. Ziffer 6.59.

und der Verwertung eines immateriellen Werts zusammenhängende Tätigkeiten ausüben können, und dies häufig in einer Art und Weise und mit einem Grad der Integration, wie sie zwischen unabhängigen Unternehmen nicht zu beobachten sind

vi) die Tatsache, dass die Beiträge verschiedener Unternehmen des multinationalen Konzerns zum Wert eines immateriellen Werts möglicherweise in anderen Jahren geleistet wurden als den Jahren, in denen die entsprechenden Erträge erzielt werden

vii) die Tatsache, dass die Strukturen des Steuerpflichtigen auf Vertragsbedingungen zwischen verbundenen Unternehmen beruhen können, die das Eigentum, die Risikoübernahme und/oder die Finanzierung der Investitionen in immaterielle Werte von der Ausübung wichtiger Funktionen, der Kontrolle der Risiken und den Entscheidungen über die Investitionen in einer Art und Weise trennen, wie sie in Geschäftsvorfällen zwischen unabhängigen Unternehmen nicht zu beobachten ist und die Gewinnverkürzung und Gewinnverlagerung begünstigen kann

Trotz dieser potenziellen Schwierigkeiten kann die Anwendung des Fremdvergleichsgrundsatzes sowie der Vorgaben der Kapitel I–III innerhalb eines festgelegten Rahmens in den meisten Fällen eine angemessene Aufteilung der Erträge ergeben, die der multinationale Konzern durch die Verwertung immaterieller Werte erzielt.

6.34. Der Rahmen für die Analyse von Geschäftsvorfällen mit immateriellen Werten zwischen verbundenen Unternehmen sieht vor, dass entsprechend den Leitlinien für die Ermittlung der kaufmännischen oder finanziellen Beziehungen in Abschnitt D.1 von Kapitel I die folgenden Schritte vorgenommen werden:

i) konkrete Bestimmung der im Rahmen des Geschäftsvorfalls genutzten oder übertragenen immateriellen Werte und Bestimmung der konkreten wirtschaftlich signifikanten Risiken im Zusammenhang mit der Entwicklung, Verbesserung, Erhaltung, dem Schutz und der Verwertung der immateriellen Werte

ii) Ermittlung der kompletten vertraglichen Vereinbarungen mit besonderem Augenmerk auf die Bestimmung des rechtlichen Eigentums an den immateriellen Werten auf Grundlage der Bedingungen rechtlicher Vereinbarungen, einschließlich maßgeblicher Eintragungen, Lizenzvereinbarungen, sonstiger maßgeblicher Verträge und anderer Hinweise auf das rechtliche Eigentum, sowie der vertraglichen Rechte und Pflichten, einschließlich der vertraglichen Risikoübernahme in den Beziehungen zwischen den verbundenen Unternehmen

iii) Ermittlung der Beteiligten, die im Zusammenhang mit der Entwicklung, Verbesserung, Erhaltung, dem Schutz und der Verwertung immaterieller Werte Funktionen ausüben (insbesondere die wichtigen unter Ziffer 6.56 beschriebenen Funktionen), Vermögenswerte nutzen und Risiken managen, im Wege der Funktionsanalyse und insbesondere Ermittlung der Beteiligten, die etwaige ausgelagerte Funktionen kontrollieren und spezifische, wirtschaftlich signifikante Risiken kontrollieren

iv) Prüfung der Übereinstimmung der Bedingungen der einschlägigen vertraglichen Vereinbarungen mit dem Verhalten der Beteiligten sowie der Frage, ob der Beteiligte, der die wirtschaftlich signifikanten Risiken nach Schritt 4i von Ziffer 1.60 übernimmt, die Risiken kontrolliert und über die finanzielle Kapazität verfügt, die Risiken im Zusammenhang mit der Entwicklung, Verbesserung, Erhaltung, dem Schutz und der Verwertung der immateriellen Werte zu tragen

v) Abgrenzung der tatsächlichen konzerninternen Geschäftsvorfälle im Zusammenhang mit der Entwicklung, Verbesserung, Erhaltung, dem Schutz und der Verwertung immaterieller Werte unter Betrachtung des rechtlichen Eigentums an den betreffenden immateriellen Werten, der sonstigen relevanten Vertragsbeziehungen gemäß maßgeblichen Eintragungen und Verträgen sowie des Verhaltens der Beteiligten, einschließlich ihrer relevanten Beiträge zu Funktionen, Vermögenswerten und Risiken unter Berücksichtigung des Rahmens für die Analyse und Aufteilung der Risiken nach Kapitel I, Abschnitt D.1.2.1

vi) soweit möglich Bestimmung der fremdüblichen Preise für diese Geschäftsvorfälle entsprechend den Beiträgen der verschiedenen Beteiligten zu den ausgeübten Funktionen, genutzten Vermögenswerten und übernommenen Risiken, sofern nicht die Leitlinien von Abschnitt D.2 von Kapitel I Anwendung finden

B.1. Eigentum an immateriellen Werten und Vertragsbedingungen im Zusammenhang mit immateriellen Werten

6.35. Rechtsansprüche und vertragliche Vereinbarungen bilden den Ausgangspunkt aller Verrechnungspreisanalysen von Geschäftsvorfällen mit immateriellen Werten. Die Bedingungen eines Geschäftsvorfalls können schriftlichen Verträgen, öffentlichen Aufzeichnungen wie Patent- oder Markenanmeldungen oder Schriftwechseln und/oder sonstigen Mitteilungen zwischen den Beteiligten entnommen werden. Verträge können die Aufgaben, Zuständigkeiten und Rechte verbundener Unternehmen in Bezug auf immaterielle Werte beschreiben. Sie können beschreiben, welches bzw. welche Unternehmen Finanzierungsmittel bereitstellen, Forschung und Entwicklung durchführen, die Erhaltung und den Schutz immaterieller Werte gewährleisten und für die Verwertung der immateriellen Werte notwendige Funktionen wie Fertigung, Marketing und Vertrieb ausüben. Sie können beschreiben, wie die Einnahmen und Ausgaben des multinationalen Konzerns im Zusammenhang mit immateriellen Werten aufzuteilen sind, und können die Form und die Höhe der Zahlungen an alle Unternehmen des Konzerns für deren Beiträge festlegen. Die in solchen Verträgen festgelegten Preise und sonstigen Bedingungen können mit dem Fremdvergleichsgrundsatz übereinstimmen oder auch nicht übereinstimmen.

6.36. Wenn keine schriftlichen Verträge vorliegen oder wenn die Gegebenheiten des Einzelfalls, einschließlich des Verhaltens der Beteiligten, von den schriftlichen Bedingungen einer Vereinbarung zwischen ihnen abweichen oder diese ergänzen, muss der tatsächliche Geschäftsvorfall aus den festgestellten Sachverhalten, einschließlich des Verhaltens der Beteiligten, abgeleitet werden (vgl. Kapitel I, Abschnitt D.1.1). Für verbundene Unternehmen ist es daher empfehlenswert, ihre Entscheidungen und Absichten in Bezug auf die Aufteilung wesentlicher Rechte an immateriellen Werten zu dokumentieren. Aufzeichnungen solcher Entscheidungen und Absichten, einschließlich schriftlicher Vereinbarungen, sollten daher vor oder im Zeitpunkt von Geschäftsvorfällen zwischen verbundenen Unternehmen vorliegen, die zur Entwicklung, Verbesserung, Erhaltung, zum Schutz oder zur Verwertung immaterieller Werte führen.

6.37. Das Recht zur Nutzung bestimmter Arten von immateriellen Werten kann durch spezielle Gesetze zum Schutz oder Systeme für die Anmeldung bzw. Eintragung von geistigem Eigentum geschützt sein. Patente, Marken und Urheberrechte sind Beispiele solcher immateriellen Werte. Im Allgemeinen verfügt der eingetragene rechtliche Eigentümer solcher immateriellen Werte über das gesetzliche und wirtschaftliche Exklusivrecht zur Nutzung des immateriellen Werts sowie über das Recht, andere an der Nutzung des immateriellen Werts oder anderweitigen Verletzung seiner Rechte an diesem Wert zu hindern. Diese Rechtsansprüche können für einen bestimmten geografischen Raum und/oder einen bestimmten Zeitraum gewährt werden.

6.38. Es gibt auch immaterielle Werte, die nicht durch spezielle Systeme für die Eintragung von geistigem Eigentum geschützt werden können, die aber durch Wettbewerbs- oder sonstige geltende Gesetze oder durch Verträge vor nicht autorisierter Aneignung oder Nachahmung geschützt sind. Markendesign, Geschäftsgeheimnisse und Know-how können unter diese Kategorie immaterieller Werte fallen.

6.39. Umfang und Art des nach geltendem Recht möglichen Schutzes können sich von Staat zu Staat unterscheiden, was auch für die Bedingungen gilt, unter denen dieser Schutz gewährt wird. Solche Unterschiede können sich aus Unterschieden zwischen den in den verschiedenen Staaten geltenden

Gesetzen zum Schutz geistigen Eigentums an sich oder aus Unterschieden bei der konkreten Umsetzung der Gesetze in den einzelnen Staaten ergeben. Die Inanspruchnahme eines gesetzlichen Schutzes für bestimmte immaterielle Werte kann beispielsweise besonderen Bedingungen unterliegen, wie einer kontinuierlichen gewerblichen Nutzung des betreffenden immateriellen Werts oder einer rechtzeitigen Verlängerung der Eintragung. Das bedeutet, dass der Grad des Schutzes, den ein immaterieller Wert genießt, unter bestimmten Umständen oder in bestimmten Staaten von Gesetzes wegen oder in Praxis äußerst begrenzt sein kann.

6.40. Der rechtliche Eigentümer gilt für Verrechnungspreiszwecke als Eigentümer des immateriellen Werts. Wenn nach geltendem Recht oder den maßgeblichen Verträgen kein rechtlicher Eigentümer des immateriellen Werts ermittelt werden kann, dann gilt für Verrechnungspreiszwecke das Unternehmen des multinationalen Konzerns, das den Gegebenheiten und Umständen zufolge die Kontrolle über die Entscheidungen bezüglich der Verwertung des immateriellen Werts ausübt und das konkret in der Lage ist, andere an der Nutzung dieses immateriellen Werts zu hindern, als rechtlicher Eigentümer des immateriellen Werts.

6.41. Bei der Ermittlung des rechtlichen Eigentümers immaterieller Werte werden ein immaterieller Wert und eine Lizenz in Bezug auf diesen immateriellen Wert für Verrechnungspreiszwecke als unterschiedliche immaterielle Werte mit jeweils anderem Eigentümer betrachtet. Vgl. Ziffer 6.26. Beispielsweise kann Unternehmen A, der rechtliche Eigentümer einer Marke, Unternehmen B eine Exklusivlizenz für Herstellung, Vermarktung und Verkauf von Produkten unter Nutzung dieser Marke gewähren. Rechtlicher Eigentümer des einen immateriellen Werts – der Marke – ist Unternehmen A. Rechtlicher Eigentümer des anderen immateriellen Werts – der Lizenz für die Nutzung der Marke für Herstellung, Vermarktung und Verkauf markenrechtlich geschützter Produkte – ist Unternehmen B. Je nach den Gegebenheiten und Umständen können Marketingtätigkeiten, die Unternehmen B im Rahmen seiner Lizenz durchführt, Auswirkungen auf den Wert des zugrunde liegenden immateriellen Werts (dessen rechtlicher Eigentümer Unternehmen A ist), auf den Wert der Lizenz von Unternehmen B oder auf den Wert des zugrunde liegenden immateriellen Werts und der Lizenz haben.

6.42. Die Bestimmung der rechtlichen Eigentumsverhältnisse und der vertraglichen Vereinbarungen ist zwar ein wichtiger erster Schritt der Analyse, sie unterscheidet sich jedoch von der Frage der fremdüblichen Vergütung und ist von dieser zu trennen. Für Verrechnungspreiszwecke verleiht das rechtliche Eigentum an immateriellen Werten allein keinen Anspruch auf die Erträge, die der multinationale Konzern durch die Verwertung des betreffenden immateriellen Werts erzielt, auch wenn diese Erträge aufgrund von dessen gesetzlichem oder vertraglichem Recht zur Verwertung des immateriellen Werts möglicherweise zunächst an den rechtlichen Eigentümer gehen. Die Höhe der letztlich vom rechtlichen Eigentümer beanspruchten bzw. ihm letztlich zugerechneten Erträge ist von den von ihm ausgeübten Funktionen, genutzten Vermögenswerten und übernommenen Risiken sowie von den Beiträgen, die die anderen Unternehmen des multinationalen Konzerns durch die von ihnen ausgeübten Funktionen, genutzten Vermögenswerte und übernommenen Risiken geleistet haben, abhängig. Wenn beispielsweise im Fall eines selbst entwickelten immateriellen Werts der rechtliche Eigentümer keine relevanten Funktionen ausübt, keine relevanten Vermögenswerte nutzt und keine relevanten Risiken übernimmt, sondern nur als Rechtsinhaber fungiert, so hat dieser rechtliche Eigentümer letztlich keinen Anspruch auf eine Beteiligung an den vom multinationalen Konzern durch die Verwertung des immateriellen Werts erzielten Erträgen, die über eine gegebenenfalls zu zahlende Vergütung für die Rechtsinhaberschaft hinausgehen würde.

6.43. Das rechtliche Eigentum und die Vertragsbeziehungen dienen nur als Bezugspunkte für die Ermittlung und Analyse der konzerninternen Geschäftsvorfälle im Zusammenhang mit dem immateriellen Wert sowie für die Bestimmung der angemessenen Vergütung der Konzerngesellschaften im Hinblick auf diese Geschäftsvorfälle. Die Ermittlung der rechtlichen Eigentumsverhältnisse gibt zusammen mit der Ermittlung der von allen mitwirkenden Konzerngesellschaften ausgeübten relevanten Funktionen, genutzten Vermögenswerte und übernommenen Risiken sowie deren Vergütung den Analyserahmen für die Ermittlung der fremdüblichen Preise und sonstigen Bedingungen von Geschäftsvorfällen mit immateriellen Werten vor. Wie bei allen anderen Arten von Geschäftsvorfällen muss die Analyse alle relevanten Gegebenheiten und Umstände des konkreten Falls berücksichtigen und muss die Preisfindung den realistischen Alternativmöglichkeiten der betroffenen Konzernunternehmen Rechnung tragen. Die in diesem Absatz beschriebenen Prinzipien werden durch die Beispiele 1–6 in Anhang I zu Kapitel VI veranschaulicht.

6.44. Da die tatsächlichen Ergebnisse der mit der Entwicklung oder Anschaffung eines immateriellen Werts zusammenhängenden Risiken und die Art und Weise, wie diese Risiken im Zeitverlauf zum Tragen kommen, zu dem Zeitpunkt, an dem die Konzerngesellschaften Entscheidungen bezüglich immaterieller Werte treffen, nicht sicher sind, ist es wichtig, zu unterscheiden zwischen *a)* der erwarteten (bzw. Ex-ante-)Vergütung, die den zukünftigen Einkünften eines Unternehmen des multinationalen Konzerns entspricht, mit denen im Zeitpunkt des Geschäftsabschlusses gerechnet wird, und *b)* der tatsächlichen (bzw. Ex-post-)Vergütung, die den Einkünften entspricht, die ein Konzernunternehmen durch die Verwertung des betreffenden immateriellen Werts tatsächlich erzielt.

6.45. Die Bedingungen der Vergütung, die an die Unternehmen des multinationalen Konzerns gezahlt werden muss, die zur Entwicklung, Verbesserung,

Erhaltung, zum Schutz und zur Verwertung immaterieller Werte beitragen, werden im Allgemeinen ex ante festgelegt. Das bedeutet, dass sie festgelegt werden, wenn die Geschäftsvorfälle vereinbart werden und bevor die mit dem immateriellen Wert verknüpften Risiken zum Tragen kommen. Es kann sich um eine feste oder eine bedingte Vergütung handeln. Die tatsächlichen (bzw. Ex-post-)Gewinne oder Verluste des Unternehmens nach Vergütung anderer Unternehmen des multinationalen Konzerns können von diesen erwarteten Gewinnen abweichen, je nachdem, wie sich die an den immateriellen Wert geknüpften Risiken oder die anderen relevanten Risiken des Geschäftsvorfalls oder der Vereinbarung tatsächlich entwickeln. Die sachgerechte Abgrenzung des Geschäftsvorfalls nach Kapitel I, Abschnitt D.1 entscheidet darüber, welches Konzernunternehmen diese Risiken übernimmt und folglich die Konsequenzen (Kosten oder zusätzliche Gewinne) trägt, wenn die Risiken anders zum Tragen kommen als erwartet (vgl. Abschnitt B.2.4).

6.46. Eine wichtige Frage ist, wie die angemessene fremdübliche Vergütung von Konzernunternehmen für ihre Funktionen, Vermögenswerte und Risiken innerhalb des Rahmens zu bestimmen ist, der durch die vertraglichen Vereinbarungen des Steuerpflichtigen, das rechtliche Eigentum an den immateriellen Werten und das Verhalten der Beteiligten vorgegeben ist. In Abschnitt B.2 wird die Anwendung des Fremdvergleichsgrundsatzes auf Situationen im Zusammenhang mit immateriellen Werten erörtert. Dabei geht es um die Funktionen, Vermögenswerte und Risiken, die mit den immateriellen Werten verbunden sind. Sofern nicht anders angegeben, handelt es sich bei den fremdüblichen Erträgen und Vergütungen in Abschnitt B.2 um die erwarteten (bzw. Ex-ante-)Erträge und Vergütungen.

B.2. Mit immateriellen Werten zusammenhängende Funktionen, Vermögenswerte und Risiken

6.47. Wie vorstehend erwähnt, bedeutet allein die Feststellung, dass ein bestimmtes Konzernunternehmen der rechtliche Eigentümer von immateriellen Werten ist, nicht zwangsläufig, dass dieser rechtliche Eigentümer nach Zahlung einer Vergütung an andere Konzernunternehmen für den Beitrag, den diese in Form ausgeübter Funktionen, genutzter Vermögenswerte und übernommener Risiken geleistet haben, Anspruch auf durch die Geschäftstätigkeit erzielte Einkünfte hat.

6.48. Bei der Ermittlung der fremdvergleichskonformen Preise für Geschäftsvorfälle zwischen verbundenen Unternehmen sollten die Beiträge der Konzerngesellschaften zur immateriellen Wertschöpfung berücksichtigt und angemessen vergütet werden. Der Fremdvergleichsgrundsatz und die Prinzipien der Kapitel I–III erfordern, dass alle Konzernunternehmen eine angemessene Vergütung für von ihnen im Zusammenhang mit der Entwicklung, Verbesserung, Erhaltung, dem Schutz und der Verwertung immaterieller Werte ausgeübten Funktionen, genutzten Vermögenswerte und übernommenen Risiken erhalten. Deshalb ist es notwendig, im Wege einer Funktionsanalyse zu bestimmen, welches bzw. welche Konzernunternehmen die Entwicklungs-, Verbesserungs-, Erhaltungs-, Schutz- und Verwertungsfunktionen ausüben und kontrollieren, welches bzw. welche Konzernunternehmen die Finanzierungsmittel und sonstige Vermögenswerte zur Verfügung stellen und welches bzw. welche Konzernunternehmen die verschiedenen Risiken übernehmen, die mit dem betreffenden immateriellen Wert zusammenhängen. Selbstverständlich kann dies in allen diesen Bereichen der rechtliche Eigentümer des immateriellen Werts sein oder auch nicht. Wie unter Ziffer 6.133 erwähnt, ist es im Hinblick auf die Bestimmung der fremdüblichen Vergütung für ausgeübte Funktionen, genutzte Vermögenswerte und übernommene Risiken auch wichtig, bei der Bestimmung der Preise für die betreffenden Geschäftsvorfälle Vergleichbarkeitsfaktoren zu berücksichtigen, die zur Wertschöpfung oder zur Erwirtschaftung der Erträge, die der multinationale Konzern durch die Verwertung immaterieller Werte erzielt, beitragen können.

6.49. Die relative Bedeutung der Beiträge, die Konzernunternehmen in Form ausgeübter Funktionen, genutzter Vermögenswerte und übernommener Risiken zur immateriellen Wertschöpfung leisten, unterscheidet sich je nach Sachlage. Beispielsweise sei angenommen, dass ein vollständig entwickelter und aktuell verwertbarer immaterieller Wert von einem Konzernunternehmen bei einem fremden Dritten erworben und über Fertigungs- und Vertriebsfunktionen, die von anderen Konzernunternehmen ausgeübt werden, verwertet wird, während er von dem Unternehmen, das den immateriellen Wert erworben hat, aktiv verwaltet und kontrolliert wird. Es wird unterstellt, dass der betreffende immaterielle Wert keine Entwicklung voraussetzt, keine oder kaum Anstrengungen für Erhaltung oder Schutz erfordert und abgesehen von der Art der Verwertung, die zum Zeitpunkt der Anschaffung vorgesehen ist, von geringem Nutzen ist. Mit diesem immateriellen Wert wäre kein Entwicklungsrisiko verbunden, wenngleich Risiken im Zusammenhang mit seiner Anschaffung und Verwertung bestehen. Die vom Käufer ausgeübten Schlüsselfunktionen sind diejenigen, die zur Auswahl des geeignetsten immateriellen Werts auf dem Markt und zur Analyse seiner potenziellen Vorteile im Fall einer Nutzung durch den multinationalen Konzern notwendig sind, sowie die Entscheidung, die risikoträchtige Geschäftschance durch den Kauf des immateriellen Werts einzugehen. Die entscheidenden genutzten Vermögenswerte sind die Finanzierungsmittel, die zum Kauf des immateriellen Werts erforderlich sind. Wenn der Käufer in der Lage ist, alle beschriebenen Schlüsselfunktionen, einschließlich der Kontrolle der Risiken im Zusammenhang mit der Anschaffung und Verwertung des immateriellen Werts, auszuüben, und diese Funktionen auch tatsächlich ausübt, dürfte die Feststellung vertretbar sein, dass der rechtliche Eigentümer nach Leistung einer fremdüblichen Zahlung für die Fertigungs- und Vertriebsfunktionen anderer Konzernunternehmen Anspruch auf alle Einkünfte oder Verluste hat bzw. dass ihm alle Einkünfte oder Verluste zuzurechnen sind, die nach dessen Anschaffung durch die Verwertung des immateriellen Werts entstehen. Während die Anwendung der Kapitel I–III in einem solchen einfachen Fall relativ simpel sein dürfte, könnte sich die Analyse in Situationen als schwieriger erweisen, in denen

i) die immateriellen Werte von einem multinationalen Konzern selbst entwickelt werden, vor allem wenn sie von einem Konzernunternehmen an ein anderes übertragen werden, während sie sich noch in der Entwicklung befinden,

ii) erworbene oder selbst entwickelte immaterielle Werte als Grundlage für weitere Entwicklungen dienen oder

iii) andere Aspekte, wie Marketing oder Fertigung, für die Wertschöpfung besonders wichtig sind.

Die nachstehenden allgemeinen Leitlinien sind in solchen schwierigeren Fällen besonders relevant und befassen sich auch in erster Linie mit solchen schwierigeren Fällen.

B.2.1. Ausübung und Kontrolle von Funktionen

6.50. Nach den Grundsätzen der Kapitel I–III sollte jedes Unternehmen des multinationalen Konzerns eine fremdübliche Vergütung für die von ihm ausgeübten Funktionen erhalten. In Fällen, in denen es um immaterielle Werte geht, umfasst dies Funktionen im Zusammenhang mit der Entwicklung, Verbesserung, Erhaltung, dem Schutz und der Verwertung immaterieller Werte. Die Identität des oder der Unternehmen des Konzerns, die mit der Entwicklung, Verbesserung, Erhaltung, dem Schutz und der Verwertung immaterieller Werte zusammenhängende Funktionen ausüben, ist daher eines der entscheidenden Elemente bei der Bestimmung der fremdüblichen Bedingungen konzerninterner Geschäftsvorfälle.

6.51. Aus der Notwendigkeit, sicherzustellen, dass alle Unternehmen des multinationalen Konzerns eine angemessene Vergütung für die von ihnen ausgeübten Funktionen, beigesteuerten Vermögenswerte und übernommenen Risiken erhalten, ergibt sich, dass der rechtliche Eigentümer, wenn er letzten Endes Anspruch auf alle Erträge aus der Verwertung der immateriellen Werte haben soll, auch alle Funktionen ausüben, Vermögenswerte beisteuern und Risiken übernehmen muss, die mit der Entwicklung, Verbesserung, Erhaltung, dem Schutz und der Verwertung der immateriellen Werte zusammenhängen. Dies bedeutet jedoch nicht, dass die verbundenen Unternehmen, aus denen sich ein multinationaler Konzern zusammensetzt, ihre Geschäftstätigkeiten in Bezug auf die Entwicklung, Verbesserung, Erhaltung, den Schutz und die

Verwertung von immateriellen Werten auf eine bestimmte Weise strukturieren müssen. Es ist nicht unabdinglich, dass der rechtliche Eigentümer physisch alle mit der Entwicklung, Verbesserung, Erhaltung, dem Schutz und der Verwertung eines immateriellen Werts zusammenhängende Funktionen durch seine eigenen Mitarbeiter ausübt, um Anspruch auf einen Teil der Erträge zu haben bzw. einen Teil der Erträge zugerechnet zu bekommen, die der multinationale Konzern durch die Verwertung dieses immateriellen Werts erzielt. In Geschäftsvorfällen zwischen unabhängigen Unternehmen werden bestimmte Funktionen manchmal in andere Unternehmen ausgelagert. Desgleichen kann auch ein Unternehmen eines multinationalen Konzerns, das der rechtliche Eigentümer von immateriellen Werten ist, Funktionen im Zusammenhang mit der Entwicklung, Verbesserung, Erhaltung, dem Schutz und der Verwertung immaterieller Werte in unabhängige oder verbundene Unternehmen auslagern.

6.52. Wenn andere Konzernunternehmen als der rechtliche Eigentümer relevante Funktionen ausüben, von denen angenommen wird, dass sie zum Wert der immateriellen Werte beitragen, sollten sie nach den in den Kapiteln I–III dargelegten Grundsätzen eine fremdübliche Vergütung für die von ihnen ausgeübten Funktionen erhalten. Bei der Bestimmung der fremdüblichen Vergütung für funktionale Beiträge sollte untersucht werden, ob es vergleichbare Fremdgeschäftsvorfälle gibt, welche Bedeutung die ausgeübten Funktionen für die immaterielle Wertschöpfung haben und welche Optionen den Beteiligten realistischerweise zur Verfügung stehen. Des Weiteren sollten die besonderen Überlegungen berücksichtigt werden, die unter den Ziffern 6.53–6.58 beschrieben sind.

6.53. In zwischen unabhängigen Unternehmen stattfindenden Geschäftsvorfällen zur Auslagerung von Funktionen verhält es sich üblicherweise so, dass ein Unternehmen, das im Auftrag des rechtlichen Eigentümers des immateriellen Werts Funktionen im Zusammenhang mit dessen Entwicklung, Verbesserung, Erhaltung, Schutz und Verwertung ausübt, dabei der Kontrolle des rechtlichen Eigentümers untersteht (wie unter Ziffer 1.65 erörtert). Aufgrund der Art der Beziehungen zwischen verbundenen Unternehmen, die einem multinationalen Konzern angehören, kann es allerdings sein, dass ausgelagerte Funktionen, die von verbundenen Unternehmen ausgeübt werden, der Kontrolle eines anderen Unternehmens unterstehen als dem rechtlichen Eigentümer des immateriellen Werts. In solchen Fällen sollte der rechtliche Eigentümer des immateriellen Werts auch eine fremdvergleichskonforme Vergütung an das Unternehmen zahlen, das Kontrollfunktionen in Bezug auf die Entwicklung, Verbesserung, Erhaltung, den Schutz und die Verwertung des immateriellen Werts ausübt. Bei der Klärung der Frage, welches Unternehmen effektiv die Kontrolle über die Ausübung der relevanten Funktionen wahrnimmt, gelten die gleichen Prinzipien wie bei der Bestimmung der Kontrolle über das Risiko in Kapitel I, Abschnitt D.1.2.1. Die Beurteilung der Fähigkeit eines bestimmten Unternehmens, Kontrolle auszuüben, sowie der tatsächlichen Ausübung solcher Kontrollfunktionen ist ein wichtiger Bestandteil der Analyse.

6.54. Wenn der rechtliche Eigentümer die mit der Entwicklung, Verbesserung, Erhaltung, dem Schutz oder der Verwertung des immateriellen Werts zusammenhängenden Funktionen weder ausübt noch kontrolliert, hat er keinen Anspruch auf laufende Gewinne, die den ausgelagerten Funktionen zuzuschreiben sind. Je nach Sachlage kann es sich bei der fremdüblichen Vergütung, die der rechtliche Eigentümer an andere verbundene Unternehmen zahlen muss, die mit der Entwicklung, Verbesserung, Erhaltung, dem Schutz oder der Verwertung immaterieller Werte zusammenhängende Funktionen ausüben oder kontrollieren, um einen beliebig hohen Anteil an dem durch die Verwertung des immateriellen Werts erzielten Gesamtertrag handeln. Ein rechtlicher Eigentümer, der keine mit der Entwicklung, Verbesserung, Erhaltung, dem Schutz oder der Verwertung des immateriellen Werts zusammenhängende Funktionen ausübt, wird somit keinen Anspruch auf eine Beteiligung an solchen Erträgen im Zusammenhang mit der Ausübung oder Kontrolle von mit der Entwicklung, Verbesserung, Erhaltung, dem Schutz oder der Verwertung des immateriellen Werts zusammenhängenden Funktionen haben. Der rechtliche Eigentümer hat Anspruch auf eine fremdübliche Vergütung für alle Funktionen, die er tatsächlich ausübt, alle Vermögenswerte, die er tatsächlich nutzt, und alle Risiken, die er tatsächlich übernimmt. Vgl. die Abschnitte B.2.2–B.2.3. Für die Bestimmung der Funktionen, die er tatsächlich ausübt, der Vermögenswerte, die er tatsächlich nutzt, und der Risiken, die er tatsächlich übernimmt, sind die Leitlinien von Kapitel I Abschnitt D.1.2 von besonderem Interesse.

6.55. Der relative Wert der zur Entwicklung, Verbesserung, Erhaltung, zum Schutz und zur Verwertung immaterieller Werte geleisteten Beiträge unterscheidet sich je nach den konkreten Gegebenheiten des Falls. Das oder die Unternehmen des multinationalen Konzerns, die in einem bestimmten Fall einen größeren Beitrag leisten, sollten eine entsprechend höhere Vergütung erhalten. Beispielsweise sollte ein Unternehmen, wenn es Forschung und Entwicklung nur finanziert, einen geringeren voraussichtlichen Ertrag haben, als wenn es Forschung und Entwicklung sowohl finanziert als auch kontrolliert. Ein noch höherer erwarteter Ertrag sollte unter sonst gleichen Bedingungen gewährleistet sein, wenn das Unternehmen Forschung und Entwicklung finanziert, kontrolliert und physisch durchführt. Vgl. auch die Erörterung der Finanzierung in Abschnitt B.2.2.

6.56. Bei der Untersuchung der fremdüblichen Vergütung für funktionale Beiträge verschiedener Unternehmen des multinationalen Konzerns kommt bestimmten wichtigen Funktionen eine besondere Bedeutung zu. Die Art dieser wichtigen Funktionen hängt von den Gegebenheiten und Umständen des jeweiligen Falls ab. Im Fall selbst entwickelter immaterieller Werte oder selbst entwickelter oder erworbener immaterieller Werte, die als Grundlage für weitere Entwicklungstätigkeiten dienen, kann es sich bei diesen wichtigeren Funktionen u. a. um die Gestaltung und Kontrolle von Forschungs- und Marketingprogrammen, um die Leitung und Festlegung von Prioritäten für kreative Unternehmungen einschließlich der Vorgabe des Kurses für sog. Blue-Sky-Forschung, um die Kontrolle über strategische Entscheidungen in Bezug auf Programme für die Entwicklung immaterieller Werte sowie um die Verwaltung und Kontrolle der Etats handeln. Im Fall aller immateriellen Werte (d. h. bei selbst entwickelten oder erworbenen immateriellen Werten) gehören zu den weiteren wichtigen Funktionen möglicherweise auch wichtige Entscheidungen in Bezug auf die Verteidigung und den Schutz immaterieller Werte sowie die laufende Qualitätskontrolle für Funktionen, die von unabhängigen oder verbundenen Unternehmen ausgeübt werden und die einen wesentlichen Effekt auf den Wert des betreffenden immateriellen Werts haben können. Diese wichtigen Funktionen leisten üblicherweise einen wesentlichen Beitrag zur immateriellen Wertschöpfung, und so sollte die Ausübung dieser wichtigen Funktionen, wenn sie vom rechtlichen Eigentümer im Rahmen von Geschäftsvorfällen zwischen verbundenen Unternehmen ausgelagert werden, mit einem angemessenen Anteil an den Erträgen vergütet werden, die der multinationale Konzern durch die Verwertung der immateriellen Werte erzielt.

6.57. Weil es schwierig sein kann, Vergleichsgeschäftsvorfälle zu finden, bei denen solche wichtigen Funktionen ausgelagert werden, ist es möglicherweise notwendig, nicht direkt auf Vergleichswerten beruhende Verrechnungspreismethoden, wie geschäftsvorfallbezogene Gewinnaufteilungsmethoden und Methoden der Ex-ante-Bewertung, zu verwenden, um die Ausübung dieser wichtigen Funktionen angemessen zu vergüten. Wenn der rechtliche Eigentümer die Mehrzahl oder alle dieser wichtigen Funktionen in andere Konzernunternehmen auslagert, sollte die Zuordnung eines wesentlichen Anteils der Erträge, die durch die Verwertung der immateriellen Werte erzielt wurden, zum rechtlichen Eigentümer nach Vergütung anderer Konzerngesellschaften für die von ihnen ausgeübten Funktionen entsprechend den Leitlinien von Kapitel I Abschnitt D.1.2, Gegenstand gründlicher Überlegungen unter Berücksichtigung der von ihm tatsächlich ausgeübten Funktionen und übernommenen Risiken sein. Die Beispiele 16 und 17 in Anhang I zu Kapitel VI veranschaulichen die Grundsätze dieses Absatzes.

6.58. Weil die unter Ziffer 6.56 beschriebenen wichtigen Funktionen oft wesentlich sind für die Verwaltung der verschiedenen ausgeübten Funktionen, genutzten Vermögenswerte und übernommenen Risiken, die für den Erfolg der Entwicklung, Verbesserung, Erhaltung, des Schutzes oder der Verwertung immaterieller Werte von entscheidender Bedeutung und daher für die immaterielle Wertschöpfung unerlässlich sind, müssen die Geschäftsvorfälle zwischen den Beteiligten, die diese wichtigen Funktionen ausüben, und anderen verbundenen Unternehmen sorgfältig evaluiert werden. Insbesondere wird sich die Zuverlässigkeit einer einseitigen Verrechnungspreismethode deutlich verringern, wenn der oder die Beteiligten, die einen wesentlichen Teil der wichtigen Funktionen ausüben, als das oder die untersuchten Unternehmen behandelt werden. Vgl. Beispiel 6.

B.2.2. Nutzung von Vermögenswerten

6.59. Konzernunternehmen, die Vermögenswerte für die Entwicklung, Verbesserung, Erhaltung, den Schutz und die Verwertung immaterieller Werte nutzen, sollten dafür eine angemessene Vergütung erhalten. Solche Vermögenswerte umfassen, ohne sich darauf zu beschränken, immaterielle Werte, die in Forschung, Entwicklung oder Marketing genutzt werden (z. B. Know-how, Kundenbeziehungen usw.), materielle Vermögenswerte oder Finanzierungsmittel. Ein Unternehmen eines multinationalen Konzerns kann die Entwicklung, Verbesserung, Erhaltung und den Schutz eines immateriellen Werts teilweise oder ganz finanzieren, während eines oder mehrere andere Konzernunternehmen alle relevanten Funktionen ausüben. Bei der Ermittlung der angemessenen voraussichtlichen Finanzierungsrendite sollte in solchen Situationen anerkannt werden, dass ein Beteiligter, der Finanzierungsmittel zur Verfügung stellt, aber weder die Risiken kontrolliert noch andere Funktionen im Zusammenhang mit der finanzierten Tätigkeit oder dem finanzierten Vermögenswert ausübt, in fremdüblichen Geschäftsvorfällen im Allgemeinen keinen Ertrag erwarten kann, der dem entspräche, was ein ansonsten vergleichbarer Investor erhalten würde, der zudem wichtige Funktionen ausübt und kontrolliert sowie wichtige Risiken im Zusammenhang mit der finanzierten Tätigkeit kontrolliert. Art und Umfang der Vergütung, die einem Unternehmen zuzurechnen ist, das Kosten im Zusammenhang mit immateriellen Werten trägt, ohne einen darüber hinausgehenden Beitrag zu leisten, müssen auf der Grundlage aller relevanten Gegebenheiten bestimmt werden und sollten mit vergleichbaren Finanzierungsvereinbarungen zwischen unabhängigen Unternehmen im Einklang stehen, falls solche Vereinbarungen ermittelt werden können. Vgl. die Leitlinien in Kapitel I Abschnitt D.1.2.1.6 und insbesondere Beispiel 3 unter den Ziffern 1.85 und 1.103, die eine Situation veranschaulichen, in der der Beteiligte, der die Finanzierungsmittel bereitstellt, nicht die Kontrolle über die finanziellen Risiken im Zusammenhang mit der Finanzierung hat.

6.60. Finanzierung und Risikoübernahme sind insofern integral miteinander verbunden, als die Finanzierung häufig mit der Übernahme bestimmter Risiken zusammenfällt (z. B. übernimmt der finanzierende Beteiligte vertraglich das Risiko eines Verlustes der bereitgestellten Mittel). Art und Umfang der übernommenen Risiken unterscheiden sich allerdings je nach den wirtschaftlich relevanten Merkmalen des Geschäftsvorfalls. Das Risiko wird beispielsweise geringer sein, wenn der Beteiligte, dem die Finanzierungsmittel zur Verfügung gestellt werden, sehr kreditwürdig ist, wenn Vermögenswerte als Sicherheit gestellt werden oder wenn die finanzierte Investition wenig riskant ist, als wenn die Kreditwürdigkeit geringer ist, die Finanzierung nicht besichert ist oder die finanzierte Investition sehr riskant ist. Außerdem ist der potenzielle Effekt des Risikos für denjenigen, der die Finanzierungsmittel zur Verfügung stellt, umso größer, je höher die zur Verfügung gestellten Finanzierungsmittel sind.

6.61. Nach den Prinzipien von Kapitel I Abschnitt D.1.2 besteht der erste Schritt einer risikobezogenen Verrechnungspreisanalyse in der konkreten Bestimmung der wirtschaftlich signifikanten Risiken. Bei der konkreten Bestimmung der Risiken im Zusammenhang mit einer Investition ist es wichtig, zwischen den finanziellen Risiken zu unterscheiden, die an die bereitgestellten Finanzierungsmittel für die Investition geknüpft sind, und den operationellen Risiken, die an die operativen Tätigkeiten geknüpft sind, für die die Finanzierungsmittel genutzt werden, z. B. das Entwicklungsrisiko, falls die Finanzierungsmittel für die Entwicklung eines neuen immateriellen Werts genutzt werden. Wenn ein Beteiligter, der Finanzierungsmittel bereitstellt, die Kontrolle über die finanziellen Risiken im Zusammenhang mit der Bereitstellung der Finanzierungsmittel ausübt, ohne andere spezifische Risiken einschließlich deren Kontrolle zu übernehmen, kann er im Allgemeinen für seine Finanzierung nur eine risikoangepasste Rendite erwarten.

6.62. Die vertraglichen Vereinbarungen bestimmen im Allgemeinen die Bedingungen der Finanzierungstransaktion entsprechend und ergänzt durch die wirtschaftlichen Merkmale des Geschäftsvorfalls, wie sie im Verhalten der Beteiligten zum Ausdruck kommen.[5] Der Ertrag, den der Finanzgeber im Allgemeinen erwarten dürfte, sollte einer angemessenen risikoangepassten Rendite entsprechen. Diese Rendite kann beispielsweise auf der Grundlage der Kapitalkosten oder der Rendite einer realistischen alternativen Investition mit vergleichbaren wirtschaftlichen Merkmalen ermittelt werden. Bei der Bestimmung des angemessenen Ertrags für die Finanzierungstätigkeiten ist es wichtig, die Finanzierungsoptionen zu berücksichtigen, die dem Beteiligten, der die Finanzierungsmittel erhält, realistischerweise zur Verfügung stehen. Die ex ante vom Finanzgeber erwartete Rendite kann von dem Ertrag abweichen, den er ex post tatsächlich erzielt. Wenn der Finanzgeber z. B. einen Kredit in einer festen Höhe zu einem festen Zinssatz gewährt, drücken sich in der Differenz zwischen dem tatsächlichen und dem erwarteten Ertrag die

5. Es werden weitere Leitlinien zu den wirtschaftlich relevanten Merkmalen für die Bestimmung der fremdüblichen Bedingungen von Finanztransaktionen ausgearbeitet werden, einschließlich zu Fällen, in denen die Mittel zur Finanzierung von Projekten verwendet werden, insbesondere Investitionen in die Entwicklung immaterieller Werte. Diese Arbeiten werden 2016 und 2017 durchgeführt.

Folgen des Risikos aus, dass der Kreditnehmer alle oder einige der fälligen Zahlungen nicht leisten kann.

6.63. Art und Form der Tätigkeiten, die notwendig sind, um die Kontrolle über das an die Bereitstellung von Finanzierungsmitteln geknüpfte finanzielle Risiko auszuüben, sind abhängig vom Risikograd der Investition für den Finanzgeber unter Berücksichtigung der auf dem Spiel stehenden Beträge und der Investition, für die die Mittel verwendet werden. Im Einklang mit der Definition unter Ziffer 1.65 und 1.66 dieser Leitlinien erfordert die Ausübung der Kontrolle über ein spezifisches finanzielles Risiko die Fähigkeit, die relevanten Entscheidungen in Bezug auf die risikoträchtige Geschäftschance zu treffen, d. h. in diesem Fall über die Bereitstellung der Finanzierungsmittel, sowie die tatsächliche Wahrnehmung dieser Entscheidungsfunktionen. Außerdem muss der Beteiligte, der die Kontrolle über das finanzielle Risiko ausübt, die unter Ziffer 1.65 und 1.66 erwähnten Aktivitäten in Bezug auf die Tätigkeiten der laufenden Risikominderung hinsichtlich dieses Risikos, wenn diese Tätigkeiten ausgelagert sind, sowie in Bezug auf vorbereitende Arbeiten zur Erleichterung seiner Entscheidung, wenn er diese Tätigkeiten nicht selbst wahrnimmt, ausüben.

6.64. Wenn einem Beteiligten Finanzierungsmittel für die Entwicklung eines immateriellen Werts zur Verfügung gestellt werden, handelt es sich bei den relevanten Entscheidungen bezüglich der Annahme, Abgabe oder Ablehnung einer risikoträchtigen Geschäftschance sowie den Entscheidungen darüber, ob und wie auf die mit der Geschäftschance verbundenen Risiken zu antworten ist, um die Entscheidungen hinsichtlich der Bereitstellung der Finanzierungsmittel und der Bedingungen des Geschäftsvorfalls. Je nach den Gegebenheiten und Umständen können solche Entscheidungen von einer Beurteilung der Kreditwürdigkeit des Beteiligten, der die Mittel erhält, sowie einer Beurteilung der Art und Weise abhängen, wie sich die mit dem Entwicklungsprojekt verbundenen Risiken auf die erwartete Rendite aus den bereitgestellten oder aus zusätzlich erforderlichen Finanzierungsmitteln auswirken. Die der Bereitstellung der Finanzierungsmittel zugrunde liegenden Bedingungen können die Möglichkeit umfassen, die Finanzierungsentscheidungen an wesentliche Entwicklungsentscheidungen zu knüpfen, die Auswirkungen auf den Finanzierungsertrag haben. Beispielsweise müssen möglicherweise Entscheidungen über die Einleitung der nächsten Stufe des Projekts oder die Genehmigung der Investitionen in kostspielige Vermögenswerte getroffen werden. Je höher das Entwicklungsrisiko ist und je enger das finanzielle Risiko mit dem Entwicklungsrisiko verknüpft ist, umso mehr muss der Finanzgeber in der Lage sein, die Fortschritte bei der Entwicklung des immateriellen Werts sowie die Konsequenzen dieser Fortschritte im Hinblick auf die erwartete Finanzierungsrendite zu beurteilen, und umso stärker könnte der Finanzgeber die weitere Bereitstellung von Finanzierungsmitteln von wichtigen operationellen Entwicklungen abhängig machen, die sich auf sein finanzielles Risiko auswirken können. Der Finanzgeber muss in der Lage sein, Beurteilungen in Bezug auf die weitere Bereitstellung von Finanzierungsmitteln zu treffen, und er muss die entsprechenden Beurteilungen tatsächlich vornehmen, die er dann berücksichtigen muss, wenn er die relevanten Entscheidungen über die Bereitstellung der Mittel trifft.

B.2.3. Risikoübernahme

6.65. Zu den besonderen Arten von Risiken, die in einer Funktionsanalyse in Bezug auf Geschäftsvorfälle mit immateriellen Werten von Bedeutung sein können, gehören: *i)* Risiken im Zusammenhang mit der Entwicklung immaterieller Werte, einschließlich des Risikos, dass kostspielige Forschungs- und Entwicklungs- oder Marketingtätigkeiten nicht von Erfolg gekrönt sind, unter Berücksichtigung des Zeitpunkts der Investition (z. B. hat die Frage, ob die Investition in einer Anfangsphase, gegen Mitte des Entwicklungsprozesses oder in einer Endphase erfolgt, Auswirkungen auf die Höhe des Investitionsrisikos), *ii)* das Risiko der Produktveralterung, einschließlich der Möglichkeit, dass von Konkurrenten erzielte technologische Fortschritte sich negativ auf den Wert der immateriellen Werte auswirken, *iii)* das Risiko von Rechtsverletzungen, einschließlich des Risikos, dass sich die Verteidigung immaterieller Rechte oder die Verteidigung gegen von anderen Personen vorgebrachte Klagen wegen Rechtsverletzungen als zeitaufwendig, kostspielig und/oder erfolglos erweist, *iv)* Produkthaftungs- und ähnliche Risiken im Zusammenhang mit auf immateriellen Werten basierenden Produkten und Dienstleistungen sowie *v)* Verwertungsrisiken, Unsicherheiten in Bezug auf die Erträge, die mit dem immateriellen Wert erzielt werden. Die Existenz und das Ausmaß solcher Risiken sind von den Gegebenheiten und Umständen des Einzelfalls sowie der Art des fraglichen immateriellen Werts abhängig.

6.66. Die Identität des oder der Konzernunternehmen, die mit der Entwicklung, Verbesserung, Erhaltung, dem Schutz und der Verwertung immaterieller Werte verbundene Risiken übernehmen, ist ein wichtiges Element bei der Bestimmung der Preise für konzerninterne Geschäftsvorfälle. Die Risikoübernahme entscheidet darüber, welches bzw. welche Unternehmen die Konsequenzen zu tragen haben, wenn das betreffende Risiko eintritt. Die sachgerechte Abgrenzung des konzerninternen Geschäftsvorfalls auf der Grundlage der Leitlinien in Kapitel I Abschnitt D.1 kann ergeben, dass der rechtliche Eigentümer die Risiken übernimmt oder dass an seiner Statt andere Konzernunternehmen die Risiken tragen, wobei solche anderen Konzerngesellschaften für ihren diesbezüglichen Beitrag eine Vergütung erhalten müssen.

6.67. Bei der Bestimmung, welches bzw. welche Konzernunternehmen die Risiken in Bezug auf immaterielle Werte tragen, gelten die Prinzipien von Kapitel I Abschnitt D.1.2. Insbesondere sollten bei der Feststellung, welcher

Beteiligte die Risiken im Zusammenhang mit der Entwicklung, Verbesserung, Erhaltung, dem Schutz und der Verwertung immaterieller Werte übernimmt, die Schritte 1–5 des Verfahrens zur Risikoanalyse in einem konzerninternen Geschäftsvorfall nach Ziffer 1.60 befolgt werden.

6.68. Besonders wichtig ist es sicherzustellen, dass das oder die Konzernunternehmen, die Anspruch auf Erträge aus der Risikoübernahme geltend machen, tatsächlich die Verantwortung für die im Fall des Eintritts des betreffenden Risikos zu ergreifenden Maßnahmen und entstehenden Kosten tragen. Wenn ein anderes verbundenes Unternehmen als das Konzernunternehmen, das laut der nach Ziffer 1.60 dieser Leitlinien durchgeführten Risikoanalyse die Risiken übernommen hat, für Kosten aufkommt oder Maßnahmen unternimmt, sollte eine Verrechnungspreiskorrektur vorgenommen werden, damit die Kosten dem Beteiligten zugerechnet werden, der das Risiko übernommen hat, und das andere Konzernunternehmen eine angemessene Vergütung für Aktivitäten erhält, die es im Zusammenhang mit dem Eintritt des Risikos durchgeführt hat. Beispiel 7 in Anhang I zu Kapitel VI veranschaulicht dieses Prinzip.

B.2.4. Tatsächliche, Ex-post-Erträge

6.69. Es kommt relativ häufig vor, dass sich die tatsächliche (Ex-post-) Rentabilität von der erwarteten (Ex-ante-)Rentabilität unterscheidet. Dies kann darauf zurückzuführen sein, dass die Risiken aufgrund unvorhersehbarer Entwicklungen anders zum Tragen kommen als erwartet. Beispielsweise kann es geschehen, dass ein Konkurrenzprodukt vom Markt genommen wird, dass sich auf einem Schlüsselmarkt eine Naturkatastrophe ereignet, dass ein entscheidendes Wirtschaftsgut aus unvorhersehbaren Gründen nicht richtig funktioniert oder dass eine bahnbrechende technologische Entwicklung eines Konkurrenzunternehmens dazu führt, dass auf dem fraglichen immateriellen Wert beruhende Produkte veralten oder an Attraktivität verlieren. Es kann auch sein, dass die Risiken und die Wahrscheinlichkeit des Eintritts vernünftigerweise vorhersehbarer Ereignisse in den finanziellen Prognosen, auf denen die Berechnung des erwarteten Ertrags und die Vergütungsvereinbarungen basierten, richtig einkalkuliert wurden und dass die Unterschiede zwischen der tatsächlichen und der erwarteten Rentabilität auf die Wirkung dieser Risiken zurückzuführen sind. Und es kann auch sein, dass die Risiken anders ausfallender Ergebnisse in den finanziellen Prognosen, auf denen die Berechnungen der Ex-ante-Erträge und die Vergütungsvereinbarungen basierten, nicht richtig einkalkuliert wurden und dass dies dazu führte, dass die erwarteten Erträge zu hoch oder zu niedrig angesetzt wurden. In solchen Fällen stellt sich die Frage, ob und falls ja, wie die Gewinne oder Verluste zwischen den Unternehmen eines multinationalen Konzerns aufgeteilt werden sollten, die zur Entwicklung,

Verbesserung, Erhaltung, zum Schutz und zur Verwertung des fraglichen immateriellen Werts beigetragen haben.

6.70. Zur Lösung dieser Frage muss genau untersucht werden, welches oder welche Unternehmen des multinationalen Konzerns effektiv die wirtschaftlich signifikanten Risiken tragen, die bei der Abgrenzung des tatsächlichen Geschäftsvorfalls ermittelt wurden (vgl. Kapitel I Abschnitt D.1). Wie dieser Analyserahmen verdeutlicht, kann es sich bei dem Beteiligten, der die wirtschaftlich signifikanten Risiken effektiv trägt, um das Konzernunternehmen, das diese Risiken vertraglich übernommen hat – z. B. den rechtlichen Eigentümer des immateriellen Werts – handeln oder auch nicht, oder es kann sich um den Finanzgeber der Investition handeln oder auch nicht. Ein Beteiligter, dem die Risiken, die zu der Abweichung zwischen den erwarteten und den tatsächlichen Ergebnissen führen, nach den Prinzipien der Abschnitte D.1.2.1.4–D.1.2.1.6 von Kapitel I nicht zugeordnet werden, hat keinen Anspruch auf die Differenz zwischen den tatsächlichen und den erwarteten Gewinnen und kann nicht verpflichtet werden, Verluste zu tragen, die durch eine solche Differenz verursacht werden, wenn diese Risiken eintreten, sofern dieser Beteiligte nicht die unter Ziffer 6.56 beschriebenen wichtigen Funktionen ausübt oder zur Kontrolle der wirtschaftlich signifikanten Risiken nach Ziffer 1.105 beiträgt und festgestellt wird, dass eine fremdübliche Vergütung dieser Funktionen eine Gewinnbeteiligung umfassen würde. Zudem muss untersucht werden, ob die Ex-ante-Vergütung, die Unternehmen eines multinationalen Konzerns für von ihnen ausgeübte Funktionen, genutzte Vermögenswerte und übernommene Risiken erhalten, effektiv mit dem Fremdvergleichsgrundsatz übereinstimmt. So sollte beispielsweise geprüft werden, ob der Konzern die erwarteten Gewinne in Wirklichkeit zu niedrig oder zu hoch angesetzt und damit zu niedrige oder zu hohe (ex ante festgelegte) Zahlungen an einige Konzerngesellschaften für deren Beitrag veranlasst hat. Bei Geschäftsvorfällen, deren Wert zum Zeitpunkt des Geschäftsabschlusses äußerst schwer zu bestimmen ist, ist die Gefahr solcher zu niedriger oder zu hoher Wertansätze besonders groß. Dies wird in Abschnitt D.4 eingehender erörtert.

B.2.5. Einige Konsequenzen der Anwendung der Abschnitte B.1 und B.2

6.71. Wenn der rechtliche Eigentümer der Sache nach

- alle mit der Entwicklung, Verbesserung, Erhaltung, dem Schutz und der Verwertung des immateriellen Werts zusammenhängende Funktionen (einschließlich der unter Ziffer 6.56 beschriebenen wichtigen Funktionen) ausübt und kontrolliert,
- alle für die Entwicklung, Verbesserung, Erhaltung, den Schutz und die Verwertung der immateriellen Werte erforderlichen Vermögenswerte, einschließlich der Finanzierung, bereitstellt und

- alle mit der Entwicklung, Verbesserung, Erhaltung, dem Schutz und der Verwertung des immateriellen Werts zusammenhängende Risiken übernimmt,

so hat er Anspruch auf sämtliche erwarteten (Ex-ante-)Erträge, die der multinationale Konzern durch die Verwertung des immateriellen Werts erzielt. Soweit eines oder mehrere Unternehmen des multinationalen Konzerns, die nicht der rechtliche Eigentümer sind, mit der Entwicklung, Verbesserung, Erhaltung, dem Schutz und der Verwertung des immateriellen Werts zusammenhängende Funktionen ausüben, Vermögenswerte nutzen oder Risiken übernehmen, müssen diese verbundenen Unternehmen eine fremdübliche Vergütung für ihren Beitrag erhalten. Diese Vergütung kann je nach den Gegebenheiten und Umständen aus allen oder einem erheblichen Teil der erwarteten Erträge aus der Verwertung des immateriellen Werts bestehen.

6.72. Der Anspruch eines Unternehmens des multinationalen Konzerns auf Gewinne oder Verluste im Zusammenhang mit Unterschieden zwischen der tatsächlichen (Ex-post-)Rentabilität und einer sachgemäßen Schätzung der erwarteten (Ex-ante-)Rentabilität hängt davon ab, welches oder welche Unternehmen des multinationalen Konzerns effektiv die Risiken übernehmen, die bei der Abgrenzung des tatsächlichen Geschäftsvorfalls ermittelt wurden (vgl. Kapitel I, Abschnitt D.1). Außerdem hängt dies von dem oder den Unternehmen ab, die die wichtigen unter Ziffer 6.56 beschriebenen Funktionen ausüben oder zur Kontrolle der wirtschaftlich signifikanten Risiken gemäß Ziffer 1.105 beitragen und für die festgestellt wurde, dass eine fremdvergleichskonforme Vergütung dieser Funktionen ein Gewinnbeteiligungselement beinhalten würde.

B.3. Ermittlung und Bestimmung der Preise und sonstigen Bedingungen der konzerninternen Geschäftsvorfälle

6.73. Die Durchführung der in Kapitel I Abschnitt D.1 beschriebenen Analyse gemäß den Ergänzungen dieses Kapitels dürfte eine klare Beurteilung der rechtlichen Eigentumsverhältnisse, der Funktionen, Vermögenswerte und Risiken im Zusammenhang mit immateriellen Werten sowie eine sachgerechte Ermittlung der Geschäftsvorfälle, deren Preise und sonstigen Bedingungen bestimmt werden müssen, erleichtern. Im Allgemeinen sind die Geschäftsvorfälle, die vom multinationalen Konzern in den maßgeblichen Eintragungen und Verträgen genannt wurden, diejenigen, deren Preise und sonstigen Bedingungen nach dem Fremdvergleichsgrundsatz bestimmt werden müssen. Allerdings kann die Analyse ergeben, dass in Wirklichkeit Geschäftsvorfälle stattfanden, die über die in den Eintragungen und Verträgen beschriebenen Geschäftsvorfälle hinausgehen oder von ihnen abweichen. Im Einklang mit Kapitel I Abschnitt D.1 sind die zu analysierenden Geschäftsvorfälle (und wirklichen Bedingungen dieser Geschäftsvorfälle) jene, für die festgestellt wird, dass sie dem tatsächlichen Verhalten der Beteiligten und den sonstigen relevanten Gegebenheiten zufolge stattgefunden haben.

6.74. Die fremdüblichen Preise und sonstigen Bedingungen der Geschäftsvorfälle sollten nach den Leitlinien in den Kapiteln I–III unter Berücksichtigung der Beiträge bestimmt werden, die die ausgeübten Funktionen, genutzten Vermögenswerte und übernommenen Risiken zur erwarteten immateriellen Wertschöpfung leisten und zwar zu dem Zeitpunkt, an dem diese Funktionen ausgeübt, diese Vermögenswerte genutzt und diese Risiken übernommen wurden, wie dies in Abschnitt B dieses Kapitels erörtert wird. Abschnitt D dieses Kapitels liefert zusätzliche Leitlinien zu Verrechnungspreismethoden und anderen Fragen in Bezug auf die Bestimmung der fremdüblichen Preise und sonstigen Bedingungen von Geschäftsvorfällen mit immateriellen Werten.

B.4. Anwendung der vorstehenden Prinzipien auf konkrete Sachverhalte

6.75. Die in diesem Abschnitt B beschriebenen Prinzipien müssen in einer Vielzahl von Situationen in Bezug auf die Entwicklung, Verbesserung, Erhaltung, den Schutz und die Verwertung immaterieller Werte angewandt werden. Eine wesentliche Überlegung ist dabei jeweils, dass verbundene Unternehmen, die zur Entwicklung, Verbesserung, Erhaltung, zum Schutz oder zur Verwertung immaterieller Werte beitragen, deren rechtlicher Eigentümer ein anderes Konzernunternehmen ist, eine fremdübliche Vergütung für die von ihnen ausgeübten Funktionen, übernommenen Risiken und genutzten Vermögenswerte erhalten müssen. Um zu beurteilen, ob verbundene Unternehmen, die mit der Entwicklung, Verbesserung, Erhaltung, dem Schutz oder der Verwertung immaterieller Werte zusammenhängende Funktionen ausüben oder Risiken übernehmen, eine fremdübliche Vergütung erhalten haben, müssen *i)* der Umfang und die Art der durchgeführten Tätigkeit sowie *ii)* die Höhe und die Form der gezahlten Vergütung betrachtet werden. Bei der Beurteilung der Fremdvergleichskonformität der im jeweiligen konzerninternen Geschäftsvorfall gezahlten Vergütung sollte auf den Umfang und die Art der Tätigkeiten vergleichbarer, ähnliche Funktionen ausübender unabhängiger Unternehmen, die von vergleichbaren, ähnliche Funktionen ausübenden unabhängigen Unternehmen bezogene Vergütung sowie die erwartete immaterielle Wertschöpfung vergleichbarer, ähnliche Funktionen ausübender unabhängiger Unternehmen Bezug genommen werden. Dieser Abschnitt beschreibt die Anwendung dieser Prinzipien in häufig vorkommenden Situationen.

B.4.1. Entwicklung und Verbesserung von immateriellen Marketingwerten

6.76. Eine häufig vorkommende Situation, in der diese Prinzipien angewandt werden müssen, tritt ein, wenn ein mit dem rechtlichen Eigentümer bestimmter Marken verbundenes Unternehmen Marketing- oder Vertriebsfunktionen ausübt, die dem rechtlichen Eigentümer der Marken zugutekommen, z. B. über eine Marketingvereinbarung oder eine Vertriebs-/Marketingvereinbarung. In solchen Fällen muss bestimmt werden, wie die Tätigkeiten des Marketing- oder Vertriebsunternehmens vergütet werden sollen. Eine wichtige Frage ist dabei, ob das Marketing-/Vertriebsunternehmen nur eine Vergütung für die Erbringung von Werbe- und Vertriebsleistungen oder auch eine Vergütung dafür erhalten sollte, dass es den Wert der Marken und sonstigen immateriellen Marketingwerte durch die von ihm ausgeübten Funktionen, genutzten Vermögenswerte und übernommenen Risiken gesteigert hat.

6.77. Die Analyse dieser Frage erfordert eine Beurteilung *i)* der Pflichten und Rechte, die sich aus den gesetzlichen Eintragungen und den zwischen den Beteiligten geschlossenen Vereinbarungen ergeben, *ii)* der von den Beteiligten ausgeübten Funktionen, genutzten Vermögenswerte und übernommenen Risiken, *iii)* der aufgrund der Tätigkeit des Marketing-/Vertriebsunternehmens erwarteten immateriellen Wertschöpfung, und *iv)* der Vergütung, die für die vom Marketing-/Vertriebsunternehmen ausgeübten Funktionen gezahlt wird (unter Berücksichtigung der genutzten Vermögenswerte und übernommenen Risiken). Ein relativ eindeutiger Fall liegt vor, wenn ein Vertriebsunternehmen lediglich als Vertreter fungiert, dessen Werbeausgaben vom Eigentümer der Marken oder sonstigen immateriellen Marketingwerte erstattet werden und der von diesem bei seinen Tätigkeiten geleitet und kontrolliert wird. In einem solchen Fall hat das Vertriebsunternehmen üblicherweise lediglich Anspruch auf eine seine Vermittlungstätigkeit abgeltende Vergütung. Es übernimmt nicht die Risiken, die mit der Weiterentwicklung der Marken oder anderen Marketingwerte verbunden sind, und hat deshalb keinen Anspruch auf eine diesbezügliche zusätzliche Vergütung.

6.78. Wenn das Vertriebsunternehmen effektiv die Kosten seiner Marketingtätigkeiten trägt (z. B. wenn keine Vereinbarung vorliegt, nach der der rechtliche Eigentümer die Kosten erstatten muss), sollte die Analyse den Blick darauf richten, inwieweit das Vertriebsunternehmen in der Lage ist, an den potenziellen Vorteilen teilzuhaben, die aktuell oder künftig durch die von ihm ausgeübten Funktionen, genutzten Vermögenswerte und übernommenen Risiken erzielt werden. Bei Fremdvergleichsgeschäften wird die Fähigkeit eines Beteiligten, der nicht der rechtliche Eigentümer der Marken oder sonstigen immateriellen Werte ist, an den Vorteilen von wertsteigernden Marketingaktivitäten teilzuhaben, hauptsächlich vom Inhalt der diesem Beteiligten übertragenen Rechte abhängen. So kann etwa ein

Vertriebsunternehmen, das einen langfristigen Alleinvertriebsvertrag für ein markengeschütztes Produkt hat, in der Lage sein, über seinen Umsatz oder Marktanteil aus den von ihm zur Steigerung des Werts einer Marke oder anderer immaterieller Werte ausgeübten Funktionen, genutzten Vermögenswerte und übernommenen Risiken Vorteil zu ziehen. In einer solchen Situation ist es möglich, dass die Anstrengungen des Vertriebsunternehmens zu einer Steigerung des Werts seiner eigenen immateriellen Werte, nämlich seiner Vertriebsrechte führen. In solchen Fällen sollte der dem Vertriebsunternehmen zuzuweisende Anteil an den Vorteilen danach bestimmt werden, was ein unabhängiges Vertriebsunternehmen unter vergleichbaren Umständen erhalten würde. In manchen Fällen kann ein Vertriebsunternehmen Funktionen ausüben, Vermögenswerte nutzen oder Risiken übernehmen, die über die hinausgehen, die ein unabhängiges Vertriebsunternehmen mit vergleichbaren Rechten zugunsten seiner eigenen Vertriebstätigkeiten tragen oder ausüben würde und die mit einer höheren Wertschöpfung verbunden sind als bei anderen vergleichbaren Marketing-/Vertriebsunternehmen. Ein unabhängiges Vertriebsunternehmen würde in einem solchen Fall vom Eigentümer der Marke oder sonstigen immateriellen Werte üblicherweise eine zusätzliche Vergütung verlangen. Eine solche Vergütung könnte in Form höherer Vertriebsgewinne (die sich aus einer Ermäßigung des Einkaufspreises für das Produkt ergeben), einer Reduzierung der Lizenzgebühr oder einer Beteiligung an den Gewinnen aus dem gestiegenen Wert der Marke oder sonstigen immateriellen Marketingwerte erfolgen, um das Vertriebsunternehmen für seine Funktionen, Vermögenswerte, Risiken und erwartete Wertschöpfung zu entschädigen. Die Beispiele 8–13 in Anhang I zu Kapitel VI veranschaulichen im Einzelnen die Anwendung dieses Abschnitts B im Kontext von Marketing- und Vertriebsvereinbarungen.

B.4.2. Vereinbarungen über Forschung, Entwicklung und Verfahrensverbesserungen

6.79. Die in den vorstehenden Absätzen beschriebenen Grundsätze gelten auch in Situationen, in denen ein Unternehmen eines multinationalen Konzerns Forschungs- und Entwicklungsfunktionen im Rahmen einer vertraglichen Vereinbarung mit einem verbundenen Unternehmen ausübt, das der rechtliche Eigentümer der daraus resultierenden immateriellen Werte ist. Die angemessene Vergütung der Forschungsleistungen wird von sämtlichen Gegebenheiten und Umständen abhängen, z. B. davon, ob das Forschungsteam über einzigartige für die Forschungsarbeiten relevante Kompetenzen und Erfahrungen verfügt, ob es Risiken übernimmt (beispielsweise im Fall von „Blue-Sky-Forschung"), ob es seine eigenen immateriellen Werte nutzt oder ob es von einem anderen Beteiligten kontrolliert und verwaltet wird. Eine Vergütung auf der Basis einer Erstattung der Kosten zuzüglich einer kleinen

Gewinnspanne wird dem erwarteten Wert des Beitrags des Forschungsteams oder dem fremdüblichen Preis dafür nicht in allen Fällen gerecht werden.

6.80. Die in diesem Abschnitt beschriebenen Prinzipien gelten gleichermaßen in Situationen, in denen ein Unternehmen eines multinationalen Konzerns Fertigungsleistungen erbringt, die zu Verfahrens- oder Produktverbesserungen für ein verbundenes Unternehmen führen, das rechtlicher Eigentümer dieser Verfahrens- oder Produktverbesserungen wird. Die Beispiele 14–17 in Anhang I zu Kapitel VI veranschaulichen im Einzelnen die Anwendung dieses Abschnitts B im Kontext von Forschungs- und Entwicklungsvereinbarungen.

B.4.3. Zahlungen für die Nutzung des Unternehmensnamens

6.81. Häufig stellen sich Fragen in Bezug auf die fremdvergleichskonforme Vergütung der Nutzung von Konzernnamen, Firmennamen oder ähnlichen immateriellen Werten. Bei der Klärung solcher Fragen sollte man sich auf die Grundsätze dieses Abschnitts B sowie auf die zum Tragen kommenden wirtschaftlichen und rechtlichen Faktoren stützen. Generell gilt, dass für Verrechnungspreiszwecke keine Zahlung anerkannt werden sollte, die für die einfache Anerkennung der Konzernzugehörigkeit oder für eine lediglich der Verdeutlichung der Konzernzugehörigkeit dienende Nutzung des Konzernnamens geleistet wird. Vgl. Ziffer 7.12.

6.82. Wenn ein Konzernunternehmen Eigentümer einer Marke oder eines sonstigen immateriellen Werts für den Konzernnamen ist und wenn die Nutzung des Namens anderen Konzerngesellschaften als dem Unternehmen, das der rechtliche Eigentümer dieses immateriellen Werts ist, einen finanziellen Vorteil verschafft, ist die Feststellung vertretbar, dass in fremdüblichen Geschäftsvorfällen eine Zahlung für die Nutzung des Namens geleistet würde. Entsprechende Zahlungen können auch angemessen sein, wenn ein Konzernunternehmen Eigentümer von Goodwill in Bezug auf die Geschäftstätigkeit ist, der durch eine nichteingetragene Marke repräsentiert wird, wenn die Nutzung dieser Marke durch eine andere Person einer Falschdarstellung entspräche und wenn die Nutzung der Marke einem anderen Konzernunternehmen als dem Unternehmen, das Eigentümer des Goodwills und der nichteingetragenen Marke ist, einen klaren finanziellen Vorteil verschafft.

6.83. Bei der Bestimmung der Höhe der Zahlungen in Bezug auf einen Konzernnamen ist es wichtig, die Höhe der finanziellen Vorteile, die dem Nutzer des Namens durch die Nutzung des Namens entstehen, die Kosten und Vorteile von Alternativen sowie den relativen Beitrag, den der rechtliche Eigentümer und das Unternehmen, das den Namen nutzt, jeweils in Form ausgeübter Funktionen, genutzter Vermögenswerte und übernommener Risiken zum Wert des Namens leisten, zu berücksichtigen. Die vom Nutzer des

Namens im Hinblick auf die Schaffung oder Steigerung des Werts des Namens in seinem Staat ausgeübten Funktionen, genutzten Vermögenswerte und übernommenen Risiken sollten sorgfältige Berücksichtigung finden. Faktoren, die bei der Vergabe einer Lizenz für die Nutzung des Namens an ein unabhängiges Unternehmen unter vergleichbaren Bedingungen wichtig wären, sollte unter Anwendung der Prinzipien der Kapitel I–III Rechnung getragen werden.

6.84. Wenn ein bereits bestehendes erfolgreiches Unternehmen von einem anderen erfolgreichen Unternehmen übernommen wird und das übernommene Unternehmen beginnt, einen Namen, eine Marke oder ein anderes Erkennungszeichen des übernehmenden Unternehmens zu nutzen, sollte nicht automatisch unterstellt werden, dass für diese Nutzung eine Zahlung erfolgen sollte. Wenn vernünftigerweise erwartet werden kann, dass dem übernommenen Unternehmen durch die Nutzung des Markenbilds des übernehmenden Unternehmens ein finanzieller Vorteil entsteht, dann sollte sich die Höhe einer etwaigen Zahlung an der Höhe des erwarteten Vorteils orientieren.

6.85. Es kann auch sein, dass das übernehmende Unternehmen die etablierte Position des übernommenen Unternehmens nutzt, um seine Geschäftstätigkeit auf dem Staatsgebiet auszudehnen, auf dem das übernommene Unternehmen tätig ist, indem es das übernommene Unternehmen dazu bewegt, sein Markenbild zu verwenden. In diesem Fall sollte untersucht werden, ob das übernehmende Unternehmen die vom übernommenen Unternehmen im Zusammenhang mit der Ausdehnung der Nutzung des Namens des übernehmenden Unternehmens ausgeübten Funktionen, übernommenen Risiken und genutzten Vermögenswerte (einschließlich der Marktposition des übernommenen Unternehmens) durch eine Zahlung oder andere Gegenleistung vergüten sollte.

C. Geschäftsvorfälle im Zusammenhang mit der Nutzung oder Übertragung von immateriellen Werten

6.86. Zusätzlich zur konkreten Bestimmung der immateriellen Werte, um die es in einem bestimmten Verrechnungspreisfall geht, sowie zur Ermittlung des Eigentümers dieser immateriellen Werte müssen zu Beginn jeder Verrechnungspreisanalyse im Zusammenhang mit immateriellen Werten die jeweiligen konzerninternen Geschäftsvorfälle mit immateriellen Werten ermittelt und zutreffend qualifiziert werden. Die Prinzipien von Kapitel I gelten für die Ermittlung und sachgerechte Abgrenzung von Geschäftsvorfällen im Zusammenhang mit der Nutzung oder Übertragung immaterieller Werte. Ergänzend zu den Leitlinien zur Ermittlung des tatsächlichen Geschäftsvorfalls (Kapitel I Abschnitt D.1) und zu Umstrukturierungen der Geschäftstätigkeit (Kapitel IX, vor allem Teil I) werden in Abschnitt C dieses Kapitels einige typische Szenarien skizziert, die bei der Prüfung, ob ein Geschäftsvorfall mit immateriellen Werten oder Rechten an immateriellen Werten in Zusammenhang steht, hilfreich sein können. Vgl. Beispiel 19. Die Qualifizierung eines Geschäftsvorfalls für Verrechnungspreiszwecke ist nicht maßgeblich für nach Artikel 12 des OECD-Musterabkommens vorzunehmende Bestimmungen. Vgl. beispielsweise Ziffer 8–9 des Kommentars zu Artikel 12 des OECD-Musterabkommens.

6.87. Es gibt zwei allgemeine Arten von Geschäftsvorfällen, bei denen die Ermittlung und Untersuchung immaterieller Werte für Verrechnungspreiszwecke relevant ist. Dies sind: *i)* Geschäftsvorfälle im Zusammenhang mit der Übertragung von immateriellen Werten oder Rechten an immateriellen Werten und *ii)* Geschäftsvorfälle im Zusammenhang mit der Nutzung von immateriellen Werten beim Verkauf von Waren oder bei der Erbringung von Dienstleistungen.

C.1. Geschäftsvorfälle im Zusammenhang mit der Übertragung von immateriellen Werten oder Rechten an immateriellen Werten

C.1.1. Übertragungen von immateriellen Werten oder Rechten an immateriellen Werten

6.88. Rechte an immateriellen Werten selbst können im Rahmen konzerninterner Geschäftsvorfälle übertragen werden. Solche Geschäftsvorfälle können Übertragungen aller Rechte an den fraglichen immateriellen Werten beinhalten (z. B. bei einer Veräußerung des immateriellen Werts oder einer dauerhaften Exklusivlizenz für seine Nutzung) oder nur begrenzter Rechte (z. B. bei einer Lizenz oder ähnlichen Übertragung begrenzter Rechte zur Nutzung eines immateriellen Werts, die möglicherweise geografischen Beschränkungen, einer zeitlichen Begrenzung oder Beschränkungen in Bezug auf das Recht zur Nutzung, Verwertung, Vervielfältigung, Weitergabe oder Weiterentwicklung unterliegt). Die Prinzipien der Kapitel I–III gelten für Geschäftsvorfälle im Zusammenhang mit der Übertragung von immateriellen Werten oder Rechten an immateriellen Werten. Ergänzende Leitlinien zur Bestimmung der fremdüblichen Bedingungen solcher Geschäftsvorfälle sind auch in den Abschnitten D.1, D.2 und D.3 dieses Kapitels enthalten.

6.89. Bei Geschäftsvorfällen im Zusammenhang mit der Übertragung von immateriellen Werten oder Rechten an immateriellen Werten ist es von entscheidender Bedeutung, die Art der immateriellen Werte und der Rechte an immateriellen Werten, die zwischen den verbundenen Unternehmen übertragen werden, konkret zu bestimmen. Wenn die übertragenen Rechte Beschränkungen unterliegen, ist es zudem von entscheidender Bedeutung, die Art dieser Beschränkungen sowie den Gesamtumfang der übertragenen Rechte zu ermitteln. Diesbezüglich gilt es, darauf hinzuweisen, dass die für die Geschäftsvorfälle gewählten Bezeichnungen nicht maßgeblich für die

Verrechnungspreisanalyse sind. Im Fall einer Übertragung des Exklusivrechts zur Verwertung eines Patents im Staat X beispielsweise hat die Entscheidung des Steuerpflichtigen, den Geschäftsvorfall als Veräußerung aller Patentrechte im Staat X oder als dauerhafte Exklusivlizenz für einen Teil der weltweiten Patentrechte zu qualifizieren, keinen Einfluss auf die Bestimmung des fremdüblichen Preises, wenn es sich bei dem Geschäftsvorfall, dessen Preis zu bestimmen ist, im einen wie im anderen Fall um eine Übertragung von Exklusivrechten zur Verwertung eines Patents im Staat X während seiner verbleibenden Geltungsdauer handelt. Bei der Funktionsanalyse sollte die Art der übertragenen Rechte daher konkret bestimmt werden.

6.90. In Lizenz- oder ähnlichen Vereinbarungen festgelegte Beschränkungen der Nutzung eines immateriellen Werts für die weitere Entwicklung neuer immaterieller Werte oder neuer Produkte, die auf diesem immateriellen Wert beruhen, sind in einer Verrechnungspreisanalyse häufig von großer Bedeutung. Daher ist es bei der Bestimmung der Art einer Übertragung von Rechten an immateriellen Werten wichtig zu untersuchen, ob das übernehmende Unternehmen das Recht zur Nutzung des übertragenen immateriellen Werts für weitere Forschungs- und Entwicklungstätigkeiten erhält. In Geschäftsvorfällen zwischen verbundenen Unternehmen sind Vereinbarungen zu beobachten, bei denen sich das übertragende Unternehmen/der Lizenzgeber das volle Recht auf alle während der Laufzeit der Lizenz möglicherweise entwickelten Verbesserungen des lizenzierten immateriellen Werts sichert. Es gibt auch Geschäftsvorfälle zwischen verbundenen Unternehmen, bei denen sich das übernehmende Unternehmen/der Lizenznehmer während der Laufzeit der Lizenz oder auf ewig das Recht auf alle von ihm möglicherweise entwickelten Verbesserungen sichert. Die Art der Beschränkungen bezüglich der Weiterentwicklung des übertragenen immateriellen Werts oder der Möglichkeiten des übertragenden oder des übernehmenden Unternehmens zur Erzielung eines wirtschaftlichen Vorteils aus einer solchen Weiterentwicklung kann sich auf den Wert der übertragenen Rechte sowie die Vergleichbarkeit von zwei Geschäftsvorfällen, bei denen es um ansonsten identische oder nahezu vergleichbare immaterielle Werte geht, auswirken. Solche Beschränkungen müssen im Licht sowohl der schriftlichen Vertragsbedingungen als auch des tatsächlichen Verhaltens der Beteiligten evaluiert werden.

6.91. Die Ausführungen in Abschnitt D.1.1 von Kapitel I gelten für die Bestimmung der genauen Art eines Geschäftsvorfalls im Zusammenhang mit der Übertragung von immateriellen Werten oder Rechten an immateriellen Werten, die Bestimmung der Art der übertragenen immateriellen Werte und die Bestimmung eventueller Beschränkungen der Nutzung dieser immateriellen Werte, die sich aus den Bedingungen der Übertragung ergeben. Beispielsweise muss die Steuerverwaltung eine schriftliche Angabe, wonach eine Lizenz nicht exklusiv oder von begrenzter Dauer ist, nicht anerkennen, wenn diese Angabe sich nicht mit dem Verhalten der Beteiligten deckt.

Beispiel 18 in Anhang I zu Kapitel VI veranschaulicht die Ausführungen dieses Absatzes.

C.1.2. Übertragungen von Kombinationen immaterieller Werte

6.92. Immaterielle Werte (einschließlich begrenzter Rechte an immateriellen Werten) können einzeln oder zusammen mit anderen immateriellen Werten übertragen werden. Bei der Betrachtung von Übertragungen von Kombinationen immaterieller Werte stellen sich häufig zwei miteinander verknüpfte Fragen.

6.93. Bei der ersten geht es um die Art und die wirtschaftlichen Konsequenzen der Wechselwirkungen zwischen den verschiedenen immateriellen Werten. Es kann sein, dass bestimmte immaterielle Werte in Kombination mit anderen immateriellen Werten wertvoller sind, als wenn sie gesondert betrachtet werden. Daher ist es wichtig, die Art der rechtlichen und wirtschaftlichen Wechselwirkungen zu bestimmen, die zwischen immateriellen Werten bestehen, die in Kombination miteinander übertragen werden.

6.94. Beispielsweise sind an ein Arzneimittel häufig drei oder mehr Arten immaterieller Werte geknüpft. Der Wirkstoff kann durch ein oder mehrere Patente geschützt sein. Das Arzneimittel hat zudem ein Testverfahren durchlaufen, und eine staatliche Behörde hat ihm auf der Grundlage dieses Testverfahrens möglicherweise die Zulassung für einen bestimmten geografischen Markt oder für bestimmte zugelassene Indikationen erteilt. Das Arzneimittel kann unter einer bestimmten Marke vertrieben werden. In Kombination miteinander können diese verschiedenen immateriellen Werte äußerst wertvoll sein. Für sich genommen sind eines oder mehrere davon möglicherweise deutlich weniger wert. Beispielsweise könnte die Marke ohne das Patent oder die behördliche Marktzulassung von begrenztem Wert sein, da das Arzneimittel ohne die Zulassung nicht verkauft werden kann und es ohne das Patent nicht möglich wäre, Generikahersteller vom Markt auszuschließen. Desgleichen dürfte auch der Wert des Patents wesentlich höher sein, wenn die behördliche Marktzulassung erteilt wurde, als wenn dies nicht der Fall ist. Die Wechselwirkungen zwischen diesen verschiedenen Kategorien immaterieller Werte sowie die Frage, welche Beteiligten die mit der Sicherung der immateriellen Werte verbundenen Funktionen ausgeübt, Risiken übernommen und Kosten getragen haben, sind daher bei der Durchführung einer Verrechnungspreisanalyse in Bezug auf eine Übertragung der immateriellen Werte sehr wichtig. Es ist wichtig, den relativen Beitrag zur Wertschöpfung zu untersuchen, wenn verschiedene verbundene Unternehmen Inhaber von Rechten an den genutzten immateriellen Werten sind.

6.95. Bei einer zweiten, mit der ersten verknüpften Frage geht es darum, sicherzustellen, dass alle im Rahmen eines bestimmten Geschäftsvorfalls übertragenen immateriellen Werte ermittelt werden. Es kann beispielsweise sein, dass verschiedene immaterielle Werte derart miteinander verflochten sind, dass es de facto nicht möglich ist, einen davon zu übertragen, ohne auch den anderen zu übertragen. Tatsächlich kann es häufig vorkommen, dass eine Übertragung eines immateriellen Werts zwangsläufig die Übertragung anderer immaterieller Werte nach sich zieht. In solchen Fällen ist es wichtig, unter Anwendung der Prinzipien von Kapitel I Abschnitt D.1 alle immateriellen Werte zu ermitteln, die dem übernehmenden Unternehmen infolge einer Übertragung eines immateriellen Werts zur Verfügung gestellt wurden. Die Übertragung von Rechten zur Nutzung einer Marke im Rahmen einer Lizenzvereinbarung beinhaltet üblicherweise auch die Lizenzierung des mit der Marke verbundenen Reputationswerts – manchmal auch Goodwill genannt –, wenn es das übertragende Unternehmen war, das diesen Reputationswert geschaffen hat. Die verlangte Lizenzgebühr sollte sowohl der Marke als auch dem mit ihr verbundenen Reputationswert Rechnung tragen. Beispiel 20 in Anhang I zu Kapitel VI veranschaulicht die Prinzipien dieses Absatzes.

6.96. Es ist wichtig, Situationen zu erkennen, in denen Steuerpflichtige oder Steuerverwaltungen möglicherweise versuchen, immaterielle Werte künstlich zu trennen, die unabhängige Unternehmen unter vergleichbaren Umständen de facto nicht trennen würden. Beispielsweise sollten Versuche, Marken oder Firmennamen künstlich vom Goodwill oder Reputationswert zu trennen, der faktisch mit der Marke oder dem Firmennamen verbunden ist, erkannt und kritisch analysiert werden. Beispiel 21 in Anhang I zu Kapitel VI veranschaulicht die Prinzipien dieses Absatzes.

6.97. Es ist zu beachten, dass es sich beim Prozess der Ermittlung aller immateriellen Werte, die im Rahmen eines bestimmten Geschäftsvorfalls übertragen wurden, um die Ermittlung der tatsächlich getätigten Geschäftsvorfälle unter Bezugnahme auf schriftliche Vereinbarungen sowie das tatsächliche Verhalten nach Maßgabe der Prinzipien des Abschnitts D.1 von Kapitel I handelt.

C.1.3. Übertragungen von immateriellen Werten oder Rechten an immateriellen Werten in Kombination mit anderen Geschäftsvorfällen

6.98. In manchen Situationen können immaterielle Werte oder Rechte an immateriellen Werten in Kombination mit materiellen Wirtschaftsgütern oder mit Dienstleistungen übertragen werden. In einer solchen Situation ist es wichtig zu bestimmen, ob im Zusammenhang mit dem Geschäftsvorfall tatsächlich immaterielle Werte übertragen wurden. Es ist auch wichtig, dass alle in Verbindung mit einem bestimmten Geschäftsvorfall übertragenen immateriellen Werte ermittelt und in der Verrechnungspreisanalyse berücksichtigt werden. Die Beispiele 23–25 in Anhang I zu Kapitel VI veranschaulichen die Prinzipien dieses Absatzes.

6.99. In manchen Situationen kann es sowohl möglich als auch angemessen sein, Geschäftsvorfälle mit materiellen Waren oder mit Dienstleistungen für die Zwecke der Verrechnungspreisanalyse von Übertragungen von immateriellen Werten oder Rechten an immateriellen Werten zu trennen. In solchen Situationen sollte der Preis des Leistungspakets aufgeschlüsselt werden, um zu bestätigen, dass alle Elemente des Geschäftsvorfalls dem Fremdvergleichsgrundsatz entsprechen. In anderen Situationen können die Geschäftsvorfälle so eng miteinander verflochten sein, dass es schwierig sein dürfte, die Waren- oder Dienstleistungsgeschäfte von den Übertragungen von immateriellen Werten oder Rechten an immateriellen Werten zu trennen. Die Zuverlässigkeit der vorliegenden Vergleichswerte ist ein wichtiger Faktor bei der Überlegung, ob Geschäftsvorfälle zusammengefasst oder aufgeschlüsselt werden sollten. Insbesondere ist es wichtig zu untersuchen, ob die vorliegenden Vergleichswerte eine sachgemäße Evaluierung der Wechselwirkungen zwischen den Geschäftsvorfällen gestatten.

6.100. Eine der Situationen, in denen Geschäftsvorfälle mit immateriellen Werten oder Rechten an immateriellen Werten mit anderen Geschäftsvorfällen kombiniert werden können, ergibt sich bei einer Franchising-Vereinbarung. Nach einer solchen Vereinbarung kann sich ein Unternehmen eines multinationalen Konzerns einverstanden erklären, einem verbundenen Unternehmen eine Kombination von Dienstleistungen und immateriellen Werten gegen ein einziges Entgelt zur Verfügung zu stellen. Wenn die im Rahmen einer solchen Vereinbarung zur Verfügung gestellten Dienstleistungen und immateriellen Werte so einzigartig sind, dass keine Vergleichswerte für das gesamte aus diesen Dienstleistungen und immateriellen Werten bestehende Leistungspaket ermittelt werden können, ist es möglicherweise notwendig, die einzelnen Teile dieses Leistungspakets zu trennen und gesondert unter Verrechnungspreisgesichtspunkten zu untersuchen. Dabei sollte jedoch nicht vergessen werden, dass die Wechselwirkungen zwischen den verschiedenen immateriellen Werten und Dienstleistungen den Wert beider Elemente erhöhen können.

6.101. In anderen Situationen können die Bereitstellung einer Dienstleistung und die Übertragung eines oder mehrerer immaterieller Werte so eng miteinander verflochten sein, dass es schwierig ist, die Geschäftsvorfälle für die Zwecke einer Verrechnungspreisanalyse zu trennen. Beispielsweise können manche Übertragungen von Rechten an Software mit der Zusage des übertragenden Unternehmens verknüpft sein, die Wartung der Software zu übernehmen, was regelmäßige Aktualisierungen umfassen kann. In Situationen, in denen Dienstleistungen und Übertragungen immaterieller Werte miteinander verflochten sind, kann es notwendig sein, die fremdüblichen Preise auf aggregierter Basis zu bestimmen.

6.102. Es gilt zu betonen, dass die Abgrenzung des Geschäftsvorfalls als Bereitstellung von Produkten oder Dienstleistungen oder als Übertragung von immateriellen Werten oder als eine Kombination von beidem nicht notwendigerweise die Anwendung einer bestimmten Verrechnungspreismethode erforderlich macht. Beispielsweise ist eine Kostenaufschlagsmethode nicht für alle Dienstleistungsgeschäfte geeignet, und nicht alle Geschäftsvorfälle mit immateriellen Werten erfordern komplexe Wertermittlungen oder die Anwendung von Gewinnaufteilungsmethoden. Die Gegebenheiten der jeweiligen Situation und die Ergebnisse der erforderlichen Funktionsanalyse sind maßgeblich für die Art und Weise, wie die Geschäftsvorfälle für Verrechnungspreiszwecke zusammengefasst, abgegrenzt und analysiert werden, sowie für die Auswahl der im jeweiligen Fall am besten geeigneten Verrechnungspreismethode. Das letztliche Ziel ist die Ermittlung der Preise und sonstigen relevanten Bedingungen, die zwischen unabhängigen Unternehmen in vergleichbaren Geschäftsvorfällen vereinbart worden wären.

6.103. Darüber hinaus sollte auch betont werden, dass Feststellungen in Bezug darauf, ob Geschäftsvorfälle für die Analyse zusammengefasst oder aufgeschlüsselt werden sollten, üblicherweise eine Abgrenzung des tatsächlich getätigten Geschäftsvorfalls unter Bezugnahme auf schriftliche Vereinbarungen und das tatsächliche Verhalten der Beteiligten beinhalten. Feststellungen bezüglich des tatsächlich getätigten Geschäftsvorfalls sind ein notwendiges Element der Bestimmung der im jeweiligen Fall am besten geeigneten Verrechnungspreismethode.

C.2. Geschäftsvorfälle im Zusammenhang mit der Nutzung von immateriellen Werten beim Verkauf von Waren oder bei der Erbringung von Dienstleistungen

6.104. Immaterielle Werte können in Verbindung mit konzerninternen Geschäftsvorfällen in Situationen genutzt werden, in denen es nicht zur Übertragung des betreffenden immateriellen Werts oder von Rechten daran kommt. Beispielsweise können immaterielle Werte von einem oder beiden an einem konzerninternen Geschäftsvorfall beteiligten Unternehmen in Verbindung mit der Herstellung von Waren genutzt werden, die an ein verbundenes Unternehmen verkauft werden, in Verbindung mit der Vermarktung von Produkten, die bei einem verbundenen Unternehmen eingekauft wurden, oder in Verbindung mit der Erbringung von Dienstleistungen im Auftrag eines verbundenen Unternehmens. Die Art solcher Geschäftsvorfälle sollte genau bestimmt werden, und es sollten alle relevanten immateriellen Werte, die von einem der Beteiligten in Verbindung mit einem solchen konzerninternen Geschäftsvorfall genutzt werden, ermittelt und in der Vergleichbarkeitsanalyse, bei der Auswahl und Anwendung der für den betreffenden Geschäftsvorfall am besten geeigneten Verrechnungspreismethode sowie bei der Auswahl des untersuchten Unternehmens berücksichtigt werden. Ergänzende Leitlinien zur Bestimmung der fremdüblichen Bedingungen für Geschäftsvorfälle, in denen immaterielle Werte in Verbindung mit dem Verkauf von Waren oder der Erbringung von Dienstleistungen genutzt werden, sind in den Abschnitten D.1 und D.4 dieses Kapitels enthalten.

6.105. Die Notwendigkeit einer Untersuchung der Nutzung von immateriellen Werten durch ein Unternehmen, das an einem konzerninternen Geschäftsvorfall beteiligt ist, bei dem Waren verkauft werden, kann folgendermaßen veranschaulicht werden. Es sei angenommen, dass ein Automobilhersteller wertvolle eigenentwickelte Patente zur Herstellung von Fahrzeugen nutzt, die er dann an verbundene Vertriebsunternehmen verkauft. Es sei angenommen, dass die Patente erheblich zum Wert der Fahrzeuge beitragen. Die Patente und ihr Wertbeitrag sollten ermittelt und in der Vergleichbarkeitsanalyse des Geschäftsvorfalls, der im Verkauf der Fahrzeuge vom Automobilhersteller an die verbundenen Vertriebsunternehmen besteht, bei der Auswahl der für den Geschäftsvorfall am besten geeigneten Verrechnungspreismethode sowie bei der Auswahl des untersuchten Unternehmens berücksichtigt werden. Die verbundenen Vertriebsunternehmen, die die Fahrzeuge kaufen, erwerben jedoch kein Recht an den Patenten des Automobilherstellers. In einem solchen Fall werden die Patente für die Herstellung genutzt und können Einfluss auf den Wert der Fahrzeuge haben, die Patente selbst werden jedoch nicht übertragen.

6.106. Als weiteres Beispiel für die Nutzung von immateriellen Werten in Verbindung mit einem konzerninternen Geschäftsvorfall sei angenommen, dass ein Explorationsunternehmen wertvolle geologische Daten und Analysen, komplexe Explorationssoftware sowie Know-how erworben oder entwickelt hat. Ferner sei angenommen, dass es diese immateriellen Werte nutzt, um einem verbundenen Unternehmen Explorationsleistungen anzubieten. Die betreffenden immateriellen Werte sollten ermittelt und in der Vergleichbarkeitsanalyse der Dienstleistungsgeschäfte zwischen dem Explorationsunternehmen und dem verbundenen Unternehmen, bei der Auswahl der für den Geschäftsvorfall am besten geeigneten Verrechnungspreismethode sowie bei der Auswahl des untersuchten Unternehmens berücksichtigt werden. Unter der Annahme, dass das verbundene Unternehmen des Explorationsunternehmens keine Rechte an den immateriellen Werten des Explorationsunternehmens erwirbt, werden die immateriellen Werte zur Erbringung der Dienstleistungen genutzt und können sich auf den Wert der Dienstleistungen auswirken, sie werden jedoch nicht übertragen.

D. Ergänzende Leitlinien für die Bestimmung der fremdvergleichskonformen Bedingungen in Fällen im Zusammenhang mit immateriellen Werten

6.107. Nach der Bestimmung der relevanten Geschäftsvorfälle mit immateriellen Werten, der konkreten Bestimmung der immateriellen Werte, um die es bei diesen Geschäftsvorfällen geht, sowie der Bestimmung des oder der Unternehmen, die rechtlicher Eigentümer der immateriellen Werte sind, sowie des oder der Unternehmen, die zu deren Wert beitragen, sollte es möglich sein, die fremdüblichen Bedingungen für die relevanten Geschäftsvorfälle zu ermitteln. Die in den Kapiteln I–III dieser Leitlinien dargelegten Grundsätze sollten bei der Bestimmung der fremdvergleichskonformen Bedingungen von Geschäftsvorfällen mit immateriellen Werten angewandt werden. Insbesondere das empfohlene, unter Ziffer 3.4 beschriebene neunstufige Verfahren kann hilfreich sein, um die fremdüblichen Bedingungen für Geschäftsvorfälle mit immateriellen Werten zu bestimmen. Als wesentlicher Bestandteil der Anwendung der Grundsätze von Kapitel III zur Durchführung einer Vergleichbarkeitsanalyse nach dem unter Ziffer 3.4 beschriebenen Verfahren sollten die Prinzipien in Abschnitt A, B und C dieses Kapitels VI berücksichtigt werden.

6.108. Die Anwendung der Grundsätze der Kapitel I–III auf konzerninterne Geschäftsvorfälle mit immateriellen Werten kann jedoch manchmal schwierig sein. Immaterielle Werte können besondere Merkmale aufweisen, die die Suche nach Vergleichswerten erschweren und in manchen Fällen die Preisbestimmung im Zeitpunkt des Geschäftsvorfalls schwierig werden lassen. Ferner können verbundene Unternehmen aus völlig legitimen geschäftlichen Gründen, die auf die zwischen ihnen bestehende Beziehung zurückzuführen sind, einen Geschäftsvorfall mit immateriellen Werten gelegentlich in einer Weise strukturieren, die unabhängige Unternehmen nicht in Betracht ziehen würden. Vgl. Ziffer 1.11. Die Nutzung oder Übertragung von immateriellen Werten kann schwierige Fragen in Bezug auf die Vergleichbarkeit, die Auswahl der Verrechnungspreismethoden und die Bestimmung der fremdüblichen Bedingungen für die Geschäftsvorfälle aufwerfen. Dieser Abschnitt D liefert ergänzende Leitlinien für die Anwendung der Grundsätze der Kapitel I–III zur Bestimmung der fremdüblichen Bedingungen für konzerninterne Geschäftsvorfälle mit immateriellen Werten.

6.109. Abschnitt D.1 liefert allgemeine ergänzende Leitlinien in Bezug auf alle Geschäftsvorfälle mit immateriellen Werten. Abschnitt D.2 liefert ergänzende Leitlinien speziell für Geschäftsvorfälle, bei denen immaterielle Werte oder Rechte an immateriellen Werten übertragen werden. Abschnitt D.3 liefert ergänzende Leitlinien in Bezug auf die Übertragung von immateriellen Werten oder Rechten an immateriellen Werten, deren Wert im Zeitpunkt der Übertragung höchst ungewiss ist. Abschnitt D.4 beschreibt einen Ansatz für die Preisbestimmung schwer zu bewertender immaterieller Werte. Abschnitt D.5 liefert ergänzende Leitlinien für Geschäftsvorfälle, bei denen immaterielle Werte im Zusammenhang mit dem Verkauf von Waren oder der Erbringung von Dienstleistungen genutzt werden, ohne dass es zu einer Übertragung von Rechten an den immateriellen Werten kommt.

D.1. Allgemeine auf Geschäftsvorfälle mit immateriellen Werten anwendbare Grundsätze

6.110. Abschnitt D des Kapitels I und Kapitel III enthalten Grundsätze, die es bei einer Vergleichbarkeitsanalyse zu berücksichtigen gilt, sowie ein empfohlenes Verfahren für deren Durchführung. Die in diesen Abschnitten der Leitlinien beschriebenen Grundsätze gelten für alle konzerninternen Geschäftsvorfälle mit immateriellen Werten.

6.111. Bei der Anwendung der Grundsätze der Leitlinien hinsichtlich Inhalt und Ablauf einer Vergleichbarkeitsanalyse auf einen Geschäftsvorfall mit immateriellen Werten muss eine Verrechnungspreisanalyse den Optionen Rechnung tragen, die jedem der am Geschäftsvorfall beteiligten Unternehmen realistischerweise zur Verfügung stehen.

6.112. Bei der Untersuchung der den Beteiligten realistischerweise zur Verfügung stehenden Optionen muss die Sichtweise aller am Geschäftsvorfall beteiligten Unternehmen berücksichtigt werden. Eine Vergleichbarkeitsanalyse, die den Blick nur auf eine Seite des Geschäftsvorfalls richtet, bietet im Allgemeinen keine ausreichende Grundlage für die Evaluierung eines Geschäftsvorfalls mit immateriellen Werten (auch nicht in Fällen, in denen letztlich eine einseitige Verrechnungspreismethode gewählt wird).

6.113. Obwohl es wichtig ist, bei der Durchführung einer Vergleichbarkeitsanalyse die Sichtweise beider am Geschäftsvorfall beteiligten Seiten zu betrachten, sollten die spezifischen Geschäftsumstände eines der Beteiligten nicht genutzt werden, um ein Ergebnis vorzugeben, das im Widerspruch zu den Optionen stünde, die dem anderen Beteiligten realistischerweise zur Verfügung stehen. Beispielsweise wäre von einem übertragenden Unternehmen nicht zu erwarten, dass es nur, weil es einem bestimmten übernehmenden verbundenen Unternehmen an den erforderlichen Ressourcen fehlt, um die übertragenen Rechte an einem immateriellen Wert effektiv zu verwerten, einen Preis für die Übertragung aller oder eines Teiles seiner Rechte an dem immateriellen Wert akzeptiert, der für das übertragende Unternehmen weniger vorteilhaft wäre als die anderen Optionen, die ihm realistischerweise zur Verfügung stehen (einschließlich des Verzichts auf die Übertragung). Desgleichen sollte von einem übernehmenden Unternehmen nicht erwartet werden, dass es einen Preis für eine Übertragung von Rechten an einem oder mehreren immateriellen Werten akzeptiert, bei dem es nicht damit rechnen kann, durch die Nutzung der erworbenen Rechte in seiner Geschäftstätigkeit einen Gewinn zu erzielen. Ein solches Ergebnis wäre für das übernehmende Unternehmen weniger günstig als die ihm realistischerweise zur Verfügung stehende Option, die Rechte nicht zu erwerben.

6.114. Es wird häufig möglich sein, für einen Geschäftsvorfall mit immateriellen Werten einen Preis zu ermitteln, der mit den realistischerweise zur Verfügung stehenden Optionen jedes der Beteiligten vereinbar ist. Die Existenz eines solchen Preises steht mit der Annahme in Einklang, dass multinationale Konzerne um eine optimale Ressourcenallokation bemüht sind. Wenn es zu Situationen kommt, in denen der Mindestpreis, der für das übertragende Unternehmen in Anbetracht der ihm realistischerweise zur Verfügung stehenden Optionen akzeptabel ist, über dem Höchstpreis liegt, der für das übernehmende Unternehmen in Anbetracht der ihm realistischerweise zur Verfügung stehenden Optionen akzeptabel ist, muss möglicherweise untersucht werden, ob der tatsächliche Geschäftsvorfall nach dem in Kapitel I Abschnitt D.2 beschriebenen Kriterium für die Nichtanerkennung unberücksichtigt bleiben sollte oder ob die Bedingungen des Geschäftsvorfalls anderweitig angepasst werden sollten. Desgleichen muss in Situationen, in denen behauptet wird, dass die gegenwärtige Nutzung eines immateriellen Wertes oder eine vorgeschlagene realistischerweise zur Verfügung stehende Option (d. h. eine alternative Nutzung des immateriellen Wertes) die Ressourcenallokation nicht optimiert, möglicherweise untersucht werden, ob sich diese Behauptungen mit den tatsächlichen Gegebenheiten und Umständen des jeweiligen Falls decken. Diese Erörterung verdeutlicht, wie wichtig es ist, bei der sachgerechten Abgrenzung des tatsächlichen Geschäftsvorfalls alle relevanten Gegebenheiten und Umstände zu berücksichtigen.

D.2. Ergänzende Leitlinien in Bezug auf Übertragungen von immateriellen Werten oder Rechten an immateriellen Werten

6.115. Dieser Abschnitt liefert ergänzende Leitlinien zu spezifischen Fragen, die sich im Zusammenhang mit Übertragungen von immateriellen Werten oder Rechten an immateriellen Werten zwischen verbundenen Unternehmen stellen. Solche Geschäftsvorfälle können Veräußerungen immaterieller Werte ebenso wie Geschäftsvorfälle, die Veräußerungen wirtschaftlich gleichzusetzen sind, umfassen. Sie könnten auch eine Lizenzierung von Rechten an einem oder mehreren immateriellen Werten oder Ähnliches umfassen. Dieser Abschnitt soll keine umfassenden Leitlinien in Bezug auf die verrechnungspreisbezogene Behandlung solcher Übertragungen immaterieller Rechte liefern. Vielmehr ergänzt er die ansonsten geltenden Vorgaben der Kapitel I–III sowie die Leitlinien in den Abschnitten A, B, C und D.1 dieses Kapitels im Kontext von Übertragungen von immateriellen Werten oder Rechten an immateriellen Werten, indem er Leitlinien zu bestimmten Fragen liefert, die sich im Zusammenhang mit solchen Übertragungen häufig stellen.

D.2.1. Vergleichbarkeit von immateriellen Werten oder Rechten an immateriellen Werten

6.116. Bei der Anwendung der Vorgaben der Kapitel I–III auf Geschäftsvorfälle, bei denen immaterielle Werte oder Rechte an immateriellen Werten übertragen werden, sollte nicht vergessen werden, dass immaterielle Werte häufig einzigartige Merkmale aufweisen und infolgedessen ein sehr unterschiedliches Potenzial zur Erzielung von Erträgen und Schaffung künftiger Vorteile besitzen. Bei der Durchführung einer Vergleichbarkeitsanalyse in Bezug auf eine Übertragung immaterieller Werte ist es daher wesentlich, die einzigartigen Merkmale der betreffenden immateriellen Werte zu berücksichtigen. Dies ist besonders wichtig, wenn die Preisvergleichsmethode als die am besten geeignete Verrechnungspreismethode betrachtet wird, ist aber auch von Bedeutung, wenn andere Methoden angewandt werden, die auf Vergleichswerten beruhen. Im Fall einer Übertragung eines immateriellen Wertes oder von Rechten an einem immateriellen Wert, der dem Unternehmen einen einzigartigen Wettbewerbsvorteil auf dem Markt verschafft, sollten vermeintlich vergleichbare immaterielle Werte oder Geschäftsvorfälle sorgfältig geprüft werden. Es ist äußerst wichtig zu untersuchen, ob potenzielle Vergleichswerte tatsächlich ein vergleichbares Gewinnpotenzial aufweisen.

6.117. Nachstehend folgt eine Beschreibung einiger der besonderen Merkmale immaterieller Werte, die sich in einer Vergleichbarkeitsanalyse in Bezug auf eine Übertragung von immateriellen Werten oder Rechten an immateriellen Werten als wichtig erweisen können. Die folgende Aufzählung ist nicht erschöpfend, und je nach Fall kann die Untersuchung zusätzlicher oder anderer Faktoren ein wesentlicher Bestandteil einer Vergleichbarkeitsanalyse sein.

D.2.1.1. Ausschließlichkeit

6.118. Ob es sich bei den Rechten an immateriellen Werten, die für einen bestimmten Geschäftsvorfall im Zusammenhang mit der Übertragung von immateriellen Werten oder Rechten an immateriellen Werten relevant sind, um Exklusivrechte handelt oder nicht, kann ein wichtiger bei der Beurteilung der Vergleichbarkeit zu berücksichtigender Aspekt sein. Manche immaterielle Werte gestatten es ihrem rechtlichen Eigentümer, andere von der Nutzung des betreffenden immateriellen Wertes auszuschließen. Ein Patent beispielsweise gewährt ein ausschließliches Recht zur Nutzung der durch das Patent geschützten Erfindung während einer bestimmten Anzahl von Jahren. Wenn der Beteiligte, der die Kontrolle über Rechte an immateriellen Werten hat, andere

Unternehmen vom Markt ausschließen kann oder sie von der Nutzung von immateriellen Werten ausschließen kann, die einen Marktvorteil verschaffen, so kann dieser Beteiligte ein hohes Maß an Marktmacht oder Markteinfluss genießen. Einem Beteiligten, der keine Exklusivrechte an bestimmten immateriellen Werten hat, wird es nicht möglich sein, alle Konkurrenten auszuschließen, und er wird im Allgemeinen nicht über das gleiche Maß an Marktmacht oder Markteinfluss verfügen. Folglich sollte der ausschließliche bzw. nichtausschließliche Charakter von immateriellen Werten oder Rechten an immateriellen Werten im Rahmen der Vergleichbarkeitsanalyse berücksichtigt werden.

D.2.1.2. Reichweite und Dauer des rechtlichen Schutzes

6.119. Reichweite und Dauer des rechtlichen Schutzes der immateriellen Werte, um die es bei einer bestimmten Übertragung geht, können ein wichtiger Vergleichbarkeitsaspekt sein. An manche immaterielle Werte geknüpfte Schutzrechte können Konkurrenten daran hindern, auf einen bestimmten Markt vorzudringen. Für andere immaterielle Werte, etwa Know-how oder Geschäftsgeheimnisse, können die verfügbaren Schutzrechte anders geartet und nicht so stark oder von nicht so langer Dauer sein. Für immaterielle Werte mit begrenzter Nutzungsdauer kann die Dauer des rechtlichen Schutzes von großer Bedeutung sein, da die Dauer der Rechte an immateriellen Werten Einfluss auf den zukünftigen Gewinn hat, den sich die an einem Geschäftsvorfall beteiligten Unternehmen aus der Verwertung des immateriellen Wertes erhoffen. Beispielsweise haben zwei ansonsten vergleichbare Patente nicht den gleichen Wert, wenn das eine nach einem Jahr abläuft, während das andere erst nach zehn Jahren abläuft.

D.2.1.3. Geografischer Geltungsbereich

6.120. Der geografische Geltungsbereich der immateriellen Werte oder Rechte an immateriellen Werten ist ein wichtiger bei der Beurteilung der Vergleichbarkeit zu berücksichtigender Aspekt. Die Übertragung der weltweiten Rechte an immateriellen Werten kann je nach Art des Produkts, Art des immateriellen Wertes und Art des betreffenden Markts wertvoller sein als die Übertragung der Rechte für einen Staat oder eine begrenzte Zahl von Staaten.

D.2.1.4. Nutzungsdauer

6.121. Viele immaterielle Werte haben eine begrenzte Nutzungsdauer. Die Nutzungsdauer eines gegebenen immateriellen Wertes kann wie vorstehend erwähnt durch Art und Dauer des gesetzlichen Schutzes, den er erhalten hat, beeinflusst werden. Die Nutzungsdauer mancher immaterieller Werte kann zudem durch das Tempo des technischen Fortschritts in einer Branche sowie die

Entwicklung neuer und potenziell verbesserter Produkte beeinflusst werden. Es ist auch möglich, dass die Nutzungsdauer eines bestimmten immateriellen Wertes verlängert werden kann.

6.122. Bei der Durchführung einer Vergleichbarkeitsanalyse ist es deshalb wichtig, die voraussichtliche Nutzungsdauer des betreffenden immateriellen Wertes zu berücksichtigen. Im Allgemeinen sind immaterielle Werte, die voraussichtlich über einen längeren Zeitraum hinweg Marktvorteile verschaffen, unter sonst gleichen Bedingungen wertvoller als vergleichbare immaterielle Werte, die solche Vorteile für einen kürzeren Zeitraum verschaffen. Bei der Beurteilung der Nutzungsdauer immaterieller Werte ist es auch wichtig zu berücksichtigen, wie der betreffende immaterielle Wert genutzt wird. Die Nutzungsdauer eines immateriellen Wertes, der als Basis für die laufende Forschung und Entwicklung dient, kann über die wirtschaftliche Lebensdauer der aktuellen Produktliniengeneration, die auf diesem immateriellen Wert beruht, hinausgehen.

D.2.1.5. Entwicklungsstadium

6.123. Bei der Durchführung einer Vergleichbarkeitsanalyse kann es wichtig sein, das Stadium der Entwicklung bestimmter immaterieller Werte zu berücksichtigen. Es kommt häufig vor, dass ein immaterieller Wert im Rahmen eines konzerninternen Geschäftsvorfalls übertragen wird, bevor vollständig nachgewiesen ist, dass er die Entwicklung markttauglicher Produkte ermöglichen wird. Ein typisches Beispiel hierfür liefert die Pharmaindustrie, wo chemische Verbindungen patentiert und die Patente (oder Rechte zu ihrer Nutzung) im Rahmen von konzerninternen Geschäftsvorfällen übertragen werden können, lange bevor durch weiterführende Forschungsarbeiten, Entwicklung und Tests nachgewiesen wird, dass die betreffende chemische Verbindung eine sichere und wirksame Behandlungsmethode für eine bestimmte Krankheit darstellt.

6.124. Generell gilt, dass immaterielle Werte für Produkte, deren Markttauglichkeit nachgewiesen ist, wertvoller sind als ansonsten vergleichbare immaterielle Werte für Produkte, deren Markttauglichkeit erst noch nachgewiesen werden muss. Bei der Durchführung einer Vergleichbarkeitsanalyse bezüglich teilentwickelter immaterieller Werte ist es wichtig, die Wahrscheinlichkeit zu evaluieren, dass ihre Weiterentwicklung zu wirtschaftlich erheblichen zukünftigen Gewinnen führen wird. Unter bestimmten Umständen können Branchendaten zu den Risiken, die mit der Weiterentwicklung verbunden sind, bei solchen Beurteilungen hilfreich sein. Allerdings sollten stets die konkreten Gegebenheiten des Einzelfalls berücksichtigt werden.

D.2.1.6. Recht auf Verbesserungen, Überarbeitungen und Aktualisierungen

6.125. Ein häufig wichtiger Gesichtspunkt bei einer Vergleichbarkeitsanalyse hinsichtlich immaterieller Werte sind die Rechte der Beteiligten in Bezug auf künftige Verbesserungen, Überarbeitungen und Aktualisierungen der immateriellen Werte. In manchen Branchen können durch immaterielle Werte geschützte Produkte relativ schnell veralten oder nicht mehr wettbewerbsfähig sein, sofern die betreffenden immateriellen Werte nicht kontinuierlich weiterentwickelt und verbessert werden. Folglich kann der Zugang zu Aktualisierungen und Verbesserungen darüber entscheiden, ob aus den immateriellen Werten ein kurzfristiger oder ein längerfristiger Nutzen gezogen werden kann. Deshalb ist es im Hinblick auf die Vergleichbarkeit nötig zu untersuchen, ob eine bestimmte Übertragung von Rechten an immateriellen Werten den Zugang zu Verbesserungen, Überarbeitungen und Aktualisierungen der betreffenden immateriellen Werte umfasst oder nicht.

6.126. Eine sehr ähnliche, in einer Vergleichbarkeitsanalyse häufig wichtige Frage ist, ob das Unternehmen, das die immateriellen Werte übernimmt, das Recht zur Nutzung dieser immateriellen Werte für Forschungsvorhaben erhält, die auf die Entwicklung neuer und verbesserter immaterieller Werte ausgerichtet sind. So kann beispielsweise das Recht zur Nutzung einer bestehenden Softwareplattform als Grundlage für die Entwicklung neuer Softwareprodukte deren Entwicklungszeit verkürzen und so darüber entscheiden, ob man es schafft, als erster ein neues Produkt oder eine neue Anwendung auf den Markt zu bringen, oder ob man in einen Markt eintreten muss, der bereits von Konkurrenzprodukten besetzt ist. Bei einer Vergleichbarkeitsanalyse im Zusammenhang mit immateriellen Werten ist es daher wichtig, die Rechte der Beteiligten in Bezug auf die Nutzung der immateriellen Werte für die Entwicklung neuer und verbesserter Produktversionen zu berücksichtigen.

D.2.1.7. Erwarteter zukünftiger Nutzen

6.127. Jeder der vorstehenden bei einer Vergleichbarkeitsanalyse zu berücksichtigenden Aspekte hat Auswirkungen auf die zukünftigen Vorteile, die sich die an einem Geschäftsvorfall beteiligten Unternehmen aus der Nutzung der betreffenden immateriellen Werte erwarten. Falls der zukünftige Vorteil, den man sich aus der Nutzung eines immateriellen Werts erwartet, aus irgendeinem Grund deutlich von dem Vorteil abweicht, den man sich von der Nutzung eines anderen immateriellen Wertes erwartet, ist es schwierig, diese immateriellen Werte als hinreichend vergleichbar zu betrachten, um eine auf Vergleichswerten basierende Verrechnungspreisanalyse zu stützen, sofern keine verlässlichen Anpassungen zur Gewährleistung der Vergleichbarkeit vorgenommen werden. Insbesondere ist es wichtig, die tatsächliche und potenzielle Rentabilität von Produkten oder potenziellen Produkten zu berücksichtigen, die auf dem immateriellen Wert beruhen. Immaterielle Werte, die eine Grundlage für Produkte oder Dienstleistungen mit hoher Rentabilität bieten, dürften nicht mit immateriellen Werten vergleichbar sein, die Produkte oder Dienstleistungen unterstützen, deren Rentabilität nur dem Branchendurchschnitt entspricht. Jeder Faktor, der sich wesentlich auf die zukünftigen Vorteile auswirkt, die sich die an einem konzerninternen Geschäftsvorfall beteiligten Unternehmen aus dem immateriellen Wert erwarten, sollte bei der Durchführung der Vergleichbarkeitsanalyse berücksichtigt werden.

D.2.2. Vergleich der Risiken in Fällen im Zusammenhang mit der Übertragung von immateriellen Werten oder Rechten an immateriellen Werten

6.128. Bei der Durchführung einer Vergleichbarkeitsanalyse im Zusammenhang mit der Übertragung von immateriellen Werten oder Rechten an immateriellen Werten muss das Vorhandensein von Risiken in Bezug auf die Wahrscheinlichkeit der Erzielung zukünftiger wirtschaftlicher Vorteile aus den übertragenen immateriellen Werten berücksichtigt werden, einschließlich der Risikoaufteilung zwischen den Beteiligten, die nach dem in Abschnitt D.1.2 von Kapitel I dargelegten Rahmen analysiert werden sollte. Bei der Beurteilung, ob Übertragungen von immateriellen Werten oder Kombinationen immaterieller Werte vergleichbar sind, sowie ob die immateriellen Werte selbst vergleichbar sind, sollten u. a. die folgenden Arten von Risiken berücksichtigt werden:

- Risiken im Zusammenhang mit der zukünftigen Entwicklung der immateriellen Werte. Dies beinhaltet eine Beurteilung, ob die immateriellen Werte sich auf markttaugliche Produkte beziehen, ob sie in der Zukunft markttaugliche Produkte unterstützen werden, mit welchen Kosten für die weitere Entwicklung und die Tests gerechnet wird, wie wahrscheinlich es ist, dass Entwicklung und Tests erfolgreich sein werden, und ähnliche Überlegungen. Die Untersuchung der Entwicklungsrisiken ist in Situationen besonders wichtig, in denen es um Übertragungen von teilentwickelten immateriellen Werten geht.
- Risiken im Zusammenhang mit der Veralterung von Produkten und der Minderung des Wertes immaterieller Werte. Dies beinhaltet eine Beurteilung der Wahrscheinlichkeit, dass Konkurrenzunternehmen in der Zukunft Produkte oder Dienstleistungen auf den Markt bringen werden, die die Absatzchancen der Produkte, die von den analysierten immateriellen Werten abhängig sind, wesentlich verschlechtern.
- Risiken im Zusammenhang mit der Verletzung von Rechten an den immateriellen Werten. Dies beinhaltet eine Beurteilung der Wahrscheinlichkeit, dass andere erfolgreich geltend machen könnten,

dass Produkte auf der Basis der immateriellen Werte eine Verletzung ihrer eigenen Rechte an immateriellen Werten darstellen, sowie der voraussichtlichen Kosten der Verteidigung gegen solche Klagen. Es beinhaltet ferner eine Beurteilung der Wahrscheinlichkeit, dass der Inhaber der immateriellen Werte andere erfolgreich daran hindern kann, seine Rechte zu verletzen, des Risikos, dass Produktfälschungen die Profitabilität der relevanten Märkte gefährden könnten, sowie der Wahrscheinlichkeit, dass im Fall einer Verletzung von Rechten erhebliche Schäden entstehen könnten.

- Produkthaftungs- und sonstige Risiken im Zusammenhang mit der zukünftigen Nutzung der immateriellen Werte.

D.2.3. Zur Herstellung der Vergleichbarkeit notwendige Anpassungen in Bezug auf Übertragungen von immateriellen Werten oder Rechten an immateriellen Werten

6.129. Die Prinzipien der Ziffern 3.47–3.54 hinsichtlich Anpassungen zur Herstellung der Vergleichbarkeit gelten für Geschäftsvorfälle im Zusammenhang mit der Übertragung von immateriellen Werten oder Rechten an immateriellen Werten. Es ist zu beachten, dass Unterschiede zwischen immateriellen Werten erhebliche wirtschaftliche Auswirkungen haben können, für die es möglicherweise schwierig ist, verlässliche Anpassungen vorzunehmen. Vor allem in Situationen, in denen Beträge, die auf Vergleichbarkeitsanpassungen zurückgehen, einen großen Prozentsatz der Vergütung für den immateriellen Wert ausmachen, kann je nach den konkreten Gegebenheiten Grund zu der Annahme bestehen, dass die Anpassungsrechnung nicht zuverlässig ist und dass die verglichenen immateriellen Werte in Wirklichkeit nicht hinreichend vergleichbar sind, um eine valide Verrechnungspreisanalyse zu stützen. Wenn keine verlässlichen Anpassungsrechnungen vorgenommen werden können, ist es möglicherweise nötig, eine Verrechnungspreismethode zu wählen, die weniger von der Ermittlung vergleichbarer immaterieller Werte oder vergleichbarer Geschäftsvorfälle abhängig ist.

D.2.4. Nutzung von Vergleichswerten, die Datenbanken entnommen sind

6.130. Die Vergleichbarkeit und die Möglichkeit der Durchführung von Anpassungsrechnungen sind besonders wichtig bei der Betrachtung von potenziell vergleichbaren immateriellen Werten und den entsprechenden Lizenzgebühren, die kommerziellen Datenbanken oder eigenen Sammlungen veröffentlichter Lizenz- oder ähnlicher Vereinbarungen entnommen sind. Die Grundsätze des Abschnitts A.4.3.1 von Kapitel III gelten in vollem Umfang für die Beurteilung der Nützlichkeit von Geschäftsvorfällen, die solchen Quellen entnommen sind. Insbesondere ist es wichtig zu beurteilen, ob öffentlich zugängliche Angaben aus kommerziellen Datenbanken und unternehmenseigenen Datensammlungen hinreichend detailliert sind, um eine Beurteilung der besonderen Merkmale von immateriellen Werten zu ermöglichen, die bei der Durchführung einer Vergleichbarkeitsanalyse wichtig sein können. Bei der Beurteilung vergleichbarer Lizenzvereinbarungen, die in Datenbanken gefunden wurden, sollten die konkreten Gegebenheiten des jeweiligen Falls einschließlich der angewandten Methoden im Kontext der Ausführungen von Ziffer 3.38 berücksichtigt werden.

D.2.5. Die Auswahl der am besten geeigneten Verrechnungspreismethode in Fällen im Zusammenhang mit der Übertragung von immateriellen Werten oder Rechten an immateriellen Werten

6.131. Die Grundsätze dieser Leitlinien in Bezug auf die Auswahl der unter den jeweiligen Umständen am besten geeigneten Verrechnungspreismethode sind unter Ziffer 2.1–2.12 beschrieben. Diese Grundsätze gelten in vollem Umfang für Fälle im Zusammenhang mit der Übertragung von immateriellen Werten oder Rechten an immateriellen Werten. Bei der Auswahl der am besten geeigneten Verrechnungspreismethode in einem Fall, bei dem immaterielle Werte oder Rechte an immateriellen Werten übertragen werden, sollte auf Folgendes geachtet werden: *i)* die Art der relevanten immateriellen Werte, *ii)* die Schwierigkeit der Ermittlung vergleichbarer Fremdgeschäftsvorfälle und immaterieller Werte in vielen, wenn nicht den meisten Fällen, sowie *iii)* die Schwierigkeit der Anwendung einiger der in Kapitel II beschriebenen Verrechnungspreismethoden in Fällen im Zusammenhang mit der Übertragung immaterieller Werte. Die nachstehend erörterten Punkte sind bei der Auswahl von Verrechnungspreismethoden gemäß den Leitlinien besonders wichtig.

6.132. Bei der Anwendung der Grundsätze der Ziffern 2.1–2.12 auf Fragen im Zusammenhang mit der Übertragung von immateriellen Werten oder Rechten an immateriellen Werten ist es wichtig zu beachten, dass auf unterschiedliche Art und Weise strukturierte Geschäftsvorfälle ähnliche wirtschaftliche Konsequenzen haben können. Beispielsweise kann die Erbringung einer Dienstleistung unter Nutzung immaterieller Werte sehr ähnliche wirtschaftliche Konsequenzen haben wie ein Geschäftsvorfall mit Übertragung eines immateriellen Werts (bzw. mit Übertragung von Rechten an dem immateriellen Wert), da sie beide dazu führen können, dass das übernehmende Unternehmen den Nutzen des immateriellen Werts erhält. Daher ist es bei der Auswahl der am besten geeigneten Verrechnungspreismethode für einen Geschäftsvorfall im Zusammenhang mit der Übertragung von immateriellen Werten oder Rechten an immateriellen Werten wichtig, die wirtschaftlichen Konsequenzen des Geschäftsvorfalls zu betrachten, anstatt sich an einer willkürlichen Bezeichnung zu orientieren.

6.133. Dieses Kapitel macht deutlich, dass es in Fällen im Zusammenhang mit der Übertragung von immateriellen Werten oder Rechten an immateriellen Werten wichtig ist, nicht einfach zu unterstellen, dass der gesamte verbleibende Gewinn nach Abzug eines kleinen Ertrags für diejenigen, die Funktionen ausüben, notwendigerweise dem Eigentümer der immateriellen Werte zugerechnet werden sollte. Die Auswahl der am besten geeigneten Verrechnungspreismethode sollte sich auf eine Funktionsanalyse stützen, die ein klares Verständnis von den globalen Geschäftsabläufen des multinationalen Konzerns und den zwischen den übertragenen immateriellen Werten und anderen Funktionen, Vermögenswerten und Risiken, die Teil der globalen Geschäftigkeit sind, bestehenden Wechselwirkungen vermittelt. In der Funktionsanalyse sollten alle Faktoren ermittelt werden, die zur Wertschöpfung beitragen, wozu u. a. die übernommenen Risiken, die spezifischen Marktmerkmale, der Standort, die Geschäftsstrategien und die Synergien innerhalb des multinationalen Konzerns gehören können. Die ausgewählte Verrechnungspreismethode sowie etwaige Anpassungen, die an dieser Methode auf Grundlage der Vergleichbarkeitsanalyse vorgenommen werden, sollten sämtlichen relevanten Faktoren Rechnung tragen, die wesentlich zur Wertschöpfung beitragen, und nicht nur den immateriellen Werten und Routinefunktionen.

6.134. Die unter Ziffer 2.12, 3.58 und 3.59 dargelegten Prinzipien in Bezug auf die Nutzung von mehreren Verrechnungspreismethoden gelten für Fälle im Zusammenhang mit der Übertragung von immateriellen Werten oder Rechten an immateriellen Werten.

6.135. Die Ziffern 3.9–3.12 sowie Ziffer 3.37 enthalten Leitlinien in Bezug auf die Zusammenfassung einzelner Geschäftsvorfälle für die Zwecke der Verrechnungspreisanalyse. Diese Grundsätze gelten in vollem Umfang für Fälle im Zusammenhang mit der Übertragung von immateriellen Werten oder Rechten an immateriellen Werten und werden durch die Leitlinien in Abschnitt C dieses Kapitels ergänzt. In der Tat kann es häufig vorkommen, dass immaterielle Werte in Verbindung mit anderen immateriellen Werten oder in Verbindung mit Geschäftsvorfällen, bei denen Waren verkauft oder Dienstleistungen erbracht werden, übertragen werden. In solchen Situationen ist es gut möglich, dass es im Interesse einer möglichst verlässlichen Verrechnungspreisanalyse notwendig ist, die miteinander verbundenen Geschäftsvorfälle zusammengefasst zu betrachten.

D.2.6. Ergänzende Leitlinien zu Verrechnungspreismethoden in Fällen im Zusammenhang mit der Übertragung von immateriellen Werten oder Rechten an immateriellen Werten

6.136. Je nach den konkreten Gegebenheiten kann jede der fünf in Kapitel II beschriebenen OECD-Verrechnungspreismethoden die unter den Umständen des Einzelfalls am besten geeignete Verrechnungspreismethode sein, wenn der Geschäftsvorfall eine konzerninterne Übertragung eines oder mehrerer immaterieller Werte beinhaltet. Auch die Nutzung alternativer Methoden kann angemessen sein.

6.137. Wenn die Vergleichbarkeitsanalyse verlässliche Informationen in Bezug auf vergleichbare Fremdgeschäftsvorfälle liefert, können die fremdüblichen Preise für eine Übertragung von immateriellen Werten oder Rechten an immateriellen Werten ausgehend von solchen Vergleichswerten nach Vornahme aller geeigneten und zuverlässigen Anpassungen zur Herstellung der Vergleichbarkeit bestimmt werden.

6.138. Allerdings kann es im Fall von Übertragungen von immateriellen Werten oder Rechten an immateriellen Werten häufig vorkommen, dass die Vergleichbarkeitsanalyse (einschließlich der Funktionsanalyse) zeigt, dass es keine verlässlichen vergleichbaren Fremdgeschäftsvorfälle gibt, die zur Bestimmung der fremdüblichen Preise und sonstigen Bedingungen herangezogen werden könnten. Dies kann vorkommen, wenn die fraglichen immateriellen Werte einzigartige Merkmale aufweisen oder wenn sie von so entscheidender Bedeutung sind, dass entsprechende immaterielle Werte nur zwischen verbundenen Unternehmen übertragen werden. Eine weitere mögliche Ursache sind u. a. fehlende Daten zu potenziell vergleichbaren Transaktionen. Trotz des Mangels verlässlicher Vergleichswerte ist es üblicherweise möglich, die fremdüblichen Preise und sonstigen Bedingungen des konzerninternen Geschäftsvorfalls zu bestimmen.

6.139. Wenn keine Informationen in Bezug auf verlässliche vergleichbare Fremdgeschäftsvorfälle ermittelt werden können, verlangt der Fremdvergleichsgrundsatz die Anwendung einer anderen Methode zur Bestimmung des Preises, den unabhängige Unternehmen unter vergleichbaren Umständen vereinbart hätten. Dabei ist es wichtig, folgende Aspekte zu berücksichtigen:

- die Funktionen, Vermögenswerte und Risiken der jeweiligen am Geschäftsvorfall beteiligten Unternehmen
- die wirtschaftlichen Gründe für den Geschäftsvorfall
- die Sichtweisen aller am Geschäftsvorfall beteiligten Unternehmen und die ihnen realistischerweise zur Verfügung stehenden Alternativen
- die Wettbewerbsvorteile, die die immateriellen Werte verschaffen, und insbesondere die relative Rentabilität von Produkten und

Dienstleistungen bzw. potenziellen Produkten und Dienstleistungen, die mit den immateriellen Werten zusammenhängen

- die erwarteten zukünftigen wirtschaftlichen Vorteile des Geschäftsvorfalls
- weitere Vergleichbarkeitsfaktoren wie etwa Merkmale der lokalen Märkte, Standortvorteile, Mitarbeiter und Synergien innerhalb des multinationalen Konzerns

6.140. Zur Ermittlung der Preise und sonstigen Bedingungen, die unabhängige Unternehmen unter vergleichbaren Umständen vereinbart hätten, ist es häufig von größter Bedeutung, spezifische Aspekte des konzerninternen Geschäftsvorfalls zu ermitteln, die sich aus den Beziehungen zwischen den Beteiligten ergeben. Es ist nicht erforderlich, dass verbundene Unternehmen ihre Geschäftsvorfälle genauso strukturieren, wie unabhängige Unternehmen dies getan hätten. Wenn Geschäftsvorfälle zwischen verbundenen Unternehmen jedoch in einer Weise strukturiert sind, die bei Geschäftsvorfällen zwischen unabhängigen Unternehmen nicht üblich ist, sollte der Effekt solcher Strukturen auf die Preise und sonstigen Bedingungen, die unabhängige Unternehmen unter vergleichbaren Umständen vereinbart hätten, bei der Beurteilung der Gewinne, die den einzelnen Beteiligten nach dem Fremdvergleichsgrundsatz zustehen würden, berücksichtigt werden.

6.141. Bei der Anwendung bestimmter OECD-Verrechnungspreismethoden in Fällen im Zusammenhang mit der Übertragung von immateriellen Werten oder Rechten an immateriellen Werten ist Sorgfalt geboten. Einseitige Methoden, einschließlich der Wiederverkaufspreismethode und der geschäftsvorfallbezogenen Nettomargenmethode, sind im Allgemeinen keine verlässlichen Methoden zur direkten Bewertung immaterieller Werte. In manchen Situationen können solche Mechanismen zur indirekten Bewertung immaterieller Werte verwendet werden, indem der Wert einiger Funktionen anhand dieser Methoden bestimmt und der auf die immateriellen Werte entfallende Residualwert daraus abgeleitet wird. Allerdings sind bei der Anwendung solcher Ansätze die Grundsätze von Ziffer 6.133 wichtig, und es sollte Sorgfalt darauf verwendet werden sicherzustellen, dass alle Funktionen, Risiken, Vermögenswerte und sonstigen Faktoren, die zur Generierung von Einkünften beitragen, sachgerecht ermittelt und evaluiert werden.

6.142. Von der Verwendung von Verrechnungspreismethoden, mit denen der Wert immaterieller Werte ausgehend von den Kosten ihrer Entwicklung geschätzt werden soll, wird allgemein abgeraten. Es besteht selten eine Korrelation zwischen den Kosten der Entwicklung immaterieller Werte und ihrem Wert oder Verrechnungspreis, wenn sie einmal entwickelt sind. Daher sollten Verrechnungspreismethoden, die auf den Kosten der Entwicklung immaterieller Werte beruhen, normalerweise vermieden werden.

6.143. In einigen wenigen Fällen können jedoch Verrechnungspreismethoden verwendet werden, die auf den geschätzten Kosten der Neuherstellung oder Wiederbeschaffung des immateriellen Werts beruhen. Solche Methoden können manchmal zuverlässig Anwendung finden, wenn es um die Entwicklung von immateriellen Werten geht, die für interne Geschäftsvorgänge eingesetzt werden (z. B. für interne Softwaresysteme), vor allem wenn es sich bei den fraglichen immateriellen Werten nicht um einzigartige oder wertvolle immaterielle Werte handelt. Wenn es sich jedoch um immaterielle Werte handelt, die auf dem Markt angeboten werden, wirft die Verwendung von auf den Wiederbeschaffungskosten beruhenden Methoden ernste Vergleichbarkeitsprobleme auf. Unter anderem ist es nötig, den Effekt zeitlicher Verzögerungen im Zusammenhang mit einer erst später erfolgenden Entwicklung auf den Wert der immateriellen Werte zu evaluieren. Häufig kann ein erheblicher Vorreitervorteil entstehen, wenn man ein Produkt zu einem frühen Zeitpunkt auf den Markt bringt. Folglich ist ein identisches Produkt (einschließlich der immateriellen Werte, auf denen es beruht), das zu einem späteren Zeitpunkt entwickelt wird, nicht so wertvoll wie das gleiche Produkt (einschließlich der immateriellen Werte, auf denen es beruht), das aktuell verfügbar ist. In einem solchen Fall stellen die geschätzten Wiederbeschaffungskosten keine geeignete Hilfsvariable zur Bestimmung des Werts eines aktuell übertragenen immateriellen Werts dar. Auch im Fall von immateriellen Werten, die rechtlich geschützt sind oder Ausschließlichkeitsmerkmale aufweisen, dürfte es mit einer auf den Wiederbeschaffungskosten basierenden Analyse nicht möglich sein, dem Vorteil Rechnung zu tragen, der darin besteht, Konkurrenten von der Nutzung des immateriellen Werts ausschließen zu können. Auf den Kosten basierende Wertermittlungen sind im Allgemeinen nicht verlässlich, wenn sie zur Bestimmung des Fremdvergleichspreises von noch in der Entwicklung befindlichen immateriellen Werten eingesetzt werden.

6.144. Die Ausführungen von Ziffer 2.10 in Bezug auf die Verwendung von Faustregeln gelten für Bestimmungen der richtigen Fremdvergleichspreise in allen konzerninternen Geschäftsvorfällen, einschließlich solchen im Zusammenhang mit der Nutzung oder Übertragung von immateriellen Werten. Folglich kann für den Nachweis, dass ein Preis oder eine Gewinnaufteilung – insbesondere eine Gewinnaufteilung zwischen einem Lizenzgeber und einem Lizenznehmer immaterieller Werte – fremdvergleichskonform ist, nicht auf eine Faustregel zurückgegriffen werden.

6.145. Die Verrechnungspreismethoden, die sich in Fällen im Zusammenhang mit der Übertragung eines oder mehrerer immaterieller Werte mit größter Wahrscheinlichkeit als sinnvoll erweisen dürften, sind die Preisvergleichsmethode und die geschäftsvorfallbezogene Gewinnaufteilungsmethode. Bewertungsmethoden können nützliche Instrumente darstellen. Nachstehend folgen ergänzende Leitlinien zu den Verrechnungspreismethoden, die im

Zusammenhang mit Übertragungen immaterieller Werte mit größter Wahrscheinlichkeit nützlich sein dürften.

D.2.6.1. Anwendung der Preisvergleichsmethode

6.146. Wenn verlässliche vergleichbare Fremdgeschäftsvorfälle ermittelt werden können, kann die Preisvergleichsmethode zur Bestimmung der fremdüblichen Bedingungen für eine Übertragung von immateriellen Werten oder Rechten an immateriellen Werten angewandt werden. Die unter den Ziffern 2.14–2.26 beschriebenen allgemeinen Grundsätze gelten, wenn die Preisvergleichsmethode im Zusammenhang mit Geschäftsvorfällen angewandt wird, bei denen immaterielle Werte übertragen werden. Wenn die Preisvergleichsmethode im Zusammenhang mit der Übertragung immaterieller Werte angewandt wird, muss besondere Aufmerksamkeit auf die Vergleichbarkeit der immateriellen Werte oder Rechte an immateriellen Werten gerichtet werden, die in dem konzerninternen Geschäftsvorfall und in dem potenziell vergleichbaren Fremdgeschäftsvorfall übertragen werden. Die in Abschnitt D.1 von Kapitel I beschriebenen wirtschaftlich relevanten Merkmale oder Vergleichbarkeitsfaktoren sollten berücksichtigt werden. Die in den Abschnitten D.2.1–D.2.4 dieses Kapitels beschriebenen Punkte sind von besonderer Bedeutung bei der Beurteilung der Vergleichbarkeit spezifischer übertragener immaterieller Werte und der Vornahme von Anpassungen zur Herstellung der Vergleichbarkeit, wenn dies möglich ist. Es ist zu beachten, dass die Ermittlung verlässlicher Vergleichswerte in vielen Fällen im Zusammenhang mit immateriellen Werten schwierig oder unmöglich sein kann.

6.147. In manchen Fällen werden immaterielle Werte, die ein multinationaler Konzern bei unabhängigen Unternehmen erwirbt, unmittelbar nach der Anschaffung im Rahmen eines konzerninternen Geschäftsvorfalls an ein Unternehmen des multinationalen Konzerns übertragen. In einem solchen Fall stellt der Preis, der für die erworbenen immateriellen Werte gezahlt wurde (nach Vornahme etwaiger geeigneter Anpassungen, u. a. um nicht weiterveräußerte Vermögenswerte) einen nützlichen Vergleichswert zur Bestimmung des fremdüblichen Preises für den konzerninternen Geschäftsvorfall bei Anwendung einer Preisvergleichsmethode dar. Je nach den Gegebenheiten und Umständen ist der an fremde Dritte gezahlte Anschaffungspreis in solchen Fällen maßgeblich für die Bestimmung der fremdüblichen Preise und sonstigen Bedingungen des konzerninternen Geschäftsvorfalls, selbst wenn die betreffenden immateriellen Werte indirekt über den Kauf einer Beteiligung erworben wurden oder wenn der an fremde Dritte gezahlte Preis für die Beteiligung oder die Vermögenswerte den Buchwert der erworbenen Vermögenswerte übersteigt. Die Beispiele 23 und 26 in Anhang I zu Kapitel VI veranschaulichen die Prinzipien dieses Absatzes.

D.2.6.2. Anwendung von geschäftsvorfallbezogenen Gewinnaufteilungsmethoden

6.148. In manchen Fällen kann eine geschäftsvorfallbezogene Gewinnaufteilungsmethode verwendet werden, um die fremdüblichen Bedingungen einer Übertragung von immateriellen Werten oder Rechten an immateriellen Werten zu bestimmen, wenn es nicht möglich ist, verlässliche vergleichbare Fremdgeschäftsvorfälle für solche Übertragungen zu ermitteln. Abschnitt C von Kapitel II enthält Leitlinien, die bei der Anwendung von geschäftsvorfallbezogenen Gewinnaufteilungsmethoden berücksichtigt werden sollten. Diese Leitlinien gelten in vollem Umfang für Fälle im Zusammenhang mit der Übertragung von immateriellen Werten oder Rechten an immateriellen Werten. Bei der Beurteilung der Zuverlässigkeit von geschäftsvorfallbezogenen Gewinnaufteilungsmethoden gilt es allerdings, die Verfügbarkeit verlässlicher und geeigneter Daten zum maßgeblichen aufzuteilenden Gewinn und zu den sachgerecht aufteilbaren Ausgaben sowie die Verlässlichkeit von Faktoren, die zur Aufteilung der maßgeblichen Einkünfte verwendet werden, in vollem Umfang zu berücksichtigen.

6.149. Geschäftsvorfallbezogene Gewinnaufteilungsmethoden können im Zusammenhang mit der Veräußerung der kompletten Rechte an immateriellen Werten angewendet werden. Wie in anderen Fällen der Anwendung der geschäftsvorfallbezogenen Gewinnaufteilungsmethode ist eine vollständige Funktionsanalyse, in der die von den einzelnen Beteiligten ausgeübten Funktionen, übernommenen Risiken und genutzten Vermögenswerte untersucht werden, ein wesentliches Element der Analyse. Wenn sich eine geschäftsvorfallbezogene Gewinnaufteilungsmethode auf prognostizierte Einkünfte und Aufwendungen stützt, sollten die in Abschnitt D.2.6.4.1 beschriebenen Fragen bezüglich der Richtigkeit solcher Prognoserechnungen berücksichtigt werden.

6.150. Gelegentlich wird auch vorgeschlagen, dass auf Übertragungen von teilentwickelten immateriellen Werten eine Gewinnaufteilungsanalyse angewendet werden kann. In einer solchen Analyse wird manchmal der relative Wert der Beiträge zur Entwicklung der immateriellen Werte vor und nach der Übertragung der fraglichen immateriellen Werte untersucht. Eine solche Herangehensweise kann einen Versuch umfassen, den Beitrag des übertragenden Unternehmens zu dem teilentwickelten immateriellen Wert über die unterstellte Nutzungsdauer dieses Beitrags unter der Annahme zu amortisieren, dass keine Weiterentwicklung erfolgt. Solche Herangehensweisen basieren im Allgemeinen auf Prognoserechnungen der erwarteten Cashflows und Vorteile, die sich zu einem späteren Zeitpunkt aus der Übertragung und dem unterstellten erfolgreichen Abschluss der weiteren Entwicklungstätigkeiten ergeben.

6.151. Bei der Anwendung von Gewinnaufteilungsmethoden zur Schätzung der Beiträge, die die Beteiligten zur Generierung von Einkünften in den auf die Übertragung folgenden Jahren leisten, oder zur Bestimmung einer fremdvergleichskonformen Aufteilung künftiger Einkünfte in Bezug auf teilentwickelte immaterielle Werte ist Vorsicht geboten. Der Beitrag oder Wert von Arbeiten, die vor der Übertragung durchgeführt wurden, steht möglicherweise in keinem Zusammenhang mit den Kosten dieser Arbeiten. Zum Beispiel kann eine chemische Verbindung mit immensem pharmazeutischem Anwendungspotenzial im Labor möglicherweise zu relativ geringen Kosten entwickelt werden. Außerdem müsste bei einer solchen Gewinnaufteilungsanalyse eine Vielzahl schwer zu evaluierender Faktoren berücksichtigt werden. Dazu gehören der relative Risikogehalt und Wert der vor und nach der Übertragung geleisteten Forschungsbeiträge, das relative Risiko und der Effekt auf den Wert für vor und nach der Übertragung durchgeführte andere Entwicklungstätigkeiten, der angemessene Abschreibungssatz für verschiedene zu dem immateriellen Wert geleistete Beiträge, Annahmen bezüglich des Zeitpunkts, zu dem potenzielle neue Produkte auf den Markt kommen könnten, sowie der Wert anderer Beiträge, die keine immateriellen Werte sind, zur endgültigen Gewinnerzielung. Prognoserechnungen zu Einkünften und Cashflow können in solchen Fällen manchmal einen besonders stark spekulativen Charakter haben. Die Kombination dieser Faktoren kann die Zuverlässigkeit der Anwendung einer Gewinnaufteilungsanalyse in solchen Fällen infrage stellen. Vgl. Abschnitt D.4 zu schwer zu bewertenden immateriellen Werten.

6.152. Wenn im Rahmen einer Lizenzvergabe oder eines ähnlichen Geschäftsvorfalls begrenzte Rechte an vollständig entwickelten immateriellen Werten übertragen werden und wenn keine verlässlichen vergleichbaren Fremdgeschäftsvorfälle ermittelt werden können, kann eine geschäftsvorfallbezogene Gewinnaufteilungsmethode häufig eingesetzt werden, um die jeweiligen Beiträge der Beteiligten zur Erzielung der betreffenden Einkünfte zu evaluieren. Der Gewinnbeitrag, den die vom Lizenzgeber oder einem anderen übertragenden Unternehmen zur Verfügung gestellten Rechte an immateriellen Werten leisten, ist in einem solchen Fall einer der Faktoren, der zur Erzielung von Einkünften nach der Übertragung beiträgt. Andere Faktoren müssen jedoch ebenfalls berücksichtigt werden. Insbesondere sollten die vom lizenznehmenden/übernehmenden Unternehmen ausgeübten Funktionen und übernommenen Risiken in einer solchen Analyse gesondert berücksichtigt werden. Andere immaterielle Werte, die vom lizenzgebenden/übertragenden Unternehmen und vom lizenznehmenden/übernehmenden Unternehmen in ihrer jeweiligen Geschäftstätigkeit genutzt werden, sollten ebenfalls berücksichtigt werden, ebenso wie andere relevante Faktoren. Besondere Aufmerksamkeit sollte in einer solchen Analyse auf die in den Bedingungen der Übertragung festgelegten Beschränkungen gerichtet werden, denen die Nutzung der immateriellen Werte durch das lizenznehmende/übernehmende Unternehmen sowie die Rechte des lizenznehmenden/übernehmenden Unternehmens zur Nutzung der immateriellen Werte für die Zwecke weiterer Forschungs- und Entwicklungstätigkeiten unterliegen. Des Weiteren kann es wichtig sein, die vom Lizenznehmer zur Steigerung des Werts der lizenzierten immateriellen Werte geleisteten Beiträge zu bewerten. Die Aufteilung der Einkünfte hängt in einer solchen Analyse von den Ergebnissen der Funktionsanalyse ab, einschließlich der Analyse der relevanten übernommenen Risiken. Es sollte nicht davon ausgegangen werden, dass der gesamte nach Abzug des Ertrags aus den ausgeübten Funktionen verbleibende Gewinn in einer Gewinnaufteilungsanalyse in Bezug auf eine Lizenzvereinbarung notwendigerweise dem lizenzgebenden/übertragenden Unternehmen zuzurechnen ist.

D.2.6.3. Verwendung von Bewertungsmethoden

6.153. In Situationen, in denen keine verlässlichen vergleichbaren Fremdgeschäftsvorfälle für eine Übertragung eines oder mehrerer immaterieller Werte ermittelt werden können, kann es auch möglich sein, Bewertungsmethoden einzusetzen, um den fremdüblichen Preis von immateriellen Werten zu schätzen, die zwischen verbundenen Unternehmen übertragen werden. Insbesondere die Anwendung von auf den Einkünften beruhenden Bewertungsmethoden, vor allem solchen, die auf der Berechnung des abgezinsten Werts prognostizierter zukünftiger Einnahmeströme bzw. Cashflows aus der Verwertung des zu bewertenden immateriellen Werts basieren, können bei sachgerechter Anwendung sehr hilfreich sein. Je nach den Gegebenheiten und Umständen können Bewertungsmethoden von den Steuerpflichtigen und den Steuerverwaltungen im Rahmen einer der fünf OECD-Verrechnungspreismethoden, die in Kapitel II beschrieben sind, oder als ein Instrument, das bei der Ermittlung eines fremdüblichen Preises hilfreich sein kann, eingesetzt werden.

6.154. Wenn Bewertungsmethoden in einer Verrechnungspreisanalyse eingesetzt werden, bei der es um die Übertragung von immateriellen Werten oder Rechten an immateriellen Werten geht, ist es notwendig, diese Methoden in einer Weise anzuwenden, die mit dem Fremdvergleichsgrundsatz und den Prinzipien dieser Leitlinien in Einklang steht. Insbesondere den Prinzipien in den Kapiteln I–III sollte gebührend Beachtung geschenkt werden. Die Prinzipien bezüglich der realistischerweise zur Verfügung stehenden Optionen, der wirtschaftlich relevanten Merkmale einschließlich der Risikoübernahme (vgl. Kapitel I, Abschnitt D.1) sowie der Zusammenfassung von Geschäftsvorfällen (vgl. die Ziffern 3.9–3.12) gelten in vollem Umfang für Situationen, in denen Bewertungsmethoden in einer Verrechnungspreisanalyse eingesetzt werden. Außerdem gelten die Regeln dieser Leitlinien zur Auswahl der Verrechnungspreismethoden, um zu bestimmen, wann solche Bewertungsmethoden Einsatz finden sollten (vgl. die Ziffern 2.1–2.12). Die

Grundsätze der Abschnitte A, B, C und D.1 dieses Kapitels gelten ebenfalls, wenn die Anwendung von Bewertungsmethoden in Betracht gezogen wird.

6.155. Es ist äußerst wichtig, die Annahmen und sonstigen Argumente zu berücksichtigen, die der Anwendung von Bewertungsmethoden in einem bestimmten Fall zugrunde liegen. Aus Gründen einer ordnungsmäßigen Buchführung liegen der Bewertung der in der Bilanz eines Unternehmens ausgewiesenen Vermögenswerte manchmal konservative Annahmen und Schätzungen zugrunde. Eine solche inhärent konservative Herangehensweise kann zu Definitionen, die für Verrechnungspreiszwecke zu eng gefasst sind, und zu Bewertungsmethoden, die nicht zwangsläufig mit dem Fremdvergleichsgrundsatz übereinstimmen, führen. Bei für Rechnungslegungszwecken vorgenommenen Bewertungen ist somit Vorsicht geboten, da ohne sorgfältige Prüfung der zugrunde gelegten Annahmen nicht davon ausgegangen werden kann, dass sie zwangsläufig den fremdüblichen Preisen oder Werten für Verrechnungspreiszwecke entsprechen. Insbesondere Bewertungen immaterieller Werte in Kaufpreisallokationen, die für Rechnungslegungszwecke durchgeführt werden, sind nicht maßgebend für Verrechnungspreiszwecke, und sie sollten in einer Verrechnungspreisanalyse vorsichtig und unter sorgfältiger Berücksichtigung der zugrunde gelegten Annahmen verwendet werden.

6.156. Es ist nicht Absicht dieser Leitlinien, eine umfassende Zusammenfassung der Bewertungsmethoden zu liefern, die von Fachleuten im Bereich der Unternehmensbewertung verwendet werden. Es ist auch nicht Absicht dieser Leitlinien, einen oder mehrere Bewertungsstandards, die von Fachleuten auf diesem Gebiet oder Rechnungslegungsexperten angewendet werden, zu billigen oder im Gegenteil abzulehnen oder eine oder mehrere konkrete Bewertungsmethoden im Einzelnen zu beschreiben oder als für die Verwendung in Verrechnungspreisanalysen besonders geeignet speziell zu würdigen. Wenn Bewertungsmethoden jedoch in einer Weise angewendet werden, die diesen Leitlinien, den konkreten Gegebenheiten des jeweiligen Falls sowie den Prinzipien und Praktiken einer ordnungsgemäßen Bewertung gebührend Rechnung trägt und bei der der Gültigkeit der Annahmen, die der Bewertung zugrunde liegen, sowie der Übereinstimmung dieser Annahmen mit dem Fremdvergleichsgrundsatz hinreichend Beachtung geschenkt wird, können solche Methoden ein nützliches Instrument in einer Verrechnungspreisanalyse sein, wenn keine verlässlichen vergleichbaren Fremdgeschäftsvorfälle vorliegen. Dabei gilt es allerdings die Ziffern 6.142 und 6.143 in Bezug auf die Zuverlässigkeit und Anwendung von Bewertungsmethoden, die auf den Entwicklungskosten immaterieller Werte beruhen, zu beachten.

6.157. Bewertungsmethoden, die den abgezinsten Wert prognostizierter zukünftiger Cashflows aus der Verwertung des bzw. der übertragenen immateriellen Werte schätzen, können, so sie sachgerecht angewandt werden, besonders nützlich sein. Es gibt viele Varianten dieser Bewertungsmethoden. Im Allgemeinen messen solche Methoden den Wert eines immateriellen Werts anhand des geschätzten Werts der zukünftigen Cashflows, die er während seiner voraussichtlich verbleibenden Nutzungsdauer generieren kann. Dieser Wert kann durch Abzinsung der erwarteten zukünftigen Cashflows auf den Barwert berechnet werden.[6] Die Bewertung nach diesem Ansatz erfordert u. a. realistische und verlässliche Werte in Bezug auf finanzielle Prognosen, Wachstumsraten, Abzinsungssätze, die Nutzungsdauer der immateriellen Werte und die steuerlichen Effekte des Geschäftsvorfalls. Außerdem beinhaltet sie gegebenenfalls die Betrachtung von Endwerten. Je nach den Gegebenheiten und Umständen des Einzelfalls sollte die Berechnung des abgezinsten Werts der voraussichtlichen Cashflows aus der Verwertung des immateriellen Werts zur Ermittlung eines fremdüblichen Preises aus der Sicht beider am Geschäftsvorfall beteiligten Unternehmen beurteilt werden. Der fremdübliche Preis dürfte innerhalb der Bandbreite der Barwerte liegen, die aus Sicht des übertragenden und des übernehmenden Unternehmens ermittelt werden. Die Beispiele 27–29 in Anhang I zu Kapitel VI veranschaulichen die Ausführungen dieses Abschnitts.

D.2.6.4. Kritische Fragen bei der Anwendung von Methoden auf der Basis des abgezinsten Werts prognostizierter Cashflows

6.158. Bei der Anwendung von Bewertungsmethoden, einschließlich Bewertungsmethoden auf der Basis prognostizierter Cashflows, gilt es zu beachten, dass die auf der Basis solcher Methoden geschätzten Werte schwanken können. Geringfügige Veränderungen der einen oder anderen der Bewertungsmethode zugrunde liegenden Annahmen oder eines oder mehrerer Bewertungsparameter können zu großen Unterschieden beim Wert des immateriellen

6. Im Fall einer finanziellen Bewertung auf der Grundlage von Prognoserechnungen stützt sich die Analyse häufig auf Prognosen der Cashflows. Periodengerecht abgegrenzte Einnahmegrößen, wie sie für Rechnungslegungs- und Steuerzwecke ermittelt werden, spiegeln den Zeitrahmen der Cashflows möglicherweise nicht richtig wider, was zu Abweichungen zwischen den Werten führen kann, die sich bei Anwendung einer auf den Einnahmeströmen und einer auf den Cashflows basierenden Methode ergeben. In Anbetracht einer Reihe von Überlegungen kann die Verwendung von Einnahmeprognosen anstelle von Prognosen der Cashflows in der Praxis allerdings in manchen Fällen ein für Verrechnungspreiszwecke verlässlicheres Ergebnis liefern. Dabei muss jedoch darauf geachtet werden, dass die angewandten Größen, seien es nun Einnahme- oder Cashflow-Größen, einheitlich und in den richtigen Fällen angewandt werden. Wenn in diesem Text auf Cashflows Bezug genommen wird, sollte dies daher breit ausgelegt und so verstanden werden, dass damit sowohl auf den Cashflows als auch auf den Einnahmen basierende, sachgerecht angewandte Größen gemeint sind.

Werts führen, der sich aus dem Modell ergibt. Eine geringe prozentuale Veränderung des Abzinsungssatzes, eine geringe prozentuale Veränderung der bei der Erstellung der finanziellen Prognosen unterstellten Wachstumsraten oder eine geringe Veränderung der Annahmen in Bezug auf die Nutzungsdauer des immateriellen Werts kann einen tiefgreifenden Effekt auf den letztlich ermittelten Wert haben. Darüber hinaus wird diese Volatilität häufig noch verstärkt, wenn gleichzeitig zwei oder mehr Bewertungshypothesen oder -parameter geändert werden.

6.159. Die Zuverlässigkeit des unter Verwendung eines Bewertungsmodells ermittelten Werts eines immateriellen Werts ist besonders von der Zuverlässigkeit der zugrunde gelegten Annahmen und Schätzungen, auf denen das Modell basiert, sowie von der bei der Bestätigung der Annahmen und der Schätzung der Bewertungsparameter angewandten Sorgfalt und dem dabei zum Tragen kommenden Urteilsvermögen abhängig.

6.160. Aufgrund der Bedeutung der zugrunde gelegten Annahmen und Bewertungsparameter sollten Steuerpflichtige und Steuerverwaltungen, die bei der Bestimmung der fremdüblichen Preise übertragener immaterieller Werte Bewertungsmethoden anwenden, alle bei der Erstellung des Bewertungsmodells zugrunde gelegten relevanten Annahmen explizit darlegen, die Basis für die Auswahl der Bewertungsparameter beschreiben und in der Lage sein, die Angemessenheit dieser Annahmen und Bewertungsparameter zu verteidigen. Darüber hinaus ist es für Steuerpflichtige, die auf Bewertungsmethoden zurückgreifen, empfehlenswert, im Rahmen ihrer Verrechnungspreisdokumentation eine Sensitivitätsanalyse vorzulegen, die Aufschluss darüber gibt, wie sich der geschätzte Wert des immateriellen Werts verändert, wenn für das Modell alternative Annahmen und Parameter gewählt werden.

6.161. Bei der Beurteilung der Zuverlässigkeit eines Bewertungsmodells kann es sachdienlich sein, die Zwecke zu berücksichtigen, für die die Bewertung durchgeführt wurde, und die Annahmen und Bewertungsparameter in verschiedenen von dem Steuerpflichtigen für nichtsteuerliche Zwecke durchgeführten Bewertungen zu prüfen. Eine Steuerverwaltung kann berechtigterweise eine Erklärung für etwaige Inkonsistenzen zwischen den Annahmen in einer für Verrechnungspreiszwecke durchgeführten Bewertung eines immateriellen Werts und den Annahmen in für andere Zwecke durchgeführten Bewertungen verlangen. Solche Erklärungsaufforderungen wären beispielsweise angemessen, wenn in einer Verrechnungspreisanalyse hohe Abzinsungssätze verwendet werden, während das Unternehmen bei der Bewertung möglicher Fusionen und Übernahmen normalerweise niedrigere Abzinsungssätze verwendet. Derartige Aufforderungen wären auch angemessen, wenn behauptet wird, dass bestimmte immaterielle Werte eine kurze Nutzungsdauer haben, während aus den in anderen Geschäftsplanungskontexten verwendeten Prognoserechnungen hervorgeht, dass ähnliche immaterielle Werte auch Jahre nach Ablauf der für Verrechnungspreiszwecke geltend gemachten „Nutzungsdauer“ noch Cashflows generieren. Von einem multinationalen Konzern bei operationellen Geschäftsentscheidungen verwendete Bewertungen können zuverlässiger sein als ausschließlich für die Zwecke einer Verrechnungspreisanalyse durchgeführte Bewertungen.

6.162. In den folgenden Abschnitten werden einige der kritischen Punkte aufgezeigt, die bei der Evaluierung bestimmter wichtiger, den Berechnungen in einem Bewertungsmodell auf der Basis von abgezinsten Cashflows zugrunde liegender Annahmen berücksichtigt werden sollten. Diese Fragen sind bei der Evaluierung der Zuverlässigkeit der Anwendung einer Bewertungsmethode in einem konkreten Fall von großer Bedeutung. Trotz der verschiedenen weiter oben aufgeführten und unter den folgenden Ziffern eingehender beschriebenen kritischen Punkte kann sich die Anwendung einer solchen Bewertungsmethode – sei es im Rahmen einer der fünf Verrechnungspreismethoden der OECD oder als nützliches Instrument – je nach Sachlage als zuverlässiger erweisen als die Anwendung einer anderen Verrechnungspreismethode, insbesondere wenn keine zuverlässig vergleichbaren Fremdgeschäftsvorfälle vorliegen.

D.2.6.4.1. Richtigkeit von finanziellen Prognosen

6.163. Die Zuverlässigkeit einer Bewertung eines übertragenen immateriellen Werts unter Verwendung von Bewertungsmethoden auf der Basis von abgezinsten Cashflows hängt von der Richtigkeit der Prognosen der zukünftigen Cashflows oder Einkünfte ab, auf denen die Bewertung basiert. Da die Richtigkeit von finanziellen Prognosen jedoch von Marktentwicklungen abhängt, die im Zeitpunkt der Durchführung der Bewertung nicht bekannt sind und auch nicht bekannt sein können, und da solche Prognoserechnungen folglich spekulativ sind, ist es von entscheidender Bedeutung, dass die Steuerpflichtigen und die Steuerverwaltungen die Annahmen, die den Prognoserechnungen der zukünftigen Erträge wie auch der zukünftigen Aufwendungen zugrunde liegen, sorgfältig prüfen.

6.164. Bei der Evaluierung von finanziellen Prognosen können die Quelle und der Zweck der Prognoserechnungen von besonderer Bedeutung sein. In einigen Fällen erstellen die Steuerpflichtigen regelmäßig finanzielle Prognosen für Geschäftsplanungszwecke. Es kann sein, dass diese Analysen von der Geschäftsführung des Unternehmens genutzt werden, um Unternehmens- und Investitionsentscheidungen zu treffen. Es verhält sich üblicherweise so, dass Prognoserechnungen, die für nichtsteuerliche Geschäftsplanungszwecke erstellt werden, zuverlässiger sind als Prognoserechnungen, die ausschließlich für steuerliche Zwecke oder ausschließlich für die Zwecke einer Verrechnungspreisanalyse erstellt werden.

6.165. Der von den Prognoserechnungen erfasste Zeitraum sollte bei der Evaluierung der Zuverlässigkeit der Prognoserechnungen ebenfalls berücksichtigt werden. Je weiter in die Zukunft die Erwartung reicht, dass der betreffende immaterielle Wert positive Cashflows generiert, desto weniger zuverlässig dürften die Prognoserechnungen zu den Einnahmen und Ausgaben sein.

6.166. Ein weiterer Aspekt bei der Evaluierung der Zuverlässigkeit von Prognoserechnungen ist die Frage, ob Erfahrungswerte zur finanziellen Ertragskraft der immateriellen Werte und der mit ihnen verbundenen Produkte oder Dienstleistungen vorliegen. Bei der Annahme, dass die Ergebnisse der Vergangenheit ein zuverlässiger Anhaltspunkt für die Zukunft sind, ist zwar immer Vorsicht geboten, da sich bei vielen Faktoren Änderungen ergeben können. Die operativen Ergebnisse der Vergangenheit können jedoch ein nützlicher Anhaltspunkt in Bezug auf die voraussichtlichen zukünftigen Ergebnisse von Produkten oder Dienstleistungen sein, die auf immateriellen Werten basieren. Prognoserechnungen in Bezug auf Produkte oder Dienstleistungen, die noch nicht auf den Markt gebracht wurden oder die sich noch in der Entwicklung befinden, sind von Natur aus weniger zuverlässig als Prognoserechnungen, die sich auf Erfahrungswerte stützen.

6.167. Bei der Entscheidung, ob die Entwicklungskosten in den Prognosen der Cashflows zu berücksichtigen sind, ist es wichtig, die Art des übertragenen immateriellen Werts zu beachten. Einige immaterielle Werte können eine unbestimmte Nutzungsdauer aufweisen und ständig weiterentwickelt werden. Unter solchen Umständen ist es angemessen, zukünftige Entwicklungskosten in den Prognoserechnungen der Cashflows zu berücksichtigen. Andere, beispielsweise ein bestimmtes Patent, sind möglicherweise bereits vollständig entwickelt und bieten zudem keine Grundlage für die Entwicklung weiterer immaterieller Werte. In solchen Situationen sollten keine Entwicklungskosten in die Prognoserechnungen der Cashflows für den übertragenen immateriellen Wert aufgenommen werden.

6.168. Wenn aus den vorstehenden Gründen oder aus einem anderen Grund Anlass zur Annahme besteht, dass die der Bewertung zugrunde liegenden Prognoserechnungen unzuverlässig oder spekulativ sind, sollten die Leitlinien in Abschnitt D.3 und D.4 beachtet werden.

D.2.6.4.2. Annahmen in Bezug auf Wachstumsraten

3.169. Ein Schlüsselelement einiger Prognoserechnungen zu Cashflows, das sorgfältig geprüft werden sollte, ist die prognostizierte Wachstumsrate. Die Prognoserechnungen zu zukünftigen Cashflows basieren häufig auf aktuellen Cashflows (oder unterstellten anfänglichen Cashflows nach der Produkteinführung im Fall von teilentwickelten immateriellen Werten), die unter Bezugnahme auf eine prozentuale Wachstumsrate erweitert werden. Wenn dies der Fall ist, sollte die Basis für die unterstellte Wachstumsrate überprüft werden. Insbesondere ist es ungewöhnlich, dass die mit einem bestimmten Produkt erzielten Umsatzerlöse über einen langen Zeitraum mit einer stetigen Rate wachsen. Im Hinblick auf einfache Modelle mit linearen Wachstumsraten, die nicht ausgehend von Erfahrungen mit ähnlichen Produkten und Märkten oder einer sachgerechten Evaluierung der voraussichtlichen künftigen Marktbedingungen begründet wurden, ist somit Vorsicht geboten, und sie sollten nicht ohne weiteres akzeptiert werden. Es ist normalerweise zu erwarten, dass eine zuverlässige Anwendung einer Bewertungsmethode auf der Basis prognostizierter zukünftiger Cashflows eine Überprüfung der voraussichtlichen Entwicklung der Erträge und Aufwendungen ausgehend von Branchen- und Unternehmenserfahrungen mit ähnlichen Produkten beinhaltet.

D.2.6.4.3. Abzinsungssätze

6.170. Der oder die Abzinsungssätze, die bei der Umrechnung prognostizierter Cashflows in einen Barwert verwendet werden, sind ein entscheidendes Element eines Bewertungsmodells. Der Abzinsungssatz berücksichtigt den Zeitwert des Geldes und das Risiko oder die Ungewissheit der erwarteten Cashflows. Da geringfügige Abweichungen bei den ausgewählten Abzinsungssätzen große Abweichungen bei dem unter Verwendung dieser Methoden berechneten Wert immaterieller Werte verursachen können, ist es von entscheidender Bedeutung, dass die Steuerpflichtigen und Steuerverwaltungen der Analyse und den Annahmen, auf denen die Auswahl des oder der Abzinsungssätze im Bewertungsmodell beruht, große Aufmerksamkeit schenken.

6.171. Es gibt keine einheitliche Messgröße für einen Abzinsungssatz, die in allen Fällen für Verrechnungspreiszwecke angemessen wäre. Weder die Steuerpflichtigen noch die Steuerverwaltungen sollten davon ausgehen, dass bei Verrechnungspreisanalysen, in denen die Bestimmung angemessener Abzinsungssätze wichtig ist, immer ein Abzinsungssatz auf der Basis der gewichteten durchschnittlichen Kapitalkosten (WACC-Ansatz) oder einer anderen Messgröße verwendet werden sollte. Stattdessen sollten bei der Bestimmung des angemessenen Abzinsungssatzes die mit den Gegebenheiten des Einzelfalls und den betreffenden Cashflows verbundenen spezifischen Bedingungen und Risiken evaluiert werden.

6.172. Bei der Bestimmung und Evaluierung von Abzinsungssätzen ist zu beachten, dass immaterielle Werte in einigen Fällen, insbesondere wenn es um die Bewertung von noch in der Entwicklung befindlichen immateriellen Werten geht, zu den riskantesten Komponenten der Geschäftstätigkeit eines Steuerpflichtigen gehören können. Es ist außerdem zu beachten, dass einige Geschäftstätigkeiten von Natur aus riskanter sind als andere und dass einige Cashflows von Natur aus volatiler sind als andere. So kann beispielsweise die Wahrscheinlichkeit, dass ein prognostizierter Betrag an

Forschungs- und Entwicklungsaufwendungen tatsächlich anfällt, höher sein als die Wahrscheinlichkeit, dass ein prognostiziertes Umsatzniveau tatsächlich erzielt wird. Der oder die Abzinsungssätze sollten den Risikograd der gesamten Geschäftstätigkeit und die erwartete Volatilität der verschiedenen prognostizierten Cashflows unter den Umständen des jeweiligen Einzelfalls widerspiegeln.

6.173. Da bestimmte Risiken bei der Erstellung der finanziellen Prognosen oder bei der Berechnung des Abzinsungssatzes berücksichtigt werden können, sollte darauf geachtet werden, dass es nicht zu einer Doppelberücksichtigung von Risiken kommt.

D.2.6.4.4. Nutzungsdauer von immateriellen Werten und Endwerte

6.174. Die Bewertungsmethoden basieren häufig auf der Prognose der Cashflows, die sich aus der Verwertung des immateriellen Werts während der Nutzungsdauer dieses immateriellen Werts ergeben. Unter solchen Umständen ist die Bestimmung der tatsächlichen Nutzungsdauer des immateriellen Werts eine der entscheidenden Annahmen, die das Bewertungsmodell stützen.

6.175. Die prognostizierte Nutzungsdauer bestimmter immaterieller Werte ist eine Frage, die auf der Basis aller relevanten Gegebenheiten und Umstände zu klären ist. Die Nutzungsdauer eines bestimmten immateriellen Werts kann durch die Art und Dauer des gesetzlichen Schutzes, den er erhalten hat, beeinflusst werden. Die Nutzungsdauer immaterieller Werte kann zudem durch das Tempo des technischen Fortschritts in der Branche sowie durch andere Faktoren, die sich auf den Wettbewerb im betreffenden Wirtschaftsumfeld auswirken, beeinflusst werden. Vgl. die Ziffern 6.121 und 6.122.

6.176. In einigen Situationen können bestimmte immaterielle Werte noch mehrere Jahre, nachdem ihr gesetzlicher Schutz abgelaufen ist oder nachdem die Vermarktung der Produkte, auf die sie sich konkret beziehen, eingestellt wurde, zur Erzeugung von Cashflows beitragen. Dies kann in Situationen der Fall sein, in denen eine Generation immaterieller Werte die Basis für die Entwicklung künftiger Generationen immaterieller Werte und neuer Produkte ist. Wenn derartige Folgewirkungen vorliegen, kann es durchaus angemessen sein, einen Teil der sich aus voraussichtlichen neuen Produkten ergebenden andauernden Cashflows immateriellen Werten zuzurechnen, deren Nutzungsdauer eigentlich abgelaufen ist. Es ist zu beachten, dass einige immaterielle Werte zum Zeitpunkt der Bewertung zwar eine unbestimmte Nutzungsdauer haben, dass diese Tatsache jedoch nicht bedeutet, dass diesen immateriellen Werten auf ewig außerordentliche Erträge zuzurechnen sind.

6.177. Diesbezüglich ist festzustellen, dass wenn bestimmte immaterielle Werte über den Zeitraum, für den vertretbare finanzielle Prognosen vorliegen, hinaus zu andauernden Cashflows beitragen, manchmal ein Endwert für die mit dem immateriellen Wert verbundenen Cashflows berechnet wird. Wenn bei der Wertermittlung Endwerte genutzt werden, sollten die ihrer Berechnung zugrunde liegenden Annahmen klar dargelegt und die zugrunde gelegten Annahmen, insbesondere die unterstellten Wachstumsraten, gründlich überprüft werden.

D.2.6.4.5. Annahmen in Bezug auf Steuern

6.178. Wenn der Zweck der Bewertungsmethode darin besteht, die mit einem immateriellen Wert verbundenen prognostizierten Cashflows zu isolieren, kann es notwendig sein, den Effekt prognostizierter zukünftiger Ertragsteuern auf die prognostizierten Cashflows zu evaluieren und zu quantifizieren. Zu den zu prüfenden Steuereffekten gehören: *i)* Steuern, die voraussichtlich auf zukünftige Cashflows erhoben werden, *ii)* steuerliche Abschreibungsmöglichkeiten, die dem übernehmenden Unternehmen voraussichtlich zur Verfügung stehen werden, falls solche vorgesehen sind, und *iii)* Steuern, die das übertragende Unternehmen infolge der Übertragung voraussichtlich zu zahlen hat, falls solche vorgesehen sind.

D.2.7. Form der Zahlung

6.179. Die Steuerpflichtigen haben erheblichen Ermessensspielraum bei der Festlegung der Form der Zahlung für übertragene immaterielle Werte. Bei Geschäftsvorfällen zwischen unabhängigen Unternehmen ist es gängige Praxis, dass die Zahlungen für immaterielle Werte in der Form einer pauschalen Einmalzahlung erfolgen. Eine weitere gängige Praxis ist es, dass die Zahlungen für immaterielle Werte über einen bestimmten Zeitraum hinweg in der Form von regelmäßigen Zahlungen erfolgen. Bei Vereinbarungen, die regelmäßige Zahlungen vorsehen, können diese entweder als eine Reihe von festen Teilzahlungen strukturiert werden oder die Form von bedingten Zahlungen annehmen, deren Betrag vom Umsatz der auf den immateriellen Werten beruhenden Produkte, von der Rentabilität oder von einem anderen Faktor abhängt. Bei der Evaluierung der von einem Steuerpflichtigen im Hinblick auf die Zahlungsform getroffenen Vereinbarungen sollten die Grundsätze von Kapitel I Abschnitt D.1.1 befolgt werden.

6.180. Bei der Evaluierung der von einem Steuerpflichtigen in Bezug auf die Zahlungsform getroffenen Vereinbarungen ist zu beachten, dass einige Zahlungsformen mehr oder weniger große Risiken für einen der Beteiligten mit sich bringen. So beinhaltet eine Zahlungsform, die vom künftigen Umsatz oder Gewinn abhängt, wegen ihrer Bedingtheit normalerweise ein größeres Risiko für das übertragende Unternehmen als eine Zahlungsform, die eine pauschale Einmalzahlung im Zeitpunkt der Übertragung oder eine Reihe von festen Teilzahlungen vorsieht. Die gewählte Zahlungsform muss mit den

Gegebenheiten und Umständen des Einzelfalls in Einklang stehen, einschließlich der schriftlichen Verträge, des tatsächlichen Verhaltens der Beteiligten und der Fähigkeit der Beteiligten, die relevanten Zahlungsrisiken zu tragen und zu verwalten. Insbesondere sollte der Betrag der festgelegten Zahlungen den relevanten Zeitwert des Geldes und die relevanten Risikomerkmale der gewählten Zahlungsform widerspiegeln. Wenn beispielsweise eine Bewertungsmethode angewandt wird und dies zur Berechnung eines pauschalen Barwerts für den übertragenen immateriellen Wert führt und wenn ein Steuerpflichtiger eine an den zukünftigen Umsatz geknüpfte Zahlungsform wählt, so sollte der Abzinsungssatz, der zur Umrechnung des Pauschalbetrags in während der Nutzungsdauer des immateriellen Werts zu leistende bedingte Zahlungen verwendet wird, das für das übertragende Unternehmen entstehende erhöhte Risiko, dass sich die Umsätze möglicherweise nicht einstellen und die Zahlungen deshalb ausbleiben, sowie die Auswirkungen, die die Verschiebung der Zahlungen auf künftige Jahre auf den Zeitwert des Geldes hat, widerspiegeln.

D.3. Bestimmung von Fremdvergleichspreisen für Geschäftsvorfälle mit immateriellen Werten, deren Bewertung im Zeitpunkt des Geschäftsvorfalls höchst unsicher ist

6.181. Immaterielle Werte oder Rechte an immateriellen Werten können besondere Merkmale aufweisen, die die Suche nach Vergleichswerten erschweren und wegen denen es in manchen Fällen schwierig sein kann, den Wert eines immateriellen Werts im Zeitpunkt des Geschäftsvorfalls zu bestimmen. Wenn die Bewertung eines immateriellen Werts oder von Rechten an einem immateriellen Wert im Zeitpunkt des Geschäftsvorfalls höchst unsicher ist, stellt sich die Frage, wie ein Fremdvergleichspreis bestimmt werden soll. Bei der Lösung dieser Frage sollten sich die Steuerpflichtigen ebenso wie die Steuerverwaltungen daran orientieren, was unabhängige Unternehmen unter vergleichbaren Umständen getan hätten, um der Bewertungsunsicherheit bei der Preisbestimmung des Geschäftsvorfalls Rechnung zu tragen. Diesbezüglich sind die Leitlinien und das empfohlene Verfahren in Kapitel I Abschnitt D und die Grundsätze in Kapitel III, ergänzt durch die in diesem Kapitel aufgeführten Leitlinien zur Durchführung einer Vergleichbarkeitsanalyse, maßgeblich.

6.182. Je nach den Gegebenheiten und Umständen gibt es eine Vielfalt von Mechanismen, die unabhängige Unternehmen anwenden können, um hoher Unsicherheit bei der Bewertung eines immateriellen Werts im Zeitpunkt des Geschäftsvorfalls zu begegnen. Eine Möglichkeit besteht beispielsweise darin, den voraussichtlichen Nutzen (unter Berücksichtigung aller relevanten wirtschaftlichen Faktoren) als Mittel für die Preisbestimmung zu Beginn des Geschäftsvorfalls heranzuziehen. Bei der Bestimmung des voraussichtlichen Nutzens würden unabhängige Unternehmen berücksichtigen, inwieweit spätere Entwicklungen vorhersehbar und voraussagbar sind. In einigen Fällen können unabhängige Unternehmen der Auffassung sein, dass die späteren Entwicklungen hinreichend vorhersehbar sind und dass die Prognoserechnungen des voraussichtlichen Nutzens folglich zuverlässig genug sind, um ihnen zu gestatten, den Preis für den Geschäftsvorfall von Anfang an auf der Grundlage dieser Prognosen festzusetzen.

6.183. In anderen Fällen können unabhängige Unternehmen der Auffassung sein, dass eine Preisfindung, die allein auf dem voraussichtlichen Nutzen basiert, keinen ausreichenden Schutz vor den Risiken bietet, die sich aus der hohen Unsicherheit bei der Bewertung des immateriellen Werts ergeben. In solchen Fällen könnten unabhängige Unternehmen beispielsweise kurzfristigere Vereinbarungen abschließen, Preisanpassungsklauseln in die Bedingungen der Vereinbarung aufnehmen oder eine Zahlungsstruktur mit bedingten Zahlungen wählen, um sich gegen spätere, möglicherweise nicht hinreichend vorhersehbare Entwicklungen abzusichern. In diesem Sinne gilt als bedingte Preisvereinbarung jede Preisvereinbarung, in der die Höhe oder der Zeitpunkt der Zahlungen von eventuell eintretenden Ereignissen abhängt, darunter das Erreichen von im Voraus festgelegten finanziellen Schwellenwerten, beispielsweise in Bezug auf Umsatz oder Gewinn, oder von im Voraus festgelegten Entwicklungsstufen (z. B. für Lizenzgebühren oder regelmäßige Meilensteinzahlungen). Der Lizenzsatz könnte beispielsweise so festgesetzt werden, dass er bei steigenden Umsätzen des Lizenznehmers zunimmt, oder es könnten zusätzliche Zahlungen verlangt werden, sobald bestimmte Entwicklungsziele erfolgreich erreicht werden. Bei einer Übertragung von immateriellen Werten oder Rechten an immateriellen Werten in einem Stadium, in dem diese noch nicht vermarktet werden können, sondern noch weiterentwickelt werden müssen, können die Zahlungsbedingungen, die unabhängige Unternehmen bei der ursprünglichen Übertragung vereinbaren würden, die Festlegung zusätzlicher bedingter Beträge vorsehen, die nur bei Erreichen von bestimmten Teilabschnitten (Meilensteinen) der Weiterentwicklung zahlbar sind.

6.184. Unabhängige Unternehmen können auch entscheiden, das Risiko unvorhersehbarer zukünftiger Entwicklungen selbst zu übernehmen. Wenn das Eintreten größerer, von den Beteiligten im Zeitpunkt des Geschäftsvorfalls nicht vorhergesehener Ereignisse oder Entwicklungen oder das Eintreten vorhergesehener Ereignisse oder Entwicklungen, denen eine geringe Eintrittswahrscheinlichkeit beigemessen wurde, jedoch die grundlegenden Annahmen verändert, auf denen die Preisbestimmung basiert, kann es zu einer Neuverhandlung der Preisvereinbarungen im gegenseitigen Einvernehmen der Beteiligten kommen, sofern dies für beide Seiten von Nutzen ist. Beispielsweise könnte es zu einer fremdvergleichskonformen Neuverhandlung kommen, wenn sich der auf den Umsätzen für ein patentiertes Arzneimittel beruhende Lizenzsatz aufgrund der unerwarteten Entwicklung eines billigen Alternativmedikaments als viel zu hoch erweist. Die überhöhte Lizenzgebühr könnte dazu führen, dass der Lizenznehmer keinen Anreiz mehr hat, das Arzneimittel herzustellen oder zu verkaufen, in welchem Fall der Lizenznehmer ein Interesse an einer Neuverhandlung der Vereinbarung hat. Es kann sein, dass der Lizenzgeber ein Interesse daran hat, dass das Arzneimittel auf dem Markt bleibt und dass weiterhin derselbe Lizenznehmer das Arzneimittel herstellt oder verkauft, sei es wegen dessen Fähigkeiten und Fachkenntnissen oder einer seit Langem zwischen beiden bestehenden Zusammenarbeit. Unter diesen Umständen könnten die Beteiligten die Vereinbarung zum beiderseitigen Vorteil prospektiv teilweise oder vollständig neu aushandeln und einen niedrigeren Lizenzsatz festlegen. Ob es zu einer Neuverhandlung kommt, hängt in jedem Fall von den Gegebenheiten und Umständen des Einzelfalls ab.

6.185. Wenn unabhängige Unternehmen unter vergleichbaren Umständen die Aufnahme eines Mechanismus vereinbart hätten, der der hohen Unsicherheit bei der Bewertung des immateriellen Werts Rechnung trägt (z. B. eine Preisanpassungsklausel), sollte es der Steuerverwaltung gestattet sein, den Preis des Geschäftsvorfalls im Zusammenhang mit einem immateriellen Wert oder Rechten an einem immateriellen Wert auf der Grundlage eines solchen Mechanismus zu bestimmen. Desgleichen sollten bestimmte spätere Ereignisse, die unabhängige Unternehmen unter vergleichbaren Umständen als so grundlegend eingestuft hätten, dass ihr Eintreten zu einer prospektiven Neuverhandlung des Preises für einen Geschäftsvorfall geführt hätte, auch zu einer Änderung des Preises für den Geschäftsvorfall zwischen verbundenen Unternehmen führen.

D.4. Schwer zu bewertende immaterielle Werte

6.186. Es kann sich für eine Steuerverwaltung als schwierig erweisen, festzustellen oder zu überprüfen, welche Entwicklungen oder Ereignisse für die Preisbestimmung in einem Geschäftsvorfall, bei dem immaterielle Werte oder Rechte an immateriellen Werten übertragen werden, als relevant angesehen werden können und inwieweit das Eintreten solcher Entwicklungen oder Ereignisse oder die Richtung, die sie einschlagen, im Zeitpunkt des Geschäftsabschlusses hätten vorhergesehen werden können oder vernünftigerweise vorhersehbar waren. Die Entwicklungen oder Ereignisse, die für die Bewertung eines immateriellen Werts relevant sein können, hängen in den meisten Fällen stark mit dem Geschäftsumfeld zusammen, in dem dieser immaterielle Wert entwickelt oder verwertet wird. Um zu beurteilen, welche Entwicklungen oder Ereignisse relevant sind und ob das Eintreten oder die Richtung dieser Entwicklungen oder Ereignisse hätte vorhergesehen werden können oder vernünftigerweise vorhersehbar war, sind folglich Fachkenntnisse, Fachkompetenzen und Erkenntnisse im Hinblick auf das Geschäftsumfeld erforderlich, in dem der immaterielle Wert entwickelt und verwertet wird. Des Weiteren ist es möglich, dass die Prüfungen, die bei der Beurteilung einer Übertragung von immateriellen Werten oder Rechten an immateriellen Werten in einem Fremdgeschäftsvorfall sinnvollerweise durchgeführt werden sollten, vom multinationalen Konzern im Fall einer konzerninternen Übertragung für keine anderen Zwecke als für die Verrechnungspreisbestimmung für notwendig oder sinnvoll erachtet werden, was dazu führen kann, dass sie nicht vollständig durchgeführt werden. So kann es beispielsweise vorkommen, dass ein Unternehmen einen immateriellen Wert in einem frühen Stadium der Entwicklung an ein verbundenes Unternehmen überträgt, dafür im Zeitpunkt der Übertragung eine Lizenzgebühr festlegt, die dem Wert des immateriellen Werts nicht entspricht, und dann später den Standpunkt vertritt, dass es im Zeitpunkt der Übertragung nicht möglich war, den späteren Erfolg des Produkts mit voller Gewissheit vorherzusehen. Der Steuerpflichtige würde folglich geltend machen, dass der Unterschied zwischen dem Ex-ante-Wert und dem Ex-post-Wert des immateriellen Werts auf günstigere Entwicklungen als erwartet zurückzuführen ist. In solchen Situationen machen die Steuerverwaltungen im Allgemeinen die Erfahrung, dass es ihnen an den nötigen spezifischen Geschäftskenntnissen fehlt oder dass sie keinen Zugang zu den nötigen Informationen haben, um die Behauptungen des Steuerpflichtigen zu überprüfen und gegebenenfalls nachzuweisen, dass der Unterschied zwischen dem Ex-ante-Wert und dem Ex-post-Wert des immateriellen Werts darauf zurückzuführen ist, dass der Steuerpflichtige bei der Preisbestimmung nichtfremdvergleichskonforme Annahmen zugrunde gelegt hat. Um die Behauptungen des Steuerpflichtigen überprüfen zu können, müssen sich die Steuerverwaltungen stattdessen großenteils auf die vom Steuerpflichtigen bereitgestellten Erläuterungen und Informationen stützen. Solche Situationen der Informationsasymmetrie zwischen Steuerpflichtigen und Steuerverwaltungen können ein Verrechnungspreisrisiko verursachen. Vgl. Ziffer 6.191.

6.187. Wenn solche Situationen im Zusammenhang mit der Übertragung eines immateriellen Werts oder von Rechten an einem immateriellen Wert auftreten, können die Ex-post-Ergebnisse für die Steuerverwaltungen ein Hinweis darauf sein, inwieweit die ex ante zwischen den verbundenen Unternehmen getroffene Preisvereinbarung fremdvergleichskonform war und ob im Zeitpunkt des Geschäftsvorfalls Unsicherheiten bestanden. Wenn Unterschiede zwischen den Ex-ante-Prognoserechnungen und den Ex-post-Ergebnissen bestehen, die nicht auf unvorhersehbare Entwicklungen oder Ereignisse zurückzuführen sind, können diese Unterschiede ein Anzeichen dafür sein, dass die zwischen den verbundenen Unternehmen im Zeitpunkt des Geschäftsabschlusses getroffene Preisvereinbarung den relevanten Entwicklungen oder Ereignissen, von denen zu erwarten war, dass sie den Wert des immateriellen Werts und die getroffenen Preisvereinbarungen verändern konnten, möglicherweise nicht angemessen Rechnung getragen hat.

6.188. Dieser Abschnitt antwortet auf die vorstehend erörterten Überlegungen mit einem dem Fremdvergleichsgrundsatz entsprechenden Ansatz, den die Steuerverwaltungen anwenden können, um sicherzustellen, dass sie bestimmen können, in welchen Situationen die von den Steuerpflichtigen getroffenen Preisvereinbarungen fremdvergleichskonform sind und auf einer angemessenen Abwägung der vorhersehbaren Entwicklungen oder Ereignisse basieren, die für die Bewertung bestimmter schwer zu bewertender immaterieller Werte relevant sind, und in welchen Situationen dies nicht der Fall ist. Bei diesem Ansatz dienen die Ex-post-Daten als „Indizienbeweis", um zu beurteilen, ob im Zeitpunkt des Geschäftsvorfalls Unsicherheiten bestanden, ob der Steuerpflichtige vernünftigerweise vorhersehbare Entwicklungen oder Ereignisse im Zeitpunkt des Geschäftsvorfalls angemessen berücksichtigt hat und ob die zur Bestimmung des Verrechnungspreises für die Übertragung der betreffenden immateriellen Werte oder Rechte an immateriellen Werten ex ante genutzten Informationen verlässlich waren. Ein solcher Indizienbeweis kann, wie in Ziffer 6.193 und 6.194 beschrieben, widerlegt werden, wenn nachgewiesen werden kann, dass er keine Auswirkungen auf die richtige Bestimmung des Fremdvergleichspreises hat. Diese Situation sollte von der Situation unterschieden werden, in der rückblickend Ex-post-Ergebnisse für Steuerveranlagungszwecke herangezogen werden, ohne zu prüfen, ob die verbundenen Unternehmen die Informationen, auf denen die Ex-post-Ergebnisse basieren, im Zeitpunkt des Geschäftsabschlusses vernünftigerweise hätten kennen und prüfen können oder sollen.

6.189. Der Ausdruck „schwer zu bewertende immaterielle Werte" (*hard-to-value intangibles* – HTVI) bezieht sich auf immaterielle Werte oder Rechte an immateriellen Werten, für die im Zeitpunkt ihrer Übertragung zwischen verbundenen Unternehmen *i)* keine zuverlässigen Vergleichswerte existieren und *ii)* die Prognoserechnungen der künftig durch den übertragenen immateriellen Wert zu erzielenden Cashflows oder Einnahmen oder die zur Bewertung des immateriellen Werts herangezogenen Annahmen im Zeitpunkt des Geschäftsabschlusses höchst unsicher sind, sodass es schwierig ist, im Zeitpunkt der Übertragung vorherzusehen, wie erfolgreich der immaterielle Wert letztlich sein wird.

6.190. Die Geschäftsvorfälle im Zusammenhang mit der Übertragung oder Nutzung von schwer zu bewertenden immateriellen Werten unter Ziffer 6.189 können eines oder mehrere der folgenden Merkmale aufweisen:

- Die Entwicklung des immateriellen Werts ist im Zeitpunkt der Übertragung noch nicht abgeschlossen.

- Es wird damit gerechnet, dass der immaterielle Wert erst mehrere Jahre nach der Übertragung kommerziell verwertet wird.
- Der immaterielle Wert selbst fällt nicht unter die in Ziffer 6.189 aufgeführte Definition schwer zu bewertender immaterieller Werte, ist aber integraler Bestandteil der Entwicklung oder Verbesserung anderer immaterieller Werte, die unter diese Definition schwer zu bewertender immaterieller Werte fallen.
- Der immaterielle Wert soll auf eine Art und Weise verwertet werden, die im Zeitpunkt der Übertragung neuartig ist, und wegen des Fehlens von Erfahrungswerten zur Entwicklung oder Verwertung ähnlicher immaterieller Werte sind die Prognosen höchst unsicher.
- Der immaterielle Wert, der der unter Ziffer 6.189 aufgeführten Definition schwer zu bewertender immaterieller Werte entspricht, wurde gegen Zahlung eines Pauschalbetrags an ein verbundenes Unternehmen übertragen.
- Der immaterielle Wert wird im Zusammenhang mit einer KUV oder ähnlichen Vereinbarung genutzt oder im Rahmen einer KUV oder ähnlichen Vereinbarung entwickelt.

6.191. Bei solchen immateriellen Werten kann die Informationsasymmetrie zwischen Steuerpflichtigen und Steuerverwaltungen, einschließlich der Frage, welche Informationen der Steuerpflichtige bei der Bestimmung des Preises für den Geschäftsvorfall berücksichtigt hat, erheblich sein und die Schwierigkeiten verschärfen, vor denen die Steuerverwaltungen aus den unter Ziffer 6.186 erörterten Gründen bei der Überprüfung der Fremdvergleichskonformität der Annahmen stehen, auf denen die Preisbestimmung basierte. Bis die Ex-post-Ergebnisse in den Jahren nach der Übertragung bekannt werden, kann es für eine Steuerverwaltung folglich schwierig sein, eine Risikoabschätzung für Verrechnungspreiszwecke durchzuführen, die Zuverlässigkeit der Informationen, auf denen der vom Steuerpflichtigen bestimmte Preis beruht, zu evaluieren, oder zu prüfen, ob der immaterielle Wert oder die Rechte an immateriellen Werten im Vergleich zum fremdüblichen Preis zu einem zu niedrigen oder zu hohen Preis übertragen wurden.

6.192. Unter diesen Umständen kann die Steuerverwaltung Ex-post-Ergebnisse als Indizienbeweis zur Beurteilung der Angemessenheit der ex ante getroffenen Preisvereinbarungen heranziehen. Vor der Berücksichtigung solcher Ex-post-Indizien sollte jedoch festgestellt werden, dass diese Daten tatsächlich notwendig sind, um die Zuverlässigkeit der Informationen, auf denen die ex ante getroffene Preisvereinbarung basierte, zu beurteilen. Wenn die Steuerverwaltung die Zuverlässigkeit der Informationen, auf denen die ex ante getroffene Preisvereinbarung basierte, bestätigen kann, dann sollten ungeachtet des in diesem Abschnitt beschriebenen Ansatzes keine Korrekturen auf der Basis der Ex-post-Gewinne vorgenommen werden. Bei der Evaluierung der ex ante getroffenen Preisvereinbarungen ist die Steuerverwaltung berechtigt, die Ex-post-Daten zu den finanziellen Ergebnissen zu nutzen, um die fremdüblichen Preisvereinbarungen zu bestimmen, einschließlich etwaiger bedingter Preisvereinbarungen unter Berücksichtigung von Ziffer 6.185, die im Zeitpunkt des Geschäftsvorfalls zwischen unabhängigen Unternehmen getroffen worden wären. Je nach den Gegebenheiten und Umständen des Falls und unter Berücksichtigung der Leitlinien in Kapitel III Abschnitt B.5 kann eine Mehrjahresanalyse der Informationen für die Anwendung dieses Ansatzes zweckdienlich sein.

6.193. Dieser Ansatz gilt nicht für Geschäftsvorfälle im Zusammenhang mit der Übertragung oder Nutzung von schwer zu bewertenden immateriellen Werten, die in den Anwendungsbereich von Ziffer 6.189 fallen, wenn wenigstens eine der folgenden Ausnahmen greift:

i) Der Steuerpflichtige liefert:

   1. detaillierte Angaben zu den im Zeitpunkt der Übertragung bei der Bestimmung der Preisvereinbarungen verwendeten Ex-ante-Prognoserechnungen, einschließlich dazu, wie die Risiken in den Berechnungen zur Bestimmung des Preises berücksichtigt wurden (z. B. wahrscheinlichkeitsgewichtet), sowie zur Angemessenheit seiner Prüfung der vernünftigerweise vorhersehbaren Ereignisse und sonstigen Risiken sowie der Wahrscheinlichkeit ihres Eintretens, und

   2. verlässliche Nachweise, dass eine etwaige signifikante Abweichung zwischen den finanziellen Prognosen und den tatsächlichen Ergebnissen auf Folgendes zurückzuführen ist: *a)* unvorhersehbare Entwicklungen oder Ereignisse, die nach der Bestimmung des Preises eingetreten sind und die im Zeitpunkt des Geschäftsvorfalls von den verbundenen Unternehmen nicht vorhergesehen werden konnten, oder *b)* die Wirkung der Eintrittswahrscheinlichkeit vorhersehbarer Ergebnisse, wobei diese Eintrittswahrscheinlichkeit im Zeitpunkt des Geschäftsvorfalls nicht deutlich überschätzt oder unterschätzt wurde.

ii) Die Übertragung des schwer zu bewertenden immateriellen Werts fällt unter eine bilaterale oder multilaterale Vorabverständigung über die Verrechnungspreise, die im fraglichen Zeitraum zwischen den Staaten des übernehmenden und des übertragenden Unternehmens wirksam ist.

iii) Die etwaige unter i2 weiter oben erwähnte signifikante Abweichung zwischen den Finanzprognosen und den tatsächlichen Ergebnissen hat nicht den Effekt, die Vergütung für den schwer zu bewertenden immateriellen Wert um mehr als 20 % des im Zeitpunkt des Geschäftsvorfalls festgelegten Betrags zu reduzieren oder zu erhöhen.

iv) Seit dem Jahr, in dem das übernehmende Unternehmen durch den schwer zu bewertenden immateriellen Wert zum ersten Mal Einkünfte von unabhängigen Dritten bezog, ist eine Vermarktungsperiode von fünf Jahren vergangen und in diesem Zeitraum überstieg die unter i2 weiter oben erwähnte signifikante Abweichung zwischen den Finanzprognosen und den tatsächlichen Ergebnissen die Prognoserechnungen für diesen Zeitraum um nicht mehr als 20 %.[7]

6.194. Die erste Ausnahme bedeutet, dass die Steuerverwaltungen ungeachtet der Tatsache, dass Ex-post-Daten zu finanziellen Ergebnissen relevante Informationen bieten, anhand derer die Steuerverwaltungen die Angemessenheit der ex ante getroffenen Preisvereinbarungen prüfen können, nicht berechtigt sind, auf der Basis von Ex-post-Ergebnissen Berichtigungen der ex ante getroffenen Preisvereinbarungen vorzunehmen, wenn der Steuerpflichtige zufriedenstellend nachweisen kann, was im Zeitpunkt des Geschäftsvorfalls vorhersehbar war und in den der Preisbestimmung zugrunde liegenden Annahmen berücksichtigt wurde, und dass die Entwicklungen, die zu der Abweichung zwischen den Prognoserechnungen und den Ergebnissen geführt haben, auf unvorhersehbare Ereignisse zurückzuführen waren. Geht aus den Daten zu den finanziellen Ergebnissen beispielsweise hervor, dass mit den Produkten, in denen der übertragene immaterielle Wert verwertet ist, ein jährlicher Umsatz in Höhe von 1 000 erzielt wurde, während die ex ante getroffenen Preisvereinbarungen auf Prognosen basierten, die von einem Umsatz von maximal 100 pro Jahr ausgingen, sollte die Steuerverwaltung die Gründe untersuchen, weshalb der Umsatz so viel höher ausfiel. Wenn das höhere Umsatzvolumen beispielsweise auf einer exponentiell gestiegenen Nachfrage nach den Produkten beruht, in die der immaterielle Wert eingeflossen ist, und dieser Anstieg auf eine Naturkatastrophe oder ein anderes unerwartetes Ereignis zurückzuführen ist, das im Zeitpunkt des Geschäftsvorfalls eindeutig unvorhersehbar war oder dem berechtigterweise eine sehr geringe Eintrittswahrscheinlichkeit beigemessen wurde, sollte die ex ante getroffene Preisvereinbarung als fremdvergleichskonform anerkannt werden, es sei denn, es gäbe andere Indizien als die Ex-post-Finanzergebnisse, die darauf hindeuten, dass die Preisbestimmung nicht fremdvergleichskonform erfolgte.

---

7. In einigen Wirtschaftssektoren ist es nicht unüblich, dass ein immaterieller Wert mit einer Eventualklausel in Bezug auf eine zweite oder darüber hinausgehende Nutzung übertragen wird. In Bezug auf die Art von immateriellen Werten, bei denen dies der Fall ist, beginnt mit der neuen Vermarktung ein neuer solcher Zeitraum.

6.195. Es ist wichtig, die Lösung von Doppelbesteuerungsfällen, die sich aus der Anwendung des Ansatzes für schwer zu bewertende immaterielle Werte ergeben, im Wege des im geltenden Doppelbesteuerungsabkommen vorgesehenen Verständigungsverfahrens zu gestatten.

D.5. Ergänzende Leitlinien für Geschäftsvorfälle, bei denen immaterielle Werte im Zusammenhang mit dem Verkauf von Waren oder der Erbringung von Dienstleistungen genutzt werden

6.196. Dieser Abschnitt liefert ergänzende Leitlinien für die Anwendung der in den Kapiteln I–III dargelegten Regeln in Situationen, in denen eines oder beide der an einem konzerninternen Geschäftsvorfall beteiligten Unternehmen immaterielle Werte in Verbindung mit dem Verkauf von Waren oder der Erbringung von Dienstleistungen nutzen, ohne dass es zu einer Übertragung von immateriellen Werten oder von Ansprüchen an immateriellen Werten kommt. Wenn immaterielle Werte im Spiel sind, muss der Effekt der betreffenden immateriellen Werte auf die Preise und die anderen Bedingungen von konzerninternen Geschäftsvorfällen in der Verrechnungspreisanalyse sorgfältig geprüft werden.

D.5.1. Immaterielle Werte als Vergleichbarkeitsfaktor in Geschäftsvorfällen im Zusammenhang mit der Nutzung von immateriellen Werten

6.197. Die allgemeinen Regeln von Kapitel I Abschnitt D.1 und von Kapitel III gelten auch für die Vergleichbarkeitsanalyse von Geschäftsvorfällen im Zusammenhang mit der Nutzung von immateriellen Werten in Verbindung mit einem konzerninternen Geschäftsvorfall, bei dem Waren verkauft und Dienstleistungen erbracht werden. Die Präsenz von immateriellen Werten kann jedoch manchmal schwierige Fragen im Hinblick auf die Vergleichbarkeit aufwerfen.

6.198. In einer Verrechnungspreisanalyse, in der die am besten geeignete Verrechnungspreismethode die Wiederverkaufspreismethode, die Kostenaufschlagsmethode oder die geschäftsvorfallbezogene Nettomargenmethode ist, wird das weniger komplexe der am konzerninternen Geschäftsvorfall beteiligten Unternehmen häufig als untersuchtes Unternehmen gewählt. In vielen Fällen kann der Fremdvergleichspreis oder der dem untersuchten Unternehmen zuzurechnende Gewinnanteil bestimmt werden, ohne dass der Wert der im Zusammenhang mit dem Geschäftsvorfall genutzten immateriellen Werte bestimmt werden müsste. Das ist normalerweise der Fall, wenn nur der nicht untersuchte Beteiligte immaterielle Werte nutzt. In einigen Fällen kann das untersuchte Unternehmen jedoch trotz seiner vergleichsweise weniger komplexen Geschäftstätigkeit effektiv immaterielle Werte nutzen.

Außerdem können die an potenziell vergleichbaren Fremdgeschäftsvorfällen beteiligten Unternehmen immaterielle Werte nutzen. Wenn eine dieser beiden Situationen gegeben ist, ist es erforderlich, die von dem untersuchten Unternehmen und den an potenziell vergleichbaren Fremdgeschäftsvorfällen beteiligten Unternehmen genutzten immateriellen Werte in der Analyse als Vergleichbarkeitsfaktoren zu berücksichtigen.

6.199. So ist es beispielsweise möglich, dass ein untersuchtes Unternehmen, das sich um Marketing und Vertrieb von in konzerninternen Geschäftsvorfällen erworbenen Waren kümmert, in seinem geografischen Geschäftsbereich immaterielle Marketingwerte entwickelt hat, namentlich Kundenlisten, Kundenbeziehungen und Kundendaten. Es kann auch logistisches Know-how oder Software und andere Instrumente entwickelt haben, deren Nutzung in seinem Vertriebsgeschäft Vorteile verschafft. Die Auswirkungen solcher immaterieller Werte auf die Rentabilität des untersuchten Unternehmens sollten bei der Durchführung einer Vergleichbarkeitsanalyse berücksichtigt werden.

6.200. Es ist jedoch darauf hinzuweisen, dass in vielen Fällen, in denen das untersuchte Unternehmen solche immateriellen Werte nutzt, an einem vergleichbaren Fremdgeschäftsvorfall beteiligte Unternehmen über die gleichen Arten von immateriellen Werten verfügen. Im Fall der Vertriebsgesellschaft ist es folglich wahrscheinlich, dass ein unabhängiges Unternehmen, das Vertriebsleistungen in der Branche und auf dem Markt des untersuchten Unternehmens erbringt, ebenfalls Kenntnisse über potenzielle Kunden hat und Kontakte zu ihnen pflegt, Kundendaten sammelt, eigene effektive Logistiksysteme besitzt und in sonstiger Hinsicht über ähnliche immaterielle Werte verfügt wie das untersuchte Unternehmen. Wenn dies der Fall ist, kann der Grad der Vergleichbarkeit hoch genug sein, um die Nutzung der von den potenziellen Vergleichsunternehmen gezahlten Preise oder erzielten Gewinnspannen als geeignete Messgrößen für eine fremdvergleichskonforme Vergütung sowohl der von dem untersuchten Unternehmen ausgeübten Funktionen als auch der in seinem Eigentum befindlichen immateriellen Werte zu gestatten.

6.201. Wenn das untersuchte Unternehmen und das potenzielle Vergleichsunternehmen vergleichbare immaterielle Werte besitzen, stellen diese immateriellen Werte keine einzigartigen und wertvollen immateriellen Werte im Sinne von Ziffer 6.17 dar, und so müssen in Bezug auf diese immateriellen Werte keine Anpassungen zur Herstellung der Vergleichbarkeit vorgenommen werden. Der potenzielle Vergleichswert bietet unter diesen Umständen den besten Nachweis für den Gewinnbeitrag, den der immaterielle Wert des untersuchten Unternehmens leistet. Wenn das untersuchte Unternehmen oder das potenzielle Vergleichsunternehmen dagegen einzigartige und wertvolle immaterielle Werte besitzt und in seiner Geschäftstätigkeit nutzt, kann es notwendig sein, geeignete Anpassungsrechnungen durchzuführen oder eine andere Verrechnungspreismethode zu wählen. In solchen Situationen gelten die Grundsätze der Abschnitte D.2.1–D.2.4 für die Evaluierung der Vergleichbarkeit von immateriellen Werten.

6.202. Sowohl die Steuerpflichtigen als auch die Steuerverwaltungen sollten potenzielle Vergleichswerte nicht einfach aus dem Grund ablehnen, dass das eine oder andere der an den potenziell vergleichbaren Geschäftsvorfällen beteiligten Unternehmen oder das untersuchte Unternehmen immaterielle Werte nutzt. Potenzielle Vergleichswerte sollten generell nicht aufgrund der unterstellten Existenz nicht näher bestimmter immaterieller Werte oder der unterstellten Bedeutung von Goodwill abgelehnt werden. Wenn die ermittelten Geschäftsvorfälle oder Unternehmen ansonsten vergleichbar sind, können sie trotz der Existenz und Nutzung relativ unbedeutender immaterieller Werte durch das untersuchte Unternehmen oder die an den potenziell vergleichbaren Geschäftsvorfällen beteiligten Unternehmen der beste verfügbare Anhaltspunkt für eine fremdvergleichskonforme Preisbestimmung sein. Potenziell vergleichbare Geschäftsvorfälle sollten nur dann aufgrund der Existenz und Nutzung nicht vergleichbarer immaterieller Werte abgelehnt werden, wenn die betreffenden immateriellen Werte klar und eindeutig ermittelt werden können und wenn es sich bei den immateriellen Werten offenkundig um einzigartige und wertvolle immaterielle Werte handelt.

D.5.2. Bestimmung von Fremdvergleichspreisen für Geschäftsvorfälle, bei denen immaterielle Werte im Zusammenhang mit dem Verkauf von Waren oder der Erbringung von Dienstleistungen genutzt werden

6.203. Die Grundsätze der Kapitel I–III gelten für die Bestimmung von Fremdvergleichspreisen für Geschäftsvorfälle, bei denen immaterielle Werte im Zusammenhang mit dem Verkauf von Waren oder der Erbringung von Dienstleistungen genutzt werden. Dabei können zwei große Kategorien von Situationen unterschieden werden. In der ersten Kategorie von Fällen wird die Vergleichbarkeitsanalyse, einschließlich der Funktionsanalyse, ergeben, dass hinreichend verlässliche Vergleichswerte vorliegen, um die Bestimmung der fremdüblichen Bedingungen für den Geschäftsvorfall unter Verwendung einer Verrechnungspreismethode auf der Basis von Vergleichswerten zu ermöglichen. In der zweiten Kategorie von Fällen wird es mit der Vergleichbarkeitsanalyse, einschließlich der Funktionsanalyse, nicht gelingen, zuverlässige vergleichbare Fremdgeschäftsvorfälle zu ermitteln, was häufig unmittelbar darauf zurückzuführen ist, dass eines oder beide der am Geschäftsvorfall beteiligten Unternehmen einzigartige und wertvolle immaterielle Werte nutzen. Die Verrechnungspreisansätze für diese beiden Kategorien von Situationen werden nachfolgend beschrieben.

D.5.2.1. Situationen, in denen zuverlässige Vergleichswerte vorliegen

6.204. Häufig wird es möglich sein, zuverlässige Vergleichswerte zu ermitteln, obwohl eines oder beide der an einem konzerninternen Verkauf von Waren oder an einer konzerninternen Erbringung von Dienstleistungen beteiligten Unternehmen immaterielle Werte nutzen. Je nach den konkreten Gegebenheiten kann jede der fünf in Kapitel II beschriebenen Verrechnungspreismethoden der OECD die am besten geeignete Verrechnungspreismethode sein, wenn der Geschäftsvorfall die Nutzung von immateriellen Werten im Zusammenhang mit einem konzerninternen Verkauf von Waren oder einer konzerninternen Erbringung von Dienstleistungen beinhaltet und verlässliche Vergleichswerte vorliegen.

6.205. Wenn das untersuchte Unternehmen keine einzigartigen und wertvollen immateriellen Werte nutzt und wenn zuverlässige Vergleichswerte ermittelt werden können, wird es häufig möglich sein, Fremdvergleichspreise auf der Basis einseitiger Methoden wie der Preisvergleichs-, der Wiederverkaufspreis-, der Kostenaufschlags- und der geschäftsvorfallbezogenen Nettomargenmethode zu bestimmen. Die Leitlinien in den Kapiteln I–III werden in solchen Situationen im Allgemeinen als Richtschnur für die Bestimmung der fremdüblichen Preise ausreichen, ohne dass eine detaillierte Analyse der Art der von dem anderen an dem Geschäftsvorfall beteiligten Unternehmen genutzten immateriellen Werte notwendig wäre.

6.206. Die Grundsätze in den Abschnitten D.2.1–D.2.4 dieses Kapitels sollten angewendet werden, um zu bestimmen, ob die Nutzung von immateriellen Werten durch das untersuchte Unternehmen die Heranziehung ermittelter vergleichbarer Fremdgeschäftsvorfälle unmöglich macht oder Anpassungen zur Herstellung der Vergleichbarkeit erfordert. Nur wenn die von dem untersuchten Unternehmen genutzten immateriellen Werte einzigartige und wertvolle immaterielle Werte sind, entsteht die Notwendigkeit, Anpassungen vorzunehmen oder eine Verrechnungspreismethode anzuwenden, die weniger stark von vergleichbaren Fremdgeschäftsvorfällen abhängig ist. Wenn es sich bei den von dem untersuchten Unternehmen genutzten immateriellen Werten nicht um einzigartige oder wertvolle immaterielle Werte handelt, können die von an vergleichbaren Fremdgeschäftsvorfällen beteiligten Unternehmen bezahlten oder erhaltenen Preise oder die von ihnen erzielten Gewinnspannen oder Erträge eine zuverlässige Basis für die Bestimmung der fremdvergleichskonformen Bedingungen darstellen.

6.207. Wenn die Notwendigkeit, Anpassungen zur Herstellung der Vergleichbarkeit vorzunehmen, aufgrund von Unterschieden zwischen den von dem untersuchten Unternehmen in einem konzerninternen Geschäftsvorfall genutzten immateriellen Werten und den von einem an einem potenziell vergleichbaren Fremdgeschäftsvorfall beteiligten Unternehmen genutzten immateriellen Werten entsteht, können sich bei der Quantifizierung zuverlässiger Vergleichbarkeitsanpassungen schwierige Sachfragen stellen. Diese Fragen erfordern eine gründliche Prüfung der relevanten Gegebenheiten und Umstände sowie der verfügbaren Daten im Hinblick auf die Auswirkungen der immateriellen Werte auf Preise und Gewinne. Wenn die Auswirkungen eines Unterschieds in der Art der genutzten immateriellen Werte auf den Preis eindeutig wesentlich sind, aber nicht genau geschätzt werden können, muss möglicherweise eine andere Verrechnungspreismethode verwendet werden, die weniger von der Ermittlung zuverlässiger Vergleichswerte abhängig ist.

6.208. Ferner gilt es zu beachten, dass in Fällen, in denen immaterielle Werte im Zusammenhang mit einem konzerninternen Verkauf von Waren oder Dienstleistungen genutzt werden, Anpassungen zur Herstellung der Vergleichbarkeit auch aufgrund von anderen Faktoren als Unterschieden in der Art der genutzten immateriellen Werte erforderlich sein können. Anpassungen können insbesondere für Sachverhalte wie Marktunterschiede, Standortvorteile, Geschäftsstrategien, Mitarbeiter, Unternehmenssynergien und andere ähnliche Faktoren notwendig sein. Diese Faktoren sind zwar keine immateriellen Werte gemäß der Beschreibung dieses Begriffs in Abschnitt A.1 dieses Kapitels, können in Fällen, in denen immaterielle Werte genutzt werden, aber dennoch erhebliche Auswirkungen auf die Fremdvergleichspreise haben.

D.5.2.2. Situationen, in denen keine zuverlässigen Vergleichswerte vorliegen

6.209. In manchen Situationen, in denen keine zuverlässigen Fremdgeschäftsvorfälle ermittelt werden können, können geschäftsvorfallbezogene Gewinnaufteilungsmethoden verwendet werden, um eine fremdvergleichskonforme Aufteilung der Gewinne aus dem Verkauf von Waren oder der Erbringung von Dienstleistungen im Zusammenhang mit der Nutzung von immateriellen Werten zu bestimmen. Eine Situation, in der die Verwendung von geschäftsvorfallbezogenen Gewinnaufteilungsmethoden angemessen sein kann, ist, wenn beide am Geschäftsvorfall beteiligten Unternehmen einzigartige und wertvolle Beiträge zu dem Geschäftsvorfall leisten.

6.210. Kapitel II Teil III Abschnitt C enthält Leitlinien, die bei der Anwendung von geschäftsvorfallbezogenen Gewinnaufteilungsmethoden berücksichtigt werden sollten. Diese Leitlinien sind vollumfänglich anwendbar in Fällen, in denen immaterielle Werte im Zusammenhang mit dem Verkauf von Waren oder der Erbringung von Dienstleistungen in konzerninternen Geschäftsvorfällen genutzt werden.

6.211. Bei der Anwendung einer Gewinnaufteilungsmethode in einem Fall, in dem immaterielle Werte genutzt werden, sollte darauf geachtet werden, die fraglichen immateriellen Werte zu ermitteln, den Beitrag dieser immateriellen Werte zur Wertschöpfung zu evaluieren und andere einkünftegenerierende ausgeübte Funktionen, übernommene Risiken und genutzte Vermögenswerte zu prüfen. Vage Behauptungen im Hinblick auf die Existenz und Nutzung von nicht näher bestimmten immateriellen Werten reichen nicht aus, um eine zuverlässige Anwendung einer Gewinnaufteilungsmethode zu stützen.

6.212. Unter geeigneten Umständen können auch Verrechnungspreismethoden oder Bewertungsmethoden, die nicht die Ermittlung zuverlässiger vergleichbarer Fremdgeschäftsvorfälle voraussetzen, verwendet werden, um die fremdvergleichskonformen Bedingungen für den Verkauf von Waren oder die Erbringung von Dienstleistungen zu bestimmen, wenn im Zusammenhang mit dem Geschäftsvorfall immaterielle Werte genutzt werden. Die gewählte Alternativmethode sollte der Art der bereitgestellten Waren und Dienstleistungen und dem Beitrag der immateriellen Werte und anderer relevanter Faktoren zur Wertschöpfung Rechnung tragen.

Kapitel VII

Besondere Überlegungen bezüglich konzerninterner Dienstleistungen

A. Einleitung

7.1. Dieses Kapitel befasst sich mit verrechnungspreisrelevanten Fragen bei der Feststellung, ob ein Unternehmen eines multinationalen Konzerns für andere Konzernunternehmen Dienstleistungen erbracht hat und wie gegebenenfalls für solche konzerninternen Dienstleistungen fremdübliche Preise festzusetzen sind. Es befasst sich nicht – beziehungsweise nur beiläufig – mit der Frage, ob Dienstleistungen im Rahmen einer Kostenumlagevereinbarung erbracht wurden und wie die angemessene fremdvergleichskonforme Preisgestaltung gegebenenfalls auszusehen hätte. Kostenumlagevereinbarungen werden in Kapitel VIII behandelt.

7.2. Fast jeder multinationale Konzern muss dafür sorgen, dass seinen Unternehmen eine breite Palette von Dienstleistungen zur Verfügung steht, insbesondere administrative und technische Dienstleistungen, Finanzdienstleistungen und kaufmännische Dienstleistungen. Zu diesen Dienstleistungen können auch Management-, Koordinierungs- und Kontrollfunktionen für den Gesamtkonzern gehören. Die Kosten für die Erbringung solcher Dienstleistungen können zunächst von der Muttergesellschaft, von einem oder mehreren eigens dafür bestimmten Konzernunternehmen („ein Dienstleistungszentrum des Konzerns“) oder von anderen Konzernunternehmen getragen werden. Ein unabhängiges Unternehmen, das eine Dienstleistung benötigt, kann diese Dienstleistung von einem spezialisierten Dienstleistungsunternehmen beziehen oder selbst (d. h. betriebsintern) erbringen. Ähnlich kann ein Mitglied eines multinationalen Konzerns, das eine Dienstleistung benötigt, diese Dienstleistung von einem unabhängigen Unternehmen oder von einem oder mehreren verbundenen Unternehmen im selben Konzern (d. h. konzernintern) beziehen oder selbst erbringen. Zu den konzerninternen Dienstleistungen zählen oft solche, die extern auch von unabhängigen Unternehmen angeboten werden (wie etwa juristische

Dienstleistungen und Dienstleistungen im Bereich des Rechnungswesens), zusätzlich zu jenen Dienstleistungen, die in der Regel intern erbracht werden (beispielsweise von einem Unternehmen als Eigenleistung für sich selbst, wie etwa zentrales Rechnungswesen, Finanzierungsberatung oder Personalschulung). Ein multinationaler Konzern hat kein Interesse daran, unnötige Kosten zu tragen, und er hat Interesse daran, dass konzerninterne Dienstleistungen effizient erbracht werden. Die Anwendung der Leitlinien dieses Kapitels sollte sicherstellen, dass Dienstleistungen sachgerecht bestimmt werden und dass die mit ihnen verbundenen Kosten nach dem Fremdvergleichsgrundsatz angemessen innerhalb des multinationalen Konzerns aufgeteilt werden.

7.3. Konzerninterne Vereinbarungen über die Erbringung von Dienstleistungen sind gelegentlich mit Vereinbarungen zur Übertragung von Waren oder immateriellen Werten (oder deren Lizenzierung) verbunden. In einigen Fällen, wie etwa bei Know-how-Verträgen, die ein Dienstleistungselement aufweisen, kann es sehr schwierig sein festzustellen, wo genau die Grenze zwischen der Übertragung von immateriellen Werten oder von Rechten an immateriellen Werten und der Erbringung von Dienstleistungen verläuft. Hilfs- oder Systemdienstleistungen sind häufig mit dem Transfer von Technologie verbunden. Es kann deshalb notwendig sein, die in Kapitel III enthaltenen Leitlinien hinsichtlich der Zusammenfassung und Trennung von Geschäftsvorfällen zu berücksichtigen, wenn bei einem Geschäftsvorfall sowohl Dienstleistungen erbracht als auch Wirtschaftsgüter übertragen werden.

7.4. Bei konzerninternen Dienstleistungen können erhebliche Unterschiede zwischen verschiedenen multinationalen Konzernen bestehen, und ebenso unterschiedlich ist der Nutzen bzw. erwartete Nutzen, der einem oder mehreren Konzernunternehmen durch diese Dienstleistungen entsteht. Jeder Fall ist auf der Grundlage seiner eigenen Gegebenheiten und Umstände und der konzerninternen Vereinbarungen zu beurteilen. In einem dezentralisierten Konzern kann beispielsweise die Muttergesellschaft ihre konzerninterne Tätigkeit darauf beschränken, ihre Investitionen in die Tochtergesellschaften in ihrer Eigenschaft als Gesellschafterin zu überwachen. In einem zentralisierten oder integrierten Konzern können der Aufsichts- oder Verwaltungsrat und das gehobene Management der Muttergesellschaft hingegen wichtige Entscheidungen bezüglich der Angelegenheiten ihrer Tochtergesellschaften treffen, und die Muttergesellschaft kann die Umsetzung dieser Entscheidungen unterstützen, indem sie allgemeine und Verwaltungstätigkeiten für ihre Tochtergesellschaften sowie operative Tätigkeiten wie Treasury Management, Marketing und Lieferkettenmanagement durchführt.

B. Wichtigste Fragen

7.5. Bei der Analyse von Verrechnungspreisen für konzerninterne Dienstleistungen stellen sich zwei Fragen. Die erste lautet, ob tatsächlich konzerninterne Dienstleistungen erbracht wurden. Bei der zweiten geht es darum, die konzerninterne Vergütung für solche Dienstleistungen in Übereinstimmung mit dem Fremdvergleichsgrundsatz für steuerliche Zwecke zu bestimmen. Beide Fragen werden nachstehend erörtert.

B.1. Ermittlung, ob konzerninterne Dienstleistungen erbracht wurden

*B.1.1. Vorteilstest (*benefits test*)*

7.6. Nach dem Fremdvergleichsgrundsatz sollte die Frage, ob eine konzerninterne Dienstleistung erbracht wird, wenn ein Konzernunternehmen für ein anderes oder mehrere andere Konzernunternehmen eine Tätigkeit ausübt, davon abhängen, ob die Tätigkeit diesen Konzernunternehmen einen wirtschaftlichen oder kommerziellen Vorteil verschafft, der ihre Geschäftsposition stärkt oder sichert. Dies lässt sich feststellen, indem man prüft, ob ein unabhängiges Unternehmen unter vergleichbaren Umständen bereit gewesen wäre, diese Tätigkeit zu vergüten, wenn sie von einem unabhängigen Unternehmen ausgeübt worden wäre, oder ob es diese Tätigkeit betriebsintern als Eigenleistung erbracht hätte. Wäre das unabhängige Unternehmen nicht bereit gewesen, diese Tätigkeit zu vergüten oder für sich selbst als Eigenleistung zu erbringen, dürfte diese Tätigkeit nach dem Fremdvergleichsgrundsatz üblicherweise nicht als konzerninterne Dienstleistung anzusehen sein.

7.7. Die oben beschriebene Analyse hängt relativ eindeutig von den tatsächlichen Gegebenheiten und Umständen ab; es ist allgemein nicht möglich, kategorisch darzulegen, welche Tätigkeiten die Erbringung konzerninterner Dienstleistungen begründen und welche nicht. Allerdings können erläuternde Hinweise gegeben werden, wie diese Analyse auf einige Arten von Dienstleistungen anzuwenden ist, die in multinationalen Konzernen häufig erbracht werden.

7.8. Manche konzerninterne Dienstleistungen werden von einem Unternehmen eines multinationalen Konzerns erbracht, um einen festgestellten Bedarf eines oder mehrerer Konzernunternehmen zu decken. In einem solchen Fall wird es relativ einfach festzustellen sein, ob eine Dienstleistung erbracht wurde. Üblicherweise wird ein unabhängiges Unternehmen unter vergleichbaren Umständen den festgestellten Dienstleistungsbedarf durch Erbringung einer entsprechenden Eigenleistung oder durch Bezug einer Fremdleistung decken. In einem solchen Fall wird eine konzerninterne Dienstleistung somit üblicherweise zu bejahen sein. Beispielsweise wird eine konzerninterne Dienstleistung in der Regel dann vorliegen, wenn ein verbundenes Unternehmen Produktionsanlagen eines anderen Unternehmens desselben Konzerns repariert. Es ist jedoch von entscheidender Bedeutung, den Steuerverwaltungen eine verlässliche Dokumentation vorzulegen, damit sie überprüfen können, ob die Kosten vom Dienstleistungserbringer getragen wurden.

*B.1.2. Gesellschaftertätigkeiten (*shareholder activities*)*

7.9. Eine komplexere Analyse ist erforderlich, wenn ein verbundenes Unternehmen Tätigkeiten ausübt, die mehrere Unternehmen des Konzerns oder den Konzern als Ganzes betreffen. In einem kleinen Spektrum solcher Fälle kann eine konzerninterne Tätigkeit in Bezug auf Konzernunternehmen ausgeführt werden, obwohl seitens dieser Konzernunternehmen kein Bedarf danach besteht (und diese auch nicht bereit wären, hierfür ein Entgelt zu entrichten, wenn sie unabhängige Unternehmen wären). Dies könnte für eine Tätigkeit der Fall sein, die ein konzernzugehöriges Unternehmen (üblicherweise die Muttergesellschaft oder eine regionale Holdinggesellschaft) nur wegen seiner Beteiligung an einem oder mehreren Konzernunternehmen durchführt, d. h. in seiner Eigenschaft als Anteilseigner bzw. Gesellschafter. Diese Art von Tätigkeit würde nicht als konzerninterne Dienstleistung betrachtet, und es besteht folglich kein Grund, anderen Konzerngesellschaften dafür ein Entgelt in Rechnung zu stellen. Die mit dieser Art von Tätigkeit verbundenen Kosten sollten stattdessen auf der Ebene der Gesellschafter getragen und zugeordnet werden. Diese Art von Tätigkeit kann als Shareholder Activity bzw. Gesellschaftertätigkeit bezeichnet werden, was von dem im Bericht von 1979 verwendeten allgemeineren Ausdruck Stewardship Activity (Kontrollfunktion der Muttergesellschaft als beherrschende Gesellschafterin) zu unterscheiden ist. Stewardship Activities umfassen zahlreiche Aktivitäten eines Gesellschafters, zu denen auch die Erbringung von Dienstleistungen für andere Konzernunternehmen zählen kann, wie beispielsweise Dienstleistungen eines Koordinierungszentrums. Zu diesen letzteren Aktivitäten, die keine Shareholder Activities darstellen, zählen etwa die Detailplanung für bestimmte Vorhaben, Leitungsaufgaben oder technische Beratung in Notfällen (trouble shooting) und in einigen Fällen auch die Unterstützung bei der täglichen Geschäftsführung.

7.10. Im Folgenden werden Beispiele von Kosten aufgeführt, die nach Maßgabe des in Ziffer 7.6 dargelegten Kriteriums mit Gesellschaftertätigkeiten verbunden sind:

a) Kosten im Zusammenhang mit der juristischen Struktur der Muttergesellschaft selbst, z. B. mit Gesellschafterversammlungen der Muttergesellschaft, der Ausgabe von Anteilen am Kapital der Muttergesellschaft, der Börsennotierung der Muttergesellschaft und den Kosten des Aufsichtsrats

b) Kosten im Zusammenhang mit den Berichtspflichten (einschließlich der Rechnungslegung und -prüfung) der Muttergesellschaft, einschließlich der Konsolidierung der Rechnungslegung, Kosten im Zusammenhang mit einer ausschließlich im Interesse der Muttergesellschaft durchgeführten Prüfung der Rechnungslegung der Tochtergesellschaft durch die Muttergesellschaft sowie Kosten im Zusammenhang mit der Erstellung des Konzernabschlusses des multinationalen Konzerns (in der Praxis kann es allerdings sein, dass Kosten, die den Tochterunternehmen vor Ort entstehen, nicht an die Muttergesellschaft oder die Holdinggesellschaft weitergegeben werden müssen, wenn die Ermittlung und Abgrenzung dieser Kosten mit einem unverhältnismäßig großen Aufwand verbunden wäre)

c) Kosten der Mittelbeschaffung zum Erwerb von Beteiligungen und zur Deckung der Kosten im Zusammenhang mit den Investor-Relations der Muttergesellschaft, beispielsweise mit der Kommunikationsstrategie gegenüber Anteilseignern der Muttergesellschaft, Finanzanalysten, Fonds und anderen Unternehmensbeteiligten der Muttergesellschaft

d) Kosten im Zusammenhang mit der Einhaltung der maßgeblichen Steuergesetze durch die Muttergesellschaft

e) Nebenkosten im Zusammenhang mit der Unternehmensführung (Corporate Governance) des multinationalen Konzerns als Ganzes

Wenn eine Muttergesellschaft hingegen beispielsweise Geldmittel für ein anderes Unternehmen des Konzerns beschafft, die dieses andere Unternehmen für den Erwerb einer neuen Gesellschaft verwendet, wird man üblicherweise davon ausgehen, dass die Muttergesellschaft dem Konzernunternehmen eine Dienstleistung erbringt. Der Bericht von 1984 erwähnt auch „Kosten für geschäftsführende und leitende (Controlling-)Tätigkeiten, in Bezug auf die Unternehmensführung und Sicherung der über Beteiligungen getätigten Kapitalanlage als solche". Ob diese Tätigkeiten unter den in diesen Leitlinien definierten Begriff „Anteilseignertätigkeiten" fallen, bestimmt sich danach, ob es sich unter vergleichbaren Gegebenheiten und Umständen um eine Tätigkeit handelt, für die ein unabhängiges Unternehmen bereit wäre, eine Vergütung zu entrichten, oder die es als Eigenleistung für sich selbst erbringen würde. Wenn ein Konzernunternehmen Tätigkeiten wie die vorstehend beschriebenen nicht nur wegen seiner Beteiligungen am Kapital anderer Konzernunternehmen ausübt, handelt es sich nicht um Anteilseignertätigkeiten und es sollte davon ausgegangen werden, dass dieses Unternehmen eine Dienstleistung für die Muttergesellschaft oder die Holdinggesellschaft erbringt, für die die in diesem Kapitel aufgeführten Leitlinien gelten.

B.1.3. Doppelarbeit

7.11. Im Allgemeinen wird man von keiner konzerninternen Dienstleistung sprechen können, wenn ein Konzernunternehmen Tätigkeiten für ein anderes Konzernunternehmen durchführt, die lediglich eine Dienstleistung duplizieren, die ein anderes Konzernunternehmen bereits als Eigenleistung erbracht oder von einem Dritten bezogen hat. Eine Ausnahme mag es sein, wenn die Doppelarbeit nur vorübergehender Art ist, beispielsweise wenn ein Konzern eine Umstrukturierung zwecks Zentralisierung der Geschäftsführungsfunktionen vornimmt. Eine andere Ausnahme kann vorliegen, wenn die Doppelarbeit der Verringerung des Risikos falscher Unternehmensentscheidungen dient (beispielsweise bei Einholung einer zweiten Rechtsmeinung in derselben Angelegenheit). Bei jeder Prüfung einer möglichen Duplizierung von Dienstleistungen müssen die Art der Dienstleistungen sowie die Gründe, weshalb das Unternehmen ungeachtet der Effizienzprinzipien Kosten zu duplizieren scheint, im Einzelnen ermittelt werden. Die Tatsache, dass ein Unternehmen beispielsweise Marketingdienstleistungen in Eigenleistung erbringt und darüber hinaus von einem Konzernunternehmen Marketingdienstleistungen in Rechnung gestellt bekommt, reicht allein nicht aus, um eine Duplizierung von Dienstleistungen festzustellen, da Marketing ein breit gefasster Begriff ist, der viele Tätigkeitsebenen abdeckt. Bei der Prüfung der vom Steuerpflichtigen vorgelegten Informationen kann festgestellt werden, dass die konzerninternen Dienstleistungen sich von den in Eigenleistung ausgeübten Tätigkeiten unterscheiden oder dass sie zusätzliche oder ergänzende Aktivitäten darstellen. Das Vorteilskriterium wäre dann für die Elemente der konzerninternen Dienstleistungen erfüllt, die keine Doppelarbeit darstellen. In einigen regulierten Sektoren ist vorgeschrieben, dass die Kontrollfunktionen sowohl vor Ort als auch auf Konzernebene von der Muttergesellschaft wahrgenommen werden; solche Auflagen sollten nicht zu einer Versagung der Anerkennung wegen Doppelarbeit führen.

B.1.4. Zufällig entstehende Vorteile

7.12. Es gibt einige Fälle, in denen ein Konzernunternehmen, etwa ein Gesellschafter oder ein Koordinierungszentrum, eine konzerninterne Dienstleistung nur für bestimmte Konzernunternehmen erbringt, dabei jedoch zufällig anderen Konzernunternehmen Vorteile verschafft. Beispiele hierfür wären die Analyse von Fragen bezüglich einer Umstrukturierung des Konzerns, des Erwerbs neuer Konzernunternehmen und der Aufgabe eines Geschäftsbereichs. Diese Tätigkeiten können konzerninterne Dienstleistungen für die betroffenen Konzernunternehmen begründen, beispielsweise für jene Konzernunternehmen, die die Übernahme tätigen oder einen ihrer Geschäftsbereiche aufgeben; diese Tätigkeiten können aber auch einen wirtschaftlichen Vorteil für andere Konzernunternehmen darstellen, die nicht direkt an der zu treffenden Entscheidung beteiligt sind, weil die Analyse möglicherweise nützliche Informationen über ihre eigene Geschäftstätigkeit liefert. Solche zufällig entstehenden Vorteile bewirken gewöhnlich nicht, dass die anderen Konzernunternehmen so behandelt werden, als würde ihnen eine konzerninterne Dienstleistung erbracht, da die Tätigkeiten, die die Vorteile verursachen, nicht der Art sind, für die ein unabhängiges Unternehmen bereit wäre, eine Vergütung zu entrichten.

7.13. Des gleichen sollte ein verbundenes Unternehmen nicht als Empfänger einer konzerninternen Dienstleistung betrachtet werden, wenn ihm zufällige Vorteile lediglich durch seine Zugehörigkeit zu einem größeren Konzern und nicht aufgrund der Ausübung einer bestimmten Tätigkeit entstehen. Beispielsweise wird keine Dienstleistung empfangen, wenn ein verbundenes Unternehmen einzig aufgrund seiner Zugehörigkeit zum Konzern ein höheres Kreditrating aufweist, als es ohne die Konzernzugehörigkeit hätte; jedoch wird eine konzerninterne Dienstleistung üblicherweise dann vorliegen, wenn das höhere Kreditrating auf einer Garantie eines anderen Konzernunternehmens beruht oder wenn das Unternehmen von bewussten konzertierten Aktionen im Zusammenhang mit weltweiten Marketing- und Public-Relations-Kampagnen profitiert. Diesbezüglich sollte zwischen einer passiven Verbindung und der aktiven Werbung für die Vorzüge des Konzerns unterschieden werden, welche die Gewinnerzielungsmöglichkeiten bestimmter Unternehmen des Konzerns eindeutig erhöht. Jeder Fall ist nach seinen Gegebenheiten und Umständen zu entscheiden. Vgl. Kapitel I Abschnitt D.8, zu Synergien innerhalb eines multinationalen Konzerns.

B.1.5. Zentrale Dienstleistungen

7.14. Andere Tätigkeiten, welche den Konzern in seiner Gesamtheit betreffen können, sind solche, die bei der Muttergesellschaft oder in einem oder mehreren Dienstleistungszentren des Konzerns (etwa einer regionalen Verwaltungsgesellschaft) zentral ausgeübt und dem Konzern (oder mehreren Konzernunternehmen) zur Verfügung gestellt werden. Die zentral ausgeübten Tätigkeiten hängen von der Art der Geschäftstätigkeit und von der Organisationsstruktur des Konzerns ab; gewöhnlich können sie administrative Dienstleistungen wie Planung, Koordinierung, Budgetkontrolle, Finanzberatung, Rechnungswesen, Rechnungsprüfung, Rechtsberatung, Factoring und Computerdienstleistungen umfassen, ebenso Finanzdienstleistungen wie etwa die Überwachung von Zahlungsströmen und Zahlungsfähigkeit, Kapitalerhöhungen, Darlehensverträge, die Verwaltung der Zins- und Wechselkursrisiken und die Refinanzierung, Unterstützung im Produktions-, Einkaufs-, Vertriebs- und Marketingbereich sowie Dienstleistungen in Personalangelegenheiten wie Einstellung und Schulung. Dienstleistungszentren des Konzerns sind oft auch für Auftragsverwaltung, Kundendienst und Callcenter sowie Forschung und Entwicklung zuständig oder verwalten und sichern immaterielle Werte für den gesamten multinationalen Konzern oder für Teile davon. Bei diesen Tätigkeiten wird man in der Regel von konzerninternen Dienstleistungen ausgehen, da es sich dabei um solche handelt, für die unabhängige Unternehmen bereit gewesen wären, eine Vergütung zu entrichten, oder die sie als Eigenleistung für sich erbracht hätten.

B.1.6. Form der Vergütung

7.15. Bei der Überlegung, ob für die Erbringung von Dienstleistungen zwischen unabhängigen Unternehmen ein Entgelt verlangt würde, ist es auch wichtig zu berücksichtigen, wie eine fremdübliche Gegenleistung gestaltet würde, wenn der Geschäftsvorfall zwischen unabhängigen Unternehmen unter fremdüblichen Bedingungen getätigt worden wäre. Beispielsweise kann bei Finanzdienstleistungen wie Darlehensgewährungen, Devisen- und Sicherungsgeschäften die gesamte Vergütung bereits in der Marge enthalten sein, in welchem Fall ein zusätzliches Dienstleistungsentgelt nicht angebracht wäre. Gleichermaßen kann bei einigen Einkaufs- und Beschaffungsdienstleistungen ein Provisionselement im Preis der beschafften Produkte oder Dienstleistungen enthalten sein, sodass eine separate Dienstleistungsvergütung möglicherweise nicht angemessen ist.

7.16. Ein weiteres Problem ergibt sich in Bezug auf Dienstleistungen, die „auf Abruf" erbracht werden. Es stellt sich die Frage, ob die Verfügbarhaltung solcher Dienstleistungen an sich eine gesonderte Dienstleistung darstellt, für die eine fremdübliche Vergütung (zusätzlich zu einer etwaigen Vergütung für tatsächlich erbrachte Dienstleistungen) bestimmt werden sollte. Eine Muttergesellschaft oder eines oder mehrere Dienstleistungszentren des Konzerns können bereitstehen, um jederzeit Dienstleistungen wie etwa finanzielle, administrative, technische, rechtliche oder steuerrechtliche Beratung und Unterstützung für Unternehmen des Konzerns zu erbringen. In diesem Fall kann eine Dienstleistung für verbundene Unternehmen dadurch erbracht werden, dass Personal, Ausrüstung usw. zur Verfügung gehalten werden. Eine konzerninterne Dienstleistung liegt insoweit vor, als man vernünftigerweise erwarten könnte, dass ein unabhängiges Unternehmen unter vergleichbaren Umständen ein Entgelt für die Verfügbarhaltung der Dienstleistungen zahlen würde, um sicher zu sein, dass es sie im Bedarfsfall nutzen kann. So kann es beispielsweise vorkommen, dass ein unabhängiges Unternehmen einem Anwaltsbüro ein jährliches Entgelt zahlt, um sich so den Anspruch auf Rechtsberatung und Prozessvertretung zu sichern, falls es zu einem Rechtsstreit kommt. Ein weiteres Beispiel wäre ein Vertrag mit einem IT-Dienstleistungsunternehmen, um im Fall eines Computernetzausfalls sofort Hilfe zu erhalten.

7.17. Diese Dienstleistungen können auf Abruf zur Verfügung stehen, und ihr Umfang und ihre Bedeutung können sich von Jahr zu Jahr ändern. Es ist aber unwahrscheinlich, dass ein unabhängiges Unternehmen eine Vergütung für auf Abruf zur Verfügung stehende Dienstleistungen entrichtet, wenn die Wahrscheinlichkeit, dass die Dienstleistung benötigt wird, gering ist, wenn der Vorteil von auf Abruf zur Verfügung stehenden Dienstleistungen unerheblich ist oder wenn die fraglichen Dienstleistungen prompt und problemlos aus anderen Quellen bezogen werden können, ohne dass diesbezügliche Vereinbarungen notwendig wären. Daher sollten die einem Konzernunternehmen durch die Abrufvereinbarung entstehenden Vorteile untersucht werden – etwa indem man prüft, in welchem Umfang die betreffenden Dienstleistungen im Zeitraum von mehreren Jahren in Anspruch genommen wurden, anstatt nur in dem Jahr, in dem eine Vergütung erfolgen soll –, bevor man bestimmt, ob eine konzerninterne Dienstleistung erbracht wurde.

7.18. Die Tatsache, dass eine Zahlung an ein verbundenes Unternehmen für angeblich erbrachte Dienstleistungen geleistet wurde, kann dabei helfen zu bestimmen, ob tatsächlich Dienstleistungen erbracht wurden; allerdings ist eine bloße Zahlungsbezeichnung, wie beispielsweise „Verwaltungsgebühren", nicht als Anscheinsbeweis dafür anzusehen, dass solche Dienstleistungen tatsächlich erbracht wurden. Andererseits berechtigt aber das Fehlen von Zahlungen oder Vertragsvereinbarungen auch nicht automatisch zu dem Schluss, dass keine konzerninternen Dienstleistungen erbracht wurden.

B.2. Ermittlung einer fremdüblichen Vergütung

B.2.1. Allgemeines

7.19. Sobald bestimmt wurde, dass eine konzerninterne Dienstleistung erbracht wurde, ist es erforderlich – wie bei anderen konzerninternen Übertragungen auch – zu bestimmen, ob der Vergütungsbetrag, sofern ein solcher berechnet wurde, mit dem Fremdvergleichsgrundsatz im Einklang steht. Dies bedeutet, dass die Vergütung für konzerninterne Dienstleistungen der Vergütung entsprechen sollte, die zwischen unabhängigen Unternehmen unter vergleichbaren Umständen berechnet und akzeptiert worden wäre. Somit sollten solche Geschäftsvorfälle nicht lediglich deshalb, weil es sich um Geschäftsvorfälle zwischen verbundenen Unternehmen handelt, steuerlich anders behandelt werden als vergleichbare Geschäftsvorfälle zwischen unabhängigen Unternehmen.

B.2.2. Ermittlung tatsächlicher Vereinbarungen für die Vergütung konzerninterner Dienstleistungen

7.20. Um den gegebenenfalls tatsächlich für Dienstleistungen berechneten Betrag zu ermitteln, wird die Steuerverwaltung festzustellen haben, welche Vereinbarungen gegebenenfalls tatsächlich geschlossen wurden, um die Berechnung eines Entgelts für die Dienstleistungen zwischen den verbundenen Unternehmen zu erleichtern.

B.2.2.1. Methoden der direkten Preisverrechnung

7.21. In bestimmten Fällen wird man problemlos die den Vergütungen für konzerninterne Dienstleistungen zugrunde liegenden Vereinbarungen identifizieren können. Dabei handelt es sich um Fälle, in denen der multinationale Konzern die Methode der direkten Preisverrechnung anwendet, d. h., in denen den verbundenen Unternehmen bestimmte Dienstleistungen in Rechnung gestellt werden. Im Allgemeinen ist die Methode der direkten Preisverrechnung für die Steuerverwaltungen sehr praktisch, da sich die erbrachte Dienstleistung und die Grundlage für die Zahlung mit ihr eindeutig feststellen lassen. Mit der Methode der direkten Preisverrechnung ist es somit leichter zu bestimmen, ob die Vergütung mit dem Fremdvergleichsgrundsatz übereinstimmt.

7.22. Ein multinationaler Konzern kann in der Lage sein, Vereinbarungen mit einer direkten Preisverrechnung abzuschließen, insbesondere dann, wenn für unabhängige Unternehmen ähnliche Dienstleistungen erbracht werden wie für verbundene Unternehmen. Wenn bestimmte Dienstleistungen nicht nur für verbundene, sondern auch für unabhängige Unternehmen in vergleichbarer Art und Weise und als ein wesentlicher Bestandteil der Geschäftstätigkeit des multinationalen Unternehmens erbracht werden, so kann vermutet werden, dass das multinationale Unternehmen die Möglichkeit besitzt, eine gesonderte Grundlage für die Vergütung darzulegen (beispielsweise durch Aufzeichnungen über die Arbeitsleistungen, die Grundlage für die Vergütung oder die in Erfüllung seiner Verträge mit Dritten angefallenen Kosten). Folglich wird multinationalen Unternehmen in einem solchen Fall empfohlen, für ihre Geschäftsvorfälle mit verbundenen Unternehmen die Methode der direkten Preisverrechnung anzuwenden. Allerdings ist einzuräumen, dass dieser Ansatz nicht immer zweckmäßig ist, beispielsweise dann nicht, wenn die Dienstleistungen für unabhängige Unternehmen nur gelegentlich erbracht werden oder unbedeutend sind.

B.2.2.2. Methoden der indirekten Preisverrechnung

7.23. Eine Methode der direkten Preisverrechnung für konzerninterne Dienstleistungen kann in der Praxis schwer anzuwenden sein. Deshalb haben einige multinationale Konzerne andere Methoden für die Abrechnung von Dienstleistungen entwickelt, die von Muttergesellschaften oder Konzerndienstleistungszentren erbracht werden. In solchen Fällen können multinationale Konzerne die Auffassung vertreten, dass ihnen kaum andere Möglichkeiten für eine den Leitlinien in Abschnitt B.2.3 folgende Bestimmung des Fremdvergleichspreises zur Verfügung stehen, als Kostenzuordnungs- und Kostenaufteilungsmethoden anzuwenden, die häufig ein gewisses Maß an Schätzung oder Approximation notwendig machen. Solche Methoden werden allgemein als Methoden der indirekten Preisverrechnung bezeichnet und sollten zulässig sein, sofern der Wert der erbrachten Dienstleistungen für die Empfänger und der Umfang der zwischen unabhängigen Unternehmen erbrachten vergleichbaren Dienstleistungen ausreichend berücksichtigt werden. Diese Preisverrechnungsmethoden sind in der Regel jedoch nicht akzeptabel, wenn bestimmte Dienstleistungen, die zur Hauptgeschäftstätigkeit des Unternehmens gehören, nicht nur für verbundene Unternehmen, sondern auch für unabhängige Unternehmen erbracht werden. Obwohl nichts unversucht gelassen werden sollte, um eine angemessene Vergütung für die erbrachte Dienstleistung zu berechnen, muss jeder Preisverrechnung ein feststellbarer und vernünftigerweise vorhersehbarer Vorteil zugrunde liegen. Jede indirekte Preisverrechnungsmethode muss die kaufmännischen Aspekte des Einzelfalls berücksichtigen (ob beispielsweise der Umlageschlüssel unter den gegebenen Umständen sinnvoll ist), Schutzmechanismen gegen Manipulationen enthalten und den Grundsätzen ordnungsmäßiger Buchführung folgen sowie imstande sein, Vergütungen oder Kostenverrechnungen zu ergeben, die den tatsächlichen oder vernünftigerweise zu erwartenden Vorteilen für den Empfänger der Dienstleistung entsprechen.

7.24. In einigen Fällen kann aufgrund der Art der erbrachten Dienstleistung eine indirekte Preisverrechnungsmethode notwendig sein. Ein Beispiel dafür ist der Fall, bei dem der anteilige Wert der den verschiedenen betroffenen Unternehmen erbrachten Dienstleistungen nur auf der Grundlage eines Näherungs- oder Schätzungswerts berechnet werden kann. Dieses Problem kann beispielsweise auftreten, wenn zentral ausgeübte verkaufsfördernde Tätigkeiten (z. B. bei internationalen Messen, in der internationalen Presse oder mittels anderer zentralisierter Werbekampagnen) Einfluss auf die Menge der von einigen Tochtergesellschaften erzeugten oder verkauften Waren haben können. Ein weiterer solcher Fall liegt vor, wenn eine gesonderte Aufzeichnung und Analyse der betreffenden Dienstleistungen für die einzelnen Vorteilsempfänger einen gemessen an den eigentlichen Tätigkeiten unverhältnismäßig hohen Verwaltungsaufwand verursachen würde. In solchen Fällen könnte die Vergütung dadurch bestimmt werden, dass die Kosten, für die keine direkte Zuordnung möglich ist, beispielsweise die Kosten, die den tatsächlich Begünstigten der verschiedenen Dienstleistungen nicht genau zugeordnet werden können, auf alle potenziellen Vorteilsempfänger umgelegt werden. Um dem Fremdvergleichsgrundsatz zu entsprechen, muss die gewählte Umlagemethode zu einem Ergebnis führen, das mit dem vereinbar ist, was vergleichbare unabhängige Unternehmen zu akzeptieren bereit gewesen wären.

7.25. Die Aufteilung sollte auf einer angemessenen Messgröße der Nutzung der Dienstleistung basieren, die außerdem leicht zu überprüfen ist, wie beispielsweise der Umsatz, der Personalaufwand oder ein tätigkeitsbasierter Schlüssel wie die bearbeiteten Aufträge. Ob die Umlagemethode angemessen ist, hängt von der Art und der Nutzung der Dienstleistung ab. Beispielsweise wird die Nutzung und Erbringung von personalbezogenen Dienstleistungen eher mit der Anzahl der Beschäftigten als mit dem Umsatz zusammenhängen, während die Aufteilung der Kosten für die Bereithaltung von Backup-Kapazitäten im Verhältnis zu den relativen Ausgaben der Konzernunternehmen für die Ausstattung mit Computern bestimmt werden könnte.

7.26. Wird eine indirekte Preisverrechnungsmethode angewendet, kann der Zusammenhang zwischen der Vergütung und den erbrachten Dienstleistungen möglicherweise undurchsichtig sein, und es mag schwierig werden, den verschafften Nutzen zu beurteilen. Tatsächlich kann dies bedeuten, dass das Unternehmen, dem eine Dienstleistung berechnet wird, selbst keinen Zusammenhang zwischen der Vergütung und der Dienstleistung hergestellt hat. Damit erhöht sich die Gefahr einer Doppelbesteuerung, weil es möglicherweise schwieriger ist, die für Konzerngesellschaften angefallenen abzugsfähigen Kosten zu bestimmen, wenn die Vergütung nicht ohne weiteres ermittelt werden kann, oder weil der Empfänger der Dienstleistungen die Abzugsfähigkeit einer Zahlung nicht begründen kann, wenn ihm der Nachweis über tatsächlich erbrachte Leistungen nicht gelingt.

B.2.2.3. Form der Vergütung

7.27. Die Vergütung für Dienstleistungen, die für ein verbundenes Unternehmen erbracht werden, kann im Preis für andere Übertragungen enthalten sein. Beispielsweise kann die Lizenzgebühr für ein Patent oder für Know-how eine Zahlung für technische Unterstützungsleistungen oder zentrale Dienstleistungen, die für den Lizenznehmer erbracht werden, oder für unternehmerische Beratung beim Marketing der in Lizenz hergestellten Waren enthalten. In solchen Fällen müssen die Steuerverwaltung und die Steuerpflichtigen prüfen, dass kein zusätzliches Dienstleistungsentgelt verrechnet wird und kein doppelter Betriebsausgabenabzug erfolgt.

7.28. Bei der Untersuchung von Vereinbarungen über die Berechnung einer Gebühr für die Verfügbarhaltung von Dienstleistungen „auf Abruf" (wie in den Ziffern 7.16 und 7.17 erörtert) kann es erforderlich sein, die Bedingungen für die tatsächliche Inanspruchnahme der Dienstleistungen zu prüfen, da diese Bestimmungen enthalten können, wonach erst dann eine Vergütung für die tatsächliche Nutzung berechnet wird, wenn diese einen im Voraus festgelegten Umfang überschreitet.

B.2.3. Berechnung der fremdvergleichskonformen Vergütung

7.29. Bei der Bestimmung des Fremdvergleichspreises für konzerninterne Dienstleistungen ist sowohl die Sichtweise des Erbringers als auch die Sichtweise des Empfängers der Dienstleistung zu beachten. Entsprechend zu berücksichtigen sind dabei der Wert der Dienstleistung für den Empfänger, die Frage, inwieweit ein vergleichbares unabhängiges Unternehmen bereit wäre, für diese Dienstleistung unter vergleichbaren Umständen zu zahlen, sowie die Kosten für den Erbringer der Dienstleistung.

7.30. Aus Sicht eines unabhängigen Unternehmens, das eine Dienstleistung in Anspruch nehmen will, kann es beispielsweise sein, dass die Dienstleistungsanbieter auf dem betreffenden Markt nicht bereit oder in der Lage sind, die Dienstleistung zu einem Preis zu erbringen, den das unabhängige Unternehmen zu zahlen bereit ist. Wenn die Dienstleistungsanbieter die gewünschte Dienstleistung hingegen innerhalb der Bandbreite von Preisen erbringen können, die das unabhängige Unternehmen zu zahlen bereit ist, kommt es zum Geschäftsabschluss. Wichtige Überlegungen aus Sicht des Dienstleistungsanbieters sind der Preis, unterhalb dessen er die Dienstleistung nicht erbringen würde, sowie die entsprechenden Kosten, allerdings sind diese Elemente nicht unbedingt in jedem Fall entscheidend für das Ergebnis.

B.2.3.1. Methoden

7.31. Die für die Bestimmung von fremdvergleichskonformen Verrechnungspreisen für konzerninterne Leistungen anzuwendende Methode sollte nach den Leitlinien in den Kapiteln I, II und III bestimmt werden. Die Anwendung dieser Leitlinien wird oft dazu führen, dass zur Bestimmung der Preise konzerninterner Dienstleistungen die Preisvergleichsmethode oder eine kostenbasierte Methode (Kostenaufschlagsmethode oder geschäftsvorfallbezogene Nettomargenmethode) verwendet wird. Die Preisvergleichsmethode wird wahrscheinlich dann die zweckmäßigste Methode sein, wenn ein unabhängiges Unternehmen einem anderen unabhängigen Unternehmen auf dem Markt des Empfängers eine vergleichbare Dienstleistung erbringt oder wenn das betreffende verbundene Unternehmen eine vergleichbare Dienstleistung unter vergleichbaren Umständen für ein unabhängiges Unternehmen erbringt. Dies kann beispielsweise dann der Fall sein, wenn Dienstleistungen im Bereich des Rechnungswesens und der Revision sowie juristische Dienstleistungen oder Computerdienstleistungen erbracht werden, vorausgesetzt, die konzerninternen Geschäftsvorfälle und die Fremdgeschäftsvorfälle sind vergleichbar. Eine kostenbasierte Methode ist in Ermangelung eines vergleichbaren Fremdpreises wahrscheinlich dann die zweckmäßigste Methode, wenn die Art der Tätigkeit, die genutzten Vermögenswerte und die übernommenen Risiken mit denjenigen von unabhängigen Unternehmen vergleichbar sind. Wie in Kapitel II Teil II angeführt, sollten bei Anwendung der Kostenaufschlagsmethode die berücksichtigten Kostenarten in den konzerninternen Geschäftsvorfällen und den Fremdvergleichsgeschäftsvorfällen übereinstimmen. In Ausnahmefällen, etwa wenn die Anwendung der Preisvergleichsmethode oder der kostenbasierten Methoden schwierig ist, kann es nützlich sein, mehrere Methoden zu berücksichtigen, um zu einer zufriedenstellenden fremdvergleichskonformen Preisbestimmung zu gelangen (vgl. Ziffer 2.12).

7.32. Es kann notwendig sein, für die verschiedenen Unternehmen des Konzerns eine Funktionsanalyse durchzuführen, um eine Beziehung zwischen den betreffenden Dienstleistungen und den Tätigkeiten und Leistungen der Konzernunternehmen herzustellen. Ferner kann es erforderlich sein, nicht nur die unmittelbare Auswirkung einer Dienstleistung zu berücksichtigen, sondern auch deren langfristige Wirkung; dabei ist zu berücksichtigen, dass einige Kosten nie wirklich jene Vorteile verschaffen, die man zum Zeitpunkt ihres Entstehens vernünftigerweise erwartet hatte. Beispielsweise können Ausgaben für die Vorbereitung einer Vertriebstätigkeit auf den ersten Blick zu hoch erscheinen, um von einem Konzernunternehmen unter Berücksichtigung seiner aktuellen wirtschaftlichen Möglichkeiten getragen werden zu können; bei der Bestimmung, ob der Preis in einem solchen Fall fremdvergleichskonform ist, sollten die aus der Tätigkeit erwarteten Vorteile sowie die Möglichkeit, dass Höhe und Zeitpunkt der Zahlung in manchen fremdüblichen Vereinbarungen vom Ergebnis der Tätigkeit abhängen können, berücksichtigt werden. Der Steuerpflichtige sollte in solchen Fällen bereit sein, die Angemessenheit der Preise darzulegen, die er verbundenen Unternehmen in Rechnung stellt.

7.33. Stellt sich heraus, dass eine kostenbasierte Methode unter den Umständen des Einzelfalls die am besten geeignete Methode ist, muss bei der Analyse untersucht werden, ob die dem konzerninternen Dienstleistungserbringer entstandenen Kosten in gewissem Umfang angepasst werden müssen, um einen verlässlichen Vergleich der konzerninternen Geschäftsvorfälle und der Fremdgeschäftsvorfälle zu ermöglichen.

7.34. Fungiert ein verbundenes Unternehmen bei der Erbringung von Dienstleistungen nur als Vermittler oder Zwischenhändler, ist es bei Anwendung einer kostenbasierten Methode wichtig, dass der Ertrag oder der vorgenommene Aufschlag dem entspricht, was für die Ausübung einer Vermittlerfunktion – und nicht etwa für die Erbringung der eigentlichen Dienstleistungen – angemessen ist. In einem solchen Fall ist es möglicherweise nicht angemessen, den fremdüblichen Preis durch einen Gewinnaufschlag auf die Kosten der Dienstleistungen zu bestimmen, vielmehr sollte der Gewinnaufschlag auf die Kosten der Vermittlerfunktion als solche angewandt werden. Ein verbundenes Unternehmen kann beispielsweise die Kosten für die Anmietung von Werbeflächen für die Konzernunternehmen tragen, Kosten also, die den Konzernunternehmen unmittelbar entstanden wären, wenn sie unabhängige Unternehmen gewesen wären. In einem solchen Fall kann es durchaus angemessen sein, diese Kosten ohne Aufschlag an die Empfänger innerhalb des Konzerns weiterzuleiten und nur auf jene Kosten einen Aufschlag vorzunehmen, die dem Zwischenhändler bei der Ausübung seiner Vermittlerfunktion entstanden sind.

B.2.3.2. Überlegungen zur Aufnahme eines Gewinnelements

7.35. Je nachdem welche Methode zur Ermittlung eines Fremdvergleichspreises für konzerninterne Dienstleistungen angewendet wird, kann die Frage auftreten, ob es notwendig ist, den Preis so anzusetzen, dass er für den Dienstleistungsanbieter zu einem Gewinn führt. Bei einem fremdüblichen Geschäftsvorfall versucht ein unabhängiges Unternehmen üblicherweise, für Dienstleistungen einen Preis zu berechnen, mit dem es einen Gewinn erzielt, anstatt nur seine Kosten zu decken. Die dem Dienstleistungsempfänger zur Verfügung stehenden wirtschaftlichen Alternativen sind bei der Bestimmung des Fremdvergleichspreises ebenfalls zu berücksichtigen. Es gibt allerdings Umstände (wie beispielsweise in Kapitel I in der Erörterung zu Geschäftsstrategien umrissen), unter denen ein unabhängiges Unternehmen durch die Erbringung einer Dienstleistung allein möglicherweise keinen Gewinn erzielt – beispielsweise wenn die (erwarteten oder tatsächlichen) Kosten für die Erbringung der Dienstleistung höher sind als der Marktpreis –, es aber trotzdem bereit ist, die Dienstleistung zu erbringen, um seine Rentabilität zu steigern, etwa durch eine Vervollständigung der Palette seiner Tätigkeiten. Deshalb muss es nicht immer der Fall sein, dass ein Fremdvergleichspreis für ein verbundenes Unternehmen, das eine konzerninterne Dienstleistung erbringt, zu einem Gewinn führt.

7.36. Beispielsweise ist es möglich, dass der Marktwert von konzerninternen Dienstleistungen nicht höher ist als die dem Dienstleistungserbringer entstandenen Kosten. Dies könnte beispielsweise der Fall sein, wenn es sich bei der Dienstleistung nicht um eine gewöhnliche oder wiederkehrende Tätigkeit des Dienstleistungserbringers handelt, sondern wenn sie nebenbei als Zusatzservice für den Konzern erbracht wurde. Um zu bestimmen, ob die konzerninternen Dienstleistungen denselben geldwerten Nutzen aufweisen, wie er im Fall der Beauftragung eines unabhängigen Unternehmens erzielt werden könnte, wäre es für die Bewertung der Vergleichbarkeit der Geschäftsvorfälle wesentlich, die Funktionen und die erwarteten Vorteile einander gegenüberzustellen. Ein multinationaler Konzern kann allerdings aus vielerlei Gründen entscheiden, die Dienstleistung konzernintern zu erbringen, anstatt einen Dritten zu beauftragen, vielleicht wegen anderer konzerninterner Vorteile (für die eine fremdvergleichskonforme Vergütung angebracht sein kann). In einem solchen Fall wäre es nicht angemessen, den Preis für die Dienstleistung höher anzusetzen als den Preis, der sich aufgrund der Preisvergleichsmethode ergeben würde, nur um sicherzustellen, dass das verbundene Unternehmen einen Gewinn erzielt. Ein solches Ergebnis stünde im Widerspruch zum Fremdvergleichsgrundsatz. Allerdings ist es wichtig sicherzustellen, dass alle dem Empfänger verschafften Vorteile zutreffend berücksichtigt werden.

7.37. Obwohl die Steuerverwaltungen und die Steuerpflichtigen grundsätzlich bemüht sein sollten, angemessene Fremdvergleichspreise zu bestimmen, darf doch nicht übersehen werden, dass praktische Gründe bestehen können, warum eine Steuerverwaltung im Rahmen ihres Ermessens ausnahmsweise bereit sein könnte, in manchen Fällen auf die Ermittlung und Besteuerung des Fremdvergleichspreises für die Durchführung einer Dienstleistung zu verzichten, was etwas anderes ist, als dem Steuerpflichtigen unter geeigneten Umständen zu gestatten, lediglich die aus den Dienstleistungen resultierenden Kosten aufzuteilen. Beispielsweise kann eine Kosten-Nutzen-Analyse ergeben, dass die zusätzlichen Steuereinnahmen die Kosten und den Verwaltungsaufwand für die Bestimmung eines angemessenen Fremdvergleichspreises in einigen Fällen nicht rechtfertigen. In solchen Fällen kann die Berechnung aller relevanten Kosten anstelle eines Fremdvergleichspreises zu einem zufriedenstellenden Ergebnis für die multinationalen Unternehmen und die Steuerverwaltungen führen. Steuerverwaltungen werden dieses Zugeständnis nicht machen können, wenn die Erbringung einer Dienstleistung eine Hauptätigkeit des verbundenen Unternehmens darstellt, wenn das Gewinnelement relativ wichtig ist oder wenn eine direkte Verrechnung als Grundlage für die Bestimmung des Fremdvergleichspreises möglich ist.

C. Einige Beispiele konzerninterner Dienstleistungen

7.38. Dieser Abschnitt enthält einige Beispiele für Verrechnungspreisfragen bei der Erbringung konzerninterner Dienstleistungen. Diese Beispiele dienen nur der Veranschaulichung. Bei der Behandlung einzelner Fälle ist es notwendig, die tatsächlichen Gegebenheiten und Umstände zu untersuchen, um die Anwendbarkeit der einen oder anderen Verrechnungspreismethode zu beurteilen.

7.39. Ein Beispiel betrifft Factoring-Aktivitäten (Abtretung von Forderungen), wenn ein multinationaler Konzern beschließt, diese aus wirtschaftlichen Gründen zentral auszuüben. So kann es beispielsweise vernünftig sein, die Factoring-Aktivitäten zu zentralisieren, um das Management der Liquiditäts-, Währungs- und Kreditrisiken zu verbessern und die Verwaltungseffizienz zu steigern. Eine Factoring-Zentrale, die diese Aufgabe übernimmt, übt konzerninterne Dienstleistungen aus, für die ein Fremdvergleichspreis zu verrechnen ist. Eine Preisvergleichsmethode könnte in einem solchen Fall zweckmäßig sein.

7.40. Ein weiteres Beispiel für eine Tätigkeit, die konzerninterne Dienstleistungen umfassen kann, sind Fertigungs- oder Montagetätigkeiten. Solche Tätigkeiten können verschiedene Formen annehmen, darunter die sogenannte Auftragsfertigung. In einigen Fällen von Auftragsfertigung kann der Hersteller vom Auftraggeber ausführliche Anweisungen in Bezug darauf erhalten, was er produzieren soll, in welchen Mengen und in welcher Qualität. In einigen Fällen kann der Auftraggeber dem Hersteller Roh-, Hilfs- und Betriebsstoffe oder Bauteile zur Verfügung stellen. Das Fertigungsunternehmen kann die Zusicherung erhalten, dass seine gesamte Produktion abgenommen wird, vorausgesetzt, die Qualitätsstandards werden eingehalten. In einem solchen Fall könnte das Fertigungsunternehmen so betrachtet werden, als übe es eine risikoarme Dienstleistung für den Auftraggeber aus, und die Kostenaufschlagsmethode könnte vorbehaltlich der Prinzipien von Kapitel II die am besten geeignete Verrechnungspreismethode sein.

7.41. Forschung ist ebenfalls ein Beispiel für eine Tätigkeit, die konzerninterne Dienstleistungen umfassen kann. Die Bedingungen der Tätigkeit können in einem detaillierten Vertrag mit dem Beteiligten festgelegt werden, der die Dienstleistung in Auftrag gibt, was allgemein als Auftragsforschung bezeichnet wird. Die Tätigkeit kann hochqualifiziertes Personal erfordern und sowohl in ihrer Art als auch in ihrer Bedeutung für den Erfolg des Konzerns erheblich variieren. Die tatsächlichen Vereinbarungen können äußerst unterschiedlich gestaltet sein, von der bloßen Durchführung detaillierter, vom Auftraggeber festgelegter Programme bis zu Vereinbarungen, bei denen das Forschungsunternehmen innerhalb grob abgesteckter Vorgaben über seine Arbeit frei entscheiden kann. Im letzteren Fall können zusätzliche Aufgaben, wie die Bestimmung wirtschaftlich wertvoller Bereiche und die Beurteilung des Risikos erfolgloser Forschung, für die Leistung des Gesamtkonzerns einen entscheidenden Faktor darstellen. Es ist deshalb von entscheidender Bedeutung, vor der Prüfung der angemessenen Verrechnungspreismethode eine detaillierte Funktionsanalyse durchzuführen und ein klares Verständnis von der genauen Art der Forschung sowie von der Art und Weise, wie die Tätigkeiten vom Unternehmen wahrgenommen werden, zu gewinnen. Die Prüfung der dem Auftraggeber der Forschungsarbeit realistischerweise zur Verfügung stehenden Optionen kann bei der Auswahl der am besten geeigneten Verrechnungspreismethode ebenfalls hilfreich sein. Vgl. Kapitel VI Abschnitt B.2.

7.42. Ein weiteres Beispiel für konzerninterne Dienstleistungen ist die Verwaltung von Lizenzen. Die Verwaltung und Durchsetzung von Eigentumsrechten an immateriellen Werten sollte von der Verwertung solcher Rechte unterschieden werden. Der Schutz einer Lizenz könnte einem Dienstleistungszentrum des Konzerns obliegen, das für die Aufdeckung etwaiger Lizenzrechtsverletzungen und für die Durchsetzung von Lizenzrechten zuständig ist.

D. Konzerninterne Dienstleistungen mit geringer Wertschöpfung

7.43. Dieser Abschnitt enthält spezifische Leitlinien in Bezug auf eine bestimmte Kategorie von konzerninternen Dienstleistungen, die als konzerninterne Dienstleistungen mit geringer Wertschöpfung bezeichnet werden. Abschnitt D.1 enthält die Definition von konzerninternen Dienstleistungen mit geringer Wertschöpfung. In Abschnitt D.2 wird ein optionaler, vereinfachter Ansatz für die Bestimmung von fremdvergleichskonformen Vergütungen für konzerninterne Dienstleistungen mit geringer Wertschöpfung, einschließlich eines vereinfachten Vorteilstests, beschrieben. Abschnitt D.3 enthält Leitlinien zu den Dokumentations- und Berichtspflichten, die ein multinationaler Konzern, der beschließt, diesen vereinfachten Ansatz anzuwenden, erfüllen sollte. Abschnitt D.4 behandelt schließlich einige Fragestellungen in Bezug auf die Erhebung von Quellensteuern auf Vergütungen für konzerninterne Dienstleistungen mit geringer Wertschöpfung. Zusammenfassend lässt sich feststellen, dass nach dem vereinfachten Ansatz anerkannt wird, dass der fremdvergleichskonforme Preis für konzerninterne Dienstleistungen mit geringer Wertschöpfung eng mit den Kosten zusammenhängt, die Kosten der Erbringung der verschiedenen Kategorien solcher Dienstleistungen denjenigen Konzernunternehmen zugerechnet werden, denen durch die Inanspruchnahme dieser Dienstleistungen ein Vorteil entsteht, und anschließend auf alle Dienstleistungskategorien der gleiche Aufschlag angewendet wird. Multinationale Konzerne, die beschließen, den in diesem Abschnitt dargelegten vereinfachten Ansatz nicht anzuwenden, sollten Verrechnungspreisfragen in Bezug auf Dienstleistungen mit geringer Wertschöpfung nach Maßgabe der vorstehenden Abschnitte A und B behandeln.

D.1. Definition konzerninterner Dienstleistungen mit geringer Wertschöpfung

7.44. Dieser Abschnitt befasst sich mit den Definitionsfragen, die sich im Zusammenhang mit konzerninternen Dienstleistungen mit geringer Wertschöpfung im Hinblick auf die Anwendung des in Abschnitt D.2 erörterten optionalen, vereinfachten Ansatzes stellen. Zunächst werden die Merkmale aufgeführt, die Dienstleistungen aufweisen müssen, um als konzerninterne Dienstleistungen mit geringer Wertschöpfung zu gelten, die für die Anwendung des optionalen, vereinfachten Ansatzes infrage kommen. Dann wird eine Reihe von Tätigkeiten ermittelt, die nicht als konzerninterne Dienstleistungen mit geringer Wertschöpfung gelten, für die der optionale, vereinfachte Ansatz angewandt werden kann. Abschließend werden Beispiele für Dienstleistungen aufgeführt, die die erforderlichen Merkmale aufweisen, um als konzerninterne Dienstleistungen mit geringer Wertschöpfung zu gelten, für die der vereinfachte Ansatz angewandt werden kann.

7.45. Konzerninterne Dienstleistungen mit geringer Wertschöpfung im Sinne des vereinfachten Ansatzes sind Dienstleistungen, die von einem oder mehreren Unternehmen eines multinationalen Konzerns im Auftrag einer oder mehrerer anderer Konzerngesellschaften ausgeübt werden, und die

- einen unterstützenden Charakter aufweisen,

- nicht Teil des Kerngeschäfts des multinationalen Konzerns sind (d. h., die keine gewinnerzielenden Tätigkeiten begründen und nicht zu den wirtschaftlich signifikanten Tätigkeiten des multinationalen Konzerns beitragen),
- nicht die Nutzung von einzigartigen und wertvollen immateriellen Werten erfordern und nicht zur Entstehung von einzigartigen und wertvollen immateriellen Werten führen, und die
- nicht mit der Übernahme oder Kontrolle wesentlicher oder signifikanter Risiken durch den Dienstleistungserbringer verbunden sind und nicht zur Entstehung signifikanter Risiken für den Dienstleistungserbringer führen.

7.46. Die Leitlinien dieses Abschnitts sind nicht auf normalerweise als konzerninterne Dienstleistungen mit geringer Wertschöpfung geltende Dienstleistungen anwendbar, wenn solche Dienstleistungen für unabhängige Kunden der Unternehmen des multinationalen Konzerns erbracht werden. In diesen Fällen kann davon ausgegangen werden, dass verlässliche interne Vergleichswerte vorliegen, die genutzt werden können, um den fremdvergleichskonformen Preis für die konzerninternen Dienstleistungen zu bestimmen.

7.47. Die folgenden Tätigkeiten kommen für den in diesem Abschnitt beschriebenen vereinfachten Ansatz nicht infrage:

- Dienstleistungen, die das Kerngeschäft des multinationalen Konzerns darstellen
- Forschungs- und Entwicklungsleistungen (einschließlich Software-Entwicklung, es sei denn, sie falle unter die Kategorie der in Ziffer 7.49 aufgeführten IT-Dienstleistungen)
- Fertigungs- und Produktionsdienstleistungen
- Einkaufsaktivitäten in Bezug auf Roh-, Hilfs- und Betriebsstoffe, die im Fertigungs- oder Produktionsprozess verwendet werden
- Verkaufs-, Marketing- und Vertriebstätigkeiten
- Finanztransaktionen
- Förderung, Exploration oder Verarbeitung von Rohstoffen
- Versicherung und Rückversicherung
- Managementleistungen der Geschäftsführung (mit Ausnahme der Aufsicht über Dienstleistungen, die gemäß der Definition von Ziffer 7.45 als konzerninterne Dienstleistungen mit geringer Wertschöpfung gelten)

7.48. Die Tatsache, dass eine Tätigkeit nach Ziffer 7.45 nicht für den vereinfachten Ansatz infrage kommt, sollte nicht dahingehend interpretiert werden, dass diese Tätigkeit hohe Erträge bringt. Die Tätigkeit könnte trotzdem einen geringen Wertschöpfungsbeitrag leisten, und die Bestimmung der fremdüblichen Vergütung für eine solche Tätigkeit sollte gegebenenfalls nach Maßgabe der unter den Ziffern 7.1–7.42 dargelegten Leitlinien erfolgen.

7.49. Unter den folgenden Aufzählungspunkten sind Beispiele für Dienstleistungen aufgelistet, die der in Ziffer 7.45 aufgeführten Definition von Dienstleistungen mit geringer Wertschöpfung entsprechen dürften:

- Rechnungswesen und Revision, beispielsweise Erfassung und Überprüfung von Informationen, die in Jahresabschlüssen verwendet werden, Buchhaltung, Erstellung von Jahresabschlüssen, Vorbereitung und Unterstützung von Betriebsaudits und Prüfungen der Rechnungslegung, Überprüfung der Echtheit und Zuverlässigkeit der Buchhaltungsunterlagen sowie Unterstützung bei der Budgeterstellung durch Sammlung von Daten und Informationen
- Bearbeitung und Verwaltung von Forderungen und Verbindlichkeiten aus Lieferungen und Leistungen, beispielsweise Zusammenstellung von kundenbezogenen Rechnungsinformationen sowie Überprüfung und Bearbeitung von Kundenkrediten
- Aufgaben des Personalwesens, wie beispielsweise:
  - Personalbeschaffung und Mitarbeiteranwerbung, beispielsweise Einstellungsverfahren, Unterstützung bei der Beurteilung von Bewerbern sowie bei der Auswahl und Einstellung von Personal, Eingliederung neuer Mitarbeiter, Leistungsbewertung und Unterstützung bei der Laufbahnplanung, Unterstützung bei Entlassungsverfahren und Personalabbau
  - Aus- und Weiterbildung von Mitarbeitern, beispielsweise Evaluierung des Weiterbildungsbedarfs, Schaffung interner Ausbildungs- und Personalentwicklungsprogramme, Einrichtung von Programmen zur Vermittlung von Managementkompetenzen und zur Förderung der Laufbahnentwicklung
  - Dienstleistungen im Bereich der Personalentlohnung, beispielsweise Beratung im Hinblick auf die Vergütung der Mitarbeiter und Festlegung der Vergütungspolitik, einschließlich Lohnnebenleistungen wie Kranken- und Lebensversicherung, Aktienoptionspläne und Altersvorsorgepläne; Anwesenheitsprüfung und Zeiterfassung, Lohnbuchhaltungsdienste, einschließlich Gehaltsabrechnung, und Befolgung der Steuervorschriften

- Ausarbeitung und Überwachung der Verfahren für den betrieblichen Gesundheitsschutz sowie der Sicherheits- und Umweltstandards am Arbeitsplatz

• Überwachung und Erhebung von Daten in Bezug auf Gesundheits-, Sicherheits- und Umweltstandards sowie sonstige für das Unternehmen geltende Standards

• IT-Dienstleistungen, die nicht Teil der Haupttätigkeit des Konzerns sind, beispielsweise Installation, Wartung und Aktualisierung von im Unternehmen genutzten IT-Systemen; Unterstützung der Informationssysteme (was Informationssysteme, die in den Bereichen Buchhaltung, Fertigung, Kundenbeziehungen, Personalwesen und Lohnbuchhaltung eingesetzt werden, sowie E-Mail-Systeme umfassen kann); Schulungen in der Nutzung oder Anwendung von Informationssystemen sowie der entsprechenden Geräte, die eingesetzt werden, um Informationen zu sammeln, zu verarbeiten und zu präsentieren; Entwicklung von IT-Richtlinien, Bereitstellung von Telekommunikationsdiensten, Organisation eines IT-Helpdesks, Einführung und Wartung von IT-Sicherheitssystemen; Unterstützung, Wartung und Überwachung von IT-Netzwerken (lokales Netz [LAN], Weitverkehrsnetz [WAN], Internet)

• Unterstützung bei interner und externer Kommunikation und Öffentlichkeitsarbeit (jedoch ohne konkrete Werbe- oder Marketingaktivitäten sowie die Entwicklung der entsprechenden Strategien);

• juristische Dienstleistungen, beispielsweise allgemeine juristische Dienstleistungen interner Rechtsberater wie beispielsweise Entwurf und Überprüfung von Verträgen, Vereinbarungen und sonstigen Rechtsdokumenten, Rechtsberatung und Rechtsgutachten, Vertretung des Unternehmens (Rechtsstreitigkeiten, Schiedsgremien, Verwaltungsverfahren), juristische Recherche sowie juristische und administrative Arbeiten im Hinblick auf die Anmeldung und den Schutz immaterieller Wirtschaftsgüter

• Tätigkeiten im Hinblick auf Steuerverpflichtungen, beispielsweise Sammlung von Informationen und Erstellung von Steuererklärungen (Ertragsteuer, Umsatz- bzw. Mehrwertsteuer, Grundsteuer, Zölle und Verbrauchsteuer), Leistung von Steuerzahlungen, Unterstützung der Steuerverwaltung bei Steuerprüfungen sowie Beratung in Steuerfragen

• allgemeine Verwaltungs- oder Bürodienstleistungen

7.50. Die folgenden Beispiele veranschaulichen ein wichtiges Element der Definition konzerninterner Dienstleistungen mit geringer Wertschöpfung, nämlich dass sie keine Dienstleistungen umfassen sollten, die Teil des Kerngeschäfts des multinationalen Unternehmens sind. Dienstleistungen, die oberflächlich betrachtet ähnlicher Art zu sein scheinen (wie die Kreditrisikoanalysen in den Beispielen), können je nach dem konkreten Kontext und den spezifischen Umständen konzerninterne Dienstleistungen mit geringer Wertschöpfung sein oder auch nicht. Die Beispiele veranschaulichen auch, dass Dienstleistungen möglicherweise nicht als konzerninterne Dienstleistungen mit geringer Wertschöpfung gelten, weil sie im jeweiligen Kontext erhebliche Risiken oder einzigartige und wertvolle immaterielle Werte entstehen lassen.

a) Unternehmen A mit Sitz in Staat A ist ein Schuhhersteller und -großhändler in der Nordwestregion. Seine 100%ige Tochtergesellschaft B mit Sitz in Staat B vertreibt die von A hergestellten Schuhe als Großhändler in der Südostregion. Im Rahmen seiner Geschäftstätigkeit analysiert A regelmäßig das Kreditrisiko seiner Kunden auf der Basis von Berichten, die bei einer Kreditauskunftei eingekauft werden. Unternehmen A führt im Auftrag von Unternehmen B nach den gleichen Methoden und Ansätzen die gleiche Kreditrisikoanalyse in Bezug auf die Kunden von Unternehmen B durch. Unter diesen Gegebenheiten und Umständen kann vernünftigerweise die Schlussfolgerung gezogen werden, dass die von Unternehmen A für Unternehmen B erbrachte Dienstleistung eine konzerninterne Dienstleistung mit geringer Wertschöpfung ist.

b) Unternehmen X ist eine Tochtergesellschaft einer weltweit agierenden Investment-Banking-Gruppe. Unternehmen X führt Kreditrisikoanalysen im Hinblick auf potenzielle Kontrahenten für Geschäftsvorfälle mit Finanzderivateverträgen durch und erstellt Bonitätsberichte für die weltweite Investment-Banking-Gruppe. Die von Unternehmen X durchgeführten Kreditanalysen werden von dem Konzern verwendet, um die Preise von Finanzderivaten für die Kunden des Konzerns festzulegen. Die Mitarbeiter von Unternehmen X haben spezielle Fachkenntnisse erworben und nutzen intern entwickelte vertrauliche Kreditrisikoanalysemodelle, Algorithmen und Software. Unter den Gegebenheiten und Umständen dieses Falls kann nicht die Schlussfolgerung gezogen werden, dass die von Unternehmen X für die weltweite Investment-Banking-Gruppe erbrachte Dienstleistung eine konzerninterne Dienstleistung mit geringer Wertschöpfung ist.

7.51. Die Definition konzerninterner Dienstleistungen mit geringer Wertschöpfung bezieht sich auf den unterstützenden Charakter dieser Dienstleistungen, die nicht Teil des Kerngeschäfts des multinationalen Konzerns sind. Die Bereitstellung von konzerninternen Dienstleistungen mit geringer Wertschöpfung kann in der Tat die Hauptgeschäftstätigkeit der juristischen

Person sein, die die Dienstleistung erbringt, z. B. ein gemeinsames Dienstleistungszentrum, sofern diese Dienstleistungen nicht mit dem Kerngeschäft des Konzerns zusammenhängen. Nehmen wir z. B. an, dass ein multinationales Unternehmen weltweit in der Entwicklung, der Produktion, dem Verkauf und dem Marketing von Milcherzeugnissen tätig ist. Der Konzern hat ein gemeinsames Dienstleistungszentrum gegründet, dessen einzige Tätigkeit darin besteht, als globales Zentrum für IT-Unterstützungsleistungen zu agieren. Aus der Perspektive des Erbringers der IT-Unterstützungsleistungen ist die Erbringung der IT-Dienstleistungen die Hauptgeschäftstätigkeit des Unternehmens. Aus der Perspektive der Dienstleistungsempfänger wie auch aus der Perspektive des multinationalen Konzerns insgesamt ist die Dienstleistung jedoch keine Kerngeschäftstätigkeit und kann deshalb als konzerninterne Dienstleistung mit geringer Wertschöpfung gelten.

D.2. Vereinfachte Bestimmung fremdüblicher Vergütungen für konzerninterne Dienstleistungen mit geringer Wertschöpfung

7.52. Dieser Unterabschnitt beschreibt die Elemente eines vereinfachten Vergütungsverfahrens für konzerninterne Dienstleistungen mit geringer Wertschöpfung. Diese vereinfachte Methode beruht auf dem Gedanken, dass alle bei der Erbringung von Dienstleistungen mit geringer Wertschöpfung zur Unterstützung der Geschäftstätigkeit von Unternehmen eines multinationalen Konzerns angefallenen Kosten diesen Unternehmen zugerechnet werden sollten. Die wesentlichen Vorteile des vereinfachten Ansatzes umfassen: 1. Verringerung des mit der Einhaltung des Vorteilskriteriums und dem Nachweis der Fremdvergleichskonformität der Vergütungen verbundenen Erfüllungsaufwands; 2. Erhöhung der Gewissheit für die Mitglieder von multinationalen Konzernen, dass der für die qualifizierten Tätigkeiten berechnete Preis von den Steuerverwaltungen, die den vereinfachten Ansatz eingeführt haben, akzeptiert wird, sofern die unter Ziffer 7.45 genannten Voraussetzungen für den vereinfachten Ansatz erfüllt sind, und 3. Bereitstellung einer gezielten Dokumentation für die Steuerverwaltungen, die eine effiziente Überprüfung der Befolgungsrisiken ermöglicht. Ein multinationaler Konzern, der sich für die Anwendung dieser vereinfachten Methode entscheidet, wird sie nach Möglichkeit auf einer konzernweit einheitlichen Basis in allen Staaten anwenden, in denen er tätig ist.

7.53. Wenn eine Steuerverwaltung den vereinfachten Ansatz nicht eingeführt hat und der multinationale Konzern in diesem Staat folglich die inländischen Anforderungen zu erfüllen hat, hindert dies den multinationalen Konzern nicht daran, den vereinfachten Ansatz in anderen Staaten anzuwenden. Zudem sind nicht alle multinationalen Konzerne vertikal integriert, sondern können stattdessen nach Regionen oder Geschäftsbereichen mit eigenen Management- und Unterstützungsstrukturen aufgeteilt sein. Deshalb können multinationale Konzerne beschließen, die vereinfachte Methode auf der Ebene einer Zwischenholdinggesellschaft einzuführen und sie auf einheitlicher Basis in allen Tochtergesellschaften dieser Zwischenholding anzuwenden. Wenn der multinationale Konzern den vereinfachten Ansatz wählt und anwendet, gelten Vergütungen für konzerninterne Dienstleistungen mit geringer Wertschöpfung, die gemäß den Leitlinien dieses Unterabschnitts ermittelt werden oder wurden, als fremdvergleichskonform. Ein möglicher alternativer Ansatz für die Behandlung der in diesem Unterabschnitt erörterten Fragen wäre die Verwendung von Kostenumlagevereinbarungen, was in Kapitel VIII behandelt wird.

D.2.1. Anwendung des Vorteilstests auf konzerninterne Dienstleistungen mit geringer Wertschöpfung

7.54. Wie unter Ziffer 7.6 erörtert, besteht gemäß dem Fremdvergleichsgrundsatz nur dann eine Verpflichtung, eine konzerninterne Dienstleistung zu vergüten, wenn das Vorteilskriterium erfüllt ist, d. h., wenn die Tätigkeit dem Konzernunternehmen, von dem erwartet wird, dass es eine Vergütung für die Dienstleistung zahlt, einen wirtschaftlichen oder kommerziellen Vorteil verschafft, der seine Geschäftsposition stärkt oder sichert, was wiederum danach bestimmt wird, ob ein unabhängiges Unternehmen unter vergleichbaren Umständen bereit gewesen wäre, für diese Tätigkeit zu zahlen, wenn sie ihm von einem unabhängigen Unternehmen erbracht worden wäre, oder sie in Eigenleistung erbracht hätte. Aufgrund der Art der in diesem Abschnitt erörterten konzerninternen Dienstleistungen mit geringer Wertschöpfung kann eine solche Bestimmung jedoch schwierig sein oder größere Anstrengungen erfordern, als der Betrag der Vergütung rechtfertigt. Die Steuerverwaltungen sollten deshalb generell davon absehen, den Vorteilstest zu überprüfen oder anzufechten, wenn der vereinfachte Ansatz unter den in diesem Abschnitt erörterten Bedingungen und Umständen und insbesondere in Übereinstimmung mit den im nachfolgenden Abschnitt D.3 erörterten Dokumentations- und Berichtspflichten angewendet wurde.

7.55. Konzerninterne Dienstleistungen mit geringer Wertschöpfung können zwar allen Empfängern dieser Dienstleistungen Vorteile verschaffen, dabei können sich jedoch Fragen in Bezug auf das Ausmaß der Vorteile sowie darauf stellen, ob unabhängige Unternehmen bereit gewesen wären, die betreffende Dienstleistung zu vergüten oder in Eigenleistung zu erbringen. Wenn der multinationale Konzern die Leitlinien des vereinfachten Ansatzes befolgt und die im nachfolgenden Abschnitt D.3 erörterten Dokumente und Berichte vorgelegt hat, dürfte diese Evidenz angesichts der Beschaffenheit von konzerninternen Dienstleistungen mit geringer Wertschöpfung ausreichen, um nachzuweisen, dass das Vorteilskriterium erfüllt ist. Bei der Bewertung des Vorteilstests sollten die Steuerverwaltungen die Vorteile nur nach Dienstleistungskategorien und nicht auf einer bestimmten Vergütungsbasis prüfen. Die Steuerpflichtigen müssen folglich nur nachweisen, dass beispielsweise bei der Lohn- und Gehaltsabrechnung Unterstützung geleistet wurde, und sind nicht verpflichtet, die einzelnen Vorgänge, die zu den angerechneten Kosten führen, anzugeben. Falls der Steuerverwaltung die unter Ziffer 7.64 aufgeführten Informationen zur Verfügung gestellt werden, dürfte eine einzige Jahresabrechnung, in der eine Dienstleistungskategorie beschrieben wird, als Nachweis für die Vergütung ausreichen, und es sollte nicht verlangt werden, dass Korrespondenz oder anderen Nachweise einzelner Vorgänge vorgelegt werden. Im Hinblick auf konzerninterne Dienstleistungen mit geringer Wertschöpfung, von denen nur ein Unternehmen des multinationalen Konzerns profitiert, wird erwartet, dass die dem Dienstleistungsempfänger entstehenden Vorteile separat nachweisbar sind.

D.2.2. Bestimmung von Kostenpools

7.56. Der erste Schritt bei der Anwendung des vereinfachten Ansatzes auf konzerninterne Dienstleistungen mit geringer Wertschöpfung besteht darin, dass der multinationale Konzern auf Jahresbasis einen Kostenpool berechnet, in den alle bei sämtlichen Konzernunternehmen für die Erbringung der einzelnen Kategorien konzerninterner Dienstleistungen mit geringer Wertschöpfung angefallene Kosten eingehen. In den Kostenpool einzubeziehen sind die direkten und indirekten Kosten der Dienstleistungserbringung sowie gegebenenfalls ein angemessener Anteil der Betriebsaufwendungen (z. B. Aufsichtskosten, allgemeine Aufwendungen und Verwaltungskosten). Die Kosten sollten unter Angabe der bei der Schaffung des Kostenpools verwendeten Kostenstellen nach Dienstleistungskategorien zusammengefasst werden. Die Durchlaufkosten im Kostenpool sollten für die Zwecke der Anwendung von Ziffer 7.61 ermittelt werden. Der Kostenpool sollte Kosten ausschließen, die einer Eigenleistung zuzuordnen sind, von der nur das Unternehmen profitiert, das die Leistung erbringt (einschließlich Gesellschaftertätigkeiten der Holdinggesellschaft).

7.57. Im zweiten Schritt sollte der multinationale Konzern die Kosten ermitteln und aus dem Pool entfernen, die Dienstleistungen zuzuordnen sind, die von einem Konzernunternehmen im Auftrag nur eines anderen Konzernunternehmens erbracht werden. Wenn beispielsweise Konzernunternehmen A nur für Konzernunternehmen B Lohnbuchhaltungsdienste erbringt, sollten die entsprechenden Kosten separat ermittelt und aus dem Pool herausgenommen werden. Wenn dagegen Konzernunternehmen A Lohnbuchhaltungsdienste sowohl für sich selbst als auch für Unternehmen B erbringt, sollten die entsprechenden Kosten im Pool verbleiben.

7.58. In diesem Stadium der Berechnung hat der multinationale Konzern einen Kostenpool in Bezug auf Kategorien von Dienstleistungen mit geringer

Wertschöpfung ermittelt, die für mehrere Unternehmen des multinationalen Konzerns erbracht werden.

D.2.3. Aufteilung der bei Dienstleistungen mit geringer Wertschöpfung anfallenden Kosten

7.59. Der dritte Schritt dieser vereinfachten Preisverrechnungsmethode für konzerninterne Dienstleistungen mit geringer Wertschöpfung besteht darin, die in den Kostenpool einbezogenen Kosten, von denen mehrere Unternehmen des Konzerns profitieren, zwischen diesen Konzernunternehmen aufzuteilen. Der Steuerpflichtige wählt für diesen Zweck einen oder mehrere Umlageschlüssel auf der Basis der folgenden Grundsätze. Die Bestimmung des bzw. der geeigneten Umlageschlüssel hängt von der Art der Dienstleistungen ab: Für alle Kostenumlagen, die sich auf dieselbe Dienstleistungskategorie beziehen, müssen einheitlich der- bzw. dieselben Umlageschlüssel verwendet werden. Im Einklang mit den Leitlinien unter Ziffer 7.24 sollten der bzw. die in Bezug auf die Kosten für die betreffenden Dienstleistungskategorien gewählten Umlageschlüssel die Höhe der Vorteile, die die einzelnen Empfänger der jeweiligen Dienstleistung erwarten können, angemessen widerspiegeln. Generell gilt, dass der oder die Umlageschlüssel den zugrunde liegenden Bedarf an den jeweiligen Dienstleistungen widerspiegeln sollten. So könnte sich der Umlageschlüssel für personalbezogene Dienstleistungen beispielsweise am Anteil der einzelnen Unternehmen an der Gesamtzahl der Mitarbeiter des Gesamtkonzerns orientieren, bei IT-Dienstleistungen könnte der Anteil an der Gesamtzahl der Nutzer verwendet werden, bei Dienstleistungen im Bereich des Fuhrparkmanagements könnte der Anteil an der Gesamtzahl der Fahrzeuge zugrunde gelegt werden, und bei Unterstützungsleistungen für das Rechnungswesen könnte der Anteil an allen relevanten Geschäftsvorfällen oder der Anteil an der Bilanzsumme verwendet werden. In vielen Fällen kann der Anteil am Gesamtumsatz ein passender Umlageschlüssel sein.

7.60. Die im vorstehenden Absatz aufgeführten Beispiele für Umlageschlüssel sollen keine erschöpfende Liste darstellen. Je nach den Gegebenheiten und Umständen könnten ausgefeiltere Umlageschlüssel verwendet werden. Es sollte jedoch ein Gleichgewicht zwischen der theoretischen Komplexität und der praktischen Umsetzung gefunden werden, wobei nicht vergessen werden darf, dass die fraglichen Kosten für den Konzern nicht zur Entstehung von hohem Wert führen. In diesem Kontext ist es möglicherweise nicht notwendig, mehrere Umlageschlüssel zu verwenden, wenn der Steuerpflichtige begründen kann, warum ein einziger Schlüssel die jeweiligen Vorteile seiner Ansicht nach angemessen widerspiegelt. Aus Gründen der Einheitlichkeit sollte bei der Bestimmung der Aufteilung gleichartiger konzerninterner Dienstleistungen mit geringer Wertschöpfung auf alle Empfänger innerhalb des Konzerns derselbe bzw. dieselben Umlageschlüssel angewendet werden, und es wird erwartet, dass jedes Jahr derselbe angemessene Schlüssel angewendet wird, sofern es keinen berechtigten Grund für gibt, diesen zu ändern. Die Steuerverwaltungen und Steuerpflichtigen sollten außerdem berücksichtigen, dass eine Änderung des angemessenen Umlageschlüssels erhebliche Komplikationen mit sich bringen kann. Es wird erwartet, dass der Steuerpflichtige in seiner Dokumentation (vgl. Ziffer 7.64 unten) die Gründe für die Schlussfolgerung darlegt, dass der Umlageschlüssel Ergebnisse liefert, die die von den einzelnen Dienstleistungsempfängern voraussichtlich zu erzielenden Vorteile angemessen widerspiegeln.

D.2.4. Gewinnaufschlag

7.61. Bei der Bestimmung der fremdüblichen Vergütung für konzerninterne Dienstleistungen mit geringer Wertschöpfung wendet das multinationale Unternehmen, das die Dienstleistungen erbringt, einen Gewinnaufschlag auf alle im Pool enthaltenen Kosten an, mit Ausnahme der gemäß den Ziffern 2.99 und 7.34 ermittelten Durchlaufkosten. Für alle Dienstleistungen mit geringer Wertschöpfung wird unabhängig von den Dienstleistungskategorien derselbe Gewinnaufschlag angewendet. Der Aufschlag entspricht 5 % der betreffenden gemäß Abschnitt D.2.2 ermittelten Kosten. Der nach dem vereinfachten Ansatz angewendete Aufschlag muss nicht durch eine Vergleichsstudie begründet werden. Derselbe Aufschlag kann auf konzerninterne Dienstleistungen mit geringer Wertschöpfung angewendet werden, die von einem Konzernunternehmen im Auftrag nur eines anderen Konzernunternehmens erbracht werden, wobei die Kosten gemäß den Leitlinien von Ziffer 7.57 separat ermittelt werden. Es ist zu beachten, dass der Aufschlag für konzerninterne Dienstleistungen mit geringer Wertschöpfung nicht ohne weitere Begründung und Analyse als Vergleichsmaßstab für die Bestimmung des fremdvergleichskonformen Preises von Dienstleistungen, die nicht unter die Definition konzerninterner Dienstleistungen mit geringer Wertschöpfung fallen, oder ähnlicher nicht in den Anwendungsbereich des optionalen, vereinfachten Verfahrens fallender Dienstleistungen herangezogen werden sollte.

D.2.5. Vergütung für Dienstleistungen mit geringer Wertschöpfung

7.62. Vorbehaltlich von Ziffer 7.55 entspricht die Vergütung für Dienstleistungen an ein Unternehmen des multinationalen Konzerns, der den optionalen Ansatz gewählt hat, der Summe aus *i)* den Kosten, die einem anderen Konzernunternehmen durch speziell für das betreffende Unternehmen erbrachte Dienstleistungen nach dem in Ziffer 7.57 dargelegten zweiten Schritt entstanden sind, zuzüglich des gewählten Gewinnaufschlags, und *ii)* dem Anteil der in den Pool einbezogenen Kosten, der dem Unternehmen nach dem in Ziffer 7.59 dargelegten dritten Schritt unter Verwendung des gewählten Umlageschlüssels zugerechnet wird, zuzüglich des gewählten

Gewinnaufschlags. Die Vergütung ist an das Konzernunternehmen zu zahlen, bei dem die in den Pool einbezogenen Kosten anfallen; wenn diese Kosten bei mehr als einer Konzerngesellschaft anfallen, erfolgt die Zahlung proportional zum Anteil jedes Unternehmens an den in den Pool einbezogenen Kosten.

D.2.6. Grenzwert für die Anwendung des vereinfachten Ansatzes

7.63. Steuerverwaltungen, die den in diesem Abschnitt dargelegten vereinfachten Ansatz für konzerninterne Dienstleistungen mit geringer Wertschöpfung einführen, können einen angemessenen Grenzwert vorsehen, der es ihnen ermöglicht, den vereinfachten Ansatz in Fällen, in denen der Grenzwert überschritten wird, zu überprüfen. Ein derartiger Grenzwert könnte beispielsweise auf festen Finanzkennzahlen des Dienstleistungsempfängers basieren (z. B. dem Anteil der Kosten der konzerninternen Dienstleistungen an den Gesamtkosten oder am Umsatz oder am Gewinn vor Abzug der Vergütungen für konzerninterne Dienstleistungen), oder könnte unter Bezugnahme auf eine konzernweite Relation zwischen den gesamten Dienstleistungskosten und dem Umsatz des multinationalen Konzerns oder einer anderen angemessenen Messgröße bestimmt werden. Wenn ein solcher Grenzwert eingeführt wird, ist die Steuerverwaltung nicht verpflichtet, den vereinfachten Ansatz zu akzeptieren, falls die Höhe der Vergütungen für konzerninterne Dienstleistungen mit geringer Wertschöpfung den Grenzwert übersteigt, und kann dann eine vollständige Funktionsanalyse und Vergleichbarkeitsanalyse einschließlich der Anwendung des Vorteilstests bei bestimmten Dienstleistungsvergütungen verlangen.

D.3. Dokumentation und Berichterstattung

7.64. Ein multinationaler Konzern, der beschließt, die vereinfachte Methode anzuwenden, stellt die folgenden Informationen und Unterlagen zusammen und unterbreitet sie auf Ersuchen der Steuerverwaltung jedes Konzernunternehmens, das eine Zahlung für konzerninterne Dienstleistungen mit geringer Wertschöpfung leistet oder erhält.

- Eine Beschreibung der Kategorien der erbrachten konzerninternen Dienstleistungen mit geringer Wertschöpfung; Informationen zur Identität der Begünstigten; die Begründungen dafür, dass die einzelnen Dienstleistungskategorien konzerninterne Dienstleistungen mit geringer Wertschöpfung nach der in Abschnitt D.1 dargelegten Definition sind; die Argumente für die Erbringung von Dienstleistungen innerhalb des Kontexts der Geschäftstätigkeit des multinationalen Unternehmens; eine Beschreibung der Vorteile oder erwarteten Vorteile der einzelnen Dienstleistungskategorien; eine Beschreibung der gewählten Aufteilungsschlüssel und die Begründungen dafür, dass diese Aufteilungsschlüssel Ergebnisse liefern, die die erhaltenen Vorteile hinreichend widerspiegeln, sowie die Bestätigung des angewendeten Aufschlags.

- Schriftliche Verträge oder Vereinbarungen über die Erbringung von Dienstleistungen und etwaige Änderungen dieser Verträge und Vereinbarungen, in denen die verschiedenen Konzernunternehmen vereinbaren, dass die Aufteilungsregeln dieses Abschnitts für sie verbindlich sind. Diese schriftlichen Verträge oder Vereinbarungen könnten die Form eines zeitnah erstellten Dokuments annehmen, in dem die betroffenen Unternehmen, die Art der Dienstleistungen und die Bedingungen, unter denen die Dienstleistungen erbracht werden, genannt sind.
- Unterlagen und Berechnungen, aus denen die Bestimmung des in Abschnitt D.2.2 beschriebenen Kostenpools und des darauf angewendeten Aufschlags hervorgeht, insbesondere eine detaillierte Auflistung aller Kategorien und Beträge der betreffenden Kosten, einschließlich der Kosten von Dienstleistungen, die nur für ein Konzernunternehmen erbracht wurden.
- Berechnungen, aus denen die Anwendung der angegebenen Umlageschlüssel hervorgeht.

D.4. Erhebung von Quellensteuern auf Vergütungen für konzerninterne Dienstleistungen mit geringer Wertschöpfung

7.65. Die Erhebung von Quellensteuern auf die Erbringung von konzerninternen Dienstleistungen mit geringer Wertschöpfung kann dazu führen, dass der Dienstleistungserbringer die bei der Erbringung der Dienstleistungen angefallenen Kosten nicht vollständig decken kann. Wenn ein Gewinnelement oder Gewinnaufschlag in der Vergütung für die Dienstleistungen enthalten ist, sind Steuerverwaltungen, die eine Quellensteuer erheben, dazu angehalten, diese nur auf den Betrag dieses Gewinnelements oder Aufschlags anzuwenden.

Kapitel VIII

Kostenumlagevereinbarungen

A. Einleitung

8.1. Dieses Kapitel befasst sich mit Kostenumlagevereinbarungen (KUV), die zwischen zwei oder mehreren verbundenen Unternehmen geschlossen werden. Zweck dieses Kapitels ist es, einige allgemeine Hinweise für die Beurteilung der Frage zu liefern, ob die zwischen verbundenen Unternehmen für Geschäftsvorfälle im Rahmen einer KUV festgelegten Bedingungen mit dem Fremdvergleichsgrundsatz vereinbar sind. Die Analyse der Struktur solcher Vereinbarungen sollte sich an den Ausführungen dieses Kapitels sowie anderen Ausführungen dieser Leitlinien orientieren und auf einer angemessenen Dokumentation der betreffenden Vereinbarung beruhen.

8.2. Abschnitt B enthält eine allgemeine Definition und einen Überblick über das Konzept der KUV, und Abschnitt C gibt Hinweise bezüglich der Anwendung des Fremdvergleichsgrundsatzes auf KUV. Abschnitt C enthält Leitlinien dazu, wie im Rahmen von KUV geleistete Beiträge zu messen sind, ob Ausgleichszahlungen erforderlich sind (d. h. Zahlungen zwischen den Vereinbarungsteilnehmern, um ihre anteilsmäßigen Beiträge aneinander anzupassen) und wie Beiträge und Ausgleichszahlungen steuerlich zu behandeln sind. Zudem befasst er sich mit der Bestimmung der Teilnehmer einer KUV sowie Fragen im Zusammenhang mit dem Ein- oder Austritt von Teilnehmern und der Beendigung von KUV. Abschnitt D erörtert schließlich Vorschläge für die Gestaltung und Dokumentation von KUV.

B. Begriff der Kostenumlagevereinbarung

B.1. Allgemeines

8.3. Eine KUV ist eine vertragliche Vereinbarung zwischen Wirtschaftsunternehmen zur Teilung der Beiträge und Risiken im Zusammenhang mit der gemeinsamen Entwicklung, Produktion oder Beschaffung von immateriellen Werten, materiellen Vermögenswerten oder Dienstleistungen, wobei erwartet wird, dass die betreffenden immateriellen Werte, materiellen Vermögenswerte oder Dienstleistungen Vorteile für die jeweiligen Unternehmen aller Teilnehmer der Vereinbarung entstehen lassen. Eine KUV ist eine vertragliche Vereinbarung und nicht zwangsläufig eine selbstständige juristische Person oder eine feste Geschäftseinrichtung aller ihrer Teilnehmer. Eine KUV verlangt von den Teilnehmern nicht, dass sie ihre Geschäftstätigkeiten bündeln, um beispielsweise die geschaffenen immateriellen Werte gemeinsam zu verwerten oder die Einkünfte oder Gewinne aufzuteilen. Vielmehr können die Teilnehmer einer KUV ihre Beteiligung an den Ergebnissen der KUV durch ihre jeweiligen Unternehmen verwerten. Bei den Verrechnungspreisfragen liegt das Augenmerk auf den kaufmännischen oder finanziellen Beziehungen zwischen den Teilnehmern der Vereinbarung und den von ihnen geleisteten Beiträgen, die die Möglichkeiten zur Erzielung dieser Ergebnisse schaffen.

8.4. Wie in Kapitel I Abschnitt D.1 festgestellt, bildet die Abgrenzung des tatsächlich getätigten Geschäftsvorfalls die erste Phase jeder Verrechnungspreisanalyse. Den Ausgangspunkt für die Abgrenzung des tatsächlichen Geschäftsvorfalls liefert die vertragliche Vereinbarung. Diesbezüglich besteht im Hinblick auf die Verrechnungspreisanalyse kein Unterschied zwischen einer KUV und jeder anderen Art vertraglicher Vereinbarung, bei der die Aufteilung der Zuständigkeiten, Risiken und erwarteten Ergebnisse laut der Funktionsanalyse des Geschäftsvorfalls dieselbe ist. Die Leitlinien zur Ermittlung der sonstigen wirtschaftlich relevanten Merkmale sind auf KUV ebenso anzuwenden wie auf jede andere Art vertraglicher Vereinbarung, wobei es insbesondere zu beurteilen gilt, ob die Beteiligten, die Risiken vertraglich übernommen haben, diese Risiken auf der Grundlage des unter Ziffer 1.60 dargelegten Risikoanalyserahmens auch tatsächlich tragen. Beteiligte, die Tätigkeiten im Rahmen von Vereinbarungen mit ähnlichen wirtschaftlichen Merkmalen ausüben, sollten somit ähnliche erwartete Erträge erhalten, unabhängig davon, ob die vertragliche Vereinbarung im konkreten Fall als KUV bezeichnet wird. KUV weisen jedoch spezifische Eigenschaften auf, die besondere Aufmerksamkeit verdienen.

8.5. Ein wesentliches Merkmal einer KUV ist das Teilen der Beiträge. Nach dem Fremdvergleichsgrundsatz muss im Zeitpunkt des Abschlusses der KUV der Anteil jedes Teilnehmers an der Gesamtheit der zur KUV geleisteten Beiträge mit seinem Anteil an der Gesamtheit der aus der Vereinbarung erwarteten Vorteile übereinstimmen. Im Fall von KUV, die die Entwicklung, Produktion oder Beschaffung immaterieller Werte oder materieller Vermögenswerte betreffen, erhält darüber hinaus jeder Teilnehmer vertraglich eine Beteiligung an den durch die Tätigkeit der KUV entstehenden immateriellen Werten bzw. materiellen Vermögenswerten oder Rechte zur Nutzung bzw. Verwertung dieser immateriellen Werte oder materiellen Vermögenswerte. Im Fall von KUV zu Dienstleistungszwecken ist jeder Teilnehmer vertraglich berechtigt, Dienstleistungen in Anspruch zu nehmen, die aus der Tätigkeit der KUV resultieren. In jedem Fall können die Teilnehmer ihre Anteile, Rechte oder Ansprüche nutzen, ohne einem anderen Beteiligten für solche Anteile, Rechte oder Ansprüche eine zusätzliche Vergütung (außer den in Abschnitt C.4 bzw. C.5 beschriebenen Beiträgen und Ausgleichszahlungen) zu zahlen.

8.6. Einige Vorteile der KUV-Tätigkeit können von vornherein bestimmt werden, während andere ungewiss sind. Manche KUV-Tätigkeiten bringen laufende Vorteile, während andere einen längeren Zeitrahmen haben oder möglicherweise nicht von Erfolg gekrönt sind. Dennoch liegt einer KUV immer ein erwarteter Vorteil zugrunde, den jeder Teilnehmer mit seinem Beitrag zu erzielen sucht, wozu auch das Anrecht auf eine sachgerechte Durchführung der KUV zählt. Der Anteil jedes Teilnehmers am Ergebnis der KUV-Tätigkeit sollte bereits zu Beginn festgelegt werden, selbst dann, wenn sein Anteil mit dem anderer Teilnehmer verknüpft ist, z. B. weil nur einem der Teilnehmer das rechtliche Eigentum an den entwickelten immateriellen Werten oder materiellen Vermögenswerten übertragen wurde, aber alle Teilnehmer laut den vertraglichen Vereinbarungen bestimmte Nutzungs- oder Verwertungsrechte an den immateriellen Werten oder den materiellen Vermögenswerten haben (z. B. dauerhafte gebührenfreie Lizenzen für das Gebiet, auf dem der jeweilige Teilnehmer tätig ist).

8.7. In manchen Fällen können KUV eine hilfreiche Vereinfachung mehrfacher Geschäftsvorfälle darstellen (wobei zu beachten ist, dass die steuerlichen Folgen von Geschäftsvorfällen nach den geltenden inländischen Rechtsvorschriften bestimmt werden). In einer Situation, in der verbundene Unternehmen Tätigkeiten für andere Konzerngesellschaften ausüben und zugleich Nutzen aus Tätigkeiten ziehen, die von anderen Konzerngesellschaften ausgeübt werden, kann eine KUV einen Mechanismus bieten, um ein Netz von separaten fremdvergleichskonformen Zahlungen innerhalb eines Konzerns durch ein schlankeres System saldierter Zahlungen zu ersetzen, das auf den Gesamtvorteilen und den Gesamtbeiträgen im Zusammenhang mit allen erfassten Tätigkeiten beruht (vgl. auch die Ziffern 3.9–3.17). Im Fall einer KUV, die der gemeinsamen Entwicklung immaterieller Werte dient, kann die Notwendigkeit komplexer Überkreuz-Lizenzvereinbarungen und der damit verbundenen Risikoaufteilung entfallen, an deren Stelle eine übersichtlichere Teilung der Beiträge und Risiken tritt, bei der die Eigentumsrechte an dem oder den geschaffenen immateriellen Werten gemäß den Bedingungen der KUV geteilt werden. Die Verschlankung der Ströme, die sich aus dem Abschluss einer KUV ergeben kann, hat jedoch keine Auswirkungen auf die angemessene Bewertung der Beiträge der einzelnen Beteiligten.

8.8. Zur Veranschaulichung einer KUV nehmen wir das Beispiel eines multinationalen Konzerns, der Produkte über drei Unternehmen fertigen lässt, von denen jedes eine Produktionsstätte betreibt und die alle über eigene

FuE-Teams verfügen, die an verschiedenen Projekten zur Verbesserung der Produktionsverfahren arbeiten. Diese drei Unternehmen schließen eine KUV, die auf die Erzielung von Verbesserungen der Produktionsverfahren abzielt, was zur Folge hat, dass sie ihr Fachwissen bündeln und die Risiken teilen. Da die KUV jedem Teilnehmer Rechte an den Ergebnissen des Vorhabens gewährt, ersetzt sie die Überkreuz-Lizenzvereinbarungen, die möglicherweise geschlossen worden wären, wenn es keine KUV gegeben hätte und wenn die Unternehmen bestimmte immaterielle Werte einzeln entwickelt und sich gegenseitig Rechte an diesen gewährt hätten.

B.2. Verhältnis zu anderen Kapiteln

8.9. Wie in Ziffer 8.4 erwähnt, unterscheidet sich der Rahmen für die Verrechnungspreisanalyse im Zusammenhang mit KUV nicht von demjenigen für die Analyse anderer Formen von Vertragsbeziehungen. Die Leitlinien in Kapitel I Abschnitt D sind maßgeblich für die Analyse aller Geschäftsvorfälle zwischen verbundenen Unternehmen und gelten für die Ermittlung der wirtschaftlich relevanten Merkmale der kaufmännischen oder finanziellen Beziehungen zwischen den Beteiligten, die in einer KUV geregelt sind. Die Vertragsbedingungen der KUV bilden den Ausgangspunkt für die Abgrenzung des zwischen den Beteiligten stattfindenden Geschäftsvorfalls sowie die Bestimmung der im Zeitpunkt des Abschlusses der Vereinbarung beabsichtigten Aufteilung der Zuständigkeiten, Risiken und erwarteten Ergebnisse. Wie in diesen Leitlinien dargelegt, kann Evidenz zum Verhalten der Beteiligten allerdings Aspekte der Vereinbarung klären oder ergänzen. Der Rahmen für die Analyse der Risiken in Kapitel I Abschnitt D.1.2.1 ist maßgeblich für die Bestimmung, ob Beteiligte im Rahmen der KUV Risiken übernehmen, wie in Abschnitt C.2 dieses Kapitels erörtert, sowie der Konsequenzen der Bereitstellung von Finanzierungsmitteln ohne Übernahme von Risiken oder Ausübung anderer Funktionen. Kapitel VI liefert Leitlinien zur Bestimmung der fremdüblichen Bedingungen für Geschäftsvorfälle, in denen immaterielle Werte genutzt oder übertragen werden. Die Ziffern 6.60–6.64 enthalten einschlägige Leitlinien zur Ausübung der Kontrolle über das finanzielle Risiko, wenn die betreffenden Finanzmittel für Investitionen in FuE-Projekte genutzt werden. Die Leitlinien in den Abschnitten D.3 und D.4 von Kapitel VI zu schwer zu bewertenden immateriellen Werten gelten gleichermaßen für KUV. Kapitel VII liefert Leitlinien zu Fragen, die sich stellen, wenn für Verrechnungspreiszwecke bestimmt wird, ob ein Unternehmen eines multinationalen Konzerns anderen Konzernunternehmen Dienstleistungen erbracht hat und wie gegebenenfalls die fremdüblichen Preise für solche konzerninternen Dienstleistungen zu ermitteln sind. Ziel des vorliegenden Kapitels ist es, ergänzende Leitlinien für Situationen zu liefern, in denen Ressourcen und Fertigkeiten gebündelt werden und die erhaltene Gegenleistung ganz oder teilweise in der berechtigten Erwartung wechselseitiger Vorteile besteht. Daher gelten die Ausführungen der Kapitel VI und VII, wie überhaupt aller anderen Kapitel dieser Leitlinien, weiterhin, soweit relevant, z. B. für die Bewertung eines zu einer KUV geleisteten Beitrags im Rahmen der Bestimmung der anteiligen Aufteilung der Beiträge. Multinationale Unternehmen werden ermutigt, die Leitlinien dieses Kapitels zu befolgen, um sicherzustellen, dass ihre KUV mit dem Fremdvergleichsgrundsatz übereinstimmen.

B.3. Arten von KUV

8.10. Es gibt im Wesentlichen zwei Arten von KUV: Solche, die getroffen werden, um immaterielle Werte oder materielle Vermögenswerte gemeinsam zu entwickeln und zu produzieren oder zu erwerben („KUV zu Entwicklungszwecken"), und solche, die für die Inanspruchnahme von Dienstleistungen getroffen werden („KUV zu Dienstleistungszwecken"). Auch wenn jede KUV unter Berücksichtigung ihrer jeweiligen Gegebenheiten und Umstände betrachtet werden sollte, bestehen die wichtigsten Unterschiede zwischen diesen beiden Arten von KUV in der Regel darin, dass KUV zu Entwicklungszwecken dauerhafte, künftige Vorteile für die Teilnehmer schaffen sollen, wohingegen KUV zu Dienstleistungszwecken lediglich laufende Vorteile bringen. KUV zu Entwicklungszwecken, insbesondere solche in Bezug auf immaterielle Werte, sind oftmals mit erheblichen Risiken im Zusammenhang mit möglicherweise ungewissen und in weiter Ferne liegenden Vorteilen behaftet, wohingegen KUV zu Dienstleistungszwecken häufig einen sichereren und weniger risikobehafteten Vorteil verschaffen. Diese Unterscheidung ist nützlich, da die größere Komplexität von zu Entwicklungszwecken getroffenen KUV spezifischere Leitlinien erforderlich machen kann, insbesondere zur Bewertung der Beträge, als sie für KUV zu Dienstleistungszwecken erforderlich sind, wie weiter unten erörtert wird. Die Analyse einer KUV sollte jedoch nicht auf oberflächlichen Unterscheidungen beruhen: In manchen Fällen kann eine KUV zur Inanspruchnahme laufender Dienstleistungen ebenfalls einen immateriellen Wert schaffen oder verbessern, der einen dauerhaften, ungewissen Vorteil bietet, und manche im Rahmen einer KUV entwickelte immaterielle Werte können einen kurzfristigen und relativ sicheren Nutzen bringen.

8.11. Im Rahmen einer KUV zu Entwicklungszwecken haben alle Teilnehmer Anspruch auf Rechte an dem bzw. den entwickelten immateriellen Werten oder materiellen Wirtschaftsgütern. In Bezug auf immaterielle Werte nehmen solche Rechte oftmals die Form separater Rechte zur Verwertung des immateriellen Werts in einer bestimmten geografischen Region oder für eine bestimmte Anwendung an. Die erworbenen separaten Rechte können tatsächliches rechtliches Eigentum begründen; es kann aber auch sein, dass nur einer der Teilnehmer der rechtliche Eigentümer des Wirtschaftsguts ist, die anderen Teilnehmer jedoch über bestimmte Nutzungs- oder Verwertungsrechte an dem Wirtschaftsgut verfügen. Hat ein Teilnehmer solche Rechte an einem durch die KUV geschaffenen Wirtschaftsgut, dann besteht keine Notwendigkeit zur Zahlung einer Lizenzgebühr oder anderen Vergütung für eine Nutzung des geschaffenen Wirtschaftsguts entsprechend den dem Teilnehmer im Rahmen der KUV zuerkannten Ansprüchen (die Beiträge eines Teilnehmers sind jedoch möglicherweise anzupassen, wenn sie nicht im richtigen Verhältnis zu den erwarteten Vorteilen stehen; vgl. Abschnitt C.5).

C. Anwendung des Fremdvergleichsgrundsatzes

C.1. Allgemeines

8.12. Damit die Bedingungen einer KUV dem Fremdvergleichsgrundsatz entsprechen, muss der Wert der Beiträge der Teilnehmer dem entsprechen, was unabhängige Unternehmen unter vergleichbaren Umständen aufgrund ihres Anteils an den voraussichtlichen Gesamtvorteilen, die sie vernünftigerweise aus der Vereinbarung erwarten, beizutragen bereit gewesen wären. Der Unterschied zwischen Beiträgen aufgrund einer KUV und anderen konzerninternen Geschäftsvorfällen mit Wirtschaftsgütern oder Dienstleistungen liegt darin, dass die von den Teilnehmern der Vereinbarung angestrebte Vergütung ganz oder teilweise in den wechselseitigen und anteiligen Vorteilen besteht, die sie aus der Bündelung der Ressourcen und Fertigkeiten erwarten. Außerdem vereinbaren die Teilnehmer, insbesondere bei KUV zu Entwicklungszwecken, die positiven und negativen Konsequenzen der Risiken, die an die Erzielung der erwarteten KUV-Ergebnisse geknüpft sind, gemeinsam zu tragen. Folglich besteht beispielsweise ein Unterschied zwischen der konzerninternen Lizenzierung eines immateriellen Werts, bei der der Lizenzgeber das Entwicklungsrisiko allein trägt und dafür eine Vergütung in Form der Lizenzgebühren erwartet, die er erhält, wenn die Entwicklung des immateriellen Werts abgeschlossen ist, und einer KUV zu Entwicklungszwecken, bei der alle Beteiligten Beiträge leisten und die Konsequenzen der Risiken, die im Zusammenhang mit der Entwicklung des immateriellen Werts eintreten können, gemeinsam tragen und beschließen, dass jeder von ihnen aufgrund dieser Beiträge ein Recht an dem immateriellen Wert erwirbt.

8.13. Die Erwartung wechselseitiger und anteiliger Vorteile bildet die Grundlage dafür, dass unabhängige Unternehmen einer Vereinbarung zustimmen, die vorsieht, dass sie die Folgen eintretender Risiken gemeinsam tragen und Ressourcen und Fertigkeiten bündeln. Unabhängige Unternehmen würden verlangen, dass sich der Wert des Anteils jeden Teilnehmers an der tatsächlichen Gesamtsumme aller Beiträge mit seinem Anteil an den aus der Vereinbarung insgesamt erwarteten Vorteilen deckt. Bei Anwendung des Fremdvergleichsgrundsatzes auf eine KUV ist es deshalb eine notwendige Voraussetzung, dass alle Beteiligten vernünftigerweise Vorteile aus der Vereinbarung erwarten können. Der nächste Schritt besteht darin, für jeden

Teilnehmer den Wert des jeweils von ihm zu der gemeinsamen Tätigkeit geleisteten Beitrags zu berechnen und dann zu untersuchen, ob die Aufteilung der Beiträge zur KUV (unter Berücksichtigung etwaiger Ausgleichszahlungen zwischen den Teilnehmern) mit dem jeweiligen Anteil der Teilnehmer an den erwarteten Vorteilen übereinstimmt. Dabei ist einzuräumen, dass diese Beurteilungen wahrscheinlich ein gewisses Maß an Unsicherheit aufweisen, insbesondere im Hinblick auf KUV, die Entwicklungszwecken dienen. Es besteht die Möglichkeit, dass die Beiträge zwischen den Teilnehmern der KUV so aufgeteilt werden, dass die steuerpflichtigen Gewinne gemessen am Fremdvergleichsgrundsatz in einigen Staaten zu hoch und in anderen zu niedrig ausgewiesen werden. Aus diesem Grund sollten die Steuerpflichtigen in der Lage sein, nachzuweisen, worauf sich ihre Behauptungen hinsichtlich der KUV gründen (vgl. Abschnitt E).

C.2. Bestimmung der Teilnehmer

8.14. Weil das Konzept der wechselseitigen Vorteile für eine KUV von grundlegender Bedeutung ist, kann ein Unternehmen nicht als Teilnehmer einer KUV angesehen werden, wenn es nicht vernünftigerweise erwarten kann, aus den Zielen der KUV-Tätigkeit selbst (und nicht bloß daraus, dass es diese Tätigkeit ganz oder teilweise ausübt) Vorteile zu ziehen, beispielsweise aus der Verwertung seiner Beteiligung oder seiner Rechte an den durch die KUV geschaffenen immateriellen Werten oder materiellen Vermögenswerten oder der Inanspruchnahme der durch die KUV erbrachten Dienstleistungen. Daher muss einem Teilnehmer eine Beteiligung oder ein Recht an den immateriellen Werten, materiellen Vermögenswerten oder Dienstleistungen zugesichert werden, die Gegenstand der KUV sind, und muss er vernünftigerweise erwarten können, Nutzen aus dieser Beteiligung oder diesen Rechten ziehen zu können. Ein Unternehmen, das die Tätigkeit, die Gegenstand der KUV ist, beispielsweise Forschungsfunktionen, lediglich ausübt, aber keine Beteiligung am Ergebnis der KUV erhält, wird nicht als Teilnehmer dieser KUV betrachtet, sondern vielmehr als Dienstleistungserbringer für die KUV. Deshalb sollte es außerhalb der KUV eine fremdübliche Vergütung für die von ihm erbrachten Dienstleistungen erhalten. Vgl. Ziffer 8.18. Ebenso ist ein Unternehmen nicht Teilnehmer einer KUV, wenn es nicht in der Lage ist, die Ergebnisse der KUV auf irgendeine Art und Weise in seiner eigenen Geschäftstätigkeit zu verwerten.

8.15. Ein Unternehmen ist auch dann nicht Teilnehmer einer KUV, wenn es nicht die Kontrolle über die spezifischen Risiken ausübt, die es im Rahmen der KUV übernimmt, und nicht über die finanzielle Kapazität verfügt, diese Risiken zu tragen, da ein solches Unternehmen auf der Grundlage der Funktionen, die es tatsächlich ausübt, keinen Anspruch auf einen Anteil an dem Ergebnis hat, das Ziel der KUV ist. Die in Kapitel I dargelegten allgemeinen Grundsätze zur Übernahme von Risiken gelten auch für Situationen im Zusammenhang mit KUV. Jeder Teilnehmer leistet bestimmte Beiträge zu den Zielen der KUV und übernimmt vertraglich bestimmte Risiken. Die Leitlinien in Kapitel I Abschnitt D.1 zur Abgrenzung des tatsächlichen Geschäftsvorfalls gelten für die Verrechnungspreisanalyse im Hinblick auf diese Risiken. Dies bedeutet auch, dass ein Beteiligter, der laut einer Analyse gemäß Schritt 4i des in Ziffer 1.60 dargelegten Verfahrens für die Risikoanalyse Risiken im Rahmen einer KUV übernimmt („übernimmt das Risiko im Rahmen der KUV"), die Kontrolle über die spezifischen Risiken ausüben muss, die er im Rahmen der KUV übernimmt, und über die finanzielle Kapazität verfügen muss, diese Risiken zu tragen. Im Einzelnen bedeutet dies, dass ein Teilnehmer einer KUV folgende Fähigkeiten besitzen muss: i) die Fähigkeit, Entscheidungen bezüglich der Annahme, Abgabe oder Ablehnung einer risikoträchtigen Geschäftschance zu treffen, die sich aus der Teilnahme an einer KUV ergibt, wobei er diese Entscheidungsfunktion tatsächlich ausüben muss, und ii) die Fähigkeit, Entscheidungen darüber zu treffen, ob und wie auf die mit der Geschäftschance verbundenen Risiken zu reagieren ist, wobei er diese Entscheidungsfunktion tatsächlich ausüben muss. Der Teilnehmer muss zwar nicht die laufenden Tätigkeiten der Risikominderung im Zusammenhang mit Aktivitäten der KUV wahrnehmen, er muss in solchen Fällen jedoch über die Fähigkeit verfügen, die Ziele dieser Risikominderungstätigkeiten, die von einer anderen Person ausgeübt werden, festzulegen, über die Beauftragung dieser anderen Person mit der Ausübung der Risikominderungsfunktionen zu entscheiden, zu beurteilen, ob die Ziele in angemessener Weise erfüllt werden, und nötigenfalls zu entscheiden, ob die Vereinbarung geändert oder gekündigt werden sollte, und er muss diese Beurteilungs- und Entscheidungsfunktionen tatsächlich ausüben. Nach den Grundsätzen einer ordentlichen und gewissenhaften Geschäftsleitung entscheidet der Umfang der Risiken, die die Vereinbarung beinhaltet, über den Grad der jeweils erforderlichen Fähigkeit und Kontrolle. Die Leitlinien von Ziffer 6.60–6.64 sind für die Beurteilung relevant, ob ein Beteiligter, der Finanzierungsmittel bereitstellt, über die funktionale Fähigkeit zur Ausübung der Kontrolle über das an seine Beiträge zur KUV geknüpfte finanzielle Risiko verfügt und ob er diese Funktionen tatsächlich ausübt. Vgl. die Beispiele 4 und 5 im Anhang zu diesem Kapitel wegen einer Veranschaulichung dieses Grundsatzes.

8.16. Soweit sich die spezifischen Beiträge, die die Teilnehmer einer KUV leisten, in ihrer Art unterscheiden, z. B. wenn die Teilnehmer sehr unterschiedliche FuE-Tätigkeiten durchführen oder wenn einer der Beteiligten Vermögenswerte einbringt und ein anderer FuE-Tätigkeiten durchführt, gelten die Leitlinien von Ziffer 6.64 gleichermaßen. Dies bedeutet: Je höher das Entwicklungsrisiko ist, das an die von dem anderen Beteiligten durchgeführten Entwicklungstätigkeiten geknüpft ist, und je enger das von dem ersten Beteiligten übernommene Risiko mit diesem Entwicklungsrisiko verknüpft ist, desto mehr muss der erste Beteiligte in der Lage sein, die Fortschritte bei der Entwicklung des immateriellen Werts sowie die Konsequenzen dieser Fortschritte im Hinblick auf den von ihm erwarteten Nutzen zu beurteilen, und umso stärker muss dieser Beteiligte die tatsächlichen Entscheidungen, die er im Hinblick auf die weitere Leistung von Beiträgen zur KUV treffen muss, möglicherweise von wichtigen operationellen Entwicklungen abhängig machen, die sich auf die spezifischen Risiken auswirken können, die er im Rahmen der KUV übernimmt. Eine Entwicklungszwecken dienende KUV, bei der die Vorteile ungewiss sind und in weiter Ferne liegen, ist wahrscheinlich mit größeren Risiken verbunden als eine KUV zu Dienstleistungszwecken, die laufende Vorteile verschafft.

8.17. Wie unter den vorstehenden Ziffern beschrieben, ist es nicht erforderlich, dass die Teilnehmer einer KUV alle KUV-Tätigkeiten mit ihrem eigenen Personal durchführen. In einigen Fällen können die Teilnehmer einer KUV beschließen, bestimmte Funktionen im Zusammenhang mit der KUV-Tätigkeit in ein anderes Unternehmen auszulagern, das nach dem Kriterium der obigen Ziffer 8.14 kein Teilnehmer der Vereinbarung ist. In solchen Fällen sollten die Teilnehmer einer KUV jeweils die Voraussetzungen für die Ausübung der Kontrolle über die spezifischen Risiken erfüllen, die sie im Rahmen der KUV übernehmen. Diese Voraussetzungen beinhalten, dass mindestens ein Teilnehmer der KUV die Kontrolle über die ausgelagerten Funktionen ausübt. In Fällen, in denen das Ziel der KUV in der Entwicklung eines immateriellen Werts besteht, sollte mindestens einer der Teilnehmer der KUV auch die Kontrolle über die wichtigen ausgelagerten Entwicklungs-, Verbesserungs-, Erhaltungs-, Schutz- und Verwertungsfunktionen ausüben. Wenn der Beitrag eines Teilnehmers der KUV in anderen Tätigkeiten als der Ausübung der Kontrolle über die ausgelagerten Funktionen besteht, sind die Leitlinien unter Ziffer 8.15 maßgeblich, um zu beurteilen, ob dieser Beteiligte über die funktionale Fähigkeit verfügt, die Kontrolle über die spezifischen Risiken auszuüben, die er im Rahmen der KUV übernimmt, insbesondere wenn diese Risiken eng mit den ausgelagerten Funktionen verbunden sind.

8.18. Werden KUV-Tätigkeiten ausgelagert, dann wäre eine fremdübliche Vergütung angemessen, um das betreffende Unternehmen für die Dienstleistungen oder anderen Beiträge zu entschädigen, die es gegenüber den Teilnehmern der KUV erbringt. Wenn es sich bei dem Unternehmen um ein verbundenes Unternehmen eines oder mehrerer KUV-Teilnehmer handelt, ist die fremdübliche Vergütung nach den allgemeinen Grundsätzen der Kapitel I-III zu bestimmen, wobei u.a. die ausgeübten Funktionen, die genutzten Vermögenswerte und die übernommenen Risiken sowie die besonderen Überlegungen bezüglich einer fremdüblichen Vergütung für Dienstleistungen und/oder im Zusammenhang mit immateriellen Werten, wie in Kapitel VII und Kapitel VI (einschließlich der Leitlinien zu schwer zu bewertenden immateriellen Werten) beschrieben, zu berücksichtigen sind.

C.3. Aus der KUV-Tätigkeit erwartete Vorteile

8.19. Die relativen Anteile an den erwarteten Vorteilen können ausgehend von den voraussichtlichen Einnahmezuwächsen oder Kosteneinsparungen oder sonstigen Vorteilen geschätzt werden, in deren Genuss die einzelnen Teilnehmer infolge der Vereinbarung kommen. Ein in der Praxis – insbesondere bei KUV zu Dienstleistungszwecken – häufig angewendeter Lösungsansatz besteht darin, die jeweiligen Anteile der Teilnehmer an den erwarteten Vorteilen mit Hilfe eines geeigneten Umlageschlüssels zu ermitteln. Möglich sind beispielsweise Umlageschlüssel, die sich am Umsatz, am Gewinn, an der Zahl der eingesetzten, hergestellten oder verkauften Einheiten, der Beschäftigtenzahl usw. orientieren.

8.20. Soweit davon ausgegangen wird, dass ein wesentlicher Teil oder die Gesamtheit der Vorteile einer im Rahmen einer KUV ausgeübten Tätigkeit in der Zukunft und nicht nur in dem Jahr, in dem die Kosten entstehen, realisiert werden, wird man bei der Aufteilung der Beiträge, insbesondere im Fall von KUV zu Dienstleistungszwecken, Prognoserechnungen bezüglich der Anteile der Teilnehmer an diesen Vorteilen berücksichtigen müssen. Die Heranziehung von Prognoserechnungen kann für die Steuerverwaltungen Probleme hinsichtlich der Überprüfung der Annahmen, auf denen solche Prognosen beruhen, und der Behandlung von Fällen, in denen die Prognosen deutlich von den tatsächlichen Ergebnissen abweichen, aufwerfen. Diese Probleme können sich verschärfen, wenn die KUV-Tätigkeit mehrere Jahre, bevor sich die erwarteten Vorteile tatsächlich einstellen, endet. Insbesondere wenn Vorteile in der Zukunft erzielt werden sollen, kann es angebracht sein, in einer KUV von vornherein die Möglichkeit von Anpassungen der anteiligen Beiträge während der Laufzeit der KUV vorzusehen, um etwaigen Veränderungen der Umstände Rechnung zu tragen, die zu Veränderungen der relativen Anteile an den Vorteilen führen. In Fällen, in denen die tatsächlichen Anteile an den Vorteilen deutlich von den Prognosen abweichen, können sich die Steuerverwaltungen veranlasst sehen zu prüfen, ob die erstellten Prognosen von unabhängigen Unternehmen unter vergleichbaren Umständen als akzeptabel angesehen worden wären, wobei alle Entwicklungen zu berücksichtigen sind, die für die Beteiligten vernünftigerweise vorhersehbar waren, ohne jedoch den Sachverhalt rückwirkend aufgrund nachträglich gewonnener Erkenntnisse zu beurteilen. Wenn die aus einer KUV erwarteten Vorteile in einem Recht an einem immateriellen Wert bestehen, der zu Beginn des Entwicklungsvorhabens schwer zu bewerten ist, oder wenn bereits zuvor existierende immaterielle Werte, die schwer zu bewerten sind, Teil der Beiträge zu dem KUV-Vorhaben sind, gelten für die Bewertung der Beiträge der einzelnen Teilnehmer der KUV die Leitlinien der Abschnitte D.3 und D.4 von Kapitel VI zu schwer zu bewertenden immateriellen Werten.

8.21. Bezieht sich eine Vereinbarung gleichzeitig auf mehrere Tätigkeiten, dann ist es wichtig, dies bei der Wahl der Umlagemethode zu berücksichtigen, um sicherzustellen, dass der Wert der von den einzelnen Teilnehmern geleisteten Beiträge im richtigen Verhältnis zu den jeweils von ihnen erwarteten Vorteilen steht. Eine Lösungsmöglichkeit hierfür (wenngleich nicht die einzige) wäre die Heranziehung mehrerer Umlageschlüssel. Zählt eine KUV beispielsweise fünf Teilnehmer, von denen einem durch bestimmte im Rahmen der KUV durchgeführte Dienstleistungsaktivitäten kein Vorteil entsteht, dann könnten, sofern keine Form des Vorteilsausgleichs oder der Beitragsermäßigung vorgesehen ist, die mit diesen Tätigkeiten verbundenen Beiträge nur auf die anderen vier Teilnehmer aufgeteilt werden. In diesem Fall könnten zur Aufteilung der Beiträge zwei Umlageschlüssel herangezogen werden. Ob sich einer oder mehrere besondere Umlageschlüssel eignen, hängt von der genauen Art der im Rahmen der KUV ausgeübten Tätigkeit und von dem zwischen dem oder den Umlageschlüsseln und den erwarteten Vorteilen bestehenden Zusammenhang ab. Die Leitlinien in Kapitel VII zur Anwendung indirekter Methoden zur Ermittlung der fremdüblichen Vergütung für Dienstleistungen (Ziffern 7.23–7.26) können diesbezüglich hilfreich sein. In dem unter Ziffer 8.8 beschriebenen Beispiel einer KUV erwarten hingegen alle drei Unternehmen, die Produktionsstätten betreiben, Vorteile aus den verschiedenen Projekten zur Verbesserung der Produktionsverfahren, sodass sie einen Umlageschlüssel wählen können, der sich beispielsweise nach dem relativen Umfang ihrer Produktionskapazitäten richtet. Wenn sich eines der Unternehmen entscheidet, die Ergebnisse eines bestimmten Projekts nicht umzusetzen, sollte dies keine Auswirkungen auf seinen relativen Anteil an den Vorteilen oder den verwendeten Umlageschlüssel haben. In solchen Fällen sollte jedoch sorgfältig untersucht werden, aus welchem Grund das Unternehmen sich dazu entschlossen hat, das Ergebnis nicht umzusetzen, ob es je eine begründete Absicht hatte, dies zu tun, ob die erwarteten Vorteile mit der Fortentwicklung der KUV-Struktur hätten angepasst werden müssen und wann das Unternehmen seine Absicht geändert hat.

8.22. Ungeachtet der Methode, die für die Bewertung der relativen Anteile der Teilnehmer an den erwarteten Vorteilen angewendet wird, können Anpassungen des herangezogenen Aufteilungsmaßstabs erforderlich sein, um Unterschieden zwischen den von den Beteiligten erwarteten Vorteilen und den tatsächlich von ihnen bezogenen Vorteilen Rechnung zu tragen. Eine KUV sollte eine regelmäßige Überprüfung der Beiträge im Verhältnis zu den aktualisierten Anteilen an den Vorteilen vorsehen, damit entschieden werden kann, ob die zukünftigen Beiträge der Teilnehmer entsprechend angepasst werden sollten. Daher ist es möglich, dass sich der oder die passendsten Umlageschüssel für eine bestimmte KUV im Zeitverlauf ändern, was zu zukünftigen Anpassungen führen kann. Solche Anpassungen können entweder auf die Tatsache, dass die Teilnehmer mit der Zeit über zuverlässigere

Informationen über vorhersehbare (aber ungewisse) Ereignisse verfügen, oder auf das Eintreten unvorhersehbarer Ereignisse zurückzuführen sein.

C.4. Wert des Beitrags der einzelnen Teilnehmer

8.23. Um festzustellen, ob eine KUV dem Fremdvergleichsgrundsatz entspricht, d. h., ob sich der Anteil jedes Teilnehmers an der Gesamtsumme aller Beiträge zur KUV mit seinem Anteil an den insgesamt erwarteten Vorteilen deckt, ist es notwendig, den Wert der aufgrund der Vereinbarung geleisteten Beiträge jedes Teilnehmers zu bewerten.

8.24. Beiträge zu KUV können zahlreiche Formen annehmen. Im Fall von Dienstleistungszwecken dienenden KUV bestehen die Beiträge in erster Linie in der Erbringung von Dienstleistungen. Bei KUV, die Entwicklungszwecken dienen, umfassen die Beiträge in der Regel die Durchführung von Entwicklungstätigkeiten (z. B. FuE, Marketing) und beinhalten oftmals zusätzliche Beiträge, die für die Entwicklungs-KUV relevant sind, beispielsweise bereits zuvor existierende materielle Vermögenswerte oder immaterielle Werte. Unabhängig von der Art der KUV sind alle laufenden Wertbeiträge oder Beiträge in Form bereits zuvor existierender Werte dem Fremdvergleichsgrundsatz entsprechend zu ermitteln und angemessen zu berücksichtigen. Da der Wert des relativen Anteils jedes Teilnehmers an den Beiträgen seinem Anteil an den erwarteten Vorteilen entsprechen sollte, können Ausgleichszahlungen erforderlich sein, um diese Übereinstimmung zu erzielen. Der in diesem Kapitel verwendete Begriff „Beiträge" umfasst sowohl laufende Wertbeiträge der Teilnehmer einer KUV als auch Beiträge in Form bereits zuvor existierender Werte.

8.25. Nach dem Fremdvergleichsgrundsatz sollte der Wert der Beiträge jedes Teilnehmers mit dem Wert übereinstimmen, den unabhängige Unternehmen diesen Beiträgen unter vergleichbaren Umständen beigemessen hätten. Demnach müssen die Beiträge im Allgemeinen aufgrund ihres Werts im Zeitpunkt der Beitragsstellung unter Berücksichtigung der wechselseitigen Risikoteilung sowie der Art und des Umfangs der entsprechenden von den Teilnehmern der KUV erwarteten Vorteile bewertet werden, um dem Fremdvergleichsgrundsatz zu entsprechen. Bei der Ermittlung des Werts der zu einer KUV geleisteten Beiträge sollten die in diesen Leitlinien an anderer Stelle gelieferten Hinweise befolgt werden.

8.26. Bei der Bewertung der Beiträge sollte zwischen Beiträgen in Form von bereits existierenden Werten und laufenden Beiträgen unterschieden werden. Bei einer KUV zur Entwicklung eines immateriellen Werts stellt die Einbringung einer patentgeschützten Technologie durch einen der Teilnehmer beispielsweise einen Beitrag in Form eines bereits existierenden Werts dar, der für die Entwicklung des immateriellen Werts nützlich ist, die Ziel der KUV ist. Der Wert dieser Technologie sollte nach dem Fremdvergleichsgrundsatz anhand der Leitlinien in den Kapiteln I-III und in Kapitel VI ermittelt werden, gegebenenfalls unter Anwendung von Bewertungsmethoden, wie dies in letzterem Kapitel dargelegt ist. Die laufende FuE-Tätigkeit, die von einem oder mehreren verbundenen Unternehmen im Rahmen der Entwicklungszwecken dienenden KUV ausgeübt wird, stellt einen laufenden Beitrag dar. Der Wert der fortlaufenden funktionalen Beiträge beruht nicht auf dem potenziellen Wert der daraus resultierenden weiteren Anwendung der Technologie, sondern auf dem Wert der ausgeübten Funktionen. Der potenzielle Wert der weiteren Anwendung der Technologie wird über den Wert der bereits existierenden Beiträge und durch die Aufteilung des Entwicklungsrisikos entsprechend den auf die verschiedenen Teilnehmer der KUV entfallenden Anteilen am erwarteten Nutzen berücksichtigt. Der Wert der fortlaufenden Beiträge sollte anhand der Leitlinien in den Kapiteln I–III, VI und VII ermittelt werden. Wie unter Ziffer 6.79 erwähnt, wird eine Vergütung auf der Basis einer Erstattung der Kosten zuzüglich einer kleinen Gewinnmarge dem erwarteten Wert des Beitrags des Forschungsteams oder dem fremdüblichen Preis dafür nicht in allen Fällen gerecht werden.

8.27. Auch wenn alle Beiträge ihrem Wert nach gemessen werden sollten (vgl. jedoch Ziffer 8.28 weiter unten), kann die Bezahlung der laufenden Beiträge auf Kostenbasis für die Steuerpflichtigen leichter zu handhaben sein. Dies könnte insbesondere für KUV relevant sein, die Entwicklungszwecken dienen. Wenn dieser Ansatz gewählt wird, sollten die Beiträge in Form bereits existierender Werte die Opportunitätskosten decken, die mit der im Voraus geleisteten Zusage über die Bereitstellung von Ressourcen im Rahmen der KUV verbunden sind. Eine vertragliche Vereinbarung (d. h. die KUV), in deren Rahmen beispielsweise zugesagt wird, dass ein bereits existierendes FuE-Team Arbeiten für die KUV durchführen wird, sollte in den aus bereits existierenden Werten bestehenden Beiträgen die Opportunitätskosten alternativer FuE-Anstrengungen (z. B. den Barwert des fremdüblichen Gewinnaufschlags auf die FuE-Kosten) berücksichtigen, während die Beiträge in Form laufender Tätigkeiten auf Kostenbasis erfasst werden sollten (vgl. Beispiel 1A im Anhang zu diesem Kapitel).

8.28. Während nicht davon ausgegangen werden kann, dass der Wert bereits zuvor existierender Beiträge den Kosten entspricht, kann es manchmal möglich sein, die Kosten als zweckmäßiges Instrument zur Messung des relativen Werts der laufenden Beiträge heranzuziehen. Ist die Differenz zwischen dem Wert und den Kosten vergleichsweise unerheblich, können ähnlich geartete laufende Beiträge bei KUV zu Dienstleistungszwecken in solchen Fällen aus praktischen Gründen auf Kostenbasis bewertet werden. In anderen Situationen (beispielsweise wenn die von den Teilnehmern geleisteten Beiträge unterschiedlicher Natur sind und eine Kombination verschiedener Dienstleistungsarten und/oder immaterieller Werte oder anderer

Vermögenswerte umfassen) dürfte die Messung der laufenden Beiträge auf Kostenbasis indessen kaum eine verlässliche Grundlage für die Ermittlung des Werts der relativen Beiträge der Teilnehmer bieten und könnte zu Ergebnissen führen, die nicht dem Fremdvergleichsgrundsatz entsprechen. Bei KUV zu Entwicklungszwecken bietet die Messung der laufenden Beiträge auf Kostenbasis (abgesehen vom Prinzip der leichteren Handhabung in Ziffer 8.27) im Allgemeinen keine verlässliche Grundlage für die Anwendung des Fremdvergleichsgrundsatzes. Vgl. die Beispiele 1–3 im Anhang zu diesem Kapitel wegen einer Veranschaulichung dieser Leitlinien. Wird geltend gemacht, dass Vereinbarungen, die zwischen unabhängigen Unternehmen getroffen wurden, mit den Vereinbarungen vergleichbar sind, die zwischen den an einer KUV teilnehmenden verbundenen Unternehmen getroffen wurden, und sehen diese Vereinbarungen zwischen unabhängigen Unternehmen vor, dass die Beiträge auf Kostenbasis erbracht werden, ist es wichtig, die Vergleichbarkeit aller wirtschaftlich relevanten Merkmale der Geschäftsvorfälle im allgemeineren Kontext der Vereinbarung zu prüfen, einschließlich der Auswirkungen etwaiger allgemeinerer Vereinbarungen über wirtschaftlich zusammenhängende Geschäftsvorfälle, die zwischen den an den Fremdgeschäftsvorfällen Beteiligten existieren können, sowie der Risikoteilung. Besondere Aufmerksamkeit sollte der Frage gelten, ob im Rahmen der Vereinbarungen zwischen unabhängigen Unternehmen andere Zahlungen geleistet werden, z. B. könnten zusätzlich zur Kostenerstattung Ratenzahlungen oder Ausgleichsbeiträge geleistet werden.

8.29. Da sich die Beiträge nach den erwarteten Vorteilen richten, gilt im Allgemeinen, dass in Fällen, in denen eine Kostenerstattungsbasis für die Bewertung der laufenden Beiträge gestattet ist, die Analyse zunächst auf den budgetierten Kosten beruhen sollte. Dies bedeutet nicht unbedingt, dass die Kosten festgelegt werden müssen, da der Budgetrahmen Schwankungen aufgrund von Faktoren wie Nachfrageänderungen zulassen kann (beispielsweise können die budgetierten Kosten als fester Prozentsatz des tatsächlichen Umsatzes ausgedrückt werden). Zudem dürfte es während der Laufzeit der KUV zu Abweichungen zwischen den budgetierten Kosten und den tatsächlichen Kosten kommen. Unter fremdüblichen Bedingungen werden die zwischen den Beteiligten vereinbarten Vertragsbedingungen wahrscheinlich Bestimmungen hinsichtlich der Behandlung solcher Abweichungen enthalten, da unabhängige Unternehmen, wie unter Ziffer 2.96 dargelegt, wohl kaum budgetierte Kosten zugrunde legen werden, ohne zu vereinbaren, welche Faktoren bei der Festlegung des Budgets berücksichtigt werden und wie mit unvorhergesehenen Situationen umzugehen ist. Bei größeren Abweichungen zwischen den budgetierten Kosten und den tatsächlichen Kosten sollte dem Grund hierfür Aufmerksamkeit geschenkt werden, da die Abweichungen auf Änderungen des Umfangs der Tätigkeiten hindeuten könnten, die nicht allen Beteiligten in gleicher Weise zugutekommen wie die ursprünglich geplanten Tätigkeiten. Wenn festgestellt wird, dass die Kosten eine angemessene Grundlage für die Bewertung der laufenden Beiträge bieten, dürfte es jedoch im Allgemeinen ausreichend sein, die tatsächlichen Kosten als Basis hierfür zu verwenden.

8.30. Es ist wichtig, dass das Bewertungsverfahren allen Beiträgen der Teilnehmer der Vereinbarung Rechnung trägt. Dies umfasst Beiträge, die von einem oder mehreren Beteiligten bei Abschluss der KUV geleistet werden (z. B. Beiträge in Form bereits existierender immaterieller Werte), sowie Beiträge, die kontinuierlich während der Laufzeit der KUV geleistet werden. Zu den zu berücksichtigenden Beiträgen zählen Wirtschaftsgüter und Dienstleistungen, die nur für die KUV-Tätigkeit genutzt werden, aber auch Wirtschaftsgüter und Dienstleistungen, die teilweise für die KUV-Tätigkeit und teilweise für die eigene Geschäftstätigkeit eines der Teilnehmer eingesetzt werden (d. h. gemeinsam genutzte Wirtschaftsgüter oder Dienstleistungen). Die Bewertung der Beiträge kann sich als schwierig erweisen, wenn diese gemeinsam genutzte Wirtschaftsgüter oder Dienstleistungen umfassen, z. B. wenn der Beitrag eines Teilnehmers in der teilweisen Überlassung von Vermögenswerten wie Bürogebäuden oder IT-Systemen besteht oder wenn dieser Teilnehmer Überwachungs-, Büro- und administrative Funktionen sowohl für die KUV als auch für sein eigenes Unternehmen ausübt. Es wird erforderlich sein, das Verhältnis der im Zusammenhang mit der KUV-Tätigkeit genutzten Vermögenswerte oder Dienstleistungen in wirtschaftlich begründeter Weise zu ermitteln, wobei die anerkannten Rechnungslegungsgrundsätze und die tatsächlichen Gegebenheiten zu berücksichtigen sind, zudem können in wesentlichen Fällen Berichtigungen erforderlich sein, um Übereinstimmung zu erzielen, wenn mehrere Staaten betroffen sind. Steht das Verhältnis fest, kann der jeweilige Beitrag unter Beachtung der übrigen Grundsätze dieses Kapitels bewertet werden.

8.31. Bei KUV, die Entwicklungszwecken dienen, dürften Beiträge in Form der Kontrolle und Verwaltung der KUV, ihrer Tätigkeiten und Risiken, wie in Ziffer 6.56 beschrieben, wichtige Funktionen im Zusammenhang mit der Entwicklung, Produktion oder Beschaffung immaterieller Werte oder materieller Vermögenswerte darstellen, und sie sollten gemäß den in Kapitel VI dargelegten Grundsätzen bewertet werden.

8.32. Im folgenden Szenario werden die Leitlinien zur Ermittlung der Teilnehmer, der Aufteilung der Vorteile und des Werts der Beiträge veranschaulicht.

8.33. Unternehmen A mit Sitz in Staat A und Unternehmen B mit Sitz in Staat B gehören einem multinationalen Konzern an und haben eine KUV geschlossen, um immaterielle Werte zu entwickeln. Unternehmen B ist im Rahmen der KUV berechtigt, die immateriellen Werte in Staat B zu verwerten, und Unternehmen A ist im Rahmen der KUV berechtigt, die immateriellen Werte in den übrigen Teilen der Welt zu verwerten. Die Beteiligten gehen davon aus, dass auf Unternehmen A 75 % und auf Unternehmen B 25 % des Gesamtumsatzes entfallen werden und dass sich die voraussichtlichen Vorteile aus der KUV zwischen ihnen im Verhältnis von 75:25 verteilen werden. Sowohl A als auch B haben Erfahrung in der Entwicklung immaterieller Werte und verfügen über eigenes Personal für Forschung und Entwicklung. Beide kontrollieren ihr Entwicklungsrisiko im Rahmen der KUV entsprechend den unter den Ziffern 8.14–8.16 dargelegten Bedingungen. Unternehmen A leistet zu der KUV einen Beitrag in Form bereits zuvor existierender immaterieller Werte, die es kürzlich bei einem fremden Dritten erworben hat. Unternehmen B trägt unternehmenseigene Analysemethoden bei, die es entwickelt hat, um die Effizienz zu verbessern und die Entwicklungszeit bis zur Marktreife zu verkürzen. Diese beiden bereits zuvor existierenden Beiträge sollten gemäß den Leitlinien in den Kapiteln I-III und VI bewertet werden. Die laufenden Beiträge in Form laufender Forschungsarbeiten werden zu 80 % von Unternehmen B und zu 20 % von Unternehmen A unter der Leitung eines Führungsteams erbracht, das sich aus Mitarbeitern beider Unternehmen im Verhältnis von 90:10 zugunsten von Unternehmen A zusammensetzt. Diese beiden Arten laufender Beiträge sollten gemäß den Leitlinien in den Kapiteln I-III und VI gesondert analysiert und bewertet werden. Wenn die aus einer KUV erwarteten Vorteile in einem Recht an einem immateriellen Wert bestehen, der zu Beginn des Entwicklungsvorhabens schwer zu bewerten ist, oder wenn bereits zuvor existierende immaterielle Werte, die schwer zu bewerten sind, Teil der Beiträge zu dem KUV-Vorhaben sind, gelten für die Bewertung der Beiträge der einzelnen Teilnehmer der KUV die Leitlinien der Abschnitte D.3 und D.4 von Kapitel VI zu schwer zu bewertenden immateriellen Werten.

C.5. Ausgleichszahlungen

8.34. Eine KUV gilt dann als mit dem Fremdvergleichsgrundsatz vereinbar, wenn der Wert des Anteils jedes Teilnehmers an der Gesamtheit der vertraglich geleisteten Beiträge (nach Berücksichtigung etwaiger bereits geleisteter Ausgleichszahlungen) mit dessen Anteil an den insgesamt erwarteten Vorteilen aus der KUV übereinstimmt. Deckt sich der Wert des Anteils eines Teilnehmers an der Gesamtheit der Beiträge zu einer KUV in dem Zeitpunkt, in dem die Beiträge geleistet werden, nicht mit dem Anteil des Teilnehmers an den aus der KUV erwarteten Vorteilen, so sind die von mindestens einem der Teilnehmer geleisteten Beiträge zu niedrig und die von mindestens einem anderen Teilnehmer geleisteten Beiträge zu hoch. In einem solchen Fall ist nach dem Fremdvergleichsgrundsatz im Allgemeinen zu erwarten, dass eine Anpassung vorgenommen wird. Dies wird im Allgemeinen in Form einer Anpassung des Beitrags durch Leistung oder Anrechnung einer (weiteren) Ausgleichszahlung geschehen. Solche Ausgleichszahlungen erhöhen den Wert der vom Zahlungsleistenden geleisteten Beiträge und vermindern den der vom Zahlungsempfänger geleisteten Beiträge.

8.35. Ausgleichszahlungen können von den Teilnehmern geleistet werden, um den Wert ihrer Beiträge „aufzustocken", wenn ihre anteiligen Beiträge niedriger sind als ihre erwarteten anteiligen Vorteile. Solche Anpassungen können von den Teilnehmern bei Abschluss einer KUV im Voraus vereinbart werden oder das Ergebnis einer regelmäßigen Neubewertung ihres Anteils an den erwarteten Vorteilen und/oder des Werts ihrer Beiträge sein (vgl. Ziffer 8.22).

8.36. Ausgleichszahlungen können auch von den Steuerverwaltungen vorgeschrieben werden, wenn der Wert der anteiligen Beiträge eines Teilnehmers in Form von Wirtschaftsgütern oder Dienstleistungen im Zeitpunkt der Beitragsleistung unzutreffend ermittelt wurde oder wenn die von dem Teilnehmer erwarteten anteiligen Vorteile falsch bewertet wurden, z. B. wenn der Umlageschlüssel, als er gewählt wurde oder an geänderte Umstände angepasst wurde, die anteiligen erwarteten Vorteile nicht angemessen widerspiegelte. Üblicherweise wird die Anpassung in Form einer Ausgleichszahlung erfolgen, die ein oder mehrere Teilnehmer einem anderen Teilnehmer für den betreffenden Zeitraum zahlen oder anrechnen.

8.37. Im Fall von KUV, die Entwicklungszwecken dienen, können in einem gegebenen Jahr Diskrepanzen zwischen dem Anteil eines Teilnehmers an der Gesamtsumme aller Beiträge und dem Anteil dieses Teilnehmers an der Gesamtsumme der erwarteten Vorteile auftreten. Ist die betreffende KUV ansonsten akzeptabel und wird sie unter Beachtung der Empfehlungen des Abschnitts E gewissenhaft umgesetzt, sollten die Steuerverwaltungen grundsätzlich davon absehen, eine Berichtigung auf der Grundlage der Ergebnisse eines einzigen Wirtschaftsjahres vorzunehmen. Es sollte untersucht werden, ob der Anteil jedes Teilnehmers an der Gesamtheit der Beiträge mit seinem Anteil an den insgesamt aus der Vereinbarung erwarteten Vorteilen über einen mehrjährigen Zeitraum hinweg übereinstimmt (vgl. Ziffer 3.75–3.79). Für Beiträge in Form bereits zuvor existierender Werte und für laufende Beiträge können jeweils gesonderte Ausgleichszahlungen geleistet werden. Eine verlässlichere und leichter zu handhabende Alternative könnte ansonsten die Leistung einer globalen Ausgleichszahlung sein, die sich auf die bereits zuvor existierenden Beiträge und die laufenden Beiträge zusammengenommen bezieht. Vgl. Beispiel 4 im Anhang zu diesem Kapitel.

8.38. In dem unter Ziffer 8.33 beschriebenen Beispiel erwarten die Teilnehmer, Unternehmen A und B, aus der KUV Vorteile im Verhältnis von 75:25. Im ersten Jahr beträgt der Wert ihrer bereits zuvor existierenden Beiträge 10 Millionen für Unternehmen A und 6 Millionen für Unternehmen B. Folglich muss Unternehmen A Unternehmen B eine Nettoausgleichszahlung von 2 Millionen leisten (d. h. 4,5 Millionen von Unternehmen A an Unternehmen B abzüglich 2,5 Millionen von Unternehmen B an Unternehmen A), um den Beitrag von Unternehmen A auf 12 Millionen zu erhöhen (75 % der Gesamtbeiträge) und den Beitrag von Unternehmen B auf 4 Millionen zu verringern (25 % der Gesamtbeiträge).

C.6. Sachgerechte Abgrenzung des tatsächlichen Geschäftsvorfalls

8.39. Wie unter Ziffer 8.9 erwähnt, können die nach Kapitel I Abschnitt D ermittelten wirtschaftlich relevanten Merkmale der Vereinbarung darauf schließen lassen, dass der tatsächliche Geschäftsvorfall von den Bedingungen der KUV abweicht, welche die Teilnehmer angeblich vereinbart haben. Ein solcher Fall liegt etwa dann vor, wenn einer oder mehrere der angeblichen Teilnehmer vernünftigerweise keinen Vorteil aus der KUV-Tätigkeit erwarten können. Der geringe Umfang des Anteils eines Teilnehmers an den erwarteten Vorteilen stellt zwar im Prinzip keinen Grund dar, diesen Teilnehmer nicht anzuerkennen; soll ein Teilnehmer, der die gesamte Tätigkeit ausübt, die Gegenstand der Vereinbarung ist, nur einen kleinen Teil der insgesamt erwarteten Vorteile erhalten, erhebt sich jedoch die Frage, ob die Vereinbarung für diesen Beteiligten tatsächlich in einer Bündelung der Ressourcen und Teilung der Risiken besteht oder ob die äußere Erscheinungsform der Teilung wechselseitiger Vorteile nicht vielmehr gewählt wurde, um günstigere steuerliche Ergebnisse zu erzielen. Das Vorliegen umfangreicher Ausgleichszahlungen, die sich aus einer wesentlichen Differenz zwischen den anteiligen Beiträgen und Vorteilen der Beteiligten ergeben, kann ebenfalls die Frage aufwerfen, ob wechselseitige Vorteile vorliegen oder ob es nicht vielmehr sachgerecht wäre, die Vereinbarung unter Berücksichtigung aller wirtschaftlich relevanten Merkmale als Finanzierungstransaktion abzugrenzen.

8.40. Wie in Ziffer 8.33 erwähnt, können die Leitlinien in Kapitel VI zu schwer zu bewertenden immateriellen Werten auch in Situationen im Zusammenhang mit KUV angewandt werden. Dies wird der Fall sein, wenn das Ziel der KUV in der Entwicklung eines neuen immateriellen Werts besteht, der zu Beginn des Entwicklungsprojekts schwer zu bewerten ist, aber auch bei der Bewertung von Beiträgen, die bereits zuvor existierende immaterielle Werte umfassen. Fehlt es der Vereinbarung in ihrer Gesamtheit betrachtet nach den Kriterien von Kapitel I, Abschnitt D.2 an kaufmännischer Rationalität, so kann der KUV die Anerkennung versagt werden.

C.7. Steuerliche Behandlung von Beiträgen und Ausgleichszahlungen

8.41. Die von einem Teilnehmer einer KUV geleisteten Beiträge, einschließlich etwaiger Ausgleichszahlungen, sollten steuerlich so behandelt werden, wie dies nach den allgemeinen Vorschriften des oder der für diesen Teilnehmer maßgebenden Steuersysteme zu geschehen hätte, wenn diese Beiträge außerhalb einer KUV für die betreffende Tätigkeit geleistet würden. Die Qualifizierung des Beitrags hängt von der Tätigkeit ab, die im Rahmen der KUV ausgeübt wird, und ist maßgebend für seine steuerliche Behandlung.

8.42. Bei KUV zu Dienstleistungszwecken führt der Beitrag eines Teilnehmers oftmals zu Vorteilen in Form von Kosteneinsparungen (in welchem Fall möglicherweise keine unmittelbar aus der KUV-Tätigkeit resultierenden Einnahmen erzielt werden). Bei KUV, die Entwicklungszwecken dienen, fallen die erwarteten Vorteile möglicherweise erst einige Zeit nach der Leistung der Beiträge an, weshalb es zu keiner unmittelbaren Erfassung von Einkünften der Teilnehmer im Zeitpunkt der Beitragsleistung kommt.

8.43. Ausgleichszahlungen sollten als Beitragserhöhung für den Zahlungsleistenden und als Beitragsermäßigung für den Zahlungsempfänger behandelt werden. Wie bei Beiträgen im Allgemeinen, erfolgt die Qualifizierung etwaiger Ausgleichszahlungen und die Bestimmung ihrer steuerlichen Behandlung nach innerstaatlichem Recht, einschließlich einschlägiger Steuerabkommen.

D. Eintritt in oder Austritt aus einer KUV oder Beendigung einer KUV

8.44. Veränderungen des Teilnehmerkreises einer KUV sind im Allgemeinen Anlass für eine Neubewertung der jeweiligen Anteile der Teilnehmer an den Beiträgen und den erwarteten Vorteilen. Es kann vorkommen, dass ein Unternehmen, das in eine bereits laufende KUV als neuer Teilnehmer eintritt, eine Beteiligung an allen Ergebnissen der bisherigen Tätigkeit der KUV erhält, wie etwa fertiggestellten oder noch in Arbeit befindlichen immateriellen Werten oder materiellen Vermögenswerten. In solchen Fällen übertragen die bisherigen Teilnehmer effektiv einen Teil ihrer jeweiligen Beteiligung an den Ergebnissen der bisherigen Tätigkeit der KUV an das neu eintretende Unternehmen. Nach dem Fremdvergleichsgrundsatz muss für jede derartige Übertragung immaterieller Werte oder materieller Vermögenswerte eine fremdvergleichskonforme Vergütung für die übertragene Beteiligung gezahlt werden. Eine solche Vergütung wird in diesem Kapitel als „Eintrittszahlung" bezeichnet.

8.45. Die Höhe einer Eintrittszahlung sollte auf der Grundlage des Werts (d. h. des Fremdvergleichspreises) der Beteiligung ermittelt werden, welche der neu eintretende Teilnehmer an den immateriellen Werten und/oder materiellen Vermögenswerten erwirbt, und zwar unter Berücksichtigung des Anteils des neuen Teilnehmers an den insgesamt aus der KUV erwarteten Vorteilen. Es kann auch Fälle geben, in denen ein neuer Teilnehmer bereits zuvor existierende immaterielle Werte oder materielle Vermögenswerte in die KUV einbringt, sodass Ausgleichszahlungen der anderen Teilnehmer als Vergütung für diesen Beitrag angebracht sein könnten. Etwaige Ausgleichszahlungen an den neuen Teilnehmer könnten mit etwa erforderlichen Eintrittszahlungen saldiert werden, wobei jedoch für die Zwecke der Steuerverwaltung adäquate Aufzeichnungen über die vollständigen Beträge der einzelnen Zahlungen zu führen sind.

8.46. Fragen ähnlicher Art können sich ergeben, wenn ein Teilnehmer aus einer KUV austritt. Insbesondere kann ein aus einer KUV austretendes Unternehmen seine Beteiligung an den gegebenenfalls erzielten Ergebnissen der bisherigen KUV-Tätigkeit (einschließlich noch laufender Arbeiten) an die anderen Teilnehmer veräußern. Eine entsprechende Übertragung sollte nach dem Fremdvergleichsgrundsatz vergütet werden. Eine solche Vergütung wird in diesem Kapitel als „Austrittszahlung" bezeichnet.

8.47. Die Leitlinien in den Kapiteln I–III und VI sind für die Bestimmung der fremdvergleichskonformen Höhe der erforderlichen Eintritts-, Austritts- oder Ausgleichszahlungen vollumfänglich anwendbar. Es kann Fälle geben, in denen nach dem Fremdvergleichsgrundsatz keine solchen Zahlungen erforderlich sind. Eine KUV für die gemeinsame Nutzung administrativer Dienstleistungen beispielsweise bringt den Teilnehmern im Allgemeinen lediglich laufende Vorteile, jedoch keine wertvollen dauerhaften Ergebnisse.

8.48. Eintritts- und Austrittszahlungen sollten steuerlich so behandelt werden, wie dies nach den allgemeinen Vorschriften des oder der für die jeweiligen Teilnehmer maßgebenden Steuersysteme (einschließlich von Doppelbesteuerungsabkommen) zu geschehen hätte, wenn die Zahlung für den Erwerb oder die Veräußerung der Beteiligung an den Ergebnissen der bisherigen KUV-Tätigkeit außerhalb einer KUV geleistet worden wäre.

8.49. Endet eine KUV, verlangt der Fremdvergleichsgrundsatz, dass jeder Teilnehmer eine Beteiligung an den etwaigen Ergebnissen der KUV-Tätigkeit erhält, die mit den anteiligen Beiträgen im Einklang steht, welche er während ihrer gesamten Laufzeit zu der KUV geleistet hat (wobei gegebenenfalls eine Anpassung aufgrund tatsächlich erfolgter Ausgleichszahlungen vorzunehmen ist, einschließlich solcher, die infolge der Beendigung der Vereinbarung getätigt wurden), oder dass ihm gegebenenfalls eine angemessene Vergütung für die Übertragung dieser Beteiligung an andere Teilnehmer gezahlt wird.

E. Empfehlungen für die Ausgestaltung und Dokumentation von KUV

8.50. Im Allgemeinen sollte eine KUV zwischen verbundenen Unternehmen die folgenden Bedingungen erfüllen:

a) Als Teilnehmer gelten nur solche Unternehmen, bei denen davon ausgegangen werden kann, dass ihnen durch die KUV-Tätigkeit als solche (und nicht nur aufgrund des Umstands, dass sie diese Tätigkeit ganz oder teilweise ausüben) wechselseitige und anteilige Vorteile entstehen. Vgl. Ziffer 8.14.

b) Die Vereinbarung enthält genaue Angaben über Art und Umfang der Beteiligung der einzelnen Teilnehmer an den Ergebnissen der KUV-Tätigkeit sowie ihrem jeweiligen Anteil an den erwarteten Vorteilen.

c) Abgesehen von den Beiträgen zur KUV sowie angemessenen Ausgleichs- und Eintrittszahlungen erfolgen keine Zahlungen für die durch die KUV erworbenen Beteiligungen oder Rechte an immateriellen Werten, materiellen Vermögenswerten oder Dienstleistungen.

d) Der Wert der Beiträge der Teilnehmer wird im Einklang mit diesen Leitlinien bestimmt, und gegebenenfalls sollten Ausgleichszahlungen geleistet werden, um sicherzustellen, dass der Anteil jedes Teilnehmers an den Beiträgen mit seinem Anteil an den aus der Vereinbarung erwarteten Vorteilen übereinstimmt.

e) Die Vereinbarung kann die Möglichkeit von Ausgleichszahlungen und/oder von künftigen Änderungen der Aufteilung der Beiträge nach Ablauf eines angemessenen Zeitraums vorsehen, um wesentlichen Veränderungen des Anteils der einzelnen Teilnehmer an den erwarteten Vorteilen Rechnung zu tragen.

f) Nach Bedarf werden Anpassungen (einschließlich der Möglichkeit von Eintritts- und Austrittszahlungen) bei Ein- oder Austritt eines Teilnehmers und bei Beendigung der KUV vorgenommen.

8.51. Der in Kapitel V beschriebene Standard für die Verrechnungspreisdokumentation verlangt den Ausweis wichtiger Dienstleistungsvereinbarungen und wichtiger Vereinbarungen im Hinblick auf immaterielle Werte, einschließlich KUV, in der Stammdokumentation (Master File). In der Einzeldokumentation (Local File) sind geschäftsvorfallbezogene Informationen zu liefern, darunter eine Beschreibung der Geschäftsvorfälle, die Beträge der geleisteten und erhaltenen Zahlungen, die Namen der beteiligten verbundenen Unternehmen, Abschriften aller wesentlichen konzerninternen Vereinbarungen und Informationen über die Bestimmung der Preise, einschließlich einer Beschreibung der Gründe für die Schlussfolgerung, dass die Geschäftsvorfälle fremdvergleichskonform vergütet wurden. Es ist davon auszugehen, dass die Teilnehmer einer KUV zur Erfüllung dieser Dokumentationsanforderungen Aufzeichnungen erstellen oder sich beschaffen, die Aufschluss über die Art der betreffenden Tätigkeit, die Bedingungen der Vereinbarung und deren Übereinstimmung mit dem Fremdvergleichsgrundsatz geben. Daraus ergibt sich, dass jeder Teilnehmer uneingeschränkten Zugang zu den Einzelheiten der im Rahmen der KUV durchgeführten Aktivitäten, zu Informationen über Identität und Standort der anderen an der KUV teilnehmenden Beteiligten, zu den Prognoserechnungen, aufgrund derer die Beiträge zu leisten sind und die erwarteten Vorteile ermittelt werden, sowie zu den budgetierten und tatsächlichen Ausgaben für die KUV-Tätigkeit hat, und zwar in einem Grad der Detailliertheit, der der Komplexität und der Bedeutung der KUV für den Steuerpflichtigen angemessen ist. Alle diese Informationen können für die Steuerverwaltungen im Zusammenhang mit einer KUV relevant und nützlich sein, und die Steuerpflichtigen sollten – sofern diese Informationen nicht in der Stammdokumentation oder der Einzeldokumentation enthalten sind – in der Lage sein, sie auf Ersuchen vorzulegen. Welche Informationen für eine bestimmte KUV relevant sind, hängt von den jeweiligen Gegebenheiten und Umständen ab. Es ist hervorzuheben, dass es sich bei den in dieser Aufzählung beschriebenen Informationen weder um Mindestanforderungen handelt noch um eine erschöpfende Liste aller Informationen, die eine Steuerverwaltung verlangen könnte.

8.52. Die nachstehenden Informationen sind hinsichtlich der bei Abschluss der KUV vereinbarten Bedingungen relevant und nützlich:

a) eine Liste der Teilnehmer

b) eine Liste aller weiteren verbundenen Unternehmen, die an der KUV-Tätigkeit mitwirken oder bei denen davon ausgegangen werden kann, dass sie die Ergebnisse der KUV-Tätigkeit verwerten oder nutzen werden

c) der Umfang der Aktivitäten und spezifischen Projekte, die Gegenstand der KUV sind, und die Methoden der Verwaltung und Kontrolle der KUV-Aktivitäten

d) die Dauer der Vereinbarung

e) die Art und Weise, wie der Anteil der verschiedenen Teilnehmer an den erwarteten Vorteilen ermittelt wird, einschließlich aller hierbei angewandten Prognoserechnungen

f) die Art und Weise, wie zukünftige Vorteile (z. B. immaterielle Werte) verwertet werden sollen

g) die Art und Höhe der anfänglichen Beiträge der einzelnen Teilnehmer sowie eine genaue Beschreibung, wie der Wert von anfänglichen und späteren Beiträgen ermittelt wird (einschließlich etwaiger veranschlagter bzw. tatsächlicher Anpassungen) und wie die Rechnungslegungsgrundsätze bei der Ermittlung der Ausgaben und des Werts der Beiträge auf alle Teilnehmer einheitlich angewendet werden

h) die voraussichtliche Aufteilung der Zuständigkeiten und Aufgaben und die Mechanismen für die Kontrolle und Verwaltung dieser Zuständigkeiten und Aufgaben, insbesondere derjenigen im

Zusammenhang mit der Entwicklung, Verbesserung, Erhaltung, dem Schutz oder der Verwertung von im Rahmen der KUV-Tätigkeit genutzten immateriellen Werten oder materiellen Vermögenswerten

i) die Verfahren und Folgen im Fall des Ein- oder Austritts eines Teilnehmers und der Beendigung der KUV

j) alle Bestimmungen hinsichtlich Ausgleichszahlungen oder Anpassungen der Bedingungen der Vereinbarung an veränderte wirtschaftliche Umstände

8.53. Während der Laufzeit der KUV könnten die nachstehenden Informationen nützlich sein:

a) Informationen zu etwaigen Änderungen der Vereinbarung (z. B. betreffend Bedingungen, Teilnehmern, Tätigkeit) und den Folgen solcher Änderungen

b) ein Vergleich zwischen den Prognosen, die zur Bestimmung der Aufteilung der aus der KUV-Tätigkeit erwarteten Vorteile zugrunde gelegt wurden, und der tatsächlichen Aufteilung der Vorteile (wobei jedoch Ziffer 3.74 beachtet werden sollte)

c) die bei Ausübung der KUV-Tätigkeit jährlich angefallenen Ausgaben, die Art und Höhe der von jedem Teilnehmer während der Laufzeit der KUV geleisteten Beiträge sowie eine genaue Beschreibung, wie der Wert der Beiträge ermittelt wird

Kapitel IX

Verrechnungspreisaspekte bei Umstrukturierungen der Geschäftstätigkeit

Einleitung

A. Geltungsbereich

A.1. Umstrukturierungen der Geschäftstätigkeit im Sinne dieses Kapitels

9.1. Für den Begriff der Umstrukturierung der Geschäftstätigkeit gibt es keine gesetzlich verankerte oder allgemein anerkannte Definition. Im Sinnzusammenhang dieses Kapitels bezieht sich Umstrukturierung der Geschäftstätigkeit auf die grenzüberschreitende Reorganisation der kaufmännischen oder finanziellen Beziehungen zwischen verbundenen Unternehmen, einschließlich der Auflösung oder wesentlichen Neuverhandlung bestehender Vereinbarungen. Beziehungen zu fremden Dritten (z. B. Zulieferfirmen, Unterauftragnehmer, Kunden) können ein Grund für die Umstrukturierung sein oder durch sie beeinflusst werden.

9.2. Umstrukturierungen der Geschäftstätigkeit beinhalten häufig die Zentralisierung von immateriellen Werten, Risiken oder Funktionen einschließlich des an sie geknüpften Gewinnpotenzials. Bei Umstrukturierungen der Geschäftstätigkeit kann es zu Folgendem kommen:

- Umwandlung von Eigenhändlern (d. h. Unternehmen mit vergleichsweise größeren Funktionen und Risiken) in risikoarme Vertriebsunternehmen, Marketingunternehmen, Verkaufsvertreter oder Kommissionäre (d. h. Unternehmen mit vergleichsweise geringeren Funktionen und Risiken), die für ein verbundenes ausländisches Unternehmen tätig sind, das als Prinzipal auftreten kann

- Umwandlung von Eigenproduzenten (d. h. Unternehmen mit vergleichsweise größeren Funktionen und Risiken) in Auftragsfertiger oder Lohnfertiger (d. h. Unternehmen mit vergleichsweise geringeren Funktionen und Risiken), die für ein verbundenes ausländisches Unternehmen tätig sind, das als Prinzipal auftreten kann
- Übertragungen von immateriellen Werten oder Rechten an immateriellen Werten an eine zentrale Konzerneinheit (z. B. eine sogenannte „Patentverwertungsgesellschaft")
- Zusammenführung von Funktionen in einer regionalen oder zentralen Konzerneinheit, mit entsprechender Verringerung des dezentral ausgeübten Funktionsspektrums oder -umfangs; mögliche Beispiele hierfür sind Beschaffung, Vertriebsunterstützung oder Lieferkettenlogistik

9.3. Es gibt auch Umstrukturierungen der Geschäftstätigkeit, in deren Zuge operativen Konzerneinheiten (z. B. Fertigungs- oder Vertriebsunternehmen) mehr immaterielle Werte oder Risiken zugeteilt werden. Umstrukturierungen der Geschäftstätigkeit können auch in der Rationalisierung, Spezialisierung oder Entspezialisierung von Tätigkeitsbereichen (Fertigungsstätten und/oder -verfahren, FuE-Aktivitäten, Verkauf, Dienstleistungen) bestehen, einschließlich der Verkleinerung oder Schließung von Geschäftsbereichen. Der Fremdvergleichsgrundsatz und die Leitlinien dieses Kapitels gelten gleichermaßen für alle Arten von Geschäftsvorfällen, die eine Umstrukturierung der Geschäftstätigkeit ausmachen, unabhängig davon ob sie zu einem stärker zentralisierten oder weniger zentralisierten Geschäftsmodell führen.

9.4. Zu den Gründen, die Unternehmen für eine Umstrukturierung der Geschäftstätigkeit anführen, zählt der Wunsch, Synergieeffekte und Skalenvorteile zu maximieren, das Management von Geschäftsbereichen zu rationalisieren und die Effizienz der Wertschöpfungskette zu erhöhen, wozu die Vorteile der internetbasierten Technologien genutzt werden, die die Entwicklung weltweit operierender Organisationen erleichtert haben. Darüber hinaus können Umstrukturierungen der Geschäftstätigkeit erforderlich sein, um beispielsweise bei bestehenden Überkapazitäten oder während eines Konjunkturabschwungs die Rentabilität zu sichern oder die Verluste zu begrenzen.

A.2. In diesem Kapitel behandelte Themen

9.5. Dieses Kapitel enthält eine Erörterung der Verrechnungspreisaspekte von Umstrukturierungen der Geschäftstätigkeit, d. h. der Anwendung des Artikels 9 (Verbundene Unternehmen) des OECD-Musterabkommens und dieser Leitlinien auf Umstrukturierungen der Geschäftstätigkeit.

9.6. Umstrukturierungen der Geschäftstätigkeit gehen in der Regel mit einer Umverteilung von Gewinnpotenzial zwischen den Unternehmen eines multinationalen Konzerns einher, entweder unmittelbar nach der Umstrukturierung der Geschäftstätigkeit oder innerhalb eines Zeitraums von ein paar Jahren. Eines der Hauptziele dieses Kapitels in Bezug auf Artikel 9 ist die Untersuchung der Frage, inwieweit eine solche Umverteilung von Gewinnpotenzial mit dem Fremdvergleichsgrundsatz vereinbar ist, und ganz allgemein, wie dieser Grundsatz auf Umstrukturierungen der Geschäftstätigkeit anwendbar ist. Die Einführung integrierter Geschäftsmodelle und der Aufbau globaler Organisationen können die Anwendung des Fremdvergleichsgrundsatzes erschweren, dem zufolge der Gewinn von Unternehmen eines multinationalen Konzerns unter Bezugnahme auf die Bedingungen ermittelt wird, die unabhängige Unternehmen bei vergleichbaren Geschäftsvorfällen unter vergleichbaren Umständen vereinbart hätten. Diese Schwierigkeit der Anwendung des Fremdvergleichsgrundsatzes in der Praxis wird in diesen Leitlinien anerkannt (vgl. Ziffer 1.10–1.11). Dessen ungeachtet sind diese Leitlinien Ausdruck des starken Engagements der OECD-Mitgliedstaaten für den Fremdvergleichsgrundsatz und für Anstrengungen zur Beschreibung seiner Anwendung und Verbesserung seiner Funktionsweise in der Praxis (vgl. Ziffer 1.14–1.15). Bei der Erörterung der im Zusammenhang mit Umstrukturierungen der Geschäftstätigkeit auftretenden Fragen hat die OECD dieser Schwierigkeit Rechnung getragen, um Ansätze zu entwickeln, die realistisch und hinreichend pragmatisch sind.

9.7. Dieses Kapitel befasst sich nur mit Geschäftsvorfällen zwischen verbundenen Unternehmen im Kontext von Artikel 9 des OECD-Musterabkommens und geht nicht auf die Zurechnung von Gewinnen innerhalb eines einzelnen Unternehmens auf Grundlage von Artikel 7 des OECD-Musterabkommens ein, da dies Gegenstand des *Berichts über die Zurechnung von Gewinnen zu Betriebsstätten* ist.[1]

9.8. Innerstaatliche Vorschriften zur Missbrauchsbekämpfung und zur Hinzurechnungsbesteuerung werden in diesem Kapitel nicht behandelt. Die innerstaatliche steuerliche Behandlung einer fremdüblichen Zahlung, einschließlich der Bestimmungen über die steuerliche Abzugsfähigkeit einer solchen Zahlung, sowie die Frage, wie innerstaatliche Bestimmungen über die Besteuerung von Kapitalerträgen auf eine fremdübliche Zahlung anzuwenden sein könnten, sind ebenfalls nicht Gegenstand dieses Kapitels. Auch die Umsatzsteuer und indirekte Steuern bleiben in diesem Kapitel unberücksichtigt, obwohl sie im Zusammenhang mit Umstrukturierungen wichtige Fragen aufwerfen können.

1. Vgl. *Bericht über die Zurechnung von Gewinnen zu Betriebsstätten*, vom Ausschuss für Steuerfragen am 22.–23. Juni 2010 und vom Rat am 22. Juli 2010 zur Veröffentlichung freigegeben.

B. Anwendung von Artikel 9 des OECD-Musterabkommens und dieser Leitlinien auf Umstrukturierungen der Geschäftstätigkeit: theoretischer Rahmen

9.9. Dieses Kapitel geht von der Prämisse aus, dass der Fremdvergleichsgrundsatz und diese Leitlinien auf Umstrukturierungen der Geschäftstätigkeit oder auf nach einer solchen Umstrukturierung stattfindende Geschäftsvorfälle nicht anders angewendet werden und auch nicht anders angewendet werden sollten als auf Geschäftsvorfälle, die bei der Neuaufnahme einer Geschäftstätigkeit entsprechend strukturiert werden. Die sich in Zusammenhang mit Artikel 9 des OECD-Musterabkommens und dem Fremdvergleichsgrundsatz stellende Frage lautet, ob im Rahmen einer Umstrukturierung der Geschäftstätigkeit Bedingungen vereinbart oder auferlegt wurden, die sich von denen unterscheiden, die zwischen voneinander unabhängigen Unternehmen vereinbart würden. Dies ist der theoretische Rahmen, innerhalb dessen sämtliche Leitlinien in diesem Kapitel zu sehen sind. Die Leitlinien in diesem Kapitel gliedern sich in zwei Teile: Der erste befasst sich mit der Bestimmung der fremdvergleichskonformen Vergütung für die Umstrukturierung als solche, der zweite mit der Vergütung konzerninterner Geschäftsvorfälle nach der Umstrukturierung. Beide Teile sollten im Zusammenhang gelesen und im Einklang mit den Leitlinien der übrigen Kapitel und insbesondere Kapitel I angewendet werden.

Teil I: Fremdvergleichskonforme Vergütung für die Umstrukturierung der Geschäftstätigkeit als solche

A. Einleitung

9.10. Eine Umstrukturierung der Geschäftstätigkeit kann mit der grenzüberschreitenden Übertragung von etwas Werthaltigem, z. B. von wertvollen immateriellen Werten, einhergehen, auch wenn dies nicht immer der Fall ist. Sie kann ebenso oder wahlweise auch die Auflösung oder wesentliche Neuverhandlung bestehender Vereinbarungen beinhalten, z. B. von Fertigungs-, Vertriebs-, Lizenz- oder Dienstleistungsvereinbarungen usw. Der erste Schritt bei der Analyse der Verrechnungspreisaspekte einer Umstrukturierung der Geschäftstätigkeit besteht in der sachgerechten Abgrenzung der Geschäftsvorfälle, die die Umstrukturierung ausmachen, durch Ermittlung der kaufmännischen oder finanziellen Beziehungen sowie der an diese Beziehungen geknüpften Bedingungen, die zu einer Übertragung von Wert zwischen den Unternehmen des multinationalen Konzerns führen. Dies wird in Abschnitt B erörtert. Abschnitt C befasst sich mit der Anerkennung der sachgerecht abgegrenzten Geschäftsvorfälle, die die Umstrukturierung der Geschäftstätigkeit ausmachen. Der Zusammenhang zwischen einer Umstrukturierung der Geschäftstätigkeit und der Umverteilung von Gewinnpotenzial wird in Abschnitt D behandelt. Die Folgen der Übertragung von etwas Werthaltigem für die Verrechnungspreisbestimmung werden in Abschnitt E dieses Teils besprochen, während die Folgen der Auflösung oder wesentlichen Neuverhandlung bestehender Vereinbarungen für die Verrechnungspreisbestimmung in Abschnitt F erörtert werden.

9.11. Für Verrechnungspreiszwecke besteht das Ziel der Analyse darin zu bestimmen, ob nach Artikel 9 des OECD-Musterabkommens bei Geschäftsvorfällen, die eine Umstrukturierung ausmachen, Bedingungen vereinbart oder auferlegt wurden, die von denen abweichen, die zwischen unabhängigen Unternehmen vereinbart oder auferlegt würden, und – falls dies der Fall ist – die Gewinne zu bestimmen, die eines der Unternehmen ohne diese Bedingungen erzielt hätte, wegen dieser Bedingungen aber nicht erzielt hat, und sie den Gewinnen dieses Unternehmens zuzurechnen und entsprechend zu besteuern.

9.12. Der Fremdvergleichsgrundsatz verlangt, dass die zwischen verbundenen Unternehmen vereinbarten oder auferlegten Bedingungen einer Beurteilung auf Ebene der einzelnen Unternehmen unterzogen werden. Aus dem Umstand, dass eine Umstrukturierung der Geschäftstätigkeit durch vernünftige geschäftliche Gründe auf Ebene des multinationalen Konzerns begründet ist, wie z. B. das Bestreben, Synergien auf Konzernebene zu erzielen, kann nicht geschlossen werden, dass sie auch aus Sicht der einzelnen umstrukturierten Unternehmen dem Fremdvergleichsgrundsatz entspricht.

B. Untersuchung der Umstrukturierung als solche

9.13. Bei der Anwendung des Fremdvergleichsgrundsatzes auf eine Umstrukturierung der Geschäftstätigkeit müssen, wie bei allen konzerninternen Geschäftsvorfällen, zunächst die kaufmännischen oder finanziellen Beziehungen zwischen den an der Umstrukturierung beteiligten verbundenen Unternehmen sowie die Bedingungen und wirtschaftlich relevanten Begleitumstände dieser Beziehungen ermittelt werden, um die konzerninternen Geschäftsvorfälle, die die Umstrukturierung ausmachen, sachgerecht abzugrenzen. Diesbezüglich gelten die allgemeinen Leitlinien in Kapitel I Abschnitt D1. Diese Leitlinien verlangen die Untersuchung der wirtschaftlich relevanten Merkmale der kaufmännischen oder finanziellen Beziehungen zwischen den verbundenen Unternehmen und insbesondere der vertraglichen Bedingungen der Umstrukturierung (Abschnitt D.1.1), der vor und nach der Umstrukturierung von den einzelnen an der Umstrukturierung beteiligten Unternehmen ausgeübten Funktionen unter Berücksichtigung der genutzten Vermögenswerte und übernommenen Risiken (Abschnitt D.1.2), der wirtschaftlichen Verhältnisse der Beteiligten (Abschnitt D.1.4) und der Geschäftsstrategien (Abschnitt D.1.5). Darüber hinaus sollte die Analyse eine Prüfung der geschäftlichen Gründe der Umstrukturierung und der von ihr erwarteten Vorteile, einschließlich der Rolle von Synergieeffekten, sowie der Alternativen, die den Beteiligten realistischerweise zur Verfügung stehen, umfassen. Wie unter Ziffer 1.33 ausgeführt, werden diese Bedingungen und wirtschaftlich relevanten Begleitumstände der sachgerecht abgegrenzten Geschäftsvorfälle, die die Umstrukturierung der Geschäftstätigkeit ausmachen, anschließend mit den Bedingungen und wirtschaftlich relevanten Umständen vergleichbarer Geschäftsvorfälle zwischen voneinander unabhängigen Unternehmen verglichen.

9.14. Aspekte der Ermittlung der kaufmännischen oder finanziellen Beziehungen zwischen den Beteiligten, die für die Bestimmung der fremdüblichen Bedingungen von Umstrukturierungen der Geschäftstätigkeit besonders relevant sind, werden in den folgenden Abschnitten analysiert:

- sachgerechte Abgrenzung der Geschäftsvorfälle, die die Umstrukturierung ausmachen, sowie Funktionen, Vermögenswerte und Risiken vor und nach der Umstrukturierung der Geschäftstätigkeit (vgl. Abschnitt B.1)
- geschäftliche Gründe der Umstrukturierung der Geschäftstätigkeit und von ihr erwartete Vorteile, einschließlich der Rolle von Synergieeffekten (vgl. Abschnitt B.2)
- den Beteiligten realistischerweise zur Verfügung stehende Alternativen (vgl. Abschnitt B.3)

B.1. Sachgerechte Abgrenzung der Geschäftsvorfälle, die die Umstrukturierung ausmachen: Funktionen, Vermögenswerte und Risiken vor und nach der Umstrukturierung der Geschäftstätigkeit

9.15. Umstrukturierungen der Geschäftstätigkeit können eine Vielzahl verschiedener Formen annehmen und zwei oder mehrere Unternehmen eines multinationalen Konzerns betreffen. Beispielsweise kann vor der Umstrukturierung der Geschäftstätigkeit eine einfache Vereinbarung zwischen einem Eigenproduzenten, der Produkte herstellt, und einem verbundenen Eigenhändler bestanden haben, an den ersterer die hergestellten Produkte verkauft, damit letzterer sie auf dem Markt vertreibt. Die Umstrukturierung der Geschäftstätigkeit kann mit einer Änderung dieser zweiseitigen Vereinbarung verbunden sein, durch die der Eigenhändler in ein Vertriebsunternehmen mit begrenztem Risiko oder einen Kommissionär umgewandelt wird, was zur Folge hat, dass die zuvor vom Eigenhändler getragenen Risiken vom Produzenten übernommen werden (unter Berücksichtigung der Leitlinien in Abschnitt D.1 von Kapitel I). Häufig sind Umstrukturierungen der Geschäftstätigkeit mit wesentlich komplexeren Vorgängen verbunden, wobei die von einem oder beiden an einer vor der Umstrukturierung bestehenden Vereinbarung beteiligten Unternehmen ausgeübten Funktionen, genutzten Vermögenswerte und übernommenen Risiken im Zuge der Umstrukturierung auf eines oder mehrere andere Unternehmen des Konzerns übergehen.

9.16. Um zu bestimmen, ob nach dem Fremdvergleichsgrundsatz bei einer Umstrukturierung der Geschäftstätigkeit eine Vergütung an ein umstrukturiertes Unternehmen eines multinationalen Konzerns zu zahlen ist und falls ja, in welcher Höhe und von welchem Konzernunternehmen, ist es wichtig, die zwischen dem umstrukturierten Konzernunternehmen und einem oder mehreren anderen Konzernunternehmen stattfindenden Geschäftsvorfälle sachgerecht abzugrenzen. Für diese Zwecke sind die ausführlichen Leitlinien in Abschnitt D von Kapitel I maßgeblich.

9.17. Wenn die Bedingungen einer Umstrukturierung der Geschäftstätigkeit von dem multinationalen Konzern schriftlich niedergelegt wurden (z. B. durch schriftliche vertragliche Vereinbarungen, Korrespondenz und/oder sonstige Mitteilungen), dienen diese Vereinbarungen als Ausgangspunkt für die Abgrenzung der die Umstrukturierung ausmachenden Geschäftsvorfälle zwischen den beteiligten Konzernunternehmen. In den Vertragsbedingungen kann beschrieben sein, welche Aufgaben, Verpflichtungen und Rechte das umstrukturierte Konzernunternehmen gemäß der vor der Umstrukturierung bestehenden Vereinbarung (gegebenenfalls auch aufgrund von vertrags- und handelsrechtlichen Bestimmungen) hatte und wie und in welchem Umfang sich diese Rechte und Pflichten infolge der Umstrukturierung der Geschäftstätigkeit ändern. Wenn aber keine schriftlichen Bedingungen vorliegen oder wenn die Gegebenheiten des Einzelfalls, einschließlich des Verhaltens der Beteiligten, wesentlich von den schriftlichen Bedingungen einer Vereinbarung zwischen ihnen abweichen oder diese schriftlichen Bedingungen ergänzen, müssen die tatsächlichen Geschäftsvorfälle, die die Umstrukturierung der Geschäftstätigkeit ausmachen, aus den festgestellten Sachverhalten, einschließlich des Verhaltens der Beteiligten, abgeleitet werden (vgl. Abschnitt D.1.1 von Kapitel I).

9.18. Die sachgerechte Abgrenzung der Geschäftsvorfälle, aus denen sich die Umstrukturierung der Geschäftstätigkeit zusammensetzt, erfordert die Durchführung einer Funktionsanalyse, die darauf abzielt, die von den beteiligten Unternehmen vor und nach der Umstrukturierung wahrgenommenen wirtschaftlich signifikanten Tätigkeiten und Aufgaben, genutzten oder bereitgestellten Vermögenswerte und übernommenen Risiken zu ermitteln. Folglich konzentriert sich die Analyse auf die tatsächlichen Tätigkeiten der Beteiligten und die Kapazitäten sowie die Art und Beschaffenheit der Vermögenswerte, die von den Beteiligten genutzt oder bereitgestellt werden, jeweils vor und nach der Umstrukturierung. Vgl. Kapitel I Abschnitt D.1.2. Angesichts der Bedeutung, die den Risiken bei der Analyse von Umstrukturierungen der Geschäftstätigkeit zukommt, liefert der folgende Abschnitt spezifische Hinweise zur Analyse der Risiken in Geschäftsvorfällen, die die Umstrukturierung der Geschäftstätigkeit ausmachen.

B.1.1. Analyse der Risiken im Kontext von Umstrukturierungen der Geschäftstätigkeit

9.19. Risiken spielen bei Umstrukturierungen der Geschäftstätigkeit eine entscheidende Rolle. Auf dem freien Markt wirkt sich die Übernahme eines mit einer Geschäftschance verbundenen Risikos in der Regel auf das an diese Geschäftschance geknüpfte Gewinnpotenzial aus, und die Aufteilung der übernommenen Risiken zwischen den an der Vereinbarung beteiligten Unternehmen hat Auswirkungen darauf, wie die Gewinne oder Verluste aus dem Geschäftsvorfall über die fremdvergleichskonforme Preisbestimmung für den Geschäftsvorfall aufgeteilt werden. Umstrukturierungen der Geschäftstätigkeit führen oft dazu, dass inländische Geschäftstätigkeiten in risikoarme Geschäftstätigkeiten (z. B. „risikoarme Vertriebsunternehmen" oder „risikoarme Auftragsfertiger") umgewandelt und mit relativ niedrigen (aber in der Regel stabilen) Erträgen vergütet werden, und zwar mit der Begründung, dass die wirtschaftlich signifikanten Risiken von einem anderen Beteiligten übernommen werden, dem die an diese Risiken geknüpften Gewinne oder Verluste zugerechnet werden. Aus diesem Grund ist die Untersuchung der Risikoaufteilung zwischen verbundenen Unternehmen vor und nach der Umstrukturierung ein wesentlicher Bestandteil der Funktionsanalyse. Diese Analyse sollte es den Steuerverwaltungen ermöglichen, die Übertragung der wirtschaftlich signifikanten Risiken des umstrukturierten Unternehmens und die Auswirkungen dieser Übertragung im Hinblick auf die Anwendung des Fremdvergleichsgrundsatzes auf die Umstrukturierung als solche und auf die nach der Umstrukturierung getätigten Geschäftsvorfälle zu beurteilen.

9.20. Der Rahmen für die Risikoanalyse und die entsprechenden ausführlichen Leitlinien, die in Kapitel I Abschnitt D.1.2.1 dargelegt sind, bilden die maßgebliche Grundlage für die Analyse der Risiken im Zusammenhang mit Umstrukturierungen der Geschäftstätigkeit, insbesondere um unter Berücksichtigung der Kriterien der Kontrolle und der finanziellen Kapazität zu ermitteln, welcher Beteiligte ein bestimmtes Risiko trägt. Die Anwendung dieses Rahmens ist entscheidend, um zu ermitteln, welcher Beteiligte bestimmte Risiken vor der Umstrukturierung und welcher Beteiligte bestimmte Risiken nach der Umstrukturierung trägt. Im Fall einer Umstrukturierung, in deren Rahmen angeblich Lagerrisiken übertragen werden, ist es beispielsweise zweckmäßig, nicht nur die Vertragsbedingungen zu prüfen, sondern auch das Verhalten der Beteiligten gemäß Schritt 3 des Risikoanalyserahmens (z. B. im Hinblick darauf, wo Abschreibungen auf den Lagerbestand vor und nach der Umstrukturierung vorgenommen werden, ob eine Entschädigung für diese Lagerbestandsabschreibungen vorgesehen ist und welcher bzw. welche Beteiligten Risikokontrollfunktionen ausüben und über die finanzielle Kapazität verfügen, die Risiken zu tragen). Diese Analyse kann ergeben, dass das Lagerrisiko nach der Umstrukturierung weiterhin von demselben Beteiligten getragen wird wie vor der Umstrukturierung, obwohl sich die Vertragsbedingungen geändert haben. Ist dies der Fall, wird das Risiko weiter demselben Beteiligten zugeordnet. Begriffe wie „Übertragung von Risiken", „Umverteilung von Risiken", „Verlagerung von Risiken" oder „Abgabe von Risiken" in diesem Kapitel sind im Kontext von Kapitel I Abschnitt D.1 zu betrachten. Insbesondere gilt das Risiko als von demjenigen Beteiligten übernommen, auf den das Risiko übertragen wurde, wenn die Bedingungen erfüllt sind, die im Rahmen für die Risikoanalyse bei konzerninternen Geschäftsvorfällen (Kapitel I Abschnitt D.1.2.1) dargelegt sind.

9.21. Ein zweites Beispiel wäre der Fall einer angeblichen Übertragung von Kreditrisiken im Rahmen einer Umstrukturierung der Geschäftstätigkeit. Die Analyse gemäß Kapitel I Abschnitt D.1.2.1 berücksichtigt die Vertragsbedingungen vor und nach der Umstrukturierung, untersucht aber auch das Verhalten der Beteiligten in Bezug auf das Risiko vor und nach der Umstrukturierung. Bei der Analyse wird dann geprüft, ob der Beteiligte, der das Risiko vertraglich übernimmt, das Risiko in der Praxis durch entsprechende Fähigkeiten und Entscheidungen kontrolliert, wie in Ziffer 1.65 definiert, und über die finanzielle Kapazität verfügt, dieses Risiko zu übernehmen, wie in Ziffer 1.64 definiert. Dabei ist zu beachten, dass ein Beteiligter, der ein Risiko vor der Umstrukturierung laut der Analyse in Kapitel I Abschnitt D.1.2.1 nicht trug, dieses Risiko nicht an einen anderen Beteiligten übertragen kann, und dass einem Beteiligten, der ein Risiko nach der Umstrukturierung laut der Analyse in Kapitel I Abschnitt D.1.2.1 nicht trägt, nicht das mit diesem Risiko verbundene Gewinnpotenzial zugerechnet werden sollte.

- Beispielsweise sei angenommen, dass ein Eigenhändler vor einer Umstrukturierung der Geschäftstätigkeit vertraglich Forderungsausfallrisiken übernommen hat, was zum Jahresende in der Bilanz zum Ausdruck kommt. Allerdings ergibt die vorstehend beschriebene Analyse, dass Entscheidungen über die Verlängerung von Zahlungsfristen für Kunden und die Forderungsbeitreibung vor der Umstrukturierung der Geschäftstätigkeit nicht von dem Eigenhändler, sondern von einem verbundenen Unternehmen getroffen wurden und dass dieses verbundene Unternehmen die Kosten uneinbringlicher Forderungen erstattete. Außerdem wird festgestellt, dass das verbundene Unternehmen als einziges Konzernunternehmen das Risiko kontrollierte und über die finanzielle Kapazität verfügte, das Forderungsausfallrisiko zu übernehmen, was darauf schließen lässt, dass das Risiko vor der Umstrukturierung der Geschäftstätigkeit nicht von dem Eigenhändler getragen wurde. In diesem Fall konnte der Eigenhändler bei der Umstrukturierung der Geschäftstätigkeit kein Förderungsausfallrisiko übertragen.
- In anderen Situationen wird möglicherweise festgestellt, dass der Eigenhändler vor der Umstrukturierung der Geschäftstätigkeit die Kontrolle über das Forderungsausfallrisiko hatte und über die finanzielle Kapazität verfügte, das von ihm vertraglich übernommene Risiko zu tragen, dass er aber sein Risiko durch Entschädigungs- oder Factoring-Vereinbarungen mit einem verbundenen Unternehmen gegen eine entsprechende Vergütung verringerte. Nach der Umstrukturierung der Geschäftstätigkeit wird das Forderungsausfallrisiko vertraglich von diesem verbundenen Unternehmen übernommen, das, wie anhand der vorstehend beschriebenen Analyse ermittelt wird, nun die Kontrolle über das Risiko hat und über die finanzielle Kapazität ver-

fügt, das Risiko zu tragen. Folglich wurde das Risiko zwar übertragen, doch könnte der Effekt, den die Übertragung des Risikos für sich genommen auf die zukünftigen Gewinne des Eigenhändlers im Vergleich zu früher hat, begrenzt sein, da vor der Umstrukturierung Maßnahmen mit entsprechenden Kosten ergriffen wurden, um die Risikofolgen für den Eigenhändler zu verringern.

9.22. Ein wichtiger Punkt der Risikoanalyse bei konzerninternen Geschäftsvorfällen besteht darin festzustellen, ob ein Risiko wirtschaftlich signifikant ist, d. h., ob es mit einem bedeutenden Gewinnpotenzial verbunden ist, und ob dieses Risiko folglich eine bedeutende Umverteilung des Gewinnpotenzials erklären könnte. Die Bedeutung eines Risikos hängt von der Eintrittswahrscheinlichkeit des Risikos und dem Umfang der potenziellen Verluste oder Gewinne ab, die sich aus dem Risiko ergeben können. Rechnungslegungsunterlagen können nützliche Informationen zur Eintrittswahrscheinlichkeit und zur Größenordnung bestimmter Risiken (z. B. Forderungsausfallrisiken, Lagerrisiken) liefern, sofern aus den Entwicklungen der Vergangenheit auf die aktuellen Risiken geschlossen werden kann, es gibt jedoch auch wirtschaftlich signifikante Risiken, die in der Rechnungslegung möglicherweise nicht gesondert als solche erfasst sind (z. B. Marktrisiken). Wird ein Risiko für wirtschaftlich unbedeutend für das Unternehmen befunden, kann dieses Risiko keinen wesentlichen Teil des Gewinnpotenzials des Unternehmens erklären. Unter fremdüblichen Bedingungen wäre nicht zu erwarten, dass ein Unternehmen ein für wirtschaftlich unbedeutend befundenes Risiko abtritt, wenn es dafür eine wesentliche Verringerung seines Gewinnpotenzials in Kauf nehmen muss.

9.23. Wenn beispielsweise ein Eigenhändler in ein risikoarmes Vertriebsunternehmen oder einen Kommissionär umgewandelt wird und dadurch die Lagerrisiken dieses umstrukturierten Unternehmens verringert oder beseitigt werden, könnte die Steuerverwaltung die folgenden Faktoren analysieren, um zu ermitteln, ob besagte Risiken wirtschaftlich signifikant sind:

- Bedeutung der Lagerbestände für das Geschäftsmodell (z. B. für die erforderliche Zeit, um ein Produkt auf dem Markt zur Verfügung zu stellen, oder für die Angebotsbreite)
- Art der Lagerbestände (z. B. Ersatzteile, Schnittblumen)
- Höhe der Investitionen in die Lagerbestände
- Faktoren, die Abschreibungen oder eine Veralterung von Lagerbeständen bewirken (z. B. Verderblichkeit, Preisdruck, Tempo des technischen Fortschritts, Marktbedingungen)
- bisherige Entwicklung der Abschreibungen und der Veralterung der Lagerbestände sowie potenzieller Einfluss geschäftlicher Veränderun-

gen auf die Verlässlichkeit der historischen Entwicklung als Indikator für das gegenwärtige Risiko

- Kosten der Versicherung gegen Lagerbestandsschäden oder -verluste
- bisherige Entwicklung der Schäden oder Verluste (falls kein Versicherungsschutz besteht)

B.2. Untersuchung der geschäftlichen Gründe der Umstrukturierung der Geschäftstätigkeit und der von ihr erwarteten Vorteile, einschließlich der Rolle von Synergieeffekten

9.24. Laut Aussage einiger Unternehmen verändern multinationale Unternehmen, unabhängig davon welche Produkte sie herstellen und in welchen Branchen sie tätig sind, ihre Organisationsstrukturen, um eine stärker zentralisierte Kontrolle und Steuerung ihrer Fertigungs-, Forschungs- und Vertriebsfunktionen zu gewährleisten. Der in einer globalisierten Wirtschaft bestehende Wettbewerbsdruck, die durch Größenvorteile erzielbaren Einsparungen sowie die Notwendigkeit, sich zu spezialisieren, die Effizienz zu steigern und die Kosten zu senken, wurden als wichtige Gründe für Umstrukturierungen der Geschäftstätigkeit genannt. Wenn der Steuerpflichtige erwartete Synergieeffekte als wichtige geschäftliche Gründe für eine Umstrukturierung der Geschäftstätigkeit anführt, empfiehlt es sich für ihn, im Zeitpunkt der Entscheidung über die Umstrukturierung oder im Zeitpunkt ihrer Durchführung zu belegen, um welche Art von Synergieeffekten es sich handelt und auf Grundlage welcher Annahmen mit ihnen gerechnet wird. Dabei handelt es sich um Unterlagen, die auf Konzernebene vermutlich auch für nichtsteuerliche Zwecke zusammengestellt werden, um die Entscheidung über die Umstrukturierung der Geschäftstätigkeit zu erleichtern. Für die Zwecke von Artikel 9 würde es sich für den Steuerpflichtigen empfehlen, zu belegen, wo diese Synergien herrühren und wie sich diese erhofften Synergien auf Ebene der Konzernunternehmen bei Anwendung des Fremdvergleichsgrundsatzes auswirken (vgl. Kapitel I Abschnitt D.8). Wenn es durch eine Umstrukturierung der Geschäftstätigkeit zu bewusstem konzertiertem Handeln von Konzernunternehmen kommt, sollte sichergestellt werden, dass die verbundenen Unternehmen, die zu den positiven Synergieeffekten nach der Umstrukturierung beitragen, eine angemessene Vergütung erhalten (vgl. das Beispiel im folgenden Absatz). Darüber hinaus muss beachtet werden, dass erhoffte Synergieeffekte zwar für das Verständnis einer Umstrukturierung der Geschäftstätigkeit relevant sein können, dass aber eine rückwirkende Beurteilung aufgrund nachträglicher Erkenntnisse und Ex-post-Analysen zu vermeiden ist (vgl. Ziffer 3.74).

9.25. Beispielsweise kann eine Umstrukturierung der Geschäftstätigkeit darin bestehen, dass ein multinationaler Konzern eine zentrale Beschaffungsstelle einrichtet, die die Beschaffungsaktivitäten mehrerer verbundener Unternehmen übernimmt. Ähnlich wie in Ziffer 1.180 beschrieben, hat der multinationale Konzern konkrete Maßnahmen zur Zentralisierung des Einkaufs in einem einzigen Konzernunternehmen ergriffen, um von Mengenrabatten und potenziellen Einsparungen bei den Verwaltungskosten zu profitieren. In Einklang mit den Leitlinien von Kapitel I sollten die Vorteile, die durch bewusstes konzertiertes Handeln erzielt werden, auf die verbundenen Unternehmen aufgeteilt werden, auf deren Beiträgen die Synergien beruhen. Bei einer Umstrukturierung der Geschäftstätigkeit kann es aber auch sein, dass die zentrale Beschaffungsgesellschaft vertraglich das Risiko übernimmt, das mit dem Kauf, Besitz und Weiterverkauf von Waren verbunden ist. Wie im vorangegangenen Abschnitt ausgeführt, wird über eine Risikoanalyse nach dem in Kapitel I Abschnitt D.1.2.1 dargelegten Rahmen ermittelt, welche wirtschaftliche Bedeutung das Risiko besitzt und welcher bzw. welche Beteiligten dieses Risiko tragen. Die zentrale Beschaffungsgesellschaft hat zwar Anspruch auf Gewinnpotenzial, das daraus herrührt, dass sie das Risiko im Zusammenhang mit dem Kauf, Besitz und Weiterverkauf von Waren übernommen hat, sie ist aber nicht berechtigt, Gewinne einzubehalten, die durch die gebündelte Kaufkraft des Konzerns zustande kommen, weil sie nicht zur Schaffung von Synergien beiträgt (vgl. Ziffer 1.188).

9.26. Dass eine Umstrukturierung der Geschäftstätigkeit durch erwartete Synergieeffekte begründet ist, bedeutet nicht zwangsläufig, dass die Gewinne des multinationalen Konzerns nach der Umstrukturierung tatsächlich steigen werden. Es kann sein, dass es dem multinationalen Konzern durch die verstärkten Synergien möglich ist, verglichen mit den zukünftig erzielbaren Gewinnen, wenn die Umstrukturierung nicht durchgeführt worden wäre, zusätzliche Gewinne zu erzielen, dass aber nicht unbedingt zusätzliche Gewinne im Vergleich zur Situation vor der Umstrukturierung der Geschäftstätigkeit erwirtschaftet werden; dies kann z. B. der Fall sein, wenn die Umstrukturierung zur Wahrung anstatt zur Erhöhung der Wettbewerbsfähigkeit notwendig war. Zudem treten erwartete Synergieeffekte nicht immer ein: Es kann Fälle geben, in denen die Umsetzung eines globalen Geschäftsmodells, das auf die Erzielung größerer Synergien innerhalb des Konzerns abzielt, in Wirklichkeit zu zusätzlichen Kosten und Effizienzeinbußen führt.

B.3. Den Beteiligten realistischerweise zur Verfügung stehende Alternativen

9.27. Der Fremdvergleichsgrundsatz beruht auf dem Gedanken, dass unabhängige Unternehmen bei der Beurteilung der Bedingungen eines potenziellen Geschäftsvorfalls diesen mit den Alternativen vergleichen, die ihnen realistischerweise zur Verfügung stehen, und den Geschäftsvorfall nur dann tätigen, wenn sie keine Alternative sehen, die eine eindeutig attraktivere Möglichkeit zur Verwirklichung ihrer Geschäftsziele darstellen würde. Anders ausgedrückt würden unabhängige Unternehmen einen Geschäftsvorfall nur dann tätigen, wenn sie dadurch nicht schlechter gestellt sind als mit ihrer nächstbesten Alternativmöglichkeit. Für eine Vergleichbarkeitsanalyse kann es daher sinnvoll sein, die realistischerweise zur Verfügung stehenden Alternativen zu untersuchen, um die jeweiligen Standpunkte der Beteiligten zu verstehen.

9.28. Bei der Anwendung des Fremdvergleichsgrundsatzes sollte die Steuerverwaltung daher jeden Geschäftsvorfall unter sachgerechter Abgrenzung nach Kapitel I Abschnitt D evaluieren und die wirtschaftlich relevanten Merkmale untersuchen, aufgrund derer die Beteiligten zu dem Schluss gelangten, dass ihnen realistischerweise keine Alternative zur Verfügung steht, die eine eindeutig attraktivere Möglichkeit zur Verwirklichung ihrer Geschäftsziele darstellt als die gewählte Umstrukturierung (vgl. Ziffer 1.38). Bei dieser Evaluierung kann es notwendig oder sinnvoll sein, die Geschäftsvorfälle, die die Umstrukturierung der Geschäftstätigkeit ausmachen, im Kontext eines größeren Gefüges wirtschaftlich miteinander zusammenhängender Geschäftsvorfälle zu betrachten.

9.29. Unter fremden Dritten gibt es Situationen, in denen dem umstrukturierten Unternehmen realistischerweise keine eindeutig attraktivere Alternative zur Verfügung gestanden hätte, als die Bedingungen der Umstrukturierung der Geschäftstätigkeit zu akzeptieren, z. B. eine Vertragsauflösung (mit oder ohne Entschädigung, wie nachstehend in Abschnitt F erörtert). Bei längerfristigen Verträgen kann eine solche Vertragsbeendigung durch Inanspruchnahme einer Ausstiegsklausel erfolgen, die es einer der Vertragsparteien ermöglicht, den Vertrag in begründeten Fällen vorzeitig aufzukündigen. In Verträgen, die es sowohl der einen als auch der anderen Partei gestatten, aus dem Vertrag auszusteigen, kann die Vertragspartei, die den Vertrag aufkündigt, dies z. B. tun, weil sie zu dem Schluss gekommen ist, dass es für sie – je nach den Bedingungen der Kündigungsklausel – günstiger ist, die von der anderen Vertragspartei wahrgenommene Funktion nicht mehr zu nutzen oder sie selbst wahrzunehmen oder einen billigeren oder leistungsfähigeren Anbieter damit zu betrauen oder ertragreichere Möglichkeiten zu suchen. Falls das umstrukturierte Unternehmen Rechte oder sonstige Vermögenswerte oder eine Geschäftstätigkeit an eine andere Vertragspartei überträgt, kann es dafür aber möglicherweise entschädigt werden, wie nachfolgend in Abschnitt E erörtert.

9.30. Unter fremden Dritten kann es auch Situationen geben, in denen einem Unternehmen realistischerweise eine oder mehrere Alternativen zur Verfügung gestanden hätten, die eindeutig attraktivere Möglichkeiten zur Verwirklichung seiner Ziele dargestellt hätten, als die Bedingungen der Umstrukturierung zu akzeptieren (unter Berücksichtigung aller maßgeblichen Bedingungen, einschließlich der Wirtschaftslage und der Marktbedingungen in der näheren Zukunft, des mit den verschiedenen Alternativen verbundenen Gewinnpotenzials sowie etwaiger Vergütungen oder Entschädigungen für die Umstrukturierung), darunter auch die Möglichkeit, die Umstrukturierungstransaktion nicht zu tätigen. In solchen Fällen hätte ein unabhängiges Unternehmen den Bedingungen der Umstrukturierung u. U. nicht zugestimmt, sodass eine Anpassung der vereinbarten oder auferlegten Bedingungen erforderlich sein könnte.

9.31. Der Verweis auf das Konzept der realistischerweise zur Verfügung stehenden Alternativen zielt nicht darauf ab, für den Steuerpflichtigen das Erfordernis zu schaffen, alle möglichen Hypothesen über realistischerweise zur Verfügung stehende Alternativen zu dokumentieren. Die Absicht ist vielmehr, darauf hinzuweisen, dass eine eindeutig attraktivere Alternative, falls eine solche realistischerweise zur Verfügung gestanden hätte, bei der Analyse der Bedingungen der Umstrukturierung der Geschäftstätigkeit berücksichtigt werden sollte.

B.4. Verrechnungspreisdokumentation für Umstrukturierungen der Geschäftstätigkeit

9.32. In der Stammdokumentation (Master File, vgl. Anhang I zu Kapitel V) sollen die Steuerpflichtigen im Jahresverlauf möglicherweise erfolgte wesentliche Umstrukturierungen der Geschäftstätigkeit beschreiben. Außerdem sollen sie in der Einzeldokumentation (Local File) Angaben darüber machen, ob das inländische Unternehmen im laufenden oder im unmittelbar vorangegangenen Jahr an Umstrukturierungen der Geschäftstätigkeit beteiligt oder von solchen Umstrukturierungen betroffen war, und diejenigen Aspekte dieser Geschäftsvorfälle erläutern, die sich auf das inländische Unternehmen auswirken (vgl. Anhang II zu Kapitel V).

9.33. Multinationalen Konzernen wird empfohlen, im Rahmen ihrer Verrechnungspreisdokumentation ihre Entscheidungen und Absichten in Bezug auf Umstrukturierungen der Geschäftstätigkeit – insbesondere Entscheidungen hinsichtlich der Übernahme oder Übertragung signifikanter Risiken – aufzuzeichnen, bevor die betreffenden Geschäftsvorfälle stattfinden, und die Evaluierung der Auswirkungen, die die aus der Umstrukturierung resultierende Aufteilung signifikanter Risiken auf das Gewinnpotenzial hat, zu dokumentieren. Bei der Beschreibung der Risikoübernahme im Zuge einer Umstrukturierung der Geschäftstätigkeit wird den Steuerpflichtigen empfohlen, sich an dem in Abschnitt D.1.2.1 von Kapitel I dargelegten Rahmen zu orientieren.

C. Anerkennung der sachgerecht abgegrenzten Geschäftsvorfälle, die die Umstrukturierung der Geschäftstätigkeit ausmachen

9.34. Multinationalen Unternehmen steht es frei, ihre Geschäftstätigkeit so zu organisieren, wie sie es für angebracht halten. Die Steuerverwaltungen haben nicht das Recht, einem multinationalen Unternehmen vorzuschreiben, wie es seine Geschäftsstrukturen zu gestalten hat oder wo es seine Geschäftsbereiche ansiedeln soll. Bei kaufmännischen Entscheidungen können steuerliche Gesichtspunkte eine Rolle spielen. Die Steuerverwaltungen haben jedoch das Recht, die steuerlichen Folgen der von einem multinationalen Unternehmen geschaffenen Strukturen unter Anwendung der geltenden Abkommen und insbesondere des Artikels 9 des OECD-Musterabkommens zu bestimmen. Das bedeutet, dass die Steuerverwaltungen gegebenenfalls Gewinnberichtigungen nach Artikel 9 des OECD-Musterabkommens und andere nach innerstaatlichem Recht zulässige Berichtigungen vornehmen können (z. B. nach allgemeinen oder spezifischen Missbrauchsbekämpfungsvorschriften), soweit solche Berichtigungen mit ihren Abkommenspflichten zu vereinbaren sind.

9.35. Umstrukturierungen der Geschäftstätigkeit erfolgen in multinationalen Konzernen häufig zur Umsetzung von globalen Geschäftsmodellen, die zwischen unabhängigen Unternehmen, wenn überhaupt, nur selten anzutreffen sind, denn sie dienen dazu, gerade den Vorteil zu nutzen, über den multinationale Konzerne verfügen, nämlich integriert operieren zu können. So können z. B. multinationale Konzerne weltweite Wertschöpfungsketten oder zentralisierte Funktionen einrichten, die zwischen unabhängigen Unternehmen möglicherweise nicht anzutreffen sind. Dieses Fehlen von Vergleichsgrößen bedeutet nicht, dass die Umsetzung derartiger globaler Geschäftsmodelle nicht fremdvergleichskonform ist. Es sollte alles getan werden, um den Preis für die umstrukturierten Geschäftsvorgänge unter sachgerechter Abgrenzung nach dem Fremdvergleichsgrundsatz zu bestimmen. Eine Steuerverwaltung sollte weder einen Teil noch die gesamte Umstrukturierung der Geschäftstätigkeit unberücksichtigt lassen oder durch andere Geschäftsvorfälle ersetzen, sofern nicht die unter Ziffer 1.142 beschriebenen außergewöhnlichen Umstände vorliegen. In diesen Fällen können die Leitlinien in Kapitel I Abschnitt D.2 anwendbar sein. Die Struktur, mit der die von den Steuerpflichtigen tatsächlich gewählte Struktur für Verrechnungspreiszwecke ersetzt wird, sollte soweit wie möglich mit den Gegebenheiten des tatsächlichen Geschäftsvorfalls übereinstimmen, dabei aber zu einem kaufmännisch rationellen erwarteten Ergebnis führen, das es den Beteiligten ermöglicht hätte, einen Preis festzulegen, der für beide Seiten im Zeitpunkt der Vereinbarung des Geschäftsvorfalls annehmbar gewesen wäre. Wenn z. B. ein Element einer Umstrukturierungsvereinbarung die Schließung einer Fabrikanlage beinhaltet, kann die für Verrechnungspreiszwecke gewählte Struktur nicht die Tatsache außer Acht lassen, dass die Fabrikanlage ihren Betrieb eingestellt hat. Und wenn eine Umstrukturierung eine effektive Verlagerung grundlegender Unternehmensfunktionen beinhaltet, kann die für Verrechnungspreiszwecke gewählte Struktur auch nicht die Tatsache außer Acht lassen, dass diese Funktionen effektiv verlagert wurden.

9.36. Bei der Prüfung der kaufmännischen Rationalität einer Umstrukturierung nach den Leitlinien für die Nichtanerkennung in Abschnitt D.2 von Kapitel I kann sich die Frage stellen, ob ein Geschäftsvorfall isoliert oder in einem größeren Kontext unter Berücksichtigung anderer wirtschaftlich miteinander verbundener Geschäftsvorfälle zu betrachten ist. In der Regel ist es zweckmäßig, die kaufmännische Rationalität der Umstrukturierung als Ganzes zu betrachten. Zum Beispiel sollte in Fällen, in denen der Verkauf eines immateriellen Werts Teil einer umfassenderen Umstrukturierung ist, die zu Änderungen der Vereinbarungen über die Entwicklung und Nutzung dieses immateriellen Werts führt, die Frage der kaufmännischen Rationalität der Veräußerung des immateriellen Werts nicht losgelöst von diesen Änderungen untersucht werden. Demgegenüber kann es sich in Fällen, in denen eine Umstrukturierung Änderungen von mehr als einer Komponente oder eines Aspekts einer Geschäftstätigkeit zur Folge hat, die wirtschaftlich gesehen nicht miteinander in Verbindung stehen, als erforderlich erweisen, die kaufmännische Rationalität bestimmter Änderungen gesondert zu prüfen. Zum Beispiel kann eine Umstrukturierung die Zentralisierung der Einkaufsfunktion eines Konzerns und die Zentralisierung seines Eigentums an wertvollen, von der Einkaufsfunktion unabhängigen immateriellen Wirtschaftsgütern umfassen. In solch einem Fall kann es erforderlich sein, die kaufmännische Rationalität der Zentralisierung der Einkaufsfunktion und der Zentralisierung des Eigentums an wertvollen immateriellen Wirtschaftsgütern jeweils gesondert zu beurteilen.

9.37. Für die Umstrukturierung eines multinationalen Konzerns kann es auf Konzernebene wirtschaftliche Gründe geben. Jedoch ist nochmals zu betonen, dass der Fremdvergleichsgrundsatz Unternehmen eines multinationalen Konzerns wie unabhängige Unternehmen behandelt und nicht wie untrennbare Teile eines einzigen einheitlichen Unternehmens (vgl. Ziffer 1.6). Infolgedessen reicht es aus der Verrechnungspreisperspektive gesehen nicht aus, dass eine Umstrukturierungsvereinbarung für den Konzern als Gesamtheit in kaufmännischer Hinsicht rationell ist; die Vereinbarung muss auf der Ebene jedes einzelnen Steuerpflichtigen dem Fremdvergleichsgrundsatz entsprechen, und zwar unter Berücksichtigung von dessen Rechten und sonstigen Vermögenswerten, der aufgrund der Vereinbarung zu erwartenden Vorteile (d. h. einer Vergütung für die nach der Umstrukturierung bestehende Geschäftsbeziehung zuzüglich gegebenenfalls einer Vergütung für die Umstrukturierung als solche) sowie der realistischerweise zur Verfügung stehenden Alternativen. Ist eine Umstrukturierung für den Gesamtkonzern auf Vorsteuerbasis in kaufmännischer Hinsicht rationell, ist davon auszugehen, dass sich ein angemessener Verrechnungspreis (d. h. eine Vergütung für die nach der Umstrukturierung bestehende Geschäftsbeziehung zuzüglich gegebenenfalls einer Vergütung für die Umstrukturierung als solche) ermitteln lässt, mit dem eine fremdvergleichskonforme Vergütung der einzelnen an der Umstrukturierung der Geschäftstätigkeit beteiligten Konzernunternehmen für jeden sachgerecht abgegrenzten Geschäftsvorfall, der die Umstrukturierung der Geschäftstätigkeit ausmacht, gewährleistet ist.

9.38. Die Tatsache, dass eine Umstrukturierung der Geschäftstätigkeit in der Absicht vorgenommen wird, steuerliche Vorteile zu erzielen, reicht nach Artikel 9 des OECD-Musterabkommens für sich genommen nicht aus, um den Schluss zu rechtfertigen, dass die betreffende Vereinbarung nicht fremdvergleichskonform ist.[2] Das Vorliegen steuerlicher Gründe oder Motive liefert für sich genommen keine Rechtfertigung, die Qualifizierung oder Gestaltung der Vereinbarung durch die Beteiligten nicht anzuerkennen. Steuervorteile auf Konzernebene entscheiden jedoch nicht darüber, ob der Fremdvergleichsgrundsatz auf Unternehmensebene bei einem von der Umstrukturierung betroffenen Steuerpflichtigen erfüllt ist (vgl. vorstehender Absatz). Zudem kann die Tatsache, dass ein multinationaler Konzern als Ganzes auf Vorsteuerbasis schlechter gestellt ist als zuvor, wie unter Ziffer 1.142 ausgeführt, ein entscheidendes Indiz bei der Beurteilung der kaufmännischen Rationalität der Umstrukturierung darstellen.

D. Umverteilung von Gewinnpotenzial infolge einer Umstrukturierung der Geschäftstätigkeit

D.1. Gewinnpotenzial

9.39. Ein unabhängiges Unternehmen erhält nicht zwangsläufig eine Vergütung als Entschädigung dafür, dass eine Veränderung seiner Geschäftsbeziehungen zu einer Verringerung seines Gewinnpotenzials bzw. seiner erwarteten zukünftigen Gewinne führt. Der Fremdvergleichsgrundsatz verlangt nicht, dass für eine bloße Verringerung der erwarteten künftigen Gewinne eine Entschädigung zu zahlen ist. Bei der Anwendung des Fremdvergleichsgrundsatzes auf Umstrukturierungen der Geschäftstätigkeit stellt sich die Frage, ob die Umstrukturierung mit der Übertragung von etwas Werthaltigem (einem Vermögenswert oder einer Geschäftstätigkeit) oder einer Auflösung bzw. wesentlichen Neuverhandlung bestehender Vereinbarungen einhergeht und ob diese Übertragung, Auflösung oder wesentliche Neuverhandlung zwischen unabhängigen Unternehmen unter vergleichbaren Umständen zur Zahlung einer Entschädigung Anlass geben würde. Diese beiden Situationen sind nachstehend in Abschnitt E und F erörtert.

2. Wie unter Ziffer 9.8 ausgeführt, sind innerstaatliche Vorschriften zur Missbrauchsbekämpfung nicht Gegenstand dieses Kapitels.

9.40. In diesen Leitlinien steht „Gewinnpotenzial" für „erwartete künftige Gewinne". In einigen Fällen kann dies auch „Verluste" beinhalten. Das Konzept des „Gewinnpotenzials" wird häufig für Zwecke der Wertermittlung eingesetzt, zur Bestimmung einer fremdvergleichskonformen Vergütung für die Übertragung immaterieller Werte oder einer Geschäftstätigkeit oder zur Bestimmung einer fremdvergleichskonformen Entschädigung für die Auflösung bzw. wesentliche Neuverhandlung bestehender Vereinbarungen, wenn festgestellt wurde, dass zwischen unabhängigen Unternehmen unter vergleichbaren Umständen eine solche Vergütung oder Entschädigung erfolgt wäre.

9.41. Im Kontext von Umstrukturierungen der Geschäftstätigkeit sollte das Gewinnpotenzial nicht einfach als die Gewinne bzw. Verluste interpretiert werden, die entstehen würden, wenn die vor der Umstrukturierung der Geschäftstätigkeit bestehenden Vereinbarungen über eine unbestimmte Zeit hinweg fortgeführt würden. Zum einen gilt, dass ein Unternehmen, wenn es im Zeitpunkt der Umstrukturierung der Geschäftstätigkeit über keine erkennbaren Rechte oder sonstigen Vermögenswerte verfügt, auch kein Gewinnpotenzial besitzt, für das Anspruch auf Entschädigung bestehen könnte. Zum anderen gilt, dass ein Unternehmen, das im Zeitpunkt der Umstrukturierung der Geschäftstätigkeit über erhebliche Rechte oder sonstige Vermögenswerte verfügt, ein erhebliches Gewinnpotenzial besitzen kann, das letztendlich angemessen vergütet werden muss, damit der Verzicht auf dieses Gewinnpotenzial gerechtfertigt ist.

9.42. Um zu bestimmen, ob die Umstrukturierung der Geschäftstätigkeit als solche unter fremden Dritten zu einer Form der Vergütung Anlass gegeben hätte, ist es von entscheidender Bedeutung, diese Umstrukturierung der Geschäftstätigkeit zu untersuchen, einschließlich der eingetretenen Veränderungen und deren Auswirkungen auf die Analyse der Funktionen der Beteiligten, der geschäftlichen Gründe für die Umstrukturierung der Geschäftstätigkeit, der von ihr erwarteten Vorteile und der den Beteiligten realistischerweise zur Verfügung stehenden Alternativen, wie dies in Abschnitt B erörtert wird.

D.2. Umverteilung von Risiken und Gewinnpotenzial

9.43. Allgemeine Leitlinien zu den verrechnungspreisbezogenen Aspekten von Risiken sind in Kapitel I Abschnitt D.1.2.1 zu finden, und die Umverteilung von Risiken infolge einer Umstrukturierung der Geschäftstätigkeit sollte anhand des dort dargelegten Rahmens analysiert werden, um zu ermitteln, ob der Beteiligte, dem im Zuge der Umstrukturierung ein Risiko zugeteilt wurde, die Kontrolle über das Risiko hat und über die finanzielle Kapazität verfügt, das Risiko zu tragen.

9.44. Als Beispiel soll die Umstrukturierung eines Eigenproduzenten in ein auf Auftragsbasis tätiges Fertigungsunternehmen dienen. In einem solchen Fall kann eine Vergütung nach der Kostenaufschlagsmethode zwar eine fremdvergleichskonforme Vergütung für die Erledigung der Auftragsfertigung nach der Umstrukturierung darstellen, eine andere Frage ist jedoch, ob nach dem Fremdvergleichsgrundsatz eine Entschädigung für die Änderung der bestehenden Vereinbarung gezahlt werden muss, die dazu führt, dass das Fertigungsunternehmen ein risikoträchtigeres Gewinnpotenzial aufgibt; dabei gilt es dessen Rechte, sonstige Vermögenswerte und wirtschaftlich relevante Merkmale zu berücksichtigen. Entschädigungsleistungen werden in Abschnitt F erörtert.

9.45. Als weiteres Beispiel kann der Fall eines Eigenhändlers herangezogen werden, der im Rahmen einer langfristigen vertraglichen Vereinbarung eine bestimmte Art von Geschäftsvorgängen erledigt. Angenommen, dieses Unternehmen hat aufgrund der Rechte, über die es gemäß der langfristigen Vereinbarung in Bezug auf diese Geschäftsvorgänge verfügt, realistischerweise die Option, eine Umwandlung in ein im Auftrag eines verbundenen ausländischen Unternehmens tätiges risikoarmes Vertriebsunternehmen anzunehmen oder abzulehnen, und angenommen, die fremdvergleichskonforme jährliche Vergütung für eine derartige risikoarme Vertriebstätigkeit würde konstant bei 2 % liegen, während das darüber hinausgehende, an die Risiken geknüpfte Gewinnpotenzial auf das ausländische verbundene Unternehmen übergehen würde. Für die Zwecke dieses Beispiels soll unterstellt werden, dass die Umstrukturierung zu einer Neuverhandlung der bestehenden vertraglichen Vereinbarungen führt, dass aber außer den Rechten aus der langfristigen Vereinbarung keine Vermögenswerte übertragen werden. Aus Sicht des Vertriebsunternehmens stellt sich die Frage, ob zu erwarten ist, dass es durch die neue Vereinbarung (unter Berücksichtigung sowohl der Vergütung für die nach der Umstrukturierung der Geschäftstätigkeit getätigten Geschäftsvorfälle als auch einer etwaigen Vergütung für die Umstrukturierung als solche) ebenso gut gestellt sein wird wie mit seinen realistischen – wenngleich risikoreicheren – Alternativen. Ist dies nicht der Fall, bedeutet das, dass der Preis für die nach der Umstrukturierung bestehende Geschäftsbeziehung nicht fremdvergleichskonform ist und dass eine zusätzliche Vergütung erforderlich ist, um das Vertriebsunternehmen angemessen für die Umstrukturierung der Geschäftstätigkeit zu entschädigen, oder dass eine Prüfung der kaufmännischen Rationalität des Geschäftsvorfalls auf der Grundlage von Abschnitt D.2 erforderlich sein könnte. Ferner ist es für Verrechnungspreiszwecke wichtig zu bestimmen, ob im Zuge der Umstrukturierung der Geschäftstätigkeit vertraglich übertragene Risiken im Einklang mit Kapitel I Abschnitt D.1 von dem ausländischen verbundenen Unternehmen übernommen werden.

9.46. Nach dem Fremdvergleichsgrundsatz dürfte die Antwort auf diese Frage von den Rechten und sonstigen Vermögenswerten der Beteiligten, vom Gewinnpotenzial des Vertriebsunternehmens und seines verbundenen

Unternehmens unter Bezugnahme auf beide Geschäftsmodelle (Eigenhändler bzw. risikoarmes Vertriebsunternehmen) sowie der voraussichtlichen Laufzeit der neuen Vereinbarung abhängen. Bei der Evaluierung des Gewinnpotenzials ist insbesondere zu prüfen, ob (gemäß dem Fremdvergleichsgrundsatz bestimmte) in der Vergangenheit erzielte Gewinne ein Indikator für das zukünftige Gewinnpotenzial sind oder ob zur Zeit der Umstrukturierung Veränderungen des Geschäftsumfelds eingetreten sind, aufgrund derer die in der Vergangenheit verzeichnete Entwicklung kein Indikator für das Gewinnpotenzial ist. Beispielsweise könnten Konkurrenzprodukte die Rentabilität beeinträchtigt haben, oder die Produkte könnten durch neue Technologien oder Verbraucherpräferenzen an Attraktivität verloren haben. Die Untersuchung dieser Faktoren aus Sicht des Vertriebsunternehmens kann anhand des folgenden Beispiels dargestellt werden.

Anmerkung: Dieses Beispiel dient nur der Veranschaulichung. Mit ihm sollen keine Aussagen zur Wahl der am besten geeigneten Verrechnungspreismethode, zur Zusammenfassung von Geschäftsvorfällen oder zu den fremdvergleichskonformen Vergütungssätzen von Vertriebsaktivitäten getroffen werden. In diesem Beispiel wird unterstellt, dass die Veränderung der vom Vertriebsunternehmen getragenen Risiken die Folge der Neuverhandlung der bestehenden Vertriebsvereinbarung ist, durch die die Risiken zwischen den Beteiligten neu verteilt werden. Dieses Beispiel soll die Situation aus der Sicht des Vertriebsunternehmens verdeutlichen. Die Sichtweise des ausländischen verbundenen Unternehmens (Prinzipal) wird dabei außer Acht gelassen, obgleich bei der Verrechnungspreisanalyse die Sichtweise beider Beteiligter berücksichtigt werden muss.

	Szenario 1	Szenario 2	Szenario 3
Eigenhändler Bisherige Gewinnentwicklung (letzte fünf Jahre)	Jahr 1: −2 % Jahr 2: 4 % Jahr 3: 2 % Jahr 4: 0 % Jahr 5: 6 %	Jahr 1: 5 % Jahr 2: 10 % Jahr 3: 5 % Jahr 4: 5 % Jahr 5: 10 %	Jahr 1: 5 % Jahr 2: 7 % Jahr 3: 10 % Jahr 4: 8 % Jahr 5: 6 %
Eigenhändler Gewinnerwartung (für die Restlaufzeit der Vereinbarung)	(−2) % bis 6 % Mit erheblicher Unsicherheit innerhalb dieser Bandbreite	5 % bis 10 % Mit erheblicher Unsicherheit innerhalb dieser Bandbreite	0 % bis 4 % Mit erheblicher Unsicherheit innerhalb dieser Bandbreite (aufgrund von neuem Wettbewerbsdruck)
Risikoarmes Vertriebsunternehmen Gewinnerwartung (für die nächsten drei Jahre)	2 % pro Jahr	2 % pro Jahr	2 % pro Jahr

9.47. In Szenario Nr. 1 gibt das Vertriebsunternehmen ein mit erheblichen Unsicherheiten behaftetes Gewinnpotenzial auf und erhält dafür im Gegenzug einen relativ niedrigen, aber konstanten Gewinn. Ob ein unabhängiges Unternehmen bereit wäre, dies zu tun, hängt von seinem erwarteten Gewinn in beiden Szenarien, seiner eigenen Risikobereitschaft, den ihm realistischerweise zur Verfügung stehenden Alternativen und einer möglichen Vergütung für die Umstrukturierung als solche ab. In Szenario Nr. 2 ist es unwahrscheinlich, dass sich unabhängige Unternehmen in der gleichen Situation wie das Vertriebsunternehmen ohne zusätzliche Vergütung mit der Umverteilung der Risiken und des damit verbundenen Gewinnpotenzials einverstanden erklären würden, wenn sie eine andere Möglichkeit hätten. Szenario 3 verdeutlicht, dass die Analyse das zukünftige Gewinnpotenzial berücksichtigen sollte und dass es im Fall einer erheblichen Veränderung des geschäftlichen oder wirtschaftlichen Umfelds nicht ausreicht, allein Vergangenheitsdaten heranzuziehen.

E. Übertragung von etwas Werthaltigem (z. B. eines Vermögenswerts oder einer Geschäftstätigkeit)

9.48. In den nachstehenden Abschnitten E.1 bis E.3 werden einige typische Formen von Übertragungen erörtert, zu denen es bei Umstrukturierungen der Geschäftstätigkeit kommen kann: Übertragungen von materiellen Vermögenswerten, Übertragungen von immateriellen Werten und Rechten an immateriellen Werten sowie Übertragungen einer Geschäftstätigkeit (*ongoing concern*).

E.1. Materielle Vermögenswerte

9.49. Umstrukturierungen der Geschäftstätigkeit können mit der Übertragung materieller Vermögenswerte (z. B. Maschinen) von einem umstrukturierten Unternehmen auf ein ausländisches verbundenes Unternehmen einhergehen. Für Schwierigkeiten sorgt oft die Bewertung der Lagerbestände, die bei einer Umstrukturierung von einem umstrukturierten Fertigungs- oder Vertriebsunternehmen auf ein ausländisches verbundenes Unternehmen (Prinzipal) übergehen, wenn letzteres mit der Umsetzung des neuen Geschäftsmodells und der neuen Liefervereinbarungen Eigentümer dieser Lagerbestände wird.

Beispiel

Anmerkung: Das folgende Beispiel dient allein der Veranschaulichung der Frage der Bewertung übertragener Lagerbestände. Es soll weder dazu dienen, die Geschäftsvorfälle, die die Umstrukturierung der Geschäftstätigkeit ausmachen, nach sachgerechter Abgrenzung gemäß Kapitel I Abschnitt D.1 zu analysieren, noch nahelegen, dass eine bestimmte Verrechnungspreismethode bei Umstrukturierungen der Geschäftstätigkeit grundsätzlich geeignet ist.

9.50. Angenommen, ein Steuerpflichtiger, der einem multinationalen Konzern angehört, war bislang als Eigenproduzent und Eigenhändler tätig. Gemäß dem vor der Umstrukturierung der Geschäftstätigkeit bestehenden Geschäftsmodell kaufte dieser Steuerpflichtige Roh-, Hilfs- und Betriebsstoffe ein, stellte daraus Endprodukte unter Verwendung materieller Wirtschaftsgüter und immaterieller Werte her, die sich in seinem Eigentum befanden oder die er aufgrund von Miet-/Lizenzverträgen nutzen konnte, übte Marketing- und Vertriebsfunktionen aus und verkaufte die Endprodukte an fremde Dritte. Dabei trug der Steuerpflichtige eine Reihe von Risiken wie z. B. Lagerhaltungsrisiken, Forderungsausfallrisiken und Marktrisiken.

9.51. Angenommen, dieses Geschäftsmodell wird umgestellt und der Steuerpflichtige wird nun als sogenannter „Lohnfertiger“ und „risikoarmes Vertriebsunternehmen“ tätig. Im Rahmen der Umstrukturierung der Geschäftstätigkeit wird ein ausländisches verbundenes Unternehmen gegründet, das verschiedene immaterielle Werte von verschiedenen Konzerngesellschaften erwirbt, zu denen auch der Steuerpflichtige gehört. Nach der Umstrukturierung der Geschäftstätigkeit sollen die Roh-, Hilfs- und Betriebsstoffe von dem ausländischen verbundenen Unternehmen eingekauft und auf dem Unternehmensgelände des Steuerpflichtigen zur Verarbeitung in Kommission genommen werden, wobei letzterer für die Verarbeitung ein Fertigungsentgelt erhält. Die Lagerbestände an Endprodukten befinden sich im Eigentum des ausländischen verbundenen Unternehmens und sollen vom Steuerpflichtigen zum Zweck des unmittelbaren Weiterverkaufs an fremde Dritte erworben werden (d. h., der Steuerpflichtige erwirbt die Endprodukte erst, wenn er einen entsprechenden Verkaufsvertrag mit einem Kunden abgeschlossen hat). Nach diesem neuen Geschäftsmodell übernimmt das ausländische verbundene Unternehmen vertraglich die Lagerhaltungsrisiken, die zuvor vom Steuerpflichtigen getragen wurden, und erfüllt die Anforderungen hinsichtlich der Kontrolle über das Risiko und der finanziellen Kapazität, das Risiko zu übernehmen.

9.52. Angenommen, die Roh-, Hilfs- und Betriebsstoffe sowie die Endprodukte, die im Zeitpunkt der Umsetzung der neuen Vereinbarung beim Steuerpflichtigen bilanziert sind, werden mit der Umstellung vom bisherigen auf das neue Geschäftsmodell dem ausländischen verbundenen Unternehmen übertragen. Dabei stellt sich die Frage, wie der fremdvergleichskonforme Preis für die Lagerbestände bei der Umstrukturierung bestimmt werden soll. Dies ist eine Frage, die sich üblicherweise bei einer Umstellung von einem Geschäftsmodell auf ein anderes stellt. Der Fremdvergleichsgrundsatz gilt für Übertragungen von Lagerbeständen zwischen verbundenen Unternehmen, die in verschiedenen Staaten ansässig sind. Die Entscheidung über die am besten geeignete Verrechnungspreismethode hängt von der Vergleichbarkeitsanalyse (einschließlich Funktionsanalyse) der Beteiligten ab. Die Funktionsanalyse dürfte eine Übergangsperiode abzudecken haben, während der die Übertragung erfolgt. Im obigen Beispiel bestünden z. B. folgende Möglichkeiten:

- Eine Möglichkeit wäre, den fremdüblichen Preis für die Roh-, Hilfs- und Betriebsstoffe sowie die Endprodukte unter Bezugnahme auf die Preise zu bestimmen, die bei vergleichbaren Geschäftsvorfällen zwischen unabhängigen Unternehmen gezahlt werden, soweit diese Preise den Vergleichbarkeitsanforderungen entsprechen, was bedeutet, dass die Bedingungen der fraglichen Geschäftsvorfälle zwischen unabhängigen Unternehmen mit den Bedingungen der Übertragung vergleichbar sein müssen, zu der es im Kontext der Umstrukturierung der Geschäftstätigkeit kommt.
- Eine andere Möglichkeit wäre, den Verrechnungspreis für die Endprodukte anhand des Verkaufspreises an die Kunden abzüglich einer fremdvergleichskonformen Vergütung für die Marketing- und Vertriebsfunktionen, die weiterhin wahrgenommen werden müssen, zu bestimmen.
- Eine dritte Möglichkeit bestünde darin, die Fertigungskosten als Ausgangspunkt zu nehmen und mit einem fremdvergleichskonformen Aufschlag zu versehen, mit dem die vom Fertigungsunternehmen in Bezug auf die Lagerbestände ausgeübten Funktionen, genutzten Vermögenswerte und übernommenen Risiken vergütet werden. Es gibt allerdings Fälle, in denen der Marktwert der Lagerbestände zu gering ist, als dass es nach dem Fremdvergleichsgrundsatz möglich wäre, die Kostenerstattung um ein Gewinnelement zu ergänzen.

9.53. Die Wahl der geeigneten Verrechnungspreismethode hängt teilweise davon ab, welcher Teil des Geschäftsvorfalls weniger komplex ist und mit größerer Sicherheit beurteilt werden kann (die vom Fertigungsunternehmen ausgeübten Funktionen, genutzten Vermögenswerte und übernommenen Risiken oder die weiterhin auszuübenden Marketing- und Vertriebsfunktionen unter Berücksichtigung der zur Wahrnehmung dieser Funktionen zu nutzenden Vermögenswerte und zu übernehmenden Risiken). Vgl. Ziffer 3.18–3.19 zur Wahl des untersuchten Unternehmens.

9.54. In der Praxis würden fremde Dritte die Frage, was mit den Lagerbeständen im Zeitpunkt der Umstrukturierung geschieht, wahrscheinlich bei der Vereinbarung der Bedingungen der Abmachung als Ganzes berücksichtigen, weshalb die Lagerbestände bei der Abgrenzung der tatsächlichen Geschäftsvorfälle, die die Umstrukturierung der Geschäftstätigkeit ausmachen, analysiert werden sollten. Eine entscheidende Überlegung besteht darin, wie mit den inhärenten Risiken von Lagerbeständen umzugehen ist und wie Doppelzählungen zu vermeiden sind – so sollte etwa dem Beteiligten, der sein Risiko reduziert, kein Preis gezahlt werden, in dem Risiken berücksichtigt sind, die er abgetreten hat und die er folglich nicht nutzen kann. Wenn der Marktpreis von Rohstoffen, die zu einem Preis von 100 angeschafft wurden, mittlerweile 80 oder 120 beträgt, würde eine Übertragung zu einem Verlust bzw. Gewinn führen, der für eines der an der Umstrukturierung beteiligten Unternehmen einen wesentlichen Nachteil darstellen könnte. Diese Frage würde wahrscheinlich im Rahmen der Gesamtbedingungen der Umstrukturierung geklärt und sollte dementsprechend analysiert werden. In der Praxis geht dem Beginn der neuen Geschäftsbeziehungen möglicherweise eine Übergangsphase voran, während der die Lagerbestände aufgebraucht werden, wodurch die Übertragung von Lagerbeständen vermieden wird; dies kann insbesondere dann der Fall sein, wenn es bei der grenzüberschreitenden Übertragung des rechtlichen Eigentums an Lagerbeständen zu verschiedenen über Verrechnungspreisfragen hinausgehenden Schwierigkeiten kommen kann.

E.2. Immaterielle Werte

9.55. Übertragungen von immateriellen Werten oder Rechten an immateriellen Werten werfen schwierige Fragen sowohl in Bezug auf die Ermittlung der übertragenen Werte als auch auf deren Bewertung auf. Ihre Ermittlung kann Schwierigkeiten bereiten, weil nicht alle wertvollen immateriellen Werte gesetzlich geschützt und eingetragen sind und nicht alle wertvollen immateriellen Werte für Rechnungslegungszwecke ausgewiesen oder erfasst werden. Zu den relevanten immateriellen Werten können beispielsweise Nutzungsrechte für gewerbliche Vermögenswerte wie Patente, Marken, Firmennamen, Muster oder Modelle sowie Urheberrechte an literarischen, künstlerischen oder wissenschaftlichen Arbeiten (einschließlich Software) und geistiges Eigentum wie Know-how und Geschäftsgeheimnisse gehören. Sie können ferner auch Kundenlisten, Vertriebskanäle, einzigartige Namen, Symbole oder Bilder umfassen. Ein unverzichtbarer Bestandteil der Analyse einer Umstrukturierung der Geschäftstätigkeit ist die konkrete Bestimmung der gegebenenfalls übertragenen relevanten immateriellen Werte oder Rechte an immateriellen Werten sowie die Klärung der Frage, ob unabhängige Unternehmen deren Übertragung vergütet hätten und was ihr fremdüblicher Wert ist.

9.56. Die Bestimmung des fremdüblichen Preises für eine Übertragung von immateriellen Werten oder Rechten an immateriellen Werten sollte nach Maßgabe von Kapitel VI Abschnitt D.1 erfolgen. Dieser Preis wird durch eine Reihe von Faktoren beeinflusst; dazu gehören die Höhe, die Dauer und der Risikogehalt der erwarteten Vorteile aus der Verwertung der immateriellen Werte, die Art der Rechte an den immateriellen Werten und die möglicherweise an sie geknüpften Beschränkungen (Beschränkungen in Bezug auf die Art, den Ort oder den Zeitraum der Nutzung bzw. Verwertung), der Umfang und die noch verbleibende Dauer des rechtlichen Schutzes (sofern vorhanden) sowie etwaige Ausschließlichkeitsklauseln, die an die Rechte geknüpft sein können. Vgl. Kapitel VI Abschnitt D.2.1. Die Bewertung immaterieller Werte kann ein komplexes und mit Unsicherheiten behaftetes Unterfangen sein. Die allgemeinen Leitlinien zu immateriellen Werten und zu Kostenumlagevereinbarungen in Kapitel VI und VIII können im Kontext von Umstrukturierungen der Geschäftstätigkeit anzuwenden sein.

E.2.1. Übertragung von immateriellen Werten oder Rechten an immateriellen Werten durch ein inländisches Unternehmen an ein zentrales ausländisches verbundenes Unternehmen

9.57. Umstrukturierungen der Geschäftstätigkeit sind manchmal mit der Übertragung des rechtlichen Eigentums an immateriellen Werten oder Rechten an immateriellen Werten, die sich zuvor im Eigentum eines oder mehrerer inländischer Unternehmen befanden, an ein zentrales, in einem anderen Steuerhoheitsgebiet angesiedeltes Unternehmen verbunden (z. B. ein ausländisches verbundenes Unternehmen, das als Prinzipal oder als sogenannte Patentverwertungsgesellschaft auftritt). In manchen Fällen wird der übertragene immaterielle Wert vom übertragenden Unternehmen weiter genutzt, allerdings unter anderen rechtlichen Bedingungen (z. B. als Lizenznehmer des übernehmenden Unternehmens oder im Rahmen eines Vertrags, der begrenzte Rechte an dem immateriellen Wert zusichert, z. B. eine Auftragsfertigungsvereinbarung, die die Nutzung der übertragenen Patente gestattet, oder einer risikoarmen Vertriebsvereinbarung, die sich auf ein übertragenes Markenzeichen stützt). Im Einklang mit den Leitlinien in Kapitel VI ist zu bedenken, dass das rechtliche Eigentum an einem immateriellen Wert allein keinen Anspruch auf die Erträge verleiht, die der multinationale Konzern durch die Verwertung dieses immateriellen Werts erzielt (vgl. 6.42). Stattdessen kann die Vergütung, die an verbundene Unternehmen zu entrichten ist, die mit der Entwicklung, Verbesserung, Erhaltung, dem Schutz oder der Verwertung immaterieller Werte zusammenhängende Funktionen ausüben oder kontrollieren, einem beliebig hohen Anteil an dem voraussichtlich durch die Verwertung des immateriellen Werts zu erzielenden Gesamtertrag entsprechen (vgl. 6.54). Folglich hat eine Veränderung des rechtlichen Eigentums an einem immateriellen Wert, zu der es im Zuge einer Umstrukturierung der Geschäftstätigkeit kommt, möglicherweise keinen Einfluss darauf, welcher Beteiligte Anspruch auf Erträge aus diesem immateriellen Wert hat.

9.58. Multinationale Konzerne können vernünftige geschäftliche Gründe dafür haben, das Eigentum an immateriellen Werten oder Rechten an immateriellen Werten zu zentralisieren. Ein Beispiel hierfür im Kontext von Umstrukturierungen der Geschäftstätigkeit ist eine Übertragung des rechtlichen Eigentums an immateriellen Werten, die mit der Spezialisierung verschiedener Produktionsstätten innerhalb eines multinationalen Konzerns einhergeht. Vor der Umstrukturierung der Geschäftstätigkeit war möglicherweise jedes Fertigungsunternehmen Eigentümer und Verwalter einer Reihe von Patenten, z. B. weil die Produktionsstätten zu einem früheren Zeitpunkt zusammen mit den immateriellen Werten von Dritten erworben wurden. In einem globalen Geschäftsmodell kann statt einer Spezialisierung auf bestimmte Patente eine Spezialisierung der verschiedenen Produktionsstätten auf eine bestimmte Art von Produktionsverfahren oder auf eine bestimmte Region vorgesehen sein. Eine dahingehende Umstrukturierung kann zur Folge haben, dass der multinationale Konzern sämtliche Patente, die sich bislang in dezentralem Eigentum befanden, an ein zentrales verbundenes Unternehmen übertragen lässt, das im Gegenzug allen Produktionsstätten des Konzerns (über Lizenzen oder Produktionsvereinbarungen) vertragliche Rechte zur Herstellung der in ihren neuen Aufgabenbereich fallenden Produkte zusichert, unter Nutzung von Patenten, die sich ursprünglich in ihrem Eigentum oder im Eigentum eines anderen Unternehmens des Konzerns befanden. In einem solchen Szenario ist es wichtig, den tatsächlichen Geschäftsvorfall abzugrenzen und zu klären, ob die Übertragung des rechtlichen Eigentums der Vereinfachung der Verwaltungsstrukturen dient (wie in Beispiel 1 von Anhang I zu Kapitel VI) oder ob die Umstrukturierung die Identität der beteiligten Unternehmen, die Funktionen im Zusammenhang mit der Entwicklung, Verbesserung, Erhaltung, dem Schutz und der Verwertung immaterieller Werte ausüben oder kontrollieren, verändert.

9.59. Der Fremdvergleichsgrundsatz verlangt, dass die zwischen verbundenen Unternehmen vereinbarten oder auferlegten Bedingungen einer Beurteilung auf Ebene der einzelnen Unternehmen unterzogen werden. Aus dem Umstand, dass die Zentralisierung des rechtlichen Eigentums an immateriellen Werten u. U. durch vernünftige geschäftliche Argumente auf Ebene des multinationalen Konzerns begründet ist, kann nicht geschlossen werden, dass die Bedingungen der Übertragung sowohl aus Sicht des übertragenden Unternehmens als auch aus Sicht des übernehmenden Unternehmens dem Fremdvergleichsgrundsatz entsprechen.

9.60. Auch in Fällen, in denen ein inländisches Unternehmen das rechtliche Eigentum an seinen immateriellen Werten an ein ausländisches verbundenes Unternehmen veräußert und die immateriellen Werte nach der Übertragung weiter nutzt, allerdings unter anderen rechtlichen Bedingungen (z. B. als Lizenznehmer), sollten die Bedingungen der Veräußerung sowohl aus Sicht des übertragenden Unternehmens als auch aus Sicht des übernehmenden Unternehmens beurteilt werden. Bei der Bestimmung der fremdvergleichskonformen Vergütung für die Übernahme des Eigentums an einem immateriellen Wert sowie für dessen Kontrolle und Verwertung sollte der Umfang der von den Beteiligten im Zusammenhang mit dem übertragenen immateriellen Wert ausgeübten Funktionen, genutzten Vermögenswerte und übernommenen Risiken berücksichtigt werden, wobei insbesondere die Kontrolle der Risiken und die Kontrolle der im Zusammenhang mit der Entwicklung, Verbesserung, Erhaltung, dem Schutz oder der Verwertung des immateriellen Werts ausgeübten Funktionen analysiert werden sollten.

9.61. Wenn eine Umstrukturierung der Geschäftstätigkeit die Übertragung eines immateriellen Werts beinhaltet und im Anschluss daran eine neue Vereinbarung besteht, der zufolge das übertragende Unternehmen den übertragenen immateriellen Wert weiter nutzen kann, sollte die gesamte geschäftliche Vereinbarung zwischen den beteiligten Unternehmen untersucht werden, um den Geschäftsvorfall sachgerecht abzugrenzen. Wenn ein unabhängiges Unternehmen einen Vermögenswert überträgt, den es weiter zu verwerten gedenkt, tut es gut daran, die Bedingungen der künftigen Nutzung (z. B. im Rahmen einer Lizenzvereinbarung) gleichzeitig mit den Bedingungen der Übertragung auszuhandeln. In der Tat besteht im Allgemeinen ein Zusammenhang zwischen der Bestimmung der fremdüblichen Vergütung für die Übertragung, der Bestimmung der fremdüblichen Vergütung für die nach der Umstrukturierung der Geschäftstätigkeit im Zusammenhang mit dem übertragenen immateriellen Wert getätigten Geschäftsvorfälle – z. B. den Lizenzgebühren, die das übertragende Unternehmen zu zahlen hat, um den Vermögenswert weiter nutzen zu können – und den zukünftigen Gewinnen, die sich das übertragende Unternehmen aus der zukünftigen Nutzung des Vermögenswerts erwartet. Bei einer Vereinbarung beispielsweise, wonach ein Patent im Jahr N zu einem Preis von 100 veräußert wird und gleichzeitig eine Lizenzvereinbarung geschlossen wird, der zufolge das übertragende Unternehmen das übertragene Patent gegen eine Lizenzgebühr von 100 pro Jahr für einen Zeitraum von zehn Jahren weiter nutzt, ist mit einiger Wahrscheinlichkeit davon auszugehen, dass mindestens einer der beiden Preise nicht fremdvergleichskonform ist oder dass die Vereinbarung nicht als Veräußerung und gleichzeitige Rücklizenzierung, sondern als anderweitiger Geschäftsvorfall abgegrenzt werden sollte. Unter bestimmten Umständen könnte die sachgerechte Abgrenzung des Geschäftsvorfalls zu dem Schluss führen, dass die Vereinbarung einer Bereitstellung von Finanzierung entspricht, wie in Beispiel 16 von Anhang I zu Kapitel VI dargelegt.

E.2.2. Übertragung eines immateriellen Werts zu einem Zeitpunkt, zu dem seine Bewertung höchst unsicher ist

9.62. Zu Schwierigkeiten kann es im Kontext einer Umstrukturierung der Geschäftstätigkeit kommen, wenn die Bewertung eines immateriellen Werts oder von Rechten an einem immateriellen Wert zum Zeitpunkt des Geschäftsvorfalls höchst unsicher ist. In solchen Fällen stellt sich die Frage, wie der Fremdvergleichspreis bestimmt werden soll. Bei der Lösung dieser Frage sollten sich die Steuerpflichtigen ebenso wie die Steuerverwaltungen daran orientieren, was unabhängige Unternehmen unter vergleichbaren Umständen getan hätten, um der Bewertungsunsicherheit bei der Preisbestimmung des Geschäftsvorfalls Rechnung zu tragen. Hierfür sind die Leitlinien in Kapitel VI Abschnitt D.3 maßgeblich.

9.63. Zusätzlich sind in Fällen, in denen der im Zuge der Umstrukturierung übertragene immaterielle Wert die Kriterien für die Einstufung als schwer zu bewertender immaterieller Wert in Ziffer 6.189 erfüllt, die Leitlinien in Abschnitt D.4 von Kapitel VI anwendbar.

E.2.3. Inländische immaterielle Werte

9.64. Wenn ein inländischer Eigenproduzent oder Eigenhändler in ein Unternehmen umgewandelt wird, das begrenzte Risiken trägt, begrenzte immaterielle Werte nutzt und eine niedrige Vergütung erhält, stellt sich die Frage, ob diese Umstrukturierung mit der Übertragung von wertvollen immateriellen Werten oder Rechten an immateriellen Werten von dem umstrukturierten inländischen Unternehmen an ein ausländisches verbundenes Unternehmen einhergeht und ob es inländische immaterielle Werte gibt, die im Besitz des inländischen Unternehmens verbleiben.

9.65. Insbesondere kann es beispielsweise bei der Umwandlung eines Eigenhändlers in ein risikoarmes Vertriebsunternehmen oder einen Kommissionär wichtig sein zu untersuchen, ob der Eigenhändler in den Jahren vor seiner Umstrukturierung inländische immaterielle Marketingwerte entwickelt hat und falls ja, um welche Art von immateriellen Werten es sich dabei handelt, was diese wert sind und ob sie an ein verbundenes Unternehmen übertragen wurden. Wird festgestellt, dass solche inländischen immateriellen Werte vorhanden sind und an ein ausländisches verbundenes Unternehmen übertragen wurden, sollte der Fremdvergleichsgrundsatz angewandt werden, um zu bestimmen, ob und falls ja, wie diese Übertragung zu vergüten ist, wobei als Anhaltspunkt dienen sollte, was zwischen unabhängigen Unternehmen unter vergleichbaren Umständen vereinbart würde. In diesem Zusammenhang ist zu beachten, dass das übertragende Unternehmen eine (zu der fremdvergleichskonformen Vergütung für die übertragenen immateriellen Werte hinzukommende) fremdvergleichskonforme Vergütung erhalten sollte, wenn es nach der Umstrukturierung weiter Funktionen ausübt, die mit der Entwicklung, Verbesserung, Erhaltung, dem Schutz oder der Verwertung der übertragenen inländischen immateriellen Werte zusammenhängen (vgl. Kapitel VI, Abschnitt B.2.1). Wird hingegen festgestellt, dass solche inländischen immateriellen Werte zwar vorhanden sind, aber beim umstrukturierten Unternehmen verbleiben, sollten diese Werte in der Funktionsanalyse der Geschäftstätigkeit nach der Umstrukturierung berücksichtigt werden. Folglich können sie die Auswahl und Anwendung der am besten geeigneten Verrechnungspreismethode für die konzerninternen Geschäftsvorfälle nach der Umstrukturierung der Geschäftstätigkeit beeinflussen, um die Bestimmung einer angemessenen Vergütung zu ermöglichen.[3]

3. Vgl. Teil II dieses Kapitels wegen einer Erörterung der Vergütung der nach der Umstrukturierung der Geschäftstätigkeit bestehenden Geschäftsbeziehungen.

E.2.4. Vertragliche Rechte

9.66. Vertragliche Rechte können wertvolle immaterielle Werte darstellen. Werden wertvolle vertragliche Rechte zwischen verbundenen Unternehmen übertragen (oder abgetreten), sollten sie nach dem Fremdvergleichsgrundsatz vergütet werden, wobei der Wert der übertragenen Rechte sowohl aus Sicht des übertragenden Unternehmens als auch des übernehmenden Unternehmens zu berücksichtigen ist.

9.67. Steuerverwaltungen haben Bedenken über in der Praxis beobachtete Fälle geäußert, in denen ein für ein Unternehmen vorteilhafter Vertrag von diesem bewusst gekündigt wird, um einem ausländischen verbundenen Unternehmen die Möglichkeit zu geben, einen ähnlichen Vertrag abzuschließen und von dem damit verbundenen Gewinnpotenzial zu profitieren. Als Beispiel sei angenommen, dass Gesellschaft A wertvolle langfristige Verträge mit unabhängigen Kunden abgeschlossen hat, die für Gesellschaft A mit einem erheblichen Gewinnpotenzial verbunden sind. Angenommen, Gesellschaft A kündigt diese Verträge mit ihren Kunden zu einem bestimmten Zeitpunkt von sich aus auf, und zwar in einer Situation, in der die Kunden rechtlich verpflichtet oder aus geschäftlichen Gründen gezwungen sind, ähnliche Vereinbarungen mit Gesellschaft B einzugehen, einem ausländischen Unternehmen, das demselben multinationalen Konzern angehört wie Gesellschaft A. Als Folge davon gehen die vertraglichen Rechte und das mit ihnen verbundene Gewinnpotenzial, über das zuvor Gesellschaft A verfügte, auf Gesellschaft B über. Wenn die Sachlage so ist, dass Gesellschaft B die Verträge mit den Kunden nur abschließen konnte, weil Gesellschaft A zugunsten von B auf ihre vertraglichen Rechte verzichtet hat, und dass Gesellschaft A die Verträge nur aufgekündigt hat, weil sie weiß, dass die Kunden rechtlich verpflichtet oder wirtschaftlich gezwungen sind, ähnliche Vereinbarungen mit Gesellschaft B einzugehen, würde dies der Sache nach einen dreiseitigen Geschäftsvorfall darstellen und könnte einer Übertragung wertvoller vertraglicher Rechte von Gesellschaft A auf Gesellschaft B gleichkommen, für die möglicherweise eine Vergütung nach dem Fremdvergleichsgrundsatz zu entrichten ist, die vom Wert der von Gesellschaft A abgetretenen Rechte aus Sicht von Gesellschaft A und Gesellschaft B abhängt.

*E.3. Übertragung einer Geschäftstätigkeit (*ongoing concern*)*

E.3.1. Bewertung der Übertragung einer Geschäftstätigkeit

9.68. Umstrukturierungen beinhalten manchmal die Übertragung einer Geschäftstätigkeit (*ongoing concern*), d. h. einer funktionierenden, wirtschaftlich integrierten Geschäftseinheit. Übertragung einer Geschäftstätigkeit bedeutet in diesem Zusammenhang die Übertragung von Vermögenswerten, zusammen mit der Fähigkeit zur Ausübung bestimmter Funktionen und zur Übernahme bestimmter Risiken. Solche Funktionen, Vermögenswerte und Risiken können u. a. Folgendes umfassen: materielle Wirtschaftsgüter und immaterielle Werte; Verbindlichkeiten, die mit dem Besitz bestimmter Vermögenswerte und der Ausübung bestimmter Funktionen, wie z. B. FuE und Fertigung, verbunden sind; die Kapazität, die Geschäftstätigkeit fortzusetzen, die das übertragende Unternehmen vor der Übertragung ausübte; sowie Ressourcen, Fähigkeiten und Rechte. Bei der Bewertung der Übertragung einer Geschäftstätigkeit sollten sämtliche werthaltigen Elemente berücksichtigt werden, für die unter vergleichbaren Verhältnissen zwischen unabhängigen Unternehmen eine Vergütung gezahlt würde. Vgl. Kapitel VI Abschnitt A.4.6. Im Fall einer Umstrukturierung beispielsweise, die mit der Übertragung einer Geschäftseinheit einhergeht, zu der u.a. Forschungseinrichtungen mit erfahrenen Mitarbeitern gehören, sollten bei der Bewertung dieser Geschäftstätigkeit u.a. der Wert der Einrichtungen und der Effekt dieser Mitarbeiter (z. B. Zeit- und Kostenersparnis) auf den Fremdvergleichspreis berücksichtigt werden. Eine Erörterung der Behandlung von Mitarbeitern für Verrechnungspreiszwecke ist in Abschnitt D.7 von Kapitel I zu finden.

9.69. Die zu bestimmende fremdvergleichskonforme Vergütung für die Übertragung einer Geschäftstätigkeit entspricht nicht zwangsläufig der Summe der gesondert ermittelten Bewertungen der einzelnen Elemente, die Gegenstand der Übertragung sind. Wenn bei der Übertragung einer Geschäftstätigkeit gleichzeitig eine Vielzahl miteinander zusammenhängender Vermögenswerte, Risiken oder Funktionen übertragen wird, kann eine Bewertung dieser verschiedenen Übertragungen auf einer zusammengefassten Grundlage erforderlich sein, um einen möglichst verlässlichen Anhaltspunkt für den fremdvergleichskonformen Preis einer Geschäftstätigkeit zu erhalten. Bewertungsmethoden, wie sie bei Übernahmegeschäften zwischen unabhängigen Unternehmen angewandt werden, können für die Bewertung der Übertragung einer Geschäftstätigkeit zwischen verbundenen Unternehmen zweckdienlich sein. Dabei sollten die Leitlinien in Kapitel VI Abschnitt D.2.6.3 zur Anwendung von Bewertungsmethoden für Geschäftsvorfälle im Zusammenhang mit der Übertragung von immateriellen Werten oder Rechten an immateriellen Werten berücksichtigt werden.

9.70. Ein Beispiel hierfür ist der Fall, in dem eine Fertigungstätigkeit, die bislang von M1, einem Unternehmen eines multinationalen Konzerns, wahrgenommen wurde, in ein anderes Unternehmen dieses Konzerns, M2, verlagert wird (z. B. um durch Standortvorteile bedingte Einsparungen zu erzielen). Dabei wird unterstellt, dass M1 seine Maschinen und Anlagen, Lagerbestände, Patente, Produktionsabläufe, sein Know-how sowie wichtige Verträge mit Zulieferern und Kunden an M2 überträgt. Ferner wird unterstellt, dass mehrere Mitarbeiter von M1 zu M2 entsandt werden, um M2 beim Start der verlagerten Fertigungstätigkeit zu unterstützen. Es sei angenommen, diese Übertragung würde als Übertragung einer Geschäftstätigkeit betrachtet, wenn sie unter unabhängigen Unternehmen stattfände. Um eine etwaige fremdvergleichskonforme Vergütung für eine solche Übertragung zwischen verbundenen Unternehmen zu bestimmen, sollte diese Übertragung mit der Übertragung einer Geschäftstätigkeit zwischen unabhängigen Unternehmen anstatt mit einer Übertragung einzelner Vermögenswerte verglichen werden.

E.3.2. Unrentable Geschäftstätigkeiten

9.71. Die Verringerung seiner Funktionen, Vermögenswerte und Risiken ist für ein umstrukturiertes Unternehmen nicht immer mit einem Verlust an erwarteten künftigen Gewinnen verbunden. Bei einigen Umstrukturierungen kann sich die Situation so darstellen, dass das umstrukturierte Unternehmen nicht etwa Gewinnchancen einbüßt, sondern vielmehr vor wahrscheinlich drohenden Verlusten bewahrt wird. Möglicherweise stimmt ein Unternehmen einer Umstrukturierung der Geschäftstätigkeit zu, weil dies eine günstigere Option ist als eine gänzliche Geschäftsaufgabe. Wenn das umstrukturierte Unternehmen ohne die Umstrukturierung für die Zukunft mit Verlusten zu rechnen gehabt hätte (z. B. weil es eine Produktionsanlage betreibt, die aufgrund von zunehmendem Wettbewerb durch kostengünstigere Importe unrentabel geworden ist), bedeutet die Umstrukturierung im Vergleich zur Fortsetzung der bisherigen Geschäftstätigkeit effektiv keinen Verlust einer Gewinnchance. In einer solchen Situation könnte die Umstrukturierung der Geschäftstätigkeit für das umstrukturierte Unternehmen von Vorteil sein, da sie künftige Verluste verringert oder verhindert, sofern die erwarteten Verluste höher sind als die Kosten der Umstrukturierung.

9.72. Dabei könnte sich die Frage stellen, ob nicht das übernehmende Unternehmen vom übertragenden Unternehmen eine Vergütung für die Übernahme der unrentablen Geschäftstätigkeit erhalten sollte. Die Antwort auf diese Frage hängt davon ab, ob ein unabhängiges Unternehmen in einer vergleichbaren Situation bereit wäre, dafür zu bezahlen, dass ihm die unrentable Geschäftstätigkeit abgenommen wird, oder ob es stattdessen andere Möglichkeiten, wie z. B. eine Geschäftsaufgabe, in Betracht ziehen würde; außerdem gilt es zu untersuchen, ob ein fremder Dritter bereit wäre, die unrentable Geschäftstätigkeit zu übernehmen (z. B. aufgrund von potenziellen Synergien mit seinen eigenen Geschäftstätigkeiten), und falls ja, unter welchen Bedingungen, z. B. gegen eine Vergütung. Es kann Situationen geben, in denen ein unabhängiges Unternehmen zur Zahlung einer Vergütung bereit wäre, z. B. wenn die finanziellen Kosten und sozialen Risiken einer Geschäftsaufgabe so hoch wären, dass es für dieses Unternehmen vorteilhafter wäre, eine Vergütung an ein übernehmendes Unternehmen zu zahlen, das versucht, die Geschäftstätigkeit umzustellen, und das die Verantwortung für etwaige in diesem Zusammenhang notwendige Entlassungen übernehmen würde.

9.73. Die Situation könnte sich allerdings anders darstellen, wenn die unrentable Geschäftstätigkeit sonstige Vorteile, z. B. Synergieeffekte mit anderen vom selben Steuerpflichtigen ausgeübten Geschäftstätigkeiten, bringen würde. Es kann auch Situationen geben, in denen eine unrentable Geschäftstätigkeit fortgeführt wird, weil sie dem Konzern als Ganzes Vorteile bringt. In solchen Fällen stellt sich die Frage, ob das Konzernunternehmen, das die unrentable Geschäftstätigkeit fortführt, nach dem Fremdvergleichsgrundsatz von denen, die von der Fortsetzung dieser Geschäftstätigkeit profitieren, eine Vergütung dafür erhalten sollte. Vgl. Kapitel I Abschnitt D.3.

*E.4. Auslagerung einer Geschäftstätigkeit (*outsourcing*)*

9.74. Im Fall der Auslagerung einer Geschäftstätigkeit kann es sein, dass ein Beteiligter von sich aus entscheidet, eine Umstrukturierung vorzunehmen und die damit verbundenen Umstrukturierungskosten zu tragen, weil er sich davon Kosteneinsparungen verspricht. Angenommen, ein Steuerpflichtiger, der in einem Staat mit hohem Kostenniveau Produkte herstellt und verkauft, beschließt, die Produktionstätigkeit in ein verbundenes Unternehmen zu verlagern, das in einem Staat mit niedrigem Kostenniveau angesiedelt ist. Nach der Umstrukturierung wird der Steuerpflichtige die von dem verbundenen Unternehmen hergestellten Produkte kaufen, um sie wie zuvor an fremde Dritte zu verkaufen. Die Umstrukturierung kann für den Steuerpflichtigen mit Umstrukturierungskosten verbunden sein, ihm aber zugleich die Möglichkeit geben, Kosteneinsparungen zu erzielen, weil die künftigen Beschaffungen im Vergleich zu seinen eigenen Fertigungskosten günstiger sind. Unabhängige Unternehmen, die derartige Vereinbarungen über die Auslagerung von Geschäftstätigkeiten treffen, verlangen vom übernehmenden Unternehmen nicht zwangsläufig eine explizite Vergütung, wenn beispielsweise die erwarteten Vorteile für das übertragende Unternehmen höher sind als die Umstrukturierungskosten.[4]

F. Entschädigung des umstrukturierten Unternehmens für die Auflösung oder wesentliche Neuverhandlung bestehender Vereinbarungen

9.75. Abschnitt F beschäftigt sich mit der Frage, ob das umstrukturierte Unternehmen nach dem Fremdvergleichsgrundsatz bei einer Auflösung oder wesentlichen Neuverhandlung seiner bestehenden Vereinbarungen, die mit der

4. Eine weitere in Abschnitt D.6 von Kapitel I und Abschnitt E von Teil II dieses Kapitels erörterte Frage ist, ob und falls ja, wie durch Standortvorteile bedingte Einsparungen nach dem Fremdvergleichsgrundsatz zwischen den Beteiligten aufgeteilt werden sollten.

Übertragung von etwas Werthaltigem (vgl. vorangegangenen Abschnitt) einhergehen kann, aber nicht muss, eine Vergütung in Form einer Entschädigung erhalten sollte. Für die Zwecke dieses Kapitels ist unter Entschädigung jede Art von Vergütung zu verstehen, die als Ausgleich für Nachteile gezahlt wird, die dem umstrukturierten Unternehmen entstehen, sei es in Form einer Vorauszahlung, einer Beteiligung an den Umstrukturierungskosten, niedrigerer (oder höherer) Einkaufspreise (oder Verkaufspreise) bei den nach der Umstrukturierung der Geschäftstätigkeit durchgeführten Geschäftsvorfällen oder einer anderen Form.

9.76. Auflösungen oder Neuverhandlungen von Vereinbarungen gehen im Allgemeinen mit Veränderungen des Risiko- und Funktionsprofils der Beteiligten einher, was Konsequenzen für die Aufteilung des Gewinnpotenzials zwischen ihnen hat. Zusätzlich können dem umstrukturierten Unternehmen durch die Auflösung oder wesentliche Neuverhandlung vertraglicher Vereinbarungen im Rahmen einer Umstrukturierung der Geschäftstätigkeit Nachteile entstehen, wie etwa Umstrukturierungskosten (z. B. Abschreibung von Vermögenswerten oder Kündigung von Arbeitsverträgen), Umstellungskosten (z. B. für die Anpassung der bestehenden betrieblichen Abläufe an veränderte Kundenbedürfnisse) und/oder ein Verlust von Gewinnpotenzial. In solchen Situationen stellt sich die Frage, ob das umstrukturierte Unternehmen nach dem Fremdvergleichsgrundsatz eine Entschädigung erhalten sollte und falls ja, wie die Höhe einer solchen Entschädigung zu bestimmen wäre.

9.77. Wenn die Auflösung oder Neuverhandlung bestehender Vereinbarungen mit der Übertragung von etwas Werthaltigem einhergeht (so ist beispielsweise die Kündigung eines Vertriebsvertrags manchmal mit einer Übertragung immaterieller Werte verbunden), gelten die Leitlinien in Abschnitt E für die Übertragung von etwas Werthaltigem, während sich dieser Abschnitt damit auseinandersetzt, ob weitere Vergütungen für entstandene Nachteile gerechtfertigt wären.

9.78. Es sollte nicht davon ausgegangen werden, dass bei allen Auflösungen oder wesentlichen Neuverhandlungen von Verträgen nach dem Fremdvergleichsgrundsatz Anspruch auf eine Entschädigung besteht, da dies von den Gegebenheiten und Umständen des Einzelfalls abhängt. Die Prüfung der Frage, ob nach dem Fremdvergleichsgrundsatz eine Entschädigung angebracht wäre, sollte auf der Grundlage der sachgerechten Abgrenzung der vor und nach der Umstrukturierung bestehenden Vereinbarungen (basierend auf den Leitlinien in Abschnitt D.1 von Kapitel I und Abschnitt B.1 dieses Teils) sowie der den Beteiligten realistischerweise zur Verfügung stehenden Alternativen vorgenommen werden.

9.79. Nach sachgerechter Abgrenzung der Umstrukturierungsvereinbarungen und Prüfung der den Beteiligten realistischerweise zur Verfügung stehenden Alternativen sollten die folgenden Aspekte untersucht werden:

- Sieht das Handelsrecht unter den Gegebenheiten des sachgerecht abgegrenzten Falls Entschädigungsansprüche für das umstrukturierte Unternehmen vor (vgl. Abschnitt F.1 weiter unten)?
- Entspricht das Vorhandensein oder Nichtvorhandensein einer Entschädigungsklausel oder ähnlichen Bestimmung (sowie gegebenenfalls der Inhalt einer solchen Klausel) in den Bedingungen der sachgerecht abgegrenzten Vereinbarung dem Fremdvergleichsgrundsatz (vgl. Abschnitt F.2 weiter unten)?
- Welcher Beteiligte sollte letztlich die Kosten tragen, die mit der Entschädigung des durch die Auflösung oder Neuverhandlung der Vereinbarung beeinträchtigten Beteiligten verbunden sind (vgl. Abschnitt F.3 weiter unten)?

F.1. Sieht das Handelsrecht unter den Gegebenheiten des sachgerecht abgegrenzten Falls Entschädigungsansprüche für das umstrukturierte Unternehmen vor?

9.80. Bei der Beurteilung, ob die Bedingungen der Auflösung bzw. Nichtverlängerung einer bestehenden Vereinbarung dem Fremdvergleichsgrundsatz entsprechen, können mögliche Entschädigungsansprüche, die in den geltenden handelsrechtlichen Vorschriften vorgesehen sind, nützliche Erkenntnisse bringen. Die geltenden handelsrechtlichen Vorschriften oder die Rechtsprechung können nützliche Informationen über die Entschädigungsansprüche sowie die Bedingungen liefern, die im Fall der Auflösung bestimmter Arten von Vereinbarungen, wie z. B. Vertriebsvereinbarungen, zu erwarten sein könnten. Solchen Vorschriften zufolge kann es sein, dass das gekündigte Unternehmen vor Gericht Klage auf Entschädigung erheben kann, unabhängig davon ob diese Möglichkeit im Vertrag vorgesehen ist oder nicht. Wenn die Vertragsparteien ein und demselben multinationalen Konzern angehören, ist es in der Praxis allerdings unwahrscheinlich, dass das gekündigte Unternehmen ein Verfahren gegen sein verbundenes Unternehmen anstrengt, um eine solche Entschädigung einzuklagen, weshalb die Bedingungen der Vertragsauflösung von denen abweichen können, die unabhängige Unternehmen unter vergleichbaren Umständen miteinander vereinbaren würden.

F.2. Entspricht das Vorhandensein oder Nichtvorhandensein einer Entschädigungsklausel oder ähnlichen Bestimmung (sowie gegebenenfalls der Inhalt einer solchen Klausel) in den Bedingungen der sachgerecht abgegrenzten Vereinbarung dem Fremdvergleichsgrundsatz?

9.81. Mit der sachgerechten Abgrenzung des Geschäftsvorfalls wird ermittelt, ob bei Auflösung, Nichtverlängerung oder Neuverhandlung der Vereinbarungen eine Entschädigungsklausel oder -vereinbarung gilt. Ausgangspunkt sollte die Prüfung der Frage sein, ob eine Entschädigungsklausel oder ähnliche Bestimmung für den Fall einer Auflösung, Nichtverlängerung oder Neuverhandlung vorgesehen ist und ob die Bedingungen für die Auflösung, Nichtverlängerung oder Neuverhandlung des Vertrags eingehalten wurden (z. B. in Bezug auf eine gegebenenfalls geltende Kündigungsfrist). Die Untersuchung der Bedingungen des Vertrags, der zwischen den verbundenen Unternehmen geschlossen wurde, dürfte unter dem Gesichtspunkt der Verrechnungspreise allerdings nicht ausreichend sein, da allein die Tatsache, dass ein bestimmter aufgelöster, nicht verlängerter oder neu verhandelter Vertrag ursprünglich keine Entschädigungsklausel oder ähnliche Bestimmung enthielt, nicht zwangsläufig bedeutet, dass dies dem Fremdvergleichsgrundsatz entspricht, wie nachstehend erörtert wird.

9.82. Wie unter Ziffer 1.46 dargelegt, gewährleistet bei Geschäftsvorfällen zwischen voneinander unabhängigen Unternehmen die Divergenz der Interessen der Beteiligten, dass *i)* Vertragsbedingungen vereinbart werden, die den Interessen beider Seiten gerecht werden, *ii)* die Beteiligten üblicherweise bestrebt sind sicherzustellen, dass die jeweils andere Seite die Vertragsbedingungen einhält, und *iii)* die Vertragsbedingungen im Allgemeinen nur dann nicht beachtet oder nachträglich geändert werden, wenn dies im Interesse beider Seiten liegt. Eine solche Divergenz der Interessen besteht im Fall verbundener Unternehmen jedoch möglicherweise nicht bzw. kann gegebenenfalls in einer Weise überwunden werden, die durch die zwischen den verbundenen Unternehmen bestehende Beziehung erleichtert wird, anstatt ausschließlich oder hauptsächlich durch vertragliche Vereinbarungen. Wenn die Gegebenheiten des Einzelfalls von den schriftlichen Bedingungen der Vereinbarung zwischen den Beteiligten abweichen oder wenn keine schriftlichen Bedingungen existieren, sollte daher das Nichtvorhandensein oder Vorhandensein einer Entschädigungsklausel (und deren Inhalt) aus dem Verhalten der Beteiligten abgeleitet werden. Beispielsweise könnte es sein, dass auf der Grundlage der Gegebenheiten des Einzelfalls und des tatsächlichen Verhaltens der verbundenen Unternehmen festgestellt wird, dass die Laufzeit der Vereinbarung länger ist als im schriftlichen Vertrag festgelegt, womit der gekündigte Beteiligte im Fall einer vorzeitigen Kündigung Anspruch auf Entschädigung hätte.

9.83. Wenn ermittelt wurde, ob eine Entschädigungsklausel zugunsten des umstrukturierten Unternehmens für den Fall der Auflösung, Nichtverlängerung oder wesentlichen Neuverhandlung der Vereinbarungen vorhanden ist, sollte sich die Analyse der Frage zuwenden, ob diese Entschädigungsklausel und ihr Inhalt (bzw. ihr Nichtvorhandensein) fremdvergleichskonform ist. Wenn vergleichbare Daten das Vorhandensein (bzw. Nichtvorhandensein) einer ähnlichen Entschädigungsklausel in einer vergleichbaren Situation bestätigen, kann das Vorhandensein (bzw. Nichtvorhandensein) einer solchen Entschädigungsklausel im konzerninternen Geschäftsvorfall als fremdvergleichskonform betrachtet werden.

9.84. In den Fällen hingegen, in denen sich keine vergleichbaren Daten finden lassen, sollte die Entscheidung darüber, ob die Entschädigungsklausel (bzw. deren Nichtvorhandensein) fremdvergleichskonform ist, die Rechte und sonstigen Vermögenswerte der Beteiligten im Zeitpunkt des Abschlusses der Vereinbarung sowie ihrer Auflösung oder Neuverhandlung berücksichtigen. Dabei könnte sich auch eine Untersuchung der den Beteiligten realistischerweise zur Verfügung stehenden Alternativen als zweckmäßig erweisen, da es in einigen Situationen sein kann, dass sich einem unabhängigen Unternehmen unter vergleichbaren Umständen realistischerweise keine Alternative geboten hätte, die eindeutig attraktiver gewesen wäre, als die Bedingungen der Auflösung bzw. wesentlichen Neuverhandlung des Vertrags zu akzeptieren. Hier sind die Leitlinien in Abschnitt D von Kapitel I sowie die Leitlinien in Abschnitt B dieses Teils zu beachten..

9.85. Für die Prüfung der Frage, ob die Bedingungen einer Vereinbarung im Hinblick auf eine Entschädigungsklausel dem Fremdvergleichsgrundsatz entsprechen, ist es möglicherweise auch erforderlich, sowohl die Vergütung für die Geschäftsvorfälle, die Gegenstand der Vereinbarung sind, als auch die finanziellen Bedingungen der Auflösung der Vereinbarung zu untersuchen, da beides miteinander zusammenhängen kann. Der Inhalt einer Kündigungsklausel (bzw. deren Nichtvorhandensein) kann in der Tat ein wesentliches Element der Funktionsanalyse der Geschäftsvorfälle und insbesondere der Analyse der von den Beteiligten getragenen Risiken sein und wird deshalb bei der Bestimmung der fremdvergleichskonformen Vergütung der Geschäftsvorfälle zu berücksichtigen sein. Desgleichen wird die Vergütung der Geschäftsvorfälle Auswirkungen darauf haben, ob die Bedingungen der Auflösung der Vereinbarung dem Fremdvergleichsgrundsatz entsprechen.

9.86. Umstrukturierungen der Geschäftstätigkeit können dazu führen, dass Arbeitsverträge von Belegschaftsmitgliedern aufgelöst werden. Diesbezüglich sollten bei der Prüfung, ob die Umstrukturierung unter fremdvergleichskonformen Bedingungen erfolgte, die Gegebenheiten und Umstände im Zusammenhang mit der betreffenden Mitarbeitergruppe vor und nach der Umstrukturierung berücksichtigt werden, darunter die Frage, ob bei der Auflösung der Vereinbarungen zwischen den verbundenen Unternehmen etwas Werthaltiges übertragen wurde und ob beispielsweise die Arbeitsverträge der Mitarbeiter implizite oder explizite vertragliche Beschränkungen (z. B. Wettbewerbsverbotsklauseln) enthielten, was in der Höhe einer etwaigen Entschädigung zum Ausdruck kommen sollte, die dem Beteiligten gezahlt werden sollte, der die betreffenden Tätigkeiten zuvor über diese Mitarbeiter durchführte.

9.87. Eine Situation, die besondere Aufmerksamkeit verdient, ist der Fall, in dem der nunmehr aufgelöste Vertrag von einem der Unternehmen erforderte, eine erhebliche Investition zu tätigen, bei der nur im Fall einer längeren Vertragslaufzeit ein fremdvergleichskonformer Ertrag zu erwarten war. Für die Vertragspartei, die die Investition tätigte, entstand dadurch ein finanzielles Risiko für den Fall einer Vertragskündigung vor Ablauf dieses Zeitraums. Die Höhe dieses Risikos hängt davon ab, ob die Investition stark spezialisiert war oder ob sie (u. U. mit gewissen Anpassungen) auch für andere Kunden genutzt werden konnte. Handelte es sich um ein wesentliches Risiko, wäre es für unabhängige Unternehmen unter vergleichbaren Umständen vernünftig gewesen, dieses Risiko bei der Aushandlung des Vertrags zu berücksichtigen.

9.88. Ein Beispiel dafür wäre ein Fertigungsvertrag zwischen verbundenen Unternehmen, der vom Fertigungsunternehmen verlangt, in eine neue Produktionsstätte zu investieren. Angenommen, das Fertigungsunternehmen kann sich im Zeitpunkt des Vertragsabschlusses berechtigterweise einen fremdvergleichskonformen Ertrag aus dieser Investition erhoffen, vorausgesetzt der Vertrag bleibt mindestens fünf Jahre bestehen, es werden mindestens × Einheiten pro Jahr produziert und die Vergütung für die Produktionstätigkeit wird auf einer Basis berechnet (z. B. USD/Einheit), bei der effektiv mit einem fremdvergleichskonformen Ertrag aus der Gesamtinvestition in die neue Produktionsstätte zu rechnen ist. Angenommen, nach drei Jahren kündigt das verbundene Unternehmen den Vertrag im Einklang mit den Vertragsbestimmungen im Kontext einer konzernweiten Umstrukturierung der Fertigungstätigkeiten auf. Angenommen, die Produktionsstätte ist hochspezialisiert und dem Fertigungsunternehmen bleibt nach der Kündigung des Vertrags keine andere Wahl, als die Aktiva abzuschreiben.

9.89. Unter fremdvergleichskonformen Bedingungen könnte das Fertigungsunternehmen die mit der Investition verbundenen Risiken durch Folgendes verringern:

- Ergänzung des Vertrags um eine entsprechende Entschädigungsklausel oder Strafbestimmung für den Fall einer vorzeitigen Vertragsauflösung oder um eine Option, die es der investierenden Vertragspartei gestattet, die Investition zu einem festgelegten Preis an die andere Vertragspartei zu übertragen, falls die Investition für erstere aufgrund der vorzeitigen Vertragsauflösung durch letztere nutzlos wird.

- Berücksichtigung des mit der möglichen Vertragsauflösung verbundenen Risikos bei der Bestimmung der Vergütung der durch den Vertrag geregelten Tätigkeiten (z. B. Berücksichtigung des Risikos bei der Bestimmung der Vergütung für die Fertigungsaktivitäten in Fällen, in denen vergleichbare Geschäftsvorfälle zwischen fremden Dritten mit vergleichbaren Risiken ermittelt werden können, etwa durch eine degressive Vergütungsstruktur). In einem solchen Fall akzeptiert die Vertragspartei, die die Investition tätigt, bewusst das Risiko und erhält dafür eine Vergütung; eine gesonderte Entschädigung im Fall der Vertragsauflösung erscheint nicht notwendig.

9.90. Generell ist es nur dann relevant, Maßnahmen zur Minderung des mit der Investition eines Fertigungsunternehmens verbundenen Risikos zu berücksichtigen, wenn das Fertigungsunternehmen dieses Risiko trägt. In der Praxis dürfte bei einer Investition eines verbundenen Unternehmens in eine Produktionsanlage in Fällen, in denen die Fähigkeit des Unternehmens zur Erwirtschaftung von Erträgen gänzlich von einem anderen verbundenen Unternehmen abhängt, eine eingehende Prüfung erforderlich sein, um die Risiken zu bestimmen und festzustellen, wie diese Risiken kontrolliert werden. Wie in Beispiel 2 in Ziffer 1.84 und 1.102 dargelegt, werden in Fällen, in denen signifikante mit der Erwirtschaftung eines Ertrags aus den Fertigungsaktivitäten verbundene Risiken gänzlich von einem anderen Unternehmen kontrolliert werden (das auch über die finanzielle Kapazität verfügt, diese Risiken zu übernehmen), diesem anderen Unternehmen die positiven und negativen Konsequenzen besagter Risiken zugeordnet, einschließlich Unterauslastung, Abschreibungen und Schließungskosten. In diesem Fall sollte das Fertigungsunternehmen die finanziellen Konsequenzen einer vorzeitigen Kündigung nicht zu tragen haben, da es die wirtschaftlich signifikanten Risiken, die zur Stilllegung der Produktionsanlage beitrugen, nicht kontrollierte, und es würde in einem solchen Fall auch nicht von ihm erwartet, Risiken zu mindern, die es in Wirklichkeit nicht übernommen hat.

9.91. Eine ähnliche Frage kann sich stellen, wenn eine der Vertragsparteien Entwicklungsanstrengungen unternommen hat, die in der Anfangsphase zu Verlusten geführt oder nur geringe Erträge erbracht haben, während für den Zeitraum nach der Vertragsauflösung überdurchschnittliche Erträge zu erwarten gewesen wären. In einem solchen Fall müssen die tatsächlichen Vereinbarungen sehr sorgfältig analysiert werden, um zu bestimmen, ob diese Vertragspartei der Sache nach an den Ergebnissen der Entwicklungstätigkeit beteiligt ist oder lediglich akzeptiert hat, erst zu einem späteren Zeitpunkt bezahlt zu werden. Für die Durchführung der Analyse sind die Leitlinien zur Kontrolle des Risikos in Kapitel I Abschnitt D.1.2.1 maßgeblich. Wenn die Vertragspartei die Risiken kontrolliert, dürfte zu erwarten sein, dass sie versucht, sich durch Straf- oder Entschädigungsbestimmungen gegen das Risiko nicht einbringbarer Kosten abzusichern. Wenn die Vertragspartei dieses Risiko nicht kontrolliert, ist es unwahrscheinlich, dass die Bedingungen fremdvergleichskonform sind.

9.92. In Fällen, in denen die zwischen verbundenen Unternehmen vereinbarten oder auferlegten Bedingungen in Bezug auf die Auflösung, Nichtverlängerung oder wesentliche Neuverhandlung der bestehenden Vereinbarungen von den Bedingungen abweichen, die unabhängige Unternehmen miteinander vereinbaren würden, dürfen die Gewinne, die eines der Unternehmen ohne diese Bedingungen erzielt hätte, wegen dieser Bedingungen aber nicht erzielt hat, den Gewinnen dieses Unternehmens zugerechnet und entsprechend besteuert werden.

F.3. Welcher Beteiligte sollte letztlich die Kosten tragen, die mit der Entschädigung des durch die Auflösung oder Neuverhandlung der Vereinbarung beeinträchtigten Beteiligten verbunden sind?

9.93. Die Verrechnungspreisanalyse der Fremdvergleichskonformität der Bedingungen der Auflösung oder wesentlichen Neuverhandlung einer Vereinbarung sollte sowohl den Standpunkt des übertragenden Unternehmens als auch den des übernehmenden Unternehmens berücksichtigen. Die Berücksichtigung der Sichtweise des übernehmenden Unternehmens ist wichtig, sowohl um gegebenenfalls die Höhe der fremdvergleichskonformen Entschädigung zu bewerten als auch um zu entscheiden, welcher Beteiligte dafür aufkommen sollte. Es ist nicht möglich, hierauf eine für alle Fälle gültige Antwort zu geben, da dazu jeweils die Gegebenheiten und Umstände des Einzelfalls zu berücksichtigen sind, insbesondere die Rechte und sonstigen Vermögenswerte der Beteiligten, die von den Beteiligten übernommenen Risiken, die wirtschaftlichen Beweggründe für die Vertragsauflösung, die Frage, für welchen bzw. welche Beteiligte die Vertragsauflösung von Vorteil sein dürfte, sowie die Alternativen, die den Beteiligten realistischerweise zur Verfügung stehen. Dies lässt sich folgendermaßen veranschaulichen.

9.94. Angenommen, zwischen zwei verbundenen Unternehmen A und B besteht ein Fertigungsvertrag, der von A gekündigt wird (B ist das Fertigungsunternehmen). Angenommen, A beschließt, ein anderes verbundenes Fertigungsunternehmen C mit der Fertigungstätigkeit zu beauftragen, die zuvor von B wahrgenommen wurde. Wie unter Ziffer 9.78 ausgeführt, sollte nicht davon ausgegangen werden, dass bei allen Auflösungen oder wesentlichen Neuverhandlungen von Verträgen nach dem Fremdvergleichsgrundsatz ein Anspruch auf Entschädigung besteht. Angenommen, nach den Leitlinien in obigem Abschnitt wird festgestellt, dass B in diesem konkreten Fall unter fremdüblichen Bedingungen in der Lage wäre, eine Entschädigung für die Nachteile zu verlangen, die ihm durch die Kündigung entstehen. Dabei stellt sich die Frage, welcher Beteiligte letztlich für die an B zu entrichtende Entschädigung aufkommen sollte: A (d. h. das Unternehmen, das den Vertrag kündigt), C (d. h. das Unternehmen, das die zuvor von B wahrgenommene Fertigungstätigkeit übernimmt) oder ein anderes Unternehmen des multinationalen Konzerns, das von der Umstrukturierung profitiert. Die Analyse sollte mit der sachgerechten Abgrenzung der tatsächlichen Geschäftsvorfälle beginnen, die die Umstrukturierung der Geschäftstätigkeit ausmachen, und wirtschaftlich damit zusammenhängende Geschäftsvorfälle mit anderen Unternehmen des multinationalen Konzerns berücksichtigen, die bei der Abgrenzung des konzerninternen Geschäftsvorfalls helfen könnten (vgl. Ziffer 1.36–1.38).

9.95. Es kann Situationen geben, in denen Unternehmen A unter fremdüblichen Bedingungen bereit wäre, die Kosten der Entschädigung zu tragen, z. B. weil es damit rechnet, dass die Kündigung des Vertrags mit B es ihm gestattet, durch die neue Produktionsvereinbarung mit C Kosteneinsparungen zu erzielen, und der Gegenwartswert der erwarteten Kosteneinsparungen höher ist als die zu zahlende Entschädigung.

9.96. Es kann Situationen geben, in denen Unternehmen C bereit wäre, vorab eine Vergütung zu zahlen, um die Rechte an dem Fertigungsvertrag von A zu erhalten, z. B. wenn der Gegenwartswert der durch den neuen Fertigungsvertrag voraussichtlich zu erzielenden Gewinne diese Investition für C rentabel macht.In solchen Fällen kann die Zahlung durch Unternehmen C auf verschiedene Weise erfolgen, z. B. könnte C den Betrag direkt an A entrichten oder A indirekt vergüten, indem es der Entschädigungspflicht von A gegenüber B nachkommt. Es ist auch möglich, dass C eine Zahlung an Unternehmen B tätigt, beispielsweise wenn B über bestimmte Rechte verfügte und von C für die Übertragung dieser Rechte bezahlt wird.

9.97. Es kann ferner Fälle geben, in denen A und C unter fremdüblichen Bedingungen bereit wären, die Kosten der Entschädigung zu teilen. In Fällen, in denen die mit der Umstrukturierung einhergehenden Vorteile einem anderen Unternehmen des multinationalen Konzerns zugutekommen, kann u. U. dieses andere Unternehmen – entweder direkt oder indirekt – die Kosten der Entschädigung tragen.

Teil II: Vergütung für konzerninterne Geschäftsvorfälle nach einer Umstrukturierung der Geschäftstätigkeit

A. Umstrukturierung versus Neuaufnahme einer Geschäftstätigkeit

A.1. Allgemeiner Grundsatz: keine unterschiedliche Anwendung des Fremdvergleichsgrundsatzes

9.98. Der Fremdvergleichsgrundsatz und diese Leitlinien werden auf Geschäftsvorfälle, die nach einer Umstrukturierung der Geschäftstätigkeit stattfinden, nicht anders angewendet und sollten auch nicht anders angewendet werden als auf Geschäftsvorfälle, die bei der Neuaufnahme einer Geschäftstätigkeit entsprechend strukturiert werden. Andernfalls käme es zu Wettbewerbsverzerrungen zwischen bereits bestehenden Unternehmen, die ihre Tätigkeiten umstrukturieren, und neuen Marktteilnehmern, die das gleiche Geschäftsmodell verwirklichen, ohne eine Umstrukturierung vornehmen zu müssen.

9.99. Vergleichbare Situationen müssen gleich behandelt werden, unabhängig davon ob sie auf die Umstrukturierung einer bereits zuvor bestehenden Geschäftstätigkeit zurückzuführen sind oder nicht. Die Auswahl und praktische Anwendung einer geeigneten Verrechnungspreismethode muss auf den wirtschaftlich relevanten Merkmalen des Geschäftsvorfalls beruhen, anhand derer die sachgerechte Abgrenzung des tatsächlichen Geschäftsvorfalls erfolgt.

9.100. Umstrukturierungen der Geschäftstätigkeit sind jedoch mit Veränderungen verbunden, und der Fremdvergleichsgrundsatz muss nicht nur auf die Geschäftsvorfälle nach der Umstrukturierung angewendet werden, sondern auch auf zusätzliche Geschäftsvorfälle, die die Umstrukturierung der Geschäftstätigkeit ausmachen. Die Anwendung des Fremdvergleichsgrundsatzes auf diese zusätzlichen Geschäftsvorfälle wird in Teil I dieses Kapitels erörtert.

9.101. Die Vergleichbarkeitsanalyse einer Vereinbarung, die das Resultat einer Umstrukturierung ist, könnte zudem gegenüber der Vergleichbarkeitsanalyse einer Vereinbarung, die bei der Neuaufnahme einer Geschäftstätigkeit entsprechend strukturiert wurde, einige sachverhaltsbezogene Unterschiede aufweisen, wie im Folgenden erörtert wird. Diese sachverhaltsbezogenen Unterschiede wirken sich zwar nicht auf den Fremdvergleichsgrundsatz oder die Art und Weise aus, wie diese Leitlinien zu interpretieren und anzuwenden sind, sie können sich jedoch auf die Vergleichbarkeitsanalyse und damit auf das Ergebnis der Anwendung dieser Leitlinien auswirken. Siehe Abschnitt D zum Vergleich der Situation vor und nach der Umstrukturierung.

A.2. Mögliche sachverhaltsbezogene Unterschiede zwischen aus einer Umstrukturierung der Geschäftstätigkeit und vergleichbaren aus der Neuaufnahme einer Geschäftstätigkeit resultierenden Situationen

9.102. Wenn eine Vereinbarung zwischen verbundenen Unternehmen an die Stelle einer bereits bestehenden Vereinbarung tritt (Umstrukturierung der Geschäftstätigkeit), können sachverhaltsbezogene Unterschiede zwischen der Ausgangslage des umstrukturierten Unternehmens und der Lage eines neu gegründeten Unternehmens bestehen. Manchmal wird die nach der Umstrukturierung geltende Vereinbarung zwischen Beteiligten ausgehandelt, die bereits zuvor vertragliche und kaufmännische Beziehungen unterhielten. In einer solchen Situation kann dies – je nach den Gegebenheiten und Umständen des Einzelfalls und insbesondere den Rechten und Pflichten der Beteiligten aufgrund der früheren Vereinbarungen – Einfluss auf die Möglichkeiten haben, über die die Beteiligten realistischerweise bei der Aushandlung der Bedingungen der neuen Vereinbarung verfügen, und damit auch auf die Bedingungen der Umstrukturierung der Geschäftstätigkeit und der nach der Umstrukturierung bestehenden Vereinbarungen (vgl. Ziffer 9.27–9.31 wegen einer Erörterung der realistischerweise zur Verfügung stehenden Alternativen im Zusammenhang mit der Bestimmung der fremdvergleichskonformen Vergütung für die Umstrukturierung der Geschäftstätigkeit als solche). Als Beispiel sei angenommen, dass ein Beteiligter in der Vergangenheit gute Ergebnisse als Eigenhändler erzielt und eine ganze Reihe von Marketing- und Vertriebsfunktionen wahrgenommen hat, wertvolle immaterielle Marketingwerte genutzt und entwickelt und eine Reihe von Risiken im Zusammenhang mit seiner Geschäftstätigkeit übernommen hat, wie z. B. Lagerhaltungsrisiken, Forderungsausfallrisiken und Marktrisiken. Angenommen, sein Vertriebsvertrag wird neu verhandelt und in einen risikoarmen Vertriebsvertrag geändert, dem zufolge er begrenzte Marketingaktivitäten unter der Aufsicht eines ausländischen verbundenen Unternehmens ausübt, begrenzte immaterielle Marketingwerte einsetzt und im Rahmen seiner Beziehung zu dem ausländischen verbundenen Unternehmen und den Kunden begrenzte Risiken übernimmt. In einem solchen Fall befände sich das umstrukturierte Vertriebsunternehmen nicht in derselben Situation wie ein neu gegründetes Vertriebsunternehmen.

9.103. In Fällen, in denen die Beteiligten vor und nach der Umstrukturierung der Geschäftstätigkeit in einer laufenden Geschäftsbeziehung miteinander stehen, besteht zwischen den Bedingungen der Geschäftstätigkeit vor der Umstrukturierung und/oder denen der Umstrukturierung als solcher einerseits und den Bedingungen der nach der Umstrukturierung der Geschäftstätigkeit geltenden Vereinbarungen andererseits möglicherweise eine Wechselwirkung, wie nachstehend in Abschnitt C erörtert.

9.104. Einige Unterschiede zwischen der Ausgangslage des umstrukturierten Unternehmens und der Lage eines neu gegründeten Unternehmens können mit der bereits etablierten Marktpräsenz des umstrukturierten Unternehmens zusammenhängen. Vergleicht man beispielsweise die Situation eines seit Langem bestehenden Eigenhändlers, der in ein risikoarmes Vertriebsunternehmen umgewandelt wird, mit der Situation eines risikoarmen Vertriebsunternehmens, das auf einem Markt tätig wird, auf dem der Konzern zuvor nicht über eine kommerzielle Präsenz verfügte, sind möglicherweise Bemühungen zur Markterschließung vonseiten des neuen Marktteilnehmers erforderlich, die sich für das umstrukturierte Unternehmen erübrigen. Dies kann sich auf die Vergleichbarkeitsanalyse und die Bestimmung der fremdvergleichskonformen Vergütung in den beiden Situationen auswirken.

9.105. Vergleicht man eine Situation, in der ein seit Langem bestehender Eigenhändler in ein risikoarmes Vertriebsunternehmen umgewandelt wird, mit der Situation eines risikoarmen Vertriebsunternehmens, das genauso lange auf dem Markt präsent ist, können ebenfalls Unterschiede bestehen, da der Eigenhändler vor seiner Umstrukturierung bestimmte Funktionen ausgeübt, bestimmte Ausgaben (z. B. Marketingausgaben) getragen, bestimmte Risiken übernommen und zur Entwicklung bestimmter immaterieller Werte beigetragen haben könnte, die das seit Langem bestehende risikoarme Vertriebsunternehmen möglicherweise nicht ausgeübt, getragen oder übernommen hat bzw. zu denen es keinen Beitrag geleistet hat. Es stellt sich die Frage, ob sich solche zusätzlichen Funktionen, Vermögenswerte und Risiken nach dem Fremdvergleichsgrundsatz lediglich auf die Vergütung des Vertriebsunternehmens vor seiner Umwandlung auswirken sollten, ob sie bei der Ermittlung der Vergütung der Übertragungen berücksichtigt werden sollten, die im Zuge der Umwandlung erfolgen (und gegebenenfalls auf welche Art und Weise), ob sie sich auf die Vergütung des umstrukturierten risikoarmen Vertriebsunternehmens auswirken sollten (und gegebenenfalls auf welche Art und Weise) oder ob eine Kombination dieser drei Möglichkeiten sinnvoll ist. Wird beispielsweise festgestellt, dass der Eigenhändler aufgrund seiner Geschäftstätigkeit vor der Umstrukturierung bestimmte immaterielle Werte besitzt, wohingegen dies bei dem seit Langem etablierten risikoarmen Vertriebsunternehmen nicht der Fall ist, kann der Fremdvergleichsgrundsatz erfordern, dass diese immateriellen Werte entweder im Zuge der Umstrukturierung vergütet werden, wenn sie vom Eigenhändler an ein ausländisches verbundenes Unternehmen übertragen werden, oder bei der Ermittlung der fremdvergleichskonformen Vergütung der Geschäftstätigkeit nach der Umstrukturierung berücksichtigt werden, wenn sie nicht übertragen werden (vgl. Abschnitt E.2 von Teil I weiter oben sowie Kapitel VI).

9.106. Wenn eine Umstrukturierung der Geschäftstätigkeit die Übertragung von Risiken an ein ausländisches verbundenes Unternehmen beinhaltet, die zuvor von einem Steuerpflichtigen getragen wurden, sollte untersucht werden, ob die Übertragung der Risiken lediglich die künftigen Risiken betrifft, die sich aus der Geschäftstätigkeit nach der Umstrukturierung ergeben, oder auch die Risiken, die zum Zeitpunkt der Umstrukturierung aufgrund der Geschäftstätigkeit vor der Umstrukturierung bestehen, d. h., es kann ein Abgrenzungsproblem vorliegen. Als Beispiel sei angenommen, dass ein Vertriebsunternehmen Forderungsausfallrisiken getragen hat, die es nach seiner Umwandlung in ein risikoarmes Vertriebsunternehmen nicht mehr trägt, und dass das Unternehmen mit einem seit Langem bestehenden risikoarmen Vertriebsunternehmen verglichen wird, das nie selbst Forderungsausfallrisiken getragen hat. Für den Vergleich der beiden Situationen kann es wichtig sein, auf Basis von Kapitel I Abschnitt D.1.2.1 zu untersuchen, ob das durch die Umstrukturierung entstehende risikoarme Vertriebsunternehmen die Forderungsausfallrisiken, die vor der Umstrukturierung der Geschäftstätigkeit entstanden sind, als es noch als Eigenhändler tätig war, weiterhin trägt oder ob sämtliche Forderungsausfallrisiken, einschließlich derjenigen, die zum Zeitpunkt der Umstrukturierung bestanden, übertragen wurden.

9.107. Die gleichen Anmerkungen und Fragen gelten für andere Formen von Umstrukturierungen, darunter andere Formen der Umstrukturierung von Vertriebsaktivitäten ebenso wie Umstrukturierungen von Fertigungstätigkeiten, Forschungs- und Entwicklungstätigkeiten oder anderen Dienstleistungstätigkeiten.

B. Anwendung auf Umstrukturierungen der Geschäftstätigkeit: Auswahl und Anwendung einer Verrechnungspreismethode für die konzerninternen Geschäftsvorfälle nach einer Umstrukturierung

9.108. Die Auswahl und Anwendung einer Verrechnungspreismethode für die konzerninternen Geschäftsvorfälle nach einer Umstrukturierung der Geschäftstätigkeit muss auf der Analyse der wirtschaftlich relevanten Merkmale des sachgerecht abgegrenzten konzerninternen Geschäftsvorfalls beruhen. Es ist wesentlich zu verstehen, welche Funktionen, Vermögenswerte und Risiken mit den Geschäftsvorfällen nach der Umstrukturierung verbunden sind und von welchem Beteiligten sie ausgeübt, genutzt bzw. übernommen werden. Hierfür müssen Informationen über die Funktionen, Vermögenswerte und Risiken beider an einem Geschäftsvorfall beteiligten Unternehmen zur

Verfügung stehen, z. B. des umstrukturierten Unternehmens und des ausländischen verbundenen Unternehmens, mit dem es in Geschäftsbeziehungen steht. Die Analyse sollte über die bloße Bezeichnung des umstrukturierten Unternehmens hinausgehen, da bei einem Unternehmen, das als „Kommissionär“ oder „risikoarmes Vertriebsunternehmen“ bezeichnet wird, manchmal festzustellen ist, dass es wertvolle inländische immaterielle Werte besitzt und weiterhin erhebliche Marktrisiken trägt, und bei einem Unternehmen, das als „Auftragsfertiger“ bezeichnet wird, manchmal festzustellen ist, dass es erhebliche Entwicklungstätigkeiten betreibt oder einzigartige immaterielle Werte besitzt und nutzt. Besondere Aufmerksamkeit sollte sich in Situationen nach einer Umstrukturierung auf die Ermittlung der wertvollen immateriellen Werte und der wirtschaftlich signifikanten Risiken richten, die effektiv beim umstrukturierten Unternehmen verbleiben (gegebenenfalls einschließlich inländischer nicht geschützter immaterieller Werte); gleiches gilt für die Frage, ob diese Aufteilung immaterieller Werte und Risiken dem Fremdvergleichsgrundsatz entspricht. Die Form der Vergütung kann keine unangemessenen Risikozuordnungen bedingen. Es ist die Klärung der Frage, wie die Beteiligten die Risiken tatsächlich kontrollieren und ob sie über die finanzielle Kapazität verfügen, die Risiken zu übernehmen, wie in den Leitlinien für die Risikoanalyse in Kapitel I dargelegt, die ausschlaggebend für die Bestimmung der Risikoübernahme durch die Beteiligten und folglich die Auswahl der am besten geeigneten Verrechnungspreismethode ist. Fragen bezüglich der Risiken und der immateriellen Werte werden in Teil I dieses Kapitels erörtert.

9.109. Die nach einer Umstrukturierung geltenden Vereinbarungen können im Hinblick auf die Ermittlung potenzieller Vergleichswerte gewisse Herausforderungen mit sich bringen, wenn mit der Umstrukturierung ein Geschäftsmodell umgesetzt wird, das zwischen unabhängigen Unternehmen so kaum anzutreffen ist. Es gilt darauf hinzuweisen, dass die bloße Tatsache, dass eine bestimmte Art von Vereinbarung zwischen unabhängigen Unternehmen nicht zu beobachten ist, für sich genommen weder bedeutet, dass sie nicht fremdvergleichskonform ist, noch dass sie in kaufmännischer Hinsicht irrational wäre. Des Weiteren sollte alles getan werden, um den Preis für die Umstrukturierungsgeschäftsvorfälle nach sachgerechter Abgrenzung gemäß dem Fremdvergleichsgrundsatz zu bestimmen.

9.110. Es gibt Fälle, in denen Vergleichswerte (einschließlich interner Vergleichswerte) verfügbar sind, wobei jedoch möglicherweise Vergleichbarkeitsanpassungen vorzunehmen sind. Ein Beispiel für eine mögliche Anwendung der Preisvergleichsmethode wäre der Fall, in dem ein Unternehmen erworben wird, das bisher selbstständig Geschäfte mit dem multinationalen Konzern getätigt hat, und auf den Erwerb dieses Unternehmens eine Umstrukturierung der nunmehr konzerninternen Geschäftsvorgänge folgt. Vorbehaltlich einer Prüfung der fünf wirtschaftlich relevanten Merkmale oder

Vergleichbarkeitsfaktoren sowie des möglichen Effekts der Tatsache, dass die konzerninternen Geschäftsvorfälle und die Fremdgeschäftsvorfälle zu verschiedenen Zeitpunkten stattfinden, könnte es sein, dass sich die Bedingungen der Fremdgeschäftsvorfälle vor dem Erwerb des Unternehmens für einen Preisvergleich mit den konzerninternen Geschäftsvorfällen nach dessen Erwerb nutzen lassen. Selbst wenn die Bedingungen der Geschäftsvorfälle geändert werden, könnte es je nach den Gegebenheiten und Umständen des Einzelfalls möglich sein, Anpassungen zur Berücksichtigung der Übertragung von Funktionen, Vermögenswerten und/oder Risiken vorzunehmen, die im Zuge der Umstrukturierung erfolgt ist. So ließe sich beispielsweise eine Vergleichbarkeitsanpassung durchführen, um der Tatsache Rechnung zu tragen, dass ein anderes Unternehmen das Forderungsausfallrisiko übernimmt.

9.111. Ein weiteres Beispiel für eine mögliche Anwendung der Preisvergleichsmethode wäre der Fall, dass unabhängige Unternehmen Fertigungs-, Vertriebs- oder Dienstleistungstätigkeiten anbieten, die mit denen der umstrukturierten Tochtergesellschaft vergleichbar sind. Angesichts der aktuellen Entwicklung hin zur Auslagerung von Geschäftstätigkeiten könnte es in bestimmten Fällen möglich sein, im Zusammenhang mit der Auslagerung bestimmter Tätigkeiten stattfindende Geschäftsvorfälle zwischen unabhängigen Unternehmen zu finden, die als Grundlage für die Anwendung der Preisvergleichsmethode dienen können, um die fremdübliche Vergütung für konzerninterne Geschäftsvorfälle nach einer Umstrukturierung zu ermitteln. Dies ist natürlich an die Bedingung geknüpft, dass die im Zusammenhang mit der Auslagerung von Tätigkeiten stattfindenden Geschäftsvorfälle als Fremdgeschäftsvorfälle betrachtet werden können und die Prüfung der fünf wirtschaftlich relevanten Merkmale oder Vergleichbarkeitsfaktoren mit hinreichender Sicherheit ergibt, dass entweder kein wesentlicher Unterschied zwischen den Bedingungen der im Zusammenhang mit der Auslagerung der Tätigkeiten stattfindenden Fremdgeschäftsvorfälle und den Bedingungen der konzerninternen Geschäftsvorfälle nach der Umstrukturierung besteht oder dass hinreichend verlässliche Anpassungen vorgenommen werden können (und tatsächlich vorgenommen werden), um solche Unterschiede zu beseitigen.

9.112. Immer wenn Vergleichswerte herangezogen werden, muss sichergestellt werden, dass eine Vergleichbarkeitsanalyse der konzerninternen Geschäftsvorfälle und der Fremdgeschäftsvorfälle durchgeführt wird, um gegebenenfalls vorhandene wesentliche Unterschiede zwischen den konzerninternen Geschäftsvorfällen und den Fremdgeschäftsvorfällen zu ermitteln und – sofern erforderlich und möglich – entsprechende Anpassungen vorzunehmen. Insbesondere kann die Vergleichbarkeitsanalyse aufzeigen, dass das umstrukturierte Unternehmen weiterhin wertvolle und bedeutende Funktionen erfüllt und/oder dass inländische immaterielle Werte und/oder wirtschaftlich signifikante Risiken vorhanden sind, die nach der Umstrukturierung bei diesem Unternehmen (der sog. „Stripped Entity“) verbleiben, die in den herangezogenen Vergleichsunternehmen jedoch nicht festzustellen sind. Vgl. Abschnitt A zu möglichen Unterschieden zwischen umstrukturierten Geschäftstätigkeiten und der Neuaufnahme einer Geschäftstätigkeit.

9.113. Die Ermittlung potenzieller Vergleichsgeschäftsvorfälle muss mit dem Ziel erfolgen, die unter den Umständen des Einzelfalls jeweils verlässlichsten Vergleichswerte zu finden, wobei den Einschränkungen Rechnung getragen werden sollte, die im Hinblick auf die Verfügbarkeit von Informationen und die damit verbundenen Befolgungskosten bestehen können (vgl. Ziffer 3.2 und 3.80). Es wird anerkannt, dass die Daten nicht immer vollkommen sein können. Auch gibt es Fälle, in denen sich keine Vergleichswerte finden lassen, beispielsweise wenn die Umstrukturierung dazu führt, dass integrierte Funktionen in einer Art und Weise auf mehrere Konzernunternehmen aufgeteilt werden, die zwischen fremden Dritten nicht anzutreffen ist. Das bedeutet nicht zwangsläufig, dass die Bedingungen des sachgerecht abgegrenzten konzerninternen Geschäftsvorfalls nicht fremdvergleichskonform sind. Ungeachtet der Schwierigkeiten, die sich bei der Suche nach Vergleichswerten ergeben können, muss eine vernünftige Lösung für alle Verrechnungspreisfälle gefunden werden. Nach Ziffer 2.2 sollte die Wahl der unter den Umständen des Einzelfalls am besten geeigneten Verrechnungspreismethode selbst in Fällen, in denen Vergleichswerte schwer zu finden und unvollkommen sind, mit der Art des konzerninternen Geschäftsvorfalls in Einklang stehen, die im Einzelnen durch eine Funktionsanalyse bestimmt wird.

C. Zusammenhang zwischen der Vergütung für die Umstrukturierung und der Vergütung nach der Umstrukturierung

9.114. In manchen Fällen kann zwischen der Vergütung für die Umstrukturierung und der fremdvergleichskonformen Vergütung für die Geschäftstätigkeiten nach der Umstrukturierung eine erhebliche Wechselbeziehung bestehen. Dies kann der Fall sein, wenn ein Steuerpflichtiger Geschäftstätigkeiten an ein verbundenes Unternehmen veräußert, mit dem er dann im Rahmen dieser Tätigkeiten in einer Geschäftsbeziehung steht. Ein Beispiel für eine solche Wechselwirkung findet sich in Ziffer 9.74 zur Auslagerung von Geschäftstätigkeiten.

9.115. Ein weiteres Beispiel wäre ein als Fertigungs- und Vertriebsunternehmen tätiger Steuerpflichtiger, der seine Geschäftstätigkeit umstrukturiert, indem er seine Vertriebstätigkeiten an ein ausländisches verbundenes Unternehmen veräußert, an das er künftig die von ihm gefertigten Güter verkauft. Das ausländische verbundene Unternehmen dürfte erwarten, dass es mit seiner Investition in den Erwerb und die Ausübung der Vertriebstätigkeit einen fremdüblichen Ertrag erzielen kann. In diesem Fall könnte der Steuerpflichtige mit dem ausländischen verbundenen Unternehmen vereinbaren, auf eine – nach dem Fremdvergleichsgrundsatz gegebenenfalls zu entrichtende – vollständige oder teilweise Vorabvergütung für die Geschäftstätigkeit zu verzichten, um stattdessen im Zeitverlauf einen vergleichbaren finanziellen Vorteil erhalten, indem er die von ihm gefertigten Güter zu höheren Preisen an das ausländische verbundene Unternehmen verkauft, als letzteres akzeptieren würde, wenn eine Vorabvergütung erfolgt wäre. Alternativ dazu könnten die Beteiligten vereinbaren, eine Vorabvergütung für die Umstrukturierung festzulegen, die zum Teil dadurch ausgeglichen wird, dass für die gefertigten Waren niedrigere zukünftige Verrechnungspreise vereinbart werden, als unter anderen Umständen festgelegt worden wären. Vgl. Teil I dieses Kapitels wegen einer Erörterung von Fällen, in denen nach dem Fremdvergleichsgrundsatz eine Vergütung für die Umstrukturierung als solche zu zahlen ist.

9.116. Anders ausgedrückt haben der Steuerpflichtige und das ausländische verbundene Unternehmen in diesem Fall, in dem der Steuerpflichtige als Zulieferer des ausländischen verbundenen Unternehmens eine bestehende Geschäftsbeziehung mit diesem Unternehmen fortsetzt, das seinerseits die zuvor durch den Steuerpflichtigen ausgeübte Tätigkeit fortführt, die Möglichkeit, durch diese Geschäftsbeziehung wirtschaftliche und geschäftliche Vorteile zu erlangen (z. B. in Form des Verkaufspreises für die Waren), die beispielsweise erklären können, weshalb von einer Vergütung in Form einer Vorabzahlung für die Übertragung der Geschäftstätigkeit abgesehen wird oder weshalb der künftige Verrechnungspreis für die Produkte möglicherweise von den Preisen abweicht, die ohne Umstrukturierung der Geschäftstätigkeit vereinbart worden wären. In der Praxis kann es jedoch schwierig sein, eine entsprechende Geschäftsbeziehung zu strukturieren und zu überwachen. Es steht den Steuerpflichtigen zwar frei, die Form der Vergütung – vorab oder zeitlich gestreckt – zu wählen, die Steuerverwaltungen werden bei der Prüfung solcher Vereinbarungen jedoch wissen wollen, wie sich eine gegebenenfalls fehlende Vergütung für die Umstrukturierung als solche auf die Vergütung für die Geschäftstätigkeit nach der Umstrukturierung ausgewirkt hat. Insbesondere würde die Steuerverwaltung in einem solchen Fall die Gesamtheit der Vereinbarungen untersuchen wollen und dabei eine separate Beurteilung der fremdvergleichskonformen Vergütung für die Umstrukturierung und für die Geschäftsvorfälle nach der Umstrukturierung anfordern.

D. Vergleich der Situation vor und nach der Umstrukturierung der Geschäftstätigkeit

9.117. Eine wichtige Frage ist, welche Bedeutung gegebenenfalls dem Vergleich der Gewinne zukommt, die ein an einem konzerninternen Geschäftsvorfall beteiligtes Unternehmen vor und nach der Umstrukturierung tatsächlich erzielt hat bzw. erzielt. Insbesondere stellt sich die Frage, ob es sachgerecht wäre, die Gewinne eines umstrukturierten Unternehmens nach der Umstrukturierung anhand seiner Gewinne vor der Umstrukturierung zu ermitteln, berichtigt um die Wirkung der Übertragung bzw. der Aufgabe bestimmter Funktionen, Vermögenswerte und Risiken.[5]

9.118. Ein wesentliches Problem solcher Vorher-Nachher-Vergleiche ist, dass ein Vergleich der Gewinne aus den konzerninternen Geschäftsvorfällen nach der Umstrukturierung mit den Gewinnen aus den konzerninternen Geschäftsvorfällen vor der Umstrukturierung nicht ausreicht, da Artikel 9 des OECD-Musterabkommens einen Vergleich mit Fremdgeschäftsvorfällen vorsieht. Vergleiche von konzerninternen Geschäftsvorfällen eines Steuerpflichtigen mit anderen konzerninternen Geschäftsvorfällen sind für die Anwendung des Fremdvergleichsgrundsatzes unerheblich und sollten daher weder von der Steuerverwaltung als Grundlage für eine Verrechnungspreiskorrektur noch von einem Steuerpflichtigen zur Rechtfertigung seiner Verrechnungspreispolitik verwendet werden.

9.119. Ein weiteres Problem im Hinblick auf Vorher-Nachher-Vergleiche ist die voraussichtliche Schwierigkeit, den Korb von Funktionen, Vermögenswerten und Risiken zu bewerten, den das umstrukturierte Unternehmen aufgegeben hat, wobei zu berücksichtigen ist, dass diese Funktionen, Vermögenswerte und Risiken nicht immer an einen anderen Beteiligten übertragen werden.

9.120. Allerdings können Vorher-Nachher-Vergleiche im Fall von Umstrukturierungen dabei helfen, die Umstrukturierung als solche zu verstehen, und Teil einer Vorher-Nachher-Vergleichbarkeitsanalyse (einschließlich Funktionsanalyse) sein, die es ermöglicht, die Veränderungen zu verstehen, auf die die Änderungen in der Aufteilung der Gewinne/Verluste zwischen den Beteiligten zurückzuführen sind. Tatsächlich können Informationen über die vor der Umstrukturierung bestehenden Vereinbarungen und über die Bedingungen der Umstrukturierung als solche von wesentlicher Bedeutung sein, um den Kontext zu verstehen, in dem die Vereinbarungen für die Zeit nach der Umstrukturierung geschlossen wurden, und um zu beurteilen, ob diese Vereinbarungen dem Fremdvergleichsgrundsatz entsprechen. Sie können ferner Aufschluss über die Alternativen geben, die dem umstrukturierten Unternehmen realistischerweise zur Verfügung standen.[6]

---

5. Dies ist eine andere Frage als die des Gewinnpotenzials, die in Teil I dieses Kapitels erörtert wird.
6. Vgl. Ziffer 9.27–9.31 wegen einer Erörterung der realistischerweise zur Verfügung stehenden Alternativen; vgl. auch Ziffer 9.102–9.106 wegen einer Erörterung möglicher sachverhaltsbezogener Unterschiede zwischen Situationen, die aus einer Umstrukturierung resultieren, und vergleichbaren Situationen, die sich aus der Neuaufnahme einer Geschäftstätigkeit ergeben, sowie der Art und Weise, wie sich solche Unterschiede auf die den Beteiligten bei der Aushandlung der Bedingungen der neuen Vereinbarung realistischerweise zur Verfügung stehenden Optionen

9.121. Die Analyse der Geschäftstätigkeit vor und nach der Umstrukturierung kann ergeben, dass zwar einige Funktionen, Vermögenswerte und Risiken übertragen wurden, andere Funktionen jedoch möglicherweise nach wie vor durch die Stripped Entity, ausgeübt werden. Ein typische Beispiel hierfür ist, dass dem Unternehmen im Rahmen der Umstrukturierung vorgeblich immaterielle Werte oder Risiken abgenommen werden (*stripped*), dass das Unternehmen nach der Umstrukturierung aber weiterhin einige oder alle der zuvor von ihm ausgeübten Funktionen wahrnimmt. Allerdings übt es diese Funktionen nach der Umstrukturierung auf Vertragsbasis für ein ausländisches verbundenes Unternehmen aus. Mit der sachgerechten Abgrenzung des tatsächlichen Geschäftsvorfalls zwischen dem ausländischen verbundenen Unternehmen und der Stripped Entity werden die tatsächlichen kaufmännischen oder finanziellen Beziehungen zwischen ihnen ermittelt und die Frage geklärt, ob die Vertragsbedingungen mit dem Verhalten der Beteiligten und den anderen Gegebenheiten des Einzelfalls in Einklang stehen. Die fremdvergleichskonforme Vergütung der einzelnen Beteiligten sollte den tatsächlich von ihnen ausgeübten Funktionen, genutzten Vermögenswerten und übernommenen Risiken nach der Umstrukturierung entsprechen.

9.122. Angenommen, ein multinationaler Konzern fertigt und vertreibt Produkte, deren Wert nicht durch ihre technischen Merkmale, sondern durch den Wiedererkennungswert der Marke bei den Konsumenten bestimmt wird.[7] Der multinationale Konzern will sich von der Konkurrenz absetzen, indem er durch eine sorgfältig konzipierte, kostenträchtige Marketingstrategie hochwertige Marken aufbaut. Das Eigentum an den Markenzeichen, Firmennamen und anderen immateriellen Werten, die zu der Marke gehören, liegt bei Unternehmen A in Staat A, und Unternehmen A übernimmt die Risiken im Zusammenhang mit dem Eigentum an diesen immateriellen Werten sowie deren Entwicklung und Verwertung. Entwicklung, Pflege und Umsetzung einer weltweiten Marketingstrategie sind die wichtigsten Werttreiber des multinationalen Konzerns und werden von 125 Beschäftigten in der Zentrale von Unternehmen A wahrgenommen. Der Wert der immateriellen Werte bedingt einen hohen Endverbraucherpreis der Produkte. Die Zentralverwaltung von Unternehmen A erbringt zudem zentrale Dienstleistungen für die Konzernunternehmen (z. B. im Personal-, Rechts- und Steuerwesen). Die Produkte werden von Konzernunternehmen gefertigt, die Auftragsfertigungsvereinbarungen mit Unternehmen A geschlossen haben. Der Vertrieb erfolgt durch Konzernunternehmen, die die Produkte von Unternehmen A erwerben. Die Erträge von Unternehmen A – nach Entrichtung einer fremdüblichen Vergütung an die Auftragsfertigungs- und die

und damit auf die Bedingungen der Umstrukturierung und/oder der nach der Umstrukturierung bestehenden Vereinbarungen auswirken können.

7. Vgl. Ziffer 6.23 wegen einer Erläuterung des Begriffs „Marke“.

Vertriebsunternehmen – werden als Vergütung für die immateriellen Werte, Marketingtätigkeiten und zentralen Dienstleistungen von Unternehmen A betrachtet.

9.123. Dann erfolgt eine Umstrukturierung. Das rechtliche Eigentum an den Markenzeichen, Firmennamen und anderen immateriellen Werten, die zu der Marke gehören, wird von Unternehmen A gegen eine einmalige Zahlung an ein neu gegründetes KonzernUnternehmen Z in Staat Z übertragen. Nach der Umstrukturierung erhält Unternehmen A für die von ihm für Unternehmen Z und die übrigen Konzernunternehmen erbrachten Dienstleistungen eine Vergütung auf Cost-Plus-Basis (Kostenaufschlagsmethode). Die an die verbundenen Auftragsfertigungs- und Vertriebsunternehmen gezahlten Vergütungen bleiben unverändert. Der nach Entrichtung der Vergütungen für die Auftragsfertigungs- und Vertriebsunternehmen sowie für die zentralen Dienstleistungen von Unternehmen A verbleibende Gewinn wird an Unternehmen Z ausgezahlt. Die sachgerechte Abgrenzung der Geschäftsvorfälle vor und nach der Umstrukturierung ergibt Folgendes:

- Unternehmen Z wird von einer inländischen Treuhandgesellschaft verwaltet. Es verfügt nicht über Mitarbeiter (Beschäftigte oder Direktoren), die die Fähigkeit zur Ausübung von Kontrollfunktionen in Bezug auf die Risiken im Zusammenhang mit dem Eigentum an den Markenzeichen, Firmennamen oder sonstigen immateriellen Werten, die zu der Marke gehören, oder deren strategischer Entwicklung besitzen und diese Kontrollfunktionen tatsächlich ausüben würden. Es besitzt zudem nicht die finanzielle Kapazität, diese Risiken zu übernehmen.
- Hochrangige Vertreter der Zentrale von Unternehmen A reisen einmal jährlich in Staat Z, um die für den Betrieb von Unternehmen Z erforderlichen strategischen Entscheidungen formell zu validieren. Diese Entscheidungen werden von der Zentrale von Unternehmen A in Staat A vorbereitet, bevor die Sitzungen in Staat Z stattfinden. Der multinationale Konzern betrachtet diese Tätigkeiten als Dienstleistungen, die von der Zentrale von Unternehmen A für Unternehmen Z erbracht werden. Diese Tätigkeiten der strategischen Entscheidungsfindung werden genauso wie die zentralen Dienstleistungen (z. B. Personal-, Rechts- und Steuerwesen) nach der Kostenaufschlagsmethode vergütet.
- Entwicklung, Pflege und Umsetzung der weltweiten Marketingstrategie werden nach wie vor von denselben Beschäftigten in der Zentrale von Unternehmen A wahrgenommen und nach der Kostenaufschlagsmethode vergütet.

9.124. Diese Feststellungen lassen den Schluss zu, dass Unternehmen A weiterhin dieselben Funktionen ausübt und dieselben Risiken übernimmt wie vor der Umstrukturierung. Insbesondere verfügt Unternehmen A weiterhin über die Fähigkeit zur Ausübung von Kontrollfunktionen im Zusammenhang mit dem Risiko der Verwertung der immateriellen Werte und übt diese Funktionen tatsächlich aus. Es übt zudem weiterhin die Funktionen aus, die mit der Entwicklung, Pflege und Umsetzung der weltweiten Marketingstrategie zusammenhängen. Unternehmen Z verfügt über keine Fähigkeiten zur Ausübung von Kontrollfunktionen und übt die zur Übernahme der mit den immateriellen Werten zusammenhängenden Risiken erforderlichen Kontrollfunktionen tatsächlich nicht aus. Dementsprechend kann die sachgerechte Abgrenzung des Geschäftsvorfalls nach der Umstrukturierung zu dem Schluss führen, dass es sich hier der Sache nach nicht um eine Umstrukturierung zur Zentralisierung der Verwaltung immaterieller Werte, sondern um eine Finanzierungsvereinbarung zwischen Unternehmen A und Unternehmen Z handelt. Möglicherweise muss eine Beurteilung der kaufmännischen Rationalität des Geschäftsvorfalls auf der Grundlage von Kapitel I Abschnitt D.2 unter Berücksichtigung der kompletten Gegebenheiten und Umstände des Geschäftsvorfalls durchgeführt werden.[8]

9.125. Es wird auch Fälle geben, in denen Vorher-Nachher-Vergleiche angestellt werden können, weil es sich bei den Geschäftsvorfällen vor der Umstrukturierung nicht um konzerninterne Geschäftsvorfälle handelte, z. B. wenn die Umstrukturierung nach einem Unternehmenserwerb erfolgte und wenn verlässliche Anpassungen vorgenommen werden können, um den Unterschieden zwischen den Fremdgeschäftsvorfällen vor der Umstrukturierung und den konzerninternen Geschäftsvorfällen nach der Umstrukturierung Rechnung zu tragen. Vgl. das Beispiel unter Ziffer 9.110. Ob solche Fremdgeschäftsvorfälle verlässliche Vergleichswerte liefern, ist anhand von Ziffer 3.2 zu beurteilen.

E. Standortvorteile

9.126. Standortvorteile können von einem multinationalen Konzern erzielt werden, der einen Teil seiner Geschäftstätigkeiten an einen Ort verlagert, an dem die Kosten (z. B. Arbeitskosten, Immobilienkosten usw.) niedriger sind als an dem Ort, an dem die Geschäftstätigkeiten ursprünglich ausgeübt wurden, wobei es die möglicherweise mit der Verlagerung verbundenen Kosten zu berücksichtigen gilt (z. B. Kosten im Zusammenhang mit der Schließung des bestehenden Betriebs, möglicherweise höhere Infrastrukturkosten am neuen Standort, möglicherweise höhere Transportkosten, wenn der neue Betrieb in größerer Entfernung vom Markt liegt, Ausbildungskosten von Arbeitskräften vor Ort usw.). Wird eine Geschäftsstrategie, die auf die Erzielung von Standort-

8. Dies gilt ungeachtet möglicherweise anzuwendender allgemeiner Missbrauchsbekämpfungsvorschriften und der Frage, wo sich der Ort der tatsächlichen Geschäftsleitung von Unternehmen Z befindet.

vorteilen ausgerichtet ist, als geschäftliche Begründung für eine Umstrukturierung angeführt, so ist die Erörterung in Kapitel I Abschnitt D.1.5 zu beachten.

9.127. Werden nach einer Umstrukturierung der Geschäftstätigkeit signifikante Standortvorteile erzielt, stellt sich die Frage, ob – und gegebenenfalls wie – die Standortvorteile zwischen den Beteiligten aufgeteilt werden sollten. Hier sind die Leitlinien in Kapitel I Abschnitt D.6 zu beachten.

9.128. Nehmen wir das Beispiel eines Unternehmens, das Markenkleidung entwirft, herstellt und vertreibt. Angenommen, der Produktionsprozess ist unkompliziert und der Markenname ist bekannt und stellt einen äußerst wertvollen immateriellen Wert dar. Angenommen, das Unternehmen ist in Staat A niedergelassen, wo die Arbeitskosten hoch sind, und es beschließt, seine Fertigungstätigkeiten in Staat A einzustellen und in eine Tochtergesellschaft in Staat B zu verlagern, wo die Arbeitskosten deutlich niedriger sind. Das Unternehmen in Staat A behält die Rechte an dem Markennamen und entwirft weiterhin die Bekleidungsartikel. Nach der Umstrukturierung werden die Bekleidungsartikel im Rahmen einer Auftragsfertigungsvereinbarung von der Tochtergesellschaft in Staat B hergestellt. Die Vereinbarung beinhaltet weder die Nutzung wesentlicher immaterieller Werte, die sich im Besitz der Tochtergesellschaft befinden oder an diese lizenziert sind, noch die Übernahme signifikanter Risiken durch die Tochtergesellschaft in Staat B. Nach der Fertigung durch die Tochtergesellschaft in Staat B werden die Bekleidungsartikel an das Unternehmen in Staat A verkauft, das sie wiederum an fremde Dritte weiterverkauft. Angenommen, diese Umstrukturierung ermöglicht es dem Konzern, der sich aus dem Unternehmen in Staat A und seiner Tochtergesellschaft in Staat B zusammensetzt, signifikante Standortvorteile zu erzielen. Es stellt sich die Frage, ob die Standortvorteile dem Unternehmen in Staat A, seiner Tochtergesellschaft in Staat B oder beiden (und gegebenenfalls in welchem Verhältnis) zuzuordnen sind.

9.129. In einem solchen Beispiel ist es in Anbetracht dessen, dass die ausgelagerte Geschäftstätigkeit starker Konkurrenz unterliegt, wahrscheinlich, dass das Unternehmen in Staat A realistischerweise die Option hat, entweder die Tochtergesellschaft in Staat B oder ein konzernexternes Fertigungsunternehmen zu nutzen. Infolgedessen dürfte es möglich sein, Vergleichsdaten zu finden, um die fremdüblichen Bedingungen zu ermitteln, unter denen ein konzernexterner Dritter bereit wäre, Bekleidungsartikel für das Unternehmen herzustellen. In einem solchen Fall würde einem auf Auftragsbasis tätigen Fertigungsunternehmen nach dem Fremdvergleichsgrundsatz im Allgemeinen allenfalls ein sehr geringer Teil der Standortvorteile zufallen. Andernfalls befände sich das verbundene Fertigungsunternehmen in einer anderen Lage als ein unabhängiges Fertigungsunternehmen, was dem Fremdvergleichsgrundsatz widersprechen würde.

9.130. Als weiteres Beispiel sei angenommen, dass ein Unternehmen in Staat X hochspezialisierte und qualitativ hochwertige Ingenieurleistungen für unabhängige Kunden erbringt. Das Entgelt, das es seinen unabhängigen Kunden berechnet, basiert auf einem festen Stundensatz, der dem Satz entspricht, den seine Wettbewerber für gleichartige Dienstleistungen auf demselben Markt in Rechnung stellen. Es sei angenommen, dass die Löhne für qualifizierte Ingenieure in Staat X hoch sind. Das Unternehmen vergibt in der Folge einen großen Teil seiner Ingenieurarbeiten über Unteraufträge an eine neue Tochtergesellschaft in Staat Y. Die Tochtergesellschaft in Staat Y beschäftigt ebenso qualifizierte Ingenieure wie die in Staat X zu wesentlich niedrigeren Löhnen, wodurch dem Konzern, der sich aus dem Unternehmen und seiner Tochtergesellschaft zusammensetzt, beträchtliche Standortvorteile entstehen. Die Kunden stehen weiterhin in einer unmittelbaren Geschäftsbeziehung mit dem Unternehmen in Staat X und sind sich der Vereinbarung über die Unterauftragsvergabe nicht unbedingt bewusst. Eine Zeit lang kann das bekannte Unternehmen in Staat X für seine Dienstleistungen trotz der deutlich gesunkenen Ingenieurkosten weiterhin den ursprünglichen Stundensatz berechnen. Nach einiger Zeit ist es jedoch aufgrund von Wettbewerbsdruck gezwungen, seinen Stundensatz zu senken (auf einen Betrag, der es dem Unternehmen in Staat X nicht ermöglichen würde, die Löhne für qualifizierte Ingenieure in Staat X zu decken, der aber immer noch vorteilhaft ist, wenn die betreffenden Dienstleistungen durch qualifizierte Ingenieure in Staat Y erbracht werden). Ein Teil der Standortvorteile wird an die Kunden weitergegeben. Auch in diesem Fall stellt sich die Frage, welchem oder welchen Beteiligten innerhalb des multinationalen Konzerns nach dem Fremdvergleichsgrundsatz der Teil der Standortvorteile zugeordnet werden sollte, der nicht an die Kunden weitergegeben wird: der Tochtergesellschaft in Staat Y, dem Unternehmen in Staat X oder beiden (sowie gegebenenfalls in welchem Verhältnis).

9.131. Bei der Bestimmung, welchem oder welchen Beteiligten nach dem Fremdvergleichsgrundsatz die Standortvorteile zugeordnet werden sollten, ist es wichtig, die Funktionen, Risiken und Vermögenswerte der Beteiligten sowie die ihnen realistischerweise zur Verfügung stehenden Alternativen zu berücksichtigen. In diesem Beispiel sei angenommen, dass eine starke Nachfrage nach der Art von Ingenieurleistungen herrscht, die das Unternehmen in Staat X anbietet. Ferner sei angenommen, dass die Tochtergesellschaft in Staat Y das einzige an einem Standort mit niedrigerem Kostenniveau tätige Unternehmen ist, das in der Lage ist, diese Dienstleistungen mit dem erforderlichen Qualitätsstandard zu erbringen, und dass Unternehmen Y preislichem Wettbewerbsdruck standhalten kann, weil das von ihm entwickelte technische Know-how als Wettbewerbshemmnis wirkt. Darüber hinaus hat das Unternehmen in Staat X nicht die Möglichkeit, qualifizierte Ingenieure in Staat X für die Erbringung dieser Dienstleistungen einzustellen, da die Kosten ihrer Löhne im Verhältnis zum den Kunden berechneten Stundensatz zu hoch wären. In Anbetracht dieses Sachverhalts stehen dem Unternehmen in Staat X nicht viele andere Möglichkeiten zur Verfügung, als diesen Dienstleister zu nutzen. Die von Unternehmen X an Unternehmen Y zu zahlende Vergütung sollte neben dem Wert der erbrachten Dienstleistungen einschließlich etwaiger immaterieller Werte, die zur Erbringung dieser Dienstleistungen genutzt werden, den durch Unternehmen Y geschaffenen Standortvorteilen Rechnung tragen. In einigen Fällen kann die Art der vom Unternehmen in Staat X und seiner Tochtergesellschaft in Staat Y geleisteten Beiträge die Voraussetzungen für die Anwendung einer geschäftsvorfallbezogenen Gewinnaufteilungsmethode erfüllen.

Kapitel X

Verrechnungspreisaspekte von Finanztransaktionen

A. Einleitung

10.1. Dieses Kapitel liefert Leitlinien, wie bestimmt wird, ob die Bedingungen bestimmter Finanztransaktionen zwischen verbundenen Unternehmen fremdüblich sind.

10.2. Abschnitt B beschreibt die Anwendung der in Abschnitt D.1 von Kapitel I ausgeführten Grundsätze auf Finanztransaktionen. Abschnitt C enthält Leitlinien zur Bestimmung der fremdüblichen Bedingungen für Treasury-Aktivitäten wie konzerninterne Darlehen, Cash-Pooling und Hedging. Abschnitt D befasst sich mit finanziellen Garantien und Abschnitt E mit der Analyse von Eigenversicherern.

10.3. Die Bedingungen von Finanztransaktionen zwischen unabhängigen Unternehmen sind das Resultat verschiedener kaufmännischer Erwägungen. Bei Transaktionen innerhalb eines multinationalen Konzerns hingegen kann der multinationale Konzern die Bedingungen nach eigenem Ermessen festlegen. Daher können bei konzerninternen Geschäftsvorfällen auch andere Erwägungen, wie z. B. die steuerlichen Folgen, eine Rolle spielen.

B. Bezug zu den Leitlinien in Abschnitt D.1 von Kapitel I

B.1. Prüfung, ob ein vermeintliches Darlehen tatsächlich als Darlehen zu betrachten ist[1]

10.4. Es kann vorkommen, dass sich das Verhältnis zwischen Fremd- und Eigenkapitalfinanzierung bei einem Darlehensnehmer, der einem multinationalen Konzern angehört, anders darstellt, als zu erwarten wäre, wenn es sich

1. Die Leitlinien in diesem Unterabschnitt stehen in Einklang sowohl mit dem Kommentar zu Artikel 9 des OECD-Musterabkommens in der Fassung von 2017 als auch mit den von der Arbeitsgruppe 1 vereinbarten Änderungsvorschlägen

bei dem Darlehensnehmer um ein unabhängiges Unternehmen handeln würde, das unter den gleichen oder vergleichbaren Umständen tätig ist. Dies kann sich auf die Höhe der vom Darlehensnehmer zu entrichtenden Zinsen und somit auch auf die in einem bestimmten Staat ausgewiesenen Gewinne auswirken.

10.5. Der Kommentar zu Artikel 9 des OECD-Musterabkommens führt unter Ziffer 3b aus, dass Artikel 9 nicht nur für die Klärung der Frage maßgeblich ist, ob der in einem Darlehensvertrag festgelegte Zinssatz fremdüblich ist, sondern auch dafür, ob eine als Darlehen ausgewiesene Transaktion tatsächlich als Darlehen anzusehen ist oder ob sie nicht eher als eine anderweitige Zahlung, insbesondere als Kapitaleinlage, betrachtet werden sollte.[2]

10.6. Im Kontext der vorstehenden Absätze erläutert dieser Unterabschnitt, wie die Konzepte von Kapitel I, insbesondere das der sachgerechten Abgrenzung des tatsächlichen Geschäftsvorfalls nach Abschnitt D.1, auf das Verhältnis zwischen Fremd- und Eigenkapitalfinanzierung in Unternehmen angewandt werden können, die einem multinationalen Konzern angehören.

10.7. Wenn festgestellt wird, dass die hinsichtlich des Geschäftsvorfalls getroffenen Vereinbarungen in der Gesamtbetrachtung von denen abweichen, die unabhängige, kaufmännisch rational handelnde Unternehmen unter vergleichbaren Umständen getroffen hätten, können auch die Leitlinien in Abschnitt D.2 von Kapitel I von Bedeutung sein.

10.8. Die vorliegenden Leitlinien stellen einen Ansatz dar, um eine sachgerechte Abgrenzung des tatsächlichen Geschäftsvorfalls gemäß Kapitel I vorzunehmen und so die Höhe des Fremdkapitals zu ermitteln, für das Verrechnungspreise zu bestimmen sind; dabei wird allerdings anerkannt, dass das Verhältnis zwischen Fremd- und Eigenkapital bei der Finanzierung eines Unternehmens nach innerstaatlichem Recht auch mit anderen Ansätzen geklärt werden kann, bevor die Verrechnungspreise für die Verzinsung des so ermittelten Fremdkapitals bestimmt werden. Diese anderen Ansätze können beispielsweise eine Multifaktoranalyse des jeweiligen Instruments und des Kapitalnehmers umfassen.

10.9. Diese Leitlinien sollen Staaten also nicht daran hindern, nach inländischem Recht vorgesehene Ansätze im Hinblick auf das Verhältnis von Fremd- und Eigenkapital in Unternehmen und den Zinsabzug umzusetzen; es ist auch nicht beabsichtigt, die sachgerechte Abgrenzung nach Kapitel I als einzigen

---

zu diesem Kommentar. Im Fall wesentlicher Veränderungen dieser Vorschläge könnten die Leitlinien entsprechend überarbeitet werden.

2. Vgl. Bericht des OECD-Steuerausschusses zu „Thin Capitalisation" (Unterkapitalisierung), der am 26. November 1986 vom Rat der OECD verabschiedet wurde und in Band II der Vollversion des OECD-Musterabkommens ab Seite R (4)-1 wiedergegeben ist.

zulässigen Ansatz für die Beurteilung, ob als Fremdkapital ausgewiesene Mittel tatsächlich als Fremdkapital zu betrachten sind, vorzuschreiben.

10.10. Ungeachtet der möglicherweise unterschiedlichen Auffassungen der Staaten bezüglich der Anwendung von Artikel 9 zur Qualifizierung der Finanzierung von Unternehmen eines multinationalen Konzerns als Fremd- oder Eigenkapital soll dieser Abschnitt denjenigen Staaten, die die sachgerechte Abgrenzung gemäß Kapitel I anwenden, Leitlinien an die Hand geben, um zu ermitteln, ob ein vermeintliches Darlehen für Steuerzwecke tatsächlich als Darlehen behandelt werden sollte (oder ob es als anderweitige Zahlung, insbesondere als Kapitaleinlage, zu betrachten ist).

10.11. Die Verrechnungspreisanalyse bleibt von den jeweils gewählten Bezeichnungen oder Beschreibungen der betreffenden Finanztransaktionen unberührt. Jede Situation muss im Licht der jeweiligen Gegebenheiten untersucht werden und vor jeder Preisbestimmung muss, vorbehaltlich der einleitenden Bemerkungen des vorstehenden Absatzes, stets eine sachgerechte Abgrenzung des tatsächlichen Geschäftsvorfalls gemäß Kapitel I vorgenommen werden.

10.12. Bei der sachgerechten Abgrenzung einer Mittelausreichung können je nach den Gegebenheiten und Umständen die folgenden wirtschaftlich relevanten Merkmale als nützliche Anhaltspunkte dienen: das Vorliegen bzw. Fehlen eines festen Rückzahlungstermins; die Verpflichtung, Zinsen zu zahlen; das Recht, Zins- und Tilgungszahlungen durchzusetzen; der Status des Mittelgebers im Vergleich zu regulären Unternehmensgläubigern; das Vorliegen finanzieller Covenants und Sicherheiten; die Quelle der Zinszahlungen; die Fähigkeit des Mittelempfängers, Darlehen bei konzernfremden Kreditinstituten aufzunehmen; der Umfang, in dem die erhaltenen Mittel für den Erwerb von Anlagegütern genutzt werden; sowie ein etwaiges Versäumnis des vermeintlichen Darlehensnehmers, das Darlehen zum Fälligkeitstermin zurückzuzahlen oder sich um einen Aufschub zu bemühen.

10.13. Als Beispiel sei angenommen, dass Unternehmen B, das einem multinationalen Konzern angehört, zusätzliche Mittel zur Finanzierung seiner Geschäftstätigkeit benötigt. In diesem Szenario erhält Unternehmen B Mittel von dem verbundenen Unternehmen C, die als Darlehen mit einer Laufzeit von zehn Jahren ausgewiesen werden. Angenommen, alle in gutem Glauben erstellten Finanzprognosen für Unternehmen B für die nächsten zehn Jahre lassen klar erkennen, dass Unternehmen B ein Darlehen in dieser Höhe nicht bedienen kann. Die Gegebenheiten und Umstände lassen den Schluss zu, dass ein konzernfremdes Unternehmen nicht bereit wäre, Unternehmen B ein solches Darlehen zu gewähren, da Unternehmen B nicht in der Lage wäre, die Mittel zurückzuzahlen. Daher muss sich der sachgerecht abgegrenzte Betrag des Darlehens von Unternehmen C an Unternehmen B für Verrechnungspreiszwecke danach richten, welchen Betrag ein konzernfremder Darlehensgeber maximal an Unternehmen B vergeben hätte und welchen Betrag ein konzernfremder Darlehensnehmer unter vergleichbaren Umständen maximal bei Unternehmen C aufgenommen hätte. Dies schließt auch die Möglichkeit ein, dass bei einem Fremdgeschäftsvorfall keinerlei Mittel vergeben bzw. aufgenommen worden wären (vgl. Erläuterungen unter „Perspektive des Darlehensgebers und Perspektive des Darlehensnehmers" in Abschnitt C.1.1.1 dieses Kapitels). Dementsprechend würde der Rest der von Unternehmen C an Unternehmen B vergebenen Mittel bei der Bestimmung der Zinsen, die Unternehmen B unter fremdüblichen Bedingungen bezahlt hätte, nicht als Darlehen behandelt.

B.2. Ermittlung der kaufmännischen oder finanziellen Beziehungen

10.14. Bei der Bestimmung der fremdüblichen Bedingungen von Finanztransaktionen gelten die gleichen Grundsätze, die auch in Kapitel I–III für andere konzerninterne Geschäftsvorfälle beschrieben sind.

10.15. Wie bei anderen konzerninternen Geschäftsvorfällen setzt die sachgerechte Abgrenzung von Finanztransaktionen eine Analyse der Faktoren voraus, die in der Branche, in der der multinationale Konzern tätig ist, den Unternehmenserfolg beeinflussen. Aufgrund der Unterschiede zwischen den einzelnen Branchen sind Faktoren wie die Position im Konjunktur-, Geschäfts- oder Produktzyklus, die Auswirkungen staatlicher Regelungen oder die Verfügbarkeit finanzieller Ressourcen in einer bestimmten Branche entscheidende Merkmale, die zur sachgerechten Abgrenzung des konzerninternen Geschäftsvorfalls berücksichtigt werden müssen. Dabei ist der Tatsache Rechnung zu tragen, dass in unterschiedlichen Branchen tätige multinationale Konzerne beispielsweise wegen der unterschiedlichen Kapitalintensität der einzelnen Branchen unterschiedliche Arten von Finanzierung in unterschiedlicher Höhe benötigen oder wegen der unterschiedlichen kaufmännischen Erfordernisse der einzelnen Branchen einen unterschiedlichen kurzfristigen Liquiditätsbedarf aufweisen können. Sofern die betreffenden multinationalen Unternehmen einer Aufsicht unterstehen, wie z. B. Finanzdienstleistungsunternehmen, die Bestimmungen auf der Grundlage anerkannter Branchenstandards (z. B. der Basel-Richtlinien) einhalten müssen, sollten die Sachzwänge, denen sie dadurch unterliegen, gebührend berücksichtigt werden.[3]

10.16. Wie in Kapitel I beschrieben, muss für eine sachgerechte Abgrenzung des tatsächlichen Geschäftsvorfalls auch untersucht werden, wie der betreffende multinationale Konzern auf diese Faktoren reagiert. Dabei kann sich die sachgerechte Abgrenzung des tatsächlichen Geschäftsvorfalls an der Geschäftspolitik des multinationalen Konzerns orientieren, also beispielsweise daran, wie der multinationale Konzern den Finanzierungsbedarf für

3. Vgl. Fußnote in Abschnitt D.1.2.1 von Kapitel I.

verschiedene Projekte priorisiert, welche strategische Bedeutung ein bestimmtes multinationales Unternehmen innerhalb des multinationalen Konzerns hat, ob der multinationale Konzern ein bestimmtes Kreditrating oder einen bestimmten Verschuldungsgrad anstrebt oder ob der multinationale Konzern eine andere Finanzierungsstrategie verfolgt als in seiner Branche üblich (vgl. Abschnitt B.3.5).

10.17. Im Einklang mit den Leitlinien in Kapitel I sollte die sachgerechte Abgrenzung des tatsächlichen Geschäftsvorfalls mit einer gründlichen Analyse der wirtschaftlich relevanten Merkmale des Geschäftsvorfalls – d. h. der kaufmännischen oder finanziellen Beziehungen zwischen den Beteiligten sowie der Bedingungen und der wirtschaftlich relevanten Begleitumstände dieser Beziehungen – beginnen; dies umfasst eine Untersuchung der vertraglichen Bedingungen des Geschäftsvorfalls, der ausgeübten Funktionen, genutzten Vermögenswerte und übernommenen Risiken, der Merkmale der Finanzinstrumente, der wirtschaftlichen Verhältnisse der Beteiligten und des betreffenden Marktes sowie der Geschäftsstrategien der Beteiligten.

10.18. Wie bei der Analyse anderer Geschäftsvorfälle zwischen verbundenen Unternehmen auch müssen bei der Anwendung des Fremdvergleichsgrundsatzes auf Finanztransaktionen die Bedingungen untersucht werden, die unabhängige Unternehmen unter vergleichbaren Umständen vereinbart hätten.

10.19. Unabhängige Unternehmen würden bei der Entscheidung, ob sie eine bestimmte Finanztransaktion tätigen, alle anderen ihnen realistischerweise zur Verfügung stehenden Optionen prüfen und die Transaktion nur dann tätigen, wenn keine andere Alternative eine eindeutig attraktivere Möglichkeit zur Verwirklichung ihrer Geschäftsziele bieten würde (vgl. Ziffer 1.38 von Kapitel I). Die Prüfung der realistischerweise zur Verfügung stehenden Alternativen muss aus der Perspektive aller am Geschäftsvorfall beteiligten Unternehmen vorgenommen werden. Im Fall eines Mittelgebers könnten beispielsweise alternative Anlagemöglichkeiten untersucht werden, wobei die spezifischen Geschäftsziele des Darlehensgebers und der Kontext, in dem der Geschäftsvorfall stattfindet, zu berücksichtigen sind. Für den Darlehensnehmer spielen bei der Betrachtung der realistischerweise zur Verfügung stehenden Optionen neben seiner Fähigkeit, den Kredit zu bedienen, auch darüber hinausgehende Erwägungen eine Rolle, z. B. welche Mittel er tatsächlich für seine geschäftlichen Zwecke benötigt. Selbst wenn ein Unternehmen in der Lage ist, zusätzliches Fremdkapital aufzunehmen und zu bedienen, kann es sich in einigen Fällen dagegen entscheiden, um zu verhindern, dass sein Kreditrating unter Druck gerät und dadurch seine Kapitalkosten steigen oder dass sein Zugang zu den Kapitalmärkten und seine Reputation gefährdet werden (vgl. Erläuterungen unter „Perspektive des Darlehensgebers und Perspektive des Darlehensnehmers“ in Abschnitt C.1.1.1 dieses Kapitels).

10.20. Im Idealfall können mit einer Vergleichbarkeitsanalyse Finanztransaktionen zwischen unabhängigen Unternehmen ermittelt werden, die dem untersuchten Geschäftsvorfall in jeder Hinsicht entsprechen. Da jedoch zahlreiche Variablen eine Rolle spielen, ist eher davon auszugehen, dass die potenziellen Vergleichsfälle vom untersuchten Geschäftsvorfall abweichen. Bei Abweichungen zwischen dem untersuchten Geschäftsvorfall und einer potenziellen Vergleichstransaktion muss geprüft werden, ob diese Unterschiede einen wesentlichen Effekt auf den Preis haben. In diesem Fall könnte die Verlässlichkeit der Vergleichswerte gegebenenfalls durch Vergleichbarkeitsanpassungen verbessert werden. Dies dürfte leichter umzusetzen sein, wenn die Anpassung einen quantitativen Faktor betrifft und problemlos zuverlässige Daten beschafft werden können (z. B. zu Währungsunterschieden); schwieriger wird es, wenn beispielsweise Darlehen verglichen werden sollen, bei denen qualitative Unterschiede zwischen den Darlehensnehmern bestehen oder die nötigen Daten nicht ohne Weiteres verfügbar sind (z. B. bei unterschiedlichen Geschäftsstrategien der Darlehensnehmer).

B.3. Die wirtschaftlich relevanten Merkmale der tatsächlichen Finanztransaktionen

10.21. Bei der Analyse der Bedingungen einer Finanztransaktion im Rahmen der sachgerechten Abgrenzung des tatsächlichen Geschäftsvorfalls oder der Preisbestimmung für den sachgerecht abgegrenzten tatsächlichen Geschäftsvorfall sollten die folgenden wirtschaftlich relevanten Merkmale berücksichtigt werden.

B.3.1. Vertragliche Bedingungen

10.22. Die Bedingungen einer Finanztransaktion zwischen unabhängigen Unternehmen sind in der Regel explizit in einer schriftlichen Vereinbarung festgehalten. Die vertraglichen Regelungen zwischen verbundenen Unternehmen hingegen sind nicht immer detailliert genug oder stimmen u. U. nicht mit dem tatsächlichen Verhalten der Beteiligten oder den anderen Gegebenheiten und Umständen überein. Eine sachgerechte Abgrenzung des tatsächlichen Geschäftsvorfalls nach Abschnitt D.1.1 von Kapitel I erfordert daher auch die Berücksichtigung anderer Dokumente und des tatsächlichen Verhaltens der Beteiligten – selbst wenn sich dabei letztlich herausstellen kann, dass die vertraglichen Vereinbarungen mit dem tatsächlichen Verhalten übereinstimmen – sowie der wirtschaftlichen Grundsätze, von denen Beziehungen zwischen unabhängigen Unternehmen unter vergleichbaren Umständen üblicherweise geleitet werden.

B.3.2. Funktionsanalyse

10.23. Zur sachgerechten Abgrenzung der tatsächlichen Finanztransaktion ist eine Funktionsanalyse erforderlich. Ziel dieser Analyse ist es, die von den am betreffenden konzerninternen Geschäftsvorfall beteiligten Unternehmen ausgeübten Funktionen, genutzten Vermögenswerte und übernommenen Risiken zu bestimmen.

10.24. Im Fall eines konzerninternen Darlehens beispielsweise übt ein Darlehensgeber bei der Entscheidung, ob und zu welchen Bedingungen eine Mittelausreichung erfolgen soll, in der Regel u. a. folgende Schlüsselfunktionen aus: Analyse und Evaluierung der mit dem Darlehen verbundenen Risiken und der Kapazität, Kapital des Unternehmens in dieser Investition zu binden, Festlegung der Darlehensbedingungen sowie Organisation und Dokumentation des Darlehens. Dies kann auch die kontinuierliche Überwachung und regelmäßige Überprüfung des Darlehens umfassen. Bei einer entsprechenden Funktionsanalyse werden im Allgemeinen ähnliche Informationen berücksichtigt wie bei der Prüfung der Kreditwürdigkeit des Darlehensnehmers durch einen kommerziellen Kreditgeber oder eine Ratingagentur. Ein verbundenes Unternehmen übt nicht unbedingt alle diese Funktionen genauso intensiv aus wie ein unabhängiger Darlehensgeber. Um zu beurteilen, ob ein Darlehen zu Bedingungen vergeben wurde, die auch zwischen unabhängigen Unternehmen vereinbart worden wären, sind jedoch die gleichen kaufmännischen Erwägungen und wirtschaftlichen Umstände maßgeblich (vgl. die Erläuterungen unter „Perspektive des Darlehensgebers und Perspektive des Darlehensnehmers“ und „Kreditratings“ in den Abschnitten C.1.1.1 bzw. C.1.1.2 dieses Kapitels).

10.25. Wenn der Darlehensgeber nach sachgerechter Abgrenzung nicht die Kontrolle über die mit der Darlehensgewährung verbundenen Risiken ausübt oder nicht die finanzielle Kapazität besitzt, die Risiken zu tragen, sollten diese Risiken dem Unternehmen zugeordnet werden, das die Kontrolle ausübt und über die finanzielle Kapazität verfügt, sie zu tragen (vgl. Ziffer 1.98 von Kapitel I). Als Beispiel sei angenommen, dass Unternehmen A Mittel an Unternehmen B vergibt. Ferner sei angenommen, dass die sachgerechte Abgrenzung des tatsächlichen Geschäftsvorfalls darauf schließen lässt, dass Unternehmen A keine Kontrollfunktionen im Zusammenhang mit der Mittelvergabe ausübt, sondern dass Unternehmen P, die Muttergesellschaft des multinationalen Konzerns, die Kontrolle über diese Risiken ausübt und die finanzielle Kapazität besitzt, sie zu tragen. Laut der Analyse nach Kapitel I trägt Unternehmen P die Konsequenzen, falls die Risiken eintreten, und Unternehmen A hat lediglich Anspruch auf eine risikofreie Rendite (vgl. Abschnitt D.1.2.1 von Kapitel I).

10.26. Aus Sicht des Darlehensnehmers bestehen die maßgeblichen Funktionen im Allgemeinen darin, die Verfügbarkeit von Mitteln für fristgerechte

Zins- und Tilgungszahlungen zu sichern, bei Bedarf Sicherheiten zu stellen und alle anderen Verpflichtungen zu überwachen und zu erfüllen, die sich aus dem Darlehensvertrag ergeben (vgl. Erläuterungen unter „Perspektive des Darlehensgebers und Perspektive des Darlehensnehmers" in Abschnitt C.1.1.1 dieses Kapitels).

10.27. Manchmal kann ein und dasselbe Unternehmen sowohl als Darlehensgeber als auch – in anderen Transaktionen – als Darlehensnehmer fungieren. Dies könnte beispielsweise bei zentralisierten Treasury-Aktivitäten innerhalb eines multinationalen Konzerns der Fall sein, wenn die Treasury-Einheit Mittel beschafft und an andere Unternehmen des multinationalen Konzerns vergibt. In solchen Fällen sollte bei der Funktionsanalyse die Anwendbarkeit von Abschnitt C dieses Kapitels und insbesondere von Ziffer 10.44 und 10.45 geprüft werden.

B.3.3. Merkmale der Finanzinstrumente

10.28. Es gibt am Markt eine Vielzahl von Finanzinstrumenten mit sehr unterschiedlichen Eigenschaften und Merkmalen, die die Preise dieser Produkte oder Dienstleistungen beeinflussen können. Folglich ist es wichtig, bei der Bestimmung der Verrechnungspreise für konzerninterne Geschäftsvorfälle die Eigenschaften und Merkmale der Transaktionen zu dokumentieren.

10.29. Bei einem Darlehen können beispielsweise folgende Merkmale relevant sein: Darlehensbetrag, Laufzeit, Tilgungsplan, Art bzw. Zweck des Darlehens (Handelskredit, Fusion/Übernahme, Hypothek usw.), Vor- oder Nachrangigkeit des Darlehens, Standort des Darlehensnehmers, Währung, Sicherheiten, Vorhandensein und Qualität von Garantien sowie Art der Verzinsung (fest oder variabel).

B.3.4. Wirtschaftliche Verhältnisse

10.30. Vergleichbarkeit lässt sich nur erreichen, wenn zwischen den Märkten, an denen die unabhängigen Unternehmen tätig sind, und jenen, an denen die verbundenen Unternehmen tätig sind, keine Unterschiede bestehen, die einen wesentlichen Effekt auf den Preis haben, oder wenn geeignete Anpassungen vorgenommen werden können.

10.31. Die Preise von Finanzinstrumenten können je nach den wirtschaftlichen Rahmenbedingungen, z. B. Währung, Standort, inländischer Rechtsrahmen, Branche des Darlehensnehmers und Zeitpunkt des Geschäftsvorfalls, stark variieren.

10.32. Makroökonomische Faktoren, wie etwa Leitzinsen oder Interbankensätze, sowie Geschehnisse an den Finanzmärkten, z. B. eine Kreditkrise, können die Preise beeinflussen. Folglich kann der genaue Zeitpunkt, zu dem ein

Finanzinstrument am Primärmarkt begeben wird oder die Vergleichsdaten am Sekundärmarkt gewählt werden, von entscheidender Bedeutung für die Vergleichbarkeit sein. So ist beispielsweise nicht davon auszugehen, dass Mehrjahresdaten zu Kreditemissionen nützliche Vergleichswerte liefern. Vielmehr dürfte das Gegenteil der Fall sein, d. h. je größer die zeitliche Übereinstimmung zwischen einer vergleichbaren Kreditemission und dem untersuchten Geschäftsvorfall ist, desto geringer ist die Wahrscheinlichkeit unterschiedlicher wirtschaftlicher Rahmenbedingungen, selbst wenn bestimmte Ereignisse rasche Veränderungen an den Kreditmärkten verursachen können.

10.33. Währungsunterschiede sind ein weiterer potenziell entscheidender Faktor. Aufgrund von wirtschaftlichen Einflussfaktoren, wie etwa Wirtschaftswachstum, Inflationsrate und Wechselkursvolatilität, können die Preise von vergleichbaren, aber auf unterschiedliche Währungen lautenden Finanzinstrumenten voneinander abweichen. Darüber hinaus können auch bei Finanzinstrumenten, die auf dieselbe Währung lauten, Preisunterschiede zwischen einzelnen Finanzmärkten oder Staaten auftreten, die auf Regelungen wie z. B. Zinskontrollen, Wechselkurskontrollen und Kapitalverkehrsbeschränkungen und andere rechtliche und praktische Einschränkungen des Zugangs zu den Finanzmärkten zurückzuführen sind.

B.3.5. Geschäftsstrategien

10.34. Bei der sachgerechten Abgrenzung des tatsächlichen Geschäftsvorfalls und der Bestimmung der Vergleichbarkeit für Verrechnungspreiszwecke müssen auch die Geschäftsstrategien untersucht werden, da unterschiedliche Geschäftsstrategien einen wesentlichen Effekt auf die Bedingungen haben können, die zwischen unabhängigen Unternehmen vereinbart werden.

10.35. Beispielsweise könnte ein unabhängiger Darlehensgeber bereit sein, einem Unternehmen, das eine Fusion oder Übernahme plant, ein Darlehen zu Bedingungen zu gewähren, die er ansonsten bei einer gleichbleibenden Geschäftsstruktur dieses Unternehmens nicht als akzeptabel erachten würde. In einem solchen Fall könnte der Darlehensgeber die gesamte Laufzeit des Darlehens und die Geschäftspläne und -prognosen des Darlehensnehmers berücksichtigen und damit faktisch anerkennen, dass sich durch die strukturellen Veränderungen des Unternehmens auch seine Finanzkennzahlen vorübergehend verändern werden. Abschnitt D.1.5 von Kapitel I führt andere Beispiele für Geschäftsstrategien auf, die bei der sachgerechten Abgrenzung des tatsächlichen Geschäftsvorfalls und bei der Bestimmung der Vergleichbarkeit untersucht werden müssen.

10.36. Die Analyse der Geschäftsstrategien umfasst auch eine Untersuchung der globalen Finanzierungsstrategie des multinationalen Konzerns und die Bestimmung bestehender Beziehungen zwischen den verbundenen Unternehmen, wie z. B. bereits existierende Darlehen und Gesellschafterbeteiligungen (vgl. Anhang I zu Kapitel V wegen der Informationen, die in der Stammdokumentation enthalten sein sollen).

10.37. Angenommen, Unternehmen A, das dem AB-Konzern angehört, vergibt ein Darlehen mit zehnjähriger Laufzeit an ein verbundenes Unternehmen, Unternehmen B, das die Mittel als kurzfristiges Betriebskapital nutzen wird. Dieses Darlehen ist das einzige Darlehen in der Bilanz von Unternehmen B. Die Geschäftspolitik und -praktiken des AB-Konzerns zeigen, dass der multinationale Konzern zur Verwaltung des kurzfristigen Betriebskapitals ein einjähriges revolvierendes Darlehen nutzt. In diesem Fall könnte die sachgerechte Abgrenzung des tatsächlichen Geschäftsvorfalls angesichts der Gegebenheiten und Umstände ergeben, dass ein konzernfremder Darlehensnehmer unter den gleichen Bedingungen wie Unternehmen B keinen zehnjährigen Darlehensvertrag zur Verwaltung seines Bedarfs an kurzfristigem Betriebskapital abschließen würde, und der Geschäftsvorfall würde sachgerecht anstatt als zehnjähriges Darlehen als einjähriges revolvierendes Darlehen abgegrenzt. Aufgrund dieser Abgrenzung bestünde der Verrechnungspreisansatz unter der Annahme eines Fortdauerns der Betriebskapitalerfordernisse darin, die Preise für eine Reihe jeweils aktualisierter einjähriger revolvierender Darlehen zu bestimmen.

10.38. Auf jeden Fall verbessert sich im Allgemeinen die Verlässlichkeit der Ergebnisse, wenn die für den Vergleich herangezogenen Darlehensnehmer ähnliche Geschäftsstrategien verfolgen wie der untersuchte Darlehensnehmer, der an einer konzerninternen Transaktion beteiligt ist.

C. Treasury-Funktion

10.39. Die Verwaltung der Konzernfinanzen multinationaler Konzerne ist eine wichtige und potenziell komplexe Aktivität; die Herangehensweise der einzelnen Unternehmen wird dabei von verschiedenen Faktoren beeinflusst, z. B. ihrer Struktur, ihrer Geschäftsstrategie, ihrer Position im Konjunkturzyklus, ihrer Branche, ihren Geschäftswährungen usw.

10.40. Die Organisation der Treasury-Funktion hängt von der Struktur des jeweiligen multinationalen Konzerns und der Komplexität seiner Geschäftstätigkeit ab. Die Treasury-Strukturen verschiedener Konzerne können unterschiedlich stark zentralisiert sein. In der dezentralsten Form hat jedes multinationale Unternehmen innerhalb des multinationalen Konzerns volle Autonomie über seine Finanztransaktionen. Dezentralisierte Treasury-Strukturen können beispielsweise in multinationalen Konzernen anzutreffen sein, die verschiedene Geschäftssparten mit Aktivitäten in unterschiedlichen Branchen haben, über eine Struktur mit mehreren regionalen Zentren verfügen oder spezifische inländische Bestimmungen einhalten müssen. Am anderen

Ende des Spektrums steht das zentralisierte Modell, bei dem die Treasury-Funktion die vollständige Kontrolle über die Finanztransaktionen des multinationalen Konzerns hat und die einzelnen Unternehmen des multinationalen Konzerns für operative, nicht aber für finanzielle Angelegenheiten zuständig sind.

10.41. Eine wesentliche Funktion der Konzern-Treasury könnte beispielsweise die Optimierung der Liquiditätssteuerung des multinationalen Konzerns sein, um eine hinreichende Liquiditätsausstattung zu gewährleisten und sicherzustellen, dass die Liquidität im Bedarfsfall am richtigen Ort und in der richtigen Währung zur Verfügung steht. Eine effiziente Liquiditätssteuerung in multinationalen Konzernen wird in der Regel von Erwägungen oberhalb der Ebene einzelner Konzernunternehmen geleitet und erleichtert die Risikominderung über verschiedene Konzerngesellschaften hinweg.

10.42. Das Kassen- und Liquiditätsmanagement für das Tagesgeschäft ist bei der Treasury-Funktion angesiedelt, während das Konzernfinanzmanagement für die Strategieentwicklung und längerfristige Investitionsplanung zuständig ist. Finanzielles Risikomanagement erfordert die Ermittlung und Analyse von finanziellen Risiken, denen der Konzern ausgesetzt ist, sowie eine Reaktion auf diese Risiken. Indem sie finanzielle Risiken erkennt und entsprechende Gegenmaßnahmen trifft, kann die Treasury-Funktion helfen, die Kapitalkosten zu optimieren, was den Nutzern der Treasury-Leistungen des multinationalen Konzerns zugutekommt.

10.43. Weitere Aktivitäten, die in den Zuständigkeitsbereich der Treasury-Funktion fallen können, sind die Aufnahme von Fremdkapital (beispielsweise über Anleiheemissionen, Bankkredite usw.), die Eigenkapitalbeschaffung sowie die Verwaltung der Beziehungen des multinationalen Konzerns zu externen Bankdienstleistern und unabhängigen Ratingagenturen.

10.44. Bei der Untersuchung der Verrechnungspreisfragen im Zusammenhang mit Treasury-Aktivitäten ist es – wie in allen Fällen – wichtig, den tatsächlichen Geschäftsvorfall sachgerecht abzugrenzen und genau zu bestimmen, welche Funktionen eine Konzerneinheit ausübt, anstatt sich lediglich auf eine allgemeine Beschreibung wie „Treasury-Aktivitäten" zu stützen.

10.45. Im Allgemeinen ist die Treasury-Funktion Teil der Vorkehrungen, um eine möglichst effiziente Finanzierung der Geschäftstätigkeit des multinationalen Konzerns zu gewährleisten. Dementsprechend dient die Treasury-Funktion in der Regel als Unterstützungsfunktion für das wertschöpfende Kerngeschäft, wie dies z. B. bei den Leistungen eines Cash-Pool-Führers der Fall ist (vgl. Abschnitt C.2.3). Je nach den Gegebenheiten und Umständen des Einzelfalls kann es sich bei diesen Aktivitäten um Dienstleistungen handeln; in diesem Fall gelten die Leitlinien zur Preisgestaltung für konzerninterne Dienstleistungen in Kapitel VII.

10.46. Die Treasury-Funktion kann auch als Schaltstelle zur Zentralisierung der externen Kreditaufnahme des multinationalen Konzerns dienen. Die externen Mittel werden dann innerhalb des multinationalen Konzerns über konzerninterne, von der Treasury-Funktion vergebene Darlehen bereitgestellt. Je nach den Gegebenheiten und Umständen gelten für diese Fälle die Leitlinien unter Ziffer 1.188 von Kapitel I, womit der Treasury-Funktion eine fremdübliche Vergütung für ihre Koordinierungstätigkeit zustehen dürfte.

10.47. In anderen Fällen kann es sein, dass die Treasury-Abteilung anspruchsvollere Funktionen ausübt und entsprechend vergütet werden sollte.

10.48. Eine weitere wichtige Frage im Zusammenhang mit Treasury-Aktivitäten ist die Bestimmung und Zuordnung der wirtschaftlich signifikanten Risiken nach Kapitel I.

10.49. Die Aktivitäten der Treasury-Funktion sind auf die Konzernebene ausgerichtet und orientieren sich an der von der Konzernleitung vorgegebenen Vision, Strategie und Politik. Dementsprechend hängt der Risikoansatz der Treasury-Abteilung von der Konzernpolitik ab, die u. U. bestimmte Ziele festlegt, wie etwa Zielniveaus für die Anlagerendite (z. B. Renditen, die höher sind als die Kapitalkosten), eine Verringerung der Cashflow-Volatilität oder Zielvorgaben für Bilanzkennziffern (wie etwa das Verhältnis von Forderungen zu Verbindlichkeiten). Es gilt daher zu bedenken, dass die übergeordneten strategischen Entscheidungen in der Regel nicht von der Treasury-Abteilung selbst getroffen werden, sondern das Resultat einer auf Konzernebene festgelegten Politik sind.

10.50. Die folgenden Abschnitte behandeln Verrechnungspreisfragen bei einigen wesentlichen Treasury-Aktivitäten, die in multinationalen Konzernen üblich sind, nämlich konzerninterne Darlehensvergabe, Cash-Pooling und Hedging-Aktivitäten.

Hinweis

Die folgenden Abschnitte erörtern spezifische Aspekte im Zusammenhang mit der Frage, ob der in einem Darlehensvertrag festgelegte Zinssatz fremdüblich ist. Die Analyse in diesen Abschnitten beruht auf der Annahme, dass die Geschäftsvorfälle nach sachgerechter Abgrenzung gemäß Kapitel I oder gegebenenfalls nach innerstaatlichem Recht als Darlehen anerkannt werden.

C.1. Konzerninterne Darlehen

C.1.1. Allgemeine Erwägungen

C.1.1.1. Perspektive des Darlehensgebers und Perspektive des Darlehensnehmers

10.51. Die Untersuchung der kaufmännischen und finanziellen Beziehungen zwischen einem Darlehensnehmer und einem Darlehensgeber, die beide demselben Konzern angehören, und die Analyse der wirtschaftlich relevanten Merkmale des Geschäftsvorfalls sollte sowohl aus der Perspektive des Darlehensgebers als auch aus der Perspektive des Darlehensnehmers, die nicht immer übereinstimmen dürften, vorgenommen werden.

10.52. Ebenso wie in anderen Verrechnungspreisszenarien sind auch hier die Leitlinien in Abschnitt D.1 von Kapitel I anzuwenden, um zu bestimmen, ob der Darlehensgeber und der Darlehensnehmer Risiken im Zusammenhang mit den konzerninternen Darlehen tragen. Im Einzelnen gilt es zu untersuchen, welche Risiken die Finanzierungsvereinbarungen für das kreditgebende Unternehmen mit sich bringen und welche Risiken aus Sicht des Empfängers mit der Annahme und Nutzung der Mittel verbunden sind. Diese Risiken betreffen die Rückzahlung des ausgereichten Betrags, die Vergütung, die für die Nutzung dieses Betrags über einen bestimmten Zeitraum erwartet wird, sowie die Vergütung für andere damit verbundene Risikofaktoren.

10.53. Für den Darlehensgeber beruht die Entscheidung, ob, in welcher Höhe und zu welchen Bedingungen er ein Darlehen vergibt, auf einer Evaluierung verschiedener den Darlehensnehmer betreffender Aspekte, allgemeinerer wirtschaftlicher Faktoren, die sowohl den Darlehensnehmer als auch den Darlehensgeber betreffen, sowie anderer Optionen, die dem Darlehensgeber realistischerweise für die Verwendung der Mittel zur Verfügung stehen.

10.54. Unabhängige Kreditgeber würden den potenziellen Darlehensnehmer einer gründlichen Kreditprüfung unterziehen, um die Risiken, die mit der Darlehensvergabe verbunden wären, zu ermitteln und zu evaluieren und Möglichkeiten zu erwägen, diese Risiken zu überwachen und zu steuern. Bei einer solchen Kreditprüfung würden das Unternehmen selbst, der Zweck des Darlehens, Optionen für die Strukturierung des Darlehens und die Quellen für die Rückzahlung des Darlehens analysiert; dies könnte eine Prüfung der Cashflow-Prognosen des Darlehensnehmers und der Solidität seiner Bilanz umfassen.

10.55. Wenn ein Unternehmen ein Darlehen an ein verbundenes Unternehmen vergibt, wird es nicht zwangsläufig in allen Punkten dieselben Prüfverfahren anwenden wie ein unabhängiger Kreditgeber. Beispielsweise könnte es ihm leichter fallen, Informationen über die Geschäftstätigkeit des Darlehensnehmers zu beschaffen, da innerhalb des multinationalen Konzerns möglicherweise problemlos auf die erforderlichen Informationen zugegriffen werden kann. Für die Klärung der Frage, ob das Darlehen zu Bedingungen vergeben wurde, die auch zwischen unabhängigen Unternehmen vereinbart worden wären, sind jedoch die gleichen kaufmännischen Erwägungen, wie etwa die Kreditwürdigkeit, das Kreditrisiko und die wirtschaftlichen Rahmenbedingungen, ausschlaggebend.

10.56. Bei einem Darlehen der Muttergesellschaft eines multinationalen Konzerns an eine Tochtergesellschaft verfügt die Muttergesellschaft bereits über Kontroll- und Eigentumsrechte an der Tochtergesellschaft; daher ist die Stellung von Sicherheiten für ihre Risikoanalyse als Darlehensgeber weniger relevant. Dementsprechend ist bei der Verrechnungspreisanalyse eines Darlehens zwischen verbundenen Unternehmen zu berücksichtigen, dass das Nichtvorhandensein vertraglicher Ansprüche auf die Vermögenswerte des Darlehensnehmers nicht zwangsläufig die wirtschaftliche Realität der mit dem Darlehen verbundenen Risiken widerspiegelt. Wenn die Vermögenswerte des Unternehmens nicht bereits anderswo als Sicherheit eingesetzt werden, ist es angemessen, im Rahmen der Analyse gemäß Kapitel I zu prüfen, ob diese Vermögenswerte als Sicherheit für das ansonsten unbesicherte Darlehen dienen können und wie sich dies auf den Preis des Darlehens auswirkt.

10.57. Das Kreditrisiko für den Darlehensgeber besteht darin, dass der Darlehensnehmer seinen in den Darlehensbedingungen festgelegten Zahlungsverpflichtungen möglicherweise nicht nachkommt. Bei der Entscheidung, ob ein bestimmtes Darlehen eine gute Geschäftschance darstellt, prüfen Darlehensgeber auch die möglichen Auswirkungen konjunktureller Veränderungen auf das damit verbundene Kreditrisiko, nicht nur im Hinblick auf die Umstände des Darlehensnehmers, sondern auch in Bezug auf mögliche Veränderungen der wirtschaftlichen Bedingungen, wie z. B. steigende Zinssätze, oder Wechselkursrisiken für den Darlehensnehmer.

10.58. Darlehensnehmer sind bestrebt, ihre gewichteten durchschnittlichen Kapitalkosten zu optimieren und ausreichend Finanzmittel zur Verfügung zu haben, um sowohl kurzfristigen Erfordernissen als auch langfristigen Zielen gerecht zu werden. Ein unabhängiges Unternehmen, das Finanzmittel aufnehmen möchte, wird im eigenen geschäftlichen Interesse bei der Prüfung der realistischerweise zur Verfügung stehenden Optionen nach der kosteneffizientesten Alternative für die von ihm gewählte Geschäftsstrategie suchen. In Bezug auf Sicherheiten beispielsweise wäre dies unter bestimmten Umständen, sofern das Unternehmen geeignete Sicherheiten bieten kann, ein besichertes Darlehen anstelle eines unbesicherten Darlehens, wobei jedoch zu berücksichtigen ist, dass sich die Verfügbarkeit sicherheitenfähiger Vermögenswerte sowie die Finanzierungserfordernisse eines Unternehmens im Zeitverlauf ändern können; wegen der begrenzten Verfügbarkeit von Sicherheiten wird der

Darlehensnehmer beispielsweise durch die Entscheidung, für ein bestimmtes Darlehen Sicherheiten zu stellen, daran gehindert, dieselben Sicherheiten für ein späteres Darlehen zu verpfänden. Folglich würde ein multinationales Unternehmen bei der Stellung von Sicherheiten die realistischerweise verfügbaren Optionen für seine Gesamtfinanzierung berücksichtigen (also z. B. potenzielle spätere Darlehenstransaktionen).

10.59. Weitere Faktoren, die von Darlehensnehmern berücksichtigt werden, sind die potenziellen Auswirkungen von Veränderungen der wirtschaftlichen Rahmenbedingungen, wie z. B. Zinssätze und Wechselkurse, sowie das Risiko, im Fall von unerwarteten geschäftlichen Schwierigkeiten bei den Zins- und Tilgungszahlungen in Verzug zu geraten, und das Risiko, im Bedarfsfall nicht in der Lage zu sein, mehr Kapital (Fremd- oder Eigenkapital) aufzunehmen.

10.60. Die makroökonomischen Bedingungen können dazu führen, dass sich die Finanzierungskosten am Markt verändern. Unter diesen Umständen orientiert sich eine Verrechnungspreisanalyse in Bezug darauf, inwieweit es dem Darlehensnehmer oder dem Darlehensgeber möglich ist, günstigere Darlehensbedingungen auszuhandeln, an den Optionen, die ihnen realistischerweise zur Verfügung stehen.

10.61. Die wirtschaftlichen Bedingungen von Darlehen sollten auch im Kontext der Rechtsvorschriften betrachtet werden, die sich auf die Position der Beteiligten auswirken könnten. Beispielsweise könnten Verbindlichkeiten gegenüber verbundenen Unternehmen nach dem Insolvenzrecht des Staats des Darlehensnehmers Verbindlichkeiten gegenüber fremden Dritten im Rang nachgestellt sein.

C.1.1.2. Kreditratings

10.62. Die Kreditwürdigkeit des Darlehensnehmers ist eines der Hauptkriterien, die unabhängige Darlehensgeber bei der Festlegung der Zinssätze für ein Darlehen berücksichtigen. Kreditratings können ein nützlicher Bonitätsindikator sein und die Bestimmung potenzieller Vergleichswerte oder die Anwendung ökonomischer Modelle bei Geschäftsvorfällen zwischen verbundenen Unternehmen erleichtern. Ferner kann bei konzerninternen Darlehen und anderen Finanzinstrumenten, die Gegenstand konzerninterner Geschäftsvorfälle sind, die Konzernzugehörigkeit ein wirtschaftlich relevanter Faktor sein, der die Preise dieser Instrumente beeinflusst. Dieser Unterabschnitt setzt sich daher näher mit der Nutzung von Kreditratings und dem Effekt der Konzernzugehörigkeit auf die Preisgestaltung für konzerninterne Darlehen auseinander. Gegebenenfalls wird in anderen Teilen dieser Leitlinien auf diesen Unterabschnitt verwiesen.

10.63. Kreditratings können sich auf die generelle Kreditwürdigkeit eines multinationalen Unternehmens oder Konzerns[4] oder auf eine spezifische Schuldtitelemission beziehen. Wie nachstehend ausgeführt, beruhen Kreditratings sowohl auf quantitativen Faktoren, z. B. Finanzinformationen, als auch auf qualitativen Faktoren, z. B. dem Wirtschaftszweig und Staat, in dem die Konzerngesellschaft oder der multinationale Konzern tätig sind.

C.1.1.2.1. Kreditrating eines multinationalen Unternehmens oder Konzerns

10.64. Das Kreditrating eines multinationalen Unternehmens oder Konzerns (in der Regel als „Emittentenrating" bezeichnet) ist eine Bewertung seiner generellen Kreditwürdigkeit. Diese Bewertung gründet sich in der Regel auf die Fähigkeit und Bereitschaft des betreffenden Unternehmens oder Konzerns, seinen finanziellen Verpflichtungen gemäß den vereinbarten Bedingungen nachzukommen. Das Rating eines multinationalen Unternehmens oder Konzerns stellt faktisch ein relatives Ranking seiner Kreditwürdigkeit im Vergleich zu anderen Kreditnehmern dar. Ein niedrigeres Rating signalisiert im Allgemeinen ein größeres Ausfallrisiko; folglich ist in diesem Fall eine höhere Rendite für die Darlehensgeber zu erwarten.

10.65. An vielen Kreditmärkten lässt sich problemlos in Erfahrung bringen, welche Zinssätze für Unternehmen mit unterschiedlichen Ratings gelten; diese Informationen können einen wertvollen Beitrag zur Durchführung von Vergleichbarkeitsanalysen leisten. Finanzierungsgeschäfte, die die kreditnehmende Konzerngesellschaft oder ein anderes Unternehmen des multinationalen Konzerns mit externen Kreditgebern abgeschlossen hat, können ebenfalls verlässliche Vergleichsgrößen für die von verbundenen Unternehmen verlangten Zinssätze liefern (vgl. Ziffer 10.94 und 10.95). Allerdings stellen Finanzierungsgeschäfte der kreditnehmenden Konzerngesellschaft oder eines anderen Unternehmens des multinationalen Konzerns, z. B. der Muttergesellschaft, nur dann verlässliche Vergleichsgrößen dar, wenn die Unterschiede zwischen den konzerninternen und den Fremdgeschäftsvorfällen keine wesentlichen Auswirkungen auf den Zinssatz haben oder wenn hinreichend genaue Anpassungen möglich sind.

10.66. Da Kreditratings auf einer Kombination aus quantitativen und qualitativen Faktoren beruhen, ist auch bei Kreditnehmern mit gleichem Rating von einer etwas unterschiedlichen Kreditwürdigkeit auszugehen. Beim Vergleich von Kreditnehmern anhand von Finanzkennzahlen, die Kreditgebern in der

4. Im Sinne dieser Leitlinien ist unter dem Kreditrating eines multinationalen Konzerns das Kreditrating der obersten Muttergesellschaft des multinationalen Konzerns zu verstehen, das auf der Grundlage des Konzernabschlusses ermittelt wird.

Regel wichtig sind, wie z. B. Schulden/EBITDA-Verhältnis oder Verschuldungsgrad, ist zudem zu bedenken, dass auch bei übereinstimmenden Finanzkennzahlen das Kreditrating nicht unbedingt gleich ausfallen wird, wenn es andere Unterschiede zwischen den bewerteten Unternehmen gibt. Beispielsweise könnten in einigen Branchen bessere Finanzkennzahlen als in anderen erforderlich sein, um ein bestimmtes Rating zu erhalten. In Branchen, in denen die intrinsischen Risiken höher oder die Einnahmen weniger stabil sind, müssen die Unternehmen im Allgemeinen bessere Finanzkennzahlen aufweisen, um dasselbe Rating zu erhalten wie Unternehmen aus anderen Branchen.

10.67. Es können aber auch besondere Umstände vorliegen, wie z. B. bei Start-ups oder kürzlich fusionierten Unternehmen, die sich möglicherweise auf das Rating eines Konzernunternehmens auswirken. Diese besonderen Situationen sollten berücksichtigt werden.

10.68. Wichtig ist, dass der multinationale Konzern die Gründe und die Auswahl des Kreditratings, das für ein bestimmtes Konzernunternehmen bei der Bepreisung von konzerninternen Darlehen und anderen konzerninternen Finanztransaktionen genutzt wird, in angemessener Weise dokumentiert.

C.1.1.2.2. Kreditrating einer spezifischen Schuldtitelemission

10.69. Das Kreditrating einer bestimmten Schuldtitelemission („Emissionsrating“) ist eine Bewertung der Kreditwürdigkeit des Emittenten in Bezug auf ein spezifisches Finanzinstrument. Das Emissionsrating beruht auf den spezifischen Merkmalen des Finanzinstruments, wie z. B. Garantien, Sicherheiten und Rang.

10.70. Das Emissionsrating kann vom Emittentenrating des multinationalen Unternehmens oder Konzerns abweichen, da das Kreditrisiko eines Finanzinstruments nicht nur vom Risikoprofil des Kreditnehmers, sondern auch von den spezifischen Merkmalen des Finanzinstruments abhängt. Wenn sowohl ein Emittenten- als auch ein Emissionsrating vorliegt und die konzernexterne Schuldtitelemission mit dem konzerninternen Geschäftsvorfall vergleichbar ist, wäre es je nach den Gegebenheiten und Umständen angemessener, bei der Bestimmung des Preises für die konzerninterne Finanztransaktion das Emissionsrating der betreffenden Schuldtitelemission heranzuziehen.

C.1.1.2.3. Ermittlung von Kreditratings

10.71. Soll zur Bewertung konzerninterner Geschäftsvorfälle ein Kreditrating für ein bestimmtes Unternehmen eines multinationalen Konzerns ermittelt werden, sind besondere Aspekte zu berücksichtigen. Wenn eine Konzerngesellschaft über ein öffentlich vorliegendes Kreditrating einer unabhängigen Ratingagentur verfügt, kann dieses Rating für eine Fremdvergleichsanalyse ihrer konzerninternen Finanzierungsgeschäfte herangezogen werden. In den meisten Fällen liegen aber nur für den Gesamtkonzern öffentlich zugängliche Kreditratings vor. Für einzelne Konzerngesellschaften wird oft so vorgegangen, dass anhand öffentlich verfügbarer Rating-Tools oder Methoden unabhängiger Ratingagenturen quantitative und qualitative Analysen der individuellen Merkmale der Konzerngesellschaft durchgeführt werden, um so das Verfahren zu replizieren, mit dem das Kreditrating des multinationalen Konzerns bestimmt wurde. Bei diesem Ansatz müssen auch die Bonitätsverbesserungen berücksichtigt werden, die dem betreffenden Unternehmen aufgrund seiner Zugehörigkeit zum multinationalen Konzern entstehen dürften.

C.1.1.2.4. Nutzung öffentlich verfügbarer Rating-Tools oder Methoden zur näherungsweisen Bestimmung von Kreditratings

10.72. Es gibt öffentlich verfügbare Rating-Tools, mit denen Kreditratings ermittelt werden können. Das Prinzip dieser Tools besteht im Wesentlichen darin, beispielsweise die Ausfallwahrscheinlichkeit und den wahrscheinlichen Verlust bei einem Zahlungsausfall zu berechnen, um so ein implizites Rating für das Darlehen zu erhalten. Dieses kann dann mit einer Marktdatenbank abgeglichen werden, um Vergleichswerte für die Ermittlung eines Preises oder einer Preisspanne für das Darlehen zu finden. Bei der Abwägung, ob sich mit diesen Tools verlässliche Kreditratings für konzerninterne Geschäftsvorfälle bestimmen lassen, sind verschiedene Aspekte zu berücksichtigen; dazu zählt u. a. die Tatsache, dass die Ergebnisse nicht auf einem direkten Vergleich mit Transaktionen zwischen unabhängigen Unternehmen beruhen, sondern von der Genauigkeit der Inputparameter abhängen, der tendenziell größere Einfluss quantitativer Faktoren zulasten qualitativer Faktoren sowie die mangelnde Transparenz der Ratingprozesse (d. h. die Unklarheit über die Funktionsweise der angewandten Algorithmen und Prozesse).

10.73. Die Ratingmethoden öffentlich verfügbarer Rating-Tools können sich in bestimmten Punkten erheblich von den Ratingmethoden unterscheiden, die von unabhängigen Ratingagenturen bei der Bestimmung offizieller Kreditratings verwendet werden, und der Effekt dieser Unterschiede sollte sorgfältig geprüft werden. Beispielsweise berücksichtigen öffentlich verfügbare Tools im Allgemeinen nur eine begrenzte Auswahl an quantitativen Daten, um ein Kreditrating zu bestimmen. Die offiziellen Kreditratings unabhängiger Ratingagenturen beruhen auf wesentlich gründlicheren Prüfungen, die quantitative Analysen der historischen und prognostizierten Unternehmensergebnisse sowie detaillierte qualitative Analysen umfassen, z. B. zur Qualität der Unternehmensführung, zu branchenspezifischen Merkmalen und zum Marktanteil des Unternehmens innerhalb seiner Branche.

10.74. Daher kann die Glaubwürdigkeit von mit öffentlich verfügbaren Rating-Tools ermittelten Kreditratings verbessert werden, wenn die Analyse in nachvollziehbarer Weise belegen kann, dass die mit diesen Tools ermittelten Ratings mit den Ratings unabhängiger Ratingagenturen übereinstimmen.

10.75. Bei der Kreditratinganalyse ist zu berücksichtigen, dass die Finanzkennzahlen durch aktuelle und frühere konzerninterne Geschäftsvorfälle (z. B. Verkäufe oder Zinsaufwendungen) beeinflusst werden können. Wenn Grund zur Annahme besteht, dass diese konzerninternen Geschäftsvorfälle nicht fremdvergleichskonform sind, ist das Kreditrating, das vor dem Hintergrund dieser konzerninternen Transaktionen ermittelt wurde, möglicherweise nicht verlässlich. (Vgl. auch die Leitlinien in Abschnitt B.) Diese Erwägungen betreffen sowohl konzerninterne Geschäftsvorfälle, die sich auf die aktuellen Erträge des multinationalen Unternehmens auswirken können, als auch frühere Finanzierungsgeschäfte und sonstige konzerninterne Transaktionen, die die Ertrags- und Kapitalkennzahlen des multinationalen Unternehmens, die Gegenstand der quantitativen Analyse sind, beeinflusst haben könnten.

C.1.1.3. Effekt der Konzernzugehörigkeit

10.76. Der Effekt der Konzernzugehörigkeit ist für die Bestimmung der Konditionen, zu denen eine Konzerngesellschaft ein fremdübliches Darlehen bei einem unabhängigen Kreditgeber aufgenommen hätte, vor allem in zweierlei Hinsicht relevant. Erstens liefern die Grundsätze und Praktiken der Konzernleitung für die externe Finanzierung Anhaltspunkte dafür, welche Art von Kredit die Konzerngesellschaft zu welchen Konditionen bei einem unabhängigen Kreditgeber aufgenommen hätte; dazu zählen beispielsweise der Preis (d. h. der Zinssatz) sowie alle wirtschaftlich relevanten Merkmale, wie etwa die Art des Darlehens, seine Laufzeit, die Darlehenswährung, Sicherheiten, Covenants, Geschäftsstrategien usw. Zweitens könnte das multinationale Unternehmen, das den Kredit aufnimmt, bei finanziellen Schwierigkeiten Unterstützung durch den Konzern erhalten, um seine finanziellen Verpflichtungen zu erfüllen. Wenn dem kreditnehmenden multinationalen Unternehmen durch seine bloße Zugehörigkeit zu einem Konzern, d. h. durch eine rein passive Verbindung, zufällige Vorteile entstehen, ist Ziffer 1.178 von Kapitel I maßgeblich für die Analyse des Effekts der Konzernzugehörigkeit auf die Darlehensbedingungen.

10.77. Im Zusammenhang mit konzerninternen Darlehen werden diese zufälligen Vorteile, die dem multinationalen Unternehmen allein durch seine Konzernzugehörigkeit entstehen, als impliziter Konzernrückhalt bezeichnet. Der Effekt eines solchen möglicherweise bestehenden Konzernrückhalts auf das Kreditrating eines Unternehmens sowie etwaige Effekte auf seine Kreditaufnahmefähigkeit oder auf den für seine Kredite entrichteten Zinssatz erfordern keine Zahlung oder Vergleichbarkeitsanpassung. Vgl. Beispiel 1 unter Ziffer 1.184–1.186 von Kapitel I sowie Abschnitt D.3.

10.78. Ein impliziter Konzernrückhalt kann sich sowohl auf das Emittentenrating des Darlehensnehmers als auch auf das Emissionsrating seiner Schuldtitelemissionen auswirken. Der Effekt eines möglicherweise bestehenden Konzernrückhalts auf das Rating eines Kreditnehmers kann u. a. anhand der relativen Bedeutung dieses Unternehmens innerhalb seines Konzerns ermessen werden. Die Wahrscheinlichkeit, dass eine Konzerngesellschaft Unterstützung durch ihren Konzern erhält, dürfte von ihrer relativen Bedeutung für den multinationalen Konzern insgesamt und von den Verflechtungen zwischen ihr und dem Rest des Konzerns – sei es in seiner aktuellen Form oder in seiner Zukunftsstrategie – abhängen. Ein eng in den multinationalen Konzern eingebundenes Unternehmen, das ein wesentlicher Bestandteil der Konzernidentität oder der Zukunftsstrategie des Konzerns ist – was üblicherweise für im Kerngeschäft des Konzerns tätige Unternehmen der Fall ist –, dürfte in der Regel eher Unterstützung von anderen Konzerngesellschaften erhalten und somit ein Kreditrating haben, das sich stärker mit dem Rating des multinationalen Konzerns deckt. Ein Konzernunternehmen, das nicht über einen solchen Status verfügt oder schwächere Bindungen mit dem Rest des Konzerns aufweist, dürfte dagegen seltener mit Unterstützung durch den Rest des multinationalen Konzerns rechnen können. Liegen bei einem Unternehmen Anhaltspunkte dafür vor, dass der multinationale Konzern keine Unterstützung leisten würde, könnte es je nach den Gegebenheiten und Umständen angemessen sein, das Unternehmen lediglich auf der Grundlage seines eigenen Kreditratings zu beurteilen, d. h. so als handle es sich um ein eigenständiges Unternehmen.

10.79. Eine weitere wichtige Frage ist, welche voraussichtlichen Auswirkungen die Unterstützung oder Nichtunterstützung des Darlehensnehmers durch den Konzern auf andere Teile des multinationalen Konzerns hätte. Der Status einer Konzerngesellschaft lässt sich in diesem Zusammenhang u. a. anhand folgender Kriterien bestimmen: gesetzliche Verpflichtungen (z. B. aufsichtsrechtliche Anforderungen), strategischer Stellenwert, operative Integration und Bedeutung, Namensgleichheit, potenzielle Reputationseffekte, negative Auswirkungen auf den Gesamtkonzern, allgemeine Grundsatz- oder Absichtserklärungen sowie frühere Beispiele von Unterstützung und gemeinsamem Auftreten des multinationalen Konzerns gegenüber fremden Dritten. Die relative Bedeutung dieser Faktoren kann von Branche zu Branche unterschiedlich sein.

10.80. Welche Auswirkungen die Feststellung eines impliziten Konzernrückhalts hat, ist eine Ermessensfrage. Es kann sein, dass der Steuerverwaltung die Art von Informationen, auf die sich der multinationale Konzern bei seiner Entscheidung für oder gegen die Unterstützung des Darlehensnehmers stützen würde, nicht zugänglich ist, was bei Verrechnungspreisprüfungen häufig der Fall ist; Informationsasymmetrien können es Steuerverwaltungen schwer machen, die Wahrscheinlichkeit einer Unterstützung durch den multinationalen Konzern zu beurteilen (vgl. Abschnitt B.2 in Kapitel IV). Überdies kann die

Bereitschaft oder Fähigkeit des multinationalen Konzerns, Unterstützung zu leisten, durch Veränderungen der Gegebenheiten und Umstände beeinflusst werden; daher ist es möglich, dass die Entscheidung zur Unterstützung vom multinationalen Konzern selbst erst im Bedarfsfall getroffen wird. Anders verhält es sich beispielsweise, wenn das multinationale Unternehmen von einem anderen Konzernunternehmen eine formelle Garantie erhält. Das frühere Verhalten eines multinationalen Konzerns im Hinblick auf die Gewährung von Unterstützung kann ein nützlicher Anhaltspunkt für sein voraussichtliches zukünftiges Verhalten sein; es sollte aber hinreichend geprüft werden, ob inzwischen möglicherweise andere Bedingungen vorliegen.

C.1.1.4. Verwendung des Konzernratings

10.81. Trotz bewährter Ansätze zur Schätzung des Kreditratings einer bestimmten Konzerngesellschaft oder Schuldtitelemission ergibt sich aus den vorstehenden Erwägungen, dass ein Preisansatz auf Basis der aus öffentlich verfügbaren Rating-Tools abgeleiteten Kreditratings für einzelne Konzernunternehmen (vgl. Ziffer 10.72), die Analyse des impliziten Konzernrückhalts, die verlässliche Bewertung konzerninterner Transaktionen sowie Informationsasymmetrien u. U. Herausforderungen mit sich bringen, die – sofern keine Lösungen gefunden werden – zu unzuverlässigen Ergebnissen führen können.

10.82. In diesem Fall kann gegebenenfalls auch das Kreditrating des multinationalen Konzerns zur Bestimmung des Preises für das sachgerecht abgegrenzte Darlehen verwendet werden, insbesondere wenn die Konzerngesellschaft beispielsweise eine wichtige Rolle für den Konzern insgesamt spielt, wie in Ziffer 10.78 und 10.79 beschrieben, und wenn sich die Indikatoren ihrer Kreditwürdigkeit nicht wesentlich von denen des Konzerns unterscheiden. Das Kreditrating eines multinationalen Konzerns wird nicht von konzerninternen Geschäftsvorfällen beeinflusst und bildet die Grundlage für die externe Mittelaufnahme des Konzerns bei unabhängigen Kreditgebern. Bei multinationalen Konzernen ohne externes Kreditrating kann in Betracht gezogen werden, die Ratinganalyse zur Bewertung des konzerninternen Geschäftsvorfalls auf Konzernebene durchzuführen. Auf jeden Fall ist das Kreditrating des multinationalen Konzerns wie jedes andere Kreditrating nur dann geeignet, wenn unter Berücksichtigung aller Gegebenheiten und Umstände festgestellt wird, dass es der zuverlässigste Indikator für das Kreditrating des multinationalen Unternehmens ist.

C.1.1.5. Covenants

10.83. Covenants in einem Darlehensvertrag dienen im Allgemeinen dazu, dem Darlehensgeber eine gewisse Absicherung zu verschaffen und dadurch sein Risiko zu begrenzen. Diese Absicherung kann in Form von „Incurrence Covenants“ oder „Maintenance Covenants“ erfolgen.

10.84. Durch Incurrence Covenants werden dem Darlehensnehmer bestimmte Handlungen vorgeschrieben oder bestimmte Handlungen ohne Einverständnis des Darlehensgebers untersagt. Incurrence Covenants können es dem Darlehensnehmer beispielsweise verbieten, zusätzliches Fremdkapital aufzunehmen, die Vermögenswerte des Unternehmens in irgendeiner Weise zu belasten oder bestimmte Vermögenswerte des Unternehmens zu veräußern; dadurch wird eine gewisse Bilanzsicherheit beim Darlehensnehmer gewährleistet.

10.85. Maintenance Covenants beziehen sich in der Regel auf Finanzkennzahlen, deren Einhaltung regelmäßig zu vorab festgelegten Zeitpunkten während der Laufzeit eines mit Covenants versehenen Darlehens geprüft wird. Maintenance Covenants können als Frühwarnsystem fungieren, damit der Darlehensnehmer und/oder Darlehensgeber frühzeitig Gegenmaßnahmen ergreifen kann, wenn die Finanzkennziffern des Darlehensnehmers hinter den Zielvorgaben zurückbleiben. Dies kann dazu beitragen, externe Darlehensgeber vor Informationsasymmetrien zu schützen.

10.86. Bei konzerninternen Geschäftsvorfällen dürfte die Informationsasymmetrie zwischen den Unternehmen geringer (d. h. die Transparenz höher) sein als bei Transaktionen mit fremden Dritten. Konzerninterne Darlehensgeber verzichten bei Darlehen an verbundene Unternehmen u. U. auf Covenants, weil zum einen die Wahrscheinlichkeit von Informationsasymmetrien geringer ist und weil es zum anderen weniger wahrscheinlich ist, dass ein Unternehmen eines multinationalen Konzerns bei einem Covenant-Verstoß die gleiche Art von Maßnahmen ergreifen würde wie ein unabhängiger Darlehensgeber oder das Darlehen mit den gleichen Auflagen versehen würde wie ein unabhängiger Darlehensgeber. Wenn in den schriftlichen Vereinbarungen zwischen den Beteiligten keine Covenants vorgesehen sind, sollte gemäß den Leitlinien von Kapitel I geprüft werden, ob in der Praxis Regeln angewandt werden, die einem Maintenance Covenant zwischen den Beteiligten entsprechen, und welche Auswirkungen dies auf den Darlehenspreis hat.

C.1.1.6. Garantien

10.87. Ein Darlehen kann über eine Garantie abgesichert werden, bei der ein Dritter als Bürge für den Darlehensnehmer fungiert. Wenn der Darlehensgeber auf eine oder mehrere Garantien vertraut, muss er den bzw. die Garantiegeber in ähnlicher Weise prüfen wie den eigentlichen Darlehensnehmer. Um eine Garantie bei der Festlegung oder Anpassung von Darlehensbedingungen zu berücksichtigen, muss der Darlehensgeber hinreichend überzeugt sein, dass der bzw. die Garantiegeber in der Lage sind, für etwaige Fehlbeträge einzustehen, wenn der Darlehensnehmer bei einem Ausfall seinen Verpflichtungen nicht in vollem Umfang nachkommen kann. Garantien werden in Abschnitt D näher erörtert.

C.1.2. Bestimmung des fremdüblichen Zinssatzes von konzerninternen Darlehen

10.88. Die folgenden Abschnitte behandeln verschiedene Preisbestimmungsansätze für konzerninterne Darlehen. Wie in jeder anderen Verrechnungspreissituation sollte sich die Wahl der am besten geeigneten Verrechnungspreismethode an der sachgerechten Abgrenzung des tatsächlichen Geschäftsvorfalls und insbesondere der Funktionsanalyse orientieren (vgl. Kapitel II).

C.1.2.1. Preisvergleichsmethode (*comparable uncontrolled price method* – CUP-Methode)

10.89. Nach der sachgerechten Abgrenzung des tatsächlichen Geschäftsvorfalls können ausgehend von einer Betrachtung des Kreditratings des Darlehensnehmers oder des Ratings des spezifischen Finanzierungsinstruments die fremdüblichen Zinssätze unter Berücksichtigung aller Darlehensbedingungen und Vergleichbarkeitsfaktoren ermittelt werden.

10.90. Angesichts der Existenz zahlreicher Märkte für die Aufnahme und Vergabe von Krediten und der Häufigkeit solcher Transaktionen zwischen unabhängigen Kreditgebern und -nehmern sowie der allgemeinen Verfügbarkeit von Informationen und Analysen zu den Kreditmärkten dürfte die Preisvergleichsmethode bei Finanztransaktionen einfacher anzuwenden sein als bei anderen Geschäftsvorfällen. Die verfügbaren Informationen umfassen häufig Einzelheiten zu den Darlehensmerkmalen und zum Rating des Darlehensnehmers oder des betreffenden Finanzierungsinstruments. Merkmale, die normalerweise mit einem höheren Risiko für den Darlehensgeber einhergehen, wie z. B. lange Laufzeiten, nicht vorhandene Sicherheiten, Nachrangigkeit oder die Verwendung des Darlehens für ein riskantes Vorhaben, erhöhen im Allgemeinen den Zinssatz. Merkmale, die das Risiko des Darlehensgebers begrenzen, wie z. B. gute Sicherheiten, hochwertige Garantien oder Vorgaben für das zukünftige Verhalten des Darlehensnehmers, drücken in der Regel den Zinssatz.

10.91. Der fremdübliche Zinssatz für ein untersuchtes Darlehen kann unter Bezugnahme auf öffentlich verfügbare Daten zu anderen Darlehensnehmern mit gleichem Kreditrating für Darlehen mit hinreichend ähnlichen Bedingungen und anderen Vergleichbarkeitsfaktoren ermittelt werden. Angesichts des oft starken Wettbewerbs an den Kreditmärkten wäre zu erwarten, dass es je nach den Merkmalen des Darlehens (Betrag, Laufzeit, Währung usw.) und des Ratings des Darlehensnehmers oder des spezifischen Instruments (vgl. Abschnitt C.1.1.2.) genau einen Zinssatz gibt, zu dem der Darlehensnehmer Mittel aufnehmen kann, sowie genau einen Zinssatz, zu dem der Darlehensgeber Mittel investieren kann, um eine angemessene Vergütung zu erhalten. In der Praxis dürfte es jedoch nicht nur einen einzigen „Marktzins", sondern eine Bandbreite an Zinssätzen geben, wenngleich sich diese Bandbreite in der Regel durch den Wettbewerb zwischen den Darlehensgebern und die Verfügbarkeit von Preisdaten verringert.

10.92. Die Suche nach Vergleichsdaten muss sich nicht zwangsläufig auf eigenständige Unternehmen beschränken. Bei der Untersuchung gewerblicher Darlehen könnte, sofern der potenziell vergleichbare Darlehensnehmer einem multinationalen Konzern angehört und bei einem unabhängigen Darlehensgeber Mittel aufgenommen hat, ein Darlehen an ein Unternehmen eines anderen multinationalen Konzerns oder zwischen Angehörigen unterschiedlicher multinationaler Konzerne ein gültiger Vergleichsgeschäftsvorfall sein, vorausgesetzt, alle anderen wirtschaftlich relevanten Bedingungen sind hinreichend vergleichbar.

10.93. Fremdübliche Zinssätze können auch auf Basis der Renditen realistischer Alternativen mit vergleichbaren wirtschaftlichen Merkmalen ermittelt werden. Je nach den Gegebenheiten und Umständen können solche realistischen Alternativen zu konzerninternen Darlehen beispielsweise Anleiheemissionen, Darlehen fremder Dritter, Einlagen, Wandelanleihen, Commercial Paper usw. sein. Bei der Evaluierung dieser Alternativen als potenzielle Vergleichsgeschäftsvorfälle ist zu berücksichtigen, dass je nach den Gegebenheiten und Umständen Vergleichbarkeitsanpassungen erforderlich sein könnten, um die wesentlichen Auswirkungen von Unterschieden zwischen dem konzerninternen Darlehen und der gewählten Alternative, etwa im Hinblick auf Liquidität, Laufzeit, Vorhandensein von Sicherheiten oder Währung, zu korrigieren.

10.94. Bei der Untersuchung von Vergleichbarkeitsfragen sollte die Möglichkeit interner Preisvergleiche nicht außer Acht gelassen werden.

10.95. Zwar dürfte der durchschnittliche von einem multinationalen Konzern für konzernextern aufgenommenes Fremdkapital bezahlte Zinssatz nicht die Vergleichbarkeitsanforderungen erfüllen, denen interne Vergleichswerte gerecht werden müssen, möglicherweise lassen sich jedoch innerhalb des Finanzierungsportfolios des Darlehensnehmers oder seines multinationalen Konzerns potenziell vergleichbare Darlehen finden, die bei fremden Dritten aufgenommen wurden. Ebenso wie bei externen Preisvergleichen müssen in diesem Fall u. U. geeignete Anpassungen vorgenommen werden, um die Vergleichbarkeit zu verbessern. Vgl. Beispiel 1 unter Ziffer 1.164–1.166.

C.1.2.2. Darlehensgebühren

10.96. Bei der Bestimmung fremdüblicher Darlehenspreise können auch Darlehensgebühren eine Rolle spielen. Unabhängige gewerbliche Kreditgeber berechnen im Rahmen der Darlehenskonditionen manchmal Gebühren, z. B. Einrichtungsgebühren oder Bereitstellungsgebühren für ungenutzte

Kreditfazilitäten. Wenn solche Gebühren bei einem Darlehen zwischen verbundenen Unternehmen erhoben werden, sollten sie in gleicher Weise evaluiert werden wie bei anderen konzerninternen Geschäftsvorfällen. Dabei ist zu berücksichtigen, dass sich in den Gebühren unabhängiger Kreditgeber teilweise Kosten widerspiegeln, die durch die Kapitalbeschaffung und die Erfüllung aufsichtsrechtlicher Anforderungen entstehen und die bei verbundenen Unternehmen möglicherweise nicht anfallen.

C.1.2.3. Geldbeschaffungskosten (*cost of funds*)

10.97. Wenn keine vergleichbaren Fremdgeschäftsvorfälle zur Verfügung stehen, könnten die Verrechnungspreise für konzerninterne Darlehen unter bestimmten Umständen auch nach dem „Cost of funds"-Ansatz ermittelt werden, der auf den Geldbeschaffungskosten beruht. Die Geldbeschaffungskosten umfassen die Kosten, die dem Darlehensgeber bei der Beschaffung der auszureichenden Mittel entstehen. Hinzukommen die Kosten für die Einrichtung des Darlehens sowie die bei der Bedienung des Darlehens entstehenden Kosten, eine Risikoprämie, die den verschiedenen wirtschaftlichen Faktoren in Zusammenhang mit dem angebotenen Darlehen Rechnung trägt, sowie eine Gewinnmarge, die im Allgemeinen die zusätzlichen Kosten des Eigenkapitals einschließt, das der Darlehensgeber zur Absicherung des Darlehens benötigt.

10.98. Bei der Anwendung dieses Ansatzes ist zu berücksichtigen, dass die Geldbeschaffungskosten des Darlehensgebers im Vergleich zu anderen am Markt tätigen Kreditgebern betrachtet werden sollten. Die Geldbeschaffungskosten verschiedener potenzieller Darlehensgeber können voneinander abweichen; folglich kann der Darlehensgeber bei der Preisgestaltung nicht einfach seine Geldbeschaffungskosten zugrunde legen, insbesondere wenn es einen potenziellen Wettbewerber gibt, der sich die Mittel günstiger beschaffen kann. Ein Kreditgeber, der an einem wettbewerbsbestimmten Markt tätig ist, setzt den Preis u. U. so niedrig wie möglich an, um sich das Geschäft zu sichern. Im konkreten kommerziellen Kontext heißt das, dass Kreditgeber die operativen Kosten so stark wie möglich zu drücken und die Kosten der Mittelbeschaffung zu minimieren versuchen.

10.99. Bei Anwendung des Geldbeschaffungskostenansatzes müssen die dem Darlehensnehmer realistischerweise zur Verfügung stehenden Optionen geprüft werden. Je nach den Gegebenheiten und Umständen würde ein multinationales Unternehmen kein Darlehen aufnehmen, das nach dem Geldbeschaffungskostenansatz bepreist wurde, wenn es die Finanzmittel durch eine andere Transaktion zu besseren Konditionen erhalten könnte.

10.100. Bei einigen konzerninternen Geschäftsvorfällen kann der Geldbeschaffungskostenansatz verwendet werden, um den Preis von Darlehen zu bestimmen, bei denen Mittel von einem fremden Dritten aufgenommen und als eine Reihe von Darlehen über ein oder mehrere zwischengeschaltete verbundene Unternehmen vom ursprünglichen Darlehensnehmer an den letztendlichen Darlehensnehmer weitergereicht werden. In solchen Fällen, in denen lediglich Vermittler- oder Intermediärfunktionen ausgeübt werden, ist es nach Ziffer 7.34 „möglicherweise nicht angemessen, den fremdüblichen Preis durch einen Gewinnaufschlag auf die Kosten der Dienstleistungen zu bestimmen, vielmehr sollte der Gewinnaufschlag auf die Kosten der Vermittlerfunktion als solche angewandt werden".

C.1.2.4. Credit Default Swaps

10.101. Credit Default Swaps (CDS) spiegeln das Kreditrisiko wider, das mit den ihnen zugrunde liegenden finanziellen Vermögenswerten verbunden ist. In Ermangelung von Informationen über einen Vermögenswert, der als Vergleichswert infrage käme, können Steuerpflichtige und Steuerverwaltungen die Spreads der entsprechenden Credit Default Swaps verwenden, um die Risikoprämie für konzerninterne Darlehen zu berechnen.

10.102. Als am Markt gehandelte Finanzinstrumente können Credit Default Swaps eine erhebliche Volatilität aufweisen. Diese Volatilität kann ihre Zuverlässigkeit als Hilfsindikatoren zur Bestimmung des an eine bestimmte Anlage geknüpften Kreditrisikos beeinträchtigen, da in den CDS-Spreads möglicherweise nicht nur das Kreditausfallrisiko, sondern auch andere nicht damit zusammenhängende Faktoren, wie z. B. die Liquidität der CDS-Kontrakte oder das Volumen der gehandelten Kontrakte, zum Ausdruck kommen. Dies kann beispielsweise dazu führen, dass für ein und dasselbe Instrument unterschiedliche CDS-Spreads vorliegen.

10.103. Dementsprechend erfordert die Verwendung von Credit Default Swaps zur näherungsweisen Bestimmung der Risikoprämie für konzerninterne Darlehen eine sorgfältige Prüfung der vorstehend erörterten Umstände, um einen fremdüblichen Zinssatz zu ermitteln.

C.1.2.5. Ökonomische Modellierung

10.104. In bestimmten Branchen werden bei der Ermittlung der Zinssätze für konzerninterne Darlehen ökonomische Modelle genutzt, um einen Zinssatz zu errechnen, der dann als Näherungswert für einen fremdüblichen Zinssatz dienen kann.

10.105. In der am häufigsten gewählten Variante dieser Modelle wird der Zinssatz berechnet, indem ein risikofreier Zinssatz mit Aufschlägen für verschiedene Darlehensmerkmale – z. B. Ausfallrisiko, Liquiditätsrisiko, Inflationserwartungen oder Laufzeit – kombiniert wird. In einigen Fällen berücksichtigen die ökonomischen Modelle auch Vergütungselemente für die Betriebsausgaben des Darlehensgebers.

10.106. Die Verlässlichkeit der Resultate hängt von den Parametern der jeweiligen Modelle und den zugrunde liegenden Annahmen ab. Bei der Bewertung der Zuverlässigkeit ökonomischer Modelle als Ansatz zur Preisermittlung für konzerninterne Darlehen ist zu berücksichtigen, dass es sich bei den Resultaten dieser Modelle nicht um tatsächliche Geschäftsvorfälle zwischen unabhängigen Unternehmen handelt und dass daher Vergleichbarkeitsanpassungen erforderlich sein dürften. Ökonomische Modelle können aber in Ermangelung verlässlicher vergleichbarer Fremdgeschäftsvorfälle ein nützliches Instrument zur Bestimmung fremdüblicher Preise für konzerninterne Darlehen darstellen, wobei die gleichen Einschränkungen hinsichtlich der Marktbedingungen zu beachten sind wie unter Ziffer 10.98 erläutert.

C.1.2.6. Bankauskünfte

10.107. In manchen Fällen kann es vorkommen, dass die Steuerpflichtigen zum Nachweis der Fremdüblichkeit der Verzinsung eines konzerninternen Darlehens schriftliche Auskünfte unabhängiger Banken – d. h. Bewertungen der „Bankfähigkeit" des Darlehensnehmers – heranziehen, in denen die Banken angeben, zu welchem Zinssatz sie dem betreffenden Unternehmen ein vergleichbares Darlehen gewähren würden.

10.108. Eine solche Vorgehensweise stellt eine Abweichung vom Fremdvergleichsansatz dar, weil sie nicht auf einem Vergleich tatsächlicher Geschäftsvorfälle basiert. Dabei ist auch zu bedenken, dass solche Auskünfte kein wirkliches Darlehensangebot darstellen. Gewerbliche Kreditgeber führen vor der Vergabe eines Darlehens zunächst die nötigen Sorgfaltsprüfungen und Genehmigungsverfahren durch, bevor sie ein formelles Darlehensangebot unterbreiten. Daher sind Bankauskünfte im Allgemeinen nicht als Nachweis fremdüblicher Konditionen anzusehen.

C.2. Cash-Pooling

C.2.1. Cash-Pooling-Strukturen

10.109. Multinationale Unternehmen greifen zur effizienteren Gestaltung ihres Liquiditätsmanagements häufig auf Cash-Pools zurück; dabei werden die Salden mehrerer Einzelbankkonten entweder physisch oder fiktiv zusammengeführt. Mit einem Cash-Pool können die Unternehmen je nach den Gegebenheiten des Einzelfalls eine effektivere Liquiditätssteuerung betreiben und den Bedarf an externem Fremdkapital verringern oder – bei Liquiditätsüberschüssen – dank der Bündelung der Guthaben höhere Renditen erzielen. Möglicherweise können damit auch die Finanzierungskosten gesenkt werden, weil die in den Guthaben- bzw. Sollzinsen für die verschiedenen Einzelkonten enthaltene Bankenmarge entfällt und die Banktransaktionskosten sinken.

10.110. In diesem Abschnitt ist unter Cash-Pooling die Bündelung von Liquiditätssalden im Rahmen des kurzfristigen Liquiditätsmanagements zu verstehen. Cash-Pooling-Systeme sind komplexe Vereinbarungen, die konzerninterne Geschäftsvorfälle und Fremdgeschäftsvorfälle umfassen können. Bei einer häufig anzutreffenden Struktur beispielsweise schließen die am Cash-Pool teilnehmenden Unternehmen des multinationalen Konzerns einen Vertrag mit einer konzernfremden Bank, die Cash-Pooling-Dienste anbietet, wobei jedes der teilnehmenden Konzernunternehmen ein Konto bei dieser Bank eröffnet.

10.111. Neben den zwei Grundtypen des Cash-Pooling – physisches und fiktives Pooling – sind weitere Varianten und Kombinationen möglich, um spezifischen geschäftlichen Anforderungen gerecht zu werden. Beispielsweise können mehrere physische Pools eingerichtet werden – einer für jede Währung, in der die Pool-Unternehmen Geschäftstätigkeiten durchführen – sowie zusätzlich ein fiktiver Pool, um die einzelnen Währungspools zu bündeln.

C.2.1.1. Physisches Cash-Pooling

10.112. Beim physischen Cash-Pooling werden normalerweise die Guthaben aller Pool-Teilnehmer täglich auf ein einziges zentrales vom Cash-Pool-Führer gehaltenes Bankkonto (Masterkonto) übertragen. Einzelkonten mit negativem Saldo werden durch eine Überweisung aus dem Masterkonto auf einen Zielsaldo (in der Regel Null) angehoben. Je nachdem, ob das Masterkonto nach Erreichen des Zielsaldos in den Einzelkonten der Pool-Teilnehmer einen Überschuss oder ein Defizit aufweist, kann der Cash-Pool-Führer entweder bei der Bank einen Kredit aufnehmen, um den Nettofinanzierungsbedarf des Pools zu decken, oder den Überschuss bei der Bank einlegen.

C.2.1.2. Fiktives Cash-Pooling

10.113. Mit fiktivem (bzw. virtuellem) Cash-Pooling lassen sich einige der Vorteile einer Bündelung positiver und negativer Salden mehrerer Einzelkonten erlangen, obwohl keine physische Übertragung der Kontosalden der teilnehmenden Konzernunternehmen stattfindet; dabei verlangt die Bank jedoch in der Regel gegenseitige Garantien der Pool-Teilnehmer, um bei Bedarf eine Aufrechnung zwischen den Einzelkonten vornehmen zu können. Die Bank aggregiert die Salden der Einzelkonten der teilnehmenden Konzernunternehmen virtuell und zahlt bzw. erhebt Zinsen auf den Nettosaldo, und zwar entweder auf ein Masterkonto oder auf alle teilnehmenden Einzelkonten gemäß einer im Cash-Pooling-Vertrag festgelegten Formel.

10.114. Da kein physischer Mitteltransfer stattfindet, dürften die Transaktionskosten bei einem fiktiven Cash-Pool geringer sein als bei einem physischen

Pool. Die von der Bank ausgeübten Funktionen werden durch die Gebühren oder Zinssätze der Bank abgegolten. Da der Cash-Pool-Führer nur ein Mindestmaß an Funktionen wahrnimmt (weil die Funktionen in erster Linie von der Bank ausgeübt werden), ist in den konzerninternen Verrechnungspreisen – wenn überhaupt – nur eine geringfügige Wertschöpfung des Cash-Pool-Führers zu berücksichtigen. Für eine angemessene Aufteilung des Nutzens, der durch den Wegfall der Bankmargen und/oder die Optimierung positiver oder negativer Einzelsalden entsteht, muss der Beitrag bzw. die Belastung jedes einzelnen Pool-Teilnehmers berücksichtigt werden.

C.2.2. Sachgerechte Abgrenzung von Cash-Pooling-Transaktionen

10.115. Die sachgerechte Abgrenzung von Cash-Pooling-Transaktionen hängt von den konkreten Gegebenheiten und Umständen des Einzelfalls ab. Da Cash-Pooling von unabhängigen Unternehmen nicht oder jedenfalls nicht regelmäßig betrieben wird, ist bei der Anwendung der Verrechnungspreisgrundsätze besondere Sorgfalt geboten. In Ziffer 1.11 heißt es dazu: „Wo unabhängige Unternehmen selten Geschäftsvorfälle der Art tätigen, wie sie von verbundenen Unternehmen getätigt werden, ist der Fremdvergleichsgrundsatz schwierig anzuwenden, da es wenige oder keine direkten Anhaltspunkte dafür gibt, welche Bedingungen unabhängige Unternehmen vereinbart hätten."

10.116. Zur sachgerechten Abgrenzung von Cash-Pooling-Vereinbarungen müssen nicht nur die Gegebenheiten und Umstände der übertragenen Salden, sondern auch der Gesamtkontext der Bedingungen der Pooling-Vereinbarung berücksichtigt werden. Beispielsweise dürfte sich ein Cash-Pool insofern von einer simplen Übernachteinlage bei einer Bank oder einem ähnlichen Finanzinstitut unterscheiden, als ein Cash-Pool-Teilnehmer mit Guthabensaldo nicht einfach isoliert eine Geldeinlage mit dem Ziel tätigt, eine Einlagenrendite zu erhalten.

10.117. Der Cash-Pool-Teilnehmer dürfte an einer Liquiditätsbereitstellung im Rahmen einer breiteren Konzernstrategie mitwirken, d. h. einer Struktur, deren Teilnehmer Haben- oder Sollpositionen aufweisen können und mit der u. a. Vorteile angestrebt werden, die nur im Kontext einer gemeinsamen Strategie der Pool-Mitglieder zum Nutzen aller Pool-Teilnehmer erreicht werden können, und an der sich ausschließlich Angehörige des multinationalen Konzerns beteiligen können. Die Pool-Teilnehmer übertragen Liquidität an den Pool (bzw. entnehmen Liquidität aus dem Pool) und nicht an einen (bzw. von einem) bestimmten Teilnehmer des Cash-Pools.

10.118. Kein Mitglied des Pools würde sich an der Transaktion beteiligen, wenn es dadurch schlechter gestellt würde als mit seiner nächstbesten Option. Die Teilnahme eines Konzernunternehmens an einem Cash-Pool sollte unter Bezugnahme auf seine realistischerweise verfügbaren Optionen analysiert werden; dabei ist zu berücksichtigen, dass ein Konzernunternehmen durch seine Cash-Pool-Teilnahme neben einem günstigeren Zinssatz noch andere Vorteile erlangen kann (vgl. Ziffer 10.146).

10.119. Bei der Abgrenzung der Cash-Pool-Transaktionen kann möglicherweise festgestellt werden, dass die erzielten Einsparungen und Effizienzgewinne auf Konzernsynergien zurückzuführen sind, die durch bewusstes konzertiertes Handeln herbeigeführt wurden (wie in Abschnitt D.8 von Kapitel I erörtert).

10.120. Wie in Ziffer 1.179 ausgeführt, müssen die Ergebnisse, die durch bewusstes konzertiertes Handeln der Konzernunternehmen herbeigeführt wurden, durch eine gründliche Funktionsanalyse ermittelt werden. Dementsprechend muss im Zusammenhang mit Cash-Pools Folgendes bestimmt werden: *i)* die Art des Vor- oder Nachteils, *ii)* der Umfang des verschafften Vor- oder Nachteils und *iii)* wie dieser Vor- oder Nachteil auf die verschiedenen Unternehmen des multinationalen Konzerns aufgeteilt werden sollte.

10.121. Ein Vorteil von Cash-Pools kann darin bestehen, dass aufgrund der Verrechnung positiver und negativer Kontosalden geringere Sollzinsen zu entrichten sind bzw. höhere Zinseinnahmen erzielt werden können. Der Umfang dieser Konzernsynergien wird anhand der Ergebnisse berechnet, die die Cash-Pool-Teilnehmer erzielt hätten, wenn sie alleine Geschäftsvorfälle mit unabhängigen Unternehmen getätigt hätten, und wird in der Regel auf die Cash-Pool-Teilnehmer aufgeteilt, unter der Voraussetzung, dass dem Cash-Pool-Führer eine angemessene Vergütung für die von ihm ausgeübten Funktionen gemäß Abschnitt C.2.3 zukommt.

10.122. Eine weitere wichtige Frage bei der Analyse konzerninterner Finanzierungsstrukturen, die als Cash-Pooling bezeichnet werden könnten, betrifft Situationen, in denen Unternehmen eines multinationalen Konzerns Soll- oder Habenpositionen halten, die nicht dem kurzfristigen Liquiditätsmanagement dienen, sondern längerfristigen Charakter haben. In der Regel wäre es angemessen zu prüfen, ob diese Positionen nach sachgerechter Abgrenzung statt als kurzfristige Cash-Pool-Salden als etwas anderes, z. B. als längerfristige Einlagen oder als Laufzeitkredite, behandelt werden sollten.

10.123. Zu den praktischen Schwierigkeiten in solchen Situationen zählt die Frage, wie lange ein positiver oder negativer Kontosaldo als Teil des Cash-Pools gelten sollte, bevor er möglicherweise als etwas anderes, z. B. als Laufzeitkredit, betrachtet werden könnte. Da Cash-Pooling eigentlich als Instrument der kurzfristigen Liquiditätssteuerung gedacht ist, kann es angebracht sein zu untersuchen, ob von Jahr zu Jahr die gleiche Struktur beibehalten wird und welche Finanzmanagementpolitik der multinationale Konzern verfolgt, da die Erwirtschaftung von Erträgen auf Liquiditätsbestände ein wesentlicher Aspekt des Finanzmanagements ist.

10.124. Eine potenzielle Schwierigkeit für Steuerverwaltungen bei der Analyse von Cash-Pooling-Strukturen besteht darin, dass die Teilnehmer eines Cash-Pools in verschiedenen Staaten ansässig sein können; dadurch kann es schwierig sein, hinreichende Informationen zur Überprüfung der Angaben des Steuerpflichtigen zu erlangen. Es wäre für die Steuerbehörden hilfreich, wenn multinationale Konzerne im Rahmen ihrer Verrechnungspreisdokumentation auch Informationen zur Strukturierung ihrer Cash-Pools und den Erträgen des Cash-Pool-Führers und der Pool-Teilnehmer bereitstellen würden. (Vgl. Anhang I zu Kapitel V bezüglich der Informationen, die in der Stammdokumentation enthalten sein sollen.)

10.125. Bevor die Vergütung des Cash-Pool-Führers und der Cash-Pool-Teilnehmer bestimmt werden kann, müssen im Rahmen der Verrechnungspreisanalyse nach den Leitlinien von Kapitel I zunächst die wirtschaftlich signifikanten Risiken im Zusammenhang mit dem Cash-Pooling ermittelt und untersucht werden. Dazu können Liquiditäts- und Kreditrisiken zählen. Diese Risiken sollten unter Berücksichtigung des kurzfristigen Charakters der Haben- und Sollpositionen innerhalb des Cash-Pools analysiert werden (vgl. Ziffer 10.123).

10.126. Das Liquiditätsrisiko in einem Cash-Pool kommt durch die Laufzeitinkongruenzen zwischen den Haben- und Sollpositionen der Cash-Pool-Mitglieder zustande. Die Übernahme des mit einem Cash-Pool verbundenen Liquiditätsrisikos erfordert die Ausübung von Kontrollfunktionen, die über den bloßen Ausgleich der Haben- und Sollpositionen der Cash-Pool-Mitglieder hinausgehen. Daher muss für die Aufteilung des Liquiditätsrisikos nach Kapitel I der Entscheidungsprozess im Zusammenhang mit der Höhe der Haben- und Sollpositionen innerhalb des Cash-Pooling-Systems analysiert werden.

10.127. Das Kreditrisiko bezieht sich auf das Risiko von Verlusten, wenn Cash-Pool-Mitglieder mit Sollpositionen nicht in der Lage sind, ihre Liquiditätsentnahmen aus dem Pool zurückzuzahlen. Eine Übernahme des Kreditrisikos durch den Cash-Pool-Führer kann nur dann vorliegen, wenn eine gewisse Wahrscheinlichkeit besteht, dass er bei einem Zahlungsausfall von Cash-Pool-Mitgliedern mit Sollposition Verluste erleidet. Folglich muss nach den Leitlinien von Kapitel I bestimmt werden, welches Unternehmen innerhalb des multinationalen Konzerns unter den konkreten Gegebenheiten und Umständen Kontrollfunktionen ausübt und über die finanzielle Kapazität verfügt, das Kreditrisiko im Zusammenhang mit der Cash-Pool-Struktur zu tragen.

C.2.3. Bestimmung des fremdüblichen Preises von Cash-Pooling-Transaktionen

10.128. Wie bei vielen Arten von Finanztransaktionen können die Bezeichnungen oder Beschreibungen bestimmter Geschäftsvorfälle unterschiedlich gedeutet und verstanden werden. Jeder Einzelfall muss unter Berücksichtigung seiner konkreten Gegebenheiten und Umstände betrachtet werden, und bevor über einen Ansatz zur Preisbestimmung entschieden werden kann, muss stets zuerst eine sachgerechte Abgrenzung des tatsächlichen Geschäftsvorfalls nach den Prinzipien von Kapitel I vorgenommen werden.

C.2.3.1. Vergütung der Funktion des Cash-Pool-Führers

10.129. Die angemessene Vergütung des Cash-Pool-Führers hängt von den Gegebenheiten und Umständen sowie den vom Cash-Pool-Führer bei der Organisation des Cash-Poolings ausgeübten Funktionen, genutzten Vermögenswerten und übernommenen Risiken ab.

10.130. Im Allgemeinen übt ein Cash-Pool-Führer lediglich eine Koordinations- oder Vermittlerfunktion aus, wobei das Masterkonto als zentraler Punkt fungiert, an dem eine Reihe von Buchungen zusammengeführt werden, um die vorab festgelegten Zielsalden der Pool-Mitglieder zu erreichen. Angesichts dieses begrenzten Funktionsumfangs bleibt die Vergütung des Cash-Pool-Führers als Dienstleister in der Regel ebenfalls begrenzt.

10.131. Falls die sachgerechte Abgrenzung der tatsächlichen Geschäftsvorfälle ergibt, dass ein Cash-Pool-Führer andere Tätigkeiten ausübt als lediglich Koordinations- oder Vermittlerfunktionen, erfolgt die Bestimmung des Preises dieser Transaktionen nach den entsprechenden Ansätzen in anderen Teilen dieser Leitlinien.

10.132. Die folgenden Beispiele verdeutlichen die vorstehend beschriebenen Prinzipien.

Beispiel 1

10.133. X ist die Muttergesellschaft eines multinationalen Konzerns, deren Tochtergesellschaften H, J, K und L an einem physischen Cash-Pool beteiligt sind, für den eine weitere Tochtergesellschaft – M – als Cash-Pool-Führer fungiert. Alle Teilnehmer haben dieselbe funktionale Währung, die zugleich die einzige Währung in diesem Cash-Pool ist.

10.134. M trifft für die am Pool teilnehmenden Konzerngesellschaften eine Cash-Pool-Vereinbarung mit einer konzernfremden Bank. Für alle Pool-Teilnehmer werden dabei rechtliche Vorkehrungen getroffen, die Mitteltransfers auf das bzw. aus dem Masterkonto von M ermöglichen, um die Salden der Teilnehmer auf ein vorab festgelegtes Zielniveau zu bringen.

10.135. Der Cash-Management-Vertrag sieht vor, dass die Bank die erforderlichen Mitteltransfers vornimmt, damit der Zielsaldo für jeden Pool-Teilnehmer erreicht wird; Nettoüberschüsse werden von M bei der Bank eingelegt und Nettofehlbeträge werden durch Kredite der Bank an M gedeckt. X bürgt für die Kreditfazilität, die M in Anspruch nehmen kann. Auf Basis des Gesamtsaldos des Cash-Pools zahlt die konzernfremde Bank Zinsen an bzw. erhebt Zinsen von M. In diesem Beispiel erhält M Überschüsse von den Konzerngesellschaften H und J und stellt den Konzerngesellschaften K und L, bei denen ein Finanzierungsbedarf besteht, Mittel bereit. Die Zinsen, die auf die Salden der Pool-Teilnehmer gezahlt oder erhoben werden, richten sich nach dem Pooling-Vertrag.

10.136. Dank der getroffenen Vereinbarungen zahlt M weniger Zinsen an die Bank bzw. erhält mehr Zinsen von ihr, als ohne das Cash-Pooling möglich gewesen wäre.

10.137. Eine Funktionsanalyse zeigt, dass M kein Kreditrisiko trägt, da das Kreditrisiko bei den Cash-Pool-Mitgliedern verbleibt und M lediglich eine Koordinierungsfunktion ausübt. Darüber hinaus übt M nicht die Funktionen aus, die eine Bank ausüben würde, und übernimmt auch nicht die Risiken, die eine Bank übernehmen würde. Folglich steht M nicht die Art von Vergütung zu, die eine Bank erhalten würde, wie z. B. die Zinsmarge zwischen Einlagen- und Darlehenszinsen. M erhält dementsprechend eine Vergütung, die den für den Pool erbrachten Dienstleistungen angemessen ist.

Beispiel 2

10.138. Unternehmen T, ein Konzernunternehmen des multinationalen Konzerns Y, fungiert als Treasury-Einheit des multinationalen Konzerns und führt verschiedene konzerninterne und -externe Finanztransaktionen durch. Der wesentliche Geschäftszweck von Unternehmen T besteht in der Erbringung von Treasury-Dienstleistungen für die anderen Unternehmen des multinationalen Konzerns, einschließlich der strategischen Steuerung und Verwaltung der Konzernliquidität. T ist für die Finanzierung des multinationalen Konzerns durch Anleiheemissionen oder Kredite bei konzernfremden Banken verantwortlich und arrangiert gegebenenfalls konzerninterne Darlehen, um den Finanzierungsbedarf anderer Konzernunternehmen zu decken.

10.139. Im Rahmen der Konzernliquiditätssteuerung betreibt T einen Cash-Pool für den multinationalen Konzern und entscheidet darüber, wie Überschüsse investiert oder Fehlbeträge gedeckt werden sollen. T legt die konzerninternen Zinssätze fest und trägt das Risiko für Differenzen zwischen den Zinssätzen, die es für Transaktionen mit anderen Konzernunternehmen veranschlagt, und den Zinssätzen, die für seine Geschäfte mit den unabhängigen Kreditgebern gelten. T trägt auch Kredit-, Liquiditäts- und Währungsrisiken für die konzerninterne Finanzierung und entscheidet, ob und wie diese Risiken abgesichert werden sollen.

10.140. Die Analyse nach den Leitlinien in Abschnitt D.1 von Kapitel I zeigt, dass die tatsächlichen Geschäftsvorfälle sachgerecht als konzerninterne Darlehen im Rahmen der Treasury-Aktivitäten von Unternehmen T abgegrenzt werden sollten, da die von Unternehmen T ausgeübten Funktionen und übernommenen Risiken über die koordinierende Rolle eines Cash-Pool-Führers hinausgehen. Insbesondere zeigt die Funktionsanalyse, dass Unternehmen T die Kontrolle über die finanziellen Risiken ausübt, die ihm vertraglich zugewiesen wurden, und die finanzielle Kapazität besitzt, diese Risiken zu tragen.

10.141. Folglich sollte T im Einklang mit Abschnitt C.1 für die von ihm ausgeübten Funktionen und übernommenen Risiken vergütet werden. Dies könnte über die teilweise oder vollständige Vereinnahmung der Zinsmarge zwischen den von ihm aufgenommenen und ausgereichten Mitteln geschehen.

10.142. Dabei ist zu berücksichtigen, dass die anderen Konzernunternehmen auch hier nur dann Geschäfte mit T tätigen würden, wenn sie dadurch nicht schlechter gestellt sind als mit ihrer nächstbesten Option.

C.2.3.2. Vergütung der Cash-Pool-Teilnehmer

10.143. Um die Vergütung der Cash-Pool-Teilnehmer zu berechnen, werden die fremdüblichen Zinssätze für die Soll- und Habenpositionen innerhalb des Pools ermittelt. Die durch das Cash-Pooling erzielten Synergievorteile werden auf die Pool-Mitglieder aufgeteilt; in der Regel geschieht dies, nachdem die Vergütung des Cash-Pool-Führers berechnet wurde.

10.144. Die Vergütung der Cash-Pool-Mitglieder hängt letztlich von den konkreten Gegebenheiten und Umständen sowie den Funktionen, Vermögenswerten und Risiken der einzelnen Pool-Teilnehmer ab. Diese Leitlinien sollen daher keinen präskriptiven Ansatz für die Aufteilung der Cash-Pooling-Vorteile auf die Cash-Pool-Teilnehmer in bestimmten Situationen vorgeben, sondern die Grundprinzipien darlegen, an denen sich die Aufteilung orientieren sollte.

10.145. Die Ermittlung der fremdüblichen Zinssätze für die konzerninternen Geschäftsvorfälle, die innerhalb des Cash-Pools stattfinden, kann sich als schwierig erweisen, da es an vergleichbaren Pooling-Strukturen zwischen fremden Dritten fehlt. In diesem Kontext kann sich die Ermittlung vergleichbarer Zinssätze bei der Verrechnungspreisanalyse auf die Bankgeschäftsbeziehungen des Cash-Pool-Führers – unter Berücksichtigung der funktionalen Unterschiede zwischen der Bank und dem Cash-Pool-Führer – sowie auf die Optionen stützen, die den Cash-Pool-Teilnehmern realistischerweise zur Verfügung stehen.

10.146. Alle Cash-Pool-Teilnehmer sollten durch den Cash-Pool besser gestellt sein als ohne ihn. Je nach den Gegebenheiten und Umständen kann dies beispielsweise bedeuten, dass alle Cash-Pool-Teilnehmer für ihre Soll- bzw. Habenpositionen innerhalb des Cash-Pools mit günstigeren Zinssätzen rechnen können als bei Kreditaufnahmen bzw. Einlagen außerhalb des Pools. Es gilt jedoch zu bedenken, dass die Cash-Pool-Mitglieder auch bereit sein können, an einem Cash-Pool teilzunehmen, um andere Vorteile als einen günstigeren Zinssatz zu erlangen, z. B. Zugang zu einer dauerhaften Finanzierungsquelle, eine geringere Abhängigkeit von konzernfremden Banken oder Zugang zu Liquidität, die andernfalls möglicherweise nicht verfügbar wäre.

C.2.3.3. Cash-Pooling-Garantien

10.147. Im Rahmen der Cash-Pooling-Vereinbarung werden u. U. wechselseitige Garantien und Aufrechnungsrechte zwischen den Pool-Teilnehmern verlangt. Dies wirft die Frage auf, ob Garantiegebühren veranschlagt werden sollten. Auch wenn stets die konkreten Gegebenheiten und Umstände des Einzelfalls berücksichtigt werden sollten, gibt es bestimmte Merkmale, die viele Cash-Pools gemeinsam haben: ein Cash-Pool hat eine größere Zahl von Teilnehmern, er kann sowohl Teilnehmer mit Sollpositionen als auch Teilnehmer mit Habenpositionen umfassen, die einzelnen Pool-Teilnehmer können unterschiedliche individuelle Kreditratings aufweisen und der Pooling-Vertrag mit der Bank verlangt wahrscheinlich vollumfängliche wechselseitige Garantien und Aufrechnungsrechte zwischen allen Pool-Teilnehmern.

10.148. Solche gegenseitigen Garantien und Aufrechnungsrechte sind bei Vereinbarungen zwischen unabhängigen Unternehmen nicht anzutreffen. Jeder Garantiegeber bürgt für alle Pool-Teilnehmer, hat jedoch keine Kontrolle über den Teilnehmerkreis des Pools oder den Umfang der Schulden, für die er bürgt, und kann möglicherweise auch keine Informationen zu den Unternehmen erlangen, für die er eine Garantie stellt. Da andere Beteiligte für dieselben Darlehen bürgen, ist es dem Garantiegeber u. U. nicht möglich, sein tatsächliches Risiko bei Eintreten eines Zahlungsausfalls abzuschätzen. In der Praxis ist die formelle Garantie daher möglicherweise nicht mehr als die Würdigung der Tatsache, dass es den Interessen des multinationalen Konzerns schaden würde, den Cash-Pool-Führer – und damit auch den Darlehensnehmer – nicht zu unterstützen. Unter diesen Umständen kann es sein, dass der Vorteil, der dem Darlehensnehmer durch die Garantie entsteht, nicht über die Bonitätsverbesserung hinausgeht, die dem impliziten Konzernrückhalt zuzuschreiben ist. Sollten die Gegebenheiten und Umstände diesen Schluss nahelegen, wäre keine Garantiegebühr fällig und sollte jede Unterstützung, die bei einem Zahlungsausfall eines anderen Konzernunternehmens geleistet wird, als Kapitaleinlage betrachtet werden.

C.3. Hedging

10.149. Konzerninterne Finanztransaktionen können auch Instrumente umfassen, mit denen Risiken innerhalb des multinationalen Konzerns übertragen werden. Beispielsweise werden Hedging-Geschäfte im Rahmen der gewöhnlichen Geschäftstätigkeit häufig zur Absicherung gegen Risiken wie Wechselkurs- oder Rohstoffpreisschwankungen eingesetzt. Ein unabhängiges Unternehmen kann gemäß seiner eigenen Geschäftspolitik entscheiden, diese Risiken selbst zu tragen oder entsprechende Sicherungsgeschäfte abzuschließen. In einem multinationalen Konzern kann jedoch je nach dem Risikomanagement- und Hedging-Ansatz des Konzerns anders mit solchen Risiken umgegangen werden.

10.150. In multinationalen Konzernen werden Treasury-Funktionen häufig zentralisiert und Risikominderungsstrategien für Zins- und Währungsrisiken eingesetzt, um die Effizienz und Effektivität zu steigern; dies hat zur Folge, dass die einzelnen Konzernunternehmen möglicherweise keine vertraglichen Vereinbarungen über Hedging-Geschäfte abschließen, ihr Risiko aber aus der Perspektive des Gesamtkonzerns abgesichert ist.

10.151. Das Hedging von Risiken lässt sich in multinationalen Konzernen beispielsweise folgendermaßen zentralisieren:

- Übertragung der Verantwortung für das Hedging an eine Treasury-Einheit des multinationalen Konzerns, wobei die Hedging-Verträge für und im Namen der jeweiligen operativen Gesellschaften arrangiert werden
- Übertragung der Verantwortung für das Hedging an eine Treasury-Einheit des multinationalen Konzerns, wobei die Hedging-Verträge von und im Namen einer anderen Einheit des multinationalen Konzerns geschlossen werden
- Ermittlung natürlicher Hedges innerhalb des multinationalen Konzerns; in diesem Fall werden keine formellen Hedging-Verträge geschlossen

10.152. Wenn die zentralisierte Treasury-Funktion einen Hedging-Vertrag arrangiert, den die operative Gesellschaft eingeht, kann dies als Dienstleistung der zentralisierten Funktion für die operative Gesellschaft betrachtet werden, für die sie eine fremdübliche Vergütung erhalten sollte.

10.153. Schwierigere Verrechnungspreisfragen können sich indessen stellen, wenn der Vertrag von der Treasury-Einheit oder einem anderen Unternehmen des multinationalen Konzerns eingegangen wird und die Positionen folglich nicht innerhalb desselben Konzernunternehmens durch deckungsgleiche Hedges gesichert sind, obwohl die Position des multinationalen Konzerns insgesamt abgesichert ist. Wenn Positionen zwar innerhalb des multinationalen

Konzerns, nicht aber innerhalb derselben Konzerneinheit durch entsprechende Hedging-Verträge abgedeckt sind oder wenn innerhalb des multinationalen Konzerns keine vertraglichen Instrumente existieren, die Gesamtposition des multinationalen Konzerns aber abgesichert ist (wie es beispielsweise bei einem natürlichen Hedge der Fall sein kann), wäre es nicht angemessen, die Hedges innerhalb desselben Unternehmens anzurechnen oder Hedging-Geschäfte anzuerkennen, für die keine schriftlichen Verträge existieren, ohne eine umfassende Analyse der sachgerechten Abgrenzung der tatsächlichen Transaktionen nach Abschnitt D.1 von Kapitel I (z. B. im Hinblick auf das Vorliegen bewussten konzertierten Handelns zur Absicherung eines spezifischen Risikos) sowie der kaufmännischen Rationalität der Geschäftsvorfälle nach Abschnitt D.2 von Kapitel I vorzunehmen.

D. Finanzgarantien

10.154. Dieser Abschnitt befasst sich mit Finanzgarantien bzw. Finanzbürgschaften für bestimmte konzerninterne Geschäftsvorfälle. Um die Verrechnungspreisfolgen einer Finanzgarantie zu untersuchen, müssen zunächst die Art und der Umfang der Verpflichtungen, für deren Erfüllung gebürgt wird, sowie die sich daraus ergebenden Folgen für alle Beteiligten unter sachgerechter Abgrenzung des tatsächlichen Geschäftsvorfalls nach Kapitel I Abschnitt D.1 analysiert werden.

10.155. Eine Finanzgarantie sieht im Allgemeinen vor, dass der Garantiegeber bestimmten finanziellen Verpflichtungen nachkommt, falls der Garantienehmer dazu nicht in der Lage sein sollte. Zwischen Unternehmen, die einem multinationalen Konzern angehören, gibt es verschiedene Formen der Unterstützung bei Krediten, für die verschiedene Begriffe gebräuchlich sind. Am einen Ende des Spektrums steht die formelle schriftliche Bürgschaft, am anderen Ende der implizite Rückhalt, der sich allein aus der Zugehörigkeit zum Konzern ergibt. Im Kontext dieses Abschnitts ist unter einer Garantie bzw. Bürgschaft die rechtsverbindliche Zusage seitens des Garantiegebers bzw. Bürgen zu verstehen, für eine bestimmte Kreditverpflichtung des Garantienehmers einzutreten, falls dieser im Hinblick auf diese Verpflichtung ausfällt. Die im Verrechnungspreiskontext wahrscheinlich am häufigsten anzutreffende Situation ist, dass eine Konzerngesellschaft (der Garantiegeber) für ein Darlehen bürgt, das eine andere Konzerngesellschaft bei einem fremden Dritten aufgenommen hat.

D.1. Sachgerechte Abgrenzung von Finanzgarantien

D.1.1. Aus einer Finanzgarantie gezogener wirtschaftlicher Nutzen

10.156. Zur sachgerechten Abgrenzung von Finanzbürgschaften muss zunächst der wirtschaftliche Nutzen untersucht werden, den sie dem Darlehensnehmer zusätzlich zu den Vorteilen verschaffen, die sich aus der passiven Verbindung ergeben, wie in Abschnitt C.1.1.3 erläutert.

10.157. Für den Darlehensnehmer kann eine Finanzgarantie Einfluss darauf haben, zu welchen Bedingungen er sich verschulden kann – z. B. kann er durch die Garantie möglicherweise einen günstigeren Zinssatz erhalten, weil der Darlehensgeber auf eine größere Auswahl an Vermögenswerten zugreifen kann – oder in welcher Höhe er sich verschulden kann, etwa weil er durch die Garantie Zugang zu höheren Finanzierungsmitteln erlangt.

D.1.1.1. Verbesserung der Kreditbedingungen

10.158. Für den Darlehensgeber haben eine oder mehrere explizite Bürgschaften zur Folge, dass der oder die Bürgen ihm gegenüber rechtsverbindlich verpflichtet sind; damit dürfte sich sein Risiko verringern, da er auf die Vermögenswerte des oder der Bürgen zugreifen kann, sollte der Darlehensnehmer ausfallen. Dies kann für den Darlehensnehmer bedeuten, dass er sich dank der Garantie statt zu den Bedingungen, die für ihn aufgrund seines eigenen Kreditratings ohne Garantie gelten würden, zu den Bedingungen verschulden kann, die für Kreditnehmer mit dem Rating des Garantiegebers gelten. Die Prinzipien und Methoden zur Bestimmung der Vergütung für eine Garantie ähneln unter diesen Umständen denen, die in Abschnitt C.1.2 im Hinblick auf die Bestimmung einer Darlehensvergütung erläutert wurden.

10.159. Wenn eine konzerninterne Garantie nach sachgerechter Abgrenzung für den Darlehensnehmer zur Folge hat, dass sich seine Kreditkosten verringern, könnte er bereit sein, für diese Garantie zu zahlen, sofern er sich dadurch nicht in einer insgesamt ungünstigeren Position befindet. Um zu beurteilen, wie sich die Garantie auf die finanzielle Gesamtposition des Darlehensnehmers auswirkt, werden seine Kreditkosten mit der Garantie (d. h. einschließlich der Kosten der Garantie sowie aller mit ihrer Beschaffung verbundenen Kosten) mit seinen Kreditkosten ohne die Garantie unter Berücksichtigung eines etwaigen impliziten Konzernrückhalts verglichen. Eine Garantie kann sich auch auf andere Darlehensbedingungen als den Preis auswirken; jeder Einzelfall ist daher im Licht der jeweiligen Gegebenheiten und Umstände zu betrachten.

10.160. Die Analyse nach Kapitel I kann aber auch ergeben, dass die vermeintliche Finanzgarantie dem Darlehensnehmer keinen Nutzen bringt, sondern lediglich den Vorteil widerspiegelt, den der Garantienehmer aufgrund seiner

Zugehörigkeit zum multinationalen Konzern ohnehin erlangt hätte. In solchen Fällen wäre ein unabhängiges Unternehmen in einer vergleichbaren Situation unter Berücksichtigung der jeweiligen Gegebenheiten und Umstände nicht bereit, für eine Finanzgarantie zu zahlen, und es wäre festzustellen, dass der Garantiegeber dem Darlehensnehmer nur eine administrative Dienstleistung erbringt (vgl. Ziffer 10.164 sowie die Ausführungen in Kapitel VII).

D.1.1.2. Zugang zu höheren Darlehensbeträgen

10.161. Wenn sich ein Darlehensnehmer mit einer Garantie höher verschulden kann als ohne die Garantie, verbessert diese Garantie nicht nur die Bonität des Darlehensnehmers, sondern bewirkt möglicherweise auch, dass sich seine Verschuldungskapazität vergrößert und dass er bei einer gegebenen Verschuldungskapazität weniger Zinsen zahlen muss. In einer solchen Situation können sich zwei Fragen stellen, nämlich erstens, ob ein Teil des Darlehens, das der Darlehensgeber dem Darlehensnehmer gewährt hat, sachgerecht als Darlehen vom Darlehensgeber an den Garantiegeber (gefolgt von einer Kapitaleinlage des Garantiegebers beim Darlehensnehmer) abzugrenzen ist, und zweitens, ob die Garantiegebühr für den Teil des Darlehens, der als Darlehen vom Darlehensgeber an den Darlehensnehmer anerkannt wird, fremdvergleichskonform ist. Die Analyse eines solchen Geschäftsvorfalls kann unter Berücksichtigung aller Gegebenheiten und Umstände ergeben, dass bei der Bestimmung der Garantiegebühr nur der Teil des Darlehens berücksichtigt werden sollte, der sachgerecht als solches abgegrenzt wurde, und dass der Rest des gewährten Darlehens in Wirklichkeit als Darlehen an den Garantiegeber, gefolgt von einer Kapitaleinlage des Garantiegebers beim Darlehensnehmer, betrachtet werden sollte.

D.1.2. Effekt der Konzernzugehörigkeit

10.162. In diesem Abschnitt wird der Effekt der Konzernzugehörigkeit auf die Bestimmung des fremdvergleichskonformen Preises von Finanzgarantien erörtert, wobei auf den in Abschnitt C.1.1 dargelegten Prinzipien aufgebaut wird.

10.163. Durch die Stellung einer expliziten Garantie ist der Garantiegeber einem zusätzlichen Risiko ausgesetzt, da er rechtlich verpflichtet ist zu zahlen, falls der Darlehensnehmer ausfällt. Alles, was keine rechtsverbindliche Verpflichtung darstellt, Patronatserklärungen etwa oder andere schwächere Formen der Kreditsicherung, geht mit keiner expliziten Risikoübernahme einher. Auch wenn jeder Einzelfall im Licht der jeweiligen Gegebenheiten und Umstände betrachtet werden muss, gilt generell, dass – bei Nichtvorliegen einer expliziten Garantie – jede Erwartung seitens eines Beteiligten, dass ein Unternehmen, das einem multinationalen Konzern angehört, im Hinblick auf seine Darlehen von anderen Konzerngesellschaften Rückhalt bekommt, aus der Konzernzugehörigkeit des Darlehensnehmers herrührt. Ob eine von einem Unternehmen eines multinationalen Konzerns geleistete Zusage an eine andere Konzerngesellschaft, Finanzierungsmittel zur Deckung ihrer Darlehensverpflichtungen zur Verfügung zu stellen, eine Patronatserklärung oder eine Bürgschaft darstellt, hängt dabei von allen Gegebenheiten und Umständen und insbesondere davon ab, ob diese Zusage dem Darlehensgeber einschlägige Rechtsansprüche zur Durchsetzung der Verpflichtung gibt. Der Nutzen eines Rückhalts, der sich aus der Zugehörigkeit des Darlehensnehmers zu einem multinationalen Konzern ergibt, resultiert aus der passiven Verbindung und nicht etwa aus einer aktiven Dienstleistung, für die eine Vergütung zu zahlen wäre. Vgl. Ziffer 7.13 zur passiven Verbindung.

10.164. Ein Darlehensnehmer dürfte im Allgemeinen nicht bereit sein, für eine Garantie zu zahlen, wenn er sich davon keinen entsprechenden Vorteil erwartet. Selbst eine explizite Garantie verschafft dem Darlehensnehmer nicht zwangsläufig einen Vorteil; beispielsweise kann in den Bank-Covenants für Kreditfazilitäten einer Muttergesellschaft oder anderer Unternehmen eines multinationalen Konzerns der Ausfall einer anderen Konzerngesellschaft als ein Ereignis aufgeführt sein, das die Kündigung einer Fazilität oder andere nachteilige Folgen nach sich ziehen kann. Andere rechtliche, finanzielle oder operative Beziehungen können bedeuten, dass es nicht möglich ist, den Darlehensnehmer fallen zu lassen, sollte er in finanzielle Schieflage geraten, ohne dass sich das Kreditrating des multinationalen Konzerns verschlechtern würde. Derartige Sachverhalte können in der Praxis zur Folge haben, dass die Konzerngesellschaften – ganz abgesehen von etwaigen formellen Bürgschaftsvereinbarungen – finanziell voneinander abhängig sind, sodass sich das wirtschaftliche Risiko des Garantiegebers möglicherweise nicht wesentlich verändert, wenn er eine explizite Garantie stellt. Anders ausgedrückt ist die formelle Garantie daher möglicherweise nicht mehr als die Würdigung der Tatsache, dass es den Interessen des multinationalen Konzerns schaden würde, den Darlehensnehmer nicht zu unterstützen. In solchen Fällen beschränkt sich der Vorteil, der dem Darlehensnehmer durch die Garantie entsteht, auf die Bonitätsverbesserung, die dem impliziten Konzernrückhalt zuzuschreiben ist, und es wäre keine Garantiegebühr zu zahlen.

10.165. Eine ähnliche Frage stellt sich in Bezug auf gegenseitige Garantien, bei denen zwei oder mehr Konzerngesellschaften gegenseitig für ihre Verpflichtungen bürgen. Für den Darlehensgeber bedeutet dies, dass er bei Ausfall eines Darlehensnehmers, für den in solcher Weise gebürgt wurde, Zugriff auf die Vermögenswerte aller bürgenden Konzerngesellschaften hat. Dies könnte dem Darlehensgeber mehr Sicherheit verschaffen als eine Einzelgarantie, da er so im Bedarfsfall auswählen kann, bei welcher der füreinander bürgenden Konzerngesellschaften er die fälligen Beträge eintreibt. Aus Sicht des Darlehensnehmers bedeutet eine gegenseitige Garantie, dass es für seine Darlehen nun mehrere Bürgschaften gibt und dass er selbst möglicherweise für mehrere Darlehen bürgt. Dies kann Fragen in Bezug darauf aufwerfen, wie die einzelnen Bürgschaften zu bewerten sind. Komplex ist dies nicht nur wegen der möglicherweise großen Zahl von Bürgschaften, deren Wert zu ermitteln ist, sondern auch, weil es sein kann, dass für jede bürgende Konzerngesellschaft im Gegenzug ein Unternehmen bürgt, dessen Bürge sie selbst ist. Die Bewertung des Effekts gegenseitiger Garantien ist schwierig und kann bei einer größeren Zahl beteiligter Unternehmen nahezu unmöglich werden. Es kann sein, dass sich der Effekt der Garantie zwischen zwei Unternehmen nicht ermitteln lässt, wenn ein und dasselbe Risiko Gegenstand mehrerer Garantien ist. Eine Analyse der Sachlage kann ergeben, dass eine solche Gestaltung die Kreditwürdigkeit einer Konzerngesellschaft nicht über den Effekt der passiven Verbindung hinaus erhöht; in diesem Fall sollte jede Unterstützung, die eine andere Konzerngesellschaft bei einem Zahlungsausfall leistet, als Kapitaleinlage betrachtet werden.

D.1.3. Finanzielle Kapazität des Garantiegebers

10.166. Bei der sachgerechten Abgrenzung von Finanzgarantien muss auch geprüft werden, ob der Garantiegeber über die finanzielle Kapazität verfügt, seinen Verpflichtungen bei Ausfall des Darlehensnehmers nachzukommen. Dies erfordert eine Evaluierung des Kreditratings des Garantiegebers und des Darlehensnehmers sowie der zwischen ihrer Geschäftstätigkeit bestehenden Zusammenhänge.

10.167. Der Vorteil für den Darlehensgeber kann sich aus dem (im Vergleich zum Kreditrating des Darlehensnehmers) besseren Kreditrating des Garantiegebers und/oder dem Vermögensbestand des Garantiegebers (zuzüglich zu dem des Darlehensnehmers) ergeben, wovon der Darlehensnehmer dann über einen niedrigeren Zinssatz profitieren dürfte. Je nach den Gegebenheiten und Umständen kann eine Garantie also auch einen Vorteil für einen Darlehensnehmer darstellen, der das gleiche oder ein höheres Kreditrating hat als der Garantiegeber, falls die Bürgschaft die Rückgriffsmöglichkeiten des Darlehensgebers effektiv vergrößert und so den Zinssatz verringert, obwohl der Bürge kein höheres Kreditrating hat. Bei der Ermittlung des Kreditratings des Garantiegebers und des Darlehensnehmers muss der Effekt des impliziten Konzernrückhalts, wie in Abschnitt C.1.1 erläutert, berücksichtigt werden.

10.168. Um die finanzielle Kapazität des Garantiegebers, seinen Verpflichtungen nachzukommen, zu untersuchen, müssen außerdem die Zusammenhänge zwischen der Geschäftstätigkeit des Garantiegebers und des Darlehensnehmers analysiert werden. Wenn der Garantiegeber und der Darlehensnehmer unter ähnlichen Marktbedingungen tätig sind, kann ein negatives Marktereignis, das die Geschäftsergebnisse des Darlehensnehmers beeinträchtigt und dessen Ausfallrisiko erhöht, auch Auswirkungen auf den Garantiegeber und dessen Fähigkeit haben, seinen Verpflichtungen nachzukommen.

D.2. Bestimmung des fremdüblichen Preises von Garantien

10.169. In diesem Abschnitt werden verschiedene Preisbestimmungsansätze für Situationen beschrieben, in denen eine Garantie gerechtfertigt ist. Ergibt die sachgerechte Abgrenzung des tatsächlichen Geschäftsvorfalls, dass die vermeintliche Garantie keine Garantie ist, sollten indessen andere Preisbestimmungsansätze und insbesondere die Leitlinien in Kapitel VII berücksichtigt werden. Wie in jeder anderen Verrechnungspreissituation sollte sich die Wahl der am besten geeigneten Verrechnungspreismethode an der sachgerechten Abgrenzung des tatsächlichen Geschäftsvorfalls und insbesondere der Funktionsanalyse orientieren. (Vgl. Kapitel II).

D.2.1. Preisvergleichsmethode

10.170. Die Preisvergleichsmethode könnte angewandt werden, wenn externe oder interne Vergleichswerte vorliegen, d. h., wenn fremde Dritte Garantien für vergleichbare Darlehen an andere Darlehensnehmer stellen oder wenn derselbe Darlehensnehmer andere vergleichbare Darlehen aufgenommen hat, für die fremde Dritte bürgen.

10.171. Bei der Untersuchung der Vergleichbarkeit von konzerninternen Geschäftsvorfällen und Geschäftsvorfällen zwischen Fremden sollten alle Faktoren berücksichtigt werden, die Einfluss auf die Garantiegebühr haben könnten, darunter: das Risikoprofil des Darlehensnehmers, die Bedingungen der Garantie, die Bedingungen des garantierten Darlehens (Betrag, Währung, Laufzeit, Rang usw.), die Differenz zwischen dem Kreditrating des Garantiegebers und dem des Garantienehmers, die Marktbedingungen usw. Sofern Daten zu Garantien fremder Dritter vorliegen, dürften sie die verlässlichsten Vergleichswerte zur Bestimmung einer fremdüblichen Garantiegebühr sein.

10.172. Die Schwierigkeit bei der Anwendung der Preisvergleichsmethode ist, dass sich kaum öffentlich zugängliche Informationen über hinreichend vergleichbare bonitätsverbessernde Garantien zwischen fremden Dritten finden lassen, da Garantien fremder Dritter für Bankdarlehen unüblich sind.

10.173. Ein unabhängiges Unternehmen, das eine Finanzbürgschaft stellt, würde dafür eine Vergütung erwarten, die es für das Risiko entschädigt, das es mit der Übernahme der Eventualverbindlichkeit eingeht, und die allen Vorteilen Rechnung trägt, die es dem Darlehensnehmer mit der Garantie verschafft. Dabei ist allerdings zu berücksichtigen, dass sich in den Gebühren unabhängiger Garantiegeber teilweise Kosten widerspiegeln, die durch die Kapitalbeschaffung und die Erfüllung aufsichtsrechtlicher Anforderungen entstehen. Diese Kosten fallen zwischen verbundenen Unternehmen möglicherweise nicht an.

*D.2.2. Zinsbasierter Ansatz (*yield approach*)*

10.174. Bei diesem Ansatz wird der Nutzen, der dem Garantienehmer durch die Garantie entsteht, anhand der durch sie ermöglichten Zinsverringerung quantifiziert. Dazu wird die Differenz zwischen dem Zinssatz, den der Darlehensnehmer ohne die Garantie hätte entrichten müssen, und dem Zinssatz, den er mit der Garantie zahlen muss, berechnet. In einem ersten Schritt wird dabei der Zinssatz bestimmt, den der Darlehensnehmer aufgrund seiner eigenen Merkmale unter Berücksichtigung des Effekts des impliziten Rückhalts, den er durch seine Konzernzugehörigkeit hat, zahlen müsste. Vgl. Abschnitt C.1.2.

10.175. Im nächsten Schritt wird der Zinssatz bestimmt, der mit der expliziten Garantie zu entrichten ist, und zwar nach dem gleichen Verfahren (es sei denn, dieser Zinssatz ist direkt feststellbar, was bei einem von einem fremden Dritten gewährten Darlehen der Fall sein dürfte). Anhand der Zinsdifferenz kann der Nutzen quantifiziert werden, der dem Darlehensnehmer durch die Bürgschaft entsteht. Um den Nutzen der Garantie zu bestimmen, ist es wichtig, zwischen dem Effekt der expliziten Garantie und dem Effekt des infolge der Konzernzugehörigkeit bestehenden impliziten Rückhalts zu unterscheiden. Vgl. Beispiel 2 unter Ziffer 1.187. Der zu bepreisende Nutzen ist nicht etwa die Differenz zwischen den Kosten, die dem Darlehensnehmer – als Einzelunternehmen betrachtet – ohne Garantie entstehen, und denen, die ihm mit der expliziten Garantie entstehen, sondern die Differenz zwischen den Kosten des Darlehensnehmers nach Berücksichtigung eines etwaigen impliziten Konzernrückhalts und seinen Kosten im Fall einer expliziten Garantie.

10.176. Der Nutzen des impliziten Konzernrückhalts entspricht der Differenz zwischen den Bedingungen, zu denen sich der Darlehensnehmer aufgrund seines Kreditratings als Teil des multinationalen Konzerns verschulden kann und den Bedingungen, zu denen ihm dies aufgrund seines eigenen Kreditratings möglich wäre, wenn er ein vollkommen unabhängiges Unternehmen wäre. Wenn der Darlehensnehmer über ein eigenes, unabhängiges von einer konzernfremden Ratingagentur vergebenes Kreditrating verfügt, wird dieses Rating üblicherweise seiner Zugehörigkeit zum multinationalen Konzern Rechnung tragen, sodass normalerweise keine Anpassung dieses Ratings zur Berücksichtigung des impliziten Konzernrückhalts erforderlich sein dürfte.

10.177. Mit dieser Analyse lässt sich eine Höchstgebühr für die Garantie bestimmen (der maximale für den Garantienehmer akzeptable Betrag), nämlich die Differenz zwischen dem Zinssatz mit Garantie und dem Zinssatz ohne Garantie, aber mit den Vorteilen, die sich aus dem impliziten Konzernrückhalt ergeben (und unter Berücksichtigung aller etwaigen Kosten). Der Darlehensnehmer hätte keinen Anreiz, die Bürgschaftsvereinbarung einzugehen, wenn seine Bankzinsen und die Garantiegebühr zusammengenommen genauso hoch wären wie die Zinsen, die er ohne die Garantie an die Bank zahlen müsste. Diese Höchstgebühr entspricht damit nicht zwangsläufig dem Ergebnis einer Verhandlung unter fremdüblichen Bedingungen, sondern stellt den maximalen Betrag dar, den der Darlehensnehmer zu zahlen bereit wäre.

*D.2.3. Kostenbasierter Ansatz (*cost approach*)*

10.178. Bei dieser Methode wird das zusätzliche vom Garantiegeber getragene Risiko quantifiziert, indem die Höhe des Verlusts geschätzt wird, mit dem der Garantiegeber aufgrund der gestellten Garantie bei Ausfall des Darlehensnehmers zu rechnen hat (Loss Given Default). Alternativ dazu könnten die zu erwartenden Kosten unter Bezugnahme auf das Kapital bestimmt werden, das zur Absicherung des vom Garantiegeber eingegangenen Risikos notwendig ist.

10.179. Es gibt verschiedene mögliche Modelle zur Schätzung des anzunehmenden Verlusts und Kapitalbedarfs. Häufig verwendete Preismodelle für diesen Ansatz beruhen auf der Annahme, dass Finanzbürgschaften mit anderen Finanzinstrumenten gleichzusetzen sind; dabei wird der Preis des entsprechenden alternativen Finanzinstruments ermittelt und die Garantie beispielsweise als Put-Option unter Verwendung von Optionspreismodellen oder als Credit Default Swap (CDS) usw. behandelt. Öffentlich zugängliche Daten zu CDS-Spreads können beispielsweise genutzt werden, um das an das Darlehen geknüpfte Ausfallrisiko und damit auch die Garantiegebühr näherungsweise zu bestimmen. Bei der Verwendung dieser Art von Daten ist die Bestimmung des Ausfallereignisses (z. B. Insolvenz) entscheidend für die Analyse der Vergleichbarkeit des konzerninternen Geschäftsvorfalls mit dem potenziell vergleichbaren Credit Default Swap (vgl. Abschnitt C.1.2 zur Verlässlichkeit von CDS-Daten).

10.180. Die Preisbestimmung ist bei jedem Modell stark von den im Modellierungsprozess zugrunde gelegten Annahmen abhängig. Bei der kostenbasierten Methode wird, ganz gleich welches Bewertungsmodell verwendet wird, eine Mindestgebühr für die Garantie bestimmt (der niedrigste für den Garantiegeber akzeptable Betrag), was nicht zwangsläufig dem Ergebnis einer Verhandlung unter fremdüblichen Bedingungen entspricht. Zur Ermittlung des fremdüblichen Betrags sollte der Sachverhalt sowohl aus Sicht des Darlehensnehmers als auch aus Sicht des Garantiegebers (unter Berücksichtigung der realistischerweise verfügbaren Alternativen) untersucht werden.

*D.2.4. Verlustbasierter Ansatz (*valuation of expected loss approach*)*

10.181. Bei der verlustbasierten Methode wird der Wert der Garantie ausgehend von einer Berechnung der Ausfallwahrscheinlichkeit mit Anpassungen zur Berücksichtigung der erwarteten Erlösquote (*recovery rate*) im Fall eines Ausfalls geschätzt. Durch Anwendung auf den Nominalbetrag, für den die

Garantie gewährt wurde, lassen sich dann die Kosten der Garantiestellung ermitteln. Der Preis der Garantie könnte anschließend anhand der erwarteten Rendite für diesen Kapitalbetrag auf der Grundlage kaufmännischer Bewertungsmodelle wie dem Capital Asset Pricing Model (CAPM) ermittelt werden.

*D.2.5. Kapitalbasierter Ansatz (*capital support method*)*

10.182. Der kapitalbasierte Ansatz kann sich anbieten, wenn die Differenz zwischen dem Risikoprofil des Garantiegebers und dem des Darlehensnehmers beseitigt werden könnte, indem die Bilanz des Darlehensnehmers mit mehr Eigenkapital ausgestattet würde. Dazu müsste zunächst das Kreditrating des Darlehensnehmers ohne Bürgschaft (aber mit dem impliziten Konzernrückhalt) bestimmt werden und sodann die Höhe des zusätzlichen fiktiven Kapitals ermittelt werden, das nötig wäre, um dem Darlehensnehmer zu dem Kreditrating des Garantiegebers zu verhelfen. Der Preis der Garantie könnte dann ausgehend von einer erwarteten Rendite auf diesen Kapitalbetrag bestimmt werden, sofern diese erwartete Rendite sachgerecht nur die Ergebnisse oder Folgen der Bürgschaftsstellung und nicht die der Gesamttätigkeit des bürgenden Unternehmens widerspiegelt.

D.3. Beispiele

10.183. Die folgenden Beispiele gründen sich auf die in Kapitel I, Abschnitt D.8 und insbesondere unter Ziffer 1.187 erörterten Prinzipien.

D.3.1. Beispiel 1

10.184. Unternehmen M, die Muttergesellschaft eines multinationalen Konzerns, hat dank einer starken Konzernbilanz ein AAA-Kreditrating. Unternehmen D, das demselben multinationalen Konzern angehört, hat bei Betrachtung als Einzelunternehmen nur ein Kreditrating von BBB und muss 10 Mio. EUR bei einem fremden Dritten aufnehmen.

10.185. Angenommen, die sachgerechte Abgrenzung des tatsächlichen Geschäftsvorfalls ergibt, dass sich das Kreditrating von Unternehmen D durch den Effekt der passiven Verbindung von BBB auf A erhöht und durch eine explizite Bürgschaft weiter auf AAA gesteigert wird. Ferner sei angenommen, dass konzernfremde Kreditgeber Unternehmen mit einem Kreditrating von A einen Zinssatz von 8 % und Unternehmen mit einem Rating von AAA einen Zinssatz von 6 % berechnen. Des Weiteren sei angenommen, dass Unternehmen M Unternehmen D eine Gebühr von 3 % für die Garantie in Rechnung stellt; somit würde der Nutzen, der Unternehmen D durch die auf die Garantie zurückzuführende Ratingverbesserung entsteht, durch die Garantiegebühr mehr als aufgewogen.

10.186. In diesem Fall kann die Analyse nach Kapitel I ergeben, dass ein unabhängiger Kreditnehmer unter den gleichen Bedingungen wie Unternehmen D nicht bereit wäre, Unternehmen M eine Garantiegebühr von 3 % zu zahlen, weil der Verzicht auf die Bürgschaft günstiger wäre.

D.3.2. Beispiel 2

10.187. Der Sachverhalt ist derselbe wie in Beispiel 1, außer dass sich nach Abschnitt D.2 vergleichbare Fremdgeschäftsvorfälle finden lassen, die zeigen, dass der fremdübliche Preis für eine vergleichbare Garantie zwischen 1 % und 1,5 % liegt.

10.188. Die sachgerechte Abgrenzung des tatsächlichen Geschäftsvorfalls ergibt, dass die Verbesserung der Kreditwürdigkeit von Unternehmen D von A auf AAA einem bewussten konzertierten Handeln zuzuschreiben ist, nämlich der von Unternehmen M gestellten Bürgschaft. Unternehmen D dürfte bereit sein, Unternehmen M eine fremdübliche Vergütung für die Stellung der expliziten Bürgschaft zu zahlen, da sich Unternehmen D damit in einer günstigeren Situation befindet als ohne diese Garantie.

E. Eigenversicherer

E.1. Definition und Zweck eines Eigenversicherers und Eigenrückversicherers

10.189. Multinationale Konzerne können mit Risiken innerhalb des Konzerns auf verschiedene Weise umgehen. Sie können beispielsweise Rückstellungen dafür bilden, potenzielle künftige Verluste vorfinanzieren, Selbstversicherung betreiben, Versicherungen bei fremden Dritten abschließen oder das betreffende Risiko einfach tragen. Manchmal entscheiden sich multinationale Konzerne auch dafür, bestimmte Risiken bei einem sogenannten Eigenversicherer („Captive“) zu bündeln.

10.190. Der Begriff Eigenversicherer bezeichnet in diesen Leitlinien eine Versicherungsunternehmung bzw. -einheit, deren gesamte Versicherungstätigkeit im Wesentlichen darin besteht, Versicherungen für Risiken anderer Unternehmen des multinationalen Konzerns anzubieten, dem sie angehört.

10.191. Der Begriff Rückversicherer bezieht sich in diesen Leitlinien demgegenüber auf eine Versicherungsunternehmung bzw. -einheit, deren Unternehmenszweck darin besteht, Risiken fremder Dritter rückzuversichern, deren Erstversicherer Unternehmen des multinationalen Konzerns sind, dem sie angehört.[5] (Der Fall, dass Risiken von Unternehmen eines multinationalen Konzerns bei einem fremden Dritten erstversichert, dann aber bei einer Konzerngesellschaft rückversichert werden, wird in Abschnitt E.2.4 behandelt.)

10.192. Eigenversicherer können in gleicher Weise aufsichtsrechtlichen Vorschriften unterliegen wie andere Versicherungs- und Rückversicherungsunternehmen.[6] Die für Versicherungsunternehmen geltenden aufsichtsrechtlichen Bestimmungen unterscheiden sich zwar im Einzelnen von Staat zu Staat, umfassen aber im Allgemeinen bestimmte versicherungsmathematische Regeln sowie Rechnungslegungs- und Eigenkapitalanforderungen. Diese aufsichtsrechtlichen Bestimmungen sollen die Versicherungsnehmer schützen; die Aufsichtsbehörden in den einzelnen Staaten können allerdings weniger strenge Regeln für Eigenversicherer vorsehen, die nur Versicherungen für Angehörige ihres multinationalen Konzerns anbieten.

10.193. Multinationale Konzerne können aus verschiedenen Gründen Eigenversicherer nutzen, z. B. um die von den Konzerngesellschaften zu entrichtenden Versicherungsprämien stabil zu halten, um Steuer- und Regulierungsarbitrage zu betreiben, um Zugang zu Rückversicherungsmärkten zu erlangen, um die Volatilität der Marktkapazität abzufedern oder weil es ihrer Auffassung nach kostengünstiger ist, die Risiken im Konzern zu halten.

10.194. Ein weiterer Grund für die Nutzung eines Eigenversicherers kann sein, dass es für bestimmte Risiken nicht oder nur schwer möglich ist, eine Versicherung bei fremden Dritten abzuschließen. Werden solche Risiken von einem Eigenversicherer übernommen, kann dies Fragen bezüglich der Bestimmbarkeit eines fremdüblichen Preises sowie der kaufmännischen Rationalität solcher Vereinbarungen aufwerfen (vgl. Kapitel I, Abschnitt D.2).

E.2. Sachgerechte Abgrenzung von Eigenversicherern und Eigenrückversicherern

10.195. Die Prinzipien der sachgerechten Abgrenzung der tatsächlichen Geschäftsvorfälle und der Risikoaufteilung in Kapitel I gelten für Geschäfte von Eigenversicherern und Eigenrückversicherern in gleicher Weise wie für alle anderen konzerninternen Geschäftsvorfälle. Dieser Abschnitt befasst sich aber

5. Versicherer und Rückversicherer werden in diesem Abschnitt unter Bezugnahme auf die Versicherungs- und Rückversicherungstätigkeiten definiert, die in Teil IV des *Berichts über die Zurechnung von Gewinnen zu Betriebsstätten* beschrieben sind. Mit dieser Beschreibung, die sich auf das allgemeine Versicherungsmodell bezieht, wird nicht beabsichtigt, von diesen Leitlinien Risiken auszunehmen, auf die der Versicherte Einfluss nehmen kann, wie beispielsweise Produkthaftungsrisiken.
6. Vgl. Ziffer 10.3.

gezielt mit dem Thema der Eigenversicherung (sowie Eigenrückversicherung – Fronting). Dabei gilt insbesondere:

- Die Ausübung von Funktionen der Risikominderung fällt unter das allgemeinere Konzept des Risikomanagements, aber nicht unter das der Risikokontrolle (vgl. Ziffer 1.61 und 1.65).
- Es besteht ein Unterschied zwischen dem konkreten versicherten Risiko (dieses Risiko kontrolliert der Beteiligte, der beschließt, es entweder zu versichern – d. h. zu mindern – oder es nicht zu versichern, und bei dem es sich üblicherweise um den Versicherungsnehmer handelt, möglicherweise aber auch um eine andere Konzerngesellschaft) und dem Risiko, das der Versicherungsgeber übernimmt, indem er den Versicherungsnehmer versichert.

10.196. Auch wenn die Höhe der Risikoentschädigung für den Versicherungsnehmer und den Versicherungsgeber in beiden Fällen möglicherweise von genau den gleichen Ereignissen abhängig ist, kann sie sehr unterschiedlich ausfallen (tritt z. B. das versicherte Risiko ein und wird ein Schaden geltend gemacht, könnte der Versicherungsnehmer eine im Verhältnis zu den gezahlten Versicherungsprämien deutlich höhere Summe erhalten, während sich die Einnahmen des Versicherungsgebers unabhängig von der Höhe der an den Versicherungsnehmer gehenden Risikoentschädigung auf die erhaltenen Versicherungsprämien und Kapitalerträge beschränken).

10.197. Der Versicherungsgeber übt eine Risikominderungsfunktion in Bezug auf das Risiko des Versicherungsnehmers aus, übernimmt aber dabei dieses Risiko nicht. Er übernimmt vielmehr das Risiko der Versicherung (d. h. der Minderung) des Risikos des Versicherungsnehmers. Kontrolliert wird dieses Risiko entweder vom Versicherungsgeber oder (was in einem Eigenversichererszenario wahrscheinlicher ist) von einem anderen Unternehmen des multinationalen Konzerns, das die Entscheidung trifft, dass dieses Risiko vom Versicherungsgeber übernommen werden soll. (Vgl. Ziffer 10.223). Der Versicherungsgeber (oder das andere Unternehmen) kann – im Einklang mit Ziffer 1.61ii – entscheiden, wie auf dieses Risiko zu antworten ist, z. B. durch eine weitere Diversifizierung seines Portfolios versicherter Risiken oder durch Rückversicherung.

10.198. Eigenversicherer können innerhalb des multinationalen Konzerns selbst oder von einem konzernfremden Dienstleister (bei dem es sich häufig um eine Abteilung eines großen Versicherungsmaklers handelt) verwaltet werden. Diese Verwaltungsleistungen umfassen üblicherweise die Sicherung der Einhaltung der geltenden inländischen Rechtsvorschriften, die Ausstellung der Versicherungsscheine, die Einziehung der Versicherungsprämien, die Begleichung von Schadenansprüchen, die Erstellung von Schadenberichten und die Stellung inländischer Geschäftsführer. Wenn die Verwaltung des

Eigenversicherers innerhalb des multinationalen Konzerns erfolgt, gilt es zu bestimmen, welches Konzernunternehmen die Verwaltungsleistungen übernimmt (falls sie nicht von Mitarbeitern des Eigenversicherers wahrgenommen werden), und diese Leistungen angemessen zu vergüten.

10.199. Eine Frage, die sich bei der Verrechnungspreisbestimmung für eine Eigenversicherungstransaktion häufig stellt, ist, ob es sich wirklich um ein Versicherungsgeschäft handelt, d. h., ob ein Risiko existiert und falls ja, ob dieses Risiko in Anbetracht der Gegebenheiten und Umstände beim Eigenversicherer liegt. Nachstehend sind Elemente aufgeführt, die alle oder fast alle anzutreffen sein sollten, wenn festgestellt wird, dass der Eigenversicherer tatsächlich einer Versicherungstätigkeit nachgeht:

- Es besteht eine Diversifizierung und Bündelung der Risiken beim Eigenversicherer.
- Die ökonomische Kapitalausstattung der Konzerngesellschaften hat sich infolge der Risikodiversifizierung verbessert und es ist somit ein echter wirtschaftlicher Effekt auf den multinationalen Konzern als Ganzes festzustellen.
- Sowohl der Eigenversicherer als auch alle etwaigen Rückversicherer unterliegen einer Aufsicht mit weitgehend identischen aufsichtsrechtlichen Bestimmungen sowie Aufsichtsbehörden, die den Nachweis der Risikoübernahme und eine ausreichende Kapitalausstattung verlangen.
- Das versicherte Risiko könnte auch bei Konzernfremden versichert werden.
- Der Eigenversicherer verfügt über die erforderlichen Fertigkeiten und Fähigkeiten, u. a. im Bereich der Kapitalanlage, und die nötige Erfahrung (vgl. Ziffer 10.213).
- Der Eigenversicherer hat ein echtes Verlustrisiko.

10.200. Um die Verrechnungspreisfolgen eines Geschäftsvorfalls mit einem Eigenversicherer zu untersuchen, müssen zunächst die kaufmännischen und finanziellen Beziehungen zwischen den verbundenen Unternehmen und die Bedingungen und wirtschaftlich relevanten Begleitumstände dieser Beziehungen bestimmt werden, damit der tatsächliche Geschäftsvorfall sachgerecht abgegrenzt werden kann. Die erste Frage ist daher, ob es sich bei dem betrachteten Geschäftsvorfall um ein Versicherungsgeschäft nach vorstehender Definition handelt. Bei dieser Analyse muss untersucht werden, ob das Risiko vom Versicherungsgeber übernommen wurde und ob eine Risikodiversifizierung erzielt wurde.

E.2.1. Risikoübernahme und Risikodiversifizierung

10.201. Eine Versicherungstätigkeit erfordert die Übernahme eines Versicherungsrisikos durch den Versicherungsgeber. Im Schadenfall erleidet der Versicherungsnehmer die finanziellen Auswirkungen eines potenziellen wirtschaftlichen Verlusts insoweit nicht, als das Versicherungsrisiko vom Versicherungsgeber übernommen wurde und der Verlust durch die Versicherungszahlung ausgeglichen wird.

10.202. Aus dem Blickwinkel des Eigenversicherers betrachtet könnte die Tatsache, dass er den negativen Folgen des versicherten Risikos und der Möglichkeit eines erheblichen Verlusts ausgesetzt ist, ein Indikator dafür sein, dass das Versicherungsrisiko vom Eigenversicherer übernommen wurde. Eine Risikoübernahme kann des Weiteren nur vorliegen, wenn der Eigenversicherer realistischerweise in der Lage ist, den Schadenforderungen im Fall des Risikoeintritts nachzukommen, was heißt, dass er Zugang zu Finanzmitteln haben muss, um die Folgen des Eintritts des versicherten Risikos zu tragen. Um zu bestimmen, ob der Eigenversicherer die finanzielle Kapazität besitzt, das Risiko zu übernehmen, müssen das Kapital, auf das der Eigenversicherer ohne Weiteres zugreifen kann, sowie die ihm realistischerweise zur Verfügung stehenden Alternativen betrachtet werden. Wenn der Eigenversicherer die Versicherungsprämien in die versicherungsnehmenden Konzerngesellschaften investiert, wäre für die Analyse nach Kapitel I insbesondere der Zusammenhang zwischen der Fähigkeit des Eigenversicherers zur Begleichung der Forderungen und den Finanzpositionen dieser anderen Konzerngesellschaften entscheidend.

10.203. Eine Versicherungstätigkeit setzt ferner Risikodiversifizierung voraus. Risikodiversifizierung ist die Bildung eines Portfolios verschiedener Risiken, mit dem der Versicherungsgeber einen effizienten Kapitaleinsatz gewährleistet. Große kommerzielle Versicherer achten darauf, dass sie eine hinreichend große Anzahl von Versicherungsverträgen mit ähnlichen Verlustwahrscheinlichkeiten abschließen, damit die statistischen Durchschnittsgesetze gelten und die Schadenwahrscheinlichkeiten verlässlich modelliert werden können. Der Versicherer achtet auch darauf, dass er ein Risikoportfolio hält, für das er über entsprechende Kapitalreserven verfügt, um den regulatorischen Auflagen und den Anforderungen der Ratingagenturen gerecht zu werden.

10.204. Die Risikodiversifizierung steht im Zentrum der Versicherungstätigkeit. Indem nicht korrelierte Risiken und geografisch gestreute Engagements kombiniert werden, wird ein effizienter Kapitaleinsatz erzielt; dies ermöglicht es dem Versicherer, eine geringere Kapitalausstattung vorzuhalten, als die einzelnen Versicherungsnehmer benötigen würden, um den Folgen des Risikoeintritts standzuhalten.

10.205. Ein Eigenversicherer kann eine Risikodiversifizierung erzielen, indem er nicht nur konzerninterne Risiken versichert, sondern in sein Portfolio auch einen erheblichen Anteil an konzernexternen Risiken aufnimmt (dabei aber innerhalb der Definition der Eigenversicherung nach Ziffer 10.190 bleibt).

10.206. Alternativ dazu kann die Risikodiversifizierung durch die Versicherung konzerninterner Risiken erzielt werden, wenn die Breite und Tiefe des multinationalen Konzerns es dem Eigenversicherer gestatten, nicht oder nicht vollständig korrelierte Risiken und geografisch gestreute Engagements zu kombinieren. Situationen, in denen ein Eigenversicherer nur konzerninterne Risiken versichert, erfordern eine gründliche Analyse nach den Leitlinien von Kapitel I, um festzustellen, ob tatsächlich eine Risikodiversifizierung erfolgt ist, d. h., ob der Eigenversicherer eine hinreichende Menge unterschiedlicher Risiken versichert. Ob festgestellt wird, dass eine Risikodiversifizierung stattgefunden hat, ist dabei eine Frage der angesetzten Schwelle und hängt von den jeweiligen Gegebenheiten und Umständen ab.

10.207. Eine konzerninterne Risikodiversifizierung kann insbesondere zu einer geringeren Kapitaleffizienz führen, als sie durch externe Risikodiversifizierung erreicht werden kann. Daher könnte die Vergütung eines Eigenversicherers, der nur interne Risiken versichert, geringer sein, als wenn die Risikodiversifizierung durch die Versicherung konzernexterner Risiken oder die Rückversicherung eines erheblichen Teils der Risiken des multinationalen Konzerns bei fremden Dritten erzielt wird. Deutet die sachgerechte Abgrenzung des tatsächlichen Geschäftsvorfalls zudem darauf hin, dass die durch die Bündelung interner Risiken beim Eigenversicherer erreichte Kapitaleffizienz aus Konzernsynergien resultiert, die durch bewusstes konzertiertes Handeln der Konzerngesellschaften herbeigeführt wurden, sollten die durch diese Synergien erzielten Vorteile im Allgemeinen zwischen den Konzerngesellschaften aufgeteilt werden, die zu ihrer Entstehung beigetragen haben (vgl. Kapitel I Abschnitt D.8 sowie Ziffer 10.222 und 10.223).

10.208. In Situationen, in denen der Eigenversicherer nicht die nötige Größe hat, um eine wesentliche Risikodiversifizierung zu erreichen, oder keine ausreichenden Rücklagen hat, um die zusätzlichen Risiken zu tragen, die sich aus der vergleichsweise geringeren Diversifizierung des Portfolios des multinationalen Konzerns ergeben, kann die sachgerechte Abgrenzung des tatsächlichen Geschäftsvorfalls darauf hindeuten, dass der Eigenversicherer einer anderen Tätigkeit als einer Versicherungstätigkeit nachgeht (vgl. Kapitel VII).

E.2.2. Übernahme der wirtschaftlich signifikanten Risiken

10.209. Bei der sachgerechten Abgrenzung des tatsächlichen Geschäftsvorfalls mit einem Eigenversicherer müssen die wirtschaftlich relevanten Risiken im Zusammenhang mit dem Abschluss des Versicherungsvertrags, d. h. dem

Zeichnungsprozess (*underwriting*), konkret bestimmt werden. In Teil IV des *Berichts über die Zurechnung von Gewinnen zu Betriebsstätten*[7] sind diese Risiken beschrieben, bei denen es sich u. a. um das Versicherungsrisiko, das kommerzielle Risiko oder das Anlagerisiko handelt. Diese Beschreibungen gelten auch für die Zwecke dieser Leitlinien.

10.210. Die sachgerechte Abgrenzung des tatsächlichen Geschäftsvorfalls in Szenarien mit einem Eigenversicherer setzt voraus, dass ermittelt wird, ob der Eigenversicherer Kontrollfunktionen hinsichtlich der an die Zeichnungsfunktion geknüpften wirtschaftlich signifikanten Risiken – und insbesondere des Versicherungsrisikos – ausübt, um festzustellen, ob diese Risiken dem Eigenversicherer zugeordnet werden sollten.

10.211. Teil IV des *Berichts über die Zurechnung von Gewinnen zu Betriebsstätten* beschreibt die Tätigkeiten, die Bestandteil der Zeichnungsfunktion sind, wie etwa die Festlegung der Zeichnungsstrategie, die Klassifizierung und Auswahl der versicherten Risiken, die Festlegung der Prämien (Preisgestaltung), die Analyse des Schadenselbstbehalts und die Annahme des versicherten Risikos. Diese Tätigkeiten beinhalten u. a. die Entscheidung, ob und unter welchen Bedingungen ein Risiko gezeichnet werden sollte und ob eine Rückversicherung abgeschlossen werden sollte oder nicht. Je nach den Gegebenheiten und Umständen können diese Aktivitäten als Kontrollfunktionen gemäß der Beschreibung unter Ziffer 1.65 von Kapitel I betrachtet werden und – so sie von einem Eigenversicherer wahrgenommen werden, der die finanzielle Kapazität zur Übernahme der Risiken hat – zur Folge haben, dass die Risiken in der Analyse nach Kapitel I dem Eigenversicherer zuzuordnen sind. Die bloße Festlegung der Parameter oder der maßgeblichen Politik für das Risiko gilt nicht als Kontrollfunktion in diesem Sinne (vgl. Ziffer 1.66 von Kapitel I und Tz. 94 von Teil IV des *Berichts über die Zurechnung von Gewinnen zu Betriebsstätten*).

10.212. Wenn der Eigenversicherer keinen Zugang zu den erforderlichen Fähigkeiten und Fertigkeiten, Fachkenntnissen und Mitteln hat und somit festgestellt wird, dass er keine Kontrollfunktionen hinsichtlich der an den Zeichnungsprozess geknüpften Risiken ausübt, kann eine Analyse nach Kapitel I unter Berücksichtigung der Gegebenheiten und Umstände ergeben, dass das Risiko nicht vom Eigenversicherer übernommen wurde oder dass ein anderes Unternehmen des multinationalen Konzerns diese Kontrollfunktionen ausübt. In letzterem Fall würde die Rendite aus der Anlage der Prämien nach den Leitlinien in Kapitel I dem oder den Unternehmen des multinationalen Konzerns zugerechnet, die die Risiken im Zusammenhang mit dem Zeichnungsprozess tragen.

7. *Bericht über die Zurechnung von Gewinnen zu Betriebsstätten*, vom Ausschuss für Steuerfragen am 22. Juni 2010 und vom Rat am 22. Juli 2010 zur Veröffentlichung freigegeben.

E.2.3. Auslagerung der Zeichnungsfunktion

10.213. Vielfach ist es mit den regulatorischen Mindestanforderungen für eine Versicherungstätigkeit nicht vereinbar, bestimmte Aspekte der Zeichnungsfunktion auszulagern. Ist es dem Eigenversicherer jedoch gestattet, einige der Aktivitäten, die die Zeichnungsfunktion ausmachen, auszulagern (es kann ihm beispielsweise möglich sein, mit der Annahme des Versicherungsrisikos ein verbundenes Unternehmen zu betrauen, das dann als Makler auftritt und eine fremdvergleichskonforme Vergütung erhält), muss besonders darauf geachtet werden, ob die Kontrollfunktionen weiterhin vom Eigenversicherer wahrgenommen werden, um festzustellen, ob das Risiko beim Eigenversicherer liegt. Ein Eigenversicherer, der alle Aspekte des Zeichnungsprozesses auslagert, ohne Kontrollfunktionen auszuüben, trägt nach der Analyse von Kapitel I nicht das Versicherungsrisiko.

E.2.4. Eigenrückversicherer – Fronting

10.214. Ein Eigenrückversicherer ist eine besondere Art von Eigenversicherer, der die Risiken nicht direkt zeichnet, sondern im Rahmen einer „Fronting" genannten Gestaltung als Rückversicherer auftritt. Einem Eigenversicherer kann es u. U. nicht in gleicher Weise wie herkömmlichen Versicherungsunternehmen möglich sein, Risiken zu zeichnen. Für manche Versicherungsrisiken ist beispielsweise gesetzlich vorgeschrieben, dass sie bei einem Versicherungsunternehmen versichert werden, das einer Aufsicht unterliegt. Dies kann zur Nutzung eines Fronting-Modells führen, bei dem der erste Versicherungsvertrag zwischen der versicherten Konzerngesellschaft und einem konzernfremden Versicherungsunternehmen (dem „Fronter") geschlossen wird und der Fronter dann die Mehrzahl oder die Gesamtheit der Risiken aus diesem ersten Vertrag beim Eigenversicherer rückversichert. Dabei kann entweder der Fronter für die Schadenbearbeitung und sonstige Verwaltungsfunktionen zuständig bleiben oder diese Funktionen können von einem anderen Unternehmen desselben multinationalen Konzerns wahrgenommen werden, dem auch der Eigenversicherer angehört. Der Fronter behält eine Provision ein, um seine Kosten zu decken und sich den möglicherweise bei ihm verbleibenden Teil des versicherten Risikos vergüten zu lassen. Der Großteil der Prämieneinnahmen des Fronters geht im Rahmen des Rückversicherungsvertrags auf den Rückversicherer über.

10.215. Für die sachgerechte Abgrenzung von Fronting-Modellen gelten die gleichen Prinzipien, die vorstehend für Eigenversicherer dargelegt wurden. Es gilt jedoch darauf hinzuweisen, dass Fronting-Transaktionen konzerninterne Geschäftsvorfälle sind, deren Preisbestimmung besonders komplex ist, da sie unter Mitwirkung eines fremden Dritten erfolgen, für den die Höhe des Preises der Versicherungs- und Rückversicherungsgeschäfte belanglos ist. Die entscheidende Frage, die sich in Fronting-Szenarien stellen dürfte, ist, ob es sich bei den Geschäftsvorfällen um echte Versicherungs- bzw. Rückversicherungsgeschäfte handelt und, falls ja, ob die (letztlich an den Eigenrückversicherer) gezahlten Prämien fremdüblich sind.

E.3. Bestimmung des fremdüblichen Preises von Eigenversicherungs- und Eigenrückversicherungsgeschäften

10.216. In den nachstehenden Absätzen werden verschiedene Preisbestimmungsansätze für konzerninterne Geschäftsvorfälle mit Eigenversicherern und Eigenrückversicherern skizziert. Jeder Einzelfall muss unter Berücksichtigung seiner konkreten Gegebenheiten und Umstände betrachtet werden, und bevor über einen Ansatz zur Preisbestimmung entschieden werden kann, muss stets zuerst eine sachgerechte Abgrenzung des tatsächlichen Geschäftsvorfalls nach den Prinzipien von Kapitel I vorgenommen werden. Wie in jeder anderen Verrechnungspreissituation sollte die am besten geeignete Methode nach den Leitlinien von Kapitel II ausgewählt werden.

E.3.1. Bestimmung der Prämienhöhe

10.217. Vergleichbare zwischen nichtverbundenen Unternehmen getroffene Vereinbarungen können möglicherweise Fremdvergleichspreise liefern. Dabei kann es sich um interne Vergleichswerte handeln, falls der Eigenversicherer hinreichend ähnliche Geschäftsbeziehungen mit konzernfremden Kunden unterhält, oder um externe Vergleichswerte.

10.218. Bei der Anwendung der Preisvergleichsmethode auf einen Geschäftsvorfall mit einem Eigenversicherer können in der Praxis Schwierigkeiten dabei auftreten, zu bestimmen, ob und in welcher Höhe Anpassungen zur Herstellung der Vergleichbarkeit vorgenommen werden müssen. Insbesondere sollte möglichen Unterschieden zwischen konzerninternen und konzernexternen Geschäftsvorfällen Rechnung getragen werden, die sich auf die Verlässlichkeit der Vergleichswerte auswirken könnten. Solche Unterschiede können beispielsweise Situationen betreffen, in denen die Funktionsanalyse darauf hindeutet, dass ein Eigenversicherer weniger Funktionen ausübt als ein kommerzieller Versicherer (z. B. muss ein Eigenversicherer, der nur konzerninterne Risiken versichert, möglicherweise keine Vertriebs- und Verkaufsfunktionen ausüben). Auch Unterschiede zwischen dem Eigenversicherer und potenziell vergleichbaren fremden Dritten in Bezug auf Geschäftsvolumen und Kapitalausstattung können Anpassungen zur Herstellung der Vergleichbarkeit erforderlich machen (vgl. Ziffer 10.221).

10.219. Alternativ dazu kann eine versicherungsmathematische Analyse eine geeignete Methode sein, um unabhängig von Vergleichswerten die Höhe der Prämie zu bestimmen, die unter fremdüblichen Bedingungen für die Versicherung eines bestimmten Risikos zu zahlen sein dürfte. Bei der

Festlegung von Versicherungsprämien sind Versicherungsunternehmen bestrebt, ihre aufgrund von Schadenforderungen zu erwartenden Verluste und ihre Kosten im Zusammenhang mit dem Abschluss und der Verwaltung der Versicherungsverträge und der Schadenbearbeitung zu decken, zuzüglich eines Gewinnaufschlags zur Verzinsung des Kapitals unter Berücksichtigung aller etwaigen Anlageerträge, mit denen sie auf ihre um Schadenaufwendungen und sonstige Ausgaben geminderten Prämieneinnahmen rechnen. Die praktische Anwendung versicherungsmathematischer Analysen kann ein komplexes Unterfangen sein. Bei der Evaluierung der Zuverlässigkeit von versicherungsmathematischen Analysen zur Bestimmung des fremdüblichen Prämienbetrags ist zu bedenken, dass versicherungsmathematische Analysen keine tatsächlichen Geschäftsvorfälle zwischen fremden Dritten widerspiegeln und dass folglich Vergleichbarkeitsanpassungen erforderlich sein dürften.

E.3.2. Schaden-Kosten-Quote und Kapitalrendite

10.220. Die Vergütung des Eigenversicherers kann ermittelt werden, indem die fremdvergleichskonforme Rentabilität des Eigenversicherers in einem zweistufigen Ansatz untersucht wird, der sowohl der Schadenrentabilität als auch der Kapitalrendite Rechnung trägt. Im ersten Schritt wird die Schaden-Kosten-Quote (*combined ratio*) des Eigenversicherers ermittelt. Dazu werden die Schadenaufwendungen und sonstigen Ausgaben zu den Prämieneinnahmen ins Verhältnis gesetzt. Die Schaden-Kosten-Quote unabhängiger Versicherungsunternehmen, die ähnliche Versicherungsrisiken absichern, lässt sich ermitteln und kann als Vergleichsgröße herangezogen werden. Diese Vergleichsquote kann dann auf die Schadenaufwendungen und sonstigen Ausgaben des untersuchten Unternehmens angewandt werden, um zu einem fremdüblichen Betrag für die jährlichen Prämieneinnahmen und somit den versicherungstechnischen Gewinn (Prämieneinnahmen abzüglich Schadenaufwendungen und sonstige Ausgaben) zu gelangen. Im zweiten Schritt wird die vom Eigenversicherer erzielte Anlagerendite mit einer fremdüblichen Rendite verglichen. Bei diesem Schritt müssen zwei weitere Elemente untersucht werden: *a)* die Höhe des vom Eigenversicherer gehaltenen Kapitals und *b)* der Umfang der konzerninternen Anlagen des Eigenversicherers (z. B. Anlagen in Anleihen anderer Konzerngesellschaften, konzerninterne Darlehen usw.) und die Rendite, die der Eigenversicherer mit diesen Anlagen erzielt. Die Summe des versicherungstechnischen Gewinns aus Schritt 1 und der Anlageerträge aus Schritt 2 ergibt den Gesamtbetriebsgewinn (vgl. Kapitel III, Abschnitt B.5 zu Mehrjahresdaten).

10.221. Es gilt zu beachten, dass die Kapitaladäquanzanforderungen für einen Eigenversicherer deutlich geringer sein dürften als für einen Versicherer, der Versicherungsverträge mit fremden Dritten abschließt. Dieser Faktor sollte – gegebenenfalls durch entsprechende Anpassungen – berücksichtigt werden, um den angemessenen Kapitalbetrag zu bestimmen, der bei der Berechnung der Anlagerendite zugrunde gelegt werden sollte. Unterschiede zwischen Eigenversicherern und unabhängigen Versicherern bezüglich der Kapitaladäquanz haben in der Regel aufsichtsrechtliche und geschäftliche Gründe. Für Eigenversicherer legen die Aufsichtsbehörden häufig geringere Kapitalanforderungen fest. Ein besonders wichtiger geschäftlicher Faktor für unabhängige Versicherer ist die Kapitaleffizienz. Um Anleger und Kunden zu gewinnen, sind unabhängige Versicherer um ein gutes Kreditrating bemüht; daher achten sie darauf, dass ihr Betriebskapital die aufsichtsrechtlichen Mindestanforderungen übersteigt. Gleichzeitig versuchen unabhängige Versicherer, ihre Kapitalrendite zu maximieren. Sie sind daher bestrebt, ihre Kapitalausstattung so zu optimieren, dass sie diese entgegengesetzten Ziele miteinander vereinbaren können. Für Eigenversicherer besteht keine geschäftliche Notwendigkeit, ein Kreditrating zu erlangen oder die Kapitalrendite zu optimieren, um Anleger zu gewinnen. Möglicherweise müssen geeignete Anpassungen vorgenommen werden, damit sichergestellt ist, dass sich die Vergleichsgröße für die Anlagerendite auf den Kapitalbetrag beschränkt, über den der Eigenversicherer nach den für ihn maßgeblichen aufsichtsrechtlichen Bestimmungen verfügen muss, um das Versicherungsrisiko zu übernehmen (zuzüglich eines angemessenen Betriebskapitalpuffers, um die Gefahr einer unbeabsichtigten Nichteinhaltung der aufsichtsrechtlichen Anforderungen möglichst gering zu halten), und nicht auf der Kapitalausstattung basiert, über die ein unabhängiger Versicherer verfügen müsste. Möglicherweise sind Anpassungen zur Berücksichtigung von Unterschieden zwischen den Kapitaladäquanzanforderungen verschiedener Aufsichtsbehörden sowie verschiedener Versicherungssparten notwendig.

E.3.3. Konzernsynergien

10.222. Wenn ein multinationaler Konzern einen Eigenversicherer einsetzt, um Zugang zum Rückversicherungsmarkt zu erlangen und sich so Risiken zu entledigen, indem er sie extern versichert, und dabei zugleich – durch die Bündelung von Risiken innerhalb des Konzerns – Kosteneinsparungen im Vergleich zur Einschaltung eines konzernexternen Intermediärs zu erzielen, dann werden mit der Eigenversicherungsgestaltung die Vorteile des gemeinsamen Auftretens in den Verhandlungen in Bezug auf die rückversicherten Risiken und einer effizienteren Kapitalallokation in Bezug auf die im Konzern verbleibenden Risiken genutzt. Diese Vorteile ergeben sich aus dem konzertierten Handeln der versicherungsnehmenden Konzerngesellschaften und des Eigenversicherers. Die Versicherungsnehmer beteiligen sich an dem konzertierten Handeln in der Erwartung, dass sie alle dadurch von niedrigeren Prämien profitieren. Dies entspricht der Art von konzernweiten Vereinbarungen, die auch für andere Konzernfunktionen wie die Beschaffung von Waren oder Dienstleistungen geschlossen werden können. Wenn der Eigenversicherer die

Risiken versichert und sie auf dem freien Markt rückversichert, sollte er eine angemessene Vergütung für die von ihm geleisteten Dienste erhalten. Die übrigen aus den Konzernsynergien resultierenden Vorteile sollten über ermäßigte Prämienzahlungen auf die versicherten Unternehmen aufgeteilt werden.

10.223. Als Beispiel sei angenommen, dass ein multinationaler Industriekonzern über fünfzig Tochtergesellschaften an verschiedenen Standorten in aller Welt verfügt und dass an allen diesen Orten ein erhebliches Erdbebenrisiko besteht; alle Tochtergesellschaften versichern ihre Fertigungsanlagen gegen Erdbebenschäden, wobei jeweils das spezifische an ihrem jeweiligen Produktionsstandort bestehende Erdbebenrisiko zugrunde gelegt wird. Der multinationale Konzern richtet einen Eigenversicherer ein, der die Risiken aller Tochtergesellschaften übernimmt und bei einem unabhängigen Rückversicherungsunternehmen rückversichert. Mit seinem Portfolio an Versicherungsrisiken aus verschiedenen geografischen Zonen stellt der multinationale Konzern für den Markt bereits ein diversifiziertes Risiko dar. Der Synergievorteil ergibt sich aus der gemeinsamen Beschaffung, nicht aus einem durch den Eigenversicherer geschaffenen Mehrwert. Er sollte zwischen den Versicherten proportional zu den von ihnen geleisteten Prämienzahlungen aufgeteilt werden.

*E.3.4. Vertreterverkauf (*agency sales*)*

10.224. Wenn eine Versicherung nicht direkt vom Versicherer an den Versicherten verkauft wird, hat der Beteiligte, der den eigentlichen Verkauf vornimmt, üblicherweise Anspruch auf eine Vergütung. Unter bestimmten Umständen kann mit dem Verkauf durch einen Dritten ein höherer Gewinn erzielt werden, als ausgehend von einem Vergleich mit ähnlichen Geschäftsvorfällen normalerweise zu erwarten wäre. Wenn der Verkaufsvertreter und der Versicherer bzw. Rückversicherer miteinander verbunden sind, müssen bei einer Vergleichbarkeitsanalyse, die im Rahmen der Bestimmung der fremdüblichen Vergütung der Beteiligten durchgeführt wird, die Umstände untersucht werden, die zu diesem höheren Gewinn führen. Normalerweise begrenzt Wettbewerb den Gewinn, der mit einem Geschäftsvorfall erzielt werden kann, sowohl aufseiten des Verkaufsvertreters als auch des Versicherers bzw. Rückversicherers. Die Existenz alternativer Anbieter kann auch Einfluss darauf haben, inwieweit es den Beteiligten möglich ist, als Teil des Gesamtgeschäftsvorfalls einen höheren Gewinn auszuhandeln.

10.225. Angenommen, Unternehmen A ist ein Einzelhandelsunternehmen, das hochwertige, technologisch neuartige Konsumgüter verkauft. A bietet fremden Dritten beim Kauf dieser Produkte Versicherungsverträge an, mit denen sie die gekauften Artikel für drei Jahre gegen Beschädigung und Diebstahl versichern können. Als Versicherer fungiert Unternehmen B, ein Versicherungsunternehmen, das demselben Konzern angehört wie A. A erhält eine Provision; der Gewinn aus dem Versicherungsvertrag geht fast vollständig an B. Eine vollständige Sachverhalts- und Funktionsanalyse ergibt, dass die Versicherungsverträge sehr rentabel sind und dass es einen aktiven Versicherungs- und Rückversicherungsmarkt für die Art von Risiken gibt, die damit abgesichert werden. Vergleichsuntersuchungen zeigen, dass die an A gezahlte Provision dem entspricht, was unabhängige Vertreter erhalten würden, die eine vergleichbare Versicherung als eigenständiges Produkt anbieten. Der von B erzielte Gewinn ist höher als der von Versicherungsunternehmen, die vergleichbare Versicherungen anbieten.

10.226. Bei der Klärung der Frage, inwiefern sich die Bedingungen des Geschäftsvorfalls zwischen A und B von denen unterscheiden, die zwischen unabhängigen Unternehmen vereinbart worden wären, gilt es zu untersuchen, wie die hohe Rentabilität der Versicherungsverträge zustande kommt und welchen Beitrag die einzelnen Beteiligten zu dieser Wertschöpfung leisten. Das den fremden Dritten verkaufte Produkt ist eine Versicherung, die sich im Wesentlichen mit dem deckt, was andere Versicherungsunternehmen allgemein auf dem Markt anbieten. Der Verkaufsvertreter hat den Vorteil, dass er den Kunden die Versicherungen zusammen mit den Artikeln anbieten kann, die versichert werden sollen. Diese Möglichkeit, direkt im Zeitpunkt des Kaufs tätig zu werden, ist der Grund für die hohen Gewinne. A könnte Versicherungen eines anderen Versicherungsunternehmens anbieten und den Großteil des Gewinns einbehalten. B könnte möglicherweise keinen anderen Vertreter finden, der den Vorteil des direkten Verkaufskontakts mit den Kunden hat. Dass mit dem Verkauf der Versicherungen ein sehr hoher Gewinn erzielt werden kann, ergibt sich aus dem Vorteil des Kundenkontakts beim Kauf der Artikel. Die fremdübliche Vergütung für B ist anhand des Ertrags zu ermitteln, den unabhängige Versicherungsunternehmen mit der Versicherung vergleichbarer Risiken erzielen; der übrige Gewinn sollte A zugerechnet werden.

Liste der Anhänge

- Anhang zu den OECD-Verrechnungspreisleitlinien: Leitlinien für Monitoring-Verfahren zu den OECD-Verrechnungspreisleitlinien sowie zur Mitwirkung der Wirtschaft
- Anhang I zu Kapitel II: Sensitivität von Brutto- und Nettogewinnindikatoren
- Anhang II zu Kapitel II: Beispiele zur Veranschaulichung der Leitlinien zur geschäftsvorfallbezogenen Gewinnaufteilungsmethode
- Anhang zu Kapitel III: Beispiel einer Betriebskapitalanpassung
- Anhang I zu Kapitel IV: Mustervereinbarungen für die Einführung bilateraler Safe-Harbour-Regelungen durch die zuständigen Behörden
- Anhang II zu Kapitel IV: Leitlinien für Vorabverständigungen über die Verrechnungspreise im Rahmen des Verständigungsverfahrens („MAP-APA")
- Anhang I zu Kapitel V: Verrechnungspreisdokumentation – Stammdokumentation (Master File)
- Anhang II zu Kapitel V: Verrechnungspreisdokumentation – Einzeldokumentation (Local File)
- Anhang III zu Kapitel V: Verrechnungspreisdokumentation – Länderbezogener Bericht (Country-by-Country Report)
- Anhang IV zu Kapitel V: Umsetzungspaket zur länderbezogenen Berichterstattung
- Anhang I zu Kapitel VI: Beispiele zur Veranschaulichung der Leitlinien zu immateriellen Werten
- Anhang II zu Kapitel VI: Leitlinien für Steuerverwaltungen bezüglich der Anwendung des Ansatzes für schwer zu bewertende immaterielle Werte
- Anhang zu Kapitel VIII: Beispiele zur Veranschaulichung der Leitlinien zu Kostenumlagevereinbarungen

Anhang zu den OECD-Verrechnungspreisleitlinien

Leitlinien für Monitoring-Verfahren zu den OECD-Verrechnungspreisleitlinien sowie zur Mitwirkung der Wirtschaft

A. Hintergrund

1. Im Juli 1995 gab der Rat der OECD die vom Ausschuss für Steuerfragen („der Ausschuss") vorgelegten *Verrechnungspreisleitlinien für Multinationale Unternehmen und Steuerverwaltungen* („die Leitlinien") zur Veröffentlichung frei. Zugleich nahm der Rat der OECD die Empfehlung des Ausschusses an, die Leitlinien auf der Grundlage der Erfahrungen der Mitgliedstaaten und der Wirtschaft mit der Anwendung der in den Leitlinien dargelegten Grundsätze und Methoden bei Bedarf in regelmäßigen Abständen zu überprüfen und zu aktualisieren. Zu diesem Zweck und um laufende Klarstellungen und Verbesserungen zu erleichtern, beauftragte der Rat der OECD den Ausschuss, ein Monitoring der international gewonnenen Erfahrungen im Bereich der Verrechnungspreise durchzuführen. Dieses Monitoring wird als fester Bestandteil der im Juli 1995 erzielten Übereinkunft betrachtet, und seine erfolgreiche Umsetzung ist ein entscheidender Faktor für die einheitliche Anwendung der Leitlinien. In seiner Empfehlung beauftragte der Rat den „Ausschuss für Steuerfragen, die Umsetzung des Berichts von 1995 in Zusammenarbeit mit den Steuerbehörden der Mitgliedstaaten und unter Beteiligung der Wirtschaft zu beobachten und dem Rat auf der Grundlage dieses Monitorings gegebenenfalls zu empfehlen, den Bericht von 1995 zu ergänzen und zu aktualisieren".

2. Zusammenfassend lässt sich festhalten, dass der Hauptzweck des Monitorings darin besteht zu untersuchen, inwieweit die Rechtsvorschriften und Verwaltungspraktiken der Mitgliedstaaten mit den Leitlinien im Einklang stehen, und zu ermitteln, in welchen Bereichen die Leitlinien möglicherweise Änderungen oder Ergänzungen bedürfen. Im Rahmen des Monitorings sollen nicht nur problematische Aspekte aufgezeigt, sondern auch Verfahren ermit-

telt werden, die von einem oder mehreren Mitgliedstaaten zur Anwendung der Leitlinien eingesetzt werden und die nutzbringend von anderen Staaten übernommen werden könnten. Eine Schlichtung konkreter Fälle ist mit dem Monitoring nicht beabsichtigt.

3. Das Monitoring soll in einem kontinuierlichen Prozess erfolgen und sich auf alle Aspekte der Leitlinien erstrecken, wobei jedoch besonderes Augenmerk der Anwendung geschäftsvorfallbezogener Gewinnmethoden gilt. In diesem Text werden einige Verfahren zur Durchführung des Monitorings und damit zur Erfüllung des Auftrags des Rats der OECD dargestellt. Die entsprechenden Verfahren werden schrittweise umgesetzt. Im Anschluss an die praktische Umsetzung der Verfahren können weitere Überarbeitungen notwendig werden.

4. Im Einklang mit der Empfehlung des Rats wird die Wirtschaft in das Monitoring einbezogen, was in Abschnitt C näher ausgeführt ist.

B. Prozess

5. Der Monitoring-Prozess wird über vier miteinander zusammenhängende Projekte durchgeführt: 1. Peer-Reviews über die Verfahrensweisen der Mitgliedstaaten, 2. Ermittlung und Analyse von Problemfallparadigmen, 3. Untersuchung von Änderungen der Rechtsvorschriften und Verwaltungspraktiken und 4. Erarbeitung von Beispielen. Diese Projekte werden nachstehend erörtert.

B.1. Peer-Reviews

6. Die Arbeitsgruppe 6 über die Besteuerung multinationaler Unternehmen („die Arbeitsgruppe") hat in den vergangenen Jahren Peer-Reviews der Verrechnungspreispraktiken der Mitgliedstaaten durchgeführt. Mit Hilfe dieser Peer-Reviews sollen ausführliche Informationen über die Rechtsvorschriften, Verwaltungspraktiken und Erfahrungen der Mitgliedstaaten auf dem Gebiet der Verrechnungspreise gewonnen werden. Die Delegierten der Arbeitsgruppe entscheiden gemeinsam darüber, welcher Staat geprüft werden soll und welche Staaten die Prüfung durchführen sollen. Die Prüfungen werden nach vom Ausschuss gebilligten Leitlinien durchgeführt.

7. Den Peer-Review-Leitlinien zufolge ist der Arbeitsgruppe über jeden geprüften Staat ein Bericht vorzulegen. Dieser Bericht befasst sich mit der Rechtsgrundlage für die Behandlung mit Verrechnungspreisfragen, etwaigen Leitlinien der Staaten hinsichtlich der Durchsetzungspraktiken, den zur Lösung komplexer Verrechnungspreisprobleme üblicherweise verfolgten Ansätzen, Verwaltungsvorschriften für die Behandlung von Verrechnungspreisfällen, Rechtsprechungsgrundsätzen sowie Erfahrungen mit der Datenerhebung so-

wie der von den Steuerpflichtigen erstellten Dokumentation. Außerdem soll der Bericht die Erfahrungen mit den Verwaltungsverfahren zur Vermeidung und Beilegung von Verrechnungspreiskonflikten beschreiben (z. B. Verständigungsverfahren, Vorabverständigungen über die Verrechnungspreise und Safe-Harbour-Regelungen).

8. Peer-Reviews werden weiterhin durchgeführt werden, aber auf drei verschiedenen Ebenen:

1. Auf der ersten Ebene erfolgt eine „*themenspezifische Prüfung*“, in deren Rahmen die Verfahren aller Mitgliedstaaten im Hinblick auf eine bestimmte Frage untersucht werden, die von allgemeiner Bedeutung ist. Im Idealfall sollte diese Prüfung an andere Aspekte des Monitoring-Prozesses anknüpfen. So könnte die beste Möglichkeit zur Lösung etwaiger Probleme, die bei einer solchen Prüfung zutage treten, beispielsweise darin bestehen, die betreffende Frage durch Erarbeitung von Problemfallparadigmen ausführlicher zu analysieren (vgl. Abschnitt B.2 dieses Anhangs) oder praktische Beispiele zu erarbeiten, die in die Leitlinien eingefügt werden können (vgl. Abschnitt B.4 dieses Anhangs).
2. Die zweite Ebene ist eine „*eingeschränkte Prüfung*“, in deren Rahmen nur der von einem bestimmten Staat bzw. von mehreren Staaten in Bezug auf eine konkrete und relativ eng gefasste Frage verfolgte Ansatz betrachtet wird. Die Prüfung wird von zwei Prüfern pro Staat durchgeführt, wobei Art und Umfang der erforderlichen Informationen von der Natur der Frage abhängig sind.
3. Die dritte Ebene ist eine „*umfassende Prüfung*“ eines bestimmten Staats, die nach den unter Ziffer 7 dieses Anhangs erwähnten bestehenden Leitlinien für Peer-Reviews durchgeführt wird. Eine „umfassende Prüfung“ betrifft somit unmittelbar die Auslegung und Anwendung der Leitlinien im jeweiligen Mitgliedstaat.

Auswahlkriterien

9. Um die Wirksamkeit des Peer-Review-Prozesses zu verbessern, ist es äußerst wichtig, dass die Prüfungen selektiv durchgeführt werden und sich auf Bereiche konzentrieren, in denen die Anwendung der Leitlinien besonders schwierig ist. Die endgültige Entscheidung über die Durchführung einer der drei Prüfungsarten wird durch die gesamte Arbeitsgruppe getroffen, die dabei sowohl den Gesamtnutzen jeder Prüfung für die von ihr wahrgenommenen Aufgaben beim Monitoring der Anwendung der Leitlinien als auch die Frage berücksichtigt, ob die für die Durchführung der vorgeschlagenen Prüfung erforderlichen Mittel zur Verfügung stehen. Es ist wichtig, dass jede eingeleitete

Prüfung unter Einhaltung hoher Standards abgeschlossen wird, damit aus ihr nützliche Schlüsse gezogen werden können.

B.2. Ermittlung und Analyse von Problemfallparadigmen

10. Ein entscheidender Aspekt des Monitorings ist die Ermittlung und anschließende Analyse schwieriger Sachverhalte und Problembereiche, die sich anhand von praktischen Beispielen veranschaulichen lassen und die Hindernisse für eine international einheitliche Anwendung der in den Leitlinien dargelegten Verrechnungspreismethoden darstellen. Das Monitoring umfasst zudem Bereiche, in denen die Leitlinien den Steuerverwaltungen bzw. den Steuerpflichtigen offenbar keine oder nur unzureichende Orientierungen liefern. Alle Mitgliedstaaten wirken an diesem Prozess aktiv mit und erkennen an, dass für seine erfolgreiche Durchführung Ressourcen erforderlich sind. Auch die Wirtschaft wird in das Monitoring eingebunden (vgl. Abschnitt C dieses Anhangs).

11. Die erste Frage betrifft das zur Ermittlung von Problemfallparadigmen anzuwendende Verfahren sowie die hierfür übertragene Zuständigkeit, wobei das Augenmerk auf Fragen und Sachverhalten liegt, für die die Leitlinien keine oder nur unzureichende Orientierungen liefern oder bei denen die Mitgliedstaaten die Leitlinien möglicherweise unterschiedlich interpretieren und die somit Hindernisse für eine international einheitliche Anwendung der Leitlinien darstellen. Die Mitgliedstaaten können Bereiche benennen, in denen eine bestimmte Frage in den Leitlinien ihrer Ansicht nach nicht oder nicht hinreichend behandelt wird.

12. Im Kontext der vom Ausschuss für Steuerfragen organisierten regelmäßigen Zusammenkünfte auf Betriebsprüferebene wird die Arbeitsgruppe alle zwei Jahre Betriebsprüfertagungen abhalten, um Problemfallparadigmen zu erörtern und einen Beitrag zu gegebenenfalls angezeigten Aktualisierungen der Leitlinien zu leisten. Die OECD prüft die Problemfallparadigmen lediglich unter dem Gesichtspunkt des Monitorings der Anwendung der Leitlinien.

13. Bei den Zusammenkünften der Arbeitsgruppe 6 übernehmen einzelne Staaten die Leitung der Gespräche über Problemfallparadigmen und Problembereiche, die durch praktische Beispiele veranschaulicht werden können.

14. Zu den von der Arbeitsgruppe angestrebten Ergebnissen der Ermittlung und Analyse von Problemfallparadigmen könnte die Erarbeitung von Beispielen gehören, die die Anwendung der Leitlinien in (für erörterungswürdig befundenen) Fällen veranschaulichen, in denen die bereits in den Leitlinien enthaltenen Grundsätze angewendet werden können. Des Weiteren könnte dazu die Ermittlung von Bereichen gehören, in denen die Leitlinien nachgebessert werden könnten, um klarere Orientierungen zu liefern, oder in denen neues Material in die Leitlinien aufgenommen werden könnte.

B.3. Aktualisierungen von Rechtsvorschriften und Verfahrensweisen

15. Das Sekretariat wird die Mitgliedstaaten entsprechend seinem vom Rat erteilten Auftrag ersuchen, über Weiterentwicklungen ihrer innerstaatlichen Rechtsvorschriften und Verwaltungspraktiken auf dem Gebiet der Verrechnungspreise zu berichten.

B.4. Erarbeitung von Beispielen

16. Die oben beschriebenen Monitoring-Verfahren erfolgen parallel zur Erarbeitung weiterer hypothetischer Beispiele, mit denen die Leitlinien ergänzt werden sollen. Die Beispiele sollen weder neue Grundsätze formulieren noch neue Themen behandeln, sondern bei der Interpretation von Grundsätzen und der Lösung schwieriger Fragen helfen, die bereits in den Leitlinien erörtert sind. Um sicherzustellen, dass sie von praktischem Nutzen und nicht zu verbindlich sind, werden diese Beispiele kurz sein, auf einem gegebenen Sachverhalt beruhen und relativ einfach gehalten sein, damit ihr Geltungsbereich nicht so eingeschränkt ist, dass sich die Orientierungen, die sie liefern, nur in einem engen und begrenzten Rahmen anwenden lassen. Die Beispiele lassen sich in zwei große Kategorien einteilen. Die erste umfasst Beispiele für die Anwendung der in den Leitlinien beschriebenen Methoden und Ansätze. Die zweite Beispielreihe dient als Hilfe für die Wahl der geeigneten Verrechnungspreismethode bzw. -methoden. Die Beispiele sind zwar rein hypothetisch, beruhen jedoch auf den praktischen Erfahrungen der Steuerverwaltungen und Steuerpflichtigen bei der Anwendung des Fremdvergleichsgrundsatzes entsprechend den Leitlinien und werden dazu beitragen, dass sich als gute Praxis betrachtete Verfahrensweisen durchsetzen.

C. Mitwirkung der Wirtschaft

17. Es ist nicht vorgesehen, dass die OECD in die Lösung von Verrechnungspreiskonflikten zwischen einem Steuerpflichtigen und einer Steuerverwaltung eingreift. Der Monitoring-Prozess soll keinen Schlichtungsmechanismus darstellen, und so werden die Steuerpflichtigen der Arbeitsgruppe keine Einzelfälle zur Lösung vorlegen können. Gleichwohl wird die Wirtschaft, wie in den Leitlinien und der Empfehlung des Rats vorgesehen, dazu ermutigt, auf problematische (vorzugsweise durch praktische, aber hypothetische Beispiele veranschaulichte) Aspekte hinzuweisen, die Fragen bezüglich der international einheitlichen Anwendung der Leitlinien aufwerfen.

18. Der Beratende Ausschuss der Wirtschaft (BIAC) wird aufgefordert, der Arbeitsgruppe beim Monitoring der Anwendung der Leitlinien praktische Schwierigkeiten anzuzeigen, anhand derer sie unter Wahrung der

Vertraulichkeit der Informationen über die Angemessenheit der Leitlinien in den betreffenden Bereichen beraten kann.

19. Bei ihren Anstrengungen zur Unterstützung der OECD bei ihrem Monitoring-Auftrag hinsichtlich der Anwendung der Leitlinien wird der Wirtschaft geraten, die Hinweise in Ziffer 17 dieses Anhangs besonders zu beachten. Ihr Augenmerk sollte somit auf Fragen liegen, die theoretische oder praktische Probleme aufwerfen, und nicht auf konkreten, ungelösten Verrechnungspreisfällen. Es kann jedoch hilfreich sein, ein bestimmtes Problem anhand eines hypothetischen Beispiels zu veranschaulichen. Bei der Konstruktion eines solchen Beispiels, das mehreren echten Fällen entnommene Merkmale beinhalten könnte, sollte sehr darauf geachtet werden, dass das Beispiel hypothetisch bleibt und keinem aktuellen Fall ähnelt sowie dass sich die beschriebenen Merkmale auf die betreffenden problematischen Aspekte beschränken, um den Eindruck zu vermeiden, dass ein allgemeiner Präzedenzfall für die Lösung eines Einzelfalls geschaffen wird.

C.1. Peer-Reviews

20. Als eine der Stärken des Peer-Review-Prozesses wird die Tatsache betrachtet, dass die Prüfung ausschließlich durch gleichrangige Partner, d. h. in diesem Fall durch die anderen Mitgliedstaaten, durchgeführt wird. Hierdurch erfolgt der Prozess auf positive und konstruktive Art und Weise, sodass optimale Verfahrensweisen verbreitet und suboptimale Verfahrensweisen verbessert werden können. Die allgemein an die Wirtschaft gerichteten Leitlinien ermutigen diese indessen zur Benennung problematischer Aspekte, die sich für eingehendere Untersuchungen eignen könnten, und die Arbeitsgruppe kann diese Beiträge bei der endgültigen Themenwahl für die neu konzipierten Peer-Reviews berücksichtigen.

21. Es ist ferner vorgesehen, dass der BIAC benachrichtigt wird, wenn ein Thema oder ein Staat von der Arbeitsgruppe für eine eingehendere Prüfung ausgewählt wurde, damit er eine Stellungnahme abgeben kann. Handelt es sich um ein ursprünglich vom BIAC aufgeworfenes Thema – insbesondere im Kontext der thematischen Prüfungen –, wird dieser über die Gespräche der Arbeitsgruppe zum betreffenden Thema auf dem Laufenden gehalten und gegebenenfalls um weitere Klarstellungen gebeten. Eine über die bereits beschriebenen Aufgaben hinausgehende Beteiligung des BIAC am Peer-Review-Prozess wird zurzeit allerdings nicht in Erwägung gezogen.

C.2. Ermittlung und Analyse von Problemfallparadigmen und Erarbeitung von Beispielen

22. Die Problemfallparadigmen sollen Fragen und Sachverhalte veranschaulichen, für die die Leitlinien keine oder nur unzureichende Orientierungen liefern. Nach ihrer Fertigstellung werden die praktischen Beispiele in die Leitlinien eingefügt, um bestimmte Grundsätze zu veranschaulichen. Der Wirtschaft kommt ganz klar eine unterstützende Rolle bei der Erarbeitung von Paradigmen oder Beispielen zu, der sie nachkommt, indem sie praktische Erfahrungen beisteuert. Die Arbeitsgruppe wird bei der Erarbeitung sowohl der Problemfallparadigmen als auch der Beispiele regelmäßig um Stellungnahmen bitten. Der BIAC kann ebenfalls Paradigmen oder Beispiele einbringen, sofern die in Absatz 17 dieses Anhangs aufgeführten Vorbehalte berücksichtigt werden und es somit auf keinen Fall möglich ist, dass der Prozess zur Lösung eines bestimmten Verrechnungspreisfalls genutzt wird.

C.3. Aktualisierungen von Rechtsvorschriften und Verfahrensweisen

23. Dieser Teil des Monitoring-Prozesses zielt darauf ab, die Mitgliedstaaten über Entwicklungen in den jeweils anderen Staaten auf dem Laufenden zu halten. In der Regel bestehen auf nationaler Ebene etablierte Kanäle, über die sich die Wirtschaft im einem Mitgliedstaat an der Fortentwicklung der Rechtsvorschriften und Verwaltungspraktiken auf dem Gebiet der Verrechnungspreise beteiligen kann. Auf Ebene der OECD hat der BIAC die Gelegenheit, die Arbeitsgruppe auf Änderungen der Rechtsvorschriften oder Verfahrensweisen in Mitgliedstaaten wie auch Nichtmitgliedstaaten aufmerksam zu machen, die den Leitlinien seiner Auffassung nach zuwiderlaufen bzw. von denen er annimmt, dass sie praktische Probleme bei der Umsetzung aufwerfen könnten – selbstverständlich ohne sich auf Einzelfälle zu beziehen.

24. Die Beiträge des BIAC werden bei den regelmäßigen Zusammenkünften zwischen dem BIAC und der Arbeitsgruppe erörtert.

Anhang I zu Kapitel II

Sensitivität von Brutto- und Nettogewinnindikatoren

Vgl. Kapitel II Teil III Abschnitt B wegen allgemeiner Hinweise zur Anwendung der geschäftsvorfallbezogenen Nettomargenmethode.

Die Annahmen bezüglich fremdvergleichskonformer Vereinbarungen in den folgenden Beispielen dienen lediglich der Veranschaulichung und sollten nicht so verstanden werden, als würden sie in konkreten Fällen oder bestimmten Branchen bestimmte Anpassungen bzw. fremdvergleichskonforme Vereinbarungen vorschreiben. Sie sollen zwar die Grundsätze der Abschnitte der Leitlinien verdeutlichen, auf die sie sich beziehen, diese Grundsätze müssen jedoch in jedem Einzelfall auf die konkreten Gegebenheiten und Umstände des betreffenden Falls angewendet werden.

Zudem beziehen sich die nachfolgenden Anmerkungen auf die Anwendung einer geschäftsvorfallbezogenen Nettomargenmethode in Situationen, in denen sich eine solche Methode in Anbetracht der Gegebenheiten und Umstände des Einzelfalls und insbesondere der Ergebnisse der Vergleichbarkeitsanalyse (einschließlich Funktionsanalyse) des Geschäftsvorfalls sowie der Prüfung der vorliegenden Informationen zu vergleichbaren Fremdgeschäftsvorfällen als die am besten geeignete Methode herausstellt.

1. Es wird anerkannt, dass die geschäftsvorfallbezogene Nettomargenmethode auf einige Unterschiede bei den Produkteigenschaften möglicherweise weniger sensibel reagiert als die Preisvergleichsmethode oder die Wiederverkaufspreismethode. In der Praxis wird bei der Anwendung der geschäftsvorfallbezogenen Nettomargenmethode im Allgemeinen größeres Gewicht auf funktionale Vergleichbarkeit als auf die Produkteigenschaften gelegt. Die geschäftsvorfallbezogene Nettomargenmethode reagiert jedoch möglicherweise weniger sensibel auf manche Funktionsunterschiede, die sich in unterschiedlich hohen betrieblichen Aufwendungen niederschlagen, wie im Folgenden veranschaulicht.

Beispiel 1: Effekt eines Unterschieds bei Ausmaß und Komplexität der durch ein Vertriebsunternehmen ausgeübten Marketingfunktion

Das nachfolgende Beispiel dient nur der Veranschaulichung. Es soll keine Hinweise im Hinblick auf die Auswahl der Verrechnungspreismethode oder der Vergleichsgrößen, die Effizienz der Vertriebsunternehmen oder auf fremdvergleichskonforme Ertragsraten geben, sondern lediglich die Effekte von Unterschieden bei Ausmaß und Komplexität der Marketingfunktion zwischen einem bestimmten Vertriebsunternehmen und Vergleichsunternehmen veranschaulichen.

	Fall 1 Das Vertriebsunternehmen übt eine eingeschränkte Marketingfunktion aus	**Fall 2 Das Vertriebsunternehmen übt eine bedeutendere Marketingfunktion aus**
Erzielter Umsatz (Zur Veranschaulichung wird unterstellt, dass beide Unternehmen die gleiche Menge des gleichen Produkts auf dem gleichen Markt zum gleichen Preis verkaufen.)	1 000	1 000
Einkaufspreis beim Fertigungsunternehmen unter Berücksichtigung der Bedeutung der Marketingfunktion gemäß der Funktionsanalyse	600	480*
Bruttogewinnspanne	400 (40 %)	520 (52 %)
Marketingaufwendungen	50	150
Sonstige Aufwendungen (Gemeinkosten)	300	300
Nettogewinnspanne	50 (5 %)	70 (7 %)

* Es wird unterstellt, dass die Differenz von 120 beim Preis des Geschäftsvorfalls in diesem Fall dem Unterschied bei Ausmaß und Komplexität der durch das Vertriebsunternehmen ausgeübten Marketingfunktion entspricht (zusätzliche Ausgaben von 100 zuzüglich Vergütung für die Funktion des Vertriebsunternehmens).

2. In Beispiel 1 könnte sich das Fehlerrisiko, wenn ein Steuerpflichtiger wie in Fall 2 mit einem verbundenen Fertigungsunternehmen zusammenarbeitet, während die Tätigkeit der unabhängigen Vergleichsunternehmen Fall 1 entspricht, unter der Annahme, dass der Unterschied bei Ausmaß und Komplexität der Marketingfunktion beispielsweise aufgrund unzureichender Informationen über die unabhängigen Vergleichsunternehmen nicht ermittelt wird, bei Anwendung einer Bruttomargenmethode auf 120 belaufen (12 % × 1 000), wohingegen es sich bei Anwendung einer Nettomargenmethode auf 20 (2 % × 1 000) belaufen würde. Dies veranschaulicht die Tatsache, dass die

Nettogewinnspannen je nach den Umständen des Einzelfalls und insbesondere dem Effekt von Funktionsunterschieden auf die Kostenstruktur und auf die Erlöse der Vergleichsunternehmen möglicherweise weniger sensibel auf Unterschiede bei Ausmaß und Komplexität der Funktionen reagieren als die Bruttogewinnspannen.

Beispiel 2: Effekt eines Unterschieds bei der Höhe des durch ein Vertriebsunternehmen übernommenen Risikos

Das nachfolgende Beispiel dient nur der Veranschaulichung. Es soll keine Hinweise im Hinblick auf die Auswahl der Verrechnungspreismethode oder der Vergleichsgrößen, die Effizienz der Vertriebsunternehmen oder auf fremdvergleichskonforme Ertragsraten geben, sondern lediglich die Effekte von Unterschieden bei der Höhe des übernommenen Risikos zwischen einem bestimmten Vertriebsunternehmen und Vergleichsunternehmen veranschaulichen.

	Fall 1 **Das Vertriebsunternehmen übernimmt nicht das Risiko der Produktveralterung, da es eine „Rückkaufklausel" nutzt, nach der alle unveräußerten Lagerbestände vom Fertigungsunternehmen zurückgekauft werden**	**Fall 2** **Das Vertriebsunternehmen übernimmt das Risiko der Produktveralterung. Es nutzt keine „Rückkaufklausel" in seinem Vertragsverhältnis mit dem Fertigungsunternehmen**
Erzielter Umsatz (Zur Veranschaulichung wird unterstellt, dass beide Unternehmen die gleiche Menge des gleichen Produkts auf dem gleichen Markt zum gleichen Preis verkaufen.)	1 000	1 000
Einkaufspreis beim Fertigungsunternehmen unter Berücksichtigung des Risikos der Produktveralterung gemäß der Funktionsanalyse	700	640*
Bruttogewinnspanne	300 (30 %)	360 (36 %)
Verlust aus veralteten Lagerbeständen	0	50
Sonstige Aufwendungen (Gemeinkosten)	250	250
Nettogewinnspanne	50 (5 %)	60 (6 %)

* Es wird unterstellt, dass die Differenz von 60 beim Preis des Geschäftsvorfalls in diesem Fall dem Unterschied bei der Aufteilung des Risikos der Produktveralterung zwischen dem Fertigungsunternehmen und dem Vertriebsunternehmen entspricht (geschätzter zusätzlicher Verlust in Höhe von 50 zuzüglich Vergütung des Risikos des Vertriebsunternehmens), d. h. dem Preis für die vertragliche „Rückkaufklausel".

3. In Beispiel 2 könnte sich das Fehlerrisiko, wenn ein konzerninterner Geschäftsvorfall wie in Fall 1 getätigt wird, während die Tätigkeit der unabhängigen Vergleichsunternehmen Fall 2 entspricht, unter der Annahme, dass der Unterschied bei der Höhe des übernommenen Risikos aufgrund unzureichender Informationen über die unabhängigen Vergleichsunternehmen nicht ermittelt wird, bei Anwendung einer Bruttomargenmethode auf 60 (6 % x 1 000) gegenüber 10 (1 % x 1 000) bei Anwendung einer Nettomargenmethode belaufen. Dies veranschaulicht die Tatsache, dass die Nettogewinnspannen je nach den Umständen des Einzelfalls und insbesondere dem Effekt der Unterschiede bei der Höhe des Risikos auf die Kostenstruktur und auf die Erlöse der Vergleichsunternehmen möglicherweise weniger sensibel auf Unterschiede bei der Höhe des Risikos reagieren als die Bruttogewinnspannen (unter der Annahme, dass die vertragliche Aufteilung der Risiken dem Fremdvergleichsgrundsatz entspricht).

4. Daher können Unternehmen, die unterschiedliche Funktionen ausüben, eine große Bandbreite von Bruttogewinnspannen aufweisen, obwohl ihre Nettogewinne ähnlich hoch sind. So wurde vonseiten der Wirtschaft beispielsweise darauf hingewiesen, dass die geschäftsvorfallbezogene Nettomargenmethode weniger sensibel auf Unterschiede bei Menge, Umfang und Komplexität der Funktionen sowie bei den betrieblichen Aufwendungen reagiert. Demgegenüber reagiert die geschäftsvorfallbezogene Nettomargenmethode möglicherweise sensibler auf Unterschiede bei der Kapazitätsauslastung als die Kostenaufschlags- und die Wiederverkaufspreismethode, da Unterschiede bei der Absorption indirekter fester Kosten (z. B. fester Fertigungskosten oder fester Vertriebskosten) zwar den Nettogewinn beeinflussen, aber nicht unbedingt die Bruttogewinnspanne oder den Bruttogewinnaufschlag, wenn sie sich nicht in Preisunterschieden niederschlagen, wie im Folgenden dargestellt.

Beispiel 3: Effekt eines Unterschieds bei der Kapazitätsauslastung von Fertigungsunternehmen

Das nachfolgende Beispiel dient nur der Veranschaulichung und soll keine Hinweise im Hinblick auf die Auswahl der Verrechnungspreismethode oder der Vergleichsgrößen oder auf fremdvergleichskonforme Ertragsraten geben, sondern lediglich die Effekte von Unterschieden bei der Kapazitätsauslastung zwischen einem bestimmten Fertigungsunternehmen und Vergleichsunternehmen veranschaulichen.

In Geldeinheiten	Fall 1 Das Fertigungsunternehmen ist voll ausgelastet: 1 000 Einheiten pro Jahr	Fall 2 Das Fertigungsunternehmen hat überschüssige Kapazitäten (es stellt lediglich 80 % dessen her, was bei voller Kapazitätsauslastung möglich wäre): 800 Einheiten pro Jahr
Erzielter Umsatz (Zur Veranschaulichung wird unterstellt, dass beide Fertigungsunternehmen die gleiche Gesamtkapazität aufweisen und das gleiche Produkt herstellen und auf dem gleichen Markt zum gleichen Preis von 1 Geldeinheit je Produkt verkaufen.)*	1 000	800
Wareneinsatz (COGS): direkte Kosten zuzüglich eines pauschalen Anteils an den indirekten Fertigungskosten. (Zur Veranschaulichung wird unterstellt, dass beide Fertigungsunternehmen die gleichen variablen COGS je hergestellte Einheit, d. h. 0,75 Geldeinheiten je Produkt, und die gleichen festen Personalkosten in Höhe von 50 Geldeinheiten aufweisen.)	Variabel: 750 Fest: 50 Insgesamt: 800	Variabel: 600 Fest: 50 Insgesamt: 650
Bruttoaufschlag auf die COGS	200 (25 %)	150 (23 %)
Indirekte Kosten (Zur Veranschaulichung wird unterstellt, dass beide Fertigungsunternehmen die gleichen indirekten Kosten haben.)	150	150
Nettogewinnspanne	50 (5 %)	Kostendeckung

* Hierbei wird unterstellt, dass der fremdübliche Preis der Produkte nicht durch die Kapazitätsauslastung des Fertigungsunternehmens beeinflusst wird.

5. In Beispiel 3 könnte sich das Fehlerrisiko, wenn ein konzerninterner Geschäftsvorfall wie in Fall 1 getätigt wird, während die Tätigkeit der unabhängigen Vergleichsunternehmen Fall 2 entspricht, unter der Annahme, dass der Unterschied bei der Kapazitätsauslastung aufgrund unzureichender Informationen über unabhängige „Vergleichsunternehmen" nicht ermittelt wird, bei Anwendung einer Bruttomargenmethode auf 16 (2 % × 800) gegenüber 50 (5 % × 1 000) bei Anwendung einer Nettomargenmethode belaufen. Dies veranschaulicht die Tatsache, dass Nettogewinnindikatoren je nach den Gegebenheiten und Umständen des Einzelfalls und insbesondere dem Anteil der festen und der variablen Kosten und je nachdem ob der Steuerpflichtige oder das Vergleichsunternehmen Überkapazitäten aufweist, möglicherweise sensibler auf Unterschiede bei der Kapazitätsauslastung reagieren als Bruttoaufschläge oder Bruttogewinnspannen.

Anhang II zu Kapitel II

Beispiele zur Veranschaulichung der Leitlinien zur geschäftsvorfallbezogenen Gewinnaufteilungsmethode

Vgl. Kapitel II Teil III Abschnitt C wegen allgemeiner Hinweise zur Anwendung der Gewinnaufteilungsmethode.

Die Anpassungen und Annahmen bezüglich fremdvergleichskonformer Vereinbarungen in den folgenden Beispielen dienen lediglich der Veranschaulichung und sollten nicht so verstanden werden, als würden sie in konkreten Fällen oder bestimmten Branchen bestimmte Anpassungen bzw. fremdvergleichskonforme Vereinbarungen vorschreiben. Die Darstellung erfolgt notwendigerweise anhand grob umrissener Sachverhalte. Zeigt sich, dass einer der drei (unter den Ziffern 2.125 bis 2.143 dargelegten) Faktoren vorliegt, welche darauf hindeuten, dass die geschäftsvorfallbezogene Gewinnaufteilungsmethode die am besten geeignete Verrechnungspreismethode sein könnte, so bedeutet dies nicht, dass nicht einer oder beide der anderen Faktoren ebenfalls vorliegen können. In einer Situation beispielsweise, in der alle am Geschäftsvorfall Beteiligten einzigartige und wertvolle Beiträge leisten, kann die Geschäftstätigkeit der Beteiligten zugleich hochintegriert sein und können die Beteiligten zugleich die wirtschaftlich signifikanten Risiken gemeinsam übernehmen bzw. können getrennt getragene Risiken eng miteinander zusammenhängen.

Die Beispiele sollen zwar die Grundsätze der Abschnitte der Verrechnungspreisleitlinien veranschaulichen, auf die sie sich jeweils beziehen, diese Prinzipien müssen jedoch entsprechend den konkreten Gegebenheiten und Umständen des betreffenden Einzelfalls angewendet werden. Daher sollten die Beispiele nicht herangezogen werden, um oberflächlich ähnliche Fälle zu interpretieren.

Beispiel 1

1. Unternehmen A ist die Muttergesellschaft eines in der Pharmaindustrie tätigen multinationalen Konzerns. Unternehmen A besitzt ein Patent für eine neue pharmazeutische Formulierung. Unternehmen A hat die klini-

schen Studien konzipiert und die Forschungs- und Entwicklungsfunktionen im Frühstadium der Produktentwicklung ausgeübt, die zur Gewährung des Patents geführt haben.

2. Unternehmen A schließt einen Vertrag mit Unternehmen S, einer Tochtergesellschaft von Unternehmen A; mit diesem Vertrag erteilt Unternehmen A Unternehmen S eine Lizenz für die Nutzung der Patentrechte in Bezug auf das herzustellende Arzneimittel. Vertragsgemäß führt Unternehmen S die anschließende Produktentwicklung durch und übt wichtige Funktionen im Zusammenhang mit der Verbesserung des Produkts aus. Unternehmen S erhält die Zulassung durch die zuständige Behörde. Nach erfolgreicher Entwicklung wird das Produkt auf verschiedenen Märkten in aller Welt vertrieben.

3. Die sachgerechte Abgrenzung des Geschäftsvorfalls ergibt, dass sowohl die von Unternehmen A als auch die von Unternehmen S geleisteten Beiträge einzigartig und wertvoll für die Entwicklung des Arzneimittels sind.

4. Unter diesen Umständen wird die geschäftsvorfallbezogene Gewinnaufteilungsmethode wahrscheinlich die am besten geeignete Methode sein, um die Vergütung für die Patentrechte zu bestimmen, für die Unternehmen A Unternehmen S eine Lizenz erteilt hat.

Beispiel 2

5. A Co, ein Unternehmen des Konzerns T, ist eine in Staat A eingetragene Kapitalgesellschaft, deren Haupttätigkeit der Anbau und die Verarbeitung von Tee ist. A Co sucht nach Flächen mit hervorragend für den Teeanbau geeigneten Bodeneigenschaften, die es dann erwirbt und bewirtschaftet. A Co hat umfangreiches Know-how im Bereich des Teeanbaus erworben, u. a. in Bezug auf die Anbaumethoden, mit denen sich die angestrebten Merkmale des angebauten Tees maximieren lassen. Die Bodeneigenschaften in Kombination mit den Anbaumethoden verleihen dem Tee von A Co eine besondere Geschmacksnote, die sehr beliebt ist.

6. Zur Verarbeitung des Tees führt A Co die folgenden Tätigkeiten durch: Sortieren der Blätter, Auslese, Voll- oder Teilfermentierung sowie Mischung und Verpackung für den Export entsprechend den Auftragsspezifikationen. Bei der Mischung des Tees kommt umfangreiches unternehmenseigenes Know-how zum Einsatz, um die einzigartigen Geschmacksrichtungen zu erzielen, die die Kunden von Konzern T schätzen. Der von A Co hergestellte Tee genießt dank seines einzigartigen Geschmacks und Aromas internationales Ansehen.

7. A Co verkauft seinen Tee an B Co, seine Muttergesellschaft mit Sitz in Staat B. B Co füllt den Tee in seine Markenverpackungen um, um ihn auf den Zielmärkten zu verkaufen.

8. B Co ist Eigentümer des Markennamens und des Markenzeichens, die es beide selbst entwickelt hat und die beide einzigartig und wertvoll sind. Zum Markenauftritt gehört allerdings auch der Hinweis auf den Ursprung des Tees und die von A Co entwickelte einzigartige Mischung. B Co hat umfangreiche Werbekampagnen auf elektronischem Weg, im Internet, auf Handelsmessen und durch Anzeigen in Fachzeitschriften durchgeführt, wodurch seine Produktpalette auf einer Reihe von geografischen Märkten zum Marktführer geworden ist. Der von Konzern T verkaufte Tee erzielt einen besonders hohen Preis.

9. Die sachgerechte Abgrenzung des Geschäftsvorfalls ergibt in diesem besonderen Fall, dass sowohl A Co als auch B Co einen einzigartigen und wertvollen Beitrag leisten und die geschäftsvorfallbezogene Gewinnaufteilungsmethode wahrscheinlich die am besten geeignete Verrechnungspreismethode ist.

Beispiel 3

10. Unternehmen A und Unternehmen B gehören einem multinationalen Konzern an, der elektronische Geräte verkauft. Beim Start einer neuen Produktlinie ist Unternehmen A für Konzeption, Entwicklung und Fertigung zuständig, während Unternehmen B die Marketingfunktionen und den globalen Warenvertrieb übernimmt.

11. Unternehmen A übt insbesondere die Forschungs- und Entwicklungsfunktionen aus und entscheidet über Forschungsansätze und Zeitrahmen. In Bezug auf die Fertigung der neuen Produktlinie bestimmt Unternehmen A den Produktionsumfang und führt die Qualitätskontrolle durch. Hierfür nutzt Unternehmen A sein wertvolles Know-how und Fachwissen bezüglich der Fertigung elektronischer Geräte.

12. Nach der Fertigung werden die Produkte an Unternehmen B verkauft, das innovative globale Marketingaktivitäten für die neue Produktlinie entwickelt und durchführt. Unternehmen B ist insbesondere für die Konzeption der Marketingstrategie zuständig, entscheidet über die Höhe der Marketingausgaben in den verschiedenen Staaten, in denen die Produkte auf den Markt gebracht werden sollen, und prüft auf Monatsbasis den Effekt der Marketingkampagnen. Die von Unternehmen B durchgeführten Marketingaktivitäten erhöhen den Wert der Marke und den an sie geknüpften Goodwill, wodurch sich die neue Produktlinie positiv von Konkurrenzprodukten anderer Anbieter auf dem Markt abhebt.

13. Unternehmen B ist zudem für den globalen Vertrieb der Produkte zuständig. Die von Unternehmen B durchgeführten Vertriebstätigkeiten schaffen entscheidende Wettbewerbsvorteile gegenüber der Konkurrenz. Unternehmen B hat die FuE-Tätigkeiten und die Risiken im Zusammenhang mit der Entwicklung eines komplexen unternehmenseigenen Algorithmus übernommen, mit dem Kundenfeedback zur Produktleistung gewonnen wird. Diese Daten sind sehr wichtig, um die Nachfrage präzise vorherzusagen und die Lager- und Vertriebslogistik so zu steuern, dass die Kunden ihre Bestellungen innerhalb von 48 Stunden erhalten können.

14. Die sachgerechte Abgrenzung des Geschäftsvorfalls ergibt, dass sowohl die von Unternehmen A als auch die von Unternehmen B geleisteten Beiträge einzigartig und wertvoll für die Erfolgschancen der neuen Produktlinie sind.

15. Unter diesen Umständen dürfte die geschäftsvorfallbezogene Gewinnaufteilungsmethode die am besten geeignete Methode sein, um die Vergütung für die von Unternehmen A an Unternehmen B verkauften Produkte zu bestimmen, da beide am Geschäftsvorfall beteiligten Unternehmen einzigartige und wertvolle Beiträge zu dem Geschäftsvorfall leisten.

Beispiel 4

16. Der Sachverhalt ist derselbe wie in Beispiel 3, mit dem Unterschied, dass die von Unternehmen B ausgeübten Marketingaktivitäten weniger umfangreich sind und den Goodwill oder Ruf der Marke nicht signifikant verbessern. Unternehmen B verfügt über einen Mechanismus, über den das Kundenfeedback zu den von ihm verkauften Produkten an Unternehmen A übermittelt wird; hierbei handelt es sich jedoch um einen relativ einfachen Prozess und nicht um einen einzigartigen und wertvollen Beitrag. Alles in allem führen die Vertriebsaktivitäten von Unternehmen B nicht zu einem besonderen Wettbewerbsvorteil innerhalb der Branche. Entscheidend für die Erfolgsaussichten der neuen Produktlinie sind vor allem die technischen Spezifikationen, die Gestaltung und der Preis, zu dem die Produkte an die Endkunden verkauft werden.

17. Die Funktionsanalyse ergibt, dass Unternehmen A die Risiken im Zusammenhang mit der Gestaltung, Entwicklung und Fertigung des Produkts trägt, während Unternehmen B die Risiken im Zusammenhang mit dem Marketing und dem Vertrieb trägt.

18. Die von Unternehmen B übernommenen Marketing- und Vertriebsrisiken können sich letztlich auf die Rentabilität von Unternehmen A auswirken. Die Funktionsanalyse ergibt jedoch, dass die von Unternehmen B übernommenen Risiken für die Geschäftstätigkeit nicht wirtschaftlich signifikant

sind und dass Unternehmen B keine einzigartigen und wertvollen Beiträge zum konzerninternen Geschäftsvorfall leistet.

19. Unter diesen Umständen ist die geschäftsvorfallbezogene Gewinnaufteilungsmethode vermutlich nicht die am besten geeignete Methode, da es möglich sein dürfte, die fremdvergleichskonforme Vergütung für den Beitrag von Unternehmen B unter Bezugnahme auf vergleichbare fremdübliche Geschäftsvorfälle und die Anwendung einer einseitigen Verrechnungspreismethode oder mehrerer solcher Methoden verlässlich zu ermitteln.

Beispiel 5

20. WebCo ist ein Unternehmen eines multinationalen Konzerns, der IT-Lösungen für Unternehmenskunden entwickelt. Vor Kurzem hat WebCo die Architektur eines Webcrawlers gestaltet, der Preisdaten von Internetseiten sammelt. WebCo hat den Code des Programms so geschrieben, dass es Webseiten systematisch scannen kann, und zwar effizienter und schneller als alle anderen ähnlichen Suchmotoren am Markt.

21. Nun erteilt WebCo ScaleCo, einem demselben multinationalen Konzern angehörigen Unternehmen, eine Lizenz für dieses Programm. ScaleCo ist für die Optimierung des Webcrawlers und für die Festlegung der Crawling-Strategie zuständig. ScaleCo ist darauf spezialisiert, Add-ons für den Webcrawler zu gestalten und das Produkt so anzupassen, dass es Marktlücken schließen kann. Ohne diesen Beitrag wäre das System nicht in der Lage, den Bedarf der potenziellen Kunden zu decken.

22. Die Lizenzbedingungen sehen vor, dass WebCo weiter die zugrunde liegende Technologie entwickelt und dass ScaleCo die Entwicklungsergebnisse nutzt, um den Webcrawler zu optimieren.

23. Die Funktionsanalyse ergibt, dass das wirtschaftlich signifikante Risiko im Zusammenhang mit dem Geschäftsvorfall das Entwicklungsrisiko ist, d. h. das Risiko, dass der entwickelte Webcrawler keinen Erfolg hat. Gemäß dem in Kapitel I Abschnitt D.1.2.1 beschriebenen Risikoanalyseverfahren wird ermittelt, dass WebCo und ScaleCo das Entwicklungsrisiko für die Software tragen.

24. Die sachgerechte Abgrenzung des Geschäftsvorfalls ergibt, dass sowohl der von WebCo als auch der von ScaleCo geleistete Beitrag einzigartig und wertvoll für die Entwicklung und den künftigen Erfolg des Webcrawlers ist.

25. Unter diesen Umständen ist die geschäftsvorfallbezogene Gewinnaufteilungsmethode wahrscheinlich die am besten geeignete Methode, um

die fremdvergleichskonforme Vergütung für die Lizenz zu bestimmen, die WebCo ScaleCo erteilt hat.

Beispiel 6

26. ASSET Co ist die Muttergesellschaft eines multinationalen Konzerns, der Vermögensverwaltungsleistungen für fremde Dritte anbietet. ASSET Co hat zwei Tochtergesellschaften, Unternehmen A in Staat A und Unternehmen B in Staat B.

27. FUND Co ist eine unabhängige Vermögensverwaltungsgesellschaft, die Privatanlegern in Staat A und Staat B OGAW (Organismen für gemeinsame Anlagen in Wertpapieren) anbietet. Bei den von FUND Co vermarkteten OGAW handelt es sich um Spiegelfonds, die sowohl Aktien aus Staat A als auch aus Staat B enthalten.

28. FUND Co beauftragt ASSET Co mit der Erbringung von Vermögensverwaltungsleistungen für die Fonds. FUND Co zahlt ASSET Co eine Gebühr auf der Grundlage des gesamten verwalteten Vermögens der Fonds, die Privatkunden in Staat A und Staat B angeboten werden.

29. ASSET Co schließt einen Vertrag mit Unternehmen A und Unternehmen B, der vorsieht, dass die Vermögensverwaltungsleistungen durch diese beiden Unternehmen erbracht werden. Unternehmen A beschäftigt Vermögensverwalter, die auf Aktien aus Staat A spezialisiert sind, und Unternehmen B beschäftigt Vermögensverwalter, die auf Aktien aus Staat B spezialisiert sind. ASSET Co tritt als Bevollmächtigter von Unternehmen A und B auf. Es übt keine Funktionen im Zusammenhang mit dem Vertrag mit FUND Co aus und hat auch keine Vermögenswerte beigesteuert oder Risiken übernommen.

30. Ein Anlageverwaltungsausschuss, der sich je zur Hälfte aus Vermögensverwaltern von Unternehmen A und von Unternehmen B zusammensetzt, entscheidet über das Anlagemanagement der Fonds. Dieser Ausschuss tritt regelmäßig zusammen und bestimmt die Zusammensetzung der Fonds. Die Fonds setzen sich je nach den Entscheidungen des Anlageverwaltungsausschusses zu unterschiedlichen Anteilen aus Aktien aus Staat A und aus Staat B zusammen.

31. Die Funktionsanalyse ergibt, dass die wirtschaftlich signifikanten Risiken im Zusammenhang mit dem Geschäftsvorfall darin bestehen, dass die Kunden ihre Einlagen aus den Spiegelfonds von FUND Co abziehen könnten, vor allem aufgrund einer schlechten Performance. Die gemäß den Leitlinien in Kapitel I Abschnitt D.1.2.1 durchgeführte Risikoanalyse ergibt, dass Unternehmen A und Unternehmen B die mit der Fondsperformance zusammenhängenden Risiken gemeinsam tragen und die Vermögensverwaltungsleistungen auf stark integrierte Weise erbringen.

32. Unternehmen A und Unternehmen B erbringen zwar wertvolle Dienstleistungen, die Existenz eines aktiven Markts für Vermögensverwaltungsleistungen mit vielen Drittanbietern zeigt jedoch, dass diese Dienstleistungen nicht einzigartig sind. Die für diese Vermögensverwaltungsleistungen (d. h. die von Unternehmen A und B gemeinsam erbrachten Dienstleistungen) vermutlich vorliegenden Vergleichsdaten bieten allerdings keine Anhaltspunkte dafür, wie die fremdübliche Gebühr zwischen Unternehmen A und Unternehmen B aufgeteilt werden sollte.

33. Unter diesen Umständen ist die geschäftsvorfallbezogene Gewinnaufteilungsmethode die am besten geeignete Methode zur Bestimmung der Vergütung von Unternehmen A und Unternehmen B, da ihre Geschäftstätigkeit so stark integriert und miteinander verflochten ist, dass es nicht möglich ist, eine einseitige Methode zu verwenden, um eine fremdvergleichskonforme Vergütung für ihre jeweiligen Beiträge zu bestimmen. Die fremdübliche Gebühr, die ASSET Co von FUND Co erhält, bildet die Einnahmenseite des maßgeblichen zwischen Unternehmen A und Unternehmen B aufzuteilenden Gewinns. Die fremdvergleichskonforme Vergütung für ASSET Co beträgt null.

Beispiel 7

34. Unternehmen L mit Sitz in Staat L und Unternehmen M mit Sitz in Staat M sind Teil eines multinationalen Konzerns, LM Corporation. Unternehmen L und Unternehmen M bieten konzernfremden Dritten Dienstleistungen in den Bereichen internationale Handelsunterstützung, Spedition und Zollabwicklung an. Sie erbringen dabei gemeinsam Dienstleistungen wie Warenannahme im Exportstaat, Zollabwicklung im Exportstaat, Containerbeladung, Organisation der Verschiffung, Containertransport zum und vom Schiff, Containerentladung, Zollabwicklung im Importstaat sowie Lieferung der Waren an ihren Bestimmungsort. Die Kunden können Importeure oder Exporteure sein, und Unternehmen L und Unternehmen M erleichtern Ein- und Ausfuhren aus den Staaten beider Unternehmen. Die Berechnung des von den Kunden gezahlten Entgelts beruht in der Regel auf einer Kombination von Volumen und Gewicht der Waren.

35. Die sachgerechte Abgrenzung des Geschäftsvorfalls ergibt, dass Unternehmen L und Unternehmen M die gleichen Dienstleistungen in den Bereichen Handelsunterstützung, Spedition und Zollabwicklung erbringen, und zwar gemeinsam und auf hochintegrierte Weise. Unternehmen L und Unternehmen M sind in hohem Maße voneinander abhängig, um die Geschäftsvorfälle mit den Kunden erfolgreich abzuschließen. Sie üben je nach Standort der Kunden auch ähnliche Marketing- und Kundenbetreuungsfunktionen aus. Unternehmen L und Unternehmen M nutzen gemeinsam ein integriertes IT-System zur

Warenverfolgung. Dieses System wurde ursprünglich von Unternehmen L und Unternehmen M gemeinsam bei einem konzernfremden Anbieter erworben. Wo möglich, nehmen sowohl Unternehmen L als auch Unternehmen M inkrementelle Verbesserungen am System vor. Das Nutzenversprechen von Konzern LM gegenüber seinen Kunden beruht auf seiner wettbewerbsfähigen Preisgestaltung, die durch seine Effizienz sowie Skalen- und Verbundvorteile und seine nahtlose Integration über internationale Grenzen hinweg ermöglicht wird.

36. Unternehmen L und Unternehmen M üben die gleichen wertschöpfenden Schlüsselfunktionen gemeinsam aus, sie nutzen die wichtigsten Vermögenswerte des multinationalen Konzerns gemeinsam und tragen gemeinsam zu diesen bei. Informationen über fremdübliche Preise für ihre gemeinsamen Tätigkeiten sind zwar leicht erhältlich, ihre Geschäftstätigkeit ist jedoch so stark integriert und miteinander verflochten, dass es nicht möglich ist, mithilfe einer einseitigen Methode eine fremdvergleichskonforme Vergütung für ihre jeweiligen Beiträge zu bestimmen. In diesem Fall dürfte eine geschäftsvorfallbezogene Gewinnaufteilung daher die am besten geeignete Methode sein, um die Unternehmen L und Unternehmen M zustehende fremdvergleichskonforme Vergütung zu bestimmen.

37. Sofern Unternehmen L und Unternehmen M auch die mit den Geschäftsvorfällen verbundenen wirtschaftlich signifikanten Risiken gemeinsam tragen, dürfte eine Aufteilung des tatsächlichen Gewinns zweckmäßig sein.

Beispiel 8

38. Unternehmen A ist die Muttergesellschaft des multinationalen Konzerns M, der in der Fertigung und im Vertrieb elektronischer Geräte tätig ist. Unternehmen A besitzt das Exklusivrecht für den Verkauf dieser Geräte in allen Absatzstaaten.

39. Unternehmen A beschließt, Unternehmen B – ein anderes Unternehmen von Konzern M – mit der Fertigung der elektronischen Geräte zu beauftragen. Der Vertrag sieht vor, dass Unternehmen B die Geräte nach den Vorgaben von Unternehmen A fertigt. Unternehmen B wird die für die Fertigung der verschiedenen Komponenten des Endprodukts notwendigen Materialien beschaffen und bereitstellen. Eine Schlüsselkomponente für den Fertigungsprozess wird bei Unternehmen A beschafft. Unternehmen B verkauft die fertigen Geräte an Unternehmen A, das das Produkt wiederum an konzernfremde Kunden verkauft und liefert.

40. Um die Fertigungsaktivitäten durchzuführen, hat Unternehmen B in Maschinen und Werkzeuge investiert, die speziell auf die Fertigung der von Konzern M verkauften elektronischen Geräte ausgerichtet sind.

Unternehmen B hat keinen anderen Kunden als Unternehmen A, sodass seine gesamte Produktion von Unternehmen A abgenommen wird.

41. Die sachgerechte Abgrenzung des Geschäftsvorfalls ergibt, dass Unternehmen B keine einzigartigen und wertvollen Beiträge zu den konzerninternen Geschäftsvorfällen und zur Geschäftstätigkeit von Konzern M leistet. Außerdem sind die von Unternehmen B übernommenen Risiken nicht wirtschaftlich signifikant für die Geschäftstätigkeit des Konzerns. Die Geschäftstätigkeit von Unternehmen B ist zwar in gewissem Umfang mit derjenigen von Unternehmen A integriert und von Unternehmen A abhängig, die fremdvergleichskonforme Vergütung für die Beiträge von Unternehmen B kann jedoch unter Bezugnahme auf vergleichbare fremdübliche Geschäftsvorfälle und durch Anwendung einer einseitigen Verrechnungspreismethode oder mehrerer solcher Methoden verlässlich ermittelt werden. Unter diesen Umständen dürfte die geschäftsvorfallbezogene Gewinnaufteilungsmethode nicht die zweckmäßigste Methode sein.

Beispiel 9

42. ACo mit Sitz in Staat A und BCo mit Sitz in Staat B gehören dem multinationalen Konzern AB Inc an. ACo ist Eigentümer der weltweiten Patente für Präparat A, BCo gehören die weltweiten Patente für Enzym B. Präparat A und Enzym B sind beide einzigartig. Sie wurden von ACo bzw. BCo jeweils durch eigene Anstrengungen zu unterschiedlichen Zwecken entwickelt; bei beiden hat sich aber gezeigt, dass sie nicht wie ursprünglich beabsichtigt genutzt werden können. Infolgedessen hat weder Präparat A noch Enzym B zu diesem Zeitpunkt einen signifikanten Wert.

43. Miteinander zusammenarbeitende Ingenieure von ACo und BCo stellen später jedoch fest, dass durch die Kombination von Präparat A und Enzym B ein einzigartiges und wertvolles Arzneimittel hergestellt werden kann, das sehr wirkungsvoll bei der Behandlung einer bestimmten Krankheit ist und daher einen hohen Wert haben dürfte.

44. ACo und BCo schließen einen Vertrag, demzufolge ACo BCo das Nutzungsrecht an Präparat A gewährt. BCo wird beide Komponenten kombinieren, um das neue Arzneimittel zu entwickeln, und dieses vermarkten.

45. Unter diesen Umständen wirkt sich der hohe Grad an Integration und Interdependenz zwischen den Beiträgen von ACo und BCo auf den Wert dieser Beiträge aus, sodass jeder Beitrag einzigartig und wertvoll ist, wenn sie in Kombination miteinander betrachtet werden. Daher erweist sich die geschäftsvorfallbezogene Gewinnaufteilungsmethode als die am besten geeignete Methode, um die Vergütung für die Übertragung der Nutzungsrechte an Präparat A von ACo an BCo zu bestimmen.

Beispiel 10

46. Unternehmen A gestaltet, entwickelt und fertigt eine Linie technologisch fortgeschrittener Industrieprodukte. Eine neue Generation dieser Produktlinie umfasst nun eine von Unternehmen B – einem mit Unternehmen A verbundenen Unternehmen – entwickelte und hergestellte Schlüsselkomponente. Diese Schlüsselkomponente ist hochinnovativ und basiert auf einzigartigen und wertvollen immateriellen Werten. Mit dieser Innovation hebt sich die neue Produktgeneration entscheidend von der vorherigen ab. Der Erfolg der neuen Produktgeneration ist in hohem Maße von der Leistung der von Unternehmen B gefertigten Schlüsselkomponente abhängig. Diese Schlüsselkomponente wurde speziell für die neue Produktgeneration entwickelt und kann nicht in einem anderen Produkt genutzt werden.

47. Die Schlüsselkomponente wurde vollständig von Unternehmen B entwickelt. Die sachgerechte Abgrenzung des Geschäftsvorfalls ergibt, dass Unternehmen B alle Kontrollfunktionen im Zusammenhang mit der Entwicklung der Komponente ausübt und alle daran geknüpften Risiken ohne Beteiligung von Unternehmen A übernommen hat.

48. Die sachgerechte Abgrenzung des Geschäftsvorfalls ergibt außerdem, dass Unternehmen A alle Kontrollfunktionen in Bezug auf die Gesamtproduktion und den Absatz der neuen Produktgeneration ausübt und alle daran geknüpften Risiken übernommen hat. Unternehmen A kann die Risiken im Zusammenhang mit der Leistung der Schlüsselkomponente nicht kontrollieren (und übernimmt diese daher auch nicht).

49. In diesem Beispiel wird festgestellt, dass Unternehmen A und Unternehmen B zwar getrennte wirtschaftlich signifikante Risiken übernehmen, dass diese Risiken aber in hohem Maße miteinander verflochten sind. Daher ist die geschäftsvorfallbezogene Gewinnaufteilungsmethode hier als die am besten geeignete Methode zu betrachten.

50. Wird darüber hinaus festgestellt, dass es bei Anwendung der geschäftsvorfallbezogenen Gewinnaufteilungsmethode in diesem Fall am besten wäre, die Einnahmen oder Bruttogewinne zugrunde zu legen, die Unternehmen A mit dem Verkauf der neuen Produktgeneration erzielt, würden beide Unternehmen jeweils die Folgen der mit ihren betrieblichen Aufwendungen zusammenhängenden Risiken tragen.

Beispiel 11

51. Der Erfolg eines Elektronikprodukts beruht auf der innovativen technologischen Gestaltung sowohl seiner elektronischen Prozesse als auch seiner Hauptkomponente. Diese Komponente wird von dem verbun-

denen Unternehmen A entworfen und gefertigt, das sie an das verbundene Unternehmen B liefert, das das restliche Produkt entwirft und fertigt; das endgültige Produkt wird dann durch das verbundene Unternehmen C vertrieben. Es liegen Informationen vor, um anhand einer Wiederverkaufspreismethode zu überprüfen, dass die Vertriebsfunktionen, Vermögenswerte und Risiken von Unternehmen C durch den Verrechnungspreis für das von B an C verkaufte Endprodukt angemessen vergütet werden.

52. Die am besten geeignete Methode zur Bestimmung des Preises für die von A an B gelieferte Komponente könnte eine Preisvergleichsmethode sein, sofern sich eine geeignete Vergleichsgröße finden lässt. Vgl. Ziffer 2.15. Da sich in der von A an B gelieferten Komponente jedoch der innovative technologische Vorsprung von Unternehmen A auf dem betreffenden Markt widerspiegelt und festgestellt wird, dass es sich hierbei um einen einzigartigen und wertvollen Beitrag von Unternehmen A handelt, erweist es sich in diesem Beispiel (nach Durchführung der erforderlichen Funktions- und Vergleichbarkeitsanalysen) als unmöglich, einen verlässlichen Fremdvergleichspreis zu finden, um den Preis, den A unter fremdüblichen Bedingungen für sein Produkt verlangen könnte, sachgerecht zu schätzen. Die Berechnung eines Ertrags im Verhältnis zum Fertigungsaufwand von A könnte jedoch eine Schätzung des Gewinnelements liefern, mit dem die Fertigungsfunktionen von A vergütet würden (bei Ausklammerung des auf den dabei verwendeten einzigartigen und wertvollen immateriellen Wert entfallenden Gewinnelements). Eine ähnliche Berechnung ließe sich im Hinblick auf die Fertigungskosten von Unternehmen B durchführen, um den auf seine Fertigungsfunktionen zurückzuführenden Gewinn zu schätzen (bei Ausklammerung des auf den einzigartigen und wertvollen immateriellen Wert von B entfallenden Gewinnelements). Da der Verkaufspreis von B an C bekannt ist und als fremdvergleichskonform akzeptiert wurde, lässt sich die Höhe des von A und B zusammen aus der Verwertung ihrer jeweiligen einzigartigen und wertvollen immateriellen Werte erzielten Restgewinns ermitteln. In diesem Schritt wird der den einzelnen Unternehmen sachgerecht zuzurechnende Anteil an diesem Restgewinn noch nicht bestimmt.

53. Der Restgewinn lässt sich auf der Grundlage einer Untersuchung der Gegebenheiten und Umstände aufteilen, die aufzeigen könnte, wie die zusätzliche Vergütung unter fremdüblichen Bedingungen aufgeteilt worden wäre. Die FuE-Tätigkeit beider Unternehmen ist auf die Konzipierung von Technologien für dieselbe Produktkategorie ausgerichtet, wobei für die Zwecke dieses Beispiels festgelegt wird, dass die relative Höhe der FuE-Ausgaben ein verlässlicher Indikator für den relativen Wert der Beiträge der Unternehmen ist. Vgl. Ziffer 2.145. Dies bedeutet, dass der einzigartige und wertvolle Beitrag der einzelnen Unternehmen verlässlich anhand ihrer relativen Ausgaben für Forschung und Entwicklung gemessen werden kann, sodass der Restgewinn, wenn die FuE-Ausgaben von A 15 und die FuE-Ausgaben von B 10 und die

FuE-Gesamtausgaben somit 25 betragen, Unternehmen A im Verhältnis 15:25 und Unternehmen B im Verhältnis 10:25 zugerechnet werden könnte.

54. Zum besseren Verständnis nachstehend ein Zahlenbeispiel:

a) Vereinfachte Gewinn- und Verlustrechnung von A und B

		A		B
Umsatz		50		100
Abzüglich:				
Materialaufwand		(10)		(50)
Fertigungsaufwand		(15)		(20)
Bruttogewinn		25		30
Abzüglich:				
FuE	15		10	
Betriebliche Aufwendungen	10	(25)	10	(20)
Nettogewinn		0		10

b) Ermittlung des routinemäßigen Gewinns aus der Fertigungstätigkeit von A und B und Berechnung des Gesamtrestgewinns

55. Für beide Staaten wird festgestellt, dass vergleichbare unabhängige Fertigungsunternehmen ohne einzigartige und wertvolle immaterielle Werte einen Ertrag von 10 % ihres Fertigungsaufwands (ohne Materialaufwand) erzielen (Nettogewinn im Verhältnis zu den direkten und indirekten Fertigungskosten).[1] Die Fertigungskosten von A betragen 15, sodass A auf Basis seines Ertrags im Verhältnis zum Aufwand ein Gewinn aus der Fertigungstätigkeit in Höhe von 1,5 zugerechnet wird. Die entsprechenden Kosten von B betragen 20, sodass B auf Basis seines Ertrags im Verhältnis zum Aufwand ein Gewinn aus der Fertigungstätigkeit in Höhe von 2,0 zugerechnet

1. Dieser Ertrag von 10 % entspricht streng genommen keinem Kostenaufschlag im engeren Sinne, da sich aus ihm ein Nettogewinn und nicht ein Bruttogewinn ergibt. Der 10%ige Ertrag entspricht streng genommen jedoch auch keiner Gewinnspanne im Sinne der geschäftsvorfallbezogenen Nettomargenmethode, da in der Kostenbasis die betrieblichen Aufwendungen nicht enthalten sind. Der Nettoertrag aus dem Fertigungsaufwand wird als zweckdienlicher und praktischer erster Schritt der Gewinnaufteilungsmethode verwendet, da er die Ermittlung des Nettorestgewinns erleichtert, der dem von A und B beigetragenen einzigartigen und wertvollen immateriellen Wert zuzurechnen ist.

wird. Der Restgewinn beträgt daher 6,5; er wird ermittelt, indem man vom relevanten Nettogewinn (10) den Gesamtgewinn aus der Fertigungstätigkeit (3,5) abzieht.

c) Aufteilung des Restgewinns

56. Mit der zunächst erfolgten Gewinnzurechnung (1,5 zugunsten von A und 2,0 zugunsten von B) werden die Fertigungsfunktionen von A und B vergütet; der Wert ihrer jeweiligen einzigartigen und wertvollen Beiträge, die zu einem technologisch fortgeschrittenen Produkt geführt haben, ist darin jedoch nicht erfasst. Da in diesem Fall festgestellt wird, dass der relative Anteil von A und B an den für das Produkt angefallenen FuE-Gesamtkosten eine verlässliche Hilfsvariable zur Bestimmung des Werts ihrer jeweiligen einzigartigen und wertvollen Beiträge ist, kann der Restgewinn auf dieser Grundlage zwischen A und B aufgeteilt werden. Der Restgewinn beläuft sich auf 6,5 und kann im Verhältnis 15:25 Unternehmen A und 10:25 Unternehmen B zugerechnet werden, was zu einem Anteil von 3,9 bzw. 2,6 führt, wie die folgende Berechnung zeigt:

Der Anteil von A beträgt 6,5 × 15/25 = 3,9.

Der Anteil von B beträgt 6,5 × 10/25 = 2,6.

d) Neuberechnung der Gewinne

57. Der Nettogewinn von A beträgt demnach 1,5 + 3,9 = 5,4.

Der Nettogewinn von B beträgt demnach 2,0 + 2,6 = 4,6.

Die berichtigte Gewinn- und Verlustrechnung für Steuerzwecke stellt sich folgendermaßen dar:

		A		B
Umsatz		55,4		100
Abzüglich:				
Materialaufwand		(10)		(55,4)
Fertigungsaufwand		(15)		(20)
Bruttogewinn		30,4		24,6
Abzüglich:				
FuE	15		10	
Betriebliche Aufwendungen	10	(25)	10	(20)
Nettogewinn		5,4		4,6

Anmerkung: Dieses Beispiel soll auf einfache Art und Weise die Mechanismen einer Restgewinnaufteilung aufzeigen und sollte nicht so interpretiert werden, als würde es allgemeine Hinweise dazu liefern, wie der Fremdvergleichsgrundsatz zur Ermittlung fremdüblicher Vergleichswerte und Festlegung einer angemessenen Aufteilung angewendet werden sollte. Es ist wichtig, dass die Grundsätze, die es veranschaulichen soll, stets unter Berücksichtigung der konkreten Gegebenheiten und Umstände des jeweiligen Falls angewendet werden. Insbesondere ist zu beachten, dass die Verteilung des Restgewinns in der Praxis möglicherweise einer beträchtlichen Verfeinerung bedarf, um die geeignete Grundlage für die Gewinnaufteilung zu ermitteln und zu quantifizieren. Werden die FuE-Ausgaben verwendet, so müssen möglicherweise Unterschiede bei der Art der durchgeführten FuE berücksichtigt werden, da unterschiedliche Arten von FuE beispielsweise mit einem unterschiedlichen Risikograd verbunden sein können, was unter fremdüblichen Bedingungen zu Unterschieden bei der Höhe der erwarteten Erträge führen würde. Zudem spiegelt die relative Höhe der laufenden FuE-Ausgaben den Beitrag zur Erzielung der laufenden Gewinne, der immateriellen Werten zuzuschreiben ist, die in der Vergangenheit entwickelt oder erworben wurden, möglicherweise nicht angemessen wider. Vgl. Kapitel II Abschnitt C.5.3.2.

Beispiel 12

58. Unternehmen A mit Sitz in Staat A, Unternehmen B mit Sitz in Staat B und Unternehmen C mit Sitz in Staat C gehören einem multinationalen Konzern an. Unternehmen A und B gestalten und fertigen Produkte, und ihre diesbezüglichen Tätigkeiten sind stark integriert. Zusätzlich sind

Unternehmen A und Unternehmen B für Marketing und Vertrieb der Produkte an konzernfremde Kunden in Staat A bzw. in Staat B zuständig. Unternehmen C ist für Marketing und Vertrieb der von Unternehmen A und Unternehmen B gekauften Produkte an konzernfremde Kunden in Staat C zuständig; diese Marketing- und Vertriebstätigkeiten können anhand von Fremdvergleichsgrößen bepreist werden.

59. Unternehmen A und Unternehmen B schließen eine Vereinbarung über den An- und Verkauf von Einzelteilen, Formen und Komponenten für die Fertigung der verschiedenen Modelle des Produkts ab. Diese Geschäftsvorfälle können auch Halbwaren umfassen, um die Kundennachfrage rechtzeitig effektiv zu decken. Infolge ihrer umfassenden Erfahrung in der Branche haben sowohl Unternehmen A als auch Unternehmen B im Rahmen ihrer jeweiligen Gestaltungs- und Fertigungsverfahren einzigartiges und wertvolles Know-how und andere immaterielle Werte entwickelt. Unternehmen C leistet hingegen keinen einzigartigen und wertvollen Beitrag, wie die sachgerechte Abgrenzung des Geschäftsvorfalls zeigt. Stattdessen übt Unternehmen C Marketing- und Vertriebsfunktionen aus, die anhand von Vergleichsgrößen bestimmt werden können.

60. Gestaltung und Fertigung sind die wichtigsten Werttreiber des multinationalen Konzerns, und die Funktionsanalyse ergibt, dass es sich bei den an die Gestaltungs- und Fertigungsfunktionen geknüpften strategischen und operationellen Risiken um die wirtschaftlich signifikanten Risiken handelt. Unternehmen A und Unternehmen B sind Teil eines komplexen Gefüges konzerninterner Geschäftsbeziehungen, in dem die Ergebnisse des einen Unternehmens in hohem Maße von der Fähigkeit des anderen Unternehmens abhängig sind, die verschiedenen Komponenten und sonstigen Vorleistungen zu liefern. Die Fertigungs- und Gestaltungstätigkeiten von Unternehmen A und Unternehmen B sind stark miteinander verflochten, und beide Unternehmen üben einschlägige Kontrollfunktionen im Zusammenhang mit den wirtschaftlich signifikanten Risiken aus. Die gemäß den Leitlinien in Kapitel I Abschnitt D.1.2.1 durchgeführte Risikoanalyse ergibt, dass Unternehmen A und Unternehmen B die mit Gestaltung und Fertigung zusammenhängenden Risiken gemeinsam tragen. Sowohl Unternehmen A als auch Unternehmen B leisten einzigartige und wertvolle Beiträge zu den Fertigungs- und Gestaltungsprozessen.

61. Unter diesen Umständen ist die geschäftsvorfallbezogene Gewinnaufteilungsmethode wahrscheinlich die am besten geeignete Methode, um die Vergütung zu bestimmen, die Unternehmen A und B im Zusammenhang mit ihren konzerninternen Geschäftsbeziehungen zusteht. Um einen fremdüblichen Ertrag für Unternehmen C zu ermitteln, dürfte dagegen eine einseitige Verrechnungspreismethode wie die Wiederverkaufspreismethode oder eine geschäftsvorfallbezogene Nettomargenmethode am zweckmäßigsten sein.

62. Bei der Anwendung der geschäftsvorfallbezogenen Gewinnaufteilungsmethode sollte der Produktabsatz in Staat A, Staat B und Staat C zugrunde gelegt werden, um den maßgeblichen aufzuteilenden Gewinn zu bestimmen. Im Fall von Staat C wird dieser Gewinn in Bezug auf die Umsatzerlöse von Unternehmen C berechnet, abzüglich des fremdüblichen Ertrags, der Unternehmen C (wie oben dargelegt) für seine Beiträge zusteht.

63. Der erste Schritt eines Restgewinnansatzes zur geschäftsvorfallbezogenen Gewinnaufteilungsmethode besteht darin, fremdübliche Erträge für die weniger komplexen, anhand von Vergleichsgrößen bestimmbaren Beiträge der verschiedenen Beteiligten (d. h. Unternehmen A und B) zu ermitteln. Diese Beträge werden dann von der maßgeblichen Gewinnmasse abgezogen, um den aufzuteilenden Restgewinn zu bestimmen. Im zweiten Schritt der Restgewinnanalyse wird der Restgewinn dann zwischen Unternehmen A und Unternehmen B auf der Grundlage ihrer relativen Beiträge zu diesem Restgewinn aufgeteilt.

Beispiel 13

64. Unternehmen A mit Sitz in Staat A ist die Muttergesellschaft des im Modeeinzelhandel tätigen multinationalen Konzerns Retail Group. Im Lauf der Jahre hat Unternehmen A Know-how erworben und den Wert der Marke sowie den damit zusammenhängenden Goodwill durch intensive Marketingaktivitäten gesteigert. Bei den von Unternehmen A entwickelten und in seinem Besitz befindlichen immateriellen Werten in diesem Beispiel handelt es sich nicht um schwer zu bewertende immaterielle Werte.

65. Um die Geschäftstätigkeit auf den Markt von Staat B auszuweiten, schließt Unternehmen A eine Vereinbarung mit Unternehmen B, einem in Staat B ansässigen Konzernunternehmen von Retail Group. In dieser Vereinbarung gewährt Unternehmen A Unternehmen B das Recht, das Know-how und die Marke zu nutzen, um Modeeinzelhandelsaktivitäten in Staat B zu betreiben. Unternehmen B verfügt über umfangreiche Erfahrung im Vertrieb von Bekleidungsartikeln und ist dank seines hauseigenen Teams, das innovative Marketingstrategien und -aktivitäten entwickelt und umsetzt, in Staat B sehr erfolgreich bei der Förderung von Markentreue und Markenwiedererkennung.

66. Die sachgerechte Abgrenzung des Geschäftsvorfalls ergibt, dass die Beiträge beider Unternehmen einzigartig und wertvoll für die Geschäftstätigkeit von Retail Group in Staat B sind.

67. In den nachstehenden Szenarien erweist sich die geschäftsvorfallbezogene Gewinnaufteilungsmethode – in Anbetracht der Tatsache, dass beide am Geschäftsvorfall beteiligte Unternehmen einzigartige und wertvolle

Beiträge leisten – als die am besten geeignete Methode zur Bestimmung der Vergütung für die Rechte, die Unternehmen A Unternehmen B gewährt.

Szenario 1

68. Die sachgerechte Abgrenzung des Geschäftsvorfalls ergibt, dass Unternehmen A sich nicht an der Übernahme der wirtschaftlich signifikanten Risiken beteiligt, die mit den Marketing- und Verwertungsaktivitäten von Unternehmen B für die lizenzierten immateriellen Werte verbunden sind.

69. Unter diesen Umständen sollte die Anwendung der geschäftsvorfallbezogenen Gewinnaufteilungsmethode auf dem Gewinn beruhen, den Unternehmen B in einem sachgerecht abgegrenzten Zeitraum aus der Vermarktung der Produkte erwartet (z. B. unter Verwendung einer Bewertungsmethode auf der Basis von abgezinsten Cashflows, wie in Kapitel VI Abschnitt D.2.6.3 und D.2.6.4 beschrieben).

70. Der relative Wert der von Unternehmen A und Unternehmen B geleisteten Beiträge dient zur Ermittlung der Aufteilung des erwarteten Gewinns von Unternehmen B, der aus der Kombination der Beiträge der beiden Unternehmen resultiert. Die Vergütung für den Geschäftsvorfall kann auf verschiedene Weise erfolgen, beispielsweise in Form einer Pauschalzahlung an Unternehmen A oder einer umsatzabhängigen Lizenzgebühr.

Szenario 2

71. In diesem Szenario ergibt die sachgerechte Abgrenzung des Geschäftsvorfalls Folgendes:

- Unternehmen A und Unternehmen B vereinbaren, den tatsächlichen Gewinn aus dem Verkauf der Produkte durch Unternehmen B aufzuteilen,
- Unternehmen A und Unternehmen B führen die Marketing- und Vertriebsaktivitäten im Zusammenhang mit den markenrechtlich geschützten Produkten gemeinsam durch und
- sowohl Unternehmen A als auch Unternehmen B übernehmen Risiken im Zusammenhang mit dem Erfolg bzw. Misserfolg des Marketings und der Vermarktung der Produkte durch Unternehmen B.

72. Unter diesen Umständen wird die geschäftsvorfallbezogene Gewinnaufteilungsmethode auf den tatsächlich mit dem Verkauf der Produkte erzielten Gewinn angewendet; wie dieser Gewinn aufzuteilen ist, wird ausgehend vom relativen Wert der von Unternehmen A und Unternehmen B geleisteten Beiträge bestimmt.

Beispiel 14

73. Im Folgenden wird anhand verschiedener Szenarien veranschaulicht, welchen Effekt die Wahl der Gewinngröße zur Ermittlung des maßgeblichen aufzuteilenden Gewinns bei der Anwendung einer geschäftsvorfallbezogenen Gewinnaufteilungsmethode hat.

Szenario 1

74. Angenommen, A und B sind zwei verbundene Unternehmen, die in zwei verschiedenen Steuerhoheitsgebieten ansässig sind. Beide stellen die gleichen Artikel her und tätigen Ausgaben, die zur Entstehung eines einzigartigen und wertvollen immateriellen Werts führen, den beide gemeinsam nutzen können. Für die Zwecke dieses Beispiels wird angenommen, dass dieser konkrete einzigartige und wertvolle immaterielle Wert so beschaffen ist, dass sich der Wert des A und B im fraglichen Jahr jeweils zuzurechnenden einzigartigen und wertvollen Beitrags proportional zu den relativen Ausgaben verhält, die A und B im betreffenden Jahr für den immateriellen Wert tätigen. (Es ist zu beachten, dass diese Annahme in der Praxis nicht immer zutreffen wird.) Angenommen, A und B verkaufen ausschließlich Produkte an fremde Dritte. Angenommen, es wird festgestellt, dass die am besten geeignete Methode eine Restgewinnaufteilungsmethode ist, dass es sich bei den Fertigungstätigkeiten von A und B um weniger komplexe, nicht einzigartige Geschäftsvorfälle handelt, für die zunächst ein Ertrag in Höhe von 10 % des Wareneinsatzes (*costs of goods sold* – COGS) zuzurechnen ist, und dass der Restgewinn im Verhältnis zu den Ausgaben von A und B für den einzigartigen und wertvollen immateriellen Wert aufgeteilt werden sollte. Die folgenden Zahlen dienen nur der Veranschaulichung.

	A	B	A und B insgesamt
Umsatz	100	300	400
Wareneinsatz	60	170	230
Bruttogewinn	40	130	170
Gemeinkosten	3	6	9
Sonstige betriebliche Aufwendungen	2	4	6
Ausgaben für den einzigartigen und wertvollen immateriellen Wert	30	40	70
Betriebsergebnis	5	80	85

Schritt 1: Ermittlung des Grundertrags aus den nicht einzigartigen fertigungsbezogenen Geschäftsvorfällen (in diesem Beispiel Wareneinsatz + 10 %).

A	60 + (60 × 10 %) = 66	⑧ Grundertrag aus den fertigungsbezogenen Geschäftsvorfällen von A = 6
B	170 + (170 × 10 %) = 187	⑧ Grundertrag aus den fertigungsbezogenen Geschäftsvorfällen von B = 17
		Gesamtgewinn, aufgeteilt anhand der Grunderträge (6 + 17) = 23

Schritt 2: Ermittlung des aufzuteilenden Restgewinns

a) Sofern er anhand des Betriebsergebnisses ermittelt wird:

Gesamtbetriebsergebnis	85
Bereits aufgeteilter Gewinn (Grundertrag aus den fertigungsbezogenen Geschäftsvorfällen)	23
Restgewinn, aufzuteilen im Verhältnis zu den Ausgaben von A und B für den einzigartigen und wertvollen immateriellen Wert	62

A zugerechneter Restgewinn:	62 × 30/70	26,57
B zugerechneter Restgewinn:	62 × 40/70	35,43

A zugerechneter Gesamtgewinn:	6 (Grundertrag) + 26,57 (Restgewinn)	32,57
B zugerechneter Gesamtgewinn:	17 (Grundertrag) + 35,43 (Restgewinn)	52,43
Insgesamt		85

b) Sofern er anhand des Betriebsergebnisses vor Gemeinkosten ermittelt wird (unter der Annahme, dass festgestellt wird, dass sich die Gemeinkosten von A und B nicht auf den geprüften Geschäftsvorfall beziehen und bei der Ermittlung des aufzuteilenden maßgeblichen Gewinns ausgeklammert werden sollten):

	A	B	A und B insgesamt
Umsatz	100	300	400
Wareneinsatz	60	170	230
Bruttogewinn	40	130	170
Sonstige betriebliche Aufwendungen	2	4	6
Ausgaben für den einzigartigen und wertvollen immateriellen Wert	30	40	70
Betriebsergebnis vor Gemeinkosten	8	86	94
Gemeinkosten	3	6	9
Betriebsergebnis	5	80	85

Gesamtbetriebsergebnis vor Gemeinkosten	94
Bereits aufgeteilter Gewinn (Grundertrag aus den fertigungsbezogenen Geschäftsvorfällen)	23
Restgewinn vor Gemeinkosten, aufzuteilen im Verhältnis zu den Ausgaben von A und B für den einzigartigen und wertvollen immateriellen Wert	71

A zugerechneter Restgewinn:	71 × 30/70	30,43
B zugerechneter Restgewinn:	71 × 40/70	40,57

A zugerechneter Gesamtgewinn:	6 (Grundertrag) + 30,43 (Restgewinn) − 3 (Gemeinkosten)	33,43
B zugerechneter Gesamtgewinn:	17 (Grundertrag) + 40,57 (Restgewinn) − 6 (Gemeinkosten)	51,57
Gesamtgewinn		85

75. Wie das vorstehende Beispiel verdeutlicht, bedeutet die Ausklammerung bestimmter Posten bei der Ermittlung des maßgeblichen aufzuteilenden Gewinns, dass jeder Beteiligte für seine eigenen Aufwendungen in Bezug auf diese Posten verantwortlich bleibt. Daher muss die Entscheidung, ob bestimmte Posten ausgeklammert werden sollten oder nicht, mit der sachgerechten Abgrenzung des Geschäftsvorfalls im Einklang stehen.

Szenario 2

76. Als weiteres Beispiel sei angeführt, dass es in manchen Fällen angemessen sein kann, eine Kategorie von Aufwendungen zunächst unberücksichtigt zu lassen, soweit der bzw. die bei der Restgewinnaufteilungsanalyse

verwendeten Gewinnaufteilungsfaktoren auf diesen Aufwendungen beruhen. Beispielsweise kann der Restgewinn in Fällen, in denen festgestellt wird, dass die relativen Ausgaben für die Entwicklung eines einzigartigen und wertvollen immateriellen Werts der am besten geeignete Gewinnaufteilungsfaktor sind, auf dem Betriebsergebnis vor diesen Ausgaben beruhen. Nach Ermittlung der Aufteilung des Restgewinns zieht dann jedes verbundene Unternehmen seine eigenen Ausgaben ab. Dies lässt sich folgendermaßen veranschaulichen. Es sei angenommen, dass der Sachverhalt derselbe ist wie im ersten Szenario dieses Beispiels unter Ziffer 74 weiter oben und dass die Gemeinkosten nicht aus der Berechnung des aufzuteilenden Restgewinns ausgeklammert werden.

Schritt 1: Ermittlung des Grundertrags aus den Fertigungstätigkeiten (in diesem Beispiel Wareneinsatz + 10 %)

Selber Sachverhalt wie in Szenario 1, Schritt 1 weiter oben.

Schritt 2: Ermittlung des aufzuteilenden Restgewinns

a) Sofern er anhand des Betriebsergebnisses nach den Ausgaben für den einzigartigen und wertvollen immateriellen Wert ermittelt wird:

Es gilt die gleiche Berechnung wie in Szenario 1, Absatz 2, Fall a.

b) Sofern er anhand des Betriebsergebnisses vor den Ausgaben für den einzigartigen und wertvollen immateriellen Wert ermittelt wird:

	A	B	A und B insgesamt
Umsatz	100	300	400
Wareneinsatz	60	170	230
Bruttogewinn	40	130	170
Gemeinkosten	3	6	9
Sonstige betriebliche Aufwendungen	2	4	6
Betriebsergebnis vor Ausgaben für den einzigartigen und wertvollen immateriellen Wert	35	120	155
Ausgaben für den einzigartigen und wertvollen immateriellen Wert	30	40	70
Betriebsergebnis	5	80	85

Maßgebliches Betriebsergebnis vor Ausgaben für den einzigartigen und wertvollen immateriellen Wert		155
Bereits aufgeteilter Gewinn (Grundertrag aus den fertigungsbezogenen Geschäftsvorfällen)		23
Restgewinn vor Ausgaben für den einzigartigen und wertvollen immateriellen Wert, aufzuteilen im Verhältnis zu den Ausgaben von A und B für den einzigartigen und wertvollen immateriellen Wert		132
A zugerechneter Restgewinn:	132 × 30/70	56,57
B zugerechneter Restgewinn:	132 × 40/70	75,43
A zugerechneter Gesamtgewinn:	6 (Grundertrag) + 56,57 (Restgewinn) – 30 (Ausgaben für den einzigartigen und wertvollen immateriellen Wert)	32,57
B zugerechneter Gesamtgewinn:	17 (Grundertrag) + 75,43 (Restgewinn) – 40 (Ausgaben für den einzigartigen und wertvollen immateriellen Wert)	52,43
Gesamtgewinn		85

A und B wird somit der gleiche Gewinn zugerechnet wie in dem Fall, in dem der maßgebliche aufzuteilende Gewinn anhand des Betriebsergebnisses nach den Ausgaben für den einzigartigen und wertvollen immateriellen Wert ermittelt wird, vgl. Fall a) oben.

77. Dieses Beispiel veranschaulicht die Tatsache, dass es in Fällen, in denen der für die Aufteilung des Restgewinns verwendete Gewinnaufteilungsfaktor auf einer Kategorie von im jeweiligen Zeitraum entstandenen Aufwendungen beruht, unerheblich ist, ob der aufzuteilende Restgewinn ermittelt wird, bevor die Aufwendungen von den einzelnen Beteiligten abgezogen werden, oder ob der aufzuteilende Restgewinn nach Abzug der Aufwendungen ermittelt wird. In Fällen, in denen der Aufteilungsfaktor auf den kumulierten Ausgaben aus den Vorjahren und dem laufenden Jahr beruht, kann das Ergebnis jedoch unterschiedlich ausfallen.

Beispiel 15

78. Unternehmen A mit Sitz in Staat A und Unternehmen B mit Sitz in Staat B gehören einem multinationalen Konzern an. Beide Unternehmen gestalten und fertigen Produkte, und ihre diesbezüglichen Tätigkeiten sind stark integriert. Zusätzlich sind Unternehmen A und Unternehmen B für

Marketing und Vertrieb der Produkte an konzernfremde Kunden in Staat A bzw. in Staat B zuständig.

79. Unternehmen A und Unternehmen B schließen eine Vereinbarung über den An- und Verkauf von Einzelteilen, Formen und verschiedenen Komponenten für die Fertigung mehrerer unterschiedlicher Produktmodelle. Diese Geschäftsvorfälle können auch Halbwaren umfassen, um die Kundennachfrage rechtzeitig effektiv zu decken. Infolge ihrer umfassenden Erfahrung in der Branche haben sowohl Unternehmen A als auch Unternehmen B im Rahmen ihrer jeweiligen Gestaltungs- und Fertigungsverfahren einzigartiges und wertvolles Know-how und andere immaterielle Werte entwickelt.

80. Die Funktionsanalyse ergibt, dass es sich bei den wirtschaftlich signifikanten Risiken um die an die Gestaltung- und Fertigungsfunktionen geknüpften strategischen und operationellen Risiken handelt und dass Unternehmen A und Unternehmen B Teil eines komplexen Gefüges konzerninterner Geschäftsbeziehungen sind, in dem die Ergebnisse des einen Unternehmens in hohem Maße von der Fähigkeit des anderen Unternehmens abhängig sind, die verschiedenen Komponenten und sonstigen Vorleistungen zu liefern. Die Fertigungs- und Gestaltungstätigkeiten von Unternehmen A und Unternehmen B sind stark miteinander verflochten, und beide Unternehmen üben einschlägige Kontrollfunktionen im Zusammenhang mit den wirtschaftlich signifikanten Risiken aus. Die gemäß den Leitlinien in Kapitel I Abschnitt D.1.2.1 durchgeführte Risikoanalyse ergibt, dass Unternehmen A und Unternehmen B die mit Gestaltung und Fertigung zusammenhängenden Risiken gemeinsam tragen. Sowohl Unternehmen A als auch Unternehmen B leisten einzigartige und wertvolle Beiträge zu den Gestaltungs- und Fertigungsprozessen.

81. Unter diesen Umständen ist die geschäftsvorfallbezogene Gewinnaufteilungsmethode wahrscheinlich die am besten geeignete Methode, um die Vergütung zu bestimmen, die Unternehmen A und B im Zusammenhang mit ihren konzerninternen Geschäftsbeziehungen zusteht.

82. Wenn es an vergleichbaren Fremdgeschäftsvorfällen mangelt und keine direkten Anhaltspunkte dafür vorhanden sind, wie unabhängige Unternehmen unter vergleichbaren Umständen den Gewinn aufgeteilt hätten, kann die Gewinnaufteilung auf Basis des relativen Werts der Beiträge von Unternehmen A und Unternehmen B erfolgen. Zweckmäßig könnte dabei insbesondere ein vermögensbasierter Aufteilungsfaktor sein, vorausgesetzt, die Funktionsanalyse ergibt, dass ein starker Zusammenhang zwischen den Vermögenswerten von Unternehmen A und Unternehmen B und der im Kontext ihrer konzerninternen Geschäftsbeziehungen erzielten Wertschöpfung besteht.

Beispiel 16

83. Unternehmen A, Unternehmen B und Unternehmen C, die demselben multinationalen Konzern angehören, vereinbaren miteinander, gemeinsam ein neuartiges Produkt zu entwickeln. Keines der Unternehmen bringt dazu bereits bestehende Wertbeiträge, etwa bereits vorhandene immaterielle Werte, in das Vorhaben ein. Jedes der verbundenen Unternehmen ist dafür zuständig, eine der drei Schlüsselkomponenten des Produkts zu entwickeln und zu fertigen.

84. Angenommen, in diesem Fall wird festgestellt, dass die geschäftsvorfallbezogene Gewinnaufteilungsmethode die am besten geeignete Methode ist, um den Gewinn aus dem Verkauf des neuen Produkts zu ermitteln, der den drei Unternehmen jeweils zuzurechnen ist. Die Funktionsanalyse ergibt, dass die relativen Beiträge der Beteiligten anhand der von ihnen für die Entwicklung der Komponenten getätigten relativen Ausgaben gemessen werden können, da ein direkter Zusammenhang zwischen diesen relativen Ausgaben und dem relativen Wert der Beiträge der einzelnen Unternehmen besteht. Dementsprechend kann der maßgebliche Gewinn (Verlust) aus dem Verkauf des neuen Produkts auf Basis der von den einzelnen beteiligten Unternehmen getätigten relativen Entwicklungskosten aufgeteilt werden.

85. In diesem Beispiel liefert die Gewinnaufteilung auf Basis der relativen Entwicklungskosten ein ähnliches Ergebnis, wie es mit einer entsprechenden Kostenumlagevereinbarung erzielt worden wäre, da Unternehmen, die Tätigkeiten mit ähnlichen wirtschaftlichen Merkmalen ausüben, ähnliche erwartete Gewinne erhalten sollten, und zwar unabhängig davon, ob die vertragliche Vereinbarung in einem bestimmten Fall als Kostenumlagevereinbarung bezeichnet wird oder nicht (vgl. Ziffer 8.4).

Anhang zu Kapitel III

Beispiel einer Betriebskapitalanpassung

Vgl. Kapitel III Abschnitt A.6 wegen allgemeiner Hinweise zu den zur Herstellung der Vergleichbarkeit erforderlichen Anpassungen.

Die Annahmen bezüglich fremdvergleichskonformer Vereinbarungen in den folgenden Beispielen dienen lediglich der Veranschaulichung und sollten nicht so verstanden werden, als würden sie in konkreten Fällen oder bestimmten Branchen bestimmte Anpassungen bzw. fremdvergleichskonforme Vereinbarungen vorschreiben. Sie sollen zwar die Grundsätze der Abschnitte der Leitlinien verdeutlichen, auf die sie sich beziehen, diese Grundsätze müssen jedoch in jedem Einzelfall auf die konkreten Gegebenheiten und Umstände des betreffenden Falls angewendet werden.

Dieses Beispiel dient der Veranschaulichung, da es eine – aber nicht unbedingt die einzige – Möglichkeit darstellt, wie eine solche Anpassung berechnet werden kann.

Zudem beziehen sich die nachfolgenden Anmerkungen auf die Anwendung einer geschäftsvorfallbezogenen Nettomargenmethode in Situationen, in denen sich eine solche Methode in Anbetracht der Gegebenheiten und Umstände des Einzelfalls und insbesondere der Ergebnisse der Vergleichbarkeitsanalyse (einschließlich Funktionsanalyse) des Geschäftsvorfalls sowie der Prüfung der vorliegenden Informationen zu vergleichbaren Fremdgeschäftsvorfällen als die am besten geeignete Methode herausstellt.

Einleitung

1. Dieses einfache Beispiel zeigt, wie sich eine Anpassung zur Berücksichtigung von Unterschieden bei der Höhe des Betriebskapitals zwischen einem untersuchten Unternehmen (TestCo) und einem Vergleichsunternehmen (CompCo) vornehmen lässt. Vgl. Ziffer 3.47–3.54 wegen allgemeiner Hinweise zu Vergleichbarkeitsanpassungen. Anpassungen des Betriebskapitals können bei der Anwendung der geschäftsvorfallbezogenen Nettomargenmethode angebracht sein. In der Praxis werden solche Anpassungen zumeist im Rahmen einer geschäftsvorfallbezogenen Nettomargenmethode vorgenommen, sie können je-

doch auch bei einer Kostenaufschlags- oder einer Wiederverkaufspreismethode vorzunehmen sein. Betriebskapitalanpassungen sollten nur dann in Erwägung gezogen werden, wenn sie die Verlässlichkeit der Vergleichsgrößen verbessern und hinreichend genau vorgenommen werden können. Sie sollten nicht automatisch erfolgen und werden von den Steuerverwaltungen auch nicht automatisch anerkannt.

Gründe für eine Anpassung des Betriebskapitals

2. In einem wettbewerbsorientierten Umfeld hat Geld einen Zeitwert. Wenn ein Unternehmen beispielsweise ein Zahlungsziel von 60 Tagen einräumt, so sollte der Preis der Waren dem Preis bei sofortiger Zahlung zuzüglich Zinsen für 60 Tage auf diesen Preis entsprechen. Hohe Forderungen aus Lieferungen und Leistungen sind ein Zeichen dafür, dass ein Unternehmen seinen Kunden relativ lange Zahlungsfristen gewährt. Es muss sich Geld leihen, um dies zu finanzieren, und/oder eine Verringerung des Liquiditätsüberschusses hinnehmen, der ihm anderenfalls für Investitionen zur Verfügung stünde. In einem wettbewerbsorientierten Umfeld sollte der Preis daher ein Element beinhalten, das diesen Zahlungsbedingungen Rechnung trägt und den Zeiteffekt ausgleicht.

3. Wenn die Verbindlichkeiten aus Lieferungen und Leistungen höher sind, ist das Gegenteil der Fall. Hohe Verbindlichkeiten aus Lieferungen und Leistungen sind ein Zeichen dafür, dass einem Unternehmen von seinen Zulieferern relativ lange Zahlungsfristen eingeräumt wurden. Es muss sich weniger Geld leihen, um seine Einkäufe zu finanzieren, und/oder kann einen höheren Liquiditätsüberschuss für Investitionen nutzen. In einem wettbewerbsorientierten Umfeld sollte der Wareneinsatz (*cost of goods sold* – COGS) ein Element beinhalten, das diesen Zahlungsbedingungen Rechnung trägt und den Zeiteffekt ausgleicht.

4. Ein Unternehmen mit hohen Lagerbeständen muss sich analog hierzu entweder Geld leihen, um die Einkäufe zu finanzieren, oder den Liquiditätsüberschuss verringern, den es investieren kann. Es ist anzumerken, dass der Zinssatz möglicherweise durch die Finanzierungsstruktur (z. B. wenn die Lagereinkäufe teilweise durch Eigenkapital finanziert werden) oder durch das mit dem Vorhalten bestimmter Lagerbestände verbundene Risiko beeinflusst wird.

5. Mit Anpassungen des Betriebskapitals wird versucht, die Unterschiede beim Zeitwert des Geldes zwischen dem untersuchten Unternehmen und den potenziellen Vergleichsgrößen auszugleichen, wobei unterstellt wird, dass sich diese Unterschiede in den Gewinnen niederschlagen. Dem liegt die folgende Argumentation zugrunde:

- Ein Unternehmen benötigt Finanzmittel, um die zeitliche Lücke zwischen dem Zeitpunkt, an dem es Geld investiert (d. h., dem Zulieferer Geld zahlt), und dem Zeitpunkt, an dem diese Investition Gewinn bringt (d. h., das Unternehmen Geld von den Kunden einnimmt), zu überbrücken.
- Diese zeitliche Lücke wird berechnet als der für den Verkauf der Lagerbestände an die Kunden benötigte Zeitraum zuzüglich (+) des für die Einziehung des entsprechenden Geldbetrags bei den Kunden benötigten Zeitraums abzüglich (-) des zur Begleichung der Schulden bei den Zulieferern gewährten Zeitraums.

6. Anpassungen des Betriebskapitals werden folgendermaßen berechnet:

   a) Ermittlung der Unterschiede bei der Höhe des Betriebskapitals. Im Allgemeinen handelt es sich bei den drei berücksichtigten Konten um die Forderungen aus Lieferungen und Leistungen, die Lagerbestände und die Verbindlichkeiten aus Lieferungen und Leistungen. Die geschäftsvorfallbezogene Nettomargenmethode wird in Bezug auf eine geeignete Grundlage, z. B. Kosten, Umsatz oder Vermögen, angewendet (vgl. Ziffer 2.64). Wenn beispielsweise der Umsatz die geeignete Grundlage ist, dann sollten etwaige Unterschiede bei der Höhe des Betriebskapitals im Verhältnis zum Umsatz gemessen werden.

   b) Berechnung eines Werts für die Unterschiede zwischen der Höhe des Betriebskapitals des untersuchten Unternehmens und des Vergleichsunternehmens im Verhältnis zu der geeigneten Grundlage und Berücksichtigung des Zeitwerts des Geldes durch Verwendung eines angemessenen Zinssatzes.

   c) Anpassung des Ergebnisses zur Berücksichtigung von Unterschieden bei der Höhe des Betriebskapitals. Im folgenden Beispiel wird das Ergebnis des Vergleichsunternehmens angepasst, um der Höhe des Betriebskapitals des untersuchten Unternehmens Rechnung zu tragen. Alternativ dazu wäre es möglich, die Ergebnisse des untersuchten Unternehmens anzupassen, um der Höhe des Betriebskapitals des Vergleichsunternehmens Rechnung zu tragen, oder die Ergebnisse sowohl des untersuchten Unternehmens als auch des Vergleichsunternehmens so anzupassen, dass das Betriebskapital „null“ beträgt.

Ein praktisches Beispiel für die Berechnung von Anpassungen des Betriebskapitals:

7. Die folgende Berechnung ist rein hypothetisch. Sie dient lediglich dazu, aufzuzeigen, wie sich eine Betriebskapitalanpassung berechnen lässt.

TestCo	Jahr 1	Jahr 2	Jahr 3	Jahr 4	Jahr 5
Umsatz	179,5 Mio. $	182,5 Mio. $	187 Mio. $	195 Mio. $	198 Mio. $
Ergebnis vor Zinsen und Steuern (EBIT)	1,5 Mio. $	1,83 Mio. $	2,43 Mio. $	2,54 Mio. $	1,78 Mio. $
EBIT/Umsatz (%)	0,8 %	1 %	1,3 %	1,3 %	0,9 %
Betriebskapital (zum Jahresende)*					
Forderungen aus Lieferungen und Leistungen (R)	30 Mio. $	32 Mio. $	33 Mio. $	35 Mio. $	37 Mio. $
Lagerbestände (I)	36 Mio. $	36 Mio. $	38 Mio. $	40 Mio. $	45 Mio. $
Verbindlichkeiten aus Lieferungen und Leistungen (P)	20 Mio. $	21 Mio. $	26 Mio. $	23 Mio. $	24 Mio. $
Forderungen (R) + Lagerbestände (I) − Verbindlichkeiten (P)	46 Mio. $	47 Mio. $	45 Mio. $	52 Mio. $	58 Mio. $
(R + I − P)/Umsatz	25,6 %	25,8 %	24,1 %	26,7 %	29,3 %

CompCo	Jahr 1	Jahr 2	Jahr 3	Jahr 4	Jahr 5
Umsatz	120,4 Mio. $	121,2 Mio. $	121,8 Mio. $	126,3 Mio. $	130,2 Mio. $
Ergebnis vor Zinsen und Steuern (EBIT)	1,59 Mio. $	3,59 Mio. $	3,15 Mio. $	4,18 Mio. $	6,44 Mio. $
EBIT/Umsatz (%)	1,32 %	2,96 %	2,59 %	3,31 %	4,95 %
Betriebskapital (zum Jahresende)*					
Forderungen aus Lieferungen und Leistungen (R)	17 Mio. $	18 Mio. $	20 Mio. $	22 Mio. $	23 Mio. $
Lagerbestände (I)	18 Mio. $	20 Mio. $	26 Mio. $	24 Mio. $	25 Mio. $
Verbindlichkeiten aus Lieferungen und Leistungen (P)	11 Mio. $	13 Mio. $	11 Mio. $	15 Mio. $	16 Mio. $
Forderungen (R) + Lagerbestände (I) − Verbindlichkeiten (P)	24 Mio. $	25 Mio. $	35 Mio. $	31 Mio. $	32 Mio. $
(R + I − P)/Umsatz	19,9 %	20,6 %	28,7 %	24,5 %	24,6 %

* Vgl. Kommentar unter Absatz 8.

Anpassung des Betriebskapitals	Jahr 1	Jahr 2	Jahr 3	Jahr 4	Jahr 5
(R + I – P)/Umsatz von Testco	25,6 %	25,8 %	24,1 %	26,7 %	29,3 %
(R + I – P)/Umsatz von Compco	19,9 %	20,6 %	28,7 %	24,5 %	24,6 %
Differenz (D)	5,7 %	5,1 %	-4,7 %	2,1 %	4,7 %
Zinssatz (I)	4,8 %	5,4 %	5,0 %	5,5 %	4,5 %
Anpassung (D × I)	0,27 %	0,28 %	-0,23 %	0,12 %	0,21 %
Ebit/Umsatz (%) von Compco	1,32 %	2,96 %	2,59 %	3,31 %	4,95 %
Angepasstes Betriebskapital Ebit/Umsatz für Compco	1,59 %	3,24 %	2,35 %	3,43 %	5,16 %

8. Weitere Feststellungen:

- Eine Frage bei der Vornahme von Anpassungen des Betriebskapitals betrifft den Zeitpunkt, an dem die Forderungen, Lagerbestände und Verbindlichkeiten des untersuchten Unternehmens mit denen des Vergleichsunternehmens verglichen werden. Im vorstehenden Beispiel werden die entsprechenden Werte am letzten Tag des Finanzjahrs verglichen. Dies könnte jedoch nicht sachgerecht sein, wenn die Höhe des Betriebskapitals zu diesem Zeitpunkt nicht repräsentativ für die im Jahresverlauf beobachteten Werte ist. In solchen Fällen könnten Durchschnittswerte verwendet werden, wenn sie die Höhe des Betriebskapitals im Jahresverlauf besser wiedergeben.

- Eine wichtige Frage bei der Vornahme von Betriebskapitalanpassungen betrifft die Wahl des bzw. der angemessenen Zinssätze. Der bzw. die Zinssätze sollten grundsätzlich unter Bezugnahme auf den bzw. die Zinssätze bestimmt werden, die für ein gewerbliches Unternehmen gelten, das auf demselben Markt wie das untersuchte Unternehmen tätig ist. In den meisten Fällen ist ein marktüblicher Kreditzinssatz angemessen. In Fällen, in denen der Betriebskapitalsaldo des untersuchten Unternehmens negativ ist (d. h. Verbindlichkeiten > Forderungen + Lagerbestände), kann ein anderer Zinssatz angemessen sein. Der im vorstehenden Beispiel verwendete Zinssatz entspricht dem Zinssatz, zu dem TestCo auf seinem lokalen Markt Finanzmittel aufnehmen kann. In diesem Beispiel wird ferner unterstellt, dass für die Verbindlichkeiten, Forderungen und Lagerbestände derselbe Zinssatz angemessen ist, was in der Praxis nicht unbedingt der Fall sein muss. Erweisen sich für einzelne Kategorien von Vermögenswerten oder Verbindlichkeiten unterschiedliche Zinssätze als angemessen, so ist die Berechnung möglicherweise erheblich komplexer als oben dargestellt.

- Das Ziel von Betriebskapitalanpassungen ist die Verbesserung der Verlässlichkeit der Vergleichswerte. Es stellt sich die Frage, ob Betriebskapitalanpassungen erfolgen sollten, wenn die Ergebnisse mancher Vergleichsunternehmen verlässlich angepasst werden können, die Ergebnisse anderer Vergleichsunternehmen jedoch nicht.

Anhang I zu Kapitel IV

Mustervereinbarungen für die Einführung bilateraler Safe-Harbour-Regelungen durch die zuständigen Behörden

Einleitung

Dieser Anhang enthält Muster für Grundsatzvereinbarungen, die die zuständigen Behörden bei der Aushandlung bilateraler Safe-Harbour-Regelungen für übliche Kategorien von Verrechnungspreisfällen im Zusammenhang mit risikoarmen Vertriebsfunktionen, risikoarmen Fertigungsfunktionen sowie risikoarmen Forschungs- und Entwicklungsfunktionen nutzen können. Damit soll den Staaten ein anpassungsfähiges Instrument an die Hand gegeben werden, mit dem sie wichtige Kategorien von Verrechnungspreisfällen, deren Bearbeitung auf Einzelfallbasis gegenwärtig viel Zeit und Mühe in Anspruch nimmt, durch bilaterale Safe-Harbour-Regelungen lösen können. Es steht den zuständigen Behörden selbstverständlich frei, die Bestimmungen der Mustervereinbarung bei Abschluss ihrer eigenen bilateralen Vereinbarungen zu ändern, zu ergänzen oder zu streichen.

Gründe für den Abschluss einer bilateralen Grundsatzvereinbarung über Safe-Harbour-Regelungen

Wie in Kapitel IV Abschnitt E.4 beschrieben, besteht eines der potenziellen Probleme der Nutzung unilateraler verrechnungspreisbezogener Safe-Harbour-Regelungen darin, dass sie das Risiko von Doppelbesteuerung und doppelter Nichtbesteuerung erhöhen können. Hierzu kann es kommen, wenn der Staat, der die unilaterale Safe-Harbour-Regelung anbietet, diese zum oberen Ende der akzeptablen fremdvergleichskonformen Gewinnspanne hin ausrichtet, ein Vertragsstaat, in dem ein anderer Beteiligter des Geschäftsvorfalls ansässig ist, jedoch nicht der Auffassung ist, dass das in der Regelung festgelegte Gewinnniveau einer fremdüblichen wirtschaftlichen Beziehung entspricht. Einigen Kritikern zufolge tendieren Safe-Harbour-Gewinnspannen dazu, im Lauf der Zeit zu steigen, wodurch sich dieses potenzielle Problem verstärkt. Gelegentlich wird auch darauf hingewiesen, dass unilaterale Safe-Harbour-Regelungen die Steuerpflichtigen dazu veranlassen können, über dem fremdüblichen Niveau liegende Einkünfte auszuweisen und damit eine gewisse Doppelbesteuerung in Kauf zu nehmen, was als der Preis betrachtet wird, der für den geringeren Verwaltungsaufwand und die Verwaltungsvereinfachung zu zahlen ist. Außerdem können unilaterale Safe-Harbour-Regelungen bisweilen zu unerwarteten Vorteilen („Windfalls") für Steuerpflichtige führen, deren konkrete Situation vermuten ließe, dass über dem Safe-Harbour-Niveau liegende Einkünfte einer fremdüblichen wirtschaftlichen Beziehung eher entsprechen würden.

Diese Doppelbesteuerungs- und Windfall-Problematik dürfte im Zusammenhang mit Safe-Harbour-Regelungen für einige der verbreitetsten Arten von Geschäftsvorfällen, für die Verrechnungspreise bestimmt werden müssen, relativ ausgeprägt sein. Geschäftsvorfälle wie der Verkauf von Waren an eine inländische Vertriebstochter, die diese im Rahmen einer Tätigkeit als risikoarmes Vertriebsunternehmen auf dem inländischen Markt weiterverkauft, Auftragsfertigungsvereinbarungen und Auftragsforschungsvereinbarungen könnten zweifelsohne solche Probleme aufwerfen. Möglicherweise ist dies der Grund, weshalb – wenn überhaupt – nur wenige Staaten funktionierende Safe-Harbour-Regelungen für diese üblichen Arten von Verrechnungspreisfällen erarbeitet haben.

Die Vertriebs- und Fertigungsmargen sind in verschiedenen Regionen und zahlreichen Branchen mitunter relativ einheitlich. Daher könnten Vorgaben im Hinblick auf normale Vergütungsspannen für diese Arten von Fällen die Zahl der Verrechnungspreisprüfungen senken und die bei den zuständigen Behörden anhängigen Fälle und sonstigen Verrechnungspreisstreitigkeiten deutlich verringern, sofern es möglich ist, vertretbare Ergebnisbandbreiten bilateral zu vereinbaren und diese zu veröffentlichen.

Diese Arten von Fällen können potenziell durch zwischen den zuständigen Behörden geschlossene, veröffentlichte bilaterale Grundsatzvereinbarungen geregelt werden. Einige Staaten haben solche Grundsatzvereinbarungen auf bilateraler Basis geschlossen. Diese Staaten vertreten im Allgemeinen die Auffassung, dass auf Artikel 25 Absatz 3 des OECD-Musterabkommens beruhende Abkommensbestimmungen eine ausreichende Grundlage für den Abschluss einer bilateralen Vereinbarung zwischen den zuständigen Behörden über eine Safe-Harbour-Regelung schaffen, die für eine große Zahl von Steuerpflichtigen in vergleichbarer Situation gelten könnte. Artikel 25 Absatz 3 sieht Folgendes vor: „Die zuständigen Behörden der Vertragsstaaten werden sich bemühen, Schwierigkeiten oder Zweifel, die bei der Auslegung oder Anwendung des Abkommens entstehen, durch Verständigung zu beseitigen. Sie können auch gemeinsam beraten, um eine Doppelbesteuerung in Fällen, die im Abkommen nicht behandelt sind, zu beseitigen.“ Eine Vereinbarung zwischen den zuständigen Behörden über eine bilaterale verrechnungspreisbezogene Safe-Harbour-Regelung kann effektiv als eine solche Verständigung betrachtet werden, die Schwierigkeiten oder Zweifel, die bei der Auslegung oder Anwendung des Artikels 9 des Abkommens entstehen, beseitigt.

Zwar gibt es keine Bestimmung, die die zuständigen Behörden der Staaten davon abhalten würde, Safe-Harbour-Regelungen nach Artikel 25 Absatz 3 auf multilateraler Ebene abzuschließen, sofern die Bedingungen und Umstände dies erlauben, doch sind die oben beschriebenen Arten von Geschäftsvorfällen so beschaffen, dass sich die Staaten eher für einen bilateralen Ansatz entscheiden.

Existieren solche Grundsatzvereinbarungen, können qualifizierte Steuerpflichtige ihre Finanzergebnisse so steuern, dass sie in die vereinbarte Bandbreite der Safe-Harbour-Regelung fallen, womit sie die Gewissheit haben, dass diese Ergebnisse in den beiden Staaten anerkannt werden, die die betreffende Grundsatzvereinbarung geschlossen haben. Ein häufig angeführtes Beispiel für einen derartigen Ansatz ist die Vereinbarung zwischen den Vereinigten Staaten und Mexiko über Safe-Harbour-Gewinnspannen für die Tätigkeit der „Maquiladoras“.

Ein bilateraler Ansatz für die Ausarbeitung von Safe-Harbour-Regelungen hat eine Reihe von Vorteilen gegenüber unilateralen verrechnungspreisbezogenen Safe-Harbour-Regelungen:

- Durch einen bilateralen Ansatz, der über zwischen den zuständigen Behörden geschlossene Grundsatzvereinbarungen umgesetzt wird, lässt sich die Wahrscheinlichkeit erhöhen, dass Safe-Harbour-Regelungen nicht zu Doppelbesteuerung oder doppelter Nichtbesteuerung führen.
- Bilaterale Safe-Harbour-Regelungen können auf die wirtschaftlichen Gegebenheiten eines bestimmten Markts und auf bestimmte Umstände zugeschnitten werden und können daher dem Fremdvergleichsgrundsatz entsprechen.
- Bilaterale Safe-Harbour-Regelungen können selektiv mit Staaten mit ähnlichen Steuersätzen getroffen werden, womit das Risiko gering gehalten würde, dass die Safe-Harbour-Regelung selbst Gelegenheiten für Verrechnungspreismanipulationen schafft, und sich ein Mittel böte, um die Anwendung der Safe-Harbour-Regelung auf Situationen zu beschränken, in denen das Verrechnungspreisrisiko relativ gering ist.

- Wenn die betreffenden Staaten dies wünschen, können bilaterale Safe-Harbour-Regelungen zunächst auf kleine Unternehmen und/ oder kleine Geschäftsvorfälle beschränkt werden, um die potenziellen Risiken für die Staatseinnahmen zu begrenzen, die andernfalls durch die Safe-Harbour-Regelung entstehen könnten.
- Safe-Harbour-Regelungen, die über eine zwischen den zuständigen Behörden geschlossene Grundsatzvereinbarung eingeführt werden, können von Zeit zu Zeit überprüft und im Einvernehmen zwischen den zuständigen Behörden geändert werden, wodurch sichergestellt würde, dass die Bestimmungen aktuell bleiben und den wirtschaftlichen Entwicklungen insgesamt Rechnung tragen.
- Für Entwicklungsländer, deren Mittel sehr beschränkt sind, könnten mit einer Reihe von Abkommenspartnern geschlossene bilaterale Grundsatzvereinbarungen ein Instrument zum Schutz des inländischen Besteuerungssubstrats in üblichen Verrechnungspreissachverhalten darstellen, ohne dass übermäßige Rechtsdurchsetzungsanstrengungen erforderlich wären.

Die folgenden Elemente können für die Aushandlung und den Abschluss einer Grundsatzvereinbarung relevant sein:

1. Beschreibung der qualifizierten Unternehmen sowie der von ihnen zu erfüllenden Kriterien. Dies könnte folgende Elemente umfassen:
   a) Beschreibung der Funktionen, deren Ausübung (oder Nichtausübung) Voraussetzung für die Anwendung der Safe-Harbour-Regelung ist
   b) von den teilnehmenden Unternehmen als Voraussetzung für die Anwendung der Safe-Harbour-Regelung zu übernehmende Risiken
   c) Zusammenstellung der Vermögenswerte, die die teilnehmenden Unternehmen als Voraussetzung für die Anwendung der Safe-Harbour-Regelung nutzen dürfen
   d) Beschreibung der Arten der (aufgrund ihrer Größe, Branche usw.) von der Safe-Harbour-Regelung ausgenommenen Unternehmen
2. Beschreibung der unter die Grundsatzvereinbarung fallenden qualifizierten Geschäftsvorfälle

3. Bestimmung der fremdüblichen Vergütungsspanne für das untersuchte Unternehmen
4. Geltungszeitraum der Grundsatzvereinbarung
5. Erklärung, wonach die Grundsatzvereinbarung für beide beteiligten Steuerverwaltungen verbindlich ist
6. Berichts- und Monitoring-Verfahren für die Grundsatzvereinbarung
7. Dokumentations- und Informationspflichten der teilnehmenden Unternehmen
8. Mechanismus zur Streitbeilegung

Nachstehend finden sich Mustervereinbarungen für drei Arten von Geschäftsvorfällen: *i)* Erbringung risikoarmer Fertigungsleistungen, *ii)* Erbringung risikoarmer Vertriebsleistungen und *iii)* Erbringung risikoarmer Auftragsforschungs- und -entwicklungsleistungen.

Muster für eine Grundsatzvereinbarung betreffend risikoarme Fertigungsleistungen

Präambel

1. Die zuständigen Behörden von [Staat A] und [Staat B] sind zu einer Verständigung über die fremdübliche Vergütung risikoarmer Fertigungsleistungen gelangt, die ein in [Staat A] ansässiges qualifiziertes Unternehmen im Auftrag eines in [Staat B] ansässigen verbundenen Unternehmens beziehungsweise ein in [Staat B] ansässiges qualifiziertes Unternehmen im Auftrag eines in [Staat A] ansässigen verbundenen Unternehmens unter den hier beschriebenen Umständen erbringt. Die vorliegende Grundsatzvereinbarung soll qualifizierten Unternehmen durch Festlegung konkreter Verfahren zur Einhaltung der Verrechnungspreisregeln in [Staat A] und [Staat B] Rechtssicherheit bieten und Doppelbesteuerung beseitigen.

2. Diese Grundsatzvereinbarung wird auf der Grundlage des Artikels [25] des [Steuerabkommens] („Steuerabkommen") zwischen [Staat A] und [Staat B] getroffen. Sie setzt die Grundsätze des Artikels [9] des Steuerabkommens unter den hier beschriebenen Umständen um. Sie gilt für Wirtschaftsjahre qualifizierter Unternehmen, die in den Kalenderjahren [20__] bis [20__] enden. Diese Laufzeit verlängert sich um weitere fünf Jahre, sofern nicht einer der Staaten den anderen schriftlich über seine Absicht in Kenntnis setzt, diese Grundsatzvereinbarung am oder vor dem 31. Dezember [20__] zu kündigen. Das Erlöschen dieser Grundsatzvereinbarung ist für Wirtschaftsjahre der qualifizierten Unternehmen wirksam, die nach dem letzten Tag des Kalenderjahrs enden, in dem die Anwendung dieser Grundsatzvereinbarung eingestellt wird.

3. Für die Zwecke dieser Grundsatzvereinbarung bedeutet „Unternehmen" ein Unternehmen im Sinne des Artikels [3] Absatz [1] des Steuerabkommens.

Qualifiziertes Unternehmen

4. Für die Zwecke dieser Grundsatzvereinbarung muss ein qualifiziertes Unternehmen alle in diesem Absatz beschriebenen Merkmale aufweisen.

a) Das qualifizierte Unternehmen ist für die Zwecke des Steuerabkommens in einem Vertragsstaat ansässig und übt seine Geschäftstätigkeit vorwiegend in diesem Staat aus.

b) Die Hauptgeschäftstätigkeit des qualifizierten Unternehmens besteht entweder in der Erbringung von Fertigungsleistungen in seinem Ansässigkeitsstaat im Auftrag eines im anderen Vertragsstaat ansässigen verbundenen Unternehmens (im Sinne des Artikels [9] des Steuerabkommens) oder alternativ dazu in der Herstellung von Fertigungserzeugnissen zum Verkauf an dieses verbundene Unternehmen.

c) Das qualifizierte Unternehmen hat vor Beginn des betreffenden Wirtschaftsjahres des qualifizierten Unternehmens eine schriftliche Vereinbarung mit dem verbundenen Unternehmen getroffen, nach der das verbundene Unternehmen die wesentlichen Geschäftsrisiken im Zusammenhang mit den Fertigungstätigkeiten des qualifizierten Unternehmens trägt und sich bereit erklärt, dem qualifizierten Unternehmen für seine Fertigungstätigkeiten eine Vergütung zu zahlen, deren Höhe mit dieser Grundsatzvereinbarung im Einklang steht.

d) Die jährlichen Aufwendungen des qualifizierten Unternehmens für Forschung, Entwicklung und Produktentwicklung betragen insgesamt weniger als [___] Prozent seines Nettoumsatzerlöses.

e) Das qualifizierte Unternehmen übt im Hinblick auf die von ihm gefertigten Produkte keine Werbe-, Marketing- und Vertriebsfunktionen, Kredit- und Inkassofunktionen oder Gewährleistungsfunktionen aus.

f) Das qualifizierte Unternehmen behält sich keine Eigentumsrechte an den Endprodukten vor, nachdem diese seine Fabrik verlassen haben, trägt keine Transport- oder Frachtkosten für diese Endprodukte und trägt kein Verlustrisiko im Hinblick auf eine Verschlechterung oder einen Verlust der Endprodukte während des Transports.

g) Das qualifizierte Unternehmen übt keine Leitungs-, Rechts-, Rechnungslegungs- oder Personalmanagementfunktionen aus, die nicht unmittelbar mit der Durchführung seiner Fertigungstätigkeiten im Zusammenhang stehen.

h) Mindestens [__] Prozent des Vermögens des qualifizierten Unternehmens bestehen aus Produktionsanlagen und -ausrüstungen, Roh-, Hilfs- und Betriebsstoffbeständen und Umlaufbeständen, berechnet auf der Basis des Durchschnitts der am letzten Tag jedes Quartals des betreffenden Wirtschaftsjahrs des qualifizierten Unternehmens gehaltenen Vermögenswerte.

i) Der Endproduktbestand des qualifizierten Unternehmens, berechnet auf der vorstehend unter Buchstabe h beschriebenen Durchschnittsvermögensbasis, übersteigt nicht [__] Prozent des Jahresnettoumsatzes des qualifizierten Unternehmens.

5. Ein qualifiziertes Unternehmen unterliegt folgenden Beschränkungen:

a) Es darf seine Hauptgeschäftstätigkeit in keiner der folgenden Branchen ausüben: [__].

b) Sein Jahresnettoumsatz darf [__] nicht übersteigen.

c) Seine Bilanzsumme darf [__] nicht übersteigen.

d) Es darf nicht mehr als [__] Prozent seiner Nettoerlöse durch Geschäftsvorfälle erzielen, die keine qualifizierten Geschäftsvorfälle sind.

e) Es darf in den vergangenen [__] Jahren weder in [Staat A] noch in [Staat B] einer Verrechnungspreisprüfung unterzogen worden sein, die zu Berichtigungen in Höhe von über [__] führte.

Qualifizierte Geschäftsvorfälle

6. Für die Zwecke dieser Grundsatzvereinbarung ist ein qualifizierter Geschäftsvorfall *i)* die Erbringung von Fertigungsleistungen durch das qualifizierte Unternehmen im Auftrag eines im anderen Vertragsstaat ansässigen verbundenen Unternehmens und/oder *ii)* der Verkauf von durch das qualifizierte Unternehmen hergestellten Fertigungserzeugnissen an ein im anderen Vertragsstaat ansässiges verbundenes Unternehmen, jeweils ohne Zwischenschaltung anderer Geschäftsvorfälle oder Beteiligter.

Bestimmung der steuerpflichtigen Einkünfte des qualifizierten Unternehmens

7. Entscheidet sich ein qualifiziertes Unternehmen für die Anwendung dieser Grundsatzvereinbarung, so gilt Folgendes:

a) Verfügt das qualifizierte Unternehmen im Zusammenhang mit den qualifizierten Geschäftsvorfällen über Eigentumsrechte an Roh-, Hilfs- und Betriebsstoffen sowie Umlaufbeständen, so müssen die Nettoeinkünfte des qualifizierten Unternehmens aus seinen qualifizierten Geschäftsvorfällen für das Wirtschaftsjahr vor Steuern im Bereich von [gleich] [__ bis __] Prozent der Gesamtaufwendungen des qualifizierten Unternehmens liegen, wobei aus der Grundlage für die Berechnung des prozentualen Gewinnanteils lediglich die Nettozinsaufwendungen, Wechselkursgewinne oder -verluste und etwaige Einmalaufwendungen auszuklammern sind.

b) Verfügt das verbundene Unternehmen im Zusammenhang mit den qualifizierten Geschäftsvorfällen über Eigentumsrechte an Roh-, Hilfs- und Betriebsstoffen sowie Umlaufbeständen, so müssen die Nettoeinkünfte des qualifizierten Unternehmens aus den qualifizierten Geschäftsvorfällen für das Wirtschaftsjahr vor Steuern im Bereich von [gleich] [___ bis ___] Prozent der Gesamtaufwendungen des qualifizierten Unternehmens liegen, wobei aus der Grundlage für die Berechnung des prozentualen Gewinnanteils lediglich die Nettozinsaufwendungen, Wechselkursgewinne oder -verluste und etwaige Einmalaufwendungen auszuklammern sind.

c) Die Definition der in dieser Grundsatzvereinbarung verwendeten Rechnungslegungsbegriffe entspricht den allgemein anerkannten Rechnungslegungsgrundsätzen im Ansässigkeitsstaat des qualifizierten Unternehmens.

8. Sowohl [Staat A] als auch [Staat B] erklären sich damit einverstanden, dass die nach dieser Grundsatzvereinbarung berechnete Vergütung für qualifizierte Geschäftsvorfälle für die Zwecke der Anwendung der Verrechnungspreisregeln des betreffenden Staats und der Bestimmungen des Artikels [9] des Steuerabkommens als Vergütung in fremdüblicher Höhe gilt.

Betriebsstätte

9. Die zuständigen Behörden von [Staat A] und [Staat B] vereinbaren, dass das an einem qualifizierten Geschäftsvorfall beteiligte verbundene Unternehmen nicht so behandelt wird, als verfüge es aufgrund der Tatsache, dass das qualifizierte Unternehmen risikoarme Fertigungsleistungen in seinem Auftrag erbringt oder dass das verbundene Unternehmen im Ansässigkeitsstaat des qualifizierten Unternehmens das Eigentum an den durch das qualifizierte Unternehmen gefertigten Produkten erwirbt, über eine Betriebsstätte im Ansässigkeitsstaat des qualifizierten Unternehmens.

Entscheidung für die Anwendung der Vereinbarung und Berichtspflichten

10. Ein qualifiziertes Unternehmen und das betreffende verbundene Unternehmen können sich dafür entscheiden, die Bestimmungen dieser Grundsatzvereinbarung in [Staat A] und [Staat B] übereinstimmend anzuwenden, indem sie spätestens bis zum [__] bei [__] von [Staat A] und bei [__] von [Staat B] eine Erklärung über die qualifizierten Geschäftsvorfälle abgeben.

11. Diese Erklärung muss die folgenden Elemente umfassen:

- eine Bestätigung der Absicht der Steuerpflichtigen, diese Grundsatzvereinbarung [im laufenden Jahr] [während eines Zeitraums von (__) Jahren ab dem laufenden Jahr] anzuwenden und sich an sie zu halten
- eine Bestätigung, wonach Einkünfte und Aufwendungen im Zusammenhang mit qualifizierten Geschäftsvorfällen in [Staat A] und [Staat B] übereinstimmend gemäß dieser Vereinbarung ausgewiesen werden
- eine Schilderung der qualifizierten Geschäftsvorfälle
- die Namen jedes der an den qualifizierten Geschäftsvorfällen beteiligten verbundenen Unternehmen
- die testierten Abschlüsse des qualifizierten Unternehmens für das betreffende Wirtschaftsjahr sowie hinreichende zusätzliche Finanz- und Rechnungslegungsdaten, um den Status des qualifizierten Unternehmens als qualifiziertes Unternehmen nachzuweisen
- eine detaillierte Berechnung der Einkünfte des qualifizierten Unternehmens aus den qualifizierten Geschäftsvorfällen unter Anwendung der Prinzipien dieser Grundsatzvereinbarung
- eine Erklärung, wonach das qualifizierte Unternehmen auf Aufforderung der Steuerbehörde seines Ansässigkeitsstaats innerhalb von 60 Tagen alle Informationen einreichen wird, die diese Steuerbehörde für notwendig erachtet, um zu überprüfen, dass das Unternehmen für eine Behandlung nach dieser Grundsatzvereinbarung qualifiziert ist

12. Durch die Erfüllung der an die Entscheidung für die Anwendung dieser Grundsatzvereinbarung geknüpften Auflagen und der entsprechenden Berichtspflichten sowie die Angabe der gemäß den Bedingungen dieser Vereinbarung berechneten Einkünfte in einer fristgerecht abgegebenen Steuererklärung für das Wirtschaftsjahr werden das qualifizierte Unternehmen und das betreffende verbundene Unternehmen im Hinblick auf die qualifizierten Geschäftsvorfälle von der Verpflichtung befreit, die an-

sonsten geltenden Anforderungen von [Staat A] und [Staat B] in Bezug auf die Verrechnungspreisdokumentation zu erfüllen.

13. Ein qualifiziertes Unternehmen und das betreffende verbundene Unternehmen, die sich nicht für die Behandlung ihrer qualifizierten Geschäftsvorfälle nach dieser Grundsatzvereinbarung entscheiden, unterliegen der Anwendung der Regeln für die Verrechnungspreisbestimmung und -dokumentation von [Staat A] und [Staat B], als sei diese Grundsatzvereinbarung nicht in Kraft.

14. Alle Streitigkeiten im Hinblick auf die Anwendung dieser Grundsatzvereinbarung müssen zur Regelung durch Verständigung an die zuständigen Behörden von [Staat A] und [Staat B] überwiesen werden.

15. Die zuständigen Behörden von [Staat A] und [Staat B] können zur Durchführung dieser Vereinbarung gegebenenfalls Informationen gemäß Artikel [26] des Steuerabkommens austauschen.

Kündigung der Vereinbarung

16. Sowohl [Staat A] als auch [Staat B] können diese Grundsatzvereinbarung jederzeit durch schriftliche Mitteilung an die zuständige Behörde des anderen Vertragsstaats und Veröffentlichung der entsprechenden Mitteilung kündigen. Die Kündigung wird für Wirtschaftsjahre der qualifizierten Unternehmen wirksam, die nach dem letzten Tag des Kalenderjahrs beginnen, in dem das Kündigungsschreiben zugestellt und veröffentlicht wird.

Muster für eine Grundsatzvereinbarung betreffend risikoarme Vertriebsleistungen

Präambel

17. Die zuständigen Behörden von [Staat A] und [Staat B] sind zu einer Verständigung über die fremdübliche Vergütung risikoarmer Vertriebsleistungen gelangt, die ein in [Staat A] ansässiges qualifiziertes Unternehmen im Auftrag eines in [Staat B] ansässigen verbundenen Unternehmens beziehungsweise ein in [Staat B] ansässiges qualifiziertes Unternehmen im Auftrag eines in [Staat A] ansässigen verbundenen Unternehmens unter den hier beschriebenen Umständen erbringt. Die vorliegende Grundsatzvereinbarung soll qualifizierten Unternehmen durch Festlegung konkreter Verfahren zur Einhaltung der Verrechnungspreisregeln in [Staat A] und [Staat B] Rechtssicherheit bieten und Doppelbesteuerung beseitigen.

18. Diese Grundsatzvereinbarung wird auf der Grundlage des Artikels [25] des [Steuerabkommens] („Steuerabkommen") zwischen [Staat A] und [Staat B] getroffen. Sie setzt die Grundsätze des Artikels [9] des Steuerabkommens unter den hier beschriebenen Umständen um. Sie gilt für Wirtschaftsjahre qualifizierter Unternehmen, die in den Kalenderjahren [20__] bis [20__] enden. Diese Laufzeit verlängert sich um weitere fünf Jahre, sofern nicht einer der Staaten den anderen schriftlich über seine Absicht in Kenntnis setzt, diese Grundsatzvereinbarung am oder vor dem 31. Dezember [20__] zu kündigen. Das Erlöschen dieser Grundsatzvereinbarung ist für Wirtschaftsjahre der qualifizierten Unternehmen wirksam, die nach dem letzten Tag des Kalenderjahrs enden, in dem die Anwendung dieser Grundsatzvereinbarung eingestellt wird.

19. Für die Zwecke dieser Grundsatzvereinbarung bedeutet „Unternehmen" ein Unternehmen im Sinne des Artikels [3] Absatz [1] des Steuerabkommens.

Qualifiziertes Unternehmen

20. Für die Zwecke dieser Grundsatzvereinbarung muss ein qualifiziertes Unternehmen alle in diesem Absatz beschriebenen Merkmale aufweisen.

a) Das qualifizierte Unternehmen ist für die Zwecke des Steuerabkommens in einem Vertragsstaat ansässig und übt seine Geschäftstätigkeit vorwiegend in diesem Staat aus.

b) Die Hauptgeschäftstätigkeit des qualifizierten Unternehmens besteht entweder in der Erbringung von Marketing- und Vertriebsleistungen in seinem Ansässigkeitsstaat im Auftrag eines im anderen Vertragsstaat ansässigen verbundenen Unternehmens (im Sinne des Artikels [9] des Steuerabkommens) oder alternativ dazu im Einkauf von Produkten durch das qualifizierte Unternehmen bei einem im anderen Vertragsstaat ansässigen verbundenen Unternehmen zum Wiederverkauf an unverbundene Kunden in seinem Ansässigkeitsstaat.

c) Das qualifizierte Unternehmen hat vor Beginn des betreffenden Wirtschaftsjahrs des qualifizierten Unternehmens eine schriftliche Vereinbarung mit dem verbundenen Unternehmen getroffen, nach der das verbundene Unternehmen die wesentlichen Geschäftsrisiken im Zusammenhang mit den Marketing- und Vertriebstätigkeiten des qualifizierten Unternehmens trägt und sich bereit erklärt sicherzustellen, dass das qualifizierte Unternehmen für seine Marketing- und Vertriebstätigkeiten eine Vergütung erhält, deren Höhe mit dieser Grundsatzvereinbarung im Einklang steht.

d) Die jährlichen Aufwendungen des qualifizierten Unternehmens für Forschung, Entwicklung und Produktentwicklung betragen insgesamt weniger als [__] Prozent seines Nettoumsatzerlöses.

e) Das qualifizierte Unternehmen übt im Hinblick auf die von ihm vermarkteten und vertriebenen Produkte keine Fertigungs- oder Montagefunktionen aus.

f) Die Gesamtaufwendungen des qualifizierten Unternehmens für Marketing und Vertrieb übersteigen nicht [__] Prozent seines Nettoumsatzes.

g) Das qualifizierte Unternehmen übt keine Leitungs-, Rechts-, Rechnungslegungs- oder Personalmanagementfunktionen aus, die nicht unmittelbar mit der Durchführung seiner Marketing- und Vertriebstätigkeiten im Zusammenhang stehen.

h) Der Endproduktbestand des qualifizierten Unternehmens, berechnet auf der Basis des am letzten Tag jedes Quartals des betreffenden Wirtschaftsjahrs des qualifizierten Unternehmens durchschnittlich gehaltenen Bestands, übersteigt nicht [__] Prozent des Jahresnettoumsatzes des qualifizierten Unternehmens.

21. Ein qualifiziertes Unternehmen unterliegt folgenden Beschränkungen:

a) Es darf seine Hauptgeschäftstätigkeit in keiner der folgenden Branchen ausüben: [__].

b) Sein Jahresnettoumsatz darf [__] nicht übersteigen.

c) Seine Bilanzsumme darf [__] nicht übersteigen.

d) Es darf nicht mehr als [__] Prozent seiner Nettoerlöse durch Geschäftsvorfälle erzielen, die keine qualifizierten Geschäftsvorfälle sind.

e) Es darf in den vergangenen [__] Jahren weder in [Staat A] noch in [Staat B] einer Verrechnungspreisprüfung unterzogen worden sein, die zu Berichtigungen in Höhe von über [__] führte.

Qualifizierte Geschäftsvorfälle

22. Für die Zwecke dieser Grundsatzvereinbarung ist ein qualifizierter Geschäftsvorfall *i)* die Erbringung von Marketing- und Vertriebsleistungen durch das qualifizierte Unternehmen im Auftrag eines im anderen Vertragsstaat ansässigen verbundenen Unternehmens und/oder *ii)* der Verkauf von durch das qualifizierte Unternehmen bei einem im anderen Vertragsstaat ansässigen verbundenen Unternehmen eingekauften Produkten an unverbundene Kunden, jeweils ohne Zwischenschaltung anderer Geschäftsvorfälle oder Beteiligter.

Bestimmung der steuerpflichtigen Einkünfte des qualifizierten Unternehmens

23. Entscheidet sich ein qualifiziertes Unternehmen für die Anwendung dieser Grundsatzvereinbarung, so gilt Folgendes:

a) Die Nettoeinkünfte des qualifizierten Unternehmens im Hinblick auf seine qualifizierten Geschäftsvorfälle müssen vor Steuern im Bereich von [gleich] [___ bis ___] Prozent des Nettogesamtumsatzes des qualifizierten Unternehmens liegen.

b) Die Definition der in dieser Grundsatzvereinbarung verwendeten Rechnungslegungsbegriffe entspricht den allgemein anerkannten Rechnungslegungsgrundsätzen im Ansässigkeitsstaat des qualifizierten Unternehmens.

24. Sowohl [Staat A] als auch [Staat B] erklären sich damit einverstanden, dass die nach dieser Grundsatzvereinbarung berechnete Vergütung

für qualifizierte Geschäftsvorfälle für die Zwecke der Anwendung der Verrechnungspreisregeln des betreffenden Staats und der Bestimmungen des Artikels [9] des Steuerabkommens als Vergütung in fremdüblicher Höhe gilt.

Betriebsstätte

25. Die zuständigen Behörden von [Staat A] und [Staat B] vereinbaren, dass das an einem qualifizierten Geschäftsvorfall beteiligte verbundene Unternehmen nicht so behandelt wird, als verfüge es aufgrund der Tatsache, dass das qualifizierte Unternehmen risikoarme Marketing- und Vertriebsleistungen in seinem Auftrag erbringt oder dass das qualifizierte Unternehmen bei dem verbundenen Unternehmen Produkte im Rahmen qualifizierter Geschäftsvorfälle zum Wiederverkauf an unabhängige Kunden einkauft, über eine Betriebsstätte im Ansässigkeitsstaat des qualifizierten Unternehmens.

Entscheidung für die Anwendung der Vereinbarung und Berichtspflichten

26. Ein qualifiziertes Unternehmen und das betreffende verbundene Unternehmen können sich dafür entscheiden, die Bestimmungen dieser Grundsatzvereinbarung in [Staat A] und [Staat B] übereinstimmend anzuwenden, indem sie spätestens bis zum [__] bei [__] von [Staat A] und bei [__] von [Staat B] eine Erklärung über die qualifizierten Geschäftsvorfälle abgeben.

27. Diese Erklärung muss die folgenden Elemente umfassen:

- eine Bestätigung der Absicht der Steuerpflichtigen, diese Grundsatzvereinbarung [im laufenden Jahr] [während eines Zeitraums von (__) Jahren ab dem laufenden Jahr] anzuwenden und sich an sie zu halten
- eine Bestätigung, wonach Einkünfte und Aufwendungen im Zusammenhang mit qualifizierten Geschäftsvorfällen in [Staat A] und [Staat B] übereinstimmend gemäß dieser Vereinbarung ausgewiesen werden
- eine Schilderung der qualifizierten Geschäftsvorfälle
- die Namen jedes der an den qualifizierten Geschäftsvorfällen beteiligten verbundenen Unternehmen
- die testierten Abschlüsse des qualifizierten Unternehmens für das betreffende Wirtschaftsjahr sowie hinreichende zusätzliche Finanz- und Rechnungslegungsdaten, um den Status des qualifizierten Unternehmens als qualifiziertes Unternehmen nachzuweisen

- eine detaillierte Berechnung der Einkünfte des qualifizierten Unternehmens aus den qualifizierten Geschäftsvorfällen unter Anwendung der Prinzipien dieser Grundsatzvereinbarung
- eine Erklärung, wonach das qualifizierte Unternehmen auf Aufforderung der Steuerbehörde seines Ansässigkeitsstaats innerhalb von 60 Tagen alle Informationen einreichen wird, die diese Steuerbehörde für notwendig erachtet, um zu überprüfen, dass das Unternehmen für eine Behandlung nach dieser Grundsatzvereinbarung qualifiziert ist

28. Durch die Erfüllung der an die Entscheidung für die Anwendung dieser Grundsatzvereinbarung geknüpften Auflagen und der entsprechenden Berichtspflichten sowie die Angabe der gemäß den Bedingungen dieser Vereinbarung berechneten Einkünfte in einer fristgerecht abgegebenen Steuererklärung für das Wirtschaftsjahr werden das qualifizierte Unternehmen und das betreffende verbundene Unternehmen im Hinblick auf die qualifizierten Geschäftsvorfälle von der Verpflichtung befreit, die ansonsten geltenden Anforderungen von [Staat A] und [Staat B] in Bezug auf die Verrechnungspreisdokumentation zu erfüllen.

29. Ein qualifiziertes Unternehmen und das betreffende verbundene Unternehmen, die sich nicht für die Behandlung ihrer qualifizierten Geschäftsvorfälle nach dieser Grundsatzvereinbarung entscheiden, unterliegen der Anwendung der Regeln für die Verrechnungspreisbestimmung und -dokumentation von [Staat A] und [Staat B], als sei diese Grundsatzvereinbarung nicht in Kraft.

30. Alle Streitigkeiten im Hinblick auf die Anwendung dieser Grundsatzvereinbarung müssen zur Regelung durch Verständigung an die zuständigen Behörden von [Staat A] und [Staat B] überwiesen werden.

31. Die zuständigen Behörden von [Staat A] und [Staat B] können zur Durchführung dieser Vereinbarung gegebenenfalls Informationen gemäß Artikel [26] des Steuerabkommens austauschen.

Kündigung der Vereinbarung

32. Sowohl [Staat A] als auch [Staat B] können diese Grundsatzvereinbarung jederzeit durch schriftliche Mitteilung an die zuständige Behörde des anderen Vertragsstaats und Veröffentlichung der entsprechenden Mitteilung kündigen. Die Kündigung wird für Wirtschaftsjahre der qualifizierten Unternehmen wirksam, die nach dem letzten Tag des Kalenderjahrs beginnen, in dem das Kündigungsschreiben zugestellt und veröffentlicht wird.

Muster für eine Grundsatzvereinbarung betreffend risikoarme Forschungs- und Entwicklungsleistungen

Präambel

33. Die zuständigen Behörden von [Staat A] und [Staat B] sind zu einer Verständigung über die fremdübliche Vergütung risikoarmer Forschungs- und Entwicklungsleistungen gelangt, die ein in [Staat A] ansässiges qualifiziertes Unternehmen im Auftrag eines in [Staat B] ansässigen verbundenen Unternehmens beziehungsweise ein in [Staat B] ansässiges qualifiziertes Unternehmen im Auftrag eines in [Staat A] ansässigen verbundenen Unternehmens unter den hier beschriebenen Umständen erbringt. Die vorliegende Grundsatzvereinbarung soll qualifizierten Unternehmen durch Festlegung konkreter Verfahren zur Einhaltung der Verrechnungspreisregeln in [Staat A] und [Staat B] Rechtssicherheit bieten und Doppelbesteuerung beseitigen.

34. Diese Grundsatzvereinbarung wird auf der Grundlage des Artikels [25] des [Steuerabkommens] („Steuerabkommen") zwischen [Staat A] und [Staat B] getroffen. Sie setzt die Grundsätze des Artikels [9] des Steuerabkommens unter den hier beschriebenen Umständen um. Sie gilt für Wirtschaftsjahre qualifizierter Unternehmen, die in den Kalenderjahren [20__] bis [20__] enden. Diese Laufzeit verlängert sich um weitere fünf Jahre, sofern nicht einer der Staaten den anderen schriftlich über seine Absicht in Kenntnis setzt, diese Grundsatzvereinbarung am oder vor dem 31. Dezember [20__] zu kündigen. Das Erlöschen dieser Grundsatzvereinbarung ist für Wirtschaftsjahre der qualifizierten Unternehmen wirksam, die nach dem letzten Tag des Kalenderjahrs enden, in dem die Anwendung dieser Grundsatzvereinbarung eingestellt wird.

35. Für die Zwecke dieser Grundsatzvereinbarung bedeutet „Unternehmen" ein Unternehmen im Sinne des Artikels [3] Absatz [1] des Steuerabkommens.

Qualifiziertes Unternehmen

36. Für die Zwecke dieser Grundsatzvereinbarung muss ein qualifiziertes Unternehmen alle in diesem Absatz beschriebenen Merkmale aufweisen.

c) Das qualifizierte Unternehmen ist für die Zwecke des Steuerabkommens in einem Vertragsstaat ansässig und übt seine Geschäftstätigkeit vorwiegend in diesem Staat aus.

d) Die Hauptgeschäftstätigkeit des qualifizierten Unternehmens besteht in der Erbringung von Forschungs- und Entwicklungsleistungen in seinem Ansässigkeitsstaat im Auftrag eines im anderen Vertragsstaat ansässigen verbundenen Unternehmens (im Sinne des Artikels [9] des Steuerabkommens).

e) Das qualifizierte Unternehmen hat vor Beginn des betreffenden Wirtschaftsjahrs des qualifizierten Unternehmens eine schriftliche Vereinbarung mit dem verbundenen Unternehmen getroffen, nach der *i)* das verbundene Unternehmen die wesentlichen Geschäftsrisiken im Zusammenhang mit den Forschungs- und Entwicklungsleistungen des qualifizierten Unternehmens trägt, einschließlich des Risikos, dass die Forschung und Entwicklung keinen Erfolg hat, *ii)* das qualifizierte Unternehmen sich damit einverstanden erklärt, dass alle Rechte an den durch seine Forschungs- und Entwicklungsleistungen entwickelten immateriellen Werten dem verbundenen Unternehmen gehören, und *iii)* sich das verbundene Unternehmen bereit erklärt, dem qualifizierten Unternehmen für seine Forschungs- und Entwicklungsleistungen eine Vergütung zu zahlen, deren Höhe mit dieser Grundsatzvereinbarung im Einklang steht.

f) Das qualifizierte Unternehmen übt keine Produktfertigungs- und Montagefunktionen, Werbe-, Marketing- und Vertriebsfunktionen, Kredit- und Inkassofunktionen oder Gewährleistungsfunktionen aus.

g) Das qualifizierte Unternehmen verwendet im Rahmen seiner Forschungs- und Entwicklungsleistungen keine unternehmenseigenen Patente, Know-how-Elemente, Geschäftsgeheimnisse oder sonstigen immateriellen Werte außer denen, die ihm vom verbundenen Unternehmen zur Verfügung gestellt wurden.

h) Das qualifizierte Unternehmen übt keine Leitungs-, Rechts-, Rechnungslegungs- oder Personalmanagementfunktionen aus, die nicht unmittelbar mit der Durchführung seiner Forschungs- und Entwicklungsleistungen im Zusammenhang stehen.

i) Das vom qualifizierten Unternehmen durchgeführte Forschungs- und Entwicklungsprogramm wird von dem verbundenen Unternehmen konzipiert, geleitet und kontrolliert.

37. Ein qualifiziertes Unternehmen unterliegt folgenden Beschränkungen:

j) Es darf seine Hauptgeschäftstätigkeit in keiner der folgenden Branchen ausüben: [__].

k) Seine Personal- und sonstigen betrieblichen Aufwendungen dürfen [__] nicht übersteigen.

l) Seine Bilanzsumme darf [__] nicht übersteigen.

m) Es darf nicht mehr als [__] Prozent seiner Nettoerlöse durch Geschäftsvorfälle erzielen, die keine qualifizierten Geschäftsvorfälle sind.

n) Es darf in den vergangenen [__] Jahren weder in [Staat A] noch in [Staat B] einer Verrechnungspreisprüfung unterzogen worden sein, die zu Berichtigungen in Höhe von über [__] führte.

Qualifizierte Geschäftsvorfälle

38. Für die Zwecke dieser Grundsatzvereinbarung ist ein qualifizierter Geschäftsvorfall das Erbringen von Forschungs- und Entwicklungsleistungen durch das qualifizierte Unternehmen im Auftrag eines im anderen Vertragsstaat ansässigen verbundenen Unternehmens ohne Zwischenschaltung anderer Geschäftsvorfälle oder Beteiligter.

Bestimmung der steuerpflichtigen Einkünfte des qualifizierten Unternehmens

39. Entscheidet sich ein qualifiziertes Unternehmen für die Anwendung dieser Grundsatzvereinbarung, so gilt Folgendes:

o) Die Nettoeinkünfte des qualifizierten Unternehmens aus seinen qualifizierten Geschäftsvorfällen liegen für das Wirtschaftsjahr vor Steuern im Bereich von [gleich] [___ bis ___] Prozent der Gesamtaufwendungen des qualifizierten Unternehmens für die Durchführung der Forschungs- und Entwicklungsleistungen, wobei aus der Grundlage für die Berechnung des prozentualen Gewinnanteils lediglich die Nettozinsaufwendungen, Wechselkursgewinne oder -verluste und etwaige Einmalaufwendungen auszuklammern sind.

p) Die Definition der in dieser Grundsatzvereinbarung verwendeten Rechnungslegungsbegriffe entspricht den allgemein anerkannten Rechnungslegungsgrundsätzen im Ansässigkeitsstaat des qualifizierten Unternehmens.

40. Sowohl [Staat A] als auch [Staat B] erklären sich damit einverstanden, dass die nach dieser Grundsatzvereinbarung berechnete Vergütung für qualifizierte Geschäftsvorfälle für die Zwecke der Anwendung der Verrechnungspreisregeln des betreffenden Staats und der Bestimmungen des Artikels [9] des Steuerabkommens als Vergütung in fremdüblicher Höhe gilt.

Betriebsstätte

41. Die zuständigen Behörden von [Staat A] und [Staat B] vereinbaren, dass das an einem qualifizierten Geschäftsvorfall beteiligte verbundene Unternehmen nicht so behandelt wird, als verfüge es aufgrund der Tatsache, dass das qualifizierte Unternehmen risikoarme Forschungs- und Entwicklungsleistungen in seinem Auftrag erbringt, über eine Betriebsstätte im Ansässigkeitsstaat des qualifizierten Unternehmens.

Entscheidung für die Anwendung der Vereinbarung und Berichtspflichten

42. Ein qualifiziertes Unternehmen und das betreffende verbundene Unternehmen können sich dafür entscheiden, die Bestimmungen dieser Grundsatzvereinbarung in [Staat A] und [Staat B] übereinstimmend anzuwenden, indem sie spätestens bis zum [__] bei [__] von [Staat A] und bei [__] von [Staat B] eine Erklärung über die qualifizierten Geschäftsvorfälle abgeben.

43. Diese Erklärung muss die folgenden Elemente umfassen:

- eine Bestätigung der Absicht der Steuerpflichtigen, diese Grundsatzvereinbarung [im laufenden Jahr] [während eines Zeitraums von (__) Jahren ab dem laufenden Jahr] anzuwenden und sich an sie zu halten
- eine Bestätigung, wonach Einkünfte und Aufwendungen im Zusammenhang mit qualifizierten Geschäftsvorfällen in [Staat A] und [Staat B] übereinstimmend gemäß dieser Vereinbarung ausgewiesen werden
- eine Schilderung der qualifizierten Geschäftsvorfälle
- die Namen jedes der an den qualifizierten Geschäftsvorfällen beteiligten verbundenen Unternehmen
- die testierten Abschlüsse des qualifizierten Unternehmens für das betreffende Wirtschaftsjahr sowie hinreichende zusätzliche Finanz-

und Rechnungslegungsdaten, um den Status des qualifizierten Unternehmens als qualifiziertes Unternehmen nachzuweisen

- eine detaillierte Berechnung der Einkünfte des qualifizierten Unternehmens aus den qualifizierten Geschäftsvorfällen unter Anwendung der Prinzipien dieser Grundsatzvereinbarung
- eine Erklärung, wonach das qualifizierte Unternehmen auf Aufforderung der Steuerbehörde seines Ansässigkeitsstaats innerhalb von 60 Tagen alle Informationen einreichen wird, die diese Steuerbehörde für notwendig erachtet, um zu überprüfen, dass das Unternehmen für eine Behandlung nach dieser Grundsatzvereinbarung qualifiziert ist

44. Durch die Erfüllung der an die Entscheidung für die Anwendung dieser Grundsatzvereinbarung geknüpften Auflagen und der entsprechenden Berichtspflichten sowie die Angabe der gemäß den Bedingungen dieser Vereinbarung berechneten Einkünfte in einer fristgerecht abgegebenen Steuererklärung für das Wirtschaftsjahr werden das qualifizierte Unternehmen und das betreffende verbundene Unternehmen im Hinblick auf die qualifizierten Geschäftsvorfälle von der Verpflichtung befreit, die ansonsten geltenden Anforderungen von [Staat A] und [Staat B] in Bezug auf die Verrechnungspreisdokumentation zu erfüllen.

45. Ein qualifiziertes Unternehmen und das betreffende verbundene Unternehmen, die sich nicht für die Behandlung ihrer qualifizierten Geschäftsvorfälle nach dieser Grundsatzvereinbarung entscheiden, unterliegen der Anwendung der Regeln für die Verrechnungspreisbestimmung und -dokumentation von [Staat A] und [Staat B], als sei diese Grundsatzvereinbarung nicht in Kraft.

46. Alle Streitigkeiten im Hinblick auf die Anwendung dieser Grundsatzvereinbarung müssen zur Regelung durch Verständigung an die zuständigen Behörden von [Staat A] und [Staat B] überwiesen werden.

47. Die zuständigen Behörden von [Staat A] und [Staat B] können zur Durchführung dieser Vereinbarung gegebenenfalls Informationen gemäß Artikel [26] des Steuerabkommens austauschen.

Kündigung der Vereinbarung

48. Sowohl [Staat A] als auch [Staat B] können diese Grundsatzvereinbarung jederzeit durch schriftliche Mitteilung an die zuständige Behörde des anderen Vertragsstaats und Veröffentlichung der entsprechenden Mitteilung kündigen. Die Kündigung wird für Wirtschaftsjahre der qualifizierten Unternehmen wirksam, die nach dem letzten Tag des Kalenderjahrs beginnen, in dem das Kündigungsschreiben zugestellt und veröffentlicht wird.

Anhang II zu Kapitel IV

Leitlinien für Vorabverständigungen über die Verrechnungspreise im Rahmen des Verständigungsverfahrens („MAP-APA“)

A. Hintergrund

A.1. Einleitung

1. Vorabverständigungen über die Verrechnungspreise (*advance pricing arrangements* – APA) werden in den *Verrechnungspreisleitlinien für Multinationale Unternehmen und Steuerverwaltungen* unter Abschnitt F von Kapitel IV ausführlich erörtert. Die Ausarbeitung von Arbeitsvereinbarungen zwischen den zuständigen Behörden wird in Ziffer 4.175 behandelt:

> Eine Vereinheitlichung der Praktiken der Staaten, die Vorabverständigungen nutzen, könnte sowohl für die Steuerverwaltungen als auch für die Steuerpflichtigen von Vorteil sein. Die Steuerverwaltungen dieser Staaten sollten daher Arbeitsvereinbarungen zwischen den zuständigen Behörden über die Durchführung von Vorabverständigungsverfahren in Erwägung ziehen. Solche Vereinbarungen können allgemeine Leitlinien und Übereinkünfte für die Herbeiführung einer Verständigung in Fällen zum Gegenstand haben, in denen ein Steuerpflichtiger eine Vorabverständigung über die Verrechnungspreise beantragt hat.

Es ist darauf hinzuweisen, dass der im vorstehenden Zitat verwendete Begriff „Vereinbarung“ nicht darauf abzielt, solchen Verfahrensregelungen einen Status zu verleihen, der über das hinausgehen würde, was im Artikel des OECD-Musterabkommens zum Verständigungsverfahren vorgesehen ist. Außerdem hat der Ausschuss für Steuerfragen in Ziffer 4.171 festgestellt, dass er beabsichtigt, „die weitere Entwicklung der Nutzung von Vorabverständigungen genau zu beobachten und auf mehr Einheitlichkeit in der Praxis zwischen den Staaten hinzuwirken, die sich für die Nutzung solcher Vereinbarungen entscheiden.“

2. Dieser Anhang befasst sich mit den oben aufgeführten Empfehlungen. Ziel ist es, eine einheitliche Anwendung von APA zu fördern, indem den Steuerverwaltungen Leitlinien zur Durchführung von Verständigungsverfahren im Zusammenhang mit APA gegeben werden. Der Schwerpunkt des Anhangs liegt zwar auf der Rolle der Steuerverwaltungen, bei dieser Gelegenheit wird jedoch auch erörtert, wie die Steuerpflichtigen am besten zu diesem Prozess beitragen können. Diese Hinweise wenden sich an die Länder – sowohl OECD-Mitglieder als auch Nichtmitglieder –, die Vorabverständigungsverfahren nutzen wollen.

A.2. Definition einer Vorabverständigung (APA)

3. Viele Staaten verfügen seit einiger Zeit über Verfahren (z. B. solche für steuerliche Vorbescheide), die dem Steuerpflichtigen ein gewisses Maß an Sicherheit in Bezug darauf geben, wie die geltenden Rechtsvorschriften unter bestimmten Umständen angewendet werden. Die rechtlichen Folgen der vorgeschlagenen Maßnahme werden im Voraus auf der Basis von Annahmen über den Sachverhalt bestimmt. Die Gültigkeit dieser Bestimmung hängt davon ab, inwieweit die Annahmen durch den tatsächlichen Sachverhalt bestätigt werden, wenn die Geschäftsvorfälle stattfinden. Der Begriff Vorabverständigung bezieht sich auf eine verfahrensbezogene Vereinbarung zwischen einem oder mehreren Steuerpflichtigen und einer Steuerverwaltung mit dem Ziel, mögliche Verrechnungspreiskonflikte bereits im Vorfeld auszuräumen. Die Vorabverständigung über die Verrechnungspreise unterscheidet sich insofern vom herkömmlichen Verfahren des steuerlichen Vorbescheids, als sie eine genaue Prüfung und – soweit angemessen – Überprüfung der Sachverhaltsannahmen voraussetzt, auf die sich die Bestimmung der rechtlichen Folgen stützt, bevor diese Bestimmung erfolgen kann. Außerdem sieht die Vorabverständigung vor, dass kontinuierlich überwacht wird, ob die Sachverhaltsannahmen während der gesamten Laufzeit der Vorabverständigung zutreffend bleiben.

4. Eine Vorabverständigung wird im ersten Satz von Ziffer 4.134 definiert als „eine Vereinbarung, in der vor konzerninternen Geschäftsvorfällen ein geeigneter Katalog von Kriterien (z. B. Methode, Vergleichswerte und sachgerechte Anpassungen dieser Vergleichswerte sowie Gültigkeitsbedingungen im Hinblick auf künftige Ereignisse) festgelegt wird, anhand dessen die Verrechnungspreise für diese Geschäftsvorfälle während eines bestimmten Zeitraums ermittelt werden“. In Ziffer 4.142 heißt es außerdem: „Das Konzept der Vorabverständigung kann auch bei der Lösung von Fragen zu Artikel 7 des OECD-Musterabkommens in Bezug auf Aufteilungsprobleme, Betriebsstätten und Tätigkeiten von Zweigniederlassungen nützlich sein.“

5. In den Leitlinien (vgl. Ziffer 4.140) werden die Vereinbarungen, die lediglich zwischen einem oder mehreren Steuerpflichtigen und einer

Steuerverwaltung geschlossen werden, als „unilaterale Vorabverständigungen“ bezeichnet. Die Leitlinien raten zu bilateralen Vorabverständigungen und empfehlen in Ziffer 4.173: „Eine Vorabverständigung sollte soweit möglich auf bilateraler oder multilateraler Basis zwischen den zuständigen Behörden im Wege des Verständigungsverfahrens des einschlägigen Abkommens geschlossen werden.“ Eine bilaterale Vorabverständigung basiert auf einer einzigen Verständigungsvereinbarung zwischen den zuständigen Behörden von zwei Steuerverwaltungen im Rahmen des einschlägigen Abkommens. Eine multilaterale Vorabverständigung bezieht sich auf eine Situation, in der mehr als eine bilaterale Verständigungsvereinbarung vorliegt.

6. Eine APA bezieht sich zwar gewöhnlich auf grenzüberschreitende Geschäftsvorfälle, an denen mehr als ein Steuerpflichtiger bzw. Unternehmen mit eigener Rechtspersönlichkeit beteiligt ist, d. h. zwischen Mitgliedern eines multinationalen Konzerns, es ist jedoch auch möglich, dass eine Vorabverständigung nur für einen Steuerpflichtigen bzw. ein Unternehmen mit eigener Rechtspersönlichkeit gilt. Nehmen wir als Beispiel ein Unternehmen in Staat A, das über Zweigniederlassungen in den Staaten B, C und D Handelsgeschäfte tätigt. Um die Gewissheit zu haben, dass es nicht zu Doppelbesteuerung kommt, müssen sich die Staaten A, B, C und D einig über die Gewinne sein, die den einzelnen Staaten gemäß Artikel 7 des OECD-Musterabkommens in Bezug auf diese Handelstätigkeit jeweils zuzurechnen sind. Diese Gewissheit könnte durch die Aushandlung einer Reihe separater, aber übereinstimmender bilateraler Verständigungen, d. h. zwischen A und B, A und C sowie A und D, erlangt werden. Die Existenz mehrerer bilateraler Verständigungsvereinbarungen wirft eine Reihe besonderer Fragen auf, die in den Ziffern 21–27 von Abschnitt B dieses Anhangs näher erörtert werden.

7. Es ist wichtig, zwischen den verschiedenen Arten von Vorabverständigungen zu unterscheiden, und deshalb werden die bilateralen und multilateralen APA-Verfahren, die Hauptgegenstand dieses Anhangs sind, im Folgenden als „MAP-APA-Verfahren“ bezeichnet. Jene APA, die nicht im Rahmen eines Verständigungsverfahrens getroffen werden, werden als „unilaterale Vorabverständigungen“ bezeichnet. Der allgemeine Ausdruck „Vorabverständigung“ bzw. „APA“ wird verwendet, wenn das zu erörternde Merkmal für beide Arten von APA gilt. Es ist darauf hinzuweisen, dass eine bilaterale Vorabverständigung in der überwiegenden Mehrzahl der Fälle im Rahmen des Verständigungsverfahrens eines Doppelbesteuerungsabkommens getroffen wird. In einigen Fällen allerdings, in denen eine bilaterale Vorabverständigung angestrebt wird und das Abkommen nicht angemessen oder nicht anwendbar ist, können die zuständigen Behörden einiger Staaten dennoch eine Vereinbarung schließen, indem sie auf die Durchführungsbefugnisse der Steuerverwaltungen zurückgreifen. Der Ausdruck „MAP-APA“ sollte mit den erforderlichen Anpassungen so interpretiert werden, dass er diese außerordentlichen Vereinbarungen umfasst.

8. Der Schwerpunkt dieses Anhangs liegt darauf, Orientierungen zu geben, die es den Steuerverwaltungen ermöglichen, Streitigkeiten durch das Verständigungsverfahren beizulegen, und die so dazu beitragen, das Risiko möglicher Doppelbesteuerung zu beseitigen und den Steuerpflichtigen hinreichende Sicherheit hinsichtlich ihrer steuerlichen Behandlung zu verschaffen. Es ist jedoch darauf hinzuweisen, dass die gleichen Ziele auch durch andere Mechanismen erreicht werden können, die in diesem Anhang nicht erörtert werden.

A.3. Ziele des Vorabverständigungsverfahrens

9. In mehreren Staaten erwies sich die Beilegung von Verrechnungspreiskonflikten durch herkömmliche Prüfungsmethoden für die Steuerpflichtigen und Steuerbehörden oft als sehr schwierig und kostspielig, sowohl in Bezug auf den Zeit- als auch den Ressourcenaufwand. Bei diesen Methoden erfolgt die Überprüfung der Verrechnungspreise (und der Rahmenbedingungen) zwangsläufig erst einige Zeit nach der Bestimmung dieser Preise, und so kann es tatsächlich schwierig sein, ausreichende Informationen zu beschaffen, um zutreffend beurteilen zu können, ob die Preisbestimmung unter Bezugnahme auf fremdübliche Bedingungen erfolgte. Diese Schwierigkeiten waren einer der Gründe für die Entwicklung des Vorabverständigungsverfahrens, das in einigen Fällen als alternative Möglichkeit zur Lösung von Verrechnungspreisfragen dienen kann, um die oben beschriebenen Probleme zu vermeiden. Ein Vorabverständigungsverfahren zielt darauf ab, fundierte, zweckdienliche, von einem Geist der Zusammenarbeit geleitete Verhandlungen zu ermöglichen, Verrechnungspreisfragen zügig und vorausschauend zu lösen, die Ressourcen des Steuerpflichtigen und der Steuerverwaltung effizienter zu nutzen und dem Steuerpflichtigen ein gewisses Maß an Vorhersehbarkeit zu bieten.

10. Um erfolgreich zu sein, sollte das Verfahren spannungsfrei, effizient und praxisorientiert umgesetzt werden, wobei alle Beteiligten zusammenarbeiten müssen. Es soll die herkömmlichen administrativen, gerichtlichen und abkommensbezogenen Mechanismen zur Lösung von Verrechnungspreisproblemen nicht ersetzen, sondern ergänzen. Ein Vorabverständigungsverfahren dürfte dann am sinnvollsten sein, wenn die für die Anwendung des Fremdvergleichsgrundsatzes gewählte Methode erhebliche Fragen der Zuverlässigkeit oder Genauigkeit aufwirft oder wenn die konkreten Umstände der behandelten Verrechnungspreisfragen ungewöhnlich komplex sind.

11. Eines der Hauptziele des MAP-APA-Verfahrens ist die Beseitigung potenzieller Doppelbesteuerung. Unilaterale Vorabverständigungen geben diesbezüglich Anlass zu erheblichen Bedenken, und deshalb „bevorzugen die meisten Staaten bilaterale oder multilaterale Vorabverständigungen“ (Ziffer 4.141). Es bedarf allerdings einer Art Bestätigung oder Vereinbarung zwischen dem Steuerpflichtigen und der Steuerverwaltung, damit die MAP-APA in allen

beteiligten Staaten wirksam werden kann. Die genaue Form einer solchen Bestätigung oder Vereinbarung hängt von den innerstaatlichen Verfahren der betreffenden Staaten ab (diese Frage wird in den Ziffern 65–66 dieses Anhangs näher erörtert). Eine solche Bestätigung oder Vereinbarung bietet auch einen Mechanismus, um sicherzustellen, dass der Steuerpflichtige die Bedingungen der MAP-APA, auf der diese Bestätigung oder Vereinbarung basiert, einhält.

12. Um die in diesem Abschnitt beschriebenen Ziele zu erreichen, muss das MAP-APA-Verfahren außerdem auf neutrale Weise durchgeführt werden. Die Neutralität des Verfahrens sollte insbesondere gewährleistet sein im Hinblick auf den Ansässigkeitsstaat des Steuerpflichtigen, den Staat, in dem das MAP-APA-Verfahren angeregt wurde, den Prüfungsstatus des Steuerpflichtigen und allgemein die Auswahl der Steuerpflichtigen, die einer Prüfung unterzogen werden. Die Hinweise in Ziffer 4.167 über eine mögliche Zweckentfremdung von im Vorabverständigungsverfahren erhaltenen Informationen in der Prüfungspraxis der Steuerverwaltungen sollten ebenfalls berücksichtigt werden. Die Hinweise in diesem Anhang sollen helfen, die in diesem Abschnitt beschriebenen Ziele zu erreichen.

B. Bedingungen für den Anspruch auf eine MAP-APA

B.1. Abkommensfragen

13. Die erste sich stellende Frage ist, ob eine Vorabverständigung möglich ist. Ob ein Steuerpflichtiger das Recht hat, eine unilaterale APA zu beantragen, hängt von konkreten innerstaatlichen Anforderungen der betreffenden Steuerverwaltung ab. MAP-APA unterliegen dem Verständigungsverfahren des geltenden Doppelbesteuerungsabkommens (Artikel 25 des OECD-Musterabkommens), und ihre Umsetzung liegt im Ermessen der betreffenden Steuerverwaltungen. In den Arbeiten zu Aktionspunkt 14 des BEPS-Aktionsplans zur Gewährleistung einer zügigen, effektiven und effizienten Beilegung abkommensbezogener Streitigkeiten wurde als nichtverbindliche optimale Verfahrensweise 4 empfohlen, dass die Staaten Programme für bilaterale Vorabverständigungsverfahren einrichten sollten, sobald sie dazu in der Lage sind, womit anerkannt wurde, dass Vorabverständigungen in beiden Abkommenspartnerstaaten ein höheres Maß an Sicherheit schaffen, die Wahrscheinlichkeit einer Doppelbesteuerung verringern und Verrechnungspreiskonflikten aktiv vorbeugen können. Diesbezüglich ist darauf hinzuweisen, dass die gemäß Punkt 2.2 des Mindeststandards von Aktionspunkt 14 erstellten landesspezifischen Kurzdarstellungen des Verständigungsverfahrens Informationen über bilaterale Vorabverständigungen enthalten.

14. In manchen Fällen wird der Steuerpflichtige nur eine unilaterale APA beantragen. Die Gründe, weshalb der Steuerpflichtige keine MAP-APA beantragt, sollten untersucht werden. Gemäß den Hinweisen in Ziffer 4.173, denen

zufolge eine APA soweit möglich auf bilateraler oder multilateraler Basis geschlossen werden sollte, sollten die Steuerverwaltungen den Steuerpflichtigen ermutigen, eine MAP-APA zu beantragen, wenn die Umstände dies rechtfertigen. Wenn sie der Auffassung sind, dass eine andere Steuerverwaltung einbezogen werden sollte, weigern sich manche Staaten möglicherweise, unilaterale Verhandlungen mit dem Steuerpflichtigen aufzunehmen, selbst wenn der Steuerpflichtige auf einem unilateralen Ansatz besteht.

15. Die Aushandlung einer MAP-APA erfordert die Zustimmung der betreffenden zuständigen Behörden. In einigen Fällen wird der Steuerpflichtige die Initiative ergreifen, indem er gleichzeitige Anträge bei den betroffenen zuständigen Behörden stellt. In anderen Fällen kann der Steuerpflichtige in einem Staat einen Antrag gemäß dem einschlägigen innerstaatlichen Verfahren stellen und diesen Staat bitten, den oder die anderen betroffenen Staaten zu kontaktieren, um festzustellen, ob ein MAP-APA-Verfahren möglich ist. Die zuständige Behörde in diesem Staat sollte den oder die betroffenen Abkommenspartner folglich benachrichtigen, sobald dies verwaltungstechnisch möglich ist, um festzustellen, ob sie an dem Verfahren teilnehmen wollen. Die andere Steuerverwaltung sollte diese Einladung so rasch wie möglich beantworten, wobei berücksichtigt werden sollte, dass sie ausreichend Zeit braucht, um zu beurteilen, ob ihre Teilnahme möglich bzw. durchführbar ist.

16. Artikel 25 verpflichtet die zuständigen Behörden jedoch nicht, auf Ersuchen des Steuerpflichtigen eine MAP-APA zu schließen. Die Bereitschaft, eine MAP-APA zu schließen, hängt von der vom betreffenden Staat verfolgten Politik und der Frage ab, wie er den Artikel zum Verständigungsverfahren in seinen bilateralen Abkommen interpretiert. Einige zuständige Behörden werden eine solche Vereinbarung nur in Fällen in Erwägung ziehen, in denen es erforderlich ist, „Schwierigkeiten oder Zweifel, die bei der Auslegung oder Anwendung des Abkommens entstehen“, zu beseitigen. Die Tatsache, dass der Steuerpflichtige Gewissheit in Bezug auf seine steuerliche Behandlung erlangen will, ist deshalb allein nicht ausreichend, um das obige Kriterium zu erfüllen. Andere zuständige Behörden wenden weniger strenge Kriterien für den Abschluss einer MAP-APA an, weil sie der Auffassung sind, dass MAP-APA-Verfahren gefördert werden sollten. Darüber hinaus muss ein Steuerpflichtiger berechtigt sein, die Vorteile eines bestimmten Abkommens in Anspruch zu nehmen (z. B. weil er Gebietsansässiger eines der Vertragsstaaten ist) und alle anderen im Artikel über das Verständigungsverfahren aufgeführten Kriterien erfüllen.

B.2. Andere Faktoren

17. Die Tatsache, dass ein Steuerpflichtiger einer Prüfung unterzogen wird, sollte ihn nicht daran hindern, eine MAP-APA in Bezug auf künftige Geschäftsvorfälle zu beantragen. Die Prüfung und das Verständigungs-

verfahren sind separate Prozesse, die im Allgemeinen separat gelöst werden können. Eine Prüfung wird von der Steuerverwaltung während der Verhandlung über die MAP-APA normalerweise nicht ausgesetzt, es sei denn, alle Beteiligten kommen überein, dass die Prüfung ausgesetzt werden sollte, weil die Erzielung der MAP-APA den Abschluss der Prüfung unterstützen würde. Die künftig im Rahmen der MAP-APA anzuwendende vereinbarte Methode kann jedoch auch in die Behandlung der Geschäftsvorfälle, die Gegenstand einer Prüfung sind, einfließen, sofern die Gegebenheiten und Umstände der Geschäftsvorfälle, die Gegenstand der Prüfung sind, mit denjenigen der künftigen Geschäftsvorfälle vergleichbar sind. Diese Frage wird in Ziffer 69 weiter unten näher erörtert.

18. Der Abschluss einer MAP-APA setzt die uneingeschränkte Zusammenarbeit des Steuerpflichtigen voraus. Der Steuerpflichtige und seine verbundenen Unternehmen sollten: *a)* umfassend mit der Steuerverwaltung zusammenarbeiten, um diese bei der Evaluierung ihres Vorschlags zu unterstützen, und *b)* auf Ersuchen alle für diese Evaluierung erforderlichen zusätzlichen Informationen bereitstellen, beispielsweise Einzelheiten zu den Geschäftsvorfällen, für die die Verrechnungspreise bestimmt werden müssen, zu ihren Geschäftsvereinbarungen, Prognosen und Geschäftsplänen sowie zu ihren Finanzergebnissen. Es ist wünschenswert, sich vor Beginn des MAP-APA-Verfahrens zu vergewissern, dass der Steuerpflichtige dies zusichert.

19. In einigen Fällen kann der Spielraum einer oder beider zuständigen Behörden im Hinblick auf den Abschluss einer MAP-APA begrenzt sein, beispielsweise wenn eine rechtlich verbindliche Entscheidung in Bezug auf Fragen vorliegt, die Gegenstand der APA-Vorschläge sind. Da das MAP-APA-Verfahren per definitionem auf Konsens beruht, liegt es unter solchen Umständen im Ermessen der betroffenen zuständigen Behörden (vorbehaltlich der innerstaatlichen Rechtsvorschriften und der Politik der betreffenden Staaten) zu entscheiden, ob sie Gespräche im Hinblick auf eine MAP-APA aufnehmen. Eine zuständige Behörde kann es beispielsweise ablehnen, Gespräche aufzunehmen, wenn sie feststellt, dass eine solche Begrenzung des Spielraums der anderen zuständigen Behörde die Wahrscheinlichkeit einer Verständigung in unvertretbarem Maße reduziert. In vielen Fällen dürften Gespräche über eine MAP-APA jedoch als wünschenswert erachtet werden, selbst wenn der Freiraum einer oder beider zuständigen Behörden eingeschränkt ist. Es obliegt den zuständigen Behörden, dies im Einzelfall zu entscheiden.

20. Überaus wichtig bei der Entscheidung über die Zweckmäßigkeit einer MAP-APA ist die Frage, wie groß der Vorteil ist, der sich ergibt, wenn eine Methode zur Vermeidung von Doppelbesteuerung im Voraus vereinbart wird. Diese Frage erfordert ein gutes Urteilsvermögen, wobei ein Kompromiss zwischen dem Ziel eines effizienten Einsatzes begrenzter – finanzieller und personeller – Ressourcen und dem der Verringerung der Wahrscheinlichkeit

einer Doppelbesteuerung gefunden werden muss. Die Steuerverwaltungen sollten sich mit folgenden Punkten auseinandersetzen:

a) Stehen die Methode und die anderen Bedingungen des Vorschlags mit den Leitlinien im Einklang? Wenn dies nicht der Fall ist, sollte der Steuerpflichtige dazu bewegt werden, den Vorschlag entsprechend zu überarbeiten, um die Chancen zur Erzielung einer Verständigung zu erhöhen. Ziffer 17 des Vorworts zufolge sollen die Leitlinien „in erster Linie auch für die Lösung von Verrechnungspreisfällen in Verständigungsverfahren [...] maßgeblich sein".

b) Ist es der Fall, dass „Schwierigkeiten oder Zweifel, die bei der Auslegung oder Anwendung des Abkommens entstehen", das Risiko der Doppelbesteuerung wahrscheinlich deutlich erhöhen und folglich den Einsatz von Ressourcen rechtfertigen, um etwaige Probleme zu lösen, bevor die vorgeschlagenen Geschäftsvorfälle stattfinden?

c) Sind die Geschäftsvorfälle, auf die sich der Vorschlag bezieht, von dauerhafter Natur und liegt noch ein erheblicher Teil der Umsetzung des betreffenden Projekts in der Zukunft?

d) Werden die fraglichen Geschäftsvorfälle ernsthaft ins Auge gefasst und nicht nur theoretisch erörtert? Das Verfahren sollte nicht genutzt werden, um festzustellen, welche Ansichten die Steuerverwaltung in einer allgemeinen Grundsatzfrage vertritt – dafür gibt es in vielen Staaten andere bewährte Methoden.

e) Läuft bereits eine Verrechnungspreisprüfung in Bezug auf frühere Jahre, in denen das Sachverhaltsmuster im Wesentlichen ähnlich war? Falls dies der Fall ist, kann die Prüfung durch den Abschluss einer MAP-APA beschleunigt werden, deren Bedingungen dann angewandt werden könnten, um die Prüfung sowie gegebenenfalls die Lösung noch offener Verständigungsfragen in Bezug auf frühere Jahre zu unterstützen bzw. abzuschließen.

B.3. Multilaterale MAP-APA-Verfahren

21. Das Streben nach Gewissheit hat dazu geführt, dass Steuerpflichtige zunehmend an multilateralen MAP-APA-Verfahren in Bezug auf ihre globale Geschäftstätigkeit interessiert sind. Der Steuerpflichtige wendet sich mit einem Gesamtvorschlag an jeden betroffenen Staat und weist darauf hin, dass es wünschenswert wäre, die Verhandlungen unter Einbeziehung aller betroffenen Staaten auf multilateraler Basis und nicht separat mit jeder einzelnen Steuerverwaltung zu führen. Es ist zu beachten, dass es keine multilaterale Methode zur Umsetzung einer erzielten Vereinbarung gibt und

die einzige Möglichkeit darin besteht, eine Reihe von separaten bilateralen MAP-APA zu schließen. Ein erfolgreicher Abschluss in solcher Weise geführter Verhandlungen über eine Reihe bilateraler MAP-APA verschafft dem multinationalen Konzern eine größere Sicherheit und ist mit niedrigeren Kosten verbunden als getrennt voneinander durchgeführte bilaterale MAP-APA-Verfahren.

22. Multilaterale MAP-APA-Verfahren bringen zwar, wie oben beschrieben, potenzielle Vorteile mit sich, werfen jedoch auch einige Fragen auf. Erstens ist es wahrscheinlich nicht zielführend, eine einzige Verrechnungspreismethode auf den breiten Fächer verschiedener Gegebenheiten und Umstände, Geschäftsvorfälle und Staaten anzuwenden, die Gegenstand eines multilateralen MAP-APA-Verfahrens sein können, es sei denn, die Methode kann sachgerecht angepasst werden, um die besonderen Gegebenheiten und Umstände jedes Staats zu berücksichtigen. Alle beteiligten Staaten müssen deshalb dafür Sorge tragen, dass die Methode – auch nach einer solchen Anpassung – eine korrekte Anwendung des Fremdvergleichsgrundsatzes unter den in ihrem Staat bestehenden Bedingungen gewährleistet.

23. Zweitens entstehen Probleme, weil in einem multilateralen MAP-APA-Verfahren mehrere zuständige Behörden an einem Prozess beteiligt sind, der effektiv für ein bilaterales Verfahren konzipiert wurde. Eine sich daraus ergebene Frage ist, inwieweit es erforderlich ist, dass zwischen allen betroffenen Staaten Informationen ausgetauscht werden. Dies könnte in Fällen problematisch sein, in denen zwischen zwei oder mehreren betroffenen Abkommenspartnern keine Transaktionsströme oder beide bzw. alle Seiten betreffende Geschäftsvorfälle vorliegen, sodass es unsicher ist, ob die Informationen für die konkrete bilaterale MAP-APA, die Gegenstand der Gespräche ist, relevant sind. In Fällen, in denen verschiedene Teile des multinationalen Konzerns ähnliche Geschäftsvorfälle tätigen oder in denen der untersuchte Bereich mit integrierten Handelstätigkeiten in Zusammenhang steht, können dagegen Informationen über die Transaktionsströme zwischen anderen Beteiligten erforderlich sein, um die Ströme, die Gegenstand der jeweiligen bilateralen MAP-APA sind, verstehen und evaluieren zu können. Ein weiteres Problem besteht darin, dass es schwierig sein kann, vor ihrer Beschaffung zu beurteilen, ob derartige Informationen tatsächlich relevant sind.

24. Des Weiteren kann es, selbst wenn die Informationen für die konkrete bilaterale MAP-APA relevant sind, immer noch potenzielle Vertraulichkeitsprobleme geben, die den Austausch dieser Informationen verhindern, sei es gemäß den Bedingungen des oder der im einschlägigen Abkommen aufgeführten Artikel zum Informationsaustausch oder gemäß den innerstaatlichen Rechtsvorschriften einer der beteiligten Steuerverwaltungen. Angesichts des breiten Fächers möglicher Situationen, die in multilateralen MAP-APA-

Verfahren zu beobachten sein können, kann keine allgemeine Lösung für diese Probleme vorgegeben werden. Stattdessen müssen diese Fragen im Einzelnen in jedem der separaten bilateralen MAP-APA-Verfahren behandelt werden.

25. In Fällen, in denen sich Informationen über Transaktionsströme zwischen anderen Beteiligten als relevant erweisen, können einige Probleme in Bezug auf den Informationsaustausch möglicherweise überwunden werden, indem dem Steuerpflichtigen die Verantwortung übertragen wird, alle betroffenen Steuerverwaltungen zu informieren, anstatt auf die Abkommensbestimmungen über den Informationsaustausch zurückzugreifen (wobei allerdings noch Verfahren erforderlich wären, um zu überprüfen, ob alle Steuerverwaltungen tatsächlich die gleichen Informationen erhalten). Darüber hinaus kann es sein, dass die in den einschlägigen Abkommen enthaltenen Artikel zum Verständigungsverfahren in einigen Fällen keine geeignete Basis für eine solche multilaterale Prüfung und Erörterung darstellen, wenngleich der Artikel zum Verständigungsverfahren des OECD-Musterabkommens darauf abzielt, die Beseitigung von Doppelbesteuerung unter sehr vielfältigen Umständen zu erleichtern und deshalb, falls anwendbar, in den meisten Situationen eine angemessene Rechtsgrundlage zu bieten scheint.

26. Wie in Abschnitt A erörtert, lässt sich zusammenfassend feststellen, dass der Wunsch des Steuerpflichtigen nach Gewissheit allein nicht ausreicht, um eine Steuerverwaltung zu zwingen, eine MAP-APA einzugehen, wenn dies möglicherweise nicht angemessen ist. Eine Einladung zur Teilnahme an einem multilateralen MAP-APA-Verfahren wird deshalb im Einklang mit den Kriterien geprüft, anhand derer üblicherweise bestimmt wird, ob ein bilaterales MAP-APA-Verfahren durchgeführt werden kann, und jede vorgeschlagene bilaterale APA wird ebenfalls separat geprüft. Dann wird entschieden, ob es für den Abschluss der Verhandlungen über die bilateralen MAP-APA, zu deren Durchführung sich die Verwaltung entschlossen hat, von Vorteil ist, an multilateralen Verhandlungen teilzunehmen. Diese Evaluierung erfolgt auf Einzelfallbasis.

27. Die Entwicklung multilateraler MAP-APA-Verfahren befindet sich in einem relativ frühen Stadium, außer vielleicht im Bereich des Global Trading. Wenn das Global Trading auf vollständig integrierter Basis erfolgt (d. h., wenn die Handelstätigkeit und das Risikomanagement in Bezug auf ein Portfolio von Finanzprodukten an mehreren unterschiedlichen Standorten, gewöhnlich wenigstens drei, durchgeführt werden), sind multilaterale Vorabverständigungsverfahren und nicht etwa bilaterale inzwischen die Norm[1]. Es ist vorgesehen, die weiteren Entwicklungen im Bereich der multilateralen MAP-APA-Verfahren genau zu beobachten.

1. Wegen weiterer Einzelheiten vgl. OECD (1998), *The Taxation of Global Trading of Financial Instruments*, OECD, Paris.

C. Beantragung einer MAP-APA

C.1. Einleitung

28. Ein MAP-APA-Verfahren betrifft zwar von Natur aus eine Vereinbarung zwischen Steuerverwaltungen, sein Erfolg setzt jedoch eine erhebliche Mitwirkung des oder der Steuerpflichtigen voraus. Dieser Abschnitt befasst sich mit den ersten Etappen dieses Prozesses, nämlich der Beantragung einer MAP-APA, die normalerweise von dem oder den Steuerpflichtigen ausgeht. (Anmerkung: Einige Steuerverwaltungen sind der Auffassung, dass sie die Initiative ergreifen und die Steuerpflichtigen aktiv dazu ermutigen sollten, in geeigneten Fällen solche Anträge zu stellen, z. B. im Anschluss an eine Betriebsprüfung oder eine Risikoabschätzung.) Sobald entschieden wurde, dass ein MAP-APA-Verfahren in der Tat angemessen ist, liegt die Hauptverantwortung dafür, dass den beteiligten Steuerverwaltungen ausreichend Informationen zur Verfügung stehen, um Verhandlungen im Rahmen eines Verständigungsverfahrens führen zu können, zwangsläufig bei dem oder den Steuerpflichtigen. Der Steuerpflichtige sollte der betreffenden Steuerverwaltung deshalb einen detaillierten Vorschlag zur Prüfung vorlegen und sich bereithalten, auf Ersuchen der Steuerverwaltung weitere Informationen vorzulegen.

C.2. Vorgespräche

29. Viele innerstaatliche Verfahren zur Herbeiführung einer unilateralen Vorabverständigung sehen die Möglichkeit vor, vor der Einreichung eines formalen Antrags ein oder mehrere vorbereitende Treffen zu veranstalten. Die Durchführung eines oder mehrerer solcher Treffen bietet dem Steuerpflichtigen die Möglichkeit, die Angemessenheit einer Vorabverständigung, Art und Umfang der möglicherweise erforderlichen Informationen sowie das Ausmaß etwaiger für den Abschluss einer erfolgreichen Vorabverständigung erforderlichen Analysen mit der Steuerverwaltung zu erörtern. (Dabei kann es beispielsweise um den Umfang einer Funktionsanalyse von Tochtergesellschaften, die Ermittlung, Auswahl und Anpassung von Vergleichswerten sowie die Frage der Notwendigkeit und des Umfangs von Markt- und Branchenanalysen sowie geografischen Analysen gehen.) Der Prozess bietet dem Steuerpflichtigen außerdem die Möglichkeit, etwaige Bedenken im Hinblick auf die Offenlegung und Vertraulichkeit von Daten, die Laufzeit der APA und ähnliche Fragen zu erörtern. Die Erfahrung hat im Allgemeinen gezeigt, dass die Möglichkeit, solche Vorgespräche zu führen, die Bearbeitung eines anschließenden formalen MAP-APA-Vorschlags beschleunigt.

30. Im Kontext eines MAP-APA-Verfahrens kann es auch hilfreich sein, wenn die betreffenden zuständigen Behörden die Möglichkeit haben, Vorgespräche mit dem oder den Steuerpflichtigen zu führen. Zusätzlich zu

den oben aufgeführten Fragen könnten die Diskussionen nützlich sein, um herauszufinden, ob ein MAP-APA-Verfahren unter den jeweiligen Umständen angemessen ist, beispielsweise ob genügend „Schwierigkeiten oder Zweifel, die bei der Auslegung oder Anwendung des Abkommens entstehen“, gegeben sind.

31. Das vorbereitende Treffen kann auch dabei helfen, die Erwartungen und Ziele des oder der Steuerpflichtigen und der Steuerverwaltung zu klären. Es bietet außerdem eine Möglichkeit, den Verfahrensablauf und die Politik der Steuerverwaltung in Bezug auf MAP-APA zu erklären und Verfahren zu erläutern, um der geschlossenen Vereinbarung nach innerstaatlichem Recht Wirksamkeit zu geben. Gleichzeitig kann die Steuerverwaltung Hinweise zum Inhalt des Vorschlags und zum zeitlichen Rahmen für die Evaluierung und den Abschluss der Verständigungsvereinbarung geben. Die Steuerverwaltungen sollten im Einklang mit den Empfehlungen für andere Arten von Verständigungsverfahren unter den Ziffern 4.62–4.63 allgemeine Hinweise zum MAP-APA-Verfahren veröffentlichen.

32. Der Prozess der vorbereitenden Treffen kann je nach den innerstaatlichen Gepflogenheiten und Praktiken anonym oder unter Angabe von Namen durchgeführt werden. Falls die Gespräche auf anonymer Basis durchgeführt werden, sind jedoch ausreichende Informationen über die Geschäftstätigkeiten erforderlich, damit die Gespräche einen Sinn haben. Die Form der Treffen sollte zwischen den Beteiligten vereinbart werden, wobei das Spektrum der Möglichkeiten von einem informellen Gespräch bis hin zu einer formellen Präsentation reichen kann. Es liegt normalerweise im Interesse des Steuerpflichtigen, der Steuerverwaltung ein Memorandum vorzulegen, in dem die zur Diskussion stehenden Themen dargelegt werden. Es kann sein, dass mehrere vorbereitende Treffen erforderlich sind, bevor es möglich ist, eine informelle Diskussion über die Angemessenheit eines MAP-APA-Antrags, den wahrscheinlichen Anwendungsbereich der angestrebten Vereinbarung, die Eignung einer Methode oder die Art und den Umfang der vom Steuerpflichtigen vorzulegenden Informationen zu führen.

33. Es kann sinnvoll sein, dass sich die zuständigen Behörden zusätzlich zu den informellen Gesprächen mit ihrem oder ihren Steuerpflichtigen frühzeitig miteinander darüber austauschen, ob sie ein MAP-APA-Verfahren für angemessen halten. Dies könnte unnötige Arbeit vermeiden, wenn die Teilnahme einer der zuständigen Behörden unwahrscheinlich ist. Diese Gespräche können informeller Art sein und erfordern nicht zwangsläufig ein formelles persönliches Treffen. Möglicherweise bietet sich auch im Rahmen regelmäßiger Treffen und Verhandlungen der zuständigen Behörden die Gelegenheit, solche Gespräche zu führen.

C.3. MAP-APA-Vorschläge

C.3.1. Einleitung

34. Wenn der Steuerpflichtige eine MAP-APA beantragen möchte, muss er der betreffenden Steuerverwaltung im Einklang mit etwaigen innerstaatlichen verfahrensrechtlichen Vorschriften, z. B. der Auflage, den Antrag bei einer bestimmten Stelle der innerstaatlichen Steuerverwaltung einzureichen, einen detaillierten Vorschlag unterbreiten. Im Fall einer MAP-APA hat der Vorschlag des Steuerpflichtigen den Zweck, den betreffenden zuständigen Behörden alle Informationen zu liefern, die erforderlich sind, um den Vorschlag zu evaluieren und Gespräche im Rahmen des Verständigungsverfahrens aufzunehmen. Die Staaten haben mehrere Möglichkeiten, um sicherzustellen, dass die zuständigen Behörden die erforderlichen Informationen erhalten. Eine Möglichkeit besteht darin, dem Steuerpflichtigen zu gestatten, der zuständigen Behörde den Vorschlag direkt zu unterbreiten. Eine andere Möglichkeit, dieses Ziel zu erreichen, wäre, dass der Steuerpflichtige den anderen beteiligten Staaten eine Kopie des APA-Vorschlags zukommen lässt, den er in seinem Staat eingereicht hat. Im Idealfall werden die genaue Form und der genaue Inhalt des Vorschlags in vorbereitenden Treffen festgelegt.

C.3.2. Üblicherweise in einem MAP-APA-Verfahren behandelte Fragen

35. Der Anwendungsbereich der MAP-APA hängt von den Wünschen der beteiligten Staaten und des Steuerpflichtigen ab. Die MAP-APA kann angewendet werden, um Probleme zu lösen, die unter die Artikel 7 und 9 des OECD-Musterabkommens fallen, und darüber entscheiden, wie sich die erzielten Gewinne auf die betroffenen Steuerhoheitsgebiete verteilen.

36. Die MAP-APA kann sich auf alle Verrechnungspreisfragen eines Steuerpflichtigen (oder der Unternehmen eines multinationalen Konzerns) erstrecken oder einen begrenzteren Anwendungsbereich haben, beispielsweise auf einen bestimmten Geschäftsvorfall, auf eine Kategorie von Geschäftsvorfällen, auf bestimmte Produktlinien oder nur auf einige Unternehmen eines multinationalen Konzerns. Einige Staaten erkennen zwar an, dass das Verfahren eine gewisse Flexibilität erfordert, haben jedoch Bedenken im Hinblick auf die Angemessenheit von Vorabverständigungen, die sich auf spezifische Fragen konzentrieren. Es kann schwierig sein, manche Fragen isoliert zu betrachten, beispielsweise wenn die unter den Vorschlag fallenden Geschäftsvorfälle eng mit Geschäftsvorfällen verflochten sind, die nicht unter den Vorschlag fallen, oder wenn die Notwendigkeit besteht, Verrechnungspreisfragen in einem breiteren Kontext zu analysieren, weil Vorteilsausgleichsvereinbarungen im Spiel sind (vgl. Ziffer 3.13–3.17).

37. Eine MAP-APA kann sich auch mit anderen Fragen als der Verrechnungspreismethode befassen, sofern diese anderen Fragen so eindeutig mit den zugrunde liegenden Verrechnungspreisfragen zusammenhängen, dass sich der Versuch lohnt, sie im Voraus zu lösen, und sofern sie unter den Artikel zum Verständigungsverfahren des einschlägigen Abkommens fallen. Dies muss von den betroffenen Parteien im Einzelfall entschieden werden.

C.3.3. Inhalt eines MAP-APA-Vorschlags

38. Der Inhalt des Vorschlags und der Umfang der erforderlichen Begleitinformation und -dokumentation hängen von den Gegebenheiten und Umständen jedes Einzelfalls und den Anforderungen der einzelnen teilnehmenden Steuerverwaltungen ab. Es lässt sich deshalb nicht genau auflisten oder definieren, welche Informationen vorgelegt werden sollten. Als Leitprinzip sollte jedoch gelten, dass die Informationen und Aufzeichnungen vorgelegt werden sollten, die erforderlich sind, um die für die vorgeschlagene Methode relevanten Sachverhalte zu erklären und nachzuweisen, dass die Methode im Einklang mit dem entsprechenden Artikel des einschlägigen Abkommens angewendet wird. Der Vorschlag sollte deshalb mit den allgemeinen Hinweisen im Kommentar des OECD-Musterabkommens zu den entsprechenden Artikeln im Einklang stehen und in Fällen, die Verrechnungspreise zwischen verbundenen Unternehmen betreffen, den Leitlinien zur Anwendung des Fremdvergleichsgrundsatzes auf der Grundlage von Artikel 9 gerecht werden.

39. Was die beizufügende Begleitinformation und -dokumentation anbelangt, so sollten die Hinweise in Kapitel IV (Ziffer 4.165–4.168) und Kapitel V zu den Dokumentationsanforderungen berücksichtigt werden. Wegen des zukunftsgerichteten Charakters der angestrebten Vereinbarung müssen jedoch möglicherweise andere Arten von Informationen bereitgestellt werden als in Verständigungsfällen, die sich nur auf bereits getätigte Geschäftsvorfälle beziehen. Als allgemeine Regel können die folgenden Informationen für MAP-APA-Verfahren relevant sein, es ist jedoch zu betonen, dass die nachstehende Liste weder erschöpfend noch verbindlich sein soll:

a) Geschäftsvorfälle, Produkte, Unternehmen und Vereinbarungen, auf die sich der Vorschlag bezieht; (einschließlich gegebenenfalls einer kurzen Erklärung, weshalb nicht alle Geschäftsvorfälle, Produkte, Unternehmen und Vereinbarungen des oder der am Antrag beteiligten Steuerpflichtigen aufgenommen wurden)

b) an diesen Geschäftsvorfällen oder Vereinbarungen beteiligte Unternehmen und Betriebsstätten

c) der bzw. die anderen Staaten, um deren Mitwirkung ersucht wurde

d) Informationen in Bezug auf die weltweite Organisationsstruktur, die Geschichte, die Jahresabschlüsse, die Produkte sowie die Funktionen und (materiellen und immateriellen) Vermögenswerte der beteiligten verbundenen Unternehmen

e) Beschreibung der vorgeschlagenen Verrechnungspreismethode und nähere Informationen und Analysen zur Begründung dieser Methode, z. B. Ermittlung vergleichbarer Preise oder Margen, Bandbreite der erwarteten Ergebnisse usw.

f) dem Vorschlag zugrunde liegende Annahmen und Erörterung des Effekts von Veränderungen dieser Annahmen oder von sonstigen Ereignissen, beispielsweise unerwarteten Ergebnissen, die die Gültigkeit des Vorschlags beeinträchtigen könnten

g) zu berücksichtigende Rechnungsperioden oder Veranlagungszeiträume

h) allgemeine Beschreibung der Marktbedingungen (z. B. Branchentrends und Wettbewerbsumfeld)

i) Erörterung etwaiger zusätzlicher durch die vorgeschlagene Methode aufgeworfener relevanter Steuerfragen

j) Erörterung und Nachweis der Befolgung der einschlägigen innerstaatlichen Rechtsvorschriften, Abkommensbestimmungen und OECD-Leitlinien in Bezug auf den Vorschlag

k) weitere Informationen, die Auswirkungen auf die gegenwärtige oder vorgeschlagene Verrechnungspreismethode haben können, und die zugrunde liegenden Daten für alle beteiligten Parteien

Der verbleibende Teil dieses Abschnitts beschäftigt sich eingehender mit einigen der wichtigsten in der vorstehenden Liste aufgeführten Fragen.

C.3.4. Vergleichbare Preisinformationen

40. Der Steuerpflichtige sollte die Frage der Verfügbarkeit und der Nutzung vergleichbarer Preisinformationen erörtern. Dies umfasst eine Beschreibung, wie die Suche nach Vergleichswerten durchgeführt wurde (einschließlich der verwendeten Suchkriterien), welche Daten in Bezug auf Fremdgeschäftsvorfälle beschafft wurden und wie diese Daten als Vergleichsdaten akzeptiert oder abgelehnt wurden. Der Steuerpflichtige sollte außerdem eine Darstellung vergleichbarer Geschäftsvorfälle einschließlich der entsprechenden Anpassungen, mit denen etwaigen wesentlichen Unterschieden zwischen den konzerninternen Geschäftsvorfällen und den Fremdgeschäftsvorfällen Rechnung getragen wird, vorlegen. In Fällen, in denen keine Vergleichswerte ermittelt werden können, sollte der

Steuerpflichtige unter Bezugnahme auf relevante Markt- und Finanzdaten (einschließlich der internen Daten des Steuerpflichtigen) nachweisen, wieso die gewählte Methode dem Fremdvergleichsgrundsatz gerecht wird.

C.3.5. Methode

41. Der MAP-APA-Vorschlag sollte eine vollständige Beschreibung der gewählten Methode enthalten. In Fällen, die verbundene Unternehmen betreffen, sollte die gewählte Methode außerdem den Leitlinien zur Anwendung des Fremdvergleichsgrundsatzes von Artikel 9 des OECD-Musterabkommens gerecht werden. Unter Ziffer 2.11 heißt es: „Darüber hinaus sollte jede Methode zulässig sein, deren Anwendung sowohl für die an dem bzw. den betreffenden Geschäftsvorfällen beteiligten Unternehmen des multinationalen Konzerns als auch für die Steuerverwaltungen der Staaten dieser Unternehmen akzeptabel ist." Wegen der Möglichkeit einer Vorabverständigung über die zu verwendende Methode ist dieser Hinweis zur Nutzung von Verrechnungspreismethoden im Kontext eines MAP-APA-Verfahrens besonders relevant. Die Anwendung der Methode sollte sich auf Daten stützten, die während der Laufzeit der MAP-APA beschafft und aktualisiert werden können, ohne dass dies für den Steuerpflichtigen eine zu große Belastung darstellen würde, und die von den Steuerverwaltungen effektiv überprüft und bestätigt werden können.

42. Der Steuerpflichtige sollte soweit möglich eine Analyse vorlegen, aus der hervorgeht, wie sich die Anwendung der gewählten Methode(n) während der vorgeschlagenen Laufzeit der Vereinbarung auswirkt. Eine solche Analyse stützt sich notwendigerweise auf prognostizierte Ergebnisse, weshalb Informationen über die Annahmen, auf denen die Prognosen basieren, notwendig sind. Es kann auch hilfreich sein darzulegen, wie sich die Anwendung der APA-Methode oder -Methoden auf die unmittelbar vor der APA-Periode liegenden Perioden auswirkt. Der Nutzen dieser Analyse hängt, selbst wenn sie nur der Veranschaulichung dient, davon ab, dass die Gegebenheiten und Umstände der betreffenden Geschäftsvorfälle mit denen vergleichbar sind, die für die künftigen Geschäftsvorfälle gelten, auf die sich der Vorschlag bezieht.

C.3.6. Gültigkeitsbedingungen

43. Beim Abschluss einer MAP-APA in Bezug auf fremdvergleichskonforme Verrechnungspreise für konzerninterne Geschäftsvorfälle, die noch nicht stattgefunden haben, ist es notwendig, bestimmte Annahmen zu den betrieblichen und wirtschaftlichen Bedingungen zu treffen, die sich auf diese Geschäftsvorfälle auswirken werden, wenn sie stattfinden. Der Steuerpflichtige sollte im Vorschlag die Annahmen beschreiben, unter denen es mit der Methode möglich sein wird, den fremdüblichen Preis künftiger Geschäftsvorfälle zu ermitteln. Er sollte darüber hinaus

erklären, wie mit der gewählten Methode zufriedenstellend auf mögliche Veränderungen dieser Annahmen reagiert werden kann. Die Annahmen gelten als „Gültigkeitsbedingungen" (*critical assumptions)*, wenn die tatsächlichen Gegebenheiten im Zeitpunkt der Durchführung der Geschäftsvorfälle so stark von den angenommenen Bedingungen abweichen könnten, dass es nicht mehr sicher ist, ob der fremdübliche Preis mit der Methode zuverlässig ermittelt werden kann. Ein Beispiel könnte eine grundlegende Veränderung der Marktbedingungen infolge neuer Technologien, staatlicher Auflagen oder eines starken Verlusts an Akzeptanz beim Verbraucher sein. In einem solchen Fall kann die Abweichung bedeuten, dass die Vereinbarung korrigiert oder aufgehoben werden muss.

44. Um die Zuverlässigkeit der MAP-APA-Methode zu erhöhen, sollten die Steuerpflichtigen und Steuerverwaltungen versuchen, Gültigkeitsbedingungen zu ermitteln, die soweit möglich auf beobachtbaren, zuverlässigen und unabhängigen Daten basieren. Solche Annahmen sind nicht auf Aspekte begrenzt, die im Einflussbereich des Steuerpflichtigen liegen. Die Gültigkeitsbedingungen müssen auf die spezifischen Umstände des Steuerpflichtigen, das konkrete Geschäftsumfeld, die Methode und die Art der erfassten Geschäftsvorfälle zugeschnitten sein. Sie sollten nicht so eng gefasst sein, dass die durch die Vereinbarung geschaffene Gewissheit infrage gestellt wäre, sondern eine so starke Veränderung der zugrunde liegenden Sachverhalte gestatten, wie dies für die an der Vereinbarung beteiligten Parteien vertretbar ist. Im Allgemeinen können die Gültigkeitsbedingungen indessen folgende – nur als Beispiel aufgeführte – Arten von Annahmen umfassen:

a) Annahmen über die einschlägigen innerstaatlichen steuerrechtlichen Vorschriften und Abkommensbestimmungen

b) Annahmen über Zölle, Abgaben, Einfuhrbeschränkungen und staatliche Auflagen

c) Annahmen über das wirtschaftliche Umfeld, den Marktanteil, die Marktbedingungen, den Endverkaufspreis und das Absatzvolumen

d) Annahmen über die Art der Funktionen und Risiken der an den Geschäftsvorfällen beteiligten Unternehmen

e) Annahmen über Wechselkurse, Zinssätze, Kredit-Rating und Kapitalstruktur

f) Annahmen über die Geschäftsführung oder die Rechnungslegung und die Klassifizierung von Einkünften und Aufwendungen

g) Annahmen über die Unternehmen, die in den einzelnen Staaten tätig sein werden, und die Form ihrer Geschäftstätigkeit

45. Es kann auch hilfreich sein, für einige Annahmen im Voraus Parameter in Bezug auf ein vertretbares Maß der Abweichung festzulegen, um die notwendige Flexibilität zu gewährleisten. Entsprechende Parameter müssen einzeln für jede MAP-APA festgelegt werden und sind Teil der Verhandlungen zwischen den zuständigen Behörden. Eine Gültigkeitsbedingung gilt nur dann als nicht erfüllt, wenn die Abweichung von der Prognose den Parameter überschreitet, in welchem Fall Maßnahmen erwogen werden müssen. Die zu ergreifenden Maßnahmen können auch von der Art der Annahme und dem Umfang der Abweichung abhängen.

46. Wenn bekannt ist, dass die Zuverlässigkeit der vorgeschlagenen Verrechnungspreismethode anfällig gegenüber Wechselkursschwankungen ist, dürfte es sinnvoll sein, die Methode so auszugestalten, dass sie mit einem gewissen Grad an erwarteter Schwankung vereinbar ist, vielleicht indem Preisanpassungen vorgesehen werden, um Wechselkursbewegungen Rechnung zu tragen. Außerdem könnte im Voraus vereinbart werden, dass Bewegungen in die eine oder andere Richtung um bis zu X % keine Maßnahmen erfordern, dass Bewegungen um mehr als X %, aber weniger als Y % eine vorausschauende Überprüfung der Methode auslösen, um sicherzustellen, dass diese weiterhin angemessen ist, während eine Bewegung um mehr als Y % bedeutet, dass eine Gültigkeitsbedingung nicht mehr erfüllt ist, was eine vorausschauende Neuverhandlung der MAP-APA erforderlich macht. Entsprechende Parameter müssen einzeln für jede MAP-APA festgelegt werden und sind Teil der Verhandlungen zwischen den zuständigen Behörden.

C.3.7. Unerwartete Ergebnisse

47. Wenn die bei der Anwendung der in der MAP-APA vereinbarten Verrechnungspreismethode erzielten Ergebnisse die Erwartungen eines der Beteiligten nicht erfüllen, kann ein Problem entstehen, weil dieser Beteiligte infrage stellen kann, ob die Gültigkeitsbedingungen und die Methode, die sie stützen, noch zutreffen. Die Lösung derartiger Fragen kann sehr zeit- und arbeitsaufwendig sein und damit einem der Ziele des gesamten Prozesses zuwiderlaufen. Eine mögliche Lösung dieses Problems besteht darin, den Vorschlag so flexibel zu gestalten, dass er mit wahrscheinlichen Veränderungen der Gegebenheiten und Umstände vereinbar ist, damit mit geringerer Wahrscheinlichkeit unerwartete Ergebnisse eintreten und folglich das Risiko verringert wird, dass die auf dem Vorschlag basierende MAP-APA neu verhandelt werden muss. Der Vorschlag muss natürlich immer noch mit dem Fremdvergleichsgrundsatz im Einklang stehen.

48. Eine Möglichkeit, das oben genannte Ziel zu erreichen, besteht darin, eine Methode zu konzipieren, die wahrscheinliche Veränderungen der Gegebenheiten und Umstände angemessen berücksichtigt; so kann beispielsweise von Anfang an eine gewisse Abweichung zwischen dem prognostizier-

ten und dem tatsächlichen Absatzvolumen in die Preisbestimmungsmethode einbezogen werden, indem Klauseln über künftige Preisanpassungen aufgenommen werden oder indem zugelassen wird, dass die Preise mit dem Volumen schwanken. Die zulässige Abweichung sollte unter Bezugnahme auf das festgelegt werden, was unabhängige Unternehmen akzeptiert hätten.

49. Eine weitere Möglichkeit, das Ziel einer höheren Sicherheit zu erreichen, besteht darin, eine annehmbare Bandbreite von Ergebnissen zu vereinbaren, die sich aus der Anwendung der MAP-APA-Methode ergeben können. Um dem Fremdvergleichsgrundsatz Genüge zu tun, sollten sich alle betroffenen Parteien – gestützt auf das, was unabhängige Unternehmen unter vergleichbaren Umständen vereinbart hätten – im Voraus auf diese Bandbreite einigen, um eine rückwirkende Beurteilung aufgrund nachträglicher Erkenntnisse zu vermeiden (vgl. Ziffern 3.55–3.66 wegen einer Erörterung des Bandbreitenkonzepts). So könnte eine bestimmte Größe eines Postens wie Lizenzgebühren beispielsweise akzeptiert werden, solange sie innerhalb einer bestimmten Bandbreite liegt, die als Anteil der Gewinne ausgedrückt wird.

50. Wenn die Ergebnisse außerhalb der vereinbarten Bandbreite liegen, hängen die zu ergreifenden Maßnahmen davon ab, was in dem Vorschlag gemäß den Wünschen der Beteiligten ausgehandelt wurde. Einige Beteiligte wollen möglicherweise nicht das Risiko eingehen, dass die Ergebnisse erheblich von ihren Erwartungen abweichen. Sie werden das Bandbreitenkonzept dementsprechend einfach als Mittel nutzen, um festzustellen, ob eine Gültigkeitsbedingung, wie in Ziffer 46 beschrieben, nicht erfüllt ist. Andere Beteiligte messen der Sicherheit der steuerlichen Behandlung möglicherweise mehr Bedeutung bei als der Vermeidung unerwarteter Ergebnisse und vereinbaren deshalb, dass die MAP-APA einen Mechanismus zur Anpassung der Ergebnisse enthalten sollte, damit die Ergebnisse innerhalb der im Vorhinein vereinbarten Bandbreite liegen.

C.3.8. Laufzeit der MAP-APA

51. Da eine Vorabverständigung naturgemäß für künftige Geschäftsvorfälle gilt, muss entschieden werden, wie lange sie laufen soll. Es gibt zwei konfligierende Bestrebungen, die die Verhandlung über die angemessene Laufzeit beeinflussen. Einerseits ist es wünschenswert, einen Zeitraum vorzusehen, der lang genug ist, um ein vertretbares Maß an Sicherheit der steuerlichen Behandlung zu gewährleisten. Sonst lohnt es sich möglicherweise nicht, Anstrengungen zu unternehmen, um potenzielle Verrechnungspreisprobleme im Voraus zu lösen, anstatt sie – im Rahmen der normalen Betriebsprüfung oder Überprüfung der Steuererklärung – erst dann anzugehen, wenn sie auftreten. Andererseits verringert ein langer Zeitraum die Genauigkeit der Prognosen in Bezug auf die künftigen Bedingungen, auf die sich die Verständigungsverhandlungen stützen, womit die Zuverlässigkeit der MAP-

APA-Vorschläge infrage gestellt ist. Der optimale Kompromiss zwischen diesen beiden Bestrebungen hängt von mehreren Faktoren ab, wie beispielsweise der Branche, den betroffenen Geschäftsvorfällen und dem wirtschaftlichen Umfeld. Die Laufzeit sollte deshalb auf Einzelfallbasis zwischen den zuständigen Behörden ausgehandelt werden. Der bisherigen Erfahrung zufolge liegt die durchschnittliche Laufzeit von MAP-APA bei 3–5 Jahren.

D. Aushandlung der MAP-APA

D.1. Einleitung

52. Der Erfolg des MAP-APA-Verfahrens als Alternative zur alleinigen Nutzung der herkömmlichen Prüfungsmethoden hängt zum großen Teil vom Engagement aller Beteiligten ab. Die Fähigkeit der betroffenen zuständigen Behörden, zügig eine Vereinbarung zu erzielen, hängt sowohl von ihren Maßnahmen als auch – was besonders wichtig ist – von der Bereitschaft des oder der Steuerpflichtigen ab, möglichst zeitnah alle notwendigen Informationen bereitzustellen. Der Nutzen des Verfahrens wird sowohl für die Steuerpflichtigen als auch für die Steuerverwaltungen deutlich verringert, wenn die MAP-APA erst geschlossen wird, wenn der im Antrag des Steuerpflichtigen vorgeschlagene Anwendungszeitraum fast abgelaufen ist. Durch solche Verzögerungen kann es auch schwieriger werden, bei der Evaluierung des Vorschlags eine rückwirkende Beurteilung aufgrund nachträglicher Erkenntnisse zu vermeiden, weil die aus der Anwendung der Methode resultierenden Ergebnisse für den Großteil des für die MAP-APA vorgesehenen Zeitraums bereits bekannt sind. Angesichts des relativ frühen Stadiums der Entwicklung der MAP-APA-Verfahren ist es verständlich, dass das Ziel einer zügigen, vorausschauenden Lösung bislang nicht immer erreicht wurde. Verfahrensverzögerungen sind bis zu einem gewissen Grad natürlich unvermeidlich; in MAP-APA geht es in der Regel um große Unternehmen, komplexe Sachverhaltsmuster und schwierige rechtliche und wirtschaftliche Fragen, deren Klärung und Evaluierung Zeit und Ressourcen erfordert.

53. Die Steuerverwaltungen werden ermutigt, soweit möglich ausreichend Ressourcen und geschultes Personal für das Verfahren bereitzustellen, um sicherzustellen, dass die Fälle zügig und effizient geregelt werden. Einige Steuerverwaltungen könnten daran interessiert sein, die Effizienz ihrer MAP-APA-Verfahren zu steigern, indem sie informelle Ziele für den Zeitraum festlegen, der für den Abschluss des Verfahrens erforderlich ist, und indem sie die durchschnittliche Verfahrensdauer veröffentlichen. Bestimmte Abkommenspartner können auch informelle Ziele für den Abschluss ihrer bilateralen Verhandlungen vereinbaren. Angesichts der häufig komplexen und schwierigen Sachverhaltsmuster, des möglichen Übersetzungsbedarfs und der relativen Neuheit derartiger Vereinbarungen wird es derzeit nicht als wün-

schenswert erachtet, konkretere oder verbindlichere Ziele für die Dauer von MAP-APA-Verfahren vorzugeben. Sachdienlich wäre es jedoch, in Zukunft konkretere Ziele für die Verfahrensdauer festzulegen, wenn mehr Erfahrung mit MAP-APA-Verfahren gewonnen wurde.

54. Sobald der Vorschlag eines Steuerpflichtigen bei den Steuerverwaltungen eingegangen ist, sollten sich diese über die Koordinierung der Überprüfung, Evaluierung und Verhandlung des MAP-APA-Verfahrens verständigen. Das MAP-APA-Verfahren kann zweckmäßig in zwei große Etappen unterteilt werden, die nachstehend eingehender erörtert werden: *a)* Sachverhaltsfeststellung, Überprüfung und Evaluierung und *b)* Gespräche zwischen den zuständigen Behörden.

D.2. Sachverhaltsfeststellung, Überprüfung und Evaluierung

D.2.1. Allgemeines

55. Bei der Prüfung des MAP-APA-Vorschlags können die Steuerverwaltungen alle Schritte unternehmen, die sie unter den jeweiligen Umständen für die Durchführung des Verständigungsverfahrens für angemessen halten. Hierzu zählen u. a.: Anforderung weiterer Informationen, die für die Prüfung und Evaluierung des Vorschlags des Steuerpflichtigen als relevant erachtet werden, Außeneinsätze (z. B. Besuche in den Räumlichkeiten des Steuerpflichtigen, Gespräche mit den Beschäftigten, Prüfung von Finanztransaktionen und Geschäftsführung usw.) und Einbeziehung notwendiger Experten. Die Steuerverwaltungen können auch Informationen aus anderen Quellen heranziehen, darunter Informationen und Daten über vergleichbare Steuerpflichtige.

56. Das Ziel dieser Etappe des MAP-APA-Verfahrens ist, dass die beteiligten zuständigen Behörden über alle relevanten Informationen, Daten und Analysen verfügen, die sie für die Verhandlungen benötigen. Wenn eine Steuerverwaltung vom Steuerpflichtigen zusätzliche Informationen erhält, die für das MAP-APA-Verfahren relevant sind, beispielsweise bei einem Treffen mit Beschäftigten des Steuerpflichtigen, sollten sowohl der Steuerpflichtige als auch die Steuerverwaltung sicherstellen, dass die andere(n) beteiligte(n) Steuerverwaltung(en) die Informationen ebenfalls erhalten. Die betroffenen zuständigen Behörden sollten untereinander und mit den Steuerpflichtigen einen geeigneten Mechanismus vereinbaren, um sich der Vollständigkeit und der Einzelheiten der von dem oder den Steuerpflichtigen vorgelegten Dokumente und Informationen zu vergewissern. Die Anforderungen der beteiligten zuständigen Behörden sollten erfüllt werden. So verlangen beispielsweise viele Staaten, dass nicht nur alle beteiligten zuständigen Behörden die gleichen sachverhaltsbezogenen Informationen erhalten, sondern dass sie diese soweit möglich auch gleichzeitig erhalten.

57. Der zukunftsgerichtete Charakter eines MAP-APA-Verfahrens hat häufig zur Folge, dass der Steuerpflichtige geschäftlich relevante Informationen in Bezug auf Prognosen bereitstellt, deren Offenlegung noch heikler sein dürfte als die von nachträglich gelieferten Informationen. Um sicherzustellen, dass die Steuerpflichtigen Vertrauen in das MAP-APA-Verfahren haben, sollten die Steuerverwaltungen folglich dafür sorgen, dass steuerpflichtigenbezogene Informationen, die während des MAP-APA-Verfahrens vorgelegt werden, in Bezug auf Geheimhaltung, Vertraulichkeit und Persönlichkeitsrechte den gleichen Schutz durch die innerstaatlichen Rechtsvorschriften genießen wie alle anderen steuerpflichtigenbezogenen Informationen. Darüber hinaus können Informationen, die im Rahmen des Steuerabkommens zwischen den zuständigen Behörden ausgetauscht werden, nur im Einklang mit den besonderen Bedingungen des Abkommens offengelegt werden, und jeder Austausch muss dem bzw. den Artikeln des einschlägigen Abkommens über den Informationsaustausch gerecht werden.

58. Die zuständigen Behörden führen normalerweise zeitgleich unabhängige Prüfungen und Evaluierungen des vom Steuerpflichtigen vorgelegten Vorschlags durch und werden bei dieser Aufgabe gegebenenfalls von auf Verrechnungspreise, bestimmte Branchen oder andere Bereiche spezialisierten Mitarbeitern anderer Abteilungen ihrer Steuerverwaltung unterstützt. Es kann jedoch in geeigneten Fällen effizienter sein, die Sachverhaltsfeststellung bis zu einem gewissen Grad gemeinsam durchzuführen. Dies kann verschiedene Formen annehmen, wobei das Spektrum der Möglichkeiten von gelegentlichen Treffen oder Besuchen vor Ort bis zur Erstellung eines gemeinsamen Berichts durch abgeordnete Sachbearbeiter reicht.

D.2.2. Rolle des Steuerpflichtigen bei Sachverhaltsfeststellung, Prüfung und Evaluierung

59. Um das Verfahren zu beschleunigen, sollten die Steuerpflichtigen dafür Sorge tragen, dass die zuständigen Behörden vor Beginn der Verhandlungen über die gleichen Sachverhalte unterrichtet sind, dass sie alle Informationen besitzen, die sie benötigen, und dass sie die zu behandelnden Fragen verstehen. Dies kann erreicht werden, indem der Steuerpflichtige von einer Steuerverwaltung erbetene Informationen der anderen Steuerverwaltung routinemäßig, weitgehend zeitgleich, zur Verfügung stellt, von einer Steuerverwaltung erstellte Aufzeichnungen über Informationstreffen der anderen Steuerverwaltung übermittelt und gemeinsame Informationstreffen ermöglicht, wenn dies logistisch und wirtschaftlich machbar ist. Der Steuerpflichtige sollte außerdem dafür Sorge tragen, dass die erforderlichen Übersetzungen angefertigt werden und sicherstellen, dass es bei der Beantwortung von Ersuchen um weitere relevante Informationen nicht zu ungebührlichen Verzögerungen kommt. Der Steuerpflichtige sollte ferner berechtigt sein, während der Prüfung und Evaluierung des Vorschlags mit seinen Steuerverwaltungen zu beraten,

wenn dies für alle Beteiligten angemessen und zweckdienlich ist, und er sollte über den Verlauf des Verfahrens informiert werden.

D.3. Durchführung von Gesprächen zwischen den zuständigen Behörden

D.3.1. Koordinierung zwischen den zuständigen Behörden

60. Viele Staaten ziehen es vor, gleich bei Beginn des Verfahrens vollständig einbezogen zu werden, und möchten eng mit den anderen zuständigen Behörden zusammenarbeiten. Andere Staaten ziehen es vor, ihre Mitwirkung darauf zu beschränken, die MAP-APA-Vorschläge zu prüfen und zu kommentieren, wenn sich das Verfahren dem Abschluss nähert. Empfohlen wird indessen eine frühzeitige Mitwirkung aller beteiligten Steuerverwaltungen vorbehaltlich verfügbarer Ressourcen, da dies die Effizienz des Verfahrens maximieren und helfen dürfte, unnötige Verzögerungen beim Abschluss des Verständigungsverfahrens zu vermeiden.

61. Die zuständigen Behörden sollten die Gespräche im Rahmen des Verständigungsverfahrens zügig führen. Dies erfordert die Bereitstellung von ausreichenden Ressourcen und angemessen qualifiziertem Personal. Es ist wünschenswert, dass die zuständigen Behörden einen sachgerechten Aktionsplan erörtern und koordinieren, der sich u. a. mit folgenden Fragen befasst: Bestellung von Mitarbeitern mit den erforderlichen Befugnissen, Informationsaustausch, Koordinierung der Prüfung und Evaluierung des Vorschlags, Planung der Termine für künftige Konsultationen, Verhandlung und Abschluss einer geeigneten Vereinbarung. Der Umfang der erforderlichen Leistungen und Ressourcen sollte auf die Anforderungen des jeweiligen Falls zugeschnitten sein.

62. Die Erfahrung hat auch gezeigt, dass frühzeitige und häufige Gespräche zwischen den zuständigen Behörden über auftretende Probleme hilfreich sein können und unangenehme Überraschungen während des Verfahrens verhindern können. Aufgrund des besonderen Charakters von MAP-APA-Verfahren stellen sich häufig wichtige Fragen, die nicht einfach durch einen Austausch von Positionspapieren gelöst werden können, weshalb formalere Formen des Austauschs, wie persönliche Treffen zwischen den zuständigen Behörden, erforderlich sein können. Telefon- oder Videokonferenzen können ebenfalls hilfreich sein.

D.3.2. Die Rolle des Steuerpflichtigen bei den Gesprächen zwischen den zuständigen Behörden

63. Da es sich beim Abschluss einer MAP-APA um ein Verfahren zwischen staatlichen Stellen handelt, ist die Rolle des Steuerpflichtigen in diesem Verfahrensschritt zwangsläufig begrenzter als bei der Sachverhaltsfeststellung. Die zuständigen Behörden können vereinbaren, dass der Steuerpflichtige vor Beginn der eigentlichen Gespräche, an denen er nicht teilnimmt, die Sachverhalts- und Rechtsfragen in einer Präsentation darlegt. Es kann auch hilfreich sein, dafür zu sorgen, dass der Steuerpflichtige bei Bedarf zur Verfügung steht, um Sachfragen zu beantworten, die sich im Lauf der Gespräche stellen. Der Steuerpflichtige sollte vermeiden, bei einem solchen Treffen neue sachverhaltsbezogene Informationen vorzulegen oder zusätzliche Erklärungen abzugeben. Die Steuerverwaltungen benötigen Zeit, um derartige Fragen zu prüfen, und dies erfordert eine Verschiebung der endgültigen Entscheidung über die vorgeschlagene MAP-APA. Entsprechende Informationen sollten vor Beginn der Gespräche bereitgestellt werden.

D.3.3. Rückzug aus dem APA-Verfahren

64. Der Steuerpflichtige oder die Steuerverwaltung kann sich jederzeit aus dem MAP-APA-Verfahren zurückziehen. Von einem Rückzug aus dem Verfahren, insbesondere in einem späten Stadium und ohne guten Grund, wird wegen der Ressourcenverschwendung, die dies unweigerlich darstellt, jedoch abgeraten. Wenn ein MAP-APA-Antrag zurückgezogen wird, sollten weder der Steuerpflichtige noch die Steuerverwaltungen Verpflichtungen gegeneinander haben, und etwaige frühere Zusagen und Übereinkünfte zwischen den Beteiligten sind nicht mehr rechtskräftig und wirksam, es sei denn, dies ist im innerstaatlichen Recht anders geregelt (so ist es beispielsweise möglich, dass die im Rahmen einer Vorabverständigung zu entrichtende Gebühr nicht rückerstattbar ist). Wenn eine Steuerverwaltung beabsichtigt, sich aus dem Verfahren zurückzuziehen, sollte der Steuerpflichtige über die Gründe für diesen Schritt informiert werden und die Möglichkeit erhalten, weitere Erklärungen abzugeben.

D.3.4. Das Verständigungsdokument

65. Die beteiligten zuständigen Behörden sollten einen Verständigungsentwurf erstellen, sobald sie eine Einigung über die Methode und die anderen Bedingungen der Vereinbarung erzielt haben. Es ist möglich, dass die vorgeschlagene Verständigung die Doppelbesteuerung trotz aller Anstrengungen der zuständigen Behörden nicht vollständig beseitigt. Der bzw. die Steuerpflichtigen sollten deshalb die Möglichkeit haben zu sagen, ob ein solcher MAP-APA-Entwurf für sie annehmbar ist, bevor das Verfahren

abgeschlossen wird; eine solche Vereinbarung darf auf keinen Fall im Voraus ohne die Zustimmung des Steuerpflichtigen aufgezwungen werden.

66. Die MAP-APA hat die Form eines schriftlichen Dokuments, über dessen Inhalt, Layout usw. die beteiligten zuständigen Behörden entscheiden. Um zu gewährleisten, dass die Verständigung klar dokumentiert ist und effektiv umgesetzt wird, sollte dieses Dokument die folgenden Mindestinformationen enthalten bzw. darauf verweisen, wo diese Informationen in der Dokumentation des MAP-APA-Vorschlags zu finden sind:

a) Namen und Adressen der Unternehmen, auf die sich die Vereinbarung bezieht

b) betroffene Geschäftsvorfälle, Vereinbarungen oder Regelungen, Wirtschaftsjahre oder Rechnungsperioden

c) Beschreibung der vereinbarten Methode und anderer damit zusammenhängender Fragen wie beispielsweise vereinbarte Vergleichswerte oder Bandbreite erwarteter Ergebnisse

d) eine Definition relevanter Termini, die die Basis für die Anwendung der Methode und die Berechnung sind (z. B. Umsatz, Wareneinsatz, Bruttogewinn usw.)

e) Gültigkeitsbedingungen, auf denen die Methode basiert und deren Nichterfüllung eine Neuverhandlung der Vereinbarung auslöst

f) etwaige vereinbarte Verfahren für den Umgang mit Veränderungen des Sachverhalts, die keine Neuverhandlung der Vereinbarung erforderlich machen

g) gegebenenfalls vereinbarte steuerliche Behandlung zusätzlicher Elemente

h) Bedingungen, die der Steuerpflichtige erfüllen muss, damit die Verständigung gültig bleibt, mit Verfahren, die sicherstellen, dass der Steuerpflichtige diese Bedingungen erfüllt

i) Angaben über Verpflichtungen des Steuerpflichtigen gegenüber den Steuerverwaltungen infolge der innerstaatlichen Umsetzung der MAP-APA (z. B. Jahresberichte, Aufzeichnungen, Mitteilung von Veränderungen in Bezug auf die Gültigkeitsbedingungen usw.)

j) Bestätigung, dass alle von einem Steuerpflichtigen in einem MAP-APA-Fall vorgelegten Informationen (einschließlich Informationen zur Identität des Steuerpflichtigen) nach den innerstaatlichen Rechtsvorschriften der jeweiligen Staaten so umfassend wie möglich vor Offenlegung geschützt werden und dass alle zwischen den an einem solchen Fall beteiligten zuständigen

Behörden ausgetauschten Informationen im Einklang mit dem einschlägigen bilateralen Steuerabkommen und den geltenden innerstaatlichen Rechtsvorschriften geschützt werden, um sicherzustellen, dass die Steuerpflichtigen und die zuständigen Behörden Vertrauen in ein MAP-APA-Verfahren haben, in dem Informationen frei ausgetauscht werden

D.4. Umsetzung der MAP-APA-Verfahren

D.4.1. Inkraftsetzung der MAP-APA und Bestätigung der Vereinbarung gegenüber dem Steuerpflichtigen

67. Wenn die MAP-APA schließlich vereinbart ist, müssen die beteiligten Steuerverwaltungen sie in ihrem Staat in Kraft setzen. Die Steuerverwaltungen sollten ihren jeweiligen Steuerpflichtigen eine Art Bestätigung oder Zusage erteilen, die mit der von den beteiligten zuständigen Behörden getroffenen Verständigungsvereinbarung übereinstimmt. Diese Bestätigung bzw. Vorabzusage gibt dem Steuerpflichtigen die Gewissheit, dass die Verrechnungspreise der Geschäftsvorfälle, die Gegenstand der MAP-APA sind, nicht korrigiert werden, solange der Steuerpflichtige die in der innerstaatlichen Bestätigung oder Vorabzusage aufgeführten Bedingungen der Verständigung einhält und während des Verfahrens keine materiell falschen oder irreführenden Angaben gemacht hat, was auch für seine Angaben in den jährlichen Berichten zur Einhaltung der vereinbarten Bedingungen gilt. Die Bedingungen umfassen auch bestimmte Annahmen, die im Fall der Nichterfüllung eine Änderung oder eine Überprüfung der Vereinbarung erfordern könnten.

68. Die Art und Weise, wie diese Bestätigung oder Vorabzusage erteilt wird, ist von Staat zu Staat unterschiedlich, und ihre genaue Form hängt von den konkreten innerstaatlichen Rechtsvorschriften und Praktiken ab. In einigen Staaten erfolgt die Bestätigung oder Zusage in Form einer APA gemäß dem einschlägigen innerstaatlichen Verfahren. Zur effektiven Umsetzung der Verständigungsvereinbarung muss die innerstaatliche Bestätigung oder Zusage mit der MAP-APA übereinstimmen und dem Steuerpflichtigen mindestens die gleichen Vorteile bieten, wie sie im Verständigungsverfahren ausgehandelt wurden. Wenn es nicht möglich war, Doppelbesteuerung vollständig zu beseitigen, steht es einem der beteiligten Staaten außerdem frei, in seinem innerstaatlichen Vorabzusageverfahren eine einseitige Entlastung von der verbleibenden Doppelbesteuerung zu gewähren. Außerdem kann sich eine solche Bestätigung oder Vorabzusage zusätzlich zu den in der MAP-APA behandelten Fragen auf weitere Aspekte erstrecken, beispielsweise die innerstaatliche steuerliche Behandlung anderer oder zusätzlicher Elemente, zusätzliche Aufzeichnungs- oder Dokumentationsanforderungen und die Abgabe

von Berichten. Es sollte sichergestellt werden, dass keine der zusätzlichen Bedingungen der innerstaatlichen Bestätigung oder Zusage den Bedingungen der MAP-APA zuwiderläuft.

D.4.2. Mögliche rückwirkende Anwendung (Rolling-Back)

69. Weder die Steuerverwaltungen noch der Steuerpflichtige sind in irgendeiner Weise verpflichtet, die im Rahmen der MAP-APA vereinbarte Methode auf Veranlagungszeiträume anzuwenden, die vor dem ersten Jahr der Laufzeit der MAP-APA enden (häufig als „Rolling-Back" bezeichnet). Dies könnte in der Tat unmöglich sein, wenn die Sachverhalte zuvor anders gelagert waren. Die gemäß der MAP-APA künftig anzuwendende Methode kann jedoch aufschlussreich für die Bestimmung der steuerlichen Behandlung vergleichbarer Geschäftsvorfälle aus früheren Jahren sein. In einigen Fällen sind die Verrechnungspreise möglicherweise bereits Gegenstand einer Untersuchung vonseiten einer der Steuerverwaltungen für Rechnungsperioden vor Beginn der Laufzeit der MAP-APA, und diese Steuerverwaltung und der Steuerpflichtige könnten daran interessiert sein, die Gelegenheit zu nutzen, diese Untersuchung mit Hilfe der vereinbarten Methode abzuschließen, oder die Steuerverwaltung könnte sich entscheiden, eine entsprechende Berichtigung gemäß den innerstaatlichen rechtlichen Anforderungen auch ohne Antrag oder Zustimmung des Steuerpflichtigen vorzunehmen. Punkt 2.7 des Mindeststandards von Aktionspunkt 14 zufolge sollten Staaten mit bilateralen Vorabverständigungsverfahren in geeigneten Fällen und vorbehaltlich der einzuhaltenden Fristen (beispielsweise nach innerstaatlichem Recht bestehenden Verjährungsfristen) die rückwirkende Anwendung von Vorabverständigungen (auf Veranlagungszeiträume, die nicht in den ursprünglichen Anwendungsbereich der APA fallen) ermöglichen, wenn die relevanten Gegebenheiten und Umstände in den betreffenden früheren Wirtschaftsjahren die gleichen sind, wobei diese Gegebenheiten und Umstände jedoch im Rahmen der Steuerprüfung überprüft werden müssen.

E. Monitoring der MAP-APA

70. Es ist von entscheidender Bedeutung, dass die Steuerverwaltungen überprüfen können, ob der Steuerpflichtige die Bedingungen, auf denen die Verständigungsvereinbarung basiert, während ihrer gesamten Laufzeit einhält. Da die Verständigungsvereinbarung zwischen den Steuerverwaltungen getroffen wird und der Steuerpflichtige an derartigen Vereinbarungen nicht beteiligt ist, müssen die Steuerverwaltungen auf das oben beschriebene innerstaatliche Bestätigungs- oder Vorabzusageverfahren zurückgreifen, um die Einhaltung der vereinbarten Bedingungen durch den Steuerpflichtigen zu überwachen. Falls der Steuerpflichtige die Bedingungen der MAP-APA nicht einhält, muss sie nicht mehr angewandt werden. Dieser Abschnitt befasst sich deshalb mit

den innerstaatlichen Verfahren, die für eine erfolgreiche Umsetzung der MAP-APA notwendig sind, sowie den Maßnahmen, die erforderlich sind, um sicherzustellen, dass der Steuerpflichtige alle ihre Bedingungen einhält.

E.1. Aufzeichnungen

71. Der Steuerpflichtige und die Steuerverwaltungen sollten vereinbaren, welche Art von Dokumenten und Aufzeichnungen (einschließlich der erforderlichen Übersetzungen) der Steuerpflichtige führen und aufbewahren muss, damit der Grad der Einhaltung der Bedingungen der MAP-APA durch den Steuerpflichtigen überprüft werden kann. Die Hinweise in Kapitel IV und V sollten befolgt werden, um zu vermeiden, dass die Dokumentationsanforderungen zu aufwendig werden. Außerdem können Bestimmungen in Bezug auf die Aufbewahrungsfrist und die Frist für die Vorlage der Dokumente und Aufzeichnungen aufgenommen werden.

E.2. Monitoring-Mechanismen

E.2.1. Jahresberichte

72. Der Steuerpflichtige kann verpflichtet werden, zusätzlich zu seiner Steuererklärung für jedes Wirtschaftsjahr oder jede Rechnungsperiode während der Laufzeit der MAP-APA einen Jahresbericht vorzulegen, in dem die tatsächlichen Geschäftstätigkeiten des Steuerpflichtigen für das betreffende Jahr beschrieben und die Einhaltung der Bedingungen der MAP-APA nachgewiesen wird, einschließlich der erforderlichen Informationen, um zu beurteilen, ob die Gültigkeitsbedingungen oder anderen Sicherheitsklauseln erfüllt sind. Der Steuerpflichtige sollte diese Informationen der Steuerverwaltung vorlegen, von der er die innerstaatliche Bestätigung oder Vorabzusage erhalten hat, und zwar gemäß den einschlägigen innerstaatlichen Rechtsvorschriften oder Verfahren.

E.2.2. Überprüfung

73. Eine MAP-APA gilt nur für die in der Vereinbarung aufgeführten Beteiligten und nur in Bezug auf die aufgeführten Geschäftsvorfälle. Das Vorliegen einer solchen Vereinbarung hindert die beteiligten Steuerverwaltungen nicht daran, in Zukunft Prüfungen durchzuführen, wobei sich jede Überprüfung von Geschäftsvorfällen, die unter die MAP-APA fallen, allerdings darauf beschränken muss, festzustellen, inwieweit der Steuerpflichtige die ihm gesetzten Bedingungen einhält und ob die Umstände und Annahmen, die Voraussetzung für die zuverlässige Anwendung der gewählten Methode sind, weiterhin gegeben sind. Die betroffenen Steuerverwaltungen können den Steuerpflichtigen verpflichten nachzuweisen, dass

a) der Steuerpflichtige die Bedingungen der MAP-APA eingehalten hat,

b) die im Vorschlag, in den Jahresberichten und in der gegebenenfalls vorgelegten Begleitdokumentation gemachten Angaben weiterhin zutreffend sind und dass etwaige wesentliche Veränderungen der Gegebenheiten und Umstände in den Jahresberichten angesprochen wurden,

c) die Methode richtig und einheitlich im Einklang mit den Bedingungen der MAP-APA angewandt wurde, und

d) die der Verrechnungspreismethode zugrunde liegenden Gültigkeitsbedingungen weiterhin zutreffen.

E.3. Folgen der Nichteinhaltung der Bedingungen oder von Veränderungen der Gegebenheiten

74. Die Folgen der Nichteinhaltung der Bedingungen einer MAP-APA oder der Nichterfüllung einer Gültigkeitsbedingung sind im Allgemeinen abhängig von *a)* den Bedingungen der MAP-APA, *b)* etwaigen weiteren Vereinbarungen zwischen den zuständigen Behörden in Bezug auf den Umgang mit einer solchen Nichteinhaltung der vereinbarten Bedingungen oder Nichterfüllung der Gültigkeitsbedingungen und *c)* den geltenden innerstaatlichen Rechtsvorschriften oder Verfahrensbestimmungen. Das heißt, dass die MAP-APA selbst explizit Verfahrensweisen für den Fall einer solchen Nichteinhaltung bzw. Nichterfüllung vorschreiben bzw. die entsprechenden Folgen beschreiben kann. In solchen Situationen liegt es im Ermessen der zuständigen Behörden, Gespräche über die im Einzelfall zu ergreifenden Maßnahmen aufzunehmen. Außerdem können innerstaatliche Rechtsvorschriften oder Verfahrensbestimmungen Folgen oder Verpflichtungen für den Steuerpflichtigen und die betroffenen Steuerverwaltungen festlegen. Die folgenden Absätze enthalten Leitlinien zu empfohlenen Vorgehensweisen, die Verfahren nachempfunden sind, die in einigen Staaten eingeführt wurden und sich dort im Allgemeinen als praktikabel erwiesen haben. Es gilt jedoch zu betonen, dass einige Steuerverwaltungen möglicherweise andere Verfahren und Herangehensweisen vorziehen werden.

75. Wenn die Steuerverwaltungen feststellen, dass eine Anforderung der MAP-APA nicht erfüllt ist, können sie entsprechend den Bedingungen der MAP-APA dennoch übereinkommen, diese weiter anzuwenden, beispielsweise wenn der Effekt der Nichtkonformität mit den Bedingungen nicht wesentlich ist. Wenn sie nicht übereinkommen, die MAP-APA weiter anzuwenden, hat eine Steuerverwaltung drei Optionen. Die Art der zu ergreifenden Maßnahme dürfte von der Tragweite der Nichtkonformität mit den festgelegten Bedingungen abhängen.

76. Die drastischste Maßnahme ist der Widerruf, der den Effekt hat, dass der Steuerpflichtige so behandelt wird, als wäre die MAP-APA niemals geschlossen worden. Eine Aufhebung ist weniger schwerwiegend, denn sie bedeutet, dass der Steuerpflichtige so behandelt wird, als sei die MAP-APA rechtskräftig und wirksam gewesen, aber nur bis zum Datum der Aufhebung und nicht während des gesamten vorgesehenen Zeitraums. Wenn die MAP-APA aufgehoben oder widerrufen wird, behalten die relevanten Steuerverwaltungen und Steuerpflichtigen für die Wirtschaftsjahre oder Rechnungsperioden, für die die Aufhebung oder Widerrufung wirksam ist, alle ihre Rechte gemäß ihren innerstaatlichen Rechtsvorschriften und Abkommensbestimmungen, so als ob die MAP-APA nicht getroffen worden wäre. Darüber hinaus kann die MAP-APA geändert werden, was bedeutet, dass der Steuerpflichtige die Vorteile des MAP-APA-Verfahrens weiterhin über den gesamten vorgesehenen Zeitraum in Anspruch nehmen kann, wobei allerdings vor und nach dem Datum der Änderung jeweils andere Bedingungen gelten. Nachstehend sind nähere Einzelheiten aufgeführt.

E.3.1. Widerruf einer MAP-APA

77. Eine Steuerverwaltung kann eine MAP-APA widerrufen (entweder einseitig oder im gegenseitigen Einvernehmen), wenn Folgendes festgestellt wird:

a) Es liegt eine Falschbehauptung, ein Fehler oder eine Unterlassung vor, die auf die Fahrlässigkeit, Nachlässigkeit oder absichtliche Pflichtverletzung eines Steuerpflichtigen bei der Erstellung und Einreichung des MAP-APA-Antrags, der Jahresberichte oder anderer Begleitdokumente oder bei der Bereitstellung damit verbundener Informationen zurückzuführen ist, oder

b) der bzw. die beteiligten Steuerpflichtigen haben eine grundlegende Bedingung der MAP-APA materiell nicht erfüllt.

78. Wenn eine MAP-APA widerrufen wird, gilt der Widerruf rückwirkend ab dem ersten Tag des ersten Wirtschaftsjahrs oder der ersten Rechnungsperiode, für die die MAP-APA wirksam war, und die MAP-APA ist für den oder die betroffenen Steuerpflichtigen und die andere Steuerverwaltung nicht mehr rechtskräftig und wirksam. Wegen der schwerwiegenden Auswirkungen einer solchen Maßnahme sollte die Steuerverwaltung, die beabsichtigt, eine MAP-APA zu widerrufen, dies erst nach sorgfältiger und gründlicher Evaluierung der relevanten Gegebenheiten tun und den oder die betroffenen Steuerpflichtigen sowie die andere bzw. anderen Steuerverwaltungen zeitnah informieren und konsultieren.

E.3.2. Aufhebung einer MAP-APA

79. Eine Steuerverwaltung kann eine MAP-APA aufheben (entweder einseitig oder im gegenseitigen Einvernehmen), wenn festgestellt wird, dass eine der folgenden Situationen eingetreten ist:

a) Es liegt eine Falschbehauptung, ein Fehler oder eine Unterlassung vor, die nicht auf die Fahrlässigkeit, Nachlässigkeit oder absichtliche Pflichtverletzung eines Steuerpflichtigen bei der Erstellung oder Einrichtung des MAP-APA-Antrags, der Jahresberichte oder anderer Begleitdokumente oder bei der Bereitstellung damit verbundener Informationen zurückzuführen ist, oder

b) der bzw. die beteiligten Steuerpflichtigen haben eine Bedingung der MAP-APA materiell nicht erfüllt, oder

c) eine oder mehrere Gültigkeitsbedingungen wurden materiell nicht erfüllt, oder

d) es kam zu einer Änderung einer steuerrechtlichen Vorschrift, einschließlich Abkommensbestimmung, die für die MAP-APA von wesentlicher Bedeutung ist, und es war nicht möglich, die Vereinbarung zu ändern (vgl. nachstehende Ziffern 80–82), um den geänderten Umständen Rechnung zu tragen.

80. Wenn eine MAP-APA aufgehoben wird, hängt das Datum der Aufhebung von der Art des Ereignisses ab, das zu der Aufhebung führte. Dies kann ein konkretes Datum sein, beispielsweise wenn das Ereignis, das zu der Aufhebung führte, eine wesentliche Änderung einer steuerrechtlichen Vorschrift war (wobei die MAP-APA allerdings eine Übergangsfrist zwischen dem Datum der Änderung der Rechtsvorschrift und dem Aufhebungsdatum vorsehen kann). In anderen Fällen wird die Aufhebung in einem bestimmten Wirtschaftsjahr oder einer bestimmten Rechnungsperiode wirksam, beispielsweise wenn eine wesentliche Veränderung einer der Gültigkeitsbedingungen vorliegt, die keinem bestimmten Datum in diesem Wirtschaftsjahr oder in dieser Rechnungsperiode zugeordnet werden kann. Die MAP-APA ist ab dem Datum der Aufhebung für den oder die betroffenen Steuerpflichtigen und die andere Steuerverwaltung nicht mehr wirksam.

81. Die Steuerverwaltung kann auf die Aufhebung verzichten, wenn der Steuerpflichtige zur Zufriedenheit der Steuerverwaltung einen vertretbaren Grund anführen kann und wenn der Steuerpflichtige sich dazu bereit erklärt, eine von der Steuerverwaltung vorgeschlagene Anpassung vorzunehmen, um die Falschbehauptung, den Fehler, die Unterlassung oder die Nichteinhaltung der Bedingungen zu korrigieren oder die Veränderungen der für die Vorabverständigung relevanten Gültigkeitsbedingungen, steuerrecht-

lichen Vorschriften oder Abkommensbestimmungen zu berücksichtigen. Eine solche Maßnahme kann zur Änderung der MAP-APA führen (siehe unten).

82. Die Steuerverwaltung, die die Aufhebung beabsichtigt, sollte den oder die betroffenen Steuerpflichtigen und die andere bzw. anderen Steuerverwaltungen zeitnah informieren und konsultieren. Bei dieser Konsultation sollten auch die Gründe für die beabsichtigte Aufhebung der Vorabverständigung erläutert werden. Dem Steuerpflichtigen sollte eine Antwortmöglichkeit gegeben werden, bevor eine endgültige Entscheidung getroffen wird.

E.3.3. Änderung einer MAP-APA

83. Die Zuverlässigkeit der Verrechnungspreismethode hängt davon ab, ob die Gültigkeitsbedingungen während der gesamten Laufzeit der MAP-APA erfüllt sind. Der Steuerpflichtige sollte deshalb durch die MAP-APA oder die innerstaatliche Bestätigung oder Vorabzusage verpflichtet werden, die betroffenen Steuerverwaltungen über etwaige Veränderungen zu unterrichten. Wenn nach der Evaluierung durch die Steuerverwaltungen festgestellt wird, dass eine wesentliche Veränderung einer Gültigkeitsbedingung eingetreten ist, kann die MAP-APA geändert werden, um dieser Veränderung Rechnung zu tragen. Wie vorstehend erörtert, kann die MAP-APA auch auf Annahmen basieren, die für ihre Gültigkeit zwar nicht entscheidend sind, aber dennoch eine Überprüfung durch die betroffenen Parteien rechtfertigen. Ein Ergebnis einer solchen Überprüfung kann wiederum eine Änderung der MAP-APA sein. In vielen Fällen können die Bedingungen der MAP-APA jedoch flexibel genug sein, um diesen Effekten solcher Veränderungen Rechnung zu tragen, ohne eine Änderung zu erfordern.

84. Die Mitteilung des Steuerpflichtigen an die Steuerverwaltungen, dass eine solche Veränderung stattgefunden hat, sollte so bald wie möglich nach Eintreten der Veränderung oder nach Kenntnisnahme der Veränderung durch den Steuerpflichtigen und spätestens am Termin für die gegebenenfalls erforderliche Vorlage des Jahresberichts für dieses Jahr oder diese Rechnungsperiode erfolgen. Es wird zu einer frühzeitigen Mitteilung geraten, um den betroffenen Parteien mehr Zeit zu geben, zu versuchen, eine Vereinbarung über die Änderung der MAP-APA zu erzielen und dadurch die Wahrscheinlichkeit einer Aufhebung zu verringern.

85. In der geänderten MAP-APA sollte das Datum festgelegt werden, ab dem die Änderung wirksam ist, sowie das Datum, ab dem die ursprüngliche MAP-APA nicht mehr wirksam ist. Wenn das Datum der eingetretenen Veränderung genau ermittelt werden kann, sollte die Änderung normalerweise an diesem Datum wirksam werden, wenn jedoch kein genaues Datum ermittelt werden kann, wird die geänderte MAP-APA normalerweise am ersten Tag der

Rechnungsperiode wirksam, die auf die Periode folgt, in der die Veränderung eingetreten ist. Wenn die Steuerverwaltungen und der Steuerpflichtige sich nicht einigen können, ob eine Änderung der MAP-APA notwendig ist oder wie die Änderung erfolgen soll, wird die MAP-APA aufgehoben und ist für die beteiligten Steuerpflichtigen und Steuerverwaltungen nicht mehr rechtskräftig und wirksam. Die Festlegung des effektiven Datums der Aufhebung der MAP-APA erfolgt normalerweise nach den gleichen Grundsätzen wie die Bestimmung des Datums einer Änderung.

E.4. Verlängerung einer MAP-APA

86. Ein Antrag auf Verlängerung einer MAP-APA sollte zu dem von den beteiligten Steuerverwaltungen vorgeschriebenen Zeitpunkt gestellt werden, wobei berücksichtigt werden sollte, dass der bzw. die Steuerpflichtigen und die Steuerverwaltungen genügend Vorlaufzeit benötigen, um den Verlängerungsantrag zu prüfen und zu evaluieren und eine Einigung zu erzielen. Es kann hilfreich sein, den Verlängerungsprozess deutlich vor Ablauf der bestehenden MAP-APA einzuleiten.

87. Format, Bearbeitung und Evaluierung des Verlängerungsantrags sind normalerweise ähnlich wie bei der erstmaligen Beantragung einer MAP-APA. Der notwendige Grad der Detailliertheit kann mit Zustimmung der beteiligten Steuerverwaltungen jedoch reduziert werden, insbesondere wenn im betreffenden Fall keine wesentlichen Veränderungen der Gegebenheiten und Umstände festzustellen sind. Die Verlängerung einer MAP-APA erfolgt nicht automatisch und setzt voraus, dass alle betroffenen Parteien zustimmen und dass der Steuerpflichtige u. a. nachweist, dass er die Bedingungen der bestehenden MAP-APA einhält. Die Methode und die Bedingungen der neuen MAP-APA können selbstverständlich von denen der vorhergehenden MAP-APA abweichen.

Anhang I zu Kapitel V

Verrechnungspreisdokumentation – Stammdokumentation (Master File)

Folgende Informationen sollten in der Stammdokumentation enthalten sein:

Organisationsaufbau

- Grafische Darstellung der Rechts- und Eigentümerstruktur des multinationalen Konzerns sowie der geografischen Verteilung seiner operativen Geschäftseinheiten.

Beschreibung der Geschäftstätigkeit(en) des multinationalen Konzerns

- Allgemeine schriftliche Darstellung der Geschäftstätigkeit des multinationalen Konzerns:
  - wichtige Faktoren für den Unternehmensgewinn
  - Beschreibung der Lieferkette für die fünf vom Konzern angebotenen Produkte und/oder Dienstleistungen, die die höchsten Umsätze erzielen, sowie für alle weiteren Produkte und/oder Dienstleistungen, auf die mehr als 5 % des Konzernumsatzes entfallen. Die erforderliche Beschreibung kann in Form einer Grafik oder eines Diagramms erfolgen
  - Auflistung und kurze Beschreibung wichtiger Dienstleistungsvereinbarungen zwischen den Unternehmen des multinationalen Konzerns (ohne Forschungs- und Entwicklungsleistungen – FuE), einschließlich einer Beschreibung der Kapazitäten der Hauptstandorte, die wichtige Dienstleistungen erbringen, sowie der Verrechnungspreispolitik für die Zuordnung der Dienstleistungskosten und die Bestimmung der für konzerninterne Dienstleistungen zu zahlenden Preise

- Beschreibung der wichtigsten geografischen Märkte für die Produkte und Dienstleistungen des Konzerns, auf die weiter oben unter dem zweiten Aufzählungspunkt Bezug genommen wird
- kurze schriftliche Funktionsanalyse, die die Hauptbeiträge beschreibt, die die einzelnen Unternehmen des Konzerns zu dessen Wertschöpfung leisten, d. h. die ausgeübten Schlüsselfunktionen, wichtigen übernommenen Risiken und wichtigen genutzten Vermögenswerte
- Beschreibung wichtiger während des Wirtschaftsjahrs erfolgter Umstrukturierungen der Geschäftstätigkeit, Unternehmenskäufe und Unternehmensverkäufe

Immaterielle Werte des multinationalen Konzerns (wie in Kapitel VI definiert)

- Allgemeine Beschreibung der Gesamtstrategie des multinationalen Konzerns für Entwicklung, Eigentum und Verwertung immaterieller Werte, einschließlich Standorte der wichtigsten FuE-Einrichtungen und Standort des FuE-Managements.
- Auflistung der immateriellen Werte bzw. Gruppen immaterieller Werte des multinationalen Konzerns, die für Verrechnungspreiszwecke von Bedeutung sind, sowie der Konzernunternehmen, die deren rechtliche Eigentümer sind.
- Auflistung wichtiger Vereinbarungen zwischen ermittelten verbundenen Unternehmen in Bezug auf immaterielle Werte, einschließlich Kostenumlagevereinbarungen, wesentliche Forschungsdienstleistungsvereinbarungen und Lizenzvereinbarungen.
- Allgemeine Beschreibung der Verrechnungspreispolitik des Konzerns in Bezug auf FuE und immaterielle Werte.
- Allgemeine Beschreibung aller wichtigen Übertragungen von Rechten an immateriellen Werten zwischen verbundenen Unternehmen während des betreffenden Wirtschaftsjahrs, einschließlich der entsprechenden Unternehmen, Staaten und Vergütungen.

Konzerninterne Finanztätigkeiten

- Allgemeine Beschreibung der Art und Weise, wie der multinationale Konzern finanziert wird, einschließlich wichtiger Finanzierungsbeziehungen mit konzernfremden Kreditgebern.

- Ermittlung aller Unternehmen des multinationalen Konzerns, die für den Konzern eine zentrale Finanzierungsfunktion ausüben, einschließlich der Staaten, nach deren Rechtsvorschriften die betreffenden Unternehmen organisiert sind, und des Orts der tatsächlichen Geschäftsleitung dieser Unternehmen.
- Allgemeine Beschreibung der Verrechnungspreispolitik des multinationalen Konzerns in Bezug auf Finanzierungsbeziehungen zwischen verbundenen Unternehmen.

Finanzlage und Steuerpositionen des multinationalen Konzerns

- Der konsolidierte Jahresabschluss des multinationalen Konzerns für das betreffende Wirtschaftsjahr, falls ein solcher Konzernabschluss anderweitig für Rechnungslegungs-, Aufsichts-, Management-, Steuer- oder sonstige Zwecke erstellt wird.
- Auflistung und kurze Beschreibung der bestehenden unilateralen Vorabverständigungen über die Verrechnungspreise (*advance pricing agreements* – APA) des multinationalen Konzerns sowie anderer steuerlicher Vorabzusagen (*tax rulings*) im Zusammenhang mit der Aufteilung der Einkünfte zwischen den Staaten.

Anhang II zu Kapitel V

Verrechnungspreisdokumentation – Einzeldokumentation (Local File)

Folgende Informationen sollten in der Einzeldokumentation enthalten sein:

Inländisches Konzernunternehmen

- Beschreibung der Managementstruktur des inländischen Unternehmens, Organigramm des inländischen Unternehmens und Beschreibung der Personen, an die die inländische Geschäftsleitung berichtet, sowie der Staaten, in denen diese Personen ihren Hauptsitz haben.
- Detaillierte Beschreibung der Geschäftstätigkeit und der Geschäftsstrategie des inländischen Unternehmens, einschließlich Hinweis darauf, ob das inländische Unternehmen an Umstrukturierungen der Geschäftstätigkeit oder Übertragungen immaterieller Werte, die im laufenden oder im unmittelbar vorangegangenen Jahr erfolgt sind, beteiligt oder von ihnen betroffen war, sowie einer Erläuterung derjenigen Aspekte dieser Geschäftsvorfälle, die sich auf das inländische Unternehmen auswirken.
- Wichtigste Konkurrenzunternehmen.

Konzerninterne Geschäftsvorfälle

Für jede wesentliche Art von konzerninternen Geschäftsvorfällen, an denen das Unternehmen beteiligt ist, Bereitstellung der folgenden Informationen:

- Beschreibung der wesentlichen konzerninternen Geschäftsvorfälle (z. B. Beschaffung von Herstellungsleistungen, Einkauf von Waren, Dienstleistungserbringung, Darlehen, Finanz- und Erfüllungsgarantien, Lizenzen für immaterielle Werte usw.) sowie des Kontextes, in dem diese Geschäftsvorfälle stattfinden.

- Betrag der geleisteten und erhaltenen konzerninternen Zahlungen für jede Art konzerninterner Geschäftsvorfälle, an denen das inländische Unternehmen beteiligt ist (d. h. geleistete und erhaltene Zahlungen für Produkte, Dienstleistungen, Lizenzgebühren, Zinsen usw.), aufgeschlüsselt nach Steuerhoheitsgebiet des ausländischen Zahlungsleistenden oder Zahlungsempfängers).
- Ermittlung der verbundenen Unternehmen, die an den einzelnen Arten konzerninterner Geschäftsvorfälle beteiligt sind, und der Beziehungen zwischen ihnen.
- Kopien aller wesentlichen konzerninternen Vereinbarungen, die das inländische Unternehmen geschlossen hat.
- Detaillierte Vergleichbarkeits- und Funktionsanalyse des Steuerpflichtigen und relevanter verbundener Unternehmen in Bezug auf alle dokumentierten Arten von konzerninternen Geschäftsvorfällen, einschließlich aller Veränderungen im Vergleich zu den Vorjahren.[1]
- Hinweis auf die am besten geeignete Verrechnungspreismethode in Bezug auf die jeweils betrachtete Art des konzerninternen Geschäftsvorfalls und die Gründe für die Auswahl dieser Methode.
- Hinweis auf das verbundene Unternehmen, das gegebenenfalls als untersuchtes Unternehmen gewählt wird, sowie Erläuterung der Gründe für dessen Auswahl.
- Zusammenfassung der wichtigen Annahmen, die bei der Anwendung der Verrechnungspreismethode zugrunde gelegt wurden.
- Gegebenenfalls Erläuterung der Gründe für die Durchführung einer Mehrjahresanalyse.
- Auflistung und Beschreibung gegebenenfalls ausgewählter (interner oder externer) vergleichbarer Fremdgeschäftsvorfälle und Angaben zu relevanten Finanzindikatoren für unabhängige Unternehmen, auf die sich die Verrechnungspreisanalyse stützt, einschließlich einer Beschreibung der angewandten Methode für die Vergleichswertsuche sowie der Herkunft dieser Angaben.
- Beschreibung aller zur Herstellung der Vergleichbarkeit vorgenommenen Anpassungen und Hinweis darauf, ob diese Anpassungen an den

1. Soweit sich diese Funktionsanalyse mit Informationen in der Stammdokumentation deckt, reicht ein Querverweis auf die Stammdokumentation.

Ergebnissen des untersuchten Unternehmens, den Fremdvergleichsgeschäftsvorfällen oder an diesen beiden Größen vorgenommen wurden.

- Beschreibung der Gründe für die Schlussfolgerung, dass die relevanten Geschäftsvorfälle unter Anwendung der ausgewählten Verrechnungspreismethode fremdvergleichskonform vergütet wurden.
- Zusammenfassung der Finanzinformationen, die bei der Anwendung der Verrechnungspreismethode verwendet wurden.
- Kopie bestehender unilateraler und bilateraler/multilateraler APA sowie sonstiger steuerlicher Vorabzusagen (*tax rulings*), an denen die inländische Steuerverwaltung nicht beteiligt ist und die mit weiter oben beschriebenen konzerninternen Geschäftsvorfällen in Zusammenhang stehen.

Finanzinformationen

- Jährliche Rechnungslegung des inländischen Unternehmens für das betreffende Wirtschaftsjahr. Falls ein geprüfter Jahresabschluss vorliegt, sollte dieser vorgelegt werden, andernfalls sollte ein existierender ungeprüfter Jahresabschluss vorgelegt werden.
- Informationen und Aufteilungsschlüssel, aus denen hervorgeht, wie die bei der Anwendung der Verrechnungspreismethode verwendeten Finanzdaten mit dem Jahresabschluss verknüpft werden können.
- Übersichtstabellen über die einschlägigen Finanzdaten der in der Analyse verwendeten Vergleichsgrößen und die Quellen, denen diese Daten entnommen wurden.

Anhang III zu Kapitel V

Verrechnungspreisdokumentation – Länderbezogener Bericht (Country-by-Country Report)

A. Musterformular für den länderbezogenen Bericht

Tabelle 1. **Übersicht über die Aufteilung der Einkünfte, Steuern und Geschäftstätigkeiten nach Steuerhoheitsgebieten**

Name des multinationalen Konzerns: Betrachtetes Wirtschaftsjahr: Währung der angegebenen Beträge:											
Steuerhoheitsgebiet	Umsatzerlöse			Vorsteuergewinn (-verlust)	Entrichtete Ertragsteuer (ohne Periodenabgrenzung)	Zu entrichtende Ertragsteuern (periodengerecht abgegrenzt)	Ausgewiesenes Kapital	Einbehaltener Gewinn	Beschäftigtenzahl	Materielle Vermögenswerte (ohne flüssige Mittel)
	Fremde Unternehmen	Verbundende Unternehmen	Insg.								

Tabelle 2. **Auflistung aller Geschäftseinheiten des multinationalen Konzerns, die in den verschiedenen Gesamtangaben erfasst sind, nach Steuerhoheitsgebieten**

Name des multinationalen Konzerns: Betrachtetes Wirtschaftsjahr:															
			Wichtigste Geschäftstätigkeit(en)												
Steuer-hoheits-gebiet	Im Steuerhoheits-gebiet ansässige Unternehmen und Betriebsstätten des Konzerns	Gründungsstaat oder Staat der Handels-registereintragung, falls abweichend vom Staat der steuerlichen Ansässigkeit	Forschung und Entwicklung	Besitz oder Verwaltung von geistigem Eigentum	Einkauf oder Beschaffung	Verarbeitung oder Produktion	Verkauf, Marketing oder Vertrieb	Verwaltungs-, Management- oder Supportleistungen	Erbringung von Dienstleistun-gen für unverbundene Dritte	Konzerninterne Finanzierung	Regulierte Finanzdienstleistungen	Versicherungen	Besitz von Aktien oder an-deren Wertpapieren mit Beteiligungscharakter	Ruhende Tätigkeit	Sonstige[1]
	1.														
	2.														
	3.														
	1.														
	2.														
	3.														

1. Bitte Art der Tätigkeit der Geschäftseinheit im Abschnitt „Zusätzliche Informationen" angeben.

Tabelle 3. **Zusätzliche Informationen**

Name des multinationalen Konzerns: Betrachtetes Wirtschaftsjahr:
Bitte geben Sie hier kurz alle weiteren Informationen oder Erläuterungen an, die Sie für notwendig erachten oder die das Verständnis der im länderbezogenen Bericht enthaltenen Pflichtinformationen erleichtern können.

B. Musterformular für den länderbezogenen Bericht – Allgemeine Erläuterungen

Zweck

Der vorliegende Anhang III zu Kapitel V enthält ein Musterformular für die Berichterstattung über die Aufteilung der Einkünfte, Steuern und Geschäftstätigkeiten eines multinationalen Konzerns auf die einzelnen Steuerhoheitsgebiete. Diese Erläuterungen sind fester Bestandteil des Musterformulars für den länderbezogenen Bericht.

Begriffsbestimmungen

Berichtendes multinationales Unternehmen

Ein berichtendes multinationales Unternehmen ist die oberste Muttergesellschaft eines multinationalen Konzerns.

Konzernunternehmen

Für die Zwecke von Anhang III ist ein „Konzernunternehmen" bzw. eine Geschäftseinheit des multinationalen Konzerns *i)* eine eigenständige Geschäftseinheit des multinationalen Konzerns, die für Rechnungslegungszwecke in den Konzernabschluss einbezogen wird oder darin einbezogen würde, wenn Eigenkapitalbeteiligungen an dieser Geschäftseinheit des multinationalen Konzerns an einer öffentlichen Wertpapierbörse gehandelt würden, *ii)* eine solche Geschäftseinheit, die nur aufgrund ihrer Größe oder nur aus Wesentlichkeitsgründen nicht in den Konzernabschluss einbezogen wird, oder *iii)* eine Betriebsstätte einer unter Ziffer i oder ii fallenden eigenständigen Geschäftseinheit des Konzerns, sofern die Geschäftseinheit für Rechnungslegungs-, Aufsichts-, Steuer- oder interne Steuerungszwecke einen Einzelabschluss für diese Betriebsstätte aufstellt.

Behandlung von Zweigniederlassungen und Betriebsstätten

Die Betriebsstättendaten sollten in Bezug auf das Steuerhoheitsgebiet geliefert werden, in dem sich die Betriebsstätte befindet, und nicht in Bezug auf den Staat der steuerlichen Ansässigkeit der Geschäftseinheit, der sie angehört.

In der Berichterstattung gegenüber dem Staat der steuerlichen Ansässigkeit der Geschäftseinheit, der die Betriebsstätte angehört, sollten keine Finanzdaten zu dieser Betriebsstätte enthalten sein.

Konzernabschluss

Der Konzernabschluss ist der Jahresabschluss eines multinationalen Konzerns, in dem die Forderungen, Verbindlichkeiten, Einkünfte, Aufwendungen und Kapitalflüsse der obersten Muttergesellschaft und der Konzernunternehmen als die einer einzigen wirtschaftlichen Einheit dargestellt werden.

Betrachtungszeitraum des Musterformulars für die jährliche Berichterstattung

Das Formular sollte sich auf das Wirtschaftsjahr des berichtenden multinationalen Unternehmens beziehen. Für Konzernunternehmen sollte das Formular nach Ermessen des berichtenden multinationalen Unternehmens entweder *i)* Informationen für das Wirtschaftsjahr der jeweils betrachteten Konzernunternehmen, das am selben Tag endet wie das Wirtschaftsjahr des berichtenden multinationalen Unternehmens oder das in einem Zeitraum von 12 Monaten vor diesem Datum endet, oder *ii)* Informationen für alle betrachteten Konzernunternehmen für das Wirtschaftsjahr des berichtenden multinationalen Unternehmens liefern.

Datenquellen

Das berichtende multinationale Unternehmen sollte beim Ausfüllen des Formulars Jahr für Jahr konsistent die gleichen Datenquellen verwenden. Dem berichtenden multinationalen Unternehmen ist freigestellt, Daten aus seiner Konzernberichterstattung, aus den gesetzlich vorgesehenen Jahresabschlüssen der einzelnen Unternehmen, aus für aufsichtsrechtliche Zwecke erstellten Abschlüssen oder aus seiner internen Rechnungslegung zu verwenden. Es ist nicht notwendig, die Angaben zu Umsatzerlösen, Gewinnen und Steuern im Musterformular mit dem Konzernabschluss in Einklang zu bringen. Wenn gesetzlich vorgeschriebene Jahresabschlüsse als Grundlage für die Berichterstattung dienen, sollten sämtliche Beträge in die ausgewiesene funktionale Währung des berichtenden multinationalen Unternehmens umgerechnet werden, wobei der durchschnittliche Wechselkurs des im Abschnitt „Zusätzliche Informationen" des Musterformulars angegebenen Jahres zugrunde zu legen ist. Allerdings müssen keine Anpassungen zur Berücksichtigung von Unterschieden zwischen den in den verschiedenen Steuerhoheitsgebieten angewandten Rechnungslegungsgrundsätzen vorgenommen werden.

Das berichtende multinationale Unternehmen sollte im Abschnitt „Zusätzliche Informationen“ des Musterformulars eine kurze Beschreibung der Datenquellen liefern, auf die zum Ausfüllen des Formulars zurückgegriffen wurde. Kommt es von einem Jahr zum nächsten zu Änderungen bei den Datenquellen, sollte das berichtende multinationale Unternehmen die Gründe dieser Änderungen sowie deren Konsequenzen im Abschnitt „Zusätzliche Informationen“ des Musterformulars erläutern.

C. Musterformular für den länderbezogenen Bericht – Spezielle Erläuterungen

Übersicht über die Aufteilung der Einkünfte, Steuern und Geschäftstätigkeiten nach Steuerhoheitsgebieten (Tabelle 1)

Steuerhoheitsgebiet

In der ersten Spalte des Musterformulars sollte das berichtende multinationale Unternehmen alle Steuerhoheitsgebiete auflisten, in denen Geschäftseinheiten des multinationalen Konzerns steuerlich ansässig sind. Ein Steuerhoheitsgebiet ist definiert als ein Gebiet, das über fiskalische Autonomie verfügt, sei es ein Staat oder nicht. Eine gesonderte Zeile sollte für alle Geschäftseinheiten des multinationalen Konzerns aufgenommen werden, die nach Ansicht des berichtenden multinationalen Unternehmens in keinem Steuerhoheitsgebiet steuerlich ansässig sind. Wenn ein Konzernunternehmen in mehr als einem Steuerhoheitsgebiet ansässig ist, sollte die Kollisionsregel des geltenden Doppelbesteuerungsabkommens angewandt werden, um den Staat der steuerlichen Ansässigkeit zu bestimmen. Wenn kein anwendbares Doppelbesteuerungsabkommen vorliegt, sollte das Konzernunternehmen im Steuerhoheitsgebiet des Orts seiner tatsächlichen Geschäftsleitung gemeldet werden. Der Ort der tatsächlichen Geschäftsleitung ist der Ort, an dem die grundlegenden unternehmerischen und kaufmännischen Entscheidungen, die für die Ausübung der Geschäftstätigkeit des Unternehmens insgesamt notwendig sind, im Wesentlichen getroffen werden. Zur Feststellung des Ortes der tatsächlichen Geschäftsleitung sind alle maßgeblichen Tatsachen und Umstände zu prüfen. Ein Unternehmen kann mehr als einen Ort der Geschäftsleitung haben, jedoch jeweils nur einen Ort der tatsächlichen Geschäftsleitung zu einem gegebenen Zeitpunkt.

Umsatzerlöse

In den drei Spalten unter der Überschrift „Umsatzerlöse“ des Musterformulars sollte das berichtende multinationale Unternehmen die folgenden Angaben liefern: *i)* Summe der Umsatzerlöse aller Geschäftseinheiten des multinationalen Konzerns im jeweils betrachteten Steuerhoheitsgebiet, die durch Geschäftsvorfälle mit verbundenen Unternehmen erzielt wurden, *ii)* Summe der Umsatzerlöse aller Geschäftseinheiten des multinationalen Konzerns im jeweils betrachteten Steuerhoheitsgebiet, die durch Geschäftsvorfälle mit fremden Dritten erzielt wurden und *iii)* Summe von *i)* und *ii)*. Die Umsatzerlöse sollten Erlöse aus dem Verkauf von Vorratsvermögen und Liegenschaften, aus Dienstleistungen, Lizenzgebühren, Zinsen, Prämien sowie alle etwaigen sonstigen Beträge umfassen. Nicht unter den Umsatzerlösen erfasst werden sollten von anderen Konzernunternehmen bezogene Zahlungen, die im Steuerhoheitsgebiet des Zahlungsleistenden als Dividenden behandelt werden.

Vorsteuergewinn (-verlust)

In der fünften Spalte des Musterformulars sollte das berichtende multinationale Unternehmen die Summe der Vorsteuergewinne/-verluste aller Konzernunternehmen angeben, die im jeweils betrachteten Steuerhoheitsgebiet steuerlich ansässig sind. Der Vorsteuergewinn/-verlust sollte alle außerordentlichen Einnahmen- und Ausgabenposten mit einbeziehen.

Entrichtete Ertragsteuern (ohne Periodenabgrenzung)

In der sechsten Spalte des Musterformulars sollte das berichtende multinationale Unternehmen den Gesamtbetrag der von allen im jeweils betrachteten Steuerhoheitsgebiet steuerlich ansässigen Konzernunternehmen während des betreffenden Wirtschaftsjahrs tatsächlich entrichteten Ertragsteuern angeben. Die entrichteten Steuern sollten die von dem betreffenden Konzernunternehmen an das Steuerhoheitsgebiet, in dem es steuerlich ansässig ist, sowie an alle anderen Steuerhoheitsgebiete direkt entrichteten Steuern umfassen. Die gezahlten Steuern sollten die von anderen Geschäftseinheiten (verbundene Unternehmen und konzernfremde Unternehmen) in Bezug auf Zahlungen an die Konzerneinheit gezahlte Quellensteuern umfassen. Wenn ein im Steuerhoheitsgebiet A ansässiges Unternehmen A Zinseinnahmen im Steuerhoheitsgebiet B bezieht, sollte die im Steuerhoheitsgebiet B einbehaltene Quellensteuer somit von Unternehmen A ausgewiesen werden.

Zu entrichtende Ertragsteuern (periodengerecht abgegrenzt)

In der siebten Spalte des Musterformulars sollte das berichtende multinationale Unternehmen die Summe der auf die steuerpflichtigen Gewinne oder Verluste des Berichtsjahrs zu entrichtenden, periodengerecht abgegrenzten Steueraufwendungen aller Konzernunternehmen angeben, die im jeweils betrachteten Steuerhoheitsgebiet steuerlich ansässig sind. Diese Steueraufwendungen sollten sich nur auf Geschäftstätigkeiten des betreffenden Jahres beziehen und keine latenten Steuern oder Rückstellungen für ungewisse Steuerverbindlichkeiten umfassen.

Ausgewiesenes Kapital

In der achten Spalte des Musterformulars sollte das berichtende multinationale Unternehmen die Summe des ausgewiesenen Kapitals aller Konzernunternehmen angeben, die im jeweils betrachteten Steuerhoheitsgebiet steuerlich ansässig sind. In Bezug auf Betriebsstätten sollte das ausgewiesene Kapital von der juristischen Person angegeben werden, zu der die jeweils betrachtete Betriebsstätte gehört, es sei denn, im Betriebsstättenstaat bestünde eine aufsichtsrechtliche Eigenkapitalanforderung.

Einbehaltener Gewinn

In der neunten Spalte des Musterformulars sollte das berichtende multinationale Unternehmen die Summe der gesamten einbehaltenen Gewinne aller Konzernunternehmen, die im jeweils betrachteten Steuerhoheitsgebiet steuerlich ansässig sind, mit Stand zum Jahresende angeben. In Bezug auf Betriebsstätten sollten die einbehaltenen Gewinne von der juristischen Person angegeben werden, zu der die jeweils betrachtete Betriebsstätte gehört.

Beschäftigtenzahl

In der zehnten Spalte des Musterformulars sollte das berichtende multinationale Unternehmen die Gesamtzahl der Beschäftigten (in Vollzeitäquivalenten) aller Konzernunternehmen angeben, die im jeweils betrachteten Steuerhoheitsgebiet steuerlich ansässig sind. Die Beschäftigtenzahl kann zum Jahresendstand, auf Basis des Durchschnitts für das betreffende Jahr oder nach jedem anderen Prinzip, das von Jahr zu Jahr für alle Steuerhoheitsgebiete einheitlich angewandt wird, angegeben werden. Unabhängige Auftragnehmer, die an der regulären Geschäftstätigkeit des jeweils betrachteten Konzernunternehmens mitwirken, können dabei als Beschäftigte gezählt werden. Sachgerecht auf- bzw. abgerundete oder ungefähre Angaben der Beschäftigtenzahl sind zulässig – vorausgesetzt die Auf- bzw. Abrundung oder Approximation führt nicht zu einer wesentlichen Verzerrung der relativen Verteilung der Beschäftigten auf die verschiedenen Steuerhoheitsgebiete. Die gewählten Methoden sollten von Jahr zu Jahr sowie für die verschiedenen Konzernunternehmen einheitlich angewandt werden.

Materielle Vermögenswerte (ohne flüssige Mittel)

In der elften Spalte des Musterformulars sollte das berichtende multinationale Unternehmen die Summe des Nettobuchwerts der materiellen Vermögenswerte aller Konzernunternehmen angeben, die im jeweils betrachteten Steuerhoheitsgebiet steuerlich ansässig sind. In Bezug auf Betriebsstätten sollten die Vermögenswerte unter dem Steuerhoheitsgebiet angegeben werden, in dem sich die jeweilige Betriebsstätte befindet. Materielle Vermögenswerte umfassen für die Zwecke dieser Spalte keine flüssigen Mittel, immateriellen Werte oder Finanzwerte.

Auflistung aller Unternehmen des multinationalen Konzerns, die in den verschiedenen Gesamtangaben erfasst sind, nach Steuerhoheitsgebieten (Tabelle 2)

Im Steuerhoheitsgebiet ansässige Unternehmen und Betriebsstätten des Konzerns

Das berichtende multinationale Unternehmen sollte für die einzelnen Steuerhoheitsgebiete und unter Nennung des juristischen Namens alle Geschäftseinheiten des multinationalen Konzerns angeben, die im jeweils betrachteten Steuerhoheitsgebiet steuerlich ansässig sind. In Bezug auf Betriebsstätten gilt jedoch, wie weiter oben erwähnt, dass die jeweils betrachtete Betriebsstätte unter dem Steuerhoheitsgebiet aufgelistet werden sollte, in dem sie sich befindet. Dabei sollte die juristische Person genannt werden, deren Betriebsstätte sie ist (z. B. Unternehmen XYZ – Steuerhoheitsgebiet A Betriebsstätte).

Gründungsstaat oder Staat der Handelsregistereintragung, falls abweichend vom Staat der steuerlichen Ansässigkeit

Das berichtende multinationale Unternehmen sollte den Namen des Steuerhoheitsgebiets angeben, nach dessen Rechtsvorschriften die jeweils betrachtete Geschäftseinheit des multinationalen Konzerns gegründet bzw. im Handelsregister eingetragen wurde, falls es sich dabei um ein anderes Steuerhoheitsgebiet als den Staat der steuerlichen Ansässigkeit handelt.

Wichtigste Geschäftstätigkeit(en)

Das berichtende multinationale Unternehmen sollte die Art der wichtigsten Geschäftstätigkeit(en) bestimmen, der bzw. denen das Konzernunternehmen im jeweils betrachteten Steuerhoheitsgebiet nachgeht, indem es eine oder mehrere zutreffende Kategorien ankreuzt.

Geschäftstätigkeiten
Forschung und Entwicklung
Besitz oder Verwaltung von geistigem Eigentum
Einkauf oder Beschaffung
Verarbeitung oder Produktion
Verkauf, Marketing oder Vertrieb
Verwaltungs-, Management- oder Supportleistungen
Erbringung von Dienstleistungen für unverbundene Dritte
Konzerninterne Finanzierung
Regulierte Finanzdienstleistungen
Versicherungen
Besitz von Aktien oder anderen Wertpapieren mit Beteiligungscharakter
Ruhende Tätigkeit
Sonstige[1]

1. Bitte Art der Tätigkeit der Geschäftseinheit im Abschnitt „Zusätzliche Informationen“ angeben.

Anhang IV zu Kapitel V

Umsetzungspaket zur länderbezogenen Berichterstattung

Einleitung

Um eine einheitliche und zügige Umsetzung der länderbezogenen Berichterstattung im Rahmen von Punkt 13 des Aktionsplans zur Bekämpfung von Gewinnverkürzung und Gewinnverlagerung (BEPS-Aktionsplan, OECD, 2014a) zu ermöglichen, wurde ein Umsetzungspaket zur länderbezogenen Berichterstattung erarbeitet. Dieses besteht aus *i)* einer Mustervorschrift, die die Staaten verwenden können, um die obersten Muttergesellschaften multinationaler Konzerne zur Vorlage des länderbezogenen Berichts in ihrem Ansässigkeitsstaat zu verpflichten und gegebenenfalls alternative Vorlagepflichten festzulegen, sowie *ii)* drei Mustern für Vereinbarungen zwischen den zuständigen Behörden, die die Durchführung des Austauschs der länderbezogenen Berichte auf der Grundlage 1) des Übereinkommens über die gegenseitige Amtshilfe in Steuersachen, 2) von Doppelbesteuerungsabkommen und 3) von Steuerinformationsabkommen (TIEA) vereinfachen sollen. Es wird anerkannt, dass Entwicklungsländer zur wirksamen Umsetzung der länderbezogenen Berichterstattung möglicherweise Unterstützung benötigen.

Muster für eine Rechtsvorschrift

Die im Umsetzungspaket zur länderbezogenen Berichterstattung enthaltene Mustervorschrift berücksichtigt weder das Verfassungsrecht und Rechtssystem noch den Aufbau und die Terminologie des Steuerrechts bestimmter Staaten. Die Staaten können dieses Muster an ihre eigenen Rechtssysteme anpassen, wenn bestehende Rechtsvorschriften geändert werden müssen.

Vereinbarungen zwischen den zuständigen Behörden

Nach Artikel 6 des Übereinkommens über die gegenseitige Amtshilfe in Steuersachen („Übereinkommen") müssen sich die zuständigen Behörden der Vertragsparteien des Übereinkommens einvernehmlich auf den Umfang des automatischen Informationsaustauschs und das anzuwendende Verfahren dafür verständigen. Im Zusammenhang mit dem gemeinsamen Meldestandard wurde diese Verpflichtung in Form einer mehrseitigen Vereinbarung zwischen den zuständigen Behörden erfüllt, in der der Umfang, der Zeitplan und die Verfahren des automatischen Austauschs sowie die zu treffenden Schutzvorkehrungen geregelt sind.

Da sich die Durchführung des automatischen Informationsaustauschs auf der Grundlage einer mehrseitigen Vereinbarung zwischen den zuständigen Behörden beim gemeinsamen Meldestandard als zeit- und ressourcensparend erwiesen hat, könnte für die Umsetzung des automatischen Informationsaustauschs im Zusammenhang mit länderbezogenen Berichten derselbe Ansatz gewählt werden. Daher wurde die Mehrseitige Vereinbarung zwischen den zuständigen Behörden über den Austausch länderbezogener Berichte („CbC MCAA") erarbeitet, die auf dem Übereinkommen beruht und sich an der Mehrseitigen Vereinbarung zwischen den zuständigen Behörden orientiert, die zur Umsetzung des gemeinsamen Meldestandards geschlossen wurde. Darüber hinaus wurden für den Austausch länderbezogener Berichte zwei weitere Muster für Vereinbarungen zwischen den zuständigen Behörden erarbeitet – eines für den Austausch auf der Grundlage von Doppelbesteuerungsabkommen und eines für den Austausch auf der Grundlage von Steuerinformationsabkommen.

Laut Ziffer 5 von Kapitel V besteht eines der drei Ziele der Verrechnungspreisdokumentation darin, den Steuerverwaltungen die Informationen zur Verfügung zu stellen, die sie für eine sachkundige Bewertung der Verrechnungspreisrisiken benötigen; weiterhin heißt es in Ziffer 10 von Kapitel V, dass eine effektive Ermittlung und Bewertung der Risiken ein wesentlicher erster Schritt bei der Auswahl der richtigen Fälle für Verrechnungspreisprüfungen ist. Die länderbezogenen Berichte, die auf der Grundlage der im vorliegenden Umsetzungspaket zur länderbezogenen Berichterstattung enthaltenen Muster für Vereinbarungen zwischen den zuständigen Behörden übermittelt werden, bilden einen der drei Bestandteile der Verrechnungspreisdokumentation und werden den Steuerverwaltungen gemäß den Ziffern 16, 17 und 25 von Kapitel V sachdienliche und verlässliche Informationen zur Durchführung einer effizienten und belastbaren Verrechnungspreisrisikoanalyse liefern. Vor diesem Hintergrund sollen die Muster für Vereinbarungen zwischen den zuständigen Behörden den erforderlichen Rahmen schaffen, um die im länderbezogenen Bericht enthaltenen Informationen den betroffenen Steuerbehörden zur Verfügung zu stellen, da diese Informationen für die Pflege und Durchsetzung ihrer Steuergesetze mittels des automatischen Informationsaustauschs voraussichtlich relevant sein werden.

Zweck der CbC MCAA ist die Festlegung von Vorschriften und Verfahren, die die zuständigen Behörden von Staaten, die BEPS-Aktionspunkt 13 umsetzen, möglicherweise benötigen, um länderbezogene Berichte, die vom berichtenden Rechtsträger eines multinationalen Konzerns erstellt und jährlich bei den Steuerbehörden des Staats der steuerlichen Ansässigkeit dieses Rechtsträgers eingereicht werden, automatisch mit den Steuerbehörden aller Staaten auszutauschen, in denen der multinationale Konzern tätig ist.

In den meisten Bestimmungen entspricht der Wortlaut im Wesentlichen dem der Mehrseitigen Vereinbarung zwischen den zuständigen Behörden für den Informationsaustausch im Rahmen des gemeinsamen Meldestandards. Sofern erforderlich, wurde der Wortlaut ergänzt oder angepasst, um die Handreichungen zur länderbezogenen Berichterstattung in Kapitel V zu berücksichtigen.

Des Weiteren wurde ein XML-Schema mit einem dazugehörigen Benutzerhandbuch für den elektronischen Austausch länderbezogener Berichte erstellt.

Muster für eine Rechtsvorschrift zur länderbezogenen Berichterstattung

Artikel 1
Begriffsbestimmungen

Im Sinne dieses [Gesetzestitel] haben die folgenden Ausdrücke folgende Bedeutung:

1. Der Ausdruck „Konzern" bedeutet eine Gruppe von Unternehmen, die durch Eigentum oder Beherrschung verbunden sind, sodass die Gruppe entweder nach den geltenden Rechnungslegungsgrundsätzen zur Aufstellung eines Konzernabschlusses für Rechnungslegungszwecke verpflichtet ist oder dazu verpflichtet wäre, wenn Eigenkapitalbeteiligungen an einem der Unternehmen an einer öffentlichen Wertpapierbörse gehandelt würden.

2. Der Ausdruck „multinationaler Konzern" bedeutet einen Konzern, der *i)* zwei oder mehr Unternehmen umfasst, deren steuerliche Ansässigkeit in unterschiedlichen Staaten liegt, oder ein Unternehmen, das in einem Staat steuerlich ansässig ist und in einem anderen Staat mit der durch eine Betriebsstätte ausgeübten Geschäftstätigkeit steuerpflichtig ist, und der *ii)* kein freigestellter multinationaler Konzern ist.

3. Der Ausdruck „freigestellter multinationaler Konzern" bedeutet in Bezug auf ein Wirtschaftsjahr dieses Konzerns einen Konzern, dessen konsolidierter Gesamtumsatzerlös in dem Wirtschaftsjahr, das dem Berichtswirtschaftsjahr unmittelbar voranging, laut seinem Konzernabschluss für dieses vorangegangene Wirtschaftsjahr weniger als [750 Mio. Euro] / [Betrag in der Landeswährung einfügen, der im Januar 2015 ungefähr 750 Mio. Euro entsprach] betrug.

4. Der Ausdruck „Konzernunternehmen" bedeutet *i)* eine eigenständige Geschäftseinheit eines multinationalen Konzerns, die für Rechnungslegungszwecke in den Konzernabschluss des multinationalen Konzerns einbezogen wird oder darin einbezogen würde, wenn Eigenkapitalbeteiligungen an dieser Geschäftseinheit eines multinationalen Konzerns an einer öffentlichen Wertpapierbörse gehandelt würden, *ii)* eine solche Geschäftseinheit, die nur aufgrund ihrer Größe oder nur aus Wesentlichkeitsgründen nicht in den Konzernabschluss des multinationalen Konzerns einbezogen wird, oder

iii) eine Betriebsstätte einer unter Ziffer *i* oder *ii* fallenden eigenständigen Geschäftseinheit eines multinationalen Konzerns, sofern die Geschäftseinheit für Rechnungslegungs-, Aufsichts-, Steuer- oder interne Steuerungszwecke einen Einzelabschluss für diese Betriebsstätte aufstellt.

5. Der Ausdruck „berichtender Rechtsträger" bedeutet das Konzernunternehmen, das verpflichtet ist, im Staat seiner steuerlichen Ansässigkeit für den multinationalen Konzern einen länderbezogenen Bericht vorzulegen, der den in Artikel 4 genannten Vorgaben entspricht. Der berichtende Rechtsträger kann die oberste Muttergesellschaft, die beauftragte Konzerngesellschaft oder ein Konzernunternehmen nach Artikel 2 Absatz 2 sein.

6. Der Ausdruck „oberste Muttergesellschaft" bedeutet ein Unternehmen eines multinationalen Konzerns, das folgende Kriterien erfüllt:

i) Es verfügt unmittelbar oder mittelbar über eine ausreichende Beteiligung an einem oder mehreren anderen Unternehmen des multinationalen Konzerns, sodass es nach den im Staat seiner steuerlichen Ansässigkeit allgemein angewandten Rechnungslegungsgrundsätzen zur Aufstellung eines Konzernabschlusses verpflichtet ist oder dazu verpflichtet wäre, wenn seine Eigenkapitalbeteiligungen im Staat seiner steuerlichen Ansässigkeit an einer öffentlichen Wertpapierbörse gehandelt würden; und

ii) es gibt kein anderes Unternehmen des multinationalen Konzerns, das unmittelbar oder mittelbar über eine Beteiligung nach Ziffer *i* am erstgenannten Konzernunternehmen verfügt.

7. Der Ausdruck „beauftragte Konzerngesellschaft" bedeutet ein Unternehmen des multinationalen Konzerns, das von diesem dazu bestimmt wurde, als alleiniger Vertreter der obersten Muttergesellschaft im Staat seiner steuerlichen Ansässigkeit für den multinationalen Konzern den länderbezogenen Bericht vorzulegen, sofern eine oder mehrere der in Artikel 2 Absatz 2 Ziffer *ii* festgelegten Voraussetzungen erfüllt sind.

8. Der Ausdruck „Wirtschaftsjahr" bedeutet einen jährlichen Rechnungslegungszeitraum, für den die oberste Muttergesellschaft des multinationalen Konzerns ihren Jahresabschluss aufstellt.

9. Der Ausdruck „Berichtswirtschaftsjahr" bedeutet das Wirtschaftsjahr, dessen finanzielle und operative Ergebnisse im länderbezogenen Bericht nach Artikel 4 angegeben sind.

10. Der Ausdruck „qualifizierte Vereinbarung zwischen den zuständigen Behörden" bedeutet eine Vereinbarung, die *i)* zwischen bevollmächtigten Vertretern der Staaten geschlossen wurde, die Vertragsparteien einer internationalen Übereinkunft sind, und die *ii)* den automatischen Austausch länderbezogener Berichte zwischen den Vertragsstaaten vorsieht.

11. Der Ausdruck „internationale Übereinkunft" bedeutet das Übereinkommen über die gegenseitige Amtshilfe in Steuersachen, ein zwei- oder mehrseitiges Doppelbesteuerungsabkommen oder ein Steuerinformationsabkommen, dem [Staat] angehört und mit dem eine Rechtsgrundlage für den Austausch von Steuerinformationen, einschließlich des automatischen Austauschs solcher Informationen, zwischen verschiedenen Staaten geschaffen wird.

12. Der Ausdruck „Konzernabschluss" bedeutet den Jahresabschluss eines multinationalen Konzerns, in dem die Forderungen, Verbindlichkeiten, Einkünfte, Aufwendungen und Kapitalflüsse der obersten Muttergesellschaft und der Konzernunternehmen als die einer einzigen wirtschaftlichen Einheit dargestellt werden.

13. Der Ausdruck „systemisches Scheitern" bedeutet in Bezug auf einen Staat, dass zwischen diesem Staat und [Staat] zwar eine wirksame qualifizierte Vereinbarung zwischen den zuständigen Behörden besteht, er den automatischen Austausch (aus anderen als den in der Vereinbarung vorgesehenen Gründen) jedoch ausgesetzt hat oder es anderweitig regelmäßig versäumt hat, [Staat] in seinem Besitz befindliche länderbezogene Berichte multinationaler Konzerne, die in [Staat] über Konzernunternehmen verfügen, automatisch zu übermitteln.

Artikel 2
Vorlagepflicht

1. Jede oberste Muttergesellschaft eines multinationalen Konzerns, der in [Staat] steuerlich ansässig ist, legt [Steuerverwaltung des Staates] für ihr Berichtswirtschaftsjahr innerhalb der in Artikel 5 festgelegten Frist einen länderbezogenen Bericht vor, der den in Artikel 4 genannten Vorgaben entspricht.

2. Ein Konzernunternehmen, das nicht die oberste Muttergesellschaft eines multinationalen Konzerns ist, legt [Steuerverwaltung des Staates] für das Berichtswirtschaftsjahr eines multinationalen Konzerns, dem es angehört, innerhalb der in Artikel 5 festgelegten Frist einen länderbezogenen Bericht vor, der den in Artikel 4 genannten Vorgaben entspricht, sofern die folgenden Kriterien erfüllt sind:

i) Das Konzernunternehmen ist in [Staat] steuerlich ansässig und

ii) eine der folgenden Voraussetzungen ist erfüllt:

  a) Die oberste Muttergesellschaft des multinationalen Konzerns ist im Staat ihrer steuerlichen Ansässigkeit nicht zur Vorlage eines länderbezogenen Berichts verpflichtet; oder

b) der Staat, in dem die oberste Muttergesellschaft steuerlich ansässig ist, ist zwar Vertragspartei einer bestehenden internationalen Übereinkunft, der [Staat] angehört, ist bis zum Ende der in Artikel 5 festgelegten Frist für die Vorlage des länderbezogenen Berichts für das Berichtswirtschaftsjahr jedoch nicht Vertragspartei einer wirksamen qualifizierten Vereinbarung zwischen den zuständigen Behörden geworden, der [Staat] angehört; oder

c) es liegt ein systemisches Scheitern des Staates der steuerlichen Ansässigkeit der obersten Muttergesellschaft vor, über welches das in [Staat] steuerlich ansässige Konzernunternehmen von [Steuerverwaltung des Staates] unterrichtet wurde.

Sind mehrere Konzernunternehmen desselben multinationalen Konzerns in [Staat] steuerlich ansässig und sind eine oder mehrere der in Ziffer *ii* genannten Voraussetzungen erfüllt, so kann der multinationale Konzern eines dieser Konzernunternehmen dazu bestimmen, [Steuerverwaltung des Staates] für ein Berichtswirtschaftsjahr innerhalb der in Artikel 5 festgelegten Frist den länderbezogenen Bericht vorzulegen, der den in Artikel 4 genannten Vorgaben entspricht, und [Steuerverwaltung des Staates] darüber zu unterrichten, dass damit die Vorlagepflicht aller in [Staat] steuerlich ansässigen Unternehmen des multinationalen Konzerns erfüllt sein soll.

3. Ungeachtet des Absatzes 2 ist ein Konzernunternehmen nach Absatz 2, wenn eine oder mehrere der Voraussetzungen nach Absatz 2 Ziffer *ii* erfüllt sind, nicht zur Vorlage eines länderbezogenen Berichts für ein Berichtswirtschaftsjahr bei [Steuerverwaltung des Staates] verpflichtet, sofern der multinationale Konzern, dem es angehört, für das betreffende Wirtschaftsjahr einen länderbezogenen Bericht, der den in Artikel 4 genannten Vorgaben entspricht, über eine vertretende Muttergesellschaft zur Verfügung gestellt hat, die den länderbezogenen Bericht innerhalb der in Artikel 5 festgelegten Frist der Steuerbehörde des Staates ihrer steuerlichen Ansässigkeit vorlegt und hinsichtlich der die folgenden Voraussetzungen erfüllt sind:

a) Im Staat der steuerlichen Ansässigkeit der beauftragten Konzerngesellschaft ist die Vorlage länderbezogener Berichte vorgeschrieben, die den in Artikel 4 genannten Vorgaben entsprechen;

b) der Staat der steuerlichen Ansässigkeit der beauftragten Konzerngesellschaft ist bis zum Ende der in Artikel 5 festgelegten Frist für die Vorlage des länderbezogenen Berichts für das Berichtswirtschaftsjahr Vertragspartei einer wirksamen qualifizierten Vereinbarung zwischen den zuständigen Behörden geworden, der [Staat] angehört;

c) der Staat der steuerlichen Ansässigkeit der beauftragten Konzerngesellschaft hat [Steuerverwaltung des Staates] nicht über ein systemisches Scheitern unterrichtet;

d) der Staat der steuerlichen Ansässigkeit der beauftragten Konzerngesellschaft wurde nach Artikel 3 Absatz 1 von dem in seinem Hoheitsgebiet steuerlich ansässigen Konzernunternehmen darüber unterrichtet, das es die beauftragte Gesellschaft ist; und

e) [Steuerverwaltung des Staates] wurde nach Artikel 3 Absatz 2 eine Benachrichtigung übermittelt.

Artikel 3
Unterrichtung

1. Ein Unternehmen eines multinationalen Konzerns, das in [Staat] steuerlich ansässig ist, unterrichtet [Steuerverwaltung des Staates] spätestens am [letzten Tag des Berichtswirtschaftsjahrs des multinationalen Konzerns] darüber, ob es die oberste Muttergesellschaft oder die beauftragte Konzerngesellschaft ist.

2. Ist ein Unternehmen eines multinationalen Konzerns, das in [Staat] steuerlich ansässig ist, nicht die oberste Muttergesellschaft oder die beauftragte Konzerngesellschaft, so unterrichtet es [Steuerverwaltung des Staates] spätestens am [letzten Tag des Berichtswirtschaftsjahrs des multinationalen Konzerns] darüber, wer der berichtende Rechtsträger ist und wo dieser steuerlich ansässig ist.

Artikel 4
Länderbezogener Bericht

1. Im Sinne dieses [Gesetzestitel] ist ein länderbezogener Bericht in Bezug auf einen multinationalen Konzern ein Bericht, der Folgendes enthält:

i) Gesamtangaben zur Höhe des Umsatzerlöses, des Vorsteuergewinns(-verlusts), der entrichteten Ertragsteuern, der zu entrichtenden Ertragsteuern, des ausgewiesenen Kapitals und des einbehaltenen Gewinns, zur Beschäftigtenzahl sowie zu den materiellen Vermögenswerten ohne flüssige Mittel in jedem Staat, in dem der multinationale Konzern tätig ist;

ii) den Namen jedes Unternehmens des multinationalen Konzerns unter Angabe des Staates seiner steuerlichen Ansässigkeit und, falls davon abweichend, des Staates, nach dessen Recht es gegründet wurde, sowie der Art seiner wichtigsten Geschäftstätigkeit bzw. Geschäftstätigkeiten.

2. Der länderbezogene Bericht wird in einer dem Standardformular nach [Anhang III zu Kapitel V der OECD-Verrechnungspreisleitlinien in der jeweiligen gegebenenfalls geänderten Fassung] / [Anhang III des Berichts *Verrechnungspreisdokumentation und länderbezogene Berichterstattung* zu Punkt 13 des *OECD/G20-Aktionsplans zur Bekämpfung der Gewinnverkürzung und Gewinnverlagerung*] / [der Anlage zu diesem Gesetz] entsprechenden Form unter Anwendung der dazugehörigen Begriffsbestimmungen und Anleitungen vorgelegt.

Artikel 5
Vorlagefrist

Der nach diesem [Gesetzestitel] vorgeschriebene länderbezogene Bericht wird spätestens 12 Monate nach dem letzten Tag des Berichtswirtschaftsjahrs des multinationalen Konzerns vorgelegt.

Artikel 6
Verwendung und Vertraulichkeit der Informationen im länderbezogenen Bericht

1. [Steuerverwaltung des Staates] verwendet den länderbezogenen Bericht für eine allgemeine Bewertung der Verrechnungspreisrisiken und anderer Risiken im Zusammenhang mit Gewinnverkürzung und Gewinnverlagerung in [Staat], unter anderem für eine Bewertung des Risikos der Nichteinhaltung geltender Verrechnungspreisvorschriften durch Mitglieder des multinationalen Konzerns, sowie gegebenenfalls für wirtschaftliche und statistische Analysen. Verrechnungspreiskorrekturen durch [Steuerverwaltung des Staates] werden nicht auf dem länderbezogenen Bericht beruhen.

2. [Steuerverwaltung des Staates] wahrt die Vertraulichkeit der im länderbezogenen Bericht enthaltenen Informationen mindestens in dem Umfang, der gelten würde, wenn die Informationen im Rahmen des Übereinkommens über die gegenseitige Amtshilfe in Steuersachen erteilt würden.

Artikel 7
Strafen

Diese Mustervorschrift enthält keine Bestimmungen zu Strafen, die in dem Fall verhängt werden, dass ein berichtender Rechtsträger seinen Meldepflichten im Zusammenhang mit dem länderbezogenen Bericht nicht nachkommt. Es wird davon ausgegangen, dass die Staaten ihre bestehenden Strafregelungen zur Verrechnungspreisdokumentation auf die Pflicht zur Vorlage des länderbezogenen Berichts ausdehnen werden.

Artikel 8
Tag des Wirksamwerdens

Dieses [Gesetzestitel] gilt für Berichtswirtschaftsjahre multinationaler Konzerne mit Beginn an oder nach dem [1. Januar 2016].

Mehrseitige Vereinbarung zwischen den zuständigen Behörden über den Austausch länderbezogener Berichte

In der Erwägung, dass die Staaten der Unterzeichner der Mehrseitigen Vereinbarung zwischen den zuständigen Behörden über den Austausch länderbezogener Berichte („Vereinbarung") Vertragsparteien des Übereinkommens über die gegenseitige Amtshilfe in Steuersachen beziehungsweise des Übereinkommens über die gegenseitige Amtshilfe in Steuersachen in der durch das Protokoll geänderten Fassung („Übereinkommen") oder darunter fallende Hoheitsgebiete sind oder das Übereinkommen unterzeichnet oder ihre entsprechende Absicht bekundet haben und anerkennen, dass das Übereinkommen vor dem automatischen Austausch länderbezogener Berichte für sie in Kraft und wirksam sein muss,

in der Erwägung, dass ein Land, welches das Übereinkommen unterzeichnet oder seine entsprechende Absicht bekundet hat, erst ein Staat im Sinne des § 1 werden wird, wenn es Vertragspartei des Übereinkommens geworden ist,

in der Erwägung, dass die Staaten von dem Wunsch geleitet sind, durch den automatischen Austausch jährlicher länderbezogener Berichte die internationale steuerliche Transparenz zu erhöhen und den Zugang ihrer jeweiligen Steuerbehörden zu Informationen über die weltweite Verteilung der Einkünfte und der entrichteten Steuern sowie bestimmte Indikatoren für die Orte wirtschaftlicher Tätigkeit in den Steuergebieten, in denen multinationale Konzerne tätig sind, zu verbessern, um die Verrechnungspreisrisiken und andere Risiken im Zusammenhang mit Gewinnverkürzung und Gewinnverlagerung allgemein zu bewerten sowie gegebenenfalls für wirtschaftliche und statistische Analysen,

in der Erwägung, dass die Rechtsvorschriften der jeweiligen Staaten den berichtenden Rechtsträger eines multinationalen Konzerns verpflichten oder verpflichten sollen, jährlich einen länderbezogenen Bericht vorzulegen,

in der Erwägung, dass der länderbezogene Bericht Bestandteil einer dreistufigen Struktur sein soll, zusammen mit einer globalen Stammdokumentation und einer Einzeldokumentation, die gemeinsam einen standardisierten Ansatz für die Verrechnungspreisdokumentation darstellen, der den Steuerverwaltungen sachdienliche und verlässliche Informationen zur Durchführung einer effizienten und belastbaren Bewertungsanalyse des Verrechnungspreisrisikos liefern wird,

in der Erwägung, dass Kapitel III des Übereinkommens die Grundlage für den Informationsaustausch zu Steuerzwecken einschließlich des automatischen Informationsaustauschs schafft sowie den zuständigen Behörden der Staaten gestattet, den Umfang und die Modalitäten dieses automatischen Austauschs zu vereinbaren,

in der Erwägung, dass Artikel 6 des Übereinkommens vorsieht, dass zwei oder mehr Vertragsparteien einen automatischen Informationsaustausch einvernehmlich vereinbaren können, obgleich der eigentliche Informationsaustausch bilateral zwischen den zuständigen Behörden erfolgen wird,

in der Erwägung, dass die Staaten zum Zeitpunkt des ersten Austauschs länderbezogener Berichte über Folgendes verfügen werden oder verfügen sollen: *i)* geeignete Schutzvorkehrungen zur Sicherstellung der vertraulichen Behandlung der nach dieser Vereinbarung erhaltenen Informationen und ihrer Verwendung für eine allgemeine Bewertung der Verrechnungspreisrisiken und anderer Risiken im Zusammenhang mit Gewinnverkürzung und Gewinnverlagerung sowie gegebenenfalls für wirtschaftliche und statistische Analysen nach § 5, *ii)* die Infrastruktur für eine wirksame Austauschbeziehung (einschließlich bestehender Verfahren zur Gewährleistung eines fristgerechten, fehlerfreien und vertraulichen Informationsaustauschs, wirksamer und zuverlässiger Übertragungswege sowie Ressourcen für die zügige Klärung von Fragen und Anliegen zum Austausch oder zu Auskunftsersuchen sowie für die Durchführung des § 4) und *iii)* die erforderlichen Rechtsvorschriften zur Verpflichtung der berichtenden Rechtsträger zur Vorlage länderbezogener Berichte,

in der Erwägung, dass die Staaten entschlossen sind, sich nach Artikel 24 Absatz 2 des Übereinkommens sowie § 6 Absatz 1 dieser Vereinbarung zu beraten mit dem Ziel, Fälle unerwünschter wirtschaftlicher Ergebnisse, auch für einzelne Unternehmen, zu regeln,

in der Erwägung, dass Verständigungsverfahren, beispielsweise auf der Grundlage eines zwischen den Staaten der zuständigen Behörden geschlossenen Doppelbesteuerungsabkommens, weiterhin Anwendung finden, wenn länderbezogene Berichte aufgrund dieser Vereinbarung ausgetauscht wurden,

in der Erwägung, dass die zuständigen Behörden der Staaten beabsichtigen, diese Vereinbarung zu schließen, und zwar unbeschadet (etwaiger) innerstaatlicher Gesetzgebungsverfahren sowie vorbehaltlich der im Übereinkommen vorgesehenen Vertraulichkeitsvorschriften und sonstigen Schutzvorkehrungen einschließlich der Bestimmungen, welche die Verwendung der danach ausgetauschten Informationen einschränken,

sind die zuständigen Behörden wie folgt übereingekommen:

§ 1
Begriffsbestimmungen

1. Im Sinne dieser Vereinbarung haben die nachstehenden Ausdrücke folgende Bedeutung:

a) Der Ausdruck **„Staat“** bedeutet ein Land oder ein Hoheitsgebiet, für welches das Übereinkommen in Kraft und wirksam ist, entweder durch Ratifikation, Annahme oder Genehmigung nach Artikel 28 oder durch räumliche Erstreckung nach Artikel 29, und das ein Unterzeichner dieser Vereinbarung ist;

b) der Ausdruck **„zuständige Behörde“** bedeutet für den jeweiligen Staat die in Anlage B des Übereinkommens aufgeführten Personen und Behörden;

c) der Ausdruck **„Konzern“** bedeutet eine Gruppe von Unternehmen, die durch Eigentum oder Beherrschung verbunden sind, sodass die Gruppe entweder nach den geltenden Rechnungslegungsgrundsätzen zur Aufstellung eines Konzernabschlusses für Rechnungslegungszwecke verpflichtet ist oder dazu verpflichtet wäre, wenn Eigenkapitalbeteiligungen an einem der Unternehmen an einer öffentlichen Wertpapierbörse gehandelt würden;

d) der Ausdruck **„multinationaler Konzern“** bedeutet einen Konzern, *i)* der zwei oder mehr Unternehmen umfasst, deren steuerliche Ansässigkeit in unterschiedlichen Staaten liegt, oder der ein Unternehmen umfasst, das in einem Staat steuerlich ansässig ist und in einem anderen Staat mit der durch eine Betriebsstätte ausgeübten Geschäftstätigkeit steuerpflichtig ist, und *ii)* der kein freigestellter multinationaler Konzern ist;

e) der Ausdruck **„freigestellter multinationaler Konzern“** bedeutet einen Konzern, der nicht zur Vorlage eines länderbezogenen Berichts verpflichtet ist, da der jährliche Umsatzerlös des Konzerns in dem Wirtschaftsjahr, das dem Berichtswirtschaftsjahr unmittelbar voranging, laut seinem Konzernabschluss für dieses vorangegangene Wirtschaftsjahr unter dem Schwellenwert liegt, der durch das innerstaatliche Recht des Staates festgelegt wurde und dem Bericht von 2015 in der nach der darin vorgesehenen Überprüfung im Jahr 2020 gegebenenfalls geänderten Fassung entspricht;

f) der Ausdruck **„Konzernunternehmen“** bedeutet *i)* eine eigenständige Geschäftseinheit eines multinationalen Konzerns, die für Rechnungslegungszwecke in den Konzernabschluss einbezogen wird oder darin einbezogen würde, wenn Eigenkapitalbeteiligungen an dieser Geschäftseinheit eines multinationalen Konzerns an einer öffentlichen Wertpapierbörse gehandelt würden, *ii)* eine eigenständige Geschäftseinheit, die nur aufgrund ihrer Größe oder nur aus Wesentlichkeitsgründen nicht in den Konzernabschluss des multinationalen Konzerns einbezogen wird, oder *iii)* eine Betriebsstätte einer unter Ziffer *i* oder *ii* fallenden eigenständigen Geschäftseinheit eines multinationalen Konzerns, sofern die Geschäftseinheit für Rechnungslegungs-, Aufsichts-, Steuer- oder interne Steuerungszwecke einen Einzelabschluss für diese Betriebsstätte aufstellt;

g) der Ausdruck **„berichtender Rechtsträger“** bedeutet das Konzernunternehmen, das aufgrund des innerstaatlichen Rechts im Staat seiner steuerlichen Ansässigkeit den länderbezogenen Bericht im Rahmen seiner Fähigkeit vorlegt, dies im Namen des multinationalen Konzerns zu tun;

h) der Ausdruck **„länderbezogener Bericht“** bedeutet den vom berichtenden Rechtsträger nach dem Recht des Staates seiner steuerlichen Ansässigkeit jährlich vorzulegenden länderbezogenen Bericht mit den nach diesem Recht zu meldenden Informationen zu den Posten und in dem Format, die im Bericht von 2015 in der nach der darin vorgesehenen Überprüfung im Jahr 2020 gegebenenfalls geänderten Fassung dargelegt sind;

i) der Ausdruck **„Bericht von 2015“** bedeutet den Abschlussbericht mit dem Titel *Verrechnungspreisdokumentation und länderbezogene Berichterstattung* zu Aktionspunkt 13 des OECD/G20-Aktionsplans zur Bekämpfung der Gewinnverkürzung und Gewinnverlagerung.

j) der Ausdruck **„Koordinierungsgremium“** bedeutet das Koordinierungsgremium des Übereinkommens, das sich nach Artikel 24 Absatz 3 des Übereinkommens aus Vertretern der zuständigen Behörden der Vertragsparteien des Übereinkommens zusammensetzt;

k) der Ausdruck **„Sekretariat des Koordinierungsgremiums“** bedeutet das OECD-Sekretariat, welches das Koordinierungsgremium unterstützt;

l) der Ausdruck **„wirksame Vereinbarung“** bedeutet in Bezug auf zwei zuständige Behörden, dass beide zuständigen Behörden ihre Absicht bekundet haben, miteinander automatisch Informationen auszutauschen, und die in § 8 Absatz 2 genannten weiteren Voraussetzungen erfüllt haben. Auf der OECD-Website ist eine Liste der zuständigen Behörden zu veröffentlichen, zwischen denen diese Vereinbarung wirksam ist.

2. Bei jeder Anwendung dieser Vereinbarung durch eine zuständige Behörde eines Staates wird jeder in dieser Vereinbarung nicht definierte Ausdruck, sofern der Zusammenhang nichts anderes erfordert und die zuständigen Behörden sich nicht (im Rahmen ihres innerstaatlichen Rechts) auf eine gemeinsame Bedeutung einigen, die Bedeutung haben, die ihm zum jeweiligen Zeitpunkt nach dem Recht des diese Vereinbarung anwendenden Staates zukommt, wobei die Bedeutung nach dem in diesem Staat geltenden Steuerrecht Vorrang hat vor einer Bedeutung, die dem Ausdruck nach dem sonstigen Recht dieses Staates zukommt.

§ 2
Austausch von Informationen in Bezug auf multinationale Konzerne

1. Nach den Artikeln 6, 21 und 22 des Übereinkommens wird jede zuständige Behörde die von den einzelnen in ihrem Staat steuerlich ansässigen berichtenden Rechtsträgern erhaltenen länderbezogenen Berichte jährlich mit allen anderen zuständigen Behörden von Staaten automatisch austauschen, in Bezug auf die diese Vereinbarung wirksam ist und in denen laut Informationen im länderbezogenen Bericht ein oder mehrere Konzernunternehmen des multinationalen Konzerns des berichtenden Rechtsträgers entweder steuerlich ansässig oder mit der durch eine Betriebsstätte ausgeübten Geschäftstätigkeit steuerpflichtig sind.

2. Ungeachtet des Absatzes 1 werden die zuständigen Behörden der Staaten, die in ihrer Notifikation nach § 8 Absatz 1 Buchstabe b angegeben haben, dass sie als Staaten ohne Gegenseitigkeit aufzuführen sind, nach Absatz 1 länderbezogene Berichte übermitteln, jedoch keine länderbezogenen Berichte nach dieser Vereinbarung erhalten. Die zuständigen Behörden der nicht als Staaten ohne Gegenseitigkeit aufgeführten Staaten werden die in Absatz 1 genannten Informationen sowohl übermitteln als auch erhalten. Die zuständigen Behörden werden diese Informationen jedoch nicht an die zuständigen Behörden der in der Liste der Staaten ohne Gegenseitigkeit enthaltenen Staaten übermitteln.

§ 3
Zeitplan und Form des Informationsaustauschs

1. Für die Zwecke des Informationsaustauschs nach § 2 wird die Währung der im länderbezogenen Bericht enthaltenen Beträge angegeben werden.

2. Im Hinblick auf § 2 Absatz 1 ist ein länderbezogener Bericht erstmalig für das Wirtschaftsjahr des multinationalen Konzerns, das an dem von der zuständigen Behörde in der Notifikation nach § 8 Absatz 1 Buchstabe a angegebenen Tag oder danach beginnt, so bald wie möglich und spätestens 18 Monate nach dem letzten Tag dieses Wirtschaftsjahrs auszutauschen. Ungeachtet der vorstehenden Bestimmungen ist ein länderbezogener Bericht nur dann auszutauschen, wenn diese Vereinbarung für beide zuständigen Behörden wirksam ist und in ihren jeweiligen Staaten Rechtsvorschriften bestehen, denen zufolge länderbezogene Berichte für das Wirtschaftsjahr, auf das sich der länderbezogene Bericht bezieht, vorgelegt werden müssen, und die mit dem in § 2 vorgesehenen Austauschumfang vereinbar sind.

3. Vorbehaltlich des Absatzes 2 ist der länderbezogene Bericht so bald wie möglich und spätestens 15 Monate nach dem letzten Tag des Wirtschaftsjahrs des multinationalen Konzerns, auf den er sich bezieht, auszutauschen.

4. Die zuständigen Behörden werden die länderbezogenen Berichte über ein gemeinsames XML-Schema automatisch austauschen.

5. Die zuständigen Behörden werden auf ein oder mehrere elektronische Datenübertragungsverfahren einschließlich Verschlüsselungsstandards hinwirken und sich auf diese verständigen, um eine möglichst weitgehende Standardisierung zu erzielen sowie Komplexität und Kosten möglichst gering zu halten, und werden dem Sekretariat des Koordinierungsgremiums diese standardisierten Übertragungs- und Verschlüsselungsverfahren notifizieren.

§ 4
Zusammenarbeit bei Einhaltung und Durchsetzung der Vereinbarung

Eine zuständige Behörde wird die andere zuständige Behörde unterrichten, wenn die erstgenannte zuständige Behörde in Bezug auf einen im Staat der anderen zuständigen Behörde steuerlich ansässigen berichtenden Rechtsträger Grund zu der Annahme hat, dass ein Fehler zu einer unrichtigen oder unvollständigen Informationsmeldung geführt haben könnte oder dass ein berichtender Rechtsträger seine Verpflichtung zur Vorlage eines länderbezogenen Berichts nicht einhält. Die unterrichtete zuständige Behörde wird nach ihrem innerstaatlichen Recht zur Verfügung stehende geeignete Maßnahmen ergreifen, um gegen die in der Unterrichtung beschriebenen Fehler oder Fälle von Nichteinhaltung vorzugehen.

§ 5
Vertraulichkeit, Datenschutzvorkehrungen und sachgemäße Verwendung

1. Alle ausgetauschten Informationen unterliegen den im Übereinkommen vorgesehenen Vertraulichkeitsvorschriften und sonstigen Schutzvorkehrungen einschließlich der Bestimmungen, welche die Verwendung der ausgetauschten Informationen einschränken.

2. Über die Einschränkungen in Absatz 1 hinaus wird die Verwendung der Informationen außerdem auf die in diesem Absatz beschriebenen zulässigen Verwendungen beschränkt werden. Insbesondere werden die durch den länderbezogenen Bericht erhaltenen Informationen für die Bewertung erheblicher Risiken im Zusammenhang mit Verrechnungspreisen, Gewinnverkürzung und Gewinnverlagerung sowie gegebenenfalls für wirtschaftliche und statistische Analysen verwendet werden. Die Informationen werden nicht als Ersatz für eine eingehende Verrechnungspreisanalyse einzelner Geschäftsvorfälle und Preise auf der Grundlage einer umfassenden Funktionsanalyse und einer umfassenden Vergleichbarkeitsanalyse verwendet werden. Es wird anerkannt, dass die Informationen im länderbezogenen Bericht für sich genommen keinen eindeutigen Nachweis für die Angemessenheit oder Nichtangemessenheit von Verrechnungspreisen darstellen und folglich Verrechnungspreiskorrekturen nicht auf dem länderbezogenen Bericht beruhen werden. Gegen diesen Absatz verstoßende unangemessene Korrekturen örtlicher Steuerverwaltungen werden in Verfahren der zuständigen Behörden zurückgenommen werden. Ungeachtet der vorstehenden Bestimmungen ist es nicht untersagt, die Daten des länderbezogenen Berichts im Rahmen einer Steuerprüfung als Grundlage für weitere Untersuchungen der Verrechnungspreisvereinbarungen des multinationalen Unternehmens oder anderer Steuerangelegenheiten zu verwenden, und infolgedessen kann das zu versteuernde Einkommen eines Konzernunternehmens entsprechend berichtigt werden.

3. Soweit dies nach geltendem Recht zulässig ist, wird eine zuständige Behörde das Sekretariat des Koordinierungsgremiums unverzüglich über alle Fälle der Nichteinhaltung der Absätze 1 und 2 einschließlich aller Gegenmaßnahmen sowie über alle in Bezug auf die Nichteinhaltung der oben genannten Absätze ergriffenen Maßnahmen unterrichten. Das Sekretariat des Koordinierungsgremiums wird sämtliche zuständigen Behörden unterrichten, für die diese Vereinbarung eine wirksame Vereinbarung mit der erstgenannten zuständigen Behörde darstellt.

§ 6
Konsultationen

1. Falls eine Berichtigung des zu versteuernden Einkommens eines Konzernunternehmens als Folge weiterer Untersuchungen auf Grundlage der Daten im länderbezogenen Bericht zu unerwünschten wirtschaftlichen Ergebnissen führt, auch wenn solche Fälle bei einem einzelnen Unternehmen auftreten, konsultieren die zuständigen Behörden der Ansässigkeitsstaaten der betroffenen Konzernunternehmen einander und beraten sich mit dem Ziel, den Fall zu regeln.

2. Treten bei der Durchführung oder Auslegung dieser Vereinbarung Schwierigkeiten auf, so kann eine zuständige Behörde um Konsultationen mit einer oder mehreren der zuständigen Behörden zur Ausarbeitung geeigneter Maßnahmen ersuchen, durch welche die Einhaltung der Vereinbarung sichergestellt wird. Insbesondere konsultiert eine zuständige Behörde die andere zuständige Behörde, bevor die erstgenannte zuständige Behörde feststellt, dass ein systemisches Scheitern des Austauschs länderbezogener Berichte mit der anderen Behörde vorliegt. Trifft die erstgenannte zuständige Behörde eine solche Feststellung, so unterrichtet sie das Sekretariat des Koordinierungsgremiums, das nach Benachrichtigung der betroffenen anderen zuständigen Behörde alle zuständigen Behörden unterrichten wird. Soweit das geltende Recht dies zulässt, kann jede zuständige Behörde, auf ihren Wunsch auch über das Sekretariat des Koordinierungsgremiums, andere zuständige Behörden, für die diese Vereinbarung wirksam ist, beteiligen, um eine annehmbare Lösung für die Angelegenheit zu finden.

3. Die zuständige Behörde, die nach Absatz 2 um die Konsultationen ersucht hat, stellt gegebenenfalls sicher, dass das Sekretariat des Koordinierungsgremiums über alle gefassten Beschlüsse und ausgearbeiteten Maßnahmen, aber auch über das Nichtzustandekommen solcher Beschlüsse und Maßnahmen, unterrichtet wird, und das Sekretariat des Koordinierungsgremiums wird sämtliche zuständigen Behörden, auch diejenigen, die nicht an den Konsultationen teilgenommen haben, über alle diese Beschlüsse beziehungsweise Maßnahmen unterrichten. Informationen über einzelne Steuerpflichtige, einschließlich Informationen, welche die Identität des betroffenen Steuerpflichtigen erkennen lassen würden, sind nicht zu erteilen.

§7
Änderungen

Diese Vereinbarung kann mittels Konsens durch schriftliche Übereinkunft aller zuständigen Behörden geändert werden, für die diese Vereinbarung wirksam ist. Sofern nichts anderes vereinbart wurde, wird diese Änderung am ersten Tag des Monats wirksam, der auf einen Zeitabschnitt von einem Monat nach der letzten Unterzeichnung dieser schriftlichen Übereinkunft folgt.

§ 8
Geltungsdauer der Vereinbarung

1. Eine zuständige Behörde muss zum Zeitpunkt der Unterzeichnung dieser Vereinbarung oder so bald wie möglich danach eine Notifikation an das Sekretariat des Koordinierungsgremiums übermitteln,

a) in der angegeben ist, dass ihr Staat über die zur Verpflichtung der berichtenden Rechtsträger zur Vorlage eines länderbezogenen Berichts erforderlichen Rechtsvorschriften verfügt und dass er die Vorlage von länderbezogenen Berichten für Wirtschaftsjahre von berichtenden Rechtsträgern, die an dem in der Notifikation genannten Tag oder danach beginnen, vorschreiben wird;

b) in der angegeben ist, ob der Staat in die Liste der Staaten ohne Gegenseitigkeit aufzunehmen ist;

c) in der ein oder mehrere Verfahren zur elektronischen Datenübertragung einschließlich Verschlüsselung genannt sind;

d) in der angegeben ist, dass sie über den erforderlichen Rechtsrahmen und die erforderliche Infrastruktur zur Gewährleistung der vorgeschriebenen Standards für Vertraulichkeit und Datenschutzvorkehrungen nach Artikel 22 des Übereinkommens und § 5 Absatz 1 sowie der in § 5 Absatz 2 beschriebenen sachgemäßen Verwendung der Informationen in den länderbezogenen Berichten verfügt, und welcher der ausgefüllte und dieser Vereinbarung als Anlage anzuhängenden Fragebogen zu Vertraulichkeit und Datenschutzvorkehrungen beigefügt ist;

e) die Folgendes enthält: *i)* eine Liste der Staaten der zuständigen Behörden, mit denen sie dieser Vereinbarung nach Abschluss (etwaiger) innerstaatlicher Gesetzgebungsverfahren für das Inkrafttreten Wirksamkeit zu verleihen beabsichtigt, oder *ii)* eine Erklärung der zuständigen Behörde, dass sie dieser Vereinbarung mit allen anderen zuständigen Behörden, die eine Notifikation nach diesem Buchstaben übermitteln, Wirksamkeit zu verleihen beabsichtigt.

Die zuständigen Behörden müssen dem Sekretariat des Koordinierungsgremiums umgehend jede an dem oben genannten Inhalt der Notifikation vorzunehmende nachträgliche Änderung notifizieren.

2. Diese Vereinbarung wird zum späteren der folgenden Zeitpunkte zwischen zwei zuständigen Behörden wirksam werden: *i)* an dem Tag, an dem die zweite der beiden zuständigen Behörden die Notifikation nach Absatz 1 an das Sekretariat des Koordinierungsgremiums übermittelt hat, in der nach Absatz 1 Buchstabe e der Staat der anderen zuständigen Behörde aufgeführt ist, oder *ii)* an dem Tag, an dem das Übereinkommen für beide Staaten in Kraft getreten und wirksam ist.

3. Das Sekretariat des Koordinierungsgremiums wird eine auf der OECD-Website zu veröffentlichende Liste der zuständigen Behörden führen, der zu entnehmen ist, welche zuständigen Behörden die Vereinbarung unterzeichnet haben und zwischen welchen zuständigen Behörden diese Vereinbarung eine wirksame Vereinbarung darstellt. Darüber hinaus wird das Sekretariat des Koordinierungsgremiums die von den zuständigen Behörden nach Absatz 1 Buchstaben a und b übermittelten Informationen auf der OECD-Website veröffentlichen.

4. Die nach Absatz 1 Buchstaben c bis e übermittelten Informationen werden den anderen Unterzeichnern auf schriftliche Anfrage an das Sekretariat des Koordinierungsgremiums zur Verfügung gestellt werden.

5. Eine zuständige Behörde kann den Informationsaustausch nach dieser Vereinbarung vorübergehend aussetzen, indem sie einer anderen zuständigen Behörde schriftlich ihre Feststellung mitteilt, dass die letztgenannte zuständige Behörde diese Vereinbarung in erheblichem Umfang nicht einhält oder nicht eingehalten hat. Bevor sie eine solche Feststellung trifft, konsultiert die erstgenannte zuständige Behörde die andere zuständige Behörde. Im Sinne dieses Absatzes bedeutet erhebliche Nichteinhaltung die Nichteinhaltung des § 5 Absätze 1 und 2 sowie des § 6 Absatz 1 und/oder der entsprechenden Bestimmungen des Übereinkommens sowie die nicht fristgerechte oder angemessene Bereitstellung von Informationen nach dieser Vereinbarung durch die zuständige Behörde. Eine Aussetzung wird unmittelbar wirksam sein und bestehen bleiben, bis die zweitgenannte zuständige Behörde in einer für beide zuständigen Behörden annehmbaren Weise nachweist, dass keine erhebliche Nichteinhaltung vorliegt oder dass die zweitgenannte zuständige Behörde geeignete Maßnahmen ergriffen hat, um gegen die erhebliche Nichteinhaltung vorzugehen. Soweit das geltende Recht dies zulässt, kann jede zuständige Behörde, auf ihren Wunsch auch über das Sekretariat des Koordinierungsgremiums, andere zuständige Behörden, für die diese Vereinbarung wirksam ist, beteiligen, um eine annehmbare Lösung für die Angelegenheit zu finden.

6. Eine zuständige Behörde kann ihre Teilnahme an dieser Vereinbarung oder in Bezug auf eine bestimmte zuständige Behörde gegenüber dem Sekretariat des Koordinierungsgremiums schriftlich kündigen. Die Kündigung wird am ersten Tag des Monats wirksam werden, der auf einen Zeitabschnitt

von 12 Monaten nach der Kündigung folgt. Im Fall einer Kündigung werden alle bis zu diesem Zeitpunkt nach dieser Vereinbarung erhaltenen Informationen weiterhin vertraulich behandelt werden und den Bestimmungen des Übereinkommens unterliegen.

§ 9
Sekretariat des Koordinierungsgremiums

Sofern in der Vereinbarung nichts anderes vorgesehen ist, wird das Sekretariat des Koordinierungsgremiums sämtliche zuständigen Behörden über alle nach dieser Vereinbarung bei ihm eingegangenen Notifikationen unterrichten und sämtliche Unterzeichner der Vereinbarung in Kenntnis setzen, wenn eine neue zuständige Behörde die Vereinbarung unterzeichnet.

Geschehen in englischer und französischer Sprache, wobei jeder Wortlaut gleichermaßen verbindlich ist.

Anhang zur Vereinbarung – Fragebogen zu Vertraulichkeit und Datenschutzvorkehrungen

1. Rechtsrahmen

Ein Rechtsrahmen muss die Vertraulichkeit der ausgetauschten Steuerinformationen gewährleisten und deren Nutzung auf angemessene Verwendungszwecke beschränken. Die zwei Grundbestandteile eines solchen Rechtsrahmens sind die Bedingungen des geltenden Doppelbesteuerungsabkommens, Steuerinformationsabkommens (TIEA) oder sonstigen bilateralen Abkommens über den Austausch von Informationen sowie das innerstaatliche Recht eines Staats.

1.1 Doppelbesteuerungsabkommen, Steuerinformationsabkommen (TIEA) und sonstige Vereinbarungen über den Informationsaustausch	
Wichtigste Checklistenbereiche	• Bestimmungen von Doppelbesteuerungsabkommen, TIEA und internationalen Übereinkommen, die eine vertrauliche Behandlung der ausgetauschten Informationen vorschreiben und die Nutzung dieser Informationen auf die beabsichtigten Verwendungszwecke beschränken.
Wie gewährleisten die Bestimmungen zum Informationsaustausch Ihrer Doppelbesteuerungsabkommen, TIEA und sonstigen Vereinbarungen über den Informationsaustausch die Vertraulichkeit sowohl der an andere Vertragsstaaten übermittelten Informationen als auch der auf Ersuchen erhaltenen Informationen und wie beschränken sie deren Nutzung?	
1.2 Innerstaatliches Recht	
Wichtigste Checklistenbereiche	• Das innerstaatliche Recht muss Sicherheitsvorkehrungen für steuerpflichtigenbezogene Informationen schaffen, die im Rahmen eines Doppelbesteuerungsabkommens, TIEA oder sonstigen internationalen Übereinkommens ausgetauscht werden, und diese Vereinbarungen über den Informationsaustausch für verbindlich erklären, den Zugang zu den Informationen sowie deren Verwendung beschränken und Strafen im Fall von Verstößen vorsehen.
Wie schützen Ihre innerstaatlichen Gesetze und sonstigen Rechtsvorschriften die im Rahmen von Doppelbesteuerungsabkommen, TIEA und sonstigen Instrumenten für den Informationsaustausch zu Steuerzwecken ausgetauschten Informationen und wie beschränken sie deren Verwendung? Wie verhindert die Steuerverwaltung den Missbrauch vertraulicher Informationen und wie unterbindet sie die Weitergabe steuerlicher Informationen durch das Steuerverwaltungsorgan an nicht mit Steuerfragen befasste staatliche Organe?	

2. Informationssicherheitsmanagement

Die von den Steuerverwaltungen der einzelnen Staaten eingesetzten Systeme für das Informationssicherheitsmanagement müssen Standards entsprechen, die den Schutz vertraulicher steuerpflichtigenbezogener Daten gewährleisten. Dazu bedarf es beispielsweise Prüfverfahren für Mitarbeiter, die mit diesen Informationen befasst sind, Beschränkungen des Personenkreises, der Zugriff auf diese Informationen hat, sowie Systeme zur Aufdeckung und Rückverfolgung unerlaubter Informationsweitergaben. Die international anerkannten Standards für Informationssicherheit sind unter der Bezeichnung „ISO/IEC 27000-Reihe" bekannt. Wie nachstehend eingehender beschrieben wird, sollte eine Steuerverwaltung in der Lage sein, nachzuweisen, dass sie die Standards der ISO/IEC 27000-Reihe einhält oder über ein vergleichbares Sicherheitssystem verfügt und dass im Rahmen einer Vereinbarung über den Informationsaustausch erhaltene steuerpflichtigenbezogene Informationen durch dieses System geschützt sind.

2.1.1 Hintergrundchecks und Verträge	
Wichtigste Checklistenbereiche	• Prüfungen und Untersuchungen des Hintergrunds von Arbeit- und Auftragnehmern • Einstellungsverfahren und Verträge • Zuständige Kontaktstellen
Welche Verfahren gelten für die von Ihrer Steuerverwaltung durchgeführten Hintergrundchecks für Arbeit- und Auftragnehmer, die Zugang zu im Rahmen eines Informationsaustausches erhaltenen Daten haben und diese verwenden könnten oder die für deren Schutz zuständig sind? Sind die entsprechenden Informationen öffentlich zugänglich? Falls ja, geben Sie bitte an, wo die entsprechenden Informationen zu finden sind. Falls nein, fassen Sie die Verfahren bitte zusammen.	
2.1.2 Schulungen und Sensibilisierung	
Wichtigste Checklistenbereiche	• Erstschulungen und regelmäßige Fortbildungen zur Sensibilisierung für Sicherheitsfragen im Hinblick auf Aufgaben, Risiken und geltende Vorschriften
Welche Schulungen hinsichtlich vertraulicher Informationen, einschließlich Daten, die von Partnern im Rahmen des Informationsaustausches übermittelt wurden, sind in Ihrer Steuerverwaltung für Arbeit- und Auftragnehmer vorgesehen? Liegt der Text dieser Auflagen in Ihrer Steuerverwaltung in einer veröffentlichten Fassung vor? Falls ja, geben Sie bitte an, wo die entsprechenden Informationen zu finden sind. Falls nein, fassen Sie die Auflagen bitte zusammen.	

2.1.3 Regeln für den Fall des Ausscheidens von Arbeit /Auftragnehmern	
Wichtigste Checklistenbereiche	• Regeln für die Beendigung des Zugangs zu vertraulichen Informationen
Welche Verfahren gibt es in Ihrer Steuerverwaltung für die Beendigung des Zugangs zu vertraulichen Informationen von ausscheidenden Arbeit- und Auftragnehmern? Wurden diese Verfahren veröffentlicht? Falls ja, geben Sie bitte an, wo die entsprechenden Informationen zu finden sind. Falls nein, fassen Sie die Verfahren bitte zusammen.	
2.2.1 Physische Sicherheit: Zugang zu Gebäuden und Räumlichkeiten	
Wichtigste Checklistenbereiche	• Sicherheitsmaßnahmen zur Beschränkung des Zutritts zu Gebäuden und Räumlichkeiten: Sicherheitsposten, Sicherheitsregeln, Zutrittsverfahren
Welche Verfahren gibt es in Ihrer Steuerverwaltung für den Zutritt von Arbeitnehmern, Auftragnehmern und Besuchern zu Räumlichkeiten, in denen vertrauliche Informationen in Papier- oder elektronischer Form aufbewahrt werden? Wurden diese Verfahren veröffentlicht? Falls ja, geben Sie bitte an, wo die entsprechenden Informationen zu finden sind. Falls nein, fassen Sie die Verfahren bitte zusammen.	
2.2.2 Physische Sicherheit: Aufbewahrung physischer Unterlagen	
Wichtigste Checklistenbereiche	• Physische Sicherheit vertraulicher Unterlagen: Regeln und Verfahren
Welche Verfahren gibt es in Ihrer Steuerverwaltung für die Entgegennahme, Bearbeitung, Archivierung, Konsultation und Entsorgung von Hardcopys vertraulicher Daten, die von Steuerpflichtigen oder Informationsaustauschpartnern übermittelt wurden? Gibt es in Ihrer Steuerverwaltung Verfahren, die die Mitarbeiter bei Dienstschluss befolgen müssen, bevor sie ihren Arbeitsplatz verlassen? Wurden diese Verfahren veröffentlicht? Falls ja, geben Sie bitte an, wo die entsprechenden Informationen zu finden sind. Falls nein, fassen Sie sie bitte zusammen. Gibt es in Ihrer Steuerverwaltung Regeln für die Klassifizierung von Daten? Falls ja, beschreiben Sie bitte, wie sich Ihre Verfahren für die Aufbewahrung von Unterlagen je nach deren Klassifizierung unterscheiden. Wurden diese Verfahren veröffentlicht? Falls ja, geben Sie bitte an, wo die entsprechenden Informationen zu finden sind. Falls nein, fassen Sie sie bitte zusammen.	

2.3 Planung	
Wichtigste Checklistenbereiche	• Planungsdokumentation für die Entwicklung, Aktualisierung und Umsetzung der Informationssystemsicherheit
Welche Verfahren gibt es in Ihrer Steuerverwaltung für die Entwicklung, Dokumentation, Aktualisierung und Umsetzung der Sicherheit von Informationssystemen, die für die Entgegennahme, Bearbeitung, Archivierung und Konsultation vertraulicher Informationen verwendet werden? Wurden diese Verfahren veröffentlicht? Falls ja, geben Sie bitte an, wo die entsprechenden Informationen zu finden sind. Falls nein, fassen Sie sie bitte zusammen. Welche Verfahren gibt es in Ihrer Steuerverwaltung für regelmäßige Aktualisierungen des Informationssicherheitsplans im Fall von Änderungen des Umfelds der Informationssysteme? Wie werden Probleme und Risiken, die bei der Umsetzung von Informationssicherheitsplänen festgestellt wurden, ausgeräumt? Wurden diese Verfahren veröffentlicht? Falls ja, geben Sie bitte an, wo die entsprechenden Informationen zu finden sind. Falls nein, fassen Sie sie bitte zusammen.	
2.4 Konfigurationsmanagement	
Wichtigste Checklistenbereiche	• Konfigurationsmanagement und Sicherheitskontrollen
Welche Verfahren gibt es in Ihrer Steuerverwaltung zur Steuerung von Systemkonfiguration und Aktualisierungen? Wurden diese Verfahren veröffentlicht? Falls ja, geben Sie bitte an, wo die entsprechenden Informationen zu finden sind. Falls nein, fassen Sie sie bitte zusammen.	
2.5 Zugriffskontrollen	
Wichtigste Checklistenbereiche	• Zugriffskontrollverfahren: autorisierte Mitarbeiter und internationaler Informationsaustausch
Welche Verfahren gibt es in Ihrer Steuerverwaltung, um den Systemzugriff auf autorisierte Nutzer zu beschränken und die Daten während der Übertragung und bei Erhalt und Aufbewahrung zu schützen? Bitte beschreiben Sie, wie die Regeln Ihrer Steuerverwaltung in Bezug auf Zugriffsgenehmigung und Datenübertragung auf Daten angewandt werden, die im Wege des Informationsaustauschs im Rahmen eines Doppelbesteuerungsabkommens, eines TIEA oder einer sonstigen Vereinbarung über den Informationsaustausch empfangen wurden. Wurden diese Verfahren veröffentlicht? Falls ja, geben Sie bitte an, wo die entsprechenden Informationen zu finden sind. Falls nein, fassen Sie sie bitte zusammen.	

2.6 Identifizierung und Authentifizierung	
Wichtigste Checklistenbereiche	• Authentifizierung der Identität der Nutzer und Geräte, die auf Informationssysteme zugreifen wollen
Welche Regeln und Verfahren gibt es in Ihrer Steuerverwaltung für die verschiedenen mit vertraulichen Daten verbundenen Informationssysteme? Wurden diese Regeln und Verfahren veröffentlicht? Falls ja, geben Sie bitte an, wo die entsprechenden Informationen zu finden sind. Falls nein, fassen Sie sie bitte zusammen. Welche Regeln und Verfahren gelten für die Authentifizierung von autorisierten Nutzern der Steuerverwaltung durch Systeme, die mit vertraulichen Daten verbunden sind? Wurden diese Regeln und Verfahren veröffentlicht? Falls ja, geben Sie bitte an, wo die entsprechenden Informationen zu finden sind. Falls nein, fassen Sie sie bitte zusammen.	
2.7 Prüfung und Rechenschaftspflicht	
Wichtigste Checklistenbereiche	• Verfolgbare elektronische Handlungen innerhalb der Systeme • Systemprüfverfahren: Überwachung, Analyse, Untersuchung und Meldung rechtswidriger/unerlaubter Nutzungen
Welche Regeln und Verfahren gibt es in Ihrer Steuerverwaltung, um zu gewährleisten, dass Systemprüfungen stattfinden, durch die unerlaubte Zugriffe aufgedeckt werden? Wurden diese Verfahren veröffentlicht? Falls ja, geben Sie bitte an, wo die entsprechenden Informationen zu finden sind. Falls nein, fassen Sie sie bitte zusammen.	
2.8 Wartung	
Wichtigste Checklistenbereiche	• Regelmäßige und zeitnahe Wartung der Systeme • Kontrolle von Instrumenten, Verfahren und Mechanismen für Systemwartung und persönliche Nutzung
Welche Verfahren regeln die wirksame, regelmäßige Systemwartung durch Ihre Steuerverwaltung? Wurden diese Verfahren veröffentlicht? Falls ja, geben Sie bitte an, wo die entsprechenden Informationen zu finden sind. Falls nein, fassen Sie sie bitte zusammen. Welche Verfahren sind zur Behebung von Systemfehlern vorgesehen, die von Ihrer Steuerverwaltung festgestellt wurden? Wurden diese Verfahren veröffentlicht? Falls ja, geben Sie bitte an, wo die entsprechenden Informationen zu finden sind. Falls nein, fassen Sie sie bitte zusammen.	

2.9 System und Kommunikationssicherung	
Wichtigste Checklistenbereiche	• Verfahren für die Überwachung, Kontrolle und Sicherung der in den Informationssystemen ein- und ausgehenden Mitteilungen
Welche Verfahren gibt es in Ihrer Steuerverwaltung für elektronischen Versand und Empfang vertraulicher Daten? Bitte beschreiben Sie die Sicherheits- und Verschlüsselungsanforderungen dieser Verfahren. Wurden diese Verfahren veröffentlicht? Falls ja, geben Sie bitte an, wo die entsprechenden Informationen zu finden sind. Falls nein, fassen Sie sie bitte zusammen.	

2.10 System und Informationsintegrität	
Wichtigste Checklistenbereiche	• Verfahren für eine zeitnahe Feststellung, Meldung und Korrektur von Informationssystemfehlern • Schutz vor Schadcodes und Überwachung von Systemsicherheitswarnungen
Welche Verfahren gibt es in Ihrer Steuerverwaltung, um Informationssystemfehler zeitnah festzustellen, zu melden und zu korrigieren? Bitte beschreiben Sie, wie diese Verfahren die Systeme vor Schadcodes schützen, die die Datenintegrität beeinträchtigen könnten. Wurden diese Verfahren veröffentlicht? Falls ja, geben Sie bitte an, wo die entsprechenden Informationen zu finden sind. Falls nein, fassen Sie sie bitte zusammen.	
2.11 Sicherheitsbewertungen	
Wichtigste Checklistenbereiche	• Verfahren zur Prüfung, Validierung und Autorisierung der Sicherheitskontrollen für den Schutz der Daten, die Behebung von Mängeln und die Risikoverringerung
Welche regelmäßig aktualisierten Verfahren gibt es in Ihrer Steuerverwaltung für die Überprüfung der Verfahren zur Prüfung, Validierung und Autorisierung von Sicherheitskontrollplänen? Wurden diese Verfahren veröffentlicht? Falls ja, geben Sie bitte an, wo die entsprechenden Informationen zu finden sind. Falls nein, fassen Sie sie bitte zusammen.	
2.12 Notfallplanung	
Wichtigste Checklistenbereiche	• Pläne für Notfallmaßnahmen, Backup-Betrieb und Disaster-Recovery von Informationssystemen
Welche Notfallpläne und -verfahren gibt es in Ihrer Steuerverwaltung zur Verringerung der Folgen von unzulässigen Datenweitergaben und irreversiblen Datenverlusten? Wurden diese Pläne und Verfahren veröffentlicht? Falls ja, geben Sie bitte an, wo die entsprechenden Informationen zu finden sind. Falls nein, fassen Sie sie bitte zusammen.	

2.13 Risikoabschätzung	
Wichtigste Checklistenbereiche	• Potenzielles Risiko des unerlaubten Zugriffs auf steuerpflichtigenbezogene Daten • Risiko und Schadensumfang bei unerlaubter Datennutzung oder -weitergabe und Ausfällen der Systeme für steuerpflichtigenbezogene Informationen • Verfahren für die Aktualisierung der Methoden der Risikoabschätzung
Führt Ihre Steuerverwaltung Risikoabschätzungen zur Ermittlung der Risiken und potenziellen Folgen eines unerlaubten Datenzugriffs, einer unerlaubten Nutzung und Weitergabe von Daten oder einer Zerstörung von Informationssystemen durch? Welche Verfahren gibt es in Ihrer Steuerverwaltung zur Aktualisierung der Methoden der Risikoabschätzung? Wurden die Risikoabschätzungen und deren Verfahren veröffentlicht? Falls ja, geben Sie bitte an, wo die entsprechenden Informationen zu finden sind. Falls nein, fassen Sie sie bitte zusammen.	
2.14 Einkauf von Systemen und Dienstleistungen	
Wichtigste Checklistenbereiche	• Methoden und Verfahren, um zu gewährleisten, dass externe Anbieter von Informationssystemen vertrauliche Informationen im Einklang mit den geltenden Computersicherheitsanforderungen verarbeiten, aufbewahren und übertragen
Durch welche Verfahren wird in Ihrer Steuerverwaltung gewährleistet, dass externe Anbieter angemessene Sicherheitskontrollen durchführen, die mit den Computersicherheitsanforderungen für vertrauliche Informationen im Einklang stehen? Wurden diese Verfahren veröffentlicht? Falls ja, geben Sie bitte an, wo die entsprechenden Informationen zu finden sind. Falls nein, fassen Sie sie bitte zusammen.	
2.15 Schutz von Datenmedien	
Wichtigste Checklistenbereiche	• Verfahren zum Schutz von gedruckten oder digitalen Informationen • Sicherheitsmaßnahmen zur ausschließlichen Begrenzung des Zugangs zu Datenmedien auf autorisierte Nutzer • Methoden zum Löschen und Zerstören digitaler Medien vor deren Wiederverwendung oder Entsorgung
Welche Verfahren gibt es in Ihrer Steuerverwaltung zur sicheren Aufbewahrung vertraulicher Informationen in gedruckter oder digitaler Form, nachdem diese Informationen von einer Quelle bezogen wurden, sowie zur Begrenzung des Zugangs zu diesen Informationen? Wie werden Medien mit vertraulichen Daten vor ihrer Entsorgung sicher zerstört? Wurden diese Verfahren veröffentlicht? Falls ja, geben Sie bitte an, wo die entsprechenden Informationen zu finden sind. Falls nein, fassen Sie sie bitte zusammen.	

2.16 Schutz von im Rahmen von Abkommen ausgetauschten Daten (zuvor: Risiko der Datenvermischung)	
Wichtigste Checklistenbereiche	• Verfahren, um zu gewährleisten, dass im Rahmen von Abkommen ausgetauschte Akten gesichert und klar gekennzeichnet sind • Klassifizierungsmethoden für im Rahmen von Abkommen ausgetauschte Akten
Welche Regeln und Verfahren gibt es in Ihrer Steuerverwaltung, um vertrauliche Informationen nach deren Übermittlung durch ausländische zuständige Behörden aufzubewahren und klar als im Rahmen von Abkommen ausgetauschte Informationen zu kennzeichnen? Wurden diese Regeln und Verfahren veröffentlicht? Falls ja, geben Sie bitte an, wo die entsprechenden Informationen zu finden sind. Falls nein, fassen Sie sie bitte zusammen.	
2.17 Regeln für die Datenentsorgung	
Wichtigste Checklistenbereiche	• Verfahren für die sachgemäße Entsorgung von Akten in Papier- oder elektronischer Form
Welche Verfahren gibt es in Ihrer Steuerverwaltung für die Entsorgung vertraulicher Informationen? Gelten diese Verfahren auch für Informationen, die von ausländischen zuständigen Behörden übermittelt wurden? Wurden diese Verfahren veröffentlicht? Falls ja, geben Sie bitte an, wo die entsprechenden Informationen zu finden sind. Falls nein, fassen Sie sie bitte zusammen.	

3. Überwachung und Durchsetzung

Die Steuerverwaltungen müssen nicht nur gewährleisten, dass die im Rahmen von Abkommen ausgetauschten Informationen vertraulich bleiben, sondern auch, dass ihre Nutzung auf die Verwendungszwecke beschränkt bleibt, die in der geltenden Vereinbarung für den Informationsaustausch festgelegt sind. Die Einhaltung eines geeigneten Regelwerks für die Informationssicherheit allein reicht also nicht aus, um im Rahmen von Abkommen ausgetauschte Steuerdaten zu schützen. Im innerstaatlichen Recht müssen zudem Nachteile oder Strafen für den Fall einer unzulässigen Weitergabe oder Nutzung von steuerpflichtigenbezogenen Informationen vorgesehen sein. Damit ihre Umsetzung gesichert ist, müssen die entsprechenden Gesetze durch geeignete Verwaltungsressourcen und -verfahren abgestützt werden.

3.1. Nachteilige Rechtsfolgen und Strafen	
Wichtigste Checklistenbereiche	• Strafen für den Fall unerlaubter Informationsweitergaben • Verfahren zur Risikoverringerung
Ist Ihre Steuerverwaltung in der Lage, Strafen für die unerlaubte Weitergabe vertraulicher Informationen zu verhängen? Erstreckt sich dies auch auf die unerlaubte Weitergabe von vertraulichen Informationen, die mit Abkommens- oder TIEA-Partnern ausgetauscht wurden? Gibt es öffentlich zugängliche Informationen über diese Strafen? Falls ja, geben Sie bitte an, wo diese Informationen zu finden sind. Falls nein, fassen Sie sie bitte zusammen.	
3.2.1 Bekämpfung von unerlaubten Zugriffen und Informationsweitergaben	
Wichtigste Checklistenbereiche	• Überwachung zur Aufdeckung von Verstößen • Meldung von Verstößen
Welche Verfahren bestehen in Ihrer Steuerverwaltung für die Überwachung von Verstößen gegen Vertraulichkeitsvorschriften? Durch welche Regeln und Verfahren verpflichtet Ihre Steuerverwaltung Arbeit- und Auftragnehmer, tatsächliche oder potenzielle Verstöße gegen Vertraulichkeitsvorschriften zu melden? Welche Art von Berichten erstellt Ihre Steuerverwaltung, wenn es zu einem Verstoß gegen Vertraulichkeitsvorschriften gekommen ist? Wurden diese Regeln und Verfahren veröffentlicht? Falls ja, geben Sie bitte an, wo die entsprechenden Informationen zu finden sind. Falls nein, fassen Sie sie bitte zusammen.	
3.2.2 Strafen und frühere Vorfälle	
Wichtigste Checklistenbereiche	• Frühere Fälle unerlaubter Informationsweitergaben • Verfahrensänderungen zur Verhinderung künftiger Verstöße
Gab es in ihrem Staat Fälle, in denen vertrauliche Informationen in unzulässiger Weise weitergegeben wurden? Gab es in ihrem Staat Fälle, in denen vertrauliche Informationen, die die zuständige Behörde von einem Informationsaustauschpartner erhalten hatte, in einer Weise weitergegeben wurden, die nicht mit den Bedingungen des Instruments, in dessen Rahmen sie übermittelt wurden, im Einklang stand? Veröffentlicht Ihre Steuerverwaltung Beschreibungen von Verstößen, verhängten Strafen sowie vorgenommenen Umstellungen, um die Risiken einzudämmen und künftige Verstöße zu verhindern? Falls ja, geben Sie bitte an, wo die entsprechenden Informationen zu finden sind. Falls nein, fassen Sie sie bitte zusammen.	

Vereinbarung zwischen den zuständigen Behörden über den Austausch länderbezogener Berichte auf der Grundlage eines Doppelbesteuerungsabkommens („DTC CAA“)

In der Erwägung, dass die Regierung von [Staat A] und die Regierung von [Staat B] von dem Wunsch geleitet sind, durch den automatischen Austausch jährlicher länderbezogener Berichte die internationale steuerliche Transparenz zu erhöhen und den Zugang ihrer jeweiligen Steuerbehörden zu Informationen über die weltweite Verteilung der Einkünfte und der entrichteten Steuern sowie bestimmte Indikatoren für die Orte wirtschaftlicher Tätigkeit in den Steuergebieten, in denen multinationale Konzerne tätig sind, zu verbessern, um erhebliche Verrechnungspreisrisiken und andere Risiken im Zusammenhang mit Gewinnverkürzung und Gewinnverlagerung zu bewerten, sowie gegebenenfalls für wirtschaftliche und statistische Analysen,

in der Erwägung, dass die Rechtsvorschriften ihrer jeweiligen Staaten den berichtenden Rechtsträger eines multinationalen Konzerns verpflichten oder verpflichten sollen, jährlich einen länderbezogenen Bericht vorzulegen,

in der Erwägung, dass der länderbezogene Bericht Bestandteil einer dreistufigen Struktur sein soll, zusammen mit einer globalen Stammdokumentation und einer Einzeldokumentation, die gemeinsam einen standardisierten Ansatz für die Verrechnungspreisdokumentation darstellen, der den Steuerverwaltungen sachdienliche und verlässliche Informationen zur Durchführung einer effizienten und belastbaren Bewertungsanalyse des Verrechnungspreisrisikos liefern wird,

in der Erwägung, dass Artikel […] des Doppelbesteuerungsabkommens zwischen [Staat A] und [Staat B] („Abkommen“) die Grundlage für den Informationsaustausch zu Steuerzwecken einschließlich des automatischen Informationsaustauschs schafft sowie den zuständigen Behörden von [Staat A] und [Staat B] („zuständige Behörden“) gestattet, den Umfang und die Modalitäten dieses automatischen Austauschs zu vereinbaren,

in der Erwägung, dass [Staat A] und [Staat B] zum Zeitpunkt des ersten Austauschs länderbezogener Berichte über Folgendes [verfügen werden/verfügen sollen/verfügen werden oder verfügen sollen]: *i)* geeignete Schutzvorkehrungen zur Sicherstellung der vertraulichen Behandlung der nach dieser Vereinbarung erhaltenen Informationen und ihrer Verwendung für eine allgemeine Bewertung der Verrechnungspreisrisiken und anderer Risiken im Zusammenhang mit Gewinnverkürzung und Gewinnverlagerung sowie gegebenenfalls für wirtschaftliche und statistische Analysen nach § 5, *ii)* die Infrastruktur für eine wirksame Austauschbeziehung (einschließlich bestehender Verfahren zur Gewährleistung eines fristgerechten, fehlerfreien und vertraulichen Informationsaustauschs, wirksamer und zuverlässiger Übertragungswege sowie Ressourcen für die zügige Klärung von Fragen und Anliegen zum Austausch oder zu Auskunftsersuchen sowie für die Durchführung des § 4) und *iii)* die erforderlichen Rechtsvorschriften zur Verpflichtung der berichtenden Rechtsträger zur Vorlage länderbezogener Berichte,

in der Erwägung, dass [Staat A] und [Staat B] entschlossen sind, sich um eine einvernehmliche Lösung von Fällen doppelter Besteuerung nach Artikel [25] des Abkommens sowie § 6 Absatz 1 dieser Vereinbarung zu bemühen,

in der Erwägung, dass die zuständigen Behörden beabsichtigen, diese Vereinbarung über den gegenseitigen automatischen Informationsaustausch im Rahmen des Abkommens zu schließen, und zwar vorbehaltlich der im Abkommen vorgesehenen Vertraulichkeitsvorschriften und sonstigen Schutzvorkehrungen einschließlich der Bestimmungen, welche die Verwendung der danach ausgetauschten Informationen einschränken,

sind die zuständigen Behörden wie folgt übereingekommen:

§ 1
Begriffsbestimmungen

1. Im Sinne dieser Vereinbarung haben die nachstehenden Ausdrücke folgende Bedeutung:

a) Der Ausdruck **„[Staat A]“** bedeutet […];

b) der Ausdruck **„[Staat B]“** bedeutet […];

c) der Ausdruck **„zuständige Behörde“** bedeutet im Fall von [Staat A] […] und im Fall von [Staat B] […];

d) der Ausdruck **„Konzern“** bedeutet eine Gruppe von Unternehmen, die durch Eigentum oder Beherrschung verbunden sind, sodass die Gruppe entweder nach den geltenden Rechnungslegungsgrundsätzen zur Aufstellung eines Konzernabschlusses für Rechnungslegungszwecke verpflichtet ist oder dazu verpflichtet wäre, wenn Eigenkapitalbeteiligungen an einem der Unternehmen an einer öffentlichen Wertpapierbörse gehandelt würden;

e) der Ausdruck **„multinationaler Konzern"** bedeutet einen Konzern, *i)* der zwei oder mehr Unternehmen umfasst, deren steuerliche Ansässigkeit in unterschiedlichen Staaten liegt, oder der ein Unternehmen umfasst, das in einem Staat steuerlich ansässig ist und in einem anderen Staat mit der durch eine Betriebsstätte ausgeübten Geschäftstätigkeit steuerpflichtig ist, und *ii)* der kein freigestellter multinationaler Konzern ist;

f) der Ausdruck **„freigestellter multinationaler Konzern"** bedeutet einen Konzern, der nicht zur Vorlage eines länderbezogenen Berichts verpflichtet ist, da der Umsatzerlös des Konzerns in dem Wirtschaftsjahr, das dem Berichtswirtschaftsjahr unmittelbar vorangging, laut seinem Konzernabschluss für dieses vorangegangene Wirtschaftsjahr unter dem Schwellenwert liegt, der durch das innerstaatliche Recht des Staates festgelegt wurde und dem Bericht von 2015 in der nach der darin vorgesehenen Überprüfung im Jahr 2020 gegebenenfalls geänderten Fassung entspricht;

g) der Ausdruck **„Konzernunternehmen"** bedeutet *i)* eine eigenständige Geschäftseinheit eines multinationalen Konzerns, die für Rechnungslegungszwecke in den Konzernabschluss einbezogen wird oder darin einbezogen würde, wenn Eigenkapitalbeteiligungen an dieser Geschäftseinheit eines multinationalen Konzerns an einer öffentlichen Wertpapierbörse gehandelt würden, *ii)* eine eigenständige Geschäftseinheit, die nur aufgrund ihrer Größe oder nur aus Wesentlichkeitsgründen nicht in den Konzernabschluss des multinationalen Konzerns einbezogen wird, oder *iii)* eine Betriebsstätte einer unter Ziffer *i* oder *ii* fallenden eigenständigen Geschäftseinheit eines multinationalen Konzerns, sofern die Geschäftseinheit für Rechnungslegungs-, Aufsichts-, Steuer- oder interne Steuerungszwecke einen Einzelabschluss für diese Betriebsstätte aufstellt;

h) der Ausdruck **„berichtender Rechtsträger"** bedeutet das Konzernunternehmen, das aufgrund des innerstaatlichen Rechts im Staat seiner steuerlichen Ansässigkeit den länderbezogenen Bericht im Rahmen seiner Fähigkeit vorlegt, dies im Namen des multinationalen Konzerns zu tun;

i) der Ausdruck **„länderbezogener Bericht"** bedeutet den vom berichtenden Rechtsträger nach dem Recht des Staates seiner steuerlichen Ansässigkeit jährlich vorzulegenden länderbezogenen Bericht mit den nach diesem Recht zu meldenden Informationen zu den Posten und in dem Format, die im Bericht von 2015 in der nach der darin vorgesehenen Überprüfung im Jahr 2020 gegebenenfalls geänderten Fassung dargelegt sind; und

j) der Ausdruck **„Bericht von 2015“** bedeutet den Abschlussbericht mit dem Titel *Verrechnungspreisdokumentation und länderbezogene Berichterstattung* zu Aktionspunkt 13 des OECD/G20-Aktionsplans zur Bekämpfung der Gewinnverkürzung und Gewinnverlagerung;

2. Bei jeder Anwendung dieser Vereinbarung durch eine zuständige Behörde eines Staates wird jeder in dieser Vereinbarung nicht definierte Ausdruck, sofern der Zusammenhang nichts anderes erfordert und die zuständigen Behörden sich nicht (im Rahmen ihres innerstaatlichen Rechts) auf eine gemeinsame Bedeutung einigen, die Bedeutung haben, die ihm zum jeweiligen Zeitpunkt nach dem Recht des diese Vereinbarung anwendenden Staates zukommt, wobei die Bedeutung nach dem in diesem Staat geltenden Steuerrecht Vorrang hat vor einer Bedeutung, die dem Ausdruck nach dem sonstigen Recht dieses Staates zukommt.

§ 2
Austausch von Informationen in Bezug auf multinationale Konzerne

Nach Artikel […] des Abkommens wird jede zuständige Behörde die von den einzelnen in ihrem Staat steuerlich ansässigen berichtenden Rechtsträgern erhaltenen länderbezogenen Berichte jährlich mit der anderen zuständigen Behörde automatisch austauschen, vorausgesetzt dass laut den im länderbezogenen Bericht enthaltenen Informationen ein oder mehrere Konzernunternehmen des multinationalen Konzerns des berichtenden Rechtsträgers im Staat der anderen zuständigen Behörde steuerlich ansässig oder mit der durch eine Betriebsstätte im Staat der anderen zuständigen Behörde ausgeübten Geschäftstätigkeit steuerpflichtig sind.

§ 3
Zeitraum und Form des Informationsaustauschs

1. Für die Zwecke des Informationsaustauschs nach § 2 wird die Währung der im länderbezogenen Bericht enthaltenen Beträge angegeben werden.

2. Im Hinblick auf § 2 ist ein länderbezogener Bericht erstmalig für Wirtschaftsjahre des multinationalen Konzerns auszutauschen, die an [...] oder danach beginnen. Dieser länderbezogene Bericht ist so bald wie möglich und spätestens 18 Monate nach dem letzten Tag des Wirtschaftsjahrs des multinationalen Konzerns, auf das er sich bezieht, auszutauschen. Die länderbezogenen Berichte für die folgenden Wirtschaftsjahre sind so bald wie möglich und spätestens 15 Monate nach dem letzten Tag des Wirtschaftsjahrs

des multinationalen Konzerns, auf das sich der betreffende Bericht bezieht, auszutauschen.

3. Die zuständigen Behörden werden die länderbezogenen Berichte über ein gemeinsames XML-Schema automatisch austauschen.

4. Die zuständigen Behörden werden auf ein oder mehrere elektronische Datenübertragungsverfahren einschließlich Verschlüsselungsstandards hinwirken und sich auf diese verständigen.

§ 4
Zusammenarbeit bei Einhaltung und Durchsetzung der Vereinbarung

Eine zuständige Behörde wird die andere zuständige Behörde unterrichten, wenn die erstgenannte zuständige Behörde in Bezug auf einen im Staat der anderen zuständigen Behörde steuerlich ansässigen berichtenden Rechtsträger Grund zu der Annahme hat, dass ein Fehler zu einer unrichtigen oder unvollständigen Informationsmeldung geführt haben könnte oder dass ein berichtender Rechtsträger seine Verpflichtung zur Vorlage eines länderbezogenen Berichts nicht einhält. Die unterrichtete zuständige Behörde wird sämtliche nach ihrem innerstaatlichen Recht zur Verfügung stehende geeignete Maßnahmen ergreifen, um gegen die in der Unterrichtung beschriebenen Fehler oder Fälle von Nichteinhaltung vorzugehen.

§ 5
Vertraulichkeit, Datenschutzvorkehrungen und sachgemäße Verwendung

1. Alle ausgetauschten Informationen unterliegen den im Übereinkommen vorgesehenen Vertraulichkeitsvorschriften und sonstigen Schutzvorkehrungen einschließlich der Bestimmungen, welche die Verwendung der ausgetauschten Informationen einschränken.

2. Über die Einschränkungen in Absatz 1 hinaus wird die Verwendung der Informationen außerdem auf die in diesem Absatz beschriebenen zulässigen Verwendungen beschränkt werden. Insbesondere werden die durch den länderbezogenen Bericht erhaltenen Informationen für die Bewertung erheblicher Risiken im Zusammenhang mit Verrechnungspreisen, Gewinnverkürzung und Gewinnverlagerung sowie gegebenenfalls für wirtschaftliche und statistische Analysen verwendet werden. Die Informationen werden nicht als Ersatz für eine eingehende Verrechnungspreisanalyse einzelner Geschäftsvorfälle und Preise auf der Grundlage einer umfassenden Funktionsanalyse und einer umfassenden Vergleichbarkeitsanalyse verwendet werden. Es wird anerkannt,

dass die Informationen im länderbezogenen Bericht für sich genommen keinen eindeutigen Nachweis für die Angemessenheit oder Nichtangemessenheit von Verrechnungspreisen darstellen und folglich Verrechnungspreiskorrekturen nicht auf dem länderbezogenen Bericht beruhen werden. Gegen diesen Absatz verstoßende unangemessene Korrekturen örtlicher Steuerverwaltungen werden in Verfahren der zuständigen Behörden zurückgenommen werden. Ungeachtet der vorstehenden Bestimmungen ist es nicht untersagt, die Daten des länderbezogenen Berichts im Rahmen einer Steuerprüfung als Grundlage für weitere Untersuchungen der Verrechnungspreisvereinbarungen des multinationalen Unternehmens oder anderer Steuerangelegenheiten zu verwenden, und infolgedessen kann das zu versteuernde Einkommen eines Konzernunternehmens entsprechend berichtigt werden.

3. Soweit dies nach geltendem Recht zulässig ist, wird jede zuständige Behörde die andere zuständige Behörde unverzüglich über alle Fälle der Nichteinhaltung der in den Absätzen 1 und 2 dargelegten Regeln einschließlich aller Gegenmaßnahmen sowie über alle in Bezug auf die Nichteinhaltung der oben genannten Absätze ergriffenen Maßnahmen unterrichten.

§ 6
Konsultationen

1. In den in Artikel [25] des Abkommens vorgesehenen Fällen konsultieren die zuständigen Behörden beider Staaten einander und bemühen sich um eine einvernehmliche Lösung.

2. Treten bei der Durchführung oder Auslegung dieser Vereinbarung Schwierigkeiten auf, so kann jede zuständige Behörde um Konsultationen mit der anderen zuständigen Behörde zur Ausarbeitung geeigneter Maßnahmen ersuchen, durch welche die Einhaltung der Vereinbarung sichergestellt wird. Insbesondere konsultiert eine zuständige Behörde die andere zuständige Behörde, bevor die erstgenannte zuständige Behörde feststellt, dass ein systemisches Scheitern des Austauschs länderbezogener Berichte mit der anderen Behörde vorliegt.

§7
Änderungen

Diese Vereinbarung kann mittels Konsens durch schriftliche Übereinkunft der zuständigen Behörden geändert werden. Sofern nichts anderes vereinbart wurde, wird diese Änderung am ersten Tag des Monats wirksam, der auf einen Zeitabschnitt von einem Monat nach der letzten Unterzeichnung dieser schriftlichen Übereinkunft folgt.

§ 8
Geltungsdauer der Vereinbarung

1. Diese Vereinbarung wird [am .../an dem Tag, an dem auch die zweite zuständige Behörde notifiziert, dass ihr Staat über die zur Verpflichtung der berichtenden Rechtsträger zur Vorlage eines länderbezogenen Berichts erforderlichen Rechtsvorschriften verfügt,] in Kraft treten.

2. Eine zuständige Behörde kann den Informationsaustausch nach dieser Vereinbarung vorübergehend aussetzen, indem sie der anderen zuständigen Behörde schriftlich ihre Feststellung mitteilt, dass die andere zuständige Behörde diese Vereinbarung in erheblichem Umfang nicht einhält oder nicht eingehalten hat. Bevor sie eine solche Feststellung trifft, konsultiert die erstgenannte zuständige Behörde die andere zuständige Behörde. Im Sinne dieses Absatzes bedeutet erhebliche Nichteinhaltung die Nichteinhaltung des § 5 Absätze 1 und 2 sowie des § 6 Absatz 1 einschließlich der Bestimmungen des Abkommens, auf die darin verwiesen wird, sowie die nicht fristgerechte oder angemessene Bereitstellung von Informationen nach dieser Vereinbarung durch die zuständige Behörde. Eine Aussetzung wird unmittelbar wirksam sein und bestehen bleiben, bis die zweitgenannte zuständige Behörde in einer für beide zuständigen Behörden annehmbaren Weise nachweist, dass keine erhebliche Nichteinhaltung vorliegt oder dass die zweitgenannte zuständige Behörde geeignete Maßnahmen ergriffen hat, um gegen die erhebliche Nichteinhaltung vorzugehen.

3. Jede zuständige Behörde kann diese Vereinbarung gegenüber der anderen zuständigen Behörde schriftlich kündigen. Die Kündigung wird am ersten Tag des Monats wirksam werden, der auf einen Zeitabschnitt von 12 Monaten nach dem Tag der Kündigung folgt. Im Fall einer Kündigung werden alle bis zu diesem Zeitpunkt nach dieser Vereinbarung erhaltenen Informationen weiterhin vertraulich behandelt werden und den Bestimmungen des Übereinkommens unterliegen.

Unterzeichnet in [...] am [...] in zwei Urschriften.

Zuständige Behörde für [Staat A]	Zuständige Behörde für [Staat B]

Vereinbarung zwischen den zuständigen Behörden über den Austausch länderbezogener Berichte auf der Grundlage eines Abkommens über den Informationsaustausch in Steuersachen („TIEA CAA“)

In der Erwägung, dass die Regierung von [Staat A] und die Regierung von [Staat B] beabsichtigen, durch den automatischen Austausch jährlicher länderbezogener Berichte die internationale steuerliche Transparenz zu erhöhen und den Zugang ihrer jeweiligen Steuerbehörden zu Informationen über die weltweite Verteilung der Einkünfte und der entrichteten Steuern sowie bestimmte Indikatoren für die Orte wirtschaftlicher Tätigkeit in den Steuergebieten, in denen multinationale Konzerne tätig sind, zu verbessern, um erhebliche Verrechnungspreisrisiken und andere Risiken im Zusammenhang mit Gewinnverkürzung und Gewinnverlagerung zu bewerten, sowie gegebenenfalls für wirtschaftliche und statistische Analysen,

in der Erwägung, dass die Rechtsvorschriften ihrer jeweiligen Staaten den berichtenden Rechtsträger eines multinationalen Konzerns verpflichten oder verpflichten sollen, jährlich einen länderbezogenen Bericht vorzulegen,

in der Erwägung, dass der länderbezogene Bericht Bestandteil einer dreistufigen Struktur sein soll, zusammen mit einer globalen Stammdokumentation und einer Einzeldokumentation, die gemeinsam einen standardisierten Ansatz für die Verrechnungspreisdokumentation darstellen, der den Steuerverwaltungen sachdienliche und verlässliche Informationen zur Durchführung einer effizienten und belastbaren Bewertungsanalyse des Verrechnungspreisrisikos liefern wird,

in der Erwägung, dass Artikel [5A] des Abkommens über den Informationsaustausch in Steuersachen zwischen [Staat A] und [Staat B] („TIEA“) die Grundlage für den Informationsaustausch zu Steuerzwecken einschließlich des automatischen Informationsaustauschs schafft sowie den zuständigen Behörden von [Staat A] und [Staat B] („zuständige Behörden“) gestattet, den Umfang und die Modalitäten dieses automatischen Austauschs zu vereinbaren,

in der Erwägung, dass [Staat A] und [Staat B] zum Zeitpunkt des ersten Austauschs länderbezogener Berichte über Folgendes [verfügen werden/verfügen sollen/verfügen werden oder verfügen sollen]: *i)* geeignete Schutzvorkehrungen zur Sicherstellung der vertraulichen Behandlung der nach dieser Vereinbarung erhaltenen Informationen und ihrer Verwendung für eine allgemeine Bewertung der Verrechnungspreisrisiken und anderer Risiken im Zusammenhang mit Gewinnverkürzung und Gewinnverlagerung sowie gegebenenfalls für wirtschaftliche und statistische Analysen nach § 5, *ii)* die Infrastruktur für eine wirksame Austauschbeziehung (einschließlich bestehender Verfahren zur Gewährleistung eines fristgerechten, fehlerfreien und vertraulichen Informationsaustauschs, wirksamer und zuverlässiger Übertragungswege sowie Ressourcen für die zügige Klärung von Fragen und Anliegen zum Austausch oder zu Auskunftsersuchen sowie für die Durchführung des § 4) und *iii)* die erforderlichen Rechtsvorschriften zur Verpflichtung der berichtenden multinationalen Unternehmen zur Vorlage länderbezogener Berichte,

in der Erwägung, dass die zuständigen Behörden beabsichtigen, diese Vereinbarung zum gegenseitigen automatischen Informationsaustausch im Rahmen des TIEA zu schließen, und zwar vorbehaltlich der im TIEA vorgesehenen Vertraulichkeitsvorschriften und sonstigen Schutzvorkehrungen einschließlich der Bestimmungen, welche die Verwendung der danach ausgetauschten Informationen einschränken,

sind die zuständigen Behörden wie folgt übereingekommen:

§ 1
Begriffsbestimmungen

1. Im Sinne dieser Vereinbarung haben die nachstehenden Ausdrücke folgende Bedeutung:

a) Der Ausdruck **„[Staat A]"** bedeutet […];

b) der Ausdruck **„[Staat B]"** bedeutet […];

c) der Ausdruck **„zuständige Behörde"** bedeutet im Fall von [Staat A] […] und im Fall von [Staat B] […];

d) der Ausdruck **„Konzern"** bedeutet eine Gruppe von Unternehmen, die durch Eigentum oder Beherrschung verbunden sind, sodass die Gruppe entweder nach den geltenden Rechnungslegungsgrundsätzen zur Aufstellung eines Konzernabschlusses für Rechnungslegungszwecke verpflichtet ist oder dazu verpflichtet wäre, wenn Eigenkapitalbeteiligungen an einem der Unternehmen an einer öffentlichen Wertpapierbörse gehandelt würden;

e) der Ausdruck **„multinationaler Konzern"** bedeutet einen Konzern, *i)* der zwei oder mehr Unternehmen umfasst, deren steuerliche Ansässigkeit in unterschiedlichen Staaten liegt, oder der ein Unternehmen umfasst, das in einem Staat steuerlich ansässig ist und in einem anderen Staat mit der durch eine Betriebsstätte ausgeübten Geschäftstätigkeit steuerpflichtig ist, und *ii)* der kein freigestellter multinationaler Konzern ist;

f) der Ausdruck **„freigestellter multinationaler Konzern“** bedeutet einen Konzern, der nicht zur Vorlage eines länderbezogenen Berichts verpflichtet ist, da der Umsatzerlös des Konzerns in dem Wirtschaftsjahr, das dem Berichtswirtschaftsjahr unmittelbar voranging, laut seinem Konzernabschluss für dieses vorangegangene Wirtschaftsjahr unter dem Schwellenwert liegt, der durch das innerstaatliche Recht des Staates festgelegt wurde und dem Bericht von 2015 in der nach der darin vorgesehenen Überprüfung im Jahr 2020 gegebenenfalls geänderten Fassung entspricht;

g) der Ausdruck **„Konzernunternehmen“** bedeutet *i)* eine eigenständige Geschäftseinheit eines multinationalen Konzerns, die für Rechnungslegungszwecke in den Konzernabschluss einbezogen wird oder darin einbezogen würde, wenn Eigenkapitalbeteiligungen an dieser Geschäftseinheit eines multinationalen Konzerns an einer öffentlichen Wertpapierbörse gehandelt würden, *ii)* eine eigenständige Geschäftseinheit, die nur aufgrund ihrer Größe oder nur aus Wesentlichkeitsgründen nicht in den Konzernabschluss des multinationalen Konzerns einbezogen wird, oder *iii)* eine Betriebsstätte einer unter Ziffer *i* oder *ii* fallenden eigenständigen Geschäftseinheit eines multinationalen Konzerns, sofern besagte Geschäftseinheit für Rechnungslegungs-, Aufsichts-, Steuer- oder interne Steuerungszwecke einen Einzelabschluss für diese Betriebsstätte aufstellt;

h) der Ausdruck **„berichtender Rechtsträger“** bedeutet das Konzernunternehmen, das aufgrund des innerstaatlichen Rechts im Staat seiner steuerlichen Ansässigkeit den länderbezogenen Bericht im Rahmen seiner Fähigkeit vorlegt, dies im Namen des multinationalen Konzerns zu tun;

i) der Ausdruck **„länderbezogener Bericht“** bedeutet den vom berichtenden Rechtsträger nach dem Recht des Staates seiner steuerlichen Ansässigkeit jährlich vorzulegenden länderbezogenen Bericht mit den nach diesem Recht zu meldenden Informationen zu den Posten und in dem Format, die im Bericht von 2015 in der nach der darin vorgesehenen Überprüfung im Jahr 2020 gegebenenfalls geänderten Fassung dargelegt sind; und

j) der Ausdruck „Bericht von 2015" bedeutet den Abschlussbericht mit dem Titel *Verrechnungspreisdokumentation und länderbezogene Berichterstattung* zu Aktionspunkt 13 des OECD/G20-Aktionsplans zur Bekämpfung der Gewinnverkürzung und Gewinnverlagerung.

2. Bei jeder Anwendung dieser Vereinbarung durch eine zuständige Behörde eines Staates wird jeder in dieser Vereinbarung nicht definierte Ausdruck, sofern der Zusammenhang nichts anderes erfordert und die zuständigen Behörden sich nicht (im Rahmen ihres innerstaatlichen Rechts) auf eine gemeinsame Bedeutung einigen, die Bedeutung haben, die ihm zum jeweiligen Zeitpunkt nach dem Recht des diese Vereinbarung anwendenden Staates zukommt, wobei die Bedeutung nach dem in diesem Staat geltenden Steuerrecht Vorrang hat vor einer Bedeutung, die dem Ausdruck nach dem sonstigen Recht dieses Staates zukommt.

§ 2
Austausch von Informationen in Bezug auf multinationale Konzerne

Nach Artikel [5A] des TIEA wird jede zuständige Behörde die von den einzelnen in ihrem Staat steuerlich ansässigen berichtenden Rechtsträgern erhaltenen länderbezogenen Berichte jährlich mit der anderen zuständigen Behörde automatisch austauschen, vorausgesetzt dass laut den im länderbezogenen Bericht enthaltenen Informationen ein oder mehrere Konzernunternehmen des multinationalen Konzerns des berichtenden Rechtsträgers im Staat der anderen zuständigen Behörde steuerlich ansässig oder mit der durch eine Betriebsstätte im Staat der anderen zuständigen Behörde ausgeübten Geschäftstätigkeit steuerpflichtig sind.

§ 3
Zeitplan und Form des Informationsaustauschs

1. Für die Zwecke des Informationsaustauschs nach § 2 wird die Währung der im länderbezogenen Bericht enthaltenen Beträge angegeben werden.

2. Im Hinblick auf § 2 ist ein länderbezogener Bericht erstmalig für Wirtschaftsjahre des multinationalen Konzerns auszutauschen, die an [...] oder danach beginnen. Dieser länderbezogene Bericht ist so bald wie möglich und spätestens 18 Monate nach dem letzten Tag des Wirtschaftsjahrs des berichtenden Rechtsträgers des multinationalen Konzerns, auf das er sich bezieht, auszutauschen. Die länderbezogenen Berichte für die folgenden Wirtschaftsjahre sind so bald wie möglich und spätestens 15 Monate nach dem letzten Tag des

Wirtschaftsjahrs des multinationalen Konzerns, auf das sich der betreffende Bericht bezieht, auszutauschen.

3. Die zuständigen Behörden werden die länderbezogenen Berichte über ein gemeinsames XML-Schema automatisch austauschen.

4. Die zuständigen Behörden werden auf ein oder mehrere elektronische Datenübertragungsverfahren einschließlich Verschlüsselungsstandards hinwirken und sich auf diese verständigen.

§ 4
Zusammenarbeit bei Einhaltung und Durchsetzung der Vereinbarung

Eine zuständige Behörde wird die andere zuständige Behörde unterrichten, wenn die erstgenannte zuständige Behörde in Bezug auf einen im Staat der anderen zuständigen Behörde steuerlich ansässigen berichtenden Rechtsträger Grund zu der Annahme hat, dass ein Fehler zu einer unrichtigen oder unvollständigen Informationsmeldung geführt haben könnte oder dass ein berichtender Rechtsträger seine Verpflichtung zur Vorlage eines länderbezogenen Berichts nicht einhält. Die unterrichtete zuständige Behörde wird sämtliche nach ihrem innerstaatlichen Recht zur Verfügung stehende geeignete Maßnahmen ergreifen, um gegen die in der Unterrichtung beschriebenen Fehler oder Fälle von Nichteinhaltung vorzugehen.

§ 5
Vertraulichkeit, Datenschutzvorkehrungen und sachgemäße Verwendung

1. Alle ausgetauschten Informationen unterliegen den im TIEA vorgesehenen Vertraulichkeitsvorschriften und sonstigen Schutzvorkehrungen einschließlich der Bestimmungen, welche die Verwendung der ausgetauschten Informationen einschränken.

2. Über die Einschränkungen in Absatz 1 hinaus wird die Verwendung der Informationen außerdem auf die in diesem Absatz beschriebenen zulässigen Verwendungen beschränkt werden. Insbesondere werden die durch den länderbezogenen Bericht erhaltenen Informationen für die Bewertung erheblicher Risiken im Zusammenhang mit Verrechnungspreisen, Gewinnverkürzung und Gewinnverlagerung sowie gegebenenfalls für wirtschaftliche und statistische Analysen verwendet werden. Die Informationen werden nicht als Ersatz für eine eingehende Verrechnungspreisanalyse einzelner Geschäftsvorfälle und Preise auf der Grundlage einer umfassenden Funktionsanalyse und einer umfassenden Vergleichbarkeitsanalyse verwendet werden. Es wird anerkannt, dass die Informationen im länderbezogenen Bericht für sich genommen keinen

eindeutigen Nachweis für die Angemessenheit oder Nichtangemessenheit von Verrechnungspreisen darstellen und folglich Verrechnungspreiskorrekturen nicht auf dem länderbezogenen Bericht beruhen werden. Gegen diesen Absatz verstoßende unangemessene Korrekturen örtlicher Steuerverwaltungen werden in Verfahren der zuständigen Behörden zurückgenommen werden. Ungeachtet der vorstehenden Bestimmungen ist es nicht untersagt, die Daten des länderbezogenen Berichts im Rahmen einer Steuerprüfung als Grundlage für weitere Untersuchungen der Verrechnungspreisvereinbarungen des multinationalen Unternehmens oder anderer Steuerangelegenheiten zu verwenden, und infolgedessen kann das zu versteuernde Einkommen eines Konzernunternehmens entsprechend berichtigt werden.

3. Soweit dies nach geltendem Recht zulässig ist, wird jede zuständige Behörde die andere zuständige Behörde unverzüglich über alle Fälle der Nichteinhaltung der Absätze 1 und 2 einschließlich aller Gegenmaßnahmen sowie über alle in Bezug auf die Nichteinhaltung der oben genannten Absätze ergriffenen Maßnahmen unterrichten.

§ 6
Konsultationen

1. Falls eine Berichtigung des zu versteuernden Einkommens eines Konzernunternehmens als Folge weiterer Untersuchungen auf Grundlage der Daten im länderbezogenen Bericht zu unerwünschten wirtschaftlichen Ergebnissen führt, auch wenn solche Fälle bei einem einzelnen Unternehmen auftreten, konsultieren die beiden zuständigen Behörden einander und beraten sich mit dem Ziel, den Fall zu regeln.

2. Treten bei der Durchführung oder Auslegung dieser Vereinbarung Schwierigkeiten auf, so kann jede zuständige Behörde um Konsultationen mit der anderen zuständigen Behörden zur Ausarbeitung geeigneter Maßnahmen ersuchen, durch welche die Einhaltung der Vereinbarung sichergestellt wird. Insbesondere konsultiert eine zuständige Behörde die andere zuständige Behörde, bevor die erstgenannte zuständige Behörde feststellt, dass ein systemisches Scheitern des Austauschs länderbezogener Berichte mit der anderen Behörde vorliegt.

§7
Änderungen

Diese Vereinbarung kann mittels Konsens durch schriftliche Übereinkunft der zuständigen Behörde geändert werden. Sofern nichts anderes vereinbart wurde, wird diese Änderung am ersten Tag des Monats wirksam, der auf einen Zeitabschnitt von einem Monat nach der letzten Unterzeichnung dieser schriftlichen Übereinkunft folgt.

§ 8
Geltungsdauer der Vereinbarung

1. Diese Vereinbarung wird [am .../an dem Tag, an dem auch die zweite zuständige Behörde notifiziert, dass ihr Staat über die zur Verpflichtung der berichtenden Rechtsträger zur Vorlage eines länderbezogenen Berichts erforderlichen Rechtsvorschriften verfügt,] in Kraft treten.

2. Eine zuständige Behörde kann den Informationsaustausch nach dieser Vereinbarung vorübergehend aussetzen, indem sie der anderen zuständigen Behörde schriftlich ihre Feststellung mitteilt, dass die andere zuständige Behörde diese Vereinbarung in erheblichem Umfang nicht einhält oder nicht eingehalten hat. Bevor sie eine solche Feststellung trifft, konsultiert die erstgenannte zuständige Behörde die andere zuständige Behörde. Im Sinne dieses Absatzes bedeutet erhebliche Nichteinhaltung die Nichteinhaltung des § 5 Absätze 1 und 2 sowie des § 6 Absatz 1 dieser Vereinbarung und der Bestimmungen des TIEA, auf die darin verwiesen wird, sowie die nicht fristgerechte oder angemessene Bereitstellung von Informationen nach dieser Vereinbarung durch die zuständige Behörde. Eine Aussetzung wird unmittelbar wirksam sein und bestehen bleiben, bis die zweitgenannte zuständige Behörde in einer für beide zuständigen Behörden annehmbaren Weise nachweist, dass keine erhebliche Nichteinhaltung vorliegt oder dass die zweitgenannte zuständige Behörde geeignete Maßnahmen ergriffen hat, um gegen die erhebliche Nichteinhaltung vorzugehen.

3. Jede zuständige Behörde kann diese Vereinbarung gegenüber der anderen zuständigen Behörde schriftlich kündigen. Die Kündigung wird am ersten Tag des Monats wirksam werden, der auf einen Zeitabschnitt von 12 Monaten nach dem Tag der Kündigung folgt. Im Fall einer Kündigung werden alle bis zu diesem Zeitpunkt nach dieser Vereinbarung erhaltenen Informationen weiterhin vertraulich behandelt werden und den Bestimmungen des TIEA unterliegen.

Unterzeichnet in [...] am [...] in zwei Urschriften.

Zuständige Behörde für	Zuständige Behörde für
[Staat A]	[Staat B]

Anhang I zu Kapitel VI

Beispiele zur Veranschaulichung der Leitlinien zu immateriellen Werten

Beispiel 1

1. Premiere ist die Muttergesellschaft eines multinationalen Konzerns. Unternehmen S ist eine 100%ige Tochtergesellschaft von Premiere und Mitglied des Premiere-Konzerns. Premiere finanziert Forschungs- und Entwicklungstätigkeiten und übt Forschungs- und Entwicklungsfunktionen aus, die seine Geschäftstätigkeit unterstützen. Wenn diese FuE-Funktionen in patentierbaren Erfindungen resultieren, besteht die Praxis des Premiere-Konzerns darin, alle Rechte an diesen Erfindungen Unternehmen S zu übertragen, um die globale Patentverwaltung zu zentralisieren und zu vereinfachen. Alle Patente werden im Namen von Unternehmen S angemeldet und aufrechterhalten.

2. Unternehmen S beschäftigt drei Juristen für die Patentverwaltung und hat keine weiteren Beschäftigten. Unternehmen S ist weder mit der Durchführung noch mit der Kontrolle von FuE-Aktivitäten des Premiere-Konzerns befasst. Unternehmen S beschäftigt kein technisches FuE-Personal und kommt für keine der FuE-Aufwendungen des Premiere-Konzerns auf. Wichtige Entscheidungen bezüglich der Verteidigung der Patente werden von der Geschäftsleitung von Premiere getroffen, die zuvor den Rat der Mitarbeiter von Unternehmen S einholt. Die Kontrolle über alle Entscheidungen hinsichtlich der Lizenzierung der Patente des Konzerns an unabhängige wie auch an verbundene Unternehmen liegt bei der Geschäftsleitung von Premiere und nicht bei den Mitarbeitern von Unternehmen S.

3. Bei jeder Übertragung von Rechten von Premiere an Unternehmen S entrichtet Unternehmen S eine nominelle Zahlung von 100 Euro an Premiere als Gegenleistung für die Übertragung von Rechten an einer patentierbaren Erfindung und gewährt Premiere zugleich – als besondere Bedingung der Übertragung – eine exklusive, lizenzgebührenfreie Patentlizenz für die gesamte Laufzeit des anzumeldenden Patents mit vollen Rechten zur Vergabe

von Unterlizenzen. Die nominellen Zahlungen von Unternehmen S an Premiere werden ausschließlich zur Erfüllung formaler vertragsrechtlicher Anforderungen im Zusammenhang mit den Übertragungen geleistet, und für die Zwecke dieses Beispiels wird unterstellt, dass sie keine fremdvergleichskonforme Vergütung für die übertragenen Rechte an patentierbaren Erfindungen darstellen. Premiere nutzt die patentierten Erfindungen für die Herstellung und den Verkauf seiner Produkte weltweit und vergibt gelegentlich Unterlizenzen an Dritte. Unternehmen S nutzt die Patente nicht für gewerbliche Zwecke und ist dazu nach den Bedingungen der Lizenzvereinbarung mit Premiere auch nicht befugt.

4. Der Vereinbarung zufolge übt Premiere alle mit der Entwicklung, Verbesserung, Erhaltung, dem Schutz und der Verwertung der immateriellen Werte zusammenhängenden Funktionen mit Ausnahme der Patentverwaltungsleistungen aus. Premiere stellt und nutzt alle Vermögenswerte, die mit der Entwicklung und Verwertung der immateriellen Werte zusammenhängen und übernimmt alle oder nahezu alle der mit den immateriellen Werten verbundenen Risiken. Premiere sollte Anspruch auf den Großteil der Erträge haben, die durch die Verwertung der immateriellen Werte erzielt werden. Die Steuerverwaltungen könnten zu einer angemessenen Verrechnungspreislösung gelangen, indem sie den tatsächlichen Geschäftsvorfall zwischen Premiere und Unternehmen S abgrenzen. Je nach den konkreten Gegebenheiten könnte der Schluss gezogen werden, dass die nominelle Übertragung von Rechten an Unternehmen S zusammen mit der gleichzeitigen Rückerteilung der vollen Verwertungsrechte an Premiere der Sache nach eine Vereinbarung über Patentverwaltungsleistungen zwischen Premiere und Unternehmen S darstellt. Für die Patentverwaltungsleistungen würde dann ein fremdüblicher Preis ermittelt, und Premiere würde den Rest der Erträge, die der multinationale Konzern mit der Verwertung der Patente erzielt, einbehalten bzw. zugerechnet bekommen.

Beispiel 2

5. Im Hinblick auf die Entwicklung und Kontrolle patentierbarer Erfindungen ist der Sachverhalt derselbe wie in Beispiel 1. Anstatt aber Premiere eine dauerhafte und exklusive Lizenz für die Nutzung seiner Patente zu erteilen, lizenziert Unternehmen S, unter der Führung und Kontrolle von Premiere handelnd, seine Patente gegen Zahlung regelmäßiger Lizenzgebühren an verbundene und unabhängige Unternehmen weltweit. Für die Zwecke dieses Beispiels wird unterstellt, dass die von verbundenen Unternehmen an Unternehmen S entrichteten Lizenzgebühren durchweg fremdvergleichskonform sind.

6. Unternehmen S ist der rechtliche Eigentümer der Patente. Sein Beitrag zur Entwicklung, Verbesserung, Erhaltung sowie zum Schutz und zur Verwertung der Patente beschränkt sich jedoch auf die Aktivitäten seiner drei Mitarbeiter bei der Anmeldung und Aufrechterhaltung der Patente. Die Mitarbeiter von Unternehmen S haben weder die Kontrolle über die Lizenzierung der Patente noch sind sie an dieser beteiligt. In diesem Fall hat Unternehmen S lediglich Anspruch auf eine Vergütung für die von ihm ausgeübten Funktionen. Basierend auf einer Analyse der jeweils von Premiere und Unternehmen S bei der Entwicklung, Verbesserung, Erhaltung, beim Schutz und bei der Verwertung der immateriellen Werte ausgeübten Funktionen, genutzten Vermögenswerte und übernommenen Risiken sollte Unternehmen S keinen Anspruch auf über eine fremdübliche Vergütung für seine Patentverwaltungsfunktionen hinausgehende Erträge aus seinen Lizenzvereinbarungen haben oder solche Erträge zugerechnet bekommen.

7. Ebenso wie in Beispiel 1 handelt es sich bei der Vereinbarung dem Wesen nach um einen Vertrag über Patentverwaltungsleistungen. Ein angemessenes Verrechnungspreisergebnis lässt sich erzielen, indem sichergestellt wird, dass der von Unternehmen S für die Übertragung der Patentrechte entrichtete Betrag den jeweils von Premiere und Unternehmen S ausgeübten Funktionen, genutzten Vermögenswerten und übernommenen Risiken in angemessener Weise Rechnung trägt. Bei einem derartigen Ansatz entspricht die Vergütung, die Premiere für die patentierbaren Erfindungen zusteht, den Lizenzeinnahmen von Unternehmen S abzüglich eines angemessenen Ertrags für die von Unternehmen S ausgeübten Funktionen.

Beispiel 3

8. Es liegt derselbe Sachverhalt vor wie in Beispiel 2. Nachdem aber Unternehmen S einige Jahre lang die Patente an verbundene und unabhängige Unternehmen lizenziert hat, verkauft es, erneut unter der Führung und Kontrolle von Premiere handelnd, die Patente zu einem Preis, der der Wertsteigerung der Patente während der Zeit, in der Unternehmen S der rechtliche Eigentümer war, Rechnung trägt, an ein unabhängiges Unternehmen. Die Funktionen von Unternehmen S beschränkten sich während der gesamten Zeit, in der es der rechtliche Eigentümer der Patente war, auf die Ausübung der in Beispiel 1 und 2 beschriebenen Patentverwaltungsfunktionen.

9. Unter diesen Umständen sollte Unternehmen S dieselben Einkünfte erhalten wie in Beispiel 2. Es sollte eine Vergütung für die von ihm ausgeübten Patentverwaltungsfunktionen erhalten, aber darüber hinaus nicht an den Erträgen aus der Verwertung der immateriellen Werte – einschließlich der Erträge aus der Veräußerung der immateriellen Werte – beteiligt werden.

Beispiel 4

10. Im Hinblick auf die Entwicklung der Patente ist der Sachverhalt derselbe wie in Beispiel 3. Anders als in Beispiel 1 hat Unternehmen S in diesem Beispiel jedoch Mitarbeiter, die in der Lage sind, die Entscheidungen bezüglich des Patentportfolios zu treffen, und dies auch tatsächlich tun. Alle Entscheidungen im Zusammenhang mit dem Lizenzierungsprogramm werden von Mitarbeitern von Unternehmen S getroffen, alle Verhandlungen mit Lizenznehmern werden von Mitarbeitern von Unternehmen S geführt, und Mitarbeiter von Unternehmen S überwachen die Einhaltung der Lizenzbedingungen durch unabhängige Lizenznehmer. Für die Zwecke dieses Beispiels sollte davon ausgegangen werden, dass der von Unternehmen S für die Patente entrichtete Preis ein fremdüblicher Preis war, der darauf beruhte, wie die Beteiligten das zukünftige Lizenzierungsprogramm und die voraussichtlichen Erträge aus der Verwertung der Patente zum Zeitpunkt ihrer Übertragung an Unternehmen S bewerteten. Für die Zwecke dieses Beispiels wird unterstellt, dass der Ansatz für schwer zu bewertende immaterielle Werte in Abschnitt D.4 keine Anwendung findet.

11. Nach der Übertragung lizenziert Unternehmen S die Patente einige Jahre lang an unabhängige Unternehmen. Anschließend steigt aufgrund von äußeren Umständen, die zu dem Zeitpunkt, als die Patente an Unternehmen S übertragen wurden, nicht abzusehen waren, der Wert der Patente deutlich an. Danach verkauft Unternehmen S die Patente zu einem Preis, der den ursprünglich von Unternehmen S an Premiere dafür entrichteten Preis übersteigt, an einen unabhängigen Käufer. Mitarbeiter von Unternehmen S treffen alle Entscheidungen bezüglich des Verkaufs der Patente, handeln die Verkaufsbedingungen aus und regeln und kontrollieren in jeder Hinsicht die Veräußerung der Patente.

12. Unter diesen Umständen hat Unternehmen S Anspruch auf die Verkaufserlöse, einschließlich der Beträge, die der Wertsteigerung der Patente aufgrund der unvorhergesehenen äußeren Umstände zuzuschreiben sind.

Beispiel 5

13. Der Sachverhalt ist derselbe wie in Beispiel 4, mit dem Unterschied, dass der Wert der Patente während der Zeit, in der sie sich im Besitz von Unternehmen S befinden, aufgrund unvorhergesehener äußerer Umstände nicht steigt, sondern fällt. Unter diesen Umständen hat Unternehmen S Anspruch auf die Verkaufserlöse, d. h., es trägt den Verlust.

Beispiel 6

14. In Jahr 1 beschließt ein multinationaler Konzern, der aus Unternehmen A (einem in Staat A eingetragenen Unternehmen) und Unternehmen B (einem in Staat B eingetragenen Unternehmen) besteht, einen immateriellen Wert zu entwickeln, von dem auf Basis der bestehenden immateriellen Werte von Unternehmen B, dessen bisheriger Erfolgsbilanz sowie dessen erfahrenen FuE-Personals erwartet wird, dass er sich als sehr profitabel erweisen wird. Es wird damit gerechnet, dass einer möglichen kommerziellen Verwertung des immateriellen Werts fünf Jahre Entwicklungszeit vorausgehen. Im Fall einer erfolgreichen Entwicklung wird erwartet, dass der immaterielle Wert für einen Zeitraum von zehn Jahren nach der erstmaligen Verwertung werthaltig bleibt. Gemäß der Entwicklungsvereinbarung zwischen Unternehmen A und Unternehmen B ist Unternehmen B für die Durchführung und Kontrolle aller Tätigkeiten im Zusammenhang mit der Entwicklung, Verbesserung, Erhaltung sowie dem Schutz und der Verwertung des immateriellen Werts zuständig. Unternehmen A stellt die komplette Finanzierung im Zusammenhang mit der Entwicklung des immateriellen Werts bereit (für die Entwicklungskosten werden 100 Mio. USD pro Jahr für fünf Jahre veranschlagt) und wird rechtlicher Eigentümer des immateriellen Werts. Nach Abschluss der Entwicklung soll mit dem immateriellen Wert ein Gewinn von 550 Mio. USD pro Jahr (Jahre 6–15) erwirtschaftet werden. Unternehmen B wird sich von Unternehmen A eine Lizenz für die Nutzung des immateriellen Werts erteilen lassen und bedingte Zahlungen an Unternehmen A für das Recht zur Nutzung des immateriellen Werts entrichten, die auf den Erträgen vermeintlich vergleichbarer Lizenznehmer beruhen. Nach Abzug der veranschlagten bedingten Zahlungen verbleibt Unternehmen B ein voraussichtlicher Ertrag von 200 Mio. USD pro Jahr aus dem Verkauf von auf dem immateriellen Wert beruhenden Produkten.

15. Eine von der Steuerverwaltung von Staat B durchgeführte Funktionsanalyse der Vereinbarung untersucht die jeweils von Unternehmen A und Unternehmen B ausgeübten Funktionen, genutzten und beigesteuerten Vermögenswerte und übernommenen Risiken. Die Analyse, durch die der tatsächliche Geschäftsvorfall abgegrenzt wird, kommt zu dem Ergebnis, dass Unternehmen A zwar der rechtliche Eigentümer der immateriellen Werte ist, sein Beitrag aber ausschließlich in der Bereitstellung der Finanzierung für die Entwicklung eines immateriellen Werts besteht. Diese Analyse zeigt, dass Unternehmen A vertraglich das finanzielle Risiko übernimmt, die finanzielle Kapazität besitzt, dieses Risiko zu tragen, und die Kontrolle über dieses Risiko im Einklang mit den unter Ziffer 6.63 und 6.64 beschriebenen Grundsätzen ausübt. Unter Berücksichtigung des Beitrags von Unternehmen A sowie der realistischen Alternativen von Unternehmen A und Unternehmen B wird festgestellt, dass die von Unternehmen A zu erwartende Vergütung in einer risikoangepassten Rendite auf seinen Finanzierungsaufwand bestehen sollte. Es

sei angenommen, dass diese mit 110 Mio. USD pro Jahr (für die Jahre 6–15) veranschlagt wird, was einer risikoangepassten voraussichtlichen Rendite von 11 % entspricht.[1] Unternehmen B hätte demnach Anspruch auf den gesamten verbleibenden voraussichtlichen Ertrag nach Abzug des voraussichtlichen Ertrags von Unternehmen A, d. h. auf 440 Mio. USD pro Jahr (550 Mio. USD abzüglich 110 Mio. USD), anstelle der von dem Steuerpflichtigen angegebenen 200 Mio. USD. (Der detaillierten Funktionsanalyse und der Anwendung der geeignetsten Methode zufolge hat der Steuerpflichtige fälschlicherweise Unternehmen B anstatt Unternehmen A als untersuchtes Unternehmen gewählt.)

Beispiel 7

16. Primero ist die Muttergesellschaft eines multinationalen Konzerns, der in der Pharmabranche tätig ist und Geschäfte in Staat M betreibt. Primero entwickelt Patente und andere immaterielle Werte im Zusammenhang mit Produkt X und meldet diese Patente in verschiedenen Staaten weltweit an.

17. Primero beauftragt seine 100%ige Tochtergesellschaft in Staat N, Unternehmen S, mit dem Vertrieb von Produkt X in ganz Europa und dem Nahen Osten auf Basis einer Tätigkeit als risikoarmes Vertriebsunternehmen (Limited Risk Distributor). Die Vertriebsvereinbarung sieht vor, dass Primero und nicht Unternehmen S das Produktrückruf- und Produkthaftungsrisiko trägt und dass Primero Anspruch auf den gesamten Gewinn bzw. Verlust aus dem Verkauf von Produkt X in der Region hat, der nach Entrichtung der mit Unternehmen S vereinbarten Vergütung für dessen Vertriebsfunktionen verbleibt. Im Rahmen der Vereinbarung kauft Unternehmen S Produkt X von Primero und verkauft Produkt X an unabhängige Kunden in Staaten in seiner gesamten Geschäftsregion weiter. Bei der Ausübung seiner Vertriebsfunktionen kommt Unternehmen S allen geltenden regulatorischen Anforderungen nach.

18. In den ersten drei Jahren dieser Geschäftstätigkeit erwirtschaftet Unternehmen S durch seine Vertriebsfunktionen Erträge, die seiner Qualifizierung als risikoarmes Vertriebsunternehmen und den Bedingungen des Vertriebsvertrags entsprechen. Seine Erträge stehen in Einklang mit der Tatsache, dass Primero, und nicht Unternehmen S, Anspruch auf die

1. Für die Zwecke dieses Beispiels ist eine Herleitung der Ergebnisse nicht notwendig. Dem Beispiel liegt die Annahme zugrunde, dass mit einer „Finanzierungsinvestition" in Höhe von 100 Mio. USD pro Jahr während eines Zeitraums von fünf Jahren in ein Projekt dieses Risikoniveaus in den folgenden zehn Jahren ein fremdüblicher voraussichtlicher Gewinn von 110 Mio. USD pro Jahr erzielt werden dürfte. Dies entspricht einer Finanzierungsrendite von 11 %.

Einkünfte aus der Verwertung der immateriellen Werte im Zusammenhang mit Produkt X hat. Nach drei Jahren stellt sich heraus, dass Produkt X bei einem bedeutenden Prozentsatz der Patienten, die das Produkt nutzen, gravierende Nebenwirkungen verursacht, weshalb das Produkt zurückgerufen und vom Markt genommen werden muss. Unternehmen S entstehen durch den Produktrückruf erhebliche Kosten. Primero erstattet Unternehmen S weder diese mit dem Rückruf verbundenen Kosten noch die aus entsprechenden Produkthaftungsansprüchen resultierenden Kosten.

19. In diesem Fall besteht eine Diskrepanz zwischen den von Primero geltend gemachten Ansprüchen auf Erträge aus der Verwertung der immateriellen Werte im Zusammenhang mit Produkt X und der Tatsache, dass Primero nicht für die aus den Risiken, die diese Ansprüche begründen, erwachsenden Kosten aufkommt. Um diese Diskrepanz zu beseitigen, ist eine Verrechnungspreiskorrektur angemessen. Zur Ermittlung der angemessenen Korrektur ist es notwendig, unter Anwendung von Abschnitt D.1 von Kapitel I den tatsächlichen Geschäftsvorfall zwischen den Beteiligten zu bestimmen. Dabei ist es angebracht, die von den einzelnen Beteiligten übernommenen Risiken auf Basis ihres Verhaltens während der Laufzeit der Vereinbarung, der von Primero und Unternehmen S ausgeübten Kontrolle über das Risiko und anderer relevanter Sachverhalte zu berücksichtigen. Wenn festgestellt wird, dass die zwischen den Beteiligten bestehende Geschäftsbeziehung tatsächlich den Charakter einer risikoarmen Vertriebsvereinbarung hat, dürfte die angemessenste Korrektur wahrscheinlich darin bestehen, die mit dem Produktrückruf und der Produkthaftung verbundenen Kosten von Unternehmen S auf Primero zu übertragen. Wenn aber – obwohl dies unwahrscheinlich ist – auf der Grundlage aller relevanten Sachverhalte festgestellt wird, dass die Geschäftsbeziehung zwischen den Beteiligten tatsächlich die Ausübung der Kontrolle über das Produkthaftungs- und Rückrufrisiko durch Unternehmen S umfasst, und wenn sich ausgehend von der Vergleichbarkeitsanalyse ein fremdüblicher Preis ermitteln lässt, könnten die Vertriebsmargen von Unternehmen S für alle Jahre erhöht werden, um der tatsächlichen Risikoaufteilung zwischen den Beteiligten Rechnung zu tragen.

Beispiel 8

20. Das in Staat X ansässige Unternehmen Primair stellt Uhren her, die in vielen Staaten weltweit unter der Marke und dem Firmennamen R vermarktet werden. Primair ist der eingetragene Eigentümer der Marke und des Firmennamens R. Der Name R ist in den Ländern, in denen die Uhren verkauft werden, weithin bekannt und hat an diesen Märkten aufgrund der Anstrengungen von Primair einen erheblichen wirtschaftlichen Wert erlangt. In Staat Y hingegen wurden Uhren der Marke R noch nie vermarktet, und der Name R ist auf dem Markt von Staat Y nicht bekannt.

21. In Jahr 1 beschließt Primair, auf den Markt von Staat Y vorzudringen, und gründet eine 100%ige Tochtergesellschaft in Staat Y, Unternehmen S, das als Vertriebsunternehmen von Primair in Staat Y fungieren soll. Gleichzeitig schließt Primair eine langfristige lizenzgebührenfreie Marketing- und Vertriebsvereinbarung mit Unternehmen S ab. Der Vereinbarung zufolge erhält Unternehmen S für einen Zeitraum von fünf Jahren, mit der Option einer Verlängerung um weitere fünf Jahre, das Exklusivrecht für die Vermarktung und den Vertrieb von Uhren der Marke R sowie die Nutzung des Firmennamens R in Staat Y. Unternehmen S erhält von Primair keine anderen Rechte im Hinblick auf die Marke und den Firmennamen R und ist insbesondere nicht zum Reexport von Uhren mit der Marke und dem Firmennamen R berechtigt. Die Tätigkeit von Unternehmen S besteht ausschließlich in der Vermarktung und im Vertrieb von Uhren mit der Marke und dem Firmennamen R. Es wird unterstellt, dass die R-Uhren nicht Teil eines Produktportfolios sind, das von Unternehmen S in Staat Y vertrieben wird. Unternehmen S nimmt keine Weiterverarbeitung vor, da es verpackte und verkaufsfertige für die Endkunden bestimmte Uhren in Staat Y einführt.

22. Der Vereinbarung zwischen Primair und Unternehmen S zufolge kauft Unternehmen S die Uhren von Primair in der Währung von Staat Y, übernimmt das Eigentum an den Markenuhren, übt die Vertriebsfunktion in Staat Y aus, trägt die damit verbundenen Lagerhaltungskosten (z. B. Lager- und Forderungsfinanzierung) und übernimmt die entsprechenden Risiken (z. B. Bestands-, Kredit- und Finanzierungsrisiken). Der Vereinbarung zwischen Primair und Unternehmen S zufolge ist Unternehmen S verpflichtet, als Absatzmittler zu fungieren, um die Erschließung des Marktes für R-Uhren in Staat Y zu unterstützen. Unternehmen S berät sich bei der Entwicklung der Marketingstrategie für R-Uhren in Staat Y mit Primair. Primair erstellt den allgemeinen Marketingplan, großenteils ausgehend von in anderen Ländern gewonnenen Erfahrungen, erstellt und genehmigt die Marketingbudgets und trifft die abschließenden Entscheidungen über das Werbedesign, die Produktpositionierung und die zentralen Werbebotschaften. Unternehmen S berät bei lokalmarktspezifischen Werbefragen, unterstützt die Umsetzung der Marketingstrategie unter Leitung von Primair und evaluiert die Wirksamkeit verschiedener Elemente der Marketingstrategie. Als Vergütung für diese Marketingunterstützung erhält Unternehmen S von Primair ein Dienstleistungsentgelt, das auf den ihm entstehenden Marketingausgaben basiert und ein angemessenes Gewinnelement beinhaltet.

23. Für die Zwecke dieses Beispiels wird unterstellt, dass auf Basis einer gründlichen Vergleichbarkeitsanalyse einschließlich einer detaillierten Funktionsanalyse der Schluss gezogen werden kann, dass der Preis, den Unternehmen S für die R-Uhren an Primair entrichtet, getrennt von der Vergütung analysiert werden sollte, die Unternehmen S für die Marketingtätigkeiten erhält, die es im Auftrag von Primair durchführt. Ferner

wird unterstellt, dass auf Basis vergleichbarer Geschäftsvorfälle der für die Uhren entrichtete Preis fremdüblich ist und dass es dieser Preis Unternehmen S ermöglicht, mit dem Verkauf der Uhren ein fremdübliches Vergütungsniveau für die von ihm ausgeübten Vertriebsfunktionen, genutzten Vermögenswerte und übernommenen Risiken zu erzielen.

24. In den Jahren 1–3 verfolgt Unternehmen S eine Strategie, die im Einklang mit seiner Vereinbarung mit Primair steht, den Markt von Staat Y für R-Uhren zu erschließen. Dabei tätigt Unternehmen S Marketingaufwendungen. Im Einklang mit der Vereinbarung werden Unternehmen S die von ihm getätigten Marketingaufwendungen von Primair mit einem Gewinnaufschlag erstattet. Am Ende von Jahr 2 sind die Marke und der Firmenname R in Staat Y gut etabliert. Die von Unternehmen S für die im Auftrag von Primair ausgeübten Marketingtätigkeiten erhaltene Vergütung wird auf Basis eines Vergleichs mit der Vergütung unabhängiger Werbe- und Absatzmittler, die im Rahmen der Vergleichbarkeitsanalyse ermittelt und für vergleichbar befunden wurden, als fremdüblich eingestuft.

25. In diesem Fall hat Primair Anspruch auf alle Einkünfte aus der Verwertung der Marke und des Firmennamens R auf dem Markt von Staat Y, die über die fremdübliche Vergütung von Unternehmen S für seine Funktionen hinausgehen, und es ist unter diesen Umständen keine Verrechnungspreiskorrektur erforderlich.

Beispiel 9

26. Der Sachverhalt ist derselbe wie in Beispiel 8, mit folgenden Abweichungen:

- Der Vereinbarung zwischen Primair und Unternehmen S zufolge ist Unternehmen S nun verpflichtet, den Marketingplan für Staat Y ohne eine genaue Kontrolle spezifischer Elemente des Plans durch Primair zu erstellen und umzusetzen. Unternehmen S trägt die Kosten und übernimmt bestimmte Risiken im Zusammenhang mit den Marketingtätigkeiten. Die Vereinbarung zwischen Primair und Unternehmen S enthält keine Angaben zum erwarteten Umfang der Marketingausgaben von Unternehmen S, sondern besagt lediglich, dass Unternehmen S verpflichtet ist, sein Möglichstes zu tun, um die Uhren zu vermarkten. Unternehmen S werden die ihm entstandenen Ausgaben weder direkt von Primair erstattet noch erhält es eine andere indirekte oder implizite Vergütung von Primair, und die einzige Vergütung, die Unternehmen S für seine Anstrengungen erwartet, sind die Gewinne aus dem Verkauf von Uhren der Marke R an konzernfremde Kunden auf dem Markt von Staat Y. Eine gründliche Funktionsanalyse zeigt, dass Primair weniger Kontrolle über die Marketingtätigkeiten von Unternehmen S ausübt als in Beispiel 8, da es das Marketingbudget und die Einzelheiten der Ausgestaltung des Marketingplans nicht prüft und genehmigt. Unternehmen S trägt andere Risiken und wird anders vergütet als in Beispiel 8. Die vertraglichen Vereinbarungen zwischen Primair und Unternehmen S sind anders und die von Unternehmen S übernommenen Risiken sind in Beispiel 9 größer als in Beispiel 8. Unternehmen S erhält weder eine direkte Kostenerstattung noch eine gesonderte Vergütung für Marketingtätigkeiten. Der einzige konzerninterne Geschäftsvorfall zwischen Primair und Unternehmen S in Beispiel 9 ist die Übertragung der Markenuhren. Folglich kann Unternehmen S die Vergütung für seine Marketingtätigkeiten nur durch den Verkauf von Uhren der Marke R an konzernfremde Kunden erzielen.

- Aufgrund dieser anderen Ausgangslage vereinbaren Primair und Unternehmen S in Beispiel 9 einen niedrigeren Preis für die Uhren, als er für die Zwecke von Beispiel 8 bestimmt wurde. Angesichts der bei der Funktionsanalyse festgestellten Unterschiede werden andere Kriterien zur Ermittlung von Vergleichswerten und zur Durchführung von Anpassungsrechnungen zur Herstellung der Vergleichbarkeit herangezogen als in Beispiel 8. Infolgedessen ist der erwartete Gesamtgewinn von Unternehmen S in Beispiel 9 wegen seines höheren Risikos und seiner umfangreicheren Funktionen größer als in Beispiel 8.

27. Es sei angenommen, dass Unternehmen S in den Jahren 1–3 eine Strategie verfolgt, die im Einklang mit seiner Vereinbarung mit Primair steht, und dass Unternehmen S dabei Marketingfunktionen ausübt und Marketingaufwendungen tätigt. Dadurch hat Unternehmen S in den Jahren 1–3 hohe Betriebsausgaben und niedrige Gewinnmargen. Am Ende von Jahr 2 sind die Marke und der Firmenname R dank der Bemühungen von Unternehmen S in Staat Y etabliert. Wenn das Marketing-/Vertriebsunternehmen die Kosten und die damit verbundenen Risiken seiner Marketingtätigkeiten tatsächlich trägt, stellt sich die Frage, in welchem Umfang das Marketing-/Vertriebsunternehmen am potenziellen Ertrag aus diesen Tätigkeiten teilhaben kann. Es sei angenommen, dass die Untersuchungen der Steuerverwaltung von Staat Y auf Basis einer Analyse vergleichbarer Vertriebsunternehmen zu dem Schluss führen, dass von Unternehmen S auch zu erwarten gewesen wäre, dass es die von ihm ausgeübten Funktionen ausübt und Marketingausgaben in einer den tatsächlichen Marketingaufwendungen entsprechenden Höhe tätigt, wenn es unabhängig von Primair gewesen wäre.

28. Da Unternehmen S im Rahmen einer langfristigen Vereinbarung über exklusive Vertriebsrechte für die R-Uhren die Marketingfunktionen ausübt und die Kosten sowie die damit verbundenen Risiken seiner Marketingaktivitäten

trägt, besteht für Unternehmen S die Möglichkeit, aus den von ihm ausgeübten Marketing- und Vertriebstätigkeiten einen Nutzen zu ziehen (oder einen Verlust zu erleiden). Basierend auf einer Analyse hinreichend verlässlicher Vergleichsdaten wird festgestellt, dass für die Zwecke dieses Beispiels der von Unternehmen S erzielte Nutzen in einem ähnlich hohen Gewinn resultiert, wie ihn unabhängige Marketing- und Vertriebsunternehmen mit gleichartigen Risiken und Kosten wie Unternehmen S in den ersten Jahren der Laufzeit vergleichbarer langfristiger Marketing- und Vertriebsvereinbarungen für ähnlich unbekannte Produkte erzielt hätten.

29. Auf Basis der vorstehenden Annahmen ist der Ertrag von Unternehmen S fremdvergleichskonform, und seine Marketingaktivitäten, einschließlich seiner Marketingaufwendungen, unterscheiden sich nicht wesentlich von denen unabhängiger Marketing- und Vertriebsunternehmen in vergleichbaren Fremdgeschäftsvorfällen. Die Informationen zu vergleichbaren Fremdgeschäftsvorfällen bieten die beste Messgröße für den fremdüblichen Ertrag, der Unternehmen S für den Beitrag zur immateriellen Wertschöpfung zusteht, den es durch seine Funktionen, Risiken und Kosten leistet. Dieser Ertrag stellt demnach eine fremdübliche Vergütung für den von Unternehmen S geleisteten Beitrag dar und gibt den Anteil von Unternehmen S an den Einkünften aus der Verwertung der Marke und des Firmennamens in Staat Y korrekt wieder. Es muss keine gesonderte oder zusätzliche Vergütung an Unternehmen S entrichtet werden.

Beispiel 10

30. Der Sachverhalt ist derselbe wie in Beispiel 9, mit dem Unterschied, dass die von Unternehmen S ausgeübten Markterschließungsfunktionen in Beispiel 10 deutlich umfangreicher sind als in Beispiel 9.

31. Wenn das Marketing-/Vertriebsunternehmen die Kosten und Risiken seiner Marketingtätigkeiten tatsächlich trägt, stellt sich die Frage, in welchem Umfang das Marketing-/Vertriebsunternehmen am potenziellen Ertrag aus diesen Tätigkeiten teilhaben kann. In einer gründlichen Vergleichbarkeitsanalyse werden mehrere unabhängige Unternehmen ermittelt, die Marketing- und Vertriebsfunktionen im Rahmen ähnlicher langfristiger Marketing- und Vertriebsvereinbarungen ausüben. Es sei jedoch angenommen, dass die bei Unternehmen S in den Jahren 1–5 angefallenen Marketingaufwendungen das Niveau der Marketingaufwendungen, die bei den ermittelten vergleichbaren unabhängigen Marketing- und Vertriebsunternehmen angefallen sind, deutlich übersteigen. Ferner sei angenommen, dass die hohen Aufwendungen, die Unternehmen S entstanden sind, auf die Ausübung zusätzlicher oder intensiverer Funktionen als bei den potenziellen Vergleichsunternehmen zurückzuführen sind und dass Primair und Unternehmen S erwarten, dass

diese zusätzlichen Funktionen zu höheren Gewinnspannen oder höheren Absatzvolumen für die Produkte führen. In Anbetracht des Umfangs der von Unternehmen S ausgeübten Markterschließungsaktivitäten ist offensichtlich, dass Unternehmen S einen größeren funktionalen Beitrag zur Erschließung des Marktes und Entwicklung der immateriellen Marketingwerte geleistet und deutlich höhere Kosten getragen und höhere Risiken übernommen hat als die ermittelten potenziell vergleichbaren unabhängigen Unternehmen (und wesentlich höhere Kosten und Risiken als in Beispiel 9). Es gibt zudem Belege, die den Schluss zulassen, dass die von Unternehmen S erzielten Gewinne deutlich niedriger sind als die Gewinnmargen der ermittelten potenziell vergleichbaren unabhängigen Marketing- und Vertriebsunternehmen in den entsprechenden Jahren der Laufzeit ähnlicher langfristiger Marketing- und Vertriebsvereinbarungen.

32. Wie in Beispiel 9 trägt Unternehmen S die Kosten und die damit verbundenen Risiken seiner Marketingaktivitäten im Rahmen einer langfristigen Vereinbarung über exklusive Marketing- und Vertriebsrechte für die R-Uhren und rechnet folglich damit, die Möglichkeit zu haben, aus den von ihm ausgeübten Marketing- und Vertriebstätigkeiten einen Nutzen zu ziehen (oder einen Verlust zu erleiden). Allerdings hat Unternehmen S in diesem Fall Funktionen ausgeübt und Marketingausgaben getragen, die über den Umfang dessen hinausgehen, was unabhängige Unternehmen in potenziell vergleichbaren Geschäftsvorfällen mit ähnlichen Rechten in ihrem eigenen Interesse unternommen hätten, sodass Unternehmen S deutlich niedrigere Gewinnspannen erzielt als diese Vergleichsunternehmen.

33. Angesichts dieser Gegebenheiten ist offensichtlich, dass die Gewinnspannen, die Unternehmen S mit dem Wiederverkauf von R-Uhren erzielt, keine angemessene Vergütung für die von ihm ausgeübten Funktionen und die ihm entstandenen Marketingausgaben darstellen, da diese die Funktionen und Ausgaben unabhängiger Marketing-/Vertriebsunternehmen in vergleichbaren Geschäftsvorfällen erheblich übersteigen. In diesem Fall wäre es für die Steuerverwaltung von Staat Y angemessen, eine Verrechnungspreiskorrektur vorzuschlagen, die auf einer Vergütung von Unternehmen S für die ausgeübten Marketingtätigkeiten (unter Berücksichtigung der übernommenen Risiken und entstandenen Ausgaben) beruht, die dem entspricht, was unabhängige Unternehmen in vergleichbaren Geschäftsvorfällen verdient hätten. Je nach den Gegebenheiten und Umständen, die in einer detaillierten Vergleichbarkeitsanalyse zutage treten, könnte diese Korrektur auf einem der folgenden Ansätze beruhen:

- Senkung der Preise, die Unternehmen S für die Uhren der Marke R an Primair bezahlt. Eine derartige Korrektur könnte über die Anwendung einer Wiederverkaufspreismethode oder einer geschäftsvorfallbezogenen Nettomargenmethode anhand verfügbarer Daten zu den Gewinnen erfolgen, die von vergleichbaren Marketing- und Vertriebsunternehmen mit ähnlich hohen Marketing- und Vertriebsausgaben erzielt werden, falls entsprechende Vergleichsunternehmen ermittelt werden können.

- Ein anderer Ansatz könnte in der Anwendung einer Restgewinnaufteilungsmethode bestehen, bei der der maßgebliche Gewinn aus dem Verkauf von Uhren der Marke R in Staat Y aufgeteilt würde, indem Unternehmen S und Primair zunächst einen bestimmten Grundertrag für die von ihnen ausgeübten Funktionen erhalten und danach der Restgewinn auf einer Basis aufgeteilt wird, die dem jeweiligen relativen Beitrag von Unternehmen S und Primair zur Erwirtschaftung von Einkünften und zum Wert der Marke und des Firmennamens R Rechnung trägt.
- Direkte Vergütung von Unternehmen S für ihm entstandene Marketingausgaben, die über die bei vergleichbaren unabhängigen Unternehmen anfallenden Marketingausgaben hinausgehen, einschließlich eines angemessenen Gewinnelements für die Funktionen und Risiken, die in diesen Ausgaben zum Ausdruck kommen.

34. In diesem Beispiel beruht die vorgeschlagene Korrektur darauf, dass Unternehmen S Funktionen ausgeübt, Risiken übernommen und Kosten getragen hat, die zur Entwicklung der immateriellen Marketingwerte beigetragen haben und für die es im Rahmen seiner Vereinbarung mit Primair keine angemessene Vergütung erhalten hat. Wenn die Vereinbarung zwischen Unternehmen S und Primair so ausgestaltet wäre, dass Unternehmen S damit rechnen könnte, während der restlichen Laufzeit der Vertriebsvereinbarung eine fremdübliche Rendite auf seine zusätzlichen Investitionen zu erhalten, könnte ein anderes Ergebnis angemessen sein.

Beispiel 11

35. Der Sachverhalt ist derselbe wie in Beispiel 9, mit dem Unterschied, dass Unternehmen S nun eine dreijährige lizenzgebührenfreie Vereinbarung ohne Verlängerungsoption zur Vermarktung und zum Vertrieb der Uhren auf dem Markt von Staat Y eingeht. Am Ende des Dreijahreszeitraums schließt Unternehmen S keine neue Vereinbarung mit Primair.

36. Angenommen, es wird nachgewiesen, dass unabhängige Unternehmen kurzfristige Vertriebsvereinbarungen, in deren Rahmen ihnen Marketing- und Vertriebsaufwendungen entstehen, zwar eingehen, aber nur dann, wenn sie eine Vergütung erwarten können, die den während der Laufzeit der Vereinbarung ausgeübten Funktionen, genutzten Vermögenswerten und übernommenen Risiken gerecht wird. Daten zu vergleichbaren unabhängigen Unternehmen zeigen, dass diese keine hohen Beträge in die Entwicklung einer

Marketing- und Vertriebsinfrastruktur investieren, wenn sie nur eine kurzfristige Marketing- und Vertriebsvereinbarung erhalten, bei der das Risiko einer Nichtverlängerung ohne Entschädigung besteht. Aus dem potenziell kurzfristigen Charakter der Marketing- und Vertriebsvereinbarung ergibt sich, dass Unternehmen S aus den Marketing- und Vertriebsausgaben, die es auf eigenes Risiko tätigt, keinen Nutzen zieht oder möglicherweise nicht in der Lage ist, Nutzen daraus zu ziehen. Aus den gleichen Gründen ist es sehr gut möglich, dass die Anstrengungen von Unternehmen S später Primair zugutekommen.

37. Die von Unternehmen S übernommenen Risiken sind erheblich höher als in Beispiel 9, und Unternehmen S hat keine fremdübliche Vergütung für die Übernahme dieser zusätzlichen Risiken erhalten. In diesem Fall hat Unternehmen S Markterschließungstätigkeiten ausgeübt und Marketingausgaben getragen, die über den Umfang dessen hinausgehen, was vergleichbare unabhängige Unternehmen mit ähnlichen Rechten in ihrem eigenen Interesse unternommen hätten, sodass Unternehmen S deutlich niedrigere Gewinnspannen erzielt als vergleichbare Unternehmen. Aufgrund des kurzfristigen Charakters der Vereinbarung ist es unrealistisch zu erwarten, dass Unternehmen S die Möglichkeit hat, während der begrenzten Laufzeit der Vereinbarung mit Primair ausreichenden Nutzen daraus zu ziehen. Unter diesen Umständen hat Unternehmen S ein Anrecht auf eine Vergütung für den Beitrag zum Wert der Marke und des Firmennamens R, den es auf eigenes Risiko während der Laufzeit seiner Vereinbarung mit Primair geleistet hat.

38. Diese Vergütung kann die Form einer direkten von Primair an Unternehmen S gezahlten Vergütung für den voraussichtlichen Mehrwert annehmen, der durch die von Unternehmen S getätigten Marketingausgaben und Marktentwicklungsfunktionen geschaffen wird. Alternativ könnte eine solche Korrektur in einer Senkung der Preise bestehen, die Unternehmen S in den Jahren 1–3 für R-Uhren an Primair zahlt.

Beispiel 12

39. Der Sachverhalt ist derselbe wie in Beispiel 9, mit folgenden Ergänzungen:

- Am Ende von Jahr 3 ist die Marke R erfolgreich am Markt von Staat Y etabliert; Primair und Unternehmen S handeln ihre vorherige Vereinbarung neu aus und gehen eine neue langfristige Lizenzvereinbarung ein. Die neue Vereinbarung, die zum Jahresbeginn von Jahr 4 in Kraft treten soll, hat eine Laufzeit von fünf Jahren, wobei Unternehmen S die Option einer Verlängerung um weitere fünf Jahre hat. In dieser Vereinbarung verpflichtet sich Unternehmen S zur Entrichtung einer Lizenzgebühr an Primair, die auf dem Bruttoumsatz aus allen Uhren der Marke R basiert. In allen anderen Punkten entsprechen die Geschäftsbedingungen der neuen Vereinbarung der vorherigen Vereinbarung zwischen den Beteiligten. Die Einführung der Lizenzgebühr geht mit keiner Anpassung der Preise einher, die Unternehmen S für die Markenuhren zu entrichten hat.

- Der Umsatz von Unternehmen S mit Uhren der Marke R entwickelt sich in den Jahren 4 und 5 im Einklang mit früheren Prognosen. Aufgrund der Einführung der Lizenzgebühr zum Jahresbeginn von Jahr 4 gehen die Gewinnspannen von Unternehmen S aber deutlich zurück.

40. Es sei angenommen, dass nicht nachgewiesen werden kann, dass sich unabhängige Marketing-/Vertriebsunternehmen solcher Markenprodukte im Rahmen vergleichbarer Vereinbarungen zur Entrichtung von Lizenzgebühren verpflichtet haben. Der Umfang der Marketingausgaben und -aktivitäten von Unternehmen S ab Jahr 4 entspricht dem von unabhängigen Unternehmen.

41. Für Verrechnungspreiszwecke wird normalerweise nicht davon ausgegangen, dass bei fremdüblichen Geschäftsvorfällen eine Lizenzgebühr entrichtet wird, wenn ein Marketing- und Vertriebsunternehmen für Verrechnungspreiszwecke keine Rechte an Marken und ähnlichen immateriellen Werten erhält außer dem Recht, diese immateriellen Werte beim Vertrieb eines Markenprodukts zu nutzen, das von dem Unternehmen bereitgestellt wird, das Anspruch auf die durch die Verwertung dieser immateriellen Werte erzielten Einkünfte hat. Zudem sind aufgrund der Lizenzgebühr die Gewinnspannen von Unternehmen S durchgehend niedriger als jene von unabhängigen Unternehmen mit vergleichbaren ausgeübten Funktionen, genutzten Vermögenswerten und übernommenen Risiken in den entsprechenden Jahren ähnlicher langfristiger Marketing- und Vertriebsvereinbarungen. Dementsprechend wäre auf Basis des hier vorliegenden Sachverhalts eine Verrechnungspreiskorrektur durch Nichtanerkennung der gezahlten Lizenzgebühren angemessen.

Beispiel 13

42. Der Sachverhalt in diesem Beispiel ist derselbe wie in Beispiel 10, mit folgenden Ergänzungen:

- Am Ende von Jahr 3 stellt Primair die Uhrenproduktion ein und beauftragt ein konzernfremdes Unternehmen, die Uhren in seinem Auftrag zu fertigen. Dies führt dazu, dass Unternehmen S markenlose Uhren direkt vom Hersteller importieren und einer Weiterverarbeitung unterziehen wird, um vor dem Verkauf an die Endkunden den Namen und das Logo von R anzubringen und die Uhren zu verpacken.

Anschließend wird Unternehmen S die Uhren in der in Beispiel 10 beschriebenen Art und Weise verkaufen und vertreiben.

- Als Folge davon handeln Primair und Unternehmen S zu Jahresbeginn von Jahr 4 ihre vorherige Vereinbarung neu aus und schließen eine neue langfristige Lizenzvereinbarung. Die neue Vereinbarung, die zum Jahresbeginn von Jahr 4 in Kraft treten soll, hat eine Laufzeit von fünf Jahren, wobei Unternehmen S die Option einer Verlängerung um weitere fünf Jahre hat.
- Der neuen Vereinbarung zufolge erhält Unternehmen S in Staat Y das Exklusivrecht für die Verarbeitung, die Vermarktung und den Vertrieb von Uhren der Marke R und verpflichtet sich im Gegenzug zur Entrichtung einer Lizenzgebühr an Primair, die auf dem Bruttoumsatz aus allen diesen Uhren basiert. Unternehmen S erhält keine Vergütung von Primair in Bezug auf die Neuaushandlung der ursprünglichen Marketing- und Vertriebsvereinbarung. Für die Zwecke dieses Beispiels wird unterstellt, dass der Kaufpreis, den Unternehmen S ab Jahresbeginn von Jahr 4 für die Uhren zahlt, fremdüblich ist und dass in diesem Preis keine Vergütung für den Namen R inbegriffen ist.

43. Im Zusammenhang mit einer Steuerprüfung durch die Steuerverwaltung von Staat Y in Jahr 6 wird auf Basis einer sachgemäßen Funktionsanalyse festgestellt, dass die bei Unternehmen S in den Jahren 1–3 angefallenen Marketingaufwendungen wesentlich höher waren als jene unabhängiger Marketing- und Vertriebsunternehmen mit ähnlichen langfristigen Marketing- und Vertriebsvereinbarungen. Zudem wird festgestellt, dass die von Unternehmen S ausgeübten Marketingtätigkeiten in Ausmaß und Intensität über die entsprechenden Tätigkeiten unabhängiger Marketing- und Vertriebsunternehmen hinausgingen und dass diese verhältnismäßig stärkere Aktivität erfolgreich dazu beigetragen hat, die Absatzvolumen und/oder die Gesamtumsatzmarge des Primair-Konzerns in Staat Y zu steigern. In Anbetracht des Umfangs der von Unternehmen S ausgeübten Markterschließungstätigkeiten, einschließlich seiner strategischen Kontrolle über diese Aktivitäten, geht aus der Vergleichbarkeits- und Funktionsanalyse klar hervor, dass Unternehmen S deutlich höhere Kosten und Risiken übernommen hat als vergleichbare unabhängige Unternehmen. Es gibt auch Belege dafür, dass die von Unternehmen S auf Ebene der Konzerneinheit realisierten Gewinnspannen deutlich niedriger sind als die Gewinnspannen vergleichbarer unabhängiger Marketing- und Vertriebsunternehmen in den entsprechenden Jahren ähnlicher langfristiger Marketing- und Vertriebsvereinbarungen.

44. Bei der Steuerprüfung durch Staat Y wird außerdem festgestellt, dass Unternehmen S in den Jahren 4 und 5 im Rahmen der neuen langfristigen Lizenzvereinbarung mit Primair die Kosten und die damit verbundenen Risiken seiner Marketingtätigkeiten trägt und dass aufgrund des langfristigen

Charakters der Vereinbarung für Unternehmen S die Möglichkeit bestehen könnte, aus seinen Aktivitäten einen Nutzen zu ziehen (oder einen Verlust zu erleiden). Allerdings hat Unternehmen S Markterschließungsaktivitäten und Marketingausgaben getätigt, die bei Weitem den Umfang dessen überschreiten, was vergleichbare unabhängige Lizenznehmer mit ähnlichen langfristigen Lizenzvereinbarungen in ihrem eigenen Interesse unternommen hätten, weshalb die voraussichtlichen Gewinnspannen von Unternehmen S deutlich niedriger sind als jene vergleichbarer Unternehmen.

45. Auf Basis dieser Gegebenheiten sollte Unternehmen S eine Vergütung für die von ihm ausgeübten Marktentwicklungsfunktionen, genutzten Vermögenswerte und übernommenen Risiken in Form eines zusätzlichen Ertrags erhalten. Für die Jahre 1–3 würden die in Beispiel 10 beschriebenen Ansätze als Basis für eine solche Verrechnungspreiskorrektur infrage kommen. Für die Jahre 4 und 5 wäre die Basis für die Korrektur ähnlich, mit dem Unterschied, dass anstatt des Kaufpreises der Uhren die von Unternehmen S an Primair gezahlten Lizenzgebühren verringert werden könnten. Je nach den Gegebenheiten und Umständen könnte auch geprüft werden, ob Unternehmen S gemäß den Leitlinien in Teil II von Kapitel IX eine Vergütung im Zusammenhang mit der Neuaushandlung der Vereinbarung am Ende von Jahr 3 hätte erhalten sollen.

Beispiel 14

46. Das Unternehmen Shuyona ist die Muttergesellschaft eines multinationalen Konzerns. Shuyona wurde in Staat X gegründet und übt dort seine Geschäftstätigkeit aus. Der Shuyona-Konzern ist in der Herstellung und im Verkauf von Konsumgütern tätig. Um seine Marktstellung zu sichern und, sofern möglich, zu verbessern, führt der Shuyona-Konzern laufend Forschungsarbeiten zur Verbesserung bestehender Produkte und zur Entwicklung neuer Produkte durch. Der Shuyona-Konzern unterhält zwei Forschungs- und Entwicklungszentren, von denen eines von Shuyona in Staat X und das andere von Unternehmen S, einer in Staat Y tätigen Tochtergesellschaft von Shuyona, betrieben wird. Das Forschungs- und Entwicklungszentrum (FuE-Zentrum) von Shuyona trägt die Gesamtverantwortung für das Forschungsprogramm des Shuyona-Konzerns. Das FuE-Zentrum von Shuyona konzipiert Forschungsprogramme, stellt Budgets auf und überwacht ihre Einhaltung, trifft Entscheidungen darüber, wo FuE-Aktivitäten durchgeführt werden, überwacht die Fortschritte bei allen FuE-Projekten und kontrolliert generell die FuE-Funktion für den multinationalen Konzern unter der strategischen Leitung der Geschäftsführung des Shuyona-Konzerns.

47. Das FuE-Zentrum von Unternehmen S arbeitet auf Projektbasis an spezifischen Projekten, die ihm vom FuE-Zentrum von Shuyona übertragen werden. Vorschläge des FuE-Personals von Unternehmen S für Änderungen

des Forschungsprogramms müssen vom FuE-Zentrum von Shuyona formell genehmigt werden. Das FuE-Zentrum von Unternehmen S erstattet dem am FuE-Zentrum von Shuyona tätigen Aufsichtspersonal mindestens einmal im Monat Bericht über seine Fortschritte. Wenn Unternehmen S die von Shuyona vorgegebenen Budgets für seine Arbeit überschreitet, muss für weitere Ausgaben die Genehmigung der FuE-Leitungsebene von Shuyona eingeholt werden. In den Verträgen zwischen dem FuE-Zentrum von Shuyona und dem FuE-Zentrum von Unternehmen S ist festgelegt, dass Shuyona alle Risiken und Kosten im Zusammenhang mit den von Unternehmen S durchgeführten FuE-Aktivitäten trägt. Alle von Forschungspersonal von Unternehmen S entwickelten Patente, Designs und sonstigen immateriellen Werte werden gemäß den vertraglichen Vereinbarungen zwischen den beiden Unternehmen von Shuyona angemeldet. Shuyona zahlt Unternehmen S ein Dienstleistungsentgelt für seine Forschungs- und Entwicklungstätigkeit.

48. Bei der Verrechnungspreisanalyse dieses Sachverhalts würde zunächst festgestellt, dass Shuyona der rechtliche Eigentümer der immateriellen Werte ist. Shuyona ist für die Kontrolle und Verwaltung sowohl seiner eigenen FuE-Tätigkeit als auch jener von Unternehmen S zuständig. Es übt die wichtigen Funktionen im Zusammenhang mit dieser Tätigkeit aus, wie Budgetierung, Einrichtung von Forschungsprogrammen, Konzeption von Projekten sowie Finanzierung und Kontrolle der Ausgaben. In diesem Fall hat Shuyona Anspruch auf Erträge aus der Verwertung der durch die FuE-Aktivitäten von Unternehmen S entwickelten immateriellen Werte. Unternehmen S hat Anspruch auf eine Vergütung für die von ihm ausgeübten Funktionen, genutzten Vermögenswerte und übernommenen Risiken. Bei der Bestimmung der Höhe der Vergütung, die Unternehmen S zusteht, sollten die relative Kompetenz und Leistung des FuE-Personals von Unternehmen S, die Art der durchgeführten Forschungsaktivitäten sowie andere Faktoren, die einen Wertbeitrag leisten, als Vergleichbarkeitsfaktoren berücksichtigt werden. Sofern Verrechnungspreiskorrekturen erforderlich sind, um die Höhe der Vergütung dem Betrag anzupassen, den ein vergleichbarer FuE-Dienstleister für seine Leistungen erhalten würde, beziehen sich solche Anpassungen im Allgemeinen auf das Jahr, in dem die Dienstleistung erbracht wird, und haben keine Auswirkungen auf den Anspruch von Shuyona auf zukünftige Erträge aus der Verwertung von immateriellen Werten, die aus der FuE-Tätigkeit von Unternehmen S hervorgehen.

Beispiel 15

49. Das Unternehmen Shuyona ist die Muttergesellschaft eines multinationalen Konzerns. Shuyona wurde in Staat X gegründet und übt ausschließlich dort seine Geschäftstätigkeit aus. Der Shuyona-Konzern ist in der Herstellung und im Verkauf von Konsumgütern tätig. Um seine Marktstellung

zu sichern und, sofern möglich, zu verbessern, führt der Shuyona-Konzern laufend Forschungsarbeiten zur Verbesserung bestehender Produkte und zur Entwicklung neuer Produkte durch. Der Shuyona-Konzern unterhält zwei Forschungs- und Entwicklungszentren, von denen eines von Shuyona in Staat X und das andere von Unternehmen S, einer in Staat Y tätigen Tochtergesellschaft von Shuyona, betrieben wird.

50. Der Shuyona-Konzern vertreibt zwei Produktlinien. Alle FuE-Aktivitäten im Zusammenhang mit Produktlinie A werden von Shuyona durchgeführt. Alle FuE-Aktivitäten im Zusammenhang mit Produktlinie B werden von dem FuE-Zentrum durchgeführt, das von Unternehmen S betrieben wird. Unternehmen S fungiert außerdem als regionaler Hauptsitz des Shuyona-Konzerns in Nordamerika und trägt die globale Verantwortung für die Geschäfte im Zusammenhang mit Produktlinie B. Allerdings werden alle durch die Forschungstätigkeit von Unternehmen S entwickelten Patente von Shuyona angemeldet. Shuyona entrichtet an Unternehmen S keine oder lediglich nominelle Zahlungen für die durch das FuE-Zentrum von Unternehmen S entwickelten patentierbaren Erfindungen.

51. Die FuE-Zentren von Shuyona und Unternehmen S agieren autonom. Sie tragen ihre Betriebskosten jeweils selbst. Unter der allgemeinen strategischen Leitung der Geschäftsführung von Shuyona entwickelt das FuE-Zentrum von Unternehmen S seine eigenen Forschungsprogramme, stellt seine eigenen Budgets auf, entscheidet über die Beendigung oder Änderung von FuE-Projekten und beschäftigt sein eigenes FuE-Personal. Das FuE-Zentrum von Unternehmen S berichtet an das für Produktlinie B zuständige Managementteam von Unternehmen S, nicht an das FuE-Zentrum von Shuyona. Gelegentlich finden gemeinsame Meetings der FuE-Teams von Shuyona und Unternehmen S statt, um über Forschungsmethoden und gemeinsame Probleme zu diskutieren.

52. Bei der Verrechnungspreisanalyse dieses Sachverhalts würde zunächst festgestellt, dass Shuyona der rechtliche Eigentümer/Anmelder der von Unternehmen S entwickelten immateriellen Werte ist. Im Gegensatz zu der Situation in Beispiel 14 werden aber die von Unternehmen S ausgeübten Forschungsfunktionen, einschließlich der wichtigen Funktionen im Zusammenhang mit Management, Konzeption, Budgetierung und Finanzierung dieser Forschung, von Shuyona weder ausgeübt noch kontrolliert. Dementsprechend verleiht das rechtliche Eigentum an den immateriellen Werten Shuyona keinen Anspruch darauf, Erträge im Zusammenhang mit den immateriellen Werten von Produktlinie B zu erhalten oder zugerechnet zu bekommen. Die Steuerverwaltungen könnten zu einem angemessenen Verrechnungspreisergebnis gelangen, indem sie Shuyonas rechtliches Eigentum an den immateriellen Werten anerkennen, aber feststellen, dass wegen der Beiträge von Unternehmen S in Form von Funktionen, Vermögenswerten und

Risiken eine angemessene Vergütung von Unternehmen S für seine Beiträge sichergestellt werden könnte, indem bestätigt wird, dass Unternehmen S keine Lizenz- oder anderweitigen Zahlungen an Shuyona für das Recht zur Nutzung erfolgreich entwickelter immaterieller Werte von Unternehmen S leisten sollte, sodass die zukünftigen Erträge aus der Verwertung dieser immateriellen Werte durch Unternehmen S nicht Shuyona, sondern Unternehmen S zugerechnet würden.

53. Wenn Shuyona die immateriellen Werte von Produktlinie B selbst verwertet, sollte Shuyona eine angemessene Vergütung an Unternehmen S für die von ihm ausgeübten Funktionen, genutzten Vermögenswerte und übernommenen Risiken im Zusammenhang mit der Entwicklung der immateriellen Werte leisten. Bei der Bestimmung des angemessenen Vergütungsniveaus für Unternehmen S wäre es aufgrund der Tatsache, dass Unternehmen S alle wichtigen Funktionen im Zusammenhang mit der Entwicklung der immateriellen Werte ausübt, wahrscheinlich unangemessen, Unternehmen S als untersuchtes Unternehmen in einer FuE-Dienstleistungsvereinbarung zu behandeln.

Beispiel 16

54. Das Unternehmen Shuyona ist die Muttergesellschaft eines multinationalen Konzerns. Shuyona wurde in Staat X gegründet und übt ausschließlich dort seine Geschäftstätigkeit aus. Der Shuyona-Konzern ist in der Herstellung und im Verkauf von Konsumgütern tätig. Um seine Marktstellung zu sichern und, sofern möglich, zu verbessern, führt der Shuyona-Konzern laufend Forschungsarbeiten zur Verbesserung bestehender Produkte und zur Entwicklung neuer Produkte durch. Der Shuyona-Konzern unterhält zwei Forschungs- und Entwicklungszentren, von denen eines von Shuyona in Staat X und das andere von Unternehmen S, einer in Staat Y tätigen Tochtergesellschaft von Shuyona, betrieben wird. Die Beziehungen zwischen dem FuE-Zentrum von Shuyona und dem FuE-Zentrum von Unternehmen S entsprechen der Beschreibung in Beispiel 14.

55. In Jahr 1 verkauft Shuyona alle Rechte an Patenten und sonstigen technologiebezogenen immateriellen Werten, einschließlich der Rechte zur Nutzung dieser immateriellen Werte in der laufenden Forschung, an eine neue in Staat Z gegründete Tochtergesellschaft, Unternehmen T. Unternehmen T richtet eine Produktionsstätte in Staat Z ein und beginnt, Mitglieder des Shuyona-Konzerns weltweit mit Produkten zu beliefern. Für die Zwecke dieses Beispiels wird unterstellt, dass die von Unternehmen T für die übertragenen Patente und ähnlichen immateriellen Werte gezahlte Vergütung auf einer Bewertung der voraussichtlichen zukünftigen Cashflows, die durch die übertragenen immateriellen Werte erwirtschaftet werden sollen, zum Zeitpunkt der Übertragung beruht.

56. Gleichzeitig mit der Übertragung der Patente und sonstigen technologiebezogenen immateriellen Werte schließt Unternehmen T eine Auftragsforschungsvereinbarung mit Shuyona sowie eine separate Auftragsforschungsvereinbarung mit Unternehmen S. In diesen Vereinbarungen verpflichtet sich Unternehmen T vertraglich dazu, das finanzielle Risiko im Zusammenhang mit potenziellen Misserfolgen bei zukünftigen FuE-Projekten zu tragen, die Kosten aller zukünftigen FuE-Aktivitäten zu übernehmen sowie Shuyona und Unternehmen S ein Dienstleistungsentgelt auf Basis der Kosten der durchgeführten FuE-Aktivitäten zuzüglich eines Aufschlags zu zahlen, der dem Gewinnaufschlag auf die Kosten entspricht, den bestimmte ermittelte unabhängige Unternehmen erhalten, die in der Erbringung von Forschungsleistungen tätig sind.

57. Unternehmen T verfügt über kein technisches Personal, das in der Lage wäre, die Forschungsaktivitäten durchzuführen oder zu überwachen. Für Shuyona gilt weiterhin, dass es das FuE-Programm in Zusammenhang mit der Weiterentwicklung der übertragenen immateriellen Werte entwickelt und konzipiert, seine eigenen FuE-Budgets aufstellt, seine eigene Ausstattung mit FuE-Personal festlegt und Entscheidungen über die Durchführung oder Beendigung bestimmter FuE-Projekte trifft. Außerdem übt Shuyona weiterhin die Überwachung und Kontrolle der FuE-Aktivitäten von Unternehmen S in der in Beispiel 14 beschriebenen Weise aus.

58. Die Verrechnungspreisanalyse beginnt mit der Ermittlung der kaufmännischen oder finanziellen Beziehungen zwischen den Beteiligten sowie der Bedingungen und wirtschaftlich relevanten Begleitumstände dieser Beziehungen, um eine sachgerechte Abgrenzung des konzerninternen Geschäftsvorfalls nach den Prinzipien von Abschnitt D.1 in Kapitel I sicherzustellen. Maßgebliche Annahmen in diesem Beispiel sind, dass Unternehmen T als Fertigungsunternehmen fungiert und keine Tätigkeiten im Zusammenhang mit dem Erwerb, der Entwicklung oder der Verwertung der immateriellen Werte ausübt und keine Risiken im Zusammenhang mit dem Erwerb oder der Weiterentwicklung der immateriellen Werte kontrolliert. Stattdessen werden alle Entwicklungstätigkeiten und Risikomanagementfunktionen im Zusammenhang mit den immateriellen Werten von Shuyona und Unternehmen S ausgeübt, wobei die Risikokontrolle bei Shuyona liegt. Eine gründliche Untersuchung des Geschäftsvorfalls zeigt, dass dieser sachgerecht als Bereitstellung von Finanzmitteln durch Unternehmen T in Höhe eines Betrags abgegrenzt werden sollte, der den Kosten der erworbenen immateriellen Werte und der laufenden Entwicklung entspricht. Eine maßgebliche Annahme in diesem Beispiel ist, dass Unternehmen T zwar vertraglich das finanzielle Risiko übernimmt und die finanzielle Kapazität besitzt, dieses Risiko zu tragen, aber nicht die Kontrolle über dieses Risiko im Einklang mit den unter Ziffer 6.63 und 6.64 beschriebenen Prinzipien ausübt. Folglich hat Unternehmen T neben der Vergütung für seine Fertigungstätigkeiten ledig-

lich Anspruch auf eine risikofreie Rendite für seine Finanzierungstätigkeit. (Weitere Hinweise dazu finden sich in Abschnitt D.1 von Kapitel I, insbesondere unter Ziffer 1.103.)

Beispiel 17

59. Unternehmen A ist ein voll integriertes Pharmaunternehmen, das in der Entdeckung, Entwicklung, Herstellung und im Vertrieb pharmazeutischer Präparate tätig ist. Unternehmen A übt seine Geschäftstätigkeit in Staat X aus. Im Rahmen seiner Forschungsaktivitäten beauftragt Unternehmen A regelmäßig unabhängige Auftragsforschungsinstitute (*contract research organisations* – CRO) mit der Durchführung verschiedener FuE-Aktivitäten, einschließlich der Konzipierung und Durchführung klinischer Versuche für Produkte, die sich bei Unternehmen A in der Entwicklung befinden. Allerdings betreiben diese Auftragsforschungsinstitute nicht die „Blue-Sky-" bzw. Grundlagenforschung, die erforderlich ist, um neue pharmazeutische Zusammensetzungen zu entdecken. Wenn Unternehmen A ein Auftragsforschungsinstitut einschaltet, um klinische Forschungsaktivitäten durchzuführen, ist das Forschungspersonal von Unternehmen A aktiv an der Konzipierung der in Auftrag gegebenen Forschungsarbeiten beteiligt, übermittelt dem Auftragsforschungsinstitut Ergebnisse und Informationen aus früheren Forschungsarbeiten, erstellt Budget- und Zeitrahmen für die Projekte des Auftragsforschungsinstituts und führt eine laufende Qualitätskontrolle der Aktivitäten des Auftragsforschungsinstituts durch. Im Rahmen solcher Vereinbarungen erhalten Auftragsforschungsinstitute eine ausgehandelte Dienstleistungsvergütung, aber keine laufende Beteiligung an den Gewinnen aus dem Verkauf der dank ihrer Forschungsarbeiten entwickelten Produkte.

60. Unternehmen A überträgt Patente und immaterielle Werte im Zusammenhang mit Produkt M – eines sich im Anfangsstadium der Entwicklung befindenden pharmazeutischen Präparats, von dem angenommen wird, dass es das Potenzial besitzt, zur Behandlung von Alzheimer eingesetzt werden zu können – an Unternehmen S, eine Tochtergesellschaft von Unternehmen A, die in Staat Y tätig ist (der Geschäftsvorfall bezieht sich ausschließlich auf die existierenden immateriellen Werte und umfasst keine Vergütung für zukünftige FuE-Leistungen von Unternehmen A). Für die Zwecke dieses Beispiels wird unterstellt, dass der von Unternehmen S für die Übertragung der immateriellen Werte im Zusammenhang mit Produkt M gezahlte Preis auf einer Bewertung der erwarteten zukünftigen Cashflows beruht. Unternehmen S verfügt über kein technisches Personal, das in der Lage wäre, die erforderlichen laufenden Forschungsaktivitäten im Zusammenhang mit Produkt M zu konzipieren, durchzuführen oder zu überwachen. Aus diesem Grund beauftragt es Unternehmen A, das Forschungsprogramm für Produkt M in gleicher Weise wie vor der Übertragung der immateriellen Werte an Unternehmen S

fortzuführen. Unternehmen S erklärt sich einverstanden, die gesamten laufenden Forschungsarbeiten für Produkt M zu finanzieren, das mit einem potenziellen Scheitern dieser Forschungsvorhaben einhergehende finanzielle Risiko zu tragen und Unternehmen A eine Vergütung für die von ihm erbrachten Dienstleistungen zu zahlen, die sich nach der Kostenaufschlagsmethode unter Zugrundelegung der Gewinnaufschläge bemisst, die vergleichbare Auftragsforschungsinstitute erhalten, die regelmäßig mit Unternehmen A zusammenarbeiten.

61. In einer Verrechnungspreisanalyse dieses Sachverhalts wird zunächst anerkannt, dass Unternehmen S nach der Übertragung den maßgeblichen Vereinbarungen und Patentanmeldungen zufolge der rechtliche Eigentümer der immateriellen Werte für Produkt M ist. Dennoch übernimmt Unternehmen A weiterhin die Ausübung und Kontrolle der Funktionen sowie das Risikomanagement im Zusammenhang mit den immateriellen Werten, die sich im Besitz von Unternehmen S befinden, einschließlich der in Ziffer 6.56 beschriebenen wichtigen Funktionen, und hat Anspruch auf eine Vergütung für diese Beiträge. Unter diesen Umständen sind die Geschäftsvorfälle zwischen Unternehmen A und den Auftragsforschungsinstituten nicht mit den Vereinbarungen zwischen Unternehmen S und Unternehmen A bezüglich Produkt M vergleichbar und können nicht als Vergleichsmaßstab für die fremdübliche Vergütung herangezogen werden, die Unternehmen A für die laufenden FuE-Aktivitäten im Zusammenhang mit den immateriellen Werten für Produkt M zusteht. Unternehmen S ist im Rahmen seiner Geschäftsvorfälle mit Unternehmen A weder für die Ausübung und Kontrolle der gleichen Funktionen zuständig noch kontrolliert es die gleichen Risiken wie Unternehmen A in seinen Geschäftsvorfällen mit den Auftragsforschungsinstituten.

62. Obwohl Unternehmen S der rechtliche Eigentümer der immateriellen Werte ist, sollte es nicht Anspruch auf die Gesamtheit der Erträge aus der Verwertung der immateriellen Werte haben. Da Unternehmen S nicht in der Lage ist, die mit den Forschungsarbeiten einhergehenden Risiken zu kontrollieren, sollte Unternehmen A so behandelt werden, als trage es einen erheblichen Teil der relevanten Risiken, und es sollte für die Ausübung dieser Funktionen, einschließlich der unter Ziffer 6.56 beschriebenen wichtigen Funktionen, eine Vergütung erhalten. Unter diesen Umständen sollte Unternehmen A Anspruch auf höhere Erträge haben als die Auftragsforschungsinstitute.

63. Eine gründliche Untersuchung des Geschäftsvorfalls in diesem Beispiel kann ergeben, dass dieser sachgerecht als Bereitstellung von Finanzmitteln durch Unternehmen S in Höhe eines Betrags abgegrenzt werden sollte, der den Kosten der erworbenen immateriellen Werte und der laufenden Entwicklung entspricht. Infolgedessen hat Unternehmen S nur Anspruch auf einen Finanzierungsertrag. Die Höhe des Finanzierungsertrags hängt nach

Abschnitt D.1 von Kapitel I und den unter den Ziffern 6.63 und 6.64 skizzierten Grundsätzen von der Ausübung der Kontrolle über das Finanzierungsrisiko ab. Unternehmen A hätte Anspruch auf die verbleibenden Überschüsse oder Verluste.

Beispiel 18

64. Primarni wurde in Staat A gegründet und übt dort seine Geschäftstätigkeit aus. Unternehmen S ist ein verbundenes Unternehmen von Primarni. Unternehmen S wurde in Staat B gegründet und übt dort seine Geschäftstätigkeit aus. Primarni entwickelt eine patentierte Erfindung und Fertigungs-Know-how im Zusammenhang mit Produkt X. Es erwirbt in allen für dieses Beispiel relevanten Staaten gültige Patente. Primarni und Unternehmen S treffen eine schriftliche Lizenzvereinbarung, nach der Primarni Unternehmen S das Recht einräumt, die Patente und das Know-how für Produkt X zu nutzen, um Produkt X in Staat B herzustellen und zu verkaufen, während sich Primarni die Rechte an den Patenten und am Know-how für Produkt X in ganz Asien, Afrika und in Staat A vorbehält.

65. Es sei angenommen, dass Unternehmen S die Patente und das Know-how nutzt, um Produkt X in Staat B herzustellen. Es verkauft Produkt X an unabhängige wie auch verbundene Kunden in Staat B. Zudem verkauft es Produkt X an verbundene Vertriebsgesellschaften in Asien und Afrika. Die Vertriebsgesellschaften verkaufen Einheiten von Produkt X an Kunden in ganz Asien und Afrika weiter. Primarni nutzt die Patentrechte, die es sich für Asien und Afrika vorbehalten hat, nicht, um Unternehmen S am Verkauf von Produkt X an die in Asien und Afrika tätigen Vertriebsgesellschaften zu hindern.

66. Unter diesen Umständen legt das Verhalten der Beteiligten den Schluss nahe, dass es sich bei dem Geschäftsvorfall zwischen Primarni und Unternehmen S in Wirklichkeit um eine Lizenzvergabe für die Patente und das Know-how für Produkt X in Staat B sowie in Asien und Afrika handelt. In einer Verrechnungspreisanalyse der Geschäftsvorfälle zwischen Unternehmen S und Primarni sollte die Lizenz von Unternehmen S ausgehend vom Verhalten der Beteiligten so behandelt werden, als sei sie nicht auf Staat B beschränkt, sondern erstrecke sich auch auf Asien und Afrika. Die Lizenzgebühr sollte neu berechnet werden, um dem erwarteten Gesamtumsatz von Unternehmen S auf allen seinen Absatzmärkten Rechnung zu tragen, einschließlich der Verkäufe an die Vertriebsgesellschaften in Asien und Afrika.

Beispiel 19

67. Das in Staat A ansässige Unternehmen P übt eine Einzelhandelstätigkeit aus und betreibt mehrere Kaufhäuser in Staat A. Im Lauf der Zeit hat Unternehmen P für den Betrieb seiner Kaufhäuser spezifisches Know-how und ein einzigartiges Marketingkonzept entwickelt. Es wird unterstellt, dass das Know-how und das einzigartige Marketingkonzept immaterielle Werte im Sinne von Abschnitt A von Kapitel VI darstellen. Nach Jahren erfolgreicher Geschäftstätigkeit in Staat A errichtet Unternehmen P eine neue Tochtergesellschaft, Unternehmen S, in Staat B. Unternehmen S eröffnet und betreibt in Staat B neue Kaufhäuser und erzielt damit deutlich höhere Gewinnspannen als ansonsten vergleichbare Einzelhandelsunternehmen in Staat B.

68. Eine detaillierte Funktionsanalyse zeigt, dass Unternehmen S in seiner Geschäftstätigkeit in Staat B das gleiche Know-how und einzigartige Marketingkonzept nutzt wie Unternehmen P in seiner Geschäftstätigkeit in Staat A. Unter diesen Umständen geht aus dem Verhalten der Beteiligten hervor, dass ein Geschäftsvorfall stattgefunden hat, der in der Übertragung des Rechts zur Nutzung des Know-how und des einzigartigen Marketingkonzepts von Unternehmen P auf Unternehmen S bestand. Unter vergleichbaren Umständen hätten unabhängige Unternehmen eine Lizenzvereinbarung getroffen, die Unternehmen S das Recht gewährt hätte, das von Unternehmen P entwickelte Know-how und einzigartige Marketingkonzept in Staat B zu nutzen. Folglich würde eine mögliche Abhilfemaßnahme für die Steuerverwaltung in einer Verrechnungspreiskorrektur bestehen, die die Entrichtung einer Lizenzgebühr von Unternehmen S an Unternehmen P für die Nutzung dieser immateriellen Werte vorsieht.

Beispiel 20

69. Ilcha wurde in Staat A gegründet. Seit vielen Jahren fabriziert und vertreibt der Ilcha-Konzern Produkt Q in den Staaten B und C über eine in Staat B gegründete 100%ige Tochtergesellschaft, das Unternehmen S1. Ilcha besitzt Patente im Zusammenhang mit dem Design von Produkt Q und hat eine einzigartige Marke sowie andere immaterielle Marketingwerte entwickelt. Die Patente und Marken wurden von Ilcha in den Staaten B und C angemeldet.

70. Aus vernünftigen geschäftlichen Gründen kommt Ilcha zu dem Schluss, dass sich die Geschäftsaktivitäten des Konzerns in den Staaten B und C verbessern ließen, wenn sie in den beiden Staaten von getrennten Tochtergesellschaften betrieben würden. Ilcha gründet daher in Staat C eine 100%ige Tochtergesellschaft, das Unternehmen S2. In Bezug auf die Geschäftstätigkeit in Staat C ist dabei festzustellen:

- Unternehmen S1 überträgt Unternehmen S2 die materiellen Vermögenswerte für Fertigung und Marketing, die bis dahin von Unternehmen S1 in Staat C genutzt wurden.
- Ilcha und Unternehmen S1 kommen überein, die Vereinbarung zu kündigen, die Unternehmen S1 im Zusammenhang mit Produkt Q folgende Rechte verlieh: das Recht, Produkt Q in Staat C herzustellen und zu vertreiben, das Recht, die Patente und Marken in seinen Herstellungs- und Vertriebsaktivitäten in Staat C zu nutzen, und das Recht, Kundenbeziehungen, Kundenlisten, Goodwill und andere Aktiva in Staat C zu nutzen (im Folgenden „die Rechte").
- Ilcha schließt mit Unternehmen S2 neue langfristige Lizenzvereinbarungen ab, um ihm die Rechte in Staat C zu gewähren.

Die neu gegründete Tochtergesellschaft betreibt daraufhin die Geschäfte mit Produkt Q in Staat C, während Unternehmen S1 seine Geschäftstätigkeit mit Produkt Q in Staat B weiterführt.

71. Es sei angenommen, dass Unternehmen S1 im Lauf seiner Tätigkeit in Staat C einen beachtlichen Geschäftswert entwickelt hat und dass ein unabhängiges Unternehmen bereit wäre, für diesen Geschäftswert bei einer Übernahme zu zahlen. Ferner sei angenommen, dass bei einer Kaufpreisallokation im Hinblick auf einen Verkauf der Geschäftstätigkeit von Unternehmen S1 in Staat C an ein unabhängiges Unternehmen für Rechnungslegungs- und Unternehmensbewertungszwecke ein Teil dieses Geschäftswerts als Goodwill behandelt würde.

72. Unter den Gegebenheiten und Umständen dieses Falls wird Wert an Unternehmen S2 übertragen, und zwar durch die Kombination von a) der Übertragung eines Teils der materiellen Wirtschaftsgüter von Unternehmen S1 an Unternehmen S2 in Staat C und b) der Aufgabe der Rechte durch Unternehmen S1 und ihrer anschließenden Übertragung von Ilcha an Unternehmen S2. Drei Geschäftsvorfälle sind zu unterscheiden:

- die Übertragung eines Teils der materiellen Wirtschaftsgüter an Unternehmen S2 in Staat C
- die Rückgabe der im Rahmen der Lizenzvereinbarung erworbenen Rechte von Unternehmen S1 an Ilcha
- die anschließende Lizenzerteilung durch Ilcha an Unternehmen S2

Für Verrechnungspreiszwecke sollten die von Ilcha und Unternehmen S2 im Rahmen dieser Geschäftsvorfälle gezahlten Preise den Wert der Geschäftstätigkeit widerspiegeln und dementsprechend Beträge umfassen, die für Rechnungslegungszwecke möglicherweise als der Wert des Goodwill behandelt werden.

Beispiel 21

73. Första ist ein in Staat A gegründetes und tätiges Konsumgüterunternehmen. Vor Jahr 1 stellte Första Produkt Y in Staat A her und vertrieb es über verbundene Vertriebstochtergesellschaften in vielen Ländern der Welt. Produkt Y ist am Markt anerkannt und wird im Vergleich zu Konkurrenzprodukten mit einem Aufpreis verkauft, auf den Första als rechtlicher Eigentümer und Entwickler der Marke und des damit verbundenen Goodwill, der diesen Aufpreis begründet, Anspruch hat.

74. In Jahr 1 gründet Första in Staat B Unternehmen S, eine 100%ige Tochtergesellschaft. Unternehmen S agiert als Hauptvertriebsunternehmen und Abrechnungszentrum. Första liefert Produkt Y weiter direkt an seine Vertriebstöchter, das Eigentum an den Produkten geht aber auf Unternehmen S über, das den Vertriebstöchtern die Produkte erneut in Rechnung stellt.

75. Zu Beginn von Jahr 2 verpflichtet sich Unternehmen S, den Vertriebstöchtern einen Teil ihrer Werbekosten zu erstatten. Die Preise, die Unternehmen S den Vertriebstöchtern für Produkt Y in Rechnung stellt, werden nach oben korrigiert, sodass die von den Vertriebstöchtern erzielten operativen Gewinnspannen trotz der Verlagerung der Werbekosten auf Unternehmen S konstant bleiben. Es sei angenommen, dass die von den Vertriebstöchtern erwirtschafteten operativen Gewinnspannen in Anbetracht der gleichzeitig erfolgenden Produktpreiserhöhungen und Werbekostenerstattungen sowohl vor als auch nach Jahr 2 fremdvergleichskonform sind. Unternehmen S übernimmt weder Werbefunktionen noch kontrolliert es Risiken im Zusammenhang mit dem Marketing der Produkte.

76. In Jahr 3 senkt Första die Unternehmen S in Rechnung gestellten Preise. Första und Unternehmen S machen geltend, dass ein derartiger Preisnachlass gerechtfertigt ist, da Unternehmen S nun Anspruch auf Einkünfte aus immateriellen Werten hat. Unternehmen S behauptet, dass diese Einkünfte immateriellen Werten im Zusammenhang mit Produkt Y zuzuschreiben sind, die durch die von ihm getragenen Werbekosten entstanden sind.

77. Der Sache nach hat Unternehmen S keinen Anspruch auf Einkünfte aus der Verwertung immaterieller Werte im Zusammenhang mit Produkt Y. Es übt keine Funktionen aus, übernimmt keine Risiken und trägt der Sache nach keine Kosten im Zusammenhang mit der Entwicklung, der Verbesserung, der Erhaltung oder dem Schutz von immateriellen Werten. Verrechnungspreiskorrekturen zur Erhöhung der Einkünfte von Första in Jahr 3 und in der Folgezeit wären also gerechtfertigt.

Beispiel 22

78. Unternehmen A besitzt eine staatliche Lizenz für die Ausübung einer Bergbautätigkeit und eine staatliche Lizenz für den Betrieb einer Eisenbahnstrecke. Die Bergbaulizenz allein hat einen Marktwert von 20. Die Eisenbahnlizenz allein hat einen Marktwert von 10. Unternehmen A verfügt über kein weiteres Reinvermögen.

79. Birincil, ein von Unternehmen A unabhängiges Unternehmen, erwirbt 100 % der Anteile am Kapital von Unternehmen A zu einem Preis von 100. Bei der von Birincil für Rechnungslegungszwecke durchgeführten Kaufpreisallokation wird dem Erwerb der Bergbaulizenz ein Wert von 20, dem Erwerb der Eisenbahnlizenz ein Wert von 10 und dem durch die Synergien zwischen den beiden Lizenzen entstehenden Goodwill ein Wert von 70 zugeordnet.

80. Unmittelbar nach dem Erwerb veranlasst Birincil Unternehmen A dazu, seine Bergbau- und Eisenbahnlizenz Unternehmen S zu übertragen, einer Tochtergesellschaft von Birincil.

81. Bei der Durchführung einer Verrechnungspreisanalyse zur Bestimmung des von Unternehmen S für den Geschäftsvorfall mit Unternehmen A zu zahlenden fremdvergleichskonformen Preises ist es wichtig, die übertragenen immateriellen Werte konkret zu ermitteln. Wie beim Erwerb von Unternehmen A durch Birincil zum fremdüblichen Preis müsste der mit der Lizenzübertragung an Unternehmen S assoziierte Goodwill berücksichtigt werden, da generell davon auszugehen ist, dass eine interne Umstrukturierung der Geschäftstätigkeit weder zu einem Wertverlust noch zu einer Wertzerstörung führt.

82. So sollte der fremdübliche Preis für den Geschäftsvorfall zwischen Unternehmen A und Unternehmen S die Bergbaulizenz, die Eisenbahnlizenz und den für Rechnungslegungszwecke ermittelten Goodwill einbeziehen. Der Preis von 100, den Birincil für den Erwerb der Anteile an Unternehmen A gezahlt hat, entspricht einem fremdüblichen Preis für diese Anteile und liefert hilfreiche Informationen hinsichtlich des Gesamtwerts der immateriellen Werte.

Beispiel 23

83. Birincil erwirbt 100 % der Anteile am Kapital von T, einem unabhängigen Unternehmen, zu einem Preis von 100. Unternehmen T ist in Forschung und Entwicklung tätig und hat mehrere vielversprechende Technologien teilentwickelt, weist aber nur einen minimalen Umsatz auf. Der Anschaffungspreis rechtfertigt sich in erster Linie durch den Wert der

vielversprechenden, aber nur teilentwickelten Technologien und das Potenzial der Mitarbeiter von Unternehmen T, in Zukunft weitere neue Technologien zu entwickeln. Bei der von Birincil für Rechnungslegungszwecke durchgeführten Kaufpreisallokation in Bezug auf die Übernahme wurde den materiellen Wirtschaftsgütern und den ermittelten immateriellen Werten, einschließlich Patenten, ein Wert von 20 und dem Goodwill ein Wert von 80 zugeordnet.

84. Unmittelbar nach dem Erwerb von Unternehmen T veranlasst Birincil Unternehmen T dazu, alle seine Rechte an vollständig und teilweise entwickelten Technologien, einschließlich Patenten, Handelsgeheimnissen und technischem Know-how Unternehmen S zu übertragen, einer Tochtergesellschaft von Birincil. Unternehmen S schließt gleichzeitig eine Auftragsforschungsvereinbarung mit Unternehmen T, nach der sich das Personal von Unternehmen T weiterhin ausschließlich mit der Weiterentwicklung der übertragenen und der Entwicklung neuer Technologien im Auftrag von Unternehmen S befassen soll. Die Vereinbarung sieht vor, dass Unternehmen T für die Erbringung seiner Forschungsleistungen durch Zahlungen in Höhe der Kosten zuzüglich eines Gewinnaufschlags entschädigt wird, und dass alle Rechte an den immateriellen Werten, die im Rahmen der Auftragsforschungsvereinbarung entwickelt oder verbessert werden, an Unternehmen S gehen. Im Gegenzug finanziert Unternehmen S alle zukünftigen Forschungsarbeiten und übernimmt das finanzielle Risiko, dass ein Teil oder die Gesamtheit der zukünftigen Forschungsarbeiten nicht in der Entwicklung markttauglicher Produkte mündet. Unternehmen S verfügt über zahlreiche Forschungsmitarbeiter, darunter Managementkräfte, die für Technologien der Art zuständig sind, wie sie bei Unternehmen T erworben wurden. Im Anschluss an die fraglichen Geschäftsvorfälle übernimmt das Forschungs- und Managementpersonal von Unternehmen T die volle Verantwortung für die Leitung und Kontrolle der Arbeit des Forschungspersonals von Unternehmen T. Unternehmen S genehmigt neue Projekte, erstellt und plant die Budgets und kontrolliert ansonsten die laufenden Forschungsarbeiten, die bei Unternehmen T durchgeführt werden. Das gesamte Forschungspersonal von Unternehmen T bleibt bei Unternehmen T angestellt und wird ausschließlich für die Erbringung von Dienstleistungen im Rahmen der Auftragsforschungsvereinbarung mit Unternehmen S eingesetzt.

85. Bei der Durchführung einer Verrechnungspreisanalyse zur Bestimmung des von Unternehmen S für die von Unternehmen T übertragenen immateriellen Werte zu zahlenden Fremdvergleichspreises sowie des für die laufenden FuE-Leistungen von Unternehmen T zu entrichtenden Preises ist es wichtig, die spezifischen immateriellen Werte zu ermitteln, die an Unternehmen S übertragen werden und die Unternehmen T behält. Die Definitionen und Bewertungen der immateriellen Werte in der Kaufpreisallokation sind für Verrechnungspreiszwecke nicht maßgebend. Der Preis von 100, den Birincil für den Erwerb der Anteile an Unternehmen A gezahlt hat, entspricht einem

fremdüblichen Preis für die Anteile an diesem Unternehmen und liefert hilfreiche Informationen hinsichtlich des Werts der Geschäftstätigkeit von Unternehmen T. Der Gesamtwert dieser Geschäftstätigkeit sollte sich im Wert der an Unternehmen S übertragenen materiellen und immateriellen Vermögenswerte oder im Wert der von Unternehmen T zurückbehaltenen materiellen und immateriellen Vermögenswerte und Mitarbeiter widerspiegeln. Je nach Sachlage kann ein erheblicher Teil des in der Kaufpreisallokation als Goodwill von Unternehmen T beschriebenen Werts zusammen mit den anderen immateriellen Werten von Unternehmen T an Unternehmen S übertragen worden sein. Je nach Sachlage kann ein Teil des in der Kaufpreisallokation als Goodwill beschriebenen Werts auch bei Unternehmen T verblieben sein. Nach fremdvergleichskonformen Verrechnungspreisprinzipien sollte Unternehmen T Anspruch auf eine Vergütung für diesen Wert haben, entweder als Teil des von Unternehmen S für die Übertragung der Rechte an technologiebezogenen immateriellen Werten gezahlten Preises oder durch die Vergütung, die Unternehmen T in den Jahren nach dem Geschäftsvorfall für die FuE-Dienste seiner Mitarbeiter erhält. Generell sollte davon ausgegangen werden, dass eine interne Umstrukturierung der Geschäftstätigkeit weder zu einem Wertverlust noch zu einer Wertzerstörung führt. Wenn die Übertragung der immateriellen Werte an Unternehmen S eine gewisse Zeit nach der Übernahme stattgefunden hätte, wäre eine gesonderte Untersuchung notwendig gewesen, um zu überprüfen, ob die übertragenen immateriellen Werte seit der Übertragung einen Wertzuwachs oder einen Wertverlust erfahren haben.

Beispiel 24

86. Zhu ist ein Beratungsunternehmen im Bereich Softwareentwicklung. In der Vergangenheit hat Zhu für einen seiner Kunden, die Bank A, Software für die Verwaltung von Transaktionen an Geldautomaten entwickelt. Dabei hat Zhu einen urheberrechtlich geschützten proprietären Softwarecode geschaffen und sich die Rechte daran gesichert; dieser Softwarecode ist potenziell auch für den Einsatz durch andere Bankkunden geeignet, die sich in einer ähnlichen Situation befinden, allerdings mit gewissen Änderungen und Anpassungen.

87. Es sei angenommen, dass Unternehmen S, ein verbundenes Unternehmen von Zhu, mit einer anderen Bank, Bank B, eine separate Vereinbarung zur Entwicklung einer Software für Transaktionen an Bankautomaten trifft. Zhu erklärt sich bereit, sein verbundenes Unternehmen zu unterstützen, indem es diesem für seine Arbeiten für Bank B Mitarbeiter zur Verfügung stellt, die schon an den Arbeiten für Bank A mitgewirkt haben. Diese Mitarbeiter haben Zugang zu im Rahmen des Auftrags für Bank A entwickelten Softwaredesigns und Know-how, einschließlich des proprietären Softwarecodes. Dieser Code ebenso wie die Leistungen der Mitarbeiter von Zhu werden von Unternehmen S

genutzt, um seinen Auftrag gegenüber Bank B zu erfüllen. Letztendlich liefert Unternehmen S Bank B ein Softwaresystem zur Verwaltung von Transaktionen an Geldautomaten, einschließlich der für die Nutzung der im Rahmen des Projekts entwickelten Software notwendigen Lizenz. Teile des von Zhu im Rahmen seines Auftrags für Bank A entwickelten proprietären Codes sind in die von Unternehmen S an Bank B gelieferte Software eingeflossen. Allein die Tatsache, dass Teile des im Rahmen des Auftrags für Bank A entwickelten Codes in der Software für Bank B integriert sind, würde im Fall einer nicht autorisierten Nachahmung durch fremde Dritte ausreichen, um eine Klage wegen Copyright-Verletzung zu rechtfertigen.

88. Im Rahmen einer Verrechnungspreisanalyse dieser Geschäftsvorfälle sollte der Tatsache Rechnung getragen werden, dass Unternehmen S von Zhu zwei vorteilhafte Elemente bezogen hat, die vergütet werden müssen. Erstens hat Unternehmen S Dienstleistungen von Mitarbeitern von Zhu erhalten, die ihm für die Erfüllung seines Auftrags für Bank B zur Verfügung gestellt wurden. Zweitens hat Unternehmen S Rechte an der proprietären Software von Zhu erhalten, die als Grundlage für die Entwicklung des Softwaresystems für Bank B diente. Die von Unternehmen S an Zhu zu zahlende Vergütung müsste eine Vergütung für die erhaltenen Dienstleistungen wie auch für die erhaltenen Rechte an der Software umfassen.

Beispiel 25

89. Prathamika ist die Muttergesellschaft eines multinationalen Konzerns. Prathamika hat bereits mehrere große Rechtsstreitigkeiten ausgetragen, und die interne Rechtsabteilung des Unternehmens verfügt über eine solide Erfahrung in der Abwicklung großer Rechtsstreitigkeiten für Prathamika. Im Rahmen dieser Tätigkeit hat Prathamika proprietäre Dokumentenverwaltungssoftware entwickelt, die in der Branche einzigartig ist.

90. Unternehmen S ist ein verbundenes Unternehmen von Prathamika. Unternehmen S ist in einen komplexen Rechtsstreit verwickelt, der den Streitigkeiten ähnelt, mit denen die Rechtsabteilung von Prathamika große Erfahrung hat. Prathamika erklärt sich bereit, Unternehmen S zwei Mitarbeiter aus seiner Rechtsabteilung für die Abwicklung dieses Rechtsstreits zur Verfügung zu stellen. Diese Mitarbeiter von Prathamika sind für die Verwaltung von Unterlagen im Zusammenhang mit dem Rechtsstreit verantwortlich. Sie verwenden hierfür die Dokumentenverwaltungssoftware von Prathamika. Sie gestatten es Unternehmen S aber nicht, diese Software in anderen Rechtsstreitigkeiten zu nutzen oder sie den Kunden von Unternehmen S zugänglich zu machen.

91. In diesem Fall wäre es nicht angemessen, Prathamika so zu behandeln, als habe es Unternehmen S im Rahmen der Dienstleistungsvereinbarung Rechte an immateriellen Werten übertragen. Allerdings sollte die Tatsache, dass die

Mitarbeiter von Prathamika einschlägige Erfahrung in diesem Bereich besaßen und über Software verfügten, die es ihnen ermöglichte, ihre Leistungen wirksamer und effizienter zu erbringen, in einer Vergleichbarkeitsanalyse im Hinblick auf die Höhe einer für die Leistungen der Mitarbeiter von Prathamika zu berechnenden Dienstleistungsvergütung berücksichtigt werden.

Beispiel 26

92. Osnovni ist die Muttergesellschaft eines multinationalen Konzerns, der in der Entwicklung und im Verkauf von Softwareprodukten tätig ist. Osnovni erwirbt 100 % der Anteile am Kapital von Unternehmen S, einem börsennotierten Unternehmen, das im gleichen Land gegründet wurde wie Osnovni, zu einem Preis von 160. Zum Zeitpunkt der Übernahme hatten die Aktien von Unternehmen S einen Gesamthandelswert von 100. Andere Kaufinteressenten für die Geschäftstätigkeit von Unternehmen S boten für das Unternehmen Beträge zwischen 120 und 130.

93. Zum Zeitpunkt der Übernahme belief sich das Anlagevermögen von Unternehmen S nur auf einen unerheblichen Betrag. Der Wert des Unternehmens beruhte in erster Linie auf entwickelten und teilentwickelten immateriellen Werten im Zusammenhang mit Softwareprodukten sowie den Kompetenzen seiner Mitarbeiter. Bei der für Rechnungslegungszwecke durchgeführten Kaufpreisallokation ordnete Osnovni den materiellen Vermögenswerten einen Wert von 10, den immateriellen Werten einen Wert von 60 und dem Goodwill einen Wert von 90 zu. Osnovni rechtfertigte den Kaufpreis von 160 in Präsentationen vor dem Verwaltungsrat mit dem komplementären Charakter der existierenden Produkte der Osnovni-Gruppe und der Produkte sowie potenziellen Produkte von Unternehmen S.

94. Unternehmen T ist eine 100%ige Tochtergesellschaft von Osnovni. Osnovni hat Unternehmen T in der Vergangenheit im Rahmen von Lizenzvereinbarungen Exklusivrechte für alle seine immateriellen Werte im Zusammenhang mit den europäischen und asiatischen Märkten erteilt. Für die Zwecke dieses Beispiels wird unterstellt, dass alle vor der Übernahme von Unternehmen S geschlossenen Lizenzvereinbarungen mit Unternehmen T bezüglich der europäischen und asiatischen Märkte fremdvergleichskonform waren.

95. Unmittelbar nach der Übernahme von Unternehmen S löst Osnovni Unternehmen S auf und erteilt Unternehmen T danach eine unbefristete Exklusivlizenz für die immateriellen Rechte im Zusammenhang mit den Produkten von Unternehmen S auf den europäischen und asiatischen Märkten.

96. Bei der Bestimmung des fremdüblichen Preises für die immateriellen Werte von Unternehmen S, die im Rahmen der oben genannten

Lizenzvereinbarung an Unternehmen T übertragen wurden, sollte dem im Übernahmepreis enthaltenen Aufschlag auf den ursprünglichen Handelswert der Anteile am Kapital von Unternehmen S Rechnung getragen werden. Soweit dieser Aufpreis für den komplementären Charakter der Produkte des Osnovni-Konzerns und der Produkte von Unternehmen S auf den europäischen und asiatischen Märkten, für die Unternehmen T die Lizenzen erworben hat, gezahlt wurde, sollte Unternehmen T für die übertragenen immateriellen Werte und Rechte an immateriellen Werten von Unternehmen S einen Betrag zahlen, der einen angemessenen Anteil am Aufschlag auf den Kaufpreis widerspiegelt. Soweit dieser Aufschlag ausschließlich Produktkomplementaritäten außerhalb der Märkte von Unternehmen T zuzuschreiben ist, sollte der Aufschlag auf den Kaufpreis bei der Bestimmung des von Unternehmen T zu entrichtenden Fremdvergleichspreises für die immateriellen Werte von Unternehmen S im Zusammenhang mit dem geografischen Markt von Unternehmen T unberücksichtigt bleiben. Der Wert, der den immateriellen Werten im Rahmen der für Rechnungslegungszwecke durchgeführten Kaufpreisallokation zugeordnet wurde, ist für Verrechnungspreiszwecke nicht maßgebend.

Beispiel 27

97. Unternehmen A ist die Muttergesellschaft eines multinationalen Konzerns, der seine Geschäftstätigkeit in Staat X ausübt. Unternehmen A besitzt Patente, Marken und Know-how in Bezug auf mehrere der vom multinationalen Konzern hergestellten und verkauften Produkte. Unternehmen B ist eine 100%ige Tochtergesellschaft von Unternehmen A. Unternehmen B übt seine gesamte Geschäftstätigkeit in Staat Y aus. Es besitzt auch Patente, Marken und Know-how im Zusammenhang mit Produkt M.

98. Aus vernünftigen geschäftlichen Gründen im Zusammenhang mit der Koordinierung der Aktivitäten des Konzerns auf dem Gebiet des Patentschutzes und der Bekämpfung der Markenfälschung beschließt der multinationale Konzern, sein Patenteigentum in Unternehmen A zu zentralisieren. Folglich verkauft Unternehmen B die Patente für Produkt M an Unternehmen A zu einem Pauschalpreis. Nach dem Verkauf trägt Unternehmen A die Verantwortung für die Ausübung aller laufenden Funktionen und übernimmt alle Risiken im Zusammenhang mit den Patenten für Produkt M. Auf der Basis einer detaillierten Vergleichbarkeits- und Funktionsanalyse kommt der multinationale Konzern zu der Schlussfolgerung, dass er nicht in der Lage ist, vergleichbare Fremdgeschäftsvorfälle zu ermitteln, die zur Bestimmung des Fremdvergleichspreises herangezogen werden könnten. Unternehmen A und Unternehmen B ziehen vernünftigerweise den Schluss, dass die Anwendung von Bewertungsmethoden die am besten geeignete Verrechnungspreismethode darstellt, um zu bestimmen, ob der vereinbarte Preis fremdvergleichskonform ist.

99. Die für die Bewertung zuständigen Mitarbeiter wenden eine Bewertungsmethode an, bei der die Wirtschaftsgüter und Patente direkt evaluiert werden, womit für die Patente für Produkt M ein Nettobarwert nach Steuern von 80 ermittelt wird. Die Analyse basiert auf Lizenzgebühren, Abzinsungssätzen und der in der Branche, aus der Produkt M stammt, üblichen Nutzungsdauer. Jedoch bestehen wesentliche Unterschiede zwischen Produkt M sowie den relevanten Patentrechten im Zusammenhang mit Produkt M und den in der Branche üblichen Produkten und Rechten. Daher würden die in der Analyse verwendeten Lizenzvereinbarungen den für eine Analyse nach der Preisvergleichsmethode definierten Vergleichbarkeitskriterien nicht genügen. Bei der Bewertung wird versucht, Anpassungen zur Berücksichtigung dieser Unterschiede vorzunehmen.

100. Unternehmen A führt im Rahmen seiner Bewertung auch eine Analyse der Gesamtheit der Geschäftstätigkeit im Zusammenhang mit Produkt M auf der Basis abgezinster Cashflows durch. Dieser Analyse zufolge, die sich auf von Unternehmen A bei der Evaluierung potenzieller Übernahmen üblicherweise zugrunde gelegte Bewertungsparameter stützt, beläuft sich der Nettobarwert der gesamten Geschäftstätigkeit im Zusammenhang mit Produkt M auf 100. Die Differenz von 20 zwischen dem für die Gesamtheit der Geschäftstätigkeit im Zusammenhang mit Produkt M ermittelten Wert von 100 und dem für die Patente allein ermittelten Wert von 80 scheint keine geeignete Größe zu sein, um den Nettobarwert des Ertrags aus den von Unternehmen B ausgeübten Routinefunktionen widerzuspiegeln und den Wert der Marken und des Know-how, die bei Unternehmen B verblieben sind, angemessen zu erfassen. In diesem Fall sind weitergehende Analysen der Zuverlässigkeit des für die Patente ermittelten Werts von 80 erforderlich.

Beispiel 28

101. Unternehmen A ist die Muttergesellschaft eines multinationalen Konzerns, der seine Geschäftstätigkeit in Staat S ausübt. Unternehmen B ist Mitglied des multinationalen Konzerns und in Staat T tätig, Unternehmen B ist ebenfalls Mitglied des Konzerns und in Staat U tätig. Aus berechtigten geschäftlichen Gründen beschließt der multinationale Konzern, alle seine mit Geschäftstätigkeiten außerhalb von Staat S verbundenen immateriellen Werte an einem einzigen Standort zu zentralisieren. Folglich werden immaterielle Werte von Unternehmen B, einschließlich Patenten, Marken, Know-how und Kundenbeziehungen, gegen Zahlung eines Pauschalbetrags an Unternehmen C verkauft. Gleichzeitig beauftragt Unternehmen C Unternehmen B, als Auftragsfertiger für die Produkte zu agieren, die zuvor von Unternehmen B hergestellt und verkauft wurden, und zwar unter voller Übernahme der Risiken. Unternehmen C verfügt über das notwendige Personal und die erforderlichen Ressourcen, um die neu erworbenen Geschäftsbereiche zu ver-

walten, einschließlich der Weiterentwicklung der immateriellen Werte, die für die Geschäftstätigkeit von Unternehmen B erforderlich sind.

102. Der multinationale Konzern ist nicht in der Lage, vergleichbare Fremdgeschäftsvorfälle zu ermitteln, die in einer Verrechnungspreisanalyse zur Bestimmung des von Unternehmen C an Unternehmen B zu entrichtenden Fremdvergleichspreises herangezogen werden könnten. Auf der Basis einer detaillierten Vergleichbarkeits- und Funktionsanalyse kommt der multinationale Konzern zu dem Schluss, dass die am besten geeignete Verrechnungspreismethode in der Anwendung von Bewertungsmethoden zur Bestimmung des Werts der übertragenen immateriellen Werte besteht. Bei der Durchführung seiner Bewertung ist der multinationale Konzern nicht in der Lage, für sämtliche der immateriellen Werte die verschiedenen mit ihnen assoziierten Cashflows in verlässlicher Weise zu trennen.

103. In diesem Fall könnte es zur Bestimmung der fremdvergleichskonformen Vergütung, die von Unternehmen C für die von Unternehmen B verkauften immateriellen Werte zu zahlen wäre, angemessen sein, den Gesamtwert der übertragenen immateriellen Werte zu ermitteln, anstatt zu versuchen, die Vermögenswerte einzeln zu bewerten. Dies würde sich insbesondere in einer Situation anbieten, in der ein erheblicher Unterschied zwischen der Summe der besten verfügbaren Schätzungen des Werts einzeln ermittelter immaterieller Werte und anderer Vermögenswerte, wenn diese getrennt bewertet werden, und dem Gesamtwert des Unternehmens besteht.

Beispiel 29

104. Das Unternehmen Pervichnyi ist die Muttergesellschaft eines multinationalen Konzerns, der in Staat X gegründet wurde und tätig ist. Vor Jahr 1 hat Pervichnyi Patente und Marken im Zusammenhang mit Produkt F entwickelt. Es stellte Produkt F in Staat X her und lieferte das Produkt an Vertriebstochtergesellschaften in aller Welt. Für die Zwecke dieses Beispiels wird unterstellt, dass den Vertriebstöchtern durchgehend fremdvergleichskonforme Preise in Rechnung gestellt wurden.

105. Zu Beginn von Jahr 1 gründet Pervichnyi eine 100%ige Tochtergesellschaft, Unternehmen S, in Staat Y. Um Kosten zu sparen, überträgt Pervichnyi die gesamte Produktion von Produkt F an Unternehmen S. Im Zeitpunkt der Gründung von Unternehmen S verkauft Pervichnyi die Patente und Marken im Zusammenhang mit Produkt F gegen Zahlung eines Pauschalbetrags an Unternehmen S. Unter diesen Umständen versuchen Pervichnyi und Unternehmen S, einen fremdvergleichskonformen Preis für die übertragenen immateriellen Werte unter Verwendung einer Bewertungsmethode auf der Basis abgezinster Cashflows zu ermitteln.

106. Dieser Bewertungsanalyse zufolge hätte Pervichnyi (nach fremdvergleichskonformer Vergütung aller von anderen Mitgliedern des multinationalen Konzerns ausgeübten Funktionen) einen verbleibenden Cashflow nach Steuern mit einem Barwert von 600 erzielen können, wenn es Produkt F weiterhin in Staat X hergestellt hätte. Die Bewertung aus Sicht des Käufers zeigt, dass Unternehmen S einen Cashflow nach Steuern mit einem Barwert von 1 100 erwirtschaften könnte, wenn es Eigentümer der immateriellen Werte und Hersteller des Produkts in Staat Y wäre. Die Differenz zwischen dem Barwert des verbleibenden Cashflows nach Steuern von Pervichnyi und dem Barwert des verbleibenden Cashflows nach Steuern von Unternehmen S ist mehreren Faktoren zuzuschreiben.

107. Eine andere Option würde für Pervichnyi darin bestehen, das Eigentum an den immateriellen Werten zu behalten und Unternehmen S oder einen alternativen Anbieter mit der Herstellung des Produkts in Staat Y zu beauftragen. In diesem Szenario könnte Pervichnyi seinen Schätzungen zufolge einen Cashflow nach Steuern mit einem Barwert von 875 erwirtschaften.

108. Bei der Bestimmung der fremdvergleichskonformen Vergütung für die von Pervichnyi an Unternehmen S übertragenen immateriellen Werte ist es wichtig, die Sichtweise beider am Geschäftsvorfall beteiligten Unternehmen, die ihnen realistischerweise zur Verfügung stehenden Optionen und die spezifischen Gegebenheiten und Umstände des Falls zu berücksichtigen. Pervichnyi würde die immateriellen Werte sicherlich nicht zu einem Preis veräußern, bei dem er einen verbleibenden Cashflow nach Steuern mit einem Barwert von weniger als 600 erzielen würde, was dem verbleibenden Cashflow entsprechen würde, den Pervichnyi erwirtschaften könnte, wenn es die immateriellen Werte behält und seine Geschäftstätigkeit weiterhin so ausübt wie in der Vergangenheit. Es besteht auch kein Grund zur Annahme, dass Pervichnyi die immateriellen Werte zu einem Preis verkaufen würde, bei dem er nach Steuern einen verbleibenden Cashflow mit einem Barwert von weniger als 875 erzielen würde. Wenn Pervichnyi die Kosteneinsparungen realisieren könnte, indem es ein anderes Unternehmen in einem Niedrigkostenumfeld mit der Fertigung der Produkte beauftragt, würde eine ihm realistischerweise zur Verfügung stehende Option darin bestehen, eine derartige Auftragsfertigung einzurichten. Dieser realistischerweise zur Verfügung stehenden Option sollte bei der Bestimmung des Verkaufspreises für die immateriellen Werte Rechnung getragen werden.

109. Von Unternehmen S kann nicht erwartet werden, dass es einen Preis zahlt, der ihm unter Berücksichtigung aller relevanten Gegebenheiten und Umstände einen Gewinn nach Steuern bringt, der geringer ist als der Gewinn, den es ohne den Geschäftsvorfall erwirtschaften könnte. Nach der Bewertungsmethode auf der Basis abgezinster Cashflows würde der Nettobarwert des verbleibenden Cashflows nach Steuern, den das Unternehmen

durch die Nutzung der immateriellen Werte in seiner Geschäftstätigkeit generieren könnte, 1 100 betragen. Es könnte ein Preis ausgehandelt werden, der es Pervichnyi ermöglichen würde, einen Ertrag zu erzielen, der ebenso hoch oder höher ist als der Ertrag, den es mit anderen verfügbaren Optionen erzielen würde, und der dafür sorgt, dass Unternehmen S unter Berücksichtigung aller relevanten Gegebenheiten, einschließlich der voraussichtlichen Besteuerung des Geschäftsvorfalls selbst, eine positive Rendite auf seine Investitionen erhält.

110. In einer Verrechnungspreisanalyse, bei der eine Methode auf der Basis abgezinster Cashflows angewendet wird, müsste untersucht werden, wie unabhängige Unternehmen, die ihre Geschäftsvorfälle unter fremdüblichen Bedingungen abwickeln, die Kosteneinsparungen und voraussichtlichen Steuereffekte bei der Bestimmung des Preises für die immateriellen Werte berücksichtigen würden. Dieser Preis sollte aber in der Bandbreite zwischen dem Preis angesiedelt sein, bei dem Pervichnyi einen verbleibenden Cashflow nach Steuern erzielen würde, der dem aus anderen realistischerweise zur Verfügung stehenden Optionen entspräche, und dem Preis, der Unternehmen S unter Berücksichtigung der voraussichtlichen Besteuerung des Geschäftsvorfalls selbst eine positive Rendite auf seine Investition und seine Risiken bieten würde.

111. Der in diesem Beispiel dargelegte Sachverhalt und die vorstehende Analyse sind natürlich sehr stark vereinfacht im Vergleich zu der Analyse, die in einem tatsächlichen Geschäftsvorfall erforderlich wäre. Dennoch kommt in dieser Analyse die Bedeutung zum Ausdruck, die der Berücksichtigung aller relevanten Gegebenheiten und Umstände bei einer Untersuchung auf Basis abgezinster Cashflows, der Evaluierung der Sichtweise beider am Geschäftsvorfall beteiligten Unternehmen in einer solchen Untersuchung sowie der Berücksichtigung der realistischerweise zur Verfügung stehenden Optionen beider Beteiligten bei der Durchführung der Verrechnungspreisanalyse zukommt.

Anhang II zu Kapitel VI

Leitlinien für Steuerverwaltungen bezüglich der Anwendung des Ansatzes für schwer zu bewertende immaterielle Werte

1. Einleitung

1. Unter Punkt 8 des BEPS-Aktionsplans wurde der Auftrag zur Erarbeitung von Verrechnungspreisleitlinien oder speziellen Maßnahmen in Bezug auf Übertragungen schwer zu bewertender immaterieller Werte erteilt; das Ziel war dabei, Gewinnverkürzungen und Gewinnverlagerungen zu verhindern, die durch die Verschiebung immaterieller Werte zwischen Konzerngesellschaften herbeigeführt werden.

2. Das Ergebnis dieser Arbeiten findet sich in Abschnitt D.4 der Überarbeitung von Kapitel VI der Verrechnungspreislinien, die im Abschlussbericht von 2015 zu den Aktionspunkten 8–10 *Gewährleistung der Übereinstimmung zwischen Verrechnungspreisergebnissen und Wertschöpfung* enthalten ist, und wurde inzwischen formal als Teil der Verrechnungspreisleitlinien angenommen. Abschnitt D.4 befasst sich mit der Behandlung von schwer zu bewertenden immateriellen Werten (*hard-to-value intangibles* – HTVI) für Verrechnungspreiszwecke. Er enthält einen „dem Fremdvergleichsgrundsatz entsprechenden Ansatz, den die Steuerverwaltungen anwenden können, um sicherzustellen, dass sie bestimmen können, in welchen Situationen die von den Steuerpflichtigen getroffenen Preisvereinbarungen fremdvergleichskonform sind und auf einer angemessenen Abwägung der vorhersehbaren Entwicklungen oder Ereignisse basieren, die für die Bewertung bestimmter schwer zu bewertender immaterieller Werte relevant sind, und in welchen Situationen dies nicht der Fall ist" (Ziffer 6.188). Der Ansatz für schwer zu bewertende immaterielle Werte (HTVI-Ansatz) schützt die Steuerverwaltungen vor den negativen Auswirkungen von Informationsasymmetrien, indem er dafür sorgt, dass die

Steuerverwaltungen Ex-post-Ergebnisse als „Indizienbeweis" (*presumptive evidence*) zur Beurteilung der Angemessenheit der ex ante getroffenen Preisvereinbarungen heranziehen können. Der Steuerpflichtige hat bei diesem Ansatz die Möglichkeit, einen solchen Indizienbeweis zu widerlegen, indem er die Verlässlichkeit der Informationen nachweist, die für die im Zeitpunkt des konzerninternen Geschäftsvorfalls angewandte Preisbestimmungsmethode zugrunde gelegt wurden. Es gibt eine Reihe zusätzlicher Ausnahmen, die die Anwendung des Ansatzes unmöglich machen, sofern ihre Bedingungen erfüllt sind. Wenn der Ansatz jedoch anwendbar ist, so ist die Steuerverwaltung berechtigt, sich zur Beurteilung der Fremdüblichkeit der ex ante getroffenen Preisvereinbarungen auf die Ex-post-Daten zu den finanziellen Ergebnissen zu stützen, um zu ermitteln, welche Preisvereinbarungen unabhängige Unternehmen im Zeitpunkt des Geschäftsvorfalls getroffen hätten (vgl. Ziffer 6.192). Diese Ex-post-Daten sollten allerdings nicht herangezogen werden, ohne zu prüfen, ob die verbundenen Unternehmen die Informationen, auf denen die Ex-post-Ergebnisse basieren, im Zeitpunkt des Geschäftsabschlusses vernünftigerweise hätten berücksichtigen können oder sollen (vgl. Ziffer 6.188).

3. Der Bericht zu den BEPS-Aktionspunkten 8–10 sieht die Erarbeitung von Leitlinien für die Steuerverwaltungen zur Umsetzung des HTVI-Ansatzes vor. Diese Leitlinien sollen dafür sorgen, dass die Steuerverwaltungen zu einem gemeinsamen Verständnis und einer gemeinsamen Praxis in Bezug darauf gelangen, wie aus der Anwendung des HTVI-Ansatzes resultierende Berichtigungen vorzunehmen sind. Sie sollen damit zu mehr Einheitlichkeit führen und das Risiko wirtschaftlicher Doppelbesteuerung verringern.

4. Der Bericht zu den Aktionspunkten 8–10 sieht ferner die Prüfung der praktischen Anwendung der unter Ziffer 6.193 des Berichts genannten Ausnahmen einschließlich der in den aktuell geltenden Ausnahmen vorgesehenen Wesentlichkeitsgrenzen und Fristen unter Berücksichtigung weiterer Erfahrungen bis 2020 vor.

5. Sinn und Zweck der HTVI-Leitlinien in Kapitel VI Abschnitt D.4 ist es, der Informationsasymmetrie zu begegnen, die sich daraus ergibt, dass dem Steuerpflichtigen umfassende Informationen vorliegen, während die Steuerverwaltung über keine anderen Informationen verfügt als diejenigen, die ihr der Steuerpflichtige möglicherweise zur Verfügung gestellt hat. Wenn ein schwer zu bewertender immaterieller Wert übertragen wird, dürfte jedes der am Geschäftsvorfall beteiligten Unternehmen eine Bewertung im Zeitpunkt des Geschäftsvorfalls vornehmen; dabei dürften die Unternehmen Annahmen zugrunde legen, die auf ihren Fachkenntnissen, Fachkompetenzen und Erkenntnissen im Hinblick auf das Geschäftsumfeld basieren, in dem der betreffende immaterielle Wert entwickelt oder verwertet wird. Das Problem für die Steuerverwaltung ist, dass diese Bewertung äußerst schwer objektiv zu beurteilen ist, da sich eine solche Beurteilung möglicherweise voll und ganz auf

die vom Steuerpflichtigen gelieferten Informationen stützen muss. Aufgrund dieser Informationsasymmetrie ist es Steuerverwaltungen nur schwer möglich, frühzeitig festzustellen oder zu überprüfen, welche Entwicklungen oder Ereignisse für die Preisbestimmung eines Geschäftsvorfalls, bei dem immaterielle Werte oder Rechte an immateriellen Werten übertragen werden, als relevant angesehen werden können und inwieweit das Eintreten solcher Entwicklungen oder Ereignisse oder die Richtung, die sie einschlagen, im Zeitpunkt des Geschäftsabschlusses hätten vorhergesehen werden können oder vernünftigerweise vorhersehbar waren.

6. Die HTVI-Leitlinien sollen den Steuerverwaltungen ein Instrument an die Hand geben, um diesem Problem zu begegnen. Im Fall von immateriellen Werten, die unter die Definition schwer zu bewertender immaterieller Werte von Ziffer 6.189 fallen, und unter bestimmten Bedingungen sind die Steuerverwaltungen berechtigt, Ex-post-Ergebnisse als Indizienbeweis zur Beurteilung der Angemessenheit der ex ante getroffenen Preisvereinbarungen heranzuziehen. Wenn die tatsächlichen Einnahmen oder Cashflows deutlich höher oder niedriger sind als die erwarteten Einnahmen oder Cashflows, auf denen die Preisbestimmung basierte, dann ist dies (aus Sicht der Steuerverwaltung) ein Indizienbeweis dafür, dass die in der ursprünglichen Bewertung veranschlagten Einnahmen oder Cashflows höher oder niedriger hätten angesetzt werden müssen und dass die Wahrscheinlichkeitsgewichtung eines solchen Ergebnisses unter Berücksichtigung dessen geprüft werden muss, was im Zeitpunkt des Geschäftsabschlusses im Zusammenhang mit dem schwer zu bewertenden immateriellen Wert bekannt war und hätte vorhergesehen werden können. Es wäre jedoch nicht richtig, die korrigierte Bewertung auf die tatsächlichen Einnahmen oder Cashflows zu stützen, ohne auch zu berücksichtigen, wie wahrscheinlich es im Zeitpunkt des Geschäftsvorfalls war, dass diese Einnahmen oder Cashflows erzielt würden.

7. Bei der Beurteilung der ex ante getroffenen Preisvereinbarungen auf Grundlage der Ex-post-Ergebnisse müssen die Leitlinien in Kapitel I–III und vor allem in Kapitel VI und VIII berücksichtigt werden.

8. Um diese Beurteilung vorzunehmen, können die Steuerverwaltungen nicht nur die Ex-post-Ergebnisse heranziehen, die (innerhalb der Grenzen von Kapitel VI Abschnitt D.4) als Indiz für die Angemessenheit der ex ante getroffenen Preisvereinbarung betrachtet werden, sondern auch alle anderen einschlägigen Informationen im Zusammenhang mit dem HTVI-Geschäftsvorfall, die der Steuerverwaltung vorliegen und die die Konzerngesellschaften im Zeitpunkt des Geschäftsabschlusses vernünftigerweise hätten kennen und prüfen können oder sollen (vgl. Kapitel III Abschnitt B.5).

9. Zu betonen ist ferner, dass in Fällen, in denen der HTVI-Ansatz auf einen bestimmten Geschäftsvorfall nicht anwendbar ist, dennoch eine

Berichtigung gemäß anderen Teilen dieser Leitlinien, einschließlich anderer Abschnitte von Kapitel VI, angemessen sein kann.

10. Der HTVI-Ansatz sollte stets so angewandt werden, dass er dem Steuerpflichtigen Steuersicherheit verschafft und das Risiko einer durch eine Primärberichtigung entstehenden Doppelbesteuerung unter Berücksichtigung der innerstaatlichen Rechtsvorschriften (beispielsweise der geltenden Verjährungsfristen) und der Doppelbesteuerungsabkommen des betreffenden Staats verringert. Die Steuerverwaltungen sollten das Vorliegen von Geschäftsvorfällen mit schwer zu bewertenden immateriellen Werten frühestmöglich feststellen und geeignete Maßnahmen ergreifen.

11. Der HTVI-Ansatz ist so beschaffen, dass zwangsläufig Zeitfragen berücksichtigt werden müssen. In einigen Fällen entspricht der Zeitraum, der zwischen der Übertragung des schwer zu bewertenden immateriellen Werts und dem Eintritt der Ex-post-Ergebnisse verstreicht, nicht dem Prüfungsturnus oder den administrativen und gesetzlichen Fristen. Dieses Problem kann gravierender sein, wenn eine nach dem HTVI-Ansatz erforderliche Berichtigung Geschäftsvorfälle mit schwer zu bewertenden immateriellen Werten im Sinne von Ziffer 6.189 betrifft, die eine lange „Inkubationszeit" haben, bei denen also zwischen der Übertragung und dem Beginn der kommerziellen Verwertung und Erzielung von Einkünften ein langer Zeitraum liegt (vgl. Ziffer 6.190).

12. Der Effekt von Zeitfragen sollte nicht überbewertet werden, da übliche Prüfungsturnusse bereits einen zeitlichen Abstand beinhalten. Beispielsweise sei angenommen, dass eine Prüfung der Jahre 1–3 in Jahr 5 durchgeführt wird; in diesem Fall kann es der Steuerverwaltung während der Prüfung möglich sein, nicht nur die Übertragung eines schwer zu bewertenden immateriellen Werts in Jahr 1 festzustellen, sondern auch die Ex-post-Ergebnisse dieser Übertragung, die in der Prüfung bewertet werden können. Um die Angemessenheit der ex ante erfolgten Preisbestimmung einschätzen zu können, wird den Steuerverwaltungen empfohlen, Übertragungen von möglicherweise schwer zu bewertenden immateriellen Werten zu ermitteln, die Annahmen zu beurteilen, die bei der Bewertung dieser Werte vom Steuerpflichtigen zugrunde gelegt wurden, und sich Informationen über Entwicklungen zu beschaffen, die zu Ex-post-Ergebnissen führen, die diese Annahmen infrage stellen können, selbst wenn diese Ergebnisse in späteren als den geprüften Jahren eintreten.

13. Die Steuerverwaltungen sollten Prüfverfahren anwenden, die gewährleisten, dass Geschäftsvorfälle mit schwer zu bewertenden immateriellen Werten möglichst frühzeitig erkannt und entsprechende Maßnahmen ergriffen werden können. Dabei darf jedoch nicht vergessen werden, dass es für die Steuerverwaltungen in manchen Fällen schwierig sein kann, eine Risikoabschätzung im Zeitpunkt des Geschäftsvorfalls oder auch kurz danach vorzunehmen, um die Verlässlichkeit der Informationen zu beurteilen, auf die

sich die Preisbestimmung stützt, oder um die Fremdvergleichskonformität der Übertragung zu prüfen. Eine solche Analyse kann möglicherweise erst einige Jahre nach dem Geschäftsvorfall erfolgen. Nach dem HTVI-Ansatz kann die Steuerverwaltung unter besonderen Umständen Ex-post-Ergebnisse heranziehen, um die Plausibilität der Prognosen und Wahrscheinlichkeitsgewichtungen, die im Zeitpunkt des Geschäftsvorfalls bei der Bewertung zugrunde gelegt wurden, zu beurteilen.

14. Diese an die Steuerverwaltungen gerichteten Leitlinien zur Anwendung des HTVI-Ansatzes sollten nicht genutzt werden, um die regulären Prüfverfahren zu verzögern oder zu umgehen. Im Sinne einer guten Verwaltungspraxis bleibt es in der Tat wichtig, Übertragungen schwer zu bewertender immaterieller Werte möglichst frühzeitig zu erkennen und auf vorliegende Indizien rasch zu reagieren, um Schwierigkeiten aufgrund administrativer oder gesetzlicher Prüfungs- und Veranlagungsfristen zu vermeiden. Derartige Fristen, die von den Staaten souverän festgelegt werden, bleiben von diesen Leitlinien unberührt.

15. Um den Steuerpflichtigen mehr Steuersicherheit zu verschaffen und das Risiko der Doppelbesteuerung zu verringern, sollte der HTVI-Ansatz einheitlich angewandt werden. Manche Staaten kann die Anwendung des HTVI-Ansatzes allerdings vor Schwierigkeiten stellen, beispielsweise aufgrund kurzer Prüfungsturnusse oder Verjährungsfristen. Diese Leitlinien verlangen von den Staaten nicht, dass sie gesetzliche Regelungen verabschieden, um solche Schwierigkeiten zu beheben, sie hindern die Staaten aber auch nicht daran, entsprechende Verfahrens- oder Gesetzesänderungen in Erwägung zu ziehen (etwa die Einführung einer Verpflichtung, die Übertragung oder Lizenzierung eines unter die Definition schwer zu bewertender immaterieller Werte fallenden Vermögenswerts umgehend zu melden, oder eine Änderung der normalerweise geltenden Verjährungsfristen).

16. Bei der Anwendung des HTVI-Ansatzes nach Kapitel VI Abschnitt D.4 können die Steuerverwaltungen geeignete Berichtigungen vornehmen, auch solche zur Berücksichtigung einer Preisgestaltung, die von der des Steuerpflichtigen abweicht, die aber dem entspricht, was unabhängige Unternehmen unter vergleichbaren Umständen vereinbart hätten, um der bei der Preisfindung für den Geschäftsvorfall bestehenden Bewertungsunsicherheit Rechnung zu tragen (beispielsweise mit Meilensteinzahlungen, laufenden Lizenzgebühren mit oder ohne anpassbaren Elementen, Preisanpassungsklauseln oder Kombinationen dieser Merkmale). Vgl. Ziffer 6.185 und 6.192. Da schwer zu bewertende immaterielle Werte Vermögenswerte sind, für die keine verlässlichen Vergleichswerte vorliegen, kann von den Steuerverwaltungen nicht erwartet werden, dass sie Berichtigungen der Preisgestaltung unter Bezugnahme auf Geschäftsvorfälle zwischen fremden Dritten mit vergleichbaren immateriellen Werten begründen.

17. Wie der HTVI-Ansatz in der Praxis angewandt werden kann, wird nachstehend anhand einiger Beispiele veranschaulicht. Die Anwendung des HTVI-Ansatzes sollte sich auf folgende Grundsätze stützen:

- Wenn der HTVI-Ansatz Anwendung findet, können die Steuerverwaltungen Ex-post-Ergebnisse als Indizienbeweis zur Beurteilung der Plausibilität der Annahmen heranziehen, auf denen die ex ante getroffenen Preisvereinbarungen beruhen.
- Anhand der Ex-post-Ergebnisse wird bestimmt, welche Bewertung im Zeitpunkt des Geschäftsvorfalls angemessen gewesen wäre; es wäre jedoch nicht richtig, die Bewertung auf die tatsächlichen Einnahmen oder Cashflows zu gründen, ohne zu prüfen, ob die verbundenen Unternehmen die Informationen in Bezug auf die Wahrscheinlichkeit der Erzielung dieser Einnahmen oder Cashflows im Zeitpunkt der Übertragung des schwer zu bewertenden immateriellen Werts vernünftigerweise hätten kennen und prüfen können oder sollen.
- Wenn eine korrigierte Bewertung zeigt, dass der immaterielle Wert zu einem Preis übertragen wurde, der über oder unter dem fremdüblichen Preis liegt, kann der korrigierte Preis unter Berücksichtigung von Preisanpassungsklauseln und/oder bedingten Zahlungen nach Ziffer 16 ungeachtet der vom Steuerpflichtigen dargelegten Zahlungsprofile bei der Steuerfestsetzung zugrunde gelegt werden.
- Die Steuerverwaltungen sollten Prüfverfahren anwenden, die gewährleisten, dass auf Ex-post-Ergebnissen basierende Indizienbeweise möglichst frühzeitig erkannt und genutzt werden.

2. Beispiele[1]

18. Die nachstehenden Beispiele sollen die praktische Umsetzung einer Verrechnungspreiskorrektur veranschaulichen, die aus der Anwendung des HTVI-Ansatzes resultiert. Die Annahmen bezüglich fremdvergleichskonformer Vereinbarungen und die vorgenommenen Verrechnungspreiskorrekturen in diesen Beispielen dienen lediglich der Veranschaulichung und sollten nicht so verstanden werden, als würden damit in konkreten Fällen oder be-

1. Aus der Tatsache, dass die nachstehenden Beispiele aus der Pharmaindustrie stammen, sollte nicht geschlossen werden, dass sich die Anwendung des in Kapitel VI Abschnitt D.4 dargelegten HTVI-Ansatzes oder dieser Leitlinien auf diese Branche beschränkt. Der in Kapitel VI Abschnitt D.4 beschriebene Ansatz und diese Leitlinien sind auf Geschäftsvorfälle anzuwenden, bei denen es um schwer zu bewertende immaterielle Werte im Sinne von Ziffer 6.189 geht, und zwar ungeachtet der Branche oder des Sektors, in dem diese Geschäftsvorfälle stattfinden.

stimmten Branchen bestimmte Anpassungen bzw. fremdvergleichskonforme Vereinbarungen vorgeschrieben. Die Leitlinien zu schwer zu bewertenden immateriellen Werten müssen stets entsprechend den konkreten Gegebenheiten und Umständen des betreffenden Einzelfalls angewendet werden.

19. Die Beispiele beruhen auf folgenden Annahmen:

- Der Geschäftsvorfall beinhaltet die Übertragung eines immateriellen Werts (oder Rechten an einem immateriellen Wert), der den Kriterien schwer zu bewertender immaterieller Werte nach Ziffer 6.189 entspricht, nämlich *i)* es existieren keine zuverlässigen Vergleichswerte und *ii)* die Prognoserechnungen der künftig durch den übertragenen immateriellen Wert zu erzielenden Cashflows oder Einnahmen oder die zur Bewertung des immateriellen Werts herangezogenen Annahmen sind im Zeitpunkt des Geschäftsabschlusses höchst unsicher, sodass es schwierig ist, im Zeitpunkt der Übertragung vorherzusehen, wie erfolgreich der immaterielle Wert letztlich sein wird.
- Die Ausnahmen von der Anwendung des HTVI-Ansatzes nach Ziffer 6.193 sind, sofern nicht ausdrücklich erörtert, nicht anwendbar.
- Der HTVI-Ansatz ist folglich anwendbar und die Steuerverwaltung kann Ex-post-Ergebnisse als Indizienbeweis zur Beurteilung der Angemessenheit der ex ante getroffenen Preisvereinbarungen heranziehen.
- Für den Geschäftsvorfall ist eine Verrechnungspreiskorrektur erforderlich.

20. Ferner werden in den Beispielen Bewertungsmethoden erwähnt, die auf dem abgezinsten Wert prognostizierter zukünftiger Einnahmeströme bzw. Cashflows aus der Verwertung des übertragenen immateriellen Werts beruhen. Weder mit diesen Anwendungshinweisen noch mit den nachstehenden Beispielen soll vorgeschrieben werden, dass bei der Bestimmung des fremdüblichen Preises für Geschäftsvorfälle mit schwer zu bewertenden immateriellen Werten Bewertungsmethoden angewendet werden, die auf dem abgezinsten Wert prognostizierter zukünftiger Einnahmeströme bzw. Cashflows beruhen. Aus der Erwähnung solcher Bewertungsmethoden sollten daher keine Schlussfolgerungen bezüglich der Eignung solcher Methoden in einem bestimmten Fall gezogen werden. Die Leitlinien zur Anwendung von Bewertungsmethoden, die auf dem abgezinsten Wert projizierter künftiger Cashflows beruhen, sind in Kapitel VI Ziffer 6.153–6.178 enthalten, und diese Anwendungshinweise sollten in einer Weise angewandt werden, die mit anderen einschlägigen Hinweisen in den Verrechnungspreisleitlinien in Einklang steht.

Beispiel 1

21. Unternehmen A mit Sitz in Staat A hat einen pharmazeutischen Wirkstoff patentiert. Es hat die präklinischen Tests für den Wirkstoff abgeschlossen und die klinischen Studien der Phase I und II erfolgreich absolviert. In Jahr 0 überträgt Unternehmen A die Patentrechte an eine Tochtergesellschaft, Unternehmen S mit Sitz in Staat S. Unternehmen S ist nach der Übertragung für die Phase-III-Studien verantwortlich. Um den Preis des Patents für das nur teilweise entwickelte Arzneimittel zu bestimmen, stellen die Unternehmen eine Schätzung der über die Restlaufzeit des Patents ab der Verwertung des fertigen Arzneimittels zu erzielenden Einnahmen oder Cashflows an. Es sei angenommen, dass dies im Zeitpunkt des Geschäftsvorfalls zur Festlegung eines Preises in Höhe von 700 führt, der in Jahr 0 als Pauschalzahlung entrichtet wird.

22. Dabei wird vom Steuerpflichtigen im Einzelnen unterstellt, dass sich der Umsatz auf nicht mehr als 1 000 pro Jahr beläuft und dass die Vermarktung erst in Jahr 6 beginnt. Der Abzinsungssatz wird unter Verwendung externer Daten ermittelt, in denen das Risiko des Fehlschlags von Arzneimitteln der gleichen Kategorie im gleichen Entwicklungsstadium untersucht wurde. Selbst wenn die Steuerverwaltung von Staat A von diesem Sachverhalt im Zusammenhang mit der Übertragung der Patentrechte in Jahr 0 Kenntnis gehabt hätte, wäre es ihr kaum möglich gewesen, die Plausibilität der Umsatzannahmen des Steuerpflichtigen zu prüfen.

Szenario A

23. In Jahr 4 prüft die Steuerverwaltung Unternehmen A für die Jahre 0–2 und erhält Informationen, wonach die Vermarktung in Wirklichkeit bereits in Jahr 3 begann, weil die Phase-III-Studien früher als erwartet abgeschlossen wurden. Die Umsätze in Jahr 3 und 4 entsprechen dem, was im Zeitpunkt der Übertragung für die Jahre 6 und 7 erwartet wurde. Der Steuerpflichtige kann nicht nachweisen, dass er in seiner ursprünglichen Bewertung die Möglichkeit einer früheren Erzielung von Umsätzen berücksichtigt hat, und er kann auch nicht nachweisen, dass eine solche Entwicklung unvorhersehbar war.

24. Die Steuerverwaltung kommt anhand der Indizien, die die Ex-post-Ergebnisse liefern, zu dem Schluss, dass bei der im Zeitpunkt des Geschäftsvorfalls vorgenommenen Bewertung die Möglichkeit einer früheren Erzielung von Umsätzen nicht berücksichtigt wurde. Die ursprüngliche Bewertung des Steuerpflichtigen wird korrigiert, um der sachgerecht risikoangepassten Möglichkeit einer früheren Erzielung von Umsätzen Rechnung zu tragen, was in einem korrigierten Nettobarwert des Arzneimittels in Jahr 0 in Höhe von 1 000 anstelle von 700 resultiert. Im korrigierten Nettobarwert sind auch die Funktionen, Vermögenswerte und Risiken berücksichtigt, die von den Beteiligten im Zusammenhang mit dem schwer zu bewertenden immateriellen

Wert vor dem Geschäftsvorfall jeweils ausgeübt, genutzt bzw. übernommen wurden, sowie die Funktionen, Vermögenswerte und Risiken, von denen im Zeitpunkt des Geschäftsvorfalls zu erwarten war, dass sie die Beteiligten nach dem Geschäftsvorfall jeweils ausüben, nutzen bzw. übernehmen würden. Für die Zwecke dieses Beispiels wird somit unterstellt, dass in Jahr 0 von einem fremdüblichen Preis von 1 000 auszugehen gewesen wäre. Dabei gilt es darauf hinzuweisen, dass der Wert 1 000 nicht zwangsläufig der Nettobarwert der übertragenen Rechte ist, der sich allein aus den tatsächlichen Ergebnissen ergibt (vgl. Ziffer 6 dieser Leitlinien).

25. Nach dem HTVI-Ansatz ist die Steuerverwaltung berechtigt, eine Berichtigung vorzunehmen, um bei der Steuerfestsetzung die zusätzlichen Gewinne in Höhe von 300 in Jahr 0 zu berücksichtigen.

Szenario B

26. Die Steuerverwaltung kommt anhand der Indizien, die die Ex-post-Ergebnisse liefern, zu dem Schluss, dass bei der im Zeitpunkt des Geschäftsvorfalls vorgenommenen Bewertung die Möglichkeit einer früher beginnenden Erzielung von Umsätzen nicht berücksichtigt wurde. Die ursprüngliche Bewertung des Steuerpflichtigen wird korrigiert, um der sachgerecht risikoangepassten Möglichkeit einer früheren Erzielung von Umsätzen Rechnung zu tragen, was in einem korrigierten Nettobarwert des Arzneimittels in Jahr 0 von 800 anstelle von 700 resultiert. Für die Zwecke dieses Beispiels wird somit unterstellt, dass in Jahr 0 von einem fremdüblichen Preis von 800 auszugehen gewesen wäre. Dabei gilt es darauf hinzuweisen, dass der Wert 800 nicht zwangsläufig der Nettobarwert der übertragenen Rechte ist, der sich allein aus den tatsächlichen Ergebnissen ergibt (vgl. Ziffer 6 dieser Leitlinien).

27. Nach dem HTVI-Ansatz ist die Steuerverwaltung berechtigt, eine Berichtigung vorzunehmen, um bei der Steuerfestsetzung die zusätzlichen Gewinne in Höhe von 100 in Jahr 0 zu berücksichtigen. In diesem Beispiel greift jedoch die Ausnahme von Ziffer 6.193iii, da sich der Betrag, um den die Vergütung angepasst wird, auf weniger als 20 % des im Zeitpunkt des Geschäftsvorfalls festgelegten Preises beläuft.

Beispiel 2

28. Es liegt derselbe Sachverhalt vor wie unter Ziffer 21–22. Ausgehend davon sei angenommen, dass die Steuerverwaltung von Staat A Unternehmen A in Jahr 7 einer Prüfung der Jahre 3–5 unterzieht und Informationen erhält, wonach mit dem Produkt, das auf dem Patent basiert, in Jahr 5 und 6 deutlich höhere Umsätze erzielt wurden als erwartet. In der ursprünglichen Bewertung war der Steuerpflichtige nicht davon ausgegangen, dass die Umsätze in irgendeinem Jahr mehr als 1 000 betragen würden; in Jahr 5 und 6 beliefen sie sich aber auf 1 500. Der Steuerpflichtige kann nicht nachweisen, dass er in seiner

ursprünglichen Bewertung die Möglichkeit von Umsätzen in dieser Höhe berücksichtigt hat, und er kann auch nicht nachweisen, dass es sich bei der Erzielung dieser Umsatzhöhe um eine unvorhersehbare Entwicklung handelt.

29. Die Steuerverwaltung kommt anhand der Indizien, die die Ex-post-Ergebnisse liefern, zu dem Schluss, dass die Möglichkeit höherer Umsätze in der Bewertung hätte berücksichtigt werden sollen. Die ursprüngliche Bewertung des Steuerpflichtigen wird korrigiert, um der sachgerecht risikoangepassten Möglichkeit höherer Umsätze Rechnung zu tragen, was in einem korrigierten Nettobarwert des Arzneimittels in Jahr 0 in Höhe von 1 300 anstelle von 700 resultiert. Im korrigierten Nettobarwert sind auch die Funktionen, Vermögenswerte und Risiken berücksichtigt, die von den Beteiligten im Zusammenhang mit dem schwer zu bewertenden immateriellen Wert vor dem Geschäftsvorfall jeweils ausgeübt, genutzt bzw. übernommen wurden, sowie die Funktionen, Vermögenswerte und Risiken, von denen im Zeitpunkt des Geschäftsvorfalls zu erwarten war, dass sie die Beteiligten nach dem Geschäftsvorfall jeweils ausüben, nutzen bzw. übernehmen würden. Für die Zwecke dieses Beispiels wird somit unterstellt, dass in Jahr 0 von einem fremdüblichen Preis von 1 300 auszugehen gewesen wäre. Dabei gilt es darauf hinzuweisen, dass der Wert 1 300 nicht zwangsläufig der Nettobarwert der übertragenen Rechte ist, der sich allein aus den tatsächlichen Ergebnissen ergibt (vgl. Ziffer 6 dieser Leitlinien).

30. Nach dem HTVI-Ansatz ist die Steuerverwaltung berechtigt, eine Berichtigung vorzunehmen, um bei der Steuerfestsetzung die zusätzlichen Gewinne in Höhe von 600 zu berücksichtigen. Für die Zwecke dieses Beispiels wird unterstellt, dass keine der in Ziffer 6.193 von Kapitel VI genannten Ausnahmen greift.

31. Eine Möglichkeit, die Berichtigung vorzunehmen, ist die Neuberechnung des in Jahr 0 gezahlten Preises. Die erhebliche Korrektur der Pauschalzahlung zeigt jedoch, welche Risiken aus der hohen Unsicherheit der Bewertung des immateriellen Werts erwachsen; dies gibt Anlass zu der Überlegung, ob angesichts dieser beträchtlichen Unsicherheit Anpassungen unter Berücksichtigung einer anderen Zahlungsstruktur möglicherweise eher dem entsprechen würden, was fremde Dritte vereinbart hätten (vgl. Ziffer 16 dieser Leitlinien sowie Ziffer 6.183 von Kapitel VI).

32. Daten zu Preisvereinbarungen, die unter vergleichbaren Umständen bei der Übertragung immaterieller Werte getroffen wurden, um der hohen Bewertungsunsicherheit Rechnung zu tragen, können Hinweise auf geeignete Alternativen zur Vornahme der Korrektur in Jahr 0 liefern. So sei beispielsweise angenommen, dass es in der Pharmaindustrie üblich ist, bei der Übertragung von Patentrechten an fremde Dritte eine erste Pauschalzahlung mit späteren bedingten Zahlungen zu kombinieren, die an den erfolgreichen Abschluss der Entwicklung oder die Erteilung der Zulassung auf einem be-

stimmten Markt geknüpft sind. In diesem Fall sei nun unterstellt, dass die erste Marktzulassung in Jahr 3 erteilt wird. Die Steuerverwaltung kann demnach feststellen, dass es unter vergleichbaren Umständen der fremdüblichen Praxis entsprechen würde, den zu niedrigen Zahlungsbetrag durch eine weitere Zahlung in Jahr 3 auszugleichen. Es gilt darauf hinzuweisen, dass aus diesem Absatz nicht gefolgert werden soll und auch nicht zu folgern ist, dass eine Änderung der Zahlungsform nur möglich ist, wenn es im Fall der Übertragung einer bestimmten Art von immateriellem Wert in der betreffenden Branche eine gängige Praxis in Bezug auf die Zahlungsform gibt.

33. Die mit diesem Beispiel veranschaulichten Prinzipien gelten unabhängig davon, ob die Steuerverwaltung tatsächlich eine Prüfung für die Jahre 0–2 und eine zweite Prüfung für die Jahre 3–5 durchführt oder ob sie nur die Jahre 3–5 prüft. In beiden Szenarien ist eine Korrektur der ursprünglichen Bewertung auf Grundlage der Ex-post-Ergebnisse, die sich in Jahr 7 zeigen, gerechtfertigt, und vorbehaltlich etwaiger abkommensrechtlicher oder innerstaatlicher rechtlicher Beschränkungen kann der Fehlbetrag nach dem HTVI-Ansatz von Kapitel VI Abschnitt D.4 (vgl. Ziffer 6.192) ausgeglichen werden.

3. Streitvermeidung und Streitbeilegung beim HTVI-Ansatz

34. Zweck dieser Leitlinien ist es, eine einheitlichere Anwendung des HTVI-Ansatzes durch die einzelnen Staaten zu fördern und so das Risiko wirtschaftlicher Doppelbesteuerung zu verringern. Zusätzlich zu diesen Leitlinien stehen den Steuerpflichtigen möglicherweise weitere Instrumente zur Verfügung, um Fälle von Doppelbesteuerung zu vermeiden und die Steuersicherheit bei Geschäftsvorfällen mit schwer zu bewertenden immateriellen Werten zu erhöhen.

35. In Kapitel IV werden insbesondere Vorabverständigungen über die Verrechnungspreise (*advance pricing arrangements* – APA) eingehend erörtert; werden solche Vereinbarungen bilateral oder multilateral zwischen den zuständigen Behörden von Abkommenspartnern geschlossen, schaffen sie in den betreffenden Staaten ein größeres Maß an Sicherheit, verringern die Wahrscheinlichkeit von Doppelbesteuerung und können Verrechnungspreiskonflikten aktiv vorbeugen. Unter Ziffer 6.193 wird die Anwendung des HTVI-Ansatzes ausgeschlossen, wenn die Übertragung eines schwer zu bewertenden immateriellen Werts unter eine bilaterale oder multilaterale APA fällt, die im fraglichen Zeitraum zwischen den Staaten des übernehmenden und des übertragenden Unternehmens wirksam ist; damit wird die Bedeutung anerkannt, die Vorabverständigungen dabei zukommt, Doppelbesteuerung zu vermeiden und den Steuerpflichtigen mehr Sicherheit zu verschaffen.

36. Diesbezüglich empfiehlt der Abschlussbericht zu BEPS-Aktionspunkt 14 *Verbesserung der Effizienz von Streitbeilegungsmechanismen*

(„BEPS-Bericht zu Aktionspunkt 14") als optimale Vorgehensweise, bilaterale Vorabverständigungen über die Verrechnungspreise einzurichten, sobald ein Staat dazu in der Lage ist (optimale Vorgehensweise 4). Zu den Elementen des BEPS-Berichts zu Aktionspunkt 14 gehört ferner, dass Staaten mit bilateralen Vorabverständigungsverfahren in geeigneten Fällen und vorbehaltlich der einzuhaltenden Fristen die rückwirkende Anwendung von Vorabverständigungen ermöglichen, wenn die relevanten Gegebenheiten und Umstände in den betreffenden früheren Wirtschaftsjahren die gleichen sind, wobei diese Gegebenheiten und Umstände jedoch im Rahmen der Steuerprüfung überprüft werden müssen.

37. Falls die Anwendung des HTVI-Ansatzes zu einer Doppelbesteuerung führt, ist es gemäß Ziffer 6.195 wichtig, die Lösung solcher Fälle im Wege des im geltenden Doppelbesteuerungsabkommen vorgesehenen Verständigungsverfahrens zu gestatten. Daher sollten diese Hinweise in Verbindung mit Artikel 25 und dem dazugehörigen Kommentar sowie der im Abschlussbericht zu BEPS-Aktionspunkt 14 eingegangenen Verpflichtung gelesen werden. Dieser Bericht beschreibt den Mindeststandard zur Streitbeilegung, auf den sich die Mitglieder des Inclusive Framework on BEPS verpflichtet haben und der konkrete Maßnahmen zur Beseitigung von Hindernissen für ein effektives und effizientes Verständigungsverfahren umfasst.

38. Im Kontext des HTVI-Ansatzes ist insbesondere von Bedeutung, dass das Verständigungsverfahren nach Artikel 25 vom Steuerpflichtigen in die Wege geleitet werden kann, ohne den Bescheid über die nach seiner Auffassung „dem Abkommen nicht entsprechende Besteuerung" abwarten zu müssen. Die Einleitung des Verfahrens erfordert lediglich den Nachweis, dass die „Maßnahmen eines Vertragsstaats oder beider Vertragsstaaten" zu einer derartigen Besteuerung führen werden und dass diese Besteuerung nicht nur ein mögliches, sondern ein wahrscheinliches Risiko darstellt (vgl. Ziffer 14 des Kommentars zu Artikel 25 des Musterabkommens). Wenn das geltende Doppelbesteuerungsabkommen diese Möglichkeit vorsieht, kann einem Teil der aus Zeitfragen resultierenden Bedenken begegnet und die Häufigkeit ungelöster Fälle von Doppelbesteuerung verringert werden.

39. Zu den im BEPS-Bericht zu Aktionspunkt 14 empfohlenen optimalen Vorgehensweisen gehört darüber hinaus die für Geschäftsvorfälle mit schwer zu bewertenden immateriellen Werten relevante Empfehlung, dass die Staaten vorbehaltlich der Anforderungen von Artikel 25 Absatz 1 geeignete Verfahren einrichten, um in bestimmten Fällen und nach einer ersten Steuerfestsetzung Anträge von Steuerpflichtigen auf eine mehrjährige Lösung im Rahmen des Verständigungsverfahrens für relevante wiederkehrende Sachverhalte in Bezug auf für vergangene oder künftige Steuerjahre eingereichte Erklärungen, in denen die maßgeblichen Gegebenheiten und Umstände die gleichen sind, vorbehaltlich der Überprüfung dieser Gegebenheiten und Umstände bewilligen zu können.

Anhang zu Kapitel VIII

Beispiele zur Veranschaulichung der Leitlinien zu Kostenumlagevereinbarungen

Beispiel 1

1. Beispiel 1 veranschaulicht den allgemeinen Grundsatz, dass Beiträge aufgrund ihres Werts beurteilt werden sollten (d. h. auf der Basis von Fremdvergleichspreisen), um zu Ergebnissen zu führen, die mit dem Fremdvergleichsgrundsatz in Einklang stehen.

2. Unternehmen A und Unternehmen B gehören einem multinationalen Konzern an und beschließen, eine KUV (Kostenumlagevereinbarung) einzugehen. Unternehmen A erbringt Dienstleistung 1, und Unternehmen B erbringt Dienstleistung 2. Unternehmen A und Unternehmen B nehmen jeweils beide Dienstleistungen in Anspruch (d. h., Unternehmen A entsteht ein Vorteil durch die von Unternehmen B erbrachte Dienstleistung 2, und Unternehmen B entsteht ein Vorteil durch die von Unternehmen A erbrachte Dienstleistung 1).

3. Es sei angenommen, dass sich die Kosten und der Wert der Dienstleistungen folgendermaßen darstellen:

Kosten der Erbringung von Dienstleistung 1 (bei Unternehmen A anfallende Kosten)	100 je Einheit
Wert von Dienstleistung 1 (d. h., der Fremdvergleichspreis, den Unternehmen A für die Erbringung von Dienstleistung 1 von Unternehmen B verlangen würde)	120 je Einheit
Kosten der Erbringung von Dienstleistung 2 (bei Unternehmen B anfallende Kosten)	100 je Einheit
Wert von Dienstleistung 2 (d. h., der Fremdvergleichspreis, den Unternehmen B für die Erbringung von Dienstleistung 2 von Unternehmen A verlangen würde)	105 je Einheit

4. In Jahr 1 und in den folgenden Jahren erbringt Unternehmen A 30 Einheiten von Dienstleistung 1 an den Konzern, und Unternehmen B erbringt 20 Einheiten von Dienstleistung 2 an den Konzern. Im Rahmen der KUV erfolgt die Berechnung von Kosten und Vorteilen folgendermaßen:

Kosten von Unternehmen A für die Dienstleistungserbringung (30 Einheiten × 100 je Einheit)	3 000	(60 % der Gesamtkosten)
Kosten von Unternehmen B für die Dienstleistungserbringung (20 Einheiten × 100 je Einheit)	2 000	(40 % der Gesamtkosten)
Gesamtkosten des Konzerns	5 000	

Wert des Beitrags von Unternehmen A (30 Einheiten × 120 je Einheit)	3 600	(63 % der Gesamtbeiträge)
Wert des Beitrags von Unternehmen B (20 Einheiten × 105 je Einheit)	2 100	(37 % der Gesamtbeiträge)
Gesamtwert der zur KUV geleisteten Beiträge	5 700	

Unternehmen A und Unternehmen B nehmen jeweils 15 Einheiten von Dienstleistung 1 und 10 Einheiten von Dienstleistung 2 in Anspruch:		
Vorteil für Unternehmen A:		
Dienstleistung 1: 15 Einheiten × 120 je Einheit	1 800	
Dienstleistung 2: 10 Einheiten × 105 je Einheit	1 050	
Insgesamt	2 850	(50 % des Gesamtwerts 5 700)
Vorteil für Unternehmen B:		
Dienstleistung 1: 15 Einheiten × 120 je Einheit	1 800	
Dienstleistung 2: 10 Einheiten × 105 je Einheit	1 050	
Insgesamt	2 850	(50 % des Gesamtwerts 5 700)

5. Gemäß der KUV sollte der Wert der Beiträge von Unternehmen A und Unternehmen B ihrem jeweiligen Anteil an den erwarteten Vorteilen entsprechen, d. h. 50 %. Da der Gesamtwert der im Rahmen der KUV geleisteten Beiträge 5 700 beträgt, bedeutet dies, dass jeder Beteiligte einen Beitrag von 2 850 leisten muss. Der Wert der Sachleistung von Unternehmen A beträgt 3 600, und der Wert der Sachleistung von Unternehmen B beträgt 2 100. Dementsprechend sollte Unternehmen B eine Ausgleichszahlung in Höhe von 750 an Unternehmen A leisten. Dadurch wird der Beitrag von Unternehmen B auf 2 850 „aufgestockt" und der Beitrag von Unternehmen A auf denselben Betrag gesenkt.

6. Würden die Beiträge an den Kosten und nicht am Wert gemessenen, wären die beiden Unternehmen aufgrund der Tatsache, dass Unternehmen A und Unternehmen B jeweils 50 % der Gesamtvorteile erhalten, verpflichtet, jeweils 50 % der Gesamtkosten, also jeweils 2 500, beizutragen, d. h., Unternehmen B wäre verpflichtet, eine Ausgleichszahlung von 500 (anstelle von 750) an A zu leisten.

7. Ohne die KUV würde Unternehmen A 10 Einheiten von Dienstleistung 2 zu dem Fremdvergleichspreis von 1 050 kaufen, und Unternehmen B würde 15 Einheiten von Dienstleistung 1 zu dem Fremdvergleichspreis von 1 800 kaufen. Das Nettoergebnis wäre eine Zahlung von 750 von Unternehmen B an Unternehmen A. Wie aus den vorstehenden Ausführungen ersichtlich ist, wird das fremdvergleichskonforme Ergebnis im Rahmen der KUV nur erreicht, wenn die Beiträge anhand ihres Werts gemessen werden.

Beispiel 1A

8. Es liegt derselbe Sachverhalt vor wie in Beispiel 1. Gemäß Ziffer 8.27 kann in Beispiel 1 das gleiche Ergebnis erzielt werden, wenn das nachstehend aufgeführte zweistufige Verfahren genutzt wird.

9. 1. Schritt (an den Kosten gemessene Beiträge): Unternehmen A sollte 50 % der Gesamtkosten in Höhe von 5 000, also 2 500, tragen. Die Kosten der Sachleistung von Unternehmen A betragen 3 000. Unternehmen B sollte 50 % der Gesamtkosten, also 2 500, tragen. Die Kosten der Sachleistung von Unternehmen B betragen 2 000. Unternehmen B sollte folglich eine zusätzliche Zahlung an Unternehmen A in Höhe von 500 leisten. Dies entspricht einer Ausgleichszahlung in Bezug auf laufende Beiträge.

10. 2. Schritt (Berücksichtigung von zusätzlichen Wertbeiträgen zur KUV): Unternehmen A leistet einen Wertbeitrag, der die Kosten je Einheit um 20 übersteigt. Unternehmen B leistet einen Wertbeitrag, der die Kosten je Einheit um 5 übersteigt. Unternehmen A nimmt 10 Einheiten von Dienstleistung 2 in Anspruch (der Wert übersteigt die Kosten um 50), und Unternehmen B nimmt 15 Einheiten von Dienstleistung 1 in Anspruch (der Wert übersteigt die Kosten um 300). Dementsprechend sollte Unternehmen A einen Ausgleich von 250 für den zusätzlichen Wert in Höhe von 250 erhalten, den es zur KUV beiträgt. Dies entspricht einer Ausgleichszahlung in Bezug auf bereits zuvor existierende Beiträge.

11. Die zweistufige Methode sieht eine Kostenumlage in Kombination mit einer separaten und zusätzlichen Zahlung an den Teilnehmer vor, der einen zusätzlichen Wertbeitrag zur Vereinbarung leistet. Im Allgemeinen kann es sich bei dem zusätzlichen Wertbeitrag um bereits zuvor existierende Werte handeln, die für die Zwecke der KUV relevant sind, beispielsweise immate-

rielle Werte, die einem der Teilnehmer gehören. Die zweistufige Methode kann folglich bei KUV, die Entwicklungszwecken dienen, am sinnvollsten angewendet werden.

Beispiel 2

12. Es liegt derselbe Sachverhalt vor wie in Beispiel 1, abgesehen davon, dass der Wert von Dienstleistung 1 je Einheit 103 beträgt (was heißt, dass sowohl Dienstleistung 1 als auch Dienstleistung 2 Dienstleistungen mit geringer Wertschöpfung sind). Es sei deshalb angenommen, dass die Kosten und der Wert der Dienstleistungen folgendermaßen berechnet werden:

Kosten von Unternehmen A für die Dienstleistungserbringung (30 Einheiten × 100 je Einheit)	3 000	(60 % der Gesamtkosten)
Kosten von Unternehmen B für die Dienstleistungserbringung (20 Einheiten × 100 je Einheit)	2 000	(40 % der Gesamtkosten)
Gesamtkosten des Konzerns	5 000	

Wert des Beitrags von Unternehmen A (30 Einheiten × 103 je Einheit)	3 090	(59,5 % der Gesamtbeiträge)
Wert des Beitrags von Unternehmen B (20 Einheiten × 105 je Einheit)	2 100	(40,5 % der Gesamtbeiträge)
Gesamtwert der zur KUV geleisteten Beiträge	5 190	

Unternehmen A und Unternehmen B nehmen jeweils 15 Einheiten von Dienstleistung 1 und 10 Einheiten von Dienstleistung 2 in Anspruch:		
Vorteil für Unternehmen A:		
Dienstleistung 1: 15 Einheiten × 103 je Einheit	1 545	
Dienstleistung 2: 10 Einheiten × 105 je Einheit	1 050	
Insgesamt	2 595	(50 % des Gesamtwerts 5 190)

Vorteil für Unternehmen B:		
Dienstleistung 1: 15 Einheiten × 103 je Einheit	1 545	
Dienstleistung 2: 10 Einheiten × 105 je Einheit	1 050	
Insgesamt	2 595	(50 % des Gesamtwerts 5 190)

13. Gemäß der KUV sollte der Wert der Beiträge von Unternehmen A und Unternehmen B ihrem jeweiligen Anteil an den erwarteten Vorteilen entsprechen, d. h. 50 %. Da der Gesamtwert der im Rahmen der KUV geleisteten Beiträge 5 190 beträgt, bedeutet dies, dass jeder Beteiligte einen Beitrag von 2 595 leisten muss. Der Wert der Sachleistung von Unternehmen A

beträgt 3 090. Der Wert der Sachleistung von Unternehmen B beträgt 2 100. Dementsprechend sollte Unternehmen B eine Ausgleichszahlung in Höhe von 495 an Unternehmen A leisten. Dadurch wird der Beitrag von Unternehmen B auf 2 595 „aufgestockt" und der Beitrag von Unternehmen A auf denselben Betrag gesenkt.

14. Da alle Beiträge zur KUV in diesem Beispiel Dienstleistungen mit geringer Wertschöpfung sind, können die Beiträge aus praktischen Gründen anhand der Kosten bewertet werden, weil dies zu Ergebnissen führt, die weitgehend mit dem Fremdvergleichsgrundsatz in Einklang stehen. Nach diesem praktischen Ansatz belaufen sich die Kosten der Sachleistung von Unternehmen A auf 3 000 und die Kosten der Sachleistung von Unternehmen B auf 2 000, und jeder Beteiligte sollte 50 % der mit den Beiträgen verbundenen Gesamtkosten tragen (2 500). Dementsprechend sollte Unternehmen B eine Ausgleichszahlung in Höhe von 500 an Unternehmen A leisten.

Beispiel 3

15. Es liegt derselbe Sachverhalt vor wie in Beispiel 1, abgesehen davon, dass der Wert von Dienstleistung 2 je Einheit 120 beträgt (was heißt, dass Dienstleistung 1 und Dienstleistung 2 den gleichen Wert haben und dass keine der beiden Dienstleistungen eine Dienstleistung mit geringer Wertschöpfung ist).

Kosten von Unternehmen A für die Dienstleistungserbringung (30 Einheiten × 100 je Einheit)	3 000	(60 % der Gesamtkosten)
Kosten von Unternehmen B für die Dienstleistungserbringung (20 Einheiten × 100 je Einheit)	2 000	(40 % der Gesamtkosten)
Gesamtkosten des Konzerns	5 000	

Wert des Beitrags von Unternehmen A (30 Einheiten × 120 je Einheit)	3 600	(60 % der Gesamtbeiträge)
Wert des Beitrags von Unternehmen B (20 Einheiten × 120 je Einheit)	2 400	(40 % der Gesamtbeiträge)
Gesamtwert der zur KUV geleisteten Beiträge	6 000	

Unternehmen A und Unternehmen B nehmen jeweils 15 Einheiten von Dienstleistung 1 und 10 Einheiten von Dienstleistung 2 in Anspruch:		
Vorteil für Unternehmen A:		
Dienstleistung 1: 15 Einheiten × 120 je Einheit	1 800	
Dienstleistung 2: 10 Einheiten × 120 je Einheit	1 200	
Insgesamt	3 000	(50 % des Gesamtwerts 6 000)
Vorteil für Unternehmen B:		
Dienstleistung 1: 15 Einheiten × 120 je Einheit	1 800	
Dienstleistung 2: 10 Einheiten × 120 je Einheit	1 200	
Insgesamt	3 000	(50 % des Gesamtwerts 6 000)

16. Gemäß der KUV sollte der Wert der Beiträge von Unternehmen A und Unternehmen B ihrem jeweiligen Anteil an den erwarteten Vorteilen entsprechen, d. h. 50 %. Da der Gesamtwert der im Rahmen der KUV geleisteten Beiträge 6 000 beträgt, bedeutet dies, dass jeder Beteiligte einen Beitrag von 3 000 leisten muss. Der Wert der Sachleistung von Unternehmen A beträgt 3 600. Der Wert der Sachleistung von Unternehmen B beträgt 2 400. Dementsprechend sollte Unternehmen B eine Ausgleichszahlung in Höhe von 600 an Unternehmen A leisten. Dadurch wird der Beitrag von Unternehmen B auf 3 000 „aufgestockt" und der Beitrag von Unternehmen A auf denselben Betrag gesenkt. Beispiel 3 veranschaulicht, dass die Bewertung der Beiträge anhand der Kosten selbst in Situationen, in denen der fremdübliche Aufschlag auf die Kosten der Beiträge identisch ist, im Allgemeinen nicht zu einem fremdvergleichskonformen Ergebnis führt.

Beispiel 4

17. Unternehmen A und Unternehmen B gehören einem multinationalen Konzern an und beschließen, die Entwicklung eines immateriellen Werts über eine KUV durchzuführen. Auf Basis der bestehenden immateriellen Werte von Unternehmen B, dessen bisheriger Erfolgsbilanz und dessen erfahrenen Forschungs- und Entwicklungspersonals wird erwartet, dass sich dieser immaterielle Wert als sehr profitabel erweisen wird. Unternehmen A übt durch sein eigenes Personal alle Funktionen aus, die von einem Teilnehmer einer KUV zu Entwicklungszwecken, der ein unabhängiges Recht zur Verwertung des zu entwickelnden immateriellen Werts erhält, erwartet werden, einschließlich der Funktionen, die erforderlich sind, um die Kontrolle über die Risiken auszuüben, die es in Übereinstimmung mit den unter den Ziffern 8.14–8.18 dargelegten Grundsätzen vertraglich übernimmt. Es wird damit gerechnet, dass die Entwicklung des in diesem Beispiel zugrunde gelegten immateriellen

Werts fünf Jahre in Anspruch nehmen wird, bevor dieser gegebenenfalls kommerziell verwertet werden kann, und im Fall einer erfolgreichen Entwicklung wird erwartet, dass er für einen Zeitraum von zehn Jahren nach der erstmaligen Verwertung werthaltig bleibt.

18. Gemäß der KUV leistet Unternehmen A einen Finanzierungsbeitrag im Zusammenhang mit der Entwicklung des immateriellen Werts (sein Anteil an den Entwicklungskosten wird auf 100 Mio. USD pro Jahr für fünf Jahre veranschlagt). Unternehmen B bringt die Entwicklungsrechte in Bezug auf seine bestehenden immateriellen Werte ein, an denen Unternehmen A im Rahmen der KUV unabhängig vom Ergebnis der KUV Rechte erhält, und führt alle Aktivitäten im Zusammenhang mit der Entwicklung, Erhaltung und Verwertung des immateriellen Werts durch. Der Wert der Beiträge von Unternehmen B (die die Durchführung von Aktivitäten sowie die Nutzung der bereits zuvor existierenden immateriellen Werte umfassen) muss in Einklang mit den Leitlinien in Kapitel VI bestimmt werden und wird wahrscheinlich auf dem voraussichtlichen Wert des immateriellen Werts basieren, der im Rahmen der KUV geschaffen werden soll, abzüglich des Werts des Finanzierungsbeitrags von Unternehmen A.

19. Nach Abschluss der Entwicklung soll mit dem immateriellen Wert ein globaler Gewinn von 550 Mio. USD pro Jahr (Jahre 6–15) erwirtschaftet werden. Die KUV sieht vor, dass Unternehmen B Exklusivrechte zur Verwertung des zu entwickelnden immateriellen Werts in Staat B erhält (was in den Jahren 6–15 einen Gewinn von 220 Mio. USD pro Jahr bringen soll) und dass Unternehmen A Exklusivrechte zur Verwertung des immateriellen Werts in den übrigen Teilen der Welt erhält (was einen Gewinn von 330 Mio. USD pro Jahr bringen soll).

20. Unter Berücksichtigung der Unternehmen A und Unternehmen B realistischerweise zur Verfügung stehenden Alternativen wird bestimmt, dass der Wert des Beitrags von Unternehmen A einer risikoangepassten Rendite auf seinen FuE-Finanzierungsaufwand entspricht. Es sei angenommen, dass diese mit 110 Mio. USD pro Jahr (für die Jahre 6–15) veranschlagt wird.[1] Für Unternehmen A werden im Rahmen der KUV jedoch Vorteile veranschlagt,

1. Für die Zwecke dieses Beispiels ist eine Herleitung der Ergebnisse nicht notwendig. Dem Beispiel liegt die Annahme zugrunde, dass mit einer „Finanzierungsinvestition" in Höhe von 100 Mio. USD pro Jahr während eines Zeitraums von fünf Jahren in ein Projekt dieses Risikoniveaus in den folgenden zehn Jahren ein fremdüblicher voraussichtlicher Gewinn von 110 Mio. USD pro Jahr erzielt werden dürfte. Die hier verwendeten Ergebnisse dienen nur dazu, die in diesem Beispiel aufgeführten Grundsätze zu veranschaulichen, und es sollten daraus keine Leitlinien in Bezug auf die Höhe der fremdüblichen Erträge von Teilnehmern einer KUV abgeleitet werden.

die in den Jahren 6–15 einem Gewinn in Höhe von 330 Mio. USD pro Jahr entsprechen (und nicht etwa von 110 Mio. USD). Dieser erwartete zusätzliche Wert der Rechte, die Unternehmen A erhält (d. h., der erwartete Wert, der den Wert des Finanzierungsbeitrags von Unternehmen A übersteigt), erklärt sich aus der Einbringung bereits zuvor existierender immaterieller Werte und der Durchführung von FuE-Aktivitäten durch Unternehmen B im Rahmen der KUV. Unternehmen A muss diesen zusätzlichen von ihm erhaltenen Wert vergüten. Dementsprechend sind Ausgleichszahlungen von Unternehmen A an Unternehmen B erforderlich, um dem Differenzbetrag Rechnung zu tragen. Unternehmen A muss effektiv an Unternehmen B eine Ausgleichszahlung in Bezug auf diese Beiträge leisten, die unter Berücksichtigung des mit diesen zukünftigen Einkünften verbundenen Risikos dem Barwert des in den Jahren 6–15 erwarteten Betrags von 220 Mio. USD pro Jahr entspricht.

Beispiel 5

21. Der Sachverhalt ist derselbe wie in Beispiel 4, abgesehen davon, dass die Funktionsanalyse darauf schließen lässt, dass Unternehmen A nicht die Kapazität besitzt, Entscheidungen bezüglich der Nutzung oder Nichtnutzung der risikoträchtigen Geschäftschance zu treffen, die sich aus seiner Teilnahme an der KUV ergibt, oder Entscheidungen darüber zu treffen, ob und wie auf die mit der Geschäftschance verbundenen Risiken zu reagieren ist. Es besitzt auch nicht die Fähigkeit, die Risiken zu mindern oder die von einem anderen Beteiligten in seinem Auftrag durchgeführten Risikominderungstätigkeiten zu beurteilen und diesbezügliche Entscheidungen zu treffen.

22. Die sachgerechte Abgrenzung der mit der KUV verbundenen Geschäftsvorfälle im Rahmen der Funktionsanalyse lässt folglich darauf schließen, dass Unternehmen A die unter Ziffer 8.15 vorgesehene Kontrolle über seine spezifischen Risiken im Rahmen der KUV nicht ausübt und folglich keinen Anspruch auf einen Anteil an dem Ergebnis hat, das das Ziel der KUV ist.

Anlage

Empfehlung des Rats über die Bestimmung von Verrechnungspreisen zwischen verbundenen Unternehmen [C(95)126/Final, geänderte Fassung]

DER RAT,

GESTÜTZT auf Artikel 5b des Übereinkommens über die Organisation für wirtschaftliche Zusammenarbeit und Entwicklung vom 14. Dezember 1960;

GESTÜTZT auf die „Declaration on International Investment and Multinational Enterprises and the Guidelines" (Erklärung über internationale Investitionen und multinationale Unternehmen) und die Leitlinien im Anhang dieser Erklärung [C(76)99(Final)];

GESTÜTZT auf die „Declaration on Base Erosion and Profit Shifting" („BEPS" – Erklärung zu Gewinnverkürzung und Gewinnverlagerung) [C/ MIN(2013)22/FINAL] sowie auf die BEPS-Erläuterung und die in den BEPS-Abschlussberichten (dem BEPS-Maßnahmenpaket) enthaltenen Maßnahmen, die vom Rat am 1. Oktober 2015 [C(2015)125/REV1] und von den Staats- und Regierungschefs der G20 auf dem Gipfeltreffen in Antalya am 15.–16. November 2015 gebilligt wurden;

GESTÜTZT auf die *Verrechnungspreisleitlinien für multinationale Unternehmen und Steuerverwaltungen*, im Folgenden als die „Leitlinien" bezeichnet, in der jeweiligen gegebenenfalls durch den Ausschuss für Steuerfragen geänderten Fassung;

GESTÜTZT auf die „Recommendation of the Council on Base Erosion and Profit Shifting Measures Related to Transfer Pricing" (Empfehlung des Rats über Maßnahmen gegen Gewinnverkürzung und Gewinnverlagerung im Zusammenhang mit Verrechnungspreisen) [C(2016)79], die den der Empfehlung beigetretenen Mitgliedstaaten und Nichtmitgliedstaaten rät, die in den Berichten von 2015 zu den BEPS-Aktionspunkten 8–10, „Gewährleistung der Übereinstimmung zwischen Verrechnungspreisergebnissen und Wertschöpfung" [C(2015)125/ADD8], und zu BEPS-Aktionspunkt 13, „Verrechnungspreisdokumentation und länderbezogene Berichterstattung" [C(2015)125/ADD11], ausgeführten und in die Leitlinien aufgenommenen Hinweise zu befolgen;

GESTÜTZT auf die Einrichtung des vom Ausschuss für Steuerfragen vereinbarten Inclusive Framework on Base Erosion and Profit Shifting [CTPA/CFA/NOE2(2016)1/REV3], über das dem Rat berichtet wurde [C/M(2016)3] und das von den Finanzministern der G20 bei ihrem Treffen vom 26.–27. Februar 2016 in Shanghai (China) gebilligt wurde und in dessen Rahmen über 100 Staaten und Gebiete zur Mitwirkung als Mitglieder eingeladen wurden [C(2016)78], d. h. mit den OECD-Mitgliedern und auf Basis derselben Verpflichtungen, die auch die OECD-Mitglieder und die bisherigen assoziierten Teilnehmer im Hinblick auf das BEPS-Projekt eingegangen sind;

IN ANBETRACHT der grundlegenden Notwendigkeit einer Zusammenarbeit zwischen den Steuerverwaltungen zur Beseitigung der Hindernisse, die internationale Doppelbesteuerung für den freien Waren-, Dienstleistungs- und Kapitalverkehr zwischen den Staaten darstellt;

IN ANBETRACHT der gleichermaßen grundlegenden Notwendigkeit einer effektiven Vermeidung doppelter Nichtbesteuerung sowie fehlender oder niedriger Besteuerung infolge einer falschen Anwendung der internationalen Standards für Verrechnungspreisvorschriften, die zu Ergebnissen führt, bei denen die Aufteilung der Gewinne nicht mit der entsprechenden wirtschaftlichen Tätigkeit übereinstimmt;

IN ANBETRACHT der Tatsache, dass Geschäftsvorfälle zwischen verbundenen Unternehmen möglicherweise unter anderen Bedingungen stattfinden als solche zwischen unabhängigen Unternehmen;

IN ANBETRACHT der Tatsache, dass die Preise für solche Geschäftsvorfälle zwischen verbundenen Unternehmen (in der Regel als Verrechnungspreise bezeichnet) im Einklang mit Artikel 9 Absatz 1 des OECD-Musterabkommens zur Vermeidung der Doppelbesteuerung des Einkommens und des Vermögens für steuerliche Zwecke dennoch denen entsprechen sollten, die zwischen unabhängigen Unternehmen berechnet würden (in der Regel als Fremdvergleichspreise bezeichnet);

IN ANBETRACHT der Tatsache, dass Probleme hinsichtlich der Verrechnungspreisbestimmung bei internationalen Geschäftsvorfällen angesichts des erheblichen Volumens solcher Geschäftsvorfälle besondere Bedeutung erlangen;

IN ANBETRACHT der Notwendigkeit, eine Übereinstimmung zu erzielen zwischen Herangehensweisen der Steuerverwaltungen einerseits und der verbundenen Unternehmen andererseits bei der Ermittlung der in einem Staat zu berücksichtigenden Einkünfte und Aufwendungen einer zu einem multinationalen Konzern gehörenden Gesellschaft;

Auf Vorschlag des Ausschusses für Steuerfragen,

I. **EMPFIEHLT**, dass Mitglied- und Nichtmitgliedstaaten, die dieser Empfehlung beitreten (nachstehend „die Teilnehmer“)

i) bei der Prüfung und gegebenenfalls Berichtigung von Verrechnungspreisen zwischen verbundenen Unternehmen zur Ermittlung der steuerpflichtigen Einkünfte die Leitlinien befolgen – unter Berücksichtigung der Gesamtheit der Leitlinien sowie der verschiedenen Kapitel im Zusammenspiel miteinander –, um zu fremdvergleichskonformen Verrechnungspreisen für Geschäftsvorfälle zwischen verbundenen Unternehmen zu gelangen.

ii) die Steuerpflichtigen zur Befolgung der Leitlinien ermutigen; zu diesem Zweck sollten die Teilnehmer die Leitlinien bekannt machen und gegebenenfalls in ihre Landessprache(n) übersetzen lassen.

iii) die Zusammenarbeit in Verrechnungspreisfragen auf bilateraler oder multilateraler Basis ausbauen.

II. **ERSUCHT** die Teilnehmer, den Ausschuss für Steuerfragen von etwaigen Änderungen der für die Verrechnungspreisbestimmung maßgeblichen Gesetze oder sonstigen Rechtsvorschriften oder die Einführung neuer Gesetze und sonstiger Rechtsvorschriften in Kenntnis zu setzen.

III. **ERSUCHT** die Teilnehmer und den Generalsekretär, diese Empfehlung und die Leitlinien zu verbreiten.

IV. **ERSUCHT** die Nichtteilnehmer, dieser Empfehlung gebührend Rechnung zu tragen und ihr beizutreten.

V. **WEIST** den Ausschuss für Steuerfragen **AN**,

i) seine Arbeiten zu Verrechnungspreisfragen fortzusetzen und die Leitlinien bei Bedarf zu ändern,

ii) die Umsetzung dieser Empfehlung in Zusammenarbeit mit den Steuerbehörden der Teilnehmer und unter Beteiligung der Wirtschaft und anderer Interessengruppen zu überwachen und dem Rat auf der Grundlage dieses Monitorings alle fünf Jahre Bericht zu erstatten,

iii) seinen Dialog mit Staaten auszubauen, die dieser Empfehlung nicht beigetreten sind, um ihnen zu helfen, sich mit den Leitlinien vertraut zu machen und der vorliegenden Empfehlung beizutreten.

OECD-Musterabkommen 2017 (OECD-MA 2017)

Fassung vom 21.11.2017[1]

Präambel zum Abkommen

(Staat A) und (Staat B),

die den Wunsch haben, ihre wirtschaftlichen Beziehungen weiterzuentwickeln und ihre Zusammenarbeit in Steuerangelegenheiten zu stärken

und die beabsichtigen, ein Abkommen zur Vermeidung der Doppelbesteuerung auf dem Gebiet der Besteuerung vom Einkommen und vom Vermögen abzuschließen, ohne Gelegenheiten zur Nichtbesteuerung oder Minderbesteuerung durch Steuerflucht und -hinterziehung zu schaffen (einschließlich „Treaty Shopping"-Maßnahmen mit dem Ziel, Vergünstigungen unter diesem Abkommen zum indirekten Nutzen von in Drittstaaten ansässigen Personen zu erlangen),

haben Folgendes vereinbart:

Abschnitt I
Geltungsbereich des Abkommens

Art. 1 Unter das Abkommen fallende Personen

(1) Dieses Abkommen gilt für Personen, die in einem Vertragsstaat oder in beiden Vertragsstaaten ansässig sind.

(2) Im Sinne dieses Abkommens sind Einkünfte, die von einem oder über einen Rechtsträger oder eine Einrichtung bezogen werden, welche unter dem Steuerrecht eines der Vertragsstaaten als steuerlich transparent angesehen werden, als Einkünfte eines Ansässigen eines Vertragsstaats zu betrachten, jedoch nur insoweit als sie zum Zweck der Besteuerung durch diesen Vertragsstaat als Einkünfte eines Ansässigen dieses Vertragsstaats behandelt werden.

(3) Dieses Abkommen berührt nicht die Besteuerung durch einen Vertragsstaat von dort ansässigen Personen. Ausgenommen hiervon sind die Vergünstigungen nach Artikel 7 Absatz 3 und Artikel 9 Absatz 2 sowie Artikel 19, 20, 23 [A] [B], 24, 25 und 28.

Art. 2 Unter das Abkommen fallende Steuern

(1) Dieses Abkommen gilt, ohne Rücksicht auf die Art der Erhebung, für Steuern vom Einkommen und vom Vermögen, die für Rechnung eines Vertragsstaats oder seiner Gebietskörperschaften erhoben werden.

(2) Als Steuern vom Einkommen und vom Vermögen gelten alle Steuern, die vom Gesamteinkommen, vom Gesamtvermögen oder von Teilen des Einkommens oder des Vermögens erhoben werden, einschließlich der Steuern vom Gewinn aus der Veräußerung beweglichen oder unbeweglichen Vermögens, der Lohnsummensteuern sowie der Steuern vom Vermögenszuwachs.

(3) Zu den bestehenden Steuern, für die das Abkommen gilt, gehören insbesondere

---

[1] Bei diesem Text handelt es sich um eine inoffizielle Übersetzung des originalen OECD-Dokuments, das in Englisch unter dem Titel OECD (2017), Model Tax Convention on Income and on Capital: Condensed Version 2017, OECD Publishing, Paris unter http://dx.doi.org/10.1787/mtc_cond-2017-en veröffentlicht worden ist. Weicht die deutsche Übersetzung von der Originalversion ab, ist der Text des originalen Musterabkommens maßgeblich.

a) (in Staat A): …
b) (in Staat B): …

(4) Das Abkommen gilt auch für alle Steuern gleicher oder im Wesentlichen ähnlicher Art, die nach der Unterzeichnung des Abkommens neben den bestehenden Steuern oder an deren Stelle erhoben werden. Die zuständigen Behörden der Vertragsstaaten teilen einander die in ihren Steuergesetzen eingetretenen bedeutsamen Änderungen mit.

Abschnitt II
Begriffsbestimmungen

Art. 3 Allgemeine Begriffsbestimmungen

(1) Im Sinne dieses Abkommens, wenn der Zusammenhang nichts anderes erfordert,

a) umfasst der Ausdruck „Person" natürliche Personen, Gesellschaften und alle anderen Personenvereinigungen;
b) bedeutet der Ausdruck „Gesellschaft" juristische Personen oder Rechtsträger, die für die Besteuerung wie juristische Personen behandelt werden;
c) bezieht sich der Ausdruck „Unternehmen" auf die Ausübung einer Geschäftstätigkeit;
d) bedeuten die Ausdrücke „Unternehmen eines Vertragsstaats" und „Unternehmen des anderen Vertragsstaats", je nachdem, ein Unternehmen, das von einer in einem Vertragsstaat ansässigen Person betrieben wird, oder ein Unternehmen, das von einer im anderen Vertragsstaat ansässigen Person betrieben wird;
e) bedeutet der Ausdruck „internationaler Verkehr" jede Beförderung mit einem Seeschiff oder Luftfahrzeug, es sei denn, das Seeschiff oder Luftfahrzeug wird ausschließlich zwischen Orten in einem Vertragsstaat betrieben und das Unternehmen, welches das Seeschiff oder Luftfahrzeug betreibt, ist kein Unternehmen dieses Staates;
f) bedeutet der Ausdruck „zuständige Behörde"
   i. (in Staat A): …
   ii. (in Staat B): …
g) bedeutet der Ausdruck „Staatsangehöriger" in Bezug auf einen Vertragsstaat
   i. jede natürliche Person, die die Staatsangehörigkeit oder Staatsbürgerschaft dieses Vertragsstaats besitzt; und
   ii. jede juristische Person, Personengesellschaft und andere Personenvereinigung, die nach dem in diesem Vertragsstaat geltenden Recht errichtet worden ist;
h) schließt der Ausdruck „Geschäftstätigkeit" auch die Ausübung einer freiberuflichen oder sonstigen selbständigen Tätigkeit ein;
i) bedeutet der Ausdruck „anerkannte Rentenversicherung" eines Staates einen Rechtsträger oder eine Einrichtung, die in diesem Staat niedergelassen sind, unter den Steuergesetzen dieses Staates als eigenständige Person behandelt werden und
   i. ausschließlich oder nahezu ausschließlich errichtet und betrieben werden, um Altersversorgung und zusätzliche oder dazugehörige Leistungen für natürliche Personen zu verwalten oder bereitzustellen und in dieser Ei-

genschaft von dem Staat oder einer seiner Gebietskörperschaften reguliert werden, oder

ii. ausschließlich oder nahezu ausschließlich errichtet und betrieben werden, um Gelder zugunsten von Rechtsträgern oder Einrichtungen zu investieren, auf die sich Ziffer i. bezieht.

(2) Bei der Anwendung des Abkommens durch einen Vertragsstaat hat, wenn der Zusammenhang nichts anderes erfordert und die zuständigen Behörden sich nicht gemäß den Bestimmungen unter Artikel 25 auf eine andere Bedeutung einigen, jeder im Abkommen nicht definierte Ausdruck die Bedeutung, die ihm im Anwendungszeitraum nach dem Recht dieses Staates über die Steuern zukommt, für die das Abkommen gilt, wobei die Bedeutung nach dem in diesem Staat anzuwendenden Steuerrecht den Vorrang vor einer Bedeutung hat, die der Ausdruck nach anderem Recht dieses Staates hat.

Art. 4 Ansässige Person

(1) Im Sinne dieses Abkommens bedeutet der Ausdruck „eine in einem Vertragsstaat ansässige Person" eine Person, die nach dem Recht dieses Staates dort auf Grund ihres Wohnsitzes, ihres ständigen Aufenthalts, des Ortes ihrer Geschäftsleitung oder eines anderen ähnlichen Merkmals steuerpflichtig ist, und umfasst auch diesen Staat und seine Gebietskörperschaften sowie eine anerkannte Rentenversicherung in diesem Staat. Der Ausdruck umfasst jedoch nicht eine Person, die in diesem Staat nur mit Einkünften aus Quellen in diesem Staat oder mit in diesem Staat gelegenem Vermögen steuerpflichtig ist.

(2) Ist nach Absatz 1 eine natürliche Person in beiden Vertragsstaaten ansässig, so gilt Folgendes:

a) Die Person gilt als nur in dem Staat ansässig, in dem sie über eine ständige Wohnstätte verfügt; verfügt sie in beiden Staaten über eine ständige Wohnstätte, so gilt sie als nur in dem Staat ansässig, zu dem sie die engeren persönlichen und wirtschaftlichen Beziehungen hat (Mittelpunkt der Lebensinteressen);

b) kann nicht bestimmt werden, in welchem Staat die Person den Mittelpunkt ihrer Lebensinteressen hat, oder verfügt sie in keinem der Staaten über eine ständige Wohnstätte, so gilt sie als nur in dem Staat ansässig, in dem sie ihren gewöhnlichen Aufenthalt hat;

c) hat die Person ihren gewöhnlichen Aufenthalt in beiden Staaten oder in keinem der Staaten, so gilt sie als nur in dem Staat ansässig, dessen Staatsangehöriger sie ist;

d) ist die Person Staatsangehöriger beider Staaten oder keines der Staaten, so regeln die zuständigen Behörden der Vertragsstaaten die Frage in gegenseitigem Einvernehmen.

(3) Ist nach Absatz 1 eine andere als eine natürliche Person in beiden Vertragsstaaten ansässig, so werden sich die zuständigen Behörden der Vertragsstaaten bemühen, durch Verständigung zu bestimmen, in welchem Staat diese Person im Sinne dieses Abkommens als ansässig gelten soll, unter Berücksichtigung des Orts ihrer tatsächlichen Geschäftsleitung, des Orts an dem sie niedergelassen oder auf andere Weise errichtet ist sowie weiterer maßgeblicher Faktoren. Kommt es zu keiner derartigen Verständigung, so steht der betreffenden Person keine Vergünstigung oder Befreiung von Steuern unter diesem Abkommen zu, außer in dem Maße und in der Art, auf die sich die zuständigen Behörden der Vertragsstaaten einigen.

Art. 5 Betriebsstätte

(1) Im Sinne dieses Abkommens bedeutet der Ausdruck „Betriebsstätte“ eine feste Geschäftseinrichtung, durch die die Geschäftstätigkeit eines Unternehmens ganz oder teilweise ausgeübt wird.

(2) Der Ausdruck „Betriebsstätte“ umfasst insbesondere:

a) einen Ort der Leitung,
b) eine Zweigniederlassung,
c) eine Geschäftsstelle,
d) eine Fabrikationsstätte,
e) eine Werkstätte und
f) ein Bergwerk, ein Öl- oder Gasvorkommen, einen Steinbruch oder eine andere Stätte der Ausbeutung von Bodenschätzen.

(3) Eine Bauausführung oder Montage ist nur dann eine Betriebsstätte, wenn ihre Dauer zwölf Monate überschreitet.

(4) Ungeachtet der vorstehenden Bestimmungen dieses Artikels gelten nicht als Betriebsstätten:

a) Einrichtungen, die ausschließlich zur Lagerung, Ausstellung oder Auslieferung von Gütern oder Waren des Unternehmens benutzt werden;
b) Bestände von Gütern oder Waren des Unternehmens, die ausschließlich zur Lagerung, Ausstellung oder Auslieferung unterhalten werden;
c) Bestände von Gütern oder Waren des Unternehmens, die ausschließlich zu dem Zweck unterhalten werden, durch ein anderes Unternehmen bearbeitet oder verarbeitet zu werden;
d) eine feste Geschäftseinrichtung, die ausschließlich zu dem Zweck unterhalten wird, für das Unternehmen Güter oder Waren einzukaufen oder Informationen zu beschaffen;
e) eine feste Geschäftseinrichtung, die ausschließlich zu dem Zweck unterhalten wird, für das Unternehmen andere Tätigkeiten auszuüben;
f) eine feste Geschäftseinrichtung, die ausschließlich zu dem Zweck unterhalten wird, mehrere der unter den Buchstaben a bis e genannten Tätigkeiten auszuüben, vorausgesetzt, dass eine derartige Tätigkeit, oder im Falle von Buchstabe f die Gesamttätigkeit der festen Geschäftseinrichtung, vorbereitender Art ist oder eine Hilfstätigkeit darstellt.

(4.1) Absatz 4 ist nicht auf eine feste Geschäftseinrichtung anzuwenden, die von einem Unternehmen genützt oder unterhalten wird, wenn das gleiche Unternehmen oder ein eng verbundenes Unternehmen am selben Ort oder an einem anderen Ort im selben Vertragsstaat Geschäftstätigkeiten ausübt und

a) dieser Ort oder der andere Ort gemäß den Bestimmungen dieses Artikels eine Betriebsstätte des Unternehmens oder der eng verbundenen Unternehmens begründen; oder
b) die Gesamttätigkeit, die sich aus mehreren Tätigkeiten der beiden Unternehmen am selben Ort oder des gleichen Unternehmens oder des eng verbundenen Unterneh-

mens an den beiden Orten ergibt, weder vorbereitender Art ist noch eine Hilfstätigkeit darstellt,

vorausgesetzt, dass die von den beiden Unternehmen am selben Ort oder von dem gleichen Unternehmen oder dem eng verbundenen Unternehmen an den beiden Orten ausgeübten Geschäftstätigkeiten einander ergänzende Funktionen darstellen, welche Bestandteil eines zusammenhängenden Geschäftsbetriebs sind.

(5) Ist eine Person – vorbehaltlich der Bestimmungen des Absatzes 6 – in einem Vertragsstaat für ein Unternehmen tätig und schließt sie hierbei gewöhnlich Verträge ab oder spielt sie gewöhnlich die führende Rolle, die zum Abschluss von Verträgen führt, welche regelmäßig und ohne wesentliche Änderungen durch das Unternehmen abgeschlossen werden, und

a) werden diese Verträge im Namen des Unternehmens abgeschlossen oder
b) dienen sie der Übertragung von Vermögen oder der Einräumung des Nutzungsrechts von Vermögen, das dem Unternehmen gehört oder dessen Nutzungsrechte das Unternehmen besitzt oder
c) beinhalten diese Verträge Dienstleistungen, die von diesem Unternehmen zu erbringen sind

so wird das Unternehmen ungeachtet der Absätze 1 und 2 so behandelt, als habe es in diesem Staat für alle von der Person für das Unternehmen ausgeübten Tätigkeiten eine Betriebsstätte, es sei denn, diese Tätigkeiten beschränken sich auf die in Absatz 4 genannten Tätigkeiten, die, würden sie durch eine feste Geschäftseinrichtung (mit Ausnahme einer festen Geschäftseinrichtung, auf die Absatz 4.1 anzuwenden wäre) ausgeübt, diese Einrichtung nach dem genannten Absatz nicht zu einer Betriebsstätte machen würden.

(6) Absatz 5 ist nicht anzuwenden, wenn eine Person, die in einem Vertragsstaat für ein Unternehmen des anderen Vertragsstaats tätig ist, im erstgenannten Staat als unabhängiger Vertreter Geschäftstätigkeiten ausübt und für das Unternehmen im Rahmen ihrer ordentlichen Geschäftstätigkeit handelt. Ist eine Person jedoch ausschließlich oder nahezu ausschließlich für eine oder mehrere eng verbundene Gesellschaften tätig, so wird diese Person im Hinblick auf derartige Gesellschaften nicht als unabhängiger Vertreter im Sinne dieses Absatzes betrachtet.

(7) Allein dadurch, dass eine in einem Vertragsstaat ansässige Gesellschaft eine Gesellschaft beherrscht oder von einer Gesellschaft beherrscht wird, die im anderen Vertragsstaat ansässig ist oder dort (entweder durch eine Betriebsstätte oder auf andere Weise) ihre Geschäftstätigkeit ausübt, wird keine der beiden Gesellschaften zur Betriebsstätte der anderen.

(8) Im Sinne dieses Artikels ist eine Person oder ein Unternehmen mit einem Unternehmen eng verbunden, wenn auf Basis aller maßgeblichen Sachverhalte eine Partei Kontrolle über die andere ausübt oder beide Parteien unter der Kontrolle derselben Personen oder Unternehmen stehen. In jedem Fall gilt eine Person oder ein Unternehmen als eng verbunden mit einem Unternehmen, wenn eine Partei unmittelbar oder mittebar mehr als 50 v. H. des wirtschaftlichen Eigentums an der anderen besitzt (oder im Fall einer Gesellschaft mehr als 50 v. H. der gesamten Stimmrechte und des Gesamtwerts der Aktien der Gesellschaft oder des wirtschaftlichen Eigentums am Eigenkapital der Gesellschaft) oder wenn eine andere Person oder Gesellschaft unmittelbar oder mittelbar mehr als 50 v. H. des wirtschaftlichen Eigentums an der Person und dem Unternehmen oder den beiden Untenehmen besitzt (oder im Falle

einer Gesellschaft mehr als 50 v. H. der gesamten Stimmrechte und des Gesamtwerts der Aktien der Gesellschaft oder des wirtschaftlichen Eigentums am Eigenkapital der Gesellschaft).

Abschnitt III
Besteuerung des Einkommens

Art. 6 Einkünfte aus unbeweglichem Vermögen

(1) Einkünfte, die eine in einem Vertragsstaat ansässige Person aus unbeweglichem Vermögen (einschließlich der Einkünfte aus land- und forstwirtschaftlichen Betrieben) bezieht, das im anderen Vertragsstaat liegt, können im anderen Staat besteuert werden.

(2) Der Ausdruck „unbewegliches Vermögen" hat die Bedeutung, die ihm nach dem Recht des Vertragsstaats zukommt, in dem das Vermögen liegt. Der Ausdruck umfasst in jedem Fall das Zubehör zum unbeweglichen Vermögen, das lebende und tote Inventar land- und forstwirtschaftlicher Betriebe, die Rechte, für die die Vorschriften des Privatrechts über Grundstücke gelten, Nutzungsrechte an unbeweglichem Vermögen sowie Rechte auf veränderliche oder feste Vergütungen für die Ausbeutung oder das Recht auf Ausbeutung von Mineralvorkommen, Quellen und anderen Bodenschätzen; Schiffe und Luftfahrzeuge gelten nicht als unbewegliches Vermögen.

(3) Absatz 1 gilt für die Einkünfte aus der unmittelbaren Nutzung, der Vermietung oder Verpachtung sowie jeder anderen Art der Nutzung unbeweglichen Vermögens.

(4) Die Absätze 1 und 3 gelten auch für Einkünfte aus unbeweglichem Vermögen eines Unternehmens.

Art. 7 Unternehmensgewinne

(1) Gewinne eines Unternehmens eines Vertragsstaats können nur in diesem Staat besteuert werden, es sei denn, das Unternehmen übt seine Geschäftstätigkeit im anderen Staat durch eine dort belegene Betriebsstätte aus. Übt das Unternehmen seine Geschäftstätigkeit auf diese Weise aus, so können die Gewinne, die der Betriebsstätte nach Absatz 2 zuzurechnen sind, im anderen Staat besteuert werden.

(2) Bei der Anwendung dieses Artikels sowie von Artikel 23 A, 23 B sind die Gewinne, die der in Absatz 1 genannten Betriebsstätte in jedem Vertragsstaat zuzurechnen sind, die Gewinne, die sie hätte erzielen können, insbesondere im Verkehr mit anderen Teilen des Unternehmens, dessen Betriebsstätte sie ist, wenn sie als selbstständiges und unabhängiges Unternehmen eine gleiche oder ähnliche Geschäftstätigkeit unter gleichen oder ähnlichen Bedingungen ausgeübt hätte; dabei sind die vom Unternehmen durch die Betriebsstätte und durch andere Unternehmensteile ausgeübten Funktionen, eingesetzten Wirtschaftsgüter und übernommenen Risiken zu berücksichtigen.

(3) Ändert ein Vertragsstaat die einer Betriebsstätte eines Unternehmens eines Vertragsstaats zuzurechnenden Gewinne in Übereinstimmung mit Absatz 2 und besteuert er dementsprechend Gewinne des Unternehmens, die bereits im anderen Staat besteuert worden sind, so nimmt der andere Staat eine entsprechende Änderung der von diesen Gewinnen erhobenen Steuer vor, soweit dies zur Beseitigung einer Doppelbesteuerung erforderlich ist. Bei dieser Änderung werden die zuständigen Behörden der Vertragsstaaten einander erforderlichenfalls konsultieren.

(4) Gehören zu den Gewinnen Einkünfte, die in anderen Artikeln dieses Abkommens behandelt werden, so werden die Bestimmungen jener Artikel durch die Bestimmungen dieses Artikels nicht berührt.

Art. 8 Seeschifffahrt und Luftfahrt

(1) Gewinne eines Unternehmens in einem Vertragsstaat aus dem Betrieb von Seeschiffen oder Luftfahrzeugen im internationalen Verkehr können nur in diesem Vertragsstaat besteuert werden.

(2) Absatz 1 gilt auch für Gewinne aus der Beteiligung an einem Pool, einer Betriebsgemeinschaft oder einer internationalen Betriebsagentur.

Art. 9 Verbundene Unternehmen

(1) Wenn

a) ein Unternehmen eines Vertragsstaats unmittelbar oder mittelbar an der Geschäftsleitung, der Kontrolle oder dem Kapital eines Unternehmens des anderen Vertragsstaats beteiligt ist, oder

b) dieselben Personen unmittelbar oder mittelbar an der Geschäftsleitung, der Kontrolle oder dem Kapital eines Unternehmens eines Vertragsstaats und eines Unternehmens des anderen Vertragsstaats beteiligt sind

und in diesen Fällen die beiden Unternehmen in ihren kaufmännischen oder finanziellen Beziehungen an vereinbarte oder auferlegte Bedingungen gebunden sind, die von denen abweichen, die unabhängige Unternehmen miteinander vereinbaren würden, so dürfen die Gewinne, die eines der Unternehmen ohne diese Bedingungen erzielt hätte, wegen dieser Bedingungen aber nicht erzielt hat, den Gewinnen dieses Unternehmens zugerechnet und entsprechend besteuert werden.

(2) Werden in einem Vertragsstaat den Gewinnen eines Unternehmens dieses Staates Gewinne zugerechnet – und entsprechend besteuert –, mit denen ein Unternehmen des anderen Vertragsstaats in diesem Staat besteuert worden ist, und handelt es sich bei den zugerechneten Gewinnen um solche, die das Unternehmen des erstgenannten Staates erzielt hätte, wenn die zwischen den beiden Unternehmen vereinbarten Bedingungen die gleichen gewesen wären, die unabhängige Unternehmen miteinander vereinbaren würden, so nimmt der andere Staat eine entsprechende Änderung der dort von diesen Gewinnen erhobenen Steuer vor. Bei dieser Änderung sind die übrigen Bestimmungen dieses Abkommens zu berücksichtigen; erforderlichenfalls werden die zuständigen Behörden der Vertragsstaaten einander konsultieren.

Art. 10 Dividenden

(1) Dividenden, die eine in einem Vertragsstaat ansässige Gesellschaft an eine im anderen Vertragsstaat ansässige Person zahlt, können im anderen Staat besteuert werden.

(2) Jedoch können Dividenden, die von einer Gesellschaft gezahlt werden, die in einem Vertragsstaat ansässig ist, auch in diesem Staat nach dem Recht dieses Staates besteuert werden; die Steuer darf aber, wenn der Nutzungsberechtigte der Dividenden eine in dem anderen Vertragsstaat ansässige Person ist, nicht übersteigen:

a) 5 v. H. des Bruttobetrages der Dividenden, wenn der Nutzungsberechtigte eine Gesellschaft ist, die über einen Zeitraum von 365 Tagen einschließlich des Tages, an dem die Dividende gezahlt wird, unmittelbar über mindestens 25 v. H. des Kapitals der die Dividenden zahlenden Gesellschaft verfügt (für Zwecke der Berechnung dieses Zeitraums werden keine Änderungen der Eigentumsverhältnisse in Betracht gezogen, die sich unmittelbar aus einer Unternehmensumgestaltung wie einer Fusion oder einer spaltenden Umgestaltung derjenigen Gesellschaft ergeben würden, welche die Anteile besitzt oder die Dividende zahlt);

b) 15 v. H. des Bruttobetrags der Dividenden in allen anderen Fällen.

Die zuständigen Behörden der Vertragsstaaten regeln in gegenseitigem Einvernehmen, wie diese Begrenzungsbestimmungen durchzuführen sind. Dieser Absatz berührt nicht die Besteuerung der Gesellschaft in Bezug auf die Gewinne, aus denen die Dividenden gezahlt werden.

(3) Der in diesem Artikel verwendete Ausdruck „Dividenden“ bedeutet Einkünfte aus Aktien, Genussaktien oder Genussscheinen, Kuxen, Gründeranteilen oder anderen Rechten – ausgenommen Forderungen – mit Gewinnbeteiligung sowie aus sonstigen Gesellschaftsanteilen stammende Einkünfte, die nach dem Recht des Staates, in dem die ausschüttende Gesellschaft ansässig ist, den Einkünften aus Aktien steuerlich gleichgestellt sind.

(4) Die Absätze 1 und 2 sind nicht anzuwenden, wenn der in einem Vertragsstaat ansässige Nutzungsberechtigte im anderen Vertragsstaat, in dem die die Dividenden zahlende Gesellschaft ansässig ist, eine Geschäftstätigkeit durch eine dort gelegene Betriebsstätte ausübt und die Beteiligung, für die die Dividenden gezahlt werden, tatsächlich zu dieser Betriebsstätte gehört. In diesem Fall ist Artikel 7 anzuwenden.

(5) Bezieht eine in einem Vertragsstaat ansässige Gesellschaft Gewinne oder Einkünfte aus dem anderen Vertragsstaat, so darf dieser andere Staat weder die von der Gesellschaft gezahlten Dividenden besteuern, es sei denn, dass diese Dividenden an eine im anderen Staat ansässige Person gezahlt werden oder dass die Beteiligung, für die die Dividenden gezahlt werden, tatsächlich zu einer im anderen Staat gelegenen Betriebsstätte gehört, noch Gewinne der Gesellschaft einer Steuer für nichtausgeschüttete Gewinne unterwerfen, selbst wenn die gezahlten Dividenden oder die nichtausgeschütteten Gewinne ganz oder teilweise aus im anderen Staat erzielten Gewinnen oder Einkünften bestehen.

Art. 11 Zinsen

(1) Zinsen, die aus einem Vertragsstaat stammen und an eine im anderen Vertragsstaat ansässige Person gezahlt werden, können im anderen Staat besteuert werden.

(2) Zinsen, die in einem Vertragsstaat entstehen, können auch in diesem Staat nach dem Recht dieses Staates besteuert werden; die Steuer darf aber, wenn der Nutzungsberechtigte der Zinsen eine in dem anderen Vertragsstaat ansässige Person ist, 10 v. H. des Bruttobetrags der Zinsen nicht übersteigen. Die zuständigen Behörden der Vertragsstaaten regeln in gegenseitigem Einvernehmen, wie diese Begrenzungsbestimmung durchzuführen ist.

(3) Der in diesem Artikel verwendete Ausdruck „Zinsen“ bedeutet Einkünfte aus Forderungen jeder Art, auch wenn die Forderungen durch Pfandrechte an Grundstücken gesichert oder mit einer Beteiligung am Gewinn des Schuldners ausgestattet sind, und insbesondere Einkünfte aus öffentlichen Anleihen und aus Obligationen einschließlich der damit verbundenen Aufgelder und der Gewinne aus Losanleihen. Zuschläge für verspätete Zahlung gelten nicht als Zinsen im Sinne dieses Artikels.

(4) Die Absätze 1 und 2 sind nicht anzuwenden, wenn der in einem Vertragsstaat ansässige Nutzungsberechtigte im anderen Vertragsstaat, aus dem die Zinsen stammen, eine Geschäftstätigkeit durch eine dort gelegene Betriebsstätte ausübt und die Forderung, für die die Zinsen gezahlt werden, tatsächlich zu dieser Betriebsstätte gehört. In diesem Fall ist Artikel 7 anzuwenden.

(5) Zinsen gelten dann als aus einem Vertragsstaat stammend, wenn der Schuldner eine in diesem Staat ansässige Person ist. Hat aber der Schuldner der Zinsen, ohne Rücksicht darauf, ob er in einem Vertragsstaat ansässig ist oder nicht, in einem Vertragsstaat eine Betriebsstätte und ist die Schuld, für die die Zinsen gezahlt werden, für Zwecke der Betriebsstätte eingegangen worden und trägt die Betriebsstätte die Zinsen, so gelten die Zinsen als aus dem Staat stammend, in dem die Betriebsstätte liegt.

(6) Bestehen zwischen dem Schuldner und dem Nutzungsberechtigten oder zwischen jedem von ihnen und einem Dritten besondere Beziehungen und übersteigen deshalb die Zinsen, gemessen an der zugrundeliegenden Forderung, den Betrag, den Schuldner und Nutzungsberechtigter ohne diese Beziehungen vereinbart hätten, so wird dieser Artikel nur auf den letzteren Betrag angewendet. In diesem Fall kann der übersteigende Betrag nach dem Recht eines jeden Vertragsstaats und unter Berücksichtigung der anderen Bestimmungen dieses Abkommens besteuert werden.

Art. 12 Lizenzgebühren

(1) Lizenzgebühren, die aus einem Vertragsstaat stammen und deren Nutzungsberechtigter eine im anderen Vertragsstaat ansässige Person ist, können nur im anderen Staat besteuert werden.

(2) Der in diesem Artikel verwendete Ausdruck „Lizenzgebühren" bedeutet Vergütungen jeder Art, die für die Benutzung oder für das Recht auf Benutzung von Urheberrechten an literarischen, künstlerischen oder wissenschaftlichen Werken, einschließlich kinematographischer Filme, von Patenten, Marken, Mustern oder Modellen, Plänen, geheimen Formeln oder Verfahren oder für die Mitteilung gewerblicher, kaufmännischer oder wissenschaftlicher Erfahrungen gezahlt werden.

(3) Absatz 1 ist nicht anzuwenden, wenn der in einem Vertragsstaat ansässige Nutzungsberechtigte im anderen Vertragsstaat, aus dem die Lizenzgebühren stammen, eine Geschäftstätigkeit durch eine dort gelegene Betriebsstätte ausübt und die Rechte oder Vermögenswerte, für die die Lizenzgebühren gezahlt werden, tatsächlich zu dieser Betriebsstätte gehören. In diesem Fall ist Artikel 7 anzuwenden.

(4) Bestehen zwischen dem Schuldner und dem Nutzungsberechtigten oder zwischen jedem von ihnen und einem Dritten besondere Beziehungen und übersteigen deshalb die Lizenzgebühren, gemessen an der zugrundeliegenden Leistung, den Betrag, den Schuldner und Nutzungsberechtigter ohne diese Beziehungen vereinbart hätten, so wird dieser Artikel nur auf den letzteren Betrag angewendet. In diesem Fall kann der übersteigende Betrag nach dem Recht eines jeden Vertragsstaats und unter Berücksichtigung der anderen Bestimmungen dieses Abkommens besteuert werden.

Art. 13 Gewinne aus der Veräußerung von Vermögen

(1) Gewinne, die eine in einem Vertragsstaat ansässige Person aus der Veräußerung unbeweglichen Vermögens im Sinne des Artikels 6 bezieht, das im anderen Vertragsstaat liegt, können im anderen Staat besteuert werden.

(2) Gewinne aus der Veräußerung beweglichen Vermögens, das Betriebsvermögen einer Betriebsstätte ist, die ein Unternehmen eines Vertragsstaats im anderen Vertragsstaat hat, einschließlich derartiger Gewinne, die bei der Veräußerung einer solchen Betriebsstätte (allein oder mit dem übrigen Unternehmen) erzielt werden, können im anderen Staat besteuert werden.

(3) Gewinne, die ein Unternehmen in einem Vertragsstaat, das Seeschiffe oder Luftfahrzeuge im internationalen Verkehr betreibt, aus der Veräußerung dieser Seeschiffe oder Luftfahrzeuge oder von beweglichem Vermögen bezieht, das dem Betrieb dieser Schiffe oder Luftfahrzeuge dient, können nur in diesem Vertragsstaat besteuert werden.

(4) Gewinne, die eine in einem Vertragsstaat ansässige Person aus der Veräußerung von Anteilen oder vergleichbaren Rechten, wie Beteiligungen an einer Personengesellschaft oder einem Trust bezieht, können im anderen Vertragsstaat besteuert werden, wenn zu irgendeinem Zeitpunkt in den 365 Tagen vor der Veräußerung der Wert dieser Anteile oder vergleichbaren Rechten zu mehr als 50 v. H. unmittelbar oder mittelbar auf unbeweglichem Vermögen gemäß der Defninition in Artikel 6 beruht, das im anderen Vertragsstaat gelegen ist.

(5) Gewinne aus der Veräußerung des in den Absätzen 1, 2, 3 und 4 nicht genannten Vermögens können nur in dem Vertragsstaat besteuert werden, in dem der Veräußerer ansässig ist.

Art. 14 Selbständige Arbeit

(aufgehoben)

Art. 15 Einkünfte aus unselbständiger Arbeit

(1) Vorbehaltlich der Artikel 16, 18 und 19 können Gehälter, Löhne und ähnliche Vergütungen, die eine in einem Vertragsstaat ansässige Person aus unselbständiger Arbeit bezieht, nur in diesem Staat besteuert werden, es sei denn, die Arbeit wird im anderen Vertragsstaat ausgeübt. Wird die Arbeit dort ausgeübt, so können die dafür bezogenen Vergütungen im anderen Staat besteuert werden.

(2) Ungeachtet des Absatzes 1 können Vergütungen, die eine in einem Vertragsstaat ansässige Person für eine im anderen Vertragsstaat ausgeübte unselbständige Arbeit bezieht, nur im erstgenannten Staat besteuert werden, wenn

a) der Empfänger sich im anderen Staat insgesamt nicht länger als 183 Tage innerhalb eines Zeitraums von zwölf Monaten, der während des betreffenden Steuerjahres beginnt oder endet, aufhält und
b) die Vergütungen von einem Arbeitgeber oder für einen Arbeitgeber gezahlt werden, der nicht im anderen Staat ansässig ist, und
c) die Vergütungen nicht von einer Betriebsstätte getragen werden, die der Arbeitgeber im anderen Staat hat.

(3) Ungeachtet der vorstehenden Bestimmungen dieses Artikels werden Vergütungen für unselbständige Arbeit, die eine in einem Vertragsstaat ansässige Person als Mitglied der ständigen Besatzung an Bord eines Seeschiffes oder Luftfahrzeuges ausübt, das im internatio-

nalen Verkehr betrieben wird, jedoch nicht an Bord eines Seeschiffes oder Luftfahrzeuges, das ausschließlich im anderen Vertragsstaat betrieben wird, nur im erstgenannten Staat besteuert.

Art. 16 Aufsichtsrats- und Verwaltungsratsvergütungen

Aufsichtsrats- und Verwaltungsratsvergütungen und ähnliche Zahlungen, die eine in einem Vertragsstaat ansässige Person in ihrer Eigenschaft als Mitglied des Aufsichts- oder Verwaltungsrats einer Gesellschaft bezieht, die im anderen Vertragsstaat ansässig ist, können im anderen Staat besteuert werden.

Art. 17 Künstler und Sportler

(1) Ungeachtet des Artikels 15 können Einkünfte, die eine in einem Vertragsstaat ansässige Person als Künstler, wie Bühnen-, Film-, Rundfunk- und Fernsehkünstler sowie Musiker, oder als Sportler aus ihrer im anderen Vertragsstaat persönlich ausgeübten Tätigkeit bezieht, im anderen Staat besteuert werden.

(2) Fließen Einkünfte aus einer von einem Künstler oder Sportler in dieser Eigenschaft persönlich ausgeübten Tätigkeit nicht dem Künstler oder Sportler selbst, sondern einer anderen Person zu, so können diese Einkünfte ungeachtet des Artikels 15 in dem Vertragsstaat besteuert werden, in dem der Künstler oder Sportler seine Tätigkeit ausübt.

Art. 18 Ruhegehälter

Vorbehaltlich des Artikels 19 Absatz 2 können Ruhegehälter und ähnliche Vergütungen, die einer in einem Vertragsstaat ansässigen Person für frühere unselbständige Arbeit gezahlt werden, nur in diesem Staat besteuert werden.

Art. 19 Öffentlicher Dienst

(1)

a) Gehälter, Löhne und ähnliche Vergütungen, ausgenommen Ruhegehälter, die von einem Vertragsstaat oder einer seiner Gebietskörperschaften an eine natürliche Person für die diesem Staat oder der Gebietskörperschaft geleisteten Dienste gezahlt werden, können nur in diesem Staat besteuert werden.

b) Diese Gehälter, Löhne und ähnlichen Vergütungen können jedoch nur im anderen Vertragsstaat besteuert werden, wenn die Dienste in diesem Staat geleistet werden und die natürliche Person in diesem Staat ansässig ist und
   i. ein Staatsangehöriger dieses Staates ist oder
   ii. nicht ausschließlich deshalb in diesem Staat ansässig geworden ist, um die Dienste zu leisten.

(2)

a) Ungeachtet des Absatzes 1 können Ruhegehälter oder ähnliche Vergütungen, die von einem Vertragsstaat oder einer seiner Gebietskörperschaften oder aus einem von diesem Staat oder der Gebietskörperschaft errichteten Sondervermögen an eine natürliche Person für die diesem Staat oder der Gebietskörperschaft geleisteten Dienste gezahlt werden, nur in diesem Staat besteuert werden.

b) Diese Ruhegehälter oder ähnlichen Vergütungen können jedoch nur im anderen Vertragsstaat besteuert werden, wenn die natürliche Person in diesem Staat ansässig ist und ein Staatsangehöriger dieses Staates ist.

(3) Auf Gehälter, Löhne, Ruhegehälter und ähnliche Vergütungen für Dienstleistungen, die im Zusammenhang mit einer Geschäftstätigkeit eines Vertragsstaats oder einer seiner Gebietskörperschaften erbracht werden, sind die Artikel 15, 16, 17 oder 18 anzuwenden.

Art. 20 Studenten

Zahlungen, die ein Student, Praktikant oder Lehrling, der sich in einem Vertragsstaat ausschließlich zum Studium oder zur Ausbildung aufhält und der im anderen Vertragsstaat ansässig ist oder dort unmittelbar vor der Einreise in den erstgenannten Staat ansässig war, für seinen Unterhalt, sein Studium oder seine Ausbildung erhält, dürfen im erstgenannten Staat nicht besteuert werden, sofern diese Zahlungen aus Quellen außerhalb dieses Staates stammen.

Art. 21 Andere Einkünfte

(1) Einkünfte einer in einem Vertragsstaat ansässigen Person, die in den vorstehenden Artikeln nicht behandelt wurden, können ohne Rücksicht auf ihre Herkunft nur in diesem Staat besteuert werden.

(2) Absatz 1 ist auf andere Einkünfte als solche aus unbeweglichem Vermögen im Sinne des Artikels 6 Absatz 2 nicht anzuwenden, wenn der in einem Vertragsstaat ansässige Empfänger im anderen Vertragsstaat eine Geschäftstätigkeit durch eine dort gelegene Betriebsstätte ausübt und die Rechte oder Vermögenswerte, für die die Einkünfte gezahlt werden, tatsächlich zu dieser Betriebsstätte gehören. In diesem Fall ist Artikel 7 anzuwenden.

Abschnitt IV
Besteuerung des Vermögens

Art. 22 Vermögen

(1) Unbewegliches Vermögen im Sinne des Artikels 6, das einer in einem Vertragsstaat ansässigen Person gehört und im anderen Vertragsstaat liegt, kann im anderen Staat besteuert werden.

(2) Bewegliches Vermögen, das Betriebsvermögen einer Betriebsstätte ist, die ein Unternehmen eines Vertragsstaats im anderen Vertragsstaat hat, kann im anderen Staat besteuert werden.

(3) Seeschiffe und Luftfahrzeuge sowie bewegliches Vermögen, das dem Betrieb dieser Schiffe oder Luftfahrzeuge dient, können, wenn sie einem Unternehmen eines Vertragsstaats gehören, das diese Seeschiffe oder Luftfahrzeuge im internationalen Verkehr betreibt, nur in diesem Staat besteuert werden.

(4) Alle anderen Vermögensteile einer in einem Vertragsstaat ansässigen Person können nur in diesem Staat besteuert werden.

Abschnitt V
Methoden zur Vermeidung der Doppelbesteuerung

Art. 23 A Befreiungsmethode

(1) Bezieht eine in einem Vertragsstaat ansässige Person Einkünfte oder hat sie Vermögen und können diese Einkünfte oder dieses Vermögen nach diesem Abkommen im anderen Vertragsstaat besteuert werden (es sei denn, dieses Abkommen gestattet die Besteuerung durch den anderen Staat allein aufgrund dessen, dass das Einkommen auch von einer in die-

sem Staat ansässigen Person bezogen wird oder weil sich das Vermögen auch im Besitz einer in diesem Staat ansässigen Person befindet), so nimmt der erstgenannte Staat vorbehaltlich der Absätze 2 und 3 diese Einkünfte oder dieses Vermögen von der Besteuerung aus.

(2) Bezieht eine in einem Vertragsstaat ansässige Person Einkünfte und können diese Einkünfte nach den Artikeln 10 und 11 im anderen Vertragsstaat besteuert werden (es sei denn, diese Artikel gestatten die Besteuerung durch den anderen Staat allein aufgrund dessen, dass das Einkommen auch von einer in diesem Staat ansässigen Person bezogen wird), so rechnet der erstgenannte Staat auf die vom Einkommen dieser Person zu erhebende Steuer den Betrag an, der der im anderen Staat gezahlten Steuer entspricht. Der anzurechnende Betrag darf jedoch den Teil der von der Anrechnung ermittelten Steuer nicht übersteigen, der auf die aus dem anderen Staat bezogenen Einkünfte entfällt.

(3) Einkünfte oder Vermögen einer in einem Vertragsstaat ansässigen Person, die nach dem Abkommen von der Besteuerung in diesem Staat auszunehmen sind, können gleichwohl in diesem Staat bei der Festsetzung der Steuer für das übrige Einkommen oder Vermögen der Person einbezogen werden.

(4) Absatz 1 gilt nicht für Einkünfte oder Vermögen einer in einem Vertragsstaat ansässigen Person, wenn der andere Vertragsstaat dieses Abkommen so anwendet, dass er diese Einkünfte oder dieses Vermögen von der Besteuerung ausnimmt oder Absatz 2 des Artikels 10 oder des Artikels 11 auf diese Einkünfte anwendet.

Art. 23 B Anrechnungsmethode

Bezieht eine in einem Vertragsstaat ansässige Person Einkünfte oder hat sie Vermögen und können diese Einkünfte oder dieses Vermögen nach diesem Abkommen im anderen Vertragsstaat besteuert werden (es sei denn, dieses Abkommen gestattet die Besteuerung durch den anderen Staat allein aufgrund dessen, dass das Einkommen auch von einer in diesem Staat ansässigen Person bezogen wird oder weil sich das Vermögen auch im Besitz einer in diesem Staat ansässigen Person befindet), so rechnet der erstgenannte Staat

a) auf die vom Einkommen dieser Person zu erhebende Steuer den Betrag an, der der im anderen Staat gezahlten Steuer vom Einkommen entspricht;
b) auf die vom Vermögen dieser Person zu erhebende Steuer den Betrag an, der der in dem anderen Vertragsstaat gezahlten Steuer vom Vermögen entspricht.

Der anzurechnende Betrag darf jedoch in beiden Fällen den Teil der vor der Anrechnung ermittelten Steuer vom Einkommen oder vom Vermögen nicht übersteigen, der auf die Einkünfte, die im anderen Staat besteuert werden können oder auf das Vermögen, das dort besteuert werden kann, entfällt.

(2) Einkünfte oder Vermögen einer in einem Vertragsstaat ansässigen Person, die nach dem Abkommen von der Besteuerung in diesem Staat auszunehmen sind, können gleichwohl in diesem Staat bei der Festsetzung der Steuer für das übrige Einkommen oder Vermögen der Person einbezogen werden.

Abschnitt VI
Besondere Bestimmungen
Art. 24 Gleichbehandlung

(1) Staatsangehörige eines Vertragsstaats dürfen im anderen Vertragsstaat keiner Besteuerung oder damit zusammenhängenden Verpflichtung unterworfen werden, die anders oder belastender ist als die Besteuerung und die damit zusammenhängenden Verpflichtungen, denen Staatsangehörige des anderen Staates unter gleichen Verhältnissen, insbesondere hinsichtlich der Ansässigkeit, unterworfen sind oder unterworfen werden können. Diese Bestimmung gilt ungeachtet des Artikels 1 auch für Personen, die in keinem Vertragsstaat ansässig sind.

(2) Staatenlose, die in einem Vertragsstaat ansässig sind, dürfen in keinem Vertragsstaat einer Besteuerung oder damit zusammenhängenden Verpflichtung unterworfen werden, die anders oder belastender ist als die Besteuerung und die damit zusammenhängenden Verpflichtungen, denen Staatsangehörige des betreffenden Staates unter gleichen Verhältnissen, insbesondere hinsichtlich der Ansässigkeit, unterworfen sind oder unterworfen werden können.

(3) Die Besteuerung einer Betriebsstätte, die ein Unternehmen eines Vertragsstaats im anderen Vertragsstaat hat, darf in dem anderen Staat nicht ungünstiger sein als die Besteuerung von Unternehmen des anderen Staates, die die gleiche Tätigkeit ausüben. Diese Bestimmung ist nicht so auszulegen, als verpflichte sie einen Vertragsstaat, den in dem anderen Vertragsstaat ansässigen Personen Steuerfreibeträge, -vergünstigungen und -ermäßigungen auf Grund des Personenstandes oder der Familienlasten zu gewähren, die er seinen ansässigen Personen gewährt.

(4) Sofern nicht Artikel 9 Absatz 1, Artikel 11 Absatz 6 oder Artikel 12 Absatz 4 anzuwenden ist, sind Zinsen, Lizenzgebühren und andere Entgelte, die ein Unternehmen eines Vertragsstaats an eine im anderen Vertragsstaat ansässige Person zahlt, bei der Ermittlung der steuerpflichtigen Gewinne dieses Unternehmens unter den gleichen Bedingungen wie Zahlungen an eine im erstgenannten Staat ansässige Person zum Abzug zuzulassen. Dementsprechend sind Schulden, die ein Unternehmen eines Vertragsstaats gegenüber einer im anderen Vertragsstaat ansässigen Person hat, bei der Ermittlung des steuerpflichtigen Vermögens dieses Unternehmens unter den gleichen Bedingungen wie Schulden gegenüber einer im erstgenannten Staat ansässigen Person zum Abzug zuzulassen.

(5) Unternehmen eines Vertragsstaats, deren Kapital ganz oder teilweise unmittelbar oder mittelbar einer im anderen Vertragsstaat ansässigen Person oder mehreren solchen Personen gehört oder ihrer Kontrolle unterliegt, dürfen im erstgenannten Staat keiner Besteuerung oder damit zusammenhängenden Verpflichtung unterworfen werden, die anders oder belastender ist als die Besteuerung und die damit zusammenhängenden Verpflichtungen, denen andere ähnliche Unternehmen des erstgenannten Staates unterworfen sind oder unterworfen werden können.

(6) Dieser Artikel gilt ungeachtet des Artikels 2 für Steuern jeder Art und Bezeichnung.

Art. 25 Verständigungsverfahren

(1) Ist eine Person der Auffassung, dass Maßnahmen eines Vertragsstaats oder beider Vertragsstaaten für sie zu einer Besteuerung führen oder führen werden, die diesem Abkommen nicht entspricht, so kann sie unbeschadet der nach dem innerstaatlichen Recht dieser Staaten vorgesehenen Rechtsmittel ihren Fall der zuständigen Behörde eines der beiden Vertragsstaa-

ten unterbreiten. Der Fall muss innerhalb von drei Jahren nach der ersten Mitteilung der Maßnahme unterbreitet werden, die zu einer dem Abkommen nicht entsprechenden Besteuerung führt.

(2) Hält die zuständige Behörde die Einwendung für begründet und ist sie selbst nicht in der Lage, eine befriedigende Lösung herbeizuführen, so wird sie sich bemühen, den Fall durch Verständigung mit der zuständigen Behörde des anderen Vertragsstaats so zu regeln, dass eine dem Abkommen nicht entsprechende Besteuerung vermieden wird. Die Verständigungsregelung ist ungeachtet der Fristen des innerstaatlichen Rechts der Vertragsstaaten durchzuführen.

(3) Die zuständigen Behörden der Vertragsstaaten werden sich bemühen, Schwierigkeiten oder Zweifel, die bei der Auslegung oder Anwendung des Abkommens entstehen, in gegenseitigem Einvernehmen zu beseitigen. Sie können auch gemeinsam darüber beraten, wie eine Doppelbesteuerung in Fällen vermieden werden kann, die im Abkommen nicht behandelt sind.

(4) Die zuständigen Behörden der Vertragsstaaten können zur Herbeiführung einer Einigung im Sinne der vorstehenden Absätze unmittelbar miteinander verkehren, gegebenenfalls auch durch eine aus ihnen oder ihren Vertretern bestehende gemeinsame Kommission.

(5) Wenn

a) eine Person nach Absatz 1 der zuständigen Behörde eines Vertragsstaats einen Fall mit der Begründung unterbreitet hat, dass Maßnahmen eines Vertragsstaats oder beider Vertragsstaaten für sie zu einer Besteuerung geführt hat, die diesem Abkommen nicht entspricht, und

b) die zuständigen Behörden nicht in der Lage sind, sich gemäß Absatz 2 über die Lösung des Falles innerhalb von zwei Jahren seit dem Tag zu einigen, an dem beiden zuständigen Behörden alle von ihnen zur Behandlung des Falles benötigten Informationen übermittelt wurden,

werden alle ungelösten Fragen des Falles auf schriftlichen Antrag der Person einem Schiedsverfahren unterworfen. Diese ungelösten Fragen werden aber nicht dem Schiedsverfahren unterworfen, wenn zu ihnen bereits eine Gerichtsentscheidung in einem der Staaten ergangen ist. Sofern nicht eine Person, die unmittelbar von dem Fall betroffen ist, die Verständigungsvereinbarung, durch die der Schiedsspruch umgesetzt wird, ablehnt, ist der Schiedsspruch für beide Staaten verbindlich und ungeachtet der Fristen des innerstaatlichen Rechts dieser Staaten durchzuführen. Die zuständigen Behörden dieser Vertragsstaaten regeln in gegenseitigem Einvernehmen die Anwendung dieses Absatzes.

Art. 26 Informationsaustausch

(1) Die zuständigen Behörden der Vertragsstaaten tauschen die Informationen aus, die zur Durchführung dieses Abkommens oder zur Verwaltung oder Anwendung des innerstaatlichen Rechts betreffend Steuern jeder Art und Bezeichnung, die für Rechnung der Vertragsstaaten oder ihrer Gebietskörperschaften erhoben werden, voraussichtlich erheblich sind, soweit die diesem Recht entsprechende Besteuerung nicht dem Abkommen widerspricht. Der Informationsaustausch ist durch Artikel 1 und 2 nicht eingeschränkt.

(2) Alle Informationen, die ein Vertragsstaat nach Absatz 1 erhalten hat, sind ebenso geheim zu halten wie die auf Grund des innerstaatlichen Rechts dieses Staates beschafften Informati-

onen und dürfen nur den Personen und Behörden (einschließlich der Gerichte und der Verwaltungsbehörden) zugänglich gemacht werden, die mit der Veranlagung oder Erhebung, der Vollstreckung oder Strafverfolgung oder mit der Entscheidung von Rechtsmitteln hinsichtlich der in Absatz 1 genannten Steuern oder mit der Aufsicht über diese Personen oder Behörden befasst sind. Diese Personen oder Behörden dürfen die Informationen nur für diese Zwecke verwenden. Sie dürfen die Informationen in einem öffentlichen Gerichtsverfahren oder in einer Gerichtsentscheidung offen legen. Ungeachtet des Vorstehenden, können die Informationen, die ein Vertragsstaat erhalten hat, für andere Zwecke verwendet werden, wenn sie nach dem Recht beider Staaten für diesen anderen Zweck verwendet werden können und die zuständige Behörde des übermittelnden Staates diese Verwendung gestattet.

(3) Die Absätze 1 und 2 sind nicht so auszulegen, als verpflichteten sie einen Vertragsstaat,

a) Verwaltungsmaßnahmen durchzuführen, die von den Gesetzen und der Verwaltungspraxis dieses oder des anderen Vertragsstaats abweichen;

b) Informationen zu erteilen, die nach den Gesetzen oder im üblichen Verwaltungsverfahren dieses oder des anderen Vertragsstaats nicht beschafft werden können;

c) Informationen zu erteilen, die ein Handels-, Industrie-, Gewerbe- oder Berufsgeheimnis oder ein Geschäftsverfahren preisgeben würden oder deren Erteilung dem Ordre public widerspräche.

(4) Wenn ein Vertragsstaat in Übereinstimmung mit diesem Artikel um Erteilung von Informationen ersucht, wendet der andere Vertragsstaat zur Beschaffung der Informationen seine innerstaatlichen Ermittlungsbefugnisse an, auch wenn er die Informationen nicht für seine eigenen Steuerzwecke benötigt. Die Verpflichtung unterliegt den Beschränkungen des Absatzes 3; diese sind aber nicht so auszulegen, als erlaubten sie einem Vertragsstaat, die Erteilung der Informationen abzulehnen, nur weil er kein eigenes Interesse an ihnen hat.

(5) Absatz 3 ist nicht so auszulegen, als erlaube er einem Vertragsstaat, die Erteilung von Informationen abzulehnen, nur weil sie sich im Besitz einer Bank, einer anderen Finanzinstitution, eines Beauftragten, Bevollmächtigten oder Treuhänders befinden oder weil sie sich auf Beteiligungen an einer Person beziehen.

Art. 27 Amtshilfe bei der Erhebung von Steuern

(1) Die Vertragsstaaten leisten sich gegenseitige Amtshilfe bei der Erhebung von Steueransprüchen. Diese Amtshilfe ist durch Artikel 1 und 2 nicht eingeschränkt. Die zuständigen Behörden der Vertragsstaaten können in gegenseitigem Einvernehmen regeln, wie dieser Artikel durchzuführen ist.

(2) Der in diesem Artikel verwendete Ausdruck „Steueranspruch" bedeutet einen Betrag, der auf Grund von Steuern jeder Art und Bezeichnung, die für Rechnung der Vertragsstaaten oder einer ihrer Gebietskörperschaften erhoben werden, geschuldet wird, soweit die Besteuerung diesem Abkommen oder anderen völkerrechtlichen Übereinkünften, denen die Vertragsstaaten beigetreten sind, nicht widerspricht, sowie mit diesem Betrag zusammenhängende Zinsen, Geldbußen und Kosten der Erhebung oder Sicherung.

(3) Ist der Steueranspruch eines Vertragsstaats nach dem Recht dieses Staates vollstreckbar und wird er von einer Person geschuldet, die zu diesem Zeitpunkt nach dem Recht dieses Staates die Erhebung nicht verhindern kann, wird dieser Steueranspruch auf Ersuchen der zuständigen Behörde dieses Staates für die Zwecke der Erhebung von der zuständigen Behör-

de des anderen Vertragsstaats anerkannt. Der Steueranspruch wird vom anderen Staat nach dessen Rechtsvorschriften über die Vollstreckung und Erhebung seiner eigenen Steuern erhoben, als handele es sich bei dem Steueranspruch um einen Steueranspruch des anderen Staates.

(4) Handelt es sich bei dem Steueranspruch eines Vertragsstaats um einen Anspruch, bei dem dieser Staat nach seinem Recht Maßnahmen zur Sicherung der Erhebung einleiten kann, wird dieser Steueranspruch auf Ersuchen der zuständigen Behörde dieses Staates zum Zwecke der Einleitung von Sicherungsmaßnahmen von der zuständigen Behörde des anderen Vertragsstaats anerkannt. Der andere Staat leitet nach seinen Rechtsvorschriften Sicherungsmaßnahmen in Bezug auf diesen Steueranspruch ein, als wäre der Steueranspruch ein Steueranspruch dieses anderen Staates, selbst wenn der Steueranspruch im Zeitpunkt der Einleitung dieser Maßnahmen im erstgenannten Staat nicht vollstreckbar ist oder von einer Person geschuldet wird, die berechtigt ist, die Erhebung zu verhindern.

(5) Ungeachtet der Absätze 3 und 4 unterliegt ein von einem Vertragsstaat für Zwecke der Absätze 3 oder 4 anerkannter Steueranspruch als solcher in diesem Staat nicht den Verjährungsfristen oder den Vorschriften über die vorrangige Behandlung eines Steueranspruchs nach dem Recht dieses Staates. Ferner hat ein Steueranspruch, der von einem Vertragsstaat für Zwecke der Absätze 3 oder 4 anerkannt wurde, in diesem Staat nicht den Vorrang, den dieser Steueranspruch nach dem Recht des anderen Vertragsstaats hat.

(6) Verfahren im Zusammenhang mit dem Bestehen, der Gültigkeit oder der Höhe des Steueranspruchs eines Vertragsstaats können nicht bei den Gerichten oder Verwaltungsbehörden des anderen Vertragsstaats eingeleitet werden.

(7) Verliert der betreffende Steueranspruch, nachdem das Ersuchen eines Vertragsstaats nach den Absätzen 3 oder 4 gestellt wurde und bevor der andere Vertragsstaat den betreffenden Steueranspruch erhoben und an den erstgenannten Staat ausgezahlt hat,

a) im Falle eines Ersuchens nach Absatz 3 seine Eigenschaft als Steueranspruch des erstgenannten Staates, der nach dem Recht dieses Staates vollstreckbar ist und von einer Person geschuldet wird, die zu diesem Zeitpunkt nach dem Recht dieses Staates die Erhebung nicht verhindern kann, oder

b) im Falle eines Ersuchens nach Absatz 4 seine Eigenschaft als Steueranspruch des erstgenannten Staates, für den dieser Staat nach seinem Recht Maßnahmen zur Sicherung der Erhebung einleiten kann,

teilt die zuständige Behörde des erstgenannten Staates dies der zuständigen Behörde des anderen Staates unverzüglich mit, und nach Wahl des anderen Staates setzt der erstgenannte Staat das Ersuchen entweder aus oder nimmt es zurück.

(8) Dieser Artikel ist nicht so auszulegen, als verpflichte er einen Vertragsstaat,

a) Verwaltungsmaßnahmen durchzuführen, die von den Gesetzen und der Verwaltungspraxis dieses oder des anderen Vertragsstaats abweichen;

b) Maßnahmen durchzuführen, die dem Ordre public widersprächen;

c) Amtshilfe zu leisten, wenn der andere Vertragsstaat nicht alle angemessenen Maßnahmen zur Erhebung oder Sicherung, die nach seinen Gesetzen oder seiner Verwaltungspraxis möglich sind, ausgeschöpft hat;

d) Amtshilfe in Fällen zu leisten, in denen der Verwaltungsaufwand für diesen Staat in einem eindeutigen Missverhältnis zu dem Nutzen steht, den der andere Vertragsstaat dadurch erlangt.

Art. 28 Mitglieder diplomatischer Missionen und konsularischer Vertretungen

Dieses Abkommen berührt nicht die steuerlichen Vorrechte, die den Mitgliedern diplomatischer Missionen und konsularischer Vertretungen nach den allgemeinen Regeln des Völkerrechts oder auf Grund besonderer Übereinkünfte zustehen.

Art. 29 Anspruch auf Vergünstigungen[1]

(1) [Eine Regelung, die vorbehaltlich der Absätze 3 bis 5 die Vergünstigungen unter diesem Abkommen auf eine in einem Vertragsstaat ansässige Person beschränkt, die im Sinne des Absatz 2 eine „qualifizierte Person" ist].

(2) [Begriffsbestimmung für Situationen, in denen eine ansässige Person eine qualifizierte Person ist, unter Einbeziehung

- einer natürlichen Person;
- eines Vertragsstaats, dessen Gebietskörperschaften und deren Behörden und Institutionen;
- bestimmter börsennotierter Gesellschaften und Unternehmen;
- bestimmter verbundener Unternehmen öffentlich notierter Gesellschaften und Unternehmen;
- bestimmter gemeinnütziger Organisationen und anerkannter Pensionsfonds;
- anderer Rechtsträger, die bestimmte Anforderungen in Bezug auf Beteiligungsverhältnisse und Gewinnkürzung erfüllen sowie
- bestimmte kollektive Investmentvehikel.]

(3) [Eine Regelung, die Vergünstigungen unter diesem Abkommen für Einkünfte vorsieht, die von einer Person bezogen werden, die keine qualifizierte Person ist, wenn die Person aktiv eine Geschäftstätigkeit im Staat ihrer Ansässigkeit ausübt und die Einkünfte von dieser Geschäftstätigkeit herrühren oder im Zusammenhang mit ihr stehen].

(4) [Eine Regelung, die Vergünstigungen unter diesem Abkommen für eine Person vorsieht, die keine qualifizierte Person ist, wenn zumindest mehr als ein vereinbarter Anteil dieses Rechtsträgers bestimmten Personen gehört, die einen Anspruch auf gleichwertige Vergünstigungen besitzen].

(5) [Eine Regelung, die Vergünstigungen unter diesem Abkommen für eine Person vorsieht, die als „Stammsitz des Unternehmens" qualifiziert ist].

---

[1] **Amtl. Anm.:** Die Abfassung dieses Artikels hängt davon ab, wie die Vertragsstaaten beabsichtigen, ihre gemeinsamen Ziele zu realisieren. Dies spiegelt sich in der Präambel des Abkommens wider und und ist in dem Mindeststandard verkörpert, der im Rahmen des Projekts der OECD/G20 gegen Gewinnkürzung und Gewinnverlagerung vereinbart wurde, um die Doppelbesteuerung zu vermeiden, ohne Gelegenheiten zur Nichtbesteuerung oder Minderbesteuerung durch Steuerflucht und -hinterziehung einschließlich „Treaty Shopping"-Maßnahmen zu schaffen. Dies kann entweder durch die alleinige Aufnahme von Absatz 9 erreicht werden oder durch die Aufnahme der detaillierten Version der Absätze 1 bis 7, die im Kommentar zu Artikel 29 gemeinsam mit der Einführung eines Mechanismus gegen Zweckgesellschaften im Sinne des Absatz 187 dieses Kommentars beschrieben wird, oder durch die Aufnahme von Absatz 9 gemeinsam mit Variationen der Absätze 1 bis 7 wie im Kommentar zu Artikel 29 beschrieben.

(6) [Eine Regelung, die es der zuständigen Behörde eines Vertragsstaats gestattet, einer Person bestimmte Vergünstigungen unter diesem Abkommen zu gewähren, die andernfalls gemäß Absatz 1 zu verweigern wären].

(7) [Begriffsbestimmungen, die auf die Absätze 1 bis 7 anwendbar sind].

(8) a) Wenn

(i) ein Unternehmen eines Vertragsstaats Einkünfte aus dem anderen Vertragsstaat bezieht und der erstgenannte Staat diese Einkünfte als einer Betriebsstätte eines in einem Drittstaat ansässigen Unternehmens zurechenbar behandelt und

(ii) die dieser Betriebsstätte zurechenbaren Gewinne von der Besteuerung im erstgenannten Staat befreit sind,

so gelten die Vergünstigungen unter diesem Abkommen nicht für Einkünfte, für die die Steuer im Drittstaat geringer ist als als der kleinere Wert von [Steuersatz bilateral zu bestimmen] auf den Betrag dieser Einkünfte oder 60 v. H. der Steuern, die im erstgenannten Staat auf diese Einkünfte erhoben würden, wenn diese Betriebsstätte im erstgenannten Staat gelegen wäre. In diesem Fall bleiben alle Einkünfte, auf die die Bestimmungen dieses Absatzes anwendbar sind, unbeschadet aller anderen Bestimmungen dieses Abkommens steuerpflichtig unter dem nationalen Recht des anderen Staates.

b) Die vorstehenden Bestimmungen dieses Absatzes gelten nicht, wenn die aus dem anderen Vertragsstaat bezogenen Einkünfte von einer aktiven Geschäftstätigkeit herrühren, die über eine Betriebsstätte ausgeübt wird oder im Zusammenhang mit dieser Geschäftstätigkeit stehen (ausgenommen hiervon ist das Geschäft der Tätigung oder Verwaltung oder des einfachen Haltens von Investitionen auf eigene Rechnung des Unternehmens, es sei denn, es handelt sich um Aktivitäten im Banken- oder Versicherungswesen oder mit Bezug auf Wertpapiere, die entsprechend von einer Bank, einem Versicherungsunternehmen oder einem registrierten Wertpapierhändler ausgeübt werden).

c) Werden die Vergünstigungen unter diesem Abkommen aufgrund der vorstehenden Bestimmungen dieses Absatzes hinsichtlich der Einkünfte einer in einem Vertragsstaat ansässigen Person verweigert, kann die zuständige Behörde des anderen Vertragsstaats diese Vergünstigungen hinsichtlich solcher Einkünfte dennoch gewähren, wenn die zuständige Behörde auf Anfrage dieser ansässigen Person befindet, dass die Gewährung dieser Vergünstigungen angesichts der Gründe, aus denen diese ansässige Person die Anforderungen unter diesem Absatz nicht erfüllt hat (wie etwa das Vorliegen von Verlusten), gerechtfertigt ist. Die zuständige Behörde des Vertragsstaats, bei welcher ein Antrag im Sinne des vorstehenden Satzes gestellt worden ist, berät sich mit der zuständigen Behörde des anderen Vertragsstaats, bevor sie dem Antrag zustimmt oder ihn ablehnt.

(9) Unbeschadet der anderen Bestimmungen dieses Abkommens ist eine Vergünstigung unter diesem Abkommen mit Bezug auf Einkünfte oder Vermögen nicht zu gewähren, wenn unter Berücksichtigung aller maßgeblichen Sachverhalte der Schluss zulässig ist, dass die Erlangung dieser Vergünstigung einer der Hauptzwecke einer Abmachung oder einer Transaktion war, die unmittelbar oder mittelbar zu dieser Vergünstigung geführt hat, es sei denn, es wird

nachgewiesen, dass die Gewährung dieser Vergünstigung unter den gegebenen Umständen im Einklang mit dem Ziel und Zweck der maßgeblichen Bestimmungen dieses Abkommens stünde.

Art. 30 Ausdehnung des räumlichen Geltungsbereichs

(1) Dieses Abkommen kann entweder als Ganzes oder mit den erforderlichen Änderungen [auf jeden Teil des Hoheitsgebiets (des Staates A) oder (des Staates B), der ausdrücklich von der Anwendung des Abkommens ausgeschlossen ist, oder] auf jeden anderen Staat oder jedes andere Hoheitsgebiet ausgedehnt werden, dessen internationale Beziehungen von (Staat A) oder (Staat B) wahrgenommen werden und in dem Steuern erhoben werden, die im Wesentlichen den Steuern ähnlich sind, für die das Abkommen gilt. Eine solche Ausdehnung wird von dem Zeitpunkt an und mit den Änderungen und Bedingungen, einschließlich der Bedingungen für die Beendigung, wirksam, die zwischen den Vertragsstaaten durch auf diplomatischem Weg auszutauschende Noten oder auf andere, den Verfassungen dieser Staaten entsprechende Weise vereinbart werden.

(2) Haben die beiden Vertragsstaaten nichts anderes vereinbart, so wird mit der Kündigung durch einen Vertragsstaat nach Artikel 30 die Anwendung des Abkommens in der in jenem Artikel vorgesehenen Weise auch [für jeden Teil des Hoheitsgebiets (des Staates A) oder (des Staates B) oder] für Staaten oder Hoheitsgebiete beendet, auf die das Abkommen nach diesem Artikel ausgedehnt worden ist.

Abschnitt VII
Schlussbestimmungen

Art. 31 Inkrafttreten

(1) Dieses Abkommen bedarf der Ratifikation; die Ratifikationsurkunden werden so bald wie möglich in … ausgetauscht.

(2) Das Abkommen tritt mit dem Austausch der Ratifikationsurkunden in Kraft, und seine Bestimmungen finden Anwendung

a) (in Staat A): …
b) (in Staat B): …

Art. 32 Kündigung

Dieses Abkommen bleibt in Kraft, solange es nicht von einem Vertragsstaat gekündigt wird. Jeder Vertragsstaat kann nach dem Jahr … das Abkommen auf diplomatischem Weg unter Einhaltung einer Frist von mindestens sechs Monaten zum Ende eines Kalenderjahres kündigen. In diesem Fall findet das Abkommen nicht mehr Anwendung

a) (in Staat A): …
b) (in Staat B): …

Schlussklausel

Anmerkung: Die Schlussklausel über die Unterzeichnung richtet sich nach den verfassungsrechtlichen Verfahren der beiden Vertragsstaaten.

EU

II. Materialien der EU

II.1. EU

EU Schiedskonvention vom 23.7.1990 – BGBl 1993 II S. 1308: Übereinkommen über die Beseitigung der Doppelbesteuerung im Falle von Gewinnberichtigungen zwischen verbundenen Unternehmen (90/436/EWG)

Überarbeiteter Verhaltenskodex zur wirksamen Durchführung des Übereinkommens über die Beseitigung der Doppelbesteuerung im Falle von Gewinnberichtigungen zwischen verbundenen Unternehmen (2009/C 322/01)

Vertrag über die Arbeitsweise der Europäischen Union: Fassung aufgrund des am 1.12.2009 in Kraft getretenen Vertrages von Lissabon

II.2. EU-RL

EU Richtlinie vom 15.2.2011 (2011/16/EU) über die Zusammenarbeit der Verwaltungsbehörden (EU-Amtshilferichtlinie)

EU Richtlinie vom 8.12.2015 (2015/2376) zur Änderung der Richtlinie 2011/16/EU bezüglich der Verpflichtung zum automatischen Austausch von Informationen (hier: Vorbescheide/Tax Rulings)

EU Richtlinie 25.5.2016 (2016/881 zur Änderung der Richtlinie 2011/16/EU) bezüglich der Verpflichtung zum automatischen Austausch von Informationen (hier: Austausch der länderbezogenen Berichte/CbCR)

EU Richtlinie vom 12.7.2016 zur Bekämpfung von Steuervermeidungspraktiken (ATAD – Anti Tax Avoidance Directive; RL EU 2016/1164, Abl. EU L 193/1)

EU Richtlinie vom 10.10.2017 über Verfahren zur Beilegung von Besteuerungsstreitigkeiten in der Europäischen Union

II.3. EU JTPF

Mitteilung der Kommission vom 26.2.2007 über die Tätigkeit des EU JTPF im Bereich der Streitvermeidungs- und Streitbeilegungsverfahren und über Leitlinien für Verrechnungspreiszusagen

Mitteilung der Kommission über die Tätigkeit des EU JTPF im Zeitraum 2010 bis Juni 2012: 1. Bericht über kleine und mittlere Unternehmen u. Verrechnungspreise und 2. Bericht über Kostenumlagevereinbarungen, durch die keine IWG geschaffen werden

EU Joint Transfer Pricing Forum, Meeting of 5 November 2013: Report on Compensating Adjustments

EU Joint Transfer Pricing Forum, Meeting of 22 June 2017: Report on the use of economic valuation techniques in transfer pricing

EU Joint Transfer Pricing Fourm, Meeting of 7 March 2019: The Application of the Profit Split Method within the EU

II.1. EU

EU Schiedskonvention vom 23.7.1990 – BGBl 1993 II S. 1308

Gesetz zu dem Übereinkommen vom 23. Juli 1990 über die Beseitigung der Doppelbesteuerung im Falle von Gewinnberichtigungen zwischen verbundenen Unternehmen

Vom 26. August 1990

Der Bundestag hat mit Zustimmung des Bundesrates das folgende Gesetz beschlossen:

Artikel 1

Dem in Brüssel am 23. Juli 1990 unterzeichneten Übereinkommen über die Beseitigung der Doppelbesteuerung im Falle von Gewinnberichtigungen zwischen verbundenen Unternehmen und den der Schlußakte vom selben Tag beigefügten Gemeinsamen Erklärungen wird zugestimmt. Das Übereinkommen, die Schlußakte und Gemeinsamen Erklärungen sowie die einseitigen Erklärungen werden nachstehend veröffentlicht.

Artikel 2

(1) Dieses Gesetz tritt am Tage nach seiner Verkündung in Kraft.

(2) Der Tag, an dem das Übereinkommen, die Schlußakte mit den Erklärungen nach seinem Artikel 18 Satz 1 in Kraft tritt, ist im Bundesgesetzblatt bekanntzugeben.

Das vorstehende Gesetz wird hiermit ausgefertigt und wird im Bundesgesetzblatt verkündet.

Bonn, den 26. August 1993

Der Bundespräsident	Weizsäcker
Der Bundeskanzler	Dr. Helmut Kohl
Der Bundesminister der Finanzen	Theo Waigel
Der Bundesminister des Auswärtigen	Kinkel

Übereinkommen über die Beseitigung der Doppelbesteuerung im Falle von Gewinnberichtigungen zwischen verbundenen Unternehmen (90/436/EWG)

Die Hohen Vertragsparteien des Vertrags zur Gründung der Europäischen Wirtschaftsgemeinschaft, in dem Wunsch, Artikel 220 des Vertrages anzuwenden, in welchem sie sich verpflichtet haben, Verhandlungen einzuleiten, um zugunsten ihrer Staatsangehörigen die Beseitigung der Doppelbesteuerung sicherzustellen, in der Erwägung, dass die Beseitigung der Doppelbesteuerung im Falle von Gewinnberichtigungen zwischen verbundenen Unternehmen von großer Wichtigkeit ist, haben beschlossen, dieses Übereinkommen zu schließen, und haben zu diesem Zweck als Bevollmächtigte bestellt:

Seine Majestät der König der Belgier:

Philippe de Schoutheete de Tervarent, Außerordentlicher und bevollmächtigter Botschafter,

Ihre Majestät die Königin von Dänemark:
Niels Helveg Petersen, Minister für Wirtschaft,
Der Präsident der Bundesrepublik Deutschland:
Theo Waigel, Bundesminister der Finanzen
Jürgen Trumpf, Außerordentlicher und bevollmächtigter Botschafter,
Der Präsident der Griechischen Republik:
Ioannis Palaiokrassas, Minister der Finanzen,
Seine Majestät der König von Spanien:
Carlos Solchaga Catalán,
Minister für Wirtschaft und Finanzen,
Der Präsident der Französischen Republik:
Jean Vidal, Außerordentlicher und bevollmächtigter Botschafter,
Der Präsident Irlands:
Albert Reynolds, Minister der Finanzen,
der Präsident der Italienischen Republik:
Stefano De Luca, Staatssekretär im Ministerium der Finanzen,
Seine königliche Hoheit der Großherzog von Luxemburg:
Jean-Claude Juncker, Minister für den Staatshaushalt, Minister der Finanzen, Minister für Arbeit,
Ihre Majestät die Königin der Niederlande:
P.C. Nieman, Außerordentlicher und bevollmächtigter Botschafter,
der Präsident der Portugiesischen Republik:
Miguel Beleza,
Minister der Finanzen,
Ihre Majestät die Königin des Vereinigten Königreichs Großbritannien und Nordirland:
David H. A. Hannay KCMG, Außerordentlicher und bevollmächtigter Botschafter,
diese im Rat vereinigten Bevollmächtigten haben nach Austausch ihrer als gut und gehörig befundenen Vollmachten folgendes vereinbart:

Kapitel I
Anwendungsbereich des Übereinkommens

Artikel 1

(1) Dieses Übereinkommen findet Anwendung, wenn zur Besteuerung Gewinne, die in die Gewinne eines Unternehmens eines Vertragsstaats einbezogen sind, ebenfalls in die Gewinne eines Unternehmens eines anderen Vertragsstaats mit der Begründung einbezogen

oder voraussichtlich einbezogen werden, dass die in Artikel 4 niedergelegten Grundsätze, die entweder unmittelbar oder in entsprechenden Rechtsvorschriften des betreffenden Staates angewendet werden, nicht eingehalten worden sind.

(2) Für die Anwendung dieses Übereinkommens gilt eine Betriebsstätte eines Unternehmens eines Vertragsstaats, die in einem anderen Vertragsstaat gelegen ist, als Unternehmen des Staates, in dem sie gelegen ist.

(3) Absatz 1 findet auch Anwendung, wenn eines der betreffenden Unternehmen keine Gewinne erzielt, sondern Verluste erlitten hat.

Artikel 2

(1) Dieses Übereinkommen gilt für die Steuern vom Einkommen.

(2) Zu den zur Zeit bestehenden Steuern, für die dieses Übereinkommen gilt, gehören insbesondere:

a) in Belgien:

- personenbelasting/impôt des personnes physiques,
- vennootschapsbelasting/impôt des sociétés,
- rechtspersonenbelasting/impôt des personnes morales,
- belasting der niet-verblijfhouders/impôt des non-résidents,
- aanvullende gemeentebelasting en agglomeratiebelasting op de personenbelasting/taxe communale et taxe d'agglomération additionnelles à l'impôt des personnes physiques;

b) in Dänemark:

- selskabßkat,
- indkomstskat til staten,
- kommunal indkomstskat,
- amtskommunal indkomstskat,
- särlig indkomstskat,
- kirkeskat,
- udbytteskat,
- renteskat,
- royaltyskat,
- frigörelsesafgift;

c) in Deutschland:

- Einkommensteuer,
- Körperschaftsteuer,
- Gewerbesteuer, soweit diese nach dem Gewerbeertrag ermittelt wird;

d) in Griechenland:

- foros eisodimatos fysikon prosopon,
- foros eisodimatos nomikon prosopon,
- eisfora yper ton epicheiriseon ydrefsis kai apocheftesis;

e) in Spanien:

- impuesto sobre la renta de las personas fisicas,
- impuesto sobre sociedades;

f) in Frankreich:

- impôt sur le revenu,
- impôt sur les sociétés;

g) in Irland:

- income tax,
- corporation tax;

h) in Italien:

- imposta sul reddito delle persone fisiche,
- imposta sul reddito delle persone giuridiche,
- imposta locale sui redditi;

i) in Luxemburg:

- impôt sur le revenu des personnes physiques,
- impôt sur le revenu des collectivités,
- impôt commercial, soweit diese Steuer nach dem Gewerbeertrag ermittelt wird;

j) in den Niederlanden:

- inkomstenbelasting,
- vennootschapsbelasting;

k) in Portugal:

- imposto sobre o rendimento das pessoas singulares,
- imposto sobre o rendimento das pessoas colectivas,
- derrama para os municipios sobre o imposto sobre o rendimento das pessoas colectivas;

l) im Vereinigten Königreich:

- income tax,
- corporation tax.

(3) Dieses Übereinkommen gilt auch für Steuern gleicher oder im wesentlichen gleicher Art, die nach Unterzeichnung des Übereinkommens neben den bestehenden Steuern oder an

deren Stelle erhoben werden. Die zuständigen Behörden der Vertragsstaaten teilen einander die in ihren Vorschriften eingetretenen Änderungen mit.

Kapitel II
Allgemeine Vorschriften

Abschnitt 1
Begriffsbestimmungen

Artikel 3

(1) Im Sinne des Übereinkommens bedeutet der Ausdruck »zuständige Behörde«

- in Belgien:
  De Minister van Financiën oder ein bevollmächtigter Vertreter Le Ministre des Finances oder ein bevollmächtigter Vertreter
- in Dänemark:
  Skatteministeren oder ein bevollmächtigter Vertreter
- in Deutschland:
  Der Bundesminister der Finanzen oder ein bevollmächtigter Vertreter
- in Griechenland:
  oder ein bevollmächtigter Vertreter
- in Spanien:
  El Ministro de Economia y Hacienda oder ein bevollmächtigter Vertreter
- in Frankreich:
  Le Ministre chargé du Budget oder ein bevollmächtigter Vertreter
- in Irland:
  The Revenue Commissioners oder ein bevollmächtigter Vertreter
- in Italien:
  Il Ministro delle Finanze oder ein bevollmächtigter Vertreter
- in Luxemburg:
  Le Ministre des Finances oder ein bevollmächtigter Vertreter
- in den Niederlanden:
  De Minister von Financiën oder ein bevollmächtigter Vertreter
- in Portugal:
  o Ministro das Finanças oder ein bevollmächtigter Vertreter
- im Vereinigten Königreich:
  The Commissioners of Inland Revenue oder ein bevollmächtigter Vertreter.

(2) Jeder in diesem Übereinkommen nicht definierte Begriff hat, wenn der Zusammenhang nichts anderes erfordert, die Bedeutung, die ihm nach dem Doppelbesteuerungsabkommen zwischen den beteiligten Staaten zukommt.

Abschnitt 2
Grundsätze für die Gewinnberichtigung zwischen verbundenen Unternehmen und für die einer Betriebsstätte zuzurechnenden Gewinne

Artikel 4

Bei der Anwendung dieses Übereinkommens gelten folgende Grundsätze:

1. Wenn

a) ein Unternehmen eines Vertragsstaats unmittelbar oder mittelbar an der Geschäftsleitung, der Kontrolle oder dem Kapital eines Unternehmens eines anderen Vertragsstaats beteiligt ist oder

b) dieselben Personen unmittelbar oder mittelbar an der Geschäftsleitung, der Kontrolle oder dem Kapital eines Unternehmens eines Vertragsstaats und eines Unternehmens eines anderen Vertragsstaats beteiligt sind und in diesen Fällen die beiden Unternehmen in ihren kaufmännischen oder finanziellen Beziehungen an vereinbarte oder auferlegte Bedingungen gebunden sind, die von denen abweichen, die unabhängige Unternehmen miteinander vereinbaren würden, so dürfen die Gewinne, die eines der Unternehmen ohne diese Bedingungen erzielt hätte, wegen dieser Bedingungen aber nicht erzielt hat, den Gewinnen dieses Unternehmens zugerechnet und entsprechend besteuert werden.

2. Übt ein Unternehmen eines Vertragsstaats seine Tätigkeit in einem anderen Vertragsstaat durch eine dort gelegene Betriebsstätte aus, so werden dieser Betriebsstätte die Gewinne zugerechnet, die sie hätte erzielen können, wenn sie eine gleiche oder ähnliche Tätigkeit unter gleichen oder ähnlichen Bedingungen als selbständiges Unternehmen ausgeübt hätte und im Verkehr mit dem Unternehmen, dessen Betriebsstätte sie ist, völlig unabhängig gewesen wäre.

Artikel 5

Beabsichtigt ein Vertragsstaat, die Gewinne eines Unternehmens gemäß den Grundsätzen des Artikels 4 zu berichtigen, so unterrichtet er das Unternehmen rechtzeitig von der beabsichtigten Maßnahme und gibt ihm Gelegenheit, das andere Unternehmen davon in Kenntnis zu setzen, damit dieses Gelegenheit hat, seinerseits den anderen Vertragsstaat zu unterrichten. Der Vertragsstaat, der diese Unterrichtung vornimmt, darf jedoch nicht daran gehindert werden, die beabsichtigte Berichtigung durchzuführen. Stimmen die beiden Unternehmen und der andere Vertragsstaat nach einer solchen Unterrichtung der Berichtigung zu, so sind die Artikel 6 und 7 nicht anzuwenden.

Abschnitt 3
Verständigungsverfahren und Schlichtungsverfahren

Artikel 6

(1) Ist ein Unternehmen in einem Fall, auf den dieses Übereinkommen Anwendung findet, der Auffassung, dass die in Artikel 4 festgelegten Grundsätze nicht beachtet worden sind, so kann es unbeschadet der im innerstaatlichen Recht der beteiligten Vertragsstaaten vorgesehenen Rechtsbehelfe seinen Fall der zuständigen Behörde des Vertragsstaats unterbreiten, dem es angehört oder in dem seine Betriebsstätte gelegen ist. Der Fall muss innerhalb

von drei Jahren nach der ersten Mitteilung der Maßnahme unterbreitet werden, die eine Doppelbesteuerung im Sinne des Artikels 1 herbeiführt oder herbeiführen könnte. Das Unternehmen teilt der zuständigen Behörde gleichzeitig mit, welche anderen Vertragsstaaten gegebenenfalls beteiligt sind. Die zuständige Behörde unterrichtet dann umgehend die zuständigen Behörden dieser anderen Vertragsstaaten.

(2) Hält die zuständige Behörde die Einwendung für begründet und ist sie selbst nicht in der Lage, eine befriedigende Lösung herbeizuführen, so wird sie sich bemühen, den Fall durch Verständigung mit der zuständigen Behörde eines jeden anderen beteiligten Vertragsstaats so zu regeln, dass nach den in Artikel 4 festgelegten Grundsätzen eine Doppelbesteuerung vermieden wird. Die Verständigungsregelungist ungeachtet der Fristen des innerstaatlichen Rechts der beteiligten Vertragsstaaten durchzuführen.

Artikel 7

(1) Gelangen die zuständigen Behörden innerhalb einer Frist von zwei Jahren seit dem Zeitpunkt, zu dem der Fall nach Artikel 6 Absatz 1 erstmals einer der zuständigen Behörden unterbreitet worden ist, nicht zu einem Einvernehmen über die Beseitigung der Doppelbesteuerung, so setzen sie einen Beratenden Ausschuss mit dem Auftrag ein, eine Stellungnahme abzugeben, wie diese Doppelbesteuerung beseitigt werden soll. Die Unternehmen können von den im innerstaatlichen Recht der beteiligten Vertragsstaaten vorgesehenen Rechtsbehelfen Gebrauch machen; wird der Fall einem Gericht vorgelegt, so beginnt die in Unterabsatz 1 genannte Zweijahresfrist jedoch mit dem Zeitpunkt, zu dem die in letzter Instanz im Rahmen der innerstaatlichen Rechtsbehelfe ergangene Entscheidung rechtskräftig geworden ist.

(2) Die Befassung des Beratenden Ausschusses mit dem Fall hindert einen Vertragsstaat nicht daran, für den gleichen Fall Gerichts- oder Verwaltungsverfahren zur Verfolgung von Zuwiderhandlungen gegen die Steuergesetze einzuleiten.

(3) Können nach dem innerstaatlichen Recht eines Vertragsstaats die zuständigen Behörden nicht von den Entscheidungen ihrer Gerichte abweichen, so ist Absatz 1 nur anzuwenden, wenn das verbundene Unternehmen dieses Staates die Frist für die Einlegung eines Rechtsbehelfs hat verstreichen lassen oder einen Rechtsbehelf noch vor Ergehen einer Entscheidung zurückgenommen hat. Dies gilt nicht, soweit sich der Rechtsbehelf auf andere als die in Artikel 6 genannten Sachverhalte bezieht.

(4) Die zuständigen Behörden können vereinbaren, im Einvernehmen mit den beteiligten verbundenen Unternehmen von den Fristen des Absatzes 1 abzuweichen.

(5) Soweit die Bestimmungen der Absätze 1 bis 4 nicht anwendbar sind, bleiben die in Artikel 6 vorgesehenen Rechte jedes der verbundenen Unternehmen unberührt.

Artikel 8

(1) Die zuständige Behörde eines Vertragsstaats ist zur Einleitung des Verständigungsverfahrens oder zur Einsetzung des Beratenden Ausschusses nach Artikel 7 nicht verpflichtet, wenn durch ein Gerichts- oder Verwaltungsverfahren endgültig festgestellt ist, dass eines der beteiligten Unternehmen durch Handlungen, die eine Gewinnberichtigung gemäß Artikel 4 zur Folge haben, einen empfindlich zu bestrafenden Verstoß gegen steuerliche Vorschriften begangen hat.

(2) Ist ein Gerichts- oder Verwaltungsverfahren, durch das festgestellt werden soll, dass eines der beteiligten Unternehmen durch Handlungen, die eine Gewinnberichtigung nach Artikel 4 zur Folge haben, einen empfindlich zu bestrafenden Verstoß gegen steuerliche Vorschriften begangen hat, zur gleichen Zeit wie eines der Verfahren nach Artikel 6 oder 7 anhängig, so können die zuständigen Behörden die letztgenannten Verfahren bis zum Abschluss des Gerichts- oder Verwaltungsverfahrens aussetzen.

Artikel 9

(1) Der in Artikel 7 Absatz 1 genannte Beratende Ausschuss besteht außer dem Vorsitzenden aus

- zwei Vertretern jeder beteiligten zuständigen Behörde; die zuständigen Behörden können einvernehmlich festlegen, dass nur ein Vertreter vorgesehen wird;
- einer geraden Anzahl unabhängiger Personen, die von den beteiligten zuständigen Behörden aus der in Absatz 4 genannten Liste im gegenseitigen Einvernehmen oder mangels eines solchen durch das Los bestimmt werden.

(2) Für jede unabhängige Person wird nach den für ihre Bestimmung geltenden Vorschriften gleichzeitig ein Stellvertreter für den Fall bestimmt, dass die unabhängige Person an der Wahrnehmung ihrer Aufgaben gehindert ist.

(3) Bei Losentscheid kann jede zuständige Behörde jede unabhängige Person in den von den zuständigen Behörden im voraus vereinbarten Fällen sowie in folgenden Fällen ablehnen:

- Die betreffende Person gehört einer der beteiligten Steuerverwaltungen an oder übt Funktionen für Rechnung dieser Verwaltung aus;
- sie ist oder war an einem oder jedem der verbundenen Unternehmen maßgeblich beteiligt oder ist oder war Angestellter oder Berater eines oder jedes dieser Unternehmen;
- sie bietet keine hinreichende Gewähr für Unbefangenheit in dem zu schlichtenden Fall oder den zu schlichtenden Fällen.

(4) Es wird eine Liste der unabhängigen Personen erstellt, die alle von den Vertragsstaaten benannten unabhängigen Personen enthält. Zu diesem Zweck benennt jeder Vertragsstaat fünf Personen und unterrichtet hiervon den Generalsekretär des Rates der Europäischen Gemeinschaften.

Diese Personen müssen Staatsangehörige eines Vertragsstaats sein und ihren Wohnsitz im räumlichen Geltungsbereich dieses Übereinkommens haben. Sie müssen sachlich kompetent und unabhängig sein.

Die Vertragsstaaten können die in Unterabsatz 1 genannte Liste ändern; sie teilen Änderungen unverzüglich dem Generalsekretär des Rates der Europäischen Gemeinschaften mit.

(5) Die nach Absatz 1 benannten Vertreter und unabhängigen Personen wählen aus der in Absatz 4 bezeichneten Liste einen Vorsitzenden, unbeschadet des Rechts jeder beteiligten zuständigen Behörde, die so gewählte Person in einem der Fälle des Absatzes 3 abzulehnen.

Der Vorsitzende des Beratenden Ausschusses muss die Voraussetzungen für die Ausübung höchstrichterlicher Aufgaben in seinem Land erfüllen oder Jurist von allgemein bekannter Kompetenz sein.

(6) Die Mitglieder des Beratenden Ausschusses sind verpflichtet, alle Angelegenheiten, von denen sie im Rahmen des Verfahrens Kenntnis erlangen, geheimzuhalten. Die Vertragsstaaten treffen Maßnahmen, damit jede Verletzung der Geheimhaltungspflicht verfolgt wird. Sie teilen diese Maßnahmen unverzüglich der Kommission der Europäischen Gemeinschaften mit; diese unterrichtet die anderen Vertragsstaaten.

(7) Die Vertragsstaaten treffen die erforderlichen Maßnahmen, damit der Beratende Ausschuss unverzüglich zusammentreten kann, wenn er angerufen wird.

Artikel 10

(1) Für das in Artikel 7 vorgesehene Verfahren können die beteiligten verbundenen Unternehmen dem Beratenden Ausschuss alle Angaben, Beweismittel und Schriftstücke übermitteln, die nach ihrer Ansicht für die Entscheidungsfindung nützlich sein können. Die Unternehmen und die zuständigen Behörden der beteiligten Vertragsstaaten haben jeder Aufforderung des Beratenden Ausschusses, Angaben, Beweismittel oder Schriftstücke zu übermitteln, nachzukommen. Dies verpflichtet die zuständigen Behörden eines solchen Vertragsstaats jedoch nicht, durchzuführen, die von den Gesetzen oder der normalen Verwaltungspraxis dieses Vertragsstaats abweichen;

a) Informationen zu erteilen, die nach den Gesetzen oder im üblichen Verwaltungsverfahren dieses Vertragsstaats nicht beschafft werden können;

b) Informationen zu erteilen, die ein Handels-, Industrie-, Gewerbe- oder Berufsgeheimnis oder ein Geschäftsverfahren preisgeben würden oder deren Erteilung der öffentlichen Ordnung widerspräche.

(2) Jedes der verbundenen Unternehmen hat das Recht, auf Antrag vom Beratenden Ausschuss angehört zu werden oder sich dort vertreten zu lassen. Jedes der verbundenen Unternehmen ist verpflichtet, auf Aufforderung des Beratenden Ausschusses vor diesem zu erscheinen oder sich dort vertreten zu lassen.

Artikel 11

(1) Der in Artikel 7 genannte Beratende Ausschuss gibt seine Stellungnahme binnen sechs Monaten ab, nachdem er befasst worden ist. Der Beratende Ausschuss muss seiner Stellungnahme die Bestimmungen des Artikels 4 zugrunde legen.

(2) Der Beratende Ausschuss gibt seine Stellungnahme mit der einfachen Mehrheit seiner Mitglieder ab. Die zuständigen Behörden können weitere Verfahrensregeln vereinbaren.

(3) Die Kosten des Verfahrens des Beratenden Ausschusses, mit Ausnahme der den verbundenen Unternehmen entstehenden Kosten, werden zu gleichen Teilen von den beteiligten Vertragsstaaten getragen.

Artikel 12

(1) Die an dem Verfahren des Artikels 7 beteiligten zuständigen Behörden treffen im gegenseitigen Einvernehmen auf der Grundlage des Artikels 4 eine Entscheidung, mit der die Doppelbesteuerung binnen sechs Monaten nach der Abgabe der Stellungnahme des ge-

nannten Beratenden Ausschusses beseitigt wird. Die zuständigen Behörden können eine Entscheidung treffen, die von der Stellungnahme des Beratenden Ausschusses abweicht. Gelangen sie zu keinem Einvernehmen hierüber, so sind sie verpflichtet, sich an die Stellungnahme zu halten.

(2) Die zuständigen Behörden können mit Zustimmung der beteiligten Unternehmen die Veröffentlichung der in Absatz 1 genannten Entscheidung vereinbaren.

Artikel 13

Die Endgültigkeit der Entscheidungen der beteiligten Vertragsstaaten über die Besteuerung von Gewinnen aus einem Geschäft zwischen verbundenen Unternehmen steht der Inanspruchnahme der in den Artikeln 6 und 7 genannten Verfahren nicht entgegen.

Artikel 14

Im Sinne dieses Übereinkommens wird die Doppelbesteuerung von Gewinnen als beseitigt betrachtet, wenn

a) die Gewinne nur in einem Staat zur Besteuerung herangezogen werden oder

b) die in einem Staat auf diese Gewinne zu erhebende Steuer um den Betrag verringert wird, der dem Betrag der Steuer entspricht, die in dem anderen Staat auf sie zu erheben ist.

Kapitel III
Schlussbestimmungen

Artikel 15

Dieses Übereinkommen berührt nicht weitergehende Verpflichtungen auf dem Gebiet der Beseitigung der Doppelbesteuerung im Falle von Gewinnberichtigungen zwischen verbundenen Unternehmen, die sich gegebenenfalls aus anderen Übereinkünften, denen die Vertragsstaaten jetzt oder künftig angehören, oder dem innerstaatlichen Recht dieser Staaten ergeben.

Artikel 16

(1) Unbeschadet des Absatzes 2 entspricht der räumliche Geltungsbereich dieses Übereinkommens dem in Artikel 227 Absatz 1 des Vertrages zur Gründung der Europäischen Wirtschaftsgemeinschaft bestimmten Bereich.

(2) Dieses Übereinkommen gilt nicht für

- die in Anhang IV des Vertrages zur Gründung der Europäischen Wirtschaftsgemeinschaft genannten französischen Gebiete;
- die Färöer und Grönland.

Artikel 17

Dieses Übereinkommen bedarf der Ratifizierung durch die Vertragsstaaten. Die Ratifikationsurkunden werden beim Generalsekretär des Rates der Europäischen Gemeinschaften hinterlegt.

Artikel 18

Dieses Übereinkommen tritt am ersten Tag des dritten Monats nach Hinterlegung der Ratifikationsurkunde durch denjenigen Unterzeichnerstaat in Kraft, der diese Förmlichkeit als letzter vornimmt. Es gilt für nach seinem Inkrafttreten eingeleitete Verfahren im Sinne des Artikels 6 Absatz 1.

Artikel 19

Der Generalsekretär des Rates der Europäischen Gemeinschaften notifiziert den Unterzeichnerstaaten

a) die Hinterlegung jeder Ratifikationsurkunde;

b) den Tag, an dem dieses Übereinkommen in Kraft tritt;

c) die in Artikel 9 Absatz 4 vorgesehene Liste der von den Vertragsstaaten benannten unabhängigen Personen sowie Änderungen dieser Liste.

Artikel 20

Dieses Übereinkommen wird für eine Dauer von fünf Jahren geschlossen. Sechs Monate vor deren Ablauf treten die Vertragsstaaten zusammen, um über eine Verlängerung der Geltungsdauer des Übereinkommens und über sonstige das Übereinkommen betreffende Maßnahmen zu beschließen.

Artikel 21

Jeder Vertragsstaat kann jederzeit eine Revision dieses Übereinkommens beantragen. In diesem Fall beruft der Präsident des Rates der Europäischen Gemeinschaften eine Revisionskonferenz ein.

Artikel 22

Dieses Übereinkommen ist in einer Urschrift in deutscher, englischer, dänischer, französischer, griechischer, irischer, italienischer, niederländischer, portugiesischer und spanischer Sprache abgefasst, wobei die zehn Fassungen gleichermaßen verbindlich sind; es wird im Archiv des Generalsekretariats des Rates der Europäischen Gemeinschaften hinterlegt. Der Generalsekretär übermittelt der Regierung jedes Unterzeichnerstaats eine beglaubigte Abschrift.

Schlussakte

Die Bevollmächtigten der Hohen Vertragsparteien, die am dreiundzwanzigsten Juni neunzehnhundertneunzig in Brüssel zur Unterzeichnung des Übereinkommens über die Beseitigung der Doppelbesteuerung im Falle von Gewinnberichtigungen zwischen verbundenen Unternehmen zusammengetreten sind, haben bei der Unterzeichnung des Übereinkommens

a) die folgenden, dieser Schlussakte beigefügten gemeinsamen Erklärungen angenommen:

- Erklärung zu Artikel 4 Nummer 1,
- Erklärung zu Artikel 9 Absatz 6,
- Erklärung zu Artikel 13;

b) die folgenden, dieser Schlussakte beigefügten einseitigen Erklärungen zur Kenntnis genommen:
   - Erklärung Frankreichs und des Vereinigten Königreichs zu Artikel 7,
   - Erklärungen der einzelnen Vertragsstaaten zu Artikel 8,
   - Erklärung der Bundesrepublik Deutschland zu Artikel 16.

Zu Urkund dessen haben die Unterzeichneten ihre Unterschrift unter diese Schlussakte gesetzt.

Gemeinsame Erklärungen

Erklärung zu Artikel 4 Nummer 1

Artikel 4 Nummer 1 erfasst sowohl den Fall, in dem ein Geschäft unmittelbar zwischen zwei rechtlich selbständigen Unternehmen abgewickelt wird, als auch den Fall, in dem ein Geschäft zwischen einem der Unternehmen und der in einem dritten Vertragsstaat gelegenen Betriebsstätte des anderen Unternehmens abgewickelt wird.

Erklärung zu Artikel 9 Absatz 6

Es bleibt den Mitgliedstaaten belassen, Art und Umfang der geeigneten Vorkehrungen zur Verfolgung jeglicher Verletzung der Geheimhaltungspflicht zu bestimmen.

Erklärung zu Artikel 13

Werden in einem oder mehreren der beteiligten Vertragsstaaten die Entscheidungen über die Besteuerungen, die Gegenstand der in den Artikeln 6 und 7 genannten Verfahren sind, nach Abschluss des in Artikel 6 genannten Verfahrens oder nach Erlass der in Artikel 12 genannten Entscheidung geändert und führt dies angesichts der Anwendung des Ergebnisses dieses Verfahrens oder dieser Entscheidung zu einer Doppelbesteuerung im Sinne des Artikels 1, so sind die Artikel 6 und 7 anwendbar.

Einseitige Erklärungen

Erklärung zu Artikel 7

Frankreich und das Vereinigte Königreich erklären, dass sie von Artikel 7 Absatz 3 Gebrauch machen werden.

Erklärungen der einzelnen Vertragsstaaten zu Artikel 8

Belgien

Ein empfindlich zu bestrafender Verstoß ist

- eine unter das allgemeine Strafrecht fallende, in Steuerverkürzungsabsicht begangene Zuwiderhandlung oder
- eine in Betrugs- oder Schädigungsabsicht begangene Zuwiderhandlung gegen Vorschriften des Einkommensteuergesetzes oder Durchführungsbestimmungen dazu, die strafrechtlich oder im Verwaltungsweg geahndet wird.

Dänemark

Ein empfindlich zu bestrafender Verstoß liegt bei vorsätzlichen Zuwiderhandlungen gegen Strafbestimmungen des Strafgesetzbuchs oder von Spezialgesetzen vor, wenn die Strafe nicht im Verwaltungsweg verhängt werden kann. Zuwiderhandlungen gegen Strafbestimmungen des Steuerrechts können in der Regel im Verwaltungsweg verfolgt werden, wenn mit keiner schwereren Maßnahme als Bußgeld zu rechnen ist.

Bundesrepublik Deutschland

Ein empfindlich zu bestrafender Verstoß gegen steuerliche Vorschriften ist jeder Verstoß gegen die Steuergesetze, der mit Freiheitsstrafe, Geldstrafe oder Bußgeld geahndet wird.

Griechenland

Ein Unternehmen begeht in folgenden Fällen einen empfindlich zu bestrafenden Verstoß gegen steuerliche Vorschriften:

1. Das Unternehmen gibt keine Steuererklärung ab oder aber eine Steuererklärung mit unrichtigen Angaben für Steuern oder sonstige Abgaben, die es nach den geltenden Vorschriften einzubehalten und an das Finanzamt zu zahlen hat, sei es für die Mehrwertsteuer oder die Umsatzsteuer oder die besondere Abgabe auf Luxusgüter, wobei der Gesamtbetrag der vorerwähnten Steuern und sonstigen Abgaben, die anzugeben und an das Finanzamt abzuführen sind, bei Geschäften oder sonstigen Transaktionen während eines Kalenderjahres sechshunderttausend (600 000) Drachmen bzw. während eines Kalenderjahres eine Million (1 000 000) Drachmen übersteigt.
2. Das Unternehmen gibt keine Einkommensteuererklärung ab, wobei die geschuldete Hauptsteuer für Einkünfte, die nicht angegeben wurden, 300 000 Drachmen übersteigt.
3. Das Unternehmen legt die Steuerbelege nicht vor, die im Steuergesetzbuch vorgesehen sind.
4. Das Unternehmen legt hinsichtlich der Menge, des Preises je Einheit oder des Werts unrichtige Steuerbelege im Sinne der Nummer 3 vor, wobei der sich daraus ergebende Unterschied zehn v. H. (10 %) der Gesamtmenge oder des Gesamtwerts der Güter bzw. der Dienstleistungen oder generell der Transaktion übersteigt.
5. Die vom Unternehmen geführten Bücher und aufbewahrten Belege im Sinne des Steuergesetzbuchs sind unrichtig, sofern diese Unrichtigkeit bei einer regulären Betriebsprüfung festgestellt und das Ergebnis dieser Feststellung entweder durch Beilegung der Streitigkeit auf dem Verwaltungswege oder wegen Verstreichung der Frist zur Klageerhebung oder aufgrund einer Entscheidung des Verwaltungsgerichts rechtskräftig geworden ist und der Unterschied, der in dem geprüften Geschäftszeitraum in Bezug auf die Bruttoeinkünfte festgestellt wird, im Verhältnis zu den in der Steuererklärung angegebenen Einkünften zwanzig v. H. (20 %) übersteigt und auf jeden Fall mindestens eine Million (1 000 000) Drachmen beträgt.
6. Das Unternehmen kommt der Verpflichtung zur Aufbewahrung der Bücher und Belege nicht nach, die in den entsprechenden Vorschriften des Steuergesetzbuches vorgesehen ist.

7. Das Unternehmen legt eine gefälschte oder fiktive Preisliste der verkauften Güter oder erbrachten Dienstleistungen vor oder verfälscht andere unter Nummer 3 genannte Steuerbelege.

   Als gefälscht gilt auch ein Steuerbeleg, der auf irgendeine Weise gelocht oder abgestempelt worden ist, ohne dass ein entsprechender Prüfvermerk in die Bücher der zuständigen Steuerbehörde eingetragen wurde, wenn dem Steuerpflichtigen, der die Steuerbelege zur Prüfung vorlegen muss, diese Nichteintragung bekannt ist. Als gefälscht gilt ebenfalls ein Steuerbeleg, wenn Inhalt und Einzelheiten des Originals oder der Kopie Unterschiede gegenüber der beim Steuerpflichtigen verbleibenden Unterlage, die den gleichen Steuertatbestand betrifft, aufweisen.

   Als fiktiv gilt auch ein Steuerbeleg, der für ein Geschäft, einen Umsatz oder eine andere Transaktion, die insgesamt oder zum Teil gar nicht erfolgt ist, oder für ein Geschäft, das von anderen als den im Steuerbeleg angegebenen Personen getätigt wurde, vorgelegt worden ist.

8. Das Unternehmen beteiligt sich in irgendeiner Weise an der Herstellung gefälschter Steuerbelege, oder dem Unternehmen ist bekannt, dass die Belege gefälscht bzw. fiktiv sind, es ist jedoch an der Vorlage dieser Belege beteiligt, oder es akzeptiert die gefälschten bzw. fiktiven Steuerbelege mit dem Ziel, Steuertatbestände zu verheimlichen.

Spanien

Ein empfindlich zu bestrafender Verstoß ist eine schwerwiegende Zuwiderhandlung gegen steuerliche Vorschriften, die im Verwaltungsweg geahndet wird, oder eine Straftat gegenüber den Steuerbehörden, die strafrechtlich geahndet wird.

Frankreich

Ein empfindlich zu bestrafender Verstoß ist gegeben, wenn er strafrechtlich geahndet wird oder wenn steuerrechtliche Sanktionen verhängt werden wie in folgenden Fällen: Nichtabgabe der Steuererklärung nach Mahnung, Unredlichkeit oder betrügerische Handlungen, Widerstand gegen eine Steuerprüfung, verschleierte Vergütungen oder Zuwendungen, Rechtsmissbrauch.

Irland

Ein empfindlich zu bestrafender Verstoß liegt in folgenden Fällen vor:

a) Nichtabgabe der Steuererklärung,
b) betrügerisch oder fahrlässig unrichtige Steuererklärung,
c) Fehlen ordnungsmäßiger Buchführung,
d) Nichtvorlage von Aufzeichnungen und Büchern zu Prüfungszwecken,
e) Behinderung von Personen bei der Ausübung gesetzlicher Aufgaben,
f) Nichtanzeige von Steuertatbeständen,
g) falsche Erklärung zwecks Gewährung eines Steuerabzugs.

Diese Verstöße sind nach dem Stand vom 3. Juli 1990 durch folgende Rechtsvorschriften geregelt:

- Teil XXXV des Income Tax Act von 1967,
- Abschnitt 6 des Finance Act von 1968,
- Teil XIV des Corporation Tax Act von 1976,
- Abschnitt 94 des Finance Act von 1983.

Spätere Änderungen des Strafen- oder Maßnahmenkatalogs sind zu berücksichtigen.

Italien

Ein empfindlich zu bestrafender Verstoß ist eine Zuwiderhandlung, die im Sinne der innerstaatlichen Rechtsvorschriften ein Steuervergehen darstellt.

Luxemburg

Das Großherzogtum Luxemburg betrachtet als empfindlich zu bestrafenden Verstoß Zuwiderhandlungen, die nach der Erklärung des anderen Vertragsstaats solche Verstöße im Sinne des Artikels 8 darstellen.

Niederlande

Ein empfindlich zu bestrafender Verstoß ist jede vorsätzliche Handlung im Sinne von Artikel 68 Absatz 1 des Allgemeinen Steuergesetzes, die gerichtlich geahndet wird.

Portugal

Ein schwer zu bestrafender Verstoß ist eine strafrechtlich oder steuerstrafrechtlich zu ahnende Zuwiderhandlung, die in Betrugsabsicht begangen wird oder mit einer Geldstrafe von mehr als 1 Million (1 000 000) Escudos bedroht ist.

Vereinigtes Königreich

Ein schwer zu bestrafender Verstoß liegt vor, wenn zu Steuerzwecken unrichtige Bücher vorgelegt, unzutreffende Ansprüche auf Steuererstattung, -vergütung, -ermäßigung oder -erlass gestellt oder unrichtige Steuererklärungen abgegeben werden und dies strafrechtlich oder im Verwaltungsweg geahndet wird.

Erklärung der Bundesrepublik Deutschland zu Artikel 16

Die Regierung der Bundesrepublik Deutschland behält sich vor, bei der Hinterlegung ihrer Ratifikationsurkunde zu erklären, dass das Übereinkommen auch für das Land Berlin gilt.

Überarbeiteter Verhaltenskodex zur wirksamen Durchführung des Übereinkommens über die Beseitigung der Doppelbesteuerung im Falle von Gewinnberichtigungen zwischen verbundenen Unternehmen[1]

(2009/C 322/01)

DER RAT DER EUROPÄISCHEN UNION UND DIE IM RAT VEREINIGTEN VERTRETER DER REGIERUNGEN DER MITGLIEDSTAATEN —

GESTÜTZT AUF das Übereinkommen vom 23. Juli 1990 über die Beseitigung der Doppelbesteuerung im Falle von Gewinnberichtigungen zwischen verbundenen Unternehmen (das sogenannte „Schiedsübereinkommen"),

IN ANERKENNUNG der Tatsache, dass die Mitgliedstaaten als Vertragsstaaten des Schiedsübereinkommens und Steuerpflichtige genauere Regeln brauchen, um das genannte Schiedsübereinkommen wirksam durchzuführen,

IN KENNTNIS der Mitteilung der Kommission vom 14. September 2009 über die Tätigkeit des Gemeinsamen EU-Verrechnungspreisforums (JTPF) von März 2007 bis März 2009, die sich auf die Berichte des JTPF über Strafzuschläge und Verrechnungspreise sowie über die Auslegung einiger Bestimmungen des Schiedsübereinkommens stützt,

UNTER HINWEIS DARAUF, dass dieser Verhaltenskodex eine politische Verpflichtung darstellt und somit die Rechte und Pflichten der Mitgliedstaaten sowie die jeweiligen Zuständigkeiten der Mitgliedstaaten und der Europäischen Union, wie sie sich aus dem Vertrag über die Europäische Union und dem Vertrag über die Arbeitsweise der Europäischen Union ergeben, nicht berührt,

IN ANERKENNUNG der Tatsache, dass die Anwendung dieses Verhaltenskodexes globalere Lösungen nicht behindern sollte,

IN ANBETRACHT der Schlussfolgerungen des JTPF-Berichts zu Strafzuschlägen —

NEHMEN FOLGENDEN ÜBERARBEITETEN VERHALTENSKODEX AN:

Unbeschadet der jeweiligen Zuständigkeiten der Mitgliedstaaten und der Europäischen Union betrifft dieser überarbeitete Verhaltenskodex die Durchführung des Schiedsübereinkommens und bestimmte damit verbundene Aspekte der Verständigungsverfahren nach den Doppelbesteuerungsabkommen zwischen den Mitgliedstaaten.

1. Anwendungsbereich des Schiedsübereinkommens

1.1 *EU-Dreieckskonstellationen bei Verrechnungspreisfällen*

a) Für die Zwecke dieses Verhaltenskodexes liegt eine EU-Dreieckskonstellation vor, wenn zwei zuständige Behörden in der EU die Doppelbesteuerung in einem Verrechnungspreisfall in der ersten Phase des im Schiedsüberkommen vorgesehenen Verfahrens unter Anwendung des Fremdvergleichsgrundsatzes nicht gänzlich vermeiden können, weil ein verbundenes Unternehmen in (einem) anderen Mitgliedstaat(en), das von beiden zustän-

[1] Quelle: Amtsblatt der Europäischen Union v. 30.12.2009.

digen Behörden in der EU ermittelt wurde (wobei eine Vergleichbarkeitsanalyse einschließlich einer Funktionsanalyse sowie sonstige mit dem Fall verbundene Sachverhaltselemente der Beweisführung zugrunde lagen), bei einer Kette von betroffenen Geschäftsvorfällen oder kaufmännischen/ finanziellen Beziehungen in einem erheblichen Umfang zu einem dem Fremdvergleichsgrundsatz nicht entsprechenden Ergebnis beigetragen hat, und wenn dies vom Steuerpflichtigen, der die Doppelbesteuerung erleidet und die Anwendung der Bestimmungen des Schiedsübereinkommens beantragt hat, als solches anerkannt wird.

b) Der Anwendungsbereich des Schiedsübereinkommens erstreckt sich auf sämtliche EU-Geschäftsvorfälle im Rahmen von Dreieckskonstellationen zwischen Mitgliedstaaten.

1.2 *Unterkapitalisierung*[2]

Das Schiedsübereinkommen verweist eindeutig auf die Gewinne aus kaufmännischen und finanziellen Beziehungen, differenziert jedoch nicht zwischen diesen verschiedenen Arten von Gewinnen. Gewinnberichtigungen, die sich aus finanziellen Beziehungen, einschließlich

---

2 Hierzu bestehen folgende Vorbehalte: Bulgarien vertritt die Auffassung, dass Gewinnberichtigungen, die sich aus der Berichtigung des Preises eines Darlehens (d. h. des Zinssatzes) ergeben, in den Geltungsbereich des Schiedsübereinkommens fallen. Andererseits vertritt Bulgarien die Auffassung, dass Fälle von Gewinnberichtigungen, die auf Berichtigungen des Finanzierungsbetrags beruhen, nicht unter das Schiedsübereinkommen fallen. Grundsätzlich liegen die Gründe für solche Berichtigungen in den innerstaatlichen Rechtsvorschriften der Mitgliedstaaten. Aufgrund der Anwendung von unterschiedlichen nationalen Vorschriften und des Fehlens von international anerkannten Fremdvergleichs-Leitlinien, die auf die Kapitalstruktur eines Unternehmens anzuwenden wären, ist in hohem Maße in Frage zu stellen, dass die auf Korrekturen des Darlehensbetrags beruhenden Gewinnberichtigungen nach dem Fremdvergleichsgrundsatz erfolgen. Die Tschechische Republik wird das Verständigungsverfahren nach dem Schiedsübereinkommen in Fällen, die nach innerstaatlichem Recht unter die Missbrauchsbekämpfungsvorschriften fallen, nicht anwenden. Die Niederlande teilen die Ansicht, dass eine Berichtigung des Zinssatzes (Darlehenspreis) nach auf dem Fremdvergleichsgrundsatz beruhenden nationalen Rechtsvorschriften in den Anwendungsbereich des Schiedsübereinkommens fällt. Berichtigungen des Darlehensbetrags sowie Berichtigungen der Abzugsfähigkeit der Zinsen auf der Grundlage eines Unterkapitalisierungsansatzes gemäß dem Fremdvergleichsgrundsatz oder Berichtigungen auf der Grundlage von Missbrauchsbekämpfungsvorschriften, die auf dem Fremdvergleichsgrundsatz beruhen, werden als nicht in den Anwendungsbereich des Schiedsübereinkommens fallend betrachtet. Die Niederlande werden so lange an ihrem Vorbehalt festhalten, bis die OECD Leitlinien zu der Frage erstellt, wie der Fremdvergleichsgrundsatz auf die Unterkapitalisierung von verbundenen Unternehmen angewendet werden soll. Nach Ansicht Griechenlands fallen die Berichtigungen des Zinssatzes in den Anwendungsbereich des Schiedsübereinkommens. Berichtigungen, die den Darlehensbetrag und die Abzugsfähigkeit der aufgelaufenen Darlehenszinsen betreffen, sollten wegen geltender Beschränkungen im innerstaatlichen Recht nicht unter das Schiedsübereinkommen fallen. Nach Auffassung von Ungarn fallen nur diejenigen Fälle in den Anwendungsbereich des Schiedsübereinkommens, in denen die Doppelbesteuerung auf die Berichtigung des Darlehenszinssatzes zurückzuführen ist und die Berichtigung auf dem Fremdvergleichsgrundsatz beruht. Italien vertritt die Auffassung, dass das Schiedsübereinkommen in Fällen der Doppelbesteuerung wegen einer nicht dem Fremdvergleichsgrundsatz entsprechenden Preisberichtigung bei einem Finanzgeschäft herangezogen werden kann. Hingegen darf das Übereinkommen nicht herangezogen werden, um Fälle der Doppelbesteuerung infolge von Berichtigungen des Darlehensbetrags oder Fälle der Doppelbesteuerung infolge von unterschiedlichen innerstaatlichen Vorschriften über den zulässigen Finanzierungsbetrag oder über die Abzugsfähigkeit von Zinsen zu regeln. Nach dem Verständnis Lettlands kann das Schiedsübereinkommen im Falle einer Doppelbesteuerung infolge der Anwendung allgemeiner nationaler Rechtsvorschriften über Berichtigungen des Darlehensbetrags oder über die Abzugsfähigkeit von Zinszahlungen, die nicht auf dem Fremdvergleichsgrundsatz gemäß Artikel 4 des Schiedsübereinkommens beruhen, nicht herangezogen werden. Daher ist Lettland der Auffassung, dass nur Berichtigungen der gemäß nationalen Rechtsvorschriften erfolgten Abzüge von Zinsen, die auf dem Fremdvergleichsgrundsatz beruhen, in den Anwendungsbereich des Schiedsübereinkommens fallen. Polen ist der Auffassung, dass das im Schiedsübereinkommen vorgesehene Verfahren nur im Falle von Zinsberichtigungen anwendbar sein kann. Hingegen sollten Berichtigungen des Darlehensbetrags nicht unter das Übereinkommen fallen. Nach Ansicht Polens lässt sich eigentlich nicht festlegen, wie die Kapitalstruktur in der Praxis gestaltet sein sollte, damit sie mit dem Fremdvergleichsgrundsatz in Einklang steht. Nach Auffassung Portugals kann das Schiedsübereinkommen nicht zur Regelung von Fällen der Doppelbesteuerung infolge von Gewinnberichtigungen herangezogen werden, die sich entweder aus Berichtigungen des Betrags eines Darlehens zwischen verbundenen Unternehmen oder aus Berichtigungen von Zinszahlungen auf der Grundlage von innerstaatlichen Missbrauchsbekämpfungsvorschriften ergeben. Indes gesteht Portugal zu, seine Position zu überprüfen, sobald Einigung auf internationaler Ebene erzielt ist, insbesondere mittels Leitlinien der OECD, bezüglich der Anwendung des Fremdvergleichsgrundsatzes auf den Betrag der Schulden (unter Einbeziehung von Fällen der Unterkapitalisierung) zwischen verbundenen Unternehmen. Nach Ansicht der Slowakei sollte eine Berichtigung des Zinssatzes auf der Grundlage von nationalen Rechtsvorschriften, die auf dem Fremdvergleichsgrundsatz beruhen, in den Anwendungsbereich des Schiedsübereinkommens fallen, die Gewinnberichtigungen infolge der Anwendung von Missbrauchsbekämpfungsvorschriften nach innerstaatlichem Recht hingegen nicht in den Anwendungsbereich dieses Übereinkommens fallen.

Darlehen und Darlehenskonditionen, ergeben und nach dem Fremdvergleichsgrundsatz erfolgen, sind daher als unter das Schiedsübereinkommen fallend anzusehen.

2. Zulässigkeit

Auf der Grundlage von Artikel 18 des Schiedsübereinkommens wird den Mitgliedstaaten empfohlen, einen Fall als unter das Schiedsübereinkommen fallend zu betrachten, wenn der Antrag fristgerecht nach dem Wirksamwerden des Beitritts neuer Mitgliedstaaten zum Schiedsübereinkommen eingereicht wird, selbst wenn sich die Berichtigung auf frühere Steuerjahre bezieht.

3. Empfindlich zu bestrafende Verstöße

Da Artikel 8 Absatz 1 vorsieht, dass die Inanspruchnahme des Schiedsübereinkommens bei der Feststellung eines empfindlich zu bestrafenden Verstoßes gegen steuerliche Vorschriften abgelehnt werden kann, wird den Mitgliedstaaten in Anbetracht der seit 1995 gewonnenen praktischen Erfahrungen empfohlen, ihre einseitigen Erklärungen im Anhang zum Schiedsübereinkommen zu präzisieren oder zu überarbeiten, um besser zum Ausdruck zu bringen, dass ein empfindlich zu bestrafender Verstoß nur in Ausnahmefällen, etwa bei Betrug, vorliegt.

4. Beginn der Dreijahresfrist (Frist für die Antragstellung nach Artikel 6 Absatz 1 Schiedsübereinkommen)

Die Dreijahresfrist beginnt mit dem Datum der „ersten Mitteilung der Maßnahme, die zu einer Doppelbesteuerung im Sinne von Artikel 1 des Schiedsübereinkommens, z. B. infolge einer Verrechnungspreiskorrektur[3], führt oder führen könnte“.

Den Mitgliedstaaten wird empfohlen, in Verrechnungspreisfällen diese Definition auch für die Dreijahresfrist anzuwenden, die die Doppelbesteuerungsabkommen zwischen den Mitgliedstaaten auf der Grundlage von Artikel 25 Absatz 1 des OECD-Musterabkommens zur Vermeidung der Doppelbesteuerung auf dem Gebiet der Steuern vom Einkommen und Vermögen vorsehen.

5. Beginn der Zweijahresfrist (Artikel 7 Absatz 1 des Schiedsübereinkommens)

a) Für die Zwecke von Artikel 7 Absatz 1 des Schiedsübereinkommens gilt ein Fall dann als gemäß Artikel 6 Absatz 1 unterbreitet, wenn der Steuerpflichtige Folgendes übermittelt:
   - i. Angaben zur Identifizierung (wie Name, Anschrift, Steuernummer) des antragstellenden Unternehmens des Mitgliedsstaats sowie der anderen Beteiligten an den betreffenden Geschäftsvorfällen;
   - ii. detaillierte Angaben zu den für den Fall relevanten Tatsachen und Umständen (einschließlich Einzelheiten über die Beziehungen zwischen dem Unternehmen und den anderen Beteiligten an den betreffenden Geschäftsvorfällen);
   - iii. Angaben zu den betreffenden Besteuerungszeiträumen;

[3] Hierzu besteht folgender Vorbehalt: Nach Ansicht des Mitglieds aus der italienischen Steuerverwaltung beginnt die Dreijahresfrist „mit dem Datum des ersten Steuerbescheides oder einer gleichwertigen Maßnahme, die die Verrechnungspreiskorrektur, die eine Doppelbesteuerung im Sinne des Artikels 1 herbeiführt oder herbeiführen könnte, widerspiegelt“, da das geltende Schiedsübereinkommen nur in den Fällen Anwendung finden sollte, in denen eine Verrechungspreiskorrektur vorgenommen wurde.

iv. Kopien der Steuerbescheide, des Betriebsprüfungsberichts oder vergleichbarer Dokumente, die zu der behaupteten Doppelbesteuerung geführt haben; v) detaillierte Angaben zu etwaigen außergerichtlichen oder gerichtlichen Rechtsbehelfsverfahren, die das Unternehmen oder die anderen Beteiligten an den betreffenden Geschäftsvorfällen eingeleitet haben, sowie zu etwaigen den Fall betreffenden Gerichtsurteilen;

v. eine Darlegung seitens des Unternehmens, inwiefern seiner Ansicht nach die in Artikel 4 Schiedsübereinkommen festgelegten Grundsätze nicht beachtet wurden;

vi. eine Zusage des Unternehmens, dass es so vollständig und rasch wie möglich alle vernünftigen und angemessenen Nachfragen einer zuständigen Behörde beantworten und den zuständigen Behörden Unterlagen zur Verfügung stellen wird; und

vii. jede spezifische Zusatzinformation, die die zuständige Behörde innerhalb von zwei Monaten nach Eingang des Antrags des Steuerpflichtigen anfordert.

b) Der Zweijahreszeitraum beginnt an dem späteren der beiden folgenden Zeitpunkte:

i. Datum des Steuerbescheids, d.h. der endgültigen Entscheidung der Steuerverwaltung über die Einkommenserhöhung, oder einer gleichbedeutenden Maßnahme;

ii. Datum des Eingangs des Antrags sowie der Mindestinformationen gemäß Buchstabe a bei der zuständigen Behörde.

6. Verständigungsverfahren nach dem Schiedsübereinkommen

6.1 *Allgemeine Bestimmungen*

a) Der Fremdvergleichsgrundsatz wird, wie von der OECD festgelegt, angewandt, und zwar ungeachtet der unmittelbaren steuerlichen Folgen für jeden einzelnen Mitgliedsstaat.

b) Die Fälle werden so rasch gelöst wie angesichts der Komplexität des jeweiligen Falles möglich.

c) Jedes Mittel, das geeignet ist, so rasch wie möglich ein Einvernehmen herbeizuführen, z. B. auch persönlicher Treffen, wird erwogen. Gegebenenfalls wird das Unternehmen aufgefordert, seiner zuständigen Behörde seinen Standpunkt darzulegen.

d) Gemäß diesem Verhaltenskodex sollte innerhalb von zwei Jahren ab dem Datum, an dem der Fall einer der zuständigen Behörden zum ersten Mal gemäß Nummer 5 Buchtsabe b dieses Verhaltenskodexes unterbreitet wurde, Einvernehmen erzielt werden. Allerdings wird anerkannt, dass es unter bestimmten Umständen (z. B. bei unmittelbar bevorstehender Lösung eines Falles, besonders komplexen Geschäftsvorfällen oder Dreieckskonstellationen) angebracht sein kann, Artikel 7 Absatz 4 des Schiedsübereinkommens (Möglichkeit von Fristverlängerungen) anzuwenden und eine kurze Fristverlängerung zu vereinbaren.

e) Das Verständigungsverfahren sollte weder dem Antragsteller noch anderen an dem Fall beteiligten Personen unangemessene oder übermäßige Befolgungskosten verursachen.

6.2 *EU-Dreieckskonstellationen bei Verrechnungspreisfällen*

a) Sobald die zuständigen Behörden der Mitgliedsstaaten übereingekommen sind, dass in einem Fall eine EU-Dreieckskonstellation vorliegt, sollten sie die andere(n) zuständige(n) Behörde(n) in der EU unverzüglich auffordern, als Beobachter oder aktiv Beteiligte an den Verfahren und Verhandlungen teilzunehmen und gemeinsam zu entscheiden, wie vorgegangen werden soll. Dementsprechend sollten sämtliche Informationen beispielsweise im Wege des Informationsaustauschs an die andere(n) zuständige(n) Behörde(n) in der EU weitergegeben werden. Die andere(n) zuständige(n) Behörde(n) sollte(n) aufgefordert werden zu bestätigen, dass „ihr“ Steuerpflichtiger bzw. „ihre“ Steuerpflichtigen tatsächlich oder möglicherweise beteiligt ist bzw. sind.

b) Die zuständigen Behörden, die bei EU-Dreieckskonstellationen an der Vermeidung der Doppelbesteuerung im Rahmen des Schiedsübereinkommens beteiligt sind, können auf folgende Weise vorgehen:

   i) Die zuständigen Behörden können sich für einen multilateralen Ansatz entscheiden (sofortige und uneingeschränkte Beteiligung aller betroffenen zuständigen Behörden); oder

   ii) die zuständigen Behörden können sich für die Einleitung eines bilateralen Verfahrens entscheiden, an dem die beiden zuständigen Behörden beteiligt sind, die (mittels Vergleichbarkeitsanalyse einschließlich Funktionsanalyse und sonstiger mit dem Fall zusammenhängender Sachverhaltselemente) das in einem anderen Mitgliedstaat belegene verbundene Unternehmen ermittelt haben, das bei einer Kette von betroffenen Geschäftsvorfällen oder kaufmännischen/finanziellen Beziehungen in einem erheblichen Umfang zu einem dem Fremdvergleichsgrundsatz nicht entsprechenden Ergebnis beigetragen hat, und sollten die andere(n) zuständige(n) Behörde(n) in der EU auffordern, als Beobachter an den Verhandlungen im Rahmen des Verständigungsverfahrens teilzunehmen; oder

   iii) die zuständigen Behörden können sich für die Einleitung mehrerer parallel laufender bilateraler Verfahren entscheiden und sollten die andere(n) zuständige(n) EU-Behörde(n) auffordern, als Beobachter an den Verhandlungen im Rahmen des jeweiligen Verständigungsverfahrens teilzunehmen.

   Den Mitgliedstaaten wird empfohlen, derartige Doppelbesteuerungsfälle im multilateralen Verfahren zu lösen. Allerdings sollte dies stets von allen zuständigen Behörden einvernehmlich je nach Tatsachen und Umständen im Einzelfall beschlossen werden. Ist ein multilateraler Ansatz unmöglich und werden zwei oder mehr parallel laufende bilaterale Verfahren eingeleitet, sollten alle betroffenen zuständigen Behörden an der ersten Phase des im Schiedsübereinkommen vorgesehenen Verfahrens entweder als Vertragsstaaten im Rahmen des ursprünglichen Antrags unter dem Schiedsübereinkommen oder als Beobachter beteiligt werden.

c) Je nach Fortgang der Verhandlungen und den vorgelegten Beweisen kann ein Beobachter den Status eines aktiven Teilnehmers erhalten. Will/wollen die andere(n) zuständige(n) Behörde(n) an der zweiten Phase (Schiedsverfahren) teilnehmen, muss/müssen sie aktive(r) Teilnehmer werden.

   Der Umstand, dass die andere(n) zuständige(n) Behörde(n) in der EU während der gesamten Verhandlungen lediglich Beobachterstatus behält/behalten, hat keinerlei Auswirkungen auf die Anwendung der Bestimmungen des Schiedsübereinkommens (z. B. Termin- und Verfahrensfragen).

   Die Teilnahme als Beobachter bindet die andere(n) zuständige(n) Behörde(n) nicht an das abschließende Ergebnis des Verfahrens nach dem Schiedsübereinkommen.

Jeder Informationsaustausch im Rahmen des Verfahrens muss den üblichen rechtlichen und administrativen Anforderungen und Verfahren entsprechen.

d) Der/die Steuerpflichtige(n) sollte(n) der/den betroffenen Steuerverwaltung(en) so früh wie möglich mitteilen, dass (eine) andere Partei(en) in (einem) anderen Mitgliedstaat(en) an dem Fall beteiligt sein könnte(n). Auf diese Mitteilung sollte die Übermittlung aller einschlägigen Tatsachen und Belege zeitnah folgen. Ein derartiges Vorgehen wird die Lösung von Doppelbesteuerungsfällen nicht nur beschleunigen, sondern auch dafür sorgen, dass sie nicht an unterschiedlichen Verfahrensfristen in den Mitgliedstaaten scheitert.

6.3 *Praktische Durchführung des Verfahrens und Transparenz*

a) Um übersetzungsbedingte Kosten und Verzögerungen zu reduzieren, sollte das Verständigungsverfahren und insbesondere der Austausch von Positionspapieren in einer gemeinsamen Arbeitssprache oder aber in einer Weise durchgeführt werden, die die gleiche Wirkung hat, sofern die zuständigen Behörden sich diesbezüglich bilateral (oder multilateral) einigen können.

b) Das Unternehmen, das das Verständigungsverfahren beantragt, wird von der zuständigen Behörde, bei der es den Antrag eingereicht hat, während des Verfahrens über alle das Unternehmen betreffenden wesentlichen Entwicklungen unterrichtet.

c) Die Vertraulichkeit von Angaben zu einer Person, die nach einem bilateralen Doppelbesteuerungsabkommen oder dem Recht eines Vertragsstaats geschützt ist, wird gewahrt.

d) Die zuständige Behörde bestätigt den Eingang des Antrags eines Steuerpflichtigen auf Einleitung eines Verständigungsverfahrens innerhalb eines Monats nach Eingang des Antrags und unterrichtet gleichzeitig die zuständige(n) Behörde(n) des (der) anderen an dem Fall beteiligten Mitgliedsstaates (Mitgliedstaaten) durch Übermittlung einer Kopie des Antrags des Steuerpflichtigen.

e) Ist die zuständige Behörde der Ansicht, dass das Unternehmen nicht die zur Einleitung eines Verständigungsverfahrens notwendigen Mindestinformationen gemäß Nummer 5 Buchstabe a übermittelt hat, fordert sie das Unternehmen innerhalb von zwei Monaten nach Eingang des Antrags zur Übermittlung der benötigten spezifischen Zusatzinformationen auf.

f) Die Mitgliedstaaten sagen zu, dass die zuständige Behörde dem antragstellenden Unternehmen in folgender Weise antworten wird:

   i) Bezweifelt die zuständige Behörde, dass Gewinne des Unternehmens den Gewinnen eines Unternehmens eines anderen Mitgliedstaates zugerechnet werden oder wahrscheinlich zugerechnet werden, setzt sie das Unternehmen von ihren Zweifeln in Kenntnis und fordert es zur Übermittlung etwaiger weiterer Erläuterungen auf;

   ii) hält die zuständige Behörde den Antrag für begründet und kann sie selbst eine zufriedenstellende Lösung herbeiführen, unterrichtet sie das Unternehmen entsprechend und nimmt so rasch wie möglich selbst die gerechtfertigten Korrekturen bzw. Abzüge vor;

   iii) hält die zuständige Behörde den Antrag für begründet, ist jedoch selbst nicht in der Lage, eine zufriedenstellende Lösung herbeizuführen, teilt sie dem Unternehmen mit, dass sie sich bemühen wird, den Fall im Wege der Verständigung mit der zuständigen Behörde jedes anderen betroffenen Mitgliedstaats zu lösen.

g) Erachtet eine zuständige Behörde einen Fall als begründet, so sollte sie ein Verständigungsverfahren einleiten, indem sie die zuständige(n) Behörde(n) des/der anderen Mitgliedstaates/Mitgliedstaaten über ihre Entscheidung unterrichtet und die Informationen gemäß Nummer 5 Buchstabe a dieses Verhaltenskodexes in Kopie beifügt. Gleichzeitig setzt sie die Person, die ein Verfahren nach dem Schiedsübereinkommen beantragt hat, davon in Kenntnis, dass sie ein Verständigungsverfahren eingeleitet hat. Die das Verständigungsverfahren einleitende zuständige Behörde teilt außerdem der zuständigen Behörde des/der anderen Vertragsstaates/Vertragsstaaten und dem Antragsteller auf der Grundlage der ihr vorliegenden Informationen mit, ob ihr der Fall innerhalb der Frist gemäß Artikel 6 Absatz 1 des Schiedsübereinkommens unterbreitet wurde und wann die Zweijahresfrist gemäß Artikel 7 Absatz 1 des Schiedsübereinkommens beginnt.

6.4 *Austausch von Positionspapieren*

a) Die Mitgliedstaaten sagen zu, dass nach Einleitung eines Verständigungsverfahrens die zuständige Behörde des Staates, in dem die Steuerfestsetzung, d. h. eine endgültige Entscheidung der Steuerverwaltung über die Höhe des Einkommens oder eine gleich bedeutende Maßnahme mitgeteilt wurde oder werden soll, die eine Korrektur enthält, die zu einer Doppelbesteuerung im Sinne von Artikel 1 des Schiedsübereinkommens führt oder führen könnte, der (den) zuständigen Behörde(n) des (der) anderen an dem Fall beteiligten Mitgliedstaates (Mitgliedstaaten) ein Positionspapier übermittelt, das Folgendes enthält:
   i) Darlegung des Falles durch den Antragsteller;
   ii) Beurteilung des Sachverhaltes durch die Behörde, z. B. warum ihrer Ansicht nach eine Doppelbesteuerung vorliegt oder wahrscheinlich eintreten könnte;
   iii) Vorschlag, wie der Fall im Hinblick auf die Beseitigung der Doppelbesteuerung gelöst werden könnte, samt umfassender Erläuterung des Lösungsvorschlags.

b) Das Positionspapier umfasst eine vollständige Begründung der Steuerfestsetzung bzw. der Korrekturen sowie Unterlagen von grundsätzlicher Bedeutung zur Darlegung des Standpunktes der zuständigen Behörde und eine Liste aller weiteren Unterlagen, die bei der Korrektur verwendet werden.

c) Das Positionspapier wird der (den) zuständigen Behörde(n) des (der) anderen an dem Fall beteiligten Mitgliedstaates (Mitgliedstaaten) so rasch wie angesichts der Komplexität des jeweiligen Falles möglich, spätestens jedoch vier Monate nach dem späteren der folgenden Zeitpunkte, übermittelt:
   i) Datum des Steuerbescheids, d.h. einer endgültigen Entscheidung der Steuerverwaltung über die Einkommenserhöhung, oder einer gleich bedeutenden Maßnahme;
   ii) Datum des Eingangs des Antrags sowie der Mindestinformationen gemäß Nummer 5 Buchstabe a bei der zuständigen Behörde.

d) Die Mitgliedstaaten sagen zu, dass die zuständige Behörde eines Landes, in dem keine Steuerfestsetzung oder gleich bedeutende Maßnahme erfolgt oder geplant ist, die, z. B. infolge einer Verrechnungspreiskorrektur zu einer Doppelbesteuerung im Sinne des Artikels 1 des Schiedsübereinkommens führt oder führen könnte, nach Eingang eines Positionspapiers von einer anderen zuständigen Behörde so rasch wie angesichts der Komplexität des jeweiligen Falles möglich, spätestens jedoch sechs Monate nach Eingang des Positionspapiers, diese beantwortet.

e) Die Antwort sollte in folgender Weise erfolgen:

i) Ist die zuständige Behörde der Auffassung, dass eine Doppelbesteuerung vorliegt oder droht, und stimmt sie mit der in dem Positionspapier vorgeschlagenen Lösung überein, so teilt sie dies der/den anderen zuständigen Behörde(n) mit und nimmt die entsprechenden Korrekturen oder Abzüge so rasch wie möglich vor;

ii) ist die zuständige Behörde nicht der Auffassung, dass eine Doppelbesteuerung vorliegt oder droht, oder stimmt sie nicht mit der in dem Positionspapier vorgeschlagenen Lösung überein, übermittelt sie der/den anderen zuständigen Behörde(n) ihrerseits ein Positionspapier, in dem sie ihre Gründe darlegt und unter Berücksichtigung der Komplexität des Falles einen unverbindlichen Zeitplan vorschlägt, wie mit dem Fall zu verfahren ist. Gegebenenfalls schlägt sie zugleich einen Termin für ein persönliches Treffen vor, das spätestens 18 Monate nach dem späteren der folgenden Zeitpunkte stattfinden sollte:

aa) Datum des Steuerbescheids, d.h. der endgültigen Entscheidung der Steuerverwaltung über die Einkommenserhöhung, oder eine gleich bedeutende Maßnahme;

bb) Datum des Eingangs des Antrags sowie der Mindestinformationen gemäß Nummer 5 Buchstabe a bei der zuständigen Behörde.

f) Die Mitgliedstaaten treffen überdies alle geeigneten Maßnahmen, um alle Verfahren wo immer möglich zu beschleunigen. In diesem Zusammenhang sollten die Mitgliedstaaten regelmäßig, mindestens aber ein Mal pro Jahr, persönliche Treffen ihrer zuständigen Behörden organisieren, wo sie die anhängigen Verständigungsverfahren erörtern können (vorausgesetzt, die Anzahl der Fälle rechtfertigt solche regelmäßigen Treffen).

6.5 *Doppelbesteuerungsabkommen zwischen den Mitgliedstaaten*

Den Mitgliedstaaten wird empfohlen, in Verrechnungspreisfällen die Bestimmungen der Nummern 1, 2 und 3 auch für die Verständigungsverfahren gemäß Artikel 25 Absatz 1 des OECD-Musterabkommens zur Vermeidung der Doppelbesteuerung auf dem Gebiet der Steuern vom Einkommen und Vermögen anzuwenden, der in den Doppelbesteuerungsabkommen zwischen den Mitgliedstaaten umgesetzt ist.

7. Verfahren während der zweiten Phase nach dem Schiedsübereinkommen

7.1 *Liste der unabhängigen Personen*

a) Die Mitgliedstaaten verpflichten sich, dem Generalsekretariat des Rates unverzüglich die Namen der fünf unabhängigen Personen mitzuteilen, die als Mitglied des Beratenden Ausschusses gemäß Artikel 7 Absatz 1 des Schiedsübereinkommens in Betracht kommen, und jede etwaige Änderung der Liste in gleicher Weise mitzuteilen.

b) Die Mitgliedstaaten übermitteln dem Generalsekretariat des Rates die Namen der von ihnen benannten unabhängigen Personen zusammen mit einem Lebenslauf der betreffenden Personen, aus dem u.a. hervorgeht, über welche Erfahrung diese Personen in den Bereichen Recht, Steuern und vor allem Verrechnungspreise verfügen.

c) Die Mitgliedstaaten können auf ihrer Liste auch angeben, welche dieser unabhängigen Personen die Anforderungen für die Funktion des Vorsitzenden erfüllen.

d) Das Generalsekretariat des Rates fordert die Mitgliedstaaten jedes Jahr auf, die Namen der von ihnen benannten unabhängigen Personen zu bestätigen und/oder die Namen der sie ersetzenden Personen zu übermitteln.

e) Die vollständige Liste aller unabhängigen Personen wird auf der Website des Rates veröffentlicht.

f) Die unabhängigen Personen müssen weder Staatsangehörige des Staates sein, der sie ernennt, noch müssen sie dort ihren Wohnsitz haben, sie müssen jedoch Staatsangehörige eines Mitgliedstaates sein und ihren Wohnsitz im Geltungsgebiet des Schiedsübereinkommens haben.

g) Den zuständigen Behörden wird empfohlen, eine vereinbarte Einverständniserklärung und eine Erklärung aufzusetzen, in der die ausgewählten unabhängigen Personen ihre Unabhängigkeit im betreffenden Fall versichern, und diese Erklärungen von den ausgewählten unabhängigen Personen unterzeichnen zu lassen.

7.2 *Einsetzung des Beratenden Ausschusses*

a) Sofern die betroffenen Mitgliedstaaten nichts anderes vereinbaren, ergreift der Mitgliedstaat, der den ersten Steuerbescheid, d.h. die endgültige Entscheidung der Steuerverwaltung über die Einkommenserhöhung, oder eine gleich bedeutende Maßnahme erlassen hat, die zu einer Doppelbesteuerung im Sinne von Artikels 1 des Schiedsübereinkommens führt oder führen könnte, die Initiative zur Einsetzung des Beratenden Ausschusses und organisiert dessen Sitzungen in Absprache mit dem/den anderen Mitgliedstaat(en).

b) Die zuständigen Behörden sollten den Beratenden Ausschuss spätestens sechs Monate nach Ablauf der in Artikel 7 des Schiedsübereinkommens genannten Frist einsetzen. Kommt eine zuständige Behörde dem nicht nach, kann eine andere beteiligte zuständige Behörde die Initiative ergreifen.

c) Der Beratende Ausschuss besteht in der Regel aus zwei unabhängigen Personen sowie dem Vorsitzenden und den Vertretern der zuständigen Behörden. Im Falle von Dreieckskonstellationen, bei denen der Beratende Ausschuss nach dem multilateralen Ansatz einzusetzen ist, tragen die Mitgliedstaaten den Anforderungen des Artikels 11 Absatz 2 des Schiedsübereinkommens Rechnung und führen gegebenenfalls zusätzliche Verfahrensbestimmungen ein, um sicherzustellen, dass der Beratende Ausschuss einschließlich seines Vorsitzenden seine Stellungnahme mit einfacher Mehrheit beschließen kann.

d) Der Beratende Ausschuss wird durch ein Sekretariat unterstützt, das von dem Mitgliedstaat gestellt wird, der die Einsetzung des Beratenden Ausschusses veranlasst hat, sofern die betroffenen Mitgliedstaaten nichts anderes vereinbaren. Aus Gründen der Unabhängigkeit ist dieses Sekretariat dem Vorsitzenden des Beratenden Ausschusses unterstellt. Die Mitglieder des Sekretariats unterliegen den Geheimhaltungsvorschriften des Artikels 9 Absatz 6 des Schiedsübereinkommens.

e) Der Ort, an dem der Beratende Ausschuss zusammentritt, und der Ort, an dem er seine Stellungnahme abzugeben hat, können von den zuständigen Behörden der beteiligten Mitgliedstaaten im Voraus festgelegt werden.

f) Die Mitgliedstaaten übermitteln dem Beratenden Ausschuss vor seiner ersten Sitzung alle sachdienlichen Unterlagen und Informationen und vor allem sämtliche Dokumente, Berichte, Korrespondenz und Schlussfolgerungen aus dem Verständigungsverfahren.

7.3 *Tätigkeit des Beratenden Ausschusses*

a) Ein Fall gilt an dem Tag als dem Beratenden Ausschuss unterbreitet, an dem der Vorsitzende bestätigt, dass die Ausschussmitglieder alle sachdienlichen Unterlagen und Informationen gemäß Nummer 7 Absatz 2 Buchstabe f erhalten haben.

b) Das Verfahren vor dem Beratenden Ausschuss wird in der oder den Amtssprache(n) der beteiligten Mitgliedstaaten geführt, sofern die zuständigen Behörden nicht unter Berücksichtigung der Wünsche des Beratenden Ausschusses etwas anderes vereinbaren.

c) Der Beratende Ausschuss kann anordnen, dass die Partei, welche eine Erklärung oder ein Dokument vorlegt, für eine Übersetzung in die Amtssprache(n) des Verfahrens sorgt.

d) Unbeschadet des Artikels 10 des Schiedsübereinkommens kann der Beratende Ausschuss die Mitgliedstaaten und vor allem den Mitgliedstaat, der den ersten Steuerbescheid, d. h. die endgültige Entscheidung der Steuerverwaltung über die Einkommenserhöhung, oder eine gleich bedeutende Maßnahme erlassen hat, die zu einer Doppelbesteuerung im Sinne von Artikel 1 des Schiedsübereinkommens herbeigeführt hat oder führen könnte, vor den Beratenden Ausschuss laden.

e) Als Verfahrenskosten des Beratenden Ausschusses, die von den beteiligten Mitgliedstaaten zu gleichen Teilen getragen werden, gelten die Verwaltungskosten des Beratenden Ausschusses sowie die Honorare und Auslagen der unabhängigen Personen.

f) Sofern die zuständigen Behörden der Mitgliedstaaten nichts anderes vereinbaren,
   i) ist die Kostenerstattung für die unabhängigen Personen auf die Höhe der üblichen Kostenerstattungen für hochrangige Beamte des Mitgliedstaates, der die Einsetzung des Beratenden Ausschusses veranlasst hat, begrenzt;
   ii) beträgt das Honorar für eine unabhängige Person 1 000 EUR pro Sitzungstag des Beratenden Ausschusses; der Vorsitzende erhält ein Honorar, das 10 % über dem der anderen unabhängigen Personen liegt.

g) Die tatsächliche Erstattung der Verfahrenskosten des Beratenden Ausschusses erfolgt durch den Mitgliedstaat, der die Einsetzung des Beratenden Ausschusses veranlasst hat, sofern die zuständigen Behörden der Mitgliedstaaten nichts anderes beschließen.

7.4 *Stellungnahme des Beratenden Ausschusses*

Die Mitgliedstaaten erwarten, dass die Stellungnahme Folgendes enthält:

a) die Namen der Mitglieder des Beratenden Ausschusses;
b) den Antrag, der Folgendes beinhaltet:
   i) Namen und Anschriften der beteiligten Unternehmen;
   ii) die beteiligten zuständigen Behörden;
   iii) eine Beschreibung des dem streitigen Fall zugrunde liegenden Sachverhalts;
   iv) eine klare und eindeutige Darlegung, was der Antragsteller fordert;
c) eine kurze Zusammenfassung des Verfahrens;
d) die Argumente und Methoden, auf die sich die Entscheidung in der Stellungnahme stützt;
e) die Stellungnahme;
f) den Ort, an dem die Stellungnahme abgegeben wurde;
g) den Zeitpunkt, zu dem die Stellungnahme abgegeben wurde;
h) die Unterschriften der Mitglieder des Beratenden Ausschusses. Die Entscheidung der zuständigen Behörden und die Stellungnahme des Beratenden Ausschusses werden wie folgt bekannt gegeben:
   i) Sobald die Entscheidung ergangen ist, übersendet die zuständige Behörde, der der Fall unterbreitet wurde, jedem beteiligten Unternehmen eine Kopie der Entscheidung der zuständigen Behörden und eine Kopie der Stellungnahme des Beratenden Ausschusses.

ii) Die zuständigen Behörden der Mitgliedstaaten können einer vollständigen Veröffentlichung der Entscheidung und der Stellungnahme zustimmen. Sie können auch zustimmen, die Entscheidung und die Stellungnahme ohne Nennung der Namen der beteiligten Unternehmen zu veröffentlichen, wobei auch alle weiteren Angaben, die eine Identifizierung der beteiligten Unternehmen ermöglichen könnten, gelöscht werden. In beiden Fällen ist die Zustimmung der beteiligten Unternehmen erforderlich; die Veröffentlichung erfolgt erst, wenn die beteiligten Unternehmen der zuständigen Behörde, der der Fall unterbreitet wurde, schriftlich mitgeteilt haben, dass sie keine Einwände gegen die Veröffentlichung der Entscheidung und der Stellungnahme haben.

iii) Die Stellungnahme des Beratenden Ausschusses wird in drei (bzw. bei Dreieckskonstellationen entsprechend mehr) Urschriften ausgefertigt, wovon je eine den zuständigen Behörden der beteiligten Mitgliedstaaten und eine dem Generalsekretariat des Rates zur Archivierung übermittelt wird. Besteht Einvernehmen über die Veröffentlichung der Stellungnahme, so wird sie in der oder den Originalsprache(n) auf der Website der Kommission veröffentlicht.

8. Erhebung von Steuern und Zinsen während grenzübergreifender Streitbeilegungsverfahren

a) Den Mitgliedstaaten wird empfohlen, alle notwendigen Maßnahmen zu ergreifen, damit den Unternehmen, die an den grenzübergreifenden Streitbeilegungsverfahren des Schiedsübereinkommens beteiligt sind, während dieser Verfahren unter denselben Bedingungen Zahlungsaufschub gewährt werden kann wie in innerstaatlichen außergerichtlichen oder gerichtlichen Rechtsbehelfsverfahren, auch wenn dies in manchen Mitgliedstaaten eine Änderung der Rechtsvorschriften erforderlich machen kann. Den Mitgliedstaaten wird weiter empfohlen, diese Maßnahmen auch auf die grenzübergreifenden Streitbeilegungsverfahren nach den Doppelbesteuerungsabkommen zwischen den Mitgliedstaaten auszudehnen

b) Da der Steuerpflichtige während der Verhandlungen im Rahmen des Verständigungsverfahrens keine Nachteile dadurch erleiden sollte, dass während der Dauer des Verständigungsverfahrens bei Zinsen und Rückzahlungen unterschiedliche Ansätze verfolgt werden, wird den Mitgliedstaaten empfohlen, auf folgende Weise vorzugehen:
   i) Steuererhebungen und Steuerrückzahlungen ohne Zinsbelastung, oder
   ii) Steuererhebungen und Steuerrückzahlungen mit Zinsbelastung, oder
   iii) Einzelfallentscheidung über Erhebung bzw. Rückzahlung von Zinsen (möglicherweise im Laufe des Verständigungsverfahrens).

9. Beitritt neuer Mitgliedstaaten zum Schiedsübereinkommen

Die Mitgliedstaaten werden sich bemühen, Übereinkommen über den Beitritt neuer Mitgliedstaaten zum Schiedsübereinkommen so rasch wie möglich, in jedem Fall jedoch spätestens zwei Jahre nach deren EU-Beitritt, zu unterzeichnen und zu ratifizieren.

10. Schlussbestimmungen

Um die ausgewogene und wirksame Anwendung dieses Verhaltenskodexes zu gewährleisten, werden die Mitgliedstaaten aufgefordert, der Kommission alle zwei Jahre über seine praktische Anwendung zu berichten. Auf der Grundlage der Berichte der Mitgliedstaaten wird die Kommission dem Rat Bericht erstatten und gegebenenfalls eine Überprüfung der Vorschriften dieses Verhaltenskodexes vorschlagen.

Vertrag über die Arbeitsweise der Europäischen Union

Fassung aufgrund des am 1.12.2009 in Kraft getretenen Vertrages von Lissabon (Konsolidierte Fassung bekanntgemacht im ABl. EG Nr. C 115 vom 9.5.2008, S. 47)

Erster Teil: Grundsätze

Art. 1

(1) Dieser Vertrag regelt die Arbeitsweise der Union und legt die Bereiche, die Abgrenzung und die Einzelheiten der Ausübung ihrer Zuständigkeiten fest.

(2) Dieser Vertrag und der Vertrag über die Europäische Union bilden die Verträge, auf die sich die Union gründet. Diese beiden Verträge, die rechtlich gleichrangig sind, werden als "die Verträge" bezeichnet.

Dritter Teil: Die internen Politiken und Maßnahmen der Union
Kapitel II: Das Niederlassungsrecht

Art. 49 (ehem. Art 43 EGV)

Die Beschränkungen der freien Niederlassung von Staatsangehörigen eines Mitgliedstaats im Hoheitsgebiet eines anderen Mitgliedstaats sind nach Maßgabe der folgenden Bestimmungen verboten. Das Gleiche gilt für Beschränkungen der Gründung von Agenturen, Zweigniederlassungen oder Tochtergesellschaften durch Angehörige eines Mitgliedstaats, die im Hoheitsgebiet eines Mitgliedstaats ansässig sind.

Vorbehaltlich des Kapitels über den Kapitalverkehr umfasst die Niederlassungsfreiheit die Aufnahme und Ausübung selbstständiger Erwerbstätigkeiten sowie die Gründung und Leitung von Unternehmen, insbesondere von Gesellschaften im Sinne des Artikels 54 Absatz 2, nach den Bestimmungen des Aufnahmestaats für seine eigenen Angehörigen.

Art. 50 (ehem. Art 44 EGV)

(1) Das Europäische Parlament und der Rat erlassen gemäß dem ordentlichen Gesetzgebungsverfahren und nach Anhörung des Wirtschafts- und Sozialausschusses Richtlinien zur Verwirklichung der Niederlassungsfreiheit für eine bestimmte Tätigkeit.

(2) Das Europäische Parlament, der Rat und die Kommission erfüllen die Aufgaben, die ihnen aufgrund der obigen Bestimmungen übertragen sind, indem sie insbesondere

a) im Allgemeinen diejenigen Tätigkeiten mit Vorrang behandeln, bei denen die Niederlassungsfreiheit die Entwicklung der Produktion und des Handels in besonderer Weise fördert;

b) eine enge Zusammenarbeit zwischen den zuständigen Verwaltungen der Mitgliedstaaten sicherstellen, um sich über die besondere Lage auf den verschiedenen Tätigkeitsgebieten innerhalb der Union zu unterrichten;

c) die aus innerstaatlichen Rechtsvorschriften oder vorher zwischen den Mitgliedstaaten geschlossenen Übereinkünften abgeleiteten Verwaltungsverfahren und -praktiken ausschalten, deren Beibehaltung der Niederlassungsfreiheit entgegensteht;

d) dafür Sorge tragen, dass Arbeitnehmer eines Mitgliedstaats, die im Hoheitsgebiet eines anderen Mitgliedstaats beschäftigt sind, dort verbleiben und eine selbstständige Tätigkeit unter denselben Voraussetzungen ausüben können, die sie erfüllen müssten, wenn sie in diesen Staat erst zu dem Zeitpunkt einreisen würden, in dem sie diese Tätigkeit aufzunehmen beabsichtigen;

e) den Erwerb und die Nutzung von Grundbesitz im Hoheitsgebiet eines Mitgliedstaats durch Angehörige eines anderen Mitgliedstaats ermöglichen, soweit hierdurch die Grundsätze des Artikels 39 Absatz 2 nicht beeinträchtigt werden;

f) veranlassen, dass bei jedem in Betracht kommenden Wirtschaftszweig die Beschränkungen der Niederlassungsfreiheit in Bezug auf die Voraussetzungen für die Errichtung von Agenturen, Zweigniederlassungen und Tochtergesellschaften im Hoheitsgebiet eines Mitgliedstaats sowie für den Eintritt des Personals der Hauptniederlassung in ihre Leitungs- oder Überwachungsorgane schrittweise aufgehoben werden;

g) soweit erforderlich, die Schutzbestimmungen koordinieren, die in den Mitgliedstaaten den Gesellschaften im Sinne des Artikels 54 Absatz 2 im Interesse der Gesellschafter sowie Dritter vorgeschrieben sind, um diese Bestimmungen gleichwertig zu gestalten;

h) sicherstellen, dass die Bedingungen für die Niederlassung nicht durch Beihilfen der Mitgliedstaaten verfälscht werden

Art. 51 (ehem. Art 45 EGV)

Auf Tätigkeiten, die in einem Mitgliedstaat dauernd oder zeitweise mit der Ausübung öffentlicher Gewalt verbunden sind, findet dieses Kapitel in dem betreffenden Mitgliedstaat keine Anwendung.

Das Europäische Parlament und der Rat können gemäß dem ordentlichen Gesetzgebungsverfahren beschließen, dass dieses Kapitel auf bestimmte Tätigkeiten keine Anwendung findet.

Art. 52 (ehem. Art 46 EGV)

(1) Dieses Kapitel und die aufgrund desselben getroffenen Maßnahmen beeinträchtigen nicht die Anwendbarkeit der Rechts- und Verwaltungsvorschriften, die eine Sonderregelung für Ausländer vorsehen und aus Gründen der öffentlichen Ordnung, Sicherheit oder Gesundheit gerechtfertigt sind.

(2) Das Europäische Parlament und der Rat erlassen gemäß dem ordentlichen Gesetzgebungsverfahren Richtlinien für die Koordinierung der genannten Vorschriften.

Art. 53 (ehem. Art 47 EGV)

(1) Um die Aufnahme und Ausübung selbstständiger Tätigkeiten zu erleichtern, erlassen das Europäische Parlament und der Rat gemäß dem ordentlichen Gesetzgebungsverfahren Richtlinien für die gegenseitige Anerkennung der Diplome, Prüfungszeugnisse und sonstigen Befähigungsnachweise sowie für die Koordinierung der Rechts- und Verwaltungsvorschriften der Mitgliedstaaten über die Aufnahme und Ausübung selbstständiger Tätigkeiten.

(2) Die schrittweise Aufhebung der Beschränkungen für die ärztlichen, arztähnlichen und pharmazeutischen Berufe setzt die Koordinierung der Bedingungen für die Ausübung dieser Berufe in den einzelnen Mitgliedstaaten voraus.

EU

Art. 54 (ehem. Art 48 EGV)

Für die Anwendung dieses Kapitels stehen die nach den Rechtsvorschriften eines Mitgliedstaats gegründeten Gesellschaften, die ihren satzungsmäßigen Sitz, ihre Hauptverwaltung oder ihre Hauptniederlassung innerhalb der Union haben, den natürlichen Personen gleich, die Angehörige der Mitgliedstaaten sind.

Als Gesellschaften gelten die Gesellschaften des bürgerlichen Rechts und des Handelsrechts einschließlich der Genossenschaften und die sonstigen juristischen Personen des öffentlichen und privaten Rechts mit Ausnahme derjenigen, die keinen Erwerbszweck verfolgen.

Art. 55 (ehem. Art. 294 EGV)

Unbeschadet der sonstigen Bestimmungen der Verträge stellen die Mitgliedstaaten die Staatsangehörigen der anderen Mitgliedstaaten hinsichtlich ihrer Beteiligung am Kapital von Gesellschaften im Sinne des Artikels 54 den eigenen Staatsangehörigen gleich.

Kapitel III: Dienstleistungen

Art. 56 (ehem. Art. 49 EGV)

Die Beschränkungen des freien Dienstleistungsverkehrs innerhalb der Union für Angehörige der Mitgliedstaaten, die in einem anderen Mitgliedstaat als demjenigen des Leistungsempfängers ansässig sind, sind nach Maßgabe der folgenden Bestimmungen verboten.

Das Europäische Parlament und der Rat können gemäß dem ordentlichen Gesetzgebungsverfahren beschließen, dass dieses Kapitel auch auf Erbringer von Dienstleistungen Anwendung findet, welche die Staatsangehörigkeit eines dritten Landes besitzen und innerhalb der Union ansässig sind.

Art. 57 (ehem. Art. 50 EGV)

Dienstleistungen im Sinne der Verträge sind Leistungen, die in der Regel gegen Entgelt erbracht werden, soweit sie nicht den Vorschriften über den freien Waren- und Kapitalverkehr und über die Freizügigkeit der Personen unterliegen.

Als Dienstleistungen gelten insbesondere:

a) gewerbliche Tätigkeiten,

b) kaufmännische Tätigkeiten,

c) handwerkliche Tätigkeiten,

d) freiberufliche Tätigkeiten.

Unbeschadet des Kapitels über die Niederlassungsfreiheit kann der Leistende zwecks Erbringung seiner Leistungen seine Tätigkeit vorübergehend in dem Mitgliedstaat ausüben, in dem die Leistung erbracht wird, und zwar unter den Voraussetzungen, welche dieser Mitgliedstaat für seine eigenen Angehörigen vorschreibt.

Art. 58 (ehem. Art. 51 EGV)

(1) Für den freien Dienstleistungsverkehr auf dem Gebiet des Verkehrs gelten die Bestimmungen des Titels über den Verkehr.

(2) Die Liberalisierung der mit dem Kapitalverkehr verbundenen Dienstleistungen der Banken und Versicherungen wird im Einklang mit der Liberalisierung des Kapitalverkehrs durchgeführt.

Art. 59 (ehem. Art. 52 EGV)

(1) Das Europäische Parlament und der Rat erlassen gemäß dem ordentlichen Gesetzgebungsverfahren und nach Anhörung des Wirtschafts- und Sozialausschusses Richtlinien zur Liberalisierung einer bestimmten Dienstleistung.

(2) Bei den in Absatz 1 genannten Richtlinien sind im Allgemeinen mit Vorrang diejenigen Dienstleistungen zu berücksichtigen, welche die Produktionskosten unmittelbar beeinflussen oder deren Liberalisierung zur Förderung des Warenverkehrs beiträgt.

Art. 60 (ehem. Art. 53 EGV)

Die Mitgliedstaaten bemühen sich, über das Ausmaß der Liberalisierung der Dienstleistungen, zu dem sie aufgrund der Richtlinien gemäß Artikel 59 Absatz 1 verpflichtet sind, hinauszugehen, falls ihre wirtschaftliche Gesamtlage und die Lage des betreffenden Wirtschaftszweigs dies zulassen.

Die Kommission richtet entsprechende Empfehlungen an die betreffenden Staaten.

Art. 61 (ehem. Art. 54 EGV)

Solange die Beschränkungen des freien Dienstleistungsverkehrs nicht aufgehoben sind, wendet sie jeder Mitgliedstaat ohne Unterscheidung nach Staatsangehörigkeit oder Aufenthaltsort auf alle in Artikel 56 Absatz 1 bezeichneten Erbringer von Dienstleistungen an.

Art. 62 (ehem. Art. 55 EGV)

Die Bestimmungen der Artikel 51 bis 54 finden auf das in diesem Kapitel geregelte Sachgebiet Anwendung.

Kapitel IV: Der Kapital- und Zahlungsverkehr

Art. 63 (ehem. Art. 56 EGV)

(1) Im Rahmen der Bestimmungen dieses Kapitels sind alle Beschränkungen des Kapitalverkehrs zwischen den Mitgliedstaaten sowie zwischen den Mitgliedstaaten und dritten Ländern verboten.

(2) Im Rahmen der Bestimmungen dieses Kapitels sind alle Beschränkungen des Zahlungsverkehrs zwischen den Mitgliedstaaten sowie zwischen den Mitgliedstaaten und dritten Ländern verboten.

Art. 64 (ehem. Art. 57 EGV)

(1) Artikel 63 berührt nicht die Anwendung derjenigen Beschränkungen auf dritte Länder, die am 31. Dezember 1993 aufgrund einzelstaatlicher Rechtsvorschriften oder aufgrund von Rechtsvorschriften der Union für den Kapitalverkehr mit dritten Ländern im Zusammenhang mit Direktinvestitionen einschließlich Anlagen in Immobilien, mit der Niederlassung, der Erbringung von Finanzdienstleistungen oder der Zulassung von Wertpapieren zu den Kapi-

talmärkten bestehen. Für in Bulgarien, Estland und Ungarn bestehende Beschränkungen nach innerstaatlichem Recht ist der maßgebliche Zeitpunkt der 31. Dezember 1999.

(2) Unbeschadet der anderen Kapitel der Verträge sowie ihrer Bemühungen um eine möglichst weit gehende Verwirklichung des Zieles eines freien Kapitalverkehrs zwischen den Mitgliedstaaten und dritten Ländern beschließen das Europäische Parlament und der Rat gemäß dem ordentlichen Gesetzgebungsverfahren Maßnahmen für den Kapitalverkehr mit dritten Ländern im Zusammenhang mit Direktinvestitionen einschließlich Anlagen in Immobilien, mit der Niederlassung, der Erbringung von Finanzdienstleistungen oder der Zulassung von Wertpapieren zu den Kapitalmärkten.

(3) Abweichend von Absatz 2 kann nur der Rat gemäß einem besonderen Gesetzgebungsverfahren und nach Anhörung des Europäischen Parlaments Maßnahmen einstimmig beschließen, die im Rahmen des Unionsrechts für die Liberalisierung des Kapitalverkehrs mit Drittländern einen Rückschritt darstellen.

Art. 65 (ehem. Art. 58 EGV)

(1) Artikel 63 berührt nicht das Recht der Mitgliedstaaten,

a) die einschlägigen Vorschriften ihres Steuerrechts anzuwenden, die Steuerpflichtige mit unterschiedlichem Wohnort oder Kapitalanlageort unterschiedlich behandeln,

b) die unerlässlichen Maßnahmen zu treffen, um Zuwiderhandlungen gegen innerstaatliche Rechtsund Verwaltungsvorschriften, insbesondere auf dem Gebiet des Steuerrechts und der Aufsicht über Finanzinstitute, zu verhindern, sowie Meldeverfahren für den Kapitalverkehr zwecks administrativer oder statistischer Information vorzusehen oder Maßnahmen zu ergreifen, die aus Gründen der öffentlichen Ordnung oder Sicherheit gerechtfertigt sind.

(2) Dieses Kapitel berührt nicht die Anwendbarkeit von Beschränkungen des Niederlassungsrechts, die mit den Verträgen vereinbar sind.

(3) Die in den Absätzen 1 und 2 genannten Maßnahmen und Verfahren dürfen weder ein Mittel zur willkürlichen Diskriminierung noch eine verschleierte Beschränkung des freien Kapital- und Zahlungsverkehrs im Sinne des Artikels 63 darstellen.

(4) Sind keine Maßnahmen nach Artikel 64 Absatz 3 erlassen worden, so kann die Kommission oder, wenn diese binnen drei Monaten nach der Vorlage eines entsprechenden Antrags des betreffenden Mitgliedstaats keinen Beschluss erlassen hat, der Rat einen Beschluss erlassen, mit dem festgelegt wird, dass die von einem Mitgliedstaat in Bezug auf ein oder mehrere Drittländer getroffenen restriktiven steuerlichen Maßnahmen insofern als mit den Verträgen vereinbar anzusehen sind, als sie durch eines der Ziele der Union gerechtfertigt und mit dem ordnungsgemäßen Funktionieren des Binnenmarkts vereinbar sind. Der Rat beschließt einstimmig auf Antrag eines Mitgliedstaats.

Art. 66 (ehem. Art. 59 EGV)

Falls Kapitalbewegungen nach oder aus dritten Ländern unter außergewöhnlichen Umständen das Funktionieren der Wirtschafts- und Währungsunion schwerwiegend stören oder zu stören drohen, kann der Rat auf Vorschlag der Kommission und nach Anhörung der Europäischen Zentralbank gegenüber dritten Ländern Schutzmaßnahmen mit einer Geltungsdauer von höchstens sechs Monaten treffen, wenn diese unbedingt erforderlich sind.

II.2. EU-RL

RICHTLINIE 2011/16/EU DES RATES vom 15. Februar 2011

über die Zusammenarbeit der Verwaltungsbehörden im Bereich der Besteuerung und zur Aufhebung der Richtlinie 77/799/EWG

DER RAT DER EUROPÄISCHEN UNION —

gestützt auf den Vertrag über die Arbeitsweise der Europäischen Union, insbesondere auf die Artikel 113 und 115,
auf Vorschlag der Europäischen Kommission,
nach Stellungnahme des Europäischen Parlaments[1],
nach Stellungnahme des Europäischen Wirtschafts- und Sozialausschusses[2],
gemäß einem besonderen Gesetzgebungsverfahren,
in Erwägung nachstehender Gründe:

(1) Im Zeitalter der Globalisierung wird der Bedarf der Mitgliedstaaten an gegenseitiger Amtshilfe im Bereich der Besteuerung immer vordringlicher. Durch die erhebliche Zunahme der Mobilität der Steuerpflichtigen, der Anzahl der grenzüberschreitenden Transaktionen und der Internationalisierung der Finanzinstrumente wird es für die Mitgliedstaaten immer schwieriger, die geschuldeten Steuern ordnungsgemäß festzusetzen. Diese zunehmende Schwierigkeit wirkt sich auf das Funktionieren der Steuersysteme aus und zieht Doppelbesteuerung nach sich, was wiederum zu Steuerbetrug und Steuerhinterziehung Anlass gibt, während die Kontrollbefugnisse auf nationaler Ebene verbleiben. Dadurch wird das Funktionieren des Binnenmarkts gefährdet.

(2) Ein einzelner Mitgliedstaat ist daher nicht in der Lage, sein internes Steuersystem, insbesondere was die direkten Steuern angeht, zu verwalten, ohne Informationen aus anderen Mitgliedstaaten zu erhalten. Um die negativen Auswirkungen dieser Situation zu beseitigen, ist es unumgänglich, eine neue Verwaltungszusammenarbeit zwischen den Steuerbehörden der Mitgliedstaaten zu entwickeln. Es besteht Bedarf an Instrumenten zur Vertrauensbildung zwischen den Mitgliedstaaten, die dafür Sorge tragen, dass für alle Mitgliedstaaten dieselben Regeln, Pflichten und Rechte gelten.

(3) Daher sollte ein völlig neuer Ansatz gemacht werden, bei dem ein neuer Text erstellt wird, der den Mitgliedstaaten die Befugnis zu einer effizienten Zusammenarbeit auf internationaler Ebene gibt und so die negativen Auswirkungen der immer weiter wachsenden Globalisierung auf den Binnenmarkt überwinden hilft.

(4) In diesem Kontext sind die in der bestehenden Richtlinie 77/799/EWG des Rates vom 19. Dezember 1977 über die Amtshilfe zwischen den zuständigen Behörden der Mitgliedstaa-

---

[1] Stellungnahme vom 10. Februar 2010 (noch nicht im Amtsblatt veröffentlicht).

[2] Stellungnahme vom 16. Juli 2009 (noch nicht im Amtsblatt veröffentlicht).

ten im Bereich der direkten Steuern und der Steuern auf Versicherungsprämien[1] vorgesehenen Maßnahmen nicht mehr geeignet. Die großen Schwachstellen dieser Richtlinie waren Gegenstand des Berichts einer Ad- hoc-Arbeitsgruppe des Rates zur Bekämpfung des Steuerbetrugs vom 22. Mai 2000 und in jüngerer Zeit der Mitteilung der Kommission über die Verhütung und Bekämpfung von Unternehmens- und Finanzdelikten vom 27. September 2004 und der Mitteilung der Kommission hinsichtlich der Notwendigkeit der Entwicklung einer koordinierten Strategie zur Verbesserung der Bekämpfung des Steuerbetrugs vom 31. Mai 2006.

(5) Die Richtlinie 77/799/EWG und auch ihre nachfolgenden Änderungen wurden in einem anderen Zusammenhang als den gegenwärtigen Anforderungen des Binnenmarkts ausgearbeitet und können die neuen Anforderungen an eine Zusammenarbeit der Verwaltungsbehörden nicht mehr erfüllen.

(6) Wegen der Zahl und des Umfangs der an der Richtlinie 77/799/EWG vorzunehmenden Anpassungen würde eine einfache Änderung nicht ausreichen, um die oben beschriebenen Ziele zu erfüllen. Die Richtlinie 77/799/EWG sollte daher aufgehoben werden und durch einen neuen Rechtsakt ersetzt werden. Dieser Rechtsakt sollte für direkte und indirekte Steuern gelten, die bisher noch nicht in Rechtsvorschriften der Union erfasst sind. Die vorliegende neue Richtlinie wird daher als geeignetes Instrument für eine wirksame Zusammenarbeit der Verwaltungsbehörden angesehen.

(7) Diese Richtlinie baut auf dem durch die Richtlinie 77/799/EWG Erreichten auf, sieht aber klarere und präzisere Regeln für die Zusammenarbeit der Verwaltungsbehörden der Mitgliedstaaten vor, wenn dies erforderlich ist, um, insbesondere was den Austausch von Informationen angeht, den Anwendungsbereich der Zusammenarbeit der Verwaltungsbehörden zwischen den Mitgliedstaaten auszudehnen. Klarere Regeln sollten es auch möglich machen, sämtliche juristische und natürliche Personen in der Union zu erfassen, wobei die immer größere Zahl der Arten von Rechtsvereinbarungen, einschließlich, aber nicht nur, klassische Vereinbarungen wie Trusts, Stiftungen oder Investmentfonds wie auch neuartige Vereinbarungen, die Steuerpflichtige in den Mitgliedstaaten schließen können, zu berücksichtigen sind.

(8) Es sollte mehr direkte Kontakte zwischen den für die Zusammenarbeit zuständigen lokalen oder nationalen Behörden der Mitgliedstaaten geben, und die Kommunikation zwischen zentralen Verbindungsbüros sollte die Regel sein. Das Fehlen direkter Kontakte beeinträchtigt die Effizienz, führt dazu, dass die vorhandenen Vereinbarungen zur Verwaltungszusammenarbeit nicht in dem möglichen Umfang genutzt werden, und verursacht Verzögerungen in der Kommunikation. Daher sollten mehr direkte Kontakte zwischen den Verwaltungsdienststellen vorgesehen werden, um die Zusammenarbeit effizienter zu machen und sie zu beschleunigen. Die Zuweisung von Zuständigkeiten an die Verbindungsstellen sollte in den nationalen Vorschriften eines jeden Mitgliedstaats geregelt werden.

(9) Mitgliedstaaten sollten Informationen über einzelne Fälle austauschen, wenn sie von einem anderen Mitgliedstaat darum ersucht werden, und sollten die notwendigen Ermittlungen durchführen, um die betreffenden Informationen zu beschaffen. Mit dem Standard der „voraussichtlichen Erheblichkeit" soll gewährleistet werden, dass ein Informationsaustausch in Steuerangelegenheiten im größtmöglichen Umfang stattfindet, und zugleich klargestellt wer-

[1] ABl. L 336 vom 27.12.1977, S. 15.

den, dass es den Mitgliedstaaten nicht gestattet ist, sich an Beweisausforschungen („fishing expeditions") zu beteiligen oder um Informationen zu ersuchen, bei denen es unwahrscheinlich ist, dass sie für die Steuerangelegenheiten eines bestimmten Steuerpflichtigen erheblich sind. Zwar enthält Artikel 20 dieser Richtlinie Verfahrensvorschriften, aber diese müssen großzügig ausgelegt werden, damit der effiziente Informationsaustausch nicht vereitelt wird.

(10) Es ist anerkannt, dass der verpflichtende automatische Austausch von Informationen ohne Vorbedingung das wirksamste Mittel ist, um die korrekte Festsetzung der Steuern bei grenzüberschreitenden Sachverhalten zu verbessern und Steuerbetrug zu bekämpfen. Zu diesem Zweck sollte daher ein stufenweiser Ansatz verfolgt werden, beginnend mit dem automatischen Austausch der verfügbaren Informationen zu fünf Einkunftsarten und einer Überprüfung der einschlägigen Bestimmungen im Anschluss an einen Bericht der Kommission.

(11) Auch der spontane Austausch von Informationen zwischen Mitgliedstaaten sollte verstärkt und gefördert werden.

(12) Es sollten Fristen für die Übermittlung von Informationen gemäß dieser Richtlinie festgelegt werden, um sicherzustellen, dass der Informationsaustausch zügig und damit effizient erfolgt.

(13) Es ist wichtig, dass sich Bedienstete der Steuerverwaltung eines Mitgliedstaats im Hoheitsgebiet eines anderen Mitgliedstaats aufhalten dürfen.

(14) Da die steuerliche Lage eines oder mehrerer in verschiedenen Mitgliedstaaten ansässigen Steuerpflichtigen häufig von gemeinsamem oder ergänzendem Interesse ist, sollte es möglich sein, bei solchen Personen in gegenseitigem Einvernehmen und auf freiwilliger Grundlage gleichzeitige Prüfungen durch zwei oder mehr Mitgliedstaaten vorzunehmen.

(15) Da es in einigen Mitgliedstaaten gesetzlich vorgeschrieben ist, dem Steuerpflichtigen Entscheidungen und Verfügungen, die seine Steuerpflicht betreffen, zuzustellen, woraus den Steuerbehörden unter anderem in den Fällen, in denen ein Steuerpflichtiger in einen anderen Mitgliedstaat umgezogen ist, Schwierigkeiten erwachsen, ist es wünschenswert, dass die Behörden in solchen Fällen die zuständigen Behörden des Mitgliedstaats, in den der Steuerpflichtige umgezogen ist, um Zusammenarbeit ersuchen können.

(16) Rückmeldungen in Bezug auf übermittelte Informationen werden der Zusammenarbeit der Verwaltungsbehörden der Mitgliedstaaten förderlich sein.

(17) Eine Zusammenarbeit zwischen den Mitgliedstaaten und der Kommission ist notwendig, um die Verfahren der Zusammenarbeit und den Erfahrungsaustausch sowie die bewährten Praktiken auf den betreffenden Gebieten ständig zu überprüfen.

(18) Für die Effizienz der Zusammenarbeit der Verwaltungsbehörden ist es wichtig, dass die aufgrund dieser Richtlinie erhaltenen Informationen und Dokumente vorbehaltlich der in dieser Richtlinie festgelegten Beschränkungen in dem Empfängermitgliedstaat auch für andere Zwecke verwendet werden könnten. Es ist auch wichtig, dass die Mitgliedstaaten diese Information unter bestimmten Voraussetzungen an ein Drittland weiterleiten könnten.

(19) Die Umstände, unter denen ein ersuchter Mitgliedstaat die Übermittlung von Informationen ablehnen kann, sollten eindeutig umschrieben und abgegrenzt sein, wobei bestimmten schützenswerten privaten Interessen ebenso Rechnung zu tragen ist wie dem öffentlichen Interesse.

(20) Allerdings sollte ein Mitgliedstaat die Übermittlung von Informationen nicht deshalb ablehnen, weil er kein eigenes Interesse daran hat oder weil diese Informationen sich bei einer Bank, einem sonstigen Finanzinstitut, einem Bevollmächtigten, Vertreter oder Treuhänder befinden oder sich auf Eigentumsanteile an einer Person beziehen.

(21) Diese Richtlinie legt Mindestnormen fest und berührt daher nicht das Recht der Mitgliedstaaten auf umfassendere Zusammenarbeit mit anderen Mitgliedstaaten nach ihrem nationalen Recht oder im Rahmen bi- oder multilateraler Abkommen mit anderen Mitgliedstaaten.

(22) Ein Mitgliedstaat, der mit einem Drittland eine umfassendere als die in dieser Richtlinie vorgesehene Zusammenarbeit eingeht, sollte es nicht ablehnen, eine solche umfassendere Zusammenarbeit auch mit anderen Mitgliedstaaten einzugehen, die eine solche umfassendere gegenseitige Zusammenarbeit wünschen.

(23) Die Informationen sollten mittels einheitlicher Formblätter, Formate und Kommunikationswege ausgetauscht werden.

(24) Die Effizienz der Zusammenarbeit der Verwaltungsbehörden sollte insbesondere auf der Grundlage statistischer Angaben bewertet werden.

(25) Die zur Umsetzung dieser Richtlinie erforderlichen Maßnahmen sollten gemäß dem Beschluss 1999/468/EG des Rates vom 28. Juni 1999 zur Festlegung der Modalitäten für die Ausübung der der Kommission übertragenen Durchführungsbefugnisse[1] erlassen werden.

(26) Nach Nummer 34 der Interinstitutionellen Vereinbarung über bessere Rechtsetzung sind die Mitgliedstaaten aufgefordert, für ihre eigenen Zwecke und im Interesse der Union eigene Tabellen aufzustellen, aus denen im Rahmen des Möglichen die Entsprechungen zwischen dieser Richtlinie und den Umsetzungsmaßnahmen zu entnehmen sind, und diese zu veröffentlichen.

(27) Jeder Informationsaustausch, auf den in dieser Richtlinie Bezug genommen wird, unterliegt den Durchführungsvorschriften zur Richtlinie 95/46/EG des Europäischen Parlaments und des Rates vom 24. Oktober 1995 zum Schutz natürlicher Personen bei der Verarbeitung personenbezogener Daten und zum freien Datenverkehr[2] und der Verordnung (EG) Nr. 45/2001 des Europäischen Parlaments und des Rates vom 18. Dezember 2000 zum Schutz natürlicher Personen bei der Verarbeitung personenbezogener Daten durch die Organe und Einrichtungen der Gemeinschaft und zum freien Datenverkehr[3]. Allerdings sollten Beschränkungen bestimmter Rechte und Pflichten nach der Richtlinie 95/46/EG erwogen werden, um die in Artikel 13 Absatz 1 Buchstabe e jener Richtlinie genannten Interessen zu schützen. Solche Beschränkungen sind angesichts der potenziellen Einnah- menausfälle für die Mitgliedstaaten und der wesentlichen Bedeutung der von der vorliegenden Richtlinie erfassten Informationen für eine wirksame Betrugsbekämpfung erforderlich und verhältnismäßig.

(28) Diese Richtlinie steht im Einklang mit den Grundrechten und Grundsätzen, die insbesondere mit der Charta der Grundrechte der Europäischen Union anerkannt wurden.

---

1 ABl. L 184 vom 17.7.1999, S. 23.

2 ABl. L 281 vom 23.11.1995, S. 31.

3 ABl. L 8 vom 12.1.2001, S. 1.

(29) Da das Ziel dieser Richtlinie, nämlich die wirksame Zusammenarbeit zwischen den Verwaltungsbehörden der Mitgliedstaaten zur Bewältigung der negativen Folgen der zunehmenden Globalisierung für den Binnenmarkt, auf Ebene der Mitgliedstaaten nicht ausreichend verwirklicht werden kann und daher wegen der erforderlichen Einheitlichkeit und Wirksamkeit besser auf Unionsebene zu verwirklichen ist, kann die Union im Einklang mit dem in Artikel 5 des Vertrags über die Europäische Union niedergelegten Subsidiaritätsprinzip tätig werden. Entsprechend dem in demselben Artikel genannten Grundsatz der Verhältnismäßigkeit geht diese Richtlinie nicht über das zur Erreichung dieses Ziels erforderliche Maß hinaus —

HAT FOLGENDE RICHTLINIE ERLASSEN:

KAPITEL I
ALLGEMEINE BESTIMMUNGEN

Artikel 1

Gegenstand

(1) Diese Richtlinie legt die Regeln und Verfahren fest, nach denen die Mitgliedstaaten untereinander im Hinblick auf den Austausch von Informationen zusammenarbeiten, die für die Anwendung und Durchsetzung des innerstaatlichen Rechts der Mitgliedstaaten über die in Artikel 2 genannten Steuern voraussichtlich erheblich sind.

(2) Diese Richtlinie legt ferner Bestimmungen für den Austausch der Informationen nach Absatz 1 auf elektronischem Wege sowie die Regeln und Verfahren fest, nach denen die Mitgliedstaaten und die Kommission in Fragen der Koordinierung und der Bewertung zusammenarbeiten sollen.

(3) Diese Richtlinie berührt nicht die Anwendung der Vorschriften über die Rechtshilfe in Strafsachen in den Mitgliedstaaten. Sie berührt auch nicht die Erfüllung der Verpflichtungen, die den Mitgliedstaaten in Bezug auf eine umfassendere Zusammenarbeit der Verwaltungen aus anderen Rechtsinstrumenten, einschließlich bi- oder multilateralen Abkommen, erwachsen.

Artikel 2

Geltungsbereich

(1) Diese Richtlinie gilt für Steuern aller Art, die von einem oder für einen Mitgliedstaat bzw. von oder für gebiets- oder verwaltungsmäßige Gliederungseinheiten eines Mitgliedstaats, einschließlich der lokalen Behörden, erhoben werden.

(2) Ungeachtet des Absatzes 1 gilt diese Richtlinie nicht für die Mehrwertsteuer und Zölle oder für Verbrauchsteuern, die in anderen Rechtsvorschriften der Union über die Zusammenarbeit zwischen den Verwaltungsbehörden der Mitgliedstaaten erfasst sind. Diese Richtlinie gilt auch nicht für Pflichtbeiträge zu Sozialversicherungen, die an den Mitgliedstaat, eine Gliederungseinheit des Mitgliedstaats oder an öffentlich-rechtliche Sozialversicherungseinrichtungen zu leisten sind.

(3) In keinem Fall sind die Steuern im Sinne von Absatz 1 dahingehend auszulegen, dass sie Folgendes einschließen:

a) Gebühren, wie sie für von Behörden ausgestellte Bescheinigungen und andere Dokumente erhoben werden oder
b) vertragliche Gebühren, wie etwa Zahlungen an öffentliche Versorgungsbetriebe.

(4) Diese Richtlinie gilt für die in Absatz 1 genannten Steuern, die in dem Gebiet erhoben werden, auf das die Verträge gemäß Artikel 52 des Vertrags über die Europäische Union Anwendung finden.

Artikel 3
Begriffsbestimmungen

Für die Zwecke dieser Richtlinie bezeichnet der Ausdruck:

1. „zuständige Behörde" eines Mitgliedstaats die Behörde, die als solche von diesem Mitgliedstaat benannt worden ist. Ein zentrales Verbindungsbüro, eine Verbindungsstelle oder ein zuständiger Bediensteter, die gemäß dieser Richtlinie tätig werden, gelten bei Bevollmächtigung gemäß Artikel 4 ebenfalls als zuständige Behörde;
2. „zentrales Verbindungsbüro" die als solche benannte Stelle, die für die Verbindungen zu den anderen Mitgliedstaaten auf dem Gebiet der Zusammenarbeit der Verwaltungsbehörden hauptverantwortlich zuständig ist;
3. „Verbindungsstelle" jede andere Stelle als das zentrale Verbindungsbüro, die als solche benannt worden ist, um nach Maßgabe dieser Richtlinie Informationen direkt auszutauschen;
4. „zuständiger Bedienstete" jeden Bediensteten, der zum direkten Informationsaustausch nach Maßgabe dieser Richtlinie befugt ist;
5. „ersuchende Behörde" das zentrale Verbindungsbüro, eine Verbindungsstelle oder jeden zuständigen Bediensteten eines Mitgliedstaats, der im Namen der zuständigen Behörde ein Amtshilfeersuchen stellt;
6. „ersuchte Behörde" das zentrale Verbindungsbüro, eine Verbindungsstelle oder jeden zuständigen Bediensteten eines Mitgliedstaats, der im Namen der zuständigen Behörde ein Amtshilfeersuchen entgegennimmt;
7. „behördliche Ermittlungen" alle von den Mitgliedstaaten in Ausübung ihrer Aufgaben vorgenommenen Kontrollen, Nachprüfungen und andere Handlungen mit dem Ziel, die ordnungsgemäße Anwendung der Steuervorschriften sicherzustellen;
8. „Austausch von Informationen auf Ersuchen" den Austausch von Informationen auf der Grundlage eines Ersuchens, das der ersuchende Mitgliedstaat an den ersuchten Mitgliedstaat in einem bestimmten Fall stellt;
9. „automatischer Austausch" die systematische Übermittlung zuvor festgelegter Informationen an einen anderen Mitgliedstaat ohne dessen vorheriges Ersuchen in regelmäßigen, im Voraus bestimmten Abständen. Im Sinne des Artikels 8 sind verfügbare Informationen solche, die in den Steuerakten des die Informationen übermittelnden Mitgliedstaats enthalten sind und die im Einklang mit den Verfahren für die Erhebung und Verarbeitung von Informationen des betreffenden Mitgliedstaats abgerufen werden können;
10. „spontaner Austausch" die nicht systematische Übermittlung von Informationen zu jeder Zeit an einen anderen Mitgliedstaat ohne dessen vorheriges Ersuchen;
11. „Person"
    a) eine natürliche Person;
    b) eine juristische Person;

c) sofern diese Möglichkeit nach den geltenden Rechtsvorschriften besteht, eine Personenvereinigung, der die Rechtsfähigkeit zuerkannt wurde, die aber nicht über die Rechtsstellung einer juristischen Person verfügt, oder
d) alle anderen Rechtsvereinbarungen gleich welcher Art und Form — mit oder ohne Rechtspersönlichkeit — die Vermögensgegenstände besitzen oder verwalten, welche einschließlich der daraus erzielten Einkünfte einer der von dieser Richtlinie erfassten Steuern unterliegen;

12. „auf elektronischem Wege" die Verwendung elektronischer Anlagen zur Verarbeitung (einschließlich der Datenkomprimierung) und zum Speichern von Daten und unter Einsatz von Draht, Funk, optischer Technologien oder anderer elektromagnetischer Verfahren;
13. „CCN-Netz" die gemeinsame Plattform auf der Grundlage des Gemeinsamen Kommunikationsnetzes (common communication network — CCN), die von der Union für jegliche elektronische Datenübertragung zwischen den zuständigen Behörden im Bereich Zoll und Steuern entwickelt wurde.

Artikel 4
Organisation

(1) Jeder Mitgliedstaat teilt der Kommission innerhalb eines Monats nach dem 11. März 2011 seine für die Zwecke dieser Richtlinie zuständige Behörde mit und informiert die Kommission unverzüglich über diesbezügliche Änderungen.

Die Kommission stellt diese Information den anderen Mitgliedstaaten zur Verfügung und veröffentlicht die Liste der zuständigen Behörden der Mitgliedstaaten im *Amtsblatt der Europäischen Union.*

(2) Die zuständige Behörde benennt ein einziges zentrales Verbindungsbüro. Die zuständige Behörde ist dafür zuständig, die Kommission und die übrigen Mitgliedstaaten davon in Kenntnis zu setzen.

Das zentrale Verbindungsbüro kann auch als die zuständige Stelle für die Verbindungen zur Kommission benannt werden. Die zuständige Behörde ist dafür zuständig, die Kommission davon in Kenntnis zu setzen.

(3) Die zuständige Behörde jedes Mitgliedstaats kann Verbindungsstellen mit einer auf seinen nationalen Rechtsvorschriften oder innenpolitischen Grundsätzen beruhenden Zuständigkeit benennen. Das zentrale Verbindungsbüro ist dafür zuständig, das Verzeichnis der Verbindungsstellen auf dem neuesten Stand zu halten und es den zentralen Verbindungsbüros der anderen betroffenen Mitgliedstaaten und der Kommission zugänglich zu machen.

(4) Die zuständige Behörde jedes Mitgliedstaats kann zuständige Bedienstete benennen. Das zentrale Verbindungsbüro ist dafür zuständig, das Verzeichnis der zuständigen Bediensteten auf dem neuesten Stand zu halten und es den zentralen Verbindungsbüros der anderen betroffenen Mitgliedstaaten und der Kommission zugänglich zu machen.

(5) Die nach Maßgabe dieser Richtlinie an der Zusammenarbeit der Verwaltungsbehörden beteiligten Bediensteten gelten entsprechend den von den zuständigen Behörden festgelegten Regelungen in jedem Fall als für diesen Zweck zuständige Bedienstete.

(6) Wenn eine Verbindungsstelle oder ein zuständiger Bediensteter ein Ersuchen oder eine Antwort auf ein Ersuchen um Zusammenarbeit übermittelt bzw. entgegennimmt, unterrichtet sie/er das zentrale Verbindungsbüro ihres/seines Mitgliedstaats gemäß den von jenem Mitgliedstaat festgelegten Verfahren.

(7) Erhält eine Verbindungsstelle oder ein zuständiger Bediensteter ein Ersuchen um Zusammenarbeit, das eine Tätigkeit außerhalb des ihr/ihm zugewiesenen Zuständigkeitsbereichs, der ihr/ihm nach den nationalen Rechtsvorschriften oder innenpolitischen Grundsätzen ihres/seines Mitgliedstaats zugewiesen ist, erfordert, so übermittelt sie/er dieses Ersuchen unverzüglich dem zentralen Verbindungsbüro ihres/seines Mitgliedstaats und teilt dies der ersuchenden Behörde mit. In einem solchen Fall beginnt die Frist nach Artikel 7 am Tag nach der Weiterleitung des Ersuchens um Zusammenarbeit an das zentrale Verbindungsbüro.

KAPITEL II
INFORMATIONSAUSTAUSCH

ABSCHNITT I
Informationsaustausch auf Ersuchen

Artikel 5

Verfahren für den Informationsaustausch auf Ersuchen

Auf Ersuchen der ersuchenden Behörde übermittelt die ersuchte Behörde der ersuchenden Behörde alle in Artikel 1 Absatz 1 genannten Informationen, die sie besitzt oder die sie im Anschluss an behördliche Ermittlungen erhalten hat.

Artikel 6

Behördliche Ermittlungen

(1) Die ersuchte Behörde trifft Vorkehrungen dafür, dass alle behördlichen Ermittlungen durchgeführt werden, die zur Beschaffung der in Artikel 5 genannten Informationen notwendig sind.

(2) Das in Artikel 5 genannte Ersuchen kann ein begründetes Ersuchen um eine bestimmte behördliche Ermittlung enthalten. Ist die ersuchte Behörde der Auffassung, dass keine behördlichen Ermittlungen erforderlich sind, so teilt sie der ersuchenden Behörde unverzüglich die Gründe hierfür mit.

(3) Zur Beschaffung der erbetenen Informationen oder zur Durchführung der erbetenen behördlichen Ermittlungen geht die ersuchte Behörde nach denselben Verfahren vor, die sie anwenden würde, wenn sie von sich aus oder auf Ersuchen einer anderen Behörde des eigenen Mitgliedstaats handeln würde.

(4) Die ersuchte Behörde übermittelt Urschriften, sofern die ersuchende Behörde eigens darum bittet und die geltenden Rechtsvorschriften des Mitgliedstaats der ersuchten Behörde dem nicht entgegenstehen.

Artikel 7

Fristen

(1) Die ersuchte Behörde stellt die in Artikel 5 genannten Informationen möglichst rasch, spätestens jedoch sechs Monate nach dem Datum des Eingangs des Ersuchens zur Verfügung.

Ist die ersuchte Behörde jedoch bereits im Besitz dieser Informationen, so werden sie innerhalb von zwei Monaten ab jenem Datum zur Verfügung gestellt.

(2) In bestimmten besonders gelagerten Fällen können zwischen der ersuchten und der ersuchenden Behörde andere als die in Absatz 1 vorgesehenen Fristen vereinbart werden.

(3) Die ersuchte Behörde bestätigt der ersuchenden Behörde unverzüglich, spätestens jedoch sieben Arbeitstage nach Erhalt des Ersuchens, möglichst auf elektronischem Wege den Erhalt dieses Ersuchens.

(4) Die ersuchte Behörde unterrichtet die ersuchende Behörde innerhalb eines Monats nach Erhalt des Ersuchens über eventuell bestehende Mängel in dem Ersuchen und gegebenenfalls erforderliche zusätzliche Hintergrundinformationen. In diesem Fall beginnt die Frist gemäß Absatz 1 am Tag nach dem Eingang der von der ersuchten Behörde angeforderten zusätzlichen Informationen.

(5) Ist die ersuchte Behörde nicht in der Lage, auf ein Ersuchen fristgerecht zu antworten, so unterrichtet sie die ersuchende Behörde unverzüglich, spätestens jedoch innerhalb von drei Monaten nach Erhalt des Ersuchens, über die Gründe, die einer fristgerechten Antwort entgegenstehen, sowie über den Zeitpunkt, an dem sie dem Ersuchen voraussichtlich nachkommen kann.

(6) Ist die ersuchte Behörde nicht im Besitz der erbetenen Informationen und nicht in der Lage, dem Informationsersuchen nachzukommen, oder lehnt sie es aus den in Artikel 17 genannten Gründen ab, ihm nachzukommen, so teilt sie der ersuchenden Behörde unverzüglich, spätestens jedoch innerhalb eines Monats nach Erhalt des Ersuchens, die Gründe mit.

ABSCHNITT II

Verpflichtender automatischer Informationsaustausch

Artikel 8

Umfang und Voraussetzungen des verpflichtenden automatischen Informationsaustauschs

(1) Die zuständige Behörde jedes Mitgliedstaats übermittelt im Wege des automatischen Austauschs der zuständigen Behörde jedes anderen Mitgliedstaats Informationen in Bezug auf Besteuerungszeiträume ab 1. Januar 2014, die über in jenem anderen Mitgliedstaat ansässige Personen in Bezug auf die folgenden bestimmten Arten von Einkünften und Vermögen, wie sie jeweils im Sinne des nationalen Rechts des die Informationen übermittelnden Mitgliedstaats zu verstehen sind, verfügbar sind:

a) Vergütungen aus unselbständiger Arbeit,
b) Aufsichtsrats- oder Verwaltungsratsvergütungen,
c) Lebensversicherungsprodukte, die nicht von anderen Rechtsakten der Union über den Austausch von Informationen oder vergleichbare Maßnahmen erfasst sind,
d) Ruhegehälter,
e) Eigentum an unbeweglichem Vermögen und Einkünfte daraus.

(2) Bis zum 1. Januar 2014 unterrichten die Mitgliedstaaten die Kommission über die in Absatz 1 genannten Arten von Einkünften und Vermögen, zu denen für sie Informationen verfügbar sind. Sie unterrichten die Kommission auch über alle späteren diesbezüglichen Änderungen.

(3) Die zuständige Behörde eines Mitgliedstaats kann der zuständigen Behörde jedes anderen Mitgliedstaats mitteilen, dass sie keine Informationen über die in Absatz 1 genannten Arten von Einkünften und Vermögen oder über Einkünfte und Vermögen unterhalb eines bestimmten Mindestbetrags zu erhalten wünscht. Sie setzt auch die Kommission hiervon in Kenntnis. Ein Mitgliedstaat kann als ein Mitgliedstaat betrachtet werden, der keine Informationen nach Absatz 1 zu erhalten wünscht, wenn er die Kommission über keine einzige Art von Einkünften und Vermögen unterrichtet, zu denen er Informationen zur Verfügung hat.

(4) Bis zum 1. Juli 2016 unterbreiten die Mitgliedstaaten der Kommission jährlich Statistiken zum Umfang des automatischen Informationsaustauschs und soweit möglich Angaben zu den administrativen und anderen einschlägigen Kosten und Nutzen des erfolgten Austauschs von Informationen und zu allen möglichen Änderungen, sowohl bezüglich der Steuerverwaltungen als auch für Dritte.

(5) Bis zum 1. Juli 2017 legt die Kommission einen Bericht vor, der einen Überblick über und eine Bewertung der Statistiken und die erhaltenen Informationen betreffend Fragen wie die administrativen und anderen einschlägigen Kosten und den Nutzen des automatischen Austauschs von Informationen sowie die damit verbundenen praktischen Aspekte enthält. Die Kommission legt dem Rat gegebenenfalls einen Vorschlag zu den in Absatz 1 festgelegten Arten von Einkünften und Vermögen und/oder Voraussetzungen vor, einschließlich der Voraussetzung, dass Informationen über in anderen Mitgliedstaaten ansässige Personen verfügbar sein müssen.

Bei der Prüfung eines von der Kommission vorgelegten Vorschlags bewertet der Rat, ob die Effizienz und das Funktionieren des automatischen Austauschs von Informationen weiter zu verbessern und die entsprechenden Anforderungen zu erhöhen sind, um dafür zu sorgen, dass

a) die zuständige Behörde jedes Mitgliedstaats im Wege des automatischen Austauschs der zuständigen Behörde jedes anderen Mitgliedstaats Informationen in Bezug auf Besteuerungszeiträume ab 1. Januar 2017 übermittelt, die in jenem anderen Mitgliedstaat ansässige Personen in Bezug auf mindestens drei der in Absatz 1 aufgeführten bestimmten Arten von Einkünften und Vermögen, wie sie jeweils im Sinne des nationalen Rechts des die Informationen übermittelnden Mitgliedstaats zu verstehen sind, betreffen;
b) die Liste der Arten von Einkünften und Vermögen in Absatz 1 um Dividenden, Veräußerungsgewinne und Lizenzgebühren erweitert wird.

(6) Die Übermittlung der Informationen erfolgt mindestens einmal jährlich, innerhalb von sechs Monaten nach Ablauf des Steuerjahres des Mitgliedstaats, in dem die Information verfügbar wurde.

(7) Die Kommission legt gemäß dem Verfahren nach Artikel 26 Absatz 2 vor dem in Artikel 29 Absatz 1 genannten Zeitpunkt die praktischen Regelungen des automatischen Informationsaustauschs fest.

(8) Vereinbaren Mitgliedstaaten in bi- oder multilateralen Abkommen mit anderen Mitgliedstaaten den automatischen Austausch von Informationen für weitere Arten von Einkünften und Vermögen, so teilen sie der Kommission diese Abkommen mit und diese macht diese Abkommen allen anderen Mitgliedstaaten zugänglich.

ABSCHNITT III

Spontaner Informationsaustausch

Artikel 9

Umfang und Voraussetzungen des spontanen Informationsaustauschs

(1) Die zuständige Behörde jedes Mitgliedstaats übermittelt der zuständigen Behörde jedes anderen betroffenen Mitgliedstaats die in Artikel 1 Absatz 1 genannten Informationen in folgenden Fällen:

a) die zuständige Behörde eines Mitgliedstaats hat Gründe für die Vermutung einer Steuerverkürzung in dem anderen Mitgliedstaat;

b) ein Steuerpflichtiger erhält eine Steuerermäßigung oder Steuerbefreiung in einem Mitgliedstaat, die eine Steuererhöhung oder eine Besteuerung in dem anderen Mitgliedstaat zur Folge haben würde;

c) Geschäftsbeziehungen zwischen einem Steuerpflichtigen eines Mitgliedstaats und einem Steuerpflichtigen eines anderen Mitgliedstaats werden über ein oder mehrere weitere Länder in einer Weise geleitet, die in einem der beiden oder in beiden Mitgliedstaaten zur Steuerersparnis führen kann;

d) die zuständige Behörde eines Mitgliedstaats hat Gründe für die Vermutung einer Steuerersparnis durch künstliche Gewinnverlagerungen innerhalb eines Konzerns;

e) in einem Mitgliedstaat ist im Zusammenhang mit Informationen, die ihm von der zuständigen Behörde eines anderen Mitgliedstaats übermittelt worden sind, ein Sachverhalt ermittelt worden, der für die Steuerfestsetzung in dem anderen Mitgliedstaat erheblich sein könnte.

(2) Die zuständigen Behörden der Mitgliedstaaten können den zuständigen Behörden der anderen Mitgliedstaaten im Wege des spontanen Informationsaustauschs alle Informationen, von denen sie Kenntnis haben und die für die zuständigen Behörden der anderen Mitgliedstaaten von Nutzen sein können, übermitteln.

Artikel 10

Fristen

(1) Die zuständige Behörde, für die die in Artikel 9 Absatz 1 genannten Informationen verfügbar werden, übermittelt diese Informationen so schnell wie möglich an die zuständige Behörde jedes anderen betroffenen Mitgliedstaats, spätestens jedoch einen Monat, nachdem sie verfügbar geworden sind.

(2) Die zuständige Behörde, der Informationen nach Maßgabe des Artikels 9 übermittelt werden, bestätigt der zuständigen Behörde, die die Informationen übermittelt hat, unverzüglich, spätestens jedoch sieben Arbeitstage nach Eingang der Informationen, möglichst auf elektronischem Wege den Erhalt der Informationen.

KAPITEL III
SONSTIGE FORMEN DER VERWALTUNGSZUSAMMENARBEIT

ABSCHNITT I

Anwesenheit in den Amtsräumen von Behörden und Teilnahme an behördlichen Ermittlungen

Artikel 11

Umfang und Bedingungen

(1) Die ersuchende und die ersuchte Behörde können vereinbaren, dass unter den von letzterer festgelegten Regelungen ordnungsgemäß befugte Bedienstete der ersuchenden Behörde zum Zweck des Informationsaustauschs gemäß Artikel 1 Absatz 1:

a) in den Amtsräumen zugegen sein dürfen, in denen die Verwaltungsbehörden des ersuchten Mitgliedstaats ihre Tätigkeit ausüben;
b) bei den behördlichen Ermittlungen zugegen sein dürfen, die im Hoheitsgebiet des ersuchten Mitgliedstaats durchgeführt werden.

Ist die erbetene Information in Unterlagen enthalten, zu denen die Bediensteten der ersuchten Behörde Zugang haben, so werden den Bediensteten der ersuchenden Behörde Kopien dieser Unterlagen ausgehändigt.

(2) Sofern dies nach den Rechtsvorschriften des ersuchten Mitgliedstaats zulässig ist, kann die in Absatz 1 genannte Vereinbarung vorsehen, dass Bedienstete der ersuchenden Behörde, die bei behördlichen Ermittlungen zugegen sind, Einzelpersonen befragen und Aufzeichnungen prüfen dürfen.

Jede Weigerung der Person, gegen die ermittelt wird, den Überprüfungsmaßnahmen der Bediensteten der ersuchenden Behörde zu entsprechen, wird von der ersuchten Behörde wie eine Weigerung gegenüber Bediensteten der eigenen Behörde behandelt.

(3) Befugte Bedienstete der ersuchenden Behörde, die sich gemäß Absatz 1 in einem anderen Mitgliedstaat aufhalten, müssen jederzeit eine schriftliche Vollmacht vorlegen können, aus der ihre Identität und dienstliche Stellung hervorgehen.

ABSCHNITT II

Gleichzeitige Prüfungen

Artikel 12

Gleichzeitige Prüfungen

(1) Vereinbaren zwei oder mehr Mitgliedstaaten, jeweils in ihrem Hoheitsgebiet gleichzeitige Prüfungen einer oder mehrerer Personen von gemeinsamem oder ergänzendem Interesse durchzuführen, um die dabei erlangten Informationen auszutauschen, so finden die Absätze 2, 3 und 4 Anwendung.

(2) Die zuständige Behörde eines jeden Mitgliedstaats bestimmt selbst, welche Personen sie für eine gleichzeitige Prüfung vorschlagen will. Sie unterrichtet die zuständige Behörde der anderen betroffenen Mitgliedstaaten über die Fälle, für die sie eine gleichzeitige Prüfung

vorschlägt, und begründet ihre Wahl. Sie gibt an, in welchem Zeitraum derartige Prüfungen durchgeführt werden sollen.

(3) Die zuständige Behörde eines jeden betroffenen Mitgliedstaats entscheidet, ob sie an der gleichzeitigen Prüfung teilnehmen will. Sie bestätigt der Behörde, die eine gleichzeitige Prüfung vorgeschlagen hat, ihr Einverständnis oder teilt ihre begründete Ablehnung mit.

(4) Die zuständige Behörde jedes betroffenen Mitgliedstaats benennt einen für die Beaufsichtigung und die Koordinierung der Prüfung verantwortlichen Vertreter.

ABSCHNITT III

Zustellung durch die Verwaltung

Artikel 13

Zustellungsersuchen

(1) Auf Antrag der zuständigen Behörde eines Mitgliedstaats stellt die zuständige Behörde eines anderen Mitgliedstaats nach Maßgabe der Rechtsvorschriften für die Zustellung entsprechender Akte im ersuchten Mitgliedstaat dem Adressaten alle Akte und Entscheidungen von Verwaltungsbehörden des ersuchenden Mitgliedstaats zu, die mit der Anwendung der Rechtsvorschriften über die unter diese Richtlinie fallenden Steuern in dessen Gebiet zusammenhängen.

(2) Das Zustellungsersuchen enthält Angaben über den Gegenstand des zuzustellenden Akts oder der zuzustellenden Entscheidung sowie Namen und Anschrift des Adressaten und alle weiteren Informationen, die die Identifizierung des Adressaten erleichtern können.

(3) Die ersuchte Behörde teilt der ersuchenden Behörde unverzüglich mit, was aufgrund des Zustellungsersuchens veranlasst wurde, und insbesondere, an welchem Tag der Akt oder die Entscheidung dem Adressaten zugestellt wurde.

(4) Die ersuchende Behörde stellt nur dann ein Zustellungsersuchen nach diesem Artikel, wenn sie nicht in der Lage ist, die Zustellung nach Maßgabe der Rechtsvorschriften für die Zustellung der betreffenden Akte im ersuchenden Mitgliedstaat vorzunehmen, oder wenn die Zustellung unverhältnismäßige Schwierigkeiten aufwerfen würde. Die zuständige Behörde eines Mitgliedstaats kann einer Person im Hoheitsgebiet eines anderen Mitgliedstaats jedes Dokument per Einschreiben oder auf elektronischem Wege direkt zustellen.

ABSCHNITT IV

Rückmeldungen

Artikel 14

Bedingungen

(1) Übermittelt eine zuständige Behörde Informationen gemäß den Artikeln 5 oder 9, so kann sie die zuständige Behörde, die die Informationen erhält, um eine Rückmeldung dazu bitten. Wird um eine Rückmeldung gebeten, so übermittelt die zuständige Behörde, die die Informationen erhalten hat, unbeschadet der geltenden Vorschriften ihres Mitgliedstaats zum Schutz des Steuergeheimnisses und zum Datenschutz der zuständigen Behörde, die die Informationen übermittelt hat, die Rückmeldung sobald wie möglich und spätestens drei Monate nach Bekanntwerden des Ergebnisses der Verwendung der erbetenen Informationen. Die Kommission legt die praktischen Regelungen gemäß dem in Artikel 26 Absatz 2 genannten Verfahren fest.

(2) Die zuständigen Behörden der Mitgliedstaaten übermitteln den anderen betroffenen Mitgliedstaaten einmal jährlich nach bilateral vereinbarten praktischen Regelungen eine Rückmeldung zum automatischen Informationsaustausch.

ABSCHNITT V

Austausch bewährter Praktiken und Erfahrungsaustausch

Artikel 15

Umfang und Bedingungen

(1) Die Mitgliedstaaten und die Kommission prüfen und bewerten gemeinsam die Zusammenarbeit der Verwaltungsbehörden nach dieser Richtlinie und tauschen ihre Erfahrungen aus, um die Zusammenarbeit zu verbessern und gegebenenfalls in den betroffenen Bereichen Regeln aufzustellen.

(2) Die Mitgliedstaaten können gemeinsam mit der Kommission Leitlinien zu allen Aspekten, die für den Austausch von bewährten Praktiken und von Erfahrungen für notwendig erachtet werden, erstellen.

KAPITEL IV
BEDINGUNGEN FÜR DIE ZUSAMMENARBEIT DER VERWALTUNGSBEHÖRDEN

Artikel 16

Weitergabe von Informationen und Schriftstücken

(1) Die Informationen, die nach Maßgabe dieser Richtlinie in irgendeiner Form zwischen Mitgliedstaaten übermittelt werden, unterliegen der Geheimhaltungspflicht und genießen den Schutz, den das nationale Recht des Mitgliedstaats, der sie erhalten hat, für vergleichbare Informationen gewährt. Diese Informationen können zur Anwendung und Durchsetzung des innerstaatlichen Rechts der Mitgliedstaaten über die in Artikel 2 genannten Steuern verwendet werden.

Diese Informationen können auch zur Festsetzung und Beitreibung anderer Steuern und Abgaben gemäß Artikel 2 der Richtlinie 2010/24/EU des Rates vom 16. März 2010 über die Amtshilfe bei der Beitreibung von Forderungen in Bezug auf bestimmte Steuern, Abgaben und sonstige Maßnahmen[1] oder zur Festsetzung und Einziehung von Pflichtbeiträgen zu Sozialversicherungen verwendet werden.

Ferner können sie im Zusammenhang mit Gerichts- und Verwaltungsverfahren verwendet werden, die Sanktionen wegen Nichtbeachtung des Steuerrechts zur Folge haben können, und zwar unbeschadet der allgemeinen Regelungen und Vorschriften über die Rechte der Beklagten und Zeugen in solchen Verfahren.

(2) Mit Zustimmung der zuständigen Behörde des Mitgliedstaats, die im Rahmen dieser Richtlinie Informationen übermittelt, und nur insoweit, als dies gemäß den Rechtsvorschriften des Mitgliedstaats der zuständigen Behörde, die die Informationen erhält, zulässig ist, können die im Rahmen dieser Richtlinie erhaltenen Informationen und Schriftstücke für andere als in Absatz 1 genannte Zwecke verwendet werden. Diese Zustimmung wird erteilt, wenn die

[1] ABl. L 84 vom 31.3.2010, S. 1.

Informationen in dem Mitgliedstaat der zuständigen Behörde, die die Informationen übermittelt, für ähnliche Zwecke verwendet werden können.

(3) Ist die zuständige Behörde eines Mitgliedstaats der Ansicht, dass Informationen, die sie von der zuständigen Behörde eines anderen Mitgliedstaats erhalten hat, für die zuständige Behörde eines dritten Mitgliedstaats für die in Absatz 1 genannten Zwecke von Nutzen sein könnten, so kann sie diese Informationen der letztgenannten zuständigen Behörde unter der Voraussetzung weitergeben, dass diese Weitergabe im Einklang mit den in dieser Richtlinie festgelegten Regeln und Verfahren erfolgt. Sie teilt der zuständigen Behörde des Mitgliedstaats, von dem die Informationen stammen, ihre Absicht mit, die Informationen einem dritten Mitgliedstaat weiterzugeben. Der Mitgliedstaat, von dem die Informationen stammen, kann innerhalb von zehn Arbeitstagen nach Eingang der Mitteilung über die beabsichtigte Weitergabe mitteilen, dass er dieser Weitergabe der Informationen nicht zustimmt.

(4) Die Zustimmung zu der Verwendung von Informationen gemäß Absatz 2, deren Weitergabe gemäß Absatz 3 erfolgt ist, darf nur durch die zuständige Behörde des Mitgliedstaats erteilt werden, von dem die Informationen stammen.

(5) Informationen, Berichte, Bescheinigungen und andere Schriftstücke oder beglaubigte Kopien von Schriftstücken oder Auszüge daraus, die die ersuchte Behörde erhalten und der ersuchenden Behörde im Einklang mit dieser Richtlinie übermittelt hat, können von den zuständigen Behörden des ersuchenden Mitgliedstaats in gleicher Weise als Beweismittel verwendet werden wie entsprechende Informationen, Berichte, Bescheinigungen und andere Schriftstücke einer Behörde dieses Mitgliedstaats.

Artikel 17

Beschränkungen

(1) Eine ersuchte Behörde eines Mitgliedstaats erteilt einer ersuchenden Behörde eines anderen Mitgliedstaats die Informationen gemäß Artikel 5 unter der Voraussetzung, dass die ersuchende Behörde die üblichen Informationsquellen ausgeschöpft hat, die sie unter den gegebenen Umständen zur Erlangung der erbetenen Informationen genutzt haben könnte, ohne die Erreichung ihres Ziels zu gefährden.

(2) Die vorliegende Richtlinie verpflichtet einen ersuchten Mitgliedstaat nicht zu Ermittlungen oder zur Übermittlung von Informationen, wenn die Durchführung solcher Ermittlungen bzw. die Beschaffung der betreffenden Informationen durch diesen Mitgliedstaat für seine eigenen Zwecke mit seinen Rechtsvorschriften unvereinbar wäre.

(3) Die zuständige Behörde eines ersuchten Mitgliedstaats kann die Übermittlung von Informationen ablehnen, wenn der ersuchende Mitgliedstaat seinerseits aus rechtlichen Gründen nicht zur Übermittlung entsprechender Informationen in der Lage ist.

(4) Die Übermittlung von Informationen kann abgelehnt werden, wenn sie zur Preisgabe eines Handels-, Gewerbe- oder Berufsgeheimnisses oder eines Geschäftsverfahrens führen würde oder wenn die Preisgabe der betreffenden Information die öffentliche Ordnung verletzen würde.

(5) Die ersuchte Behörde teilt der ersuchenden Behörde die Gründe mit, aus denen ein Auskunftsersuchen abgelehnt wurde.

Artikel 18
Pflichten

(1) Ersucht ein Mitgliedstaat im Einklang mit dieser Richtlinie um Informationen, so trifft der ersuchte Mitgliedstaat die ihm zur Beschaffung von Informationen zur Verfügung stehenden Maßnahmen, um sich die erbetenen Informationen zu verschaffen, auch wenn dieser Mitgliedstaat solche Informationen möglicherweise nicht für eigene Steuerzwecke benötigt. Diese Verpflichtung gilt unbeschadet des Artikels 17 Absätze 2, 3 und 4, der jedoch nicht so ausgelegt werden kann, dass sich ein ersuchter Mitgliedstaat darauf berufen kann, um die Bereitstellung der Informationen allein deshalb abzulehnen, weil er kein eigenes Interesse daran hat.

(2) Artikel 17 Absätze 2 und 4 ist in keinem Fall so auszulegen, dass die ersuchte Behörde eines Mitgliedstaats die Erteilung von Informationen nur deshalb ablehnen kann, weil die Informationen sich bei einer Bank, einem sonstigen Finanzinstitut, einem Bevollmächtigten, Vertreter oder Treuhänder befinden oder sich auf Eigentumsanteile an einer Person beziehen.

(3) Ungeachtet des Absatzes 2 kann ein Mitgliedstaat die Übermittlung der erbetenen Informationen verweigern, wenn diese Informationen vor dem 1. Januar 2011 liegende Besteuerungszeiträume betreffen und wenn die Übermittlung dieser Informationen auf der Grundlage des Artikels 8 Absatz 1 der Richtlinie 77/799/EWG hätte verweigert werden können, falls vor dem 11. März 2011 um sie ersucht worden wäre.

Artikel 19
Ausdehnung einer umfassenderen Zusammenarbeit, die mit einem Drittland eingegangen wird

Geht ein Mitgliedstaat mit einem Drittland eine umfassendere Zusammenarbeit als in dieser Richtlinie vorgesehen ein, so kann dieser Mitgliedstaat es nicht ablehnen, mit anderen Mitgliedstaaten, die dies wünschen, eine solche umfassendere gegenseitige Zusammenarbeit einzugehen.

Artikel 20
Standardformblätter und elektronische Formate

(1) Ersuchen um Informationen und behördliche Ermittlungen gemäß Artikel 5 sowie die entsprechenden Antworten, Empfangsbestätigungen, Ersuchen um zusätzliche Hintergrundinformationen und Mitteilungen über das Unvermögen zur oder die Ablehnung der Erfüllung des Ersuchens gemäß Artikel 7 werden soweit möglich mit Hilfe eines Standardformblatts übermittelt, das die Kommission nach dem Verfahren gemäß Artikel 26 Absatz 2 annimmt.

Dem Standardformblatt können Berichte, Bescheinigungen und andere Schriftstücke oder beglaubigte Kopien von Schriftstücken oder Auszüge daraus beigefügt werden.

(2) Das Standardformblatt nach Absatz 1 beinhaltet zumindest die folgenden Informationen, die von der ersuchenden Behörde zu übermitteln sind:

a) die Bezeichnung der Person, der die Untersuchung oder Ermittlung gilt;
b) der steuerliche Zweck, zu dem die Informationen beantragt werden.

Die ersuchende Behörde kann — soweit bekannt und im Einklang mit den Entwicklungen auf internationaler Ebene — Name und Anschrift jeder Person, von der angenommen wird, dass sie über die gewünschten Informationen verfügt, wie auch jede Angabe übermitteln, welche die Beschaffung von Informationen durch die ersuchte Behörde erleichtern könnte.

(3) Der spontane Informationsaustausch und seine Bestätigung gemäß den Artikeln 9 und 10, Zustellungsersuchen gemäß Artikel 13 und Rückmeldungen gemäß Artikel 14 erfolgen mit Hilfe des von der Kommission nach dem Verfahren gemäß Artikel 26 Absatz 2 angenommenen Standardformblatts.

(4) Der automatische Informationsaustausch gemäß Artikel 8 erfolgt über ein von der Kommission nach dem Verfahren gemäß Artikel 26 Absatz 2 angenommenes elektronisches Standardformat, mit dem ein solcher automatischer Austausch erleichtert werden soll und dem das bestehende elektronische Format nach Artikel 9 der Richtlinie 2003/48/EG des Rates vom 3. Juni 2003 im Bereich der Besteuerung von Zinserträgen[1] zugrunde liegt, das für alle Arten des automatischen Informationsaustauschs zu verwenden ist.

Artikel 21

Praktische Regelungen

(1) Die Informationsübermittlung im Rahmen dieser Richtlinie erfolgt soweit möglich auf elektronischem Wege mit Hilfe des CCN-Netzes.

Nötigenfalls wird die Kommission die für die Umsetzung von Unterabsatz 1 erforderlichen praktischen Regelungen im Einklang mit dem Verfahren nach Artikel 26 Absatz 2 treffen.

(2) Die Kommission ist dafür verantwortlich, das CCN-Netz gegebenenfalls weiterzuentwickeln, wenn dies für den Informationsaustausch zwischen den Mitgliedstaaten notwendig ist.

Die Mitgliedstaaten sind dafür verantwortlich, ihre Systeme gegebenenfalls weiterzuentwickeln, wenn dies für den Informationsaustausch mit Hilfe des CCN-Netzes notwendig ist.

Die Mitgliedstaaten verzichten auf alle Ansprüche auf Erstattung der sich aus der Anwendung dieser Richtlinie ergebenden Kosten, mit Ausnahme der gegebenenfalls an Experten gezahlten Vergütungen.

(3) Personen, die von der Akkreditierungsstelle der Kommission für IT-Sicherheit ordnungsgemäß akkreditiert wurden, haben nur in dem Umfang Zugang zu diesen Informationen, wie es für die Pflege, Wartung und Entwicklung des CCN-Netzes erforderlich ist.

(4) Ersuchen um Zusammenarbeit, einschließlich Zustellungsersuchen, und beigefügte Schriftstücke können in den Sprachen abgefasst werden, die zwischen der ersuchten und der ersuchenden Behörde vereinbart wurden.

Solchen Ersuchen wird eine Übersetzung in die Amtssprache oder in eine der Amtssprachen des Mitgliedstaats der ersuchten Behörde nur in besonderen Fällen beigefügt, wenn die ersuchte Behörde die Anforderung einer solchen Übersetzung begründet.

Artikel 22

Besondere Pflichten

(1) Die Mitgliedstaaten treffen alle notwendigen Maßnahmen, um

a) eine wirksame interne Zusammenarbeit im Rahmen der in Artikel 4 genannten Organisation sicherzustellen;

[1] ABl. L 157 vom 26.6.2003, S. 38.

b) eine direkte Zusammenarbeit mit den in Artikel 4 genannten Behörden der anderen Mitgliedstaaten einzurichten;

c) das reibungslose Funktionieren der in dieser Richtlinie festgelegten Regelungen über die Zusammenarbeit der Verwaltungsbehörden sicherzustellen.

(2) Die Kommission unterrichtet jeden Mitgliedstaat über alle allgemeinen Informationen über die Umsetzung und die Anwendung dieser Richtlinie, die sie erhält und die sie bereitstellen kann.

KAPITEL V
BEZIEHUNGEN ZUR KOMMISSION

Artikel 23
Bewertung

(1) Die Mitgliedstaaten und die Kommission prüfen und bewerten das Funktionieren der in dieser Richtlinie geregelten Zusammenarbeit der Verwaltungsbehörden.

(2) Die Mitgliedstaaten übermitteln der Kommission alle sachdienlichen Informationen, die für die Bewertung der Wirksamkeit der Zusammenarbeit der Verwaltungsbehörden im Einklang mit dieser Richtlinie bei der Bekämpfung von Steuerhinterziehung und -umgehung notwendig sind.

(3) Die Mitgliedstaaten übermitteln der Kommission eine jährliche Bewertung der Wirksamkeit des automatischen Informationsaustauschs gemäß Artikel 8 sowie die erreichten praktischen Ergebnisse. Die Kommission legt die Form und die Bedingungen für die Übermittlung dieser jährlichen Bewertung nach dem in Artikel 26 Absatz 2 genannten Verfahren fest.

(4) Die Kommission legt nach dem in Artikel 26 Absatz 2 genannten Verfahren eine Liste statistischer Angaben fest, die die Mitgliedstaaten zur Bewertung dieser Richtlinie vorlegen müssen.

(5) Die der Kommission gemäß den Absätzen 2, 3 und 4 übermittelten Informationen sind von dieser im Einklang mit den für Einrichtungen der Union geltenden Bestimmungen vertraulich zu behandeln.

(6) Die der Kommission gemäß den Absätzen 2, 3 und 4 von einem Mitgliedstaat übermittelten Informationen sowie etwaige Berichte oder Dokumente, die die Kommission unter Verwendung solcher Informationen erstellt hat, können an andere Mitgliedstaaten weitergegeben werden. Derartige weitergegebene Informationen unterliegen der Geheimhaltungspflicht und genießen den Schutz, den das nationale Recht des Mitgliedstaats, der sie erhalten hat, ähnlichen Informationen gewährt.

Die von der Kommission gemäß diesem Absatz erstellten Berichte und Schriftstücke dürfen von den Mitgliedstaaten nur zu analytischen Zwecken genutzt werden, jedoch ohne ausdrückliche Zustimmung der Kommission weder veröffentlicht noch Dritten oder anderen Stellen zugänglich gemacht werden.

KAPITEL VI
BEZIEHUNGEN ZU DRITTLÄNDERN

Artikel 24

Informationsaustausch mit Drittländern

(1) Erhält die zuständige Behörde eines Mitgliedstaats von einem Drittland Informationen, die für die Anwendung und Durchsetzung des innerstaatlichen Rechts dieses Mitgliedstaats über die in Artikel 2 genannten Steuern voraussichtlich erheblich sind, so kann diese Behörde diese Informationen — sofern dies aufgrund einer Vereinbarung mit dem betreffenden Drittland zulässig ist — den zuständigen Behörden der Mitgliedstaaten, für die diese Informationen von Nutzen sein könnten, und allen ersuchenden Behörden zur Verfügung stellen.

(2) Die zuständigen Behörden können, im Einklang mit ihren innerstaatlichen Bestimmungen über die Weitergabe personenbezogener Daten an Drittländer, die im Einklang mit dieser Richtlinie erhaltenen Informationen an ein Drittland weitergeben, sofern alle folgenden Bedingungen erfüllt sind:

a) Die zuständige Behörde des Mitgliedstaats, von dem die Informationen stammen, ist mit der Übermittlung einverstanden.

b) Das betroffene Drittland hat sich zu der Zusammenarbeit verpflichtet, die für den Nachweis der Unregelmäßigkeit oder der Rechtswidrigkeit von mutmaßlich gegen die Steuervorschriften verstoßenden oder ihnen zuwiderlaufenden Transaktionen erforderlich ist.

KAPITEL VII
ALLGEMEINE UND SCHLUSSBESTIMMUNGEN

Artikel 25

Datenschutz

Jeder Informationsaustausch gemäß dieser Richtlinie unterliegt den Durchführungsvorschriften zur Richtlinie 95/46/EG. Zur korrekten Anwendung der vorliegenden Richtlinie begrenzen die Mitgliedstaaten jedoch den Anwendungsbereich der in Artikel 10, Artikel 11 Absatz 1, Artikel 12 und Artikel 21 der Richtlinie 95/46/EG genannten Pflichten und Rechte, soweit dies notwendig ist, um die in Artikel 13 Absatz 1 Buchstabe e jener Richtlinie genannten Interessen zu schützen.

Artikel 26

Ausschuss

(1) Die Kommission wird von einem Ausschuss, dem „Ausschuss für die Zusammenarbeit der Verwaltungsbehörden im Steuerbereich", unterstützt.

(2) Wird auf diesen Absatz Bezug genommen, so gelten die Artikel 5 und 7 des Beschlusses 1999/468/EG.

Der Zeitraum nach Artikel 5 Absatz 6 des Beschlusses 1999/468/EG wird auf drei Monate festgesetzt.

Artikel 27

Berichterstattung

Alle fünf Jahre nach dem 1. Januar 2013 legt die Kommission dem Europäischen Parlament und dem Rat einen Bericht über die Anwendung dieser Richtlinie vor.

Artikel 28
Aufhebung der Richtlinie 77/799/EWG

Die Richtlinie 77/799/EWG wird mit Wirkung vom 1. Januar 2013 aufgehoben.

Verweisungen auf die aufgehobene Richtlinie gelten als Verweisungen auf die vorliegende Richtlinie.

Artikel 29
Umsetzung

(1) Die Mitgliedstaaten setzen die Rechts- und Verwaltungsvorschriften in Kraft, die erforderlich sind, um dieser Richtlinie spätestens mit Wirkung vom 1. Januar 2013 nachzukommen.

Sie setzen jedoch die Rechts- und Verwaltungsvorschriften, die erforderlich sind, um Artikel 8 dieser Richtlinie nachzukommen, spätestens mit Wirkung vom 1. Januar 2015 in Kraft.

Sie teilen der Kommission unverzüglich den Wortlaut dieser Vorschriften mit.

Wenn die Mitgliedstaaten diese Vorschriften erlassen, nehmen sie in den Vorschriften selbst oder durch einen Hinweis bei der amtlichen Veröffentlichung auf diese Richtlinie Bezug. Die Mitgliedstaaten regeln die Einzelheiten der Bezugnahme.

(2) Die Mitgliedstaaten teilen der Kommission den Wortlaut der wichtigsten nationalen Rechtsvorschriften mit, die sie auf dem unter diese Richtlinie fallenden Gebiet erlassen.

Artikel 30
Inkrafttreten

Diese Richtlinie tritt am Tag ihrer Veröffentlichung im *Amtsblatt der Europäischen Union* in Kraft.

Artikel 31
Adressaten

Diese Richtlinie ist an die Mitgliedstaaten gerichtet.

Geschehen zu Brüssel am 15. Februar 2011.

Im Namen des Rates

Der Präsident
MATOLCSY Gy.

Richtlinie (EU) 2015/2376 des Rates vom 8. Dezember 2015 zur Änderung der Richtlinie 2011/16/EU bezüglich der Verpflichtung zum automatischen Austausch von Informationen im Bereich der Besteuerung

RICHTLINIE (EU) 2015/2376 DES RATES vom 8. Dezember 2015 zur Änderung der Richtlinie 2011/16/EU bezüglich der Verpflichtung zum automatischen Austausch von Informationen im Bereich der Besteuerung DER RAT DER EUROPÄISCHEN UNION — gestützt auf den Vertrag über die Arbeitsweise der Europäischen Union, insbesondere auf Artikel 115,
auf Vorschlag der Europäischen Kommission,
nach Zuleitung des Entwurfs des Gesetzgebungsakts an die nationalen Parlamente,
nach Stellungnahme des Europäischen Parlaments[1],
nach Stellungnahme des Europäischen Wirtschafts- und Sozialausschusses[2],
nach Stellungnahme des Ausschusses der Regionen[3],
gemäß einem besonderen Gesetzgebungsverfahren,
in Erwägung nachstehender Gründe:

(1) Grenzüberschreitende Steuerumgehung bzw. Steuervermeidung, aggressive Steuerplanung und ein schädlicher Steuerwettbewerb haben sich zu einer erheblichen Herausforderung entwickelt und sind in der Union wie weltweit in den Mittelpunkt des Interesses gerückt. Die Erosion der Steuerbemessungsgrundlage hat eine beträchtliche Minderung der nationalen Steueraufkommen zur Folge, was die Mitgliedstaaten wiederum daran hindert, eine wachstumsfreundliche Steuerpolitik auf den Weg zu bringen. Die Erteilung von Steuervorbescheiden, die eine konsequente und transparente Anwendung der Rechtsvorschriften erleichtern, ist auch in der Union gängige Praxis. Eine Präzisierung der Steuervorschriften für Steuerpflichtige bietet den Unternehmen Sicherheit und kann daher Investitionen und die Einhaltung der Rechtsvorschriften fördern und somit zum Ziel der Weiterentwicklung des Binnenmarkts der Union, aufbauend auf den Prinzipien und Grundfreiheiten, die den Verträgen zugrunde liegen, beitragen. Vorbescheide, die steuermotivierte Gestaltungen betreffen, haben jedoch in bestimmten Fällen dazu geführt, dass künstlich erhöhte Einkünfte einer niedrigen Besteuerung in dem den Vorbescheid erteilenden, ändernden oder erneuernden Land unterworfen werden und in anderen beteiligten Ländern nur künstlich verringerte steuerpflichtige Einkünfte verbleiben. Daher ist dringend für mehr Transparenz zu sorgen. Zu diesem Zweck müssen die mit der Richtlinie 2011/16/EU des Rates[4] eingeführten Instrumente und Mechanismen gestärkt werden.

(2) Der Europäische Rat hat in seinen Schlussfolgerungen vom 18. Dezember 2014 darauf hingewiesen, dass es dringend erforderlich sei, die Anstrengungen zur Bekämpfung von Steuerumgehung und aggressiver Steuerplanung sowohl weltweit als auch auf Unions-

---

[1] Stellungnahme vom 27. Oktober 2015 (noch nicht im Amtsblatt veröffentlicht).

[2] ABl. C 332 vom 8.10.2015, S. 64.

[3] Stellungnahme vom 14. Oktober 2015 (noch nicht im Amtsblatt veröffentlicht).

[4] Richtlinie 2011/16/EU des Rates vom 15. Februar 2011 über die Zusammenarbeit der Verwaltungsbehörden im Bereich der Besteuerung und zur Aufhebung der Richtlinie 77/799/EWG (ABl. L 64 vom 11.3.2011, S. 1).

ebene weiter voranzubringen. Der Europäische Rat betonte, wie wichtig Transparenz sei, und begrüßte die Absicht der Kommission, einen Vorschlag zum automatischen Informationsaustausch über verbindliche Steuerauskünfte (Steuervorbescheide) in der Union vorzulegen.

(3) Die Richtlinie 2011/16/EU sieht für fünf konkret benannte Fälle den verpflichtenden spontanen Austausch von Informationen zwischen den Mitgliedstaaten innerhalb bestimmter Fristen vor. Ein spontaner Informationsaustausch erfolgt bereits bei Steuervorbescheiden, die ein Mitgliedstaat für einen bestimmten Steuerpflichtigen in Bezug auf die künftige Auslegung oder Anwendung von Steuervorschriften erteilt, ändert oder erneuert, sofern diese Bescheide eine grenzüberschreitende Dimension haben und die zuständige Behörde des betreffenden Mitgliedstaats Grund zu der Annahme hat, dass es zu Einbußen bei den Steuereinnahmen eines anderen Mitgliedstaats kommen könnte.

(4) Einem effizienten spontanen Informationsaustausch über grenzüberschreitende Vorbescheide und Vorabverständigungen über die Verrechnungspreisgestaltung stehen jedoch eine Reihe wesentlicher praktischer Hindernisse im Wege, wie etwa der Umstand, dass der den Bescheid erteilende Mitgliedstaat nach eigenem Ermessen entscheiden kann, welche anderen Mitgliedstaaten unterrichtet werden sollten. Daher sollten die ausgetauschten Informationen gegebenenfalls allen anderen Mitgliedstaaten zugänglich sein.

(5) Der Anwendungsbereich des automatischen Austauschs von grenzüberschreitenden Vorbescheiden und Vorabverständigungen über die Verrechnungspreisgestaltung, die für eine bestimmte Person oder eine Gruppe von Personen erteilt bzw. getroffen, geändert oder erneuert werden und auf die sich diese Person oder Gruppe von Personen berufen kann, sollte alle materiellen Formen abdecken (unabhängig davon, ob sie verbindlich oder unverbindlich sind und in welcher Form sie erteilt bzw. getroffen wurden).

(6) Im Interesse der Rechtssicherheit sollte die Richtlinie 2011/16/EU dahingehend geändert werden, dass eine angemessene Begriffsbestimmung für grenzüberschreitender Vorbescheid und für Vorabverständigung über die Verrechnungspreisgestaltung aufgenommen wird. Diese Begriffsbestimmungen sollten so weit gefasst sein, dass eine Vielzahl von Fällen abdeckt wird, wie beispielsweise unter anderem folgende Arten von grenzüberschreitenden Vorbescheiden und Vorabverständigungen über die Verrechnungspreisgestaltung:

- einseitige Vorabverständigungen und/oder Entscheidungen über die Verrechnungspreisgestaltung;
- bilaterale oder multilaterale Vorabverständigungen und/oder Entscheidungen über die Verrechnungspreisgestaltung;
- Vereinbarungen oder Entscheidungen in Bezug auf das Bestehen oder Nichtbestehen einer Betriebsstätte;
- Vereinbarungen oder Entscheidungen in Bezug auf das Vorliegen oder Nichtvorliegen eines Sachverhalts mit potenziellen Auswirkungen auf die Steuerbemessungsgrundlage einer Betriebsstätte;

- Vereinbarungen oder Entscheidungen in Bezug auf den steuerlichen Status einer hybriden Gesellschaftsform in einem Mitgliedstaat, die sich auf eine in einem anderen Rechtsraum ansässige Person beziehen;
- sowie Vereinbarungen oder Entscheidungen in Bezug auf die Bemessungsgrundlage für die Abschreibung von Vermögenswerten in einem Mitgliedstaat, die von einem Konzernunternehmen in einem anderen Rechtsraum erworben werden.

(7) Die Steuerpflichtigen können sich beispielsweise in Steuerverfahren oder bei Steuerprüfungen auf grenzüberschreitende Vorbescheide oder Vorabverständigungen über die Verrechnungspreisgestaltung berufen, sofern der Sachverhalt, der den grenzüberschreitenden Vorbescheiden oder den Vorabverständigungen über die Verrechnungspreisgestaltung zugrunde liegt, zutreffend dargestellt wurde und der Steuerpflichtige den grenzüberschreitenden Vorbescheiden oder den Vorabverständigungen über die Verrechnungspreisgestaltung nachkommt.

(8) Die Mitgliedstaaten werden Informationen unabhängig davon austauschen, ob der Steuerpflichtige dem grenzüberschreitenden Vorbescheid bzw. der Vorabverständigung über die Verrechnungspreisgestaltung nachkommt oder nicht.

(9) Die Übermittlung von Informationen sollte nicht zur Preisgabe eines Handels-, Gewerbe- oder Berufsgeheimnisses oder eines Geschäftsverfahrens oder zu einer Offenlegung von Informationen führen, die die öffentliche Ordnung verletzen würde.

(10) Damit der verpflichtende automatische Informationsaustausch über grenzüberschreitende Vorbescheide und Vorabverständigungen über die Verrechnungspreisgestaltung einen größtmöglichen Nutzen erbringt, sollten die Informationen unmittelbar nach Erteilung bzw. Treffen, Änderung oder Erneuerung des Bescheids oder der Vereinbarung übermittelt werden; es sollten daher regelmäßige Abstände für die Informationsübermittlung festgelegt werden. Aus denselben Gründen ist es auch angebracht, einen verpflichtenden automatischen Informationsaustausch über grenzüberschreitende Vorbescheide und Vorabverständigungen über die Verrechnungspreisgestaltung einzurichten, die in einem Zeitraum, der fünf Jahre vor dem Geltungsbeginn dieser Richtlinie beginnt, erteilt bzw. getroffen, geändert oder erneuert wurden und am 1. Januar 2014 noch gültig sind. Bestimmte Personen oder Gruppen von Personen mit einem gruppenweiten Jahresnettoumsatzerlös von weniger als 40 000 000 EUR pro Jahr könnten jedoch unter bestimmten Voraussetzungen von dem verpflichtenden automatischen Informationsaustausch ausgenommen werden.

(11) Aus Gründen der Rechtssicherheit ist es zweckmäßig, unter sehr strengen Voraussetzungen bilaterale oder multilaterale Vorabverständigungen über die Verrechnungspreisgestaltung mit Drittländern unter Einhaltung des Rahmens der bestehenden internationalen Verträge mit diesen Ländern von dem verpflichtenden automatischen Informationsaustausch auszunehmen, wenn die Bestimmungen dieser Verträge die Weitergabe der in deren Rahmen erhaltenen Informationen an ein drittes Land nicht erlauben. In diesen Fällen sollten jedoch stattdessen die Informationen nach Artikel 8a Absatz 6 im Zusammenhang mit Ersuchen, die zur Erteilung solcher bilateraler oder multilateraler Vorabverständigungen über die Verrechnungspreisgestaltung führen, ausgetauscht werden. Daher sollten

in solchen Fällen die zu übermittelnden Informationen den Hinweis enthalten, dass sie auf Grundlage eines derartigen Ersuchens bereitgestellt werden.

(12) Der verpflichtende automatische Austausch über grenzüberschreitende Vorbescheide und Vorabverständigungen über die Verrechnungspreisgestaltung sollte in jedem Fall die Übermittlung bestimmter Basisinformationen umfassen, die für alle Mitgliedstaaten zugänglich wären. Der Kommission sollte die Befugnis erteilt werden, die praktischen Regelungen festzulegen, die erforderlich sind, um die Übermittlung entsprechender Informationen nach dem in der Richtlinie 2011/16/ EU festgelegten Verfahren (unter Beteiligung des Ausschusses für die Zusammenarbeit der Verwaltungsbehörden im Steuerbereich) zur Erstellung eines Standardformblatts für den Informationsaustausch zu vereinheitlichen. Dieses Verfahren sollte auch bei der Festlegung weiterer praktischer Regelungen für die Durchführung des Informationsaustauschs angewandt werden, wie etwa die Angabe der sprachlichen Anforderungen, die für den Informationsaustausch unter Verwendung des Standardformblatts gelten.

(13) Bei der Entwicklung eines solchen Standardformblatts für den verpflichtenden automatischen Informationsaustausch ist es zweckmäßig, die Arbeit des OECD-Forums Schädliche Steuerpraktiken zu berücksichtigen, in dessen Rahmen im Zusammenhang mit dem Aktionsplan zur Bekämpfung der Gewinnverkürzung und Gewinnverlagerung ein Standardformblatt für den Informationsaustausch entwickelt wird. Es ist zudem angebracht, in koordinierter Weise eng mit der OECD zusammenzuarbeiten, und zwar nicht nur auf dem Gebiet der Entwicklung eines solchen Standardformblatts für den verpflichtenden automatischen Informationsaustausch. Ziel sollte es letztlich sein, weltweit gleiche Wettbewerbsbedingungen zu schaffen, wobei die Union eine führende Rolle übernehmen sollte, indem sie sich dafür einsetzt, dass möglichst viele Informationen über grenzüberschreitende Vorbescheide und Vorabverständigungen über die Verrechnungspreisgestaltung automatisch ausgetauscht werden müssen.

(14) Die Mitgliedstaaten sollten Basisinformationen austauschen, und eine begrenzte Zahl von Basisinformationen sollte auch der Kommission übermittelt werden. Dies sollte es der Kommission ermöglichen, die effektive Anwendung des verpflichtenden automatischen Informationsaustauschs über grenzüberschreitende Vorbescheide und Vorabverständigungen über die Verrechnungspreisgestaltung jederzeit zu verfolgen und zu bewerten. Die Kommission sollte die übermittelten Angaben jedoch nicht für andere Zwecke verwenden. Eine solche Informationsübermittlung würde einen Mitgliedstaat jedoch nicht von seiner Verpflichtung entbinden, etwaige staatliche Beihilfen bei der Kommission anzumelden.

(15) Rückmeldungen des Mitgliedstaats, der die Informationen erhält, an den die Informationen übermittelnden Mitgliedstaat sind eine unverzichtbare Voraussetzung für ein effektives System des automatischen Informationsaustauschs. Daher ist es angebracht zu betonen, dass die zuständigen Behörden der Mitgliedstaaten den anderen betroffenen Mitgliedstaaten einmal jährlich eine Rückmeldung zum automatischen Informationsaustausch übermitteln sollten. In der Praxis sollten diese obligatorischen Rückmeldungen nach bilateral vereinbarten praktischen Regelungen erfolgen.

(16) Falls erforderlich sollte sich ein Mitgliedstaat im Anschluss an den verpflichtenden automatischen Informationsaustausch nach der vorliegenden Richtlinie auf Artikel 5 der

Richtlinie 2011/16/EU im Hinblick auf den Informationsaustausch auf Ersuchen berufen können, um zusätzliche Informationen, einschließlich des vollständigen Wortlauts von grenzüberschreitenden Vorbescheiden oder Vorabverständigungen über die Verrechnungspreisgestaltung, von dem Mitgliedstaat, der solche Bescheide erlassen oder solche Vereinbarungen getroffen hat, zu erlangen.

(17) Es sollte darauf hingewiesen werden, dass Artikel 21 Absatz 4 der Richtlinie 2011/16/EU die sprach- und übersetzungsbezogenen Anforderungen an Ersuchen um Zusammenarbeit, einschließlich Zustellungsersuchen, und beigefügte Schriftstücke festlegt. Diese Bestimmung sollte auch in Fällen anwendbar sein, in denen die Mitgliedstaaten im Anschluss an die Phase des verpflichten den automatischen Informationsaustauschs über grenzüberschreitende Vorbescheide und Vorabverständigungen über die Verrechnungspreisgestaltung zusätzliche Informationen anfordern.

(18) Die Mitgliedstaaten sollten alle angemessenen Maßnahmen treffen, die erforderlich sind, um etwaige Hindernisse zu beseitigen, die einem effektiven und möglichst umfassenden verpflichtenden automatischen Informationsaustausch über grenzüberschreitende Vorbescheide und Vorabverständigungen über die Verrechnungspreisgestaltung entgegenstehen könnten.

(19) Um einen effizienteren Ressourceneinsatz zu gewährleisten, den Informationsaustausch zu erleichtern und zu vermeiden, dass alle Mitgliedstaaten ähnliche Änderungen an ihren Systemen zur Speicherung von Informationen vornehmen müssen, sollte eine spezifische Bestimmung zur Einrichtung eines Zentralverzeichnisses vorgesehen werden, das für alle Mitgliedstaaten und die Kommission zugänglich ist und in das die Mitgliedstaaten ihre Informationen zwecks Abspeicherung hochladen würden, anstatt diese Informationen über ein gesichertes E-Mail-System untereinander auszutauschen. Die für die Einrichtung eines solchen Verzeichnisses erforderlichen praktischen Regelungen sollten von der Kommission nach dem in Artikel 26 Absatz 2 der Richtlinie 2011/16/EU genannten Verfahren erlassen werden.

(20) In Anbetracht der Art und des Umfangs der mit der Richtlinie 2014/107/EU des Rates[1] und der vorliegenden Richtlinie eingeführten Änderungen sollte der in der Richtlinie 2011/16/EU vorgesehene zeitliche Rahmen für die Vorlage von Informationen, Statistiken und Berichten ausgeweitet werden. Eine solche Ausweitung sollte gewährleisten, dass die bereitzustellenden Informationen die aufgrund der Änderungen gewonnenen Erfahrungen widerspiegeln können. Sie sollte sowohl für die Statistiken und andere von den Mitgliedstaaten vor dem 1. Januar 2018 zu übermittelnde Informationen als auch für den Bericht — und gegebenenfalls den Vorschlag — gelten, den die Kommission vor dem 1. Januar 2019 vorzulegen hat.

(21) Die bestehenden Bestimmungen zur Vertraulichkeit sollten geändert werden, um der Ausweitung des verpflichtenden automatischen Informationsaustauschs auf grenzüberschreitende Vorbescheide und Vorabverständigungen über die Verrechnungspreisgestaltung Rechnung zu tragen.

---

[1] Richtlinie 2014/107/EU des Rates vom 9. Dezember 2014 zur Änderung der Richtlinie 2011/16/EU bezüglich der Verpflichtung zum automatischen Austausch von Informationen im Bereich der Besteuerung (ABl. L 359 vom 16.12.2014, S. 1).

(22) Diese Richtlinie steht im Einklang mit den Grundrechten und Grundsätzen, die insbesondere mit der Charta der Grundrechte der Europäischen Union anerkannt wurden. Insbesondere zielt diese Richtlinie darauf ab, die uneingeschränkte Wahrung des Rechts auf Schutz personenbezogener Daten und der unternehmerischen Freiheit sicherzustellen.

(23) Da das Ziel dieser Richtlinie, nämlich eine effiziente Verwaltungszusammenarbeit zwischen den Mitgliedstaaten unter Bedingungen, die mit dem reibungslosen Funktionieren des Binnenmarkts vereinbar sind, von den Mitgliedstaaten nicht ausreichend verwirklicht werden kann, sondern vielmehr wegen der erforderlichen Einheitlichkeit und Wirksamkeit auf Unionsebene besser zu verwirklichen ist, kann die Union im Einklang mit dem in Artikel 5 des Vertrags über die Europäische Union verankerten Subsidiaritätsprinzip tätig werden. Entsprechend dem in demselben Artikel genannten Grundsatz der Verhältnismäßigkeit geht diese Richtlinie nicht über das für die Verwirklichung dieses Ziels erforderliche Maß hinaus.

(24) Die Richtlinie 2011/16/EU sollte daher entsprechend geändert werden —

HAT FOLGENDE RICHTLINIE ERLASSEN:

Artikel 1

Die Richtlinie 2011/16/EU wird wie folgt geändert:

a) Artikel 3 wird wie folgt geändert:

  a) Nummer 9 erhält folgende Fassung:

  „9. ‚automatischer Austausch'

    a) für die Zwecke des Artikels 8 Absatz 1 und des Artikels 8a die systematische Übermittlung zuvor festgelegter Informationen an einen anderen Mitgliedstaat ohne dessen vorheriges Ersuchen in regelmäßigen, im Voraus bestimmten Abständen. Für die Zwecke des Artikels 8 Absatz 1 sind verfügbare Informationen solche Informationen, die in den Steuerakten des die Informationen übermittelnden Mitgliedstaats enthalten sind und die im Einklang mit den Verfahren für die Erhebung und Verarbeitung von Informationen des betreffenden Mitgliedstaats abgerufen werden können;

    b) für die Zwecke des Artikels 8 Absatz 3a die systematische Übermittlung zuvor festgelegter Informationen über in anderen Mitgliedstaaten ansässige Personen an den jeweiligen Ansässigkeitsmitgliedstaat ohne dessen vorheriges Ersuchen in regelmäßigen, im Voraus bestimmten Abständen. Im Zusammenhang mit Artikel 8 Absatz 3a, Artikel 8 Absatz 7a, Artikel 21 Absatz 2 und Artikel 25 Absätze 2 und 3 hat jeder großgeschriebene Begriff die Bedeutung, die er gemäß der entsprechenden Definition in Anhang I hat;

    c) für die Zwecke aller Bestimmungen dieser Richtlinie mit Ausnahme von Artikel 8 Absatz 1, Artikel 8 Absatz 3a und Artikel 8a die systematische Übermittlung zuvor festgelegter Informationen gemäß den Buchstaben a und b;".

  b) Folgende Nummern werden hinzugefügt:

  „14. ‚grenzüberschreitender Vorbescheid' eine Vereinbarung, eine Mitteilung oder ein anderes Instrument oder eine andere Maßnahme mit ähnlicher Wirkung, auch wenn sie bzw. es im Zuge einer Steuerprüfung erteilt bzw. getroffen, geändert oder erneuert wird, sofern sie bzw. es die folgenden Voraussetzungen erfüllt:

a) Sie bzw. es wird von bzw. im Namen der Regierung oder der Steuerbehörde eines Mitgliedstaats oder einer gebiets- oder verwaltungsmäßigen Gliederungseinheit eines Mitgliedstaats, einschließlich der lokalen Behörden, erteilt, geändert oder erneuert, unabhängig davon, ob sie bzw. es tatsächlich verwendet wird,

b) sie bzw. es wird für eine bestimmte Person oder eine Gruppe von Personen erteilt, geändert oder erneuert, und diese Person oder Gruppe von Personen kann sich darauf berufen,

c) sie bzw. es betrifft die Auslegung oder Anwendung einer Rechts- oder Verwaltungsvorschrift zur Handhabung oder Durchsetzung der Steuergesetze eines Mitgliedstaats oder seiner gebiets- oder verwaltungsmäßigen Gliederungseinheiten, einschließlich der lokalen Behörden,

d) sie bzw. es bezieht sich auf eine grenzüberschreitende Transaktion oder auf die Frage, ob durch die Tätigkeiten, denen eine Person in einem anderen Rechtsraum nachgeht, eine Betriebsstätte gegründet wird oder nicht, und

e) sie bzw. es wird vor den Transaktionen oder den Tätigkeiten in dem anderen Rechtsraum, die möglicherweise als Gründung einer Betriebsstätte zu betrachten sind, oder vor Abgabe der Steuererklärung für den Zeitraum, in dem die Transaktion bzw. die Transaktionen oder Tätigkeiten erfolgten, erteilt.

Die grenzüberschreitende Transaktion kann unter anderem Investitionen, die Bereitstellung von Waren, Dienstleistungen oder Kapital oder den Einsatz materieller oder immaterieller Güter umfassen, wobei der Empfänger des grenzüberschreitenden Vorbescheids nicht unmittelbar beteiligt sein muss;

15. ‚Vorabverständigung über die Verrechnungspreisgestaltung' eine Vereinbarung, eine Mitteilung oder ein anderes Instrument oder eine andere Maßnahme mit ähnlicher Wirkung — auch wenn sie bzw. es im Zuge einer Steuerprüfung getroffen, geändert oder erneuert wird —, sofern sie bzw. es die folgenden Voraussetzungen erfüllt:

a) Sie bzw. es wird von bzw. im Namen der Regierung oder der Steuerbehörde eines oder mehrerer Mitgliedstaaten oder seiner bzw. ihrer gebiets- oder verwaltungsmäßigen Gliederungseinheiten, einschließlich der lokalen Behörden, getroffen, geändert oder erneuert, unabhängig davon, ob sie tatsächlich verwendet wird oder nicht,

b) sie bzw. es wird für eine bestimmte Person oder eine Gruppe von Personen getroffen, geändert oder erneuert, und diese Person oder Gruppe von Personen kann sich darauf berufen, und

c) sie bzw. es legt im Vorfeld grenzüberschreitender Transaktionen zwischen verbundenen Unternehmen geeignete Kriterien zur Bestimmung der Verrechnungspreise für die betreffenden Transaktionen fest oder regelt die Zuweisung von Gewinnen an eine Betriebsstätte.

Es handelt sich um verbundene Unternehmen, wenn ein Unternehmen unmittelbar oder mittelbar an der Geschäftsleitung, der Kontrolle oder dem Kapital eines anderen Unternehmens beteiligt ist oder wenn ein und dieselben Personen unmittelbar oder mittelbar an der Geschäftsleitung, der Kontrolle oder dem Kapital beider Unternehmen beteiligt sind.

Verrechnungspreise sind Preise, zu denen ein Unternehmen materielle oder immaterielle Güter auf verbundene Unternehmen überträgt oder Dienstleistungen für ein verbundenes Unternehmen erbringt;

16. ‚grenzüberschreitende Transaktion' für die Zwecke der Nummer 14 eine Transaktion oder Reihe von Transaktionen, bei der

a) nicht alle an der Transaktion oder Reihe von Transaktionen beteiligten Parteien in dem den grenzüberschreitenden Vorbescheid erteilenden, ändernden oder erneuernden Mitgliedstaat steuerlich ansässig sind,

b) eine der an der Transaktion oder Reihe von Transaktionen beteiligten Parteien gleichzeitig in mehreren Rechtsräumen steuerlich ansässig ist,

c) eine der an der Transaktion oder Reihe von Transaktionen beteiligten Parteien über eine Betriebsstätte Geschäftstätigkeiten in einem anderen Rechtsraum nachgeht und die Transaktion oder Reihe von Transaktionen Teil der Geschäftstätigkeiten der Betriebsstätte ist oder deren gesamte Geschäftstätigkeiten ausmachen. Bei einer grenzüberschreitenden Transaktion oder Reihe von grenzüberschreitenden Transaktionen kann es sich auch um Vorkehrungen handeln, die von einer Person in Bezug auf Geschäftstätigkeiten in einem anderen Rechtsraum getroffen werden, denen sie über eine Betriebsstätte nachgeht, oder

d) es sich um eine Transaktion oder Reihe von Transaktionen handelt, die grenzübergreifende Auswirkungen haben.

Für die Zwecke der Nummer 15 bezeichnet der Ausdruck ‚grenzüberschreitende Transaktion' eine Transaktion oder Reihe von Transaktionen, an denen verbundene Unternehmen beteiligt sind, die nicht alle im Gebiet ein und desselben Rechtsraums steuerlich ansässig sind, oder bei denen eine Transaktion oder Reihe von Transaktionen grenzübergreifende Auswirkungen haben.

17. Für die Zwecke der Nummern 15 und 16 bezeichnet ‚Unternehmen' jede Form von Geschäftstätigkeit."

2. In Artikel 8 werden die Absätze 4 und 5 gestrichen.

3. Die folgenden Artikel werden eingefügt:

„Artikel 8a

Umfang und Voraussetzungen des verpflichtenden automatischen Informationsaustauschs über grenzüberschreitende Vorbescheide und Vorabverständigungen über die Verrechnungspreisgestaltung

(1) Die zuständige Behörde eines Mitgliedstaats, in dem nach dem 31. Dezember 2016 ein grenzüberschreitender Vorbescheid oder eine Vorabverständigung über die Verrechnungspreisgestaltung erteilt bzw. getroffen, geändert oder erneuert wurde, übermittelt im Wege des automatischen Austauschs den zuständigen Behörden aller anderen Mitgliedstaaten sowie der Europäischen Kommission die Informationen darüber, mit der Einschränkung, die für die Fälle nach Absatz 8 dieses Artikels gemäß den geltenden nach Artikel 21 angenommenen praktischen Regelungen gilt.

(2) Ferner übermittelt die zuständige Behörde eines Mitgliedstaats den zuständigen Behörden aller anderen Mitgliedstaaten sowie der Europäischen Kommission, unter Berücksichtigung der Einschränkung nach Absatz 8 dieses Artikels, gemäß den geltenden nach Artikel 21 angenommenen praktischen Regelungen Informationen über grenzüberschreitende Vorbescheide und Vorabverständigungen über die Verrechnungspreisgestaltung, die innerhalb eines Zeitraums von fünf Jahren vor dem 1. Januar 2017 erteilt bzw. getroffen, geändert oder erneuert wurden.

Falls diese grenzüberschreitenden Vorbescheide und Vorabverständigungen über die Verrechnungspreisgestaltung in der Zeit zwischen dem 1. Januar 2012 und dem 31. Dezember 2013 erteilt bzw. getroffen, geändert oder erneuert wurden, erfolgt diese Informationsübermittlung unter der Voraussetzung, dass sie am 1. Januar 2014 noch gültig waren.

Falls diese grenzüberschreitenden Vorbescheide und Vorabverständigungen über die Verrechnungspreisgestaltung in der Zeit zwischen dem 1. Januar 2014 und dem 31. Dezember 2016 erteilt bzw. getroffen, geändert oder erneuert wurden, erfolgt diese Informationsübermittlung unabhängig davon, ob sie noch gültig sind oder nicht.

Die Mitgliedstaaten können Informationen über grenzüberschreitende Vorbescheide und Vorabverständigungen über die Verrechnungspreisgestaltung, die vor dem 1. April 2016 für eine bestimmte Person oder für eine Gruppe von Personen erteilt bzw. getroffen, geändert oder erneuert wurden, ausgenommen diejenigen, die hauptsächlich Finanz- und Investitionstätigkeiten ausüben, mit einem — im Sinne von Artikel 2 Absatz 5 der Richtlinie 2013/34/EU des Europäischen Parlaments und des Rates (6) — gruppenweiten Jahresnettoumsatzerlös von weniger als 40 000 000 EUR (oder dem entsprechenden Betrag in einer anderen Währung) in dem Geschäftsjahr, das vor dem Zeitpunkt liegt, zu dem der grenzüberschreitende Vorbescheid bzw. die Vorabverständigung über die Verrechnungspreisgestaltung erteilt bzw. getroffen, geändert oder erneuert wird, von der in diesem Absatz genannten Übermittlung ausnehmen.

(3) Bilaterale oder multilaterale Vorabverständigungen über die Verrechnungspreisgestaltung

mit Drittländern werden vom Geltungsbereich des automatischen Informationsaustausch gemäß diesem Artikel ausgenommen, sofern das internationale Steuerabkommen, in dessen Rahmen die Vorabverständigung über die Verrechnungspreisgestaltung ausgehandelt wurde, eine Weitergabe an Dritte nicht erlaubt. Solche bilateralen oder multilateralen Vorabverständigungen über die Verrechnungspreisgestaltung werden gemäß Artikel 9 ausgetauscht, sofern das internationale Steuerabkommen, in dessen Rahmen die Vorabverständigung über die Verrechnungspreisgestaltung ausgehandelt wurde, eine Weitergabe erlaubt und die zuständige Behörde des Drittlandes die Weitergabe der Informationen genehmigt.

Sollten die bilateralen oder multilateralen Vorabverständigungen über die Verrechnungspreisgestaltung jedoch vom automatischen Informationsaustausch gemäß Unterabsatz 1 Satz 1 dieses Absatzes ausgenommen sein, so werden stattdessen die Informationen nach Absatz 6 dieses Artikels, die in dem Ersuchen, das zum Treffen einer solchen bilateralen oder multilateralen Vorabverständigung über die Verrechnungspreisgestaltung geführt hat, aufgeführt sind, gemäß den Absätzen 1 und 2 dieses Artikels ausgetauscht.

(4) Die Absätze 1 und 2 gelten nicht in Fällen, in denen ein grenzüberschreitender Vorbescheid ausschließlich die Steuerangelegenheiten einer oder mehrerer natürlicher Personen betrifft.

(5) Der Informationsaustausch erfolgt

a) Sie bzw. es wird von bzw. im Namen der Regierung oder der Steuerbehörde eines oder mehrerer Mitgliedstaaten oder seiner bzw. ihrer gebiets- oder verwaltungsmäßigen Gliederungseinheiten, einschließlich der lokalen Behörden, getroffen, geändert oder erneuert, unabhängig davon, ob sie tatsächlich verwendet wird oder nicht,

b) in Bezug auf die gemäß Absatz 2 ausgetauschten Informationen vor dem 1. Januar 2018.

(6) Die von einem Mitgliedstaat gemäß den Absätzen 1 und 2 dieses Artikels zu übermittelnden Informationen müssen Folgendes enthalten:

a) Angaben zu der Person — mit Ausnahme von natürlichen Personen — und gegebenenfalls zu der Gruppe von Personen, der sie angehört;

b) eine Zusammenfassung des Inhalts des grenzüberschreitenden Vorbescheids bzw. der Vorabverständigung über die Verrechnungspreisgestaltung, einschließlich einer abstrakt gehaltenen Beschreibung der relevanten Geschäftstätigkeiten oder Transaktionen, die nicht zur Preisgabe eines Handels-, Gewerbe- oder Berufsgeheimnisses oder eines Geschäftsverfahrens oder zur Preisgabe von Informationen führt, die die öffentliche Ordnung verletzen würde;

c) das jeweilige Datum der Erteilung bzw. des Treffens, der Änderung oder der Erneuerung des grenzüberschreitenden Vorbescheids bzw. der Vorabverständigung über die Verrechnungspreisgestaltung;

d) den Tag des Beginns der Geltungsdauer des grenzüberschreitenden Vorbescheids bzw. der Vorabverständigung über die Verrechnungspreisgestaltung, falls angegeben;

e) den Tag des Ablaufs der Geltungsdauer des grenzüberschreitenden Vorbescheids bzw. der Vorabverständigung über die Verrechnungspreisgestaltung, falls angegeben;

f) die Art des grenzüberschreitenden Vorbescheids bzw. der Vorabverständigung über die Verrechnungspreisgestaltung;

g) den Betrag der Transaktion oder Reihe von Transaktionen des grenzüberschreitenden Vorbescheids bzw. der Vorabverständigung über die Verrechnungspreisgestaltung, sofern dieser Betrag im grenzüberschreitenden Vorbescheid bzw. in der Vorabverständigung über die Verrechnungspreisgestaltung angegeben ist;

h) im Falle einer Vorabverständigung über die Verrechnungspreisgestaltung eine Beschreibung der bei der Festlegung der Verrechnungspreise zugrunde gelegten Kriterien oder den Verrechnungspreis;

i) im Falle einer Vorabverständigung über die Verrechnungspreisgestaltung Angaben zu dem der Festlegung der Verrechnungspreise zugrunde gelegten Verfahren oder den Verrechnungspreis;

j) gegebenenfalls Angaben zu den anderen Mitgliedstaaten, die wahrscheinlich von dem grenzüberschreitenden Vorbescheid oder der Vorabverständigung über die Verrechnungspreisgestaltung betroffen sind;

k) gegebenenfalls Identifizierungsangaben zu allen Personen — mit Ausnahme von natürlichen Personen — in den anderen Mitgliedstaaten, die wahrscheinlich von dem grenzüberschreitenden Vorbescheid oder der Vorabverständigung über die Verrechnungspreisgestaltung betroffen sind (sowie Angaben dazu, zu welchen Mitgliedstaaten die betreffenden Personen in Beziehung stehen), und

l) Angaben dazu, ob die übermittelten Informationen auf dem grenzüberschreitenden Vorbescheid bzw. der Vorabverständigung über die Verrechnungspreisgestaltung selbst beruhen oder auf einem Ersuchen gemäß Absatz 3 Unterabsatz 2 dieses Artikels.

(7) Zur Erleichterung des Austauschs der in Absatz 6 dieses Artikels genannten Informationen nimmt die Kommission die zur Umsetzung dieses Artikels erforderlichen praktischen Regelungen an; hierzu zählen auch Maßnahmen zur standardisierten Übermittlung der in Absatz 6 dieses Artikels genannten Informationen als Teil des Verfahrens zur Festlegung des gemäß Artikel 20 Absatz 5 vorgesehenen Standardformblatts.

(8) Die Informationen nach Absatz 6 Buchstaben a, b, h und k dieses Artikels werden der Europäischen Kommission nicht übermittelt.

(9) Die zuständigen Behörden der betroffenen Mitgliedstaaten nach Absatz 6 Buchstabe j bestätigen der zuständigen Behörde, die die Informationen übermittelt hat, unverzüglich — spätestens jedoch innerhalb von sieben Arbeitstagen — und möglichst auf elektronischem Wege den Erhalt der Informationen. Diese Maßnahme gilt, bis das in Artikel 21 Absatz 5 genannte Verzeichnis einsatzbereit ist.

(10) Die Mitgliedstaaten können gemäß Artikel 5 und unter Berücksichtigung des Artikels 21 Absatz 4 um Übermittlung zusätzlicher Informationen, einschließlich des vollständigen Wortlauts des grenzüberschreitenden Vorbescheids oder der Vorabverständigung über die Verrechnungspreisgestaltung, ersuchen.

Artikel 8b

Statistiken zum automatischen Informationsaustausch

(1) Vor dem 1. Januar 2018 unterbreiten die Mitgliedstaaten der Kommission jährlich Statistiken zum Umfang des automatischen Informationsaustauschs gemäß den Artikeln 8 und 8a und soweit möglich Angaben zu den administrativen und anderen einschlägigen Kosten und Nutzen des erfolgten Austauschs und zu allen möglichen Änderungen, sowohl für die Steuerverwaltungen als auch für Dritte.

(2) Vor dem 1. Januar 2019 legt die Kommission einen Bericht vor, der einen Überblick sowie eine Bewertung bezüglich der gemäß Absatz 1 dieses Artikels erhaltenen Statistiken und Informationen betreffend Fragen wie administrative und andere einschlägige Kosten und Nutzen des automatischen Austauschs von Informationen sowie die damit verbundenen praktischen Aspekte enthält. Die Kommission unterbreitet dem Rat gegebenenfalls einen Vorschlag zu den in Artikel 8 Absatz 1 festgelegten Arten von Einkünften und Vermögen sowie Voraussetzungen, einschließlich der Voraussetzung, dass Informationen über in anderen Mitgliedstaaten ansässige Personen verfügbar sein müssen, oder zu den in Artikel 8 Absatz 3a genannten Angaben oder zu beidem. Bei der Prüfung eines von der Kommission vorgelegten Vorschlags bewertet der Rat, ob die Effizienz und das Funktionieren des automatischen Aus-

tauschs von Informationen weiter zu verbessern und die entsprechenden Anforderungen zu erhöhen sind, um dafür zu sorgen, dass

a) die zuständige Behörde jedes Mitgliedstaats im Wege des automatischen Austauschs der zuständigen Behörde jedes anderen Mitgliedstaats Informationen in Bezug auf Besteuerungszeiträume ab 1. Januar 2019 übermittelt, die in jenem anderen Mitgliedstaat ansässige Personen in Bezug auf alle der in Artikel 8 Absatz 1 aufgeführten Arten von Einkünften und Vermögen, wie sie jeweils im Sinne des nationalen Rechts des die Informationen übermittelnden Mitgliedstaats zu verstehen sind, betreffen, und

b) die Liste der Arten von Einkünften und Vermögen sowie der Angaben in Artikel 8 Absätze 1 und 3a um andere Arten von Einkünften und Vermögen sowie Angaben, einschließlich Lizenzgebühren, erweitert wird.

(6) Richtlinie 2013/34/EU des Europäischen Parlaments und des Rates vom 26. Juni 2013 über den Jahresabschluss, den konsolidierten Abschluss und damit verbundene Berichte von Unternehmen bestimmter Rechtsformen und zur Änderung der Richtlinie 2006/43/EG des Europäischen Parlaments und des Rates und zur Aufhebung der Richtlinien 78/660/EWG und 83/349/EWG des Rates Text von Bedeutung für den EWR (ABl. L 182 vom 29.6.2013, S. 19).“"

4. Dem Artikel 20 wird folgender Absatz angefügt:

„(5) Vor dem 1. Januar 2017 nimmt die Kommission nach dem in Artikel 26 Absatz 2 genannten Verfahren ein Standardformblatt einschließlich der Sprachenregelung an. Der automatische Austausch von Informationen über grenzüberschreitende Vorbescheide und Vorabverständigungen über die Verrechnungspreisgestaltung gemäß Artikel 8a erfolgt unter Verwendung dieses Standardformblatts. Dieses Standardformblatt darf nicht über die in Artikel 8a Absatz 6 aufgelisteten Elemente des Informationsaustauschs und andere mit diesen Elementen zusammenhängende Felder hinausgehen, die zur Erreichung der in Artikel 8a genannten Ziele erforderlich sind.

Die in Unterabsatz 1 genannte Sprachenregelung hindert die Mitgliedstaaten nicht daran, die Informationen nach Artikel 8a in einer beliebigen Amts- und Arbeitssprache der Union zu übermitteln. In dieser Sprachenregelung kann jedoch vorgesehen werden, dass die Schlüsselelemente dieser Informationen auch in einer anderen Amts- und Arbeitssprache der Union übermittelt werden.“

5. Artikel 21 wird wie folgt geändert:

a) Absatz 3 erhält folgende Fassung:

„(3) Personen, die von der Akkreditierungsstelle der Kommission für IT-Sicherheit ordnungsgemäß akkreditiert wurden, haben nur in dem Umfang Zugang zu diesen Informationen, wie es für die Pflege, Wartung und Entwicklung des in Absatz 5 genannten Verzeichnisses und des CCNNetzes erforderlich ist.“

b) Folgender Absatz wird angefügt:

„(5) Die Kommission richtet bis zum 31. Dezember 2017 ein sicheres Zentralverzeichnis der Mitgliedstaaten über die Zusammenarbeit der Verwaltungsbehörden im Bereich der Besteuerung ein, in dem die gemäß Artikel 8a Absätze 1 und 2 zu übermittelnden Informationen erfasst werden können, um das Erfordernis des automatischen Austausch gemäß dieser Absätze zu erfüllen, und stellt die entsprechende technische und logistische Unterstützung bereit. Die zuständigen Behörden aller Mitgliedstaaten haben Zugang zu den in diesem Verzeichnis erfassten Informationen. Auch die Kommission hat Zugang zu den in diesem Verzeichnis erfassten Informationen, allerdings innerhalb der in Artikel 8a Absatz 8 festgelegen Grenzen. Die praktischen Regelungen werden von der Kommission nach dem in Artikel 26 Absatz 2 aufgeführten Verfahren festgelegt.

Bis dieses sichere Zentralverzeichnis funktionsfähig ist, erfolgt der in Artikel 8a Absätze 1 und 2 genannte automatische Informationsaustausch gemäß Absatz 1 dieses Artikels und gemäß den einschlägigen praktischen Regelungen."

6. Artikel 23 wird wie folgt geändert:

a) Absatz 3 erhält folgende Fassung:

„(3) Die Mitgliedstaaten übermitteln der Kommission eine jährliche Bewertung der Wirksamkeit des automatischen Informationsaustauschs gemäß den Artikeln 8 und 8a sowie einen Überblick über die erreichten praktischen Ergebnisse. Die Kommission legt die Form und die Bedingungen für die Übermittlung dieser jährlichen Bewertung nach dem in Artikel 26 Absatz 2 genannten Verfahren fest."

b) Die Absätze 5 und 6 werden gestrichen.

7. Folgender Artikel wird eingefügt:

„Artikel 23a

Vertraulichkeit der Informationen

(1) Die der Kommission gemäß dieser Richtlinie übermittelten Informationen sind von der Kommission im Einklang mit den für die Behörden der Union geltenden Bestimmungen vertraulich zu behandeln und dürfen nicht für andere Zwecke verwendet werden als für die Prüfung, ob und inwieweit die Mitgliedstaaten dieser Richtlinie nachkommen.

(2) Die der Kommission gemäß Artikel 23 von einem Mitgliedstaat übermittelten Informationen sowie etwaige Berichte oder Dokumente, die die Kommission unter Verwendung solcher Informationen erstellt hat, können an andere Mitgliedstaaten weitergegeben werden. Derartige weitergegebene Informationen unterliegen der Geheimhaltungspflicht und genießen den Schutz, den das nationale Recht des Mitgliedstaats, der sie erhalten hat, ähnlichen Informationen gewährt.

Die von der Kommission erstellten, in Unterabsatz 1 genannten Berichte und Dokumente dürfen von den Mitgliedstaaten nur zu analytischen Zwecken genutzt werden, und ohne ausdrückliche Zustimmung der Kommission weder veröffentlicht noch Dritten oder anderen Stellen zugänglich gemacht werden."

8. In Artikel 25 wird folgender Absatz 1a eingefügt:

„(1a) Jede Verarbeitung personenbezogener Daten durch die Organe und Einrichtungen der Union gemäß dieser Richtlinie unterliegt der Verordnung (EG) Nr. 45/2001. Für die Zwecke der korrekten Anwendung der vorliegenden Richtlinie wird der Anwendungsbereich der in Artikel 11, Artikel 12 Absatz 1 und den Artikeln 13 bis 17 der Verordnung (EG) Nr. 45/2001 genannten Rechte und Pflichten jedoch begrenzt, soweit dies notwendig ist, um die in Artikel 20 Absatz 1 Buchstabe b dieser Verordnung genannten Interessen zu schützen."

Artikel 2

(1) Die Mitgliedstaaten erlassen und veröffentlichen bis zum 31. Dezember 2016 die Rechts- und Verwaltungsvorschriften, die erforderlich sind, um dieser Richtlinie nachzukommen. Sie teilen der Kommission unverzüglich den Wortlaut dieser Maßnahmen mit.

Sie wenden diese Maßnahmen ab dem 1. Januar 2017 an.

Bei Erlass dieser Maßnahmen nehmen die Mitgliedstaaten in den Maßnahmen selbst oder durch einen Hinweis bei der amtlichen Veröffentlichung auf die vorliegende Richtlinie Bezug. Die Mitgliedstaaten regeln die Einzelheiten dieser Bezugnahme.

(2) Die Mitgliedstaaten teilen der Kommission den Wortlaut der wichtigsten nationalen Vorschriften mit, die sie auf dem unter diese Richtlinie fallenden Gebiet erlassen.

Artikel 3

Diese Richtlinie tritt am Tag ihrer Veröffentlichung im Amtsblatt der Europäischen Union in Kraft.

Artikel 4

Diese Richtlinie ist an die Mitgliedstaaten gerichtet.

Geschehen zu Brüssel am 8. Dezember 2015.

Im Namen des Rates

Der Präsident
P. GRAMEGNA

RICHTLINIEN

RICHTLINIE (EU) 2016/881 DES RATES

vom 25. Mai 2016

zur Änderung der Richtlinie 2011/16/EU bezüglich der Verpflichtung zum automatischen Austausch von Informationen im Bereich der Besteuerung

DER RAT DER EUROPÄISCHEN UNION —

gestützt auf den Vertrag über die Arbeitsweise der Europäischen Union, insbesondere auf die Artikel 113 und 115,

auf Vorschlag der Europäischen Kommission,

nach Zuleitung des Entwurfs des Gesetzgebungsakts an die nationalen Parlamente,

nach Stellungnahme des Europäischen Parlaments[1],

nach Stellungnahme des Europäischen Wirtschafts- und Sozialausschusses[2],

gemäß einem besonderen Gesetzgebungsverfahren, in Erwägung nachstehender Gründe:

(1) In den letzten Jahren haben sich Steuerbetrug und Steuerhinterziehung zu einer erheblichen Herausforderung entwickelt und sind in der Europäischen Union sowie weltweit in den Mittelpunkt des Interesses gerückt. Der automatische Informationsaustausch ist in dieser Hinsicht ein wichtiges Instrument: In ihrer Mitteilung vom 6. Dezember 2012, die einen Aktionsplan zur Verstärkung der Bekämpfung von Steuerbetrug und Steuerhinterziehung darlegt, hat die Kommission betont, dass der automatische Informationsaustausch als künftiger europäischer und internationaler Standard für Transparenz und Informationsaustausch in Steuerfragen nachdrücklich gefördert werden muss. Der Europäische Rat forderte in seinen Schlussfolgerungen vom 22. Mai 2013 eine Erweiterung des automatischen Informationsaustauschs sowohl auf Unionsebene als auch auf globaler Ebene, um Steuerbetrug, Steuerhinterziehung und aggressive Steuerplanung einzudämmen.

(2) Da multinationale Unternehmensgruppen in verschiedenen Ländern tätig sind, bietet sich ihnen die Möglichkeit der aggressiven Steuerplanung, die inländischen Unternehmen nicht zur Verfügung steht. In diesem Fall sind inländische Unternehmen — in der Regel kleine und mittlere Unternehmen (KMU) — unter Umständen besonders benachteiligt, da ihre Steuerbelastung höher ist als die der multinationalen Unternehmensgruppen. Auf der anderen Seite können allen Mitgliedstaaten Einnahmen entgehen, und es besteht die Gefahr, dass ein Wettbewerb um multinationale Unternehmensgruppen entsteht, die mit weiteren Steuervergünstigungen angelockt werden sollen.

(3) Die Steuerbehörden der Mitgliedstaaten benötigen umfassende und relevante Informationen über multinationale Unternehmensgruppen betreffend ihre Struktur, ihre Verrechnungspreispolitik und ihre internen Transaktionen sowohl innerhalb als auch außerhalb der Union. Diese Informationen ermöglichen es den Steuerbehörden, schädlichen Steuerpraktiken durch Änderungen der Rechtsvorschriften oder die Durchführung angemes-

---

[1] Stellungnahme des Europäischen Parlaments vom 12. Mai 2016 (noch nicht im Amtsblatt veröffentlicht).

[2] Stellungnahme des Europäischen Wirtschafts- und Sozialausschusses vom 28. April 2016 (noch nicht im Amtsblatt veröffentlicht).

sener Risikobewertungen und Steuerprüfungen zu begegnen und festzustellen, ob Unternehmen Praktiken angewendet haben, die zu einer künstlichen Verlagerung erheblicher Gewinnbeträge in Gebiete mit günstigerer Besteuerung führen.

(4) Eine erhöhte Transparenz gegenüber den Steuerbehörden könnte für multinationale Unternehmensgruppen einen Anreiz schaffen, bestimmte Praktiken aufzugeben und ihren gerechten Anteil am Steueraufkommen in dem Land zu entrichten, in dem die Gewinne erzielt werden. Die Erhöhung der Transparenz für multinationale Unternehmensgruppen ist daher ein wesentlicher Bestandteil der Bekämpfung von Gewinnverkürzung und Gewinnverlagerung.

(5) Die Entschließung des Rates und der im Rat vereinigten Vertreter der Regierungen der Mitgliedstaaten zu einem Verhaltenskodex zur Verrechnungspreisdokumentation für verbundene Unternehmen in der Europäischen Union (EU TPD)[1] gibt den multinationalen Unternehmensgruppen in der Union ein Verfahren an die Hand, mit dem sie den Steuerbehörden Informationen über ihre weltweiten Geschäfte und ihre Verrechnungspreispolitik (im Folgenden „Master File") sowie über die konkreten Transaktionen der inländischen Geschäftseinheit (im Folgenden „Local File") zur Verfügung stellen können. Der EU TPD sieht jedoch derzeit keinen Mechanismus für die Bereitstellung eines länderbezogenen Berichts vor.

(6) Im länderbezogenen Bericht sollten multinationale Unternehmensgruppen jährlich und für alle Steuerhoheitsgebiete, in denen sie einer Geschäftstätigkeit nachgehen, die Höhe ihrer Erträge, ihrer Vorsteuergewinne sowie ihrer bereits gezahlten und noch zu zahlenden Ertragsteuern angeben. Außerdem sollten sie Angaben zur Zahl ihrer Beschäftigten, ihrem ausgewiesenen Kapital, ihren einbehaltenen Gewinnen und ihren materiellen Vermögenswerten in den einzelnen Steuerhoheitsgebieten machen. Schließlich sollten sie alle Geschäftseinheiten der Gruppe nennen, die in einem bestimmten Steuerhoheitsgebiet tätig sind, und Informationen zu den von den einzelnen Geschäftseinheiten ausgeübten Geschäftstätigkeiten liefern.

(7) Um eine effizientere Nutzung öffentlicher Mittel zu gewährleisten und den Verwaltungsaufwand für multinationale Unternehmensgruppen zu verringern, sollte die Berichterstattungspflicht nur für multinationale Unternehmensgruppen gelten, deren jährlicher konsolidierter Gesamtumsatz einen bestimmten Betrag überschreitet. Mit dieser Richtlinie sollte gewährleistet werden, dass in der gesamten Union die gleichen Informationen gesammelt und den Steuerverwaltungen zeitnah zur Verfügung gestellt werden.

(8) Um das ordnungsgemäße Funktionieren des Binnenmarkts zu gewährleisten, muss die Union für einen fairen Wettbewerb zwischen den multinationalen Unternehmensgruppen in der Union und den multinationalen Unternehmensgruppen aus Drittländern mit einer oder mehreren Geschäftseinheiten in der Union sorgen. Beide sollten daher der Berichterstattungspflicht unterliegen. Um einen reibungslosen Übergang zu gewährleisten, sollten die Mitgliedstaaten jedoch bei einer in einem Mitgliedstaat ansässigen Ge-

[1] Entschließung des Rates und der im Rat vereinigten Vertreter der Regierungen der Mitgliedstaaten vom 27. Juni 2006 zu einem Verhaltenskodex zur Verrechnungspreisdokumentation für verbundene Unternehmen in der Europäischen Union (EU TPD) (ABl. C 176 vom 28.7.2006, S. 1).

schäftseinheit, die weder die oberste Muttergesellschaft noch die vertretende Muttergesellschaft einer multinationalen Unternehmensgruppe ist, die Berichterstattungspflicht für ein Jahr aussetzen können.

(9) Die Mitgliedstaaten sollten für Verstöße gegen die aufgrund dieser Richtlinie erlassenen nationalen Vorschriften Sanktionen festlegen und dafür sorgen, dass diese Sanktionen angewendet werden. Die Wahl der Sanktionen bleibt zwar den Mitgliedstaaten überlassen, doch sollten die vorgesehenen Sanktionen wirksam, verhältnismäßig und abschreckend sein.

(10) Um das ordnungsgemäße Funktionieren des Binnenmarkts zu gewährleisten, muss sichergestellt werden, dass die Mitgliedstaaten aufeinander abgestimmte Vorschriften über die Transparenzpflichten multinationaler Unternehmensgruppen erlassen.

(11) Die Richtlinie 2011/16/EU des Rates[1] sieht in einigen Bereichen bereits einen verpflichtenden automatischen Informationsaustausch zwischen den Mitgliedstaaten vor.

(12) Der verpflichtende automatische Austausch länderbezogener Berichte zwischen den Mitgliedstaaten sollte in jedem Fall auch die Übermittlung bestimmter Basisinformationen umfassen, zu denen diejenigen Mitgliedstaaten Zugang hätten, in denen gemäß den im Bericht enthaltenen Informationen eine oder mehrere Geschäftseinheiten der multinationalen Unternehmensgruppe entweder steuerlich ansässig oder in Bezug auf die Geschäftstätigkeiten, denen sie über eine Betriebsstätte nachgehen, steuerpflichtig sind.

(13) Um die Kosten und den Verwaltungsaufwand sowohl für die Steuerverwaltungen als auch für die multinationalen Unternehmensgruppen so gering wie möglich zu halten, gilt es, Vorschriften festzulegen, die den internationalen Entwicklungen Rechnung tragen, und positiv zu ihrer Umsetzung beizutragen. Am 19. Juli 2013 hat die Organisation für wirtschaftliche Zusammenarbeit und Entwicklung (OECD) ihren Aktionsplan zur Bekämpfung der Gewinnverkürzung und Gewinnverlagerung (im Folgenden „BEPS-Aktionsplan") veröffentlicht, der eine wichtige Initiative zur Änderung der bestehenden internationalen Steuervorschriften darstellt. Am 5. Oktober 2015 hat die OECD ihre Abschlussberichte vorgelegt, die von den Finanzministern der G20 gebilligt wurden. Auf der Tagung vom 15. und 16. November 2015 wurde das Maßnahmenpaket der OECD auch von den Staats- und Regierungschefs der G20 gebilligt.

(14) Die Arbeiten zum Aktionspunkt 13 des BEPS-Aktionsplans führten zu einer Reihe von Standards für die Bereitstellung von Informationen über multinationale Unternehmensgruppen, wozu auch das Master File, das Local File und der länderbezogene Bericht zählen. Bei der Festlegung von Vorschriften für die länderbezogenen Berichte sollten daher auch die OECD-Standards berücksichtigt werden.

(15) Kann eine Geschäftseinheit nicht alle zur Erfüllung der Berichterstattungspflicht gemäß dieser Richtlinie erforderlichen Informationen erhalten oder einholen, könnten die Mitgliedstaaten dies als Hinweis betrachten, dass eine Beurteilung der hohen Risiken der Verrechnungspreisgestaltung und anderer Risiken der Gewinnverkürzung und Gewinn-

[1] Richtlinie 2011/16/EU des Rates vom 15. Februar 2011 über die Zusammenarbeit der Verwaltungsbehörden im Bereich der Besteuerung und zur Aufhebung der Richtlinie 77/799/EWG (ABl. L 64 vom 11.3.2011, S. 1).

verlagerung im Zusammenhang mit dieser multinationalen Unternehmensgruppe erforderlich ist.

(16) Wenn ein Mitgliedstaat feststellt, dass ein anderer Mitgliedstaat es über einen längeren Zeitraum hinweg versäumt hat, länderbezogene Berichte automatisch bereitzustellen, sollte er sich bemühen, den genannten Mitgliedstaat zu konsultieren.

(17) Insbesondere sollte bei Maßnahmen der Union im Bereich der länderbezogenen Berichterstattung auch weiterhin künftigen Entwicklungen auf OECD-Ebene Rechnung getragen werden. Bei der Umsetzung dieser Richtlinie sollten die Mitgliedstaaten als Referenz oder zur Auslegung der Richtlinie den von der OECD erstellten Abschlussbericht 2015 zu Aktionspunkt 13 des OECD/G20-Projekts „Gewinnverkürzung und Gewinnverlagerung" heranziehen, um eine einheitliche Anwendung in allen Mitgliedstaaten zu gewährleisten.

(18) Für den Informationsaustausch zwischen den Mitgliedstaaten über den länderbezogenen Bericht müssen die sprachlichen Anforderungen festgelegt werden. Außerdem müssen die notwendigen praktischen Vorkehrungen für die Modernisierung des Gemeinsamen Kommunikationsnetzes nach Artikel 3 Nummer 13 der Richtlinie 2011/16/EU (im Folgenden „CCN-Netz") getroffen werden. Zur Gewährleistung einheitlicher Bedingungen für die Durchführung von Artikel 20 Absatz 6 und Artikel 21 Absatz 6 der Richtlinie 2011/16/EU sollten der Kommission Durchführungsbefugnisse übertragen werden. Diese Befugnisse sollten im Einklang mit der Verordnung (EU) Nr. 182/2011 des Europäischen Parlaments und des Rates[1] ausgeübt werden.

(19) Um eine effizientere Nutzung von Ressourcen zu gewährleisten, den Informationsaustausch zu erleichtern und zu vermeiden, dass alle Mitgliedstaaten ähnliche Anpassungen ihrer Systeme vornehmen müssen, sollte der Informationsaustausch über das CCN-Netz erfolgen. Die für die Modernisierung des Systems erforderlichen praktischen Regelungen sollten von der Kommission nach dem in Artikel 26 Absatz 2 der Richtlinie 2011/16/EU genannten Verfahren erlassen werden.

(20) Der Umfang des verpflichtenden Informationsaustauschs sollte daher um den automatischen Austausch von Informationen über den länderbezogene Bericht erweitert werden.

(21) In den jährlichen Berichten der Mitgliedstaaten an die Kommission gemäß Artikel 23 der Richtlinie 2011/16/EU sollten der Umfang der Vorlage landesspezifischer Informationen gemäß Artikel 8aa und Anhang III Abschnitt II Nummer 1 jener Richtlinie im Einzelnen angegeben und eine Auflistung der Staaten vorgenommen werden, in denen die obersten Muttergesellschaften von Geschäftseinheiten mit Sitz in der Union ansässig sind, in denen aber keine vollständigen Berichte vorgelegt oder ausgetauscht wurden.

(22) Die gemäß dieser Richtlinie ausgetauschten Informationen führen nicht zur Preisgabe eines Handels-, Gewerbe- oder Berufsgeheimnisses oder eines Geschäftsverfahrens oder von Informationen, deren Preisgabe die öffentliche Ordnung verletzen würde.

[1] Verordnung (EU) Nr. 182/2011 des Europäischen Parlaments und des Rates vom 16. Februar 2011 zur Festlegung der allgemeinen Regeln und Grundsätze, nach denen die Mitgliedstaaten die Wahrnehmung der Durchführungsbefugnisse durch die Kommission kontrollieren (ABl. L 55 vom 28.2.2011, S. 13).

(23) Diese Richtlinie steht im Einklang mit den Grundrechten und Grundsätzen, die insbesondere mit der Charta der Grundrechte der Europäischen Union anerkannt wurden.

(24) Da das Ziel dieser Richtlinie, nämlich eine effiziente Zusammenarbeit der Verwaltungsbehörden der Mitgliedstaaten, unter Bedingungen, die mit dem ordnungsgemäßen Funktionieren des Binnenmarkts vereinbar sind, von den Mitgliedstaaten nicht ausreichend verwirklicht werden kann und daher wegen der erforderlichen Einheitlichkeit und Wirksamkeit auf Unionsebene besser zu verwirklichen ist, kann die Union im Einklang mit dem in Artikel 5 des Vertrags über die Europäische Union verankerten Subsidiaritätsprinzip tätig werden. Entsprechend dem in demselben Artikel genannten Grundsatz der Verhältnismäßigkeit geht diese Richtlinie nicht über das zur Verwirklichung dieses Ziels erforderliche Maß hinaus.

(25) Die Richtlinie 2011/16/EU sollte daher entsprechend geändert werden —

HAT FOLGENDE RICHTLINIE ERLASSEN:

Artikel 1

Die Richtlinie 2011/16/EU wird wie folgt geändert:

1. Artikel 3 Nummer 9 erhält folgende Fassung:

„9. ‚automatischer Austausch‘

a) für die Zwecke des Artikels 8 Absatz 1 und der Artikel 8a und 8aa die systematische Übermittlung zuvor festgelegter Informationen an einen anderen Mitgliedstaat ohne dessen vorheriges Ersuchen in regelmäßigen, im Voraus bestimmten Abständen. Für die Zwecke des Artikels 8 Absatz 1 sind verfügbare Informationen solche, die in den Steuerakten des die Informationen übermittelnden Mitgliedstaats enthalten sind und die im Einklang mit den Verfahren für die Erhebung und Verarbeitung von Informationen des betreffenden Mitgliedstaats abgerufen werden können;

b) für die Zwecke des Artikels 8 Absatz 3a die systematische Übermittlung zuvor festgelegter Informationen über in anderen Mitgliedstaaten ansässige Personen an den jeweiligen Ansässigkeitsmitgliedstaat ohne dessen vorheriges Ersuchen in regelmäßigen, im Voraus bestimmten Abständen;

c) für die Zwecke anderer Bestimmungen dieser Richtlinie als Artikel 8 Absatz 1, Artikel 8 Absatz 3a, Artikel 8a und Artikel 8aa die systematische Übermittlung zuvor festgelegter Informationen gemäß den Buchstaben a und b dieser Nummer.

Im Zusammenhang mit Artikel 8 Absatz 3a, Artikel 8 Absatz 7a, Artikel 21 Absatz 2 und Artikel 25 Absätze 2 und 3 hat jeder großgeschriebene Ausdruck die Bedeutung, die er gemäß der entsprechenden Definition in Anhang I hat. Im Zusammenhang mit Artikel 8aa und Anhang III hat jeder großgeschriebene Ausdruck die Bedeutung, die er gemäß den entsprechenden Definitionen in Anhang III hat;“

2. In Kapitel II Abschnitt II wird folgender Artikel eingefügt:

„*Artikel 8aa*

Umfang und Voraussetzungen des verpflichtenden automatischen Informationsaustauschs über den länderbezogenen Bericht

(1) Jeder Mitgliedstaat ergreift die erforderlichen Maßnahmen, um die in seinem Hoheitsgebiet steuerlich ansässige OBERSTE MUTTERGESELLSCHAFT einer MULTINATIONALEN UNTERNEHMENSGRUPPE oder einen anderen BERICHTENDEN RECHTSTRÄGER gemäß Anhang III Abschnitt II zu verpflichten, innerhalb von 12 Monaten nach dem letzten Tag des BERICHTSWIRTSCHAFTSJAHRS der MULTINATIONALEN UNTERNEHMENSGRUPPE gemäß Anhang III Abschnitt II einen länderbezogenen Bericht in Bezug auf sein BERICHTSWIRTSCHAFTSJAHR vorzulegen.

(2) Die zuständige Behörde des Mitgliedstaats, bei der der länderbezogene Bericht gemäß Absatz 1 eingegangen ist, übermittelt diesen länderbezogenen Bericht mittels automatischem Austausch und innerhalb der in Absatz 4 festgelegten Frist an jeden Mitgliedstaat, in dem gemäß den im Bericht enthaltenen Informationen eine oder mehrere GESCHÄFTSEINHEITEN der MULTINATIONALEN UNTERNEHMENSGRUPPE des BERICHTENDEN RECHTSTRÄGERS entweder steuerlich ansässig oder in Bezug auf die Geschäftstätigkeiten, denen sie über eine Betriebsstätte nachgehen, steuerpflichtig sind.

(3) Der länderbezogene Bericht enthält folgende Informationen über die MULTINATIONALE UNTERNEHMENSGRUPPE:

a) aggregierte Angaben zur Höhe der Erträge, der Vorsteuergewinne (-verluste), der bereits gezahlten Ertragsteuern, der noch zu zahlenden Ertragsteuern, des ausgewiesenen Kapitals, der einbehaltenen Gewinne sowie zur Beschäftigtenzahl und den materiellen Vermögenswerten ohne flüssige Mittel für alle Steuerhoheitsgebiete, in denen die MULTINATIONALE UNTERNEHMENSGRUPPE tätig ist;

b) Angaben zu allen GESCHÄFTSEINHEITEN der MULTINATIONALEN UNTERNEHMENSGRUPPE, wobei der Staat der steuerlichen Ansässigkeit dieser GESCHÄFTSEINHEIT aufzuführen ist und — sofern vom Staat der steuerlichen Ansässigkeit abweichend — der Staat, nach dessen Rechtsvorschriften diese GESCHÄFTSEINHEIT organisiert ist, sowie die Art der wichtigsten Geschäftstätigkeit oder Geschäftstätigkeiten dieser GESCHÄFTSEINHEIT.

(4) Die Übermittlung erfolgt innerhalb von 15 Monaten nach dem letzten Tag des WIRTSCHAFTSJAHRS der MULTINATIONALEN UNTERNEHMENSGRUPPE, auf das sich der länderbezogene Bericht bezieht. Der erste länderbezogene Bericht wird für das WIRTSCHAFTSJAHR der MULTINATIONALEN UNTERNEHMENSGRUPPE übermittelt, das am oder nach dem 1. Januar 2016 beginnt; die Übermittlung erfolgt innerhalb von 18 Monaten nach dem letzten Tag des betreffenden WIRTSCHAFTSJAHRS."

3. Artikel 16 wird folgender Absatz angefügt:

„(6)Ungeachtet der Absätze 1 bis 4 werden Informationen, die gemäß Artikel 8aa zwischen den Mitgliedstaaten übermittelt werden, für die Zwecke der allgemeinen Beurteilung der Risiken der Verrechnungspreisgestaltung und anderer Risiken im Zusammenhang mit Gewinnverkürzung und Gewinnverlagerung, einschließlich der Beurteilung des Risikos der Nichteinhaltung geltender Verrechnungspreisregelungen durch Mitglieder der MULTINATIONALEN UNTERNEHMENSGRUPPE, sowie gegebenenfalls für wirtschaftliche und statistische Analysen verwendet. Verrechnungspreisanpassungen durch die Steuerbehörden des Mitgliedstaats, der die Informationen erhält, dürfen nicht auf die gemäß Artikel 8aa ausgetauschten Informationen gestützt sein. Ungeachtet dessen ist es nicht untersagt, die gemäß Artikel 8aa zwischen den Mitgliedstaaten übermittelten Informationen als Grundlage für weitere Untersuchungen bezüglich der Verrechnungspreisvereinbarungen der MULTINATIONALEN UNTERNEHMENSGRUPPE oder bezüglich anderer Steuersachen im Zuge einer Steuerprüfung zu nutzen, und entsprechende Anpassungen des steuerpflichtigen Einkommens einer GESCHÄFTSEINHEIT können auf dieser Grundlage vorgenommen werden."

4. Artikel 20 wird folgender Absatz angefügt:

   „(6)Der automatische Informationsaustausch über den länderbezogenen Bericht gemäß Artikel 8aa erfolgt in standardisierter Form unter Verwendung der Tabellen 1, 2 und 3 in Anhang III Abschnitt III. Die Kommission erlässt bis zum 31. Dezember 2016 im Wege von Durchführungsrechtsakten die Sprachenregelung für diesen Austausch. Diese hindert die Mitgliedstaaten nicht daran, die Informationen nach Artikel 8aa in einer beliebigen Amts- und Arbeitssprache der Union zu übermitteln. In dieser Sprachenregelung kann jedoch vorgesehen werden, dass die Schlüsselelemente dieser Informationen auch in einer anderen Amtssprache der Union übermittelt werden. Diese Durchführungsrechtsakte werden gemäß dem in Artikel 26 Absatz 2 genannten Verfahren erlassen."

5. Artikel 21 wird folgender Absatz angefügt:

   „(6)Die Übermittlung der nach Artikel 8aa Absatz 2 vorgelegten Informationen erfolgt auf elektronischem Wege mithilfe des CCN-Netzes. Die Kommission erlässt im Wege von Durchführungsrechtsakten die erforderlichen praktischen Regelungen für die Modernisierung des CCN-Netzes. Diese Durchführungsrechtsakte werden gemäß dem in Artikel 26 Absatz 2 genannten Verfahren erlassen."

6. Artikel 23 Absatz 3 erhält folgende Fassung:

   „(3)Die Mitgliedstaaten übermitteln der Kommission eine jährliche Bewertung der Wirksamkeit des automatischen Informationsaustauschs gemäß den Artikeln 8, 8a und 8aa sowie einen Überblick über die erreichten praktischen Ergebnisse. Die Kommission legt im Wege von Durchführungsrechtsakten die Form und die Bedingungen für die Übermittlung dieser jährlichen Bewertung fest. Diese Durchführungsrechtsakte werden gemäß dem in Artikel 26 Absatz 2 genannten Verfahren erlassen."

7. Folgender Artikel wird eingefügt:

   „Artikel 25a

   Sanktionen

   Die Mitgliedstaaten legen für Verstöße gegen die gemäß dieser Richtlinie im Hinblick auf Artikel 8aa erlassenen nationalen Vorschriften Sanktionen fest und treffen die zu ihrer Anwendung erforderlichen Maßnahmen. Die Sanktionen müssen wirksam, verhältnismäßig und abschreckend sein."

8. Artikel 26 erhält folgende Fassung:

   „Artikel 26

Ausschussverfahren

(1) Die Kommission wird von dem Ausschuss für die Zusammenarbeit der Verwaltungsbehörden im Steuerbereich unterstützt. Dieser Ausschuss ist ein Ausschuss im Sinne der Verordnung (EU) Nr. 182/2011 des Europäischen Parlaments und des Rates[1].

(2) Wird auf diesen Absatz Bezug genommen, so gilt Artikel 5 der Verordnung (EU) Nr. 182/2011.

9. Anhang III, dessen Wortlaut im Anhang der vorliegenden Richtlinie wiedergegeben ist, wird angefügt.

Artikel 2

(1) Die Mitgliedstaaten erlassen und veröffentlichen bis zum 4. Juni 2017 die erforderlichen Rechts- und Verwaltungsvorschriften, um dieser Richtlinie nachzukommen. Sie teilen der Kommission unverzüglich den Wortlaut dieser Vorschriften mit.

Sie wenden diese Vorschriften ab dem 5. Juni 2017 an.

Bei Erlass dieser Vorschriften nehmen die Mitgliedstaaten in den Vorschriften selbst oder durch einen Hinweis bei der amtlichen Veröffentlichung auf diese Richtlinie Bezug. Die Mitgliedstaaten regeln die Einzelheiten dieser Bezugnahme.

(2) Die Mitgliedstaaten teilen der Kommission den Wortlaut der wichtigsten nationalen Vorschriften mit, die sie auf dem unter diese Richtlinie fallenden Gebiet erlassen.

Artikel 3

Diese Richtlinie tritt am Tag ihrer Veröffentlichung im *Amtsblatt der Europäischen Union* in Kraft.

Artikel 4

Diese Richtlinie ist an die Mitgliedstaaten gerichtet.

Geschehen zu Brüssel am 25. Mai 2016.

Im Namen des Rates
Der Präsident
J.R.V.A. DIJSSELBLOEM

[1] Verordnung (EU) Nr. 182/2011 des Europäischen Parlaments und des Rates vom 16. Februar 2011 zur Festlegung der allgemeinen Regeln und Grundsätze, nach denen die Mitgliedstaaten die Wahrnehmung der Durchführungsbefugnisse durch die Kommission kontrollieren (ABl. L 55 vom 28.2.2011, S. 13)."

ANHANG

„ANHANG III

BEREITSTELLUNGSVORSCHRIFTEN FÜR MULTINATIONALE UNTERNEHMENSGRUPPEN

ABSCHNITT I

BEGRIFFSBESTIMMUNGEN

1. Der Ausdruck „UNTERNEHMENSGRUPPE“ bezeichnet eine Gruppe von Unternehmen, die durch Eigentum oder Beherrschung verbunden sind, sodass sie entweder nach den geltenden Rechnungslegungsgrundsätzen zur Aufstellung eines KONSOLIDIERTEN ABSCHLUSSES für Rechnungslegungszwecke verpflichtet ist oder dazu verpflichtet wäre, wenn Eigenkapitalbeteiligungen an einem der Unternehmen an einer öffentlichen Wertpapierbörse gehandelt würden.
2. Der Ausdruck „UNTERNEHMEN“ bezeichnet jede Form von Geschäftstätigkeit, die von einer in Artikel 3 Nummer 11 Buchstaben b, c, und d genannten Person ausgeübt wird.
3. Der Ausdruck „MULTINATIONALE UNTERNEHMENSGRUPPE“ bezeichnet eine UNTERNEHMENSGRUPPE, die zwei oder mehr Unternehmen umfasst, deren steuerliche Ansässigkeit in unterschiedlichen Staaten liegt, oder ein Unternehmen, das in einem Staat steuerlich ansässig ist und in einem anderen Staat mit der durch eine Betriebsstätte ausgeübten Geschäftstätigkeit steuerpflichtig ist, und die keine FREIGESTELLTE MULTINATIONALE UNTERNEHMENSGRUPPE ist.
4. Der Ausdruck „FREIGESTELLTE MULTINATIONALE UNTERNEHMENSGRUPPE“ bezeichnet in Bezug auf ein WIRTSCHAFTSJAHR eine UNTERNEHMENSGRUPPE, deren konsolidierter Gesamtumsatz in dem WIRTSCHAFTSJAHR, das dem BERICHTSWIRTSCHAFTSJAHR unmittelbar voranging, gemäß ihrem KONSOLIDIERTEN ABSCHLUSS für dieses vorangegangene WIRTSCHAFTSJAHR weniger als 750 000 000 EUR oder weniger als ein Betrag in der Landeswährung, der etwa 750 000 000 EUR (Stand Januar 2015) entspricht, beträgt.
5. Der Ausdruck „GESCHÄFTSEINHEIT“ bezeichnet eine der folgenden Einheiten:
   a) einen eigenständigen Geschäftsbereich einer MULTINATIONALEN UNTERNEHMENSGRUPPE, der für Rechnungslegungszwecke in den KONSOLIDIERTEN ABSCHLUSS der MULTINATIONALEN UNTERNEHMENSGRUPPE einbezogen wird oder darin einbezogen würde, wenn Eigenkapitalbeteiligungen an diesem Geschäftsbereich einer MULTINATIONALEN UNTERNEHMENSGRUPPE an einer öffentlichen Wertpapierbörse gehandelt würden;
   b) einen eigenständigen Geschäftsbereich, der nur aufgrund seiner Größe oder aus Wesentlichkeitsgründen nicht in den KONSOLIDIERTEN ABSCHLUSS der MULTINATIONALEN UNTERNEHMENSGRUPPE einbezogen wird;
   c) eine Betriebsstätte eines unter Buchstabe a oder b fallenden eigenständigen Geschäftsbereichs einer MULTINATIONALEN UNTERNEHMENSGRUPPE, sofern der Geschäftsbereich für Rechnungslegungs-, Aufsichts-, Steuer- oder interne Steuerungszwecke einen Einzelabschluss für diese Betriebsstätte aufstellt.

6. Der Ausdruck „BERICHTENDER RECHTSTRÄGER“ bezeichnet die GESCHÄFTSEINHEIT, die verpflichtet ist, einen gemäß den Anforderungen des Artikels 8aa Absatz 3 erstellten länderbezogenen Bericht im Staat seiner steuerlichen Ansässigkeit im Namen der MULTINATIONALEN UNTERNEHMENSGRUPPE vorzulegen. Der BERICHTENDE RECHTSTRÄGER kann die OBERSTE MUTTERGESELLSCHAFT, die VERTRETENDE MUTTERGESELLSCHAFT oder ein anderer in Abschnitt II Nummer 1 genannter Rechtsträger sein.
7. Der Ausdruck „OBERSTE MUTTERGESELLSCHAFT“ bezeichnet eine GESCHÄFTSEINHEIT einer MULTINATIONALEN UNTERNEHMENSGRUPPE, die die folgenden Kriterien erfüllt:
   a) sie besitzt direkt oder indirekt ausreichende Anteile an einer oder mehreren GESCHÄFTSEINHEITEN einer solchen MULTINATIONALEN UNTERNEHMENSGRUPPE, sodass sie zur Aufstellung von KONSOLIDIERTEN ABSCHLÜSSEN nach den im Staat ihrer steuerlichen Ansässigkeit allgemein geltenden Rechnungslegungsgrundsätzen verpflichtet ist oder dazu verpflichtet wäre, wenn ihre Eigenkapitalbeteiligungen an einer öffentlichen Wertpapierbörse im Staat ihrer steuerlichen Ansässigkeit gehandelt würden;
   b) innerhalb der MULTINATIONALEN UNTERNEHMENSGRUPPE existiert keine andere GESCHÄFTSEINHEIT, die direkt oder indirekt Anteile im Sinne von Buchstabe a an der erstgenannten GESCHÄFTSEINHEIT besitzt.
8. Der Ausdruck „VERTRETENDE MUTTERGESELLSCHAFT“ bezeichnet eine GESCHÄFTSEINHEIT einer MULTINATIONALEN UNTERNEHMENSGRUPPE, die von dieser als alleinige Vertreterin der OBERSTEN MUTTERGESELLSCHAFT benannt wurde, um den länderbezogenen Bericht im Staat der steuerlichen Ansässigkeit dieser GESCHÄFTSEINHEIT im Namen der MULTINATIONALEN UNTERNEHMENSGRUPPE vorzulegen, sofern eine oder mehrere der in Abschnitt II Nummer 1 Absatz 1 Buchstabe b festgelegten Voraussetzungen zutreffen.
9. Der Ausdruck „WIRTSCHAFTSJAHR“ bezeichnet einen jährlichen Rechnungslegungszeitraum, für den die OBERSTE MUTTERGESELLSCHAFT der MULTINATIONALEN UNTERNEHMENSGRUPPE ihre Abschlüsse erstellt.
10. Der Ausdruck „BERICHTSWIRTSCHAFTSJAHR“ bezeichnet das WIRTSCHAFTSJAHR, dessen finanzielle und operative Ergebnisse gemäß Artikel 8aa Absatz 3 im länderbezogenen Bericht aufgeführt werden.
11. Der Ausdruck „QUALIFIZIERTE VEREINBARUNG ZWISCHEN DEN ZUSTÄNDIGEN BEHÖRDEN“ bezeichnet eine Vereinbarung zwischen den bevollmächtigten Vertretern eines EU-Mitgliedstaats und eines Drittlandes, die Vertragsparteien eines INTERNATIONALEN ÜBEREINKOMMENS sind, über den automatischen Austausch länderbezogener Berichte zwischen den beteiligten Ländern.
12. Der Ausdruck „INTERNATIONALES ÜBEREINKOMMEN“ bezeichnet das Übereinkommen über die gegenseitige Amtshilfe in Steuersachen, jedes bilaterale oder multilaterale Steuerübereinkommen oder jedes Abkommen über den Informationsaustausch in Steuersachen, dessen Vertragspartei der jeweilige Mitgliedstaat ist und das gemäß seinen Bestimmungen die rechtliche Befugnis für den Austausch von Steuerinformationen zwi-

schen den Staaten, einschließlich des automatischen Austauschs solcher Informationen, erteilt.

13. Der Ausdruck „KONSOLIDIERTE ABSCHLÜSSE" bezeichnet die Abschlüsse einer MULTINATIONALEN UNTERNEHMENSGRUPPE, in denen die Vermögenswerte, Schulden, Einkünfte, Aufwendungen und Cashflows der OBERSTEN MUTTERGESELLSCHAFT und der GESCHÄFTSEINHEITEN so dargestellt werden, als gehörten sie zu einer einzigen wirtschaftlichen Einheit.

14. Der Ausdruck „SYSTEMISCHES VERSAGEN" in Bezug auf einen Staat bedeutet entweder, dass ein Staat zwar über eine geltende QUALIFIZIERTE VEREINBARUNG ZWISCHEN DEN ZUSTÄNDIGEN BEHÖRDEN mit einem Mitgliedstaat verfügt, den automatischen Informationsaustausch (aus anderen als den in den Bestimmungen dieser Vereinbarung vorgesehenen Gründen) jedoch ausgesetzt hat, oder dass ein Staat auf andere Weise über einen längeren Zeitraum hinweg versäumt hat, einem Mitgliedstaat die in seinem Besitz befindlichen länderbezogenen Berichte über MULTINATIONALE UNTERNEHMENSGRUPPEN mit GESCHÄFTSEINHEITEN in diesem Mitgliedstaat automatisch zu übermitteln.

ABSCHNITT II

ALLGEMEINE ANFORDERUNGEN AN DIE BERICHTERSTATTUNG

1. Eine in einem Mitgliedstaat ansässige GESCHÄFTSEINHEIT, bei der es sich nicht um die OBERSTE MUTTERGESELLSCHAFT einer MULTINATIONALEN UNTERNEHMENSGRUPPE handelt, übermittelt einen länderbezogenen Bericht für das BERICHTSWIRTSCHAFTSJAHR einer MULTINATIONALEN UNTERNEHMENSGRUPPE, deren GESCHÄFTSEINHEIT sie ist, wenn die folgenden Kriterien erfüllt sind:
   a) die Einheit ist in einem Mitgliedstaat steuerlich ansässig;
   b) eine der folgenden Voraussetzungen trifft zu:
      i) die OBERSTE MUTTERGESELLSCHAFT der MULTINATIONALEN UNTERNEHMENSGRUPPE ist nicht dazu verpflichtet, einen länderbezogenen Bericht im Staat ihrer steuerlichen Ansässigkeit vorzulegen;
      ii) der Staat, in dem die OBERSTE MUTTERGESELLSCHAFT steuerlich ansässig ist, verfügt über ein geltendes INTERNATIONALES ÜBEREINKOMMEN, dessen Vertragspartei der Mitgliedstaat ist, jedoch über keine geltende QUALIFIZIERTE VEREINBARUNG ZWISCHEN DEN ZUSTÄNDIGEN BEHÖRDEN, deren Vertragspartei der Mitgliedstaat zu dem in Artikel 8aa Absatz 1 festgelegten Zeitpunkt für die Vorlage des länderbezogenen Berichts für das BERICHTSWIRTSCHAFTSJAHR ist;
      iii) es ist zu einem SYSTEMISCHEN VERSAGEN des Staates der steuerlichen Ansässigkeit der OBERSTEN MUTTERGESELLSCHAFT gekommen, das der GESCHÄFTSEINHEIT vom Mitgliedstaat mitgeteilt wurde, in dem sie steuerlich ansässig ist.

   Unbeschadet der Verpflichtung der OBERSTEN MUTTERGESELLSCHAFT gemäß Artikel 8aa Absatz 1 oder ihrer VERTRETENDEN MUTTERGESELLSCHAFT, den ersten länderbezogenen Bericht für das WIRTSCHAFTSJAHR der MULTINATIONALEN

UNTERNEHMENSGRUPPE, das am oder nach dem 1. Januar 2016 beginnt, zu übermitteln, können die Mitgliedstaaten beschließen, dass die Verpflichtung der GESCHÄFTSEINHEITEN gemäß Nummer 1 dieses Abschnitts für länderbezogene Berichte für die BERICHTSWIRTSCHAFTSJAHRE, die am oder nach dem 1. Januar 2017 beginnen, gilt.

Eine in einem Mitgliedstaat ansässige GESCHÄFTSEINHEIT gemäß Absatz 1 dieser Nummer fordert ihre OBERSTE MUTTERGESELLSCHAFT auf, ihr alle Informationen zur Verfügung zu stellen, die sie benötigt, um ihren Verpflichtungen zur Vorlage eines länderbezogenen Berichts gemäß Artikel 8aa Absatz 3 nachzukommen. Hat diese GESCHÄFTSEINHEIT dennoch nicht alle erforderlichen Informationen zur Berichterstattung für die MULTINATIONALE UNTERNEHMENSGRUPPE erhalten oder eingeholt, so legt sie einen länderbezogenen Bericht mit allen Informationen, über die sie verfügt bzw. die sie erhalten oder eingeholt hat, vor und unterrichtet ihren Ansässigkeitsmitgliedstaat darüber, dass die OBERSTE MUTTERGESELLSCHAFT sich geweigert hat, die erforderlichen Informationen bereitzustellen. Dies gilt unbeschadet des Rechts des betreffenden Mitgliedstaats, die in seinen nationalen Rechtsvorschriften vorgesehenen Sanktionen anzuwenden, und dieser Mitgliedstaat unterrichtet alle anderen Mitgliedstaaten über diese Weigerung.

Bei mehr als einer in der Union steuerlich ansässigen GESCHÄFTSEINHEIT derselben MULTINATIONALEN UNTERNEHMENSGRUPPE und bei Erfüllung einer oder mehrerer Voraussetzungen gemäß Absatz 1 Buchstabe b kann die MULTINATIONALE UNTERNEHMENSGRUPPE eine dieser GESCHÄFTSEINHEITEN benennen, die den länderbezogenen Bericht gemäß den Anforderungen des Artikels 8aa Absatz 3 für ein BERICHTSWIRTSCHAFTSJAHR innerhalb der in Artikel 8aa Absatz 1 angegebenen Frist vorlegt und den Mitgliedstaat, für den die Vorlage bestimmt ist, darüber informiert, dass damit der für alle in der Union steuerlich ansässigen GESCHÄFTSEINHEITEN dieser MULTINATIONALEN UNTERNEHMENSGRUPPE bestehenden Berichtspflicht nachgekommen wird. Nach Erhalt des länderbezogenen Berichts übermittelt der Mitgliedstaat diesen gemäß Artikel 8aa Absatz 2 an jeden Mitgliedstaat, in dem gemäß den im Bericht enthaltenen Informationen eine oder mehrere GESCHÄFTSEINHEITEN der MULTINATIONALEN UNTERNEHMENSGRUPPE des BERICHTENDEN RECHTSTRÄGERS entweder steuerlich ansässig oder in Bezug auf die Geschäftstätigkeiten, denen sie über eine Betriebsstätte nachgehen, steuerpflichtig sind.

Kann eine GESCHÄFTSEINHEIT nicht alle Informationen, die für die Vorlage eines länderbezogenen Berichts gemäß Artikel 8aa Absatz 3 erforderlich sind, erhalten oder einholen, so kann sie nicht als BERICHTENDER RECHTSTRÄGER der MULTINATIONALEN UNTERNEHMENSGRUPPE gemäß Absatz 4 dieser Nummer benannt werden. Diese Vorschrift gilt unbeschadet der Verpflichtung der GESCHÄFTSEINHEIT, dem Mitgliedstaat ihrer Niederlassung zu melden, dass die OBERSTE MUTTERGESELLSCHAFT sich geweigert hat, die erforderlichen Informationen zur Verfügung zu stellen.

2. Abweichend von Nummer 1 ist eine unter Nummer 1 beschriebene Einheit, wenn eine oder mehrere der unter Nummer 1 Absatz 1 Buchstabe b festgelegten Vorausset-

zungen erfüllt sind, nicht verpflichtet, einen länderbezogenen Bericht für ein BERICHTSWIRTSCHAFTSJAHR vorzulegen, sofern die MULTINATIONALE UNTERNEHMENSGRUPPE, deren GESCHÄFTSEINHEIT sie ist, für dieses WIRTSCHAFTSJAHR bereits einen länderbezogenen Bericht gemäß Artikel 8aa Absatz 3 über eine VERTRETENDE MUTTERGESELLSCHAFT bereitgestellt hat, die diesen länderbezogenen Bericht den Steuerbehörden des Staates ihrer steuerlichen Ansässigkeit zum oder vor dem in Artikel 8aa Absatz 1 festgelegten Zeitpunkt vorlegt und die, sollte es sich um eine VERTRETENDE MUTTERGESELLSCHAFT mit steuerlicher Ansässigkeit in einem Staat außerhalb der Union handeln, folgende Voraussetzungen erfüllt:

a) der Staat der steuerlichen Ansässigkeit der VERTRETENDEN MUTTERGESELLSCHAFT verlangt die Vorlage eines länderbezogenen Berichts gemäß den in Artikel 8aa Absatz 3 genannten Anforderungen;

b) der Staat der steuerlichen Ansässigkeit der VERTRETENDEN MUTTERGESELLSCHAFT verfügt über eine geltende QUALIFIZIERTE VEREINBARUNG ZWISCHEN DEN ZUSTÄNDIGEN BEHÖRDEN, deren Vertragspartei der Mitgliedstaat zu dem in Artikel 8aa Absatz 1 festgelegten Zeitpunkt für die Vorlage des länderbezogenen Berichts für das BERICHTSWIRTSCHAFTSJAHR ist;

c) der Staat der steuerlichen Ansässigkeit der VERTRETENDEN MUTTERGESELLSCHAFT hat den Mitgliedstaat nicht über ein SYSTEMISCHES VERSAGEN informiert;

d) dem Staat der steuerlichen Ansässigkeit der VERTRETENDEN MUTTERGESELLSCHAFT wurde spätestens bis zum letzten Tag des BERICHTSWIRTSCHAFTSJAHRS der betreffenden MULTINATIONALEN UNTERNEHMENSGRUPPE von der in seinem Steuerhoheitsgebiet ansässigen GESCHÄFTSEINHEIT mitgeteilt, dass sie die VERTRETENDE MUTTERGESELLSCHAFT ist;

e) der Mitgliedstaat hat eine Mitteilung gemäß Nummer 4 erhalten.

3. Die Mitgliedstaaten verlangen, dass jede GESCHÄFTSEINHEIT einer MULTINATIONALEN UNTERNEHMENSGRUPPE, die in dem jeweiligen Mitgliedstaat steuerlich ansässig ist, diesem Mitgliedstaat spätestens am letzten Tag des für eine solche MULTINATIONALE UNTERNEHMENSGRUPPE geltenden BERICHTSWIRTSCHAFTSJAHRS mitteilt, ob sie die OBERSTE MUTTERGESELLSCHAFT, die VERTRETENDE MUTTERGESELLSCHAFT oder eine GESCHÄFTSEINHEIT gemäß Nummer 1 ist. Die Mitgliedstaaten können diese Frist bis zum letzten Tag für die Einreichung einer Steuererklärung dieser GESCHÄFTSEINHEIT für das vorangegangene Steuerjahr verlängern.

4. Die Mitgliedstaaten verlangen von einer in ihrem jeweiligen Hoheitsgebiet steuerlich ansässigen GESCHÄFTSEINHEIT einer MULTINATIONALEN UNTERNEHMENSGRUPPE, die weder die OBERSTE MUTTERGESELLSCHAFT noch die VERTRETENDE MUTTERGESELLSCHAFT noch eine GESCHÄFTSEINHEIT

gemäß Nummer 1 ist, dass sie den Mitgliedstaat spätestens am letzten Tag des für eine solche MULTINATIONALE UNTERNEHMENSGRUPPE geltenden BERICHTSWIRTSCHAFTSJAHRS über die Identität und die steuerliche Ansässigkeit des BERICHTENDEN RECHTSTRÄGERS informiert. Die Mitgliedstaaten können diese Frist bis zum letzten Tag für die Einreichung einer Steuererklärung dieser GESCHÄFTSEINHEIT für das vorangegangene Steuerjahr verlängern.

(5) Im länderbezogenen Bericht ist die Währung der in diesem Bericht genannten Beträge anzugeben.

3.6.2016 DE Amtsblatt der Europäischen Union L 146/17

ABSCHNITT III

LÄNDERBEZOGENER BERICHT

A. Musterformblatt für den länderbezogenen Bericht

Tabelle 1: Übersicht über die Aufteilung der Einkünfte, Steuern und Geschäftstätigkeiten nach Steuerhoheitsgebieten

Name der MULTINATIONALEN UNTERNEHMENSGRUPPE:
Betrachtetes WIRTSCHAFTSJAHR:
Verwendete Währung:

Steuerhoheitsgebiet	Erträge			Vorsteuergewinn (-verlust)	Gezahlte Ertragsteuer (auf Kassenbasis)	Noch zu zahlende Ertragsteuer (laufendes Jahr)	Ausgewiesenes Kapital	Einbehaltener Gewinn	Beschäftigtenzahl	Materielle Vermögenswerte (ohne flüssige Mittel)
	Fremde Unternehmen	Nahestehende Unternehmen	Insgesamt							

Tabelle 2: Auflistung aller GESCHÄFTSEINHEITEN der MULTINATIONALEN UNTERNEHMENSGRUPPE, die in den verschiedenen Gesamtangaben erfasst sind, nach Steuerhoheitsgebieten

Name der MULTINATIONALEN UNTERNEHMENSGRUPPE:
Betrachtetes WIRTSCHAFTSJAHR:

Steuerhoheitsgebiet	Im Steuerhoheitsgebiet ansässige Geschäftseinheiten	Gründungsstaat oder Staat der Handelsregistereintragung, falls abweichend vom Ansässigkeitsstaat	Wichtigste Geschäftstätigkeit(en)												
			Forschung und Entwicklung	Besitz oder Verwaltung von geistigem Eigentum	Einkauf oder Beschaffung	Verarbeitung oder Produktion	Verkauf, Marketing oder Vertrieb	Verwaltungs-, Management- oder Supportdienstleistungen	Erbringung von Dienstleistungen für fremde Dritte	Interne Finanzierung der Unternehmensgruppe	Regulierte Finanzdienstleistungen	Versicherung	Besitz von Aktien oder anderen Wertpapieren mit Beteiligungscharakter	Ruhend	Sonstige (¹)
	1.														
	2.														
	3.														
	1.														
	2.														
	3.														

(¹) Bitte geben Sie die Art der Tätigkeit der Geschäftseinheit unter „Zusätzliche Informationen" an.

Tabelle 3: Zusätzliche Informationen

Name der MULTINATIONALEN UNTERNEHMENSGRUPPE:
Betrachtetes WIRTSCHAFTSJAHR:

Bitte geben Sie hier kurz alle weiteren Informationen oder Erläuterungen an, die Sie für notwendig erachten oder die das Verständnis der vorgeschriebenen Informationen im länderbezogenen Bericht erleichtern können.

B. Allgemeine Anleitungen zum Ausfüllen des länderbezogenen Berichts

1. Zweck

Das Musterformblatt ist für die Berichterstattung über die Aufteilung der Einkünfte, Steuern und Geschäftstätigkeiten einer MULTINATIONALEN UNTERNEHMENSGRUPPE auf Ebene der einzelnen Steuerhoheitsgebiete zu verwenden.

2. Behandlung von Zweigniederlassungen und Betriebsstätten

Die Betriebsstättendaten sind in Bezug auf das Steuerhoheitsgebiet vorzulegen, in dem sich die Betriebsstätte befindet, und nicht in Bezug auf den Ansässigkeitsstaat des Geschäftsbereichs, dem sie angehört. Die Berichterstattung gegenüber dem Ansässigkeitsstaat für den Geschäftsbereich, dem die Betriebsstätte angehört, umfasst keine Finanzdaten, die sich auf die Betriebsstätte beziehen.

3. Zeitrahmen des Musterformblatts für die jährliche Berichterstattung Das Formblatt bezieht sich auf das WIRTSCHAFTSJAHR des berichtenden multinationalen Unternehmens. Für GESCHÄFTSEINHEITEN enthält das Formblatt nach Ermessen des berichtenden multinationalen Unternehmens entweder

   a) Informationen für das WIRTSCHAFTSJAHR der jeweils betrachteten GESCHÄFTSEINHEITEN, das am selben Tag endet wie das WIRTSCHAFTSJAHR des berichtenden multinationalen Unternehmens oder das in einem Zeitraum von 12 Monaten vor diesem Datum endet, oder

   b) Informationen für alle betrachteten GESCHÄFTSEINHEITEN für das WIRTSCHAFTSJAHR des berichtenden multinationalen Unternehmens.

4. Datenquellen

Das berichtende multinationale Unternehmen verwendet beim Ausfüllen des Formblatts Jahr für Jahr konsistent die gleichen Datenquellen. Dem berichtenden multinationalen Unternehmen ist freigestellt, Daten aus seiner konsolidierten Unternehmensberichterstattung, aus den gesetzlich vorgesehenen Jahresabschlüssen der einzelnen Unternehmen, aus für aufsichtsrechtliche Zwecke erstellten Abschlüssen oder aus seiner internen Rechnungslegung zu verwenden. Es ist nicht notwendig, die Angaben zu Erträgen, Gewinnen und Steuern im Musterformblatt mit den KONSOLIDIERTEN ABSCHLÜSSEN in Einklang zu bringen. Wenn gesetzlich vorgeschriebene Jahresabschlüsse als Grundlage für die Berichterstattung dienen, sind sämtliche Beträge in die ausgewiesene funktionale Währung des berichtenden multinationalen Unternehmens umzurechnen, wobei der durchschnittliche Wechselkurs des im Abschnitt „Zusätzliche Informationen" des Musterformblatts angegebenen Jahres zugrunde zu legen ist. Allerdings müssen keine Anpassungen für Unterschiede zwischen den in den verschiedenen Steuerhoheitsgebieten angewandten Rechnungslegungsgrundsätzen vorgenommen werden.

Das berichtende multinationale Unternehmen gibt im Abschnitt „Zusätzliche Informationen" des Musterformblatts eine kurze Beschreibung der beim Ausfüllen des Formblatts verwendeten Daten. Kommt es von einem Jahr zum nächsten zu Änderungen bei den Datenquellen, erläutert das berichtende multinationale Unternehmen die Gründe dieser Änderungen sowie deren Konsequenzen im Abschnitt „Zusätzliche Informationen" des Musterformblatts.

C. Spezielle Anleitungen zum Ausfüllen des länderbezogenen Berichts

1. Übersicht über die Aufteilung der Einkünfte, Steuern und Geschäftstätigkeiten nach Steuerhoheitsgebieten (Tabelle 1)

1.1. Steuerhoheitsgebiet

In der ersten Spalte des Musterformblatts listet das berichtende multinationale Unternehmen alle Steuerhoheitsgebiete auf, in denen GESCHÄFTSEINHEITEN der MULTINATIONALEN UNTERNEHMENSGRUPPE steuerlich ansässig sind. Ein Steuerhoheitsgebiet ist definiert als ein Gebiet, das über fiskalische Autonomie verfügt, sei es ein Staat oder nicht. Eine gesonderte Zeile ist für alle GESCHÄFTSEINHEITEN der MULTINATIONALEN UNTERNEHMENSGRUPPE aufzunehmen, die nach Ansicht des berichtenden multinationalen Unternehmens in keinem Steuerhoheitsgebiet steuerlich ansässig sind. Wenn eine GESCHÄFTSEINHEIT in mehr als einem Steuerhoheitsgebiet ansässig ist, wird die Kollisionsregel des geltenden Steuerabkommens angewandt, um den Ansässigkeitsstaat zu bestimmen. Wenn kein anwendbares Steuerabkommen vorliegt, ist die GESCHÄFTSEINHEIT im Steuerhoheitsgebiet des Orts ihrer tatsächlichen Geschäftsleitung zu melden. Der Ort der tatsächlichen Geschäftsleitung ist im Einklang mit international vereinbarten Standards zu bestimmen.

1.2. Erträge

In den drei Spalten unter der Überschrift „Erträge“ des Musterformblatts stellt das berichtende multinationale Unternehmen die folgenden Informationen bereit:

a) Summe der Erträge aller GESCHÄFTSEINHEITEN der MULTINATIONALEN UNTERNEHMENSGRUPPE im jeweils betrachteten Steuerhoheitsgebiet, die durch Transaktionen mit verbundenen Unternehmen erzielt wurden;
b) Summe der Erträge aller GESCHÄFTSEINHEITEN der MULTINATIONALEN UNTERNEHMENSGRUPPE im jeweils betrachteten Steuerhoheitsgebiet, die durch Transaktionen mit fremden Dritten erzielt wurden;
c) Summe von a und b.

Die Erträge umfassen Erlöse aus dem Verkauf von Vorratsvermögen und Liegenschaften, aus Dienstleistungen, Lizenzgebühren, Zinsen, Prämien sowie alle etwaigen sonstigen Beträge. Nicht unter den Erträgen erfasst werden von anderen GESCHÄFTSEINHEITEN bezogene Zahlungen, die im Steuerhoheitsgebiet des Zahlungsleistenden als Dividenden behandelt werden.

1.3. Vorsteuergewinn (-verlust)

In der fünften Spalte des Musterformblatts gibt das berichtende multinationale Unternehmen die Summe der Vorsteuergewinne (-verluste) aller GESCHÄFTSEINHEITEN an, die im jeweils betrachteten Steuerhoheitsgebiet steuerlich ansässig sind. Der Vorsteuergewinn (-verlust) umfasst alle außerordentlichen Einnahmen- und Ausgabenposten.

1.4. Gezahlte Ertragsteuer (auf Kassenbasis)

In der sechsten Spalte des Musterformblatts gibt das berichtende multinationale Unternehmen den Gesamtbetrag der von allen im jeweils betrachteten Steuerhoheitsgebiet ansässigen GESCHÄFTSEINHEITEN während des betreffenden WIRTSCHAFTSJAHRS tatsächlich gezahlten Ertragsteuer an. Die gezahlten Steuern umfassen die von der GESCHÄFTSEINHEIT an das Steuerhoheitsgebiet, in dem sie steuerlich ansässig ist, sowie an alle anderen Steuerhoheitsgebiete direkt gezahlten Steuern. Die gezahlten Steuern umfassen die von anderen Geschäftseinheiten (verbundene Unternehmen und fremde Unternehmen) in Bezug auf Zahlungen an die GESCHÄFTSEINHEIT gezahlten Quellensteuern. Wenn ein im Steuerhoheitsgebiet A ansässiges Unternehmen A Zinseinnahmen im Steuerhoheitsgebiet B bezieht, sollte die im Steuerhoheitsgebiet B einbehaltene Quellensteuer somit von Unternehmen A ausgewiesen werden.

1.5. Noch zu zahlende Ertragsteuer (laufendes Jahr)

In der siebten Spalte des Musterformblatts gibt das berichtende multinationale Unternehmen die Summe der noch zu zahlenden laufenden Steueraufwendungen auf zu versteuernde Gewinne oder Verluste des Berichtsjahrs aller GESCHÄFTSEINHEITEN an, die im jeweils betrachteten Steuerhoheitsgebiet steuerlich ansässig sind. Die laufenden Steueraufwendungen entsprechen nur Tätigkeiten des laufenden Jahres und umfassen keine latenten Steuern oder Rückstellungen für ungewisse Steuerverbindlichkeiten.

1.6. Ausgewiesenes Kapital

In der achten Spalte des Musterformblatts gibt das berichtende multinationale Unternehmen die Summe des ausgewiesenen Kapitals aller GESCHÄFTSEINHEITEN an, die im jeweils betrachteten Steuerhoheitsgebiet steuerlich ansässig sind. In Bezug auf Betriebsstätten ist das ausgewiesene Kapital von der juristischen Person anzugeben, zu der die jeweils betrachtete Betriebsstätte gehört, es sei denn, im Betriebsstättenstaat bestünde eine aufsichtsrechtliche Eigenkapitalanforderung.

1.7. Einbehaltener Gewinn

In der neunten Spalte des Musterformblatts gibt das berichtende multinationale Unternehmen die Summe der gesamten einbehaltenen Gewinne aller GESCHÄFTSEINHEITEN, die im jeweils betrachteten Steuerhoheitsgebiet steuerlich ansässig sind, mit Stand zum Jahresende an. In Bezug auf Betriebsstätten sind die einbehaltenen Gewinne von der juristischen Person anzugeben, zu der die jeweils betrachtete Betriebsstätte gehört.

1.8. Beschäftigtenzahl

In der zehnten Spalte des Musterformblatts gibt das berichtende multinationale Unternehmen die Gesamtzahl der Beschäftigten (in Vollzeitäquivalenten) aller GESCHÄFTSEINHEITEN an, die im jeweils betrachteten Steuerhoheitsgebiet steuerlich ansässig sind. Die Beschäftigtenzahl kann zum Jahresendstand, auf Basis des Durchschnitts für das betreffende Jahr oder nach jedem anderen Prinzip, das von Jahr zu Jahr für alle Steuerhoheitsgebiete konsistent angewandt wird, angegeben werden. Unabhängige Auftragnehmer, die an der regulären Geschäftstätigkeit der GESCHÄFTSEINHEIT mitwirken, können dabei als Beschäftigte gezählt werden. Sachgerecht auf- bzw. abgerundete oder ungefähre Angaben der Beschäftigtenzahl sind zulässig, vorausgesetzt die Auf- bzw. Abrundung oder Approximation führt nicht zu einer wesentlichen Verzerrung der relativen Verteilung der Beschäftigten auf die verschiedenen Steuerhoheitsgebiete. Die angewandten Methoden sollten von Jahr zu Jahr sowie für die verschiedenen Einheiten konsistent sein.

1.9. Materielle Vermögenswerte (ohne flüssige Mittel)

In der elften Spalte des Musterformblatts gibt das berichtende multinationale Unternehmen die Summe des Nettobuchwerts der materiellen Vermögenswerte aller GESCHÄFTSEINHEITEN an, die im jeweils betrachteten Steuerhoheitsgebiet steuerlich ansässig sind. In Bezug auf Betriebsstätten sind die Vermögenswerte unter dem Steuerhoheitsgebiet anzugeben, in dem sich die jeweilige Betriebsstätte befindet. Materielle Vermögenswerte umfassen für die Zwecke dieser Spalte keine flüssigen Mittel, immateriellen Werte oder Finanzwerte.

2. Auflistung aller GESCHÄFTSEINHEITEN der MULTINATIONALEN UNTERNEHMENSGRUPPE, die in den verschiedenen Gesamtangaben erfasst sind, nach Steuerhoheitsgebieten (Tabelle 2)

2.1. Im Steuerhoheitsgebiet ansässige GESCHÄFTSEINHEITEN

Das berichtende multinationale Unternehmen gibt für die einzelnen Steuerhoheitsgebiete und nach Namen der juristischen Person alle GESCHÄFTSEINHEITEN der MULTINATIONALEN UNTERNEHMENSGRUPPE an, die im jeweils betrachteten Steuerhoheitsgebiet steuerlich ansässig sind. In Bezug auf Betriebsstätten gilt jedoch, wie unter Nummer 2 im Abschnitt „Allgemeine Anleitungen" erwähnt, dass die jeweils betrachtete Betriebsstätte unter dem Steuerhoheitsgebiet aufgelistet wird, in dem sie sich befindet. Dabei wird die juristische Person genannt, deren Betriebsstätte sie ist.

2.2. Steuerhoheitsgebiet der Gründung oder der Handelsregistereintragung, falls abweichend vom Steuerhoheitsgebiet der Ansässigkeit

Das berichtende multinationale Unternehmen gibt den Namen des Steuerhoheitsgebiets an, nach dessen Rechtsvorschriften die jeweils betrachtete GESCHÄFTSEINHEIT der MULTINATIONALEN UNTERNEHMENSGRUPPE gegründet bzw. im Handelsregister eingetragen wurde, falls es sich dabei um ein anderes Steuerhoheitsgebiet als das der Ansässigkeit handelt.

2.3. Wichtigste Geschäftstätigkeit(en)

Das berichtende multinationale Unternehmen bestimmt die Art der wichtigsten Geschäftstätigkeit(en), der die GESCHÄFTSEINHEIT im jeweils betrachteten Steuerhoheitsgebiet nachgeht, indem es eine oder mehrere zutreffende Kategorien ankreuzt."

RICHTLINIE (EU) 2016/1164 DES RATES

vom 12. Juli 2016 (ABl EU Nr. L 193 S. 1) mit späterer Änderung[1]

mit Vorschriften zur Bekämpfung von Steuervermeidungspraktiken mit unmittelbaren Auswirkungen auf das Funktionieren des Binnenmarkts

DER RAT DER EUROPÄISCHEN UNION —
gestützt auf den Vertrag über die Arbeitsweise der Europäischen Union, insbesondere auf Artikel 115,
auf Vorschlag der Europäischen Kommission,
nach Zuleitung des Entwurfs des Gesetzgebungsakts an die nationalen Parlamente,
nach Stellungnahme des Europäischen Parlaments[2],
nach Stellungnahme des Europäischen Wirtschafts- und Sozialausschusses[3],
gemäß einem besonderen Gesetzgebungsverfahren,
in Erwägung nachstehender Gründe:

(1) Die gegenwärtigen politischen Prioritäten im internationalen Steuerwesen stellen darauf ab, eine Besteuerung an dem Ort der Gewinnerwirtschaftung und der Wertschöpfung zu gewährleisten. Es ist daher unbedingt erforderlich, dass das Vertrauen in die Fairness der Steuersysteme wiederhergestellt und den Regierungen eine wirksame Ausübung ihrer Steuerhoheit ermöglicht wird. Diese neuen politischen Ziele wurden im Rahmen der Initiative der Organisation für wirtschaftliche Zusammenarbeit und Entwicklung (OECD) zur Bekämpfung der Gewinnverkürzung und Gewinnverlagerung (Base Erosion and Profit Shifting — BEPS) in konkrete Handlungsempfehlungen umgesetzt. Der Europäische Rat hat diese Arbeiten in seinen Schlussfolgerungen vom 13./14. März 2013 und vom 19./20. Dezember 2013 begrüßt. Dem Bedarf nach ausgewogener Besteuerung entsprechend hat die Kommission in einer Mitteilung vom 17. Juni 2015 einen Aktionsplan für eine faire und effiziente Unternehmensbesteuerung in der Europäischen Union vorgestellt.

(2) Die Abschlussberichte über die 15 BEPS-Aktionspunkte der OECD wurden am 5. Oktober 2015 veröffentlicht. Dies wurde vom Rat in seinen Schlussfolgerungen vom 8. Dezember 2015 begrüßt. Der Rat betonte in diesen Schlussfolgerungen ferner die Notwendigkeit, auf EU-Ebene gemeinsame, aber flexible Lösungen im Einklang mit den BEPS-Schlussfolgerungen der OECD zu finden. Außerdem unterstützte er eine wirksame, rasche und koordinierte Umsetzung der Anti-BEPS-Maßnahmen auf EU-Ebene und vertrat die Auffassung, dass EU-Richtlinien — sofern zweckmäßig — das bevorzugte Mittel zur Umsetzung der BEPS-Schlussfolgerungen der OECD in der EU sein sollten. Damit der Binnenmarkt gut funktionieren kann, müssen die Mitgliedstaaten zumindest ihre BEPS-Verpflichtungen erfüllen und allgemeine Maßnahmen zur Bekämpfung von Steuervermeidungspraktiken und zur Gewährleistung einer fairen und wirksamen Besteuerung in der Union ergreifen und dabei in ausreichend kohärenter und koordinierter

---

[1] I.d.F. 29.5.2017.

[2] Noch nicht im Amtsblatt veröffentlicht.

[3] Noch nicht im Amtsblatt veröffentlicht.

Weise vorgehen. In einem Raum hochgradig integrierter Volkswirtschaften bedarf es gemeinsamer strategischer Konzepte und eines abgestimmten Vorgehens, damit der Binnenmarkt besser funktionieren und die BEPS-Initiative maximale Wirkung entfalten kann. Zudem kann nur ein gemeinsamer Rahmen eine Fragmentierung des Marktes verhindern und die derzeitigen Inkongruenzen und Marktverzerrungen beseitigen. Wenn die nationalen Durchführungsmaßnahmen EU-weit einheitlich ausgerichtet sind, haben die Steuerpflichtigen nicht zuletzt die Gewähr, dass die betreffenden Maßnahmen mit dem Unionsrecht in Einklang stehen.

(3) Es müssen Vorschriften festgelegt werden, um den durchschnittlichen Schutz gegen aggressive Steuerplanung im Binnenmarkt anzuheben. Da diese Vorschriften sich in 28 verschiedene Systeme der Unternehmensbesteuerung einfügen müssen, sollten sie auf allgemeine Bestimmungen beschränkt sein und ihre Umsetzung sollte den Mitgliedstaaten überlassen bleiben, da diese am besten in der Lage sind, den verschiedenen Elementen der Vorschriften eine ihren Steuersystemen angemessene Form zu geben. Dieses Ziel könnte durch die Einführung eines EU-weiten Mindestschutzes für die nationalen Körperschaftsteuersysteme gegen Steuervermeidungspraktiken erreicht werden. Daher sollte das Vorgehen der Mitgliedstaaten bei der Umsetzung der Ergebnisse der 15 BEPS-Aktionspunkte der OECD koordiniert werden, damit Steuervermeidungspraktiken im gesamten Binnenmarkt wirksamer bekämpft werden können. Folglich muss in bestimmten Bereichen ein einheitlicher Mindestschutz für den Binnenmarkt festgelegt werden.

(4) Erforderlich sind Vorschriften, die für alle Steuerpflichtigen gelten, die in einem Mitgliedstaat der Körperschaftsteuer unterliegen. Unternehmen, die nicht der Körperschaftsteuer in einem Mitgliedstaat unterliegen, d. h. insbesondere steuerlich transparente Unternehmen, sollten jedoch nicht in den Geltungsbereich der Richtlinie einbezogen werden, da sonst ein noch breiteres Spektrum an nationalen Steuern erfasst werden müsste. Die Vorschriften sollten auch für Betriebsstätten derjenigen steuerpflichtigen Unternehmen gelten, die möglicherweise in einem oder mehreren anderen Mitgliedstaaten belegen sind. Steuerpflichtige Unternehmen können in einem Mitgliedstaat steuerlich ansässig sein oder Betriebsstätten nach dem Recht eines Mitgliedstaats unterhalten. Betriebsstätten von Unternehmen, die in einem Drittland steuerlich ansässig sind, sollten diesen Vorschriften ebenfalls unterliegen, wenn sie sich in einem oder mehreren Mitgliedstaaten befinden.

(5) Es müssen Vorschriften festgelegt werden, um der Aushöhlung der Steuerbemessungsgrundlage (Gewinnverkürzung) im Binnenmarkt und der Verlagerung von Gewinnen in Drittländer entgegenzuwirken. Hierfür sind Vorschriften in folgenden Bereichen erforderlich: Beschränkung der Abzugsfähigkeit von Zinsen (Zinsschranke), Wegzugsbesteuerung, allgemeine Vorschrift zur Verhinderung von Missbrauch, Vorschriften für beherrschte ausländische Unternehmen und Vorschriften für das Vorgehen gegen hybride Gestaltungen. Führen diese Vorschriften zu Doppelbesteuerung, sollten Steuerpflichtige durch Abzug der in einem anderen Mitgliedstaat oder einem Drittland entrichteten Steuer entlastet werden. Die Vorschriften sollen somit nicht nur Steuervermeidungspraktiken unterbinden, sondern auch verhindern, dass Markthemmnisse wie Doppelbesteuerung entstehen.

(6) Um ihre Steuerbelastung insgesamt zu verringern, betreiben Unternehmensgruppen zunehmend BEPS in Form überhöhter Zinszahlungen. Die Zinsschranke soll derartige Praktiken eindämmen, indem die Abzugsfähigkeit der überschüssigen Fremdkapitalkosten des Steuerpflichtigen beschränkt wird. Daher muss ein fester Abzugssatz festgelegt werden, der sich auf das steuerbare Ergebnis eines Steuerpflichtigen vor Zinsen, Steuern, Abschreibungen auf Sachanlagen und Abschreibungen auf immaterielle Vermögensgegenstände (Earnings before interest, tax, depreciation and amortisation — EBITDA) bezieht. Die Mitgliedstaaten könnten diesen Satz noch weiter senken oder befristet anwenden oder den Betrag der nicht ausgeglichenen Fremdkapitalkosten, die vor- oder rückgetragen werden dürfen, beschränken, um einen höheren Schutz zu gewährleisten. Da es darum geht, Mindeststandards festzulegen, hätten die Mitgliedstaaten die Möglichkeit, einen Alternativsatz anzuwenden, der sich auf das Ergebnis vor Zinsen und Steuern (Earnings before interest and taxes — EBIT) bezieht und so festgesetzt wird, dass er dem EBITDA-Satz entspricht. Sie könnten neben der in dieser Richtlinie vorgesehenen Zinsschranke zudem gezielte Vorschriften gegen konzerninterne Fremdfinanzierung, insbesondere Unterkapitalisierungsvorschriften, nutzen. Steuerfreie Erträge sollten nicht mit abzugsfähigen Fremdkapitalkosten verrechnet werden. Dies begründet sich darin, dass zur Bestimmung der abzugsfähigen Zinsen nur steuerpflichtige Einkünfte berücksichtigt werden sollten.

(7) Gehört der Steuerpflichtige einer Gruppe an, die konsolidierte Abschlüsse vorlegt, kann bei der Entscheidung darüber, ob die Steuerpflichtigen einen höheren Betrag an überschüssigen Fremdkapitalkosten abziehen dürfen, die weltweite Verschuldung der Gruppe insgesamt berücksichtigt werden. Es kann zudem zweckmäßig sein, Vorschriften über eine Eigenkapital-Escape-Klausel festzulegen, wonach die Zinsschranke nicht zur Anwendung kommt, wenn das Unternehmen nachweisen kann, dass das Verhältnis zwischen seinem Eigenkapital und seinen Gesamtvermögenswerten weitgehend gleich hoch oder höher ist als das entsprechende Verhältnis auf Ebene der Gruppe. Die Zinsschranke sollte für die überschüssigen Fremdkapitalkosten des Steuerpflichtigen gelten, ohne dass unterschieden wird, ob die Kosten durch Verschuldung im Inland, im EU-Ausland oder in einem Drittland oder durch Schulden bei Dritten, bei verbundenen Unternehmen oder bei Unternehmen der selben Gruppe entstanden sind. Umfasst eine Gruppe mehr als ein Unternehmen in einem Mitgliedstaat, so kann dieser Mitgliedstaat bei Anwendung der Zinsschranke die Gesamtposition aller in seinem Staatsgebiet belegenen Unternehmen der Gruppe berücksichtigen, auch über eine separate Unternehmensbesteuerungsregelung, die erlaubt, dass Gewinne oder Zinsabzugspotenzial zwischen den Unternehmen einer Gruppe übertragen werden.

(8) Um den Verwaltungsaufwand und die Kosten für die Einhaltung der Vorschriften zu verringern, ohne deren steuerliche Auswirkungen erheblich zu mindern, kann es zweckmäßig sein, eine „SAFE Harbour"-Regel einzuführen, damit Nettozinsen bis zu einem bestimmten Betrag stets abgezogen werden dürfen, wenn dieser den auf der Grundlage des EBITDA-Satzes ermittelten Abzug übersteigt. Die Mitgliedstaaten könnten den festgesetzten Höchstbetrag senken, um ihre inländische Steuerbemessungsgrundlage besser zu schützen. Da BEPS grundsätzlich in Form überhöhter Zinszahlungen zwischen verbundenen Unternehmen erfolgt, ist es angemessen und geboten, dass eigenständige Unternehmen in Anbetracht des begrenzten Steuervermeidungsrisikos

vom Anwendungsbereich der Zinsschranke ausgenommen werden dürfen. Zur Erleichterung des Übergangs zu der neuen Zinsschranke können die Mitgliedstaaten eine Bestandsschutzklausel vorsehen, die für bestehende Darlehen gelten würde, sofern ihre Bedingungen nicht später geändert werden; dies bedeutet, dass im Falle einer späteren Änderung die Bestandsschutzklausel nicht für den erhöhten Betrag oder die verlängerte Laufzeit des Darlehens gilt, sondern sich auf die ursprünglichen Bedingungen des Darlehens beschränken würde. Unbeschadet der Vorschriften über staatliche Beihilfen könnten die Mitgliedstaaten außerdem überschüssige Fremdkapitalkosten für Darlehen, die der Finanzierung langfristiger öffentlicher Infrastrukturvorhaben dienen, ausnehmen, da bei solchen Finanzierungsvereinbarungen ein nur geringes oder gar kein BEPS-Risiko besteht. In diesem Zusammenhang sollten die Mitgliedstaaten hinreichend belegen, dass die Finanzierungsvereinbarungen für öffentliche Infrastrukturvorhaben besondere Merkmale aufweisen, die rechtfertigen, dass sie anders behandelt werden als andere Finanzierungsvereinbarungen, die der restriktiven Vorschrift unterliegen.

(9) Obwohl allgemein anerkannt ist, dass auch Finanzunternehmen, d. h. Finanzinstitute und Versicherungsunternehmen, einer Zinsschranke unterliegen sollten, ist ebenfalls anerkannt, dass diese beiden Sektoren besondere Merkmale aufweisen, die eine auf sie zugeschnittene Regelung erfordern. Da die diesbezüglichen Diskussionen im internationalen und im EU-Kontext noch nicht hinreichend weit gediehen sind, können noch keine besonderen Vorschriften für den Finanz- und den Versicherungssektor vorgesehen werden, weshalb die Mitgliedstaaten sie von der Zinsschranke ausnehmen können sollten.

(10) Die Besteuerung der Übertragung von Vermögenswerten und die Wegzugsbesteuerung stellt sicher, dass, wenn ein Steuerpflichtiger Vermögenswerte aus dem Steuergebiet eines Staates abzieht oder seinen Steuersitz aus diesem verlegt, der betreffende Staat die in seinem Hoheitsgebiet entstandene Wertsteigerung besteuern kann, selbst wenn diese zum Zeitpunkt der Übertragung oder des Wegzugs noch nicht realisiert worden ist. Es ist daher festzulegen, in welchen Fällen Steuerpflichtige der Besteuerung der Übertragung von Vermögenswerten oder der Wegzugsbesteuerung unterliegen bzw. für noch nicht realisierte Wertsteigerungen der von ihnen übertragenen Vermögenswerte besteuert werden. Es ist ferner hilfreich zu präzisieren, dass Übertragungen von Vermögenswerten, einschließlich Barmitteln, zwischen einer Muttergesellschaft und ihren Tochtergesellschaften nicht in den Geltungsbereich der geplanten Vorschrift über die Besteuerung der Übertragung von Vermögenswerten und der Wegzugsbesteuerung fallen. Zur Festsetzung der Steuerbeträge muss der Marktwert der Vermögenswerte zum Zeitpunkt der Übertragung bzw. des Wegzugs nach dem Fremdvergleichsgrundsatz ermittelt werden. Damit die Vorschrift mit der Anrechnungsmethode vereinbar ist, sollte es den Mitgliedstaaten gestattet sein, den Zeitpunkt zugrunde zu legen, an dem sie das Recht zur Besteuerung der übertragenen Vermögenswerte verloren haben. Das Besteuerungsrecht sollte auf nationaler Ebene definiert werden. Auch muss der Aufnahmestaat die Möglichkeit haben, den vom Wegzugsstaat ermittelten Wert der übertragenen Vermögenswerte anzufechten, wenn dieser nicht dem Marktwert entspricht. Hierzu könnten die Mitgliedstaaten auf die bestehenden Streitbeilegungsverfahren zurückgreifen. Es ist darzulegen, wie die Besteuerung innerhalb der Union anzuwenden ist und unter welchen Bedingungen Übereinstimmung mit dem Unionsrecht besteht. In solchen Fällen sollten die Steuerpflichtigen das Recht haben, den im Rahmen der Besteuerung festgesetzten

Steuerbetrag entweder sofort zu entrichten oder ihre Steuerschuld, gegebenenfalls zuzüglich Zinsen und einer Sicherheitsleistung, in Raten über mehrere Jahre zu begleichen.

Zu diesem Zweck könnten Mitgliedstaaten von den betreffenden Steuerpflichtigen verlangen, dass sie eine Erklärung mit den erforderlichen Angaben abgeben. Von einer Besteuerung der entstandenen Wertsteigerung und einer Wegzugsbesteuerung ist abzusehen, wenn die Vermögenswerte nur vorübergehend übertragen werden und ihre Rückführung in den Ursprungsmitgliedstaat beabsichtigt ist, die Übertragung der Erfüllung aufsichtsrechtlicher Eigenkapitalanforderungen oder dem Liquiditätsmanagement dient oder es sich um Wertpapierfinanzierungsgeschäfte oder als Sicherheit gestellte Vermögenswerte handelt.

(11) Allgemeine Vorschriften zur Verhinderung von Missbrauch dienen in Steuersystemen dazu, gegen missbräuchliche Steuerpraktiken vorzugehen, für die noch keine besonderen Vorschriften bestehen. Allgemeine Vorschriften zur Verhinderung von Missbrauch sollen somit Lücken schließen, ohne sich auf die Anwendbarkeit besonderer Vorschriften zur Verhinderung von Missbrauch auszuwirken. Innerhalb der Union sollten die allgemeinen Vorschriften zur Verhinderung von Missbrauch auf unangemessene Gestaltungen angewendet werden; andernfalls sollte der Steuerpflichtige das Recht haben, die steuereffizienteste Struktur für seine geschäftlichen Angelegenheiten zu wählen. Zudem ist es wichtig, dass die allgemeinen Vorschriften zur Verhinderung von Missbrauch im Inland, innerhalb der Union und gegenüber Drittländern einheitlich angewendet werden, damit sich ihr Anwendungsbereich und die Ergebnisse ihrer Anwendung in inländischen und grenzüberschreitenden Situationen nicht unterscheiden. Den Mitgliedstaaten sollte es freistehen, in Fällen, in denen die allgemeinen Vorschriften zur Verhinderung von Missbrauch zur Anwendung gelangen, Sanktionen zu verhängen. Bei der Bewertung, ob eine Gestaltung als unangemessen zu betrachten ist, hätten die Mitgliedstaaten die Möglichkeit, alle triftigen wirtschaftlichen Gründe, einschließlich finanzieller Tätigkeiten, zu berücksichtigen.

(12) Die Vorschriften für beherrschte ausländische Unternehmen bewirken, dass die Einkünfte einer niedrig besteuerten beherrschten Tochtergesellschaft ihrer Muttergesellschaft zugerechnet werden. Damit ist die Muttergesellschaft für diese ihr zugerechneten Einkünfte in dem Staat steuerpflichtig, in dem sie steuerlich ansässig ist. Je nach den politischen Prioritäten des betreffenden Staates können die Vorschriften für beherrschte ausländische Unternehmen auf eine niedrig besteuerte Tochtergesellschaft als ganze, auf bestimmte Kategorien von Einkünften oder nur auf Einkünfte abzielen, die ihr künstlich zugeleitet werden. Um zu gewährleisten, dass die Vorschriften für beherrschte ausländische Unternehmen eine verhältnismäßige Reaktion auf BEPS-Anliegen darstellen, ist es insbesondere entscheidend, dass diejenigen Mitgliedstaaten, die ihre Vorschriften für beherrschte ausländische Unternehmen auf Einkünfte beschränken, die der Tochtergesellschaft künstlich zugeleitet werden, präzise auf Situationen abstellen, in denen die meisten Entscheidungsaufgaben, aufgrund derer zugeleitete Einkünfte auf Ebene der beherrschten Tochtergesellschaft erzielt wurden, im Mitgliedstaat des Steuerpflichtigen durchgeführt werden. Um den Verwaltungsaufwand und die Befolgungskosten zu verringern, sollte es zudem zulässig sein, dass diese Mitgliedstaaten bestimmte Unterneh-

men mit niedrigen Gewinnen oder einer niedrigen Gewinnspanne, bei denen ein geringeres Risiko der Steuervermeidung besteht, von diesen Vorschriften ausnehmen. Daher müssen die Vorschriften für beherrschte ausländische Unternehmen auch auf die Gewinne von Betriebsstätten angewandt werden, wenn diese Gewinne im Mitgliedstaat des Steuerpflichtigen nicht der Steuer unterliegen oder steuerbefreit sind. Es ist jedoch gemäß den Vorschriften für beherrschte ausländische Unternehmen nicht notwendig, die Gewinne von Betriebsstätten zu besteuern, denen die Steuerbefreiung nach den nationalen Vorschriften nicht gewährt wird, da diese Betriebsstätten wie beherrschte ausländische Unternehmen behandelt werden. Um einen höheren Schutz zu gewährleisten, könnten die Mitgliedstaaten den Schwellenwert für die Beherrschung senken oder einen höheren Schwellenwert ansetzen, indem die tatsächlich entrichtete Körperschaftsteuer mit der Körperschaftsteuer, die in dem Mitgliedstaat des Steuerpflichtigen erhoben worden wäre, verglichen wird. Die Mitgliedstaaten können bei der Umsetzung der Vorschriften für beherrschte ausländische Unternehmen in ihr nationales Recht einen ausreichend hohen Teilschwellenwert für den Steuersatz verwenden.

Es ist wünschenswert, sowohl Situationen in Drittländern als auch in der Union in Betracht zu ziehen. Damit die Vorschriften mit den Grundfreiheiten in Einklang stehen, sollten die Kategorien von Einkünften mit einer Ausnahmeregelung bezüglich der wirtschaftlichen Substanz kombiniert werden, die darauf abzielt, innerhalb der Union die Auswirkungen der Vorschriften auf die Fälle zu beschränken, in denen das beherrschte ausländische Unternehmen keine wesentliche wirtschaftliche Tätigkeit ausübt. Es ist wichtig, dass die Finanzbehörden und die Steuerpflichtigen zusammenarbeiten, um die relevanten Fakten und Umstände im Hinblick auf die Bestimmung der Anwendbarkeit der Ausnahmeregelung zusammenzutragen. Es sollte zulässig sein, dass die Mitgliedstaaten bei der Umsetzung der Vorschriften für beherrschte ausländische Unternehmen in ihr nationales Recht weiße, graue oder schwarze Drittländerlisten führen, die auf Grundlage bestimmter, in dieser Richtlinie festgelegter Kriterien zusammengestellt werden und in denen auch die Höhe des Körperschaftsteuersatzes aufgeführt sein kann, oder dass sie auf dieser Grundlage zusammengestellte weiße Mitgliedstaatenlisten führen.

(13) Hybride Gestaltungen ergeben sich aus Unterschieden zwischen zwei Steuersystemen bei der rechtlichen Einordnung von Zahlungen (Finanzinstrumenten) oder Unternehmen. Solche Inkongruenzen führen oft zu einem doppelten Abzug (d.h. einem Steuerabzug in beiden Steuersystemen) oder zum Abzug der Einkünfte in einem Land bei gleichzeitiger Nichtbesteuerung im anderen Land. Um die Auswirkungen hybrider Gestaltungen zu neutralisieren, müssen Vorschriften festgelegt werden, nach denen eines der beiden betroffenen Steuergebiete den Abzug einer Zahlung, die zu einem solchen Ergebnis führt, verweigert. In diesem Zusammenhang sollte präzisiert werden, dass die Maßnahmen dieser Richtlinie, mit denen gegen hybride Gestaltungen vorgegangen werden soll, auf Inkongruenzen abzielen, die auf Unterschiede bei der rechtlichen Einordnung eines Finanzinstruments oder eines Unternehmens zurückzuführen sind, und keine Auswirkungen auf die allgemeinen Merkmale der Steuersysteme einzelner Mitgliedstaaten haben sollen. Zwar haben sich die Mitgliedstaaten im Rahmen der Gruppe „Verhaltenskodex für Unternehmensbesteuerung" auf Leitlinien zur steuerlichen Behandlung hybrider Unternehmen und hybrider Betriebsstätten innerhalb der Union sowie zur steuerlichen Behandlung hybrider Unternehmen mit Bezug zu Drittländern verständigt, dennoch bedarf

es verbindlicher Vorschriften. Es ist entscheidend, dass weitere Arbeiten zu hybriden Gestaltungen zwischen Mitgliedstaaten und Drittländern sowie zu anderen hybriden Gestaltungen (z.B. solchen, die Betriebsstätten betreffen) durchgeführt werden.

(14) Hervorzuheben ist, dass die Umsetzung der Vorschriften zur Bekämpfung der Steuervermeidung gemäß dieser Richtlinie keine Auswirkungen auf die Verpflichtung der Steuerpflichtigen zur Einhaltung des Fremdvergleichsgrundsatzes oder das Recht der Mitgliedstaaten hat, erforderlichenfalls eine Aufwärtskorrektur der Steuerschuld gemäß dem Fremdvergleichsgrundsatz vorzunehmen.

(15) Der Europäische Datenschutzbeauftragte wurde gemäß Artikel 28 Absatz 2 der Verordnung (EG) Nr. 45/2001 des Europäischen Parlaments und des Rates[1] konsultiert. In Bezug auf die Verarbeitung personenbezogener Daten im Rahmen der vorliegenden Richtlinie gilt das Recht auf Schutz personenbezogener Daten gemäß Artikel 8 der Charta der Grundrechte der Europäischen Union sowie der Richtlinie 95/46/EG des Europäischen Parlaments und des Rates[2].

(16) Ein wesentliches Ziel der vorliegenden Richtlinie ist es, die Resilienz des Binnenmarkts insgesamt gegenüber grenzüberschreitenden Steuervermeidungspraktiken zu stärken, was nicht ausreichend erreicht werden kann, wenn die Mitgliedstaaten einzeln tätig werden. Die nationalen Körperschaftsteuersysteme sind unterschiedlich, und ein eigenständiges Tätigwerden der Mitgliedstaaten würde nur die bestehende Fragmentierung des Binnenmarkts im Bereich der direkten Steuern reproduzieren. Ineffizienz und Verzerrungen in der Wechselwirkung unterschiedlicher nationaler Maßnahmen würden so fortgeschrieben. Die Folge wäre ein Mangel an Koordination. Stattdessen sollten in Anbetracht der Tatsache, dass Ineffizienz im Binnenmarkt vor allem zu grenzüberschreitenden Problemen führt, Abhilfemaßnahmen auf Unionsebene ergriffen werden. Also müssen Lösungen gefunden werden, die für den Binnenmarkt insgesamt tauglich sind, was sich besser auf Unionsebene verwirklichen lässt. Die Union kann daher im Einklang mit dem in Artikel 5 des Vertrags über die Europäische Union niedergelegten Subsidiaritätsprinzip tätig werden. Entsprechend dem in demselben Artikel genannten Grundsatz der Verhältnismäßigkeit geht die vorliegende Richtlinie nicht über das zur Erreichung des genannten Ziels erforderliche Maß hinaus. Indem sie einen Mindestschutz für den Binnenmarkt vorsieht, wird mit der Richtlinie nur das zur Erreichung dieses Ziels erforderliche Mindestmaß an Koordination innerhalb der Union angestrebt.

(17) Die Kommission sollte die Umsetzung dieser Richtlinie vier Jahre nach ihrem Inkrafttreten bewerten und dem Rat darüber Bericht erstatten. Die Mitgliedstaaten sollten der Kommission alle für diese Bewertung erforderlichen Informationen übermitteln —

---

[1] Verordnung (EG) Nr. 45/2001 des Europäischen Parlaments und des Rates vom 18. Dezember 2000 zum Schutz natürlicher Personen bei der Verarbeitung personenbezogener Daten durch die Organe und Einrichtungen der Gemeinschaft und zum freien Datenverkehr (ABl. L 8 vom 12.1.2001, S. 1).

[2] Richtlinie 95/46/EG des Europäischen Parlaments und des Rates vom 24. Oktober 1995 zum Schutz natürlicher Personen bei der Verarbeitung personenbezogener Daten und zum freien Datenverkehr (ABl. L 281 vom 23.11.1995, S. 31).

HAT FOLGENDE RICHTLINIE ERLASSEN:

KAPITEL I
ALLGEMEINE BESTIMMUNGEN

Artikel 1

Anwendungsbereich[1]

(1) Diese Richtlinie gilt für alle Steuerpflichtigen, die in einem oder mehreren Mitgliedstaaten körperschaftsteuerpflichtig sind, einschließlich der in einem oder mehreren Mitgliedstaaten belegenen Betriebsstätten von Unternehmen, die steuerlich in einem Drittland ansässig sind.

(2) Artikel 9a gilt auch für alle Unternehmen, die von einem Mitgliedstaat als steuerlich transparent behandelt werden.

Artikel 2

Begriffsbestimmungen[2]

Für die Zwecke dieser Richtlinie bezeichnet der Ausdruck

(1) „Fremdkapitalkosten" Zinsaufwendungen für alle Arten von Forderungen, sonstige Kosten, die nach nationalem Recht wirtschaftlich gleichwertig mit Zinsen und Aufwendungen im Zusammenhang mit der Beschaffung von Kapital sind, einschließlich – unter anderem – Zahlungen im Rahmen von Beteiligungsdarlehen, kalkulatorische Zinsen auf Instrumente wie Wandelanleihen und Nullkuponanleihen, Beträge im Rahmen von alternativen Finanzierungsmodalitäten, wie sie z. B. islamische Banken praktizieren, die Finanzierungskosten im Rahmen von Finanzierungsleasing, im Bilanzwert eines zugehörigen Vermögenswerts enthaltene kapitalisierte Zinsen, oder die Amortisation kapitalisierter Zinsen, gegebenenfalls Beträge, die durch Bezugnahme auf eine Finanzierungsrendite im Rahmen von Verrechnungspreisregelungen gemessen werden, Beträge fiktiver Zinsen im Rahmen von Derivaten oder Hedging-Vereinbarungen im Zusammenhang mit dem Fremdkapital eines Unternehmens, bestimmte Wechselkursgewinne und -verluste auf Fremdkapital und Instrumente im Zusammenhang mit der Beschaffung von Kapital, Garantiegebühren für Finanzierungsvereinbarungen, Vermittlungsgebühren und ähnliche Kosten im Zusammenhang mit der Aufnahme von Fremdkapital;

(2) „überschüssige Fremdkapitalkosten" den Betrag, um den die abzugsfähigen Fremdkapitalkosten für einen Steuerpflichtigen die steuerbaren Zinserträge und sonstigen wirtschaftlich gleichwertigen steuerbaren Erträge übersteigen, die der Steuerpflichtige gemäß dem nationalen Recht erhält;

(3) „Steuerzeitraum" ein Steuerjahr, Kalenderjahr oder jeden anderen sachdienlichen Zeitraum für steuerliche Zwecke;

(4) „verbundenes Unternehmen"

a. ein Unternehmen, an dem der Steuerpflichtige unmittelbar oder mittelbar eine Beteiligung in Form von Stimmrechten oder Kapital von mindestens 25 % hält oder bei dem er Anspruch auf mindestens 25 % der Gewinne dieses Unternehmens hat;

---

[1] **Anm. d. Red.:** Art. 1 i. d. F. der RL (EU) 2017/952 v. 29.5.2017 (ABl EU Nr. L 144 S. 1) mit Wirkung v. 27.6.2017.

[2] **Anm. d. Red.:** Art. 2 i. d. F. der RL (EU) 2017/952 v. 29.5.2017 (ABl EU Nr. L 144 S. 1) mit Wirkung v. 27.6.2017.

b. eine Person oder ein Unternehmen, die/das unmittelbar oder mittelbar eine Beteiligung in Form von Stimmrechten oder Kapital von mindestens 25 % an einem Steuerpflichtigen hält oder Anspruch auf mindestens 25 % der Gewinne des Steuerpflichtigen hat;

Hält eine Person oder ein Unternehmen unmittelbar oder mittelbar eine Beteiligung von mindestens 25 % an einem Steuerpflichtigen und an einem oder mehreren Unternehmen, so gelten sämtliche betroffenen Unternehmen, einschließlich des Steuerpflichtigen, auch als verbundene Unternehmen.

Für die Zwecke der Artikel 9 und 9a gilt Folgendes:

a. Ergibt sich eine Inkongruenz gemäß Nummer 9 Unterabsatz 1 Buchstabe b, c, d, e oder g dieses Artikels oder ist eine Anpassung gemäß Artikel 9 Absatz 3 oder Artikel 9a erforderlich, so wird die Begriffsbestimmung von verbundenen Unternehmen dahingehend geändert, dass die Anforderung von 25 % durch eine Anforderung von 50 % ersetzt wird;

b. eine Person, die in Bezug auf die Stimmrechte oder die Kapitalbeteiligung an einem Unternehmen gemeinsam mit einer anderen Person handelt, wird so behandelt, als hielte sie eine Beteiligung an allen Stimmrechten oder dem gesamten Kapital dieses Unternehmens, die bzw. das von der anderen Person gehalten werden/wird;

c. unter den Begriff „verbundenes Unternehmen" fallen auch Unternehmen, die derselben zu Rechnungslegungszwecken konsolidierten Gruppe angehören wie der Steuerpflichtige, Unternehmen, in denen der Steuerpflichtige maßgeblich Einfluss auf die Unternehmensleitung nimmt, und Unternehmen mit einem maßgeblichen Einfluss auf die Leitung des Steuerpflichtigen.

(5) „Finanzunternehmen" eines der folgenden Unternehmen:

a. ein Kreditinstitut oder eine Wertpapierfirma im Sinne des Artikels 4 Absatz 1 Nummer 1 der Richtlinie 2004/39/EG des Europäischen Parlaments und des Rates [1] oder ein Verwalter alternativer Investmentfonds (AIFM) im Sinne des Artikels 4 Absatz 1 Buchstabe b der Richtlinie 2011/61/EU des Europäischen Parlaments und des Rates [2] oder eine Verwaltungsgesellschaft für Organismen für gemeinsame Anlagen in Wertpapieren (OGAW) im Sinne des Artikels 2 Absatz 1 Buchstabe b der Richtlinie 2009/65/EG des Europäischen Parlaments und des Rates[3];

---

[1] **Amtl. Anm.:** Richtlinie 2004/39/EG des Europäischen Parlaments und des Rates vom 21. April 2004 über Märkte für Finanzinstrumente, zur Änderung der Richtlinien 85/611/EWG und 93/6/EWG des Rates und der Richtlinie 2000/12/EG des Europäischen Parlaments und des Rates und zur Aufhebung der Richtlinie 93/22/EWG des Rates (ABl L 145 vom 30.4.2004, S. 1).

[2] **Amtl. Anm.:** Richtlinie 2011/61/EU des Europäischen Parlaments und des Rates vom 8. Juni 2011 über die Verwalter alternativer Investmentfonds und zur Änderung der Richtlinien 2003/41/EG und 2009/65/EG und der Verordnungen (EG) Nr. 1060/2009 und (EU) Nr. 1095/2010 (ABl L 174 vom 1.7.2011, S. 1).

[3] **Amtl. Anm.:** Richtlinie 2009/65/EG des Europäischen Parlaments und des Rates vom 13. Juli 2009 zur Koordinierung der Rechts- und Verwaltungsvorschriften betreffend bestimmte Organismen für gemeinsame Anlagen in Wertpapieren (OGAW) (ABl L 302 vom 17.11.2009, S. 32).

b. ein Versicherungsunternehmen im Sinne des Artikels 13 Nummer 1 der Richtlinie 2009/138/EG des Europäischen Parlaments und des Rates[1];
c. ein Rückversicherungsunternehmen im Sinne des Artikels 13 Nummer 4 der Richtlinie 2009/138/EG;
d. eine Einrichtung der betrieblichen Altersversorgung, die in den Anwendungsbereich der Richtlinie 2003/41/EG des Europäischen Parlaments und des Rates [2] fällt, es sei denn, ein Mitgliedstaat hat nach Artikel 5 der genannten Richtlinie beschlossen, diese auf die betroffene Einrichtung nicht oder nur teilweise anzuwenden, oder der bevollmächtigte Vermögensverwalter einer Einrichtung der betrieblichen Altersversorgung im Sinne des Artikels 19 Absatz 1 dieser Richtlinie;
e. eine Einrichtung der Altersversorgung, die Altersversorgungssysteme betreibt, die als Systeme der sozialen Sicherheit im Sinne der Verordnung (EG) Nr. 883/2004 des Europäischen Parlaments und des Rates [3] und der Verordnung (EG) Nr. 987/2009 des Europäischen Parlaments und des Rates [4] gelten, sowie jede juristische Person, die für die Anlagezwecke solcher Systeme gegründet wurde;
f. ein alternativer Investmentfonds (AIF), der von einem AIFM im Sinne des Artikels 4 Absatz 1 Buchstabe b der Richtlinie 2011/61/EU verwaltet wird, oder ein AIF, der nach geltendem nationalen Recht beaufsichtigt wird;
g. ein OGAW im Sinne des Artikels 1 Absatz 2 der Richtlinie 2009/65/EG;
h. eine zentrale Gegenpartei im Sinne des Artikels 2 Nummer 1 der Verordnung (EU) Nr. 648/2012 des Europäischen Parlaments und des Rates[5];
i. ein Zentralverwahrer im Sinne des Artikels 2 Absatz 1 Nummer 1 der Verordnung (EU) Nr. 909/2014 des Europäischen Parlaments und des Rates[6];

(6) „Übertragung von Vermögenswerten“ den Vorgang, bei dem ein Mitgliedstaat das Besteuerungsrecht für die übertragenen Vermögenswerte verliert, wobei die Vermögenswerte im rechtlichen oder wirtschaftlichen Eigentum desselben Steuerpflichtigen verbleiben;

---

1 **Amtl. Anm.:** Richtlinie 2009/65/EG des Europäischen Parlaments und des Rates vom 13. Juli 2009 zur Koordinierung der Rechts- und Verwaltungsvorschriften betreffend bestimmte Organismen für gemeinsame Anlagen in Wertpapieren (OGAW) (ABl L 302 vom 17.11.2009, S. 32).

2 **Amtl. Anm.:** Richtlinie 2003/41/EG des Europäischen Parlaments und des Rates vom 3. Juni 2003 über die Tätigkeiten und die Beaufsichtigung von Einrichtungen der betrieblichen Altersversorgung (ABl L 235 vom 23.9.2003, S. 10).

3 **Amtl. Anm.:** Verordnung (EG) Nr. 883/2004 des Europäischen Parlaments und des Rates vom 29. April 2004 zur Koordinierung der Systeme der sozialen Sicherheit (ABl L 166 vom 30.4.2004, S. 1).

4 **Amtl. Anm.:** Verordnung (EG) Nr. 987/2009 des Europäischen Parlaments und des Rates vom 16. September 2009 zur Festlegung der Modalitäten für die Durchführung der Verordnung (EG) Nr. 883/2004 über die Koordinierung der Systeme der sozialen Sicherheit (ABl L 284 vom 30.10.2009, S. 1).

5 **Amtl. Anm.:** Verordnung (EU) Nr. 648/2012 des Europäischen Parlaments und des Rates vom 4. Juli 2012 über OTC-Derivate, zentrale Gegenparteien und Transaktionsregister (ABl L 201 vom 27.7.2012, S. 1).

6 **Amtl. Anm.:** Verordnung (EU) Nr. 909/2014 des Europäischen Parlaments und des Rates vom 23. Juli 2014 zur Verbesserung der Wertpapierlieferungen und -abrechnungen in der Europäischen Union und über Zentralverwahrer sowie zur Änderung der Richtlinien 98/26/EG und 2014/65/EU und der Verordnung (EU) Nr. 236/2012 (ABl L 257 vom 28.8.2014, S. 1).

(7) „Verlegung des Steuersitzes“ den Vorgang, bei dem ein Steuerpflichtiger seinen Steuersitz in einem Mitgliedstaat aufgibt und in einem anderen Mitgliedstaat oder einem Drittland steuerlich ansässig wird;

(8) „Verlegung der von einer Betriebsstätte ausgeübten Geschäftstätigkeit“ den Vorgang, bei dem ein Steuerpflichtiger seine steuerliche Präsenz in einem Mitgliedstaat aufgibt und in einem anderen Mitgliedstaat oder einem Drittland eine solche Präsenz erwirbt, ohne in diesem Mitgliedstaat oder Drittland steuerlich ansässig zu werden;

(9) „hybride Gestaltung“ eine Situation im Zusammenhang mit einem Steuerpflichtigen oder, bezogen auf Artikel 9 Absatz 3, mit einem Unternehmen, in der

a. eine Zahlung im Rahmen eines Finanzinstruments zu einem Abzug bei gleichzeitiger steuerlicher Nichtberücksichtigung führt und

   i) diese Zahlung nicht innerhalb eines angemessenen Zeitraums berücksichtigt wird; und

   ii) die Inkongruenz auf Unterschiede bei der Einordnung des Instruments oder der Einordnung der im Rahmen des Instruments geleisteten Zahlung zurückzuführen ist.

   Für die Zwecke des Unterabsatzes 1 wird eine Zahlung im Rahmen eines Finanzinstruments so behandelt, als wäre sie innerhalb eines angemessenen Zeitraums in die Einkünfte einbezogen worden, wenn

   i) die Zahlung vom Steuergebiet des Zahlungsempfängers in einem Steuerzeitraum berücksichtigt wird, der innerhalb von 12 Monaten nach Ende des Steuerzeitraums des Zahlers beginnt; oder

   ii) vernünftigerweise davon auszugehen ist, dass die Zahlung vom Steuergebiet des Zahlungsempfängers in einem künftigen Steuerzeitraum berücksichtigt wird, und die Zahlungsbedingungen so gestaltet sind, wie es zu erwarten wäre, wenn sie zwischen unabhängigen Unternehmen vereinbart worden wären;

b. eine Zahlung an ein hybrides Unternehmen zu einem Abzug bei gleichzeitiger steuerlicher Nichtberücksichtigung führt und diese Inkongruenz auf Unterschiede bei der Zuordnung von Zahlungen zu dem hybriden Unternehmen nach den Rechtsvorschriften des Steuergebiets, in dem das hybride Unternehmen seinen Sitz hat oder registriert ist, und des Steuergebiets einer Person mit einer Beteiligung an diesem hybriden Unternehmen zurückzuführen ist;

c. eine Zahlung an ein Unternehmen mit einer oder mehreren Betriebsstätten zu einem Abzug bei gleichzeitiger steuerlicher Nichtberücksichtigung führt und diese Inkongruenz auf Unterschiede bei der Zuordnung von Zahlungen zwischen dem Hauptsitz und einer Betriebsstätte oder zwischen zwei oder mehr Betriebsstätten desselben Unternehmens nach den Rechtsvorschriften des Steuergebiets, in dem das genannte Unternehmen tätig ist, zurückzuführen ist;

d. eine Zahlung an eine unberücksichtigte Betriebsstätte zu einem Abzug bei gleichzeitiger steuerlicher Nichtberücksichtigung führt;

e. eine Zahlung eines hybriden Unternehmens zu einem Abzug bei gleichzeitiger steuerlicher Nichtberücksichtigung führt und diese Inkongruenz auf den Umstand zurückzuführen ist, dass die Zahlung nach den Rechtsvorschriften des Steuergebiets des Zahlungsempfängers nicht berücksichtigt wird;

f. eine fiktive Zahlung zwischen dem Hauptsitz und einer Betriebsstätte oder zwischen zwei oder mehr Betriebsstätten zu einem Abzug bei gleichzeitiger steuerlicher Nichtberücksichtigung führt und diese Inkongruenz auf den Umstand zurückzuführen ist, dass die Zahlung nach den Rechtsvorschriften des Steuergebiets des Zahlungsempfängers nicht berücksichtigt wird; oder

g. ein doppelter Abzug erfolgt.

Für die Zwecke dieser Nummer 9

1. entsteht aus einer Zahlung, die dem zugrunde liegenden Ertrag eines übertragenen Finanzinstruments entspricht, keine hybride Gestaltung gemäß Unterabsatz 1 Buchstabe a, wenn die Zahlung von einem Wertpapierhändler im Rahmen einer am Markt getätigten hybriden Übertragung geleistet wird, sofern der Wertpapierhändler im Steuergebiet des Zahlenden alle Beträge, die er im Zusammenhang mit dem übertragenen Finanzinstrument erhält, als Einkünfte berücksichtigen muss;

1. entsteht eine hybride Gestaltung gemäß Unterabsatz 1 Buchstabe e, f oder g nur insoweit, als es im Steuergebiet des Zahlenden gestattet ist, den Abzug mit einem Betrag zu verrechnen, der steuerlich nicht doppelt berücksichtigt wird;

1. wird eine Inkongruenz nicht als hybride Gestaltung behandelt, es sei denn, sie ergibt sich zwischen verbundenen Unternehmen, zwischen einem Steuerpflichtigen und einem verbundenen Unternehmen, zwischen dem Hauptsitz und einer Betriebsstätte oder zwischen zwei oder mehr Betriebsstätten desselben Unternehmens oder im Rahmen einer strukturierten Gestaltung.

Für die Zwecke dieser Nummer 9 und der Artikel 9, 9a und 9b bezeichnet der Ausdruck

a. „Inkongruenz" einen doppelten Abzug oder einen Abzug bei gleichzeitiger steuerlicher Nichtberücksichtigung;

b. „doppelter Abzug" einen Abzug derselben Zahlung, derselben Aufwendungen oder derselben Verluste in dem Steuergebiet, aus dem die Zahlung stammt bzw. in dem die Aufwendungen oder die Verluste anfallen (Steuergebiet des Zahlenden), und in einem anderen Steuergebiet (Steuergebiet des Investors). Im Falle einer Zahlung eines hybriden Unternehmens oder einer Betriebsstätte ist das Steuergebiet des Zahlenden das Steuergebiet, in dem das hybride Unternehmen seinen Sitz hat bzw. die Betriebsstätte niedergelassen oder belegen ist;

c. „Abzug bei gleichzeitiger steuerlicher Nichtberücksichtigung" den Abzug einer Zahlung oder einer fiktiven Zahlung zwischen dem Hauptsitz und einer Betriebsstätte oder zwischen zwei oder mehr Betriebsstätten in einem Steuergebiet, in dem diese Zahlung oder fiktive Zahlung als geleistet behandelt wird (Steuergebiet des Zahlenden), ohne dass eine entsprechende Berücksichtigung dieser Zahlung oder fiktiven Zahlung für Steuerzwecke im Steuergebiet des Zahlungsempfängers erfolgt. Das Steuergebiet des Zahlungsempfängers ist jedes Steuergebiet, in dem diese Zahlung oder die fiktive Zahlung eingeht oder nach den Rechtsvorschriften eines anderen Steuergebiets als eingegangen behandelt wird;

d. „Abzug" den Betrag, der nach den Rechtsvorschriften des Steuergebiets des Zahlenden oder des Investors als von den steuerpflichtigen Einkünften abzugsfähig behandelt wird. Der Begriff „abzugsfähig" ist entsprechend auszulegen;

e. „Berücksichtigung" den Betrag, der für die steuerpflichtigen Einkünfte nach den Rechtsvorschriften des Steuergebiets des Zahlungsempfängers berücksichtigt wird. Eine Zahlung im Rahmen eines Finanzinstruments gilt insoweit nicht als berücksichtigt, als die Zahlung für Steuerermäßigungen infrage kommt, die einzig und allein der Art der Einordnung der Zahlung nach den Rechtsvorschriften des Steuergebiets des Zahlungsempfängers zuzuschreiben sind. Der Begriff „berücksichtigt" ist entsprechend auszulegen;

f. „Steuerermäßigung" eine Steuerbefreiung oder eine Verringerung des Steuersatzes oder eine Steuergutschrift oder -erstattung (mit Ausnahme einer Gutschrift für an der Quelle einbehaltene Steuern);

g. „Einkünfte, die steuerlich doppelt berücksichtigt werden" jeden Posten der Einkünfte, die nach den Rechtsvorschriften der beiden Steuergebiete, in denen die Inkongruenz entstanden ist hat, berücksichtigt werden;

h. „Person" eine natürliche Person oder ein Unternehmen;

i. „hybrides Unternehmen" jedes Unternehmen oder jede Gestaltung, die nach den Rechtsvorschriften eines Steuergebiets als Steuerpflichtiger gilt und dessen bzw. deren Einkünfte oder Aufwendungen nach den Rechtsvorschriften eines anderen Steuergebiets als Einkünfte oder Aufwendungen einer oder mehrerer anderer Personen behandelt werden;

j. „Finanzinstrument" jedes Instrument, soweit es zu einem Finanzierungs- oder Eigenkapitalertrag führt, der gemäß den Vorschriften für die Besteuerung von Schulden, Kapital oder Finanzderivaten nach den Rechtsvorschriften des Steuergebiets entweder des Zahlungsempfängers oder des Zahlenden besteuert wird, und eine hybride Übertragung beinhaltet;

k. „Wertpapierhändler" eine Person oder ein Unternehmen, deren bzw. dessen Geschäftstätigkeit darin besteht, regelmäßig auf eigene Rechnung für die Zwecke der Gewinnerzielung Finanzinstrumente zu kaufen und zu verkaufen;

l. „hybride Übertragung" eine Gestaltung zur Übertragung eines Finanzinstruments, wenn der zugrunde liegende Ertrag des übertragenen Instruments für Steuerzwecke so behandelt wird, als sei er zugleich mehr als einer der an der Gestaltung beteiligten Parteien zugeflossen;

m. „am Markt getätigte hybride Übertragung" eine hybride Übertragung, die von einem Wertpapierhändler im Zuge seiner üblichen Geschäftstätigkeit und nicht im Rahmen einer strukturierten Gestaltung vorgenommen wird;

n. „unberücksichtigte Betriebsstätte" jede Gestaltung, die so behandelt wird, als führe sie zu einer Betriebsstätte nach den Rechtsvorschriften des Steuergebiets des Hauptsitzes, und die nach den Rechtsvorschriften des anderen Steuergebiets nicht als Betriebsstätte behandelt wird.

(10) „zu Rechnungslegungszwecken konsolidierte Gruppe“ eine Gruppe aus allen Unternehmen, die vollständig in konsolidierten Abschlüssen gemäß den Internationalen Rechnungslegungsstandards (IFRS) oder dem nationalen Finanzberichtssystem eines Mitgliedstaats berücksichtigt sind;

(11) „strukturierte Gestaltung“ eine Gestaltung, die eine hybride Gestaltung umfasst, bei der die Inkongruenz in die Bedingungen der Gestaltung eingerechnet ist, oder eine Gestaltung, die mit der Absicht entwickelt wurde, eine hybride Besteuerungsinkongruenz herbeizuführen, es sei denn, es kann vernünftigerweise nicht davon ausgegangen werden, dass dem Steuerpflichtigen oder einem verbundenen Unternehmen die hybride Gestaltung bewusst war, und der Steuerpflichtige wurde nicht an dem Steuervorteil beteiligt, der sich aus der hybriden Gestaltung ergibt.

Artikel 3

Mindestschutzniveau

Diese Richtlinie verhindert nicht die Anwendung nationaler oder vertraglicher Bestimmungen zur Wahrung eines höheren Maßes an Schutz der inländischen Körperschaftsteuerbemessungsgrundlagen.

KAPITEL II
MASSNAHMEN ZUR BEKÄMPFUNG DER STEUERVERMEIDUNG

Artikel 4

Begrenzung der Abzugsfähigkeit von Zinszahlungen[1]

(1) Überschüssige Fremdkapitalkosten sind in dem Steuerzeitraum, in dem sie anfallen, nur bis zu 30 % des Ergebnisses des Steuerpflichtigen vor Zinsen, Steuern und Abschreibungen (EBITDA) abzugsfähig.

Für die Zwecke dieses Artikels können Mitgliedstaaten auch Folgende als Steuerpflichtige behandeln:

a. ein Unternehmen, das die Vorschriften im Namen einer Gruppe gemäß der Definition nach nationalem Steuerrecht anwenden darf oder muss;
b. ein Unternehmen in einer Gruppe gemäß der Definition nach nationalem Steuerrecht, die keine Konsolidierung der Ergebnisse ihrer Mitglieder zu Steuerzwecken vornimmt.

Unter diesen Umständen können die überschüssigen Fremdkapitalkosten und das EBITDA auf der Ebene der Gruppe berechnet werden und umfassen die Ergebnisse sämtlicher Mitglieder der Gruppe.

(2) Das EBITDA wird berechnet, indem zu dem Einkommen, das im Mitgliedstaat des Steuerpflichtigen der Körperschaftsteuer unterliegt, die für steuerliche Zwecke bereinigten Beträge für überschüssige Fremdkapitalkosten sowie die für steuerliche Zwecke bereinigten Beträge für Abschreibungen wieder hinzuaddiert werden. Steuerfreie Einkünfte werden im EBITDA eines Steuerpflichtigen nicht berücksichtigt.

---

[1] **Anm. d. Red.:** Art. 4 Abs. 5 und 8 i. d. F. der RL (EU) 2017/952 v. 29.5.2017 (ABl EU Nr. L 144 S. 1) mit Wirkung v. 27.6.2017.

(3) Abweichend von Absatz 1 kann dem Steuerpflichtigen Folgendes gewährt werden:

a. das Recht auf Abzug der überschüssigen Fremdkapitalkosten in Höhe von bis zu 3 000 000 EUR;

b. das Recht auf vollständigen Abzug der überschüssigen Fremdkapitalkosten, sofern es sich bei dem Steuerpflichtigen um ein eigenständiges Unternehmen handelt.

Für die Zwecke von Absatz 1 Unterabsatz 2 gilt der Betrag von 3 000 000 EUR für die gesamte Gruppe.

Für die Zwecke von Unterabsatz 1 Buchstabe b bezeichnet der Ausdruck „eigenständiges Unternehmen" einen Steuerpflichtigen, der nicht Teil einer zu Rechnungslegungszwecken konsolidierten Gruppe ist und der weder über ein verbundenes Unternehmen noch über eine Betriebsstätte verfügt.

(4) Die Mitgliedstaaten können aus dem Anwendungsbereich von Absatz 1 überschüssige Fremdkapitalkosten ausnehmen, die

a. für Darlehen anfallen, die vor dem 17. Juni 2016 geschlossen wurden, wobei sich der Ausschluss jedoch nicht auf etwaige spätere Änderungen dieser Darlehen erstreckt;

b. im Rahmen von Darlehen anfallen, die zur Finanzierung langfristiger öffentlicher Infrastrukturprojekte verwendet werden, bei denen der Projektbetreiber, die Fremdkapitalkosten, die Vermögenswerte und die Einkünfte alle in der Union belegen sind.

Für die Zwecke von Unterabsatz 1 Buchstabe b bezeichnet der Ausdruck „langfristiges öffentliches Infrastrukturprojekt" ein Projekt zur Bereitstellung, zum Ausbau, zum Betrieb und/oder zur Erhaltung eines umfangreichen Vermögenswerts, der von einem Mitgliedstaat als im allgemeinen öffentlichen Interesse stehend betrachtet wird.

Findet Buchstabe b Unterabsatz 1 Anwendung, so werden alle Einkünfte aus einem langfristigen öffentlichen Infrastrukturprojekt aus dem EBITDA des Steuerpflichtigen ausgenommen, und alle ausgenommenen überschüssigen Fremdkapitalkosten werden nicht in die überschüssigen Fremdkapitalkosten der Gruppe gegenüber Dritten im Sinne von Absatz 5 Buchstabe b einbezogen.

(5) Ist der Steuerpflichtige zu Rechnungslegungszwecken ein Mitglied einer konsolidierten Gruppe, so kann ihm das Recht auf Folgendes gewährt werden:

a. entweder vollständiger Abzug seiner überschüssigen Fremdkapitalkosten, wenn er nachweisen kann, dass das Verhältnis zwischen seinem Eigenkapital und seinen Gesamtvermögenswerten gleich hoch oder höher ist als das entsprechende Verhältnis auf Ebene der Gruppe, wobei folgende Bedingungen gelten:

   i) Das Verhältnis zwischen Eigenkapital und Gesamtvermögenswerten des Steuerpflichtigen gilt als gleich hoch wie das entsprechende Verhältnis auf Ebene der Gruppe, wenn das Verhältnis zwischen seinem Eigenkapital und seinen Gesamtvermögenswerten bis zu zwei Prozentpunkte darunter liegt; und

   ii) alle Vermögenswerte und Verbindlichkeiten werden nach derselben Methode bewertet wie in den konsolidierten Abschlüssen, die gemäß den Internationalen Rechnungslegungsstandards (IFRS) oder dem nationalen Finanzberichtssystem eines Mitgliedstaats erstellt werden;

oder

b. Abzug eines höheren Betrags an überschüssigen Fremdkapitalkosten, als ihm nach Absatz 1 gewährt würde. Diese höhere Obergrenze der Abzugsfähigkeit überschüssiger Fremdkapitalkosten bezieht sich auf die zu Rechnungslegungszwecken konsolidierte Gruppe, deren Mitglied der Steuerpflichtige ist, und wird in zwei Schritten berechnet:
   i) Zunächst wird das Verhältnis der Gruppe ermittelt, indem die überschüssigen Fremdkapitalkosten der Gruppe gegenüber Dritten durch das EBITDA der Gruppe geteilt werden; und
   ii) anschließend wird das Verhältnis der Gruppe mit dem gemäß Absatz 2 berechneten EBITDA des Steuerpflichtigen multipliziert.

(6) Der Mitgliedstaat des Steuerpflichtigen kann entweder Vorschriften vorsehen

a. für den zeitlich unbegrenzten Vortrag der überschüssigen Fremdkapitalkosten, die im laufenden Steuerzeitraum nicht gemäß den Absätzen 1 bis 5 abgezogen werden können,
b. für den zeitlich unbegrenzten Vortrag oder den auf höchstens drei Jahre begrenzten Rücktrag der überschüssigen Fremdkapitalkosten, die im laufenden Steuerzeitraum nicht gemäß den Absätzen 1 bis 5 abgezogen werden können, oder
c. für den zeitlich unbegrenzten Vortrag der überschüssigen Fremdkapitalkosten und den auf höchstens fünf Jahre begrenzten Vortrag des ungenutzten Zinsabzugspotenzials, die/das im laufenden Steuerzeitraum nicht gemäß den Absätzen 1 bis 5 abgezogen werden können/kann.

(7) Die Mitgliedstaaten können Finanzunternehmen aus dem Anwendungsbereich der Absätze 1 bis 6 ausnehmen, selbst wenn diese Finanzunternehmen Teil einer zu Rechnungslegungszwecken konsolidierten Gruppe sind.

(8) Für die Zwecke der Absätze 1 bis 7 kann der Steuerpflichtige das Recht erhalten, konsolidierte Abschlüsse zu verwenden, die nach anderen Rechnungslegungsstandards als den Internationalen Rechnungslegungsstandards oder dem nationalen Finanzberichtssystem eines Mitgliedstaats erstellt wurden.

Artikel 5

Übertragung von Vermögenswerten und Wegzugsbesteuerung

(1) Der Steuerpflichtige wird in Höhe eines Betrags besteuert, der dem Marktwert der Vermögenswerte zum Zeitpunkt der Übertragung oder des Wegzugs abzüglich ihres steuerlichen Werts entspricht, wenn einer der folgenden Umstände gegeben ist:

a) Der Steuerpflichtige überträgt Vermögenswerte von seinem Hauptsitz an seine in einem anderen Mitgliedstaat oder in einem Drittland belegene Betriebsstätte, insofern als der Mitgliedstaat des Hauptsitzes aufgrund der Übertragung nicht mehr das Besteuerungsrecht für die übertragenen Vermögenswerte hat.

b) Der Steuerpflichtige überträgt Vermögenswerte von seiner in einem Mitgliedstaat belegenen Betriebsstätte an seinen Hauptsitz oder an eine andere Betriebsstätte in einem anderen Mitgliedstaat oder in einem Drittland, insofern als der Mitgliedstaat der Betriebsstätte aufgrund der Übertragung nicht mehr das Besteuerungsrecht für die übertragenen Vermögenswerte hat.

c) Der Steuerpflichtige verlegt seinen Steuersitz in einen anderen Mitgliedstaat oder in ein Drittland, mit Ausnahme jener Vermögenswerte, die tatsächlich weiterhin einer Betriebsstätte im vorigen Mitgliedstaat zuzurechnen sind.

d) Der Steuerpflichtige überträgt die von seiner Betriebsstätte ausgeübte Geschäftstätigkeit von einem Mitgliedstaat in einen anderen Mitgliedstaat oder in ein Drittland, insofern als der Mitgliedstaat der Betriebsstätte aufgrund der Übertragung nicht mehr das Besteuerungsrecht für die übertragenen Vermögenswerte hat.

(2) Der Steuerpflichtige erhält das Recht, die Zahlung einer Steuer auf die entstandene Wertsteigerung oder einer Wegzugsteuer nach Absatz 1 durch Teilzahlungen, die über fünf Jahre erfolgen, aufzuschieben, wenn einer der folgenden Umstände vorliegt:

a) Der Steuerpflichtige überträgt Vermögenswerte von seinem Hauptsitz an seine in einem anderen Mitgliedstaat oder in einem Drittland, das Vertragspartei des Abkommens über den Europäischen Wirtschaftsraum (EWR-Abkommen) ist, belegene Betriebsstätte.

b) Der Steuerpflichtige überträgt Vermögenswerte von seiner in einem Mitgliedstaat belegenen Betriebsstätte an seinen Hauptsitz oder an eine andere Betriebsstätte in einem anderen Mitgliedstaat oder in einem Drittland, das Vertragspartei des EWR-Abkommens ist.

c) Der Steuerpflichtige verlegt seinen Steuersitz in einen anderen Mitgliedstaat oder in ein Drittland, das Vertragspartei des EWR-Abkommens ist.

d) Der Steuerpflichtige verlegt die von seiner Betriebsstätte ausgeübte Geschäftstätigkeit in einen anderen Mitgliedstaat oder in ein Drittland, das Vertragspartei des EWR-Abkommens ist.

Dieser Absatz gilt für Drittländer, die Vertragspartei des EWR-Abkommens sind, sofern sie ein Abkommen mit dem Mitgliedstaat des Steuerpflichtigen oder mit der Union über eine mit der in der Richtlinie 2010/24/EU des Rates[1] vorgesehenen Amtshilfe gleichwertige Amtshilfe bei der Beitreibung von Steuerforderungen geschlossen haben.

(3) Schiebt ein Steuerpflichtiger die Zahlung gemäß Absatz 2 auf, so können gemäß den Rechtsvorschriften des Mitgliedstaats des Steuerpflichtigen oder der Betriebsstätte je nach Fall Zinsen erhoben werden.

Bei nachweislichem und tatsächlichem Risiko, dass die Steuer nicht eingezogen werden kann, kann der Zahlungsaufschub gemäß Absatz 2 von einer Sicherheitsleistung des Steuerpflichtigen abhängig gemacht werden.

Unterabsatz 2 gilt nicht, wenn das im Mitgliedstaat des Steuerpflichtigen oder der Betriebsstätte geltende Recht die Möglichkeit vorsieht, die Steuerschuld bei einem anderen Steuerpflichtigen, der Mitglied derselben Gruppe und in diesem Mitgliedstaat steuerlich ansässig ist, einzuziehen.

---

[1] Richtlinie 2010/24/EU des Rates vom 16. März 2010 über die Amtshilfe bei der Beitreibung von Forderungen in Bezug auf bestimmte Steuern, Abgaben und sonstige Maßnahmen (ABl. L 84 vom 31.3.2010, S. 1).

(4) Findet Absatz 2 Anwendung, so wird der Zahlungsaufschub umgehend beendet und die geschuldete Steuer wird einziehbar, wenn

a) die übertragenen Vermögenswerte oder die von der Betriebsstätte des Steuerpflichtigen ausgeübte Geschäftstätigkeit verkauft oder auf andere Weise veräußert werden;

b) die übertragenen Vermögenswerte anschließend in ein Drittland verlagert werden;

c) der Steuersitz des Steuerpflichtigen oder die von seiner Betriebsstätte ausgeübte Geschäftstätigkeit anschließend in ein Drittland verlegt wird;

d) der Steuerpflichtige Insolvenz anmeldet oder abgewickelt wird;

e) der Steuerpflichtige seinen Verpflichtungen im Zusammenhang mit den Teilzahlungen nicht nachkommt und über einen angemessenen Zeitraum, der zwölf Monate nicht überschreiten darf, keine Abhilfe für seine Situation schafft.

Die Buchstaben b und c gelten nicht für Drittländer, die Vertragspartei des EWR-Abkommens sind, sofern sie ein Abkommen mit dem Mitgliedstaat des Steuerpflichtigen oder mit der Union über eine mit der in der Richtlinie 2010/24/EU vorgesehenen Amtshilfe gleichwertige Amtshilfe bei der Beitreibung von Steuerforderungen geschlossen haben.

(5) Bei der Übertragung von Vermögenswerten oder der Verlagerung des Steuersitzes oder der von der Betriebsstätte ausgeübten Geschäftstätigkeit in einen anderen Mitgliedstaat erkennt dieser Mitgliedstaat den Wert an, den der Mitgliedstaat des Steuerpflichtigen oder der Betriebsstätte als Ausgangswert der Vermögenswerte für steuerliche Zwecke festgesetzt hat, es sei denn dieser spiegelt nicht den Marktwert wider.

(6) Für die Zwecke der Absätze 1 bis 5 ist der „Marktwert“ der Betrag, für den zwischen vertragswilligen unabhängigen Käufern und Verkäufern in einer direkten Transaktion Vermögenswerte ausgetauscht oder gegenseitige Verpflichtungen abgerechnet werden können.

(7) Sollen die Vermögenswerte innerhalb einer Frist von zwölf Monaten wieder in den Mitgliedstaat des Übertragenden zurückgeführt werden, gilt dieser Artikel nicht für Übertragungen von Vermögenswerten im Zusammenhang mit der Wertpapierfinanzierung, für als Sicherheiten gestellte Vermögenswerte oder für den Fall, dass die Übertragung von Vermögenswerten zur Erfüllung von aufsichtsrechtlichen Eigenkapitalanforderungen oder für Zwecke des Liquiditätsmanagements erfolgt.

Artikel 6

Allgemeine Vorschrift zur Verhinderung von Missbrauch

(1) Liegt unter Berücksichtigung aller relevanten Fakten und Umstände eine unangemessene Gestaltung oder eine unangemessene Abfolge von Gestaltungen vor, bei der der wesentliche Zweck oder einer der wesentlichen Zwecke darin besteht, einen steuerlichen Vorteil zu erlangen, der dem Ziel oder Zweck des geltenden Steuerrechts zuwiderläuft, so berücksichtigen die Mitgliedstaaten diese bei der Berechnung der Körperschaftsteuerschuld nicht. Eine Gestaltung kann mehr als einen Schritt oder Teil umfassen.

(2) Für die Zwecke von Absatz 1 gilt eine Gestaltung oder eine Abfolge solcher Gestaltungen in dem Umfang als unangemessen, als sie nicht aus triftigen wirtschaftlichen Gründen vorgenommen wurde, die die wirtschaftliche Realität widerspiegeln.

(3) Bleiben Gestaltungen oder eine Abfolge solcher Gestaltungen gemäß Absatz 1 unberücksichtigt, so wird die Steuerschuld im Einklang mit nationalem Recht berechnet.

Artikel 7

Vorschrift für beherrschte ausländische Unternehmen

(1) Der Mitgliedstaat eines Steuerpflichtigen behandelt Unternehmen oder Betriebsstätten, deren Gewinne in diesem Mitgliedstaat nicht der Steuer unterliegen oder steuerbefreit sind, als beherrschtes ausländisches Unternehmen, wenn die folgenden Voraussetzungen erfüllt sind:

a) Im Falle eines Unternehmens hält der Steuerpflichtige selbst oder zusammen mit seinen verbundenen Unternehmen unmittelbar oder mittelbar mehr als 50 % der Stimmrechte oder hält unmittelbar oder mittelbar mehr als 50 % des Kapitals oder hat Anspruch auf mehr als 50 % der Gewinne dieses Unternehmens; und

b) die von dem Unternehmen oder der Betriebsstätte tatsächlich entrichtete Körperschaftsteuer auf seine bzw. ihre Gewinne ist niedriger als die Differenz zwischen der Körperschaftsteuer, die nach der geltenden Körperschaftsteuerregelung im Mitgliedstaat des Steuerpflichtigen für das Unternehmen oder die Betriebsstätte erhoben worden wäre, und der von dem Unternehmen oder der Betriebsstätte tatsächlich entrichteten Körperschaftsteuer auf seine bzw. ihre Gewinne.

Für die Zwecke von Unterabsatz 1 Buchstabe b wird die Betriebsstätte eines beherrschten ausländischen Unternehmens, die im Steuergebiet des beherrschten ausländischen Unternehmens nicht der Steuer unterliegt oder steuerbefreit ist, nicht berücksichtigt. Zudem ist unter der Körperschaftsteuer, die in dem Mitgliedstaat des Steuerpflichtigen erhoben worden wäre, die Körperschaftsteuer zu verstehen, wie sie gemäß den Vorschriften des Mitgliedstaats des Steuerpflichtigen berechnet wird.

(2) Wird ein Unternehmen oder eine Betriebsstätte als beherrschtes ausländisches Unternehmen gemäß Absatz 1 behandelt, so wird im Mitgliedstaat des Steuerpflichtigen Folgendes in die Steuerbemessungsgrundlage einbezogen:

a) die nicht ausgeschütteten Einkünfte des Unternehmens oder die Einkünfte der Betriebsstätte aus folgenden Kategorien:

i) Zinsen oder sonstige Einkünfte aus Finanzanlagevermögen;

ii) Lizenzgebühren oder sonstige Einkünfte aus geistigem Eigentum;

iii) Dividenden und Einkünfte aus der Veräußerung von Anteilen;

iv) Einkünfte aus Finanzierungsleasing;

v) Einkünfte aus Tätigkeiten von Versicherungen und Banken und aus anderen finanziellen Tätigkeiten;

vi) Einkünfte von Abrechnungsunternehmen, die Einkünfte aus dem Verkauf von Waren und der Erbringung von Dienstleistungen erzielen, die von verbundenen

Unternehmen erworben oder an diese verkauft werden, und keinen oder nur geringen wirtschaftlichen Mehrwert bringen;

Dieser Buchstabe findet keine Anwendung, wenn das beherrschte ausländische Unternehmen, gestützt auf Personal, Ausstattung, Vermögenswerte und Räumlichkeiten eine wesentliche wirtschaftliche Tätigkeit ausübt, wie durch relevante Fakten und Umstände nachgewiesen.

Ist das beherrschte ausländische Unternehmen in einem Drittland ansässig oder belegen, das keine Vertragspartei des EWR-Abkommens ist, so können die Mitgliedstaaten beschließen, Unterabsatz 2 nicht anzuwenden.

oder

b) die nicht ausgeschütteten Einkünfte des Unternehmens oder der Betriebsstätte aus unangemessenen Gestaltungen, deren wesentlicher Zweck darin besteht, einen steuerlichen Vorteil zu erlangen.

   Für Zwecke dieses Buchstabens gilt eine Gestaltung oder eine Abfolge von Gestaltungen als unangemessen, sofern das Unternehmen oder die Betriebsstätte nicht selbst Eigentümer der Vermögenswerte wäre oder die Risiken, aus denen seine gesamten Einkünfte oder Teile davon erzielt werden, nicht eingegangen wäre, wenn es nicht von einer Gesellschaft beherrscht würde, deren Entscheidungsträger die für diese Vermögenswerte und Risiken relevanten Aufgaben ausführen, die für die Erzielung der Einkünfte des beherrschten Unternehmens ausschlaggebend sind.

(3) Wird die Steuerbemessungsgrundlage eines Steuerpflichtigen nach den Vorschriften eines Mitgliedstaats gemäß Absatz 2 Buchstabe a berechnet, so kann der Mitgliedstaat sich dafür entscheiden, ein Unternehmen oder eine Betriebsstätte nicht als beherrschtes ausländisches Unternehmen gemäß Absatz 1 zu behandeln, wenn ein Drittel oder weniger der Einkünfte des Unternehmens oder der Betriebsstätte in eine der Kategorien unter Absatz 2 Buchstabe a fällt.

Wird die Steuerbemessungsgrundlage eines Steuerpflichtigen nach den Vorschriften eines Mitgliedstaats gemäß Absatz 2 Buchstabe a berechnet, so kann der Mitgliedstaat sich dafür entscheiden, Finanzunternehmen nicht als beherrschte ausländische Unternehmen zu behandeln, wenn ein Drittel oder weniger der Einkünfte des Unternehmens aus den Kategorien unter Absatz 2 Buchstabe a aus Transaktionen mit dem Steuerpflichtigen oder seinen verbundenen Unternehmen stammt.

(4) Die Mitgliedstaaten können Unternehmen oder Betriebsstätten vom Anwendungsbereich des Absatzes 2 Buchstabe b ausnehmen,

a) deren Buchgewinne 750 000 EUR und deren nicht kommerzielle Einkünfte 75 000 EUR nicht übersteigen; oder

b) deren Buchgewinne nicht mehr als 10 % ihrer betrieblichen Aufwendungen für den Steuerzeitraum ausmachen.

Für Zwecke des Unterabsatzes 1 Buchstabe b dürfen die betrieblichen Aufwendungen weder die Kosten der Waren, die außerhalb des Landes verkauft wurden, in dem das Unternehmen/die Betriebsstätte für Steuerzwecke ansässig bzw. belegen ist, noch Zahlungen an verbundene Unternehmen einschließen.

Artikel 8

Berechnung der Einkünfte eines beherrschten ausländischen Unternehmens

(1) Findet Artikel 7 Absatz 2 Buchstabe a Anwendung, so werden die in die Steuerbemessungsgrundlage des Steuerpflichtigen einzubeziehenden Einkünfte nach den Körperschaftsteuervorschriften des Mitgliedstaats, in dem der Steuerpflichtige steuerlich ansässig oder belegen ist, berechnet. Verluste des Unternehmens oder der Betriebsstätte werden nicht in die Steuerbemessungsgrundlage einbezogen, sondern können gemäß nationalem Recht vorgetragen und in den nachfolgenden Steuerzeiträumen berücksichtigt werden.

(2) Findet Artikel 7 Absatz 2 Buchstabe b Anwendung, so sind die in die Steuerbemessungsgrundlage des Steuerpflichtigen einzubeziehenden Einkünfte auf Beträge begrenzt, die durch Vermögenswerte und Risiken erzielt werden, die mit den Aufgaben von Entscheidungsträgern zusammenhängen, die von der beherrschenden Gesellschaft ausgeführt werden. Die Zurechnung der Einkünfte eines beherrschten ausländischen Unternehmens erfolgt nach dem Fremdvergleichsgrundsatz.

(3) Die in die Steuerbemessungsgrundlage einzubeziehenden Einkünfte werden anteilig zu der vom Steuerpflichtigen an dem Unternehmen gehaltenen Beteiligung im Sinne von Artikel 7 Absatz 1 Buchstabe a berechnet.

(4) Die Einkünfte werden in den Steuerzeitraum des Steuerpflichtigen einbezogen, in dem das Steuerjahr des Unternehmens endet.

(5) Schüttet das Unternehmen an den Steuerpflichtigen Gewinne aus und werden diese ausgeschütteten Gewinne in die steuerpflichtigen Einkünfte des Steuerpflichtigen einbezogen, so werden die Einkünfte, die zuvor gemäß Artikel 7 in die Steuerbemessungsgrundlage einbezogen waren, bei der Berechnung des Betrags der auf die ausgeschütteten Gewinne zu erhebenden Steuer von der Bemessungsgrundlage abgezogen, um eine Doppelbesteuerung auszuschließen.

(6) Veräußert der Steuerpflichtige seine Beteiligung an dem Unternehmen oder eine von seiner Betriebsstätte ausgeübte Geschäftstätigkeit und wurde ein Teil der Erlöse aus der Veräußerung zuvor gemäß Artikel 7 in die Steuerbemessungsgrundlage einbezogen, so wird dieser Betrag bei der Berechnung des Betrags der auf diese Erlöse zu erhebenden Steuer von der Bemessungsgrundlage abgezogen, um eine Doppelbesteuerung auszuschließen.

(7) Der Mitgliedstaat des Steuerpflichtigen lässt einen Abzug der von dem Unternehmen oder der Betriebsstätte entrichteten Steuer von der Steuerschuld des Steuerpflichtigen in dem Land seines Steuersitzes oder Steuerstandorts zu. Der Abzug wird nach den nationalen Rechtsvorschriften berechnet.

Artikel 9

Hybride Gestaltungen[1]

(1) Soweit eine hybride Gestaltung zu einem doppelten Abzug führt,

---

[1] **Anm. d. Red.:** Art. 9 i. d. F. der RL (EU) 2017/952 v. 29.5.2017 (ABl EU Nr. L 144 S. 1) mit Wirkung v. 27.6.2017.

a. wird der Abzug in dem Mitgliedstaat, der das Steuergebiet des Investors ist, verweigert; und

b. wenn der Abzug im Steuergebiet des Investors nicht verweigert wird, wird der Abzug in dem Mitgliedstaat, der das Steuergebiet des Zahlenden ist, verweigert.

Ein solcher Abzug kommt jedoch für eine Verrechnung mit Einkünften, die steuerlich doppelt berücksichtigt werden, infrage, unabhängig davon, ob diese in einem laufenden oder einem späteren Steuerzeitraum anfallen.

(2) Soweit eine hybride Gestaltung zu einem Abzug bei gleichzeitiger steuerlicher Nichtberücksichtigung führt,

a. wird der Abzug in dem Mitgliedstaat, der das Steuergebiet des Zahlenden ist, verweigert; und

b. wenn der Abzug im Steuergebiet des Zahlenden nicht verweigert wird, ist der Betrag der Zahlung, der andernfalls zu einer Inkongruenz führen würde, bei Einkünften in dem Mitgliedstaat, der das Steuergebiet des Zahlungsempfängers ist, zu berücksichtigen.

(3) Ein Mitgliedstaat verweigert den Abzug für eine Zahlung eines Steuerpflichtigen insoweit, als diese Zahlung direkt oder indirekt in abzugsfähige Aufwendungen fließt, die zu einer hybriden Gestaltung durch eine Transaktion oder eine Reihe von Transaktionen zwischen verbundenen Unternehmen oder als Teil einer strukturierten Gestaltung führen, es sei denn, eines der an der Transaktion oder der Reihe von Transaktionen beteiligten Steuergebiete hat eine gleichwertige Anpassung in Bezug auf diese hybride Gestaltung vorgenommen.

(4) Ein Mitgliedstaat kann folgende hybride Gestaltungen aus dem Geltungsbereich ausschließen:

a. hybride Gestaltungen im Sinne von Artikel 2 Nummer 9 Unterabsatz 1 Buchstabe b, c, d oder f aus dem Geltungsbereich des Absatzes 2 Buchstabe b dieses Artikels;

b. hybride Gestaltungen, die sich aus einer Zinszahlung im Rahmen eines Finanzinstruments an ein verbundenes Unternehmen ergeben, aus dem Geltungsbereich des Absatzes 2 Buchstaben a und b dieses Artikels, sofern

   i) das Finanzinstrument Merkmale einer Umwandlung, eines Bail-in oder einer Abschreibung aufweist;

   ii) das Finanzinstrument zum alleinigen Zweck der Erfüllung der für den Bankensektor geltenden Anforderungen in Bezug auf die Verlustabsorptionsfähigkeit ausgegeben wurde und das Finanzinstrument in den Anforderungen in Bezug auf die Verlustabsorptionsfähigkeit des Steuerpflichtigen als solches anerkannt ist;

   iii) das Finanzinstrument

      o im Zusammenhang mit Finanzinstrumenten mit Merkmalen einer Umwandlung, eines Bail-in oder einer Abschreibung auf der Ebene eines Mutterunternehmens,

      o auf dem zur Erfüllung der geltenden Anforderungen in Bezug auf die Verlustabsorptionsfähigkeit erforderlichen Niveau,

      o nicht als Teil einer strukturierten Gestaltung ausgegeben wurde und

iv) der Nettoabzug insgesamt für die konsolidierte Gruppe im Rahmen der Gestaltung nicht den Betrag überschreitet, der sich ergäbe, wenn der Steuerpflichtige ein solches Finanzinstrument direkt auf dem Markt ausgegeben hätte.

Buchstabe b gilt bis zum 31. Dezember 2022.

(5) Soweit eine hybride Gestaltung zu Einkünften einer unberücksichtigten Betriebsstätte führt, die in dem Mitgliedstaat, in dem der Steuerpflichtige steuerlich ansässig ist, nicht der Steuer unterliegen, schreibt dieser Mitgliedstaat dem Steuerpflichtigen vor, die Einkünfte, die andernfalls der unberücksichtigten Betriebsstätte zugeordnet würden, zu berücksichtigen. Dies findet Anwendung, es sei denn, der Mitgliedstaat muss die Einkünfte gemäß einem Doppelbesteuerungsabkommen zwischen dem Mitgliedstaat und einem Drittland von der Steuer befreien.

(6) Soweit eine hybride Übertragung mit der Absicht entwickelt wurde, bei mehr als einer der beteiligten Parteien eine Ermäßigung der Quellensteuer auf eine Zahlung aus einem übertragenen Finanzinstrument herbeizuführen, begrenzt der Mitgliedstaat des Steuerpflichtigen den sich aus der Ermäßigung ergebenden Vorteil im Verhältnis zu den steuerpflichtigen Nettoeinkünften im Zusammenhang mit der Zahlung.

Artikel 9a

Umgekehrt hybride Gestaltungen[1]

(1) Wenn einer oder mehrere verbundene nichtansässige Unternehmen, die zusammengenommen eine direkte oder indirekte Beteiligung an mindestens 50 % der Stimmrechte, des Kapitals oder der Rechte auf Gewinnbeteiligung in einem hybriden Unternehmen halten, das in einem Mitgliedstaat eingetragen oder niedergelassen ist, in einem Steuergebiet oder in Steuergebieten angesiedelt ist/sind, das/die das hybride Unternehmen als Steuerpflichtigen betrachtet/betrachten, wird das hybride Unternehmen als in dem genannten Mitgliedstaat ansässig betrachtet und werden seine Einkünfte insoweit besteuert, wie diese Einkünfte nicht anderweitig nach den Rechtsvorschriften des Mitgliedstaats oder eines anderen Steuergebiets besteuert werden.

(2) Absatz 1 gilt nicht für Organismen für gemeinsame Anlagen. Für die Zwecke dieses Artikels bezeichnet der Ausdruck „Organismus für gemeinsame Anlagen" einen Anlagefonds oder ein Anlageinstrument, das sich in Streubesitz befindet, einen diversifizierten Wertpapierbestand aufweist und in dem Land seiner Niederlassung der Regulierung für den Anlegerschutz unterliegt.

Artikel 9b

Inkongruenzen bei der Steueransässigkeit[2]

Soweit ein Abzug für eine Zahlung bzw. für Aufwendungen oder Verluste eines Steuerpflichtigen, der in zwei oder mehr Steuergebieten steuerlich ansässig ist, in beiden Steuergebieten

---

[1] **Anm. d. Red.:** Art. 9a eingefügt gem. RL (EU) 2017/952 v. 29.5.2017 (ABl EU Nr. L 144 S. 1) mit Wirkung v. 27.6.2017.

[2] **Anm. d. Red.:** Art. 9b eingefügt gem. RL (EU) 2017/952 v. 29.5.2017 (ABl EU Nr. L 144 S. 1) mit Wirkung v. 27.6.2017.

von der Steuerbemessungsgrundlage abzugsfähig ist, verweigert der Mitgliedstaat des Steuerpflichtigen den Abzug insoweit, als in dem anderen Steuergebiet gestattet ist, den zweiten Abzug mit den Einkünften zu verrechnen, die steuerlich nicht doppelt berücksichtigt werden. Wenn beide Steuergebiete Mitgliedstaaten sind, verweigert der Mitgliedstaat, in dem der Steuerpflichtige nach dem Doppelbesteuerungsabkommen zwischen den beiden betroffenen Mitgliedstaaten nicht als ansässig betrachtet wird, den Abzug.

KAPITEL III
SCHLUSSBESTIMMUNGEN

Artikel 10

Überprüfung[1]

(1) Die Kommission bewertet die Umsetzung dieser Richtlinie, insbesondere die Wirkung des Artikels 4, bis zum 9. August 2020 und erstattet dem Rat darüber Bericht. Dem Bericht der Kommission wird gegebenenfalls ein Gesetzgebungsvorschlag beigefügt.

Abweichend von Unterabsatz 1 bewertet die Kommission die Durchführung der Artikel 9 und 9b und insbesondere die Auswirkungen der Ausnahmeregelung gemäß Artikel 9 Absatz 4 Buchstabe b bis zum 1. Januar 2022 und erstattet dem Rat darüber Bericht.

(2) Die Mitgliedstaaten übermitteln der Kommission alle Informationen, die für eine Bewertung der Umsetzung dieser Richtlinie erforderlich sind.

(3) Die in Artikel 11 Absatz 6 genannten Mitgliedstaaten übermitteln der Kommission vor dem 1. Juli 2017 alle Informationen, die erforderlich sind, um die Wirksamkeit der nationalen gezielten Vorschriften zur Verhütung von Risiken der Gewinnverkürzung und Gewinnverlagerung (Base Erosion and Profit Shifting – BEPS) zu bewerten.

Artikel 11

Umsetzung[2]

(1) Die Mitgliedstaaten erlassen und veröffentlichen bis zum 31. Dezember 2018 die Rechts- und Verwaltungsvorschriften, die erforderlich sind, um dieser Richtlinie nachzukommen. Sie teilen der Kommission unverzüglich den Wortlaut dieser Vorschriften mit.

Sie wenden diese Vorschriften ab dem 1. Januar 2019 an.

Wenn die Mitgliedstaaten diese Vorschriften erlassen, nehmen sie in den Vorschriften selbst oder durch einen Hinweis bei der amtlichen Veröffentlichung auf diese Richtlinie Bezug. Die Mitgliedstaaten regeln die Einzelheiten dieser Bezugnahme.

(2) Die Mitgliedstaaten teilen der Kommission den Wortlaut der wichtigsten nationalen Rechtsvorschriften mit, die sie auf dem unter diese Richtlinie fallenden Gebiet erlassen.

(3) Wird in dieser Richtlinie ein Geldbetrag in Euro (EUR) angegeben, so können sich die Mitgliedstaaten, deren Währung nicht der Euro ist, dafür entscheiden, den Gegenwert in der Landeswährung bis zum 12. Juli 2016 zu berechnen.

---

[1] **Anm. d. Red.:** Art. 10 Abs. 1 i. d. F. der RL (EU) 2017/952 v. 29.5.2017 (ABl EU Nr. L 144 S. 1) mit Wirkung v. 27.6.2017.

[2] **Anm. d. Red.:** Art. 11 Abs. 5a eingefügt gem. RL (EU) 2017/952 v. 29.5.2017 (ABl EU Nr. L 144 S. 1) mit Wirkung v. 27.6.2017.

(4) Abweichend von Artikel 5 Absatz 2 darf Estland, solange es keine Besteuerung nicht ausgeschütteter Gewinne vornimmt, eine Übertragung von Vermögenswerten in monetärer oder nicht monetärer Form, einschließlich in Form von Bargeld, von einer in Estland belegenen Betriebsstätte an einen Hauptsitz oder eine andere in einem anderen Mitgliedstaat oder in einem Drittland, das Vertragspartei des Abkommens über den Europäischen Wirtschaftsraum (EWR-Abkommen) ist, belegene Betriebsstätte als Gewinnausschüttung betrachten und Einkommensteuer erheben, ohne den Steuerzahlern das Recht zum Aufschub der Zahlung dieser Steuer einzuräumen.

(5) Abweichend von Absatz 1 erlassen und veröffentlichen die Mitgliedstaaten bis zum 31. Dezember 2019 die Rechts- und Verwaltungsvorschriften, die erforderlich sind, um Artikel 5 nachzukommen. Sie teilen der Kommission unverzüglich den Wortlaut dieser Vorschriften mit.

Sie wenden diese Vorschriften ab dem 1. Januar 2020 an.

Wenn die Mitgliedstaaten diese Vorschriften erlassen, nehmen sie in den Vorschriften selbst oder durch einen Hinweis bei der amtlichen Veröffentlichung auf diese Richtlinie Bezug. Die Mitgliedstaaten regeln die Einzelheiten dieser Bezugnahme.

(5a) Abweichend von Absatz 1 erlassen und veröffentlichen die Mitgliedstaaten bis zum 31. Dezember 2019 die erforderlichen Rechts- und Verwaltungsvorschriften, um Artikel 9 nachzukommen. Sie teilen der Kommission unverzüglich den Wortlaut dieser Vorschriften mit.

Sie wenden diese Vorschriften ab dem 1. Januar 2020 an.

Wenn die Mitgliedstaaten diese Vorschriften erlassen, nehmen sie in den Vorschriften selbst oder durch einen Hinweis bei der amtlichen Veröffentlichung auf diese Richtlinie Bezug. Die Mitgliedstaaten regeln die Einzelheiten dieser Bezugnahme.

(6) Abweichend von Artikel 4 dürfen Mitgliedstaaten, die zum 8. August 2016 über nationale gezielte Vorschriften zur Verhütung von BEPS verfügen, die gleichermaßen wirksam sind wie die Zinsschranke nach dieser Richtlinie, diese gezielten Vorschriften bis zum Ende des ersten abgeschlossenen Steuerjahres, das auf den Tag folgt, an dem die Vereinbarung zwischen den Mitgliedern der OECD über einen Mindeststandard in Bezug auf den BEPS-Aktionspunkt 4 auf der amtlichen Website veröffentlicht wird, spätestens aber bis zum 1. Januar 2024 anwenden

Artikel 12

Inkrafttreten

Diese Richtlinie tritt am zwanzigsten Tag nach ihrer Veröffentlichung im *Amtsblatt der Europäischen Union* in Kraft.

Artikel 13

Adressaten

Diese Richtlinie ist an die Mitgliedstaaten gerichtet.

Geschehen zu Brüssel am 12. Juli 2016.

Im Namen des Rates

Der Präsident

P. KAŽIMÍR

Richtlinie (EU) 2017/1852 des Rates vom 10. Oktober 2017 über Verfahren zur Beilegung von Besteuerungsstreitigkeiten in der Europäischen Union

DER RAT DER EUROPÄISCHEN UNION —

gestützt auf den Vertrag über die Arbeitsweise der Europäischen Union, insbesondere auf Artikel 115,

auf Vorschlag der Europäischen Kommission,

nach Zuleitung des Entwurfs des Gesetzgebungsakts an die nationalen Parlamente,

nach Stellungnahme des Europäischen Parlaments[1],

nach Stellungnahme des Europäischen Wirtschafts- und Sozialausschusses[2],

gemäß einem besonderen Gesetzgebungsverfahren,

in Erwägung nachstehender Gründe:

(1) Wenn verschiedene Mitgliedstaaten die Bestimmungen von bilateralen Steuerabkommen und Steuerübereinkommen oder des Übereinkommens über die Beseitigung der Doppelbesteuerung im Falle von Gewinnberichtigungen zwischen verbundenen Unternehmen (90/436/EWG)[3] (im Folgenden „Übereinkommen der Union über die Beseitigung der Doppelbesteuerung"), unterschiedlich auslegen oder anwenden, so kann dies für grenzübergreifend tätige Unternehmen schwerwiegende steuerliche Hindernisse schaffen. Diese Hindernisse bewirken für die Unternehmen eine übermäßige steuerliche Belastung und haben wahrscheinlich wirtschaftliche Verzerrungen und Ineffizienzen sowie nachteilige Auswirkungen auf grenzübergreifende Investitionen und das Wachstum zur Folge.

(2) Deshalb ist es notwendig, dass es in der Union Verfahren gibt, die für eine wirksame Beilegung von Streitigkeiten bezüglich der Auslegung und Anwendung solcher bilateraler Steuerabkommen und des Übereinkommens der Union über die Beseitigung der Doppelbesteuerung, insbesondere der Streitigkeiten, die zur Doppelbesteuerung führen, sorgen.

(3) Es ist möglich, dass mit den derzeit in bilateralen Steuerabkommen und im Übereinkommen der Union über die Beseitigung der Doppelbesteuerung vorgesehenen Verfahren derartige Streitigkeiten nicht in allen Fällen rechtzeitig wirksam beigelegt werden können. Das im Rahmen der Umsetzung des Übereinkommens der Union über die Beseitigung der Doppelbesteuerung durchgeführte Monitoring hat gezeigt, dass es einige erhebliche Unzulänglichkeiten gibt, insbesondere in Bezug auf den Zugang zum Verfahren sowie in Bezug auf seine Dauer und seinen wirksamen Abschluss.

(4) Um ein faireres steuerliches Umfeld zu schaffen, müssen die Transparenzvorschriften verbessert und die Maßnahmen zur Bekämpfung der Steuervermeidung verstärkt werden. Gleichzeitig ist es im Sinne eines fairen Steuersystems erforderlich, zu gewährleisten, dass Streitbeilegungsverfahren umfassend, effektiv und nachhaltig sind. Bessere Verfahren für die Beilegung von Streitigkeiten sind auch notwendig, weil die Gefahr besteht, dass die Zahl der Streitigkeiten über Doppel- oder Mehrfachbesteuerung steigen wird, wobei es auch um sehr

---

[1] Stellungnahme vom 6. Juli 2017 (noch nicht im Amtsblatt veröffentlicht).

[2] Stellungnahme vom 22. Februar 2017 (noch nicht im Amtsblatt veröffentlicht).

[3] ABl. L 225 vom 20.8.1990, S. 10.

hohe Beträge gehen könnte, da die Steuerbehörden regelmäßigere und gezieltere Prüfungen durchführen.

(5) Der Einführung eines wirksamen und effizienten Rechtsrahmens für die Beilegung von Besteuerungsstreitigkeiten, der für Rechtssicherheit und ein unternehmensfreundliches Investitionsumfeld sorgt, kommt daher entscheidende Bedeutung für die Schaffung fairer und effizienter Steuersysteme in der Union zu. Die Verfahren zur Beilegung von Streitigkeiten sollten auch einen har monisierten und transparenten Rahmen für die Beilegung von Streitigkeiten schaffen und auf diese Weise allen Steuerpflichtigen Vorteile bringen.

(6) Die Beilegung der Streitigkeiten sollte für die unterschiedliche Auslegung und Anwendung der bilateralen Steuerabkommen und des Übereinkommens der Union über die Beseitigung der Doppelbesteuerung gelten, und zwar insbesondere für die unterschiedliche Auslegung und Anwendung, die zur Doppelbesteuerung führt. Dies sollte mittels eines Verfahrens erreicht werden, in dem in einem ersten Schritt die Steuerbehörden der betroffenen Mitgliedstaaten mit dem Fall befasst werden, damit sie die Streitigkeit in einem Verständigungsverfahren beilegen können. Die Mitgliedstaaten sollten dazu ermutigt werden, während der Schlussphasen des Zeitraums des Verständigungsverfahrens nicht verbindliche alternative Streitbeilegungsverfahren wie Mediations- oder Schlichtungsverfahren zu nutzen. Kommt es innerhalb einer bestimmten Frist zu keiner Einigung, so sollte ein Streitbeilegungsverfahren eingeleitet werden. Bei der Wahl der Methode für die Streitbeilegung sollte Flexibilität herrschen, wobei entweder auf Ad-hoc-Strukturen oder auf dauerhaftere Strukturen zurückgegriffen werden könnte. Bei Streitbeilegungsverfahren könnte auf die Form eines Beratenden Ausschusses, dem sowohl Vertreter der betroffenen Steuerbehörden als auch unabhängige Personen angehören, oder die eines Ausschusses für alternative Streitbeilegung (letzterer könnte für die Flexibilität in der Auswahl der Methode für die Streitbeilegung sorgen) zurückgegriffen werden. Gegebenenfalls könnten die Mitgliedstaaten mittels eines bilateralen Abkommens auch jede andere Art von Streitbeilegungsverfahren wie zum Beispiel das Schiedsverfahren des „endgültigen Angebots“ (auch bekannt als Schiedsverfahren des „letzten besten Angebots“) wählen, um die Streitigkeit verbindlich beizulegen. Die Steuerbehörden sollten unter Bezugnahme auf die Stellungnahme eines Beratenden Ausschusses oder eines Ausschusses für die alternative Streitbeilegung eine abschließende und verbindliche Entscheidung treffen.

(7) Das verbesserte Verfahren zur Beilegung von Streitigkeiten sollte auf Systemen basieren, die bereits in der Union existieren, einschließlich des Übereinkommens der Union über die Beseitigung der Doppelbesteuerung. Der Anwendungsbereich der vorliegenden Richtlinie sollte jedoch über denjenigen des Übereinkommens der Union über die Beseitigung der Doppelbesteuerung hinausgehen, der sich auf Streitigkeiten über Verrechnungspreise und über die Zuweisung von Gewinnen an Betriebsstätten beschränkt. Die vorliegende Richtlinie sollte für alle Steuerpflichtigen gelten, die Einkommen und Vermögen zu versteuern haben, die unter bilaterale Steuerabkommen und das Übereinkommen der Union über die Beseitigung der Doppelbesteuerung fallen. Gleichzeitig sollten Einzelpersonen, Kleinstunternehmen sowie kleine und mittlere Unternehmen beim Rückgriff auf Streitbeilegungsverfahren einen geringeren Verwaltungsaufwand haben. Darüber hinaus sollte die Streitbeilegungsphase ausgestaltet werden. So ist es insbesondere erforderlich, eine Frist für die Dauer der Verfahren zur Beilegung von Doppelbesteuerungsstreitigkeiten sowie die Bedingungen des Streitbeilegungsverfahrens für die Steuerpflichtigen festzulegen.

(8) Zur Gewährleistung einheitlicher Bedingungen für die Durchführung dieser Richtlinie sollten der Kommission Durchführungsbefugnisse übertragen werden. Diese Befugnisse sollten im Einklang mit der Verordnung (EU) Nr. 182/2011 des Europäischen Parlaments und des Rates[1] ausgeübt werden.

(9) Die Richtlinie wahrt die Grundrechte und die Grundsätze, die insbesondere in der Charta der Grundrechte der Europäischen Union anerkannt wurden. Sie zielt insbesondere darauf ab, die vollständige Wahrung des Rechts auf ein faires Verfahren und der unternehmerischen Freiheit sicherzustellen.

(10) Da das Ziel dieser Richtlinie, nämlich die Einführung eines wirksamen und effizienten Verfahrens zur Beilegung von Streitigkeiten im Rahmen des ordnungsgemäßen Funktionierens des Binnenmarkts, von den Mitgliedstaaten nicht ausreichend verwirklicht werden kann, sondern vielmehr wegen des Umfangs und der Wirkungen der Maßnahme auf Unionsebene besser zu verwirklichen ist, kann die Union im Einklang mit dem in Artikel 5 des Vertrags über die Europäische Union verankerten Subsidiaritätsprinzip tätig werden. Entsprechend dem in demselben Artikel genannten Grundsatz der Verhältnismäßigkeit geht diese Richtlinie nicht über das zur Verwirklichung dieses Ziels erforderliche Maß hinaus.

(11) Die Kommission sollte die Anwendung der Richtlinie nach einem Zeitraum von fünf Jahren überprüfen, und die Mitgliedstaaten sollten die Kommission dabei durch sachdienliche Beiträge unterstützen —

HAT FOLGENDE RICHTLINIE ERLASSEN:

Artikel 1
Gegenstand und Anwendungsbereich

In dieser Richtlinie wird ein Verfahren zur Beilegung von Streitigkeiten zwischen Mitgliedstaaten festgelegt, wenn diese Streitigkeiten durch die Auslegung und Anwendung von Abkommen und Übereinkommen entstehen, welche die Beseitigung der Doppelbesteuerung von Einkommen und gegebenenfalls Vermögen vorsehen. Darüber hinaus werden die Rechte und Pflichten der betroffenen Personen festgelegt, wenn derartige Streitigkeiten entstehen. Für die Zwecke dieser Richtlinie wird eine Angelegenheit, die zu derartigen Streitigkeiten führt, als „Streitfrage" bezeichnet.

Artikel 2
Begriffsbestimmungen

(1) Für die Zwecke dieser Richtlinie bezeichnet der Begriff

a) „zuständige Behörde" die Behörde eines Mitgliedstaats, die als solche vom betreffenden Mitgliedstaat benannt wurde;
b) „zuständiges Gericht" das Gericht oder eine andere Stelle eines Mitgliedstaats, das bzw. die als solches bzw. solche vom betreffenden Mitgliedstaat benannt wurde;
c) „Doppelbesteuerung" die Erhebung von Steuern durch zwei oder mehr Mitgliedstaaten, die unter ein in Artikel 1 genanntes Abkommen oder Übereinkommen fallen, in Bezug

[1] Verordnung (EU) Nr. 182/2011 des Europäischen Parlaments und des Rates vom 16. Februar 2011 zur Festlegung der allgemeinen Regeln und Grundsätze, nach denen die Mitgliedstaaten die Wahrnehmung der Durchführungsbefugnisse durch die Kommission kontrollieren (ABl. L 55 vom 28.2.2011, S. 13).

auf dasselbe steuerpflichtige Einkommen oder Vermögen, wenn sie entweder zu i) einer zusätzlichen Steuerbelastung, ii) einer Erhöhung der Steuerverbindlichkeiten oder iii) der Streichung oder Verringerung von Verlusten, die zur Verrechnung mit steuerpflichtigen Gewinnen hätten genutzt werden können, führt;

d) „betroffene Person" eine Person, einschließlich einer natürlichen Person, die in einem Mitgliedstaat steuerlich ansässig ist und deren Besteuerung von einer Streitfrage unmittelbar betroffen ist. (2) Wenn der Zusammenhang nichts anderes erfordert, hat jeder in dieser Richtlinie nicht definierte Begriff die Bedeutung, die ihm zum jeweiligen Zeitpunkt gemäß dem in Artikel 1 genannten einschlägigen Abkommen oder Übereinkommen zukommt, das zum Zeitpunkt des Eingangs der ersten Mitteilung der Maßnahme gilt, die im Ergebnis zu einer Streitfrage geführt hat oder führen wird. In Ermangelung einer Begriffsbestimmung in einem solchen Abkommen oder Übereinkommen haben nicht definierte Begriffe die Bedeutung, die ihnen zum jeweiligen Zeitpunkt nach dem Recht des betroffenen Mitgliedstaats für die Zwecke der Steuern zukam, für die das genannte Abkommen oder Übereinkommen gilt, wobei jede Bedeutung nach dem geltenden Steuerrecht des genannten Mitgliedstaats Vorrang vor einer Bedeutung hat, die der Begriff nach anderen Gesetzen des genannten Mitgliedstaats hat.

Artikel 3
Beschwerde

(1) Jede betroffene Person ist berechtigt, eine Beschwerde über eine Streitfrage bei jeder der zuständigen Behörden jedes der betroffenen Mitgliedstaaten einzureichen und um deren Lösung zu ersuchen. Die Beschwerde ist innerhalb von drei Jahren nach Erhalt der ersten Mitteilung der Maßnahme, die im Ergebnis zu einer Streitfrage führt oder führen wird, einzureichen, unabhängig davon, ob die betroffene Person auf die im nationalen Recht eines der betroffenen Mitgliedstaaten zur Verfügung stehenden Rechtsbehelfe zurückgreifen kann oder nicht. Die betroffene Person muss die Beschwerde bei jeder zuständigen Behörde gleichzeitig und mit den gleichen Angaben einreichen und in der Beschwerde angeben, welche anderen Mitgliedstaaten betroffen sind. Die betroffene Person stellt sicher, dass jeder betroffene Mitgliedstaat die Beschwerde in mindestens einer der folgenden Sprachen erhält:

a) einer der Amtssprachen des genannten Mitgliedstaats nach nationalem Recht oder

b) einer anderen Sprache, die dieser Mitgliedstaat zu diesem Zweck akzeptiert.

(2) Jede zuständige Behörde bestätigt den Eingang der Beschwerde innerhalb von zwei Monaten nach deren Eingang. Jede zuständige Behörde unterrichtet zudem innerhalb von zwei Monaten nach Eingang dieser Beschwerde die zuständigen Behörden der anderen betroffenen Mitgliedstaaten über diesen Eingang. Die zuständigen Behörden unterrichten einander zu diesem Zeitpunkt auch darüber, welche Sprache oder Sprachen sie für ihre Mitteilungen während der maßgeblichen Verfahren verwenden wollen.

(3) Die Beschwerde wird nur zugelassen, wenn in einem ersten Schritt die betroffene Person, welche die Beschwerde einreicht, den zuständigen Behörden jedes der betroffenen Mitgliedstaaten folgende Informationen übermittelt:

- Name(n), Anschrift(en), Steueridentifikationsnummer(n) und jegliche sonstige Angaben, die für die Identifikation der betroffenen Person(en), die die Beschwerde bei den zuständigen Behörden eingereicht hat(haben), und jeder anderen betroffenen Person erforderlich sind;

- die betroffenen Steuerzeiträume;
- genaue Angaben zu den maßgeblichen Tatsachen und Umständen des Falls (einschließlich genauer Angaben zur Struktur der Transaktion und zu den Beziehungen zwischen der betroffenen Person und den anderen an den maßgeblichen Transaktionen beteiligten Parteien sowie jegliche Fakten, die in gutem Glauben in einer für beide Seiten verbindlichen Vereinbarung zwischen der betroffenen Person und der Steuerverwaltung festgelegt wurden, soweit dies zutrifft) und im Einzelnen zur Art und zum Zeitpunkt der zu der Streitfrage führenden Maßnahmen (einschließlich gegebenenfalls genauer Angaben zu demselben im anderen Mitgliedstaat eingegangenen Einkommen und zur Einbeziehung dieses Einkommens in das steuerpflichtige Einkommen im anderen Mitgliedstaat sowie genauer Angaben zu Steuern auf dieses Einkommen im anderen Mitgliedstaat, die bereits erhoben wurden oder noch erhoben werden) und Angaben zu den entsprechenden Beträgen in den Währungen der betroffenen Mitgliedstaaten, mit Kopien aller Belege;
- Verweis auf die anzuwendenden nationalen Vorschriften und die in Artikel 1 genannten Abkommen oder Übereinkommen; wenn mehr als ein Abkommen oder Übereinkommen anwendbar ist, gibt die betroffene Person, die die Beschwerde einreicht, an, welches Abkommen oder Übereinkommen in Bezug auf die maßgebliche Streitfrage ausgelegt wird. Dieses Abkommen oder Übereinkommen ist für die Zwecke dieser Richtlinie das anzuwendende Abkommen oder Übereinkommen;
- folgende Angaben der betroffenen Person, die die Beschwerde bei den zuständigen Behörden eingereicht hat, mit Kopien aller Belege:
  i) eine Stellungnahme der betroffenen Person, aus der hervorgeht, aus welchen Gründen ihrer Ansicht nach eine Streitfrage vorliegt;
  ii) genaue Angaben zu etwaigen von der betroffenen Person eingelegten Rechtsbehelfen oder eingeleiteten Gerichtsverfahren im Zusammenhang mit den maßgeblichen Transaktionen sowie zu allen die Streitfrage betreffenden Gerichtsentscheidungen;
  iii) eine Erklärung der betroffenen Person, in der diese sich verpflichtet, alle angemessenen Anfragen einer zuständigen Behörde so vollständig und so rasch wie möglich zu beantworten und auf Anfrage den zuständigen Behörden alle Unterlagen zu übermitteln;
  iv) sofern dies sachdienlich ist, eine Kopie der endgültigen Entscheidung über die Steuerveranlagung in Form eines endgütigen Steuerbescheids, der Steuerprüfungsberichte oder anderer vergleichbarer Unterlagen, die zu der Streitfrage führen, sowie eine Kopie aller sonstigen von den Steuerbehörden erstellten Unterlagen im Zusammenhang mit der Streitfrage;
  v) Angaben zu jeder von der betroffenen Person eingereichten Beschwerde im Rahmen eines anderen Verständigungs- oder Streitbeilegungsverfahrens, wie in Artikel 16 Absatz 5 festgelegt, und eine ausdrückliche Verpflichtung der betroffenen Person, die Bestimmungen des Artikels 16 Absatz 5 einzuhalten, sofern einschlägig;
- alle spezifischen weiteren Informationen, um die die zuständigen Behörden ersucht haben und die für die inhaltliche Prüfung des jeweiligen Falls als erforderlich erachtet werden.

(4) Die zuständigen Behörden jedes der betroffenen Mitgliedstaaten können um die in Absatz 3 Buchstabe f genannten Informationen innerhalb von drei Monaten nach Eingang der Beschwerde ersuchen. Weitere Informationsersuchen können im Rahmen des Verständigungsverfahrens gemäß Artikel 4 unterbreitet werden, sofern die zuständigen Behörden dies als erforderlich erachten. Nationales Recht zum Schutz von Informationen und zum Schutz des Handels-, Geschäfts-, Gewerbe- oder Berufsgeheimnisses oder von Geschäftsverfahren findet Anwendung.

Eine betroffene Person, die ein Ersuchen gemäß Absatz 3 Buchstabe f erhält, antwortet innerhalb von drei Monaten nach Erhalt des Ersuchens. Eine Kopie dieser Antwort wird gleichzeitig auch den zuständigen Behörden der anderen betroffenen Mitgliedstaaten übermittelt.

(5) Die zuständigen Behörden jedes der betroffenen Mitgliedstaaten treffen innerhalb von sechs Monaten nach Eingang der Beschwerde oder nach Eingang der in Absatz 3 Buchstabe f genannten Informationen — je nachdem, was später eintrifft — eine Entscheidung über die Zulassung oder Zurückweisung der Beschwerde. Die zuständigen Behörden unterrichten die betroffene Person und die zuständigen Behörden der anderen Mitgliedstaaten unverzüglich über ihre Entscheidung.

Eine zuständige Behörde kann innerhalb eines Zeitraums von sechs Monaten nach Eingang einer Beschwerde oder nach Eingang der in Absatz 3 Buchstabe f genannten Informationen — je nachdem, was später eintrifft — beschließen, die Streitfrage einseitig ohne Einbeziehung der anderen zuständigen Behörden der betroffenen Mitgliedstaaten zu lösen. In diesem Fall teilt die jeweils zuständige Behörde der betroffenen Person und den anderen zuständigen Behörden der betroffenen Mitgliedstaaten dies unverzüglich mit, woraufhin die Verfahren gemäß dieser Richtlinie beendet werden.

(6) Wünscht eine betroffene Person eine Beschwerde zurückzuziehen, so übermittelt sie allen zuständigen Behörden der betroffenen Mitgliedstaaten gleichzeitig eine schriftliche Mitteilung über die Rücknahme. Durch diese Mitteilung werden alle Verfahren gemäß dieser Richtlinie mit sofortiger Wirkung beendet. Die zuständigen Behörden der Mitgliedstaaten, die eine solche Mitteilung über die Rücknahme erhalten, unterrichten die anderen zuständigen Behörden der betroffenen Mitgliedstaaten unverzüglich über die Beendigung der Verfahren.

Wird eine Streitfrage aus irgendeinem Grunde gegenstandslos, werden alle Verfahren gemäß dieser Richtlinie mit sofortiger Wirkung beendet und die zuständigen Behörden der betroffenen Mitgliedstaaten unterrichten die betroffene Person unverzüglich über den aktuellen Sachstand und die allgemeinen Gründe hierfür.

Artikel 4
Verständigungsverfahren

(1) Wenn die zuständigen Behörden der betroffenen Mitgliedstaaten eine Beschwerde zulassen, bemühen sie sich darum, die Streitfrage im Verständigungsverfahren innerhalb von zwei Jahren ab der letzten Mitteilung über den Beschluss eines der Mitgliedstaaten, die Beschwerde zuzulassen, zu lösen.

Der in Unterabsatz 1 genannte Zweijahreszeitraum kann auf Ersuchen einer zuständigen Behörde eines betroffenen Mitgliedstaats an alle anderen zuständigen Behörden der betroffenen Mitgliedstaaten um bis zu ein Jahr verlängert werden, wenn die antragstellende zuständige Behörde eine schriftliche Begründung vorlegt.

(2) Sobald die zuständigen Behörden der Mitgliedstaaten innerhalb des in Absatz 1 genannten Zeitraums eine Einigung darüber erzielt haben, wie die Streitfrage gelöst werden soll, teilt die zuständige Behörde jedes der betroffenen Mitgliedstaaten der betroffenen Person unverzüglich diese Einigung als für die Behörde verbindliche und von der betroffenen Person durchsetzbare Entscheidung mit, sofern die betroffene Person unter entsprechenden Voraussetzungen der Entscheidung zustimmt und auf das Recht auf andere Rechtsbehelfe verzichtet. Wenn bereits Verfahren bezüglich solcher anderer Rechtsbehelfe eingeleitet wurden, wird die Entscheidung erst verbindlich und durchsetzbar, sobald die betroffene Person den zuständigen Behörden der betroffenen Mitgliedstaaten Nachweise dafür vorgelegt hat, dass Maßnahmen getroffen wurden, um diese Verfahren einzustellen. Solche Nachweise müssen spätestens 60 Tage nach dem Zeitpunkt vorgelegt werden, zu dem diese Entscheidung der betroffenen Person mitgeteilt wurde. Die Entscheidung ist anschließend unabhängig von etwaigen im nationalen Recht der betroffenen Mitgliedstaaten vorgeschriebenen Fristen unverzüglich umzusetzen.

(3) Haben die zuständigen Behörden der betroffenen Mitgliedstaaten innerhalb des in Absatz 1 genannten Zeitraums keine Einigung darüber erzielt, wie die Streitfrage gelöst werden soll, so teilt die zuständige Behörde jedes der betroffenen Mitgliedstaaten der betroffenen Person mit, aus welchen allgemeinen Gründen keine Einigung erzielt wurde.

Artikel 5
Entscheidung der zuständigen Behörde über die Beschwerde

(1) Die zuständige Behörde eines betroffenen Mitgliedstaats kann entscheiden, eine Beschwerde innerhalb der in Artikel 3 Absatz 5 festgelegten Frist zurückzuweisen, wenn

a) nach Artikel 3 Absatz 3 erforderliche Informationen fehlen (wozu auch die Informationen zählen, um die gemäß Artikel 3 Absatz 3 Buchstabe f ersucht wurde und die nicht innerhalb der in Artikel 3 Absatz 4 genannten Frist vorgelegt wurden),
b) keine Streitfrage vorliegt oder
c) die Beschwerde nicht innerhalb des in Artikel 3 Absatz 1 festgelegten Dreijahreszeitraums vorgelegt wurde.

Wenn die betroffene Person gemäß den Bestimmungen des Artikels 3 Absatz 5 unterrichtet wird, teilt ihr die zuständige Behörde die allgemeinen Gründe für die Zurückweisung mit.

(2) Hat eine zuständige Behörde eines betroffenen Mitgliedstaats innerhalb der in Artikel 3 Absatz 5 festgelegten Frist keine Entscheidung über die Beschwerde getroffen, so gilt die Beschwerde als von dieser zuständigen Behörde zugelassen.

(3) Die betroffene Person ist berechtigt, gegen die Entscheidung der zuständigen Behörden der betroffenen Mitgliedstaaten gemäß den nationalen Vorschriften Rechtsbehelf einzulegen, wenn alle zuständigen Behörden der betroffenen Mitgliedstaaten die Beschwerde zurückgewiesen haben. Eine betroffene Person, die einen solchen Rechtsbehelf einlegt, kann keinen Antrag gemäß Artikel 6 Absatz 1 Buchstabe a stellen:

a) solange gegen die Entscheidung noch ein Rechtsbehelf nach den Rechtsvorschriften des betroffenen Mitgliedstaats anhängig ist,
b) wenn die Entscheidung über die Zurückweisung im Rahmen des Rechtsbehelfsverfahrens der betroffenen Mitgliedstaaten noch weiter angefochten werden kann oder
c) wenn eine Entscheidung über die Zurückweisung im Rahmen des Rechtsbehelfsverfahrens nach Buchstabe a bestätigt wurde, es jedoch in einem der betroffenen Mitgliedstaa-

ten nicht möglich ist, von der Entscheidung des maßgeblichen Gerichts oder anderer Justizbehörden abzuweichen.

Wurde ein Rechtsbehelf eingelegt, so wird die Entscheidung des maßgeblichen Gerichts oder einer anderen Justizbehörde für die Zwecke von Artikel 6 Absatz 1 Buchstabe a berücksichtigt.

Artikel 6
Streitbeilegung durch den Beratenden Ausschuss

(1) Die zuständigen Behörden der betroffenen Mitgliedstaaten setzen auf Antrag der betroffenen Person einen beratenden Ausschuss (im Folgenden „Beratender Ausschuss") gemäß Artikel 8 ein, wenn

a) die von dieser betroffenen Person eingereichte Beschwerde gemäß Artikel 5 Absatz 1 von mindestens einer der — jedoch nicht allen — zuständigen Behörden der betroffenen Mitgliedstaaten zurückgewiesen wurde oder

b) die zuständigen Behörden der betroffenen Mitgliedstaaten die von der betroffenen Person eingereichte Beschwerde zugelassen hatten, jedoch keine Einigung darüber erzielen konnten, wie die Streitfrage innerhalb der in Artikel 4 Absatz 1 festgelegten Frist in gegenseitigem Einvernehmen beigelegt werden kann.

Die betroffene Person kann einen solchen Antrag nur stellen, sofern gemäß den anwendbaren nationalen Rechtsvorschriften gegen eine Zurückweisung nach Artikel 5 Absatz 1: kein Rechtsbehelfsverfahren eingeleitet werden kann; kein Rechtsbehelfsverfahren anhängig ist; oder die betroffene Person förmlich auf ihr Recht, einen Rechtsbehelf einzulegen, verzichtet hat. Der Antrag hat eine entsprechende Erklärung zu beinhalten.

Die betroffene Person stellt den Antrag, einen Beratenden Ausschuss einzurichten, in schriftlicher Form spätestens 50 Tage nach dem Datum des Erhalts der Mitteilung gemäß Artikel 3 Absatz 5oder Artikel 4 Absatz 3 bzw. 50 Tage nach dem Datum, zu dem die Entscheidung des maßgeblichen Gerichts oder der maßgeblichen Justizbehörde gemäß Artikel 5 Absatz 3 ergeht, je nachdem, wie der Fall liegt. Der Beratende Ausschuss wird spätestens 120 Tage nach dem Eingang eines solchen Antrags eingesetzt und nach der Einsetzung des Ausschusses informiert sein Vorsitzender die betroffene Person unverzüglich über die Einsetzung.

(2) Der gemäß Absatz 1 Buchstabe a eingesetzte Beratende Ausschuss trifft innerhalb von sechs Monaten ab dem Datum seiner Einsetzung eine Entscheidung über die Zulassung der Beschwerde. Er teilt den zuständigen Behörden seine Entscheidung innerhalb von 30 Tagen, nachdem sie ergangen ist, mit.

Hat der Beratende Ausschuss festgestellt, dass alle Anforderungen nach Artikel 3 erfüllt sind, so wird auf Antrag einer der zuständigen Behörden das Verständigungsverfahren nach Artikel 4 eingeleitet. Die zuständige Behörde unterrichtet den Beratenden Ausschuss, die anderen betroffenen zuständigen Behörden und die betroffene Person über diesen Antrag. Die in Artikel 4 Absatz 1 festgelegte Frist beginnt ab dem Datum der Mitteilung über die Entscheidung des Beratenden Ausschusses über die Zulassung der Beschwerde.

Hat innerhalb von 60 Tagen ab dem Datum der Mitteilung über die Entscheidung des Beratenden Ausschusses keine der zuständigen Behörden die Einleitung des Verständigungsverfahrens beantragt, so gibt der Beratende Ausschuss eine Stellungnahme gemäß Artikel 14

Absatz 1 zu der Frage ab, wie die Streitfrage gelöst werden soll. In einem solchen Fall gilt für die Zwecke des Artikels 14 Absatz 1, dass der Beratende Ausschuss an dem Tag eingesetzt wurde, an dem die Frist von 60 Tagen verstrichen ist.

(3) Im Fall von Absatz 1 Unterabsatz 1 Buchstabe b gibt der Beratende Ausschuss eine Stellungnahme gemäß Artikel 14 Absatz 1 zu der Frage ab, wie die Streitfrage gelöst werden soll.

Artikel 7
Benennungen durch zuständige Gerichte oder einzelstaatliche benennende Stellen

(1) Wird ein Beratender Ausschuss nicht innerhalb der in Artikel 6 Absatz 1 festgelegten Frist eingesetzt, so sorgen die Mitgliedstaaten dafür, dass die jeweilige betroffene Person ein zuständiges Gericht oder eine andere Stelle bzw. eine andere Person, die gemäß den nationalen Rechtsvorschriften für die entsprechende Aufgabe zuständig ist (im Folgenden „einzelstaatliche benennende Stelle"), anrufen kann, einen Beratenden Ausschuss einzurichten.

Hat die zuständige Behörde eines Mitgliedstaats nicht mindestens eine unabhängige Person und einen Stellvertreter benannt, so kann die betroffene Person beantragen, dass das zuständige Gericht oder die einzelstaatliche benennende Stelle dieses Mitgliedstaats eine unabhängige Person und einen Stellvertreter aus der in Artikel 9 genannten Liste benennt.

Haben die zuständigen Behörden aller betroffenen Mitgliedstaaten dies versäumt, so kann die betroffene Person beantragen, dass die zuständigen Gerichte oder die einzelstaatliche benennende Stelle jedes Mitgliedstaats die beiden unabhängigen Personen aus der in Artikel 9 genannten Liste benennen. Diese unabhängigen Personen bestimmen den Vorsitzenden per Losentscheid aus der Liste der unabhängigen Personen gemäß Artikel 8 Absatz 3.

Die betroffenen Personen beantragen die Benennung der unabhängigen Personen und ihrer Stellvertreter in ihren jeweiligen Wohnsitzstaaten, wenn mehr als eine betroffene Person an dem Verfahren beteiligt ist, oder in dem Mitgliedstaat, dessen zuständige Behörden versäumt haben, mindestens eine unabhängige Person und deren Stellvertreter zu benennen, wenn nur eine betroffene Person beteiligt ist.

(2) Die Benennung der unabhängigen Personen und ihrer Stellvertreter gemäß Absatz 1 dieses Artikels wird erst nach Ablauf der in Artikel 6 Absatz 1 genannten Frist von 120 Tage

n einem zuständigen Gericht eines Mitgliedstaats oder einer einzelstaatlichen benennenden Stelle vorgelegt, und zwar innerhalb von 30 Tagen nach Ablauf dieser Frist.

(3) Das zuständige Gericht oder die einzelstaatliche benennende Stelle trifft eine Entscheidung gemäß Absatz 1 und teilt diese dem Antragsteller mit. Das Verfahren des zuständigen Gerichts zur Benennung der unabhängigen Personen für den Fall, dass die Mitgliedstaaten dies versäumen, entspricht dem nach nationalen Vorschriften anwendbaren Verfahren für Schiedsverfahren in Zivil- und Handelssachen zur Benennung von Schiedsrichtern durch Gerichte oder einzelstaatliche benennende Stellen in den Fällen, in denen sich die Parteien in dieser Hinsicht nicht einigen konnten. Das zuständige Gericht oder die einzelstaatliche benennende Stelle des Mitgliedstaats unterrichtet die zuständige Behörde jenes Mitgliedstaats, die ihrerseits unverzüglich die zuständige Behörde der anderen betroffenen Mitgliedstaaten unterrichtet. Die zuständige Behörde des Mitgliedstaats, die es ursprünglich versäumt hat, die unabhängige Person und deren Stellvertreter zu benennen, kann gegen eine Entscheidung des Gerichts oder der einzelstaatlichen benennenden Stelle in jenem Mitgliedstaat Rechtsbehelf

einlegen, sofern die zuständige Behörde dazu nach nationalem Recht berechtigt ist. Wird sein Antrag abgewiesen, ist der Antragsteller berechtigt, gegen die Entscheidung des Gerichts gemäß den nationalen Verfahrensvorschriften Rechtsbehelf einzulegen.

Artikel 8
Der Beratende Ausschuss

(1) Der in Artikel 6 genannte Beratende Ausschuss setzt sich zusammen aus:

a) einem Vorsitzenden,
b) einem Vertreter jeder betroffenen zuständigen Behörde. Kommen die zuständigen Behörden überein, so kann diese Zahl auf zwei Vertreter jeder zuständigen Behörde erhöht werden,
c) einer unabhängigen Person, die von jeder zuständigen Behörde der betroffenen Mitgliedstaaten aus der in Artikel 9 genannten Liste ausgewählt wird. Kommen die zuständigen Behörden überein, so kann diese Zahl auf zwei solche Personen für jede zuständige Behörde erhöht werden.

(2) Die Vorschriften für die Benennung der unabhängigen Personen werden von den zuständigen Behörden der betroffenen Mitgliedstaaten einvernehmlich festgelegt. Nach der Benennung der unabhängigen Personen wird nach den für ihre Benennung geltenden Vorschriften jeweils ein Stellvertreter für den Fall bestimmt, dass die unabhängige Person an der Wahrnehmung ihrer Aufgaben gehindert ist.

(3) Wenn die Vorschriften für die Benennung der unabhängigen Personen nicht gemäß Absatz 2 einvernehmlich festgelegt wurden, erfolgt die Benennung dieser Personen durch Losentscheid.

(4) Außer in den Fällen, in denen die unabhängigen Personen gemäß Artikel 7 Absatz 1 vom zuständigen Gericht oder der einzelstaatlichen benennenden Stelle benannt wurden, kann die zuständige Behörde eines der betroffenen Mitgliedstaaten die Benennung einer bestimmten unabhängigen Person aus von den betroffenen zuständigen Behörden im Voraus vereinbarten Gründen sowie aus jedem der folgenden Gründe ablehnen:

a) Die betreffende Person gehört einer der beteiligten Steuerverwaltungen an oder ist für diese tätig oder befand sich zu irgendeinem Zeitpunkt während der vorhergehenden drei Jahre in einer solchen Situation,
b) sie hat oder hatte eine wesentliche Beteiligung an oder ein Stimmrecht in einer jeweils betroffenen Person oder ist oder war zu irgendeinem Zeitpunkt während der letzten fünf Jahre vor der Benennung deren Angestellter oder Berater,
c) sie bietet keine hinreichende Gewähr für Unbefangenheit in dem zu schlichtenden Streitfall oder den zu schlichtenden Streitfällen,
d) sie ist Angestellter eines Unternehmens der Steuerberatung oder erteilt auf andere Weise berufsmäßig Steuerberatung oder befand sich zu irgendeinem Zeitpunkt während der letzten drei Jahre vor der Benennung in einer solchen Situation.

(5) Jede zuständige Behörde eines betroffenen Mitgliedstaats kann verlangen, dass eine unabhängige Person, die gemäß Absatz 2 oder Absatz 3 benannt worden ist, oder deren Stellvertreter, etwaige Interessen, Beziehungen oder alle sonstigen Angelegenheiten offenlegt, die die Unabhängigkeit oder Unparteilichkeit dieser Person im Verfahren beeinträchtigen oder den begründeten Anschein von Befangenheit erwecken könnten.

Eine dem Beratenden Ausschuss angehörende unabhängige Person darf sich innerhalb eines Zeitraums von zwölf Monaten, nachdem die Entscheidung des Beratenden Ausschusses ergangen ist, nicht in einer Situation befinden, aufgrund deren — hätte sie sich zum Zeitpunkt der Benennung für denselben Beratenden Ausschuss in dieser Situation befunden — eine zuständige Behörde Einwände gegen ihre Benennung gemäß diesem Absatz hätte erheben können.

(6) Die Vertreter der zuständigen Behörden und die gemäß Absatz 1 dieses Artikels benannten unabhängigen Personen wählen aus der in Artikel 9 genannten Liste von Personen einen Vorsitzenden. So

fern von den genannten Vertretern jeder zuständigen Behörde und den unabhängigen Personen nichts

anderes vereinbart wird, wird der Vorsitz von einem Richter wahrgenommen.

Artikel 9
Die Liste der unabhängigen Personen

(1) Die Liste der unabhängigen Personen enthält alle von den Mitgliedstaaten benannten unabhängigen Personen. Hierfür benennt jeder Mitgliedstaat mindestens drei kompetente und unabhängige Personen, die unparteiisch und integer handeln können.

(2) Jeder Mitgliedstaat teilt der Kommission die Namen der von ihm benannten unabhängigen Personen mit. Jeder Mitgliedstaat übermittelt der Kommission außerdem vollständige und aktuelle Informationen zum beruflichen und akademischen Werdegang dieser Personen sowie zu deren Fähigkeiten, Fachkenntnissen und eventuellen Interessenkonflikten. Die Mitgliedstaaten können in der Mitteilung angeben, welche dieser Personen mit dem Vorsitz betraut werden kann.

(3) Die Mitgliedstaaten unterrichten die Kommission unverzüglich über jede Änderung der Liste der unabhängigen Personen.

Jeder Mitgliedstaat richtet Verfahren für die Streichung einer von ihm benannten Person aus der Liste der unabhängigen Personen für den Fall ein, dass diese Person nicht länger unabhängig ist.

Wenn ein Mitgliedstaat unter Berücksichtigung der einschlägigen Bestimmungen dieses Artikels berechtigte Einwände aufgrund mangelnder Unabhängigkeit gegen eine unabhängige Person aus der oben genannten Liste erheben kann, so teilt er dies der Kommission mit und belegt seine Bedenken durch entsprechende Nachweise. Die Kommission unterrichtet ihrerseits den Mitgliedstaat, der diese Person benannt hat, über die Einwände und Nachweise. Auf der Grundlage dieser Einwände und Nachweise trifft der letztgenannte Mitgliedstaat innerhalb von sechs Monaten die erforderlichen Maßnahmen, um die Beschwerde zu prüfen, und entscheidet, ob die betreffende Person auf der Liste belassen oder von ihr gestrichen wird. Der Mitgliedstaat setzt dann umgehend die Kommission davon in Kenntnis.

Artikel 10
Der Ausschuss für alternative Streitbeilegung

(1) Die zuständigen Behörden der betroffenen Mitgliedstaaten können vereinbaren, einen Ausschuss für alternative Streitbeilegung (im Folgenden „Ausschuss für alternative Streitbeilegung") einzusetzen, der anstelle des Beratenden Ausschusses eine Stellungnahme gemäß

Artikel 14 zu der Frage abgibt, wie die Streitfrage gelöst werden soll. Die zuständigen Behörden der Mitgliedstaaten können ferner vereinbaren, einen Ausschuss für alternative Streitbeilegung in Form eines Ausschusses mit dem Charakter eines ständigen Gremiums einzusetzen („Ständiger Ausschuss").

(2) Mit Ausnahme der Bestimmungen in Bezug auf die Unabhängigkeit seiner Mitglieder gemäß Artikel 8 Absätze 4 und 5 kann sich der Ausschuss für alternative Streitbeilegung hinsichtlich seiner Zusammensetzung und Form von dem Beratenden Ausschuss unterscheiden.

Ein Ausschuss für alternative Streitbeilegung kann, soweit dies angemessen ist, jegliche Verfahren oder Techniken zur verbindlichen Streitbeilegung anwenden. Als Alternative zu der Art des Streitbeilegungsverfahrens, die der Beratende Ausschuss gemäß Artikel 8 anwendet, das heißt zu dem Verfahren der unabhängigen Stellungnahme, kann jede andere Art der Streitbeilegung, einschließlich des Schiedsverfahrens des „endgültigen Angebots" (auch bekannt als Schiedsverfahren des „letzten besten Angebots"), von den zuständigen Behörden der betroffenen Mitgliedstaaten gemäß diesem Artikel vereinbart und vom Ausschuss für alternative Streitbeilegung angewandt werden.

(3) Die zuständigen Behörden der betroffenen Mitgliedstaaten vereinbaren die Geschäftsordnung gemäß Artikel 11.

(4) Die Artikel 12 und 13 gelten für den Ausschuss für alternative Streitbeilegung, sofern in der Geschäftsordnung nach Artikel 11 nichts anderes vereinbart wurde.

Artikel 11
Geschäftsordnung

(1) Die Mitgliedstaaten stellen sicher, dass die zuständige Behörde jedes der betroffenen Mitgliedstaaten der betroffenen Person innerhalb der in Artikel 6 Absatz 1 festgelegten Frist von 120 Tagen Folgendes übermittelt:

a) die Geschäftsordnung des Beratenden Ausschusses oder des Ausschusses für alternative Streitbeilegung,
b) ein Datum, bis zu dem die Stellungnahme zur Lösung der Streitfrage abzugeben ist,
c) Angaben zu allen anwendbaren Bestimmungen des nationalen Rechts der Mitgliedstaaten und allen anwendbaren Abkommen oder Übereinkünften.

(2) Die Geschäftsordnung wird von den zuständigen Behörden der an dem Streit beteiligten Mitgliedstaaten unterzeichnet.

In der Geschäftsordnung werden insbesondere folgende Punkte geregelt:

a) Beschreibung der Streitfrage und deren Merkmale,
b) Beschreibung der rechtlichen und faktischen Fragestellungen, auf die sich die zuständigen Behörden der Mitgliedstaaten geeinigt haben,
c) Form des Streitbeilegungsgremiums, bei dem es sich entweder um einen Beratenden Ausschuss oder einen Ausschuss für alternative Streitbeilegung zu handeln hat, sowie Art des Verfahrens für die alternative Streitbeilegung, wenn dieses vom Verfahren der unabhängigen Stellungnahme, das von einem Beratenden Ausschuss angewandt wird, abweicht,
d) Zeitrahmen für das Streitbeilegungsverfahren,

e) Zusammensetzung des Beratenden Ausschusses oder des Ausschusses für alternative Streitbeilegung (einschließlich der Anzahl und der Namen der Mitglieder, Angaben zu deren Kompetenz und Qualifikationen sowie Offenlegung von etwaigen Interessenkonflikten der Mitglieder),

f) Regeln für die Beteiligung der betroffenen Person(en) und von Dritten am Verfahren, Austausch von Schriftsätzen, Informationen und Nachweisen, Kosten, Art des Streitbeilegungsverfahrens und sonstige wichtige verfahrenstechnische oder organisatorische Aspekte,

g) logistische Regelungen für das Verfahren des Beratenden Ausschusses und die Abgabe seiner Stellungnahme.

Wird ein Beratender Ausschuss eingesetzt, um eine Stellungnahme gemäß Artikel 6 Absatz 1 Unterabsatz 1 Buchstabe a abzugeben, sind nur die in Artikel 11 Absatz 2 Unterabsatz 2 Buchstaben a, d, e und f genannten Punkte in der Geschäftsordnung festzulegen.

(3) Die Kommission legt im Wege von Durchführungsrechtsakten eine Standardgeschäftsordnung auf der Grundlage der Bestimmungen von Absatz 2 Unterabsatz 2 dieses Artikels fest. Diese Standardgeschäftsordnung kommt zur Anwendung, wenn die Geschäftsordnung unvollständig ist oder der betroffenen Person nicht übermittelt wurde. Diese Durchführungsrechtsakte werden gemäß dem in Artikel 20 Absatz 2 genannten Verfahren erlassen.

(4) Wenn die Geschäftsordnung der betroffenen Person nicht von den zuständigen Behörden gemäß den Absätzen 1 und 2 übermittelt wurde, ergänzen die unabhängigen Personen und der Vorsitzende die Geschäftsordnung auf der Grundlage der Standardgeschäftsordnung gemäß Absatz 3 und übermitteln sie der betroffenen Person innerhalb von zwei Wochen ab dem Zeitpunkt der Einsetzung des Beratenden Ausschusses oder des Ausschusses für alternative Streitbeilegung. Wenn die unabhängigen Personen und der Vorsitzende keine Einigung über die Geschäftsordnung erzielt oder diese nicht der betroffenen Person übermittelt haben, kann (können) die betroffene(n) Person(en) sich an ein zuständiges Gericht in einem der betroffenen Mitgliedstaaten wenden, um eine Anordnung für die Anwendung der Geschäftsordnung zu erwirken.

Artikel 12
Kosten des Verfahrens

(1) Außer in den in Absatz 2 genannten Fällen und sofern die zuständigen Behörden der betroffenen Mitgliedstaaten nichts anderes vereinbart haben, werden die folgenden Kosten zu gleichen Teilen von den Mitgliedstaaten getragen:

a) die Auslagen der unabhängigen Personen entsprechend einem Betrag in Höhe des Durchschnitts des üblichen Erstattungsbetrags für hochrangige Beamte der betroffenen Mitgliedstaaten und

b) gegebenenfalls das Honorar für die unabhängigen Personen in Höhe von höchstens 1 000 EUR pro Person und pro Tag für jeden Sitzungstag des Beratenden Ausschusses oder des Ausschusses für alternative Streitbeilegung.

Der betroffenen Person entstehende Kosten werden von den Mitgliedstaaten nicht getragen.

(2) Wenn die betroffene Person

a) eine Mitteilung über die Rücknahme der Beschwerde gemäß Artikel 3 Absatz 6 gemacht hat oder

b) nach einer Zurückweisung gemäß Artikel 5 Absatz 1 einen Antrag gemäß den Bestimmungen des Artikels 6 Absatz 1 gestellt hat und der Beratende Ausschuss befunden hat, dass die jeweils zuständigen Behörden die Beschwerde zu Recht zurückgewiesen haben, und sofern die zuständigen Behörden der betroffenen Mitgliedstaaten zustimmen, werden sämtliche in Absatz 1 Buchstaben a und b genannten Kosten von der betroffenen Person getragen.

Artikel 13
Information, Nachweise und Anhörung

(1) Für die Zwecke des in Artikel 6 genannten Verfahrens kann (können) die betroffene(n) Person(en), sofern die zuständigen Behörden der betroffenen Mitgliedstaaten zustimmen, dem Beratenden Ausschuss oder dem Ausschuss für alternative Streitbeilegung jegliche Informationen, Nachweise oder Unterlagen vorlegen, die für die Entscheidung relevant sein könnten. Die betroffene(n) Person(en) und die zuständigen Behörden der betroffenen Mitgliedstaaten legen dem Beratenden Ausschuss oder dem Ausschuss für alternative Streitbeilegung auf Anfrage alle Informationen, Nachweise oder Unterlagen vor. Diese zuständigen Behörden können sich jedoch in folgenden Fällen weigern, dem Beratenden Ausschuss Informationen vorzulegen:

a) Die Erlangung der Informationen erfordert die Durchführung von Verwaltungsmaßnahmen, die gegen nationales Recht verstoßen,

b) die Informationen können nach dem nationalem Recht des betroffenen Mitgliedstaats nicht beschafft werden,

c) die Informationen betreffen Handels-, Geschäfts-, Gewerbe- oder Berufsgeheimnisse oder ein Geschäftsverfahren,

d) die Preisgabe der Informationen widerspricht der öffentlichen Ordnung.

(2) Die betroffenen Personen können auf eigenen Antrag und mit Zustimmung der zuständigen Behörden der betroffenen Mitgliedstaaten vor einem Beratenden Ausschuss oder einem Ausschuss für alternative Streitbeilegung erscheinen oder sich vertreten lassen. Auf Aufforderung des Beratenden Ausschusses oder des Ausschusses für alternative Streitbeilegung müssen die betroffenen Personen oder ihre Vertreter vor dem Ausschuss erscheinen.

(3) Die unabhängigen Personen und alle sonstigen Mitglieder unterliegen in Bezug auf Informationen, von denen sie in ihrer Eigenschaft als Mitglieder des Beratenden Ausschusses oder des Ausschusses für alternative Streitbeilegung Kenntnis erhalten, dem Berufsgeheimnis gemäß den nationalen Rechtsvorschriften jedes der betroffenen Mitgliedstaaten. Die betroffenen Personen und gegebenenfalls deren Vertreter verpflichten sich, sämtliche Informationen (einschließlich Unterlagen), von denen sie während der Verfahren Kenntnis erhalten, geheim zu halten. Die betroffene Person und deren Vertreter geben den zuständigen Behörden der betroffenen Mitgliedstaaten gegenüber eine entsprechende Erklärung ab, wenn sie im Verlauf des Verfahrens dazu aufgefordert werden. Die Mitgliedstaaten führen geeignete Sanktionen für die Verletzung der Geheimhaltungspflicht ein.

Artikel 14
Stellungnahme des Beratenden Ausschusses oder des Ausschusses für alternative Streitbeilegung

(1) Ein Beratender Ausschuss oder ein Ausschuss für alternative Streitbeilegung gibt seine Stellungnahme an die zuständigen Behörden der betroffenen Mitgliedstaaten spätestens sechs Monate nach dem Datum seiner Einsetzung ab. Ist nach Auffassung des Beratenden Ausschusses oder des Ausschusses für alternative Streitbeilegung die Streitfrage so beschaffen, dass die Abgabe einer Stellungnahme mehr als sechs Monate in Anspruch nehmen wird, so kann diese Frist um drei Monate verlängert werden. Der Beratende Ausschuss oder der Ausschuss für alternative Streitbeilegung setzt die zuständigen Behörden der betroffenen Mitgliedstaaten und die betroffenen Personen über diese Verlängerung in Kenntnis.

(2) Der Beratende Ausschuss oder der Ausschuss für alternative Streitbeilegung stützt sich bei der Abfassung seiner Stellungnahme auf das anwendbare Abkommen oder Übereinkommen gemäß Artikel 1 sowie auf etwaige anwendbare nationale Vorschriften.

(3) Der Beratende Ausschuss oder der Ausschuss für alternative Streitbeilegung gibt seine Stellungnahme mit der einfachen Mehrheit seiner Mitglieder ab. Kommt keine Mehrheit zustande, so entscheidet die Stimme des Vorsitzenden. Der Vorsitzende übermittelt die Stellungnahme des Beratenden Ausschusses oder des Ausschusses für alternative Streitbeilegung den zuständigen Behörden.

Artikel 15
Abschließende Entscheidung

(1) Die zuständigen Behörden einigen sich innerhalb von sechs Monaten nach Übermittlung der Stellungnahme des Beratenden Ausschusses oder des Ausschusses für alternative Streitbeilegung darüber, wie die Streitfrage zu lösen ist.

(2) Die zuständigen Behörden können eine von der Stellungnahme des Beratenden Ausschusses oder des Ausschusses für alternative Streitbeilegung abweichende Entscheidung treffen. Erzielen sie jedoch keine Einigung über die Lösung der Streitfrage, so sind sie an diese Stellungnahme gebunden.

(3) Jeder Mitgliedstaat sorgt dafür, dass seine zuständige Behörde der betroffenen Person die abschließende Entscheidung über die Lösung der Streitfrage unverzüglich mitteilt. Wird diese Entscheidung nicht innerhalb von 30 Tagen, nachdem die Entscheidung getroffen wurde, mitgeteilt, so kann die betroffene Person in ihrem Wohnsitzmitgliedstaat gemäß den geltenden nationalen Vorschriften Rechtsbehelf einlegen, um die abschließende Entscheidung zu erhalten.

(4) Die abschließende Entscheidung ist für die betroffenen Mitgliedstaaten verbindlich und stellt keinen Präzedenzfall dar. Die abschließende Entscheidung wird umgesetzt, sofern die betroffene(n) Person(en) innerhalb von 60 Tagen ab dem Zeitpunkt, zu dem die abschließende Entscheidung mitgeteilt wurde, der abschließenden Entscheidung zustimmt (zustimmen) und gegebenenfalls auf das Recht auf jegliche innerstaatliche Rechtsbehelfe verzichtet (verzichten).

Mit Ausnahme der Fälle, in denen das maßgebliche Gericht oder eine andere Justizbehörde eines betroffenen Mitgliedstaats gemäß den anwendbaren nationalen Rechtsvorschriften und unter Anwendung der Kriterien nach Artikel 8 eine mangelnde Unabhängigkeit erkennt, erfolgt die Umsetzung der abschließenden Entscheidung nach dem nationalen Recht der betroffenen Mitgliedstaaten, die infolge der abschließenden Entscheidung ungeachtet etwaiger im nationalen Recht vorgeschriebener Fristen ihre Besteuerung abzuändern haben. Wurde die abschließende Entscheidung nicht umgesetzt, so kann die betroffene Person das zuständige Gericht des Mitgliedstaats anrufen, der die abschließende Entscheidung nicht umgesetzt hat, damit die Umsetzung der abschließenden Entscheidung durchgesetzt wird.

Artikel 16
Wechselwirkung mit nationalen Verfahren und Ausnahmen

(1) Die Tatsache, dass eine Maßnahme eines Mitgliedstaats, die zu einer Streitfrage geführt hat, nach nationalem Recht endgültig wird, hindert die betroffenen Personen nicht daran, auf die in dieser Richtlinie vorgesehenen Verfahren zurückzugreifen.

(2) Die Vorlage einer Streitfrage im Rahmen des Verständigungsverfahrens nach Artikel 4 oder des Streitbeilegungsverfahrens nach Artikel 6 hindert einen Mitgliedstaat nicht daran, Gerichtsverfahren oder Verwaltungs- und Strafverfahren in derselben Angelegenheit einzuleiten oder fortzusetzen.

(3) Den betroffenen Personen stehen die im nationalen Recht der betroffenen Mitgliedstaaten vorhandenen Rechtsbehelfe zur Verfügung. Hat die betroffene Person jedoch ein solches Rechtsbehelfsverfahren eingeleitet, so beginnen die Fristen nach Artikel 3 Absatz 5 beziehungsweise nach Artikel 4 Absatz 1 ab dem Tag, an dem ein in diesem Verfahren ergangenes Urteil rechtskräftig wurde oder dieses Verfahren anders endgültig zum Abschluss gebracht oder das Verfahren ausgesetzt wurde.

(4) Hat das maßgebliche Gericht oder eine andere Justizbehörde eines Mitgliedstaats eine Entscheidung über eine Streitfrage erlassen und lässt das nationale Recht jenes Mitgliedstaats nicht zu, dass der Mitgliedstaat von der Entscheidung abweicht, so kann der Mitgliedstaat Folgendes vorsehen:

a) Bevor die zuständigen Behörden der betroffenen Mitgliedstaaten nach dem Verständigungsverfahren gemäß Artikel 4 in der Streitfrage zu einer Einigung gelangt sind, hat die zuständige Behörde dieses Mitgliedstaats den anderen zuständigen Behörden der betroffenen Mitgliedstaaten diese Entscheidung des maßgeblichen Gerichts oder einer anderen Justizbehörde sowie die Tatsache, dass das Verfahren ab dem Tag dieser Mitteilung zu beenden ist, mitzuteilen;

b) bevor die betroffene Person einen Antrag gemäß Artikel 6 Absatz 1 gestellt hat, ist Artikel 6 Absatz 1 nicht anwendbar, falls die Streitfrage während des gesamten Verständigungsverfahrens gemäß Artikel 4 nicht gelöst worden ist; in diesem Fall hat die zuständige Behörde des genannten Mitgliedstaats die anderen zuständigen Behörden der betroffenen Mitgliedstaaten von der Wirksamkeit dieser Entscheidung des maßgeblichen Gerichts oder der maßgeblichen anderen Justizbehörde in Kenntnis zu setzen;

c) das Streitbeilegungsverfahren gemäß Artikel 6 ist zu beenden, falls die Entscheidung des maßgeblichen Gerichts oder einer anderen Justizbehörde zu einem Zeitpunkt erging, nachdem eine betroffene Person einen Antrag gemäß Artikel 6 Absatz 1 gestellt hat, jedoch bevor der Beratende Ausschuss oder der Ausschuss für alternative Streitbeilegung den zuständigen Behörden der betroffenen Mitgliedstaaten seine Stellungnahme gemäß

Artikel 14 übermittelt hat; in diesem Fall hat die zuständige Behörde des jeweiligen betroffenen Mitgliedstaats die anderen zuständigen Behörden der betroffenen Mitgliedstaaten und den Beratenden Ausschuss oder den Ausschuss für alternative Streitbeilegung von der Wirksamkeit der Entscheidung des maßgeblichen Gerichts oder der maßgeblichen anderen Justizbehörde in Kenntnis zu setzen.

(5) Durch das Einreichen einer Beschwerde gemäß Artikel 3 wird jedes andere laufende Verfahren nach dem Verständigungsverfahren oder Streitbeilegungsverfahren gemäß einem Abkommen oder Übereinkommen, das im Zusammenhang mit der relevanten Streitfrage ausgelegt oder angewandt wird, beendet. Dieses andere laufende Verfahren im Zusammenhang mit der relevanten Streitfrage endet mit Wirkung ab dem Tag des erstmaligen Eingangs der Beschwerde bei einer der zuständigen Behörden der betroffenen Mitgliedstaaten.

(6) Abweichend von Artikel 6 kann ein betroffener Mitgliedstaat den Zugang zu dem Streitbeilegungsverfahren nach demselben Artikel verweigern, wenn in diesem Mitgliedstaat wegen Steuerbetrug, vorsätzlicher Nichterfüllung und grober Fahrlässigkeit Strafen im Zusammenhang mit den berichtigten Einkommen oder Vermögen verhängt wurden. Wurden Gerichts- oder Verwaltungsverfahren eingeleitet, die möglicherweise zu entsprechenden Strafen führen können, und werden diese Verfahren gleichzeitig mit einem der Verfahren gemäß dieser Richtlinie durchgeführt, so kann die zuständige Behörde die Verfahren gemäß dieser Richtlinie ab dem Zeitpunkt der Zulassung der Beschwerde bis zum Zeitpunkt der Beendigung jener Verfahren aussetzen.

(7) Ein Mitgliedstaat kann im Einzelfall den Zugang zum Streitbeilegungsverfahren gemäß Artikel 6 verweigern, falls es bei einer Streitfrage nicht um Doppelbesteuerung geht. In einem solchen Fall informiert die zuständige Behörde des genannten Mitgliedstaats unverzüglich die betroffene Person und die zuständigen Behörden der anderen betroffenen Mitgliedstaaten.

Artikel 17
Sonderbestimmungen für natürliche Personen und kleinere Unternehmen

Sofern es sich bei der betroffenen Person entweder um

a) eine natürliche Person oder
b) nicht um ein großes Unternehmen handelt und sie nicht Teil einer großen Gruppe ist (beides wie in Richtlinie 2013/34/EU des Europäischen Parlaments und des Rates[1] definiert),

kann die betroffene Person die Beschwerde, die Antwort auf ein Ersuchen um zusätzliche Informationen, die Rücknahme oder den Antrag nach Artikel 3 Absatz 1, Artikel 3 Absatz 4, Artikel 3 Absatz 6 bzw. Artikel 6 Absatz 1 (im Folgenden „Benachrichtigungen") abweichend von diesen Bestimmungen nur bei der zuständigen Behörde des Mitgliedstaats einreichen, in dem die betroffene Person ansässig ist. Die zuständige Behörde des genannten Mitgliedstaats teilt den zuständigen Behörden aller anderen betroffenen Mitgliedstaaten dies gleichzeitig und innerhalb von zwei Monaten nach Eingang dieser Benachrichtigungen mit. Sobald diese Mit-

---

[1] Richtlinie 2013/34/EU des Europäischen Parlaments und des Rates vom 26. Juni 2013 über den Jahresabschluss, den konsolidierten Abschluss und damit verbundene Berichte von Unternehmen bestimmter Rechtsformen und zur Änderung der Richtlinie 2006/43/EG des Europäischen Parlaments und des Rates und zur Aufhebung der Richtlinien 78/660/EWG und 83/349/EWG des Rates (ABl. L 182 vom 29.6.2013, S. 19).

teilung erfolgt ist, gilt die Benachrichtigung der betreffenden Person zum Zeitpunkt dieser Mitteilung als an alle betroffenen Mitgliedstaaten übermittelt.

In Bezug auf zusätzliche Informationen nach Artikel 3 Absatz 4 gilt, dass die zuständige Behörde des Mitgliedstaats, bei der die zusätzlichen Informationen eingegangen sind, den zuständigen Behörden aller anderen betroffenen Mitgliedstaaten gleichzeitig eine Kopie zu übermitteln hat. Sobald diese Übermittlung erfolgt ist, gelten die zusätzlichen Informationen als allen betroffenen Mitgliedstaaten zum Zeitpunkt des Eingangs der Informationen zugegangen.

Artikel 18
Bekanntmachung

(1) Beratende Ausschüsse und Ausschüsse für alternative Streitbeilegung geben ihre Stellungnahmen schriftlich ab.

(2) Die zuständigen Behörden können die Veröffentlichung des gesamten Wortlauts der abschließenden Entscheidungen gemäß Artikel 15 vorbehaltlich des Einverständnisses aller betroffenen Personen vereinbaren.

(3) Ist eine der zuständigen Behörden oder eine betroffene Person nicht mit der Veröffentlichung des gesamten Wortlauts der abschließenden Entscheidung einverstanden, so veröffentlichen die zuständigen Behörden eine Zusammenfassung der abschließenden Entscheidung. Diese Zusammenfassung hat eine Beschreibung des Sachverhalts und des Streitgegenstands, das Datum, die betroffenen Steuerzeiträume, die Rechtsgrundlage, den Wirtschaftsbereich sowie eine Kurzbeschreibung des Endergebnisses zu enthalten. Die Art des Schiedsverfahrens ist ebenfalls anzugeben.

Die zuständigen Behörden übermitteln die gemäß Unterabsatz 1 zu veröffentlichenden Informationen vor ihrer Veröffentlichung der betroffenen Person. Spätestens 60 Tage ab dem Eingang dieser Informationen kann die betroffene Person bei den zuständigen Behörden beantragen, keine Informationen hinsichtlich Handels-, Geschäfts-, Gewerbe- oder Berufsgeheimnissen oder Geschäftsverfahren oder Informationen, die der öffentlichen Ordnung zuwiderlaufen, zu veröffentlichen.

(4) Die Kommission erstellt im Wege von Durchführungsrechtsakten Musterformulare für die Übermittlung der in den Absätzen 2 und 3 dieses Artikels genannten Informationen. Diese Durchführungsrechtsakte werden gemäß dem in Artikel 20 Absatz 2 genannten Verfahren erlassen.

(5) Die zuständigen Behörden übermitteln der Kommission unverzüglich die gemäß Absatz 3 zu veröffentlichenden Informationen.

Artikel 19
Rolle der Kommission und Verwaltungsunterstützung

(1) Die Kommission hält die Liste der zuständigen Behörden und die Liste der unabhängigen Personen gemäß Artikel 8 Absatz 4 auf dem neuesten Stand und stellt sie online zur Verfügung. Diese Liste enthält nur die Namen der entsprechenden Personen.

(2) Die Mitgliedstaaten unterrichten die Kommission über alle Maßnahmen, die sie getroffen haben, um Verstöße gegen die Geheimhaltungspflicht nach Artikel 13 zu ahnden. Die Kommission setzt die anderen Mitgliedstaaten davon in Kenntnis.

(3) Die Kommission unterhält ein zentrales Register, in dem alle Informationen, die gemäß Artikel 18 Absätze 2 und 3 veröffentlicht werden, archiviert und online zur Verfügung gestellt werden.

Artikel 20
Ausschussverfahren

(1) Die Kommission wird von dem Ausschuss für Streitbeilegung unterstützt. Dieser Ausschuss ist ein Ausschuss im Sinne der Verordnung (EU) Nr. 182/2011.

(2) Wird auf diesen Absatz Bezug genommen, so gilt Artikel 5 der Verordnung (EU) Nr. 182/2011.

Artikel 21
Überprüfung

Die Kommission bewertet die Umsetzung dieser Richtlinie bis zum 30. Juni 2024 und legt dem Rat einen Bericht vor. Diesem Bericht wird erforderlichenfalls ein Gesetzgebungsvorschlag beigefügt.

Artikel 22
Umsetzung

(1) Die Mitgliedstaaten setzen die Rechts- und Verwaltungsvorschriften in Kraft, die erforderlich sind, um dieser Richtlinie spätestens bis zum 30. Juni 2019 nachzukommen. Sie übermitteln der Kommission unverzüglich den Wortlaut dieser Vorschriften.

Wenn die Mitgliedstaaten diese Vorschriften erlassen, nehmen sie in den Vorschriften selbst oder durch einen Hinweis bei der amtlichen Veröffentlichung auf diese Richtlinie Bezug. Die Mitgliedstaaten regeln die Einzelheiten dieser Bezugnahme.

(2) Die Mitgliedstaaten teilen der Kommission den Wortlaut der wichtigsten nationalen Rechtsvorschriften mit, die sie auf dem unter diese Richtlinie fallenden Gebiet erlassen.

Artikel 23
Inkrafttreten

Diese Richtlinie tritt am zwanzigsten Tag nach ihrer Veröffentlichung im Amtsblatt der Europäischen Union in Kraft.

Sie findet auf alle Beschwerden Anwendung, die ab dem 1. Juli 2019 zu Streitfragen im Zusammenhang mit Einkommen oder Vermögen eingereicht werden, die in einem Steuerjahr, das am oder nach dem 1. Januar 2018 beginnt, erwirtschaftet werden. Die zuständigen Behörden der betroffenen Mitgliedstaaten können jedoch vereinbaren, diese Richtlinie auf Beschwerden anzuwenden, die vor diesem Datum oder in Bezug auf frühere Steuerjahre eingereicht werden.

Artikel 24
Adressaten

Diese Richtlinie ist an die Mitgliedstaaten gerichtet.

Geschehen zu Luxemburg am 10. Oktober 2017.
Im Namen des Rates
Der Präsident
T. TÕNISTE

II.3. EU JTPF

MITTEILUNG DER KOMMISSION AN DEN RAT, DAS EUROPÄISCHE PARLAMENT UND DEN EUROPÄISCHEN WIRTSCHAFTS- UND SOZIALAUSSCHUSS

über die Tätigkeit des Gemeinsamen EU-Verrechnungspreisforums im Bereich der Streitvermeidungs- und Streitbeilegungsverfahren und über Leitlinien für Verrechnungspreiszusagen in der EU

Brüssel, den 26. Februar 2007

KOM(2007) 71 endgültig

1. ZIELSETZUNG UND HINTERGRUND

1. Die Existenz von unterschiedlichen nationalen Verrechnungspreisregelungen innerhalb der EU, die festlegen, dass Transaktionen zwischen Steuerpflichtigen, die von einem gemeinsamen Anteilseigner kontrolliert werden, so zu besteuern sind, als hätten sie zwischen nicht verbundenen Steuerpflichtigen stattgefunden, beeinträchtigt das ordnungsgemäße Funktionieren des Binnenmarktes und bringt für die Steuerpflichtigen eine erhebliche administrative Belastung mit sich.
2. Um für dieses Problem pragmatische Lösungen zu finden, wurde von der Kommission im Oktober 2002 das Gemeinsame EU-Verrechnungspreisforum (*EU Joint Transfer Pricing Forum,* JTPF) eingerichtet. In Form von zwei Mitteilungen erstattete die Kommission Bericht über die Arbeiten des JTPF. Mit der ersten Mitteilung[1] wurde ein Verhaltenskodex[2] zum Übereinkommen über die Beseitigung der Doppelbesteuerung (das so genannte „Schiedsübereinkommen“[3]) vorgelegt, der eine wirksamere Umsetzung des Schiedsübereinkommens zum Ziele hatte. Im Rahmen der zweiten Mitteilung[4] wurde ein Verhaltenskodex[5] zur Verrechnungspreisdokumentation für verbundene Unternehmen in der EU (die „EUVerrechnungspreisdokumentation“, *EU Transfer Pricing documentation,* EUTPD) vorgelegt. Der Verhaltenskodex zur EUTPD enthält Regeln über Umfang und Art der Dokumentation, die die Mitgliedstaaten bei der Anwendung ihrer eigenen Verrechnungspreisregelung anfordern und akzeptieren sollen.
3. Verrechnungspreisstreitigkeiten zwischen einem Steuerpflichtigen und einer Steuerverwaltung führen häufig zu Doppelbesteuerung und im Zusammenhang mit deren Beseiti-

[1] ABl. C 122 vom 30.4.2004, S. 4.

[2] ABl. C 176 vom 28.7.2006, S. 8.

[3] ABl. L 225 vom 20.8.1990 – Übereinkommen 90/436/EWG.

[4] ABl. C 49 vom 28.2.2006, S. 23.

[5] ABl. C 176 vom 28.7.2006, S. 1.

gung zu Streitigkeiten zwischen nationalen Steuerverwaltungen. Zwar sollte der Verhaltenskodex zur wirksamen Umsetzung des Schiedsübereinkommens im Prinzip dazu beitragen, Doppelbesteuerung im Zusammenhang mit Verrechnungspreisen in der EU innerhalb von höchstens drei Jahren zu beseitigen, doch ist es höchst wünschenswert, derlei Streitfälle zwischen den Steuerverwaltungen von vornherein zu vermeiden.

4. Mit dieser dritten Mitteilung wird daher hauptsächlich bezweckt, durch die Einführung von Leitlinien für Verrechnungspreiszusagen (oder „Vorabvereinbarungen über die Verrechnungspreisgestaltung", *Advance Pricing Agreements,* APA) in der EU zu verhindern, dass es in diesem Zusammenhang überhaupt zu Streitfällen und Doppelbesteuerung kommt. APA sind Vereinbarungen zwischen den Steuerverwaltungen der betreffenden EU-Mitgliedstaaten, mit denen im Vorhinein festgelegt wird, wie Transaktionen zwischen verbundenen Steuerpflichtigen, die in zwei oder mehr Mitgliedstaaten niedergelassen sind, besteuert werden sollen. Die Leitlinien beruhen auf Verfahrensweisen, die sich in der Praxis bewährt haben („bewährte Verfahrensweisen", *best practice*).

5. Für die Kommission stellen die APA-Leitlinien eine effiziente Handreichung zur Streitvermeidung dar und bringen Steuerverwaltungen wie Steuerpflichtigen erhebliche Vorteile. Verrechnungspreiszusagen bieten im Voraus Sicherheit hinsichtlich der angewandten Verrechnungspreismethode, so dass Prüfungen der betreffenden Transaktionen weniger kostspielig und zeitraubend werden oder gänzlich entfallen können, was für alle APA-Beteiligten zu Einsparungen führen dürfte.

6. In den APA-Leitlinien wird dargelegt, wie die Mitgliedstaaten das APA-Verfahren durchführen sollten, und den beteiligten Steuerpflichtigen Orientierungshilfe geboten. Durch die Befolgung der Leitlinien kommt es zu einer raschen und effizienten Abwicklung des APA-Verfahrens, was wiederum zur stärkeren Verwendung von APA in der EU und damit zu weniger Streitfällen und weniger Doppelbesteuerung führen dürfte.

2. TÄTIGKEIT DES GEMEINSAMEN EU-VERRECHNUNGSPREISFORUMS VON MÄRZ 2005 BIS SEPTEMBER 2006

7. In voller Länge ist der vom JTPF erstellte Bericht in einem Arbeitspapier der Kommissionsdienststellen enthalten[6]. In Bezug auf mögliche Ansätze zur Vermeidung und Beilegung von Streitfällen behandelte das JTPF verschiedene Alternativen, durch die sich die Belastungen für die Steuerpflichtigen innerhalb der EU im Zusammenhang mit Verrechnungspreisen vermindern lassen könnten. Bei diesen verschiedenen Ansätzen handelt es sich um Simultanbetriebsprüfungen, die Einschaltung von Sachverständigen, ein System der Vorabmeldung, -konsultierung bzw. -vereinbarung sowie verschiedene APA Verfahren.

2.1. Simultanbetriebsprüfungen

8. Hier handelt es sich im Allgemeinen darum, dass zwei oder mehr Länder sich bemühen, bei der Prüfung eines Steuerpflichtigen gleichzeitig vorzugehen. Nach Auffassung des JTPF mag dieser Ansatz zwar vom Blickwinkel der Befolgung der Vorschriften für Mitgliedstaaten interessant erscheinen, doch könnte dies u.U. eher mehr Streitfälle schaffen als lösen.

[6] Noch nicht veröffentlicht.

2.2. Stellungnahme von Sachverständigen oder Schlichtung

9. Der JTPF befasste sich mit dem Hinweis im Kommentar zu Artikel 25 des OECDMusterabkommens, wonach die betreffenden Länder eine Stellungnahme von einem Sachverständigen einholen könnten, um sich bei der Lösung von Doppelbesteuerungsfällen beraten zu lassen. Die Sachverständigen der Steuerverwaltungen hielten die Einschaltung eines Drittexperten nicht für sinnvoll, um Doppelbesteuerung zu vermeiden, da doch bereits das Schiedsübereinkommen zur Streitbeilegung die Vermittlung durch eine unabhängige Schiedsinstanz vorsieht.

2.3. Vorabmeldung, Vorabkonsultierung oder Vorabvereinbarung

10. Das JTPF untersuchte die Möglichkeiten für eine Regelung, bei der die Steuerverwaltungen vor Vornahme von Verrechnungspreisberichtigungen Vereinbarungen schließen oder zumindest einander konsultieren. Die betreffenden Kontakte könnten auf die bloße Vorabmeldung einer Verrechnungspreisberichtigung begrenzt sein (wodurch sich die Streitbeilegung u.U. beschleunigen würde); sie könnten aber auch darin bestehen, dass die Steuerverwaltungen einander konsultieren, bevor sie endgültig über eine Verrechnungspreisberichtigung entscheiden (was wiederum u.U. ein anschließendes Streitbeilegungsverfahren beschleunigen oder aber dieses ganz und gar unnötig machen würde), oder vorab Vereinbarungen treffen, um zu verhindern, dass es überhaupt zu einem Streitfall kommt (d.h. eine Steuerverwaltung müsste zusagen, eine entsprechende Gegenberichtigung vorzunehmen, so dass eine Doppelbesteuerung ausgeschlossen ist, noch bevor über die erste Berichtigung endgültig entschieden wurde).

11. Nach Ansicht des JTPF könnte es durchaus möglich sein, im Rahmen der bestehenden Mechanismen nach den verschiedenen beschriebenen Methoden vorzugehen, doch wäre es zeitraubend, wirksame Mechanismen zu entwickeln, und dies könnte durchaus auch grundlegende Änderungen in den innerstaatlichen Rechtsund Verwaltungsvorschriften voraussetzen. Hierfür aber habe das Forum keinen Auftrag; seine Zeit und Ressourcen sollten besser auf die Entwicklung von APAVerfahren verwendet werden.

12. Nach Ansicht der Kommission würden bei einem System von Vorabvereinbarungen alle Fälle von Doppelbesteuerung in der EU vermieden; sie vertritt daher die Auffassung, dieser Ansatz sei es wert, weiter vertieft zu werden.

2.4. Verrechnungspreiszusagen (Advance Pricing Agreements, APA)

13. Mit einem APA vereinbaren Steuerverwaltungen untereinander, auf welche Weise bestimmte Verrechnungspreisvorgänge zwischen Steuerpflichtigen künftig besteuert werden sollen. Vielfach kann also mittels eines APA ausgeschlossen werden, dass es zwischen den Steuerverwaltungen zu Streit über die Besteuerung der betreffenden Vorgänge kommt. Der Einsatz von APA ist eine exemplarische Methode zur Streitvermeidung.

14. Das JTPF befasste sich gründlich mit dem Für und Wider von APA und gelangte zu dem Schluss, dass der Einsatz von APA sowohl dem Steuerpflichtigen als auch der Steuerverwaltung erhebliche Vorteile bringen kann. Zu nennen ist in erster Linie die Sicherheit über die steuerliche Behandlung der Transaktionen, auf die sich das APA bezieht: die Steuerverwaltungen haben nicht mehr die Gestaltung der Verrechnungspreise, sondern nur noch die ordnungsgemäße Anwendung der APA zu überprüfen; die Steuerpflichtigen wiederum

wissen, wie sie die Verrechnungspreise ordnungsgemäß zu gestalten haben, denn eben dies ist zwischen den beteiligten Steuerverwaltungen festgelegt worden.

15. In Anbetracht dieser Vorteile der APA hielt es das JTPF für zweckmäßig, zu ermitteln, welche Verfahrensweisen sich bei der Anwendung von APA-Verfahren in der EU bewährt haben. Diese empfehlenswerten Verfahrensweisen (*best practice*) sind in den Leitlinien im Anhang zu dieser Mitteilung enthalten.

2.5. Was sind die wesentlichen Punkte der APA-Leitlinien

16. In den Leitlinien wird dargelegt, wie vorzugehen ist, um einen wirksamen Einsatz von APA zu gewährleisten. Es wird beschrieben, welche Phasen das APA-Verfahren in der Regel umfasst und was in jeder Phase idealerweise geschehen sollte.

17. Im Vordergrund der Leitlinien stehen bilaterale und multilaterale APA, da diese als das wirksamste Instrument zur Vermeidung von Doppelbesteuerung gelten. Jedoch enthalten die Leitlinien auch einen Abschnitt über unilaterale APA.

18. Die Leitlinien gehen von einem Vierphasenprozess aus und stellen dar, wie jede Phase ablaufen sollte.

19. Das APA-Verfahren beginnt mit der Beantragung eines APA durch den Steuerpflichtigen. In den Leitlinien wird vorgeschlagen, alle potenziell beteiligten Steuerverwaltungen zunächst informell zu kontaktieren, und dargelegt, was in dieser informellen Phase unternommen werden sollte, um eine effiziente Abwicklung des APA-Antrags sicherzustellen. Es wird im Einzelnen darauf eingegangen, welche Art von Angaben im förmlichen Antrag enthalten sein sollten, da zwar jedes APA anders ist, die grundlegenden Informationen jedoch zwangsläufig sich in vielen Fällen ähneln werden.

20. Die Leitlinien beschreiben was nach Eingang des förmlichen Antrags geschehen sollte, um einen effizienten Ablauf des Prozesses zu erreichen. APA werden erfordern, dass jede Steuerverwaltung zu prüfen hat, ob die beantragte Verrechnungspreisgestaltung akzeptabel ist. Wie im Einzelnen die Verrechnungspreise zu gestalten sind, wird zwischen den beteiligten Steuerverwaltungen ausgehandelt und vereinbart werden müssen. Wie dieses Verfahren ablaufen sollte, ist ebenfalls in den Leitlinien niedergelegt.

21. Ein APA setzt eine förmliche Vereinbarung zwischen den beteiligten Steuerverwaltungen voraus, die ihnen selbst und den beteiligten Steuerpflichtigen Sicherheit über die steuerliche Behandlung der betreffenden Transaktionen bietet. Die Leitlinien bieten Auskunft darüber, was für Angaben die förmliche Vereinbarung enthalten muss, damit diese Sicherheit gewährleistet ist.

22. Zur Veranschaulichung des APA-Verfahrens wird im Anhang zu den Leitlinien ein Schema für den zeitlichen Ablauf entworfen.

23. In den Leitlinien wird auch darauf eingegangen, welche Probleme während und auch vor den APA-Verfahren immer wieder eine Rolle spielen und auf welche Weise sich die Wahrscheinlichkeit verringern lässt, dass diese Probleme eine effiziente Abwicklung des APA-Verfahrens selbst behindern. Das JTPF konzentrierte sich auf Bereiche, in denen es erfahrungsgemäß zu den meisten Problemen kommt: rückwirkende Anwendung der im APA vereinbarten steuerlichen Behandlung, Gebühren und Komplexitätsschwellen (hier-

bei kann es sich um ein unerwünschtes Hemmnis für das APA-Verfahren handeln) sowie Art und Umfang der Transaktionen, auf die sich ein APA beziehen sollte.

3. DAS SCHIEDSÜBEREINKOMMEN UND DAMIT VERBUNDENE FRAGEN

24. Das JTPF befasst sich kontinuierlich mit dem Follow-up zu seinen Arbeiten zum Schiedsübereinkommen. Es kommt entscheidend darauf an, dass die Mitgliedstaaten sich an das Schiedsübereinkommen und den hierzu im Dezember 2004 verabschiedeten Verhaltenskodex halten.

25. Ende September 2006 hatten 12 Mitgliedstaaten das Beitrittsübereinkommen zum Schiedsübereinkommen[7] ratifiziert, und die anderen Mitgliedstaaten hatten angegeben, sie würden das Übereinkommen in den kommenden Monaten unterzeichnen.

26 Das JTPF verfolgt auch die Umsetzung der Empfehlung zur Aussetzung der Steuererhebung, die in ihrem ersten Verhaltenskodex enthalten war. Ende September 2006 hatten 16 Mitgliedstaaten bestätigt, dass sie die Aussetzung der Steuererhebung während des Streitbeilegungsverfahrens gestatteten, und die anderen Mitgliedstaaten haben geantwortet, sie seien dabei, ihre Vorschriften zu überarbeiten, um diese Möglichkeit bieten zu können. Die Frage wird noch weiter beobachtet werden müssen.

27. Eine Neufassung des Fragebogens von 2005 über laufende Verständigungsverfahren (Mutual agreement procedures, MAP) im Rahmen des EU-Schiedsübereinkommens, der den nationalen Steuerverwaltungen zur Beantwortung zugegangen war, erbrachte das Ergebnis, dass keiner der 24 Fälle, in denen der Steuerpflichtige vor dem 1. Januar 2002 einen entsprechenden Antrag gestellt hatte, an die Schiedskommission gegangen war.

28. Nach Ansicht der Kommission bedeutet die Anzahl der verrechnungspreisbedingten Doppelbesteuerungsfälle, die seit langem einer Lösung harren, dass das Schiedsübereinkommen aus Gründen, die noch näher zu erforschen sind, die betreffenden Doppelbesteuerungsfälle in der EU nicht so gut beseitigt, wie es das tun sollte. Das reibungslose Funktionieren des Binnenmarktes ist mithin beeinträchtigt. Die Kommission hat vor, zu prüfen, wie dieser Missstand behoben werden kann. Aus Binnenmarktperspektive könnte es durchaus so sein, dass ein Instrument erforderlich ist, das eine raschere und wirksamere Beseitigung sicherstellt. Die Kommission stellt außerdem fest, dass sich das Schiedsübereinkommen nur mit verrechnungspreisbedingter Doppelbesteuerung befasst und dass die neuen Zusätze in Artikel 25 des OECD-Musterabkommens und dem betreffenden Kommentar weiter gehen, in dem sie den Vertragspartnern ein verbindliches Schiedsverfahren zur Beseitigung aller Fälle von Doppelbesteuerung bieten.

4. DAS WEITERE ARBEITSPROGRAMM DES JTPF

29. In Anbetracht der letzten Ergebnisse im Bereich der Verrechnungspreise innerhalb der EU sowie der Notwendigkeit, weiterhin nicht nur die Umsetzung des neuen Instrumentariums zu beobachten, sondern auch verschiedene Fragen gründlich zu prüfen, hat die Kommission beschlossen, das Mandat des JTPF erneut um zwei Jahre zu verlängern.

30. Das JTPF ist dabei, die möglichen Punkte für sein neues Arbeitsprogramm für 2007-2008 zu prüfen.

---

[7] ABl. C 160 vom 30.06.2005, S.1-22.

31. Verschiedene Punkte des gegenwärtigen Arbeitsprogramms müssen noch bearbeitet werden, insbesondere Strafen und Zinsen im Zusammenhang mit Verrechnungspreisberichtigungen.

32. Streitvermeidung und Streitbeilegung werden weiter von größter Bedeutung für Steuerpflichtige und Steuerverwaltungen sein.

33. Das Forum sollte die Kommission auch dabei unterstützen, die Umsetzung der Verhaltenskodizes und der Leitlinien durch die Mitgliedstaaten zu beobachten, die auf der Grundlage der JTPF-Schlussfolgerungen verabschiedet wurden. So haben die Mitgliedstaaten über die Umsetzung der verschiedenen Instrumente und die dabei aufgetretenen praktischen Probleme Bericht zu erstatten. Auf dieser Grundlage kann bewertet werden, wie wirksam diese Instrumente bei der Beseitigung von Doppelbesteuerung durch Gewinnberichtigung bei verbundenen Unternehmen sind.

34. Zum Schiedsübereinkommen hat die Kommission seit Verabschiedung des Verhaltenskodex zusätzliches Feedback erhalten und möchte auf folgende Fragen hinweisen, die geklärt werden müssen, damit das Übereinkommen besser funktionieren kann: Frist bis zur Einsetzung der Schiedskommission, ein gemeinsames Verständnis dessen, was unter „empfindlicher Bestrafung" zu verstehen ist, die mögliche Ausweitung des Anwendungsbereichs auf mehr als zwei Mitgliedstaaten, die Frist zur Umsetzung der endgültigen Entscheidung, die Rolle des Steuerpflichtigen und worauf sich eine Verrechnungspreisberichtigung genau beziehen kann (z.B. ob Unterkapitalisierung (thin capitalisation) in Frage kommt). Ferner sind bei der Kommission Vermerke eingegangen, in denen die Einsetzung eines permanenten und unabhängigen Sekretariats befürwortet wird.

5. Schlussfolgerungen der Kommission

35. Die Kommission beglückwünscht das JTPF zu seinen Arbeiten und seinem Beitrag zur Schaffung besserer Rahmenbedingungen in der EU im Allgemeinen und für die Konzipierung von Streitvermeidungs- und -beilegungsverfahren im Besonderen. Die Arbeiten des JTPF seit Oktober 2002 haben eine Reihe von Verbesserungen herbeigeführt, die den grenzüberschreitenden Handel erleichtert und damit die Funktionsweise des Binnenmarktes verbessert haben.

36. Was die Arbeiten des JTPF im Bereich der Streitvermeidungs- und -beilegungsverfahren anbetrifft, so unterstützt die Kommission voll die Schlussfolgerungen und Anregungen des JTPF zu den APA. Die Kommission hat die beigefügten Leitlinien für APA in der EU auf der Grundlage dieser Arbeiten erstellt.

37. Die Leitlinien bieten eine solide Grundlage für den Einsatz von APA überall in der EU. Mit der Befolgung der Leitlinien werden die Mitgliedstaaten den Einsatz von APA fördern, was die Vermeidung von Streitfällen erleichtert und zu weniger Doppelbesteuerung führt. Dies wird dazu beitragen, noch bestehende steuerliche Hindernisse zu beseitigen und damit die Grundziele des Binnenmarktes zu erreichen, nämlich eine Optimierung der Investitionstätigkeit, mehr Wettbewerb zwischen den Unternehmen, mehr Wachstum und mehr Beschäftigung.

38. Die Kommission ersucht den Rat, die vorgeschlagenen Leitlinien für APA in der EU zu billigen, und fordert die Mitgliedstaaten auf, die in den Leitlinien enthaltenen Empfehlun-

gen so rasch wie möglich in ihre innerstaatlichen Rechts- und Verwaltungsvorschriften umzusetzen.

39. Die Mitgliedstaaten sind aufgefordert, der Kommission jährlich über Maßnahmen zu berichten, die sie über diese Leitlinien und deren praktische Umsetzung hinaus getroffen haben. Auf der Grundlage dieser Berichte wird die Kommission die Leitlinien in regelmäßigen Abständen überprüfen.

ANHANG

Leitlinien für Verrechnungspreiszusagen (APA) in der Europäischen Union

1. RECHTLICHER HINTERGRUND

1. Nach Artikel 25 Absatz 3 des OECD-Musterabkommens zur Vermeidung der Doppelbesteuerung können die Staaten Verrechnungspreiszusagen (oder „Vorabvereinbarungen über die Verrechnungspreisgestaltung", *Advance Pricing Agreements*, nachfolgend „APA" genannt) schließen.

2. Ein APA ist eine Vereinbarung, bei der vor der Abwicklung von Transaktionen zwischen verbundenen Unternehmen geeignete Kriterien festgelegt werden (z. B. Methode, Vergleichswerte und deren sachgemäße Anpassung, kritische Annahmen in Bezug auf künftige Ereignisse), anhand deren die Verrechnungspreise für diese Transaktionen über einen festen Zeitraum hinweg ermittelt werden sollen.

3. Das APA sollte keine genaue Vereinbarung über den tatsächlichen Gewinn umfassen, der in der Zukunft zu besteuern ist.

   Das APA sollte gemäß dem Fremdvergleichsgrundsatz regeln, wie die Verrechnungspreise für künftige Transaktionen festzulegen sind.

4. Ein APA muss dem Steuerpflichtigen und der Steuerverwaltung Sicherheit bieten. Je nach innerstaatlichem Recht des Mitgliedstaates, in dem der Steuerpflichtige Steuern zahlt, kann dies im Einzelnen auf unterschiedliche Weise bewirkt werden.

5. Der Steuerpflichtige unterliegt zu jeder Zeit den üblichen Regelungen der Steuerverwaltung. Auch wenn ein APA existiert, ist die Steuerverwaltung nach wie vor zur Durchführung von Prüfungen berechtigt. Unter gewöhnlichen Umständen wird die Prüfung jedoch nur zur Prüfung und Kontrolle des APA durchgeführt, indem die dem APA zugrunde liegenden Bedingungen und kritischen Annahmen geprüft werden.

6. Bilaterale und multilaterale APA setzen eine Einigung zwischen den betreffenden Steuerverwaltungen und Absprachen zwischen jeder einzelnen Steuerverwaltung und dem Steuerpflichtigen voraus. Unilaterale APA erfordern lediglich Absprachen zwischen einer Steuerverwaltung und dem betroffenen Steuerpflichtigen.

2. DURCHFÜHRUNG DER APA-VERFAHREN IN DEN MITGLIEDSTAATEN

7. Die Steuerverwaltungen sollten in der Lage sein, zur Durchführung des APAVerfahrens alle ihnen zu Gebote stehenden Sachkenntnisse und Ressourcen einzusetzen.

   APA-Programme sollten zentral koordiniert werden.

Bei der Bearbeitung eines APA-Antrags sollten die Steuerverwaltungen im Wesentlichen zwei Funktionen ausüben: zum einen die Bewertung des Antrags und zum anderen die Aushandlung einer Vereinbarung mit der anderen Steuerverwaltung.

8. Die Verhandlungen zwischen Steuerverwaltungen sollten von den zuständigen Behörden geführt werden. Diese haben die Prüfung und Bewertung des APAAntrags und die Verhandlungen mit anderen Staaten sicherzustellen. Dies gilt auch dann, wenn die zuständige Behörde in besonderen Fachfragen andere Steuerdienststellen heranzieht.

3. AUFNAHME IN DAS APA-PROGRAMM

9. Zunächst hat sich der Steuerpflichtige zu entscheiden, welche Transaktionen in den APA-Antrag einbezogen werden sollen.

   Die Steuerverwaltung kann den Antrag überprüfen und ihn abändern oder ablehnen.

   Die Steuerverwaltung sollte dem Antrag stattgeben, wenn alle Voraussetzungen erfüllt sind.

   In der Praxis sollten Steuerpflichtiger und Steuerverwaltung zusammenarbeiten, um von allen Beteiligten akzeptierte Bedingungen und Konditionen (terms and conditions) für das APA festzulegen.

   Wird ein APA-Antrag zurückgezogen, so sollte dies nicht automatisch eine Steuerprüfung auslösen.

10. Bei der Abwicklung eines APA-Programms durch eine Steuerverwaltung können durchaus auch innerstaatliche Erwägungen eine Rolle spielen.

11. Eine Steuerverwaltung kann Regelungen für Gebühren und Komplexitätsschwellen vorsehen, um sicherzustellen, dass APA nur dann eingesetzt werden, wenn sie dies als zweckmäßig betrachtet.

4. GEBÜHREN

12. Jeder Mitgliedstaat entscheidet, ob eine Gebührenregelung zweckmäßig ist.

    Die Erhebung einer Gebühr sollte keine Voraussetzung für einen effizienten Service sein, welcher sich von selbst verstehen sollte.

13. Werden Gebühren erhoben, so sollte dies in Form einer pauschalen Antragsgebühr und/oder nach Maßgabe der Zusatzkosten geschehen, die der Steuerverwaltung infolge des APA entstehen.

14. Eine Gebührenerhebung ist vor allem dann zweckmäßig, wenn eine Steuerverwaltung sonst nicht fähig wäre, ein APA-Programm aufzulegen. Die Gebühren sollten jedoch nicht so hoch sein, dass sie von der Beantragung eines APA abschrecken.

5. KOMPLEXITÄTSSCHWELLEN

15. Werden Komplexitätsschwellen verwendet, so sollten sie als ein Kriterium für die Beurteilung der Zweckmäßigkeit eines APA dienen; sie sollten auf den konkreten Umständen des Einzelfalles basieren und nicht zu präskriptiv sein.

Komplexitätsschwellen sollten auf alle Steuerpflichtigen einheitlich angewandt werden.

16. Bei der Verwendung einer Komplexitätsschwelle sollte auch berücksichtigt werden, welche Haltung die anderen direkt beteiligten Steuerverwaltungen wahrscheinlich einnehmen werden: So könnte eine Schwelle herabgesetzt werden, wenn andere Steuerverwaltungen bereit sind, einem APA-Antrag stattzugeben.

Ob eine Komplexitätsschwelle dazu führt, dass der Antrag eines Steuerpflichtigen auf Aufnahme in das APA-Programm abgelehnt wird, sollte im Rahmen eines Vorgesprächs (pre-filing meeting) erörtert werden.

17. Anzahl oder Umfang der Transaktionen sollte nicht als in jeder Hinsicht verlässliches Kriterium für die Beurteilung des Unsicherheits- oder Verrechnungspreisrisikos gelten. Bei der Verwendung von Komplexitätsschwellen sollte der relative Umfang und das relative Verrechnungspreisrisiko (bezüglich des Steuerpflichtigen) der Transaktionen berücksichtigt werden.

6. DOKUMENTATION

18. Verwendet ein multinationales Unternehmen die EUVerrechnungspreisdokumentation (EU Transfer Pricing Documentation, EUTPD), so ist dies eine nützliche Ausgangsbasis für einen APA-Antrag.

Unterlagen aller Art über die Verrechnungspreisgestaltung, auf die sich der Antrag bezieht, und Berichte, auf denen der Antrag basiert, können zweckdienliche Ergänzungen darstellen. Die Dokumentationspflichten sollten nicht ungebührlich kostspielig für den Steuerpflichtigen sein, doch muss die Steuerverwaltung Gelegenheit haben, die Transaktionen, auf die sich das APA bezieht, in vollem Umfang zu bewerten.

In den Anhängen A und B werden die Unterlagen aufgeführt, die bei allen APAAnträgen von Nutzen sein könnten. Welche Unterlagen bei der förmlichen Antragstellung tatsächlich erforderlich sind, sollte vorher auf Ebene des Vorgesprächs geklärt werden.

19. Welche Angaben im Einzelnen erforderlich sind, um die Anwendung des APA zu beobachten, sollte stets im Zuge der APA-Aushandlung festgelegt werden. Der Steuerpflichtige hat die Dokumentation während der APA-Laufzeit verfügbar zu halten, so dass die Steuerverwaltung überprüfen kann, wie das APA angewandt wird.

7. ABLAUF DES APA-VERFAHRENS

20. Steuerverwaltung und Steuerpflichtiger sollten möglichst eng zusammenarbeiten, damit das APA-Verfahren so effizient wie möglich ablaufen kann.

Bei der Beantragung eines APA sind in der Regel vier Phasen zu unterscheiden:

(a) Phase des Vorgesprächs/informelle Anfrage

(b) förmliche Antragstellung

(c) Bewertung und Aushandlung des APA

(d) förmlicher Abschluss

7.1. Vorgespräch/Phase der informellen Anfrage

21. Das Vorgespräch sollte allen Beteiligten erlauben, die Wahrscheinlichkeit des Erfolg eines APA-Antrags einzuschätzen. Zu dieser Beurteilung sollten der Steuerverwaltung ausreichende Informationen vorliegen. Diese sollten mindestens die Beschreibung der Unternehmenstätigkeit und der Transaktionen, auf die sich das APA beziehen würde, die betreffenden Steuerpflichtigen, die in Betracht gezogene Methode, die gewünschte Laufzeit des APA, eine etwaige Rückwirkung und die einzubeziehenden Länder betreffen.

In dieser Phase des Vorgesprächs sollte es der Steuerverwaltung möglich sein, hinreichend zu beurteilen, ob eine Annahme des Antrags in Frage kommt.

Der Steuerpflichtige sollte sich möglichst frühzeitig an die Steuerverwaltung wenden, sobald er klare Vorstellungen davon hat, was er mit dem APA erreichen möchte.

22. Eine Steuerverwaltung kann auch anonyme Anfragen von Steuerpflichtigen bearbeiten, doch ist auf dieser Basis keine verbindliche Einigung möglich. Auf jeden Fall sollten die Absichten des Steuerpflichtigen bei dem anonymen Zusammentreffen bereits relativ feststehen, und ein solches anonymes Vorgehen sollte sich nicht lange hinziehen.

23. Die Steuerverwaltung sollte sich so rasch wie möglich klar dazu äußern, welche Aussichten bestehen, dass ein förmlicher Antrag des Steuerpflichtigen angenommen wird, und gegebenenfalls auch angeben, welche Aspekte eher umstritten sein könnten.

24. Der Steuerpflichtige sollte mit allen Mitgliedstaaten in Verbindung treten, die an dem geplanten APA direkt beteiligt sind. Wird mehr als eine Steuerverwaltung konsultiert, so sollten allen dieselben Informationen zugehen (dies gilt für das gesamte APA-Verfahren).

25. Bereits in der Phase des Vorgesprächs sollten die zuständigen Behörden erforderlichenfalls miteinander beraten. Falls eine Konsultierung erforderlich erscheint, so sollte sie möglichst rasch stattfinden.

In der Phase des Vorgesprächs sollten Steuerpflichtiger und Steuerverwaltung erörtern, welche Unterlagen dem förmlichen Antrag beizufügen sind. Auch über eine etwaige Komplexitätsschwelle sollte gesprochen werden. Außerdem sollte die Steuerverwaltung die Phase des Vorgesprächs dazu nutzen, auf den Inhalt des Antrags Einfluss zu nehmen, falls dies dessen effizienter Bearbeitung förderlich ist.

7.2. Förmliche Antragstellung

26. Der förmliche Antrag eines APA sollte so früh wie möglich in Bezug auf die Jahre, die von dem APA abgedeckt werden sollen, und vor allem auch bald nach einer informellen Kontaktaufnahme gestellt werden. Der Steuerpflichtige sollte den förmlichen Antrag bei der Steuerverwaltung, bei der er Steuern zahlt, und gleichzeitig in allen anderen beteiligten Ländern einreichen. Haben Mitgliedstaaten unterschiedliche rechtliche oder administrative Verfahren im Zusammenhang mit APA, so hat der Steuerpflichtige selbst dafür Sorge zu tragen, dass alle Anträge rechtzeitig gestellt werden. Die Steuerverwaltung sollte sich bemühen, dem Steuerpflichtigen möglichst rasch mitzuteilen, ob der APA-Antrag offiziell zur Bearbeitung angenommen wurde, und erforderlichenfalls unverzüglich weitere Unterlagen anfordern, die zur Bewertung des Antrags und für eine Stellungnahme benötigt werden.

Inhalt des förmlichen Antrags

27. Bei einem ersten förmlichen Antrag sollte der Steuerpflichtige bestrebt sein, alle Informationen beizufügen, die die Steuerverwaltung benötigt, um den Antrag zu bewerten und zu der Methode Stellung zu nehmen, die zur Berechnung fremdvergleichskonformer Preise angewandt werden soll. Die Anhänge A und B enthalten Einzelheiten zu der Art von Informationen, die in der Regel erforderlich sind, ohne dass hiermit ein Mindestmaß oder ein Höchstmaß für die erforderlichen Informationen bezeichnet würde. Welche exakten Informationen für den förmlichen Antrag erforderlich sind, sollten jeweils auf den konkreten Fall zugeschnitten werden.

28. Die Steuerverwaltung ist berechtigt, zur Bewertung des APA-Antrags ergänzende Auskünfte anzufordern.

7.3. Bewertung und Aushandlung des APA

29. Bewertung und Aushandlung haben unterschiedliche Zielsetzungen, auch wenn u.U. beide Aufgaben teilweise zeitlich zusammenfallen können. Es sollte ein ausgewogener Ansatz erfolgen, so dass sowohl die Bewertung so rasch als möglich erfolgen als auch unverzüglich mit der Aushandlung begonnen werden kann.

    Im Zuge der Bewertung sollte die Steuerverwaltung vorbringen, welchen Bedingungen und Konditionen (*terms and conditions*) sie bei dem APA den Vorzug gibt. Bei den Verhandlungen mit den anderen beteiligten Steuerverwaltungen sollten Unterschiede in der Bewertung, die zwischen ihnen bestehen könnten, ausgeräumt werden, so dass den beteiligten Steuerpflichtigen einheitliche Bedingungen und Konditionen (*terms and conditions*) vorgeschlagen werden können.

30. Die zuständigen Behörden der betreffenden Steuerverwaltungen sollten so bald als möglich nach Eingang des förmlichen Antrags einander kontaktieren und einen Zeitplan für das APA-Verfahren aufstellen. Der Steuerpflichtige sollte bei der Entwicklung des Zeitplans beteiligt sein; ein Musterzeitplan ist in Anhang C enthalten. Bei multilateralen APA sollten die zuständigen Behörden übereinkommen, dass eine von ihnen bei dem Verfahren federführend ist.

31. Der Steuerpflichtige sollte die Steuerverwaltung bei der Bewertung des Antrags durch Übermittlung aller erforderlichen Auskünfte unterstützen. Die Bewertung sollte so bald als möglich abgeschlossen sein, so dass die Verhandlungen eingeleitet werden können.

32. Die Steuerverwaltungen sollten alles unternehmen, um die mit der Bewertung verbundenen Belastungen so gering wie möglich zu halten, indem sie nur relevante Informationen anfordern. Der Steuerpflichtige wiederum sollte Informationsanfragen so rasch wie möglich beantworten. Die Parteien sollten in der Lage sein, einvernehmlich festzulegen, welche Informationen relevant sind.

33. Alle Auskünfte, die einer Steuerverwaltung übermittelt wurden, sollten auch an die anderen beteiligten Steuerverwaltungen weitergeleitet werden. Auch Angaben darüber, welche Informationen angefordert wurden, sollten ausgetauscht werden. Es sollte einvernehmlich festgelegt werden, ob hierfür der Steuerpflichtige oder, in Ausnahmefällen, die Steuerverwaltung durch Informationsaustausch zuständig ist.

34. Weicht die Bewertung der Steuerverwaltung vom Antrag des Steuerpflichtigen ab, so ist sie mit dem Steuerpflichtigen zu erörtern.

35. Im Rahmen des Bewertungsprozesses sollte die Steuerverwaltung bestrebt sein, mit dem Steuerpflichtigen Einvernehmen über ihre Position zu erzielen. Für Steuerverwaltung und Steuerpflichtigen ist es vorteilhaft, auf eine beiderseits akzeptable Lösung hinzuarbeiten.

36. Steuerverwaltung und Steuerpflichtiger sollten beim APA-Verfahren so zusammenarbeiten, dass möglichst kaum Verzögerungen auftreten, insbesondere durch rechtzeitige Anforderung erforderlicher Informationen und rechtzeitige Bereitstellung derselben. Die Steuerverwaltungen sollten stets bedacht sein, gemeinsam zusätzliche Informationen anzufordern, wenn dadurch weiterer Zeitverlust unterbleibt.

37. Sobald sie die Bewertung abgeschlossen hat, sollte eine Steuerverwaltung den Beginn der Verhandlungen einleiten; die andere beteiligte Steuerverwaltung sollte erforderlichenfalls ihre eigene Bewertung zum Abschluss bringen, so dass die Verhandlungen beginnen können.

38. Die zuständigen Behörden sollten durchaus bereits in der Bewertungsphase miteinander beraten, falls dies zum Zustandekommen eines APA beitragen kann. Es sollte möglichst ein vorläufiges Einvernehmen erzielt werden. Auf jeden Fall wäre es sinnvoll, dass die Steuerverwaltung zumindest eine vorläufige Bewertung entwickelt hat, bevor die eigentlichen Verhandlungen zwischen den zuständigen Behörden beginnen.

39. Falls dies für das APA-Verfahren förderlich ist, sollte mit ersten Verhandlungen vor Abschluss der Bewertung begonnen werden, doch sollte dies nicht dazu führen, dass die Steuerverwaltungen den Abschluss der Bewertung über Gebühr hinausschieben.

40. Bei den meisten APA sollte jede zuständige Behörde ein Positionspapier mit der Bewertung der Steuerverwaltung entwickeln. Die zuständigen Behörden sollten einander durch Austausch der Positionspapiere förmlich über ihre Positionen in Kenntnis setzen. Dies sollte so rasch als möglich nach Eingang des Antrags geschehen.

41. Die zuständigen Behörden brauchen nicht unbedingt Positionspapiere auszutauschen, wenn dadurch das APA-Verfahren effizienter und schneller ablaufen kann. In der Regel aber hilft es, etwaige Meinungsverschiedenheiten zu erkennen und rasch und effizient auszuräumen, wenn alle zuständigen Behörden vor Beginn der förmlichen Verhandlungen Positionspapiere erstellen. Hat eine zuständige Behörde ein Positionspapier erstellt, so sollten alle anderen an den Verhandlungen beteiligten zuständigen Behörden zumindest darlegen, in welchen Punkten gegebenenfalls Meinungsverschiedenheiten bestehen.

Inhalt der Positionspapiere der zuständigen Behörden

42. Aus einem Positionspapier sollte der Standpunkt der mit dem APA befassten Steuerverwaltung hervorgehen. In Anhang D wird aufgeführt, welche Punkte in einem Positionspapier der zuständigen Behörden notwendig sein könnten.

43. Die Verhandlungen sollten mit der Übermittlung der Positionspapiere der zuständigen Behörden beginnen. Für die Verhandlungen sollte ein Zeitplan festgelegt werden. Der Steuerpflichtige sollte über alle wesentlichen Entwicklungen auf dem Laufenden gehalten werden.

    Mit Einverständnis der zuständigen Behörden sollte der Steuerpflichtige an deren Sitzungen teilnehmen können, um Sachverhalte durch entsprechende Darlegungen klären zu helfen.

44. Falls dies zweckmäßig erscheint, sollten die zuständigen Behörden regelmäßige Sitzungen abhalten, um das gesamte APA-Programm an neuere Entwicklungen anzupassen, doch sollten diese die Vereinbarung und Durchführung von Sitzungen zu Einzelfällen nicht behindern.

7.4. Förmliche Vereinbarung eines APA

45. Das APA sollte durch förmliche Vereinbarung zwischen den beteiligten Steuerverwaltungen in Kraft gesetzt werden (bei einem multilateralen APA könnte dies durch eine einzige Vereinbarung zwischen allen Steuerverwaltungen oder durch eine Reihe von bilateralen Vereinbarungen zwischen ihnen geschehen).

    In all diesen Vereinbarungen sollten die Bedingungen und Konditionen (*terms and conditions*) des APA im Einzelnen aufgeführt sein.

46. Durch diese Vereinbarungen sollte allen am APA beteiligten Parteien die Sicherheit gegeben werden, dass - sofern die entsprechenden Bedingungen des APA erfüllt werden - alle Verrechnungspreise für die betreffenden Transaktionen den im APA festgelegten entsprechen und die Transaktionen nicht von der Steuerverwaltung unterschiedlich ausgelegt werden. Die Steuerverwaltungen sollten gewährleisten, dass sie diese Sicherheit bieten können.

47. In Anhang E ist aufgeführt, welche Angaben in der Regel für die förmliche Vereinbarung eines APA erforderlich sind.

8. APA: SPEZIFISCHE BEREICHE

8.1. Transaktionen und Beteiligte eines APA

48. Zunächst entscheidet sich der Steuerpflichtige in seinem Antrag, auf welche Transaktionen und welche Unternehmen des Konzerns sich das APA beziehen soll. Jedoch liegt die Entscheidung bei der Steuerverwaltung, den Antrag des Steuerpflichtigen anzunehmen oder nicht.

49. Es ist wichtig, dass die Steuerverwaltungen dem Steuerpflichtigen möglichst viel Flexibilität lassen bei der Entscheidung darüber, was er in das APA aufnehmen möchte. Dem Steuerpflichtigen wird empfohlen, in seinem Antrag zu erläutern, aus welchen Gründen er bestimmte Unternehmen und Transaktionen in das APA mit einbeziehen oder nicht mit einbeziehen will.

50. Eine Steuerverwaltung sollte (vorbehaltlich innerstaatlicher rechtlicher Beschränkungen) von sich aus Informationen mit einer anderen Steuerverwaltung austauschen, die ihrer Meinung nach in das APA miteinbezogen werden sollte. Der Steuerpflichtige müsste darüber konsultiert werden, welche Steuerverwaltungen in das APA miteinbezogen werden sollen, denn sein Einverständnis mit den Bedingungen und Konditionen (*terms and conditions*) des APA ist für dessen Zustandekommen erforderlich.

8.2. Kritische Annahmen

51. Der Steuerpflichtige sollte in seinem Antrag darlegen, aufgrund welcher Annahmen es mit der gewählten Methode möglich ist, fremdvergleichskonforme Preise für die betreffenden künftigen Transaktionen zu ermitteln.

52. Kritischen Annahmen sind ihrem Wesen nach von zentraler Bedeutung für das APA und sollten mit aller Sorgfalt formuliert werden, so dass gewährleistet ist, dass das APA dem Gebot der fremdvergleichskonformen Preisgestaltung gerecht wird.

53. Steuerpflichtiger und Steuerverwaltung sollten bestrebt sein, kritische Annahmen zu identifizieren, die auf möglichst objektiv beobachtbaren, verlässlichen und unabhängigen Daten beruhen.

54. Die kritischen Annahmen sollten auf die konkreten Umstände des Steuerpflichtigen, das jeweilige Unternehmensumfeld, die Methode und die Art der betroffenen Transaktionen zugeschnitten sein.

55. Die kritischen Annahmen dürften nicht zu eng definiert sein, da dies die durch das APA gebotene Sicherheit beeinträchtigen könnte, sondern sollten sich auf ein Spektrum von Sachverhalten beziehen, das so breit gefasst ist, wie es den am APA beteiligten Parteien angemessen erscheint.

56. Das APA sollte von vornherein Parameter zur Bestimmung eines akzeptablen Grades der Abweichung von bestimmten Annahmen enthalten, so dass nur bei Überschreitung dieser Werte eine Neuverhandlung notwendig werden sollte.

57. Der Steuerpflichtige sollte seine Steuerverwaltung in Kenntnis setzen, wenn kritische Annahmen nicht erfüllt sind.

Alle APA-Beteiligten sollten einander konsultieren, um die Gründe für die Nichterfüllung einer kritischen Annahme zu prüfen und zu ermitteln, ob die APAMethode noch zweckmäßig ist.

Falls irgend möglich, sollte ein Versuch unternommen werden, das APA neu auszuhandeln.

8.3. Rückwirkende Anwendung

58. Eine rückwirkende Anwendung sollte - falls im innerstaatlichen Recht vorgesehen - als Möglichkeit in Betracht gezogen werden, wenn dadurch Streitfälle gelöst oder mögliche Streitfälle in Bezug auf zurückliegende Zeiträume ausgeschlossen werden.

59. Eine rückwirkende Anwendung sollte nur sekundäres Ergebnis des APA sein und ausschließlich dann erfolgen, wenn dies dem Sachverhalt angemessen ist. In den zurückliegenden Zeiträumen sollten Sachverhalte und Umstände vorgelegen haben, die mit denjenigen vergleichbar sind, auf die sich das APA bezieht.

60. Eine rückwirkende Anwendung des APA sollte nur mit Einwilligung des Steuerpflichtigen erfolgen.

61. Eine Steuerverwaltung nimmt die üblichen innerstaatlichen Maßnahmen in Anspruch, wenn sie im Rahmen des APA-Verfahrens auf Informationen stößt, die sich auf die Besteuerung für frühere Zeiträume auswirken. Die Steuerverwaltung sollte entsprechende Maßnahmen dem Steuerpflichtigen jedoch anzeigen, damit er sich zu etwaigen Unstimmigkeiten äußern kann, bevor eine Neuveranlagung für die betreffenden Zeiträume vorgenommen wird.

8.4. Veröffentlichung von statistischen Daten

62. Es wäre zweckdienlich, wenn jede Steuerverwaltung gewisse statistische Angaben über APA veröffentlicht.

8.5. Unilaterale A

63. Zwar mag unter bestimmten Umständen der Steuerpflichtige gute Gründe zur Annahme haben, ein unilaterales APA sei zweckmäßiger als ein bilaterales, doch ist bilateralen APA vor unilateralen der Vorzug zu geben. In Fällen, in denen das Doppelbesteuerungsrisiko durch ein unilaterales APA in gewissem Maße herabgesetzt werden mag, ist sorgfältig darauf zu achten, dass das unilaterale APA in derselben Weise wie bilaterale oder multilaterale APA dem Fremdvergleichsprinzip gerecht wird.

64. Der Steuerpflichtige hat zunächst das Recht, sich für ein unilaterales oder ein bilaterales APA zu entscheiden.

65. Der mit der Vorbereitung eines unilateralen APA befasste Mitgliedstaat kann die Option in Betracht ziehen, einen anderen Mitgliedstaat mit einzubeziehen. Der Steuerpflichtige sollte jedoch nicht genötigt werden, ein bilaterales APA einzugehen.

66. Die Steuerverwaltung ist berechtigt, Anträge auf ein unilaterales APA zurückzuweisen, wenn sie der Auffassung ist, es wäre zweckmäßiger, ein bilaterales oder multilaterales APA bzw. kein APA abzuschließen.

67. Die Rechte anderer Steuerverwaltungen und Steuerpflichtiger sollten durch das Bestehen eines unilateralen APA nicht berührt werden. Durch Abschluss eines unilateralen APA sollte nicht ausgeschlossen sein, dass es später zu einem Verständigungsverfahren kommt.

68. Mit dem Verhaltenskodex im Bereich der Unternehmensbesteuerung haben sich die Mitgliedstaaten verpflichtet, von sich aus Angaben über abgeschlossene unilaterale APA auszutauschen. Dieser Informationsaustausch (*Exchange of Information – EOI*) sollte alle anderen Steuerverwaltungen einschließen, die von dem unilateralen APA direkt betroffen sind, und so rasch als möglich nach Abschluss des APA erfolgen.

8.6. Erleichterung von APA für KMU

69. Die Steuerverwaltungen sollten ihre Erfahrungen mit den spezifischen Problemen von KMU dazu nutzen, um diesen die Inanspruchnahme von APA zu erleichtern, wenn dies für Streitvermeidung oder Streitbeilegung nützlich ist.

Anhang A: Liste über die Art der Informationen, die bei einem förmlichen Antrag auf ein bilaterales oder multilaterales APA in der Regel notwendig sind

Welche Angaben im Einzelnen geliefert werden müssen, hängt von den konkreten Umständen des Einzelfalls ab und wäre daher zwischen Steuerpflichtigem und Steuerverwaltung zu erörtern, und zwar möglichst bereits im Rahmen des Vorgesprächs.

Es handelt sich dabei im Wesentlichen um zweierlei Arten von Angaben: Informationen über zurückliegende Zeiträume – historische Informationen –, die bereits in der einen oder anderen Form vorliegen, jedoch für das APA zusammengestellt werden müssen und Informationen, die möglicherweise speziell für das APA neu zu erstellen sind.

Bei der Prüfung von Informationen über zurückliegende Zeiträume sollten die Mitgliedstaaten bedenken, dass ein APA auf die Zukunft ausgerichtet ist und Angaben zur Vergangenheit für künftige Zeiträume von geringerer Bedeutung sein mögen. Dessen ungeachtet sind solche Informationen notwendig, um das APA in eine Perspektive zu rücken und eine bessere Grundlage für die Beurteilung künftiger Entwicklungen zu schaffen.

Steuerverwaltung und Steuerpflichtiger können die Phase des Vorgesprächs nutzen, um darüber zu befinden, welche Unterlagen zusammen mit dem formellen Antrag eingereicht werden müssen. Hierbei geht es darum, zu einem ausgewogenen Verhältnis zu finden zwischen dem Interesse der Steuerverwaltung, über genügend Informationen zur ordnungsgemäßen Prüfung des Antrags zu verfügen, und dem Interesse des Steuerpflichtigen, nicht unnötig kostspielige Mengen an Information produzieren zu müssen.

Auf jeden Fall ist die Steuerverwaltung befugt, weitere Auskünfte anzufordern, und hat der Steuerpflichtige das Recht, weitere Unterlagen vorzulegen.

1. Namen und Anschriften aller verbundenen Unternehmen (einschließlich aller Betriebsstätten), die in das APA einbezogen werden sollen.

2. Darstellung der Konzernstruktur, aus der hervorgeht, welche Unternehmenseinheiten an der Geschäftstätigkeit, auf die sich das APA bezieht, beteiligt sind.

3. Analyse der Branchen- und Markttrends, von denen erwartet wird, dass sie die Unternehmenstätigkeit beeinflussen. Falls relevant, sollten auch diesbezügliche Marktstudien oder Finanzanalysen bereitgestellt werden, die zu dieser Erwartung geführt haben. Ein Überblick über die Unternehmensstrategie, die für den APAZeitraum verfolgt werden dürfte, sowie, falls davon abweichend, der Strategie für die zurückliegenden Zeiträume sollte zur Verfügung gestellt werden. Mit aufgenommen werden können Vorausschätzungen, die genutzt werden in der Planung für die Zukunft, Finanzplänen, Informationen über die erwartete Geschäftsentwicklung und den Wettbewerb, künftigen Strategien in den Bereichen Absatz, Herstellung und Forschung und Entwicklung. Angaben darüber, wer für die Entwicklung der Unternehmensstrategie verantwortlich ist und die Entscheidungsgewalt darüber besitzt, können zur Verfügung gestellt werden.

4. Angabe des Zeitraums, für den der Steuerpflichtige die Anwendung des APA beantragt, gegebenenfalls auch für eine rückwirkende Anwendung.

5. Funktionsanalyse (siehe Anhang B) der Beteiligten und der Transaktionen, auf die sich das APA beziehen soll.

6. Die Gründe dafür, warum der Steuerpflichtige für die betreffenden Transaktionen ein APA für zweckmäßig hält.

7. Die kritischen Annahmen, die dem APA zugrunde liegen.

8. Einzelheiten zu der Methode, die im Zusammenhang mit den betreffenden Transaktionen vorgeschlagen wird, und Nachweis, dass damit Ergebnisse erzielt werden, die dem Fremdvergleichsprinzip gerecht werden. Je nach gewählter Methode und ihrer Anwendung könnte der Nachweis enthalten:

   (a) Überprüfung der fünf Vergleichbarkeitskriterien der OECD, einschließlich der entsprechenden Vergleichswerte und etwaiger Anpassungen, die vorgenommen wurden, um Vergleichbarkeit zu erreichen;

   (b) Gründe für die Auswahl der Methode bei der APA-Beantragung;

   (c) finanzdatengestützte Darstellung der Art der Umsetzung der vorgeschlagenen Methode.

9. Aufstellung aller APA, die jegliches verbundenes Unternehmen, das in das APA einbezogen ist, im Zusammenhang mit denselben oder ähnlichen Transaktionen bereits eingegangen ist, sofern Angaben hierüber der Steuerverwaltung noch nicht vorliegen.

10. Einzelheiten zu den Finanzdaten der in das APA einbezogenen Unternehmenseinheiten für die letzten drei Jahre vor dem APA. Dies könnte Folgendes umfassen:

    (a) Jahresabschlüsse der letzten drei Jahre;

    (b) Analyse der Produktlinien bzw. des Dienstleistungsangebots unter Darstellung der Brutto- und Nettomargen mit verbundenen Kosten für die Produkte und Dienstleistungen, die in das APA einbezogen werden sollen, sofern verfügbar und zweckdienlich.

11. Aufstellung über etwaige rechtsverbindliche Vereinbarungen zwischen einzelnen verbundenen Unternehmen, die die in das APA einbezogenen Transaktionen beeinflussen könnten, z.B. Lizenzvereinbarungen, Einkaufsvereinbarungen, Vertriebsvereinbarungen, FuE-Service-Vereinbarungen.

12. Für Zeiträume, für die eine rückwirkende Anwendung beantragt wird - sofern nach innerstaatlichem Recht zulässig -, Einzelheiten zu der steuerlichen Position einer jeden Unternehmenseinheit, die für diese Zeiträume betroffen ist, wie z.B. Steuererklärungen (abgeschlossene Veranlagung, eingereicht aber Veranlagung noch nicht abgeschlossen, eingereicht und noch in Prüfung befindlich usw.), zusammen mit Angaben zu etwa noch laufenden Verständigungsverfahren und einer Analyse der Fristenregelungen der betreffenden Mitgliedstaaten, so dass erkennbar wird, für welche Jahre eine Neuveranlagung möglich ist.

Anhang B: Funktionsanalyse

Die Funktionsanalyse ist Kernbestandteil aller Arbeiten im Zusammenhang mit Verrechnungspreisen. Ihr Inhalt sollte auf den konkreten Steuerpflichtigen und die in das APA einbezogenen Transaktionen zugeschnitten sein. Je nach den Umständen sollte aus dem APA-Antrag in gewissem Maße ersichtlich sein, welche Unternehmenseinheiten welche Funktionen im Rahmen der gesamten Geschäftstätigkeit des multinationalen Unternehmens ausüben. Die Steuerverwaltungen sollten jedoch berücksichtigen, dass sie Transaktionen, die nicht in das APA einbezogen sind, nicht zu bewerten haben. Die übermittelten Informationen müssen so vollständig sein, dass die Steuerverwaltung umfassenden Einblick in die zu prüfenden Transaktionen erhält.

Tätigkeiten und Funktionen

Sämtliche Tätigkeiten im Zusammenhang mit den in das APA einbezogenen Transaktionen sollten beschrieben werden (Forschung und Entwicklung, Herstellung, Absatz, Vertrieb, Art der Dienstleistungstätigkeit usw.). Der wirtschaftliche und unternehmerische Wert dieser Tätigkeiten sollte hieraus hervorgehen; gleichzeitig sollten Angaben darüber geliefert werden, in welcher Wechselwirkung diese Tätigkeiten mit denen anderer Konzerneinheiten stehen. Des Weiteren sollten der Markt und die Markstellung der Unternehmenseinheit beschrieben werden, die Art der Kunden, das verkaufte Produkt, dessen Entwicklung oder Beschaffung sowie Lieferanten und Abnehmer.

Risiken

Die von der Unternehmenseinheit eingegangenen Risiken hinsichtlich der in das APA einbezogenen Transaktionen sollten beschrieben und bewertet werden. Dabei wird es sich in der Regel um Produktrisiken, technische Risiken, Risiken der Überalterung, Marktrisiken, Kreditrisiken, Wechselkursrisiken und rechtliche Risiken handeln.

Eingesetzte Vermögenswerte

Beschrieben werden sollten Art und Umfang des Betriebskapitals und der materiellen und immateriellen Wirtschaftsgüter, auf die sich das APA bezieht. Auch hier sollte möglichst die relative Bedeutung dieser Vermögenswerte für die Geschäftstätigkeit analysiert werden.

Weitere Angaben sind erforderlich, wenn Rechte an geistigem Eigentum bei den betreffenden Transaktionen eine Rolle spielen. Es sollte angegeben werden, wie diese Rechte innerhalb des Konzerns entwickelt oder von diesem erworben wurden. Es sollte ersichtlich werden, welche Unternehmenseinheit nunmehr die Rechte an dem geistigen Eigentum besitzt, wie sie in deren Besitz gelangte, wie die Rechte eingesetzt werden und welche Wertschöpfung sie für das Unternehmen erbringen.

Anhang C: Mögliches Zeitschema für das Zustandekommen eines APA

Jedes APA ist unterschiedlich; daher ist die Festlegung eines für alle APA geltenden Zeitplans mit einer gewissen Unsicherheit verbunden. Allen Beteiligten empfiehlt es sich, so früh wie möglich einen Terminplan festzulegen, sobald der APA-Antrag eingereicht wurde. Die Steuerverwaltung kann die für die Aushandlung eines APA erforderliche Zeitspanne so kurz wie möglich halten, indem sie die betreffenden Informationen rasch und effizient prüft. Der Steuerpflichtige kann zu einer kurzen Aushandlungsdauer beitragen, indem er rasch alle erforderlichen Informationen bereitstellt. Nachfolgendes zeitliches Ablaufschema dient nur der Veranschaulichung, in der Regel aber kommen alle beschriebenen Phasen in jedem APAVerfahren vor.

Phase des Vorgesprächs – informelle Anfrage – Monat 0

Ein Steuerpflichtiger wendet sich informell an zwei Steuerverwaltungen mit dem Wunsch nach dem Abschluss eines APA. Die Steuerverwaltungen nehmen seine Erklärungen zur Kenntnis und geben an, ob sie in dem konkreten Fall ein APA für zweckmäßig halten. Die Steuerverwaltungen konsultieren einander, um sicherzugehen, dass beide einverstanden sind. Jede erörtert in Kürze mit dem Steuerpflichtigen, welche Informationen zunächst übermittelt werden sollten, und erkundet, welche Methoden zweckmäßig sein könnten.

Monate 1-3

Jede Steuerverwaltung erhält den förmlichen Antrag. In Monat 1 stellen die zuständigen Behörden einen Zeitplan für die Bewertung und die Aushandlung des APA auf. Beide Steuerverwaltungen nehmen unabhängig voneinander eine erste Überprüfung vor und fordern gegebenenfalls weitere Informationen an.

Monate 4-12

Die Steuerverwaltungen setzen unabhängig voneinander ihre Bewertungsarbeiten fort, der Steuerpflichtige kooperiert umfassend. Ein erstes Zusammentreffen der Beteiligten mit einer Darstellung seines Falls durch den Steuerpflichtigen könnte nunmehr stattfinden. Die zuständigen Behörden konsultieren einander, falls erforderlich. Der Steuerpflichtige ist in die Bewertung miteinbezogen und wird konsultiert. Zum Ende dieser Phase hat jede Steuerverwaltung ihre Position formuliert. Die zuständigen Behörden können nunmehr Positionspapiere austauschen. Sie kommen überein, die Papiere in Monat 14 zu besprechen.

Monat 13

Jede zuständige Behörde bewertet das Positionspapier der anderen und holt erforderlichenfalls weitere Informationen ein. (Oder aber eine zuständige Behörde leitet im Monat 12 ihr Positionspapier weiter, und im Monat 13 erstellt die andere zuständige Behörde ein Positionspapier, in dem sie die erste Position verwirft und Alternativen vorschlägt.)

Monate 14-16

Die zuständigen Behörden erörtern die Sachlage miteinander. Der Steuerpflichtige nimmt gegebenenfalls weitere Klarstellungen vor und wird über den Stand der Verhandlungen zwischen den zuständigen Behörden auf dem Laufenden gehalten.

Monat 17

Die zuständigen Behörden gelangen zu einer Einigung. Der Steuerpflichtige wird konsultiert und erklärt sich einverstanden.

Monat 18

Das APA wird zwischen den zuständigen Behörden förmlich geschlossen. Formelle Urkunden werden ausgetauscht. Der Steuerpflichtige erhält die Versicherung, dass das APA akzeptiert wird.

Bei komplexeren Fällen kann es länger dauern, doch dürfte sich mit kooperativem Verhalten und entsprechender Planung aller Parteien die Zeit für das Zustandekommen eines APA auf ein Mindestmaß begrenzen lassen.

Anhang D: Inhalt des Positionspapiers der zuständigen Behörden

Da jeder Fall anders gelagert ist, werden auch die Positionspapiere jeweils unterschiedlich sein. Nachfolgend werden dessen ungeachtet allgemeine Orientierungshilfen gegeben, die für den Inhalt aller Positionspapiere anwendbar sein dürften. Entscheidend dafür, dass ein APA-Verfahren ohne unnötigen Zeitverlust zum Abschluss gebracht wird, wird in den meisten Fällen sein, dass die Verhandlungen möglichst rasch nach Eingang des Antrags mit einem Positionspapier in Gang gebracht werden.

Vielfach wird es zweckmäßig sein, in dem Positionspapier auf Folgendes einzugehen:

1. Die Schlussfolgerungen der zuständigen Behörde zusammen mit einer Begründung. Dabei sollte unter anderem angegeben werden, welcher Methode aus welchen Gründen der Vorzug gegeben wird.
2. Gründe für eine Ablehnung oder Änderung der Methode, die ursprünglich vom Steuerpflichtigen gewählt wurde.
3. Nähere Angaben zu den Tatsachen, die für die genannte Schlussfolgerung als ausschlaggebend betrachtet werden. Gegebenenfalls sollten Umstände besonders berücksichtigt werden, die nicht im ursprünglichen Antrag ersichtlich waren, sondern erst im Verlaufe des APA-Verfahrens zutage treten.
4. Angaben zu den kritischen Annahmen, auf denen das APA beruhen soll.

5: Stellungnahme zu etwaigen Rückwirkungsaspekten und zur Laufzeit des APA.

6: Anregungen zu der Art der Beobachtung des APA (*monitoring*).

7: Beschreibung der Doppelbesteuerungsabkommen und der innerstaatlichen Rechtsvorschriften, denen das APA unterliegt und die dem Steuerpflichtigen Rechtssicherheit geben.

Anhang E: Angaben, die in der Regel in einem APA notwendig sind

1. Laufzeit des APA und Tag seines Inkrafttretens.
2. Details der akzeptierten Methode für die Bestimmung der Verrechnungspreise und der kritischen Annahmen (siehe Anhang F), nach denen vorgegangen werden muss, damit das APA Gültigkeit hat.
3. Einigung darüber, dass das APA für die beteiligten Steuerverwaltungen verbindlich sein wird.
4. Einigung darüber, wie das APA beobachtet werden soll (*monitoring*).
5. Einigung darüber, welche Dokumentation während der Laufzeit des APA zu führen ist, so dass eine effektive Beobachtung stattfinden kann (z.B. Jahresberichte).
6. Einigung über etwaige Rückwirkungsaspekte.
7. Umstände, die eine Überprüfung des APA erforderlich machen.
8. Umstände, die zu einer künftigen Aufhebung des APA führen, gegebenenfalls sogar rückwirkend (z.B. Übermittlung falscher Angaben).

Anhang F – Kritische Annahmen

Welche kritischen Annahmen zugrundegelegt werden, hängt vom APA selbst ab, doch sind in der Regel Annahmen zu einigen von folgenden Bereichen zu formulieren:

1. Die ausschlaggebenden innerstaatlichen Rechtsvorschriften und Doppelbesteuerungsabkommen;
2. Tarife, Abgaben, Einfuhrbeschränkungen und staatliche Regulierungen;
3. wirtschaftliche Bedingungen, Marktanteil, Marktbedingungen, Endverkaufspreis und Absatzvolumen;
4. Art der Funktionen und Risiken für die an den Transaktionen beteiligten Unternehmen;
5. Wechselkurse, Zinssätze, Kreditwürdigkeit und Kapitalstruktur;
6. internes Rechnungswesen oder Finanzbuchhaltung, Klassifizierung von Einnahmen und Ausgaben;
7. die Unternehmen, die im Hoheitsbereich der einzelnen Steuerverwaltungen geschäftlich tätig sind, und Art der Geschäftstätigkeit.

MITTEILUNG DER KOMMISSION AN DAS EUROPÄISCHE PARLAMENT, DEN RAT UND DEN EUROPÄISCHEN WIRTSCHAFTS- UND SOZIALAUSSCHUSS

über die Tätigkeit des Gemeinsamen EU-Verrechnungspreisforums im Zeitraum Juli 2010 bis Juni 2012 und damit zusammenhängende Vorschläge 1. Bericht über kleine und mittlere Unternehmen und Verrechnungspreise und 2. Bericht über Kostenumlagevereinbarungen für Dienstleistungen, durch die keine immateriellen Wirtschaftsgüter geschaffen werden

1. EINFÜHRUNG

Es wird allgemein anerkannt, dass es infolge der zunehmenden Globalisierung sowohl multinationalen Unternehmen als auch Steuerverwaltungen in der Praxis Probleme bereitet, zu steuerlichen Zwecken die Preise für grenzüberschreitende Geschäftsvorfälle zwischen verbundenen Unternehmen festzusetzen. Um den Preis solcher Geschäftsvorfälle richtig bewerten zu können, gehen die Mitgliedstaaten der Europäischen Union (EU) vom Fremdvergleichsgrundsatz[1] aus. Der Fremdvergleichsgrundsatz beruht auf einem Vergleich der Bedingungen, die verbundene Unternehmen anwenden, mit den Bedingungen, die zwischen unabhängigen Unternehmen gegolten hätten.

Der Fremdvergleichsgrundsatz wird jedoch sowohl auf der Ebene der Steuerverwaltungen als auch zwischen Steuerverwaltungen und Unternehmen unterschiedlich ausgelegt, was zu Rechtsunsicherheit, Kostensteigerungen, möglicher Doppelbesteuerung oder sogar Nichtbesteuerung führen kann. Dadurch wird das reibungslose Funktionieren des Binnenmarkts beeinträchtigt.

Um diesbezüglich Abhilfe zu schaffen, setzte die Kommission im Oktober 2002 eine Sachverständigengruppe – das Gemeinsame EU-Verrechnungspreisforum (EU Joint Transfer Pricing Forum – JTPF) – ein[2] mit dem Auftrag, pragmatische Lösungen für Probleme zu finden, die sich bei der Anwendung des Fremdvergleichsgrundsatzes insbesondere innerhalb der EU ergeben. Im Jahr 2011 wurde das Mandat des Forums durch einen Beschluss der Kommission erneuert und bis zum 31. März 2015 verlängert.[3]

---

[1] Der Fremdvergleichsgrundsatz ist in Artikel 9 des OECD-Musterabkommens im Bereich Steuern ausgeführt. Des Weiteren hat die OECD Verrechnungspreisleitlinien für multinationale Unternehmen und Steuerverwaltungen entwickelt.

[2] Mitteilung der Kommission an den Rat, das Europäische Parlament und den Wirtschafts- und Sozialausschuss – „Ein Binnenmarkt ohne steuerliche Hindernisse – Strategie zur Schaffung einer konsolidierten Körperschaftsteuer-Bemessungsgrundlage für die grenzüberschreitende Unternehmenstätigkeit in der EU", KOM(2001) 582 endg. vom 23.10.2001, S. 21.

[3] Beschluss 2011/C 24/03 vom 25. Januar 2011, ABl. C 24 vom 26.1.2011, S. 3.

In der vorliegenden Mitteilung wird über die Arbeit des EUVerrechnungspreisforums im Zeitraum zwischen Juli 2010 und Juni 2012 berichtet, und es werden Schlussfolgerungen für die künftige Arbeit der Sachverständigengruppe gezogen.

2. ZUSAMMENFASSUNG DER TÄTIGKEITEN DES GEMEINSAMEN EUVERRECHNUNGSPREISFORUMS

Zwischen Juli 2010 und Juni 2012 trat das EU-Verrechnungspreisforum sechsmal zusammen. Über zwei Themen wurden ausführliche Berichte erstellt. Der eine befasst sich mit den Besonderheiten von Verrechnungspreisen bei kleinen und mittleren Unternehmen in der EU, der andere mit einer bestimmten konzerninternen Regelung, der sogenannten Kostenumlagevereinbarung (KUV). Zudem wurden Monitoringmaßnahmen ausgeführt, mit denen festgestellt werden sollte, inwieweit frühere Initiativen des Forums umgesetzt wurden. Nach der Verlängerung seines Mandats verabschiedete das Forum im Juni 2011 eine überarbeitete Geschäftsordnung und ein neues Arbeitsprogramm für die Jahre 2011–2015. Über folgende Themen des Arbeitsprogramms wurde die Diskussion in diesem Zeitraum begonnen, aber noch nicht abgeschlossen: risikobasierte Ansätze für die Bestimmung von Verrechnungspreisen, Probleme der Doppelbesteuerung infolge von Sekundärberichtigungen und kompensierende Anpassungen bzw. Jahresabschlussanpassungen. Mit diesen Themen und mit dem Monitoring wird sich das EU-Verrechnungspreisforum auf künftigen Sitzungen weiter befassen.

2.1 Schlussfolgerungen des EU-Verrechnungspreisforums zu kleinen und mittleren Unternehmen und Verrechnungspreisen

Ein allgemeines Merkmal von Verrechnungspreisen ist der Verwaltungsaufwand, den sie für Steuerpflichtige und Steuerverwaltungen mit sich bringen. Besondere Schwierigkeiten ergeben sich für kleine und mittlere Unternehmen (KMU), da es ihnen an Fachwissen, einschlägiger Erfahrung und Ressourcen mangelt. Auch für die Steuerverwaltungen ist der Umgang mit KMU nicht einfach, denn sie müssen zum einen ihre steuerrechtlichen Bestimmungen unter Berücksichtigung der eigenen Ressourcen und Kosten-Nutzen-Abwägungen in einheitlicher Weise anwenden, zum anderen aber den KMU und den Steuerverwaltungen untereinander übermäßigen Verwaltungsaufwand und unnötige Konflikte über Steuerfragen ersparen.

In Anbetracht der wichtigen Stellung, die KMU im Wirtschaftsleben der EU einnehmen, beschloss das EU-Verrechungspreisforum, zu untersuchen, mit welchen Schwierigkeiten KMU im Hinblick auf Verrechnungspreise konfrontiert sind, und Verbesserungsvorschläge für diesen Bereich zu unterbreiten. Der Anteil der Unternehmen, die mit Verrechnungspreisen arbeiten, ist zwar bei den KMU nicht besonders groß, doch die absolute Zahl der betroffenen Unternehmen könnte recht hoch sein.

Der Bericht enthält eine Reihe von Empfehlungen für einen einheitlicheren Umgang mit den besonderen Anforderungen an KMU im Zusammenhang mit Verrechnungspreisen. Er behandelt die Einhaltung der diesbezüglichen Bestimmungen durch KMU in verschiedenen Stadien.

Mit dem Bericht wird nicht das Ziel verfolgt, sich auf eine gemeinsame Definition von KMU zu Besteuerungszwecken zu verständigen. Es wird lediglich empfohlen, dass sich die Mitgliedstaaten bei der Definition von KMU an den Kriterien orientieren, die in der Empfehlung

2003/361/EG der Kommission[1] enthalten sind (Jahresbilanzsumme, Jahresumsatz, Mitarbeiterzahl).

Im Hinblick auf die Einhaltung der Vorschriften für Verrechnungspreise stellt der Bericht bewährte Verfahren und Leitlinienempfehlungen für das Stadium vor der Steuerprüfung, für Steuerprüfungen und für die Beilegung von Konflikten vor. Der Grundsatz der Verhältnismäßigkeit wird als geeignete Grundlage befürwortet, wenn es darum geht, den KMU entgegenzukommen, die Anforderungen der Steuerbehörden zu ermitteln und die KMU in die Lage zu versetzen, diesen Anforderungen zu genügen.

Für das Stadium vor der Steuerprüfung empfiehlt der Bericht, dass den KMU eine Anlaufstelle geboten wird, bei der sie Auskünfte einholen können, und dass sie darüber aufgeklärt werden, wie sie bereits im Vorfeld für Gewissheit sorgen können. Darüber hinaus werden die Mitgliedstaaten aufgefordert, den KMU durch Vereinfachungsmaßnahmen die Einhaltung der Vorschriften zu erleichtern. Für das Stadium der Steuerprüfung empfiehlt der Bericht, pragmatische Lösungen zu erwägen, die sich an den Erfahrungen anderer Mitgliedstaaten und an früheren Berichten des Verrechungspreisforums orientieren können. Bei Steuerprüfungen sollten KMU in einer für sie angemessenen Weise behandelt werden. Im Hinblick auf Konflikte spricht sich der Bericht im Falle von KMU, die bei nicht komplexen Geschäftsvorfällen von geringem Wert eine Entlastung von Doppelbesteuerung beantragen, für beschleunigte Beilegungsverfahren aus und regt an, im Rahmen von Verständigungsverfahren und des sogenannten Schiedsübereinkommens direkte Kontakte zwischen den Prüfern anzustreben und herzustellen.[2]

Abschließend hält der Bericht fest, dass KMU im Hinblick auf die Einhaltung von Verrechnungspreisvorschriften ihren Besonderheiten entsprechend behandelt werden müssen. Die Erkenntnisse und Empfehlungen des Berichts, so wird betont, beruhen darauf, dass der Grundsatz der Verhältnismäßigkeit in flexibler Weise Anwendung findet. Künftig wird das EU-Verrechnungspreisforum die Wirkung der Maßnahmen beobachten, die im Bericht über KMU empfohlen und von den Mitgliedstaaten umgesetzt werden.

2.2 Schlussfolgerungen des EU-Verrechnungspreisforums zu Kostenumlagevereinbarungen für Dienstleistungen, durch die keine immateriellen Wirtschaftsgüter geschaffen werden

Kostenumlagevereinbarungen (KUV) für Dienstleistungen werden von multinationalen Unternehmen häufig zur kostengünstigen Gestaltung von Konzernaktivitäten genutzt. Die betriebswirtschaftliche Entscheidung zugunsten einer KUV kann durch mehrere Gründe gerechtfertigt sein, sei es durch Größenvorteile oder durch das Teilen von Risiken, Wissen oder Ressourcen. Um eine Dopplung der Arbeit zu vermeiden, welche die OECD derzeit zu Verrechnungspreisen für immaterielle Wirtschaftsgüter leistet, konzentriert sich das EU-Verrechnungspreisforum auf Kostenumlagevereinbarungen für Dienstleistungen, durch die keine immateriellen Wirtschaftsgüter geschaffen werden.

---

[1] Empfehlung der Kommission vom 6. Mai 2003 betreffend die Definition der Kleinstunternehmen sowie der kleinen und mittleren Unternehmen, ABl. L 124 vom 20.5.2003, S. 36.

[2] Übereinkommen über die Beseitigung der Doppelbesteuerung im Falle von Gewinnberichtigungen zwischen verbundenen Unternehmen, ABl. L 225 vom 20.8.1990, S. 10.

Der Bericht erläutert zu diesem Zweck zunächst die begriffliche Unterscheidung zwischen Kostenumlagevereinbarungen und konzerninternen Dienstleistungen. Vorrangig befasst er sich mit der Frage, wie ein Prüfer am zweckmäßigsten feststellen kann, ob bei Kostenumlagevereinbarungen für Dienstleistungen, durch die keine immateriellen Wirtschaftsgüter geschaffen wurden, der Fremdvergleichsgrundsatz beachtet wurde.

Zu diesem Zweck führt der Bericht auf, anhand welcher allgemeinen Merkmale festgestellt werden kann, ob eine KUV mit dem Fremdvergleichsgrundsatz im Einklang steht. Außerdem gibt er Prüfern eine Aufstellung der Informationen an die Hand, anhand derer sie in aller Regel feststellen können, ob eine KUV dem Fremdvergleichsgrundsatz entspricht.

Dabei wird auf einige Aspekte näher eingegangen, beispielsweise die Überprüfung der erwarteten Vorteile, die Aufteilungsschlüssel zur Bemessung des Beitrags der einzelnen Beteiligten, die Methoden zur Bestimmung des Umfangs von Sachleistungen, der Umgang mit Fällen, bei denen nicht die tatsächlich angefallenen, sondern die ursprünglich veranschlagten Kosten zugrunde gelegt werden, sowie die mögliche Anwendung der im Gesamtkonzern verwendeten Rechnungslegungsgrundsätze.

Besonders wertvoll ist der Bericht über Kostenumlagevereinbarungen für Dienstleistungen, durch die keine immateriellen Wirtschaftsgüter geschaffen werden, weil er die bestehenden Leitlinien zu konzerninternen Dienstleistungen mit geringer Wertschöpfung ergänzt und die Arbeit des EU-Verrechnungspreisforums zu solchen Dienstleistungen vervollständigt.

Abschließend wird festgestellt, dass die Einhaltung der Empfehlungen des Berichts in den meisten Fällen, auf die er anwendbar ist, die Bewertung vereinfacht und es den Steuerbehörden ermöglicht, die ordnungsgemäße Anwendung des Fremdvergleichsgrundsatzes anzuerkennen. Das EU-Verrechnungspreisforum wird die Wirkung dieser Leitlinien regelmäßig überwachen.

2.3 Aktueller Stand der einzelnen Punkte des Arbeitsprogramms

Während des Berichtszeitraums hat das EU-Verrechnungspreisforum die Themen bearbeitet, die noch aus dem vorherigen Arbeitsprogramm für die Jahre 2007–2011 verblieben waren, und im Juni 2011 das neue Arbeitsprogramm für die Jahre 2011–2015 verabschiedet, das die Grundlage seiner laufenden Tätigkeit bildet. Von Juli 2010 bis Juni 2011 konzentrierte es sich in erster Linie auf das Thema KMU und Verrechnungspreise. Im März 2011 hat das Forum den entsprechenden Bericht verabschiedet.[1]

Der erste Punkt im Arbeitsprogramm für die Jahre 2011–2015, der aus dem vorherigen Arbeitsprogramm weitergeführt wurde, war die Erarbeitung eines gemeinsamen Konzepts für Kostenumlagevereinbarungen. Dieses Projekt, das sich auf Kostenumlagevereinbarungen für Dienstleistungen bezog, bei denen keine immateriellen Wirtschaftsgüter geschaffen werden, wurde im Juni 2012 erfolgreich abgeschlossen.[2]

Die Arbeit an der Risikobewertung, die auf dem Gebiet der Verrechnungspreise eine wichtige Rolle spielt, um sowohl den Steuerverwaltungen als auch den Steuerpflichtigen einen effektiven Einsatz ihrer begrenzten Ressourcen zu ermöglichen, wird auf der Grundlage von Präsen-

---

[1] Anhang I.

[2] Anhang II.

tationen einer Reihe von Forumsmitgliedern (die sowohl die Mitgliedstaaten als auch die Privatwirtschaft vertreten) weiterentwickelt. Die Gruppe wird bewährte Verfahren auswerten, um festzustellen, inwieweit die EU in dieser Hinsicht Leitlinien vorgeben kann.

Kompensierende Anpassungen bzw. Jahresabschlussanpassungen werden innerhalb der EU in unterschiedlichem Maße anerkannt. Im Jahr 2011 wurde eine Umfrage gestartet, die 2012 abgeschlossen wurde. Mit dem so gewonnenen Überblick wurde ein Teil des Arbeitsprogramms bereits abgeschlossen. Das EUVerrechnungspreisforum wird noch genauer untersuchen, ob innerhalb der EU ein gemeinsames Konzept für kompensierende Anpassungen gefunden werden kann.

In einigen Mitgliedstaaten sind Verrechnungspreisanpassungen mit einer weiteren Berichtigung verbunden. Diese sogenannten „Sekundärberichtigungen" können zu einer Doppelbesteuerung führen und wurden deshalb in das Arbeitsprogramm des Forums aufgenommen. Im Jahr 2011 wurde eine Umfrage gestartet, die 2012 abgeschlossen wurde. Obwohl damit bereits ein Teil des Arbeitsprogramms abgeschlossen ist, untersucht das Forum die Auswirkungen von Sekundärberichtigungen in der EU, um Lösungsvorschläge zu unterbreiten, mit denen sowohl im Hinblick auf eine mögliche Doppelbesteuerung als auch im Hinblick auf einige praktische Aspekte ihrer Anwendung der derzeitige Stand der Dinge verbessert werden kann.

2.4 Monitoringtätigkeit

Das EU-Verrechnungspreisforum beobachtet und betreut weiterhin die wirksame Umsetzung seiner Arbeitsergebnisse in die Praxis. Zu diesem Zweck erstellt es jährliche Statistiken und Berichte zu bestimmten Themen. Aus diesen Statistiken und Berichten leiten die Dienststellen der Kommission und das Forum selbst anschließend ab, an welchen Themen das Forum weiterarbeiten sollte.

Statistische Berichte über offene Fälle unter dem Schiedsübereinkommen und über Vorabverständigungen über die Verrechnungspreisgestaltung (Advance Pricing Agreements, APA) werden jährlich erstellt und ausgewertet. Das Format dieser statistischen Berichte wurde verbessert und soll künftig erneut überarbeitet werden. Für die Beantwortung des jährlichen APA-Fragebogens wurden weitere Zusatzanleitungen erstellt.

Anlässlich des zehnjährigen Bestehens des EU-Verrechnungspreisforums wird ein umfassenderes Monitoring seiner Leistungen angesetzt. Dabei werden der Verhaltenskodex zur wirksamen Umsetzung des Schiedsübereinkommens und zur Verrechnungspreisdokumentation in der EU, die Leitlinien für APA in der EU sowie die Leitlinien für konzerninterne Dienstleistungen mit geringer Wertschöpfung in einem Zuge überprüft. Das Ziel besteht darin, die Umsetzung der von den Mitgliedstaaten angenommenen Empfehlungen des Forums insgesamt auf ihre Wirksamkeit zu überprüfen und zu überlegen, wie weitere Verbesserungen herbeigeführt werden könnten.

3. SCHLUSSFOLGERUNGEN DER KOMMISSION

Die Kommission hält die Sachverständigengruppe des EU-Verrechnungspreisforums mit ihren pragmatischen Lösungsvorschlägen nach wie vor für ein wertvolles Gremium bei der Lösung von Verrechnungspreisfragen.

Die Kommission stellt insbesondere fest, dass sich der Bericht über kleine und mittlere Unternehmen und Verrechnungspreise sowie der Bericht über Kostenumlagevereinbarungen für

Dienstleistungen, durch die keine immateriellen Wirtschaftsgüter geschaffen werden, mit Kernfragen befassen, auf die sie bei der Einsetzung des Verrechnungspreisforums hingewiesen hat, insbesondere mit der einheitlicheren Anwendung von Verrechnungspreisvorschriften in der Europäischen Union.

Die Kommission unterstützt uneingeschränkt die Schlussfolgerungen und Empfehlungen der Berichte, die in Anlage I (Bericht über kleine und mittlere Unternehmen und Verrechnungspreise) und Anlage II (Bericht über Kostenumlagevereinbarungen für Dienstleistungen, durch die keine immateriellen Wirtschaftsgüter geschaffen werden) wiedergegeben sind.

Die Kommission ersucht den Rat, dem vorgeschlagenen Bericht über kleine und mittlere Unternehmen und Verrechnungspreise zuzustimmen, und legt den Mitgliedstaaten nahe, in ihren nationalen Rechts- oder Verwaltungsvorschriften Vorgehensweisen vorzusehen, die den im Bericht enthaltenen Konzepten und verfahrenstechnischen Erwägungen entsprechen.

Die Kommission ersucht den Rat, dem vorgeschlagenen Bericht über konzerninterne Dienstleistungen, durch die keine immateriellen Wirtschaftsgüter geschaffen werden, zuzustimmen, und bittet die Mitgliedstaaten, die im Bericht enthaltenen Empfehlungen möglichst bald in ihre nationalen Rechts- oder Verwaltungsvorschriften zu übertragen.

Nach Ansicht der Kommission wird ein regelmäßiges Monitoring, inwieweit die Schlussfolgerungen der Berichte umgesetzt werden und sich als praxistauglich erweisen, wesentlich zu deren etwaiger Weiterentwicklung beitragen.

In diesem Zusammenhang fordert die Kommission das EU-Verrechnungspreisforum auf, seine Monitoringtätigkeit fortzusetzen, und sieht dem Ergebnis seiner derzeitigen Arbeit an den Programmpunkten Risikobewertung, Sekundärberichtigungen und kompensierende Anpassungen bzw. Jahresabschlussanpassungen mit Interesse entgegen.

ANLAGE I
BERICHT ÜBER KLEINE UND MITTLERE UNTERNEHMEN UND VERRECHNUNGSPREISE

I. Einführung

1. Das Gemeinsame EU-Verrechnungspreisforum (Joint Transfer Pricing Forum, JTPF)hat sich im Rahmen seines genehmigten Arbeitsprogramms mit den Auswirkungen von Verrechnungspreisen auf kleine und mittlere Unternehmen (KMU) befasst. Die Diskussionspapiere des Forums, die den Hintergrund dieser Arbeit beleuchten, darunter Beiträge des Verbands Europäischer Wirtschaftsprüfer und der Confédération Fiscale Européenne, sind auf der Website der Generaldirektion Steuern und Zollunion zu finden. Der vorliegende Bericht ist das Ergebnis dieser Arbeit.

II. Hintergrund

2. In der EU gibt es etwa 23 Millionen KMU; sie machen 99,8 % aller europäischen Unternehmen aus. Etwa 5 % dieser KMU haben verbundene Unternehmen, bei denen Verrechnungspreise zum Tragen kommen können.[1] Wie diese Zahlen zeigen, ist der Anteil der Unternehmen, die Verrechnungspreise verwenden, bei den KMU nicht besonders groß, doch die absolute Zahl der betroffenen Unternehmen könnte recht hoch sein. Diejenigen KMU, bei denen Verrechnungspreise eine Rolle spielen, stehen vor Schwierigkeiten, da es ihnen an Fachwissen, einschlägiger Erfahrung und Ressourcen mangelt. Das geringe Volumen des grenzüberschreitenden konzerninternen Handels auf KMU-Ebene lässt überdies vermuten, dass besagte Schwierigkeiten KMU von dieser Art des Handels abhalten.
3. Auch für die Steuerverwaltungen ist der Umgang mit KMU nicht einfach. Sie müssen zum einen ihre steuerrechtlichen Bestimmungen unter Berücksichtigung der eigenen Ressourcen und Kosten-Nutzen-Abwägungen in einer einheitlichen Weise anwenden, zum anderen aber den KMU und den Steuerbehörden untereinander übermäßigen Verwaltungsaufwand und unnötige Konflikte über Steuerfragen ersparen. Es gibt innerhalb der EU weder eine gemeinsame Definition von KMU für Besteuerungszwecke im Allgemeinen oder zur Bestimmung von Verrechnungspreisen im Besonderen, noch eine einheitliche Behandlung von KMU.
4. Einige Steuerverwaltungen haben bereits spezielle Vorgehensweisen für Verrechnungspreise bei KMU eingeführt. Diese lassen sich grob unterteilen in Gesamtkonzepte und spezielle Verwaltungsmaßnahmen. Ein Beispiel für ein Gesamtkonzept ist der Grundsatz der Verhältnismäßigkeit. Dabei werden die Anforderungen an die KMU bezüglich eines regelkonformen Verhaltens auf die ihnen zur Verfügung stehenden Ressourcen abgestimmt. Ein Beispiel für eine Verwaltungsmaßnahme wäre, dass KMU in Bezug auf die Verrechnungspreisdokumentation weniger umfassende Verpflichtungen auferlegt werden als anderen Unternehmen.

---

[1] SME Performance Review 2009 (Jahresbericht über europäische KMU 2009) (http://ec.europa.eu/enterprise/policies/sme/facts-figures-analysis/performance-review/files/supportingdocuments/2009/annual-report_en.pdf), S. 15.

5. Multinationale Unternehmen sehen KMU oftmals als Ergänzung für ihre wirtschaftlichen Tätigkeiten in der EU an, und beide sind an einem effizienten Funktionieren des jeweils anderen interessiert. Allerdings ist Unternehmen, die keine KMU sind, auch am Erhalt gleicher Wettbewerbsbedingungen gelegen, und sie möchten durch das Eingehen von Steuerverwaltungen auf die Bedürfnisse von KMU keine Benachteiligung erleiden.
6. Die Unternehmen stellen fest, dass Probleme wie der Zeitaufwand und die Kosten für eine qualifizierte Steuerberatung KMU davon abhalten können, fachkundige Beratung einzuholen.
7. In seinen Berichten zur Verrechnungspreisdokumentation und in den Leitlinien zu Vorabverständigungen über die Verrechnungspreisgestaltung (Advance Pricing Agreements, APA) erkannte das EU-Verrechnungspreisforum an, dass bei KMU im Falle von Verrechnungspreisen Flexibilität erforderlich ist. Der Bericht zur Dokumentation spricht in diesem Zusammenhang von „einem Plausibilitätstest", in den APA-Leitlinien ist von einem „vereinfachten Zugang" für KMU die Rede.

III. Definition von KMU

8. Eine einheitliche Definition von KMU für Verrechnungspreiszwecke wäre ein gemeinsamer Ausgangspunkt, der die Umsetzung der Ergebnisse und Empfehlungen dieses Berichts erleichtern würde. Eine solche Definition ist zwar in der Empfehlung 2003/361/EG[1] enthalten, wird jedoch von den Steuerverwaltungen zu Zwecken der direkten Besteuerung nur wenig herangezogen. Zur Verwendung einer solchen Definition stellte das EU-Verrechungspreisforum fest:
9. Wenn kleine Mitgliedstaaten eine bestimmte KMU-Definition anwenden, dann könnte das dazu führen, dass auch große einheimische Unternehmen bzw. Konzerne als KMU eingestuft werden. Daher ist sorgfältig darauf zu achten, welche Definition von KMU verwendet wird.
10. Außerdem kann das Ausgehen von einer bestimmten Definition die KMU in ihrem Verhalten beeinflussen. Es kann manche KMU möglicherweise davon abhalten, das Wachstum ihres Unternehmens so weit voranzutreiben, dass ein festgelegter Grenzwert überschritten wird, weil dies Mehrkosten, einen erhöhten Verwaltungsaufwand und den Verlust von Vergünstigungen mit sich bringen könnte.
11. Entsprechend sind einige Steuerverwaltungen der Ansicht, dass eine zu enge Definition von KMU in der EU die strukturelle Beschaffenheit ihres Steuersubstrats nicht hinreichend berücksichtigen würde. Wenn sich beispielsweise aus einer gemeinsamen Definition ergeben würde, dass ein großer Teil des Steuersubstrats aus KMU besteht, dann würde sich die Lage anders darstellen, als wenn KMU nur einen kleinen Teil ausmachen.
12. Die KMU-Definitionen, die Steuerverwaltungen derzeit entweder für Zwecke der direkten Besteuerung im Allgemeinen oder für Verrechnungspreise im Besonderen verwenden, greifen oft auf die Definition in der Empfehlung 2003/361/EG zurück. Dabei werden in der EU die Kriterien Bilanzwert, Umsatz, Mitarbeiterzahl und Einzel- oder kumulierte Transaktionswerte verwendet. Ergänzt werden diese Kriterien bisweilen durch Vorschriften zur Missbrauchsbekämpfung. Sie können, müssen aber nicht auf einer konsolidierten

[1] ABl. L 124 vom 20.5.2003, S. 36.

Grundlage – d. h. auf Konzernebene – angewendet werden. Steuerverwaltungen, die keine Definition für KMU herausgegeben haben, die entweder allgemein oder speziell für Verrechnungspreise gilt, sollten die Verwendung bereits gebräuchlicher Kriterien in Erwägung ziehen.

13. Das Forum hält es für sinnvoll, die KMU-Definitionen, die gegenwärtig für Zwecke der direkten Besteuerung, für Verrechnungspreise oder für beides verwendet werden, an einer Stelle zusammenfassend zu beschreiben.[1]

Empfehlungen:

Empfehlung 1: Wenn eine Steuerverwaltung in der EU erwägt, KMU für Zwecke der direkten Besteuerung oder insbesondere für Verrechnungspreiszwecke zu definieren, dann wird ihr empfohlen, die Verwendung von Kriterien zu prüfen, die innerhalb der EU bereits verwendet werden. Dies trägt u. a. dazu bei, Unterschiede bei der Besteu rung von KMU, die sich aus unterschiedlichen KMU-Definitionen ergeben, abzubauen.

Empfehlung 2: Die empfohlenen Kriterien, die gegenwärtig verwendet werden, sind Bilanzwert, Umsatz, Mitarbeiterzahl und Einzel- oder kumulierte Transaktionswerte. Es wird empfohlen, dass sie alle auf einer konsolidierten Grundlage – d. h. auf Konzernebene – angewendet werden.

Empfehlung 3: Die derzeit von den Mitgliedstaaten verwendeten Definitionen sollten an einer Stelle zusammengeführt und regelmäßig auf den neuesten Stand gebracht werden.[2]

Empfehlung 4: Eine einheitliche steuerrechtliche Definition von KMU in der EU ist wünschenswert und würde einen gemeinsamen Ausgangspunkt für die Umsetzung der in diesem Bericht enthaltenen Erkenntnisse und Empfehlungen bieten, eine Einigung hierüber ist jedoch in absehbarer Zukunft realistischerweise nicht zu erwarten.

IV. KMU: Befolgung der Vorschriften und Verrechnungspreise

14. Den Vorschriften für Verrechnungspreise in der EU ist derzeit Genüge getan, wenn der Fremdvergleichsgrundsatz gemäß Artikel 9 des Musterabkommens der Organisation für wirtschaftliche Zusammenarbeit und Entwicklung (OECD) im Bereich Steuern beachtet wird. Der Fremdvergleichsgrundsatz gilt unabhängig von der Größe eines multinationalen Unternehmens. Im Falle von KMU ist seine Anwendung jedoch bisweilen erschwert. Diese Schwierigkeit wird in den Verrechnungspreisleitlinien der OECD an mehreren Stellen ausdrücklich anerkannt. Beispielsweise wird in Ziffer 3.80 auf die Kosten hingewiesen, die KMU durch die Einhaltung der Vorschriften entstehen. In Ziffer 3.83 der Verrechnungspreisleitlinien erklärt die OECD: „Kleine und mittlere Unternehmen treten zunehmend in den Bereich der Verrechnungspreise ein, und die Zahl der grenzüberschreitenden Geschäftsvorfälle nimmt stetig zu. Wenngleich der Fremdvergleichsgrundsatz auch auf kleine bis mittlere Unternehmen und deren Geschäftsvorfälle anwendbar ist, können pragmatische Lösungen angebracht sein, um in jedem Verrechnungspreisfall eine vernünftige Antwort zu finden.“

---

[1] Siehe JTPF/001/ANNEX/2011/EN.

[2] Siehe JTPF/001/ANNEX/2011/EN.

15. Im vorliegenden Bericht wird der Frage nachgegangen, welche bewährten Verfahren und Leitlinienempfehlungen aus der derzeitigen Praxis zur Einhaltung von Vorschriften abgeleitet werden können. Zu diesem Zweck bietet sich eine Untersuchung des Vorgehens in der Phase vor Steuerprüfungen, bei Steuerprüfungen und bei Konfliktbeilegungen an. Dabei sind gewisse Überschneidungen zwischen diesen breiten Kategorien unvermeidbar.

16. Vonseiten der Steuerverwaltungen wird immer wieder geäußert, dass die Behandlung von KMU in einem angemessenen Verhältnis zu den Anforderungen der Verwaltungen und zu den Fähigkeiten von KMU zu deren Erfüllung stehen muss. Das EU-Verrechnungspreisforum hält den Grundsatz der Verhältnismäßigkeit im Hinblick auf die Bedürfnisse von KMU für angemessen. Außerdem stellte das Forum fest, dass eine Herangehensweise, die von diesem Grundsatz ausgeht, mit den Erläuterungen zu Kapitel IV und V der OECD-Leitlinien im Einklang steht.

Empfehlung:

Empfehlung 5: Das EU-Verrechnungspreisforum befürwortet einen Ansatz auf der Grundlage der Verhältnismäßigkeit. Insbesondere erscheint es angebracht, den Wunsch der Steuerverwaltung nach einer einheitlichen Anwendung von Verrechnungspreisvorschriften in ein ausgewogenes Verhältnis zu dem Aufwand zu setzen, der KMU durch die Befolgung dieser Vorschriften entstehen kann.

Phase vor der Steuerprüfung

17. Steuerverwaltungen und Steuerpflichtigen ist gleichermaßen daran gelegen, dass Steuern in der richtigen Höhe zum richtigen Zeitpunkt eingehen bzw. entrichtet werden. Die Aktivitäten vor der Steuerprüfungsphase dürften sowohl den Steuerverwaltungen als auch den Steuerpflichtigen gute Möglichkeiten bieten, um die freiwillige und damit zuverlässigste Einhaltung der Vorschriften zu erreichen. Eine gute Kommunikation, die Bereitstellung und das Verständnis relevanter Informationen sowie leicht zugängliche fachkundige Beratung dienen diesem Ziel in optimaler Weise. Wenn dieses Zusammenwirken gelingt, macht sich dies unmittelbar bei der freiwilligen Einhaltung der Vorschriften und bei dem damit verbu denen Aufwand bemerkbar.

Kommunikation der Steuerverwaltungen mit KMU

18. Weltweit wird zunehmend anerkannt[1], dass die Verbesserung der Beziehungen zwischen einer Steuerverwaltung und ihren steuerpflichtigen Unternehmen mit Hilfe eines ständigen Dialogs auch außerhalb von Steuerprüfungen für beide Seiten von Vorteil ist. Die Kommunikation verläuft dann weniger konfrontativ und fördert ein umfassenderes und gründlicheres Verständnis der Sichtweise der jeweils anderen Seite. Im Falle einer Steuerprüfung sind beide Seiten im Vorfeld besser informiert.

19. Der Aufbau eines Kommunikationsnetzwerks mit KMU ist nicht zuletzt deshalb schwierig, weil deren Ressourcen begrenzt sind. Repräsentative Zusammenschlüsse von KMU bieten wertvolle Einblicke in die Anliegen ihrer Mitglieder. Schwieriger gestaltet sich offenbar die Herstellung einer direkten Kommunikationsverbindung mit führenden KMU. Den Steuerverwaltungen wird nahegelegt, Möglichkeiten der Zusammenarbeit mit einzel-

[1] Die Tätigkeit des OECD-Forums für Steuerverwaltung in jüngster Zeit kann hier als Beispiel angeführt werden.

nen KMU, mit sie vertretenden Gruppen und mit professionellen Beratern zu erkunden, um ein lokales Kommunikationsnetzwerk mit KMU aufzubauen oder zu festigen. Ein verhältnismäßig einfacher Schritt in diese Richtung, den einige Steuerverwaltungen bereits getan haben, sind Workshops zu bestimmten Themen. Dabei werden verschiedene KMU zur Teilnahme eingeladen, um Problembereiche zu besprechen, Lösungen zu suchen und bewährte Verfahren zu ermitteln. Solche Veranstaltungen können von Steuerverwaltungen auch genutzt werden, um eventuell geplante Initiativen zum Umgang mit Verrechnungspreisen mit KMU zu besprechen.

Zugang zu Informationen

20. Der Umfang und die Genauigkeit der Informationen, die den KMU zur Befolgung der Verrechnungspreisvorschriften zur Verfügung gestellt werden, unterscheiden sich je nach Steuerverwaltung. Der Zugang zu diesen Informationen wäre sowohl für die Unternehmen als auch für die Steuerverwaltungen von Vorteil. Genaue Angaben darüber, wo sich diese Informationen befinden, sind in Dokument JTPF/001/ANNEX/2011/EN aufgeführt.

21. Das EU-Verrechnungspreisforum schlägt vor, dass die Informationen der Steuerverwaltungen, die in diesen Bericht eingehen, stets auf dem neuesten Stand gehalten werden. Die Steuerverwaltungen sind aufgefordert zu überlegen, auf welche Weise sie Informationen für KMU auf elektronischem Wege am besten bereitstellen können, sei es in Form einer speziellen oder im Rahmen einer bereits bestehenden Website. Auf solchen Webseiten müssten Definitionen von KMU aufgeführt werden, die entweder allgemein oder für Verrechnungspreiszwecke gelten, und auch jegliche sonstigen Rechtsvorschriften zu Verrechnungspreisen, Informationen über Verwaltungspraktiken oder Schulungsunterlagen für KMU. Darüber hinaus bietet sich die Angabe einer oder mehrerer Kontaktadressen an, über die nähere Auskünfte eingeholt werden können. Auf den Webseiten können auch andere Themen behandelt werden, die nicht mit Verrechnungspreisen zusammenhängen. Die Website des EUVerrechnungspreisforums wird eine Liste dieser Webseiten enthalten.

Schulungen

22. Es wurde die Möglichkeit erörtert, eine Art Muster-Schulungsmodul für Verrechnungspreise zu erstellen. Zur Verwirklichung dieses Vorschlags müssten aber erhebliche Ressourcen des Forums aufgewendet werden. Zudem war nicht klar welchen Zusatznutzen das Forum gegenüber vor Ort erstellten Unterlagen bieten könnte.[1]

Sicherheit im Vorfeld eines Geschäftsvorfalls

23. Oftmals wollen KMU im Vorfeld eines Geschäftsvorfalls Sicherheit bezüglich der Einhaltung der Verrechnungspreisvorschriften erhalten, wissen aber unter Umständen nicht, wie sie diese erreichen können.

24. Üblicherweise wird zu diesem Zweck eine Vorabverständigung über die Verrechnungspreisgestaltung (Advance Pricing Agreement, APA) verwendet. Dabei werden zwischen der Steuerverwaltung und dem Steuerpflichtigen geeignete Kriterien vereinbart, anhand derer der Verrechnungspreis eines künftigen Geschäftsvorfalls ermittelt wird. Die APA-Vorschriften sehen allerdings bisweilen Komplexitätsschwellen oder Gebühren vor, die

---

[1] Siehe JTPF/001/ANNEX/2011/EN.

dieses Verfahren für KMU ausschließen oder zumindest erschweren. Wie in den Ziffern 4.158 und 4.136 der OECD-Verrechnungspreisleitlinien festgestellt wird, „kann der Charakter eines APA-Verfahrens de facto bewirken, dass APA nur von großen Unternehmen in Anspruch genommen werden können. Die Beschränkung von APA auf große Unternehmen kann Fragen hinsichtlich der Gleichheit und Einheitlichkeit aufwerfen, da Steuerpflichtige in gleicher Lage nicht unterschiedlich behandelt werden sollten. Eine Flexibilität beim Einsatz der Prüfungsressourcen kann diese Bedenken mildern. Es kann auch sein, dass die Steuerverwaltungen die Möglichkeit ins Auge fassen müssen, die Inanspruchnahme von APA für kleine Unternehmen zu vereinheitlichen. Die Steuerverwaltungen sollten darauf achten, bei der Auswahl von APA den Umfang der Erhebungen der Bedeutung der internationalen Geschäftsvorfälle anzupassen.“ Das EU-Verrechnungspreisforum hat in der Vergangenheit bereits eine Reihe von Leitlinien zum angemessenen Umgang mit der Frage erstellt, wonach die Steuerverwaltungen KMU auf der Grundlage ihrer Erfahrungen mit deren Problemen die Verwendung von APA in den Fällen erleichtern sollten, in denen solche Vorabverständigungen geeignet sind, Konflikte zu vermeiden oder zu lösen. Diese Formulierung soll einer Flexibilität bei der Aufnahme von Fällen in ein APAProgramm den Weg ebnen.

25. Einige Steuerverwaltungen bieten andere Möglichkeiten an, um ein gewisses Maß an Sicherheit bei der steuerlichen Behandlung zu bieten. Bisweilen wird eine unverbindliche Stellungnahme abgegeben. In diesem Fall äußert sich ein Experte der Steuerverwaltung zu dem Geschäftsvorfall, um ggf. die Verwendbarkeit von Verrechnungspreisen und die Angemessenheit der vorgeschlagenen OECDMethodik zu bestätigen. Der Verrechnungspreis an sich wird damit nicht bestätigt. Möglich ist auch ein Abklärungs- oder Entscheidungssystem, das zu einer verbindlichen Stellungnahme der Steuerverwaltung führt. Die Abklärung oder der Bescheid kann vor Abgabe der betreffenden Steuerklärung erfolgen.

26. Regelungen für KMU und „geringfügige Geschäftsvorfälle“ gehören zu den am häufigsten anzutreffenden Vereinfachungsmaßnahmen.

27. Eine Reihe von Kommentatoren sprechen sich für Safe-Harbour-Regelungen aus, um die Verfahren für KMU zu erleichtern und den Verwaltungs- und Befolgungsaufwand zu verringern.

28. Im Interesse der Klarheit und Transparenz sowohl für KMU als auch für Steuerverwaltungen wird empfohlen, dass die Steuerverwaltungen genau darlegen, welche Verfahren zur Verfügung stehen, um bei Verrechnungspreisen bereits im Vorfeld Sicherheit zu schaffen, wie diese Verfahren angewendet werden können und welche Ergebnisse von ihnen zu erwarten sind. Die bisher verfügbaren Informationen sind im Dokument JTPF/001/ANNEX/2011/EN zusammengefasst.

Empfehlungen für die Phase vor der Steuerprüfung:

Empfehlung 6: Um KMU die freiwillige Einhaltung der Vorschriften zu erleichtern, sollten ihnen die Mitgliedstaaten aktuelle Informationen und Beratungsangebote zur Verfügung stellen. Es wird empfohlen, dass jeder Mitgliedstaat Webseiten einrichtet, auf denen u. a. Kontaktadressen für ausführliche Auskünfte aufgeführt werden. Die Website des EU-Verrechnungspreisforums wird eine Liste dieser Webseiten enthalten.

Empfehlung 7: Mitgliedstaaten und Wirtschaft sollten geeignete Gelegenheiten nutzen, um konstruktive Beziehungen zu einzelnen KMU und den sie vertretenden Gruppen aufzubauen.

Empfehlung 8: Die Mitgliedstaaten sollten sich darum bemühen, KMU verstärkt über die Verfahren aufzuklären, mit denen sie im Vorfeld eines Geschäftsvorfalls oder dessen Meldung zu Besteuerungszwecken Sicherheit schaffen können, und ihnen den Zugang dazu erleichtern.

Empfehlung 9: Den Mitgliedstaaten wird empfohlen, aktiv Vereinfachungsmaßnahmen zu entwickeln, um den Verwaltungs- und Befolgungsaufwand für KMU zu verringern.

Steuerprüfung

29. Mindestens ein Mitgliedstaat hält es für geboten, die meisten Geschäftsvorfälle seiner KMU von den Verrechnungspreisvorschriften auszunehmen. Ein solcher Ansatz ist natürlich im Hinblick auf Ressourceneinsparungen und Rechtssicherheit von Vorteil, kann aber Nachteile für die Steuereinnahmen des betreffenden Landes bergen, die je nach Umfang der Geschäftstätigkeit seiner KMU unterschiedlich stark ins Gewicht fallen. Allerdings kann es zu einer Ungleichbehandlung kommen, wenn für verbundene Unternehmen in anderen Ländern keine entsprechenden Ausnahmeregelungen gelten.

30. Andere Mitgliedstaaten setzen den Grundsatz der Verhältnismäßigkeit mit Hilfe eines weniger breit gefassten Konzeptes um. Sie sehen sowohl bei Steuerprüfungsals auch bei APA-Verfahren bestimmte Maßnahmen vor, beispielsweise verringerte Dokumentationsanforderungen, die mündliche Übermittlung einschlägiger Informationen, die Erstellung einer begrenzten Verrechnungspreisstudie durch die Steuerverwaltung, die Unterstützung der Steuerpflichtigen mittels der Bereitstellung von Vergleichsdaten durch die Steuerverwaltung und besondere Maßnahmen für langfristige Verträge. Nähere Einzelheiten zu diesen aktuell gebräuchlichen Maßnahmen enthält das Dokument JTPF/001/ANNEX/2011/EN.

31. Der Grundsatz der Verhältnismäßigkeit bietet nach Ansicht des EUVerrechnungspreisforums einen geeigneten Rahmen, der den Steuerverwaltungen hinreichend Spielraum zur Gestaltung eigener besonderer Maßnahmen lässt. Die Steuerverwaltungen sind aufgerufen, sich über die Maßnahmen, die andere bereits eingeführt haben, zu informieren und Möglichkeiten zu erkunden, sie ggf. in ihre eigenen Regelungen zu integrieren.

32. Außerdem wird empfohlen, dass in einem bestimmten Verfahren verfolgte Konzepte daraufhin geprüft werden, ob sie auch in anderen Verfahren ähnliche Vorteile mit sich bringen. Beispiele hierfür sind die Unterstützung des APA-Verfahrens vonseiten der Steuerbehörde durch die Bereitstellung von Vergleichsdaten oder eines begrenzten Verrechnungspreisberichts für den Steuerpflichtigen. Diese Art von Hilfestellung würde sich auch für das Steuerprüfungsverfahren anbieten.

33. Auch Querverweise auf Berichte des EU-Verrechnungspreisforums zu diesem Thema können von Nutzen sein. Ein Beispiel: Im Bericht über konzerninterne Dienstleistungen wurde das Verfahren zur Ermittlung eines fremdvergleichskonformen Preises erläutert. Im Bericht wird festgestellt, dass bei Fällen mit geringem Steuerrisiko Kosten-Nutzen-Erwägungen in besonderem Maße geboten sind. Der Bericht enthält den Vorschlag, dass

in solchen Fällen besonderer Wert auf ein ausgewogenes Verhältnis zwischen den verfügbaren Ressourcen, der Belastung infolge eines fremdvergleichskonformen Verhaltens und dem etwaigen Anpassungsaufwand gelegt wird. Wichtig ist auch die im Bericht enthaltene Anmerkung zur Prozessdokumentation und zur Ermittlung von Fremdpreisen. Betont wird, dass zur Bestimmung von Verrechnungspreisen nicht die maximal mögliche, sondern nur die mindestens nötige Menge an Informationen herangezogen werden sollte. Es wird angeregt, auch bei der Bewertung der Verrechnungspreise von KMU nach diesem Grundsatz zu verfahren.

34. Erörtert wurde auch das Thema von Strafzahlungen im Zusammenhang mit Dokumentationspflichten. Wenn eine Steuerverwaltung die Dokumentationsanforderungen für die Phase vor der Steuerprüfung herabsetzt, dann wäre es widersinnig, wenn sie anschließend für das Fehlen zusätzlicher Dokumentationsunterlagen, die nur im Zuge einer Steuerprüfung verlangt werden, Strafzahlungen verhängt, sofern sich der Steuerpflichtige in gutem Glauben auf die herabgesetzten Anforderungen verlassen hat und die geforderten Unterlagen nicht beibringen kann.

35. Es wurde die Sorge geäußert, dass Mitarbeiter der Steuerverwaltungen, die Erfahrung mit Verrechnungspreisen haben, nicht oft mit Verrechnungspreisfragen von KMU in Berührung kommen. Dies könnte zu einer Ungleichbehandlung von KMU und anderen Unternehmen führen. Einige Verwaltungen beugen den Problemen, die sich aus der Bearbeitung von KMU-Verrechnungspreisen durch weniger erfahrene Bedienstete ergeben können, durch strukturelle Maßnahmen vor, beispielsweise unterhalten sie auf KMU spezialisierte Zentren, in denen eine verhältnismäßig kleine Mitarbeitergruppe eine breite Vielfalt an Fällen bearbeitet. Andere Verwaltungen haben Verfahrenssysteme eingeführt, bei denen durch interne Peer Reviews von Steuerprüfungen eine einheitliche Behandlung gewährleistet werden soll. Beide Konzepte sind zur Erwägung empfohlen.

Empfehlungen:

Empfehlung 10: Den Mitgliedstaaten wird geraten, bei der Wahl von Konzepten für KMU-Prüfungen die von anderen bereits eingeführten Vereinfachungsmaßnahmen in Erwägung zu ziehen und nach Möglichkeit ähnliche Maßnahmen einzuführen.

Empfehlung 11: Bereits erschienene Berichte des EU-Verrechnungspreisforums enthalten wertvolle Informationen über pragmatische Ansätze für Verrechnungspreisfragen. Die Mitgliedstaaten sind aufgefordert, die in diesen Berichten ausgeführten Grundsätze auf ihre Anwendbarkeit im hier vorliegenden Kontext zu prüfen.

Empfehlung 12: Es wäre nicht angemessen, Strafzahlungen für die Nichteinhaltung von Dokumentationspflichten zu verhängen, die nur bei Steuerprüfungen, nicht jedoch in der vorangehenden Phase zu erfüllen sind, sofern sich der Steuerpflichtige in gutem Glauben auf die herabgesetzten Anforderungen verlassen hat und die geforderten Unterlagen nicht beibringen kann.

Empfehlung 13: Die Mitgliedstaaten sollten sich bemühen zu gewährleisten, dass KMU bei Prüfungen zu Verrechnungspreiszwecken angemessen behandelt werden. Dieses Ziel kann durch interne Peer Reviews oder eine geeignete Struktur der Steuerprüfungsressourcen zu geringen Kosten erreicht werden.

Konfliktbeilegung

36. Eine Verrechnungspreisberichtigung führt oftmals zu einer möglichen Doppelbesteuerung. Anspruch auf die Entlastung von dieser Doppelbesteuerung verschaffen das sogenannte Schiedsübereinkommen[1], ein Steuerabkommen oder beide. Die von KMU beantragten Freistellungsbeträge sind in der Regel zwar eher gering, für ihre Geschäftstätigkeit jedoch oftmals von großer Bedeutung. Hinzu kommt, dass die Bearbeitungsfristen für solche Anträge häufig in keinem angemessenen Verhältnis zu ihrer Komplexität und den aufgeführten Beträgen stehen.

37. Den Steuerbehörden wird nahegelegt, bei der Bearbeitung von Forderungen an KMU, die entweder von ihren eigenen Prüfern oder von anderen Mitgliedstaaten ausgehen, vermehrt von ihrer Befugnis Gebrauch zu machen, eine Doppelbesteuerung unilateral zu vermeiden, entweder gemäß Artikel 6 Absatz 2 des Schiedsübereinkommens oder gemäß den Bestimmungen ihrer Doppelbesteuerungsabkommen, die Artikel 9 des OECD-Musterabkommens im Bereich Steuern entsprechen.

38. Wenn eine Berichtigung in Bezug auf einen nicht komplexen Geschäftsvorfall von verhältnismäßig geringem Geldwert das in den Doppelbesteuerungsabkommen oder in Abschnitt 3 des Schiedsübereinkommens vorgesehene Verständigungsverfahren in vollem Umfang durchlaufen muss, dann erscheint eine beschleunigte Bearbeitung geboten. Die Vorgehensweise für einen solchen Ansatz hat das EUVerrechnungspreisforum noch nicht im Einzelnen erarbeitet, stellt jedoch fest, dass sich die zuständigen Behörden in diesem Fall auf weitaus kürzere Fristen einigen dürften, als sie bei großen, komplexen Berichtigungen üblich sind. Auch hier kämen die vorstehend ausgeführten Grundsätze zur Gewährleistung eines regelkonformen Verhaltens zum Tragen. Beispiele hierfür sind die Entscheidungsfindung auf der Grundlage nur der nötigsten Informationen und flexible Möglichkeiten für die Informationseinreichung, beispielsweise die mündliche Übermittlung anstelle offizieller schriftlicher Stellungnahmen. In einigen Ländern könnte das beschleunigte Verfahren auch auf einer „De-minimis"-Regel basieren.

39. Die Notwendigkeit formeller Konfliktbeilegungsverfahren kann möglicherweise verringert werden, wenn die zuständigen Prüfer der Steuerbehörden im Rahmen der in den Doppelbesteuerungsabkommen vorgesehenen Verständigungsverfahren oder der im Schiedsübereinkommen vorgesehenen Verfahren direkt miteinander in Verbindung treten, um sich im Einzelnen nach dem Grund für eine gegebene Berichtigung zu erkundigen, wobei eine solche Kommunikation nicht gegen die Vorschriften über den Informationsaustausch verstoßen darf. Gelegenheit zur Herstellung solcher direkter Kontakte bieten beispielsweise Zusammenkünfte, auf denen die jeweiligen lokalen Prüfer im Namen ihrer zuständigen Behörden bestimmte Fälle direkt erörtern und, möglicherweise unter geringer Beteiligung der regulären Behördenmitarbeiter, geeignete Lösungen vereinbaren.

[1] Übereinkommen über die Beseitigung der Doppelbesteuerung im Falle von Gewinnberichtigungen zwischen verbundenen Unternehmen, ABl. L 225 vom 20.8.1990, S. 10.

Empfehlungen:

Empfehlung 14: Die Steuerbehörden sind aufgefordert, von ihrer Befugnis Gebrauch zu machen, in Fällen einer Doppelbesteuerung von KMU bei Verrechnungspreisen unilateral eine Lösung herbeizuführen.

Empfehlung 15: Zur Entlastung von KMU von Doppelbesteuerung bei nicht komplexen Geschäftsvorfällen mit geringem Wert werden beschleunigte Verfahren zur Konfliktbeilegung empfohlen.

Empfehlung 16: Sofern angebracht, sollten die Steuerverwaltungen im Rahmen der in Doppelbesteuerungsabkommen und im Schiedsübereinkommen vorgesehenen Verständigungsverfahren alternative Ansätze zur Konfliktbeilegung, beispielsweise direkte Kontakte zwischen den Prüfern und „De-minimis"-Regeln, prüfen und einführen.

V. Schlussfolgerungen

40. Das EU-Verrechnungspreisforum erkennt an, dass die Einhaltung der Verrechnungspreisvorschriften für KMU mit besonderen Anforderungen verbunden ist. Das Forum stellt fest, dass die Mitgliedstaaten bereits eine Reihe durchdachter Maßnahmen eingeführt haben, mit denen diesen Anforderungen Rechnung getragen wird, und knüpft im vorliegenden Bericht an diese Maßnahmen an.
41. Die in diesem Bericht vorgestellten Erkenntnisse und Empfehlungen beruhen darauf, dass der Grundsatz der Verhältnismäßigkeit in flexibler Weise Anwendung findet. Ferner enthält der Bericht Vorschläge, wie KMU ermittelt werden können, damit die hier vorgeschlagenen Maßnahmen zielgerichtet gestaltet werden können.
42. Die besonderen Anforderungen von KMU sollten bei der weiteren Arbeit an den Punkten des Arbeitsprogramms des EU-Verrechnungspreisforums in angemessener Weise berücksichtigt werden.
43. Die Wirkung der vom EU-Verrechnungspreisforum empfohlenen Maßnahmen sollte in regelmäßigen Abständen überwacht werden.

ANLAGE II
BERICHT ÜBER KOSTENUMLAGEVEREINBARUNGEN FÜRDIENST-LEISTUNGEN, DURCH DIE KEINE IMMATERIELLEN WIRTSCHAFTS-GÜTER GESCHAFFEN WERDEN

I. EINFÜHRUNG

1. Kostenumlagevereinbarungen (KUV) werden von multinationalen Unternehmen häufig zur kostengünstigen Gestaltung von Konzernaktivitäten genutzt. Betriebswirtschaftlich kann eine KUV aus unterschiedlichen Gründen gerechtfertigt sein, seien es Größenvorteile oder das Teilen von Risiken, Wissen oder Ressourcen.
2. Das Gemeinsame EU-Verrechnungspreisforum (Joint Transfer Pricing Forum, JTPF) befasst sich schon seit geraumer Zeit mit Kostenumlagevereinbarungen. Es führt dieses Thema aus seinem früheren Arbeitsprogramm fort und bekräftigte unter seinem neuen Mandat den bereits zuvor gefassten Beschluss, zu untersuchen, in welchem Geltungsbereich und Umfang innerhalb der EU ein gemeinsame Konzept für Kostenumlagevereinbarungen gefunden werden könnte.
3. In Kapitel VIII der Verrechnungspreisleitlinien der OECD (OECD-Leitlinien) werden KUV ausführlich behandelt, und die OECD arbeitet zurzeit an einem Projekt über die Verrechnungspreisaspekte immaterieller Wirtschaftsgüter. Um die Arbeit der OECD nicht zu doppeln, konzentriert sich das EU-Verrechnungspreisforum auf Dienstleistungen, durch die keine immateriellen Wirtschaftsgüter geschaffen werden. Dabei ist das Forum bestrebt, die bestehenden Leitlinien zu ergänzen und seine Arbeit an den Leitlinien für konzerninterne Dienstleistungen mit geringer Wertschöpfung zu vervollständigen.
4. Thema des vorliegenden Berichts sind die Fragen, die Prüfern in der Praxis Probleme bereiten, und Vorschläge zu ihrer Lösung. Der Begriff Prüfer bezieht sich sowohl auf den Steuerpflichtigen als auch auf die Steuerverwaltung. In diesem Bericht wird davon ausgegangen, dass sowohl multinationale Unternehmen als auch Steuerverwaltungen in gutem Glauben handeln und die OECD-Grundsätze vorbehaltlos unterstützen. Daher konzentriert sich der Bericht auf die Frage, wie ein Prüfer am zweckmäßigsten feststellen kann, ob bei der Erbringung konzerninterner Dienstleistungen, durch die keine immateriellen Wirtschaftsgüter geschaffen werden, der Fremdvergleichsgrundsatz eingehalten wurde.
5. Diesem Bericht liegen sowohl die OECD-Leitlinien (insbesondere Kapitel VIII, aber auch Kapitel VI und VII in Bezug auf die Anwendung des Fremdvergleichsgrundsatzes) als auch die Leitlinien des EUVerrechnungspreisforums für konzerninterne Dienstleistungen mit geringer Wertschöpfung zugrunde.

II. TERMINOLOGIE

6. Da es möglicherweise unterschiedliche Auffassungen darüber gibt, ob und wie eine KUV für Dienstleistungen gegenüber direkt oder über einen Kostenpool abgerechneten konzerninternen Dienstleistungen abgegrenzt werden kann, soll in diesem Kapitel ein gemeinsames Verständnis der verwendeten Terminologie hergestellt werden. Es beschreibt KUV für Dienstleistungen und grenzt sie begrifflich gegenüber konzerninternen Dienstleistungen ab.

7. In Ziffer 8.3 der OECD-Leitlinien heißt es zur Begriffsbestimmung, bei *„einer KUV handelt es sich um einen zwischen Unternehmen vereinbarten Rahmen, durch den Kosten und Risiken für die Entwicklung, die Produktion oder den Erwerb von Wirtschaftsgütern, Dienstleistungen oder Rechten aufgeteilt sowie Art und Umfang der Beteiligung an diesen Wirtschaftsgütern, Dienstleistungen oder Rechten für jeden Beteiligten festgelegt werden. Eine KUV ist eine vertragliche Vereinbarung und nicht zwangsläufig eine selbstständige juristische Person oder eine Betriebsstätte der Beteiligten. Bei einer KUV muss sich der Anteil jedes Beteiligten an der Gesamtheit der Beiträge mit seinem Anteil an dem auf Grund der Vereinbarung erwarteten Gesamtnutzen decken, wobei aber zu beachten ist, dass die Verrechnungspreisgestaltung keine exakte Wissenschaft ist."*
8. Veranschaulichung einer KUV über Dienstleistungen:

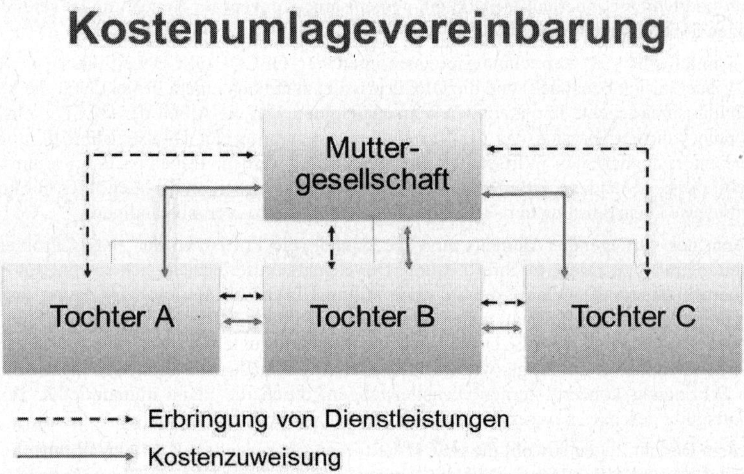

9. Der Begriff der konzerninternen Dienstleistung wird in Ziffer 7.2 der OECD-Leitlinien beschrieben: *„Fast jeder multinationale Konzern muss seinen Unternehmen eine breite Palette von Dienstleistungen zur Verfügung stellen, insbesondere administrative und technische Dienstleistungen, Finanzdienstleistungen und kaufmännische Dienstleistungen"*, und: *„Die Kosten für die Erbringung solcher Dienstleistungen können zunächst von der Muttergesellschaft, von einem eigens dafür bestimmten Konzernunternehmen („ein Dienstleistungszentrum des Konzerns") oder von einem anderen Konzernunternehmen getragen werden."* Kapitel VII der OECD-Leitlinien gibt vor, wie festgestellt werden kann, ob konzerninterne Dienstleistungen erbracht wurden, wie Preise dafür direkt oder indirekt

verrechnet werden können und wie zu ermitteln ist, unter welchen Umständen Dienstleistungen zu Kosten berechnet werden können und wie fremdvergleichskonforme Verrechnungspreise unter Einschluss eines Gewinnelements ermittelt werden können.

10. Veranschaulichung konzerninterner Dienstleistungen:

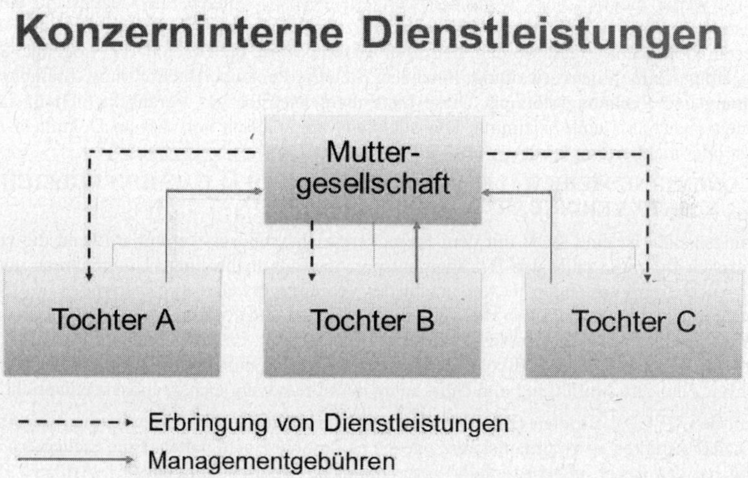

11. Eine weitere Variante, die in den OECD-Leitlinien zwar nicht ausdrücklich erwähnt wird, in der Praxis aber häufig anzutreffen ist, besteht darin, dass mehrere Unternehmen eines multinationalen Konzerns die Kosten für bestimmte Dienstleistungen in einem Kostenpool zusammenführen und sie dann den Unternehmen, die sie beanspruchen, (direkt oder indirekt) in Rechnung stellen. Möglich ist außerdem, dass mehrere Unternehmen desselben multinationalen Konzerns eine KUV für Dienstleistungen abschließen, die von anderen Unternehmen derselben Gruppe, die an dieser KUV nicht beteiligt sind, für die Beteiligten erbracht werden. Außerdem kann ein einzelnes an der KUV beteiligtes Unternehmen ein anderes, vom Konzern unabhängiges Unternehmen mit allen oder einem Teil seiner Tätigkeiten beauftragen.

12. In der Praxis erweist es sich bisweilen als schwierig, zwischen (gemeinsam genutzten) konzerninternen Dienstleistungen – einschließlich Kostenpools – und KUV für Dienstleistungen, durch die keine immateriellen Wirtschaftsgüter geschaffen werden, zu unterscheiden. Die nachstehende Tabelle soll Prüfern bei dieser Unterscheidung helfen.

III. GELTUNGSBEREICH

13. Während sich die Leitlinien des EU-Verrechnungspreisforums für konzerninterne Dienstleistungen mit geringer Wertschöpfung auf die Themen konzentrieren, die mit unterstützenden administrativen Dienstleistungen für das Unternehmen des Empfängers zusammenhängen, geht es im vorliegenden Dokument um die Besonderheiten der Fälle, in denen verschiedene konzerninterne Dienstleistungen, durch die keine immateriellen Wirtschaftsgüter geschaffen werden, in eine KUV aufgenommen werden.

14. Es ist weder möglich noch wünschenswert, die Dienstleistungen, die Gegenstand einer Kostenumlagevereinbarung sein können, genau zu definieren. Dienstleistungen, die von diesem Dokument erfasst werden, betreffen beispielsweise die Bereiche IT, Logistik, Beschaffung, Immobilienverwaltung, Finanzen, Steuern, Personal, Buchführung, Lohnbuchhaltung und Rechnungsstellung. Diese Liste dient lediglich zur Veranschaulichung und besagt nicht, dass eine bestimmte Dienstleistung automatisch von diesem Dokument erfasst oder nicht erfasst wird.

IV. ALLGEMEINE MERKMALE: IST DIE KUV MIT DEM FREMDVERGLEICHSGRUNDSATZ VEREINBAR?

15. Grundsätzlich ist eine KUV mit dem Fremdvergleichsgrundsatz vereinbar, wenn die vereinbarten Beitragsanteile den Beträgen entsprechen, die unabhängige Unternehmen unter vergleichbaren Umständen in Anbetracht der vernünftigerweise zu erwartenden Vorteile vereinbart hätten, wobei auch die Teilung der Kosten und Risiken zwecks Befriedigung eines gemeinsamen Bedürfnisses zu diesen Vorteilen zählt. Entscheidend ist für einen Prüfer, ob die KUV gemäß Artikel 9 des OECDMusterabkommens im Bereich Steuern im Hinblick auf ihre Einführung und Umsetzung dem Fremdvergleichsgrundsatz entspricht.

16. Laut den OECD-Leitlinien (Ziffer 9.163) steht es multinationalen Unternehmen frei, ihre Geschäftstätigkeit so zu organisieren, wie sie es für angebracht halten. Eine Steuerverwaltung hat das Recht, gegebenenfalls Verrechnungspreisberichtigungen nach Artikel 9 des OECD-Musterabkommens im Bereich Steuern durchzuführen. Bei der Entscheidung, ob Dienstleistungen, die innerhalb des Konzerns erbracht werden, direkt oder indirekt als konzerninterne Dienstleistung (einschließlich Kostenpools) oder über eine KUV verrechnet werden sollen, muss ein multinationales Unternehmen also die jeweiligen Auswirkungen (z. B. im Hinblick auf den Risikoträger) der vernünftigerweise verfügbaren Alternativen berücksichtigen. Bei dieser Entscheidung geht es nicht um die bloße Etikettierung (siehe auch nachstehende Ziffer 43). Die damit zusammenhängenden Sachverhalte sind zu dokumentieren. Damit ist nicht gesagt, dass der Prüfer geschäftliche Entscheidungen oder die Gründe dafür anzweifeln oder dem Steuerpflichtigen eine Analyse der optimalen Entscheidung abverlangen darf.

    Eine KUV für Dienstleistungen, durch die keine immateriellen Wirtschaftsgüter geschaffen werden, steht dann mit dem Fremdvergleichsgrundsatz im Einklang, wenn sie folgenden Kriterien genügt:

    i) Die Vereinbarung ist betriebswirtschaftlich sinnvoll.

    ii) Der wirtschaftliche Gehalt der KUV steht im Einklang mit ihren Bestimmungen.

iii) Die Bedingungen der KUV wurden im Allgemeinen vor Aufnahme der Tätigkeit ausgehandelt.

iv) Die Bedingungen der KUV entsprechen dem Fremdvergleichsgrundsatz, indem sie die Umstände berücksichtigen, die zum Zeitpunkt ihres Abschlusses vernünftigerweise absehbar sind.

v) Jeder Beteiligte verspricht sich begründete Vorteile.

vi) Der Kostenanteil eines Beteiligten entspricht seinem Anteil an den erwarteten Vorteilen.

vii) Die vernünftigerweise zu erwartenden Vorteile können im Hinblick auf Effizienz oder Effektivität quantitativ oder qualitativ gemessen werden.

viii) Die Beiträge der Beteiligten können in Form von Geld- oder Sachleistungen erfolgen, eine aktive Teilnahme ist daher nicht erforderlich. Der Einfluss auf die Entscheidungsfindung unterscheidet sich je nach Art der KUV, Erfahrung der Beteiligten und Umfang der Kosten, die ihnen jeweils zugewiesen sind.

ix) Wenn eine Dienstleistung, die einer KUV unterliegt, auch von Unternehmen außerhalb dieser KUV erbracht oder empfangen wird, richtet sich ihre Bewertung nach dem Fremdvergleichsgrundsatz.

x) Wenn Unternehmen einer KUV beitreten oder daraus austreten, dann müssen die Anteile gemäß dem Fremdvergleichsgrundsatz angepasst bzw. neu aufgeteilt werden.

17. Das tatsächliche Ergebnis kann sich von dem prognostizierten Ergebnis unterscheiden, d.h., ein Unternehmen kann einen zu hohen Beitrag geleistet oder nicht genügend Vorteile aus seiner Beteiligung an der KUV gezogen haben. Im Falle einer solchen Abweichung sollte der Prüfer die Ursachen dafür analysieren, bevor er beurteilt, ob der Beitragsanteil des Unternehmens zutreffend oder unzutreffend ermittelt wurde und ob die Vorteile, die auf dieses Unternehmen entfallen sollten, richtig oder falsch bewertet wurden.

18. Des Weiteren hat der Prüfer zu beurteilen, ob die Abweichung so gravierend ist, dass sie eine Berichtigung erfordert, oder ob sie als so geringfügig gelten kann, dass sich eine Berichtigung erübrigt, da sich die Steuerverwaltungen nach den OECDLeitlinien bei der Vornahme von geringfügigen oder unwesentlichen Berichtigungen zurückhalten sollten. Darüber hinaus sollte der Prüfer bedenken, dass jede Anpassung Folgen für die übrigen Beteiligten hat, was ebenfalls dafür spricht, geringfügige Berichtigungen zu vermeiden.

19. In einigen Fällen können die Gegebenheiten und Umstände darauf hindeuten, dass das tatsächliche Erscheinungsbild einer Vereinbarung von den Bedingungen abweicht, welche die Beteiligten angeblich vereinbart haben (OECD-Leitlinien, Ziffer 8.29). Der Prüfer sollte seine Entscheidung stets auf die Gegebenheiten und Umstände der jeweiligen Vereinbarung in einem angemessenen Zeitraum basieren, jedoch grundsätzlich von der Vornahme einer Berichtigung auf der Grundlage eines einzigen Steuerjahrs Abstand nehmen. Darüber hinaus hat der Prüfer zu beachten, dass der Fremdvergleichsgrundsatz an und für sich keine Übereinstimmung der prognostizierten mit den tatsächlichen Vorteilen voraussetzt und dass selbst ein erheblicher Unterschied zwischen beiden nicht automatisch be-

deutet, dass die Prognose nicht dem Fremdvergleichsgrundsatz entsprach. Nachträgliche Einsichten sollten nicht herangezogen werden.

20. Aus der vorstehenden Ziffer ergibt sich, dass die Anwendung des Fremdvergleichsgrundsatzes beispielsweise dann eine Berichtigung des Beitrags eines Unternehmens durch eine Ausgleichszahlung erfordern kann, wenn die Diskrepanz aufgrund einer Fehleinschätzung der zu erwartenden Vorteile zustande kam. In einigen anderen Fällen können die Bestimmungen einer KUV ganz oder teilweise außer Acht gelassen werden, beispielsweise, wenn die Gegebenheiten und Umstände von den in der KUV vereinbarten Bedingungen abweichen (OECDLeitlinien, Ziffern 8.26 bis 8.30).

21. Ausgleichszahlungen werden als Zusatzkosten des Zahlers und als Kostenerstattung für die Empfänger behandelt.

V. ERGÄNZENDE INFORMATIONEN: PROZESSDOKUMENTATION ÜBER KUV FÜR DIENSTLEISTUNGEN, DURCH DIE KEINE IMMATERIELLEN WIRTSCHAFTSGÜTER GESCHAFFEN WERDEN

22. Ein Prüfer kann in Anbetracht der Gegebenheiten und Umstände eines Falles, seiner Erfahrung und seiner Kenntnis des multinationalen Unternehmens auf unterschiedlichen Wegen die Bestätigung erlangen, dass eine Dienstleistung nach dem Fremdvergleichsgrundsatz erbracht wurde. Eine fundierte Entscheidung ist nur dann möglich, wenn geeignete und aussagekräftige Informationen zugänglich sind.

23. Im Hinblick auf die Erstellung oder Überprüfung einer KUV muss sich ein Prüfer über eine Reihe wesentlicher Fragen Klarheit und Gewissheit verschaffen. Die wichtigste Frage lautet: „Werden ihre Ergebnisse dem Fremdvergleichsgrundsatz genügen?“ In den meisten Fällen kann diese Frage mit Hilfe einer Prozessdokumentation beantwortet werden, aus der die Angaben hervorgehen, die unter den nachstehenden Ziffern 24 und 25 gefordert werden.[1]

24. Kernbestandteil ist natürlich die Vereinbarung selbst. Eine KUV sollte allen Beteiligten gleichermaßen klare wechselseitige Vorteile versprechen. Ohne begründete Aussicht auf einen Vorteil würde sich kein unabhängiges Unternehmen auf eine KUV-ähnliche Vereinbarung einlassen (siehe nachstehenden Abschnitt VI.1). Zweitens muss die Vereinbarung gewährleisten, dass die den Beteiligten zugewiesenen Beiträge mit ihren erwarteten Vorteilen in Einklang stehen (siehe nachstehenden Abschnitt VI.2).

25. Da jede KUV anders ist, können sich Inhalt und Umfang der Prozessdokumentation im Einzelnen unterscheiden, doch die nachstehend aufgeführten Angaben dürften den Anforderungen der meisten Prüfer genügen. Bei Bedarf können jederzeit zusätzliche Unterlagen eingereicht werden.

    i) Allgemeine Informationen über die KUV

        a) Einordnung der KUV in den Gesamtrahmen der Geschäftstätigkeit des multinationalen Unternehmens zur Begründung ihrer Plausibilität: allgemeine Verrechnungspreispolitik des multinationalen Unternehmens, Art der der KUV unterliegenden Dienstleistungen, einander ergänzende Geschäftsinteressen der

[1] In ähnlicher Weise ist dies in den Leitlinien des EU-Verrechnungspreisforums für konzerninterne Dienstleistungen vorgesehen, und zwar in Abschnitt VI, Prozessdokumentation („Narrative“), Ziffern 21 bis 25.

Beteiligten, erforderliches Wissen und erforderliche Qualifikationen, geteilte Beiträge und Risiken usw.

b) Verzeichnis der Beteiligten und Zuweisung der mit der KUV verbundenen Zuständigkeiten und Aufgaben an die Beteiligten und an andere Unternehmen.

c) Mittelausstattung und erwartete Laufzeit der KUV.

ii) Erwartete Vorteile der KUV

d) Erwartete Vorteile aller Beteiligten und deren Bewertung und Berücksichtigung im Zuweisungsverfahren (einschließlich Methodik und Prognosen).

iii) Beiträge zur KUV

d) Form und Wert der Beiträge jedes Beteiligten samt einer detaillierten Beschreibung, auf welchem Wege der Wert der ersten und der laufenden Beiträge festgelegt wird.

e) Eine Beschreibung der verwendeten Rechnungslegungsstandards und ihrer einheitlichen Anwendung auf alle Beteiligten zwecks Bestimmung der Ausgaben und des Werts der Beiträge. Beschreibung der in den Kostenpool eingehenden direkten und indirekten Kosten, Abwicklungstage, Zahlungsmethoden und ggf. die veranschlagten gegenüber den tatsächlich erfolgten Berichtigungen.

f) Angaben über staatliche Subventionen oder Steuervergünstigungen im Zusammenhang mit den Beiträgen der Beteiligten sowie über deren Auswirkungen.

iv) Überwachung/Berichtigung der KUV

g) Angaben über Ausgleichszahlungen, d. h. unter welchen Umständen sie fällig werden, wie sie berechnet werden und wann sie fällig sind.

h) Beschreibung des Konzernstandards in Bezug auf das Prüfkonzept und die Kostenumlagevereinbarungen des Konzerns. Wie wird beispielsweise sichergestellt, dass ein Aufteilungsschlüssel einheitlich auf eine bestimmte Dienstleistung angewendet wird, um eine Dopplung von Kosten/Dienstleistungen auszuschließen?

i) Überwachung und Aktualisierung der KUV-Bedingungen.

j) Erklärung darüber, wie neue Partner in die KUV aufgenommen werden und wie eine Beteiligung beendet wird. Beschreibung der Methode, nach der Beiträge zur KUV bei Bedarf angepasst oder neu aufgeteilt werden.

v) Beziehung zu anderen Unternehmen

k) Ein Verzeichnis der übrigen Konzernunternehmen oder unabhängigen Unternehmen, welche die in der KUV erfassten Dienstleistungen in Anspruch nehmen. Beschreibung der vorgesehenen Gebühren und Aufteilungsschlüssel für die Zuweisung an die Beteiligten.

26. Die vorgenannten Informationen können auf verschiedene Weise bereitgestellt und eingereicht werden, beispielsweise als schriftliche Prozessdokumentation; denkbar ist auch, dass die meisten Angaben bereits in der schriftlichen Vereinbarung enthalten sind. Ent-

scheidend ist, dass der Prüfer Klarheit darüber erlangt, wie die KUV in der Praxis funktioniert.

VI. BESONDERE ASPEKTE

27. Dieses Kapitel behandelt eine Reihe besonderer Themen, zu denen der Prüfer möglicherweise zusätzlicher Hinweise bedarf.

VI.1 Überprüfung der „erwarteten Vorteile"

28. Die Überprüfung im Hinblick auf die erwarteten Vorteile ist ein wesentlicher Bestandteil der Einführung, sachgerechten Überwachung und Überprüfung einer KUV. Auf ihrer Grundlage wird beurteilt, ob die Beiträge der Beteiligten zur KUV dem Fremdvergleichsgrundsatz genügen, und durch sie wird der Aufteilungsschlüssel begründet.
29. Der Fremdvergleichsgrundsatz besagt, dass der Beitrag eines Unternehmens den erwarteten Vorteilen entsprechend muss, die sich aus seiner Beteiligung an der KUV ergeben. Unter einem Vorteil ist in diesem Zusammenhang ein wirtschaftlicher oder kommerzieller Wert zu verstehen, beispielsweise eine Kosteneinsparung oder eine Einnahmen- bzw. Gewinnsteigerung. Auch der begründete Nachweis, dass Gewinne oder Einnahmen gewahrt oder Verluste bzw. Verluststeigerungen vermieden werden können, kann als erwarteter Vorteil gewertet werden. Zu beachten ist, dass sich konzerninterne Dienstleistungen im Hinblick auf die Überprüfung der erwarteten Vorteile dahin gehend von einer KUV unterscheiden, dass der Prüfer nicht nur feststellen muss, ob die unter eine KUV fallenden Dienstleistungen tatsächlich erbracht wurden, sondern auch, ob die Beiträge der Beteiligten den Vorteilen entsprechen, die sie aus der KUV erwarten können.
30. Dabei muss sich der Prüfer unbedingt davon überzeugen, dass der Beitrag aus Sicht des beteiligten Unternehmens den erwarteten Vorteilen beispielsweise im Hinblick auf Größenvorteile oder die Teilung von Risiken und Wissen entspricht, und dass das Unternehmen die Dienstleistung andernfalls hätte bezahlen oder selbst ausführen müssen. Der Schlüssel für die Aufteilung der Kosten sollte mit dem Vorteil, den sich der Beteiligte verspricht, und mit einer vereinbarungsgemäßen Nutzung der KUV-Ergebnisse im Einklang stehen.
31. Wie viel Gewissheit der Prüfer benötigt, um zu bestätigen, dass die Erbringung einer Dienstleistung im Rahmen einer KUV dem Fremdvergleichsgrundsatz genügt, ist von Fall zu Fall verschieden und hängt von einer Risikobewertung ab. In den meisten Fällen kann der erwartete Vorteil für den jeweiligen Teilnehmer anhand des geforderten Nachweises des Gesamtnutzens der KUV und der Angemessenheit ihres Aufteilungsschlüssels abgeleitet werden; in Fällen, bei denen der erwartete Vorteil für das Einzelunternehmen weniger deutlich erkennbar ist, bedarf es allerdings einer stärkeren Gewichtung seiner individuellen Sichtweise. Je nach Sachlage und Umständen kann der erwartete Vorteil auch direkt bestimmt werden, d. h. durch eine Schätzung des erzeugten Zusatzeinkommens oder der erzielten Einsparungen, oder indirekt, d. h. anhand mittelbarer Indikatoren wie Umsatz, Mitarbeiterzahl, Bruttogewinne usw.

VI.2 Einzelbeiträge der Beteiligten

32. Die Einzelbeiträge der Beteiligten müssen den Beträgen entsprechen, die unabhängige Unternehmen unter vergleichbaren Umständen aufwenden müssten. Die Bewertung des

Anteils an den erwarteten Vorteilen stellt einen wesentlichen Bestandteil von KUV dar. Sie bildet die Grundlage für die Berechnung der Beiträge.

33. Häufig wird die Höhe der Einzelbeiträge mit Hilfe von Aufteilungsschlüsseln ermittelt, wobei die Allokationsmethode auch von den geschätzten Kosteneinsparungen ausgehen kann, die sich jeder Teilnehmer von der Vereinbarung verspricht. Die Hinweise zur Auswahl, Begründung, Anwendung, Dokumentation und möglichen Gestaltung von Aufteilungsschlüsseln in den Ziffern 48–55 der Leitlinien des EU-Verrechnungspreisforums zu konzerninternen Dienstleistungen gelten gleichermaßen für KUV für Dienstleistungen, durch die keine immateriellen Wirtschaftsgüter geschaffen werden.

34. Der Wert der Einzelbeiträge der Beteiligten muss dem Wert der Beträge entsprechen, die unabhängige Unternehmen unter vergleichbaren Umständen vereinbart hätten. Über den festzustellenden Wert der Beiträge kann keine allgemeine Aussage getroffen werden, diese Frage muss vielmehr einzelfallbezogen im Einklang mit der praktischen Anwendung des Fremdvergleichsgrundsatzes gelöst werden. Die Staaten haben bei der Bewertung von Beiträgen an fremdvergleichskonforme KUV Erfahrung sowohl in Bezug auf die Heranziehung von Kosten als auch von Marktpreisen (Ziffer 8.15 der OECD-Leitlinien). Im Hinblick auf die Art von KUV, die im vorliegenden Dokument behandelt werden, wird allerdings davon ausgegangen, dass die Preisfestlegungen anhand der Kosten und des Marktwerts nur geringfügig voneinander abweichen, und daher aus praktischen Erwägungen empfohlen, die Beiträge durchgehend zu Kosten zu bewerten.

35. Da sich die Beitragshöhe nach den erwarteten Vorteilen bemisst, beruht sie im Allgemeinen zunächst auf den veranschlagten Kosten. Da die veranschlagten und die tatsächlichen Kosten im Falle von KUV für Dienstleistungen geringfügig voneinander abweichen können, bietet es sich an, die Einzelbeiträge anhand der tatsächlichen Kosten zu bemessen. Sofern jedoch eine Anpassung der veranschlagten an die tatsächlichen Kosten erforderlich wird, geschieht diese im Allgemeinen rückwirkend, d. h. durch eine Anpassung der ursprünglich veranschlagten Kosten. Sofern dem keine nationalen Rechtsvorschriften entgegenstehen, kann es aus praktischen Gründen sinnvoll sein, Anpassungen im Hinblick auf künftige Änderungen vorzunehmen. Dies bedeutet, dass die Anpassung im Folgejahr zum Tragen kommt, sofern sie keine gravierenden Auswirkungen hat. Die Frage, ob bei einer Beitragsanpassung zur Bewertung der Beitragshöhe nicht mehr die (veranschlagten oder tatsächlichen) Kosten, sondern die Marktpreise heranzuziehen sind[1], wird unter Ziffer 34 dieses Berichts behandelt.

36. Zur Beurteilung von Beitragsanpassungen empfehlen die OECD-Leitlinien die Erstellung eines Jahresberichts über die bei der Ausübung der KUV-Tätigkeit angefallenen Aufwendungen einschließlich einer genauen Beschreibung, wie der Wert der Beiträge bemesen wird und wie die Rechnungslegungsgrundsätze bei der Kostenermittlung und bei der Beitragsbemessung auf alle Beteiligten einheitlich angewendet werden. Es ist davon auszugehen, dass auch Dritte, die gemeinsam zu einem bestimmten Projekt beitragen, sich auf ein gemeinsames Verfahren zur Beitragsfestlegung einigen. Aus praktischen Gründen wird daher empfohlen, multinationalen Unternehmen die Verwendung der Rechnungslegungsgrundsätze zu gestatten, die insgesamt im Konzern verwendet werden. Allerdings ist die

[1] Ziffer 8.15 der OECD-Verrechnungspreisleitlinien bezieht sich auf die Bewertung zu Marktpreisen.

Steuerverwaltung zu Berichtigungen befugt, insbesondere dann, wenn für die Laufzeit der KUV dauerhafte erhebliche Abweichungen von den nationalen Rechnungslegungsgrundsätzen zu erwarten sind.

37. Die Beiträge sollten alle relevanten Kosten abdecken, die durch den Erwerb, die Erhaltung oder die Sicherung der mit der Vereinbarung verbundenen Vorteile anfallen. Für den Prüfer muss erkennbar sein, welche Kosten als relevant beurteilt wurden (und somit zugewiesen werden können). In manchen Fällen ergibt sich dies schon aus der Art der Dienstleistungen, die unter die KUV fallen. In komplexeren Fällen sollte in der Vereinbarung eindeutig dargelegt werden, welche Kosten ausgeschlossen werden oder wie eine potenzielle Dopplung der Kosten vermieden wird.

38. In diesem Zusammenhang ist die Behandlung von Steuervergünstigungen und staatlichen Subventionen zu beachten, auf die in Ziffer 8.17 der OECD-Leitlinien eingegangen wird. Die wesentliche Frage ist hierbei, ob der KUV nur die nach Abzug von Steuervergünstigungen und staatlichen Subventionen tatsächlich angefallenen Kosten zugerechnet werden. *„Ob und inwieweit diese Einsparungen bei der Bemessung des Werts des von einem Beteiligten geleisteten Beitrags berücksichtigt werden, hängt davon ab, ob dies unabhängige Unternehmen unter vergleichbaren Verhältnissen ebenso getan hätten."*

VI.3 Erwarteter Nutzen gegenüber tatsächlichem Nutzen

39. Da es sich bei KUV um Vereinbarungen auf der Grundlage erwarteter Vorteile handelt, einigen sich die Beteiligten in Anbetracht ihrer oftmals langen Laufzeit bisweilen auf eine Vertragsklausel, die eine regelmäßige Überprüfung vorsieht, ob die erwarteten den tatsächlichen Vorteilen entsprechen und ob die Beiträge künftig geändert werden sollten.

40. Beim Umgang mit diesen beiden Problemen stellt sich die Frage, ob die Beiträge an die tatsächlichen Gegebenheiten angepasst werden können und ob dies mit dem Fremdvergleichsgrundsatz vereinbar oder als unzulässige nachträgliche Einsicht zu werden ist.

41. Die KUV muss anhand der Annahmen überprüft werden, die zum Zeitpunkt ihres Abschlusses auf der Grundlage der damals gegebenen oder vernünftigerweise vorherzusehenden wirtschaftlichen und kommerziellen Gegebenheiten getroffen wurden. Wenn ein Prüfer die prognostizierten Vorteile als vernünftig einschätzt, sollten nachfolgende Ereignisse, die sich auf die ursprünglichen Prognosen auswirken, daher keine rückwirkende Anpassung der Beiträge bedingen.

42. Da sich unerwartete oder unvorhersehbare Ereignisse oder Umstände auf die ursprünglichen Erwartungen über Vorteile auswirken können, sollte der Prüfer beurteilen, ob auch unabhängige Parteien für die jeweiligen Fälle eine Anpassung oder Neuverhandlung vorgesehen hätten.

VI.4 Beteiligung an einer KUV

43. Das wesentliche Merkmal einer KUV besteht darin, dass die Beiträge der Beteiligten im Einklang mit den Vorteilen stehen, die sie sich jeweils von der KUV versprechen. Ein Unternehmen, dessen erwarteter Vorteil ausschließlich oder vorwiegend aus der Ausübung der KUV-Tätigkeit selbst besteht, wäre kein KUV-Vertragspartner, sondern ein Dienstleistungsunternehmen, das mit einem Gewinnaufschlag kalkuliert, also ein Unternehmen, das Dienstleistungen zu Fremdpreisen erbringt.

VI.5 Beitritt zu einer KUV oder Austritt

44. Obwohl Fusionen und Umstrukturierungen zum Alltag multinationaler Unternehmen gehören, gestaltet sich der Beitritt zu einer KUV oder das Ausscheiden daraus in der Praxis oftmals sehr kompliziert. Die Bewertung von laufenden Aktivitäten und/oder Fachwissen, das bei der Ausübung früherer Tätigkeiten erworben wurde, stellt den Prüfer oft vor schwierige Fragen.

45. Probleme infolge der Übernahme oder des Verkaufs von Unternehmen dürften sich im hier behandelten Zusammenhang allerdings kaum (oder gar nicht) stellen, da dieser sich auf KUV über Dienstleistungen, durch die keine immateriellen Wirtschaftsgüter geschaffen werden, beschränkt. Folgende Fragen können Prüfern als Anhaltspunkte dienen: Welche Zusatzkosten fallen bei den Beteiligten an, wenn ein Unternehmen ausscheidet oder hinzukommt (wobei Zusatzkosten im letzteren Fall die Ausnahme sind)? Kann die Vereinbarung nach dem Ausscheiden des betreffenden Unternehmens aufrechterhalten werden? Sollten die neuen Elemente (andere Kostenstruktur oder Expertise, Kenntnisse, Risiken usw.) durch Geldbeträge ausgeglichen werden oder nur zu einer Überprüfung der erwarteten Vorteile führen, die dann in neue Aufteilungsschlüssel mündet, oder bringt der neue Vertragspartner besondere Kenntnisse mit?

46. Wenn die Ergebnisse früherer im Rahmen der KUV entfalteter Tätigkeiten keinen Wert haben, sollte natürlich auch keine Ausgleichszahlung erfolgen. Im Allgemeinen jedoch wird der Beitritt oder Austritt eines Unternehmens eine Berichtigung der proportionalen Anteile (Aufteilungsschlüssel) nach sich ziehen.

VI.6 Dokumentation

47. Die Prüfer sollten beachten, dass KUV bereits dem Verhaltenskodex zur Verrechnungspreisdokumentation für verbundene Unternehmen in der EU (EU Transfer Pricing Documentation, EU TPD) unterliegen; darin ist vorgesehen, dass multinationale Unternehmen im sogenannten „Masterfile“ eine Aufstellung der KUV vorlegen sollten, soweit Konzerngesellschaften in der EU betroffen sind.

48. In den OECD-Leitlinien (Ziffer 5.4) wird darauf hingewiesen, dass die Überlegungen des Steuerpflichtigen in Bezug auf die steuerliche Angemessenheit seiner Verrechnungspreisgestaltung und die damit zusammenhängenden Dokumentationspflichten von den Grundsätzen einer gewissenhaften Geschäftsleitung ausgehen müssen.

49. Dieses Thema wird auch in Ziffer 2.3.1 des Berichts des EUVerrechnungspreisforums über die Dokumentationspflichten angesprochen, wo es heißt: „Der Grundsatz der, gewissenhaften Geschäftsleitung‘ auf der Grundlage wirtschaftlicher Prinzipien besagt, dass für einen Geschäftsvorfall von großem Wert eine ganz andere Art von Belegen angebracht sein kann als für einen Geschäftsvorfall von deutlich geringerem Gesamtwert.“

50. Die Anwendung dieses Grundsatzes auf KUV würde bedeuten, dass die Beteiligten Unterlagen darüber erstellen oder beibringen, welche Art von Dienstleistungen abgedeckt werden, welche Geschäftsbedingungen für die Vereinbarung gelten und inwiefern sie mit dem Fremdvergleichsgrundsatz vereinbar ist (hierzu zählen auch die Prognosen, anhand derer die erwarteten Vorteile ermittelt wurden, sowie eine Gegenüberstellung von veranschlagten und tatsächlichen Kosten).

51. Dabei können wohlgemerkt Informationen aus einer Quelle (z. B. einem schriftlichen Vertrag) auch Informationen aus einer anderen Quelle (z. B. der Prozessdokumentation) abdecken. Durch den umfassenden Einsatz der Datenverarbeitung können auch Aufgliederungsebenen zugänglich sein, die eine ausführlichere Primärdokumentation überflüssig machen.

52. Das EU-Verrechnungspreisforum erachtet KUV, die bei Bedarf durch Angaben in zugehörigen Prozessdokumentationen ergänzt werden, als relevante Informationen im Sinne der EU-Verrechnungspreisdokumentation.

VI.7 Nach der Prüfung

53. Häufig sind an einer KUV mehr als zwei Unternehmen beteiligt, und oftmals werden sie zwischen vielen oder sogar allen Mitgliedern eines multinationalen Unternehmens abgeschlossen. Anpassungen können sich daher nicht nur auf ein Unternehmen, sondern auch auf alle anderen Beteiligten auswirken. In damit verbundenen Konfliktfällen kann die Vermeidung einer Doppelbesteuerung kosten- und ressourcenaufwendige Verfahren mit sich bringen. Daher wird empfohlen, dass zum einen die Steuerverwaltungen die den Steuerpflichtigen im Zuge geringfügiger Anpassungen zugewiesenen Beteiligungen oder Beiträge nicht anzweifeln, und dass zum anderen die Steuerpflichtigen bei der Gestaltung und Dokumentation ihrer KUV für Dienstleistungen, durch die keine immateriellen Wirtschaftsgüter geschaffen werden, die vorliegenden Leitlinien beachten.

54. Im Falle von Konflikten können mehr als zwei zuständige Behörden am Verständigungsverfahren beteiligt sein. Daher empfiehlt sich die Anwendung der multilateralen Konzepte, die im Verhaltenskodex zum Schiedsübereinkommen für Dreieckskonstellationen vorgesehen sind.

VII. SCHLUSSFOLGERUNGEN

55. Die Einhaltung der Empfehlungen dieses Berichts wird in den meisten Fällen, auf die er anwendbar ist, die Bewertung vereinfachen und es den Steuerbehörden erleichtern, die ordnungsgemäße Anwendung des Fremdvergleichsgrundsatzes anzuerkennen.

56. Es wird empfohlen, die Prozessdokumentation am Ende des Verfahrens in einen regelmäßig zu aktualisierenden Aktenvermerk aufzunehmen.

57. Das EU-Verrechnungspreisforum wird die Wirkung dieser Leitlinien regelmäßig überwachen.

ANHANG: Zusammenfassung des aktuellen Stands der Gesetzgebung, der Leitlinien für die Verwaltung und bewährter Verfahren für KUV in den Mitgliedstaaten

In diesem Abschnitt sollen der aktuelle Stand der Gesetzgebung für KUV bzw. die diesbezüglichen Leitlinien für die Verwaltungen in den Mitgliedstaaten der EU zusammengefasst werden.

Der nachstehende Abschnitt beruht auf Angaben der EU-Steuerverwaltungen zum Stand vom 1. Juli 2011.

Frage 1: Gibt es bei Ihnen Rechtsvorschriften, die sich insbesondere auf KUV beziehen? Wenn nicht, sind solche Vorschriften geplant, und wann sollen sie ggf. eingeführt werden?

Nur wenige Mitgliedstaaten haben besondere Rechtsvorschriften für KUV.

Estland, Spanien, die Niederlande, Portugal und Slowenien wenden in Bezug auf KUV für den Erwerb von Wirtschaftsgütern, Rechten oder Dienstleistungen besondere Rechtsvorschriften an, das polnische Recht hingegen bezieht sich nur im Zusammenhang mit immateriellen Wirtschaftsgütern auf KUV. In Deutschland gibt es nur für die Dokumentation von KUV besondere Vorschriften. Andere Mitgliedstaaten ziehen zur Bewertung von KUV die OECD-Verrechnungspreisleitlinien oder eigene Leitlinien für Verrechnungspreise heran.

Die Einführung neuer Vorschriften speziell für KUV wird derzeit nur in Griechenland erwogen.

Frage 2: Gibt es bei Ihnen interne Prüfungsleitlinien der Verwaltung für KUV, und welche wesentlichen Punkte werden darin behandelt (z. B. Kriterien für die Anerkennung einer Vereinbarung, Prüfverfahren für Vereinbarungen, Erleichterung des Informationsaustauschs mit anderen Ländern usw.)?

Nur wenige Mitgliedstaaten haben interne Leitlinien für die Prüfung von KUV herausgegeben.

Italien, Litauen, Slowenien und das Vereinigte Königreich verfügen über Verrechnungspreisleitlinien, die sich auch auf die Prüfung von KUV erstrecken. Insbesondere in den Leitlinien des Vereinigten Königreichs wird betont, dass im Sinne eines Gesamtnutzens auf allen Seiten die Erwartung eindeutiger wechselseitiger Vorteile klar erkennbar sein muss, um eine KUV von einem normalen, einfachen Handel mit Waren und Dienstleistungen abzugrenzen.

In Ungarn wird allgemein eine Regierungsverordnung über Dokumentationspflichten bei Verrechnungspreisvereinbarungen angewendet.

Lettland verfügt über interne Leitlinien für KUV, die sich an den OECD-Leitlinien orientieren.

In Portugal wird derzeit ein Handbuch für die Prüfung von Verrechnungspreisen verabschiedet, das auch interne Prüfrichtlinien für KUV und ähnliche Bereiche vorsieht.

Frage 3: Gibt es bei Ihnen Verwaltungsvorgaben (Leitlinien, Verordnungen, Rundschreiben usw.) für den behördlichen Umgang mit KUV, aus denen hervorgeht, welches Verfahren der Steuerpflichtige insbesondere im Hinblick auf Aufbau und Dokumentation bei der Gestaltung einer KUV zu beachten hat (bitte ggf. elektronisches Link zu diesen Dokumenten beifügen)?

Nur wenige Mitgliedstaaten haben Vorgaben für den behördlichen Umgang mit KUV herausgegeben.

In Dänemark werden KUV im Rahmen der dänischen Leitlinien für die Dokumentation von Verrechnungspreisen behandelt.

Estland hat Leitlinien herausgegeben, in denen die OECD-Verrechnungspreisleitlinien kurz zusammengefasst und anhand von Beispielen veranschaulicht werden.

In Ungarn wird allgemein eine Regierungsverordnung über Dokumentationspflichten bei Verrechnungspreisvereinbarungen angewendet.

Deutschland hat Anweisungen für die Behörden herausgegeben, die für die Steuerverwaltungen, nicht aber für die Gerichte verbindlich sind.

Die italienischen Prüfungsrichtlinien sind öffentlich zugänglich und richten sich an Steuerprüfer ebenso wie an Steuerpflichtige.

In den Bestimmungen Portugals ist vorgesehen, dass Angaben über eine KUV in den Unterlagen über Verrechnungspreise aufgeführt werden müssen.

Frage 4: Welche Art von KUV wird von den Unternehmen in Ihrem Land am häufigsten verwendet?

Die KUV, mit denen die Steuerverwaltungen der Mitgliedstaaten zu tun haben, beziehen sich vorwiegend auf Dienstleistungen, die Entwicklung von geistigem Eigentum, Forschung und Entwicklung sowie den Erwerb von Vermögenswerten.

Fragen 5–7: Auf welche praktischen Probleme sind Sie bei der Bearbeitung von KUV gestoßen und wie haben Sie diese gelöst? Auf welche besonderen Schwierigkeiten stoßen Sie im Hinblick auf KUV für Dienstleistungen? Wie oft hängen Konfliktfälle Ihrer Erfahrung nach mit KUV zusammen?

Die häufigsten praktischen Probleme im Zusammenhang mit KUV betreffen die Verfügbarkeit bzw. termingerechte Bereitstellung hinreichender Angaben bzw. Dokumentationen über Verrechnungspreise durch die Steuerpflichtigen, die Angemessenheit von Aufteilungsschlüsseln, die Berechnung von Gebühren für Beitritt und Austritt, die Bewertung von Eintritts- bzw. Austrittszahlungen, die Ermittlung von Vergleichswerten, die Anwendbarkeit von Gewinnmargen sowie die Identifizierung einer KUV als solcher. Als besondere Probleme in diesem Zusammenhang nennen die Steuerverwaltungen die Kriterien für das Vorliegen einer KUV, die Messung des Werts der Beiträge, welche die Beteiligten an die KUV entrichten, und die Bewertung der damit verbundenen (erwarteten und tatsächlichen) Vorteile zu Zwecken der Kostenzuweisung, die Anwendbarkeit von Aufschlägen sowie die Verfügbarkeit relevanter Dokumentationsunterlagen.

EU JOINT TRANSFER PRICING FORUM
REPORT ON COMPENSATING ADJUSTMENTS
Meeting of 5 November 2013

1. Background

1. In line with the work programme of the Joint Transfer Pricing Forum (JTPF) for 2011-2015 (doc. JTPF/016/2011/EN), Member States (MS) agreed during the JTPF meeting of 9 June 2011 that in relation to compensating adjustments it would be useful to take stock of the situation prevailing in each MS by 1 July 2011, establish an overview and evaluate whether further work might be done on this issue (doc. JTPF/015/2011/EN).

2. The Secretariat prepared a questionnaire for MS' tax administrations and circulated it for input on 30 June 2011. MS' responses to the JTPF questionnaire on compensating adjustments (doc. JTPF/019/REV1/2011/EN) and further contributions by nongovernment members of the JTPF (doc. JTPF/006/2013/EN) and MS informed a JTPF discussion on compensating adjustments which led to the preparation of a draft report (JTPF/009/2013/EN) for the JTPF meeting in June 2013.

3. The present report reflects the discussion on compensating adjustments that the JTPF had in June and November 2013. It proposes guidance for a practical solution to issues arising from the application of different approaches to compensating adjustments by MS. Price adjustments and theoretical issues remain outside the scope of this report.

2. Definition

5. In the Glossary of the OECD Transfer Pricing Guidelines (TPG) the term "compensating adjustment" is defined as "an adjustment in which the taxpayer reports a transfer price for tax purposes that is, in the taxpayer's opinion, an arm's length price for a controlled transaction, even though this price differs from the amount actually charged between the associated enterprises. This adjustment would be made before thetax return is filed."

3. Scope of this report

6. MS' responses to the JTPF questionnaire on compensating adjustments (doc. JTPF/019/REV1/2011/EN) indicate that MS apply different approaches with respect to compensating adjustments. It is recognised that these differences are often grounded in a different understanding of more fundamental principles in transfer pricing, e.g. timing issues and the use of information relating to contemporaneous uncontrolled transactions[1], the availability of comparable data and the quality of benchmark studies created on the basis of commercial databases[2] and what constitutes the inappropriate use of hindsight in transfer pricing[3].

7. The guidance in this report should not be understood as indicating the JTPF's view on these more fundamental principles. Rather, the purpose of this report is to provide a practical solution for the issues described in section 4.1 below which arise from different approaches applied by MS. Moreover, the acceptance of compensating adjustments should not be understood as limiting a tax administration's ability to make an adjustment at a later stage.

---

[1] 3.68 TPG.

[2] 3.30 ff. TPG.

[3] 3.73 TPG.

8. The recommendations in this report are applicable to compensating adjustments which are made in the accounts and explained in the taxpayer's transfer pricing documentation.

4. Compensating adjustments

4.1 General

9. In general, the adjustment, at a later point of time, of transfer prices set at the time of a transaction touches upon the important theoretical issue in transfer pricing on whether

- taxpayers should be required to establish transfer pricing documentation that demonstrates that they have made reasonable efforts to comply with the arm's length principle at the time their intra-group transactions were undertaken based on information that was reasonably available to them at that moment (ex-ante or arm's length price setting approach)[4], or whether
- taxpayers can or should test the actual outcome of their controlled transactions to demonstrate that the conditions of these transactions were consistent with the arm's length principle (ex-post or arm's length outcome testing approach)[5].

10. MS which follow the reasoning of an ex-ante approach would generally require the taxpayer to make reasonable efforts to establish the transfer prices at the time of transaction. If prices were set in a way third parties would have done and with the information reasonably available to third parties at the time of transaction, these prices and the economic result would be binding.

11. MS which follow the reasoning of an ex-post approach would generally allow or even equire taxpayers to test and, if necessary, to adjust their transfer prices at the end of the year, before closing the books or when filing the tax return[6]. Following an ex-post approach may also imply that at the time of an audit the best data available (e.g. data relating to the time when the transaction was undertaken) may have to be used.

12. When both MS apply an ex-post approach and require compensating adjustments, problems and even a risk of double taxation or double non-taxation may arise with respect to the following:

- The point in time when such an adjustment should/can be made (year-end, closure of books, filing of the tax return),
- The data which should be used for determining the need for an adjustment and the adjustment itself,
- Whether an adjustment can be made in both directions (upwards and downwards) and
- To which price the adjustment should be made (in case of ranges e.g. closest quartile, median etc.).

13. If the transactions under review are between two related parties which are situated in two MS one of which follows an ex-ante while the other follows an ex-post approach with an obligation to reflect the adjustments in the books, a conflict arises on whether such an adjustment can be made at all.

---

[4] 3.69 TPG.

[5] 3.70 TPG.

[6] 4.38/4.39 TPG.

14. The guidance in the OECD TPG on those issues is currently rather limited. Both the arm's length price setting approach and the arm's length outcome-testing approach are recognised as being applied by MS and in case of dispute, the OECD refers to the Mutual Agreement Procedure (MAP)[7].

15. However, a MAP may not yet be available or may not yet provide a solution for the conflict at an early stage, e.g. at the time when the taxpayer is obliged to file his tax return.

16. To address these or related practical issues, MS agree on conditions under which taxpayer-initiated compensating adjustments should be accepted for the tax return. The decision whether to oblige the taxpayer to make such an adjustment is left to the discretion of the MS.

4.2 Practical solution to compensating adjustments in the EU

17. To address the practical issues arising from the situation described in section 4.1 above, MS agree that: (i) the profits of the related enterprises with respect to the commercial or financial relations between them need to be calculated symmetrically, i.e. enterprises participating in a transaction should use the same price for the respective transactions, and that (ii) a compensating adjustment initiated by the taxpayer should be accepted if the conditions listed below are fulfilled. This means that if the MS involved have less prescriptive rules on compensating adjustments, these less prescriptive rules apply; furthermore, this report does not encourage MS to introduce more conditions for compensating adjustments than currently apply. The conditions are:

- Before the relevant transaction or series of transactions, the taxpayer made reasonable efforts to achieve an arm's length outcome. This would normally be described in the transfer pricing documentation of the taxpayer.
- The taxpayer makes the adjustment symmetrically in the accounts in both MS involved.
- The taxpayer applies the same approach consistently over time.
- The taxpayer makes the adjustment before filing the tax return.
- The taxpayer is able to explain for what reasons his forecast did not match the result achieved, when it is required by internal legislation in at least one of the MS involved.

18. In case the actual result is outside the range of arm's length results targeted when setting the price at the time of the transaction, the adjustment should be made to the most appropriate point in an arm's length range. In this context the guidance in paragraphs 3.55 ff. of the TPG may be helpful. Upward as well as downward adjustments should be accepted.

19. Accepting an adjustment in the aforementioned manner should be regarded as a practical solution to issues arising from the application of compensating adjustments and should not be understood as indicating a MS's view on the more fundamental principles referred to in Section 3, paragraph 6 above. Further it should not be understood as limiting a tax administration's ability to make an adjustment at a later stage (e.g. in an audit) and has no bearing in a MAP procedure.

---

[7] 3.71 TPG and 4.39 TPG.

EU JOINT TRANSFER PRICING FORUM
REPORT ON THE USE OF ECONOMIC VALUATION TECHNIQUES IN TRANSFER PRICING

Meeting of 22 June 2017

Brussels, 16 October 2017

Taxud/D2

DOC: JTPF/003/2017/FINAL/EN

I. Introduction

1. Chapter VI of the OECD Transfer Pricing Guidelines ('TPG') 2017 and IX TPG 2010 for the first time recognise economic valuation techniques as a useful tool for determining the transfer pricing consequences of a transfer of intangibles, rights in intangibles or the transfer of a business/part of a business (an ongoing concern)[12]. In the context of transfer pricing, economic valuation techniques may be used by taxpayers and tax administrations as part of one of the five OECD transfer pricing methods or as a tool that can be usefully applied in identifying an arm's length price in situations where reliable comparable uncontrolled transactions cannot be identified.[3]

2. The objective of this report is to build a bridge between general practice of economic valuation and transfer pricing. It is therefore addressed to both, valuation experts having to apply their expertise in the context of transfer pricing and transfer pricing practitioners who are faced with the application of economic valuation techniques.

3. It is important to highlight that when using economic valuation techniques for transfer pricing purposes,[4] the principles set out in the TPG should be fully considered and the techniques should be adjusted accordingly. This paper is particularly relevant for the application of the updated TPG developed in the context of the OECD project on Base Erosion and Profit Shifting ('BEPS').[5] In particular, the revised Chapter VI of the TPG addressing the challenges provided by the increase in transactions involving intangibles and Chapter IX of the TPG. Chapter VI provides guidance relating to the determination of economic benefits (cash flow and income[6]) to be attributed. Chapter IX provides guidance relating to the sale of assets as part of restructuring. It is noted that the application of valuation techniques is a sensitive issue due to the complexity of the techniques, the process and the potentially high amounts of tax revenue involved.

---

[1] Paragraph 9.69 TPG.

[2] Paragraphs 6.153 ff. OECD TPG.

[3] Paragraph 6.153 OECD TPG.

[4] Reasons and circumstances for using such economic valuation techniques are manifold- For illustration in situations where they can be used and have transfer pricing implications, see par.28 hereafter.

[5] BEPS refers to tax planning strategies that exploit gaps and mismatches in tax rules to artificially shift profits to low or no-tax locations where there is little or no economic activity.

[6] The term income used in this report includes earnings.

II. Applying Economic valuation techniques in the context of transfer pricing

1. General

4. When economic valuation techniques are applied in the context of transfer pricing it is necessary to apply them in a manner that is consistent with the Arm's Length Principle ('ALP')[1]. Valuation techniques would therefore need to factor in and be consistent with the guidance contained in Chapters I, II, III, VI and IX of the TPG. A further aspect in transfer pricing is that the application of economic valuation techniques may require an evaluation from the perspective of all parties to the transaction, i.e. the transferor and the transferee.

5. Transfer pricing considerations may have implications on the economic valuation and vice versa. A valuation may rely explicitly or implicitly on transfer pricing considerations. Notably, when the economic valuation relates to an asset which yields cash flows or income, transfer pricing may be embedded in the economic valuation techniques as part of their application.

Recommendation 1

a) In case an economic valuation technique is used for transfer pricing it should be consistent with the ALP and the principles of the TPG. This consistency as well as the methodologies, assumptions and sources on which the economic valuation is based should be comprehensible to a reviewer and should be documented in accordance with generally applicable national rules and common international and EU practices.

b) Given that a number of economic valuation techniques build on inputs (e.g. cash flows) which are transfer pricing sensitive, it is important to ensure that there is a coherence between economic valuation techniques relied upon in a related party context and the arm's length nature of inputs used and assumptions made to determine transfer prices.

2. Valuation techniques and standards

2.1 Valuation techniques relevant in the context of transfer pricing

6. Revised Chapter VI of the TPG regards the application of income based valuation techniques, especially economic valuation techniques based on the calculation of the discounted value of projected future income streams, or cash flows derived from the exploitation of the intangible being valued, as particularly useful when applied properly.

7. Valuation techniques based on discounting future economic benefits of the subject of valuation[2] are:

- Capitalized earnings method or discounted future earnings method
- Discounted cash flow method

These income based methods are based upon the assumption that the value of a business or an asset is equal to the present value of its projected future benefits. Therefore, both methods discount the projected future benefits (earnings or cash-flows) streams with a risk specific interest rate.

Regarding the determination of the cash flows or earnings related specifically to an intangible, it could be distinguished between the following methods:

---

[1] Paragraph 6.154 OECD TPG.

[2] For a short non-binding description of the see Annex A 1.

- Incremental cash flow method
- Relief-from-royalty method, sometimes referred to as royalty savings method
- Premium profit method and
- Residual methods
  - Excess earnings method
  - Residual value method

8. While this report focusses on economic valuation techniques which are based on discounting future economic benefits, for instance the following techniques may also be relevant[1] in some circumstances[2]:

- Market approach
  - Acquisition price method
  - Market capitalisation method
  - Comparable multiplies
- Asset or cost approach
  - Historical cost method
  - Replacement cost method.

2.2 Choice of an appropriate economic valuation technique and complementary use of valuation standards

9. The variety of economic valuation techniques available raises the question of which of them should be used when the use of economic valuation as such is considered useful for a specific transaction.

Recommendation 2:

Where the application of an economic valuation technique in the context of transfer pricing is considered useful, the actual use of economic valuation technique as well as the choice of the technique should take the following aspects into account:

- *the various features of some potential techniques (Annex A 2 and A3 provides an overview some of the techniques that may be useful) and the appropriateness of the techniques in view of the facts and circumstances of the transaction under review*
- *the availability of reliable information needed to properly apply the technique, and*
- *whether the complexity and the compliance burden linked with applying the technique and obtaining the relevant information is proportionate to the transaction under review*
- *providing some sensitivity analysis is a good practice*[3]
- *as with transfer pricing methods in general,*[4] *this report does not require either the tax administration or the taxpayer to perform an analysis under more than one valuation technique.*
- *depending on the amount at stake or the potential implications on where profits are generated a 'sanity' check should be made.*

---

[1] For a short description of the techniques see Annex A 1.

[2] Paragraphs 6.142 and 6.143 OECD TPG

[3] Paragraph 6.160 OECD TPG

[4] Paragraph 2.12 OECD TPG

- *the reason for having chosen a particular valuation technique should be documented. If several techniques have been documented by the taxpayer (e.g. due to the amounts at stake or the size of the transaction), the reason for the choice of the technique retained should be explained.*[1]

10. At present there are a multitude of valuation standards set by different standardization bodies.[2] The goal of a standard is to provide for uniform approaches and treatments and to create common understanding among the users. A standard aims to unify the definition of a valuation objective and valuation perspective. Some standards include more text, for example on which technique to use in a certain situation and how to use it. Other forms of standards do not express themselves about valuation, but only on the ethics involved in making a valuation and how to secure a form of structure for valuation professionals.[3] The contents and recommendations of these different standards and guidelines are not contradictory in themselves. What matters are not the specific standards, but the valuation technique and its underlying assumptions.

Recommendation 3:

Taxpayers should document the reasons underlying the choice of a certain standard. Using a certain valuation standard including international standards should not by itself lead to the result being rejected, provided that the valuation and its underlying assumptions result in an arm's length outcome.

III. Practical application of economic valuation techniques which are based on discounting future economic benefits of the subject of valuation

1. General information about the transaction to which economic valuation techniques are applied

11. Before elaborating on the practical application of the respective economic valuation techniques in the context of transfer pricing it should be recalled that at the outset the commercial or financial relations should be identified to accurately delineate the actual transaction. This analysis is to be performed in accordance with the relevant principles of the TPG[4] and forms the basis for deciding whether in the specific facts and circumstances economic valuation techniques may be used as part of a transfer pricing method to meet the five comparability factors.[5]

---

[1] As regards generally documenting the reasons for having chosen a specific standard see Recommendation 3

[2] Examples of standards and corresponding standardization bodies: IVCS. International valuation Standards: https://www.ivsc.org/standards/international-valuation-standards RICS. International valuation standards: http://www.rics.org/fo/knowledge/professional-guidance/international-standards/international-valuation-standards-2017/ International Private Equity and Venture Capital Valuation Guidelines: http://www.privateequityvaluation.com/2015-update/4590940575.

[3] See above.

[4] Chapter I section D OECD TPG.

[5] Paragraphs 1.36 OECD TPG.

Recommendation 4:

a) The question whether an economic valuation technique should be used as part of a transfer pricing method is part of the comparability analysis.[1] *In addition to the general documentation requirements, relevant and available information on why an economic valuation technique was considered and how it was applied should be documented for an eventual subsequent review. Documentation should be governed by the principle of transparency, proportionality and consistency.*

b) When considering and applying economic valuation techniques, the administrative burden on both, taxpayers and tax administrations should be proportionate in light of the transaction under review and the object of valuation.

2. Key parameters for economic valuation techniques

2.1 General

12. Although there are various economic valuation techniques and standards it is important to note that from a content perspective they are quite homogeneous throughout Europe, as well as in the leading third countries (including the US), in the sense that they are built on some common parameters.

13. Key parameters for applying the economic valuation techniques are (i) future cash flows or income including growth rates based on financial projections which can include royalty rates or routine returns, (ii) discount rates and (iii) the useful life of intangibles and any other assets, if relevant, and terminal values. These parameters are of different relevance when applying the economic valuation techniques addressed in this report.

Relevant parameters when applying economic valuation techniques which are regarded as particularly useful in the context of transfer pricing

	Financial projections	**Royalty rates**	**Routine return**	**Discount rate**	**Useful life and/or terminal value**
1. Incremental cash flow method	Cash flow (incl. growth rates) forecast	n.a.	n.a.	Required	Required
2. Relief from royalty	Limited (sales/ turnover only)	Required	n.a.	Required	Required
3. Price/Profit Premium profit method	Limited (sales /turnover)	n.a.	n.a.	Required	Required
4. Excess earnings method or residual value method	Profit forecast	n.a.	Required (asset returns are used instead)	Required	Required

[1] Chapter I, II and III OECD TPG.

14. In a number of circumstances, economic valuation techniques are built upon or rely on assumptions with regards to transfer prices. For instance, the relief from royalty method notably requires the estimation of royalty rates. Transfer pricing methods can be relied upon to determine a royalty rate. The CUP[1] method for example can sometimes be used (but not exclusively) in this context. When economic valuation techniques are used in a transfer pricing context, the application of an economic valuation technique that requires estimation of transfer pricing sensitive input (e.g., royalties or cash flows) should be performed in light of the proper application of the OECD transfer pricing methods, regardless of the valuation standards or norms. Similarly, when performing an economic valuation in a non-transfer pricing context, it may be customary to rely on techniques that focus primarily on the value of the assets without taking into consideration the functions of the parties. For this reason, economic valuation techniques that focus primarily on the assets can only be relevant if the comparability factors, notably with regards to functions performed, are properly addressed. Comparability factors are typically not addressed in valuation for purposes other than transfer pricing. In the table below, the link between some economic valuation techniques and transfer pricing methods is provided.

Overview of economic valuation techniques which regarded as particularly useful in the context of transfer pricing - link with transfer pricing methods

1. Incremental cash flow method	CUP or RPSM[2] can be used to estimate the incremental cash flow. Their use should be consistent with the TPG.
2. Relief from royalty	CUP and profit based methods can be used to estimate the royalty. Their use should be consistent with the TPG
3. Price / Profit Premium method	CUP method, TNMM[3], and RPSM may be relied upon to estimate premium profits. Their use should be consistent with the TPG
4. Excess earnings method or residual value method	RPSM is de facto applied to determine residual income or return. However, if an asset based routine return is determined, it needs to properly reflect the comparability standard notably with regards to the functional analysis (in line with the DEMPE[4] functions analysis)

2.2 Financial projections and growth rates

15. The reliability of a valuation using financial projections depends on the accuracy of projections of future cash flows or income on which the valuation is based. A key challenge is therefore to assess the reasonableness of a financial projection based on an established track record.[5] In a business context cash flows are generally generated by the interaction of purpose-

[1] Comparable Uncontrolled Price method.

[2] Residual Profit Split Method

[3] The Transactional Net Margin Method ('TNMM'),

[4] Development, Enhancement, Maintenance, Protection, and Exploitation of intangibles (DEMPE) paragraph 6.32 TPG.

[5] Paragraph 6.166 OECD TPG.

oriented combinations of intangibles, tangibles assets and business functions. Hence, there is a direct link between the valuation object defined in a valuation exercise and an appropriately derived projection of future cash flows. The valuation of a business (function), a tangible or an intangible asset, is always based on considering a particular scenario[1]. This scenario is the basis for deriving appropriate projections of future cash flows. The TPG regard projections which are made for non-tax purposes as more reliable than projections made for tax purposes. Furthermore, they provide general guidance on how to assess the accuracy of financial projections and assumptions regarding growth rates[2] for the application of economic valuation techniques.[3] The creation and review of a financial projection may be based on different sources of information which are either used directly or as a source for increasing the objectivity and addressing the challenges identified. A non exhaustive overview is provided in Annex B 1.

Recommendation 5:

A reviewer should be provided with the data on which the financial projection is based. Such internal or external information may include e.g. relevant and available management accounts as well as information supporting the assumptions made (inter alia growth rates, competitive industry data, the scenario assumed and the link between the valuation object and the projected cash flows or income).

16. A cash flow based valuation is based on the valuation object's inherent ability to generate future economic benefits in the form of cash flows freely available to the owner of the valuation object. The TPG provide that it may be necessary to evaluate and quantify the effect of taxes on the projected cash flows or income.[4] A taxation of economic benefits will be inevitably in accordance with the tax system prevailing in the country in which the economic benefits are generated. Hence, it is certain that taxes will be paid on positive economic benefits considered in the valuation. As taxes represent a cash outflow which reduces the net cash flows available to the owner of the asset, taxes have to be considered in cash flow based valuations.[5]

17. If taxes have been deducted when calculating the cash flows or income the deduction of these taxes must be considered also in the corresponding discount rate. If a two-sided approach is applied the corresponding principle is also valid, i.e. from the perspective of the buyer the tax amortization benefit ('TAB', see Annex C) has to be calculated and from the perspective of the seller the exit tax has to be determined.

Recommendation 6:

Economic valuation for transfer pricing purposes should in principle be based on a post-tax basis[6].

---

[1] Determined in accordance with the OECD TPG taking into account the options realistically available.

[2] Paragraphs 6.163 – 1.169 OECD TPG.

[3] Chapter VI paragraphs 6.186 – 6.194 OECD TPG.

[4] Paragraph 6.178 TPG.

[5] See Annex C.2 for illustration on how to calculate tax effects.

[6] Taking into account paragraph 6.178 and the example 29 OECD TPG.

2.3 Royalty rate to be taken in the relief from royalty technique

18. Some economic valuation techniques require the determination of a royalty rate. The TPG provide the general requirement that when economic valuation techniques are used in transfer pricing it is necessary to apply them in a manner which is consistent with the ALP and the principles of the TPG[1]. Comparable royalty rates will consequently have to be determined in accordance with the relevant guidance of the OECD TPG, especially Chapters II and VI of the TPG. For the determination of a comparable royalty rate different sources of information may be used in practice, either directly or as a source for addressing the challenges identified. A non-exhaustive overview is provided in Annex B 2. It should be noted that intangibles often have unique characteristics and differ widely which make it difficult to find appropriate external comparables.

2.4 Routine returns

19. Some economic valuation techniques require the determination of routine returns. The TPG provide the general requirement that when economic valuation techniques are utilised in transfer pricing it is necessary to apply them in a manner which is consistent with the ALP and the principles of the TPG[2]. Therefore the qualification as, and the determination of, a routine return needs to be determined in accordance with the applicable provisions of the TPG. For the determination of comparable routine returns different sources of information may be used, either directly or as a source for addressing the challenges (if a residual value method is applied, the time period for the deduction of the routine returns should be aligned with the useful life of the intangibles). A non-exhaustive overview is provided in Annex B 3.

2.5 Discount rate

20. Another critical element of all economic valuation techniques is the discount rate. For income based valuation models, the basic idea behind is to estimate a cash flow or income for each year in a forecasting period and calculate the present value of these cash flows based on an appropriate discount rate. This implies taking into account the time value of money and the risk of uncertainty at sectorial level. However, uncertainty can be accounted for only once, either at the level of income stream or the discount rate.

21. Different income based valuation models use different cash flows and different discount rates, but all income based valuation techniques will, at least theoretically, result in the same value under the same assumptions made and inputs applied. Therefore, even if models may give varying information about the company, with regard to valuation issues a valuator should be indifferent as to which income-based model is chosen as long as the model is used properly and the facts and assumptions are unchanged.

22. One issue about proper use of the models is the consistency between how the cash-flow is derived and which measure of a discount rate is used. The TPG further state that neither taxpayers nor tax administrations should assume that a discount rate based on Weighted Average Costs of Capital ('WACC')[3] or any other approach should always be used.[4] Emphasis should

[1] Paragraph 6.154 OECD TPG.

[2] Paragraph 6.154 OECD TPG.

[3] See Annex C.1 for the formula.

[4] Paragraphs 6.171 – 6.172 OECD TPG.

rather be on consistency between the derivation of cash-flow and the discount rate applied to calculate the present value. Which formula to use, should always depend on how the cash-flow in the specific case is derived, and the required discount rate for this specific cash-flow.

23. For example[1]: If the cash-flow goes to both equity holders and bondholders i.e. before financial items are subtracted, the discount rate should reflect both the cost of equity and cost of debt. In this case, the WACC could be appropriate as discount rate. If on the other hand, the cash-flow only flows to equity holders i.e. after financial items are subtracted, the discount rate should only reflect the cost of equity, which could be estimated based on Capital Asset Pricing Model ('CAPM') or taken from a comprehensible corporate strategy. Another way to estimate the discount rate could be based on the allocation of cash-flow to the specific asset classes. This could be intangibles on one side, and routine assets on the other. In this case the Weighted Average Return on Assets formula ('WARA')[2] could be applied. It is difficult to point out any preferred formulas to determine a proper discount rate. Defining a suitable discount rate depends on the specific cash-flow in the case. There is an internal link between the formulas e.g. the CAPM formula can be used to estimate the required return of equity, which is an input in the WACC formula. WACC and WARA should give the same result, where the difference is that WACC is calculated based on inputs from the liabilities side of the balance sheet and WARA based on inputs from the asset side.

24. For the determination of a discount rate different sources of information may be used, either directly or as a source for addressing the challenges identified. A non-exhaustive overview is provided in Annex B 4.

Recommendation 7:

When using a discount rate in the context of an economic valuation for the purpose of transfer pricing it should be demonstrated by both taxpayers and tax authorities:

- *how the discount rate was calculated or estimated,*
- *why this calculation is regarded as appropriate (including consistency between how the cash-flow or income is derived and which measure of a discount rate is used), and*
- *which information was used to calculate or estimate the discount rate (screenshots or electronically saved data at the time the valuation was done may be useful for documenting information that may not be available in the future).*

2.6 Useful life

25. The determination of the useful life of the item which is valued is another critical assumption supporting a valuation model.[3] The useful life considered in a valuation determines the total period of time to be taken into account as of the valuation date. The useful life considered in the valuation directly impacts the valuation result. Useful lives are generally specific to the valuation object. Sometimes terminal values are calculated. A further issue in transfer pricing is that in cases where a two-sided valuation is needed, the useful life would have to be

[1] Following examples for the use of valuation techniques have an illustration purpose, they are not prescriptive. Each case depends on the particular facts and circumstance.

[2] See Annex C.1 for the formula.

[3] Paragraphs 6.174 – 6.177 OECD TPG.

evaluated from the perspective of both, the transferor and the transferee[1]. For the determination of the useful life, different sources of information may be used, either directly or as a source for addressing the challenges identified. A non-exhaustive overview is provided in Annex B 5.

2.7 Simplification/Standardisation

26. The application of economic valuation techniques is complex, fact intensive and may create significant administrative burden and costs. The general objective of proportionality triggers the question whether there could be room for simplification. Simplification may theoretically be considered at the level of documentation or in the way the economic valuation techniques are applied.

27. Simplifying documentation bears a risk of missing relevant information and imprecision. Given that transactions for which the application of economic valuation techniques as part of OECD transfer pricing methods may be useful (intangibles and business restructurings) often involve high amounts or are of significant importance, the room for simplification has to be assessed carefully. The need for and the way of simplification could be assessed by the JTPF in the future.

3. Two-sided versus one-sided valuation

28. As a general principle, a comparability analysis focussing only on one side of a transaction generally does not provide a sufficient basis for evaluating a transaction involving intangibles.[2] Consequently the TPG conclude that the calculation of discounted cash flow may need to be estimated from both perspectives of the transaction. Assuming that the transferors minimum sales price is lower than the maximum price the transferee is willing to pay[3], the arm's length price will fall somewhere within the range of present values evaluated from the perspectives of the transferor and transferee.[4] In cases, where it is not possible to appropriately determine a specific value within that range, e.g. by way of an analysis of bargaining power, some Member States take the mid-point as a fall-back position.

Recommendation 8:

In cases where the calculation of present values is evaluated from the perspectives of the transferor and transferee the result may be a range rather than a specific price. Where the transferors minimum price is lower than the transferees maximum price, the arm's length price will fall somewhere within such a range.[5] A thorough analysis of all facts and circumstances at the time of the transaction including the potential bargaining power of the parties[6]

---

[1] To be determined by a comparability analysis that considers the options realistically available to each of the parties to the transaction (paragraph 6.111 OECD TPG).

[2] Paragraph 6.112 OECD TPG.

[3] In the opposite case there will be no range of present values. In such a case it may be necessary to consider whether the actual transaction should be disregarded under the criterion for non-recognition set out in Section D.2 of Chapter I OECD TPG, or whether the conditions of the transaction should otherwise be adjusted paragraph 6.114 OECD TPG.

[4] Paragraph 6.157 OECD TPG.

[5] Paragraph 6.157 OECD TPG.

[6] Annex D lists some factors which may be considered when assessing the potential bargaining power of the parties involved in a certain transaction.

should be performed in order to decide which specific value within the range should be selected for the purpose of the assessment.

IV. Differences between valuation for TP and general valuation

29. Valuations are prepared for many different reasons. The reasons can be related to external financial reporting requirements, corporate law, tax law, entrepreneurial initiatives like mergers & acquisitions or business restructurings, contractual agreements or other reasons. When applied in the context of transfer pricing it is necessary to apply them in a manner that is consistent with the ALP and the principles of the TPG[1]. This requirement may create differences between valuation for the purpose of transfer pricing and valuations made for other purposes.

Recommendation 9:

a) General aspects

As a valuation is always performed for a specific purpose, the underlying assumptions need to be considered. As a result, it is necessary to check if the valuation made for other purposes than transfer pricing and its underlying assumptions are appropriate for the TP analysis under review.

Two fundamental issues should be examined:

- *Is the valuation object sufficiently comparable to the valuation object considered in the TP analysis? Comparability aspects should include the assets involved, the business functions performed as well as the perspective from which the valuation was conducted (for which entity was the valuation performed?). Valuation performed in a context other than transfer pricing might focus on the assets and capital investments in the intangible. Such valuation may disregard the functions performed by the legal owner and by other related parties that may perform DEMPE functions[2]. Such use of valuation techniques may be inconsistent with the guidance in the TPG.*
- *Are the assumptions and technical aspects considered in the existing valuation exercise consistent with the circumstances and facts of the TP analysis at hand (e.g. are cash flow projections and risk levels comparable)?*
- *Could the stakeholders' interests have influenced the valuation and how can the valuation inputs be objectivised (and what level of objective support has been provided in the existing TP / non-TP valuation)?*

b) Documentation

When using a valuation which is made for a different purpose than for transfer pricing, the level of documentation required for this purpose should be assessed, both in terms of providing a sufficient background on the transaction and documenting the methodology or methodologies chosen as being the most appropriate. In addition the assumptions made for the application of such methodology or methodologies (including other aspects that may have an effect on the comparability analysis) should be assessed. In case the valuation which was made for other purposes than for transfer pricing is used, its consistency with the ALP and the princi-

[1] Paragraph 6.154 OECD TPG.

[2] Development, enhancement, maintenance, protection and exploitation of intangibles (DEMPE).

ples of the TPG should be documented in accordance with generally applicable national rules in relation to documentation of the countries involved. Methodologies, assumptions and sources on which the valuation is based should be comprehensible to a reviewer.

c) Step by step analysis

Depending on their relevance for the case at hand, the following technical aspects as regards the specific parameters should be considered when using a valuation which is made for different purposes than for transfer pricing:

- *As regards cash flow projections:*
  - *Where the assets and functions contributing to the cash flows considered in the existing valuation exercise are not sufficiently comparable to the valuation object in the TP analysis, an adjustment of the cash flow projections is likely to be necessary.*
  - *It has to be verified whether the scenario considered*[1] *is comparable to the expected exploitation of the valuation object in the TP analysis, i.e. whether assumptions underlying the cash flows generated by exploiting the valuation object are comparable. Important aspects in this regard are: geographic regions considered, growth rates in cash flows, competitive environment, etc.*
- *As regards the discount rate applied:*
  - *As the discount rate reflects the risk associated with the expected cash flows, it has to be verified whether the risk level assumed in the existing valuation exercise is in line with the risk level of the valuation object in the TP analysis. Differences in risk levels have to be accounted for if not reflected in the cash flow projections.*
  - *The particular discount rate depends mainly on the market conditions of the location of the valuation object. This is especially true if a risk-free rate is assumed and a market risk premium is used in the calculation of the discount rate. Differences in capital market conditions have to be accounted for from the perspective of the transferor and transferee.*
- *As regards useful life:*

  Useful lives are generally specific to the valuation object. In case a limited useful life was considered in the existing valuation exercise, it needs to be taken into account that the remaining years of the useful life have already decreased in cases where the point in time when the TP analysis is performed deviates largely from the original valuation date of the existing valuation
- *As regards the valuation date:*
  - *A valuation is always performed as at a particular point in time, the valuation date. The determination of the valuation date has an impact on the value of the underlying valuation object, all else being equal. In other words, any change in the valuation date will affect the valuation result even if all other assumptions remain unchanged. Hence, if the valuation date of an (older) existing valuation exercise deviates significantly from the valuation date relevant in the TP analysis the usability of the existing valuation exercise is limited. In addition to other adjustments that might*

[1] Determined in accordance with the OECD TPG taking into account the options realistically available.

be necessary to be applied to the assumptions used in the valuation, the existing valuation should be updated to the adjusted valuation date.

Annex A: Economic valuation techniques

1. Short description of the techniques

Income based approach (par. 7)

Income based techniques are generally used in determining the value of the appraisal subject from the viewpoint of an investor. This approach is based on the assumption that an investor could invest in a property with similar investment characteristics and looks to the earnings power, or cash generating capabilities, of the enterprise / asset being appraised.

Under the **'incremental cash flow method'** cash flows are directly attributable to the specific intangible. Therefore, the substantial requirement is that cash flow attributable to the intangible can be identified. This method is best used when the intangible is producing or when it allows an intangible to generate cash flow.

The **'relief from royalty'** method states that the income attributable to the intangible can be estimated based on a 'deemed royalty' payable for the rights to use the subject intangible asset. The estimated income (or cash flows) are then included in a DCF framework by discounting them to arrive at a present value estimate. In a transfer pricing context, the basis for estimating royalties would need to be consistent with the TPG methods. In this context, the CUP and profit based methods are likely to be relied upon to estimate the royalty.

Under the **'premium profit method'** the income attributable to the intangible is given by the profit differential arising from a price premium of products using certain intangible over usual substitute products (e.g. branded products over non-branded). The price premium and profit differential should be estimated in line with the OECD TPG. The CUP method is likely to apply in this context. The estimated income or cash flows are then included in a DCF framework by discounting them to arrive at a present value estimate.

The **residual value method** is based on the forecast future free cash flow (relevant for IP-containing products and services). The cash flows are discounted to arrive at a present value estimate. To determine the intangible component in a transfer pricing context, this approach is likely to embed first application of the Residual Profit Split Method ('RPSM'). Application of this method typically requires firstly an estimation of a routine return for the activities or functions the remuneration of which can be benchmarked. Such routine returns are deducted from the total return to obtain the "residual profit" cash flows. The resulting "residual profit" cash flows are considered to be attributable to the subject intangible(s) and are discounted to estimate the present value of the intangible.

The **excess earnings method** is similar. However, the routine returns are estimated as asset return(s) on contributory assets (tangibles, other intangibles, financial assets).

Market approaches (par. 8)

Under the **market approach** observable market-based transactions of identical or substantially similar intangibles or enterprises (business units) have to be identified.

The acquisition price method determines the value of a contributed intangible by reference to the acquisition price of a contemporaneous acquisition of that intangible in an asset or stock acquisition from an uncontrolled party.

The **market capitalization** of a company is simply its share price multiplied by the number of shares a company has outstanding. Enterprise value is calculated as the market capitalization plus debt, minority interest and preferred shares, minus total cash and cash equivalents.

The **comparable multiples method** looks at comparable (peer) businesses for which independent market value information exists (based on stock market listings) in order to determine the value of the subject business. Common market multiples include the following: enterprise value to sales (EV/S), enterprise value to EBIT (EV/EBIT) and enterprise value to EBITDA (EV/EBITDA), price to earnings (P/E), price to book (P/B) and price to free cash flow (P/FCF).

Assets or cost approaches (par. 8)

Cost based analyses are based on the economic principle of substitution and usually ignore the amount, timing, and duration of future economic benefits, as well as the risk of performance within a competitive environment.

The **historical cost method** obtains the value by capitalization of historical costs incurred for the development of the intangible or the business (unit).

The **replacement cost method** obtains the value by capitalization of forecast costs to be incurred for the replacement of intangible or the business (unit). Replacement cost measures the total cost, in current prices, to develop a new intangible or business (unit) having the same functionality or utility as the intangible or business (unit). Application of the replacement costs may require estimation of the opportunity costs for reconstructing the intangibles, including for example foregone revenues.

2. Analysis of strengths and weaknesses of some economic valuation techniques that may be useful in the context of transfer pricing Technique

	Strengths	**Weaknesses**
1. Relief from royalty	- reflects economic value at time of valuation - relatively easy to use - Key inputs rely on the market data - Amount of data required rather limited	- often a lack of appropriate benchmarks and market data
2. Premium profit method	- reflects economic value at time of valuation - relatively easy to use - Key inputs rely on the market data - Amount of data required rather limited	- often a lack of appropriate benchmarks

3. Excess earnings method	- reflects economic value at time of valuation - due to reliance on individual company data benchmarking may only be needed for objectivizing	- high reliance on individual data with limited possibilities to objectivize the result - more complex to use due to the need for constructing financial models - no direct connection to third party transactions
4. Replacement cost	- medium degree of objectivity due to reliance on costs - relatively easy to use - Amount of data required rather limited	- Less connected to economic value at time of valuation - Often difficult to benchmark or observe costs required for replacement on the market - Limited connection to market data
5. Residual value method	- reflects economic value at time of valuation - due to reliance on individual company data benchmarking may only be needed for objectivizing	- high reliance on individual data with limited possibilities to objectivize the result - more complex to use due to the need for constructing financial models - no direct connection to third party transactions

3. Analysis of opportunities and threats of some economic valuation techniques that may be useful in the context of transfer pricing

Technique	Opportunities	Threats
1. Relief from royalty	- potential to be used for intangibles with "me too" features, for which reliable comparables can be found - potentially to use for intangibles where comparability can be justified by strong references	- typically not used for intangibles with unique features, for which reliable comparables do not exist
2. Premium profit method	- potential to be used for marketing intangibles (brands, trademarks), e.g. for trademarks, where a branded product is priced clearly differently than a non-branded product (or more generally there is clear distinction between forecast for product containing the intangible and one without). - potentially	- typically not used when price premium assessment involves subjectivity (e.g. when there are no clear generic alternatives to branded products, etc.)

	to use for intangibles that will save costs in the future	
3. Excess earnings method	- potential to be used for customer contracts, customer relationships and in process research and development projects	- typically not used when definition of "contributory assets" is not clear - typically not used when it is difficult to identify all assets and the return attributable to each of them - high possibility of overlap - typically very limited use in valuation for transfer pricing purposes due to a disconnect with functional and risk analysis (return on contributory assets and not economic returns on functions)
4. Replacement cost	- potential to be used for intangibles that can be replaced with quantifiable resources (e.g. software) -) - sometimes applied for replacement of workforce in place	- typically not used for fully developed intangibles (that are already generating income streams) - typically not used for high-valued marketing intangibles whose value rely on popularity with consumers
5. Residual value method	- potential to be used for intangibles with unique features - potentially to use when reliable financial projections are available - potentially to use for unpatented technology or customer relations (for which cost- and market- based approaches deem irrelevant)	- typically not used when definition of "routine function" is not clear - typically not used when it is difficult to identify all routine functions and to find reliable comparables in order to asses profitability for each of them - high possibility of overlap - difficult to use reliably when the forecast is highly uncertain

Annex B: Internal and external sources for relevant parameters when applying some of the economic valuation techniques which are regarded as particularly useful in the context of transfer pricing

1. Financial projections

	Source	Main challenges	Potential solution(s) to challenges
internal	Management projections/financial forecasts	- Limited availability of projections for other purposes and, especially of relevant segmented financial projections. - Uncertainty of projections and, as a consequence limited accuracy and questionable reasonability of projections - Unreliability of projects based on linear growth rates and past performance due to uncertainty	- Preferred use of internal forecasts created for non-tax purposes - Challenge reasonability of projections: question growth rates including long term growth, profitability each year - Comparison with industry or competitors and comparables and request for explanations of deviations: finally potential adjustments based on joint discussion - Focus on key economic and financial indicators for reasonability check - Keep caution in using linear growth rates and past performance indicators
external		- Availability and applicability of competitors' and industry data - Applicability of data from competitors and/or industry averages specifically to the financial projections in question	- Challenge and assessment of projections based on economic and financial indicators (industry forecasts / industry expectations) - Cross-check of projections with competitors' data - Cross-check and challenge of the forecast provided, based on company's record of achievement of forecast - Provide and document justifications of deviations of forecast from industry statistics – forecast from competitors and from the historical statistics (past growth and profitability)

2. Royalty rates

	Source	Main challenges	Potential solution(s) to challenges
internal	Internal comparables: Agreements of a company in the same group with unrelated parties covering the same intangible under the same conditions External comparables: Information regarding or available third party agreements known to the company (such as agreements of competitors which are in the same industry and are similar/comparable	- Limited availability of internal comparables or any information on third party agreements available to the company - If any agreements provided, comparability to the studied transaction and IP in the scope of this transaction	- Access comparability of identified agreements according to OECD TPG (geography products & their profit potential, market level, applications, terms of agreements, etc.
external	Search and identification of agreements between unrelated parties covering the same type of similar intangibles under the same or similar conditions, obtain the royalty rate - Agreements databases, e.g. Royaltystat, Royaltysource, KTMINE, TP Catalyst, Lexis Nexis	- Availability and reliability of third party agreements - Comparability of third party agreements in terms of characteristics of intangibles and of rights transferred, contractual conditions, geographical scope	- Assess and document the comparability analysis of external agreements according to OECD TPG, i.e. geographical coverage, same application of IP etc.) - Cross check of assumed royalty rate by reference to an operating margin required from sales generated from the use of the IP

EU JTPF

3. Routine returns

	Source	Main challenges	Potential solution(s) to challenges
internal	Internal comparable companies (e.g. third party routine distribution/manufacturing entities performing functions for one entity of the Group and possibly their financial information allowing to assess their rate of return/profitability	- Unavailability of internal comparables and or their information necessary to calculate routine return	- see JTPF report on the use of comparables in the EU
external	Search and identification of external comparable companies (e.g. entities with same routine functional profile) to obtain a benchmark for routine return Company databases: Bureau van Dijk's Amadeus, Orbis, local databases)	- Definition of routine function - Comparability in terms of risks and performance of routine functions - Availability of local comparables - Availability of sufficient information for assessing comparability	- Perform functional and risk analysis of tested company (in respect to routine function(s) it performs. - Perform comparable search and comparability analysis according to OECD TPG and JTPF report on use of comparables in the EU - Document the search and identification of the comparable companies (including all steps of the search and review of potential companies)

4. Discount rates

	Source	Main challenges	Potential solution(s) to challenges
internal	Information on the discount rate (or inputs used to calculate it) used by company's management for internal financial management on the company basis and or ideally in respect to projects with intangibles or information on different inputs that go into WACC calculations	- Appropriateness of the discount rate (other parameters of WACC) that is available from management (special risk of the IP being valued etc.) and more widely, availability of the discount rate and ability of the company to justify it	- Assessment of the full rate if provided by management (what is application of the rate provided, etc.) with intangible valuation at hand - Analysis and assessment of various inputs for WACC calculations, if provided by management
external	Search for relevant information for WACC parameters	- Identification of potential differences between parameters	- Sensitivity analysis (change in the value of analysed IP) based on the change of pa-

	(company beta, market premium and risk free rate (all for application of CAPM formula). Possibly search on industry wide WACC - Financial databases: Bloomberg, Reuters, Capital IQ S&P, Damodaran	for the Company (i.e. relevant for IP project and reflecting additional risk) and industry wide parameters	rameters for calculation of discount rate - detailed justification of the chosen parameters (and their applicability to the analysed transaction)

5. Useful life

	Source	Main challenges	Potential solution(s) to challenges
internal	- Information from the company regarding the speed of replacement of products containing the IP value and speed of development of new technology and its updates - Information on the planned use of the acquired IP by the buyer - Information in the potential use of the IP by the seller under the scenario of options realistically available	- Level of judgement for finding factors affecting the useful life, e.g. technical changes, economic life, functional life	- Reasonability check with external data industry average data and with expert publications but preference to understanding better the specifics of the company, its products, markets etc.
external	- Industry practices/ external studies mentioning useful life for similar types of intangibles, similar products (for which the IP is used) and considering observations of useful life in similar industries and markets - Econlit (database of economic academic literature or internet search for other publicly available publications studying useful life, product life cycles etc.	- Limited information in the useful life of the intangibles in the literature and absence of any specific databases to consult. - The characteristics of intangibles studied are unique and thus any industry wide information including information on speed of technological changes, product life cycles, etc.) may be appropriate to use	Explanation and documentation of selected life including documentation , any external sources and their applicability

Annex C: Formulas

1. Calculation of Discount Rates

Following is a non-exhaustive list of examples on how to calculate the required return on equity, WACC and WARA.

According to the CAPM, the required rate on equity is estimated as:

$$r_E = r_f + \beta_e \times (E(r_m) - r_f)$$

Where the variables are defined as:

r_E = Required return on equity

r_f = Risk free rate

β_e = Beta value of equity, a measure of systematic risk relative to the market

$(E(r_m) - r_f)$ = Market risk premium.

WACC is calculated as a Weighted Average of Cost of Capital

$$WACC = r_E \times \frac{E}{V} + r_D \times (1 - \tau_C) \times \frac{D}{V}$$

Where the variables are defined as:

E = Equity

D = Debt

V = Value of total assets

r_E = Required return on equity

r_D = cost of debt

τ_C = tax rate

WARA is calculated as a Weighted Average Return on Assets

$$WARA = r_{Asset\,A} \times \frac{\text{Asset A}}{\text{Total Assets}} + r_{Asset\,B} \times \frac{\text{Asset B}}{\text{Total Assets}} + \cdots + r_{Asset\,X} \times \frac{\text{Asset X}}{\text{Total Assets}}$$

2. Calculation of Tax Effects

a) Calculation of the Tax Amortisation Benefit

$$TAB\text{-}Factor = \frac{n}{n - \frac{(1+k)^n - 1}{k \times (1+k)^n} \times (1+k)^{0,5} \times \tau_{CS}}$$

TAB = Tax Amortisation benefit

n = Amortization period

τ_C = Tax rate

k = Discount rate (cost of capital)

0.5 = the factor 0.5 provides for a mid-year convention, i.e. payments are assumed to be made at mid-year and not at the end of the year

b) Calculation of Exit Tax

$$\text{Seller minimum price with Exit tax} = \frac{price - \tau_C \times value}{1 - \tau_C}$$

Where the variables are defined as:

price = Seller price determined based on earnings or cashflows after deducting income taxes without exit tax

value: = value relevant for tax purposes, usually the book value taken from the tax balance sheet

τ_C = Tax rate

Annex D: Assessing bargaining power

As an example, in a decisions of a US Court , the following 15 factors were relied upon to determine the type of monetary payments that would compensate for a patent infringement (from Georgia-Pacific Corp. v. United States Plywood Corp., 318 F Supp 1116, 6 USPQ 235 (SD NY 1970)). This case is commonly referred to in international valuation practice (including in the EU):

1. The royalties received by the licensor for licensing the intangible, proving or tending to prove an established royalty.
2. The rates paid by the licensee for the use of other similar intangibles.
3. The nature and scope of the license, such as whether it is exclusive or nonexclusive, restricted or non-restricted in terms of territory or customers.
4. The licensor's policy of maintaining its intangible monopoly by licensing the use of the invention only under special conditions designed to preserve the monopoly.
5. The commercial relationship between the licensor and licensees, such as whether they are competitors in the same territory in the same line of business or whether they are inventor and promoter.
6. The effect of selling the intangible in promoting sales of other licensor's products; the existing value of the invention to the licensor as a generator of sales of other products that do not include the intangible and the extent of such derivative or "convoyed" sales.
7. The duration of the intangible (patent) and the term of the license.
8. The established profitability of the product that include the intangible, its commercial success and its current popularity.
9. The utility and advantages of the intangible over any old modes or devices that had been used.
10. The nature of the intangible, its character in the commercial embodiment owned and produced by the licensor, and the benefits to those who used it.
11. The extent to which the infringer used the invention and any evidence probative of the value of that use.
12. The portion of the profit or selling price that is customary in the particular business or in comparable businesses.
13. The portion of the realizable profit that should be credited to the intangible as distinguished from any other elements, manufacturing process, business risks or significant features or improvements added by the infringer.
14. The opinion testimony of qualified experts.
15. The amount that Georgia-Pacific and a licensee would have agreed upon at the time the infringement began if they had reasonably and voluntarily tried to reach an agreement.

    Some of the above factors may not apply systematically. Also, if such reasoning were to be relied upon, it would need to be applied in light of the issues at stake (proportionality).

EU JOINT TRANSFER PRICING FORUM
THE APPLICATION OF THE PROFIT SPLIT METHOD WITHIN THE EU
Meeting of 7 March 2019

Brussels, March 2019
Taxud/D2
DOC: JTPF/002/2019/EN

SECTION 1
INTRODUCTION

1.1. Background

The profit split method (PSM) is one of the five transfer pricing methods delineated in Chapter II of the OECD Transfer Pricing Guidelines. These methods can be used to establish whether the conditions imposed on the commercial or financial relations between associated enterprises are consistent with the arm's length principle.

The OECD guidelines of 1995 referred to the PSM as a method of "last resort", to be used when other methods could not be reliably applied (para. 3.50). Yet, since the revision of the OECD Guidelines in 2010, the PSM is considered a pricing method to be applied in an equally reliable manner as the other methods in accordance with the "most appropriate method" criterion.

Due to the increased integration of multinational enterprises and the globalization of national economies and markets, the clarification of the PSM was one of the priorities identified in the action plan against Base Erosion and Profit Shifting (BEPS). Indeed, in order to develop rules that can prevent BEPS resulting from engaging in transactions which would not, or would only very rarely, occur between third parties, Action 10 called for clarification of the application of transfer pricing methods, in particular of the transactional profit split method, in the context of global value chains.

In June 2018 the OECD published a Report[1] containing Revised Guidelines on the application of PSM that clarifies and significantly expands the Guidelines on when a profit split may be the most appropriate method. The Guidelines also note that the basic premise that the transactional profit split method is applicable where it is found to be the most appropriate method is unchanged.

In addition, the programme of work 2015-2019 of the Joint Transfer Pricing Forum (JTPF) referred to the PSM as one of the topics on which the JTPF should provide output in order to address the problems in the practical application of the PSM. A particular reference is made to the high degree of subjectivity encountered when stakeholders determine how to share the profit[2].

---

[1] Available here: http://www.oecd.org/tax/beps/revised-guidance-on-the-application-of-the-transactional-profit-split-method-beps-action-10.htm.

[2] DOC: JTPF/005/FINAL/2015/EN.

1.2. Aim of the work

The aim of the JTPF exercise was to take stock of how the PSM is applied within the EU and work towards a common approach to addressing the relevant challenges arising under the current OECD framework.

As pointed out in the OECD Guidelines, the main advantage of the PSM is that it can offer solutions in cases where all relevant parties make unique and valuable contributions and/or there is a high degree of integration. In such cases, it is frequent that the reliable information on comparables is insufficient for applying another transfer pricing method although as pointed out by the OECD, lack of external comparable per se should not lead to default use of PSM (para 2.128 and 2.143 of the OECD Guidelines). Secondly, when parties share the assumption of economically significant risks or assume closely related risks, its flexibility allows the determination of an arm's length profit for the parties according to the actual assumption of the risks.

The Guidelines also point to the difficulties in the application of the PSM, including problems of measuring the relevant revenue and costs between all associated enterprises participating in the controlled transactions and the challenges of identifying appropriate profit splitting factors.

For these reasons greater clarification and standardisation, where possible, of the PSM could have significant benefits for both tax authorities and taxpayers as it would reduce compliance costs, simplify audits, and provide more predictability and certainty.

At the same time, it should be recognised that there is a tension between these desirable objectives and the need, as stressed in the Guidelines, for a method that is appropriate for the individual taxpayer. Indeed there are two different views: (i) that it should be possible to simplify the process by standardizing the application of the PSM for common business models as the aim is not complete precision but achieving a reasonable estimate in line with the arm's length principle and (ii) that it is essential to emphasise the importance of the relevant facts and circumstances in each and every situation when applying the method, i.e. simplification is inappropriate as each case should be assessed individually regardless of the resultant complexities.

Indeed, under the traditional OECD framework, the accurate delineation of the transaction from the perspective of all parties involved should remain the starting point for any transfer pricing analysis.

The analysis of the economically relevant characteristics of the transaction and in particular, the functional analysis, supported by the information in the MNE group's transfer pricing documentation, should reveal: (i) how value is generated by the group as a whole; (ii) the interdependencies between the functions performed by the associated enterprises; and (iii) the contribution that each of the associated enterprises makes to that value creation. In particular, the analysis of risks and the determination of which group entities take the key decisions related to control over risk as well as which of these entities have the financial capacity to assume the risk should help identify the most appropriate way of splitting the relevant profit from the transaction under review.

1.3. Delineation of the scope of this paper

In order to take stock and gather useful information on the application of the PSM, it was decided to carry out a survey on the experiences of the JTPF members in the practical application of the PSM (JTPF meeting of 8 March 2018).

The results of the Survey were presented at the JTPF Meeting of 26 June 2018. The Secretariat received 17 replies from Member States and 11 replies from Non-Government Members (NGMs) which provide a first insight of the current situation in the EU.

The survey did not show a direct correlation between the PSM and one specific industry. The PSM turned out to be applied in several different sectors such as the financial sector, industrial equipment, the automotive industry, the IT sector, trade in consumer goods, the pharmaceutical industry, chemical industry, the food industry. However, even in these industries, the PSM has only been used to a limited extent so far.

The survey highlighted the choice of the appropriate splitting factors, their relative weights and the valuation of the contributions, especially heterogeneous contributions, as the main challenge in the application of the PSM (N.B. these featured in practically all replies as one of the main challenges in applying the PSM).

The lack of a common methodology on determining the profit splitting factors has been indicated as a cause that exacerbates the challenges and could undermine the prospects for applying the PSM even in circumstances where this may be the most appropriate method.

At the meeting of 24 October 2018, the JTPF considered 4 potential areas for further work on the PSM: (1) When to use the PSM? (2) How to split the profit? (3) Is there a need for simplification? (4) How to simplify the application of the PSM?

During the meeting, the members reached consensus on a 2-stage process whereby at the first stage, the focus should be on clarifying certain concepts related to the PSM and eventually at the second later stage on exploring ways for simplification .

This paper addresses the first stage and aims at clarifying certain concepts in applying the PSM: (i) when to use the PSM (i.e. in which circumstances it may be considered the most appropriate transfer pricing method) and (ii) how to split the profit based on the concepts described in the revised OECD Guidelines as well as by providing an inventory of recurrent splitting factors.

For the avoidance of doubt this report should be regarded as complementary to, and supportive of, the text of the OECD Revised Guidelines on the application of the Transactional Profit Split Method issued in June 2018.

The paper is structured as follows: section 2 provides a short description of the profit split method; section 3 seeks to clarify some key concepts related to the use of the profit split method also touching upon some challenging points; and section 4 describes a number of potential splitting factors listed in the Annex.

SECTION 2
DESCRIPTION OF THE PROFIT SPLIT METHOD

The PSM seeks to establish or test, in line with the arm's length principle, an approximation of the results that independent enterprises would be expected to have achieved by engaging in transactions in comparable circumstances. In general, there are two mainly used approaches to splitting the profits: (i) the contribution analysis and (ii) the residual analysis.

Under the contribution analysis, the relevant profits from controlled transactions are allocated between the associated enterprises on the basis of the relative value of the functions performed, assets used and risk assumed by each of the associated enterprises engaged in these controlled transactions.

A residual analysis divides the relevant profits from controlled transactions into two types. The first type (the initial remuneration) consists of profits attributable to contributions for which a benchmark exists (typically less complex contributions for which comparables can be found). This is done by applying one of the traditional transactional methods or the transactional net margin method (TNMM). The second type (the residual) consists of profits (or losses) that relate to unique and valuable contributions, the shared assumption of economically significant risks (or the separate assumption of closely related risks) and/or a high level of business integration and remain after the first type. The method allocates this residual profit (or loss) among the participant parties in the controlled transaction based on the relative value of their contributions.

For the avoidance of doubt, the reference to "profits" to be split in this report shall mean profits and/or losses to be split.

SECTION 3
USE OF THE PROFIT SPLIT METHOD

The PSM, like any other transfer pricing method, should be chosen as the most appropriate method only after the accurate delineation of the transaction including the functional analysis. In addition, the PSM must be appropriate for the particular circumstances that it is aimed to be applied to.

The OECD Guidelines on the use of the PSM list the following indicators for determining whether the PSM may be considered the most appropriate transfer pricing method in a specific set of circumstances:

- the existence of a unique and valuable contribution by each party to the controlled transaction and/or
- a high level of integration regarding business transactions to which the transaction relates and/or
- The shared assumptions of economically significant risks or separate assumption of economically closely related risks by the parties to the transaction.

Besides the constraints already mentioned in the previous paragraph it is also important to indicate when it may not be appropriate to use the PSM:

- Where one of the parties to the transaction performs only simple functions and does not make unique and valuable contributions; and/or
- The accurately delineated transaction can be appropriately benchmarked (even when the accurately delineated transaction is quite complex), comparable transactions and functions can be identified;

The lack of comparables alone is insufficient for determining that the PSM should be selected as the most appropriate method; in such cases a pragmatic approach needs to be taken such as broadening the search criteria, without compromising the quality of the comparables, by looking at independent enterprises:

- with slightly different business strategies, business models or slightly different economic circumstances;
- situated in other geographical markets, but being active in the same industry or
- engaged in different industries, situated in the same geographical market.

The following section will address some of the challenging aspects of the indicators for determining whether a PSM can be used by way of a Q&A and provide examples in an attempt to clarify the circumstances where to use the PSM.

Some of the examples have been taken from the OECD Guidelines and/or doctrine articles. Due to time constraints, these examples have not been developed further.

3.1. Unique and valuable contributions

The OECD Guidelines mention that contributions are unique and valuable when they are not comparable to contributions made by uncontrolled parties in comparable circumstances and they represent a key source of actual or potential economic benefits.

3.1.1. Example[1] of when the PSM is likely to be considered the most appropriate method due to unique and valuable contributions

Example 1 in annex II to chapter II of the OECD Guidelines present a case of a unique and valuable contribution that leads to the likely application of the PSM. It reads as follows:

Company A is the parent company of an MNE group in the pharmaceutical sector. Company A owns a patent for a new pharmaceutical formulation. Company A designed the clinical trials and performed the research and development functions during the early stages of the development of the product, leading to granting a patent.

Company A enters into a contract with Company S, a subsidiary of Company A, in accordance with which Company A licenses the patent rights relating to the potential pharmaceutical product to Company S. Based on the contract, Company S conducts the subsequent development of the product and performs important enhancement functions. Company S obtains the authorisation from the relevant regulatory body. The development of the product is successful and it is sold on various markets around the world.

The accurate delineation of the transaction indicates that the contributions made by both Company A and Company S are unique and valuable to the development of the pharmaceutical product.

Under these circumstances, the transactional profit split method is likely to be the most appropriate method for determining the compensation for the patent rights licensed by Company A to Company S.

---

[1] This example like all the other examples of this paper is given for illustrative purpose only. The decision to apply the PSM should be made on the basis of the actual delineation of the transaction as well as the nine steps process mentioned in par. 3.4 of the OECD Guidelines.

3.1.2. Example of when the PSM is not likely to be considered the most appropriate method even if there are some valuable contributions

A small family owned group has two manufacturing companies in countries A and B. The founder and head of the family is resident in country C where he manages the holding company.

The holding company in country C has no financial assets apart from the participations of the manufacturing companies and has no employee apart from the head of family who acts as CEO of the entire group.

Each manufacturing company has developed its own patents and its own know -how for their own processes and sell directly to third parties. The manufacturing companies are in charge of their own raw material sources and production planning; they are characterized as fully-fledged manufacturing companies or entrepreneurs. There are no transactions between the two manufacturing companies as they run two different lines of business. However, there is a transfer pricing issue concerning charges from the parent company to the subsidiaries.

The marketing staff and the general managers of the manufacturing companies get together twice a year in Country C to discuss trends in market conditions and general strategies. Every time an entrepreneur wants to bring a new product to the market, the marketing strategy has to be approved by the holding, in other words, by the founder of the group.

Despite the fact that the decisions of the founder of the group are relevant to both family businesses (carried on by the two manufacturing companies), the simple fact of giving the final approval should not be confused with the concept of a unique and valuable contribution which would justify the application of the PSM. Instead, the contribution by the founder to the two manufacturing subsidiaries might qualify as a management service. Here one can take into consideration that the function performed by the founder may be one that could reasonably also be carried out by a CEO appointed based on a selection process.

3.1.3. How should unique and valuable intangibles be interpreted?

Intangibles within the concept of "intangibles that represent unique and valuable contributions" should be understood to encompass the definition of Chapter VI, paragraph 6.6. The definition of intangibles for transfer pricing purposes is broad and may go beyond legal or accounting definitions in national laws. It is intended to cover "something which is not a physical asset or a financial asset, which is capable of being owned or controlled for use in commercial activities, and whose use or transfer would be compensated had it occurred in a transaction between independent parties in comparable circumstances[1]."

Whether a certain intangible is unique and valuable will depend on the facts and circumstances of the specific transaction and intangible.

3.1.4. Is the concept of "unique" separate from the concept of "valuable"?

The OECD Guidelines deal with terms "unique and valuable contribution" together. In this respect, par. 2.130 of the OECD Guidelines state that "The Contributions (for instance functions performed, or assets used or contributed) will be "unique and valuable" in cases where (i) they are not comparable to contributions made by uncontrolled parties in comparable cir-

[1] See par. 6.6 OECD Guidelines.

cumstances, and (ii) they represent a key source of actual or potential economic benefits in the business operations. This means that when no comparables can be found, but the contribution does not represent a key source of economic benefits, it will usually be considered a unique but not valuable contribution. Hence, the PSM will most likely not be the most appropriate method and a solution in line with the OECD Guidelines (3.38) on limitation of available comparables should be sought. For the PSM to apply, it would be required that the contribution be considered both unique and valuable.

3.1.5 If a potential economic benefit were not realised, should the contribution still be considered "valuable"?

A unique and valuable contribution should represent a key source of actual or potential economic benefit in the business operations. Within this concept the important factor is not whether a (potential) economic benefit is realized or not, but if the success of the contribution is key for the success of the business operations. Therefore, a contribution could still be considered valuable to the transaction if a potential economic benefit is not realized.

3.1.6 Can a unique and valuable contribution be present and the PSM applied accordingly even if the parties of the transactions do not share the assumption of closely related risks?

The unique and valuable contribution of a party to a transaction will often be linked to the assumption of risk related to that contribution (control over risk) by the party, but will not necessarily lead to a joint assumption of the same risk.

The shared assumption of risk (or separate assumption of closely related risks) is a separate factor that may indicate that the PSM is the most appropriate method.

3.2. Highly integrated business operations

According to the OECD guidelines, the high degree of integration in relation to controlled transactions means that the functions performed, assets deployed and risks borne by parties to the transaction are so highly interlinked (for example, they may be involved in the same stage of the value chain) that they cannot be reliably evaluated on a separate basis using a one-sided method.

3.2.1. Example of when the PSM is likely to be considered the most appropriate method in relation to highly integrated transactions

One[1] MNE group has two different main divisions, one for mobile construction cranes and one for tower cranes. Company A (resident in country A) is the original equipment manufacturer (OEM) of mobile construction cranes. Company B (resident in country B) is the OEM of tower cranes.

The two OEMs have decided to jointly enter into a common project and produce hybrid cranes, meaning that some parts and input for specific product functionalities of the end product stem from Company A and others from Company B. The profits realized with the sale of these hybrid construction cranes are directly linked to the innovative technological intellectual property (IP) of both OEMs.

---

[1] This example builds on information presented in Lukas Stahlin, "The use of the Profit Split Method in highly integrated transactions", International Transfer Pricing Journal, 2018 (Vol. 25) nr. 4.

Both OEMs purchase their relevant raw material and components for producing the hybrid cranes from unrelated third-party suppliers.

Company A first assembles all necessary components for the hybrid cranes and transports the semi-finished goods exclusively to Company B, which installs its core components. The still semi-finished cranes in turn need to be transported from Company B exclusively to associated Company A, which finalizes the hybrid crane with certain key parts so that the end-product can be sold to either associated distributors, which distribute the hybrid cranes to unrelated customers.

The functional analysis relating to the production of hybrid cranes and to their controlled transactions (i.e. transactions between the two associated OEMs) identifies that both manufacturers (as the parties to the controlled transactions) perform their respective R&D functions as well as most of the functions related to logistics and production.

The OEMs take their own important strategic decisions with regard to R&D as well as their use of intangibles, contribute their assets (both OEMs invest heavily in R&D) and assume the risks (including investment risk) for these activities. Both OEMs carry out economically significant key activities, contribute significant value to the transactions, take responsibility for the activities undertaken and assume the risks thereof. In terms of development, enhancement, maintenance, protection and exploitation (the so-called DEMPE functions) relating to the technology of hybrid cranes, the OEMs respectively develop, enhance and maintain intangibles. They also own unique assets and valuable intangibles, perform significant value driving functions and assume major risks. OEMs protect their IP (mostly technology-related IP) via the registering of respective patents.

In addition, an executive committee has been set up, in which leaders of both OEMs are represented and take decisions for the MNE group with regard to the hybrid crane construction market as a whole.

Taking into consideration all the facts and circumstances, both OEMs can be characterized as fully fledged manufacturers in relation to the production of the hybrid cranes. As both OEMs perform functions, use assets and assume risks related to the DEMPE functions, both enterprises should be remunerated on an arm's length basis for their contributions.

Each OEM develops and owns unique and valuable intangibles in their respective production processes, but, as the accurate delineation of the transactions clearly highlights, their operations are highly integrated in the sense that the outcome of each OEM depends on the capacity of the other.

Additionally, one should take into account that there is a joint executive committee in which leaders of both OEMs are represented and take decisions for the MNE group hybrid crane construction market as a whole.

On the basis of the facts and circumstances, the interactions between the two OEMs can be characterized as highly integrated.

Therefore, the PSM is likely to be the most appropriate method for determining the profits for each OEM from the sale of hybrid construction cranes.

3.2.2. Example of when the PSM is not likely to be considered the most appropriate method in relation to transactions with a certain degree of integration.

One MNE group is active in the commercial vehicle industry with legal entities in all parts of the world.

The commercial vehicle industry is very capital intensive and its start-up costs are significant. It is therefore important to manage the value chain in an efficient manner in order to find synergies, control costs and drive profitability. The growth of the Group has been characterized by major acquisitions over the years and efforts to integrate the acquired business and create economies of scale and synergies by common development, platforms and IT systems. The Group HQ is located in country A and is the ultimate parent company and decision maker of the entire Group. Together with the parent companies for the respective business areas, also located in country A, the Group HQ has the overall responsibility for managing and driving the operations globally, including, but not limited to, the development, manufacturing and distribution of the Group's products and services.

The Group HQ is the owner of the intangibles and use "contract research centres" located in 10 different countries, within and outside EU to implement R&D activities.

The Group HQ performs most of the economically significant functions involved in the research of the product development cycle, including prioritizing projects, budget aspects, measuring success, defining commercial parameters, assessing opportunities.

The Group HQ provides funds/capital and other economically significant assets, including intangibles for research or product development. The Group HQ bears the risks of the failure of the research.

The Group adopted a business model that has a high correlation with the Group's centralized operational governance model, with guidelines, strategies and instructions ultimately decided by the management and board of Group HQ.

The contract research entities execute the R&D activities under supervision of the Group HQ which not only has capability to control or supervise but actually controls and supervises research or product development through its strategic decisions on how core functions are performed as well as monitors activities on a regular basis.

The contract research entities have no ownership rights on outcome of research (which vests with the Group HQ) and do not assume significant risks.

In that case, even though there is a degree of integration and interdependence (through the dependence of the contract research entities of the Group HQ decision-making), the assets, functions and risks of the Group HQ are separate and can reliably be evaluated in isolation from the functions, assets and risks of the contract research entities.

Although the centralisation does involve an element of integration of the activities, the contract research entities would generally be accurately delineated as service providers and be remunerated in accordance with the arm's length principle.

3.2.3. How can circumstances of "highly integrated" be distinguished from the cases of "integrated" business operations?

The OECD Guidelines in the new para 2.133 recognise that most MNE groups are integrated to a certain extent. However, for the integration to be of a high degree, the assets, functions and risks of one party should be interlinked with, and it should not be possible to reliably evaluate them in isolation from, the functions, assets and risks of the other party. In that context, a need for clarification was also expressed with regard to the terms "interlinked" and "reliably". Here again, there is a reference to the OECD Guidelines which consider that in such cases, benchmarking analysis is not feasible, since the interlinkages do not allow to reliably separate and evaluate the assets, functions and risks of each party.

In practical terms, the operations would be "highly integrated" when two or more legal entities share and/ or combine functions, assets and risks, while jointly achieve a common objective (e.g. a project whereby the parties jointly contribute to each part of the process towards a common outcome). "Highly integrated" does not necessarily mean using the same resources or service provider. Rather, there needs to exist a common objective and a combination of joint contributions. Additionally, it should be sustained that it would not be possible to materialise such a jointly achieved objective without the participation of the other party in the transaction.

3.2.4. Should the criterion of highly integrated business operations stand on its own or should it be considered in the context of the criterion on unique and valuable contributions?

The three main criteria for the application of the PSM described in sections C.2.2.1, C.2.2.2 and C.2.23 of the OECD Guidelines, while not necessarily being mutually exclusive (as indicated in para 2.126 of the OECD Guidelines), stand on their own.

The OECD Guidelines contain examples 6, 7 and 8 in Annex II to Chapter II, two of which feature a high level of integration but no unique and valuable contributions, and one where there is certain degree of integration, but the contribution of one party is not unique and valuable and can be benchmarked. The first two examples show that where there is a high degree of integration, the PSM is applicable even without unique and valuable contributions. The third example indicates that where there is only a limited degree of integration and only one party makes unique and valuable contributions, the PSM is unlikely to be appropriate. Taking these examples together, it is clear that where the criterion of highly integrated business operations is satisfied the PSM is likely to be applicable regardless of whether both parties also make unique and valuable contributions.

3.2.5. Should the presence of a cross-entity and cross-border business unit structure be an indication of highly integrated business operations?

Cross-border units are virtual organisations that run in parallel to the legal entity structure within MNE's. They constitute a matrix organizational structure where an employee may have two reporting lines, one "hierarchical" (commonly, an employee within the same legal entity) and one "functional" (often an employee of the same business function/business unit who belongs to a different legal entity that can be across the border). In some cases, one business unit might comprise more than one legal entity and very often, there are no transactions among the legal entities of the same business unit.

The presence of a cross-entity and cross-border business unit structure should not per se be an indication of a highly integrated business operation for the purpose of applying the PSM.

The function of such a cross-entity and cross-border business unit structure would vary from one business to another. Therefore, an assessment would need to be performed on a case-bycase basis, taking into account the Guidelines on applying the arm's length principle in Chapters I-III of the OECD Guidelines and in particular, the accurate delineation of the transaction including a functional analysis (function performed, risk assumed (control over risk and financial capacity to assume those risks, and assets deployed).

In certain cases, such a structure can have a result that decisions taken with regard to the control of risk are concentrated into that cross-entity business unit and no particular group entity is solely associated with that business unit. Therefore, from the perspective of the MNE legal structure, decisions relating to the control of risk would be spread out across different group entities. Decision-making and the related assets, functions and risks can be intertwined to such a high degree that it is not possible to separate them reliably and link separate assets, functions and risks to each group entity. Such a business structure can then give rise to highly integrated business operations, as well as to lead to a shared assumption of economically significant risks since the control of entrepreneurial risk is not concentrated into a single group entity.

In other cases, the decisions taken by the cross-entity business unit would be mostly related to activities within the group which aim to ensure that goals at the MNE level, by way of instructions, decisions, policies and other governance activities, are followed and interpreted by the group entities. In that case, even though the presence of a cross-entity business unit would indicate a degree of integration, the assets, functions and risks of those group entities could be more reliably separated and analysed. It follows that another method than the PSM could be found to be the most appropriate in such a setting.

3.3. Shared assumption of economically significant risks, separate assumption of closely related risks

The revised OECD Guidance relies heavily on the notion of the control over risk.

Where, according to an accurately delineated transaction, each party to the controlled transaction shares the assumption of one or more of the economically significant risks in relation to that transaction or the various economically significant risks are separately assumed by the parties but are closely interrelated, the PSM may be found to be the most appropriate method.

3.3.1. Should the hallmarks of "shared assumption of economically significant risks" and "separate assumption of closely related risks" be considered in isolation, or are these derivative criteria to the one on "highly integrated business operations"?

The OECD Guidelines point out in para 2.126 that the hallmarks of shared assumption of economically significant risks and separate assumption of closely related risks are not mutually exclusive with the one on highly integrated business operations, each concept should be considered and analysed on its own.

Example: two legal entities which are part of an MNE enter into an agreement to develop new technology. This new technology requires an important amount of investment that will be recovered if the development is successful. The two legal entities are not integrated and perform - in a separate manner - all the functions related to the project. Both legal entities share the risk of the investment and jointly achieve a common objective.

3.3.2. What is meant by risks being "closely related"?

In para 2.140, the OECD Guidelines clarify that risks are considered "closely related" where the playing out of the risks of each party cannot reliably be isolated. The Guidelines also refer to Example 10 in Annex II to Chapter II.

Annex 1 to this report contains a flow chart tree that simplifies the PSM selection process.

SECTION 4
HOW TO SPLIT THE PROFIT

The PSM seeks to split the relevant profit from the controlled transactions on an economically valid basis, in order to approximate the results that would have been achieved between independent enterprises in comparable circumstances.

The division of the relevant profits is generally achieved by using one or more profit splitting factors.

The OECD Guidelines state in paragraph 2.169 that the determination of the appropriate profit splitting factor(s) should reflect the key contributions to value in relation to the transaction. The key contributions to value in relation to the transaction should follow the part of the functional analysis dedicated to understanding how value is created by the MNE as a whole.

In para 2.166 of the OECD Guidelines, it is stated that profits should be split on an economically valid basis that reflects the relative contribution of the parties to the transaction and thus approximates the division of profits that would have obtained at arm's length. As further specified, the splitting factors should be based on objective data and be verifiable and supported by comparables data, internal data, or both.

In particular the OECD Guidelines make it clear that no significant value should be attributed to mere legal ownership of rights to intangibles. What is important is control over risk and the key functions of development, enhancement, maintenance, protection, or exploitation of intangibles (see e.g. OECD Guidelines para. 6.54).This is because legal ownership can easily be attributed to an entity located anywhere, and which may lack substance. Similarly, in relation to the assumption of risks, the OECD Guidelines stress the need to control risk and have the financial capacity to assume the risk.

Annex 2 to this report contains a flow chart tree that shows, in a simplified way, a number of steps that may be considered when assessing when and how to apply the profit split method.

4.1. Inventory of profit splitting factors

At the JTPF meeting on 24 October 2018, it was decided that a non-prescriptive list of splitting factors with a brief analysis of the pros and cons of each splitting factor, circumstances and value drivers would be of benefit to both taxpayers and tax administrations in Member States.

With this aim, the splitting factors identified in the survey are listed in Annex 3 to this paper.

The inventory is neither meant to be exhaustive nor meant to create a hierarchy, but rather to focus on the most often encountered splitting factors. For the avoidance of doubt, under the current OECD Guidelines, the most appropriate method should always be sought and there is no presumption that these will be factors, or only the factors, in point. Taxpayers and tax administrations should not be expected to have to do additional work to explain why these factors should be disapplied in their particular case.

The splitting factors are grouped in the following broad categories:

A. People-based factors,
B. Sales/volume based factors,
C. Asset-based factors,
D. Cost-based factors,
E. Other factors

Many of these splitting factors are derived from financial or management accounting. In some cases, challenges are mentioned relating to the choice of whether to accumulate the indicators over time or take current year indicators, potential subjectivity in the selection of key employees, a potential issue over whether to adjust the indicators to purchasing power and the added complexity of doing so, an accounting valuation not always reflecting the fair value of the (intangible) assets.

A. When people functions are a key value driver to a specific business, either the factor of employee compensation and/or headcount may be used. There is, in any case, a judgment to be made with regard to which are the employees whose remuneration or headcount would be included in the factor. There is a view that the amount of employee compensation already reflects the relevant importance of each employee's contribution. Nevertheless, this approach could be problematic concerning the inclusion of employees whose activities are not related to the unique and valuable contributions that determined the PSM as the most appropriate method in the first place, and on balance the key people performing important functions should be the ones included.
B. Sales and volume based splitting factors are most often used in combination with other splitting factors which reflect efforts in sales/distribution/marketing but also efforts in R&D/quality/etc. depending on the industry and group strategy.
C. The asset-based splitting factors may be used when the contributions are in the form of (intangible) assets. In theory, the asset value that is used as a splitting factor would have to be measured in accordance with the arm's length principle rather than accounting value where there is likely to be a material difference between the two. In such a case, consideration of valuation methods could prove useful, although there is a danger of added complexity and subjectivity here. Another approach is to approximate the intangible asset contributions based on the royalty rates or franchise fees attributable to comparable intangibles.

   There is also a view, although several members consider that this view is not in line with the OECD guidelines, that when it comes to asset-based splitting factors, solely tangible property should be taken into account since the mere legal ownership of intangible assets is now not considered to create value. Not only are intangibles problematic from a valuation perspective (due to the inherent complexity and subjectivity of valuation techniques), they may also be problematic from a locational perspective. Under this view, the "relative value" of intangibles can be better measured by using only the objective factors that reflect the various DEMPE functions relating to the intangibles. These are the people-based, tangible asset-based, and cost-based factors.

D. The cost-based splitting factors are often used in the joint performance of the value creating activities. The contribution in the form of a value creating activity is then reflected on the costs borne in the performance of that activity.

E. There is also a residual category of other factors that are often used as well. Those include contribution weightings assigned on the basis of functional analysis, external benchmarks and hedge fund financing.

SECTION 5
CONCLUDING REMARKS

The survey indicates that the PSM is not used very often at present and that when it is used, this mostly happens in the context of APA procedures. This may relate to the perceived high degree of subjectivity in the mechanism for profit allocation. Hence this method may not necessarily ensure tax certainty and may be exposed to risks of litigation.

That said, there is the possibility that the PSM may be applied more often in the future due to the emergence of new business models. Indeed, the European Commission's proposal for a Council Directive laying down rules relating to the corporate taxation of a significant digital presence of 21 March 20186explicitly refers to the PSM as a method for allocating profits in the digital economy.

Considering this, it would be useful to collect further data and monitor the practical application of the PSM in order to: (i) evaluate whether the mechanism could be further clarified and (ii) move onto the second stage mentioned in the Aim of the Work section (page 4) to explore ways of simplification.

ANNEX 3

Indicative List of PSM Splitting Factors identified by JTPF Members

Cate-gories	Imdicative Splitting Factors	Description and Circum-stances for Applying the Splitting Factor	Pros	Cons
People based splitting factors	Re-muneration of people who are key value drivers (e.g. execu-tive and strategic management, employees related to DEMPE functions, traders)	This splitting factor may be taken in consideration when the value creation is driven by the workforce and personnel knowledge and skills. In order to apply the factor it is important: A: to map the employees; B: to describe the functions carried out by the employees and identify those related to DEMPE functions; C: calculate the remuneration of the key employees.	Linkage to functions performed and risk assumption. Current year compensation expenses of employees is relatively easy to identify. Implementation may be relative-ly simple with a homogeneous pool of key employees (e.g. traders in global trading busi-ness).	Difficulty to decide whether to use current or cumulative values and whether to use the remuneration or the head-count criteria. Selection of key employees is subjective and may be hard to verify. The total amount of the remuneration could be affected by efficiency issues cost of living and other market difference across jurisdictions. - Can be very sensitive to the movement of a small number of executives between entities. Bonus and stock options are difficult to be considered. Finally, considering the different cost of life among the various EU countries, adjustments should be con-sidered on the basis of public data.
	Headcount of people who are key value drivers (e.g. execu-tive and strategic management, employees related to DEMPE functions, traders)	Similar to the splitting factors based on the remuneration of the key empoyees, this splitting factor may be taken into consideration when the value creation is driven by the workforce and person-nel knowledge and skills. In order to apply the factor it is important: A: to map the employees; B: to describe the functions carried out by the key employes and identify those related to DEMPE functions; C: to calculate the number of the key	Link to func-tions performed and risk as-sumption. Current year headcounts are easy to identify.	Difficulty in deciding wheth-er to use current or cumula-tive values; whether to use the remuneration or head-count criteria. The selection of key employ-ees is subjective and may be hard to verify. The total number of the key employees could be affected by effi-ciency issues, the cost of living and other market difference across jurisdic-tions. It can be very sensitive to the movement of a small number of executives be-tween entities. Using only headcount numbers poten-

		employees and (eventually) weigh it based on the importance of the functions performed or seniority. In general, the splitting factor based on remuneration is preferable compared to the headcount, since it takes into account how much the MNE values the contribution of various employees. Headcount may be preferable where differences in the cost of living and other factors make it difficult to use remuneration.		tially ignores value contribution derived from relative employee experience or expertise.
Cost based splitting factors (other or broader than people costs)	Operating expenses - OPEXOPEX	OPEX are expenses that a business incurs in carrying out an organization's day-to-day activities but these are not directly associated with production. OPEX include rent, equipment, inventory costs, marketing, payroll, insurance and funds allocated for research and development. Although OPEX may be related to routine functions at times, they may be used as a splitting factor when the value creation is driven by the intensity of the activities performed by the entities.	Costs are in general a verifiable indicator. Current year costs are relatively easy to obtain.	OPEX could be difficult to identify as they are usually spread through different budget lines. Organizational inefficiencies are not taken into consideration. Some costs (e.g. marketing and advertising) may have effects across multiple periods, whereas others only have current period effects. - Difficulty deciding whether to use current or cumulative values. - Need to consider whether only cash costs or also non-cash costs (e.g. depreciation and amortization) are included in the calculation. OPEX includes sometimes also passthrough costs (e.g., advertising paid by local LRD but totally managed by the principal).
	Cost of Goods Sold - COGS	COGS is the accumulated total of all costs used to create a product or service, which has been sold. COGS generally includes the cost of the materials used in creating the good, along with the direct labor costs used to produce the good or service. Although	Costs are an verifiable indicator. Current year costs are relatively easy to obtain. Suitable in case of transactions between manu-	OPEX could be difficult to identify as they are usually spread through different budget lines. Organizational inefficiencies are not taken into consideration. Some costs (e.g. marketing and advertising) may have effects across multiple periods, whereas others only have

		COGS may be related to routine functions at times, it may be used as splitting factor when the value creation is driven by the production activity.	facturers.	current period effects. - Difficulty deciding whether to use current or cumulative values. - Need to consider whether only cash costs or also non-cash costs (e.g. depreciation and amortization) are included in the calculation. OPEX includes sometimes also passthrough costs (e.g., advertising paid by local LRD but totally managed by the principal).
	Marketing Costs /Commercial Expenses	The marketing costs are associated with the delivering of goods or services to customers. The marketing cost may include either the expenses associated with transferring the title of goods to a customer and the cost of promoting the goods or of the services being sold. Marketing costs may be used as a splitting factor where the value creation is driven by the marketing activity.	Costs are an verifiable indicator. Current year costs are relatively easy to obtain. Marketing costs are directly associated with a common intangible/ profit driver.	Difficulty in deciding whether to use current or cumulative values. Potential need for distinguishing "routine" from "excess" marketing spending. - There may be a difference between where spending is incurred vs. where decision-making functions reside.
	Brand Development Expenses	The brand expenses are costs specifically linked to the brand. They may be used as a splitting factor when the value creation is driven by the brand.	Costs are a verifiable indicator. Current year costs are relatively easy to obtain. Brand development costs are directly associated with a common intangible/ profit driver.	Historical brand-related costs may be difficult to obtain. Difficulty in deciding which cumulative values to include, as brands are typically built over a number of years. It may be difficult to separate brand building costs from ordinary marketing expenses. There may be a difference between where expenses are incurred vs. where decision-making functions are taken.
	R&D Costs	The R&D expenses are costs a company incurs in the process of developing new goods and services to best suit the company's and consumers' needs. They may be used as splitting factors especially	Costs are a verifiable indicator. Current year costs are relatively easy to obtain. R&D costs may be	Historical R&D costs may be difficult to obtain. Difficulty in deciding the amount of cumulative values for inclusion, as intangibles are typically built and maintained over a number of years. - Risk factors related

		where two or more entities concur to the development of an intangible.	directly associated with a common intangible/ profit driver.	to R&D spending may also vary over time with early stage spending being riskier than spending in later years. It may be difficult to separate R&D costs from routine development, industrialization, and other ordinary expenses. There may be a difference between where expenses are incurred vs. where decision-making functions take place.
Sales or volume based splitting factors	Turnover/ Revenue	Turnover viewed as a market measure of value realized or created in a particular jurisdiction. It may be used where the level of sales is an indicator of contribution to the overall group profits.	This is objective if it is determined on the basis of uncontrolled transactions. It could potentially be applied in cases where soft intangibles are relevant, i.e. customer goodwill etc.	The turnover is not necessarily aligned with DEMPE functions. The turnover per se may not be a good measure for profit generation. Turnover may be affected by market/economic differences across countries (local inflation, exchange rates, etc.). It ignores contributions of the business (e.g. R&D) made outside of the market jurisdiction.
	Volume of Trade	Used to reflect efforts in sales/ distribution/ marketing	It is objective if determined on the basis of uncontrolled transactions.	This is similar to Turnover. Also, different trades may have very different market values.
Asset based splitting factors (tangible or intangible assets)	Value of Key Business Assets (incl. Intangibles)	Assets are predominantly the driver for the returns; One should consider owned, leased or licensed assets.	It can be a solution to complicated cases that involve unique intangibles	The book value of assets may not reflect their market value. In-house developed intangibles may not be included in the financial accounts. It may need to involve valuation techniques. Assets are not necessarily located in the same jurisdiction as where DEMPE functions take place.
	Assets under Management	Assets are predominantly the driver for the returns. Asset values are determined by external market transactions/ valuations as they refer to the market value of financial assets	It can be a solution to complicated cases that involve finan-	It may have to be limited to the particular case of asset management

		managed for investors.	cial assets.	
	Royalty Rates	In circumstances where different intangibles contribute to the creation of value, the residual profit is split among the various types of IP using royalty rates as splitting factors. Alternatively, if one of the value drivers is IP for which CUPs may be available, a part of the residual profit can be attributed to the IP using the CUP.	It can be a solution to complicated cases that involve unique intangibles. No historical costs are needed.	It may be difficult to find comparables for the royalty rates. If CUPs exist, it is arguable whether it be preferable to use the CUP method or a profit split.
	Franchise Agreements	The combined profit is split between the intangible developer/ owner and the intangible user, based on comparable splits from franchise agreements. In circumstances where different intangibles in combination with services contribute to the creation of value, the residual profit is split among the various types of combined IP and business services using franchise fees as splitting factors.	It can be a solution to complicated cases that involve unique intangibles and valuable services or business ideas/ models. Franchise agreements may be found between unrelated parties. In such cases, they can be readily (and objectively) used as a splitting factor based on market conditions (CUPs).No historical costs needed.	may be difficult to find comparables for the franchise fees as they capture unique combinations of IP and services and/or business methods/ideas. If CUPs exist, it is arguable whether it be preferable to use the CUP method or a profit split.
Other factors	Weights assigned on the value chain/ basis of functional analysis	It breaks down the integrated business into its distinct, value-creating activities by way of a value chain/ functional analysis.	It is likely to better reflect the true value creation across the business.	It is perceived as more subjective because it is based on a qualitative analysis.

	External Benchmarks	Provide external or market-based measures of value across the enterprise, by looking at external comparable companies that perform the different steps of the value chain.	Use of external comparable data. If there are no clear drivers for residual profit whilst there is residual profit after providing for returns on the basis of the external benchmarks, the external benchmarks may provide an objective way for splitting the residual profit.	The circumstances are usually highly case-specific, so external comparables might not be readily available. Although they are available on the market and accepted globally, external benchmarks are (mainly) used to remunerate limited risk functions. As the contributions should be unique and valuable or point out to a highly integrated business, it might be impossible to delineate the transactions in such a way as to come up with an arm's length comparable.
	Hedge Fund Model	Joint contribution of capital at risk and trading/ investment know-how. Business model where one party provides capital and strategic directions and the other party provides valuable investment/ trading know-how and day-to-day decisions.	Existence of third-party agreements with similar characteristics. Possibility of defining how to split the profit by using direct or indirect evidence from third-party agreements.	A hedge fund model may not be suitable for describing the particular situation of intragroup relations. It is highly industry/ market specific.

III. Nationale Gesetzesvorschriften

Gesetz über die Besteuerung bei Auslandsbeziehungen (Außensteuergesetz – AStG i.d.F. 27.3.2024)[1]

[1] **Änderungsdokumentation:** Das Gesetz über die Besteuerung bei Auslandsbeziehungen (Außensteuergesetz – AStG) ist als Art. 1 Gesetz zur Wahrung der steuerlichen Gleichmäßigkeit bei Auslandsbeziehungen und zur Verbesserung der steuerlichen Wettbewerbslage bei Auslandsinvestitionen v. 8.9.1972 (BGBl I S. 1713) verkündet worden. — Die hier wiedergegebene (nichtamtliche) Fassung berücksichtigt die Änderungen des AStG durch Art. 4 Gesetz zur Reform des Erbschaftsteuer- und Schenkungsteuerrechts (ErbStRG) v. 17.4.1974 (BGBl I S. 933) ; Art. 11 Einführungsgesetz zum Einkommensteuerreformgesetz (EGEStRG) v. 21.12.1974 (BGBl I S. 3656) ; Art. 6 Einführungsgesetz zum Körperschaftsteuerreformgesetz (EGKStRG) v. 6.9.1976 (BGBl I S. 2641) ; Art. 3 Einführungsgesetz zur Abgabenordnung (EGAO) v. 14.12.1976 (BGBl I S. 3341) ; Art. 8 Gesetz zur Änderung des EStG, des KStG und anderer Gesetze v. 20.8.1980 (BGBl I S. 1545) ; Art. 8 Steuerentlastungsgesetz 1984 (StEntlG 1984) v. 22.12.1983 (BGBl I S. 1583) ; Art. 6 Steuerbereinigungsgesetz v. 14.12.1984 (BGBl I S. 1493) ; Anlage I Kap. IV Sachgebiet B Abschn. II Nr. 23 Einigungsvertragsgesetz v. 23.9.1990 (BGBl II S. 885, 978) ; Art. 17 Steueränderungsgesetz 1992 (StÄndG 1992) v. 25.2.1992 (BGBl I S. 297) ; Art. 7 Standortsicherungsgesetz (StandOG) v. 13.9.1993 (BGBl I S. 1569) ; Art. 12 Missbrauchsbekämpfungs- und Steuerbereinigungsgesetz (StMBG) v. 21.12.1993 (BGBl I S. 2310) ; Art. 4 Gesetz zur Änderung des Umwandlungssteuerrechts v. 28.10.1994 (BGBl I S. 3267) ; Art. 12 Jahressteuergesetz 1997 (JStG 1997) v. 20.12.1996 (BGBl I S. 2049, 2073) ; Art. 12 Steuersenkungsgesetz (StSenkG) v. 23.10.2000 (BGBl I S. 1433, 1464) ; Art. 9 Steuer-Euroglättungsgesetz (StEuglG) v. 19.12.2000 (BGBl I S. 1790) ; Art. 5 Unternehmenssteuerfortentwicklungsgesetz (UntStFG) v. 20.12.2001 (BGBl I S. 3858) ; Art. 11 Gesetz zum Abbau von Steuervergünstigungen und Ausnahmeregelungen (Steuervergünstigungsabbaugesetz – StVergAbG) v. 16.5.2003 (BGBl I S. 660) ; Art. 4 Gesetz zur Modernisierung des Investmentwesens und zur Besteuerung von Investmentvermögen (Investmentmodernisierungsgesetz) v. 15.12.2003 (BGBl I S. 2676) ; Art. 5 Gesetz zur Umsetzung der Protokollerklärung der Bundesregierung zur Vermittlungsempfehlung zum Steuervergünstigungsabbaugesetz v. 22.12.2003 (BGBl I S. 2840) ; Art. 11 Gesetz zur Umsetzung von EU-Richtlinien in nationales Steuerrecht und zur Änderung weiterer Vorschriften (Richtlinien-Umsetzungsgesetz – EURLUmsG) v. 9.12.2004 (BGBl I S. 3310, ber. I S. 3843) ; Art. 7 Gesetz über steuerliche Begleitmaßnahmen zur Einführung der Europäischen Gesellschaft und zur Änderung weiterer steuerrechtlicher Vorschriften (SEStEG) v. 7.12.2006 (BGBl I S. 2782, ber. 2007 I S. 68) ; Art. 3 Gesetz zur Schaffung deutscher Immobilien-Aktiengesellschaften mit börsennotierten Anteilen v. 28.5.2007 (BGBl I S. 914) ; Art. 7 Unternehmensteuerreformgesetz 2008 v. 14.8.2007 (BGBl I S. 1912) ; Art. 24 Jahressteuergesetz 2008 (JStG 2008) v. 20.12.2007 (BGBl I S. 3150) ; Art. 9 Jahressteuergesetz 2009 (JStG 2009) v. 19.12.2008 (BGBl I S. 2794) ; Art. 11 Gesetz zur Umsetzung steuerlicher EU-Vorgaben sowie zur Änderung steuerlicher Vorschriften v. 8.4.2010 (BGBl I S. 386) ; Art. 7 Jahressteuergesetz 2010 (JStG 2010) v. 8.12.2010 (BGBl I S. 1768) ; Art. 6 Gesetz zur Umsetzung der Amtshilferichtlinie sowie zur Änderung steuerlicher Vorschriften (Amtshilferichtlinie-Umsetzungsgesetz – AmtshilfeRLUmsG) v. 26.6.2013 (BGBl I S. 1809) ; Art. 8 Gesetz zur Anpassung der Abgabenordnung an den Zollkodex der Union und zur Änderung weiterer steuerlicher Vorschriften v. 22.12.2014 (BGBl I S. 2417) ; Art. 6 Gesetz zur Reform der Investmentbesteuerung (Investmentsteuerreformgesetz – InvStRefG) v. 19.7.2016 (BGBl I S. 1730) ; Art. 5 Gesetz gegen schädliche Steuerpraktiken im Zusammenhang mit Rechteüberlassungen v. 27.6.2017 (BGBl I S. 2074) ; Art. 4 Gesetz über steuerliche und weitere Begleitregelungen zum Austritt des Vereinigten Königreichs Großbritannien und Nordirland aus der Europäischen Union (Brexit-Steuerbegleitgesetz – Brexit-StBG) v. 25.3.2019 (BGBl I S. 357) ; Art. 5 Gesetz zur Modernisierung der Entlastung von Abzugsteuern und der Bescheinigung der Kapitalertragsteuer (Abzugsteuerentlastungsmodernisierungsgesetz – AbzStEntModG) v. 2.6.2021 (BGBl I S. 1259) ; Art. 5 Gesetz zur Umsetzung der Anti-Steuervermeidungsrichtlinie (ATAD-Umsetzungsgesetz – ATADUmsG) v. 25.6.2021 (BGBl I S. 2035) ; Art. 6 Gesetz zur Modernisierung des Körperschaftsteuerrechts v. 25.6.2021 (BGBl I S. 2050) ; Art. 12 und 13 Jahressteuergesetz 2022 (JStG 2022) v. 16.12.2022 (BGBl I S. 2294) ; Art. 5 Gesetz zur Umsetzung der Richtlinie (EU) 2022/2523 des Rates zur Gewährleistung einer globalen Mindestbesteuerung und weiterer Begleitmaßnahmen v. 21.12.2023 (BGBl 2023 I Nr. 397); Art. 10 Gesetz zur Stärkung von Wachstumschancen, Investitionen und Innovation sowie Steuervereinfachung und Steuerfairness (Wachstumschancengesetz) v. 27.3.2024 (BGBl 2024 I Nr. 108). — **Zur Anwendung siehe § 21.** — Vgl. die Grundsätze zur Anwendung des AStG v. 14.5.2004 (BStBl 2004 I Sonder-Nr. 1/2004) und die Grundsätze Funktionsverlagerung v. 13.10.2010 (BStBl I S. 774).

Erster Teil: Internationale Verflechtungen

§ 1 Berichtigung von Einkünften[2] [3]

(1) [1]Werden Einkünfte eines Steuerpflichtigen aus einer Geschäftsbeziehung zum Ausland mit einer ihm nahestehenden Person dadurch gemindert, dass er seiner Einkünfteermittlung andere Bedingungen, insbesondere Preise (Verrechnungspreise), zugrunde legt, als sie voneinander unabhängige Dritte unter gleichen oder vergleichbaren Verhältnissen vereinbart hätten (Fremdvergleichsgrundsatz), sind seine Einkünfte unbeschadet anderer Vorschriften so anzusetzen, wie sie unter den zwischen voneinander unabhängigen Dritten vereinbarten Bedingungen angefallen wären. [2]Steuerpflichtiger im Sinne dieser Vorschrift sowie im Sinne des § 1a ist auch eine Personengesellschaft oder eine Mitunternehmerschaft; eine Personengesellschaft oder Mitunternehmerschaft ist selbst nahestehende Person, wenn sie die Voraussetzungen des Absatzes 2 erfüllt. [3]Für die Anwendung des Fremdvergleichsgrundsatzes ist davon auszugehen, dass die voneinander unabhängigen Dritten alle wesentlichen Umstände der Geschäftsbeziehung kennen und nach den Grundsätzen ordentlicher und gewissenhafter Geschäftsleiter handeln. [4]Führt die Anwendung des Fremdvergleichsgrundsatzes zu weitergehenden Berichtigungen als die anderen Vorschriften, sind die weitergehenden Berichtigungen neben den Rechtsfolgen der anderen Vorschriften durchzuführen.

(2) [1]Dem Steuerpflichtigen ist eine Person nahestehend, wenn

1. die Person
   a. an dem Steuerpflichtigen oder der Steuerpflichtige an dieser Person mindestens zu einem Viertel unmittelbar oder mittelbar an dem gezeichneten Kapital, den Mitgliedschaftsrechten, den Beteiligungsrechten, den Stimmrechten oder dem Gesellschaftsvermögen beteiligt (wesentlich beteiligt) ist oder
   b. gegenüber dem Steuerpflichtigen oder der Steuerpflichtige gegenüber dieser Person Anspruch auf mindestens ein Viertel des Gewinns oder des Liquidationserlöses hat; oder
2. die Person auf den Steuerpflichtigen oder der Steuerpflichtige auf diese Person unmittelbar oder mittelbar beherrschenden Einfluss ausüben kann; oder
3. eine dritte Person
   a. sowohl an der Person als auch an dem Steuerpflichtigen wesentlich beteiligt ist,
   b. sowohl gegenüber der Person als auch gegenüber dem Steuerpflichtigen Anspruch auf mindestens ein Viertel des Gewinns oder des Liquidationserlöses hat oder
   c. auf die Person als auch auf den Steuerpflichtigen unmittelbar oder mittelbar beherrschenden Einfluss ausüben kann; oder

---

[2] **Anm. d. Red.:** § 1 Abs. 1, 3, 3b und 6 i. d. F. des Gesetzes v. 2.6.2021 (BGBl I S. 1259) mit Wirkung v. 9.6.2021; Abs. 2, 3a, 3c und 5 i. d. F. des Gesetzes v. 25.6.2021 (BGBl I S. 2035) mit Wirkung v. 1.7.2021; Abs. 4 i. d. F. des Gesetzes v. 22.12.2014 (BGBl I S. 2417) mit Wirkung v. 31. 12. 2014.

[3] **Anm. d. Red.:** Zur Anwendung des § 1 siehe § 21 Abs. 4 Satz 2, Abs. 11 Satz 1, Abs. 16, 20, 22 und 25; zur Anwendung des § 1 Abs. 2 in der am 1. 7. 2021 geltenden Fassung siehe § 21 Abs. 2 in der am 1. 7. 2021 geltenden Fassung.

4. die Person oder der Steuerpflichtige imstande ist, bei der Vereinbarung der Bedingungen einer Geschäftsbeziehung auf den Steuerpflichtigen oder die Person einen außerhalb dieser Geschäftsbeziehung begründeten Einfluss auszuüben oder wenn einer von ihnen ein eigenes Interesse an der Erzielung der Einkünfte des anderen hat.

[2]Satz 1 Nummer 3 Buchstabe a bis c gilt auch, soweit im Verhältnis der dritten Person zu der Person und dem Steuerpflichtigen jeweils eines der in Satz 1 Nummer 3 Buchstabe a bis c genannten Merkmale erfüllt ist.

(3) [1]Für die Bestimmung der dem Fremdvergleichsgrundsatz entsprechenden Verrechnungspreise (Fremdvergleichspreise) für eine Geschäftsbeziehung im Sinne des Absatzes 1 Satz 1 sind die tatsächlichen Verhältnisse maßgebend, die dem jeweiligen Geschäftsvorfall zugrunde liegen. [2]Insbesondere ist zu berücksichtigen, von welcher an dem Geschäftsvorfall beteiligten Person welche Funktionen in Bezug auf den jeweiligen Geschäftsvorfall ausgeübt, welche Risiken diesbezüglich jeweils übernommen und welche Vermögenswerte hierfür eingesetzt werden (Funktions- und Risikoanalyse). [3]Die Verhältnisse im Sinne der Sätze 1 und 2 bilden den Maßstab für die Feststellung der Vergleichbarkeit des zu untersuchenden Geschäftsvorfalls mit Geschäftsvorfällen zwischen voneinander unabhängigen Dritten (Vergleichbarkeitsanalyse); die diesen Geschäftsvorfällen zugrunde liegenden Verhältnisse sind in entsprechender Anwendung der Sätze 1 und 2 maßgebend, soweit dies möglich ist. [4]Abzustellen ist auf die Verhältnisse zum Zeitpunkt der Vereinbarung des Geschäftsvorfalls. [5]Der Fremdvergleichspreis ist grundsätzlich nach der im Hinblick auf die Vergleichbarkeitsanalyse und die Verfügbarkeit von Werten zu vergleichbaren Geschäftsvorfällen voneinander unabhängiger Dritter am besten geeigneten Verrechnungspreismethode zu bestimmen. [6]Unterschiede zwischen den Verhältnissen der zum Vergleich herangezogenen Geschäftsvorfälle zwischen voneinander unabhängigen Dritten und den dem zu untersuchenden Geschäftsvorfall zugrunde liegenden Verhältnissen, die die Anwendung der Verrechnungspreismethode beeinflussen können, sind durch sachgerechte Anpassungen zu beseitigen, sofern dies möglich ist; dies gilt nur, wenn dadurch die Vergleichbarkeit erhöht wird. [7]Können keine Vergleichswerte festgestellt werden, ist für die Bestimmung des Fremdvergleichspreises ein hypothetischer Fremdvergleich unter Beachtung des Absatzes 1 Satz 3 aus Sicht des Leistenden und des jeweiligen Leistungsempfängers anhand ökonomisch anerkannter Bewertungsmethoden durchzuführen.

(3a) [1]Die Anwendung des Fremdvergleichsgrundsatzes führt regelmäßig zu einer Bandbreite von Werten. [2]Diese Bandbreite ist einzuengen, wenn nach Anwendung von Absatz 3 Satz 6 Unterschiede in der Vergleichbarkeit verbleiben. [3]Bieten diese Werte selbst keine Anhaltspunkte für eine bestimmte Einengung, so bleiben aus dieser Bandbreite das Viertel der kleinsten und das Viertel der größten Werte unberücksichtigt. [4]Liegt der vom Steuerpflichtigen für seine Einkünfteermittlung verwendete Wert außerhalb der Bandbreite gemäß Satz 1 oder der eingeengten Bandbreite, ist der Median maßgeblich, wenn der Steuerpflichtige nicht glaubhaft macht, dass ein anderer Wert innerhalb der Bandbreite dem Fremdvergleichsgrundsatz besser entspricht. [5]Bei der Anwendung des hypothetischen Fremdvergleichs nach Absatz 3 Satz 7 ergibt sich regelmäßig aus dem Mindestpreis des Leistenden und dem Höchstpreis des Leistungsempfängers ein Einigungsbereich. [6]In den Fällen des Satzes 5 ist der Mittelwert des Einigungsbereichs zugrunde zu legen, wenn der Steuerpflichtige nicht glaubhaft macht, dass ein anderer Wert innerhalb des Einigungsbereichs dem Fremdvergleichsgrundsatz entspricht.

(3b) [1]Wird eine Funktion einschließlich der dazugehörigen Chancen und Risiken sowie der mitübertragenen oder mitüberlassenen Wirtschaftsgüter oder sonstigen Vorteile verlagert und ist auf die verlagerte Funktion Absatz 3 Satz 7 anzuwenden, weil für die Verlagerung der Funktion als Ganzes (Transferpaket) keine Vergleichsdaten festgestellt werden können, ist der Einigungsbereich auf der Grundlage des Transferpakets zu bestimmen. [2]Hiervon kann abgesehen werden, wenn der Steuerpflichtige glaubhaft macht, dass weder wesentliche immaterielle Wirtschaftsgüter noch sonstige Vorteile Gegenstand der Funktionsverlagerung waren. [3]Dies gilt dann, wenn das übernehmende Unternehmen die übergehende Funktion ausschließlich gegenüber dem verlagernden Unternehmen ausübt und das Entgelt, das für die Ausübung der Funktion und die Erbringung der entsprechenden Leistungen anzusetzen ist, nach der Kostenaufschlagsmethode zu ermitteln ist.

(3c) [1]Die Übertragung oder Überlassung zur Nutzung eines immateriellen Werts ist zu vergüten, wenn diese auf der Grundlage einer Geschäftsbeziehung im Sinne des Absatzes 4 erfolgt und hiermit eine finanzielle Auswirkung für den Übernehmer, den Nutzenden, den Übertragenden oder den Überlassenden verbunden ist. [2]Immaterielle Werte sind Vermögenswerte,

1. die weder materielle Wirtschaftsgüter oder Beteiligungen noch Finanzanlagen sind,
2. die Gegenstand eines Geschäftsvorfalls sein können, ohne einzeln übertragbar sein zu müssen, und
3. die einer Person eine tatsächliche oder rechtliche Position über diesen Vermögenswert vermitteln können.

[3]Die Feststellung des Eigentums oder der Inhaberschaft an einem immateriellen Wert, einschließlich aus einem solchen abgeleiteter Rechte, ist Ausgangspunkt für die Bestimmung, welchem an dem Geschäftsvorfall beteiligten Unternehmen der Ertrag zusteht, der sich aus jedweder Art der Verwertung dieses immateriellen Werts ergibt. [4]Soweit eine dem Eigentümer oder dem Inhaber des immateriellen Werts nahestehende Person Funktionen im Zusammenhang mit der Entwicklung oder Erschaffung, der Verbesserung, dem Erhalt, dem Schutz oder jedweder Art der Verwertung des immateriellen Werts ausübt, hierzu Vermögenswerte einsetzt und Risiken übernimmt, sind diese Funktionen vom Eigentümer oder Inhaber der nahestehenden Person angemessen zu vergüten. [5]Die Finanzierung der Entwicklung oder Erschaffung, des Erhalts oder des Schutzes eines immateriellen Werts ist angemessen zu vergüten und berechtigt nicht zum Ertrag aus dem finanzierten immateriellen Wert.

(3d) Es entspricht nicht dem Fremdvergleichsgrundsatz, wenn ein aus einer grenzüberschreitenden Finanzierungsbeziehung innerhalb einer multinationalen Unternehemensgruppe resultierender Aufwand die Einkünfte des Steuerpflichtigen geminder hat und

1. der Steuerpflichtige nicht glaubhaft machen kann, dass er
   a. den Kapitaldienst für die gesamte Laufzeit dieser Finanzierungsbeziehung von Anfang an hätte erbringen können und
   b. die Finanzierung wirtschaftlich benötigt und für den Unternehmenszweck verwendet

   oder
2. soweit der seitens des Steuerpflichtigen zu entrichtende Zinssatz für eine grenzüberschreitende Finanzierungsbeziehung mit einer ihm nahestehenden Person den Zinssatz

übersteigt, zu dem sich das Unternehmen unter Zugrundelegung des Ratings für die Unternehmensgruppe gegenüber fremden Dritten finanzieren könnte. Wird im Einzelfall nachgewiesen, dass ein aus dem Unternehmensgruppenrating abgeleitetes Rating dem Fremdvergleichsgrundsatz entspricht, ist dieses bei der Bemessung des Zinssatzes zu berücksichtigen.

Als Finanzierungsbeziehung gelten insbesondere ein Darlehensverhältnis sowie die Nutzung oder die Bereitstellung von Fremdkapital und fremdkapitalähnlichen Instrumenten.

(3e) Es handelt sich regelmäßig um eine funktions- und risikoarme Dienstleistung, wenn

1. eine Finanzierungsbeziehung von einem Unternehmen gegenüber einem anderen Unternehmen innerhalb einer multinationalen Unternehmensgruppe vermittelt wird oder
2. eine Finanzierungsbeziehung von einem Unternehmen an ein anderes Unternehmen innerhalb einer multinationalen Unternehmensgruppe weitergeleitet wird.

Hiervon ist auch regelmäßig dann auszugehen, wenn ein Unternehmen in der Unternehmensgruppe für ein oder mehrere Unternehmen der Unternehmensgruppe die Steuerung von Finanzmitteln, wie etwa ein Liquiditätsmanagement, ein Finanzrisikomanagement, ein Währungsrisikomanagement oder die Tätigkeit als Finanzierungsgesellschaft, übernimmt. Die Sätze 1 und 2 gelten nicht, wenn anhand einer Funktions- und Risikoanalyse nachgewiesen wird, dass es sich nicht um eine funktions- und risikoarme Dienstleistung handelt.

(4) [1]Geschäftsbeziehungen im Sinne dieser Vorschrift sind

1. einzelne oder mehrere zusammenhängende wirtschaftliche Vorgänge (Geschäftsvorfälle) zwischen einem Steuerpflichtigen und einer ihm nahestehenden Person,
   a. die Teil einer Tätigkeit des Steuerpflichtigen oder der nahestehenden Person sind, auf die die §§ 13, 15, 18 oder 21 des Einkommensteuergesetzes anzuwenden sind oder anzuwenden wären, wenn sich der Geschäftsvorfall im Inland unter Beteiligung eines unbeschränkt Steuerpflichtigen und einer inländischen nahestehenden Person ereignet hätte, und
   b. denen keine gesellschaftsvertragliche Vereinbarung zugrunde liegt; eine gesellschaftsvertragliche Vereinbarung ist eine Vereinbarung, die unmittelbar zu einer rechtlichen Änderung der Gesellschafterstellung führt;
2. Geschäftsvorfälle zwischen einem Unternehmen eines Steuerpflichtigen und seiner in einem anderen Staat gelegenen Betriebsstätte (anzunehmende schuldrechtliche Beziehungen).

[2]Liegt einem Geschäftsvorfall keine schuldrechtliche Vereinbarung zugrunde, ist davon auszugehen, dass voneinander unabhängige ordentliche und gewissenhafte Geschäftsleiter eine schuldrechtliche Vereinbarung getroffen hätten oder eine bestehende Rechtsposition geltend machen würden, die der Besteuerung zugrunde zu legen ist, es sei denn, der Steuerpflichtige macht im Einzelfall etwas anderes glaubhaft.

(5) [1]Die Absätze 1, 3 bis 4 sind entsprechend anzuwenden, wenn für eine Geschäftsbeziehung im Sinne des Absatzes 4 Satz 1 Nummer 2 die Bedingungen, insbesondere die Verrechnungspreise, die der Aufteilung der Einkünfte zwischen einem inländischen Unternehmen und

seiner ausländischen Betriebsstätte oder der Ermittlung der Einkünfte der inländischen Betriebsstätte eines ausländischen Unternehmens steuerlich zugrunde gelegt werden, nicht dem Fremdvergleichsgrundsatz entsprechen und dadurch die inländischen Einkünfte eines beschränkt Steuerpflichtigen gemindert oder die ausländischen Einkünfte eines unbeschränkt Steuerpflichtigen erhöht werden. [2]Zur Anwendung des Fremdvergleichsgrundsatzes ist eine Betriebsstätte wie ein eigenständiges und unabhängiges Unternehmen zu behandeln, es sei denn, die Zugehörigkeit der Betriebsstätte zum Unternehmen erfordert eine andere Behandlung. [3]Um die Betriebsstätte wie ein eigenständiges und unabhängiges Unternehmen zu behandeln, sind ihr in einem ersten Schritt zuzuordnen:

1. die Funktionen des Unternehmens, die durch ihr Personal ausgeübt werden (Personalfunktionen),
2. die Vermögenswerte des Unternehmens, die sie zur Ausübung der ihr zugeordneten Funktionen benötigt,
3. die Chancen und Risiken des Unternehmens, die sie auf Grund der ausgeübten Funktionen und zugeordneten Vermögenswerte übernimmt, sowie
4. ein angemessenes Eigenkapital (Dotationskapital).

[4]Auf der Grundlage dieser Zuordnung sind in einem zweiten Schritt die Art der Geschäftsbeziehungen zwischen dem Unternehmen und seiner Betriebsstätte und die Verrechnungspreise für diese Geschäftsbeziehungen zu bestimmen. [5]Die Sätze 1 bis 4 sind entsprechend auf ständige Vertreter anzuwenden. [6]Die Möglichkeit, einen Ausgleichsposten nach § 4g des Einkommensteuergesetzes zu bilden, wird nicht eingeschränkt. [7]Auf Geschäftsbeziehungen zwischen einem Gesellschafter und seiner Personengesellschaft oder zwischen einem Mitunternehmer und seiner Mitunternehmerschaft sind die Sätze 1 bis 4 nicht anzuwenden, unabhängig davon, ob die Beteiligung unmittelbar besteht oder ob sie nach § 15 Absatz 1 Satz 1 Nummer 2 Satz 2 des Einkommensteuergesetzes mittelbar besteht; für diese Geschäftsbeziehungen gilt Absatz 1. [8]Ist ein Abkommen zur Vermeidung der Doppelbesteuerung anzuwenden und macht der Steuerpflichtige geltend, dass dessen Regelungen den Sätzen 1 bis 7 widersprechen, so hat das Abkommen nur Vorrang, soweit der Steuerpflichtige nachweist, dass der andere Staat sein Besteuerungsrecht entsprechend diesem Abkommen ausübt und deshalb die Anwendung der Sätze 1 bis 7 zu einer Doppelbesteuerung führen würde.

(6) Das Bundesministerium der Finanzen wird ermächtigt, mit Zustimmung des Bundesrates durch Rechtsverordnung Einzelheiten des Fremdvergleichsgrundsatzes im Sinne der Absätze 1, 3 bis 3e und 5 und Einzelheiten zu dessen einheitlicher Anwendung zu regeln sowie Grundsätze zur Bestimmung des Dotationskapitals im Sinne des Absatzes 5 Satz 3 Nummer 4 festzulegen.

§ 1a Preisanpassungsklausel[4]

[1]Sind wesentliche immaterielle Werte oder Vorteile Gegenstand einer Geschäftsbeziehung und weicht die tatsächliche spätere Gewinnentwicklung erheblich von der Gewinnerwartung ab, die der Verrechnungspreisbestimmung zugrunde lag, ist widerlegbar zu vermuten, dass zum Zeitpunkt des Geschäftsabschlusses Unsicherheiten im Hinblick auf die Verrechnungs-

[4] **Anm. d. Red.:** § 1a eingefügt gem. Gesetz v. 2.6.2021 (BGBl I S. 1259) mit Wirkung v. 9.6.2021.

preisvereinbarung bestanden und unabhängige Dritte eine sachgerechte Anpassungsregelung vereinbart hätten. [2]Wurde eine solche Regelung nicht vereinbart und tritt bezogen auf die ersten sieben Jahre nach Geschäftsabschluss eine erhebliche Abweichung im Sinne des Satzes 1 ein, ist für eine deshalb vorzunehmende Berichtigung nach § 1 Absatz 1 Satz 1 ein angemessener Anpassungsbetrag auf den Verrechnungspreis im achten Jahr nach Geschäftsabschluss der Besteuerung zugrunde zu legen. [3]Eine erhebliche Abweichung im Sinne des Satzes 1 liegt vor, wenn der unter Zugrundelegung der tatsächlichen Gewinnentwicklung zutreffende Fremdvergleichspreis um mehr als 20 Prozent von diesem Verrechnungspreis abweicht. [4]Für die Bestimmung des unter Zugrundelegung der tatsächlichen Gewinnentwicklung zutreffenden Fremdvergleichspreises ist von denselben Grundsätzen auszugehen wie für die Bestimmung des Verrechnungspreises. [5]Eine Anpassung des Verrechnungspreises ist im Sinne des Satzes 2 angemessen, wenn sie dem Unterschiedsbetrag zwischen dem Verrechnungspreis und dem unter Zugrundelegung der tatsächlichen Gewinnentwicklung zutreffenden Fremdvergleichspreis entspricht. 6Eine Anpassung erfolgt insbesondere dann nicht, wen

1. der Steuerpflichtige glaubhaft macht, dass die tatsächliche Entwicklung auf Umständen basiert, die zum Zeitpunkt des Geschäftsvorfalls nicht vorhersehbar waren, oder
2. der Steuerpflichtige nachweist, dass er bei der Bestimmung des Verrechnungspreises die aus der künftigen Entwicklung resultierenden Unsicherheiten angemessen berücksichtigt hat, oder
3. im Hinblick auf immaterielle Werte und Vorteile Lizenzvereinbarungen getroffen werden, die die zu zahlende Lizenz vom Umsatz oder Gewinn des Lizenznehmers abhängig machen oder für die Höhe der Lizenz Umsatz und Gewinn berücksichtigen.

Siebenter Teil: Schlussvorschriften

§ 21 Anwendungsvorschriften[5] [6]

(1) Diese Fassung des Gesetzes gilt, sofern in den folgenden Absätzen nichts anderes bestimmt ist,

1. für die Einkommen- und Körperschaftsteuer erstmals für den Veranlagungszeitraum 2022,
2. für die Gewerbesteuer erstmals für den Erhebungszeitraum 2022,
3. für die Erbschaftsteuer auf Erwerbe, bei denen die Steuerschuld nach dem Inkrafttreten dieses Gesetzes entstanden ist.

(1a) § 1 Absatz 3d und 3e in der Fassung des Artikels 10 des Gesetzes vom 27. März 2024 (BGBl. 2024 I Nr. 108) ist erstmals anzuwenden

1. für die Einkommensteuer und für die Körperschaftsteuer für den Veranlagungszeitraum 2024;
2. für die Gewerbesteuer für den Erhebungszeitraum 2024.

[5] **Anm. d. Red.:** § 21 i. d. F. des Gesetzes v. 16.12.2022 (BGBl I S. 2294) mit Wirkung v. 21.12.2022.

[6] **Anm. d. Red.:** Gemäß Art. 6 Nr. 2 i. V. mit Art. 12 Abs. 1 Gesetz v. 25.6.2021 (BGBl I S. 2050) wird nach § 21 Abs. 4 in der am 1.7.2021 geltenden Fassung mit Wirkung v. 1.1.2022 ein neuer Abs. 5 angefügt.

(2) § 1 Absatz 2 in der Fassung des Artikels 5 des Gesetzes vom 25. Juni 2021 (BGBl I S. 2035) ist für Zwecke der Anwendung des § 4k Absatz 6 des Einkommensteuergesetzes in der Fassung des Artikels 1 des Gesetzes vom 25. Juni 2021 (BGBl I S. 2035) bereits für den Veranlagungs- und Erhebungszeitraum 2020 anzuwenden.

(3) [1]Wurde ein Tatbestand des § 6 Absatz 1 in einer bis zum 30. Juni 2021 geltenden Fassung vor dem 1. Januar 2022 verwirklicht, ist § 6 in der am 30. Juni 2021 geltenden Fassung für die Abwicklung dieses Falles über den 31. Dezember 2021 hinaus anzuwenden. [2]Abweichend von Satz 1 sind Minderungen des Vermögenszuwachses im Sinne des § 6 Absatz 6 in der am 30. Juni 2021 geltenden Fassung auf Veräußerungen nach dem 24. März 2021 nicht mehr zu berücksichtigen.

(4) [1]Die §§ 7 bis 13, 16 bis 18 und 20 in der am 1. Juli 2021 geltenden Fassung und § 15 in der am 21. Dezember 2022 geltenden Fassung sind erstmals anzuwenden

1. für die Einkommen- und Körperschaftsteuer für den Veranlagungszeitraum,
2. für die Gewerbesteuer für den Erhebungszeitraum,

für den Zwischeneinkünfte hinzuzurechnen sind, die in einem Wirtschaftsjahr der Zwischengesellschaft oder der Betriebsstätte entstanden sind, das nach dem 31. Dezember 2021 beginnt. [2]Verluste, die für Veranlagungszeiträume oder Erhebungszeiträume vor dem 1. Januar 2022 bei Einkünften entstanden sind, für die die ausländische Gesellschaft Zwischengesellschaft ist, können in entsprechender Anwendung des § 10d des Einkommensteuergesetzes, soweit sie die nach § 9 außer Ansatz zu lassenden Einkünfte übersteigen, abgezogen werden. [3]Für Steuern der ausländischen Gesellschaft für Wirtschaftsjahre, die vor dem 1. Januar 2022 enden, gelten § 10 Absatz 1 Satz 2, § 10 Absatz 3 Satz 6 und § 12 Absatz 1 in der am 30. Juni 2021 geltenden Fassung fort. [4]Als Anfangsbestand des Hinzurechnungskorrekturvolumens zum 31. Dezember 2021 wird die Summe der Hinzurechnungsbeträge erfasst, die beim Steuerpflichtigen gemäß § 10 Absatz 2 in der am 30. Juni 2021 geltenden Fassung für die Veranlagungszeiträume 2015 bis 2022 der Besteuerung unterliegen, soweit sie nicht für eine Steuerbefreiung nach § 3 Nummer 41 des Einkommensteuergesetzes in der am 30. Juni 2021 geltenden Fassung zu berücksichtigen sind. [5]Soweit Verluste im Sinne des Satzes 2 durch Anwendung des § 14 in der am 30. Juni 2021 geltenden Fassung einer anderen Gesellschaft zugerechnet worden und noch nicht verrechnet worden sind, können sie auf bis zum 31. Juli 2023 zu stellenden Antrag denjenigen nachgeordneten Zwischengesellschaften im Sinne des § 14 in der am 30. Juni 2021 geltenden Fassung zugeordnet werden, durch deren Tätigkeit sie wirtschaftlich verursacht sind; bei mehreren Steuerpflichtigen ist der Antrag einheitlich zu stellen.

(5) Für Zwischeneinkünfte, die in einem Wirtschaftsjahr der Zwischengesellschaft oder der Betriebsstätte entstanden sind, das vor dem 1. Januar 2022 beginnt, ist § 8 Absatz 1 Nummer 10 in der am 30. Juni 2021 geltenden Fassung auf Umwandlungen und Einbringungen, deren steuerlicher Übertragungsstichtag nach dem 31. Dezember 2021 liegt, in der folgenden Fassung anzuwenden:

„10. Umwandlungen, die ungeachtet des **§ 1 Absatz 4 des Umwandlungssteuergesetzes** zu Buchwerten erfolgen könnten; dies gilt nicht, soweit eine Umwandlung den Anteil an einer Kapitalgesellschaft erfasst, dessen Veräußerung nicht die Voraussetzungen der Nummer 9 erfüllen würde."

Entwurf eines Gesetzes zur Modernisierung der Entlastung von Abzugsteuern und der Bescheinigung der Kapitalertragsteuer (Abzugsteuerentlastungsmodernisierungsgesetz – AbzStEntModG)[1]

Bundestag Drucksache 19/27632

Zu Artikel 4 (Änderung des Außensteuergesetzes)
Zu Nummer 1

§ 1

§ 1 enthält den international weit verbreiteten Standard zur internationalen Gewinnabgrenzung zwischen Staaten: den Fremdvergleichsgrundsatz. Der Fremdvergleichsgrundsatz ist nicht nur in allen von Deutschland abgeschlossenen Doppelbesteuerungsabkommen enthalten (entsprechend Artikel 9 Absatz 1 OECD-Musterabkommen bzw. UN-Musterabkommen bzw. Deutsche Verhandlungsgrundlage), sondern auch Standard in Doppelbesteuerungsabkommen weltweit. Er ist damit Rechtsmaßstab für eine Regulierung des Gesamtbereichs der internationalen Gewinnabgrenzung. § 1 wurde in Anlehnung an das OECD-Musterabkommen eingeführt, sodass das deutsche Steuerrecht an die Konzeptionen anderer moderner Steuerrechtsordnungen sowie des internationalen Steuerrechts herangeführt wurde (BT-Drucksache VI/2883, S. 17). Selbiges gilt heute fort. § 1 kann damit auch und insbesondere als die Umsetzungsnorm für Artikel 9 Absatz 1 OECD-Musterabkommen nachgebildeter Artikel im jeweiligen Doppelbesteuerungsabkommen angesehen werden.

Der Inhalt des Fremdvergleichsgrundsatzes wird im internationalen Kontext vor allem durch die OECD-Verrechnungspreisleitlinien für multinationale Unternehmen und Steuerverwaltungen 2017 (OECD-Verrechnungspreisleitlinien) beschrieben und dient insbesondere der Aufteilung der Besteuerungsrechte zwischen den Staaten. Ein Ziel ist es, dass Unternehmensgewinne dort besteuert werden, wo sie wirtschaftlich entstehen. Der Fremdvergleichsgrundsatz ist damit im internationalen Kontext Ausdruck des Territorialitätsprinzips und dient dem Veranlassungsgrundsatz. Er zielt auf eine zwischenstaatlich faire Verteilung von Besteuerungsrechten.

Zugleich ergibt sich aber aus den Zielen der fairen Aufteilung von Besteuerungsrechten und der damit verbundenen Besteuerung am Ort der wirtschaftlichen Tätigkeit, dass zumindest Steuerumgehung oder -missbrauch unerwünscht ist und erst recht nicht noch dadurch gefördert werden sollen. Mithin soll auch der Verlagerung von im Inland wirtschaftlich erzielten Einkünften ins Ausland, unabhängig von dem dort geltenden Steuersatz bzw. Besteuerungsniveau, begegnet werden. Entsprechend ist auch zu berücksichtigen, dass Verrechnungspreissachverhalte zwar Möglichkeiten für Gewinnverlagerungsstrategien bieten, sie zugleich aber für die Steuerpflichtigen zu erhöhten Befolgungskosten führen. Verrechnungspreissachverhalte bergen auf Grund der möglichen Wertungsbandbreite und der inhärenten Internationalität für multinational tätige Unternehmensgruppen ein erhöhtes Doppelbesteuerungsrisiko.

---

[1] **Anm. d. Red.:** Gesetzentwurf zum Abzugsteuerentlastungsmodernisierungsgesetz - AbzStEntModG vom 17.3.2021.

Der Gedanke der Internationalität ist dem Fremdvergleichsgrundsatz inhärent, weswegen sich Deutschland in diesem Bereich auch weiterhin international ausrichtet. Unilaterale Alleingänge befördern lediglich Doppelbesteuerungsstreitigkeiten und können dazu beitragen, die Anzahl von Verständigungs- und Schiedsverfahren weiter zu erhöhen. Unilaterale Positionierungen sind jedoch dann erforderlich, wenn international kein Konsens vorhanden ist bzw. Leitlinien derart unbestimmt sind, dass das deutsche Steueraufkommen willkürlich und ungerechtfertigt vermindert werden kann.

Den Steuerpflichtigen und der Verwaltung werden durch die Gesetzesänderungen des § 1 und die Einfügung des § 1a klare Regelungen zur Bestimmung und Prüfung von Fremdvergleichspreisen gegeben. Dabei wird berücksichtigt, dass die Anwendung des Fremdvergleichsgrundsatzes vom Einzelfall abhängig ist und es unmöglich ist, jeden einzelnen theoretisch denkbaren Fall zu regeln. Entsprechend enthält der Fremdvergleichsgrundsatz auch genügend Flexibilität, um mitunter auf aktuelle Entwicklungen, wie die fortschreitende Digitalisierung der Wirtschaft, reagieren und diese, ohne weitere gesetzliche Maßnahmen, berücksichtigen zu können. Mithin ist der Fremdvergleichsgrundsatz immer zeit- und kontextabhängig und darf nicht als starres Konzept verstanden werden.

Es erfolgt dabei eine internationale Ausrichtung an den OECD-Verrechnungspreisleitlinien. Nur auf diese Weise kann gewährleistet werden, dass eine international einheitliche Umsetzung des Fremdvergleichsgrundsatzes erfolgen kann und hierdurch Doppelbesteuerungen sowie doppelte Nichtbesteuerungen vermieden werden. Dadurch wird auch ein erhöhtes Maß an Rechtssicherheit erreicht und die Gleichmäßigkeit der Besteuerung gewährleistet. Wenn sich die Steuerpflichtigen an die gesetzlichen Vorgaben halten und ihre Einkünfte in den beteiligten Staaten in gleicher Weise erklären, werden die Ergebnisse international auf Akzeptanz stoßen, weil sie dem Fremdvergleichsgrundsatz entsprechen.

Da Verrechnungspreissachverhalte auf Grund der Möglichkeiten zur Verlagerung von Gewinnen Misstrauen hervorriefen und immer noch hervorrufen, sind Verrechnungspreisfragestellungen in verschiedene BEPS-Aktionspunkte der G20/OECD (OECD/G20 Base Erosion and Profit Shifting Project, G20/OECD-BEPS-Projekte) eingegangen, um dem entgegenzuwirken. Am 5. Oktober 2015 wurde daher im Rahmen des G20/OECD-BEPSProjektes unter anderem auch der Abschlussbericht zu den BEPS-Maßnahmen 8, 9 und 10 „Aligning Transfer Pricing Outcomes with Value Creation" veröffentlicht (Aligning Transfer Pricing Outcomes with Value Creation, Actions 8-10 – 2015 Final Reports, OECD/G20 Base Erosion and Profit Shifting Project). Im Ergebnis soll gewährleistet werden, dass die Verrechnungspreisbestimmung in Übereinstimmung mit den wertschöpfenden Aktivitäten und Funktionen steht, die von den Mitgliedern einer multinational tätigen Unternehmensgruppe ausgeübt werden. Demzufolge tritt die wirtschaftliche Betrachtungsweise in den Vordergrund. Die Orientierung an schriftlich vereinbarten Verträgen ist nur Ausgangspunkt einer Verrechnungspreisbestimmung und -prüfung. Vielmehr ist es notwendig, die wirtschaftlichen Aktivitäten der Unternehmensgruppe zu analysieren, zu verstehen und die zu würdigenden Geschäftsvorfälle in diesem Kontext mit ökonomischem Sachverstand, insbesondere basierend auf ökonomisch anerkannten Methoden, zu beurteilen. Die OECD-Verrechnungspreisleitlinien geben hierfür zumindest eine auf internationaler Ebene vereinbarte Leitlinie. Diese komplexe Aufgabe erfordert umfassenden Sachverstand und das Bewusstsein, dass Verrechnungspreissachverhalte immer mindestens bilateral und vor diesem Hintergrund auch sorgfältig zu würdigen sind. Alleingänge im internationalen Kontext sind daher kaum zielführend, sodass die „andere“ Seite stets auch zu berücksichtigen ist. Die vorgesehenen Änderungen greifen diese Aspekte auf und betonen klarstellend die wirtschaftliche Betrachtungsweise und geben allgemeine Regelungen für die Verrechnungspreisbestimmung und -prüfung, die sich an der internationalen Praxis orientieren.

Die Urteilsbildung im Rahmen des Fremdvergleichs erfordert das Hinwegdenken des Nahestehens und eine aus dem Nahestehen etwaig resultierende Beeinflussung auf den Geschäftsvorfall ist zu korrigieren. Mithin müssen die Einkünfte gemindert sein, weil andere Bedingungen zugrunde gelegt worden sind, als sie voneinander unabhängige Dritte unter gleichen oder vergleichbaren Verhältnissen vereinbart hätten. Dies geht aber nicht so weit, dass sich die Beurteilung lediglich danach richtet, wie fiktiv unabhängige Unternehmen den maßgebenden Geschäftsvorfall getätigt haben. Wenn der Fremdvergleichsgrundsatz insbesondere gleiche Wettbewerbsbedingungen zwischen unabhängigen und verbundenen Unternehmen herzustellen und damit eine Besteuerung am Ort der wirtschaftlichen Aktivität sicherzustellen versucht, dann sollten mitunter auch spezifische Besonderheiten (Umstände, die nicht vereinbart werden können) einer Unternehmensgruppe in der Würdigung berücksichtigt werden, da ein reiner und unreflektierter Vergleich zu ökonomisch nicht sachgerechten Ergebnissen führt. Das bedeutet jedoch nicht, dass konzernübliche Verhaltensweisen fremdüblich sind; konzern- und fremdüblich sind voneinander zu unterscheiden. Wird bspw. für ein Darlehen zwischen verbundenen Unternehmen ein Zinssatz angesetzt, der sich als niedriger als ein am Markt vorzufindender Zinssatz erweist, muss dies nicht zwangsläufig als fremdunüblich qualifiziert werden und zu einer Korrektur führen. Ein Grund dafür kann in niedrigeren Transaktionskosten zwischen den verbundenen Unternehmen liegen. Zudem können Rechtsfolgen aus bspw. Nichtsteuerrechtlichen Vorschriften, die ihrerseits eine Nahestehensbeziehung oder Vergleichbares, z. B. eine Beherrschung, voraussetzen, nicht unbedingt ignoriert werden. Die aus solchen Vorschriften stammenden Folgen ergeben sich zwar aus dem Nahestehen, werden aber nicht zwischen den Nahestehenden beeinflusst bzw. vereinbart. Sie können sich den Folgen solcher Regelungen auch nicht entziehen, die wiederum den Preis eines Geschäftsvorfalls bzw. den Gewinn aus einer Geschäftsbeziehung beeinflussen können. Die Beeinflussung basiert dann nicht auf dem willentlichen Entschluss der Nahestehenden, um dadurch die Einkünfte zu mindern.

Daher ist in jedem Fall ein ökonomisches und rechtliches Nachdenken und, damit einhergehend, die Anwendung ökonomisch fundierter und in der Fachöffentlichkeit anerkannter Vorgehensweisen, wie insbesondere in den OECD-Verrechnungspreisleitlinien festgelegt, unter Berücksichtigung rechtlicher Gegebenheiten erforderlich, um darzulegen, dass ein angesetzter Verrechnungspreis mit dem Fremdvergleichsgrundsatz übereinstimmt und damit dem Fremdvergleichspreis entspricht.

Zu Buchstabe a

§ 1 Absatz 1

Zu Doppelbuchstabe aa

§ 1 Absatz 1 Satz 1

Redaktionell wird „nahe stehenden“ durch „nahestehenden“ ersetzt.

Zu Doppelbuchstabe bb

§ 1 Absatz 1 Satz 2

In Satz 2 wurde der Verweis auf § 1a ergänzt, um sicherzustellen, dass Personengesellschaften oder Mitunternehmerschaften ebenfalls im Rahmen dieses Paragrafen als Steuerpflichtiger erfasst werden.

Zu Buchstabe b

§ 1 Absatz 3 sowie 3a bis 3c – neu –

§ 1 Absatz 3

Absatz 3 konkretisiert den in Absatz 1 Satz 1 enthaltenen Fremdvergleichsgrundsatz. Hierdurch wird die international anerkannte Vorgehensweise zur Bestimmung und Prüfung von Fremdvergleichspreisen im AStG deklaratorisch, konkretisierend und nachvollziehbar aufgenommen. Ziel ist es, das internationale Verständnis über die Anwendung des Fremdvergleichsgrundsatzes offenzulegen, um auf diese Weise auch zur Rechtssicherheit beizutragen, da eine einheitliche Anwendung sichergestellt werden kann.

Satz 1

Durch Satz 1 wird verdeutlicht, dass für die Bestimmung von fremdüblichen Verrechnungspreisen, also dem jeweiligen Fremdvergleichspreis, die tatsächlichen Verhältnisse, die dem jeweiligen zu untersuchenden Geschäftsvorfall zugrunde liegen und die preisrelevant sind, festzustellen sind. Diese gilt es, anhand rechtlicher und wirtschaftlicher Gegebenheiten sowie des tatsächlichen Verhaltens der einander nahestehenden, an dem Geschäftsvorfall Beteiligten festzustellen. Verhältnisse in diesem Sinne sind insbesondere

- die vertraglichen Bedingungen eines Geschäftsvorfalls, soweit diese dem tatsächlichen Verhalten der an dem jeweiligen Geschäftsvorfall Beteiligten entsprechen,
- die ausgeübten Funktionen der an dem Geschäftsvorfall Beteiligten unter Berücksichtigung der verwendeten Vermögenswerte und der übernommenen Risiken, einschließlich der Zusammenhänge zwischen diesen Funktionen und der allgemeinen Wertschöpfung der multinationalen Unternehmensgruppe, der Begleitumstände des Geschäftsvorfalls und der branchenüblichen Gepflogenheiten,
- die Eigenschaften übertragener oder überlassener Vermögenswerte oder erbrachter Dienstleistungen,
- die wirtschaftlichen Verhältnisse der an dem Geschäftsvorfall Beteiligten und die Verhältnisse des für den Geschäftsvorfall relevanten Marktes, einschließlich Standortvorteilen sowie der rechtlichen Rahmenbedingungen und
- die von den an dem Geschäftsvorfall Beteiligten verfolgten Geschäftsstrategien (Tz. 1.36 OECD-Verrechnungspreisleitlinien).

Zugleich wird eine Legaldefinition des Fremdvergleichspreises vorgenommen, um deutlich zu machen, dass es sich bei § 1 um eine Korrekturnorm handelt. Der Steuerpflichtige kann auf der ersten Stufe seiner Einkünfteermittlung Verrechnungspreise ansetzen, die in einem zweiten Schritt im Rahmen des Fremdvergleichsgrundsatzes zu überprüfen und bis zur fristgerechten Abgabe der Steuererklärung anzupassen sind. Hier ist ein dem Fremdvergleichsgrundsatz entsprechender Verrechnungspreis, der zur Verdeutlichung als Fremdvergleichspreis bezeichnet wird, zu ermitteln und der Besteuerung zugrunde zu legen.

Satz 2

Durch Satz 2 wird klargestellt, dass für die Bestimmung von Fremdvergleichspreisen insbesondere eine Funktions- und Risikoanalyse erforderlich ist (s. hierfür Abschnitt D.1.2 OECD-Verrechnungspreisleitlinien). Hierdurch wird zugleich ein zentrales Ergebnis des von den Vertretern der G20-Staaten initiierten und von der OECD durchgeführten BEPS-Projektes in nationales Recht hervorgehoben. So wird vor allem in Kapitel I der OECD-Verrechnungspreisleitlinien die Bedeutung von Funktions- und Risikoanalysen sowie die Tatsache hervorgehoben, dass die zwischen voneinander unabhängigen Dritten unter Marktbedingungen zustande kommenden Vergütungen regelmäßig die Funktionen und deren Umfang widerspiegeln, die von den unverbundenen Geschäftspartnern tatsächlich ausgeübt werden, wobei die Bewertung dieser funktionalen Beiträge auf deren wirtschaftlicher Bedeutung beruht (Tz. 1.51 OECD-Verrechnungspreisleitlinien).

Zu den relevanten Faktoren gehören neben grundsätzlich substituierbaren Routinebeiträgen auch die Verwendung einzigartiger Vermögenswerte, insbesondere einzigartiger immaterieller Werte (Tz. 6.17 OECD-Verrechnungspreisleitlinien), sowie Entscheidungsfindungstätigkeiten, die auf Basis entsprechender tatsächlicher (nicht nur formaler) Kompetenzen ausgeübt werden (Tz. 1.51 ff. OECD-Verrechnungspreisleitlinien).

Satz 3

Durch Satz 3 wird sichergestellt, dass die nach den vorhergehenden Sätzen festgestellten tatsächlichen Verhältnisse auf Seiten der einander nahestehenden Geschäftspartner zum Fremdvergleich heranzuziehen sind. Maßstab ist somit der am konkreten Geschäft zu vollziehende Fremdvergleich. Das heißt, dass Geschäftsvorfälle voneinander unabhängiger Dritter zum Zeitpunkt von deren Vereinbarung zu ermitteln sind und deren tatsächliche Verhältnisse ebenfalls festzustellen sind, die es dann mit den festgestellten Verhältnissen des zu untersuchenden Geschäftsvorfalles zu vergleichen gilt; mithin ist eine Vergleichbarkeitsanalyse durchzuführen (Tz. 3.1 ff. OECDVerrechnungspreisleitlinien).

Dabei können nur solche unter Marktbedingungen zustande gekommenen Geschäftsvorfälle zum Fremdvergleich herangezogen werden, die mit dem betreffenden Geschäftsvorfall vergleichbar sind. Allein die Feststellung, dass keine vergleichbaren Geschäftsvorfälle festgestellt oder nachgewiesen werden können, führt für sich gesehen nicht dazu, dass ein Verstoß gegen den Fremdvergleichsgrundsatz vorliegt. In solchen Fällen ist insbesondere ein „Nachdenken" erforderlich, wie fremde Dritte den betreffenden Geschäftsvorfall behandelt hätten.

Zu den zu beachtenden rechtlichen Gesichtspunkten gehören unter anderem die vertraglichen Bedingungen eines Geschäftsvorfalls, soweit diese mit dem tatsächlichen Verhalten einander nahestehender Vertragspartner übereinstimmen, sowie insbesondere nicht abdingbare, zivilrechtliche Gegebenheiten. Zu den in wirtschaftlicher Hinsicht relevanten Aspekten gehören neben den ausgeübten Funktionen, kontrollierten Risiken und eingesetzten Vermögenswerten insbesondere die wirtschaftlichen Verhältnisse der Beteiligten und die Verhältnisse des für den Geschäftsvorfall relevanten Marktes, einschließlich Standortvorteilen sowie aller rechtlichen Rahmenbedingungen und Begleitumstände, die von den Beteiligten verfolgten Geschäftsstrategien sowie die Eigenschaften übertragener oder überlassener Vermögenswerte oder erbrachter Dienstleistungen, denen je nach der zur Durchführung des Fremdvergleichs verwendeten Methode ein unterschiedliches Gewicht zukommen kann.

Diese rechtlichen und wirtschaftlichen Gesichtspunkte sind im Rahmen einer Gesamtbewertung unter Würdigung aller Umstände des Einzelfalles zunächst daraufhin zu untersuchen, ob überhaupt eine Vergleichbarkeit eines auf den ersten Blick in Betracht kommenden zum Vergleich heranzuziehenden Geschäftsvorfalls mit dem zu untersuchenden Geschäftsvorfall vorliegt oder eine Vergleichbarkeit durch sachgerechte Anpassungen des zum Vergleich heranzuziehenden Geschäftsvorfalles hergestellt werden kann; hierbei können je nach den Umständen des Einzelfalls insbesondere ökonomisch fundierte Aspekte heranzuziehen sein.

Im Rahmen dieser Untersuchung sind die vorgenannten rechtlichen und wirtschaftlichen Aspekte somit grundsätzlich sowohl auf den zu untersuchenden Geschäftsvorfall als auch auf die als vergleichbar in Betracht kommenden Geschäftsvorfälle zwischen fremden Dritten anzuwenden. Für den Fall, dass hiernach überhaupt keine vergleichbaren Geschäftsvorfälle und somit auch keine Vergleichswerte festgestellt oder nachgewiesen werden können, können die nämlichen Gesichtspunkte sowohl im Rahmen der Glaubhaftmachung desjenigen Preises im Einigungsbereich nach Absatz 3a von Bedeutung sein, der dem Fremdvergleichsgrundsatz entspricht, als auch im Rahmen der Bestimmung dieses Einigungsbereichs selbst.

Satz 4

Satz 4 hat keine Entsprechung im bisherigen Absatz 3. Durch Satz 4 wird klarstellend hervorgehoben, dass nur die zum Zeitpunkt der Vereinbarung des zu untersuchenden Geschäftsvorfalls vorhandenen und vorhersehbaren Informationen zur Fremdvergleichspreisermittlung herangezogen werden. Informationen, die zu diesem Zeitpunkt objektiv nicht hätten berücksichtigt werden können, dürfen sich nicht auf den Fremdvergleichspreis auswirken. Maßgebender Zeitpunkt für den Fremdvergleich ist der Abschluss des Vertrages, der der Gewährung des Vermögensvorteils zugrunde liegt (siehe auch OECD-Verrechnungspreisleitlinien, Tz. 3.69, 5.27 ff.).

Den zu untersuchenden Geschäftsvorfällen und den zum Vergleich heranzuziehenden Geschäftsvorfällen sind daher diejenigen Verhältnisse einschließlich objektiv vorhersehbarer zukünftiger Entwicklungen zugrunde zu legen, die im Zeitpunkt der Vereinbarung des jeweiligen Geschäftsvorfalls bestanden haben; die zum Vergleich heranzuziehenden Geschäftsvorfälle dürfen jedoch nur insoweit berücksichtigt werden, als diese im Zeitpunkt der Vereinbarung des zu untersuchenden Geschäftsvorfalls bereits vereinbart worden waren.

Satz 5

Nach Satz 5 wird bestimmt, dass ein konkreter Fremdvergleich durchzuführen ist und für die Bestimmung des Fremdvergleichspreises grundsätzlich im internationalen Kontext anerkannte Verrechnungspreismethoden zu verwenden sind, sofern dies möglich ist. Die OECD erläutert diesbezüglich insbesondere die „geschäftsvorfallbezogenen Standardmethoden" und die „geschäftsvorfallbezogenen Gewinnmethoden" (Tz. 2.1 ff. OECD-Verrechnungspreisleitlinien). Bei den geschäftsvorfallbezogenen Standardmethoden handelt es sich um die Preisvergleichsmethode, die Wiederverkaufspreismethode und die Kostenaufschlagsmethode. Zu den geschäftsvorfallbezogenen Gewinnmethoden zählen die geschäftsvorfallbezogene Nettomargenmethode und die geschäftsvorfallbezogene Gewinnaufteilungsmethode.

Die Auswahl der Verrechnungspreismethode zielt immer darauf ab, für jeden Einzelfall die am besten geeignete Methode zu finden. Zu diesem Zweck sollte das Auswahlverfahren den jeweiligen Vor- und Nachteilen der von der OECD anerkannten Methoden, der Angemessenheit der herangezogenen Methode angesichts der Art des konzerninternen Geschäftsvorfalls, die im Einzelnen durch eine Funktionsanalyse bestimmt wird, der Verfügbarkeit zuverlässiger Informationen (insbesondere zu vergleichbaren Fremdgeschäftsvorfällen), die zur Anwendung der ausgewählten Methode und/oder Methoden notwendig sind, sowie dem Grad der Vergleichbarkeit von konzerninternen Geschäftsvorfällen und Fremdgeschäftsvorfällen Rechnung tragen, einschließlich der Zuverlässigkeit der Anpassungen, die zur Herstellung der Vergleichbarkeit erforderlich sein können, um eventuell zwischen den Geschäftsvorfällen bestehende erhebliche Unterschiede zu beseitigen (Tz. 2.2 OECD-Verrechnungspreisleitlinien). Allein die Feststellung, dass keine vergleichbaren Geschäftsvorfälle festgestellt oder nachgewiesen werden können, führt für sich gesehen nicht dazu, dass ein Verstoß gegen den Fremdvergleichsgrundsatz vorliegt. Eine Bindung an Verrechnungspreismethoden ist entsprechend auch nicht zwingend, um eine Geschäftsbeziehung als fremdüblich zu würdigen; siehe in diesem Zusammenhang insbesondere § 1 Absatz 3 Satz 7 zum hypothetischen Fremdvergleich.

Die geschäftsvorfallbezogenen Standardmethoden gelten als die Methoden, mit denen sich am unmittelbarsten feststellen lässt, ob die kaufmännischen und finanziellen Beziehungen zwischen verbundenen Unternehmen fremdvergleichskonform sind (Tz. 2.3 OECD-Verrechnungspreisleitlinien). In Situationen, in denen die Preisvergleichsmethode und eine andere Verrechnungspreismethode gleichermaßen zuverlässig Anwendung finden können, ist die Preisvergleichsmethode vorzuziehen (Tz. 2.3 OECD-Verrechnungspreisleitlinien). Die angeführten Methoden stellen jedoch keine abschließende Aufzählung dar. Zwar führt auch die OECD in ihren Verrechnungspreisleitlinien nur diese fünf Methoden als Verrechnungspreismethoden an, jedoch kann bspw. auch eine Kombination der Methoden im Einzelfall angebracht sein.

Satz 6

Gemäß Satz 6 heißt vergleichbar sein, dass keiner der Unterschiede (sofern vorhanden) zwischen den im Rahmen der Methode verglichenen Gegebenheiten die untersuchten Bedingungen beeinflussen kann, oder dass hinreichend genaue Anpassungen erfolgen können, um die Auswirkung dieser Unterschiede auszuschließen (Tz. 3.47 OECD-Verrechnungspreisleitlinien). Vergleichbarkeitsanpassungen sollten nur dann in Betracht gezogen werden, wenn damit zu rechnen ist, dass sie die Verlässlichkeit der Ergebnisse erhöhen. Zu den diesbezüglich relevanten Erwägungen gehört die Wesentlichkeit des Unterschieds, für den eine Anpassung erwogen wird, die Qualität der anzupassenden Werte, der Zweck der Anpassung und die Verlässlichkeit des Ansatzes, der zur Anpassung verwendet wird (Tz. 3.47 OECD-Verrechnungspreisleitlinien).

Satz 7

Inhaltlich entspricht Satz 7 dem bisherigen § 1 Absatz 3 Satz 5. Wenn keine Vergleichswerte – also insbesondere Preise und sonstige Bedingungen eines Geschäftsvorfalls, Kostenaufteilungen, Gewinnaufschläge, Bruttospannen, Nettospannen oder Gewinnaufteilungen – ermittelt werden können, ist durch ökonomisches Nachdenken und, damit einhergehend, die Anwendung ökonomisch fundierter und in der Fachöffentlichkeit anerkannter Vorgehensweisen darzulegen, dass ein angesetzter Verrechnungspreis mit dem Fremdvergleichsgrundsatz übereinstimmt und damit dem Fremdvergleichspreis entspricht. Dies äußert sich insbesondere im hypothetischen Fremdvergleich. Es wird mit dem hypothetischen Fremdvergleich keine Bewertungsmethode vorgeschrieben; vielmehr wird auf ökonomisch anerkannte Bewertungsmethoden abgestellt. Solche anerkannten Methoden sind vor allem Ertragswertmethoden oder Discounted-Cashflow-Methoden, die auf innerbetrieblichen Planrechnungen beruhen. Auch die OECD erkennt Bewertungsmethoden als nützliche Instrumente an (Tz. 6.145, 6.153 OECD-Verrechnungspreisleitlinien). Insbesondere wird die Anwendung von auf den Einkünften beruhenden Bewertungsmethoden, vor allem solchen, die auf der Berechnung des abgezinsten Werts prognostizierter zukünftiger Einnahmeströme bzw. Cashflows basieren, bei sachgerechter Anwendung als hilfreich erachtet und sind in den Wirtschaftswissenschaften anerkannt. Entsprechend sind alle bewertungsrelevanten Parameter zu erfassen und in der Bewertung zu berücksichtigen; dies gilt auch für Steuereffekte, da diese bewertungsrelevant sind und dies u. a. in der ökonomischen Literatur, der Rechtsprechung des BGH und in der Praxis (siehe IDW Standards S 1 und S 5) unbestritten ist. Um eine sachgerechte Bewertung vornehmen zu können, sind in jedem Fall das Funktions- und Risikoprofil und die Auswirkungen des zu würdigenden Geschäftsvorfalls auf dieses entsprechend Absatz 3 Satz 2 zu beachten und in der Bewertung zu berücksichtigen.

Dabei kann aus OECD-Sicht eine solche Bewertungsmethode im Rahmen einer Verrechnungspreismethode, insbesondere der geschäftsvorfallbezogenen Gewinnaufteilungsmethode, oder als eigenständige Bewertungstechnik angewendet werden.

Es erfolgte schließlich eine redaktionelle Anpassung auf Grund der vorhergehenden Änderungen. Neu aufgenommen wird das Wort „jeweiligen" vor dem Wort „Leistungsempfänger", um klarzustellen, dass es mehr als einen Leistungsempfänger geben kann.

§ 1 Absatz 3a – neu –

Satz 1

Satz 1 regelt, dass die Anwendung des Fremdvergleichsgrundsatzes grundsätzlich nicht dazu führt, dass ein einziger Wert ermittelt wird. Da die Verrechnungspreisbestimmung nicht exakt und eindeutig sein kann (Tz. 1.13 OECD-Verrechnungspreisleitlinien), wird es auch viele Situationen geben, bei denen die Anwendung der am besten geeigneten Methode bzw. Methoden eine Bandbreite von Werten ergibt, von denen alle mehr oder minder gleich zuverlässig sind (Tz. 3.55 OECD-Verrechnungspreisleitlinien). § 1 Absatz 3 Satz 1 in der bisherigen Fassung enthält bereits diesen Gedanken.

Satz 2

Sind mehrere Werte vorhanden und bestehen Unterschiede in der Vergleichbarkeit, so ist nach Satz 2 die sich ergebende Bandbreite einzuengen (Tz. 3.56 OECD-Verrechnungspreisleitlinien). Sofern feststellbar ist, dass manche Fremdvergleichsgeschäftsvorfälle einen geringeren Grad an Vergleichbarkeit aufweisen als andere, sollten diese ausgeschlossen werden. Hierdurch soll erreicht werden, dass nur Werte in der Bandbreite verbleiben, die für einen Vergleich am geeignetsten sind. Siehe auch Begründung zu Satz 3.

Satz 3

Satz 3 bestimmt, wie die Einengung zu erfolgen hat. In einem ersten Schritt sind die Fremdvergleichsgeschäftsvorfälle auszuschließen, die einen geringeren Grad an Vergleichbarkeit aufweisen als andere (Tz. 3.56 OECDVerrechnungspreisleitlinien).

Geben die danach verbleibenden Werte selbst keinen Anhaltspunkt für eine bestimmte Einengung und verbleibt eine Anzahl von Werten, die es zulassen, statistische Methoden zur Einengung von Bandbreiten sinnvoll anzuwenden, ist gemäß Satz 5 als Methode zur Einengung der Bandbreite die Interquartilsmethode zu verwenden. Der hierfür maßgebliche (Inter-) Quartilsabstand bezeichnet die Differenz zwischen dem oberen und dem unteren Quartil, also Q0,75-Q0,25 und umfasst daher 50 Prozent der Verteilung. Dementsprechend sind die Beobachtungen der Größe nach anzuordnen und lediglich die mittleren 50 Prozent der Beobachtungen zu verwenden. Hierdurch soll die Verlässlichkeit der Analyse verbessert werden (Tz. 3.57 OECD-Verrechnungspreisleitlinien).

Satz 4

Satz 4 entspricht inhaltlich weitgehend dem bisherigen § 1 Absatz 3 Satz 4. Es erfolgt eine redaktionelle Anpassung und dem Steuerpflichtigen wird eine Nachweismöglichkeit eingeräumt darzulegen, weshalb ein anderer Wert dem Fremdvergleichsgrundsatz entspricht. Eine inhaltliche Änderung geht damit nicht einher. Mit der Regelung soll weiterhin dazu beigetragen werden, sicherzustellen, dass das deutsche Besteuerungsrecht nicht ohne sachliche Begründung ungerechtfertigt zu Gunsten der ausländischen Besteuerung geschmälert wird. Demzufolge ist in den Fällen, in denen der Steuerpflichtige einen Verrechnungspreis außerhalb der Bandbreite angesetzt hat, eine Einkommenskorrektur vorzunehmen, die dem Unterschiedsbetrag zwischen dem Median und dem vom Steuerpflichtigen verwendeten Wert entspricht. Schließlich wird dem Steuerpflichtigen aber die Möglichkeit eingeräumt, Argumente dafür vorzubringen, dass seine konzerninternen Geschäftsbedingungen dem Fremdvergleichsgrundsatz entsprechen und dass das Ergebnis in der Bandbreite der fremdüblichen Werte liegt (Tz. 3.61 OECDVerrechnungspreisleitlinien).

Satz 5

Inhaltlich greift Satz 5 Absatz 3 Satz 7 auf. Hiernach ist ein hypothetischer Fremdvergleich aus Sicht des Leistenden und des jeweiligen Leistungsempfängers anhand ökonomisch anerkannter Bewertungsmethoden durchzuführen. Entsprechend resultieren hieraus Grenzpreise des Leistenden und des jeweiligen Leistungsempfängers. Diese bilden regelmäßig einen Einigungsbereich aus Mindestpreis und Maximalpreis. Bei einem unterstellten rationalen Verhalten unabhängiger Entscheidungsträger kann es nur dann zu einer Einigung kommen, wenn die

Preisobergrenze des Nachfragers über der Preisuntergrenze des Anbieters liegt. Bei einem negativen Einigungsbereich, also wenn die Preisuntergrenze oberhalb der Preisobergrenze liegt, ist zu prüfen, ob die Ursachen hierfür in einem weiteren Geschäftsvorfall oder weiteren Geschäftsvorfällen begründet liegen und dementsprechend insbesondere der Höchstpreis des Leistungsempfängers falsch ermittelt wurde.

Satz 6

Der Satz 6 entspricht inhaltlich dem bisher geltenden § 1 Absatz 3 Satz 7.

§ 1 Absatz 3b – neu –

Satz 1

Absatz 3b hat keine Entsprechung im bisherigen § 1 und ist Resultat der Neugliederung des Absatzes 3 in verschiedene, thematisch getrennte Absätze. In Absatz 3b wurde der Inhalt aus § 1 Absatz 3 Satz 9 aufgenommen.

Es erfolgt eine redaktionelle Anpassung auf Grund der vorhergehenden Änderungen. Zudem wird das Transferpaket nunmehr legal definiert, ohne dass damit eine Änderung des bisherigen Verständnisses verbunden wäre. Es besteht weiterhin aus einer Funktion und den mit dieser Funktion zusammenhängenden Chancen und Risiken sowie den Wirtschaftsgütern oder sonstigen Vorteilen, die das verlagernde Unternehmen dem übernehmenden Unternehmen zusammen mit der Funktion überträgt oder zur Nutzung überlässt, und den in diesem Zusammenhang erbrachten Dienstleistungen (s. auch § 1 Absatz 3 FVerlV). Eine Vergütung auf der Grundlage des Transferpakets richtet sich auch nach dem Übernehmer und damit danach, ob ein fremder Dritter bereit wäre, für das Transferpaket ein Entgelt zu entrichten (s. auch § 1 Absatz 3 Satz 7).

Satz 2

Der Satz 2 übernimmt die Ausnahmeregelung des derzeit geltenden § 1 Absatz 3 Satz 10 erster Halbsatz erste Alternative.

Satz 3

Satz 3 übernimmt den Inhalt aus § 2 Absatz 2 der derzeitigen Verordnung zur Anwendung des Fremdvergleichsgrundsatzes nach § 1 Absatz 1 AStG in Fällen grenzüberschreitender Funktionsverlagerungen (Funktionsverlagerungsverordnung).

§ 1 Absatz 3c – neu –

Absatz 3c hat keine Entsprechung im bisher geltenden § 1. Mit diesem Absatz wird ein zentrales Ergebnis des BEPS-Projekts aufgenommen und verdeutlicht, dass sich Deutschland an dem auf OECD-Ebene vereinbarten Konsens orientiert. Das maßgebende Kapitel ist Kapitel VI der OECD-Verrechnungspreisleitlinien, welches spezielle Ausführungen zu immateriellen Werten enthält.

Aus deutscher Sicht ist damit jedoch keine Neuerung bzw. keine neue Behandlung von immateriellen Werten verbunden. Die von der OECD nunmehr etablierte wirtschaftliche Betrachtungsweise war und ist der Verrechnungspreisprüfung aus deutscher steuerrechtlicher Sicht seit jeher zugrunde zu legen.

Satz 1

Satz 1 führt an, dass sowohl die Übertragung als auch die Überlassung eines immateriellen Werts zu vergüten sind. Voraussetzung hierfür ist, dass zum einen die Übertragung oder die Überlassung auf Basis einer Geschäftsbeziehung des Absatzes 4 vorgenommen wird, zum anderen damit eine finanzielle Auswirkung für den Übernehmer, den Nutzenden, den Übertragenden oder den Überlassenden verbunden ist; Mithin nur dann, wenn bspw. Der Übertragende nicht auf ein Entgelt verzichten würde, weil der immaterielle Wert zum Beispiel zur Generierung von Cashflows beigetragen hat und auch in Zukunft beitragen würde. Zugleich müsste auch der Übernehmende bereit sein, ein Entgelt zu entrichten. Würde er den immateriellen Wert, bspw. Know-how, kostenlos nutzen können, weil bspw. das Know-how bekannt ist, oder würde sich dieser nicht beim Übernehmenden wirtschaftlich auswirken, so wäre die

Entrichtung eines Entgelts irrational. Eine finanzielle Auswirkung auf Grund eines solchen immateriellen Werts würde sich nicht einstellen. Es ist daher in jedem Einzelfall genau zu würdigen, ob mit einem immateriellen Wert eine finanzielle Auswirkung verbunden ist und die Übertragung bzw. Überlassung zwischen fremden Dritten vergütet würde (Tz. 6.6 OECD-Verrechnungspreisleitlinien).

Satz 2

Der Satz 2 definiert einen immateriellen Wert in Anlehnung an die OECD-Verrechnungspreisleitlinien. Ein immaterieller Wert ist nach den OECD-Verrechnungspreisleitlinien etwas, das weder ein materieller Vermögenswert noch eine Finanzanlage ist, das Gegenstand eines Geschäftsvorfalls sein kann und an dem eine Inhaberschaft oder Eigentum bestehen kann (Tz. 6.6 OECD-Verrechnungspreisleitlinien). Konkret werden Patente (Tz. 6.19 OECD-Verrechnungspreisleitlinien), Know-how und Handelsgeheimnisse (Tz. 6.20 OECD-Verrechnungspreisleitlinien), Warenzeichen, Handelsnamen und Marken (Tz. 6.20 bis 6.23 OECD-Verrechnungspreisleitlinien), vertragliche Rechte und staatliche Lizenzen (Tz. 6.24 bis 6.25 OECD-Verrechnungspreisleitlinien) sowie Lizenzen und vergleichbare Rechte an immateriellen Werten (Tz. 6.26 OECD-Verrechnungspreisleitlinien) als immaterielle Werte bezeichnet, wenn sie unter die Definition zu subsumieren sind. Dagegen sind Konzernsynergien (Tz. 6.30 OECD-Verrechnungspreisleitlinien) sowie Marktbedingungen (Tz. 6.31 OECD-Verrechnungspreisleitlinien) ausdrücklich keine immateriellen Werte. Diese Standort- oder Synergievorteile sind nicht selbständig bewertungsfähig oder kontrollierbar; sie sind daher „lediglich" in Form von Vergleichbarkeitsfaktoren und damit bei der Bewertung der zugrunde liegenden Transaktion zu berücksichtigen.

Das Erfordernis eines Wirtschaftsguts ist nicht erforderlich, weshalb im Rahmen des Fremdvergleichsgrundsatzes und damit auch des § 1 auf „Werte" abgestellt wird.

Satz 3

Der Satz 3 regelt, dass nach der Feststellung, ob ein immaterieller Wert vorliegt, dessen Übertragung oder Überlassung zwischen fremden Dritten auch vergütet würde, ein weiterer Ausgangspunkt einer Verrechnungspreisbestimmung und -prüfung im Zusammenhang mit immateriellen Werten die Feststellung des Eigentums oder der Inhaberschaft an einem immateriellen Wert, einschließlich aus einem solchen abgeleiteter Rechte ist. Der Inhaber oder Eigentümer gilt auch für Verrechnungspreiszwecke als Inhaber oder Eigentümer des immateriellen Werts (Tz. 6.40 OECD-Verrechnungspreisleitlinien). Diesem fließen möglicherweise auch die Erlöse aus der Verwertung des immateriellen Werts zu (Tz. 6.32 OECD-Verrechnungspreisleitlinien); erfasst wird auch der Erlös aus der Veräußerung des immateriellen Werts (inkl. stiller Reserven).

Satz 4

In Anlehnung an die OECD-Verrechnungspreisleitlinien und konkretisierend an das bisherige deutsche Steuerrecht enthält Satz 4 die wirtschaftliche Betrachtungsweise. Der nach Satz 3 festgestellte Inhaber oder Eigentümer hat die nahestehenden Personen zu vergüten, wenn und soweit sie in Bezug auf den immateriellen Wert Leistungen erbringen bzw. Funktionen ausüben. Für Verrechnungspreiszwecke verleiht weder das Eigentum noch die Inhaberschaft an immateriellen Werten allein einen Anspruch auf die Erträge, die der multinationalen Unternehmensgruppe durch die Verwertung des betreffenden immateriellen Werts erzielt, auch

AStG

wenn diese Erträge auf Grund von dessen gesetzlichem oder vertraglichem Recht zur Verwertung des immateriellen Werts möglicherweise zunächst an den Eigentümer oder den Inhaber gehen (Tz. 6.42 OECD-Verrechnungspreisleitlinien). Dementsprechend erfolgt die Zuordnung von Erträgen aus immateriellen Werten nach den übernommenen Funktionen und Risiken und deren Kontrolle. Demzufolge bestimmt sich auch die Höhe der dem Eigentümer oder Inhaber zugerechneten Erträge nach dem von ihm ausgeübten Funktionen, genutzten Vermögenswerten und übernommenen Risiken.

Es ist daher auf die Ausübung und Kontrolle von sog. DEMPE-Funktionen abzustellen (Tz. 6.48 OECD-Verrechnungspreisleitlinien). DEMPE steht für Development (Entwicklung/Erschaffung), Enhancement (Verbesserung), Maintenance (Erhalt/Wartung), Protection (Schutz) und Exploitation (Verwertung). Für diese Analyse im Rahmen dieses DEMPE-Konzepts ist eine eigene Funktions- und Risikoanalyse erforderlich. Hierfür ist festzustellen, welche Gesellschaften in Bezug auf die Entwicklung, Verbesserung, Erhaltung, den Schutz und die Verwertung immaterieller Werte die maßgeblichen (Personal-) Funktionen ausüben, die personellen und finanziellen Kapazitäten zur Übernahme und Kontrolle der damit verbundenen Risiken haben und wertvolle immaterielle Werte einsetzen (Tz. 6.32, 6.48 OECD-Verrechnungspreisleitlinien). Dies führt dazu, dass der Inhaber oder der Eigentümer eines immateriellen Werts nicht zwingend berechtigt ist, die Erträge aus einem immateriellen Wert für sich zu „behalten". Im Extremfall könnte gar kein Ertrag mehr bei diesem verbleiben.

Die DEMPE-Funktionen sind lediglich ein objektivierter Ausdruck dafür, festzustellen, von welchem Unternehmen, welche Funktionen in Bezug auf immaterielle Werte ausgeübt werden, die es zu vergüten gilt. Mithin stellen sie ein Mittel dafür dar, die wirtschaftliche Betrachtungsweise international konsistent umzusetzen, um auf diese Weise Doppelbesteuerung zu vermeiden, eine sachgerechte Zuordnung von Besteuerungsrechten zu gewährleisten und gewisse Staaten anzuhalten, sich von der rein rechtlichen Betrachtungsweise im Hinblick auf die Inhaberschaft oder das Eigentum zu lösen. Sie führen damit auch nicht zur Anwendung einer bestimmten Verrechnungspreismethode.

Satz 5

Satz 5 enthält die zu Satz 4 klarstellende Aussage, dass die bloße Finanzierung der im Hinblick auf den immateriellen Wert auszuübenden Funktionen nicht dazu berechtigt, den Ertrag aus dem immateriellen Wert zu vereinnahmen (s. auch Tz. 6.59 ff. OECD-Verrechnungspreisleitlinien). Stattdessen ist die Ausübung der Finanzierungsfunktion angemessen zu vergüten. Bei der Anwendung des Fremdvergleichsgrundsatzes auf Finanzierungsbeziehungen orientiert sich Deutschland an Kapitel X der OECD-Verrechnungspreisleitlinien. Entsprechend gilt im Einklang mit Kapitel X der aus Kapitel I der OECD-Verrechnungspreisleitlinien bekannte Funktions- und Risikoansatz. Wenn ein Unternehmen weder die maßgeblichen Funktionen in Bezug auf den Geschäftsvorfall ausübt noch die Risiken aus dem Geschäftsvorfall trägt, kann dieses Unternehmen nicht dergestalt vergütet werden, als ob es diese Funktionen ausgeübt oder die Risiken getragen hätte.

Ein Grund die Finanzierungsfunktion besonders hervorzuheben ist, dass Finanzierungsgesellschaften mit relativ einfachen Strukturen in steuerlich günstigen Umgebungen angesiedelt und diese dann mit ausreichend Kapital ausgestattet werden können. Anschließend übernehmen sie die Finanzierung der vorgenannten Funktionen in Bezug auf immaterielle Werte, haben aber weder weitere Funktionen diesbezüglich ausgeübt noch Risiken kontrolliert; also keine wirtschaftliche Tätigkeit mit direktem Bezug zum immateriellen Wert vorgenommen. Dennoch vereinnahmen solche Gesellschaften dann unter Umständen die Erträge aus der Verwertung des immateriellen Werts. Auch wenn schon Satz 4 anführt, dass dies nicht dem Fremdvergleich entspricht, so verdeutlicht Satz 5 noch einmal, dass lediglich eine Vergütung für die Übernahme der Finanzierung bei einer solchen Unternehmenseinheit aus Sicht des Fremdvergleichsgrundsatzes zu verbleiben hat. Die Erträge aus einem immateriellen Wert stehen daher einem Unternehmen nur dann in voller Höhe zu, wenn es alle betreffenden Funktionen im Hinblick auf die immateriellen Werte ausübt bzw. ausgeübt hat und die entsprechenden Risiken übernimmt bzw. übernommen hat.

Zu Buchstabe c

§ 1 Absatz 6

Absatz 6 entspricht im Wesentlichen dem derzeit geltenden Absatz 6. Auf Grund der Neugliederung des § 1 Absatz 3 wird die Verordnungsermächtigung um die neuen Absätze, die den Fremdvergleichsgrundsatz betreffen, erweitert.

Zu Nummer 2

§ 1a – neu –

Inhaltlich entsprechen die Sätze 1 und 2 dem bisherigen § 1 Absatz 3 Satz 11 und 12. Die Sätze 3 bis 6 haben keine Entsprechung im bisherigen § 1 Absatz 3.

Satz 1

Es erfolgte eine redaktionelle Änderung dahingehend, dass in Satz 1 Gewinnentwicklung durch Gewinnerwartung ersetzt wurde.

Immaterielle Werte sind im Rahmen einer Funktionsverlagerung wesentlich, wenn sie insbesondere für die verlagerte Funktion erforderlich sind und ihr Fremdvergleichspreis insgesamt mehr als ein Viertel der Summe der Einzelpreise aller Wirtschaftsgüter und Vorteile des Transferpakets beträgt (§ 1 Absatz 5 FVerlV). Ansonsten sind immaterielle Werte insbesondere dann wesentlich, wenn sie für das betreffende Geschäftsmodell bzw. im Rahmen des Wertschöpfungsprozesses einen maßgebenden Werttreiber darstellen.

Satz 2

Der Zeitraum für etwaige Preisanpassungen wird durch Satz 2 von zehn auf sieben Jahre nach Geschäftsabschluss gesenkt. Hierin unterscheidet sich die Regelung von den Empfehlungen der OECD. Diese stellt auf den Zeitpunkt, in dem zum ersten Mal der immaterielle Wert Einkünfte von unabhängigen Dritten für das übernehmende Unternehmen generiert, und eine Vermarktungsperiode von fünf Jahren ab (Tz. 6.193 OECD Verrechnungspreisleitlinien), wodurch der Betrachtungszeitraum sehr lang werden kann, bspw. auch 15 oder 20 Jahre. Für Zwecke der Rechtssicherheit, des Rechtsfriedens und der Praxistauglichkeit wird in § 1a auf einen Zeitraum von sieben Jahren ab Geschäftsabschluss abgestellt. Damit wird eine sachgerechte Regelung eingeführt, die einen zeitlich überschaubaren und administrierbaren Zeitraum enthält.

Satz 3

Satz 3 definiert eine erhebliche Abweichung nunmehr in Übereinstimmung mit den Empfehlungen der OECD (Tz. 6.193 OECD Verrechnungspreisleitlinien).

Satz 4

Der Satz 4 zeigt auf, dass für die Ermittlung des Fremdvergleichspreises und für die Beurteilung, ob eine erhebliche Abweichung vorliegt, dieselben Grundsätze und Methoden zu verwenden sind. Lediglich eine etwaig abweichende tatsächlich eingetretene Gewinnentwicklung darf einen Einfluss auf die Beurteilung haben, ob eine solche Abweichung vorliegt. Unbeachtlich ist daher insbesondere, ob die Anwendung einer anderen Methode oder Verwendung anderer Annahmen, die erst auf Grund der neuen Kenntnis über den tatsächlichen zeitlichen Verlauf gewonnen werden konnten, zu einem abweichenden Ergebnis führt.

Satz 5

Sofern die erhebliche Abweichung mehr als 20 Prozent des ursprünglichen Verrechnungspreises beträgt, regelt Satz 5, dass eine Anpassung dieses Verrechnungspreises in dem Umfang zu erfolgen hat, in dem der aus nachträglicher Sicht zutreffende Fremdvergleichspreis von dem ursprünglich vereinbarten Verrechnungspreis abweicht.

Satz 6

Eine Preisanpassung ist hingegen nach Satz 6 nicht vorzunehmen, wenn der Steuerpflichtige nachweisen kann, dass die Abweichung der Gewinnentwicklung von seiner Gewinnerwartung auf Umständen beruht, die er zum Zeitpunkt seiner Verrechnungspreisbestimmung nicht vorhersehen bzw. einkalkulieren konnte. Selbiges gilt, wenn der Steuerpflichtige nachweisen kann, dass er etwaige mit der Zukunftsbetrachtung inhärente Unsicherheiten ökonomisch plausibel im Zeitpunkt der Verrechnungspreisbestimmung berücksichtigt hat. Dies kann insbesondere durch extern veröffentlichte Informationen seitens des Unternehmens und auf der Grundlage von ökonomisch anerkannten Prinzipien und Methoden erfolgen, bspw. durch fremdübliche Risikozuschläge oder Risikoabschläge. Die Ausnahme zu Nummer 3 übernimmt den § 9 FVerlV.

Entwurf eines Gesetzes zur Umsetzung der Anti-Steuervermeidungsrichtlinie (ATAD-Umsetzungsgesetz – ATADUmsG)[1]

Bundestag Drucksache 19/28652

Begründung

A. Allgemeiner Teil

I. Zielsetzung und Notwendigkeit der Regelungen

Die Richtlinie (EU) 2016/1164 des Rates vom 12. Juli 2016 mit Vorschriften zur Bekämpfung von Steuervermeidungspraktiken mit unmittelbaren Auswirkungen auf das Funktionieren des Binnenmarktes – ABl. L 193 vom 19.7.2016, S. 1 (Anti-Steuervermeidungs-Richtlinie / ATAD), geändert durch Artikel 1 der Richtlinie (EU) 2017/952 des Rates vom 29. Mai 2017 zur Änderung der Richtlinie (EU) 2016/1164 bezüglich hybrider Gestaltungen mit Drittländern (ABl. L 144 vom 7.6.2017, S. 1 / ATAD II), verpflichtet die EU-Mitgliedstaaten zur Anpassung insbesondere ihrer steuerlichen Regelungen zur Entstrickungs-und Wegzugsbesteuerung (Artikel 5 ATAD), zur Hinzurechnungsbesteuerung (Artikel 7 und 8 ATAD) sowie zur Neutralisierung von Besteuerungsinkongruenzen im Zusammenhang mit Hybriden Gestaltungen (Artikel 9 und 9b ATAD), soweit diese nicht bereits dem von der ATAD vorgegebenen Mindeststandard entsprechen. Der sich aus der ATAD insoweit ergebende Umsetzungsbedarf wird mit diesem Gesetzentwurf aufgegriffen. In diesem Zusammenhang soll die Hinzurechnungsbesteuerung zur Stärkung des Wirtschaftsstandorts Deutschland zeitgemäß und rechtssicher ausgestaltet werden.

II. Wesentlicher Inhalt des Entwurfs

1. Entstrickungs- und Wegzugsbesteuerung (Artikel 5 ATAD)

Artikel 5 ATAD verpflichtet die Mitgliedstaaten zur Aufdeckung und (auf Antrag ratierlichen) Besteuerung stillerReserven bei der grenzüberschreitenden Überführung von Wirtschaftsgütern, der Verlagerung von Betrieben oder dem Wegzug von Körperschaften (sog. Entstrickungsbesteuerung). Zudem werden die Mitgliedstaaten verpflichtet, im Fall der Überführung von Wirtschaftsgütern ins Inland oder bei Zuzug von Körperschaften die im Rahmen der ausländischen Entstrickungsbesteuerung angesetzten Werte anzuerkennen, sofern diese dem Marktwert entsprechen (sog. Verstrickung). Die Umsetzung von Artikel 5 ATAD erfolgt in § 4 Absatz 1 Satz 3 und 9 – neu –, § 4g, § 6 Absatz 1 Nummer 4, 5a und 5b, § 9 Absatz 5 Satz 2 und § 36 Absatz 5 EStG sowie § 12 Absatz 1 und 1a KStG.

Wegen der auf Grund von Artikel 5 ATAD erforderlichen Änderungen sieht der Gesetzentwurf eine Vereinheitlichung der Stundungsregelungen sowie Erleichterungen bei der Anwendung der Rückkehrerregelung bei der Wegzugsbesteuerung natürlicher Personen im Rahmen des § 6 AStG vor.

[1] **Anm. d. Red.:** Gesetzentwurf zum ATAD-Umsetzungsgesetz – ATADUmsG vom 19.4.2021.

2. Reform der Hinzurechnungsbesteuerung (Artikel 7 und 8 der ATAD)

Die Hinzurechnungsbesteuerung ist im Jahre 1972 mit dem Inkrafttreten des Außensteuergesetzes eingeführt worden (BGBl. I S. 1713). Sie stellt eine robuste Regelungseinheit zur Verhinderung steuerlich indizierter, nicht notwendigerweise missbräuchlicher, Verlagerung von passiven Einkünften ins niedrig besteuernde Ausland dar.

Mit der ATAD wurde für alle Mitgliedstaaten ein verpflichtender Mindeststandard für eine Hinzurechnungsbesteuerung eingeführt. Da Deutschland bereits über eine robuste Hinzurechnungsbesteuerung verfügt, ergibt sich aus der Richtlinie selbst nur für vereinzelte Punkte Anpassungsbedarf.

Zu den Kernelementen der Reform der Hinzurechnungsbesteuerung zählt unter anderem die Anpassung des Beherrschungskriteriums. Statt auf eine Inländerbeherrschung abzustellen, wird künftig eine gesellschafterbezogene Betrachtung durchgeführt. Außerdem findet bei mehrstufigen Gesellschaftsstrukturen im Rahmen der Hinzurechnungsbesteuerung keine Verlustkonsolidierung auf Ebene der obersten ausländischen Gesellschaft mehr statt.

Die Umsetzung der Artikel 7 und 8 erfolgt in den §§ 7 ff. AStG.

3. Hybride Gestaltungen und Inkongruenzen bei der Ansässigkeit (Artikel 9 und 9b ATAD)

Die Artikel 9 und 9b ATAD verpflichten die Mitgliedstaaten, Besteuerungsinkongruenzen zu neutralisieren, die sich daraus ergeben, dass auf Grund sog. hybrider Elemente bestimmte Zahlungen, die beim Schuldner grundsätzlich als Betriebsausgaben abziehbar sind, beim Gläubiger nicht besteuert werden, Aufwendungen auch in einem anderen Staat abgezogen werden können, ohne dass den Aufwendungen Erträge gegenüberstehen, die in beiden Staaten besteuert werden, oder abzugsfähige Aufwendungen und die entsprechenden Erträge zu einer Besteuerungsinkongruenz in anderen Staaten führen, die diese Inkongruenz nicht beseitigen, sofern die Folgen dieser Inkongruenz über eine oder mehrere Transaktionen ins Inland „importiert“ werden.

Kern der Regelungen zur Umsetzung der Artikel 9 und 9b ATAD ist § 4k EStG, der für verschiedene Situationen von Besteuerungsinkongruenzen auf Grund hybrider Elemente den Betriebsausgabenabzug beschränkt. Weitere Regelungen enthalten § 8b Absatz 1 Satz 3 – neu – KStG und § 50d Absatz 9 Satz 1 Nummer 3 EStG.

Zu Artikel 5 (Änderung des Außensteuergesetzes)

Zu Nummer 1

Inhaltsübersicht – neu –

Vor dem ersten Teil wird eine Inhaltsübersicht eingefügt.

Zu Nummer 2

§ 1 Absatz 2

Satz 1

Satz 1 Nummer 1 entspricht weitgehend der derzeit geltenden Nummer 1, sodass weiterhin auf das Erfordernis einer wesentlichen Beteiligung abgestellt wird. Der sachliche Anwendungsbereich wird jedoch entsprechend Artikel 2 Absatz 4 Buchstabe a ATAD erweitert. Diese Erweiterung dient der Vermeidung von Steuerumgehungen durch die Ausgabe von mit Mehrfachstimmrechten ausgestatteten oder stimmrechtslosen Anteilen, den Abschluss von Stimmbindungsverträgen oder vergleichbaren Vorgängen.

Satz 1 Nummer 2 entspricht inhaltlich der derzeit geltenden Nummer 1 2. und 4. Variante.

Satz 1 Nummer 3 erweitert die in Nummer 1 vorgenommene tatbestandliche Erweiterung auch auf sog. Dreiecksfälle, in denen eine dritte Person sowohl an dem Steuerpflichtigen als auch an dessen Geschäftspartner zu mehr als einem Viertel beteiligt ist. Dabei entspricht Nummer 3 Buchstabe a und c inhaltlich der derzeit geltenden Nummer 2.

Satz 1 Nummer 4 entspricht inhaltlich der derzeit geltenden Nummer 3. Von einem eigenen Interesse an der Erzielung der Einkünfte des anderen kann bspw. auch bei allen Beteiligten an Netzwerken und deren Organisationseinheiten auszugehen sein. Mithin können auch rechtlich selbständige Unternehmen in einem globalen Netzwerk, die sich insbesondere durch eine enge strategische und fachliche Vernetzung dieses Netzwerks ausweisen, als nahestehende Personen gelten. Jedoch werden fremde voneinander unabhängige Franchiseunternehmen beispielsweise hierunter nicht erfasst.

Satz 2

Satz 2 stellt klar, dass gegenüber der Person und dem Steuerpflichtigen unterschiedliche Merkmale der Buchstaben a bis c bestehen können; so kann bspw. die dritte Person am Steuerpflichtigen wesentlich beteiligt sein und gegenüber der Person ein Anspruch auf ein Viertel des Liquidationserlöses bestehen.

Zu Nummer 3

§ 5 Absatz 1 Satz 1

Auf Grund der Verschiebung des Regelungsinhalts des bisherigen § 7 Absatz 6 AStG in den § 13 AStG muss der Verweis in § 5 AStG auch diese neue Vorschrift enthalten. Der Verweis auf § 14 AStG kann mit Wegfall der Vorschrift hingegen entfallen.

Abgabenordnung (AO)

§ 2 AO Vorrang völkerrechtlicher Vereinbarungen[1]

(1) Verträge mit anderen Staaten im Sinne des Artikels 59 Abs. 2 Satz 1 des Grundgesetzes über die Besteuerung gehen, soweit sie unmittelbar anwendbares innerstaatliches Recht geworden sind, den Steuergesetzen vor.

(2) [1]Das Bundesministerium der Finanzen wird ermächtigt, zur Sicherung der Gleichmäßigkeit der Besteuerung und zur Vermeidung einer Doppelbesteuerung oder doppelten Nichtbesteuerung mit Zustimmung des Bundesrates Rechtsverordnungen zur Umsetzung von Konsultationsvereinbarungen zu erlassen. [2]Konsultationsvereinbarungen nach Satz 1 sind einvernehmliche Vereinbarungen der zuständigen Behörden der Vertragsstaaten eines Doppelbesteuerungsabkommens mit dem Ziel, Einzelheiten der Durchführung eines solchen Abkommens zu regeln, insbesondere Schwierigkeiten oder Zweifel, die bei der Auslegung oder Anwendung des jeweiligen Abkommens bestehen, zu beseitigen.

(3) Das Bundesministerium der Finanzen wird ermächtigt, durch Rechtsverordnung mit Zustimmung des Bundesrates Vorschriften zu erlassen, die

- Einkünfte oder Vermögen oder Teile davon bestimmen, für die die Bundesrepublik Deutschland in Anwendung der Bestimmung eines Abkommens zur Vermeidung der Doppelbesteuerung auf Grund einer auf diplomatischem Weg erfolgten Notifizierung eine Steueranrechnung vornimmt, und
- in den Anwendungsbereich der Bestimmungen über den öffentlichen Dienst eines Abkommens zur Vermeidung der Doppelbesteuerung diejenigen Körperschaften und Einrichtungen einbeziehen, die auf Grund einer in diesem Abkommen vorgesehenen Vereinbarung zwischen den zuständigen Behörden bestimmt worden sind.

§ 8 AO Wohnsitz

Einen Wohnsitz hat jemand dort, wo er eine Wohnung unter Umständen innehat, die darauf schließen lassen, dass er die Wohnung beibehalten und benutzen wird.

§ 9 AO Gewöhnlicher Aufenthalt

[1]Den gewöhnlichen Aufenthalt hat jemand dort, wo er sich unter Umständen aufhält, die erkennen lassen, dass er an diesem Ort oder in diesem Gebiet nicht nur vorübergehend verweilt. [2]Als gewöhnlicher Aufenthalt im Geltungsbereich dieses Gesetzes ist stets und von Beginn an ein zeitlich zusammenhängender Aufenthalt von mehr als sechs Monaten Dauer anzusehen; kurzfristige Unterbrechungen bleiben unberücksichtigt. [3]Satz 2 gilt nicht, wenn der Aufenthalt ausschließlich zu Besuchs-, Erholungs-, Kur- oder ähnlichen privaten Zwecken genommen wird und nicht länger als ein Jahr dauert.

§ 10 AO Geschäftsleitung

Geschäftsleitung ist der Mittelpunkt der geschäftlichen Oberleitung.

---

[1] **Anm. d. Red.:** § 2 Abs. 1 und 2 i. d. F. des Gesetzes v. 8.12.2010 (BGBl I S. 1768) mit Wirkung v. 14.12.2010; Abs. 3 angefügt gem. Gesetz v. 20.12.2016 (BGBl I S. 3000) mit Wirkung v. 1.1.2017.

§ 11 AO Sitz

Den Sitz hat eine Körperschaft, Personenvereinigung oder Vermögensmasse an dem Ort, der durch Gesetz, Gesellschaftsvertrag, Satzung, Stiftungsgeschäft oder dergleichen bestimmt ist.

§ 12 AO Betriebstätte

[1]Betriebstätte ist jede feste Geschäftseinrichtung oder Anlage, die der Tätigkeit eines Unternehmens dient. [2]Als Betriebstätten sind insbesondere anzusehen:

1. die Stätte der Geschäftsleitung,
2. Zweigniederlassungen,
3. Geschäftsstellen,
4. Fabrikations- oder Werkstätten,
5. Warenlager,
6. Ein- oder Verkaufsstellen,
7. Bergwerke, Steinbrüche oder andere stehende, örtlich fortschreitende oder schwimmende Stätten der Gewinnung von Bodenschätzen,
8. Bauausführungen oder Montagen, auch örtlich fortschreitende oder schwimmende, wenn
   a) die einzelne Bauausführung oder Montage oder
   b) eine von mehreren zeitlich nebeneinander bestehenden Bauausführungen oder Montagen oder
   c) mehrere ohne Unterbrechung aufeinander folgende Bauausführungen oder Montagen

   länger als sechs Monate dauern.

§ 13 AO Ständiger Vertreter

[1]Ständiger Vertreter ist eine Person, die nachhaltig die Geschäfte eines Unternehmens besorgt und dabei dessen Sachweisungen unterliegt. [2]Ständiger Vertreter ist insbesondere eine Person, die für ein Unternehmen nachhaltig

1. Verträge abschließt oder vermittelt oder Aufträge einholt oder
2. einen Bestand von Gütern oder Waren unterhält und davon Auslieferungen vornimmt.

§ 30 AO Steuergeheimnis[1]

(1) Amtsträger haben das Steuergeheimnis zu wahren.

(2) Ein Amtsträger verletzt das Steuergeheimnis, wenn er

1. personenbezogene Daten eines anderen, die ihm
   a) in einem Verwaltungsverfahren, einem Rechnungsprüfungsverfahren oder einem gerichtlichen Verfahren in Steuersachen,

---

[1] **Anm. d. Red.:** § 30 Abs. 2 und 4 i. d. F. des Gesetzes v. 12.12.2019 (BGBl I S. 2451) mit Wirkung v. 18.12.2019; Abs. 5 und 10 i. d. F. des Gesetzes v. 20.11.2019 (BGBl I S. 1626) mit Wirkung v. 26.11.2019; Abs. 6 bis 9 und 11 i. d. F. des Gesetzes v. 17.7.2017 (BGBl I S. 2541) mit Wirkung v. 25.5.2018.

b) in einem Strafverfahren wegen einer Steuerstraftat oder einem Bußgeldverfahren wegen einer Steuerordnungswidrigkeit,

c) im Rahmen einer Weiterverarbeitung nach § 29c Absatz 1 Satz 1 Nummer 4, 5 oder 6 oder aus anderem dienstlichen Anlass, insbesondere durch Mitteilung einer Finanzbehörde oder durch die gesetzlich vorgeschriebene Vorlage eines Steuerbescheids oder einer Bescheinigung über die bei der Besteuerung getroffenen Feststellungen,

bekannt geworden sind, oder

2. ein fremdes Betriebs- oder Geschäftsgeheimnis, das ihm in einem der in Nummer 1 genannten Verfahren bekannt geworden ist,

(geschützte Daten) unbefugt offenbart oder verwertet oder

3. geschützte Daten im automatisierten Verfahren unbefugt abruft, wenn sie für eines der in Nummer 1 genannten Verfahren in einem automationsgestützten Dateisystem gespeichert sind.

(3) Den Amtsträgern stehen gleich

1. die für den öffentlichen Dienst besonders Verpflichteten (§ 11 Abs. 1 Nr. 4 des Strafgesetzbuchs),

1a. die in § 193 Abs. 2 des Gerichtsverfassungsgesetzes genannten Personen,

2. amtlich zugezogene Sachverständige,

3. die Träger von Ämtern der Kirchen und anderen Religionsgemeinschaften, die Körperschaften des öffentlichen Rechts sind.

(4) Die Offenbarung oder Verwertung geschützter Daten ist zulässig, soweit

1. sie der Durchführung eines Verfahrens im Sinne des Absatzes 2 Nr. 1 Buchstaben a und b dient,

1a. sie einer Verarbeitung durch Finanzbehörden nach Maßgabe des § 29c Absatz 1 Satz 1 Nummer 4 oder 6 dient,

1b. sie der Durchführung eines Bußgeldverfahrens nach Artikel 83 der Verordnung (EU) 2016/679 im Anwendungsbereich dieses Gesetzes dient,

2. sie durch Bundesgesetz ausdrücklich zugelassen ist,

2a. sie durch Recht der Europäischen Union vorgeschrieben oder zugelassen ist,

2b. sie der Erfüllung der gesetzlichen Aufgaben des Statistischen Bundesamtes oder für die Erfüllung von Bundesgesetzen durch die Statistischen Landesämter dient,

2c. sie der Gesetzesfolgenabschätzung dient und die Voraussetzungen für eine Weiterverarbeitung nach § 29c Absatz 1 Satz 1 Nummer 5 vorliegen,

2d. sie der Sicherung, Nutzung und wissenschaftlichen Verwertung von Archivgut der Finanzbehörden durch das Bundesarchiv nach Maßgabe des Bundesarchivgesetzes oder durch das zuständige Landes- oder Kommunalarchiv nach Maßgabe des einschlägigen Landesgesetzes oder der einschlägigen kommunalen Satzung dient, sofern die Beachtung der Vorgaben der §§ 6 und 10 bis 14 des Bundesarchivgesetzes im Landesrecht oder in der kommunalen Satzung sichergestellt ist,

3. die betroffene Person zustimmt,
4. sie der Durchführung eines Strafverfahrens wegen einer Tat dient, die keine Steuerstraftat ist, und die Kenntnisse
   a) in einem Verfahren wegen einer Steuerstraftat oder Steuerordnungswidrigkeit erlangt worden sind; dies gilt jedoch nicht für solche Tatsachen, die der Steuerpflichtige in Unkenntnis der Einleitung des Strafverfahrens oder des Bußgeldverfahrens offenbart hat oder die bereits vor Einleitung des Strafverfahrens oder des Bußgeldverfahrens im Besteuerungsverfahren bekannt geworden sind, oder
   b) ohne Bestehen einer steuerlichen Verpflichtung oder unter Verzicht auf ein Auskunftsverweigerungsrecht erlangt worden sind,
5. für sie ein zwingendes öffentliches Interesse besteht; ein zwingendes öffentliches Interesse ist namentlich gegeben, wenn
   a) die Offenbarung erforderlich ist zur Abwehr erheblicher Nachteile für das Gemeinwohl oder einer Gefahr für die öffentliche Sicherheit, die Verteidigung oder die nationale Sicherheit oder zur Verhütung oder Verfolgung von Verbrechen und vorsätzlichen schweren Vergehen gegen Leib und Leben oder gegen den Staat und seine Einrichtungen,
   b) Wirtschaftsstraftaten verfolgt werden oder verfolgt werden sollen, die nach ihrer Begehungsweise oder wegen des Umfangs des durch sie verursachten Schadens geeignet sind, die wirtschaftliche Ordnung erheblich zu stören oder das Vertrauen der Allgemeinheit auf die Redlichkeit des geschäftlichen Verkehrs oder auf die ordnungsgemäße Arbeit der Behörden und der öffentlichen Einrichtungen erheblich zu erschüttern, oder
   c) die Offenbarung erforderlich ist zur Richtigstellung in der Öffentlichkeit verbreiteter unwahrer Tatsachen, die geeignet sind, das Vertrauen in die Verwaltung erheblich zu erschüttern; die Entscheidung trifft die zuständige oberste Finanzbehörde im Einvernehmen mit dem Bundesministerium der Finanzen; vor der Richtigstellung soll der Steuerpflichtige gehört werden.

(5) Vorsätzlich falsche Angaben der betroffenen Person dürfen den Strafverfolgungsbehörden gegenüber offenbart werden.

(6) [1]Der Abruf geschützter Daten, die für eines der in Absatz 2 Nummer 1 genannten Verfahren in einem automationsgestützten Dateisystem gespeichert sind, ist nur zulässig, soweit er der Durchführung eines Verfahrens im Sinne des Absatzes 2 Nummer 1 Buchstabe a und b oder der zulässigen Übermittlung geschützter Daten durch eine Finanzbehörde an die betroffene Person oder Dritte dient. [2]Zur Wahrung des Steuergeheimnisses kann das Bundesministerium der Finanzen durch Rechtsverordnung mit Zustimmung des Bundesrates bestimmen, welche technischen und organisatorischen Maßnahmen gegen den unbefugten Abruf von Daten zu treffen sind. [3]Insbesondere kann es nähere Regelungen treffen über die Art der Daten, deren Abruf zulässig ist, sowie über den Kreis der Amtsträger, die zum Abruf solcher Daten berechtigt sind. [4]Die Rechtsverordnung bedarf nicht der Zustimmung des Bundesrates,

soweit sie die Kraftfahrzeugsteuer, die Luftverkehrsteuer, die Versicherungsteuer sowie Einfuhr- und Ausfuhrabgaben und Verbrauchsteuern, mit Ausnahme der Biersteuer, betrifft.

(7) Werden dem Steuergeheimnis unterliegende Daten durch einen Amtsträger oder diesem nach Absatz 3 gleichgestellte Personen nach Maßgabe des § 87a Absatz 4 oder 7 über De-Mail-Dienste im Sinne des § 1 des De-Mail-Gesetzes versendet, liegt keine unbefugte Offenbarung, Verwertung und kein unbefugter Abruf von dem Steuergeheimnis unterliegenden Daten vor, wenn beim Versenden eine kurzzeitige automatisierte Entschlüsselung durch den akkreditierten Diensteanbieter zum Zweck der Überprüfung auf Schadsoftware und zum Zweck der Weiterleitung an den Adressaten der De-Mail-Nachricht stattfindet.

(8) Die Einrichtung eines automatisierten Verfahrens, das den Abgleich geschützter Daten innerhalb einer Finanzbehörde oder zwischen verschiedenen Finanzbehörden ermöglicht, ist zulässig, soweit die Weiterverarbeitung oder Offenbarung dieser Daten zulässig und dieses Verfahren unter Berücksichtigung der schutzwürdigen Interessen der betroffenen Person und der Aufgaben der beteiligten Finanzbehörden angemessen ist.

(9) Die Finanzbehörden dürfen sich bei der Verarbeitung geschützter Daten nur dann eines Auftragsverarbeiters im Sinne von Artikel 4 Nummer 8 der Verordnung (EU) 2016/679 bedienen, wenn diese Daten ausschließlich durch Personen verarbeitet werden, die zur Wahrung des Steuergeheimnisses verpflichtet sind.

(10) Die Offenbarung besonderer Kategorien personenbezogener Daten im Sinne des Artikels 9 Absatz 1 der Verordnung (EU) 2016/679 durch Finanzbehörden an öffentliche oder nicht-öffentliche Stellen ist zulässig, wenn die Voraussetzungen der Absätze 4 oder 5 und ein Ausnahmetatbestand nach Artikel 9 Absatz 2 der Verordnung (EU) 2016/679 oder nach § 31c vorliegen.

(11) [1]Wurden geschützte Daten

1. einer Person, die nicht zur Wahrung des Steuergeheimnisses verpflichtet ist,
2. einer öffentlichen Stelle, die keine Finanzbehörde ist, oder
3. einer nicht-öffentlichen Stelle

nach den Absätzen 4 oder 5 offenbart, darf der Empfänger diese Daten nur zu dem Zweck speichern, verändern, nutzen oder übermitteln, zu dem sie ihm offenbart worden sind. [2]Die Pflicht eines Amtsträgers oder einer ihm nach Absatz 3 gleichgestellten Person, dem oder der die geschützten Daten durch die Offenbarung bekannt geworden sind, zur Wahrung des Steuergeheimnisses bleibt unberührt.

§ 31 AO Mitteilung von Besteuerungsgrundlagen[1]

(1) [1]Die Finanzbehörden sind verpflichtet, Besteuerungsgrundlagen, Steuermessbeträge und Steuerbeträge an Körperschaften des öffentlichen Rechts einschließlich der Religionsgemeinschaften, die Körperschaften des öffentlichen Rechts sind, zur Festsetzung von solchen Abgaben mitzuteilen, die an diese Besteuerungsgrundlagen, Steuermessbeträge oder Steuerbeträge anknüpfen. [2]Die Mitteilungspflicht besteht nicht, soweit deren Erfüllung mit einem unverhältnismäßigen Aufwand verbunden wäre. [3]Die Finanzbehörden dürfen Körperschaften des öf-

[1] **Anm. d. Red.:** § 31 Abs. 1 und 3 i. d. F. des Gesetzes v. 20.11.2019 (BGBl I S. 1626) mit Wirkung v. 26.11.2019; Abs. 2 i. d. F. des Gesetzes v. 21.12.2020 (BGBl I S. 3096) mit Wirkung v. 29.12.2020.

fentlichen Rechts auf Ersuchen Namen und Anschriften ihrer Mitglieder, die dem Grunde nach zur Entrichtung von Abgaben im Sinne des Satzes 1 verpflichtet sind, sowie die von der Finanzbehörde für die Körperschaft festgesetzten Abgaben übermitteln, soweit die Kenntnis dieser Daten zur Erfüllung von in der Zuständigkeit der Körperschaft liegenden öffentlichen Aufgaben erforderlich ist und überwiegende schutzwürdige Interessen der betroffenen Person nicht entgegenstehen.

(2) [1]Die Finanzbehörden sind verpflichtet, die nach **§ 30 Absatz 2 Nummer 1** geschützten personenbezogenen Daten der betroffenen Person den Trägern der gesetzlichen Sozialversicherung, der Bundesagentur für Arbeit und der Künstlersozialkasse mitzuteilen, soweit die Kenntnis dieser Daten für die Feststellung der Versicherungspflicht oder die Festsetzung von Beiträgen einschließlich der Künstlersozialabgabe erforderlich ist oder die betroffene Person einen Antrag auf Mitteilung stellt. [2]Die Mitteilungspflicht besteht nicht, soweit deren Erfüllung mit einem unverhältnismäßigen Aufwand verbunden wäre.

(3) Die für die Verwaltung der Grundsteuer zuständigen Behörden sind berechtigt, die nach **§ 30** geschützten Namen und Anschriften von Grundstückseigentümern, die bei der Verwaltung der Grundsteuer bekannt geworden sind, zur Verwaltung anderer Abgaben sowie zur Erfüllung sonstiger öffentlicher Aufgaben zu verwenden oder den hierfür zuständigen Gerichten, Behörden oder juristischen Personen des öffentlichen Rechts auf Ersuchen mitzuteilen, soweit nicht überwiegende schutzwürdige Interessen der betroffenen Person entgegenstehen.

§ 39 AO Zurechnung

(1) Wirtschaftsgüter sind dem Eigentümer zuzurechnen.

(2) Abweichend von Absatz 1 gelten die folgenden Vorschriften:

1. [1]Übt ein anderer als der Eigentümer die tatsächliche Herrschaft über ein Wirtschaftsgut in der Weise aus, dass er den Eigentümer im Regelfall für die gewöhnliche Nutzungsdauer von der Einwirkung auf das Wirtschaftsgut wirtschaftlich ausschließen kann, so ist ihm das Wirtschaftsgut zuzurechnen. [2]Bei Treuhandverhältnissen sind die Wirtschaftsgüter dem Treugeber, beim Sicherungseigentum dem Sicherungsgeber und beim Eigenbesitz dem Eigenbesitzer zuzurechnen.
2. Wirtschaftsgüter, die mehreren zur gesamten Hand zustehen, werden den Beteiligten anteilig zugerechnet, soweit eine getrennte Zurechnung für die Besteuerung erforderlich ist.

§ 40 AO Gesetz- oder sittenwidriges Handeln

Für die Besteuerung ist es unerheblich, ob ein Verhalten, das den Tatbestand eines Steuergesetzes ganz oder zum Teil erfüllt, gegen ein gesetzliches Gebot oder Verbot oder gegen die guten Sitten verstößt.

§ 41 AO Unwirksame Rechtsgeschäfte

(1) [1]Ist ein Rechtsgeschäft unwirksam oder wird es unwirksam, so ist dies für die Besteuerung unerheblich, soweit und solange die Beteiligten das wirtschaftliche Ergebnis dieses Rechtsgeschäfts gleichwohl eintreten und bestehen lassen. [2]Dies gilt nicht, soweit sich aus den Steuergesetzen etwas anderes ergibt.

(2) [1]Scheingeschäfte und Scheinhandlungen sind für die Besteuerung unerheblich. [2]Wird durch ein Scheingeschäft ein anderes Rechtsgeschäft verdeckt, so ist das verdeckte Rechtsgeschäft für die Besteuerung maßgebend.

§ 42 AO Missbrauch von rechtlichen Gestaltungsmöglichkeiten[1]

(1) [1]Durch Missbrauch von Gestaltungsmöglichkeiten des Rechts kann das Steuergesetz nicht umgangen werden. [2]Ist der Tatbestand einer Regelung in einem Einzelsteuergesetz erfüllt, die der Verhinderung von Steuerumgehungen dient, so bestimmen sich die Rechtsfolgen nach jener Vorschrift. [3]Anderenfalls entsteht der Steueranspruch beim Vorliegen eines Missbrauchs im Sinne des Absatzes 2 so, wie er bei einer den wirtschaftlichen Vorgängen angemessenen rechtlichen Gestaltung entsteht.

(2) [1]Ein Missbrauch liegt vor, wenn eine unangemessene rechtliche Gestaltung gewählt wird, die beim Steuerpflichtigen oder einem Dritten im Vergleich zu einer angemessenen Gestaltung zu einem gesetzlich nicht vorgesehenen Steuervorteil führt. [2]Dies gilt nicht, wenn der Steuerpflichtige für die gewählte Gestaltung außersteuerliche Gründe nachweist, die nach dem Gesamtbild der Verhältnisse beachtlich sind.

Dritter Teil: Allgemeine Verfahrensvorschriften

Erster Abschnitt: Verfahrensgrundsätze

1. Unterabschnitt: Beteiligung am Verfahren

§ 78 AO Beteiligte

Beteiligte sind

1. Antragsteller und Antragsgegner,
2. diejenigen, an die die Finanzbehörde den Verwaltungsakt richten will oder gerichtet hat,
3. diejenigen, mit denen die Finanzbehörde einen öffentlich-rechtlichen Vertrag schließen will oder geschlossen hat.

§ 87 AO Amtssprache[2]

(1) Die Amtssprache ist Deutsch.

(2) [1]Werden bei einer Finanzbehörde in einer fremden Sprache Anträge gestellt oder Eingaben, Belege, Urkunden oder sonstige Dokumente vorgelegt, kann die Finanzbehörde verlangen, dass unverzüglich eine Übersetzung vorgelegt wird. [2]In begründeten Fällen kann die Vorlage einer beglaubigten oder von einem öffentlich bestellten oder beeidigten Dolmetscher oder Übersetzer angefertigten Übersetzung verlangt werden. [3]Wird die verlangte Übersetzung nicht unverzüglich vorgelegt, so kann die Finanzbehörde auf Kosten des Beteiligten selbst eine Übersetzung beschaffen. [4]Hat die Finanzbehörde Dolmetscher oder Übersetzer herangezogen, erhalten diese eine Vergütung in entsprechender Anwendung des Justizvergütungs- und -entschädigungsgesetzes.

---

[1] **Anm. d. Red.:** § 42 i. d. F. des Gesetzes v. 20.12.2007 (BGBl I S. 3150) mit Wirkung v. 29.12.2007.

[2] **Anm. d. Red.:** § 87 Abs. 2 i. d. F. des Gesetzes v. 5.5.2004 (BGBl I S. 718) mit Wirkung v. 1.7.2004.

(3) Soll durch eine Anzeige, einen Antrag oder die Abgabe einer Willenserklärung eine Frist in Lauf gesetzt werden, innerhalb deren die Finanzbehörde in einer bestimmten Weise tätig werden muss, und gehen diese in einer fremden Sprache ein, so beginnt der Lauf der Frist erst mit dem Zeitpunkt, in dem der Finanzbehörde eine Übersetzung vorliegt.

(4) [1]Soll durch eine Anzeige, einen Antrag oder eine Willenserklärung, die in fremder Sprache eingehen, zugunsten eines Beteiligten eine Frist gegenüber der Finanzbehörde gewährt, ein öffentlich-rechtlicher Anspruch geltend gemacht oder eine Leistung begehrt werden, so gelten die Anzeige, der Antrag oder die Willenserklärung als zum Zeitpunkt des Eingangs bei der Finanzbehörde abgegeben, wenn auf Verlangen der Finanzbehörde innerhalb einer von dieser zu setzenden angemessenen Frist eine Übersetzung vorgelegt wird. [2]Andernfalls ist der Zeitpunkt des Eingangs der Übersetzung maßgebend, soweit sich nicht aus zwischenstaatlichen Vereinbarungen etwas anderes ergibt. [3]Auf diese Rechtsfolge ist bei der Fristsetzung hinzuweisen.

§ 88 AO Untersuchungsgrundsatz[1]

(1) [1]Die Finanzbehörde ermittelt den Sachverhalt von Amts wegen. [2]Dabei hat sie alle für den Einzelfall bedeutsamen, auch die für die Beteiligten günstigen Umstände zu berücksichtigen.

(2) [1]Die Finanzbehörde bestimmt Art und Umfang der Ermittlungen nach den Umständen des Einzelfalls sowie nach den Grundsätzen der Gleichmäßigkeit, Gesetzmäßigkeit und Verhältnismäßigkeit; an das Vorbringen und an die Beweisanträge der Beteiligten ist sie nicht gebunden. [2]Bei der Entscheidung über Art und Umfang der Ermittlungen können allgemeine Erfahrungen der Finanzbehörden sowie Wirtschaftlichkeit und Zweckmäßigkeit berücksichtigt werden.

(3) [1]Zur Gewährleistung eines zeitnahen und gleichmäßigen Vollzugs der Steuergesetze können die obersten Finanzbehörden für bestimmte oder bestimmbare Fallgruppen Weisungen über Art und Umfang der Ermittlungen und der Verarbeitung von erhobenen oder erfassten Daten erteilen, soweit gesetzlich nicht etwas anderes bestimmt ist. [2]Bei diesen Weisungen können allgemeine Erfahrungen der Finanzbehörden sowie Wirtschaftlichkeit und Zweckmäßigkeit berücksichtigt werden. [3]Die Weisungen dürfen nicht veröffentlicht werden, soweit dies die Gleichmäßigkeit und Gesetzmäßigkeit der Besteuerung gefährden könnte. [4]Weisungen der obersten Finanzbehörden der Länder nach Satz 1 bedürfen des Einvernehmens mit dem Bundesministerium der Finanzen, soweit die Landesfinanzbehörden Steuern im Auftrag des Bundes verwalten.

(4) [1]Das Bundeszentralamt für Steuern und die zentrale Stelle im Sinne des § 81 des Einkommensteuergesetzes können auf eine Weiterleitung ihnen zugegangener und zur Weiterleitung an die Landesfinanzbehörden bestimmter Daten an die Landesfinanzbehörden verzichten, soweit sie die Daten nicht oder nur mit unverhältnismäßigem Aufwand einem bestimmten Steuerpflichtigen oder einem bestimmten Finanzamt zuordnen können. [2]Nach Satz 1 einem bestimmten Steuerpflichtigen oder einem bestimmten Finanzamt zugeordnete Daten sind unter Beachtung von Weisungen gemäß Absatz 3 des Bundesministeriums der Finanzen weiterzuleiten. [3]Nicht an die Landesfinanzbehörden weitergeleitete Daten sind vom Bundeszentralamt

[1] **Anm. d. Red.:** § 88 Abs. 1, 2, 4 und 5 i. d. F. des Gesetzes v. 18.7.2016 (BGBl I S. 1679) mit Wirkung v. 1.1.2017; Abs. 3 i. d. F. des Gesetzes v. 17.7.2017 (BGBl I S. 2541) mit Wirkung v. 25.5.2018.

für Steuern für Zwecke von Verfahren im Sinne des § 30 Absatz 2 Nummer 1 Buchstabe a und b bis zum Ablauf des 15. Jahres nach dem Jahr des Datenzugangs zu speichern. [4]Nach Satz 3 gespeicherte Daten dürfen nur für Verfahren im Sinne des § 30 Absatz 2 Nummer 1 Buchstabe a und b sowie zur Datenschutzkontrolle verarbeitet werden.

(5) [1]Die Finanzbehörden können zur Beurteilung der Notwendigkeit weiterer Ermittlungen und Prüfungen für eine gleichmäßige und gesetzmäßige Festsetzung von Steuern und Steuervergütungen sowie Anrechnung von Steuerabzugsbeträgen und Vorauszahlungen automationsgestützte Systeme einsetzen (Risikomanagementsysteme). [2]Dabei soll auch der Grundsatz der Wirtschaftlichkeit der Verwaltung berücksichtigt werden. [3]Das Risikomanagementsystem muss mindestens folgende Anforderungen erfüllen:

1. die Gewährleistung, dass durch Zufallsauswahl eine hinreichende Anzahl von Fällen zur umfassenden Prüfung durch Amtsträger ausgewählt wird,
2. die Prüfung der als prüfungsbedürftig ausgesteuerten Sachverhalte durch Amtsträger,
3. die Gewährleistung, dass Amtsträger Fälle für eine umfassende Prüfung auswählen können,
4. die regelmäßige Überprüfung der Risikomanagementsysteme auf ihre Zielerfüllung.

[4]Einzelheiten der Risikomanagementsysteme dürfen nicht veröffentlicht werden, soweit dies die Gleichmäßigkeit und Gesetzmäßigkeit der Besteuerung gefährden könnte. [5]Auf dem Gebiet der von den Landesfinanzbehörden im Auftrag des Bundes verwalteten Steuern legen die obersten Finanzbehörden der Länder die Einzelheiten der Risikomanagementsysteme zur Gewährleistung eines bundeseinheitlichen Vollzugs der Steuergesetze im Einvernehmen mit dem Bundesministerium der Finanzen fest.

§ 89 AO Beratung, Auskunft[1 2]

(1) [1]Die Finanzbehörde soll die Abgabe von Erklärungen, die Stellung von Anträgen oder die Berichtigung von Erklärungen oder Anträgen anregen, wenn diese offensichtlich nur versehentlich oder aus Unkenntnis unterblieben oder unrichtig abgegeben oder gestellt worden sind. [2]Sie erteilt, soweit erforderlich, Auskunft über die den Beteiligten im Verwaltungsverfahren zustehenden Rechte und die ihnen obliegenden Pflichten.

(2) [1]Die Finanzämter und das Bundeszentralamt für Steuern können auf Antrag verbindliche Auskünfte über die steuerliche Beurteilung von genau bestimmten, noch nicht verwirklichten Sachverhalten erteilen, wenn daran im Hinblick auf die erheblichen steuerlichen Auswirkungen ein besonderes Interesse besteht. [2]Zuständig für die Erteilung einer verbindlichen Auskunft ist die Finanzbehörde, die bei Verwirklichung des dem Antrag zugrunde liegenden Sachverhalts örtlich zuständig sein würde. [3]Bei Antragstellern, für die im Zeitpunkt der Antragstellung nach den §§ 18 bis 21 keine Finanzbehörde zuständig ist, ist auf dem Ge biet der Steuern, die von den Landesfinanzbehörden im Auftrag des Bundes verwaltet werden, abweichend von Satz 2 das Bundeszentralamt für Steuern zuständig; in diesem Fall bindet die ver-

[1] **Anm. d. Red.:** § 89 Abs. 1 i. d. F. des Gesetzes v. 5.9.2006 (BGBl I S. 2098) mit Wirkung v. 12.9.2006; Abs. 2 und 3 i. d. F. des Gesetzes v. 18.7.2016 (BGBl I S. 1679) mit Wirkung v. 23.7.2016; Abs. 4 bis 7 i. d. F. des Gesetzes v. 1.11.2011 (BGBl I S. 2131) mit Wirkung v. 5.11.2011.

[2] **Anm. d. Red.:** Zur Anwendung des § 89 siehe Art. 97 § 25 EGAO.

bindliche Auskunft auch die Finanzbehörde, die bei der Verwirklichung des der Auskunft zugrunde liegenden Sachverhalts zuständig ist. [4]Über den Antrag auf Erteilung einer verbindlichen Auskunft soll innerhalb von sechs Monaten ab Eingang des Antrags bei der zuständigen Finanzbehörde entschieden werden; kann die Finanzbehörde nicht innerhalb dieser Frist über den Antrag entscheiden, ist dies dem Antragsteller unter Angabe der Gründe mitzuteilen. [5]Das Bundesministerium der Finanzen wird ermächtigt, mit Zustimmung des Bundesrates durch Rechtsverordnung nähere Bestimmungen zu Form, Inhalt und Voraussetzungen des Antrages auf Erteilung einer verbindlichen Auskunft und zur Reichweite der Bindungswirkung zu treffen. [6]In der Rechtsverordnung kann auch bestimmt werden, unter welchen Voraussetzungen eine verbindliche Auskunft gegenüber mehreren Beteiligten einheitlich zu erteilen ist und welche Finanzbehörde in diesem Fall für die Erteilung der verbindlichen Auskunft zuständig ist. [7]Die Rechtsverordnung bedarf nicht der Zustimmung des Bundesrates, soweit sie die Versicherungsteuer betrifft.

(3) [1]Für die Bearbeitung eines Antrags auf Erteilung einer verbindlichen Auskunft nach Absatz 2 wird eine Gebühr erhoben. [2]Wird eine verbindliche Auskunft gegenüber mehreren Antragstellern einheitlich erteilt, ist nur eine Gebühr zu erheben; in diesem Fall sind alle Antragsteller Gesamtschuldner der Gebühr. [3] Die Gebühr ist vom Antragsteller innerhalb eines Monats nach Bekanntgabe ihrer Festsetzung zu entrichten. [4] Die Finanzbehörde kann die Entscheidung über den Antrag bis zur Entrichtung der Gebühr zurückstellen.

(4) [1]Die Gebühr wird nach dem Wert berechnet, den die verbindliche Auskunft für den Antragsteller hat (Gegenstandswert). [2]Der Antragsteller soll den Gegenstandswert und die für seine Bestimmung erheblichen Umstände in seinem Antrag auf Erteilung einer verbindlichen Auskunft darlegen. [3]Die Finanzbehörde soll der Gebührenfestsetzung den vom Antragsteller erklärten Gegenstandswert zugrunde legen, soweit dies nicht zu einem offensichtlich unzutreffenden Ergebnis führt.

(5) [1]Die Gebühr wird in entsprechender Anwendung des § 34 des Gerichtskostengesetzes mit einem Gebührensatz von 1,0 erhoben. [2]§ 39 Absatz 2 des Gerichtskostengesetzes ist entsprechend anzuwenden. [3]Beträgt der Gegenstandswert weniger als 10 000 Euro, wird keine Gebühr erhoben.

(6) [1]Ist ein Gegenstandswert nicht bestimmbar und kann er auch nicht durch Schätzung bestimmt werden, ist eine Zeitgebühr zu berechnen; sie beträgt 50 Euro je angefangene halbe Stunde Bearbeitungszeit. [2]Beträgt die Bearbeitungszeit weniger als zwei Stunden, wird keine Gebühr erhoben.

(7) [1]Auf die Gebühr kann ganz oder teilweise verzichtet werden, wenn ihre Erhebung nach Lage des einzelnen Falls unbillig wäre. [2]Die Gebühr kann insbesondere ermäßigt werden, wenn ein Antrag auf Erteilung einer verbindlichen Auskunft vor Bekanntgabe der Entscheidung der Finanzbehörde zurückgenommen wird.

§ 89a Vorabverständigungsverfahren[1] [2]

(1) [1]Bei Anwendbarkeit eines Abkommens zur Vermeidung der Doppelbesteuerung, welches ein Verständigungsverfahren zur Vermeidung der Doppelbesteuerung zwischen der Bundesrepublik Deutschland und einem anderen Staat oder Hoheitsgebiet (Vertragsstaat) vorsieht, kann die zuständige Behörde nach **§ 5 Absatz 1 Satz 1 Nummer 5 des Finanzverwaltungsgesetzes** im Einvernehmen mit der zuständigen obersten Landesfinanzbehörde oder der von dieser beauftragten Behörde nach den Bestimmungen dieser Vorschrift auf Antrag eines Abkommensberechtigten (Antragsteller) ein zwischenstaatliches Verfahren über die steuerliche Beurteilung von genau bestimmten, im Zeitpunkt der Antragstellung noch nicht verwirklichten Sachverhalten für einen bestimmten Geltungszeitraum, der in der Regel fünf Jahre nicht überschreiten soll, mit der zuständigen Behörde des anderen Vertragsstaates einleiten (Vorabverständigungsverfahren). [2]Satz 1 gilt nur, wenn

1. die Gefahr einer Doppelbesteuerung bezüglich des bestimmten Sachverhalts besteht und
2. es wahrscheinlich ist,
   a. die Doppelbesteuerung durch das Vorabverständigungsverfahren zu vermeiden und
   b. eine übereinstimmende Abkommensauslegung mit der zuständigen Behörde des anderen Vertragsstaates zu erreichen.

[3]Die Einleitung setzt eine nach Absatz 7 unanfechtbar gewordene Gebührenfestsetzung und die Entrichtung der Gebühr voraus. [4]Betrifft ein Sachverhalt mehrere Abkommensberechtigte und kann der Sachverhalt nur einheitlich steuerlich beurteilt werden, kann das Vorabverständigungsverfahren nur von allen betroffenen Abkommensberechtigten gemeinsam beantragt werden; Verfahrenshandlungen können in diesen Fällen nur gemeinsam vorgenommen werden. [5]Hierfür benennen die Antragsteller einen Vertreter. [6]Die Antragsteller bestellen in den Fällen des Satzes 4 einen gemeinsamen Empfangsbevollmächtigten, der ermächtigt ist, für sie alle Verwaltungsakte und Mitteilungen in Empfang zu nehmen. [7]Ist ein Steuerabzugsverfahren Gegenstand der steuerlichen Beurteilung, kann auch der Abzugsverpflichtete den Antrag auf Einleitung eines Vorabverständigungsverfahrens stellen. [8]Betrifft ein Sachverhalt die steuerliche Beurteilung im Verhältnis zu mehreren Vertragsstaaten, kann der Antragsteller einen zusammengefassten Antrag auf Einleitung mehrerer Vorabverständigungsverfahren stellen.

(2) [1]Der Antrag nach Absatz 1 hat zu enthalten:

1. die genaue Bezeichnung des Antragstellers und aller anderen Beteiligten,
2. die Bezeichnung der örtlich zuständigen Finanzbehörde sowie die maßgebliche Steuernummer,
3. die Identifikationsnummer nach § 139b oder die Wirtschafts-Identifikationsnummer nach § 139c; wenn die Wirtschafts-Identifikationsnummer noch nicht vergeben wurde, die Steuernummer,

---

[1] **Anm. d. Red.:** § 89a Abs. 1 bis 6, 8 i. d. F. des Gesetzes v. 2. 6. 2021 (BGBl I S. 1259) mit Wirkung v. 9. 6.2021; Abs. 7 i. d. F. des Gesetzes v. 16.12.2022 (BGBl I S. 2294) mit Wirkung v. 21.12.2022

[2] **Anm. d. Red.:** Zur Anwendung des § 89a siehe Art. 97 § 34 Satz 1 EGAO.

4. die betroffenen Vertragsstaaten,
5. eine umfassende und in sich abgeschlossene Darstellung des Sachverhalts einschließlich des erwünschten Geltungszeitraums der Vorabverständigungsvereinbarung,
6. die Darlegung, weshalb eine Gefahr der Doppelbesteuerung besteht, sowie
7. die Erklärung, ob über den zur Beurteilung gestellten Sachverhalt eine verbindliche Auskunft nach § 89, eine verbindliche Zusage nach § 204, eine Anrufungsauskunft nach **§ 42e des Einkommensteuergesetzes** oder in dem anderen betroffenen Vertragsstaat eine vergleichbare Auskunft oder Zusage beantragt oder erteilt wurde.

[2]Dem Antrag sind die erforderlichen Unterlagen beizufügen, insbesondere solche, die zur Würdigung des Sachverhalts erforderlich sind. [3]Der Antrag ist bei der nach Absatz 1 Satz 1 zuständigen Behörde schriftlich oder elektronisch zu stellen.

(3) [1]Im Einvernehmen mit der zuständigen obersten Landesfinanzbehörde unterzeichnet die nach Absatz 1 Satz 1 zuständige Behörde die Vorabverständigungsvereinbarung mit dem anderen Vertragsstaat nur, wenn die Vereinbarung mindestens unter der Bedingung steht, dass der Antragsteller

1. dem Inhalt der Vorabverständigungsvereinbarung zustimmt und
2. im Geltungsbereich dieses Gesetzes auf die Einlegung von Rechtsbehelfen gegen Steuerbescheide verzichtet, soweit diese die Ergebnisse der Vorabverständigungsvereinbarung für den bestimmten Geltungszeitraum zutreffend umsetzen (Rechtsbehelfsverzicht).

[2]Nach der Unterzeichnung teilt die nach Absatz 1 Satz 1 zuständige Behörde dem Antragsteller den Inhalt der Einigung mit und setzt ihm eine Frist zur Erfüllung der Bedingungen nach Satz 1. [3]Der Rechtsbehelfsverzicht des Antragstellers hat mit gesondertem Schreiben schriftlich oder zur Niederschrift gegenüber der nach Absatz 1 Satz 1 zuständigen Behörde zu erfolgen. [4]Wird keine Vorabverständigungsvereinbarung unterzeichnet, scheitert das Vorabverständigungsverfahren. [5]Dies ist insbesondere der Fall, wenn die zuständige Behörde des anderen Vertragsstaates ein Verfahren nicht einleitet oder die zuständigen Behörden zu keiner übereinstimmenden Abkommensauslegung gelangen. [6]Das Verfahren scheitert auch, wenn der Antragsteller die Bedingungen nach Satz 1 nicht fristgemäß erfüllt. [7]Ein Vorabverständigungsverfahren wird im Einvernehmen mit der zuständigen obersten Landesfinanzbehörde oder der von dieser beauftragten Behörde geführt.

(4) [1]Die örtlich zuständige Finanzbehörde ist an die unterzeichnete Vorabverständigungsvereinbarung nicht gebunden, wenn

1. die in der Vorabverständigungsvereinbarung enthaltenen Bedingungen nicht oder nicht mehr erfüllt werden,
2. der andere beteiligte Vertragsstaat die Vorabverständigungsvereinbarung nicht einhält oder
3. die Rechtsvorschriften, auf denen die Vorabverständigungsvereinbarung beruht, aufgehoben oder geändert werden.

[2]Die Prüfung der Voraussetzungen nach Satz 1 obliegt der nach Absatz 1 Satz 1 zuständigen Behörde im Einvernehmen mit der zuständigen obersten Landesfinanzbehörde oder der von

dieser beauftragten Behörde. [3]Die Bindungswirkung der Vorabverständigungsvereinbarung entfällt in dem Zeitpunkt, in dem eine der Voraussetzungen nach Satz 1 vorliegt.

(5) [1]Steht der Vorabverständigungsvereinbarung eine bereits erteilte verbindliche Auskunft nach § 89, eine bereits erteilte verbindliche Zusage nach § 204 oder eine Anrufungsauskunft nach **§ 42e des Einkommensteuergesetzes** entgegen, kann die nach § 131 Absatz 4 zuständige Finanzbehörde im Einvernehmen mit der nach Absatz 1 Satz 1 zuständigen Behörde die verbindliche Auskunft, die verbindliche Zusage oder die Anrufungsauskunft widerrufen. [2]Erfolgt kein Widerruf nach Satz 1 und wurde bereits eine Vorabverständigungsvereinbarung unterzeichnet, kann die örtlich zuständige Finanzbehörde im Einvernehmen mit der nach Absatz 1 Satz 1 zuständigen Behörde gegenüber dem Antragsteller erklären, dass sie an die unterzeichnete Vorabverständigungsvereinbarung nicht gebunden ist.

(6) Eine unterzeichnete Vorabverständigungsvereinbarung kann von der nach Absatz 1 Satz 1 zuständigen Behörde über den bestimmten Geltungszeitraum hinaus auf Antrag verlängert werden. [2]Die Vorabverständigungsvereinbarung kann auf Antrag auf Veranlagungszeiträume, die dem Geltungszeitraum der Vereinbarung vorangehen, angewendet werden; die Fristen für Verständigungsverfahren des jeweils maßgebenden Abkommens zur Vermeidung der Doppelbesteuerung sind zu beachten. [3]Die Sätze 1 und 2 setzen das Einvernehmen mit der zuständigen obersten Landesfinanzbehörde oder mit der von dieser beauftragten Behörde und der zuständigen Behörde des anderen Vertragsstaates voraus.

(7) [1]Die nach Absatz 1 Satz 1 zuständige Behörde erhebt für die Bearbeitung eines Antrags nach Absatz 1 oder Absatz 6 Satz 1 Gebühren, die vor Einleitung des Vorabverständigungsverfahrens oder der Bearbeitung eines Verlängerungsantrags festzusetzen sind. [2]Die Einleitung des Vorabverständigungsverfahrens oder die Bearbeitung eines Verlängerungsantrags erfolgt durch die Versendung des ersten Schriftsatzes an den anderen Vertragsstaat. [3]Die Gebühr ist vom Antragsteller innerhalb eines Monats nach Bekanntgabe ihrer Festsetzung zu entrichten. [4]Das Vorabverständigungsverfahren oder die Bearbeitung eines Verlängerungsantrags wird erst eingeleitet, wenn die Gebührenfestsetzung unanfechtbar geworden und die Gebühr entrichtet ist. [5]Die Gebühr beträgt 30 000 Euro für jeden Antrag im Sinne des Absatzes 1 sowie 15 000 Euro für jeden Verlängerungsantrag nach Absatz 6 Satz 1. [6]Sofern es sich bei dem Antrag nicht um einen Verrechnungspreisfall handelt, beträgt die Gebühr für jeden Antrag ein Viertel der Gebühren nach Satz 5; Verrechnungspreisfälle sind Fälle, die die grenzüberschreitende Gewinnabgrenzung zwischen nahestehenden Personen und die Gewinnzuordnung zu Betriebsstätten betreffen. [7]Bezieht sich der Antrag auf einen Sachverhalt, für dessen steuerliche Beurteilung im Zeitpunkt der Antragstellung bereits eine koordinierte bilaterale oder multilaterale steuerliche Außenprüfung durchgeführt wurde, die zu einem übereinstimmend festgestellten Sachverhalt und zu einer übereinstimmenden steuerlichen Würdigung geführt hat, wird die Gebühr um 75 Prozent reduziert. [8]Sofern die Summe der von dem Vorabverständigungsverfahren erfassten Geschäftsvorfälle eines Verrechnungspreisfalls die Beträge des **§ 6 Absatz 2 Satz 1 der Gewinnabgrenzungsaufzeichnungs-Verordnung** vom 12. Juli 2017 (BGBl I S. 2367) voraussichtlich nicht überschreitet, beträgt die Gebühr 10 000 Euro für jeden Antrag im Sinne des Absatzes 1 und 7 500 Euro für jeden Antrag nach Absatz 6 Satz 1. [9]In den Fällen des Absatzes 1 Satz 4 und 7 liegt ein Antrag vor, für den nur eine Gebühr festzusetzen und zu entrichten ist. [10]In den Fällen des Absatzes 1 Satz 8 ist für jedes Vorabverständigungsverfahren eine gesonderte Gebühr festzusetzen und zu entrichten.

(8) [1]Nimmt der Antragsteller seinen Antrag nach Absatz 1 Satz 1 vor Bekanntgabe der Gebührenfestsetzung zurück, kann von einer Gebührenfestsetzung abgesehen werden. [2]Wird der Antrag zurückgenommen oder abgelehnt, wird eine zu diesem Zeitpunkt unanfechtbar festgesetzte Gebühr nicht erstattet; dies gilt auch im Fall des Scheiterns des Vorabverständigungsverfahrens.

§ 90 Mitwirkungspflichten der Beteiligten[1]

(1) [1]Die Beteiligten sind zur Mitwirkung bei der Ermittlung des Sachverhalts verpflichtet. [2]Sie kommen der Mitwirkungspflicht insbesondere dadurch nach, dass sie die für die Besteuerung erheblichen Tatsachen vollständig und wahrheitsgemäß offen legen und die ihnen bekannten Beweismittel angeben. [3]Der Umfang dieser Pflichten richtet sich nach den Umständen des Einzelfalls.

(2) [2] [1]Ist ein Sachverhalt zu ermitteln und steuerrechtlich zu beurteilen, der sich auf Vorgänge außerhalb des Geltungsbereichs dieses Gesetzes bezieht, so haben die Beteiligten diesen Sachverhalt aufzuklären und die erforderlichen Beweismittel zu beschaffen. [2]Sie haben dabei alle für sie bestehenden rechtlichen und tatsächlichen Möglichkeiten auszuschöpfen. [3]Ein Beteiligter kann sich nicht darauf berufen, dass er Sachverhalte nicht aufklären oder Beweismittel nicht beschaffen kann, wenn er sich nach Lage des Falls bei der Gestaltung seiner Verhältnisse die Möglichkeit dazu hätte beschaffen oder einräumen lassen können.

(3) [3] [1]Ein Steuerpflichtiger hat über die Art und den Inhalt seiner Geschäftsbeziehungen im Sinne des § 1 Absatz 4 des Außensteuergesetzes Aufzeichnungen zu erstellen. [2]Die Aufzeichnungspflicht umfasst neben der Darstellung der Geschäftsvorfälle (Sachverhaltsdokumentation) auch die wirtschaftlichen und rechtlichen Grundlagen für eine den Fremdvergleichsgrundsatz beachtende Vereinbarung von Bedingungen, insbesondere Preisen (Verrechnungspreisen), sowie insbesondere Informationen zum Zeitpunkt der Verrechnungspreisbestimmung, zur verwendeten Verrechnungspreismethode und zu den verwendeten Fremdvergleichsdaten (Angemessenheitsdokumentation). [3]Hat ein Steuerpflichtiger Aufzeichnungen im Sinne des Satzes 1 für ein Unternehmen zu erstellen, das Teil einer multinationalen Unternehmensgruppe ist, so gehört zu den Aufzeichnungen auch ein Überblick über die Art der weltweiten Geschäftstätigkeit der Unternehmensgruppe und über die von ihr angewandte Systematik der Verrechnungspreisbestimmung, es sei denn, der Umsatz des Unternehmens hat im vorangegangenen Wirtschaftsjahr weniger als 100 Millionen Euro betragen. [4]Eine multinationale Unternehmensgruppe besteht aus mindestens zwei in verschiedenen Staaten ansässigen, im Sinne des § 1 Absatz 2 des Außensteuergesetzes einander nahestehenden Unternehmen oder aus mindestens einem Unternehmen mit mindestens einer Betriebsstätte in einem anderen Staat. [5]*Zu außergewöhnlichen Geschäftsvorfällen sind zeitnah Aufzeichnungen zu erstellen.* [6]*Die Aufzeichnungen im Sinne dieses Absatzes sind auf Anforderung der Finanzbehörde zu ergänzen.*[4]

---

[1] **Anm. d. Red.**: § 90 Abs. 2 i. d. F. des Gesetzes v. 25. 6. 2021 (BGBl I S. 2056) mit Wirkung v. 1. 7. 2021; Abs. 3 i. d. F., Abs. 4 und 5 angefügt gem. Gesetz v. 20.12.2022 (BGBl I S. 2730) mit Wirkung v. 1.1.2023.

[2] **Anm. d. Red.**: Zur Anwendung des § 90 Abs. 2 siehe Art. 97 § 22 Abs. 2 und 4 EGAO.

[3] **Anm. d. Red.**: Zur Anwendung des § 90 Abs. 3 siehe Art. 97 § 22 Abs. 1 Sätze 1, 3 und 4 EGAO.

[4] **Anm. d. Red.**: Kursiver § 90 Abs. 3 Satz 5 und 6 ist gem. Art. 97 § 37 Abs. 2 und 3 EGAO vorbehaltlich des nachfolgenden Satzes 2 erstmals auf Steuern und Steuervergütungen anzuwenden, die nach dem 31.12.2024 entstehen; gilt für

(4) [1] [1]Die Finanzbehörde kann jederzeit die Vorlage der Aufzeichnungen nach Absatz 3 verlangen; die Vorlage richtet sich nach § 97. [2]Im Falle einer Außenprüfung sind die Aufzeichnungen ohne gesondertes Verlangen vorzulegen. [3]Die Aufzeichnungen sind jeweils innerhalb einer Frist von 30 Tagen nach Anforderung oder nach Bekanntgabe der Prüfungsanordnung vorzulegen. [4]In begründeten Einzelfällen kann die Vorlagefrist verlängert werden.

(5) [2] Um eine einheitliche Rechtsanwendung sicherzustellen, wird das Bundesministerium der Finanzen ermächtigt, mit Zustimmung des Bundesrates durch Rechtsverordnung Art, Inhalt und Umfang der nach den Absätzen 3 und 4 zu erstellenden Aufzeichnungen zu bestimmen.

§ 93 Auskunftspflicht der Beteiligten und anderer Personen[3]

(1) [1]Die Beteiligten und andere Personen haben der Finanzbehörde die zur Feststellung eines für die Besteuerung erheblichen Sachverhalts erforderlichen Auskünfte zu erteilen. [2]Dies gilt auch für nicht rechtsfähige Vereinigungen, Vermögensmassen, Behörden und Betriebe gewerblicher Art der Körperschaften des öffentlichen Rechts. [3]Andere Personen als die Beteiligten sollen erst dann zur Auskunft angehalten werden, wenn die Sachverhaltsaufklärung durch die Beteiligten nicht zum Ziel führt oder keinen Erfolg verspricht.

(1a) [1]Die Finanzbehörde darf an andere Personen als die Beteiligten Auskunftsersuchen über eine ihr noch unbekannte Anzahl von Sachverhalten mit dem Grunde nach bestimmbaren, ihr

gesonderte Feststellungen von Besteuerungsgrundlagen entsprechend. Kursiver § 90 Abs. 3 Satz 5 und 6 ist abweichend vom vorhergehenden Satz 1 auch für Steuern und Steuervergütungen anzuwenden, die vor dem 1.1.2025 entstehen, wenn für diese Steuern und Steuervergütungen nach dem 31.12.2024 eine Prüfungsanordnung nach § 196 AO bekanntgegeben wurde; gilt für gesonderte Feststellungen von Besteuerungsgrundlagen entsprechend. Für Steuern und Steuervergütungen, die vor dem 1.1.2025 entstehen, ist folgender § 90 Abs. 3 Satz 5 bis 11 in der am 31.12.2022 geltenden Fassung vorbehaltlich des vorhergehenden Satzes 2 weiterhin anzuwenden; gilt für gesonderte Feststellungen von Besteuerungsgrundlagen entsprechend:

„5Die Finanzbehörde soll die Vorlage von Aufzeichnungen im Regelfall nur für die Durchführung einer Außenprüfung verlangen. 6Die Vorlage richtet sich nach § 97. 7Sie hat jeweils auf Anforderung innerhalb einer Frist von 60 Tagen zu erfolgen. 8Aufzeichnungen über außergewöhnliche Geschäftsvorfälle sind zeitnah zu erstellen und innerhalb einer Frist von 30 Tagen nach Anforderung durch die Finanzbehörde vorzulegen. 9In begründeten Einzelfällen kann die Vorlagefrist nach den Sätzen 7 und 8 verlängert werden. 10Die Aufzeichnungen sind auf Anforderung der Finanzbehörde zu ergänzen. 11Um eine einheitliche Rechtsanwendung sicherzustellen, wird das Bundesministerium der Finanzen ermächtigt, mit Zustimmung des Bundesrates durch Rechtsverordnung Art, Inhalt und Umfang der zu erstellenden Aufzeichnungen zu bestimmen."

[1] **Anm. d. Red.**: Kursiver § 90 Abs. 4 ist gem. Art. 97 § 37 Abs. 2 und 3 EGAO vorbehaltlich des nachfolgenden Satzes 2 erstmals auf Steuern und Steuervergütungen anzuwenden, die nach dem 31.12.2024 entstehen; gilt für gesonderte Feststellungen von Besteuerungsgrundlagen entsprechend. Kursiver § 90 Abs. 4 ist abweichend vom vorhergehenden Satz 1 auch für Steuern und Steuervergütungen anzuwenden, die vor dem 1. 1.2025 entstehen, wenn für diese Steuern und Steuervergütungen nach dem 31.12.2024 eine Prüfungsanordnung nach § 196 AO bekanntgegeben wurde; gilt für gesonderte Feststellungen von Besteuerungsgrundlagen entsprechend.

[2] **Anm. d. Red.:** Kursiver § 90 Abs. 5 ist gem. Art. 97 § 37 Abs. 2 und 3 EGAO vorbehaltlich des nachfolgenden Satzes 2 erstmals auf Steuern und Steuervergütungen anzuwenden, die nach dem 31.12.2024 entstehen; gilt für gesonderte Feststellungen von Besteuerungsgrundlagen entsprechend. Kursiver § 90 Abs. 5 ist abweichend vom vorhergehenden Satz 1 auch für Steuern und Steuervergütungen anzuwenden, die vor dem 1. 1.2025 entstehen, wenn für diese Steuern und Steuervergütungen nach dem 31.12.2024 eine Prüfungsanordnung nach § 196 AO bekanntgegeben wurde; gilt für gesonderte Feststellungen von Besteuerungsgrundlagen entsprechend.

[3] **Anm. d. Red.:** § 93 Abs. 1a eingefügt gem. Gesetz v. 23. 6. 2017 (BGBl I S. 1682) mit Wirkung v. 25. 6. 2017; Abs. 7 i. d. F. des Gesetzes v. 20.12.2022 (BGBl I S. 2730) mit Wirkung v. 1.1.2023; Abs. 8 i. d. F. des Gesetzes v. 7. 5. 2021 (BGBl I S. 850) mit Wirkung v. 1. 1. 2022; Abs. 8a eingefügt gem. Gesetz v. 11. 7. 2019 (BGBl I S. 1066) mit Wirkung v. 18. 7. 2019; Abs. 9 i. d. F. des Gesetzes v. 21. 12. 2020 (BGBl I S. 3096) mit Wirkung v. 29. 12. 2020; Abs. 10 i. d. F. des Gesetzes v. 14. 8. 2007 (BGBl I S. 1912) mit Wirkung v. 18. 8. 2007.

noch nicht bekannten Personen stellen (Sammelauskunftsersuchen). [2]Voraussetzung für ein Sammelauskunftsersuchen ist, dass ein hinreichender Anlass für die Ermittlungen besteht und andere zumutbare Maßnahmen zur Sachverhaltsaufklärung keinen Erfolg versprechen. [3]Absatz 1 Satz 3 ist nicht anzuwenden.

(2) [1]In dem Auskunftsersuchen ist anzugeben, worüber Auskünfte erteilt werden sollen und ob die Auskunft für die Besteuerung des Auskunftspflichtigen oder für die Besteuerung anderer Personen angefordert wird. [2]Auskunftsersuchen haben auf Verlangen des Auskunftspflichtigen schriftlich zu ergehen.

(3) [1]Die Auskünfte sind wahrheitsgemäß nach bestem Wissen und Gewissen zu erteilen. [2]Auskunftspflichtige, die nicht aus dem Gedächtnis Auskunft geben können, haben Bücher, Aufzeichnungen, Geschäftspapiere und andere Urkunden, die ihnen zur Verfügung stehen, einzusehen und, soweit nötig, Aufzeichnungen daraus zu entnehmen.

(4) [1]Der Auskunftspflichtige kann die Auskunft schriftlich, elektronisch, mündlich oder fernmündlich erteilen. [2]Die Finanzbehörde kann verlangen, dass der Auskunftspflichtige schriftlich Auskunft erteilt, wenn dies sachdienlich ist.

(5) [1]Die Finanzbehörde kann anordnen, dass der Auskunftspflichtige eine mündliche Auskunft an Amtsstelle erteilt. [2]Hierzu ist sie insbesondere dann befugt, wenn trotz Aufforderung eine schriftliche Auskunft nicht erteilt worden ist oder eine schriftliche Auskunft nicht zu einer Klärung des Sachverhalts geführt hat. [3]Absatz 2 Satz 1 gilt entsprechend.

(6) [1]Auf Antrag des Auskunftspflichtigen ist über die mündliche Auskunft an Amtsstelle eine Niederschrift aufzunehmen. [2]Die Niederschrift soll den Namen der anwesenden Personen, den Ort, den Tag und den wesentlichen Inhalt der Auskunft enthalten. [3]Sie soll von dem Amtsträger, dem die mündliche Auskunft erteilt wird, und dem Auskunftspflichtigen unterschrieben werden. [4]Den Beteiligten ist eine Abschrift der Niederschrift zu überlassen.

(7) [1] [1]Ein automatisierter Abruf von Kontoinformationen nach § 93b ist nur zulässig, soweit

1. der Steuerpflichtige eine Steuerfestsetzung nach § 32d Abs. 6 des Einkommensteuergesetzes beantragt oder
2. (weggefallen)

und der Abruf in diesen Fällen zur Festsetzung der Einkommensteuer erforderlich ist oder er erforderlich ist

3. zur Feststellung von Einkünften nach den §§ 20 und 23 Abs. 1 des Einkommensteuergesetzes in Veranlagungszeiträumen bis einschließlich des Jahres 2008 oder
4. zur Erhebung von bundesgesetzlich geregelten Steuern oder Rückforderungsansprüchen bundesgesetzlich geregelter Steuererstattungen und Steuervergütungen oder

4a. zur Ermittlung, in welchen Fällen ein inländischer Steuerpflichtiger im Sinne des § 138 Absatz 2 Satz 1 Verfügungsberechtigter oder wirtschaftlich Berechtigter im Sinne des Geldwäschegesetzes eines Kontos oder Depots einer natürlichen Person, Personengesellschaft, Körperschaft, Personenvereinigung oder Vermögensmasse mit Wohnsitz, gewöhnlichem Aufenthalt, Sitz, Hauptniederlassung oder Geschäftsleitung außerhalb des Geltungsbereichs dieses Gesetzes ist, oder

---

[1] **Anm. d. Red.:** Zur Anwendung des § 93 Abs. 7 siehe Art. 97 § 26 Abs. 1 bis 3 EGAO.

4b. zur Ermittlung der Besteuerungsgrundlagen in den Fällen des § 208 Absatz 1 Satz 1 Nummer 3

oder

4c. zur Durchführung der Amtshilfe für andere Mitgliedstaaten der Europäischen Union nach § 3a des EU-Amtshilfegesetzes oder

5. der Steuerpflichtige zustimmt oder die von ihm oder eine für ihn nach § 139b Absatz 10 Satz 1 an das Bundeszentralamt für Steuern übermittelte Kontoverbindung verifiziert werden soll.

[2]In diesen Fällen darf die Finanzbehörde oder in den Fällen des § 1 Abs. 2 die Gemeinde das Bundeszentralamt für Steuern ersuchen, bei den Kreditinstituten einzelne Daten aus den nach § 93b Absatz 1 und 1a zu führenden Dateisystemen abzurufen; in den Fällen des Satzes 1 Nummer 1 bis 4b darf ein Abrufersuchen nur dann erfolgen, wenn ein Auskunftsersuchen an den Steuerpflichtigen nicht zum Ziel geführt hat oder keinen Erfolg verspricht.

(8) [1]Das Bundeszentralamt für Steuern erteilt auf Ersuchen Auskunft über die in § 93b Absatz 1 und 1a bezeichneten Daten, ausgenommen die Identifikationsnummer nach § 139b,

1. den für die Verwaltung
   a) der Grundsicherung für Arbeitsuchende nach dem Zweiten Buch Sozialgesetzbuch,
   b) der Sozialhilfe nach dem Zwölften Buch Sozialgesetzbuch,
   c) der Ausbildungsförderung nach dem Bundesausbildungsförderungsgesetz,
   d) der Aufstiegsfortbildungsförderung nach dem Aufstiegsfortbildungsförderungsgesetz,
   e) des Wohngeldes nach dem Wohngeldgesetz,
   f) der Leistungen nach dem Asylbewerberleistungsgesetz und
   g) des Zuschlags an Entgeltpunkten für langjährige Versicherung nach dem Sechsten Buch Sozialgesetzbuch

   zuständigen Behörden, soweit dies zur Überprüfung des Vorliegens der Anspruchsvoraussetzungen erforderlich ist und ein vorheriges Auskunftsersuchen an die betroffene Person nicht zum Ziel geführt hat oder keinen Erfolg verspricht;
2. den Polizeivollzugsbehörden des Bundes und der Länder, soweit dies zur Abwehr einer erheblichen Gefahr für die öffentliche Sicherheit erforderlich ist, und
3. den Verfassungsschutzbehörden der Länder, soweit dies für ihre Aufgabenerfüllung erforderlich ist und durch Landesgesetz ausdrücklich zugelassen ist.

[2]Die für die Vollstreckung nach dem Verwaltungs-Vollstreckungsgesetz und nach den Verwaltungsvollstreckungsgesetzen der Länder zuständigen Behörden dürfen zur Durchführung der Vollstreckung das Bundeszentralamt für Steuern ersuchen, bei den Kreditinstituten die in § 93b Absatz 1 und 1a bezeichneten Daten, ausgenommen die Identifikationsnummer nach § 139b, abzurufen, wenn

1. die Ladung zu dem Termin zur Abgabe der Vermögensauskunft an den Vollstreckungsschuldner nicht zustellbar ist und
   a) die Anschrift, unter der die Zustellung ausgeführt werden sollte, mit der Anschrift übereinstimmt, die von einer der in § 755 Absatz 1 und 2 der Zivilprozessordnung

genannten Stellen innerhalb von drei Monaten vor oder nach dem Zustellungsversuch mitgeteilt wurde, oder

b) die Meldebehörde nach dem Zustellungsversuch die Auskunft erteilt, dass ihr keine derzeitige Anschrift des Vollstreckungsschuldners bekannt ist, oder

c) die Meldebehörde innerhalb von drei Monaten vor Erlass der Vollstreckungsanordnung die Auskunft erteilt hat, dass ihr keine derzeitige Anschrift des Vollstreckungsschuldners bekannt ist;

2. der Vollstreckungsschuldner seiner Pflicht zur Abgabe der Vermögensauskunft in dem dem Ersuchen zugrundeliegenden Vollstreckungsverfahren nicht nachkommt oder
3. bei einer Vollstreckung in die in der Vermögensauskunft aufgeführten Vermögensgegenstände eine vollständige Befriedigung der Forderung nicht zu erwarten ist.

[3]Für andere Zwecke ist ein Abrufersuchen an das Bundeszentralamt für Steuern hinsichtlich der in § 93b Absatz 1 und 1a bezeichneten Daten, ausgenommen die Identifikationsnummer nach § 139b, nur zulässig, soweit dies durch ein Bundesgesetz ausdrücklich zugelassen ist.

(8a) [1]Kontenabrufersuchen an das Bundeszentralamt für Steuern sind nach amtlich vorgeschriebenem Datensatz über die amtlich bestimmten Schnittstellen zu übermitteln; § 87a Absatz 6 und § 87b Absatz 1 und 2 gelten entsprechend. [2]Das Bundeszentralamt für Steuern kann Ausnahmen von der elektronischen Übermittlung zulassen. [3]Das Bundeszentralamt für Steuern soll der ersuchenden Stelle die Ergebnisse des Kontenabrufs elektronisch übermitteln; § 87a Absatz 7 und 8 gilt entsprechend.

(9) [1]Vor einem Abrufersuchen nach Absatz 7 oder Absatz 8 ist die betroffene Person auf die Möglichkeit eines Kontenabrufs hinzuweisen; dies kann auch durch ausdrücklichen Hinweis in amtlichen Vordrucken und Merkblättern geschehen. [2]Nach Durchführung eines Kontenabrufs ist die betroffene Person vom Ersuchenden über die Durchführung zu benachrichtigen. [3]Ein Hinweis nach Satz 1 erster Halbsatz und eine Benachrichtigung nach Satz 2 unterbleiben, soweit die Voraussetzungen des § 32b Absatz 1 vorliegen oder die Information der betroffenen Person gesetzlich ausgeschlossen ist. [4]§ 32c Absatz 5 ist entsprechend anzuwenden. [5]In den Fällen des Absatzes 8 gilt Satz 4 entsprechend, soweit gesetzlich nichts anderes bestimmt ist. [6]Die Sätze 1 und 2 sind nicht anzuwenden in den Fällen des Absatzes 8 Satz 1 Nummer 2 oder 3 oder soweit dies bundesgesetzlich ausdrücklich bestimmt ist.

(10) Ein Abrufersuchen nach Absatz 7 oder Absatz 8 und dessen Ergebnis sind vom Ersuchenden zu dokumentieren.

§ 111 AO Amtshilfepflicht

(1) [1]Alle Gerichte und Behörden haben die zur Durchführung der Besteuerung erforderliche Amtshilfe zu leisten. [2]§ 102 bleibt unberührt.

(2) Amtshilfe liegt nicht vor, wenn

1. Behörden einander innerhalb eines bestehenden Weisungsverhältnisses Hilfe leisten,
2. die Hilfeleistung in Handlungen besteht, die der ersuchten Behörde als eigene Aufgabe obliegen.

(3) Schuldenverwaltungen, Kreditinstitute sowie Betriebe gewerblicher Art der Körperschaften des öffentlichen Rechts fallen nicht unter diese Vorschrift.

(4) Auf dem Gebiet der Zollverwaltung erstreckt sich die Amtshilfepflicht auch auf diejenigen dem öffentlichen Verkehr oder dem öffentlichen Warenumschlag dienenden Unternehmen, die das Bundesministerium der Finanzen als Zollhilfsorgane besonders bestellt hat, und auf die Bediensteten dieser Unternehmen.

(5) Die §§ 105 und 106 sind entsprechend anzuwenden.

§ 112 AO Voraussetzungen und Grenzen der Amtshilfe

(1) Eine Finanzbehörde kann um Amtshilfe insbesondere dann ersuchen, wenn sie

1. aus rechtlichen Gründen die Amtshandlung nicht selbst vornehmen kann,
2. aus tatsächlichen Gründen, besonders weil die zur Vornahme der Amtshandlung erforderlichen Dienstkräfte oder Einrichtungen fehlen, die Amtshandlung nicht selbst vornehmen kann,
3. zur Durchführung ihrer Aufgaben auf die Kenntnis von Tatsachen angewiesen ist, die ihr unbekannt sind und die sie selbst nicht ermitteln kann,
4. zur Durchführung ihrer Aufgaben Urkunden oder sonstige Beweismittel benötigt, die sich im Besitz der ersuchten Behörde befinden,
5. die Amtshandlung nur mit wesentlich größerem Aufwand vornehmen könnte als die ersuchte Behörde.

(2) Die ersuchte Behörde darf Hilfe nicht leisten, wenn sie hierzu aus rechtlichen Gründen nicht in der Lage ist.

(3) Die ersuchte Behörde braucht Hilfe nicht zu leisten, wenn

1. eine andere Behörde die Hilfe wesentlich einfacher oder mit wesentlich geringerem Aufwand leisten kann,
2. sie die Hilfe nur mit unverhältnismäßig großem Aufwand leisten könnte,
3. sie unter Berücksichtigung der Aufgaben der ersuchenden Finanzbehörde durch den Umfang der Hilfeleistung die Erfüllung ihrer eigenen Aufgaben ernstlich gefährden würde.

(4) Die ersuchte Behörde darf die Hilfe nicht deshalb verweigern, weil sie das Ersuchen aus anderen als den in Absatz 3 genannten Gründen oder weil sie die mit der Amtshilfe zu verwirklichende Maßnahme für unzweckmäßig hält.

(5) [1]Hält die ersuchte Behörde sich zur Hilfe nicht für verpflichtet, so teilt sie der ersuchenden Finanzbehörde ihre Auffassung mit. [2]Besteht diese auf der Amtshilfe, so entscheidet über die Verpflichtung zur Amtshilfe die gemeinsame fachlich zuständige Aufsichtsbehörde oder, sofern eine solche nicht besteht, die für die ersuchte Behörde fachlich zuständige Aufsichtsbehörde.

§ 113 AO Auswahl der Behörde

Kommen für die Amtshilfe mehrere Behörden in Betracht, so soll nach Möglichkeit eine Behörde der untersten Verwaltungsstufe des Verwaltungszweigs ersucht werden, dem die ersuchende Finanzbehörde angehört.

§ 114 AO Durchführung der Amtshilfe

(1) Die Zulässigkeit der Maßnahme, die durch die Amtshilfe verwirklicht werden soll, richtet sich nach dem für die ersuchende Finanzbehörde, die Durchführung der Amtshilfe nach dem für die ersuchte Behörde geltenden Recht.

(2) [1]Die ersuchende Finanzbehörde trägt gegenüber der ersuchten Behörde die Verantwortung für die Rechtmäßigkeit der zu treffenden Maßnahme. [2]Die ersuchte Behörde ist für die Durchführung der Amtshilfe verantwortlich.

§ 115 AO Kosten der Amtshilfe

(1) [1]Die ersuchende Finanzbehörde hat der ersuchten Behörde für die Amtshilfe keine Verwaltungsgebühr zu entrichten. [2]Auslagen hat sie der ersuchten Behörde auf Anforderung zu erstatten, wenn sie im Einzelfall 25 Euro übersteigen. [3]Leisten Behörden desselben Rechtsträgers einander Amtshilfe, so werden die Auslagen nicht erstattet.

(2) Nimmt die ersuchte Behörde zur Durchführung der Amtshilfe eine kostenpflichtige Amtshandlung vor, so stehen ihr die von einem Dritten hierfür geschuldeten Kosten (Verwaltungsgebühren, Benutzungsgebühren und Auslagen) zu.

§ 116 AO Anzeige von Steuerstraftaten[1]

(1) [1]Gerichte und die Behörden von Bund, Ländern und kommunalen Trägern der öffentlichen Verwaltung, die nicht Finanzbehörden sind, haben Tatsachen, die sie dienstlich erfahren und die auf eine Steuerstraftat schließen lassen, dem Bundeszentralamt für Steuern oder, soweit bekannt, den für das Steuerstrafverfahren zuständigen Finanzbehörden mitzuteilen. [2]Soweit die für das Steuerstrafverfahren zuständigen Finanzbehörden nicht bereits erkennbar unmittelbar informiert worden sind, teilt das Bundeszentralamt für Steuern ihnen diese Tatsachen mit. [3]Die für das Steuerstrafverfahren zuständigen Finanzbehörden, ausgenommen die Behörden der Bundeszollverwaltung, übermitteln die Mitteilung an das Bundeszentralamt für Steuern, soweit dieses nicht bereits erkennbar unmittelbar in Kenntnis gesetzt worden ist.

(2) § 105 Abs. 2 gilt entsprechend.

§ 117 AO Zwischenstaatliche Rechts- und Amtshilfe in Steuersachen[2]

(1) Die Finanzbehörden können zwischenstaatliche Rechts- und Amtshilfe nach Maßgabe des deutschen Rechts in Anspruch nehmen.

(2) Die Finanzbehörden können zwischenstaatliche Rechts- und Amtshilfe auf Grund innerstaatlich anwendbarer völkerrechtlicher Vereinbarungen, innerstaatlich anwendbarer Rechtsakte der Europäischen Union sowie des EU-Amtshilfe-Gesetzes leisten.

(3) [1]Die Finanzbehörden können nach pflichtgemäßem Ermessen zwischenstaatliche Rechts- und Amtshilfe auf Ersuchen auch in anderen Fällen leisten, wenn

---

[1] **Anm. d. Red.:** § 116 Abs. 1 i. d. F. des Gesetzes v. 20.12.2007 (BGBl I S. 3150) mit Wirkung v. 29.12.2007.

[2] **Anm. d. Red.:** § 117 Abs. 2 und 4 i. d. F. des Gesetzes v. 26.6.2013 (BGBl I S. 1809) mit Wirkung v. 1.1.2013.

1. die Gegenseitigkeit verbürgt ist,
2. der ersuchende Staat gewährleistet, dass die übermittelten Auskünfte und Unterlagen nur für Zwecke seines Besteuerungs- oder Steuerstrafverfahrens (einschließlich Ordnungswidrigkeitenverfahren) verwendet werden, und dass die übermittelten Auskünfte und Unterlagen nur solchen Personen, Behörden oder Gerichten zugänglich gemacht werden, die mit der Bearbeitung der Steuersache oder Verfolgung der Steuerstraftat befasst sind,
3. der ersuchende Staat zusichert, dass er bereit ist, bei den Steuern vom Einkommen, Ertrag und Vermögen eine mögliche Doppelbesteuerung im Verständigungswege durch eine sachgerechte Abgrenzung der Besteuerungsgrundlagen zu vermeiden und
4. die Erledigung des Ersuchens die Souveränität, die Sicherheit, die öffentliche Ordnung oder andere wesentliche Interessen des Bundes oder seiner Gebietskörperschaften nicht beeinträchtigt und keine Gefahr besteht, dass dem inländischen Beteiligten ein mit dem Zweck der Rechts- und Amtshilfe nicht zu vereinbarender Schaden entsteht, falls ein Handels-, Industrie-, Gewerbe- oder Berufsgeheimnis oder ein Geschäftsverfahren, das auf Grund des Ersuchens offenbart werden soll, preisgegeben wird.

[2]Soweit die zwischenstaatliche Rechts- und Amtshilfe Steuern betrifft, die von den Landesfinanzbehörden verwaltet werden, entscheidet das Bundesministerium der Finanzen im Einvernehmen mit der zuständigen obersten Landesbehörde.

(4) [1]Bei der Durchführung der Rechts- und Amtshilfe richten sich die Befugnisse der Finanzbehörden sowie die Rechte und Pflichten der Beteiligten und anderer Personen nach den für Steuern im Sinne von § 1 Abs. 1 geltenden Vorschriften. [2]§ 114 findet entsprechende Anwendung. [3]Bei der Übermittlung von Auskünften und Unterlagen gilt für inländische Beteiligte § 91 entsprechend; soweit die Rechts- und Amtshilfe Steuern betrifft, die von den Landesfinanzbehörden verwaltet werden, hat eine Anhörung des inländischen Beteiligten abweichend von § 91 Abs. 1 stets stattzufinden, es sei denn, die Umsatzsteuer ist betroffen, es findet ein Informationsaustausch auf Grund des EU-Amtshilfegesetzes statt oder es liegt eine Ausnahme nach § 91 Abs. 2 oder 3 vor.

(5) Das Bundesministerium der Finanzen wird ermächtigt, zur Förderung der zwischenstaatlichen Zusammenarbeit durch Rechtsverordnung mit Zustimmung des Bundesrates völkerrechtliche Vereinbarungen über die gegenseitige Rechts- und Amtshilfe auf dem Gebiete des Zollwesens in Kraft zu setzen, wenn sich die darin übernommenen Verpflichtungen im Rahmen der nach diesem Gesetz zulässigen zwischenstaatlichen Rechts- und Amtshilfe halten.

§ 122 Bekanntgabe des Verwaltungsakts[1]

(1) [1]Ein Verwaltungsakt ist demjenigen Beteiligten bekannt zu geben, für den er bestimmt ist oder der von ihm betroffen wird. [2]§ 34 Abs. 2 ist entsprechend anzuwenden. [3]Der Verwaltungsakt kann auch gegenüber einem Bevollmächtigten bekannt gegeben werden. [4]Er soll dem Bevollmächtigten bekannt gegeben werden, wenn der Finanzbehörde eine schriftliche oder eine nach amtlich vorgeschriebenem Datensatz elektronisch übermittelte Empfangsvollmacht

[1] **Anm. d. Red.:** § 122 Abs. 1 i. d. F. des Gesetzes v. 18. 7. 2016 (BGBl I S. 1679) mit Wirkung v. 1. 1. 2017; Abs. 5 i. d. F. des Gesetzes v. 16.12.2022 (BGBl I S. 2294) mit Wirkung v. 21.12.2022; Abs. 7 i. d. F. des Gesetzes v. 18. 7. 2014 (BGBl I S. 1042) mit Wirkung v. 24. 7. 2014.

vorliegt, solange dem Bevollmächtigten nicht eine Zurückweisung nach § 80 Absatz 7 bekannt gegeben worden ist.

(2) Ein schriftlicher Verwaltungsakt, der durch die Post übermittelt wird, gilt als bekannt gegeben

1. bei einer Übermittlung im Inland am dritten Tage nach der Aufgabe zur Post,
2. bei einer Übermittlung im Ausland einen Monat nach der Aufgabe zur Post,

außer wenn er nicht oder zu einem späteren Zeitpunkt zugegangen ist; im Zweifel hat die Behörde den Zugang des Verwaltungsakts und den Zeitpunkt des Zugangs nachzuweisen.

(2a) Ein elektronisch übermittelter Verwaltungsakt gilt am dritten Tage nach der Absendung als bekannt gegeben, außer wenn er nicht oder zu einem späteren Zeitpunkt zugegangen ist; im Zweifel hat die Behörde den Zugang des Verwaltungsakts und den Zeitpunkt des Zugangs nachzuweisen.

(3) [1]Ein Verwaltungsakt darf öffentlich bekannt gegeben werden, wenn dies durch Rechtsvorschrift zugelassen ist. [2]Eine Allgemeinverfügung darf auch dann öffentlich bekannt gegeben werden, wenn eine Bekanntgabe an die Beteiligten untunlich ist.

(4) [1]Die öffentliche Bekanntgabe eines Verwaltungsakts wird dadurch bewirkt, dass sein verfügender Teil ortsüblich bekannt gemacht wird. [2]In der ortsüblichen Bekanntmachung ist anzugeben, wo der Verwaltungsakt und seine Begründung eingesehen werden können. [3]Der Verwaltungsakt gilt zwei Wochen nach dem Tag der ortsüblichen Bekanntmachung als bekannt gegeben. [4]In einer Allgemeinverfügung kann ein hiervon abweichender Tag, jedoch frühestens der auf die Bekanntmachung folgende Tag bestimmt werden.

(5) [1]Ein Verwaltungsakt wird zugestellt, wenn dies gesetzlich vorgeschrieben ist oder behördlich angeordnet wird. [2]Die Zustellung richtet sich vorbehaltlich der Sätze 3 und 4 nach den Vorschriften des Verwaltungszustellungsgesetzes. [3]Für die Zustellung an einen Bevollmächtigten gilt abweichend von § 7 Absatz 1 Satz 2 des Verwaltungszustellungsgesetzes Absatz 1 Satz 4 entsprechend. [4]Erfolgt die öffentliche Zustellung durch Bekanntmachung einer Benachrichtigung auf der Internetseite oder in einem elektronischen Portal der Finanzbehörden, können die Anordnung und die Dokumentation nach § 10 Absatz 1 Satz 2 und Absatz 2 Satz 5 des Verwaltungszustellungsgesetzes elektronisch erfolgen.

(6) Die Bekanntgabe eines Verwaltungsakts an einen Beteiligten zugleich mit Wirkung für und gegen andere Beteiligte ist zulässig, soweit die Beteiligten einverstanden sind; diese Beteiligten können nachträglich eine Abschrift des Verwaltungsakts verlangen.

(7) [1] 1Betreffen Verwaltungsakte

1. Ehegatten oder Lebenspartner oder
2. Ehegatten mit ihren Kindern, Lebenspartner mit ihren Kindern oder Alleinstehende mit ihren Kindern,

so reicht es für die Bekanntgabe an alle Beteiligten aus, wenn ihnen eine Ausfertigung unter ihrer gemeinsamen Anschrift übermittelt wird. 2Die Verwaltungsakte sind den Beteiligten einzeln bekannt zu geben, soweit sie dies beantragt haben oder soweit der Finanzbehörde bekannt ist, dass zwischen ihnen ernstliche Meinungsverschiedenheiten bestehen.

---

[1] **Anm. d. Red.:** Zur Anwendung des § 122 Abs. 7 siehe Art. 97 § 1 Abs. 10 EGAO.

§ 138 AO Anzeigen über die Erwerbstätigkeit[1]

(1) [1]Wer einen Betrieb der Land- und Forstwirtschaft, einen gewerblichen Betrieb oder eine Betriebstätte eröffnet, hat dies nach amtlich vorgeschriebenem Vordruck der Gemeinde mitzuteilen, in der der Betrieb oder die Betriebstätte eröffnet wird; die Gemeinde unterrichtet unverzüglich das nach § 22 Abs. 1 zuständige Finanzamt von dem Inhalt der Mitteilung. [2]Ist die Festsetzung der Realsteuern den Gemeinden nicht übertragen worden, so tritt an die Stelle der Gemeinde das nach § 22 Abs. 2 zuständige Finanzamt. [3]Wer eine freiberufliche Tätigkeit aufnimmt, hat dies dem nach § 19 zuständigen Finanzamt mitzuteilen. [4]Das Gleiche gilt für die Verlegung und die Aufgabe eines Betriebs, einer Betriebstätte oder einer freiberuflichen Tätigkeit.

(1a) Unternehmer im Sinne des § 2 des Umsatzsteuergesetzes können ihre Anzeigepflichten nach Absatz 1 zusätzlich bei der für die Umsatzbesteuerung zuständigen Finanzbehörde elektronisch erfüllen.

(1b) [2] [1]Sofern Steuerpflichtige gemäß Absatz 1 Satz 1 bis 3 verpflichtet sind, eine Betriebseröffnung oder Aufnahme einer freiberuflichen Tätigkeit mitzuteilen, haben sie dem in Absatz 1 bezeichneten Finanzamt weitere Auskünfte über die für die Besteuerung erheblichen rechtlichen und tatsächlichen Verhältnisse zu erteilen. [2]Die Auskünfte im Sinne des Satzes 1 sind nach amtlich vorgeschriebenem Datensatz über die amtlich bestimmte Schnittstelle zu übermitteln. [3]Auf Antrag kann das Finanzamt zur Vermeidung unbilliger Härten auf eine Übermittlung gemäß Satz 2 verzichten; in diesem Fall sind die Auskünfte im Sinne des Satzes 1 nach amtlich vorgeschriebenem Vordruck zu erteilen.

AO

(2) [3] [1]Steuerpflichtige mit Wohnsitz, gewöhnlichem Aufenthalt, Geschäftsleitung oder Sitz im Geltungsbereich dieses Gesetzes (inländische Steuerpflichtige) haben dem für sie nach den **§§ 18 bis 20** zuständigen Finanzamt mitzuteilen:

1. die Gründung und den Erwerb von Betrieben und Betriebstätten im Ausland;
2. den Erwerb, die Aufgabe oder die Veränderung einer Beteiligung an ausländischen Personengesellschaften;
3. den Erwerb oder die Veräußerung von Beteiligungen an einer Körperschaft, Personenvereinigung oder Vermögensmasse mit Sitz und Geschäftsleitung außerhalb des Geltungsbereichs dieses Gesetzes, wenn
   a. damit eine Beteiligung von mindestens 10 Prozent am Kapital oder am Vermögen der Körperschaft, Personenvereinigung oder Vermögensmasse erreicht wird oder
   b. die Summe der Anschaffungskosten aller Beteiligungen mehr als 150 000 Euro beträgt. [2]Dies gilt nicht für den Erwerb und die Veräußerung von Beteiligungen

---

[1] **Anm. d. Red.:** § 138 Abs. 1 i. d. F. des Gesetzes v. 15.12.2003 (BGBl I S. 2645) mit Wirkung v. 1.1.2004; Abs. 1a i. d. F. des Gesetzes v. 16.5.2003 (BGBl I S. 660) mit Wirkung v. 21.5.2003; Abs. 1b und 4 i. d. F. des Gesetzes v. 22.11.2019 (BGBl I S. 1746) mit Wirkung v. 1.1.2020; Abs. 2 und 5 i. d. F. des Gesetzes v. 21.12.2020 (BGBl I S. 3096) mit Wirkung v. 29.12.2020; Abs. 3 i. d. F. des Gesetzes v. 23.6.2017 (BGBl I S. 1682) mit Wirkung v. 25.6.2017.

[2] **Anm. d. Red.:** Zur Anwendung des § 138 Abs. 1b siehe Art. 97 § 27 Abs. 4 EGAO.

[3] **Anm. d. Red.:** Zur Anwendung des § 138 Abs. 2 siehe Art. 97 § 32 EGAO.

von weniger als 1 Prozent am Kapital oder am Vermögen der Körperschaft, Personenvereinigung oder Vermögensmasse, wenn mit der Hauptgattung der Aktien der ausländischen Gesellschaft ein wesentlicher und regelmäßiger Handel an einer Börse in einem Mitgliedstaat der Europäischen Union oder in einem Vertragsstaat des EWR-Abkommens stattfindet oder an einer Börse, die in einem anderen Staat nach **§ 193 Absatz 1 Satz 1 Nummer 2 und 4 des Kapitalanlagegesetzbuchs** von der Bundesanstalt für Finanzdienstleistungsaufsicht zugelassen ist. [3]Für die Ermittlung der Beteiligungshöhe im Sinne des Satzes 2 sind alle gehaltenen Beteiligungen zu berücksichtigen. [4]Nicht mitteilungspflichtige Erwerbe und nicht mitteilungspflichtige Veräußerungen im Sinne des Satzes 2 sind bei der Ermittlung der Summe der Anschaffungskosten im Sinne des Satzes 1 außer Betracht zu lassen;

4. die Tatsache, dass sie allein oder zusammen mit nahestehenden Personen im Sinne des **§ 1 Absatz 2 des Außensteuergesetzes** erstmals unmittelbar oder mittelbar einen beherrschenden oder bestimmenden Einfluss auf die gesellschaftsrechtlichen, finanziellen oder geschäftlichen Angelegenheiten einer Drittstaat-Gesellschaft ausüben können;
5. die Art der wirtschaftlichen Tätigkeit des Betriebs, der Betriebstätte, der Personengesellschaft, Körperschaft, Personenvereinigung, Vermögensmasse oder der Drittstaat-Gesellschaft.

[2]In den Fällen des Satzes 1 Nummer 3 sind unmittelbare und mittelbare Beteiligungen zusammenzurechnen.

(3) [1] Drittstaat-Gesellschaft ist eine Personengesellschaft, Körperschaft, Personenvereinigung oder Vermögensmasse mit Sitz oder Geschäftsleitung in Staaten oder Territorien, die nicht Mitglieder der Europäischen Union oder der Europäischen Freihandelsassoziation sind.

(4) [2] Mitteilungen nach den Absätzen 1, 1a und 1b sind innerhalb eines Monats nach dem meldepflichtigen Ereignis zu erstatten.

(5) [3] [1]Mitteilungen nach Absatz 2 sind zusammen mit der Einkommensteuer-, Körperschaftsteuer- oder Feststellungserklärung für den Besteuerungszeitraum, in dem der mitzuteilende Sachverhalt verwirklicht wurde, spätestens jedoch bis zum Ablauf von 14 Monaten nach Ablauf dieses Besteuerungszeitraums, nach amtlich vorgeschriebenem Datensatz über die amtlich bestimmten Schnittstellen zu erstatten. [2]Inländische Steuerpflichtige, die nicht dazu verpflichtet sind, ihre Einkommensteuer-, Körperschaftsteuer- oder Feststellungserklärung nach amtlich vorgeschriebenem Datensatz über die amtlich bestimmte Schnittstelle abzugeben, haben die Mitteilungen nach amtlich vorgeschriebenem Vordruck zu erstatten, es sei denn, sie geben ihre Einkommensteuer-, Körperschaftsteuer- oder Feststellungserklärung freiwillig nach amtlich vorgeschriebenem Datensatz über die amtlich bestimmte Schnittstelle ab. [3]Inländische Steuerpflichtige, die nicht dazu verpflichtet sind, eine Einkommensteuer-, Körperschaftsteuer- oder Feststellungserklärung abzugeben, haben die Mitteilungen nach

[1] **Anm. d. Red.:** Zur Anwendung des § 138 Abs. 3 siehe Art. 97 § 32 Abs. 1 und 2 EGAO.

[2] **Anm. d. Red.:** Zur Anwendung des § 138 Abs. 4 siehe Art. 97 § 32 Abs. 1 EGAO.

[3] **Anm. d. Red.:** Zur Anwendung des § 138 Abs. 5 siehe Art. 97 § 32 EGAO.

amtlich vorgeschriebenem Vordruck bis zum Ablauf von 14 Monaten nach Ablauf des Kalenderjahrs zu erstatten, in dem der mitzuteilende Sachverhalt verwirklicht worden ist.

§ 138a Länderbezogener Bericht multinationaler Unternehmensgruppen[1] [2]

(1) [1]Ein Unternehmen mit Sitz oder Geschäftsleitung im Inland (inländisches Unternehmen), das einen Konzernabschluss aufstellt oder nach anderen Regelungen als den Steuergesetzen aufzustellen hat (inländische Konzernobergesellschaft), hat nach Ablauf eines Wirtschaftsjahres für dieses Wirtschaftsjahr einen länderbezogenen Bericht dieses Konzerns zu erstellen und dem Bundeszentralamt für Steuern zu übermitteln, wenn

1. der Konzernabschluss mindestens ein Unternehmen mit Sitz und Geschäftsleitung im Ausland (ausländisches Unternehmen) oder eine ausländische Betriebsstätte umfasst und
2. die im Konzernabschluss ausgewiesenen, konsolidierten Umsatzerlöse im vorangegangenen Wirtschaftsjahr mindestens 750 Millionen Euro betragen.

[2]Die Verpflichtung nach Satz 1 besteht vorbehaltlich der Absätze 3 und 4 nicht, wenn das inländische Unternehmen im Sinne des Satzes 1 in den Konzernabschluss eines anderen Unternehmens einbezogen wird.

(2) Der länderbezogene Bericht im Sinne von Absatz 1 enthält

1. eine nach Steuerhoheitsgebieten gegliederte Übersicht, wie sich die Geschäftstätigkeit des Konzerns auf die Steuerhoheitsgebiete verteilt, in denen der Konzern durch Unternehmen oder Betriebsstätten tätig ist; zu diesem Zweck sind in der Übersicht folgende Positionen auszuweisen:
   a. die Umsatzerlöse und sonstigen Erträge aus Geschäftsvorfällen mit nahestehenden Unternehmen,
   b. die Umsatzerlöse und sonstigen Erträge aus Geschäftsvorfällen mit fremden Unternehmen,
   c. die Summe aus den Umsatzerlösen und sonstigen Erträgen gemäß den Buchstaben a und b,
   d. die im Wirtschaftsjahr gezahlten Ertragsteuern,
   e. die im Wirtschaftsjahr für dieses Wirtschaftsjahr gezahlten und zurückgestellten Ertragsteuern,
   f. das Jahresergebnis vor Ertragsteuern,
   g. das Eigenkapital,
   h. der einbehaltene Gewinn,
   i. die Zahl der Beschäftigten und

[1] **Anm. d. Red.:** § 138a Abs. 1. 3, 5 bis 7 i. d. F. des Gesetzes v. 20. 12. 2016 (BGBl I S. 3000) mit Wirkung v. 24. 12. 2016; Abs. 2 i. d. F. des Gesetzes v. 21. 12. 2020 (BGBl I S. 3096) mit Wirkung v. 29. 12. 2020; Abs. 4 i. d. F. des Gesetzes v. 12. 12. 2019 (BGBl I S. 2451) mit Wirkung v. 18. 12. 2019; Abs. 8 angefügt gem. Gesetz v. 20.12.2022 (BGBl I S. 2730) mit Wirkung v. 1.1.2023.

[2] **Anm. d. Red.:** Zur Anwendung des § 138a siehe Art. 97 § 31 EGAO.

j. die materiellen Vermögenswerte;

2. eine nach Steuerhoheitsgebieten gegliederte Auflistung aller Unternehmen und Betriebsstätten, zu denen Angaben in der Übersicht nach Nummer 1 erfasst sind, jeweils unter Angabe deren wichtigster Geschäftstätigkeiten sowie

3. zusätzliche Informationen, die nach Ansicht der inländischen Konzernobergesellschaft zum Verständnis der Übersicht nach Nummer 1 und der Auflistung nach Nummer 2 erforderlich sind.

(3) Umfasst der Konzernabschluss eines ausländischen Unternehmens, das nach Absatz 1 zur Abgabe des länderbezogenen Berichts verpflichtet wäre, wenn es Sitz oder Geschäftsleitung im Inland hätte (ausländische Konzernobergesellschaft), ein inländisches Unternehmen (einbezogene inländische Konzerngesellschaft) und beauftragt die ausländische Konzernobergesellschaft die einbezogene inländische Konzerngesellschaft damit, einen länderbezogenen Bericht für den Konzern abzugeben (beauftragte Gesellschaft), so hat die beauftragte Gesellschaft den länderbezogenen Bericht dem Bundeszentralamt für Steuern zu übermitteln.

(4) [1]Eine einbezogene inländische Konzerngesellschaft ist im Regelfall verpflichtet, den länderbezogenen Bericht für einen Konzern mit einer ausländischen Konzernobergesellschaft, die nach Absatz 1 zur Übermittlung des länderbezogenen Berichts verpflichtet wäre, wenn sie Sitz oder Geschäftsleitung im Inland hätte, dem Bundeszentralamt für Steuern zu übermitteln, wenn das Bundeszentralamt für Steuern keinen länderbezogenen Bericht erhalten hat. [2]Übermittelt eine einbezogene inländische Konzerngesellschaft den länderbezogenen Bericht, entfällt die Verpflichtung für alle anderen einbezogenen inländischen Konzerngesellschaften dieses Konzerns. [3]Kann eine einbezogene inländische Konzerngesellschaft die Übermittlung innerhalb der Frist des Absatzes 6 Satz 1 nicht sicherstellen, insbesondere weil sie den länderbezogenen Bericht weder beschaffen noch erstellen kann, so hat sie dies innerhalb der Frist des Absatzes 6 Satz 1 dem Bundeszentralamt für Steuern mitzuteilen und dabei alle Angaben im Sinne von Absatz 2 zu machen, über die sie verfügt oder die sie beschaffen kann. [4]Konnte eine einbezogene inländische Konzerngesellschaft davon ausgehen, dass der länderbezogene Bericht fristgerecht übermittelt wird, und stellt sich nachträglich heraus, dass dies ohne Verschulden der einbezogenen inländischen Konzerngesellschaft nicht geschehen ist, so hat diese ihre Pflichten nach Satz 1 oder Satz 3 innerhalb eines Monats nach Bekanntwerden der Nichtübermittlung zu erfüllen. [5]Die Sätze 1 bis 4 gelten entsprechend für die inländische Betriebsstätte eines ausländischen Unternehmens, das als ausländische Konzernobergesellschaft oder als einbezogene ausländische Konzerngesellschaft in einen Konzernabschluss einbezogen wird.

(5) [1]Ein inländisches Unternehmen hat in der Steuererklärung anzugeben, ob es

1. eine inländische Konzernobergesellschaft im Sinne von Absatz 1 ist,

2. eine beauftragte Gesellschaft ist oder

3. eine einbezogene inländische Konzerngesellschaft eines Konzerns mit ausländischer Konzernobergesellschaft ist.

[2]In den Fällen von Satz 1 Nummer 3 ist auch anzugeben, bei welcher Finanzbehörde und von welchem Unternehmen der länderbezogene Bericht des Konzerns abgegeben wird. [3]Fehlt diese Angabe, ist die einbezogene inländische Konzerngesellschaft selbst zur fristgerechten Übermittlung des länderbezogenen Berichts verpflichtet. [4]Die Sätze 1 bis 3 gelten entspre-

chend für die inländische Betriebsstätte eines ausländischen Unternehmens, das als ausländische Konzernobergesellschaft oder als einbezogene ausländische Konzerngesellschaft in einen Konzernabschluss einbezogen wird.

(6) [1]Die Übermittlung des länderbezogenen Berichts an das Bundeszentralamt für Steuern hat spätestens ein Jahr nach Ablauf des Wirtschaftsjahres zu erfolgen, für das der länderbezogene Bericht zu erstellen ist. [2]Abweichend von Satz 1 gilt in den Fällen von Absatz 4 Satz 4 die dort genannte Frist für die Übermittlung des länderbezogenen Berichts. [3]Die Übermittlung hat nach amtlich vorgeschriebenem Datensatz durch Datenfernübertragung zu erfolgen.

(7) [1]Das Bundeszentralamt für Steuern übermittelt alle ihm zugegangenen länderbezogenen Berichte an die jeweils zuständige Finanzbehörde. [2]Enthält ein länderbezogener Bericht Angaben im Sinne von Absatz 2 für einen Vertragsstaat der völkerrechtlichen Vereinbarungen, übermittelt das Bundeszentralamt für Steuern auf Grundlage dieser völkerrechtlichen Vereinbarungen den ihm zugegangenen länderbezogenen Bericht an die zuständige Behörde des jeweiligen Vertragsstaates. [3]Das Bundeszentralamt für Steuern nimmt die länderbezogenen Berichte entgegen, die ihm von den zuständigen Behörden der in Satz 2 genannten Vertragsstaaten übermittelt worden sind, und übermittelt diese an die jeweils zuständige Finanzbehörde. [4]Das Bundeszentralamt für Steuern kann länderbezogene Berichte im Rahmen der ihm gesetzlich übertragenen Aufgaben auswerten. [5]Das Bundeszentralamt für Steuern speichert die länderbezogenen Berichte und löscht sie mit Ablauf des 15. Jahres, das dem Jahr der Übermittlung folgt.

(8) § 2a Absatz 5 Nummer 2 gilt nicht.

§ 143 AO Aufzeichnung des Wareneingangs

(1) Gewerbliche Unternehmer müssen den Wareneingang gesondert aufzeichnen.

(2) [1]Aufzuzeichnen sind alle Waren einschließlich der Rohstoffe, unfertigen Erzeugnisse, Hilfsstoffe und Zutaten, die der Unternehmer im Rahmen seines Gewerbebetriebs zur Weiterveräußerung oder zum Verbrauch entgeltlich oder unentgeltlich, für eigene oder für fremde Rechnung, erwirbt; dies gilt auch dann, wenn die Waren vor der Weiterveräußerung oder dem Verbrauch be- oder verarbeitet werden sollen. [2]Waren, die nach Art des Betriebs üblicherweise für den Betrieb zur Weiterveräußerung oder zum Verbrauch erworben werden, sind auch dann aufzuzeichnen, wenn sie für betriebsfremde Zwecke verwendet werden.

(3) Die Aufzeichnungen müssen die folgenden Angaben enthalten:

1. den Tag des Wareneingangs oder das Datum der Rechnung,
2. den Namen oder die Firma und die Anschrift des Lieferers,
3. die handelsübliche Bezeichnung der Ware,
4. den Preis der Ware,
5. einen Hinweis auf den Beleg.

§ 144 AO Aufzeichnung des Warenausgangs[1]

(1) Gewerbliche Unternehmer, die nach der Art ihres Geschäftsbetriebs Waren regelmäßig an andere gewerbliche Unternehmer zur Weiterveräußerung oder zum Verbrauch als Hilfsstoffe liefern, müssen den erkennbar für diese Zwecke bestimmten Warenausgang gesondert aufzeichnen.

(2) [1]Aufzuzeichnen sind auch alle Waren, die der Unternehmer

1. auf Rechnung (auf Ziel, Kredit, Abrechnung oder Gegenrechnung), durch Tausch oder unentgeltlich liefert, oder
2. gegen Barzahlung liefert, wenn die Ware wegen der abgenommenen Menge zu einem Preis veräußert wird, der niedriger ist als der übliche Preis für Verbraucher.

[2]Dies gilt nicht, wenn die Ware erkennbar nicht zur gewerblichen Weiterverwendung bestimmt ist.

(3) Die Aufzeichnungen müssen die folgenden Angaben enthalten:

1. den Tag des Warenausgangs oder das Datum der Rechnung,
2. den Namen oder die Firma und die Anschrift des Abnehmers,
3. die handelsübliche Bezeichnung der Ware,
4. den Preis der Ware,
5. einen Hinweis auf den Beleg.

(4) [1]Der Unternehmer muss über jeden Ausgang der in den Absätzen 1 und 2 genannten Waren einen Beleg erteilen, der die in Absatz 3 bezeichneten Angaben sowie seinen Namen oder die Firma und seine Anschrift enthält. [2]Dies gilt insoweit nicht, als nach § 14 Abs. 2 des Umsatzsteuergesetzes durch die dort bezeichneten Leistungsempfänger eine Gutschrift erteilt wird oder auf Grund des § 14 Abs. 6 des Umsatzsteuergesetzes Erleichterungen gewährt werden.

(5) Die Absätze 1 bis 4 gelten auch für Land- und Forstwirte, die nach § 141 buchführungspflichtig sind.

§ 145 AO Allgemeine Anforderungen an Buchführung und Aufzeichnungen

(1) [1]Die Buchführung muss so beschaffen sein, dass sie einem sachverständigen Dritten innerhalb angemessener Zeit einen Überblick über die Geschäftsvorfälle und über die Lage des Unternehmens vermitteln kann. [2]Die Geschäftsvorfälle müssen sich in ihrer Entstehung und Abwicklung verfolgen lassen.

(2) Aufzeichnungen sind so vorzunehmen, dass der Zweck, den sie für die Besteuerung erfüllen sollen, erreicht wird.

---

[1] **Anm. d. Red.:** § 144 Abs. 4 i. d. F. des Gesetzes v. 12.12.2019 (BGBl I S. 2451) mit Wirkung v. 18.12.2019.

§ 146 AO Ordnungsvorschriften für die Buchführung und für Aufzeichnungen[1][2]

(1) [1]Die Buchungen und die sonst erforderlichen Aufzeichnungen sind einzeln, vollständig, richtig, zeitgerecht und geordnet vorzunehmen. [2]Kasseneinnahmen und Kassenausgaben sind täglich festzuhalten. [3]Die Pflicht zur Einzelaufzeichnung nach Satz 1 besteht aus Zumutbarkeitsgründen bei Verkauf von Waren an eine Vielzahl von nicht bekannten Personen gegen Barzahlung nicht. [4]Das gilt nicht, wenn der Steuerpflichtige ein elektronisches Aufzeichnungssystem im Sinne des § 146a verwendet.

(2) [1]Bücher und die sonst erforderlichen Aufzeichnungen sind im Geltungsbereich dieses Gesetzes zu führen und aufzubewahren. [2]Dies gilt nicht, soweit für Betriebstätten außerhalb des Geltungsbereichs dieses Gesetzes nach dortigem Recht eine Verpflichtung besteht, Bücher und Aufzeichnungen zu führen, und diese Verpflichtung erfüllt wird. [3]In diesem Fall sowie bei Organgesellschaften außerhalb des Geltungsbereichs dieses Gesetzes müssen die Ergebnisse der dortigen Buchführung in die Buchführung des hiesigen Unternehmens übernommen werden, soweit sie für die Besteuerung von Bedeutung sind. [4]Dabei sind die erforderlichen Anpassungen an die steuerrechtlichen Vorschriften im Geltungsbereich dieses Gesetzes vorzunehmen und kenntlich zu machen.

(2a) [1]Abweichend von Absatz 2 Satz 1 kann der Steuerpflichtige elektronische Bücher und sonstige erforderliche elektronische Aufzeichnungen oder Teile davon in einem anderen Mitgliedstaat oder in mehreren Mitgliedstaaten der Europäischen Union führen und aufbewahren. [2]Macht der Steuerpflichtige von dieser Befugnis Gebrauch, hat er sicherzustellen, dass der Datenzugriff nach § 146b Absatz 2 Satz 2, § 147 Absatz 6 und § 27b Absatz 2 Satz 2 und 3 des Umsatzsteuergesetzes in vollem Umfang möglich ist.

(2b) [1]Abweichend von Absatz 2 Satz 1 kann die zuständige Finanzbehörde auf schriftlichen oder elektronischen Antrag des Steuerpflichtigen bewilligen, dass elektronische Bücher und sonstige erforderliche elektronische Aufzeichnungen oder Teile davon in einem Drittstaat oder in mehreren Drittstaaten geführt und aufbewahrt werden können. [2]Voraussetzung ist, dass

---

[1] **Anm. d. Red.:** § 146 Abs. 1 i. d. F. des Gesetzes v. 22.12.2016 (BGBl I S. 3152) mit Wirkung v. 29.12.2016; Abs. 2a bis 2c i. d. F. des Gesetzes v. 20.12.2022 (BGBl I S. 2730) mit Wirkung v. 1.1.2023; Abs. 5 i. d. F. des Gesetzes v. 21. 12. 2020 (BGBl I S. 3096) mit Wirkung v. 29.12.2020.

[2] **Anm. d. Red.:** Gemäß Art. 4 Nr. 2 i. V. mit Art. 9 Abs. 2 Gesetz v. 20.12.2022 (BGBl I S. 2730) werden in § 146 Abs. 2c mit Wirkung v. 1.1.2025 die Wörter „Abs. 6, zur Erteilung von Auskünften oder zur Vorlage angeforderter Unterlagen im Sinne des § 200 Abs. 1 im Rahmen einer Außenprüfung innerhalb einer ihm bestimmten angemessenen Frist nach Bekanntgabe durch die zuständige Finanzbehörde" durch die Angabe „Absatz 6" ersetzt. – § 146 Abs. 2c in der am 1.1.2025 geltenden Fassung ist gem. Art. 97 § 37 Abs. 4 EGAO vorbehaltlich des nachfolgenden Satzes 2 erstmals auf Steuern und Steuervergütungen anzuwenden, die nach dem 31.12.2024 entstehen; gilt für gesonderte Feststellungen von Besteuerungsgrundlagen entsprechend. § 146 Abs. 2c in der am 1.1.2025 geltenden Fassung ist abweichend vom vorhergehenden Satz 1 auch für Steuern und Steuervergütungen anzuwenden, die vor dem 1.1.2025 entstehen, wenn für diese Steuern und Steuervergütungen nach dem 31.12.2024 eine Prüfungsanordnung nach § 196 AO bekanntgegeben wurde; gilt für gesonderte Feststellungen von Besteuerungsgrundlagen entsprechend. Für Steuern und Steuervergütungen, die vor dem 1.1.2025 entstehen, ist § 146 Abs. 2c in der am 1.1.2023 geltenden Fassung vorbehaltlich des vorhergehenden Satzes 2 weiterhin anzuwenden; gilt für gesonderte Feststellungen von Besteuerungsgrundlagen entsprechend.

1. der Steuerpflichtige der zuständigen Finanzbehörde den Standort oder die Standorte des Datenverarbeitungssystems oder bei Beauftragung eines Dritten dessen Namen und Anschrift mitteilt,
2. der Steuerpflichtige seinen sich aus den §§ **90, 93, 97, 140 bis 147** und **200 Absatz 1 und 2** ergebenden Pflichten ordnungsgemäß nachgekommen ist,
3. der Datenzugriff nach **§ 146b Absatz 2 Satz 2**, **§ 147 Absatz 6** und **§ 27b Absatz 2 Satz 2 und 3 des Umsatzsteuergesetzes** in vollem Umfang möglich ist und
4. die Besteuerung hierdurch nicht beeinträchtigt wird.

. [3]Werden der Finanzbehörde Umstände bekannt, die zu einer Beeinträchtigung der Besteuerung führen, hat sie die Bewilligung zu widerrufen und die unverzügliche Rückverlagerung der elektronischen Bücher und sonstigen erforderlichen elektronischen Aufzeichnungen in einen oder mehrere Mitgliedstaaten der Europäischen Union zu verlangen. [4]Eine Änderung der unter Satz 2 Nummer 1 benannten Umstände ist der zuständigen Finanzbehörde unverzüglich mitzuteilen.

(2c) Kommt der Steuerpflichtige der Aufforderung zur Rückverlagerung seiner elektronischen Buchführung oder seinen Pflichten nach Absatz 2b Satz 4, zur Einräumung des Datenzugriffs nach **§ 147 Abs. 6**, zur Erteilung von Auskünften oder zur Vorlage angeforderter Unterlagen im Sinne des **§ 200 Abs. 1** im Rahmen einer Außenprüfung innerhalb einer ihm bestimmten angemessenen Frist nach Bekanntgabe durch die zuständige Finanzbehörde nicht nach oder hat er seine elektronische Buchführung ohne Bewilligung der zuständigen Finanzbehörde in einen Drittstaat oder mehrere Drittstaaten verlagert, kann ein Verzögerungsgeld von 2 500 Euro bis 250 000 Euro festgesetzt werden.

(3) [1]Die Buchungen und die sonst erforderlichen Aufzeichnungen sind in einer lebenden Sprache vorzunehmen. [2]Wird eine andere als die deutsche Sprache verwendet, so kann die Finanzbehörde Übersetzungen verlangen. [3]Werden Abkürzungen, Ziffern, Buchstaben oder Symbole verwendet, muss im Einzelfall deren Bedeutung eindeutig festliegen.

(4) [1]Eine Buchung oder eine Aufzeichnung darf nicht in einer Weise verändert werden, dass der ursprüngliche Inhalt nicht mehr feststellbar ist. [2]Auch solche Veränderungen dürfen nicht vorgenommen werden, deren Beschaffenheit es ungewiss lässt, ob sie ursprünglich oder erst später gemacht worden sind.

(5)[1] [1]Die Bücher und die sonst erforderlichen Aufzeichnungen können auch in der geordneten Ablage von Belegen bestehen oder auf Datenträgern geführt werden, soweit diese Formen der Buchführung einschließlich des dabei angewandten Verfahrens den Grundsätzen ordnungsmäßiger Buchführung entsprechen; bei Aufzeichnungen, die allein nach den Steuergesetzen vorzunehmen sind, bestimmt sich die Zulässigkeit des angewendeten Verfahrens nach dem Zweck, den die Aufzeichnungen für die Besteuerung erfüllen sollen. [2]Bei der Führung der Bücher und der sonst erforderlichen Aufzeichnungen auf Datenträgern muss insbesondere sichergestellt sein, dass während der Dauer der Aufbewahrungsfrist die Daten jederzeit verfügbar sind und unverzüglich lesbar gemacht werden können. [3]Dies gilt auch für die Befug-

[1] **Anm. d. Red.:** Zur Anwendung des § 146 Abs. 5 siehe Art. 97 § 19b Abs. 1 EGAO.

nisse der Finanzbehörde nach § 146b Absatz 2 Satz 2, § 147 Absatz 6 und § 27b Absatz 2 Satz 2 und 3 des Umsatzsteuergesetzes. [4]Absätze 1 bis 4 gelten sinngemäß.

(6) Die Ordnungsvorschriften gelten auch dann, wenn der Unternehmer Bücher und Aufzeichnungen, die für die Besteuerung von Bedeutung sind, führt, ohne hierzu verpflichtet zu sein.

§ 147 AO Ordnungsvorschriften für die Aufbewahrung von Unterlagen[1]

(1) Die folgenden Unterlagen sind geordnet aufzubewahren:

1. Bücher und Aufzeichnungen, Inventare, Jahresabschlüsse, Lageberichte, die Eröffnungsbilanz sowie die zu ihrem Verständnis erforderlichen Arbeitsanweisungen und sonstigen Organisationsunterlagen,
2. die empfangenen Handels- oder Geschäftsbriefe,
3. Wiedergaben der abgesandten Handels- oder Geschäftsbriefe,
4. Buchungsbelege,

4a. Unterlagen nach Artikel 15 Absatz 1 und Artikel 163 des Zollkodex der Union,

5. sonstige Unterlagen, soweit sie für die Besteuerung von Bedeutung sind.

(2) [2] Mit Ausnahme der Jahresabschlüsse, der Eröffnungsbilanz und der Unterlagen nach Absatz 1 Nummer 4a, sofern es sich bei letztgenannten Unterlagen um amtliche Urkunden oder handschriftlich zu unterschreibende nicht förmliche Präferenznachweise handelt, können die in Absatz 1 aufgeführten Unterlagen auch als Wiedergabe auf einem Bildträger oder auf anderen Datenträgern aufbewahrt werden, wenn dies den Grundsätzen ordnungsmäßiger Buchführung entspricht und sichergestellt ist, dass die Wiedergabe oder die Daten

1. mit den empfangenen Handels- oder Geschäftsbriefen und den Buchungsbelegen bildlich und mit den anderen Unterlagen inhaltlich übereinstimmen, wenn sie lesbar gemacht werden,
2. während der Dauer der Aufbewahrungsfrist jederzeit verfügbar sind, unverzüglich lesbar gemacht und maschinell ausgewertet werden können.

(3) [3] [1]Die Die in Absatz 1 Nr. 1, 4 und 4a aufgeführten Unterlagen sind zehn Jahre, die sonstigen in Absatz 1 aufgeführten Unterlagen sechs Jahre aufzubewahren, sofern nicht in anderen Steuergesetzen kürzere Aufbewahrungsfristen zugelassen sind. [2]Kürzere Aufbewahrungsfristen nach außersteuerlichen Gesetzen lassen die in Satz 1 bestimmte Frist unberührt. [3]Bei empfangenen Lieferscheinen, die keine Buchungsbelege nach Absatz 1 Nummer 4 sind, endet die Aufbewahrungsfrist mit dem Erhalt der Rechnung. [4]Für abgesandte Lieferscheine, die keine Buchungsbelege nach Absatz 1 Nummer 4 sind, endet die Aufbewahrungsfrist mit dem Versand der Rechnung. [5]Die Aufbewahrungsfrist läuft jedoch nicht ab, soweit und solange die

---

[1] **Anm. d. Red.:** § 147 Abs. 1 und 2 i. d. F. des Gesetzes v. 22.12.2014 (BGBl I S. 2417) mit Wirkung v. 1.5.2016; Abs. 3 i. d. F. des Gesetzes v. 30.6.2017 (BGBl I S. 2143) mit Wirkung v. 1.1.2017; Abs. 6 i. d. F., Abs. 7 angefügt gem. Gesetz v. 20.12.2022 (BGBl I S. 2730) mit Wirkung v. 1.1.2023.

[2] **Anm. d. Red.:** Zur Anwendung des § 147 Abs. 2 siehe Art. 97 § 19b Abs. 1 EGAO.

[3] **Anm. d. Red.:** Zur Anwendung des § 147 Abs. 3 siehe Art. 97 § 19a EGAO.

Unterlagen für Steuern von Bedeutung sind, für welche die Festsetzungsfrist noch nicht abgelaufen ist; § 169 Abs. 2 Satz 2 gilt nicht.

(4) Die Aufbewahrungsfrist beginnt mit dem Schluss des Kalenderjahrs, in dem die letzte Eintragung in das Buch gemacht, das Inventar, die Eröffnungsbilanz, der Jahresabschluss oder der Lagebericht aufgestellt, der Handels- oder Geschäftsbrief empfangen oder abgesandt worden oder der Buchungsbeleg entstanden ist, ferner die Aufzeichnung vorgenommen worden ist oder die sonstigen Unterlagen entstanden sind.

(5) [1] Wer aufzubewahrende Unterlagen in der Form einer Wiedergabe auf einem Bildträger oder auf anderen Datenträgern vorlegt, ist verpflichtet, auf seine Kosten diejenigen Hilfsmittel zur Verfügung zu stellen, die erforderlich sind, um die Unterlagen lesbar zu machen; auf Verlangen der Finanzbehörde hat er auf seine Kosten die Unterlagen unverzüglich ganz oder teilweise auszudrucken oder ohne Hilfsmittel lesbare Reproduktionen beizubringen.

(6) [2] [1]Sind die Unterlagen nach Absatz 1 mit Hilfe eines Datenverarbeitungssystems erstellt worden,

1. hat die Finanzbehörde im Rahmen einer Außenprüfung das Recht, Einsicht in die gespeicherten Daten zu nehmen und das Datenverarbeitungssystem zur Prüfung dieser Unterlagen zu nutzen,
2. kann die Finanzbehörde verlangen, dass die Daten nach ihren Vorgaben maschinell ausgewertet zur Verfügung gestellt werden, oder
3. kann die Finanzbehörde verlangen, dass die Daten nach ihren Vorgaben in einem maschinell auswertbaren Format an sie übertragen werden.

[2]Teilt der Steuerpflichtige der Finanzbehörde mit, dass sich seine Daten nach Absatz 1 bei einem Dritten befinden, so hat der Dritte.

1. der Finanzbehörde Einsicht in die für den Steuerpflichtigen gespeicherten Daten zu gewähren oder
2. diese Daten nach den Vorgaben der Finanzbehörde maschinell auszuwerten oder
3. ihr nach ihren Vorgaben die für den Steuerpflichtigen gespeicherten Daten in einem maschinell auswertbaren Format zu übertragen.

[3]Die Kosten trägt der Steuerpflichtige. [4]In Fällen des Satzes 3[3] hat der mit der Außenprüfung betraute Amtsträger den in § 3 und § 4 Nummer 1 und 2 des Steuerberatungsgesetzes bezeichneten Personen sein Erscheinen in angemessener Frist anzukündigen. [5]Sofern noch nicht mit einer Außenprüfung begonnen wurde, ist es im Fall eines Wechsels des Datenverarbeitungssystems oder im Fall der Auslagerung von aufzeichnungs- und aufbewahrungspflichtigen Daten aus dem Produktivsystem in ein anderes Datenverarbeitungssystem ausreichend, wenn der Steuerpflichtige nach Ablauf des fünften Kalenderjahres, das auf die Umstellung oder

---

[1] **Anm. d. Red.:** Zur Anwendung des § 147 Abs. 5 siehe Art. 97 § 19b Abs. 1 EGAO.

[2] **Anm. d. Red.:** Zur Anwendung des § 147 Abs. 6 siehe Art. 97 § 19b EGAO.

[3] **Anm. d. Red.:** Bei der Änderung durch Gesetz v. 20.12.2022 (BGBl I S. 2730) hat der Gesetzgeber offensichtlich eine Verweisanpassung übersehen: statt „Satzes 3" müsste es richtig „Satzes 2" lauten.

Auslagerung folgt, diese Daten ausschließlich auf einem maschinell lesbaren und maschinell auswertbaren Datenträger vorhält.

(7) [1]Wer Verarbeitung und Aufbewahrung der nach Absatz 6 zur Verfügung gestellten Daten ist auch auf mobilen Datenverarbeitungssystemen der Finanzbehörden unabhängig von deren Einsatzort zulässig, sofern diese unter Berücksichtigung des Stands der Technik gegen unbefugten Zugriff gesichert sind. [2]Die Finanzbehörde darf die nach Absatz 6 zur Verfügung gestellten und gespeicherten Daten bis zur Unanfechtbarkeit der die Daten betreffenden Verwaltungsakte auch auf den mobilen Datenverarbeitungssystemen unabhängig von deren Einsatzort aufbewahren.

§ 147a AO Vorschriften für die Aufbewahrung von Aufzeichnungen und Unterlagen bestimmter Steuerpflichtiger[1 2]

(1) [1]Steuerpflichtige, bei denen die Summe der positiven Einkünfte nach § 2 Absatz 1 Nummer 4 bis 7 des Einkommensteuergesetzes (Überschusseinkünfte) mehr als 500 000 Euro im Kalenderjahr beträgt, haben die Aufzeichnungen und Unterlagen über die den Überschusseinkünften zu Grunde liegenden Einnahmen und Werbungskosten sechs Jahre aufzubewahren. [2]Im Falle der Zusammenveranlagung sind für die Feststellung des Überschreitens des Betrags von 500 000 Euro die Summe der positiven Einkünfte nach Satz 1 eines jeden Ehegatten oder Lebenspartners maßgebend. [3]Die Verpflichtung nach Satz 1 ist vom Beginn des Kalenderjahrs an zu erfüllen, das auf das Kalenderjahr folgt, in dem die Summe der positiven Einkünfte im Sinne des Satzes 1 mehr als 500 000 Euro beträgt. [4]Die Verpflichtung nach Satz 1 endet mit Ablauf des fünften aufeinanderfolgenden Kalenderjahrs, in dem die Voraussetzungen des Satzes 1 nicht erfüllt sind. [5]§ 147 Absatz 2, Absatz 3 Satz 5 und Absatz 4 bis 7 gilt entsprechend. [6]Die Sätze 1 bis 3 und 5 gelten entsprechend in den Fällen, in denen die zuständige Finanzbehörde den Steuerpflichtigen für die Zukunft zur Aufbewahrung der in Satz 1 genannten Aufzeichnungen und Unterlagen verpflichtet, weil er seinen Mitwirkungspflichten nach § 12 Absatz 3 des Gesetzes zur Abwehr von Steuervermeidung und unfairem Steuerwettbewerb nicht nachgekommen ist.

(2) [1]Steuerpflichtige, die allein oder zusammen mit nahestehenden Personen im Sinne des § 1 Absatz 2 des Außensteuergesetzes unmittelbar oder mittelbar einen beherrschenden oder bestimmenden Einfluss auf die gesellschaftsrechtlichen, finanziellen oder geschäftlichen Angelegenheiten einer Drittstaat-Gesellschaft im Sinne des § 138 Absatz 3 ausüben können, haben die Aufzeichnungen und Unterlagen über diese Beziehung und alle damit verbundenen Einnahmen und Ausgaben sechs Jahre aufzubewahren. [2]Diese Aufbewahrungspflicht ist von dem Zeitpunkt an zu erfüllen, in dem der Sachverhalt erstmals verwirklicht worden ist, der den Tatbestand des Satzes 1 erfüllt. [3]Absatz 1 Satz 4 sowie § 147 Absatz 2, 3 Satz 3 und Absatz 5 bis 7 gelten entsprechend.

§ 148 AO Bewilligung von Erleichterungen

[1]Die Finanzbehörden können für einzelne Fälle oder für bestimmte Gruppen von Fällen Erleichterungen bewilligen, wenn die Einhaltung der durch die Steuergesetze begründeten Buch-

---

[1] **Anm. d. Red.:** § 147a i. d. F. des Gesetzes v. 20.12.2022 (BGBl I S. 2730) mit Wirkung v. 1.1.2023.

[2] **Anm. d. Red.:** Zur Anwendung des § 147a siehe Art. 97 § 1 Abs. 10, § 22 Abs. 2 und 3 EGAO.

AO

führungs-, Aufzeichnungs- und Aufbewahrungspflichten Härten mit sich bringt und die Besteuerung durch die Erleichterung nicht beeinträchtigt wird. [2]Erleichterungen nach Satz 1 können rückwirkend bewilligt werden. [3]Die Bewilligung kann widerrufen werden.

§ 149 Abgabe der Steuererklärungen[1] [2]

(1) [1]Die Steuergesetze bestimmen, wer zur Abgabe einer Steuererklärung verpflichtet ist. [2]Zur Abgabe einer Steuererklärung ist auch verpflichtet, wer hierzu von der Finanzbehörde aufgefordert wird. [3]Die Aufforderung kann durch öffentliche Bekanntmachung erfolgen. [4]Die Verpflichtung zur Abgabe einer Steuererklärung bleibt auch dann bestehen, wenn die Finanzbehörde die Besteuerungsgrundlagen nach § 162 geschätzt hat.

(2) [1]Soweit die Steuergesetze nichts anderes bestimmen, sind Steuererklärungen, die sich auf ein Kalenderjahr oder auf einen gesetzlich bestimmten Zeitpunkt beziehen, spätestens sieben Monate[3] nach Ablauf des Kalenderjahres oder sieben Monate[4] nach dem gesetzlich bestimmten Zeitpunkt abzugeben. [2]Bei Steuerpflichtigen, die den Gewinn aus Land- und Forstwirtschaft nach einem vom Kalenderjahr abweichenden Wirtschaftsjahr ermitteln, endet die Frist nicht vor Ablauf des siebten Monats[5], der auf den Schluss des in dem Kalenderjahr begonnenen Wirtschaftsjahres folgt.

(3) Sofern Personen, Gesellschaften, Verbände, Vereinigungen, Behörden oder Körperschaften im Sinne der §§ 3 und 4 des Steuerberatungsgesetzes beauftragt sind mit der Erstellung von

1. Einkommensteuererklärungen nach § 25 Absatz 3 des Einkommensteuergesetzes mit Ausnahme der Einkommensteuererklärungen im Sinne des § 46 Absatz 2 Nummer 8 des Einkommensteuergesetzes,
2. Körperschaftsteuererklärungen nach § 31 Absatz 1 und 1a des Körperschaftsteuergesetzes, Feststellungserklärungen im Sinne des § 14 Absatz 5, § 27 Absatz 2 Satz 4, § 28 Absatz 1 Satz 4 oder § 38 Absatz 1 Satz 2 des Körperschaftsteuergesetzes oder Erklärungen zur Zerlegung der Körperschaftsteuer nach § 6 Absatz 7 des Zerlegungsgesetzes,
3. Erklärungen zur Festsetzung des Gewerbesteuermessbetrags oder Zerlegungserklärungen nach § 14a des Gewerbesteuergesetzes,
4. Umsatzsteuererklärungen für das Kalenderjahr nach § 18 Absatz 3 des Umsatzsteuergesetzes,

---

[1] **Anm. d. Red.:** § 149 Abs. 1 bis 3, 5, 6 i. d. F. des Gesetzes v. 18. 7. 2016 (BGBl I S. 1679) mit Wirkung v. 1. 1. 2017; Abs. 4 i. d. F. des Gesetzes v. 12. 12. 2019 (BGBl I S. 2451) mit Wirkung v. 18. 12. 2019.

[2] **Anm. d. Red.:** Zur Anwendung des § 149 siehe Art. 97 § 10a Abs. 4 Satz 1 und § 36 Abs. 1 und 3 EGAO.

[3] **Anm. d. Red.:** An die Stelle der Angabe „sieben Monate" tritt gem. Art. 97 § 36 Abs. 3 Nr. 3 EGAO für die Besteuerungszeiträume 2020 und 2021 die Angabe „zehn Monate", für den Besteuerungszeitraum 2022 die Angabe „neun Monate" und für den Besteuerungszeitraum 2023 die Angabe „acht Monate".

[4] **Anm. d. Red.:** An die Stelle der Angabe „sieben Monate" tritt gem. Art. 97 § 36 Abs. 3 Nr. 3 EGAO für die Besteuerungszeiträume 2020 und 2021 die Angabe „zehn Monate", für den Besteuerungszeitraum 2022 die Angabe „neun Monate" und für den Besteuerungszeitraum 2023 die Angabe „acht Monate".

[5] **Anm. d. Red.:** An die Stelle der Angabe „des siebten Monats" tritt gem. Art. 97 § 36 Abs. 3 Nr. 4 EGAO für die Besteuerungszeiträume 2020 und 2021 die Angabe „des zehnten Monats", für den Besteuerungszeitraum 2022 die Angabe „des neunten Monats" und für den Besteuerungszeitraum 2023 die Angabe „des achten Monats".

5. Erklärungen zur gesonderten sowie zur gesonderten und einheitlichen Feststellung einkommensteuerpflichtiger oder körperschaftsteuerpflichtiger Einkünfte nach § 180 Absatz 1 Satz 1 Nummer 2 in Verbindung mit § 181 Absatz 1 und 2,
6. Erklärungen zur gesonderten Feststellung von Besteuerungsgrundlagen nach der Verordnung über die gesonderte Feststellung von Besteuerungsgrundlagen nach § 180 Abs. 2 der Abgabenordnung oder
7. Erklärungen zur gesonderten Feststellung von Besteuerungsgrundlagen nach § 18 des Außensteuergesetzes,

so sind diese Erklärungen vorbehaltlich des Absatzes 4 spätestens bis zum letzten Tag des Monats Februar[1] und in den Fällen des Absatzes 2 Satz 2 bis zum 31. Juli des zweiten auf den Besteuerungszeitraum folgenden Kalenderjahres[2] abzugeben.

(4) [1]Das Finanzamt kann anordnen, dass Erklärungen im Sinne des Absatzes 3 vor dem letzten Tag des Monats Februar des zweiten auf den Besteuerungszeitraum folgenden Kalenderjahres[3] abzugeben sind, wenn

1. für den betroffenen Steuerpflichtigen
   a) für den vorangegangenen Besteuerungszeitraum Erklärungen nicht oder verspätet abgegeben wurden,
   b) für den vorangegangenen Besteuerungszeitraum innerhalb von drei Monaten vor Abgabe der Steuererklärung oder innerhalb von drei Monaten vor dem Beginn des Zinslaufs im Sinne des § 233a Absatz 2 Satz 1 und 2 nachträgliche Vorauszahlungen festgesetzt wurden,
   c) Vorauszahlungen für den Besteuerungszeitraum außerhalb einer Veranlagung herabgesetzt wurden,
   d) die Veranlagung für den vorangegangenen Veranlagungszeitraum zu einer Abschlusszahlung von mindestens 25 Prozent der festgesetzten Steuer oder mehr als 10 000 Euro geführt hat,
   e) die Steuerfestsetzung auf Grund einer Steuererklärung im Sinne des Absatzes 3 Nummer 1, 2 oder 4 voraussichtlich zu einer Abschlusszahlung von mehr als 10 000 Euro führen wird oder
   f) eine Außenprüfung vorgesehen ist,
2. der betroffene Steuerpflichtige im Besteuerungszeitraum einen Betrieb eröffnet oder eingestellt hat oder
3. für Beteiligte an Gesellschaften oder Gemeinschaften Verluste festzustellen sind.

---

[1] **Anm. d. Red.:** An die Stelle des letzten Tags des Monats Februar des zweiten auf den Besteuerungszeitraum folgenden Kalenderjahres tritt gem. Art. 97 § 36 Abs. 3 Nr. 1 EGAO für den Besteuerungszeitraum 2020 der 31. August 2022, für den Besteuerungszeitraum 2021 der 31. August 2023, für den Besteuerungszeitraum 2022 der 31. Juli 2024, für den Besteuerungszeitraum 2023 der 31. Mai 2025 und für den Besteuerungszeitraum 2024 der 30. April 2026.

[2] **Anm. d. Red.:** An die Stelle des 31. Juli des zweiten auf den Besteuerungszeitraum folgenden Kalenderjahres tritt gem. Art. 97 § 36 Abs. 3 Nr. 2 EGAO für den Besteuerungszeitraum 2020 der 31. Januar 2023, für den Besteuerungszeitraum 2021 der 31. Januar 2024, für den Besteuerungszeitraum 2022 der 31. Dezember 2024, für den Besteuerungszeitraum 2023 der 31. Oktober 2025 und für den Besteuerungszeitraum 2024 der 30. September 2026.

[3] **Anm. d. Red.:** An die Stelle des letzten Tags des Monats Februar des zweiten auf den Besteuerungszeitraum folgenden Kalenderjahres tritt gem. Art. 97 § 36 Abs. 3 Nr. 1 EGAO für den Besteuerungszeitraum 2020 der 31. August 2022, für den Besteuerungszeitraum 2021 der 31. August 2023, für den Besteuerungszeitraum 2022 der 31. Juli 2024, für den Besteuerungszeitraum 2023 der 31. Mai 2025 und für den Besteuerungszeitraum 2024 der 30. April 2026.

[2]Für das Befolgen der Anordnung ist eine Frist von vier Monaten nach Bekanntgabe der Anordnung zu setzen. [3]Ferner dürfen die Finanzämter nach dem Ergebnis einer automationsgestützten Zufallsauswahl anordnen, dass Erklärungen im Sinne des Absatzes 3 vor dem letzten Tag des Monats Februar des zweiten auf den Besteuerungszeitraum folgenden Kalenderjahre[1] mit einer Frist von vier Monaten nach Bekanntgabe der Anordnung abzugeben sind. [4]In der Aufforderung nach Satz 3 ist darauf hinzuweisen, dass sie auf einer automationsgestützten Zufallsauswahl beruht; eine weitere Begründung ist nicht erforderlich. [5]In den Fällen des Absatzes 2 Satz 2 tritt an die Stelle des letzten Tages des Monats Februar der 31. Juli des zweiten auf den Besteuerungszeitraum folgenden Kalenderjahres[2]. [6]Eine Anordnung nach Satz 1 oder Satz 3 darf für die Abgabe der Erklärung keine kürzere als die in Absatz 2 bestimmte Frist setzen. 7In den Fällen der Sätze 1 und 3 erstreckt sich eine Anordnung auf alle Erklärungen im Sinne des Absatzes 3, die vom betroffenen Steuerpflichtigen für den gleichen Besteuerungszeitraum oder Besteuerungszeitpunkt abzugeben sind.

(5) Absatz 3 gilt nicht für Umsatzsteuererklärungen für das Kalenderjahr, wenn die gewerbliche oder berufliche Tätigkeit vor oder mit dem Ablauf des Besteuerungszeitraums endete.

(6) [1]Die oberste Landesfinanzbehörde oder eine von ihr bestimmte Landesfinanzbehörde kann zulassen, dass Personen, Gesellschaften, Verbände, Vereinigungen, Behörden und Körperschaften im Sinne der §§ 3 und 4 des Steuerberatungsgesetzes bis zu bestimmten Stichtagen einen bestimmten prozentualen Anteil der Erklärungen im Sinne des Absatzes 3 einreichen. [2]Soweit Erklärungen im Sinne des Absatzes 3 in ein Verfahren nach Satz 1 einbezogen werden, ist Absatz 4 Satz 3 nicht anzuwenden. [3]Die Einrichtung eines Verfahrens nach Satz 1 steht im Ermessen der obersten Landesfinanzbehörden und ist nicht einklagbar.

§ 150 AO Form und Inhalt der Steuererklärungen[3]

(1) [1]Eine Steuererklärung ist nach amtlich vorgeschriebenem Vordruck abzugeben, wenn

1. keine elektronische Steuererklärung vorgeschrieben ist,
2. nicht freiwillig eine gesetzlich oder amtlich zugelassene elektronische Steuererklärung abgegeben wird,
3. keine mündliche oder konkludente Steuererklärung zugelassen ist und
4. eine Aufnahme der Steuererklärung an Amtsstelle nach § 151 nicht in Betracht kommt.

---

[1] **Anm. d. Red.:** An die Stelle des letzten Tags des Monats Februar des zweiten auf den Besteuerungszeitraum folgenden Kalenderjahres tritt gem. Art. 97 § 36 Abs. 3 Nr. 1 EGAO für den Besteuerungszeitraum 2020 der 31. August 2022, für den Besteuerungszeitraum 2021 der 31. August 2023, für den Besteuerungszeitraum 2022 der 31. Juli 2024, für den Besteuerungszeitraum 2023 der 31. Mai 2025 und für den Besteuerungszeitraum 2024 der 30. April 2026.

[2] **Anm. d. Red.:** An die Stelle des 31. Juli des zweiten auf den Besteuerungszeitraum folgenden Kalenderjahres tritt gem. Art. 97 § 36 Abs. 3 Nr. 2 EGAO für den Besteuerungszeitraum 2020 der 31. Januar 2023, für den Besteuerungszeitraum 2021 der 31. Januar 2024, für den Besteuerungszeitraum 2022 der 31. Dezember 2024, für den Besteuerungszeitraum 2023 der 31. Oktober 2025 und für den Besteuerungszeitraum 2024 der 30. September 2026.

[3] **Anm. d. Red.:** § 150 Abs. 1, 2, 5 und 6 i. d. F. des Gesetzes v. 18. 7. 2016 (BGBl I S. 1679) mit Wirkung v. 1. 1. 2017; Abs. 7 i. d. F. des Gesetzes v. 16.12.2022 (BGBl I S. 2294) mit Wirkung v. 21.12.2022; Abs. 8 i. d. F. des Gesetzes v. 20. 12. 2008 (BGBl I S. 2850) mit Wirkung v. 1. 1. 2009.

[2]§ 87a Absatz 1 Satz 1 ist nur anzuwenden, soweit eine elektronische Steuererklärung vorgeschrieben oder zugelassen ist. [3]Der Steuerpflichtige hat in der Steuererklärung die Steuer selbst zu berechnen, soweit dies gesetzlich vorgeschrieben ist (Steueranmeldung).

(2) [1]Die Angaben in den Steuererklärungen sind wahrheitsgemäß nach bestem Wissen und Gewissen zu machen.

(3) [1]Ordnen die Steuergesetze an, dass der Steuerpflichtige die Steuererklärung eigenhändig zu unterschreiben hat, so ist die Unterzeichnung durch einen Bevollmächtigten nur dann zulässig, wenn der Steuerpflichtige infolge seines körperlichen oder geistigen Zustands oder durch längere Abwesenheit an der Unterschrift gehindert ist. [2]Die eigenhändige Unterschrift kann nachträglich verlangt werden, wenn der Hinderungsgrund weggefallen ist.

(4) [1]Den Steuererklärungen müssen die Unterlagen beigefügt werden, die nach den Steuergesetzen vorzulegen sind. [2]Dritte Personen sind verpflichtet, hierfür erforderliche Bescheinigungen auszustellen.

(5) [1]In die Steuererklärungsformulare können auch Fragen aufgenommen werden, die zur Ergänzung der Besteuerungsunterlagen für Zwecke einer Statistik nach dem Gesetz über Steuerstatistiken erforderlich sind. [2]Die Finanzbehörden können ferner von Steuerpflichtigen Auskünfte verlangen, die für die Durchführung des Bundesausbildungsförderungsgesetzes erforderlich sind. [3]Die Finanzbehörden haben bei der Überprüfung der Angaben dieselben Befugnisse wie bei der Aufklärung der für die Besteuerung erheblichen Verhältnisse.

(6) [1]Zur Erleichterung und Vereinfachung des automatisierten Besteuerungsverfahrens kann das Bundesministerium der Finanzen durch Rechtsverordnung mit Zustimmung des Bundesrates bestimmen, dass und unter welchen Voraussetzungen Steuererklärungen oder sonstige für das Besteuerungsverfahren erforderliche Daten ganz oder teilweise durch Datenfernübertragung oder auf maschinell verwertbaren Datenträgern übermittelt werden können. [2]In der Rechtsverordnung können von den §§ 72a und 87b bis 87d abweichende Regelungen getroffen werden. [3]Die Rechtsverordnung bedarf nicht der Zustimmung des Bundesrates, soweit die Kraftfahrzeugsteuer, die Luftverkehrsteuer, die Versicherungsteuer und Verbrauchsteuern, mit Ausnahme der Biersteuer, betroffen sind.

(7) [1]Können Steuererklärungen, die nach amtlich vorgeschriebenem Vordruck abgegeben oder nach amtlich vorgeschriebenem Datensatz durch Datenfernübertragung übermittelt werden, nach § 155 Absatz 4 Satz 1 zu einer ausschließlich automationsgestützten Steuerfestsetzung führen, ist es dem Steuerpflichtigen zu ermöglichen, Angaben, die nach seiner Auffassung Anlass für eine Bearbeitung durch Amtsträger sind, in einem dafür vorgesehenen Abschnitt oder Datenfeld der Steuererklärung zu machen. [2]Daten, die von mitteilungspflichtigen Stellen nach Maßgabe des § 93c an die Finanzverwaltung übermittelt wurden, gelten als Angaben des Steuerpflichtigen, soweit sie in den Steuererklärungsformularen als eDaten gekennzeichnet sind oder bei nach amtlich vorgeschriebenem Datensatz durch Datenfernübertragung übermittelten Steuererklärungen für den Belegabruf bereitgestellt werden und er nicht in einem dafür vorzusehenden Abschnitt oder Datenfeld der Steuererklärung abweichende Angaben macht.

(8) [1]Ordnen d die Steuergesetze an, dass die Finanzbehörde auf Antrag zur Vermeidung unbilliger Härten auf eine Übermittlung der Steuererklärung nach amtlich vorgeschriebenem Datensatz durch Datenfernübertragung verzichten kann, ist einem solchen Antrag zu entsprechen, wenn eine Erklärungsabgabe nach amtlich vorgeschriebenem Datensatz durch Daten-

fernübertragung für den Steuerpflichtigen wirtschaftlich oder persönlich unzumutbar ist. [2]Dies ist insbesondere der Fall, wenn die Schaffung der technischen Möglichkeiten für eine Datenfernübertragung des amtlich vorgeschriebenen Datensatzes nur mit einem nicht unerheblichen finanziellen Aufwand möglich wäre oder wenn der Steuerpflichtige nach seinen individuellen Kenntnissen und Fähigkeiten nicht oder nur eingeschränkt in der Lage ist, die Möglichkeiten der Datenfernübertragung zu nutzen.

§ 152 AO Verspätungszuschlag[1 2]

(1) [1]Gegen denjenigen, der seiner Verpflichtung zur Abgabe einer Steuererklärung nicht oder nicht fristgemäß nachkommt, kann ein Verspätungszuschlag festgesetzt werden. 2Von der Festsetzung eines Verspätungszuschlags ist abzusehen, wenn der Erklärungspflichtige glaubhaft macht, dass die Verspätung entschuldbar ist; das Verschulden eines Vertreters oder eines Erfüllungsgehilfen ist dem Erklärungspflichtigen zuzurechnen.z

(2) Abweichend von Absatz 1 ist ein Verspätungszuschlag festzusetzen, wenn eine Steuererklärung, die sich auf ein Kalenderjahr oder auf einen gesetzlich bestimmten Zeitpunkt bezieht,

1. nicht binnen 14 Monaten[3] nach Ablauf des Kalenderjahrs oder nicht binnen 14 Monaten[4] nach dem Besteuerungszeitpunkt,
2. in den Fällen des § 149 Absatz 2 Satz 2 nicht binnen 19 Monaten[5] nach Ablauf des Kalenderjahrs oder nicht binnen 19 Monaten[6] nach dem Besteuerungszeitpunkt oder
3. in den Fällen des § 149 Absatz 4 nicht bis zu dem in der Anordnung bestimmten Zeitpunkt

abgegeben wurde.

(3) Absatz 2 gilt nicht,

1. wenn die Finanzbehörde die Frist für die Abgabe der Steuererklärung nach § 109 verlängert hat oder diese Frist rückwirkend verlängert,

---

[1] **Anm. d. Red.:** § 152 Abs. 1, 2, 4 bis 7, 9, 10, 12, 13 i. d. F. des Gesetzes v. 18. 7. 2016 (BGBl I S. 1679) mit Wirkung v. 1. 1. 2017; Abs. 3 und 8 i. d. F. des Gesetzes v. 2.6.2021 (BGBl I S. 1259) mit Wirkung v. 9.6.2021; Abs. 11 i. d. F. des Gesetzes v. 12. 12. 2019 (BGBl I S. 2451) mit Wirkung v. 18. 12. 2019.

[2] **Anm. d. Red.:** Zur Anwendung des § 152 siehe Art. 97 § 8, § 36 Abs. 3 und Art. 97a § 2 Nr. 3 EGAO.

[3] **Anm. d. Red.:** An die Stelle der Angabe „14 Monaten" tritt gem. Art. 97 § 36 Abs. 3 Nr. 5 EGAO für die Besteuerungszeiträume 2020 und 2021 die Angabe „20 Monaten", für den Besteuerungszeitraum 2022 die Angabe „19 Monaten", für den Besteuerungszeitraum 2023 die Angabe „17 Monaten" und für den Besteuerungszeitraum 2024 die Angabe „16 Monaten".

[4] **Anm. d. Red.:** An die Stelle der Angabe „14 Monaten" tritt gem. Art. 97 § 36 Abs. 3 Nr. 5 EGAO für die Besteuerungszeiträume 2020 und 2021 die Angabe „20 Monaten", für den Besteuerungszeitraum 2022 die Angabe „19 Monaten", für den Besteuerungszeitraum 2023 die Angabe „17 Monaten" und für den Besteuerungszeitraum 2024 die Angabe „16 Monaten".

[5] **Anm. d. Red.:** An die Stelle der Angabe „19 Monaten" tritt gem. Art. 97 § 36 Abs. 3 Nr. 6 EGAO für die Besteuerungszeiträume 2020 und 2021 die Angabe „25 Monaten", für den Besteuerungszeitraum 2022 die Angabe „24 Monaten", für den Besteuerungszeitraum 2023 die Angabe „22 Monaten" und für den Besteuerungszeitraum 2024 die Angabe „21 Monaten".

[6] **Anm. d. Red.:** An die Stelle der Angabe „19 Monaten" tritt gem. Art. 97 § 36 Abs. 3 Nr. 6 EGAO für die Besteuerungszeiträume 2020 und 2021 die Angaben „25 Monaten", für den Besteuerungszeitraum 2022 die Angaben „24 Monaten", für den Besteuerungszeitraum 2023 die Angabe „22 Monaten" und für den Besteuerungszeitraum 2024 die Angabe „21 Monaten".

2. wenn die Steuer auf null Euro oder auf einen negativen Betrag festgesetzt wird,
3. wenn die festgesetzte Steuer die Summe der festgesetzten Vorauszahlungen und der anzurechnenden Steuerabzugsbeträge nicht übersteigt oder
4. bei jährlich abzugebenden Lohnsteueranmeldungen.

(4) [1]Sind mehrere Personen zur Abgabe einer Steuererklärung verpflichtet, kann die Finanzbehörde nach ihrem Ermessen entscheiden, ob sie den Verspätungszuschlag gegen eine der erklärungspflichtigen Personen, gegen mehrere der erklärungspflichtigen Personen oder gegen alle erklärungspflichtigen Personen festsetzt. [2]Wird der Verspätungszuschlag gegen mehrere oder gegen alle erklärungspflichtigen Personen festgesetzt, sind diese Personen Gesamtschuldner des Verspätungszuschlags. [3]In Fällen des § 180 Absatz 1 Satz 1 Nummer 2 Buchstabe a ist der Verspätungszuschlag vorrangig gegen die nach § 181 Absatz 2 Satz 2 Nummer 4 erklärungspflichtigen Personen festzusetzen.

(5) [1]Der Verspätungszuschlag beträgt vorbehaltlich des Satzes 2, der Absätze 8 und 13 Satz 2 für jeden angefangenen Monat der eingetretenen Verspätung 0,25 Prozent der festgesetzten Steuer, mindestens jedoch 10 Euro für jeden angefangenen Monat der eingetretenen Verspätung. [2]Für Steuererklärungen, die sich auf ein Kalenderjahr oder auf einen gesetzlich bestimmten Zeitpunkt beziehen, beträgt der Verspätungszuschlag für jeden angefangenen Monat der eingetretenen Verspätung 0,25 Prozent der um die festgesetzten Vorauszahlungen und die anzurechnenden Steuerabzugsbeträge verminderten festgesetzten Steuer, mindestens jedoch 25 Euro für jeden angefangenen Monat der eingetretenen Verspätung. [3]Wurde ein Erklärungspflichtiger von der Finanzbehörde erstmals nach Ablauf der gesetzlichen Erklärungsfrist zur Abgabe einer Steuererklärung innerhalb einer dort bezeichneten Frist aufgefordert und konnte er bis zum Zugang dieser Aufforderung davon ausgehen, keine Steuererklärung abgeben zu müssen, so ist der Verspätungszuschlag nur für die Monate zu berechnen, die nach dem Ablauf der in der Aufforderung bezeichneten Erklärungsfrist begonnen haben.

(6) [1]Für Erklärungen zur gesonderten Feststellung von Besteuerungsgrundlagen, für Erklärungen zur Festsetzung des Gewerbesteuermessbetrags und für Zerlegungserklärungen gelten vorbehaltlich des Absatzes 7 die Absätze 1 bis 3 und Absatz 4 Satz 1 und 2 entsprechend. [2]Der Verspätungszuschlag beträgt für jeden angefangenen Monat der eingetretenen Verspätung 25 Euro.

(7) Für Erklärungen zu gesondert festzustellenden einkommensteuerpflichtigen oder körperschaftsteuerpflichtigen Einkünften beträgt der Verspätungszuschlag für jeden angefangenen Monat der eingetretenen Verspätung 0,0625 Prozent der positiven Summe der festgestellten Einkünfte, mindestens jedoch 25 Euro für jeden angefangenen Monat der eingetretenen Verspätung.

(8) [1]Absatz 5 gilt nicht für

1. vierteljährlich oder monatlich abzugebende Steueranmeldunge,
2. nach § 41a Absatz 2 Satz 2 zweiter Halbsatz des Einkommensteuergesetzes jährlich abzugebende Lohnsteueranmeldungen,
3. nach § 8 Absatz 2 Satz 3 des Versicherungsteuergesetzes jährlich abzugebende Versicherungsteueranmeldungen,

4. nach § 8 Absatz 2 Satz 3 des Feuerschutzsteuergesetzes jährlich abzugebende Feuerschutzsteueranmeldungen und
5. Anmeldungen der Umsatzsteuer-Sondervorauszahlung nach § 48 Absatz 2 der Umsatzsteuer-Durchführungsverordnung.

[2]In diesen Fällen sind bei der Bemessung des Verspätungszuschlags die Dauer und Häufigkeit der Fristüberschreitung sowie die Höhe der Steuer zu berücksichtigen.

(9) [1]Bei Nichtabgabe der Steuererklärung ist der Verspätungszuschlag für einen Zeitraum bis zum Ablauf desjenigen Tages zu berechnen, an dem die erstmalige Festsetzung der Steuer wirksam wird. [2]Gleiches gilt für die Nichtabgabe der Erklärung zur Festsetzung des Gewerbesteuermessbetrags, der Zerlegungserklärung oder der Erklärung zur gesonderten Feststellung von Besteuerungsgrundlagen.

(10) Der Verspätungszuschlag ist auf volle Euro abzurunden und darf höchstens 25 000 Euro betragen.

(11) [1] Die Festsetzung des Verspätungszuschlags soll mit dem Steuerbescheid, dem Gewerbesteuermessbescheid oder dem Zerlegungsbescheid verbunden werden; in den Fällen des Absatzes 4 kann sie mit dem Feststellungsbescheid verbunden werden. [2]In den Fällen des Absatzes 2 kann die Festsetzung des Verspätungszuschlags ausschließlich automationsgestützt erfolgen.

(12) [1]Wird die Festsetzung der Steuer oder des Gewerbesteuermessbetrags oder der Zerlegungsbescheid oder die gesonderte Feststellung von Besteuerungsgrundlagen aufgehoben, so ist auch die Festsetzung eines Verspätungszuschlags aufzuheben. [2]Wird die Festsetzung der Steuer, die Anrechnung von Vorauszahlungen oder Steuerabzugsbeträgen auf die festgesetzte Steuer oder in den Fällen des Absatzes 7 die gesonderte Feststellung einkommensteuerpflichtiger oder körperschaftsteuerpflichtiger Einkünfte geändert, zurückgenommen, widerrufen oder nach § 129 berichtigt, so ist ein festgesetzter Verspätungszuschlag entsprechend zu ermäßigen oder zu erhöhen, soweit nicht auch nach der Änderung oder Berichtigung die Mindestbeträge anzusetzen sind. [3]Ein Verlustrücktrag nach § 10d Absatz 1 des Einkommensteuergesetzes oder ein rückwirkendes Ereignis im Sinne des § 175 Absatz 1 Satz 1 Nummer 2 oder Absatz 2 sind hierbei nicht zu berücksichtigen.

(13) [1]Die Absätze 2, 4 Satz 2, Absatz 5 Satz 2 sowie Absatz 8 gelten vorbehaltlich des Satzes 2 nicht für Steuererklärungen, die gegenüber den Hauptzollämtern abzugeben sind. [2]Für die Bemessung des Verspätungszuschlags zu Steuererklärungen zur Luftverkehrsteuer gilt Absatz 8 Satz 2 entsprechend.

§ 153 AO Berichtigung von Erklärungen[1]

(1) [1]Erkennt ein Steuerpflichtiger nachträglich vor Ablauf der Festsetzungsfrist,

1. dass eine von ihm oder für ihn abgegebene Erklärung unrichtig oder unvollständig ist und dass es dadurch zu einer Verkürzung von Steuern kommen kann oder bereits gekommen ist oder

[1] **Anm. d. Red.:** § 153 Abs. 4 angefügt gem. Gesetz v. 20.12.2022 (BGBl I S. 2730) mit Wirkung v. 1.1.2023.

2. dass eine durch Verwendung von Steuerzeichen oder Steuerstemplern zu entrichtende Steuer nicht in der richtigen Höhe entrichtet worden ist,

so ist er verpflichtet, dies unverzüglich anzuzeigen und die erforderliche Richtigstellung vorzunehmen. [2]Die Verpflichtung trifft auch den Gesamtrechtsnachfolger eines Steuerpflichtigen und die nach den §§ 34 und 35 für den Gesamtrechtsnachfolger oder den Steuerpflichtigen handelnden Personen.

(2) Die Anzeigepflicht besteht ferner, wenn die Voraussetzungen für eine Steuerbefreiung, Steuerermäßigung oder sonstige Steuervergünstigung nachträglich ganz oder teilweise wegfallen.

(3) Wer Waren, für die eine Steuervergünstigung unter einer Bedingung gewährt worden ist, in einer Weise verwenden will, die der Bedingung nicht entspricht, hat dies vorher der Finanzbehörde anzuzeigen.

(4) [1] *Die Anzeige- und Berichtigungspflicht besteht ferner, wenn Prüfungsfeststellungen einer Außenprüfung unanfechtbar in einem Steuerbescheid, einem Feststellungsbescheid nach § 180 Absatz 1 Satz 1 Nummer 2 oder einem Teilabschlussbescheid nach § 180 Absatz 1a umgesetzt worden sind und die den Prüfungsfeststellungen zugrunde liegenden Sachverhalte auch in einer anderen vom oder für den Steuerpflichtigen abgegebenen Erklärung, die nicht Gegenstand der Außenprüfung war, zu einer Änderung der Besteuerungsgrundlagen führt.*

§ 154 AO Kontenwahrheit[2]

(1) Niemand darf auf einen falschen oder erdichteten Namen für sich oder einen Dritten ein Konto errichten oder Buchungen vornehmen lassen, Wertsachen (Geld, Wertpapiere, Kostbarkeiten) in Verwahrung geben oder verpfänden oder sich ein Schließfach geben lassen.

(2) [3] [1]Wer ein Konto führt, Wertsachen verwahrt oder als Pfand nimmt oder ein Schließfach überlässt (Verpflichteter), hat

1. sich zuvor Gewissheit über die Person und Anschrift jedes Verfügungsberechtigten und jedes wirtschaftlich Berechtigten im Sinne des Geldwäschegesetzes zu verschaffen und
2. die entsprechenden Angaben in geeigneter Form, bei Konten auf dem Konto, festzuhalten.

[2]Für Verfügungsberechtigte sind § 11 Absatz 4 und 6, § 12 Absatz 1 und 2 und § 13 Absatz 1 des Geldwäschegesetzes sowie zu § 12 Absatz 3 und § 13 Absatz 2 des Geldwäschegesetzes ergangene Rechtsverordnungen, für wirtschaftlich Berechtigte der § 13 Absatz 1 des Geldwäschegesetzes sowie zu § 13 Absatz 2 des Geldwäschegesetzes ergangene Rechtsverordnungen

---

[1] **Anm. d. Red.:** Kursiver § 153 Abs. 4 ist gem. Art. 97 § 37 Abs. 2 und 3 EGAO vorbehaltlich des nachfolgenden Satzes 2 erstmals auf Steuern und Steuervergütungen anzuwenden, die nach dem 31.12.2024 entstehen; gilt für gesonderte Feststellungen von Besteuerungsgrundlagen entsprechend. Kursiver § 153 Abs. 4 ist abweichend vom vorhergehenden Satz 1 auch für Steuern und Steuervergütungen anzuwenden, die vor dem 1. 1.2025 entstehen, wenn für diese Steuern und Steuervergütungen nach dem 31.12.2024 eine Prüfungsanordnung nach § 196 AO bekanntgegeben wurde; gilt für gesonderte Feststellungen von Besteuerungsgrundlagen entsprechend.

[2] **Anm. d. Red.:** § 154 Abs. 2 i. d. F. des Gesetzes v. 12.12.2019 (BGBl I S. 2602) mit Wirkung v. 1.1.2020; Abs. 2a bis 2d i. d. F. des Gesetzes v. 23.6.2017 (BGBl I S. 1682) mit Wirkung v. 25.6.2017.

[3] **Anm. d. Red.:** Zur Anwendung des § 154 Abs. 2 siehe Art. 97 § 26 Abs. 4 und 5 EGAO.

entsprechend anzuwenden. [3]Der Verpflichtete hat sicherzustellen, dass er den Finanzbehörden jederzeit Auskunft darüber geben kann, über welche Konten oder Schließfächer eine Person verfügungsberechtigt ist oder welche Wertsachen eine Person zur Verwahrung gegeben oder als Pfand überlassen hat. [4]Die Geschäftsbeziehung ist kontinuierlich zu überwachen und die nach Satz 1 zu erhebenden Daten sind in angemessenem zeitlichen Abstand zu aktualisieren.

(2a) [1] [1]Kreditinstitute haben für jeden Kontoinhaber, jeden anderen Verfügungsberechtigten und jeden wirtschaftlich Berechtigten im Sinne des Geldwäschegesetzes außerdem folgende Daten zu erheben und aufzuzeichnen:

1. die Identifikationsnummer nach § 139b und
2. die Wirtschafts-Identifikationsnummer nach § 139c oder, wenn noch keine Wirtschafts-Identifikationsnummer vergeben wurde und es sich nicht um eine natürliche Person handelt, die für die Besteuerung nach dem Einkommen geltende Steuernummer.

[2]Der Vertragspartner sowie gegebenenfalls für ihn handelnde Personen haben dem Kreditinstitut die nach Satz 1 zu erhebenden Daten mitzuteilen und sich im Laufe der Geschäftsbeziehung ergebende Änderungen unverzüglich anzuzeigen. [3]Die Sätze 1 und 2 sind nicht anzuwenden bei Kreditkonten, wenn der Kredit ausschließlich der Finanzierung privater Konsumgüter dient und der Kreditrahmen einen Betrag von 12 000 Euro nicht übersteigt.

(2b) [2] [1]Teilen der Vertragspartner oder gegebenenfalls für ihn handelnde Personen dem Kreditinstitut die nach Absatz 2a Satz 1 Nummer 1 zu erfassende Identifikationsnummer einer betroffenen Person bis zur Begründung der Geschäftsbeziehung nicht mit und hat das Kreditinstitut die Identifikationsnummer dieser Person auch nicht aus anderem Anlass rechtmäßig erfasst, hat es sie bis zum Ablauf des dritten Monats nach Begründung der Geschäftsbeziehung in einem maschinellen Verfahren beim Bundeszentralamt für Steuern zu erfragen. [2]In der Anfrage dürfen nur die in § 139b Absatz 3 genannten Daten der betroffenen Person angegeben werden. [3]Das Bundeszentralamt für Steuern teilt dem Kreditinstitut die Identifikationsnummer der betroffenen Person mit, sofern die übermittelten Daten mit den bei ihm nach § 139b Absatz 3 gespeicherten Daten übereinstimmen.

(2c) [3] [1]Soweit das Kreditinstitut die nach Absatz 2a Satz 1 zu erhebenden Daten auf Grund unzureichender Mitwirkung des Vertragspartners und gegebenenfalls für ihn handelnder Personen nicht ermitteln kann, hat es dies auf dem Konto festzuhalten. [2]In diesem Fall hat das Kreditinstitut dem Bundeszentralamt für Steuern die betroffenen Konten sowie die hierzu nach Absatz 2 erhobenen Daten mitzuteilen; diese Daten sind für alle in einem Kalenderjahr eröffneten Konten bis Ende Februar des Folgejahrs zu übermitteln.

(2d) Die Finanzbehörden können für einzelne Fälle oder für bestimmte Fallgruppen Erleichterungen zulassen, wenn die Einhaltung der Pflichten nach den Absätzen 2 bis 2c unverhältnismäßige Härten mit sich bringt und die Besteuerung durch die Erleichterung nicht beeinträchtigt wird.

---

[1] **Anm. d. Red.:** Zur Anwendung des § 154 Abs. 2a siehe Art. 97 § 26 Abs. 4 und 5 EGAO.

[2] **Anm. d. Red.:** Zur Anwendung des § 154 Abs. 2b siehe Art. 97 § 26 Abs. 4 und 5 EGAO.

[3] **Anm. d. Red.:** § 162 Abs. 2 i. d. F., Abs. 4a eingefügt gem. Gesetz v. 25.6.2021 (BGBl I S. 2056) mit Wirkung v. 1.7.2021; Abs. 3 und 4 i. d. F. des Gesetzes v. 20.12.2016 (BGBl I S. 3000) mit Wirkung v. 24.12.2016; Abs. 5 i. d. F. des Gesetzes v. 16.5.2003 (BGBl I S. 660) mit Wirkung v. 16.12.2004.

(3) Ist gegen Absatz 1 verstoßen worden, so dürfen Guthaben, Wertsachen und der Inhalt eines Schließfachs nur mit Zustimmung des für die Einkommen- und Körperschaftsteuer des Verfügungsberechtigten zuständigen Finanzamts herausgegeben werden.

§ 160 AO Benennung von Gläubigern und Zahlungsempfängern

(1) Schulden und andere Lasten, Betriebsausgaben, Werbungskosten und andere Ausgaben sind steuerlich regelmäßig nicht zu berücksichtigen, wenn der Steuerpflichtige dem Verlangen der Finanzbehörde nicht nachkommt, die Gläubiger oder die Empfänger genau zu benennen. [2]Das Recht der Finanzbehörde, den Sachverhalt zu ermitteln, bleibt unberührt.

(2) § 102 bleibt unberührt.

§ 162 AO Schätzung von Besteuerungsgrundlagen[1]

(1) Soweit die Finanzbehörde die Besteuerungsgrundlagen nicht ermitteln oder berechnen kann, hat sie sie zu schätzen. [2]Dabei sind alle Umstände zu berücksichtigen, die für die Schätzung von Bedeutung sind.

(2)[2] [1]Zu schätzen ist insbesondere dann, wenn der Steuerpflichtige über seine Angaben keine ausreichenden Aufklärungen zu geben vermag oder weitere Auskunft oder eine Versicherung an Eides statt verweigert oder seine Mitwirkungspflicht nach § 90 Abs. 2 verletzt. [2]Das Gleiche gilt, wenn der Steuerpflichtige Bücher oder Aufzeichnungen, die er nach den Steuergesetzen zu führen hat, nicht vorlegen kann, wenn die Buchführung oder die Aufzeichnungen nach § 158 Absatz 2 nicht der Besteuerung zugrunde gelegt werden oder wenn tatsächliche Anhaltspunkte für die Unrichtigkeit oder Unvollständigkeit der vom Steuerpflichtigen gemachten Angaben zu steuerpflichtigen Einnahmen oder Betriebsvermögensmehrungen bestehen und der Steuerpflichtige die Zustimmung nach § 93 Abs. 7 Satz 1 Nr. 5 nicht erteilt. [3]Hat der Steuerpflichtige seine Mitwirkungspflichten nach § 12 des Gesetzes zur Abwehr von Steuervermeidung und unfairem Steuerwettbewerb verletzt, so wird widerlegbar vermutet, dass in Deutschland steuerpflichtige Einkünfte in Bezug zu Staaten oder Gebieten im Sinne des § 3 Absatz 1 des Gesetzes zur Abwehr von Steuervermeidung und unfairem Steuerwettbewerb

1. bisher nicht erklärt wurden, tatsächlich aber vorhanden sind, oder
2. bisher zwar erklärt wurden, tatsächlich aber höher sind als erklärt.

(3)[3] *[1]Verletzt ein Steuerpflichtiger seine Mitwirkungspflichten nach § 90 Absatz 3 dadurch, dass er keine Aufzeichnungen über einen Geschäftsvorfall vorlegt, oder sind die über einen*

---

[1] **Anm. d. Red.:** § 162 Abs. 2 bis 4 i. d. F. des Gesetzes v. 20.12.2022 (BGBl I S. 2730) mit Wirkung v. 1.1.2023; Abs. 4a i. d. F. des Gesetzes v. 16.12.2022 (BGBl I S. 2294) mit Wirkung v. 21.12.2022; Abs. 5 i. d. F. des Gesetzes v. 16. 5. 2003 (BGBl I S. 660) mit Wirkung v. 16. 12. 2004.

[2] **Anm. d. Red.:** Zur Anwendung des § 162 Abs. 2 siehe Art. 97 § 22 Abs. 2 und 4 EGAO.

[3] **Anm. d. Red.:** Kursiver § 162 Abs. 3 ist gem. Art. 97 § 37 Abs. 2 und 3 EGAO vorbehaltlich des nachfolgenden Satzes 2 erstmals auf Steuern und Steuervergütungen anzuwenden, die nach dem 31.12.2024 entstehen; gilt für gesonderte Feststellungen von Besteuerungsgrundlagen entsprechend. Kursiver § 162 Abs. 3 ist abweichend vom vorhergehenden Satz 1 auch für Steuern und Steuervergütungen anzuwenden, die vor dem 1.1.2025 entstehen, wenn für diese Steuern und Steuervergütungen nach dem 31.12.2024 eine Prüfungsanordnung nach § 196 AO bekanntgegeben wurde; gilt für gesonderte Feststellungen von Besteuerungsgrundlagen entsprechend. Für Steuern und Steuervergütungen, die vor dem 1.1.2025 entstehen, ist folgender § 162 Abs. 3 in der am 31.12.2022 geltenden Fassung vorbehaltlich des

Geschäftsvorfall vorgelegten Aufzeichnungen im Wesentlichen unverwertbar oder wird festgestellt, dass der Steuerpflichtige Aufzeichnungen im Sinne des § 90 Absatz 3 Satz 5 nicht zeitnah erstellt hat, so wird widerlegbar vermutet, dass seine im Inland steuerpflichtigen Einkünfte, zu deren Ermittlung die Aufzeichnungen im Sinne des § 90 Absatz 3 dienen, höher als die von ihm erklärten Einkünfte sind. [2]Hat in solchen Fällen die Finanzbehörde eine Schätzung vorzunehmen und können diese Einkünfte nur innerhalb eines bestimmten Rahmens, insbesondere nur auf Grund von Preisspannen bestimmt werden, kann dieser Rahmen zu Lasten des Steuerpflichtigen ausgeschöpft werden. [3]Bestehen trotz Vorlage verwertbarer Aufzeichnungen durch den Steuerpflichtigen Anhaltspunkte dafür, dass seine Einkünfte bei Beachtung des Fremdvergleichsgrundsatzes höher wären als die auf Grund der Aufzeichnungen erklärten Einkünfte, und können entsprechende Zweifel deswegen nicht aufgeklärt werden, weil eine ausländische, nahe stehende Person ihre Mitwirkungspflichten nach § 90 Abs. 2 oder ihre Auskunftspflichten nach § 93 Abs. 1 nicht erfüllt, ist Satz 2 entsprechend anzuwenden.

(4)[1] *[1]Legt ein Steuerpflichtiger über einen Geschäftsvorfall keine Aufzeichnungen im Sinne des § 90 Absatz 3 vor oder sind die über einen Geschäftsvorfall vorgelegten Aufzeichnungen*

---

vorhergehenden Satzes 2 weiterhin anzuwenden; gilt für gesonderte Feststellungen von Besteuerungsgrundlagen entsprechend:

„(3) [1]Verletzt ein Steuerpflichtiger seine Mitwirkungspflichten nach § 90 Absatz 3 dadurch, dass er keine Aufzeichnungen über einen Geschäftsvorfall vorlegt, oder sind die über einen Geschäftsvorfall vorgelegten Aufzeichnungen im Wesentlichen unverwertbar oder wird festgestellt, dass der Steuerpflichtige Aufzeichnungen im Sinne des § 90 Absatz 3 Satz 8 nicht zeitnah erstellt hat, so wird widerlegbar vermutet, dass seine im Inland steuerpflichtigen Einkünfte, zu deren Ermittlung die Aufzeichnungen im Sinne des § 90 Absatz 3 dienen, höher als die von ihm erklärten Einkünfte sind. [2]Hat in solchen Fällen die Finanzbehörde eine Schätzung vorzunehmen und können diese Einkünfte nur innerhalb eines bestimmten Rahmens, insbesondere nur auf Grund von Preisspannen bestimmt werden, kann dieser Rahmen zu Lasten des Steuerpflichtigen ausgeschöpft werden. [3]Bestehen trotz Vorlage verwertbarer Aufzeichnungen durch den Steuerpflichtigen Anhaltspunkte dafür, dass seine Einkünfte bei Beachtung des Fremdvergleichsgrundsatzes höher wären als die auf Grund der Aufzeichnungen erklärten Einkünfte, und können entsprechende Zweifel deswegen nicht aufgeklärt werden, weil eine ausländische, nahe stehende Person ihre Mitwirkungspflichten nach § 90 Abs. 2 oder ihre Auskunftspflichten nach § 93 Abs. 1 nicht erfüllt, ist Satz 2 entsprechend anzuwenden.“.

[1] **Anm. d. Red.:** Kursiver § 162 Abs. 4 ist gem. Art. 97 § 37 Abs. 2 und 3 EGAO vorbehaltlich des nachfolgenden Satzes 2 erstmals auf Steuern und Steuervergütungen anzuwenden, die nach dem 31.12.2024 entstehen; gilt für gesonderte Feststellungen von Besteuerungsgrundlagen entsprechend. Kursiver § 162 Abs. 4 ist abweichend vom vorhergehenden Satz 1 auch für Steuern und Steuervergütungen anzuwenden, die vor dem 1.1.2025 entstehen, wenn für diese Steuern und Steuervergütungen nach dem 31.12.2024 eine Prüfungsanordnung nach § 196 AO bekanntgegeben wurde; gilt für gesonderte Feststellungen von Besteuerungsgrundlagen entsprechend. Für Steuern und Steuervergütungen, die vor dem 1.1.2025 entstehen, ist folgender § 162 Abs. 4 in der am 31.12.2022 geltenden Fassung vorbehaltlich des vorhergehenden Satzes 2 weiterhin anzuwenden; gilt für gesonderte Feststellungen von Besteuerungsgrundlagen entsprechend:

„(4) [1]Legt ein Steuerpflichtiger über einen Geschäftsvorfall keine Aufzeichnungen im Sinne des § 90 Absatz 3 vor oder sind die über einen Geschäftsvorfall vorgelegten Aufzeichnungen im Wesentlichen unverwertbar, ist ein Zuschlag von 5 000 Euro festzusetzen. [2]Der Zuschlag beträgt mindestens 5 Prozent und höchstens 10 Prozent des Mehrbetrags der Einkünfte, der sich nach einer Berichtigung auf Grund der Anwendung des Absatzes 3 ergibt, wenn sich danach ein Zuschlag von mehr als 5 000 Euro ergibt. [3]Bei verspäteter Vorlage von verwertbaren Aufzeichnungen beträgt der Zuschlag bis zu 1 000 000 Euro, mindestens jedoch 100 Euro für jeden vollen Tag der Fristüberschreitung. [4]Soweit den Finanzbehörden Ermessen hinsichtlich der Höhe des Zuschlags eingeräumt ist, sind neben dessen Zweck, den Steuerpflichtigen zur Erstellung und fristgerechten Vorlage der Aufzeichnungen im Sinne des § 90 Abs. 3 anzuhalten, insbesondere die von ihm gezogenen Vorteile und bei verspäteter Vorlage auch die Dauer der Fristüberschreitung zu berücksichtigen. [5]Von der Festsetzung eines Zuschlags ist abzusehen, wenn die Nichterfüllung der Pflichten nach § 90 Abs. 3 entschuldbar erscheint oder ein Verschulden nur geringfügig ist. [6]Das Verschulden eines gesetzlichen Vertre-

im Wesentlichen unverwertbar, ist ein Zuschlag von 5 000 Euro festzusetzen. [2]Der Zuschlag beträgt mindestens 5 Prozent und höchstens 10 Prozent des Mehrbetrags der Einkünfte, der sich nach einer Berichtigung auf Grund der Anwendung des Absatzes 3 ergibt, wenn sich danach ein Zuschlag von mehr als 5 000 Euro ergibt. [3]Der Zuschlag ist regelmäßig nach Abschluss der Außenprüfung festzusetzen. [4]Bei verspäteter Vorlage von verwertbaren Aufzeichnungen beträgt der Zuschlag bis zu 1 000 000 Euro, mindestens jedoch 100 Euro für jeden vollen Tag der Fristüberschreitung; er kann für volle Wochen und Monate der verspäteten Vorlage in Teilbeträgen festgesetzt werden. [5]Soweit den Finanzbehörden Ermessen hinsichtlich der Höhe des jeweiligen Zuschlags eingeräumt ist, sind neben dem Zweck dieses Zuschlags, den Steuerpflichtigen zur Erstellung und fristgerechten Vorlage der Aufzeichnungen nach § 90 Absatz 3 anzuhalten, insbesondere die von ihm gezogenen Vorteile und bei verspäteter Vorlage auch die Dauer der Fristüberschreitung zu berücksichtigen. [6]Von der Festsetzung eines Zuschlags ist abzusehen, wenn die Nichterfüllung der Pflichten nach § 90 Abs. 3 entschuldbar erscheint oder ein Verschulden nur geringfügig ist. [7]Das Verschulden eines gesetzlichen Vertreters oder eines Erfüllungsgehilfen steht dem eigenen Verschulden gleich.

(4a) [1] [1]Verletzt der Steuerpflichtige seine Mitwirkungspflichten nach § 12 des Steueroasen-Abwehrgesetzes, ist Absatz 4 entsprechend anzuwenden. [2]Von der Festsetzung eines Zuschlags ist abzusehen, wenn die Nichterfüllung der Mitwirkungspflichten entschuldbar erscheint oder das Verschulden nur geringfügig ist. [3]Das Verschulden eines gesetzlichen Vertreters oder eines Erfüllungsgehilfen ist dem Steuerpflichtigen zuzurechnen.

(5) In den Fällen des § 155 Abs. 2 können die in einem Grundlagenbescheid festzustellenden Besteuerungsgrundlagen geschätzt werden.

§ 163 AO Abweichende Festsetzung von Steuern aus Billigkeitsgründen[2] [3]

(1) [1]Steuern können niedriger festgesetzt werden und einzelne Besteuerungsgrundlagen, die die Steuern erhöhen, können bei der Festsetzung der Steuer unberücksichtigt bleiben, wenn die Erhebung der Steuer nach Lage des einzelnen Falls unbillig wäre. [2]Mit Zustimmung des Steuerpflichtigen kann bei Steuern vom Einkommen zugelassen werden, dass einzelne Besteuerungsgrundlagen, soweit sie die Steuer erhöhen, bei der Steuerfestsetzung erst zu einer späteren Zeit und, soweit sie die Steuer mindern, schon zu einer früheren Zeit berücksichtigt werden.

(2) Eine Billigkeitsmaßnahme nach Absatz 1 kann mit der Steuerfestsetzung verbunden werden, für die sie von Bedeutung ist.

(3) [1]Eine Billigkeitsmaßnahme nach Absatz 1 steht in den Fällen des Absatzes 2 stets unter Vorbehalt des Widerrufs, wenn sie

ters oder eines Erfüllungsgehilfen steht dem eigenen Verschulden gleich. [7]Der Zuschlag ist regelmäßig nach Abschluss der Außenprüfung festzusetzen."

[1] **Anm. d. Red.:** Zur Anwendung des § 162 Abs. 4a siehe Art. 97 § 22 Abs. 4 EGAO.

[2] **Anm. d. Red.:** § 163 i. d. F. des Gesetzes v. 18.7.2016 (BGBl I S. 1679) mit Wirkung v. 1.1.2017.

[3] **Anm. d. Red.:** Zur Anwendung des § 163 siehe Art. 97 § 29 EGAO.

1. von der Finanzbehörde nicht ausdrücklich als eigenständige Billigkeitsentscheidung ausgesprochen worden ist,
2. mit einer Steuerfestsetzung unter Vorbehalt der Nachprüfung nach § 164 verbunden ist oder
3. mit einer vorläufigen Steuerfestsetzung nach § 165 verbunden ist und der Grund der Vorläufigkeit auch für die Entscheidung nach Absatz 1 von Bedeutung ist.

[2]In den Fällen von Satz 1 Nummer 1 entfällt der Vorbehalt des Widerrufs, wenn die Festsetzungsfrist für die Steuerfestsetzung abläuft, für die die Billigkeitsmaßnahme Grundlagenbescheid ist. [3]In den Fällen von Satz 1 Nummer 2 entfällt der Vorbehalt des Widerrufs mit Aufhebung oder Entfallen des Vorbehalts der Nachprüfung der Steuerfestsetzung, für die die Billigkeitsmaßnahme Grundlagenbescheid ist. [4]In den Fällen von Satz 1 Nummer 3 entfällt der Vorbehalt des Widerrufs mit Eintritt der Endgültigkeit der Steuerfestsetzung, für die die Billigkeitsmaßnahme Grundlagenbescheid ist.

(4) [1]Ist eine Billigkeitsmaßnahme nach Absatz 1, die nach Absatz 3 unter Vorbehalt des Widerrufs steht, rechtswidrig, ist sie mit Wirkung für die Vergangenheit zurückzunehmen. [2]§ 130 Absatz 3 Satz 1 gilt in diesem Fall nicht.

§ 175a AO Umsetzung von Verständigungsvereinbarungen[1]

[1] Ein Steuerbescheid ist zu erlassen, aufzuheben oder zu ändern, soweit dies zur Umsetzung einer Vorabverständigungsvereinbarung nach § 89a, einer Verständigungsvereinbarung oder eines Schiedsspruchs nach einem Vertrag im Sinne des § 2 geboten ist. [2]Die Festsetzungsfrist endet insoweit nicht vor Ablauf eines Jahres nach dem Wirksamwerden der Verständigungsvereinbarung oder des Schiedsspruchs oder der einvernehmlichen rückwirkenden Anwendung einer Vorabverständigungsvereinbarung.

§ 175b Änderung von Steuerbescheiden bei Datenübermittlung durch Dritte[2] [3]

(1) Ein Steuerbescheid ist aufzuheben oder zu ändern, soweit von der mitteilungspflichtigen Stelle an die Finanzbehörden übermittelte Daten im Sinne des § 93c bei der Steuerfestsetzung nicht oder nicht zutreffend berücksichtigt wurden.

(2) Gelten Daten, die von mitteilungspflichtigen Stellen nach Maßgabe des § 93c an die Finanzverwaltung übermittelt wurden, nach § 150 Absatz 7 Satz 2 als Angaben des Steuerpflichtigen, ist der Steuerbescheid aufzuheben oder zu ändern, soweit diese Daten zu Ungunsten des Steuerpflichtigen unrichtig sind.

(3) Ist eine Einwilligung des Steuerpflichtigen in die Übermittlung von Daten im Sinne des § 93c an die Finanzbehörden Voraussetzung für die steuerliche Berücksichtigung der Daten, so ist ein Steuerbescheid aufzuheben oder zu ändern, soweit die Einwilligung nicht vorliegt.

(4) Die Absätze 1 und 2 gelten nicht, wenn nachträglich übermittelte Daten im Sinne des § 93c Absatz 1 oder 3 nicht rechtserheblich sind.

---

[1] **Anm. d. Red.:** § 175a i. d. F. des Gesetzes v. 2.6.2021 (BGBl I S. 1259) mit Wirkung v. 9.6.2021.

[2] **Anm. d. Red.:** § 175b Abs. 1 bis 3 i. d. F. des Gesetzes v. 18.7.2016 (BGBl I S. 1679) mit Wirkung v. 1.1.2017; Abs. 4 angefügt gem. Gesetz v. 23.6.2017 (BGBl I S. 1682) mit Wirkung v. 25.6.2017.

[3] **Anm. d. Red.:** Zur Anwendung des § 175b siehe Art. 97 § 27 Abs. 2 und 3 EGAO.

§ 178a AO Kosten bei besonderer Inanspruchnahme der Finanzbehörden[1]

(weggefallen)

§ 193 AO Zulässigkeit einer Außenprüfung[2] [3]

(1) Eine Außenprüfung ist zulässig bei Steuerpflichtigen, die einen gewerblichen oder land- und forstwirtschaftlichen Betrieb unterhalten, die freiberuflich tätig sind und bei Steuerpflichtigen im Sinne des § 147a.

(2) Bei anderen als den in Absatz 1 bezeichneten Steuerpflichtigen ist eine Außenprüfung zulässig,

1. soweit sie die Verpflichtung dieser Steuerpflichtigen betrifft, für Rechnung eines anderen Steuern zu entrichten, Steuern einzubehalten und abzuführen oder
2. wenn die für die Besteuerung erheblichen Verhältnisse der Aufklärung bedürfen und eine Prüfung an Amtsstelle nach Art und Umfang des zu prüfenden Sachverhalts nicht zweckmäßig ist.
3. wenn ein Steuerpflichtiger seinen Mitwirkungspflichten nach § 12 des Gesetzes zur Abwehr von Steuervermeidung und unfairem Steuerwettbewerb nicht nachkommt.

§ 194 AO Sachlicher Umfang einer Außenprüfung

(1) [1]Die Außenprüfung dient der Ermittlung der steuerlichen Verhältnisse des Steuerpflichtigen. [2]Sie kann eine oder mehrere Steuerarten, einen oder mehrere Besteuerungszeiträume umfassen oder sich auf bestimmte Sachverhalte beschränken. [3]Die Außenprüfung bei einer Personengesellschaft umfasst die steuerlichen Verhältnisse der Gesellschafter insoweit, als diese Verhältnisse für die zu überprüfenden einheitlichen Feststellungen von Bedeutung sind. [4]Die steuerlichen Verhältnisse anderer Personen können insoweit geprüft werden, als der Steuerpflichtige verpflichtet war oder verpflichtet ist, für Rechnung dieser Personen Steuern zu entrichten oder Steuern einzubehalten und abzuführen; dies gilt auch dann, wenn etwaige Steuernachforderungen den anderen Personen gegenüber geltend zu machen sind.

(2) Die steuerlichen Verhältnisse von Gesellschaftern und Mitgliedern sowie von Mitgliedern der Überwachungsorgane können über die in Absatz 1 geregelten Fälle hinaus in die bei einer Gesellschaft durchzuführende Außenprüfung einbezogen werden, wenn dies im Einzelfall zweckmäßig ist.

(3) Werden anlässlich einer Außenprüfung Verhältnisse anderer als der in Absatz 1 genannten Personen festgestellt, so ist die Auswertung der Feststellungen insoweit zulässig, als ihre Kenntnis für die Besteuerung dieser anderen Personen von Bedeutung ist oder die Feststellungen eine unerlaubte Hilfeleistung in Steuersachen betreffen.

---

[1] **Anm. d. Red.:** § 178a weggefallen gem. Gesetz v. 2.6.2021 (BGBl I S. 1259) mit Wirkung v. 9.6.2021.

[2] **Anm. d. Red.:** § 193 Abs. 1 i. d. F. des Gesetzes v. 29.7.2009 (BGBl I S. 2302) mit Wirkung v. 1.8.2009; Abs. 2 i. d. F. des Gesetzes v. 25.6.2021 (BGBl I S. 2056) mit Wirkung v. 1.7.2021.

[3] **Anm. d. Red.:** Zur Anwendung des § 193 siehe Art. 97 § 22 Abs. 2 und 4 EGAO.

§ 195 AO Zuständigkeit

[1]Außenprüfungen werden von den für die Besteuerung zuständigen Finanzbehörden durchgeführt. [2]Sie können andere Finanzbehörden mit der Außenprüfung beauftragen. [3]Die beauftragte Finanzbehörde kann im Namen der zuständigen Finanzbehörde die Steuerfestsetzung vornehmen und verbindliche Zusagen (§§ 204 bis 207) erteilen.

§ 196 AO Prüfungsanordnung[1]

Die Finanzbehörde bestimmt den Umfang der Außenprüfung in einer schriftlich oder elektronisch zu erteilenden Prüfungsanordnung mit Rechtsbehelfsbelehrung nach § 356.

§ 197 AO Bekanntgabe der Prüfungsanordnung[2]

(1) [1]Die Prüfungsanordnung sowie der voraussichtliche Prüfungsbeginn und die Namen der Prüfer sind dem Steuerpflichtigen, bei dem die Außenprüfung durchgeführt werden soll, angemessene Zeit vor Beginn der Prüfung bekannt zu geben, wenn der Prüfungszweck dadurch nicht gefährdet wird. [2]Der Steuerpflichtige kann auf die Einhaltung der Frist verzichten. [3]Soll die Prüfung nach § 194 Abs. 2 auf die steuerlichen Verhältnisse von Gesellschaftern und Mitgliedern sowie von Mitgliedern der Überwachungsorgane erstreckt werden, so ist die Prüfungsanordnung insoweit auch diesen Personen bekannt zu geben.

(2) Auf Antrag der Steuerpflichtigen soll der Beginn der Außenprüfung auf einen anderen Zeitpunkt verlegt werden, wenn dafür wichtige Gründe glaubhaft gemacht werden.

(3) [1]Mit der Prüfungsanordnung kann die Vorlage von aufzeichnungs- oder aufbewahrungspflichtigen Unterlagen innerhalb einer angemessenen Frist verlangt werden. [2]Sind diese Unterlagen mit Hilfe eines Datenverarbeitungssystems erstellt worden, sind die Daten in einem maschinell auswertbaren Format an die Finanzbehörde zu übertragen. [3]Im Übrigen bleibt § 147 Absatz 6 unberührt.

(4) [1]Sind Unterlagen nach Absatz 3 vorgelegt worden, sollen dem Steuerpflichtigen die beabsichtigten Prüfungsschwerpunkte der Außenprüfung mitgeteilt werden. [2]Die Nennung von Prüfungsschwerpunkten stellt keine Einschränkung der Außenprüfung auf bestimmte Sachverhalte nach § 194 dar.

(5) [3] *[1]Ist Grundlage der Außenprüfung ein Steuerbescheid, der aufgrund einer in § 149 Absatz 3 genannten Steuererklärung erlassen wurde, soll die Prüfungsanordnung bis zum Ablauf des Kalenderjahres erlassen werden, das auf das Kalenderjahr folgt, in dem der Steuerbescheid wirksam geworden ist. [2]Wird die Prüfungsanordnung aus Gründen, die die Finanzbehörde zu vertreten hat, zu einem späteren Zeitpunkt bekanntgegeben, beginnt die Frist nach § 171 Absatz 4 Satz 3 erster Halbsatz mit Ablauf des Kalenderjahres, das auf das Kalenderjahr folgt, in dem der in Satz 1 bezeichnete Steuerbescheid wirksam geworden ist. [3]Erstreckt sich die Außenprüfung zugleich auf mehrere Steuerbescheide, sind die Sätze 1 und 2 mit der*

---

[1] **Anm. d. Red.:** § 196 i. d. F. des Gesetzes v. 18.7.2016 (BGBl I S. 1679) mit Wirkung v. 1.1.2017.

[2] **Anm. d. Red.:** § 197 Abs. 3 bis 5 angefügt gem. Gesetz v. 20.12.2022 (BGBl I S. 2730) mit Wirkung v. 1.1.2023.

[3] **Anm. d. Red.:** Kursiver § 197 Abs. 5 ist gem. Art. 97 § 37 Abs. 2 EGAO erstmals auf Steuern und Steuervergütungen anzuwenden, die nach dem 31.12.2024 entstehen; gilt für gesonderte Feststellungen von Besteuerungsgrundlagen entsprechend.

Maßgabe anzuwenden, dass der Zeitpunkt des Wirksamwerdens des zuletzt ergangenen Steuerbescheids einheitlich maßgeblich ist.

§ 198 AO Ausweispflicht, Beginn der Außenprüfung

[1]Die Prüfer haben sich bei Erscheinen unverzüglich auszuweisen. [2]Der Beginn der Außenprüfung ist unter Angabe von Datum und Uhrzeit aktenkundig zu machen.

§ 199 Prüfungsgrundsätze[1]

(1) Der Außenprüfer hat die tatsächlichen und rechtlichen Verhältnisse, die für die Steuerpflicht und für die Bemessung der Steuer maßgebend sind (Besteuerungsgrundlagen), zugunsten wie zuungunsten des Steuerpflichtigen zu prüfen.

(2) [1]Der Steuerpflichtige ist während der Außenprüfung über die festgestellten Sachverhalte und die möglichen steuerlichen Auswirkungen zu unterrichten, wenn dadurch Zweck und Ablauf der Prüfung nicht beeinträchtigt werden. *[2]Die Finanzbehörde kann mit dem Steuerpflichtigen vereinbaren, in regelmäßigen Abständen Gespräche über die festgestellten Sachverhalte und die möglichen steuerlichen Auswirkungen zu führen. [3]Sie kann im Einvernehmen mit dem Steuerpflichtigen Rahmenbedingungen für die Mitwirkung nach § 200 festlegen; werden die Rahmenbedingungen vom Steuerpflichtigen erfüllt, unterbleibt ein qualifiziertes Mitwirkungsverlangen nach § 200a.*[2]

§ 200 Mitwirkungspflichten des Steuerpflichtigen[3]

(1) [4] [1]Der Steuerpflichtige hat bei der Feststellung der Sachverhalte, die für die Besteuerung erheblich sein können, mitzuwirken. [2]Er hat insbesondere Auskünfte zu erteilen, Aufzeichnungen, Bücher, Geschäftspapiere und andere Urkunden zur Einsicht und Prüfung vorzulegen, die zum Verständnis der Aufzeichnungen erforderlichen Erläuterungen zu geben und die Finanzbehörde bei Ausübung ihrer Befugnisse nach § 147 Abs. 6 zu unterstützen. [3]Sind der Steuerpflichtige oder die von ihm benannten Personen nicht in der Lage, Auskünfte zu erteilen, oder sind die Auskünfte zur Klärung des Sachverhalts unzureichend oder versprechen Auskünfte des Steuerpflichtigen keinen Erfolg, so kann der Außenprüfer auch andere Betriebsangehörige um Auskunft ersuchen. 4§ 93 Absatz 2 Satz 2 gilt nicht.

(2) [1]Die in Absatz 1 genannten Unterlagen hat der Steuerpflichtige in seinen Geschäftsräumen oder, soweit ein zur Durchführung der Außenprüfung geeigneter Geschäftsraum nicht vorhanden ist, in seinen Wohnräumen oder an Amtsstelle vorzulegen. [2]Sind mobile Endgeräte der Außenprüfer unter Berücksichtigung des Stands der Technik gegen unbefugten Zugriff gesichert, gilt die ortsunabhängige Tätigkeit als an Amtsstelle ausgeübt. [3]Ein zur Durchführung

---

[1] **Anm. d. Red.:** § 199 Abs. 2 i. d. F. des Gesetzes v. 20.12.2022 (BGBl I S. 2730) mit Wirkung v. 1.1.2023.

[2] **Anm. d. Red.:** Kursiver § 199 Abs. 2 Satz 2 und 3 ist gem. Art. 97 § 37 Abs. 2 und 3 EGAO vorbehaltlich des nachfolgenden Satzes 2 erstmals auf Steuern und Steuervergütungen anzuwenden, die nach dem 31.12.2024 entstehen; gilt für gesonderte Feststellungen von Besteuerungsgrundlagen entsprechend. Kursiver § 199 Abs. 2 Satz 2 und 3 ist abweichend vom vorhergehenden Satz 1 auch für Steuern und Steuervergütungen anzuwenden, die vor dem 1.1.2025 entstehen, wenn für diese Steuern und Steuervergütungen nach dem 31.12.2024 eine Prüfungsanordnung nach § 196 AO bekanntgegeben wurde; gilt für gesonderte Feststellungen von Besteuerungsgrundlagen entsprechend.

[3] **Anm. d. Red.:** § 200 Abs. 1 i. d. F. des Gesetzes v. 26. 6. 2013 (BGBl I S. 1809) mit Wirkung v. 30. 6. 2013; Abs. 2 i. d. F. des Gesetzes v. 20.12.2022 (BGBl I S. 2730) mit Wirkung v. 1.1.2023.

[4] **Anm. d. Red.:** Zur Anwendung des § 200 Abs. 1 siehe Art. 97 § 19b Abs. 1 EGAO.

der Außenprüfung geeigneter Raum oder Arbeitsplatz sowie die erforderlichen Hilfsmittel sind unentgeltlich zur Verfügung zu stellen. [4]§ 147 Absatz 6 und 7 bleibt unberührt.

(3) [1]Die Außenprüfung findet während der üblichen Geschäfts- oder Arbeitszeit statt. [2]Die Prüfer sind berechtigt, Grundstücke und Betriebsräume zu betreten und zu besichtigen. [3]Bei der Betriebsbesichtigung soll der Betriebsinhaber oder sein Beauftragter hinzugezogen werden.

§ 201 AO Schlussbesprechung[1]

(1) [1]Über das Ergebnis der Außenprüfung ist eine Besprechung abzuhalten (Schlussbesprechung), es sei denn, dass sich nach dem Ergebnis der Außenprüfung keine Änderung der Besteuerungsgrundlagen ergibt oder dass der Steuerpflichtige auf die Besprechung verzichtet. [2]Bei der Schlussbesprechung sind insbesondere strittige Sachverhalte sowie die rechtliche Beurteilung der Prüfungsfeststellungen und ihre steuerlichen Auswirkungen zu erörtern. [3]Eine Schlussbesprechung kann mit Zustimmung des Steuerpflichtigen auch fernmündlich oder nach § 87a Absatz 1a elektronisch durchgeführt werden.

(2) Besteht die Möglichkeit, dass auf Grund der Prüfungsfeststellungen ein Straf- oder Bußgeldverfahren durchgeführt werden muss, soll der Steuerpflichtige darauf hingewiesen werden, dass die straf- oder bußgeldrechtliche Würdigung einem besonderen Verfahren vorbehalten bleibt.

§ 202 AO Inhalt und Bekanntgabe des Prüfungsberichts[2]

(1) [1]Über das Ergebnis der Außenprüfung ergeht ein schriftlicher oder elektronischer Bericht (Prüfungsbericht). [2]Im Prüfungsbericht sind die für die Besteuerung erheblichen Prüfungsfeststellungen in tatsächlicher und rechtlicher Hinsicht sowie die Änderungen der Besteuerungsgrundlagen darzustellen. [3]Führt die Außenprüfung zu keiner Änderung der Besteuerungsgrundlagen, so genügt es, wenn dies dem Steuerpflichtigen schriftlich oder elektronisch mitgeteilt wird. [4]*Wurden Besteuerungsgrundlagen in einem Teilabschlussbescheid nach § 180 Absatz 1a gesondert festgestellt, ist im Prüfungsbericht darauf hinzuweisen.*[3]

(2) Die Finanzbehörde hat dem Steuerpflichtigen auf Antrag den Prüfungsbericht vor seiner Auswertung zu übersenden und ihm Gelegenheit zu geben, in angemessener Zeit dazu Stellung zu nehmen.

(3)[4] *Sollen Besteuerungsgrundlagen in einem Teilabschlussbescheid nach § 180 Absatz 1a gesondert festgestellt werden, ergeht vor Erlass des Teilabschlussbescheids ein schriftlicher*

---

[1] **Anm. d. Red.:** § 201 Abs. 1 i. d. F. des Gesetzes v. 20.12.2022 (BGBl I S. 2730) mit Wirkung v. 1.1.2023.

[2] **Anm. d. Red.:** § 202 Abs. 1 i. d. F., Abs. 3 angefügt gem. Gesetz v. 20.12.2022 (BGBl I S. 2730) mit Wirkung v. 1.1.2023.

[3] **Anm. d. Red.:** Kursiver § 202 Abs. 1 Satz 4 ist gem. Art. 97 § 37 Abs. 2 und 3 EGAO vorbehaltlich des nachfolgenden Satzes 2 erstmals auf Steuern und Steuervergütungen anzuwenden, die nach dem 31.12.2024 entstehen; gilt für gesonderte Feststellungen von Besteuerungsgrundlagen entsprechend. Kursiver § 202 Abs. 1 Satz 4 ist abweichend vom vorhergehenden Satz 1 auch für Steuern und Steuervergütungen anzuwenden, die vor dem 1.1.2025 entstehen, wenn für diese Steuern und Steuervergütungen nach dem 31.12.2024 eine Prüfungsanordnung nach § 196 AO bekanntgegeben wurde; gilt für gesonderte Feststellungen von Besteuerungsgrundlagen entsprechend.

[4] **Anm. d. Red.:** Kursiver § 202 Abs. 3 ist gem. Art. 97 § 37 Abs. 2 und 3 EGAO vorbehaltlich des nachfolgenden Satzes 2 erstmals auf Steuern und Steuervergütungen anzuwenden, die nach dem 31.12.2024 entstehen; gilt für geson-

oder elektronischer Teilprüfungsbericht; Absatz 1 Satz 2 bis 4 und Absatz 2 gelten entsprechend.

§ 203 AO Abgekürzte Außenprüfung[1]

(1) [1]Bei Steuerpflichtigen, bei denen die Finanzbehörde eine Außenprüfung in regelmäßigen Zeitabständen nach den Umständen des Falls nicht für erforderlich hält, kann sie eine abgekürzte Außenprüfung durchführen. [2]Die Prüfung hat sich auf die wesentlichen Besteuerungsgrundlagen zu beschränken.

(2) [1]Der SteuerpflSteuerpflichtige ist vor Abschluss der Prüfung darauf hinzuweisen, inwieweit von den Steuererklärungen oder den Steuerfestsetzungen abgewichen werden soll. [2]Die steuerlich erheblichen Prüfungsfeststellungen sind dem Steuerpflichtigen spätestens mit den Steuerbescheiden schriftlich oder elektronisch mitzuteilen. [3]§ 201 Abs. 1 und § 202 Abs. 2 gelten nicht.

§ 204 AO Voraussetzung der verbindlichen Zusage[2]

(1) Im Anschluss an eine Außenprüfung soll die Finanzbehörde dem Steuerpflichtigen auf Antrag verbindlich zusagen, wie ein für die Vergangenheit geprüfter und im Prüfungsbericht dargestellter Sachverhalt in Zukunft steuerrechtlich behandelt wird, wenn die Kenntnis der künftigen steuerrechtlichen Behandlung für die geschäftlichen Maßnahmen des Steuerpflichtigen von Bedeutung ist.

(2)[3] *Abweichend von Absatz 1 kann die Finanzverwaltung dem Steuerpflichtigen bereits nach Erlass eines Teilabschlussbescheids nach § 180 Absatz 1a auf Antrag verbindlich zusagen, wie ein für die Vergangenheit geprüfter und im Teilabschlussbericht dargestellter Sachverhalt in Zukunft steuerlich behandelt wird, wenn*

1. *die Kenntnis der künftigen steuerrechtlichen Behandlung für die geschäftlichen Maßnahmen des Steuerpflichtigen von Bedeutung ist und*

---

derte Feststellungen von Besteuerungsgrundlagen entsprechend. Kursiver § 202 Abs. 3 ist abweichend vom vorhergehenden Satz 1 auch für Steuern und Steuervergütungen anzuwenden, die vor dem 1.1.2025 entstehen, wenn für diese Steuern und Steuervergütungen nach dem 31.12.2024 eine Prüfungsanordnung nach § 196 AO bekanntgegeben wurde; gilt für gesonderte Feststellungen von Besteuerungsgrundlagen entsprechend.

[1] **Anm. d. Red.:** § 203 Abs. 2 i. d. F. des Gesetzes v. 20.12.2022 (BGBl I S. 2730) mit Wirkung v. 1.1.2023.

[2] **Anm. d. Red.:** § 204 i. d. F. des Gesetzes v. 20.12.2022 (BGBl I S. 2730) mit Wirkung v. 1.1.2023.

[3] **Anm. d. Red.:** Kursiver § 204 Abs. 2 ist gem. Art. 97 § 37 Abs. 2 und 3 EGAO vorbehaltlich des nachfolgenden Satzes 2 erstmals auf Steuern und Steuervergütungen anzuwenden, die nach dem 31.12.2024 entstehen; gilt für gesonderte Feststellungen von Besteuerungsgrundlagen entsprechend. Kursiver § 204 Abs. 2 ist abweichend vom vorhergehenden Satz 1 auch für Steuern und Steuervergütungen anzuwenden, die vor dem 1.1.2025 entstehen, wenn für diese Steuern und Steuervergütungen nach dem 31.12.2024 eine Prüfungsanordnung nach § 196 AO bekanntgegeben wurde; gilt für gesonderte Feststellungen von Besteuerungsgrundlagen entsprechend. Für Steuern und Steuervergütungen, die vor dem 1.1.2025 entstehen, ist folgender § 204 in der am 31.12.2022 geltenden Fassung (= § 204 Abs. 1) vorbehaltlich des vorhergehenden Satzes 2 weiterhin anzuwenden; gilt für gesonderte Feststellungen von Besteuerungsgrundlagen entsprechend:

„Im Anschluss an eine Außenprüfung soll die Finanzbehörde dem Steuerpflichtigen auf Antrag verbindlich zusagen, wie ein für die Vergangenheit geprüfter und im Prüfungsbericht dargestellter Sachverhalt in Zukunft steuerrechtlich behandelt wird, wenn die Kenntnis der künftigen steuerrechtlichen Behandlung für die geschäftlichen Maßnahmen des Steuerpflichtigen von Bedeutung ist."

2. *ein besonderes Interesse des Steuerpflichtigen an einer Erteilung vor dem Abschluss der Außenprüfung besteht und dies glaubhaft gemacht wird.*

§ 205 AO Form der verbindlichen Zusage

(1) Die verbindliche Zusage wird schriftlich erteilt und als verbindlich gekennzeichnet.

(2) Die verbindliche Zusage muss enthalten:

1. den ihr zugrunde gelegten Sachverhalt; dabei kann auf den im Prüfungsbericht dargestellten Sachverhalt Bezug genommen werden,
2. die Entscheidung über den Antrag und die dafür maßgebenden Gründe,
3. eine Angabe darüber, für welche Steuern und für welchen Zeitraum die verbindliche Zusage gilt.

§ 206 AO Bindungswirkung[1]

(1) Die verbindliche Zusage ist für die Besteuerung bindend, wenn sich der später verwirklichte Sachverhalt mit dem der verbindlichen Zusage zugrunde gelegten Sachverhalt deckt.

(2) Absatz 1 gilt nicht, wenn die verbindliche Zusage zuungunsten des Antragstellers dem geltenden Recht widerspricht.

§ 207 AO Außerkrafttreten, Aufhebung und Änderung der verbindlichen Zusage

(1) Die verbindliche Zusage tritt außer Kraft, wenn die Rechtsvorschriften, auf denen die Entscheidung beruht, geändert werden.

(2) Die Finanzbehörde kann die verbindliche Zusage mit Wirkung für die Zukunft aufheben oder ändern.

(3) Eine rückwirkende Aufhebung oder Änderung der verbindlichen Zusage ist nur zulässig, falls der Steuerpflichtige zustimmt oder wenn die Voraussetzungen des § 130 Abs. 2 Nr. 1 oder 2 vorliegen.

§ 371 AO Selbstanzeige bei Steuerhinterziehung[2] [3]

(1) [1]Wer gegenüber der Finanzbehörde zu allen Steuerstraftaten einer Steuerart in vollem Umfang die unrichtigen Angaben berichtigt, die unvollständigen Angaben ergänzt oder die unterlassenen Angaben nachholt, wird wegen dieser Steuerstraftaten nicht nach § 370 bestraft. [2]Die Angaben müssen zu allen unverjährten Steuerstraftaten einer Steuerart, mindestens aber zu allen Steuerstraftaten einer Steuerart innerhalb der letzten zehn Kalenderjahre erfolgen.

---

[1] **Anm. d. Red.:** Zur Anwendung der §§ 204 bis 207 in den neuen Bundesländern siehe Art. 97a § 2 Nr. 8 EGAO.

[2] **Anm. d. Red.:** § 371 Abs. 1 und 2a i. d. F. des Gesetzes v. 22. 12. 2014 (BGBl I S. 2415) mit Wirkung v. 1. 1. 2015; Abs. 2 i. d. F. des Gesetzes v. 23. 6. 2017 (BGBl I S. 1682) mit Wirkung v. 25. 6. 2017; Abs. 3 i. d. F. des Gesetzes v. 16.12.2022 (BGBl I S. 2294) mit Wirkung v. 21.12.2022.

[3] **Anm. d. Red.:** Zur Anwendung des § 371 siehe Art. 97 § 24 EGAO.

(2) [1]Straffreiheit tritt nicht ein, wenn

a. bei einer der zur Selbstanzeige gebrachten unverjährten Steuerstraftaten vor der Berichtigung, Ergänzung oder Nachholung
   a. dem an der Tat Beteiligten, seinem Vertreter, dem Begünstigten im Sinne des § 370 Absatz 1 oder dessen Vertreter eine Prüfungsanordnung nach § 196 bekannt gegeben worden ist, beschränkt auf den sachlichen und zeitlichen Umfang der angekündigten Außenprüfung,
   b. dem an der Tat Beteiligten oder seinem Vertreter die Einleitung des Straf- oder Bußgeldverfahrens bekannt gegeben worden ist oder
   c. ein Amtsträger der Finanzbehörde zur steuerlichen Prüfung erschienen ist, beschränkt auf den sachlichen und zeitlichen Umfang der Außenprüfung, oder
   d. ein Amtsträger zur Ermittlung einer Steuerstraftat oder einer Steuerordnungswidrigkeit erschienen ist oder
   e. ein Amtsträger der Finanzbehörde zu einer Umsatzsteuer-Nachschau nach § 27b des Umsatzsteuergesetzes, einer Lohnsteuer-Nachschau nach § 42g des Einkommensteuergesetzes oder einer Nachschau nach anderen steuerrechtlichen Vorschriften erschienen ist und sich ausgewiesen hat oder
b. eine der Steuerstraftaten im Zeitpunkt der Berichtigung, Ergänzung oder Nachholung ganz oder zum Teil bereits entdeckt war und der Täter dies wusste oder bei verständiger Würdigung der Sachlage damit rechnen musste,
c. die nach § 370 Absatz 1 verkürzte Steuer oder der für sich oder einen anderen erlangte nicht gerechtfertigte Steuervorteil einen Betrag von 25 000 Euro je Tat übersteigt, oder
d. ein in § 370 Absatz 3 Satz 2 Nummer 2 bis 6 genannter besonders schwerer Fall vorliegt.

[2]Der Ausschluss der Straffreiheit nach Satz 1 Nummer 1 Buchstabe a und c hindert nicht die Abgabe einer Berichtigung nach Absatz 1 für die nicht unter Satz 1 Nummer 1 Buchstabe a und c fallenden Steuerstraftaten einer Steuerart.

(2a) [1]Soweit die Steuerhinterziehung durch Verletzung der Pflicht zur rechtzeitigen Abgabe einer vollständigen und richtigen Umsatzsteuervoranmeldung oder Lohnsteueranmeldung begangen worden ist, tritt Straffreiheit abweichend von den Absätzen 1 und 2 Satz 1 Nummer 3 bei Selbstanzeigen in dem Umfang ein, in dem der Täter gegenüber der zuständigen Finanzbehörde die unrichtigen Angaben berichtigt, die unvollständigen Angaben ergänzt oder die unterlassenen Angaben nachholt. [2]Absatz 2 Satz 1 Nummer 2 gilt nicht, wenn die Entdeckung der Tat darauf beruht, dass eine Umsatzsteuervoranmeldung oder Lohnsteueranmeldung nachgeholt oder berichtigt wurde. [3]Die Sätze 1 und 2 gelten nicht für Steueranmeldungen, die sich auf das Kalenderjahr beziehen. [4]Für die Vollständigkeit der Selbstanzeige hinsichtlich einer auf das Kalenderjahr bezogenen Steueranmeldung ist die Berichtigung, Ergänzung oder Nachholung der Voranmeldungen, die dem Kalenderjahr nachfolgende Zeiträume betreffen, nicht erforderlich.

(3) [1]Sind Steuerverkürzungen bereits eingetreten oder Steuervorteile erlangt, so tritt für den an der Tat Beteiligten Straffreiheit nur ein, wenn er die aus der Tat zu seinen Gunsten hinterzogenen Steuern, die Hinterziehungszinsen nach § 235 und die Zinsen nach § 233a, soweit sie auf die Hinterziehungszinsen nach § 235 Absatz 4 angerechnet werden, sowie die Verzugszinsen nach Artikel 114 des Zollkodex der Union innerhalb der ihm bestimmten angemessenen Frist entrichtet. [2]In den Fällen des Absatzes 2a Satz 1 gilt Satz 1 mit der Maßgabe, dass die fristgerechte Entrichtung von Zinsen nach § 233a oder § 235 unerheblich ist.

(4) [1]Wird die in § 153 vorgesehene Anzeige rechtzeitig und ordnungsmäßig erstattet, so wird ein Dritter, der die in § 153 bezeichneten Erklärungen abzugeben unterlassen oder unrichtig oder unvollständig abgegeben hat, strafrechtlich nicht verfolgt, es sei denn, dass ihm oder seinem Vertreter vorher die Einleitung eines Straf- oder Bußgeldverfahrens wegen der Tat bekannt gegeben worden ist. [2]Hat der Dritte zum eigenen Vorteil gehandelt, so gilt Absatz 3 entsprechend.

§ 378 AO Leichtfertige Steuerverkürzung[1]

(1) [1]Ordnungswidrig handelt, wer als Steuerpflichtiger oder bei Wahrnehmung der Angelegenheiten eines Steuerpflichtigen eine der in § 370 Abs. 1 bezeichneten Taten leichtfertig begeht. [2]§ 370 Abs. 4 bis 7 gilt entsprechend.

(2) Die Ordnungswidrigkeit kann mit einer Geldbuße bis zu fünfzigtausend Euro geahndet werden.

(3) [2] [1]Eine Geldbuße wird nicht festgesetzt, soweit der Täter gegenüber der Finanzbehörde die unrichtigen Angaben berichtigt, die unvollständigen Angaben ergänzt oder die unterlassenen Angaben nachholt, bevor ihm oder seinem Vertreter die Einleitung eines Straf- oder Bußgeldverfahrens wegen der Tat bekannt gegeben worden ist. [2]Sind Steuerverkürzungen bereits eingetreten oder Steuervorteile erlangt, so wird eine Geldbuße nicht festgesetzt, wenn der Täter die aus der Tat zu seinen Gunsten verkürzten Steuern innerhalb der ihm bestimmten angemessenen Frist entrichtet. [3]§ 371 Absatz 4 gilt entsprechend.

§ 379 AO Steuergefährdung[3] [4]

(1) [1]Ordnungswidrig handelt, wer vorsätzlich oder leichtfertig

1. Belege ausstellt, die in tatsächlicher Hinsicht unrichtig sind,
2. Belege gegen Entgelt in den Verkehr bringt,
3. nach Gesetz buchungs- oder aufzeichnungspflichtige Geschäftsvorfälle oder Betriebsvorgänge nicht oder in tatsächlicher Hinsicht unrichtig aufzeichnet oder aufzeichnen lässt, verbucht oder verbuchen lässt,

---

[1] **Anm. d. Red.:** § 378 Abs. 3 i. d. F. des Gesetzes v. 22.12.2014 (BGBl I S. 2415) mit Wirkung v. 1.1.2015.

[2] **Anm. d. Red.:** Zur Anwendung des § 378 Abs. 3 siehe Art. 97 § 24 EGAO.

[3] **Anm. d. Red.:** § 379 Abs. 1, 2, 4 und 6 i. d. F. des Gesetzes v. 20.12.2022 (BGBl I S. 2730) mit Wirkung v. 1.1.2023; Abs. 5 i. d. F. des Gesetzes v. 23. 6. 2017 (BGBl I S. 1682) mit Wirkung v. 25.6.2017; Abs. 7 i. d. F. des Gesetzes v. 21.12.2019 (BGBl I S. 2875) mit Wirkung v. 1.1.2020.

[4] **Anm. d. Red.:** Zur Anwendung des § 379 siehe Art. 97 § 30 Abs. 1, 3, § 32 Abs. 1 und § 33 Abs. 3 EGAO.

4. entgegen § 146a Absatz 1 Satz 1 ein dort genanntes System nicht oder nicht richtig verwendet,
5. entgegen § 146a Absatz 1 Satz 2 ein dort genanntes System nicht oder nicht richtig schützt oder
6. entgegen § 146a Absatz 1 Satz 5 gewerbsmäßig ein dort genanntes System oder eine dort genannte Software bewirbt oder in den Verkehr bringt,
7. entgegen § 147 Absatz 1 Nummer 1 bis 3 oder 4 eine Unterlage nicht oder nicht für die vorgeschriebene Dauer aufbewahrt oder
8. entgegen § 147a Absatz 1 Satz 1 oder Absatz 2 Satz 1 eine Aufzeichnung oder eine Unterlage nicht oder nicht mindestens sechs Jahre aufbewahrt

und dadurch ermöglicht, Steuern zu verkürzen oder nicht gerechtfertigte Steuervorteile zu erlangen. [2]Satz 1 Nr. 1 gilt auch dann, wenn Einfuhr- und Ausfuhrabgaben verkürzt werden können, die von einem anderen Mitgliedstaat der Europäischen Union verwaltet werden oder die einem Staat zustehen, der für Waren aus der Europäischen Union auf Grund eines Assoziations- oder Präferenzabkommens eine Vorzugsbehandlung gewährt; § 370 Abs. 7 gilt entsprechend. [3]Das Gleiche gilt, wenn sich die Tat auf Umsatzsteuern bezieht, die von einem anderen Mitgliedstaat der Europäischen Union verwaltet werden.

(2) Ordnungswidrig handelt, wer vorsätzlich oder leichtfertig

1. der Mitteilungspflicht nach § 138 Absatz 2 Satz 1 nicht, nicht vollständig oder nicht rechtzeitig nachkommt,
   1a. entgegen § 144 Absatz 1 oder Absatz 2 Satz 1, jeweils auch in Verbindung mit Absatz 5, eine Aufzeichnung nicht, nicht richtig oder nicht vollständig erstellt,
   1b. einer Rechtsverordnung nach § 117c Absatz 1 oder einer vollziehbaren Anordnung auf Grund einer solchen Rechtsverordnung zuwiderhandelt, soweit die Rechtsverordnung für einen bestimmten Tatbestand auf diese Bußgeldvorschrift verweist,
   1c. entgegen § 138a Absatz 1, 3 oder 4 eine Übermittlung des länderbezogenen Berichts oder entgegen § 138a Absatz 4 Satz 3 eine Mitteilung nicht, nicht vollständig oder nicht rechtzeitig (§ 138a Absatz 6) macht,
   1d. der Mitteilungspflicht nach § 138b Absatz 1 bis 3 nicht, nicht vollständig oder nicht rechtzeitig nachkommt,
   1e. entgegen § 138d Absatz 1, entgegen § 138f Absatz 1 und 2, Absatz 3 Satz 1 Nummer 1 bis 7 sowie Nummer 9 und 10 oder entgegen § 138h Absatz 2 eine Mitteilung über eine grenzüberschreitende Steuergestaltung nicht oder nicht rechtzeitig macht oder zur Verfügung stehende Angaben nicht vollständig mitteilt,
   1f. entgegen § 138g Absatz 1 Satz 1 oder entgegen § 138h Absatz 2 die Angaben nicht, nicht richtig, nicht vollständig oder nicht rechtzeitig mitteilt,
   1g. entgegen § 138k Satz 1 in der Steuererklärung die Angabe der von ihm verwirklichten grenzüberschreitenden Steuergestaltung nicht, nicht richtig, nicht vollständig oder nicht rechtzeitig macht,
   1.h euner vollziehbaren Anordnung nach § 147 Absatz 6 Satz 1 zuwiderhandelt,

1i. entgegen § 147 Absatz 6 Satz 2 Nummer 1 Einsicht nicht, nicht richtig oder nicht vollständig gewährt oder

2. die Pflichten nach § 154 Absatz 1 bis 2c verletzt.

(3) Ordnungswidrig handelt, wer vorsätzlich oder fahrlässig einer Auflage nach § 120 Abs. 2 Nr. 4 zuwiderhandelt, die einem Verwaltungsakt für Zwecke der besonderen Steueraufsicht (§§ 209 bis 217) beigefügt worden ist.

(4) Die Ordnungswidrigkeit nach Absatz 1 Satz 1 Nummer 1, 2 und 8, Absatz 2 Nummer 1a, 1b und 2 sowie Absatz 3 kann mit einer Geldbuße bis zu 5 000 Euro geahndet werden, wenn die Handlung nicht nach § 378 geahndet werden kann.

(5) Die Ordnungswidrigkeit nach Absatz 2 Nummer 1c kann mit einer Geldbuße bis zu 10 000 Euro geahndet werden, wenn die Handlung nicht nach § 378 geahndet werden kann.

(6) [1] Die Ordnungswidrigkeit nach Absatz 1 Satz 1 Nummer 3 bis 7 und Absatz 2 Nummer 1h und 1i kann mit einer Geldbuße bis zu 25 000 Euro geahndet werden, wenn die Handlung nicht nach § 378 geahndet werden kann.

(7) Die Ordnungswidrigkeit nach Absatz 2 Nummer 1 und 1d bis 1g kann mit einer Geldbuße bis zu 25 000 Euro geahndet werden, wenn die Handlung nicht nach § 378 geahndet werden kann.

AEAO[2] zu § 204 - Voraussetzung der verbindlichen Zusage:

1. Von der verbindlichen Zusage nach § 204 AO sind zu unterscheiden:
   - die tatsächliche Verständigung über den der Steuerfestsetzung zugrunde liegenden Sachverhalt (vgl. BMF-Schreiben vom 30.7.2008, BStBl I S. 831, ergänzt durch BMF-Schreiben vom 15.4.2019, BStBl I S. 446),
   - die verbindliche Auskunft nach § 89 Abs. 2 AO und
   - die Lohnsteueranrufungsauskunft (§ 42e EStG).
2. Über den Antrag auf Erteilung einer verbindlichen Zusage entscheidet die für die Auswertung der Prüfungsfeststellungen zuständige Finanzbehörde. Im Fall einer Auftragsprüfung nach § 195 AO kann die beauftragte Finanzbehörde nur im Einvernehmen mit der für die Besteuerung zuständigen Finanzbehörde eine verbindliche Zusage erteilen.
3. Der Anwendungsbereich der Vorschrift erstreckt sich auf für die Vergangenheit geprüfte (verwirklichte) Sachverhalte mit Wirkung in die Zukunft (z. B. Gesellschaftsverträge, Er-

---

[1] **Anm. d. Red.:** Zur Anwendung des § 379 Abs. 6 siehe Art. 97 § 30 Abs. 1 Satz 1 EGAO.

[2] **Anm. d. Red.:** Der Anwendungserlass zur Abgabenordnung (AEAO) v. 31.1.2014 (BStBl I S. 290) wurde geändert durch BMF-Schreiben v. 1. 8. 2014 (BStBl I S. 1067) , v. 3.11.2014 (BStBl I S. 1393) , v. 14.1.2015 (BStBl I S. 76) , v. 22.7.2015 (BStBl I S. 571) , v. 10.12.2015 (BStBl I S. 1018) , v. 26.1.2016 (BStBl I S. 155) , v. 23.5.2016 (BStBl I S. 490) , v. 5.9.2016 (BStBl I S. 974) , v. 12.1.2017 (BStBl I S. 51) , v. 7.8.2017 (BStBl I S. 1257) , v. 6.12.2017 (BStBl I S. 1603) , v. 11.12.2017 (BStBl I S. 1604) , v. 12.1.2018 (BStBl I S. 175) , v. 18.1.2018 (BStBl I S. 204) , v. 24.1.2018 (BStBl I S. 258) , v. 29.5.2018 (BStBl I S. 699) , v. 19.6.2018 (BStBl I S. 706) , v. 31.1.2019 (BStBl I S. 71) , v. 5.4.2019 (BStBl I S. 446) , v. 17.6.2019 (BStBl I S. 518) , v. 27.9.2019 (BStBl I S. 946) , v. 20.12.2019 (BStBl 2020 I S. 59) , v. 4.5.2020 (BStBl I S. 518) , v. 28.5.2020 (BStBl I S. 534) , v. 27.8.2020 (BStBl I S. 863) , v. 20.1.2021 (BStBl I S. 128) , v. 28.1.2021 (BStBl I S. 145) , v. 6.8.2021 (BStBl I S. 1036) , v. 1.11.2021 (BStBl I S. 2147) und v. 4.11.2021 (BStBl I S. 2156).

werb von Grundstücken). Zwischen der Außenprüfung und dem Antrag auf Erteilung einer verbindlichen Zusage muss der zeitliche Zusammenhang gewahrt bleiben (BFH-Urteil vom 13.12.1995, XI R 43-45/89, BStBl 1996 II S. 232). Bei einem nach der Schlussbesprechung gestellten Antrag ist i. d. R. keine verbindliche Zusage mehr zu erteilen, wenn hierzu umfangreiche Prüfungshandlungen erforderlich sind. Der Antrag auf Erteilung einer verbindlichen Zusage soll schriftlich bzw. elektronisch gestellt werden (vgl. BFH-Urteil vom 4.8.1961, VI 269/60 S, BStBl III S. 562). Unklarheiten gehen zu Lasten des Steuerpflichtigen (BFH-Urteil vom 13.12.1989, X R 208/87, BStBl 1990 II S. 274).

4. Die Beurteilung eines Sachverhalts im Prüfungsbericht oder in einem aufgrund einer Außenprüfung ergangenen Steuerbescheid steht einer verbindlichen Zusage nicht gleich (BFH-Urteil vom 23.9.1992, X R 129/90, BFH/NV 1993 S. 294). Auch die Tatsache, dass eine bestimmte Gestaltung von vorangegangenen Außenprüfungen nicht beanstandet wurde, schafft keine Bindungswirkung nach Treu und Glauben (BFH-Urteil vom 29.1.1997, XI R 27/95, BFH/NV S. 816).
5. Der Antrag auf Erteilung einer verbindlichen Zusage kann ausnahmsweise abgelehnt werden, insbesondere, wenn sich der Sachverhalt nicht für eine verbindliche Zusage eignet (z. B. zukünftige Angemessenheit von Verrechnungspreisen bei unübersichtlichen Marktverhältnissen) oder wenn zu dem betreffenden Sachverhalt die Herausgabe von allgemeinen Verwaltungsvorschriften oder eine Grundsatzentscheidung des BFH nahe bevorsteht.

Art. 97 EGAO Übergangsvorschriften[1]

§ 22 Mitwirkungspflichten der Beteiligten; Schätzung von Besteuerungsgrundlagen[2]

(1) [1]§ 90 Abs. 3 der Abgabenordnung in der Fassung des Artikels 9 des Gesetzes vom 16. Mai 2003 (BGBl I S. 660) ist erstmals für Wirtschaftsjahre anzuwenden, die nach dem 31. Dezember 2002 beginnen. [2]§ 162 Abs. 3 und 4 der Abgabenordnung in der Fassung des Artikels 9 des Gesetzes vom 16. Mai 2003 (BGBl I S. 660) ist erstmals für Wirtschaftsjahre anzuwenden, die nach dem 31. Dezember 2003 beginnen, frühestens sechs Monate nach Inkrafttreten der Rechtsverordnung im Sinne des § 90 Abs. 3 der Abgabenordnung in der Fassung des Artikels 9 des Gesetzes vom 16. Mai 2003 (BGBl I S. 660). [3]Gehören zu den Geschäftsbeziehungen im Sinne des § 90 Abs. 3 der Abgabenordnung in der Fassung des Artikels 9 des Gesetzes vom 16. Mai 2003 (BGBl I S. 660) Dauerschuldverhältnisse, die als außergewöhnliche Geschäftsvorfälle im Sinne des § 90 Abs. 3 Satz 3 der Abgabenordnung in der Fassung des Artikels 9 des Gesetzes vom 16. Mai 2003 (BGBl I S. 660) anzusehen sind und die vor Beginn der in Satz 1 bezeichneten Wirtschaftsjahre begründet wurden und bei Beginn dieser Wirtschaftsjahre noch bestehen, sind die Aufzeichnungen der sie betreffenden wirtschaftli-

---

[1] **Anm. d. Red.:** § 22 Abs. 1 i. d. F. des Gesetzes v. 20.12.2016 (BGBl I S. 3000) mit Wirkung v. 24.12.2016; Abs. 2 i. d. F. des Gesetzes v. 29.7.2009 (BGBl I S. 2302) mit Wirkung v. 1.8.2009; Abs. 3 angefügt gem. Gesetz v. 23.6.2017 (BGBl I S. 1682) mit Wirkung v. 25.6.2017; Abs. 4 angefügt gem. Gesetz v. 25.6.2021 (BGBl I S. 2056) mit Wirkung v. 1.7.2021.

[2] **Anm. d. Red.:** Der Anwendungserlass zur Abgabenordnung (AEAO) v. 31.1.2014 (BStBl I S. 290) wurde geändert durch BMF-§ 22 Abs. 1 i. d. F. des Gesetzes v. 20. 12. 2016 (BGBl I S. 3000) mit Wirkung v. 24. 12. 2016; Abs. 2 i. d. F. des Gesetzes v. 29. 7. 2009 (BGBl I S. 2302) mit Wirkung v. 1. 8. 2009; Abs. 3 angefügt gem. Gesetz v. 23. 6. 2017 (BGBl I S. 1682) mit Wirkung v. 25. 6. 2017; Abs. 4 angefügt gem. Gesetz v. 25.6.2021 (BGBl I S. 2056) mit Wirkung v. 1.7.2021.

chen und rechtlichen Grundlagen spätestens sechs Monate nach Inkrafttreten der Rechtsverordnung im Sinne des § 90 Abs. 3 der Abgabenordnung in der Fassung des Artikels 9 des Gesetzes vom 16. Mai 2003 (BGBl I S. 660) zu erstellen. 4§ 90 Absatz 3 der Abgabenordnung in der am 24. Dezember 2016 geltenden Fassung ist erstmals für Wirtschaftsjahre anzuwenden, die nach dem 31. Dezember 2016 beginnen.

(2) Die Bundesregierung bestimmt durch Rechtsverordnung mit Zustimmung des Bundesrates den Zeitpunkt der erstmaligen Anwendung[1] von § 90 Absatz 2 Satz 3, § 147a, § 162 Absatz 2 Satz 3 und § 193 Absatz 1 und Absatz 2 Nummer 3 in der Fassung des Artikels 3 des Gesetzes vom 29. Juli 2009 (BGBl I S. 2302).

(3) § 147a Absatz 2 der Abgabenordnung in der am 25. Juni 2017 geltenden Fassung ist erstmals auf Besteuerungszeiträume anzuwenden, die nach dem 31. Dezember 2017 beginnen.

(4) § 3 Absatz 4 Nummer 3, § 90 Absatz 2, § 147a Absatz 1 Satz 6, § 162 Absatz 2 Satz 3 und Absatz 4a sowie § 193 Absatz 2 Nummer 3 der Abgabenordnung in der ab 1. Juli 2021 geltenden Fassung sind erstmals auf Besteuerungszeiträume anzuwenden, die nach dem 31. Dezember 2021 beginnen.

§ 31 Länderbezogener Bericht multinationaler Unternehmensgruppen[2]

[1]§ 138a Absatz 1, 2, 3, 6 und 7 der Abgabenordnung in der am 24. Dezember 2016 geltenden Fassung ist erstmals für Wirtschaftsjahre anzuwenden, die nach dem 31. Dezember 2015 beginnen. [2]§ 138a Absatz 4 und 5 der Abgabenordnung in der am 24. Dezember 2016 geltenden Fassung ist erstmals für Wirtschaftsjahre anzuwenden, die nach dem 31. Dezember 2016 beginnen. [3]§ 138a Absatz 2 der Abgabenordnung in der am 29. Dezember 2020 geltenden Fassung ist auf alle offenen Fälle anzuwenden.

§ 32 Mitteilungspflicht über Beziehungen zu Drittstaat-Gesellschaften[3]

(1) [1]§ 138 Absatz 2 bis 5, § 138b und § 379 Absatz 2 Nummer 1d der Abgabenordnung in der am 25. Juni 2017 geltenden Fassung sind erstmals auf mitteilungspflichtige Sachverhalte anzuwenden, die nach dem 31. Dezember 2017 verwirklicht worden sind. [2]Auf Sachverhalte, die vor dem 1. Januar 2018 verwirklicht worden sind, ist § 138 Absatz 2 und 3 der Abgabenordnung in der am 24. Juni 2017 geltenden Fassung weiter anzuwenden.

---

[1] **Anm. d. Red.:** Erstmalige Anwendung für nach dem 31. 12. 2009 beginnende Besteuerungszeiträume gem. § 5 SteuerHBekV v. 18. 9. 2009 (BGBl I S. 3046).

[2] **Anm. d. Red.:** § 31 i. d. F. des Gesetzes v. 21.12.2020 (BGBl I S. 3096) mit Wirkung v. 29.12.2020.

[3] **Anm. d. Red.:** § 32 Abs. 1 und 2 i. d. F. des Gesetzes v. 23.6.2017 (BGBl I S. 1682) mit Wirkung v. 25.6.2017; Abs. 3 angefügt gem. Gesetz v. 21.12.2020 (BGBl I S. 3096) mit Wirkung v. 29.12.2020.

(2) [1]Inländische Steuerpflichtige im Sinne des § 138 Absatz 2 Satz 1 der Abgabenordnung in der am 25. Juni 2017 geltenden Fassung, die vor dem 1. Januar 2018 erstmals unmittelbar oder mittelbar einen beherrschenden oder bestimmenden Einfluss auf die gesellschaftsrechtlichen, finanziellen oder geschäftlichen Angelegenheiten einer Drittstaat-Gesellschaft im Sinne des § 138 Absatz 3 der Abgabenordnung in der am 25. Juni 2017 geltenden Fassung ausüben konnten, haben dies dem für sie nach den §§ 18 bis 20 der Abgabenordung zuständigen Finanzamt mitzuteilen, wenn dieser Einfluss auch noch am 1. Januar 2018 fortbesteht. [2]§138 Absatz 5 der Abgabenordnung in der am 25. Juni 2017 geltenden Fassung gilt in diesem Fall entsprechend.
(3) § 138 Absatz 2 und 5 der Abgabenordnung in der am 29. Dezember 2020 geltenden Fassung ist auf alle offenen Fälle anzuwenden.

Gesetz über die Durchführung der gegenseitigen Amtshilfe in Steuersachen zwischen den Mitgliedstaaten der Europäischen Union (EU-Amtshilfegesetz – EUAHiG)

Amtliche Fassung v. 26. 6. 2013 (BGBl I S. 1809) mit späteren Änderungen

Änderungsdokumentation: Das Gesetz über die Durchführung der gegenseitigen Amtshilfe in Steuersachen zwischen den Mitgliedstaaten der Europäischen Union (EU-Amtshilfegesetz – EUAHiG) ist als Art. 1 Gesetz zur Umsetzung der Amtshilferichtlinie sowie zur Änderung steuerlicher Vorschriften (Amtshilferichtlinie-Umsetzungsgesetz – AmtshilfeRLUmsG) v. 26.6.2013 (BGBl I S. 1809) verkündet worden und am 1.1.2013 in Kraft getreten. — Die hier wiedergegebene (nichtamtliche) Fassung berücksichtigt die Änderungen des EUAHiG durch Art. 4 Gesetz zum automatischen Austausch von Informationen über Finanzkonten in Steuersachen und zur Änderung weiterer Gesetze v. 21.12.2015 (BGBl I S. 2531) ; Art. 4 Gesetz zur Umsetzung der Änderungen der EU-Amtshilferichtlinie und von weiteren Maßnahmen gegen Gewinnkürzungen und -verlagerungen v. 20.12.2016 (BGBl I S. 3000) ; Art. 4 Gesetz zur Einführung einer Pflicht zur Mitteilung grenzüberschreitender Steuergestaltungen v. 21.12.2019 (BGBl I S. 2875) ; Art. 2 Gesetz zur Umsetzung der Richtlinie (EU) 2021/514 des Rates vom 22. März 2021 zur Änderung der Richtlinie 2011/16/EU über die Zusammenarbeit der Verwaltungsbehörden im Bereich der Besteuerung und zur Modernisierung des Steuerverfahrensrechts v. 20.12.2022 (BGBl I S. 2730). – **Zur Anwendung siehe § 21**.

EUAHiG

Inhaltsübersicht

Abschnitt 1 Allgemeine Bestimmungen

§ 1 Anwendungsbereich und anzuwendendes Recht

(1) Dieses Gesetz regelt den Austausch von voraussichtlich erheblichen Informationen in Steuersachen zwischen Deutschland und den anderen Mitgliedstaaten der Europäischen Union (Mitgliedstaaten). Es ist anzuwenden für jede Art von Steuern, die von einem oder für einen Mitgliedstaat oder dessen Gebiets- oder Verwaltungseinheiten einschließlich der örtlichen Behörden erhoben werden.

(2) Dieses Gesetz ist nicht anzuwenden auf

1. die Umsatzsteuer, einschließlich der Einfuhrumsatzsteuer,
2. Zölle,
3. harmonisierte Verbrauchsteuern, sofern diese in Artikel 1 Absatz 1 der Richtlinie 2008/118/EG des Rates vom 16. Dezember 2008 über das allgemeine Verbrauchsteuersystem und zur Aufhebung der Richtlinie 92/12/EWG (ABl L 9 vom 14.1.2009, S. 12), die zuletzt durch die Richtlinie 2010/12/EU (ABl L 50 vom 27.2.2010, S. 1) geändert worden ist, in der jeweils geltenden Fassung genannt werden,
4. Beiträge und Umlagen sowie damit verbundene Abgaben und Gebühren nach dem Sozialgesetzbuch, den in § 68 des Ersten Buches Sozialgesetzbuch genannten Gesetzen, dem Aufwendungsausgleichsgesetz und
5. Gebühren.

(3) Dieses Gesetz berührt nicht

1. die Vorschriften über die Rechtshilfe in Strafsachen und
2. die Wahrnehmung der Rechte und die Erfüllung der Pflichten, die Deutschland in Bezug auf eine umfassendere Zusammenarbeit der Verwaltungen aus anderen Rechtsinstrumenten erwachsen, einschließlich bi- oder multilateraler Abkommen.

(4) Für die Amtshilfe nach diesem Gesetz gelten die Vorschriften der Abgabenordnung entsprechend, soweit dieses Gesetz nichts anderes bestimmt.

§ 2 Begriffsbestimmungen

(1) Person im Sinne dieses Gesetzes ist

1. eine natürliche Person,
2. eine juristische Person,
3. eine Personenvereinigung, der die Rechtsfähigkeit zuerkannt wurde, die aber nicht über die Rechtsstellung einer juristischen Person verfügt oder
4. jede andere Rechtsform gleich welcher Art, mit oder ohne allgemeine Rechtsfähigkeit, die Vermögensgegenstände besitzt oder verwaltet, welche einschließlich der daraus erzielten Einkünfte einer der von § 1 erfassten Steuern unterliegen.

(2) Automatischer Austausch im Sinne dieses Gesetzes ist die systematische Übermittlung zuvor festgelegter Informationen an einen anderen Mitgliedstaat der Europäischen Union ohne dessen vorheriges Ersuchen in regelmäßigen, im Voraus bestimmten Abständen; für die Zwecke des § 7 Absatz 1 sind verfügbare Informationen solche Informationen, die in den Steuerakten über Personen, die in anderen Mitgliedstaaten der Europäischen Union ansässig sind,

enthalten sind und die im Einklang mit den Verfahren für die Erhebung und Verarbeitung von Informationen abgerufen werden können.

(3) Ein grenzüberschreitender Vorbescheid im Sinne dieses Gesetzes ist eine Vereinbarung, eine Mitteilung oder eine andere Maßnahme mit ähnlicher Wirkung, die

1. von oder im Namen der Bundesrepublik Deutschland, einer zuständigen Landesfinanzbehörde oder von Gemeinden oder Gemeindeverbänden erteilt, geändert oder erneuert werden, unabhängig davon, ob die grenzüberschreitenden Vorbescheide tatsächlich verwendet werden,
2. für eine bestimmte Person oder eine Gruppe von Personen erteilt, geändert oder erneuert wird und sofern sich diese Person oder Gruppe von Personen darauf berufen kann,
3. die Auslegung oder Anwendung einer Rechts- oder Verwaltungsvorschrift der Steuergesetze der Bundesrepublik Deutschland, eines Landes oder entsprechender Regelungen einer Gemeinde oder eines Gemeindeverbandes betrifft,
4. sich auf eine grenzüberschreitende Transaktion oder auf die Frage bezieht, ob durch die Tätigkeiten, denen eine Person nicht im Inland nachgeht, eine Betriebstätte begründet wird oder nicht, und
5. vor den Transaktionen oder den Tätigkeiten im Ausland, die möglicherweise als Gründung einer Betriebstätte zu betrachten sind, oder vor Abgabe der Steuererklärung für den Zeitraum, in dem die Transaktion oder die Tätigkeiten erfolgten, erteilt wird.

Dies gilt auch, wenn der Vorbescheid im Zuge einer Außenprüfung erteilt oder geändert wird. Die grenzüberschreitende Transaktion kann unter anderem Investitionen, die Bereitstellung von Waren, Dienstleistungen oder Kapital oder den Einsatz materieller oder immaterieller Güter umfassen, wobei der Empfänger des grenzüberschreitenden Vorbescheids daran nicht unmittelbar beteiligt sein muss.

(4) Eine Vorabverständigung über die Verrechnungspreisgestaltung im Sinne dieses Gesetzes ist eine Vereinbarung, eine Mitteilung oder eine andere Maßnahme mit ähnlicher Wirkung, die

1. im Namen der Bundesrepublik Deutschland, einer zuständigen Landesfinanzbehörde oder einer Gemeinde oder eines Gemeindeverbandes getroffen, geändert oder erneuert wird, unabhängig davon, ob sie tatsächlich verwendet wird oder nicht,
2. für eine bestimmte Person oder eine Gruppe von Personen getroffen, geändert oder erneuert wird, und sofern sich diese Person oder Gruppe von Personen darauf berufen kann, und
3. im Vorfeld grenzüberschreitender Transaktionen zwischen verbundenen Unternehmen
   a) geeignete Kriterien zur Bestimmung der Verrechnungspreise für die betreffenden Transaktionen festlegt oder
   b) die Zuweisung von Gewinnen an eine Betriebstätte regelt.

Dies gilt auch, wenn der Vorbescheid im Zuge einer Außenprüfung erteilt oder geändert wird.

(5) Ein Unternehmen ist ein verbundenes Unternehmen im Sinne dieses Gesetzes, wenn es unmittelbar oder mittelbar an der Geschäftsleitung, der Kontrolle oder dem Kapital eines anderen Unternehmens beteiligt ist oder wenn ein und dieselben Personen unmittelbar oder

mittelbar an der Geschäftsleitung, der Kontrolle oder dem Kapital beider Unternehmen beteiligt sind.

(6) Verrechnungspreise im Sinne dieses Gesetzes sind die Preise, zu denen ein Unternehmen materielle oder immaterielle Güter auf ein verbundenes Unternehmen überträgt oder Dienstleistungen für ein verbundenes Unternehmen erbringt.

(7) Eine grenzüberschreitende Transaktion im Sinne von Absatz 3 ist eine Transaktion oder eine Reihe von Transaktionen, bei der

1. nicht alle an der Transaktion oder an der Reihe von Transaktionen Beteiligten in der Bundesrepublik Deutschland, in der der grenzüberschreitende Vorbescheid erteilt oder geändert oder erneuert wird, steuerlich ansässig sind,
2. einer der an der Transaktion oder an der Reihe von Transaktionen Beteiligten gleichzeitig in mehreren Staaten oder Gebieten steuerlich ansässig ist,
3. einer der an der Transaktion oder an der Reihe von Transaktionen Beteiligten über eine Betriebstätte Geschäftstätigkeiten in einem anderen Staat oder Gebiet nachgeht und bei der die Transaktion oder Reihe von Transaktionen Teil der Geschäftstätigkeiten der Betriebstätte ist oder deren gesamte Geschäftstätigkeiten ausmachen. 2Bei einer grenzüberschreitenden Transaktion oder einer Reihe von grenzüberschreitenden Transaktionen kann es sich auch um Maßnahmen handeln, die von einer Person in Bezug auf Geschäftstätigkeiten in einem anderen Staat oder Gebiet getroffen werden, denen sie über eine Betriebstätte nachgeht, oder
4. es sich um eine Transaktion oder eine Reihe von Transaktionen handelt, die grenzüberschreitende Auswirkungen hat.

(8) Eine grenzüberschreitende Transaktion im Sinne von Absatz 4 ist eine Transaktion oder eine Reihe von Transaktionen, an denen verbundene Unternehmen beteiligt sind, die nicht im Gebiet ein und desselben Staates oder ein und desselben Gebietes steuerlich ansässig sind, oder die grenzüberschreitende Auswirkungen haben.

(9) Unternehmen im Sinne der Absätze 4 und 5 ist jede Form von Geschäftstätigkeit.

(10) Länderbezogener Bericht im Sinne von § 7 Absatz 10 bis 12 ist ein länderbezogener Bericht im Sinne von § 138a Absatz 2 der Abgabenordnung.

(11) Amtshilferichtlinie im Sinne dieses Gesetzes sowie des Einkommensteuergesetzes, der Abgabenordnung, des Außensteuergesetzes, des Körperschaftsteuergesetzes, des Gewerbesteuergesetzes, des Investmentsteuergesetzes und sonstiger Steuergesetze bezeichnet die Richtlinie 2011/16/EU des Rates vom 15. Februar 2011 über die Zusammenarbeit der Verwaltungsbehörden im Bereich der Besteuerung und zur Aufhebung der Richtlinie 77/799/EWG (ABl L 64 vom 11.3.2011, S. 1) in der jeweils geltenden Fassung. Die auf Grund der Amtshilferichtlinie erlassenen europarechtlichen Durchführungsbestimmungen gelten in der im jeweiligen Besteuerungszeitraum aktuellen Fassung.

(12) Auf elektronischem Weg im Sinne dieses Gesetzes bezeichnet die Verwendung elektronischer Anlagen zur Übermittlung, Verarbeitung von Daten, einschließlich der Datenkomprimierung, und zum Speichern von Daten unter Einsatz von Draht, Funk, optischen Technologien oder anderen elektromagnetischen Verfahren.

§ 3 Zuständigkeit und Prüfungsbefugnisse

(1) Zuständige Behörde im Sinne von Artikel 4 Absatz 1 der Amtshilferichtlinie ist das Bundesministerium der Finanzen.

(2) Zentrales Verbindungsbüro im Sinne von Artikel 4 Absatz 2 Unterabsatz 1 der Amtshilferichtlinie ist in den Fällen des § 5 Absatz 1 Nummer 5 des Finanzverwaltungsgesetzes das Bundeszentralamt für Steuern. 2Das Bundesministerium der Finanzen kann durch Schreiben weitere Verbindungsstellen im Sinne von Artikel 4 Absatz 3 und zuständige Bedienstete im Sinne von Artikel 4 Absatz 4 der Amtshilferichtlinie benennen.

(3) Das zentrale Verbindungsbüro übernimmt die Kommunikation mit den anderen Mitgliedstaaten und prüft eingehende und ausgehende Ersuchen auf Zulässigkeit nach diesem Gesetz. 2Eingehende zulässige Ersuchen und Informationen werden vom zentralen Verbindungsbüro entgegengenommen, gespeichert und zur Durchführung des Besteuerungsverfahrens an die zuständigen Finanzbehörden weitergeleitet. 3Zulässige Ersuchen und Informationen der Finanzbehörden werden vom zentralen Verbindungsbüro an die anderen Mitgliedstaaten weitergeleitet.

(4) Die im Zusammenhang mit den Ersuchen und Informationen beim Bundeszentralamt für Steuern gespeicherten Daten werden mit Ablauf des 15. Jahres, das dem Jahr der Weiterleitung folgt, gelöscht, soweit in diesem Gesetz keine anderen Vorgaben zur Speicherung und Löschung von Informationen geregelt sind. Geht zu einer gespeicherten Meldung eine Änderungsmitteilung ein, so ist die Ursprungsmeldung für 15 Jahre ab dem Zeitpunkt des Eingangs der Änderungsmitteilung vorzuhalten.

(5) Gehen Ersuchen nach diesem Gesetz bei einer anderen Stelle als dem zentralen Verbindungsbüro ein, so sind diese Ersuchen letzterem unverzüglich zuzuleiten.

(6) Die Gemeinden und Gemeindeverbände können Amtshilfe nach Maßgabe dieses Gesetzes in Anspruch nehmen. Sie gelten insoweit als Finanzbehörden im Sinne dieses Gesetzes.

Abschnitt 2 Übermittlung von Informationen auf Ersuchen

§ 4 Ersuchen von anderen Mitgliedstaaten

(1) Auf Ersuchen erstellt die zuständige Finanzbehörde alle Antworten, die für die Festsetzung von Steuern nach § 1 voraussichtlich erheblich nach § 6a Absatz 1 sind. Die Antworten werden durch das zentrale Verbindungsbüro an den anderen Mitgliedstaat weitergeleitet. Die zuständige Finanzbehörde erstellt die Antworten nach Maßgabe dieses Gesetzes und unter Berücksichtigung des § 117 Absatz 4 der Abgabenordnung. Verfügt die Finanzbehörde nicht über die betreffenden Informationen, so führt sie nach pflichtgemäßem Ermessen alle nach der Abgabenordnung vorgesehenen behördlichen Ermittlungen durch.

(2) Absatz 1 gilt auch für Ersuchen um Durchführung behördlicher Ermittlungen. Ist die Finanzbehörde der Auffassung, dass keine behördliche Ermittlung erforderlich ist, so teilt sie dies unverzüglich dem zentralen Verbindungsbüro mit. Originaldokumente sind auf Ersuchen des anderen Mitgliedstaats zu übermitteln, soweit dies nach deutschem Recht zulässig ist.

(3) Das zentrale Verbindungsbüro übermittelt keine Informationen, wenn

1. die Durchführung erforderlicher Ermittlungen oder die Beschaffung der betreffenden Informationen nach deutschem Recht nicht möglich ist,

2. der andere Mitgliedstaat die üblichen Informationsquellen nicht ausgeschöpft hat, die ihm zur Erlangung der erbetenen Informationen zur Verfügung stehen, ohne dabei die Erreichung des Ziels zu gefährden,
3. ein Handels-, Gewerbe- oder Berufsgeheimnis oder ein Geschäftsverfahren preisgegeben werden würde oder
4. die öffentliche Ordnung verletzt werden würde.

(4) Das zentrale Verbindungsbüro kann die Übermittlung von Informationen zudem ablehnen, wenn der andere Mitgliedstaat seinerseits aus rechtlichen Gründen nicht zur Übermittlung entsprechender Informationen in der Lage ist.

(5) Absatz 3 Nummer 1, 3 und 4 ist in keinem Fall so auszulegen, dass die Übermittlung von Informationen nur deshalb abgelehnt werden kann, weil die betreffenden Informationen sich bei einer Bank, einem sonstigen Finanzinstitut, einem Bevollmächtigten, Vertreter oder Treuhänder befinden oder sich auf Eigentumsanteile an einer Person beziehen.

(6) Ein Ersuchen kann nicht aus dem Grund abgelehnt werden, dass die zu übermittelnden Informationen nach deutschem Recht nicht für steuerliche Zwecke benötigt werden. Lehnt das zentrale Verbindungsbüro ein Ersuchen aus anderen Gründen ab, so sind dem anderen Mitgliedstaat die Gründe hierfür mitzuteilen.

§ 5 Fristen

(1) Das zentrale Verbindungsbüro übermittelt die Informationen nach § 4 unverzüglich, spätestens jedoch drei Monate, nachdem es das Ersuchen erhalten hat. Ist die Finanzbehörde bereits im Besitz der entsprechenden Informationen, verkürzt sich die Frist auf zwei Monate. In besonders gelagerten Fällen können das zentrale Verbindungsbüro und der andere Mitgliedstaat abweichende Fristen vereinbaren.

(2) Der Informationsaustausch nach § 7 erfolgt

1. in Bezug auf die gemäß § 7 Absatz 3 auszutauschenden Informationen unverzüglich, nachdem die grenzüberschreitenden Vorbescheide oder die Vorabverständigungen über die Verrechnungspreisgestaltung erteilt, getroffen, geändert oder erneuert worden sind und spätestens drei Monate nach Ablauf des Kalenderhalbjahres, in dem die grenzüberschreitenden Vorbescheide oder Vorabverständigungen über die Verrechnungspreisgestaltung erteilt, getroffen, geändert oder erneuert wurden;
2. in Bezug auf die gemäß § 7 Absatz 4 auszutauschenden Informationen vor dem 1. Januar 2018.

(3) Das zentrale Verbindungsbüro bestätigt der zuständigen Behörde des anderen Mitgliedstaats, die die Informationen nach § 7 Absatz 7 Nummer 10 übermittelt hat, unverzüglich, spätestens jedoch innerhalb von sieben Arbeitstagen den Erhalt der Informationen. Die Bestätigung erfolgt möglichst auf elektronischem Weg. Die Bestätigung ist so lange erforderlich, bis das Zentralverzeichnis einsatzbereit ist, das in Artikel 21 Absatz 5 der Amtshilferichtlinie genannt ist.

(4) Das zentrale Verbindungsbüro bestätigt dem anderen Mitgliedstaat unverzüglich, spätestens jedoch sieben Arbeitstage, nachdem es das Ersuchen erhalten hat, möglichst auf elektronischem Weg den Erhalt dieses Ersuchens.

(5) Weist das Ersuchen Mängel auf, so unterrichtet das zentrale Verbindungsbüro den anderen Mitgliedstaat darüber innerhalb eines Monats, nachdem es das Ersuchen erhalten hat, und fordert gegebenenfalls zusätzliche Hintergrundinformationen an. Die Fristen nach Absatz 1 beginnen am Tag nach dem Eingang der angeforderten zusätzlichen Hintergrundinformationen.

(6) Ist die Finanzbehörde nicht in der Lage, auf ein Ersuchen fristgerecht zu antworten, so teilt das zentrale Verbindungsbüro dies dem anderen Mitgliedstaat unverzüglich, spätestens jedoch drei Monate, nachdem das zentrale Verbindungsbüro das Ersuchen erhalten hat, unter Nennung der Gründe und des voraussichtlichen Erledigungsdatums mit. In diesem Fall erfolgt die Erledigung innerhalb von sechs Monaten, nachdem das zentrale Verbindungsbüro das Ersuchen erhalten hat.

(7) Ist die Finanzbehörde nicht im Besitz der erbetenen Informationen oder lehnt sie das Ersuchen aus den in § 4 Absatz 3 oder 4 genannten Gründen ab, so teilt das zentrale Verbindungsbüro dies dem anderen Mitgliedstaat unverzüglich, spätestens jedoch innerhalb eines Monats, nachdem das zentrale Verbindungsbüro das Ersuchen erhalten hat, unter Nennung der Gründe mit.

§ 6 Ersuchen an andere Mitgliedstaaten

(1) Die Finanzbehörde ist befugt, ein Ersuchen zu stellen, welches das zentrale Verbindungsbüro dem anderen Mitgliedstaat nach den Vorschriften dieses Gesetzes weiterleitet. Darin kann um sachdienliche behördliche Ermittlungen ersucht werden. Originaldokumente können erbeten werden, soweit sie für das weitere Verfahren notwendig sind.

(2) Die Finanzbehörde ist befugt, ein Ersuchen um Übermittlung zusätzlicher Informationen, einschließlich des vollständigen Wortlauts eines grenzüberschreitenden Vorbescheids oder einer Vorabverständigung über die Verrechnungspreisgestaltung, zu stellen. Das zentrale Verbindungsbüro leitet das Ersuchen dem anderen Mitgliedstaat nach den Vorschriften dieses Gesetzes weiter.

(3) Bevor die Finanzbehörde ein Ersuchen stellt, hat sie alle nach der Abgabenordnung vorgesehenen Ermittlungsmöglichkeiten auszuschöpfen, es sei denn, die Durchführung der Ermittlungen wäre mit unverhältnismäßig großen Schwierigkeiten verbunden oder stellt sich als nicht Erfolg versprechend dar.

§ 6a Voraussichtliche Erheblichkeit

(1) Für die Zwecke eines Ersuchens nach den §§ 4 und 6 sind Informationen voraussichtlich erheblich, wenn die zuständige Behörde des Mitgliedstaats, die um ihre Übermittlung ersucht, zum Zeitpunkt des Ersuchens der Auffassung ist, dass unter Berücksichtigung ihres nationalen Rechts die realistische Möglichkeit besteht, dass die Informationen für die Steuerangelegenheiten eines oder mehrerer Steuerpflichtiger erheblich und ihre Erhebung für Zwecke der Ermittlung gerechtfertigt sein werden.

(2) Zum Nachweis der voraussichtlichen Erheblichkeit muss die zuständige Behörde, die um Informationen ersucht, zumindest die folgenden Angaben mitteilen:

1. den steuerlichen Zweck, zu dem die Informationen beantragt werden, und
2. eine Spezifizierung der für Verwaltungszwecke oder die Durchsetzung des nationalen Rechts erforderlichen Informationen.

§ 6b Gruppenersuchen

Bezieht sich ein Ersuchen nach den §§ 4 und 6 auf eine Gruppe von Steuerpflichtigen, die nicht einzeln identifiziert werden können, muss die zuständige Behörde, die um Informationen ersucht, abweichend von § 6a Absatz 2 und unbeschadet des § 6a Absatz 1 zum Nachweis der voraussichtlichen Erheblichkeit zumindest die folgenden Angaben mitteilen:

1. eine ausführliche Beschreibung der Gruppe;
2. eine Erläuterung der steuerlichen Vorschriften und des Sachverhalts, die Anlass zu der Vermutung gibt, dass die Steuerpflichtigen dieser Gruppe die steuerlichen Vorschriften nicht eingehalten haben;
3. eine Erläuterung, wie die ersuchten Informationen dazu beitragen würden, die Einhaltung der steuerlichen Vorschriften durch die Steuerpflichtigen der Gruppe festzustellen und,
4. sofern relevant, eine Erläuterung des Sachverhalts und der Umstände in Bezug auf die Beteiligung eines Dritten, der aktiv zur potenziellen Nichteinhaltung der steuerlichen Vorschriften durch die Steuerpflichtigen der Gruppe beigetragen hat.

Abschnitt 3 Weitere Übermittlung von Informationen

§ 7 Automatische Übermittlung von Informationen

(1) Das zentrale Verbindungsbüro übermittelt an andere Mitgliedstaaten systematisch auf elektronischem Weg, ohne vorheriges Ersuchen, alle verfügbaren Informationen über in anderen Mitgliedstaaten ansässige Personen zu

1. Vergütungen aus unselbständiger Arbeit,
2. Aufsichtsrats- oder Verwaltungsratsvergütungen,
3. Lebensversicherungsprodukten, die nicht von anderen Rechtsakten der Europäischen Union über den Austausch von Informationen oder vergleichbaren Maßnahmen erfasst sind,
4. Ruhegehältern, Renten und ähnlichen Zahlungen,
5. Eigentum an unbeweglichem Vermögen und Einkünften daraus und
6. Lizenzgebühren.

Das zentrale Verbindungsbüro soll unbeschadet des § 2 Absatz 2 zweiter Teilsatz bei der Übermittlung der Informationen nach Satz 1 die Steueridentifikationsnummern übermitteln, die den in anderen Mitgliedstaaten ansässigen Personen durch die jeweiligen Mitgliedstaaten zugewiesen worden sind. Das zentrale Verbindungsbüro nimmt Informationen im Sinne von Satz 1 Nummer 1 bis 6, die ihm von anderen Mitgliedstaaten systematisch auf elektronischem Weg, ohne vorheriges Ersuchen übermittelt wurden, entgegen, speichert sie und leitet sie zur Durchführung des Besteuerungsverfahrens nach Maßgabe des § 88 Absatz 3 und 4 der Abgabenordnung an die zuständige Finanzbehörde weiter.

(2) Das zentrale Verbindungsbüro übermittelt an andere Mitgliedstaaten systematisch auf elektronischem Weg, ohne vorheriges Ersuchen, die Informationen über Finanzkonten gemäß § 2 des Gesetzes zum automatischen Austausch von Informationen über Finanzkonten in Steuersachen.

(3) Das zentrale Verbindungsbüro übermittelt zu nach dem 31. Dezember 2016 erteilten, getroffenen, geänderten oder erneuerten grenzüberschreitenden Vorbescheiden und zu nach

dem 31. Dezember 2016 erteilten, getroffenen, geänderten oder erneuerten Vorabverständigungen über die Verrechnungspreisgestaltung im Weg des automatischen Austauschs die Informationen nach Absatz 7 an die zuständigen Behörden aller anderen Mitgliedstaaten sowie der Europäischen Kommission mit der Einschränkung, die für die Fälle nach Artikel 8a Absatz 8 der Amtshilferichtlinie gilt.

(4) Das zentrale Verbindungsbüro übermittelt den zuständigen Behörden aller anderen Mitgliedstaaten sowie der Europäischen Kommission, unter Berücksichtigung der Einschränkung, die für die Fälle nach Artikel 8a Absatz 8 der Amtshilferichtlinie gilt, Informationen über grenzüberschreitende Vorbescheide und Vorabverständigungen über die Verrechnungspreisgestaltung, die zwischen dem 1. Januar 2012 und dem 31. Dezember 2016 erteilt, getroffen, geändert oder erneuert wurden. Dabei gilt Folgendes:

1. zu grenzüberschreitenden Vorbescheiden und Vorabverständigungen über die Verrechnungspreisgestaltung, die in der Zeit zwischen dem 1. Januar 2012 und dem 31. Dezember 2013 erteilt, getroffen, geändert oder erneuert wurden und die am 1. Januar 2014 noch gültig waren, erfolgt die Informationsübermittlung nach Satz 1,
2. zu grenzüberschreitenden Vorbescheiden und Vorabverständigungen über die Verrechnungspreisgestaltung, die in der Zeit zwischen dem 1. Januar 2014 und dem 31. Dezember 2016 erteilt, getroffen, geändert oder erneuert wurden, erfolgt die Informationsübermittlung nach Satz 1, unabhängig davon, ob sie noch gültig sind oder nicht.

Ausgenommen von der genannten Übermittlung sind Informationen über grenzüberschreitende Vorbescheide und Vorabverständigungen über die Verrechnungspreisgestaltung, die vor dem 1. April 2016 für eine bestimmte Person oder für eine Gruppe von Personen erteilt, getroffen, geändert oder erneuert wurden, und deren gruppenweiter Jahresnettoumsatzerlös im Sinne von Artikel 2 Absatz 5 der Richtlinie 2013/34/EU des Europäischen Parlaments und des Rates vom 26. Juni 2013 über den Jahresabschluss, den konsolidierten Abschluss und damit verbundene Berichte von Unternehmen bestimmter Rechtsformen und zur Änderung der Richtlinie 2006/43/EG des Europäischen Parlaments und des Rates und zur Aufhebung der Richtlinien 78/660/EWG und 83/349/EWG des Rates (ABl L 182 vom 29.6.2013, S. 19, L 369 vom 24.12.2014, S. 79), die zuletzt durch die Richtlinie 2014/102/EU (ABl L 334 vom 21.11.2014, S. 86) geändert worden ist, in dem Geschäftsjahr, das vor dem Zeitpunkt liegt, zu dem der grenzüberschreitende Vorbescheid oder die Vorabverständigung über die Verrechnungspreisgestaltung erteilt, getroffen, geändert oder erneuert wird, weniger als 40 Millionen Euro oder dem entsprechenden Betrag in einer anderen Währung betragen hat. Satz 3 gilt nicht für eine bestimmte Person oder für eine Gruppe von Personen, die hauptsächlich Finanz- und Investitionstätigkeiten ausüben.

(5) Bilaterale oder multilaterale Vorabverständigungen über die Verrechnungspreisgestaltung mit Drittstaaten sind vom Geltungsbereich des automatischen Informationsaustauschs gemäß § 7 ausgenommen, sofern das internationale Steuerabkommen, in dessen Rahmen die Vorabverständigung über die Verrechnungspreisgestaltung ausgehandelt wurde, eine Weitergabe an Dritte nicht erlaubt. Solche bilateralen oder multilateralen Vorabverständigungen über die Verrechnungspreisgestaltung werden nach § 8 ausgetauscht, sofern

1. das internationale Steuerabkommen, in dessen Rahmen die Vorabverständigung über die Verrechnungspreisgestaltung ausgehandelt wurde, eine Weitergabe erlaubt und

2. die zuständige Behörde des Drittstaates die Weitergabe der Informationen genehmigt.

Wenn bilaterale oder multilaterale Vorabverständigungen über die Verrechnungspreisgestaltung vom automatischen Informationsaustausch gemäß Satz 1 ausgenommen sind, werden stattdessen die Informationen nach Absatz 7, die in dem Antrag aufgeführt sind, der zu einer solchen bilateralen oder multilateralen Vorabverständigung über die Verrechnungspreisgestaltung geführt hat, nach den Absätzen 3 und 4 ausgetauscht.

(6) Die Absätze 3 und 4 gelten nicht in Fällen, in denen ein grenzüberschreitender Vorbescheid ausschließlich die Steuerangelegenheiten einer oder mehrerer natürlicher Personen betrifft.

(7) Die vom zentralen Verbindungsbüro gemäß den Absätzen 3 und 4 zu übermittelnden Informationen müssen Folgendes enthalten:

1. Angaben zu der Person, mit Ausnahme von natürlichen Personen, und gegebenenfalls Angaben zu der Gruppe von Personen, der sie angehört;
2. eine Zusammenfassung des Inhalts des grenzüberschreitenden Vorbescheids oder der Vorabverständigung über die Verrechnungspreisgestaltung, einschließlich einer Beschreibung der relevanten Geschäftstätigkeiten oder Transaktionen oder Reihen von Transaktionen und aller anderen Informationen, die der zuständigen Behörde bei der Bewertung eines potenziellen Steuerrisikos behilflich sein könnten, sofern dies nicht
   a) zur Preisgabe eines Handels-, Gewerbe- oder Berufsgeheimnisses oder eines Geschäftsverfahrens führt oder
   b) zur Preisgabe von Informationen führt, die die öffentliche Ordnung verletzen würden;
3. das jeweilige Datum der Erteilung oder des Abschlusses, der Änderung oder der Erneuerung des grenzüberschreitenden Vorbescheids oder der Vorabverständigung über die Verrechnungspreisgestaltung;
4. den Tag des Beginns der Geltungsdauer des grenzüberschreitenden Vorbescheids oder der Vorabverständigung über die Verrechnungspreisgestaltung, falls angegeben;
5. den Tag des Ablaufs der Geltungsdauer des grenzüberschreitenden Vorbescheids oder der Vorabverständigung über die Verrechnungspreisgestaltung, falls angegeben;
6. die Art des grenzüberschreitenden Vorbescheids oder der Vorabverständigung über die Verrechnungspreisgestaltung;
7. den Betrag der Transaktion oder Reihe von Transaktionen des grenzüberschreitenden Vorbescheids oder der Vorabverständigung über die Verrechnungspreisgestaltung, sofern ein solcher angegeben ist;
8. im Falle einer Vorabverständigung über die Verrechnungspreisgestaltung den Verrechnungspreis oder eine Beschreibung der bei der Festlegung der Verrechnungspreise zugrunde gelegten Kriterien;
9. im Falle einer Vorabverständigung über die Verrechnungspreisgestaltung Angaben zu dem der Festlegung der Verrechnungspreise zugrunde gelegten Verfahren oder den Verrechnungspreis;

10. gegebenenfalls Angaben dazu, welche anderen Mitgliedstaaten wahrscheinlich von dem grenzüberschreitenden Vorbescheid oder der Vorabverständigung über die Verrechnungspreisgestaltung betroffen sind;
11. gegebenenfalls Identifizierungsangaben zu allen Personen in den anderen Mitgliedstaaten, mit Ausnahme von natürlichen Personen, die wahrscheinlich von dem grenzüberschreitenden Vorbescheid oder der Vorabverständigung über die Verrechnungspreisgestaltung betroffen sind, sowie Angaben dazu, zu welchen Mitgliedstaaten die betreffenden Personen in Beziehung stehen, und
12. Angaben dazu, ob die übermittelten Informationen
    a) auf dem grenzüberschreitenden Vorbescheid oder der Vorabverständigung über die Verrechnungspreisgestaltung selbst beruhen oder
    b) auf einem Antrag gemäß Absatz 5 Satz 3 beruhen.

Auf die praktischen Regelungen, die zur Erleichterung des Austauschs der in diesem Absatz aufgezählten Informationen von der Europäischen Kommission zur Umsetzung von Artikel 8a der Amtshilferichtlinie erlassen worden sind, wird verwiesen. Hierzu zählen auch Maßnahmen zur standardisierten Übermittlung der in diesem Absatz genannten Informationen als Teil des Verfahrens zur Festlegung des Standardformblatts, das gemäß Artikel 20 Absatz 5 der Amtshilferichtlinie vorgesehenen ist. Ab dem Zeitpunkt seiner Bereitstellung ist das Zentralverzeichnis der Mitgliedstaaten gemäß Artikel 21 Absatz 5 der Amtshilferichtlinie zu nutzen.

(8) In den Fällen der Absätze 1 bis 5 und 9 bis 14a ist gemäß § 117 Absatz 4 Satz 3 der Abgabenordnung keine Anhörung der Beteiligten erforderlich.

(9) Das zentrale Verbindungsbüro nimmt die ihm von den zuständigen Behörden aller anderen Mitgliedstaaten der Europäischen Union gemäß Artikel 8a der Amtshilferichtlinie übermittelten Informationen entgegen; ab dem Zeitpunkt seiner Bereitstellung ist das Zentralverzeichnis der Mitgliedstaaten der Europäischen Union gemäß Artikel 21 Absatz 5 der Amtshilferichtlinie zu nutzen. Das zentrale Verbindungsbüro leitet die Informationen zur Durchführung des Besteuerungsverfahrens nach Maßgabe des § 88 Absatz 3 und 4 der Abgabenordnung an die jeweils zuständige Landesfinanzbehörde weiter. Unbeschadet des Satzes 2 greifen die zuständigen Stellen auf die Informationen nach Satz 1 zu; hierzu werden gemäß § 3 Absatz 2 Satz 2 Verbindungsstellen im Sinne des Artikels 4 Absatz 3 und zuständige Bedienstete im Sinne des Artikels 4 Absatz 4 der Amtshilferichtlinie unter Berücksichtigung der in Artikel 21 der Amtshilferichtlinie enthaltenen Regelungen zur Anwendung der dort genannten technischen Verfahren benannt.

(10) Das zentrale Verbindungsbüro übermittelt im Weg des automatischen Austauschs die ihm gemäß § 138a Absatz 6 der Abgabenordnung übermittelten länderbezogenen Berichte an die zuständigen Behörden der anderen Mitgliedstaaten, für die in dem länderbezogenen Bericht Angaben im Sinne des § 138a Absatz 2 der Abgabenordnung enthalten sind. Die Übermittlung erfolgt auf elektronischem Weg. Auf die von der Europäischen Kommission im Weg von Durchführungsrechtsakten erlassenen praktischen Regelungen wird verwiesen.

(11) In den Fällen des § 138a Absatz 4 Satz 1 der Abgabenordnung teilt das zentrale Verbindungsbüro den anderen Mitgliedstaaten zusätzlich automatisch mit, wenn sich die ausländische Konzernobergesellschaft der einbezogenen inländischen Konzerngesellschaft geweigert

hat, die erforderlichen Informationen zur Erstellung des länderbezogenen Berichts bereitzustellen.

(12) Das zentrale Verbindungsbüro nimmt die Informationen im Sinne der Absätze 10 und 11 entgegen, die ihm von den anderen Mitgliedstaaten gemäß Artikel 8aa der Amtshilferichtlinie übermittelt wurden. Es übermittelt die Informationen an die zuständige Landesfinanzbehörde.

(13) Das zentrale Verbindungsbüro übermittelt im Weg des automatischen Austauschs die dem Bundeszentralamt für Steuern nach den §§ 138f bis 138h der Abgabenordnung übermittelten Informationen über grenzüberschreitende Steuergestaltungen im Sinne des § 138d der Abgabenordnung den zuständigen Behörden der anderen Mitgliedstaaten der Europäischen Union. Die Übermittlung erfolgt innerhalb eines Monats nach Ablauf des Quartals, in dem die Informationen vorgelegt wurden, erstmals bis zum 31. Oktober 2020. Die praktischen Regelungen gemäß Artikel 20 Absatz 5 der Amtshilferichtlinie, die der Erleichterung des Austausches der in § 138f Absatz 3 der Abgabenordnung bezeichneten Informationen dienen, sind zu beachten. 4Für die Zwecke der Übermittlung an die zuständigen Behörden der anderen Mitgliedstaaten der Europäischen Union durch das zentrale Verbindungsbüro gelten die in § 138f Absatz 3 der Abgabenordnung bezeichneten Informationen als dem Bundeszentralamt für Steuern von einem Intermediär offengelegt, es sei denn, es liegt ein Fall des § 138d Absatz 6 oder des § 138g Absatz 1 Satz 1 der Abgabenordnung vor; in diesen Fällen gelten die Informationen als von einem Steuerpflichtigen offengelegt. 5Ab dem Zeitpunkt seiner Bereitstellung ist für die Übermittlung das Zentralverzeichnis der Mitgliedstaaten der Europäischen Union gemäß Artikel 21 Absatz 5 der Amtshilferichtlinie zu nutzen.

EUAHiG

(14) Das zentrale Verbindungsbüro nimmt die ihm von den zuständigen Behörden aller anderen Mitgliedstaaten der Europäischen Union gemäß Artikel 8ab der Amtshilferichtlinie übermittelten Informationen entgegen; ab dem Zeitpunkt seiner Bereitstellung ist das Zentralverzeichnis der Mitgliedstaaten der Europäischen Union gemäß Artikel 21 Absatz 5 der Amtshilferichtlinie zu nutzen. Das zentrale Verbindungsbüro stellt die Informationen dem Bundeszentralamt für Steuern zur weiteren Aufgabenerledigung zur Verfügung; § 88 Absatz 3 und 4 und § 138i der Abgabenordnung gelten entsprechend. Unbeschadet des Satzes 2 greifen die zuständigen Stellen auf die Informationen nach Satz 1 zu; hierzu werden gemäß § 3 Absatz 2 Satz 2 Verbindungsstellen im Sinne des Artikels 4 Absatz 3 und zuständige Bedienstete im Sinne des Artikels 4 Absatz 4 der Amtshilferichtlinie unter Berücksichtigung der in Artikel 21 der Amtshilferichtlinie enthaltenen Regelungen zur Anwendung der dort genannten technischen Verfahren benannt. Das Bundesministerium der Finanzen legt im Einvernehmen mit den obersten Finanzbehörden der Länder die Einzelheiten zu dem Verfahren nach Satz 3 in einem Schreiben fest. 5Dieses Schreiben ist im Bundessteuerblatt zu veröffentlichen.

(14a) Das zentrale Verbindungsbüro übermittelt im Wege des automatischen Austauschs die ihm gemäß § 12 des Plattformen-Steuertransparenzgesetzes gemeldeten Informationen an:

1. die zuständigen Behörden aller Mitgliedstaaten, in denen der jeweilige meldepflichtige Anbieter als ansässig gilt, und
2. die zuständigen Behörden aller Mitgliedstaaten, in denen das unbewegliche Vermögen belegen ist, sofern der jeweilige meldepflichtige Anbieter relevante Tätigkeiten nach § 5 Absatz 1 Satz 1 Nummer 1 des Plattformen-Steuertransparenzgesetzes erbracht hat.

Die Übermittlung erfolgt auf elektronischem Weg. Auf die praktischen Regelungen, die zur Erleichterung des Austauschs der in Satz 1 genannten Informationen von der Europäischen Kommission zur Umsetzung von Artikel 8ac der Amtshilferichtlinie erlassen worden sind, wird verwiesen. Hierzu zählen auch Maßnahmen zur standardisierten Übermittlung der in Satz 1 genannten Informationen als Teil des Verfahrens zur Festlegung des Standardformats, das gemäß Artikel 20 Absatz 4 der Amtshilferichtlinie vorgesehen ist.

(15) Das Bundeszentralamt für Steuern ist berechtigt, die Informationen gemäß den Absätzen 1 bis 5, 7 und 9 bis 14a zur Erfüllung der ihm gesetzlich übertragenen Aufgaben auszuwerten. Auswertungen der Informationen nach Satz 1 durch die jeweils zuständige Landesfinanzbehörde bleiben hiervon unberührt. Für Informationen gemäß Absatz 14 Satz 2 finden § 138j der Abgabenordnung und § 21a Absatz 5 des Finanzverwaltungsgesetzes entsprechende Anwendung.

§ 8 Spontane Übermittlung von Informationen an andere Mitgliedstaaten

(1) Die Finanzbehörde kann nach pflichtgemäßem Ermessen ohne Ersuchen alle Informationen an das zentrale Verbindungsbüro übermitteln, die für die anderen Mitgliedstaaten von Nutzen sein können. Das zentrale Verbindungsbüro entscheidet nach pflichtgemäßem Ermessen über die Übermittlung der Informationen an die anderen Mitgliedstaaten.

(2) Informationen nach § 1 Absatz 1 sind zu übermitteln, wenn

1. Gründe für die Vermutung einer Steuerverkürzung in dem anderen Mitgliedstaat vorliegen,
2. ein Sachverhalt vorliegt, auf Grund dessen eine Steuerermäßigung oder Steuerbefreiung gewährt worden ist und die zu übermittelnden Informationen für den Steuerpflichtigen zu einer Besteuerung oder Steuererhöhung im anderen Mitgliedstaat führen könnten,
3. Geschäftsbeziehungen zwischen einem in Deutschland Steuerpflichtigen und einem in einem anderen Mitgliedstaat Steuerpflichtigen über ein oder mehrere weitere Staaten in einer Weise geleitet werden, die in einem oder beiden Mitgliedstaaten zur Steuerersparnis führen kann,
4. Gründe für die Vermutung vorliegen, dass durch künstliche Gewinnverlagerungen zwischen verbundenen Unternehmen eine Steuerersparnis eintritt, oder
5. ein Sachverhalt, der im Zusammenhang mit der Informationserteilung eines anderen Mitgliedstaats ermittelt wurde, auch für die zutreffende Steuerfestsetzung in einem weiteren Mitgliedstaat erheblich sein könnte.

(3) Die Übermittlung nach Absatz 2 soll unverzüglich erfolgen, spätestens jedoch einen Monat, nachdem die Informationen verfügbar geworden sind.

§ 9 Spontane Übermittlung von Informationen durch andere Mitgliedstaaten

Das zentrale Verbindungsbüro leitet Informationen, die andere Mitgliedstaaten spontan übermittelt haben, den Finanzbehörden zur Auswertung weiter. Es bestätigt unverzüglich, spätestens jedoch sieben Arbeitstage nach Eingang der Informationen, dem anderen Mitgliedstaat möglichst auf elektronischem Weg deren Erhalt.

Abschnitt 4 Sonstige Formen der Verwaltungszusammenarbeit

§ 10 Anwesenheit von Bediensteten anderer Mitgliedstaaten im Inland

(1) Auf Ersuchen der zuständigen Behörde eines anderen Mitgliedstaats kann das zentrale Verbindungsbüro gestatten, dass unter den von ihm festgelegten Voraussetzungen befugte Bedienstete des anderen Mitgliedstaats für Zwecke des Informationsaustauschs

1. in den Amtsräumen zugegen sein dürfen, in denen deutsche Finanzbehörden ihre Tätigkeit ausüben,
2. bei den behördlichen Ermittlungen zugegen sein dürfen, die auf deutschem Hoheitsgebiet durchgeführt werden, und
3. unter Einhaltung der nationalen Verfahrensregelungen Einzelpersonen befragen und Aufzeichnungen prüfen.

Sofern angezeigt, ist die Teilnahme an behördlichen Ermittlungen, einschließlich der Befragung von Einzelpersonen und der Prüfung von Aufzeichnungen, mittels elektronischer Kommunikationsmittel zu gestatten; § 87a Absatz 1 Satz 3 der Abgabenordnung gilt entsprechend. Das zentrale Verbindungsbüro bestätigt dem anderen Mitgliedstaat sein Einverständnis zu Ersuchen nach den vorstehenden Sätzen innerhalb von 60 Tagen nach Erhalt des Ersuchens. Lehnt es das Ersuchen ab, sind dem anderen Mitgliedstaat die Gründe hierfür mitzuteilen.

EUAHiG

(2) Bei dem Informationsaustausch gemäß Absatz 1 stellt die Finanzbehörde sicher, dass Bediensteten der anderen Mitgliedstaaten nur solche Informationen offenbart werden, die nach § 4 übermittelt werden dürfen. Sind die erbetenen Informationen in den Unterlagen enthalten, zu denen die Finanzbehörde Zugang hat, so werden den Bediensteten des anderen Mitgliedstaats Kopien dieser Unterlagen ausgehändigt.

(3) Verweigert eine Person in Fällen des Absatzes 1 Satz 1 Nummer 3 die Mitwirkung, gilt diese Verweigerung wie eine Verweigerung gegenüber inländischen Bediensteten.

(4) Befugte Bedienstete des anderen Mitgliedstaats müssen, wenn sie sich nach Absatz 1 auf deutschem Hoheitsgebiet aufhalten, jederzeit eine schriftliche Vollmacht vorlegen können, aus der ihre Identität und dienstliche Stellung hervorgehen.

§ 11 Anwesenheit von inländischen Bediensteten in anderen Mitgliedstaaten

Sofern die Komplexität eines Ersuchens es erfordert, können bevollmächtigte inländische Bedienstete in andere Mitgliedstaaten entsandt werden. § 10 gilt sinngemäß.

§ 12 Gleichzeitige Prüfung

(1) Auf Vorschlag der Finanzbehörde kann das zentrale Verbindungsbüro mit einem oder mehreren Mitgliedstaaten vereinbaren, im jeweils eigenen Hoheitsgebiet eine gleichzeitige Prüfung einer oder mehrerer Personen von gemeinsamem oder ergänzendem Interesse durchzuführen. Soweit dies nach § 4 zulässig ist, sind die hierbei erlangten Informationen sowie die für die Vereinbarung der Prüfung im Vorfeld erforderlichen Kenntnisse auszutauschen.

(2) Die Finanzbehörde bestimmt, welche Person oder welche Personen sie für eine gleichzeitige Prüfung vorschlägt. Das zentrale Verbindungsbüro unterrichtet die betroffenen Mitgliedstaaten darüber, begründet die Auswahl und gibt den Zeitraum an, in welchem die gleichzeitige Prüfung durchgeführt werden soll.

(3) Schlägt ein anderer Mitgliedstaat eine gleichzeitige Prüfung vor, so entscheidet die Finanzbehörde, ob sie an der gleichzeitigen Prüfung teilnehmen wird. Das zentrale Verbindungsbüro teilt dem anderen Mitgliedstaat innerhalb von 60 Tagen nach Erhalt des Vorschlags das Einverständnis oder die begründete Ablehnung mit.

(4) Das zentrale Verbindungsbüro benennt einen Bediensteten, der für die Beaufsichtigung und die Koordinierung der gleichzeitigen Prüfung verantwortlich ist.

(5) Von der Anhörung des Steuerpflichtigen kann bis zur Bekanntgabe der Prüfungsanordnung abgesehen werden, wenn sonst der Prüfungserfolg gefährdet werden würde.

§ 13 Zustellungsersuchen an andere Mitgliedstaaten

(1) Auf Ersuchen der zuständigen Finanzbehörde beantragt das zentrale Verbindungsbüro bei einem anderen Mitgliedstaat die Zustellung von Dokumenten und Entscheidungen der Finanzbehörde, die mit einer Steuer nach § 1 zusammenhängen.

(2) Ein Zustellungsersuchen ist nur dann zulässig, wenn

1. die Finanzbehörde nicht in der Lage ist, die Zustellung nach den Vorschriften des Verwaltungszustellungsgesetzes im anderen Mitgliedstaat vorzunehmen, oder
2. die Zustellung mit unverhältnismäßig großen Schwierigkeiten verbunden wäre.

(3) Im Zustellungsersuchen ist Folgendes anzugeben:

1. der Gegenstand des zuzustellenden Dokuments oder der zuzustellenden Entscheidung,
2. der Name und die Anschrift des Adressaten sowie
3. alle weiteren Informationen, die die Identifizierung des Adressaten erleichtern können.

(4) Einer in einem anderen Mitgliedstaat ansässigen Person kann jedes Dokument per Einschreiben oder auf elektronischem Weg direkt zugestellt werden.

(5) Das zentrale Verbindungsbüro leitet Informationen über veranlasste Zustellungen anderer Mitgliedstaaten den Finanzbehörden, die die Informationen verwenden, weiter.

§ 14 Zustellungsersuchen von anderen Mitgliedstaaten

(1) Auf Ersuchen werden alle Dokumente zugestellt, die mit einer Steuer gemäß § 1 zusammenhängen, einschließlich der gerichtlichen Dokumente, die aus dem anderen Mitgliedstaat stammen. Das zentrale Verbindungsbüro leitet hierzu der Finanzbehörde das Ersuchen zwecks Zustellung zu. Die Zustellung richtet sich nach den Vorschriften des Verwaltungszustellungsgesetzes.

(2) Das zentrale Verbindungsbüro teilt dem anderen Mitgliedstaat unverzüglich mit, welche Maßnahme auf Grund des Zustellungsersuchens veranlasst wurde. Diese Mitteilung beinhaltet insbesondere die Angabe, an welchem Tag und an welche Anschrift dem Empfänger das Dokument zugestellt worden ist.

Abschnitt 5 Weitere Vorschriften

§ 15 Verwendung von Informationen und Dokumenten

(1) Übermittelt das zentrale Verbindungsbüro einem anderen Mitgliedstaat Informationen, so gestattet es diesem auf Anfrage, die Informationen für andere als die in § 19 Absatz 2 Satz 1 genannten Zwecke zu verwenden, wenn die Verwendung für einen vergleichbaren Zweck

nach deutschem Recht unter Beachtung der §§ 30, 31, 31a und 31b der Abgabenordnung zulässig ist.

(2) Ist das zentrale Verbindungsbüro der Ansicht, dass Informationen und Dokumente von einem anderen Mitgliedstaat einem dritten Mitgliedstaat für die in § 19 Absatz 2 Satz 1 genannten Zwecke von Nutzen sein könnten, so kann es diese Informationen und Dokumente weitergeben, wenn

1. die Weitergabe im Einklang mit den in diesem Gesetz festgelegten Regeln und Verfahren steht,
2. es dem Mitgliedstaat, von dem die Informationen und Dokumente stammen, seine Absicht mitteilt, diese einem dritten Mitgliedstaat weiterzugeben, und
3. der Mitgliedstaat, von dem die Informationen stammen, nicht innerhalb von zehn Arbeitstagen nach Eingang der Mitteilung nach Nummer 2 der Weitergabe widerspricht.

(3) Sollen Informationen und Dokumente für andere als die in § 19 Absatz 2 Satz 1 genannten Zwecke nach Absatz 2 weitergegeben oder verwendet werden, so muss hierfür die Einwilligung jenes Mitgliedstaats eingeholt werden, von dem die Informationen und Dokumente stammen. Die Weitergabe darf nur erfolgen, wenn die Verwendung für einen vergleichbaren Zweck nach deutschem Recht unter Beachtung der §§ 30, 31, 31a und 31b der Abgabenordnung zulässig ist.

(4) Sämtliche Informationen und Dokumente, die im Rahmen dieses Gesetzes erlangt werden, können von den Behörden, die die Informationen verwenden, wie vergleichbare inländische Informationen und Dokumente angeführt oder als Beweismittel verwendet werden.

(5) Von der Berichtigung übermittelter unrichtiger Daten und der Löschung oder Sperrung unzulässig gespeicherter oder unzulässig übermittelter Daten sind alle Mitgliedstaaten, die diese Daten im Rahmen einer Auskunft erhalten haben, durch das zentrale Verbindungsbüro unverzüglich zu unterrichten und anzuhalten, ebenfalls die Berichtigung, Sperrung oder Löschung dieser Daten vorzunehmen.

§ 16 Rückmeldungen

(1) In den Fällen der §§ 4 und 8 kann das zentrale Verbindungsbüro den anderen Mitgliedstaat um Rückmeldung über die Verwendung der erbetenen Information bitten.

(2) Bittet in den Fällen der §§ 6 und 9 der andere Mitgliedstaat um Rückmeldung, so übermittelt das zentrale Verbindungsbüro dem anderen Mitgliedstaat die Rückmeldung unverzüglich, spätestens jedoch drei Monate, nachdem das Ergebnis über die Verwendung der erbetenen Information bekannt geworden ist. Eine Übermittlung ist nur zulässig, wenn ihr die Vorschriften zum Datenschutz und zum Schutz des Steuergeheimnisses insbesondere nach § 30 der Abgabenordnung nicht entgegenstehen. Die zuständige Finanzbehörde teilt dem zentralen Verbindungsbüro die erforderlichen Angaben mit.

§ 17 Standardformblätter und Kommunikationsmittel

(1) Ersuchen nach § 4 Absatz 1 und 2 und § 6 Absatz 1, spontane Übermittlungen von Informationen nach § 8 Absatz 1 und 2 und § 9, Zustellungsersuchen nach § 13 Absatz 1 und § 14 Absatz 1, Rückmeldungen nach § 16 sowie sonstige Mitteilungen werden jeweils mittels eines zwischen den Mitgliedstaaten abgestimmten Standardformblatts auf elektronischem Weg übermittelt.

(2) Den Standardformblättern können Berichte, Bescheinigungen und andere Dokumente oder beglaubigte Kopien oder Auszüge daraus beigefügt werden.

(3) Die Absätze 1 und 2 gelten nicht für Informationen und Unterlagen, die nach den §§ 10 und 11 erlangt werden.

(4) Erfolgt die Übermittlung nicht auf elektronischem Weg durch Standardformblätter, so berührt dies nicht die Gültigkeit der erhaltenen Informationen oder der im Rahmen eines Ersuchens um Amtshilfe ergriffenen Maßnahmen.

§ 18 Informationsübermittlung an Drittstaaten

(1) Erhält das zentrale Verbindungsbüro von einem Drittstaat Informationen, die für die Anwendung und Durchsetzung des deutschen Rechts über die in § 1 genannten Steuern voraussichtlich erheblich sind, kann das zentrale Verbindungsbüro diese Informationen an andere Mitgliedstaaten, für die diese Informationen von Nutzen sein können, und an alle ersuchenden Behörden weitergeben, sofern dies auf Grund einer Vereinbarung mit dem Drittstaat zulässig ist.

(2) Das zentrale Verbindungsbüro kann die im Einklang mit diesem Gesetz erhaltenen Informationen an einen Drittstaat weitergeben, wenn

1. die Weitergabe im Einklang mit den deutschen Bestimmungen über die Weitergabe personenbezogener Daten an Drittstaaten steht,
2. die Informationen für die zutreffende Steuerfestsetzung in diesem Drittstaat erheblich sein können,
3. der Mitgliedstaat, von dem die Informationen stammen, mit der Weitergabe einverstanden ist und
4. sich der Drittstaat zum Informationsaustausch verpflichtet hat.

§ 19 Datenschutz und Zweckbestimmung

(1) Die Informationen, die im Rahmen dieses Gesetzes an Deutschland übermittelt werden, unterliegen dem Steuergeheimnis und genießen den Schutz, den die Abgabenordnung für Informationen dieser Art gewährt.

(2) Diese Informationen können für folgende Zwecke verwendet werden:

1. zur Bewertung, Anwendung und Durchsetzung des nationalen Steuerrechts über die in § 1 genannten Steuern sowie die Umsatzsteuer und andere indirekte Steuern,
2. zur Wahrnehmung gesetzlicher Kontroll- und Aufsichtsbefugnisse,
3. zur Festsetzung und Beitreibung anderer Steuern und Abgaben nach § 1 des EU-Beitreibungsgesetzes sowie
4. zur Verwertung im Zusammenhang mit Gerichts- und Verwaltungsverfahren, die Sanktionen wegen Nichtbeachtung des Steuerrechts zur Folge haben können; hierbei sind die allgemeinen Regelungen und Vorschriften über die Rechte der Personen, gegen die sich das jeweilige Verfahren richtet, und Zeugen in solchen Verfahren zu beachten.

Sollen Informationen für einen anderen Zweck verwendet werden, ist die Einwilligung des anderen Mitgliedstaats einzuholen. Eine Einwilligung ist entbehrlich, wenn der andere Mitgliedstaat der zuständigen Behörde eine Liste mit anderen als den in Satz 1 genannten Zwecken, für die Informationen und Schriftstücke gemäß seinem nationalen Recht verwendet werden dürfen, übermittelt hat und die beabsichtigte Verwendung von den in der Liste genannten Zwecken umfasst ist.

§ 19a Verletzung des Schutzes personenbezogener Daten

(1) Kommt es in Bezug auf Informationen, die im Rahmen dieses Gesetzes verarbeitet werden, zu einer Verletzung des Datenschutzes, unterrichtet das zentrale Verbindungsbüro unverzüglich die Europäische Kommission hierüber und über alle getroffenen Abhilfemaßnahmen. Das zentrale Verbindungsbüro veranlasst alles, um die Ursachen und die Auswirkungen der Verletzung des Datenschutzes zu ermitteln und einzudämmen sowie um notwendige Abhilfe zu schaffen. Sofern die Verletzung des Datenschutzes nicht umgehend und angemessen eingedämmt werden kann, beantragt das zentrale Verbindungsbüro schriftlich gegenüber der Europäischen Kommission, seinen Zugang zum CCN-Netz nach Artikel 3 Nummer 13 der Amtshilferichtlinie für die Zwecke der Anwendung dieses Gesetzes auszusetzen. Das zentrale Verbindungsbüro unterrichtet die Europäische Kommission unverzüglich, sobald die Verletzung des Datenschutzes behoben worden ist und beantragt die Wiederherstellung seines Zugangs zum CCN-Netz

(2) Benachrichtigt die Europäische Kommission das zentrale Verbindungsbüro über eine Verletzung des Datenschutzes, die sich in einem anderen Mitgliedstaat ereignet hat, kann das zentrale Verbindungsbüro den Informationsaustausch mit diesem Mitgliedstaat aussetzen. Die Aussetzung ist der Europäischen Kommission und den zuständigen Behörden aller anderen Mitgliedstaaten schriftlich mitzuteilen. Wurde der Zugang der zuständigen Behörde des anderen Mitgliedstaats zum CCN-Netz ausgesetzt, kann das zentrale Verbindungsbüro die Europäische Kommission ersuchen, die Behebung der Verletzung des Datenschutzes in dem anderen Mitgliedstaat zu überprüfen.

(3) Das zentrale Verbindungsbüro berücksichtigt bei der Anwendung der Absätze 1 und 2 Vereinbarungen, die die Mitgliedstaaten gemäß Artikel 25 Absatz 7 der Amtshilferichtlinie getroffen haben.

(4) Pflichten nach anderen Gesetzen, insbesondere die Meldeverpflichtung nach den Artikeln 33 und 34 der Verordnung (EU) 2016/679 des Europäischen Parlaments und des Rates vom 27. April 2016 zum Schutz natürlicher Personen bei der Verarbeitung personenbezogener Daten, zum freien Datenverkehr und zur Aufhebung der Richtlinie 95/46/EG (Datenschutz-Grundverordnung) (ABl L 119 vom 4.5.2016, S. 1; L 314 vom 22.11.2016, S. 72; L 127 vom 23.5.2018, S. 2) in ihrer jeweils geltenden Fassung, bleiben unberührt.

§ 20 Statistiken und Bewertung

(1) Die zuständige Behörde übermittelt

1. der Europäischen Kommission
   a) jährlich Statistiken zum Umfang des automatischen Informationsaustauschs gemäß § 7 Absatz 1, 2, 10, 11 und 14a und Angaben zu den administrativen und anderen einschlägigen Kosten und Nutzen des erfolgten Austauschs und zu allen möglichen Änderungen, sowohl für die Steuerverwaltung als auch für Dritte,

EUAHiG

b) eine jährliche Bewertung der Wirksamkeit des automatischen Austauschs von Informationen gemäß den Artikeln 8, 8a, 8aa, 8ab und 8ac der Amtshilferichtlinie sowie einen Überblick über die erreichten praktischen Ergebnisse,
c) alle sachdienlichen Informationen, die für die Bewertung der Wirksamkeit der Zusammenarbeit der Verwaltungsbehörden gemäß der Amtshilferichtlinie bei der Bekämpfung von Steuerhinterziehung und -umgehung notwendig sind,
d) statistische Angaben, die der Bewertung der Amtshilferichtlinie dienen;

2. den anderen betroffenen Mitgliedstaaten der Europäischen Union einmal jährlich eine Rückmeldung zum automatischen Austausch von Informationen.

Bei der Übermittlung ist die Durchführungsverordnung (EU) 2015/2378 der Kommission vom 15. Dezember 2015 zur Festlegung von Durchführungsbestimmungen zu bestimmten Artikeln der Richtlinie 2011/16/EU des Rates über die Zusammenarbeit der Verwaltungsbehörden im Bereich der Besteuerung und zur Aufhebung der Durchführungsverordnung (EU) Nr. 1156/2012 (ABl L 332 vom 18.12.2015, S. 19) zu berücksichtigen.

(2) Das Bundesministerium der Finanzen legt im Einvernehmen mit den obersten Finanzbehörden der Länder die Einzelheiten zur Übermittlung im Sinne des Absatzes 1 in einem Schreiben fest. 2Dieses Schreiben ist im Bundessteuerblatt zu veröffentlichen.

§ 21 Übergangsvorschriften

(1) Die automatische Übermittlung von Informationen gemäß § 7 Absatz 1 ist ab dem 1. Januar 2015 vorzunehmen und erstmals auf Informationen der Besteuerungszeiträume ab dem 1. Januar 2014 anzuwenden. § 7 Absatz 1 Satz 2 ist auf Besteuerungszeiträume anzuwenden, die am oder nach dem 1. Januar 2024 beginnen.

(1a) Ungeachtet des § 2 Absatz 2 zweiter Teilsatz unterrichtet das zentrale Verbindungsbüro die Europäische Kommission jährlich, beginnend ab dem 1. Januar 2023, über zwei oder mehr der in § 7 Absatz 1 Satz 1 Nummer 1 bis 6 genannten Kategorien, zu denen es Informationen an zuständige Behörden anderer Mitgliedstaaten übermittelt. Abweichend von Satz 1 unterrichtet das zentrale Verbindungsbüro die Europäische Kommission vor dem 1. Januar 2024 über vier oder mehr der in § 7 Absatz 1 Satz 1 Nummer 1 bis 6 genannten Kategorien, zu denen es Informationen für Besteuerungszeiträume, die am oder nach dem 1. Januar 2025 beginnen, an zuständige Behörden anderer Mitgliedstaaten übermittelt.

(2) Die automatische Übermittlung von Informationen gemäß § 7 Absatz 2 ist ab dem 30. September 2017 vorzunehmen und für zum 31. Dezember 2015 bestehende Konten und nach dem 31. Dezember 2015 neu eröffnete Konten im Sinne der in § 7 Absatz 2 angeführten Melde- und Sorgfaltspflichten und ergänzenden Melde- und Sorgfaltsvorschriften erstmals auf Informationen der Besteuerungszeiträume ab dem 1. Januar 2016 anzuwenden.

(3) Die automatische Übermittlung von Informationen gemäß § 7 Absatz 3 und 4 erfolgt erstmals ab dem 1. Januar 2017.

(4) § 7 Absatz 10 bis 12 und 14 ist erstmals ab dem 1. Januar 2017 anzuwenden.

(5) § 7 Absatz 13 ist erstmals ab dem 1. Januar 2018 anzuwenden.

(6) § 7 Absatz 14a ist erstmals ab dem 1. Januar 2023 anzuwenden.

Gesetz zur Umsetzung der Richtlinie (EU) 2017/1852 des Rates vom 10. Oktober 2017 über Verfahren zur Beilegung von Besteuerungsstreitigkeiten in der Europäischen Union (EU-Doppelbesteuerungsabkommen-Streitbeilegungsgesetz - EU-DBA-SBG)

Vom 10. Dezember 2019

Der Bundestag hat mit Zustimmung des Bundesrates das folgende Gesetz beschlossen:

Artikel 1

Gesetz zur Umsetzung der Richtlinie (EU) 2017/1852 des Rates vom 10. Oktober 2017 über Verfahren zur Beilegung von Besteuerungsstreitigkeiten in der Europäischen Union (EU-Doppelbesteuerungsabkommen-Streitbeilegungsgesetz – EU-DBA-SBG)[1]

Inhaltsübersicht

[1] Dieses Gesetz dient der Umsetzung der Richtlinie (EU) 2017/1852 des Rates vom 10. Oktober 2017 über Verfahren zur Beilegung von Besteuerungsstreitigkeiten in der Europäischen Union (ABl. L 265 vom 14.10.2017, S. 1).

Kapitel 1
Allgemeiner Teil

§ 1 Anwendungsbereich und anwendbare Vorschriften

(1) In diesem Gesetz wird ein Verfahren zur Beilegung von Streitigkeiten zwischen der Bundesrepublik Deutschland und einem oder mehreren anderen Mitgliedstaaten der Europäischen Union („Mitgliedstaat") festgelegt. Streitigkeiten nach Satz 1 sind solche, die durch die Auslegung und Anwendung von Abkommen und Übereinkommen entstehen, welche die Beseitigung der Doppelbesteuerung von Einkommen und gegebenenfalls Vermögen vorsehen.

(2) Bei diesem Verfahren handelt es sich um ein Verwaltungsverfahren in Steuersachen. Die Vorlage einer Streitfrage im Rahmen eines Streitbeilegungsverfahrens nach diesem Gesetz hindert die Behörden der Bundesrepublik Deutschland nicht daran, Gerichtsverfahren oder Verwaltungs- und Strafverfahren in derselben Angelegenheit einzuleiten oder fortzusetzen.

(3) Sind Mitteilungen aus dem Ausland für die Berechnung von inländischen Fristen maßgeblich, so gilt § 122 Absatz 2 und 2a der Abgabenordnung entsprechend mit der Maßgabe, dass als Datum der Aufgabe zur Post das Datum der Mitteilung gilt.

§ 2 Begriffsbestimmungen

(1) Im Sinne dieses Gesetzes ist oder sind

1. „Abkommen": die Abkommen der Bundesrepublik Deutschland mit einem anderen Mitgliedstaat auf dem Gebiet der Steuern vom Einkommen und vom Vermögen, welche die Beseitigung von Doppelbesteuerung vorsehen;
2. „Übereinkommen": das Übereinkommen über die Beseitigung der Doppelbesteuerung im Falle von Gewinnberichtigungen zwischen verbundenen Unternehmen (90/436/EWG, ABl. L 225 vom 20.8.1990, S. 10) in der jeweils geltenden Fassung und andere zukünftige Übereinkommen, die als solche gesetzlich benannt werden;
3. „Streitigkeiten": rechtliche Meinungsunterschiede, die durch die Auslegung und Anwendung von Abkommen und Übereinkommen entstehen; ein Gegenstand dieser Streitigkeiten ist eine Streitfrage;
4. „Doppelbesteuerung": die Erhebung von Steuern, die unter ein Abkommen oder Übereinkommen fallen, durch die Bundesrepublik Deutschland und einen oder mehrere andere Mitgliedstaaten in Bezug auf dasselbe steuerpflichtige Einkommen oder Vermögen, wenn die Erhebung
   a) zu einer zusätzlichen Steuerbelastung führt,
   b) zu einer Erhöhung der Steuerverbindlichkeiten führt oder
   c) zu der Streichung oder Verringerung von Verlusten führt, die zur Verrechnung mit steuerpflichtigen Gewinnen hätten genutzt werden können;
5. „zuständige Behörde der Bundesrepublik Deutschland": das Bundesministerium der Finanzen oder die Behörde, an die das Bundesministerium der Finanzen seine Befugnisse delegiert hat; für die Zwecke dieses Gesetzes wird das Bundeszentralamt für Steuern mit der Wahrnehmung der Aufgaben des Bundesministeriums der Finanzen beauftragt; „zuständige Behörde eines anderen Mitgliedstaats" ist die Behörde, die als solche von dem betreffenden Mitgliedstaat benannt worden ist;

6. „zuständiges Gericht der Bundesrepublik Deutschland“: das Finanzgericht, das nach der Finanzgerichtsordnung für Klagen gegen das Bundeszentralamt für Steuern örtlich oder aufgrund einer Bestimmung des Bundesfinanzhofs zuständig ist; „zuständiges Gericht eines anderen Mitgliedstaats“ ist das Gericht oder eine andere Stelle, die als solche von dem betreffenden Mitgliedstaat benannt wurde;
7. „betroffene Person“: eine Person, die
   a) nach einem Abkommen zwischen der Bundesrepublik Deutschland mit einem anderen betroffenen Mitgliedstaat ansässig ist oder für Zwecke eines Übereinkommens ein Unternehmen eines Vertragsstaats ist und
   b) deren Besteuerung von der Streitfrage nach demselben Abkommen oder Übereinkommen unmittelbar betroffen ist.

(2) Jeder für die Zwecke dieses Gesetzes nicht definierte Begriff hat, wenn der Zusammenhang nichts anderes erfordert, die Bedeutung, die ihm nach dem jeweiligen Abkommen oder Übereinkommen zwischen der Bundesrepublik Deutschland und dem oder den betroffenen Mitgliedstaaten im Zeitpunkt des Eingangs der ersten Mitteilung der Maßnahme an die betroffene Person zukommt, die im Ergebnis zu einer Streitfrage geführt hat oder führen wird. In Ermangelung einer Begriffsbestimmung in einem solchen Abkommen oder Übereinkommen haben nicht definierte Begriffe die Bedeutung, die ihnen zum jeweiligen Zeitpunkt nach dem Recht des betroffenen Mitgliedstaats für die Zwecke der Steuern zukam, für die das genannte Abkommen oder Übereinkommen gilt, wobei jede Bedeutung nach dem geltenden Steuerrecht des genannten Mitgliedstaats Vorrang vor einer Bedeutung hat, die der Begriff nach anderen Gesetzen des genannten Mitgliedstaats hat.

§ 3 Verfahrenssprache

Jegliche Kommunikation zwischen der betroffenen Person und der zuständigen Behörde der Bundesrepublik Deutschland in Bezug auf die Anwendung dieses Gesetzes hat in deutscher Sprache zu erfolgen.

Kapitel 2
Streitbeilegungsbeschwerde

§ 4 Einreichung

(1) Jede betroffene Person ist berechtigt, eine Beschwerde über eine Streitfrage („Streitbeilegungsbeschwerde“) bei jeder der zuständigen Behörden der jeweils betroffenen Mitgliedstaaten einzureichen und damit die Lösung der Streitfrage zu beantragen.

(2) Die Streitbeilegungsbeschwerde ist bei allen zuständigen Behörden der betroffenen Mitgliedstaaten gleichzeitig und mit den gleichen Angaben einzureichen.

(3) Die Streitbeilegungsbeschwerde ist schriftlich innerhalb von drei Jahren nachdem der betroffenen Person die erste Mitteilung der Maßnahme, die im Ergebnis zu einer Streitfrage geführt hat oder führen wird, bekannt gegeben worden ist, einzureichen. Die Einreichung ist unabhängig davon, ob die betroffene Person auf die im nationalen Recht eines der betroffenen Mitgliedstaaten zur Verfügung stehenden Rechtsbehelfe zurückgreifen kann. Die Rechtskraft der Maßnahme, insbesondere eines Steuerbescheids, welche die Streitfrage ausgelöst hat, ist für den Fristlauf nach Satz 1 unerheblich.

(4) Durch das Einreichen der Streitbeilegungsbeschwerde wird jedes andere laufende Verfahren nach den Regelungen über Verständigungsverfahren oder Streitbeilegungsverfahren gemäß einem Abkommen oder Übereinkommen der Bundesrepublik Deutschland mit einem oder mehreren Mitgliedstaaten, das im Zusammenhang mit der Streitfrage steht, von Amts wegen beendet. Dieses andere laufende Verfahren im Zusammenhang mit der Streitfrage endet mit dem Ablauf des Tages, an dem die Streitbeilegungsbeschwerde bei einer zuständigen Behörde der betroffenen Mitgliedstaaten zuerst eingegangen ist. Nach Eingang der Streitbeilegungsbeschwerde ist ein Antrag auf ein Verständigungsverfahren oder Streitbeilegungsverfahren, das im Zusammenhang mit der Streitfrage steht, unzulässig.

§ 5 Inhalt

Die Streitbeilegungsbeschwerde hat zu enthalten:

1. den Namen, die Anschrift, das Steueridentifikationsmerkmal und jegliche sonstige Angaben, die für die Identifikation der betroffenen Person, welche die Streitbeilegungsbeschwerde bei den zuständigen Behörden eingereicht hat, und für die Identifikation weiterer betroffener Personen erforderlich sind;
2. die von der Streitbeilegungsbeschwerde betroffenen Mitgliedstaaten;
3. die von der Streitfrage berührten Besteuerungszeiträume;
4. genaue Angaben zu den maßgeblichen Tatsachen und Umständen des Falls mit Kopien aller Belege und Nachweisen
   a) einschließlich genauer Angaben zur Struktur der maßgeblichen Transaktionen und zu den Beziehungen zwischen der betroffenen Person und den anderen an den maßgeblichen Transaktionen beteiligten Parteien einschließlich aller Fakten, die in gutem Glauben in einer für beide Seiten verbindlichen Vereinbarung zwischen der betroffenen Person und der Finanzverwaltung festgelegt wurden, soweit vorhanden,
   b) im Einzelnen zur Art und zum Zeitpunkt der Maßnahmen, die im Ergebnis zu einer Streitfrage geführt haben oder führen werden, einschließlich genauer Angaben zu demselben im anderen Mitgliedstaat erzielten Einkommen und zur Einbeziehung dieses Einkommens in das steuerpflichtige Einkommen im anderen Mitgliedstaat sowie genauer Angaben zu Steuern, die auf das Einkommen im anderen Mitgliedstaat erhoben wurden oder noch erhoben werden, und
   c) zu den entsprechenden Beträgen in den Währungen der betroffenen Mitgliedstaaten;
5. Verweis auf die anzuwendenden nationalen Vorschriften und Abkommen oder Übereinkommen; ist mehr als ein Abkommen oder Übereinkommen anwendbar, ist anzugeben, welches Abkommen oder Übereinkommen in Bezug auf die maßgebliche Streitfrage ausgelegt wird;
6. eine Stellungnahme, aus der hervorgeht, aus welchen Gründen eine Streitfrage vorliegt;
7. Angaben zu von der betroffenen Person eingelegten Rechtsbehelfen oder eingeleiteten Gerichtsverfahren im Zusammenhang mit den maßgeblichen Transaktionen sowie zu allen die Streitfrage betreffenden Gerichtsentscheidungen mit Kopien aller Belege;
8. eine Erklärung der betroffenen Person, in der diese sich verpflichtet, alle angemessenen Anfragen einer zuständigen Behörde der betroffenen Mitgliedstaaten vollständig und um-

gehend zu beantworten und auf Anfrage den zuständigen Behörden alle angeforderten Unterlagen und Nachweise zu übermitteln;

9. Kopien der folgenden Unterlagen, soweit vorhanden:
   a) der Entscheidung über die Steuerveranlagung in Form eines Steuerbescheids,
   b) der Steuerprüfungsberichte oder anderer vergleichbarer Unterlagen, die im Ergebnis zu der Streitfrage geführt haben oder führen werden, sowie
   c) Kopien aller sonstigen von den Finanzbehörden erstellten Unterlagen im Zusammenhang mit der Streitfrage;
10. soweit vorhanden, Angaben zu von der betroffenen Person beantragten Verständigungsverfahren oder Schiedsverfahren über dieselbe Streitfrage und denselben Besteuerungszeitraum mit Kopien aller Belege;
11. eine Erklärung der betroffenen Person, die Bestimmungen des § 4 Absatz 4 einzuhalten;
12. alle weiteren Informationen, die für die inhaltliche Prüfung des jeweiligen Falls hinsichtlich der Streitfrage von der betroffenen Person als erforderlich erachtet werden.

§ 6 Eingangsbestätigung

(1) Die zuständige Behörde der Bundesrepublik Deutschland bestätigt gegenüber der betroffenen Person, welche die Streitbeilegungsbeschwerde eingereicht hat, den Eingang der Streitbeilegungsbeschwerde innerhalb von zwei Monaten.

(2) Die zuständige Behörde der Bundesrepublik Deutschland unterrichtet die zuständigen Behörden der anderen betroffenen Mitgliedstaaten innerhalb von zwei Monaten über den Eingang einer Streitbeilegungsbeschwerde. Dabei teilt sie auch mit, in welcher Sprache oder in welchen Sprachen sie im Rahmen des jeweiligen Verfahrens zu kommunizieren beabsichtigt.

§ 7 Informationsersuchen

(1) Die zuständige Behörde der Bundesrepublik Deutschland kann die betroffene Person, welche die Streitbeilegungsbeschwerde eingereicht hat, innerhalb von drei Monaten nach dem Eingang der Streitbeilegungsbeschwerde um ergänzende Informationen zur inhaltlichen Prüfung der jeweiligen Streitbeilegungsbeschwerde ersuchen.

(2) Das Informationsersuchen nach Absatz 1 ist innerhalb von drei Monaten, gerechnet ab dem Tag, der auf den Tag folgt, an dem das Informationsersuchen der betroffenen Person bekannt gegeben worden ist, zu beantworten. Die betroffene Person hat eine Kopie ihrer Antwort auf das Informationsersuchen gleichzeitig auch den zuständigen Behörden der anderen betroffenen Mitgliedstaaten zu übermitteln.

§ 8 Entscheidung über die Zulassung oder Zurückweisung der Streitbeilegungsbeschwerde

(1) Die zuständige Behörde der Bundesrepublik Deutschland trifft innerhalb von sechs Monaten ab Eingang der Streitbeilegungsbeschwerde eine Entscheidung über ihre Zulassung oder Zurückweisung. Hat die zuständige Behörde der Bundesrepublik Deutschland ein Informationsersuchen nach § 7 Absatz 1 gestellt, so beginnt die Frist nach Satz 1 erst an dem Tag zu laufen, der auf den Tag folgt, an dem die Antwort nach § 7 Absatz 2 zugegangen ist. Hat die betroffene Person ein Rechtsbehelfsverfahren nach dem nationalen Recht der betroffenen

Mitgliedstaaten eingeleitet, so beginnt die Frist nach Satz 1 erst an dem Tag zu laufen, der auf den Tag folgt, an dem

1. eine in diesem Verfahren ergangene Entscheidung rechtskräftig geworden ist,
2. dieses Verfahren auf andere Weise endgültig abgeschlossen worden ist oder
3. dieses Verfahren ausgesetzt oder ruhend gestellt oder das Ruhen des Verfahrens angeordnet worden ist.

(2) Die zuständige Behörde der Bundesrepublik Deutschland unterrichtet die betroffene Person, welche die Streitbeilegungsbeschwerde eingereicht hat, und die zuständigen Behörden der anderen betroffenen Mitgliedstaaten unverzüglich über ihre Entscheidung nach Absatz 1.

(3) Die Streitbeilegungsbeschwerde kann zurückgewiesen werden, wenn

1. bei der Einreichung der Streitbeilegungsbeschwerde die nach § 5 erforderlichen Angaben oder Unterlagen fehlen,
2. die nach § 7 angeforderten Informationen nicht fristgemäß eingereicht wurden,
3. keine Streitfrage der betroffenen Person, welche die Streitbeilegungsbeschwerde eingereicht hat, vorliegt oder
4. die Streitbeilegungsbeschwerde nicht innerhalb der Frist nach § 4 Absatz 3 eingereicht wurde.

Weist die zuständige Behörde der Bundesrepublik Deutschland die Streitbeilegungsbeschwerde zurück, so hat sie bei der Mitteilung an die betroffene Person nach Absatz 2 auch die Gründe für die Zurückweisung anzugeben.

(4) Hat die zuständige Behörde der Bundesrepublik Deutschland mit Ablauf der in Absatz 1 genannten Frist keine Entscheidung über die Zulassung oder Zurückweisung der Streitbeilegungsbeschwerde getroffen, so gilt die Streitbeilegungsbeschwerde als zugelassen.

§ 9 Rechtsbehelfe gegen die Zurückweisung der Streitbeilegungsbeschwerde

(1) Ist zu dem Zeitpunkt, zu dem der betroffenen Person die ablehnende Entscheidung der anderen betroffenen Mitgliedstaaten zugeht, die Frist für den Einspruch gegen die Zurückweisung durch die zuständige Behörde der Bundesrepublik Deutschland bereits abgelaufen, ist Wiedereinsetzung in den vorigen Stand nach § 110 Absatz 1, 2 und 4 der Abgabenordnung zu gewähren; als Wegfall des Hindernisses gilt dabei der Zugang der ablehnenden Entscheidung des anderen betroffenen Mitgliedstaats bei der betroffenen Person.

(2) Legt die betroffene Person einen Rechtsbehelf gegen die Zurückweisung der Streitbeilegungsbeschwerde ein, kann ein Antrag nach § 10 Absatz 1 nur dann gestellt werden, wenn die Zurückweisung der Streitbeilegungsbeschwerde durch die zuständige Behörde eines betroffenen Mitgliedstaats rechtskräftig durch eine Zulassung ersetzt wurde. Liegen die Voraussetzungen des Satzes 1 vor, ist ein Antrag nach § 10 Absatz 1 dennoch ausgeschlossen, wenn in einem betroffenen Mitgliedstaat die Zurückweisung der Streitbeilegungsbeschwerde durch die zuständige Behörde im nationalen Rechtsweg rechtskräftig bestätigt wurde und der betroffene Mitgliedstaat aufgrund der Rechtskraftwirkung dieser Entscheidung hiervon nicht abweichen darf.

§ 10 Ersetzung der Zulassung durch den Beratenden Ausschuss

(1) Wurde die Streitbeilegungsbeschwerde von der zuständigen Behörde mindestens eines betroffenen Mitgliedstaats, jedoch nicht von den zuständigen Behörden aller betroffenen Mitgliedstaaten zurückgewiesen, so kann die betroffene Person, welche die Streitbeilegungsbeschwerde eingereicht hat, einen Antrag auf Einsetzung eines Beratenden Ausschusses stellen, der über die Zulassung der Streitbeilegungsbeschwerde entscheidet. Ein solcher Antrag der betroffenen Person ist nur zulässig, wenn

1. gegen eine Zurückweisung der Streitbeilegungsbeschwerde kein Rechtsbehelf gegeben ist,
2. gegen eine Zurückweisung der Streitbeilegungsbeschwerde kein Rechtsbehelfsverfahren anhängig ist und
3. die betroffene Person auf ihr Recht, ein Rechtsbehelf einzulegen, verzichtet hat; der Verzicht ist im Rahmen des Antrags zu erklären.

(2) Der Antrag nach Absatz 1 muss schriftlich und innerhalb von 50 Tagen, gerechnet ab dem Tag, der auf den Tag folgt, an dem der betroffenen Person die Mitteilung nach § 8 Absatz 2 bekannt gegeben wurde, gestellt werden. In Fällen des § 9 Absatz 2 muss der Antrag abweichend von Satz 1 innerhalb von 50 Tagen gestellt werden, gerechnet ab dem Tag, der auf den Tag folgt, an dem der betroffenen Person die gerichtliche Entscheidung bekannt gegeben wurde, welche die Zurückweisung der Streitbeilegungsbeschwerde durch eine zuständige Behörde der betroffenen Mitgliedstaaten ersetzt. Der Antrag ist bei der zuständigen Behörde der Bundesrepublik Deutschland und den zuständigen Behörden der anderen betroffenen Mitgliedstaaten gleichzeitig und mit den gleichen Angaben einzureichen.

(3) Wird dem Antrag stattgegeben, so haben die zuständigen Behörden der betroffenen Mitgliedstaaten der Europäischen Union einen Beratenden Ausschuss einzusetzen. Der Beratende Ausschuss hat die Entscheidung über die Zulassung der Streitbeilegungsbeschwerde innerhalb von sechs Monaten ab dem Tag seiner Einsetzung zu treffen.

(4) Der Beratende Ausschuss hat seine Entscheidung den zuständigen Behörden der betroffenen Mitgliedstaaten innerhalb von 30 Tagen, nachdem die Entscheidung ergangen ist, mitzuteilen.

(5) Hat der Beratende Ausschuss festgestellt, dass die Streitbeilegungsbeschwerde zuzulassen ist, so wird auf Veranlassung einer der zuständigen Behörden der betroffenen Mitgliedstaaten das Verständigungsverfahren nach § 13 eingeleitet. Ergeht die Entscheidung des Beratenden Ausschusses entgegen der Zurückweisung der Streitbeilegungsbeschwerde durch die zuständige Behörde der Bundesrepublik Deutschland, so veranlasst diese die Einleitung des Verständigungsverfahrens nach § 13. Die zuständige Behörde der Bundesrepublik Deutschland unterrichtet den Beratenden Ausschuss, die zuständigen Behörden der anderen betroffenen Mitgliedstaaten und die betroffene Person, dass ein Verständigungsverfahren veranlasst wurde.

§ 11 Rücknahme der Streitbeilegungsbeschwerde

(1) Die betroffene Person, welche die Streitbeilegungsbeschwerde eingereicht hat, kann diese jederzeit zurücknehmen. Über die Rücknahme hat sie allen zuständigen Behörden der betroffenen Mitgliedstaaten gleichzeitig eine schriftliche Mitteilung zu übermitteln.

(2) Durch die Rücknahme der Streitbeilegungsbeschwerde werden alle Verfahren in der Bundesrepublik Deutschland gemäß diesem Gesetz mit sofortiger Wirkung von Amts wegen beendet.

(3) Die zuständige Behörde der Bundesrepublik Deutschland unterrichtet die zuständigen Behörden der anderen betroffenen Mitgliedstaaten unverzüglich über die Beendigung der Verfahren.

§ 12 Erledigung der Streitbeilegungsbeschwerde

(1) Wird eine Streitfrage in der Bundesrepublik Deutschland aus rechtlichen oder tatsächlichen Gründen gegenstandslos, werden im Hinblick darauf alle Verfahren gemäß diesem Gesetz mit sofortiger Wirkung von Amts wegen beendet. Die zuständige Behörde der Bundesrepublik Deutschland unterrichtet die betroffene Person unverzüglich über den aktuellen Sachstand und die Gründe für die Beendigung der Verfahren.

(2) Die zuständige Behörde der Bundesrepublik Deutschland kann innerhalb von sechs Monaten ab Eingang der Streitbeilegungsbeschwerde beschließen, die Streitfrage einseitig ohne Einbeziehung der anderen zuständigen Behörden der betroffenen Mitgliedstaaten zu lösen. Hat sie ein Informationsersuchen nach § 7 Absatz 1 gestellt, beginnt die Frist nach Satz 1 erst an dem Tag, der auf den Tag folgt, an dem die Antwort nach § 7 Absatz 2 eingegangen ist. Im Hinblick darauf werden alle Verfahren gemäß diesem Gesetz mit sofortiger Wirkung von Amts wegen beendet.

(3) Die zuständige Behörde der Bundesrepublik Deutschland unterrichtet die betroffene Person und die zuständigen Behörden der anderen betroffenen Mitgliedstaaten unverzüglich über die Beendigung der Verfahren gemäß diesem Gesetz infolge der einseitigen Erledigung nach Absatz 2.

EU-DBA-SBG

Kapitel 3
Verständigungsverfahren

§ 13 Einleitung und Einigungsfrist

(1) Haben alle zuständigen Behörden der betroffenen Mitgliedstaaten eine Streitbeilegungsbeschwerde zugelassen, bemüht sich die zuständige Behörde der Bundesrepublik Deutschland, die Streitfrage im Verständigungsverfahren mit den zuständigen Behörden der anderen betroffenen Mitgliedstaaten zu lösen.

(2) Die Einigungsfrist beträgt zwei Jahre ab dem Zugang der letzten Mitteilung über die Zulassung der Streitbeilegungsbeschwerde durch die zuständigen Behörden der betroffenen Mitgliedstaaten bei der betroffenen Person. In Fällen des § 10 beginnt die Einigungsfrist an dem Tag, der auf den Tag folgt, an dem die Mitteilung über die Zulassung der Streitbeilegungsbeschwerde durch den Beratenden Ausschuss nach § 10 Absatz 5 Satz 2 der betroffenen Person zugegangen ist.

(3) Hat die betroffene Person ein Rechtsbehelfsverfahren in der Bundesrepublik Deutschland oder nach dem Recht eines anderen betroffenen Mitgliedstaats eingeleitet, so beginnt die Einigungsfrist an dem Tag, der auf den Tag folgt, an dem

1. eine in einem solchen Verfahren ergangene Entscheidung rechtskräftig geworden ist,
2. das Verfahren auf andere Weise endgültig abgeschlossen worden ist oder

3. das Verfahren ausgesetzt worden beziehungsweise das Ruhen des Verfahrens angeordnet worden ist.

(4) Die zuständige Behörde der Bundesrepublik Deutschland kann bei den anderen zuständigen Behörden der betroffenen Mitgliedstaaten vorschlagen, die in Absatz 2 Satz 1 genannte Einigungsfrist um ein Jahr zu verlängern. Der Vorschlag einer Fristverlängerung ist schriftlich zu begründen. Die zuständige Behörde der Bundesrepublik Deutschland widerspricht einem Verlängerungsvorschlag einer zuständigen Behörde eines anderen betroffenen Mitgliedstaats nicht, wenn er schriftlich begründet worden ist. Die zuständige Behörde der Bundesrepublik Deutschland unterrichtet die betroffene Person unverzüglich über eine Verlängerung der Einigungsfrist.

§ 14 Informationsersuchen

Sofern die zuständige Behörde der Bundesrepublik Deutschland es für erforderlich hält, kann sie die betroffene Person auch im Rahmen des Verständigungsverfahrens um zusätzliche Informationen im Zusammenhang mit der Streitfrage ersuchen. § 7 Absatz 2 gilt entsprechend. Der Ablauf der Einigungsfrist nach § 13 wird durch das Informationsersuchen nicht gehemmt.

§ 15 Einigung

(1) Sobald die zuständigen Behörden der betroffenen Mitgliedstaaten innerhalb der Einigungsfrist eine Einigung darüber erzielt haben, wie die Streitfrage gelöst werden soll, teilt die zuständige Behörde der Bundesrepublik Deutschland jeder betroffenen Person unverzüglich diese Einigung als für diese Behörde verbindliche und von der betroffenen Person durchsetzbare Entscheidung mit. Sie wird für die zuständige Behörde der Bundesrepublik Deutschland und die örtlich zuständige Finanzbehörde verbindlich und von der betroffenen Person durchsetzbar, sofern die betroffene Person mit gesondertem Schreiben gegenüber der zuständigen Behörde der Bundesrepublik Deutschland schriftlich oder zur Niederschrift auf die Einlegung von Rechtsbehelfen gegen die Steuerbescheide für den Fall verzichtet, dass die Ergebnisse des Streitbeilegungsverfahrens zutreffend umgesetzt werden. Die zuständige Behörde der Bundesrepublik Deutschland hat die örtlich zuständige Finanzbehörde über den Rechtsmittelverzicht zu informieren.

(2) Wenn bereits Verfahren bezüglich solcher Rechtsbehelfe nach Absatz 1 in den betroffenen Mitgliedstaaten eingeleitet worden sind, wird die Einigung erst verbindlich und durchsetzbar, wenn die betroffenen Personen der zuständigen Behörde der Bundesrepublik Deutschland und den zuständigen Behörden der anderen betroffenen Mitgliedstaaten Nachweise dafür vorgelegt haben, dass Maßnahmen getroffen worden sind, um diese Verfahren einzustellen. Die Nachweise müssen innerhalb von 60 Tagen, gerechnet ab dem Tag, der auf den Tag folgt, an dem die Einigung der betroffenen Person bekannt gegeben worden ist, vorgelegt werden.

(3) Sind die Voraussetzungen der Absätze 1 und 2 erfüllt, ist die Einigung unverzüglich umzusetzen. § 175a der Abgabenordnung gilt entsprechend.

§ 16 Beendigung ohne Einigung

(1) Haben die zuständigen Behörden der betroffenen Mitgliedstaaten innerhalb der Einigungsfrist keine Einigung darüber erzielt, wie die Streitfrage gelöst werden soll, so teilt die zustän-

dige Behörde der Bundesrepublik Deutschland der betroffenen Person unverzüglich mit, aus welchen Gründen keine Einigung erzielt wurde.

(2) Nimmt die betroffene Person ihre Streitbeilegungsbeschwerde zurück oder wird eine Streitfrage gegenstandslos, gelten die §§ 11 und 12 entsprechend.

(3) Das Verfahren nach diesem Gesetz ist von Amts wegen zu beenden, wenn eine zuständige Behörde der betroffenen Mitgliedstaaten den zuständigen Behörden der anderen betroffenen Mitgliedstaaten mitteilt, dass ein Gericht oder eine andere Justizbehörde des erstgenannten Mitgliedstaats eine rechtskräftige Entscheidung über die Streitfrage erlassen hat, von der nach dem nationalen Recht dieses Mitgliedstaats nicht abgewichen werden darf.

Kapitel 4
Streitbeilegung durch den Beratenden Ausschuss

§ 17 Stellungnahme des Beratenden Ausschusses

(1) Wurde nach § 16 Absatz 1 keine Einigung darüber erzielt, wie die Streitfrage gelöst werden soll, kann die betroffene Person, welche die Streitbeilegungsbeschwerde eingereicht hat, die Einsetzung eines Beratenden Ausschusses beantragen, der eine Stellungnahme darüber abgibt, wie die Streitfrage gelöst werden soll. Die betroffene Person hat diesen Antrag schriftlich und innerhalb von 50 Tagen, gerechnet ab dem Tag, der auf den Tag folgt, an dem ihr die Mitteilung über die fehlende Einigung bekannt gegeben worden ist, zu stellen. Der Antrag ist bei der zuständigen Behörde der Bundesrepublik Deutschland und den zuständigen Behörden der anderen betroffenen Mitgliedstaaten gleichzeitig und mit den gleichen Angaben einzureichen.

(2) Hat innerhalb von 60 Tagen ab dem Tag des Eingangs der Mitteilung des Beratenden Ausschusses bei der zuständigen Behörde der Bundesrepublik Deutschland über die Zulassung der Streitbeilegungsbeschwerde nach § 10 Absatz 4 keine der zuständigen Behörden der betroffenen Mitgliedstaaten die Einleitung des Verständigungsverfahrens nach § 10 Absatz 5 veranlasst, so gibt der Beratende Ausschuss eine Stellungnahme zu der Frage ab, wie die Streitfrage gelöst werden soll.

(3) Der Beratende Ausschuss gibt seine Stellungnahme in schriftlicher Form und spätestens sechs Monate nach dem Tag seiner Einsetzung gegenüber der zuständigen Behörde der Bundesrepublik Deutschland und den zuständigen Behörden der anderen betroffenen Mitgliedstaaten ab. In Fällen des Absatzes 2 gilt, dass der Beratende Ausschuss an dem Tag eingesetzt wurde, an dem die Frist von 60 Tagen verstrichen ist. Ist nach Auffassung des Beratenden Ausschusses die Streitfrage so beschaffen, dass die Abgabe einer Stellungnahme mehr als sechs Monate in Anspruch nehmen wird, so kann er beschließen, diese Frist um drei Monate zu verlängern. Der Beratende Ausschuss setzt die zuständigen Behörden aller betroffenen Mitgliedstaaten und die betroffenen Personen über diese Verlängerung in Kenntnis.

(4) Der Beratende Ausschuss stützt sich bei der Abfassung seiner Stellungnahme auf das anwendbare Abkommen oder Übereinkommen sowie auf anwendbare nationale Vorschriften.

(5) Der Beratende Ausschuss gibt seine Stellungnahme mit der einfachen Mehrheit seiner Mitglieder ab. Kommt keine Mehrheit zustande, so entscheidet die Stimme des Vorsitzenden.

(6) Der Vorsitzende übermittelt die Stellungnahme des Beratenden Ausschusses den zuständigen Behörden aller betroffenen Mitgliedstaaten.

§ 18 Abschließende Entscheidung durch die zuständigen Behörden

(1) Die zuständige Behörde der Bundesrepublik Deutschland einigt sich mit den zuständigen Behörden der anderen betroffenen Mitgliedstaaten innerhalb von sechs Monaten nach Übermittlung der Stellungnahme des Beratenden Ausschusses darüber, wie die Streitfrage zu lösen ist.

(2) Die zuständigen Behörden können eine von der Stellungnahme des Beratenden Ausschusses abweichende Entscheidung treffen. Erzielen sie jedoch keine Einigung über die Lösung der Streitfrage, sind sie bei der Entscheidung an die Stellungnahme des Beratenden Ausschusses gebunden.

(3) Die zuständige Behörde der Bundesrepublik Deutschland gibt der betroffenen Person die abschließende Entscheidung über die Lösung der Streitfrage bekannt. Erfolgt die Bekanntgabe nicht innerhalb von 30 Tagen, gerechnet ab dem Tag, der auf den Tag folgt, an dem die Entscheidung getroffen worden ist, gilt § 347 Absatz 1 Satz 2 der Abgabenordnung entsprechend.

(4) Die abschließende Entscheidung ist für die Bundesrepublik Deutschland verbindlich. Sie entfaltet keine Bindungswirkung für andere Streitbeilegungsverfahren.

(5) Die abschließende Entscheidung der zuständigen Behörden wird umgesetzt, sofern die betroffene Person innerhalb von 60 Tagen beginnend, gerechnet ab dem Tag, der auf den Tag folgt, an dem ihr die abschließende Entscheidung nach Absatz 3 bekannt gegeben worden ist, mit gesondertem Schreiben gegenüber der zuständigen Behörde der Bundesrepublik Deutschland schriftlich oder zur Niederschrift auf die Einlegung von Rechtsbehelfen gegen die Steuerbescheide für den Fall verzichtet, dass die Ergebnisse des Streitbeilegungsverfahrens zutreffend umgesetzt werden. Die zuständige Behörde der Bundesrepublik Deutschland hat die örtlich zuständige Finanzbehörde über den Rechtsmittelverzicht zu informieren. § 15 Absatz 1 Satz 2, Absatz 2 und Absatz 3 gelten entsprechend. Nach Ablauf der Frist nach Satz 1 gilt das Verfahren nach diesem Gesetz als beendet. § 175a der Abgabenordnung gilt entsprechend.

§ 19 Veröffentlichung der abschließenden Entscheidung

(1) Die zuständige Behörde der Bundesrepublik Deutschland kann mit den zuständigen Behörden der anderen betroffenen Mitgliedstaaten die Veröffentlichung des gesamten Wortlauts der abschließenden Entscheidung nach § 18 vorbehaltlich des Einverständnisses aller betroffenen Personen vereinbaren.

(2) Ist eine der zuständigen Behörden oder eine betroffene Person nicht mit der Veröffentlichung des gesamten Wortlauts der abschließenden Entscheidung einverstanden, so veröffentlicht die zuständige Behörde der Bundesrepublik Deutschland in Abstimmung mit den zuständigen Behörden der anderen betroffenen Mitgliedstaaten eine Zusammenfassung der abschließenden Entscheidung. Diese Zusammenfassung hat Folgendes zu enthalten:

1. eine Beschreibung des Sachverhalts und des Streitgegenstands,
2. das Datum der abschließenden Entscheidung,
3. die betroffenen Steuerzeiträume,
4. die Rechtsgrundlage,
5. den Wirtschaftsbereich,

6. eine Kurzbeschreibung des Endergebnisses und
7. die Art des Schiedsverfahrens.

Die zuständige Behörde der Bundesrepublik Deutschland soll dabei die von der Kommission erstellten Musterformulare verwenden.

(3) Die zuständige Behörde der Bundesrepublik Deutschland übermittelt der betroffenen Person die Informationen, die nach Absatz 2 veröffentlicht werden sollen. Spätestens 60 Tage, gerechnet ab dem Tag, der auf den Tag folgt, an dem die Informationen nach Satz 1 der betroffenen Person bekannt gegeben wurden, kann die betroffene Person bei der zuständigen Behörde der Bundesrepublik Deutschland und den zuständigen Behörden der anderen betroffenen Mitgliedstaaten beantragen, keine Informationen hinsichtlich Handels-, Geschäfts-, Gewerbe- oder Berufsgeheimnissen oder Geschäftsverfahren oder Informationen, die der öffentlichen Ordnung zuwiderlaufen, zu veröffentlichen.

(4) Die zuständige Behörde der Bundesrepublik Deutschland übermittelt der Europäischen Kommission unverzüglich nachdem der Umfang der Veröffentlichung nach den vorstehenden Absätzen abgestimmt wurde, die zu veröffentlichenden Informationen.

§ 20 Versagungsgründe und vorzeitige Beendigung

(1) Abweichend von § 17 Absatz 1 Satz 1 kann die zuständige Behörde der Bundesrepublik Deutschland den Antrag auf Einsetzung eines Beratenden Ausschusses ablehnen, wenn

1. eine betroffene Person gegen die Steuergesetze verstoßen hat,
2. dieser Verstoß mit Freiheitsstrafe, Geldstrafe oder Geldbuße geahndet worden ist und
3. dieser Verstoß im Zusammenhang mit der Streitfrage steht.

Ist ein Straf- oder Bußgeldverfahren anhängig, kann die zuständige Behörde der Bundesrepublik Deutschland ein Streitbeilegungsverfahren nach diesem Gesetz ab dem Zeitpunkt der Zulassung der Streitbeilegungsbeschwerde bis zur rechtskräftigen Beendigung des Straf- oder Bußgeldverfahrens aussetzen.

(2) Abweichend von § 17 Absatz 1 Satz 1 kann die zuständige Behörde der Bundesrepublik Deutschland den Antrag auf Einsetzung eines Beratenden Ausschusses im Einzelfall ablehnen, wenn es bei einer Streitfrage nicht um eine Frage der Doppelbesteuerung geht. In diesem Fall informiert die zuständige Behörde der Bundesrepublik Deutschland unverzüglich die betroffene Person und die zuständigen Behörden der anderen betroffenen Mitgliedstaaten.

(3) Die Einsetzung eines Beratenden Ausschusses nach § 17 hindert die Behörden der Bundesrepublik Deutschland nicht daran, ein Verwaltungs- oder Gerichtsverfahren in derselben Angelegenheit oder ein Straf- oder Bußgeldverfahren gegen die betroffene Person einzuleiten oder fortzusetzen.

(4) Das Verfahren nach diesem Gesetz ist von Amts wegen zu beenden, wenn die zuständige Behörde eines betroffenen Mitgliedstaats den zuständigen Behörden der anderen betroffenen Mitgliedstaaten mitteilt, dass ein Gericht oder eine andere Justizbehörde des erstgenannten Mitgliedstaats eine rechtskräftige Entscheidung über die Streitfrage erlassen hat, von der nach dem nationalen Recht dieses Mitgliedstaats nicht abgewichen werden darf.

Kapitel 5
Verfahrensregelungen für den Beratenden Ausschuss

§ 21 Zusammensetzung

Der Beratende Ausschuss setzt sich zusammen aus

1. einem Vorsitzenden,
2. jeweils einem Vertreter der zuständigen Behörde jedes betroffenen Mitgliedstaats und
3. jeweils einer unabhängigen Person, die von der zuständigen Behörde eines jeden betroffenen Mitgliedstaats aus der in § 26 genannten Liste ausgewählt wird.

Kommen die zuständigen Behörden überein, so kann die Zahl der Personen nach den Nummern 2 und 3 auf zwei Vertreter oder unabhängige Personen für jede zuständige Behörde der betroffenen Mitgliedstaaten erhöht werden.

§ 22 Einsetzungsfrist

Geht bei der zuständigen Behörde der Bundesrepublik Deutschland ein Antrag nach § 10 Absatz 1 oder § 17 Absatz 1 auf Einsetzung eines Beratenden Ausschusses ein, verfährt die zuständige Behörde der Bundesrepublik Deutschland innerhalb von 120 Tagen, gerechnet ab dem Tag, der auf den Tag folgt, an dem der Antrag eingegangen ist, für die Einsetzung des Beratenden Ausschusses nach § 24. Nach der Einsetzung des Beratenden Ausschusses informiert dessen Vorsitzender die betroffene Person unverzüglich über die Einsetzung.

§ 23 Vorlage von Informationen und Erscheinen vor dem Beratenden Ausschuss

(1) Für die Zwecke eines Verfahrens vor dem Beratenden Ausschuss kann eine betroffene Person dem Beratenden Ausschuss jegliche Informationen, Nachweise oder Unterlagen vorlegen, die für die Stellungnahme relevant sein könnten, sofern die zuständige Behörde der Bundesrepublik Deutschland und die zuständigen Behörden der anderen betroffenen Mitgliedstaaten zustimmen.

(2) Auf Anfrage des Beratenden Ausschusses legen eine betroffene Person und die zuständige Behörde der Bundesrepublik Deutschland dem Beratenden Ausschuss alle Informationen, Nachweise oder Unterlagen vor, die für die Stellungnahme erforderlich sind. Das Steuergeheimnis nach § 30 der Abgabenordnung steht dem nicht entgegen. § 88 Absatz 3 Satz 3 und Absatz 5 Satz 4 sowie § 156 Absatz 2 Satz 3 der Abgabenordnung bleiben unberührt.

(3) Die zuständige Behörde der Bundesrepublik Deutschland kann die Vorlage von Informationen nach Absatz 2 verweigern, wenn

1. sie die angeforderten Informationen nach geltendem Recht nicht erlangen oder beschaffen kann,
2. die Informationen Handels-, Geschäfts-, Gewerbe- oder Berufsgeheimnisse oder ein Geschäftsverfahren betreffen oder
3. die Preisgabe der Informationen der öffentlichen Ordnung widerspricht.

(4) Eine betroffene Person kann auf eigenen Antrag und mit Zustimmung der zuständigen Behörde der Bundesrepublik Deutschland und der zuständigen Behörden der anderen betroffenen Mitgliedstaaten vor einem Beratenden Ausschuss selbst erscheinen oder sich vertre-

ten lassen. Auf entsprechende Aufforderung des Beratenden Ausschusses hat eine betroffene Person oder ihr Vertreter vor dem Beratenden Ausschuss zu erscheinen.

(5) Mitglieder des Beratenden Ausschusses, die keine Amtsträger im Sinne des § 30 Absatz 1 in Verbindung mit § 7 der Abgabenordnung sind, haben als amtlich zugezogene Sachverständige das Steuergeheimnis zu wahren.

(6) Die betroffene Person und ihr Vertreter verpflichten sich, sämtliche Informationen einschließlich der Unterlagen, von denen sie während eines Verfahrens nach diesem Gesetz Kenntnis erhalten, geheim zu halten. Sie geben gegenüber den zuständigen Behörden der betroffenen Mitgliedstaaten eine entsprechende Erklärung ab, wenn sie im Verlauf eines Verfahrens nach diesem Gesetz dazu aufgefordert werden.

(7) Die zuständige Behörde der Bundesrepublik Deutschland unterrichtet die Kommission über Maßnahmen, die sie getroffen hat, um Verstöße gegen die Geheimhaltungspflicht nach den Absätzen 5 und 6 zu ahnden.

§ 24 Benennung der unabhängigen Personen und des Vorsitzenden

(1) Die zuständige Behörde der Bundesrepublik Deutschland und die zuständigen Behörden der anderen betroffenen Mitgliedstaaten einigen sich darauf, wie die Benennung der unabhängigen Personen erfolgen soll. Nach der Benennung der unabhängigen Personen wird nach Maßgabe des Satzes 1 jeweils ein Stellvertreter für den Fall bestimmt, dass die unabhängige Person an der Wahrnehmung ihrer Aufgaben gehindert ist. Können sich die zuständigen Behörden nicht einigen, erfolgt die Benennung der unabhängigen Personen durch Losentscheid.

(2) Hat die zuständige Behörde der Bundesrepublik Deutschland in einem Streitbeilegungsverfahren, von dem sie betroffen ist, nicht mindestens eine unabhängige Person und einen Stellvertreter für einen Beratenden Ausschuss benannt, so kann die betroffene Person innerhalb von 30 Tagen nach Ablauf der in § 22 festgelegten Frist beim zuständigen Gericht der Bundesrepublik Deutschland Klage gegen die zuständige Behörde der Bundesrepublik Deutschland mit dem Begehren einreichen, dass das zuständige Gericht der Bundesrepublik Deutschland anstelle der zuständigen Behörde der Bundesrepublik Deutschland eine unabhängige Person und einen Stellvertreter aus der in § 26 genannten Liste benennt.

(3) Hat keine der zuständigen Behörden aller betroffenen Mitgliedstaaten mindestens eine unabhängige Person und einen Stellvertreter benannt, so kann die betroffene Person innerhalb von 30 Tagen nach Ablauf der in § 22 festgelegten Frist beim zuständigen Gericht der Bundesrepublik Deutschland Klage gegen die zuständige Behörde der Bundesrepublik Deutschland mit dem Begehren einreichen, dass das zuständige Gericht der Bundesrepublik Deutschland anstelle der zuständigen Behörde der Bundesrepublik Deutschland eine unabhängige Person und einen Stellvertreter aus der in § 26 genannten Liste benennt. Die Benennung der unabhängigen Person und eines Stellvertreters der anderen betroffenen Mitgliedstaaten hat die betroffene Person im Falle des Satzes 1 bei dem zuständigen Gericht oder der zu benennenden Stelle der anderen betroffenen Mitgliedstaaten zu beantragen.

(4) Das zuständige Gericht der Bundesrepublik Deutschland trifft eine Entscheidung gemäß Absatz 2 oder Absatz 3 Satz 1 und teilt diese dem Antragsteller mit. Es hat dabei § 1035 der Zivilprozessordnung entsprechend anzuwenden. Das zuständige Gericht der Bundesrepublik Deutschland unterrichtet die zuständige Behörde der Bundesrepublik Deutschland, die ihrerseits unverzüglich die zuständigen Behörden der anderen betroffenen Mitgliedstaaten unter-

richtet. Hat die zuständige Behörde der Bundesrepublik Deutschland es ursprünglich versäumt, die unabhängige Person und deren Stellvertreter zu benennen, kann sie gegen eine Entscheidung des zuständigen Gerichts der Bundesrepublik Deutschland Rechtsbehelf einlegen. Wird sein Antrag abgewiesen, ist der Antragsteller berechtigt, gegen die Entscheidung des Gerichts gemäß den nationalen Verfahrensvorschriften Rechtsbehelf einzulegen.

(5) Die Vertreter der zuständigen Behörden und die nach Absatz 1 benannten unabhängigen Personen wählen aus der in § 26 genannten Liste von Personen einen Vorsitzenden. Sofern von den genannten Vertretern jeder zuständigen Behörde und den unabhängigen Personen nichts anderes vereinbart wird, wird der Vorsitz von einem Richter wahrgenommen. Werden alle unabhängigen Personen nach den Verfahren des Absatzes 3 Satz 1 und 2 bestimmt, so bestimmen diese unabhängigen Personen den Vorsitzenden per Losentscheid.

§ 25 Unabhängigkeit

(1) Die zuständige Behörde der Bundesrepublik Deutschland kann die Benennung einer bestimmten unabhängigen Person für den Beratenden Ausschuss aus jedem der folgenden Gründe ablehnen:

1. die betreffende Person gehört einer der beteiligten Finanzverwaltungen an oder ist für diese tätig oder befand sich zu irgendeinem Zeitpunkt während der vorhergehenden drei Jahre in einer solchen Situation;
2. die betreffende Person hat oder hatte eine wesentliche Beteiligung an oder ein Stimmrecht in der betroffenen Person oder ist oder war zu irgendeinem Zeitpunkt während der letzten fünf Jahre vor der Benennung deren Angestellter oder Berater;
3. die betreffende Person bietet keine hinreichende Gewähr für Unbefangenheit in dem zu schlichtenden Streitfall oder den zu schlichtenden Streitfällen;
4. die betreffende Person ist Angestellte eines Unternehmens der Steuerberatung oder erteilt auf andere Weise berufsmäßig Steuerberatung oder befand sich zu irgendeinem Zeitpunkt während der letzten drei Jahre vor der Benennung in einer solchen Situation.

Die zuständige Behörde der Bundesrepublik Deutschland kann mit den zuständigen Behörden der anderen betroffenen Mitgliedstaaten bis zur Einsetzung des Beratenden Ausschusses weitere Gründe für die Ablehnung der Benennung von unabhängigen Personen für den Beratenden Ausschuss vereinbaren.

(2) Die zuständige Behörde der Bundesrepublik Deutschland kann verlangen, dass eine unabhängige Person, die nicht nach § 24 Absatz 2 und 3 gerichtlich benannt worden ist, oder ihre Stellvertreter etwaige Interessen, Beziehungen oder alle sonstigen Angelegenheiten offenlegt, welche die Unabhängigkeit oder Unparteilichkeit dieser Person im Verfahren beeinträchtigen oder den begründeten Anschein von Befangenheit erwecken könnten.

(3) Eine dem Beratenden Ausschuss angehörende unabhängige Person darf sich innerhalb eines Zeitraums von zwölf Monaten, nachdem die Stellungnahme des Beratenden Ausschusses ergangen ist, nicht in einer Situation befinden, aufgrund derer eine zuständige Behörde Einwände gegen ihre Benennung hätte erheben können, wenn sich die betreffende Person zum Zeitpunkt der Benennung für denselben Beratenden Ausschuss in dieser Situation befunden hätte.

(4) Entscheidet ein Gericht der Bundesrepublik Deutschland nach Abgabe der Stellungnahme des Beratenden Ausschusses über die mangelnde Unabhängigkeit einer unabhängigen Person eines Beratenden Ausschusses, wird eine Entscheidung nach § 18, sofern diese bereits vorliegt, nicht umgesetzt. In diesem Fall beginnt das Verfahren nach Kapitel 4 dieses Gesetzes von Neuem.

§ 26 Liste der unabhängigen Personen

(1) Für die Liste der unabhängigen Personen der Kommission, die alle von den Mitgliedstaaten benannten unabhängigen Personen enthält, benennt das Bundesministerium der Finanzen gegenüber der Europäischen Kommission bis 30. Juni 2019 mindestens drei kompetente und unabhängige Personen, die unparteiisch und integer handeln können.

(2) Das Bundesministerium der Finanzen übermittelt der Kommission vollständige und aktuelle Informationen zum beruflichen und akademischen Werdegang der nach Absatz 1 benannten Personen sowie zu deren Fähigkeiten und Fachkenntnissen und zu eventuellen Interessenkonflikten. Das Bundesministerium der Finanzen kann in der Mitteilung angeben, welche der benannten Personen mit dem Vorsitz eines Beratenden Ausschusses betraut werden kann.

(3) Das Bundesministerium der Finanzen unterrichtet die Kommission unverzüglich über jede Änderung bezüglich der von ihm für die Liste der unabhängigen Personen benannten Personen.

(4) Hat das Bundesministerium der Finanzen festgestellt, dass eine von ihm benannte Person nicht mehr unabhängig ist oder aus anderen Gründen nicht mehr in der Lage ist, als unabhängige Person für einen Beratenden Ausschuss benannt zu werden, so hat es die Person abzuberufen. Die Abberufung teilt das Bundesministerium der Finanzen der Kommission unverzüglich mit.

(5) Hat das Bundesministerium der Finanzen berechtigte Einwände hinsichtlich der Unabhängigkeit einer unabhängigen Person, so teilt es dies der Europäischen Kommission mit und belegt seine Bedenken durch entsprechende Nachweise. Die Kommission unterrichtet ihrerseits den Mitgliedstaat, der diese Person benannt hat, über die Einwände und Nachweise. Hat die Bundesrepublik Deutschland die unabhängige Person benannt, trifft das Bundesministerium der Finanzen auf der Grundlage dieser Einwände und Nachweise innerhalb von sechs Monaten die erforderlichen Maßnahmen, um die Beschwerde zu prüfen, und entscheidet, ob die betreffende Person auf der Liste belassen oder von ihr gestrichen wird. Das Bundesministerium der Finanzen setzt die Kommission umgehend von seiner Entscheidung in Kenntnis.

§ 27 Geschäftsordnung

(1) Die zuständige Behörde der Bundesrepublik Deutschland einigt sich mit den zuständigen Behörden der anderen betroffenen Mitgliedstaaten über eine Geschäftsordnung für den Beratenden Ausschuss. Die Geschäftsordnung ist von der zuständigen Behörde der Bundesrepublik Deutschland und den zuständigen Behörden der anderen betroffenen Mitgliedstaaten zu unterzeichnen.

(2) Innerhalb der Einsetzungsfrist nach § 22 übermittelt die zuständige Behörde der Bundesrepublik Deutschland der betroffenen Person diese Geschäftsordnung, ein Datum, bis zu dem der Beratende Ausschuss die Stellungnahme zur Lösung der Streitfrage abzugeben hat, und die nach nationalem Recht zur Lösung der Streitfrage anwendbaren Regelungen.

(3) In der Geschäftsordnung ist insbesondere Folgendes zu regeln:

1. Beschreibung der Streitfrage und deren Merkmale,
2. Beschreibung der rechtlichen und faktischen Fragestellungen, auf die sich die zuständigen Behörden der betroffenen Mitgliedstaaten geeinigt haben,
3. Form des Streitbeilegungsgremiums, bei dem es sich entweder um einen Beratenden Ausschuss oder einen Ausschuss für Alternative Streitbeilegung zu handeln hat, sowie Art des Verfahrens für die Alternative Streitbeilegung, wenn dieses vom Verfahren der unabhängigen Stellungnahme, das von einem Beratenden Ausschuss angewandt wird, abweicht,
4. Zeitrahmen für das Streitbeilegungsverfahren,
5. Zusammensetzung des Beratenden Ausschusses oder des Ausschusses für Alternative Streitbeilegung einschließlich der Anzahl und der Namen der Mitglieder, Angaben zu deren Kompetenz und Qualifikationen sowie Offenlegung von eventuell bestehenden Interessenkonflikten der Mitglieder,
6. Regeln für die Beteiligung jeder betroffenen Person und von Dritten am Verfahren, für den Austausch von Schriftsätzen, von Informationen und von Nachweisen, für die Kosten, für die Art des Streitbeilegungsverfahrens und für sonstige wichtige verfahrenstechnische oder organisatorische Aspekte,
7. logistische Regelungen für das Verfahren des Beratenden Ausschusses und die Abgabe seiner Stellungnahme.

(4) Wird ein Beratender Ausschuss nach § 10 zur Entscheidung über die Zulassung einer Streitbeilegungsbeschwerde eingesetzt, so sind lediglich die in Absatz 3 Nummer 1, 4, 5 und 6 genannten Inhalte in der Geschäftsordnung festzulegen.

(5) Ist eine von den zuständigen Behörden der betroffenen Mitgliedstaaten vereinbarte Geschäftsordnung unvollständig oder ist der betroffenen Person keine Geschäftsordnung nach Maßgabe des Absatzes 2 übermittelt worden, so ist dem Verfahren des Beratenden Ausschusses die Standardgeschäftsordnung zu Grunde zu legen, die von der Kommission zur Verfügung gestellt wird.

(6) Wenn die Geschäftsordnung der betroffenen Person nicht oder unvollständig übermittelt worden ist, ergänzen die unabhängigen Personen und der Vorsitzende die Geschäftsordnung auf der Grundlage der Standardgeschäftsordnung gemäß Absatz 5 und übermitteln sie der betroffenen Person innerhalb von zwei Wochen ab dem Zeitpunkt der Einsetzung des Beratenden Ausschusses. Wenn die unabhängigen Personen und der Vorsitzende keine Einigung über die Geschäftsordnung erzielen oder diese nicht der betroffenen Person übermittelt haben, kann die betroffene Person Klage gegen die zuständige Behörde der Bundesrepublik Deutschland mit dem Begehren einreichen, eine Anordnung für die Anwendung der Geschäftsordnung zu erwirken.

Kapitel 6
Sonderregelungen für natürliche Personen und kleinere Unternehmen

§ 28 Verfahrenserleichterungen für natürliche Personen und kleinere Unternehmen

(1) Eine betroffene Person, die

1. eine natürliche Person ist oder
2. ein Unternehmen ist, das nicht ein großes Unternehmen im Sinne des Artikels 3 Absatz 4 der Richtlinie 2013/34/EU des Europäischen Parlaments und des Rates vom 26. Juni 2013 über den Jahresabschluss, den konsolidierten Abschluss und damit verbundene Berichte von Unternehmen bestimmter Rechtsformen und zur Änderung der Richtlinie 2006/43/EG des Europäischen Parlaments und des Rates und zur Aufhebung der Richtlinien 78/660/EWG und 83/349/EWG des Rates (ABl. L 182 vom 29.6.2013, S. 19) und nicht Teil einer großen Gruppe im Sinne des Artikels 3 Absatz 7 der genannten Richtlinie 2013/34/EU ist,

kann die Streitbeilegungsbeschwerde, die Antwort auf ein Ersuchen um zusätzliche Informationen, die Rücknahme oder den Antrag nach den §§ 4, 7 oder 11 (Benachrichtigungen) abweichend von diesen Bestimmungen nur bei der zuständigen Behörde des Mitgliedstaats einreichen, in dem die betroffene Person ansässig ist.

(2) Die zuständige Behörde der Bundesrepublik Deutschland teilt den zuständigen Behörden der anderen betroffenen Mitgliedstaaten gleichzeitig und innerhalb von zwei Monaten nach Eingang von Benachrichtigungen deren Inhalt mit.

(3) Sobald eine solche Mitteilung erfolgt ist, gilt eine Benachrichtigung nach Absatz 1 mit dem Ablauf des Tages, an dem die Mitteilung abgesendet wurde, als an alle betroffenen Mitgliedstaaten übermittelt.

(4) Gehen zusätzliche Informationen nach § 7 abweichend von § 7 Absatz 2 Satz 2 nur bei der zuständigen Behörde der Bundesrepublik Deutschland ein, so übermittelt sie den zuständigen Behörden aller anderen betroffenen Mitgliedstaaten gleichzeitig eine Kopie der eingegangenen Informationen.

(5) Die zusätzlichen Informationen gelten mit ihrer Übermittlung in allen betroffenen Mitgliedstaaten zum Zeitpunkt des Eingangs der Informationen bei der zuständigen Behörde der Bundesrepublik Deutschland als zugegangen.

Kapitel 7
Alternative Streitbeilegung

§ 29 Ausschuss für Alternative Streitbeilegung

(1) Die zuständige Behörde der Bundesrepublik Deutschland kann mit den zuständigen Behörden der anderen betroffenen Mitgliedstaaten vereinbaren, einen Ausschuss für Alternative Streitbeilegung einzusetzen, der anstelle des Beratenden Ausschusses eine Stellungnahme nach § 17 zu der Frage abgibt, wie die Streitfrage gelöst werden soll (Ausschuss für Alternative Streitbeilegung).

(2) Dieser Ausschuss kann auch als Ständiger Ausschuss eingesetzt werden.

§ 30 Anwendbare Regelungen dieses Gesetzes

(1) Die zuständige Behörde der Bundesrepublik Deutschland und die zuständigen Behörden der anderen betroffenen Mitgliedstaaten können die Zusammensetzung und das Verfahren des Ausschusses für Alternative Streitbeilegung bestimmen, soweit hierzu nachfolgend keine Regelung getroffen ist.

(2) Die Mitglieder des Ausschusses müssen den Anforderungen nach § 25 Absatz 1 und 2 genügen. Im Übrigen kann sich der Ausschuss für Alternative Streitbeilegung hinsichtlich seiner Zusammensetzung und Form von dem Beratenden Ausschuss unterscheiden.

(3) Die Regelungen in den §§ 17, 19, 23 und 27 gelten auch für den Ausschuss für Alternative Streitbeilegung.

(4) Der Ausschuss für Alternative Streitbeilegung entscheidet auf der Grundlage der Regelungen, welche die zuständigen Behörden nach Absatz 1 vereinbart haben. Er kann für seine Stellungnahme Methoden der außergerichtlichen Streitbeilegung heranziehen. Der Ausschuss kann sich dabei auch eines Verfahrens des „endgültigen Angebots" oder des „letzten besten Angebots" bedienen.

(5) Der Ausschuss für Alternative Streitbeilegung gibt nach Durchführung eines Verfahrens eine Stellungnahme ab. Für die abschließende Entscheidung der Behörden über die Streitfrage aufgrund dieser verbindlichen Stellungnahme gilt § 18.

Kapitel 8
Schlussbestimmungen und gemeinsame Vorschriften

§ 31 Kosten

(1) Die zuständige Behörde der Bundesrepublik Deutschland trägt zu gleichen Teilen mit den zuständigen Behörden der anderen betroffenen Mitgliedstaaten die folgenden Kosten des Streitbeilegungsverfahrens einschließlich des Verfahrens vor dem Beratenden Ausschuss oder dem Ausschuss für Alternative Streitbeilegung:

1. die Auslagen der unabhängigen oder sonst benannten Personen entsprechend einem Betrag in Höhe des Durchschnitts des üblichen Erstattungsbetrags für hochrangige Beamte der betroffenen Mitgliedstaaten und
2. das Honorar für die unabhängigen oder sonst benannten Personen in Höhe von höchstens 1 000 Euro pro Person und pro Tag für jeden Sitzungstag des Beratenden Ausschusses.

(2) Die den betroffenen Personen entstandenen Verfahrenskosten werden von der Bundesrepublik Deutschland nicht ersetzt.

(3) Abweichend von Absatz 1 trägt die betroffene Person die dort genannten Kosten der betroffenen Mitgliedstaaten,

1. wenn sie eine Streitbeilegungsbeschwerde nach § 11 zurückgenommen hat oder
2. wenn der Beratende Ausschuss die Zurückweisung der Streitbeilegungsbeschwerde nach § 10 bestätigt hat,

soweit die zuständige Behörde der Bundesrepublik Deutschland und die zuständigen Behörden der anderen betroffenen Mitgliedstaaten der Kostentragung durch die betroffene Person nach den Nummern 1 und 2 zustimmen.

§ 32 Schutz von Informationen und Geheimnissen

Regelungen zum Schutz von Informationen und zum Schutz des Handels-, Geschäfts-, Gewerbe- und Berufsgeheimnisses sind anzuwenden.

§ 33 Anwendungsregelung

(1) Dieses Gesetz ist auf alle Streitbeilegungsbeschwerden anzuwenden, die ab dem 1. Juli 2019 zu Streitfragen im Zusammenhang mit Einkommen oder Vermögen eingereicht werden, die in einem Steuerjahr, das am oder nach dem 1. Januar 2018 beginnt, erwirtschaftet werden.

(2) Die zuständige Behörde der Bundesrepublik Deutschland kann mit der zuständigen Behörde der anderen betroffenen Mitgliedstaaten vereinbaren, Verfahren nach diesem Gesetz auch auf Streitbeilegungsbeschwerden anzuwenden, die vor dem 1. Juli 2019 oder in Bezug auf Steuerjahre, die vor dem 1. Januar 2018 beginnen, eingereicht werden.

Artikel 2
Änderung des Finanzverwaltungsgesetzes

§ 5 Absatz 1 Satz 1 Nummer 5 des Finanzverwaltungsgesetzes in der Fassung der Bekanntmachung vom 4. April 2006 (BGBl. I S. 846, 1202), das zuletzt durch Artikel 67 des Gesetzes vom 20. November 2019 (BGBl. I S. 1626) geändert worden ist, wird wie folgt gefasst:

„5. die Ausübung der Funktion der zuständigen Behörde auf dem Gebiet der steuerlichen Rechts- und Amtshilfe und bei der Durchführung von Verständigungs- und Schiedsverfahren im Einvernehmen mit der zuständigen obersten Landesfinanzbehörde oder mit der von dieser beauftragten Behörde nach den Doppelbesteuerungsabkommen, dem Übereinkommen Nr. 90/436/EWG über die Beseitigung der Doppelbesteuerung im Falle von Gewinnberichtigungen zwischen verbundenen Unternehmen (ABl. L 225 vom 20.8.1990, S. 10) in der jeweils geltenden Fassung und dem EU-Doppelbesteuerungsabkommen-Streitbeilegungsgesetz vom 10. Dezember 2019 (BGBl. I S. 2103) in der jeweils geltenden Fassung, soweit das zuständige Bundesministerium seine Befugnisse in diesem Bereich delegiert;“.

Artikel 3
Inkrafttreten

Dieses Gesetz tritt am Tag nach der Verkündung in Kraft.

Gesetz zur Umsetzung der Richtlinie (EU) 2021/2101 im Hinblick auf die Offenlegung von Ertragsteuerinformationen durch bestimmte Unternehmen und Zweigniederlassungen sowie zur Änderung des Verbraucherstreitbeilegungsgesetzes und des Pflichtversicherungsgesetzes[1]

Vom 19. Juni 2023

Der Bundestag hat das folgende Gesetz beschlossen:

Artikel 1

Änderung des Handelsgesetzbuchs

Das Handelsgesetzbuch in der im Bundesgesetzblatt Teil III, Gliederungsnummer 4100-1, veröffentlichten bereinigten Fassung, das zuletzt durch Artikel 13 Absatz 4 des Gesetzes vom 10. März 2023 (BGBl. 2023 I Nr. 64) geändert worden ist, wird wie folgt geändert:

1. § 264 Absatz 3 Satz 1 wird wie folgt geändert:
   a) In dem Satzteil vor Nummer 1 wird nach den Wörtern „kapitalmarktorientiert ist und" das Wort „die" eingefügt.
   b) Nummer 3 wird wie folgt geändert:
      aa) In Buchstabe a werden die Wörter „Richtlinie 2014/102/EU (ABl. L 334 vom 21.11.2014, S. 86)" durch die Wörter „Richtlinie (EU) 2021/2101 (ABl. L 429 vom 1.12.2021, S. 1)" ersetzt.
      bb) In Buchstabe b werden die Wörter „durch die Richtlinie 2013/34/EU (ABl. L 182 vom 29.6.2013, S. 19)" durch die Wörter „zuletzt durch die Richtlinie 2014/56/EU (ABl. L 158 vom 27.5.2014, S. 196)" ersetzt.
2. § 271 Absatz 2 wird wie folgt gefasst:
   „(2) Verbundene Unternehmen im Sinne dieses Buches sind unabhängig von ihrer Rechtsform und ihrem Sitz solche, die im Verhältnis zueinander Mutterunternehmen und Tochterunternehmen gemäß § 290 Absatz 1 Satz 1 und Absatz 2 bis 4 sind; alle mit demselben Mutterunternehmen verbundenen Tochterunternehmen sind auch untereinander verbundene Unternehmen."

---

[1] Die Artikel 1 bis 9 dieses Gesetzes dienen der Umsetzung der Richtlinie (EU) 2021/2101 des Europäischen Parlaments und des Rates vom 24. November 2021 zur Änderung der Richtlinie 2013/34/EU im Hinblick auf die Offenlegung von Ertragsteuerinformationen durch bestimmte Unternehmen und Zweigniederlassungen (ABl. L 429 vom 1.12.2021, S. 1). Artikel 11 dieses Gesetzes dient der Umsetzung der Richtlinie (EU) 2021/2118 des Europäischen Parlaments und des Rates vom 24. November 2021 zur Änderung der Richtlinie 2009/103/EG über die Kraftfahrzeug-Haftpflichtversicherung und die Kontrolle der entsprechenden Versicherungspflicht (ABl. L 430 vom 2.12.2021, S. 1).

3. In § 291 Absatz 2 Satz 2 wird die Angabe „(ABl. EG Nr. L 372 S. 1)“ durch die Wörter „(ABl. L 372 vom 31.12.1986, S. 1; L 316 vom 23.11.1988, S. 51), die zuletzt durch die Richtlinie 2006/46/EG (ABl. L 224 vom 16.8.2006, S. 1) geändert worden ist,“ und werden die Wörter „Jahresabschluß von Versicherungsunternehmen (ABl. EG L 374 S. 7) in ihren jeweils geltenden Fassungen“ durch die Wörter „Abschluß von Versicherungsunternehmen (ABl. L 374 vom 31.12.1991, S. 7), die zuletzt durch die Richtlinie 2006/46/EG (ABl. L 224 vom 16.8.2006, S. 1) geändert worden ist,“ ersetzt.
4. In § 292 Absatz 1 in dem Satzteil vor Nummer 1 wird nach dem Wort „Staat“ das Wort „ist“ eingefügt.
5. In § 315e Absatz 1 werden die Wörter „in der jeweils geltenden Fassung“ durch die Wörter „betreffend die Anwendung internationaler Rechnungslegungsstandards (ABl. L 243 vom 11.9.2002, S. 1), die zuletzt durch die Verordnung (EG) Nr. 297/2008 (ABl. L 97 vom 9.4.2008, S. 62) geändert worden ist,“ ersetzt.
6. § 317 wird wie folgt geändert:

   a) Nach Absatz 3a wird folgender Absatz 3b eingefügt:

   „(3b) Der Abschlussprüfer des Jahresabschlusses hat im Rahmen der Prüfung auch zu beurteilen, ob die Kapitalgesellschaft

   1. für das Geschäftsjahr, das demjenigen Geschäftsjahr vorausging, für dessen Schluss der zu prüfende Jahresabschluss aufgestellt wird, zur Offenlegung eines Ertragsteuerinformationsberichts gemäß § 342m Absatz 1 oder 2 verpflichtet war und
   2. im Falle der Nummer 1 ihre dort genannte Verpflichtung zur Offenlegung erfüllt hat.“

   b) In Absatz 6 werden die Wörter „und für Verbraucherschutz“ gestrichen und wird das Wort „Energie“ durch das Wort „Klimaschutz“ ersetzt.
7. In § 318 Absatz 3 Satz 1 Nummer 2 wird die Angabe „Verordnung (EU) Nr. 527/2014“ durch die Angabe „Verordnung (EU) Nr. 537/2014“ ersetzt.
8. § 322 Absatz 1 Satz 4 wird wie folgt gefasst:

   „Über das Ergebnis der Prüfungen nach § 317 Absatz 3a und 3b ist jeweils in einem besonderen Abschnitt zu berichten.“
9. In § 325 Absatz 3 werden die Wörter „Absätze 1 bis 2 und 4 Satz 1“ durch die Wörter „Absätze 1 bis 1b Satz 1 und Absatz 4 Satz 1“ ersetzt.
10. § 325a wird wie folgt geändert:

    a) Absatz 1 Satz 1 wird wie folgt gefasst:„ Bei inländischen Zweigniederlassungen von Kapitalgesellschaften mit Sitz in einem anderen Staat haben die in § 13e Absatz 2 Satz 5 Nummer 3 genannten angemeldeten Personen oder, wenn solche nicht vorhanden sind, die Mitglieder des vertretungsberechtigten Organs der Gesellschaft für diese die Unterlagen der Rechnungslegung der Hauptniederlassung, die nach dem für die Hauptniederlassung maßgeblichen Recht aufgestellt, geprüft und offengelegt worden sind, nach den §§ 325, 327a und 328 offenzulegen; § 329 ist anzuwenden.“

b) In Absatz 3 Satz 1 werden die Wörter „Mitgliedstaates der Europäischen Union oder das Recht des Vertragsstaates des Abkommens über den Europäischen Wirtschaftsraum“ durch das Wort „Staates“ ersetzt.

11. In § 326 Absatz 1 Satz 1 und Absatz 2 Satz 1 sowie § 327 in dem Satzteil vor Nummer 1 werden jeweils die Wörter „gesetzlichen Vertreter“ durch die Wörter „Mitglieder des vertretungsberechtigten Organs“ ersetzt.

12. § 334 wird wie folgt geändert:

a) In Absatz 1 Satz 1 Nummer 5 werden den Wörtern „bei der Offenlegung“ die Wörter „oder als in § 13e Absatz 2 Satz 5 Nummer 3 genannte angemeldete Person einer Kapitalgesellschaft“ vorangestellt und werden nach der Angabe „§ 328“ ein Komma und die Wörter „auch in Verbindung mit § 325a Absatz 1 Satz 1 erster Halbsatz,“ eingefügt.

b) Absatz 3b wird wie folgt geändert:

aa) Satz 1 wird wie folgt gefasst:

„Gesamtumsatz im Sinne des Absatzes 3a Satz 1 Nummer 2 ist

1. im Falle von Kapitalgesellschaften, die ihren Jahresabschluss nach den handelsrechtlichen Vorschriften oder dem Recht eines anderen Mitgliedstaats der Europäischen Union oder eines anderen Vertragsstaats des Abkommens über den Europäischen Wirtschaftsraum im Einklang mit der Richtlinie 2013/34/EU aufstellen, der Betrag der Umsatzerlöse nach § 277 Absatz 1 oder der Betrag der Nettoumsatzerlöse nach Maßgabe des auf die Gesellschaft anwendbaren nationalen Rechts im Einklang mit Artikel 2 Nummer 5 der Richtlinie 2013/34/EU,

2. in allen Fällen, die nicht in Nummer 1 genannt sind, der Betrag der Umsatzerlöse, der sich bei Anwendung der Rechnungslegungsgrundsätze ergibt, die nach dem jeweiligen nationalen Recht für die Aufstellung des Jahresabschlusses der Kapitalgesellschaft gelten.“

bb) Satz 3 wird aufgehoben.

c) In Absatz 4 in dem Satzteil vor Nummer 1 wird das Wort „Satz“ durch das Wort „Nummer“ ersetzt.

13. § 335 wird wie folgt geändert:

a) In Absatz 1 Satz 1 in dem Satzteil nach Nummer 2 werden die Wörter „genannten Personen“ durch die Wörter „genannten angemeldeten Personen“ ersetzt.

b) Absatz 1b wird wie folgt geändert:

aa) Satz 1 wird wie folgt gefasst:

„Gesamtumsatz im Sinne des Absatzes 1a Satz 1 Nummer 2 ist

1. im Falle von Kapitalgesellschaften, die ihren Jahresabschluss nach den handelsrechtlichen Vorschriften oder dem Recht eines anderen Mitgliedstaats der Europäischen Union oder eines anderen Vertragsstaats des Abkommens über den Europäischen Wirtschaftsraum im Einklang mit der Richtlinie

2013/34/EU aufstellen, der Betrag der Umsatzerlöse nach § 277 Absatz 1 oder der Betrag der Nettoumsatzerlöse nach Maßgabe des auf die Gesellschaft anwendbaren nationalen Rechts im Einklang mit Artikel 2 Nummer 5 der Richtlinie 2013/34/EU,

2. in allen Fällen, die nicht in Nummer 1 genannt sind, der Betrag der Umsatzerlöse, der sich bei Anwendung der Rechnungslegungsgrundsätze ergibt, die nach dem jeweiligen nationalen Recht für die Aufstellung des Jahresabschlusses der Kapitalgesellschaft gelten."

bb) Satz 3 wird aufgehoben.

c) In Absatz 2 Satz 1 wird die Angabe „§§ 15 bis 19" durch die Wörter „§§ 15 bis 19 Absatz 1 und 3" ersetzt.

d) In Absatz 5 Satz 8 werden nach dem Wort „anfechtbar" ein Semikolon und die Wörter „§ 335a Absatz 3 Satz 4 bleibt unberührt" eingefügt.

e) In Absatz 7 Satz 1 in dem Satzteil vor Nummer 1 und in Satz 2 werden jeweils die Wörter „und für Verbraucherschutz" gestrichen.

14. § 335a Absatz 3 Satz 4 wird wie folgt gefasst:

„Die Rechtsbeschwerde steht auch dem Bundesamt zu und kann auch gegen eine vom Landgericht gewährte Wiedereinsetzung in die Sechswochenfrist nach § 335 Absatz 4 Satz 1 zur Erfüllung der gesetzlichen Offenlegungspflicht zugelassen werden."

15. Die Überschrift des Dritten Buchs Vierter Abschnitt wird wie folgt gefasst:

„Vierter Abschnitt

Ergänzende Vorschriften für bestimmte Unternehmen".

16. In § 340 Absatz 4a Satz 3 werden die Wörter „oder für Zweigniederlassungen" gestrichen.

17. § 340n wird wie folgt geändert:

a) In Absatz 1 Satz 1 in dem Satzteil vor Nummer 1 werden die Wörter „Instituts im Sinne des § 340 Absatz 5" durch die Wörter „Instituts im Sinne des § 1 Absatz 3 des Zahlungsdiensteaufsichtsgesetzes" ersetzt.

b) Absatz 3b wird wie folgt geändert:

aa) Satz 1 wird wie folgt gefasst:

„Gesamtumsatz im Sinne des Absatzes 3a Satz 1 Nummer 2 ist

1. im Falle von Kreditinstituten, die ihren Jahresabschluss nach den handelsrechtlichen Vorschriften oder dem Recht eines anderen Mitgliedstaats der Europäischen Union oder eines anderen Vertragsstaats des Abkommens über den Europäischen Wirtschaftsraum im Einklang mit der Richtlinie 86/635/EWG des Rates vom 8. Dezember 1986 über den Jahresabschluß und den konsolidierten Abschluß von Banken und anderen Finanzinstituten (ABl. L 372 vom 31.12.1986, S. 1; L 316 vom 23.11.1988, S. 51), die zuletzt durch die Richtlinie 2006/46/EG (ABl. L 224 vom 16.8.2006, S. 1) geändert worden ist, aufstellen, der Gesamtbetrag derjenigen Posten, die nach

den auf das Kreditinstitut anwendbaren handelsrechtlichen Vorschriften oder nach dem auf das Kreditinstitut anwendbaren nationalen Recht den in Artikel 27 Nummer 1, 3, 4, 6 und 7 oder Artikel 28 Buchstabe B Nummer 1 bis 4 und 7 der Richtlinie 86/635/EWG genannten Posten entsprechen,

2. in Fällen, die nicht in Nummer 1 genannt sind, der Betrag der Umsatzerlöse, der sich bei Anwendung der Rechnungslegungsgrundsätze ergibt, die nach dem jeweiligen nationalen Recht für die Aufstellung des Jahresabschlusses des Unternehmens gelten."

bb) Satz 3 wird aufgehoben.

18. § 340o wird wie folgt geändert:

a) Der Wortlaut wird Absatz 1 und in Satz 1 Nummer 1 werden die Wörter „Instituts im Sinne des § 340 Absatz 5" durch die Wörter „Instituts im Sinne des § 1 Absatz 3 des Zahlungsdiensteaufsichtsgesetzes" ersetzt.

b) Satz 2 wird aufgehoben.

c) Folgender Absatz 2 wird angefügt:

„(2) Die §§ 335 bis 335b sind mit der Maßgabe entsprechend anzuwenden, dass Gesamtumsatz im Sinne des § 335 Absatz 1a Satz 1 Nummer 2 Folgendes ist:

1. im Falle von Unternehmen, die ihren Jahresabschluss nach den handelsrechtlichen Vorschriften oder dem Recht eines anderen Mitgliedstaats der Europäischen Union oder eines anderen Vertragsstaats des Abkommens über den Europäischen Wirtschaftsraum im Einklang mit der Richtlinie 86/635/EWG aufstellen, der Gesamtbetrag derjenigen Posten, die nach den auf das Unternehmen anwendbaren handelsrechtlichen Vorschriften oder nach dem auf das Unternehmen anwendbaren nationalen Recht den in Artikel 27 Nummer 1, 3, 4, 6 und 7 oder Artikel 28 Buchstabe B Nummer 1 bis 4 und 7 der Richtlinie 86/635/EWG genannten Posten entsprechen,

2. in Fällen, die nicht in Nummer 1 genannt sind, der Betrag der Umsatzerlöse, der sich bei Anwendung der Rechnungslegungsgrundsätze ergibt, die nach dem jeweiligen nationalen Recht für die Aufstellung des Jahresabschlusses des Unternehmens gelten."

19. § 341n Absatz 3b wird wie folgt geändert:

a) Satz 1 wird wie folgt gefasst:

„Gesamtumsatz im Sinne des Absatzes 3a Satz 1 Nummer 2 ist

1. im Falle von Versicherungsunternehmen, die ihren Jahresabschluss nach den handelsrechtlichen Vorschriften oder dem Recht eines anderen Mitgliedstaats der Europäischen Union oder eines anderen Vertragsstaats des Abkommens über den Europäischen Wirtschaftsraum im Einklang mit der Richtlinie 91/674/EWG des Rates vom 19. Dezember 1991 über den Jahresabschluß und den konsolidierten Abschluß von Versicherungsunternehmen (ABl. L 374 vom 31.12.1991, S. 7), die zuletzt durch die Richtlinie 2006/46/EG (ABl. L 224 vom 16.8.2006, S. 1) geändert worden ist, aufstellen, der Betrag der gebuchten Bruttobeiträge nach Maßgabe der

handelsrechtlichen Vorschriften oder des auf das Versicherungsunternehmen anwendbaren nationalen Rechts im Einklang mit Artikel 35 der Richtlinie 91/674/EWG,

2. in Fällen, die nicht in Nummer 1 genannt sind, der Betrag der Umsatzerlöse, der sich bei Anwendung der Rechnungslegungsgrundsätze ergibt, die nach dem jeweiligen nationalen Recht für die Aufstellung des Jahresabschlusses des Versicherungsunternehmens gelten."

b) Satz 3 wird aufgehoben.

20. § 341o wird wie folgt geändert:

a) Der Wortlaut wird Absatz 1 und Satz 2 wird aufgehoben.

b) Folgender Absatz 2 wird angefügt:

„(2) Die §§ 335 bis 335b sind mit der Maßgabe entsprechend anzuwenden, dass Gesamtumsatz im Sinne des § 335 Absatz 1a Satz 1 Nummer 2 Folgendes ist:im Falle von Versicherungsunternehmen, die ihren Jahresabschluss nach den handelsrechtlichen Vorschriften oder dem Recht eines anderen Mitgliedstaats der Europäischen Union oder eines anderen Vertragsstaats des Abkommens über den Europäischen Wirtschaftsraum im Einklang mit der Richtlinie 91/674/EWG aufstellen, der Betrag der gebuchten Bruttobeiträge nach Maßgabe der handelsrechtlichen Vorschriften oder des auf das Versicherungsunternehmen anwendbaren nationalen Rechts im Einklang mit Artikel 35 der Richtlinie 91/674/EWG,

in Fällen, die nicht in Nummer 1 genannt sind, der Betrag der Umsatzerlöse, der sich bei Anwendung der Rechnungslegungsgrundsätze ergibt, die nach dem jeweiligen nationalen Recht für die Aufstellung des Jahresabschlusses des Versicherungsunternehmens gelten."

21. Dem Dritten Buch Vierter Abschnitt wird folgender Vierter Unterabschnitt angefügt:

„Vierter Unterabschnitt

Ergänzende Vorschriften für bestimmte umsatzstarke multinationale Unternehmen und Konzerne

Erster Titel

Anwendungsbereich; Begriffsbestimmungen

§ 342

Anwendungsbereich

(1) Dieser Unterabschnitt ist anzuwenden auf Kapitalgesellschaften mit Sitz im Inland und auf Personenhandelsgesellschaften im Sinne des § 264a Absatz 1 mit Sitz im Inland, wenn diese Kapitalgesellschaften und Personenhandelsgesellschaften

1. unverbundene Unternehmen sind und eine Niederlassung, eine feste Geschäftseinrichtung oder eine dauerhafte Geschäftstätigkeit in mindestens einem anderen Staat haben,

2. oberste Mutterunternehmen sind und sie oder ein verbundenes Unternehmen eine Niederlassung, eine feste Geschäftseinrichtung oder eine dauerhafte Geschäftstätigkeit in mindestens einem anderen Staat haben oder
3. Tochterunternehmen von obersten Mutterunternehmen mit Sitz in einem Drittstaat sind und
   a) mittelgroß oder groß im Sinne des § 267 Absatz 2 bis 4 sind oder
   b) ausschließlich dem Zweck dienen, die Berichtspflichten nach diesem Unterabschnitt zu umgehen.

(2) Dieser Unterabschnitt ist ferner anzuwenden auf Kapitalgesellschaften mit Sitz in einem Drittstaat, die

1. unverbundene Unternehmen sind oder verbundene Unternehmen sind, wenn das oberste Mutterunternehmen seinen Sitz in einem Drittstaat hat, und
2. eine Zweigniederlassung im Inland haben,
   a) deren Umsatzerlöse im Sinne des § 342b Absatz 4 in mindestens zwei aufeinander folgenden Geschäftsjahren jeweils 12 Millionen Euro übersteigen und diesen Betrag danach in zwei aufeinander folgenden Geschäftsjahren jeweils nicht unterschreiten oder
   b) die ausschließlich dem Zweck dient, die Berichtspflichten nach diesem Unterabschnitt zu umgehen.

§ 342a

Begriffsbestimmungen

Im Sinne dieses Unterabschnitts sind

1. unverbundene Unternehmen: Unternehmen, die nicht verbundene Unternehmen nach § 271 Absatz 2 sind;
2. oberste Mutterunternehmen: Mutterunternehmen, die den Konzernabschluss für den größten Kreis von Unternehmen aufstellen;
3. Drittstaaten: Staaten, die weder Mitgliedstaat der Europäischen Union noch Vertragsstaat des Abkommens über den Europäischen Wirtschaftsraum sind;
4. Steuerhoheitsgebiete: Staaten oder nichtstaatliche Rechtsräume, die in Bezug auf die Ertragsteuer über Fiskalautonomie verfügen;
5. Mitglieder des vertretungsberechtigten Organs bei Personenhandelsgesellschaften im Sinne des § 264a Absatz 1: die Mitglieder des vertretungsberechtigten Organs der vertretungsberechtigten Gesellschaften;
6. Berichtszeitraum: das Geschäftsjahr, für das der Ertragsteuerinformationsbericht zu erstellen ist.

Zweiter Titel

Pflicht zur Ertragsteuerinformationsberichterstattung

§ 342b

Unverbundene Unternehmen mit Sitz im Inland

(1) Die Mitglieder des vertretungsberechtigten Organs einer Gesellschaft im Sinne des § 342 Absatz 1 Nummer 1 haben für diese für das vergangene Geschäftsjahr einen Ertragsteuerinformationsbericht gemäß

1. § 342g Nummer 1, § 342h Absatz 1 Nummer 1 bis 3 und Absatz 2 bis 5, den §§ 342i, 342j Absatz 1 und § 342k Absatz 2 sowie
2. § 342k Absatz 1 und § 342l

zu erstellen, wenn die in den Jahresabschlüssen der Gesellschaft ausgewiesenen Umsatzerlöse in mindestens zwei aufeinander folgenden Geschäftsjahren jeweils 750 Millionen Euro übersteigen.

(2) Die Mitglieder des vertretungsberechtigten Organs einer Gesellschaft im Sinne des § 342 Absatz 1 Nummer 1 sind von der Pflicht nach Absatz 1 befreit, wenn die Gesellschaft ein CRR-Kreditinstitut im Sinne des § 1 Absatz 3d Satz 1 des Kreditwesengesetzes oder ein Großes Wertpapierinstitut im Sinne des § 2 Absatz 18 des Wertpapierinstitutsgesetzes ist und für den Berichtszeitraum die nach § 26a Absatz 1 Satz 2 des Kreditwesengesetzes erforderlichen Angaben offengelegt hat.

(3) Die Pflicht nach Absatz 1 erlischt, wenn die in den Jahresabschlüssen ausgewiesenen Umsatzerlöse in zwei aufeinander folgenden Geschäftsjahren jeweils 750 Millionen Euro unterschreiten.

(4) Umsatzerlöse nach den Absätzen 1 und 3 sind

1. bei Kreditinstituten im Sinne des § 340 Absatz 1, Finanzdienstleistungsinstituten im Sinne des § 340 Absatz 4, Wertpapierinstituten im Sinne des § 340 Absatz 4a oder Instituten im Sinne des § 1 Absatz 3 des Zahlungsdiensteaufsichtsgesetzes: der Gesamtbetrag derjenigen Posten, die nach den jeweils anwendbaren handelsrechtlichen Vorschriften den in Artikel 27 Nummer 1, 3, 4, 6 und 7 oder Artikel 28 Buchstabe B Nummer 1 bis 4 und 7 der Richtlinie 86/635/EWG genannten Posten entsprechen,
2. bei Versicherungsunternehmen im Sinne des § 341 Absatz 1 oder Pensionsfonds im Sinne des § 341 Absatz 4: der Betrag der gebuchten Bruttobeiträge nach Maßgabe der jeweils anwendbaren handelsrechtlichen Vorschriften,
3. in Fällen, die nicht von den Nummern 1 und 2 erfasst werden: der Betrag der Umsatzerlöse nach § 277 Absatz 1.

§ 342c

Oberste Mutterunternehmen mit Sitz im Inland

(1) Die Mitglieder des vertretungsberechtigten Organs einer Gesellschaft im Sinne des § 342 Absatz 1 Nummer 2 haben für diese für das vergangene Geschäftsjahr einen Ertragsteuerinformationsbericht gemäß§ 342g Nummer 2, den §§ 342h, 342i, 342j Absatz 1 und § 342k Absatz 2 sowie

1. § 342k Absatz 1 und § 342l

zu erstellen, wenn die in den Konzernabschlüssen der Gesellschaft ausgewiesenen Konzernumsatzerlöse in mindestens zwei aufeinander folgenden Geschäftsjahren jeweils 750 Millionen Euro übersteigen.

(2) Die Mitglieder des vertretungsberechtigten Organs einer Gesellschaft im Sinne des § 342 Absatz 1 Nummer 2 sind von der Pflicht nach Absatz 1 befreit, wenn die Gesellschaft ein CRR-Kreditinstitut im Sinne des § 1 Absatz 3d Satz 1 des Kreditwesengesetzes oder ein Großes Wertpapierinstitut im Sinne des § 2 Absatz 18 des Wertpapierinstitutsgesetzes ist und für den Berichtszeitraum unter Einbeziehung sämtlicher in den Konzernabschluss der Gesellschaft einbezogenen Unternehmen die nach § 26a Absatz 1 Satz 2 des Kreditwesengesetzes erforderlichen Angaben offengelegt hat.

(3) Die Pflicht nach Absatz 1 erlischt, wenn die in den Konzernabschlüssen ausgewiesenen Konzernumsatzerlöse in zwei aufeinander folgenden Geschäftsjahren jeweils 750 Millionen Euro unterschreiten.

(4) Konzernumsatzerlöse nach den Absätzen 1 und 3 sind

1. bei Gesellschaften, die den Konzernabschluss nach den auf der Grundlage der Verordnung (EG) Nr. 1606/ 2002 übernommenen internationalen Rechnungslegungsstandards aufstellen: der Betrag der Konzernumsatzerlöse, der sich bei Anwendung dieser Rechnungslegungsstandards ergibt,
2. in Fällen, die nicht von Nummer 1 erfasst werden: der sich bei entsprechender Anwendung des § 342b Absatz 4 ergebende Betrag.

§ 342d

Tochterunternehmen mit Sitz im Inland von obersten Mutterunternehmen mit Sitz in einem Drittstaat

(1) Die Mitglieder des vertretungsberechtigten Organs einer Gesellschaft im Sinne des § 342 Absatz 1 Nummer 3 haben das oberste Mutterunternehmen der Gesellschaft aufzufordern, ihr für das vergangene Geschäftsjahr einen Ertragsteuerinformationsbericht zur Verfügung zu stellen, der gemäß § 342g Nummer 2, den §§ 342h, 342i und 342j Absatz 3 sowie den §§ 342k und 342l erstellt worden ist, wenn die in den Konzernabschlüssen des obersten Mutterunternehmens ausgewiesenen Konzernumsatzerlöse in mindestens zwei aufeinander folgenden Geschäftsjahren jeweils einen Betrag übersteigen, der zum Wechselkurs vom 21. Dezember 2021 bei Rundung auf das nächste Tausend einem Betrag von 750 Millionen Euro entspricht.

(2) Wenn das oberste Mutterunternehmen einen Ertragsteuerinformationsbericht nicht zur Verfügung stellt oder der zur Verfügung gestellte Bericht nicht den gesetzlichen Vorgaben entspricht, haben die Mitglieder des vertretungsberechtigten Organs der Gesellschaft für diese Folgendes zu erstellen:

1. eine Erklärung darüber, dass das oberste Mutterunternehmen einen Ertragsteuerinformationsbericht nicht zur Verfügung gestellt hat oder dass der zur Verfügung gestellte Bericht nicht den gesetzlichen Vorgaben entspricht, sowie
2. einen Ertragsteuerinformationsbericht gemäß
   a) § 342g Nummer 2, den §§ 342h, 342i, 342j Absatz 1 und § 342k Absatz 2 sowie
   b) § 342k Absatz 1 und § 342l

   mit denjenigen Angaben, über die die Gesellschaft verfügt und die sie beschaffen kann.

CbCR UmsG

(3) Die Mitglieder des vertretungsberechtigten Organs einer Gesellschaft im Sinne des § 342 Absatz 1 Nummer 3 sind von den Pflichten nach den Absätzen 1 und 2 befreit, wenn das oberste Mutterunternehmen einen Ertragsteuerinformationsbericht gemäß § 342g Nummer 2, den §§ 342h, 342i und 342j Absatz 3 sowie den §§ 342k und 342l erstellt hat, der

1. spätestens ein Jahr nach dem Ende des Berichtszeitraums in mindestens einer Amtssprache der Europäischen Union kostenlos auf der Internetseite des obersten Mutterunternehmens veröffentlicht worden ist,
2. von einem anderen Tochterunternehmen mit Sitz im Inland spätestens ein Jahr nach dem Ende des Berichtszeitraums in deutscher Sprache der das Unternehmensregister führenden Stelle zur Einstellung in das Unternehmensregister übermittelt oder von einem Tochterunternehmen mit Sitz in einem anderen Mitgliedstaat der Europäischen Union oder einem anderen Vertragsstaat des Abkommens über den Europäischen Wirtschaftsraum nach Maßgabe des jeweiligen nationalen Rechts im Einklang mit Artikel 48d Absatz 1 der Richtlinie 2013/34/EU offengelegt worden ist und
3. den Namen und den Sitz desjenigen Tochterunternehmens angibt, das den Bericht gemäß Nummer 2 offengelegt hat.

(4) Die Pflichten nach den Absätzen 1 und 2 erlöschen, wenn die in den Konzernabschlüssen des obersten Mutterunternehmens ausgewiesenen Konzernumsatzerlöse in zwei aufeinander folgenden Geschäftsjahren jeweils einen Betrag unterschreiten, der zum Wechselkurs vom 21. Dezember 2021 bei Rundung auf das nächste Tausend einem Betrag von 750 Millionen Euro entspricht.

(5) Konzernumsatzerlöse nach den Absätzen 1 und 4 sind der Betrag der Konzernumsatzerlöse, der sich bei Anwendung der Rechnungslegungsgrundsätze ergibt, die nach dem jeweiligen nationalen Recht für die Aufstellung des Konzernabschlusses des obersten Mutterunternehmens gelten.

§ 342e

Inländische Zweigniederlassungen unverbundener Unternehmen mit Sitz in einem Drittstaat

(1) Bei Zweigniederlassungen im Sinne des § 342 Absatz 2 Nummer 2 einer Kapitalgesellschaft im Sinne des § 342 Absatz 2 Nummer 1 erste Alternative haben die in § 13e Absatz 2 Satz 5 Nummer 3 genannten angemeldeten Personen oder, wenn solche nicht vorhanden sind, die Mitglieder des vertretungsberechtigten Organs der Kapitalgesellschaft die Hauptniederlassung aufzufordern, ihnen für das vergangene Geschäftsjahr einen Ertragsteuerinformationsbericht zur Verfügung zu stellen, der gemäß § 342g Nummer 1, § 342h Absatz 1 Nummer 1 bis 3 und Absatz 2 bis 5, den §§ 342i und 342j Absatz 2 sowie den §§ 342k und 342l erstellt worden ist, wenn die in den Jahresabschlüssen der Kapitalgesellschaft ausgewiesenen Umsatzerlöse in mindestens zwei aufeinander folgenden Geschäftsjahren jeweils einen Betrag übersteigen, der zum Wechselkurs vom 21. Dezember 2021 bei Rundung auf das nächste Tausend einem Betrag von 750 Millionen Euro entspricht.

(2) Wenn die Hauptniederlassung einen Ertragsteuerinformationsbericht nicht zur Verfügung stellt oder der zur Verfügung gestellte Bericht nicht den gesetzlichen Vorgaben entspricht, haben die nach Absatz 1 Verpflichteten für die Kapitalgesellschaft Folgendes zu erstellen:

1. eine Erklärung darüber, dass die Hauptniederlassung einen Ertragsteuerinformationsbericht nicht zur Verfügung gestellt hat oder dass der zur Verfügung gestellte Bericht nicht den gesetzlichen Vorgaben entspricht, sowie
2. einen Ertragsteuerinformationsbericht gemäß
   a) § 342g Nummer 1, § 342h Absatz 1 Nummer 1 bis 3 und Absatz 2 bis 5, den §§ 342i, 342j Absatz 2 und § 342k Absatz 2 sowie
   b) § 342k Absatz 1 und § 342l

   mit denjenigen Angaben, über die sie verfügen und die sie beschaffen können.

(3) Die nach den Absätzen 1 und 2 Verpflichteten sind von den dort genannten Pflichten befreit, wenn die Kapitalgesellschaft einen Ertragsteuerinformationsbericht gemäß § 342g Nummer 1, § 342h Absatz 1 Nummer 1 bis 3 und Absatz 2 bis 5, den §§ 342i und 342j Absatz 2 sowie den §§ 342k und 342l erstellt hat, der

1. spätestens ein Jahr nach dem Ende des Berichtszeitraums in mindestens einer Amtssprache der Europäischen Union kostenlos auf der Internetseite der Gesellschaft veröffentlicht worden ist,
2. von einer anderen inländischen Zweigniederlassung spätestens ein Jahr nach dem Ende des Berichtszeitraums in deutscher Sprache der das Unternehmensregister führenden Stelle zur Einstellung in das Unternehmensregister übermittelt oder von einer Zweigniederlassung in einem anderen Mitgliedstaat der Europäischen Union oder einem anderen Vertragsstaat des Abkommens über den Europäischen Wirtschaftsraum nach Maßgabe des jeweiligen nationalen Rechts im Einklang mit Artikel 48d Absatz 1 der Richtlinie 2013/34/EU offengelegt worden ist und
3. den Namen und die Geschäftsanschrift derjenigen Zweigniederlassung angibt, für die die Offenlegung gemäß Nummer 2 bewirkt worden ist.

(4) Die Pflichten nach den Absätzen 1 und 2 erlöschen, wenn die in den Jahresabschlüssen der Kapitalgesellschaft ausgewiesenen Umsatzerlöse in zwei aufeinander folgenden Geschäftsjahren jeweils einen Betrag unterschreiten, der zum Wechselkurs vom 21. Dezember 2021 bei Rundung auf das nächste Tausend einem Betrag von 750 Millionen Euro entspricht.

(5) Umsatzerlöse nach den Absätzen 1 und 4 sind der Betrag der Umsatzerlöse, der sich bei Anwendung der Rechnungslegungsgrundsätze ergibt, die nach dem jeweiligen nationalen Recht für die Aufstellung des Jahresabschlusses der Kapitalgesellschaft gelten.

§ 342f

Inländische Zweigniederlassungen verbundener Unternehmen mit Sitz in einem Drittstaat

(1) Bei Zweigniederlassungen im Sinne des § 342 Absatz 2 Nummer 2 einer Kapitalgesellschaft im Sinne des § 342 Absatz 2 Nummer 1 zweite Alternative haben die in § 13e Absatz 2 Satz 5 Nummer 3 genannten angemeldeten Personen oder, wenn solche nicht vorhanden sind, die Mitglieder des vertretungsberechtigten Organs der Kapitalgesellschaft das oberste Mutterunternehmen aufzufordern, ihnen für das vergangene Geschäftsjahr einen Ertragsteuerinformationsbericht zur Verfügung zu stellen, der gemäß § 342g Nummer 2, den §§ 342h, 342i, 342j Absatz 3 sowie den §§ 342k und 342l erstellt worden ist, wenn

1. die in den Konzernabschlüssen des obersten Mutterunternehmens ausgewiesenen Konzernumsatzerlöse in mindestens zwei aufeinander folgenden Geschäftsjahren jeweils einen Betrag übersteigen, der zum Wechselkurs vom 21. Dezember 2021 bei Rundung auf das nächste Tausend einem Betrag von 750 Millionen Euro entspricht, und
2. das oberste Mutterunternehmen kein Tochterunternehmen hat, das den Pflichten nach § 342d Absatz 1 und 2 oder vergleichbaren Pflichten nach Maßgabe des Rechts eines anderen Mitgliedstaats der Europäischen Union oder eines anderen Vertragsstaats des Abkommens über den Europäischen Wirtschaftsraum im Einklang mit Artikel 48b Absatz 4 der Richtlinie 2013/34/EU unterliegt.

(2) Wenn das oberste Mutterunternehmen einen Ertragsteuerinformationsbericht nicht zur Verfügung stellt oder der zur Verfügung gestellte Bericht nicht den gesetzlichen Vorgaben entspricht, haben die nach Absatz 1 Verpflichteten für die Kapitalgesellschaft Folgendes zu erstellen:

1. eine Erklärung darüber, dass das oberste Mutterunternehmen einen Ertragsteuerinformationsbericht nicht zur Verfügung gestellt hat oder dass der zur Verfügung gestellte Bericht nicht den gesetzlichen Vorgaben entspricht, sowie
2. einen Ertragsteuerinformationsbericht gemäß
   a) § 342g Nummer 2, den §§ 342h, 342i, 342j Absatz 3 und § 342k Absatz 2 sowie
   b) § 342k Absatz 1 und § 342l

   mit denjenigen Angaben, über die sie verfügen und die sie beschaffen können.

(3) Die nach den Absätzen 1 und 2 Verpflichteten sind von den dort genannten Pflichten befreit, wenn das oberste Mutterunternehmen einen Ertragsteuerinformationsbericht gemäß § 342g Nummer 2, den §§ 342h, 342i, 342j Absatz 3 sowie den §§ 342k und 342l erstellt hat, der

1. spätestens ein Jahr nach dem Ende des Berichtszeitraums in mindestens einer Amtssprache der Europäischen Union kostenlos auf der Internetseite des obersten Mutterunternehmens veröffentlicht worden ist,
2. von einer anderen inländischen Zweigniederlassung spätestens ein Jahr nach dem Ende des Berichtszeitraums in deutscher Sprache der das Unternehmensregister führenden Stelle zur Einstellung in das Unternehmensregister übermittelt oder von einer Zweigniederlassung in einem anderen Mitgliedstaat der Europäischen Union oder einem anderen Vertragsstaat des Abkommens über den Europäischen Wirtschaftsraum nach Maßgabe des jeweiligen nationalen Rechts im Einklang mit Artikel 48d Absatz 1 der Richtlinie 2013/34/EU offengelegt worden ist und
3. den Namen und die Geschäftsanschrift derjenigen Zweigniederlassung angibt, für die die Offenlegung gemäß Nummer 2 bewirkt worden ist.

(4) Die Pflichten nach den Absätzen 1 und 2 erlöschen, wenn die in den Konzernabschlüssen des obersten Mutterunternehmens ausgewiesenen Konzernumsatzerlöse in zwei aufeinander folgenden Geschäftsjahren jeweils einen Betrag unterschreiten, der zum Wechselkurs vom 21. Dezember 2021 bei Rundung auf das nächste Tausend einem Betrag von 750 Millionen Euro entspricht.

(5) Konzernumsatzerlöse nach den Absätzen 1 und 4 sind der Betrag der Konzernumsatzerlöse, der sich bei Anwendung der Rechnungslegungsgrundsätze ergibt, die nach dem jeweiligen nationalen Recht für die Aufstellung des Konzernabschlusses des obersten Mutterunternehmens gelten.

Dritter Titel
Einzubeziehende Unternehmen; Inhalt und Form des Ertragsteuerinformationsberichts

§ 342g
Einzubeziehende Unternehmen

In den Ertragsteuerinformationsbericht sind einzubeziehen:

1. in den Fällen der §§ 342b und 342e das unverbundene Unternehmen;
2. in den Fällen der §§ 342c, 342d und 342f das oberste Mutterunternehmen und alle Tochterunternehmen, die in den für den Berichtszeitraum aufgestellten Konzernabschluss des obersten Mutterunternehmens einbezogen sind.

§ 342h
Pflichtangaben

(1) Im Ertragsteuerinformationsbericht sind anzugeben:

1. in den Fällen der §§ 342b und 342e der Name des unverbundenen Unternehmens oder in den Fällen der §§ 342c, 342d und 342f der Name des obersten Mutterunternehmens;
2. der Berichtszeitraum;
3. die verwendete Währung;
4. in den Fällen der §§ 342c, 342d und 342f die Namen aller Tochterunternehmen, die in den für den Berichtszeitraum aufgestellten Konzernabschluss des obersten Mutterunternehmens einbezogen sind und ihren Sitz in folgenden Gebieten haben:
   a) in einem Mitgliedstaat der Europäischen Union oder einem anderen Vertragsstaat des Abkommens über den Europäischen Wirtschaftsraum oder
   b) in Steuerhoheitsgebieten, die am 1. März des Berichtszeitraums in den Anhängen I und II der Schlussfolgerungen des Rates zur überarbeiteten EU-Liste nicht kooperativer Länder und Gebiete für Steuerzwecke (ABl. C 103 vom 3.3.2022, S. 1) in der jeweils geltenden Fassung aufgeführt sind.

(2) Im Ertragsteuerinformationsbericht sind ferner zu dem oder den einzubeziehenden Unternehmen nach Maßgabe des § 342i anzugeben:

1. eine kurze Beschreibung der Art der Geschäftstätigkeiten im Berichtszeitraum;
2. die Zahl der Arbeitnehmer im Berichtszeitraum;
3. die Erträge im Berichtszeitraum, einschließlich der Erträge aus Geschäften mit nahestehenden Unternehmen und Personen;
4. der Gewinn oder Verlust vor Ertragsteuern im Berichtszeitraum;
5. die für den Berichtszeitraum zu zahlende Ertragsteuer;
6. die im Berichtszeitraum gezahlte Ertragsteuer auf Kassenbasis und

7. die einbehaltenen Gewinne am Ende des Berichtszeitraums.

(3) Für die Angaben nach Absatz 2 gelten vorbehaltlich des Absatzes 4 die folgenden Vorgaben:

1. die Zahl der Arbeitnehmer nach Absatz 2 Nummer 2 ist in Vollzeitäquivalenten anzugeben;
2. die Erträge nach Absatz 2 Nummer 3 umfassen
   a) bei Unternehmen, die ihren Jahresabschluss für den Berichtszeitraum nach Maßgabe des jeweiligen nationalen Rechts im Einklang mit der Richtlinie 2013/34/EU aufstellen, diejenigen Posten nach nationalem Recht, die den Posten 1, 4, 9 bis 11 in Anhang V oder den Posten 1, 6 bis 9 in Anhang VI der Richtlinie 2013/34/EU entsprechen, wobei jeweils von verbundenen Unternehmen erhaltene Dividenden nicht berücksichtigt werden dürfen, oder
   b) bei allen anderen Unternehmen diejenigen Erträge, welche sich bei Anwendung der Rechnungslegungsgrundsätze ergeben, auf deren Grundlage der Jahresabschluss für den Berichtszeitraum aufgestellt wird, wobei Erträge aus Wertanpassungen und von verbundenen Unternehmen erhaltene Dividenden nicht berücksichtigt werden dürfen;
3. der Gewinn oder Verlust vor Ertragsteuern nach Absatz 2 Nummer 4 ist in Anwendung der Rechnungslegungsgrundsätze zu bestimmen, auf deren Grundlage der Jahresabschluss für den Berichtszeitraum aufgestellt wird;
4. die zu zahlende Ertragsteuer nach Absatz 2 Nummer 5 entspricht dem laufenden Steueraufwand auf zu versteuernde Gewinne oder Verluste des Berichtszeitraums ohne latente Steuern und Rückstellungen für ungewisse Steuerverbindlichkeiten;
5. die gezahlte Ertragsteuer auf Kassenbasis nach Absatz 2 Nummer 6 umfasst alle im Berichtszeitraum entrichteten Ertragsteuern und schließt Quellensteuern ein, die von anderen Unternehmen in Bezug auf Zahlungen an das einzubeziehende Unternehmen entrichtet wurden;
6. die einbehaltenen Gewinne nach Absatz 2 Nummer 7 umfassen die Gewinne vergangener Geschäftsjahre und des Berichtszeitraums, für die am Ende des Berichtszeitraums keine Gewinnausschüttung beschlossen ist.

(4) Die Angaben nach Absatz 2 können insgesamt auch gemäß den Vorgaben in Anhang III Abschnitt III Teil B und C der Richtlinie 2011/16/EU des Rates vom 15. Februar 2011 über die Zusammenarbeit der Verwaltungsbehörden im Bereich der Besteuerung und zur Aufhebung der Richtlinie 77/799/EWG (ABl. L 64 vom 11.3.2011, S. 1), die zuletzt durch die Richtlinie (EU) 2021/514 (ABl. L 104 vom 25.3.2021, S. 1) geändert worden ist, gemacht werden.

(5) Im Ertragsteuerinformationsbericht ist anzugeben, ob die nach Absatz 2 erforderlichen Angaben gemäß den Vorgaben des Absatzes 3 oder 4 gemacht wurden.

§ 342i
Länderbezogener Ausweis der Angaben

(1) Die Angaben nach § 342h Absatz 2 sind wie folgt getrennt auszuweisen:

1. für jeden Mitgliedstaat der Europäischen Union und jeden anderen Vertragsstaat des Abkommens über den Europäischen Wirtschaftsraum, wobei die Angaben auf der Ebene des Mitgliedstaats oder Vertragsstaats zusammenzufassen sind, wenn ein Mitgliedstaat oder Vertragsstaat mehrere Steuerhoheitsgebiete umfasst;
2. für jedes Steuerhoheitsgebiet, das im Berichtszeitraum am 1. März in Anhang I der Schlussfolgerungen des Rates zur überarbeiteten EU-Liste nicht kooperativer Länder und Gebiete für Steuerzwecke aufgeführt war;
3. für jedes Steuerhoheitsgebiet, das im Berichtszeitraum und in dem diesem unmittelbar vorausgehenden Geschäftsjahr jeweils am 1. März in Anhang II der Schlussfolgerungen des Rates zur überarbeiteten EU- Liste nicht kooperativer Länder und Gebiete für Steuerzwecke aufgeführt war.

Für andere Steuerhoheitsgebiete sind die Angaben nach § 342h Absatz 2 zusammengefasst auszuweisen.

(2) Die Angaben sind demjenigen Steuerhoheitsgebiet zuzuordnen, in dem die Niederlassung oder feste Geschäftseinrichtung belegen ist oder die dauerhafte Geschäftstätigkeit besteht, auf die sich die Angaben jeweils beziehen, vorausgesetzt, die Niederlassung, feste Geschäftseinrichtung oder dauerhafte Geschäftstätigkeit kann im betreffenden Steuerhoheitsgebiet der Ertragsteuer unterliegen. Angaben zu einbehaltenen Gewinnen sind stets dem Steuerhoheitsgebiet zuzuordnen, in dem die Hauptniederlassung belegen ist. Unterliegen mehrere verbundene Unternehmen in einem Steuerhoheitsgebiet der Ertragsteuer, so sind die nach den Sätzen 1 und 2 diesem Steuerhoheitsgebiet jeweils zuzuordnenden Angaben für das Steuerhoheitsgebiet zusammenzufassen. Angaben zu einer Niederlassung, festen Geschäftseinrichtung oder dauerhaften Geschäftstätigkeit dürfen nicht mehr als einem Steuerhoheitsgebiet zugeordnet werden.

§ 342j
Währung

(1) Der Ertragsteuerinformationsbericht ist in den Fällen der §§ 342b, 342c und 342d Absatz 2 Nummer 2 in Euro zu erstellen.

(2) In den Fällen des § 342e ist der Bericht in derjenigen Währung zu erstellen, in der der Jahresabschluss des unverbundenen Unternehmens für den Berichtszeitraum aufgestellt wird.

(3) In den Fällen des § 342d, die nicht von Absatz 1 erfasst sind, und in den Fällen des § 342f ist der Bericht in derjenigen Währung zu erstellen, in der der Konzernabschluss des obersten Mutterunternehmens für den Berichtszeitraum aufgestellt wird.

§ 342k
Weglassen nachteiliger Angaben

(1) Angaben nach § 342h Absatz 1 und 2 müssen nicht in den Ertragsteuerinformationsbericht aufgenommen werden, wenn ihre Offenlegung den Unternehmen, auf die sie sich beziehen,

einen erheblichen Nachteil zufügen würde. Satz 1 gilt nicht für Angaben, die sich auf die in § 342i Absatz 1 Satz 1 Nummer 2 oder 3 genannten Steuerhoheitsgebiete beziehen.

(2) Wenn Absatz 1 Satz 1 angewendet wird, so ist dies im Ertragsteuerinformationsbericht anzugeben und gebührend zu begründen. Die nicht aufgenommenen Angaben sind spätestens in den Ertragsteuerinformationsbericht aufzunehmen, der für das vierte Geschäftsjahr nach dem Berichtszeitraum erstellt wird.

§ 342l

Formblatt; maschinenlesbares elektronisches Format

(1) Der Ertragsteuerinformationsbericht ist unter Verwendung des von der Europäischen Kommission auf der Grundlage des Artikels 48c Absatz 4 Satz 2 der Richtlinie 2013/34/EU festzulegenden Formblatts zu erstellen.

(2) Der Ertragsteuerinformationsbericht ist in einem von der Europäischen Kommission auf der Grundlage des Artikels 48c Absatz 4 Satz 2 der Richtlinie 2013/34/EU festzulegenden maschinenlesbaren elektronischen Format zu erstellen.

Vierter Titel

Offenlegung und Veröffentlichung

§ 342m

Offenlegung im Unternehmensregister

(1) Die Mitglieder des vertretungsberechtigten Organs einer Gesellschaft im Sinne des § 342 Absatz 1 Nummer 1 oder 2, die der Pflicht nach § 342b Absatz 1 oder § 342c Absatz 1 unterliegen, haben für die Gesellschaft den Ertragsteuerinformationsbericht spätestens ein Jahr nach dem Ende des Berichtszeitraums in deutscher Sprache der das Unternehmensregister führenden Stelle zur Einstellung in das Unternehmensregister zu übermitteln.

(2) Die Mitglieder des vertretungsberechtigten Organs einer Gesellschaft im Sinne des § 342 Absatz 1 Nummer 3, die der Pflicht nach § 342d Absatz 1 unterliegen, haben für die Gesellschaft den Ertragsteuerinformationsbericht, den das oberste Mutterunternehmen zur Verfügung gestellt hat, spätestens ein Jahr nach dem Ende des Berichtszeitraums in deutscher Sprache der das Unternehmensregister führenden Stelle zur Einstellung in das Unternehmensregister zu übermitteln. Wenn das oberste Mutterunternehmen einen Ertragsteuerinformationsbericht nicht zur Verfügung stellt oder der zur Verfügung gestellte Bericht nicht den gesetzlichen Vorgaben entspricht, haben die Mitglieder des vertretungsberechtigten Organs der Gesellschaft für diese anstelle des Berichts Folgendes nach Maßgabe des Satzes 1 zu übermitteln:

1. die Erklärung nach § 342d Absatz 2 Nummer 1 und
2. den Ertragsteuerinformationsbericht nach § 342d Absatz 2 Nummer 2.

(3) Die in § 13e Absatz 2 Satz 5 Nummer 3 genannten angemeldeten Personen oder, wenn solche nicht vorhanden sind, die Mitglieder des vertretungsberechtigten Organs einer Kapitalgesellschaft im Sinne des § 342 Absatz 2, die der Pflicht nach § 342e Absatz 1 oder § 342f Absatz 1 unterliegen, haben für die Kapitalgesellschaft den Ertragsteuerinformationsbericht, den die Hauptniederlassung oder das oberste Mutterunternehmen zur Verfügung gestellt hat, spätestens ein Jahr nach dem Ende des Berichtszeitraums in deutscher Sprache der das Unternehmensregister führenden Stelle zur Einstellung in das Unternehmensregister zu übermitteln.

Wenn die Hauptniederlassung oder das oberste Mutterunternehmen einen Ertragsteuerinformationsbericht nicht zur Verfügung stellt oder der zur Verfügung gestellte Bericht nicht den gesetzlichen Vorgaben entspricht, haben die nach Satz 1 Verpflichteten für die Kapitalgesellschaft anstelle des Berichts Folgendes nach Maßgabe des Satzes 1 zu übermitteln:

1. die Erklärung nach § 342e Absatz 2 Nummer 1 oder § 342f Absatz 2 Nummer 1 und
2. den Ertragsteuerinformationsbericht nach § 342e Absatz 2 Nummer 2 oder § 342f Absatz 2 Nummer 2.

(4) Die §§ 11 und 328 Absatz 1 Satz 1 bis 3, Absatz 2 Satz 1 und 4 sowie § 329 Absatz 1 und 4 sind entsprechend anzuwenden. Bei inländischen Zweigniederlassungen von Kapitalgesellschaften im Sinne des § 342 Absatz 2 Nummer 1 kann die das Unternehmensregister führende Stelle von den in § 13e Absatz 2 Satz 5 Nummer 3 genannten angemeldeten Personen oder, wenn solche nicht vorhanden sind, von den Mitgliedern des vertretungsberechtigten Organs der Kapitalgesellschaft verlangen, ihr innerhalb einer angemessenen Frist die Umsatzerlöse der Zweigniederlassung für die letzten beiden Geschäftsjahre mitzuteilen. Bei Zweigniederlassungen im Sinne des § 342 Absatz 2 Nummer 2 von Kapitalgesellschaften im Sinne des § 342 Absatz 2 Nummer 1 zweite Alternative und bei Vorliegen der Voraussetzungen des § 342f Absatz 1 Nummer 1 kann die das Unternehmensregister führende Stelle von den in § 13e Absatz 2 Satz 5 Nummer 3 genannten angemeldeten Personen oder, wenn solche nicht vorhanden sind, von den Mitgliedern des vertretungsberechtigten Organs der Kapitalgesellschaft verlangen, ihr innerhalb einer angemessenen Frist Namen und Sitz eines Tochterunternehmens mitzuteilen, das für den Konzern den Pflichten nach § 342d Absatz 1 und 2 oder vergleichbaren Pflichten nach Maßgabe des Rechts eines anderen Mitgliedstaats der Europäischen Union oder eines anderen Vertragsstaats des Abkommens über den Europäischen Wirtschaftsraum im Einklang mit Artikel 48b Absatz 4 der Richtlinie 2013/34/EU unterliegt. Wird die fristgemäße Mitteilung nach Satz 2 unterlassen, so wird vermutet, dass die Voraussetzungen des § 342 Absatz 2 Nummer 2 Buchstabe a erfüllt sind. Wird die fristgemäße Mitteilung nach Satz 3 unterlassen, so wird vermutet, dass es kein dort genanntes Tochterunternehmen gibt.

§ 342n
Veröffentlichung auf der Internetseite der Gesellschaft

(1) Die Mitglieder des vertretungsberechtigten Organs einer Gesellschaft im Sinne des § 342 Absatz 1 Nummer 1 oder 2, die der Pflicht nach § 342b Absatz 1 oder § 342c Absatz 1 unterliegen, haben für die Gesellschaft den Ertragsteuerinformationsbericht spätestens ein Jahr nach dem Ende des Berichtszeitraums für mindestens fünf Jahre kostenlos und in deutscher Sprache auf der Internetseite der Gesellschaft zu veröffentlichen. Die Pflicht nach Satz 1 entfällt, wenn die Mitglieder des vertretungsberechtigten Organs der Gesellschaft

1. ihre Pflicht zur Offenlegung gemäß § 342m Absatz 1 erfüllt haben und
2. auf der Internetseite der Gesellschaft für mindestens fünf Jahre den Hinweis veröffentlichen, dass
   a) der Ertragsteuerinformationsbericht über die Internetseite des Unternehmensregisters kostenlos zugänglich ist und

b) die Pflicht zur Veröffentlichung des Ertragsteuerinformationsberichts auf der Internetseite der Gesellschaft deshalb entfällt.

(2) Die Mitglieder des vertretungsberechtigten Organs einer Gesellschaft im Sinne des § 342 Absatz 1 Nummer 3, die der Pflicht nach § 342d Absatz 1 unterliegen, haben für die Gesellschaft spätestens ein Jahr nach dem Ende des Berichtszeitraums für mindestens fünf Jahre Folgendes kostenlos und in deutscher Sprache auf der Internetseite der Gesellschaft oder der eines verbundenen Unternehmens zu veröffentlichen:

1. im Falle des § 342m Absatz 2 Satz 1 den Ertragsteuerinformationsbericht, den das oberste Mutterunternehmen zur Verfügung gestellt hat, oder
2. im Falle des § 342m Absatz 2 Satz 2 die Erklärung und den Ertragsteuerinformationsbericht, die beziehungsweise den die Gesellschaft erstellt hat.

Absatz 1 Satz 2 ist entsprechend anzuwenden.

(3) Die in § 13e Absatz 2 Satz 5 Nummer 3 genannten angemeldeten Personen oder, wenn solche nicht vorhanden sind, die Mitglieder des vertretungsberechtigten Organs einer Kapitalgesellschaft im Sinne des § 342 Absatz 2, die der Pflicht nach § 342e Absatz 1 oder § 342f Absatz 1 unterliegen, haben für die Kapitalgesellschaft spätestens ein Jahr nach dem Ende des Berichtszeitraums für mindestens fünf Jahre Folgendes kostenlos und in deutscher Sprache auf der Internetseite der Kapitalgesellschaft oder gegebenenfalls derjenigen eines verbundenen Unternehmens zu veröffentlichen:

1. im Falle des § 342m Absatz 3 Satz 1 den Ertragsteuerinformationsbericht, den die Hauptniederlassung oder das oberste Mutterunternehmen zur Verfügung gestellt hat, oder
2. im Falle des § 342m Absatz 3 Satz 2 die Erklärung und den Ertragsteuerinformationsbericht, die beziehungsweise den sie für die Kapitalgesellschaft erstellt haben.

Absatz 1 Satz 2 ist entsprechend anzuwenden.

Fünfter Titel

Bußgeldvorschriften; Ordnungsgelder

§ 342o

Bußgeldvorschriften

(1) Ordnungswidrig handelt, wer

1. entgegen § 342b Absatz 1 Nummer 1, § 342c Absatz 1 Nummer 1, § 342d Absatz 2 Nummer 2 Buchstabe a, § 342e Absatz 2 Nummer 2 Buchstabe a oder § 342f Absatz 2 Nummer 2 Buchstabe a einen Ertragsteuerinformationsbericht nicht richtig oder nicht vollständig erstellt oder
2. entgegen § 342n Absatz 1 Satz 1, Absatz 2 Satz 1 oder Absatz 3 Satz 1 einen Ertragsteuerinformationsbericht oder eine Erklärung nicht, nicht richtig, nicht rechtzeitig oder nicht mindestens fünf Jahre veröffentlicht.

(2) Die Ordnungswidrigkeit kann mit einer Geldbuße bis zu zweihundertfünfzigtausend Euro geahndet werden.

(3) Verwaltungsbehörde im Sinne des § 36 Absatz 1 Nummer 1 des Gesetzes über Ordnungswidrigkeiten ist das Bundesamt für Justiz.

§ 342p

Ordnungsgelder

Das Bundesamt für Justiz hat ein Ordnungsgeldverfahren durchzuführen gegen

1. die Mitglieder des vertretungsberechtigten Organs einer Gesellschaft im Sinne des § 342 Absatz 1, die § 342m Absatz 1 oder 2 hinsichtlich der Pflicht zur Offenlegung des Ertragsteuerinformationsberichts oder der Erklärung nach § 342d Absatz 2 Nummer 1 nicht befolgen,
2. die Mitglieder des vertretungsberechtigten Organs einer Kapitalgesellschaft im Sinne des § 342 Absatz 2, die § 342m Absatz 3 hinsichtlich der Pflicht zur Offenlegung des Ertragsteuerinformationsberichts oder der Erklärung nach § 342e Absatz 2 Nummer 1 oder § 342f Absatz 2 Nummer 1 nicht befolgen.

Im Falle des Satzes 1 Nummer 2 treten die in § 13e Absatz 2 Satz 5 Nummer 3 genannten angemeldeten Personen, sobald sie angemeldet sind, an die Stelle der Mitglieder des vertretungsberechtigten Organs der Kapitalgesellschaft. Das Ordnungsgeldverfahren kann im Falle des Satzes 1 Nummer 1 auch gegen die Gesellschaft im Sinne des § 342 Absatz 1 und im Falle des Satzes 1 Nummer 2 auch gegen die Kapitalgesellschaft im Sinne des § 342 Absatz 2 durchgeführt werden. § 335 Absatz 1 Satz 3 bis 5 und Absatz 1c bis 7 sowie die §§ 335a und 335b sind mit der Maßgabe entsprechend anzuwenden, dass das Ordnungsgeld höchstens zweihundertfünfzigtausend Euro beträgt."

22. Der bisherige § 342 wird § 342q und in Absatz 1 Satz 1 in dem Satzteil vor Nummer 1, in Nummer 2 und in Absatz 2 werden jeweils die Wörter „und für Verbraucherschutz" gestrichen.

23. Der bisherige § 342a wird § 342r und wird wie folgt geändert:
    a) In Absatz 1 werden die Wörter „und für Verbraucherschutz" gestrichen und wird die Angabe „§ 342 Abs. 1 Satz 1" durch die Wörter „§ 342q Absatz 1 Satz 1" ersetzt.
    b) In Absatz 2 Nummer 1 werden die Wörter „und für Verbraucherschutz" gestrichen und wird das Wort „Energie" durch das Wort „Klimaschutz" ersetzt.
    c) In Absatz 3 Satz 1 und Absatz 5 werden jeweils die Wörter „und für Verbraucherschutz" gestrichen.
    d) In Absatz 8 wird die Angabe „§ 342 Abs. 2" durch die Angabe „§ 342q Absatz 2" ersetzt.
    e) In Absatz 9 werden die Wörter „und für Verbraucherschutz" gestrichen und wird die Angabe „§ 342 Abs. 1" durch die Angabe „§ 342q Absatz 1" ersetzt.
24. In § 412 Absatz 4 werden die Wörter „und für Verbraucherschutz" gestrichen und werden die Wörter „Verkehr und digitale Infrastruktur" durch die Wörter „Digitales und Verkehr" ersetzt.
25. In § 8a Absatz 2 Satz 1, § 8b Absatz 1, § 9a Absatz 1 Satz 1, Absatz 2 Satz 1 und Absatz 3 Satz 1, § 253 Absatz 2 Satz 5 sowie § 328 Absatz 1 Satz 1 werden jeweils die Wörter „und für Verbraucherschutz" gestrichen.

26. In § 92a Absatz 1 Satz 1 und § 330 Absatz 1 Satz 1 werden jeweils die Wörter „und für Verbraucherschutz" gestrichen und wird jeweils das Wort „Energie" durch das Wort „Klimaschutz" ersetzt.
27. In § 408 Absatz 3 Satz 2, § 443 Absatz 3 Satz 2, § 475c Absatz 4 Satz 2, § 516 Absatz 3 und § 526 Absatz 4 Satz 2 werden jeweils die Wörter „und für Verbraucherschutz" gestrichen und werden jeweils die Wörter „Innern, für Bau und Heimat" durch die Wörter „Innern und für Heimat" ersetzt.

Artikel 2
Änderung des Einführungsgesetzes zum Handelsgesetzbuch

Dem Einführungsgesetz zum Handelsgesetzbuch in der im Bundesgesetzblatt Teil III, Gliederungsnummer 4101-1, veröffentlichten bereinigten Fassung, das zuletzt durch Artikel 7 Absatz 7 des Gesetzes vom 31. Oktober 2022 (BGBl. I S. 1966) geändert worden ist, wird folgender Einundfünfzigster Abschnitt angefügt:

„Einundfünfzigster Abschnitt

Übergangsvorschrift zum Gesetz zur Umsetzung der Richtlinie (EU) 2021/2101 im Hinblick auf die Offenlegung von Ertragsteuerinformationen durch bestimmte Unternehmen und Zweigniederlassungen sowie zur Änderung des Verbraucherstreitbeilegungsgesetzes und des Pflichtversicherungsgesetzes

Artikel 90

(1) § 271 Absatz 2, die §§ 325a, 334 Absatz 1 und 3b, § 335 Absatz 1 und 1b, § 340n Absatz 3b sowie die §§ 340o, 341n Absatz 3b und § 341o des Handelsgesetzbuchs in der jeweils ab dem 22. Juni 2023 geltenden Fassung sind erstmals auf Rechnungslegungsunterlagen für ein nach dem 31. Dezember 2023 beginnendes Geschäftsjahr anzuwenden. Die Vorschriften des Vierten Unterabschnitts des Dritten Buchs des Handelsgesetzbuchs in der jeweils ab dem 22. Juni 2023 geltenden Fassung sind erstmals auf Ertragsteuerinformationsberichte sowie auf Erklärungen nach § 342d Absatz 2 Nummer 1, § 342e Absatz 2 Nummer 1 und § 342f Absatz 2 Nummer 1 des Handelsgesetzbuchs für ein nach dem 21. Juni 2024 beginnendes Geschäftsjahr anzuwenden. § 317 Absatz 3b und § 322 Absatz 1 des Handelsgesetzbuchs in der jeweils ab dem 22. Juni 2023 geltenden Fassung sind erstmals anzuwenden auf gesetzliche Abschlussprüfungen für das Geschäftsjahr, das dem Geschäftsjahr nach Satz 2 folgt. § 335 Absatz 2 Satz 1 und Absatz 5 Satz 8 sowie § 335a Absatz 3 Satz 4 des Handelsgesetzbuchs in der jeweils ab dem 22. Juni 2023 geltenden Fassung sind erstmals anzuwenden auf Wiedereinsetzungen in den vorigen Stand, die am 22. Juni 2023 gewährt werden.

(2) § 271 Absatz 2, die §§ 325a, 334 Absatz 1 und 3b, § 335 Absatz 1 und 1b, § 340n Absatz 3b, die §§ 340o, 341n Absatz 3b und § 341o des Handelsgesetzbuchs in der bis einschließlich 21. Juni 2023 geltenden Fassung sind letztmals anzuwenden auf Rechnungslegungsunterlagen für das vor dem 1. Januar 2024 beginnende Geschäftsjahr. § 335 Absatz 2 Satz 1 und Absatz 5 Satz 8 sowie § 335a Absatz 3 Satz 4 des Handelsgesetzbuchs in der bis einschließlich 21. Juni 2023 geltenden Fassung sind letztmals anzuwenden auf Wiedereinsetzungen in den vorigen Stand, die vor dem 22. Juni 2023 gewährt werden."

Artikel 3
Änderung des Unternehmensbasisdatenregistergesetzes

§ 5 Absatz 1 Satz 1 Nummer 5 Buchstabe b des Unternehmensbasisdatenregistergesetzes vom 9. Juli 2021 (BGBl. I S. 2506), das durch Artikel 3 des Gesetzes vom 20. Dezember 2022 (BGBl. I S. 2727) geändert worden ist, wird wie folgt geändert:

1. In Doppelbuchstabe aa wird die Angabe „oder 341y" durch ein Komma und die Angabe „341y oder 342p" ersetzt.
2. In Doppelbuchstabe bb wird die Angabe „§§ 334 oder 341x" durch die Angabe „§§ 334, 341x oder 342o" ersetzt.

Artikel 4
Änderung des Justizverwaltungskostengesetzes

Die Anlage (Kostenverzeichnis) zum Justizverwaltungskostengesetz vom 23. Juli 2013 (BGBl. I S. 2586, 2655), das zuletzt durch Artikel 7 des Gesetzes vom 10. März 2023 (BGBl. 2023 I Nr. 64) geändert worden ist, wird wie folgt geändert:

1. Nummer 1427 wird wie folgt gefasst:

Nr.	Gebührentatbestand	Gebührenbetrag
„1427	der Rechnungslegung von Kapitalgesellschaften mit Sitz in einem anderen Staat durch eine inländische Zweigniederlassung nach § 325a HGB sowie von Unternehmen mit Sitz in einem anderen Staat durch eine inländische Zweigniederlassung nach § 340l Abs. 2 HGB:	
	a) für Unterlagen, die im Format Extensible Markup Language (XML) übermittelt werden	55,00 €
	b) für Unterlagen, die in einem anderen Format übermittelt werden	275,00 €".
	Werden Unterlagen in unterschiedlichen Dateiformaten übermittelt, wird die höhere Gebühr erhoben.	

1. In Nummer 1429 wird im Gebührentatbestand die Angabe „§ 12 Abs. 3 Satz 2 PublG" durch die Angabe „§ 12 Abs. 3 Satz 3 PublG" ersetzt.
2. Nach Nummer 1438 wird folgende Nummer 1439 eingefügt:

Nr.	Gebührentatbestand	Gebührenbetrag
„1439	eines Ertragsteuerinformationsberichts nach § 342m HGB	220,00 €".

CbCR UmsG

Artikel 5
Änderung der Unternehmensregisterverordnung

Die Unternehmensregisterverordnung vom 26. Februar 2007 (BGBl. I S. 217), die zuletzt durch Artikel 7 des Gesetzes vom 20. Juli 2022 (BGBl. I S. 1166) geändert worden ist, wird wie folgt geändert:

1. § 1 Absatz 1 Satz 2 Nummer 3 wird wie folgt gefasst:

   „3. bei Datenübermittlungen gemäß § 11 Absatz 2 Satz 1 Nummer 1 bis 3 in dem vorgeschriebenen Datenübermittlungsformat."

2. § 11 Absatz 2 wird wie folgt geändert:

   a) Satz 1 wird wie folgt gefasst:

   „Daten im Sinne des § 8b Absatz 2 Nummer 4 des Handelsgesetzbuchs sowie die Unterlagen, die dauerhaft hinterlegt werden sollen, sind dem Unternehmensregister unter Verwendung einer von der registerführenden Stelle bestimmten, nach dem Stand der Technik gesicherten Internetverbindung wie folgt elektronisch zu übermitteln:

   1. Jahresfinanzberichte (§ 114 des Wertpapierhandelsgesetzes) oder die in § 328 Absatz 1 Satz 1 des Handelsgesetzbuchs bezeichneten Rechnungslegungsunterlagen eines Unternehmens, das als Inlandsemittent (§ 2 Absatz 14 des Wertpapierhandelsgesetzes) Wertpapiere (§ 2 Absatz 1 des Wertpapierhandelsgesetzes) begibt: in dem einheitlichen elektronischen Berichtsformat nach Maßgabe der Delegierten Verordnung (EU) 2019/815 der Kommission vom 17. Dezember 2018 zur Ergänzung der Richtlinie 2004/109/EG des Europäischen Parlaments und des Rates im Hinblick auf technische Regulierungsstandards für die Spezifikation eines einheitlichen elektronischen Berichtsformats (ABl. L 143 vom 29.5.2019, S. 1; L 145 vom 4.6.2019, S. 85), die zuletzt durch die Delegierte Verordnung (EU) 2022/352 (ABl. L 77 vom 7.3.2022, S. 1) geändert worden ist, in der jeweils geltenden Fassung,
   2. Unterlagen der Rechnungslegung einer Kapitalgesellschaft mit Sitz in einem anderen Staat (§ 325a des Handelsgesetzbuchs): im nach dem Recht der Hauptniederlassung maßgeblichen Offenlegungsformat,
   3. Ertragsteuerinformationsberichte (§ 342m des Handelsgesetzbuchs): im Erstellungsformat (§ 342l Absatz 2 des Handelsgesetzbuchs) und
   4. Daten, die nicht von den Nummern 1 bis 3 erfasst werden: im strukturierten Format Extensible Markup Language (XML)."

   b) In Satz 2 werden die Wörter „Satz 1 Nummer 2" durch die Wörter „Satz 1 Nummer 4" und die Wörter „im Sinne des § 1 Absatz 1 Satz 2 Nummer 3" durch die Wörter „im Sinne des Satzes 1 Nummer 1" ersetzt.

Artikel 6
Änderung des Aktiengesetzes

Das Aktiengesetz vom 6. September 1965 (BGBl. I S. 1089), das zuletzt durch Artikel 7 des Gesetzes vom 22. Februar 2023 (BGBl. 2023 I Nr. 51) geändert worden ist, wird wie folgt geändert:

1. In § 170 Absatz 1 Satz 3 werden die Wörter „und der gesonderte nichtfinanzielle Konzernbericht (§ 315b des Handelsgesetzbuchs)" durch ein Komma und die Wörter „der gesonderte nichtfinanzielle Konzernbericht (§ 315b des Handelsgesetzbuchs), der Ertragsteuerinformationsbericht (§§ 342b, 342c, 342d Absatz 2 Nummer 2 des Handelsgesetzbuchs) und die Erklärung nach § 342d Absatz 2 Nummer 1 des Handelsgesetzbuchs" ersetzt.
2. In § 171 Absatz 1 Satz 4 werden die Wörter „und den gesonderten nichtfinanziellen Konzernbericht (§ 315b des Handelsgesetzbuchs)" durch ein Komma und die Wörter „den gesonderten nichtfinanziellen Konzernbericht (§ 315b des Handelsgesetzbuchs), den Ertragsteuerinformationsbericht (§§ 342b, 342c, 342d Absatz 2 Nummer 2 des Handelsgesetzbuchs) und die Erklärung nach § 342d Absatz 2 Nummer 1 des Handelsgesetzbuchs" ersetzt.
3. Nach § 283 Nummer 11 wird folgende Nummer 11a eingefügt:

   „11a. die Vorlage eines Ertragsteuerinformationsberichts (§§ 342b, 342c, 342d Absatz 2 Nummer 2 des Handelsgesetzbuchs) und einer Erklärung nach § 342d Absatz 2 Nummer 1 des Handelsgesetzbuchs;".

Artikel 7
Änderung des Einführungsgesetzes zum Aktiengesetz

Vor dem Zweiten Abschnitt des Einführungsgesetzes zum Aktiengesetz vom 6. September 1965 (BGBI. I S. 1185), das zuletzt durch Artikel 3 des Gesetzes vom 20. Juli 2022 (BGBl. I S. 1166) geändert worden ist, wird folgender § 26o eingefügt:

„§ 26o

Übergangsvorschrift zum Gesetz zur Umsetzung der Richtlinie (EU) 2021/2101 im Hinblick auf die Offenlegung von Ertragsteuerinformationen durch bestimmte Unternehmen und Zweigniederlassungen sowie zur Änderung des Verbraucherstreitbeilegungsgesetzes und des Pflichtversicherungsgesetzes

§ 170 Absatz 1 Satz 3, § 171 Absatz 1 Satz 4 und § 283 Nummer 11a des Aktiengesetzes in der jeweils ab dem 22. Juni 2023 geltenden Fassung sind erstmals auf Ertragsteuerinformationsberichte und Erklärungen nach § 342d Absatz 2 Nummer 1 des Handelsgesetzbuchs für ein nach dem 21. Juni 2024 beginnendes Geschäftsjahr anzuwenden."

Artikel 8
Änderung des SE-Ausführungsgesetzes

Das SE-Ausführungsgesetz vom 22. Dezember 2004 (BGBl. I S. 3675), das zuletzt durch Artikel 8 des Gesetzes vom 22. Februar 2023 (BGBl. 2023 I Nr. 51) geändert worden ist, wird wie folgt geändert:

1. Der Inhaltsübersicht wird folgende Angabe angefügt:

„§58 Übergangsvorschrift zum Gesetz zur Umsetzung der Richtlinie (EU) 2021/2101 im Hinblick auf die Offenlegung von Ertragsteuerinformationen durch bestimmte Unternehmen und Zweigniederlassungen sowie zur Änderung des Verbraucherstreitbeilegungsgesetzes und des Pflichtversicherungsgesetzes".

2. Nach § 47 Absatz 4 wird folgender Absatz 4a eingefügt:

„(4a) Absatz 1 Satz 1 und Absatz 3 gelten entsprechend für einen Ertragsteuerinformationsbericht (§§ 342b, 342c, 342d Absatz 2 Nummer 2 des Handelsgesetzbuchs) und eine Erklärung nach § 342d Absatz 2 Nummer 1 des Handelsgesetzbuchs."

3. In § 53 Absatz 1 Satz 1 werden die Wörter „des § 334 des Handelsgesetzbuchs" durch die Wörter „der §§ 334 und 342o des Handelsgesetzbuchs" ersetzt.

4. Folgender § 58 wird angefügt:

„§ 58

Übergangsvorschrift zum Gesetz zur Umsetzung der Richtlinie (EU) 2021/2101 im Hinblick auf die Offenlegung von Ertragsteuerinformationen durch bestimmte Unternehmen und Zweigniederlassungen sowie zur Änderung des Verbraucherstreitbeilegungsgesetzes und des Pflichtversicherungsgesetzes

§ 47 Absatz 4a und § 53 Absatz 1 in der jeweils ab dem 22. Juni 2023 geltenden Fassung sind erstmals auf Ertragsteuerinformationsberichte und Erklärungen nach § 342d Absatz 2 Nummer 1 des Handelsgesetzbuchs für ein nach dem 21. Juni 2024 beginnendes Geschäftsjahr anzuwenden."

Artikel 9

Änderung der Wirtschaftsprüferordnung

Die Wirtschaftsprüferordnung in der Fassung der Bekanntmachung vom 5. November 1975 (BGBl. I S. 2803), die zuletzt durch Artikel 11 des Gesetzes vom 10. März 2023 (BGBl. 2023 I Nr. 64) geändert worden ist, wird wie folgt geändert:

1. In § 36a Absatz 4 Satz 2 wird nach dem Wort „Kreditwesengesetzes" das Komma durch das Wort „und" ersetzt und werden die Wörter „sowie in § 342c des Handelsgesetzbuchs" gestrichen.
2. In § 43a Absatz 1 Nummer 9 Buchstabe a wird die Angabe „§ 342 Absatz 1" durch die Angabe „§ 342q Absatz 1" ersetzt und werden die Wörter „und für Verbraucherschutz" gestrichen.
3. In § 57 Absatz 2 Nummer 11, § 57c Absatz 1 Satz 5, § 75 Absatz 2 Satz 1, Absatz 3 Satz 1 und 2 und Absatz 5 sowie § 77 Absatz 2 Satz 1 werden jeweils die Wörter „und für Verbraucherschutz" gestrichen.

Artikel 10

Änderung des Verbraucherstreitbeilegungsgesetzes

In § 29 Absatz 2 Satz 1 Nummer 2 des Verbraucherstreitbeilegungsgesetzes vom 19. Februar 2016 (BGBl. I S. 254, 1039), das zuletzt durch Artikel 2 Absatz 3 des Gesetzes vom 25. Juni 2020 (BGBl. I S. 1474) geändert worden ist, werden nach dem Wort „Verbraucherschlichtungsstelle“ die Wörter „oder den Träger einer bereits eingerichteten Universalschlichtungsstelle“ eingefügt.

Artikel 11
Änderung des Pflichtversicherungsgesetzes

Nach § 14 des Pflichtversicherungsgesetzes vom 5. April 1965 (BGBl. I S. 213), das zuletzt durch Artikel 2 des Gesetzes vom 12. Juli 2021 (BGBl. I S. 3108) geändert worden ist, wird folgender § 14a eingefügt:

„§ 14a

(1) Benannte Einrichtung im Sinne des Artikels 10a Absatz 13 Unterabsatz 2 Buchstabe b und des Artikels 25a Absatz 13 Unterabsatz 2 Buchstabe b der Richtlinie 2009/103/EG des Europäischen Parlaments und des Rates vom 16. September 2009 über die Kraftfahrzeug-Haftpflichtversicherung und die Kontrolle der entsprechenden Versicherungspflicht (ABl. L 263 vom 7.10.2009, S. 11), die zuletzt durch die Richtlinie (EU) 2021/2118 (ABl. L 430 vom 2.12.2021, S. 1) geändert worden ist, ist die Verhandlungsstelle über die Regressabkommen zwischen den Insolvenzfonds für Kraftfahrzeugunfälle (Verhandlungsstelle).

(2) Die Verhandlungsstelle ist beauftragt, Vereinbarungen nach Artikel 10a Absatz 13 Unterabsatz 1 und Artikel 25a Absatz 13 Unterabsatz 1 der Richtlinie 2009/103/EG auszuhandeln und abzuschließen, deren Vertragspartei die von der Bundesrepublik Deutschland nach Artikel 10a Absatz 1 und Artikel 25a Absatz 1 der Richtlinie 2009/103/EG einzurichtenden oder zuzulassenden Stellen bei ihrer Einrichtung oder Zulassung werden.

(3) Die Aufgaben und Befugnisse der Verhandlungsstelle werden von der in § 13a Absatz 1 Satz 1 genannten Verkehrsopferhilfe mit deren Einverständnis wahrgenommen. Sofern die Wahrnehmung der Aufgaben und Befugnisse durch die Verkehrsopferhilfe nicht gewährleistet ist, wird das Bundesministerium der Justiz ermächtigt, durch Rechtsverordnung ohne Zustimmung des Bundesrates die Aufgaben und Befugnisse der Verhandlungsstelle zu übertragen auf

1. die in § 13 Absatz 1 Satz 1 genannte Anstalt oder
2. eine andere bestehende juristische Person des Privatrechts, wenn diese
   a) bereit ist, die Aufgaben der Verhandlungsstelle zu übernehmen, und
   b) hinreichende Gewähr für die sachgerechte Erfüllung der Aufgaben nach Absatz 2 bietet.

(4) Die juristische Person, welche die Aufgaben und Befugnisse der Verhandlungsstelle wahrnimmt, untersteht insoweit der Aufsicht des Bundesministeriums der Justiz.“

Artikel 12
Inkrafttreten

Dieses Gesetz tritt am Tag nach der Verkündung in Kraft.

Die verfassungsmäßigen Rechte des Bundesrates sind gewahrt.

Das vorstehende Gesetz wird hiermit ausgefertigt. Es ist im Bundesgesetzblatt zu verkünden.
Berlin, den 19. Juni 2023

Der Bundespräsident
Steinmeier

Der Bundeskanzler
Olaf Scholz

Der Bundesminister der Justiz
Marco Buschmann

Gesetz zur Abwehr von Steuervermeidung und unfairem Steuerwettbewerb (Steueroasen-Abwehrgesetz - StAbwG)

Änderungsdokumentation: Das Gesetz zur Abwehr von Steuervermeidung und unfairem Steuerwettbewerb (Steueroasen-Abwehrgesetz – StAbwG) ist als Art. 1 Gesetz zur Abwehr von Steuervermeidung und unfairem Steuerwettbewerb und zur Änderung weiterer Gesetze v. 25.6.2021 (BGBl I S. 2056) verkündet worden und am 1.7.2021 in Kraft getreten. — Die hier wiedergegebene (nichtamtliche) Fassung berücksichtigt die Änderungen des StAbwG durch Art. 24 Jahressteuergesetz 2022 (JStG 2022) v. 16.12.2022 (BGBl I S. 2294) ; Art. 8 Abs. 2 Gesetz zur Umsetzung der Richtlinie (EU) 2021/514 des Rates vom 22. März 2021 zur Änderung der Richtlinie 2011/16/EU über die Zusammenarbeit der Verwaltungsbehörden im Bereich der Besteuerung und zur Modernisierung des Steuerverfahrensrechts v. 20.12.2022 (BGBl I S. 2730). – **Zur Anwendung siehe § 13**.

Inhaltsübersicht

Abschnitt 1
Allgemeine Vorschriften

§ 1 Anwendungsbereich

(1) Die Vorschriften dieses Gesetzes sind auf natürliche Personen, Körperschaften, Personenvereinigungen und Vermögensmassen anzuwenden.

(2) Dieses Gesetz ist auf Steuern einschließlich der Steuervergütungen anzuwenden, die durch Bundesrecht oder Recht der Europäischen Union geregelt sind und durch Bundesfinanzbehörden, Landesfinanzbehörden oder Gemeinden verwaltet werden, ausgenommen die Umsatzsteuer, einschließlich der Einfuhrumsatzsteuer, Einfuhrund Ausfuhrabgaben und Verbrauchsteuern.

(3) Die Vorschriften dieses Gesetzes werden durch Abkommen zur Vermeidung der Doppelbesteuerung nicht eingeschränkt oder ausgeschlossen. Darüber hinaus werden deutsche Besteuerungsrechte durch Abkommen zur Vermeidung der Doppelbesteuerung mit nicht kooperativen Steuerhoheitsgebieten für den Zeitraum, in denen die Abschnitte 3 und 4 bezogen auf dieses Steuerhoheitsgebiet Anwendung finden, nicht berührt.

§ 2 Begriffsbestimmungen

(1) Ein Staat oder ein Gebiet (Steuerhoheitsgebiet) ist im Sinne dieses Gesetzes nicht kooperativ, wenn das Steuerhoheitsgebiet eine der Voraussetzungen des § 4 Absatz 1, des § 5 Absatz 1 oder des § 6 erfüllt.

(2) Ansässig in einem nicht kooperativen Steuerhoheitsgebiet im Sinne dieses Gesetzes sind

1. natürliche Personen, wenn sie einen Wohnsitz (§ 8 der Abgabenordnung) oder ihren gewöhnlichen Aufenthalt (§ 9 der Abgabenordnung);
2. Körperschaften, Personenvereinigungen und Vermögensmassen, wenn sie einen Sitz (§ 11 der Abgabenordnung) oder ihren Ort der Geschäftsleitung (§ 10 der Abgabenordnung) in einem nicht kooperativen Steuerhoheitsgebiet haben.

§ 3 Verordnungsermächtigung

(1) Zur Sicherstellung einer einheitlichen Rechtsanwendung erlassen das Bundesministerium der Finanzen und das Bundesministerium für Wirtschaft und Energie mit Zustimmung des Bundesrates eine Rechtsverordnung, in der genannt sind

1. die Steuerhoheitsgebiete, die nach Maßgabe des § 2 Absatz 1 nicht kooperative Steuerhoheitsgebiete sind, wenn sie in der im Amtsblatt der Europäischen Union veröffentlichten EU-Liste nicht kooperativer Länder und Gebiete für Steuerzwecke in der jeweils aktuellen Fassung genannt sind; und
2. der Zeitpunkt, ab dem ein bisher als nicht kooperativ genanntes Steuerhoheitsgebiet die Voraussetzungen des § 2 Absatz 1 nicht länger erfüllt.

Die Rechtsverordnung ist für die Anwendung der Abschnitte 3 und 4 maßgeblich.

(2) Wird in der Rechtsverordnung nach Absatz 1 ein Steuerhoheitsgebiet als nicht kooperatives Steuerhoheitsgebiet genannt, finden die Abschnitte 3 und 4 in Bezug auf dieses Steuerho-

heitsgebiet ab dem Beginn des Folgejahres des Inkrafttretens der Rechtsverordnung Anwendung. Eine Ausnahme soll gelten für § 8, der ab dem Beginn des vierten Jahres nach Inkrafttreten, sowie für § 11, der ab Beginn des dritten Jahres nach Inkrafttreten der Rechtsverordnung, Anwendung findet. Weicht das Wirtschaftsjahr der Person, die Adressat der Maßnahmen der Abschnitte 3 und 4 ist, vom Kalenderjahr ab, gelten die Sätze 1 und 2 mit der Maßgabe, dass auf den Beginn des folgenden Wirtschaftsjahres abzustellen ist.

(3) Wird in der Rechtsverordnung nach Absatz 1 ein Steuerhoheitsgebiet nicht länger als nicht kooperatives Steuerhoheitsgebiet genannt, finden die Abschnitte 3 und 4 in Bezug auf dieses Steuerhoheitsgebiet bereits ab dem 1. Januar des Kalenderjahres, in dessen Verlauf der in der Rechtsverordnung genannte Zeitpunkt des Wegfalls der Voraussetzungen fällt, keine Anwendung mehr. Weicht das Wirtschaftsjahr der Person, die Adressat der Maßnahmen der Abschnitte 3 und 4 ist, vom Kalenderjahr ab, gilt Satz 1 mit der Maßgabe, dass auf den Beginn des Wirtschaftsjahres abzustellen ist.

Abschnitt 2
Qualifikation eines Staates oder Gebiets

§ 4 Intransparenz in Steuersachen

(1) Ein Steuerhoheitsgebiet ist nicht kooperativ, wenn dieses Steuerhoheitsgebiet keine hinreichende Transparenz in Steuersachen gewährleistet.

(2) Ein Steuerhoheitsgebiet gewährleistet keine hinreichende Transparenz in Steuersachen, wenn dieses Steuerhoheitsgebiet

1. den automatischen Austausch von Informationen über Finanzkonten in Steuersachen mit der Bundesrepublik Deutschland sowie allen anderen Mitgliedstaaten der Europäischen Union nach dem gemeinsamen Meldestandard nicht durchführt;
2. nicht weitgehend den OECD Standard für Transparenz und effektiven Informationsaustausch auf Ersuchen umgesetzt hat; oder
3. das Übereinkommen vom 25. Januar 1988 über die gegenseitige Amtshilfe in Steuersachen in der Fassung des Änderungsprotokolls vom 27. Mai 2010 nicht ratifiziert hat oder, sofern das Steuerhoheitsgebiet nicht über die volle staatliche Souveränität verfügt, es dem Übereinkommen vom 25. Januar 1988 über die gegenseitige Amtshilfe in Steuersachen in der Fassung des Änderungsprotokolls vom 27. Mai 2010 nicht beigetreten ist; die Transparenz ist allerdings hinreichend gewährleistet, wenn das Steuerhoheitsgebiet den wirksamen Austausch von Informationen auf Ersuchen sowie den automatischen Austausch von Informationen mit der Bundesrepublik Deutschland und allen anderen Mitgliedstaaten der Europäischen Union aufgrund geltender Abkommen sicherstellt.

(3) Gemeinsamer Meldestandard nach Absatz 2 Nummer 1 ist der durch die Organisation für wirtschaftliche Zusammenarbeit und Entwicklung (OECD) zusammen mit den G20-Staaten entwickelte Standard für den automatischen Austausch von Informationen über Finanzkonten in Steuersachen in dem Stand der Veröffentlichung durch die OECD vom 15. Juli 2014.

(4) Der OECD Standard nach Absatz 2 Nummer 2 bestimmt sich anhand der „2016 Terms of Reference" im „Informationsaustausch auf Ersuchen, Handbuch für die gegenseitige Überprü-

fung 2016-2020“, Global Forum on Transparency and Exchange of Information for Tax Purposes (2016).[1] Der Standard ist in einem Steuerhoheitsgebiet weitgehend nicht umgesetzt, wenn von ihm wesentlich abgewichen wird und diese Abweichung signifikante Auswirkungen auf die praktische Durchführung des Informationsaustausches auf Ersuchen hatte oder voraussichtlich haben wird.

§ 5 Unfairer Steuerwettbewerb

(1) Ein Steuerhoheitsgebiet ist nicht kooperativ, wenn es unfairen Steuerwettbewerb betreibt.

(2) Ein Steuerhoheitsgebiet betreibt unfairen Steuerwettbewerb, wenn es Regelungen, einschließlich Rechts-, Verwaltungsvorschriften und Verwaltungspraktiken auf dem Gebiet des Steuerrechts, anwendet, die gemessen an den üblicherweise in dem betreffenden Steuerhoheitsgebiet geltenden Besteuerungsniveaus eine deutlich niedrigere Effektivbesteuerung, einschließlich einer Nullbesteuerung, bewirken. Diese Regelungen sind insbesondere dann als unfairer Steuerwettbewerb anzusehen, wenn sie

1. Vorteile ausschließlich Gebietsfremden oder für Transaktionen mit Gebietsfremden gewähren;
2. Vorteile gewähren, die von der inländischen Wirtschaft des nicht kooperativen Steuerhoheitsgebietes nicht in Anspruch genommen werden können, so dass sie keine Auswirkungen auf dessen Steuergrundlage haben;
3. Vorteile von einer tatsächlichen wirtschaftlichen Tätigkeit oder Präsenz in dem diese Vorteile gewährenden Steuerhoheitsgebiet entkoppeln und die steuerlichen Vorteile auch ohne eine derartige Tätigkeit oder Präsenz gewährt werden;
4. bei der Gewinnermittlung bei Aktivitäten innerhalb einer multinationalen Unternehmensgruppe von international allgemein anerkannten Grundsätzen, insbesondere denen der OECD, abweichen; oder
5. intransparent, insbesondere nicht allgemein vorhersehbar oder hinreichend dokumentiert sind, einschließlich der Fälle, in denen von den Regelungen in der Handhabung durch die Verwaltungsbehörden bewusst abgewichen wird, um gesetzlich nicht vorgesehene Vorteile zu gewähren.

(3) Für ein Steuerhoheitsgebiet, das über kein Körperschaftsteuersystem oder über ein Körperschaftsteuersystem verfügt, dessen Anwendung zu einem effektiven Körperschaftsteuersatz von null oder nahe null führt (Nullsatzjurisdiktion), sind Regelungen sowie Strukturen als unfairer Steuerwettbewerb anzusehen, wenn sie zum Ziel haben, Gewinne anzuziehen, die keine reale Wirtschaftstätigkeit in dem Steuerhoheitsgebiet abbilden. Regelungen und Strukturen sind insbesondere dann als unfairer Steuerwettbewerb anzusehen, wenn hierdurch eine den Regelungen unter Absatz 2 Satz 2 Nummer 1 bis 5 entsprechende Wirkung entsteht. Für die Beurteilung der Wirkung ist unerheblich, ob es sich um steuerliche oder nichtsteuerliche Regelungen und Strukturen in dem betreffenden Steuerhoheitsgebiet handelt. Allein der Umstand, dass ein Steuerhoheitsgebiet eine Nullsatzjurisdiktion ist, führt nicht dazu, dass die

[1] Amtlicher Hinweis: Dieses Dokument ist im Internet abrufbar unter https://www.bzst.de/DE/Behoerden/InternationaleAmtshilfe/AmtshilfeDirekteSteuern/amtshilfe_direkte_steuern_node.html.

betreffenden Regelungen oder Strukturen dieses Steuerhoheitsgebietes als unfairer Steuerwettbewerb anzusehen sind.

§ 6 Nichterfüllung der BEPS-Mindeststandards

(1) Ein Steuerhoheitsgebiet ist nicht kooperativ, wenn es sich nicht zur Umsetzung der Mindeststandards des OECD/G20 BEPS-Projekts (Base Erosion and Profit Shifting, vgl. BEPS-Projekt Erläuterungen, Abschlussbericht 2015) gegen Gewinnverkürzung und Gewinnverschiebung verpflichtet hat. Die Mindeststandards umfassen Aktionspunkt 5 „Wirksame Bekämpfung schädlicher Steuerpraktiken unter Berücksichtigung von Transparenz und Substanz“, Aktionspunkt 6 „Verhinderung von Abkommensmissbrauch“, Aktionspunkt 13 „Verrechnungspreisdokumentation und länderbezogene Berichterstattung“ und Aktionspunkt 14 „Verbesserung der Wirksamkeit von Streitbeilegungsmechanismen“.

(2) Ein Steuerhoheitsgebiet ist auch dann nicht kooperativ, wenn es

1. nicht mit der Bundesrepublik Deutschland sowie allen anderen Mitgliedstaaten der Europäischen Union über einen Mechanismus zum Austausch länderbezogener Berichte verfügt; oder
2. hinsichtlich der Vertraulichkeit, der Datenschutzvorkehrungen, der sachgemäßen Verwendung oder dem rechtzeitigen und ausreichenden Austausch von Informationen zu länderbezogenen Berichten von dem Mindeststandard des OECD/G20 BEPS-Projekts, Aktionspunkt 13 „Verrechnungspreisdokumentation und länderbezogene Berichterstattung“ wesentlich abweicht.

Abschnitt 3
Abwehrmaßnahmen

§ 7 Betroffene Geschäftsvorgänge

Unterhält ein Steuerpflichtiger Geschäftsbeziehungen oder Beteiligungsverhältnisse in oder mit Bezug zu einem nicht kooperativen Steuerhoheitsgebiet (Geschäftsvorgänge), gelten die §§ 8 bis 11. Satz 1 ist auch auf anzunehmende schuldrechtliche Beziehungen im Sinne des § 1 Absatz 4 Satz 1 Nummer 2 des Außensteuergesetzes sowie auf Vorgänge, die auf einer gesellschaftsrechtlichen Vereinbarung beruhen, anzuwenden.

§ 8 Verbot des Betriebsausgaben- und Werbungskostenabzugs

Aufwendungen aus Geschäftsvorgängen im Sinne des § 7 dürfen den Gewinn oder den Überschuss der Einnahmen über die Werbungskosten nicht mindern. Dies gilt nicht, soweit

1. die den Aufwendungen entsprechenden Erträge der unbeschränkten oder beschränkten Steuerpflicht nach den Vorschriften des Einkommensteuergesetzes, Körperschaftsteuergesetzes oder dieses Gesetzes unterliegen; oder
2. auf Grund der aus den Aufwendungen resultierenden Einnahmen ein Hinzurechnungsbetrag im Sinne des § 10 Absatz 1 Satz 1 des Außensteuergesetzes anzusetzen ist.

§ 9 Verschärfte Hinzurechnungsbesteuerung

Sind unbeschränkt steuerpflichtige Personen an einer ausländischen Gesellschaft im Sinne des § 7 Absatz 1 des Außensteuergesetzes gemäß § 7 des Außensteuergesetzes beteiligt, die in einem nicht kooperativen Steuerhoheitsgebiet ansässig ist, ist die ausländische Gesellschaft über § 8 Absatz 1 des Außensteuergesetzes hinaus und ungeachtet von § 8 Absatz 2 bis 4 und § 9 des Außensteuergesetzes Zwischengesellschaft für ihre gesamten Einkünfte, die insgesamt einer niedrigen Besteuerung im Sinne des § 8 Absatz 5 des Außensteuergesetzes unterliegen. Satz 1 gilt nicht, soweit dessen Anwendung zu niedrigeren steuerpflichtigen Einkünften führt als ohne dessen Geltung. Für in einem nicht kooperativen Steuerhoheitsgebiet gelegene Betriebsstätten eines unbeschränkt Steuerpflichtigen gilt § 20 Absatz 2 Satz 1 des Außensteuergesetzes mit der Maßgabe, dass dieser auf sämtliche Einkünfte der Betriebstätte anzuwenden ist; § 20 Absatz 2 Satz 2 des Außensteuergesetzes ist nicht anzuwenden und Satz 2 gilt entsprechend.

§ 10 Quellensteuermaßnahmen

(1) Über § 49 des Einkommensteuergesetzes hinaus liegen steuerpflichtige Einkünfte derjenigen natürlichen Personen sowie derjenigen Körperschaften, Personenvereinigungen oder Vermögensmassen, die in einem nicht kooperativen Steuerhoheitsgebiet ansässig sind, auch vor, soweit sie Einkünfte erzielen aus

1. Finanzierungsbeziehungen. Inhaberschuldverschreibungen, die durch eine Globalurkunde verbrieft und im Rahmen der Girosammelverwahrung bei einem Zentralverwahrer verwahrt werden und mit diesen vergleichbare Schuldtitel, die an einer anerkannten Börse im Sinne des § 138 Absatz 2 Satz 1 Nummer 3 Buchstabe b Satz 2 der Abgabenordnung handelbar sind, gelten nicht als Finanzierungsbeziehungen;
2. Versicherungs- oder Rückversicherungsprämien;
3. der Erbringung von Dienstleistungen, soweit sie nicht bereits von den Nummern 1 und 2 erfasst sind. Nutzungsüberlassungen gelten nicht als Erbringung von Dienstleistungen;
4. dem Handel mit Waren oder Dienstleistungen im Sinne der Nummer 3 oder
5. der Vermietung und Verpachtung oder der Veräußerung von Rechten, die in ein inländisches öffentliches Buch oder Register eingetragen sind.

Steuerpflichtige Einkünfte nach Satz 1 liegen bei dessen Nummern 1 bis 4 nur vor, wenn sie nach § 2 Absatz 1 Satz 1 erster Halbsatz des Einkommensteuergesetzes bei unbeschränkt Steuerpflichtigen der Besteuerung unterlägen und die dem Steuerpflichtigen hierbei gewährten Vergütungen als Betriebsausgaben oder Werbungskosten eines anderen unbeschränkt Steuerpflichtigen ungeachtet des § 8 Satz 1 bei dessen Veranlagung zur Einkommen- oder Körperschaftsteuer ungeachtet der Wahl der Gewinnermittlungsart berücksichtigt werden können.

(2) § 50a Absatz 1, 2 Satz 1 und 2 und Absatz 3 bis 5 des Einkommensteuergesetzes und die §§ 73c bis 73g der Einkommensteuer-Durchführungsverordnung sowie die weiteren gesetzlichen Vorschriften, die an den Steuerabzug auf Grund des § 50a des Einkommensteuergesetzes anknüpfen, gelten für die Vergütungen im Sinne des Absatzes 1 Satz 1 entsprechend. Dabei ist § 50a Absatz 2 Satz 1 des Einkommensteuergesetzes mit der Maßgabe anzuwenden, dass der Steuerabzug 15 Prozent der gesamten Einnahmen beträgt.

§ 11 Maßnahmen bei Gewinnausschüttungen und Anteilsveräußerungen

(1) Auf Bezüge im Sinne des § 20 Absatz 1 Nummer 1, 2, 9 und 10 Buchstabe a des (1) Auf Bezüge im Sinne des § 20 Absatz 1 Nummer 1, 2, 9 und 10 Buchstabe a des Einkommen-

steuergesetzes, die von einer in einem nicht kooperativen Steuerhoheitsgebiet ansässigen Körperschaft geleistet werden, finden keine Anwendung

1. die Vorschriften über die Steuerbefreiung nach § 8b Absatz 1 Satz 1 des Körperschaftsteuergesetzes und
2. den in Nummer 1 genannten Vorschriften vergleichbare Vorschriften in Abkommen zur Vermeidung der Doppelbesteuerung.

Auf Gewinne aus der Veräußerung eines Anteils an einer Körperschaft oder Personenvereinigung, deren Leistungen beim Empfänger zu Bezügen im Sinne des Satzes 1 gehören, finden die Vorschriften über die Steuerbefreiung nach § 8b Absatz 2 Satz 1 des Körperschaftsteuergesetzes und vergleichbare Vorschriften in Abkommen zur Vermeidung der Doppelbesteuerung keine Anwendung. Die Sätze 1 und 2 gelten auch, wenn der Steuerpflichtige Bezüge von einer nahestehenden Person im Sinne des § 1 Absatz 2 des Außensteuergesetzes erhält und diese Bezüge aus Ausschüttungen oder Veräußerungsgewinnen resultieren, die die nahestehende Person unmittelbar oder mittelbar von einer Körperschaft im Sinne des Satzes 1 erhalten hat; dies gilt nicht, wenn bereits auf Ebene der nahestehenden Person die Sätze 1 und 2 oder vergleichbare Vorschriften angewendet worden sind.

(2) Für Einkünfte im Sinne des Absatzes 1 sind § 2 Absatz 5b Satz 1, § 32d Absatz 1 und § 43 Absatz 5 des Einkommensteuergesetzes in Bezug auf Einkünfte, die das Kreditinstitut für Rechnung des Schuldners an den Steuerpflichtigen zahlt, und § 3 Nummer 40 Satz 1 und 2 des Einkommensteuergesetzes nicht anzuwenden.

(3) Die Absätze 1 und 2 gelten nicht, soweit der Steuerpflichtige nachweist, dass die Ausschüttungen aus Beträgen resultieren, die beim Leistenden bereits der Besteuerung nach § 10 unterlegen haben oder für die bereits das Abzugsverbot nach § 8 angewendet worden ist.

Abschnitt 4
Besondere Anforderungen an das Steuerverwaltungsverfahren

§ 12 Gesteigerte Mitwirkungspflichten

(1) Der Steuerpflichtige hat über die nach § 90 der Abgabenordnung bestehenden Mitwirkungspflichten hinaus eine gesteigerte Mitwirkungspflicht. Die gesteigerte Mitwirkungspflicht umfasst die in den folgenden Absätzen geregelten Verpflichtungen.

(2) Der Steuerpflichtige hat für Geschäftsvorgänge im Sinne des § 7 folgende Aufzeichnungen zu erstellen:

1. Darstellung der Geschäftsbeziehungen, Übersicht über Art und Umfang dieser Geschäftsbeziehungen, insbesondere Wareneinkauf, Dienstleistungen, Darlehensverhältnisse, Versicherungsverhältnisse, Nutzungsüberlassungen sowie Kostenumlagen;
2. Verträge und vereinbarte Vertragsbedingungen, die den Geschäftsbeziehungen zugrunde liegen, und ihre Veränderung innerhalb des Wirtschaftsjahres;
3. Auflistung von Vereinbarungen mit Bezug zu immateriellen Werten, einschließlich Kostenumlagevereinbarungen sowie Forschungsdienstleistungsvereinbarungen und Lizenzvereinbarungen, sowie Auflistung der immateriellen Werte, die der Steuerpflichtige im Rahmen der betreffenden Geschäftsbeziehungen nutzt oder zur Nutzung überlässt;

4. die von den Beteiligten im Rahmen der Geschäftsbeziehungen ausgeübten Funktionen und übernommenen Risiken sowie deren Veränderungen innerhalb des Wirtschaftsjahres;
5. die eingesetzten wesentlichen Vermögenswerte;
6. die gewählten Geschäftsstrategien;
7. die Markt- und Wettbewerbsverhältnisse, die für die Besteuerung von Bedeutung sind;
8. die natürlichen Personen, die unmittelbar oder mittelbar Gesellschafter oder Anteilseigner einer Gesellschaft in dem nicht kooperativen Steuerhoheitsgebiet sind, zu dem der Steuerpflichtige in Geschäftsbeziehung steht; das gilt nicht, soweit mit der Hauptgattung der Aktien der ausländischen Gesellschaft ein wesentlicher und regelmäßiger Handel an einer Börse in einem Mitgliedstaat der Europäischen Union oder in einem Vertragsstaat des EWR-Abkommens stattfindet oder an einer Börse, die in einem anderen Staat nach § 193 Absatz 1 Satz 1 Nummer 2 und 4 des Kapitalanlagegesetzbuchs von der Bundesanstalt für Finanzdienstleistungsaufsicht zugelassen ist.

Die Aufzeichnungen nach Satz 1 sind spätestens ein Jahr nach Ablauf des betreffenden Kalenderjahres oder Wirtschaftsjahres zu erstellen und an die örtlich zuständige Finanzbehörde sowie in den Fällen, in denen die Voraussetzungen des § 138a der Abgabenordnung erfüllt sind, dem Bundeszentralamt für Steuern, zu übermitteln. Daneben sind die Aufzeichnungen auf Anforderung entsprechend § 90 Absatz 4 Satz 1 und 3 der Abgabenordnung vorzulegen.

(3) Nach Aufforderung der zuständigen Finanzbehörde hat der Steuerpflichtige die Richtigkeit und Vollständigkeit der Angaben gemäß Absatz 2 an Eides statt zu versichern und die Finanzbehörde zu bevollmächtigen, in seinem Namen mögliche Auskunftsansprüche gegenüber den von der Finanzbehörde benannten Personen, zu denen Geschäftsvorgänge im Sinne des § 7 bestehen, außergerichtlich und gerichtlich geltend zu machen. § 95 der Abgabenordnung bleibt unberührt.

Abschnitt 5
Schlussvorschriften

§ 13 Anwendungsvorschriften

(1) Die Abschnitte 3 und 4 dieses Gesetzes sind ab dem 1. Januar 2022 anzuwenden.

(1a) § 10 in der Fassung des Artikels 24 des Gesetzes vom 16. Dezember 2022 (BGBl. I S. 2294) ist erstmals ab dem 1. Januar 2022 anzuwenden.

(2) Abweichend von Absatz 1 sind die Abschnitte 3 und 4 dieses Gesetzes in Bezug auf Steuerhoheitsgebiete, die am 1. Januar 2021 nicht auf der im Amtsblatt der Europäischen Union veröffentlichten EU-Liste nicht kooperativer Länder und Gebiete für Steuerzwecke genannt waren, ab dem 1. Januar 2023 anzuwenden.

(3) Vorbehaltlich der Absätze 1 und 2 ist § 9 in der am Tag nach Verkündung geltenden Fassung erstmals anzuwenden

1. für die Einkommen- und Körperschaftsteuer für den Veranlagungszeitraum,
2. für die Gewerbesteuer für den Erhebungszeitraum,

für den Zwischeneinkünfte hinzuzurechnen sind, die in einem Wirtschaftsjahr der Zwischengesellschaft oder der Betriebsstätte entstanden sind, das nach dem 31. Dezember 2021 beginnt. Für Zwischeneinkünfte einer Zwischengesellschaft oder einer Untergesellschaft im Sinne des § 14 Absatz 1 des Außensteuergesetzes in der am 30. Juni 2021 geltenden Fassung oder einer ihr nachgeschalteten ausländischen Gesellschaft im Sinne des § 14 Absatz 3 des Außensteuergesetzes in der am 30. Juni 2021 geltenden Fassung oder einer Betriebsstätte, die in einem Wirtschaftsjahr entstanden sind, das vor dem 1. Januar 2022 beginnt, ist § 9 vorbehaltlich der Absätze 1 und 2 in der folgenden Fassung anzuwenden:

"§ 9
Verschärfte Hinzurechnungsbesteuerung

Sind unbeschränkt steuerpflichtige Personen an einer ausländischen Gesellschaft im Sinne des § 7 Absatz 1 des Außensteuergesetzes in der am 30. Juni 2021 geltenden Fassung gemäß § 7 des Außensteuergesetzes in der am 30. Juni 2021 geltenden Fassung beteiligt, die in einem nicht kooperativen Steuerhoheitsgebiet ansässig ist, ist die ausländische Gesellschaft über § 8 Absatz 1 des Außensteuergesetzes in der am 30. Juni 2021 geltenden Fassung hinaus und ungeachtet von § 8 Absatz 2 und § 9 des Außensteuergesetzes in der am 30. Juni 2021 geltenden Fassung Zwischengesellschaft für ihre gesamten Einkünfte, die insgesamt einer niedrigen Besteuerung im Sinne des § 8 Absatz 3 des Außensteuergesetzes in der am 30. Juni 2021 geltenden Fassung unterliegen. Untergesellschaften im Sinne des § 14 Absatz 1 des Außensteuergesetzes in der am 30. Juni 2021 geltenden Fassung und ihnen nachgeschaltete ausländische Gesellschaften im Sinne des § 14 Absatz 3 des Außensteuergesetzes in der am 30. Juni 2021 geltenden Fassung, die in nicht kooperativen Steuerhoheitsgebieten ansässig sind, sind über § 14 Absatz 1 und § 8 Absatz 1 des Außensteuergesetzes in der am 30. Juni 2021 geltenden Fassung hinaus und ungeachtet von § 8 Absatz 2 und § 9 des Außensteuergesetzes in der am 30. Juni 2021 geltenden Fassung nachgeschaltete Zwischengesellschaften für ihre gesamten Einkünfte, soweit diese einer niedrigen Besteuerung unterlegen haben; negative Einkünfte solcher Gesellschaften sind abweichend von § 14 Absatz 1 Satz 1 des Außensteuergesetzes in der am 30. Juni 2021 geltenden Fassung nicht zuzurechnen. Die Sätze 1 und 2 gelten nicht, soweit deren Anwendung zu niedrigeren steuerpflichtigen Einkünften oder zuzurechnenden Einkünften führen würden als ohne deren Geltung. Für in einem nicht kooperativen Steuerhoheitsgebiet gelegene Betriebsstätten eines unbeschränkt Steuerpflichtigen gilt § 20 Absatz 2 Satz 1 des Außensteuergesetzes in der am 30. Juni 2021 geltenden Fassung mit der Maßgabe, dass dieser auf sämtliche Einkünfte der Betriebstätte anzuwenden ist; § 20 Absatz 2 Satz 2 des Außensteuergesetzes in der am 30. Juni 2021 geltenden Fassung ist nicht anzuwenden und Satz 3 gilt entsprechend."

IV. Nationale Rechtsverordnungen

Betriebsstättengewinnaufteilungsverordnung (BsGaV)

Änderungsdokumentation: Die Verordnung zur Anwendung des Fremdvergleichsgrundsatzes auf Betriebsstätten nach § 1 Absatz 5 des Außensteuergesetzes (Betriebsstättengewinnaufteilungsverordnung – BsGaV) v. 13.10.2014 (BGBl I S. 1603) wurde geändert durch Art. 24 Abs. 23 Zweites Gesetz zur Novellierung von Finanzmarktvorschriften auf Grund europäischer Rechtsakte (Zweites Finanzmarktnovellierungsgesetz – 2. FiMaNoG) v. 23.6.2017 (BGBl I S. 1693) ; Art. 5 Vierte Verordnung zur Änderung steuerlicher Verordnungen v. 12.7.2017 (BGBl I S. 2360) ; Art. 7 Abs. 21 Gesetz zur Umsetzung der Richtlinie (EU) 2019/2034 über die Beaufsichtigung von Wertpapierinstituten v. 12.5.2021 (BGBl I S. 990) ; Art. 8 Abs. 4 Gesetz zur Umsetzung der Richtlinie (EU) 2021/514 des Rates vom 22. März 2021 zur Änderung der Richtlinie 2011/16/EU über die Zusammenarbeit der Verwaltungsbehörden im Bereich der Besteuerung und zur Modernisierung des Steuerverfahrensrechts v. 20.12.2022 (BGBl I S. 2730). – **Zur Anwendung siehe § 40.**

Abschnitt 1: Allgemeiner Teil
Unterabschnitt 1: Allgemeine Vorschriften

§ 1 Zurechnung von Einkünften zu einer Betriebsstätte

(1) Für die steuerliche Zurechnung von Einkünften zu einer Betriebsstätte eines Unternehmens nach § 1 Absatz 5 des Außensteuergesetzes ist eine Funktions- und Risikoanalyse der Geschäftstätigkeit der Betriebsstätte (§ 12 der Abgabenordnung) als Teil der Geschäftstätigkeit des Unternehmens durchzuführen. Aufbauend auf der Funktions- und Risikoanalyse nach Satz 1 ist eine Vergleichbarkeitsanalyse der Geschäftstätigkeit der Betriebsstätte durchzuführen, um für die Geschäftsbeziehungen der Betriebsstätte im Sinne des § 1 Absatz 4 des Außensteuergesetzes Verrechnungspreise zu bestimmen, die dem Fremdvergleichsgrundsatz (§ 1 Absatz 1 Satz 1 des Außensteuergesetzes) entsprechen.

(2) Auf Grundlage der Funktions- und Risikoanalyse der Geschäftstätigkeit der Betriebsstätte

1. sind die Personalfunktionen (§ 1 Absatz 5 Satz 3 Nummer 1 des Außensteuergesetzes), die der Betriebsstätte oder dem übrigen Unternehmen zuzuordnen sind, festzustellen, insbesondere die maßgeblichen Personalfunktionen,
2. sind der Betriebsstätte, ausgehend von den maßgeblichen Personalfunktionen, Vermögenswerte (§ 1 Absatz 5 Satz 3 Nummer 2 des Außensteuergesetzes) sowie Chancen und Risiken (§ 1 Absatz 5 Satz 3 Nummer 3 des Außensteuergesetzes) zuzuordnen,
3. ist der Betriebsstätte, ausgehend von den ihr zugeordneten Vermögenswerten sowie von den ihr zugeordneten Chancen und Risiken, ein Dotationskapital (§ 1 Absatz 5 Satz 3 Nummer 4 des Außensteuergesetzes) zuzuordnen,
4. sind der Betriebsstätte Passivposten zuzuordnen, soweit dies auf Grund der Zuordnung von Vermögenswerten, von Chancen und Risiken sowie von Dotationskapital erforderlich ist,

5. sind der Betriebsstätte Geschäftsvorfälle des Unternehmens mit unabhängigen Dritten und mit nahestehenden Personen im Sinne des § 1 Absatz 2 des Außensteuergesetzes zuzuordnen und
6. sind die anzunehmenden schuldrechtlichen Beziehungen im Sinne des § 1 Absatz 4 Satz 1 Nummer 2 des Außensteuergesetzes zu bestimmen, die die Betriebsstätte zum übrigen Unternehmen unterhält.

§ 2 Begriffsbestimmungen

(1) Für die Zwecke dieser Verordnung ist ein Unternehmen inländisch, wenn sich der Ort der tatsächlichen Geschäftsleitung im Inland befindet.

(2) Für die Zwecke dieser Verordnung ist ein Unternehmen ausländisch, wenn sich der Ort der tatsächlichen Geschäftsleitung im Ausland befindet.

(3) [1]Eine Personalfunktion ist eine Geschäftstätigkeit, die von eigenem Personal des Unternehmens für das Unternehmen ausgeübt wird. [2]Personalfunktionen sind insbesondere folgende Geschäftstätigkeiten:

1. die Nutzung,
2. die Anschaffung,
3. die Herstellung,
4. die Verwaltung,
5. die Veräußerung,
6. die Weiterentwicklung,
7. der Schutz,
8. die Risikosteuerung und
9. die Entscheidung, Änderungen hinsichtlich von Chancen und Risiken vorzunehmen.

(4) Eigenes Personal ist jede natürliche Person, die auf Grund einer gesellschaftsvertraglichen oder arbeitsvertraglichen Vereinbarung mit dem Unternehmen für das Unternehmen tätig wird. Eine natürliche Person gehört auch dann zum eigenen Personal des Unternehmens, wenn ein anderes Unternehmen sich vertraglich verpflichtet hat, die natürliche Person dem Unternehmen als Personal zu überlassen und sich die Verpflichtung auf die Überlassung beschränkt. Eine natürliche Person, die ohne jede vertragliche Vereinbarung für das Unternehmen tätig wird, gehört zum eigenen Personal des Unternehmens, wenn die natürliche Person

1. Unternehmer oder Gesellschafter des Unternehmens ist oder
2. dem Unternehmen oder den Gesellschaftern des Unternehmens im Sinne des § 1 Absatz 2 des Außensteuergesetzes nahesteht.

(5) Die Personalfunktion einer Betriebsstätte ist für die Zuordnung von Vermögenswerten, von Chancen und Risiken oder von Geschäftsvorfällen maßgeblich, wenn der Ausübung dieser Personalfunktion im üblichen Geschäftsbetrieb im Verhältnis zu den Personalfunktionen, die in anderen Betriebsstätten des Unternehmens ausgeübt werden, die größte Bedeutung

für den jeweiligen Zuordnungsgegenstand zukommt. Nicht maßgeblich sind insbesondere Personalfunktionen, die bezogen auf den Zuordnungsgegenstand

1. lediglich unterstützenden Charakter haben oder
2. ausschließlich die allgemeine Geschäftspolitik des Unternehmens betreffen.

(6) Vermögenswerte im Sinne dieser Verordnung sind Wirtschaftsgüter und Vorteile. Zu den Vermögenswerten gehören insbesondere

1. materielle Wirtschaftsgüter,
2. immaterielle Werte einschließlich immaterieller Wirtschaftsgüter,
3. Beteiligungen und
4. Finanzanlagen.

§ 3 Hilfs- und Nebenrechnung[1]

(1) Für eine Betriebsstätte ist zum Beginn eines Wirtschaftsjahres eine Hilfs- und Nebenrechnung aufzustellen, während des Wirtschaftsjahres fortzuschreiben und zum Ende des Wirtschaftsjahres abzuschließen. Der Abschluss der Hilfs- und Nebenrechnung beinhaltet das Ergebnis der Betriebsstätte. Die Hilfs- und Nebenrechnung muss spätestens zum Zeitpunkt der Abgabe einer Steuererklärung erstellt sein,

1. zu der das Unternehmen verpflichtet ist (§ 149 der Abgabenordnung) und
2. in der die Einkünfte der Betriebsstätte zu berücksichtigen sind.

(2) [1]Die Hilfs- und Nebenrechnung beinhaltet alle Bestandteile, die der Betriebsstätte auf Grund ihrer Personalfunktionen (§ 4) zuzuordnen sind. [2]Dazu gehören

1. die Vermögenswerte (§§ 5 bis 8), wenn sie von einem selbständigen Unternehmen in der steuerlichen Gewinnermittlung erfasst werden müssten,
2. das Dotationskapital (§§ 12 und 13),
3. die übrigen Passivposten (§ 14) sowie
4. die mit den Bestandteilen im Sinne von Satz 1 zusammenhängenden Betriebseinnahmen und Betriebsausgaben.

[3]Die Hilfs- und Nebenrechnung beinhaltet auch fiktive Betriebseinnahmen und fiktive Betriebsausgaben, die auf Grund anzunehmender schuldrechtlicher Beziehungen entstehen (§§ 16 und 17).

(3) In den Aufzeichnungen, die nach § 90 Absatz 3 der Abgabenordnung zu erstellen und nach § 90 Absatz 4 der Abgabenordung vorzulegen sind, sind auch darzulegen:

1. die Gründe für die Zuordnung der Bestandteile, einschließlich der Gründe für die Zuordnung der Geschäftsvorfälle des Unternehmens (§ 9), der Chancen und Risiken (§ 10) und der Sicherungsgeschäfte (§ 11), sowie
2. die Gründe für das Vorliegen anzunehmender schuldrechtlicher Beziehungen (§§ 16 und 17).

[1] **Anm. d. Red.:** § 3 Abs. 3 i. d. F. des Gesetzes v. 20.12.2022 (BGBl I S. 2730) mit Wirkung v. 1.1.2023.

(4) Wird eine Betriebsstätte begründet, so ist zu diesem Zeitpunkt die erste Hilfs- und Nebenrechnung für die Betriebsstätte zu erstellen. Wird eine Betriebsstätte beendet, so ist zu diesem Zeitpunkt die Hilfs- und Nebenrechnung abzuschließen. Der zum Zeitpunkt der Begründung oder der Beendigung einer Betriebsstätte anzunehmende Übergang von Vermögenswerten und Passivposten sowie von Chancen und Risiken zwischen der Betriebsstätte und dem übrigen Unternehmen begründet anzunehmende schuldrechtliche Beziehungen im Sinne des § 16.

(5) Die Hilfs- und Nebenrechnung einer Betriebsstätte eines Unternehmens, das weder nach inländischem noch nach ausländischem Recht buchführungspflichtig ist und das auch tatsächlich keine Bücher führt, ist entsprechend einer Einnahmenüberschussrechnung im Sinne des § 4 Absatz 3 des Einkommensteuergesetzes zu erstellen. 2Zum Zeitpunkt der Beendigung der Betriebsstätte ist eine Hilfs- und Nebenrechnung zu erstellen, die eine Aufstellung der Vermögenswerte enthält.

Unterabschnitt 2: Zuordnungsregelungen

§ 4 Zuordnung von Personalfunktionen

(1) Eine Personalfunktion ist der Betriebsstätte zuzuordnen, in der die Personalfunktion ausgeübt wird. Eine Personalfunktion ist einer Betriebsstätte jedoch nicht zuzuordnen, wenn die Personalfunktion

1. keinen sachlichen Bezug zur Geschäftstätigkeit der Betriebsstätte aufweist und
2. an weniger als 30 Tagen innerhalb eines Wirtschaftsjahres in dieser Betriebsstätte ausgeübt wird.

(2) Wird eine Personalfunktion weder in der Betriebsstätte noch im übrigen Unternehmen ausgeübt oder liegt ein Fall des Absatzes 1 Satz 2 vor, so ist die Personalfunktion der Betriebsstätte zuzuordnen, zu der die Personalfunktion sachlich den engsten Bezug aufweist.

(3) Kann eine Personalfunktion nicht eindeutig zugeordnet werden, so ist eine Zuordnung vorzunehmen, die den Absätzen 1 und 2 nicht widerspricht.

§ 5 Zuordnung von materiellen Wirtschaftsgütern

(1) Für die Zuordnung eines materiellen Wirtschaftsguts zu einer Betriebsstätte ist dessen Nutzung die maßgebliche Personalfunktion. Wird dasselbe materielle Wirtschaftsgut später auf Dauer in einer anderen Betriebsstätte genutzt, so ist es ab dem Zeitpunkt der Nutzungsänderung der anderen Betriebsstätte zuzuordnen. Ändert sich die Nutzung häufig, so ist ein materielles Wirtschaftsgut der Betriebsstätte zuzuordnen, für deren Geschäftstätigkeit es überwiegend genutzt wird.

(2) Abweichend von Absatz 1 ist ein materielles Wirtschaftsgut nur dann einer anderen Betriebsstätte als derjenigen, in der das materielle Wirtschaftsgut genutzt wird, zuzuordnen, wenn die Bedeutung einer in dieser anderen Betriebsstätte ausgeübten anderen Personalfunktion eindeutig gegenüber der Bedeutung der in Absatz 1 genannten Personalfunktion überwiegt. Andere Personalfunktionen sind insbesondere solche, die im Zusammenhang mit der Anschaffung, Herstellung, Verwaltung oder Veräußerung des betreffenden materiellen Wirtschaftsguts stehen. Unbewegliches Vermögen, in dem die Geschäftstätigkeit einer Betriebsstätte ausgeübt wird, ist stets dieser Betriebsstätte zuzuordnen.

(3) Werden andere Personalfunktionen im Sinne des Absatzes 2 Satz 1 gleichzeitig in verschiedenen Betriebsstätten des Unternehmens ausgeübt, so ist das materielle Wirtschaftsgut der Betriebsstätte zuzuordnen, deren anderer Personalfunktion die größte Bedeutung für das materielle Wirtschaftsgut zukommt.

(4) Kann ein materielles Wirtschaftsgut nicht eindeutig zugeordnet werden, so ist eine Zuordnung vorzunehmen, die den Absätzen 1 bis 3 nicht widerspricht.

§ 6 Zuordnung von immateriellen Werten

(1) Für die Zuordnung eines immateriellen Werts zu einer Betriebsstätte ist dessen Schaffung oder dessen Erwerb die maßgebliche Personalfunktion. Werden Personalfunktionen, durch deren Ausübung ein immaterieller Wert geschaffen oder erworben wird, gleichzeitig in verschiedenen Betriebsstätten ausgeübt, so ist der immaterielle Wert der Betriebsstätte zuzuordnen, deren Personalfunktion die größte Bedeutung für den immateriellen Wert zukommt.

(2) Abweichend von Absatz 1 ist ein immaterieller Wert nur dann einer anderen Betriebsstätte als derjenigen, auf Grund deren Personalfunktion der immaterielle Wert geschaffen oder erworben wird, zuzuordnen, wenn die Bedeutung einer in dieser anderen Betriebsstätte ausgeübten anderen Personalfunktion eindeutig gegenüber der Bedeutung der in Absatz 1 genannten Personalfunktion überwiegt. Andere Personalfunktionen sind insbesondere solche, die im Zusammenhang mit der Nutzung, der Verwaltung, der Weiterentwicklung, dem Schutz oder der Veräußerung des immateriellen Werts stehen.

(3) Werden andere Personalfunktionen im Sinne des Absatzes 2 Satz 1 gleichzeitig in verschiedenen Betriebsstätten des Unternehmens ausgeübt, so ist der immaterielle Wert der Betriebsstätte zuzuordnen, deren anderer Personalfunktion die größte Bedeutung für den immateriellen Wert zukommt.

(4) Kann ein immaterieller Wert nicht eindeutig zugeordnet werden, so ist eine Zuordnung vorzunehmen, die den Absätzen 1 bis 3 nicht widerspricht. In diesen Fällen kann ein immaterieller Wert den Betriebsstätten, in denen auf Dauer die Personalfunktionen mit der größten Bedeutung ausgeübt werden, auch anteilig zugeordnet werden.

§ 7 Zuordnung von Beteiligungen, Finanzanlagen und ähnlichen Vermögenswerten

(1) Für die Zuordnung einer Beteiligung, einer Finanzanlage oder eines ähnlichen Vermögenswerts zu einer Betriebsstätte ist die Nutzung der Beteiligung, der Finanzanlage oder des ähnlichen Vermögenswerts die maßgebliche Personalfunktion. Die Nutzung ergibt sich aus dem funktionalen Zusammenhang zur Geschäftstätigkeit der Betriebsstätte. Besteht der funktionale Zusammenhang gleichzeitig zur Geschäftstätigkeit verschiedener Betriebsstätten, so ist der Vermögenswert der Betriebsstätte zuzuordnen, zu der der überwiegende funktionale Zusammenhang besteht.

(2) Abweichend von Absatz 1 ist ein Vermögenswert im Sinne des Absatzes 1 Satz 1 nur dann einer anderen Betriebsstätte als derjenigen, in der der Vermögenswert im Sinne des Absatzes 1 Satz 1 genutzt wird, zuzuordnen, wenn die Bedeutung einer in dieser anderen Betriebsstätte ausgeübten anderen Personalfunktion eindeutig gegenüber der Bedeutung der in Absatz 1 genannten Personalfunktion überwiegt. Andere Personalfunktionen sind insbesondere solche,

die im Zusammenhang mit der Anschaffung, Verwaltung, Risikosteuerung oder Veräußerung eines Vermögenswerts im Sinne des Absatzes 1 Satz 1 stehen.

(3) Werden andere Personalfunktionen im Sinne des Absatzes 2 Satz 1 gleichzeitig in verschiedenen Betriebsstätten des Unternehmens ausgeübt, so ist ein Vermögenswert im Sinne des Absatzes 1 Satz 1 der Betriebsstätte zuzuordnen, deren anderer Personalfunktion die größte Bedeutung zukommt.

(4) Kann ein Vermögenswert im Sinne des Absatzes 1 Satz 1 nicht eindeutig zugeordnet werden oder ändert sich der überwiegende funktionale Zusammenhang häufig, so ist eine Zuordnung vorzunehmen, die den Absätzen 1 bis 3 nicht widerspricht.

§ 8 Zuordnung von sonstigen Vermögenswerten

(1) Für die Zuordnung eines nicht in den §§ 5 bis 7 genannten Vermögenswerts (sonstiger Vermögenswert) zu einer Betriebsstätte ist dessen Schaffung oder dessen Erwerb die maßgebliche Personalfunktion. Werden Personalfunktionen, durch deren Ausübung ein sonstiger Vermögenswert geschaffen oder erworben wird, gleichzeitig in verschiedenen Betriebsstätten ausgeübt, so ist der sonstige Vermögenswert der Betriebsstätte zuzuordnen, deren Personalfunktion die größte Bedeutung für diesen sonstigen Vermögenswert zukommt.

(2) Abweichend von Absatz 1 ist ein sonstiger Vermögenswert nur dann einer anderen Betriebsstätte zuzuordnen als derjenigen, auf Grund deren Personalfunktion der sonstige Vermögenswert entstanden ist oder erworben wurde, wenn die Bedeutung einer in dieser anderen Betriebsstätte ausgeübten anderen Personalfunktion eindeutig gegenüber der Bedeutung der in Absatz 1 genannten Personalfunktionen überwiegt. Andere Personalfunktionen sind insbesondere solche, die im Zusammenhang mit der Nutzung, Verwaltung, Risikosteuerung oder Veräußerung des betreffenden sonstigen Vermögenswerts stehen.

(3) Werden andere Personalfunktionen im Sinne des Absatzes 2 Satz 1 gleichzeitig in verschiedenen Betriebsstätten des Unternehmens ausgeübt, so ist der sonstige Vermögenswert der Betriebsstätte zuzuordnen, deren anderer Personalfunktion die größte Bedeutung für diesen sonstigen Vermögenswert zukommt.

(4) Kann ein sonstiger Vermögenswert nicht eindeutig zugeordnet werden, so ist eine Zuordnung vorzunehmen, die den Absätzen 1 bis 3 nicht widerspricht.

§ 9 Zuordnung von Geschäftsvorfällen des Unternehmens

(1) Für die Zuordnung eines Geschäftsvorfalls (§ 1 Absatz 4 Satz 1 Nummer 1 des Außensteuergesetzes), den das Unternehmen mit einem unabhängigen Dritten oder mit einer nahestehenden Person abgeschlossen hat, zu einer Betriebsstätte ist die Personalfunktion, auf der das Zustandekommen des Geschäftsvorfalls beruht, die maßgebliche Personalfunktion. Üben verschiedene Betriebsstätten gleichzeitig jeweils eine Personalfunktion aus, auf der das Zustandekommen eines solchen Geschäftsvorfalls beruht, so ist der Geschäftsvorfall der Betriebsstätte zuzuordnen, deren Personalfunktion die größte Bedeutung für den Geschäftsvorfall zukommt.

(2) Abweichend von Absatz 1 ist ein Geschäftsvorfall nur dann einer anderen Betriebsstätte zuzuordnen als derjenigen, auf Grund deren Personalfunktion der Geschäftsvorfall zustande gekommen ist, wenn die Bedeutung einer in dieser anderen Betriebsstätte ausgeübten anderen

Personalfunktion eindeutig gegenüber der Bedeutung der in Absatz 1 genannten Personalfunktion überwiegt. Andere Personalfunktionen sind insbesondere solche, die im Zusammenhang mit der Erfüllung von Verpflichtungen aus dem Geschäftsvorfall oder mit dessen Verwaltung oder mit dessen Risikosteuerung stehen.

(3) Werden andere Personalfunktionen im Sinne des Absatzes 2 Satz 1 gleichzeitig in verschiedenen Betriebsstätten des Unternehmens ausgeübt, so ist der Geschäftsvorfall der Betriebsstätte zuzuordnen, deren anderer Personalfunktion die größte Bedeutung für den Geschäftsvorfall zukommt.

(4) Kann ein Geschäftsvorfall nicht eindeutig zugeordnet werden, so ist eine Zuordnung vorzunehmen, die den Absätzen 1 bis 3 nicht widerspricht.

§ 10 Zuordnung von Chancen und Risiken

(1) Stehen Chancen und Risiken im unmittelbaren Zusammenhang mit einem Vermögenswert im Sinne der §§ 5 bis 8 oder mit einem Geschäftsvorfall im Sinne des § 9, so sind diese Chancen und Risiken der Betriebsstätte zuzuordnen, der auch der betreffende Vermögenswert oder Geschäftsvorfall zuzuordnen ist.

(2) Beruhen Chancen und Risiken, die nicht mit einem Vermögenswert oder mit einem Geschäftsvorfall im unmittelbaren Zusammenhang stehen, auf der Personalfunktion einer Betriebsstätte, so ist diese Personalfunktion für die Zuordnung der Chancen und Risiken zu einer Betriebsstätte maßgeblich. Wird eine solche Personalfunktion gleichzeitig in verschiedenen Betriebsstätten ausgeübt, so sind die betreffenden Chancen und Risiken der Betriebsstätte zuzuordnen, deren Personalfunktion die größte Bedeutung für diese Chancen und Risiken zukommt.

(3) Abweichend von Absatz 2 sind Chancen und Risiken nur dann einer anderen Betriebsstätte zuzuordnen als derjenigen, auf deren Personalfunktion die Chancen und Risiken beruhen, wenn die Bedeutung einer in dieser anderen Betriebsstätte ausgeübten anderen Personalfunktion eindeutig gegenüber der Bedeutung der in Absatz 2 genannten Personalfunktion überwiegt. Andere Personalfunktionen sind insbesondere solche, die im Zusammenhang stehen mit der Verwaltung, der Risikosteuerung oder der Realisation von Chancen und Risiken oder mit der Entscheidung, Änderungen hinsichtlich von Chancen und Risiken vorzunehmen.

BsGaV

(4) Werden andere Personalfunktionen im Sinne des Absatzes 3 Satz 1 gleichzeitig in verschiedenen Betriebsstätten des Unternehmens ausgeübt, so sind die betreffenden Chancen und Risiken der Betriebsstätte zuzuordnen, deren anderer Personalfunktion die größte Bedeutung für die Chancen und Risiken zukommt.

(5) Können Chancen und Risiken nicht eindeutig zugeordnet werden, so ist eine Zuordnung vorzunehmen, die den Absätzen 1 bis 4 nicht widerspricht.

§ 11 Zuordnung von Sicherungsgeschäften

(1) Schließt ein Unternehmen ein Sicherungsgeschäft zu dem Zweck ab,

1. bestimmte Risiken einer Personalfunktion, die nach § 4 einer Betriebsstätte zuzuordnen ist, abzusichern,

2. bestimmte Risiken eines Vermögenswerts, der nach den §§ 5 bis 8 einer Betriebsstätte zuzuordnen ist, abzusichern oder
3. bestimmte Risiken eines Geschäftsvorfalls, der nach § 9 einer Betriebsstätte zuzuordnen ist, abzusichern,

so ist das Sicherungsgeschäft einschließlich der zugehörigen Vermögenswerte, die Sicherungszwecken dienen, dieser Betriebsstätte zuzuordnen.

(2) Schließt ein Unternehmen ein oder mehrere Sicherungsgeschäfte zu dem Zweck ab,

1. bestimmte Risiken von Personalfunktionen, die nach § 4 verschiedenen Betriebsstätten zuzuordnen sind, abzusichern,
2. bestimmte Risiken von Vermögenswerten, die nach den §§ 5 bis 8 verschiedenen Betriebsstätten zuzuordnen sind, abzusichern oder
3. bestimmte Risiken von Geschäftsvorfällen, die nach § 9 verschiedenen Betriebsstätten zuzuordnen sind, abzusichern,

und ist eine direkte Zuordnung einzelner Vermögenswerte, die Sicherungszwecken dienen, zu bestimmten Risiken nicht möglich oder würde die direkte Zuordnung einen unverhältnismäßigen Aufwand verursachen, so liegt ein mittelbarer Sicherungszusammenhang vor. In diesen Fällen sind Sicherungsgeschäfte einschließlich der zugehörigen Vermögenswerte, die Sicherungszwecken dienen, anteilig den Betriebsstätten zuzuordnen, denen die Personalfunktionen, Vermögenswerte oder Geschäftsvorfälle zuzuordnen sind, deren Risiken abgesichert werden. Der Anteil ist nach einem sachgerechten Aufteilungsschlüssel zu bestimmen.

(3) Sicherungsgeschäfte sind nur dann abweichend von den Absätzen 1 und 2 zuzuordnen, wenn dies im Einzelfall zu einem Ergebnis der Betriebsstätte führt, das dem Fremdvergleichsgrundsatz besser entspricht.

(4) Sichern Vermögenswerte die Risiken anderer Vermögenswerte ab, ohne dass die Absicherung ihr Zweck ist, so gelten für die Zuordnung der Geschäfte und der zugehörigen Vermögenswerte die §§ 5 bis 8.

Unterabschnitt 3: Dotationskapital, übrige Passivposten und Finanzierungsaufwendungen

§ 12 Dotationskapital inländischer Betriebsstätten ausländischer Unternehmen

(1) Einer inländischen Betriebsstätte eines nach ausländischem Recht buchführungspflichtigen oder tatsächlich Bücher führenden, ausländischen Unternehmens ist zum Beginn eines Wirtschaftsjahres derjenige Anteil am Eigenkapital des Unternehmens zuzuordnen, der ihrem Anteil an den Vermögenswerten sowie den Chancen und Risiken im Verhältnis zum übrigen Unternehmen entspricht (Kapitalaufteilungsmethode).

(2) Für die Zuordnung von Dotationskapital nach der Kapitalaufteilungsmethode ist die Höhe des Eigenkapitals des ausländischen Unternehmens nach deutschem Steuerrecht zu bestimmen. Aus Vereinfachungsgründen kann für die Zuordnung das eingezahlte Kapital zuzüglich der Rücklagen und Gewinnvorträge und abzüglich der Verlustvorträge entsprechend der ausländischen Bilanz des Unternehmens zugrunde gelegt werden, wenn das Unternehmen glaubhaft macht,

1. dass dieses Eigenkapital nicht erheblich von dem nach deutschem Steuerrecht anzusetzenden Eigenkapital abweicht oder
2. dass Abweichungen durch Anpassungen so ausgeglichen werden, dass das Ergebnis nicht erheblich von Satz 1 abweicht.

(3) Für die Bestimmung der Kapitalquote der inländischen Betriebsstätte, die der Berechnung ihres Dotationskapitals nach der Kapitalaufteilungsmethode dient, sind die Vermögenswerte sowohl der Betriebsstätte als auch des übrigen Unternehmens mit Werten anzusetzen, die dem Fremdvergleichsgrundsatz entsprechen und die die Chancen und Risiken berücksichtigen. Aus Vereinfachungsgründen können Buchwerte oder damit vergleichbare Werte aus den Unterlagen des ausländischen Unternehmens angesetzt werden, wenn das Unternehmen glaubhaft macht,

1. dass diese Bewertung zu einer Kapitalquote führt, die nicht erheblich von der Kapitalquote abweicht, die sich bei einem Ansatz von Werten ergäbe, die dem Fremdvergleichsgrundsatz entsprechen, oder
2. dass Abweichungen durch Anpassungen so ausgeglichen werden, dass das Ergebnis nicht erheblich von Satz 1 abweicht.

(4) Ergibt sich nach der Kapitalaufteilungsmethode für die inländische Betriebsstätte ein Dotationskapital, das dauerhaft zu Ergebnissen führt, die ein ordentlicher und gewissenhafter Geschäftsleiter nicht bereit wäre hinzunehmen, und gehört das ausländische Unternehmen, dessen Teil die Betriebsstätte ist, zu einer Unternehmensgruppe, die einem Konzern im Sinne des § 18 des Aktiengesetzes entspricht, so ist das Dotationskapital, das der Betriebsstätte zuzuordnen ist, wie folgt zu bestimmen:

1. das konsolidierte Eigenkapital der Unternehmensgruppe ist entsprechend Absatz 2 zu ermitteln und
2. der Betriebsstätte ist auf konsolidierter Grundlage entsprechend den Absätzen 1 bis 3 ein Anteil am konsolidierten Eigenkapital der Unternehmensgruppe als Dotationskapital zuzuordnen.

(5) Einer inländischen Betriebsstätte ist ungeachtet der Absätze 1 bis 4 mindestens das in einer inländischen Handelsbilanz der inländischen Betriebsstätte tatsächlich ausgewiesene Kapital als Dotationskapital zuzuordnen.

BsGaV

(6) Ändert sich innerhalb eines Wirtschaftsjahres die Zuordnung von Personalfunktionen, von Vermögenswerten oder von Chancen und Risiken gegenüber den Verhältnissen zu Beginn des Wirtschaftsjahres und führt dies zu einer erheblichen Veränderung der Höhe des Dotationskapitals, das der inländischen Betriebsstätte nach Absatz 1 zuzuordnen ist, so ist das Dotationskapital innerhalb des Wirtschaftsjahres entsprechend anzupassen.

§ 13 Dotationskapital ausländischer Betriebsstätten inländischer Unternehmen

(1) Einer ausländischen Betriebsstätte eines nach inländischem Recht buchführungspflichtigen oder tatsächlich Bücher führenden, inländischen Unternehmens ist zum Beginn eines Wirtschaftsjahres Dotationskapital nur zuzuordnen, soweit das Unternehmen glaubhaft macht, dass ein Dotationskapital in dieser Höhe aus betriebswirtschaftlichen Gründen erforderlich ist (Mindestkapitalausstattungsmethode).

(2) Einer ausländischen Betriebsstätte kann ein höheres Dotationskapital als nach Absatz 1 zugeordnet werden, soweit die höhere Dotation im Einzelfall zu einem Ergebnis der Betriebsstätte führt, das dem Fremdvergleichsgrundsatz besser entspricht. Das Dotationskapital darf jedoch den Betrag nicht übersteigen, der sich entsprechend § 12 Absatz 1 bis 3 nach der Kapitalaufteilungsmethode ergibt. Für die Berechnung dieses Höchstbetrags sind die für die Besteuerung maßgeblichen Bilanzansätze des inländischen Unternehmens zugrunde zu legen, es sei denn, der Ansatz anderer Werte führt im Einzelfall zu einem Ergebnis der Betriebsstätte, das dem Fremdvergleichsgrundsatz besser entspricht.

(3) Ein Dotationskapital, das den Betrag nach Absatz 2 Satz 2 übersteigt, darf einer ausländischen Betriebsstätte nur zugeordnet werden, soweit nichtsteuerliche Vorschriften des Staates, in dem die Betriebsstätte liegt, dies erfordern.

(4) Einer ausländischen Betriebsstätte ist ungeachtet der Absätze 1 bis 3 höchstens das in einer ausländischen Handelsbilanz der ausländischen Betriebsstätte tatsächlich ausgewiesene Kapital als Dotationskapital zuzuordnen.

(5) Ändert sich innerhalb eines Wirtschaftsjahres die Zuordnung von Personalfunktionen, von Vermögenswerten oder von Chancen und Risiken gegenüber den Verhältnissen zu Beginn des Wirtschaftsjahres und führt dies zu einer erheblichen Veränderung der Höhe des Dotationskapitals, das der ausländischen Betriebsstätte nach Absatz 1 zuzuordnen ist, so ist das Dotationskapital entsprechend anzupassen.

§ 14 Zuordnung übriger Passivposten

(1) Der Betriebsstätte eines Unternehmens, das nach inländischem oder ausländischem Recht buchführungspflichtig ist oder tatsächlich Bücher führt, sind nach der Zuordnung der in der Hilfs- und Nebenrechnung auszuweisenden Risiken und des Dotationskapitals die übrigen Passivposten des Unternehmens zuzuordnen, die im unmittelbaren Zusammenhang mit den der Betriebsstätte zugeordneten Vermögenswerten sowie mit den ihr zugeordneten Chancen und Risiken stehen (direkte Zuordnung).

(2) Übersteigt die Summe der übrigen Passivposten, die der Betriebsstätte direkt zugeordnet werden könnten (direkt zuordnungsfähige Passivposten), den Betrag, der nach der Zuordnung der in der Hilfs- und Nebenrechnung auszuweisenden Risiken und des Dotationskapitals für eine Zuordnung von Passivposten zur Betriebsstätte verbleibt, so sind diese direkt zuordnungsfähigen Passivposten anteilig zu kürzen. Der Anteil der direkt zuordnungsfähigen Passivposten, der nach der Kürzung verbleibt, ist der Betriebsstätte zuzuordnen.

(3) Verbleibt nach der Bestimmung der in der Hilfs- und Nebenrechnung auszuweisenden Risiken und des Dotationskapitals und der direkten Zuordnung übriger Passivposten ein Fehlbetrag an Passivposten für die Betriebsstätte, so ist dieser Fehlbetrag mit übrigen Passivposten des Unternehmens aufzufüllen (indirekte Zuordnung).

§ 15 Zuordnung von Finanzierungsaufwendungen

(1) Finanzierungsaufwendungen eines Unternehmens, die mit Passivposten zusammenhängen, die einer Betriebsstätte dieses Unternehmens nach § 14 Absatz 1 direkt zuzuordnen sind, sind ebenfalls dieser Betriebsstätte zuzuordnen.

(2) Sind die direkt zuordnungsfähigen Passivposten nach § 14 Absatz 2 anteilig zu kürzen, so sind auch die Finanzierungsaufwendungen, die mit diesen direkt zuordnungsfähigen Passivposten in unmittelbarem Zusammenhang stehen, entsprechend anteilig zu kürzen.

(3) Soweit eine direkte Zuordnung von Finanzierungsaufwendungen des Unternehmens zur Betriebsstätte nicht möglich ist oder einen unverhältnismäßigen Aufwand verursachen würde, sind der Betriebsstätte Finanzierungsaufwendungen des Unternehmens entsprechend der indirekten Zuordnung der Passivposten anteilig zuzuordnen. In diesem Fall bestimmt sich der Anteil der Betriebsstätte an den Finanzierungsaufwendungen des Unternehmens nach dem sich zu Beginn des jeweiligen Wirtschaftsjahres ergebenden Verhältnis der übrigen Passivposten, die der Betriebsstätte indirekt zuzuordnen sind, zu den übrigen Passivposten des Unternehmens. Der Anteil der Betriebsstätte an den Finanzierungsaufwendungen ist abweichend von den Sätzen 1 und 2 zu bestimmen, wenn dies im Einzelfall zu einem Ergebnis der Betriebsstätte führt, das dem Fremdvergleichsgrundsatz besser entspricht.

(4) Der inländischen Betriebsstätte eines ausländischen Unternehmens, das nach ausländischem Recht nicht buchführungspflichtig ist und auch tatsächlich keine Bücher führt, ist ein Finanzierungsaufwand des ausländischen Unternehmens nur zuzuordnen, soweit dieser im unmittelbaren Zusammenhang mit der Geschäftstätigkeit der Betriebsstätte steht. Eine Zuordnung nach Satz 1 setzt voraus, dass der Betriebsstätte ein Ergebnis aus ihrer Geschäftstätigkeit verbleibt, das dem Fremdvergleichsgrundsatz entspricht.

(5) Der ausländischen Betriebsstätte eines inländischen Unternehmens, das nach inländischem Recht nicht buchführungspflichtig ist und auch tatsächlich keine Bücher führt, ist ein Finanzierungsaufwand des inländischen Unternehmens zuzuordnen, wenn dieser im unmittelbaren Zusammenhang mit der Geschäftstätigkeit der Betriebsstätte steht. Der ausländischen Betriebsstätte ist mindestens der Anteil des Finanzierungsaufwands zuzuordnen, der ihrem Anteil an den Außenumsätzen des inländischen Unternehmens entspricht. Absatz 3 Satz 3 gilt sinngemäß.

Unterabschnitt 4: Anzunehmende schuldrechtliche Beziehungen

§ 16 Grundsatz

BsGaV

(1) Zwischen einer Betriebsstätte und dem übrigen Unternehmen liegt eine anzunehmende schuldrechtliche Beziehung im Sinne des § 1 Absatz 4 Satz 1 Nummer 2 des Außensteuergesetzes vor, wenn wirtschaftliche Vorgänge festgestellt werden,

1. die im Verhältnis zwischen der Betriebsstätte und dem übrigen Unternehmen eine Änderung der Zuordnung nach den §§ 5 bis 11 erforderlich machen oder
2. die, wären die Betriebsstätte und das übrige Unternehmen voneinander unabhängige Unternehmen,
   a) durch schuldrechtliche Vereinbarungen geregelt würden oder
   b) zur Geltendmachung von Rechtspositionen führen würden.

(2) Für anzunehmende schuldrechtliche Beziehungen sind Verrechnungspreise anzusetzen, die dem Fremdvergleichsgrundsatz entsprechen. Diese Verrechnungspreise führen zu fiktiven Betriebseinnahmen und fiktiven Betriebsausgaben.

(3) Nutzt eine Betriebsstätte finanzielle Mittel des übrigen Unternehmens, so liegt keine anzunehmende schuldrechtliche Beziehung vor. Dies gilt nicht, wenn

1. § 17 anzuwenden ist oder
2. auf Grund der Geschäftstätigkeit einer Betriebsstätte im laufenden Wirtschaftsjahr finanzielle Mittel der Betriebsstätte entstehen, die nachweislich für bestimmte Zwecke im übrigen Unternehmen genutzt werden.

Eine anzunehmende schuldrechtliche Beziehung nach Satz 2 Nummer 2 gilt als Zurverfügungstellung finanzieller Mittel zwischen der Betriebsstätte und dem übrigen Unternehmen und endet spätestens

1. mit dem Ende des laufenden Wirtschaftsjahres oder

1. mit einer Anpassung des Dotationskapitals nach § 12 Absatz 6 oder § 13 Absatz 5.

§ 17 Finanzierungsfunktion innerhalb eines Unternehmens

(1) Eine Finanzierungsfunktion innerhalb eines Unternehmens umfasst die Liquiditätssteuerung durch eine Betriebsstätte (Finanzierungsbetriebsstätte) für eine oder mehrere andere Betriebsstätten desselben Unternehmens. Zur Liquiditätssteuerung gehören insbesondere die Mittelbeschaffung, die Mittelzuweisung und die externe Anlage von Liquiditätsüberhängen.

(2) Die Ausübung einer Finanzierungsfunktion innerhalb eines Unternehmens ist eine anzunehmende schuldrechtliche Beziehung, die im Regelfall als Dienstleistung anzusehen ist und nicht als Zurverfügungstellung eigener finanzieller Mittel der Finanzierungsbetriebsstätte. Für eine solche Dienstleistung ist der nach § 16 Absatz 2 Satz 1 anzusetzende Verrechnungspreis nach einer kostenorientierten Verrechnungspreismethode zu bestimmen. Finanzierungsaufwendungen und Finanzierungserträge des Unternehmens, die durch die Tätigkeiten der Finanzierungsbetriebsstätte verursacht werden, beeinflussen die Kostenbasis der Finanzierungsbetriebsstätte nicht.

(3) Kann nicht festgestellt werden, dass der Finanzierungsbetriebsstätte Kosten entstehen, die unmittelbar von einer bestimmten anderen Betriebsstätte verursacht werden, oder würde eine solche Feststellung einen unverhältnismäßigen Aufwand verursachen, so sind die Kosten der Finanzierungsbetriebsstätte zuzüglich eines angemessenen Aufschlags verursachungsgerecht auf die anderen Betriebsstätten, die die Finanzierungsfunktion nutzen, aufzuteilen.

(4) Vermögenswerte, die Grundlage für eine externe Anlage von Liquiditätsüberhängen sind oder die auf Grund der externen Anlage von Liquiditätsüberhängen entstehen, und Erträge aus diesen Vermögenswerten sind nicht der Finanzierungsbetriebsstätte, sondern jeweils den anderen Betriebsstätten zuzuordnen. Ist eine direkte Zuordnung der Vermögenswerte und Erträge, die auf Grund der Finanzierungsfunktion entstehen, zu den anderen Betriebsstätten nicht möglich oder wäre sie unverhältnismäßig aufwendig, so sind diese Vermögenswerte und deren Erträge den anderen Betriebsstätten anteilig zuzuordnen. Für die Aufteilung ist die Herkunft der Liquiditätsüberhänge entscheidend.

(5) Passivposten, die auf Grund der Finanzierungsfunktion für das Unternehmen entstehen, sind nicht der Finanzierungsbetriebsstätte, sondern gemäß § 15 Absatz 1 den anderen Betriebsstätten zuzuordnen. Für die Zuordnung der entsprechenden Finanzierungsaufwendungen gilt § 15 Absatz 3.

(6) Positive Salden auf Verrechnungskonten, die auf Grund der Finanzierungsfunktion im Verhältnis der Finanzierungsbetriebsstätte zu den anderen Betriebsstätten entstehen, gelten nicht als Vermögenswerte im Sinne des § 7 oder § 8. Sie sind nicht zu verzinsen.

(7) Die Absätze 1 bis 6 sind nicht anzuwenden, wenn im Einzelfall

1. in der Finanzierungsbetriebsstätte im Hinblick auf entstehende Vermögenswerte und Passivposten sowie auf die damit zusammenhängenden Chancen und Risiken Personalfunktionen ausgeübt werden, die eine Zuordnung der Vermögenswerte und der Passivposten zur Finanzierungsbetriebsstätte erfordern, und
2. eine nicht in Absatz 2 genannte Verrechnungspreismethode zu einem Ergebnis für die Finanzierungsfunktion führt, das dem Fremdvergleichsgrundsatz besser entspricht.

Abschnitt 2: Besonderheiten für Bankbetriebsstätten

§ 18 Allgemeines

Eine Betriebsstätte,

1. die Teil ist
   a) eines Kreditinstituts im Sinne des § 1 Absatz 1 des Kreditwesengesetzes,
   b) eines Finanzdienstleistungsinstituts im Sinne des § 1 Absatz 1a des Kreditwesengesetzes,
   c) eines Wertpapierinstituts im Sinne des § 1 Absatz 2 des Wertpapierinstitutsgesetzes oder
   d) eines vergleichbaren Unternehmens im Sinne des ausländischen Bankenaufsichtsrechts und
2. die Bankgeschäfte betreibt,

ist eine Bankbetriebsstätte, für die die §§ 1 bis 17 gelten, soweit in diesem Abschnitt keine abweichende Regelung getroffen wird.

§ 19 Besondere Zuordnungsregelungen

(1) Ein Vermögenswert, der Gegenstand von Bankgeschäften im Sinne des § 1 Absatz 1 des Kreditwesengesetzes oder von Finanzdienstleistungen im Sinne des § 1 Absatz 1a des Kreditwesengesetzes ist, ist einer Bankbetriebsstätte zuzuordnen, wenn die unternehmerische Risikoübernahmefunktion in dieser Bankbetriebsstätte ausgeübt wird. Unternehmerische Risikoübernahmefunktion bei Kreditinstituten ist die Personalfunktion, deren Ausübung dazu führt, dass die mit dem Vermögenswert verbundenen Chancen und Risiken des Unternehmens entstehen.

(2) Üben verschiedene Bankbetriebsstätten im Hinblick auf einen Vermögenswert gleichzeitig jeweils eine Personalfunktion aus, die die Voraussetzungen des Absatzes 1 erfüllt, so ist der Vermögenswert der Bankbetriebsstätte zuzuordnen, deren Personalfunktion die größte Bedeutung zukommt. Diese Personalfunktion gilt als unternehmerische Risikoübernahmefunktion. Die Zuordnung bestimmt sich nach den Personalfunktionen, die bis zum Zeitpunkt der Entstehung des jeweiligen Vermögenswerts ausgeübt werden. Der Bankbetriebsstätte, die die unternehmerische Risikoübernahmefunktion im Hinblick auf einen Vermögenswert ausübt, werden

der Vermögenswert sowie die mit dem Vermögenswert zusammenhängenden Chancen und Risiken zugeordnet.

(3) Kann ein Vermögenswert nach Absatz 2 nicht eindeutig zugeordnet werden, so ist er der Bankbetriebsstätte zuzuordnen, der die Kundenbeziehung, zu der der Vermögenswert gehört, zuzuordnen ist. Eine davon abweichende Zuordnung ist nur vorzunehmen, wenn dies im Einzelfall zu einem Ergebnis der Bankbetriebsstätte führt, das dem Fremdvergleichsgrundsatz besser entspricht.

(4) Die sachgerechte Zuordnung eines Vermögenswerts darf nur geändert werden, wenn

1. die Änderung dazu führt, dass der Vermögenswert der Bankbetriebsstätte zugeordnet wird, zu der die betreffende Kundenbeziehung besteht, und in der Bankbetriebsstätte, der der Vermögenswert zugeordnet war, keine Personalfunktionen im Hinblick auf den Vermögenswert mehr ausgeübt werden oder
2. die Zuordnung im Einzelfall zu einem Ergebnis der Bankbetriebsstätte führt, das dem Fremdvergleichsgrundsatz besser entspricht.

(5) Ist ein Vermögenswert im Sinne des Absatzes 1 einer Bankbetriebsstätte zuzuordnen und übt eine andere Betriebsstätte im Hinblick auf diesen Vermögenswert eine unterstützende Personalfunktion aus, so ist nach § 16 Absatz 2 Satz 1 für die Erbringung dieser Personalfunktion ein Verrechnungspreis anzusetzen, der dem Fremdvergleichsgrundsatz entspricht. Solche unterstützenden Personalfunktionen können

1. dazu dienen, die eigentliche unternehmerische Risikoübernahmefunktion auszuüben,
2. die nachfolgende Verwaltung des Vermögenswerts umfassen oder
3. andere Hilfsfunktionen sein.

(6) § 16 Absatz 3 gilt für Bankbetriebsstätten mit der Maßgabe, dass eine anzunehmende schuldrechtliche Beziehung, die als Zurverfügungstellung finanzieller Mittel gilt, über § 16 Absatz 3 Satz 2 hinaus zugrunde zu legen ist, wenn

1. das Kreditinstitut nachweist, dass die über § 16 Absatz 3 hinausgehende Dauer im Zusammenhang mit der Geschäftspolitik des Kreditinstituts und auf Grund der Personalfunktionen, die im Zusammenhang mit der Zurverfügungstellung und der Entgegennahme von finanziellen Mitteln ausgeübt werden, sachgerecht ist und
2. die über § 16 Absatz 3 hinausgehende Dauer im Einzelfall zu einem Ergebnis der Bankbetriebsstätte führt, das dem Fremdvergleichsgrundsatz besser entspricht.

§ 20 Dotationskapital inländischer Bankbetriebsstätten ausländischer Kreditinstitute, Bankenaufsichtsrecht

(1) Einer inländischen Bankbetriebsstätte eines ausländischen Kreditinstituts ist der Anteil am Eigenkapital des ausländischen Kreditinstituts zuzuordnen, der ihrem Anteil an der Summe der risikogewichteten Positionsbeträge des ausländischen Kreditinstituts im Sinne des ausländischen Bankenaufsichtsrechts entspricht (Kapitalaufteilungsmethode für Bankbetriebsstätten). Für die Ermittlung des jeweiligen Anteils sind die kreditinstitutsinternen risikogewichteten Positionsbeträge unberücksichtigt zu lassen.

(2) Ein geringeres Dotationskapital als nach Absatz 1 darf das ausländische Kreditinstitut der inländischen Bankbetriebsstätte nur zuordnen, soweit dies zu einem Ergebnis der inländischen Bankbetriebsstätte führt, das im Verhältnis zum übrigen Unternehmen dem Fremdvergleichsgrundsatz auf Grund der ihr zugeordneten Vermögenswerte sowie der ihr zugeordneten Chancen und Risiken besser entspricht. Die inländische Bankbetriebsstätte muss jedoch mindestens ein Dotationskapital ausweisen, das sie nach bankenaufsichtsrechtlichen Grundsätzen als Kernkapital ausweisen müsste, wenn sie ein rechtlich selbständiges, inländisches Kreditinstitut wäre (Mindestkapitalausstattungsmethode für Bankbetriebsstätten). Wird die Mindestkapitalausstattungsmethode angewandt, so ist das Dotationskapital um 0,5 Prozentpunkte der Summe der risikogewichteten Positionsbeträge der inländischen Bankbetriebsstätte zu erhöhen, es sei denn, ein geringerer Zuschlag führt zu einem Ergebnis der Bankbetriebsstätte, das dem Fremdvergleichsgrundsatz besser entspricht.

(3) Ein ausländisches Kreditinstitut kann davon absehen, Absatz 1 und 2 für seine inländische Bankbetriebsstätte anzuwenden, wenn

1. die Summe der Aktivposten der Hilfs- und Nebenrechnung der inländischen Bankbetriebsstätte weniger als 1 Milliarde Euro beträgt und
2. für die inländische Bankbetriebsstätte ein Dotationskapital in Höhe von mindestens 3 Prozent der Summe der Aktivposten der Hilfs- und Nebenrechnung ausgewiesen wird, mindestens aber 5 Millionen Euro.

(4) Für eine inländische Bankbetriebsstätte eines ausländischen Kreditinstituts mit Sitz in einem Staat der Europäischen Union oder des Europäischen Wirtschaftsraumes, in dem ein Kreditinstitut eine Regelung anwenden kann, die dem § 2a des Kreditwesengesetzes entspricht, gilt Absatz 1 nur, wenn das ausländische Kreditinstitut

1. die Regelung nicht anwendet oder
2. nachweist, dass seine Eigenkapitalausstattung nach dem anzuwendenden Bankenaufsichtsrecht auch dann ausreichen würde, wenn es die Regelung nicht anwenden würde.

Wendet das ausländische Kreditinstitut die ausländische Regelung an und wird der Nachweis nach Satz 1 Nummer 2 nicht geführt, so ist für die Ermittlung des Dotationskapitals, das der inländischen Bankbetriebsstätte zuzuordnen ist, Absatz 1 sinngemäß anzuwenden mit der Maßgabe, dass

1. für die Ermittlung des Eigenkapitals, das der Berechnung zugrunde zu legen ist, das bankenaufsichtsrechtliche Kernkapital derjenigen ausländischen Kreditinstitutsgruppe maßgebend ist, die, wenn sie eine inländische Institutsgruppe wäre, die Voraussetzungen von § 10a Absatz 1 des Kreditwesengesetzes in Verbindung mit den Artikeln 92 ff. der Verordnung (EU) Nr. 575/2013 des Europäischen Parlaments und des Rates vom 26. Juni 2013 über Aufsichtsanforderungen an Kreditinstitute und Wertpapierfirmen und zur Änderung der Verordnung (EU) Nr. 646/2012 (ABl. L 176 vom 27.6.2013, S. 1, L 208 vom 2.8.2013, S. 68, L 321 vom 30.11.2013, S. 6) in der jeweils geltenden Fassung erfüllen würde, und
2. für die Ermittlung des Anteils der inländischen Bankbetriebsstätte am Kernkapital der ausländischen Kreditinstitutsgruppe die Summe der risikogewichteten Positionsbeträge der Bankbetriebsstätte zur Summe der risikogewichteten Positionsbeträge der Kreditinsti-

BsGaV

tutsgruppe, ohne Berücksichtigung der gruppeninternen risikogewichteten Positionsbeträge, ins Verhältnis zu setzen ist.

(5) § 12 Absatz 6 ist mit der Maßgabe anzuwenden, dass die Höhe des der inländischen Bankbetriebsstätte zuzuordnenden Dotationskapitals auch anzupassen ist, soweit dies das inländische Bankenaufsichtsrecht erfordert. Im Übrigen gilt § 12 sinngemäß.

(6) Die Absätze 1 bis 5 gelten nicht für inländische Betriebsstätten ausländischer Finanzdienstleistungsinstitute oder Wertpapierinstitute, die keinen bankenaufsichtsrechtlichen Eigenkapitalanforderungen unterliegen.

§ 21 Dotationskapital ausländischer Bankbetriebsstätten inländischer Kreditinstitute, Bankenaufsichtsrecht

(1) Der ausländischen Bankbetriebsstätte eines inländischen Kreditinstituts ist ein Dotationskapital entsprechend § 13 Absatz 1 zuzuordnen, es sei denn, das anzuwendende ausländische Bankenaufsichtsrecht enthält zwingende Regelungen zur Mindestkapitalausstattung, die die ausländische Bankbetriebsstätte einhalten müsste, wenn sie ein selbständiges ausländisches Kreditinstitut wäre (Mindestkapitalausstattungsmethode für Bankbetriebsstätten). Das inländische Kreditinstitut hat die Gründe für den Ansatz eines höheren Dotationskapitals als nach § 13 Absatz 1 nachzuweisen.

(2) Ein höheres Dotationskapital als nach Absatz 1 darf das inländische Kreditinstitut der ausländischen Bankbetriebsstätte nur zuordnen, soweit die höhere Dotation zu einem Ergebnis der ausländischen Bankbetriebsstätte führt, das dem Fremdvergleichsgrundsatz auf Grund der ihr zugeordneten Vermögenswerte sowie der ihr zugeordneten Chancen und Risiken besser entspricht. Liegen die Voraussetzungen des Satzes 1 vor, so ist die Obergrenze der Dotation der Betrag, der sich bei Anwendung der Kapitalaufteilungsmethode für Bankbetriebsstätten entsprechend § 20 Absatz 1 ergibt.

(3) Ein höheres Dotationskapital als nach Absatz 2 darf der ausländischen Bankbetriebsstätte nur zugeordnet werden, soweit dies das ausländische Bankenaufsichtsrecht für ausländische selbständige Kreditinstitute erfordert und das inländische Kreditinstitut den entsprechenden Regelungen für seine ausländische Bankbetriebsstätte folgt. Satz 1 ist nur anzuwenden, soweit dem übrigen Unternehmen rechnerisch mindestens so viel Kapital verbleibt, wie es nach inländischem Bankenaufsichtsrecht erforderlich wäre

(4) Ist ein inländisches Kreditinstitut

1. Teil einer inländischen Institutsgruppe, auf die § 2a des Kreditwesengesetzes anzuwenden ist, oder
2. Teil einer ausländischen Institutsgruppe, auf die eine Regelung eines anderen Staates der Europäischen Union oder des Europäischen Wirtschaftsraums, die Artikel 7 der Verordnung (EU) Nr. 575/2013 des Europäischen Parlaments und des Rates vom 26. Juni 2013 über Aufsichtsanforderungen an Kreditinstitute und Wertpapierfirmen und zur Änderung der Verordnung (EU) Nr. 646/2012 (ABl. L 176 vom 27.6.2013, S. 1) vergleichbar ist, anzuwenden ist,

und verfügt dieses inländische Kreditinstitut über ein geringeres Kernkapital, als es nach bankenaufsichtsrechtlichen Grundsätzen für die Summe der risikogewichteten Positionsbeträge ohne Anwendung des § 2a des Kreditwesengesetzes oder der Regelung eines anderen Staates des Europäischen Wirtschaftsraums, die Artikel 7 der Verordnung (EU) Nr. 575/2013 vergleichbar ist, erforderlich ist, so kann einer ausländischen Bankbetriebsstätte dieses Kreditinstituts ein Mindestdotationskapital nach Absatz 1 nur zugeordnet werden, soweit dem übrigen Unternehmen ein Kernkapital verbleibt, das nach bankenaufsichtsrechtlichen Grundsätzen für die Summe der risikogewichteten Positionsbeträge des übrigen Unternehmens erforderlich wäre.

(5) § 13 Absatz 5 ist anzuwenden mit der Maßgabe, dass die Höhe des der ausländischen Bankbetriebsstätte zuzuordnenden Dotationskapitals auch anzupassen ist, soweit dies das ausländische Bankenaufsichtsrecht erfordert. Im Übrigen gilt § 13 sinngemäß.

(6) Die Absätze 1 bis 5 gelten nicht für eine ausländische Bankbetriebsstätte eines inländischen Finanzdienstleistungsinstituts, das keinen bankenaufsichtsrechtlichen Eigenkapitalanforderungen unterliegt.

§ 22 Globaler Handel mit Finanzinstrumenten

(1) Finanzinstrumente im Sinne des § 1 Absatz 11 Satz 1 des Kreditwesengesetzes, mit denen durch Finanzinstitute auf Märkten der ganzen Welt rund um die Uhr gehandelt wird (globaler Handel mit Finanzinstrumenten), sind entsprechend § 19 zuzuordnen. Der globale Handel mit Finanzinstrumenten umfasst insbesondere

1. die globale Emission und den globalen Vertrieb von Finanzinstrumenten,
2. die Tätigkeit als Market Maker im Sinne des § 36 Absatz 5 des Wertpapierhandelsgesetzes für physische Wertpapiere,
3. die Tätigkeit an den Aktien- und Rohstoffbörsen,
4. die Entwicklung neuer Finanzinstrumente.

(2) Wird im globalen Handel mit Finanzinstrumenten die unternehmerische Risikoübernahmefunktion in verschiedenen Bankbetriebsstätten ausgeübt und lässt sich eine eindeutige Zuordnung von einzelnen Finanzinstrumenten nicht oder nur mit unzumutbarem Aufwand durchführen, so sind die aus den Finanzinstrumenten steuerlich realisierten und nichtrealisierten Ergebnisse auf die Bankbetriebsstätten, die am globalen Handel beteiligt sind, nach einem sachgerechten Aufteilungsschlüssel aufzuteilen. Werden die Chancen und Risiken aus den Finanzinstrumenten für die Ermittlung des Dotationskapitals nach den §§ 20 und 21 entsprechend Satz 1 anteilig berücksichtigt, so können die Finanzinstrumente abweichend von Satz 1 zugeordnet werden, wenn

1. dies in der Hilfs- und Nebenrechnung nach § 3 ausgewiesen wird und
2. die Ergebnisse der Bankbetriebsstätten, die am globalen Handel teilnehmen, nicht beeinflusst werden.

(3) Für anzunehmende schuldrechtliche Beziehungen, die die unternehmerische Risikoübernahmefunktion im globalen Handel mit Finanzinstrumenten betreffen, ist die geschäftsvorfallbezogene Restgewinnaufteilungsmethode anzuwenden, es sei denn, im Einzelfall führt die Anwendung einer anderen Methode zu einem Ergebnis, das dem Fremdvergleichsgrundsatz besser entspricht.

Abschnitt 3: Besonderheiten für Versicherungsbetriebsstätten

§ 23 Allgemeines

Eine Betriebsstätte,

1. die Teil eines Versicherungsunternehmens im Sinne des § 1 Absatz 1 Nummer 1 des Versicherungsaufsichtsgesetzes oder Teil eines Versicherungsunternehmens im Sinne des ausländischen Versicherungsaufsichtsrechts ist und
2. die Versicherungsgeschäfte betreibt ist eine Versicherungsbetriebsstätte, für die die §§ 1 bis 17 gelten, soweit in diesem Abschnitt keine abweichende Regelung getroffen wird.

§ 24 Besondere Zuordnungsregelungen

(1) Ein Vermögenswert, der durch den Abschluss eines Versicherungsvertrags entsteht, ist einer Versicherungsbetriebsstätte zuzuordnen, wenn die unternehmerische Risikoübernahmefunktion in dieser Versicherungsbetriebsstätte ausgeübt wird. Unternehmerische Risikoübernahmefunktion ist bei Versicherungsunternehmen die Personalfunktion des Zeichnungsprozesses, deren Ausübung dazu führt, dass die mit dem Versicherungsvertrag zusammenhängenden Chancen und Risiken, insbesondere das versicherungstechnische Risiko aus dem Versicherungsvertrag, von dem Versicherungsunternehmen übernommen werden. Der Zeichnungsprozess besteht aus

1. der Festlegung der Zeichnungsstrategie,
2. der Risikoklassifizierung und Risikoauswahl,
3. der Preisgestaltung,
4. der Analyse der Risikoweitergabe und
5. der Annahme der versicherten Risiken.

(2) Die Ausübung der unternehmerischen Risikoübernahmefunktion bestimmt nicht nur über die Zuordnung des Versicherungsvertrags zu einer Versicherungsbetriebsstätte, sondern auch über die Zuordnung der mit dem Versicherungsvertrag zusammenhängenden Vermögenswerte, der damit in Zusammenhang stehenden Betriebseinnahmen und Betriebsausgaben sowie der damit in Zusammenhang stehenden Chancen und Risiken.

(3) Werden Personalfunktionen des Zeichnungsprozesses in verschiedenen Versicherungsbetriebsstätten ausgeübt, so ist ein Vermögenswert, der durch den Abschluss eines Versicherungsvertrags entsteht, der Versicherungsbetriebsstätte zuzuordnen, deren Personalfunktion bis zum Abschluss des Versicherungsvertrags die größte Bedeutung zukommt. Diese Personalfunktion gilt als unternehmerische Risikoübernahmefunktion. Die Zuordnung eines Versicherungsvertrags bestimmt sich nach den bis zum Abschluss des Versicherungsvertrags ausgeübten Personalfunktionen.

(4) Im Rückversicherungsgeschäft ist widerlegbar zu vermuten, dass im Zeichnungsprozess die Risikoklassifizierung und Risikoauswahl die Personalfunktion mit der größten Bedeutung und daher die unternehmerische Risikoübernahmefunktion für den Abschluss eines Rückversicherungsvertrags ist.

(5) Hat ein ausländisches Versicherungsunternehmen eine Niederlassung im Sinne der §§ 106, 110a, 121h oder 121i des Versicherungsaufsichtsgesetzes begründet, die eine inländische

Versicherungsbetriebsstätte ist, so ist zu vermuten, dass hinsichtlich eines Versicherungsvertrags, zu dessen Abschluss der für die Niederlassung bestellte Hauptbevollmächtigte gemäß § 106 Absatz 3 Satz 3 des Versicherungsaufsichtsgesetzes als ermächtigt gilt, die unternehmerische Risikoübernahmefunktion im Sinne der Absätze 1 bis 4 in der Niederlassung ausgeübt wird. Die Vermutung kann nur widerlegt werden, wenn das ausländische Versicherungsunternehmen nachweist, dass

1. die unternehmerische Risikoübernahmefunktion für den in Satz 1 genannten Versicherungsvertrag nicht in der inländischen Versicherungsbetriebsstätte ausgeübt wird, und
2. der Sachverhalt übereinstimmend der deutschen Versicherungsaufsichtsbehörde und der für das ausländische Versicherungsunternehmen zuständigen Versicherungsaufsichtsbehörde mitgeteilt wurde.

(6) Ein Versicherungsvertrag ist einer ausländischen Versicherungsbetriebsstätte eines inländischen Versicherungsunternehmens, die einer der deutschen Versicherungsaufsicht vergleichbaren Aufsicht unterliegt und für die ein Hauptbevollmächtigter nach § 13b Absatz 1 Satz 1 Nummer 3 des Versicherungsaufsichtsgesetzes bestellt wurde oder für die ein sonstiger Bevollmächtigter, der einem Hauptbevollmächtigten im Sinne des § 106 Absatz 3 des Versicherungsaufsichtsgesetzes vergleichbar ist, auf Grund entsprechender ausländischer versicherungsaufsichtsrechtlicher Vorgaben bestellt wurde, nur dann zuzuordnen, wenn die unternehmerische Risikoübernahmefunktion im Sinne der Absätze 1 bis 4 tatsächlich in der ausländischen Versicherungsbetriebsstätte ausgeübt wird. Werden in der ausländischen Versicherungsbetriebsstätte lediglich die Personalfunktionen des Zeichnungsprozesses ausgeübt, die im unmittelbaren Zusammenhang mit der Annahme des versicherten Risikos stehen, so ist der Versicherungsvertrag nur dann der ausländischen Versicherungsbetriebsstätte zuzuordnen,

1. wenn in ihr zusätzlich eine der folgenden Personalfunktionen, die nicht Teil des Zeichnungsprozesses sind, ausgeübt wird:
   a) Produktmanagement und Produktentwicklung,
   b) Verkauf und Marketing oder
   c) Risikomanagement und Rückversicherung und
2. wenn die Bedeutung der in der ausländischen Versicherungsbetriebsstätte ausgeübten Personalfunktionen überwiegt.

(7) § 19 Absatz 5 gilt sinngemäß.

§ 25 Dotationskapital inländischer Versicherungsbetriebsstätten ausländischer Versicherungsunternehmen, Versicherungsaufsichtsrecht

(1) Zur Bestimmung des Dotationskapitals inländischer Versicherungsbetriebsstätten ausländischer Versicherungsunternehmen ist der Versicherungsbetriebsstätte in einem ersten Schritt ein Anteil an den Vermögenswerten des ausländischen Versicherungsunternehmens zuzuordnen, die der Bedeckung der versicherungstechnischen Rückstellungen und des Eigenkapitals des ausländischen Versicherungsunternehmens dienen. Der Anteil der Versicherungsbetriebsstätte bemisst sich nach dem Verhältnis der versicherungstechnischen Rückstellungen für Versicherungsverträge, die der inländischen Versicherungsbetriebsstätte zuzuordnen sind, zu den versicherungstechnischen Rückstellungen, die in der Bilanz des ausländischen Versicherungsunternehmens insgesamt ausgewiesen sind.

(2) In einem zweiten Schritt sind von den nach Absatz 1 zugeordneten Vermögenswerten die versicherungstechnischen Rückstellungen und die aus Versicherungsverhältnissen entstandenen Verbindlichkeiten und Rechnungsabgrenzungsposten abzuziehen, die zu bestimmen sind nach den §§ 341e bis 341h des Handelsgesetzbuchs sowie nach der Versicherungsunternehmens-Rechnungslegungsverordnung vom 8. November 1994 (BGBl. I S. 3378), die zuletzt durch Artikel 27 Absatz 9 des Gesetzes vom 4. Juli 2013 (BGBl. I S. 1981) geändert worden ist, in der jeweils geltenden Fassung. Das Ergebnis ist das der inländischen Versicherungsbetriebsstätte zuzuordnende Dotationskapital (modifizierte Kapitalaufteilungsmethode für Versicherungsbetriebsstätten).

(3) Ein geringeres Dotationskapital als nach Absatz 2 darf das ausländische Versicherungsunternehmen der inländischen Versicherungsbetriebsstätte nur zuordnen, soweit dies zu einem Ergebnis der inländischen Versicherungsbetriebsstätte führt, das im Verhältnis zum übrigen Unternehmen dem Fremdvergleichsgrundsatz auf Grund der ihr zugeordneten Vermögenswerte sowie der ihr zugeordneten Chancen und Risiken besser entspricht. Die inländische Versicherungsbetriebsstätte muss mindestens ein Dotationskapital ausweisen, das sie nach versicherungsaufsichtsrechtlichen Grundsätzen als Eigenkapital ausweisen müsste, wenn sie ein rechtlich selbständiges Versicherungsunternehmen wäre (Mindestkapitalausstattungsmethode für Versicherungsbetriebsstätten).

(4) Weicht das Dotationskapital, das einer inländischen Versicherungsbetriebsstätte vom ausländischen Versicherungsunternehmen zugeordnet wurde, von dem Dotationskapital ab, das nach Absatz 2 zuzuordnen ist, so sind die nach Absatz 1 zuzuordnenden Vermögenswerte dem Dotationskapital nach Absatz 2 anzupassen.

(5) § 12 Absatz 6 ist mit der Maßgabe anzuwenden, dass die Höhe des zuzuordnenden Dotationskapitals auch anzupassen ist, soweit dies das inländische Versicherungsaufsichtsrecht erfordert. Im Übrigen gilt § 12 sinngemäß.

§ 26 Dotationskapital ausländischer Versicherungsbetriebsstätten inländischer Versicherungsunternehmen, Versicherungsaufsichtsrecht

(1) Der ausländischen Versicherungsbetriebsstätte eines inländischen Versicherungsunternehmens ist ein Dotationskapital entsprechend § 13 Absatz 1 zuzuordnen, es sei denn, das anzuwendende ausländische Versicherungsaufsichtsrecht enthält zwingende Regelungen zur Mindestkapitalausstattung, die die ausländische Versicherungsbetriebsstätte einhalten müsste, wenn sie ein selbständiges ausländisches Versicherungsunternehmen wäre (Mindestkapitalausstattungsmethode für Versicherungsbetriebsstätten). Das inländische Versicherungsunternehmen hat die Gründe für den Ansatz eines höheren Dotationskapitals als nach § 13 Absatz 1 nachzuweisen.

(2) Ein höheres Dotationskapital als das versicherungsaufsichtsrechtliche Mindestkapital nach Absatz 1 darf das inländische Versicherungsunternehmen der ausländischen Versicherungsbetriebsstätte nur zuordnen, soweit dies zu einem Ergebnis der ausländischen Versicherungsbetriebsstätte führt, das dem Fremdvergleichsgrundsatz auf Grund der ihr zugeordneten Vermögenswerte sowie der ihr zugeordneten Chancen und Risiken besser entspricht. Das Dotationskapital darf den Betrag nicht übersteigen, der sich aus der Anwendung der modifizierten Kapitalaufteilungsmethode für Versicherungsbetriebsstätten nach § 25 Absatz 1 und 2 ergibt.

(3) Ein höheres Dotationskapital als nach Absatz 2 darf der ausländischen Versicherungsbetriebsstätte nur zugeordnet werden, soweit dies das ausländische Versicherungsaufsichtsrecht erfordert und das inländische Versicherungsunternehmen den entsprechenden Regelungen für seine ausländische Versicherungsbetriebsstätte folgt. Satz 1 ist nur anzuwenden, soweit dem übrigen Unternehmen rechnerisch mindestens so viel Kapital verbleibt, wie nach inländischem Versicherungsaufsichtsrecht erforderlich wäre.

(4) § 13 Absatz 5 ist mit der Maßgabe anzuwenden, dass die Höhe des zuzuordnenden Dotationskapitals auch anzupassen ist, soweit dies das ausländische Versicherungsaufsichtsrecht erfordert. Im Übrigen gilt § 13 sinngemäß.

§ 27 Zuordnung von Einkünften aus Vermögenswerten

(1) Einkünfte aus Vermögenswerten sind einer Versicherungsbetriebsstätte zuzuordnen, wenn diese Vermögenswerte mindestens einem der folgenden Zwecke dienen:

1. der Bedeckung der versicherungstechnischen Rückstellungen der Versicherungsbetriebsstätte,
2. der Bedeckung der aus Versicherungsverhältnissen entstandenen Verbindlichkeiten und Rechnungsabgrenzungsposten der Versicherungsbetriebsstätte oder
3. der Bedeckung des Dotationskapitals der Versicherungsbetriebsstätte.

(2) Soweit eine direkte Zuordnung von Vermögenswerten und Einkünften nicht möglich ist, sind einer Versicherungsbetriebsstätte Einkünfte entsprechend der durchschnittlichen Kapitalanlagerendite des Versicherungsunternehmens zuzuordnen.

§ 28 Rückversicherung innerhalb eines Unternehmens

Das versicherungstechnische Risiko, das einer Versicherungsbetriebsstätte auf Grund der zutreffenden Zuordnung eines Versicherungsvertrags zugeordnet ist, darf nicht durch eine anzunehmende schuldrechtliche Beziehung, die einem Rückversicherungsvertrag zwischen rechtlich selbständigen Versicherungsunternehmen vergleichbar ist, dem übrigen Unternehmen zugeordnet werden.

§ 29 Pensionsfonds und Versicherungs-Zweckgesellschaften

Die §§ 23 bis 28 gelten sinngemäß für eine Betriebsstätte, die mit Versicherungsgeschäften vergleichbare Geschäfte betreibt und die

1. Teil eines Pensionsfonds im Sinne des § 112 des Versicherungsaufsichtsgesetzes oder eines vergleichbaren ausländischen Aufsichtsrechts ist oder

2. Teil einer Versicherungs-Zweckgesellschaft im Sinne des § 121g des Versicherungsaufsichtsgesetzes oder eines vergleichbaren ausländischen Aufsichtsrechts ist.

Abschnitt 4: Besonderheiten für Bau- und Montagebetriebsstätten

§ 30 Allgemeines

Für eine Betriebsstätte, die Bau- oder Montagearbeiten durchführt und nach Abschluss der Bau- oder Montagearbeiten endet (Bau- und Montagebetriebsstätte), gelten die §§ 1 bis 17, soweit in diesem Abschnitt keine abweichende Regelung getroffen wird. Ein Unternehmen, zu dem eine Bau- und Montagebetriebsstätte gehört, ist ein Bau- und Montageunternehmen.

§ 31 Besondere Zuordnungsregelungen

(1) Ein materielles Wirtschaftsgut, das in einer Bau- und Montagebetriebsstätte genutzt wird, ist dieser nur dann gemäß § 5 Absatz 1 Satz 1 zuzuordnen, wenn dort neben der Nutzung zusätzlich auch Personalfunktionen ausgeübt werden, die im Zusammenhang mit der Anschaffung, der Herstellung, der Veräußerung oder der Verwertung des materiellen Wirtschaftsguts stehen. Die Zuordnung nach Satz 1 setzt voraus, dass die Bedeutung der genannten Personalfunktionen, die in der Bau- und Montagebetriebsstätte im Hinblick auf das materielle Wirtschaftsgut ausgeübt werden, gegenüber den insoweit ausgeübten Personalfunktionen des übrigen Unternehmens eindeutig überwiegt.

(2) Ist ein materielles Wirtschaftsgut im Sinne des Absatzes 1 nicht der Bau- und Montagebetriebsstätte zuzuordnen, so ist es dem übrigen Unternehmen zuzuordnen und gilt als der Bau- und Montagebetriebsstätte unentgeltlich beigestellt.

(3) Die Absätze 1 und 2 gelten sinngemäß für die Zuordnung von Vermögenswerten nach den §§ 6 bis 8.

(4) Der Bau- oder Montagevertrag mit dem Auftraggeber ist ein Geschäftsvorfall im Sinne des § 9, der dem übrigen Unternehmen zuzuordnen ist. Diese Zuordnung ist nur dann mit den Rechtsfolgen des § 16 zu ändern, wenn

1. den in der Bau- und Montagebetriebsstätte ausgeübten Personalfunktionen im Zusammenhang mit dem Vertrag eindeutig die größte Bedeutung zukommt, wobei insbesondere die Vorbereitung und der Abschluss des Vertrags, die Bereitstellung der dafür erforderlichen Vermögenswerte und die Erfüllung der Verpflichtungen aus dem Vertrag zu berücksichtigen sind, oder
2. aus funktionalen Gründen davon auszugehen ist, dass die Bau- und Montagebetriebsstätte, wäre sie ein unabhängiger Dritter, den Bau- oder Montagevertrag mit dem Auftraggeber vom übrigen Unternehmen übernommen hätte.

§ 32 Anzunehmende schuldrechtliche Beziehungen, die als Dienstleistung anzusehen sind

(1) Die Mitwirkung einer Bau- und Montagebetriebsstätte an der Erfüllung des vom Bau- und Montageunternehmen abgeschlossenen Bau- und Montagevertrags gilt widerlegbar als anzunehmende schuldrechtliche Beziehung, die als Dienstleistung der Bau- und Montagebetriebsstätte gegenüber dem übrigen Unternehmen anzusehen ist. Der Verrechnungspreis für die Dienstleistung ist im Regelfall nach einer kostenorientierten Verrechnungspreismethode zu bestimmen. Zu den Kosten der Bau- und Montagebetriebsstätte, die für die Anwendung dieser Methode zu berücksichtigen sind, gehören insbesondere auch alle erforderlichen Personalkosten, die unmittelbar durch die Erbringung von Personalfunktionen in der Bau und Montagebetriebsstätte verursacht sind.

(2) Besteht die Dienstleistung der Bau- und Montagebetriebsstätte gegenüber dem übrigen Unternehmen aus verschiedenen Leistungsbündeln, so sind diese einheitlich zu verrechnen, es sei denn, gesonderte Verrechnungspreise für jedes Leistungsbündel führen im Einzelfall zu einem Ergebnis, das dem Fremdvergleichsgrundsatz besser entspricht.

(3) Die Dienstleistung, die die Bau- und Montagebetriebsstätte gegenüber dem übrigen Unternehmen erbringt, ist entsprechend der erbrachten Leistung laufend abzurechnen, unabhängig

davon, ob das Bau- und Montageunternehmen einen Zahlungsanspruch gegen den Auftraggeber erst bei Abnahme oder Teilabnahme der geschuldeten Leistung hat. Eine andere Abrechnung zwischen der Bau- und Montagebetriebsstätte und dem übrigen Unternehmen ist nur vorzunehmen, wenn dies im Einzelfall zu einem Ergebnis führt, das dem Fremdvergleichsgrundsatz besser entspricht.

(4) Dienstleistungen, die im übrigen Unternehmen im Zusammenhang mit dem Bau- und Montagevertrag des Bau- und Montageunternehmens erbracht werden, gelten auch dann nicht als gegenüber der Bau und Montagebetriebsstätte erbracht, wenn sie im Zusammenhang mit der Dienstleistung der Bau- und Montagebetriebsstätte stehen.

§ 33 Anzunehmende schuldrechtliche Beziehungen in besonderen Fällen

(1) Abweichend von § 32 ist der Verrechnungspreis für die anzunehmende schuldrechtliche Beziehung zwischen der Bau- und Montagebetriebsstätte und dem übrigen Unternehmen nach einer Gewinnaufteilungsmethode zu bestimmen, wenn

1. die Personalfunktionen, die jeweils sowohl von der Bau- und Montagebetriebsstätte als auch vom übrigen Unternehmen im Hinblick auf die Erfüllung des Bau- oder Montagevertrags ausgeübt werden, keine Routinetätigkeit darstellen und dazu führen, dass jeweils vergleichbare Chancen und Risiken zuzuordnen sind, oder
2. für die Erfüllung des Bau- oder Montagevertrags sowohl von der Bau- und Montagebetriebsstätte als auch vom übrigen Unternehmen einzigartige immaterielle Werte selbst entwickelt oder erworben werden.

(2) Der Aufteilungsschlüssel, der für die Gewinnaufteilungsmethode nach Absatz 1 anzuwenden ist, bestimmt sich nach den Beiträgen, die jeweils von der Bau- und Montagebetriebsstätte und vom übrigen Unternehmen für den Bau- und Montagevertrag geleistet werden. Der Umfang der geleisteten Beiträge berechnet sich nach den Kosten der maßgeblichen Personalfunktionen, die jeweils von der Bau- und Montagebetriebsstätte und vom übrigen Unternehmen für den Bau- und Montagevertrag ausgeübt werden. Zu berücksichtigen ist auch ein angemessener Anteil

1. an den Forschungs- und Entwicklungskosten der eingesetzten immateriellen Werte sowie
2. an vergeblichen Akquisitionskosten für nicht zustande gekommene Bau- und Montageverträge.

BsGaV

Ein anderer Aufteilungsschlüssel ist anzuwenden, wenn dieser im Einzelfall zu einem Ergebnis der Bau- und Montagebetriebsstätte führt, das dem Fremdvergleichsgrundsatz besser entspricht.

§ 34 Übergangsregelung für Bau- und Montagebetriebsstätten

(1) Das Bau- und Montageunternehmen kann die Einkünfte einer bereits vor dem 1. Januar 2013 begründeten Bau- und Montagebetriebsstätte bis zur Beendigung der Bau- oder Montagebetriebsstätte nach den bisher von der Finanzbehörde anerkannten steuerlichen Grundsätzen ermitteln.

(2) Das Bau- und Montageunternehmen kann, ungeachtet § 1 Absatz 5 des Außensteuergesetzes, Absatz 1 auch auf Bau- und Montagebetriebsstätten, die in den Jahren 2013 und 2014 begründet werden, anwenden, wenn es

1. nachweist, dass es für die Kalkulation seiner Leistungen von der Anwendung der bisher von der Finanzbehörde anerkannten steuerlichen Grundsätze ausgegangen ist, und
2. glaubhaft macht, dass die Regelungen dieser Verordnung seiner Kalkulation die Grundlage entziehen.

Abschnitt 5: Besonderheiten für Förderbetriebsstätten

§ 35 Allgemeines

(1) Für eine Betriebsstätte, die zur Förderung von Bodenschätzen entsteht und nach Abschluss der Förderung endet (Förderbetriebsstätte), gelten die §§ 1 bis 17, soweit in diesem Abschnitt keine abweichende Regelung getroffen wird. Ein Unternehmen, zu dem eine Förderbetriebsstätte gehört, ist ein Bergbauunternehmen oder ein Erdöl- oder Erdgasunternehmen.

(2) Ein Explorationsrecht ist das Recht, Bodenschätze zu suchen oder zu fördern.

§ 36 Besondere Zuordnungsregelungen

(1) Ein Explorationsrecht, das für die Ausübung von Personalfunktionen in einer Förderbetriebsstätte eines Bergbauunternehmens oder eines Erdöl- oder Erdgasunternehmens genutzt wird, ist dieser Förderbetriebsstätte nur dann zuzuordnen, wenn dort zusätzlich auch

1. die Personalfunktionen im Zusammenhang mit der Anschaffung oder Herstellung des Explorationsrechts ausgeübt werden oder
2. der Vertrieb oder die Verwertung der gewonnenen Bodenschätze erfolgt.

Die Zuordnung nach Satz 1 setzt voraus, dass die Bedeutung der genannten Personalfunktionen, die in der Förderbetriebsstätte im Hinblick auf das Explorationsrecht ausgeübt werden, gegenüber den insoweit ausgeübten Personalfunktionen des übrigen Unternehmens eindeutig überwiegt.

(2) Kann das Explorationsrecht nach Absatz 1 nicht der Förderbetriebsstätte zugeordnet werden, so ist es dem übrigen Unternehmen zuzuordnen und gilt als der Förderbetriebsstätte unentgeltlich beigestellt.

(3) Abweichend von Absatz 2 ist das Explorationsrecht der Förderbetriebsstätte zum Zeitpunkt der Aufnahme der Fördertätigkeit zuzuordnen, wenn das Bergbauunternehmen oder das Erdöl- oder Erdgasunternehmen nachweist, dass der Staat, in dem die Förderbetriebsstätte liegt, ebenfalls von dieser Zuordnung ausgeht. Die Zuordnung ist beizubehalten, solange der Staat, in dem die Förderbetriebsstätte liegt, von der entsprechenden Zuordnung des Explorationsrechts ausgeht.

(4) In den Fällen des Absatzes 2 gilt für die Zuordnung von Vermögenswerten zu einer Förderbetriebsstätte § 31 Absatz 1 bis 3 sinngemäß. In den Fällen des Absatzes 3 gelten für die Zuordnung von Vermögenswerten zu einer Förderbetriebsstätte die §§ 5 bis 8.

§ 37 Anzunehmende schuldrechtliche Beziehungen

(1) Die Tätigkeit einer Förderbetriebsstätte unter Nutzung eines Explorationsrechts, das von einem Bergbauunternehmen oder einem Erdöl- oder Erdgasunternehmen erworben wurde, erfolgt auf Grund einer anzunehmenden schuldrechtlichen Beziehung (§ 16), für die widerlegbar zu vermuten ist, dass sie als Dienstleistung der Förderbetriebsstätte gegenüber dem übri-

gen Unternehmen anzusehen ist. Der Verrechnungspreis für die Dienstleistung ist nach einer kostenorientierten Verrechnungspreismethode zu bestimmen. Zu den Kosten der Förderbetriebsstätte, die für die Anwendung einer kostenorientierten Verrechnungspreismethode zu berücksichtigen sind, gehören insbesondere auch alle erforderlichen Personalkosten, die unmittelbar durch die Erbringung von Personalfunktionen in der Förderbetriebsstätte verursacht werden.

(2) Führt die Anwendung des § 36 Absatz 3 zu einer Änderung der Zuordnung des Explorationsrechts, so liegt eine anzunehmende schuldrechtliche Beziehung im Sinne des § 16 Absatz 1 Nummer 1 zwischen dem übrigen Unternehmen und der Förderbetriebsstätte vor, die einer Veräußerung entspricht. Dafür ist ein Betrag anzusetzen, der § 16 Absatz 2 Satz 1 entspricht.

(3) Ein Bergbauunternehmen oder ein Erdöl- oder Erdgasunternehmen kann jedoch abweichend von Absatz 2 Satz 2 einen Preis für die anzunehmende schuldrechtliche Beziehung im Sinne des Absatzes 2 ansetzen, der als Fremdvergleichspreis gilt, obwohl er den nach § 16 Absatz 2 Satz 1 anzusetzenden Betrag unterschreitet.

Voraussetzung hierfür ist, dass das Bergbauunternehmen oder das Erdöl- oder Erdgasunternehmen

1. nachweist, dass dadurch eine Doppelbesteuerung vermieden wird, und
2. einen Betrag in mindestens der Höhe ansetzt, der den Aufwendungen entspricht, die im Bergbauunternehmen oder im Erdöl- oder Erdgasunternehmen im Hinblick auf das Explorationsrecht bis zum Zeitpunkt der Änderung der Zuordnung entstanden sind.

(4) Im Fall des § 36 Absatz 3 ist im Hinblick auf die Funktions- und Risikoanalyse für die Bestimmung der Einkünfte der Förderbetriebsstätte zu beachten, dass das Explorationsrecht der Förderbetriebsstätte zuzuordnen ist. Dies gilt, solange der Staat, in dem die Förderbetriebsstätte liegt, von einer Zuordnung des Explorationsrechts zur Förderbetriebsstätte ausgeht.

§ 38 Übergangsregelung für Förderbetriebsstätten

(1) Das Bergbauunternehmen oder das Erdöl- oder Erdgasunternehmen kann die Einkünfte einer bereits vor dem 1. Januar 2013 begründeten Förderbetriebsstätte bis zur Beendigung der Förderbetriebsstätte nach den bisher von der Finanzbehörde anerkannten steuerlichen Grundsätzen ermitteln.

(2) Das Bergbauunternehmen oder das Erdöl- oder Erdgasunternehmen kann, ungeachtet § 1 Absatz 5 des Außensteuergesetzes, Absatz 1 auch auf Förderbetriebsstätten anwenden, für die das Explorationsrecht bereits im Jahr 2013 oder 2014 angeschafft oder hergestellt wurde, wenn es

1. nachweist, dass es für seine Kalkulation von der Anwendung der bisher von der Finanzbehörde anerkannten Grundsätze ausgegangen ist, und
2. glaubhaft macht, dass die Regelungen dieser Verordnung seiner Kalkulation die Grundlage entziehen.

Abschnitt 6: Ständige Vertreter

§ 39 Ständige Vertreter

(1) Diese Verordnung ist sinngemäß auf ständige Vertreter im Sinne des § 13 der Abgabenordnung anzuwenden.

(2) Handelt es sich bei einem ständigen Vertreter um ein rechtlich selbständiges Unternehmen mit eigenem Personal im Sinne des § 2 Absatz 4, so sind für die sinngemäße Anwendung nach Absatz 1 abweichend von § 2 Absatz 3 alle Personalfunktionen, die vom Personal des ständigen Vertreters für den Vertretenen ausgeübt werden, als eigene Personalfunktionen des Vertretenen zu behandeln.

Abschnitt 7: Schlussvorschriften

§ 40 Erstmalige Anwendung

Diese Verordnung ist für Wirtschaftsjahre anzuwenden, die nach dem 31. Dezember 2014 beginnen. § 3 Absatz 3 in der Fassung des Artikels 5 der Verordnung vom 12. Juli 2017 (BGBl. I S. 2360) ist erstmals für Wirtschaftsjahre anzuwenden, die nach dem 31. Dezember 2016 beginnen.

§ 41 Inkrafttreten

Diese Verordnung tritt am Tag nach der Verkündung in Kraft.

Gewinnabgrenzungsaufzeichnungsverordnung (GAufzV – i. d. F. vom 12.7.2017, BGBl I S. 2367)

Änderungsdokumentation: Die Verordnung zu Art, Inhalt und Umfang von Aufzeichnungen im Sinne des § 90 Absatz 3 der Abgabenordnung (Gewinnabgrenzungsaufzeichnungs-Verordnung – GAufzV) v. 12.7.2017 (BGBl I S. 2367) ist am 20. 7. 2017 in Kraft getreten und erstmals für Wirtschaftsjahre anzuwenden, die nach dem 31. 12. 2016 beginnen.

§ 1 Grundsätze der Aufzeichnungspflicht

(1) [1]Der Steuerpflichtige hat in den Aufzeichnungen, die über die Geschäftsbeziehungen im Sinne des § 1 Absatz 4 des Außensteuergesetzes zu erstellen sind, sämtliche Tatsachen anzugeben, die für die Vereinbarung von Bedingungen für Geschäftsvorfälle, insbesondere von Verrechnungspreisen, steuerliche Bedeutung haben. [2]Die Aufzeichnungspflicht beschränkt sich nicht auf die zivilrechtlichen Beziehungen. [3]Die Aufzeichnungspflicht bezieht sich auch auf Geschäftsvorfälle, die keinen Leistungsaustausch zum Gegenstand haben, wie Vereinbarungen über Arbeitnehmerentsendungen. [4]Aufzeichnungen, die im Wesentlichen unverwertbar sind (§ 162 Absatz 3 und 4 der Abgabenordnung), sind als nicht erstellt zu behandeln.

(2) Für die Sachverhaltsdokumentation nach § 90 Absatz 3 Satz 2 der Abgabenordnung sind Aufzeichnungen über die Art, den Umfang und die Abwicklung sowie über die wirtschaftlichen und die rechtlichen Rahmenbedingungen der Geschäftsvorfälle erforderlich.

(3) [1]Für die Angemessenheitsdokumentation nach § 90 Absatz 3 Satz 2 der Abgabenordnung hat der Steuerpflichtige für jeden Geschäftsvorfall entsprechend der von ihm gewählten Verrechnungspreismethode Aufzeichnungen zu erstellen und Vergleichsdaten heranzuziehen, soweit solche Daten im Zeitpunkt der Vereinbarung des jeweiligen Geschäftsvorfalls bei ihm oder bei ihm nahestehenden Personen vorhanden sind oder soweit er sich solche Daten mit zumutbarem Aufwand aus ihm frei zugänglichen Quellen beschaffen kann. [2]Zu den Vergleichsdaten im Sinne des Satzes 1 gehören insbesondere Daten zu vergleichbaren Geschäftsvorfällen, die der Steuerpflichtige oder eine ihm nahestehende Person mit fremden Dritten abgeschlossen hat, und zu vergleichbaren Geschäftsvorfällen zwischen fremden Dritten, zum Beispiel Preise und Geschäftsbedingungen, Kostenaufteilungen, Gewinnaufschläge, Bruttospannen, Nettospannen, Gewinnaufteilungen. [3]Zusätzlich sind Aufzeichnungen über innerbetriebliche Daten zu erstellen, die eine Plausibilitätskontrolle der vom Steuerpflichtigen vereinbarten Verrechnungspreise ermöglichen, wie zum Beispiel Prognoserechnungen und Daten zur Absatz-, Gewinn- und Kostenplanung. [4]Hat der Steuerpflichtige die von ihm und den ihm nahestehenden Personen ausgeübten Funktionen, übernommenen Risiken und eingesetzten wesentlichen Vermögenswerte in ihrer Bedeutung für einen Geschäftsvorfall gewichtet, muss diese Gewichtung widerspruchsfrei sein; in solchen Fällen müssen für jeden am Geschäftsvorfall Beteiligten die ausgeübten Funktionen, das Ausmaß der tatsächlich übernommenen Risiken und die Höhe der tatsächlich eingesetzten wesentlichen Vermögenswerte quantitativ nachvollziehbar dargestellt werden.

§ 2 Art, Inhalt und Umfang der Aufzeichnungen

(1) [1]Aufzeichnungen über Geschäftsbeziehungen können in Papierform oder elektronisch erstellt werden. [2]Sie sind ordnungsmäßig zu führen und aufzubewahren. [3]Sie müssen das ernsthafte Bemühen des Steuerpflichtigen belegen, seine Geschäftsbeziehungen unter

Beachtung des Fremdvergleichsgrundsatzes zu gestalten. [4]Die Aufzeichnungen müssen es daher einem sachverständigen Dritten ermöglichen, innerhalb einer angemessenen Frist festzustellen, welche Sachverhalte der Steuerpflichtige im Zusammenhang mit seinen Geschäftsbeziehungen verwirklicht hat und ob und inwieweit er dabei den Fremdvergleichsgrundsatz beachtet hat.

(2) [1]Art, Inhalt und Umfang der zu erstellenden Aufzeichnungen bestimmen sich nach den Umständen des Einzelfalls, insbesondere nach der vom Steuerpflichtigen angewandten Verrechnungspreismethode. [2]Der Steuerpflichtige ist nicht verpflichtet, Aufzeichnungen für mehr als eine geeignete Verrechnungspreismethode zu erstellen.

(3) [1]Aufzeichnungen sind grundsätzlich geschäftsvorfallbezogen zu erstellen. [2]Geschäftsvorfälle, die gemessen an Funktionen und Risiken wirtschaftlich vergleichbar sind, können für die Erstellung von Aufzeichnungen zu Gruppen zusammengefasst werden, wenn

1. die Gruppenbildung nach vorher festgelegten und nachvollziehbaren Regeln vorgenommen wurde und die Geschäftsvorfälle gleichartig oder gleichwertig sind oder
2. die Zusammenfassung auch bei Geschäftsvorfällen zwischen fremden Dritten üblich ist.

[3]Eine Zusammenfassung ist auch zulässig bei ursächlich zusammenhängenden Geschäftsvorfällen und bei Teilleistungen im Rahmen eines Gesamtgeschäfts, wenn es für die Prüfung der Angemessenheit weniger auf den einzelnen Geschäftsvorfall, sondern mehr auf die Beurteilung des Gesamtgeschäfts ankommt. [4]Werden Aufzeichnungen für Gruppen von Geschäftsvorfällen erstellt, sind die Regeln für deren Abwicklung und die Kriterien für die Gruppenbildung darzustellen. [5]Bestehen für eine Gruppe verbundener Unternehmen dem Fremdvergleichsgrundsatz genügende innerbetriebliche Verrechnungspreisrichtlinien, die für die einzelnen Unternehmen eine geeignete Verrechnungspreismethode oder mehrere geeignete Verrechnungspreismethoden vorgeben, können diese Verrechnungspreisrichtlinien als Bestandteil der Aufzeichnungen verwendet werden. [6]Soweit solche Verrechnungspreisrichtlinien die Preisermittlung regeln und tatsächlich befolgt werden, kann auf geschäftsvorfallbezogene Einzelaufzeichnungen im Sinne des Satzes 1 verzichtet werden.

(4) [1]Ergibt sich bei Dauersachverhalten eine Änderung der Umstände, die für die Angemessenheit vereinbarter Preise von wesentlicher Bedeutung ist, hat der Steuerpflichtige auch nach dem Geschäftsabschluss Informationen zu sammeln und aufzuzeichnen, die einer Finanzbehörde die Prüfung ermöglichen, ob und ab welchem Zeitpunkt fremde Dritte eine Anpassung der Geschäftsbedingungen für spätere Geschäftsvorfälle vereinbart hätten. [2]Dies gilt insbesondere, wenn in einem Geschäftsbereich steuerliche Verluste erkennbar werden, die ein fremder Dritter nicht hingenommen hätte, oder wenn Preisanpassungen zu Lasten des Steuerpflichtigen vorgenommen werden.

(5) [1]Aufzeichnungen sind grundsätzlich in deutscher Sprache zu erstellen. [2]Die Finanzbehörde kann auf Antrag des Steuerpflichtigen Ausnahmen hiervon zulassen. [3]Der Antrag kann vor der Anfertigung der Aufzeichnungen gestellt werden, er ist aber spätestens unverzüglich nach Anforderung der Aufzeichnungen durch die Finanzbehörde zu stellen. [4]Erforderliche Übersetzungen von Verträgen und ähnlichen Dokumenten im Sinne der §§ 4 und 5 gehören zu den Aufzeichnungen. [5]§ 87 Absatz 2 der Abgabenordnung bleibt unberührt.

(6) [1]Aufzeichnungen sollen im Regelfall nur für die Zwecke der Durchführung einer Außenprüfung angefordert werden. [2]Die Anforderung soll die Geschäftsbereiche und die

Geschäftsbeziehungen des Steuerpflichtigen bezeichnen, die Gegenstand der Außenprüfung sein sollen. [3]In der Anforderung sollen auch die Art und der Umfang der angeforderten Aufzeichnungen inhaltlich hinreichend bestimmt werden. [4]Die Anforderung kann zusammen mit der Prüfungsanordnung erfolgen und jederzeit nachgeholt, ergänzt oder geändert werden (§ 90 Absatz 3 Satz 10 der Abgabenordnung).

§ 3 Zeitnahe Erstellung von Aufzeichnungen bei außergewöhnlichen Geschäftsvorfällen

(1) [1]Aufzeichnungen über außergewöhnliche Geschäftsvorfälle im Sinne des § 90 Absatz 3 Satz 8 der Abgabenordnung sind zeitnah erstellt, wenn sie im engen zeitlichen Zusammenhang mit dem Geschäftsvorfall gefertigt werden. [2]Sie gelten als noch zeitnah erstellt, wenn sie innerhalb von sechs Monaten nach Ablauf des Wirtschaftsjahres gefertigt werden, in dem sich der Geschäftsvorfall ereignet hat.

(2) Als außergewöhnliche Geschäftsvorfälle sind insbesondere anzusehen:

1. der Abschluss und die Änderung langfristiger Verträge, die sich erheblich auf die Höhe der Einkünfte des Steuerpflichtigen aus seinen Geschäftsbeziehungen auswirken,
2. Vermögensübertragungen im Zuge von Umstrukturierungsmaßnahmen,
3. die Übertragung und die Überlassung von Vermögenswerten im Zusammenhang mit wesentlichen Funktions- und Risikoänderungen im Unternehmen,
4. Geschäftsvorfälle im Zusammenhang mit einer für die Verrechnungspreisbildung erheblichen Änderung der Geschäftsstrategie sowie
5. der Abschluss von Umlageverträgen.

§ 4 Landesspezifische, unternehmensbezogene Dokumentation

(1) Der Steuerpflichtige hat nach Maßgabe der §§ 1 bis 3 folgende Aufzeichnungen, soweit sie für die Prüfung von Geschäftsbeziehungen des Steuerpflichtigen im Sinne des § 90 Absatz 3 Satz 1 und 2 der Abgabenordnung steuerlich von Bedeutung sind, zu erstellen:

1. allgemeine Informationen über die Beteiligungsverhältnisse, den Geschäftsbetrieb und den Organisationsaufbau:
   a. die Darstellung der Beteiligungsverhältnisse zwischen dem Steuerpflichtigen und ihm nahestehenden Personen im Sinne des § 1 Absatz 2 Nummer 1 und 2 des Außensteuergesetzes, mit denen der Steuerpflichtige unmittelbar oder über Zwischenpersonen Geschäftsbeziehungen unterhält, zu Beginn des Prüfungszeitraums und die Darstellung der Veränderungen dieser Beteiligungsverhältnisse innerhalb des Prüfungszeitraums,
   b. die Darstellung der sonstigen Umstände, die das Nahestehen im Sinne des § 1 Absatz 2 Nummer 3 des Außensteuergesetzes begründen können,
   c. die Darstellung der organisatorischen und operativen Konzernstruktur, einschließlich Betriebsstätten und Beteiligungen an Personengesellschaften, zu Beginn des Prüfungszeitraums sowie die Darstellung der Veränderungen der Konzernstruktur innerhalb des Prüfungszeitraums,

d. die Beschreibung der Managementstruktur sowie der Organisationsstruktur des inländischen Unternehmens des Steuerpflichtigen,

e. die Beschreibung der Tätigkeitsbereiche des Steuerpflichtigen und der Geschäftsstrategie zu Beginn des Prüfungszeitraums sowie die Beschreibung der Veränderungen der Tätigkeitsbereiche und der Geschäftsstrategie innerhalb des Prüfungszeitraums;

2. Aufzeichnungen über Geschäftsbeziehungen des Steuerpflichtigen:

a. die Darstellung der Geschäftsbeziehungen des Steuerpflichtigen, Übersicht über Art und Umfang dieser Geschäftsbeziehungen, zum Beispiel Wareneinkauf, Dienstleistungen, Darlehensverhältnisse und andere Nutzungsüberlassungen sowie Kostenumlagen, und Übersicht über die den Geschäftsbeziehungen zugrunde liegenden Verträge und der Veränderungen innerhalb des Prüfungszeitraums,

b. die Auflistung der wesentlichen immateriellen Werte, die dem Steuerpflichtigen gehören und die er im Rahmen seiner Geschäftsbeziehungen nutzt oder zur Nutzung überlässt;

3. Funktions- und Risikoanalyse:

a. Informationen über

aa) im Rahmen der Geschäftsbeziehungen ausgeübten Funktionen und übernommenen Risiken zu Beginn des Prüfungszeitraums sowie über die Veränderungen dieser Funktionen und Risiken innerhalb des Prüfungszeitraums,

bb) eingesetzten wesentlichen Vermögenswerte,

cc) vereinbarten Vertragsbedingungen,

dd) Geschäftsstrategien sowie

ee) Markt- und Wettbewerbsverhältnisse, die für die Besteuerung von Bedeutung sind,

b. Beschreibung der Wertschöpfungskette und Darstellung der Wertschöpfungsbeiträge des Steuerpflichtigen; § 1 Absatz 3 Satz 4 ist zu beachten;

4. Verrechnungspreisanalyse:

a. Zeitpunkt der Verrechnungspreisbestimmung,

b. Aufzeichnung der im Zeitpunkt der Verrechnungspreisbestimmung verfügbaren und zur Preisbestimmung verwendeten Informationen, die für die Besteuerung von Bedeutung sind,

c. Darstellung der angewandten Verrechnungspreismethode,

d. Begründung der Auswahl und der Geeignetheit der angewandten Verrechnungspreismethode,

e. Unterlagen über die Berechnungen bei der Anwendung der gewählten Verrechnungspreismethode,

f. Auflistung und Beschreibung verwendeter vergleichbarer interner oder externer Geschäftsvorfälle.

(2) Zu den in Absatz 1 genannten Aufzeichnungen gehören nach den Verhältnissen des Einzelfalls folgende weitere Aufzeichnungen:

1. Informationen über Sonderumstände wie Maßnahmen zum Vorteilsausgleich, soweit sie die Bestimmung der Verrechnungspreise des Steuerpflichtigen beeinflussen können;
2. bei Umlagen die Verträge, gegebenenfalls in Verbindung mit den Anhängen, den Anlagen und den Zusatzvereinbarungen, die Unterlagen über die Anwendung des Aufteilungsschlüssels und über den erwarteten Nutzen für alle Beteiligten sowie die Unterlagen über die Art und den Umfang der Rechnungskontrolle, über die Anpassung an veränderte Verhältnisse, über die Zugriffsberechtigung auf die Unterlagen des leistungserbringenden Unternehmens und über die Zuordnung von Nutzungsrechten;
3. Informationen über beantragte oder abgeschlossene Verständigungs- oder Schiedsstellenverfahren anderer Staaten sowie über unilaterale Verrechnungspreiszusagen und sonstige steuerliche Vorabzusagen ausländischer Steuerverwaltungen, die die Geschäftsbeziehungen des Steuerpflichtigen berühren;
4. Aufzeichnungen über Preisanpassungen beim Steuerpflichtigen, auch wenn diese die Folge von Verrechnungspreiskorrekturen oder Vorabzusagen ausländischer Finanzbehörden bei dem Steuerpflichtigen nahestehenden Personen sind;
5. Aufzeichnungen über die Ursachen von Verlusten und über Vorkehrungen des Steuerpflichtigen oder ihm nahestehender Personen zur Beseitigung der Verlustsituation, wenn der Steuerpflichtige in mehr als drei aufeinander folgenden Wirtschaftsjahren aus Geschäftsbeziehungen einen steuerlichen Verlust ausweist;
6. in Fällen von Funktions- und Risikoänderungen im Sinne des § 3 Absatz 2 Aufzeichnungen über Forschungsvorhaben und laufende Forschungstätigkeiten, die im Zusammenhang mit einer Funktionsänderung stehen können und in den drei Jahren vor Durchführung der Funktionsänderung stattfanden oder abgeschlossen worden sind; die Aufzeichnungen müssen mindestens Angaben über den genauen Gegenstand der Forschungen und die insgesamt jeweils zuzuordnenden Kosten enthalten. [2]Dies gilt nur, soweit ein Steuerpflichtiger Forschung und Entwicklung betreibt und Unterlagen über seine Forschungs- und Entwicklungsarbeiten erstellt, aus denen die genannten Aufzeichnungen abgeleitet werden können.

(3) [1]Verwendet der Steuerpflichtige für die Bestimmung seiner Verrechnungspreise Datenbanken, muss er die von ihm dabei verwendete Suchstrategie, die dabei verwendeten Suchkriterien, das Suchergebnis und den außerhalb der Datenbank durchgeführten weiteren Selektionsprozess (Suchprozess) umfassend offenlegen. [2]Der gesamte Suchprozess des Steuerpflichtigen muss nachvollziehbar und zum Zeitpunkt der Außenprüfung prüfbar sein. [3]Die Konfiguration der Datenbank, mit der der konkrete Suchprozess durchgeführt wurde, ist vollständig zu dokumentieren. [4]§ 147 Absatz 6 der Abgabenordnung gilt sinngemäß.

§ 5 Stammdokumentation

(1) [1]Steuerpflichtige, die nach § 90 Absatz 3 Satz 3 und 4 der Abgabenordnung eine Stammdokumentation zu erstellen haben, haben die in der Anlage zu dieser Verordnung aufgeführten Aufzeichnungen zu erstellen und entsprechende Unterlagen vorzulegen, um der Finanzbehörde einen Überblick über die Art der weltweiten Geschäftstätigkeit der Unternehmensgruppe

und über die Systematik der Verrechnungspreisbestimmung, die die Unternehmensgruppe anwendet, zu ermöglichen. [2]Der Steuerpflichtige kann auch Aufzeichnungen verwenden, die von einem anderen Unternehmen derselben Unternehmensgruppe erstellt wurden. [3]Soweit erforderlich, sind diese Aufzeichnungen um weitere Angaben entsprechend der Anlage zu dieser Verordnung zu ergänzen. [4]§ 2 Absatz 5 bleibt unberührt.

(2) Der Steuerpflichtige soll bei der Erstellung der Stammdokumentation eine vernünftige kaufmännische Beurteilung zugrunde legen, um die mit der Stammdokumentation verbundenen Ziele mit angemessenem Aufwand zu erreichen.

§ 6 Anwendungsregelungen für kleinere Unternehmen und Steuerpflichtige mit anderen als Gewinneinkünften

(1) [1]Für Steuerpflichtige, die aus Geschäftsbeziehungen andere Einkünfte als Gewinneinkünfte beziehen, und für kleinere Unternehmen gelten die in § 90 Absatz 3 Satz 1 bis 4 und 8 der Abgabenordnung und die in dieser Verordnung bezeichneten Aufzeichnungspflichten vorbehaltlich Satz 2 als erfüllt, soweit die gegenüber den Finanzbehörden zu erteilenden Auskünfte den Anforderungen des § 2 Absatz 1 entsprechen und durch die Vorlage vorhandener Unterlagen auf Anforderung des Finanzamts belegt werden. [2]Die in § 90 Absatz 3 Satz 7 und 8 der Abgabenordnung genannten Fristen sind einzuhalten.

(2) [1]Kleinere Unternehmen im Sinne des Absatzes 1 sind Unternehmen, bei denen im laufenden Wirtschaftsjahr

1. die Summe der Entgelte für die Lieferung von Gütern oder Waren aus Geschäftsbeziehungen mit nahestehenden Personen im Sinne des § 1 Absatz 2 des Außensteuergesetzes sechs Millionen Euro nicht übersteigt und
2. die Summe der Vergütungen für andere Leistungen als die Lieferung von Gütern oder Waren aus Geschäftsbeziehungen mit nahestehenden Personen im Sinne des § 1 Absatz 2 des Außensteuergesetzes nicht mehr als 600 000 Euro beträgt.

[2]Werden die in Satz 1 genannten Beträge in einem Wirtschaftsjahr überschritten, ist Absatz 1 ab dem darauf folgenden Wirtschaftsjahr nicht mehr anzuwenden. [3]Unterschreitet ein Unternehmen, das nicht nach Absatz 1 begünstigt ist, die genannten Beträge in einem Wirtschaftsjahr, ist es im darauf folgenden Wirtschaftsjahr als kleineres Unternehmen im Sinne des Satzes 1 zu behandeln.

(3) Zusammenhängende inländische Unternehmen im Sinne der §§ 13, 18 und 19 der Betriebsprüfungsordnung vom 15. März 2000 (BStBl I S. 368) in der jeweils geltenden Fassung und inländische Betriebsstätten von dem Steuerpflichtigen nahestehenden Personen sind für die Prüfung der Betragsgrenzen nach Absatz 2 zusammenzurechnen.

§ 7 Schlussvorschrift

Diese Verordnung ist erstmals für Wirtschaftsjahre anzuwenden, die nach dem 31. Dezember 2016 beginnen.

§ 8 Inkrafttreten, Außerkrafttreten

[1]Diese Verordnung tritt am Tag nach der Verkündung[1] in Kraft. [2]Gleichzeitig tritt die Gewinnabgrenzungsaufzeichnungsverordnung vom 13. November 2003 (BGBl I S. 2296), die zuletzt durch Artikel 7 des Gesetzes vom 26. Juni 2013 (BGBl I S. 1809) geändert worden ist, außer Kraft.

Anlage (zu § 5)
Umfang der Stammdokumentation

[1]Die Stammdokumentation umfasst Folgendes:

1. grafische Darstellung des Organisationsaufbaus (Rechts- und Eigentümerstruktur) sowie der geografischen Verteilung der Gesellschaften und Betriebsstätten, die zur Unternehmensgruppe im Sinne des § 90 Absatz 3 der Abgabenordnung gehören;
2. Übersicht über bedeutende Faktoren für den Gesamtgewinn der Unternehmensgruppe;
3. Beschreibung der Lieferketten für die fünf Produkte oder Dienstleistungen der Unternehmensgruppe, die die höchsten Umsatzerlöse erzielen (eine aussagefähige Grafik oder ein entsprechendes Diagramm reicht aus);
4. Beschreibung der Lieferketten für alle weiteren Produkte oder Dienstleistungen, auf die jeweils mehr als 5 Prozent der Umsatzerlöse der Unternehmensgruppe entfallen (eine aussagefähige Grafik oder ein entsprechendes Diagramm reicht aus);
5. Auflistung und zusammenfassende Beschreibung wichtiger Dienstleistungsvereinbarungen zwischen Unternehmen der Unternehmensgruppe (ohne Forschungs- und Entwicklungsleistungen), einschließlich einer Beschreibung der Kapazitäten der Hauptstandorte, die bedeutende Dienstleistungen erbringen, sowie der Verrechnungspreispolitik für die Zuordnung der Dienstleistungskosten und für die Bestimmung der für konzerninterne Dienstleistungen zu zahlenden Preise;
6. Beschreibung der wichtigsten geografischen Märkte für die Produkte oder Dienstleistungen der Unternehmensgruppe (vgl. die Nummern 3 und 4);
7. zusammenfassende Funktionsanalyse, die die Hauptbeiträge beschreibt, die die einzelnen Unternehmen der Unternehmensgruppe zur Wertschöpfung leisten, das heißt die ausgeübten Schlüsselfunktionen, die wichtigen übernommenen Risiken und die wichtigen genutzten Vermögenswerte;
8. zusammenfassende Beschreibung bedeutender, während des Wirtschaftsjahres erfolgter Umstrukturierungen der Geschäftstätigkeit der Unternehmensgruppe sowie eine Auflistung und zusammenfassende Beschreibung der von der Unternehmensgruppe während des Wirtschaftsjahres vorgenommenen bedeutender Unternehmenskäufe und -verkäufe;
9. allgemeine Beschreibung der Gesamtstrategie der Unternehmensgruppe für immaterielle Werte (Entwicklung, Eigentum, Schutz und Verwertung), einschließlich einer Auflistung der Standorte der wichtigsten Forschungs- und Entwicklungseinrichtungen und der Standorte des Forschungs- und Entwicklungsmanagements;

GAufzV

[1] **Anm. d. Red.:** Tag nach der Verkündung: 20.7.2017.

10. Auflistung der immateriellen Werte oder der Gruppen immaterieller Werte der Unternehmensgruppe, die für die Verrechnungspreisbestimmung von Bedeutung sind, sowie der Unternehmen, die rechtliche Eigentümer oder Inhaber dieser immateriellen Werte sind;
11. Auflistung wichtiger Vereinbarungen zwischen den Unternehmen der Unternehmensgruppe mit Bezug zu den immateriellen Werten, einschließlich Kostenumlagevereinbarungen sowie wesentlicher Forschungsdienstleistungsvereinbarungen und Lizenzvereinbarungen;
12. allgemeine Beschreibung der Verrechnungspreispolitik der Unternehmensgruppe in Bezug auf Forschung und Entwicklung sowie auf immaterielle Werte;
13. allgemeine Beschreibung aller wichtigen Übertragungen von Rechten an immateriellen Werten zwischen den Unternehmen der Unternehmensgruppe während des betreffenden Wirtschaftsjahres, einschließlich der entsprechenden Unternehmen, Staaten und Vergütungen;
14. allgemeine Beschreibung, wie die Unternehmensgruppe finanziert wird, einschließlich der Darstellung bedeutender Finanzierungsbeziehungen zu fremden Dritten;
15. Angabe derjenigen Unternehmen der Unternehmensgruppe, die eine zentrale Finanzierungs-, Cashmanagement- oder Assetmanagementfunktion ausüben, mit der Angabe, nach welchem Recht das jeweilige Unternehmen organisiert ist, und mit der Angabe des Orts der tatsächlichen Geschäftsleitung des jeweiligen Unternehmens;
16. allgemeine Beschreibung der Verrechnungspreisstrategie der Unternehmensgruppe in Bezug auf Finanzierungsbeziehungen innerhalb dieser Unternehmensgruppe;
17. Konzernabschluss der Unternehmensgruppe für das betreffende Wirtschaftsjahr, sofern ein solcher erstellt wurde;
18. Auflistung und kurze Beschreibung der bestehenden unilateralen Vorabverständigungen über die Verrechnungspreisgestaltung der Unternehmensgruppe sowie anderer Vorabzusagen im Zusammenhang mit der Aufteilung der Erträge zwischen den Staaten.

[2]Soweit in Satz 1 unbestimmte Rechtsbegriffe verwendet werden, wird dem Unternehmen ein eigenständiger Beurteilungsspielraum eingeräumt unter der Voraussetzung, dass der Beurteilungsspielraum international einheitlich und nach offengelegten Kriterien sowie über das jeweilige Wirtschaftsjahr hinaus konsistent genutzt wird.

Verordnung des Bundesministeriums der Finanzen

Verordnung zur Anwendung des Fremdvergleichsgrundsatzes nach § 1 Abs. 1 des Außensteuergesetzes in Fällen grenzüberschreitender Funktionsverlagerungen (Funktionsverlagerungsverordnung – FVerlV), vom 12.8.2008, BGBl.I. 2008, S. 1680.

A. Problem und Ziel

Durch das Unternehmensteuerreformgesetz 2008 sind die gesetzlichen Regelungen zum Fremdvergleichsgrundsatz geändert worden. Insbesondere wurde ein neuer Absatz 3 in § 1 des Außensteuergesetzes (AStG) eingefügt, dessen Bestimmungen den international anerkannten Fremdvergleichsgrundsatz präzisieren und u. a. ausdrückliche Regelungen für Fälle von Funktionsverlagerungen enthalten.

Der Fremdvergleichsgrundsatz ist außer in § 1 AStG auch in den von Deutschland abgeschlossenen Doppelbesteuerungsabkommen enthalten (entsprechend Artikel 9 OECD-Musterabkommen), insbesondere in allen Doppelbesteuerungsabkommen, die Deutschland mit Staaten der Europäischen Union abgeschlossen hat. Der Inhalt des Fremdvergleichsgrundsatzes wird im internationalen Kontext vor allem durch die OECD in ihren Verrechnungspreisleitlinien 1995 beschrieben und dient der Aufteilung der Besteuerungsrechte zwischen den Staaten. Den Steuerpflichtigen und der Verwaltung wurden durch die Gesetzesänderungen des § 1 AStG im Rahmen der Unternehmensteuerreform 2008 klare Regeln zur Anwendung des Fremdvergleichsgrundsatzes vorgegeben, die sich an international üblichen Maßstäben ausrichten und helfen, Streitigkeiten über den steuerlich maßgeblichen Verrechnungspreis, insbesondere internationale Besteuerungskonflikte mit anderen Staaten, zu vermeiden. Dadurch wird auch ein erhöhtes Maß an Rechtssicherheit erreicht und die Gleichmäßigkeit der Besteuerung gewährleistet. Wenn sich die Steuerpflichtigen an die gesetzlichen Vorgaben halten und ihre Einkünfte in den beteiligten Staaten in gleicher Weise erklären, werden die Ergebnisse international auf Akzeptanz stoßen, weil sie dem Fremdvergleichsgrundsatz entsprechen.

B. Lösung

§ 1 Abs. 3 Satz 13 AStG enthält die Ermächtigung zum Erlass einer Rechtsverordnung, um Einzelheiten zur Anwendung des Fremdvergleichsgrundsatzes regeln zu können. Ziel ist es, zu einer einheitlichen Rechtsanwendung durch Steuerpflichtige und Finanzbehörden beizutragen. Die Rechtsverordnungsermächtigung wird zunächst für Fälle von Funktionsverlagerungen ausgeschöpft, um für Rechtssicherheit und Klarheit in diesem Bereich zu sorgen. Zusätzlich werden Funktionsverlagerungen klar von Funktionsverdoppelungen abgegrenzt. Durch die Rechtsverordnung soll, noch konkreter als durch das Gesetz möglich, sichergestellt werden, dass von Steuerpflichtigen und Verwaltung wettbewerbsneutrale und im internationalen Kontext akzeptable Lösungen gefunden werden, ohne auf Besteuerungsrechte Deutschlands zu verzichten.

Die Vereinbarkeit der Rechtsverordnung mit Europarecht wurde mit dem Ergebnis überprüft, dass insofern keine rechtlichen Zweifel bestehen. Da die Rechtsverordnung den Fremdvergleichsgrundsatz lediglich – ausgehend von den neuen gesetzlichen Regelungen des § 1 Abs. 3 AStG – weiter präzisiert, besteht kein Anhaltspunkt für europarechtliche Bedenken. Die Ausgestaltung der Regelungen entspricht den Anforderungen des EG-Vertrages.

C. Alternativen

Keine

D. Finanzielle Auswirkungen auf die öffentlichen Haushalte

1. Haushaltsausgaben ohne Vollzugsaufwand

Für die öffentlichen Haushalte ergeben sich die aus dem Unternehmensteuerreformgesetz 2008 aufgezeigten Auswirkungen der Änderung des § 1 AStG. Aus der Anwendung der Rechtsverordnung ergeben sich keine direkten, darüber hinausgehenden Auswirkungen.

2. Vollzugsaufwand

Kein nennenswerter Vollzugsaufwand

E. Sonstige Kosten

Keine

F. Bürokratiekosten

Es werden Informationspflichten für

a) Unternehmen eingeführt.

Anzahl:	7
betroffene Unternehmen:	zwischen 150 und 600
Häufigkeit/Periodizität:	1 bzw. 5
erwartete Mehrkosten:	1.311.851
erwartete Kostenreduzierung:	0

b) Für Bürgerinnen und Bürger werden keine Informationspflichten eingeführt, vereinfacht oder abgeschafft.

c) Für die Verwaltung werden keine Informationspflichten eingeführt, vereinfacht oder abgeschafft.

Verordnung zur Anwendung des Fremdvergleichsgrundsatzes nach § 1 Absatz 1 des Außensteuergesetzes in Fällen grenzüberschreitender Funktionsverlagerungen (Funktionsverlagerungsverordnung – FVerlV)

Vom 18. Oktober 2022

Auf Grund des § 1 Absatz 6 des Außensteuergesetzes vom 8. September 1972 (BGBl. I S. 1713), der durch Artikel 5 Nummer 1 Buchstabe c des Gesetzes vom 2. Juni 2021 (BGBl. I S. 1259) neu gefasst worden ist, verordnet das Bundesministerium der Finanzen:

Abschnitt 1 Allgemeine Vorschriften

§ 1 Begriffsbestimmungen

(1) Eine Funktion ist eine Geschäftstätigkeit, die aus einer Zusammenfassung gleichartiger betrieblicher Aufgaben besteht, die von bestimmten Stellen oder Abteilungen eines Unternehmens erledigt werden. Sie ist ein organischer Teil eines Unternehmens, ohne dass ein Teilbetrieb im steuerlichen Sinn vorliegen muss.

(2) Eine Funktionsverlagerung im Sinne des § 1 Absatz 3b des Gesetzes liegt vor, wenn eine Funktion einschließlich der dazugehörigen Chancen und Risiken sowie der mitübertragenen oder mitüberlassenen Wirtschaftsgüter oder sonstigen Vorteile ganz oder teilweise übertragen oder überlassen wird, so dass das übernehmende Unternehmen diese Funktion ausüben oder eine bestehende Funktion ausweiten kann. Die nach Satz 1 verlagerte Funktion als Ganzes bildet das Transferpaket. Geschäftsvorfälle, die innerhalb von fünf Wirtschaftsjahren verwirklicht werden, sind zu dem Zeitpunkt, zu dem die Voraussetzungen des Satzes 1 durch ihre gemeinsame Verwirklichung wirtschaftlich erfüllt sind, als einheitliche Funktionsverlagerung zusammenzufassen.

(3) Immaterielle Wirtschaftsgüter sind in Fällen von Funktionsverlagerungen wesentlich im Sinne des § 1 Absatz 3b Satz 2 des Gesetzes, wenn sie für die verlagerte Funktion erforderlich sind und ihr Fremdvergleichspreis insgesamt mehr als 25 Prozent der Summe der Einzelpreise aller Wirtschaftsgüter und sonstigen Vorteile des Transferpakets beträgt und dies unter Berücksichtigung der Auswirkungen der Funktionsverlagerung, die aus den Aufzeichnungen im Sinne des § 2 Satz 2 hervorgehen, glaubhaft ist.

(4) Erbringt ein übernehmendes Unternehmen die bisher ausschließlich gegenüber dem verlagernden Unternehmen erbrachten Leistungen eigenständig, ganz oder teilweise, gegenüber anderen Unternehmen zu Preisen, die höher sind als das Entgelt nach der Kostenaufschlagsmethode oder die entsprechend dem Fremdvergleichsgrundsatz höher anzusetzen sind, ist zum Zeitpunkt der erstmaligen Erbringung gegenüber den anderen Unternehmen für bisher unentgeltlich vom verlagernden Unternehmen für die Leistungserbringung zur Verfügung gestellte Wirtschaftsgüter und sonstige Vorteile ein Entgelt entsprechend § 2 zu verrechnen; die betreffenden Wirtschaftsgüter oder sonstigen Vorteile gelten als ein Transferpaket, soweit hierfür die sonstigen Voraussetzungen gegeben sind.

(5) Eine Funktionsverlagerung im Sinne des Absatzes 2 liegt nicht vor, wenn es innerhalb von fünf Jahren nach Aufnahme der Funktion durch das übernehmende Unternehmen zu keiner Einschränkung der Ausübung der betreffenden Funktion beim verlagernden Unternehmen kommt, obwohl die übrigen Voraussetzungen des Absatzes 2 Satz 1 erfüllt sind (Funktionsverdoppelung). Kommt es innerhalb dieses Zeitraums zu einer solchen Einschränkung, liegt zum Zeitpunkt, in dem die Einschränkung eintritt, insgesamt eine Funktionsverlagerung vor, es sei denn, der Steuerpflichtige macht glaubhaft, dass diese Einschränkung nicht in unmittelbarem wirtschaftlichen Zusammenhang mit der Funktionsverdoppelung steht.

Abschnitt 2
Transferpaketberechnung

§ 2
Wert des Transferpakets

Der Einigungsbereich (§ 6) ist unter Berücksichtigung aller Umstände des Einzelfalls auf der Grundlage einer Funktions- und Risikoanalyse vor und nach der Funktionsverlagerung zu ermitteln, wobei neben tatsächlich bestehenden Handlungsalternativen auch Standortvorteile oder -nachteile, Synergieeffekte sowie Steuereffekte zu berücksichtigen sind. Ausgangspunkt für die Berechnungen sind die Unterlagen, die Grundlage für die Unternehmensentscheidung waren, eine Funktionsverlagerung durchzuführen. Für die Berechnung des Einigungsbereichs ist eine kapitalwertorientierte Bewertungsmethode zu verwenden. Hierfür sind die dem Maßstab des § 1 Absatz 1 Satz 3 des Gesetzes entsprechenden Erwartungen der finanziellen Überschüsse der beteiligten Unternehmen, angemessene Kapitalisierungszinssätze (§ 4) und ein von den Umständen der Funktionsausübung abhängiger Kapitalisierungszeitraum (§ 5) zu Grunde zu legen.

§ 3
Bestandteile des Transferpakets

(1) Werden für einzelne Teile des Transferpakets unterschiedliche Vereinbarungen getroffen oder sind solche Vereinbarungen dem Fremdvergleichsgrundsatz entsprechend anzunehmen, sind für alle Teile des Transferpakets Fremdvergleichspreise anzusetzen, die insgesamt dem nach § 2 bestimmten Wert des Transferpakets als Ganzem entsprechen.

(2) In den Fällen des § 1 Absatz 2 Satz 3, des § 1 Absatz 4 oder des § 1 Absatz 5 Satz 2, sind die Verrechnungspreise für die Geschäftsvorfälle, die dazu geführt haben, dass eine Funktionsverlagerung vorliegt, dem Fremdvergleichsgrundsatz entsprechend so anzusetzen, dass sie zusammen mit den ursprünglich bestimmten Verrechnungspreisen dem nach § 2 bestimmten Wert des Transferpakets als Ganzem entsprechen.

§ 4
Kapitalisierungszinssatz

Zur Bestimmung des jeweils angemessenen Kapitalisierungszinssatzes ist, unter Berücksichtigung der Äquivalenzprinzipien, vom Zins für eine risikolose Investition auszugehen, auf den ein vom Kapitalmarkt abgeleiteter risikoadäquater Zuschlag vorzunehmen ist. Die Laufzeit der vergleichbaren risikolosen Investition richtet sich danach, wie lange die übernommene Funktion voraussichtlich ausgeübt wird. Der Zuschlag ist so zu bemessen, dass er sowohl für das übernehmende als auch für das verlagernde Unternehmen die in vergleichbaren Fällen zwischen fremden Dritten jeweils zur Risikobeurteilung relevanten Umstände berücksichtigt.

§ 5
Kapitalisierungszeitraum

Werden keine Gründe für einen bestimmten, von den Umständen der Funktionsausübung abhängigen Kapitalisierungszeitraum nachgewiesen, ist ein unbegrenzter Kapitalisierungszeitraum zu Grunde zu legen.

§ 6
Bestimmung des Einigungsbereichs

(1) Für ein verlagerndes Unternehmen, das aus der Funktion finanzielle Überschüsse zu erwarten hat, ergibt sich die Untergrenze des Einigungsbereichs (Mindestpreis) im Sinne des § 1 Absatz 3a Satz 5 des Gesetzes aus dem Ausgleich für den Wegfall oder die Minderung der finanziellen Überschüsse zuzüglich der gegebenenfalls anfallenden Schließungskosten. Maßgebend ist der Barwert. Tatsächlich bestehende Handlungsalternativen, die das verlagernde Unternehmen als vom übernehmenden Unternehmen unabhängiges Unternehmen hätte, sind zu berücksichtigen, ohne die unternehmerische Dispositionsbefugnis des verlagernden Unternehmens in Frage zu stellen.

(2) In Fällen, in denen das verlagernde Unternehmen aus rechtlichen, tatsächlichen oder wirtschaftlichen Gründen nicht mehr dazu in der Lage ist, die Funktion mit eigenen Mitteln selbst auszuüben, entspricht der Mindestpreis dem Liquidationswert.

(3) Verlagert ein Unternehmen eine Funktion, aus der es dauerhaft keine finanziellen Überschüsse zu erwarten hat, kann es dem Verhalten eines ordentlichen und gewissenhaften Geschäftsleiters des verlagernden Unternehmens entsprechen, zur Begrenzung von Verlusten als Mindestpreis ein Entgelt für die Funktionsverlagerung zu akzeptieren, das die anfallenden Schließungskosten nur teilweise deckt, oder eine Ausgleichszahlung an das übernehmende Unternehmen für die Übernahme der Verlustquelle zu leisten.

(4) Der Barwert der zu erwartenden finanziellen Überschüsse des übernehmenden Unternehmens aus der übernommenen Funktion ist regelmäßig die Obergrenze des Einigungsbereichs (Höchstpreis) im Sinne des § 1 Absatz 3a Satz 5 des Gesetzes. Tatsächlich bestehende Handlungsalternativen, die das übernehmende Unternehmen als vom verlagernden Unternehmen unabhängiges Unternehmen hätte, sind zu berücksichtigen, ohne die unternehmerische Dispositionsbefugnis des übernehmenden Unternehmens in Frage zu stellen.

(5) Auch in den Fällen der Absätze 2 und 3, in denen der Mindestpreis des verlagernden Unternehmens bei Null oder darunter liegt, ist nach dem Fremdvergleichsgrundsatz zu prüfen, welchen Preis ein unabhängiger Dritter bereit wäre, für die Übernahme der Funktion zu bezahlen.

§ 7
Schadensersatz-, Entschädigungs- und Ausgleichsansprüche

Gesetzliche oder vertragliche Schadensersatz-, Entschädigungs- und Ausgleichsansprüche sowie Ansprüche, die voneinander unabhängigen Dritten zustünden, wenn ihre Handlungsalternativen vertraglich oder tatsächlich ausgeschlossen würden, können der Besteuerung einer Funktionsverlagerung zu Grunde gelegt werden, wenn der Steuerpflichtige glaubhaft macht, dass solche Dritte unter ähnlichen Umständen in vergleichbarer Art und Weise verfahren wären. Der Steuerpflichtige muss zusätzlich nachweisen, dass keine wesentlichen immateriellen Wirtschaftsgüter oder sonstigen Vorteile übertragen oder zur Nutzung überlassen worden sind, es sei denn, die Übertragung oder Überlassung ist zwingende Folge von Ansprüchen im Sinne des Satzes 1.

Abschnitt 3
Schlussvorschriften

§ 8
Anwendung auf Betriebsstättenfälle

Die Vorschriften dieser Verordnung sind entsprechend anzuwenden, soweit nach § 1 Absatz 5 des Gesetzes § 1 Absatz 3b des Gesetzes auf eine Geschäftsbeziehung im Sinne des § 1 Absatz 4 Satz 1 Nummer 2 des Gesetzes anzuwenden ist.

§ 9
Anwendungsvorschrift

Diese Verordnung ist erstmals für Veranlagungszeiträume anzuwenden, die nach dem 31. Dezember 2021 beginnen.

§ 10
Inkrafttreten, Außerkrafttreten

Diese Verordnung tritt am Tag nach der Verkündung in Kraft. Gleichzeitig tritt die Funktionsverlagerungsverordnung vom 12. August 2008 (BGBl. I S. 1680), die durch Artikel 24 des Gesetzes vom 26. Juni 2013 (BGBl. I S. 1809) geändert worden ist, außer Kraft.

Der Bundesrat hat zugestimmt.

Berlin, den 18. Oktober 2022

Der Bundesminister der Finanzen
Christian Lindner

V. BMF-Schreiben zu Verrechnungspreisen

BMF, Schr. v. 24.12.1999 – IV B 4 - S 1300 - 111/99, BStBl 1999 I S. 1076: Grundsätze der Verwaltung für die Prüfung der Aufteilung der Einkünfte bei Betriebsstätten international tätiger Unternehmen (**Betriebsstätten-Verwaltungsgrundsätze**).

BMF, Schr. v. 9.11.2001 - IV B 4 - S 1341 - 20/01, BStBl 2001 I S. 796: Grundsätze für die Prüfung der Einkunftsabgrenzung zwischen international verbundenen Unternehmen in Fällen der Arbeitnehmerentsendung (**Verwaltungsgrundsätze-Arbeitnehmerentsendung**).

BMF, Schr. v. 22.7.2005 - IV B 4 - S 1341 - 4/05, BStBl 2005 I S. 818: **Geschäftsbeziehung zum Ausland im Sinne von § 1 Abs. 1 und 4 AStG**

BMF, Schr. v. 30 7.2008 - IV A 3 - S 0223/07/10002, BStBl 2008 I S. 83: **Tatsächliche Verständigung über den der Steuerfestsetzung zugrunde liegenden Sachverhalt**

BMF, Schr. v. 20.5.2009 - IV C 6 - S 2134 /07/10005 BStBl 2009 I S. 671: **Anwendung der Grundsätze des BFH-Urteils zur finalen Entnahmetheorie** vom 17. Juli 2008 - I R 77/06 - (BStBl 2009 II S. 447)

BMF, Schr. v. 13.7.2009 - IV B 5 - S 2118 - 9/07/10004, BStBl 2009 I S. 835 u. FR 2009, 779: **Umfang der Besteuerung, Begriffsbestimmungen, ausländische Einkünfte**; Veröffentlichung des BFH-Urteils vom 17. Juli 2008 - I R 84/04; Nichtanwendung der Urteilsgrundsätze in vergleichbaren Fällen

BMF, Schr. v. 10.11.2015 - IV B 6 - S 1301/11/10002: Anwendung der Abkommen über den steuerlichen Informationsaustausch **(Tax Information Exchange Agreement - TIEA)**

BMF, Schr. v. 22.12.2016 - IV B 5 - S 1341/12/10001-03: Grundsätze für die Anwendung des Fremdvergleichsgrundsatzes auf die Aufteilung der Einkünfte zwischen einem inländischen Unternehmen und seiner ausländischen Betriebsstätte und auf die Ermittlung der Einkünfte der inländischen Betriebsstätte eines ausländischen Unternehmens nach § 1 Absatz 5 des Außensteuergesetzes und der Betriebsstättengewinnaufteilungsverordnung **(Verwaltungsgrundsätze Betriebsstättengewinnaufteilung – VWG BsGa)**

BMF, Schr. v. 6.1.2017 - IV B 6 - S 1315/16/10016 :002, BStBl 2017 I S. 89: **Merkblatt über koordinierte steuerliche Außenprüfungen mit Steuerverwaltungen anderer Staaten und Gebiete**

BMF, Schr. v. 11.7.2017 - IV B 5 - S 1300/16/10010 :002: **Anforderungen an den länderbezogenen Bericht multinationaler Unternehmensgruppen (Country-by-Country Report)**

BMF, Schr. v. 17.8.2017 - IV B 6 - S 1320/16/10002 :014: **Merkblatt zum verpflichtenden automatischen und spontanen Austausch verbindlicher Auskünfte**, verbindlicher Zusagen und Vorabzusagen zu Verrechnungspreisen im Zusammenhang mit grenzüberschreitenden Sachverhalten

BMF, Schr. v. 29.5.2019 - IV B 6 - S 1320/07/10004 :008, BStBl 2019 I S. 480: **Merkblatt zwischenstaatliche Amtshilfe durch Informationsaustausch in Steuersachen**

BMF, Schr. v. 25.6.2019 - IV B 3 - S 1317/16/10058 :010, BStBl 2019 I S. 647: **Anwendung des Regelungsgehalts der EU-Streitbeilegungsrichtlinie ab 1. Juli 2019**; Rückwirkung des Gesetzes zur Umsetzung der Richtlinie (EU) 2017/1852 des Rates vom 10. Oktober 2017 über Verfahren zur Beilegung von Besteuerungsstreitigkeiten in der Europäischen Union (EU-Doppelbesteuerungsabkommen-Streitbeilegungsgesetz – EU-DBA-SBG)

BMF, Schr. v. 17.12.2019 - IV B 5 - S 1341/19/10010 :003, BStBl 2020 I S. 84: **Betriebsstätten ohne Personalfunktion (sog. funktionslose Betriebsstätten)**

BMF, Schr. v. 3.12.2020 - IV B 5 - S 1341/19/10018 :001, BStBl 2020 I S. 1325: **Verwaltungsgrundsätze 2020;** Mitwirkungspflichten der Beteiligten (§ 90 AO), Schätzung von Besteuerungsgrundlagen und Zuschläge (§ 162 AO), Aufhebung von Verwaltungsregelungen

BMF, Schr. v. 27.8.2021 - IV B 3 -S 1304/21/10004 :007: **Merkblatt zu internationalen Verständigungs- und Schiedsverfahren** (Streitbeilegungsverfahren) auf dem Gebiet der Steuern vom Einkommen und vom Vermögen

BMF, Schr. v. 5.1.2022 - IV C 2 -S 2144-g/20/10002 :007: **Anwendungsfragen zur Lizenzschranke (§ 4j EStG)**

BMF, Schr. v. 6.1.2022 - IV C 2 - S 2144-g/20/10002 :005, BStBl 2022 I S. 103: **Anwendungsregelungen zu § 4j EStG;** Nicht Nexus-konforme Präferenzregelungen in den Veranlagungszeiträumen 2018, 2019 und 2020

BMF, Schr. v. 26.4.2022 - IV B 5 - S 0301/19/10009 :001; BStBl 2022 I S. 576: **Mitteilungspflichten bei Auslandsbeziehungen nach § 138 Abs. 2 AO** und § 138b AO in der Fassung des Steuerumgehungsbekämpfungsgesetzes (StUmgBG)

BMF, Schr. v. 19.4.2023 - IV B 2 -S 1301/22/10002 :004: **Bedeutung des OECD-Musterkommentars für die Auslegung von Abkommen** zur Vermeidung von Doppelbesteuerung

BMF, Schr. v. 6.6.2023 - IV B 5 – S 1341/19/10017 :003: **Verwaltungsgrundsätze Verrechnungspreise 2023**

BMF, Schr. v. 21.2.2024 - IV B 3 - S 1304/21/10005 :003: **Merkblatt internationale Verständigungs- und Schiedsverfahren**

BMF, Schr. v. 26.6.2024 - IV B 5 - S 1305/19/10003 :008: **Änderung des Anwendungserlasses zur Abgabenordnung zu §§ 89 und 89a** sowie Aufhebung des BMF-Schreibens vom 5.10.2006 - IV B 4 - S 1341 - 38/06 - (BStBl I S. 594)

BMF, Schreiben v. 24.12.1999– IV B 4 - S 1300 - 111/99, BStBl 1999 I S. 1076[1]

Geändert durch BMF-Schreiben v. 20.11.2000 (BStBl. I S. 1509), BMF-Schreiben v. 29.9.2004 (BStBl. I S. 917), BMF-Schreiben v. 25.8.2009 (BStBl. I S. 888) und BMF-Schreiben v. 16.4. 2010 (BStBl. I S. 354)

Grundsätze der Verwaltung für die Prüfung der Aufteilung der Einkünfte bei Betriebsstätten international tätiger Unternehmen

(Betriebsstätten-Verwaltungsgrundsätze)

Unter Bezugnahme auf das Ergebnis der Erörterungen mit den obersten Finanzbehörden der Länder gilt für die Frage, nach welchen Grundsätzen das Betriebsvermögen und die Einkünfte eines Unternehmens zwischen dem Stammhaus in einem Staat und seiner/seinen Betriebsstätte/n in dem anderen Staat oder anderen Staaten nach innerstaatlichem Recht und den Abkommen zur Vermeidung der Doppelbesteuerung (DBA) aufzuteilen sind, Folgendes:

Inhaltsangabe

BMF-Schr.

[1] Teils aufgehoben durch BMF-Schreiben v. 22.12.2016, BStBl 2017 I S. 182, Rn. 460 ff.

1. Rechtsgrundlagen zur Besteuerung von gewerblichen Betriebsstätten

1.1 Nationales Steuerrecht

Bei der Prüfung und Anwendung von nationalen Vorschriften zur Besteuerung von Betriebsstätten gewerblich tätiger Unternehmen, ist zunächst zu untersuchen, ob die DBA das Besteuerungsrecht der Bundesrepublik Deutschland einschränken, denn die DBA werden durch das jeweilige Zustimmungsgesetz gem. Art. 59 GG für in der Bundesrepublik Deutschland gesetzlich verbindlich erklärt und gehen gem. § 2 AO als speziellere Vorschrift dem nationalen Steuerrecht vor. Folglich sind Geltungsbereich, Begriffsbestimmungen und die zwischenstaatlichen Besteuerungsrechtszuordnungen des betreffenden DBA zu beachten. Dies gilt nicht bei Einkünften beschränkt Steuerpflichtiger, die dem Steuerabzug vom Kapitalertrag oder dem Steuerabzug nach § 50 a Abs. 4 EStG unterliegen (vgl. § 50 d Abs. 1 Satz 1 EStG).

Aus nationaler Sicht sind vor allem folgende Rechtsgrundlagen zur Besteuerung von Betriebsstätten gewerblicher Unternehmen von Bedeutung:

Beschränkt steuerpflichtige Einkünfte aus Gewerbebetrieb liegen vor, wenn im Inland eine Betriebsstätte (§ 12 AO) unterhalten wird oder ein ständiger Vertreter (§ 13 AO) für den Gewerbebetrieb bestellt ist (§ 49 Abs. 1 Nr. 2 Buchstabe a EStG). Zum Begriff "Inland" wird auf Tz. 4.6.1 verwiesen. Im Rahmen der unbeschränkten Steuerpflicht liegen ausländische Einkünfte aus Gewerbebetrieb u.a. vor, wenn sie durch eine in einem ausländischen Staat belegene Betriebsstätte (§ 12 AO) oder durch einen in einem ausländischen Staat tätigen ständigen Vertreter (§ 13 AO) erzielt werden (§ 34 d Nr. 2 EStG). Für die Anwendung von Doppelbesteuerungsabkommen ist der Begriff der Betriebsstätte und des ständigen Vertreters jedoch - wie oben bereits erwähnt - dem jeweiligen DBA zu entnehmen (§ 2 AO), s.a. Tz.1.2.1.

1.1.1 Betriebsstätte

1.1.1.1 Feste Geschäftseinrichtung

Eine Betriebsstätte i.S.d. § 12 Satz 1 AO ist jede feste Geschäftseinrichtung oder Anlage, die der Tätigkeit eines Unternehmens dient. Sie muss örtlich fixiert sein und der Unternehmer muss darin seine eigene gewerbliche Tätigkeit ausüben (BFH vom 10. Februar 1988, BStBl II S. 653). Eine feste Verbindung mit der Erdoberfläche oder ihre Sichtbarkeit ist jedoch nicht erforderlich (BFH vom 30. Oktober 1996, BStBl 1997 II S. 12). Der Unternehmer muss eine gewisse, nicht nur vorübergehende Verfügungsmacht über diese Einrichtung haben (BFH vom 11. Oktober 1989, BStBl 1990 II S.166 und BFH vom 3. Februar 1993, BStBl II S. 462). Eine feste Geschäftseinrichtung ist auf gewisse Dauer angelegt. Sie ist immer dann auf Dauer angelegt, wenn sie länger als sechs Monate besteht (BFH vom 19. Mai 1993, BStBl II S. 655). Die Katalogaufzählung in § 12 Satz 2 AO ist nicht abschließend. Während § 12 Satz 1 AO als Grundtatbestand eine feste Einrichtung oder Anlage verlangt, setzen die Tatbestände des § 12 Satz 2 Nrn. 1 - 8 AO dies nicht notwendigerweise voraus (BFH vom 28. Juli 1993, BStBl 1994 II S. 148). Der Begriff der Zweigniederlassung i. S. d. § 12 Satz 2 Nr. 2 AO bestimmt sich nach Handelsrecht (§ 13 d HGB).

1.1.1.2 Bauausführungen und Montagen

Durch Bauausführungen und Montagen wird eine Betriebsstätte nur dann begründet, wenn ihre Dauer 6 Monate übersteigt (§ 12 Satz 2 Nr. 8 AO). Besteht zwischen dem Staat, in dem die Bauausführungen und Montagen erbracht werden und dem Staat des Sitzes des ausführenden Unternehmens ein DBA, ist zu beachten, dass für dessen Anwendung der Betriebsstättenbegriff abweichend von § 12 Satz 2 Nr. 8 AO bestimmt sein kann; für den Regelfall wird eine Dauer von mehr als sechs Monaten vorausgesetzt. Wegen weiterer Einzelheiten siehe Tz. 4.3, Anlage II.

1.1.2 Ständiger Vertreter

Der ständige Vertreter i.S.d. § 13 AO hat die Geschäfte des Unternehmers nachhaltig zu besorgen und unterliegt dessen Sachanweisungen; er muss nicht Arbeitnehmer des Unternehmens sein, sondern nur an Stelle des Unternehmers tätig werden.

Ist der ständige Vertreter ein Kommissionär oder Makler, der Geschäftsbeziehungen für das ausländische Unternehmen im Rahmen seiner ordentlichen Geschäftstätigkeit unterhält, und die Besteuerung des ausländischen Unternehmens nicht durch ein DBA geregelt, so sind die Einkünfte des ausländischen Unternehmens insoweit nicht der Besteuerung zu unterwerfen. Das gilt auch, wenn der ständige Vertreter ein Handelsvertreter (§ 84 HGB) ist, der weder eine allgemeine Vollmacht zu Vertragsverhandlungen und Vertragsabschlüssen für das ausländische Unternehmen besitzt noch über ein Warenlager dieses Unternehmens verfügt, von dem er regelmäßig Bestellungen für das Unternehmen ausführt (vgl. R 222 Abs. 1 Satz 2 und 3 EStR).

Zur Begründung der Gewerbesteuerpflicht durch einen ständigen Vertreter vgl. Abschn. 22 Abs. 5 und 6 GewStR 1998.

Wird der inländische Gewerbebetrieb eines beschränkt steuerpflichtigen Ausländers im ganzen verpachtet, bezieht der Verpächter nur dann inländische Einkünfte aus Gewerbebetrieb, wenn er dafür im Inland einen ständigen Vertreter bestellt und während dieser Zeit weder eine Betriebsaufgabe erklärt noch eine Betriebsveräußerung vorgenommen hat (BFH vom 12. April 1978, BStBl II S. 494).

1.1.3 Besteuerung bei Bestehen einer inländischen Betriebsstätte

1.1.3.1 Maßgebliche Vorschriften

Unterhält ein beschränkt Steuerpflichtiger eine Betriebsstätte im Inland oder ist er dort durch einen ständigen Vertreter tätig, sind für die Besteuerung vor allem folgende Vorschriften maßgebend:

a) für die Einkommensteuer/Körperschaftsteuer:

   § 1 Abs. 4 i.V.m. § 49 EStG; § 2 Nr. 1 KStG (beschränkte Steuerpflicht); § 15 EStG (Einkünfte aus Gewerbebetrieb); § 49 Abs. 1 Nr. 2 Buchstabe a und § 50 Abs. 1 EStG (Abgrenzungsvorschriften); § 50 Abs. 3 EStG, § 23 Abs. 2 und 3 KStG (Steuersatz); §§ 4 bis 7 k EStG, § 8 Abs. 1 KStG (Gewinnermittlung); § 50 Abs. 5 Satz 3 EStG, § 50 Abs. 1 Nr. 2 KStG (keine Abgeltungswirkung von Abzugsteuern); § 36 Abs. 2 Satz 2 Nr. 3 EStG, § 50 Abs. 5 Satz 3 EStG, § 49 Abs. 1 KStG (Anrechnung deutscher Körperschaftsteuer); § 50 Abs. 6 EStG, § 26 Abs. 6 KStG (Anrechnung ausländischer Ertragsteuern).

b) für die Gewerbesteuer:

   § 2 Abs. 1 GewStG; § 9 Nr. 3 Satz 1 GewStG

c) **1.1.3.2 Aufzeichnungs- und Mitwirkungspflichten**

Nach § 138 Abs. 1 AO sind die Gründung, Verlegung oder Auflösung einer Betriebsstätte innerhalb eines Monats der Gemeinde anzuzeigen.

Mit Aufnahme des Geschäftsbetriebs ergeben sich handelsrechtliche Buchführungspflichten (§ 238 ff. HGB, § 140 AO), wenn die jeweilige Betriebsstätte eine nach § 13 d HGB eingetragene oder eintragungspflichtige Zweigniederlassung ist. Falls die Betriebsstätten handelsrechtlich keine Zweigniederlassungen darstellen, entsteht die Buchführungspflicht erst nach Aufforderung durch das Finanzamt gemäß § 141 AO. Die Aufforderung kann in einem Steuer- oder Feststellungsbescheid bzw. in einem besonderen Verwaltungsakt ergehen; sie soll dem Steuerpflichtigen mindestens einen Monat vor Beginn des Wirtschaftsjahres bekannt gegeben werden, von dessen Beginn ab die Buchführungsverpflichtung zu erfüllen ist (AEAO Nr. 4 zu § 140 AO). Außerdem ergeben sich Aufzeichnungspflichten aus § 143, § 144 AO und § 22 UStG.

Beteiligen sich ausländische Steuerpflichtige an einer inländischen Betriebsstätte in der Form der GbR (ARGE, Konsortium), kann eine handels- und steuerrechtliche (§§ 2, 238 ff HGB, § 140 AO) Buchführungspflicht bestehen, auch wenn diese BGB-Gesellschaften nach § 180 Abs. 4 AO von dem Verfahren der einheitlichen und gesonderten Feststellung ausgenommen sind.

Die Bücher sind im Inland zu führen (§ 146 Abs. 2 AO). Erleichterungen können nach § 148 AO gewährt werden. Zu den Vorlagepflichten von Büchern, Aufzeichnungen, Urkunden und sonstigen Geschäftspapieren vgl. §§ 97, 200 AO.

Die erhöhten Aufklärungs- und Mitwirkungspflichten bei Auslandssachverhalten (§ 90 Abs. 2 AO) und die Offenlegungs- und Mitwirkungspflicht bei Geschäftsbeziehungen zu niedrig besteuernden Gebieten (§ 16 AStG) gelten auch für beschränkt Steuerpflichtige. Wegen weiterer Einzelheiten siehe Tz. 5.

1.1.4 Besteuerung bei Bestehen einer ausländischen Betriebsstätte oder Bestellung eines ständigen Vertreters im Ausland

1.1.4.1 Maßgebliche Vorschriften

Unterhält ein unbeschränkt Steuerpflichtiger eine Betriebsstätte im Ausland oder ist er dort durch einen ständigen Vertreter tätig, sind für die Besteuerung vor allem folgende Vorschriften maßgebend:

a) für die Einkommen-(Körperschaft-)steuer: §§ 34 d EStG, 8 Abs. 1 KStG (Begriff der ausländischen Einkünfte, hier § 34 d Nr. 2 Buchstabe a EStG, der Bedeutung für die berücksichtigungsfähigen ausländischen Steuern hat, §§ 34 c EStG, 26 Abs. 7 KStG (indirekte und fiktive Steueranrechnung));

b) für die Gewerbesteuer: § 9 Nr. 3 Satz 1 GewStG (Nichtberücksichtigung des Gewerbeertrags ausländischer Betriebsstätten);

Erzielt der Steuerpflichtige aus einer ausländischen Betriebsstätte Verluste, so sind die Verlustausgleichs- und Verlustabzugsbeschränkungen des § 2 a Abs. 1 und 2 EStG zu beachten.

Für die pauschale Besteuerung von Einkünften aus einer im ausländischen Staat befindlichen Betriebsstätte wird auf das BMF-Schreiben vom 10. April 1984 (BStBl I S.252), den sogenannten Pauschalierungserlass, verwiesen.

1.1.4.2 Aufzeichnungs- und Mitwirkungspflichten

Es gelten die allgemeinen Buchführungs-, Aufzeichnungs-, Anzeige- und Aufbewahrungspflichten nach HGB und AO. Die Gründung und der Erwerb von Betrieben und Betriebsstätten im Ausland ist dem zuständigen Finanzamt spätestens dann mitzuteilen, wenn nach dem meldepflichtigen Ereignis eine Einkommen- oder Körperschaftsteuererklärung oder eine Erklärung zur gesonderten Gewinnfeststellung einzureichen ist (§ 138 Abs. 2 AO). Wird dieser Mitteilungspflicht nicht, nicht vollständig oder nicht rechtzeitig nachgekommen, kann unter den Voraussetzungen von § 379 AO eine Ahndung als Ordnungswidrigkeit erfolgen.

Die Buchführungspflicht nach Handels- und Steuerrecht umfasst stets das gesamte Unternehmen einschließlich der ausländischen Betriebsstätten. Sie ist grundsätzlich ohne Rücksicht auf eine Steuerfreistellung der ausländischen Betriebsstätteneinkünfte nach einem DBA und etwaige Buchführungs- und Aufzeichnungspflichten im Betriebsstättenstaat im Inland zu erfüllen.

Ist die Betriebsstätte nach dem Recht des Betriebsstättenstaates verpflichtet, Bücher und Aufzeichnungen zu führen, und kommt sie dieser Verpflichtung auch nach, so genügt es, dass das Ergebnis dieser Buchführung in die Buchführung des inländischen Unternehmens übernommen wird (§ 146 Abs. 2 - 4 AO). Anpassungen an die deutschen steuerlichen Vorschriften sind vorzunehmen und kenntlich zu machen. Auf eine sachgerechte Währungsumrechnung ist zu achten (Tz. 2.8).

Werden für die Betriebsstätte die Bücher nicht gesondert geführt, so sind deren Geschäftsvorfälle im Inland einzeln zu erfassen und kenntlich zu machen (§ 145 Abs. 2 i.V.m. § 146 Abs. 2 AO).

Zu den Vorlagepflichten von Büchern, Aufzeichnungen und sonstigen Geschäftspapieren vgl. §§ 97, 200 AO; es gelten die erhöhten Mitwirkungspflicht bei Auslandssachverhalten (§ 90 Abs. 2 AO) und die Offenlegungs- und Mitwirkungspflichten bei Geschäftsbeziehungen zu niedrig besteuernden Gebieten (§ 16 AStG).

1.1.5 Gewerbliche Personengesellschaft

Tz. 1.1.5.1 und Tz. 1.1.5.2 ersetzt durch BMF v. 16.4.2010, BStBl I S. 354.

1.1.5.1 Beteiligung an einer Personengesellschaft

Nach deutschem Rechtsverständnis werden Beteiligungen einer unbeschränkt steuerpflichtigen Person an einer (ausländischen) Personengesellschaft grundsätzlich als Unternehmen dieser Person i.S.d. Art. 7 OECD-MA 92 behandelt.

Die mitunternehmerische Beteiligung an einer Personengesellschaft durch einen unbeschränkt Steuerpflichtigen an einer im Inland ansässigen (inländischen) Personengesellschaft, die eine Betriebsstätte unterhält, sowie die Beteiligung eines unbeschränkt Steuerpflichtigen an einer im Ausland bestehenden (ausländischen) Personengesellschaft, die eine Betriebsstätte unterhält, führt dazu, dass die Betriebsstätte jeweils – anteilig – dem Gesellschafter zuzurechnen ist (BFH vom 26. Februar 1992, BStBl II S. 937), es sei denn, es handelt sich um eine ausschließlich vermögensverwaltende oder selbständig bzw. land- und forstwirtschaftlich tätige Personengesellschaft, die nicht gewerblich geprägt ist. Entsprechendes gilt auch für den umgekehrten Fall, dass ein beschränkt Steuerpflichtiger an einer inländischen Personengesellschaft beteiligt ist, die im Inland eine Betriebsstätte unterhält.

1.1.5.2 Einstufung einer ausländischen Gesellschaft

Die Frage, ob eine ausländische Gesellschaft als Mitunternehmerschaft einzustufen ist, bestimmt sich nach deutschem Steuerrecht aufgrund eines Vergleichs der Gesellschaftsstruktur (Abschnitt 2 Abs. 1 KStR; BFH vom 23. Juni 1992, BStBl II S. 972).

Dies führt in Bezug auf Staaten, in denen Personengesellschaften als juristische Personen - also als nicht transparent - behandelt werden, dazu, dass eine besondere Prüfung der Aufteilung des Besteuerungsrechts vorzunehmen ist (vgl. hierzu die BMF-Schreiben zum DBA-Jugoslawien (betr. Slowenien) vom 21. Juli 1997, BStBl. I S. 724, zum DBA-Rumänien vom 1. Oktober 1997, BStBl I S. 863, zum DBA-Spanien vom 28. Mai 1998, BStBl I S. 557, zum DBA-Tschechoslowakei vom 13. Januar 1997, BStBl I S. 97, zum DBA-Tunesien vom 25. August 1997, BStBl I S. 796 und zum DBA-Ungarn vom 29. April 1993, BStBl I S. 342). Eine Übersicht der Rechtsformen internationaler Unternehmen enthält der Anhang, Tabellen 1 und 2.

1.1.5.3 Aufzeichnungs- und Mitwirkungspflichten

Der Gesellschafter ist grundsätzlich verpflichtet, die Buchführung, die Abschlüsse und – soweit erforderlich – weitere Geschäftspapiere vorzulegen und die notwendigen Auskünfte zu erteilen (§§ 90 Abs. 2, 97, 200 AO). Die Grenzen dieser Verpflichtung bestimmen sich nach den Grundsätzen der Zumutbarkeit und Verhältnismäßigkeit.

1.1.5.4 Gewinnanteil eines unbeschränkt Steuerpflichtigen

Sind unbeschränkt steuerpflichtige Personen an einer ausländischen Personengesellschaft beteiligt, die im Inland weder eine Betriebsstätte unterhält, noch einen ständigen Vertreter bestellt hat, ist der Gewinn der Personengesellschaft zur Ermittlung der Höhe der Gewinnanteile der unbeschränkt steuerpflichtigen Person nach § 4 Abs. 1 oder 3 EStG zu ermitteln (BFH vom 13. September 1989, BStBl 1990 II S. 57). Bei der Gewinnermittlung nach § 4 Abs. 1 EStG sind alle Geschäftsvorfälle unter Beachtung der Grundsätze ordnungsmäßiger Buchführung zu berücksichtigen, auch wenn sie in einer ausländischen Währung ausgewiesen sind. Grundlage ist die nach ausländischem Recht geführte Buchführung der Personengesellschaft, aus der unter Anpassung an die deutschen steuerrechtlichen Vorschriften der Gewinn i. S. d. §§ 4 Abs. 1, 15 Abs. 1 Nr. 2 EStG abzuleiten ist.

Unterhält die ausländische Personengesellschaft eine Betriebsstätte im Inland, ist der dafür nach § 4 Abs. 1, § 5 EStG ermittelte Gewinn maßgebend.

1.1.5.5 Gewinnanteil eines beschränkt Steuerpflichtigen

Der Gewinnanteil an einer inländischen Personengesellschaft ist gemäß § 49 Abs. 1 Nr. 2 Buchstabe a, § 15 Abs. 1 Satz 1 Nr. 2 EStG auf der Grundlage der Steuerbilanz der Gesellschaft und etwaiger Ergänzungsbilanzen und Sonderbilanzen des Gesellschafters zu ermitteln. Entsprechend ist bei einer ausländischen Personengesellschaft mit inländischer Betriebsstätte zu verfahren. Der Anteil, der von dem Gewinn/Verlust einer inländischen Personengesellschaft aus einer ausländischen Betriebsstätte auf einen beschränkt steuerpflichtigen Gesellschafter entfällt, ist mangels Zugehörigkeit zur inländischen Betriebsstätte im Inland nicht steuerbar (BFH vom 24. Februar 1988, BStBl II S. 663).

1.1.6 Inländische gewerbliche Einkünfte ohne Betriebsstätte oder ständigen Vertreter im Inland

Hat ein ausländisches Unternehmen keine Betriebsstätte und keinen ständigen Vertreter im Inland, kann es gleichwohl beschränkt steuerpflichtige Einkünfte i. S. d. § 49 Abs. 1 EStG erzielen. Dabei kann es sich –abhängig von der jeweiligen Sachverhaltsgestaltung – um Einkünfte aus Gewerbebetrieb (§ 49 Abs. 1 Nr. 2 Buchstabe b bis f EStG) oder um andere Einkünfte i. S. d. § 49 Abs. 1 EStG handeln.

1.2 Doppelbesteuerungsabkommen

1.2.1 Betriebsstätte

Die Anknüpfung der DBA an den Begriff der Betriebsstätte dient der Aufteilung des Besteuerungsrechts der Vertragsstaaten und damit der Aufteilung der Unternehmensgewinne und des Unternehmensvermögens (Art. 7, 22 Abs. 2 Musterabkommen der OECD auf dem Gebiet der Steuern vom Einkommen und vom Vermögen 1992, OECD-MA 92), der Zuordnung von Dividenden, Zinsen und Lizenzgebühren zu einer Betriebsstätte (Art. 10 Abs. 4, 11 Abs. 4, 12 Abs. 4 OECD-MA 92), der Zuweisung des Besteuerungsrechtes aus der Veräußerung von Betriebsstättenvermögen (Art. 13 Abs. 2 OECD-MA 92) und für andere Einkünfte (Art. 21 Abs. 2 OECD-MA 92).

1.2.1.1 Feste Geschäftseinrichtung

Die Betriebsstätte ist definiert in Art. 5 Abs. 1, 2 OECD-MA 92, ebenso in den meisten DBA, als feste Geschäftseinrichtung, in der die Tätigkeit des Unternehmens ganz oder teilweise ausgeübt wird. Zum Begriff der festen Geschäftseinrichtung siehe Tz. 1.1.1.1.

Eine Geschäftsleitungsbetriebsstätte setzt abkommensrechtlich immer eine Geschäftseinrichtung voraus (vgl. Tz. 12 des Kommentars zu Art. 5 Abs. 2 OECD-MA 92).

Während nach dem Wortlaut des Art. 5 Abs. 1 OECD-MA 92 durch die feste Geschäftseinrichtung die Tätigkeit des Unternehmens ausgeübt werden muss, liegt nach § 12 AO eine Betriebsstätte vor, wenn die feste Geschäftseinrichtung (oder Anlage) der Tätigkeit des Unternehmens dient. Der abkommensrechtliche Begriff der Betriebsstätte stimmt aber inhaltlich mit dem des § 12 AO überein. Hinsichtlich der ausgeübten Tätigkeiten ist er allerdings regelmäßig enger. Die Geschäftseinrichtung muss jedoch dem Unternehmen mit einer gewissen Beständigkeit zu dienen bestimmt sein (siehe Tz. 1.1.1.1), d.h. länger als 6 Monate, jedoch ohne Rücksicht auf die Frist für Bauausführungen und Montagen in den einzelnen DBA. Nach Art. 5 Abs. 4 OECD-MA 92 gelten Geschäftseinrichtungen unterstützender oder vorbereitender Art, wie z. B. Warenlager oder Einkaufs- und Informationsstellen wegen ihres bloßen Hilfscharakters nicht als Betriebsstätten (vgl. Anhang, IV).

Vorbereitende Tätigkeiten sind solche, die zeitlich vor der Haupttätigkeit ausgeübt werden (BFH vom 23. Januar 1985, BStBl II S.47). Hilfstätigkeiten begleiten die Haupttätigkeiten und folgen ihnen zeitlich nach. Sie sind jedoch ihrer Art nach von der Haupttätigkeit verschieden. Die Haupttätigkeit eines Unternehmens ergibt sich aus dessen Aufgabenstellung. Eine Tätigkeit ist Bestandteil der Haupttätigkeit, wenn sie einen wesentlichen und maßgeblichen Teil der Tätigkeit des Gesamtunternehmens ausmacht, z. B. die Forschung eines Pharmaunternehmens.

Wird ein Betrieb an ein anderes Unternehmen verpachtet, wird dadurch allein für den Verpächter keine Betriebsstätte begründet (Tz. 11 des OECD-Kommentars zu Art. 5 OECD-MA 92; BFH vom 28. Juli 1982, BStBl 1983 II S. 77). Soweit unbewegliches Vermögen verpachtet wird, ist nach Art. 6 OECD-MA 92, im Übrigen nach Art. 21 OECD-MA 92 zu verfahren.

Verpachtet oder vermietet eine im Ausland ansässige Person im Inland belegene wesentliche Betriebsgrundlagen an eine von ihr beherrschte inländische Kapitalgesellschaft (Betriebsaufspaltung über die Grenze), begründet sie dadurch allein keine Betriebsstätte (Tz. 8 des OECD-Kommentars zu Art. 5 OECD-MA 92). Das Besitzunternehmen kann nur durch einen ständigen Vertreter oder eine feste Geschäftseinrichtung, z. B. am Ort der Betriebsgesellschaft, eine Betriebsstätte unterhalten. Liegt keine Betriebsstätte im Sinne eines DBA vor, ist, soweit unbewegliches Vermögen verpachtet wird, nach Art. 6 OECD-MA 92 und nicht nach Art. 7 OECD-MA 92 zu verfahren. Wegen der isolierenden Betrachtungsweise des § 49 Abs. 2 EStG sind die Pachteinnahmen des ausländischen Besitzunternehmens als inländische Einkünfte aus Vermietung und Verpachtung i.S.d. § 49 Abs. 1 Nr. 6 EStG anzusehen.

1.2.1.2 Bauausführungen und Montagen

Bauausführungen und Montagen erfüllen nach Art. 5 Abs. 3 OECD-MA 92 nur dann den Betriebsstättenbegriff, wenn ihre Dauer eine gewisse Zeit überschreitet, vgl. Anhang, II. Eine Bauausführung besteht von dem Zeitpunkt an, an dem das Unternehmen mit den Arbeiten – einschließlich aller vorbereitenden Arbeiten – in dem Staat beginnt, in dem das Bauwerk errichtet werden soll, also z. B. mit der Errichtung eines Bauplanungsbüros (vgl. Tz. 19 des OECD-Kommentars zu Art. 5 des OECD-MA 92).

Bauausführungen und Montagen, die diese Voraussetzung nicht erfüllen, sind für sich allein keine Betriebsstätten, auch wenn zu ihnen eine feste Geschäftseinrichtung gehört, (z. B. Baucontainer als Geschäftsstelle), die mit der Bau- und Montagetätigkeit zusammenhängt (vgl. Tzn. 16, 17 des OECD-Kommentars zu Art. 5 des OECD-MA 92). Sofern in der festen Geschäftseinrichtung aber eine Tätigkeit nicht bloß unterstützender oder vorbereitender Art ausgeübt wird und sie während der in Art. 5 Abs. 3 OECD-MA vorgesehenen Zeit besteht, liegt eine Betriebsstätte i. S. von Art. 5 Abs. 1, 2 OECD-MA vor.

Wird die Leitung von mehreren kurzfristigen Bauausführungen und Montagen in einer festen Geschäftseinrichtung ausgeübt, so bestimmt sich die Frage, ob eine Betriebsstätte vorliegt, nach Art. 5 Abs. 1 OECD-MA 92.

Wegen weiterer Einzelheiten siehe Tz. 4.3.

1.2.2 Abhängiger Vertreter, unabhängiger Vertreter

Ein Vertreter muss nach Art. 5 Abs. 5 OECD-MA 92 ein abhängiger Vertreter des Unternehmens sein und – einschränkend gegenüber § 13 AO – seine Vollmacht gewöhnlich ausüben und nicht nur Tätigkeiten unterstützender Art i.S.d. Art. 5 Abs. 4 OECD-MA 92 durchführen (vgl. Anhang, III). Die Abhängigkeit setzt kein persönliches Abhängigkeitsverhältnis (z. B. ein Angestelltenverhältnis) voraus. Trägt der Vertreter das wirtschaftliche Risiko seiner Tätigkeit nicht, ist dies ein Indiz für seine wirtschaftliche Abhängigkeit. Eine Abschlussvollmacht liegt vor, wenn das Unternehmen rechtlich oder wirtschaftlich von dem Vertreter gebunden werden kann; eine mittelbare Stellvertretung ist möglich. Ist eine Person bevollmächtigt, alle Einzelheiten eines Vertrags verbindlich für das Unternehmen auszuhandeln, so kann davon ausgegangen werden, dass das Unternehmen wirtschaftlich gebunden wird. Die von der Bundesrepublik Deutschland abgeschlossenen DBA übernehmen in der Regel die Bestimmungen des OECD-MA 92 zu dem Begriff des abhängigen Vertreters. Einige DBA weichen aber von dem OECD-MA 92 ab oder enthalten Sonderregelungen (z. B. für Versicherungsunternehmen), vgl. im Übrigen Anhang III.

Auch ein Makler, Kommissionär oder sonstiger unabhängiger Vertreter kann nach Art. 5 Abs. 6 OECD-MA 92 eine betriebsstättenbegründende Funktion haben, wenn er außerhalb seiner ordentlichen Geschäftstätigkeit handelt. Ein unabhängiger Vertreter handelt außerhalb des Rahmens seiner ordentlichen Geschäftstätigkeit, wenn seine Tätigkeit nach der Verkehrsanschauung außerhalb des Berufsbildes und des Geschäftszweiges liegt (BFH vom 14. September 1994, BStBl 1995 II S. 238).

Eine Tochtergesellschaft kann grundsätzlich nicht als eine Betriebsstätte begründender Vertreter angesehen werden. Sie ist nur dann abhängiger Vertreter der Muttergesellschaft, wenn sich die Vertreterstellung aus Umständen außerhalb der Beherrschung ergibt (Art. 5 Abs. 7 OECD-MA 92) und nicht in ihrer ordentlichen Geschäftstätigkeit begründet ist.

Die Vertreterbetriebsstätte tritt hinter Art. 5 Abs. 1, 2 OECD-MA 92 zurück. Sofern die Tätigkeit des Vertreters losgelöst und außerhalb der festen Geschäftseinrichtung ausgeübt wird, liegen zwei Betriebsstätten vor.

Ausländische Kapitalgesellschaften können eine Betriebsstätte (oder das Stammhaus) auch insoweit begründen, als in einer inländischen Wohnung oder in einem Baucontainer die zu ihrer Vertretung befugten Personen die Geschäftsführertätigkeit entfalten bzw. die Tagesgeschäfte vornehmen (vgl. BFH vom 16. Dezember 1998, BStBl 1999 II S. 437).

1.2.3 Beteiligung an einer Personengesellschaft (Sondervergütungen)

Sondervergütungen eines inländischen Gesellschafters einer ausländischen Personengesellschaft und eines ausländischen Gesellschafters einer inländischen Personengesellschaft sind als Unternehmensgewinne im Sinne der DBA (vgl. Art. 7 OECD-MA 92) zu behandeln, auch wenn das DBA keine ausdrückliche Regelung in diesem Sinne enthält. Im ersten Fall werden sie jedoch nach dem Methodenartikel des anzuwendenden DBA nicht von der deutschen Bemessungsgrundlage ausgenommen, wenn der andere Staat sie abweichend vom deutschen Steuerrecht qualifiziert, z. B. als Zinsen oder Lizenzgebühren, und sich auf Grund dieser Qualifikation nach dem DBA gehalten sieht, sie von der Steuer zu befreien oder nur zu einem einen bestimmten Vomhundertsatz der Einnahmen nicht übersteigenden Satz zu besteuern (vgl. im Ergebnis ebenso BFH vom 27. Februar 1991, BStBl. II S. 444, BFH vom 14. Juli 1993, BStBl. 1994 II S. 91). Bezüglich der in Art. 10 bis 13 und 21 OECD-MA 92 vorgesehenen Möglichkeit der Rückverweisung auf Art. 7 OECD-MA 92 ist darauf abzustellen, ob die den Dividenden, Zinsen oder Lizenzgebühren zugrunde liegenden Vermögenswerte tatsächlich zu der Betriebsstätte der Personengesellschaft und damit zu der Betriebsstätte ihrer/s Gesellschafter/s) gehören (BFH vom 26. Februar 1992, BStBl II S. 937; BFH vom 31. Mai 1995, BStBl II S. 683; BFH vom 30. August 1995, BStBl 1996 II S. 563; BFH vom 17. Dezember 1997, BStBl 1998 II S. 296).

1.2.4 Rechtsfolgen eines DBA

Die DBA sehen vor, dass

a) die Einkünfte und das Vermögen der Betriebsstätte in dem von dem DBA vorgesehenen Umfang im Betriebsstättenstaat besteuert werden können;

b) die dem Betriebsstättenstaat zur Besteuerung zugewiesenen Einkünfte und das Vermögen im Ansässigkeitsstaat zu entlasten sind; ist die Bundesrepublik Deutschland Ansässigkeitsstaat, werden die Einkünfte und das Vermögen im Regelfall von den inländischen Besteuerungsgrundlagen ausgenommen (Freistellung). Dabei ist der Progressionsvorbehalt (§ 32 b Abs. 1 Nr. 3 EStG) zu beachten. Die in einigen DBA enthaltenen Aktivitätsklauseln sind zu berücksichtigen. Soweit die Betriebsstätte nicht aktiv i. S. d. jeweiligen DBA tätig ist, kommt es zur Besteuerung der Einkünfte im Inland unter Anrechnung/Abzug der ausländischen Steuer (§ 34 c Abs. 6 i. V. m. Abs. 1 und 2 EStG, § 26 Abs. 6 KStG).

Im Übrigen ist zu beachten:

- Dividenden, Zinsen und Lizenzgebühren zählen nur dann zu den Unternehmensgewinnen,
- wenn die Beteiligung, für die Ausschüttungen vorgenommen wurden, oder
- wenn die Forderung, für die Zinsen gezahlt werden, bzw.
- wenn das Recht oder der Vermögenswert, für den die Lizenzgebühren gezahlt werden,

tatsächlich zu der Betriebsstätte gehören (BFH vom 30. August 1995, BStBl 1996 II S. 563);

- bei Bezug von im Ausland niedrig besteuerten Einkünften mit Kapitalanlagecharakter i. S. d. § 10 Abs. 6 Satz 2 AStG ist nach § 20 Abs. 2 AStG die Doppelbesteuerung abweichend von den Vorschriften des jeweiligen DBA nicht durch Freistellung, sondern durch Anrechnung der auf diese Einkünfte entfallenden ausländischen Steuern zu vermeiden;
- die Einschränkung des Verlustausgleichs und -abzugs nach § 2 a Abs. 1 und 2 EStG; bei nach DBA steuerfreien Einkünften wirken sich diese Regelungen im Rahmen des Progressionsvorbehalts aus;
- der Verlustabzug nach § 2 a Abs. 3 i. V. m. Abs. 2 EStG (bis einschließlich VZ 1998) bei nach DBA steuerfreien gewerblichen Betriebsstättenverlusten und Nachversteuerung bei späteren Gewinnen nach § 2 a Abs. 3 Satz 3, Abs. 4 EStG (bis einschließlich VZ 2008).

1.2.5 Schutz des Steuerpflichtigen

Die DBA ermöglichen es der deutschen und der ausländischen Finanzverwaltung, zur Gewinn-(Vermögens-)aufteilung Konsultationsverfahren und im Einzelfall auf Antrag des Steuerpflichtigen Verständigungsverfahren einzuleiten (vgl. Merkblatt über das internationale Verständigungsverfahren und Schiedsverfahren in Steuersachen vom 1. Juli 1997, BStBl I S.717).

1.2.6 Rückfallklauseln eines DBA

Einige DBA enthalten sog. Rückfallklauseln, nach denen das Besteuerungsrecht für Gewinne oder Einkünfte aus dem anderen Staat auf den Wohnsitz- bzw. Ansässigkeitsstaat zurückfällt, wenn die Gewinne oder Einkünfte dort tatsächlich nicht besteuert werden. Derartige Rückfallklauseln sind derzeit in Art. 24 Abs. 3 DBA-Dänemark 1995, Art. 23 Abs. 3 DBA-Kanada 1981, Art. 23 Abs. 3 DBA-Neuseeland 1978, Art. 23 Abs. 3 DBA-Norwegen 1991, Art. 23 Abs. 1 letzter Satz DBA-Schweden 1992, Art. 23 Abs. 2 letzter Satz DBA-USA 1989 sowie in Nr. 16 d des Schlussprotokolls zum DBA-Italien 1989 enthalten. Sie sind als subject-to-tax-Klauseln auszulegen (siehe BFH vom 11. Juni 1996, BStBl II 1997 S. 117; offengelassen in BFH vom 27. August 1997, BStBl II 1998 S. 58). Eine Reihe von DBA enthalten im Übrigen auch "subject-to-tax-Klauseln, die nur für einzelne (abkommensrechtliche) Einkunftsarten Anwendung finden (z. B. Art. 15 Abs. 4 DBA-Schweiz für einen Teil der nichtselbständigen Tätigkeit).

Werden Gewinne oder Einkünfte im Rahmen einer der Einkunftsarten des DBA der ausländischen Besteuerung unterworfen, so ist es für die Freistellung von der deutschen Besteuerung unbeachtlich, in welchem Umfang sie von der ausländischen Besteuerung erfasst werden oder ob dort alle Einkunftsteile im Rahmen der ausländischen Veranlagung zu einer konkreten Steuerzahlungspflicht führen (BFH vom 27. August 1997, a. a. O.). Eine ausländische Besteuerung ist auch noch anzunehmen, wenn die ausländische Steuer nur aufgrund von Freibeträgen, eines Verlustausgleichs oder Verlustabzugs entfällt oder die betreffenden Einkünfte als negative Einkünfte bei der ausländischen Besteuerung berücksichtigt werden.

Bei Bestehen solcher Klauseln muss der Steuerpflichtige im Rahmen seiner erhöhten Mitwirkungspflicht nach § 90 Abs. 2 AO spätestens im Veranlagungsverfahren den Nachweis erbringen, dass die Einkünfte im Ausland der Besteuerung unterworfen wurden. Wird der Nachweis nicht erbracht, sind die ausländischen Einkünfte grundsätzlich in die Besteuerung im Inland einzubeziehen (BFH vom 11. Juni 1996, BStBl II 1997 S. 117). Sollte später der Nachweis der Besteuerung erbracht werden, so ist der ESt-Bescheid gem. § 175 Abs. 1 Satz 1 Nr. 2 AO zu ändern (BFH vom 11. Juni 1996, a.a.O.).

2. Aufteilung des Betriebsvermögens und der Einkünfte

2.1 Allgemeines

Der Gewinn der inländischen bzw. ausländischen Betriebsstätte ist nach den Grundsätzen des deutschen Steuerrechts zu ermitteln. Bei der Anwendung der nachfolgenden Grundsätze für die Aufteilung der Einkünfte und des Vermögens zwischen in-/ausländischem Stammhaus (Betriebsstätte, bei der sich die geschäftliche Oberleitung des Unternehmens befindet) und aus-/inländischer Betriebsstätte sind alle Umstände des Einzelfalls zu beachten; dazu gehören besondere Verhältnisse, die z. B. in der Struktur der Märkte und des Unternehmens oder in bestehenden Handelsbräuchen begründet sind.

Die Ausführungen zur Aufteilung der Einkünfte gelten für die Aufteilung des Vermögens entsprechend.

2.2 Grundsätze der Aufteilung

Für die Zuordnung der im Betriebsstättenstaat zu versteuernden und im Wohnsitzstaat zu entlastenden Einkünfte enthalten die DBA regelmäßig eine besondere Regelung. Danach sind der Betriebsstätte die Gewinne zuzurechnen, "die sie hätte erzielen können, wenn sie eine gleiche oder ähnliche Tätigkeit unter gleichen oder ähnlichen Bedingungen als selbständiges Unternehmen ausgeübt hätte und im Verkehr mit dem Unternehmen, dessen Betriebsstätte sie ist, völlig unabhängig gewesen wäre" (vgl. Art. 7 Abs. 2 OECD-MA 92, Grundsatz des Fremdvergleichs, dealing at arm's length-Prinzip).

Ziel der Aufteilung ist es, der Betriebsstätte den Teil des Gewinnes des Gesamtunternehmens zuzuordnen, den sie nach den Grundsätzen des Fremdvergleichs erwirtschaftet hat. Zu diesem Zweck sind der Betriebsstätte die Wirtschaftsgüter nach dem Prinzip der wirtschaftlichen Zugehörigkeit und die mit den Wirtschaftsgütern im Zusammenhang stehenden Betriebseinnahmen und -ausgaben nach dem Veranlassungsprinzip zuzuordnen.

Da das Stammhaus und seine Betriebsstätte eine rechtliche und tatsächliche Einheit bilden, sind schuldrechtliche Vereinbarungen zwischen Stammhaus und Betriebsstätte, wie z.B. Darlehens-, Miet- und Lizenzverträge, rechtlich nicht möglich (Tz. 16 ff. des Kommentars zu Art. 7 OECD-MA 92, BFH vom 27. Juli 1965, BStBl 1966 III S. 24; BFH vom 20. Juli 1988, BStBl 1989 II S. 140).

Die Aufteilung zwischen Stammhaus und Betriebsstätte ist dagegen nach dem Grundsatz des Fremdvergleichs vorzunehmen, wenn die Aufteilung Leistungen betrifft, die Gegenstand der ordentlichen Geschäftstätigkeit der leistenden Unternehmenseinheit sind und wenn die Aufteilung auf der Grundlage der Funktionsteilung zwischen Stammhaus und Betriebsstätte zu einer sachgerechten Einkommensabgrenzung führt. Für Vorgänge im Sinne von § 4 Abs. 1 Satz 3 EStG und § 12 Abs. 1 KStG ist der gemeine Wert nach § 6 Abs. 1 Nr. 4 Satz 1 2. Halbsatz EStG anzusetzen, der regelmäßig dem Fremdvergleichspreis entspricht (siehe BFH-Urteile vom 18. Oktober 1967, BStBl 1968 II S. 105 und vom 27. November 1974, BStBl 1975 II S. 306, in denen der BFH vom gemeinen Wert für die Bemessung von verdeckten Gewinnausschüttungen ausgeht, sowie BFH vom 17. Oktober 2001, BStBl 2004 II S. 171, in dem der BFH den Fremdvergleichspreis für die Bemessung von verdeckten Gewinnausschüttungen ansetzt; siehe auch BMF-Schreiben vom 12. April 2005 - IV B 4 - S 1341 - 1/05 -, BStBl I S. 570, Tz. 5.3.1).

Die vorstehenden Ausführungen gelten auch, wenn kein DBA mit dem Staat der ausländischen Betriebsstätte oder des Stammhauses besteht.

2.3 Methoden der Gewinnaufteilung

Die Betriebsstätte ist nur ein Teil des Gesamtunternehmens. Deswegen ist ihr immer nur ein Teil des Ergebnisses des Gesamtunternehmens zuzurechnen. Die danach erforderliche Aufteilung des Gesamtergebnisses auf Stammhaus und Betriebsstätte erfolgt entweder nach der direkten oder der indirekten Methode der Gewinnabgrenzung (vgl. Art. 7 Abs. 4 OECD-MA 92 und dessen Kommentar). Art. 7 OECD-MA 92 und das deutsche Steuerrecht räumen der direkten Gewinnermittlung den Vorrang ein (BFH vom 28. März 1985, BStBl II S. 405, BFH vom 25. Juni 1986, BStBl II S. 785 und BFH vom 29. Juli 1992, BStBl 1993 II S. 63). Sie ist damit die Normal- bzw. Regelmethode. Ein willkürlicher Methodenwechsel ist nicht zulässig (vgl. Art. 7 Abs. 6 OECD-MA 92).

2.3.1 Direkte Methode

Bei der direkten Methode wird der Gewinn der Betriebsstätte gesondert aufgrund der Buchführung und der deutschen Gewinnermittlungsvorschriften ermittelt (vgl. Tz. 1.1.3 und 1.1.4).

Die direkte Methode ist insbesondere dann anzuwenden, wenn Stammhaus und Betriebsstätte unterschiedliche Funktionen ausüben. Maßgeblich sind hierfür jeweils die tatsächlichen Verhältnisse.

Dafür sind insbesondere zu berücksichtigen:

- die Struktur, Organisation und Aufgabenteilung im Unternehmen sowie der Einsatz von Wirtschaftsgütern;
- die einzelnen Funktionen der Betriebsstätte, z. B. Herstellung, Montage, Forschung und Entwicklung, verwaltungsbezogene Leistungen, Absatz, sonstige Dienstleistungen, und
- in welcher Eigenschaft die Betriebsstätte als selbständiges Unternehmen diese Funktion erfüllt hätte, z. B. wie ein Eigenhändler, Agent.

Bei Übernahme von Hilfsfunktionen sind Korrekturen vorzunehmen.

Betriebseinnahmen oder Betriebsausgaben, die nicht eindeutig dem Stammhaus oder der Betriebsstätte zugerechnet werden können, sind im Wege der Schätzung sachgerecht aufzuteilen.

Bei der Zuordnung von Aufwendungen können auch die Gesichtspunkte berücksichtigt werden, die bei Beziehungen zwischen nahe stehenden Personen für die Annahme eines Vorteilsausgleichs maßgeblich sind, s. a. Tz. 2.3 der Grundsätze für die Prüfung der Einkunftsabgrenzung bei international verbundenen Unternehmen (Verwaltungsgrundsätze), BMF-Schreiben vom 23. Februar 1983, BStBl I S. 218).

2.3.2 Indirekte Methode

Bei der indirekten Methode ist der Gesamtgewinn des Unternehmens aufgrund eines sachgerechten Schlüssels zwischen Stammhaus und Betriebsstätte aufzuteilen.

Bei Funktionsgleichheit und gleicher innerer Struktur können z. B. im Handels- und Dienstleistungsbereich die Umsätze, im Versicherungsbereich die Prämieneinnahmen, im Bankenbereich der Anteil am gesamten Betriebskapital und im Produktionsbereich die Lohn- und/oder Materialkosten als Schlüssel dienen.

Wird der Gesamtgewinn durch außerordentliche Aufwendungen oder Erträge oder durch sonstige betriebliche Aufwendungen oder Erträge, die nicht alle Betriebsteile betreffen, beeinflusst, werden diese Aufwendungen oder Erträge vor der Schlüsselung beim Gesamtgewinn hinzugerechnet oder abgezogen und nach der Schlüsselung bei den Betriebsstätten, die sie betreffen, berücksichtigt.

2.4 Zuordnung der Wirtschaftsgüter

Wirtschaftsgüter können nur entweder dem Stammhaus oder der Betriebsstätte zugeordnet werden.

Einer Betriebsstätte sind die positiven und negativen Wirtschaftsgüter zuzuordnen, die der Erfüllung der Betriebsstättenfunktion dienen (BFH vom 29. Juli 1992, BStBl 1993 II S. 63). Dazu zählen vor allem die Wirtschaftsgüter, die zur ausschließlichen Verwertung und Nutzung durch die Betriebsstätte bestimmt sind. Der Betriebsstätte sind auch solche Wirtschaftsgüter zuzuordnen, aus denen Einkünfte erzielt werden, zu deren Erzielung die Tätigkeit der Betriebsstätte überwiegend beigetragen hat. Maßgeblich sind immer die tatsächlichen Verhältnisse und insbesondere Struktur, Organisation und Aufgabenstellung der Betriebsstätte im Unternehmen.

Wenn die Wirtschaftsgüter die ihnen im Rahmen des Gesamtunternehmens zugewiesene Funktion sowohl als Bestandteil des Betriebsvermögens des Stammhauses als auch einer

Betriebsstätte erfüllen, hängt es entscheidend vom erkennbaren Willen der Geschäftsleitung ab, welchem Betriebsvermögen sie zuzuordnen sind (BFH vom 1. April 1987, BStBl II S. 550); der buchmäßige Ausweis kann nur Indiz, nicht Voraussetzung der Zuordnung sein (BFH vom 29. Juli 1992, BStBl 1993 II S. 63).

Bei der Zuordnung ist die Zentralfunktion des Stammhauses zu beachten. Dem Stammhaus sind deshalb in der Regel zuzurechnen

a) das Halten der dem Gesamtunternehmen dienenden Finanzmittel und

b) Beteiligungen, wenn sie nicht einer in der Betriebsstätte ausgeübten Tätigkeit dienen (BFH vom 30. August 1995, BStBl 1996 II S. 563).

Die von einer Betriebsstätte erwirtschafteten Finanzierungsmittel gehören grundsätzlich zu deren Betriebsvermögen soweit sie zur Absicherung der Geschäftstätigkeit der Betriebsstätte erforderlich sind oder bei ihr zur Finanzierung von beschlossenen oder in absehbarer Zeit vorgesehenen Investitionen dienen sollen. Die darüber hinausgehenden, überschüssigen Mittel sind dem Stammhaus zuzurechnen.

Eine Zuordnung von Wirtschaftsgütern bei der nutzenden Betriebsstätte kann unterbleiben, wenn

a) die Wirtschaftsgüter der Betriebsstätte nur vorübergehend überlassen werden und die Überlassung unter Fremden aufgrund eines Miet-, Pacht- oder ähnlichen Rechtsverhältnisses erfolgt wäre oder

b) es sich um Wirtschaftsgüter handelt, die von mehreren Betriebsstätten gleichzeitig oder nacheinander genutzt werden.

2.5 Anteil der Betriebsstätte am Eigenkapital des Gesamtunternehmens (Dotation)

2.5.1 Dotationskapital von Betriebsstätten

Eine Betriebsstätte muss über das zur Erfüllung ihrer Funktion notwendige Dotationskapital verfügen, das dem Grundsatz des Fremdvergleichs entsprechen muss. Dies gilt auch dann, wenn die Betriebsstätte Verluste erwirtschaftet und dies zu einer wesentlichen Minderung des Dotationskapitals führt. Entspricht das Dotationskapital nicht diesen Voraussetzungen, so sind der Gewinn und das Vermögen der Betriebsstätte so zu ermitteln, als ob ihr angemessenes Dotationskapital zur Verfügung gestellt wurde. Daraus folgt, dass das Fremdkapital der Betriebsstätte bis zur Höhe des steuerlich angemessenen Dotationskapitals als Eigenkapital zu behandeln ist. Ist danach nur ein Teil des Fremdkapitals als Dotationskapital zu behandeln und besteht das Fremdkapital aus unterschiedlich hoch verzinslichen Verbindlichkeiten, so ist für die Umwidmung als Dotationskapital auf die zeitliche Reihenfolge der Aufnahme der Verbindlichkeiten abzustellen. Eine Ausnahme kommt nur dann in Betracht, wenn die anderen Betriebsteile ebenfalls unzureichend ausgestattet sind.

Bei der Entscheidung, inwieweit die interne Kapitalausstattung der Betriebsstätte aus Eigenkapital oder aus vom Stammhaus weitergeleitetem Fremdkapital besteht, kommt der unternehmerischen Entscheidung des Stammhauses besondere Bedeutung zu (BFH vom 25. Juni 1986, BStBl II S. 785). Diese Entscheidung ist nicht maßgebend, wenn sie im Widerspruch zu kaufmännischen und wirtschaftlichen Erfordernissen steht (vgl. BFH vom 1. April 1987, BStBl II S. 550) und damit gegen Fremdvergleichsmaßstäbe verstößt.

Für die Bemessung eines ausreichenden Dotationskapitals der Betriebsstätte ist grundsätzlich nach der direkten Methode ein äußerer Fremdvergleich anzustellen (BFH vom 27. Juli 1965, BStBl 1966 III S. 24 und vom 25. Juni 1986, BStBl II S.785). Dies bedeutet, dass im Rahmen des Fremdvergleichs auf unabhängige Unternehmen abzustellen ist, die vergleichbare Marktchancen haben bzw. vergleichbaren Marktrisiken unterliegen. Unter Umständen sind wegen betriebsspezifischer Unterschiede Anpassungsrechnungen vorzunehmen.

Ist dieser äußere Fremdvergleich mangels vergleichbarer Unternehmen nicht durchführbar, bestehen keine Bedenken, das Eigenkapital des Gesamtunternehmens im Schätzungswege entsprechend den ausgeübten Funktionen auf Stammhaus und Betriebsstätte aufzuteilen (interner Fremdvergleich).

Üben Stammhaus und Betriebsstätte die gleichen Funktionen aus, kann für die Eigenkapitalausstattung der Betriebsstätte die Eigenkapitalquote des Stammhauses ein geeigneter Anhaltspunkt sein (Kapitalspiegel). Geht die Funktion der Betriebsstätte in ihrem Kapitalbedarf über die Funktion des Stammhauses in seinem Kapitalbedarf hinaus bzw. umgekehrt, so ist das Eigenkapital des Gesamtunternehmens angemessen aufzuteilen. Der Entscheidungsspielraum der Geschäftsleitung ist somit begrenzt. Eine Dotierung der ausländischen Betriebsstätte, die über die wirtschaftlichen Erfordernisse hinausgeht, ist nicht anzuerkennen.

Zum Umfang des Dotationskapitals bei Banken- und Versicherungsbetriebsstätten siehe Tzn. 4.1.3, 4.2.2, 4.2.3 und 4.2.4.

2.5.2 Gesellschafterwechsel bei Personengesellschaften

Beim Erwerb von Anteilen an deutschen Personengesellschaften durch beschränkt Steuerpflichtige kann die Eigenkapitalausstattung nach dem Erwerb nicht willkürlich zu Lasten der Betriebsstätte des beschränkt Steuerpflichtigen verringert werden, da die bisherige Dotation durch die Altgesellschafter als betriebsnotwendiger Vergleichsmaßstab heranzuziehen ist.

2.6 Überführung von Wirtschaftsgütern

2.6.1 Überführung in eine ausländische Betriebsstätte des inländischen Stammhauses

Bei der Überführung von Wirtschaftsgütern des inländischen Stammhauses in dessen ausländische Betriebsstätte erfolgt die Aufdeckung der stillen Reserven grundsätzlich mit dem Fremdvergleichspreis im Zeitpunkt der Überführung, d. h. mit dem Preis, den unabhängige Dritte unter gleichen oder ähnlichen Bedingungen vereinbart hätten.

Im Einzelnen gilt in diesen Fällen Folgendes:

a) Anlagevermögen

Bei Wirtschaftsgütern des Anlagevermögens ist als Gewinn (Verlust) der Unterschiedsbetrag zwischen dem Fremdvergleichspreis des Wirtschaftsgutes und dem Wert zu erfassen, den das Wirtschaftsgut nach § 6 EStG (Buchwert) im Zeitpunkt seiner Überführung hat. Maßgebend sind Preis und Wert im Zeitpunkt seiner Überführung. Eingetretene voraussichtlich dauernde Wertminderungen im Zeitpunkt der Überführung sind zu beachten. Auf die Möglichkeit zur Bildung eines Ausgleichspostens nach § 4g EStG wird hingewiesen.

b) Umlaufvermögen

Auch bei Wirtschaftsgütern des Umlaufvermögens ist als Gewinn (Verlust) der Unterschiedsbetrag zwischen dem Fremdvergleichspreis im Zeitpunkt der Überführung des Wirtschaftsgutes und dem Wert zu erfassen, den das Wirtschaftsgut nach § 6 EStG (Buchwert) im Zeitpunkt seiner Überführung hat. Eingetretene voraussichtlich dauernde Wertminderungen im Zeitpunkt seiner Überführung sind zu beachten.

c) Immaterielle Wirtschaftsgüter

Bei selbst geschaffenen immateriellen Wirtschaftsgütern gelten die Buchstaben a) und b) entsprechend. Die Überführung eines solchen Wirtschaftsgutes liegt vor, soweit es zur Nutzung oder Verwertung durch die Betriebsstätte bestimmt ist. Darunter fällt auch Fertigungs- und Produktions-Know-how, das bei der Verlagerung von Produkten oder Produktionslinien in der ausländischen Betriebsstätte Verwendung findet.

d) Überführung von Wirtschaftsgütern aus einer Anrechnungsbetriebsstätte (DBA oder nicht-DBA) in eine Freistellungsbetriebsstätte (DBA)

Die vorstehenden Grundsätze gelten auch, wenn Wirtschaftsgüter von einer Betriebsstätte, deren Ergebnisse der inländischen Besteuerung unterliegen, in eine Betriebsstätte überführt werden, deren Ergebnisse nach Maßgabe eines DBA von der inländischen Besteuerung freizustellen sind.

2.6.2 Überführung/Rückführung von Wirtschaftsgütern in das Inland

Bei der Überführung eines von einer Betriebsstätte in einem DBA-Staat angeschafften bzw. hergestellten Wirtschaftsgutes in das inländische Stammhaus ist der gemeine Wert anzusetzen, wenn nach dem DBA für diese Betriebsstätte die Freistellungsmethode anzuwenden ist (§ 4 Abs. 1 Satz 7 und § 6 Abs. 1 Nr. 5a EStG).

Das gilt nicht bei der Überführung oder der Rückführung eines Wirtschaftsgutes aus einer Betriebsstätte, die entweder in einem Nicht-DBA-Staat unterhalten wird oder für die nach einem DBA die Anrechnungsmethode gilt, in das inländische Stammhaus.

In Fällen der Rückführung von Wirtschaftsgütern aus einer Betriebsstätte in einem Mitgliedstaat der Europäischen Union ins Inland ist § 4g Abs. 3 EStG anzuwenden.

2.6.3 Überführungen zwischen inländischer Betriebsstätte und ausländischem Stammhaus oder dessen ausländischer Betriebsstätte

Wirtschaftsgüter, die bei beschränkter Steuerpflicht aus der inländischen Betriebsstätte in das ausländische Stammhaus oder dessen ausländische Betriebsstätte überführt werden, scheiden aus der deutschen Besteuerungshoheit aus. Deshalb sind die stillen Reserven im Zeitpunkt der Überführung zu besteuern; der Überführungswert entspricht dem Fremdvergleichspreis im Zeitpunkt der Überführung.

Werden Wirtschaftsgüter aus dem ausländischen Stammhaus oder dessen ausländischer Betriebsstätte in die inländische Betriebsstätte überführt, sind sie mit dem Fremdvergleichspreis im Zeitpunkt der Überführung anzusetzen.

2.6.4 Überführungen in eine ausländische Personengesellschaft

Bei der Überführung eines Wirtschaftsgutes aus einem inländischen Betriebsvermögen in eine ausländische Personengesellschaft (einschließlich des Sonderbetriebsvermögens) ist der Fremdvergleichspreis anzusetzen. Eine aufgeschobene Besteuerung kommt nicht in Betracht.

2.7 Aufwands-/Ertragsaufteilung

Aufwendungen des Stammhauses für die Betriebsstätte, die nicht direkt zugeordnet werden können (z. B. Finanzierungs-, Geschäftsführungs- und allgemeine Verwaltungskosten, wie u.a. Kosten der Organe einer Gesellschaft, der Hauptversammlung der Gesellschaft, der Koordination und der Kontrolle), werden ggf. anteilig der Betriebsstätte zugeordnet, soweit sie nicht bereits in anderweitig verrechneten Beträgen enthalten sind. Unerheblich ist, ob die Aufwendungen im Inland oder im Ausland anfallen; entscheidend ist die unmittelbare oder mittelbare betriebliche Veranlassung (BFH vom 20. Juli 1988, BStBl 1989 II S. 140).

Bei der Zuordnung von Aufwendungen des Gesamtunternehmens sind Erkenntnisse einer betrieblichen Kostenrechnung heranzuziehen. Die Kostenrechnung des Stammhauses und der Betriebsstätte sollte nach gleichen oder vergleichbaren Kriterien erfolgen.

Vom Steuerpflichtigen vorzulegende Unterlagen über seine Aufwandszuordnung sollten

a) differenziert und leicht überprüfbar sein,

b) das Betriebsstättenergebnis vollständig erfassen und

c) in ihren Vorgaben und Daten in angemessenen Zeitabständen überprüft und den veränderten Verhältnissen angepasst worden sein.

Eine solche Kostenrechnung ist auf ihre Schlüssigkeit und sachgerechte Anwendung auf die einzelnen Geschäfte zu überprüfen.

Die Aufwendungen/Erträge können auch pauschal oder nach Kostenblöcken aufgeteilt werden, wenn

a) eine derartige Aufteilung einer funktionsgerechten, den vorstehenden Grundsätzen entsprechenden Aufteilung dient und mit angemessener Genauigkeit zu den Ergebnissen führt, die sich bei einer Einzelaufteilung von Erträgen und Aufwendungen ergeben würden, oder

b) eine Einzelaufteilung nicht möglich oder unangemessen schwierig ist.

Korrekturen des Ergebnisses ergeben sich häufig bei der Übertragung von Wirtschaftsgütern des Anlage- und Umlaufvermögens.

Aufwandskorrekturen können notwendig sein, bei

a) Betriebsausgaben, die zu Lasten der Erfolgsrechnung eines inländischen Betriebsteils gebucht worden sind, in Wirklichkeit aber die ausländische Betriebsstätte betreffen,

b) angemessenen Teilen der Verwaltungskosten des inländischen Stammhauses (Regiekosten),

c) Teilen des Werbeaufwands, wenn die Werbung zentral durch das Stammhaus erfolgte und die ausländische Betriebsstätte nicht oder nicht ausreichend im Wege des internen Kostenausgleichs belastet wurde,

d) den auf die ausländische Betriebsstätte entfallenden anteiligen Aufwendungen einer zentralen Forschungs- und Entwicklungsabteilung, sofern nicht bereits eine ausreichende Kostenbeteiligung im Wege der internen Verrechnung erfolgte, wobei die Ausführungen zu den verwaltungsbezogenen Leistungen im Konzern zu beachten sind,

e) Zinsanteilen für Kredite, soweit sie der ausländischen Betriebsstätte zuzuordnen sind.

Gleiches gilt auch für eine inländische Betriebsstätte eines ausländischen Stammhauses.

2.8 Umrechnung des Betriebsstättenergebnisses

Das durch Betriebsvermögensvergleich oder Einnahmenüberschussrechnung in ausländischer Währung ermittelte ausländische Betriebsstättenergebnis ist in DM bzw. Euro umzurechnen.

2.8.1 Umrechnung bei Gewinnermittlung durch Betriebsvermögensvergleich gem. § 4 Abs. 1 i. V. m. § 5 EStG

Da der steuerliche Gewinn gem. § 4 Abs. 1 i. V. m. § 5 EStG (Sonderfall siehe Tz. 1.1.5.4) aus der Handelsbilanz abgeleitet wird, darf die Umrechnung von Fremdwährungspositionen nicht im Widerspruch zu den inländischen handelsrechtlichen Grundsätzen ordnungsgemäßer Buchführung und sonstiger steuerlicher Vorschriften stehen.

Dies setzt grundsätzlich voraus, dass jeder einzelne Geschäftsvorfall mit dem maßgebenden Tageskurs (amtlich festgesetzter Devisenkurs, z. B. veröffentlicht im Bundesanzeiger) umgerechnet wird (sogenannte Zeitbezugsmethode; BFH vom 13. September 1989, BStBl 1990 II S. 57; BFH vom 9. August 1989, BStBl 1990 II S. 175). Es ist nicht zu beanstanden, wenn für die Umrechnung der Geschäftsvorfälle auf das Stichtagskursverfahren bei nicht wesentlichen Kursschwankungen zwischen den Stichtagen zurückgegriffen wird, z. B. die Umrechnung mit dem monatlichen amtlichen USt-Umrechnungskurs oder mit dem Jahresdurchschnittskurs der amtlichen monatlichen USt-Umrechnungs-kurse erfolgt (BFH vom 13. Septem-ber 1989, a.a.O. und vom 9. August 1989, a. a. O.). Unter diesen Voraussetzungen und unter Berücksichtigung der nachfolgenden Besonderheiten ist es nicht zu beanstanden, wenn der Gewinn der Betriebsstätte nach dem Kurswert umgerechnet wird, der für den Bilanz- und Bewertungsstichtag gilt. Von einer einmal gewählten Methode kann nur in begründeten Ausnahmefällen abgewichen werden. Ergeben sich bei der Umrechnung Währungsgewinne oder -verluste, so stehen diese im wirtschaftlichen Zusammenhang mit den ausländischen Einkünften und sind infolgedessen auch diesen zuzuordnen (BFH vom 16. Februar 1996, BStBl II S. 588 und vom 16. Februar 1996 BStBl 1997 II S. 128).

Für die Ermittlung des steuerlichen Betriebsstättenergebnisses ergibt sich im Einzelnen:

a) Anlage- und Umlaufvermögen
Die Umrechnung erfolgt bei Anschaffungen mit dem Briefkurs im Zeitpunkt des Zugangs, bei der Herstellung von Wirtschaftsgütern fortschreitend entsprechend dem Fertigstellungsprozess. Die so ermittelten Werte sind die Anschaffungs- oder Herstellungskosten dieser Wirtschaftsgüter. Ein Verlust, der sich nach Umrechnung der Buchwerte zu verschiedenen Stichtagen ergibt, rechtfertigt für sich allein keine Teilwertabschreibung, weil dem scheinbaren Wertverlust regelmäßig ein entsprechend gestiegener Teilwert im Betriebsstättenstaat gegenübersteht. Bei Forderungen, Geldbeständen u. ä. ist zu prüfen, ob eine voraussichtlich dauernde Wertminderung eingetreten ist.

b) Verbindlichkeiten und Rückstellungen
Verbindlichkeiten sind bei voraussichtlich dauerhaft gestiegenem Wechselkurs mit dem höheren Briefkurs anzusetzen. Rückstellungen sind zu dem jeweiligen Briefkurs umzurechnen.

c) Anzahlungen und Rechnungsabgrenzungsposten (RAP)
Erhaltene Anzahlungen und passive RAP sind mit dem Geldkurs bei Zahlungseingang, geleistete Anzahlungen und aktive RAP sind mit dem Briefkurs bei Zahlungsausgang umzurechnen.

d) Dotationskapital
Währungsschwankungen des Dotationskapitals einer ausländischen Betriebsstätte wirken sich auf den Gewinn des inländischen Stammhauses dieser Betriebsstätte nicht aus. Die Verluste und Gewinne aus Währungsschwankungen des Dotationskapitals der Betriebsstätte sind durch die Existenz der Betriebsstätte bedingt und daher dieser zuzuordnen (BFH vom 16. Februar 1996, BStBl II S. 588 und vom 16. Februar 1996, BStBl 1997 II S.128). Sie realisieren sich erst bei Beendigung der Betriebsstätte. Die Währungsschwankungen haben damit, soweit für Betriebsstätteneinkünfte die Freistellungsmethode Anwendung findet, nur Auswirkungen auf den Progressionsvorbehalt nach § 32 b Abs. 1 Nr. 2 EStG und ggf. bei Anwendung des § 2a Abs. 3 EStG (bis einschließlich VZ 1998).

e) Umrechnungsdifferenzen
Sofern Unternehmen von Vereinfachungen der Zeitbezugsmethode Gebrauch machen, entstehen Abweichungen zwischen dem Betriebsvermögensvergleich und dem Ergebnis aufgrund der G+V-Rechnung (BFH vom 16. Februar 1996, BStBl 1997 II S. 128). Solche Umrechnungsdifferenzen sind erfolgswirksam mit dem Eigenkapital der Betriebsstätte zu verrechnen.

f) Deckungsgeschäfte
Wechselkursbedingte Wertänderungen bei betrags- und fristenkongruent abgeschlossenen Geschäften sind miteinander zu verrechnen; insoweit entsteht kein Verlust, wenn das Kursrisiko von mehreren in einer Fremdwährung abgeschlossenen Grundgeschäften durch den Abschluss eines gegenläufigen Devisentermingeschäftes (Deckungsgeschäftes) beseitigt ist (Hess. FG vom 24. November 1982, EFG 1983 S. 337; FG Köln vom 19. November 1990, EFG 1991 S. 452).

2.8.2 Umrechnung bei Gewinnermittlung durch Einnahmenüberschussrechnung nach § 4 Abs. 3 EStG

2.8.2.1 Betriebseinnahmen

Zugeflossene Beträge sind bei ihrem Eingang umzurechnen. Behält der Steuerpflichtige die Fremdwährungsvaluta, erfolgt die Umrechnung am Tag des Zuflusses zum Geldkurs. Der Ansatz des Mittelkurses kommt nicht in Betracht.

2.8.2.2 Betriebsausgaben

Fallen Betriebsausgaben in Fremdwährung an, sind sie nach dem Briefkurs des Tages der Zahlung umzurechnen.

Bei Wirtschaftsgütern des Anlagevermögens ist auf den Briefkurs im Zeitpunkt der Anschaffung oder Herstellung abzustellen. Spätere Kursschwankungen haben auf den Betrag der Anschaffungs- oder Herstellungskosten und damit auch auf die Höhe der Abschreibung keinen Einfluss.

2.8.2.3 Zeitpunkt der Bewertung

Die Umrechnung erfolgt im Zeitpunkt des Zu- und Abflusses. Es ist aber nicht zu beanstanden, wenn bei minimalen Kursschwankungen der Umrechnung der monatliche amtliche USt-Umrechnungskurs oder der Jahresdurchschnittskurs der amtlichen monatlichen USt-Umrechnungskurse zugrunde gelegt wird.

2.8.3 Umrechnung in Sonderfällen

2.8.3.1 Überführung von Wirtschaftsgütern aus der ausländischen in eine inländische Betriebsstätte

Bei Überführungen ist für Zwecke der Umrechnung auf den Briefkurs im Zeitpunkt der Überführung abzustellen.

2.8.3.2 Gesellschafterforderungen/-verbindlichkeiten

Nicht realisierte wechselkursbedingte Wertänderungen von Forderungen eines inländischen Gesellschafters gegen eine ausländische Personengesellschaft können in der eigenen Steuerbilanz des Gewerbebetriebes des inländischen Gesellschafters nicht gewinnmindernd geltend gemacht werden, weil wegen § 15 Abs. 1 Satz 1 Nr. 2 EStG die Darlehensforderung nicht in der Steuerbilanz des Gesellschafters ausgewiesen werden kann, sondern Sonderbetriebsvermögen der das Darlehen empfangenden Personengesellschaft (Mitunternehmerschaft) darstellt und die Darlehensforderung in der Gesamtbilanz dieser Mitunternehmerschaft Eigenkapital darstellt. Erst im Zeitpunkt der Realisierung (z. B. Beendigung der Gesellschafterstellung) wirkt sich eine Wechselkursveränderung auf den steuerlichen Gewinnanteil des Gesellschafters in der Sonderbilanz aus, vgl. Tz. 2.8.1 Buchstabe d (BFH vom 12. Juli 1990, BStBl 1991 II S. 64; BFH vom 19. Mai 1993, BStBl II S. 714).

§ 15 Abs. 1 Satz 1 Nr. 2 EStG und die Rechtsprechung zur steuerlichen Behandlung von Sonderbetriebsvermögen ist grundsätzlich auch für grenzüberschreitende Beteiligungen anwendbar (BFH vom 19. Mai 1993, BStBl II S. 714).

Entstehen zwischen der Aktivierung einer Zinsforderung und der Zahlung der Zinsen wechselkursbedingte Wertsteigerungen, so unterliegen diese Gewinne der Einkommensteuer (BFH vom 31. Mai 1995, BStBl II S. 683).

2.9 Gründung und Auflösung der Betriebsstätte

2.9.1 Gründungsaufwand und vorangehende Aufwendungen

Gründungsaufwand und Aufwendungen im Hinblick auf eine Betriebsstätte vor ihrer Errichtung sind zu Lasten des Betriebsstättenergebnisses anzusetzen, weil sie in einem Veranlassungszusammenhang mit ihr stehen.

Die entstehenden Aufwendungen führen zu negativen Betriebsstätteneinkünften. Bei Bestehen eines DBA handelt es sich um negative Einkünfte i.S.d. Art. 7 OECD-MA 1992 aus dem Staat, in dem die Betriebsstätte begründet werden soll. Sieht dieses DBA die Freistellung der Betriebsstätteneinkünfte von der inländischen Besteuerung vor, so ist auf Antrag für die Berücksichtigung der Verluste bei Vorliegen der weiteren Voraussetzungen nach § 2 a Abs. 3 EStG (bis einschließlich VZ 1998) zu verfahren. Sollte § 2a Abs. 3 EStG nicht anzuwenden sein, ist § 32 b EStG zu beachten (BFH vom 25. Mai 1970, BStBl II S. 660; BFH vom 17. Oktober 1990, BStBl 1991 II S. 136). § 2a Abs. 1 und 2 EStG steht dem nicht entgegen, wenn z. B. keine Betriebsstätte i.S.d. § 12 AO gegeben ist.

Die vorstehenden Ausführungen gelten auch dann, wenn die Betriebsstättenbegründung scheitert, da die Aufwendungen in einem unmittelbaren wirtschaftlichen Zusammenhang mit den Einnahmen stehen, die aus der zu errichtenden Betriebsstätte erzielt werden sollten (BFH vom 28. April 1983, BStBl II S. 566). Aufwendungen der Auftragsakquisition, die nur bei Erfolg zu einer Betriebsstättenbegründung führt, sind stets vom Stammhaus zu tragen.

2.9.2 Betriebsstättenauflösung

Eine Auflösung einer Betriebsstätte ist erfolgt, wenn keine feste Geschäftseinrichtung, Anlage oder Bauausführung mehr besteht. Eine vorübergehende Unterbrechung des Betriebs gilt jedoch nicht als Stilllegung bzw. Auflösung. Das längerfristige Ruhenlassen einer Betriebsstätte steht dagegen einer Auflösung gleich.

2.10 Einbringung einer Betriebsstätte in eine Kapitalgesellschaft

Die Einbringung einer Betriebsstätte in eine Kapitalgesellschaft gegen Gewährung von Anteilen an der aufnehmenden Kapitalgesellschaft ist ein tauschähnlicher Vorgang. Dieser ist steuerrechtlich im Grundsatz wie ein Veräußerungsvorgang zu behandeln. Für einen daraus entstehenden Gewinn (Verlust) ist das Besteuerungsrecht nach Art. 13 Abs. 2 OECD-MA 92 dem Betriebsstättenstaat zugewiesen.

3. Einzelfragen zur Aufteilung des Betriebsvermögens und der Einkünfte

3.1. Dienstleistungen

3.1.1 Allgemeines

Der hier verwendete Begriff "Dienstleistungen" bezieht sich in der Regel nur auf gewerbliche Dienstleistungen. Darunter fallen grundsätzlich alle wirtschaftlichen Verrichtungen, die nicht in der Erzeugung von Sachgütern, sondern in persönlichen Leistungen bestehen. Als gewerbliche Dienstleistungen sind insbesondere der gesamte Bereich des Transportwesens, der Nachrichtenverkehr, die Baubetreuung, Instandhaltung und Übernahme von bestimmten Arbeiten zu qualifizieren. Auch die Tätigkeit der Handelsvertreter, Makler, Spediteure, Lagerhalter, Frachtführer, Versicherungsvertreter, Treuhänder und das sonstige Mitwirken zu gewerblichen Tätigkeiten ist im Allgemeinen als gewerbliche Dienstleistung anzusehen. Die Dienstleistungen sind von der Vermögensverwaltung abzugrenzen.

3.1.2 Dienstleistungen als Haupttätigkeit der Betriebsstätte

Dienstleistungen (außer Leistungen i. S. der Tz. 3.4) sind mit dem Fremdvergleichspreis aus dem Staat der leistenden Unternehmenseinheit anzusetzen, wenn die Erbringung von Dienstleistungen die Haupttätigkeit der Betriebsstätte ist. Ist ein Fremdvergleichspreis nicht festzustellen, ist es nicht zu beanstanden, wenn der Gewinn der Betriebsstätte nach der Kostenaufschlagsmethode unter Berücksichtigung eines Gewinns von 5 v. H. bis 10 v. H. ermittelt wird. Dies gilt auch dann, wenn die Aufwendungen nach Art einer Umlage den anderen Betriebsteilen zugeordnet werden. Soweit die Dienstleistungen Nebentätigkeiten darstellen, kommt ein Gewinnaufschlag nicht in Betracht.

3.1.3 Lohnfertigung durch Betriebsstätten

Ist eine Produktion einer ausländischen Betriebsstätte wirtschaftlich als Lohnfertigung für das inländische Stammhaus anzusehen, stehen der ausländischen Betriebsstätte nur die Gewinne zu, die ein fremder Lohnfertiger in dem betreffenden Staat erzielt hätte. Dies gilt auch für Leistungen einer inländischen Betriebsstätte für das ausländische Stammhaus.

3.1.4 Oberleitung der Betriebsstätten durch das Stammhaus

Beschränkt sich die Tätigkeit des Stammhauses auf die geschäftliche Oberleitung von Betriebsstätten, so ist dem Stammhaus ein angemessener Anteil vom Gesamtergebnis zuzurechnen (BFH-Urteil vom 28. Juli 1993, BStBl 1994 II S. 148). Über den Aufteilungsmaßstab müssten im Einzelfall geeignete Feststellungen getroffen werden. Sollte es in diesen Fällen zu einer Doppelbesteuerung kommen, z. B. wenn der Staat, in dem sich die Geschäftsleitungsbetriebsstätte befindet, dem Stammhaus einen gewissen Vomhundertsatz des Gewinns des Gesamtunternehmens für die Geschäftsführung zurechnet, während der Staat, in dem sich die Betriebsstätte befindet, dies nicht vornimmt, sollte der Staat, in dem sich das Stammhaus befindet, von sich aus veranlassen, dass bei der Ermittlung der Steuer die Berichtigungen vorgenommen werden, die zur Vermeidung von Doppelbesteuerungen notwendig sind (vgl. Tz. 23 des OECD-Kommentars zu Art. 7 OECD-MA 92).

3.2 Werbung und Markterschließung

3.2.1 Aufwendungen für Werbung

Die Aufwendungen für eine Werbemaßnahme sind von dem Betriebsteil (Stammhaus oder Betriebsstätte) zu tragen, für dessen Aufgabenbereich durch diese Maßnahme geworben wird.

Soweit Betriebsteile mit Herstellungs- und Vertriebsfunktionen auch Werbemaßnahmen für andere Betriebsteile durchführen, ist der Werbeaufwand zwischen den Unternehmensteilen sachgerecht und ohne Gewinnaufschlag aufzuteilen.

Es ist nicht zu beanstanden, wenn die Kostenaufteilung im Unternehmen aufgrund eines mittel- oder längerfristigen Werbekonzeptes durch unternehmensinterne Umlagefestlegungen geregelt wird. Führt ein Betriebsteil Aufgaben der Werbung für einen anderen Betriebsteil durch, so können die hierbei erbrachten Leistungen als Dienstleistungen verrechnet werden (Tz. 3.1.1), soweit die Werbeleistungen die Haupttätigkeit des Betriebsteils darstellen.

3.2.2 Aufwendungen für Markterschließung

Für die Einführung von Produkten entstehen Betriebsteilen mit Herstellungs- und Vertriebsfunktionen während des Einführungszeitraumes häufig erhebliche Aufwendungen oder Mindererlöse. Unter Fremden werden sie in der Regel von dem Betriebsteil mit Vertriebsfunktion nur insoweit getragen, als ihm aus der Geschäftsverteilung ein angemessener Betriebsgewinn verbleibt.

Solche Aufwendungen oder Erlösminderungen werden unter Fremden auch derart aufgeteilt, dass

a) der Vertreiber diese Aufwendungen oder Erlösminderungen in größerem Umfang trägt und ihm dafür Lieferpreise eingeräumt werden, durch die er spätestens nach Ablauf von drei Jahren seine Gewinnausfälle in überschaubarer Zeit ausgleichen kann (BFH-Urteil vom 17. Februar 1993, BStBl 1993 II S. 457), oder

b) der Hersteller diese Aufwendungen oder Erlösminderungen in größerem Umfang trägt und seine Gewinnausfälle spätestens nach Ablauf von drei Jahren in überschaubarer Zeit (BFH v. 17. Februar 1993 a. a. O.), ggf. durch höhere Lieferpreise, ausgleichen kann.

Der hierbei vorzusehende Ausgleich zwischen Herstellungs- und Vertriebsunternehmen ist im Vorhinein aus Rentabilitätsprognosen abzuleiten und schriftlich zu dokumentieren. Unter diesen Voraussetzungen kann eine derartige Aufteilung auch zwischen Betriebsteilen zugrunde gelegt werden.

Aufwendungen und Erlösminderungen, die dadurch entstehen, dass der Betriebsteil mit Vertriebsfunktionen durch "Kampfpreise" oder ähnliche Mittel seinen Marktanteil wesentlich erhöhen oder verteidigen will, sind grundsätzlich vom Betriebsteil mit Herstellungsfunktionen zu tragen.

3.3 Zinsen und ähnliche Vergütungen

Der Betriebsstätte sind Zinszahlungen des Unternehmens insoweit zuzuordnen, als sie mit Krediten zusammenhängen, die das Unternehmen nachweislich für die Zwecke der Betriebsstätte aufgenommen hat (direkte Zuordnung; Hinweis auf Tz. 2.5.1).

Soweit Zinszahlungen des Unternehmens dem Stammhaus und der Betriebsstätte nicht direkt zugeordnet werden können, sind sie im Verhältnis aufzuteilen, das für die Zuordnung des Eigenkapitals des Gesamtunternehmens auf Stammhaus und Betriebsstätte gilt.

Erfolgte die Aufnahme des Kredits durch die Betriebsstätte, um dem Stammhaus Finanzmittel zu verschaffen, sind die Zinszahlungen dem Stammhaus zuzuordnen, da der zugrunde liegende Kredit dem Stammhaus dient.

Nutzt die Betriebsstätte Eigenmittel des Unternehmens, so können ihr keine fiktiven Zinsen belastet werden (BFH vom 27. Juli 1965, BStBl 1966 III S. 24).

3.4 Geschäftsführungsaufwendungen, allgemeine Verwaltungsaufwendungen und ähnlicher Aufwand

3.4.1. Zuordnung der Aufwendungen zur Betriebsstätte

Geschäftsführungs- und allgemeine Verwaltungsaufwendungen des Stammhauses (vgl. BFH vom 20. Juli 1988, BStBl 1989 II S.140) sind der Betriebsstätte zuzuordnen, soweit

1. die Aufwendungen durch eine Leistung des Stammhauses gegenüber der Betriebsstätte ausgelöst sind oder
2. den Aufwendungen eine Dienstleistung von Dritten gegenüber dem Stammhaus zugrunde liegt, die auch der Betriebsstätte dient.

Aufwendungen, die durch das Unternehmen als Ganzes entstehen (z. B. Aufwendungen der rechtlichen Organisation des Unternehmens), sind sachgerecht aufzuteilen.

Bei schwankenden Leistungen kann ein durchschnittlicher Aufwand zugeordnet werden.

3.4.2 Beispiele

Als derartige Aufwendungen können in Betracht kommen:

- die Erbringung von Leistungen auf dem Gebiet der Buchführung, der Rechtsberatung sowie des Revisions- und Prüfungswesens,

- Kontroll-, Regie- und vergleichbare Leistungen des Stammhauses, wenn diese Tätigkeiten gegenüber der Betriebsstätte ausgeübt werden,
- zeitlich begrenzte Überlassungen von Arbeitskräften, einschließlich solcher im Führungsbereich des Stammhauses und
- die Aus- und Fortbildung sowie die soziale Sicherung von Personal, das im Stammhaus im Interesse der Betriebsstätte tätig ist.

4. Betriebsstätten in Sonderfällen

4.0 Allgemeines

Die allgemeinen Ausführungen der Tz. 1 bis 3 gelten in vollem Umfang auch für die genannten Betriebsstätten in den nachfolgenden Textziffern, soweit dort keine abweichenden Regelungen getroffen werden. Insbesondere gelten hierfür die allgemeinen Grundsätze über die Gewinnermittlung.

4.1 Bankbetriebsstätte

4.1.1 Inländische Betriebsstätte

Nach § 53 Abs. 1 KWG gelten Zweigstellen von Unternehmen mit Sitz in einem anderen Staat, die Bankgeschäfte i.S.d. § 1 Abs. 1 KWG betreiben, als Kreditinstitute.

Inländische Zweigstellen ausländischer Kreditinstitute sind daneben als Zweigniederlassungen i.S.d. § 13 HGB und damit als Betriebsstätten i. S. d. § 12 Satz 2 Nr. 2 AO anzusehen.

Buchführungs- und Bilanzierungspflicht

Die Buchführungs- und Bilanzierungspflicht ergibt sich aus den §§ 238 und 340 ff HGB.

Neben den Vorschriften des HGB gelten für Bankbetriebsstätten besondere Rechnungslegungsvorschriften (§ 53 Abs. 2 Nrn. 2 bis 4 KWG).

Ab 1. Januar 1993 ist § 53 KWG auf Bankbetriebsstätten von Unternehmen mit Sitz in einem anderen Mitgliedstaat der EU unter bestimmten Voraussetzungen nicht anwendbar (§ 53 b KWG).

Die Sondervorschriften des KWG über ausländische Unternehmen mit Sitz in einem Mitgliedstaat der EU können durch Rechtsverordnung auch auf Unternehmen mit Sitz außerhalb der EU übertragen werden (§ 53 c KWG).

4.1.2 Zuordnung von Forderungen und Margenanteilen

Für die steuerliche Zuordnung von Forderungen und Margenanteilen aus Kreditausreichung ist entscheidend, welche beteiligte Bankstelle (Stammhaus, Betriebsstätte) die wesentlichen Haupttätigkeiten für das Zustandekommen des Geschäftes überwiegend erbracht hat. Zu den Haupttätigkeiten zählen die Akquisition, die Bewertung des Kreditnehmers und des Kreditrisikos, Tragen des Kreditrisikos, Übernahme der Refinanzierung, die Entscheidung über die Kreditvergabe, der Abschluss des Vertrages und die Kreditverwaltung, -überwachung und -abwicklung.

Werden die vorgenannten wesentlichen Stufen der Kredithingabe von der Be-triebsstätte erbracht, so ist die Forderung regelmäßig deren Betriebsvermögen zuzurechnen. Etwaiger Wertberichtigungsaufwand ist von der Betriebsstätte zu tragen, sofern nicht eine andere Bankstelle das Kreditrisiko vor Kreditvergabe durch interne Vereinbarung und gegen Vergütung, wie sie gegenüber Dritten üblich ist, übernommen hat. Haben das Stammhaus oder eine andere Betriebsstätte an der Kreditvergabe mitgewirkt, kann die Marge entsprechend dem Leistungsbeitrag aufgeteilt oder mit dem marktüblichen Kostenersatz vergütet werden.

Eine spätere Zuordnungsänderung ist regelmäßig nicht möglich, es sei denn, wirtschaftlich beachtliche Gründe, z. B. Änderung der wesentlichen Funktionsbeiträge, sind für den Wechsel entscheidend. Diese sind nicht gegeben, wenn der Wechsel lediglich aus steuerlichen Gründen vorgenommen wird (Tz. 15.2 des OECD-Kommentars zu Art. 7 OECD-MA 92). Die Forderungsübertragung hat zu Marktpreisen zu erfolgen. Die mit der Forderung zusammenhängenden Haupt- und Nebenleistungsfunktionen (Management, Verbuchung, Mahnwesen, laufende Risikoüberwachung etc.) sind ebenfalls zu übertragen.

4.1.3 Dotationskapital

(Tz. 4.1.3. ersetzt mW für Wj. ab 1.1.2005 durch BMF v. 29.9.2004, BStBl. I S. 917 (Nr. 800 § 12/2)

Inländische Betriebsstätten ausländischer Kreditinstitute müssen über ein Dotationskapital verfügen, das der Eigenart ihrer Geschäfte entspricht.

Inländische Betriebsstätten von EU-Kreditinstituten

Es ist nicht zu beanstanden, wenn die inländische Betriebsstätte eines Kreditinstituts mit Sitz in einem Mitgliedstaat der Europäischen Union ein Dotationskapital ansetzt, das nicht geringer ist als das aus der nachfolgenden Tabelle abgeleitete Dotationskapital.

Bilanzsumme	*Dotationskapital*
0 - 100 Mio. DM	*2 Mio. DM*
ab 100 Mio. - 500 Mio. DM	*2,0 % der Bilanzsumme*
ab 500 Mio. - 1 Mrd. DM	*10 Mio. DM*
ab 1 Mrd. - 2 Mrd. DM	*1 % der Bilanzsumme*
ab 2 Mrd. - 5 Mrd. DM	*1 % von 2 Mrd. DM zusätzlich 0,5 % auf den erhöhten Betrag*
ab 5 Mrd. DM	*1 % von 2 Mrd. DM zusätzlich 0,5 % von 3 Mrd. DM und zusätzlich 0,25 % auf den 5 Mrd. DM übersteigenden Betrag*

Für die Bilanzsumme ist auf den Jahresabschluss des vorangegangenen Wirtschaftsjahres abzustellen. Zur Vermeidung von Zufallswerten ist aber die durchschnittliche Bilanzsumme der letzten 12 BISTA-Meldungen (= Bilanzstatistische Meldungen an das Bundesaufsichtsamt für das Kreditwesen) des vorangegangenen Wirtschaftsjahres zu errechnen. Weicht diese um mehr als 20 v. H. vom Schlussbilanzwert nach oben ab, ist die Durchschnittsbilanzsumme des vorangegangenen Wirtschaftsjahres für die Bemessung des Dotationskapitals maßgebend.

Laufende Schwankungen innerhalb des Wirtschaftsjahres bleiben unberücksichtigt.

Wurde die Geschäftstätigkeit erst während des Veranlagungszeitraums aufgenommen, ist ein Dotationskapital von mindestens 2 Mio. DM anzusetzen.

Wird das Dotationskapital, das aus der oben aufgeführten Tabelle abgeleitet wird, unterschritten, so ist ein entsprechender Zinsanteil für die Fremdmittel nicht zum Abzug als Betriebsausgabe zuzulassen. Der Ansatz eines Schuldpostens entfällt insoweit.

Diese Regelung ist erstmals anzuwenden

- *für Wirtschaftsjahre, die nach dem 31. Dezember 1995 enden,*
- *für Feststellungszeitpunkte ab dem 1. Januar 1996.*

Soweit für frühere als für die genannten Wirtschaftsjahre bzw. Feststellungszeitpunkte ein höheres als nach den Abs. 1 und 2 vorgeschriebenes Dotationskapital angesetzt wurde, kann dieses nicht rückwirkend herabgesetzt werden.

Diese Regelung endet mit Ablauf des 31. Dezember 2000.

Betriebsstätten von ausländischen Kreditinstituten, die denen von EU-Banken gleichgestellt sind

1. *Zweigstellen von Kreditinstituten mit Sitz in den USA sind nach der Verordnung des BMF vom 21. April 1994 (BGBl I S. 887) den Betriebsstätten von EU-Kreditinstituten grundsätzlich gleichgestellt. Für diese Unternehmen gilt die obige Regelung für Inländische Betriebsstätten von EU-Kreditinstituten mit folgender Maßgabe:*
   a) *Es ist ein Mindestkapital von 5 Mio. ECU anzusetzen. Dieser Betrag wird zum 1. Januar 1999 im Verhältnis 1:1 in EURO umgerechnet.*
   b) *Diese Regelung gilt für Zeiträume ab dem 4. Mai 1995.*
2. *Für Betriebsstätten von Kreditinstituten in Japan gilt diese Regelung mit der Maßgabe, dass sie für Zeiträume ab dem 21. Dezember 1995 anzuwenden ist.*

Betriebsstätten von ausländischen Kreditinstituten, die denen von EU-Banken nicht gleichgestellt sind

Für Betriebsstätten von ausländischen Kreditinstituten, die denen von EU-Banken nicht gleichgestellt sind, ist mindestens das nach dem KWG aufsichtsrechtlich notwendige Dotationskapital anzusetzen.

Ausländische Bankbetriebsstätte

a) *Hingabe*

Eine Dotierung der ausländischen Betriebsstätte, die über die wirtschaftlichen Erfordernisse hinausgeht, ist nicht anzuerkennen. Die Angemessenheitsprüfung hat auf der Grundlage des Fremdvergleichs zu erfolgen (siehe Tz. 2.5.1).

Die Dotierung steht insbesondere insoweit nicht im Widerspruch zu kaufmännischen und wirtschaftlichen Erfordernissen, als das Dotationskapital den Maßstäben aufsichtsrechtlich gebotener Eigenkapitalausstattung des Landes der Betriebsstätte oder des § 10 KWG entspricht.

Ferner ist es nicht zu beanstanden, wenn das über das aufsichtsrechtliche gebotene Eigenkapital hinausgehende Eigenkapital des Gesamtunternehmens nach billigem Ermessen im Rahmen vernünftiger kaufmännischer Beurteilung höchstens zu dem Teil der ausländischen Betriebsstätte, der dem Anteil dieser Betriebsstätte am aufsichtsrechtlich gebotenen Eigenkapital des Gesamtunternehmens entspricht, zugewiesen wird und die Betriebsstätte tatsächlich darüber verfügen kann.

b) *Refinanzierung*

Mit dem Kapitaltransfer wird bisher im Inland vorhandenes Eigenkapital des Kreditinstituts auf die ausländische Zweigstelle übertragen. Hat das Kreditinstitut im nachweisbar unmittelbaren Zusammenhang Fremdmittel aufgenommen oder ergibt sich aus anderen Umständen zwingend, dass Fremdmittel eingesetzt wurden, so sind diese und der hierfür anfallende Refinanzierungsaufwand im Inland nicht berücksichtigungsfähig, da er den ausländischen Einkünften zuzuordnen ist.

4.1.4 Zinsverrechnungen

Vom Stammhaus bzw. von Schwesterbetriebsstätten zur Verfügung gestellte Gelder sind, soweit sie das Dotationskapital übersteigen, als verzinsliche Kredite anzuerkennen, da Geld als Handelsware von Kreditinstituten anzusehen ist (vgl. BFH vom 27. Juli 1965, BStBl 1966 III S. 24 und Tz. 18.3 sowie Tzn. 19 und 20 des OECD-Kommentars zu Art. 7 OECD-MA 92). Gleiches gilt für die Geldüberlassung der Betriebsstätte an das Stammhaus oder Schwesterfilialen.

Für Aufnahmen von Geld und Kapital durch eine inländische Betriebsstätte ist von den Zinssätzen auszugehen, die unter vergleichbaren Bedingungen zwischen Fremden in der jeweiligen Währung vereinbart worden wären. Sind die Aufnahmen beim Stammhaus oder bei einer ausländischen Schwesterfiliale – im Gegensatz zu gleichartigen Aufnahmen im Inland – mindestreservefrei, so steht dieser Vorteil steuerlich der inländischen Zweigstelle zu. Er kann nicht an das Stammhaus bzw. die ausländische Schwesterbetriebsstätte weitergegeben werden (z. B. in Form eines höheren Aufnahmesatzes).

Zinsen für Ausleihungen einer inländischen Betriebsstätte an ihr Stammhaus sind grundsätzlich nach den inländischen Marktgegebenheiten zu bemessen. Ist der Zinssatz im Ausland jedoch höher, ist der höhere ausländische Zins zugrunde zu legen und der Zinsvorteil auf Stammhaus und Betriebsstätte aufzuteilen.

4.2 Versicherungsbetriebsstätte

Inländische Niederlassungen i. S. d. Versicherungsaufsichtsgesetzes (VAG) ausländischer Versicherungsunternehmen (VU) sind Zweigniederlassungen i. S. d. § 13 d HGB.

4.2.1 Inländische Betriebsstätte

Versicherungsrechtlich bestehen folgende Regelungen zum Betreiben von Versicherungsgeschäften durch Versicherungsunternehmen mit Sitz im Ausland:

VU mit Sitz außerhalb der Mitgliedstaaten der EU oder des EWR, die im Inland das Direktversicherungsgeschäft durch Mittelspersonen betreiben wollen, bedürfen hierzu der Erlaubnis durch die deutsche Versicherungsaufsichtsbehörde (§ 105 VAG) und haben nach § 106 VAG eine Niederlassung zu errichten.

VU mit Sitz innerhalb der Mitgliedstaaten der EU oder des EWR dürfen hingegen nach §§ 110 a, 110 d VAG das Direktversicherungsgeschäft im Inland durch eine Niederlassung oder eine Mittelsperson betreiben. Eine Erlaubnis der inländischen Versicherungsaufsicht ist nicht mehr erforderlich. Die Finanzaufsicht über die Geschäftstätigkeit obliegt der Aufsichtsbehörde des Herkunftsmitgliedstaates (§ 110 a Abs. 3 VAG).

Sollte versicherungsrechtlich keine Niederlassung vorliegen, wird nach Tz. 1.2.2 durch einen abhängigen Vertreter eine Betriebsstätte begründet, wenn er im Inland Vollmacht hat, Verträge im Namen des ausländischen VU abzuschließen (Abschlussvollmacht) und diese regelmäßig ausübt.

Ebenso begründet ein Makler (Kommissionär) oder sonstiger unabhängiger Vertreter mit Abschlussvollmacht eine Betriebsstätte, wenn er außerhalb seines gewöhnlichen Geschäftsbetriebs handelt.

Ausländische Rückversicherungsunternehmen, die im Inland das Rückversicherungsgeschäft durch eine Niederlassung oder Mittelsperson betreiben, bedürfen hierzu keiner Erlaubnis. Sie sind nach § 1 Abs. 2 VAG nur eingeschränkt rechnungslegungs- und berichtspflichtig. Zur Frage des Vorliegens einer Betriebsstätte wird auf Tz. 1.2.2 hingewiesen.

4.2.2 Inländische Betriebsstätten, die der Versicherungsaufsicht durch das Bundesaufsichtsamt für das Versicherungswesen (BAV) unterliegen

Buchführungs- und Bilanzierungspflicht

Buchführungspflichtig sind die inländischen Betriebsstätten ausländischer Versicherungsunternehmen, die dem inländischen Handels- und Versicherungsaufsichtsrecht unterliegen. Die den inländischen Betriebsstätten ausländischer Versicherungsunternehmen obliegenden Buchführungspflichten nach HGB und VAG gelten nach § 140 AO auch für das Steuerrecht.

Gewinnermittlung

Für die Gewinnermittlung ist das Bilanzergebnis der inländischen Betriebsstätte maßgebend, das sich nach Handels- und Steuerrecht ergibt. Die Sondervorschriften für Versicherungsunternehmen nach §§ 20 und 21 KStG sind zusätzlich zu beachten.

Bei der Ermittlung des Bilanzergebnisses sind alle dem inländischen Betrieb zurechenbaren Aufwendungen einschließlich eines Anteils an den Generalkosten des Gesamtunternehmens (Kosten der zentralen Verwaltung) abzuziehen, soweit dieser Anteil den Bilanzgewinn noch nicht gemindert hat.

Für die Aufteilung wird auf Tz. 2.2 und Tz. 2.3 verwiesen.

Sind bei der Ermittlung von steuerlich abziehbaren versicherungstechnischen Rückstellungen bzw. der Berechnung von Zuführungen oder Entnahmen Aufwendungen für den Versicherungsbetrieb anzusetzen, müssen diese Aufwendungen auch die anteiligen Generalkosten enthalten.

Wird Rückversicherung (RV) des Betriebsstättengeschäfts durch die ausländische Hauptverwaltung abgeschlossen, sind bei allen in Betracht kommenden Positionen der Bilanz sowie der Gewinn- und Verlustrechnung die Anteile der Rückversicherer mit ihren auf das inländische Versicherungsgeschäft entfallenden Beträgen zu berücksichtigen. Die Ansätze sind durch geeignete Unterlagen (RV-Verträge, RV-Abrechnungen) nachzuweisen. Rückversicherungsverträge zwischen Stammhaus und Betriebsstätte sind entsprechend Tz. 2.2 als Innentransaktionen steuerlich nicht anzuerkennen.

Zurechnung von Wirtschaftsgütern

Der inländischen Betriebsstätte sind mindestens Kapitalanlagen zuzurechnen in Höhe

1. der versicherungstechnischen Rückstellungen (einschließlich Beitragsüberträge) und der Depotverbindlichkeiten, weil die Tätigkeiten des inländischen Betriebs zur Erzielung der hieraus resultierenden Einkünfte beigetragen haben, zuzüglich

2. der Mindesteigenmittel in Höhe einer Solvabilitätsspanne (§§ 53 c, 106 b Abs. 2 VAG sowie Kapitalausstattungs-Verordnung) bezogen auf den Umfang des Versicherungsgeschäfts der Betriebsstätte oder der Mindestbetrag des Garantiefonds im Sinne der §§ 2 und 5 Kapitalausstattungs-Verordnung, falls dieser höher ist.

Die Höhe der Solvabilitätsspanne ergibt sich aus den dem BAV einzureichenden Unterlagen. Andernfalls ist sie unter sinngemäßer Anwendung der Kapitalausstattungs-Verordnung und den dazu ergangenen BAV-Rundschreiben gesondert zu ermitteln.

Übersteigt der bei der Zurechnung von Wirtschaftsgütern ermittelte Mindestbetrag (arithmetisches Mittel zu Beginn und Ende des Wirtschaftsjahres) das arithmetische Mittel der zu Beginn und Ende des Wirtschaftsjahres bilanzierten Kapitalanlagen, ist der Differenzbetrag der inländischen Betriebsstätte zuzurechnen.

Dem Gewinn der inländischen Betriebsstätte sind zusätzlich Erträge aus Kapitalanlagen in Höhe der Durchschnittsrendite des Gesamtvermögens bezogen auf den Differenzbetrag zuzurechnen.

Dotationskapital

Der Betriebsstätte sind die Eigenkapitalien zuzurechnen, die als aufsichtsrechtlich gebotene Mindesteigenkapitalausstattung anzusehen sind (BFH vom 18. September 1996, IStR 1997 S. 145).

4.2.3 Inländische Betriebsstätten, die nicht der Versicherungsaufsicht durch das BAV unterliegen

Buchführungspflicht

Die Verpflichtung Bücher zu führen ergibt sich aus §§ 238 Abs. 1 und 242 HGB.

Gewinnermittlung

Die von der Niederlassung nach den ergänzenden Vorschriften für Versicherungsunternehmen der §§ 341b - 341 h HGB ermittelten Bilanzansätze sind - unter Beachtung der §§ 20 und 21 KStG - steuerlich zu übernehmen.

Zurechnung von Wirtschaftsgütern

Tz. 4.2.2 gilt entsprechend; dabei ist hinsichtlich der Mindesteigenmittel auf die aufsichtsrechtlichen Regelungen des Sitzstaates des Stammhauses abzustellen.

Dotationskapital

Das tatsächlich verfügbare Eigenkapital des Gesamtunternehmens ist in entsprechendem Umfang nach den Grundsätzen des Fremdvergleichs auf das Stammhaus und auf dessen Betriebsstätten aufzuteilen (BFH vom 18. September 1996, IStR 1997 S. 145). Dies bedeutet, dass der inländischen Betriebsstätte zumindest die Eigenkapitalien zuzuordnen sind, die nach dem Aufsichtsrecht des Sitzstaates des Stammhauses für die Tätigkeit der Betriebsstätten mindestens benötigt werden.

4.2.4. Ausländische Betriebsstätten inländischer Versicherungsunternehmen

Gewinnermittlung

Die Ausführungen in Tz. 4.2.2 gelten sinngemäß.

Dotationskapital

Die Dotierung der ausländischen Betriebsstätte ist anzuerkennen, wenn sie nach den dortigen aufsichts- oder steuerrechtlichen Vorschriften gefordert wird, sofern nicht dadurch dem inländischen Stammhaus das für die Ausübung seiner Funktion im Rahmen des Gesamtunternehmens erforderliche Eigenkapital (Tz. 2.5.1) entzogen wird.

4.3 Bauausführungen und Montagen

4.3.1 Allgemeines

Unter Bauausführung versteht man die Errichtung eines Bauwerkes, einer Anlage oder von Teilen davon (BFH vom 22. September 1977, BStBl 1978 II S. 140; BFH vom 21. Oktober 1981, BStBl 1982 II S. 241).

Montagen sind das endgültige Zusammenfügen oder der Um-/Einbau vorgefertigter Teile zu einem Ganzen, nicht aber bloße Reparatur-/Instandsetzungsarbeiten (BFH vom 16. Mai 1990, BStBl II S. 983).

Die Zeitgrenze bei Bau- und Montagestellen wird von Beginn und Ende der Bau- und Montagetätigkeit bestimmt (vgl. Anlage II).

Eine Bauausführung besteht von dem Zeitpunkt an, an dem das Unternehmen mit den Arbeiten – einschließlich aller vorbereitenden Arbeiten – in dem Staat beginnt, in dem das Bauwerk errichtet werden soll, also z. B. mit der Einrichtung eines Bauplanungsbüros. Im Allgemeinen bleibt die Bauausführung so lange bestehen, bis die Arbeit abgeschlossen oder endgültig eingestellt wird. Sofern auf der Baustelle nur noch Material oder Geräte lagern, liegt keine Bauausführung mehr vor.

Eine Montage beginnt mit dem Eintreffen der ersten Person, die vom Montageunternehmen mit den vorzunehmenden Montagearbeiten betraut worden ist. Als "Montagearbeiten" in diesem Sinne sind auch solche Arbeiten anzusehen, die der unmittelbaren Vorbereitung der eigentlichen Montage dienen. Ist eine Montage Bestandteil eines Werklieferungsvertrages und ist in diesem Vertrag eine Abnahme des fertigen Werks unter Mitwirkung des Montageunternehmens vorgesehen, so endet die Montage frühestens mit der Abnahme (BFH vom 21. April 1999, BStBl II S. 694).

Jahreszeitlich bedingte oder andere vorübergehende kurzfristige Arbeitsunterbrechungen, z. B. wegen schlechter Witterung, Streiks, und Unterbrechungen aus im Betriebsablauf liegenden Gründen, z. B. wegen Materialmangels oder anderer bautechnischer Gründe hemmen die Frist nicht.

4.3.2 Bau- und Montageüberwachung als Bauausführung

Zur Bauausführung oder Montage, die als Betriebsstätte nach § 12 Satz 2 Nr. 8 AO und Art. 5 Abs. 3 OECD-MA 92 anzusehen ist, gehört regelmäßig auch die als Teilleistung ausgeführte Planungs- und Überwachungstätigkeit. Dies gilt auch dann, wenn ein Generalunternehmer, der die Herstellung eines Werkes schuldet, nur die Überwachung mit eigenem Personal durchführt und er ansonsten die Herstellung Subunternehmern überlässt (Tz. 17 OECD-Kommentar zu Art. 5 Abs. 3 OECD-MA 92; BFH vom 13. November 1962, BStBl 1963 III S. 71). Wird die Bau- und Montagetätigkeit, einschließlich Planung und Überwachung dagegen vollständig auf Subunternehmer übertragen, oder – innerhalb eines Konsortiums –, die Verantwortung für die ordnungsgemäße Fertigstellung überwiegend von einem anderen Partner getragen, begründet der Generalunternehmer mit den ihm verbleibenden Koordinierungsaufgaben keine Betriebsstätte im Sinne des § 12 Satz 2 Nr. 8 AO und Art. 5 Abs. 3 OECD-MA 92. Eine reine Bau- und Montageüberwachung kann grundsätzlich nur eine Betriebsstätte im Sinne des Art. 5 Abs. 1 OECD-MA 92 begründen. Hinsichtlich der DBA, in denen eine isolierte Überwachungstätigkeit ausdrücklich als Betriebsstätte festgelegt wurde, vgl. Anlage II.

4.3.3 Einschaltung von Subunternehmern

Werden von einem Generalunternehmer Teile des Auftrags an Subunternehmer vergeben, so werden die Zeiten in denen die Subunternehmer auf der Bau- oder Montagestelle tätig sind, dem Generalunternehmer zugerechnet (BFH vom 13. November 1962, BStBl 1963 III S. 71). Ein Subunternehmer unterhält eine eigene Betriebsstätte, wenn seine Tätigkeit den in dem jeweiligen DBA vorgesehenen Zeitraum überschreitet.

4.3.4 Bau- und Montageausführung durch ein Konsortium oder eine Arbeitsgemeinschaft (ARGE)

Wird ein Bau- oder Montageauftrag durch ein Konsortium ausgeführt

- sei es als Außenkonsortium, bei dem sämtliche Partner gegenüber dem Auftraggeber als selbständige Partner mit festgelegtem Arbeitsumfang auftreten und einzeln und gemeinsam die Gesamtverantwortung für die Vertragserfüllung und die Funktionsgarantie übernehmen (gesamtschuldnerische Haftung),
- sei es als Innenkonsortium, bei dem gegenüber dem Auftraggeber nur ein Partner als Vertragschließender auftritt,

ist beiden Vertragsverhältnissen gemeinsam, dass im Innenverhältnis jeder Partner nur für seinen Lieferungs- und Leistungsanteil haftet.

Bei einem Konsortium kann die Tätigkeit des einen Partners daher dem anderen Partner nicht zugerechnet werden. Ob eine Bau- oder Montageausführung i.S.d. Art. 5 Abs. 3 OECD-MA 92 gegeben ist und damit eine Betriebsstätte begründet wird, muss für jeden einzelnen Konsorten geprüft werden.

Bei einer ARGE handelt es sich um eine Gesellschaft bürgerlichen Rechts, die aus steuerlicher Sicht als Gesellschaft im Sinne des § 15 Abs. 1 Nr. 2 EStG zu qualifizieren ist. Die Gesellschafter sind als Mitunternehmer anzusehen und zwar unabhängig davon, ob für die ARGE ein Gewinnfeststellungsverfahren nach § 180 Abs. 1 Nr. 2 Buchstabe a AO durchzuführen ist (vgl. § 180 Abs. 4 AO). Die ARGE haftet im Außenverhältnis in der Regel gesamtschuldnerisch gegenüber dem Auftraggeber. Im Innenverhältnis werden die Leistungsverpflichtungen zwar genau aufgeteilt (insoweit besteht kein Unterschied zu einem Konsortium), aber die Eigenverantwortlichkeit besteht nur im Innenverhältnis und nicht auch gegenüber dem Auftraggeber. Der Auftrag wird einheitlich durchgeführt und das Gesamtergebnis unter den ARGE-Partnern aufgeteilt. Die Tätigkeiten der ARGE-Partner sind daher in sachlicher als auch in zeitlicher Hinsicht als Einheit anzusehen, so dass die Frage, ob eine Betriebsstätte vorliegt oder nicht, nur einheitlich für die ARGE beurteilt werden kann.

Da bei schuldrechtlichen Leistungsbeziehungen zwischen einem Konsortium bzw. einer ARGE und den Partnern diese sich wie fremde Dritte gegenüberstehen, sind die Partnerleistungen wie Fremdleistungen gegenüber einer außenstehenden Gesamthandsgemeinschaft zu behandeln. Die Realisierung des Gewinns bei dem Partner tritt somit bereits bei Erbringung der Leistung ein, siehe auch BMF-Schreiben vom 27. Januar 1998, BStBl I S. 251.

4.3.5 Beurteilung von Bauausführungen

Zeitlich nebeneinander oder aufeinander folgende Bauausführungen sind nach Art. 5 Abs. 3 OECD-MA 92 – im Gegensatz zu § 12 Satz 2 Nr. 8 AO – getrennt zu beurteilen. Mehrere Bauausführungen können nur dann als Einheit angesehen werden, wenn sie wirtschaftlich und geographisch zusammenhängen.

Ein wirtschaftlicher Zusammenhang liegt beispielsweise dann vor, wenn verschiedene Bauausführungen als Gesamtprojekt angesehen werden können, wie z. B. bei der Auslegung eines Funknetzes oder beim Aufbau eines Computer-Netzwerks.

Eine geographische Einheit liegt nur vor, wenn die räumliche Entfernung der Bauausführungen 50 km Luftlinie nicht überschreitet.

Beispiel:

Ein Unternehmen soll für einen Auftraggeber aufgrund eines einheitlichen Vertrages ein Netz von Baumärkten errichten, und zwar in Köln, Bonn, Düsseldorf, Emmerich, Arnheim (NL) und Groningen (NL). Zwischen den einzelnen Bauausführungen besteht ein wirtschaftlicher Zusammenhang.

Der geographische Zusammenhang ist nach der zeitlichen Reihenfolge der Errichtung der Betriebsstätten zu bestimmen. Im Ausland belegene Betriebsstätten sind nicht zu berücksichtigen.

Je nach dem Zeitpunkt ihrer Errichtung sind entweder Bonn und Köln oder Köln und Düsseldorf zusammenzurechnen. Eine doppelte Berücksichtigung eines Ortes ist nicht vorzunehmen.

Die Bauausführung in Emmerich bildet aufgrund der größeren Entfernung eine eigene Betriebsstätte.

Die vorgenannten Grundsätze gelten auch für grenzüberschreitende Bauausführungen und Montagearbeiten.

Im Einzelnen wird auf Folgendes hingewiesen:

- Selbständige Bauausführungen oder Montagearbeiten sind für die Berech-nung der Zeitdauer nicht zusammenzurechnen;
- als selbständige Projekte können grundsätzlich solche angesehen werden, die für verschiedene Auftraggeber ausgeführt werden, es sei denn, die Projekte bilden wirtschaftlich gesehen, eine Einheit (s.o.);
- verschiedene Projekte für Rechnung eines Einzelauftraggebers werden gene-rell als Einheit behandelt, wenn sie aufgrund eines einheitlichen Vertrages ausgeführt werden und ein geographischer Zusammenhang besteht;
- werden Arbeiten für Rechnung desselben Auftraggebers aufgrund mehrerer Verträge ausgeführt, werden diese zusammengerechnet, wenn ein Fall einer einheitlichen Ausführung vorliegt. Eine solche Einheit kann bestehen
- in zeitlicher Hinsicht, wenn die verschiedenen Aufträge gleichzeitig oder unmittelbar hintereinander ohne Unterbrechungen ausgeführt werden und

- in räumlicher Hinsicht, wenn die Arbeiten, auch bei Ausführungen an verschiedenen Orten innerhalb des geographischen Zusammenhangs, nur einen Teil eines größeren Ganzen bilden;
- die Tatbestände nach Art. 5 Abs. 3 und Art. 5 Abs. 5 OECD-MA 92 sind selbständig zu prüfen. Liegen die Voraussetzungen für eine Vertreterbetriebsstätte nach Art. 5 Abs. 5 OECD-MA 92 vor, so wird das Unternehmen so be-handelt, als habe es eine Betriebsstätte, auch wenn die Bauausführung oder Montage selbst nicht die Voraussetzungen einer Betriebsstätte erfüllt.

Örtlich fortschreitende Bauausführungen (z. B. Arbeiten an einem Schienen- oder Straßennetz) oder schwimmende Bauausführungen sind in der Regel wirt-schaftlich und geographisch als Einheit anzusehen (Tz. 20 des Kommentars zu Art. 5 OECD-MA 92) ohne Rücksicht auf die 50-km-Grenze.

4.3.6 Gewinn- und Verlustaufteilung zwischen Stammhaus und Betriebsstätte

Nach den allgemeinen Grundsätzen über die steuerliche Gewinnermittlung wird der Gewinn aus der Bau- oder Montagebetriebsstätte in der Regel erst mit der Abnahme des Bauvorhabens realisiert. Gewinn oder Verlust (= das Auftragsergebnis) ist bei Bau- und Montageleistungen zwischen Stammhaus und Betriebsstätte so aufzuteilen, dass die Betriebsstätte erhält, was ein fremder selbständiger Unternehmer für die Ausführung der Bau- oder Montageleistung unter gleichen oder ähnlichen Bedingungen erhalten hätte. Die Fiktion, beim Stammhaus handele es sich um den General- und bei der Betriebsstätte um den Subunternehmer, bietet einen brauchbaren Ansatz für den Fremdvergleich. Bei komplexen Leistungsbeziehungen kann eine Zuordnung des Auftragsergebnisses entsprechend den Tätigkeiten, Funktionen und der Risi-koverteilung zwischen Stammhaus und Montagebetriebsstätte sachgerecht sein, wenn sich auch fremde Dritte die Risiken und Chancen aus dem Auftrag geteilt hätten.

4.3.7 Materiallieferungen bei Bau- oder Montageleistungen der Betriebsstätte

Regelmäßig enthält der mit dem Auftraggeber vereinbarte Endpreis sowohl den Gewinnaufschlag auf die Materiallieferung, z. B. Baustoffe oder Maschinen, als auch den auf die Bau- und Montageleistung. Der Gewinn aus der Materiallieferung ist dem Stammhaus zuzurechnen.

Der Endpreis umfasst daneben aber weitere Leistungen, die von einem hoch-qualifizierten Mitarbeiterstab im Stammhaus erbracht worden sind, z. B. die Auf-tragsbeschaffung (Akquisition), Planung und Entwicklung, das "Know-how", die Auswahl von Subunternehmen, die Vertragsgestaltung mit diesen, ihre Überwachung und insoweit die Risikotragung im Außenverhältnis. Der auf diese Leistungen entfallende Gewinn ist folglich dem Stammhaus zuzuordnen, wobei zu berücksichtigen ist, dass aus diesem Gewinn auch die Aufwendungen für vergebliche Akquisition zu decken sind.

Der Betriebsstätte ist regelmäßig ein auf ihre Bau- oder Montageleistung entfallender angemessener Teil des Gewinns nach der Kostenaufschlagsmethode ohne Berücksichtigung der Kosten für Subunternehmerleistungen zuzuordnen. Soweit die Betriebsstätte allerdings selbst die zum Bau oder zur Montage notwendigen Materialien oder Subunternehmerleistungen an Ort und Stelle beschafft, steht ihr entsprechend dem Umfang der kaufmännischen und technischen Abwicklung ein anteiliger Gewinn aus der Materiallieferung oder Subunternehmerleistung zu (BFH vom 13. November 1990, BStBl 1991 II S. 94). Die vorstehenden Ausführungen gelten entsprechend für Bauüberwachungsstellen, wenn sie als Betriebsstätten anzusehen sind.

4.3.8 Zuordnung von Baustoffen und Montageteilen zur Betriebsstätte

Sowohl die in der Betriebsstätte zur Verarbeitung lagernden Baustoffe und Montageteile sowie die Rechte, die aus den von der Betriebsstätte bereits verbauten Stoffen oder montierten Teilen entstanden sind, sind Vermögen des Stammhauses und nicht der Betriebsstätte. Dies gilt jedoch nicht, soweit die Betriebsstätte selbst Baustoffe oder andere Materialien beschafft hat.

4.3.9 Zuordnung von Finanzierungsaufwendungen und -erträgen

Finanziert ein Unternehmen dem Auftraggeber die Auftragssumme, sind die Finanzierungserlöse abzüglich eventueller Refinanzierungsaufwendungen in der Regel dem Stammhaus zuzuordnen, da dieses die entsprechenden Leistungen erbringt und Risiken trägt. Ein eventueller Leistungsbeitrag der Betriebsstätte bei der Abwicklung der Finanzierung ist zugunsten ihres Ergebnisses anteilig zu berücksichtigen.

So genannte "Bauzinsen" (also die beim Auftragnehmer, unabhängig vom Finanzierungsgeschäft, angefallenen Refinanzierungsaufwendungen) sind der Betriebsstätte entsprechend ihrem Anteil an der Bau- und Montageleistung zuzuordnen. Im Fall einer Mischkalkulation (zu hohe Finanzierungserlöse bei gleichzeitig reduzierter Auftragssumme oder umgekehrt) sind entsprechende Erlöskorrekturen bei der Bau- oder Montagebetriebsstätte bis zur Höhe eines angemessenen Entgelts nach der Kostenaufschlagsmethode vorzunehmen. Legt der Auftragnehmer vom Auftraggeber geleistete Vorauszahlungen verzinslich an, sind die Erträge dem Stammhaus und der Betriebsstätte entsprechend ihrem Anteil an der Bau- und Montageleistung zuzuordnen.

4.4 Kontroll- und Koordinierungsstellen

4.4.1 Allgemeines

Konzernspitzen (Muttergesellschaften) errichten gelegentlich in einem anderen Staat Geschäftseinrichtungen, die Tochtergesellschaften und Betriebsstätten des betreffenden Konzerns in dem anderen Staat oder anderen Ländern überwachen und/oder deren Tätigkeiten koordinieren, während die wesentlichen Funktionen einer geschäftsleitenden Holding (BFH vom 17. Dezember 1969, BStBl 1970 II S. 257) von einer anderen Konzerneinrichtung ausgeübt werden.

Eine solche Geschäftsstelle kann z. B.

- das Rechnungswesen und die Berichterstattung der Tochtergesellschaften bzw. Betriebsstätten überwachen und koordinieren sowie deren Jahresabschlüsse konsolidieren;
- Programme, Einkauf, Produktionspläne, Arbeitsmethoden, Marketing und/ oder Forschung koordinieren;
- Leitlinien der Konzernspitze an die örtlichen Verhältnisse anpassen, in diese umsetzen und ihre Einhaltung kontrollieren oder Fragen von regional begrenzter Bedeutung für die Entscheidung der Konzernspitze vorbereiten;
- satzungsgemäße oder in allgemeinen Konzernrichtlinien festgelegte Vorbehalte der Zustimmung der Konzernspitze zu Entscheidungen der Tochtergesellschaften ausüben

sowie die Vertretung in Gesellschafterversammlungen oder überwachenden Organen wahrnehmen oder Personen in solche Gremien entsenden;

- andere verwaltungsbezogene Leistungen erbringen.

Die Geschäftsstelle ist meist als Einrichtung der Konzernspitze organisiert. Die genannten Aufgaben können auch von inländischen Konzerngesellschaften oder von inländischen Betriebsstätten ausländischer Konzerngesellschaften für die Konzernspitze wahrgenommen werden. Die Wahrnehmung dieser Aufgaben kann ausschließlich Geschäftsgegenstand sein.

4.4.2 Betriebsstätteneigenschaft der Kontroll- und Koordinierungsstellen

Die Kontroll- und Koordinierungsstellen in Form von Einrichtungen der Konzernspitze sind grundsätzlich Betriebsstätten im Sinne des § 12 AO. Sie sind auch feste Geschäftseinrichtungen im Sinne des Betriebsstättenbegriffs der DBA (Art. 5 OECD-MA 92). Im Einzelfall können sie jedoch Tätigkeiten ausüben, die nach dem anzuwendenden DBA keine Betriebsstätte (Art. 5 Abs. 4 OECD-MA 92) begründen. Dies kann insbesondere der Fall sein, wenn sie

- nur der Beschaffung von Informationen für die Konzernspitze dienen;
- für die Konzernspitze lediglich vorbereitende Tätigkeiten oder Hilfstätigkeiten ausüben; solche sind insbesondere gegeben, soweit die Geschäftsstelle lediglich Weisungen der Konzernspitze übermittelt, vorbereitet oder durch Ermittlungen in ihrem Zuständigkeitsbereich unterstützt.

Die Kontroll- und Koordinierungsstellen begründen keine Betriebsstätten für die von ihnen unterstützten oder von ihnen koordinierten Tochtergesellschaften, soweit sie nicht Sondertatbestände, z. B. den des Ortes der Geschäftsleitung oder des ständigen Vertreters erfüllen.

Ist eine Kontroll- oder Koordinierungsstelle einer anderen Betriebsstätte der Konzernspitze angegliedert, so gilt sie nicht als deren Bestandteil, wenn sie organisatorisch getrennt und leicht abgrenzbar ist.

4.4.3 Zurechnung von Anteilen und Wirtschaftsgütern sowie daraus fließenden Einkünften

Der Umstand, dass die Kontroll- und Koordinierungsstellen im Sinne von Tz. 4.4.1 tätig werden, führt nicht dazu, dass Anteile an den Tochtergesellschaften, Darlehen, Patente oder sonstige vergleichbare Wirtschaftsgüter der Konzernspitze sowie die daraus fließenden Einkünfte tatsächlich zu der in dem betreffenden Staat unterhaltenen Betriebsstätte gehören. Wegen der Einheitlichkeit der Abkommensregelung setzt dies voraus, dass diese Wirtschaftsgüter bzw. Einkünfte der Konzernspitze zugeordnet werden; soweit dies nicht der Fall ist, ist die Angelegenheit im Verständigungsverfahren nach dem jeweiligen DBA (Art. 25 OECD-MA 92) oder ggf. in einem Schiedsverfahren zu klären.

4.4.4 Betriebsstättengewinn

Der Betriebsstätte gebührt ein angemessener Gewinn. Bei der Abgrenzung ihrer Einkünfte sind in der Regel kostenorientierte Entgelte zu berücksichtigen. Es ist daher nicht zu beanstanden, wenn der Gewinn der Betriebsstätte nach der Kostenaufschlagsmethode unter Berücksichtigung eines dem Fremdvergleich entsprechenden Gewinnzuschlags ermittelt wird.

4.4.5 Betriebsstättenvermögen

Der Betriebsstätte sind alle Wirtschaftsgüter zuzurechnen, die ihr dienen. Für Anteile an den Tochtergesellschaften und die anderen in Tz. 4.4.3 genannten Wirtschaftsgüter gilt die dort getroffene Regelung.

4.5 Betriebsstätten beim Einsatz von Seeschiffen und Binnenschiffen

4.5.1 Allgemeines

Das fahrende Schiff, ob Seeschiff oder Binnenschiff, begründet für den Schifffahrtsunternehmer selbst keine Betriebsstätte (BFH vom 13. Februar 1974, BStBl II S. 361; BFH vom 9. Oktober 1974, BStBl 1975 II S. 203).

Bei Binnenschiffen besteht die Vermutung, dass sich durch die Eintragung des Schiffes im Schiffsregister des Heimatortes, von dem die Schifffahrt aus tatsächlich betrieben wird, dort eine Betriebsstätte des Schifffahrtsunternehmens befindet. Diese Vermutung kann jedoch widerlegt werden, wenn nachgewiesen wird, dass die Schifffahrt von einem anderen Ort aus betrieben wird und dass sich dort eine entsprechende Geschäftseinrichtung befindet. Der Mittelpunkt der geschäftlichen Oberleitung kann sich in den Geschäftsräumen eines ausländischen Managers oder Korrespondenzreeders befinden. Maßgeblich sind die tatsächlichen Umstände (BFH vom 3. Juli 1997, BStBl 1998 II S. 86). Die gleichen Grundsätze gelten auch für Seeschiffe.

Das schließt nicht aus, dass Schifffahrtsunternehmen in anderen Ländern Betriebsstätten in Form von Geschäftseinrichtungen unterhalten, die der Tätigkeit des Unternehmens dienen. Diesen Betriebsstätten können Einkünfte aus der Schifffahrt aber nur zugerechnet werden, wenn und soweit sie selbst Schifffahrt betreiben und nicht nur Hilfstätigkeiten ausüben, die in keinem unmittelbaren Zusammenhang mit dem Betrieb von Seeschiffen stehen (z. B. Tätigkeiten von Linienagenten des Unternehmens; vgl. hierzu und in diesem Zusammenhang auch zur Gewinnaufteilung BFH vom 28. Juni 1972, BStBl 1972 II S. 785).

4.5.2 Sonderregelung für ausländische Einkünfte aus dem Betrieb von Handelsschiffen im internationalen Verkehr

Anstelle der Steueranrechnung nach § 34 c Abs. 1 EStG oder des Abzugs einer ausländischen Steuer nach § 34 c Abs. 2 und 3 EStG ist bis Veranlagungszeitraum 1998 bei unbeschränkt Steuerpflichtigen auf Antrag die auf ausländische Einkünfte aus dem Betrieb von Handelsschiffen im internationalen Verkehr entfallende Einkommensteuer nach dem ermäßigten Steuersatz zu bemessen (§ 34 c Abs. 4 EStG).

Nach dem ab 1999 geltenden § 5a EStG ist anstelle der Gewinnermittlung nach § 4 Abs. 1 oder § 5 EStG bei einem Gewerbebetrieb mit Geschäftsleitung im Inland der Gewinn, soweit er auf den Betrieb von Handelsschiffen im internatio-nalen Verkehr entfällt, auf Antrag nach der im Betrieb geführten Tonnage zu ermitteln, wenn die Bereederung dieser Handelsschiffe im Inland durchgeführt wird. § 34 c Abs. 1 bis 3 EStG ist nicht anzuwenden.

§ 34 c Abs. 4 EStG und § 5 a EStG sind auch anzuwenden, wenn ein DBA eingreift.

Einkünfte aus Handelsschiffen im internationalen Verkehr werden bis einschließlich Erhebungszeitraum 1992 auch bei der Gewerbesteuer begünstigt besteuert (vgl. § 11 Abs. 3 Nr. 2 GewStG, Abschn. 71 GewStR 1990, § 13 Abs. 3 GewStG, Abschn. 84 a GewStR 1998, § 36 Abs. 6 a GewStG). Für die Erhebungszeiträume 1997 und 1998 sind die Vergünstigungen nach § 9 Nr. 3 GewStG zu beachten. Ab Erhebungszeitraum 1999 gilt der nach § 5 a EStG ermittelte Gewinn als Gewerbeertrag.

Zu Einzelfragen der Gewinnermittlung nach § 5 a EStG vgl. BMF-Schreiben vom 24. Juni 1999, BStBl. I S. 669.

4.5.3 Sondervereinbarungen für Schifffahrtsunternehmen nach DBA

Das Betriebsstättenprinzip ist im Abkommensrecht für Unternehmen der See- und Binnenschifffahrt durch das Schifffahrtsprinzip überlagert. Nach Art. 8 Abs. 1 OECD-MA 92 können Gewinne eines Unternehmens aus dem Betrieb von Seeschiffen im internationalen Verkehr nur in dem Vertragsstaat besteuert werden, in dem sich der Ort der tatsächlichen Geschäftsleitung befindet. Internationaler Verkehr ist nach Art. 3 Abs. 1 Buchst. d. OECD-MA 92 "jede Beförderung mit einem Seeschiff ..., das von einem Unternehmen mit tatsächlicher Geschäftsleitung in einem Vertragsstaat betrieben wird, es sei denn, das Seeschiff ... wird ausschließlich zwischen Orten im anderen Vertragsstaat betrieben". Befindet sich der Ort der tatsächlichen Geschäftsleitung eines Seeschifffahrtsunternehmens jedoch an Bord eines Schiffes – dies ist insbesondere bei kleineren Küstenschifffahrtsbetrieben der Fall – so fingiert Art. 8 Abs. 3 OECD- MA 92 den Sitz im Heimathafen des Schiffes. Existiert ein solcher nicht, so gilt ersatzweise der Vertragsstaat als Sitzstaat, in dem die Person ansässig ist, die das Schiff betreibt.

Zu den Gewinnen aus dem Betrieb von Seeschiffen zählen nach Art. 8 OECD-MA 92 auch solche Gewinnbestandteile, die im unmittelbaren Zusammenhang mit der Beförderungsleistung stehen, z. B. Werbetätigkeiten, Schiffskartenver-kauf für andere Unternehmen und Landtransfers vom Hafen zu einem Lager und eine nur gelegentliche Vermietung von Containern, auch wenn diese für Binnentransporte eingesetzt werden. Dazu zählt auch die Vermietung eines vollständig ausgerüsteten Schiffes. Baggerarbeiten und Schleppdienste fallen unter die Schifffahrtseinkünfte jedoch nur, wenn dies ausdrücklich vereinbart wurde. Soweit die Unternehmen über ihre Transportaufgaben hinaus noch andere Haupttätigkeiten ausüben, gilt nicht die spezielle Regelung für Schifffahrts- einkünfte, sondern – wenn es sich um gewerbliche Einkünfte handelt – das Betriebsstättenprinzip.

4.6 Bodenschatzsuche und -gewinnung in internationalen Gewässern

4.6.1 Steuerliches Inland

Das Küstenmeer gehört völkerrechtlich zum Inland und damit regelmäßig auch zum geographischen Bereich jedes Staates (vgl. Teil II Abschnitte I und II des Seerechtsübereinkommens der Vereinten Nationen vom 10. Dezember 1982 – UN-Seerechtsübereinkommen –, BGBl 1994 II S. 1798 ff.). Unternehmen, die außerhalb der Zwölfmeilenzone (Küstenmeer) Bodenschätze im Festlandsockel aufsuchen und gewinnen, halten sich in internationalen Gewässern auf. Internationale Gewässer gehören nicht zum Hoheitsgebiet eines Staates und damit staatsrechtlich nicht zu seinem Inland. Auch der Festlandsockel selbst gehört völkerrechtlich nicht zum Inland.

Den Küstenstaaten steht jedoch nach Art. 2 des Genfer Übereinkommens vom 29. April 1958 eine auf die Erforschung und Ausbeutung der Bodenschätze be-grenzte Souveränität zu. Von diesem Recht hat die Bundesrepublik Deutschland in einer Proklamation vom 20. Januar 1964, BGBl II S. 104, I S. 497 (Gesetz zur vorläufigen Regelung der Rechte am Festlandsockel) geändert durch Gesetz vom 2. September 1974, BGBl I S. 2149, Gebrauch gemacht. Nach § 1 Abs. 1 Satz 2 EStG und § 1 Abs. 3 KStG gehört der Festlandsockel daher zum steuerrechtlichen Inland, soweit in diesem Gebiet Naturschätze des Meeresgrundes und des Meeresuntergrundes erforscht und ausgebeutet werden. Dasselbe gilt für die Auslegung des Begriffs des Inlandes i. S. der DBA.

Das Recht, unterseeische Kabel und Rohrleitungen auf dem Festlandsockel sowie in der ausschließlichen Wirtschaftszone zu verlegen, steht allen Staaten zu, so dass der Festlandsockel insoweit nicht zum steuerlichen Inland gehört (Art. 58 Abs. 1 und Art. 79 UN-Seerechtsübereinkommen). Dagegen gehören künstliche Inseln, Anlagen, Bauwerke und ähnliche Einrichtungen in der ausschließlichen Wirtschaftszone zum steuerlichen Inland, soweit damit Naturschätze des Meeresgrundes und des Meeresuntergrundes erforscht und ausgebeutet werden (Art. 60 UN-Seerechtsübereinkommen).

4.6.2 Betriebsstätte

Erfolgt die Explorationstätigkeit auf See von Schiffen aus, z. B. bei seismischen Messungen zur Erforschung von Bodenschätzen des Meeresuntergrundes, so ist nicht das Schiff die Betriebsstätte des Forschungsunternehmens, sondern die Betriebsstätte wird erst durch die Messtätigkeit begründet.

Fährt das Mess- oder Forschungsschiff unter der Flagge der Bundesrepublik Deutschland und befindet es sich nicht in Hoheitsgewässern eines anderen Staates, so wird die gewerbliche Tätigkeit des Forschungsunternehmens im Inland betrieben (BFH vom 13. Februar 1974, BStBl 1974 II S. 361). Fährt das Mess- oder Forschungsschiff unter der Flagge eines anderen Staates und bewegt sich das Schiff nicht über dem der Bundesrepublik Deutschland zustehenden Festlandsockel, so handelt es sich um eine ausländische Betriebsstätte.

4.7 Betriebsstätten bei Explorationen

Das Geschäft der Aufsuchung und Förderung von Bodenschätzen besteht aus drei wesentlichen Phasen:

In der ersten Phase (Projektverfolgung oder Akquisition) werden Länder hinsichtlich geologischer, wirtschaftlicher und politischer Grundlagen analysiert.

Diese Phase endet im positiven Fall mit dem Abschluss eines Explorations- und/oder Produktionsvertrages. In der zweiten Phase (Exploration) erfolgen zunächst umfangreiche geologische Analysen, insbesondere werden seismische Messungen und bei positiven Resultaten, Explorationsbohrungen durchgeführt. Wenn Bohrungen fündig sind, wird zusätzlich geprüft, ob die gefundenen Reserven auch wirtschaftlich rentabel gefördert und transportiert werden können. Die Explorationsphase endet mit Eintritt der wirtschaftlichen Fündigkeit. Die dritte Phase (Entwicklung und Produktion) besteht aus dem Aufbau der Förder-, Aufbereitungs- und Transportanlagen und der Aufnahme des Förder-/Abbaubetriebs.

Die Aufsuchung und Förderung von Bodenschätzen werden von den Unternehmen (Bergbauunternehmen, Erdöl-/Erdgasunternehmen) selbst, von Zusammenschlüssen derartiger Unternehmen oder in deren Auftrag von darauf spezialisierten Unternehmen ausgeführt. Die Frage, ob Explorationsarbeiten außerhalb der Bundesrepublik Deutschland für das tätig werdende Unternehmen Betriebsstätten im Ausland begründen, ist in allen Fällen bei Anwendung deutschen Rechts gleich zu beantworten. Bei Anwendung eines DBA ist zwischen den Fallgruppen zu unterscheiden. Außerdem ergeben sich Unterschiede bei der Ermittlung der Betriebsstättenergebnisse.

4.7.1 Besteuerung in der Explorationsphase

4.7.1.1 Betriebsstätte nach nationalem Recht

Die Explorationstätigkeit ist i. S. v. § 12 Satz 2 Nr. 8 AO als Betriebsstätte anzusehen, wenn

- die einzelne Exploration oder
- eine von mehreren zeitlich nebeneinander durchgeführten Explorationen oder
- mehrere ohne Unterbrechung aufeinander folgende Explorationen

länger als sechs Monate dauern (Nr. 3 des Einführungserlasses zu § 12 AO und Abschn. 22 Abs. 3 Satz 20 GewStR 1998).

4.7.1.2 Betriebsstätte nach DBA

Exploriert das Unternehmen (Bergbauunternehmen, Erdöl-/Erdgasunternehmen) in einem DBA-Land selbst, so begründet diese Tätigkeit für das Unternehmen regelmäßig in dem betreffenden Land auch dann keine Betriebsstätte, wenn die Tätigkeit in diesem Land in Verbindung mit einer festen Geschäftseinrichtung ausgeübt wird. Die Explorationstätigkeit ist grundsätzlich eine Tätigkeit "vorbereitender Art", die nach Art. 5 Abs. 4 OECD-MA 92 selbst bei Bestehen einer festen Geschäftseinrichtung nicht zu der Annahme einer Betriebsstätte führt (Ausnahme: DBA-Österreich 1954/92).

Die Übernahme der Betriebsführerschaft (Operatorship) für ein Konsortium, das die Exploration für die beteiligten Unternehmen (Bergbauunternehmen, Erdöl/Erdgasunternehmen) übernommen hat, führt unter den allgemeinen Voraussetzungen zur Begründung einer Betriebsstätte. Die Funktion der Betriebsstätte beschränkt sich allerdings auf die Erbringung von Dienstleistungen gegenüber den Konsorten; das Explorationsrecht verbleibt im Stammhaus.

Die Exploration ist keine Tätigkeit vorbereitender Art, wenn sie für Dritte betrieben wird.

4.7.2 Besteuerung bei Übergang in die Entwicklungs- und Produktionsphase

Mit Eintritt der wirtschaftlichen Fündigkeit begründet das Unternehmen (Bergbauunternehmen, Erdöl-/Erdgasunternehmen) auch nach DBA-Grundsätzen eine Betriebsstätte in dem anderen DBA-Staat. Das bis zu diesem Zeitpunkt dem inländischen Stammhaus zuzurechnende immaterielle Wirtschaftsgut (Abbaurecht; Erdöl-/Erdgasgewinnungsrecht) gilt als in die ausländische Betriebsstätte überführt, da es zur ausschließlichen Nutzung und Verwertung in der ausländischen Betriebsstätte bestimmt ist. Es gelten die allgemeinen Grundsätze für die Überführung von Wirtschaftsgütern (Tz. 2.6.1). Als Fremdvergleichspreis für das selbstgeschaffene immaterielle Wirtschaftsgut gilt sämtlicher Aufwand, der bis zum Beginn der Entwicklungs- und Produktionsphase für das jeweilige im ausländischen Staat belegene Konzessionsgebiet beim inländischen Stammhaus angefallen ist. Soweit der ausländische Staat für seine Besteuerung dem übertragenen Recht einen höheren Wert als die vorstehenden Aufwendungen beimisst, ist dieser Wert maßgeblich.

Entsprechendes gilt für grenzüberschreitende Explorationen.

4.7.3 Besonderheiten bei der Behandlung des Betriebsstättenergebnisses

BMF-Schr.

Ziel der Exploration für das Unternehmen (Bergbauunternehmen, Erdöl-/Erdgasunternehmen) ist der Erwerb von Aufsuchungs- und/oder Ausbeuterechten (Konzessionen). Sofern das Unternehmen die Exploration selbst betreibt, können die Aufwendungen nach § 5 Abs. 2 EStG nicht aktiviert werden. Sie sind sofort abzugsfähige Betriebsausgaben. Begründet die

Exploration für das bergbautreibende Unternehmen im Ausland eine Betriebsstätte, sind die Aufwendungen der Betriebsstätte zuzurechnen.

Der durch Übernahme der Betriebsführerschaft für ein Konsortium (Tz.4.7.2) begründeten (Dienstleistungs-) Betriebsstätte des Operators werden keine Aufwendungen für die Exploration zugerechnet. Diese Aufwendungen sind der Tätigkeit des inländischen Stammhauses zuzurechnen. Zwischen der ausländischen (Dienstleistungs-)Betriebsstätte und dem inländischen Stammhaus ist die Verrechnung eines Gewinnaufschlags auf die Aufwendungen der Betriebsstätte (z. B. Lohnkosten) ausgeschlossen.

4.8 Transportanlagen

Gleisanlagen, Untertageanlagen von Bergbaubetrieben und Versorgungsleitungen begründen gem. § 12 AO Betriebsstätten des sie unterhaltenden Unternehmens (vgl. BFH vom 30. Oktober 1996, BStBl 1997 II S.12, zur Pipeline als Betriebsstätte). Derartige Anlagen sind "feste" Geschäftseinrichtungen, wenn eine feste Verbindung zum Erdboden besteht bzw. die Geschäftseinrichtung oder Anlage sich für eine gewisse Dauer an einem bestimmten Ort befindet. Dabei kann sich die örtliche Fixierung aus mechanischer Verbindung mit der Erde oder aus bloßer Belegenheit an derselben Stelle ergeben. Der Betriebsstättenbegriff der DBA knüpft in der Regel vor allem an die feste Geschäftseinrichtung an und ist insoweit mit dem entsprechenden Begriff des § 12 Satz 1 AO identisch. Im Einzelfall sind Ausnahmetatbestände des in Frage stehenden DBA zu prüfen.

Transportleistungen (z. B. das Durchleiten flüssiger oder gasförmiger Stoffe) sind grundsätzlich keine Hilfsleistungen i.S.d. Art. 5 Abs. 4 OECD-MA 92 (BFH vom 30. Oktober 1996, a. a. O.).

Teilstücke einer Transportleitung sind in der Regel dem Eigentümer der gesamten Transportleitung bzw. der transportierenden Ware zuzuordnen. Teilstücke einer Transportleitung, die nach den Ausnahmetatbeständen eines DBA keine Betriebsstätten sind, sind der nächsten sich im gleichen Gebiet als Betriebsstätte qualifizierenden Entnahmestation zuzurechnen. Entsprechend ist bei Gleisanlagen zu verfahren.

Der Einsatz von Personen in oder an der Geschäftseinrichtung (Transportleitung) ist nicht in jedem Fall erforderlich, vielmehr reicht – insbesondere bei vollautomatisch arbeitenden Einrichtungen – das Tätigwerden des Unternehmens mit der Geschäftseinrichtung (Transportleitung) aus (BFH vom 30. Oktober 1996, a. a. O.).

Werden Transportleitungen, die nur der Weiterleitung fester, flüssiger oder gasförmiger Stoffe bzw. der Weiterleitung elektrischer Energie dienen, als Betriebsstätten qualifiziert, ist der ihnen nach dem Fremdvergleichsgrundsatz zuzuordnende Ergebnisanteil nach der Transportleistung zu ermitteln. Dasselbe gilt für Gleisanlagen. Erfolgt in dem betreffenden Gebiet auch eine Abgabe aus den Transportleitungen, z. B. von Wasser oder elektrischer Energie, so ist die jeweilige Abgabemenge ein geeigneter Aufteilungsmaßstab.

5. Verfahren

5.1 Mitwirkungs- und Nachweispflichten

5.1.1 Mitwirkung nach § 90 Abs. 2 AO

An den Ermittlungen zur zutreffenden Einkunftsaufteilung wirken die Beteiligten nach Maßgabe der allgemeinen Bestimmungen (insbesondere § 90 Abs. 2 AO) mit. Sie haben hierbei auch

a) Sachverhalte im Ausland selbst aufzuklären und

b) Beweismittel, die sich im Ausland befinden, zu beschaffen.

Sie haben dabei alle für sie bestehenden rechtlichen und tatsächlichen Möglichkeiten auszuschöpfen.

5.1.2 Mitwirkungspflicht von Unternehmensteilen

Zur Mitwirkung ist der Unternehmer als solcher verpflichtet, soweit seine inländische Steuerpflicht in Frage steht. Diese Mitwirkungspflicht ist nicht auf unselbständige Unternehmensteile, wie sie Betriebsstätten bilden, beschränkt. Insbesondere erstreckt sich die Ermittlungs- und Nachweispflicht auch auf solche für die inländische Besteuerung bedeutsamen Sachverhalte und Beweismittel, die in den Büchern und Unterlagen ausländischer Unternehmensteile festgehalten und dokumentiert sind.

5.1.3 Nachweisvorsorge

Nach § 90 Abs. 2 Satz 3 AO kann sich ein Beteiligter nicht darauf berufen, dass er Sachverhalte nicht aufklären oder Beweismittel nicht beschaffen kann, wenn er sich nach Lage des Falles und bei der Gestaltung seiner Verhältnisse die Möglichkeit dazu hätte beschaffen oder einräumen lassen können (Nachweisvorsorge; BFH vom 16. April 1980, BStBl 1981 II S. 492). Bei Beziehungen zwischen Stammhaus und Betriebsstätte gilt dies insbesondere auch für die zur Einkunftsaufteilung notwendigen Ermittlungen und Nachweise. Ein Steuerpflichtiger kann sich deshalb nicht darauf berufen, seine ausländische Betriebsstätte oder sein ausländisches Stammhaus stelle ihm die erforderlichen Nachweise oder Unterlagen nicht zur Verfügung.

5.1.4 Erweiterte Mitwirkungspflicht

Sind für die Einkunftsaufteilung Verhältnisse bei dem anderen Unternehmensteil heranzuziehen, so erstreckt sich die erweiterte Mitwirkungspflicht nach § 90 Abs. 2 AO auch auf diese Verhältnisse. Der Steuerpflichtige muss hierfür ggf. Nachweisvorsorge nach Tz. 5.1.3 treffen.

5.2 Umfang der Mitwirkungspflicht

Die Mitwirkungspflicht erstreckt sich auf alle Umstände, die für die Bildung und Beurteilung der Einkunfts- und Vermögensaufteilung maßgeblich sind. Dies sind insbesondere die zur Prüfung der Aufteilung erforderlichen Daten, die verfügbar sind oder die bei der gebotenen Nachweisvorsorge zugänglich wären, z. B. betriebliche Kostenrechnungen, Unterlagen für die Zuordnung von Wirtschaftsgütern und für die Wertermittlung beim Waren- und Leistungsverkehr zwischen Stammhaus und Betriebsstätte, Unterlagen und Informationen des gesamten Unternehmens.

Bei ausländischen Betriebsstätten von unbeschränkt Steuerpflichtigen sind zur Kontrolle einer dem Grunde nach übereinstimmenden Ergebnis- und Vermögenszuordnung im Inland und im

Ausland in der Regel auch die dem Betriebsstättenstaat eingereichten Steuererklärungen und die Steuerbescheide vorzulegen.

5.3 Rechtsfolgen bei unzureichender Mitwirkung

Verletzt ein Steuerpflichtiger seine Pflichten gemäß § 90 Abs. 2 AO und ist der Sachverhalt nicht anderweitig aufklärbar, so kann das Finanzamt zum Nachteil des Steuerpflichtigen bei der Schätzung der Besteuerungsgrundlagen (§ 162 AO) von einem Sachverhalt ausgehen, für den unter Berücksichtigung der Beweisnähe des Steuerpflichtigen und seiner Verantwortung für die Aufklärung des Sachverhalts eine gewisse Wahrscheinlichkeit spricht (BFH vom 15. Februar 1989, BStBl II S. 462).

6. Sonstiges

6.1 Selbständig Tätige i. S. d. Art. 14 OECD-MA

Für selbständig Tätige, die in einem Staat ansässig sind und denen in einem anderen Staat eine feste Einrichtung zur Verfügung steht, gelten die gleichen Grundsätze wie für Einkünfte aus Betriebsstätten gewerblich tätiger Unternehmen. Die Bestimmungen des Artikels 7 OECD-MA 92 sowie der Kommentar dazu können als Richtlinien zur Auslegung und Anwendung des Artikels 14 OECD-MA 92 dienen. So lassen sich z. B. die Grundsätze des Artikels 7 OECD-MA 92 über die Aufteilung des Gewinns zwischen Hauptsitz und Betriebsstätte auch auf die Aufteilung der Einkünfte zwischen dem Wohnsitzstaat einer Person, die eine selbständige Arbeit ausübt, und dem Staat, in dem die Arbeit durch eine feste Einrichtung ausgeübt wird, anwenden. Ebenso sind die für eine feste Einrichtung entstandenen Aufwendungen einschließlich der Geschäftsführungs- und der allgemeinen Kosten bei der Ermittlung der einer festen Einrichtung zuzurechnenden Einkünfte in gleicher Weise zum Abzug zuzulassen wie derartige Aufwendungen, die für eine Betriebsstätte entstanden sind. Auch in sonstiger Hinsicht können Artikel 7 OECD-MA 92 und der dazugehörige Kommentar für die Auslegung von Artikel 14 OECD-MA 92 von Nutzen sein, z. B. für die Frage, ob Vergütungen für Software als Einkünfte im Sinne des Artikels 7 oder 14 OECD-MA 92 oder als Lizenzgebühren im Sinne des Artikels 12 OECD-MA 92 zu qualifizieren sind (vgl. Tz. 12 ff. OECD-Kommentar zu Art. 12 Abs. 2 OECD-MA 92).

6.2 Erstmalige Anwendung

Die vorliegenden Grundsätze sind ab dem Veranlagungszeitraum 2000 anzuwenden. Es ist nicht zu beanstanden, wenn bis dahin nach der bisherigen Praxis verfahren wird.

6.3 Aufhebung anderer Verwaltungsregelungen

Die BMF-Schreiben zur Überführung von Wirtschaftsgütern in eine ausländische Betriebsstätte, deren Einkünfte durch ein DBA freigestellt sind, und ihre Rückführung ins Inland vom 12. Februar 1990 (BStBl I S. 72) und zur Überführung von Wirtschaftsgütern aus einer inländischen Betriebsstätte in das ausländische Stammhaus vom 3. Juni 1992 (IV B 2-S 2135-4/92 ; DB 1992 S. 1655) sind ab Veranlagunsgzeitraum 2000 nicht mehr anzuwenden. Das Gleiche gilt für die BMF-Schreiben vom 31. Mai 1979 (BStBl I S. 306) zur körperschaftsteuerlichen Behandlung der beschränkt steuerpflichtigen Versicherungsunternehmen, vom 24. August 1984 (BStBl I S. 458) zur Behandlung von Kontroll- und Koordinierungsstellen ausländischer Konzerne in der Bundesrepublik Deutschland und vom 29. November 1996 (BStBl. 1997 I S. 136) zum Dotationskapital von inländischen Betriebsstätten ausländischer Kreditinstitute.

Anlage I: Grundtatbestandsmerkmal (Betriebsstätteneigenschaft)

Lfd. Nr.	DBA-Land	Als Betriebsstätte gelten: feste Geschäftseinrichtungen, durch die die Tätigkeit eines Unternehmens ganz oder teilweise ausgeübt	insbesondere:				
			Ort der Leitung, Zweigniederlassung, Geschäftsstelle, Fabrikationsstätte, Werkstätte, (Ladengeschäft oder eine andere Verkaufseinrichtung)	Lagerhaus	Dauernde Verkaufsausstellung	Einkaufs- u. Verkaufsstellen, Lager und andere Handelsstätten, die den Charakter einer ständigen Geschäftseinrichtung haben	Bergwerk, Steinbruch oder andere Stätte zur Ausbeutung von Bodenschätzen
1	Ägypten (VAR)	×	×				x
2	Argentinien	×	×				x
3	Australien	×	×	×			x
4	Bangladesch	×	×	×			x
5	Belgien	×	×				x
6	Bolivien	×[1)]	×				x
7	Brasilien	×	×				x
8	Bulgarien	×	×				x
9	China (Volksrepublik, ohne Hongkong)	×	×				x
10	Dänemark	×	×				x
11	Ecuador	×[2)]	×				x
12	Elfenbeinküste	×	×				x
13	Estland	×	×				x

BMF-Schr.

14	Finnland	×	×				x
15	Frankreich	×	×				x
16	Griechen-land	×	×				x
17	Großbritan-nien	×	×				x
18	Indien	×	×	×	×		×
19	Indonesien	×	×				x
20	Iran	×	×				x
21	Irland	×	×				x
22	Island	×	×				x
23	Israel	×	×				x
24	Italien	×[2)]	×			×	
25	Jamaika	×	×				x
26	Japan	×	×				x
27	Jugoslawi-en[3)]	×	×				x
28	Kasachstan	×	×				x
29	Kanada	×	×				x
30	Kenia	×	×				x
31	Korea (Rep.)	×	×				x
32	Kuwait	×	×				x
33	Lettland	×	×				x
34	Liberia	×	×				x
35	Litauen	×	×				x
36	Luxemburg	×	×				x
37	Malaysia	×	×				x
38	Malta	×	×				x
39	Marokko	×	×				x
40	Mauritius	×	×				x

41	Mexiko	×	×				x
42	Mongolei	×	×				x
43	Namibia	×	×				x
44	Neuseeland	×	×				x
45	Niederlande	×	×				x
46	Norwegen	×					x
47	Österreich	x[4]	x	x	×		×
48	Pakistan	×	×	×			
49	Philippinen	×	×				x
50	Polen	×	×				x
51	Portugal	×	×				x
52	Rumänien	×	×				x
53	Russische Föderation	×	×				x
54	Sambia	×	×				x
55	Schweden	×	×				x
56	Schweiz	×	×				x
57	Simbabwe	×	×				x
58	Singapur	×	×	×			x
59	Spanien	×	×				x
60	Sri Lanka	×	×				x
61	Südafrika	×	×				x
62	Thailand	×	×				x
63	Trinidad u. Tobago	×	×	x			x
64	Tschecho-slowakei[5]	×	×				x
65	Türkei	×[2]	×				x
66	Tunesien	×	×				x
67	UdSSR	×[6]					

	(außer Nrn. 53 und 68)						
68	Ukraine	×	×				x
69	Ungarn	×	×				x
70	Uruguay	×[1)]	×				x
71	USA	×[7)]	×				x
72	Venezuela	×	×				x
73	Vereinigte Arabische Emirate	×	×				x
74	Vietnam	×	×				x
75	Zypern	×	×				x

1) Besonders erwähnt, dass die Geschäftseinrichtung der Erzielung von Einkommen dienen muss.

2) „Feste Geschäftseinrichtung, **in der** Tätigkeit……..ausgeübt wird".

3) Das DBA mit Jugoslawien vom 26. März 1987 gilt für die Republik Bosnien und Herzegowina, die Republik Kroatien, die Republik Slowenien, die Republik Mazedonien und die Bundesrepublik Jugoslawien bis auf weiteres fort.

4) „**Ständige** Geschäftseinrichtung des gewerblichen Unternehmens, **in der** die Tätigkeit…….ausgeübt wird".

5) Das DBA mit der Tschechoslowakischen Sozialistischen Republik vom 19. Dezember 1980 gilt sowohl für die Tschechische Republik als auch für die Slowakische Republik bis auf weiteres fort.

6) „Jede feste **Einrichtung**, durch die eine in einem Vertragsstaat ansässige Person ihre **Geschäftstätigkeit** im anderen Vertragsstaat ganz oder teilweise ausübt"; die Geschäftstätigkeit umfasst **unternehmerische** und **selbständige** Tätigkeit.

7) Sonderbestimmung für Konzerte, Theater und sonstige künstlerische Veranstaltungen.

Anlage II: Bauausführungen und Montagen

Als Betriebsstätte gelten Bauausführungen und Montagen							
Lfd. Nr.	**DBA-Land**	**deren Dauer übersteigt:**					**Bau- und Montageüberwachung als Betriebsstätte**
		3 Monate	**6 Monate**	**183 Tage**	**9 Monate**	**12 Monate**	
1	Ägypten (VAR)		×				×
2	Argentinien		×				
3	Australien		×				×
4	Bangladesch			×			
5	Belgien				×		
6	Bolivien		×		×	×	
7	Brasilien					×	
8	Bulgarien					×	
9	China (Volksrepublik, ohne Hongkong)	×					×
10	Dänemark					×	
11	Ecuador					×	
12	Elfenbeinküste		×				
13	Estland				×		
14	Finnland					×	
15	Frankreich					×	
16	Griechenland					×	
17	Großbritannien					×	
18	Indien		×				
19	Indonesien		×				
20	Iran		×				

21	Irland					×	
22	Island					×	
23	Israel					×	
24	Italien						
25	Jamaika		×				
26	Japan					×	
27	Jugoslawien[1)]					×	
28	Kasachstan					×	
29	Kanada					×	
30	Kenia		×				×
31	Korea (Rep.)		×				×
32	Kuwait				×		
33	Lettland				×		
34	Liberia		×				
35	Litauen				×		
36	Luxemburg		×				
37	Malaysia		×				×
38	Malta					×	
39	Marokko		×				
40	Mauritius		×				
41	Mexiko		×				×
42	Mongolei		×				
43	Namibia		×				
44	Neuseeland					×	×
45	Niederlande					×	
46	Norwegen					×	×
47	Österreich					×	
48	Pakistan		×				

49	Philippinen		×				×
50	Polen					×	
51	Portugal		×				
52	Rumänien					×	
53	Russische Föderation					×	
54	Sambia				×		×
55	Schweden					×	
56	Schweiz					×	
57	Simbabwe		×				
58	Singapur		×				×
59	Spanien					×	
60	Sri Lanka			×			
61	Südafrika					×	
62	Thailand	×	×				
63	Trinidad u. Tobago		×				
64	Tschechoslowakei[2)]					×	
65	Türkei		×				×
66	Tunesien		×				×
67	UdSSR (außer Nrn. 53 und 68)					×	
68	Ukraine					×	
69	Ungarn					×	
70	Uruguay					×	
71	USA					×	
72	Venezuela					×	
73	Vereinigte Arabische Emirate				×		

74	Vietnam		×				
75	Zypern		×				×

1) Das DBA mit Jugoslawien vom 26. März 1987 gilt für die Republik Bosnien und Herzegowina, die Republik Kroatien, die Republik Slowenien, die Republik Mazedonien und die Bundesrepublik Jugoslawien bis auf weiteres fort.

2) Das DBA mit der Tschechoslowakischen Sozialistischen Republik vom 19. Dezember 1980 gilt sowohl für die Tschechische Republik als auch für die Slowakische Republik bis auf weiteres fort.

Anlage III: Ständiger Vertreter

		Als Betriebsstätte gelten (Vertreter o. Angestellte ausländ. Unternehmen mit Ausnahme von Maklern, Kommissionären o. and. Unabh. Vertretern, die i.R. ihrer ordentl. Geschäftstätigk. F.d. Untern. Tätig werden)			Sonstige	
Lfd. Nr.	**DBA-Land**	**Personen, die eine Vollmacht besitzen, im Namen d. Untern. Verträge abzuschließen u.d. Vollmacht gewöhnl. ausüben, es sei denn, dass sich ihre Tätigkeit auf den Einkauf von Gütern o. Waren f.d. Unternehmen beschränkt**	**Personen, die einen dem Unternehmen gehörenden Warenbestand unterhalten, von dem aus sie regelmäßig Bestellungen f.d. Unternehmen ausführen**	**Besondere Fälle**	**Vertreter von Versicherungsgesellschaften**	**Feste Geschäftseinricht. O. Vertrt. f.e. Einkauf v. Erzeugn. d. Landw. Oder Viehzucht**
1	Ägypten (VAR)	x	x			
2	Argentinien	x				x
3	Australien	x		x		
4	Bangladesch	x	x	x		
5	Belgien	x			x	
6	Bolivien	x				
7	Brasilien	x			x	
8	Bulgarien	x				
9	China (Volksrepublik, ohne Hongkong)	x				
10	Dänemark	x				
11	Ecuador	x				
12	Elfenbeinküste	x				
13	Estland	x				
14	Finnland	x				

BMF-Schr.

15	Frankreich	x			x	
16	Griechenland	x				
17	Großbritannien	x				
18	Indien	x	x	x		
19	Indonesien	x	x			
20	Iran	x				
21	Irland	x				
22	Island	x				
23	Israel	x				
24	Italien	x				
25	Jamaika	x	x			
26	Japan	x				
27	Jugoslawien[1)]	x				
28	Kasachstan	x				
29	Kanada	x				
30	Kenia	x	x			
31	Korea (Rep.)	x	x			
32	Kuwait	x				
33	Lettland	x				
34	Liberia	x	x			
35	Litauen	x				
36	Luxemburg	x				
37	Malaysia	x				
38	Malta	x				
39	Marokko	x				
40	Mauritius	x	x			
41	Mexiko	x			x	
42	Mongolei	x				
43	Namibia	x				
44	Neuseeland	x				
45	Niederlande	x				
46	Norwegen	x				
47	Österreich	x	x	x		
48	Pakistan	x	x			

49	Philippinen	x	x			
50	Polen	x				
51	Portugal	x				
52	Rumänien	x				
53	Russische Föderation	x				
54	Sambia	x				
55	Schweden	x				
56	Schweiz	x				
57	Simbabwe	x				
58	Singapur	x	x			
59	Spanien	x				
60	Sri Lanka	x				
61	Südafrika	x				
62	Thailand	x	x	x		
63	Trinidad u. Tobago	x	x			
64	Tschechoslowakei[2)]	x				
65	Türkei	x	x	x		
66	Tunesien	x			x	
67	UdSSR (außer Nrn. 53 und 68)	x				
68	Ukraine	x	x			
69	Ungarn	x				
70	Uruguay	x				
71	USA	x				
72	Venezuela	x				
73	Vereinigte Arabische Emirate	x				
74	Vietnam	x				
75	Zypern	x				

1) Das DBA mit Jugoslawien vom 26. März 1987 gilt für die Republik Bosnien und Herzegowina, die Republik Kroatien, die Republik Slowenien, die Republik Mazedonien und die Bundesrepublik Jugoslawien bis auf weiteres fort.

2) Das DBA mit der Tschechoslowakischen Sozialistischen Republik vom 19. Dezember 1980 gilt sowohl für die Tschechische Republik als auch für die Slowakische Republik bis auf weiteres fort.

Anlage IV: Nicht als Betriebsstätten geltende Einrichtungen

Lfd. Nr.	DBA-Land	Einrichtungen, d. ausschl. z. Lagerung, Ausstellung o. Auslieferung v. Waren d. Unternehmens benutzt werden	Bestände d. Unternehmens, die ausschließlich		Feste Geschäftseinrichtung, d. ausschließlich z. d. Zweck unterhalten wird f. d. Unternehmen		
			z. Lagerung, Ausstellung o. Auslieferung unterhalten werden	z. d. Zweck unterhalten werden, durch ein anderes Untern. bearbeitet o. verarbeitet zu werden	Güter o. Waren einzukaufen o. Informationen zu beschaffen	z. werben, Informationen z. erteilen, wissenschaftliche Forschung zu betreiben o. ä. Tätigkeiten auszuüben, d. vorber. Art sind oder eine Hilfstätigkeit darstellen	Besondere Fälle
1	Ägypten (VAR)	×	×		×	×	
2	Argentinien	×	×	×	×	×	
3	Australien	×	×	×	×	×	
4	Bangladesch	×	×	×	×	×	
5	Belgien	×	×	×	×	×	
6	Bolivien	×	×	×	×	×	
7	Brasilien	×	×	×	×	×	
8	Bulgarien	×	×	×	×		×
9	China (Volksrepublik, ohne Hongkong)	×	×	×	×	×	
10	Dänemark	×	×	×	×	×	
11	Ecuador	×	×	×	×	×	
12	Elfenbeinküste	×	×	×		×	
13	Estland	×	×	×	×	×	
14	Finnland	×	×	×	×	×	
15	Frankreich	×	×	×	×	×	

16	Griechenland	×	×	×	×	×	
17	Großbritannien	×	×	×	×	×	
18	Indien	×	×	×	×	×	
19	Indonesien	×	×	×	×	×	
20	Iran	×	×	×	×	×	
21	Irland	×	×	×	×	×	
22	Island	×	×	×	×	×	
23	Israel	×	×	×	×	×	
24	Italien	×	×	×	×	×	
25	Jamaika	×	×	×	×	×	
26	Japan	×	×	×	×	×	
27	Jugoslawien[1)]	×	×	×	×	×	
28	Kasachstan	×	×	×	×	×	
29	Kanada	×	×	×	×	×	
30	Kenia	×	×	×	×	×	
31	Korea (Rep.)	×	×	×	×	×	
32	Kuwait	×	×	×	×		
33	Lettland	×	×	×	×	×	
34	Liberia	×	×	×	×	×	
35	Litauen	×	×	×	×	×	
36	Luxemburg	×	×	×	×	×	
37	Malaysia	×	×	×	×	×	
38	Malta	×	×	×	×	×	
39	Marokko	×	×	×	×	×	
40	Mauritius	×	×	×	×	×	
41	Mexiko	×	×	×	×	×	×
42	Mongolei	×	×	×	×		×
43	Namibia	×	×	×	×		

44	Neuseeland	×	×	×	×	×	
45	Niederlande	×	×	×	×	×	
46	Norwegen	×	×	×	×	×	
47	Österreich				×		×
48	Pakistan	×	×	×	×		
49	Philippinen	×	×	×	×	×	
50	Polen	×	×	×	×	×	
51	Portugal	×	×	×	×	×	
52	Rumänien	×		×	×	×	
53	Russische Föderation	×	×	×	×		
54	Sambia	×	×	×	×	×	
55	Schweden	×	×	×	×	×	
56	Schweiz	×	×	×	×	×	
57	Simbabwe	×	×	×	×		
58	Singapur	×	×	×	×	×	
59	Spanien	×	×	×	×	×	
60	Sri Lanka	×	×	×	×	×	
61	Südafrika	×	×	×	×	×	
62	Thailand	×	×	×	×	×	
63	Trinidad u. Tobago	×	×	×	×	×	
64	Tschechoslowakei[2)]	×	×	×	×	×	
65	Türkei	×	×	×	×		
66	Tunesien	×	×	×	×	×	
67	UdSSR (außer Nrn. 53 und 68)	×	×	×	×	×	
68	Ukraine	×	×	×	×		
69	Ungarn	×	×	×	×	×	

BMF-Schr.

70	Uruguay	×	×		×	×	
71	USA	×	×	×	×	×	
72	Venezuela	×	×	×	×		
73	Vereinigte Arabische Emirate	×	×	×	×		
74	Vietnam	×	×	×	×		
75	Zypern	×	×	×	×	×	

1) Das DBA mit Jugoslawien vom 26. März 1987 gilt für die Republik Bosnien und Herzegowina, die Republik Kroatien, die Republik Slowenien, die Republik Mazedonien und die Bundesrepublik Jugoslawien bis auf weiteres fort.

2) Das DBA mit der Tschechoslowakischen Sozialistischen Republik vom 19. Dezember 1980 gilt sowohl für die Tschechische Republik als auch für die Slowakische Republik bis auf weiteres fort.

Tabelle 1: Rechtsformen internationaler Unternehmen (außer Osteuropa)

Staat	Abk.	Rechtsform	Vergleichbar mit
Argentinien		Sociedad de responsabilidad limitada	GmbH
		Sociedad Anónima	AG
		Sociedad en comandita por acciones	KGaA
		Sociedad en comandita	KG
		Sociedad colectiva	OHG
		Sociedad cooperativa	Gen.
		Sociedad accidental o en participación	Keine vergleichbare Gesellschaftsform
Australien	Pty Ltd	Proprietary limited Company	GmbH
	PC Ltd	Public Company limited by shares	AG
		Limited Partnership	KG
		Partnership	OHG
Belgien	SPRL	Société privée a responsabilité limitée	GmbH
	oder	oder	
	BVBA	Besloten vennootschap met beperkte aansprakelijkheid	
	SPRLU	Société d'une personne a responsabilité limitée	Einmann-GmbH
	S. A.	Société anonyme	AG
	oder	oder	
	N. V.	Naamloze Vennootschap	Keine vergleichbare Gesellschaftsform
		Société Coopérative	
		oder	
		Kooperative Vennootschap	
		Société en commandite par actions	KGaA
		Société en commandite simple	KG
		oder Kommanditaire Vennootschap	
		Société en nom collectif	OHG

Staat	Abk.	Rechtsform	Vergleichbar mit
Brasilien	Ltda	Sociedade por Quotas de Responsabilidade Limitada	GmbH
	SA	Sociedade Anonima	AG
	Compania aberta	Sociedade Anomina de Capital Aberta	offene AG
	Compania fechada	Sociedade Anonima de Capital Fechada	geschl. AG
		Sociedade em Comandita	KG
		Sociedade em Nome Colectivo	OHG
		Sociedade em Conta de Participacao	Stille Gesellschaft
Dänemark	Aps	Anpartsselskab	GmbH
	A/S	Aktieslskab	AG
	K/S	Kommanditselskab	KG
		Kommanditselskab	KGaA
		(mit AG als Kommanditist)	
	I/S	Interessentskab	OHG
	AmbA	Andelsselskab	eingetr. Genossenschaft mbH
Finnland	OY	Osakeyhtiö	AG
		Kommandittiyhiö	KG
		Avoin Ighttiö	OHG
		Osuuskunta	Genossenschaft
Frankreich	SARL	Société de responsabilité limitée	GmbH
	SA	Société anonyme	AG
		Société en commandite simple	KG
		Société en commandite par actions	KGaA
	SNC	Société en nom collectif	OHG
	GIE	Groupement d' intérêt économique	ARGE
		Société coopérative	Genossenschaft
	SP	Société en participation	Stille Gesellschaft

Staat	Abk.	Rechtsform	Vergleichbar mit
	SC	Société civile	GbR
		Société crée de fait	Keine vergleichbare Gesellschaftsform
	EURL	Entreprise unipersonnelle a responsabilité limitée	Einmann-GmbH
Griechenland	EPE	Etairia periorismenis evthinis	GmbH
	AG	Anonynos Etairia	AG
	EE	Eterrorrythmos	KG
	O.E.	Omorrythmos	OHG
Großbritannien	Ltd.	Private company limited by shares	GmbH
	Plc	Public company limited by shares	AG
		Limited Partnership	KG
		Partnership	OHG
		(Private)Unlimited company	KapGes
		Cooperative society	Genossenschaft
		Company limited by guarantee	Gemein. Körperschaft
		Statuary company	Keine vergleichbare Gesellschaftsform
Irland	PrC	Private Company limited by shares	GmbH
	PLC	Public Company limited by shares	AG
	Ltd.	Limited Partnership	KG
		Partnership	OHG
		Cooperative Society	Genossenschaft
		Company limited by Guarantees	Gemein. Körperschaft
		Statuary Company	Keine vergleichbare Gesellschaftsform
		Chartered Company	
		Oversea Company	
		Unlimited Company	KapGes.

BMF-Schr.

Staat	**Abk.**	**Rechtsform**	**Vergleichbar mit**
Italien	S. r. l.	Società a responsabilità limitata	GmbH
	S. p. A.	Società per azioni	AG
	S. a.	Società a accomandita	KG
	S. u. p. a.	Società a accomandita per azioni	KGaA
Japan		Mitsubishi Kaisha	GmbH
		Kabushiki Kaisha	AG
		Goshi Kaisha	KG
		Gomai Kaisha	OHG
Kanada	Ltd. Inc. od. and.	Corporation	AG
		Limited Partnership	KG
		General Partnership	OHG
Liechtenstein	GmbH	Gesellschaft mit beschränkter Haftung	GmbH
	AG	Aktiengesellschaft	AG
		Anstalt	jur. Person
		Stiftung	
		Treuunternehmen	
Luxemburg	S. a. r. l.	Société a responsabilite limitée	GmbH
	S. A.	Société anonyme	AG
		Société en commandite	KG
		Société en commandite par actions	KGaA
Niederlande	BV	Besloten Vennootschap met beperkte aansprakelijkheid	GmbH
	NV	Naamloze Vennootschap	AG
	CVoA	Commanditaire Vennootschap op Andelen	KGaA
	CV	Commanditaire Vennootschap	KG
	VoF	Vennootschap onder Firma	OHG
Österreich	GmbH oder Ges. m. b.H.	Gesellschaft mit beschränkter Haftung	GmbH

Staat	Abk.	Rechtsform	Vergleichbar mit
	AG	Aktiengesellschaft	AG
	KG	Kommanditgesellschaft	KG
	OHG	Offene Handelsgesellschaft	OHG
Portugal	L.da	sociedade por quontas (Firmenzusatz: sociedade com responsabilidade limitada oder	GmbH
		limitada - lda)	
	EIRL	estabelecimento mercantil individual de responsabilidade limitada	Einzelhandelsunternehmen mit beschr. Haftung
	S. A. (SARL)	sociedade anonima	AG
		(sociedade anonima responsabilidade limitada)	
		sociedade em comandita	KG
		sociedade em nome colectivo	OHG
		sociedade civil	GbR
		parcarias maritimas	Partenreederei
Schweden	AB	Aktiebolag	AG
		Handelsbolag	OHG
		Kommanditbolag	KG
		Enkeltbolag	GbR
		Enskild Firma	Einzelkaufmann
		Kreditavtel med delta gande vid vinst och forlust	Stille Gesellschaft
Schweiz	GmbH	Gesellschaft mit beschränkter Haftung	GmbH
	AG/SA	Aktiengesellschaft	AG
		Kommanditaktiengesellschaft	KGaA
	KG	Kommanditgesellschaft	KG
		Einfache Gesellschaft	GbR
		Genossenschaft	Genossenschaft
Singapur		Private Company Limited by Shares (als Private oder Public Company möglich)	GmbH
		Company Limited by Guarantee Unlimited	

Staat	Abk.	Rechtsform	Vergleichbar mit
		Company	
		Limited Partnership	KG
		Partnership	OHG
Spanien	SRL	Sociedad de Responsabilidad	GmbH
		Limitada (Sociedad Limitada)	
	SA	Sociedad Anonima	AG
	SC	Sociedad en Comandita	KG
	SrC	Sociedad Regular Colectiva Compania	OHG
		Sociedad commanditaria por acciones	KGaA
Südafrika	(Pty) Ltd	Private oder Propriety Company	GmbH
		(Limited by shares)	
	Ltd oder BpK	Public Company (Limited by shares)	AG
		Company limited by Guarantee	Mitunternehmerschaft
		Partnership	OHG
Türkei	A. S.	Anonim Sirket	AG
		Limited Sirket	GmbH
	Kol.SrK.	Kollektiv Sirket	OHG
	Kom.SrK.	Komandit Sirket	KG
		Hisseli Komandit Sirket	KGaA
USA	Corp. Inc. Ltd.	Business Corparation (Public Corporation, Close Corporation)	AG
	JSA	Joint Stock Association	Mischform
		(Company)	KapGes.
			PersGes.
		Limited Partnership	KG
		General Partnership	OHG

Staat	Abk.	Rechtsform	Vergleichbar mit
		Unincorporated Joint Venture	Gelegenh.Ges.: GbR
		Business Trust	keine vergleichbare Ges.-Form
	PTLP	Public Traded Limited	KG mit Börsenzulassung
			(Kap.Ges.)

Tabelle 2: Rechtsformen osteuropäischer Unternehmen

Staat und Rechtsform		Abk.	Vergleichbare Rechtsform
Polen			
1.	Spólka Akcyjna	S. A.	AG
2.	Spólka z ograniczona odpowiedzialnoscia	Sp. z. o.o.	GmbH
3.	Spólka komandytowa	S. K.	KG
4.	Spólka prawa cywilnego (Spolka cywilna)	S. c.	GbR
5.	Spólka handlowa jawna		OHG
Tschechische/Slowakische Republik			
1.	Spolecnost s rucen im, omezenim oder s rucenim omezenim	spol.s.r.o.	GmbH
2.	Akiová spulecnost	a.s.	AG
3.	Verejná obchodni spolecnost	ver.obch.spol. oder v. o. s.	OHG
4.	Komanditni spolecnost	kom.spol. oder k.s.	KG
Ungarn			
1.	Részvénytársaság	Rt	AG
2.	Korlátolt felelözségü társaság	Kft	GmbH
3.	Közkereseti társaság	Kkt	OGH
4.	Betéti társaság	Bt	KG
5.	Ipari Szövetkezet	keine Abkürzung	Industriegenossenschaften
Bulgarien			
1.	Zabiratelno drushestwo		OHG
2.	Komanditno drushestwo	KD	KG
3.	Drushestwo s organitschena otgowornost	ocD	GmbH
4.	Aktionierno drushestwo	AD	AG
5.	Komanditno drushestwo s. akzii	KDA	KGaA

Staat und Rechtsform		Abk.	Vergleichbare Rechtsform
Kroatien			
1.	Akzomarskoje Obtschestwo		AG
2.	Obtschestwo oder Organisazia za Organitschenom otgowomosti		GmbH
Slowenien (ab dem 10. Juni 1993):			
1.	Delniska druzba	d.d.	AG
2.	Druz z omejeno odgovornostjo	d.o.o.	GmbH
3.	Komanditna druzba	k.d.	KG
4.	Komanditna delniska druzba	k.d.d.	KGaA
5.	Tilna druzba	t.d.	Stille Gesell.
6.	Gospordarsko interesno zdruzenje	g.i.z.	Entspricht der franz.wirtsch. Interessenvereinigung
7.	Druzba z neomenjeno odgovornostjo	d.n.o.	OHG
Rumänien			
1.	societate pe actiuni	S.A.	AG
2.	societate cu raspundere limitata	S.R.L.	GmbH
3.	societate in comandita simpla	S.C.S.	KG
4.	societate in nume colectiv	S.N.C.	OHG
5.	societate in comandita pe actiuni	S.C.A.	KGaA

BMF, Schreiben v. 9.11.2001 - IV B 4 - S 1341 - 20/01, BStBl 2001 I S. 796

Grundsätze für die Prüfung der Einkunftsabgrenzung zwischen international verbundenen Unternehmen in Fällen der Arbeitnehmerentsendung (Verwaltungsgrundsätze – Arbeitnehmerentsendung)

Unter Bezugnahme auf das Ergebnis der Erörterung mit den Vertretern der obersten Finanzbehörden der Länder gilt für die Prüfung der Einkunftsabgrenzung zwischen international verbundenen Unternehmen in Fällen der grenzüberschreitenden Arbeitnehmerentsendung im Unternehmensverbund Folgendes:

Inhaltsangabe

BMF-Schr.

1. Ausgangslage und Zielsetzung

Die zunehmende industrielle Verflechtung und Globalisierung führen dazu, dass zwischen international verbundenen Unternehmen in großem Umfang Arbeitnehmer entsendet werden. Hierdurch kann z. B. ein Mangel an qualifizierten Fachkräften behoben, die einheitliche Unternehmenspolitik vor Ort durchgesetzt, der internationale Erfahrungsaustausch gefördert und Auslandserfahrung gesammelt werden. Das Interesse kann sowohl von dem entsendenden als auch von dem aufnehmenden Unternehmen ausgehen. Zeitraum und Zweck einer Arbeitnehmerentsendung variieren in der Praxis erheblich.

Der Personalpolitik einer multinationalen Unternehmensgruppe kann es entsprechen, dass auch ein übergeordnetes Konzernunternehmen ein eigenes betriebliches Interesse an der Entsendung von Arbeitnehmern zu verbundenen Unternehmen hat. Dieses Eigeninteresse spiegelt sich in zahlreichen Tätigkeitserwartungen und ggf. in zusätzlichen Berichtspflichten wider und dokumentiert sich darüber hinaus häufig auch darin, dass den Wünschen der Arbeitnehmer nachgegeben wird, die Arbeitsverträge während der Zeit der Entsendung nicht aufzulösen, sondern aufrechtzuerhalten, auch wenn sie während dieser Zeit üblicherweise ruhen.

Für die Arbeitnehmer ist eine Auslandstätigkeit regelmäßig mit finanziellen und persönlichen Belastungen verbunden. Um sie dennoch zu einer Auslandstätigkeit zu bewegen, werden an sie daher neben der bisherigen Entlohnung und ggf. Altersversorgung zusätzliche Zahlungen geleistet, wie z. B. erhöhtes Grundgehalt, Ersatz der Mehraufwendungen für doppelte Haushaltsführung, Umzugskostenerstattung, Auslandszulagen.

Ziel dieses Schreibens ist es, Regelungen zur Anwendung des Grundsatzes des Fremdvergleichs bei der Prüfung von inländischen bzw. im Inland tätigen verbundenen Unternehmen in den Fällen der grenzüberschreitenden Arbeitnehmerentsendung zu treffen. Anhand der Regelungen soll bestimmbar sein, ob und in welchem Umfang das entsendende und/oder das aufnehmende Unternehmen jeweils ein betriebliches Interesse an der Arbeitnehmerentsendung hat und demzufolge den Aufwand bzw. Teile davon für den entsandten Arbeitnehmer tragen muss.

2. Begriffe

2.1 Arbeitnehmerentsendung

Eine Arbeitnehmerentsendung im Sinne dieses Schreibens liegt grundsätzlich dann vor, wenn ein Arbeitnehmer mit seinem bisherigen Arbeitgeber (entsendendes Unternehmen) vereinbart, für eine befristete Zeit bei einem verbundenen Unternehmen (aufnehmendes Unternehmen) tätig zu werden und das aufnehmende Unternehmen entweder eine arbeitsrechtliche Vereinbarung mit dem Arbeitnehmer abschließt oder als wirtschaftlicher Arbeitgeber anzusehen ist.

Keine Arbeitnehmerentsendung im Sinne dieses Schreibens liegt demnach vor, wenn ein Arbeitnehmer zur Erfüllung einer Dienst- oder Werkleistungsverpflichtung des entsendenden Unternehmens bei einem anderen verbundenen Unternehmen tätig wird und sein Arbeitslohn Preisbestandteil der Dienst- bzw. Werkleistung ist (z. B. beim gewerblichen Arbeitnehmerverleih oder beim Anlagenbau). In diesen Fällen ist zu prüfen, ob die Leistungen des entsendenden Unternehmens zu marktüblichen Preisen, d. h. regelmäßig unter Einschluss einer Gewinnkomponente vergütet worden sind und ob durch die Tätigkeit des Arbeitnehmers eine Betriebsstätte des entsendenden Unternehmens begründet worden ist.

2.2 Arbeitgeber

Der Arbeitgeberbegriff wird im Abkommensrecht, Lohnsteuerrecht, Arbeitsrecht, Zivil- und Sozialversicherungsrecht unterschiedlich definiert. Auf diese Unterschiede ist bei der Anwendung dieses Schreibens zu achten. Für Zwecke dieses Schreibens ist vom Arbeitgeberbegriff im arbeitsrechtlichen bzw. wirtschaftlichen Sinne auszugehen.

Demnach ist – u. U. neben dem entsendenden Unternehmen – als Arbeitgeber anzusehen, wer entweder eine arbeitsrechtliche Vereinbarung mit dem Arbeitnehmer abschließt oder den Arbeitnehmer in seinen Geschäftsbetrieb integriert, weisungsbefugt ist und die Vergütungen für die ihm geleistete unselbständige Arbeit wirtschaftlich trägt, sei es, dass er die Vergütung unmittelbar dem betreffenden Arbeitnehmer auszahlt oder dass ein anderes Unternehmen für ihn mit der Arbeitsvergütung in Vorlage tritt (BFH vom 21. August 1985, BStBl 1986 II S. 4).

Bei einer Entsendung von mehr als drei Monaten ist regelmäßig von einer Integration in das aufnehmende Unternehmen auszugehen.

Ist der Arbeitnehmer zwar weniger als drei Monate für das aufnehmende Unternehmen tätig, wiederholt sich dies aber mehrfach, wird das aufnehmende Unternehmen für diese Zeiten ebenfalls regelmäßig zum wirtschaftlichen Arbeitgeber.

Ist das aufnehmende Unternehmen nicht als Arbeitgeber anzusehen, ist zu prüfen, ob eine Dienstleistung seitens des entsendenden Unternehmens vorliegt.

2.3 Aufwand der Arbeitnehmerentsendung

Der Arbeitnehmerentsendung sind alle direkten und indirekten Aufwendungen zuzuordnen, soweit sie das Ergebnis des aufnehmenden und/oder des entsendenden Unternehmens gemindert haben und im wirtschaftlichen Zusammenhang mit der Tätigkeit im Entsendezeitraum stehen. Dies gilt unabhängig davon, ob sie zum steuerpflichtigen Lohn des Arbeitnehmers gehören oder nicht. Zum Aufwand gehört z. B.:

- Grundgehalt,
- laufende und einmalige Bezüge des Arbeitnehmers (z. B. Abfindungen, Boni),
- Prämien, Urlaubs- und Weihnachtsgeld,
- übernommene Steuern,
- Zuführungen zur Pensionsrückstellung,
- Sozialversicherungsbeiträge im Tätigkeitsstaat und im Heimatstaat,
- Auslandszulagen,
- Sachbezüge und sonstige Anreize (z. B. Firmenwagen, Aktienoptionen),
- Ausgleichszahlungen für höhere Lebenshaltungskosten und höhere Abgaben,
- Umzugs- und Reisebeihilfen (einschließlich Beihilfen für Angehörige),
- Ersatz der Aufwendungen im Rahmen der doppelten Haushaltsführung, Schulgeld und Internatskosten.

Da bei einer Arbeitnehmerentsendung im Sinne dieses Schreibens der Aufwand der Arbeitnehmerentsendung nach dem Veranlassungsprinzip originären Aufwand des jeweiligen wirtschaftlichen Arbeitgebers bildet, sind Gewinnzuschläge hierauf steuerlich nicht zulässig.

3. Beurteilungskriterien für die Einkunftsabgrenzung

3.1 Veranlassungsprinzip und Fremdvergleich

Ausgangspunkt für die zutreffende Einkunftsabgrenzung ist die Frage, ob die Übernahme des Aufwands für den jeweiligen Arbeitnehmer dem Fremdvergleich entspricht.

Danach ist der Aufwand von dem Unternehmen zu tragen, in dessen Interesse die Entsendung erfolgt.

Zu prüfen ist

a. dem Grunde nach die Frage, ob die Tätigkeit im ausschließlichen betrieblichen Interesse des aufnehmenden Unternehmens liegt oder ob die Tätigkeit des entsandten Arbeitnehmers ganz oder teilweise durch das Interesse des entsendenden oder eines übergeordneten Unternehmens verursacht ist, und

b. der Höhe nach die Frage, ob der ordentliche und gewissenhafte Geschäftsleiter eines unabhängigen Unternehmens für einen vergleichbaren Arbeitnehmer Aufwendungen in gleicher Höhe getragen hätte.

3.1.1 Interesse des entsendenden Unternehmens

Bei der Prüfung eines entsendenden Unternehmens ist regelmäßig davon auszugehen, dass der Arbeitnehmer im Interesse und für Rechnung des aufnehmenden Unternehmens tätig wird (BFH vom 3. Februar 1993, BStBl II S. 462).

Es bleibt aber zu berücksichtigen, dass auch ein Interesse des entsendenden Unternehmens bestehen kann, insbesondere dann, wenn dem betreffenden Arbeitnehmer eine Vergütung gezahlt wird, die über dem Lohnniveau im Ansässigkeitsstaat des aufnehmenden Unternehmens liegt. Dieses Interesse kann sich z. B. darin zeigen, dass der entsandte Arbeitnehmer Planungs-, Koordinierungs- oder Kontrollfunktionen für das entsendende Unternehmen wahrnimmt und diese nicht gesondert abgegolten werden oder nach Rückkehr des Arbeitnehmers dessen gesammelte Auslandserfahrungen im Rahmen seiner weiteren Beschäftigung beim entsendenden Unternehmen genutzt oder Arbeitsplätze bei Tochtergesellschaften im Rotationsverfahren ständig mit Arbeitnehmern der Konzernobergesellschaft besetzt werden.

Für die Berücksichtigung von Aufwendungen beim entsendenden inländischen Unternehmen ist es erforderlich, dass es sein wirtschaftliches Interesse (siehe Tz. 3.3) für die Entsendung nachweist.

3.1.2 Interesse des aufnehmenden Unternehmens

Bei der Prüfung eines inländischen bzw. im Inland tätigen aufnehmenden verbundenen Unternehmens ist zu berücksichtigen, dass der ordentliche und gewissenhafte Geschäftsleiter eines unabhängigen Unternehmens nur Personal beschäftigen würde, das er für seinen Betrieb benötigt und nur den Aufwand tragen würde, der ihm für die Beschäftigung eines vergleichbaren Arbeitnehmers bei sonst gleichen Verhältnissen entstehen würde.

Abzustellen ist auf den gesamten Aufwand, der das Ergebnis des aufnehmenden Unternehmens gemindert hat, unabhängig davon, ob und inwieweit der Arbeitnehmer selbst von der Entsendung einen finanziellen Vorteil hat. Die ausschließliche Tätigkeit eines entsandten Arbeitnehmers für das aufnehmende verbundene Unternehmen bedeutet nicht notwendigerweise, dass stets der volle Aufwand (Tz. 2.3) als Betriebsausgabe des aufnehmenden Unternehmens zu behandeln ist.

Verursacht der entsandte Arbeitnehmer beim aufnehmenden Unternehmen höhere Aufwendungen als lokale Arbeitnehmer mit vergleichbaren Funktionen und Aufgaben, so hat das aufnehmende Unternehmen nachzuweisen, dass der höhere Teil des Gesamtaufwands in seinem Interesse gezahlt wird, z. B. weil der Arbeitnehmer über Spezialwissen verfügt, das es dem aufnehmenden Unternehmen ermöglicht, über den Ausgleich des Mehraufwands hinausgehende höhere Erlöse zu erzielen (siehe auch Tz. 3.2.3). Kann dieser Nachweis nicht geführt werden, ist davon auszugehen, dass der gesamte Mehraufwand durch das Nahestehen veranlasst und vom entsendenden Unternehmen zu tragen ist.

3.2 Fremdvergleichsmethoden

Der Fremdvergleich ist vorrangig nach der Preisvergleichsmethode vorzunehmen. Hierbei wird der angemessene Aufwand durch betriebsinternen oder betriebsexternen Fremdvergleich ermittelt. Sind keine Vergleichsdaten verfügbar, ist ein hypothetischer Fremdvergleich durchzuführen.

3.2.1 Betriebsinterner Fremdvergleich

Beim betriebsinternen Fremdvergleich wird auf der Ebene des aufnehmenden Unternehmens untersucht, welchen Aufwand dieses für vergleichbare, nicht entsandte Arbeitnehmer trägt.

3.2.2 Betriebsexterner Fremdvergleich

Beim betriebsexternen Fremdvergleich wird untersucht, welchen Aufwand unabhängige Unternehmen, die unter gleichen Bedingungen in demselben Staat wie das aufnehmende Unternehmen tätig sind, für einen vergleichbaren Arbeitnehmer tragen.

3.2.3 Hypothetischer Fremdvergleich

Beim hypothetischen Fremdvergleich ist festzustellen, ob der ordentliche und gewissenhafte Geschäftsleiter eines unabhängigen Unternehmens bei gleichen Geschäftsbedingungen den Aufwand für den entsandten Arbeitnehmer überhaupt oder in vollem Umfang allein getragen oder ob er eine Kostenbeteiligung des entsendenden Unternehmens gefordert hätte. Dabei ist zu berücksichtigen, dass ein Unternehmen beispielsweise wegen der Eigenart seines Geschäftsbetriebes speziell ausgebildete Arbeitnehmer mit besonderen Kenntnissen benötigen kann. Sind diese Arbeitnehmer auf seinem lokalen Arbeitsmarkt nicht verfügbar, würde ein ordentlicher und gewissenhafter Geschäftsleiter die mit einer Arbeitnehmerentsendung regelmäßig einhergehenden Mehraufwendungen gleichwohl nur dann übernehmen, wenn er hierdurch in einem überschaubaren Zeitraum einen wirtschaftlich nachweisbaren höheren Nutzen erwarten kann (z. B. weil er aufgrund der besonderen Eigenart der von den entsandten Arbeitnehmern geschaffenen Produkte bzw. erbrachten Leistungen die notwendigen Mehraufwendungen über entsprechend höhere Erlöse mehr als ausgleichen kann). Ein Zeitraum von drei Jahren kann regelmäßig als überschaubar angesehen werden.

Bei dem Vergleich mit fremdüblichem Verhalten sind die Möglichkeiten einer Direktanwerbung von Arbeitnehmern aus dem Entsendestaat oder die Ausbildung von Ortskräften in Betracht zu ziehen.

3.3 Indizien für die Feststellung der Interessenlage

Beurteilungskriterien für die Interessenlage bei der Arbeitnehmerentsendung sind z. B.:

- die ausgeübte Funktion,
- die benötigten Kenntnisse,
- die üblichen Aufwendungen im Arbeitsmarkt des Tätigkeitsstaats für einen vergleichbaren Arbeitnehmer,
- der Zusammenhang zwischen den Aufwendungen für den entsandten Arbeitnehmer und seinem Beitrag zum wirtschaftlichen Erfolg des Unternehmens,
- der Tätigkeitsort,
- von welchem Unternehmen die Initiative für die Arbeitnehmerentsendung ausging,
- ob die Tätigkeit des entsandten Arbeitnehmers einzelprojektbezogen ist,
- ob im Arbeitsmarkt des aufnehmenden Unternehmens ein Angebot an Arbeitskräften mit der nach objektiven Maßstäben erforderlichen Qualifikation nicht vorhanden und auch nicht im Rahmen betrieblicher Ausbildung oder Qualifizierung zu schaffen ist,
- ob gleichwertig qualifizierte Arbeitnehmer im lokalen Arbeitsmarkt des aufnehmenden Unternehmens verfügbar sind und einen geringeren Aufwand verursachen,
- ob der Arbeitnehmer Koordinierungs- bzw. Kontrolltätigkeiten ausübt,
- ob der Arbeitnehmer im Rahmen eines Rotationssystems entsandt worden ist,
- der prozentuale Anteil der entsandten Arbeitnehmer an der Gesamtbelegschaft,
- objektives Erfordernis von Sprachkenntnissen oder persönlichen Beziehungen in Verbindung mit der ausgeübten Funktion.

3.4 Besondere Fallgestaltungen

3.4.1 Expertenentsendung

Im Einzelfall kommt es, insbesondere bei projektbezogener Entsendung, dem anfordernden Unternehmen auf das besondere Fachwissen des entsandten Arbeitnehmers an. Ist ein vergleichbarer Arbeitnehmer nicht oder nur mit erheblichem Aufwand zu rekrutieren, so ist davon auszugehen, dass das aufnehmende Unternehmen den gesamten Aufwand für den Arbeitnehmer zu tragen hat.

3.4.2 Rotationsverfahren

Besetzt das entsendende Unternehmen ständig Arbeitsplätze beim aufnehmenden Unternehmen im Rotationsverfahren, so ist davon auszugehen, dass die Entsendung auch den Interessen des entsendenden Unternehmens dient und es deshalb den Aufwand, der über den für einen vergleichbaren heimischen Arbeitnehmer des annehmenden Unternehmens hinausgeht, zu tragen hat. Dies kann auch bei Expertenentsendung der Fall sein.

Ein so genanntes Rotationssystem liegt typischerweise vor, wenn ein Personaleinsatz- und Entwicklungskonzept der Konzernspitze dergestalt zugrunde liegt, dass das aufnehmende Unternehmen bei Stellenbesetzungen nicht frei entscheiden kann, sondern bestimmte Positionen mit Arbeitnehmern des entsendenden Unternehmens zu besetzen hat. Ob ein solches

Rotationssystem vorliegt, entscheidet sich nach dem Gesamtbild der Verhältnisse. Anhaltspunkte für das Vorliegen eines derartigen Rotationssystems sind u. a.:

- die Entsendungen erfolgen einseitig von der Konzernobergesellschaft an nachgeordnete Gesellschaften, nicht aber wechselseitig zwischen den verbundenen Unternehmen,
- die Entsendungen sind von typischer Dauer (3 bis 5 Jahre),
- bestimmte Führungspositionen oder technische Schlüsselfunktionen bei der aufnehmenden Gesellschaft werden ständig mit Arbeitnehmern anderer Konzerngesellschaften besetzt,
- die aufnehmende Gesellschaft unternimmt keine ernsthaften Versuche (z. B. durch Schaltung von Stellenanzeigen), diese Arbeitsplätze mit Arbeitnehmern des lokalen Stellenmarktes, einschließlich selbst ausgebildeten Personals, zu besetzen.

3.4.3 Entsendung zu Ausbildungs- oder Fortbildungszwecken

Werden Arbeitnehmer ausschließlich zu Aus- oder Fortbildungszwecken entsandt, hat das entsendende Unternehmen den Mehraufwand (siehe Tz. 3.1.2) zu tragen.

3.5 Einheitlicher Aufteilungsmaßstab

Wird im Rahmen einer Außenprüfung festgestellt, dass die Entsendung zahlreicher Arbeitnehmer sowohl den Interessen des aufnehmenden als auch des entsendenden Unternehmens dient, kann ein in Zusammenarbeit mit dem Steuerpflichtigen nach einer Funktionsanalyse für die entsandten Arbeitnehmer gefundener sachgerechter einheitlicher Aufteilungsmaßstab für alle Arbeitnehmerentsendungen im Rahmen einer typisierenden Betrachtung angewandt werden. Dieser Aufteilungsmaßstab kann von den Finanzbehörden in Abstimmung mit dem Unternehmen der steuerlichen Beurteilung im Prüfungszeitraum und für alle bis zum Prüfungsende abgelaufenen Wirtschaftsjahre zugrunde gelegt werden, wenn keine wesentliche Änderung der Verhältnisse eingetreten ist.

Auf Antrag des Steuerpflichtigen kann dieser einheitliche Aufteilungsmaßstab auch für künftige Wirtschaftsjahre angewendet werden. Die Angemessenheit des einheitlichen Aufteilungsmaßstabs ist in regelmäßigen Abständen zu überprüfen und bei Veränderungen der maßgeblichen Verhältnisse unverzüglich anzupassen.

Die Zugrundelegung eines einheitlichen Aufteilungsmaßstabs sollte mit der oder den ausländischen Finanzverwaltung(en) abgestimmt werden.

4. Steuerliche Behandlung

4.1 Unzutreffende Einkunftsabgrenzung

Sind die Aufwendungen einer Arbeitnehmerentsendung den beteiligten Unternehmen nicht sachgerecht, d. h. nicht der jeweiligen betrieblichen Interessenlage folgend zugeordnet worden, sind die Einkünfte nach den maßgeblichen Vorschriften zu berichtigen.

4.2 Know-how-Transfer

Durch die Tätigkeit entsandter Experten werden dem aufnehmenden Unternehmen regelmäßig auch Kenntnisse und Erfahrungen dieser Personen übermittelt.

Soweit dem aufnehmenden Unternehmen durch die bloße Tätigkeit der an sie entsandten Experten Kenntnisse und Erfahrungen vermittelt werden (z. B. durch Vorbildwirkung), ist dies Bestandteil und Grund der Entsendung und üblicherweise nicht gesondert zu vergüten.

Es ist jedoch zu beachten, dass darüber hinaus auch noch ein mit der Einräumung von Nutzungsrechten verbundener konkreter Transfer von Know-how (Pläne, Muster, Verfahren, Formeln, Patente, etc.) stattfinden kann, der zwischen fremden Dritten gesondert vergütet würde.

4.3 Vorteilsausgleich

Macht ein Unternehmen geltend, dass die Aufwendungen für entsandte Arbeitnehmer bei der Verrechnungspreisbildung, z. B. für den konzerninternen Warenverkehr, berücksichtigt worden sind, ist für die steuerliche Anerkennung eines Vorteilsausgleichs zu prüfen, ob die hierfür erforderlichen Voraussetzungen erfüllt sind. Tz. 2.3 der Verwaltungsgrundsätze 1983 ist zu beachten.

4.4 Hinweise zur Besteuerung der Einkünfte aus unselbständiger Arbeit

Falls der Fremdvergleich ergibt, dass der Aufwand für den entsandten Arbeitnehmer zwischen dem entsendenden und dem aufnehmenden Unternehmen aufzuteilen ist, hat nach den DBA in der Regel der Staat, in dem sich der Arbeitnehmer zur Ausführung seiner Tätigkeit persönlich aufhält, das Besteuerungsrecht für den auf diese Zeit entfallenden vollen Arbeitslohn.

Das Besteuerungsrecht für den Arbeitslohn der Arbeitnehmer richtet sich nach den einschlägigen Bestimmungen der jeweiligen DBA entsprechend Art. 15 OECD-Musterabkommen und den nationalen Vorschriften. Zu den näheren Einzelheiten wird insbesondere auf die BMF-Schreiben vom 31. Oktober 1983 (BStBl I S. 470), vom 5. Januar 1994 (BStBl I S. 11), vom 5. Juli 1995 (BStBl I S. 373) und vom 20. April 2000 (BStBl I S. 483) hingewiesen.

5. Verfahren, Mitwirkung und Nachweise

Bei einer grenzüberschreitenden Arbeitnehmerentsendung im Unternehmensverbund beziehen sich die Auskunfts- und Beweismittelbeschaffungspflichten im Sinne des § 90 Abs. 2 AO auf den Gesamtaufwand (siehe Tz. 2.3) und auf die Interessenlage, nach der sich die Zuordnung der Tätigkeit des entsandten Arbeitnehmers sowie eine ggfs. vorzunehmende Aufteilung des Gesamtaufwandes richtet.

Die Interessenlage ist vom Steuerpflichtigen darzulegen und durch geeignete Nachweise zu belegen. Hierfür kommen z. B. in Betracht:

- Entsendevertrag,
- zusätzlicher Dienstleistungsvertrag,
- Beschreibung der Tätigkeit des aufnehmenden Unternehmens sowie seiner Produkte bzw. Dienstleistungen,
- Schriftverkehr zur Begründung der Entsendung,
- Tätigkeitsbeschreibungen für die entsandten Arbeitnehmer,
- konkrete Tätigkeitsnachweise, z. B. Berichte, Protokolle, die der entsandte Arbeitnehmer für das entsendende Unternehmen angefertigt hat,
- Stellenanzeigen,

- Untersuchungen über Vergleichsgehälter im lokalen Arbeitsmarkt,
- Gewinnprognosen des aufnehmenden Unternehmens,
- Arbeitsverträge des Arbeitnehmers mit dem entsendenden und aufnehmenden Unternehmen,
- Nachweis über die Höhe der Lohnaufwendungen vor der Entsendung,
- Kosten/Nutzen-Analyse (benefit test) bezüglich Lohnaufwand und Erfolgsbeitrag des entsandten Arbeitnehmers,
- Zeitnachweise für Art und Umfang der Tätigkeit,
- Reisekostenabrechnungen,
- funktionsorientiertes Arbeitnehmerorganigramm oder ähnliche Unterlagen.

6. Anwendung bei der Einkunftsaufteilung zwischen Betriebsstätten

Die vorstehenden Grundsätze gelten sinngemäß bei Prüfung der Aufteilung der Einkünfte bei Betriebsstätten international tätiger Unternehmen.

7. Anwendungsvorschriften

Dieses Schreiben ergänzt das Schreiben vom 23. Februar 1983, BStBl I S. 218 ff., und ist in allen noch offenen Fällen anzuwenden.

BMF, Schreiben v. 22.7.2005 - IV B 4 - S 1341 - 4/05, BStBl 2005 I S. 818

Geschäftsbeziehung zum Ausland im Sinne von § 1 Abs. 1 und 4 AStG

Nach dem o.g. Urteil des BFH vom 28. April 2004 setzt die Annahme einer Geschäftsbeziehung „zum Ausland" im Sinne von § 1 Abs. 1 und 4 Außensteuergesetz (AStG) eine personale Beziehung eines inländischen Steuerpflichtigen zu einer ausländischen nahe stehenden Person voraus. Unter einer personalen Beziehung versteht der BFH namentlich eine schuldrechtliche Beziehung (im entschiedenen Fall ein Darlehensvertrag). An einer solchen Beziehung zum Ausland fehlt es nach Meinung des Senats, wenn ein inländischer Steuerpflichtiger einer inländischen nahe stehenden Person ein zinsloses Darlehen gewährt, auch dann, wenn die überlassenen Finanzmittel den Zwecken einer in einem ausländischen Staat belegenen Betriebsstätte der nahe stehenden Person dienen und für diese tatsächlich verwendet werden. Auf diese Verwendung der Finanzmittel soll es nicht ankommen. Die durch die Unverzinslichkeit des Darlehens verursachte Einkünfteminderung sei in ihrer Auswirkung allein auf das Inland beschränkt, da der damit korrespondierende Vorteil beim Darlehensempfänger im Inland besteuert werde. Der Vorgang werde deshalb von § 1 Abs. 1 und 4 AStG nicht erfasst.

Aufgrund der Erörterung mit den Vertretern der obersten Finanzbehörden der Länder ist das Urteil über den entschiedenen Fall hinaus nicht anzuwenden:

Geht ein Steuerpflichtiger mit einer ihm nahe stehenden Person eine Geschäftsbeziehung ein, indem er ihr ein Darlehen gewährt, liegt eine Geschäftsbeziehung im Sinne des § 1 AStG zwischen dem Steuerpflichtigen und der nahe stehenden Person vor.

Auch wenn die schuldrechtliche Beziehung zu einer inländischen (unbeschränkt steuerpflichtigen) nahe stehenden Person besteht, kann es sich um eine Geschäftsbeziehung zum Ausland im Sinne des § 1 AStG handeln. Dies ist dann der Fall, wenn die Person eine ausländische Betriebsstätte unterhält und die Geschäftsbeziehung nicht dem inländischen Stammhaus, sondern der ausländischen Betriebsstätte zuzuordnen ist. Die Zuordnung erfolgt funktional nach der sog. direkten Methode und ergibt sich regelmäßig aus der Verwendung der Darlehensmittel. § 1 AStG stellt darauf ab, ob die Geschäftsbeziehung „zum Ausland" besteht, nicht darauf, ob zivilrechtlich eine personale (z. B. schuldrechtliche) Beziehung mit einer ausländischen (nicht unbeschränkt steuerpflichtigen) nahe stehenden Person vereinbart wurde. Entgegen der Meinung des BFH liegt deshalb dem § 1 Abs. 1 und 4 AStG der sachliche Bezug einer Geschäftsbeziehung zum Ausland und nicht zu einer ausländischen Person zugrunde.

Die Auslegung des BFH widerspricht auch dem Sinn und Zweck des § 1 AStG. Die Vorschrift soll mit dem Fremdvergleichsgrundsatz nicht übereinstimmende Einkünfteverlagerungen ins Ausland verhindern. Entgegen der Aussage im Urteil des BFH führt die durch die Unverzinslichkeit des Darlehens verursachte Minderung der Einkünfte des Darlehensgebers keineswegs stets dazu, dass die korrespondierende Erhöhung der Einkünfte des inländischen Darlehensempfängers tatsächlich im Inland besteuert werden kann.

Ist die Geschäftsbeziehung und damit der Vorteil daraus funktional der ausländischen Betriebsstätte des Darlehensempfängers zuzuordnen, sind nämlich die entsprechend höheren Einkünfte der Betriebsstätte meist nach einem Doppelbesteuerungsabkommen von der deutschen Besteuerung freizustellen.

Dieses Schreiben wird in BStBl I veröffentlicht.

BMF, Schreiben v. 30.7.2008 - IV A 3 - S 0223 /07/10002, BStBl 2008 I S. 831

Abgabenordnung; Besteuerungsgrundsätze, Beweismittel; Tatsächliche Verständigung über den der Steuerfestsetzung zugrunde liegenden Sachverhalt

Unter Bezugnahme auf das Ergebnis der Erörterungen mit den obersten Finanzbehörden der Länder gilt Folgendes:

1. Einleitung

Der Untersuchungsgrundsatz in § 88 Abs. 1 Satz 1 AO bestimmt, dass die Finanzbehörde den Sachverhalt von Amts wegen zu ermitteln hat. Nach § 88 Abs. 1 Satz 2 AO bestimmt sie Art und Umfang der Ermittlungen. Die Finanzbehörde ist an das Vorbringen und an die Beweisanträge der Beteiligten nicht gebunden. Der Umfang dieser Pflichten richtet sich nach den Umständen des Einzelfalls.

Unter Zugrundelegung des Prinzips der Gesetzmäßigkeit der Verwaltung und der Gleichmäßigkeit der Besteuerung sind Vergleiche über Steueransprüche nicht möglich. Jedoch ist in Fällen erschwerter Sachverhaltsermittlung unter bestimmten Voraussetzungen zur Förderung der Effektivität der Besteuerung als auch zur Sicherung des Rechtsfriedens eine die Beteiligten bindende Einigung über die Annahme eines bestimmten Sachverhalts und über eine bestimmte Sachbehandlung (AEAO, Nr. 1 zu § 88 AO) möglich. Derartige Vereinbarungen zwischen dem Steuerpflichtigen und der Finanzbehörde werden als „tatsächliche Verständigung" bezeichnet.

Diese tatsächliche Verständigung kann nach ständiger Rechtsprechung des Bundesfinanzhofes (BFH-Urteile vom 11.12.1984 - VIII R 131/76 - BStBl 1985 II, S. 354, vom 05.10.1990 - III R 19/88 - BStBl 1991 II, S. 45 und vom 06.02.1991 - I R 13/86 - BStBl 1991 II, S. 673, vom 08.09.1994 - V R 70/91 - BStBl II 1995, S. 32, vom 13.12.1995 - XI R 43 - 45/89 - BStBl 1996 II, S. 232, vom 31.07.1996 - XI R 78/95 - BStBl 1996 II, S. 625) in jedem Stadium des Veranlagungsverfahrens, insbesondere auch anlässlich einer Außenprüfung und während eines anhängigen Rechtsbehelfs- bzw. Rechtsmittelverfahrens (z. B. im Rahmen einer Erörterung nach § 364a AO) getroffen werden. Von ihr kann auch bei Steuerfahndungsprüfungen bzw. nach Einleitung eines Steuerstrafverfahrens Gebrauch gemacht werden. In solchen Fällen ist frühzeitig die für Straf- und Bußgeldverfahren zuständige Stelle bzw. die Staatsanwaltschaft einzubeziehen.

Beabsichtigen die Beteiligten, sich auf diese Weise über eine bestimmte Sachbe handlung zu verständigen, sind die folgenden Grundsätze zu beachten.

2. Zulässigkeit

2.1 Die tatsächliche Verständigung ist ausschließlich im Bereich der Sachverhaltsermittlung zulässig.

2.2 Die tatsächliche Verständigung ist nicht zulässig:

- zur Klärung zweifelhafter Rechtsfragen,
- über den Eintritt bestimmter Rechtsfolgen,

BMF-Schr.

- über die Anwendung bestimmter Rechtsvorschriften und
- wenn sie zu einem offensichtlich unzutreffenden Ergebnis führt.

2.3 Eine tatsächliche Verständigung ist aber insoweit möglich, als im Rahmen einer rechtlichen Beurteilung über eine Vorfrage zum Sachverhalt zu entscheiden ist (BFH-Urteil vom 01.02.2001 - IV R 3/00 - BStBl 2001 II, S. 520).

3. Voraussetzungen

Voraussetzung für eine tatsächliche Verständigung ist das Vorliegen eines Sachverhalts, der nur unter erschwerten Umständen ermittelt werden kann. Das ist z. B. der Fall, wenn sich einzelne Sachverhalte nur mit einem nicht mehr vertretbaren Arbeits- oder Zeitaufwand ermitteln lassen (vgl. AEAO zu § 88 AO, Nr. 1 Abs. 2). Allein die Kompliziertheit eines Sachverhalts begründet für sich noch nicht die Annahme einer erschwerten Sachverhaltsermittlung.

Bei der Frage, ob eine erschwerte Sachverhaltsermittlung vorliegt, kann auch auf das Verhältnis zwischen voraussichtlichem Arbeitsaufwand und steuerlichem Erfolg abgestellt und ferner berücksichtigt werden, in welchem Maß das Finanzamt durch ein zu erwartendes finanzgerichtliches Verfahren belastet wird, sofern es bei vorhandenen tatsächlichen Zweifeln dem Begehren des Steuerpflichtigen nicht entspricht und zu seinem Nachteil entscheidet.

4. Anwendungsbereich

4.1 Die tatsächliche Verständigung kommt insbesondere in Fällen in Betracht, in denen ein

- Schätzungsspielraum,
- Bewertungsspielraum,
- Beurteilungsspielraum oder
- Beweiswürdigungsspielraum

besteht.

4.2 Im Gegensatz zur verbindlichen Auskunft (§ 89 Abs. 2 AO) bezieht sich die tatsächliche Verständigung ausschließlich auf abgeschlossene Sachverhalte. Wirkt sich der in der tatsächlichen Verständigung festgelegte Sachverhalt auch in die Zukunft aus und sollte sie sich nach dem Willen der Beteiligten auch hierauf erstrecken, tritt – gleich bleibende tatsächliche Verhältnisse vorausgesetzt – insoweit ebenfalls eine Bindung ein. Das ist z. B. der Fall bei der Festlegung der Nutzungsdauer eines Wirtschaftsgutes oder der Abgrenzung von Erhaltungs- und Herstellungsaufwendungen.

4.3 Hinsichtlich der Besteuerungsgrundlagen, die von der tatsächlichen Verständigung nicht umfasst sind, bestehen die gesetzlich festgelegten Pflichten des Finanzamts zur Ermittlung des Sachverhalts von Amts wegen (§§ 85, 88 AO), des Steuerpflichtigen zur Mitwirkung (§ 90 AO) sowie des Finanzamts und des Finanzgerichts zur Schätzung nicht ermittelbarer Besteuerungsgrundlagen (§ 162 AO, § 96 Abs. 1 FGO) fort.

5. Durchführung

Die tatsächliche Verständigung dient der Herstellung des Rechtsfriedens und der Vermeidung von Rechtsbehelfen, indem der Arbeits- und Zeitaufwand für die Ermittlung des maßgeblichen Sachverhalts auf ein vertretbares Maß beschränkt werden soll. In Fällen, denen keine wesentliche Bedeutung zukommt, soll eine Einigung außerhalb einer tatsächlichen Verständigung angestrebt werden. Es kann z. B. eine (ggf. auch fernmündliche) Einigung in Form einer Absprache für die Behandlung im Besteuerungsverfahren mit anschließendem Aktenvermerk getroffen werden.

Die Abgrenzung hat sich an der Bedeutung des Gesamtsteuerfalles zu orientieren; hierbei ist nicht kleinlich zu verfahren.

In anderen Fällen ist bei der Durchführung der tatsächlichen Verständigung Folgendes zu beachten:

5.1 Die Beteiligten müssen zu einer abschließenden Regelung befugt sein.

5.2 Wird der Steuerpflichtige durch einen Bevollmächtigten (§ 80 Abs. 1 Satz 1 AO) vertreten, muss eine entsprechende Vollmacht vorliegen. Eine uneingeschränkte Vollmacht gemäß § 80 Abs. 1 Satz 2 AO umfasst auch die Befugnis zu einer tatsächlichen Verständigung.

5.3 Auf Seiten des Finanzamts muss mindestens der für die Entscheidung über die Steuerfestsetzung zuständige, d. h. der zur abschließenden Zeichnung berechtigte Amtsträger beteiligt sein. War an dem Abschluss einer tatsächlichen Verständigung ein für die Entscheidung über die Steuerfestsetzung zuständiger Amtsträger nicht beteiligt, kann dieser Mangel durch ausdrückliche nachträgliche Zustimmung gegenüber allen Beteiligten geheilt werden.

5.4 Eine tatsächliche Verständigung soll sich grundsätzlich nur auf einen einzelnen Sachverhalt beziehen. Sollen tatsächliche Verständigungen über mehrere Sachverhalte herbeigeführt werden, sind in der Regel auch mehrere, voneinander unabhängige tatsächliche Verständigungen anzustreben. Im Hinblick auf den denkbaren Einwand des Wegfalls der Geschäftsgrundlage sollten „Paketlösungen" (Einzelregelungen, die in ihrem Bestand voneinander abhängig gemacht werden) nur dann in Erwägung gezogen werden, wenn eine Klärung der offenen Sachverhaltsfragen nur auf diesem Wege erreichbar erscheint.

5.5 Der Inhalt der tatsächlichen Verständigung ist in einfacher, aber beweissicherer Form unter Darstellung der Sachlage schriftlich festzuhalten und von den Beteiligten aus Beweisgründen zu unterschreiben. Es genügt, wenn die Ergebnisse der tatsächlichen Verständigung in dieser Form festgehalten werden. Ausführungen zu den Rechtsfolgen einer tatsächlichen Verständigung sind in der Regel nicht aufzunehmen. In dieser Niederschrift sind die Beteiligten in eindeutiger und zweifelsfreier Form auf die Bindungswirkung der tatsächlichen Verständigung hinzuweisen. Dies dient der Vermeidung von Irrtümern und den sich daraus unter Umständen ergebenden Anfechtungsmöglichkeiten. Den Beteiligten ist eine Ausfertigung der Vereinbarung auszuhändigen.

Beispiel einer Niederschrift:

Nach Erörterung der Sachlage erklären das Finanzamt ..., vertreten durch ..., – und der Steuerpflichtige ..., vertreten durch ..., übereinstimmend und verbindlich, dass [Sachverhalt].... Die tatsächliche Verständigung ist für alle Beteiligten bindend. Die Beteiligten bzw. ihre durch Vollmacht ausgewiesenen Vertreter haben am [Datum einsetzen] eine Ausfertigung der Niederschrift erhalten.

[Unterzeichnung durch die Beteiligten]

6. Rechtsfolgen

6.1 Die Bindungswirkung ergibt sich nicht erst durch die Berücksichtigung der tatsächlichen Verständigung im Steuerbescheid (BFH-Urteile vom 06.02.1991 - I R 13/86 - BStBl 1991 II S. 673, vom 31.07.1996 - XI R 78/95 - BStBl 1996 II, S. 625). Mit Abschluss der tatsächlichen Verständigung sind die Beteiligten an die vereinbarte Tatsachenbehandlung nach dem Grundsatz von Treu und Glauben gebunden, wenn sie wirksam und unanfechtbar zustande gekommen ist. Eine tatsächliche Verständigung bindet nur die an ihrem Zustandekommen Beteiligten, nicht jedoch Dritte (Ausnahme: Gesamtrechtsnachfolger).

Nachträglich bekannt gewordene Tatsachen, die die tatsächliche Verständigung hätten beeinflussen können, wenn sie vorher bekannt geworden wären, beseitigen die Bindungswirkung der tatsächlichen Verständigung regelmäßig nicht. Insoweit ist das Rechtsschutzbedürfnis für einen Rechtsbehelf bzw. ein Rechtsmittel gegen die entsprechende Steuerfestsetzung entfallen.

Eine im Rahmen einer Außenprüfung getroffene zulässige und wirksame tatsächliche Verständigung über eine bestimmte Behandlung eines Sachverhalts bindet die Finanzbehörde bereits vor Erlass der darauf beruhenden Bescheide (BFH-Urteil vom 31.07.1996 - XI R 78/95 - BStBl 1996 II, S. 625).

6.2 Die Vereinbarung ist dem Verwaltungsakt zugrunde zu legen, für den die tatsächliche Verständigung bestimmt ist. Eine Änderung des die tatsächliche Verständigung enthaltenden Verwaltungsaktes lässt die Bindungswirkung der Vereinbarung grundsätzlich unberührt.

7. Aufhebung/Änderung der tatsächlichen Verständigung

7.1 Die tatsächliche Verständigung kann von den Beteiligten einvernehmlich aufgehoben oder geändert werden. Im Hinblick auf den Zweck dieses Rechtsinstituts sollte dies jedoch auf Ausnahmefälle beschränkt bleiben.

7.2 Die Aufhebung oder Änderung des Verwaltungsaktes, dessen Bestandteil die tatsächliche Verständigung ist, kommt nur dann in Betracht, wenn dies nach den verfahrensrechtlichen Bestimmungen zulässig ist.

8. Unwirksamkeit der tatsächlichen Verständigung

8.1 Die tatsächliche Verständigung ist dann unwirksam, wenn sie unter Ausübung unzulässigen Drucks auf den Steuerpflichtigen oder durch dessen unzulässige Beeinflussung zustande gekommen ist.

Andererseits kann eine Willenserklärung des Steuerpflichtigen, die zu einer tatsächlichen Verständigung mit dem Finanzamt geführt hat, nicht deshalb angefochten werden, weil die Erklärung nur aus Sorge vor weiteren lästigen Ermittlungen und unter dem Druck eines laufenden Steuerstrafverfahrens abgegeben worden ist.

Eine tatsächliche Verständigung ist außerdem unwirksam, wenn sie zu einem offensichtlich unzutreffenden Ergebnis führt (BFH-Urteil vom 06.02.1991 - I R 13/86 - BStBl 1991 II, S. 673), d. h., wenn die Vereinbarung gegen die Regeln der Logik oder gegen allgemeine Erfahrungssätze verstößt.

8.2 Als weitere Gründe für die Unwirksamkeit der tatsächlichen Verständigung kommen die im BGB über die Willenserklärung aufgeführten Gründe zum Tragen:

- Scheingeschäft, § 117 BGB,
- Anfechtung, §§ 119, 120, 123 BGB,
- offener Einigungsmangel, § 154 BGB,
- Vertretungsmängel, z. B. nach §§ 164 ff. BGB,
- Störung der Geschäftsgrundlage, § 313 BGB.

Unwirksamkeit kann auch bei Vorliegen der Tatbestände des § 130 Abs. 2 AO gegeben sein.

Beispiel:

Wird von einem Steuerpflichtigen bei den zugrunde liegenden Erörterungen bewusst der Sachverhalt verfälscht oder verschleiert und werden für die Besteuerung wesentliche Tatsachen gegenüber der Finanzbehörde verschwiegen, so kann die tatsächliche Verständigung keine Bindungswirkung entfalten.

8.3 Werden derartige Gründe von einem der Beteiligten geltend gemacht, so ist für die weitere Behandlung der tatsächlichen Verständigung von Bedeutung, ob diese bereits in einem Verwaltungsakt berücksichtigt worden sind oder nicht.

8.3.1 Die tatsächliche Verständigung ist noch nicht in einem Verwaltungsakt berücksichtigt worden:

Variante 1: Macht der Steuerpflichtige die Unwirksamkeit der tatsächlichen Verständigung mit zutreffenden Gründen geltend, so teilt ihm das Finanzamt mit, dass sie einvernehmlich als aufgehoben anzusehen ist.

Geht das Finanzamt weiterhin vom Bestehen und der Bindungswirkung der tatsächlichen Verständigung aus, so teilt es dem Steuerpflichtigen mit, dass dessen Rechtsauffassung nicht geteilt wird und berücksichtigt die Vereinbarung bei der entsprechenden Steuerfestsetzung. Der Steuerpflichtige kann seine Rechtsauffassung in einem sich anschließenden Rechtsbehelfsverfahren gegen den Steuerbescheid weiterverfolgen.

Variante 2: Hält das Finanzamt die tatsächliche Verständigung für unwirksam, teilt es dies dem Steuerpflichtigen mit und gibt ihm Gelegenheit zur Stellungnahme. Geht das Finanzamt entgegen der Rechtsauffassung des Steuerpflichtigen weiterhin von der Unwirksamkeit der tatsächlichen Verständigung aus, ist sie bei der Steuerfestsetzung nicht zu berücksichtigen. Der Steuerpflichtige kann seine Rechtsauffassung in einem sich anschließenden Rechtsbehelfsverfahren gegen den Steuerbescheid weiterverfolgen.

8.3.2 Die tatsächliche Verständigung ist bereits in einem Verwaltungsakt berücksichtigt worden:

Die Unwirksamkeit der tatsächlichen Verständigung kann sich nur dann steuerlich auswirken, wenn die betreffende Steuerfestsetzung verfahrensrechtlich noch geändert werden kann (z. B. gemäß §§ 164, 172 ff., 367 Abs. 2 Satz 2 AO).

Verschweigt z. B. der Steuerpflichtige dem Finanzamt steuererhebliche Tatsachen bei Abschluss der tatsächlichen Verständigung, kann der daraus erwachsene Steuerbescheid gemäß § 173 Abs. 1 Nr. 1 AO geändert werden. Eine Änderung kann auch bei Vorliegen der Voraussetzungen des § 172 Abs. 1 Nr. 2 Buchstabe c AO erfolgen.

8.4 Nach Wegfall der tatsächlichen Verständigung sind jedoch regelmäßig weitere Ermittlungen zur Feststellung der Besteuerungsgrundlagen erforderlich. Die hierbei erstmalig bekannt gewordenen Tatsachen oder Beweismittel können z. B. eine Änderung der Steuerfestsetzung nach § 173 AO zur Folge haben.

Dieses Schreiben wird im Bundessteuerblatt Teil I veröffentlicht.

BMF-Schreiben v. 20.5.2009 - IV C 6 - S 2134 /07/10005, BStBl 2009 I S. 671

Anwendung der Grundsätze des BFH-Urteils vom 17. Juli 2008 - I R 77/06 - (BStBl 2009 II S. 447)

Mit Urteil vom 17. Juli 2008 - I R 77/06 - (BStBl 2009 II S. 464) hat der BFH entschieden, dass

1. die Einbringung eines Wirtschaftsguts als Sacheinlage in eine KG auch ertragsteuerlich insoweit als Veräußerungsgeschäft anzusehen sei, als ein Teil des Einbringungswerts in
2. eine Kapitalrücklage eingestellt wird,
3. eine das gesamte Nennkapital umfassende Beteiligung an einer Kapitalgesellschaft kein Teilbetrieb im Sinne von § 24 Abs. 1 UmwStG 1995 sei und
4. die so genannte Theorie der finalen Entnahme keine ausreichende gesetzliche Grundlage habe und auf einer unzutreffenden Beurteilung der Besteuerungshoheit bei ausländischen Betriebsstätten inländischer Stammhäuser beruhe.

zu 1. – Sacheinlage auch bei teilweiser Einbuchung in eine Kapitalrücklage als Veräußerungsgeschäft

Die Entscheidung des BFH widerspricht der unter Tz. 2b geäußerten Auffassung der Finanzverwaltung im BMF-Schreiben vom 26. November 2004, BStBl 2004 I S. 1190), wonach bei Buchung auf einem gesamthänderisch gebundenen Rücklagenkonto eine verdeckte Einlage vorliegt.

zu 2. – 100 %ige Beteiligung an Kapitalgesellschaft ist kein Teilbetrieb im Sinne von § 24 Abs. 1 UmwStG 1995

Die Entscheidung des BFH widerspricht der Auffassung der Finanzverwaltung in Rz. 24.03 des BMF-Schreibens vom 25. März 1998 (BStBl 1998 I S. 268 – UmwSt-Erlass), wonach eine das gesamte Nennkapital umfassende Beteiligung an einer Kapitalgesellschaft einen Teilbetrieb im Sinne des § 24 Abs. 1 UmwStG darstellt.

zu 3. – Aufgabe der finalen Entnahmetheorie

Die Entscheidung des BFH widerspricht der bis zum Veranlagungszeitraum 2006 geltenden Auffassung der Finanzverwaltung in Rz. 2.6.1 des BMF-Schreibens vom 24. Dezember 1999 (BStBl 1999 I S. 1076 – sog. Betriebsstätten-Erlass), wonach bei der Überführung von Wirtschaftsgütern aus dem inländischen Betrieb eines Steuerpflichtigen in seine ausländische Betriebsstätte eine Entnahme vorliegt, wenn der Gewinn der ausländischen Betriebsstätte aufgrund eines Doppelbesteuerungsabkommens nicht der inländischen Besteuerung unterliegt.

Die Erörterung mit den obersten Finanzbehörden der Länder hat zur Anwendung der Grundsätze des BFH-Urteils vom 17. Juli 2008 (a. a. O.) Folgendes ergeben:

zu 1. – Sacheinlage auch bei teilweiser Einbuchung in eine Kapitalrücklage als Veräußerungsgeschäft

Die Rechtsauffassung des BFH, wonach ein vollentgeltlicher Vorgang anzunehmen ist, wenn die Sacheinlage zum Teil auf dem Kapitalkonto und zum Teil auf einem gesamthänderisch gebundenen Rücklagenkonto gebucht wird, ist in allen offenen Fällen anzuwenden. Sofern die Rechtsauffassung des BFH für den Steuerpflichtigen zu einer Verschärfung gegenüber der bisher geltenden Auffassung der Finanzverwaltung führt, kann auf Antrag die bisherige Verwaltungsauffassung in Tz. 2b des BMF-Schreibens vom 26. November 2004 (BStBl 2004 I S. 1190) für Übertragungsvorgänge bis zum 30. Juni 2009 weiterhin angewendet werden. Voraussetzung hierfür ist, dass der das Wirtschaftsgut Übertragende und der Übernehmer des Wirtschaftsguts einheitlich verfahren und dass der Antragssteller damit einverstanden ist, dass die Anwendung der Übergangsregelung z. B. die Rechtsfolge des § 23 Abs. 1 Satz 5 Nr. 1 EStG auslöst. Bei Anwendung der Übergangsregelung liegt, soweit eine Gegenbuchung teilweise auch auf einem gesamthänderisch gebundenen Rücklagenkonto erfolgt, ein unentgeltlicher Vorgang (verdeckte Einlage) vor; ein entgeltlicher Vorgang liegt insoweit vor, als die Gegenbuchung auf dem Kapitalkonto erfolgt.

zu 2. – 100 %ige Beteiligung an einer Kapitalgesellschaft ist kein Teilbetrieb im Sinne von § 24 Abs. 1 UmwStG 1995

Die Rechtsauffassung des BFH ist im Vorgriff auf eine gesetzliche Regelung zur Wiederherstellung der bisherigen Verwaltungsauffassung zum UmwStG 1995 (also Behandlung einer 100 %igen Beteiligung an einer Kapitalgesellschaft als Teilbetrieb i. S. d. § 24 UmwStG 1995) sowie im zeitlichen Anwendungsbereich des SEStEG nicht anzuwenden. Bis zu dieser gesetzlichen Regelung ist eine 100 %ige Beteiligung an einer Kapitalgesellschaft als Teilbetrieb i. S. d. § 24 UmwStG 1995 bzw. des UmwStG i. d. F. des SEStEG zu behandeln.

zu 3. – Aufgabe der finalen Entnahmetheorie

Die Grundsätze des BFH-Urteils sind über den entschiedenen Einzelfall nicht anzuwenden.

Der BFH hat die jahrzehntelang von Rechtsprechung und Verwaltung angewendete sog. Theorie der finalen Entnahme ausdrücklich aufgegeben. Er begründet seine geänderte Rechtsauffassung im Ergebnis mit einer geänderten Auslegung des Abkommensrechts, wonach die Überführung eines Wirtschaftsguts aus dem Inland in eine ausländische Betriebsstätte nicht (mehr) zu einem Verlust des Besteuerungsrechts an den im Inland entstandenen stillen Reserven führen soll. Deshalb bestehe kein Bedürfnis, den Vorgang als Gewinnrealisierungstatbestand anzusehen und es fehle an einer Rechtsgrundlage (während nach der früheren Rechtsprechung offenbar § 4 Abs. 1 EStG als ausreichend angesehen wurde).

Der Gesetzgeber geht hingegen mit der Aufnahme der gesetzlichen Entstrickungsregelungen im Gesetz über steuerliche Begleitmaßnahmen zur Einführung der Europäischen Gesellschaft und zur Änderung weiterer steuerrechtlicher Vorschriften (SEStEG) vom 7. Dezember 2006 (BGBl 2006 I S. 2782) von einer anderen Auslegung des Abkommensrechts aus. § 4 Abs. 1 Satz 3 EStG i. d. F. des SEStEG beinhaltet – ausweislich der Gesetzesbegründung – „eine Klarstellung zum geltenden Recht. Der bisher bereits bestehende höchstrichterlich entwickelte und von der Finanzverwaltung angewandte Entstrickungstatbestand der Aufdeckung der stillen Reserven bei Wegfall des deutschen Besteuerungsrechts auf Wirtschaftsgüter des Betriebsvermögens wird nunmehr gesetzlich geregelt und in das bestehende Ertragsteuersystem eingepasst." (BT-Drs. 16/2710 S. 28). Mit der Anknüpfung der Entstrickung an den Verlust oder die Beschränkung des abkommensrechtlichen Besteuerungsrechts wird insbesondere der Fall der Überführung eines Wirtschaftsgutes von einem inländischen Betrieb in eine ausländische (DBA-)Betriebsstätte umfasst. Diese Auslegung des Abkommensrechts entspricht nicht nur den OECD-Grundsätzen (Kommentar zu Art. 7 OECD-MA 2005, Tz. 15), sondern auch der internationalen Verwaltungspraxis.

Im Vorgriff auf mögliche gesetzliche Regelungen sind für Überführungen und Übertragungen von Wirtschaftsgütern vor Anwendung der Entstrickungsregelungen im SEStEG die Grundsätze des BFH-Urteils über den entschiedenen Einzelfall hinaus nicht anzuwenden. Die gesetzlichen Entstrickungsregelungen des SEStEG (u. a. § 4 Abs. 1 Satz 3 EStG und § 12 Abs. 1 KStG) werden von den Urteilsgrundsätzen nicht berührt.

BMF-Schreiben v. 13.7.2009 - IV B 5 - S 2118-a /07/10004, BStBl 2009 I S. 835

Bayerisches Landesamt für Steuern v. 31.7.2009 S 1366 .1.1-3/5 St32/St33

Einkommensteuer; Umfang der Besteuerung, Begriffsbestimmungen, ausländische Einkünfte; Veröffentlichung des BFH-Urteils vom 17. Juli 2008 - I R 84/04; Nichtanwendung der Urteilsgrundsätze in vergleichbaren Fällen

Mit Urteil vom 17. Juli 2008, I R 84/04 (BStBl 2009 II S. 630), hat der BFH entschieden, dass auch nach Streichung des § 2a Abs. 3 EStG a. F. Verluste aus einer ausländischen Betriebsstätte, deren Einkünfte nach einem DBA im Inland steuerfrei gestellt sind, prinzipiell nicht im Inland abzugsfähig sind. Abweichend davon soll nach Meinung des BFH jedoch ein phasengleicher Verlustabzug (im Verlustentstehungsjahr) in Betracht kommen, sofern und soweit der Steuerpflichtige den Nachweis erbringt, dass diese Verluste im Betriebsstättenstaat unter keinen Umständen verwertbar sind.

Nach dem Ergebnis der Erörterung mit den obersten Finanzbehörden der Länder nehme ich zur Anwendung des BFH-Urteils vom 17. Juli 2008, I R 84/04, wie folgt Stellung:

Die Urteilsgrundsätze sind über den entschiedenen Einzelfall hinaus nicht anzuwenden.

Die dem BFH-Urteil zugrunde liegende EuGH-Entscheidung in der Rechtssache C-414/06 „Lidl" (BStBl 2009 II S. 692) hat den Abzug von Betriebsstättenverlusten im Inland ausgeschlossen, sofern nach einem DBA diese Betriebsstätteneinkünfte im Inland steuerfrei gestellt sind, wenn die Verluste im Betriebsstättenstaat in künftigen Steuerzeiträumen berücksichtigt werden können. Der EuGH stellt damit allein auf die rechtliche Möglichkeit der Verlustberücksichtigung im Betriebsstättenstaat ab. Ob tatsächlich ein Verlustabzug erfolgt bzw. der Steuerpflichtige diesen in Anspruch nimmt, ist dabei unerheblich.

Da erst im Rahmen des vorgenannten EuGH-Verfahrens bekannt wurde, dass in dem Streitfall „Lidl" die im Inland zum Abzug beantragten Betriebsstättenverluste bereits in späteren Veranlagungszeiträumen im Betriebsstättenstaat berücksichtigt werden konnten, musste der BFH das Revisionsverfahren zur Aufklärung der erforderlichen Tatsachen an das zuständige Finanzgericht zurückverweisen. Aufgrund dessen können auch keine weiteren Rückschlüsse aus der Entscheidung des BFH – insbesondere auch nicht zu den Aussagen zum phasen-gleichen Verlustabzug (im Verlustentstehungsjahr) – in Bezug auf die Beurteilung in vergleichbaren Fällen gezogen werden.

Dieses Schreiben wird im Bundessteuerblatt I veröffentlicht.

BMF, Schreiben v. 10.11.2015 - IV B 6 - S 1301/11/10002, 2015/0811184, IWB 24/2015 S. 908

Anwendung der Abkommen über den steuerlichen Informationsaustausch (Tax Information Exchange Agreement - TIEA)

Unter Bezugnahme auf das Ergebnis der Erörterungen mit den Vertretern der obersten Finanzbehörden der Länder gelten in Ergänzung der BMF-Schreiben vom 25. Mai 2012 - IV B 6 - S 1320/07/10004 - (BStBl I S. 599) und vom 16. November 2006 - IV B 1 - S 1320 - 66/06 - (BStBl I S. 698) für die Anwendung der Abkommen über den steuerlichen Informationsaustausch die nachfolgenden Grundsätze.

Allgemeines

Die von Deutschland geschlossenen Abkommen über den steuerlichen Informationsaustausch (*Tax Information Exchange Agreement - TIEA*) bieten die Möglichkeit, behördliche Unterstützung durch Informationsaustausch auf Ersuchen im Einzelfall für Zwecke des Besteuerungsverfahrens oder des Steuerstraf- und Bußgeldverfahrens in Anspruch zu nehmen. Ein spontaner oder automatischer Informationsaustausch ist in diesen Abkommen nicht vorgesehen. Der Inhalt und Aufbau der Abkommen entsprechen weitgehend dem OECD-Musterabkommen für Informationsaustausch in Steuersachen aus dem Jahr 2002.

Amtshilfe wird auf Ersuchen durch Übermittlung von steuerlich voraussichtlich erheblichen Informationen regelmäßig für die Einkommensteuer, die Körperschaftsteuer, Gewerbesteuer, Vermögensteuer, Umsatzsteuer, Versicherungsteuer, Erbschaftsteuer und die darauf erhobenen Zuschläge gewährt. Einzelheiten sind in der Übersicht (Anlage 1) enthalten. Darüber hinaus sieht eine Reihe von Abkommen die Möglichkeit vor, dass Bedienstete der ersucheden Vertragspartei in das Gebiet der ersuchten Vertragspartei einreisen und mit Zustimmung der von dem Ersuchen betroffenen Personen diesen Fragen stellen und Dokumente einsehen können. Zudem dürfen ausländische Bedienstete mit Zustimmung der ersuchten Vertragspartei bei steuerlichen Außenprüfungen anwesend sein.

Die TIEAs stellen zugleich auch bilaterale Verträge auf dem Gebiet der justiziellen Rechtshilfe in Steuerstrafsachen dar. Insoweit gelten auch die Grundsätze der justiziellen Rechtshilfe. Die Rechtshilfe, die nach diesen Abkommen gewährt wird, ist auf die Übermittlung von Informationen, die der Förderung eines Steuerstraf- oder Bußgeldverfahrens dienen, beschränkt („Informationsrechtshilfe"). Dabei schließt die Rechtshilfe die Beschaffung der erbetenen Informationen durch die ersuchte Vertragspartei ein. Die ersuchte Vertragspartei bestimmt, inwieweit sie zur Aufklärung des strafrechtlich relevanten Sachverhalts strafprozessuale Maßnahmen, wie z. B. Durchsuchungen oder Zeugenvernehmungen anwendet.

Die nachfolgenden Ausführungen berühren nicht die Möglichkeiten, Rechtshilfe auf der Grundlage anderer Abkommen oder vertragslose Rechtshilfe in Anspruch zu nehmen.

Amtshilfe für Zwecke des Besteuerungsverfahrens

Für den Amtshilfeweg gelten die im BMF-Schreiben vom 25. Mai 2012 - IV B 6 - S 1320/07/10004 - (BStBl I S. 599) festgelegten Grundsätze sowie die Dienstweg-regelungen der Länder.

Die Anforderungen an ein Auskunftsersuchen nach TIEA, insbesondere an Form und Inhalt, sind in dem Artikel 5 des OECD-Musterabkommens für Informationsaustausch in Steuersachen entsprechenden Bestimmungen der jeweiligen Abkommen definiert (siehe Texte der Abkommen auf

http://www.bundesfinanzministerium.de/Web/DE/Themen/Steuern/Internationales_Steuerrecht/Staatenbezogene_Informationen/staatenbezogene_info.html).

Für Auskunftsersuchen nach den Abkommen über den steuerlichen Informationsaustausch ist das Standardformblatt, das im wesentlichem dem von der OECD entwickelten Standardformblatt entspricht, zu verwenden (Anlage 2). Das Standardformblatt erfüllt sämtliche Formerfordernisse und abzugebende Erklärungen. Der dem Ersuchen zugrunde liegende Sachverhalt ist ausführlich und umfassend darzustellen. Auf die Verwendung komplizierter Fachausdrücke und von Gesetzeszitaten sollte jedoch verzichtet werden. Hierdurch werden unter anderem zu Verzögerungen führende Rückfragen der zuständigen Behörden der anderen Vertragspartei vermieden. Fragen sind so detailliert wie möglich zu stellen. Sollen zum Beispiel Kontoinformationen über einen Steuerpflichtigen angefordert werden, sollten auch die gemeinsam mit Dritten geführten Konten und sämtliche Konten, für die der Steuer- pflichtige Zeichnungsberechtigter oder Endbegünstigter ist, abgefragt werden. Weitere Beispiele für Fragen für die Formulierung von Ersuchen bezogen auf bestimmte Sachverhalte sind auf dem KTZ-Server erhältlich (http://wiki.ktz.testa-de.net/cgi-bin/twiki/view/TIEA/WebStartseite).

Um Auskünfte für das Besteuerungsverfahren kann nur für Besteuerungszeiträume ersucht werden, die am Tag oder nach dem Tag des Inkrafttretens des Abkommens beginnen. Wenn es keine Besteuerungszeiträume gibt, sind die Abkommen für Steuerbeträge anwendbar, die am oder ab dem Tag des Inkrafttretens entstehen. Es kann aber auch um Informationen ersucht werden, die in der Zeit vor dem Inkrafttreten und der erstmaligen Anwendung des Abkommens angefallen sind, sofern die erbetenen Informationen sich auf Besteuerungszeiträume beziehen bzw. für diese relevant sind, für die das Abkommen zeitlich anwendbar ist. Die nach diesen Abkommen erhaltenen Informationen dürfen auch für Besteuerungszeiträume verwendet werden, die vor dem Tag des Inkrafttretens liegen.

Amtshilfe und Steuerstrafverfahren

Die Steuerfahndung kann im Zusammenhang mit Steuerstraftaten und Steuerordnungswidrigkeiten sowohl im Steuerstraf- als auch im Besteuerungsverfahren tätig werden.

Ein anhängiges Steuerstrafverfahren sperrt nicht den Amtshilfeweg. Ob der Amtshilfeweg oder der Rechtshilfeweg beschritten wird, richtet sich nach den folgenden Grundsätzen.

Haben sich erste Anhaltspunkte für die Begehung einer Steuerstraftat oder -ordnungswidrigkeit zu einem Anfangsverdacht verdichtet und ist daher ein Steuerstraf- oder Bußgeldverfahren eingeleitet worden, ist der Rechtshilfeweg zu beschreiten, wenn das Steuerstrafverfahren gefördert werden soll. Dies gilt auch dann, wenn im Zusammenhang mit dem steuerstrafrechtlichen bzw. bußgeldrechtlichen Ermittlungsverfahren die Besteuerungsgrundlagen ermittelt werden sollen (BFH vom 6. Februar 2001 VII B 277/0, BStBl II 2001, 306). Die so erlangten Auskünfte können unmittelbar im Besteuerungsverfahren verwendet werden.

Die Finanzbehörden können nach den TIEAs auch nach Einleitung eines Steuerstrafverfahrens unter Beachtung des § 393 AO (i. V. m. §§ 77 Abs. 1, 1 Abs. 3 IRG) um Informationen im Wege der Amtshilfe ersuchen, wenn mit der im Ersuchen begehrten Auskunft das Besteuerungsverfahren gefördert werden soll, insbesondere durch die Feststellung der steuerlich relevanten Sachverhalte und Besteuerungsgrundlagen. Nach Einleitung des Steuerstrafverfahrens kann damit nur im Wege der Amtshilfe um die Erteilung von Auskünften ersucht werden, soweit/sofern die Ermittlungsmaßnahme objektiv nicht der Ver-folgung der Steuerstraftat dient.

Für Verfahrensabschnitte vor Einleitung des Steuerstrafverfahrens (z. B. Vorfeldermittlungen der Steuerfahndung nach § 208 Abs. 1 Nr. 3 AO) kann um zwischenstaatliche Unterstützung durch Informationsaustausch nur auf dem Amtshilfeweg ersucht werden (siehe auch AStBV (St) 2014 Nr. 12), d. h. über das Bundeszentralamt für Steuern.

Amtshilfeersuchen für Zeiträume vor dem Inkrafttreten der Abkommen zwecks Feststellung der Besteuerungsgrundlagen soweit Steuern hinterzogen wurden

In Fällen, in denen davon auszugehen ist, dass Steuern hinterzogen wurden und die Besteuerungsgrundlagen im Wege der Amtshilfe ermittelt werden sollen (§ 169 Abs. 2 Satz 2 AO), kann das Ersuchen, da es sich auf eine „Steuerstrafsache" im Sinne der Abkommen bezieht, auch für Zeiträume vor dem Inkrafttreten der Abkommen gestellt werden (Ausnahmen: Abkommen mit Liechtenstein, Bermuda und Bahamas). Dies sind insbesondere Fälle, in denen ein Steuerstrafverfahren aufgrund von Strafverfolgungshindernissen nicht mehr betrieben werden kann, jedoch die Besteuerungsgrundlagen im Hinblick auf die noch mögliche Steuerfestsetzung ermittelt werden sollen (BFH vom 29.Oktober 1986, I B 28/86, BStBl II 1987, 440; BFH vom 16. Dezember 1997, VII B 45-97, BStBl II 1998, 231).

Rechtshilfe im Steuerstraf- und Bußgeldverfahren

Nach den TIEAs kann um Rechtshilfe zur Förderung des Steuerstraf- oder Bußgeldverfahrens ersucht werden. Rechtshilfe wird nach den TIEAs durch Übermittlung von Informationen gewährt, die der Förderung des Steuerstraf- oder Bußgeldverfahrens dienen („Informationsrechtshilfe"). Wie sich der ersuchte Staat die erbetenen Informationen verschafft, hängt vom dortigen innerstaatlichen Recht ab.

Das Ersuchen ist durch die zuständigen Stellen der Finanzverwaltung auf dem jeweils vorgesehenen Dienstweg an das Bundesamt für Justiz als Bewilligungsbehörde zu leiten (§ 74 Abs. 2 IRG i. V. m. Nr. 5 Buchst. c Zuständigkeitsvereinbarung 2004[1], Nrn. 7, 30, 127 RiVASt). Die jeweils einschlägigen Landesbestimmungen über die Ausübung der Befugnisse für die Rechtshilfe in strafrechtlichen Angelegenheiten und über den Geschäftsweg bei Erstellung von Ersuchen sind zu beachten.

[1] Vereinbarung zwischen der Bundesregierung und den Landesregierungen über die Zuständigkeit im Rechtshilfeverkehr mit dem Ausland in strafrechtlichen Angelegenheiten vom 28. April 2004 (BAnz. Nr. 100 vom 29. Mai 2005, S. 11494).

Führen die Finanzbehörden das Ermittlungsverfahren selbständig durch (§ 399 Abs. 1 AO i. V. m. § 386 Abs. 2 AO) und leiten sie das Ersuchen dem Bundesamt für Justiz direkt zu, soll gegenüber dem Bundesamt für Justiz eine für dieses Land zuständige Finanzbehörde festgelegt werden.

Die erforderlichen Übersetzungen sind von der Behörde zu beschaffen, die das dem Ersuchen zugrunde liegende Verfahren betreibt (Nr. 14 RiVASt). Ersuchen können auch für Zeiträume gestellt werden, die vor dem Inkrafttreten des TIEAs liegen. Dies gilt jedoch nicht für die Abkommen mit Liechtenstein, Bermuda und Bahamas. Um Auskünfte im Wege der Rechtshilfe kann die zuständige Liechtensteinische Behörde nur für Zeiträume beginnend ab dem 1. Januar 2010, die zuständige Behörde Bermudas für Zeiträume ab dem 1. Januar 2013 und die zuständige Behörde Bahamas für Zeiträume ab dem 1. Januar 2012 ersucht werden. Alle nach den Abkommen erhaltenen Auskünfte können auch für die Beurteilung von Zeiträumen herangezogen werden, die vor dem Inkrafttreten oder der erstmaligen Anwendung des Abkommens liegen.

Anwesenheit in- oder ausländischer Bediensteter bei Ermittlungshandlungen im anderen Vertragsstaat im Wege der Amtshilfe

Die von Deutschland geschlossenen Abkommen über den Informationsaustausch in Steuersachen sehen entsprechend Art. 6 Abs. 1 OECD-Musterabkommen über den Informationsaustausch die Möglichkeit vor, dass Bedienstete der ersuchenden Vertragspartei in das Gebiet der ersuchten Vertragspartei einreisen und dort zur besseren Kommunikation mit dem Ziel einer leichteren und schnelleren Sachverhaltsaufklärung bestimmte eigenständige Ermittlungshandlungen vornehmen können. Danach dürfen Bedienstete der ersuchenden Vertragspartei im Hoheitsgebiet der ersuchten Vertragspartei Beteiligte mit deren Zustimmung befragen und Unterlagen prüfen. Voraussetzung hierfür ist, dass diese Vorgehensweise nach dem Recht der ersuchten Vertragspartei zulässig ist und die zuständige Behörde der ersuchten Vertragspartei die Einreise zum Zwecke der vorgenannten Ermittlungshandlungen gestattet hat.

Wird ein solches Ersuchen an die deutsche Steuerverwaltung gerichtet, wird das Bundeszentralamt für Steuern in Absprache mit der zuständigen obersten Landesfinanzbehörde die betroffenen inländischen Beteiligten unterrichten und um Abgabe einer schriftlichen Einwilligungserklärung bitten. Diese Einwilligungserklärung kann inhaltlich begrenzt werden. Weitere Voraussetzung ist die Zustimmung des Bundeszentralamtes für Steuern und der zuständigen obersten Landesfinanzbehörde, die Ermittlungshandlungen der ausländischen Bediensteten zu dulden. Die Zustimmung wird nur unter der Bedingung erteilt, dass inlän-dische Bedienstete während der gesamten Dauer der Befragung und der Einsichtnahme der Unterlagen anwesend sind.

Darüber hinaus kann die Anwesenheit ausländischer Bediensteter bei den für die Informationsbeschaffung relevanten Abschnitten steuerlicher Prüfungshandlungen gestattet werden. Hierzu zählen insbesondere steuerliche Außenprüfungen, Inaugenscheinnahme und Befragungen von Personen. Diese Anwesenheit ist jedoch nicht als Vornahme von Prüfungshandlungen zu verstehen. Der hinzugezogene ausländische Bedienstete darf lediglich während der relevanten Abschnitte der Prüfungshandlungen anwesend sein und Beweismittel, die ihm durch Vermittlung der Vertreter der ersuchten Vertragspartei zugängig gemacht werden, selbst würdigen. § 117 Abs.4 AO ist zu beachten. Erforderlich hierfür ist ebenso die Zustim-mung des Bundeszentralamtes für Steuern und der zuständigen obersten Landesfinanz-behörde.

Will die deutsche Finanzbehörde, dass Bedienstete ihrer Verwaltung bei Ermittlungshandlungen der ersuchten Behörde im Ausland anwesend sind, ist ein entsprechendes Ersuchen dem Bundeszentralamt für Steuern auf dem Dienstweg zuzuleiten. Das Bundeszentralamt für Steuern koordiniert das weitere Verfahren.

Anwesenheit in- oder ausländischer Bediensteter zum Zwecke der Strafverfolgung

Soll durch die Anwesenheit in- oder ausländischer Bediensteter, insbesondere Angehörige der Steuerfahndung das Strafverfahren gefördert werden, kann dies nicht auf die in Artikel 6 des OECD- Musterabkommens für Informationsaustausch in Steuersachen entsprechenden Bestimmungen der Abkommen gestützt werden. Es sind die übrigen Regelungen über die internationale Rechtshilfe in Strafsachen zu beachten und gegebenenfalls das Einvernehmen innerhalb der Bundesregierung herzustellen.

BMF, Schreiben v. 22.12.2016 - IV B 5 - S 1341/12/10001-03, BStBl 2017 I S. 182[1]

Grundsätze für die Anwendung des Fremdvergleichsgrundsatzes auf die Aufteilung der Einkünfte zwischen einem inländischen Unternehmen und seiner ausländischen Betriebsstätte und auf die Ermittlung der Einkünfte der inländischen Betriebsstätte eines ausländischen Unternehmens nach § 1 Absatz 5 des Außensteuergesetzes und der Betriebsstättengewinnaufteilungsverordnung (Verwaltungsgrundsätze Betriebsstättengewinnaufteilung – VWG BsGa)

Unter Bezugnahme auf das Ergebnis der Erörterung mit den Vertretern der obersten Finanzbehörden der Länder gilt für die Prüfung der Aufteilung der Einkünfte zwischen einem inländischen Unternehmen und seiner ausländischen Betriebsstätte und für die Prüfung der Ermittlung der Einkünfte der inländischen Betriebsstätte eines ausländischen Unternehmens Folgendes:

Inhaltsverzeichnis

BMF-Schr.

[1] Die VWG BsGA wurden durch das BMF v. 17.12.2019 (BStBl 2020 I S. 84) geändert. Es wurde eine neue Tz. 6a eingefügt.

1. Allgemeines

1.1 Regelungsziel

1 § 1 Absatz 5 AStG und die BsGaV setzen den Inhalt des OECD-Betriebsstättenberichts in innerstaatliches Recht um. Der OECD-Betriebsstättenbericht beruht auf den international entwickelten Grundsätzen (Authorised OECD Approach – AOA) zur Anwendung des Fremdvergleichsgrundsatzes auf die grenzüberschreitende Ermittlung der Einkünfte einer Betriebsstätte, wenn die Betriebsstätte eines Unternehmens ihre Geschäftstätigkeit in einem anderen Staat ausübt als dem, in dem das Unternehmen ansässig ist. Nach dem AOA sind einer Betriebsstätte die Gewinne (dies schließt begrifflich Verluste mit ein) zuzurechnen, die sie – insbesondere in ihren wirtschaftlichen Beziehungen (sog. Dealings) mit dem übrigen Unternehmen – erzielen würde, wenn sie ein selbständiges und unabhängiges Unternehmen wäre (OECD-Betriebsstättenbericht, Teil I Tz. 8). Der Begriff „übriges Unternehmen" bezeichnet alle Teile des Unternehmens mit Ausnahme der betreffenden Betriebsstätte.

2 Die Besteuerung grenzüberschreitender Geschäftsvorfälle (§ 1 Absatz 4 AStG) zwischen einer Betriebsstätte und dem übrigen Unternehmen erfolgt nach den gleichen Grundsätzen wie die Besteuerung entsprechender Geschäftsvorfälle zwischen nahe stehenden Personen (siehe insbesondere § 1 Absatz 1 und 3 AStG). Damit wird eine Betriebsstätte für die Gewinnaufteilung im Verhältnis zu dem Unternehmen, zu dem sie gehört, weitgehend einem diesem nahe stehenden Unternehmen gleich gestellt. Zu diesem Zweck ist es erforderlich zu entscheiden, welche Funktionen, Vermögenswerte, Chancen und Risiken des Unternehmens der Betriebsstätte zuzuordnen sind und welcher Anteil des Eigenkapitals des Unternehmens (Dotationskapital) der Betriebsstätte zuzuordnen ist (§ 1 Absatz 5 Satz 3 AStG und §§ 4 bis 15 BsGaV). Zu den zuzuordnenden Chancen und Risiken gehören ggf. auch bestimmte Geschäftsvorfälle des Unternehmens (§ 9 BsGaV).

3 Zur weitgehenden Annäherung der steuerlichen Behandlung von Betriebsstätten im Verhältnis zu nahe stehenden Personen gehört darüber hinaus auch, dass zwischen einer Betriebsstätte und dem übrigen Unternehmen Geschäftsvorfälle (§ 1 Absatz 4 Satz 1 AStG) stattfinden können, die dazu führen, Vertragsbeziehungen jeder Art zu fingieren (anzunehmende schuldrechtliche Beziehungen i. S. d. § 1 Absatz 4 und 5 AStG, § 16 BsGaV, siehe Rn. 164 ff.), die auch zwischen nahe stehenden Unternehmen denkbar sind. Der Unterschied zwischen dem Betriebsstättenfall und dem Fall nahe stehender Personen besteht darin, dass zwischen nahe stehenden Personen im Regelfall ein gültiger zivilrechtlicher Vertrag vorliegt, während im Betriebsstättenfall ein solcher Vertrag nicht mit zivilrechtlicher Wirkung abgeschlossen werden kann, so dass in diesem Fall auf einen wirtschaftlichen Vorgang abgestellt werden muss, der dann eine anzunehmende schuldrechtliche Beziehung auslöst.

4 Die konkrete Qualifikation der anzunehmenden schuldrechtlichen Beziehung (z. B. fiktiver Kauf-, Dienstleistungs- oder Nutzungsüberlassungsvertrag) hängt von der durchzuführenden Funktions- und Risikoanalyse des wirtschaftlichen Vorgangs im Verhältnis der Betriebsstätte zum übrigen Unternehmen ab, die von den jeweils ausgeübten Personalfunktionen ausgeht. Die Qualifikation der anzunehmenden schuldrechtlichen Beziehung erfolgt unabhängig davon, ob im Einzelfall entsprechend dem

Fremdvergleichsgrundsatz der Verrechnungspreis für die anzunehmende schuldrechtliche Beziehung (§ 16 BsGaV) zu korrigieren ist.

5 Weil grundsätzlich alle Arten von Vertragsbeziehungen fingiert werden können (siehe aber einschränkend Rn. 174 f. zu fiktiven Darlehen), sind für Betriebsstätten auch Verrechnungssysteme anzuerkennen, die auf vergleichbaren Grundsätzen beruhen wie Kostenumlagen (OECD-Betriebsstättenbericht, Teil I Tz. 211 ff.), wenn in der Sache die Voraussetzungen dafür vorliegen (siehe VWG Umlageverträge; anstelle der dort geforderten schriftlichen Verträge reichen klare unternehmensinterne Aufzeichnungen [siehe Rn. 63] und die entsprechende Durchführung in der Hilfs- und Nebenrechnung aus).

6 Trotz der weitgehenden Annäherung von Betriebsstätten (Artikel 7 OECD-MA, § 1 Absatz 5 AStG) und verbundenen Unternehmen bzw. nahe stehenden Personen (Artikel 9 OECD-MA, § 1 Absatz 1 AStG) bei der Gewinnaufteilung bzw. Gewinnermittlung verbleiben Unterschiede, die darauf beruhen, dass eine Betriebsstätte zivilrechtlich unverändert ein untrennbarer Teil des Unternehmens ist, zu dem sie gehört. Diese Unterschiede erfordern es, die Betriebsstätte nicht völlig uneingeschränkt wie ein eigenständiges und unabhängiges Unternehmen zu behandeln, § 1 Absatz 5 Satz 2 letzter Halbsatz AStG. Die Unterschiede sind abschließend in der BsGaV geregelt. Wegen dieser Unterschiede sind für Betriebsstätten z. B.

- die Zuordnungsregelungen der §§ 5 bis 11 BsGaV erforderlich, um der Betriebsstätte die Zuordnungsgegenstände – unabhängig von deren Erfassung als Bestandteile der Hilfs- und Nebenrechnung (§ 3 BsGaV) – zuordnen zu können,
- die Bestandteile der Passivseite der Hilfs- und Nebenrechnung nach §§ 12 ff. BsGaV (insbesondere Dotationskapital) zu bestimmen und
- die übrigen Passivposten ggf. nach § 14 Absatz 3 BsGaV indirekt zuzuordnen.

7 Eine Betriebsstätte teilt die Kreditwürdigkeit (sog. Rating) des Unternehmens, zu dem sie gehört (OECD-Betriebsstättenbericht, Teil I Tz. 99). Demgegenüber kann für ein rechtlich selbständiges verbundenes Unternehmen bzw. nahe stehende Person nicht davon ausgegangen werden, dass in jedem Fall dieselbe Kreditwürdigkeit besteht wie für die betreffende Obergesellschaft oder die Unternehmensgruppe.

8 Dieses BMF-Schreiben regelt die Grundsätze der Finanzverwaltung für die Prüfung der Anwendung des Fremdvergleichsgrundsatzes im Regelungsrahmen des § 1 Absatz 1 AStG in allen grenzüberschreitenden Fällen „einfacher Betriebsstätten" (siehe Rn. 13), unabhängig davon, ob im jeweiligen Fall ein DBA anwendbar ist oder nicht (siehe aber § 1 Absatz 5 Satz 8 AStG, der ggf. die Anwendbarkeit von § 1 Absatz 5 Satz 1 bis 7 AStG in DBA-Fällen einschränkt, und Rn. 427 ff.). Grenzüberschreitend sind Betriebsstättensachverhalte (§ 1 Absatz 5 AStG), wenn

- die Einkünfte zwischen einem inländischen Unternehmen und seiner ausländischen Betriebsstätte aufzuteilen sind (Betriebsstättengewinnaufteilung) oder
- die Einkünfte einer inländischen Betriebsstätte eines ausländischen Unternehmens zu ermitteln sind (Betriebsstättengewinnermittlung).

In diesem BMF-Schreiben wird für beide Fälle aus Vereinfachungsgründen der Begriff „Betriebsstättengewinnermittlung" verwendet.

9 Besteht in Fällen ausländischer Betriebsstätten inländischer Unternehmen und in Fällen inländischer Betriebsstätten ausländischer Unternehmen zwar eine Betriebsstätte nach § 12 AO, aber nicht nach dem jeweils anzuwendenden DBA (entsprechend Artikel 5 OECD-MA, z. B. Einkaufsbüro, Auslieferungslager, Bauausführungen unterhalb der im DBA geregelten Frist), so sind § 1 Absatz 5 AStG, die BsGaV und die Vorschriften dieses BMF-Schreibens nicht anzuwenden, da mangels DBA-Betriebsstätte keine Betriebsstättengewinnermittlung durchzuführen ist.

10 § 1 Absatz 5 AStG und die BsGaV sind Einkünftekorrekturvorschriften (siehe § 1 Absatz 1 Satz 1 AStG, auf den § 1 Absatz 5 AStG Bezug nimmt), die nur zu einer Erhöhung der inländischen Einkünfte eines beschränkt Steuerpflichtigen oder zur Minderung der ausländischen Einkünfte eines unbeschränkt Steuerpflichtigen führen können.

11 Die Grundsätze dieses BMF-Schreibens gelten auch, wenn zu entscheiden ist, inwieweit die Anwendung der Vorschrift eines geltenden DBA, die inhaltlich Artikel 7 Absatz 2 OECDMA (Fremdvergleichsgrundsatz) entspricht, zu einer Erhöhung der ausländischen Einkünfte eines unbeschränkt Steuerpflichtigen bzw. zu einer Minderung der inländischen Einkünfte eines beschränkt Steuerpflichtigen führt. Denn insoweit entfalten die DBA eine Sperrwirkung gegenüber einem anderen Wertansatz, der sich nach den sonstigen innerstaatlichen Vorschriften ergeben kann. Das ist z. B. von Bedeutung, wenn ein Steuerpflichtiger seine Einkünfte entsprechend Artikel 7 Absatz 2 OECD-MA ermittelt oder wenn eine Einkünfte minderung bzw. Einkünfteerhöhung aufgrund einer Gegenberichtigung entsprechend Artikel 7 Absatz 3 OECD-MA nach diesen Grundsätzen durchzuführen ist. Zur Anwendung dieses BMF-Schreibens auf Sachverhalte, für die ein DBA anzuwenden ist, das dem OECDMA 2008 entspricht (siehe Rn. 427 ff. und Rn. 430 ff.).

12 Die Grundsätze dieses BMF-Schreibens gelten auch für die Ermittlung der Einkünfte aus einem freien Beruf oder aus sonstiger selbständiger Arbeit, die einer Betriebsstätte zuzurechnen sind, wenn die Betriebsstätte einer Person gehört, die in einem anderen Staat ansässig ist als dem, in dem die Betriebsstätte ihre Geschäftstätigkeit ausübt (siehe Artikel 14 OECDMA vor 2000, der statt von einer „Betriebsstätte" von einer „festen Geschäftseinrichtung" spricht). Dieser Artikel ist zwar aufgehoben, eine entsprechende Regelung besteht aber noch in vielen DBA fort.

13 Dieses BMF-Schreiben gilt nur für Betriebsstätten i. S. d. § 1 Absatz 5 AStG, die Bestandteil eines Unternehmens sind (sog. einfache Betriebsstätten). Die Regelungen gelten dagegen nicht für Betriebsstätten, die angenommen werden, weil einem Mitunternehmer steuerlich Einkünfte einer einfachen Betriebsstätte der Mitunternehmerschaft nach § 49 Absatz 1 Nummer 2 Buchstabe a bzw. § 34d Nummer 2 Buchstabe a EStG anteilig zuzurechnen sind (sog. Mitunternehmerbetriebsstätte); zur Behandlung von Sondervergütungen, § 15 Absatz 1 Satz 1 Nummer 2 EStG, und Sonderbetriebsvermögen siehe Rn. 18.

14 Andererseits kann eine Mitunternehmerschaft – ebenso wie eine Kapitalgesellschaft oder eine natürliche Person – selbst eine einfache Betriebsstätte in einem anderen Staat haben.

Fall – Einfache Betriebsstätte einer Personengesellschaft:

Die inländische A/B-OHG (OHG), an der die Inländer A und B beteiligt sind, hat im Staat Y eine Betriebsstätte.

Lösung:

Nur die OHG hat eine einfache Betriebsstätte in Y, auf die § 1 Absatz 5 AStG anzuwenden ist. Diese einfache Betriebsstätte Y ist gleichzeitig auch eine Mitunternehmerbetriebsstätte für A und B – vermittelt durch die OHG. Das führt aber nicht dazu, dass A und B gleichzeitig auch eine einfache Betriebsstätte haben (siehe § 1 Absatz 5 Satz 7 AStG).

15 Da einem Geschäftsvorfall zwischen einem Mitunternehmer und seiner Mitunternehmerschaft im Regelfall eine schuldrechtliche Beziehung zugrunde liegt, ist die Besteuerung eines solchen Geschäftsvorfalls ggf. nach § 1 Absatz 1 AStG zu berichtigen, nicht nach § 1 Absatz 5 AStG (siehe § 1 Absatz 5 Satz 7 AStG), der BsGaV und diesem BMF-Schreiben.

Fall – Lieferbeziehung:

Das inländische Unternehmen X-GmbH (X) ist zu 50 % an der ausländischen X-Y-KG (KG) in Staat Y beteiligt. Die KG vertreibt Produkte, die X herstellt. X liefert an die KG Produkte für 100 (= Herstellungskosten), die X unter vergleichbaren Umständen für 120 an fremde Dritte liefert.

Lösung:

Der Gewinn von X ist nach § 1 Absatz 1 Satz 1 und 2 AStG um 20 zu erhöhen. Eine Anwendung des § 1 Absatz 5 AStG ist ausgeschlossen (siehe § 1 Absatz 5 Satz 7 AStG).

16 Eine Mitunternehmerschaft kann unter bestimmten Voraussetzungen auch dort eine einfache Betriebsstätte haben, wo einer der Mitunternehmer entweder Wohnsitz, Sitz oder Geschäftsleitung hat (z. B. eine Geschäftsleitungsbetriebsstätte der Mitunternehmerschaft). Auf eine solche Betriebsstätte sind § 1 Absatz 5 AStG und die Regelungen der BsGaV anwendbar.

Fall – Geschäftsleitungsbetriebsstätte beim Mitunternehmer:

Die inländische D-GmbH (D) ist an einer ausländischen Personengesellschaft P (P) in Staat Y beteiligt. P produziert und vertreibt in Y in eigenen Geschäftsräumen Waren. Einer der Geschäftsführer von P arbeitet in einem Büro in den Räumlichkeiten der D im Inland.

Lösung:

P hat im Inland eine Betriebsstätte (Teil der Geschäftsleitung). § 1 Absatz 5 AStG ist auf diese Betriebsstätte anwendbar.

17 Eine Mitunternehmerschaft hat allerdings nicht zwingend dort, wo ein Mitunternehmer unbeschränkt steuerpflichtig ist, eine Betriebsstätte.

Fall – Nur Beteiligung:

Der Inländer D ist an der ausländischen A/B/C/D-KG (KG) in Staat Y beteiligt, die nur eine Betriebsstätte in Y hat und ausschließlich dort tätig wird.

Lösung:

Die KG hat in D keine Betriebsstätte nach § 12 AO, auch wenn dort der inländische Mitunternehmer D wohnt.

18 Sonderbetriebsvermögen des einzelnen Mitunternehmers ist nicht Eigentum der Mitunternehmerschaft und kann deshalb weder einer Betriebsstätte der Mitunternehmerschaft noch der (anteiligen) Mitunternehmerbetriebsstätte des betreffenden Mitunternehmers nach § 1 Absatz 5 AStG und der BsGaV zugeordnet werden. Die Zurechnung von Sondervergütungen (ebenso wie die Zurechnung von Sonderbetriebsvermögen und der Gewinne aus dessen Veräußerung) erfolgt nach § 15 Absatz 1 Satz 1 Nummer 2 bzw. nach § 49 Absatz 1 Nummer 2 Buchstabe a EStG und damit unabhängig und getrennt von der Zuordnung der Vermögenswerte und von Einkünftekorrekturen nach § 1 Absatz 5 AStG und den DBA.

Fall – Darlehen:

Der Inländer D ist an der ausländischen A/B/C/D-KG (KG) in Staat Y beteiligt, an der auch die Ausländer A, B, und C beteiligt sind. Die KG hat Betriebsstätten in den Staaten Y und Z. D schließt mit der KG einen Darlehensvertrag über 100 ab, der keine Verzinsung vorsieht.

Lösung:

Der Darlehensanspruch von D gegen die KG gehört zivilrechtlich nicht zum Betriebsvermögen der KG, denn der Darlehensanspruch kann weder den Betriebsstätten der KG in Y noch in Z zugeordnet werden. Er kann deshalb auch nicht den anteiligen Mitunternehmerbetriebsstätten des D in Y und Z zugeordnet werden. Der Sachverhalt enthält keinen Hinweis, dass die KG eine Betriebsstätte in D hat. § 1 Absatz 5 AStG ist insoweit nicht anwendbar. Für das Darlehen ist nach § 1 Absatz 1 Satz 1 und 2 AStG eine dem Fremdvergleichsgrundsatz entsprechende Verzinsung anzusetzen, die Einkünfte von D sind zu erhöhen. Für die KG ist zunächst eine entsprechende gewinnmindernde Gegenberichtigung durchzuführen. Allerdings gehört das Darlehen zum Sonderbetriebsvermögen des D hinsichtlich seiner Beteiligung an der KG, die Zinsen führen nach deutschem Steuerrecht (§ 15 Absatz 1 Satz 1 Nummer 2 EStG) zu Einkünften aus Gewerbebetrieb des D, so dass sich durch die Korrektur für D die im Inland steuerpflichtigen Einkünfte aus Gewerbebetrieb erhöhen.

HINWEIS:
Diese Zinseinkünfte können – auch wenn ein DBA zu beachten ist, das dem OECD-MA entspricht – unter den Voraussetzungen des § 50d Absatz 9 Satz 1 Nummer 1 EStG in Deutschland besteuert werden.

19 Die Grundsätze dieses BMF-Schreibens gelten auch für ständige Vertreter i. S. d. § 13 AO und für Vertreterbetriebsstätten i. S. d. Artikels 5 Absatz 5 OECD-MA (siehe § 39 BsGaV und Rn. 418 ff.).

1.2.2 Verhältnis des § 1 Absatz 5 AStG zu anderen innerstaatlichen Vorschriften, insbesondere zu den Entstrickungs-/Verstrickungsregelungen

20 Führt die Anwendung des Fremdvergleichsgrundsatzes entsprechend § 1 Absatz 5 AStG zu weitergehenden Berichtigungen als andere Einkünfteermittlungs- oder Korrekturvorschriften (z. B. § 4 Absatz 1 Satz 3 und 4 EStG oder § 12 Absatz 1 KStG in Entstrickungssachverhalten; § 4 Absatz 1 Satz 8 Halbsatz 2 EStG in Verstrickungssachverhalten; § 49 i. V. m. § 50 Absatz 1 EStG hinsichtlich der Beschränkung des Betriebsausgabenabzugs), ist § 1 Absatz 5 AStG neben den Rechtsfolgen der anderen Vorschriften anzuwenden. Einkünftekorrekturen nach § 1 AStG sind nur zugunsten des deutschen Steueraufkommens durchzuführen (siehe § 1 Absatz 1 Satz 1 und 4 AStG). Dies gilt auch in Fällen, in denen kein DBA anzuwenden ist. Auch soweit die Entstrickungs-/Verstrickungsvorschriften anwendbar sind, liegt gleichzeitig eine anzunehmende schuldrechtliche Beziehung nach § 16 BsGaV vor (siehe auch Rn. 62 zum Verhältnis der Hilfs- und Nebenrechnung nach § 3 BsGaV zur Bilanz).

Fall (1) – Überführung eines Wirtschaftsguts ins Ausland (Entstrickung):

Die inländische X-GmbH (X) hat eine ausländische Betriebsstätte A (A) im Staat A (kein DBA). Ein Wirtschaftsgut, das bisher dem übrigen Unternehmen (hier: der inländischen Geschäftsleitungsbetriebsstätte X) zugeordnet war, wird auf Dauer zu A verbracht. Der Buchwert des Wirtschaftsguts beträgt 1.000, der gemeine Wert/Fremdvergleichspreis beträgt 1.200.

Lösung:

Nach innerstaatlichem Recht, das gem. § 1 Absatz 5 Satz 1 i. V. m. Absatz 1 Satz 1 AStG vorrangig anzuwenden ist, liegt gem. § 12 Absatz 1 KStG ein Vorgang vor, der einer Veräußerung gleich steht (Entstrickung), die mit dem gemeinen Wert anzusetzen ist. Der fiktive Veräußerungsgewinn beträgt 200 (= 1.200 – 1.000). Gleichzeitig kommt es in der Steuerbilanz zu einer Aufstockung des Buchwerts auf den gemeinen Wert um 200. Eine Berichtigung nach § 1 Absatz 5 AStG erfolgt nicht, da diese keine weitergehenden Folgen hätte. Daneben liegt eine fiktive Veräußerung des übrigen Unternehmens an A vor (§ 16 Absatz 1 Nummer 1 BsGaV), die für A als fiktiver Anschaffungsvorgang mit 1.200 zu erfassen ist.

Abwandlung zu Fall (1) – Nutzungsüberlassung I (vom Inland ins Ausland):

Wie Fall (1), jedoch wird das Wirtschaftsgut nur vorübergehend von A genutzt. Wegen der Nutzung werden A 100 belastet. Dies entspricht den tatsächlichen Kosten („Selbstkosten"). Der gemeine Wert/Fremdvergleichspreis für die Nutzungsüberlassung beträgt 110.

Lösung:

Die vorübergehende Nutzung führt zu keiner Zuordnungsänderung, weder nach § 5 BsGaV (siehe Fall Rn. 78) noch nach § 4 Absatz 1 Satz 3 und 4 EStG (keine Entstrickung des Wirtschaftsguts), so dass das Wirtschaftsgut dem übrigen Unternehmen zugeordnet bleibt. Nach R 4.3. Absatz 2 Satz 3 EStR gilt als Entnahme i. S. d. § 4 Absatz 1 Satz 3 EStG auch die Nutzung eines Wirtschaftsguts durch eine ausländische Betriebsstätte (Entnahme der Nutzung). Diese Nutzungsüberlassung ist mit dem gemeinen Wert anzusetzen. Das Ergebnis des übrigen Unternehmens ist daher um 10 (gemeiner Wert 110, bisheriger Ansatz 100) zu erhöhen, das Ergebnis von A ist entsprechend zu mindern, so dass der Gewinn von X insgesamt unverändert bleibt.

Fall (2) – Nutzungsüberlassung II (vom Ausland ins Inland):

Das ausländische Unternehmen Y (Y) im Staat Y hat im Inland eine Betriebsstätte D (D). Ein dem übrigen Unternehmen (hier: der ausländischen Geschäftsleitungsbetriebsstätte Y) zuzuordnendes Wirtschaftsgut wird D vorübergehend zur Nutzung überlassen. Dafür werden D 100 belastet. Die tatsächlichen Kosten von Y betragen 100, der Fremdvergleichspreis für eine vergleichbare Nutzungsüberlassung beträgt 90.

Lösung:

Die vorübergehende Nutzung führt zu keiner Zuordnungsänderung nach § 5 BsGaV (siehe Fall Rn. 78), so dass das Wirtschaftsgut dem übrigen Unternehmen zugeordnet bleibt. Das ausländische Unternehmen ist mit seinen durch D erzielten Einkünften beschränkt steuerpflichtig. Zur Ermittlung des Gewinns von D nach § 49 Absatz 1 Nummer 2 Buchstabe a EStG ist nach § 4 Absatz 4 EStG von den tatsächlichen Kosten i. H. v. 100 auszugehen. Nach § 1 Absatz 5 AStG ist wegen der fiktiven Nutzungsüberlassung höchstens der Fremdvergleichspreis von 90 als fiktive Betriebsausgabe für D anzusetzen, sodass die Einkünfte von D um 10 zu erhöhen sind (tatsächliche Kosten 100 – Fremdvergleichspreis 90).

Fall (3) – Dienstleistung:

Das ausländische Unternehmen Y (Y) im Staat Y hat im Inland eine Betriebsstätte D (D). Personal von D erstellt für Y die Buchhaltung. D sind für die Erstellung der Buchhaltung Kosten von 200 entstanden. D verrechnet 200. Der Fremdvergleichspreis für eine vergleichbare Dienstleistung beträgt 220 (Kosten 200 zzgl. eines fremdvergleichsüblichen Kostenaufschlags von 10 %).

Lösung:

Y ist beschränkt steuerpflichtig. Zur Ermittlung des inländischen Betriebsstättengewinns von D nach § 49 Absatz 1 Nummer 2 Buchstabe a EStG ist für die fiktive Dienstleistung (§ 16 Absatz 1 Nummer 2 Buchstabe a BsGaV) nach § 16 Absatz 2 BsGaV der Fremdvergleichspreis von 220 als fiktive Betriebseinnahme anzusetzen. Der Gewinn von D ist daher nach § 1 Absatz 5 AStG um 20 (Fremdvergleichspreis 220, bisheriger Ansatz 200) zu erhöhen.

Fall (4) – Überführung eines Wirtschaftsguts ins Inland (Verstrickung):

Das ausländische Unternehmen Y (Y) der natürlichen Person Y in Staat Y hat eine inländische Betriebsstätte D. Mit Staat Y besteht kein DBA. Ein Wirtschaftsgut, das bisher dem übrigen Unternehmen (hier: der ausländischen Geschäftsleitungsbetriebsstätte Y) zugeordnet war, wird auf Dauer in das Betriebsvermögen von D überführt. Der Buchwert des Wirtschaftsguts beträgt 1.000, der gemeine Wert/Fremdvergleichspreis beträgt 1.200.

Lösung:

Nach innerstaatlichem Recht, das gem. § 1 Absatz 5 Satz 1 i. V. m. Absatz 1 Satz 1 AStG vorrangig anzuwenden ist, liegt gem. § 4 Absatz 1 Satz 8 Halbsatz 2 EStG ein Vorgang vor, der einer Einlage gleich steht (Verstrickung), die mit dem gemeinen Wert, d. h. mit 1.200, anzusetzen ist (§ 6 Absatz 1 Nummer 5a EStG i. V. m. § 9 Absatz 2 BewG). Falls Y das Wirtschaftsgut mit einem höheren Wert als 1.200 ansetzt, erfolgt die Korrektur nach den genannten Vorschriften. Daneben liegt eine fiktive Veräußerung des übrigen Unternehmens an D vor (§ 16 Absatz 1 Nummer 1 BsGaV), die als fiktiver Anschaffungsvorgang mit 1.200 zu erfassen ist. Eine Korrektur nach § 1 Absatz 5 AStG kommt nicht in Betracht.

HINWEIS:

Für diese Lösung ist es nach dem Gesetzeswortlaut unerheblich, ob der Gewinn i. H. v. 200 im Ausland erklärt oder besteuert wird. In Zweifelsfällen ist der ausländische Staat über den Vorgang und seine steuerlichen Auswirkungen zu informieren, damit im Ausland ggf. die erforderlichen Konsequenzen gezogen werden können. Auf die Regelungen des Merkblatts zur zwischenstaatlichen Amtshilfe durch Auskunftsaustausch in Steuersachen vom 23. November 2015 (BStBl 2015 I S. 928) wird hingewiesen.

1.2.3 Verhältnis des § 1 Absatz 5 AStG zu den DBA-Regelungen

22 Die Anwendung des Fremdvergleichsgrundsatzes entsprechend dem AOA kann sich im Rahmen der DBA (Artikel 7 OECD-MA) – anders als § 1 Absatz 5 AStG selbst – auch zu Lasten des deutschen Steueraufkommens auswirken. Denn DBA-Regelungen, die inhaltlich Artikel 7 OECD-MA entsprechen, begrenzen das deutsche Besteuerungsrecht.

Fall – Kostenaufschlag:

Das inländische Unternehmen X hat im Staat A (DBA entsprechend dem OECD-MA) eine Betriebsstätte A (A). Für eine fiktive Dienstleistung, die A dem übrigen Unternehmen (hier: der inländischen Geschäftsleitungsbetriebsstätte X) erbringt (anzunehmende schuldrechtliche Beziehung, § 16 Absatz 1 Nummer 2 Buchstabe a BsGaV), entstehen A Kosten von 100, die mit einem Aufschlag von 10 % (110), der dem Fremdvergleichsgrundsatz entspricht, gegenüber X verrechnet werden.

Lösung:

Obwohl nach innerstaatlichem Steuerrecht (§ 4 Absatz 4 EStG, ungeachtet der DBA) nur die tatsächlichen Kosten der fiktiven Dienstleistung als Betriebsausgaben für X anzusetzen sind, ist eine Einkünftekorrektur durch die Finanzverwaltung nicht durchzuführen. Denn das DBA, das entsprechend Artikel 7 Absatz 2 OECD-MA den Ansatz des Fremdvergleichspreises für die fiktive Dienstleistung von A gegenüber dem übrigen Unternehmen anordnet, enthält zugunsten von X eine Änderungssperre.

HINWEIS:

§ 1 Absatz 5 AStG ist schon tatbestandlich nicht anzuwenden.

Abwandlung – Zu geringer Kostenaufschlag:

Das inländische Unternehmen X, das eine Betriebsstätte A (A) im Staat A hat (DBA entsprechend dem OECDMA), setzt für eine Dienstleistung, die A dem übrigen Unternehmen gegenüber erbringt, einen Kostenaufschlag von 5 % an, 10 % wären angemessen. Staat A nimmt eine entsprechende Korrektur entsprechend Artikel 7 Absatz 2 OECD-MA vor, die zur Doppelbesteuerung führt.

Lösung:

§ 1 Absatz 5 AStG kommt nicht zur Anwendung, da sich die denkbare Korrektur nach dem Fremdvergleichsgrundsatz zu Lasten des deutschen Steueraufkommens auswirken würde (siehe Rn. 10). Die entstandene Doppelbesteuerung ist entsprechend Artikel 7 Absatz 3 OECD-MA durch eine Gegenberichtigung in Deutschland zu beseitigen.

1.3 Auswirkungen des § 1 Absatz 5 AStG und der BsGaV auf die Anrechnung aufgrund DBA, § 34c EStG bzw. § 26 KStG

22 Besteht ein anzuwendendes DBA mit einer Regelung, die Artikel 7 Absatz 2 OECD-MA entspricht, so sind die ausländischen Einkünfte für Zwecke der Steueranrechnung nach DBA i. V. m. § 34c Absatz 6 EStG bzw. § 26 Absatz 1 KStG nach Maßgabe dieses BMF-Schreibens zu ermitteln (zur Ermittlung der ausländischen Einkünfte in Sachverhalten, auf die ein DBA anzuwenden ist, das dem OECD-MA 2008 entspricht, siehe Rn. 427 ff., 430 ff.).

23 In Fällen ausländischer Betriebsstätten inländischer Unternehmen, in denen kein DBA anzuwenden ist, gelten für die Anrechnung nach § 34c Absatz 1 EStG und § 26 Absatz 1 KStG die VWG Betriebsstätten, es sei denn die Anwendung dieses BMF-Schreibens führt zu niedrigeren ausländischen Einkünften.

24 Die Fiktion des § 16 BsGaV führt nicht zum Einbehalt oder zur Anrechnung von Quellensteuern (vgl. OECD-Betriebsstättenbericht, Teil I Tz. 6).

1.4 Auswirkungen des § 1 Absatz 5 und der BsGaV auf die Gewerbesteuer

25 Für die Ermittlung des Kürzungsbetrags nach § 9 Nummer 3 GewStG gilt Rn. 22 f. entsprechend.

2. Vorschriften der BsGaV

2.1 Zurechnung von Einkünften zu einer Betriebsstätte (§ 1 BsGaV)

2.1.1 Funktions- und Risikoanalyse, Vergleichbarkeitsanalyse (§ 1 Absatz 1 BsGaV)

26 Für die steuerliche Zurechnung von Einkünften zu einer Betriebsstätte eines Unternehmens ist eine Funktions- und Risikoanalyse der Geschäftstätigkeit der Betriebsstätte als Teil des Unternehmens durchzuführen (§ 1 Absatz 1 BsGaV). Auf der Grundlage der Funktions- und Risikoanalyse werden die Betriebsstätte und das übrige Unternehmen so behandelt, als wären sie verbundene Unternehmen, die Funktionen ausüben, über Vermögenswerte verfügen, Risiken übernehmen sowie miteinander und mit anderen verbundenen und fremden Unternehmen Geschäfte tätigen (siehe OECD-Betriebsstättenbericht, Teil I Tz. 10 und Tz. 13 bis Tz. 38).

27 Nach der Funktions- und Risikoanalyse ist für die Geschäftstätigkeit der Betriebsstätte eine Vergleichbarkeitsanalyse durchzuführen (§ 1 Absatz 1 BsGaV), um für die Geschäftsvorfälle der Betriebsstätte mit nahe stehenden Personen und mit dem übrigen Unternehmen Verrechnungspreise zu bestimmen, die dem Fremdvergleichsgrundsatz entsprechen (siehe auch OECD-Betriebsstättenbericht, Teil I Tz. 39 bis Tz. 43). Für die Bestimmung der Verrechnungspreise sind alle innerstaatlichen und international anerkannten Verrechnungspreisregeln anwendbar (siehe § 1 Absatz 3 AStG und OECD-Leitlinien), einschließlich der Grundsätze für Kostenumlagen (siehe Rn. 5).

2.1.2 Gegenstand der Zuordnung (§ 1 Absatz 2 BsGaV)

28 Die Funktions- und Risikoanalyse ist die Grundlage dafür, der Betriebsstätte zu Beginn des Wirtschaftsjahrs und während des Wirtschaftsjahrs alle in § 1 Absatz 2 Nummer 2 bis 5 BsGaV aufgeführten Zuordnungsgegenstände zuzuordnen, die im konkreten Fall für die steuerliche Behandlung der Betriebsstätte wie ein eigenständiges und unabhängiges Unternehmen erforderlich sind (OECD-Betriebsstättenbericht, Teil I Tz. 15). Eine Zuordnung ist auch dann notwendig, wenn Zuordnungsgegenstände nicht als Bestandteile der Hilfs- und Nebenrechnung zu erfassen sind (siehe Rn. 29). Grundlage und Ausgangspunkt für die Zuordnung auch solcher, nicht in der Hilfs- und Nebenrechnung zu erfassender Zuordnungsgegenstände, sind die der Betriebsstätte zuzuordnenden Personalfunktionen, die eine solche Zuordnung funktional rechtfertigen (OECD-Betriebsstättenbericht, Teil I Tz. 15). Dies bedeutet umgekehrt, dass einer Betriebsstätte ein Zuordnungsgegenstand i. S. d. §§ 5 bis 10 BsGaV jedenfalls dann nicht (mehr) zugeordnet werden kann, wenn

- die Betriebsstätte hinsichtlich dieses Zuordnungsgegenstands keine Personalfunktionen ausübt und
- zu diesem Zeitpunkt im übrigen Unternehmen Personalfunktionen ausgeübt werden, die eine Zuordnung zum übrigen Unternehmen rechtfertigen.

29 Zu den Zuordnungsgegenständen gehören auch selbstgeschaffene immaterielle Werte unabhängig davon, ob sie in der Hilfs- und Nebenrechnung der Betriebsstätte oder in der Bilanz des Unternehmens als deren Bestandteile zu erfassen sind.

Fall – Erfassung selbstgeschaffener immaterieller Werte:

Unternehmen X (X) in Staat A hat eine Betriebsstätte B (B) in Staat B, deren Aufgabe die Herstellung und der Verkauf der Produkte von X ist. Bei der Produktion entwickelt B einen (technischen) immateriellen Wert, der zum Patent eingetragen wird. Der immaterielle Wert wird weder in der Bilanz von X noch in der Hilfs- und Nebenrechnung von B erfasst. Ein Jahr später überlässt B den immateriellen Wert dem übrigen Unternehmen zur (Mit-)Nutzung.

Lösung:

Der immaterielle Wert ist B zuzuordnen, weil B ihn geschaffen hat (§ 6 Absatz 1 BsGaV). Für die fiktive Nutzungsüberlassung an das übrige Unternehmen (§ 16 Absatz 1 Nummer 2 Buchstabe a BsGaV) ist ein dem Fremdvergleichsgrundsatz entsprechender Betrag (§ 16 Absatz 2 BsGaV) zu verrechnen. Das gilt unabhängig davon, ob der immaterielle Wert zu Recht weder in der Bilanz von X noch in der Hilfs- und Nebenrechnung von B als Bestandteil erfasst wird. Die Identifizierung des immateriellen Werts ist in jedem Fall sowohl für die Zuordnung der Betriebsausgaben, die in Zusammenhang mit der Schaffung des immateriellen Werts durch B stehen, als auch für die zutreffende Zuordnung und Bemessung der fiktiven Betriebseinnahmen und Betriebsausgaben für B bzw. das übrige Unternehmen wegen der fiktiven Nutzungsüberlassung erforderlich.

30 Außerdem sind der Betriebsstätte auf der Grundlage ihrer Personalfunktionen Geschäftsvorfälle (§ 9 BsGaV) des Unternehmens, zu dem sie gehört, zuzuordnen.

31 Schließlich sind auf der Grundlage der jeweils ausgeübten Personalfunktionen die anzunehmenden schuldrechtlichen Beziehungen (§ 16 BsGaV) zu identifizieren, die jeweils zwischen einer Betriebsstätte und dem übrigen Unternehmen bestehen (OECD-Betriebsstättenbericht, Teil I Tz. 17). Die Fiktion schuldrechtlicher Beziehungen ist notwendig, weil zwischen einer Betriebsstätte und dem übrigen Unternehmen keine rechtlichen Beziehungen bestehen, die Grundlage für die eindeutige Zuordnung eines Zuordnungsgegenstands oder für die Vergütung einer Leistung wären.

2.2 Begriffsbestimmungen (§ 2 BsGaV)

2.2.1 Inländisches Unternehmen (§ 2 Absatz 1 BsGaV)

32 Ein Unternehmen ist – unabhängig von der Rechtsform – inländisch, wenn sich der Ort seiner tatsächlichen Geschäftsleitung im Inland befindet (§ 2 Absatz 1 BsGaV).

2.2.2 Ausländisches Unternehmen (§ 2 Absatz 2 BsGaV)

33 Ein Unternehmen ist – unabhängig von der Rechtsform – ausländisch, wenn sich der Ort seiner tatsächlichen Geschäftsleitung im Ausland befindet (§ 2 Absatz 2 BsGaV).

2.2.3 Personalfunktion (§ 2 Absatz 3 BsGaV)

34 Eine Personalfunktion ist eine Geschäftstätigkeit, die von eigenem Personal des Unternehmens für das Unternehmen ausgeübt wird (§ 1 Absatz 5 Satz 3 Nummer 1 AStG, § 2 Absatz 3 Satz 1 BsGaV). Die Auflistung von Geschäftstätigkeiten in § 2 Absatz 3 Satz 2 BsGaV ist beispielhaft und nicht abschließend.

35 Einer Betriebsstätte werden Personalfunktionen des Unternehmens zugeordnet, nicht Personal des Unternehmens.

36 Eine natürliche Person, die zum Personal des Unternehmens gehört, kann nacheinander mehrere Personalfunktionen ausüben, die ggf. unterschiedlichen Betriebsstätten eines Unternehmens zuzuordnen sind. Eine Personalfunktion, die von einer bestimmten Person, die zum eigenen Personal gehört, ausgeübt wird, kann aber nicht gleichzeitig mehreren Betriebsstätten zugeordnet werden. Dagegen kann eine Personalfunktion hinsichtlich eines Zuordnungsgegenstands gleichzeitig von verschiedenen Personen, die zum eigenen Personal gehören, in verschiedenen Betriebsstätten ausgeübt werden (siehe Funktionsaufteilung, Rn. 42).

Fall – Verschiedene Personalfunktionen eines Mitarbeiters:

Ein Consultingunternehmen X in Staat A hat in verschiedenen anderen Staaten Betriebsstätten. Ein Mitarbeiter reist nacheinander in diese anderen Staaten und berät dort die Kunden der jeweiligen Betriebsstätte an jeweils mindestens 40 Tagen.

Lösung:

Der Mitarbeiter übt nacheinander jeweils eine Personalfunktion für die betreffende Betriebsstätte aus. Die jeweilige Personalfunktion ist jeweils der betreffenden Betriebsstätte zuzuordnen.

2.2.4 Eigenes Personal (§ 2 Absatz 4 BsGaV)

37 Als „eigenes Personal" des Unternehmens gilt eine natürliche Person,

- die mit dem Unternehmen, für das sie tätig wird, einen Arbeitsvertrag abgeschlossen hat (§ 2 Absatz 4 Satz 1 BsGaV – so auch OECD-Betriebsstättenbericht, Teil I Tz. 62),
- die aufgrund eines Personalüberlassungsvertrags mit einem anderen Unternehmen für das Unternehmen tätig wird, ungeachtet dessen, dass der Arbeitsvertrag mit dem anderen Unternehmen (überlassendes Unternehmen) abgeschlossen wurde (§ 2 Absatz 4 Satz 2 BsGaV); ein Überlassungsvertrag liegt vor, wenn sich das überlassende Unternehmen lediglich zur Überlassung der Arbeitskraft des überlassenen Arbeitnehmers verpflichtet,
- die auf gesellschaftsvertraglicher Basis (siehe § 1 Absatz 4 AStG) für das Unternehmen tätig wird (§ 2 Absatz 4 Satz 1 BsGaV),
- die ohne vertragliche Vereinbarung für das Unternehmen tätig wird, sofern diese natürliche Person Unternehmer oder Gesellschafter des Unternehmens ist (§ 2 Absatz 4 Satz 3 Nummer 1 BsGaV) oder
- die ohne vertragliche Vereinbarung für das Unternehmen tätig wird, sofern diese natürliche Person dem Unternehmen oder den Gesellschaftern des Unternehmens i. S. d. § 1 Absatz 2 AStG nahe steht (§ 2 Absatz 4 Satz 3 Nummer 2 BsGaV).

Fall – Personalüberlassung:

Das Unternehmen Y (Y) schließt mit dem inländischen Unternehmen X (X) einen Personalüberlassungsvertrag ab. Auf Grundlage dieses Vertrags wird die natürliche Person N (N), die lediglich einen Arbeitsvertrag mit Y abgeschlossen hat, in der zu X gehörenden Betriebsstätte B (B) im Staat B tätig.

Lösung:

Obwohl N keinen Arbeitsvertrag mit X abgeschlossen hat, gilt N wegen des Tätigwerdens für B als eigenes Personal von B (§ 2 Absatz 4 Satz 2 BsGaV). Denn Y hat sich gegenüber X vertraglich lediglich dazu verpflichtet, X Personal (hier N) zu überlassen. N übt eine Personalfunktion von B aus, obwohl N arbeitsrechtlich Personal von Y ist.

38 Eine natürliche Person, die für ein Unternehmen tätig wird, gehört dagegen nicht zum eigenen Personal des Unternehmens, wenn das Tätigwerden nicht auf einem Arbeitsvertrag, sondern auf einem Dienstleistungs- oder Werkvertrag der natürlichen Person mit dem Unternehmen beruht. Ein Dienstleistungs- oder Werkvertrag ist von einem Personalüberlassungsvertrag (siehe Rn. 37) zu unterscheiden. Bei einem Dienstleistungs- oder Werkvertrag wird die vereinbarte Dienstleistung oder die vereinbarte Werkleistung geschuldet, nicht nur die Überlassung der Arbeitskraft des Arbeitnehmers.

2.2.5 Maßgebliche Personalfunktionen (§ 2 Absatz 5 BsGaV)

39 „Maßgebliche Personalfunktionen" i. S. d. § 2 Absatz 5 BsGaV sind für die Betriebsstättengewinnermittlung von zentraler Bedeutung (siehe auch OECD-Betriebsstättenbericht, Teil I Tz. 15 und Tz. 16), da sie grundlegend für die Ausgestaltung der Fiktion einer Betriebsstätte als selbständiges Unternehmen sind. Denn auf der Grundlage der maßgeblichen Personalfunktion werden einer Betriebsstätte jeweils Vermögenswerte (§§ 5 ff. BsGaV), Chancen und Risiken (§ 10 BsGaV) und Ge-

schäftsvorfälle (§ 9 BsGaV) zugeordnet. Wird z. B. eine maßgebliche Personalfunktion, die bisher in einer Betriebsstätte ausgeübt wurde, ab einem bestimmten Zeitpunkt in einer anderen Betriebsstätte ausgeübt, kann dies zu einer Änderung der Zuordnung des betreffenden Zuordnungsgegenstands führen, z. B. mit der Folge des fiktiven Eigentumsübergangs eines materiellen Wirtschaftsguts nach § 16 Absatz 1 Nummer 1 BsGaV (fiktive Veräußerung aufgrund dauerhaft geänderter Nutzung als anzunehmende schuldrechtliche Beziehung, siehe Fall in Rn. 77). Die Zuordnung der maßgeblichen Personalfunktionen ist deshalb ausschlaggebend dafür, welche Zuordnungsgegenstände einer Betriebsstätte zuzuordnen sind und welche Bestandteile in der Hilfs- und Nebenrechnung einer Betriebsstätte zu erfassen sind (§ 3 BsGaV). Die Zuordnung ist damit auch für die Betriebsstättengewinnermittlung von entscheidender Bedeutung.

40 Ob eine Personalfunktion, die in einer Betriebsstätte ausgeübt wird, als maßgeblich anzusehen ist, ist im Einzelfall zu entscheiden (siehe auch OECD-Betriebsstättenbericht, Teil I Tz. 16). Hierbei kommt es auf den konkreten Bezug dieser Personalfunktion zum Zuordnungsgegenstand an, nicht darauf, auf welcher Hierarchiestufe formal eine Entscheidung getroffen wird.

Als nicht maßgeblich sind daher insbesondere Personalfunktionen anzusehen, die bezogen auf den Zuordnungsgegenstand

- lediglich unterstützenden Charakter haben (siehe auch OECD-Betriebsstättenbericht, Teil I Tz. 62),
- ausschließlich die allgemeine Geschäftspolitik des Unternehmens (Strategiefunktion) betreffen oder
- lediglich formal durch Personal einer Betriebsstätte ausgeübt werden.

Fall – Formale Entscheidung:

Unternehmen X (X) in Staat A will ein Projekt in seiner bereits bestehenden Betriebsstätte B (B) im Staat B durchführen. Das Projekt wird von B geplant. Auf Grundlage dieser Planung wird das Projekt durch den Vorstand von X beschlossen.

Lösung:

Das Projekt einschließlich der entstehenden Betriebsausgaben und Betriebseinnahmen ist B zuzuordnen, denn maßgebliche Personalfunktion ist nicht der (formale) Vorstandsbeschluss von X. Maßgebliche Personalfunktionen für das Projekt sind vielmehr die Planungsarbeiten und die operative Umsetzung des Projekts durch B.

41 Für die Zuordnung von Vermögenswerten (§§ 5 bis 8 BsGaV), Geschäftsvorfällen (§ 9 BsGaV) sowie Chancen und Risiken des Unternehmens (§ 10 BsGaV) gelten vorrangig die grundsätzlichen Zuordnungsregelungen gem. § 5 Absatz 1, § 6 Absatz 1, § 7 Absatz 1, § 8 Absatz 1, § 9 Absatz 1 sowie § 10 Absatz 1 und 2 BsGaV, die eine Zuordnungsvermutung enthalten, welche Personalfunktion jeweils als maßgeblich anzusehen ist.

42 Eine für die Zuordnung eines Zuordnungsgegenstands maßgebliche Personalfunktion (z. B. Nutzung eines immateriellen Werts) kann im Einzelfall auch gleichzeitig von verschiedenen Personen in verschiedenen Betriebsstätten ausgeübt werden (Funktionsaufteilung, ausdrücklich angesprochen im OECD-Betriebsstättenbericht, Teil II

Tz. 159 – Banken, Teil III Tz. 206 – Global Trading – und Teil IV Tz. 94 – Versicherungen). Eine Funktionsaufteilung ist aber nicht nur für die Geschäftstätigkeit von Banken oder Versicherungen möglich. In Fällen einer Funktionsaufteilung ist darauf abzustellen, in welcher Betriebsstätte nach qualitativen Gesichtspunkten der bedeutendste Teil der maßgeblichen Personalfunktion ausgeübt wird. Die Entscheidung des Unternehmens kann zur besseren Nachvollziehbarkeit anhand einer Übersicht veranschaulicht werden (entsprechend Rn. 294 f. zu Versicherungsbetriebsstätten), die sämtliche Personalfunktionen umfasst, die für eine Zuordnung von Bedeutung sein können. Erfolgt die Ausübung der maßgeblichen Personalfunktion in verschiedenen Betriebsstätten qualitativ gleichwertig, ist es ausnahmsweise möglich, nach quantitativen Gesichtspunkten zu entscheiden, z. B. nach den jeweiligen Kosten der Personalfunktionen (ggf. unter Berücksichtigung von Korrekturen wegen des jeweiligen Lohnniveaus), in welcher Betriebsstätte die maßgebliche Personalfunktion ausgeübt wird.

43 Werden verschiedene Personalfunktionen hinsichtlich eines Zuordnungsgegenstands gleichzeitig von eigenem Personal des Unternehmens, das in verschiedenen Betriebsstätten arbeitet, ausgeübt (Personalfunktionenkonkurrenz), ist der Zuordnungsgegenstand nach den vorrangigen Zuordnungsregelungen (z. B. § 5 Absatz 1, § 6 Absatz 1 BsGaV) zuzuordnen. Eine davon abweichende Zuordnung zu einer anderen Betriebsstätte ist nur möglich, wenn dort andere Personalfunktionen ausgeübt werden, denen in Bezug auf den Zuordnungsgegenstand eindeutig eine größere wirtschaftliche Bedeutung zukommt (siehe z. B. § 6 Absatz 2 BsGaV). Ob eine größere wirtschaftliche Bedeutung gegeben ist, kann nur anhand von qualitativen (siehe Rn. 42), d. h. an den jeweiligen Erfolgsbeiträgen orientierten, Gesichtspunkten (Wertschöpfung) entschieden werden, da qualitativ unterschiedliche Personalfunktionen nicht nach quantitativen Gesichtspunkten beurteilt werden können. Derjenige, der sich darauf beruft, dass ein Zuordnungsgegenstand entgegen den grundsätzlichen Zuordnungsregelungen zuzuordnen ist, hat die Gründe dafür nachzuweisen bzw. glaubhaft zu machen, wenn ein Nachweis nicht möglich ist.

44 Sowohl in Fällen der Funktionsaufteilung (siehe Rn. 42) als auch in Fällen der Personalfunktionenkonkurrenz (siehe Rn. 43) ist im Einzelfall eine Betrachtung, die über ein Wirtschaftsjahr hinausgeht, vergangene Wirtschaftsjahre und Prognosen berücksichtigt, sachgerecht. Das gilt auch, wenn zu entscheiden ist, ob ein Vermögenswert einer anderen Betriebsstätte zuzuordnen ist (mit der Folge des § 16 Absatz 1 Nummer 1 BsGaV, siehe z. B. Fall in Rn. 79).

45 §§ 5 bis 10 BsGaV räumen in Zweifelsfällen dem Unternehmen einen Beurteilungsspielraum ein, wenn sonst keine eindeutige Zuordnung möglich ist (z. B. § 5 Absatz 4 BsGaV). Die Finanzverwaltung hat die Zuordnungsentscheidung des Unternehmens anzuerkennen, wenn sich diese aus der Hilfs- und Nebenrechnung (§ 3 BsGaV bzw. aus den Aufzeichnungen des Unternehmens nach § 90 Absatz 3 AO, siehe auch Rn 63) ergibt. Dies gilt auch für über das einzelne Wirtschaftsjahr hinausgehende Betrachtungen (siehe Rn. 44), wenn die daraus folgende Entscheidung des Unternehmens zum Entscheidungszeitpunkt (§ 3 BsGaV) sachlich begründet erscheint. Die Finanzverwaltung darf die vom Unternehmen im Rahmen des Beurteilungsspielraums vorgenommene und entsprechend dokumentierte Zuordnung nur ändern, wenn diese

den verbindlichen Zuordnungsregeln widerspricht (z. B. § 5 Absatz 1 bis 3 BsGaV). Der Beurteilungsspielraum des Unternehmens ist insoweit eingeschränkt. Eine anteilige Zuordnung ist – außer für immaterielle Werte (siehe § 6 Absatz 4 Satz 2 BsGaV und Rn. 101) – grundsätzlich nicht anzuerkennen.

46 Wird ein wirtschaftlicher Vorgang i. S. d. § 1 Absatz 4 AStG festgestellt, kann dies eine Änderung der Zuordnung eines Zuordnungsgegenstands erforderlich machen. Dies ist der Fall, wenn die für die Zuordnung maßgebliche Personalfunktion ab dem Vorgang in einer anderen Betriebsstätte (im übrigen Unternehmen) ausgeübt wird. Als Folge ist eine fiktive Veräußerung anzunehmen (§ 16 Absatz 1 Nummer 1 BsGaV, siehe Rn. 169). Anderenfalls bleibt die Zuordnung trotz des festgestellten wirtschaftlichen Vorgangs, der lediglich zu einer fiktiven Leistungsbeziehung führt (§ 16 Absatz 1 Nummer 2 BsGaV, siehe Rn. 171), unverändert.

47 Eine Änderung der Zuordnung eines Zuordnungsgegenstands ist z. B. notwendig, wenn

- die maßgebliche Personalfunktion nach einem wirtschaftlichen Vorgang nicht mehr in der bisherigen Betriebsstätte sondern im übrigen Unternehmen, d. h. in einer anderen Betriebsstätte, ausgeübt wird (z. B. § 5 Absatz 1 BsGaV: Nutzung (siehe Fall Rn. 77) oder
- die Ausübung der bisher maßgeblichen Personalfunktion einer Betriebsstätte beendet wird und in Folge des wirtschaftlichen Vorgangs eine andere Personalfunktion, die im übrigen Unternehmen, d. h. in einer anderen Betriebsstätte, ausgeübt wird, als maßgebliche anzusehen ist (z. B. § 6 BsGaV: Erwerb eines immateriellen Werts und Beginn der Nutzung in einer anderen Betriebsstätte, wenn die Nutzung eindeutig von größerer Bedeutung ist als der Erwerb).

Zu einzelnen Fallkonstellationen siehe die Beispiele zu §§ 5 ff. BsGaV (siehe Rn. 76 ff.) und zu § 16 Absatz 1 Nummer 1 BsGaV (siehe Rn. 169).

48 Für das Ergebnis einer Betriebsstätte sind allerdings nicht nur die maßgeblichen, sondern alle der Betriebsstätte zuzuordnenden Personalfunktionen zu berücksichtigen (siehe auch OECD-Betriebsstättenbericht, Teil I Tz. 17). Denn zwischen der Betriebsstätte, der die maßgebliche Personalfunktion bezüglich eines Bestandteils der Hilfs- und Nebenrechnung zugeordnet wird, und dem übrigen Unternehmen, das auch Personalfunktionen im Hinblick auf diesen Bestandteil ausübt, liegen anzunehmende schuldrechtliche Beziehungen nach § 16 Absatz 1 Nummer 2 Buchstabe a BsGaV vor (z. B. fiktive Nutzungsüberlassungen, fiktive Dienstleistungen), für die ein angemessener Verrechnungspreis anzusetzen ist, § 16 Absatz 2 BsGaV.

2.2.6 Vermögenswert (§ 2 Absatz 6 BsGaV)

49 „Vermögenswerte" i. S. d. § 2 Absatz 6 BsGaV sind Wirtschaftsgüter und Vorteile, insbesondere materielle Wirtschaftsgüter, immaterielle Werte einschließlich immaterieller Wirtschaftsgüter, Beteiligungen und Finanzanlagen. Auf Definitionen der nationalen und internationalen Bilanzierungsstandards kommt es ebenso wenig an wie auf die Erfassung in der Hilfs- und Nebenrechnung, d. h. ein Vermögenswert in diesem Sinne kann einer Betriebsstätte auch dann zuzuordnen sein, wenn er nicht als Bestandteil der Hilfs- und Nebenrechnung zu erfassen ist (siehe Fall in Rn. 29). Die tatsächli-

che Bilanzierung und die Bilanzierbarkeit von Wirtschaftsgütern sind für die Zwecke der Betriebsstättengewinnermittlung nicht entscheidend, denn auch nicht bilanzierte oder nach § 248 Absatz 1 HGB nicht bilanzierungsfähige Wirtschaftsgüter können für anzunehmende schuldrechtliche Beziehungen und für die entstehenden Einkünfte von Bedeutung sein.

50 Vorteile können für die Preisbestimmung von anzunehmenden schuldrechtlichen Beziehungen i. S. d. § 1 Absatz 4 Nummer 2 AStG und für die daraus entstehenden Einkünfte von erheblicher Bedeutung sein. Zu den Vorteilen gehören auch Finanzinstrumente i. S. d. § 254 HGB, die keine Wirtschaftsgüter sind, aber der Sicherung von Vermögenswerten i. S. d. § 11 BsGaV dienen.

2.3 Hilfs- und Nebenrechnung (§ 3 BsGaV)

2.3.1 Erstellung der Hilfs- und Nebenrechnung (§ 3 Absatz 1 BsGaV)

51 Die Hilfs- und Nebenrechnung dient der steuerlichen Ergebnisberechnung der Betriebsstätte. Sie ist nach § 3 Absatz 1 Satz 1 BsGaV jeweils zum Beginn des Wirtschaftsjahrs entsprechend §§ 5 bis 17 BsGaV aufzustellen. Für die Zuordnung von Dotationskapital und übrigen Passivposten enthält die BsGaV von den inländischen Regeln für die steuerliche Gewinnermittlung abweichende Regelungen (vgl. §§ 12 bis 14 BsGaV, siehe Rn. 129 ff.), die einen Bilanzzusammenhang für die Passivposten der Hilfs- und Nebenrechnung ausschließen.

52 Die Hilfs- und Nebenrechnung ist entsprechend den Regeln, die für die steuerliche Gewinnermittlung gelten, laufend fortzuschreiben und zum Ende des Wirtschaftsjahrs abzuschließen. Sie ist nach § 3 Absatz 1 Satz 3 BsGaV spätestens zum Zeitpunkt der Abgabe der Steuererklärung (Einkommensteuererklärung, Körperschaftsteuererklärung oder Erklärung zur gesonderten und einheitlichen Feststellung) zu erstellen. § 148 AO ist anwendbar.

53 Ist ein ausländisches Unternehmen für seine inländische Betriebsstätte buchführungspflichtig oder führt es freiwillig Bücher, so können diese Unterlagen Ausgangspunkt für die Hilfs- und Nebenrechnung sein oder unter Berücksichtigung der Umstände des Einzelfalls der Hilfs- und Nebenrechnung entsprechen.

54 Die Regelung der Rn. 53 gilt entsprechend für ein inländisches Unternehmen, das aufgrund ausländischen Rechts für seine ausländische Betriebsstätte buchführungspflichtig ist oder freiwillig Bücher führt und die Ergebnisse der dortigen Buchführung für die deutsche Besteuerung übernimmt (§ 146 Absatz 2 Satz 3 AO).

55 Wird das Ergebnis einer ausländischen Betriebsstättenbuchführung (ggf. nach den Anpassungen i. S. d. § 146 Absatz 2 Satz 4 AO) in ausländischer Währung ermittelt, so ist es nicht zu beanstanden, wenn dieses Ergebnis unter Berücksichtigung des zum Bilanzstichtag geltenden Umrechnungskurses umgerechnet wird, d. h. ohne Berücksichtigung der Umrechnungskurse einzelner Geschäftsvorfälle und der historischen Anschaffungskosten. Diese Handhabung entspricht der weitgehenden Gleichstellung von Betriebsstätten mit Kapitalgesellschaften und damit dem Fremdvergleichsgrundsatz.

56 Hat ein Unternehmen mehrere Betriebsstätten in einem Staat, ist grundsätzlich für jede Betriebsstätte eine gesonderte Hilfs- und Nebenrechnung zu erstellen. Es ist jedoch

nicht zu beanstanden, wenn für die Betriebsstätten in einem Staat eine zusammengefasste Hilfs- und Nebenrechnung erstellt wird, es sei denn, die Beachtung steuerlicher Vorschriften (z. B. § 2a EStG oder die Regelungen der DBA) erfordern eine getrennte Ermittlung der jeweiligen Betriebsstätteneinkünfte. Für jede einzelne Bau- und Montagebetriebsstätte und für jede einzelne Förderbetriebsstätte ist stets eine gesonderte Hilfs- und Nebenrechnung zu erstellen (siehe Rn. 341).

57 Besteht im Inland zwar eine Betriebsstätte nach § 12 AO, können deren Einkünfte aber aufgrund einer Artikel 8 OECD-MA entsprechenden DBA-Regelung in Deutschland nicht besteuert werden, so ist es aus Vereinfachungsgründen nicht erforderlich, für diese Betriebsstätte eine Hilfs- und Nebenrechnung zu erstellen. Dies gilt nicht, wenn durch eine Betriebsstätte neben Einkünften, die unter eine Artikel 8 OECD-MA entsprechende DBA-Regelung fallen, auch andere Einkünfte erzielt werden, die nicht als Nebeneinkünfte anzusehen sind. In diesem Fall ist für diese anderen Einkünfte eine Hilfs- und Nebenrechnung zu erstellen. Um die in Deutschland steuerpflichtigen Betriebsstätteneinkünfte sachgerecht ermitteln zu können, sind diese von den in Deutschland nicht zu besteuernden Einkünften sachgerecht abzugrenzen. Zur Feststellung, ob im Inland zu besteuernde Einkünfte erzielt werden, ist nach § 90 Absatz 1 AO vom ausländischen Unternehmen insbesondere offen zu legen, welche Personalfunktionen (§ 3 Absatz 3 BsGaV) in der Betriebsstätte (§ 4 Absatz 1 Satz 1 BsGaV) oder für die Betriebsstätte (§ 4 Absatz 2 BsGaV) ausgeübt werden.

2.3.2 Bestandteile der Hilfs- und Nebenrechnung (§ 3 Absatz 2 BsGaV)

58 In der Hilfs- und Nebenrechnung sind die der Betriebsstätte zuzuordnenden Vermögenswerte, ihr Dotationskapital und die übrigen Passivposten zu erfassen (siehe auch OECD-Betriebsstättenbericht, Teil I Tz. 72 ff. und Tz. 224 ff.).

59 Ein selbst geschaffener immaterieller Wert, der bisher weder in der Bilanz noch in der Hilfs- und Nebenrechnung zu erfassen war, wird dann Bestandteil der Hilfs- und Nebenrechnung, wenn wegen einer Änderung der Zuordnung im Verhältnis zwischen der Betriebsstätte und dem übrigen Unternehmen ein fiktiver Erwerb i. S. d. § 16 Absatz 1 Nummer 1 BsGaV anzunehmen ist. Zu erfassen ist demnach ein immaterieller Wert, der im übrigen Unternehmen selbst geschaffen wurde und anschließend der Betriebsstätte zuzuordnen ist (siehe Fallabwandlung 2 in Rn. 95) bzw. umgekehrt. Hingegen kann ein selbst geschaffener immaterieller Wert, der zwar der Betriebsstätte zuzuordnen ist, nach § 3 Absatz 2 Satz 2 Nummer 1 BsGaV nicht Bestandteil der Hilfs- und Nebenrechnung sein, wenn ein rechtlich selbständiges Unternehmen in der Situation der Betriebsstätte diesen immateriellen Wert in seiner steuerlichen Gewinnermittlung nicht erfassen würde.

60 Nach § 3 Absatz 2 Satz 2 Nummer 4 BsGaV sind auch die Betriebseinnahmen und Betriebsausgaben mit einzubeziehen, die zur Betriebsstätte gehören, weil sie in Zusammenhang mit Bestandteilen der Hilfs- und Nebenrechnung stehen, die aufgrund der ausgeübten Personalfunktion der Betriebsstätte zuzuordnen sind.

61 Auch die fiktiven Betriebseinnahmen und Betriebsausgaben, die aufgrund anzunehmender schuldrechtlicher Beziehungen nach den §§ 16 und 17 BsGaV entstehen, sind nach § 3 Absatz 2 Satz 3 BsGaV in der Hilfs- und Nebenrechnung zu erfassen, da voneinander unabhängige Unternehmen in vergleichbaren Fällen Verträge abschließen

würden, die entsprechende Auswirkungen auf ihre Gewinnermittlung hätten (siehe auch § 1 Absatz 4 Satz 2 AStG). Zu den fiktiven Betriebseinnahmen und Betriebsausgaben gehören auch fiktive Veräußerungsgewinne und -verluste.

Fall – Dienstleistung:

Die inländische X-GmbH hat in Staat A (DBA, das den AOA beinhaltet) eine Betriebsstätte A (A). Das übrige Unternehmen erbringt mit Personalfunktionen im Inland eine Dienstleistung für A. Die Dienstleistung verursacht Kosten von 90 und wird vom übrigen Unternehmen zum angemessenen Fremdvergleichspreis von 100 gegenüber A verrechnet.

Lösung:

A weist in der Hilfs- und Nebenrechnung fiktive Betriebsausgaben i. H. v. 100 aus. Das übrige Unternehmen erzielt fiktive Betriebseinnahmen von 100, d. h. es entsteht für das übrige Unternehmen ein Gewinn von 10.

62 Soweit eine Entstrickung nach § 4 Absatz 1 Satz 3 und 4 EStG oder eine fiktive Veräußerung nach § 12 Absatz 1 KStG vorliegt, die in der inländischen Steuerbilanz des Unternehmens im Wege einer Aufstockung zu erfassen ist, sind entsprechende Ansätze in der Hilfs- und Nebenrechnung der betreffenden ausländischen Betriebsstätte erforderlich.

Fall (1) – Überführung eines materiellen Wirtschaftsguts:

Die inländische X-GmbH (X) überführt einen Kran (Buchwert 100, gemeiner Wert/Fremdvergleichspreis 150) in ihre Betriebsstätte A (A) im Staat A (DBA, das den AOA beinhaltet).

Lösung:

Nach § 12 Absatz 1 KStG gilt die Überführung als fiktive Veräußerung des Krans zum gemeinen Wert/Fremdvergleichspreis von 150. Da der Kran unverändert Betriebsvermögen von X ist, muss er in derselben logischen Sekunde mit dem gemeinen Wert/Fremdvergleichspreis in deren Steuerbilanz angesetzt werden. Folge ist eine gewinnwirksame Erhöhung des Bilanzwerts des Krans (sog. Step up) in der Bilanz von X. Dieser Vorgang führt zwischen A und dem übrigen Unternehmen nach § 16 Absatz 1 Nummer 1 BsGaV zu einer fiktiven Veräußerung (anzunehmende schuldrechtliche Beziehung) des übrigen Unternehmens an A, so dass der Kran in der Hilfs- und Nebenrechnung von A mit den fiktiven Anschaffungskosten von 150 zu aktivieren und anschließend ausgehend von diesem Wert nach den allgemeinen Regeln abzuschreiben ist. Im Zeitpunkt der Überführung/fiktiven Veräußerung entsteht für das übrige Unternehmen ein Gewinn von 50. Dieser Gewinn neutralisiert sich für X infolge der erhöhten Abschreibung für A (fiktive Anschaffungskosten 150) im Laufe der Nutzungsdauer. Die Gewinnrealisierung wirkt sich letztlich – zeitlich verschoben – nur auf die Gewinnaufteilung zwischen A und dem übrigen Unternehmen aus (einmaliger Gewinn im übrigen Unternehmen von 50, erhöhte Abschreibung bezogen auf die Nutzungsdauer für A von 50).

BMF-Schr.

HINWEIS:

Im umgekehrten Fall (ausländisches Unternehmen mit inländischer Betriebsstätte) liegt eine fiktive Einlage gem. § 8 Absatz 1 KStG, § 4 Absatz 1 Satz 8 Halbsatz 2 EStG vor, die mit dem gemeinen Wert (§ 6 Absatz 1 Nummer 5a EStG) zu bewerten ist. Eine entsprechend Artikel 7 OECD-MA vom Unternehmen vorgenommene Aktivierung zu 150 in der Hilfs- und Nebenrechnung der inländischen Betriebsstätte ist anzuerkennen, von dieser Basis sind Abschreibungen vorzunehmen. Im Ausland kommt es zu einer entsprechenden Gewinnrealisierung.

Fall (2) – Überführung eines immateriellen Werts:

Die inländische X-GmbH (X) hat in Staat A eine Betriebsstätte A (A). Die inländische Forschungseinrichtung von X entwickelt einen immateriellen Wert und lässt ihn zum Patent eintragen. Das Patent ist nach Fertigstellung im Jahr 05 ab dem Jahr 06 unstreitig A zuzuordnen, weil A den immateriellen Wert nutzt und das übrige Unternehmen keine Personalfunktionen mehr hinsichtlich des Patents ausübt (siehe Rn. 28).

Lösung:

Der immaterielle Wert (Patent, bzw. das zukünftige Patent) ist in den Jahren 01 bis 05 dem übrigen Unternehmen zuzuordnen, denn dort sind die maßgeblichen Personalfunktionen, die zur Schaffung des Patents führten, ausgeübt worden (Vermutungsregelung des § 6 Absatz 1 BsGaV). Die Zuordnung zu A im Jahr 06 stellt eine Zuordnungsänderung dar. Es ist ein fiktiver Anschaffungsvorgang des Patents durch A anzunehmen (fiktiver Erwerb i. S. d. § 16 Absatz 1 Nummer 1 BsGaV). Das Patent ist ab dem Jahr 06 nach § 3 Absatz 2 Nummer 1 BsGaV in der Hilfs- und Nebenrechnung von A als Aktivposten mit den fiktiven Anschaffungskosten (d. h. mit einem dem Fremdvergleichsgrundsatz entsprechenden Preis, § 16 Absatz 2 BsGaV) zu erfassen. Dass X das Patent ohne diesen fiktiven Anschaffungsvorgang nach deutschem Steuerrecht nicht in seiner inländischen Bilanz ansetzen darf (Bilanzierungsverbot, § 5 Absatz 2 EStG), ist unerheblich. Gleichzeitig handelt es sich für das übrige Unternehmen um eine fiktive Veräußerung an A i. S. d. § 12 Absatz 1 KStG.

HINWEIS:

Ist im umgekehrten Fall (ausländisches Unternehmen mit inländischer Betriebsstätte) ein selbstgeschaffener (auch halbfertiger) immaterieller Wert nach ausländischem Steuerrecht in der Bilanz des ausländischen Unternehmens auszuweisen (anders als nach deutschem Steuerrecht), so hat dies keinen Einfluss auf die Behandlung in der Hilfs- und Nebenrechnung der Betriebsstätte.

2.3.3 Hinweis auf die Aufzeichnungspflichten (§ 3 Absatz 3 BsGaV)

63 Das Unternehmen muss nach § 3 Absatz 3 BsGaV sicherstellen, dass es im Rahmen des § 90 Absatz 3 Satz 4 AO (siehe auch § 7 GAufzV) auf Anforderung durch die Außenprüfung Aufzeichnungen über die Gründe für die jeweilige Zuordnungsentscheidung hinsichtlich der Bestandteile der Hilfs- und Nebenrechnung und für die anzunehmenden schuldrechtlichen Beziehungen vorlegen kann. Zu den Aufzeichnungen gehören insbesondere auch Unterlagen, aus denen sich ergibt, wie die betreffenden Bestandteile der Hilfs- und Nebenrechnung und die anzunehmenden schuldrechtlichen Beziehungen im Ausland steuerlich zugeordnet und behandelt werden. Werden bei einer Außenprüfung Aufzeichnungen, die nach § 90 Absatz 3 Satz 4 AO auf Anforderung zu erstellen und vorzulegen sind, nicht fristgerecht oder nur in unverwertbarer

Qualität vorgelegt, können Schätzungen und Zuschläge nach § 162 Absatz 3 und 4 AO notwendig werden.

2.3.4 Begründung und Beendigung einer Betriebsstätte (§ 3 Absatz 4 BsGaV)

2.3.4.1 Begründung einer Betriebsstätte

64 Wird eine Betriebsstätte begründet, ist nach § 3 Absatz 4 Satz 1 BsGaV zu diesem Zeitpunkt erstmals eine Hilfs- und Nebenrechnung zu erstellen. Dies gilt auch, wenn sich erst nachträglich herausstellt, dass eine Betriebsstätte begründet wurde (z. B. Fristüberschreitung für Bau- und Montagebetriebsstätten, unbeabsichtigte und unerkannte Betriebsstättenbegründung). Für den fiktiven Erwerb bzw. die fiktive Überlassung von Vermögenswerten sowie für die Zuordnung von Passivposten gelten auch in diesen Fällen die allgemeinen Grundsätze.

65 In den Fällen, in denen die Begründung einer Betriebsstätte, d. h. ihr tatsächliches Entstehen, nicht erkannt wurde und eine Hilfs- und Nebenrechnung nicht nachträglich erstellt werden kann, kann eine Schätzung nach § 162 AO notwendig werden.

66 Aufwendungen, die vor der Begründung einer Betriebsstätte aber in einem zeitlichen und sachlichen Zusammenhang mit ihrem Entstehen und im Hinblick auf ihre Tätigkeit anfallen (Vorlaufkosten), sind dem übrigen Unternehmen zuzuordnen, denn einer Betriebsstätte können vor ihrem Entstehen keine Personalfunktionen zugeordnet werden (siehe Rn. 71).

67 Dienen Vorlaufkosten der Erzielung von im Inland nach DBA-Regelungen freigestellten Betriebsstätteneinkünften, so sind sie nach dem Veranlassungsprinzip (§ 4 Absatz 4 EStG) im Inland nicht abziehbar (BFH vom 28. April 1983 — IV R 122/79 —, BStBl 1983 II S. 566; BFH vom 17. Dezember 1998 — I B 80/98 —, BStBl 1999 II S. 293; vgl. OECD-Betriebsstättenbericht, Teil I Tz. 221 ff.). Dies gilt auch dann, wenn es gar nicht zum Entstehen der geplanten ausländischen Betriebsstätte kommt (BFH vom 26. Februar 2014 — I R 56/12 —, BStBl II S. 703). Weist das Unternehmen allerdings nach, dass Vorlaufkosten der Erbringung von anzunehmenden schuldrechtlichen Beziehungen (§ 16 BsGaV) dienen, die für das übrige Unternehmen zu steuerpflichtigen Einkünften führen, sind sie insoweit beim übrigen Unternehmen abziehbar.

2.3.4.2 Beendigung einer Betriebsstätte

68 Wird eine Betriebsstätte beendet, ist die Hilfs- und Nebenrechnung nach § 3 Absatz 4 Satz 2 BsGaV zu diesem Zeitpunkt abzuschließen. Alle noch vorhandenen Vermögenswerte und Passivposten der Betriebsstätte gelten fiktiv als an das übrige Unternehmen zu Fremdvergleichswerten veräußert (§ 16 Absatz 1 Nummer 1 BsGaV), der fiktive Veräußerungserlös ist nach § 3 Absatz 4 Satz 2 BsGaV in der Hilfs- und Nebenrechnung zu erfassen. Eine entsprechende Anwendung des § 11 KStG auf eine Betriebsstätte scheidet auch in den Fällen aus, in denen das Unternehmen, dessen Teil die Betriebsstätte ist, nach § 1 Absatz 1 Nummer 1 bis 3 KStG unbeschränkt körperschaftsteuerpflichtig ist.

Fall – Beendigung einer Betriebsstätte:

Unternehmen X im Staat A hat in Staat B eine Betriebsstätte B (B), die in der Hilfs- und Nebenrechnung eine Maschine ausweist. B wird beendet.

Lösung:

Mit der Beendigung von B ist eine fiktive Veräußerung der Maschine an das übrige Unternehmen (§ 16 Absatz 1 Nummer 1 BsGaV) anzunehmen, unabhängig davon, ob die Maschine in Staat B verbleibt oder nicht.

69 Betriebseinnahmen und Betriebsausgaben in Zusammenhang mit der Geschäftstätigkeit der Betriebsstätte, die zu einem Zeitpunkt anfallen, zu dem die Betriebsstätte nicht mehr besteht, gehören nicht zu den Einkünften der Betriebsstätte, sondern zu den Einkünften des übrigen Unternehmens. Denn nach § 3 Absatz 4 Satz 2 BsGaV gelten die zugrunde liegenden Geschäftsvorfälle und Vermögenswerte zum Zeitpunkt der Beendigung der Betriebsstätte als fiktiv an das übrige Unternehmen veräußert (§ 16 Absatz 1 Nummer 1 BsGaV).

2.3.5 Hilfs- und Nebenrechnung für die Betriebsstätte eines nicht bilanzierenden Unternehmens (§ 3 Absatz 5 BsGaV)

70 In Fällen, in denen das Unternehmen, zu dem die Betriebsstätte gehört, weder nach inländischem noch nach ausländischem Recht buchführungspflichtig ist und tatsächlich auch keine Bücher führt, ist die Hilfs- und Nebenrechnung nach § 3 Absatz 5 BsGaV entsprechend einer Einnahmenüberschussrechnung i. S. d. § 4 Absatz 3 EStG zu erstellen. § 6 Absatz 7 EStG ist entsprechend anzuwenden, d. h. die Abschreibungen sind ausgehend von den fiktiven Anschaffungskosten zu bemessen. Entsprechend § 3 Absatz 4 BsGaV ist auch in diesen Fällen zum Zeitpunkt der Begründung der Betriebsstätte mit der Hilfs- und Nebenrechnung zu beginnen. Im Zeitpunkt der Beendigung der Betriebsstätte ist die Hilfs- und Nebenrechnung so abzuschließen, dass sie den Übergang der Vermögenswerte und Passivposten zu Werten enthält, die dem Fremdvergleichsgrundsatz entsprechen.

2.4 Zuordnung von Personalfunktionen (§ 4 BsGaV)

2.4.1 Grundsatz (§ 4 Absatz 1 BsGaV)

71 Für die Zuordnung einer Personalfunktion kommt es nach § 4 Absatz 1 Satz 1 BsGaV in erster Linie darauf an, in welcher Betriebsstätte die Personalfunktion ausgeübt wird (Vermutungsregelung). Die Zuordnung ist grundsätzlich unabhängig von der Dauer der Ausübung.

72 Eine Personalfunktion, die in einer Betriebsstätte ausgeübt wird, ist ihr nach § 4 Absatz 1 Satz 2 BsGaV jedoch nicht zuzuordnen, wenn die Personalfunktion keinen sachlichen Bezug zur Geschäftstätigkeit der Betriebsstätte aufweist und wenn die Personalfunktion dort nur kurzfristig, d. h. an weniger als 30 Arbeitstagen innerhalb eines Wirtschaftsjahrs, ausgeübt wird.

Grundfall – Vorbereitende Tätigkeit:

Unternehmen X in Staat A hat in Staat B Betriebsstätte B (B) und in Staat C Betriebsstätte C (C). Ein Arbeitnehmer N (N) von X reist für drei Wochen zu B, um sich dort für eine Tätigkeit in Staat C für C vorzubereiten. Es besteht keine sachliche Verbindung zwischen seiner (vorbereitenden) Tätigkeit im Staat B und der Geschäftstätigkeit von B.

Lösung:

Die Tätigkeit von N ist nach § 4 Absatz 1 Satz 2 BsGaV keine Personalfunktion von B, sondern gem. § 4 Absatz 2 Satz 1 1. Alternative BsGaV eine Personalfunktion von C. Die Nutzung der Infrastruktur von B ist ggf. vom übrigen Unternehmen (hier im Ergebnis von C) zu vergüten (§ 16 Absatz 1 Nummer 2 Buchstabe a BsGaV).

Abwandlung (zur Abgrenzung):

N ist länger als 30 Tage, d. h. nicht nur kurzfristig, bei B tätig.

Lösung:

Die Tätigkeit von N ist nach § 4 Absatz 1 Satz 2 BsGaV eine Personalfunktion von B, da N die Infrastruktur von B nicht nur kurzfristig nutzt. Die Ergebnisse der vorbereitenden Tätigkeit von N in B sind vom übrigen Unternehmen (hier im Ergebnis von C) angemessen zu vergüten (§ 16 Absatz 1 Nummer 2 Buchstabe a BsGaV).

73 Als Folge der Zuordnung einer Personalfunktion zu einer Betriebsstätte sind der Betriebsstätte neben dem zugehörigen Personalaufwand auch die durch die Personalfunktion verursachten Erträge zuzuordnen. Aus der Zuordnung einer Personalfunktion zu einer Betriebsstätte können sich auch Gründe für die Zuordnung z. B. von Vermögenswerten ergeben.

2.4.2 Besondere Fälle der Zuordnung von Personalfunktionen (§ 4 Absatz 2 BsGaV)

74 Gibt die örtliche Ausübung einer Personalfunktion keine Entscheidung für die Zuordnung vor, weil

- die Personalfunktion weder in der Betriebsstätte noch im übrigen Unternehmen ausgeübt wird (z. B. Reisetätigkeit) oder
- das Personal des Unternehmens die Funktion nur kurzfristig in einer Betriebsstätte ausübt, zu der die Personalfunktion sonst keinen sachlichen Bezug aufweist (§ 4 Absatz 1 Satz 2 BsGaV),

so ist die Personalfunktion nach § 4 Absatz 2 BsGaV der Betriebsstätte zuzuordnen, zu der die Personalfunktion sachlich den engsten Bezug aufweist (siehe Rn. 72 Grundfall).

2.4.3 Zuordnung einer Personalfunktion in Zweifelsfällen (§ 4 Absatz 3 BsGaV)

75 Kann eine Personalfunktion weder nach § 4 Absatz 1 noch nach § 4 Absatz 2 BsGaV zugeordnet werden, so räumt § 4 Absatz 3 BsGaV dem Unternehmen einen Beurteilungsspielraum für die Zuordnung der Personalfunktion ein. Die Zuordnung der Personalfunktion muss sich aber so weit wie möglich an den Kriterien des § 4 Absatz 1 und 2 BsGaV orientieren. Die Zuordnung der Personalfunktion muss spätestens mit Erstellung der Hilfs- und Nebenrechnung nachvollziehbar erfolgt sein und ggf. anhand eindeutiger Aufzeichnungen (§ 90 Absatz 3 AO, siehe auch Rn. 63) begründet werden können (§ 3 Absatz 2 Satz 4 BsGaV). Anderenfalls kann eine Schätzung nach § 162 AO erforderlich werden. Die anteilige Zuordnung einer Personalfunktion ist nicht anzuerkennen. BMF-Schr.

Fall – Keine eindeutige Zuordnung einer Personalfunktion:

Das Produktionsunternehmen X (X) in Staat A hat in Staat B Betriebsstätte B (B) und in Staat C Betriebsstätte C (C). X betreibt einen Messestand im Staat M. Der Angestellte N, der üblicherweise im Staat A für X arbeitet, berät und bedient auf der Messe die Kunden von B und C. Der Messestand erfüllt selbst nicht den Tatbestand einer Betriebsstätte.

Lösung:

Da es nicht möglich ist, die auf dem Messestand von N ausgeübte Personalfunktion eindeutig einer der Betriebsstätten zuzuordnen (§ 4 Absatz 1 oder 2 BsGaV) hat X einen Beurteilungsspielraum (§ 4 Absatz 3 BsGaV): X kann die in M von N erbrachte Personalfunktion entweder der inländischen Betriebsstätte oder B oder C zuordnen. X hat sicherzustellen, dass die Aufzeichnungspflichten (siehe Rn. 63) erfüllt werden können. Fiktiv erbrachte Dienstleitungen sind nach § 16 Absatz 1 Nummer 2 Buchstabe a BsGaV angemessen zu verrechnen.

2.5 Zuordnung von materiellen Wirtschaftsgütern (§ 5 BsGaV)

2.5.1 Grundsatz (§ 5 Absatz 1 BsGaV)

76 Ein materielles Wirtschaftsgut ist nach der Vermutungsregelung des § 5 Absatz 1 Satz 1 BsGaV der Betriebsstätte zuzuordnen, in der es genutzt wird, da die Nutzung materieller Wirtschaftsgüter insofern als maßgebliche Personalfunktion gilt (siehe auch OECD-Betriebsstättenbericht, Teil I Tz. 75). Unter Nutzung i. S. d. § 5 Absatz 1 Satz 1 BsGaV ist der unmittelbare Verbrauch des materiellen Wirtschaftsguts, d. h. dessen Wertverzehr, zu verstehen. Besonderheiten gelten im Zusammenhang mit Beteiligungen, Finanzanlagen und ähnlichen Vermögenswerten (§ 7 BsGaV). Da die Nutzung eines materiellen Vermögenswerts immer nur an einem Ort (in einer bestimmten Betriebsstätte) möglich ist, sind Fälle von Funktionsaufteilungen (siehe Rn. 42) im Regelfall nicht möglich (siehe aber Rn. 79).

Fall (1) – Grundfall:

Unternehmen X in Staat A hat in Staat B eine Betriebsstätte B (B). Eine Maschine wird von Personal von B für eigene betriebliche Zwecke angeschafft und anschließend genutzt.

Lösung:

Die Maschine ist B nach § 5 Absatz 1 BsGaV zuzuordnen und als Bestandteil der Hilfs- und Nebenrechnung von B (§ 3 BsGaV) auszuweisen.

Fall (2) – Nutzung durch Nutzungsüberlassung:

Unternehmen X (X) in Staat A hat in Staat B eine Betriebsstätte B (B). Eine Maschine wird von Personal von B angeschafft, und anschließend an ein unabhängiges Unternehmen Y (Y) vermietet.

Lösung:

Die Maschine ist B aufgrund der Nutzung (Vermietung) nach § 5 Absatz 1 BsGaV zuzuordnen.

Fallfortführung zu Fall (2):

X hat in Staat C die Betriebsstätte C (C). Nach der Vermietung an Y (dieser Geschäftsvorfall ist B nach § 9 Absatz 1 BsGaV zuzuordnen) wird die Maschine auf Dauer von C genutzt.

Lösung:

Die Maschine ist dem übrigen Unternehmen (hier C) zuzuordnen, denn die tatsächliche Nutzung durch C hat wegen der Vermutungsregelung des § 5 Absatz 1 BsGaV Vorrang gegenüber der denkbaren fiktiven Nutzungsüberlassung von B an C.

Fall (3) – Herstellung; Behandlung eines unternehmensinternen fiktiven Anschaffungsvorgangs:

Geschäftszweck des Unternehmens X (X) in Staat A ist u. a. die Herstellung von Spezialmaschinen. X hat in Staat B eine Betriebsstätte B (B). Im Jahr 01 beginnt im übrigen Unternehmen die Fertigung einer Maschine, die für B vorgesehen ist. Die Maschine wird in 02 ausgeliefert und anschließend von B genutzt.

Lösung:

Die Maschine ist B mit Beginn der Nutzung in 02 zuzuordnen (§ 5 Absatz 1 BsGaV – Vermutungsregelung). In der Zeit davor ist das unfertige Erzeugnis dem übrigen Unternehmen zuzuordnen, da bis zur Nutzung die Herstellung nach § 5 Absatz 2 BsGaV die maßgebliche Personalfunktion ist. Mit Beginn der Nutzung in 02 durch B gilt die Maschine als fiktiv an diese veräußert (§ 16 Absatz 1 Nummer 1 BsGaV). Für die fiktive Veräußerung ist ein Verrechnungspreis anzusetzen, der dem Fremdvergleichsgrundsatz entspricht (§ 16 Absatz 2 BsGaV).

77 Wechselt die Nutzung eines materiellen Wirtschaftsguts auf Dauer, d. h. unbefristet, von einer Betriebsstätte zu einer anderen, führt das nach § 5 Absatz 1 Satz 2 BsGaV zum Zeitpunkt der Nutzungsänderung zu einer geänderten Zuordnung (fiktive Veräußerung, § 16 Absatz 1 Nummer 1 BsGaV), weil die maßgebliche Personalfunktion (Nutzung) nicht mehr in der bisher nutzenden Betriebsstätte, sondern in der anderen Betriebsstätte ausgeübt wird.

Fall – Dauerhafter Nutzungswechsel:

Unternehmen X in Staat A hat in Staat B eine Betriebsstätte B (B), die für ihre betrieblichen Zwecke einen PKW erwirbt. Nach einem Jahr wird der PKW nicht mehr für B benötigt. Er wird auf Dauer für die betrieblichen Zwecke des übrigen Unternehmens (hier für die der Geschäftsleitungsbetriebsstätte im Staat A) verwendet. Der PKW wird weiterhin in der Hilfs- und Nebenrechnung von B erfasst und ein fremdübliches Entgelt für die fiktive Nutzungsüberlassung von B an X angesetzt.

Lösung:

B ist der PKW wegen des Erwerbs und der anschließenden Nutzung zuzuordnen (§ 5 Absatz 1 Satz 1 BsGaV). Nach Beendigung der Nutzung durch B ist der PKW nach § 5 Absatz 1 Satz 2 BsGaV dem übrigen Unternehmen zuzuordnen, da ihn das übrige Unternehmen (hier die Geschäftsleitungsbetriebsstätte) auf Dauer nutzt. Der Nutzungsübergang führt zu einer fiktiven Veräußerung an das übrige Unternehmen (§ 16 Absatz 1 Nummer 1 BsGaV), für die nach § 16 Absatz 2 BsGaV ein dem Fremdvergleichsgrundsatz entsprechender Betrag zu verrechnen ist. Die steuerliche Behandlung des Vorgangs durch X ist entsprechend zu berichtigen.

78 Wechselt die Nutzung vorübergehend zu einer anderen Betriebsstätte, führt dies zu einer fiktiven Nutzungsüberlassung (§ 16 Absatz 1 Nummer 2 Buchstabe a BsGaV) ohne Änderung der Zuordnung, wenn die bisher nutzende Betriebsstätte weiterhin

Personalfunktionen hinsichtlich des materiellen Wirtschaftsguts ausübt oder absehbar ist, dass sie das Wirtschaftsgut in Zukunft wieder nutzen wird.

Abwandlung 1 zu Fall Rn. 77 – Vorübergehender Nutzungswechsel:

Der PKW wird nicht auf Dauer, sondern nur für vier Monate für betriebliche Zwecke des übrigen Unternehmens (hier der Geschäftsleitungsbetriebsstätte im Staat A) verwendet, danach wird er wieder von B genutzt. X hat den PKW weiterhin in der Hilfs- und Nebenrechnung von B erfasst und ein fremdübliches Entgelt für die fiktive Nutzungsüberlassung an das übrige Unternehmen angesetzt.

Lösung:

Da die Nutzung des PKW nur vorübergehend wechselt und absehbar ist, dass B den PKW in Zukunft wieder nutzen wird, ist keine Änderung der Zuordnung vorzunehmen. Es ist eine fiktive Nutzungsüberlassung (§ 16 Absatz 1 Nummer 2 Buchstabe a BsGaV) an das übrige Unternehmen anzunehmen, die dem Fremdvergleichsgrundsatz entsprechend zu vergüten ist (§ 16 Absatz 2 BsGaV).

79 Wechselt die Nutzung eines materiellen Wirtschaftsguts häufig, d. h. mehr als zweimal innerhalb eines Kalenderjahrs zwischen verschiedenen Betriebsstätten, ist nach § 5 Absatz 1 Satz 3 BsGaV für die Zuordnung des materiellen Wirtschaftsguts darauf abzustellen, in welcher Betriebsstätte es überwiegend genutzt wird. Dies ist anhand einer Prognose (siehe Rn. 44), die sich auf die betriebsgewöhnliche Nutzungsdauer bezieht, zu entscheiden. Dadurch wird vermieden, dass häufig fiktive Veräußerungen (§ 16 Absatz 1 Nummer 1 BsGaV) anzunehmen sind, die dazu führen, dass die vorhandenen stillen Reserven jeweils festgestellt und versteuert werden müssten. Im Verhältnis der Betriebsstätte, der das materielle Wirtschaftsgut zuzuordnen ist, zu anderen Betriebsstätten, die das materielle Wirtschaftsgut nutzen, liegen fiktive Nutzungsüberlassungen vor (§ 16 Absatz 1 Nummer 2 Buchstabe a BsGaV).

Abwandlung 2 zu Fall Rn. 77 – Häufiger Nutzungswechsel:

Der PKW wird über das Jahr abwechselnd in verschiedenen Betriebsstätten von X genutzt, auf Dauer überwiegend von B.

Lösung:

Für die Zuordnung ist darauf abzustellen, dass das Fahrzeug voraussichtlich überwiegend von B genutzt wird (§ 5 Absatz 1 Satz 3 BsGaV). Eine Betrachtung, die über ein Wirtschaftsjahr hinausgeht und Prognosen berücksichtigt, kann auch in derartigen Fällen sachgerecht sein (siehe auch Rn. 44). Zu Lasten der übrigen Betriebsstätten, die das Fahrzeug auch nutzen, sind dem Fremdvergleichsgrundsatz entsprechende, fiktive Nutzungsentgelte anzusetzen (§ 16 Absatz 2 BsGaV).

2.5.2 Abweichende Zuordnung eines materiellen Wirtschaftsguts (§ 5 Absatz 2 BsGaV)

80 Überwiegt die Bedeutung einer anderen, im übrigen Unternehmen ausgeübten Personalfunktion für ein materielles Wirtschaftsgut eindeutig gegenüber der Nutzung (Personalfunktionenkonkurrenz, siehe Rn. 43), so ist die betreffende andere Personalfunktion nach § 5 Absatz 2 Satz 1 BsGaV entgegen der Vermutungsregelung des § 5 Absatz 1 BsGaV für die Zuordnung des materiellen Wirtschaftsguts maßgeblich. Andere Personalfunktionen, die die Bedeutung der Nutzung im Einzelfall überwiegen können, sind insbesondere solche, die in Zusammenhang mit der Anschaffung, Herstellung,

Verwaltung oder Veräußerung des materiellen Wirtschaftsguts stehen. Die Verwaltung allein wird im Regelfall kaum die Zuordnung eines materiellen Wirtschaftsguts (wie auch anderer Zuordnungsgegenstände) rechtfertigen.

Fall – Lohnfertiger:

Ein Produktionsunternehmen X (X) in Staat A hat eine Produktionsbetriebsstätte B (B) in Staat B, die ausschließlich Erzeugnisse für X fertigt. In der Geschäftsleitungsbetriebsstätte in Staat A wird darüber entschieden, welche Maschinen für B angeschafft werden, wie und wann sie von wem gewartet werden, wie sie weiterverwertet oder ob sie verschrottet werden. Das Personal des übrigen Unternehmens gibt auch vor, welches Material von B verwendet wird. Sämtliche von B hergestellten Produkte werden von Personal des übrigen Unternehmens weiterverwertet bzw. vermarktet.

Lösung:

Die von B ausgeübten Personalfunktionen (Nutzung) sind für die Zuordnung der verwendeten Maschinen, des Produktionsmaterials und der hergestellten Produkte nicht maßgeblich, da von B keine Entscheidungen im Hinblick auf diese Zuordnungsgegenstände getroffen werden. Die Bedeutung der Nutzung tritt entgegen der Vermutungsregelung des § 5 Absatz 1 BsGaV nach qualitativen Gesichtspunkten (siehe Rn. 43) eindeutig hinter die Bedeutung der Personalfunktionen, die im übrigen Unternehmen ausgeübt werden, zurück. Die Maschinen sind gem. § 5 Absatz 2 BsGaV dem übrigen Unternehmen zuzuordnen. Ungeachtet dessen sind die tatsächlich von B ausgeübten Funktionen (fiktiver Lohnfertiger) angemessen zu vergüten (im Regelfall nach der Kostenaufschlagsmethode oder nach einer kostenorientierten transaktionsbezogenen Nettomargen-Methode).

81 Ein materielles Wirtschaftsgut kann einer Betriebsstätte auch aufgrund einer anderen Personalfunktion i. S. d. § 5 Absatz 2 BsGaV zuzuordnen sein, ohne dass die Nutzung eine Rolle spielt. Es kann darüber hinaus auch aufgrund anderer Personalfunktionen, die in verschiedenen Betriebsstätten ausgeübt werden, zu einer Zuordnungsänderung kommen.

Fall – Zuordnung aufgrund anderer Personalfunktionen:

Das inländische Unternehmen X (X) hat in Staat P eine Produktionsbetriebsstätte P (P), in der Waren zum Verkauf für eine Vertriebsbetriebsstätte V (V) in Staat V gefertigt und dorthin geliefert werden.

Lösung:

Die Waren sind nach § 5 Absatz 2 BsGaV wegen der Herstellung P zuzuordnen. Werden die Waren an V geliefert, liegt eine fiktive Veräußerung von P an das übrige Unternehmen vor (§ 16 Absatz 1 Nummer 1 BsGaV), denn P übt im Regelfall nach der Lieferung keine Personalfunktionen hinsichtlich der Waren mehr aus (siehe Rn. 47). Nach der Lieferung an V übt nur noch V eine Personalfunktion i. S. d. § 5 Absatz 2 BsGaV aus: Vermarktung der Waren. Deshalb sind V die Waren nach der Lieferung zuzuordnen, sie gelten als vom übrigen Unternehmen an V fiktiv veräußert. Dafür ist ein Verrechnungspreis anzusetzen, der dem Fremdvergleichsgrundsatz entspricht (§ 16 Absatz 2 BsGaV).

82 Unbewegliches Vermögen, in dem die Geschäftstätigkeit der Betriebsstätte ausgeübt wird, ist nach § 5 Absatz 2 Satz 3 BsGaV immer dieser Betriebsstätte zuzuordnen, da das Besteuerungsrecht für unbewegliches Vermögen dem Staat zusteht, in dem die Betriebsstätte liegt (siehe auch Artikel 6 OECD-MA).

Fall – Grundvermögen der Betriebsstätte:

Das inländische Unternehmen X hat eine Betriebsstätte A (A) in Staat A, die in eigenen Räumlichkeiten Produkte des Unternehmens X vertreibt.

Lösung:

Die zum Vertrieb genutzten eigenen Räumlichkeiten in Staat A sind nach § 5 Absatz 2 Satz 3 BsGaV der A zuzuordnen.

2.5.3 Zuordnung eines materiellen Wirtschaftsguts, wenn andere Personalfunktionen gleichzeitig in verschiedenen anderen Betriebsstätten ausgeübt werden (§ 5 Absatz 3 BsGaV)

83 Sind andere Personalfunktionen (nicht die Nutzung), die gleichzeitig in verschiedenen anderen Betriebsstätten ausgeübt werden, im Einzelfall eindeutig von größerer Bedeutung für ein materielles Wirtschaftsgut als die Nutzung (Personalfunktionenkonkurrenz, siehe Rn. 43), so ist das materielle Wirtschaftsgut nach § 5 Absatz 3 BsGaV der Betriebsstätte zuzuordnen, in der die andere Personalfunktion mit der größten Bedeutung ausgeübt wird.

Fall (1) – Andere Personalfunktionen von größerer Bedeutung:

Das inländische Unternehmen X ist Eigentümer eines Fahrzeugs, das von der Geschäftsleitungsbetriebsstätte D erworben wurde und – soweit absehbar – nach einer begrenzten kurzfristig wechselnden Nutzung in verschiedenen, zu X gehörenden ausländischen Betriebsstätten von D veräußert wird. Die gesamte Wartung (Reparatur, Service, TÜV usw.) wird von einer Betriebsstätte R in Staat R erledigt.

Lösung:

Die Funktions- und Risikoanalyse führt zu dem Ergebnis, dass die kurzfristig abwechselnde Nutzung durch verschiedene ausländische Betriebsstätten entgegen der Vermutungsregelung des § 5 Absatz 1 BsGaV eindeutig von untergeordneter Bedeutung ist, sowohl gegenüber dem Erwerb und der Veräußerung durch D einerseits, als auch gegenüber der Wartung durch R andererseits. Im Verhältnis zwischen Erwerb/Veräußerung und Wartung überwiegen in der Bedeutung Erwerb/Veräußerung. Das Dienstfahrzeug ist D nach § 5 Absatz 3 BsGaV zuzuordnen.

Fall (2) – Nur andere Personalfunktionen als die Nutzung:

Das inländische Handelsunternehmen X (X) hat in Staat A die Betriebsstätte A (A), die Waren erwirbt, die anschließend von der inländischen Geschäftsleitungsbetriebsstätte X (X) vertrieben werden. A hat für die Beschaffung die Vorgaben (Qualität, Quantität) von X einzuhalten.

Lösung:

Die von X ausgeübten Personalfunktionen (Veräußerung, Vorgaben von X für A, keine Nutzung, siehe Rn. 76) sind eindeutig von größerer Bedeutung als die bloße Beschaffungsfunktion durch A. Die erworbenen Waren sind X nach § 5 Absatz 3 BsGaV zuzuordnen.

2.5.4 Zweifelsfälle der Zuordnung eines materiellen Wirtschaftsguts (§ 5 Absatz 4 BsGaV)

84 Kann ein materielles Wirtschaftsgut nicht eindeutig nach § 5 Absatz 1 bis 3 BsGaV zugeordnet werden (Hinweis insbesondere auf Rn. 43), steht dem Unternehmen ein Beurteilungsspielraum für die Zuordnung des materiellen Wirtschaftsguts zu. Die Zuordnung muss sich aber so weit wie möglich an den Grundsätzen des § 5 Absatz 1 bis 3 BsGaV orientieren. Das bedeutet, dass in Zweifelsfällen vorrangig die Vermutungsregelung des § 5 Absatz 1 BsGaV greift. Der Beurteilungsspielraum kommt vor allem in Fällen der Personalfunktionenkonkurrenz zwischen anderen Personalfunktionen i. S. d. § 5 Absatz 2 BsGaV in Betracht (siehe Rn. 43). Die Entscheidung über die Zuordnung des materiellen Wirtschaftsguts nach § 5 Absatz 4 BsGaV muss

- nach § 3 Absatz 3 BsGaV spätestens mit Erstellung der Hilfs- und Nebenrechnung nachvollziehbar erfolgen,
- auch im jeweils anderen Staat der Besteuerung zugrunde gelegt werden und
- anhand eindeutiger Aufzeichnungen (siehe Rn. 63) nach § 90 Absatz 3 AO begründet werden können.

Sind diese Voraussetzungen nicht erfüllt, kann eine Schätzung nach § 162 AO erforderlich werden. Eine anteilige Zuordnung ist – anders als für immaterielle Werte (siehe Rn. 101) – nicht anzuerkennen

2.6 Zuordnung von immateriellen Werten (§ 6 BsGaV)

2.6.1 Grundsatz (§ 6 Absatz 1 BsGaV)

85 Die maßgebliche Personalfunktion für die Zuordnung von immateriellen Werten (Patent, Marke, Know-how, Geschäftswert usw.) ist nach § 6 Absatz 1 Satz 1 BsGaV vorrangig deren Schaffung (erste Vermutungsregelung) oder deren Erwerb (zweite Vermutungsregelung).

86 Unter Schaffung (bzw. Herstellung) eines immateriellen Werts (§ 6 Absatz 1 Satz 1 BsGaV) ist die Ausübung einer Personalfunktion zu verstehen, die für die Entstehung des immateriellen Werts entscheidend ist. Zur Schaffung eines immateriellen Werts gehören nicht nur die eigentlichen Forschungs- und Entwicklungstätigkeiten. Mit umfasst werden z. B. auch (siehe auch OECD-Betriebsstättenbericht, Teil I Tz. 88):

- die Gestaltung der Prüfanforderungen und Prüfverfahren, die den Rahmen für die konkrete Forschungs- und Entwicklungstätigkeit bilden,
- die Analyse der aus diesen Prüfungen stammenden Daten,
- die Bestimmung von Entwicklungsphasen (sog. Meilensteine) für das jeweilige Projekt sowie
- die Entscheidung, insbesondere wenn die jeweiligen Entwicklungsphasen abgeschlossen werden, ob das konkrete Projekt weiterfinanziert oder aufgegeben wird.

BMF-Schr.

87 Unter Erwerb (bzw. Anschaffung) eines immateriellen Werts (§ 6 Absatz 1 Satz 1 BsGaV) ist die Ausübung einer Personalfunktion zu verstehen, die für den

Erwerb des immateriellen Werts entscheidend ist. Zum Erwerb eines immateriellen Werts gehört nicht nur die Durchführung des eigentlichen Erwerbsvorgangs. Mit umfasst werden z. B. auch (siehe auch OECD-Betriebsstättenbericht, Teil I Tz. 93 bis Tz. 94):

- die Prüfung, ob Bedarf für einen solchen immateriellen Wert besteht,
- der Entscheidungsprozess, einen immateriellen Wert zu erwerben und nicht selbst zu entwickeln,
- die Prüfung des zu erwerbenden bzw. des erworbenen immateriellen Werts,
- die Wahrnehmung einer etwa erforderlichen Folgeentwicklungstätigkeit sowie
- die Entscheidung über die Verwendung des immateriellen Werts.

88 Von besonderer Bedeutung für die Zuordnung sind die in einer Betriebsstätte ausgeübten maßgeblichen Personalfunktionen mit Bezug zur aktiven und qualifizierten unternehmerischen Entscheidung hinsichtlich der Übernahme der mit der Schaffung bzw. dem Erwerb des immateriellen Werts verbundenen Risiken und des aktiven Risikomanagements (siehe auch OECD-Betriebsstättenbericht, Teil I Tz. 84 bis Tz. 97).

89 Nicht entscheidend ist, wer formal die Entscheidung trifft, insbesondere wenn der betreffende Entscheidungsträger selbst nicht über die Qualifikation für eine verantwortliche Entscheidung verfügt (siehe Rn. 40). Andererseits begründet die Wahrnehmung der unmittelbar mit dem Erwerb oder der technischen Entwicklung eines immateriellen Werts verbundenen Funktion durch eine Betriebsstätte allein nicht zwingend eine entsprechende Zuordnung des immateriellen Werts, wenn die inhaltliche Entscheidung hinsichtlich der Risikoübernahme und des Risikomanagements in einer anderen Betriebsstätte getroffen wird (siehe auch OECD-Betriebsstättenbericht, Teil I Tz. 84).

Fall – Formale Entscheidung:

Das Produktionsunternehmen X (X) in Staat A will einen immateriellen Wert in seiner Betriebsstätte B (B) im Staat B entwickeln. Personal von B plant das Projekt (einschließlich der Planung der Meilensteine und des Budgets). Auf Grundlage dieser Planung beschließt der Vorstand von X in Staat A, das Projekt durchzuführen. Die Budgetkontrolle und die Kontrolle der Erreichung der Meilensteine erfolgen durch B.

Lösung:

Der immaterielle Wert ist nach § 6 Absatz 1 Satz 1 BsGaV B zuzuordnen, denn maßgebliche Personalfunktion ist nicht der formale Vorstandsbeschluss in Staat A, sondern vielmehr die Planungsarbeiten einschließlich Budgetplanung und die operative Umsetzung des Projekts durch B.

Abwandlung – Zur Abgrenzung:

Sachverhalt unverändert, aber das aktive Management nach Abschluss der Planungsarbeiten durch B (z. B. Budgetkontrolle, Kontrolle der Erreichung der Meilensteine) wird in Staat A durchgeführt.

Lösung:

Personalfunktionen im Hinblick auf die Schaffung des immateriellen Werts werden sowohl von X im Staat A als auch von B ausgeübt. Der immaterielle Wert ist nach § 6 Absatz 1 Satz 2 BsGaV dem übrigen Unternehmen zuzuordnen, da dessen Personalfunktionen (aktives Management) qualitativ (siehe Rn. 42) größere Bedeutung zukommt als den Personalfunktionen von B.

90 Wird die betreffende Personalfunktion i. S. d. § 6 Absatz 1 BsGaV (Schaffung bzw. Erwerb des immateriellen Werts) gleichzeitig von zwei oder mehreren Personen, die zum eigenen Personal des Unternehmens gehören, in zwei oder mehreren Betriebsstätten ausgeübt (Funktionsaufteilung, siehe Rn. 42), so ist der immaterielle Wert der Betriebsstätte zuzuordnen, die die betreffende Personalfunktion mit der größten Bedeutung ausübt (§ 6 Absatz 1 Satz 2 BsGaV). Im Regelfall kommt es auf qualitative Kriterien an.

Fall – Qualitative Entscheidung (1):

Das Unternehmen X (X) im Staat X hat in Staat A eine Forschungs- und Entwicklungsbetriebsstätte A (A). Für die erfolgreiche Schaffung eines bestimmten immateriellen Werts ist der sachliche Beitrag von zwei Wissenschaftler-Teams ausschlaggebend, die gemeinsam an dem Projekt arbeiten. Eines der Teams arbeitet im Staat X (Personalkosten 100), das andere im Staat A (Personalkosten 40). Die maßgeblichen Entscheidungen, die mit der Entwicklung des immateriellen Werts verbundenen Risiken, insbesondere die finanziellen Risiken, zu übernehmen sowie das Management der Entwicklung des immateriellen Werts, werden gemeinsam von Personal in Staat X und von Personal von A getroffen. X trägt vor, dass für die erfolgreiche Schaffung des immateriellen Werts der Beitrag des Wissenschaftlers W ausschlaggebend sei, der in A tätig ist. A ist im Übrigen an den unternehmerischen Entscheidungen, die mit der Entwicklung des immateriellen Werts verbundenen Risiken, insbesondere die finanziellen Risiken, zu übernehmen sowie am Management der Entwicklung des immateriellen Werts beteiligt.

Lösung:

Sowohl von A als auch vom übrigen Unternehmen werden Personalfunktionen im Hinblick auf die Schaffung des immateriellen Werts ausgeübt. Über die Zuordnung des immateriellen Werts ist in Fällen von Funktionsaufteilung nach § 6 Absatz 1 Satz 2 BsGaV vorrangig nach qualitativen Gesichtspunkten zu entscheiden (siehe Rn. 42). Wird nachgewiesen, dass die in A ausgeübten Personalfunktionen nach qualitativen Gesichtspunkten überwiegen, ist der immaterielle Wert A zuzuordnen. Die im übrigen Unternehmen (im Staat X) erbrachten Forschungs- und Entwicklungsleistungen (fiktive Dienstleistung, § 16 Absatz 1 Nummer 2 Buchstabe a BsGaV) sind dem übrigen Unternehmen von A dem Fremdvergleichsgrundsatz entsprechend zu vergüten (§ 16 Absatz 2 BsGaV).

HINWEIS – Quantitative Entscheidung:

Kann der Nachweis des qualitativen Überwiegens nicht geführt werden, z. B. weil beide Wissenschaftler-Teams qualitativ vergleichbare Beiträge erbringen, ist ausnahmsweise (siehe Rn. 42) auf quantitative Gesichtspunkte abzustellen, z. B. auf die jeweiligen Personalkosten der Wissenschaftler-Teams.

Fall – Qualitative Entscheidung (2):

Unternehmen X (X) in Staat A hat in Staat B eine Betriebsstätte B (B). Die technische Forschungs- und Entwicklungstätigkeit zur Schaffung eines immateriellen Werts wird ganz überwiegend im Staat B geleistet, in deutlich geringerem Umfang im übrigen Unternehmen im Staat X. Allerdings ist die Entwicklung des immateriellen Werts Teil einer Forschungs- und Entwicklungsstrategie, die die Geschäftsleitungsbetriebsstätte im Staat X durch eigene Tätigkeit und durch Beauftragung anderer Betriebsstätten verwirklicht, d. h. die maßgeblichen Entscheidungen, die mit der Entwicklung des immateriellen Werts verbundenen Risiken, insbesondere die finanziellen Risiken, zu übernehmen sowie das Management der Entwicklung des immateriellen Werts erfolgen ausschließlich im Staat X.

Lösung:

Für die Zuordnung des immateriellen Werts nach § 6 Absatz 1 Satz 2 BsGaV ist nach qualitativen Gesichtspunkten (siehe Rn. 42) die Personalfunktion des übrigen Unternehmens maßgeblich i. S. d. § 2 Absatz 5 BsGaV (siehe OECD-Betriebsstättenbericht, Teil I Tz. 84 und Tz. 85). Die Leistungen der Forschungs- und Entwicklungsbetriebsstätte im Staat B (fiktive Auftragsforschung, § 16 Absatz 1 Nummer 2 Buchstabe a BsGaV) sind dem Fremdvergleichsgrundsatz entsprechend vom übrigen Unternehmen zu vergüten (§ 16 Absatz 2 BsGaV).

91 Wegen der vielfältigen Zuordnungsmöglichkeiten für immaterielle Werte wird über die Zuordnung in vielen Fällen nicht eindeutig entschieden werden können. Im Regelfall der Personalfunktionenkonkurrenz (siehe Rn. 43) zwischen Personalfunktionen nach § 6 Absatz 1 BsGaV und anderen Personalfunktionen (§ 6 Absatz 2 BsGaV) greift die Vermutungsregelung des § 6 Absatz 1 BsGaV ein, d. h. es bleibt jedenfalls so lange bei der Zuordnung nach der Vermutungsregelung, wie in der betreffenden Betriebsstätte, in der der immaterielle Wert geschaffen oder angeschafft wurde, noch Personalfunktionen (auch untergeordnete) ausgeübt werden. Solange dies der Fall ist, ist über die Zuordnung des immateriellen Werts nach den insgesamt über den gesamten Entwicklungs- und Nutzungszeitraum ausgeübten Personalfunktionen (teilweise Prognose) zu entscheiden (siehe Rn. 44). Kann kein eindeutiges Überwiegen der Bedeutung einer anderen Personalfunktion i. S. d. § 6 Absatz 2 BsGaV festgestellt werden, so bleibt es bei der Vermutungsregelung des § 6 Absatz 1 BsGaV, d. h. es kommt zu keinem Zuordnungswechsel nach § 16 Absatz 1 Satz 1 BsGaV.

Fall – Vermutungsregelung:

Unternehmen X (X) in Staat A hat in Staat B eine Betriebsstätte B (B) und in Staat C eine Betriebsstätte C (C). B entwickelt einen immateriellen Wert, der nach Abschluss der Forschungs- und Entwicklungsarbeiten ausschließlich von C genutzt wird. B entwickelt den immateriellen Wert weiter.

Lösung:

Wenn – was zu vermuten ist – nicht eindeutig festgestellt werden kann, dass die Forschung und Entwicklung einschließlich der Weiterentwicklung durch B von geringerer Bedeutung für den immateriellen Wert ist als die Nutzung durch C, greift die Vermutungsregelung des § 6 Absatz 1 BsGaV ein. Es kommt zu keiner Zuordnungsänderung (keine fiktive Veräußerung nach § 16 Absatz 1 Nummer 1 BsGaV). Es liegt eine fiktive Lizenzierung von B an C vor (§ 16 Absatz 1 Nummer 2 Buchstabe a BsGaV), die entsprechend dem Fremdvergleichsgrundsatz zu vergüten ist.

Alternative – Zur Abgrenzung:

Nicht B, sondern C entwickelt den immateriellen Wert weiter und nutzt und verwertet ihn (eigene Produktion, Lizenzierung an andere Unternehmen). B übernimmt für den immateriellen Wert nur noch die allgemeine Verwaltung.

Lösung:

Nach den Umständen des konkreten Falls kommt den Personalfunktionen von C qualitativ insgesamt eindeutig die größere Bedeutung zu. Zu berücksichtigen ist, dass die Vermutungsregelung des § 6 Absatz 1 Satz 1 BsGaV wegen der Weiterentwicklung durch C nicht von ausschlaggebender Bedeutung zugunsten von B ist und dass die allgemeine Verwaltung im Regelfall allein keine Zuordnung rechtfertigt (siehe Rn. 80).

92 Ist eine Zuordnung nach § 6 Absatz 1 BsGaV nicht möglich, weil die Betriebsstätte, die den immateriellen Wert geschaffen hat, keine Personalfunktionen hinsichtlich des immateriellen Werts mehr ausübt (siehe Rn. 47), muss der immaterielle Wert allerdings nach § 6 Absatz 2 bis 4 BsGaV zugeordnet werden (Zuordnungsänderung, § 16 Absatz 1 Nummer 1 BsGaV). In diesem Fall greift keine Vermutungsregelung ein.

2.6.2 Abweichende Zuordnung eines immateriellen Werts (§ 6 Absatz 2 BsGaV)

93 Die abweichende Zuordnung eines immateriellen Werts nach § 6 Absatz 2 BsGaV aufgrund anderer Personalfunktionen i. S. d. § 6 Absatz 2 Satz 2 BsGaV, insbesondere aufgrund der Nutzung, der Verwaltung, der Weiterentwicklung, dem Schutz oder der Veräußerung des immateriellen Werts, ist nur dann möglich, wenn diesen anderen Personalfunktionen im Einzelfall einzeln oder zusammen nachweislich – ggf. auch bei veranlagungszeitraumübergreifender Betrachtung – qualitativ eine eindeutig überwiegende Bedeutung zukommt und sie deshalb als maßgeblich anzusehen sind (siehe auch Rn. 43). Die Vermutungsregelung des § 6 Absatz 1 BsGaV hat jedoch im Regelfall Vorrang (siehe Rn. 91).

94 Der Nachweis der eindeutig überwiegenden Bedeutung einer anderen Personalfunktion wird bei einem immateriellen Wert, der von einer Betriebsstätte selbst geschaffen wurde (erste Vermutungsregelung des § 6 Absatz 1 BsGaV), eher schwer zu erbringen sein, da die Schaffung eines immateriellen Werts im Regelfall einen erheblichen Einsatz von Personalfunktionen verursacht. Aus diesem Grund wird es häufig dabei bleiben, dass der betreffende immaterielle Wert der Betriebsstätte, die ihn geschaffen hat, auf Dauer zuzuordnen ist. Ein anderes Ergebnis kommt nur in Betracht, wenn die Betriebsstätte, die den immateriellen Wert geschaffen hat, ab einem festzustellenden Zeitpunkt keine Personalfunktionen hinsichtlich des immateriellen Werts mehr ausübt und eine andere Betriebsstätte Personalfunktionen übernimmt, die ab diesem Zeitpunkt als maßgeblich anzusehen sind.

Fall – Schaffung eines immateriellen Werts und weitere Personalfunktionen:

Unternehmen X in Staat A hat in Staat B eine Betriebsstätte B (B). Ein von der Forschungs- und Entwicklungsbetriebsstätte in Staat A in den Jahren 01 bis 03 geschaffener immaterieller Wert wird ab dem Jahr 04 (Fertigstellung) ausschließlich von B genutzt. Das übrige Unternehmen übt nach Nutzungsbeginn durch B keine Personalfunktionen mehr hinsichtlich des immateriellen Werts aus, d. h. Weiterentwicklung, Verwaltung und Schutz erfolgen durch Personalfunktionen von B.

Lösung:

Der immaterielle Wert ist nach § 6 Absatz 1 BsGaV zunächst dem übrigen Unternehmen zuzuordnen, das ihn geschaffen hat. Dem übrigen Unternehmen sind auch die betreffenden Betriebsausgaben für die Schaffung zuzuordnen. Der Beginn der Nutzung durch die Betriebsstätte A im Jahr 04 ist ein wirtschaftlicher Vorgang, der zu einer fiktiven Veräußerung nach § 16 Absatz 1 Nummer 1 BsGaV führt, da das übrige Unternehmen nach Schaffung des immateriellen Werts insoweit keine Personalfunktionen mehr ausübt (siehe Rn. 47). Mit Beginn der Nutzung ist der immaterielle Wert B nach § 6 Absatz 2 BsGaV mit den Folgen des § 16 Absatz 2 BsGaV zuzuordnen.

Abwandlung – Zur Abgrenzung:

Nach Beginn der Nutzung durch A wird der immaterielle Wert vom übrigen Unternehmen weiter verwertet (Lizenzierung an andere Unternehmen), verwaltet und geschützt.

Lösung:

Der Beginn der Nutzung des immateriellen Werts durch B ist ein wirtschaftlicher Vorgang. Die Bedeutung der vom übrigen Unternehmen insgesamt (vor und nach dem wirtschaftlichen Vorgang) ausgeübten Personalfunktionen (insbesondere die Schaffung – Vermutungsregelung des § 6 Absatz 1 BsGaV) überwiegen (über den gesamten Zeitraum der Schaffung und Nutzung gesehen) die Nutzung durch B. Für eine Zuordnungsänderung zu B wäre aber nötig, dass die Bedeutung der Nutzung gegenüber der Schaffung, § 6 Absatz 2 BsGaV eindeutig überwiegt. Daran fehlt es. Aus diesem Grunde erfolgt keine Zuordnungsänderung vom übrigen Unternehmen zu B.

Der wirtschaftliche Vorgang ist nach § 16 Absatz 1 Nummer 2 Buchstabe a BsGaV als fiktive Lizenzierung zu werten und entsprechend dem Fremdvergleichsgrundsatz zu verrechnen (§ 16 Absatz 2 BsGaV).

HINWEIS:

Eine andere Lösung wäre nur in Betracht zu ziehen, wenn von vornherein feststeht, dass B den immateriellen Wert nutzen wird und B die Forschung und Entwicklung von X steuert (fiktive Auftragsforschung, dann § 16 Absatz 1 Nummer 2 Buchstabe a BsGaV).

95 Der Nachweis wird bei einem immateriellen Wert, der von einer Betriebsstätte erworben wird (zweite Vermutungsregelung des § 6 Absatz 1 BsGaV) eher zu erbringen sein, da der Erwerb eines immateriellen Werts im Regelfall keinen erheblichen Einsatz von Personalfunktionen verursacht.

Grundfall – Erwerb eines immateriellen Werts:

Unternehmen X in Staat A hat in Staat B die Betriebsstätte B (B). Die Geschäftsleitungsbetriebsstätte in Staat A erwirbt einen immateriellen Wert, der nach Erwerb ausschließlich von B genutzt wird. B war nicht am Erwerbsvorgang beteiligt. Das übrige Unternehmen übt nach Erwerb keine weiteren Personalfunktionen aus.

Lösung:

Der immaterielle Wert ist B von Anfang an nach § 6 Absatz 2 BsGaV zuzuordnen, wenn B durch die Nutzung des immateriellen Werts Personalfunktionen ausübt, die qualitativ (siehe Rn. 43) insgesamt eine eindeutig größere Bedeutung für die Zuordnung des immateriellen Werts haben als die Personalfunktion des Erwerbs durch das übrige Unternehmen. Ist das der Fall, liegt im Erwerb des immateriellen Werts durch das übrige Unternehmen eine fiktive Dienstleistung (§ 16 Absatz 1 Nummer 2 Buchstabe a BsGaV) gegenüber B vor, die entsprechend dem Fremdvergleichsgrundsatz zu vergüten ist (§ 16 Absatz 2 BsGaV).

Abwandlung (1) – Weitere Funktionen der erwerbenden Betriebsstätte:

Nach Erwerb übt das übrige Unternehmen weitere Personalfunktionen bezüglich Verwertung (z. B. Lizenzierung) Schutz und Verwaltung des immateriellen Werts aus, während B ausschließlich nutzt.

Lösung:

Der immaterielle Wert ist dem übrigen Unternehmen nach § 6 Absatz 1 BsGaV zuzuordnen, weil es den immateriellen Wert erworben hat (Vermutungsregelung). § 6 Absatz 2 BsGaV ist nicht anzuwenden, da der erforderliche Nachweis, dass die Bedeutung der Nutzung durch B eindeutig größer ist als die des Erwerbs und der nach Nutzungsbeginn weiter von X ausgeübten Personalfunktionen, im Zweifel (Umstände des Einzelfalls) nicht erbracht werden kann. Der Beginn der Nutzung durch B ist ein wirtschaftlicher Vorgang, der zu einer fiktiven Lizenzierung (§ 16 Absatz 1 Nummer 2 Buchstabe a BsGaV) von X gegenüber B führt und entsprechend dem Fremdvergleichsgrundsatz zu vergüten ist (§ 16 Absatz 2 BsGaV).

Abwandlung (2) – Zuordnung zur erwerbenden Betriebsstätte, anschließend dort keine Funktionen mehr:

X erwirbt im Jahr 01 auf Vorrat einen immateriellen Wert, der zunächst nicht genutzt wird. Im Jahr 03 entsteht die zu X gehörende Betriebsstätte B (B) in Staat B, die den immateriellen Wert ausschließlich nutzt. Das übrige Unternehmen übt nach Beginn der Nutzung durch B hinsichtlich des immateriellen Werts keine Personalfunktionen mehr aus.

Lösung:

Der immaterielle Wert ist anfangs X zuzuordnen (§ 6 Absatz 1 BsGaV), denn eine Zuordnung zu B von Anfang an ist mangels Bestehens zum Erwerbszeitpunkt nicht möglich (anders als im Grundfall). Da das übrige Unternehmen nach Beginn der Nutzung durch B keine Funktionen hinsichtlich des immateriellen Werts mehr ausübt (siehe Rn. 47), muss dieser nach § 6 Absatz 2 bis 4 BsGaV B zugeordnet werden, denn lt. Sachverhalt besteht nur diese Zuordnungsmöglichkeit. Es liegt eine fiktive Veräußerung (§ 16 Absatz 1 Nummer 1 BsGaV) des übrigen Unternehmens an B vor, für die ein angemessener Verrechnungspreis anzusetzen ist (§ 16 Absatz 2 BsGaV).

2.6.3 Gleichzeitige Ausübung anderer Personalfunktionen in verschiedenen Betriebsstätten (§ 6 Absatz 3 BsGaV)

97 Ist eine andere Personalfunktion (d. h. keine Personalfunktion nach § 6 Absatz 1 BsGaV), die in anderen Betriebsstätten ausgeübt wird, von größerer Bedeutung für einen immateriellen Wert als die Personalfunktionen, die in § 6 Absatz 1 Satz 1 BsGaV genannt sind, so ist der immaterielle Wert nach § 6 Absatz 3 BsGaV der Betriebsstätte zuzuordnen, in der die andere Personalfunktion mit der größten Bedeutung ausgeübt wird (siehe Personalfunktionenkonkurrenz, Rn. 43). Dieser Fall kann – anders als für andere Zuordnungsgegenstände – für immaterielle Werte häufiger auftreten, insbesondere da ein immaterieller Wert gleichzeitig von verschiedenen Betriebsstätten genutzt, verwertet und verwaltet werden kann.

Fall – Schaffung, Nutzung und Verwaltung in verschiedenen Betriebsstätten:

Unternehmen X in Staat A hat eine Betriebsstätte B (B) in Staat B und eine Betriebsstätte C (C) in Staat C. Die Geschäftsleitungsbetriebsstätte X (X) in Staat A erwirbt unter Mitwirkung von B einen immateriellen Wert. Anschließend nutzt B den immateriellen Wert, C verwaltet ihn. Nach Beginn der Nutzung durch B übt X keine Personalfunktionen mehr aus.

Lösung:

Der immaterielle Wert ist von Anfang an B zuzuordnen, wenn einerseits die Bedeutung der Nutzung und die Mitwirkung beim Erwerb durch B eindeutig gegenüber der Bedeutung des Erwerbs durch X überwiegt (Umstände des Einzelfalls, § 6 Absatz 2 BsGaV) und wenn andererseits die Bedeutung der Nutzung gegenüber der Bedeutung der Verwaltung überwiegt, wofür vieles spricht (siehe auch Rn. 80). Dies vorausgesetzt, liegen zwei fiktive Dienstleistungen vor (§ 16 Absatz 1 Nummer 2 Buchstabe a BsGaV): einmal der Erwerb durch X für B und zum anderen die Verwaltung des immateriellen Werts durch C, jeweils mit den Folgen des § 16 Absatz 2 BsGaV.

2.6.4 Zuordnung eines immateriellen Werts in Zweifelsfällen, anteilige Zuordnung (§ 6 Absatz 4 BsGaV)

97 Anders als andere Zuordnungsgegenstände haben immaterielle Werte die Besonderheit, dass für sie potentiell maßgebliche Personalfunktionen nicht selten (gleichzeitig) von mehreren Betriebsstätten ausgeübt werden. In Fällen der Personalfunktionenkonkurrenz (siehe Rn. 43) ist – soweit möglich – in erster Linie auf die Vermutungsregelung des § 6 Absatz 1 Satz 1 BsGaV abzustellen (siehe Rn. 85).

98 Führt die Vermutungsregelung zu keiner eindeutigen Entscheidung, weil z. B. die Vermutungsregelung im Hinblick auf zwei Betriebsstätten anwendbar ist oder weil – mangels anwendbarer Vermutungsregelung – die Abwägung zwischen zwei anderen Personalfunktionen zu keinem eindeutigen Ergebnis führt mit der Folge, dass über die Zuordnung des immateriellen Werts zu zwei oder ggf. sogar mehreren Betriebsstätten nicht eindeutig entschieden werden kann, so hat das Unternehmen nach § 6 Absatz 4 BsGaV einen Beurteilungsspielraum. Aber auch dann muss sich die Zuordnung

an den Grundsätzen des § 6 Absatz 1 bis 3 BsGaV orientieren. Der Beurteilungsspielraum kommt vor allem in Fällen der Personalfunktionenkonkurrenz (siehe Rn. 43) zwischen anderen Personalfunktionen i. S. d. § 6 Absatz 2 BsGaV in Betracht. Die Zuordnung des immateriellen Werts nach § 6 Absatz 4 BsGaV muss nach § 3 Absatz 3 BsGaV spätestens mit Erstellung der Hilfs- und Nebenrechnung nachvollziehbar erfolgen und anhand eindeutiger Aufzeichnungen (§ 90 Absatz 3 AO, siehe Rn. 63) begründet werden können. Sonst kann eine Schätzung nach § 162 AO erforderlich werden.

Fall – Zuordnung im Zweifelsfall:

Die Geschäftsleitungsbetriebsstätte des Unternehmens X (X) in Staat A und die zu X gehörende Betriebsstätte B (B) in Staat B erwerben gemeinsam einen immateriellen Wert, der anschließend von beiden genutzt wird. Es kann nicht festgestellt werden, in welcher Betriebsstätte die Bedeutung der Nutzung überwiegt, denn bei mehrjähriger Betrachtung ist die Nutzung in etwa gleich groß.

Lösung:

Eine eindeutige Zuordnung nach § 6 Absatz 1 bis 3 BsGaV ist nicht möglich, weil die Vermutungsregelung des § 6 Absatz 1 Satz 1 BsGaV (Erwerb) kein eindeutiges Ergebnis bringt und weil nicht festgestellt werden kann, dass die Bedeutung einer anderen Personalfunktion (Nutzung, § 6 Absatz 2 und 3 BsGaV) für eine Betriebsstätte überwiegt. In einem derartigen Fall kann der immaterielle Wert vom Unternehmen nach § 6 Absatz 4 Satz 1 BsGaV entweder X oder B zugeordnet werden; dann Lizenzierung gegenüber der Betriebsstätte, der der immaterielle Wert nicht zugeordnet wird (§ 16 Absatz 1 Nummer 2 Buchstabe a BsGaV). Nach § 6 Absatz 4 Satz 2 BsGaV ist unter bestimmten Umständen auch eine anteilige Zuordnung möglich (siehe Rn. 101).

99 Wegen der häufig hohen Werthaltigkeit von immateriellen Werten kann eine fiktive Veräußerung zu erheblichen steuerlichen Liquiditätsbelastungen führen. Hinzu kommt, dass im Regelfall der hypothetische Fremdvergleich nach § 1 Absatz 3 Satz 8 und 9 AStG anzuwenden ist, für den die Gewinnaussichten eines Geschäftsvorfalls zu prognostizieren sind. Die Unsicherheiten, die sich daraus ergeben, können im Falle einer fiktiven Veräußerung erheblich belastender sein als im Fall einer fiktiven Nutzungsüberlassung (Lizenzierung). Diese Belastungen sind im Betriebsstättenfall seitens des Unternehmens nur schwer rechtssicher auszuschließen, da zwischen dem übrigen Unternehmen und der betreffenden Betriebsstätte keine rechtlich verbindlichen Verträge denkbar sind. Um Realisationsvorgänge nach § 16 Absatz 1 Nummer 1 BsGaV zu vermeiden, sieht § 6 Absatz 4 BsGaV vor, dass das Unternehmen in Zweifelsfällen der Zuordnung eines immateriellen Werts eine Zuordnung vornehmen kann, die zu keiner Aufdeckung von stillen Reserven führt, solange die Zuordnung den Regelungen des § 6 Absatz 1 bis 3 BsGaV nicht widerspricht.

100 Für Funktionsverlagerungen stellt Tz. 2.4.2 VWG Funktionsverlagerungen in verbleibenden Zweifelsfällen (unter Bezugnahme auf § 4 FVerlV) die widerlegbare Vermutung auf, dass von der Lizenzierung eines immateriellen Werts, der Teil einer Funktionsverlagerung ist, auszugehen ist, wenn der Steuerpflichtige zustimmt. Von dieser

Vermutung (fiktive Lizenzierung nach § 16 Absatz 1 Nummer 2 Buchstabe a BsGaV) ist auch im Rahmen der BsGaV auszugehen. Dies gilt insbesondere dann, wenn

- sich aus der Hilfs- und Nebenrechnung keine anderen eindeutigen Hinweise ergeben,
- die Substanzerfordernisse (Personalfunktionen) beim fiktiv Überlassenden so ausgeprägt sind, dass die Anerkennung der Lizenzierung nach dem Fremdvergleichsgrundsatz berechtigt erscheint, und
- die Zuordnungsentscheidung auch im jeweils anderen Staat der Besteuerung zugrunde gelegt wird (siehe Rn. 63).

In diesen Fällen kommt den entsprechenden Aufzeichnungen des Unternehmens und der Hilfs- und Nebenrechnung der Betriebsstätte hinsichtlich der konkreten Umstände des wirtschaftlichen Vorgangs i. S. d. § 1 Absatz 4 AStG eine besondere Bedeutung zu (§ 3 Absatz 3 BsGaV), um die jeweils ausgeübten Personalfunktionen und ihre Bedeutung erkennen zu können (siehe auch OECD-Betriebsstättenbericht, Teil I Tz. 35 f. und Tz. 177 ff.).

101 Ein immaterieller Wert kann unter den Voraussetzungen des § 6 Absatz 4 Satz 1 BsGaV nach Satz 2 den betreffenden Betriebsstätten auch anteilig zugeordnet werden, wenn dies nach objektiven, voraussichtlich mehrjährig unveränderten Kriterien möglich ist. Entspricht die anteilige Zuordnung dauerhaft der Bedeutung der jeweiligen Personalfunktionen, so können anzunehmende schuldrechtliche Beziehungen i. S. d. § 16 Absatz 1 Nummer 1 BsGaV (anteilige fiktive Veräußerung) trotz der anteiligen Zuordnung vermieden werden.

2.7 Zuordnung von Beteiligungen, Finanzanlagen und ähnlichen Vermögenswerten (§ 7 BsGaV)

2.7.1 Grundsatz (§ 7 Absatz 1 BsGaV)

102 Für die Zuordnung von Beteiligungen, Finanzanlagen und ähnlichen Vermögenswerten (Vermögenswerte i. S. d. § 7 BsGaV) ist deren Nutzung nach § 7 Absatz 1 BsGaV vorrangig die maßgebliche Personalfunktion (Vermutungsregelung).

103 Eine Nutzung i. S. d. § 7 Absatz 1 Satz 1 BsGaV liegt – abweichend vom Nutzungsbegriff des § 5 Absatz 1 BsGaV – vor, wenn ein funktionaler Zusammenhang des Vermögenswerts i. S. d. § 7 BsGaV mit der sonstigen Geschäftstätigkeit der Betriebsstätte gegeben ist, d. h. wenn der Vermögenswert i. S. d. § 7 BsGaV der sonstigen Geschäftstätigkeit der Betriebsstätte dient (vgl. Artikel 10 Absatz 4 und Artikel 11 Absatz 4 OECD-MA, Ziff. 31 bis 32.2 OECD-MK zu Artikel 10 Absatz 4 OECD-MA und Ziff. 24 bis 25.2 OECD-MK zu Artikel 11 Absatz 4 OECD-MA).

Fall – Funktionale Nutzung:

Unternehmen X (X) in Staat A hat eine Produktionsbetriebsstätte B (B) in Staat B und eine Vertriebstochtergesellschaft Y (Y) in Staat C, die ausschließlich die Produkte von B vermarktet.

Lösung:

Die Beteiligung von X an Y ist B zuzuordnen, da der Vertrieb in einem engen funktionalen Zusammenhang mit der Produktion von B steht, d. h. die Geschäftstätigkeit von

Y dient der Geschäftstätigkeit von B.

104 Steht ein Vermögenswert i. S. d. § 7 BsGaV in funktionalem Zusammenhang zur Geschäftstätigkeit mehrerer Betriebsstätten (Funktionsaufteilung, siehe Rn. 42), so ist dieser Vermögenswert nach § 7 Absatz 1 Satz 3 BsGaV derjenigen Betriebsstätte zuzuordnen, zu der der überwiegende funktionale Zusammenhang besteht. Hierbei sind im Regelfall vorrangig qualitative Gesichtspunkte maßgebend, d. h. es kommt darauf an, in welcher Betriebsstätte die Personalfunktion ausgeübt wird, der die größte Bedeutung für die mit dem Vermögenswert i. S. d. § 7 BsGaV verbundenen Chancen und Risiken zukommt (vgl. § 10 Absatz 4 BsGaV).

Fall – Überwiegende funktionale Nutzung:

Unternehmen X (X) in Staat A hat zwei Vertriebsbetriebsstätten, eine in Staat B, die andere in Staat C. B und C vertreiben ausschließlich Produkte, die in der X gehörenden Tochtergesellschaft Y in Staat D hergestellt werden. B nimmt voraussichtlich auf Dauer ca. 40 % der Produkte von Y ab, ca. 25 % vertreibt C, der Rest der Produkte wird anderweitig verkauft. C steuert darüber hinaus die Weiterentwicklung der Produkte.

Lösung:

Die Beteiligung von X an Y steht nach qualitativen Gesichtspunkten (bedeutende Produktweiterentwicklung, siehe Rn. 42) funktional überwiegend mit der Geschäftstätigkeit von C im Zusammenhang. Die Beteiligung ist daher C zuzuordnen. Nicht entscheidend ist, dass B die Produkte von Y quantitativ zu einem größeren Anteil vertreibt.

HINWEIS:

Auf den jeweiligen quantitativen Anteil am Vertrieb der Produkte von Y könnte es nur ankommen, wenn sich der funktionale Zusammenhang von B und C auf den Vertrieb der Produkte beschränkt.

Fallabwandlung – Zuordnung zum übrigen Unternehmen:

Die Vertriebsfunktionen von B und C sind schwach ausgeprägt, beschränken sich auf den Vertrieb als solchen und werden außerdem weitgehend durch Personalfunktionen der Geschäftsleitungsbetriebsstätte X in Staat A gesteuert, die auch die Produktionsaktivitäten von Y (Lohnfertiger) steuern.

Lösung:

Der stärkste funktionale Zusammenhang der Beteiligung an Y besteht zur Geschäftsleitungsbetriebsstätte X, eine Zuordnung zu B oder C scheidet deshalb aus.

2.7.2 Abweichende Zuordnung (§ 7 Absatz 2 BsGaV)

105 Überwiegt für einen Vermögenswert i. S. d. § 7 BsGaV die Bedeutung einer anderen Personalfunktion, die im übrigen Unternehmen ausgeübt wird, eindeutig gegenüber der Nutzung (Personalfunktionenkonkurrenz, siehe Rn. 43), so ist die betreffende andere Personalfunktion nach § 7 Absatz 2 Satz 1 BsGaV für die Zuordnung dieses Vermögenswerts maßgeblich. Als andere Personalfunktionen können insbesondere die Anschaffung, die Verwaltung, die Risikosteuerung oder die Veräußerung eines Vermögenswerts i. S. d. § 7 BsGaV maßgeblich sein (vgl. auch Rn. 80). Im Hinblick auf das

Kriterium der Anschaffung kommt es darauf an, aufgrund welcher Personalfunktionen die Mittel zur Anschaffung erwirtschaftet wurden (siehe auch OECD-Betriebsstättenbericht, Teil I Tz. 20). Auf die Anschaffung ist insbesondere abzustellen, wenn kein funktionaler Zusammenhang i. S. d. § 7 Absatz 1 BsGaV zur Geschäftstätigkeit des Unternehmens besteht oder ein solcher Zusammenhang nur schwer festzustellen ist. Die Verwaltung allein rechtfertigt im Regelfall keine Zuordnung (siehe Rn. 80).

Fall – Zuordnung allein aufgrund der Verwaltung:

Unternehmen X (X) in Staat X hat in Staat A eine Betriebsstätte A, die die Personalfunktionen eines Lohnfertigers ausübt. X hält darüber hinaus mehrere Beteiligungen an Kapitalgesellschaften als Kapitalanlagen (Streubesitz), die über die Jahre aus den Gewinnen des übrigen Unternehmens finanziert wurden. X ordnet die Beteiligungen A zu.

Lösung:

Ein funktionaler Zusammenhang i. S. d. § 7 Absatz 1 BsGaV zu A besteht nicht. Einziger Anknüpfungspunkt für eine Zuordnung der Beteiligungen ist die Herkunft der Mittel (übriges Unternehmen), die für deren Erwerb eingesetzt wurden. Die Zuordnung zu A ist rückgängig zu machen.

2.7.3 Gleichzeitige Ausübung anderer Personalfunktionen in verschiedenen Betriebsstätten (§ 7 Absatz 3 BsGaV)

106 Sind mehrere andere Personalfunktionen, die in verschiedenen Betriebsstätten ausgeübt werden (Personalfunktionenkonkurrenz, siehe Rn. 43), von größerer Bedeutung für einen Vermögenswert i. S. d. § 7 BsGaV als die funktionale Nutzung, so ist dieser nach § 7 Absatz 3 BsGaV der Betriebsstätte zuzuordnen, in der die andere Personalfunktion mit der größten Bedeutung ausgeübt wird. Die ist insbesondere dann denkbar, wenn kein funktionaler Zusammenhang festzustellen ist.

Fall – Konkurrierende andere Personalfunktionen (Beteiligungsverwaltung):

Unternehmen X in Staat A hat in Staat B eine Betriebsstätte B, in der verschiedene Beteiligungen, die X hält, verwaltet werden. Die Mittel zum Erwerb der Beteiligungen sind nicht durch B, sondern vom übrigen Unternehmen erwirtschaftet worden. X ordnet die Beteiligungen B zu.

Lösung:

Die Verwaltung der Beteiligungen durch B begründet keinen funktionalen Zusammenhang i. S. d. § 7 Absatz 1 BsGaV, da kein Zusammenhang zu einer anderen Geschäftstätigkeit von B besteht (siehe auch Rn. 80). Für die Zuordnung der Beteiligungen ist vorrangig darauf abzustellen, aufgrund welcher Personalfunktionen die Mittel zum Erwerb erwirtschaftet wurden (OECD-Betriebsstättenbericht, Teil I Tz. 20). Da diese Mittel vom übrigen Unternehmen stammen, können die Beteiligungen B nicht zugeordnet werden. Die Verwaltung der Beteiligungen ist als fiktive Dienstleistung (§ 16 Absatz 1 Nummer 2 Buchstabe a BsGaV) von B gegenüber dem übrigen Unternehmen zu behandeln, für die ein dem Fremdvergleichsgrundsatz entsprechender Betrag zu verrechnen ist (§ 16 Absatz 2 BsGaV).

2.7.4 Zuordnung in Zweifelsfällen (§ 7 Absatz 4 BsGaV)

107 Kann ein Vermögenswert i. S. d. § 7 BsGaV nach § 7 Absatz 1 bis 3 BsGaV nicht eindeutig einer Betriebsstätte zugeordnet werden, so räumt § 7 Absatz 4 BsGaV dem Unternehmen einen Beurteilungsspielraum für die Zuordnung des Vermögenswerts i. S. d. § 7 BsGaV ein. Die Zuordnung des Vermögenswerts i. S. d. § 7 BsGaV muss sich aber so weit wie möglich an den Grundsätzen des § 7 Absatz 1 bis 3 BsGaV orientieren. Ggf. greift die Vermutung des § 7 Absatz 1 BsGaV ein. Der Beurteilungsspielraum kommt vor allem in Fällen der Personalfunktionenkonkurrenz (siehe Rn. 43) zwischen anderen Personalfunktionen i. S. d. § 7 Absatz 2 BsGaV in Betracht. Die Entscheidung über die Zuordnung nach § 7 Absatz 4 BsGaV muss

- nach § 3 Absatz 3 BsGaV spätestens mit Erstellung der Hilfs- und Nebenrechnung nachvollziehbar erfolgen,
- auch im jeweils anderen Staat der Besteuerung zugrunde gelegt werden und
- anhand eindeutiger Aufzeichnungen (siehe Rn. 63) nach § 90 Absatz 3 AO begründet werden können.

Sind diese Voraussetzungen nicht erfüllt, kann eine Schätzung nach § 162 AO erforderlich werden. Eine anteilige Zuordnung ist – anders als für immaterielle Werte (siehe Rn. 101) – nicht anzuerkennen.

Fall – Gleichwertiger funktionaler Zusammenhang:

Unternehmen X (X) in Staat A hat zwei Vertriebsbetriebsstätten, B in Staat B und C in Staat C. B und C vertreiben jeweils ganz überwiegend Produkte einer Produktionstochtergesellschaft Y (Y). B und C nehmen jährlich wechselnd in unterschiedlichem Umfang Produkte von Y ab. X ordnet B die Beteiligung an Y zu und zieht in der Hilfs- und Nebenrechnung die entsprechenden Konsequenzen.

Lösung:

Ist eine eindeutige Zuordnung im Rahmen einer mehrjährigen Betrachtung und unter Berücksichtigung von Zukunftsprognosen (siehe Rn. 44) nicht möglich, ist die Zuordnung zu B nicht zu beanstanden (§ 7 Absatz 4 BsGaV).

2.8 Zuordnung von sonstigen Vermögenswerten (§ 8 BsGaV)

2.8.1 Grundsatz (§ 8 Absatz 1 BsGaV)

108 Für die Zuordnung von sonstigen Vermögenswerten, die nicht zu einer ausdrücklich in den §§ 5 bis 7 BsGaV genannten Gruppe von Vermögenswerten gehören, ist deren Schaffung oder Erwerb nach § 8 Absatz 1 Satz 1 BsGaV die maßgebliche Personalfunktion (Vermutungsregelung). Die Regelung zu den sonstigen Vermögenswerten ist eine Auffangregelung.

2.8.2 Abweichende Zuordnung von sonstigen Vermögenswerten (§ 8 Absatz 2 BsGaV)

109 Ist eine im übrigen Unternehmen ausgeübte, andere als die in § 8 Absatz 1 BsGaV genannte Personalfunktion im Zusammenhang mit dem sonstigen Vermögenswert so bedeutend, dass sie eindeutig eine Zuordnung des sonstigen Vermögenswerts zu dieser erforderlich macht (Personalfunktionenkonkurrenz, siehe Rn. 43), ist diese andere Personalfunktion für den sonstigen Vermögenswert maßgeblich i. S. d. § 2 Absatz 4 BsGaV. Die anderen Personalfunktionen können insbesondere die Nutzung, die

Verwaltung (siehe aber Rn. 80), die Risikosteuerung oder die Veräußerung des sonstigen Vermögenswerts sein, wenn diese Personalfunktionen im Einzelfall die Bedeutung der in § 8 Absatz 1 BsGaV genannten Funktionen eindeutig überwiegen.

2.8.3 Gleichzeitige Ausübung anderer Personalfunktionen in verschiedenen Betriebsstätten (§ 8 Absatz 3 BsGaV)

110 Sind mehrere andere Personalfunktionen (Personalfunktionenkonkurrenz, siehe Rn. 43), die in anderen Betriebsstätten ausgeübt werden, von größerer Bedeutung für den sonstigen Vermögenswert als die Personalfunktionen, die in § 8 Absatz 1 Satz 1 BsGaV genannt sind, so bestimmt § 8 Absatz 3 BsGaV, dass der sonstige Vermögenswert der Betriebsstätte zuzuordnen ist, in der die andere Personalfunktion mit der größten Bedeutung ausgeübt wird. Diese andere Personalfunktion ist für den sonstigen Vermögenswert maßgeblich i. S. d. § 2 Absatz 4 BsGaV.

2.8.4 Zuordnung in Zweifelsfällen (§ 8 Absatz 4 BsGaV)

111 Kann ein sonstiger Vermögenswert nach § 8 Absatz 1 bis 3 BsGaV nicht eindeutig einer Betriebsstätte zugeordnet werden, räumt § 8 Absatz 4 BsGaV dem Unternehmen einen Beurteilungsspielraum für die Zuordnung des sonstigen Vermögenswerts ein. Die Zuordnung des sonstigen Vermögenswerts muss sich aber so weit wie möglich an den Grundsätzen des § 8 Absatz 1 bis 3 BsGaV orientieren. Ggf. greift die Vermutung des § 8 Absatz 1 BsGaV ein (siehe Rn. 108). Der Beurteilungsspielraum kommt vor allem in Fällen der Personalfunktionenkonkurrenz (siehe Rn. 43) zwischen anderen Personalfunktionen i. S. d. § 8 Absatz 2 BsGaV in Betracht. Die Entscheidung über die Zuordnung des sonstigen Vermögenswerts nach § 8 Absatz 4 BsGaV muss

- nach § 3 Absatz 3 BsGaV spätestens mit Erstellung der Hilfs- und Nebenrechnung nachvollziehbar erfolgen,
- auch im jeweils anderen Staat der Besteuerung zugrunde gelegt werden und
- anhand eindeutiger Aufzeichnungen (siehe Rn. 63) nach § 90 Absatz 3 AO begründet werden können.

Sind diese Voraussetzungen nicht erfüllt, kann eine Schätzung nach § 162 AO erforderlich werden. Eine anteilige Zuordnung ist – anders als für immaterielle Werte (siehe Rn. 101) – nicht anzuerkennen.

2.9 Zuordnung von Geschäftsvorfällen des Unternehmens (§ 9 BsGaV)

2.9.1 Grundsatz (§ 9 Absatz 1 BsGaV)

112 Für die Zuordnung eines Geschäftsvorfalls des Unternehmens mit einem unabhängigen Dritten oder mit einer nahe stehenden Person (einschließlich der damit in Zusammenhang stehenden Betriebseinnahmen und Betriebsausgaben) kommt es in erster Linie auf die Ausübung der Personalfunktion an, die dafür maßgeblich ist, dass das Unternehmen den betreffenden Geschäftsvorfall abgeschlossen und die damit verbundenen Risiken übernommen hat (Vermutungsregelung). Die Rechnungsstellung oder die Bezeichnung der Vertragspartner (z. B. die Nennung einer eingetragenen Zweigniederlassung mit eigener Handelsregisternummer) ist lediglich ein Indiz.

Fall – Anschaffung:

Unternehmen X in Staat A hat in Staat B eine Produktionsbetriebsstätte B (B). Die Geschäftsleitungsbetriebsstätte in Staat A erwirbt eine Maschine, deren Einsatz von vornherein speziell für Zwecke von B vorgesehen ist. Die Maschine wird entsprechend unmittelbar an B geliefert und anschließend ausschließlich von B genutzt.

Lösung:

Der Geschäftsvorfall (Kauf der Maschine) ist B nach § 9 Absatz 2 Satz 1 BsGaV zuzuordnen, wenn B entscheidend in den Erwerbsvorgang eingebunden war. Entsprechend dem Geschäftsvorfall ist auch die Maschine selbst nach § 5 Absatz 1 BsGaV B zuzuordnen.

113 Werden Personalfunktionen i. S. d. § 9 Absatz 1 Satz 1 BsGaV gleichzeitig in mehreren Betriebsstätten des Unternehmens ausgeübt, kommt es nach § 9 Absatz 1 Satz 2 BsGaV für die Zuordnung eines Geschäftsvorfalls darauf an, in welcher Betriebsstätte die Personalfunktion mit der größten Bedeutung für den Geschäftsvorfall ausgeübt wird (Funktionsaufteilung, siehe Rn. 42). Diese Personalfunktion ist für den Geschäftsvorfall maßgeblich i. S. d. § 2 Absatz 4 BsGaV.

Fall – Funktionsaufteilung:

Unternehmen X im Staat A hat in Staat B eine Produktionsbetriebsstätte B (B). In der Geschäftsleitungsbetriebsstätte in Staat A wird entschieden, dass ein immaterieller Wert erworben werden soll, um bestimmte Schwierigkeiten, die die Produktionstätigkeit von B erschweren, zu lösen. B wird beauftragt, einen entsprechenden immateriellen Wert auf dem Markt zu suchen und möglichst preisgünstig zu erwerben. B ist erfolgreich; der Erwerb wird in Staat A genehmigt.

Lösung:

Der Geschäftsvorfall (Erwerb) ist B nach § 9 Absatz 1 Satz 2 BsGaV zuzuordnen, da dort die Personalfunktionen mit der größten Bedeutung im Hinblick auf die Anschaffung des immateriellen Werts ausgeübt werden (Auswahl, Verhandlungsführung). Die Personalfunktion mit der größten Bedeutung für den Geschäftsvorfall ist grundsätzlich nach qualitativen Gesichtspunkten zu bestimmen (siehe Rn. 42). Eine Zuordnung auf Grundlage einer Quantifizierung der Kosten der Personalfunktionen, die mit dem Erwerb des immateriellen Werts im Zusammenhang stehen, kommt nur ausnahmsweise in Betracht, wenn eine Zuordnung nach qualitativen Gesichtspunkten nicht möglich ist (siehe Rn. 42).

2.9.2 Abweichende Zuordnung von Geschäftsvorfällen (§ 9 Absatz 2 BsGaV)

114 Ist eine im übrigen Unternehmen ausgeübte, andere als die in § 9 Absatz 1 BsGaV genannte, Personalfunktion für den Geschäftsvorfall so bedeutend (Personalfunktionenkonkurrenz, siehe Rn. 43), dass eindeutig eine Zuordnung erforderlich wird, die von § 9 Absatz 1 BsGaV abweicht, so ist diese andere Personalfunktion nach § 9 Absatz 2 Satz 1 BsGaV für den Geschäftsvorfall maßgeblich i. S. d. § 2 Absatz 4 BsGaV. Andere Personalfunktionen können insbesondere die Erfüllung von Verpflichtungen aus dem Geschäftsvorfall, dessen Verwaltung (siehe aber Rn. 80) oder dessen Risikosteuerung sein. Im Regelfall wird hierdurch ein Gleichklang der

Zuordnung von Geschäftsvorfällen mit der Zuordnung der damit im Zusammenhang stehenden Vermögenswerte erreicht.

Fall (1) – Funktionsaufteilung:

Unternehmen X in Staat A hat in Staat B eine Betriebsstätte B (B). Die Geschäftsleitungsbetriebsstätte in Staat A erwirbt eine Maschine, deren Einsatz von vornherein für B vorgesehen ist. B war maßgeblich in den Erwerbsvorgang (Auswahl der Maschine usw.) eingebunden. Die Maschine wird unmittelbar an B geliefert und anschließend ausschließlich von B genutzt.

Lösung:

Die Maschine ist nach § 5 Absatz 1 BsGaV B zuzuordnen. Der Geschäftsvorfall (Kauf der Maschine) ist B nach § 9 Absatz 2 Satz 1 BsGaV zuzuordnen, da B maßgeblich in den Erwerbsvorgang eingebunden war. Darüber hinaus wird durch die Zuordnung des Geschäftsvorfalls zu B ein Gleichklang der Zuordnung des Geschäftsvorfalls mit der Zuordnung des damit im Zusammenhang stehenden Vermögenswerts (Maschine) erreicht. Für die fiktive Dienstleistung des übrigen Unternehmens (§ 16 Absatz 1 Nummer 2 Buchstabe a BsGaV) gegenüber B ist ein Betrag anzusetzen, der dem Fremdvergleichsgrundsatz entspricht (§ 16 Absatz 2 BsGaV).

Fall (2) – Personalfunktionenkonkurrenz:

Unternehmen X in Staat A hat in Staat B eine Betriebsstätte B (B). Die Geschäftsleitungsbetriebsstätte in Staat A schließt auf Anforderung von B mit einem unabhängigen Dritten einen Vertrag über eine Dienstleistung ab, die dieser ausschließlich für B erbringt.

Lösung:

Maßgebliche Personalfunktion für das Zustandekommen des Geschäftsvorfalls (Dienstvertrag) mit dem unabhängigen Dritten und für die Übernahme der damit verbundenen Risiken sind grundsätzlich die Tätigkeiten, die für den Vertragsabschluss entscheidend sind, wie Auswahl des Auftragnehmers, Vertragsverhandlungen, Vertragsabschluss. Der Geschäftsvorfall wäre daher nach § 9 Absatz 1 Satz 1 BsGaV grundsätzlich der Geschäftsleitungsbetriebsstätte zuzuordnen. Da die Anforderung der Dienstleistung durch B jedoch ursächlich für den Abschluss des Vertrags war und die Dienstleistung ausschließlich B dient, überwiegt die Bedeutung der von B ausgeübten Personalfunktion die Bedeutung des formalen Vertragsabschlusses durch die Geschäftsleitungsbetriebsstätte (§ 9 Absatz 2 BsGaV). Für die fiktive Dienstleistung von X (§ 16 Absatz 1 Nummer 2 Buchstabe a BsGaV) gegenüber B ist ein Betrag anzusetzen, der dem Fremdvergleichsgrundsatz entspricht (§ 16 Absatz 2 BsGaV).

Fall (3) – Beschaffung von Handelsware (siehe Fall Rn. 83):

Das inländische Handelsunternehmen X hat in Staat A die Betriebsstätte A (A), die Verträge über den Erwerb von Waren abschließt. Die Waren werden anschließend von der inländischen Geschäftsleitungsbetriebsstätte X (X) vertrieben. B hat für die Beschaffung die Vorgaben (Qualität, Quantität) von X einzuhalten.

Lösung:

Die von X ausgeübten Personalfunktionen (Veräußerung, Anschaffung nach Vorgaben von X) sind von größerer Bedeutung als der formale Vertragsabschluss durch A. Die Geschäftsvorfälle sind X nach § 9 Absatz 2 BsGaV zuzuordnen. Dadurch entsteht auch ein Gleichklang zwischen der Zuordnung der Verträge und der Waren (siehe Rn. 83).

2.9.3 Gleichzeitige Ausübung anderer Personalfunktionen in verschiedenen Betriebsstätten (§ 9 Absatz 3 BsGaV)

115 Sind mehrere andere Personalfunktionen, die in anderen Betriebsstätten ausgeübt werden, von größerer Bedeutung für einen Geschäftsvorfall als die Personalfunktion, die in § 9 Absatz 1 Satz 1 BsGaV genannt ist (Personalfunktionenkonkurrenz, siehe Rn. 43), so ist der Geschäftsvorfall nach § 9 Absatz 3 BsGaV der Betriebsstätte zuzuordnen, in der die andere Personalfunktion mit der größten Bedeutung für den Geschäftsvorfall ausgeübt wird. Diese Personalfunktion ist für den Geschäftsvorfall maßgeblich i. S. d. § 2 Absatz 4 BsGaV.

2.9.4 Zuordnung in Zweifelsfällen (§ 9 Absatz 4 BsGaV)

116 Kann ein Geschäftsvorfall nach § 9 Absatz 1 bis 3 BsGaV nicht eindeutig zugeordnet werden, so räumt § 9 Absatz 4 BsGaV dem Unternehmen einen Beurteilungsspielraum für die Zuordnung des Geschäftsvorfalls ein. Die Zuordnung des Geschäftsvorfalls muss sich aber so weit wie möglich an den Grundsätzen des § 9 Absatz 1 bis 3 orientieren. Ggf. greift die Vermutung des § 9 Absatz 1 BsGaV ein (siehe Rn. 112). Der Beurteilungsspielraum kommt vor allem in Fällen der Personalfunktionenkonkurrenz (siehe Rn. 43) zwischen anderen Personalfunktionen i. S. d. § 9 Absatz 2 BsGaV in Betracht. Die Entscheidung über die Zuordnung des sonstigen Vermögenswerts nach § 9 Absatz 4 BsGaV muss

- nach § 3 Absatz 3 BsGaV spätestens mit Erstellung der Hilfs- und Nebenrechnung nachvollziehbar erfolgen,
- auch im jeweils anderen Staat der Besteuerung zugrunde gelegt werden und
- anhand eindeutiger Aufzeichnungen (siehe Rn. 63) nach § 90 Absatz 3 AO begründet werden können.

Sind diese Voraussetzungen nicht erfüllt, kann eine Schätzung nach § 162 AO erforderlich werden. Eine anteilige Zuordnung ist – anders als für immaterielle Werte (siehe Rn. 101) – nicht anzuerkennen.

2.10 Zuordnung von Chancen und Risiken (§ 10 BsGaV)

2.10.1 Zuordnung von Chancen und Risiken eines Vermögenswerts oder Geschäftsvorfalls (§ 10 Absatz 1 BsGaV)

117 Die Chancen und Risiken eines Vermögenswerts oder eines Geschäftsvorfalls sind nach § 10 Absatz 1 BsGaV der Betriebsstätte zuzuordnen, der der betreffende Vermögenswert oder Geschäftsvorfall nach den allgemeinen Zuordnungsregeln zuzuordnen ist (§§ 5 ff. BsGaV). Denn mit dem fiktiven Eigentum an einem Vermögenswert bzw. der Zuordnung eines Geschäftsvorfalls sind einer Betriebsstätte auch die damit im unmittelbaren Zusammenhang stehenden Chancen und Risiken zuzuordnen.

Fall – Zuordnung von Chancen und Risiken eines Vermögenswerts:

Unternehmen X in Staat A hat in Staat B eine Betriebsstätte B (B). Die Geschäftsleitungsbetriebsstätte in Staat A erwirbt eine Maschine, die ausschließlich und auf Dauer von B genutzt wird. Die Maschine wird durch die fehlerhafte Nutzung durch B zerstört.

Lösung:

Die Maschine ist nach § 5 Absatz 1 BsGaV wegen der Nutzung B zuzuordnen. Damit ist auch das Risiko des Untergangs B zuzuordnen.

2.10.2 Zuordnung von Chancen und Risiken aus der Geschäftstätigkeit (§ 10 Absatz 2 BsGaV)

118 Für Chancen und Risiken, die mit der unternehmerischen Geschäftstätigkeit im Zusammenhang stehen (nicht unmittelbar mit einem Vermögenswert oder Geschäftsvorfall), ist nach § 10 Absatz 2 Satz 1 BsGaV in erster Linie darauf abzustellen, in welcher Betriebsstätte die maßgebliche Personalfunktion ausgeübt wird, die zur Übernahme der betreffenden Chancen und Risiken durch das Unternehmen führt. Für die Geschäftstätigkeit können im Einzelfall verschiedene Chancen und Risiken von Bedeutung sein, z. B. Lagerrisiken, Ausfallrisiken, Wechselkursrisiken, Zinsrisiken, Marktrisiken, Haftungsrisiken (siehe auch OECD-Betriebsstättenbericht, Teil I Tz. 22 und Tz. 68).

Fall – Zuordnung von Chancen und Risiken der unternehmerischen Geschäftstätigkeit:

Unternehmen X in Staat A hat in Staat B eine Betriebsstätte B (B). Die Geschäftsleitungsbetriebsstätte in Staat A überlässt B ein Wirtschaftsgut zur vorübergehenden Nutzung. Das Wirtschaftsgut bleibt dem übrigen Unternehmen zugeordnet. Die Nutzung durch B führt aufgrund einer Fehlbedienung durch B zu einem Haftungsfall gegenüber einem unabhängigen Dritten.

Lösung:

Da der Haftungsfall durch eine Fehlbedienung von B verursacht wurde (nicht durch einen Materialfehler der Maschine oder Ähnliches), sind die entsprechenden Kosten (z. B. Schadensersatz gegenüber dem unabhängigen Dritten oder Ersatzbeschaffung gegenüber dem übrigen Unternehmen) B zuzuordnen.

119 Wird eine Personalfunktion i. S. d. § 10 Absatz 2 Satz 1 BsGaV infolge einer Funktionsaufteilung (siehe Rn. 42) gleichzeitig in mehreren Betriebsstätten ausgeübt, so ist nach § 10 Absatz 2 Satz 2 BsGaV für die Zuordnung der betreffenden Chancen und Risiken darauf abzustellen, in welcher Betriebsstätte die Personalfunktion mit der größten Bedeutung für die Übernahme der Chancen und Risiken ausgeübt wird. Diese Personalfunktion ist für die Zuordnung dieser Chancen und Risiken maßgeblich i. S. d. § 2 Absatz 4 BsGaV.

2.10.3 Abweichende Zuordnung von Chancen und Risiken (§ 10 Absatz 3 BsGaV)

120 Ist eine im übrigen Unternehmen ausgeübte andere Personalfunktion für die Zuordnung von Chancen und Risiken im Zusammenhang mit der unternehmerischen Geschäftstätigkeit so bedeutend, dass eindeutig eine Zuordnung erforderlich wird, die von

§ 10 Absatz 2 BsGaV abweicht (Personalfunktionenkonkurrenz, siehe Rn. 43), so ist diese andere Personalfunktion für die betreffenden Chancen und Risiken maßgeblich i. S. d. § 2 Absatz 4 BsGaV. Die anderen Personalfunktionen können nach § 10 Absatz 3 Satz 2 BsGaV insbesondere die Risikosteuerung, die Realisation, die Entscheidung, Änderungen hinsichtlich von Chancen und Risiken vorzunehmen, oder die Verwaltung von Chancen und Risiken sein (siehe auch Rn. 80), wenn diese Personalfunktionen im Einzelfall von besonderer Bedeutung für die Chancen und Risiken sind. Im Regelfall bleibt es bei der Zuordnung nach der Vermutungsregelung des § 10 Absatz 1 und 2 BsGaV (siehe Rn. 117 und 118).

2.10.4 Gleichzeitige Ausübung anderer Personalfunktionen in verschiedenen Betriebsstätten (§ 10 Absatz 4 BsGaV)

121 Sind mehrere andere Personalfunktionen, die in anderen Betriebsstätten ausgeübt werden, von größerer Bedeutung für bestimmte Chancen und Risiken als die Personalfunktion, die in § 10 Absatz 2 Satz 1 BsGaV genannt ist (Personalfunktionenkonkurrenz, siehe Rn. 43), so sind nach § 10 Absatz 4 BsGaV die Chancen und Risiken der Betriebsstätte zuzuordnen, in der die andere Personalfunktion mit der größten Bedeutung für die Chancen und Risiken ausgeübt wird. Diese andere Personalfunktion ist für die Zuordnung der betreffenden Chancen und Risiken maßgeblich i. S. d. § 2 Absatz 4 BsGaV.

2.10.5 Zuordnung in Zweifelsfällen (§ 10 Absatz 5 BsGaV)

122 Können Chancen und Risiken nach § 10 Absatz 1 bis 4 BsGaV mangels klarer Kriterien nicht eindeutig zugeordnet werden, räumt § 10 Absatz 5 BsGaV dem Unternehmen einen Beurteilungsspielraum für die Zuordnung der Chancen und Risiken ein. Die Zuordnung der Chancen und Risiken muss sich aber so weit wie möglich an den Grundsätzen des § 10 Absatz 1 bis 4 BsGaV orientieren. Ggf. greifen die Vermutungsregelungen des § 10 Absatz 1 und 2 BsGaV ein (siehe Rn. 117, 118). Der Beurteilungsspielraum kommt vor allem in Fällen der Personalfunktionenkonkurrenz (siehe Rn. 43) zwischen anderen Personalfunktionen i. S. d. § 10 Absatz 3 BsGaV in Betracht. Die Entscheidung über die Zuordnung von Chancen und Risiken nach § 10 Absatz 5 BsGaV muss

- nach § 3 Absatz 3 BsGaV spätestens mit Erstellung der Hilfs- und Nebenrechnung nachvollziehbar erfolgen,
- auch im jeweils anderen Staat der Besteuerung zugrunde gelegt werden und
- anhand eindeutiger Aufzeichnungen (siehe Rn. 63) nach § 90 Absatz 3 AO begründet werden können.

Sind diese Voraussetzungen nicht erfüllt, kann eine Schätzung nach § 162 AO erforderlich werden. Eine anteilige Zuordnung ist – anders als für immaterielle Werte (siehe Rn. 101) – nicht anzuerkennen.

2.11 Zuordnung von Sicherungsgeschäften (§ 11 BsGaV)

2.11.1 Unmittelbarer Sicherungszusammenhang (§ 11 Absatz 1 BsGaV)

123 Nach § 11 Absatz 1 BsGaV richtet sich die Zuordnung eines konkreten Sicherungsgeschäfts – abweichend von den sonstigen Zuordnungsregeln – im Regelfall nach der

Zuordnung des zu sichernden Zuordnungsgegenstands (Risiken einer Personalfunktion, Risiken eines Vermögenswerts, Risiken eines Geschäftsvorfalls).

Fall – Grundfall:

Unternehmen X in Staat A hat in Staat B eine Betriebsstätte B (B). Eine B zuzuordnende Forderung gegen einen fremden Dritten in US-Dollar wird durch ein Währungsgeschäft abgesichert, das die zu X gehörende Betriebsstätte C (C) in Staat C für X abschließt.

Lösung:

Das Sicherungsgeschäft ist B zuzuordnen. C erbringt nach § 11 Absatz 1 BsGaV gegenüber dem übrigen Unternehmen (hier gegenüber B) eine Dienstleistung, für die nach § 16 Absatz 2 BsGaV ein dem Fremdvergleichsgrundsatz entsprechender Betrag zu verrechnen ist.

124 Mit der entsprechenden Zuordnung der Sicherungsgeschäfte (zu denen z. B. auch Finanzinstrumente i. S. d. § 254 HGB gehören) und der zugehörigen Vermögenswerte sind auch die dazugehörigen Betriebseinnahmen und Betriebsausgaben, einschließlich Veräußerungsgewinne und -verluste entsprechend zuzuordnen.

2.11.2 Mittelbarer Sicherungszusammenhang (§ 11 Absatz 2 BsGaV)

125 Ein mittelbarer Sicherungszusammenhang besteht, wenn zwar eindeutig ein Sicherungszusammenhang zwischen den Risiken aus bestimmten Personalfunktionen, Vermögenswerten und Geschäftsvorfällen einerseits und bestimmten Sicherungsgeschäften andererseits feststellbar ist, eine konkrete und präzise Zuordnung der Sicherungsgeschäfte zu den Betriebsstätten, deren Risiken abgesichert werden, jedoch unmöglich ist oder einen unangemessen hohen Aufwand verursacht, z. B. wegen Inkongruenz der jeweiligen Beträge oder Laufzeiten. § 11 Absatz 2 Satz 3 BsGaV lässt es in diesen Fällen zu, die Zuordnung der Sicherungsgeschäfte und der zugehörigen Vermögenswerte anteilig vorzunehmen. Der jeweilige Anteil ist nach einem sachgerechten Aufteilungsschlüssel zu bestimmen (§ 11 Absatz 2 Satz 4 BsGaV), d. h. der Aufteilungsschlüssel ist im konkreten Einzelfall nach Möglichkeit aus den abgesicherten Risiken und den Sicherungsgeschäften abzuleiten.

Fall – Versicherungsprämien (indirekte Zuordnung):

Das Unternehmen X in Staat A hat verschiedene Betriebsstätten in anderen Staaten. Die Geschäftsleitungsbetriebsstätte in Staat A schließt eine Haftpflichtversicherung ab, die allgemein die Handlungsrisiken von X umfasst und damit auch Handlungsrisiken der ausländischen Betriebsstätten. Der Vertrag ist nach § 9 Absatz 1 BsGaV wegen der ausgeübten Personalfunktionen unstreitig der Geschäftsleitungsbetriebsstätte zuzuordnen.

Lösung:

Die entstehenden Aufwendungen (Versicherungsprämien) sind nach § 11 Absatz 2 BsGaV entsprechend einem sachgerechten Schlüssel indirekt den betreffenden Betriebsstätten zuzuordnen. Für die fiktive Dienstleistung (§ 16 Absatz 1 Nummer 2 Buchstabe a BsGaV) ist zugunsten der Geschäftsleitungsbetriebsstätte ein dem Fremdvergleichsgrundsatz entsprechender Betrag zu verrechnen. Konkret eintretende Schadensfälle sind jeweils einzeln zu verrechnen.

2.11.3 Abweichende Zuordnung von Sicherungsgeschäften (§ 11 Absatz 3 BsGaV)

126 Führt eine abweichende Zuordnung eines Sicherungsgeschäfts einschließlich der aufgrund des Sicherungsgeschäfts ggf. entstehenden Vermögenswerte zu einem Ergebnis der Betriebsstätte, das dem Fremdvergleichsgrundsatz in diesem Einzelfall auch aus Sicht des übrigen Unternehmens besser entspricht, ermöglicht § 11 Absatz 3 BsGaV eine abweichende Zuordnung.

127 Zu einer Änderung der Zuordnung, die von der ursprünglichen Zuordnung abweicht, kann es kommen, wenn sich der Sicherungszusammenhang zwingend ändert.

Fallfortsetzung zu Rn. 123 – Zwingende Änderung des Sicherungszusammenhangs:

Die B zuzuordnende Forderung gegen den fremden Dritten in US-Dollar wird fällig und getilgt, während das Währungsgeschäft von C (ursprüngliches Sicherungsgeschäft) weiter fortbesteht. Das ursprüngliche Sicherungsgeschäft wird nach der Tilgung über das Risikomanagement des von C betriebenen Geld- und Devisenhandels abgesichert.

Lösung:

Ein funktionaler Zusammenhang zwischen der Geschäftstätigkeit von B und dem ursprünglichen Sicherungsgeschäft ist nach Tilgung der B zuzuordnenden Forderung nicht mehr denkbar. Die weitere Zuordnung einer offenen Risikoposition zu B entspricht nicht den funktionalen Gegebenheiten der Risikosteuerung von X, d. h. das Ergebnis für B entspräche nicht dem Fremdvergleichsgrundsatz, wenn B die offene Risikoposition zugeordnet würde (siehe § 11 Absatz 3 BsGaV). Mit dem Wegfall der B zuzuordnenden Forderung ist das ursprüngliche Sicherungsgeschäft C zuzuordnen. Das noch nicht realisierte Ergebnis aus dem ursprünglichen Sicherungsgeschäft im Zeitpunkt der Beendigung des Sicherungszusammenhangs ist allerdings endgültig B zuzurechnen.

2.11.4 Fehlende Sicherungsabsicht (§ 11 Absatz 4 BsGaV)

128 Besteht keine Sicherungsabsicht bzw. ist eine Sicherungsabsicht nicht feststellbar, sind die jeweiligen Geschäftsvorfälle nach den allgemeinen Regeln zuzuordnen.

Fall – Fehlende Sicherungsabsicht:

Das Unternehmen X in Staat A hat mehrere Betriebsstätten in verschiedenen Staaten, die Geschäfte in verschiedenen Währungen tätigen. Die entstehenden Forderungen werden nicht durch Kurssicherungsgeschäfte abgesichert. Bei der Bilanzerstellung für X stellt sich heraus, dass einige der Forderungen, die verschiedenen Betriebsstätten zuzuordnen sind, das Kursrisiko gegenseitig absichern, ohne dass dies bezweckt war.

Lösung:

Alle Forderungen sind nach den allgemeinen Regeln der jeweiligen Betriebsstätte zuzuordnen.

2.12 Dotationskapital inländischer Betriebsstätten ausländischer Unternehmen (§ 12 BsGaV)

2.12.1 Grundsatz: funktions- und risikobezogene Kapitalaufteilungsmethode (§ 12 Absatz 1 BsGaV)

129 Nach § 12 Absatz 1 BsGaV ist einer inländischen Betriebsstätte eines nach ausländischem Recht buchführungspflichtigen oder tatsächlich Bücher führenden, ausländischen Unternehmens zu Beginn eines Wirtschaftsjahrs ein Dotationskapital nach der funktions- und risikobezogenen Kapitalaufteilungsmethode (Kapitalaufteilungsmethode) zuzuordnen, das zur Absicherung der ihr zuzuordnenden Vermögenswerte sowie der ihr zuzuordnenden Chancen und Risiken entsprechend der Eigenart der Geschäftstätigkeit der Betriebsstätte im Verhältnis zum übrigen Unternehmen erforderlich ist (siehe auch OECD-Betriebsstättenbericht, Teil I Tz. 28, Tz. 107 und Tz. 121 ff.). Das Dotationskapital wird dadurch ermittelt, dass die Kapitalquote (§ 12 Absatz 3 BsGaV, siehe Rn. 135 ff.) der Betriebsstätte auf das festzustellende Eigenkapital (§ 12 Absatz 2 BsGaV, siehe Rn. 133 ff.) des ausländischen Unternehmens angewandt wird. Ein zu geringes Dotationskapital führt zu einer höheren Zuordnung von Verbindlichkeiten des Unternehmens zur inländischen Betriebsstätte. Demzufolge wird der inländischen Betriebsstätte ein unangemessen höherer Zinsaufwand zugeordnet.

Fall (1) – Vereinfachter Grundfall:

Am 01.01.01 beträgt das Eigenkapital des ausländischen Unternehmens Y (Y) 1.000. Die Vermögenswerte von Y belaufen sich auf 2.000, auf die inländische Betriebsstätte B (B) entfallen davon 500. Nennenswerte Rückstellungen hat Y nicht gebildet. Es sind keine immateriellen Werte vorhanden. Bewertungsunterschiede im Verhältnis zum Ausland bestehen nicht.

Lösung:

Das Dotationskapital von B ist zum 01.01.01 nach der Kapitalaufteilungsmethode (§ 12 Absatz 1 BsGaV) wie folgt zu berechnen:

Eigenkapital von Y	1.000
Kapitalquote für B: 500/2.000 = 25 %	
Dotationskapital von B: 25 % von 1.000 =	250

HINWEIS:
Zur Aufteilung der übrigen Passivposten siehe Rn. 152 ff.

Fall (2) – Zuordnung des Dotationskapitals jeweils zu Beginn des Wirtschaftsjahrs:

Der inländischen Betriebsstätte B (B) eines ausländischen Unternehmens Y (Y) wird zum 01.01.01 nach der Kapitalaufteilungsmethode ein Dotationskapital von 100 (10 % von 1.000 Eigenkapital von Y) zugeordnet. Im Laufe des Jahrs 01 erzielt B lt. Hilfs- und Nebenrechnung einen Gewinn von 20. Im Jahr 01 erzielt Y insgesamt einen Verlust von 200. Zum 31.12.01 beträgt das Dotationskapital von B lt. Hilfs- und Nebenrechnung 120 (100 zuzüglich 20 Gewinn). Am 01.01.02 beträgt der Anteil von B am

Gesamtkapital nach der weiterhin anzuwendenden Kapitalaufteilungsmethode unverändert 10 %.

Lösung:

Unabhängig vom Gewinn von 20 im Jahr 01 ist B nach der Kapitalaufteilungsmethode (§ 12 Absatz 1 BsGaV) zum 01.01.02 ein Dotationskapital von 80 (10 % von 800) zuzuordnen, das als Ausgangsbasis für die Hilfs- und Nebenrechnung des Jahrs 02 dient.

130 Entsteht zum Ende des Wirtschaftsjahrs eine sog. Überdotierung oder eine sog. Unterdotierung der Betriebsstätte, die erst durch die Bestimmung des Dotationskapitals zu Beginn des neuen Wirtschaftsjahrs erkennbar wird, und sorgt das Unternehmen dafür, dass das in der Hilfs- und Nebenrechnung auszuweisende Dotationskapital den tatsächlich der Betriebsstätte zuzuordnenden Aktivposten und Passivposten entspricht, so ist es nicht zu beanstanden, dass das Unternehmen eine Korrektur des zuzuordnenden Zinsaufwands für den bereits abgelaufenen Zeitraum des neuen Wirtschaftsjahrs unterlässt, wenn

- die Bestimmung des neu zuzuordnenden Dotationskapitals unverzüglich nach Ablauf des vorangehenden Wirtschaftsjahrs erfolgt und
- das Dotationskapital für das neue Wirtschaftsjahr unverzüglich angepasst wird.

131 Eine im Ausland steuerlich anerkannte Dotation der inländischen Betriebsstätte kann ein Anhaltspunkt für ein angemessenes Dotationskapital sein, soweit die Dotation ausgehend von der Kapitalaufteilungsmethode begründet werden kann. Hierzu hat das Unternehmen nachzuweisen, welches Dotationskapital die ausländische Finanzverwaltung für die inländische Betriebsstätte angesetzt bzw. anerkannt hat.

132 Zum Zinsabzug für inländische Betriebsstätten von ausländischen Unternehmen, die weder buchführungspflichtig sind noch Bücher führen, siehe § 15 Absatz 4 BsGaV und Rn. 161.

2.12.2 Höhe des Eigenkapitals des ausländischen Unternehmens (§ 12 Absatz 2 BsGaV)

133 Zur Anwendung der Kapitalaufteilungsmethode ist grundsätzlich die Höhe des Eigenkapitals des ausländischen Unternehmens (§ 12 Absatz 2 BsGaV) nach deutschem Steuerrecht zu bestimmen. Die exakte Ableitung des Eigenkapitals nach deutschem Steuerrecht aus dem Ansatz in der ausländischen Bilanz kann im Einzelfall unangemessenen Aufwand verursachen. Deshalb ist es aus Vereinfachungsgründen anzuerkennen, wenn das in der ausländischen Bilanz ausgewiesene Kapital als Ausgangspunkt zugrunde gelegt wird. Eine vollständige Umrechnung der ausländischen Bilanzansätze nach deutschem Steuerrecht führt im Regelfall zu unverhältnismäßigem Aufwand und ist deshalb nicht durchzuführen (siehe Rn. 133). Dem Eigenkapital in der ausländischen Bilanz hinzuzurechnen sind allerdings alle sonstigen Positionen, denen nach deutschem Steuerrecht Eigenkapitalcharakter zukommt. Vom Eigenkapital in der ausländischen Bilanz sind alle Positionen zu kürzen, die nach deutschem Steuerrecht keinen Eigenkapitalcharakter haben. Es ist unbeachtlich, nach welchem Rechnungslegungsstandard die ausländische Bilanz aufgestellt wurde. Sind mehrere Bilanzen verfügbar, ist die Bilanz zu verwenden, die einer deutschen Steuerbilanz am ehesten entspricht.

134 Die Anwendung der Vereinfachungsregelung setzt voraus, dass das Unternehmen durch Vorlage geeigneter Unterlagen und Berechnungen glaubhaft macht,

- dass das Eigenkapital entsprechend der ausländischen Bilanz nicht erheblich von dem Eigenkapital abweicht, das nach deutschem Steuerrecht anzusetzen wäre, oder
- dass Abweichungen durch Anpassungen nachvollziehbar rechnerisch so ausgeglichen werden, dass das Ergebnis nicht erheblich von dem Eigenkapital des ausländischen Unternehmens abweicht, das nach deutschem Steuerrecht ermittelt würde.

Dazu ist es grundsätzlich erforderlich, die Bilanzpositionen nach ausländischem Recht zunächst auf entsprechende Wertansätze nach deutschem Steuerrecht anzupassen. Verbleibende Unsicherheiten in Bezug auf unterschiedliche Wertansätze gelten als nicht erheblich i. S. d. § 12 Absatz 2 Satz 2 Nummer 2 BsGaV, wenn diese nach überschlägiger Berechnung voraus sichtlich weniger als 10 % des Eigenkapitals in der ausländischen Bilanz (nach Durchführung erforderlicher Anpassungen) ausmachen. Die Finanzverwaltung kann die Glaubhaftmachung des Unternehmens durch eigene Berechnungen, aus denen sich ergibt, dass die Erheblichkeitsgrenze überschritten wird, widerlegen.

Fall – Anpassungen an das deutsche Steuerrecht:

Das ausländische Unternehmen Y (Y) unterhält eine Betriebsstätte B (B) im Inland. Für das Dotationskapital von B ist die Kapitalaufteilungsmethode anzuwenden (§ 12 Absatz 1 BsGaV). Das Eigenkapital von Y beträgt 250. Abweichungen von Ansätzen, die nach deutschem Steuerrecht vorgeschrieben sind, sind nicht ersichtlich: Die vorgenommenen Abschreibungen auf Vermögenswerte entsprechen den Vorgaben der §§ 7 ff. bzw. des § 6 Absatz 1 Nummer 1 Satz 2 und Nummer 2 Satz 2 EStG. Die gebildeten Rückstellungen entsprechen den Anforderungen des § 6 Absatz 1 Nummer 3a und § 5 Absatz 2a bis 4b und § 6a EStG. Soweit notwendig, wurden in der ausländischen Bilanz ausgewiesene Verbindlichkeiten entsprechend § 6 Absatz 1 Nummer 2 EStG abgezinst.

Lösung:

Das nach ausländischem Recht ermittelte Eigenkapital von Y i. H. v. 250 kann der Ermittlung des Dotationskapitals von B nach der Kapitalaufteilungsmethode zugrunde gelegt werden.

Abwandlung:

Y hat in der ausländischen Bilanz eine Ausschüttungsverbindlichkeit von 30 passiviert, die nach inländischem Recht Eigenkapital darstellt. Weiterhin ist aus der Bilanz von Y ersichtlich, dass ein immaterieller Wert „Kosten für die Ingangsetzung des Geschäftsverkehrs" mit 10 aktiviert ist. Darüber hinaus ergeben sich überschlägig ermittelte Wertabweichungen bei Bilanzposten von 30 (z. B. bei Pensionsrückstellungen, wegen anderweitiger Abschreibungen von Wirtschaftsgütern).

Lösung:

Hinsichtlich der als Eigenkapital zu qualifizierenden Verbindlichkeit ist das Eigenkapital von Y um 30 zu erhöhen. Da in einer deutschen Steuerbilanz der genannte immaterielle Wert nicht aktiviert werden darf, ergibt sich eine Minderung des Eigenkapitals um 10.

Das angepasste Eigenkapital von Y beträgt danach:

Eigenkapital lt. ausländischer Bilanz	250
+ Anpassung	20
= nach deutschem Steuerrecht angepasstes Eigenkapital	270

Die nach dieser Anpassung in den Bilanzansätzen der Wirtschaftsgüter verbleibenden Unsicherheiten (30) übersteigen 10 % des angepassten Eigenkapitals (27). Deswegen darf das nach ausländischem Recht ermittelte Eigenkapital von Y nicht der Ermittlung des Dotationskapitals zugrunde gelegt werden, § 12 Absatz 2 Satz 2 BsGaV. Y muss nach § 12 Absatz 2 Satz 1 BsGaV eine detaillierte Überleitung des Eigenkapitals in einen nach deutschem Steuerrecht ermittelten Betrag vorlegen.

2.12.3 Bestimmung der Kapitalquote der inländischen Betriebsstätte (§ 12 Absatz 3 BsGaV)

135 Die Kapitalquote der inländischen Betriebsstätte, die auf das nach § 12 Absatz 1 und 2 BsGaV zu ermittelnde Eigenkapital des ausländischen Unternehmens anzuwenden ist, ergibt sich aus dem Verhältnis der Vermögenswerte sowie der Chancen und Risiken, die der Betriebsstätte zuzuordnen sind, zu den Vermögenswerten sowie den Chancen und Risiken des Unternehmens. Die Vermögenswerte sind mit Werten anzusetzen, die dem Fremdvergleichsgrundsatz entsprechen (§ 12 Absatz 3 Satz 1 BsGaV). Zu berücksichtigen sind alle Chancen und Risiken, sowohl diejenigen, die in der Bilanz des Unternehmens und in der Hilfs- und Nebenrechnung der Betriebsstätte ausgewiesen sind, als auch diejenigen, die nicht bilanziert und/oder in der Hilfs- und Nebenrechnung ausgewiesen sind (siehe auch die Vereinfachungsregelung in Rn. 138).

136 Chancen und Risiken, die mit Vermögenswerten in unmittelbarem Zusammenhang stehen, sind in den Fremdvergleichspreisen der Vermögenswerte enthalten. Es ist nicht zu beanstanden, dass Chancen und Risiken, die nicht einzelnen Vermögenswerten oder Geschäftsvorfällen zugeordnet werden können (z. B. Gewährleistungsrückstellungen), pauschal berücksichtigt werden. Die Pauschalierung soll unverhältnismäßigen Aufwand vermeiden, der ansonsten erforderlich wäre.

137 Das Bestehen von Chancen und Risiken, die weder in der Bilanz noch in der Hilfs- und Nebenrechnung erfasst sind, die aber für die Ermittlung der Kapitalquote zu berücksichtigen sind (z. B. Geschäfts- und Firmenwert), hat derjenige glaubhaft zu machen, der sich darauf beruft.

Fall – Nicht erfasste Chancen und Risiken:

Das Eigenkapital des ausländischen Unternehmens Y (Y) beträgt 1.200. Die Fremdvergleichspreise der bilanzierten Vermögenswerte belaufen sich auf 1.700, davon entfallen auf die inländische Betriebsstätte B (B) 500. In der Bilanz von Y ist eine pauschale Gewährleistungsrückstellung i. H. v. 400 ausgewiesen, davon entfallen auf B 100. Y verfügt über nicht bilanzierungsfähige immaterielle Werte i. H. v. 200, davon entfallen auf B 100.

BMF-Schr.

Lösung:

Das Dotationskapital von B ermittelt sich wie folgt:

Zunächst ist die auf das aufzuteilende Eigenkapital i. H. v. 1.200 anzuwendende Kapitalaufteilungsquote zu ermitteln:

bilanzierte Vermögenswerte	1.700
+ nicht bilanzierte immaterielle Wirtschaftsgüter	200
– Gewährleistungsrückstellungen	400
= Ergebnis	1.500

Davon entfallen auf B:

bilanzierte Vermögenswerte	500
+ nicht bilanzierte immaterielle Wirtschaftsgüter	100
– Gewährleistungsrückstellungen	100
= Ergebnis	500

Die Kapitalquote für B beträgt damit 500/1.500 (1/3). Die Anwendung der Kapitalquote auf das Eigenkapital von Y (1.200) führt zu einem Dotationskapital für B i. H. v. 400.

Abwandlung:

Die Gewährleistungsrückstellung beträgt 200, wovon 100 auf B entfallen. Zusätzlich ist in der Bilanz von Y eine Kontaminierungsrückstellung i. H. v. 200 ausgewiesen, die im Zusammenhang mit einem Grundstück steht, das dem übrigen Unternehmen zuzuordnen ist. Der Fremdvergleichspreis der Vermögenswerte beträgt wegen der Kontaminierung 1.500.

Lösung:

Das Dotationskapital von B ermittelt sich wie folgt:

bilanzierte Vermögenswerte von Y	1.500
+ nicht bilanzierte immaterielle Wirtschaftsgüter	200
– Gewährleistungsrückstellungen	200
– Kontaminierungsrückstellung (in den Vermögenswerten bereits enthalten)	0
= Ergebnis	1.500

Davon entfallen auf B:

bilanzierte Vermögenswerte	500
+ nicht bilanzierte immaterielle Wirtschaftsgüter	100
– Gewährleistungsrückstellungen	100
= Ergebnis	500

Die Kapitalquote für B beträgt 500/1.500. Die Anwendung der Kapitalquote auf das Eigenkapital von Y (1.200) führt zu einem Dotationskapital für B i. H. v. 400.

138 Aus Vereinfachungsgründen können die Buchwerte der Aktivposten des ausländischen Unternehmens und die Werte in der Hilfs- und Nebenrechnung der inländischen Betriebsstätte zur Bestimmung der Kapitalquote der inländischen Betriebsstätte herangezogen werden. Der Ansatz von im Ausland vorhandenen Werten, die Buchwerten vergleichbar sind, ist anzuerkennen, wenn das Unternehmen glaubhaft macht,

- dass nach überschlägiger Berechnung der Ansatz von Buchwerten oder von im Ausland vorhandenen Werten, die Buchwerten entsprechen, zu einer Kapitalquote führt, die nicht erheblich von der Kapitalquote abweicht, die sich ergäbe, wenn Werte entsprechend dem Fremdvergleichsgrundsatz angesetzt würden, oder
- dass erkennbare Abweichungen durch Anpassungen nachvollziehbar so ausgeglichen werden, dass das Ergebnis nicht erheblich von dem Ergebnis nach § 12 Absatz 3 Satz 1 BsGaV abweicht; Anpassungsrechnungen können z. B. erforderlich werden, wenn bisher nicht bilanzierte immaterielle Vermögenswerte zu berücksichtigen sind.

139 Eine nach den Buchwerten ermittelte Kapitalquote ist nicht zu beanstanden, wenn sich keine Anhaltspunkte dafür ergeben, dass die Kapitalquote nach Fremdvergleichswerten um mehr als 10 Prozentpunkte von der Kapitalquote nach Buchwerten abweicht.

Fall – Nichtbeanstandungsklausel:

Das Eigenkapital des ausländischen Unternehmens Y (Y) beträgt 1.000. Die Buchwerte der Aktivposten belaufen sich insgesamt auf 2.000, davon entfallen auf die inländische Betriebsstätte B (B) 500.

Lösung:

Das Dotationskapital von B nach Buchwerten ist wie folgt zu berechnen:

Eigenkapital von Y	1.000
Kapitalquote für B: 500/2.000 = 25 %	
Dotationskapital von B: 25 % von 1.000 =	250

Diese Berechnung ist anzuerkennen, wenn keine Anhaltspunkte vorliegen, dass eine Berechnung nach Fremdvergleichswerten zu einer Kapitalquote führt, die unter 15 % oder über 35 % liegt.

2.12.4 Unterkapitalisierung des ausländischen Unternehmens (§ 12 Absatz 4 BsGaV)

140 Die Regelung des § 12 Absatz 4 BsGaV gilt ausschließlich für Unternehmensgruppen, die einem Konzern i. S. d. § 18 AktG entsprechen. Betroffen sind Fälle, in denen das nach der Kapitalaufteilungsmethode zugewiesene Dotationskapital dauerhaft zu einem Ergebnis für die inländische Betriebsstätte führt, das ein ordentlicher und gewissenhafter Geschäftsleiter unter vergleichbaren Umständen nicht hinnehmen würde. Ist aufgrund der Unterkapitalisierung des Unternehmens bei der Betriebsstätte nach Abzug der Zinsaufwendungen innerhalb eines Zeitraums von fünf Jahren nicht mit einem

BMF-Schr.

positiven Gesamtergebnis zu rechnen (betriebswirtschaftliche Prognoserechnung), ist das Dotationskapital von Anfang an nach § 12 Absatz 4 BsGaV zu ermitteln.

414 Das Dotationskapital für die inländische Betriebsstätte ist dadurch zu bestimmen, dass zunächst das konsolidierte Eigenkapital der Unternehmensgruppe, zu dem das Unternehmen gehört, entsprechend § 12 Absatz 2 BsGaV ermittelt wird. Die auf das konsolidierte Eigenkapital der Unternehmensgruppe anzuwendende Kapitalquote ist entsprechend § 12 Absatz 1 bis 3 BsGaV zu ermitteln. Die in Rn. 138 enthaltene Vereinfachungsregelung (Verwendung der Buchwerte der Aktivposten nach Konsolidierung) kann angewendet werden, wenn die dort genannten Voraussetzungen vorliegen.

Beispiel:

Die inländische Betriebsstätte B (B) produziert und vertreibt an fremde Dritte (keine Geschäftsbeziehungen zum übrigen Unternehmen). B gehört zum ausländischen Unternehmen T, das zum ausländischen Konzern Y gehört. T weist ein Eigenkapital von 40 aus. Nach der Kapitalaufteilungsmethode (§ 12 Absatz 1 bis 3 BsGaV) wäre B ein Dotationskapital von 10 (25 % vom Eigenkapital von T) zuzuordnen. Aufgrund des hohen Zinsaufwandes weist B trotz der positiven operativen Ergebnisse dauerhaft Verluste von jährlich 20 aus. Das konsolidierte Eigenkapital von Y beträgt 1.000. Die Kapitalquote von B beträgt nach § 12 Absatz 1 bis 3 BsGaV bezogen auf das konsolidierte Eigenkapital von Y 10 %.

Lösung:

Da aufgrund der Unterkapitalisierung von T, die sich bei Anwendung des § 12 Absatz 1 BsGaV auch auf das Dotationskapital von B auswirkt, dauerhafte Verluste eintreten, die ein ordentlicher und gewissenhafter Geschäftsleiter nicht hinnehmen würde, bestimmt sich das Dotationskapital nach § 12 Absatz 4 BsGaV auf Grundlage des konsolidierten Eigenkapitals von Y. B ist ein Dotationskapital von 100 (10 % von 1.000) zuzuweisen.

2.12.5 Untergrenze: handelsrechtliches Kapital der inländischen Betriebsstätte (§ 12 Absatz 5 BsGaV)

142 In Fällen, in denen das ausländische Unternehmen für seine inländische Betriebsstätte eine Handelsbilanz erstellt und darin ein bestimmtes Dotationskapital ausweist, darf dieser Betriebsstätte für steuerliche Zwecke kein niedrigeres Dotationskapital zugeordnet werden. Denn durch die Entscheidung des ausländischen Unternehmens, seiner inländischen Betriebsstätte tatsächlich (durch den Ausweis in der Handelsbilanz dokumentiert) ein bestimmtes Dotationskapital zur Verfügung zu stellen, macht das ausländische Unternehmen deutlich, dass es dieses Dotationskapital betriebswirtschaftlich für erforderlich hält, um auf dem inländischen Markt wirtschaftlich tätig zu sein.

2.12.6 Unterjährige Anpassung des Dotationskapitals einer inländischen Betriebsstätte (§ 12 Absatz 6 BsGaV)

143 Das Dotationskapital einer inländischen Betriebsstätte ist innerhalb eines Wirtschaftsjahrs anzupassen, wenn sich die Zuordnung von Personalfunktionen, von Vermögenswerten oder von Chancen und Risiken zu einem bestimmten Zeitpunkt gegenüber den Verhältnissen zu Beginn des Wirtschaftsjahrs ändert und dies zu einer erheblichen Veränderung des zuzuordnenden Dotationskapitals führt. Eine sich ergebende Ände-

rung des Dotationskapitals einer inländischen Betriebsstätte ist erheblich, wenn das wegen der geänderten Zuordnung von Personalfunktionen, von Vermögenswerten oder von Chancen und Risiken zuzuordnende Dotationskapital zu Beginn des folgenden Wirtschaftsjahrs um mehr als 30 % vom Dotationskapital zu Beginn des Wirtschaftsjahrs abweicht, aber nur dann, wenn die Abweichung mindestens 2 Mio. Euro beträgt. Für die unterjährige Ermittlung des Dotationskapitals kann aus Vereinfachungsgründen das Dotationskapital zu Beginn des folgenden Wirtschaftsjahrs (ggf. mit entsprechenden Anpassungen) verwendet werden. Von einer unterjährigen Erhöhung des Dotationskapitals kann abgesehen werden, wenn diese nicht sachgerecht wäre, z. B. weil die Veränderung erst am Ende des Jahrs eintritt und die steuerlichen Auswirkungen deshalb gering sind. Eine Verringerung des Dotationskapitals einer inländischen Betriebsstätte ist allerdings steuerlich nur anzuerkennen, wenn nachgewiesen wird, dass das ausländische Unternehmen im Ausland die entsprechenden steuerlichen Konsequenzen gezogen hat. Auf die Beschränkung der Änderungsmöglichkeit durch die Finanzverwaltung nach § 1 Absatz 1 AStG wird hingewiesen (vgl. Rn. 10).

2.13 Dotationskapital ausländischer Betriebsstätten inländischer Unternehmen (§ 13 BsGaV)

2.13.1 Grundsatz: Mindestkapitalausstattungsmethode (§ 13 Absatz 1 BsGaV)

144 Ausländischen Betriebsstätten inländischer buchführungspflichtiger oder tatsächlich Bücher führender Unternehmen wird zu Beginn eines Wirtschaftsjahrs Dotationskapital grundsätzlich nur zugeordnet, soweit das Unternehmen glaubhaft macht, dass diese Zuordnung aus betriebswirtschaftlichen Gründen für die Betriebsstätte erforderlich ist (Mindestkapitalausstattungsmethode). Das Unternehmen hat das Erfordernis einer höheren Dotation auf Basis eines Vergleichs der Funktionen und Risiken der Betriebsstätte mit denen des übrigen Unternehmens darzustellen und anhand von betriebswirtschaftlichen Kennziffern zu belegen. Das vom Betriebsstättenstaat nachweislich geforderte Dotationskapital für eine ausländische Betriebsstätte kann als Indiz für eine angemessene Dotation angesehen werden (siehe aber Rn. 146 ff.) Ein höheres Dotationskapital führt zu einer geringeren Zuordnung von Verbindlichkeiten des Unternehmens zur ausländischen Betriebsstätte, so dass der ausländischen Betriebsstätte ein geringerer Zinsaufwand zugeordnet wird.

Fall – Höheres Dotationskapital als nach der Mindestkapitalausstattungsmethode:

Die ausländische Betriebsstätte A (A) ist Teil des inländischen Unternehmens X. A erbringt einfache Dienstleistungen an das übrige Unternehmen. A sind keinerlei Vermögenswerte zuzuordnen und A trägt auch keine nennenswerten Risiken.

Lösung:

Nach der Mindestkapitalausstattungsmethode ist A kein Dotationskapital zuzuordnen. Betriebswirtschaftliche Gründe für ein höheres Dotationskapital liegen nicht vor bzw. sind nicht ersichtlich (siehe auch Rn. 368 zu Bau- und Montagebetriebsstätten).

Abwandlung:

A sind zur Erbringung der Dienstleistung mehrere Vermögenswerte zugeordnet.

Lösung:

Nach der Mindestkapitalausstattungsmethode ist A kein Dotationskapital zuzuordnen. Soweit betriebswirtschaftliche Gründe glaubhaft gemacht werden (z. B. Risiken aus den zugeordneten Vermögenswerten), ist A ein angemessenes (Mindest-) Dotationskapital zuzuordnen.

145 Entsteht zum Ende des Wirtschaftsjahrs eine Überdotierung oder Unterdotierung der Betriebsstätte, die erst durch die Bestimmung des Dotationskapitals zu Beginn des neuen Wirtschaftsjahrs erkennbar wird, und sorgt das Unternehmen dafür, dass das in der Hilfs- und Nebenrechnung auszuweisende Dotationskapital den tatsächlich der Betriebsstätte zuzuordnenden Aktivposten und Passivposten entspricht, so ist es nicht zu beanstanden, wenn das Unternehmen eine Korrektur des zuzuordnenden Zinsaufwands für den bereits abgelaufenen Zeitraum des neuen Wirtschaftsjahrs unterlässt, wenn

- die Bestimmung des neu zuzuordnenden Dotationskapitals unverzüglich nach Ablauf des vorangehenden Wirtschaftsjahrs erfolgt und
- das Dotationskapital für das neue Wirtschaftsjahr anschließend unverzüglich angepasst wird.

2.13.2 Obergrenze: Anwendung der Kapitalaufteilungsmethode (§ 13 Absatz 2 BsGaV)

146 Ein höheres Dotationskapital, als es nach § 13 Absatz 1 BsGaV erforderlich ist, ist anzuerkennen, soweit dies im Einzelfall zu einem Ergebnis der Betriebsstätte führt, das dem Fremdvergleichsgrundsatz besser entspricht. Dies kann z. B. anhand betriebswirtschaftlicher Kennziffern dargestellt werden. Jeder höhere Ansatz – über das erforderliche Dotationskapital hinaus (Mindestkapitalausstattungsmethode) – ist zu begründen.

147 Das nach § 13 Absatz 1 oder Absatz 2 Satz 1 BsGaV ermittelte Dotationskapital darf jedoch den Höchstbetrag nicht übersteigen, der sich ergibt, wenn die Kapitalaufteilungsmethode nach § 12 Absatz 1 bis 3 BsGaV entsprechend auf die ausländische Betriebsstätte angewendet wird.

148 Für die Berechnung des Höchstbetrags nach Rn. 147 sind die für die Besteuerung maßgeblichen Bilanzansätze des inländischen Unternehmens anzusetzen, es sei denn, der Ansatz einzelner Fremdvergleichswerte entsprechend § 12 Absatz 3 Satz 1 BsGaV führt im Einzelfall zu einem erheblich abweichenden Ergebnis der Betriebsstätte, das dem Fremdvergleichsgrundsatz besser entspricht. Von den Bilanzansätzen abweichende Fremdvergleichswerte sind von demjenigen nachzuweisen, der sie behauptet.

Fall – Höchstbetragsberechnung:

Das inländische Unternehmen X (X) hat im Staat A die Betriebsstätte A (A). X besitzt neben bilanzierten Wirtschaftsgütern selbstgeschaffene immaterielle Werte, die zutreffend nicht in der Steuerbilanz von X ausgewiesen sind. Die vereinfachte Bilanz von X stellt sich wie folgt dar:

Grundstück	100	Eigenkapital	400
Sonstiges Anlagevermögen	400	Fremdkapital	600
Umlaufvermögen	500		
	1.000		1.000

A sind auf Basis der Buchwerte 20 % des sonstigen Anlagevermögens und 20 % des Umlaufvermögens sowie ein selbstgeschaffener immaterieller Wert mit einem Wert von 220 zuzuordnen. Der Fremdvergleichswert des Grundstücks beträgt 480. Im sonstigen Anlagevermögen und im Umlaufverlauf sind keine stillen Reserven enthalten. X ordnet A unter Berufung auf die einzubeziehenden Fremdvergleichswerte ein Dotationskapital von 180 zu. In der Prüfung wird auf Basis von Unterlagen von X festgestellt, dass A nach der Mindestkapitalausstattungsmethode ein Dotationskapital von 40 als betriebswirtschaftlich mindestens erforderlich zuzuordnen ist (§ 13 Absatz 1 BsGaV).

Lösung:

§ 13 Absatz 2 Satz 1 BsGaV lässt den Ansatz eines höheren Dotationskapitals als nach der Mindestkapitalausstattungsmethode zu, wenn dies dem Fremdvergleichsgrundsatz besser entspricht. Das höhere Dotationskapital ist jedoch begrenzt auf den Betrag, der sich bei Anwendung der Kapitalaufteilungsmethode ergibt. Auf Basis der Buchwerte sind A 20 % von 900 Vermögenswerten (sonstiges Anlagevermögen 400 und Umlaufvermögen 500) zuzuordnen. Somit betragen die Aktivposten der Hilfs- und Nebenrechnung von A 180. Dies entspricht 18 % der Aktivposten von X. Der Höchstbetrag des Dotationskapitals nach der Kapitalaufteilungsmethode nach § 12 Absatz 3 Satz 2 BsGaV auf der Grundlage der Buchwerte beträgt folglich 18 % des Eigenkapitals von 400 = 72 (gleiche Kapitalausstattung von X und A). Die Berechnung unter Einbeziehung der Fremdvergleichswerte, die in diesem Fall für alle Vermögenswerte anzusetzen sind, ergibt folgenden Höchstbetrag:

Fremdvergleichswerte	X insgesamt	Betriebsstätte A
Grundstück	480	0
+ Sonstiges Anlagevermögen	400	80
+ Umlaufvermögen	500	100
+ immaterieller Wert	220	220
= Werte insgesamt	1.600	400
Anteil von A am tatsächlichen Wert der Aktivposten		25 %
Dotationskapital A höchstens: 25 % von 400		100

Das von X angesetzte Dotationskapital von 180 ist deshalb in jedem Fall zu korrigieren. Unabhängig davon, welcher Höchstbetrag sich für das Dotationskapital ergibt, kann ein 40 übersteigender Betrag nach § 13 Absatz 2 Satz 1 BsGaV nur anerkannt werden, soweit X glaubhaft macht, dass der höhere Betrag dem Fremdvergleichsgrundsatz besser entspricht als 40. Allerdings können im konkreten Fall höchstens 100 angesetzt werden, wobei jede Erhöhung des Werts von 40 zu begründen ist (siehe Rn. 146). Unbeachtlich ist, dass der Höchstbetrag auf Grundlage der Fremdvergleichswerte (25 %) den Höchstbetrag auf Grundlage der Buchwerte (18 %) nur um 7 Prozentpunkte übersteigt, denn Rn. 139 enthält lediglich eine Nichtbeanstandungsregelung, die X nicht bindet.

HINWEIS:
Grund für den Ansatz eines höheren Dotationskapitals als 40 können z. B. die hohe Eigenkapitalausstattung von X oder ein besonderes Risikoprofil von A sein.

2.13.3 Ausnahmeregelung: nichtsteuerrechtliche Anforderungen im Ausland (§ 13 Absatz 3 BsGaV)

149 Ein höheres Dotationskapital als nach § 13 Absatz 1 und 2 BsGaV ist anzuerkennen, soweit außersteuerliche ausländische Vorschriften dieses erhöhte Dotationskapital vorschreiben. In diesem Fall kann zugunsten des Unternehmens auch ein die Kapitalaufteilungsmethode überschreitender Betrag angesetzt werden, soweit dadurch ein internationaler Besteuerungskonflikt vermieden wird (siehe Rn. 262 für Banken und Rn. 328 für Versicherungen). Beruht das erhöhte Dotationskapitalerfordernis dagegen auf steuerrechtlichen Vorschriften des Auslands, werden diese Vorschriften nach deutschem Rechtsverständnis durch die DBA überschrieben (vgl. Artikel 7 OECD-MA).

2.13.4 Obergrenze: handelsrechtliches Kapital der ausländischen Betriebsstätte (§ 13 Absatz 4 BsGaV)

150 Durch die Entscheidung des inländischen Unternehmens, seiner ausländischen Betriebsstätte tatsächlich (durch den Ausweis in der ausländischen Handelsbilanz dokumentiert) ein bestimmtes Dotationskapital zur Verfügung zu stellen, macht das inländische Unternehmen deutlich, dass es dieses Dotationskapital für betriebswirtschaftlich ausreichend hält, um auf dem ausländischen Markt wirtschaftlich tätig zu sein.

2.13.5 Unterjährige Anpassung des Dotationskapitals einer ausländischen Betriebsstätte (§ 13 Absatz 5 BsGaV)

151 Das Dotationskapital einer ausländischen Betriebsstätte ist innerhalb eines Wirtschaftsjahrs anzupassen, wenn sich die Zuordnung von Personalfunktionen, von Vermögenswerten oder von Chancen und Risiken gegenüber den Verhältnissen zu Beginn des Wirtschaftsjahrs ändert und dies zu einer erheblichen Veränderung des Dotationskapitals führt. Eine sich ergebende Änderung des Dotationskapitals einer inländischen Betriebsstätte ist erheblich, wenn das wegen der geänderten Zuordnung von Personalfunktionen, von Vermögenswerten oder von Chancen und Risiken zuzuordnende Dotationskapital zu Beginn des folgenden Wirtschaftsjahrs um mehr als 30 % vom Dotationskapital zu Beginn des Wirtschaftsjahrs abweicht, aber nur dann, wenn die Abweichung mindestens 2 Mio. Euro beträgt. Rn. 143 ist sinngemäß anzuwenden. Eine Erhöhung des Dotationskapitals einer ausländischen Betriebsstätte ist allerdings nur anzuerkennen, wenn nachgewiesen wird, dass das inländische Unternehmen im Ausland die entsprechenden steuerlichen Konsequenzen gezogen hat. Auf die Be-

schränkung der Änderungsmöglichkeit durch die Finanzverwaltung nach § 1 Absatz 1 AStG wird hingewiesen (vgl. Rn. 10).

2.14 Zuordnung übriger Passivposten (§ 14 BsGaV)

2.14.1 Direkte Methode (§ 14 Absatz 1 BsGaV)

152 Nach Abzug der in der Hilfs- und Nebenrechnung auszuweisenden Risiken (§§ 10 und 11 BsGaV) und des Dotationskapitals (§§ 12 und 13 BsGaV) müssen der Betriebsstätte im Regelfall übrige Passivposten des Unternehmens zugeordnet werden, um die Hilfs- und Nebenrechnung auszugleichen. Diese Passivposten sind der Betriebsstätte vorrangig nach der direkten Methode zuzuordnen. Der Betriebsstätte direkt zuordenbar sind die übrigen Passivposten des Unternehmens, die mit den Vermögenswerten sowie den Chancen und Risiken der Betriebsstätte im unmittelbaren Zusammenhang stehen.

Fall – Direkte Methode:

Unternehmen X (X) in Staat A hat in Staat B eine Betriebsstätte B (B). Eine Maschine wird von B für eigene betriebliche Zwecke angeschafft und anschließend genutzt. Die Maschine ist zu 100 % über ein Bankdarlehen von X finanziert worden.

Lösung:

Die Maschine ist B nach § 5 Absatz 1 BsGaV zuzuordnen und als Bestandteil der Hilfs- und Nebenrechnung von B (§ 3 BsGaV) auszuweisen. Das Bankdarlehen steht in unmittelbarem Zusammenhang mit der Maschine. Es ist deshalb der B nach § 14 Absatz 1 BsGaV (vorbehaltlich § 14 Absatz 2 BsGaV, siehe Rn. 153) ebenfalls zu 100 % zuzuordnen und Bestandteil deren Hilfs- und Nebenrechnung.

2.14.2 Kürzung eines Überhangs an direkt zuordnungsfähigen übrigen Passivposten (§ 14 Absatz 2 BsGaV)

153 Übersteigen die direkt zuordnungsfähigen übrigen Passivposten in ihrer Summe den Betrag, der auf der Passivseite der Hilfs- und Nebenrechnung nach Zuordnung der Risiken und des Dotationskapitals verbleibt, sind die übrigen Passivposten anteilig zu kürzen. Der nach der Kürzung verbleibende Teil ist der Betriebsstätte zuzuordnen. In Höhe des Kürzungsbetrags sind die übrigen Passivposten dem übrigen Unternehmen zuzuordnen.

Fall (1) – Kürzung der direkt zuordenbaren Passivposten:

Unternehmen X (X) in Staat A hat in Staat B eine Produktionsbetriebsstätte B (B). B sind zutreffend Vermögenswerte nach §§ 5 ff. BsGaV, Risiken nach §§ 10 f. BsGaV und Dotationskapital nach §§ 12 bzw. 13 BsGaV zugeordnet worden. Es ergeben sich folgende Positionen, die in der Hilfs- und Nebenrechnung von B zwingend zu erfassen sind:

vorläufige Hilfs- und Nebenrechnung			
Maschine	1.000	Dotationskapital	300
Rohstoffe	300	Gewährleistungsrückstellung	300

Zur allgemeinen Unternehmensfinanzierung besteht für X ein Bankdarlehen (I) i. H. v. 300. Für den Erwerb der von B genutzten und B zuzuordnenden Maschine hat

BMF-Schr.

X ein weiteres Bankdarlehen (II) i. H. v. 900 aufgenommen.

Lösung:

Das Bankdarlehen (I) steht in keinem unmittelbaren Zusammenhang mit B zuzuordnenden Vermögenswerten und kann B daher grundsätzlich nicht nach § 14 Absatz 1 BsGaV zugeordnet werden (vorbehaltlich § 14 Absatz 3 BsGaV). Dagegen steht das Bankdarlehen (II) in unmittelbarem Zusammenhang mit der zuzuordnenden Maschine und ist B daher nach § 14 Absatz 1 BsGaV grundsätzlich wie die Maschine zu 100 % zuzuordnen. Die direkte Zuordnung des Bankdarlehens (II) führt allerdings zu einem Passivüberhang, der nach § 14 Absatz 2 BsGaV durch eine entsprechende Kürzung auszugleichen ist. Das Bankdarlehen (II) kann B daher nur im Umfang von 700, d. h. anteilig, zugeordnet werden. Der restliche Darlehensbetrag von 200 ist dem übrigen Unternehmen zuzuordnen. Es ergibt sich folgende endgültige Hilfs- und Nebenrechnung:

Hilfs- und Nebenrechnung			
Maschine	1.000	Dotationskapital	300
Rohstoffe	300	Gewährleistungsrückstellung	300
		Bankdarlehen (II)	700
	1.300		1.300

Fallvariante (1) – Anteilige Kürzung der direkt zuordenbaren Passivposten:

Gleicher Sachverhalt, aber zur Finanzierung der B zuzuordnenden Rohstoffe hat X ein weiteres Bankdarlehen (III) i. H. v. 100 aufgenommen.

Lösung:

Beide Bankdarlehen (II und III) stehen in unmittelbarem Zusammenhang mit den B zuzuordnenden Vermögenswerten und sind daher nach § 14 Absatz 1 BsGaV grundsätzlich ebenfalls B zuzuordnen. Die direkte Zuordnung der beiden Bankdarlehen führt zu einem Passivüberhang, der nach § 14 Absatz 2 BsGaV durch eine anteilige Kürzung auszugleichen ist. Beide Bankdarlehen sind B daher nur im Umfang von insgesamt 700 (Berücksichtigungsquote: 70 %) zuzuordnen. Die restlichen Darlehensbeträge sind dem übrigen Unternehmen zuzuordnen. Es ergibt sich folgende endgültige Hilfs- und Nebenrechnung:

endgültige Hilfs- und Nebenrechnung			
Maschine	1.000	Dotationskapital	300
Rohstoffe	300	Gewährleistungsrückstellung	300
		Bankdarlehen (II) 70 % v. 900	630
		Bankdarlehen (III) 70 % v. 100	70
	1.300		1.300

Fall (2) – Kürzung der direkt zuordenbaren Passivposten und Aufstockung um liquide Mittel:

Gleicher Sachverhalt wie Grundfall, aber für B ergibt sich aufgrund zwingend anzusetzender Werte folgende vorläufige Hilfs- und Nebenrechnung:

vorläufige Hilfs- und Nebenrechnung			
Rohstoffe	300	Dotationskapital	200
Maschine	100	Gewährleistungsrückstellung	300

Für den Erwerb der Rohstoffe ist ein Bankdarlehen i. H. v. 200 aufgenommen worden. Im Übrigen bestehen keine weiteren Darlehen.

Lösung:

Das Bankdarlehen steht zwar in unmittelbarem Zusammenhang mit den B zuzuordnenden Rohstoffen und ist B daher grundsätzlich nach § 14 Absatz 1 BsGaV zu 100 % zuzuordnen. Die direkte Zuordnung führt allerdings zu einem Passivüberhang, der nach § 14 Absatz 2 BsGaV durch eine entsprechende Kürzung (hier: zu 100 %) auszugleichen ist. Das Bankdarlehen ist daher nicht B, sondern dem übrigen Unternehmen zuzuordnen. Die darüber hinaus bestehende Differenz zwischen den zwingend in der Hilfs- und Nebenrechnung von B zu erfassenden Vermögenswerten und der Summe von Dotationskapital und den ebenfalls zwingend zu erfassenden Risiken ist durch Zuordnung von liquiden Mitteln (z. B. Kasse oder Bank) zu schließen. Es ergibt sich folgende endgültige Hilfs- und Nebenrechnung:

endgültige Hilfs- und Nebenrechnung			
Rohstoffe	300	Dotationskapital	200
Bank/Kasse	100	Gewährleistungsrückstellung	300
Maschine	100		
	500		500

2.14.3 Indirekte Methode (§ 14 Absatz 3 BsGaV)

154 Verbleibt nach der direkten Zuordnung der übrigen Passivposten nach § 14 Absatz 1 BsGaV ein Fehlbetrag an Passivposten in der Hilfs- und Nebenrechnung, so ist dieser Fehlbetrag zum Ausgleich der Aktiv- und Passivseite der Hilfs- und Nebenrechnung mit übrigen Passivposten des Unternehmens aufzufüllen. Dazu sind vorrangig die Passivposten des übrigen Unternehmens zu verwenden, die nicht direkt einem Vermögenswert des übrigen Unternehmens zugeordnet werden können, soweit dies ohne unverhältnismäßigen Aufwand feststellbar ist.

Fall – Indirekte Methode:

Unternehmen X (X) in Staat A hat in Staat B eine Produktionsbetriebsstätte B (B). B sind zutreffend Vermögenswerte nach §§ 5 ff. BsGaV, Risiken nach §§ 10 f. BsGaV und Dotationskapital nach §§ 12 bzw. 13 BsGaV zugeordnet worden. Es ergeben sich folgende Positionen, die in der Hilfs- und Nebenrechnung von B zwingend zu erfassen sind:

BMF-Schr.

vorläufige Hilfs- und Nebenrechnung			
Maschine	1.000	Dotationskapital	300
Rohstoffe	300	Gewährleistungsrückstellung	300

Für den Erwerb der von B genutzten und B zuzuordnenden Maschine hat X ein Bankdarlehen (I) i. H. v. 500 aufgenommen. Für den Erwerb eines LKW, der zutreffend dem übrigen Unternehmen zugeordnet ist, hat X ein Bankdarlehen (II) i. H. v. 800 aufgenommen. Zur allgemeinen Unternehmensfinanzierung besteht für X ein Bankdarlehen (III) i. H. v. 3.000. Weitere Verbindlichkeiten bestehen nicht.

Lösung:

Das Bankdarlehen (I) steht in unmittelbarem Zusammenhang mit der B zuzuordnenden Maschine und ist B daher nach § 14 Absatz 1 BsGaV zuzuordnen. Weder das Bankdarlehen zur Finanzierung des LKW (II) noch das zur allgemeinen Unternehmensfinanzierung (III) stehen in unmittelbarem Zusammenhang mit B zuzuordnenden Vermögenswerten. Diese Bankdarlehen können B daher nicht direkt nach § 14 Absatz 1 BsGaV zugeordnet werden. Die Zuordnung nur der direkt zuordenbaren Passivposten führt zu einem Aktivüberhang. Dieser Überhang ist nach § 14 Absatz 3 BsGaV durch die weitere Zuordnung von übrigen Passivposten auszugleichen. Hierzu sind vorrangig die übrigen Passivposten heranzuziehen, die nicht in unmittelbarem Zusammenhang mit Vermögenswerten, Chancen und Risiken stehen, die dem übrigen Unternehmen zuzuordnen sind. B ist daher vorrangig ein Teil des Bankdarlehens (III) zuzuordnen, das der allgemeinen Unternehmensfinanzierung dient. Es ergibt sich folgende endgültige Hilfs- und Nebenrechnung:

endgültige Hilfs- und Nebenrechnung			
Maschine	1.000	Dotationskapital	300
Rohstoffe	300	Gewährleistungsrückstellung	300
		Bankdarlehen (I)	500
		Bankdarlehen (III)	200
	1.300		1.300

HINWEIS:
Reicht das Bankdarlehen (III) zum Auffüllen der Passivseite nicht aus, so ist B nach § 14 Absatz 3 BsGaV auch der für den Ausgleich erforderliche Teil des Bankdarlehens (II) zuzuordnen.

2.15 Zuordnung von Finanzierungsaufwendungen (§ 15 BsGaV)

2.15.1 Direkte Zuordnung von Finanzierungsaufwendungen (§ 15 Absatz 1 BsGaV)

155 Finanzierungsaufwendungen, die mit Passivposten zusammenhängen, die der Betriebsstätte nach § 14 Absatz 1 BsGaV direkt zuzuordnen sind, sind ebenfalls der Betriebsstätte zuzuordnen.

Fallfortsetzung – Direkte Methode (siehe Rn. 152):

Für das Bankdarlehen „Allgemeine Unternehmensfinanzierung" (I) fallen jährlich Zinsen i. H. v. 50 an.

Lösung:

Da das Bankdarlehen (I) nach § 14 Absatz 1 BsGaV B zuzuordnen ist, sind B auch die Finanzierungsaufwendungen i. H. v. 50 zuzuordnen und in der Hilfs- und Nebenrechnung (§ 3 BsGaV) zu berücksichtigen.

HINWEIS (zur Abgrenzung):
Finanzierungsaufwendungen, die nach § 16 Absatz 3 Satz 2 und 3 BsGaV anfallen, sind der Betriebsstätte zuzuordnen, die die Finanzmittel nutzt (siehe Fall Rn. 174 zu § 16 Absatz 3 BsGaV).

2.15.2 Kürzung von Finanzierungsaufwendungen bei Überhang an übrigen Passivposten (§ 15 Absatz 2 BsGaV)

156 Sind die direkt zuordnungsfähigen übrigen Passivposten der Betriebsstätte nach § 14 Absatz 2 BsGaV nur anteilig zuzuordnen, so sind auch die mit diesen Passivposten in unmittelbarem Zusammenhang stehenden Finanzierungsaufwendungen nur anteilig anzusetzen, d. h., auch sie müssen entsprechend gekürzt werden.

Fortsetzung Fall (1), siehe Rn. 153 – Kürzung der direkt zuordenbaren Passivposten:

Für das Bankdarlehen (II) „Maschine" fallen jährlich Zinsen i. H. v. 90 an.

Lösung:

Da das Bankdarlehen (II) nach § 14 Absatz 2 BsGaV B nur im Umfang von 7/9 zugeordnet werden kann, können B auch nur Finanzierungsaufwendungen i. H. v. 7/9 von 90 = 70 zugeordnet und in der Hilfs- und Nebenrechnung (§ 3 BsGaV) berücksichtigt werden.

Fortsetzung Fallvariante (1), siehe Rn. 153 – anteilige Kürzung der direkt zuordenbaren Passivposten:

Für das Bankdarlehen (II) „Maschine" fallen jährlich Zinsen i. H. v. 90 an, für das Bankdarlehen (III) „Rohstoffe" jährlich 10.

Lösung:

Da beide Bankdarlehen B nach § 14 Absatz 2 BsGaV B nur im Umfang von 70 % zuzuordnen sind, können B auch nur Finanzierungsaufwendungen i. H. v. 70 % von 90 = 63 und 70 % von 10 = 7, d. h. insgesamt Finanzierungsaufwand von 70 zugeordnet und in der Hilfs- und Nebenrechnung (§ 3 BsGaV) berücksichtigt werden.

2.15.3 Indirekte Zuordnung von Finanzierungsaufwendungen (§ 15 Absatz 3 BsGaV)

2.15.3.1 Indirekte Zuordnung von Finanzierungsaufwendungen (§ 15 Absatz 3 Satz 1 und 2 BsGaV)

157 § 15 Absatz 3 Satz 1 BsGaV bestimmt, dass Finanzierungsaufwendungen des Unternehmens in den Fällen der indirekten Zuordnung der Passivposten nach § 14 Absatz 3 BsGaV der Betriebsstätte anteilig zuzuordnen sind. Eine anteilige Zuordnung

der Finanzierungsaufwendungen ist auch vorzunehmen, wenn eine direkte Zuordnung einen unverhältnismäßigen Aufwand verursachen würde.

Fallfortsetzung – Indirekte Methode (siehe Rn. 154):

Für das Bankdarlehen (I) „Maschine" fallen jährlich insgesamt Zinsen i. H. v. 50 an, für das Bankdarlehen (III) zur allgemeinen Unternehmensfinanzierung jährlich insgesamt 300.

Lösung:

Da B das Bankdarlehen (I) nach § 14 Absatz 1 BsGaV zuzuordnen ist, sind B auch die Finanzierungsaufwendungen i. H. v. 50 zuzuordnen und in der Hilfs- und Nebenrechnung (§ 3 BsGaV) auszuweisen. Das Bankdarlehen (III) ist B nach § 14 Absatz 3 BsGaV nur zu 200/3.000 zuzuordnen. Daher sind auch nur 200/3.000 von 300 = 20 als Finanzierungsaufwand B zuzuordnen und in der Hilfs- und Nebenrechnung auszuweisen.

158 In den Fällen mehrerer nicht direkt zuordnungsfähiger übriger Passivposten sind zur Ermittlung der anteiligen Finanzierungsaufwendungen der Betriebsstätte nach § 15 Absatz 3 Satz 2 BsGaV die übrigen Passivposten, die der Betriebsstätte nach § 14 Absatz 3 BsGaV indirekt zuzuordnen sind, ins Verhältnis zu setzen zu den übrigen Passivposten des Unternehmens. Für diese Quote ist aus Vereinfachungsgründen auf die Beträge abzustellen, die sich zu Beginn des jeweiligen Wirtschaftsjahrs ergeben.

Fall – Quotale Zuordnung:

Unternehmen X (X) in Staat A, dessen Wirtschaftsjahr mit dem Kalenderjahr übereinstimmt, hat in Staat B eine Produktionsbetriebsstätte B (B). Die in der Bilanz von X ausgewiesenen übrigen Passivposten setzen sich aus verschiedenen Bankdarlehen zusammen, die konkret keinen Vermögenswerten zugeordnet werden können. Für diese Bankdarlehen fällt ein jährlicher Zinsaufwand von insgesamt 350 an. Zum 01.01.01 beträgt die Höhe der Bankdarlehen von X 3.000 und schwankt während des Jahrs. Zum 31.12.01 belaufen sich die Bankdarlehen auf 2.800. B sind zum 01.01.01 nach § 14 Absatz 3 BsGaV 300 der übrigen Passivposten von X zuzuordnen.

Lösung:

Da B nach § 14 Absatz 3 BsGaV teilweise Bankdarlehen zuzuordnen sind, ist B nach § 15 Absatz 3 Satz 1 BsGaV auch der entsprechende Teil der Finanzierungsaufwendungen dieser Bankdarlehen zuzuordnen. Zur Aufteilung sind nach § 15 Absatz 3 Satz 2 BsGaV die B zuzuordnenden Bankdarlehen ins Verhältnis zu dem Stand der Gesamtdarlehen von X am 01.01.01 zu setzen. Das Verhältnis beträgt 300/3000 = 10 %. Diese Berechnung gilt aus Vereinfachungsgründen unabhängig von den Schwankungen der Darlehenshöhe für das ganze laufende Jahr 01. B sind deshalb – unabhängig von den Zinskonditionen der einzelnen Bankdarlehen – Finanzierungsaufwendungen i. H. v. 10 % = 35 zuzuordnen (durchschnittliche Zinsbelastung) und in der Hilfs- und Nebenrechnung (§ 3 BsGaV) zu berücksichtigen.

2.15.3.2 Abweichende Zuordnung von Finanzierungsaufwand (§ 15 Absatz 3 Satz 3 BsGaV)

159 Nach § 15 Absatz 3 Satz 3 BsGaV ist der Finanzierungsaufwand des Unternehmens abweichend von § 15 Absatz 3 Satz 1 und 2 BsGaV zuzuordnen, wenn diese Zuord-

nung im Einzelfall zu einem Ergebnis der Betriebsstätte führt, das dem Fremdvergleichsgrundsatz besser entspricht.

160 In den Fällen einer unterjährigen Anpassung des Dotationskapitals nach § 12 Absatz 6 und § 13 Absatz 5 BsGaV ist § 15 Absatz 3 Satz 3 BsGaV ebenfalls anzuwenden.

Fall – Anpassung Dotationskapital:

Unternehmen X in Staat A, dessen Wirtschaftsjahr mit dem Kalenderjahr übereinstimmt, hat in Staat B eine Produktionsbetriebsstätte B (B). Zum 01.01.01 sind B nach § 14 Absatz 3 BsGaV übrige Passivposten von X i. H. v. 500 zuzuordnen. Zum 01.07.01 erfolgt eine Anpassung des Dotationskapitals von B, welche zur Folge hat, dass B keine übrigen Passivposten von X mehr zugeordnet werden können. Die Finanzierungsaufwendungen für die übrigen Passivposten von X betragen 400, die Quote nach § 15 Absatz 3 Satz 2 BsGaV beträgt zum 01.01.01 10 %.

Lösung:

Nach § 15 Absatz 3 Satz 1 BsGaV sind B die Finanzierungsaufwendungen für die B nach § 14 Absatz 3 BsGaV zuzuordnenden übrigen Passivposten von X zuzuordnen. Hierzu ist aus Vereinfachungsgründen die nach § 15 Absatz 3 Satz 2 BsGaV ermittelte Quote heranzuziehen. Danach wären B Finanzierungsaufwendungen i. H. v. 10 % von 400 = 40 zuzuordnen. Da B nur für 6 Monate übrige Passivposten zugeordnet werden können, sind B nach § 15 Absatz 3 Satz 3 BsGaV entsprechend dem Fremdvergleichsgrundsatz auch nur die anteiligen Finanzierungsaufwendungen für 6 Monate (1/2 von 40 = 20) zuzuordnen.

2.15.4 Zuordnung von Finanzierungsaufwand für inländische Betriebsstätten nichtbilanzierender ausländischer Unternehmen (§ 15 Absatz 4 BsGaV)

161 Der inländischen Betriebsstätte eines nichtbilanzierenden ausländischen Unternehmens kann Finanzierungsaufwand des ausländischen Unternehmens nur zugeordnet werden, soweit er im unmittelbaren Zusammenhang mit der Geschäftstätigkeit der Betriebsstätte steht. Die Zuordnung ist nur anzuerkennen, soweit das Ergebnis der Betriebsstätte aus ihrer Geschäftstätigkeit dem Fremdvergleichsgrundsatz entspricht.

Fall – Inländische Betriebsstätte eines nichtbilanzierenden Unternehmens:

Unternehmen X (X) in Staat A hat im Inland eine Produktionsbetriebsstätte B (B). X ist weder nach den Vorschriften des Staats A noch nach deutschen Regelungen – für seine Betriebsstätte – zur Buchführung verpflichtet. Für die B zuzuordnenden Vermögenswerte hat X ein Bankdarlehen (I) i. H. v. 1.000 aufgenommen. Hierfür fallen Zinsaufwendungen i. H. v. 50 an. Für allgemeine Geschäftszwecke hat X ein Bankdarlehen (II) i. H. v. 200 aufgenommen, für das Zinsaufwendungen von 10 anfallen.

Lösung:

Eine Zuordnung von übrigen Passivposten nach § 14 BsGaV erfolgt mangels Buchführungspflicht nicht. Als Finanzierungsaufwendungen sind nach § 15 Absatz 4 Satz 1 BsGaV B die Zinsaufwendungen zuzuordnen, die im unmittelbaren Zusammenhang mit der Geschäftstätigkeit von B stehen, d. h. nur die Zinsaufwendungen für die Darlehen zur Anschaffung der B zuzuordnenden Vermögenswerte i. H. v. 50. Nicht zuzuordnen sind die Zinsaufwendungen für das Bankdarlehen zur Finanzierung der allgemeinen Geschäftszwecke von X.

2.15.5 Zuordnung von Finanzierungsaufwand für ausländische Betriebsstätten nichtbilanzierender inländischer Unternehmen (§ 15 Absatz 5 BsGaV)

162 Der ausländischen Betriebsstätte eines nicht buchführungspflichtigen und auch tatsächlich keine Bücher führenden inländischen Unternehmens ist Finanzierungsaufwand des Unternehmens zuzuordnen, soweit er im unmittelbaren Zusammenhang mit der Geschäftstätigkeit der Betriebsstätte steht. Der Betriebsstätte ist mindestens der Anteil des Finanzierungsaufwands des Unternehmens zuzuordnen, der dem Anteil der Betriebsstätte an den Außenumsätzen des Unternehmens entspricht.

Fall – Ausländische Betriebsstätte eines nichtbilanzierenden Unternehmens:

Das inländische Unternehmen X (X) hat in Staat B eine Produktionsbetriebsstätte B (B). X ist weder nach deutschen Regelungen noch nach den Vorschriften des Staats B für B zur Führung von Büchern verpflichtet. Für die B zuzuordnenden Vermögenswerte hat X ein Bankdarlehen (I) i. H. v. 1.000 aufgenommen. Hierfür fallen Zinsaufwendungen i. H. v. 50 an. Für allgemeine Geschäftszwecke hat X ein Bankdarlehen (II) i. H. v. 200 aufgenommen, für das Zinsaufwendungen von 10 anfallen. Der weltweite Umsatz von X beträgt 10.000, von dem 20 % (2.000) auf B entfallen. Die gesamten Finanzierungsaufwendungen von X betragen 1.000.

Lösung:

Eine Zuordnung von übrigen Passivposten nach § 14 BsGaV erfolgt mangels Buchführungspflicht nicht. Als Finanzierungsaufwendungen sind B nach § 15 Absatz 5 Satz 1 BsGaV nur die Zinsaufwendungen zuzuordnen, die im unmittelbaren Zusammenhang mit der Geschäftstätigkeit von B stehen, d. h. nur die Zinsaufwendungen für das Bankdarlehen (I) zur Anschaffung der B zuzuordnenden Vermögenswerte i. H. v. 50. Nicht zuzuordnen sind die Zinsaufwendungen für das Bankdarlehen (II) zur Finanzierung der allgemeinen Geschäftszwecke von X. Nach § 15 Absatz 5 Satz 2 BsGaV sind B aber mindestens 20 % der Finanzierungsaufwendungen von X zuzuordnen, d. h. mindestens 20 % von 1.000 = 200.

163 Nach § 15 Absatz 5 Satz 3 BsGaV ist der Finanzierungsaufwand des Unternehmens abweichend von § 15 Absatz 5 Satz 1 und 2 BsGaV zuzuordnen, wenn die abweichende Zuordnung im Einzelfall zu einem Ergebnis der Betriebsstätte führt, das dem Fremdvergleichsgrundsatz besser entspricht.

2.16 Anzunehmende schuldrechtliche Beziehung (§ 16 BsGaV)

2.16.1 Grundsatz (§ 16 Absatz 1 BsGaV)

164 Schuldrechtliche Beziehungen zwischen einer Betriebsstätte und dem übrigen Unternehmen sind rechtlich nicht möglich. Stattdessen werden schuldrechtliche Beziehungen fingiert, die entsprechend der Funktions- und Risikoanalyse vorliegen würden, wenn die Betriebsstätte und das übrige Unternehmen rechtlich selbständige Unternehmen wären (§ 1 Absatz 4 Satz 1 Nummer 2 AStG). Grundsätzlich können schuldrechtliche Beziehungen jeder Art fingiert werden (siehe Rn. 5). Es ist die schuldrechtliche Beziehung anzunehmen, die den jeweils ausgeübten Personalfunktionen und übernommenen Risiken am besten entspricht.

165 Eine anzunehmende schuldrechtliche Beziehung setzt ein tatsächliches und identifizierbares Ereignis voraus (wirtschaftlicher Vorgang), das im Regelfall die jeweils ausgeübten Personalfunktionen betrifft. Es muss eine Schwelle überschritten werden, die es rechtfertigt, für dieses Ereignis anzunehmen, dass rechtlich selbständige, unabhängige Unternehmen in einer vergleichbaren Situation eine schuldrechtliche Vereinbarung abgeschlossen oder eine bestehende Rechtsposition geltend gemacht hätten (§ 1 Absatz 4 Satz 2 AStG, siehe auch OECD-Betriebsstättenbericht, Teil I Tz. 35 und Tz. 176).

166 Eine anzunehmende schuldrechtliche Beziehung i. S. d. § 1 Absatz 4 Satz 1 Nummer 2 AStG liegt insbesondere vor,

- wenn sich Personalfunktionen im Hinblick auf Vermögenswerte verändern (fiktiver Verkauf oder fiktive Nutzungsüberlassung), dazu gehören auch die wirtschaftlichen Vorgänge bei Beginn und Beendigung einer Betriebsstätte (siehe § 3 Absatz 4 BsGaV),
- wenn eine unterstützende Personalfunktion für eine andere Betriebsstätte erbracht wird (fiktive Dienstleistung), z. B. wenn eine Personalfunktion im Hinblick auf Risiken (z. B. Überwachung, Management) von einer Betriebsstätte ausgeübt wird, die nicht die maßgebliche Personalfunktion für die betreffenden Zuordnungsgegenstände ist (§§ 5 bis 11 BsGaV),
- wenn voneinander unabhängige Dritte Rechtspositionen geltend machen würden.

167 Die Gründe für das Vorliegen anzunehmender schuldrechtlicher Beziehungen und für die Art der anzunehmenden schuldrechtlichen Beziehungen sind aufzuzeichnen (siehe § 3 BsGaV, Rn. 63). Die Aufzeichnungen des Unternehmens bilden im Regelfall den Ausgangspunkt für die Charakterisierung einer anzunehmenden schuldrechtlichen Beziehung i. S. d. § 1 Absatz 4 Satz 1 Nummer 2 AStG i. V. m. § 16 BsGaV (siehe auch OECD-Betriebsstättenbericht, Teil I Tz. 177 und Tz. 181). Für die Betriebsstättengewinnermittlung kommt der unternehmerischen Dispositionsfreiheit allerdings nur eine eingeschränkte Bedeutung zu, da die Zuordnungsgegenstände auf Grundlage der ausgeübten Personalfunktionen nach objektiven Kriterien zuzuordnen sind, wie z. B. materielle Wirtschaftsgüter nach der Nutzung. Deshalb haben die Aufzeichnungen nicht die gleiche Bedeutung wie rechtsgültige Verträge in Fällen des § 1 Absatz 1 AStG.

168 Im Rahmen der Regelungen zur Zuordnung von Zuordnungsgegenständen sind bereits eine Reihe von Fallgestaltungen angesprochen worden (siehe Rn. 76 ff.), die auch für die Anwendung des § 16 BsGaV von Bedeutung sind. Zur Vermeidung von Wiederholungen wird in folgender Übersicht auf verschiedene Beispielsfälle hingewiesen:

Vorgang	Beispielsfall
Entstrickung (allgemein)	Rn. 20
Fiktive Veräußerung bei Zuordnungsänderung - eines materiellen Wirtschaftsguts - eines immateriellen Vermögenswerts	 Rn. 62 (Fall 1) – Überführung Rn. 68 – Beendigung Rn. 76 (Fall 3) – Herstellung Rn. 77 – Nutzungswechsel Rn. 81 – Lieferung Rn. 62 (Fall 2) und Rn. 94 – Schaffung, danach keine Personalfunktionen mehr Rn. 95 (Abwandlung 2) – ausschließliche Nutzung durch andere Betriebsstätte
Nutzungsüberlassung - eines materiellen Wirtschaftsguts - eines immateriellen Vermögenswerts	 Rn. 78 – vorübergehende Nutzung Rn. 79 – häufiger Nutzungswechsel Rn. 29 – Mitnutzung Rn. 94 – Abgrenzungsfall
Erbringung von Dienstleistungen - Forschungsleistung - Auftragsforschung - Beteiligungsverwaltung - Lohnfertigung - Einkaufsleistung - Schulungsleistung - Treasury-Leistung - kurzfristiges Darlehen - langfristiges bankinternes Darlehen	 Rn. 90 (Fall 1) Rn. 90 (Fall 2), Hinweis auf Rn. 94 Rn. 106 Rn. 80 Rn. 366 – aber Beistellung Rn. 391, Rn. 410 Rn. 180 Rn. 176, Rn. 191 (Fallvariante) Rn. 230

2.16.1.1 Zuordnungsänderung (§ 16 Absatz 1 Nummer 1 BsGaV)

169 Eine Änderung der Zuordnung, die nach § 16 Absatz 1 Nummer 1 BsGaV zu einem Übergang des fiktiven Eigentums an einem Zuordnungsgegenstand führt, tritt ein, wenn ein wirtschaftlicher Vorgang i. S. d. § 1 Absatz 4 AStG stattfindet, der zur Folge hat, dass ein Zuordnungsgegenstand, der bisher aufgrund der ausgeübten maßgeblichen Personalfunktion einer Betriebsstätte nach §§ 5 ff. BsGaV zuzuordnen war, ab einem bestimmten Zeitpunkt dem übrigen Unternehmen zuzuordnen ist oder umgekehrt (Zuordnungsänderung).

170 Erfolgt ein Wechsel der Zuordnung eines Vermögenswerts von einer Betriebsstätte zu einer anderen Betriebsstätte in einem anderen Staat, gilt der Vermögenswert zunächst als von der fiktiv veräußernden Betriebsstätte an das übrige Unternehmen und in derselben logischen Sekunde von diesem an die fiktiv erwerbende Betriebsstätte übertragen. Eine unmittelbare Gewinnabgrenzung zwischen den beiden Betriebsstätten

kommt grundsätzlich nicht in Betracht. Entsprechendes gilt für fiktive Dienstleistungen und fiktive Nutzungsüberlassungen.

Fall – Dauerhafte Nutzungsänderung zwischen Betriebsstätten:

Unternehmen X in Staat A hat in Staat B eine Betriebsstätte B (B) und in Staat C eine Betriebsstätte C (C). B erwirbt für ihre betrieblichen Zwecke einen PKW. Nach einem Jahr wird der PKW nicht mehr für B benötigt. Er wird auf Dauer für die betrieblichen Zwecke von C verwendet.

Lösung:

B ist der PKW wegen des Erwerbs und der anschließenden Nutzung zuzuordnen (§ 5 Absatz 1 Satz 1 BsGaV). Nach der dauerhaften Nutzungsänderung auf C ist der PKW nach § 5 Absatz 1 Satz 2 BsGaV C zuzuordnen. Der Nutzungsübergang führt zunächst zu einer fiktiven Veräußerung von B an das übrige Unternehmen (§ 16 Absatz 1 Nummer 1 BsGaV), für die nach § 16 Absatz 2 BsGaV ein dem Fremdvergleichsgrundsatz entsprechender Betrag zu verrechnen ist. Unmittelbar danach wird der PKW vom übrigen Unternehmen zum selben Betrag fiktiv an C veräußert und ist in der Hilfs- und Nebenrechnung von C zu erfassen.

HINWEIS:

Aus Vereinfachungsgründen ist nicht zu beanstanden, derartige wirtschaftliche Vorgänge als anzunehmende schuldrechtliche Beziehungen unmittelbar zwischen den beteiligten Betriebsstätten, d. h. ohne Beteiligung des betreffenden Unternehmens, zu behandeln, wenn sich dadurch keine Auswirkungen für die deutsche Besteuerung ergeben (Auswirkungen können sich z. B. ergeben, wenn gleichzeitig Freistellungs- bzw. Anrechnungsbetriebsstätten beteiligt sind). Auch diese Vereinfachungsregelung ändert nichts an der rechtlichen Struktur, die von den DBA vorgegeben und in Verständigungsverfahren grundsätzlich zu beachten ist (siehe Lösung).

2.16.1.2 Vergütung für fiktive Dienstleistungen, Nutzungsüberlassungen usw. (§ 16 Absatz 1 Nummer 2 BsGaV)

171 Hätten voneinander unabhängige Dritte für eine Tätigkeit, die durch die Personalfunktion einer Betriebsstätte ausgeübt wird (fiktive Dienstleistung), oder für die Überlassung eines Vermögenswerts, der einer Betriebsstätte zugeordnet ist (fiktive Nutzungsüberlassung), eine schuldrechtliche Vereinbarung getroffen, so ist eine derartige Vereinbarung auch zwischen dem übrigen Unternehmen und der Betriebsstätte zu fingieren. Gleiches gilt auch für fiktive Dienstleistungen oder für fiktive Nutzungsüberlassungen des übrigen Unternehmens gegenüber einer Betriebsstätte. Hätte ein unabhängiger Dritter eine Rechtsposition, z. B. einen Schadensersatzanspruch oder einen Gewährleistungsanspruch, geltend gemacht (fiktive Geltendmachung von Rechtspositionen), so ist eine derartige Geltendmachung auch zwischen dem übrigen Unternehmen und der Betriebsstätte anzunehmen.

Fall (1) – Fiktive Dienstleistung:

BMF-Schr.

Das Unternehmen X (X) in Staat A hat in Staat B eine Betriebsstätte B (B). B übt unterstützende Personalfunktionen für Vermögenswerte aus, die dem übrigen Unternehmen (hier: der Geschäftsleitungsbetriebsstätte in Staat A) zuzuordnen sind.

Lösung:

Voneinander unabhängige Dritte hätten für die Unterstützung einen Dienstvertrag vereinbart. Ein gleichartiger Vertrag ist zwischen B und dem übrigen Unternehmen zu fingieren (§ 16 Absatz 1 Nummer 2 Buchstabe a BsGaV). Nach § 16 Absatz 2 BsGaV ist dafür ein Betrag zu verrechnen, der dem Fremdvergleichsgrundsatz entspricht.

Fall (2) – Fiktive Nutzungsüberlassung:

Das Unternehmen X (X) in Staat A hat in Staat B eine Betriebsstätte B (B). Ein materielles Wirtschaftsgut, das nach § 5 Absatz 2 BsGaV B zugeordnet ist, wird vorübergehend durch das übrige Unternehmen (hier: durch die Geschäftsleitungsbetriebsstätte in Staat A) genutzt.

Lösung:

Voneinander unabhängige Dritte hätten für die Überlassung einen Mietvertrag abgeschlossen. Deshalb ist ein Mietvertrag zwischen B und dem übrigen Unternehmen zu fingieren (§ 16 Absatz 1 Nummer 2 Buchstabe a BsGaV). Nach § 16 Absatz 2 BsGaV ist dafür ein Betrag zu verrechnen, der dem Fremdvergleichsgrundsatz entspricht.

Fall (3) – Gewährleistungsanspruch:

Das Unternehmen X (X) in Staat A hat in Staat B eine Produktionsbetriebsstätte B (B). B beliefert sowohl das übrige Unternehmen als auch unabhängige Dritte. Wegen Produktionsfehlern, die durch eigenes Personal von B verursacht werden, ist die gesamte Produktion mangelhaft. Ein unabhängiger Dritter macht gegenüber X einen berechtigten Gewährleistungsanspruch geltend. Durch die Belieferung des übrigen Unternehmens durch B ist auch ein entsprechender Schaden bei X entstanden.

Lösung:

Da der Gewährleistungsfall durch Fehler von B verursacht wurde, sind die entstehenden Kosten (Schadensersatz gegenüber dem unabhängigen Dritten) B zuzuordnen (§ 10 Absatz 1 BsGaV). Die entsprechende Schadensersatzforderung des übrigen Unternehmens gegenüber B ist zu fingieren (§ 16 Absatz 1 Nummer 1 Buchstabe b BsGaV). Die Höhe des Schadensersatzanspruchs richtet sich nach Zivilrecht.

Fall (4) – Schadensersatz:

Unternehmen X (X) in Staat A hat in Staat B eine Betriebsstätte B (B). Das übrige Unternehmen (hier die Geschäftsleitungsbetriebsstätte in Staat A) überlässt B ein materielles Wirtschaftsgut, das dem übrigen Unternehmen zugeordnet bleibt, zur vorübergehenden Nutzung. Die Nutzung durch B führt aufgrund einer Fehlbedienung durch eigenes Personal von B zu einer erheblichen Beschädigung des Wirtschaftsguts.

Lösung:

Ein unabhängiger Dritter würde als Eigentümer des Wirtschaftsguts gegenüber dem Verursacher des Schadens seine Rechtsposition geltend machen und Schadensersatz verlangen. Gleiches ist für das übrige Unternehmen zu fingieren (§ 16 Absatz 1 Nummer 1 Buchstabe b BsGaV).

2.16.2 Verrechnungspreise für anzunehmende schuldrechtliche Beziehungen (§ 16 Absatz 2 BsGaV)

172 Für anzunehmende schuldrechtliche Beziehungen sind Verrechnungspreise anzusetzen, die entsprechend den OECD-Leitlinien und § 1 AStG sowie den dazu ergangenen Rechtsverordnungen und BMF-Schreiben dem Fremdvergleichsgrundsatz entsprechen. Es sind alle Verrechnungspreismethoden, die auch zwischen nahe stehenden Personen (bzw. verbundenen Unternehmen) anwendbar sind, in Betracht zu ziehen (zu Kostenumlagen siehe Rn. 5).

173 Der Ansatz von Verrechnungspreisen für anzunehmende schuldrechtliche Beziehungen führt zu fiktiven Betriebseinnahmen und fiktiven Betriebsausgaben, die in der Hilfs- und Nebenrechnung zu erfassen sind (§ 3 Absatz 2 Satz 3 BsGaV).

2.16.3 Nutzung von finanziellen Mitteln (§ 16 Absatz 3 BsGaV)

174 Die Nutzung von finanziellen Mitteln des übrigen Unternehmens durch eine Betriebsstätte begründet im Regelfall keine anzunehmende schuldrechtliche Beziehung (fiktives Darlehen). Die Zuordnung der entsprechenden Passivposten erfolgt nach den §§ 12 ff. BsGaV, insbesondere nach § 14 BsGaV. Die Spezialregelung des § 19 Absatz 6 BsGaV gilt nur für Bankbetriebsstätten.

Fall – Finanzielle Mittel für eine Anschaffung:

Eine Kapitalgesellschaft Y (Y) mit Sitz und Geschäftsleitung im Staat Y hat im Inland eine Produktionsbetriebsstätte D (D). Y ist zu 100 % mit Eigenkapital ausgestattet. D weist ein Dotationskapital aus, das nach der Kapitalaufteilungsmethode angemessen ist. Für die eigene Geschäftstätigkeit erwirbt D von E (fremder Dritter) eine Maschine. Für die Zahlung des Kaufpreises stehen D keine ausreichenden liquiden Mittel zur Verfügung. Deshalb überweist Y den erforderlichen Betrag auf das von D für ihre Geschäfte genutzte Bankkonto. Anschließend überweist D den Kaufpreis an E. Der interne Vorgang wird über ein Verrechnungskonto von D gebucht.

Lösung:

Der Zahlungsvorgang begründet nach § 16 Absatz 3 Satz 1 BsGaV keine anzunehmende schuldrechtliche Beziehung zwischen Y und D (kein fiktives Darlehen). Eine Verrechnung fiktiver Zinsen kommt nicht in Betracht. Ggf. ist das Dotationskapital von D nach dem Erwerb der Maschine nach § 12 Absatz 6 BsGaV anzupassen.

HINWEIS:

Gleiches gilt, wenn D Finanzmittel an Y überlässt. § 16 Absatz 3 Satz 1 BsGaV ist insoweit analog anzuwenden.

175 Eine anzunehmende schuldrechtliche Finanzierungsbeziehung ist nach § 16 Absatz 3 Satz 2 und 3 BsGaV nur anzunehmen, wenn

- die Betriebsstätte eine Finanzierungsfunktion innerhalb des Unternehmens ausübt (siehe Sonderregelung des § 17 BsGaV), die im Regelfall als fiktive Dienstleistung anzusehen ist oder
- aufgrund der Geschäftstätigkeit der Betriebsstätte im laufenden Wirtschaftsjahr finanzielle Mittel der Betriebsstätte entstehen, die nachweislich für bestimmte Zwecke im übrigen Unternehmen genutzt werden. In diesen Fällen ist nach § 16

Absatz 3 Satz 3 BsGaV von einer fiktiven kurzfristigen Darlehensbeziehung auszugehen.

176 Eine solche fiktive kurzfristige Darlehensbeziehung endet spätestens

- mit dem Ende des laufenden Wirtschaftsjahrs oder
- zu dem Zeitpunkt, zu dem das Dotationskapital der Betriebsstätte nach § 12 Absatz 6 oder § 13 Absatz 5 BsGaV anzupassen ist. Auf die Sonderregelung des § 19 Absatz 6 BsGaV für Bankbetriebsstäften wird hingewiesen.

Fall – Liquiditätsüberschuss:

Unternehmen X (X) in Staat A hat in Staat B eine Vertriebsbetriebsstätte B (B). Durch die Veräußerung von Anlagevermögen, das B zuzuordnen ist, erwirtschaftet B Anfang des Wirtschaftsjahrs einen hohen Liquiditätsüberschuss. Diesen Liquiditätsüberschuss stellt B dem übrigen Unternehmen (hier der Geschäftsleitungsbetriebsstätte im Staat A) zur Verfügung, die damit neue Maschinen für die eigene Geschäftstätigkeit kauft.

Lösung:

§ 16 Absatz 3 Satz 1 BsGaV untersagt grundsätzlich anzunehmende schuldrechtliche Beziehungen zwischen einer Betriebsstätte und dem übrigen Unternehmen für die Nutzung liquider Mittel, die im Unternehmen vorhanden sind. Wird nachgewiesen, dass die finanziellen Mittel in B entstanden sind und von X für die Anschaffung neuer Maschinen für das übrige Unternehmen genutzt wurden, und wird glaubhaft gemacht, dass voneinander unabhängige Dritte für die Überlassung des Liquiditätsüberschusses einen Darlehensvertrag vereinbart hätten, so ist nach § 16 Absatz 1 Nummer 2 Buchstabe a und § 16 Absatz 3 Satz 2 Nummer 2 BsGaV ein gleichartiger Vertrag zwischen B und dem übrigen Unternehmen anzunehmen. Nach § 16 Absatz 2 BsGaV ist dafür ein Betrag, der dem Fremdvergleichsgrundsatz entspricht, zu verrechnen. Das fiktive Darlehensverhältnis endet mit der Neubestimmung des Dotationskapitals, spätestens mit dem Ende des Wirtschaftsjahrs (§ 16 Absatz 3 Satz 3 BsGaV). Daher ist der dem Fremdvergleichsgrundsatz entsprechende Zinssatz aus kurzfristigen Darlehensverhältnissen zwischen Parteien gleicher Bonität abzuleiten.

177 In Betriebsstättensachverhalten ist – anders als bei selbständigen verbundenen Unternehmen – zivilrechtlich keine Trennung von Kapital und Risiko denkbar, die z. B. ein externer Darlehensgeber berücksichtigen würde (siehe auch OECD-Betriebsstättenbericht, Teil I Tz. 33 und Tz. 99 ff.). Daher können Bürgschaften, Garantien und ähnliche Rechtsverhältnisse zwischen Betriebsstätte und übrigem Unternehmen nicht fingiert werden. Dies betrifft sowohl den Fall der Risikoübernahme des übrigen Unternehmens für Ansprüche der Betriebsstätte gegenüber externen Anspruchsberechtigten (interne Garantie), als auch den Fall der Risikoübernahme des übrigen Unternehmens für Ansprüche Externer gegen die Betriebsstätte (externe Garantie). Eine steuerliche Anerkennung derartiger Garantien widerspräche § 10 Absatz 1 BsGaV, denn die Trennung von Vermögenswerten i. S. d. §§ 5 ff. BsGaV und den damit verbundenen Risiken würde ermöglicht.

2.17 Finanzierungsfunktion innerhalb eines Unternehmens (§ 17 BsGaV)

2.17.1 Definition der Finanzierungsfunktion innerhalb eines Unternehmens (§ 17 Absatz 1 BsGaV)

178 § 17 Absatz 1 Satz 1 BsGaV definiert für Zwecke der BsGaV die Begriffe „Finanzierungsbetriebsstätte" und „Finanzierungsfunktion innerhalb eines Unternehmens". § 17 BsGaV ist eine Spezialregelung, die anderen Regelungen des Abschnitts 1 der BsGaV vorgeht.

179 § 17 Absatz 1 Satz 2 BsGaV regelt, was unter dem Begriff „Liquiditätssteuerung" zu verstehen ist. Liquiditätsüberhänge, die u. a. Gegenstand der Liquiditätssteuerung sind und von der Finanzierungsbetriebsstätte für andere Betriebsstätten verwaltet werden, sind die Mittel, die für die laufende Geschäftstätigkeit der anderen Betriebsstätte aktuell nicht benötigt werden und deshalb anderweitig verwendet werden können.

2.17.2 Finanzierungsfunktion als Dienstleistung (§ 17 Absatz 2 BsGaV)

180 Die Ausübung einer Finanzierungsfunktion innerhalb eines Unternehmens ist im Regelfall als Dienstleistung (anzunehmende schuldrechtliche Beziehung) der Finanzierungsbetriebsstätte für das übrige Unternehmen anzusehen und nicht als Zurverfügungstellung eigener finanzieller Mittel der Finanzierungsbetriebsstätte, die zur Annahme einer fiktiven Darlehensvereinbarung zwischen der Finanzierungsbetriebsstätte und einer anderen Betriebsstätte desselben Unternehmens führen würde. Auf die Öffnungsklausel des § 17 Absatz 7 BsGaV wird hingewiesen.

Fall – Grundfall Finanzierung:

Unternehmen X in Staat A hat in angemieteten Räumen in Staat B eine Finanzierungsbetriebsstätte B (B). Eigenes Personal von B organisiert die Kreditaufnahme für den Erwerb von Vermögenswerten im übrigen Unternehmen.

Lösung:

B übt die übliche Geschäftstätigkeit einer Finanzierungsbetriebsstätte aus (§ 17 Absatz 1 Satz 1 BsGaV). Es sind keine Anhaltspunkte erkennbar, die für eine Anwendung der Ausnahmeregelung des § 17 Absatz 7 BsGaV sprechen. Die weitergereichten Darlehen sind B nicht als Vermögenswerte (Forderungen) nach §§ 7 oder 8 BsGaV zuzuordnen. Die aufgenommenen Kredite sind B nicht als übrige Passivposten nach § 14 BsGaV zuzuordnen. Für die Dienstleistung steht B eine Vergütung gem. § 17 Absatz 2 BsGaV zu. Die beschafften Vermögenswerte sind B nicht zuzuordnen.

181 Für die Ausübung der Finanzierungsfunktion, die im Regelfall risikoarm ist, ist nach § 16 Absatz 2 Satz 1 BsGaV ein Verrechnungspreis anzusetzen, der dem Fremdvergleichsgrundsatz entspricht.

182 Zur Ermittlung des Verrechnungspreises ist eine kostenorientierte Verrechnungspreismethode anzuwenden. Hierzu gehören insbesondere die Kostenaufschlagsmethode (OECD-Leitlinien, Tz. 2.39 ff.) und die geschäftsvorfallbezogene Nettomargenmethode, wenn ihre Anwendung sich an den Kosten orientiert (OECD-Leitlinien, Tz. 2.92 ff.). Für die Anwendung der Methoden sind Finanzierungsaufwendungen und Finanzierungserträge des Unternehmens, die durch die Tätigkeiten der Finanzierungsbetriebsstätte verursacht werden, nicht als Bestandteil der Kostenbasis der Finanzierungsbetriebsstätte anzusehen (siehe auch OECD-Betriebsstättenbericht, Teil I

Tz. 159). Sie sind den Betriebsstätten zuzuordnen, die die Finanzierungsfunktion nutzen, weil ihnen auch die Vermögenswerte, die der Finanzierungsfunktion innerhalb des Unternehmens dienen, zugeordnet werden.

183 Für die Anwendung der Methoden sind jeweils nur die erforderlichen Kosten der Finanzierungsbetriebsstätte zu berücksichtigen.

Fall – Grundfall (Kostenbasis):

Unternehmen X (X) in Staat A hat in Staat B eine Finanzierungsbetriebsstätte B (B). B beschäftigt fünf Arbeitnehmer zur Liquiditätssteuerung. Die Lohnkosten betragen 8.000.

Lösung:

B ist eine Finanzierungsbetriebsstätte i. S. d. § 17 Absatz 1 Satz 1 BsGaV. Für die Anwendbarkeit der Ausnahmeregelung des § 17 Absatz 7 BsGaV liegen keine Anhaltspunkte vor. B stellt dem übrigen Unternehmen keine finanziellen Mittel zur Verfügung, sondern übt eine Dienstleistung für das übrige Unternehmen aus. Diese Dienstleistung ist nach § 17 Absatz 2 Satz 2 BsGaV entsprechend dem Fremdvergleichsgrundsatz zu vergüten. In Betracht kommt im Regelfall die Kostenaufschlagsmethode. Für die Anwendung dieser Methode sind als Kostenbasis vor allem die Personalkosten heranzuziehen, die unmittelbar durch die eigenen Personalfunktionen von B verursacht werden (z. B. Lohnkosten). Allgemeine Verwaltungs- oder Geschäftskosten, die aufgrund von Personalfunktionen des übrigen Unternehmens entstehen, gehören nicht zur Kostenbasis.

2.17.3 Indirekte Kostenverrechnung (§ 17 Absatz 3 BsGaV)

184 Zur Bestimmung der Verrechnungspreise für die Dienstleistung der Finanzierungsbetriebsstätte sind die Kosten der Finanzierungsbetriebsstätte zuzüglich eines angemessenen Aufschlags grundsätzlich direkt auf die nutzenden Betriebsstätten zu verteilen.

185 Ist es nicht möglich oder wäre es unverhältnismäßig aufwendig, die Kosten der Finanzierungsbetriebsstätte, die von der jeweiligen Betriebsstätte verursacht werden, direkt zuzuordnen, kommt auch eine verursachungsgerechte indirekte Aufteilung in Betracht. Der Aufteilungsschlüssel ist nach anderen Kriterien festzulegen als nach den Kriterien, die für die Verteilung des Finanzierungsaufwands und der Finanzierungserträge anzuwenden sind. Je nach den Verhältnissen im Einzelfall ist ein Aufteilungsschlüssel sachgerecht, der auf die Inanspruchnahme der Finanzierungsbetriebsstätte durch die nutzenden Betriebsstätten abstellt.

Fall – Direkte/indirekte Kostenverrechnung:

Unternehmen X (X) in Staat A hat in Staat B eine Finanzierungsbetriebsstätte B (B). B nimmt ein Bankdarlehen (I) für Zwecke der Geschäftsleitungsbetriebsstätte in Staat A auf sowie ein weiteres Bankdarlehen (II), das bei Bedarf von den drei Produktionsbetriebsstätten von X in den Ländern C, D und E abgerufen wird.

Lösung:

Die B durch die Aufnahme und Verwaltung von Bankdarlehen (I) entstehenden Kosten sind dem übrigen Unternehmen (Geschäftsleitungsbetriebsstätte) mit einem entsprechenden Gewinnaufschlag als fiktive Dienstleistung zu belasten. Die Kosten für die

Aufnahme und Verwaltung von Bankdarlehen (II) sind – mit einem angemessenen Gewinnaufschlag – nach einem verursachungsgerechten Verteilungsschlüssel anteilig C, D und E zu belasten. Hierfür kommt z. B. die Häufigkeit der Inanspruchnahme von B in Frage.

2.17.4 Zuordnung von Vermögenswerten aus Liquiditätsüberhängen und Erträgen aus diesen Vermögenswerten (§ 17 Absatz 4 BsGaV)

186 Vermögenswerte, die der externen Anlage von Liquiditätsüberhängen dienen oder die aufgrund der externen Anlage von Liquiditätsüberhängen entstehen, sowie die Erträge aus diesen Vermögenswerten sind nicht der Finanzierungsbetriebsstätte, sondern den anderen Betriebsstätten verursachungsgerecht zuzuordnen. Die Finanzierungsfunktion innerhalb eines Unternehmens führt daher weder zu fiktiven Darlehensverhältnissen innerhalb des Unternehmens noch zu einer veränderten Zuordnung von Vermögenswerten.

187 Ist eine direkte Zuordnung der Vermögenswerte und Erträge, die aufgrund der Finanzierungsfunktion entstehen, nicht möglich oder würde eine direkte Zuordnung zu einem unverhältnismäßigen Aufwand führen, so sind diese Vermögenswerte und deren Erträge den anderen Betriebsstätten anteilig zuzuordnen. Die Aufteilung der zuzuordnenden Vermögenswerte bestimmt sich nach der Herkunft der Liquiditätsüberhänge, da die jeweiligen Betriebsstätten, von denen die Liquiditätsüberhänge stammen, im entsprechenden Umfang die Mittel für diese Vermögenswerte bereitgestellt haben.

Fall – Investition von Liquiditätsüberschüssen:

Die Geschäftsleitungsbetriebsstätte des inländischen Unternehmens X (X) investiert die Liquiditätsüberhänge sämtlicher zu X gehörender Betriebsstätten (u. a. auch der ausländischen Betriebsstätte A (A) im Staat A) in festverzinsliche Finanzanlagen. Die Zinserträge erhöhen jeweils das Investitionsvermögen. A hat 15 % der Mittel für diese Vermögenswerte erwirtschaftet.

Lösung:

Das übrige Unternehmen erbringt für A eine fiktive Finanzierungsdienstleistung (§ 17 Absatz 1 und 2 BsGaV), für die gem. § 17 Absatz 2 BsGaV ein dem Fremdvergleichsgrundsatz entsprechender Betrag zu berücksichtigen ist. Die Vermögenswerte und Erträge, die aufgrund der Finanzierungsfunktion des übrigen Unternehmens aus den Finanzanlagen entstehen, sind A unmittelbar anteilig im Rahmen des Anteils von 15 % zuzuordnen (§ 17 Absatz 4 BsGaV).

2.17.5 Zuordnung von Passivposten (§ 17 Absatz 5 BsGaV)

188 Passivposten, die aufgrund der Finanzierungsfunktion entstehen, sind soweit möglich direkt und verursachungsgerecht den Betriebsstätten zuzuordnen, die die Finanzierungsfunktion nutzen (siehe Fall Rn. 180). Die Zuordnung der entstehenden Finanzierungsaufwendungen bestimmt sich nach § 15 BsGaV (im Regelfall nach § 15 Absatz 3 BsGaV, d. h. indirekte Zuordnung, siehe Rn. 157).

2.17.6 Entstehende Salden auf Verrechnungskonten (§ 17 Absatz 6 BsGaV)

189 Die Ausübung der Finanzierungsfunktion innerhalb eines Unternehmens führt im Regelfall zu einem Saldo auf dem entstehenden Verrechnungskonto, das allein für Zwecke der internen Abrechnung besteht. Positive Salden auf derartigen Verrech-

nungskonten sind keine zuordnungsfähigen Vermögenswerte i. S. d. §§ 7, 8 BsGaV. Die auf diesen Konten ausgewiesenen Salden sind daher für steuerliche Zwecke nicht zu verzinsen.

Fall – Zinssaldo auf einem Verrechnungskonto:

Unternehmen X in Staat A hat eine Finanzierungsbetriebsstätte F im Staat F. F führt ein Verrechnungskonto für ihre Geschäftstätigkeit für die Produktionsbetriebsstätten von X, die in verschiedenen Ländern tätig sind. Auf diesem Verrechnungskonto werden sowohl die Guthaben (1.000) der Betriebsstätte B (B) als auch die Ausleihungen (800) der Betriebsstätte C (C) gebucht. Hieraus entsteht bei F ein positiver Saldo, da die Guthaben von B die Ausleihungen von C übersteigen.

Lösung:

Der resultierende positive Saldo auf dem von F geführten Verrechnungskonto stellt keinen Vermögenswert dar, der F zuzuordnen wäre. Dieser Saldo führt nicht zu Zinserträgen (bzw. zu Zinsaufwand) von F, denn die entsprechenden Zinsen betreffen unmittelbar B und C.

2.17.7 Abweichende Zuordnung von Vermögenswerten und Passivposten (§ 17 Absatz 7 BsGaV)

190 § 17 Absatz 7 BsGaV enthält eine Öffnungsklausel gegenüber der widerlegbaren Annahme des § 17 Absatz 2 BsGaV, dass die Finanzierungsfunktion einer Betriebsstätte gegenüber dem übrigen Unternehmen eine fiktive Dienstleistung darstellt und ihr die betreffenden Vermögenswerte und Passivposten nicht zuzuordnen sind. Eine von § 17 Absatz 2 bis 6 BsGaV abweichende Zuordnung von Vermögenswerten und Passivposten ist vorzunehmen, wenn im Einzelfall

- die Zuordnung zur Finanzierungsbetriebsstätte aus funktionalen Gründen, insbesondere wegen der wirtschaftlichen Substanz der Personalfunktionen, die im Hinblick auf entstehende Vermögenswerte und Passivposten sowie auf die damit zusammenhängenden Chancen und Risiken ausgeübt werden, sachgerecht ist und
- die entsprechend anzuwendende Verrechnungspreismethode zu einem Ergebnis führt, das dem Fremdvergleichsgrundsatz besser entspricht.

191 Ein Indiz dafür, dass diese Voraussetzungen erfüllt sind, kann darin liegen, dass anhand von Unterlagen glaubhaft gemacht wird (siehe Rn. 63), dass voneinander unabhängige Dritte in vergleichbarer Situation die betreffenden Vermögenswerte und Passivposten übertragen hätten (siehe auch OECD-Betriebsstättenbericht, Teil I Tz. 36). Aber auch in einem solchen Fall ist zu berücksichtigen, dass eine Betriebsstätte im Regelfall dasselbe Kreditrating hat wie das Unternehmen, zu dem sie gehört (siehe auch OECD-Betriebsstättenbericht, Teil I Tz. 33 und Tz. 99 ff.).

Fall – Zur Abgrenzung:

Die Geschäftsleitungsbetriebsstätte des inländischen Unternehmens X (X) verwaltet die Liquiditätsüberhänge sämtlicher zu X gehörender ausländischer Vertriebs- und Produktionsbetriebsstätten in verschiedenen Staaten. Die inländische Geschäftsleitungsbetriebsstätte übernimmt die unternehmensinterne Finanzierungsfunktion, d. h. sie gleicht die Liquidität innerhalb des Unternehmens aus: Liquiditätsüberschüsse, die in den ausländischen Betriebsstätten entstehen, werden gesammelt und stehen anderen ausländischen Betriebsstätten mit Liquiditätsbedarf zur Verfügung. In geringem Umfang werden kurzfristig entstehende Überschüsse auch extern angelegt, kurzfristiger Finanzierungsbedarf der ausländischen Betriebsstätten wird mit vorhandener Liquidität von X gedeckt.

Lösung:

Es liegt kein Fall des § 17 Absatz 7 BsGaV vor, denn die Finanzierungsfunktion, die die Geschäftsleitungsbetriebsstätte übernimmt, ist mit keinen externen Risiken von X verbunden (ausschließlich oder fast ausschließlich interne Finanzierungsverhältnisse). Die von der Geschäftsleitungsbetriebsstätte ausgeübten Personalfunktionen führen nicht dazu, ihr die entstehenden Liquiditätsüberschüsse zuzuordnen. Diese bleiben den ausländischen Betriebsstätten zugeordnet. Die Geschäftsleitungsbetriebsstätte erhält für die Finanzierungssteuerung ein dem Fremdvergleichsgrundsatz entsprechendes fiktives Dienstleistungsentgelt (§ 16 Absatz 1 Nummer 2 Buchstabe a und § 16 Absatz 2 BsGaV).

Fallvariante – Finanzierungsrisiko:

Die ausländischen Vertriebs- und Produktionsbetriebsstätten von X stellen der Geschäftsleitungsbetriebsstätte ihre Liquiditätsüberschüsse zur Verfügung, die diese in Handelsportfolien investiert, in denen die unterschiedlichsten Finanzprodukte, z. B. Zinsinstrumente (Anleihen und auf Zinsen gerichtete Derivate) und Aktieninstrumente (Aktien und auf Aktien gerichtete Derivate) miteinander verknüpft werden. Die ausländischen Vertriebs und Produktionsbetriebsstätten entscheiden, der Geschäftsleitungsbetriebsstätte die Liquiditätsüberschüsse zur Verfügung zu stellen, die Geschäftsleitungsbetriebsstätte steuert das Risikomanagement dieser Portfolien und entscheidet selbständig, in welche Produkte im Rahmen der Risikosteuerung investiert wird. Das Handelsergebnis wird in das Portfolio, das der Geschäftsleitungsbetriebsstätte zugeordnet wird, reinvestiert.

Lösung:

Die Handelsportfolien (und damit die liquiden Mittel) sind der Geschäftsleitungsbetriebsstätte zuzuordnen, wenn nachgewiesen wird,

- dass sie die maßgeblichen Personalfunktionen im Hinblick auf die entstehenden Vermögenswerte und die mit dem Handel verbundenen Chancen und Risiken ohne Beteiligung der anderen Betriebsstätten trifft (§ 17 Absatz 7 BsGaV) und
- dass die Entscheidung, ihr die Liquiditätsüberschüsse zu überlassen, jeweils in den ausländischen Betriebsstätten getroffen wird.

Gelingt der Nachweis, so gelten die liquiden Mittel fiktiv als der Geschäftsleitungsbetriebsstätte von den ausländischen Betriebsstätten durch ein kurzfristiges Darlehen zur Verfügung gestellt (§ 16 Absatz 1 Nummer 2 Buchstabe a BsGaV). In diesem Fall sind zwischen der Geschäftsleitungsbetriebsstätte und den ausländischen Betriebsstätten fiktive Zinsen zu berücksichtigen (§ 16 Absatz 3 Satz 2 Nummer 2 BsGaV). Zu Beginn des Folgejahrs entfallen die kurzfristigen fiktiven Darlehen (§ 16 Absatz 3 Satz 3 BsGaV), denn die Ausstattung der ausländischen Betriebsstätten mit Dotationskapital erfolgt nach § 13 BsGaV, wodurch die fiktiven internen Darlehensverhältnisse entfallen.

2.18 Allgemeines zu Bankbetriebsstätten (§ 18 BsGaV)

192 Abschnitt 2 der BsGaV (§§ 18 bis 22 BsGaV) ist speziell auf Bankbetriebsstätten anzuwenden (siehe auch OECD-Betriebsstättenbericht, Teil II Tz. 1). Der Begriff „Bankbetriebsstätte" ist unter Bezugnahme auf § 1 Absatz 1 KWG in § 18 BsGaV definiert. Im KWG sind auch Finanzdienstleistungsinstitute genannt. Auf Finanzdienstleistungsinstitute, die keine Bankgeschäfte tätigen, sind die Regelungen des Abschnitts 2 der BsGaV nicht anzuwenden.

193 Zu den Bankgeschäften i. S. d. § 18 Nummer 2 BsGaV gehören auch Geschäfte einer Bankbetriebsstätte, die mit Bankgeschäften in wirtschaftlichem Zusammenhang stehen, auch wenn diese Geschäfte – isoliert betrachtet – keine Bankgeschäfte i. S. d. § 1 Absatz 1 KWG sind (Bankgeschäfte), z. B.:

- Finanzdienstleistungen i. S. d. § 1 Absatz 1a KWG, die von einem Kreditinstitut i. S. d. § 1 Absatz 1 KWG erbracht werden, und
- die Anlage von Vermögen in Wertpapieren, Beteiligungen und anderen Vermögenswerten durch ein Kreditinstitut, wenn eine bankübliche Kapitalanlage unter Beachtung des Grundsatzes der Risikostreuung vorliegt.

Fall – Bankgeschäfte:

Die inländische Bankbetriebsstätte B (B) des ausländischen Kreditinstituts Y nimmt Kundengelder als Einlagen herein (Einlagengeschäft nach § 1 Absatz 1 Satz 2 Nummer 1 KWG). Soweit diese Gelder nicht für das Kreditgeschäft von B benötigt werden, werden sie durch Mitarbeiter von B in banküblicher Weise in Wertpapieren angelegt.

Lösung:

Zu den Bankgeschäften von B gehören neben dem Einlage- und dem Kreditgeschäft auch die von B getätigten Wertpapiergeschäfte.

194 Werden von einer Bankbetriebsstätte auch andere Geschäftstätigkeiten ausgeübt oder sind für Bankbetriebsstätten in den §§ 18 bis 22 BsGaV keine besonderen Regelungen getroffen worden, so gelten die allgemeinen Regelungen der §§ 1 bis 11 und §§ 14 bis 17 BsGaV. Insbesondere ist auf die Rn. 177 (unternehmensinterne Risikoübernahme) hinzuweisen, die auch für Bankbetriebsstätten anzuwenden ist. Hinzuweisen ist insbesondere auf die Rn. 63 (Aufzeichnungspflichten), die u. a. auch den Zweck verfolgen, internationale Besteuerungskonflikte (Doppelbesteuerung bzw. Nichtbesteuerung) zu erkennen und nach Möglichkeit zu vermeiden. Das Dotationskapital einer Bankbetriebsstätte ist auch in den Fällen einer gemischten Tätigkeit nach §§ 20 und 21 BsGaV zu bestimmen.

195 Hat ein Kreditinstitut eine Betriebsstätte in einem anderen Staat, die keine Bankgeschäfte betreibt und deshalb keine Bankbetriebsstätte i. S. d. § 18 BsGaV ist, so gelten für diese Betriebsstätte insgesamt nur die Vorschriften der §§ 1 bis 17 BsGaV.

Fall – Betriebsstätte eines Kreditinstituts, die keine Bankbetriebsstätte ist:

Ein inländisches Kreditinstitut X hat in Staat A eine Betriebsstätte A (A), in der IT-Leistungen für das übrige Unternehmen erbracht werden. In Staat B besteht eine

Bankbetriebsstätte B (B), die das Kreditgeschäft (§ 1 Absatz 1 Nummer 2 KWG) betreibt.

Lösung:

Für A gelten die allgemeinen Vorschriften (§§ 1 bis 17 BsGaV), für B gilt ergänzend und überlagernd Abschnitt 2 der BsGaV.

196 Hat ein ausländisches Kreditinstitut eine inländische Betriebsstätte, die keine Bankbetriebsstätte ist (siehe Rn. 195), und ist für diese Betriebsstätte nach § 12 Absatz 1 BsGaV die Kapitalaufteilungsmethode anzuwenden, so kann für die Ermittlung des Dotationskapitals dieser Betriebsstätte aus Vereinfachungsgründen das nach Rn. 233 ff. ermittelte Eigenkapital des Kreditinstituts zugrunde gelegt werden.

2.19 Besondere Zuordnungsregelungen für Bankbetriebsstätten (§ 19 BsGaV)

2.19.1 Zuordnung von Vermögenswerten, die Gegenstand von Bankgeschäften sind (§ 19 Absatz 1 BsGaV)

197 Die Terminologie für Bankbetriebsstätten weicht von der allgemeinen Terminologie in § 2 Absatz 4 BsGaV ab („maßgebliche Personalfunktionen" – OECD: „Significant People Functions"). Die Personalfunktionen, die für die Zuordnung von Vermögenswerten, die durch den Abschluss von Bankgeschäften entstehen, entscheidend sind, werden im Zusammenhang mit Bankbetriebsstätten als „unternehmerische Risikoübernahmefunktionen" bezeichnet (OECD: „Key Entrepreneurial Risk Taking Function" – „KERT Function").

198 Ein Vermögenswert des Bankgeschäfts (finanzieller Vermögenswert) kann einer Bankbetriebsstätte nur zugeordnet werden, wenn in dieser Betriebsstätte die unternehmerische Risikoübernahmefunktion im Hinblick auf den Vermögenswert ausgeübt wird, durch die die mit dem betreffenden Vermögenswert verbundenen Chancen und Risiken für das Kreditinstitut entstehen (siehe auch OECD-Betriebsstättenbericht, Teil I Tz. 16 und Teil II Tz. 8 und Tz. 18 ff.).

199 Anders als für Chancen und Risiken anderer Vermögenswerte (siehe § 10 Absatz 1 und 2 BsGaV) erfordert nach Auffassung der OECD die Zuordnung eines finanziellen Vermögenswerts die Zuordnung sämtlicher mit diesem Vermögenswert zusammenhängender Chancen und Risiken, d. h. sowohl der Chancen und Risiken des finanziellen Vermögenswerts selbst als auch der Chancen und Risiken der unternehmerischen Verwendung des Vermögenswerts.

200 Für die Zuordnung eines finanziellen Vermögenswerts kommt es darauf an, in welcher Bankbetriebsstätte die unternehmerische Risikofunktion hinsichtlich des betreffenden Vermögenswerts bis zu dessen Entstehen ausgeübt wird. Diese Zuordnung ist anschließend auch beizubehalten, weshalb Personalfunktionen, die nach dem Entstehen des finanziellen Vermögenswerts ausgeübt werden, grundsätzlich keinen Einfluss auf eine einmal zutreffend erfolgte Zuordnung haben (zu möglichen Ausnahmen zu dieser Grundregel siehe § 19 Absatz 4 BsGaV).

201 Für die Zuordnung eines finanziellen Vermögenswerts ist zu unterscheiden zwischen

- dem Kreditgeschäft (siehe auch OECD-Betriebsstättenbericht, Teil II Tz. 6 bis Tz. 11) und

- dem Handelsgeschäft (siehe auch OECD-Betriebsstättenbericht, Teil III Tz. 39 bis Tz. 85); der Begriff „Handelsgeschäft" umfasst den Eigenhandel nach § 1 Absatz 1a Satz 2 Nummer 4 KWG und das Eigengeschäft nach § 1 Absatz 1a Satz 3 KWG.

Das BaFin-Rundschreiben 10/2012 vom 14. Dezember 2012 (Mindestanforderungen an das Risikomanagement – MaRisk – BA 54-FR 2210-2012/0002 –, AT 2.3, Tz. 3) definiert, dass Geschäfte, mit denen ein Kreditinstitut im eigenen Namen und für eigene Rechnung finanzielle Vermögenswerte erwirbt oder veräußert, Handelsgeschäfte i. S. d. Bankenaufsichtsrechts sind. Wird eine Bank lediglich für Kunden tätig, so liegt kein Handelsgeschäft in diesem Sinne vor. Auf Geschäfte, die keine Handelsgeschäfte sind, ist § 9 BsGaV (siehe Rn. 112 ff.) anzuwenden, es sei denn, es liegt globaler Handel mit Finanzinstrumenten (Global Trading) vor, der nach § 22 Absatz 3 BsGaV gesondert geregelt ist.

202 Im Kreditgeschäft sind die Personalfunktionen, die der Schaffung eines neuen finanziellen Vermögenswerts (Kredit) dienen, zu unterscheiden von den Personalfunktionen, die der Verwaltung eines existierenden finanziellen Vermögenswerts (z. B. Kredit) dienen (siehe auch Rn. 80).

203 Folgende Personalfunktionen sind im Regelfall im Kreditgeschäft für die Schaffung eines neuen finanziellen Vermögenswerts von Bedeutung (siehe auch OECD-Betriebsstättenbericht, Teil II Tz. 6):

- Sales/Marketing: dazu gehören vor allem die Akquisition von Neukunden, die Betreuung von bestehenden Kundenbeziehungen, die Erörterung des Finanzierungsbedarfs des Kunden und der Finanzierungsprodukte der Bank;
- Sales/Trading: dazu gehören vor allem das Aushandeln der Vertragsbedingungen, die Bewertung der Risiken (Kreditausfall-, Währungs-, Markt- und andere Risiken), die Entscheidung über die Kreditvergabe und über deren Bedingungen (z. B. Preisbestimmung);
- Treasury: dazu gehören vor allem die Beschaffung von Refinanzierungsmitteln und die Liquiditätssteuerung;
- Sales/Support: dazu gehören vor allem die Überprüfung von Vertragsentwürfen und der vom Kunden angebotenen Sicherheiten, der formelle Abschluss des Vertrags, die Auszahlung des Kredits und seine Verbuchung.

204 Folgende Personalfunktionen sind im Regelfall im Kreditgeschäft für die Verwaltung eines existierenden finanziellen Vermögenswerts von Bedeutung (siehe auch OECD-Betriebsstättenbericht, Teil II Tz. 7):

- Loan Support: dazu gehören vor allem die Kreditverwaltung und die Überwachung von Zins- und Tilgungszahlungen;
- Monitoring Risk: dazu gehören vor allem die Bonitätsüberwachung und die Kontrolle der Risiko- und Zinspositionen;
- Managing Risk: dazu gehören vor allem die Entscheidung über die Absicherung bestehender Risiken (z. B. Hedging), über den Verkauf und über die Verbriefung von Krediten bzw. von Kreditausfallrisiken;

- Treasury: dazu gehört vor allem die Liquiditätssteuerung für das Kreditinstitut;
- Sales/Trading: dazu gehören vor allem die Entscheidungen über die Prolongation von Krediten und die Durchführung von Verbriefungsprozessen.

205 Werden Risiken aus dem Kreditgeschäft erstmalig übernommen (Schaffung eines finanziellen Vermögenswerts), so ist Sales/Trading im Regelfall die unternehmerische Risikoübernahmefunktion (siehe auch OECD-Betriebsstättenbericht, Teil II Tz. 9). Denn in Ausübung dieser Funktion fällt die aktive Entscheidung, das Risiko für das Kreditinstitut zu übernehmen und anschließend zu tragen. Zeitlich nachgelagerte Funktionen wie z. B. die Verwaltung von Risiken des Kreditinstituts (siehe Rn. 199 und allgemein zu Verwaltung Rn. 80) können im Zeitpunkt der Schaffung keine unternehmerischen Risikoübernahmefunktionen sein. Allerdings kann die Verwaltung von Risiken unter den Voraussetzungen des § 19 Absatz 4 BsGaV ab einem bestimmten Zeitpunkt ausnahmsweise die unternehmerische Risikoübernahmefunktion für einen existierenden finanziellen Vermögenswert sein (siehe Rn. 224 ff., OECD-Betriebsstättenbericht, Teil II Tz. 9).

206 Folgende Personalfunktionen sind im Regelfall für die Übernahme und das Management von Risiken aus Handelsgeschäften mit finanziellen Vermögenswerten von Bedeutung (siehe auch OECD-Betriebsstättenbericht, Teil III Tz. 39 bis Tz. 85):

- Sales/Marketing: dazu gehören vor allem die Akquisition von Neukunden, die Betreuung von bestehenden Kundenbeziehungen, die Erörterung des Bedarfs an Finanzmarktprodukten und entsprechende Angebote des Kreditinstituts und die Preisbestimmung in Abstimmung mit dem verantwortlichen Händler;
- Trading & Day-to-day Risk Management: dazu gehören vor allem die Bewertung von Markt-, Währungs- und anderen Risiken und die Entscheidung über den Abschluss von Handelstransaktionen und über deren Bedingungen;
- Treasury: dazu gehören vor allem die effiziente Beschaffung von Refinanzierungsmitteln und die Liquiditätssteuerung für das Kreditinstitut;
- Support, back office, middle office: dazu gehören vor allem die Überprüfung, Verbuchung und Abwicklung von Handelsgeschäften.

207 Im Handelsgeschäft ist im Regelfall Trading & Day-to-day Risk Management die unternehmerische Risikoübernahmefunktion, da durch die Käufe und Verkäufe die aktive Entscheidung fällt, das Risiko zu tragen.

208 Die Festsetzung von Entscheidungsparametern durch das höhere Management, z. B. die Festlegung von Limits, und die Überprüfung dieser Entscheidungsparameter durch bankinterne Gremien, ist keine unternehmerische Risikoübernahmefunktion hinsichtlich konkreter finanzieller Vermögenswerte. Denn die Festsetzung von Entscheidungsparametern führt nicht zu einer aktiven Entscheidung über die Risikoübernahme im Einzelfall, sondern hat strategische Bedeutung (siehe Rn. 40 sowie OECD-Betriebsstättenbericht, Teil II Tz. 10, Teil III Tz. 76). Wird allerdings durch ein Gremium im Einzelfall eine individuelle Entscheidung getroffen (z. B. über eine konkrete Kreditvergabe und deren Bedingungen oder über einen konkreten finanziellen Vermögenswert), kann diese Entscheidung im Verhältnis zu Personalfunktionen, die in anderen Bankbetriebsstätten ausgeübt werden, die unternehmerische Risikoübernahmefunk-

tion sein. Die Zuordnungsentscheidung zu einem solchen Gremium kann nur anerkannt werden, wenn diese Entscheidung eindeutig aus der Hilfs- und Nebenrechnung des betreffenden Wirtschaftsjahrs hervorgeht und die Gründe für diese Zuordnung unter Berücksichtigung aller Personalfunktionen, die für diese Zuordnungsentscheidung von Bedeutung sein können, in den erforderlichen ergänzenden Aufzeichnungen enthalten sind (siehe Rn. 63). Die Zuordnung muss darüber hinaus unter vergleichbaren Umständen für gleichartige finanzielle Vermögenswerte nachweislich konsistent und nach gleichen Grundsätzen erfolgen.

209 Setzen Kreditinstitute zur Risikoeinschätzung im Massenkundengeschäft zentral entwickelte, standardisierte, mathematisch-statistische Verfahren ein (Credit-Scoring), um z. B. die Zahlungsfähigkeit und -willigkeit von Kreditantragstellern zu prognostizieren, so dient dies der einheitlichen Anwendung von Bewertungsstandards und gleichzeitig der Effizienzsteigerung in Routineverfahren. Solche Risikoeinstufungen und Kreditzusagen, die automatisiert erfolgen (z. B. Scorecard-Verfahren), können keine Personalfunktionen sein. Weder die Entscheidung, ein solches System anzuwenden, noch dessen Entwicklung bzw. dessen spätere Anpassung ist eine unternehmerische Risikoübernahmefunktion, weil diese Personalfunktionen mit keinem konkreten finanziellen Vermögenswert im Zusammenhang stehen.

210 Für standardisierte Kreditangebote mit automatisierter Kreditzusage ist die individuelle Entscheidung über die Kreditvergabe als unternehmerische Risikoübernahmefunktion ersetzt durch die aktive Entscheidung (§ 19 Absatz 1 BsGaV), einen Kredit faktisch verbindlich durch die jeweilige Bankbetriebsstätte anzubieten (Sales/Trading), wenn der Kunde die Bedingungen erfüllt. Das Angebot ist in diesen Fällen die einzig feststellbare Personalfunktion, die zur Übernahme der Chancen und Risiken des Kredits führt.

211 Sofern in einem automatisierten Prüfungssystem eine individuelle Kreditentscheidung durch Personal einer Bankbetriebsstätte notwendig wird, ist diese die unternehmerische Risikoübernahmefunktion.

212 Die Nutzung eines automatisierten Prüfungssystems, das von einer anderen Bankbetriebsstätte entwickelt wurde, ist eine anzunehmende schuldrechtliche Beziehung, die entsprechend dem Fremdvergleichsgrundsatz von der Bankbetriebsstätte zu vergüten ist, der der finanzielle Vermögenswert zuzuordnen ist.

2.19.2 Konkurrenz von unternehmerischen Risikoübernahmefunktionen in zwei oder mehr Bankbetriebsstätten (§ 19 Absatz 2 BsGaV)

213 Wird z. B. infolge einer Funktionsaufteilung (siehe auch OECD-Betriebsstättenbericht, Teil II Tz. 159 und Rn. 42) eine Personalfunktion, die die unternehmerische Risikoübernahmefunktion hinsichtlich eines finanziellen Vermögenswerts ist, in zwei oder mehr Bankbetriebsstätten ausgeübt, so ist für die Zuordnung des betreffenden Vermögenswerts zu entscheiden, welchem Teil dieser Personalfunktion für den finanziellen Vermögenswert die größte Bedeutung zukommt. Dabei ist vorrangig auf qualitative Kriterien abzustellen (siehe Rn. 42). Die Gründe für die Zuordnung sind aufzuzeichnen (siehe Rn. 63).

214 Für den anderen Teil der Personalfunktion ist entsprechend dem Fremdvergleichsgrundsatz eine angemessene Vergütung zu berücksichtigen (§ 16 Absatz 1 Nummer 2 Buchstabe a BsGaV). Dies gilt sowohl für Kreditgeschäfte als auch für Handelsgeschäfte.

215 Im Kreditgeschäft ist Sales/Trading die unternehmerische Risikoübernahmefunktion (siehe Rn. 202). Werden verschiedene Teile des Sales/Trading in verschiedenen Bankbetriebsstätten ausgeübt, ist im Regelfall die Personalfunktion, durch die die Vertragsbedingungen mit den Kunden inhaltlich (unabhängig vom formalen Vertragsschluss) festgelegt werden, die unternehmerische Risikoübernahmefunktion. Werden die Vertragsbedingungen mit dem Kunden durch die Personalfunktion einer Bankbetriebsstätte ausgehandelt und ist es erforderlich, dass eine Zustimmung durch Personalfunktionen einer anderen Bankbetriebsstätte erfolgt, kann eine solche Zustimmung die unternehmerische Risikoübernahmefunktion sein, wenn eine erneute eigene Kreditprüfung, eine Weisung für die weitere Verhandlung und inhaltlich die abschließende Kreditentscheidung durch die andere Betriebsstätte erfolgt. Für die Zuordnung ist auf die konkreten Umstände des einzelnen Kreditinstituts und auf den jeweiligen Vertragsabschluss abzustellen. Die Zuordnungsentscheidung muss eindeutig in der Hilfs- und Nebenrechnung des betreffenden Wirtschaftsjahrs ausgewiesen werden, die Gründe für diese Zuordnung müssen sich unter Berücksichtigung aller Personalfunktionen, die dafür von Bedeutung sein können, aus den erforderlichen ergänzenden Aufzeichnungen (siehe Rn. 63) ergeben. Die Zuordnung finanzieller Vermögenswerte muss außerdem unter vergleichbaren Umständen für gleichartige finanzielle Wirtschaftsgüter konsistent und nach gleichen Grundsätzen erfolgen.

216 Im Handelsgeschäft ist Trading & Day-to-day Risk Management die unternehmerische Risikoübernahmefunktion (siehe Rn. 205). Werden Personalfunktionen des Trading & Day-to-day Risk Management in verschiedenen Bankbetriebsstätten ausgeübt, ist im Regelfall die Personalfunktion, durch die die Entscheidung über den Abschluss einer Handelstransaktion und deren Bedingungen getroffen werden, die Personalfunktion mit der größten Bedeutung und damit die unternehmerische Risikoübernahmefunktion. Für den globalen Handel mit Finanzinstrumenten (Global Trading) ist die Sonderregelung in § 22 BsGaV zu beachten.

2.19.3 Zuordnung aufgrund der Kundenbeziehung (§ 19 Absatz 3 BsGaV)

217 Die Zuordnung eines finanziellen Vermögenswerts aufgrund einer Kundenbeziehung nach § 19 Absatz 3 BsGaV ist nur durchzuführen, wenn keine eindeutige Entscheidung nach § 19 Absatz 2 BsGaV getroffen werden kann. Hauptanwendungsfälle, in denen eine qualitative Entscheidung (siehe Rn. 43) nicht möglich ist, sind komplexe Entscheidungsvorgänge im Kreditgeschäft (siehe Rn. 202). Der Begriff der Kundenbeziehung ist geschäftsvorfallbezogen unterschiedlich auszulegen:

- Im Kreditgeschäft besteht nach Abschluss des Kreditvertrags die Kundenbeziehung fort.
- Im Handelsgeschäft bietet die Kundenbeziehung im Regelfall keinen Anhaltspunkt für eine von § 19 Absatz 2 BsGaV abweichende Zuordnung, da die Kun-

denbeziehung im Handelsgeschäft nicht dauerhaft ist, sondern mit dessen Abschluss endet.

218 Eine Kundenbeziehung gehört zu einer Bankbetriebsstätte, wenn die Personalfunktion im Zusammenhang mit der Betreuung des Kunden, der Pflege der Kundenbeziehung, der Akquisition von Neukunden usw. in dieser Bankbetriebsstätte ausgeübt wird.

Fall – Kundenbeziehung als Zuordnungskriterium bei Funktionsaufteilung:

Ein inländisches Kreditinstitut X hat im Staat A die Bankbetriebsstätte A (A) und im Staat B die Bankbetriebsstätte B (B). Beschäftigte von A und Beschäftigte von B entwickeln und verhandeln gemeinsam die Vertragsbedingungen mit einem Kreditkunden K und arbeiten gemeinsam die Kreditvorlage mit Entscheidungsvorschlag aus. In der Geschäftsleitungsbetriebsstätte von X im Inland erfolgt die Zustimmung zum Kreditvertrag nach einer Schlüssigkeitsprüfung. K wurde von A akquiriert, A übernimmt die laufende Kundenbetreuung.

Lösung:

Der Kreditvertrag ist wegen der Kundenbeziehung A zuzuordnen. A und B sind zwar gleichwertig an der unternehmerischen Risikoübernahmefunktion beteiligt, so dass keine Entscheidung nach qualitativen Kriterien möglich ist (siehe Rn. 42 – Funktionsaufteilung). Nur in diesen Fällen entscheidet nach § 19 Absatz 3 BsGaV über die Zuordnung des Vermögenswerts, zu welcher Bankbetriebsstätte die betreffende Kundenbeziehung gehört. Der formalen Zustimmung durch die Geschäftsleitungsbetriebsstätte ist keine entscheidende Bedeutung für die Zuordnung beizumessen (siehe Rn. 40).

219 In den Fällen des § 19 Absatz 3 BsGaV darf von der Zuordnung des finanziellen Vermögenswerts nach der Kundenbeziehung nur abgewichen werden (§ 19 Absatz 3 Satz 2 BsGaV), wenn dies angesichts der ausgeübten Personalfunktionen sowie der Chancen und Risiken zu einem Ergebnis der Bankbetriebsstätte führt, das im Einzelfall aus der Sicht der beiden gedachten ordentlichen und gewissenhaften Geschäftsleiter dem Fremdvergleichsgrundsatz besser entspricht (Öffnungsklausel).

220 Für die Anwendung des § 19 Absatz 3 Satz 2 BsGaV sind gleichartige finanzielle Wirtschaftsgüter konsistent und nach gleichen Grundsätzen zuzuordnen.

2.19.4 Änderung einer einmal erfolgten, zutreffenden Zuordnung (§ 19 Absatz 4 BsGaV)

221 221. Die Änderung einer ursprünglich sachgerechten Zuordnung eines finanziellen Vermögenswerts nach § 19 Absatz 4 BsGaV ist nur in Ausnahmefällen möglich. Kommt es in den Ausnahmefällen des § 19 Absatz 4 BsGaV zu einer Zuordnungsänderung eines finanziellen Vermögenswerts, ist diese nach § 16 Absatz 2 BsGaV entsprechend dem Fremdvergleichsgrundsatz zu vergüten.

222 § 19 Absatz 4 Nummer 1 BsGaV ermöglicht dem Unternehmen eine Änderung der einmal zutreffend vorgenommenen Zuordnung eines finanziellen Vermögenswerts zu der Bankbetriebsstätte, zu der die bestehende Kundenbeziehung gehört. Weitere Voraussetzung ist, dass in der Bankbetriebsstätte, der dieser Vermögenswert zugeordnet war, ab einem bestimmten Zeitpunkt keine Personalfunktionen im Hinblick auf den Vermögenswert mehr ausgeübt werden. Nur zu diesem Zeitpunkt kann die geänderte

Zuordnung hinsichtlich einer fiktiven Veräußerung dieses finanziellen Vermögenswerts angenommen werden (§ 16 Absatz 1 Nummer 1 BsGaV).

Fall – Zuordnungsänderung zur Betriebsstätte der Kundenbeziehung:

Ein inländisches Kreditinstitut X hat im Staat A die Bankbetriebsstätte A (A) und im Staat B die Bankbetriebsstätte B (B). Personal von B entwickelt und verhandelt die Vertragsbedingungen mit einem Kreditkunden K und arbeitet die Kreditvorlage mit Entscheidungsvorschlag aus. A stimmt dem Kreditvertrag nach einer Schlüssigkeitsprüfung zu. A hat den Kunden akquiriert, dort findet auch die laufende Kundenbetreuung statt. Nach der Zustimmung zum Kreditvertrag übt B keinerlei Personalfunktionen mehr aus. Das Risikomanagement wird danach ausschließlich von A ausgeübt.

Lösung:

Die erstmalige Zuordnung erfolgte nach § 19 Absatz 2 BsGaV aus qualitativen Gründen zu B. Sobald B keine Personalfunktionen in Zusammenhang mit dem finanziellen Vermögenswert mehr ausübt, ist von X zu entscheiden, ob eine geänderte Zuordnung nach § 19 Absatz 4 Nummer 1 BsGaV vorgenommen wird. Nur zu diesem Zeitpunkt ist nach § 16 Absatz 1 Nummer 1 BsGaV eine Zuordnungsänderung möglich, da die Beendigung der Aktivitäten von B das einzige Sachverhaltselement ist, das als wirtschaftlicher Vorgang eine fiktive Veräußerung i. S. d. § 16 Absatz 1 Nummer 1 BsGaV auslösen kann (fiktive Veräußerung an A). Erfolgt zu diesem Zeitpunkt keine Zuordnungsänderung, ist gem. § 16 Absatz 1 Nummer 2 BsGaV danach eine fiktive Dienstleistung von A an B anzunehmen.

223 Eine Zuordnungsänderung nach § 19 Absatz 4 Nummer 1 BsGaV kann unter den genannten Voraussetzungen gesondert für jeden finanziellen Vermögenswert erfolgen (z. B. auch für eine verbriefte Forderung). Die Änderung der Zuordnung ist als außergewöhnlicher Geschäftsvorfall nach § 90 Absatz 3 Satz 3 AO aufzuzeichnen (siehe Rn. 63) und muss in der Hilfs- und Nebenrechnung des betreffenden Wirtschaftsjahrs ausgewiesen werden.

224 Die Änderung einer ursprünglich sachgerechten Zuordnung eines finanziellen Vermögenswerts nach § 19 Absatz 4 Nummer 2 BsGaV kommt nur in Betracht, wenn

- die verbleibende Risikoübernahmefunktion (siehe Rn. 197, hier das konkrete Risikomanagement bezogen auf den finanziellen Vermögenswert) ab einem bestimmten Zeitpunkt nicht mehr von der Bankbetriebsstätte durchgeführt wird, der der finanzielle Vermögenswert ursprünglich zu Recht zugeordnet war, sondern von einer anderen Bankbetriebsstätte und
- das konkrete Risikomanagement in der anderen Betriebsstätte die Bedeutung der Personalfunktion, die zur ursprünglichen Zuordnung geführt hat, eindeutig überwiegt (z. B. in Fällen von Leistungsstörungen).

225 Dagegen berechtigt ein Risikomanagement, das zwar Teil einer ordnungsgemäßen Geschäftsorganisation eines Kreditinstituts i. S. d. § 25a KWG ist, sich aber nicht auf einen einzelnen, konkreten finanziellen Vermögenswert bezieht, nicht zu einer Änderung der Zuordnung dieses Vermögenswerts. Denn ein solches Risikomanagement stellt lediglich eine strategische Personalfunktion dar (siehe Rn. 39 und Rn. 208). BMF-Schr.

Fall – Risikomanagement als Zuordnungsgrund:

Ein inländisches Kreditinstitut X (X) hat im Staat A die Bankbetriebsstätte A (A) und im Staat B die Bankbetriebsstätte B (B). Die unternehmerische Risikoübernahmefunktion für die Übernahme von Risiken aus einem Kreditvertrag von X mit dem Kunden K wurde von A ausgeübt, zu der auch die Kundenbeziehung mit K gehört. Die Kreditforderung wird A im Jahr 01 nach § 19 Absatz 2 BsGaV zugeordnet. Das Risikomanagement für die Kreditforderung gegen K wird von Personal von A durchgeführt. Ab dem Jahr 03 wird das Risikomanagement für die Forderungen von A aus Gründen der Steigerung der Effizienz von B übernommen (wirtschaftlicher Vorgang). Hinsichtlich des Kredits, der K gewährt wurde, ist im Jahr 03 keine Leistungsstörung eingetreten.

Lösung:

Nach § 19 Absatz 4 Nummer 2 BsGaV kommt ausnahmsweise die Änderung der Zuordnung einer Kreditforderung zu einer anderen Bankbetriebsstätte als zu der, zu der die Kundenbeziehung besteht, in Betracht, wenn dies zu einem Ergebnis führt, das aus der Sicht der beiden gedachten ordentlichen und gewissenhaften Geschäftsleiter dem Fremdvergleichsgrundsatz besser entspricht. Das ist nach der Systematik der Vorschrift nur anzunehmen, wenn das Risikomanagement durch B qualitativ (siehe auch Rn. 43) die Bedeutung der ursprünglichen von A ausgeübten Personalfunktion überwiegt und zu diesem Zeitpunkt der Kundenbeziehung zwischen A und K keine Bedeutung mehr zukommt, weil sich die Kundenbeziehung tatsächlich weitgehend auf das Risikomanagement der Kreditforderung reduziert (z. B. Insolvenz des Darlehensschuldners). Da das allgemeine Risikomanagement durch B qualitativ nicht die Bedeutung der von A unverändert ausgeübten Personalfunktion (Kundenbeziehung) überwiegt, berechtigt ein solches Risikomanagement nicht zu einer Änderung der Zuordnung des finanziellen Vermögenswerts. Stattdessen ist die anzunehmende schuldrechtliche Beziehung (fiktive Dienstleistung, die B gegenüber A erbringt, § 16 Absatz 1 Nummer 2 Buchstabe a BsGaV) angemessen zu vergüten (§ 16 Absatz 2 BsGaV).

Alternative – Zuordnungsänderung:

Sachverhalt unverändert, aber hinsichtlich des Kredits mit K ist im Jahr 03 eine konkrete Leistungsstörung eingetreten. Deshalb wird die übrige Kundenbeziehung zwischen A und K beendet. Das Risikomanagement wird im Jahr 03 von B übernommen (wirtschaftlicher Vorgang), da B im Kreditinstitut für derartige Fälle zentral zuständig ist.

Lösung:

Überwiegt wegen der eingetretenen Leistungsstörung das Risikomanagement durch B unter qualitativen Gesichtspunkten (siehe auch Rn. 43) eindeutig die Bedeutung der ursprünglichen von A ausgeübten Personalfunktion (Kundenbeziehung), so ist nach § 19 Absatz 4 Nummer 2 BsGaV unter diesen besonderen Umständen (keine Bedeutung der Kundenbeziehung mehr) eine Änderung der Zuordnung der Kreditforderung zu B möglich (fiktive Veräußerung). Die Kreditforderung ist dem Fremdvergleichsgrundsatz entsprechend unter Berücksichtigung der Leistungsstörung zu bewerten. Unterbleibt zu diesem Zeitpunkt die Zuordnungsänderung, ist die anzunehmende schuldrechtliche Beziehung (fiktive Dienstleistung, die B gegenüber A erbringt) angemessen zu vergüten (§ 16 Absatz 2 BsGaV).

226 Im Regelfall führt die Veräußerung eines finanziellen Vermögenswerts, der einer Bankbetriebsstätte zuzuordnen ist, durch eine andere Bankbetriebsstätte an einen Dritten zu keiner Zuordnungsänderung, sondern ist als fiktive Dienstleistung anzusehen (§ 16 Absatz 1 Nummer 2 BsGaV). Eine Zuordnungsänderung ist nur ausnahmsweise aufgrund eines gesonderten wirtschaftlichen Vorgangs – nicht aufgrund der Veräußerung – anzuerkennen, wenn anhand schlüssiger Aufzeichnungen (siehe Rn. 63) glaubhaft gemacht wird, dass eine andere Handhabung, d. h. ein zwischenzeitlicher fiktiver Verkauf des finanziellen Vermögenswerts der Bankbetriebsstätte an die andere Bankbetriebsstätte (§ 16 Absatz 1 Nummer 1 BsGaV), im Einzelfall aus der Sicht der beiden gedachten ordentlichen und gewissenhaften Geschäftsleiter dem Fremdvergleichsgrundsatz besser entspricht (§ 19 Absatz 4 Nummer 2 BsGaV).

227 Für die Anwendung des § 19 Absatz 4 BsGaV sind gleichartige finanzielle Wirtschaftsgüter konsistent und nach gleichen Grundsätzen zuzuordnen. Da die Zuordnungsänderungen nach § 19 Absatz 4 BsGaV außergewöhnliche Geschäftsvorfälle sind, sind neben diesen Geschäftsvorfällen auch die entsprechenden Grundsätze nach § 90 Absatz 3 Satz 3 AO zeitnah aufzuzeichnen.

2.19.5 Zuordnung zu einer Bankbetriebsstätte bei Funktionsaufteilung (§ 19 Absatz 5 BsGaV)

228 In Fällen von Funktionsaufteilungen (siehe auch OECD-Betriebsstättenbericht, Teil II Tz. 159 und Rn. 421) und in Fällen von Personalfunktionskonkurrenz (unterstützende Personalfunktionen, siehe auch OECD-Betriebsstättenbericht, Teil II Tz. 187) ist entsprechend § 16 Absatz 2 BsGaV für die Ausübung der unterstützenden Personalfunktionen i. S. d. § 19 Absatz 5 Satz 2 BsGaV, die andere Bankbetriebsstätten gegenüber der Bankbetriebsstätte mit der unternehmerischen Risikoübernahmefunktion ausüben, ein Verrechnungspreis anzusetzen, wie er zwischen voneinander unabhängigen Unternehmen angesetzt worden wäre.

2.19.6 Kreditinstitutsinterne Darlehensverhältnisse (§ 19 Absatz 6 BsGaV)

229 § 19 Absatz 6 BsGaV erweitert für Kreditinstitute die Möglichkeit, fiktive kreditinstitutsinterne Darlehensverhältnisse i. S. d. § 16 Absatz 3 Satz 2 Nummer 2 BsGaV mit einer längeren Laufzeit anzunehmen, als § 16 Absatz 3 Satz 3 BsGaV dies vorsieht (Beendigung mit Ende des Wirtschaftsjahrs). Die Anerkennung solcher fiktiver kreditinstitutsinterner Darlehensverhältnisse ist von dem Nachweis abhängig, dass

- dies sowohl aufgrund der Geschäftspolitik des Kreditinstituts als auch aufgrund der ausgeübten Personalfunktionen, die im Zusammenhang mit der Zurverfügungstellung und der Entgegennahme von finanziellen Mitteln ausgeübt werden, sachgerecht ist und
- die Ergebnisse der Bankbetriebsstätte, die auf der Anerkennung solcher kreditinstitutsinterner Darlehensverhältnisse beruhen, dem Fremdvergleichsgrundsatz entsprechen.

230 Werden solche fiktiven kreditinstitutsinternen Darlehensverhältnisse angenommen, ist hierfür ein Zins zu verrechnen, der dem Fremdvergleichsgrundsatz entspricht (siehe

BMF-Schr.

Rn. 172). Für die Ermittlung dem Fremdvergleichsgrundsatz entsprechender Zinsen für kreditinstitutsinterne Darlehensverhältnisse sind die Kreditwürdigkeit des Kreditinstituts sowie die Währung und die Laufzeit der Mittelüberlassung zu beachten. Die Laufzeit für das kreditinstitutsinterne Darlehen muss mit der kreditinstitutsexternen Mittelverwendung übereinstimmen. Darüber hinaus muss ggf. der Aufwand für die Refinanzierung berücksichtigt werden. Die Faktoren, die zur Bestimmung der kreditinstitutsinternen Verzinsung verwendet wurden, sind nach § 90 Absatz 3 Satz 2 AO aufzuzeichnen (siehe Rn. 63).

Fall – Fiktives kreditinstitutsinternes Darlehensverhältnis:

Die ausländische Bankbetriebsstätte A (A) in Staat A des inländischen Kreditinstituts X (X) bietet dort mit entsprechender Personalausstattung alle Arten von Bankgeschäften an (Universalbank). A erhält von ihren Kunden Einlagen, die sie für ihre Bankgeschäfte verwendet. Zeitweise entsteht ein Mittelüberhang, der von der Geschäftsleitungsbetriebsstätte von X im Inland dafür verwendet wird, Kredite an Kunden des übrigen Unternehmens zu gewähren. Diese Kredite sind zutreffend nach § 19 Absatz 1 BsGaV der Geschäftsleitungsbetriebsstätte zugeordnet worden.

Lösung:

Die Verwendung der von A erwirtschafteten Mittel ist nach § 19 Absatz 6 BsGaV als anzunehmende schuldrechtliche Beziehung (§ 16 Absatz 3 Satz 2 Nummer 2 BsGaV, fiktives Darlehen) über die in § 16 Absatz 3 Satz 3 BsGaV genannte Laufzeit hinaus anzuerkennen, da die Gewährung und Entgegennahme von finanziellen Mitteln in einem engen Zusammenhang mit der üblichen Geschäftstätigkeit der Bank steht. Für das fiktive Darlehen ist ein angemessener Zins anzusetzen.

231 Betriebsstätten, deren Geschäftszweck lediglich darin besteht, Einlagen von Kunden entgegenzunehmen, um diese an das übrige Unternehmen weiterzuleiten (z. B. an eine andere Bankbetriebsstätte des Kreditinstituts), damit dieses sie für seine Bankgeschäfte nutzt, erbringt eine fiktive Dienstleistung (anzunehmende schuldrechtliche Beziehung nach § 16 Absatz 1 Nummer 2 BsGaV), die angemessen zu vergüten ist. Das Funktions- und Risikoprofil der Betriebsstätte, die die fiktive Dienstleistung erbringt, rechtfertigt es nicht, fiktive Darlehensverhältnisse nach § 16 Absatz 3 BsGaV anzunehmen. Ihr können deshalb keine finanziellen Vermögenswerte zugeordnet werden.

Fall – Einlagensammelstelle:

Ein inländisches Kreditinstitut X hat im Staat A die Bankbetriebsstätte A (A). A übt außer der Annahme von Spareinlagen von Privatkunden in A keine nennenswerten Geschäftstätigkeiten aus. Die inländische Geschäftsleitungsbetriebsstätte von X (X) verwendet die finanziellen Mittel, die A erhält, für ihre eigene Geschäftstätigkeit und steuert die Rückzahlungsverpflichtungen, da das übrige Unternehmen die dafür erforderlichen finanziellen Mittel erwirtschaftet.

Lösung:

Die Geschäftsvorfälle mit den Privatkunden sind dem übrigen Unternehmen zuzuordnen, nicht A. Denn das übrige Unternehmen übernimmt funktional die Erfüllung der Rückzahlungsverpflichtung (unternehmerische Risikoübernahmefunktion). Zudem überwiegt die Bedeutung der Personalfunktion der Verwendung der Mittel und der

Steuerung der Rückzahlung eindeutig gegenüber der Annahme der Spareinlagen durch A (§ 9 Absatz 2 BsGaV). Im Ergebnis übt A lediglich eine Kapitalbeschaffungsfunktion als fiktive Dienstleistung innerhalb des Kreditinstituts aus (§ 17 Absatz 2 BsGaV). A steht für die fiktive Dienstleistung eine nach dem Fremdvergleichsgrundsatz angemessene Vergütung zu.

232 Zur Abgrenzung der in Rn. 229 ff. genannten Geschäftstätigkeit ist darauf abzustellen, ob die hereingenommenen Kundeneinlagen den Finanzbedarf für eigene Geschäfte der Bankbetriebsstätte dauerhaft übersteigen. Ein dauerhafter Liquiditätsüberhang ist dem übrigen Unternehmen zuzuordnen mit der Folge, dass der Bankbetriebsstätte nur ein Entgelt für eine fiktive Dienstleistung zusteht (Kapitalbeschaffung), es sei denn, es wird nachgewiesen, dass der Liquiditätsüberhang der eigenen Geschäftstätigkeit der Betriebsstätte dienen sollte. Gelingt der Nachweis, z. B. weil in der Bankbetriebsstätte Personal vorhanden ist, das dazu dienen kann, die Fremdmittel in der aufgenommenen Höhe dauerhaft für die Funktionalität einer Universalbank zu verwenden, ist ein fiktives Darlehensverhältnis zum übrigen Unternehmen anzuerkennen.

2.20 Dotationskapital inländischer Bankbetriebsstätten ausländischer Kreditinstitute, Bankenaufsichtsrecht (§ 20 BsGaV)

2.20.1 Funktions- und risikogewichtete Kapitalaufteilungsmethode für die inländische Bankbetriebsstätte eines ausländischen Kreditinstituts (§ 20 Absatz 1 BsGaV)

233 Ausgangspunkt für die Zuordnung von Dotationskapital zu inländischen Bankbetriebsstätten ist das Eigenkapital des ausländischen Kreditinstituts, denn auch für inländische Bankbetriebsstätten ist grundsätzlich die funktions- und risikogewichtete Kapitalaufteilungsmethode anzuwenden, die wegen bestimmter Besonderheiten aus dem Bankenaufsichtsrecht in § 20 Absatz 1 Satz 1 BsGaV als „Kapitalaufteilungsmethode für Bankbetriebsstätten" bezeichnet wird (siehe auch OECD-Betriebsstättenbericht, Teil II Tz. 98 und Tz. 99). Eine Besonderheit ist, dass für die Risikogewichtung von finanziellen Vermögenswerten von Kreditinstituten, die für die Zuordnung von Dotationskapital zu einer inländischen Bankbetriebsstätte wichtig sind, bankenaufsichtsrechtliche Vorschriften bestehen, auf die auch für die Besteuerung aus Gründen des Fremdvergleichsgrundsatzes sowie aus Vereinfachungs-, Transparenz- und Gleichbehandlungsgründen so weit wie möglich zurückgegriffen wird (siehe z. B. den Bezug zu den „risikogewichteten Positionsbeträgen" und zum ausländischen Bankenaufsichtsrecht allgemein; für den Bereich der EU/des EWR, siehe insbesondere Artikel 92 ff. der Verordnung (EU) Nr. 575/2013). Denn diese Grundsätze sind im Ansässigkeitsstaat des Kreditinstituts allgemein anerkannt, von steuerlichen Überlegungen grundsätzlich unabhängig (siehe auch OECD-Betriebsstättenbericht, Teil II Tz. 86) und gelten für alle Marktteilnehmer. Diese Grundsätze gehen von betriebswirtschaftlichen Überlegungen aus und stehen in keinem Widerspruch zu den Regeln des KWG. Risikogewichtete Positionsbeträge können einer Bankbetriebsstätte nur wegen Vermögenswerten zugerechnet werden, die der Bankbetriebsstätte nach § 19 BsGaV zutreffend zugeordnet sind und entsprechend in der Hilfs- und Nebenrechnung erfasst werden.

Fall (1) – Unwiderrufliche Kreditzusage:

Das Kreditinstitut A in Staat A hat eine Bankbetriebsstätte B (B) in Staat B. Die Geschäftsleitungsbetriebsstätte von A (A) hat einem Kunden K in Staat B eine unwider-

BMF-Schr.

rufliche Kreditzusage erteilt. Die Einbuchung erfolgt bei B, B wird ausschließlich als Intermediär und Buchungsstelle tätig.

Lösung:

Die unwiderrufliche Kreditzusage ist A zuzuordnen, denn B übt hinsichtlich des Kredits an K keine unternehmerische Risikoübernahmefunktionen aus (keine Übernahme von Risiken oder Risikosteuerung). Deswegen ist die unwiderrufliche Kreditzusage für B nicht bei den risikogewichteten Positionsbeträgen zu berücksichtigen (Auswirkungen auf das Dotationskapital).

Fall (2) – Halten von Wertpapieren:

Das Kreditinstitut A in Staat A hat eine Bankbetriebsstätte B (B) in Staat B. Die Geschäftsleitungsbetriebsstätte von A (A) überträgt B ein Wertpapier, das sie wertmäßig zutreffend auf der Aktivseite unter Forderungen verbucht. B erhält von A eine Provision für das Halten des Wertpapiers (administrative fee) und wird ausschließlich als Intermediär und Buchungsstelle tätig. Abschreibungen auf das Wertpapier macht B steuerlich nicht geltend.

Lösung:

Das Wertpapier kann B nach § 19 BsGaV nicht zugeordnet werden, da die Entscheidung, das Wertpapier zu erwerben, es auf B zu übertragen und die Einschätzung der Risiken aus dem Wertpapier (Trading & Day-to-day Risk Management) nicht durch B erfolgt. Das Wertpapier ist A zuzuordnen. Für B ist es beim Ansatz der risikogewichteten Positionsbeträge nicht zu berücksichtigen (Auswirkungen auf das Dotationskapital).

234 Im Regelfall setzt sich das Eigenkapital eines ausländischen Kreditinstituts aus dem gezeichneten Kapital (Nennkapital), den einbehaltenen Gewinnen und den offenen Rücklagen zusammen (bankenaufsichtsrechtliches Kernkapital). Zum Eigenkapital gehört auch ein nach ausländischem Recht gebildeter Fonds für allgemeine Bankrisiken oder eine vergleichbare Form der Risikovorsorge. Diese Beträge können der ausländischen Handelsbilanz entnommen werden.

235 Kreditinstitutsinterne Positionsbeträge, die aus anzunehmenden schuldrechtlichen Beziehungen entstanden sind (z. B. § 19 Absatz 6 BsGaV), bleiben für die Risikogewichtung außer Ansatz, denn sie beinhalten kein Risiko im Außenverhältnis. Folge ist, dass einer inländischen Bankbetriebsstätte, die eine Forderung gegenüber dem übrigen Unternehmen hat, bei sonst gleichen Verhältnissen weniger Dotationskapital zuzuweisen ist.

Fall – Kapitalaufteilungsmethode für Bankbetriebsstätten:

Ein ausländisches Kreditinstitut Y (Y) hat die inländische Bankbetriebsstätte A (A). Das Eigenkapital von Y beläuft sich auf 500. Sowohl dem übrigen Unternehmen im Ausland als auch A sind kreditinstitutsexterne risikogewichtete Positionsbeträge i. H. v. je 100 zuzuordnen.

Lösung:

Das Dotationskapital von A ist nach der Kapitalaufteilungsmethode für Bankbetriebsstätten (§ 20 Absatz 1 Satz 1 BsGaV) mit 250 anzusetzen.

Abwandlung:

A weist in der Hilfs- und Nebenrechnung Forderungen gegen Kreditinstitute i. H. v. 120 aus, in denen Forderungen gegen das übrige Unternehmen i. H. v. 20 enthalten sind. In die Berechnung der risikogewichteten Positionsbeträge (Bankenaufsichtsrecht) für A gehen auch Forderungen gegen das übrige Unternehmen ein.

Lösung:

Kreditinstitutsinterne risikogewichtete Positionsbeträge sind nach § 20 Absatz 1 Satz 2 BsGaV für die Dotation nicht zu berücksichtigen, so dass auch in diesem Fall für A ein Dotationskapital von 250 anzusetzen ist.

236 Bestimmt ein ausländischer Bankkonzern, zu dem eine inländische Bankbetriebsstätte eines ausländischen Kreditinstituts gehört, sein Eigenkapital ausschließlich auf konsolidierter Konzernbasis, weil das anzuwendende ausländische Bankenaufsichtsrecht dies zulässt, so kann für die Berechnung das konsolidierte Eigenkapital des Bankkonzerns angesetzt werden. Voraussetzung ist, dass eine Bescheinigung eines Wirtschaftsprüfers vorgelegt wird, aus der sich ergibt, dass das Eigenkapital nicht auf Einzelinstitutsbasis errechnet worden ist und auch nicht ohne unverhältnismäßigen Aufwand errechnet werden kann (siehe auch Rn. 249: in Waiver-Fällen ist zwingend das konsolidierte Eigenkapital anzusetzen).

2.20.2 Niedrigeres Dotationskapital für die inländische Bankbetriebsstätte eines ausländischen Kreditinstituts (§ 20 Absatz 2 BsGaV)

237 In Fällen, in denen es im Einzelfall für die inländische Bankbetriebsstätte nach der Kapitalaufteilungsmethode zu einem unangemessen hohen Dotationskapital käme, enthält § 20 Absatz 2 BsGaV eine Öffnungsklausel. Für eine Abweichung von der Kapitalaufteilungsmethode für Bankbetriebsstätten nach Absatz 1 ist es allerdings erforderlich, dass

- jeder niedrigere Ansatz begründet wird und
- das geringere Dotationskapital zu einem Ergebnis der Bankbetriebsstätte führt, das im Einzelfall aus der Sicht der beiden gedachten ordentlichen und gewissenhaften Geschäftsleiter dem Fremdvergleichsgrundsatz besser entspricht.

Fall – Abweichende Zuordnung von Dotationskapital:

Ein ausländisches Kreditinstitut Y (Y) in Staat A plant die Übernahme eines Konkurrenzunternehmens im Staat B. Aus diesem Grund wird der inländischen Bankbetriebsstätte D (D), die mit der Übernahme nichts zu tun hat, im Jahr 01 von dem vorhandenen Eigenkapital von Y ein Dotationskapital zugeordnet, das niedriger ist, als es sich nach der Kapitalaufteilungsmethode für Bankbetriebsstätten rechnerisch ergeben würde.

Lösung:

Für die Anwendung des § 20 Absatz 2 BsGaV ist das Eigenkapital von Y – nach Minderung um den für den Erwerb des Konkurrenzunternehmens erforderlichen Betrag – aufzuteilen (Rn. 240 ist zu beachten). BMF-Schr.

238 Wird die Öffnungsklausel für eine inländische Bankbetriebsstätte genutzt, ist jede Abweichung von der Kapitalaufteilungsmethode für Bankbetriebsstätten zu begründen.

239 Zumindest muss jedoch ein Dotationskapital berücksichtigt werden, das den bankenaufsichtsrechtlichen Mindestanforderungen für ein selbständiges Kreditinstitut in der wirtschaftlichen Situation der inländischen Bankbetriebsstätte entspricht (OECD-Betriebsstättenbericht, Teil II Tz. 112 ff. – Quasi Thin Capitalisation Approach). Dadurch wird die Zuweisung eines zu geringen Dotationskapitals verhindert.

240 Wird für eine inländische Bankbetriebsstätte ein geringeres Dotationskapital angesetzt, als es sich nach der Kapitalaufteilungsmethode für Bankbetriebsstätten ergibt, so ist jedoch mindestens ein Betrag (Untergrenze) anzusetzen, der sich unter Anwendung der Mindestkapitalausstattungsmethode für Bankbetriebsstätten ergibt (siehe § 20 Absatz 2 Satz 2 und 3 BsGaV). Der Mindestbetrag bestimmt sich danach, welches Eigenkapital (Kernkapital) ein vergleichbares inländisches Kreditinstitut nach inländischem Bankenaufsichtsrecht auszuweisen hätte, zuzüglich eines Zuschlags von 0,5 % der Summe der (kreditinstitutsexternen) risikogewichteten Positionsbeträge der Bankbetriebsstätte (nach Bankenaufsichtsrecht). Der Zuschlag ist notwendig und sachgerecht, da sonst die Bankbetriebsstätte, wäre sie ein selbständiges Kreditinstitut, keine weiteren Geschäfte tätigen könnte. Die risikogewichteten Positionsbeträge i. S. d. § 20 BsGaV entsprechen dem Gesamtforderungsbetrag i. S. d. Artikels 92 Absatz 3 Verordnung EU Nr. 575/2013. Nach § 20 Absatz 3 Nummer 2 BsGaV ist mindestens ein Dotationskapital von 5 Mio. Euro auszuweisen.

Fall – Rechnerische Untergrenze für inländische Bankbetriebsstätten:

Die inländische Bankbetriebsstätte D (D) eines ausländischen Kreditinstituts Y weist in der Hilfs- und Nebenrechnung Forderungen von 100 aus. Das entspricht nach inländischem Bankenaufsichtsrecht risikogewichteten Positionsbeträgen von 80.

Lösung:

Nach bankenaufsichtsrechtlichen Grundsätzen beträgt das Kernkapital eines mit D vergleichbaren inländischen Kreditinstituts mindestens 6 % der risikogewichteten Positionsbeträge (Gesamtforderungsbetrag). Zusätzlich sind nach § 20 Absatz 2 Satz 3 BsGaV 0,5 % der risikogewichteten Positionsbeträge von D anzusetzen. Demnach sind mindestens 5,2 als Dotationskapital von D auszuweisen.

241 Ein anderer Zuschlag ist anzusetzen, wenn dieser zu einem Ergebnis der Bankbetriebsstätte führt, das im Einzelfall aus der Sicht der beiden gedachten ordentlichen und gewissenhaften Geschäftsleiter dem Fremdvergleichsgrundsatz besser entspricht. Macht das Unternehmen geltend, dass ein anderer Zuschlag anzusetzen ist, hat es die Berechnung und die Begründung dafür mit der Hilfs- und Nebenrechnung nach § 3 BsGaV vorzulegen.

2.20.3 Vereinfachungsregelung für inländische Bankbetriebsstätten ausländischer Kreditinstitute (§ 20 Absatz 3 BsGaV)

242 Nimmt eine inländische Bankbetriebsstätte eines ausländischen Kreditinstituts die Geschäftstätigkeit neu auf, ist § 20 Absatz 3 BsGaV anzuwenden, der eine Dotierung i. H. v. 3 % der Summe der Aktivposten vorschreibt, mindestens aber ein Dotationskapital von 5 Mio. Euro. Denn zu diesem Zeitpunkt besteht im Regelfall keine Möglichkeit, der Bankbetriebsstätte risikogewichtete Positionsbeträge zuzuordnen.

Fall – Neuaufnahme bei Umwandlung:

Ein inländisches Kreditinstitut X (X), das mit einem ausländischen Kreditinstitut Y (Y) verbunden ist, wird in eine inländische Bankbetriebsstätte A (A) von Y umgewandelt. Die Bilanzsumme von X beträgt zum Umwandlungszeitpunkt 500 Mio. Euro. Nach der Umwandlung beträgt die Summe der Aktivposten von A ebenfalls 500 Mio. Euro.

Lösung:

Wendet Y die Vereinfachungsregelung des § 20 Absatz 3 BsGaV an, so beträgt das Dotationskapital von A 3 % der Summe der Aktivposten = 15 Mio. Euro (nicht 5 Mio. Euro), denn A sind unmittelbar ab Umwandlung Aktivposten (500 Mio. Euro) zuzuordnen.

243 Für inländische Bankbetriebsstätten eines ausländischen Kreditinstituts, deren Summe der Aktivposten in der Hilfs- und Nebenrechnung 1 Mrd. Euro nicht übersteigt, ist die Vereinfachungsregelung ebenfalls anzuwenden. Dazu ist von der Bezugsgröße Bilanzsumme, d. h. dem Betrag der Hilfs- und Nebenrechnung, auszugehen. Aus Vereinfachungsgründen kann statt der Summe der Aktivposten in der Hilfs- und Nebenrechnung die Summe aus der Bilanzstatistischen Meldung an die Deutsche Bundesbank (BISTA-Meldung), die die Zahlen der in ländischen Bankbetriebsstätten auf den letzten Bilanzstichtag vor Beginn des Wirtschaftsjahrs enthält, zugrunde gelegt werden. Als Dotationskapital sind 3 % dieser Summe zuzuordnen.

Rechenbeispiel:

Die Summe der Aktivposten in der Hilfs- und Nebenrechnung einer inländischen Bankbetriebsstätte beträgt 400 Mio. Euro. Ihr ist nach § 20 Absatz 3 Nummer 2 BsGaV ein Dotationskapital von 12 Mio. Euro zuzuordnen.

244 Eine niedrigere Dotierung als 3 % der Summe der Aktivposten ist nur dann anzuerkennen, wenn die Vereinfachungsregelung nicht in Anspruch genommen wird und sich die niedrigere Dotierung aus der Anwendung der allgemeinen Grundsätze ergibt. Als Dotationskapital sind jedoch in jedem Fall mindestens 5 Mio. Euro zuzuordnen.

Rechenbeispiel:

Die Summe der Aktivposten in der Hilfs- und Nebenrechnung einer inländischen Bankbetriebsstätte beträgt 100 Mio. Euro. Ihr ist nach § 20 Absatz 3 Nummer 2 BsGaV ein Mindestdotationskapital von 5 Mio. Euro zuzuordnen (3 % wären nur 3 Mio. Euro).

2.20.4 Unterkapitalisierung des ausländischen Kreditinstituts (§ 20 Absatz 4 BsGaV)

245 Besteht im Sitzstaat (EU- bzw. EWR-Mitgliedstaat) eines ausländischen Kreditinstituts, zu dem die Bankbetriebsstätte gehört, eine Regelung entsprechend § 2a KWG (Waiver, siehe auch Artikel 7 der Verordnung (EU) Nr. 575/2013), ist es bankenaufsichtsrechtlich möglich, dass das notwendige Kernkapital nicht in jedem einzelnen Kreditinstitut vorgehalten, sondern dass hierfür auf die Kreditinstitutsgruppe abgestellt wird. Eine Übernahme der bankenaufsichtsrechtlichen Erleichterungen für die Bestimmung des steuerlichen Eigenkapitals von Kreditinstituten könnte zu Ergebnissen der Besteuerung von inländischen Bankbetriebsstätten ausländischer Kreditinstitute führen, die mit dem Fremdvergleichsgrundsatz, dessen Anwendung durch § 1 Absatz 5 AStG angeordnet ist, nicht entsprechen. § 20 Absatz 4 BsGaV ordnet daher in

Fällen, in denen das ausländische Bankenaufsichtsrecht eine Unterkapitalisierung des Kreditinstituts erlaubt, unter bestimmten Bedingungen eine modifizierte Berechnung des Dotationskapitals von inländischen Bankbetriebsstätten an, um den Erfordernissen des Fremdvergleichsgrundsatzes nachkommen zu können. Die modifizierte Berechnung ist nicht durchzuführen, wenn alternativ eine der beiden in § 20 Absatz 4 Satz 1 BsGaV genannten Voraussetzungen erfüllt ist.

246 § 20 Absatz 4 Satz 1 BsGaV, erste Alternative: das ausländische Kreditinstitut mit Sitz in einem EU- bzw. EWR-Mitgliedstaat hat vom Waiver keinen Gebrauch gemacht.

Fall – Waiver-Regelung 1:

Ein ausländisches Kreditinstitut Y (Y) mit Sitz in einem EU- bzw. EWR-Mitgliedstaat hat eine inländische Bankbetriebsstätte A (A). Y verfügt zum 01.01.01 über Kernkapital von 1.100, die risikogewichteten Positionsbeträge betragen 10.000 Einheiten. Auf A entfallen hiervon 2.000 Einheiten. Y nimmt nachweislich die ausländische Variante der Waiver-Regelung nicht in Anspruch.

Lösung:

§ 20 Absatz 4 Satz 2 BsGaV ist wegen des Nachweises nicht anzuwenden. Das Dotationskapital von A ist nach § 20 Absatz 1 BsGaV zu ermitteln (Kapitalaufteilungsmethode für Bankbetriebsstätten). Danach beträgt das zutreffende Dotationskapital 1.100 steuerliches Eigenkapital × 2.000/10.000 Einheiten = 220. Ein niedrigeres Dotationskapital ist nur unter den Voraussetzungen des § 20 Absatz 2 Satz 1 BsGaV anzusetzen.

247 § 20 Absatz 4 Satz 1 BsGaV, zweite Alternative: das ausländische Kreditinstitut mit Sitz in einem EU- bzw. EWR-Mitgliedstaat hat zwar vom Waiver Gebrauch gemacht, aber das Kreditinstitut verfügt über ausreichendes Eigenkapital, um die Voraussetzungen der ausländischen bankenaufsichtsrechtlichen Regelungen zu erfüllen, auch wenn der Waiver dort nicht eingeführt wäre.

Fall – Waiver-Regelung 2:

Wie Fall Rn. 246, Y nimmt aber die Waiver-Regelung in Anspruch. Allerdings weist Y ungeachtet dessen ein bankenaufsichtsrechtliches Kernkapital von 1.100 aus.

Lösung:

Gleiches Ergebnis wie im Fall Waiver-Regelung 1.

248 In beiden Alternativen des § 20 Absatz 4 Satz 1 BsGaV ist davon auszugehen, dass das ausländische Kreditinstitut mit Sitz in einem EU- bzw. EWR-Mitgliedstaat über genügend Eigenkapital verfügt, um der inländischen Bankbetriebsstätte, wäre sie ein selbständiges Kreditinstitut, einen ausreichenden Anteil zuzuordnen. Deshalb bedarf es der Anwendung der besonderen Regelungen des § 20 Absatz 4 Satz 2 BsGaV nicht.

249 Sind die genannten Alternativen nicht gegeben, ist nach § 20 Absatz 4 Satz 2 BsGaV zu vermuten, dass das ausländische Kreditinstitut mit Sitz in einem EU- bzw. EWR-Mitgliedstaat, zu dem die inländische Bankbetriebsstätte gehört, ein zu geringes Eigenkapital ausweist. Dementsprechend wird auch die inländische Bankbetriebsstätte zu wenig Dotationskapital ausweisen, jedenfalls weniger, als sie bankenaufsichtsrechtlich als selbständiges Kreditinstitut – ohne Waiver-Regelung – ausweisen müsste. In solchen Fällen ist für das Eigenkapital, das nach der Kapitalaufteilungsmethode für

Bankbetriebsstätten aufzuteilen ist, nicht auf das Kernkapital des ausländischen Kreditinstituts abzustellen, sondern auf das konsolidierte Kernkapital der ausländischen Kreditinstitutsgruppe, zu der das ausländische Kreditinstitut gehört (siehe auch Rn. 236). Für die Bestimmung des Anteils der inländischen Bankbetriebsstätte an diesem Kapital ist die Summe der risikogewichteten Positionsbeträge der Bankbetriebsstätte zur Summe der risikogewichteten Positionsbeträge der ausländischen Kreditinstitutsgruppe ins Verhältnis zu setzen. Da es sich um eine konsolidierte Betrachtung handelt, sind alle gruppeninternen Risiken (auch die gegenüber gruppenzugehörigen Kreditinstituten) außer Ansatz zu lassen.

Fall – Dotationskapital auf Grundlage der Waiver-Gruppe:

Das ausländische Kreditinstitut Y (Y) mit Sitz in einem EU- bzw. EWR-Mitgliedstaat nimmt die im EU-Staat Y geltende Waiver-Regelung in Anspruch. Es weist zum 01.01.01 risikogewichtete Positionsbeträge i. H. v. 10.000 Einheiten aus. Das unter Ausnutzung der Waiver-Regelung für Y ausgewiesene Kernkapital beträgt 400. Ohne Waiver-Regelung wäre nach ausländischem Bankenaufsichtsrecht für Y ein Mindesteigenkapital von 1.100 erforderlich gewesen. Y hat eine inländische Bankbetriebsstätte A (A) mit risikogewichteten Positionsbeträgen (ohne gruppeninterne Risiken) von 2.000 Einheiten. A wird nach der Kapitalaufteilungsmethode für Bankbetriebsstätten ein Dotationskapital von 400 × 2.000/10.000 = 80 zugeordnet. Die Waiver-Gruppe, zu der Y gehört, verfügt insgesamt über ein bankenaufsichtsrechtliches Kernkapital von 2.000. Ihre risikogewichteten Positionsbeträge betragen 20.000 Einheiten (ohne gruppeninterne Risiken).

Lösung:

Die Dotierung von A richtet sich nach § 20 Absatz 4 Satz 2 BsGaV, der Nachweis nach § 20 Absatz 4 Satz 1 Nummer 2 BsGaV entfällt. Ausgangspunkt der Berechnung ist das bankenaufsichtsrechtliche Kernkapital der Waiver-Gruppe (2.000). Der Anteil von A entspricht dem Verhältnis der gewichteten Risiken von A zu den gewichteten Risiken der gesamten Gruppe. Das zutreffende Dotationskapital von A beträgt 2.000 × 2.000/20.000 = 200. Dieses Dotationskapital ist der deutschen Besteuerung zugrunde zu legen. Die auf die Unterdotierung von 120 entfallenden Fremdkapitalzinsen sind bei der Ermittlung des Gewinns von A für das Wirtschaftsjahr 01 nicht abzugsfähig.

2.20.5 Erfordernisse des inländischen Bankenaufsichtsrechts (§ 20 Absatz 5 BsGaV)

250 Nach § 20 Absatz 5 BsGaV ist die Regelung des § 12 BsGaV entsprechend anzuwenden, allerdings ist hinsichtlich des § 12 Absatz 6 BsGaV auch das inländische Bankenaufsichtsrecht zu berücksichtigen. Denn im Rahmen der Faktoren, die steuerlich Grund für eine Änderung des Dotationskapitals inländischer Bankbetriebsstätten während des laufenden Geschäftsjahrs sein können, ist ggf. auch das inländische Bankenaufsichtsrecht für inländische Kreditinstitute von Bedeutung, das nach dem Fremdvergleichsgrundsatz auch für inländische Bankbetriebsstätten zu berücksichtigen ist.

251 Die entsprechende Anwendung des § 12 BsGaV betrifft insbesondere die Vereinfachungsregelungen des § 12 Absatz 2 Satz 2 BsGaV (Berechnung des Eigenkapitals des Unternehmens) und § 12 Absatz 3 Satz 2 BsGaV (Berechnung der Quote der Betriebs-

stätte), die für die Berechnung des Dotationskapitals inländischer Bankbetriebsstätten entsprechend anzuwenden sind.

252 Die entsprechende Anwendung der Regelungen des § 12 BsGaV umfasst auch die zeitlich begrenzte Nichtbeanstandung der Über- oder Unterdotierung einer inländischen Bankbetriebsstätte (vgl. Rn. 130 zu § 12 Absatz 1 BsGaV) aufgrund der Neubestimmung des Dotationskapitals jeweils zum Beginn des Wirtschaftsjahrs (siehe Rn. 129). Voraussetzung für die Nichtbeanstandung ist, dass die zum Ende des Vorjahrs entstandene Über- bzw. Unterdotierung unverzüglich beseitigt wird, nachdem das Unternehmen sie erkannt hat oder erkennen musste. Die Berechnungen, die die Über- bzw. Unterdotierung erkennbar gemacht haben, und die Buchung, die Über- bzw. Unterdotierung beseitigt, sind in der Hilfs- und Nebenrechnung nach § 3 BsGaV aufzuzeichnen (siehe Rn. 63).

253 § 20 Absatz 5 BsGaV ordnet über § 12 Absatz 6 BsGaV hinaus eine Änderung des Dotationskapitals einer inländischen Bankbetriebsstätte innerhalb des Wirtschaftsjahrs an, wenn die rechtlichen Anforderungen des inländischen Bankenaufsichtsrechts geändert werden und dies im konkreten Fall eine Anpassung des Dotationskapitals erfordert. Daneben ist nach § 12 Absatz 6 BsGaV allerdings auch eine Anpassung des Dotationskapitals aufgrund von Änderungen der Zuordnung von Personalfunktionen, von Vermögenswerten oder von Chancen und Risiken durchzuführen, wenn die sich daraus ergebende Veränderung des zuzuordnenden Dotationskapitals erheblich ist (siehe Rn. 143, die sinngemäß auch für inländische Bankbetriebsstätten gilt). Eine Veränderung ist erheblich, wenn das Dotationskapital zu Beginn des folgenden Wirtschaftsjahrs um mehr als 30 % vom Dotationskapital zu Beginn des Wirtschaftsjahrs abweicht, aber nur dann, wenn die Abweichung mindestens 2 Mio. Euro beträgt. Indikator für eine erhebliche Veränderung des Dotationskapitals ist insbesondere die Veränderung der jeweils der inländischen Bankbetriebsstätte zuzuordnenden Summe der risikogewichteten Positionsbeträge, denn hiervon wird im Regelfall das bankenaufsichtsrechtlich zuzuordnende Dotationskapital maßgeblich beeinflusst.

Fall – Erhebliche Veränderung durch neues Geschäftsfeld:

Das ausländische Kreditinstitut Y (Y) hat eine inländische Bankbetriebsstätte A (A). Die risikogewichteten Positionsbeträge von A zum 31.12.01 betragen 1.000 Einheiten. Sie verändern sich in den Monatsabschlüssen bis April 02 nicht. Ab Mai 02 beginnt A mit Geschäftsaktivitäten für ein neues Geschäftsfeld. Dies führt zu einer Erhöhung der risikogewichteten Positionsbeträge von A auf 1.900 Einheiten, bei der es bis zum 31.12.02 bleibt.

Lösung:

Die Gesamtjahressumme der risikogewichteten Positionsbeträge von A für 02 beträgt 19.200 Einheiten (= 4 × 1.000 + 8 × 1.900). Dies ergibt einen monatlichen Durchschnitt von 1.600 Einheiten. Dieser Durchschnitt übersteigt den Stichtagswert zum 31.12.01 um mehr als 30 %. Aus diesem Grund ist eine Schätzung des Dotationskapitals von A für 02 auf der Basis von 1.600 Einheiten erforderlich. Ergänzend ist anzumerken, dass für 03 die Stichtagsgröße von 1.900 Einheiten zum 31.12.02 entscheidend ist, ihre Überprüfung erfolgt anhand der Monatsbilanzen 03.

254 Auch wenn ein Unternehmen die Vereinfachungsregelung des § 20 Absatz 3 BsGaV in Anspruch nimmt, ist § 20 Absatz 5 BsGaV zu beachten. Hat das Unternehmen der Ermittlung des Dotationskapitals die Werte laut BISTA-Meldung auf den letzten Bilanzstichtag zugrunde gelegt, ist für die Prüfung einer unterjährigen Anpassung des Dotationskapitals ebenfalls auf den Durchschnitt der Werte laut den BISTA-Meldungen des laufenden Jahrs abzustellen.

255 Auch für eine inländische Bankbetriebsstätte ergibt sich aus § 12 Absatz 5 BsGaV eine Untergrenze für die Dotation, d. h. ungeachtet der Regelung in § 20 Absatz 1 bis 4 BsGaV ist der inländischen Bankbetriebsstätte mindestens das in einer inländischen Handelsbilanz tatsächlich ausgewiesene Kapital als Dotationskapital zuzuordnen.

2.20.6 Ausschluss von inländischen Betriebsstätten ausländischer Finanzdienstleistungsinstitute, die nicht der Bankenaufsicht unterliegen (§ 20 Absatz 6 BsGaV)

256 § 20 Absatz 1 bis 5 BsGaV, der auf das Bankenaufsichtsrecht abstellt, gilt nicht für ausländische Finanzdienstleistungsinstitute und ihre inländischen Betriebsstätten, wenn keine bankenaufsichtsrechtlichen Eigenkapitalanforderungen zu erfüllen sind. Durch diese Regelung wird die Rechtsfolge des § 18 BsGaV verdeutlicht, dass ein Finanzdienstleistungsinstitut nicht in den Anwendungsbereich des Abschnitts 2 der BsGaV fällt, weil es keine Bankgeschäfte betreibt (siehe Rn. 193).

2.21 Dotationskapital ausländischer Bankbetriebsstätten inländischer Kreditinstitute, Bankenaufsichtsrecht (§ 21 BsGaV)

2.21.1 Mindestkapitalmethode für ausländische Bankbetriebsstätten eines inländischen Kreditinstituts (§ 21 Absatz 1 BsGaV)

257 § 21 Absatz 1 Satz 1 BsGaV bestimmt (ähnlich wie § 13 BsGaV für ausländische Betriebsstätten allgemein), dass für ausländische Bankbetriebsstätten die Mindestkapitalausstattungsmethode für Bankbetriebsstätten (OECD-Betriebsstättenbericht, Teil II Tz. 112 ff. – Quasi Thin Capitalisation Approach) anzuwenden ist, die im Übrigen als Untergrenze für die Kapitalausstattung inländischer Bankbetriebsstätten in § 20 Absatz 2 Satz 2 BsGaV genannt worden ist. Die Besonderheiten, die sich aus den ausländischen bankenaufsichtsrechtlichen Vorschriften ergeben, sind aus folgenden Gründen so weit wie möglich für die Besteuerung zu berücksichtigen:

- zur Vermeidung von internationalen Besteuerungskonflikten,
- aus Vereinfachungs- und Gleichbehandlungsgründen und
- aus Gründen des Fremdvergleichsgrundsatzes.

258 Die bankenaufsichtsrechtlichen Mindestanforderungen gelten für alle im ausländischen Staat tätigen Kreditinstitute. Die Mindestkapitalausstattungsmethode für Bankbetriebsstätten ist zur Bestimmung der unteren Grenze der Dotierung einer ausländischen Bankbetriebsstätte zu beachten, auch wenn diese Methode für Bankbetriebsstätten international nicht als eigenständige, dem Fremdvergleichsgrundsatz vollumfänglich entsprechende Methode anerkannt ist (siehe auch OECD-Betriebsstättenbericht, Teil II Tz. 113). Eine Mindestdotation der ausländischen Bankbetriebsstätte, die den Kapitalanforderungen des ausländischen Bankenaufsichtsrechts für selbständige Kreditinstitute entspricht, ist in den Grenzen des § 21 Absatz 2 Satz 2 und Absatz 3 Satz 2 BsGaV anzuerkennen. Die Grundsätze der Mindestkapitalausstattungsmethode für Bankbe-

triebsstätten gehen von betriebswirtschaftlichen Überlegungen aus und stehen in keinem Widerspruch zu den Regeln des KWG.

Fall – Vorgaben des ausländischen Bankenaufsichtsrechts:

Ein inländisches Kreditinstitut X (X) unterhält eine ausländische Bankbetriebsstätte A (A) im Staat Y. Das nach deutschen Vorschriften ermittelte Kernkapital von X beträgt 2.000. Die gewichteten Risiken von X betragen insgesamt 10.000 Einheiten. Auf A entfallen hiervon 2.500 Einheiten. Nach dem Bankenaufsichtsrecht des Staats Y ist A ein Mindestdotationskapital von 250 zuzuweisen.

Lösung:

Nach der Mindestkapitalausstattungsmethode für Bankbetriebsstätten wäre A rechnerisch ein Mindestdotationskapital von 6,5 % von 2.000 = 130 zuzuordnen. Der Prozentsatz von 6,5 % entspricht der Summe aus der Kernkapitalquote von 6 % nach Artikel 92 Absatz 1 Buchstabe b Verordnung EU. Nr. 575/2013 und des Zuschlags von 0,5 % nach § 20 Absatz 2 Satz 3 BsGaV, der entsprechend anzuwenden ist. Allerdings ist – dem ausländischen Bankenaufsichtsrecht folgend – nach § 21 Absatz 1 Satz 1 BsGaV auch steuerlich das im Ausland für das übrige Unternehmen bankenaufsichtsrechtlich zwingend erforderliche Dotationskapital (hier 250) zuzuweisen.

259 Ordnet ein inländisches Kreditinstitut seiner ausländischen Bankbetriebsstätte Dotationskapital zu, das höher ist, als es sich nach der Mindestkapitalausstattungsmethode für Bankbetriebsstätten ergibt, so hat es nach § 21 Absatz 1 Satz 2 BsGaV die Gründe dafür nachzuweisen.

2.21.2 Höheres Dotationskapital für die ausländische Bankbetriebsstätte eines inländischen Kreditinstituts (§ 21 Absatz 2 BsGaV)

260 Der über die Mindestkapitalausstattungsmethode hinausgehende Ansatz von Dotationskapital ist nach § 21 Absatz 2 BsGaV nur anzuerkennen, wenn und soweit dieser höhere Ansatz dem Fremdvergleichsgrundsatz besser entspricht. Das höhere Dotationskapital muss zu einem Ergebnis der Bankbetriebsstätte führen, das im Einzelfall aus der Sicht der beiden gedachten ordentlichen und gewissenhaften Geschäftsleiter dem Fremdvergleichsgrundsatz besser entspricht.

261 Nach § 21 Absatz 2 Satz 2 BsGaV darf Dotationskapital unter den Voraussetzungen des § 21 Absatz 2 Satz 1 BsGaV höchstens mit dem Betrag angesetzt werden, der sich aus der Kapitalaufteilungsmethode für Bankbetriebsstätten ergibt (§ 20 Absatz 1 Satz 1 BsGaV). Die Kapitalaufteilungsmethode für Bankbetriebsstätten ist grundsätzlich nicht für ausländische Bankbetriebsstätten anzuwenden, sie beschreibt vielmehr lediglich eine Obergrenze für die Zuordnung von Dotationskapital. Das für eine solche Höchstbetragsberechnung nach der Kapitalaufteilungsmethode für Bankbetriebsstätten aufzuteilende Eigenkapital i. S. d. § 21 Absatz 2 i. V. m. § 20 Absatz 1 BsGaV entspricht dem bankenaufsichtsrechtlichen Kernkapital i. S. d. KWG (siehe auch Rn. 234)

Fall – Obergrenze des Dotationskapitals:

Ein inländisches Kreditinstitut X (X) hat eine ausländische Bankbetriebsstätte A (A) im Staat Y. Das nach deutschen Vorschriften ermittelte Kernkapital von X beträgt 2.000. Die gewichteten Risiken von X betragen insgesamt 10.000 Einheiten. Auf A entfallen hiervon 2.000 Einheiten. Für A bestehen nachweislich besondere Risiken, die

die Zuordnung eines Dotationskapitals rechtfertigen, das höher ist als das nach ausländischem Bankenaufsichtsrecht vorgeschriebene Mindestkapital von 200.

Lösung:

In welchem Umfang A ein höheres Dotationskapital zuzuweisen ist, hängt von den Umständen des Einzelfalls und einem entsprechenden Nachweis ab. Nach der Kapitalaufteilungsmethode für Bankbetriebsstätten liegt die Obergrenze (§ 21 Absatz 2 Satz 2 BsGaV) bei 2.000 × 2.000/10.000 Einheiten = 400.

2.21.3 Erfordernisse des ausländischen Bankenaufsichtsrechts (§ 21 Absatz 3 BsGaV)

262 § 21 Absatz 3 Satz 1 BsGaV geht auf einen im Einzelfall denkbaren Konflikt ein, der entstehen kann, wenn das ausländische Bankenaufsichtsrecht zwingend eine höhere Dotation für die ausländische Bankbetriebsstätte vorschreibt, als dies die Öffnungsklausel des § 21 Absatz 2 BsGaV höchstens zulässt. Die bankenaufsichtsrechtlichen Vorschriften des Auslands sind nach dem Fremdvergleichsgrundsatz zu beachten, denn sie sind eine der generellen Voraussetzungen dafür, dass das inländische Kreditinstitut durch seine ausländische Bankbetriebsstätte auf dem ausländischen Markt tätig werden kann. In diesen Fällen kann sogar ein Betrag angesetzt werden, der den Betrag, der sich nach der Kapitalaufteilungsmethode für Bankbetriebsstätten nach § 21 Absatz 2 Satz 2 BsGaV ergibt, überschreitet, wenn dadurch ein internationaler Besteuerungskonflikt vermieden wird.

263 Nach § 21 Absatz 3 Satz 2 BsGaV muss dem übrigen Unternehmen allerdings rechnerisch nach Abzug des der ausländischen Bankbetriebsstätte zugewiesenen Dotationskapitals mindestens ein Eigenkapital verbleiben, das nach den Kriterien des inländischen Bankenaufsichtsrechts für das übrige Unternehmen, wäre es ein selbständiges Kreditinstitut, ausreichen würde. Denn sonst entspräche die Kapitalausstattung für das übrige Unternehmen, wäre es ein selbständiges Kreditinstitut, nicht den im Inland geltenden, bankenaufsichtsrechtlichen Vorgaben.

Fall – Höchstgrenze für Dotationskapital ausländischer Bankbetriebsstätten:

Ein inländisches Kreditinstitut X (X) hat eine ausländische Bankbetriebsstätte A (A) im Staat Y. Das nach deutschen Vorschriften ermittelte Kernkapital von X beträgt 2.000 Einheiten. Die gewichteten Risiken von X betragen insgesamt 10.000 Einheiten. Auf A entfallen hiervon 2.000 Einheiten. X weist A ein Dotationskapital von 800 Einheiten zu, weil nach dem Bankenaufsichtsrecht des Staats A mindestens Dotationskapital in dieser Höhe zuzuweisen ist. Nach deutschem Bankenaufsichtsrecht wäre für das übrige Unternehmen, wäre es ein inländisches Kreditinstitut, mindestens Eigenkapital von 1.500 Einheiten erforderlich.

Lösung:

Nach § 21 Absatz 3 Satz 1 BsGaV (Sonderfall der Mindestkapitalausstattungsmethode für Bankbetriebsstätten) ist A grundsätzlich auch steuerlich – entsprechend dem ausländischen Bankenaufsichtsrecht – das zwingend erforderliche Dotationskapital zuzuweisen, auch wenn dieses höher ist, als es sich nach der Kapitalaufteilungsmethode für Bankbetriebsstätten (§ 21 Absatz 1 BsGaV) ergibt. Allerdings darf A nach § 21 Absatz 3 Satz 2 BsGaV nur so viel Dotationskapital zugeordnet werden, dass dem übrigen Unternehmen genügend Kernkapital verbleibt (Mindestkapital nach deutschem Bankenaufsichtsrecht). Vorliegend übersteigt die Summe des jeweiligen Mindestkapitals (800 Einheiten für A und 1.500 Einheiten für das übrige Unternehmen) das vorhandene Kernkapital von X. Deshalb kann A steuerlich höchstens ein Dotationskapital von 2.000 – 1.500 = 500 Einheiten zugeordnet werden.

2.21.4 Unterkapitalisiertes inländisches Kreditinstitut (§ 21 Absatz 4 BsGaV)

264 Im Fall eines unterkapitalisierten inländischen Kreditinstituts mit einer ausländischen Bankbetriebsstätte kann der Fremdvergleichsgrundsatz des § 1 Absatz 5 AStG Modifikationen bei der Ermittlung des steuerlich anzusetzenden Dotationskapitals für die ausländische Bankbetriebsstätte erfordern (siehe auch Rn. 245 zu § 20 Absatz 4 BsGaV). § 21 Absatz 4 BsGaV regelt zwei relevante Fallgruppen, die im Zusammenhang mit der Anwendung von Waiver-Regelungen auftreten können, die es zulassen, dass die bankenaufsichtsrechtlichen Eigenkapitalanforderungen insgesamt auf einen Bankkonzern angewendet werden und nicht mehr auf das einzelne Kreditinstitut (z. B. § 2a KWG):

- Die erste Fallgruppe betrifft Sachverhalte, in denen ein inländisches Kreditinstitut, zu dem eine ausländische Bankbetriebsstätte gehört, Teil einer inländischen Kreditinstitutsgruppe ist, auf die § 2a KWG angewendet wird.
- Die zweite Fallgruppe betrifft Sachverhalte, in denen auf ein inländisches Kreditinstitut, zu dem eine ausländische Bankbetriebsstätte gehört, eine Regelung angewendet wird, die Artikel 7 der Verordnung (EU) Nr. 575/2013 entspricht, weil das inländische Kreditinstitut Teil einer ausländischen Kreditinstitutsgruppe eines Staats der Europäischen Union oder des Europäischen Wirtschaftsraums ist.

265 In beiden Fallgruppen kann die Folge sein, dass das inländische Kreditinstitut – isoliert betrachtet – über ein geringeres Kernkapital verfügt, als es nach bankenaufsichtsrechtlichen Grundsätzen für die Summe der risikogewichteten Positionsbeträge erforderlich wäre (Unterkapitalisierung), wenn entweder § 2a KWG oder die Bestimmungen einer Regelung eines anderen Staats der Europäischen Union oder des Europäischen Wirtschaftsraums (Waiver), die Artikel 7 der Verordnung (EU) Nr. 575/2013 entspricht, nicht anwendbar wären.

266 Verfügt das inländische Kreditinstitut wegen einer Waiver-Regelung nur über ein geringes Kernkapital und macht es oder eine ausländische Finanzverwaltung geltend, dass für eine ausländische Bankbetriebsstätte ein Mindestdotationskapital entsprechend § 21 Absatz 1 Satz 1 BsGaV zu berücksichtigen ist, so kommt es zu Besteuerungskonflikten, wenn nach Zuordnung dieses Mindestkapitals bankenaufsichtsrechtlich kein ausreichendes Kernkapital für das übrige Unternehmen, wäre es selbständig, verbleibt. Denn Kernkapital muss nach dem Fremdvergleichsgrundsatz auch für das übrige Unternehmen mindestens in Höhe des Betrags zur Verfügung stehen, den das übrige Unternehmen, wäre es ein selbständiges Kreditinstitut, bankenaufsichtsrechtlich nachweisen müsste, um in Deutschland Bankgeschäfte tätigen zu können.

Fall – Konfliktfall Waiver:

Ein inländisches Kreditinstitut X (X) gehört zu einer inländischen Waiver-Gruppe (§ 2a KWG) und hat eine ausländische Bankbetriebsstätte A (A) im Staat Y. Das nach deutschem Bankenaufsichtsrecht ohne Berücksichtigung der Waiver-Regelung zur

Deckung aller gewichteten Risiken mindestens erforderliche Kernkapital von X beträgt 1.000 Einheiten. Das Kernkapital, das X innerhalb der Waiver-Gruppe tatsächlich zugeordnet ist, beträgt 900 Einheiten. Die gewichteten Risiken von X betragen 10.000 Einheiten. Auf A entfallen hiervon 2.000 Einheiten. Nach dem Bankenaufsichtsrecht des Staats Y ist A mindestens ein Dotationskapital von 200 Einheiten zuzuordnen. Nach deutschem Bankenaufsichtsrecht – ohne Waiver – wäre dem übrigen Unternehmen mindestens Kernkapital i. H. v. 800 Einheiten zuzuordnen.

Lösung:

Die Summe der Mindestkapitalausstattung für A und für das übrige Unternehmen beträgt 1.000 Einheiten. X verfügt tatsächlich aber nur über ein Kernkapital von 900 Einheiten. Nach § 21 Absatz 4 BsGaV kann A in diesem Fall lediglich so viel Dotationskapital zugeordnet werden, dass dem übrigen Unternehmen das nach deutschem Bankenaufsichtsrecht mindestens notwendige Kernkapital (800 Einheiten) verbleibt. Für A steht somit Dotationskapital lediglich i. H. v. 100 Einheiten zur Verfügung, Der daraus entstehende internationale Besteuerungskonflikt ist durch die Entscheidungen der Waiver-Gruppe verursacht worden, den Waiver zu nutzen und X lediglich ein Kernkapital von 900 Einheiten zur Verfügung zu stellen.

Abwandlung:

Wie der Grundfall, aber X gehört zu einer ausländischen Waiver-Gruppe.

Lösung:

Wie der Grundfall.

2.21.5 Auswirkungen ausländischen Bankenaufsichtsrechts (§ 21 Absatz 5 BsGaV)

267 § 21 Absatz 5 Satz 1 BsGaV bestimmt, dass § 13 Absatz 5 BsGaV entsprechend anzuwenden ist, allerdings unter Hinweis auf das ausländische Bankenaufsichtsrecht. Im Rahmen der Faktoren, die steuerlich Grund für eine Änderung des Dotationskapitals ausländischer Bankbetriebsstätten während des laufenden Geschäftsjahrs sein können, ist ggf. auch das ausländische Bankenaufsichtsrecht für ausländische Kreditinstitute von Bedeutung, das nach dem Fremdvergleichsgrundsatz auch für ausländische Bankbetriebsstätten zu berücksichtigen ist. Auf die Beschränkung der Änderungsmöglichkeit durch die Finanzverwaltung nach § 1 Absatz 5 AStG wird hingewiesen.

268 Nach § 21 Absatz 5 Satz 2 BsGaV ist § 13 BsGaV sinngemäß auf ausländische Bankbetriebsstätten anzuwenden, denn § 21 BsGaV enthält lediglich ergänzend besondere Regelungen, vor allem im Hinblick auf das Bankenaufsichtsrecht.

269 § 21 Absatz 5 BsGaV ordnet über § 13 Absatz 5 BsGaV hinaus eine Änderung des Dotationskapitals einer ausländischen Bankbetriebsstätte innerhalb des Wirtschaftsjahrs an, wenn die rechtlichen Anforderungen des ausländischen Bankenaufsichtsrechts geändert werden und dies im konkreten Fall eine Anpassung des Dotationskapitals erfordert. Daneben ist nach § 13 Absatz 5 BsGaV allerdings auch eine Anpassung des Dotationskapitals einer ausländischen Bankbetriebsstätte aufgrund von Änderungen der Zuordnung von Personalfunktionen, von Vermögenswerten oder von Chancen und Risiken durchzuführen, wenn die sich daraus ergebende Veränderung des zuzuordnenden Dotationskapitals erheblich ist (siehe Rn. 151, die sinngemäß auch für ausländische Bankbetriebsstätten gilt). Eine Veränderung ist erheblich, wenn das

Dotationskapital zu Beginn des folgenden Wirtschaftsjahrs um mehr als 30 % vom Dotationskapital zu Beginn des Wirtschaftsjahrs abweicht, aber nur dann, wenn die Abweichung mindestens 2 Mio. Euro beträgt. Indikator für eine erhebliche Veränderung des Dotationskapitals ist insbesondere die Veränderung der jeweils der ausländischen Bankbetriebsstätte zuzuordnenden Summe der risikogewichteten Positionsbeträge, denn hiervon wird im Regelfall das bankenaufsichtsrechtlich zuzuordnende Dotationskapital maßgeblich beeinflusst.

270 Die entsprechende Anwendung des § 13 BsGaV umfasst auch die zeitlich begrenzte Nichtbeanstandung der Über- oder Unterdotierung einer ausländischen Bankbetriebsstätte (vgl. Rn. 144 zu § 13 Absatz 1 BsGaV) aufgrund der Neubestimmung des Dotationskapitals jeweils zum Beginn des Wirtschaftsjahrs (siehe Rn. 129). Voraussetzung für die Nichtbeanstandung ist, dass die zum Ende des Vorjahrs entstandene Über- bzw. Unterdotierung unverzüglich beseitigt wird, nachdem das Unternehmen sie erkannt hat oder erkennen musste. Die Berechnungen, die die Über- bzw. Unterdotierung erkennbar gemacht haben, und die Buchungen, die die Über- bzw. Unterdotierung beseitigen, sind im Rahmen der Hilfs- und Nebenrechnung nach § 3 BsGaV aufzuzeichnen (siehe Rn. 63).

2.21.6 Ausschluss für ausländische Betriebsstätten inländischer Finanzdienstleistungsinstitute, die nicht der Bankenaufsicht unterliegen (§ 21 Absatz 6 BsGaV)

271 Nach § 21 Absatz 6 BsGaV gilt § 21 Absatz 1 bis 5 BsGaV, der ausdrücklich auf das Bankenaufsichtsrecht abstellt, nicht für ein inländisches Finanzdienstleistungsinstitut und seine ausländischen Betriebsstätten, wenn das inländische Finanzdienstleistungsinstitut keine bankenaufsichtsrechtlichen Eigenkapitalanforderungen erfüllen muss. Durch diese Regelung wird die Rechtsfolge des § 18 BsGaV verdeutlicht, dass ein Finanzdienstleistungsinstitut nicht in den Anwendungsbereich des Abschnitts 2 der BsGaV fällt, weil es keine Bankgeschäfte betreibt (siehe Rn. 192).

2.22 Globaler Handel mit Finanzinstrumenten (§ 22 BsGaV)

2.22.1 Grundsatz für die Zuordnung von Finanzinstrumenten zu Bankbetriebsstätten (§ 22 Absatz 1 BsGaV)

272 § 22 Absatz 1 Satz 1 BsGaV verweist für die Zuordnung von Finanzinstrumenten auf die Vorschrift für finanzielle Vermögenswerte von Kreditinstituten in § 19 BsGaV, die grundsätzlich auch im Bereich des globalen Handels mit Finanzinstrumenten anzuwenden ist. Ergänzend kommt über die Regelung des § 18 BsGaV auch die Anwendung der allgemeinen Vorschriften des Abschnitts 1 Unterabschnitt 2 der BsGaV in Betracht. § 22 BsGaV ist insofern eine Spezialvorschrift zu § 19 BsGaV, so wie § 19 BsGaV eine Spezialvorschrift für Abschnitt 1 Unterabschnitt 2 der BsGaV ist. § 22 Absatz 1 Satz 1 BsGaV enthält die allgemeine Definition für den globalen Handel mit Finanzinstrumenten (siehe auch OECD-Betriebsstättenbericht, Teil III Tz. 7).

273 § 22 Absatz 1 Satz 2 BsGaV enthält eine beispielhafte, nicht abschließende Aufzählung von Geschäftsaktivitäten, die unter den globalen Handel mit Finanzinstrumenten fallen. Zur weiteren Klarstellung wird in der BsGaV auch auf innerstaatliche Rechtsgrundlagen Bezug genommen.

2.22.2 Aufteilung des Ergebnisses (§ 22 Absatz 2 BsGaV)

274 § 22 Absatz 2 Satz 1 BsGaV lässt für den globalen Handel mit Finanzinstrumenten eine anteilige Aufteilung der steuerlich realisierten und nichtrealisierten Ergebnisse nach einem sachgerechten Aufteilungsschlüssel zu, wenn die unternehmerischen Risikoübernahmefunktionen bezogen auf verschiedene Finanzinstrumente über ein globales Buch in mehreren Bankbetriebsstätten ausgeübt werden. Denn Finanzinstrumente im globalen Handel, die über ein globales Buch gehandelt werden, auf das häufig mehrere Bankbetriebsstätten in verschiedenen Ländern abwechselnd oder gleichzeitig Zugriff haben, lassen sich meist nicht oder nur mit unverhältnismäßigem Aufwand einzeln bestimmten Bankbetriebsstätten zuordnen. In diesem Bereich kommen häufig Funktionsaufteilungen (siehe Rn. 42) vor, die komplex ausgestaltet sind (siehe auch OECD-Betriebsstättenbericht, Teil III Tz. 206). Sind noch nicht realisierte Ergebnisse aus dem globalen Handel mit Finanzinstrumenten der Besteuerung zugrunde zu legen (§ 5 Absatz 1a EStG i. V. m. § 254 HGB bzw. § 6 Absatz 1 Nummer 2b EStG), so gelten diese Grundsätze auch für die Aufteilung der noch nicht realisierten Ergebnisse.

Fall – Zur Abgrenzung:

Das ausländische Kreditinstitut Y (Y) in Staat A unterhält in den Staaten B und C die Bankbetriebsstätten B (B) und C (C). Im Staat A befindet sich auch die Handelsabteilung von Y, die alle Trading-Funktionen (Trading & Day-to-day Risk Management gem. Rn. 205 und Rn. 206) für die gehandelten Vermögenswerte ausübt. Die Kundenbetreuer von A, B und C erbringen die Sales-/Marketing-Funktion (siehe Rn. 204), d. h. sie vertreiben die Finanzprodukte auf Basis der von der Trading-Abteilung in A aufgestellten Vorgaben an die Kunden der Bank.

Lösung:

Die Finanzprodukte und die aus den Handelsaktivitäten erzielten Ergebnisse sind aufgrund der in A ausgeübten unternehmerischen Risikoübernahmefunktionen A zuzuordnen. Für die Übernahme der Sales-/Marketing-Funktionen ist für B und C ein dem Fremdvergleichsgrundsatz entsprechendes Entgelt anzusetzen.

Fallabwandlung – Globaler Handel:

In den Betriebsstätten B (B) C (C) und D (D) des ausländischen Kreditinstituts Y (Y) in Staat A bestehen jeweils Handelsabteilungen, die eigenständig die Vermögenswerte von Y handeln. Für bestimmte Finanzprodukte existieren globale Handelsbücher, die (formal) von A geführt werden. Die Händler aller Bankbetriebsstätten verfügen über eine uneingeschränkte Handelserlaubnis für alle Positionen der weltweiten Handelsbücher.

Lösung:

Eine konkrete Zuordnung der einzelnen Vermögenswerte und der jeweils erzielten Ergebnisse zu den in den jeweiligen Bankbetriebsstätten ausgeübten Personalfunktionen ist nicht möglich. Die Vermögenswerte und Ergebnisse sind nach einem sachgerechten Schlüssel auf die beteiligten Bankbetriebsstätten B, C und D aufzuteilen.

BMF-Schr.

275 § 22 Absatz 2 Satz 2 BsGaV lässt zur Erleichterung der Handhabung eine Buchung der Finanzinstrumente (finanzielle Vermögenswerte) zu, die von der anteiligen Aufteilung der Einkünfte abweicht, wenn die anteilige Zuordnung der Chancen und Risiken für

die Zuordnung des jeweiligen Dotationskapitals berücksichtigt und das Ergebnis der betreffenden Bankbetriebsstätten nicht beeinflusst wird. Denn häufig ist in einem Kreditinstitut eine Bankbetriebsstätte bestimmt, in der aus Vereinfachungsgründen zentral die Buchungen für den globalen Handel durchgeführt werden (Booking Location, siehe z. B. OECD-Betriebsstättenbericht, Teil III Tz. 201 und Tz. 215). Durch Satz 2 werden die Anforderungen des Fremdvergleichsgrundsatzes ausreichend zur Geltung gebracht. Die Erleichterungen stehen unter dem Vorbehalt, dass die Handhabung transparent und konsistent in den Hilfs- und Nebenrechnungen der betreffenden Bankbetriebsstätte dargestellt wird.

Fall – Abweichende Zuordnung im globalen Handel:

Das ausländische Kreditinstitut Y (Y) unterhält im Inland und in seinen ausländischen Bankbetriebsstätten in den Staaten A, B und C Handelsabteilungen, die gemeinsam das Vermögen von Y verwalten. Für bestimmte Finanzprodukte existierten gemeinsame, globale Handelsbücher, die (formal) von der ausländischen Betriebsstätte A (A) geführt werden. Die Händler aller Bankbetriebsstätten verfügen über eine uneingeschränkte Handelserlaubnis für alle Positionen der weltweiten Handelsbücher. Alle Buchungen erfolgen dabei auf Depots bzw. Konten, die intern der Betriebsstätte A zugeordnet sind (Booking Location).

Lösung:

Eine konkrete Zuordnung der einzelnen Vermögenswerte und der jeweils erzielten Ergebnisse zu den in den jeweiligen Bankbetriebsstätten ausgeübten Personalfunktionen ist nicht möglich. Nach § 22 Absatz 2 Satz 2 BsGaV kann die Zuordnung der Vermögenswerte zu A grundsätzlich anerkannt werden. Dies gilt jedoch nicht für die Ermittlung des Dotationskapitals: In der Berechnung für die inländische Bankbetriebsstätte müssen gem. § 20 BsGaV die Risikopositionen aus den der deutschen Bankbetriebsstätte anteilig zuzurechnenden Vermögenswerten berücksichtigt werden. Hierfür ist ein sachgerechter Schlüssel, der die im Inland ausgeübten Personalfunktionen angemessen berücksichtigt, anzuwenden. Nach diesem Schlüssel sind die Ergebnisse aus den Handelsaktivitäten auf die beteiligten Bankbetriebsstätten aufzuteilen.

2.22.3 Anzuwendende Verrechnungspreismethode (§ 22 Absatz 3 BsGaV)

276 § 22 Absatz 3 BsGaV enthält eine widerlegbare Vermutung, dass in Fällen des globalen Handels mit Finanzinstrumenten auf der Grundlage der übernommenen unternehmerischen Risikoübernahmefunktionen vorrangig die Restgewinnaufteilungsmethode (siehe auch OECD-Leitlinien, Tz. 2.121 ff. – Residual Profit Split) anzuwenden ist. Denn diese Methode ist am besten geeignet, den funktionalen Verhältnissen des globalen Handels mit Finanzinstrumenten gerecht zu werden. Andere Methoden sind anwendbar, wenn sie zu einem Ergebnis der beteiligten Bankbetriebsstätten führen, das im Einzelfall aus der Sicht der beiden gedachten ordentlichen und gewissenhaften Geschäftsleiter dem Fremdvergleichsgrundsatz besser entspricht.

Fall – Verrechnungspreismethode

Ein inländisches Kreditinstitut X (X) unterhält globale Bücher, in denen es den auf eigene Rechnung betriebenen Handel mit Zinsprodukten in der jeweiligen Währung weltweit zentral erfasst. Die Handelsaktivitäten werden in den ausländischen Bankbetriebsstätten A (A) und B (B) ausgeübt. B übernimmt dabei ausschließlich An- und Verkaufsleistungen im Segment börsengehandelter Euro-Anleihen. Vergleichbare An- und Verkaufsleistungen erbringt B auch an Kunden, denen hierfür eine volumenabhängige Transaktionsgebühr in Rechnung gestellt wird.

Lösung:

Das Ergebnis von B aus den Eigenhandelsaktivitäten kann auf Basis der Preisvergleichsmethode durch eine fiktive Transaktionsgebühr zu Lasten von A ermittelt werden. Das Ergebnis von A ergibt sich entsprechend dem Fremdvergleichsgrundsatz aus dem tatsächlichen Ergebnis der Handelsaktivitäten aus dem Handelsbuch „Euro-Zinsprodukte" abzüglich der B zugewiesenen Transaktionsgebühren.

277 Andere Leistungen einer Bankbetriebsstätte, die dem übrigen Unternehmen im Rahmen einer anzunehmenden schuldrechtlichen Beziehung (§ 16 Absatz 1 Nummer 1 BsGaV) erbracht werden, sind vorab zu Lasten der Bankbetriebsstätten, denen die unternehmerischen Risikoübernahmefunktionen für die betreffenden Vermögenswerte zuzuordnen sind, zu vergüten (deshalb wird in § 22 Absatz 3 BsGaV der Begriff „Restgewinn" verwendet). Diese vorab zu vergütenden Leistungen sind im Einzelfall auf Basis einer Funktions- und Risikoanalyse (§ 4 Nummer 3 i. V. m. § 7 GAufzV) daraufhin zu untersuchen, ob eine sachgerechte Verrechnungspreismethode verwendet wird.

278 § 22 Absatz 3 BsGaV ist auch anwendbar auf Geschäftsvorfälle im globalen Handel mit Finanzinstrumenten, soweit der Handel für Kunden ausgeübt wird, und tritt insoweit an die Stelle einer Zuordnung der Geschäftsvorfälle nach § 9 BsGaV.

2.23 Allgemeines zu Versicherungsbetriebsstätten (§ 23 BsGaV)

279 Abschnitt 3 der BsGaV (§§ 23 bis 29 BsGaV) ist speziell auf Betriebsstätten anzuwenden, die das Versicherungsgeschäft betreiben (Versicherungsbetriebsstätten – siehe auch OECD-Betriebsstättenbericht, Teil IV Tz. 1). Der Begriff „Versicherungsbetriebsstätte" ist unter Bezugnahme auf § 1 Absatz 1 Nummer 1 VAG (§ 1 Absatz 1 Nummer 1 VAG a. F.) in § 23 BsGaV definiert.

280 Versicherungsgeschäfte sind gesetzlich nicht definiert. Üblicherweise werden darunter Geschäfte verstanden, bei denen gegen Prämienzahlung für den Fall eines ungewissen Ereignisses bestimmte Leistungen versprochen werden, wobei das übernommene Risiko auf eine Vielzahl von Personen verteilt wird. Der Risikoübernahme liegt eine auf dem Gesetz der großen Zahlen beruhende Kalkulation zugrunde (siehe auch OECD-Betriebsstättenbericht, Teil IV Tz. 5).

281 Werden von einer Versicherungsbetriebsstätte auch andere Geschäftstätigkeiten ausgeübt oder sind für Versicherungsbetriebsstätten im Abschnitt 3 der BsGaV (§§ 23 bis 28 BsGaV) keine besonderen Regelungen getroffen worden, so gelten die allgemeinen Regelungen der §§ 1 bis 11 und §§ 14 bis 17 BsGaV. Hinzuweisen ist auf die Rn. 63 (Aufzeichnungspflichten), die u. a. den Zweck verfolgt, internationale Besteuerungskonflikte (Doppelbesteuerung bzw. Nichtbesteuerung) zu erkennen und nach Möglichkeit zu vermeiden. Das Dotationskapital einer Versicherungsbetriebsstätte ist auch in den Fällen einer gemischten Tätigkeit nach §§ 25 und 26 BsGaV zu bestimmen.

282 Hat ein Versicherungsunternehmen in einem anderen Staat eine Betriebsstätte, die keine Versicherungsgeschäfte betreibt, so gelten für diese Betriebsstätte insgesamt nur die Vorschriften der §§ 1 bis 17 BsGaV.

2.24 Besondere Zuordnungsregelungen für Versicherungsbetriebsstätten (§ 24 BsGaV)

2.24.1 Grundsatz: Zuordnung von Vermögenswerten, die durch den Abschluss eines Versicherungsvertrags entstehen (§ 24 Absatz 1 BsGaV)

283 Die Terminologie für Versicherungsbetriebsstätten weicht von der allgemeinen Terminologie in § 2 Absatz 4 BsGaV („maßgebliche Personalfunktionen" – OECD: „Significant People Functions") ab. Die Personalfunktionen, die für die Zuordnung von Vermögenswerten, die durch den Abschluss eines Versicherungsvertrags entstehen, entscheidend sind, werden im Zusammenhang mit Versicherungsbetriebsstätten als unternehmerische Risikoübernahmefunktion (OECD: „KERT Function", siehe auch Rn. 197) bezeichnet. Die Zuordnung eines Vermögenswerts im Versicherungsbereich erfordert die Zuordnung sämtlicher, mit dem Vermögenswert zusammenhängender Chancen und Risiken, d. h. sowohl der Chancen und Risiken des Vermögenswerts selbst als auch der Chancen und Risiken der unternehmerischen Verwendung des Vermögenswerts. Andere Vermögenswerte und Geschäftsvorfälle sowie Chancen und Risiken sind entsprechend der allgemeinen Regeln der §§ 5 bis 11 BsGaV zuzuordnen.

284 Im Versicherungsgeschäft ist für die Übernahme des Versicherungsrisikos die Personalfunktion des Zeichnungsprozesses entscheidend (siehe auch OECD-Betriebsstättenbericht, Teil IV Tz. 94). Die Personalfunktion des Zeichnungsprozesses ist die Funktion, durch die die mit dem Versicherungsvertrag verbundenen Chancen und Risiken, insbesondere das versicherungstechnische Risiko, für das Versicherungsunternehmen entstehen. Ziel des Zeichnungsprozesses ist, die versicherten Risiken im Verhältnis zur Preisgestaltung der entsprechenden Versicherungsverträge sachgerecht einzustufen (siehe auch OECD-Betriebsstättenbericht, Teil IV Tz. 35). Der Zeichnungsprozess (siehe auch OECD-Betriebsstättenbericht, Teil IV Tz. 69) ist somit die unternehmerische Risikoübernahmefunktion für Versicherungsunternehmen (§ 24 Absatz 1 Satz 2 BsGaV).

285 Der Zeichnungsprozess besteht aus folgenden fünf Schritten (§ 24 Absatz 1 Satz 3 BsGaV (siehe auch OECD-Betriebsstättenbericht, Teil IV Tz. 34 und Tz. 35):

a. Festlegung der Zeichnungsstrategie (§ 24 Absatz 1 Satz 3 Nummer 1 BsGaV)

Die Festlegung der Zeichnungsstrategie, die von dem für die Zeichnungsentscheidung im Versicherungsgeschäft oder Rückversicherungsgeschäft zuständigen Personal einzuhalten ist, ist Teil des Risikomanagements und muss auf die fachlichen Fähigkeiten und Kompetenzen des Personals des Versicherungsunternehmens zugeschnitten sein. Die Zeichnungsstrategie

- definiert die Parameter für die Höhe des zu versichernden Risikos, die sowohl allgemein, aber auch detailliert gehalten sein können,
- bestimmt Art und Umfang der Geschäftstätigkeit des Versicherungsunternehmens und

- ist nach den Umständen des Einzelfalls ein wichtiger Faktor für die Rentabilität des Versicherungsgeschäfts.

Für die Bedeutung der Festlegung der Zeichnungsstrategie kommt es entscheidend darauf an, in welchem Ausmaß diese aktiv zum Zeichnungsprozess beiträgt (siehe OECD-Betriebsstättenbericht, Teil IV Tz. 70 und Tz. 94).

b. Risikoklassifizierung und Risikoauswahl (§ 24 Absatz 1 Satz 3 Nummer 2 BsGaV)

Der Prozess der Klassifizierung und Auswahl des versicherten Risikos ist der Zeichnungsprozess im engeren Sinne. Dieser Prozess umfasst die Analyse des spezifischen Risikos und der diesbezüglichen Risikokategorie. Je nach Risiko, Kosten und Marktbedingungen bestimmt dieser Prozess den Preis (die Prämie), ggf. unter Anwendung entsprechender Prämientabellen. Der Prozess der Risikoklassifizierung und Risikoauswahl kann darüber hinaus die Aufgabe beinhalten, das Risiko auszuwählen und die Kapazitätsgrenzen zu überprüfen. Grundanforderungen sind die Klassifizierung von Risiken auf der Basis ausgewählter Kriterien und der Verwendung einschlägiger Statistiken.

c. Preisgestaltung (§ 24 Absatz 1 Satz 3 Nummer 3 BsGaV)

Die Preis- und Konditionengestaltung der Prämien für einen Vertrag kann ein wesentlicher Bestandteil des Zeichnungsprozesses sein. Handelt es sich um ein standardisiertes Produkt und werden die Prämien mit Bezugnahme auf anwendbare Prämientabellen festgelegt, hat die Preisgestaltung des Vertrags – wenn die Klassifizierung des Risikos abgeschlossen ist – für den Zeichnungsprozess keine Bedeutung. Im Lebensversicherungsgeschäft wird die Preisgestaltung des versicherten Risikos von Aktuaren i. S. d. § 141 VAG (§ 11a VAG a. F.) vorgenommen, auch hier hat die Preisgestaltung für den Zeichnungsprozess keine Bedeutung.

d. Analyse der Risikoweitergabe (§ 24 Absatz 1 Satz 3 Nummer 4 BsGaV)

Im Rahmen des Zeichnungsprozesses kann auch entschieden werden, welcher Teil des versicherten Risikos (durch das Versicherungsunternehmen) selbst getragen werden sollte und welcher Teil an einen Rückversicherer abgegeben wird und zu welchen Bedingungen.

e. Annahme der versicherten Risiken (§ 24 Absatz 1 Satz 3 Nummer 5 BsGaV)

Die Entscheidung, einen Versicherungsvertrag abzuschließen, ist der Teil des Zeichnungsprozesses, der das Versicherungsunternehmen dem Versicherungsrisiko aussetzt. Für die Gewichtung dieses Teils des Zeichnungsprozesses ist der Entscheidungsspielraum des dafür zuständigen Personals entscheidend. Das Personal kann einerseits über ein erhebliches Maß an Unabhängigkeit und Kompetenzen verfügen oder andererseits nach detaillierten Vorgaben – ohne wesentliche eigene Entscheidungsbefugnisse – arbeiten.

286 Die Klassifizierung der versicherten Risiken erfolgt im Regelfall auf der Basis ausgewählter Kriterien und unter Verwendung einschlägiger Statistiken (siehe auch OECD-Betriebsstättenbericht, Teil IV Tz. 36). Bei standardisierten Produkten im Massengeschäft (z. B. Reisegepäckversicherung, Auslandsreisekrankenversicherung) kann dieses Verfahren weitgehend automatisiert sein. Bei komplexen bzw. individuell gestalte-

ten Versicherungsverträgen (z. B. Produkthaftpflichtversicherung, Betriebsunterbrechungsversicherung, Rückversicherung) erfordert der Prozess eine umfassende Prüfung der versicherten Risiken sowie eine ausgeprägte Fachkompetenz, insbesondere in den Bereichen Risikostrukturierung sowie der rechtlichen, medizinischen und physischen Implikationen.

287 Die Vertragsausfertigung umfasst insbesondere die Angebotsbearbeitung, die Zeichnung der Risiken, die Vertragserstellung und die Auftragsvergabe.

288 Für die Bestimmung der unternehmerischen Risikoübernahmefunktion sind nur die Schritte der Personalfunktion des Zeichnungsprozesses i. S. d. Rn. 285 heranzuziehen, die durch eigenes Personal des Versicherungsunternehmens i. S. d. § 2 Absatz 4 BsGaV ausgeübt werden (siehe Rn. 74 ff.). Ausgegliederte Schritte der Personalfunktion des Zeichnungsprozesses, d. h. Funktionen, die aufgrund eines Ausgliederungsvertrags i. S. d. § 32 VAG (Funktionsausgliederungsvertrag i. S. d. § 5 Absatz 3 Nummer 4, § 119 Absatz 2 Satz 2 Nummer 6 VAG a. F. oder Dienstleistungsvertrag i. S. d. § 64a Absatz 4 VAG a. F.) durch unabhängige Dritte oder durch nahe stehende Unternehmen erbracht werden, sind für die Bestimmung der unternehmerischen Risikoübernahmefunktion nicht heranzuziehen.

289 Übt ein Versicherungsunternehmen das Versicherungsgeschäft in einem anderen Staat durch eine Versicherungsbetriebsstätte aus, die nicht über eigenes Personal i. S. d. § 2 Absatz 4 BsGaV verfügt, so liegt ein Fall des ständigen Vertreters vor, wenn das Versicherungsgeschäft im Betriebsstättenstaat durch Personal eines nahe stehenden Unternehmens, das im selben Staat ansässig ist, in der Weise betrieben wird, dass das nahe stehende Unternehmen die unternehmerische Risikoübernahmefunktion für die Versicherungsbetriebsstätte ausübt und die Versicherungsverträge im Namen und für Rechnung der Versicherungsbetriebsstätte abschließt (Ständiger Vertreter i. S. d. § 13 AO; siehe § 39 BsGaV, Artikel 5 Absatz 5 OECD-MA). In diesem Fall wird die unternehmerische Risikoübernahmefunktion in der Versicherungsbetriebsstätte ausgeübt, der die Versicherungsverträge zuzuordnen sind.

Fall – Ständiger Vertreter:

Ein Versicherungsunternehmen X (X) mit Sitz im Inland übt das Versicherungsgeschäft in einem EU- bzw. EWR-Mitgliedstaat durch eine Niederlassung A (A) aus. A verfügt über kein eigenes Personal. Mit der Betriebsführung von A ist vertraglich das nahe stehende Unternehmen Y (Y), eine Tochtergesellschaft der X, beauftragt. Y übt nachweislich die unternehmerische Risikoübernahme für die von ihr im Namen und für Rechnung der Niederlassung abgeschlossenen Versicherungsverträge aus.

Lösung:

A verfügt über kein eigenes Personal i. S. d. § 2 Absatz 4 BsGaV. Auch eine Personalüberlassung i. S. d. § 2 Absatz 4 Satz 2 BsGaV durch Y liegt nicht vor, da die Leistungsverpflichtung der Y über die bloße Personalgestellung hinausgeht. Y ist daher ständiger Vertreter i. S. d. § 13 AO für X. Nach § 39 Absatz 2 BsGaV sind die vom Personal des ständigen Vertreters ausgeübten Personalfunktionen, insbesondere die unternehmerische Risikoübernahmefunktion bezüglich der im Namen und für Rechnung der Niederlassung abgeschlossen Versicherungsverträge, als eigene Personalfunktion der Niederlassung anzusehen. Damit sind die von Y abgeschlossenen Versicherungsverträge ebenfalls der Niederlassung zuzuordnen.

2.24.2 Maßgeblichkeit der unternehmerischen Risikoübernahmefunktion für Versicherungsbetriebsstätten (§ 24 Absatz 2 BsGaV)

290 Die Ausübung der unternehmerischen Risikoübernahmefunktion in einer Versicherungsbetriebsstätte entscheidet nach § 24 Absatz 2 BsGaV über die Zuordnung der Vermögenswerte, aber auch über die Zuordnung der Betriebseinnahmen und Betriebsausgaben sowie über die Zuordnung der Chancen und Risiken, insbesondere der versicherungstechnischen Risiken, die mit dem Versicherungsvertrag im Zusammenhang stehen (siehe auch OECD-Betriebsstättenbericht, Teil IV Tz. 73).

2.24.3 Funktionsaufteilung bei Versicherungsbetriebsstätten (§ 24 Absatz 3 BsGaV)

291 Die einzelnen Schritte, die zur Personalfunktion des Zeichnungsprozesses gehören (siehe Rn. 285), können in zwei oder mehr Versicherungsbetriebsstätten ausgeübt werden (Funktionsaufteilung, siehe Rn. 42). In diesen Fällen muss es sich aus der Funktions- und Sachverhaltsanalyse ergeben, welchen Schritten der Personalfunktion des Zeichnungsprozesses (bis zum Abschluss des Versicherungsvertrags) die größte Bedeutung zukommt, wo die einzelnen Schritte der Personalfunktion des Zeichnungsprozesses ausgeübt werden und welche qualitative Bedeutung die jeweiligen Schritte unter den jeweiligen Gegebenheiten haben (siehe auch OECD-Betriebsstättenbericht, Teil IV Tz. 37). Hierzu sind insbesondere die Personalfunktionen zu identifizieren, die eine aktive unternehmerische Entscheidung für die Übernahme des Versicherungsrisikos erfordern (siehe auch OECD-Betriebsstättenbericht, Teil IV Tz. 94). Eine solche aktive unternehmerische Entscheidung kann auch in der Entscheidung bestehen, bestimmte Funktionen auszugliedern und anschließend zu kontrollieren.

292 Die relative qualitative Bedeutung eines bestimmten Schritts der Personalfunktion des Zeichnungsprozesses hängt von den Umständen des Einzelfalls ab, insbesondere von Faktoren wie der Art des Versicherungsgeschäfts oder dem Geschäftsmodell. Der Zeichnungsprozess ist für komplexe Risiken (wie z. B. Lebensversicherungsrisiken oder Erdbebenversicherungsrisiken) viel schwieriger und und für die Zuordnung bedeutungsvoller als für standardisierte Produkte (wie z. B. für über das Internet verkaufte Reiseversicherungen, siehe auch OECD-Betriebsstättenbericht, Teil IV Tz. 48 ff. und Tz. 69).

293 Folgende Faktoren sind bei der qualitativen Gewichtung der fünf Schritte des Zeichnungsprozesses, unter Beachtung der Besonderheiten der einzelnen Versicherungszweige, zu beachten:

- die Finanzkraft des Versicherungsunternehmens,
- die versicherungsaufsichtsrechtlichen Rahmenbedingungen in Bezug auf die maximale Risikokapazität,
- die fachlichen Kompetenzen und Fähigkeiten des Personals,
- die Verfügbarkeit und die Kosten einer Rückversicherung durch unverbundene Dritte sowie
- die strategischen Geschäftsziele des Versicherungsunternehmens.

294 Die Personalfunktion des Zeichnungsprozesses überwiegt, wenn die in einer Versicherungsbetriebsstätte ausgeübten Schritte der Personalfunktion des Zeichnungsprozesses i. S. d. § 24 Absatz 1 Satz 3 Nummer 1 bis 5 BsGaV (siehe Rn. 285) gegenüber den im übrigen Unternehmen ausgeübten Schritten der Personalfunktion des Zeichnungsprozesses qualitativ überwiegen (siehe Rn. 42). Die qualitative Gewichtung der einzelnen Schritte der Personalfunktion des Zeichnungsprozesses hat an Hand von sachgerechten Zuordnungskriterien zu erfolgen, insbesondere unter Beachtung der in Rn. 293 genannten Faktoren. Z. B. mittels einer Skala von 1 bis 5, wobei 1 für „geringe Bedeutung" und 5 für „hohe Bedeutung" steht.

295 Kann ein qualitatives Überwiegen der in einer Versicherungsbetriebsstätte ausgeübten Schritte der Personalfunktion des Zeichnungsprozesses nicht festgestellt werden, so können ausnahmsweise die entstandenen Personalkosten der geeignete Maßstab für die Aufteilung i. S. d. § 24 Absatz 3 Satz 2 BsGaV sein (siehe Rn. 42). Hierzu hat das Versicherungsunternehmen die Aufteilung der Personalkosten für den Zeichnungsprozess, gesondert nach den fünf Schritten des Zeichnungsprozesses (siehe Rn. 285) nachzuweisen. Der Nachweis ist durch Vorlage einer Kostenstellenrechnung, die nach Versicherungszweigen und Versicherungsbetriebsstätten gegliedert ist, oder durch vergleichbare Unterlagen zu führen.

Fall – Überwiegen der Personalfunktion des Zeichnungsprozesses:

Das in Staat A ansässige Versicherungsunternehmen X (X) betreibt in Staat B durch seine Versicherungsbetriebsstätte B (B) das Versicherungsgeschäft im Versicherungszweig Kraftfahrzeugversicherung. X macht glaubhaft, dass die Personalfunktion des Zeichnungsprozesses in der Versicherungsbetriebsstätte und im übrigen Unternehmen unter qualitativen Gesichtspunkten wie folgt ausgeübt wird:

Zeichnungsprozess	Gewichtung (siehe Rn. 294)	X	B
Festlegung der Zeichnungsstrategie	3	3	
Risikoklassifizierung und Risikoauswahl	3		3
Preisgestaltung	2	2	
Analyse der Risikoweitergabe	2	1	1
Annahme der versicherten Risiken	2		2
Summe:	12	6	6

Außerdem legt X eine Kostenstellenrechnung vor, aus der sich folgende Aufteilung der Personalkosten ergibt:

Zeichnungsprozess	Personalkosten X	Personalkosten B
Festlegung der Zeichnungsstrategie	300	0
Risikoklassifizierung und Risikoauswahl	0	400
Preisgestaltung	150	0
Analyse der Risikoweitergabe	75	100
Annahme der versicherten Risiken	0	175
Summe:	525	675

Lösung:

Nach qualitativen Gesichtspunkten kann kein Überwiegen der von B ausgeübten Schritte der Personalfunktion des Zeichnungsprozesses gegenüber den von X ausgeübten Schritten (jeweils Faktor 6) i. S. d. § 24 Absatz 3 Satz 1 BsGaV festgestellt werden. Nach quantitativen Gesichtspunkten überwiegen die Personalkosten von B, weshalb die unternehmerische Risikoübernahmefunktion im vorliegenden Fall von B ausgeübt wird.

296 In Fällen einer Funktionsaufteilung ist nur die im Hinblick auf einen Versicherungsvertrag in einer Versicherungsbetriebsstätte ausgeübte Personalfunktion des Zeichnungsprozesses mit der qualitativ größten Bedeutung (siehe auch Rn. 42) die unternehmerische Risikoübernahmefunktion (§ 24 Absatz 3 Satz 2 BsGaV).

297 Sachgerechter Anknüpfungspunkt für die Zuordnung ist, in welcher Versicherungsbetriebsstätte bis zum Abschluss des Versicherungsvertrags die unternehmerische Risikoübernahmefunktion ausgeübt wurde (§ 24 Absatz 3 Satz 3 BsGaV). Personalfunktionen, die nach Abschluss des Versicherungsvertrags ausgeübt werden, gehören nicht zum Zeichnungsprozess und haben keinen Einfluss auf die Zuordnung.

2.24.4 Zuordnungsregelung im Rückversicherungsgeschäft (§ 24 Absatz 4 BsGaV)

298 Im Rückversicherungsgeschäft gilt die Personalfunktion der Risikoklassifizierung und der Risikoauswahl im Regelfall als unternehmerische Risikoübernahmefunktion (widerlegbare Vermutung § 24 Absatz 4 BsGaV). Unter Rückversicherungsgeschäft versteht man die Versicherung der von einem Versicherungsunternehmen übernommenen Gefahren, d. h. Rückversicherungsgeschäfte sind Versicherungsgeschäfte, mit denen versicherte Risiken von einem Versicherungsunternehmen auf ein anderes Versicherungsunternehmen übertragen werden (zu den Formen des Rückversicherungsgeschäfts siehe auch OECD-Betriebsstättenbericht, Teil IV Tz. 21).

299 Grundsätzlich gelten für die Risikoklassifizierung und die Risikoauswahl (siehe Rn. 286) im Rückversicherungsgeschäft keine Besonderheiten. Da es sich aber bei Rückversicherungsverträgen im Regelfall um individuelle Deckungszusagen handelt, erfordern die Risikoklassifizierung und die Risikoauswahl in der Rückversicherung bestimmte zentrale Funktionen. Dazu gehören z. B. die Grundlagenforschung bezüglich bestimmter Risiken (z. B. für Elementarrisiken, für bestimmte Branchenrisiken im Industriegeschäft etc.) und die Führung langjähriger Statistiken. Diese zentralen Funktionen erfordern sowohl in materieller als auch in personeller Hinsicht eine umfangrei-

che Geschäftsausstattung. Das für die Risikoklassifizierung und die Risikoauswahl in der Rückversicherung zuständige Personal verfügt über die für diese Aufgabe erforderliche Qualifikation (im Regelfall ist ein Hochschulabschluss erforderlich, der entsprechende Kenntnisse für den betreffenden Versicherungszweig vermittelt). Für die qualitative Beurteilung (siehe Rn. 42) der Personalfunktion der Risikoklassifizierung und der Risikoauswahl sind die Ausübung dieser zentralen Funktionen und die Qualifikation des zuständigen Personals einzubeziehen.

300 Anzunehmende schuldrechtliche Beziehungen (Leistungsbeziehungen) zwischen der Versicherungsbetriebsstätte und dem übrigen Unternehmen können einen Hinweis darauf geben, wo die Personalfunktion der Risikoklassifizierung und Risikoauswahl ausgeübt werden.

2.24.5 Sonderregelung für Niederlassungen ausländischer Versicherungsunternehmen nach Versicherungsaufsichtsrecht (§ 24 Absatz 5 BsGaV)

301 Für ausländische Versicherungsunternehmen, die im Inland das Versicherungsgeschäft betreiben, gelten folgende versicherungsaufsichtsrechtlichen Regelungen:

- Versicherungsunternehmen mit Sitz in einem EU- bzw. EWR-Mitgliedstaat können im In land das Versicherungsgeschäft im Dienstleistungsverkehr oder durch eine Niederlassung ausüben (§ 61 Absatz 1 VAG [§ 110a Absatz 1 VAG a. F.] bzw. für Rückversicherungsunternehmen § 169 Absatz 1 VAG [§ 121h Absatz 1 VAG a. F.]);
- Erstversicherungsunternehmen mit Sitz in einem Drittstaat können das Versicherungsgeschäft nur durch eine Niederlassung ausüben (§ 67 Absatz 1 Satz 1 i. V. m. § 68 Absatz 1 Satz 1 VAG [§ 106 Absatz 2 VAG a. F.]);
- Rückversicherungsunternehmen mit Sitz in einem Drittstaat dürfen das Versicherungsgeschäft im Inland durch eine Niederlassung (§ 67 Absatz 1 Satz 1 i. V. m. § 68 Absatz 1 Satz 1 VAG) oder unter bestimmten Voraussetzungen auch von ihrem Sitz aus betreiben (§ 67 Absatz 1 Satz 2 VAG [§ 121i Absatz 1 Satz 3 VAG a. F.]).

302 Begründet ein ausländisches Versicherungsunternehmen im Inland nach versicherungsaufsichtsrechtlichen Regelungen eine Niederlassung, gilt die widerlegbare Vermutung des § 24 Absatz 5 Satz 1 BsGaV, dass die unternehmerische Risikoübernahmefunktion hinsichtlich derjenigen Versicherungsverträge, die durch die Niederlassung abgeschlossen werden, in der Versicherungsbetriebsstätte ausgeübt wird (siehe auch OECD-Betriebsstättenbericht, Teil IV Tz. 96).

303 Die widerlegbare Vermutung des § 24 Absatz 5 Satz 1 BsGaV gilt nicht, wenn ein Versicherungsunternehmen mit Sitz in einem EU- bzw. EWR-Mitgliedstaat das Versicherungsgeschäft im Inland im Dienstleistungsverkehr ausübt. Begründet das ausländische Unternehmen in diesen Fällen eine inländische Versicherungsbetriebsstätte, gelten die Zuordnungsregelungen des § 24 Absatz 1 bis 4 BsGaV (siehe Rn. 283 bis 300).

Fall – Dienstleistungsverkehr:

Das in der EU ansässige Versicherungsunternehmen X (X) betreibt im Inland das Versicherungsgeschäft im Versicherungszweig Feuer im Dienstleistungsverkehr gem. § 61 Absatz 3 VAG (§ 110a Absatz 2a VAG a. F.). Eine Niederlassung nach § 61

Absatz 1 i. V. m. § 68 Absatz 2 VAG (§ 110a Absatz 1 i. V. m. § 106 Absatz 2 VAG a. F.) besteht nicht.

Lösung:

Die widerlegbare Vermutung des § 24 Absatz 5 Satz 1 BsGaV ist nicht anzuwenden.

Fallvariante – Dienstleistungsverkehr:

Das in der EU ansässige Versicherungsunternehmen X (X) betreibt im Inland das Versicherungsgeschäft im Versicherungszweig Feuer im Dienstleistungsverkehr gem. § 61 Absatz 3 VAG (§ 110a Absatz 2a VAG a. F.). Außerdem hat X im Inland eine Niederlassung A (A) nach § 61 Absatz 1 i. V. m. § 68 Absatz 2 VAG (§ 110a Absatz 1 i. V. m. § 106 Absatz 2 VAG a. F.) errichtet und einen Hauptbevollmächtigten ernannt. A betreibt das Versicherungsgeschäft in den Versicherungszweigen Allgemeine Unfall und Kraftfahrt.

Lösung:

Die widerlegbare Vermutung des § 24 Absatz 5 Satz 1 BsGaV ist für A anzuwenden, soweit das Versicherungsgeschäft in den Versicherungszweigen Allgemeine Unfall und Kraftfahrt betroffen ist. Die im Dienstleistungsverkehr durch X abgeschlossenen Versicherungsverträge im Versicherungszweig Feuer sind der Niederlassung nicht zuzurechnen, da diese nicht als vom Hauptbevollmächtigten abgeschlossen gelten.

304 Zur Unterscheidung zwischen der Ausübung des Versicherungsgeschäfts im Dienstleistungsverkehr oder durch eine Niederlassung wird auf die Mitteilung der Kommission 2000/C 43/03 vom 16. Februar 2000 zu Abgrenzungsfragen zwischen Dienstleistungsfreiheit und Niederlassungsrecht in den Versicherungsrichtlinien hingewiesen.

305 Die Vermutung des § 24 Absatz 5 Satz 1 BsGaV (siehe Rn. 302) kann widerlegt werden, wenn das ausländische Versicherungsunternehmen nachweist, dass die unternehmerische Risikoübernahmefunktion für den unter Beteiligung der inländischen Versicherungsbetriebsstätte erfolgten Abschluss eines Versicherungsvertrags tatsächlich nicht in der inländischen Versicherungsbetriebsstätte ausgeübt wird. Vor dem Hintergrund, dass die Ausübung des Versicherungsgeschäfts mittels einer Niederlassung das Vorhandensein eines Mittelpunkts der geschäftlichen Tätigkeit erfordert, bedeutet dies, dass das ausländische Versicherungsunternehmen nachweist, welche Personalfunktionen des Zeichnungsprozesses mit Bezug zum Versicherungsvertrag einerseits in der inländischen Versicherungsbetriebsstätte (Niederlassung) und welche andererseits im übrigen Versicherungsunternehmen ausgeübt werden.

306 Weiterhin hat das ausländische Versicherungsunternehmen nachzuweisen,

- dass den in der Versicherungsbetriebsstätte ausgeübten Personalfunktionen des Zeichnungsprozesses – entsprechend § 24 Absatz 3 BsGaV – nicht die größte Bedeutung für den Abschluss des Versicherungsvertrags zukommt (siehe Rn. 294),
- dass die Ausgliederung einer Personalfunktion des Zeichnungsprozesses aus der Versicherungsbetriebsstätte ohne Beteiligung des Hauptbevollmächtigten aufgrund einer aktiven unternehmerischen Entscheidung, die im übrigen Unternehmen ausgeübt und im Folgenden auch im übrigen Unternehmen kontrolliert wurde, erfolgt ist und

- wo stattdessen und von wem die entsprechende unternehmerische Risikoübernahmefunktion ausgeübt wurde.

Dem Nachweis hat ein ausländisches Versicherungsunternehmen mit Sitz in einem Drittstaat entsprechend § 69 Absatz 1 VAG den Geschäftsplan nach § 9 Absatz 2 und 3 VAG sowie die in § 9 Absatz 4 genannten Angaben und Unterlagen (den Geschäftsplan i. S. d. § 106b VAG a. F. bzw. den Tätigkeitsbericht i. S. d. § 119 Absatz 2 VAG a. F. i. V. m. § 121i VAG a. F.), ggf. ergänzt um Änderungsanzeigen nach § 12 VAG (§ 13 VAG a. F.) beizufügen. Ausländische Versicherungsunternehmen mit Sitz in einem EU- bzw. EWR-Mitgliedstaat haben den nach ausländischem Versicherungsaufsichtsrecht einzureichenden Tätigkeitsbericht (entsprechend Artikel 145 Absatz 2 der RL 2009/138/EG), ggf. ergänzt um Änderungsanzeigen (entsprechend Artikel 145 Absatz 4 der RL 2009/138/EG) beizufügen.

307 Außerdem hat das ausländische Versicherungsunternehmen nachzuweisen, dass es den Sachverhalt, der der Finanzbehörde vorgetragen wird, übereinstimmend sowohl der deutschen Versicherungsaufsichtsbehörde als auch der ausländischen Versicherungsaufsichtsbehörde mitgeteilt hat. Der Nachweis kann nur durch Vorlage einer schriftlichen Mitteilung mit Nachweis des Zugangs bei den beteiligten Versicherungsaufsichtsbehörden erbracht werden.

308 Zu den notwendigen Angaben in der Mitteilung an die beteiligten Versicherungsaufsichtsbehörden gehört die Darlegung,

- welche Funktionen in der Niederlassung, insbesondere vom Hauptbevollmächtigten tatsächlich ausgeübt werden,
- wo und von wem die unternehmerische Risikoübernahmefunktion, d. h. die Personalfunktion des Zeichnungsprozesses, ausgeübt wird,
- dass und warum die Versicherungsverträge, die durch die Niederlassung abgeschlossen wurden, dem übrigen Unternehmen zuzuordnen sind und
- dass das übrige Unternehmen – entsprechend § 1 Absatz 1 Nummer 1 VVG-InfoV – im Versicherungsvertrag als die Versicherung ausgewiesen wird, über die der Versicherungsvertrag abgeschlossen wurde.

2.24.6 Ergänzende Regelung für ausländische Versicherungsbetriebsstätten inländischer Versicherungsunternehmen (§ 24 Absatz 6 BsGaV)

309 Ein Versicherungsvertrag kann einer ausländischen Versicherungsbetriebsstätte eines inländischen Versicherungsunternehmens nur zugeordnet werden, wenn das Versicherungsunternehmen nachweist, dass die unternehmerische Risikoübernahmefunktion tatsächlich in der ausländischen Versicherungsbetriebsstätte ausgeübt wird. Auf die Bestellung eines ausländischen Hauptbevollmächtigten oder eines sonstigen ausländischen Bevollmächtigten, der einem Hauptbevollmächtigten i. S. d. § 68 Absatz 2 VAG (§ 106 Absatz 3 VAG a. F.) vergleichbar ist, kommt es nicht an. Daher ist unbeachtlich, dass

- ein inländisches Versicherungsunternehmen, das in einem EU- bzw. EWR-Mitgliedstaat das Versicherungsgeschäft durch eine Niederlassung (Versicherungsbetriebsstätte) betreibt, nach § 58 VAG (§ 13b VAG a. F.) für die ausländische Niederlassung einen Hauptbevollmächtigten zu bestellen hat, und

- es auch für eine Niederlassung in einem Drittstaat aufgrund dortiger versicherungsaufsichtsrechtlicher Vorgaben notwendig sein kann, einen Bevollmächtigten zu bestellen, der einem Hauptbevollmächtigten i. S. d. § 68 Absatz 2 VAG (§ 106 Absatz 3 VAG a. F.) vergleichbar ist.

310 Für die Zuordnung eines Versicherungsvertrags zu einer ausländischen Versicherungsbetriebsstätte reicht es nicht aus, dass dort lediglich die Personalfunktionen ausgeübt werden, die im unmittelbaren Zusammenhang mit der Annahme des versicherten Risikos i. S. d. § 24 Absatz 1 Satz 3 Nummer 5 BsGaV stehen, da dies eine bloß formale Aktivität sein kann, z. B. lediglich eine rechtsförmliche Unterschrift (siehe Rn. 39). Werden über eine bloß formale Aktivität hinaus keine weiteren Personalfunktionen des Zeichnungsprozesses in der ausländischen Versicherungsbetriebsstätte ausgeübt, muss für eine Zuordnung zusätzlich eine der folgenden Personalfunktionen, die nicht zum Zeichnungsprozess gehören, in der ausländischen Versicherungsbetriebsstätte ausgeübt werden:

- Produktmanagement und Produktentwicklung (siehe auch OECD-Betriebsstättenbericht, Teil IV Tz. 26 bis Tz. 28),
- Verkauf und Marketing (siehe auch OECD-Betriebsstättenbericht, Teil IV Tz. 29 bis Tz. 33) oder
- Risikomanagement und Rückversicherung, d. h. Entscheidung über die Weitergabe eines Teilrisikos (Zession) (siehe auch OECD-Betriebsstättenbericht, Teil IV Tz. 38 bis Tz. 41).

311 Kommt der Ausübung der Personalfunktion in einer ausländischen Versicherungsbetriebsstätte, die im unmittelbaren Zusammenhang mit der Annahme des versicherten Risikos i. S. d. § 24 Absatz 1 Satz 3 Nummer 5 BsGaV steht, ggf. zusammen mit anderen Personalfunktionen die überwiegende Bedeutung zu, folgt daraus, dass die unternehmerische Risikoübernahmefunktion für den Versicherungsvertrag insgesamt in dieser ausländischen Versicherungsbetriebsstätte ausgeübt wird.

2.24.7 Sonderregelung für unterstützende Personalfunktionen von Versicherungsbetriebsstätten (§ 24 Absatz 7 BsGaV)

312 In Fällen von unterstützenden Personalfunktionen (§ 24 Absatz 7 i. V. m § 19 Absatz 5 BsGaV) ist entsprechend § 16 Absatz 2 BsGaV für die Ausübung der Personalfunktionen anderer Versicherungsbetriebsstätten gegenüber der Versicherungsbetriebsstätte mit der unternehmerischen Risikoübernahmefunktion, der der Versicherungsvertrag nach § 24 Absatz 1 bis 6 BsGaV zuzuordnen ist, ein Verrechnungspreis anzusetzen, wie er zwischen voneinander unabhängigen Unternehmen angesetzt worden wäre (siehe auch OECD-Betriebsstättenbericht, Teil I Tz. 219). Der Verrechnungspreis ist im Regelfall unter Verwendung einer kostenorientierten Verrechnungspreismethode zu bestimmen.

313 Zu den unterstützenden Personalfunktionen gehören (siehe auch OECD-Betriebsstättenbericht, Teil IV Tz. 42 und Tz. 43)

- Personalfunktionen, die der Sache nach zur unternehmerischen Risikoübernahmefunktion gehören können, aber in einer Betriebsstätte des Versicherungsunternehmens ausgeübt werden, der die unternehmerische Risikoübernahmefunktion nicht zuzuordnen ist,
- Personalfunktionen, die der Verwaltung des Versicherungsvertrags nach dessen Abschluss dienen, sowie
- andere unterstützende Personalfunktionen, insbesondere die Vertragsverwaltung und die Schadensbearbeitung.

Fall – Zeichnungsstrategie als Hilfsfunktion:

Im Sachverhalt des Falls in Rn. 295 wird die unternehmerische Risikoübernahmefunktion von der Versicherungsbetriebsstätte B ausgeübt. Die Funktion Festlegung der Zeichnungsstrategie (siehe Rn. 284) wird von X ausgeübt.

Lösung:

Die Ausübung der Funktion „Festlegung der Zeichnungsstrategie" ist ein wirtschaftlicher Vorgang, der eine anzunehmende schuldrechtliche Beziehung i. S. d. § 16 Absatz 1 Nummer 2 Buchstabe b BsGaV darstellt (fiktive Dienstleistung von X gegenüber B). Für diese fiktive Dienstleistung ist nach § 16 Absatz 2 BsGaV ein dem Fremdvergleichsgrundsatz entsprechender Verrechnungspreis anzusetzen.

2.25 Dotationskapital inländischer Versicherungsbetriebsstätten ausländischer Versicherungsunternehmen, Versicherungsaufsichtsrecht (§ 25 BsGaV)

2.25.1 Grundsatz: Zuordnung der Kapitalanlagen zu inländischen Versicherungsbetriebsstätten (§ 25 Absatz 1 BsGaV)

314 Ausgangspunkt für die Zuordnung von Dotationskapital zu inländischen Versicherungsbetriebsstätten sind die Vermögenswerte, die insgesamt der Bedeckung der versicherungstechnischen Rückstellungen und des Eigenkapitals des ausländischen Versicherungsunternehmens dienen (siehe auch OECD-Betriebsstättenbericht, Teil IV Tz. 75). Für die Berechnung sind die Werte zugrunde zu legen, die in der Bilanz des ausländischen Versicherungsunternehmens ausgewiesen sind.

315 Für Zwecke der Bestimmung des Dotationskapitals inländischer Versicherungsbetriebsstätten ausländischer Versicherungsunternehmen mit Sitz in einem EU- oder EWR-Staat sind als Vermögenswerte, die der Bedeckung der versicherungstechnischen Rückstellungen und des Eigenkapitals dienen, die Vermögenswerte anzusehen, die den Vermögenswerten entsprechen, die nach Artikel 6 der Richtlinie des Rats vom 19. Dezember 1991 über den Jahresabschluss und den konsolidierten Abschluss von Versicherungsunternehmen (91/674/EWG) auf der Aktivseite der Bilanz unter den Buchstaben C (Kapitalanlagen), D (Kapitalanlagen für Rechnung und Risiko von Inhabern von Lebensversicherungspolicen) und E I. (Forderungen aus dem selbst abgeschlossenen Versicherungsgeschäft) auszuweisen sind (gleichlautend Formblatt I der RechVersV). Für inländische Versicherungsbetriebsstätten ausländischer Versicherungsunternehmen mit Sitz in einem Drittstaat sind als Vermögenswerte, die der Bedeckung der versicherungstechnischen Rückstellungen und des Eigenkapitals dienen, die Vermögenswerte anzusehen, die nach den aufsichtsrechtlichen Vorschriften des Sitz-

staats als bedeckungsfähige Vermögenswerte anzusetzen sind. Liegen entsprechende aufsichtsrechtliche Vorschriften des Sitzstaats nicht vor, ist Satz 1 sinngemäß anzuwenden.

Fall 1 – Schaden-Versicherungsunternehmen:

Das Versicherungsunternehmen X (X) mit Sitz in einem EU- bzw. EWR-Mitgliedstaat betreibt das Schaden- und Unfallversicherungsgeschäft im Inland durch eine Niederlassung (Versicherungsbetriebsstätte). Die Bilanz von X weist (vereinfacht) folgende Positionen aus:

B.	Immaterielle Vermögenswerte	70	A.	Eigenkapital	700
C.	Kapitalanlage (KA):		E.	Versicherungstechnische Rückstellungen (R):	
	I. Grundstücke	150		I. Beitragsübergänge	450
	II. KA verbundene Unternehmen	470		II. Deckungsrückstellung	2.000
	III. Sonstige KA	7.470		III. Schadenrückstellung	4.900
	IV. Depotforderung RV	100		IV. R für Beitragsrückerstattung	250
			F.	Sonstige R	10
E.	Forderungen (F):		G.	Andere Rückstellungen	150
	I. F selbst abgeschlossenes Versicherungsgeschäft	80			
	II. Abrechnungs-Vblk Rückversicherung	140			
	III. Sonstige F	300			
F.	Sonstige Vermögensgegenstände	120	I.	Andere Verbindlichkeiten (Vblk):	
				I. Vblk selbstabgeschlossenes Versicherungsgeschäft	250
				II. Abrechnungs-F Rückversicherung	10
				III. Sonstige Vblk	280
G.	Rechnungsabgrenzungsposten	100			
		9.000			9.000

Lösung:

BMF-Schr.

Die Vermögenswerte, die der Bedeckung der versicherungstechnischen Rückstellungen und des Eigenkapitals dienen, betragen 8.270 (Summe von C.I. [150], C.II. [470], C.III. [7.470], C.IV [100] und E.I. [80]).

Fall 2 – Lebensversicherungsunternehmen:

Das Versicherungsunternehmen X (X) mit Sitz in einem EU- bzw. EWR-Mitgliedstaat betreibt das Lebensversicherungsgeschäft im Inland durch eine Niederlassung (Versicherungsbetriebsstätte). Die Bilanz von X weist (vereinfacht) folgende Positionen aus:

B.	Immaterielle Vermögenswerte		10	A.	Eigenkapital		400
C.	Kapitalanlage (KA):			E.	Versicherungstechnische Rückstellungen (R):		
I.	Grundstücke		500	I.	Beitragsübergänge		260
II.	KA verbundene Unternehmen		1.200	II.	Deckungsrückstellung		38.000
III.	Sonstige KA		40.0000	III.	Schadenrückstellung		170
				IV.	R für Beitragsrückerstattung		3.200
D.	KA auf Rechnung und Risiko Versicherungsunternehmer		800	F.	R Rechnung und Risiko Versicherungsnehmer		800
E.	Forderungen (F):			G.	Andere Rückstellungen		150
I.	F selbst abgeschlossenes Versicherungsgeschäft		250				
III.	Sonstige F		500				
F.	Sonstige Vermögensgegenstände		300	I.	Andere Verbindlichkeiten (Vblk):		
				I.	Vblk selbstabgeschlossenes Versicherungsgeschäft		900
				II.	Abrechnungs-F Rückversicherung		10
				III.	Sonstige Vblk		100
G.	Rechnungsabgrenzungsposten		400	K.	Rechnungsabgrenzungsposten		10
			44.000				44.000

Lösung:

Die Vermögenswerte, die der Bedeckung der versicherungstechnischen Rückstellungen und des Eigenkapitals dienen, betragen 42.750 (Summe von C.I. [500], C.II. [1.200], C.III. [40.000], D. [800] und E.I. [250]).

316 Im Ergebnis ist einer inländischen Versicherungsbetriebsstätte ein Anteil an den Vermögenswerten des ausländischen Versicherungsunternehmens zuzuordnen, denn diese Vermögenswerte dienen insgesamt der Bedeckung der versicherungstechnischen Rückstellungen und des Eigenkapitals des ausländischen Versicherungsunternehmens

(einschließlich der inländischen Versicherungsbetriebsstätte). Die Berechnung des Anteils der inländischen Versicherungsbetriebsstätte erfolgt auf Basis der in der handelsrechtlichen Bilanz des ausländischen Versicherungsunternehmens ausgewiesenen Vermögenswerte. Aus der Bilanz zum Ende eines Wirtschaftsjahrs ergibt sich der Wert für den Beginn des folgenden Wirtschaftsjahrs.

317 Der anzuwendende Aufteilungsschlüssel ergibt sich aus dem Verhältnis der versicherungstechnischen Rückstellungen für Versicherungsverträge, die der inländischen Versicherungsbetriebsstätte zuzuordnen sind, zu den in der Bilanz des ausländischen Versicherungsunternehmens insgesamt ausgewiesenen versicherungstechnischen Rückstellungen (siehe auch OECD-Betriebsstättenbericht, Teil IV Tz. 147).

Fall 1 – Schaden-Versicherungsunternehmen:

Sachverhalt wie Fall 1 zu Rn. 315. In der Bilanz des ausländischen Versicherungsunternehmens X sind versicherungstechnische Rückstellungen i. H. v. 7.610 ausgewiesen. Darin sind für die der inländischen Versicherungsbetriebsstätte zuzuordnenden Versicherungsverträge folgende, nach ausländischem Recht ermittelte Beträge enthalten: Beitragsüberträge 70, Deckungsrückstellung 450, Schadenrückstellung 875, Rückstellung für Beitragsrückerstattung 50.

Lösung:

Die versicherungstechnischen Rückstellungen für die der inländischen Versicherungsbetriebsstätte zuzuordnenden Versicherungsverträge betragen 1.445. Das entspricht einem Anteil von 19 %. Folglich sind der Versicherungsbetriebsstätte Vermögenswerte i. H. v. 19 % der Vermögenswerte des ausländischen Versicherungsunternehmens X zuzuordnen, d. h. 19 % von 8.270 = 1.571.

Fall 2 – Lebensversicherungsunternehmen

Sachverhalt wie Fall 2 zu Rn. 315. In der Bilanz des ausländischen Versicherungsunternehmens X sind versicherungstechnische Rückstellungen i. H. v. 41.630 ausgewiesen. Darin sind für die der inländischen Versicherungsbetriebsstätte zuzuordnenden Versicherungsverträge folgende, nach ausländischem Recht ermittelte Beträge enthalten: Beitragsüberträge 70, Deckungsrückstellung 9.500, Schadenrückstellung 40, Rückstellung für Beitragsrückerstattung 800.

Lösung:

Die versicherungstechnischen Rückstellungen für die der inländischen Versicherungsbetriebsstätte zuzuordnenden Versicherungsverträge betragen 10.410. Das entspricht einem Anteil von 25 %. Folglich sind der Versicherungsbetriebsstätte Vermögenswerte i. H. v. 25 % der Vermögenswerte des ausländischen Versicherungsunternehmens X zuzuordnen, d. h. 25 % von 42.750 = 10.688.

2.25.2 Zuordnung von Dotationskapital bei Versicherungsbetriebsstätten ausgehend von den Kapitalanlagen (§ 25 Absatz 2 BsGaV)

318 Die der inländischen Versicherungsbetriebsstätte zuzuordnenden Vermögenswerte bestimmen, in welcher Höhe der Versicherungsbetriebsstätte Dotationskapital zuzuordnen ist (§ 25 Absatz 2 Satz 1 BsGaV). Für die Berechnung sind für die Versicherungsverträge, die der Versicherungsbetriebsstätte zuzuordnen sind, die versicherungstechnischen Rückstellungen und die aus Versicherungsverhältnissen entstandenen

Verbindlichkeiten und Rechnungsabgrenzungsposten wie für ein selbständiges Versicherungsunternehmen nach deutschem Handelsrecht zu bestimmen (§§ 341 ff. HGB und RechVersV). Das der Versicherungsbetriebsstätte zuzuordnende Dotationskapital errechnet sich dadurch, dass von den nach § 25 Absatz 1 BsGaV zuzuordnenden Vermögenswerten die versicherungstechnischen Rückstellungen und die aus Versicherungsverhältnissen entstandenen Verbindlichkeiten und Rechnungsabgrenzungsposten abgezogen werden. Im Grundsatz entspricht diese Berechnung der funktions- und risikobezogenen Kapitalaufteilungsmethode für Bankbetriebsstätten (§ 20 BsGaV) und für Betriebsstätten allgemein (§ 12 BsGaV). Aufgrund der abweichenden Struktur des Berechnungsverfahrens für Versicherungsbetriebsstätten wird die Methode als „modifizierte Kapitalaufteilungsmethode für Versicherungsbetriebsstätten" bezeichnet (§ 25 Absatz 2 Satz 2 BsGaV). Andere Aufteilungsschlüssel sind nicht anzuwenden, da diese nach internationaler Auffassung nicht zu sachgerechten Ergebnissen führen (siehe OECD-Betriebsstättenbericht, Teil IV Tz. 149 f.).

Fall 1 – Schaden-Versicherungsunternehmen:

Sachverhalt wie Fall 1 zu Rn. 315 und Rn. 317.

Lösung:

Nach dem Ergebnis zu Fall 1 der Rn. 317 sind der inländischen Versicherungsbetriebsstätte Vermögenswerte i. H. v. 1.571 zuzuordnen. Zur Bestimmung des Dotationskapitals der inländischen Versicherungsbetriebsstätte sind folgende, nach inländischem Handelsrecht ermittelte versicherungstechnische Rückstellungen und die aus Versicherungsverhältnissen entstandenen Verbindlichkeiten und Rechnungsabgrenzungsposten abzuziehen:

Vermögenswerte	1.571
– Beitragsüberträge	71
– Deckungsrückstellung	440
– Schadenrückstellung	800
– Schwankungsrückstellung	100
– Rückstellung für Beitragsrückerstattung	50
– Verbindlichkeiten und Rechnungsabgrenzungsposten aus Versicherungsverträgen	10
= Dotationskapital	100

Fall 2 – Lebensversicherungsunternehmen:

Sachverhalt wie Fall 2 zu Rn. 315 und Rn. 317.

Lösung:

Nach dem Ergebnis zu Fall 2 der Rn. 317 sind der inländischen Versicherungsbetriebsstätte Vermögenswerte i. H. v. 10.688 zuzuordnen. Zur Bestimmung des Dotationskapitals der inländischen Versicherungsbetriebsstätte sind folgende, nach inländischem Handelsrecht ermittelte versicherungstechnische Rückstellungen und die aus Versicherungsverhältnissen entstandenen Verbindlichkeiten und Rechnungsabgrenzungsposten abzuziehen:

Vermögenswerte	10.688
– Beitragsüberträge	71
– Deckungsrückstellung	9.500
– Schadenrückstellung	42
– Rückstellung für Beitragsrückerstattung	800
– Verbindlichkeiten und Rechnungsabgrenzungsposten aus Versicherungsverträgen	75
= Dotationskapital	200

2.25.3 Öffnungsklausel für Versicherungsbetriebsstätten (§ 25 Absatz 3 BsGaV)

319 § 25 Absatz 3 Satz 1 BsGaV lässt den Ansatz eines – im Verhältnis zur modifizierten Kapitalaufteilungsmethode für Versicherungsbetriebsstätten – niedrigeren Dotationskapitals zu, wenn und soweit nachgewiesen wird, dass aufgrund der Funktions- und Risikostruktur ein geringeres Dotationskapital zu einem Ergebnis der inländischen Versicherungsbetriebsstätte führt, das im Verhältnis zum übrigen Unternehmen dem Fremdvergleichsgrundsatz im Einzelfall besser entspricht.

320 Das Mindesteigenkapital, das ein selbständiges Versicherungsunternehmen in der Situation der Versicherungsbetriebsstätte im Inland versicherungsaufsichtsrechtlich ausweisen müsste, darf allerdings durch die inländische Versicherungsbetriebsstätte nicht unterschritten werden (§ 25 Absatz 3 Satz 2 BsGaV). Denn ein unabhängiges Versicherungsunternehmen könnte ohne ein solches Mindesteigenkapital in Deutschland kein Versicherungsgeschäft betreiben. Deshalb ist für inländische Versicherungsbetriebsstätten neben der modifizierten Kapitalaufteilungsmethode für Versicherungsbetriebsstätten auch die Mindestkapitalausstattungsmethode für Versicherungsbetriebsstätten (siehe § 26 Absatz 1 Satz 1 BsGaV) für die Zuordnung von Dotationskapital von Bedeutung (siehe auch OECD-Betriebsstättenbericht, Teil IV Tz. 153 ff.: Thin Capitalisation/Adjusted Regulatory Minimum Approach), da sie die Untergrenze für die rechnerische Ausstattung mit Dotationskapital festlegt. Dem Fremdvergleichsgrundsatz entsprechend gilt § 25 Absatz 3 Satz 2 BsGaV auch für die modifizierte Kapitalaufteilungsmethode für Versicherungsbetriebsstätten nach § 25 Absatz 1 und 2 BsGaV.

2.25.4 Anpassung der zuzuordnenden Vermögenswerte bei inländischen Versicherungsbetriebsstätten (§ 25 Absatz 4 BsGaV)

321 Die Systematik für die Bestimmung des Dotationskapitals für inländische Versicherungsbetriebsstätten erfordert (§ 25 Absatz 1 und 2 BsGaV), dass jede davon abweichende Zuordnung von Dotationskapital auch eine Anpassung der nach § 25 Absatz 1 BsGaV zuzuordnenden Vermögenswerte zur Folge hat (§ 25 Absatz 4 BsGaV).

Fall:

Das Versicherungsunternehmen X (X) mit Sitz in einem Drittstaat betreibt das inländische Versicherungsgeschäft durch eine Niederlassung. Nach der modifizierten Kapitalaufteilungsmethode für Versicherungsbetriebsstätten sind der Versicherungsbetriebsstätte Vermögenswerte i. H. v. 4.000 zuzuordnen, nach Abzug der versicherungstechnischen Rückstellungen von 3.700 ergibt sich ein Dotationskapital von 300. X weist nach, dass nach § 25 Absatz 3 BsGaV ein Dotationskapital von 100 dem Fremdvergleichsgrundsatz besser entspricht.

Lösung:

Folge der Kürzung des Dotationskapitals um 200 (300 abzüglich 100) ist, dass nach § 25 Absatz 4 BsGaV die zuzuordnenden Vermögenswerte um 200 zu kürzen sind. Danach sind die Vermögenswerte nur mit 3.800 in der Hilfs- und Nebenrechnung anzusetzen.

2.25.5 Erfordernisse des inländischen Versicherungsaufsichtsrechts (§ 25 Absatz 5 BsGaV)

322 § 25 Absatz 5 BsGaV ordnet über § 12 Absatz 6 BsGaV hinaus eine Änderung des Dotationskapitals einer inländischen Versicherungsbetriebsstätte innerhalb des Wirtschaftsjahrs an, wenn die rechtlichen Anforderungen des inländischen Versicherungsaufsichtsrechts eine unterjährige Anpassung des Dotationskapitals erfordern. Daneben ist nach § 12 Absatz 6 BsGaV allerdings auch eine Anpassung des Dotationskapitals einer inländischen Versicherungsbetriebsstätte durchzuführen, wenn die sich ergebende Veränderung des zuzuordnenden Dotationskapitals erheblich ist (siehe Rn. 143, die sinngemäß auch für inländische Versicherungsbetriebsstätten gilt). Eine Veränderung ist erheblich, wenn das Dotationskapital zu Beginn des folgenden Wirtschaftsjahrs um mehr als 30 % vom Dotationskapital zu Beginn des Wirtschaftsjahrs abweicht, aber nur dann, wenn die Abweichung mindestens 2 Mio. Euro beträgt.

323 Nach § 25 Absatz 5 Satz 2 BsGaV ist § 12 BsGaV sinngemäß auf inländische Versicherungsbetriebsstätten anzuwenden, soweit § 25 Absatz 1 bis 4 BsGaV keine besondere Regelung enthält. Dies gilt insbesondere für die Regelung des § 12 Absatz 5 BsGaV. Deshalb ist einer inländischen Versicherungsbetriebsstätte ungeachtet der Regelung in § 25 Absatz 1 bis 4 BsGaV mindestens das in einer inländischen Handelsbilanz tatsächlich ausgewiesene Kapital als Dotationskapital zuzuordnen.

2.26 Dotationskapital ausländischer Versicherungsbetriebsstätten inländischer Versicherungsunternehmen, Versicherungsaufsichtsrecht (§ 26 BsGaV)

2.26.1 Grundsatz: Mindestkapitalausstattung für Versicherungsbetriebsstätten (§ 26 Absatz 1 BsGaV)

324 Ausländischen Versicherungsbetriebsstätten ist nur Dotationskapital zuzuordnen, soweit dies nach § 13 Absatz 1 Satz 1 BsGaV notwendig ist. Ein höheres Dotationskapital ist anzuerkennen, wenn zwingende Regelungen zur Mindestkapitalausstattung nach ausländischem Versicherungsaufsichtsrecht bestehen und befolgt werden, die für die ausländische Versicherungsbetriebsstätte anzuwenden wären, wenn sie ein selbständiges Versicherungsunternehmen wäre. Denn eine solche, für alle im ausländischen Staat tätigen Versicherungsunternehmen geltende Mindestanforderung für das

Dotationskapital ist – dem Fremdvergleichsgrundsatz entsprechend – eine notwendige Voraussetzung dafür, in dem betreffenden Staat Versicherungsgeschäfte zu tätigen.

325 Das inländische Versicherungsunternehmen hat nach § 26 Absatz 1 Satz 2 BsGaV nachzuweisen, in welcher Höhe Dotationskapital für die ausländische Versicherungsbetriebsstätte anzusetzen ist, d. h. in welcher Höhe ein vergleichbares ausländisches Versicherungsunternehmen mit Eigenkapital ausgestattet sein müsste, und in welcher Höhe tatsächlich Dotationskapital für die ausländische Versicherungsbetriebsstätte angesetzt worden ist.

2.26.2 Höheres Dotationskapital für die ausländische Versicherungsbetriebsstätte eines inländischen Unternehmens (§ 26 Absatz 2 BsGaV)

326 Um zu vermeiden, dass für eine ausländische Versicherungsbetriebsstätte im Einzelfall ein unangemessen niedriges Dotationskapital angesetzt wird, sieht § 26 Absatz 2 Satz 1 BsGaV den Ansatz eines höheren Dotationskapitals vor, als nach der Mindestkapitalausstattungsmethode für Versicherungsbetriebsstätten vorgesehen ist. Jeder höhere Ansatz ist zu begründen. Das höhere Dotationskapital muss zu einem Ergebnis der ausländischen Versicherungsbetriebsstätte führen, das den von ihr ausgeübten Personalfunktionen, den ihr zuzuordnenden Vermögenswerten sowie den ihr zuzuordnenden Chancen und Risiken im Verhältnis zum übrigen Unternehmen nach dem Fremdvergleichsgrundsatz im Einzelfall betriebswirtschaftlich besser entspricht.

327 Das Dotationskapital einer ausländischen Versicherungsbetriebsstätte darf nach § 26 Absatz 2 Satz 2 BsGaV nicht den Betrag übersteigen, der sich bei Anwendung der modifizierten Kapitalaufteilungsmethode für Versicherungsbetriebsstätten ergibt (§ 25 Absatz 1 und 2 BsGaV), um eine Überdotierung der ausländischen Versicherungsbetriebsstätte im Verhältnis zum übrigen Unternehmen zu vermeiden. Insofern ist die modifizierte Kapitalaufteilungsmethode keine für die Bestimmung des Dotationskapitals für eine ausländische Versicherungsbetriebsstätte anzuwendende Methode, sie beschreibt lediglich eine Obergrenze für die Zuordnung von Dotationskapital.

2.26.3 Erfordernisse des ausländischen Versicherungsaufsichtsrechts (§ 26 Absatz 3 BsGaV)

328 § 26 Absatz 3 Satz 1 BsGaV geht auf einen im Einzelfall denkbaren Konflikt ein, der entstehen kann, wenn das ausländische Versicherungsaufsichtsrecht zwingend eine höhere Dotation verlangt, als dies die Öffnungsklausel des § 26 Absatz 2 BsGaV zulässt. Abzustellen ist dabei auf die Summe des Dotationskapitals und der versicherungstechnischen Rückstellungen. Nur wenn diese Summe nach ausländischem Versicherungsaufsichtsrecht die Summe nach inländischem Versicherungsaufsichtsrecht übersteigt, ist § 26 Absatz 3 Satz 1 BsGaV anzuwenden. Ausländische versicherungsaufsichtsrechtliche Vorschriften sind nach dem Fremdvergleichsgrundsatz zu beachten, denn sie sind eine der generellen Voraussetzungen dafür, dass die ausländische Versicherungsbetriebsstätte auf dem ausländischen Markt tätig werden kann. In diesen Fällen kann sogar ein Betrag angesetzt werden, der den Betrag überschreitet, der sich nach der modifizierten Kapitalaufteilungsmethode für Versicherungsbetriebsstätten nach § 26 Absatz 2 Satz 2 BsGaV ergibt, wenn dadurch ein internationaler Besteuerungskonflikt vermieden wird.

329 Nach § 26 Absatz 3 Satz 2 BsGaV muss dem übrigen Unternehmen allerdings rechnerisch nach Abzug der Dotierung für die ausländische Versicherungsbetriebsstätte mindestens ein Kapital verbleiben, das nach den Kriterien des inländischen Versicherungsaufsichtsrechts für das übrige Unternehmen, wäre es ein selbständiges Versicherungsunternehmen, erforderlich wäre, um die Kapitalerfordernisse für das übrige Unternehmen zu erfüllen. Denn sonst entspräche die Kapitalausstattung für das übrige Unternehmen, wäre es ein selbständiges Versicherungsunternehmen, nicht den im Inland geltenden versicherungsaufsichtsrechtlichen Vorgaben.

2.26.4 Auswirkungen des ausländischen Versicherungsaufsichtsrechts (§ 26 Absatz 4 BsGaV)

330 § 26 Absatz 4 Satz 1 BsGaV ordnet über § 13 Absatz 5 BsGaV hinaus eine Änderung des Dotationskapitals einer ausländischen Versicherungsbetriebsstätte innerhalb des Wirtschaftsjahrs an, wenn die rechtlichen Anforderungen des ausländischen Versicherungsaufsichtsrechts eine unterjährige Anpassung des Dotationskapitals erfordern. Daneben ist nach § 13 Absatz 5 BsGaV allerdings auch eine Anpassung des Dotationskapitals einer ausländischen Versicherungsbetriebsstätte durchzuführen, wenn die sich ergebende Veränderung des zuzuordnenden Dotationskapitals erheblich ist (siehe Rn. 151, die sinngemäß auch für ausländische Versicherungsbetriebsstätten gilt). Eine Veränderung ist erheblich, wenn das Dotationskapital zu Beginn des folgenden Wirtschaftsjahrs um mehr als 30 % vom Dotationskapital zu Beginn des Wirtschaftsjahrs abweicht, aber nur dann, wenn die Abweichung mindestens 2 Mio. Euro beträgt.

331 Nach § 26 Absatz 4 Satz 2 BsGaV ist § 13 BsGaV sinngemäß auf ausländische Versicherungsbetriebsstätten anzuwenden, soweit § 26 Absatz 1 bis 3 BsGaV keine besonderen Regelungen enthält. Dies gilt insbesondere für die Regelung des § 13 Absatz 4 BsGaV. Deshalb ist einer ausländischen Versicherungsbetriebsstätte ungeachtet der Regelung in § 26 Absatz 1 bis 3 BsGaV höchstens das in einer ausländischen Handelsbilanz tatsächlich ausgewiesene Kapital als Dotationskapital zuzuordnen.

2.27 Zuordnung von Einkünften aus Vermögenswerten bei Versicherungsbetriebsstätten (§ 27 BsGaV)

2.27.1 Direkte Zuordnung von Einkünften aus Kapitalanlagen (§ 27 Absatz 1 BsGaV)

332 Sind bestimmte Vermögenswerte einer Versicherungsbetriebsstätte direkt zuzuordnen, so sind ihr auch die Einkünfte aus diesen Vermögenswerten zuzuweisen.

333 Eine direkte Zuordnung ist möglich, wenn bestimmte Vermögenswerte der Bedeckung der versicherungstechnischen Rückstellungen, der aus Versicherungsverhältnissen entstandenen Verbindlichkeiten und Rechnungsabgrenzungsposten oder des Dotationskapitals dienen. Eine direkte Zuordnung ist insbesondere dann möglich, wenn die Vermögenswerte in einer aus handelsrechtlichen oder versicherungsaufsichtsrechtlichen Gründen für die Versicherungsbetriebsstätte erstellten Bilanz entsprechend ausgewiesen sind. Dann besteht ein unmittelbarer Bezug der Einkünfte zur Geschäftstätigkeit der Versicherungsbetriebsstätte. Für die direkte Zuordnung kommt es nicht darauf an, ob ein Vermögenswert der Bedeckung eines oder mehrerer der in § 27 Absatz 1 Nummer 1 bis 3 BsGaV genannten Zwecke dient.

Fall – Direkte Zuordnung:

Sachverhalt wie Fall 1 (Schaden-Versicherungsunternehmen) in Rn. 315, Rn. 317 und Rn. 318. Die inländische Versicherungsbetriebsstätte betreibt die Niederlassung in einem Bürogebäude, das in der Bilanz des Versicherungsunternehmens X mit 50 ausgewiesen ist. Weiterhin wird im Inland ein Bankdepot geführt und von der Niederlassung verwaltet, in dem Vermögenswerte i. H. v. 521 enthalten sind.

Lösung:

Das Bürogebäude (50) und das inländische Bankdepot (521) sind der Versicherungsbetriebsstätte direkt zuzuordnen. Somit können die durch das Bürogebäude und das Bankdepot erzielten Einkünfte der Versicherungsbetriebsstätte direkt zugeordnet werden.

2.27.2 Indirekte Zuordnung von Einkünften aus Kapitalanlagen (§ 27 Absatz 2 BsGaV)

334 Ist eine direkte Zuordnung von Vermögenswerten und von entsprechenden Kapitalerträgen zu einer Versicherungsbetriebsstätte nicht möglich, so ist – ggf. ergänzend zur direkten Zuordnung nach § 27 Absatz 1 BsGaV – eine indirekte Zuordnung der Kapitaleinkünfte durchzuführen.

335 Eine indirekte Zuordnung ist z. B. erforderlich, wenn von der Versicherungsbetriebsstätte direkt keine bzw. keine ausreichenden Vermögenswerte gehalten werden. Dies gilt insbesondere, wenn für die Versicherungsbetriebsstätte weder aus handelsrechtlichen noch aus versicherungsaufsichtsrechtlichen Gründen eine Bilanz erstellt wird oder in einer tatsächlich erstellten Bilanz keine bzw. keine ausreichenden Vermögenswerte ausgewiesen werden.

336 Für die indirekte Zuordnung von Kapitaleinkünften ist auf die durchschnittliche Kapitalanlagerendite des Versicherungsunternehmens abzustellen. Die durchschnittliche Kapitalanlagerendite ist ein Prozentwert, der im Rechnungsabschluss jedes Versicherungsunternehmens ausgewiesen wird. Der Wert ist ein Nettowert, der die Erträge und Aufwendungen aus Kapitalanlagen berücksichtigt, einschließlich der direkten und indirekten Kosten der Kapitalanlageverwaltung. Die durchschnittliche Kapitalanlagerendite führt zu einer sachgerechten, pauschalen Zuordnung der Einkünfte aus Vermögenswerten zur Versicherungsbetriebsstätte, ohne dass es einer aufwendigen Untergliederung bedarf (z. B. in Zinsen, Dividenden, Mieten).

337 Einer Versicherungsbetriebsstätte direkt zuzuordnende und in der Bilanz ausgewiesene Vermögenswerte sind nicht an die Kapitalstruktur des Versicherungsunternehmens, zu der die Versicherungsbetriebsstätte gehört, anzupassen.

Fall – Indirekte Zuordnung:

Sachverhalt wie Fall in Rn. 333. Nach Abzug der direkt zuzuordnenden Vermögenswerte verbleiben noch indirekt zuzuordnende Vermögenswerte i. H. v. 1.000. Die vom Versicherungsunternehmen X in der Bilanz ausgewiesene durchschnittliche Kapitalanlagerendite beträgt 4,75 %.

Lösung:

Der Versicherungsbetriebsstätte sind, neben den direkt zuzuordnenden Einkünften (siehe Rn. 333) noch 4,75 % von 1.000, somit Einkünfte i. H. v. 47,5 indirekt zuzuordnen.

338 Die Zuordnung von Einkünften aus zuzuordnenden Vermögenswerten ist ausschließlich für die Zurechnung von Gewinnen zur Versicherungsbetriebsstätte relevant und hat keine weiterreichenden Folgen, z. B. für die Einkommensermittlung oder die Anrechnung von Steuern (siehe auch OECD-Betriebsstättenbericht, Teil IV Tz. 166).

2.28 Rückversicherung innerhalb eines Unternehmens (§ 28 BsGaV)

339 Eine Rückversicherung innerhalb eines Unternehmens (Internal Reinsurance), d. h. eine Rückversicherung zwischen einer Versicherungsbetriebsstätte und dem übrigen Unternehmen, ist gem. § 28 BsGaV nicht als anzunehmende schuldrechtliche Beziehung anzuerkennen (siehe auch OECD-Betriebsstättenbericht, Teil IV Tz. 179). Dagegen schließt § 28 BsGaV die Zuordnung eines Rückversicherungsvertrags, den das Versicherungsunternehmen mit einem nahe stehenden Versicherungsunternehmen oder mit einem unverbundenen Versicherungsunternehmen abschließt, zu einer Versicherungsbetriebsstätte nicht aus. Die Zuordnung solcher Rückversicherungsverträge erfolgt nach § 9 BsGaV.

2.29 Pensionsfonds und Versicherungs-Zweckgesellschaften (§ 29 BsGaV)

340 Auf Betriebsstätten von Pensionsfonds i. S. d. § 1 Absatz 1 Nummer 5 VAG (§ 112 VAG a. F.) sowie von Versicherungs-Zweckgesellschaften i. S. d. § 1 Absatz 1 Nummer 3 VAG (§ 121g VAG a. F.) sind die Regelungen des Abschnitts 3 der BsGaV sinngemäß anzuwenden. Gleiches gilt für Betriebsstätten von Sicherungsfonds i. S. d. § 1 Absatz 1 Nummer 4 VAG.

2.30 Allgemeines zu Bau- und Montagebetriebsstätten (§ 30 BsGaV)

341 Abschnitt 4 der BsGaV (§§ 30 bis 34 BsGaV) ist speziell auf Bau- und Montagebetriebsstätten anzuwenden. Bau- und Montagebetriebsstätten i. S. d. § 30 Satz 1 BsGaV entstehen zur Erfüllung von Bau- und Montageverträgen, die im Regelfall das Bau- und Montageunternehmen abgeschlossen hat. Bau- und Montagebetriebsstätten weisen die Besonderheit auf, dass sie von vornherein zeitlich begrenzt sind und ihnen im Regelfall außer der Geschäftsbeziehung zum übrigen Unternehmen (anzunehmende schuldrechtliche Beziehung, §§ 16, 32 und 33 BsGaV) keine bzw. nur wenige Geschäftsbeziehungen zuzuordnen sind. Aus diesem Grunde sind Sonderregelungen für diese Art von Betriebsstätten notwendig, obwohl im OECD-Betriebsstättenbericht hierfür kein gesonderter Teil vorgesehen ist. Auf Bau- und Montagebetriebsstätten sind die allgemeinen Vorschriften des Abschnitts 1 der BsGaV anzuwenden, es sei denn, Abschnitt 4 der BsGaV enthält besondere Regelungen. Hinzuweisen ist auf die Rn. 63 (Aufzeichnungspflichten), die u. a. den Zweck verfolgt, internationale Besteuerungskonflikte (Doppelbesteuerung bzw. Nichtbesteuerung) zu erkennen und nach Möglichkeit zu vermeiden.

342 Besteht eine Bau- und Montagebetriebsstätte in einem Staat und schließt das Bau- und Montageunternehmen einen Folgevertrag im selben Staat ab (kein örtlicher und sachlicher Zusammenhang mit der bestehenden Bau- und Montagebetriebsstätte, deshalb

kein Anschlussvertrag, siehe Rn. 343), so sind für den Folgevertrag die Voraussetzungen für das Entstehen einer Bau- und Montagebetriebsstätte eigenständig zu prüfen. Es entsteht ggf. eine neue, selbständig zu beurteilende Bau- und Montagebetriebsstätte (siehe Rn. 56). Der Folgevertrag ist im Regelfall dem übrigen Unternehmen zuzuordnen (zu möglichen Ausnahmen siehe § 31 Absatz 4 BsGaV und Rn. 354).

Fall – Folgevertrag:

Im Anschluss an die Errichtung eines Einkaufzentrums (Voraussetzungen für eine Bau- und Montagebetriebsstätte erfüllt) im Staat Y erhält ein inländisches Bauunternehmen X den Auftrag für die Errichtung eines Bürogebäudes im Staat Y. Dieser Auftrag steht mit dem Einkaufszentrum in keinem sachlichen Zusammenhang.

Lösung:

Erfüllt auch die Errichtung des Bürogebäudes die Voraussetzungen für eine Bau- und Montagebetriebsstätte, so liegen zwei getrennt voneinander zu beurteilende Bau- und Montagebetriebsstätten (Einkaufszentrum/Bürogebäude) vor.

343 Liegt ein Anschlussvertrag vor (d. h. örtlicher und sachlicher Zusammenhang mit einer vorher bereits bestehenden Bau- und Montagebetriebsstätte, z. B. Gesamtprojekt mit demselben Kunden), so entsteht dadurch keine neue, selbständig zu beurteilende Bau- und Montagebetriebsstätte. Der Anschlussvertrag ist Teil der bestehenden Bau- und Montagebetriebsstätte. Er ist im Regelfall ebenfalls dem übrigen Unternehmen zuzuordnen (zu möglichen Ausnahmen siehe § 31 Absatz 4 BsGaV und Rn. 354).

Fall – Anschlussvertrag:

Nach Fertigstellung der Erdarbeiten für ein größeres Gebäude im Staat Y (Voraussetzungen für eine Bau- und Montagebetriebsstätte erfüllt), erhält das inländische Bauunternehmen X den Auftrag, den Rohbau des Gebäudes zu errichten.

Lösung:

Es handelt sich wegen des örtlichen und sachlichen Zusammenhangs um einen Anschlussvertrag und damit nur um eine Bau- und Montagebetriebsstätte. Dies gilt unabhängig davon, ob die Errichtung des Rohbaus, isoliert betrachtet, die Voraussetzungen für eine Bau- und Montagebetriebsstätte erfüllt.

344 Wird eine Geschäftstätigkeit ausgeübt, die nicht in unmittelbarem Zusammenhang mit der Erledigung eines Bau- und Montagevertrags steht, so ist diese Geschäftstätigkeit nicht einer ggf. vorliegenden Bau- und Montagebetriebsstätte zuzuordnen. Besteht neben einer eigenständig zu beurteilenden Bau- und Montagebetriebsstätte eine feste Geschäftseinrichtung des Bau- und Montageunternehmens (§ 12 Satz 1 AO bzw. Artikel 5 Absatz 1 OECD-MA), die die Arbeiten der verschiedenen Bau- und Montagebetriebsstätten koordiniert, so ist der Gewinn dieser festen Geschäftseinrichtung (Betriebsstätte) nach den allgemeinen Regeln zu ermitteln (§§ 1 bis 17 BsGaV).

345 Bilden Bau- und Montageunternehmen eine Arbeitsgemeinschaft (ARGE), ist diese im Regelfall (vorbehaltlich einer abweichenden Vereinbarung) eine Mitunternehmerschaft nach § 15 Absatz 1 Satz 1 Nummer 2 EStG. Allerdings ist für die Frage, ob eine Mitunternehmerschaft vorliegt, die Bezeichnung unerheblich. Für eine ARGE, deren alleiniger Zweck in der Erfüllung eines einzigen Werkvertrags oder Werklieferungsvertrags besteht, ist weder eine gesonderte und einheitliche Feststellung durchzuführen

(§ 180 Absatz 4 AO) noch ist eine solche ARGE gewerbesteuerpflichtig (§ 2a GewStG). Der Bau- und Montagevertrag mit dem Auftraggeber wird im Regelfall durch die ARGE abgeschlossen. Die ARGE wird anschließend durch die ARGE-Partner tätig. Es können ggf. neben ihrer eigenen Bau- und Montagebetriebsstätte zusätzlich Betriebsstätten der ARGE bei den ARGE-Partnern entstehen. Um in derartigen Fällen Abgrenzungsprobleme zwischen der Anwendung von § 1 Absatz 1 AStG und der Anwendung von § 1 Absatz 5 AStG zu vermeiden, ist es aus Vereinfachungsgründen nicht zu beanstanden, den Bau- und Montagevertrag nicht der ARGE, sondern den ARGE-Partnern unmittelbar zuzuordnen, wenn durch diese Vereinfachung keine internationalen Besteuerungskonflikte mit anderen Staaten entstehen. Wird diese Vereinfachungsregel angewandt, ist davon auszugehen, dass die ARGE-Partner jeweils eine eigene Bau- und Montagebetriebsstätte haben, deren Gewinn ggf. jeweils nach §§ 30 ff. BsGaV zu ermitteln ist (insbesondere nach § 32 BsGaV). Soweit die ARGE daneben selbst eine andere Betriebsstätte zur Verwaltung und Koordination hat (keine Bau- und Montagebetriebsstätte), ist deren Gewinn nach §§ 1 bis 17 BsGaV zu ermitteln und nach dem im ARGE-Vertrag vereinbarten Gewinnverteilungsschlüssel aufzuteilen (siehe Rn. 344).

346 Konsortien bilden keine Mitunternehmerschaft nach § 15 Absatz 1 Satz 1 Nummer 2 EStG, wenn es ihnen, wie im Regelfall, an einer eigenen Gewinnerzielungsabsicht fehlt. Für die Frage, ob eine Mitunternehmerschaft vorliegt, ist die Bezeichnung unerheblich (z. B. Dach-ARGE). Deshalb ist ein Bau- und Montagevertrag im Regelfall nicht dem Konsortium, sondern den Konsortialpartnern zuzuordnen. Ob die Voraussetzungen für eine Bau- und Montagebetriebsstätte erfüllt sind und inwieweit dieser ein Gewinn zuzurechnen ist, ist für jeden Konsortialpartner jeweils gesondert zu ermitteln – nicht für das Konsortium.

347 Werden in diesem BMF-Schreiben (bzw. in den §§ 30 ff. BsGaV) Begriffe verwendet, die in den Tz. 4.3.1 bis 4.3.5 VWG Betriebsstätten definiert sind, so gelten diese Definitionen, soweit in diesem BMF-Schreiben (bzw. in den §§ 30 ff. BsGaV) keine davon abweichende Regelung enthalten ist.

348 Ob eine Bau- und Montagebetriebsstätte i. S. d. § 30 Satz 1 BsGaV entsteht, richtet sich nach § 12 Satz 2 Nummer 8 AO und der entsprechenden Regelung im anzuwendenden DBA (siehe Artikel 5 Absatz 3 OECD-MA).

349 Jedes Unternehmen, zu dem eine Bau- und Montagebetriebsstätte gehört, ist nach § 30 Satz 2 BsGaV ein Bau- und Montageunternehmen, unabhängig davon, welchen Anteil die Bau- und Montagetätigkeit an der Geschäftstätigkeit des Unternehmens ausmacht.

Fall – Einmalige Bau- und Montagebetriebsstätte:

Ein inländisches Unternehmen X produziert und vertreibt Baumaschinen. Im Jahr 05 betreibt es mit eigenem Personal einmalig eine Bau- und Montagebetriebsstätte A in Staat A.

Lösung:

Auch wenn X nur einmalig eine Bau- und Montagebetriebsstätte hat, ist X für die Gewinnaufteilung zwischen A und dem übrigen Unternehmen ein Bau-und Montageunternehmen i. S. d. § 30 Satz 2 BsGaV.

2.31 Besondere Zuordnungsregelungen für Bau- und Montagebetriebsstätten (§ 31 BsGaV)

2.31.1 Zuordnung eines materiellen Wirtschaftsguts zur Bau- und Montagebetriebsstätte (§ 31 Absatz 1 BsGaV)

350 Nach § 31 Absatz 1 Satz 1 BsGaV gilt die Nutzung eines materiellen Wirtschaftsguts durch eine Bau- und Montagebetriebsstätte abweichend von § 5 Absatz 1 Satz 1 BsGaV nur dann als maßgebliche Personalfunktion, wenn zusätzlich zur Nutzung auch Personalfunktionen durch die Bau- und Montagebetriebsstätte ausgeübt werden, die im Zusammenhang mit der Anschaffung, der Herstellung, der Veräußerung oder der Verwertung des materiellen Wirtschaftsguts stehen. Die Zuordnung eines materiellen Wirtschaftsguts zur Bau- und Montagebetriebsstätte setzt voraus, dass die Bedeutung der genannten Personalfunktionen, die in der Bau- und Montagebetriebsstätte im Hinblick auf das materielle Wirtschaftsgut ausgeübt werden, gegenüber der Bedeutung der insoweit im übrigen Unternehmen ausgeübten Personalfunktionen qualitativ eindeutig überwiegt.

Fall – Sonderfall der Zuordnung von materiellen Wirtschaftsgütern:

Ein inländisches Bau- und Montageunternehmen X (X) hat eine Bau- und Montagebetriebsstätte A (A) in Staat A. Ein von X ohne Mitwirkung von A angeschaffter Kran wird ausschließlich von A genutzt. Über die Wartung, Weiterverwendung und Veräußerung entscheidet allein eigenes Personal von A.

Lösung:

Die Personalfunktionen von A überwiegen qualitativ eindeutig (siehe Rn. 42 und Rn. 43) die Personalfunktion der Anschaffung durch das übrige Unternehmen. Deshalb ist der Kran A zuzuordnen (§ 31 Absatz 1 BsGaV).

2.31.2 Zuordnung zum übrigen Unternehmen (§ 31 Absatz 2 BsGaV)

351 Ein materielles Wirtschaftsgut des Bau- und Montageunternehmens, das in einer Bau- und Montagebetriebsstätte genutzt wird, dieser aber nicht nach § 31 Absatz 1 BsGaV zuzuordnen ist, muss nach § 31 Absatz 2 BsGaV dem übrigen Unternehmen zugeordnet werden. Es gilt als der Bau- und Montagebetriebsstätte vom übrigen Unternehmen unentgeltlich beigestellt. Da in den Fällen der unentgeltlichen Beistellung durch das übrige Unternehmen die ursprüngliche Zuordnung des materiellen Wirtschaftsguts nicht geändert wird, führt z. B. die Nutzung eines materiellen Wirtschaftsguts durch eine ausländische Bau- und Montagebetriebsstätte weder zu einer Entstrickung des Wirtschaftsguts i. S. d. § 4 Absatz 1 Satz 3 und 4 EStG beim inländischen Bau- und Montageunternehmen noch zu einer fiktiven Veräußerung oder entgeltlichen Nutzungsüberlassung i. S. d. § 16 Absatz 1 BsGaV.

Fall – Unentgeltliche Beistellung eines materiellen Wirtschaftsguts:

Das Bau- und Montageunternehmen Y (Y) in Staat A hat im Inland eine Bau- und Montagebetriebsstätte B (B). Dort wird eine Spezialmaschine, die von Y angeschafft wurde, für 4 Monate für die Bauarbeiten genutzt und nach Ablauf der 4 Monate auf anderen Baustellen eingesetzt. B setzt die Maschine lediglich für den B betreffenden Bauauftrag ein und übt keine Personalfunktionen hinsichtlich der Anschaffung, Veräußerung oder Verwertung der Maschine aus.

Lösung:

Die Maschine ist nach § 31 Absatz 1 BsGaV dem übrigen Unternehmen zuzuordnen. Sie gilt B nach § 31 Absatz 2 BsGaV als unentgeltlich beigestellt.

2.31.3 Entsprechende Anwendung auf andere Vermögenswerte (§ 31 Absatz 3 BsGaV)

352 Die Grundsätze des § 31 Absatz 1 und 2 BsGaV gelten für die Zuordnung von Vermögenswerten nach den §§ 6 bis 8 BsGaV entsprechend.

Fall – Unentgeltliche Beistellung eines immateriellen Werts:

Das ausländische Bau- und Montageunternehmen Y (Y) hat im Inland eine Bau- und Montagebetriebsstätte B (B). Von B wird ein Patent, welches vom übrigen Unternehmen selbst geschaffen wurde und bei verschiedenen Projekten eingesetzt wird, zur Durchführung des Projekts genutzt. B setzt das Patent lediglich für den B betreffenden Bauauftrag ein und übt keine Personalfunktionen hinsichtlich der Schaffung, Veräußerung oder Verwertung des Patents aus.

Lösung:

Das Patent ist ein immaterieller Wert i. S. d. § 6 BsGaV. Es ist nach § 31 Absatz 3 i. V. m. Absatz 1 BsGaV dem übrigen Unternehmen zuzuordnen. Es gilt B nach § 31 Absatz 2 BsGaV als unentgeltlich beigestellt.

2.31.4 Zuordnung des Bau- und Montagevertrags (§ 31 Absatz 4 BsGaV)

353 Ein Bau- und Montagevertrag mit dem Auftraggeber ist ein Geschäftsvorfall i. S. d. § 1 Absatz 4 Satz 1 Nummer 1 AStG, der im Regelfall der Geschäftsleitungsbetriebsstätte zuzuordnen ist. Dies gilt auch für einen Anschluss- bzw. für einen Folgeauftrag (siehe Rn. 342 f.). Der Bau- und Montagevertrag kann im Einzelfall aber auch einer anderen Betriebsstätte i. S. d. § 12 Satz 1 AO bzw. Artikel 5 Absatz 1 bzw. 5 OECD-MA zuzuordnen sein.

Fall – Zuordnung des Bau- und Montagevertrags zu einer Betriebsstätte:

Ein inländisches Bauunternehmen X (X) hat im Staat A eine Betriebsstätte A (A), die die Voraussetzungen einer festen Geschäftseinrichtung i. S. d. § 12 Satz 1 AO bzw. Artikel 5 Absatz 1 OECD-MA erfüllt. A akquiriert laufend verschiedene Bauaufträge in A und koordiniert die Bauarbeiten (teilweise Bau- und Montagebetriebsstätten), ohne selbst an den Bauarbeiten mitzuwirken.

Lösung:

A ist selbst keine Bau- und Montagebetriebsstätte, da sie nicht zur Durchführung eines einzelnen Bau- und Montagevertrags besteht (§ 30 BsGaV). X ist ein Bau- und Montageunternehmen, da es mehrere Bau- und Montagebetriebsstätten unterhält. Die Bau- und Montageverträge sind A zuzuordnen, da die dort ausgeübten Personalfunktionen für die Zuordnung der Verträge maßgeblich sind (§ 9 BsGaV). Dafür, dass Zuordnungsänderungen (mit den Folgen des § 16 Absatz 1 Nummer 1 BsGaV) von A an das übrige Unternehmen oder an Bau- und Montagebetriebsstätten vorzunehmen wären, sind keine Anhaltspunkte ersichtlich. Die Gewinne von A sind nach den allgemeinen Regelungen der §§ 1 bis 17 BsGaV zu ermitteln.

354 Die Zuordnung eines Bau- und Montagevertrags zum übrigen Unternehmen ist nach § 31 Absatz 4 Satz 2 BsGaV nur in den beiden Ausnahmefällen des § 31 Absatz 4

Satz 2 Nummer 1 und 2 BsGaV zu ändern, wenn dies den jeweils in der Bau- und Montagebetriebsstätte und im übrigen Unternehmen ausgeübten Personalfunktionen entspricht. In diesen Ausnahmefällen gilt im Hinblick auf das betreffende Projekt die Bau- und Montagebetriebsstätte als das eigentliche Bau- und Montageunternehmen. Das übrige Unternehmen erbringt in diesen Fällen Dienstleistungen für die Bau- und Montagebetriebsstätte, die nach § 16 Absatz 2 BsGaV entsprechend dem Fremdvergleichsgrundsatz zu vergüten sind.

355 Eine Zuordnungsänderung eines Bau- oder Montagevertrags vom übrigen Unternehmen zu einer Bau- und Montagebetriebsstätte gilt nach § 16 Absatz 1 Nummer 1 BsGaV als fiktive Veräußerung des Bau- und Montagevertrags, für die nach § 16 Absatz 2 BsGaV ein fremdvergleichsüblicher Verrechnungspreis anzusetzen ist. Erbringt das übrige Unternehmen nach der fiktiven Veräußerung des Bau- und Montagevertrags an die Bau- und Montagebetriebsstätte dieser gegenüber fiktive Dienstleistungen (§ 16 Absatz 1 Nummer 2 BsGaV), ist dafür ein dem Fremdvergleichsgrundsatz entsprechender Verrechnungspreis anzusetzen (§ 16 Absatz 2 BsGaV).

2.32 Anzunehmende schuldrechtliche Beziehung, die als Dienstleistung anzusehen ist (§ 32 BsGaV)

2.32.1 Grundsatz: Anwendung einer kostenorientierten Verrechnungspreismethode (§ 32 Absatz 1 BsGaV)

356 Nach § 32 Absatz 1 Satz 1 BsGaV gilt die Mitwirkung einer Bau- und Montagebetriebsstätte an der Erfüllung des vom Bau- und Montageunternehmen abgeschlossenen Bau- und Montagevertrags im Regelfall (Ausnahme siehe § 33 BsGaV) als fiktive Dienstleistung (§ 16 Absatz 1 Nummer 2 BsGaV) gegenüber dem übrigen Unternehmen, für die der Verrechnungspreis nach § 32 Absatz 1 Satz 2 BsGaV im Regelfall durch Anwendung der Kostenaufschlagsmethode zu bestimmen ist, wenn die von der Bau- und Montagebetriebsstätte erbrachte fiktive Dienstleistung eine Routinetätigkeit ist. Von einer Routinetätigkeit ist auszugehen, wenn die Bau- und Montagebetriebsstätte lediglich die eigentlichen Bau- und Montagearbeiten erbringt, auch wenn diese technisch schwierig und anspruchsvoll sind, während die eigentliche Wertschöpfung im übrigen Unternehmen erfolgt.

Fall (1) – Routinetätigkeit:

Das inländische Bau- und Montageunternehmen X (X) übernimmt die Erstellung eines technisch schwierigen Bauvorhabens im Staat A, sodass eine Bau- und Montagebetriebsstätte A (A) entsteht. Bei der Durchführung des Bauvorhabens treten erhebliche Schwierigkeiten auf. Die technischen Lösungen werden ganz überwiegend von Spezialisten im Inland erarbeitet und anschließend von A auf der Baustelle erfolgreich umgesetzt.

Lösung:

Auch wenn die Umsetzung der im übrigen Unternehmen erarbeiteten Lösungen durch A technisch schwierig und anspruchsvoll ist, rechtfertigt dies nach § 32 Absatz 1 BsGaV kein Abweichen von der Anwendung der Kostenaufschlagsmethode, solange die eigentliche Wertschöpfung im Inland erfolgt. Dies gilt auch, wenn A in untergeordnetem Umfang an der Erarbeitung von Lösungen mitwirkt.

Fall (2) – Keine Routinetätigkeit:

Das inländische Bau- und Montageunternehmen verpflichtet sich, im Staat A eine schlüsselfertige Fabrikanlage mit vertraglich vereinbarten Leistungsmerkmalen zu erstellen. Die Arbeiten zur Realisierung des Projekts führen zur Entstehung der Bau- und Montagebetriebsstätte A (A). Anders als ursprünglich geplant, entscheidet die inländische Geschäftsleitungsbetriebsstätte X (X), eigene inländische Spezialisten zu A zu schicken, um wesentliche Planungs- und Ingenieursarbeiten vor Ort im Staat A durchzuführen.

Lösung:

Die von A geschaffene Wertschöpfung, zu der die von X auf die Baustelle geschickten Spezialisten wesentlich beigetragen haben (Personalfunktionen von A, § 4 Absatz 1 Satz 1 BsGaV), lässt es nicht zu, A als Routineunternehmen mit geringen Risiken zu qualifizieren. Deshalb kommt neben der Anwendung des § 32 BsGaV (ggf. mit entsprechend höherem Kostenaufschlag) unter bestimmten Umständen auch die Anwendung des § 33 BsGaV in Betracht (zu Einzelheiten siehe dort Rn. 370 ff.).

357 Die Grundsätze des § 32 Absatz 1 BsGaV sind entsprechend heranzuziehen für funktions- und risikoähnliche Betriebsstätten, auch wenn sie keine Bau- und Montagebetriebsstätten i. S. d. § 30 BsGaV sind, wenn sie

- im Wesentlichen nur eine Geschäftsbeziehung (fiktive Dienstleistung) zum übrigen Unternehmen haben und
- lediglich Routinetätigkeiten ausüben (siehe auch Tz. 3.4.10.2 VWG Verfahren).

Fall – Funktionsähnliche Betriebsstätte:

Die inländische X-GmbH (X) hat im Staat A eine Betriebsstätte A (A). X schließt mit einem Kunden K im Staat A einen Wartungsvertrag über 5 Jahre ab. Aufgrund des Vertrags ist X verpflichtet, Wartungen und etwaige notwendige Reparaturen durchzuführen. Die Arbeiten werden von Personal von A erledigt.

Lösung:

A ist eine Betriebsstätte i. S. d. § 12 Satz 1 AO bzw. Artikel 5 Absatz 1 OECD-MA, keine Bau- und Montagebetriebsstätte i. S. d. § 12 Satz 2 Nummer 8 AO bzw. Artikel 5 Absatz 3 OECD-MA. Da A eine funktions- und risikoarme Tätigkeit ausübt, sind die Grundsätze des § 32 BsGaV entsprechend anzuwenden, denn die Anwendung des Fremdvergleichsgrundsatzes erfolgt aufgrund einer Funktions- und Risikoanalyse, die zu vergleichbaren Lösungen führt.

358 Für die Anwendung einer kostenorientierten Verrechnungspreismethode nach § 32 Absatz 1 Satz 3 BsGaV gehören zur Kostenbasis vor allem die Personalkosten, die unmittelbar durch die eigenen Personalfunktionen der Bau- und Montagebetriebsstätte verursacht werden (z. B. eigene Montagetätigkeit, selbst durchgeführte Bauüberwachung, Integration von Subunternehmern durch eigenes Personal usw.). Als unmittelbare Kosten gelten alle direkten Kosten der Personalfunktionen (z. B. Bruttolöhne, Sozialabgaben, Zuführungen zu Pensionsrückstellungen, Reisekosten), die der Bau- und Montagebetriebsstätte nach § 4 BsGaV zuzuordnen sind.

359 Werden darüber hinaus durch die Ausübung von Personalfunktionen einer Bau- und Montagebetriebsstätte selbst weitere Kosten verursacht (z. B. Materialbeschaffung, Einschaltung von Subunternehmern usw.), so gehören diese Kosten dann zur maßgeblichen Kostenbasis, wenn der jeweilige Vertrag der Bau- und Montagebetriebsstätte nach § 9 BsGaV zuzuordnen ist. Dabei sind folgende Fallgruppen zu unterscheiden:

- In der Bau- und Montagebetriebsstätte wird in Bezug auf die Subunternehmer oder das Material keine Personalfunktion ausgeübt.
- In der Bau- und Montagebetriebsstätte wird in Bezug auf die Subunternehmer oder das Material eine Personalfunktion ausgeübt.
- Das Personal der Bau- und Montagebetriebsstätte beauftragt selbständig die Subunternehmer und bestellt selbständig das Material von den Lieferanten.

Fall (1) – Keine Mitwirkung der Bau- und Montagebetriebsstätte:

Das inländische Bauunternehmen X (X) errichtet einen Rohbau im Staat A. Dadurch entsteht die Baubetriebsstätte A (A). Auf der Baustelle wird auch Subunternehmer S (S) tätig. Die Auswahl von S und die Koordination der Zusammenarbeit mit S erfolgt durch Personal des übrigen Unternehmens.

Lösung:

Da A hinsichtlich des S keine Personalfunktionen ausübt, ist der Vertrag mit S nach § 9 Absatz 1 BsGaV dem übrigen Unternehmen zuzuordnen. Die Kosten, die X für die Beauftragung von S entstehen, sind nicht in die Kostenbasis für die für A anzuwendende Kostenaufschlagsmethode einzubeziehen.

Variante (1) – Mitwirkung der Bau- und Montagebetriebsstätte:

Sachverhalt wie Fall 1, aber die formale Beauftragung des S erfolgt durch den Bauleiter von A.

Lösung:

Wenn die Beauftragung des S nicht auf einer eigenständigen Entscheidung des Bauleiters beruht (siehe Rn. 40), erfolgt keine Zuordnung des Vertrags zu A (§ 9 Absatz 1 BsGaV). Die Kosten für S gehören für die Anwendung der anzuwendenden Kostenaufschlagsmethode deshalb nicht zur Kostenbasis von A.

Variante (2) – Selbständige Entscheidung der Bau- und Montagebetriebsstätte:

Sachverhalt wie Fall 1, aber

- der Bauleiter von A schließt den Vertrag eigenständig ab und übt eigenständig ein Auswahlermessen aus oder
- die Überwachungs- und Koordinierungsleistung von A überwiegt qualitativ (siehe Rn. 42 bzw. Rn. 43) gegenüber der Bedeutung des formalen Vertragsschlusses durch das übrige Unternehmen (siehe Rn. 40).

BMF-Schr.

Lösung:

Unabhängig davon, wer den Vertrag mit S formal unterschreibt, ist der Vertrag A nach § 9 Absatz 1 bzw. Absatz 2 BsGaV zuzuordnen. Dies gilt erst recht, wenn Personal von A im Rahmen einer generellen Vertretungsvollmacht selbständig tätig wird. Ist A der Vertrag zuzuordnen, sind die Kosten für S in die Kostenbasis von A einzubeziehen. Die Kosten des S sind jedoch nicht mit dem Kostenaufschlagssatz zu verrechnen, mit dem die eigenen Personalkosten von A verrechnet werden, da insoweit eine qualitativ andere Leistung (die Leistung des S) als Kostenbasis dient. Entweder sind die Kosten des S mit einem gesonderten angemessenen Kostenaufschlag zu verrechnen oder der sonst übliche Kostenaufschlagssatz ist entsprechend anzupassen.

Fall (2):

Das inländische Bau- und Montageunternehmen X (X), das im Anlagenbau tätig ist, errichtet im Staat A eine Fertigungsanlage. X liefert an den Kunden im Staat A diverse Einzelteile, die aufgrund der Planung der Fertigungsanlage im Inland produziert werden. Die Teile werden zur Bau- und Montagebetriebsstätte A (A) transportiert und dort von Subunternehmern und von eigenem Personal von A bzw. unter der Anleitung und Aufsicht von eigenem Personal von A montiert und zur Gesamtanlage zusammengefügt. Die Subunternehmer werden vom übrigen Unternehmen ausgewählt und beauftragt.

Lösung:

Die Koordinierungs- und Überwachungstätigkeit durch A stellt einen für den Erfolg des Auftrags wichtigen Leistungsbeitrag dar. Die Leistungen der Subunternehmer sind nach § 9 Absatz 2 BsGaV der Betriebsstätte zuzuordnen, wenn die Bedeutung der laufenden Koordination und der Überwachung durch eigenes Personal von A die Bedeutung der Personalfunktion hinsichtlich der Auswahl und Beauftragung der Subunternehmer (übriges Unternehmen) eindeutig überwiegt. Die Kosten für die Einzelteile sind A hingegen nicht zuzuordnen, da insoweit keine Personalfunktionen von A ausgeübt werden.

360 Fehlmaßnahmen, die durch Personalfunktionen einer Bau- und Montagebetriebsstätte verursacht werden, sind von ihr zu tragen (ohne Vergütung der entstehenden Kosten). Das Risiko der Bau- und Montagebetriebsstätte ist durch ihren Gewinnaufschlag abgegolten. Daher gehören Kosten, die dadurch entstehen, dass es aufgrund von eigenen Personalfunktionen der Bau- und Montagebetriebsstätte zu Fehlmaßnahmen kommt oder dass die Bau- und Montagebetriebsstätte eigene Fehler beseitigt, nicht zu ihrer Kostenbasis. In solchen Fällen kann eine Bau- und Montagebetriebsstätte, die Routinetätigkeiten ausübt, auch Verluste erzielen.

361 Fehlmaßnahmen, die durch Personalfunktionen des übrigen Unternehmens verursacht werden, dürfen das Funktions- und Risikoprofil und damit den Gewinn einer Bau- und Montagebetriebsstätte nicht beeinflussen. Entstehen einer Bau- und Montagebetriebsstätte Kosten aufgrund von Fehlmaßnahmen, die durch Personalfunktionen des übrigen Unternehmens verursacht werden, sind diese Kosten in die Kostenbasis einzubeziehen.

362 Zur Kostenbasis einer Bau- und Montagebetriebsstätte gehören in den Fällen des § 32 BsGaV keine mittelbaren Kosten, wie z. B. die allgemeinen Verwaltungs- oder Geschäftskosten, die aufgrund von Personalfunktionen des übrigen Unternehmens entstehen.

2.32.2 Einheitliche Verrechnung von Leistungsbündeln (§ 32 Absatz 2 BsGaV)

363 Sind mehrere Leistungsbündel, z. B. unterschiedliche Gewerke, Bauüberwachung, Gegenstand der Tätigkeit einer Bau- und Montagebetriebsstätte, so sind diese als eine

einheitliche fiktive Dienstleistung zu verrechnen. Eine getrennte Verrechnung einzelner Dienstleistungsbestandteile hat zu erfolgen, wenn sich die entsprechenden Einzelvergütungen oder Vergütungsteile hinsichtlich ihrer Bemessung erheblich voneinander unterscheiden und die gesonderte Verrechnung zu einem Ergebnis führt, das dem Fremdvergleichsgrundsatz besser entspricht, weil besondere Schwierigkeiten entstehen, einen einheitlichen Kostenaufschlagssatz zu bestimmen.

Fall – Gesonderter Kostenaufschlagssatz:

Die Bau- und Montagebetriebsstätte A (A) des inländischen Bau- und Montageunternehmens X (X) errichtet in Staat A ein Gebäude auf der Grundlage von Bauplanungen des übrigen Unternehmens. Es stellt sich heraus, dass entgegen der ursprünglichen Planung ein innovatives und besonders aufwendiges Fundament erforderlich ist. Die entsprechende Neuplanung wird im Inland vorgenommen und anschließend von besonders qualifiziertem Personal der Betriebsstätte ausgeführt.

Lösung:

Grundsätzlich sind die mit der Gebäudeerrichtung zusammenhängenden Leistungsbündel nach § 32 Absatz 2 BsGaV einheitlich abzurechnen (einheitlicher durchschnittlicher Kostenaufschlagsatz). Im vorliegenden Fall ist die besonders hochwertige fiktive Dienstleistung „Erstellung des aufwendigen Fundaments" (§ 16 Absatz 1 Nummer 2 BsGaV) mit einem gesonderten Kostenaufschlagsatz abzurechnen, da sich diese besondere Leistung von den übrigen Leistungen von A in ihrer Wertigkeit deutlich unterscheidet und auch zwischen unabhängigen Dritten gesondert abzurechnen wäre.

2.32.3 Abrechnung der Bau- und Montagebetriebsstätte (§ 32 Absatz 3 BsGaV)

364 Fiktive Dienstleistungen, die eine Bau- und Montagebetriebsstätte gegenüber dem übrigen Unternehmen erbringt, sind nach § 32 Absatz 3 BsGaV zeitnah abzurechnen. Das gilt auch dann, wenn das Bau- und Montageunternehmen selbst den Gewinn aus der Erfüllung des Bau- oder Montageauftrags gegenüber seinem Auftraggeber erst mit der Abnahme oder Teilabnahme realisiert.

Fall – Zeitnahe Abrechnung:

Das inländische Bau- und Montageunternehmen X (X) errichtet während einer 3-jährigen Bauzeit im Staat A (DBA mit Freistellung) ein Bauwerk. Dadurch entsteht die Bau- und Montagebetriebsstätte A (A). A stellt ihre fiktiven Leistungen dem übrigen Unternehmen entsprechend § 32 Absatz 3 Satz 1 BsGaV jährlich in Rechnung.

Der Auftrag erbringt für X insgesamt einen Gewinn von 100. Für A werden die entstandenen verrechenbaren Kosten von 100 jährlich mit einem Aufschlag i. H. v. jeweils 5 % verrechnet. Daraus ergeben sich folgende steuerliche Auswirkungen:

	01	02	03	Summe 01 – 03
steuerlicher Gewinn von X	0	0	100	100
Freistellung A	+ 5	+ 5	+ 5	15
Einkünfte übriges Unternehmen	– 5	– 5	+ 95	85
Einkünfte A	+ 5	+ 5	+ 5	15

Im Ergebnis wird für A in den Jahren 01 bis 03 ein kumulierter Gewinn von 15 und im übrigen Unternehmen (nach Freistellung) ein kumulierter Gewinn von 85 versteuert (Gesamtgewinn 100).

Abwandlung – Anrechnung:

Die Bau- und Montagebetriebsstätte B (B) von X befindet sich im Staat B (DBA mit Anrechnung) bzw. Bau- und Montagebetriebsstätte C (C) im Staat C, mit dem Deutschland kein DBA vereinbart hat.

Lösung:

Ausländische Steuer kann erst im Jahr der Abnahme (hier: 03) angerechnet werden. Eine frühere Anrechnung (hier: 01 und 02) ist mangels in Deutschland steuerpflichtiger ausländischer Einkünfte nicht möglich. Für die Bestimmung des Anrechnungshöchstbetrags nach § 34c Absatz 1 EStG bzw. § 26 KStG im Jahr 03 ist von 15 auszugehen. Die Steuern der Jahre 01 und 02 sind im Jahr 03 anrechenbar.

365 § 32 Absatz 3 Satz 2 BsGaV ermöglicht eine gegenüber Rn. 364 frühere oder spätere Abrechnung der fiktiven Dienstleistung, wenn dies dem Verhalten unabhängiger Unternehmen und damit dem Fremdvergleichsgrundsatz besser entspricht, z. B. Annahme einer fiktiven Teilabnahme wie bei der Einschaltung von unabhängigen Subunternehmen häufig üblich.

Fall – Gewinnrealisierung bei Fertigstellung:

Die Bau- und Montagebetriebsstätte A (A) in Staat A (DBA mit Freistellung) des inländischen Bau- und Montageunternehmens X errichtet über mehrere Jahre eine Staumauer. Es ist branchenüblich, für Subunternehmer mit entsprechenden Leistungen Abschlagszahlungen nach Baufortschritt und ohne Gewinnaufschlag zu vereinbaren und erst bei Abnahme eine Endabrechnung mit Gewinnaufschlag vorzunehmen.

Lösung:

Da die Tätigkeit von A so abgerechnet wird wie die eines fremden Subunternehmers, kann die Öffnungsklausel des § 32 Absatz 3 Satz 2 BsGaV angewendet werden, die eine entsprechende Gewinnermittlung für A zulässt.

2.32.4 Leistungen des übrigen Unternehmens (§ 32 Absatz 4 BsGaV)

366 Für Leistungsbeiträge, die im übrigen Unternehmen zur Erledigung des Bau- und Montagevertrags erbracht werden, ist nach § 32 Absatz 4 BsGaV nicht die Bau- und

Montagebetriebsstätte der Leistungsempfänger. Derartige Leistungsbeiträge des übrigen Unternehmens werden im Regelfall im eigenen Interesse zur Erfüllung des Bau- und Montagevertrags, der dem übrigen Unternehmen zuzuordnen ist, erbracht. Für diese Leistungsbeiträge stehen dem übrigen Unternehmen die Zahlungen des Auftraggebers zu (abzüglich der Vergütung für die fiktive Dienstleistung der Bau- und Montagebetriebsstätte). Solche Leistungsbeiträge des übrigen Unternehmens gelten als unentgeltlich beigestellt, auch wenn sie in einem sachlichen Zusammenhang mit den Personalfunktionen der Bau- und Montagebetriebsstätte stehen.

Fall – Leistungsbeiträge von Nahestehenden:

Das inländische Bau- und Montageunternehmen X (X) hat im Ausland A eine Bau- und Montagebetriebsstätte A (A), deren Aufgabe es ist, ein Gebäude schlüsselfertig zu errichten (Fall des § 32 BsGaV). Auf der Baustelle wird Software einer anderen Konzerngesellschaft Z (Z) genutzt, um eine 3D-Darstellung des Gebäudes für die Arbeiten auf der Baustelle zu ermöglichen. Die Bereitstellung der Software wurde von Personal des übrigen Unternehmens veranlasst.

Lösung:

Die Nutzung der Software beruht auf einem Vertrag von X mit Z, der X die Nutzung erlaubt. Dieser Vertrag kann A mangels ausgeübter Personalfunktionen (§ 9 BsGaV) nicht zugeordnet werden. Die tatsächliche Nutzung durch A gilt als vom übrigen Unternehmen unentgeltlich beigestellt (§ 32 Absatz 4 BsGaV), d. h. nach § 32 Absatz 4 BsGaV liegt kein entgeltpflichtiger Leistungsbeitrag des übrigen Unternehmens gegenüber A vor (§ 16 Absatz 1 Nummer 2 BsGaV).

367 Vorlaufkosten im Zusammenhang mit einem Bau- und Montagevertrag, d. h. die Kosten vor Auftragserteilung, insbesondere die Akquisitionskosten (z. B. Kosten für die Ausschreibung), die Planungskosten und die Kosten der Auftragskalkulation werden im Regelfall durch die Ausübung von Personalfunktionen im übrigen Unternehmen (meistens durch die Geschäftsleitungsbetriebsstätte) verursacht. Sie sind daher dem übrigen Unternehmen zuzuordnen, denn eine Bau- und Montagebetriebsstätte entsteht im Regelfall erst nach Vereinbarung eines konkreten Auftrags (siehe Rn. 66). Die Akquisitionskosten dienen nicht der Erzielung von im Ansässigkeitsstaat des Bau- und Montageunternehmens abkommensrechtlich freigestellten Einkünften, sondern von dort steuerpflichtigen Einkünften des Bau- und Montageunternehmens. Denn die Akquisitionskosten werden dadurch kompensiert, dass dem übrigen Unternehmen die Vergütungen zugerechnet werden, die der Auftraggeber an das Bau- und Montageunternehmen zahlt und die im Ansässigkeitsstaat zu besteuern sind (abzüglich der Vergütung für die fiktive Dienstleistung der Bau- und Montagebetriebsstätte).

2.32.5 Hilfs- und Nebenrechnung für Bau- und Montagebetriebsstätten i. S. d. § 32 BsGaV (insbesondere Dotationskapital)

368 Für ausländische Bau- und Montagebetriebsstätten gilt die Mindestkapitalmethode nach § 13 BsGaV ohnehin. Ungeachtet der Regelungen des § 12 BsGaV ist es auch für eine inländische Bau- und Montagebetriebsstätte mit dem Funktions- und Risikoprofil entsprechend § 32 BsGaV nicht zu beanstanden, wenn für die Bestimmung des Dotationskapitals die Mindestkapitalausstattungsmethode des § 13 BsGaV angewandt wird.

Voraussetzung hierfür ist, dass

- einer inländischen Bau- und Montagebetriebsstätte keine Vermögenswerte und keine Geschäftsvorfälle (§ 9 BsGaV) des Bau- und Montageunternehmens zuzuordnen sind,
- einer inländischen Bau- und Montagebetriebsstätte nur Risiken zuzuordnen sind, die denen eines Routineunternehmens mit geringen Risiken entsprechen (Tz. 3.4.10.2 Buchstabe a VWG Verfahren), und
- in der Hilfs- und Nebenrechnung für eine inländische Bau- und Montagebetriebsstätte keine Verbindlichkeiten ausgewiesen werden, die zu einer Zuordnung von Zinsaufwand des Bau- und Montageunternehmens zur Bau- und Montagebetriebsstätte führen.

369 In diesen Fällen kann für die Hilfs- und Nebenrechnung einer inländischen Bau- und Montagebetriebsstätte, ebenso wie für die Hilfs- und Nebenrechnung einer ausländischen Bau- und Montagebetriebsstätte, von der Kosten- und Leistungsrechnung für das Bau- und Montageprojekt ausgegangen werden. Aus den Unterlagen müssen sich aber in jedem Fall eindeutig die genaue Bemessungsgrundlage und der jeweils verwendete Gewinnaufschlag bzw. die verwendeten Gewinnaufschläge ergeben.

2.33 Anzunehmende schuldrechtliche Beziehung in besonderen Fällen (§ 33 BsGaV)

2.33.1 Anwendung von Gewinnaufteilungsmethoden (§ 33 Absatz 1 BsGaV)

370 Nach § 33 Absatz 1 BsGaV sind unter den dort alternativ genannten Voraussetzungen die Verrechnungspreise für die anzunehmenden schuldrechtlichen Beziehungen zwischen der Bau- und Montagebetriebsstätte und dem übrigen Unternehmen nicht nach einer kostenorientierten Verrechnungspreismethode, sondern nach einer geschäftsvorfallbezogenen Gewinnaufteilungsmethode zu bestimmen. Die Voraussetzungen für die Anwendung von geschäftsvorfallbezogenen Gewinnaufteilungsmethoden müssen vorliegen (OECD-Leitlinien, Tz. 2.108 ff.).

371 Nach der ersten Alternative des § 33 Absatz 1 BsGaV müssen einer Bau- und Montagebetriebsstätte einerseits und dem übrigen Unternehmen andererseits aufgrund der jeweils ausgeübten maßgeblichen Personalfunktionen Chancen und Risiken zuzuordnen sein, die sowohl der Bau- und Montagebetriebsstätte als auch dem übrigen Unternehmen einen Entrepreneur-Status zuweisen (§ 33 Absatz 1 Nummer 1 BsGaV, Tz. 3.4.10.2 Buchstabe b VWG Verfahren).

Fall – Gleichwertige Funktionen:

Das inländische Bau- und Montageunternehmen X (X), das im Anlagenbau tätig ist, erhält den Auftrag, eine komplexe Fertigungsanlage A (Projekt) mit konkreten Leistungsanforderungen in Staat A zu errichten. Hierdurch entsteht in Staat A die Bau- und Montagebetriebsstätte A (A). Die Ausschreibung, das Basis-Engineering und ein Teil des Detail-Engineerings erfolgen im Inland. A übernimmt den restlichen Teil des Detail-Engineerings, sowie die Überwachung, die Koordination und die Inbetriebnahme. A stellt außerdem die Funktionsfähigkeit der Anlage (lt. Anforderungskatalog) sicher.

Lösung:

Aufgrund der Übernahme eines Teils des Detail-Engineerings, der Koordination, der Überwachung und der Inbetriebnahme durch eigenes Personal von A und wegen der Sicherstellung der Funktionsfähigkeit der Fertigungsanlage durch A, handelt es sich nicht um eine bloße Routinetätigkeit von A. Wird durch die Dokumentation und die Hilfs- und Nebenrechnung nachgewiesen, dass die Chancen und Risiken von A mit denen des übrigen Unternehmens vergleichbar sind, so kann die Anwendung der geschäftsvorfallbezogenen Gewinnaufteilungsmethode sachgerecht sein (§ 33 Absatz 1 Nummer 1 BsGaV).

372 Nach der zweiten Alternative § 33 Absatz 1 BsGaV müssen sowohl von der Bau- und Montagebetriebsstätte als auch vom übrigen Unternehmen einzigartige immaterielle Werte verwendet werden, die jeweils für das konkrete Projekt selbst entwickelt oder erworben wurden (§ 33 Absatz 1 Nummer 2 BsGaV). Ein der Bau- und Montagebetriebsstätte zuzuordnender einzigartiger immaterieller Wert liegt nur dann vor, wenn das betreffende Know-how von der Bau- und Montagebetriebsstätte speziell für das konkrete Bau- und Montageprojekt geschaffen oder erworben wurde.

Fall – Schaffung von einzigartigen immateriellen Werten in der Bau- und Montagebetriebsstätte:

Das inländische Bau- und Montageunternehmen X (X), das im Anlagenbau tätig ist, erhält den Auftrag für die Errichtung einer neuartigen Fertigungsanlage in Staat A. Hierdurch entsteht die Bau- und Montagebetriebsstätte A (A). Diese Anlage unterscheidet sich von den bisher errichteten Anlagen sowohl bezüglich der Größe als auch bezüglich der Geeignetheit für die konkreten klimatischen Umstände im Staat A, die für die technische Funktionsfähigkeit der Anlage von Bedeutung sind. Für die Planung und Errichtung der Anlage ist deshalb eine intensive Zusammenarbeit zwischen dem Personal des übrigen Unternehmens und den von A eingesetzten Spezialisten erforderlich.

Lösung:

Die Entwicklung einer neuartigen Technologie durch das übrige Unternehmen und durch A führt zur Schaffung von einzigartigem und neuem Know-how. Die Anwendung der geschäftsvorfallbezogenen Gewinnaufteilungsmethode (§ 33 Absatz 1 Nummer 2 BsGaV) ist dem Grunde nach sachgerecht. Die vom übrigen Unternehmen zur Verfügung gestellten immateriellen Werte gelten als dessen Beitrag, der nach § 33 Absatz 2 Satz 3 Nummer 1 BsGaV für die Berechnung des anzuwendenden Aufteilungsschlüssels zu berücksichtigen ist (siehe Rn. 375).

373 Ausgangspunkt für eine Aufteilung des Ergebnisses des Bau- und Montagevertrags (Projekt) zwischen der Bau- und Montagebetriebsstätte und dem übrigen Unternehmen ist zunächst die Ermittlung des Projektergebnisses auf der Grundlage der dafür zu erstellenden Kostenrechnung, in der sowohl die Kosten der Bau- und Montagebetriebsstätte als auch die Kosten des übrigen Unternehmens enthalten sind. Für diese Ermittlung sind alle Kosten, die mit dem Projekt in Zusammenhang stehen, unabhängig davon, wann sie entstanden sind, zu berücksichtigen (z. B. Akquisitionskosten,

Ausschreibungskosten, Kosten für Pre-Engineering sowie für Forschung und Entwicklung).

Fall – Fehlmaßnahmen:

Zum inländischen Bau- und Montageunternehmen X (X) gehört eine Bau- und Montagebetriebsstätte A (A) in Staat A, die die Voraussetzungen des § 33 BsGaV erfüllt. In der Kostenrechnung für das Projekt sind u. a. auch Kosten für die Beseitigung einer Fehlmaßnahme enthalten.

Lösung:

Die Kosten für die Beseitigung der Fehlmaßnahme sind in die Ermittlung des Projektergebnisses mit einzubeziehen, mindern das Projektergebnis und sind im Regelfall nach dem allgemeinen Aufteilungsschlüssel aufzuteilen. Wird allerdings festgestellt, dass es aufgrund der Personalfunktionen von A zu der Fehlmaßnahme gekommen ist, sind A diese Kosten nach § 33 Absatz 2 Satz 4 BsGaV vorab gewinnmindernd zuzurechnen und werden nicht aufgeteilt.

HINWEIS:

Kam es umgekehrt aufgrund von Personalfunktionen des übrigen Unternehmens zu Fehlmaßnahmen, sind die dadurch verursachten zusätzlichen Kosten nach § 33 Absatz 2 Satz 4 BsGaV dem übrigen Unternehmen vorab gewinnmindernd zuzurechnen.

374 Das aufzuteilende Projektergebnis bestimmt sich nach den allgemein geltenden Grundsätzen über die steuerliche Gewinnermittlung in Deutschland, ausländische Gewinnermittlungsvorschriften oder -grundsätze sind für die Besteuerung in Deutschland unbeachtlich.

Fall – Abweichende Gewinnermittlung im Ausland:

Zum inländischen Bau- und Montageunternehmen X (X) gehört eine Bau- und Montagebetriebsstätte A (A) in Staat A (DBA mit Freistellung), die die Voraussetzungen des § 33 BsGaV erfüllt. In Staat A wird der Gewinn von A nach der PoC-Methode (Percentage of Completion) ermittelt.

Lösung:

Obwohl der Gewinn im Staat A nach der PoC-Methode ermittelt wird, ist der Gewinn von A für die deutsche Besteuerung nach deutschem Steuerrecht nach der CC-Methode (Completed Contract) zu ermitteln. Die Freistellung des Betriebsstättengewinns von X in Deutschland kann erst nach Realisation des Gewinns aus dem Bau- und Montageauftrag erfolgen.

HINWEIS:

Ist hinsichtlich des Betriebsstättenstaats die Anrechnungsmethode anzuwenden, so gilt für Zeitinkongruenzen Rn. 364 (siehe Abwandlung des Falls).

2.33.2 Anzuwendender Aufteilungsschlüssel (§ 33 Absatz 2 BsGaV)

375 Ausgangspunkt für den auf das Projektergebnis anzuwendenden Aufteilungsschlüssel sind nach § 33 Absatz 2 Satz 1 BsGaV die jeweils von der Bau- und Montagebetriebsstätte und dem übrigen Unternehmen erbrachten Leistungsbeiträge. Vor Entstehen der Bau- und Montagebetriebsstätte erbrachte Leistungsbeiträge (siehe Rn. 367) sind als

Leistungsbeitrag des übrigen Unternehmens zu berücksichtigen.

376 Für den anzuwendenden Aufteilungsschlüssel kommt es nach § 33 Absatz 2 Satz 2 BsGaV auf die Kosten an, die für die maßgeblichen Personalfunktionen jeweils entstanden sind. Kosten für Personalfunktionen, die nicht maßgeblich sind (Hilfstätigkeiten wie z. B. Werkschutz, Kantine, Fahrdienste), die aber für die Ermittlung des Projektergebnisses zu berücksichtigen sind (siehe Rn. 48), scheiden für Zwecke der Aufteilung aus.

Fall – Für die Aufteilung zu berücksichtigende Kosten:

Das inländische Bau- und Montageunternehmen X (X), das im Anlagenbau tätig ist, erhält den Auftrag für die Errichtung einer neuartigen Fertigungsanlage in Staat A. Infolge der Errichtung entsteht eine Bau- und Montagebetriebsstätte A (A), auf die § 33 BsGaV anzuwenden ist. Es fallen Kosten für die Ausschreibung, für Basis- und Detail-Engineering, Montage, Überwachung und die Inbetriebnahme an (sowohl für A als auch für das übrige Unternehmen). Darüber hinaus entstehen sowohl A als auch dem übrigen Unternehmen Kosten für Hilfstätigkeiten.

Lösung:

Für die Berechnung des Aufteilungsschlüssels sind nach § 33 Absatz 2 Satz 2 BsGaV die Kosten für die maßgeblichen Personalfunktionen zu berücksichtigen (Teilnahme an der Ausschreibung, Basis- und Detail-Engineering, Montage, Überwachung und Inbetriebnahme). Daneben ist noch der angemessene Anteil der in § 33 Absatz 2 Satz 3 BsGaV genannten Kosten (Forschung und Entwicklung, vergebliche Akquisition) zu berücksichtigen. Die Kosten für Personalfunktionen, die nicht maßgeblich sind (Hilfstätigkeiten), sind zwar auszugleichen, bleiben aber für den Aufteilungsschlüssel unberücksichtigt.

377 Für den Aufteilungsschlüssel ist nach § 33 Absatz 2 Satz 3 Nummer 1 BsGaV ein angemessener Anteil an den Forschungs- und Entwicklungskosten der eingesetzten immateriellen Werte zu berücksichtigen. Zu den anzusetzenden Forschungs- und Entwicklungskosten gehören insbesondere Kosten für in Vorjahren geschaffene immaterielle Werte, die anteilig und pauschaliert zu berücksichtigen sind. Für den Aufteilungsschlüssel nach § 33 Absatz 2 Satz 3 Nummer 2 BsGaV ist daneben auch ein angemessener Anteil der vergeblichen Akquisitionskosten anderer gescheiterter Bau- und Montageaufträge zu berücksichtigen.

Fall (1) – Forschungs- und Entwicklungskosten und vergebliche Akquisitionskosten:

Das inländische Bau- und Montageunternehmen X (X), das im Anlagenbau tätig ist, ermittelt die Selbstkosten der in- und ausländischen Projekte (auch Bau- und Montagebetriebsstätten) mittels einer Vollkostenrechnung auf Plankostenbasis. Unterstellt werden eine normale Auslastung der Anlagen und eine Normalbeschäftigung unter Berücksichtigung der Erfahrungswerte der Vergangenheit. Die auf die Projekte verrechneten Einzelkosten der Mitarbeiter, die den direkten Kosten entsprechen, werden erhöht um anteilige Unternehmensgemeinkosten (Overheadkosten: allgemeine Verwaltungskosten, z. B. Personalabteilung, Controlling usw., und Vertriebskosten, z. B. Kosten für Angebote, Marketing, Vertreter). Zu den Einzelkosten der Mitarbeiter gehören insbesondere die Lohnkosten und die Lohnnebenkosten. Es ergibt sich folgende vereinfachte Übersicht:

	Einzelkosten	Gemeinkosten
Stundensätze	100	
+ FuE-Kosten aus Vorjahren (pauschal)		6
+ vergebliche Akquisitionskosten (pauschal)		5
+ Vertriebskosten		8
+ sonstige Verwaltungskosten		11
= Gesamt	100	30

Die Forschungs- und Entwicklungskosten der letzten fünf Jahre betrugen durchschnittlich 4. Für ein konkretes Projekt ist das Ergebnis einer Bau- und Montagebetriebsstätte A (A) im Staat A gem. § 33 BsGaV zu ermitteln und dazu die Berechnung der Parameter für den anzuwendenden Aufteilungsschlüssel vorzunehmen.

Lösung:

Für eine im Einzelfall zutreffende, pauschalisierte Ermittlung der Forschungs- und Entwicklungskosten sowie der vergeblichen Akquisitionskosten, die nach § 33 Absatz 2 Satz 3 BsGaV zur Berechnung des Aufteilungsschlüssels anzusetzen sind, müssen die Forschungs- und Entwicklungskosten der Vergangenheit mittels Vollkostenrechnung berücksichtigt werden. Aus Vereinfachungsgründen können im konkreten Fall die durchschnittlichen Forschungs- und Entwicklungskosten der vorhergehenden fünf Jahre herangezogen werden. Von diesen Kosten von 20 (5 × 4) kann nur ein angemessener Teil (im konkreten Fall aus Vereinfachungsgründen pauschal 50 % x 20 = 10) berücksichtigt werden. Der Zuschlagssatz für vergebliche Akquisitionskosten beträgt 5 %, der Zuschlagssatz für Forschungs- und Entwicklungskosten 10 %. Zur Ermittlung des für das konkrete Projekt anzuwendenden Aufteilungsschlüssels sind die unmittelbaren Kosten der maßgeblichen Personalfunktionen des übrigen Unternehmens um die vergeblichen Akquisitions- sowie die Forschungs- und Entwicklungskosten zu erhöhen (100 zuzüglich 15 % Aufschlag = 115), da A diese Kosten mangels insofern ausgeübter Personalfunktionen nicht zugeordnet werden können. Die Kosten der maßgeblichen Personalfunktionen von A können deshalb nicht erhöht werden, d. h. es gehen – anders als hinsichtlich der betreffenden maßgeblichen Personalfunktionen des übrigen Unternehmens (mit Aufschlag) – nur die direkten Kosten der maßgeblichen Personalfunktionen von A (ohne Aufschlag) in den Aufteilungsschlüssel ein.

HINWEIS:

Die konkreten Pauschalierungen sind im jeweiligen Einzelfall vom Bau- und Montageunternehmen zu dokumentieren und zu begründen. Das gilt auch für andere Aufteilungsschlüssel, die dem Fremdvergleichsgrundsatz besser entsprechen sollen.

Fall (2) – Ermittlung des Aufteilungsschlüssels nach maßgeblichen Personalfunktionen:

Das inländische Bau- und Montageunternehmen X (X), das im Anlagenbau tätig ist, erhält den Auftrag für die Errichtung einer Fertigungsanlage in Staat A. Hierdurch entsteht in Staat A eine Bau- und Montagebetriebsstätte A (A), die die Voraussetzungen des § 33 Absatz 1 BsGaV erfüllt. Das Projektergebnis beträgt 100. Für die Aufteilung sind folgende Faktoren zu berücksichtigen:

- Der Aufschlag für die vergeblichen Akquisitionskosten beträgt 5 %.
- Der Aufschlag für Forschungs- und Entwicklungskosten beträgt laut Vollkostenrechnung 10 %.
- Die Personalkosten des Projekts betragen 100 (übriges Unternehmen: 70, hierin sind Akquisitionskosten von 10 enthalten/A: 30).
- Von den Personalkosten entfallen 15 auf nicht maßgebliche Personalfunktionen (übriges Unternehmen: 10/A: 5).
- Die Materialkosten betragen 40 (übriges Unternehmen: 30/A: 10).
- Die Kosten für Subunternehmer betragen 30 (übriges Unternehmen: 10/A: 20).

Lösung nach § 33 Absatz 2 Satz 2 BsGaV:

Kosten	übriges Unternehmen	Bau- und Montagebetriebsstätte A
Personal inklusive Akquisition	70	30
– nicht maßgebliche Personalfunktionen	10	5
= maßgebliche Personalfunktionen	60	25
+ Anteil vergebliche Akquisition (5 %)	3	
+ Anteil F+E (10 %)	6	
= Kostenanteil	69	25
Aufteilungsschlüssel	73 % (69/94)	27 % (25/94)

HINWEIS:
Die Anwendung eines anderen Aufteilungsschlüssels ist vom Bau- und Montageunternehmen zu dokumentieren und zu begründen (§ 33 Absatz 2 Satz 4 BsGaV).

378 Nach § 33 Absatz 2 Satz 4 BsGaV ist die Gewinnaufteilung nach alternativen Aufteilungsschlüsseln (nicht nach den Kosten der jeweils ausgeübten maßgeblichen Personalfunktionen) durchzuführen, wenn das Ergebnis dem Fremdvergleichsgrundsatz besser entspricht. Alternative Aufteilungsmethoden sind anzuwenden, wenn sie

- dem Fremdvergleichsgrundsatz besser entsprechen als eine Aufteilung nach den Kosten für die jeweils ausgeübten maßgeblichen Personalfunktionen (z. B. Aufteilung unter Berücksichtigung aller Kosten oder Aufteilung nach Wertschöpfungsbeiträgen, siehe auch OECD-Leitlinien, Tz. 2.135),

- rechnerisch nachvollziehbar sind und
- entsprechend der Systematik der zweiseitigen geschäftsvorfallbezogenen Gewinnaufteilungsmethode betriebswirtschaftlich konsistente Ergebnisse erbringen.

379 Unter diesen Voraussetzungen sind alternative Aufteilungsmethoden auch dann anzuwenden, wenn einzelne Parameter der Aufteilung zu berichtigen sind.

Fall (1) – Modifizierte Aufteilungsmethode:

Sachverhalt, siehe Fall (2) Rn. 377

Lösung:

Alternative nach § 33 Absatz 2 Satz 4 BsGaV (Einbeziehung der Kosten aller Personalfunktionen):

Kosten	übriges Unternehmen	Bau- und Montagebetriebsstätte A
Personalkosten inkl. Akquisition	70	30
+ Anteil vergebliche Akquisition (5 %)	3,5	
+ Anteil F+E (10 %)	7	
+ Materialkosten	30	10
+ Kosten für Subunternehmer	10	20
= Kostenanteil	120,5	60
Aufteilungsschlüssel	67 % (120,5/180,5)	33 % (60/180,5)

Fall (2) – Gewinnaufteilung aufgrund einer Wertschöpfungsanalyse:

Das inländische Bau- und Montageunternehmen (X), das im Anlagenbau tätig ist, erhält den Auftrag für die Errichtung einer Fertigungsanlage in Staat A. Hierdurch entsteht die Bau- und Montagebetriebsstätte A (A), die die Voraussetzungen des § 33 Absatz 1 BsGaV erfüllt. X ermittelt die Leistungsbeiträge anhand einer Wertschöpfungsanalyse, die auf Basis der erbrachten Wertschöpfungsbeiträge erstellt wird (ausgeübte Funktionen unter besonderer Berücksichtigung des eingesetzten Know-hows, der entstandenen Kosten sowie der Chancen und Risiken). Aus dem Auftrag wird ein Projektergebnis von 200 erzielt.

Lösung:

Nach Korrekturen stimmt das zuständige Finanzamt folgender Aufteilung zu:

Wertschöpfungsanteil

	insgesamt	davon A
Vertrieb	5 %	0 %
Forschung und Entwicklung	10 %	0 %
Planung und Basis-Engineering	15 %	0 %
Detail-Engineering und Einkauf	50 %	15 %
Montage	15 %	15 %
Inbetriebnahme	5 %	5 %
= Summe	100 %	35 %

Summe Bau- und Montagebetriebsstätte: 35 % = 70 Gewinn

Summe übriges Unternehmen: 65 % = 130 Gewinn

380 Ist in den ersten Jahren eines mehrjährigen Bau- und Montagevorhabens aufgrund des Funktions- und Risikoprofils von einer Bau- und Montagebetriebsstätte mit Routinefunktionen ausgegangen worden und hat sich das Funktions- und Risikoprofil aufgrund der Tätigkeit der Bau- und Montagebetriebsstätte nachweislich in einem späteren Jahr so erheblich geändert, dass die Voraussetzungen für die Anwendung einer geschäftsvorfallbezogenen Gewinnaufteilungsmethode vorliegen (z. B. wegen der Übernahme von entsprechend qualifizierten Tätigkeiten auf der Baustelle), so ist § 33 BsGaV für die gesamte Dauer der Bau- und Montagebetriebsstätte anzuwenden (siehe auch Rn. 356 Fall 2).

Fall – Korrektur eines unzutreffenden Teilergebnisses:

Das inländische Bau- und Montageunternehmen X (X) hat im Ausland A (DBA mit Freistellung) eine ausländische Bau- und Montagebetriebsstätte A (A). Das Ergebnis (Jahre 01 bis 03) von A ist in den Jahren 01 bis 03 durch die Anwendung der Kostenaufschlagsmethode ermittelt worden (§ 32 Absatz 1 BsGaV). Bei der Erstellung der Steuererklärung für das Jahr 03 im Jahr 05 stellt sich nachträglich heraus, dass sich der Sachverhalt im Jahr 03 so verändert hat, dass für den Bau- und Montageauftrag § 33 Absatz 1 BsGaV anzuwenden ist (geschäftsvorfallbezogene Gewinnaufteilungsmethode). Im Ergebnis ist der Gewinn aus dem Auftrag von 100 zu je 50 % auf A und das übrige Unternehmen aufzuteilen.

Lösung:

Nach den Grundsätzen des § 33 BsGaV hat A den Gewinn entsprechend dem Fremdvergleichsgrundsatz – wie X selbst – erst im Jahr 03 auszuweisen. Da dieses Funktions- und Risikoprofil aber erst im Jahr 03 entstanden ist und erst im Jahr 05 erkannt wurde, ist das Ergebnis von A aus den Jahren 01 und 02 (Anwendung Kostenaufschlagsmethode) nach dem Fremdvergleichsgrundsatz zwar zunächst anzuerkennen, es ist aber durch den Ansatz eines entsprechend höheren Gewinns im Jahr 03 (ermittelt nach der geschäftsvorfallbezogenen Gewinnaufteilungsmethode) richtig zu stellen.

	01	02	03	Summe 01 – 03
steuerlicher Gewinn von X	0	0	100	100
Freistellung Betriebsstätte (cost plus)	+ 5	+ 5		
Freistellung Betriebsstätte (profit split)			+ 50	
– bereits in 01/02 freigestellt			– 10	
verbleibende Freistellung 03			+ 40	
Summe Freistellung Betriebsstätte				50
Einkünfte übriges Unternehmen	– 5	– 5	+ 60	50

HINWEIS:
Ergibt sich in vergleichbaren Fällen für ein Gesamtprojekt nachträglich ein Verlust und kann dieser Verlust nachweislich im Ausland nicht rückwirkend geltend gemacht werden, ist es zur Vermeidung von Doppelbesteuerung aus Billigkeitsgründen nicht zu beanstanden, dass die Einkünfte nach der Kostenaufschlagsmethode erklärt werden (§ 32 Absatz 1 BsGaV), wenn das Bau- und Montageunternehmen davon ausgehen konnte, dass es die ursprünglich gewählte Methode anwenden durfte.

381 War ursprünglich davon auszugehen, dass die Voraussetzungen des § 33 BsGaV für eine Bau- und Montagebetriebsstätte vorliegen, stellt sich aber nachträglich heraus, dass sie nur Routinefunktionen mit keinen bzw. geringen Risiken ausgeübt hat (§ 32 BsGaV), so gelten die Grundsätze der Rn. 380 entsprechend.

2.34 Übergangsregelung für Bau- und Montagebetriebsstätten (§ 34 BsGaV)

382 Es ist nicht zu beanstanden, wenn ein Bau- und Montageunternehmen das Ergebnis einer in- oder ausländischen Bau- und Montagebetriebsstätte nach den Regelungen des § 1 Absatz 5 AStG, der BsGaV und dieses BMF-Schreibens auch für Jahre ermittelt, die vor dem 1. Januar 2013 beginnen. Voraussetzung dafür ist, dass

- die Regelungen insgesamt auf den gesamten Zeitraum des Bestehens der Bau- und Montagebetriebsstätte angewendet werden und
- dadurch international weder eine Doppelbesteuerung noch eine Nichtbesteuerung von Einkünften der Bau- und Montagebetriebsstätte entsteht.

2.34.1 Begründung der Bau- und Montagebetriebsstätte vor dem 1. Januar 2013 (§ 34 Absatz 1 BsGaV)

383 § 34 Absatz 1 BsGaV lässt zu, das Ergebnis einer Bau- und Montagebetriebsstätte i. S. d. § 30 Satz 1 BsGaV bis zu ihrer Beendigung nach den bisher von der Finanzverwaltung anerkannten Grundsätzen zu ermitteln, wenn die Bau- und Montagebetriebsstätte schon vor dem 1. Januar 2013 bestand.

Fall (1) – Übergangsregelung und neuer Anschlussvertrag:

Für ein Bauvorhaben im Staat A schließt ein inländisches Bau- und Montageunternehmen X (X) im Jahr 2012 mit dem Kunden K den Vertrag über Erdarbeiten im ausländischen Staat ab. Die Bauarbeiten beginnen im Jahr 2012 und führen zur Bau- und Montagebetriebsstätte A (A). Im Jahr 2013 schließt X mit K einen neuen Vertrag über die Rohbauarbeiten für dasselbe Bauvorhaben ab. Zum zusätzlichen Vertragsabschluss über Rohbauarbeiten im Jahr 2013 ist es gekommen, weil K mit der Ausführung des Vertrags aus dem Jahr 2012 zufrieden ist.

Lösung:

Wegen des wirtschaftlichen und örtlichen Zusammenhangs handelt es sich bei dem Vertrag über den Rohbau um einen Anschlussvertrag (siehe Rn. 343). Deshalb führt die Durchführung beider Verträge (Erdarbeiten und Rohbau) zu einer einheitlichen Bau- und Montagebetriebsstätte (Gesamtprojekt). Diese Bau- und Montagebetriebsstätte A entstand vor dem 01.01.2013. Die Übergangsregelung ist nach § 34 Absatz 1 BsGaV auf das Gesamtprojekt anwendbar.

Fall (2) – Unterschiedliche Behandlung derselben Bau- und Montagebetriebsstätte:

Für das inländische Bau- und Montageunternehmen X (X) entsteht im Jahr 2012 eine ausländische Bau- und Montagebetriebsstätte A (A) im Staat A. Sie hat voraussichtlich eine Laufzeit von 3 Jahren. Für A wird der Gewinn für die Jahre 2012 und 2013 entsprechend den VWG Betriebsstätten ermittelt. Für das Jahr 2014 möchte X die neue Regelung anwenden.

Lösung:

Da sich das Wahlrecht nach dem Wortlaut des § 34 BsGaV jeweils auf eine (einheitliche) Bau- und Montagebetriebsstätte bezieht, kann das Wahlrecht nur einheitlich und insgesamt für A ausgeübt werden. Es besteht kein unterschiedliches Wahlrecht für einzelne Jahre des Bestehens einer Bau- und Montagebetriebsstätte.

2.34.2 Anwendung auf später begründete Bau- und Montagebetriebsstätten (§ 34 Absatz 2 BsGaV)

384 Die bisher von der Finanzverwaltung anerkannten Grundsätze können trotz § 1 Absatz 5 AStG unter den kumulativen Voraussetzungen des § 34 Absatz 2 BsGaV auch für Bau- und Montagebetriebsstätten angewendet werden, die in den Jahren 2013 oder 2014 entstehen (§ 40 BsGaV). An die Glaubhaftmachung nach § 34 Absatz 2 Nummer 2 BsGaV sind keine hohen Anforderungen zu stellen, wenn der Bau- oder Montagevertrag – unabhängig vom Entstehen der Bau- und Montagebetriebsstätte – vor dem 1. Januar 2013 abgeschlossen wurde.

385 Entsteht eine Bau- und Montagebetriebsstätte zwar nach dem 31. Dezember 2014 aber vor dem Ablauf des abweichenden Wirtschaftsjahrs des Bau- und Montageunternehmens 2014/2015, so können die bisher von der Finanzverwaltung anerkannten Grundsätze nach § 34 Absatz 2 BsGaV auch für dieses Wirtschaftsjahr angewendet werden.

Fall – Abweichendes Wirtschaftsjahr:

Das inländische Bau- und Montageunternehmen X (X) hat ein abweichendes Wirtschaftsjahr vom 01.10. bis zum 30.09. Im Jahr 2015 entsteht für X in Staat A vor dem 01.10. eine ausländische Bau- und Montagebetriebsstätte A (A).

Lösung:

Für A können die Einkünfte unter den in § 34 Absatz 2 BsGaV genannten Voraussetzungen nach den bisher von der Finanzverwaltung anerkannten Grundsätzen ermittelt werden. § 34 Absatz 2 BsGaV gilt für alle Bau- und Montagebetriebsstätten von X, die vor dem 01.10.2015 entstehen.

2.35 Allgemeines zu Förderbetriebsstätten (§ 35 BsGaV)

2.35.1 Definition Förderbetriebsstätte, Bergbauunternehmen, Erdöl- oder Erdgasunternehmen (§ 35 Absatz 1 BsGaV)

386 Abschnitt 5 der BsGaV (§§ 35 bis 38 BsGaV) ist speziell auf Förderbetriebsstätten anzuwenden. § 35 Absatz 1 Satz 1 BsGaV definiert den Begriff Förderbetriebsstätte: Darunter fallen Betriebsstätten, die zur Förderung von Bodenschätzen entstehen und nach Abschluss der Fördertätigkeit enden. Jedes Unternehmen, zu dem eine Förderbetriebsstätte gehört, ist ein Bergbau- bzw. ein Erdöl- oder Erdgasunternehmen i. S. d. § 35 Absatz 1 Satz 2 BsGaV, unabhängig davon, ob die Fördertätigkeit einen wesentlichen Teil oder den Hauptteil der Geschäftstätigkeit dieses Unternehmens ausmacht.

Fall – Kontraktor:

Das inländische Unternehmen Y (Y), das nicht auf eigenes Risiko in der Erdöl-/Erdgasförderung tätig ist, übernimmt vom inländischen Unternehmen X (X) den Auftrag, als Kontraktor (Auftragnehmer) seismologische Untersuchungen und das Abteufen einer Bohrung im Staat A durchzuführen. Die Ergebnisse von Y stehen X zu. X verwertet sie im Rahmen eines Explorationsrechts, das X vom Staat A durch einen Produktionsteilungsvertrag (Production Sharing Agreement – PSA) erhält.

Lösung:

Nur X ist Erdöl- oder Erdgasunternehmen i. S. d. § 35 Absatz 1 Satz 2 BsGaV, nicht Y. Denn Y wird lediglich als Dienstleister tätig. Führen die Arbeiten von Y zu einer Betriebsstätte in Staat A, sind darauf die allgemeinen Vorschriften der §§ 1 bis 17 BsGaV anzuwenden. Es handelt es sich nicht um eine Förderbetriebsstätte i. S. d. § 35 Absatz 1 Satz 1 BsGaV.

387 Ein Explorationsrecht (siehe Rn. 394) wird u. a. durch den Abschluss eines Production Sharing Agreement (PSA) begründet. Ein PSA, das verschiedentlich auch als Production Sharing Contract (PSC) oder Exploration and Production Sharing Agreement (EPSA) bezeichnet wird, ist ein zivilrechtlicher/öffentlich-rechtlicher Vertrag, in dem in erster Linie folgende Rechte und Pflichten vereinbart werden:

- Ein Förderstaat, dem Bodenschätze (meist Kohlenwasserstoffe) rechtlich zuzuordnen sind, erteilt einem oder mehreren Erdöl- oder Erdgasunternehmen eine oder mehrere Erdöl- oder Erdgaskonzessionen.
- Im Erfolgsfall verpflichtet sich das Erdöl- oder Erdgasunternehmen (bzw. verpflichten sich die beteiligten Erdöl- oder Erdgasunternehmen), die Erdöl- bzw. Erdgasproduktion nach einem festgelegten Schlüssel mit dem Förderstaat zu teilen.

Vertragspartner auf Seiten des Förderstaats sind im Regelfall dessen staatliche Organe und/oder seine staatliche Erdöl-/Erdgasgesellschaft. Anstelle der sonstigen allgemein gültigen Steuerregelungen des Förderstaats wendet dieser die speziellen (steuerlichen) Regelungen eines PSA an bzw. die PSA-Regelungen ergänzen die allgemein gültigen Steuerregelungen.

388 Die konkreten Voraussetzungen für das Entstehen oder die Beendigung einer Förderbetriebsstätte richten sich nach § 12 AO bzw. den anzuwendenden DBA (siehe Tz. 4.7 VWG Betriebsstätten). Grundsätzlich ist darauf hinzuweisen, dass eine Förderbetriebsstätte zu dem Zeitpunkt entsteht, zu dem die Fördertätigkeit aufgenommen wird (§ 36 Absatz 3 BsGaV). Die Fördertätigkeit wird mit Beginn des Aufbaus der Förderanlagen aufgenommen (siehe Tz. 4.7 Satz 5 und 6 VWG Betriebsstätten). Durch den Aufbau der Förderanlagen macht das Bergbau- bzw. Erdöl- oder Erdgasunternehmen deutlich, dass es von der wirtschaftlichen Fündigkeit (siehe Tz. 4.7.2 VWG Betriebsstätten) des betreffenden Explorationsrechts (siehe Rn. 394) ausgeht.

Fall – Entstehungszeitpunkt einer Förderbetriebsstätte:

Das inländische Erdölunternehmen X (X) besitzt ein Explorationsrecht für ein Gebiet im Staat A. Zur Durchführung der Förderung werden im Inland Planungstätigkeiten ausgeführt. Am 01.05.02 beginnen Mitarbeiter von X im Staat A, die Förderanlage aufzubauen.

Lösung:

Der Förderbetrieb wird am 01.05.02 aufgenommen, da der Beginn des Aufbaus der Förderanlagen nach § 36 Absatz 3 BsGaV als Zeitpunkt der Aufnahme der Fördertätigkeit und damit als Beginn der Förderbetriebsstätte F gilt.

389 Die vor dem Zeitpunkt des Beginns des Aufbaus der Förderanlagen im Förderstaat ausgeübte Geschäftstätigkeit ist vorbereitender Art (siehe Artikel 5 Absatz 4 Buchstabe e OECD-MA) und führt im DBA-Fall weder zu einer Betriebsstätte noch zu einer Förderbetriebsstätte. In Fällen ohne DBA kann im Einzelfall vor Begründung einer Förderbetriebsstätte nach § 12 Satz 2 Nummer 7 AO eine Betriebsstätte nach § 12 Satz 2 Nummer 8 AO entstehen (Bau- und Montagebetriebsstätte, siehe Rn. 341 ff.), auf die unter den Voraussetzungen der Rn. 23 die entsprechenden Regelungen der BsGaV und dieses BMF-Schreibens anzuwenden sind.

390 Entfällt die wirtschaftliche Fündigkeit später wieder, weil sich herausstellt, dass das Explorationsrecht (siehe Rn. 394) nicht wirtschaftlich sinnvoll ausgebeutet werden kann, so wird die entstandene Förderbetriebsstätte zu diesem Zeitpunkt beendet. Eine zeitliche Verzögerung der bereits begonnenen Einrichtung der Förderbetriebsstätte (Beginn des Aufbaus der Förderanlagen, siehe Rn. 388) hat dagegen keinen Einfluss auf das Bestehen der Förderbetriebsstätte. Soweit in derartigen Fällen das Explorationsrecht der Förderbetriebsstätte zuzurechnen ist, sind die Konsequenzen des § 37 Absatz 2 und 3 BsGaV zu ziehen.

391 Auf Förderbetriebsstätten sind die allgemeinen Vorschriften des Abschnitts 1 der BsGaV anzuwenden, es sei denn, Abschnitt 5 der BsGaV enthält besondere Regelungen. Wird in einer Förderbetriebsstätte auch eine andere Geschäftstätigkeit ausgeübt,

die nicht in unmittelbarem Zusammenhang mit ihrer Fördertätigkeit steht, so sind ihre Einkünfte aus der anderen Geschäftstätigkeit nach den allgemeinen Vorschriften der §§ 1 bis 17 BsGaV zu ermitteln.

Fall – Andere Geschäftstätigkeit:

Das inländische Bergbauunternehmen X (X) fördert im Staat A in der Förderbetriebsstätte F (F) im Jahr 01 Bodenschätze auf Grundlage eines PSA. Im Jahr 02 führt Personal von F vor Ort eine Schulung von Personal des übrigen Unternehmens hinsichtlich bohrtechnischer Fragen durch.

Lösung:

Das bereits bestehende Explorationsrecht ist unter den Voraussetzungen des § 36 Absatz 3 BsGaV mit Beginn der Errichtung der Produktionsanlagen F zuzurechnen. Die Schulung für das Personal des übrigen Unternehmens stellt daneben eine (risikoarme) fiktive Dienstleistung von F i. S. d. § 16 Absatz 1 Nummer 2 BsGaV dar, für die die Kostenaufschlagsmethode anzuwenden ist.

Hinzuweisen ist auf die Rn. 63 (Aufzeichnungspflichten), die u. a. den Zweck verfolgt, internationale Besteuerungskonflikte (Doppelbesteuerung bzw. Nichtbesteuerung) zu erkennen und nach Möglichkeit zu vermeiden.

392 Beteiligen sich zwei oder mehr Bergbau- bzw. Erdöl- oder Erdgasunternehmen gemeinsam an einem Explorationsrecht (siehe Rn. 394), so bilden diese im Regelfall ein Konsortium (siehe auch Konsortien von Bau- und Montageunternehmen, die im Regelfall keine Mitunternehmerschaft begründen, siehe Rn. 346). Folge ist, dass die Förderbetriebsstätte der Konsorten keine gemeinsame Förderbetriebsstätte ist, sondern dass es sich im Regelfall steuerrechtlich um jeweils eine (anteilige) Förderbetriebsstätte jedes einzelnen Konsorten handelt. Ein Konsortium ist nur dann eine Mitunternehmerschaft, wenn die Konsorten die geförderten Rohstoffe gemeinsam vermarkten.

Fall (1) – Konsortial-Förderbetriebsstätten:

Zwei inländische Erdölunternehmen X (X) und Y (Y) schließen einen Explorationsvertrag mit einer staatlichen Gesellschaft in Staat A (DBA entsprechend OECD-MA) über ein dortiges Explorationsgebiet ab. Mit Abschluss dieses Vertrags gründen X und Y ein Konsortium. X übernimmt die Betriebsführerschaft (Operatorship; Operator ist, wer die Explorations- und Förderarbeiten durchführt), Y leistet finanzielle Beiträge (Kostenbeteiligung), schickt aber kein eigenes Personal zum Zwecke der Exploration (oder auch der späteren Förderung) in den Staat A. Den jeweiligen Anteil an den ggf. geförderten Rohstoffen vermarkten X und Y selbständig. Nach 14 Monaten Explorationstätigkeit durch Personal des Operators X im Staat A beginnt das Konsortium (der Operator) mit der Aufstellung der Förderanlagen.

Lösung:

Mangels gemeinsamer Vermarktung der geförderten Rohstoffe ist das Konsortium-X/Y keine Mitunternehmerschaft. In Staat A bestehen bis zum Beginn der Aufstellung der Förderanlagen im Regelfall weder eine Betriebsstätte von X noch von Y, da X lediglich Tätigkeiten vorbereitender Art (Exploration) durchführt, die keine DBA-Betriebsstätte begründen (siehe Artikel 5 Absatz 4 OECD-MA) und Y keinerlei physische Präsenz in Staat A hat. Die entstehenden anteiligen Aufwendungen von X und Y sind entsprechend dem abgeschlossenen Konsortialvertrag aufzuteilen und im Inland jeweils abzugsfähige Betriebsausgaben. Erst mit Beginn der Aufstellung der Förderanlagen entsteht in Staat A die Förderbetriebsstätte F des Konsortiums, die steuerrechtlich aus zwei Förderbetriebsstätten der einzelnen Konsorten besteht. Das Personal von X, das Personalfunktionen für die beiden Förderbetriebsstätten ausübt (d. h. anteilig auch für die Förderbetriebsstätte F von Y), gilt i. S. d. § 2 Absatz 4 Satz 2 BsGaV als von X an die Förderbetriebsstätte F von Y überlassen.

Fall (2) – Konsortial-Förderbetriebsstätten, vorher eigenständige Geschäftstätigkeit der Konsorten:

Im Jahr 01 erwirbt das inländische Bergbauunternehmen X (X) 30 % eines Explorationsrechts im Staat A (DBA entsprechend OECD-MA), das bisher zu 100 % vom ausländischen Unternehmen Z (Z) aus Staat B gehalten wird. X und Z bilden ein Konsortium mit getrennter Verwertung der geförderten Rohstoffe. Z bleibt Betriebsführer (Operator). Non-Operator X mietet Büroräume im Staat A an, in denen mehrere Mitarbeiter arbeiten, die sich während der Explorationsphase vor Ort mit dem Personal von Z abstimmen bzw. laufende Überwachungsarbeiten für X durchführen. Im Jahr 05 werden die Explorationsarbeiten erfolgreich abgeschlossen und ab dem Jahr 06 die Produktionsanlagen errichtet. Zu Beginn des Jahrs 08 beginnt die auf Dauer angelegte Förderung.

Lösung:

Mangels gemeinsamer Vermarktung der geförderten Rohstoffe ist das Konsortium-X/Z keine Mitunternehmerschaft, die selbst eine Betriebsstätte haben könnte. Die Aktivitäten von X und Z bis zum Jahr 05 führen als Tätigkeiten vorbereitender Art i. S. d. Artikels 5 Absatz 4 Buchstabe e OECD-MA im Staat A zu keiner Betriebsstätte (erst recht zu keiner Förderbetriebsstätte). Mit Beginn der Errichtung der Produktionsanlagen im Jahr 06 entstehen gem. Artikel 5 Absatz 2 Buchstabe f OECD-MA jeweils die Förderbetriebsstätten F 1 und F 2 der Konsorten X und Z.

Abwandlung (1) – Nicht-DBA-Staat:

Im Unterschied zu Fall 2 erwirbt X das 30 %ige Explorationsrecht von Z, der im Nicht-DBA-Staat C unbeschränkt steuerpflichtig ist. Als Non-Operator benötigt X im Staat C weder Geschäftsräume noch Personal.

Lösung:

Mangels geplanter gemeinsamer Vermarktung der geförderten Rohstoffe ist das Konsortium-X/Z keine Mitunternehmerschaft, die eine Bau- und Montagebetriebsstätte entsprechend § 12 Satz 2 Nummer 8 AO oder eine Förderbetriebsstätte entsprechend § 12 Satz 2 Nummer 7 AO haben könnte. Führen die Aktivitäten von Z in den Jahren bis einschließlich 05 zu einer Bau- und Montagebetriebsstätte (entsprechend § 12 Satz 2 Nummer 8 AO), gilt dies nicht für X. Für X als Non-Operator ist grundsätzlich gesondert zu prüfen, ob er ebenfalls aufgrund seiner eigenen unternehmerischen Tätigkeit vor Ort die Voraussetzungen für das Entstehen einer Bau- und Montagebetriebsstätte erfüllt (siehe Rn. 346). Wird allerdings das Personal von Z später so behandelt, dass dieses Personal i. S. d. § 2 Absatz 4 Satz 2 BsGaV als von Z an die spätere Förderbetriebsstätte von X überlassen gilt (siehe Lösung Fall 1), sind konsequenterweise auch zwei Bau- und Montagebetriebsstätten von Z und X anzunehmen. Z überlässt X dann entsprechend Personal für dessen Bau- und Montagebetriebsstätte.

Abwandlung (2):

X mietet im Nicht-DBA-Staat C für die Explorationszeit Büroräume an, in denen mehrere Mitarbeiter arbeiten, die hauptsächlich Repräsentationsaufgaben und Überwachungstätigkeiten wahrnehmen und sich außerdem vor Ort mit Personal des Operators Z abstimmen.

Lösung:

X begründet im Staat C die Betriebsstätte C (§ 12 Satz 2 Nummer 3 AO), die fiktive Dienstleistungen für das übrige Unternehmen i. S. d. § 16 Absatz 1 Nummer 2 BsGaV erbringt. Diese fiktiven Dienstleistungen sind mit Preisen, die dem Fremdvergleichsgrundsatz entsprechen, zu verrechnen (§ 16 Absatz 2 BsGaV).

393 Derjenige, der das Explorationsrecht (siehe Rn. 394) gewährt (im Regelfall der ausländische Staat bzw. eine seiner Untergliederungen oder Organe), gehört weder zu einem Konsortium noch bildet er mit einem oder mehreren Bergbau- bzw. Erdöl- oder Erdgasunternehmen eine Mitunternehmerschaft.

2.35.2 Definition Explorationsrecht (§ 35 Absatz 2 BsGaV)

394 Das Explorationsrecht umfasst nach § 35 Absatz 2 BsGaV sowohl Rechte zur Suche von Bodenschätzen als auch Rechte zur Förderung von Bodenschätzen. Ein Explorationsrecht wird von einem Bergbau- bzw. von einem Erdöl- oder Erdgasunternehmen im Regelfall entgeltlich erworben. Es ist möglich, dass mehrere Explorationsrechte, die örtlich voneinander zu unterscheidende Rechte zur Suche oder Förderung von Bodenschätzen gewähren, in einem PSA, einem PSC oder einem EPSA (siehe Rn. 387) enthalten sind.

2.36 Besondere Zuordnungsregelungen für Förderbetriebsstätten (§ 36 BsGaV)

2.36.1 Grundsatz (§ 36 Absatz 1 BsGaV)

395 § 36 Absatz 1 Satz 1 BsGaV geht davon aus, dass im Regelfall ein Explorationsrecht, das Gegenstand der Geschäftstätigkeit der Förderbetriebsstätte ist, zum Zeitpunkt der Anschaffung bzw. Herstellung nicht der Förderbetriebsstätte zugeordnet werden kann, denn das Explorationsrecht wird von einem Bergbau- bzw. von einem Erdöl- oder Erdgasunternehmen zu einem Zeitpunkt angeschafft, zu dem die Förderbetriebsstätte noch nicht besteht. Die Förderbetriebsstätte entsteht erst mit dem Beginn des Aufbaus der Förderanlagen (siehe Rn. 388). Die vorhergehenden Arbeiten sind lediglich vorbereitender Natur.

396 Beschränken sich die späteren Aktivitäten der Förderbetriebsstätte darauf, aufgrund des Explorationsrechts lediglich Bodenschätze zu fördern, ohne den Vertrieb der gewonnenen Bodenschätze oder deren Verwertung durch eine eigene maßgebliche Personalfunktion durchzuführen, so stellt eine solche Nutzung des Explorationsrechts allein nicht die maßgebliche Personalfunktion für die Zuordnung des Explorationsrechts dar. Deshalb ist grundsätzlich eine der Voraussetzungen dafür, der Förderbetriebsstätte das Explorationsrecht zuzuordnen, dass die Förderbetriebsstätte die in § 36 Absatz 1 Satz 1 Nummer 1 oder 2 BsGaV genannten Personalfunktionen der Anschaf-

fung des Explorationsrechts ausübt (siehe aber § 36 Absatz 3 BsGaV).

397 Von der Herstellung eines Explorationsrechts durch das Bergbau- bzw. das Erdöl- oder Erdgasunternehmen ist nur auszugehen, wenn das Explorationsrecht ohne Gegenleistung entsteht, z. B. ausschließlich durch Registrierung. Eine Gegenleistung – und damit eine Anschaffung des Explorationsrechts – liegt dagegen insbesondere dann vor, wenn eine Zahlung für die Übertragung bzw. Einräumung des Explorationsrechts geleistet wird, aber auch, wenn bewertbare Gegenleistungen vereinbart werden. Die Regelungen in Tz. 4.7.3 der VWG Betriebsstätten zur steuerlichen Behandlung der Explorationsaufwendungen im Anschaffungs- bzw. Herstellungsfall sind unverändert anzuwenden.

398 § 36 Absatz 1 Satz 2 BsGaV macht die Zuordnung des Explorationsrechts zur Förderbetriebsstätte zusätzlich davon abhängig, dass die Bedeutung der in § 36 Absatz 1 Satz 1 Nummer 1 oder 2 BsGaV genannten Personalfunktionen, die in der Förderbetriebsstätte ausgeübt werden, gegenüber der Bedeutung der betreffenden Personalfunktionen, die im übrigen Unternehmen ausgeübt werden, eindeutig überwiegt. Damit kommt der Nutzung des Explorationsrechts durch die Förderbetriebsstätte für die Zuordnung letztlich keine entscheidende Bedeutung zu, da diese Nutzung im Regelfall nur der Erfüllung ihrer fiktiven Dienstleistung gegenüber dem übrigen Unternehmen dient.

Fall – Zuerwerb eines Explorationsrechts mit Hilfe von Personal einer bestehenden Förderbetriebsstätte:

Das inländische Bergbauunternehmen X (X) fördert in Staat A Erdöl. In der deswegen entstehenden Förderbetriebsstätte F (F) sind zahlreiche Mitarbeiter beschäftigt. X erwirbt zusätzlich 40 % der Anteile an einem weiteren Explorationsrecht im gleichen Staat. Der Erwerbsvorgang wird von den Fachabteilungen des übrigen Unternehmens verhandelt. Sporadisch hilft Personal, das sonst F zuzuordnen ist, mit logistischer Hilfe aus. Der Erwerbsvertrag wird von Personal des übrigen Unternehmens im Inland unterzeichnet (hier: inländische Geschäftsleitungsbetriebsstätte).

Lösung:

Die maßgeblichen Personalfunktionen im Zusammenhang mit dem Erwerb des neuen Explorationsrechts werden durch das Personal des übrigen Unternehmens ausgeübt, so dass das Explorationsrecht gem. § 36 Absatz 1 Satz 1 Nummer 1 BsGaV bis zum späteren Entstehen einer Förderbetriebsstätte dem übrigen Unternehmen zuzurechnen ist. Die sporadische Inanspruchnahme von Personal, das sonst F zuzuordnen ist, ist eindeutig nicht maßgeblich für den Erwerb, da die Bedeutung der vom übrigen Unternehmen in Bezug auf den Anschaffungsvorgang ausgeübten Personalfunktionen eindeutig überwiegt. Die Kosten, die für die Hilfe des Personals, das sonst F zuzuordnen ist, anfallen, sind gesondert zu ermitteln, denn diese Kosten sind keine Kosten von F, sondern Kosten für Personalfunktionen von X.

Fallvariante 1 – Formale Unterschrift von Personal einer bestehenden Förderbetriebsstätte:

Der Erwerbsvertrag wird vom Geschäftsführer der ausländischen Förderbetriebsstätte F unterzeichnet.

Lösung:

Da es auf den rein formellen Akt der Vertragsunterzeichnung für die Frage, welche Personalfunktionen für die Anschaffung des Explorationsrechts maßgeblich sind, nicht ankommt (siehe Rn. 40), bleibt es dabei, dass das Explorationsrecht dem übrigen Unternehmen zuzuordnen ist. Die im Rahmen des Anschaffungsvorgangs für den Geschäftsführer von F entstandenen Kosten sind keine Kosten von F, sondern Kosten für Personalfunktionen von X.

Fallvariante 2:

Im Jahr 03 nimmt der Geschäftsführer von F im Rahmen eines Bieterkonsortiums, in enger Absprache mit Personal des übrigen Unternehmens, an einer Ausschreibung von Explorationsrechten im gleichen Staat teil und erhält den Zuschlag i. H. v. 60 % für ein neues Explorationsrecht. Die für dieses Explorationsrecht erforderlichen Operatortätigkeiten werden durch das Personal wahrgenommen, das bislang für F tätig ist.

Lösung:

Das neue Explorationsrecht ist gem. § 36 Absatz 1 Nummer 1 BsGaV dem übrigen Unternehmen zuzuordnen (hier: der inländischen Geschäftsleitungsbetriebsstätte), da dessen Personal die maßgeblichen Personalfunktionen ausgeübt hat. Die Tätigkeit für das neue Explorationsrecht, die von Personal durchgeführt wird, das bislang für F tätig war, ist als Hilfstätigkeit anzusehen, die weder zur Begründung einer Betriebsstätte noch einer Förderbetriebsstätte führt. Da diese Tätigkeit keine Geschäftstätigkeit von F ist, kann sie F auch nicht zugeordnet werden. An der Zuordnung des neuen Explorationsrechts zum übrigen Unternehmen ändert sich nichts. Kosten der Operatortätigkeit für das neue Explorationsrecht, die durch Personal verursacht werden, das bisher F zugeordnet war, sind dem übrigen Unternehmen und nicht F zuzuordnen.

2.36.2 Zuordnung zum übrigen Unternehmen (§ 36 Absatz 2 BsGaV)

399 Nach § 36 Absatz 2 BsGaV ist das Explorationsrecht dem übrigen Unternehmen zuzuordnen, wenn es der ausländischen Förderbetriebsstätte nicht nach § 36 Absatz 1 BsGaV zugeordnet werden kann. Das Explorationsrecht gilt als vom übrigen Unternehmen für die Dienstleistung der ausländischen Förderbetriebsstätte unentgeltlich zur Verfügung gestellt (Beistellung). Da in den Fällen der Beistellung die ursprüngliche Zuordnung des Explorationsrechts zum Bergbau- bzw. zum Erdöl- oder Erdgasunternehmen, in dem die maßgebliche Personalfunktion für den Erwerb ausgeübt wurde, nicht geändert wird, findet keine Entstrickung i. S. d. § 4 Absatz 1 Satz 3 und 4 EStG statt. Es liegt auch keine Nutzungsentnahme nach § 4 Absatz 1 Satz 3 und 4 EStG vor, denn die Nutzung als solche erfolgt nicht für betriebsfremde Zwecke (für Zwecke der ausländischen Förderbetriebsstätte), sie dient vielmehr unmittelbar den betrieblichen Zwecken des übrigen Unternehmens und kommt ihm zugute.

2.36.3 Sonderregelung: Verknüpfung der Zuordnung mit der Behandlung im Staat, in dem die Förderbetriebsstätte liegt (§ 36 Absatz 3 BsGaV)

400 Das Explorationsrecht ist nach § 36 Absatz 3 BsGaV abweichend von § 36 Absatz 2 BsGaV zum Zeitpunkt des Beginns der Errichtung der Produktionsanlagen (siehe Rn. 388) der Förderbetriebsstätte zuzuordnen, wenn das Unternehmen nachweist, dass der Staat, in dem die Förderbetriebsstätte liegt, ebenfalls von dieser Zuord-

nung ausgeht. Der Nachweis kann z. B. durch Vorlage eines PSA (siehe Rn. 387) zwischen dem Unternehmen und diesem Staat erbracht werden.

401 Die Zuordnung nach § 36 Absatz 3 BsGaV ist in den Folgejahren – unabhängig von den sonstigen Zuordnungsregeln – beizubehalten, solange der Staat, in dem die Förderbetriebsstätte liegt, von der Zuordnung des Explorationsrechts zur Förderbetriebsstätte ausgeht.

Fall (1) – Nachweis der Besteuerung durch Vorlage des PSA:

Das inländische Bergbauunternehmen X (X) nimmt die auf Dauer angelegte Förderung im Nicht-DBA-Staat A auf der Grundlage eines PSA auf. Dadurch entsteht die Förderbetriebsstätte F (F).

Lösung:

Staat A nimmt für F sein Besteuerungsrecht wahr. Dies auch dann, wenn keine Besteuerung i. S. d. deutschen Steuerrechts durchgeführt wird, sondern z. B. entsprechend dem konkret abgeschlossenen PSA ein Anteil der Förderung abgeführt werden muss. Gem. § 36 Absatz 3 Satz 1 BsGaV ist das Explorationsrecht ab dem Zeitpunkt des Beginns des Aufbaus der Förderanlagen und der gleichzeitig gem. § 12 Satz 2 Nummer 7 AO begründeten Förderbetriebsstätte F dem Staat A zuzurechnen. Als Nachweis i. S. d. § 36 Absatz 3 Satz 1 BsGaV ist die Vorlage einer Kopie des ggf. auszugsweise zu übersetzenden PSA vorzulegen (siehe Tz. 3.2.5 VWG Verfahren).

Fall (2) – Nachweis der Zuordnung des Explorationsrechts durch einen Wirtschaftsprüfer:

Das Bergbauunternehmen X (X) beginnt im Jahr 01 mit dem Aufbau der Förderanlagen im Staat A (DBA entsprechend OECD-MA) auf Grundlage eines Explorationsrechts. Dadurch entsteht die Förderbetriebsstätte F (F). X legt die Bestätigung eines Wirtschaftsprüfers vor, der die im Inland gestellten Anforderungen an einen Wirtschaftsprüfer erfüllt, dass Staat A von einer Zuordnung des Explorationsrechts zu F ausgeht.

Lösung:

Als Nachweis i. S. d. § 36 Absatz 3 Satz 1 BsGaV genügt die Bestätigung eines Wirtschaftsprüfers, der die im Inland gestellten Anforderungen an einen Wirtschaftsprüfer erfüllt.

2.36.4 Entsprechende Anwendung des § 31 Absatz 1 bis 3 BsGaV (§ 36 Absatz 4 BsGaV)

402 Nach § 36 Absatz 4 Satz 1 BsGaV ist im Regelfall des § 36 Absatz 2 BsGaV für die Zuordnung aller anderen Vermögenswerte § 31 Absatz 1 bis 3 BsGaV sinngemäß anzuwenden. Die Geschäftstätigkeit einer Förderbetriebsstätte ist als risikoarme fiktive Dienstleistung für das übrige Unternehmen anzusehen, vor allem wenn der Förderbetriebsstätte wegen der Beistellung des Explorationsrechts durch das übrige Unternehmen nach § 36 Absatz 2 BsGaV keine besonders werthaltigen Vermögenswerte zuzuordnen sind.

403 Ist das Explorationsrecht zum Zeitpunkt der Aufnahme der Fördertätigkeit nach § 36 Absatz 3 BsGaV der Förderbetriebsstätte zuzuordnen, so sind für die Zuordnung der Vermögenswerte nach § 36 Absatz 4 Satz 2 BsGaV die allgemeinen Zuordnungsvor-

schriften anzuwenden (§§ 5 bis 8 BsGaV). § 35 Absatz 1 Satz 1 BsGaV bleibt im Übrigen unberührt.

Fall – Fremdfinanzierung einer Förderanlage:

Das inländische Erdöl-/Erdgasunternehmen X (X) beginnt am 01.01.10 mit dem Aufbau der Förderanlagen im Nicht-DBA-Staat A auf Grundlage eines PSA. Infolge dessen entsteht im Staat A die Förderbetriebsstätte F (F) mit umfangreichen Produktionsanlagen (Anschaffungs- und Herstellungskosten von 2.000). X weist nach, dass für diese Investition eine Bankfinanzierung von 1.500 in Anspruch genommen wurde. Dafür fallen im Jahr 10 Zinsen von 60 an. Der Betrieb der Förderanlagen im Staat A erfolgt ausschließlich durch Personal von F.

Lösung:

Das der Förderung zugrunde liegende Explorationsrecht ist mit Beginn der auf Dauer angelegten Förderung am 01.01.10 gem. § 36 Absatz 3 Satz 1 BsGaV F zuzurechnen. Die Produktionsanlagen sind ebenfalls gem. § 36 Absatz 4 Satz 2 i. V. m. § 5 Absatz 1 BsGaV mit dem Anschaffungs- bzw. Herstellungswert von 2.000 in der Hilfs- und Nebenrechnung von F zu erfassen. Die unmittelbar zum Aufbau der Produktionsanlagen eingegangenen Darlehensverbindlichkeiten i. H. v. 1.500 sind F gem. § 35 Absatz 1 Satz 1 i. V. m. § 14 Absatz 1 BsGaV zuzuordnen. Diese Zuordnung bedingt gem. § 35 Absatz 1 Satz 1 i. V. m. § 15 Absatz 1 BsGaV im Regelfall auch die Zuordnung der hiermit zusammenhängenden Zinsen von 60 zu F.

2.37 Anzunehmende schuldrechtliche Beziehung bei Förderbetriebsstätten (§ 37 BsGaV)

2.37.1 Grundsatz (§ 37 Absatz 1 BsGaV)

404 Nach § 37 Absatz 1 Satz 1 BsGaV gilt die Mitwirkung einer Förderbetriebsstätte an der Nutzung des vom Bergbau- bzw. vom Erdöl- oder Erdgasunternehmen erworbenen Explorationsrechts im Regelfall als fiktive Dienstleistung (§ 16 Absatz 1 Nummer 2 BsGaV) gegenüber dem übrigen Unternehmen (Ausnahme: siehe § 36 Absatz 3 und § 37 Absatz 2 BsGaV), für die der Verrechnungspreis nach § 37 Absatz 1 Satz 2 BsGaV im Regelfall durch Anwendung der Kostenaufschlagsmethode zu bestimmen ist, wenn die von der Förderbetriebsstätte erbrachte fiktive Dienstleistung eine Routinetätigkeit ist. Von einer Routinetätigkeit ist auszugehen, wenn die Förderbetriebsstätte lediglich die eigentlichen Förderarbeiten erbringt, auch wenn diese technisch schwierig und anspruchsvoll sind, während die eigentliche Wertschöpfung im übrigen Unternehmen erfolgt.

405 Für die Anwendung einer kostenorientierten Verrechnungspreismethode nach § 37 Absatz 1 Satz 2 BsGaV gehören zur Kostenbasis der Förderbetriebsstätte vor allem die Personalkosten, die unmittelbar durch ihre eigenen Personalfunktionen verursacht werden. Als unmittelbare Kosten gelten alle direkten Kosten der Personalfunktionen die der Förderbetriebsstätte nach § 4 BsGaV zuzuordnen sind (z. B. Bruttolöhne, Sozialabgaben, Zuführungen zu Pensionsrückstellungen, Reisekosten).

406 Soweit darüber hinaus durch die Ausübung von Personalfunktionen einer Förderbetriebsstätte selbst weitere Kosten verursacht werden (z. B. Materialbeschaffung), gehören diese Kosten dann zur maßgeblichen Kostenbasis, wenn der jeweilige Vertrag der Förderbetriebsstätte nach § 9 BsGaV zuzuordnen ist.

407 Fehlmaßnahmen, die durch Personalfunktionen einer Förderbetriebsstätte verursacht werden, sind von ihr zu tragen (ohne Vergütung der entstehenden Kosten). Das Risiko der Förderbetriebsstätte ist durch ihren Gewinnaufschlag abgegolten. Daher gehören Kosten, die dadurch entstehen, dass es aufgrund von eigenen Personalfunktionen der Förderbetriebsstätte zu Fehlmaßnahmen kommt oder dass die Förderbetriebsstätte eigene Fehler beseitigt, nicht zur Kostenbasis der Förderbetriebsstätte. In solchen Fällen kann eine Förderbetriebsstätte, die Routinetätigkeiten ausübt, auch Verluste erzielen.

408 Fehlmaßnahmen, die durch Personalfunktionen des übrigen Unternehmens verursacht werden, dürfen den Gewinn einer Förderbetriebsstätte nicht beeinflussen. Entstehen einer Förderbetriebsstätte Kosten aufgrund von Fehlmaßnahmen, die durch Personalfunktionen des übrigen Unternehmens verursacht werden, sind diese Kosten in die Kostenbasis einzubeziehen.

409 Zur Kostenbasis einer Förderbetriebsstätte gehören in den Fällen des § 37 Absatz 1 BsGaV keine mittelbaren Kosten, wie z. B. die allgemeinen Verwaltungs- oder Geschäftskosten, die aufgrund von Personalfunktionen des übrigen Unternehmens entstehen.

2.37.2 Änderung der Zuordnung des Förderrechts als anzunehmende schuldrechtliche Beziehung (§ 37 Absatz 2 BsGaV)

410 Ändert sich die Zuordnung des Explorationsrechts nach § 36 Absatz 3 BsGaV, so liegt eine anzunehmende schuldrechtliche Beziehung i. S. d. § 16 Absatz 1 Nummer 1 BsGaV vor (fiktive Veräußerung), für die grundsätzlich ein Verrechnungspreis anzusetzen ist, der dem Fremdvergleichsgrundsatz entspricht (§ 16 Absatz 2 BsGaV). Ist für die fiktive Veräußerung des Explorationsrechts – wie im Regelfall – der hypothetische Fremdvergleich anzuwenden (§ 1 Absatz 3 Satz 5 ff. AStG), sind die Ertragsaussichten aus der Ausbeutung des Explorationsrechts jeweils aus Sicht der Förderbetriebsstätte und aus Sicht des übrigen Unternehmens entscheidend (fiktive Vertragspartner).

Fall – Unterschiedliche Entwicklung von Explorationsrechten:

Das inländische Erdöl-/Erdgasunternehmen X (X) unterhält im Staat A auf Grundlage jeweils rechtswirksam abgeschlossener PSA zwei Explorationsrechte: das Explorationsrecht (ER-1) und das Explorationsrecht (ER-2). Für das ER-1 ist die Explorations-/Entwicklungsphase abgeschlossen. Es wird bereits eine nachhaltige Förderung von Erdöl/Erdgas aufgenommen, so dass die Förderbetriebsstätte F (F) entsteht. Die Explorations-/Entwicklungsphase für das ER-2 dauert noch an.

Lösung:

Gem. § 37 Absatz 2 Satz 1 BsGaV liegt zum Zeitpunkt des Beginns des Aufbaus der Förderanlagen eine fiktive Veräußerung des ER-1 vom übrigen Unternehmen an F vor (§ 36 Absatz 3 Satz 1 BsGaV). Für die fiktive Veräußerung ist nach § 36 Absatz 2 BsGaV grundsätzlich ein Preis anzusetzen, der dem Fremdvergleichsgrundsatz entspricht (§ 16 Absatz 2 BsGaV). Der Verrechnungspreis ist im Regelfall nach dem hypothetischen Fremdvergleich zu ermitteln (§ 1 Absatz 3 Satz 5 ff. AStG). Das ER-2 ist unverändert dem übrigen Unternehmen zuzurechnen.

411 Erbringt das übrige Unternehmen nach Zuordnung des Explorationsrechts zur Förderbetriebsstätte ihr gegenüber fiktive Leistungen jeder Art (z. B. Geschäftsführung, Personalverwaltung usw.), sind diese zu Preisen zu verrechnen, die dem Fremdvergleichsgrundsatz entsprechen (siehe § 16 Absatz 2 BsGaV).

Fall – Dienstleistung durch das übrige Unternehmen:

Das inländische Erdöl-/Erdgasunternehmen X (X) hat zu 100 % ein Explorationsrecht im Staat A. Die Explorations-/Entwicklungsphase ist abgeschlossen. Es wird bereits mit dem Aufbau der Förderanlagen begonnen, so dass die Förderbetriebsstätte F (F) entsteht, der das Explorationsrecht unter den Voraussetzungen des § 36 Absatz 3 und 4 BsGaV zuzuordnen ist. Das übrige Unternehmen führt für das Personal von F im Inland Ausbildungs- und Schulungsmaßnahmen durch.

Lösung:

Die Ausbildungstätigkeit des übrigen Unternehmens ist eine fiktive Dienstleistung i. S. d. § 16 Absatz 1 Nummer 2 Buchstabe a BsGaV für F. Diese fiktive Dienstleistung ist nach § 16 Absatz 2 BsGaV dem Fremdvergleichsgrundsatz entsprechend zu verrechnen (Anwendung der Kostenaufschlagsmethode auf Basis der vom übrigen Unternehmen für die Schulungsmaßnahmen aufgewendeten Personalkosten).

2.37.3 Voraussetzungen für die Anerkennung eines niedrigeren Verrechnungspreises (§ 37 Absatz 3 BsGaV)

412 § 37 Absatz 3 Satz 1 BsGaV ermöglicht den Ansatz eines Verrechnungspreises für die fiktive Veräußerung des Explorationsrechts, der von dem nach § 37 Absatz 2 Satz 2 i. V. m. § 16 Absatz 2 Satz 1 BsGaV anzusetzenden Betrag abweicht. Voraussetzung hierfür ist, dass das Bergbau- bzw. das Erdöl- oder Erdgasunternehmen

- nachweist, dass durch den niedrigeren Ansatz nach Satz 1 eine Doppelbesteuerung vermieden wird, und
- mindestens einen Verrechnungspreis in Höhe der Aufwendungen ansetzt, die im Hinblick auf das Explorationsrecht bis zur Aufnahme der Fördertätigkeit entstanden sind.

Fall – Verrechnungspreis nach § 37 Absatz 3 BsGaV:

Das inländische Erdölunternehmen X (X) verfügt über ein Explorationsrecht für ein Gebiet im Staat A. Mit der Aufstellung der Förderanlagen wird am 01.03.01 begonnen, wodurch die Förderbetriebsstätte F (F) entsteht. Der Wert des an F fiktiv veräußerten Explorationsrechts am 01.03.01, der sich aus den Ertragsaussichten aus der Ausbeutung des Explorationsrechts ableitet (§ 1 Absatz 3 Satz 5 ff. AStG), beträgt 3.000 (§ 16 Absatz 2 BsGaV). Die bis zur Aufnahme der Fördertätigkeit angefallenen Aufwendungen von X betragen 200. Staat A misst nach eigenem Recht dem Explorationsrecht zum 01.03.01 einen von den angefallenen Aufwendungen abhängigen Wert von 200 bei.

Lösung:

Zur Vermeidung einer Doppelbesteuerung ist die Bewertung durch Staat A für die inländische Besteuerung anzuerkennen, wenn sie von X nachgewiesen wird (§ 37 Absatz 3 Satz 2 Nummer 1 BsGaV) und wenn zumindest die angefallenen Aufwendungen von 200 als Ausgleich angesetzt werden (§ 37 Absatz 3 Satz 2 Nummer 2 BsGaV).

Abwandlung 1 – Besteuerungskonflikt:

Staat A misst dem Explorationsrecht einen Wert von 150 bei.

Lösung:

Nach § 37 Absatz 3 Satz 2 Nummer 2 BsGaV ist mindestens ein Betrag in der Höhe der angefallenen Aufwendungen von 200 anzusetzen, auch wenn dadurch Doppelbesteuerung eintritt. Ggf. ist ein Verständigungsverfahren mit Staat A entsprechend Artikel 25 Absatz 1 OECD-MA durchzuführen, sonst bleibt es bei der Doppelbesteuerung.

Abwandlung 2 – Höherer Wert des Explorationsrechts im Förderstaat:

Staat A misst dem Explorationsrecht einen Wert von 500 bei.

Lösung:

Der nach § 37 Absatz 3 Satz 2 Nummer 2 BsGaV anzusetzende Wert beträgt 500, da dieser Wert zwar über dem Betrag der Aufwendungen bis zur Aufnahme der Fördertätigkeit liegt, aber immer noch niedriger ist als 3.000.

413 Der Betrag, der sich nach § 37 Absatz 2 Satz 2 BsGaV ergibt, ist der Betrag, der höchstens anzusetzen ist, auch wenn der Betrag, der sich rechnerisch nach § 37 Absatz 3 Satz 2 Nummer 2 BsGaV ergibt, ausnahmsweise höher sein sollte.

Fallabwandlung zu Fall Rn. 411:

Das Explorationsrecht hat einen Wert von 400; ermittelt entsprechend dem hypothetischen Fremdvergleichsgrundsatz nach § 1 Absatz 3 Satz 5 ff. AStG (§ 37 Absatz 2 Satz 2 BsGaV). Der Wert, der sich nach § 37 Absatz 3 Satz 2 Nummer 2 ergibt, beträgt 500.

Lösung:

Es ist höchstens der Preis, der sich nach den allgemeinen Regeln des Fremdvergleichsgrundsatzes ergibt, anzusetzen, d. h. 400. Auf die Beschränkung der Änderungsmöglichkeiten des § 1 AStG durch die Finanzverwaltung wird hingewiesen.

414 Zum Nachweis sind die entsprechende Besteuerung bzw. die entsprechende Belastung und die Zuordnung des Explorationsrechts durch den Staat, in dem die Förderbetriebsstätte liegt, anhand entsprechender Dokumente und Aufzeichnungen nachzuweisen (siehe Rn. 63). Dazu kann u. a. auch die Vorlage des Vertrags (z. B. PSA, EPSA oder PSC, siehe Rn. 387) dienen, der zwischen dem Staat, in dem die Förderbetriebsstätte liegt, und dem Bergbau- bzw. dem Erdöl- oder dem Erdgasunternehmen abgeschlossen wurde.

Fall – Nachweis der Vorkosten:

Das inländische Bergbauunternehmen X (X) erbringt nach Entstehen der Förderbetriebsstätte F (F) auf Grundlage der Regelungen des PSA für ein Explorationsrecht den Nachweis, dass Staat A die geförderten Erdgas- bzw. Erdölmengen besteuert und lediglich die in der Explorations- und Entwicklungsphase angefallenen Aufwendungen (Vorkosten) steuerlich zum Abzug zulässt. Deshalb erfasst X die angefallenen, steuerlich geltend gemachten Aufwendungen separat in der Buchführung für das Explorationsrecht von F (z. B. in einem separaten Buchungskreis oder unter einer bestimmten Projektnummer).

Lösung:

Gem. § 37 Absatz 3 Satz 2 BsGaV ist Voraussetzung für den Ansatz eines von § 16 Absatz 2 BsGaV abweichenden, niedrigeren Verrechnungspreises für den Übergang des Explorationsrechts auf F, dass X den Nachweis führt, dass durch die Anwendung des § 37 Absatz 3 Satz 2 BsGaV eine Doppelbesteuerung vermieden wird. Weitere Voraussetzung ist, dass der angesetzte Betrag mindestens den Vorkosten entspricht. Die erforderlichen Nachweise kann X durch verschiedene Unterlagen erbringen:

- Vorlage des PSA,
- Kopie der in Staat A eingereichten Steuererklärung,
- Bestätigung eines Wirtschaftsprüfers, der die im Inland gestellten Anforderungen erfüllt, dass Staat A von einer Zuordnung des Explorationsrechts zu F ausgeht und welcher Wert in Staat A angesetzt wurde,
- Unterlagen, aus denen hervorgeht, dass Staat A bei seiner Besteuerung lediglich die bis zur Aufnahme der Förderung entstandenen tatsächlichen Aufwendungen als Betriebsausgaben von F anerkennt.

2.37.4 Folgewirkung der Zuordnung nach § 36 Absatz 3 BsGaV (§ 37 Absatz 4 BsGaV)

415 In den Fällen des § 36 Absatz 3 BsGaV ist im Hinblick auf die Funktions- und Risikoanalyse für die Ermittlung der Verrechnungspreise und des Ergebnisses der Geschäftstätigkeit der Förderbetriebsstätte zu beachten, dass das Explorationsrecht der Förderbetriebsstätte zuzuordnen ist. Die Förderbetriebsstätte gilt in diesen Fällen entgegen § 37 Absatz 1 BsGaV nicht als bloßer fiktiver Dienstleistungserbringer für das übrige Unternehmen, sondern als Eigentümer des Explorationsrechts, der fiktiv wesentliche Unternehmensfunktionen ausübt. Die Einkünfteermittlung für die Förderbetriebsstätte nach Satz 1 und 2 ist beizubehalten, solange der Staat, in dem die Förderbetriebsstätte liegt, von der Zuordnung des Explorationsrechts zur Förderbetriebsstätte ausgeht und dies bei der Ermittlung der Einkünfte der Förderbetriebsstätte entsprechend berücksichtigt wird (§ 37 Absatz 4 Satz 2 BsGaV).

2.38 Übergangsregelung für Förderbetriebsstätten (§ 38 BsGaV)

2.38.1 Begründung der Förderbetriebsstätte vor dem 1. Januar 2013 (§ 38 Absatz 1 BsGaV)

416 § 38 Absatz 1 BsGaV lässt die Ermittlung der Einkünfte einer Förderbetriebsstätte i. S. d. § 34 BsGaV bis zur Beendigung der Förderbetriebsstätte nach den bisher von der Finanzverwaltung anerkannten Grundsätzen zu (Tz. 4.7 VWG Betriebsstätten), wenn die Förderbetriebsstätte schon vor dem 1. Januar 2013 bestand. Die Begründung einer Förderbetriebsstätte hängt vom Zeitpunkt des Eintritts ihrer wirtschaftlichen Fündigkeit ab (Tz. 4.7.2 VWG Betriebsstätten und Rn. 388). Die Übergangsregelung nach § 38 Absatz 1 BsGaV ist auch auf Fälle anzuwenden, in denen das Explorationsrecht vor dem 1. Januar 2013 angeschafft oder hergestellt, eine Förderbetriebsstätte nach den bisher von der Finanzverwaltung anerkannten Grundsätzen jedoch bis zum

1. Januar 2013 noch nicht begründet wurde. Durch die Übergangsregelung des § 38 Absatz 1 BsGaV wird es den Unternehmen ermöglicht, die bisherige Besteuerung beizubehalten und Umstellungsschwierigkeiten zu vermeiden.

Fall – Altfall und Fall des § 38 Absatz 2 BsGaV:

Das inländische Erdöl-/Erdgasunternehmen X (X) erwirbt im Jahr 2005 im Staat A (DBA entsprechend OECDMA) das Explorationsrecht (ER-1) und im Jahr 2014 ein weiteres Explorationsrecht (ER-2). Die wirtschaftliche Fündigkeit des ER-1 (siehe Tz. 4.7.2 VWG Betriebsstätten) trat im Jahr 2012 ein. Das erworbene ER-2 befindet sich unverändert noch in der Explorations-/Entwicklungsphase. Ein Beginn der Fördertätigkeit (Aufstellung der Förderanlagen) ist nicht absehbar.

Lösung:

ER-1 ist in der Explorationsphase (2005 – 2012) bis zum Zeitpunkt des Eintritts der wirtschaftlichen Fündigkeit im Jahr 2012 gem. Tz. 4.7.2 VWG Betriebsstätten i. V. m. der Übergangsregelung des § 38 Absatz 1 BsGaV dem übrigen Unternehmen zuzurechnen (hier: der inländischen Geschäftsleitungsbetriebsstätte von X). Für die Abgrenzung der Einkünfte zwischen F und dem übrigen Unternehmen in der Zeit nach Eintritt der wirtschaftlichen Fündigkeit gelten für eine Förderbetriebsstätte, die nach damaliger Rechtslage (siehe Tz. 4.7.2 VWG Betriebsstätten) mit Eintritt der wirtschaftlichen Fündigkeit, d. h. vor dem 01.01.2013, entsteht, gem. der Übergangsregelung des § 34 Absatz 1 BsGaV die nach Tz. 4.3. der VWG Betriebsstätten anzuwendenden Grundsätze. In Hinblick auf die steuerliche Behandlung des im Jahr 2014 hinzuerworbenen ER-2 kommt die Übergangsregelung gem. § 38 Absatz 2 Satz 2 BsGaV nach Eintritt der „wirtschaftlichen Fündigkeit" nur zur Anwendung, wenn die Grundsätze der BsGaV der Wirtschaftlichkeitsrechnung von X in Bezug auf ER-2 die Grundlage entziehen. Das bedeutet, dass die Regelungen der BsGaV und dieses BMF-Schreibens im Regelfall in vollem Umfang anzuwenden sind.

HINWEIS:

Das gilt erst recht und ohne die Einschränkung des § 38 Absatz 2 Satz 2 BsGaV für alle nach dem 31.12.2014 erworbenen Explorationsrechte.

Abwandlung – Wirtschaftliche Fündigkeit vor dem 31.12.2014:

Im Unterschied zum Grundfall entsteht für das ER-1 die Förderbetriebsstätte F (wirtschaftliche Fündigkeit i. S. d. VWG Betriebsstätten) erst im Jahr 2014.

Lösung:

Der Fall ist wegen des schon länger zurückliegenden Erwerbs des ER-1 (2005) entsprechend den Regelungen in den VWG Betriebsstätten zu lösen.

HINWEIS:

Das gilt bei Erwerb eines Explorationsrechts vor dem 01.01.2013 auch für Fälle, in denen die Förderbetriebsstätte nach dem 31.12.2014 entsteht (siehe Rn. 388).

2.38.2 Anwendung der bisher anerkannten Grundsätze auf später begründete Förderbetriebsstätten (§ 38 Absatz 2 BsGaV)

417 Die bisher von der Finanzverwaltung anerkannten Grundsätze können nach § 38 Absatz 2 BsGaV auch auf Förderbetriebsstätten angewendet werden, für die das Explora-

tionsrecht im Jahr 2013 oder 2014 angeschafft oder hergestellt wurde, wenn:

- das Bergbau- bzw. das Erdöl- oder Erdgasunternehmen nachweist, dass es für seine Kalkulation von den Grundsätzen ausgegangen ist, die die Finanzverwaltung bisher anerkannt hat, und
- das Bergbau- bzw. das Erdöl- oder Erdgasunternehmen glaubhaft macht, dass die neuen Regelungen seiner bisherigen Kalkulation die Grundlage entziehen.

Fall – Wegfallende Wirtschaftlichkeitsrechnung aufgrund der BsGaV:

Gleicher Sachverhalt wie Grundsachverhalt Rn. 416 mit der Abweichung, dass X nachweist, dass die Anwendung der Grundsätze der BsGaV zum Zeitpunkt des Entstehens der Förderbetriebsstätte F der Wirtschaftlichkeitsrechnung für das ER-2 die Grundlage entziehen.

Lösung:

Für die Behandlung von ER-1 gelten die Ausführungen zum Grundfall Rn. 416 entsprechend. Im Hinblick auf die steuerliche Behandlung des in 2014 hinzuerworbenen ER-2 kann die Übergangsregelung gem. § 38 Absatz 2 Nummer 2 BsGaV angewendet werden, da die Grundsätze der BsGaV der Wirtschaftlichkeitsrechnung von X für das ER-2 die Grundlage entziehen. Den erforderlichen Nachweis hierfür hat X durch Vorlage entsprechender Wirtschaftlichkeitsrechnungen oder interner Kalkulationsunterlagen zu erbringen.

2.39 Ständige Vertreter

2.39.1 Ständige Vertreter (§ 39 Absatz 1 BsGaV)

418 Nach § 39 Absatz 1 BsGaV ist die BsGaV sinngemäß auch auf ständige Vertreter i. S. d. § 13 AO anzuwenden (siehe § 1 Absatz 5 Satz 5 AStG). Dies ist sachgerecht, da der ständige Vertreter zwar in § 13 AO gesondert geregelt wird, jedoch auch in den Anwendungsbereich der DBA fällt, da ein ständiger Vertreter i. S. d. § 13 AO im Regelfall als abhängiger Vertreter eine Betriebsstätte begründet (Vertreterbetriebsstätte, siehe Artikel 5 Absatz 5 OECD-MA). Die Regelung des § 39 trägt für den internationalen Bereich zu einer Gleichbehandlung von Betriebsstätten i. S. d. § 12 AO und ständigen Vertretern i. S. d. § 13 AO bei.

419 Wird eine natürliche Person als Vertreter für ein Unternehmen tätig, so kann daraus für das Unternehmen ein abgrenzbarer Betriebsstättengewinn/-verlust eines ständigen Vertreters/einer Vertreterbetriebsstätte entstehen, wenn die Aufwendungen für den Vertreter selbst höher oder niedriger sind, als das Ergebnis, das dem ständigen Vertreter/der Vertreterbetriebsstätte als fiktiv selbständigem Unternehmen nach den Grundsätzen dieses BMF-Schreibens zuzurechnen ist. Ein abzugrenzender Betriebsstättengewinn/-verlust des ständigen Vertreters/der Vertreterbetriebsstätte kann insbesondere dann eintreten, wenn der Vertreter ein Arbeitnehmer des Unternehmens ist.

Fall – Natürliche Person als ständiger Vertreter:

Das Unternehmen X (X) in Staat A hat einen Arbeitnehmer (AN) als Vertreter im Staat B, der auch die Voraussetzungen für einen ständigen Vertreter (§ 13 AO) und für eine DBA-Vertreterbetriebsstätte entsprechend Artikel 5 Absatz 5 OECD-MA erfüllt. Für seine (Routine-)Tätigkeit in Staat B erhält AN im Jahr 01 eine Vergütung von 100. Ein selbständiger Vertreter entsprechend Artikel 5 Absatz 5 OECD-MA hätte eine Vergütung von 110 erhalten.

Lösung:

Die Einnahmen der Vertreterbetriebsstätte hätten entsprechend dem Fremdvergleichsgrundsatz 110 betragen. Davon hätte der Vertreter AN bezahlt werden müssen (100), so dass dem ständigen Vertreter i. S. d. § 13 AO bzw. der Vertreterbetriebsstätte i. S. d. Artikels 5 Absatz 5 OECD-MA ein Gewinn von 10 verbleibt, der in Staat B zu versteuern ist.

420 Ist eine natürliche Person selbstständig unternehmerisch als ständiger Vertreter tätig, gelten die Grundsätze der Rn. 421 ff.

2.39.2 Besonderheiten bei der Anwendung auf einen ständigen Vertreter, der ein rechtlich eigenständiges Unternehmen ist (§ 39 Absatz 2 BsGaV)

421 Wird ein rechtlich eigenständiges Unternehmen für eine nahe stehende Person als Vertreter in einem anderen Staat tätig und entsteht dadurch ein ständiger Vertreter bzw. eine Vertreterbetriebsstätte, so werden im Regelfall im Staat der Vertreterbetriebsstätte entsprechend Artikel 5 Absatz 5 OECD-MA Personalfunktionen vom Personal des Vertreters für den Vertretenen ausgeübt. In diesen Fällen ist es nicht notwendig, dass eigenes Personal des Vertretenen i. S. d. § 2 Absatz 3 BsGaV im anderen Staat in der Vertreterbetriebsstätte tätig ist. Deshalb muss nach Absatz 2 die Ausübung von Personalfunktionen durch das Personal des Vertreters dem vertretenen Unternehmen abweichend von § 2 Absatz 3 BsGaV zugerechnet werden. Sonst könnten in diesen Fällen dem vertretenen Unternehmen mangels Ausübung von Personalfunktionen durch eigenes Personal im Ausland nach den §§ 5 ff. BsGaV grundsätzlich weder Vermögenswerte noch Chancen und Risiken noch Geschäftsvorfälle zugeordnet werden, noch könnten für das vertretene Unternehmen Einkünfte entstehen, die durch einen ständigen Vertreter erzielt werden (§ 34d Nummer 2 Buchstabe a EStG) oder für die ein ständiger Vertreter bestellt ist (§ 49 Absatz 1 Nummer 2 Buchstabe a EStG).

Fall – Kapitalgesellschaft als ständiger Vertreter/Vertreterbetriebsstätte:

Unternehmen X (X) in Staat A beauftragt eine nahe stehende Person, die Kapitalgesellschaft Y (Y) mit Sitz und Geschäftsleitung in Staat B dort Waren, die X produziert hat, namens und im Auftrag von X zu verkaufen. Eigenes Personal von X ist nicht im Staat B tätig.

Lösung:

Y ist ständiger Vertreter (§ 13 AO) von X und gleichzeitig Grundlage für die Annahme einer Vertreterbetriebsstätte von X in B. Da in dieser Vertreterbetriebsstätte mangels dort tätigem eigenen Personal von X keine Personalfunktionen von X ausgeübt werden, kann X nach den allgemeinen Vorschriften (§§ 5 ff. BsGaV) nichts zugeordnet werden. Nach § 39 Absatz 2 BsGaV sind aber alle Personalfunktionen, die von Personal des ständigen Vertreters (hier: Y) für den Vertretenen (hier: X) ausgeübt werden, als eigene Personalfunktionen des Vertretenen zu behandeln.

422 In vielen Fällen wird es trotz der Zurechnung der Personalfunktionen des Vertreters zum ständigen Vertreter bzw. zur Vertreterbetriebsstätte des Vertretenen zu keinem Ergebnis des ständigen Vertreters bzw. der Vertreterbetriebsstätte kommen, das über

das Ergebnis des Vertreters selbst hinausgeht. Denn der für den ständigen Vertreter bzw. die Vertreterbetriebsstätte entstehende Ertrag muss im Regelfall vollständig an den Vertreter weitergegeben werden (Null-Summen-Theorie).

Fortsetzung der Lösung des Falls in Rn. 421 – Lösung nach der Null-Summen-Theorie:

Aufgrund von § 39 Absatz 2 BsGaV sind alle Vermögenswerte und Passivposten, Chancen und Risiken, die Y für seine Vertretertätigkeit braucht und die X oder Y gehören, zunächst der Vertreterbetriebsstätte/dem ständigen Vertreter (X) zuzuordnen. Das in der Hilfs- und Nebenrechnung der Vertreterbetriebsstätte/des ständigen Vertreters errechnete Ergebnis steht im Regelfall in vollem Umfang dem Vertreter Y zu (unbeschränkte Steuerpflicht in B), so dass für den ständigen Vertreter/die Vertreterbetriebsstätte kein Gewinn verbleibt (beschränkte Steuerpflicht von X in B).

423 Etwas anderes gilt aber insbesondere dann, wenn der Vertreter Risiken verwaltet, die rechtlich allein das vertretene Unternehmen, d. h. die Vertreterbetriebsstätte, zu tragen hat, d. h., die für die Risiken maßgeblichen Personalfunktionen werden von Personal des ständigen Vertreters ausgeübt, nicht von eigenem Personal des vertretenen Unternehmens, das aber allein das Risiko trägt. In diesen Fällen ist die entsprechende Risikoprämie wegen der ausgeübten Personalfunktionen der Vertreterbetriebsstätte zuzuordnen (das sind gleichzeitig die Personalfunktionen des Vertreters). Diese Risikoprämie kann entsprechend dem Fremdvergleichsgrundsatz nicht dem ständigen Vertreter selbst, der das Risiko zivilrechtlich nicht trägt, zugutekommen. Dem Vertreter steht nur ein Dienstleistungsentgelt für die Verwaltung der Risiken zu. In diesen Fällen entsteht ein Ergebnis der Vertreterbetriebsstätte, das von dem des Vertreters abweicht (siehe auch OECD-Betriebsstättenbericht, Teil I Tz. 230 ff.).

Fortsetzung Fall Rn. 421:

Für die Verkaufstätigkeit unterhält X im Staat B bei Y ein eigenes Lager für die Waren, die bis zur Veräußerung im Eigentum von X bleiben. Personal von Y kümmert sich um das Lagergebäude, fordert die Waren bei X an, lagert sie im Lager ein, und liefert die Waren aus. Eigenes Personal von X übt keine Personalfunktionen hinsichtlich des Lagers aus. Im Jahr 03 entsteht wegen eines Unwetters ein Schaden von 1.000 am Gebäude und von 500 an den eingelagerten Waren (nach Verrechnung mit Versicherungsleistungen wegen des Schadens). Y erzielt aus der Vertriebstätigkeit einen Gewinn von 200.

Lösung:

Y versteuert ihren Gewinn von 200 im Rahmen der unbeschränkten Steuerpflicht. X erzielt aus der Tätigkeit der Vertreterbetriebsstätte einen Verlust von 1.500 (verbleibender Schaden wegen des Unwetters), den X im Rahmen der beschränkten Steuerpflicht in B erzielt (nach Ermittlung des Gewinns aus der Vertriebstätigkeit). Der Schaden betrifft Y nicht, da Y weder Eigentum an dem Lagergebäude noch an den eingelagerten Waren hat. Y trifft auch kein Verschulden am eingetretenen Schaden. Sowohl das Gebäude als auch die Waren sind aber wegen der Personalfunktionen von Y, die der Vertreterbetriebsstätte nach § 39 Absatz 2 BsGaV zuzuordnen sind, im Rahmen der beschränkten Steuerpflicht von X in B anzusetzen.

3. Auswirkungen des § 1 Absatz 5 Satz 8 AStG für die Anwendung von DBA und Auswirkungen des AOA auf Zeiträume vor dem 1. Januar 2013

424 Für die Beantwortung der Frage, ob und mit welcher Wirkung § 1 Absatz 5 AStG international anzuwenden ist, sind die verschiedenen Konstellationen zu beachten.

3.1 DBA, die eine Regelung enthalten, die Artikel 7 OECD-MA entspricht

425 In Fällen, in denen die anzuwendende Regelung im konkret geltenden DBA dem Wortlaut von Artikel 7 OECD-MA entspricht (z. B. DBA-Liechtenstein, DBA-Luxemburg, DBA-Norwegen) oder in denen der andere Staat hat erkennen lassen, dass er die Grundätze des AOA in seinem DBA mit Deutschland für anwendbar hält (z. B. USA), ist davon auszugehen, dass der andere Staat der Handhabung nach § 1 Absatz 5 AStG, nach der BsGaV und nach diesem BMF-Schreiben folgt. Das Unternehmen hat deshalb seine Betriebsstätteneinkünfte entsprechend § 1 Absatz 5 AStG und der BsGaV zu ermitteln. § 1 Absatz 5 Satz 8 AStG ist nicht anzuwenden.

426 Entsteht trotz eines DBA, dessen Regelung Artikel 7 OECD-MA entspricht, hinsichtlich der Betriebsstättengewinnermittlung ein Doppelbesteuerungskonflikt, ist dieser in einem Verständigungsverfahren auf der Grundlage des OECD-Betriebsstättenberichts zu lösen.

3.2 DBA mit OECD-Mitgliedstaaten, die eine Regelung enthalten, die Artikel 7 OECD-MA 2008 entspricht (alte Abkommen)

427 In Fällen, in denen die anzuwendende Regelung im konkret geltenden DBA dem Wortlaut des Artikels 7 OECD-MA 2008 entspricht, ist davon auszugehen, dass der andere Staat (OECD-Mitgliedstaat) der Handhabung nach § 1 Absatz 5 AStG, nach der BsGaV und nach diesem BMF-Schreiben auf der Grundlage der Regelung zu den Unternehmensgewinnen im konkreten DBA folgt. Denn unter den OECD-Mitgliedstaaten ist weithin anerkannt, dass eine Interpretation der betreffenden Regelung in dem von diesen Staaten abgeschlossenen DBA entsprechend dem OECD-Betriebsstättenbericht zu erfolgen hat, weil eine solche Interpretation deren Sinn und Zweck besser entspricht als der damalige OECD-Musterkommentar. Das Unternehmen hat deshalb in Fällen mit OECD-Mitgliedstaaten mit altem Abkommen seine Betriebsstätteneinkünfte entsprechend § 1 Absatz 5 AStG und der BsGaV zu erklären. Eine dementsprechende Erklärung im anderen Staat wird im Regelfall nicht zur Doppelbesteuerung führen.

Fall – Dienstleistung mit Kostenaufschlag:

Das inländische Unternehmen X (X) hat im Staat A (DBA entsprechend dem OECD-MA 2008) eine Betriebsstätte A (A). Für eine Dienstleistung, die A dem übrigen Unternehmen (hier: der inländischen Geschäftsleitungsbetriebsstätte X) im Jahr 2008 (Alternative: 2016) erbringt, entstehen A Kosten von 100, die mit einem Aufschlag von 10 % (110) dem Fremdvergleichsgrundsatz entsprechend gegenüber X verrechnet werden.

Lösung:

Obwohl nach innerstaatlichem Steuerrecht (§ 4 Absatz 4 EStG) für die Dienstleistung nur die Kosten anzusetzen wären, ist keine Einkünftekorrektur durch die Finanzverwaltung hinsichtlich der Dienstleistung von 110 auf 100 durchzuführen. Die OECD-

Staaten haben sich darauf verständigt, den AOA in Fällen wie dem vorliegenden auch für Artikel 7 OECD-MA 2008 anzuwenden. Zur Verhinderung weißer Einkünfte ist der ausländische Steuerbescheid vorzulegen. Alternative: Für das Jahr 2016 ergeben sich keine Abweichungen.

Abwandlung – Zu geringer Kostenaufschlag:

Das inländische Unternehmen X (X), das im Staat A eine Betriebsstätte A (A) hat (DBA entsprechend dem OECD-MA 2008), setzt für eine Dienstleistung, die A dem übrigen Unternehmen gegenüber erbringt, einen Kostenaufschlag von 5 % an. 10 % wären angemessen gewesen. Staat A nimmt eine entsprechende Korrektur unter Berufung auf Artikel 7 Absatz 2 OECD-MA 2008 vor, die zur Doppelbesteuerung führt.

Lösung:

Die entstandene Doppelbesteuerung ist nach den Änderungsvorschriften der AO – ggf. nach § 175a AO – durch eine Gegenkorrektur Deutschlands zu beseitigen. Für die Alternative (siehe Grundfall: 2016) ergeben sich keine Abweichungen.

428 Kommt es in Betriebsstättensachverhalten mit OECD-Mitgliedstaaten mit einem dem OECDMA 2008 entsprechenden Abkommen zu einer Doppelbesteuerung, ist § 1 Absatz 5 Satz 8 AStG im Regelfall nicht anzuwenden, da der andere Staat den AOA mitgetragen hat. Auf Antrag des Steuerpflichtigen ist ein Verständigungsverfahren zu eröffnen, in dem eine Lösung des entstandenen Besteuerungskonflikts auf der Grundlage OECD-Betriebsstättenbericht anzustreben ist.

429 Wird ein immaterieller Wert fiktiv zur Nutzung überlassen, so gelten für DBA, die dem OECD-MA 2008 entsprechen, Grundsätze, die von den nach dem AOA allgemein geltenden Grundsätzen abweichen (siehe Verweis in Rn. 425). Denn – anders als nach dem AOA – enthält der OECD-Kommentar 2008, Tz. 34 für immaterielle Werte, die (auch) in einer Betriebsstätte genutzt werden, die ausdrückliche Aussage, dass

- lediglich die entstandenen Kosten – ggf. anteilig – abzuziehen sind und
- die Verrechnung einer fiktiven Lizenzgebühr nicht in Betracht kommt.

In diesem Fall hat das Unternehmen seine Betriebsstätteneinkünfte entsprechend dem damaligen Abkommensverständnis (deutsche Auffassung: siehe VWG Betriebsstätten) – ggf. unter Vorlage der Steuererklärung, die er im anderen Staat abgegeben hat, und des betreffenden Steuerbescheids – zu erklären (siehe Rn. 430). Er muss in seiner Erklärung auf die Abweichung hinweisen und diese quantifizieren (§ 1 Absatz 5 Satz 8 AStG). Das zuständige Finanzamt klärt, ob der andere Staat ebenfalls eine Besteuerung entsprechend dem OECD-Betriebsstättenbericht vorsieht (offizielle öffentliche Äußerungen), oder es stellt eine entsprechende Anfrage an das für Verständigungsverfahren zuständige Referat des BZSt (Competent Authority).

Fall – Fiktive Lizenzierung ins Inland:

Das inländische Unternehmen X (X) hat in Staat A (DBA entsprechend dem OECD-MA 2008) eine Betriebsstätte A (A). A schafft eigenständig einen immateriellen Wert (Kosten in den Jahren 2000 bis 2006: 400), den A auch nach Schaffung weiter entwickelt. Der immaterielle Wert wird ausschließlich vom übrigen Unternehmen (hier: Geschäftsleitungsbetriebsstätte X) im Jahr 2009 genutzt. X erzielt im Jahr 2009 aus der

Nutzung des immateriellen Werts einen Gewinn von 100 (ohne Verrechnung gegenüber A). Eine fiktive Lizenzierung hätte für das übrige Unternehmen eine an A zu zahlende fiktive Lizenzgebühr von 20 ergeben. Die A für den immateriellen Wert im Jahr 2009 entstandenen Kosten für den immateriellen Wert (Weiterentwicklung) betragen 5. X berücksichtigt die Kosten von 5 bei A. Die von X für A unter Berufung auf den OECD-Betriebsstättenbericht 2008 beantragte Freistellung umfasst die Differenz zwischen der fiktiven Lizenzgebühr von 20 und den entstandenen Kosten von 5 = freizustellender Gewinn von A von 15.

Lösung:

Nach Tz. 2.7 VWG Betriebsstätten sind nur die X im Jahr 2009 entstandenen Kosten von 5, die – wie die Entwicklungskosten der Jahre 2000 bis 2006 – tatsächlich bei A angefallen sind, abzuziehen. Diese Kosten von 5 sind im Jahr 2009 zugunsten von A gegenüber dem übrigen Unternehmen zu verrechnen, so dass sich für X ein Gewinn aus der Nutzung im Jahr 2009 (nach Verrechnung gegenüber A) von 100 – 5 = 95 ergibt. Ein fiktiver Gewinn von A aus einer fiktiven Lizenzgebühr (20 – 5 = 15) ist nicht freizustellen. Das gemeinsame Verständnis des DBA, das Deutschland damals mit Staat A abgeschlossen hat (entsprechend Artikel 7 OECD-MA 2008/OECD-MK 2008) lässt keine weitere Freistellung zu, da es keinen fiktiven Gewinn aus einer fiktiven Lizenzierung kennt und nur eine Kostenverrechnung vorsieht. Die Finanzverwaltung hat eine entsprechende Korrektur durchzuführen.

Abwandlung – Fiktive Lizenzierung ins Ausland:

Wie Grundfall, aber die inländische Betriebsstätte D, die Teil des ausländischen Unternehmens Y in Staat B ist, überlässt den immateriellen Wert im Jahr 2009 dem übrigen Unternehmen.

Lösung:

Nach § 4 Absatz 1 Satz 3 EStG liegt eine Nutzungsentstrickung vor, die nach § 6 Absatz 1 Nummer 4 Satz 1 Halbsatz 2 EStG mit dem gemeinen Wert, der dem Fremdvergleichspreis entspricht, anzusetzen ist. Im Ergebnis wäre wegen der Nutzungsüberlassung an das übrige Unternehmen ein Betriebsstättengewinn von 15 anzusetzen. Das Verständnis des DBA mit Staat Y (entsprechend Artikel 7 OECD-MA 2008 und OECD-MK 2008) lässt jedoch keinen entsprechenden Ansatz zu, da es nur eine Kostenverrechnung vorsieht (s. o.).

HINWEIS:

Ab 2013 ist zwar eine Geschäftsbeziehung i. S. d. § 1 Absatz 4 und 5 AStG (§ 16 BsGaV) anzunehmen, allerdings ist nach § 1 Absatz 5 Satz 8 AStG das gemeinsame Abkommensverständnis der betreffenden Staaten ausschlaggebend. § 1 Absatz 5 AStG und die BsGaV treten ggf. zurück. Erst wenn ein DBA anzuwenden ist, das dem OECD-MA entspricht (oder wenn beide Vertragsstaaten ihr altes DBA einvernehmlich entsprechend auslegen), kommt der Ansatz eines Gewinns von D i. H. v. 15 in Betracht.

3.3 DBA mit Nicht-Mitgliedstaaten der OECD, die eine Regelung enthalten, die Artikel 7 OECD-MA 2008 bzw. Artikel 7 UN-MA entspricht

430 In Fällen, in denen die anzuwendende Regelung im konkret geltenden DBA mit einem Nicht-Mitgliedstaat der OECD dem Wortlaut des Artikels 7 OECD-MA 2008 bzw. des Artikels 7 UN-MA entspricht, ist im Regelfall davon auszugehen, dass der andere Staat der Handhabung nach § 1 Absatz 5 AStG, nach der BsGaV und nach diesem BMF-Schreiben auf der Grundlage der betreffenden Regelung im konkreten DBA nicht folgt. Das Unternehmen kann in diesem Fall seine Betriebsstätteneinkünfte entsprechend dem damaligen Abkommensverständnis (unabhängig vom OECD-Betriebsstättenbericht) erklären. Das damalige deutsche Abkommensverständnis ergibt sich aus den VWG Betriebsstätten. Mit der Abgabe der Steuererklärung in Deutschland sind auch die Steuererklärung, die das Unternehmen im anderen Staat abgegeben hat, und der Steuerbescheid des anderen Staats vorzulegen, soweit diese vorliegen. Liegen die ausländische Steuererklärung oder der ausländische Steuerbescheid noch nicht vor, sind sie unverzüglich nachzureichen. Das Unternehmen muss in seiner Erklärung unter Hinweis auf das dem Artikel 7 OECD-MA 2008 bzw. Artikel 7 UN-MA entsprechende Abkommen auf die Abweichung von § 1 Absatz 5 AStG hinweisen und die Höhe der Abweichung quantifizieren.

431 Das zuständige Finanzamt klärt, ob der andere Staat eine Besteuerung entsprechend dem OECD-Betriebsstättenbericht vorsieht (offizielle öffentliche Äußerungen), oder es stellt eine entsprechende Anfrage an das BZSt (Competent Authority). Über das Ergebnis wird das Unternehmen informiert.

432 Die Veranlagung erfolgt entsprechend dem damaligen Abkommensverständnis, d. h. § 1 Absatz 5 Satz 1 bis 7 AStG tritt nach § 1 Absatz 5 Satz 8 AStG gegenüber dem damaligen Abkommensverständnis zurück. Ein Verständigungsverfahren mit dem anderen Staat ist nicht erforderlich, wenn

- der andere Staat der Betriebsstättenbesteuerung eine Auffassung zugrunde legt, die vom OECD-Betriebsstättenbericht abweicht,
- diese Auffassung mit der deutschen Auffassung, die zum Zeitpunkt des Abschlusses des DBA bestand, übereinstimmt und
- die steuerliche Behandlung in beiden Staaten im konkreten Fall zu keiner Doppelbesteuerung führt.

3.4 Hinweis: Vorlagepflichten nach § 90 Absatz 2 AO, wenn von § 1 Absatz 5 AStG abgewichen wird

433 Für eine Abweichung von § 1 Absatz 5 AStG hat das Unternehmen in jedem Fall die Steuererklärung, die es im anderen Staat abgegeben hat und in der die betreffenden Betriebsstätteneinkünfte enthalten sind, und den betreffenden Steuerbescheid des anderen Staats vorzulegen bzw. unverzüglich nachzureichen. Auf Anfrage hat es anhand von Unterlagen und Aufzeichnungen zu erläutern (siehe Rn. 63), nach welchen Grundsätzen, ausgehend von seiner Steuererklärung, die Besteuerung dieser Einkünfte im anderen Staat erfolgt ist.

4. Regelungen des § 1 Absatz 4 und 5 AStG und der BsGaV in Wirtschaftsjahren, die nach dem 31. Dezember 2012 bzw. schon vor dem 1. Januar 2015 anzuwenden sind

434 § 1 Absatz 4 und 5 AStG ist nach § 21 Absatz 20 AStG erstmals für Wirtschaftsjahre anzuwenden, die nach dem 31. Dezember 2012 beginnen. Die BsGaV ist nach § 40 BsGaV erstmals für Wirtschaftsjahre anzuwenden, die nach dem 31. Dezember 2014 beginnen. Das bedeutet, dass für Wirtschaftsjahre, die nach dem 31. Dezember 2012, aber vor dem 1. Januar 2015, beginnen, zwar § 1 Absatz 4 und 5 AStG anzuwenden ist, nicht aber die BsGaV, die in diesen Jahren allerdings für die Auslegung des § 1 Absatz 4 und 5 AStG herangezogen werden kann. Für diese Jahre gilt für die Wirksamkeit der Regelungen des § 1 Absatz 4 und 5 AStG und der BsGaV Folgendes:

4.1 Inhaltliche Regelungen in § 1 Absatz 4 AStG, die in Wirtschaftsjahren gelten, die nach dem 31. Dezember 2012 beginnen

435 In § 1 Absatz 4 Satz 1 AStG ist definiert, dass eine Geschäftsbeziehung i. S. d. Vorschrift einzelne oder mehrere zusammenhängende wirtschaftliche Vorgänge (Geschäftsvorfälle) beinhaltet. Auf das Vorliegen einer schuldrechtlichen Beziehung (§ 1 Absatz 5 AStG a. F.) wird nicht mehr abgestellt, insbesondere auch weil schuldrechtliche Beziehungen zwischen einer Betriebsstätte und dem übrigen Unternehmen rechtlich nicht bestehen können. Das bedeutet, dass in allen Wirtschaftsjahren, die nach dem 31. Dezember 2012 beginnen, unter den Voraussetzungen des § 1 Absatz 4 Satz 2 AStG grundsätzlich anzunehmende schuldrechtliche Beziehungen jeder Art vorkommen können (siehe aber auch Rn. 5).

4.2 Inhaltliche Regelungen in § 1 Absatz 5 AStG, die in Wirtschaftsjahren gelten, die nach dem 31. Dezember 2012 beginnen

4.2.1 Anwendung des Fremdvergleichsgrundsatzes auf Betriebsstättensachverhalte

436 In § 1 Absatz 5 Satz 1 AStG ist erstmalig ausdrücklich und allgemein verbindlich im innerstaatlichen Recht geregelt, dass der Fremdvergleichsgrundsatz in Fällen von Unternehmen eines Staates mit Betriebsstätten in einem anderen Staat zur Berichtigung von Einkünften im Rahmen des § 1 AStG anzuwenden ist. Für Wirtschaftsjahre, die vor dem 1. Januar 2013 beginnen, sind weiterhin die VWG Betriebsstätten von Bedeutung, die das bis zur Regelung in § 1 Absatz 5 AStG geltende Verständnis der Finanzverwaltung zur Anwendung des Fremdvergleichsgrundsatzes enthalten.

437 Allerdings ist nicht zu beanstanden, wenn ein Unternehmen die Grundsätze des § 1 Absatz 5 AStG schon für vor dem 1. Januar 2013 beginnende Wirtschaftsjahre anwendet, wenn

- die Regelungen für den ganzen Zeitraum ab dem früheren Zeitpunkt auf die Betriebsstätte angewendet werden und
- dadurch international weder eine Doppelbesteuerung noch eine Nichtbesteuerung von Einkünften der Betriebsstätte entsteht.

4.2.2 Fiktion eines eigenständigen und unabhängigen Unternehmens

438 Nach § 1 Absatz 5 Satz 2 und 3 AStG ist eine in einem anderen Staat gelegene Betriebsstätte grundsätzlich wie ein eigenständiges und unabhängiges Unternehmen zu behandeln (zu Einschränkungen, siehe z. B. Rn. 3 ff. insbesondere Rn. 6 f.). Das be-

deutet, dass eine Zuordnung und Aufteilung von Aufwendungen und Erträgen – entsprechend Artikel 7 Absatz 3 OECDMA 2008 – in Wirtschaftsjahren, die nach dem 31. Dezember 2012 beginnen, grundsätzlich nicht mehr möglich ist (siehe aber § 1 Absatz 5 Satz 8 AStG und insbesondere Rn. 430 ff. für dem OECD-MA entsprechende DBA mit Nicht-OECD-Mitgliedstaaten).

4.2.3 Geschäftsbeziehungen der Betriebsstätte als fiktiv eigenständiges und unabhängiges Unternehmen

439 Nach § 1 Absatz 5 Satz 3 Nummer 3 AStG sind der Betriebsstätte die Chancen und Risiken des Unternehmens, dessen Teil sie ist, zuzuordnen, die sie aufgrund der von ihr ausgeübten Funktionen und zuzuordnenden Vermögenswerte übernimmt. Damit sind in erster Linie die Geschäftsvorfälle des Unternehmens angesprochen, die der Betriebsstätte zu Beginn des Wirtschaftsjahrs, das nach dem 31. Dezember 2012 beginnt, zuzuordnen sind. Es liegt nahe, dass die Zuordnung der Geschäftsvorfälle entsprechend den ausgeübten Personalfunktionen (siehe §§ 9 und 10 BsGaV) der Zuordnung entspricht, die schon vorher nach funktionalen Grundsätzen erforderlich gewesen ist.

440 Nach § 1 Absatz 4 Satz 1 Nummer 2 AStG sind Geschäftsvorfälle jeder Art zwischen dem übrigen Unternehmen und seiner Betriebsstätte möglich und als anzunehmende schuldrechtliche Beziehungen zu werten, wenn zwischen voneinander unabhängigen Dritten schuldrechtliche Beziehungen entstanden wären (siehe auch Rn. 164 ff.). Das Unternehmen hat glaubhaft zu machen, dass voneinander unabhängige Dritte keine schuldrechtlichen Beziehungen vereinbart hätten, wenn es davon absehen will, solche Beziehungen anzunehmen.

4.3 Regelungen der BsGaV, die erst in Wirtschaftsjahren, die nach dem 31. Dezember 2014 beginnen, wirken

441 Die BsGaV ist erstmals für Wirtschaftsjahre anzuwenden, die nach dem 31. Dezember 2014 beginnen. Eine Anwendung der Grundsätze auf vorhergehende Wirtschaftsjahre ist nicht zu beanstanden. Soweit § 1 Absatz 5 AStG auslegungsfähige Begriffe enthält, ist auch der OECD-Betriebsstättenbericht zu berücksichtigen, denn es war ausdrückliche Vorstellung des Gesetzgebers (siehe BT-Drs. 17/10000, S. 61), mit § 1 Absatz 5 AStG und anschließend mit der BsGaV die Grundlage dafür zu schaffen, den AOA innerstaatlich umzusetzen.

4.3.1 Definitionen (§ 2 BsGaV)

442 Soweit sich die Definitionen für bestimmte Begriffe in § 2 BsGaV nicht unmittelbar aus dem Wortlaut von § 1 Absatz 5 AStG ergeben, fehlt es an einer gesetzlichen Grundlage, diese Definitionen zu verwenden. Diese Begriffe sind für die Jahre 2013 und 2014 entsprechend den Aussagen im OECD-Betriebsstättenbericht auszulegen.

4.3.2 Hilfs- und Nebenrechnung (§ 3 BsGaV)

443 § 1 Absatz 5 AStG enthält keine ausdrückliche Rechtsgrundlage, für Wirtschaftsjahre, die vor dem 1. Januar 2015 beginnen, eine Hilfs- und Nebenrechnung nach den Regeln des § 3 BsGaV zu erstellen. Davon unabhängig besteht die allgemeine Verpflichtung, eine wahrheitsgemäße Steuerklärung abzugeben (§ 150 Absatz 2 AO), in der die betreffenden Betriebsstätteneinkünfte enthalten sind (z. B. steuerpflichtige inländische

Einkünfte nach § 49 Absatz 1 Nummer 2 Buchstabe a EStG oder nach DBA freizustellende Einkünfte einer ausländischen Betriebsstätte). Die konkrete Einkünfteermittlung kann für die betreffende Betriebsstätte in jeder Form geschehen. Die Mitwirkungspflichten des Steuerpflichtigen nach § 90 AO, insbesondere die Aufzeichnungspflichten des § 90 Absatz 3 Satz 4 AO und der GAufzV (siehe Rn. 63), sind zu beachten.

4.3.3 Zuordnungsregeln (§§ 4 bis 11 BsGaV)

444 § 1 Absatz 5 AStG enthält keine ausdrückliche Rechtsgrundlage dafür, wie einer Betriebsstätte konkret Personalfunktionen, Vermögenswerte usw. zuzuordnen sind. Die Vorschrift ordnet jedoch an,

- ausgehend von den ausgeübten Funktionen des Unternehmens festzustellen, welche Personalfunktionen von der Betriebsstätte ausgeübt werden,
- davon ausgehend die Vermögenswerte des Unternehmens zu bestimmen, die der Betriebsstätte zuzuordnen sind,
- ausgehend von den zuzuordnenden Personalfunktionen und Vermögenswerten die Chancen und Risiken des Unternehmens zu bestimmen, die der Betriebsstätte zuzuordnen sind und
- ausgehend von den der Betriebsstätte zuzuordnenden Personalfunktionen, Vermögenswerten und Chancen und Risiken einen angemessenen Anteil des Eigenkapitals des Unternehmens für die Betriebsstätte zu bestimmen (Dotationskapital).

445 Zur Technik der Zuordnung enthält § 1 Absatz 5 AStG erste Hinweise, die für die Anwendung der Vorschrift in den Jahren 2013 und 2014 unter Berücksichtigung des OECD-Betriebsstättenberichts zu beachten sind. Ergänzend kommen auch die Vorschriften der VWG Betriebsstätten in Betracht, soweit der Wortlaut des § 1 Absatz 5 AStG und die Aussagen des OECD-Betriebsstättenberichts dem nicht entgegenstehen.

4.3.4 Dotationskapital (§§ 12 und 13 BsGaV)

446 § 1 Absatz 5 AStG enthält keine ausdrückliche Rechtsgrundlage dafür, wie Betriebsstätten Dotationskapital zuzuordnen ist. Insoweit bleibt es bis zur Wirksamkeit der BsGaV bei den Regelungen in Tz. 2.5.1. der VWG Betriebsstätten.

4.3.5 Zuordnung von Passivposten und Finanzierungsaufwendungen (§§ 14 und 15 BsGaV)

447 § 1 Absatz 5 AStG enthält keine ausdrückliche Rechtsgrundlage dafür, wie Betriebsstätten ein Anteil an den Passivposten des Unternehmens, dessen Teil sie sind, zuzuordnen ist. Der zuzuordnende Anteil ist abhängig vom zugeordneten Dotationskapital. Die zu berücksichtigenden Finanzierungsaufwendungen hängen davon ab, in welchem Umfang der Betriebsstätte Passivposten des Unternehmens (insbesondere Verbindlichkeiten) zugeordnet werden. Insoweit bleibt es bis zur Wirksamkeit der BsGaV bei den Regelungen in Tz. 2.5.1 der VWG Betriebsstätten.

4.3.6 Anzunehmende schuldrechtliche Beziehung (§ 16 BsGaV)

448 In § 1 Absatz 4 Satz 1 Nummer 2 AStG werden die Geschäftsvorfälle zwischen einer Betriebsstätte und dem übrigen Unternehmen i. S. d. § 16 BsGaV ausdrücklich ange-

sprochen (anzunehmende schuldrechtliche Beziehungen). Offen bleibt allerdings, unter welchen tatsächlichen Umständen welche schuldrechtliche Beziehung konkret zu fingieren ist. Insofern kommt es darauf an, festzustellen, welche funktionalen Umstände zwischen der Betriebsstätte und dem übrigen Unternehmen tatsächlich vorliegen, und daraus abzuleiten, welche schuldrechtliche Beziehung zwischen voneinander unabhängigen Dritten abgeschlossen worden wäre.

4.3.7 Finanzierungsfunktion (§ 17 BsGaV)

449 § 1 Absatz 5 AStG enthält keine ausdrückliche Rechtsgrundlage dafür, wie Finanzierungsfunktionen zwischen einer Betriebsstätte und dem übrigen Unternehmen steuerlich zu behandeln sind.

5. Übergangsregelung für Fälle, in denen zu Beginn des Wirtschaftsjahrs, das nach dem 31. Dezember 2014 beginnt, Zuordnungsgegenstände des § 5 ff. BsGaV anders zuzuordnen sind, als sie bisher zugeordnet waren, ohne dass zu diesem Zeitpunkt ein wirtschaftlicher Vorgang (§ 1 Absatz 4 Satz 1 AStG) i. S. d. § 16 Absatz 1 Nummer 1 BsGaV vorliegt

450 Soweit bis zum Inkrafttreten der BsGaV keine verbindlichen Zuordnungsregeln bestanden (siehe Rn. 444), ist widerleglich davon auszugehen, dass die bisher vom Unternehmen vorgenommene und von der Finanzverwaltung nicht beanstandete Zuordnung zutreffend war, so dass wegen der BsGaV für die Zeit vor deren Inkrafttreten keine Zuordnungsänderungen durchgeführt werden müssen.

451 Aufgrund der Regelungen dieses BMF-Schreibens kann es ungeachtet Rn. 450 erforderlich sein, zu Beginn des ersten, nach dem 31. Dezember 2014 beginnenden Wirtschaftsjahrs Zuordnungsgegenstände anders zuzuordnen, als es bis zum Ende des vorhergehenden Wirtschaftsjahrs geschehen ist. Das gilt, obwohl zu Beginn des ersten, nach dem 31. Dezember 2014 beginnenden Wirtschaftsjahrs im Regelfall keine anzunehmende schuldrechtliche Beziehung i. S. d. § 16 Absatz 1 Nummer 1 BsGaV vorliegt. Denn die Änderung der Zuordnungsregelungen durch die BsGaV ist kein wirtschaftlicher Vorgang i. S. d. § 1 Absatz 4 AStG. Eine solche Zuordnungsänderung kann aber ggf. eine Entstrickung bzw. eine Verstrickung auslösen. Sie gilt als

- fiktive Entnahme (§ 4 Absatz 1 Satz 3 und 4 EStG – Entstrickung) bzw. fiktive Veräußerung (§ 12 KStG), z. B. falls ein Vermögenswert nicht mehr dem inländischen Teil des Unternehmens zuzuordnen ist, sondern einem ausländischen Teil, oder
- fiktive Einlage (§ 4 Absatz 1 Satz 8 Halbsatz 2 EStG ggf. i. V. m. § 8 Absatz 1 Satz 1 KStG – Verstrickung), z. B. falls ein Vermögenswert nicht mehr dem ausländischen Teil des Unternehmens zuzuordnen ist, sondern einem inländischen Teil.

5.1 Zuordnungsänderung vom Inland ins Ausland

5.1.1 Zuordnungsänderung zu einer ausländischen Betriebsstätte eines inländischen Unternehmens

452 Sind Zuordnungsgegenstände i. S. d. §§ 5 ff. BsGaV zum Zeitpunkt der erstmaligen Anwendung der BsGaV vom übrigen inländischen Unternehmen dessen ausländischer Betriebsstätte zuzuordnen, liegt eine fiktive Entnahme i. S. d. § 4 Absatz 1 Satz 3 und

4 EStG bzw. eine fiktive Veräußerung nach § 12 Absatz 1 KStG vor. Zum Entnahme- bzw. Veräußerungszeitpunkt ist der Zuordnungsgegenstand nach § 6 Absatz 1 Nummer 4 EStG bzw. § 12 Absatz 1 Satz 1 KStG grundsätzlich mit seinem gemeinen Wert anzusetzen.

Fall – Entstrickung wegen Rechtsänderung: Die inländische X-GmbH (X) hat eine ausländische Betriebsstätte A (A) in einem EU-Mitgliedstaat A. X ist Eigentümer eines Vermögenswerts (Buchwert 100, gemeiner Wert/Fremdvergleichspreis 150), der keiner ausländischen Betriebsstätte zugeordnet ist. Die Zuordnung war bisher nicht zu beanstanden. Aufgrund des Inkrafttretens der BsGaV ist der Vermögenswert zum Zeitpunkt der erstmaligen Anwendung A zuzuordnen.

Lösung:

Aufgrund der bisherigen Zuordnung des Vermögenswerts ist wegen der Zuordnungsänderung zu A gem. § 12 Absatz 1 KStG eine fiktive Veräußerung des Vermögenswerts zum gemeinen Wert (Fremdvergleichspreis) von 150 anzunehmen. Im Zeitpunkt dieser fiktiven Veräußerung entsteht für das übrige Unternehmen ein Gewinn von 50. Da Staat A ein EU-Mitgliedstaat ist, ist § 4g EStG anwendbar.

HINWEIS:

Mangels eines tatsächlichen wirtschaftlichen Vorgangs liegt keine anzunehmende schuldrechtliche Beziehung nach § 16 Absatz 1 Nummer 1 BsGaV vor.

5.1.2 Zuordnungsänderung von einer inländischen Betriebsstätte eines ausländischen Unternehmens zum übrigen Unternehmen

453 Sind Zuordnungsgegenstände i. S. d. §§ 5 ff. BsGaV zum Zeitpunkt der erstmaligen Anwendung der BsGaV von einer inländischen Betriebsstätte dem übrigen ausländischen Unternehmen, zu dem die Betriebsstätte gehört, zuzuordnen, liegt eine fiktive Entnahme i. S. d. § 4 Absatz 1 Satz 3 und 4 EStG bzw. eine fiktive Veräußerung nach § 12 Absatz 1 KStG vor, auch wenn zu diesem Zeitpunkt kein wirtschaftlicher Vorgang i. S. d. § 16 Absatz 1 Nummer 1 BsGaV feststellbar ist. Zum Entnahme- bzw. Veräußerungszeitpunkt ist der Zuordnungsgegenstand nach § 6 Absatz 1 Nummer 4 EStG bzw. § 12 Absatz 1 Satz 1 KStG grundsätzlich mit seinem gemeinen Wert anzusetzen.

Fall – Entstrickung wegen Rechtsänderung:

Die Y Ltd. (Y, einer deutschen Kapitalgesellschaft vergleichbar) mit Sitz und Geschäftsleitung in einem EU-Mitgliedstaat hat die inländische Betriebsstätte B (B), der bisher ein Vermögenswert (Buchwert 100, gemeiner Wert/Fremdvergleichspreis 150) zuzuordnen ist. Aufgrund der erstmaligen Anwendung der BsGaV ist dieser Vermögenswert dem übrigen ausländischen Unternehmen zuzuordnen.

Lösung:

Aufgrund der erstmaligen Zuordnung des Vermögenswerts zum übrigen Unternehmen ist gem. § 12 Absatz 1 KStG eine fiktive Veräußerung des Vermögenswerts zum gemeinen Wert (Fremdvergleichspreis) von 150 anzunehmen. Im Zeitpunkt dieser fiktiven Veräußerung entsteht für B ein Gewinn von 50. Ein Ausgleichsposten gem. § 12 Absatz 1 Satz 1 Halbsatz 2 KStG i. V. m. § 4g Absatz 1 EStG kann nach dem Gesetzeswortlaut nicht gebildet werden, da die Y Ltd. nicht unbeschränkt körperschaftsteuerpflichtig ist. Aus Billigkeitsgründen ist die Bildung eines solchen Ausgleichspostens jedoch zuzulassen (siehe Rn. 457).

HINWEIS:

Mangels eines tatsächlichen wirtschaftlichen Vorgangs liegt keine anzunehmende schuldrechtliche Beziehung nach § 16 Absatz 1 Nummer 1 BsGaV vor.

5.2 Zuordnungsänderung vom Ausland ins Inland

454 Fallkonstellationen, die mit denen der Rn. 453 vergleichbar sind, können vorliegen, wenn ein bisher einer ausländischen Betriebsstätte (z. B. auch der ausländischen Geschäftsleitungsbetriebsstätte) zugeordneter Zuordnungsgegenstand zum Zeitpunkt der erstmaligen Anwendung der BsGaV einer inländischen Betriebsstätte (z. B. auch der inländischen Geschäftsleitungsbetriebsstätte) desselben Unternehmens zuzuordnen ist. Es liegt eine Verstrickung i. S. d. § 4 Absatz 1 Satz 8 Halbsatz 2 EStG vor. Zum Verstrickungszeitpunkt ist der Zuordnungsgegenstand nach § 6 Absatz 1 Nummer 5a EStG grundsätzlich mit seinem gemeinen Wert anzusetzen. Die Regelungen gelten nach § 8 Absatz 1 Satz 1 KStG in gleicher Weise für Körperschaftsteuerpflichtige. Auf Rn. 20 (siehe Hinweis zu Fall 4 zum Auskunftsaustausch) wird hingewiesen.

5.3 Billigkeitsmaßnahmen zur Milderung von Liquiditätsbelastungen für die Unternehmen bei Entstrickung sowie besondere Maßnahmen zur Vermeidung internationaler Besteuerungskonflikte

455 Sind Billigkeitsmaßnahmen nach § 163 AO in Betracht zu ziehen, weil wegen des Inkrafttretens der BsGaV erstmals ein Zuordnungsgegenstand einer ausländischen Betriebsstätte zuzuordnen ist (Entstrickung), so ist für eine Billigkeitsmaßnahme in jedem Fall Voraussetzung, dass die grundsätzlich aufzudeckenden stillen Reserven festgestellt werden.

456 Ist der ausländischen Betriebsstätte eines inländischen Unternehmens wegen des Inkrafttretens der BsGaV erstmals ein Zuordnungsgegenstand zuzuordnen und gehört diese Betriebsstätte nicht zu einem anderen EU-Mitgliedstaat, so ist der Tatbestand des § 4g Absatz 1 Satz 1 EStG nicht erfüllt. Aus Billigkeitsgründen wird jedoch zugelassen, dass auch in diesen Fällen ein Ausgleichsposten entsprechend § 4g EStG gebildet wird.

457 Ein beschränkt Steuerpflichtiger kann grundsätzlich keinen Ausgleichsposten i. S. d. § 4g EStG bilden, wenn ein Vermögenswert, der bisher einer inländischen Betriebsstätte zugeordnet war, infolge einer Zuordnungsänderung wegen des Inkrafttretens der BsGaV einer ausländischen Betriebsstätte desselben Unternehmens zuzuordnen ist (z. B. auch der Geschäftsleitungsbetriebsstätte). Auch in diesen Fällen wird die Bildung eines Ausgleichspostens entsprechend § 4g EStG aus Billigkeitsgründen zugelassen.

458 Zieht ein Unternehmen in den Fällen der erstmaligen Anwendung der BsGaV entgegen Rn. 451 ff. keine steuerlichen Konsequenzen aus einer erfolgten Entstrickung, so ist dies aus Billigkeitsgründen nicht zu beanstanden, wenn das Unternehmen einen entsprechenden ausdrücklichen Antrag stellt und nachträglich tatsächliche Verhältnisse herstellt, die die Zuordnung, die bis zum Zeitpunkt der erstmaligen Anwendung der BsGaV zu Recht bestand, rechtfertigen (z. B. durch die Schaffung neuer Personalfunk-

tionen). Entsprechende tatsächliche Veränderungen müssen bis zum Ende des Wirtschaftsjahrs durchgeführt werden, in dem der Sachverhalt, der eine Zuordnungsänderung wegen der erstmaligen Anwendung der BsGaV notwendig macht, erkannt wurde oder hätte erkannt werden müssen. Dadurch kann eine Aufdeckung und Versteuerung von stillen Reserven wegen der erstmaligen Anwendung der BsGaV vermieden werden. Es ist zu prüfen, ob der Steuerbescheid, der dem Antrag des Steuerpflichtigen entspricht, insoweit nach § 165 Absatz 1 AO vorläufig erlassen wird. Er ist ggf. nach § 165 Absatz 2 AO zu ändern, wenn dadurch, dass dem Antrag entsprochen wird, internationale Besteuerungskonflikte mit anderen Staaten (Doppelbesteuerung bzw. Nichtbesteuerung) entstehen.

459 Auch wenn die ursprüngliche Zuordnungsentscheidung, die vor Inkrafttreten der BsGaV getroffen wurde und die nach der in dieser Zeit maßgeblichen Rechtslage zutreffend ist oder von der Finanzverwaltung nicht beanstandet wurde, nicht den Regelungen der BsGaV entspricht und nach Rn. 451 eine Änderung der Zuordnung durchzuführen wäre, kann es auf ausdrücklichen Antrag des Unternehmens auch über Rn. 458 hinaus für die Zeit nach Inkrafttreten der BsGaV aus Billigkeitsgründen bei der ursprünglichen Zuordnungsentscheidung bleiben. Dies gilt insbesondere auch für Fälle, in denen es sonst zur Entstrickung bisher anders zugeordneter Vermögenswerte kommt. Voraussetzung ist, dass das Unternehmen glaubhaft macht, dass dadurch, dass dem Antrag entsprochen wird, voraussichtlich internationale Besteuerungskonflikte wegen der erstmaligen Anwendung der BsGaV (Entstrickung bzw. Verstrickung) vermieden werden. Für den Steuerbescheid, der dem Antrag des Unternehmens entspricht, ist Rn. 458 zu beachten.

6. Weitgehende Überlagerung der VWG Betriebsstätten und der VWG Dotationskapital durch § 1 Absatz 5 AStG, durch die BsGaV und durch dieses BMF-Schreiben

460 Die VWG Betriebsstätten sind nicht mehr anzuwenden, soweit sie von § 1 Absatz 5 AStG, den Regelungen der BsGaV, diesem BMF-Schreiben (Erhöhung der steuerlichen Bemessungsgrundlage durch § 1 Absatz 5 AStG bzw. niedrigerer Anrechnungshöchstbetrag, § 34c EStG) und den Regelungen der DBA (Minderung der steuerlichen Bemessungsgrundlage in Deutschland, siehe Artikel 7 OECD-MA) überlagert werden.

461 In Fällen, in denen weder § 1 Absatz 5 AStG noch die Regelungen der BsGaV anzuwenden sind (z. B. weil deren Anwendung zu keiner höheren Bemessungsgrundlage in Deutschland führt), sind die VWG Betriebsstätten weiterhin anzuwenden, weil sie die bis zur Neuregelung geltende, vor allem auch auf der Rechtsprechung beruhende Auffassung der Finanzverwaltung darstellen.

462 Die VWG Betriebsstätten sind auch nach Inkrafttreten des § 1 Absatz 5 AStG und vor Inkrafttreten der BsGaV anzuwenden, soweit eine Anwendung der VWG Betriebsstätten nicht im Widerspruch zu § 1 Absatz 5 AStG steht.

463 Die Regelungen der VWG Betriebsstätten gelten vor allem weiter für die Frage, wann nach deutschem Rechtsverständnis eine Betriebsstätte vorliegt.

464 Die VWG Dotationskapital sind für Wirtschaftsjahre, die nach dem 31. Dezember 2014 beginnen, nicht mehr anzuwenden.

6a.[2] Im Fall einer Betriebsstätte ohne maßgebliche Personalfunktion (z. B. Wind-, Solarkraftanlagen usw.) kann die Zugehörigkeit der Betriebsstätte zum Unternehmen ebenfalls eine andere Behandlung erfordern. Für die Frage der Zuordnung von Wirtschaftsgütern und der Gewinnaufteilung können die Grundsätze der Textziffern 66[3] und 75[4] des Berichtes über die Zurechnung von Gewinnen zu Betriebsstätten der OECD vom 22. Juli 20103[5] angewandt werden.

---

[2] **Anm. d. Red.:** Ergänzt durch das BMF-Schreiben vom 17.12.2019 - IV B 5 - S 1341/19/10010 :003.

[3] Ein interessanter Fall kann sich im Bereich des E-Commerce unter Bedingungen ergeben, bei denen anerkannt ist, dass der Standort eines Servers an sich bereits als Betriebsstätte gilt, da an diesem Standort Funktionen ohne Personal wahrgenommen werden können. Es sind jedoch dieselben Grundsätze anzuwenden, und bei der Funktionsanalyse wird ermittelt, welche automatisierten Funktionen von der Server-Betriebsstätte wahrgenommen werden sowie welche Vermögenswerte eingesetzt und welche Risiken übernommen werden. Der Diskussionsentwurf der Business Profits Technical Advisory Group mit dem Titel „Attribution of Profit to a Permanent Establishment Involved in Electronic Commerce Transactions“ von 2001 wie auch der 2004 fertiggestellte Abschlussbericht dieser Arbeitsgruppe mit dem Titel „Are the Current Treaty Rules for Taxing Business Profits Appropriate for E-Commerce?“ kamen zu dem Schluss, dass der Automatisierungsaspekt der Funktionen bedeutet, dass es sich bei den der Betriebsstätte zugerechneten Vermögenswerten und zugeordneten Risiken wahrscheinlich nur um diejenigen handelt, die direkt mit der Server-Hardware verbunden sind. Da eine Server-Betriebsstätte angesichts des Fehlens von für das Unternehmen tätigem Personal keine für die Zurechnung des Eigentums an Wirtschaftsgütern oder Vermögenswerten und/oder die Zuordnung von Risiken wesentlichen Personalfunktionen wahrnimmt, könnten dieser Betriebsstätte im Rahmen des AOA tatsächlich keine Vermögenswerte oder Risiken zugeordnet werden, was die Schlussfolgerung bestätigt, dass einer solchen Betriebsstätte nur ein geringer bzw. gar kein Gewinn zugerechnet würde.

[4] Bei den Beratungen der OECD-Mitgliedstaaten über die Zuordnung materieller Wirtschaftsgüter im Gesamtunternehmen wurden unterschiedliche Auffassungen zum Ausdruck gebracht. An einem Ende des Spektrums der geäußerten Ansichten wurde befürwortet, auf materielle Wirtschaftsgüter die in Abschnitt B-3 Tz. 3 (i) dargelegten allgemeinen Grundsätze anzuwenden, d. h. materielle Wirtschaftsgüter auf der Basis einer Bestimmung der für das wirtschaftliche Eigentum an den besagten Gütern relevanten wesentlichen Personalfunktionen mittels einer Funktions- und Sachverhaltsanalyse des jeweiligen Falls zuzuordnen. Am anderen Ende des Spektrums wurde die Ansicht vertreten, dass der Ort der Nutzung der materiellen Wirtschaftsgüter das einzige Kriterium sein solle, um sie einer Betriebsstätte zuzuordnen, vor allem in den Fällen, in denen eine feste Geschäftseinrichtung (Artikel 5 Absatz 1) gerade wegen des Vorhandenseins dieser materiellen Wirtschaftsgüter im Betriebsstättenstaat existiere. Nach Erörterung der praktischen Auswirkungen jeder dieser beiden Optionen zogen die OECD-Mitgliedstaaten den Schluss, dass sie in der Praxis in den meisten Fällen mit beiden Optionen zu denselben bzw. nicht wesentlich unterschiedlichen Ergebnissen gelangen dürften, d. h.:

- Wenn eine Betriebsstätte als wirtschaftlicher Eigentümer des materiellen Wirtschaftsguts behandelt wird, hat sie in der Regel Anspruch auf Steuerabzüge auf Grund von Wertminderung (im Fall abschreibbarer Güter) und Zinszahlungen (im Fall ganz oder teilweise durch Schuldenaufnahme finanzierter Güter).
- Wenn eine Betriebsstätte wie der Mieter/Pächter eines materiellen Wirtschaftsguts behandelt wird, hat sie in der Regel Anspruch auf bestimmte Abzüge, z. B. für Mietzahlungen.

Die während der wirtschaftlichen Lebensdauer des Vermögenswerts gewährten Abzüge dürften zwar in der Praxis in beiden Fällen nicht wesentlich voneinander abweichen, doch können natürlich beide Fälle in einem bestimmten Jahr oder über mehrere Jahre hinweg zu recht unterschiedlichen Gewinnzurechnungen führen. Auf Grund dieser Tatsache herrschte unter den OECD-Mitgliedstaaten allgemeines Einvernehmen darüber, dass für die Zuordnung des wirtschaftlichen Eigentums an materiellen Wirtschaftsgütern die Nutzung als Grundlage dienen sollte, soweit nicht in einem besonderen Fall Umstände gegeben sind, die eine andere Auffassung rechtfertigen würden. Dies wird als pragmatische Lösung für die Zuordnung des wirtschaftlichen Eigentums an materiellen Wirtschaftsgütern im Rahmen des AOA betrachtet.

[5] Englischer Titel: „Report on the attribution of profits to permanent establishments, 22 July 2010”.

BMF v. 6.1.2017 - IV B 6 - S 1315/16/10016: 002, BStBl 2017 I S. 89

Merkblatt über koordinierte steuerliche Außenprüfungen mit Steuerverwaltungen anderer Staaten und Gebiete

Unter Bezugnahme auf das Ergebnis der Erörterungen mit den Vertretern der obersten Finanzbehörden der Länder gelten in Ergänzung des Merkblatts zur zwischenstaatlichen Amtshilfe durch Informationsaustausch in Steuersachen (BMF-Schreiben vom 23. November 2015 – IV B 6 – S 1320/07/10004: 007 –, BStBl 2015 I S. 928) für die Durchführung koordinierter steuerlicher Außenprüfungen mit Steuerverwaltungen anderer Staaten und Gebiete die folgenden Grundsätze.

1. Allgemeines

Bei der Durchführung des Informationsaustausches haben die Finanzbehörden den Grundsatz der Verhältnismäßigkeit, den gesetzmäßigen Schutz des Steuerpflichtigen (einschließlich der Wahrung des Steuergeheimnisses) sowie die Gegenseitigkeit und die Ausgewogenheit des Informationsaustausches zu wahren (§ 117 Absatz 3 Abgabenordnung [AO]).

Bei Maßnahmen, die auf dem EU-Amtshilfegesetz (EUAHiG) basieren, ist Gegenseitigkeit als gegeben zu unterstellen, unabhängig davon, wie die EU-Amtshilferichtlinie (Richtlinie 2011/16/EU des Rates vom 15. Februar 2011 über die Zusammenarbeit der Verwaltungsbehörden im Bereich der Besteuerung und zur Aufhebung der Richtlinie 77/799/EWG) im jeweiligen Staat umgesetzt wurde. Im Rahmen des im Einzelfall auszuübenden Ermessens kann eine unterschiedliche Umsetzung der Richtlinie allerdings Berücksichtigung finden (vergleiche § 4 Absatz 4 EUAHiG).

Im Rahmen der zwischenstaatlichen Amtshilfe können neben dem Informationsaustausch auf Ersuchen, dem spontanen und automatischen Informationsaustausch auch koordinierte bi- und multilaterale steuerliche Außenprüfungen durchgeführt werden. Hierzu zählen gleichzeitige Prüfungen (Simultanprüfungen) sowie gemeinsame steuerliche Außenprüfungen (international als „Joint Audits” bezeichnet), die eine besondere Form koordinierter Außenprüfungen darstellen.

Die Entsendung eines Bediensteten der deutschen Steuerverwaltung in das Ausland zum Zwecke der Beantwortung eines Auskunftsersuchens ist nicht an bestimmte Ermittlungsverfahren der ausländischen Finanzbehörde (zum Beispiel Durchführung einer steuerlichen Außenprüfung) gebunden. Auch außerhalb koordinierter Außenprüfungen können bevollmächtigte inländische Bedienstete in andere EU-Mitgliedstaaten entsandt werden, sofern die Komplexität eines Auskunftsersuchens dies erfordert (§ 11 EUAHiG). Bedienstete dürfen, sofern sie bevollmächtigt wurden (§§ 4, 10, 11 EUAHiG), auch Besprechungen im Ausland mit Steuerpflichtigen, mit deren steuerlichen Vertretern oder mit den für den Prüfungsfall zuständigen ausländischen Bediensteten durchführen, um den grenzüberschreitenden Sachverhalt aufzuklären. Solche Maßnahmen sind nach den für koordinierte Außenprüfungen geltenden Regelungen vorzuschlagen, einzuleiten und durchzuführen (siehe auch Merkblatt zur zwischenstaatlichen Amtshilfe durch Informationsaustausch in Steuersachen, Tz. 4.2.3).

Im Hinblick auf die Ermittlungsmöglichkeiten im Verhältnis zu Drittstaaten, auch unabhängig von der Durchführung einer steuerlichen Außenprüfung, wird auf das Merkblatt zur zwischenstaatlichen Amtshilfe durch Informationsaustausch in Steuersachen (Tz. 4.2.3) und das BMF-Schreiben vom 10. November 2015 – IV B 6 – S 1301/11/10002 –, BStBl 2016 I S. 138, verwiesen. Zudem sind Artikel 8 und 9 des Übereinkommens vom 25. Januar 1988 über die gegenseitige Amtshilfe in Steuersachen in der Fassung des Protokolls zur Änderung des Übereinkommens vom 27. Mai 2010 (nachfolgend kurz: Amtshilfeübereinkommen, BGBl 2015 II S. 966) zu beachten.

1.1 Ziele koordinierter Außenprüfungen

Das wesentliche Ziel koordinierter Außenprüfungen (Oberbegriff), das sind sowohl die gleichzeitige steuerliche Außenprüfung (Simultanprüfung) als auch die gemeinsame steuerliche Außenprüfung, besteht darin, während der Außenprüfungen unter Beteiligung ausländischer Bediensteter zu einer einvernehmlichen Feststellung des entscheidungserheblichen Sachverhalts zu gelangen. Kann der Sachverhalt einvernehmlich festgestellt werden, so ziehen die beteiligten Steuerverwaltungen unabhängig voneinander jeweils ihre nationalen rechtlichen Schlussfolgerungen.

Die einvernehmliche Feststellung des entscheidungserheblichen Sachverhalts kann zugleich dazu beitragen, internationale Besteuerungskonflikte (aber auch unbesteuerte Einkünfte, so genannte „weiße Einkünfte") und etwaig resultierende Verständigungsverfahren zu vermeiden beziehungsweise zu vereinfachen und zeitlich zu verkürzen. Zudem kann die einvernehmliche Feststellung des entscheidungserheblichen Sachverhalts die Basis für die Beantragung eines Advance Pricing Agreements (APA) seitens des Steuerpflichtigen darstellen.

Wird durch gemeinsame steuerliche Außenprüfungen, insbesondere in Verrechnungspreisfragen und Fragen der Betriebsstättengewinnaufteilung nicht nur eine einvernehmliche Feststellung des entscheidungserheblichen Sachverhalts angestrebt, sondern ist das Ziel eine rechtlich verbindliche Verständigung über die ertragsteuerliche Beurteilung des einvernehmlich festgestellten Sachverhalts mit der bzw. den anderen beteiligten Steuerverwaltungen, so ist dies nur nach entsprechendem Antrag des Steuerpflichtigen im Wege eines Verständigungsverfahrens möglich. Die Regelungen zur Einleitung und Durchführung von Verständigungsverfahren bleiben unberührt (vgl. Merkblatt zum internationalen Verständigungs- und Schiedsverfahren auf dem Gebiet der Steuern vom Einkommen und vom Vermögen, BMF-Schreiben vom 13. Juli 2006 – IV B 6 – S 1300 – 340/06 –, BStBl 2006 I S. 461, zu APAs vgl. Merkblatt für bilaterale oder multilaterale Vorabverständigungsverfahren auf der Grundlage der Doppelbesteuerungsabkommen zur Erteilung verbindlicher Vorabzusagen über Verrechnungspreise zwischen international verbundenen Unternehmen (sog. „Advance Pricing Agreements" – APAs, BMF-Schreiben vom 5. Oktober 2006 – IV B 4 – S 1341 – 38/06 –, BStBl 2006 I S. 594, nachfolgend kurz: Merkblatt für „Advance Pricing Agreements – APAs", und Tz. 4).

1.2 Prüfungsanordnung

Die deutschen Finanzbehörden führen eine Außenprüfung im Sinne von §§ 193 ff. AO bei dem inländischen Steuerpflichtigen durch. Folglich wird die Prüfungsanordnung im Sinne von § 196 AO nur an den inländischen Steuerpflichtigen bekanntgegeben. Die ausländischen Prüfer sind nicht namentlich in der Prüfungsanordnung zu benennen.

2. Rechtliche Grundlagen für steuerlich koordinierte Außenprüfungen

2.1 Gleichzeitige steuerliche Außenprüfungen (Simultanprüfungen)

Bei gleichzeitigen steuerlichen Außenprüfungen führen die beteiligten Finanzbehörden im eigenen Hoheitsgebiet jeweils eigenständige Steuerprüfungen nach dem für sie geltenden nationalen Steuerverfahrensrecht durch. Die deutsche Steuerverwaltung wird im Rahmen der für die nationale Außenprüfung geltenden Regelungen der Abgabenordnung tätig (§§ 193 ff. AO; Betriebsprüfungsordnung [BpO] 2000). Die so erlangten Informationen werden zeitnah ausgetauscht, soweit sie für die Durchführung des Besteuerungsverfahrens im anderen Vertragsstaat von Bedeutung sein können. Hierbei kommen die für den grenzüberschreitenden Informationsaustausch geltenden Rechtsgrundlagen und Verfahren zur Anwendung.

2.1.1 Simultanprüfungen mit anderen EU-Mitgliedstaaten

§ 12 EUAHiG sieht die Möglichkeit vor, gleichzeitige steuerliche Außenprüfungen mit Finanzbehörden anderer EU-Mitgliedstaaten zu vereinbaren. Soweit dies nach § 4 EUAHiG zulässig ist, sind die hierbei erlangten Informationen auszutauschen und ebenso die Informationen und Kenntnisse, die für die Vereinbarung der steuerlichen Außenprüfung im Vorfeld erforderlich sind. Daneben ist auch ein spontaner Informationsaustausch gemäß § 8 EUAHiG möglich. Die Regelung in § 12 Absatz 1 Satz 2 EUAHiG schränkt diese Möglichkeit nicht ein.

2.1.2 Simultanprüfungen mit Drittstaaten

Gleichzeitige steuerliche Außenprüfungen kommen auch im Verhältnis zu Staaten oder Gebieten, die nicht EU-Mitgliedstaaten sind, in Betracht.

Auf Grundlage der Bestimmungen in den Doppelbesteuerungsabkommen (DBA), die Artikel 26 des OECD-Musterabkommens für DBA entsprechen, können gleichzeitige steuerliche Außenprüfungen durchgeführt werden, sofern die zuständigen Behörden[1] dies vereinbaren.

Zudem sieht Artikel 8 des Amtshilfeübereinkommens die Möglichkeit der Durchführung gleichzeitiger Steuerprüfungen auf Ersuchen einer der Vertragsparteien vor. Die zuständigen Behörden[2] der Vertragsparteien können danach vereinbaren, dass im jeweils eigenen Hoheitsgebiet zeitgleich steuerliche Außenprüfungen einer oder mehrerer Personen, an denen die Vertragsparteien ein gemeinsames oder ergänzendes Interesse haben, durchgeführt und die auf diesem Wege gewonnenen sachdienlichen Informationen ausgetauscht werden.

2.2 Gemeinsame steuerliche Außenprüfungen der deutschen Steuerverwaltung

Die deutschen Finanzbehörden können steuerliche Außenprüfungen mit ausländischen Steuerverwaltungen zeitgleich und gemeinsam durchführen. Dabei sind die inländischen Bediensteten im anderen EU-Mitgliedstaat und die ausländischen Bediensteten im Inland während der relevanten Prüfungsabschnitte anwesend. Die teilnehmenden Steuerverwaltungen legen die Schwerpunkte für die zeitgleich durchzuführenden gemeinsamen steuerlichen Außenprüfungen einvernehmlich fest und erarbeiten eine Strategie für die Ermittlungsmaßnahmen. Auch für gemeinsame steuerliche Außenprüfungen gilt, dass die beteiligten Steuerverwaltungen im

[1] Zuständige Behörde nach Artikel 26 OECD-Musterabkommen für DBA ist in Deutschland das Bundeszentralamt für Steuern (BZSt).

[2] Zuständige Behörde nach Artikel 8 des Amtshilfeübereinkommens ist das BZSt.

jeweils eigenen Hoheitsgebiet eine eigenständige Außenprüfung nach dem jeweiligen nationalen Steuerverfahrensrecht durchführen.

2.2.1 Gemeinsame steuerliche Außenprüfungen mit anderen EU-Mitgliedstaaten

Für die Vereinbarung der Anwesenheit im jeweils anderen EU-Mitgliedstaat kommen die §§ 10 und 11 EUAHiG in Betracht. Sofern der Steuerpflichtige seine Zustimmung erteilt, dürfen im Beisein inländischer Bediensteter durch ausländische Bedienstete bestimmte Ermittlungshandlungen durchgeführt, wie Aufzeichnungen geprüft und Personen befragt werden (aktives Prüfungsrecht; siehe § 10 Absatz 3 EUAHiG). Die während der gemeinsamen steuerlichen Außenprüfung gewonnenen Informationen werden (unmittelbar) ausgetauscht, soweit sie für die Besteuerung im jeweils anderen EU-Mitgliedstaat voraussichtlich erheblich sind (§§ 1, 4, 6, 8, 12 EUAHiG).

2.2.2 Gemeinsame steuerliche Außenprüfungen mit Drittstaaten

Die Artikel 26 des OECD-Musterabkommens für DBA entsprechenden Bestimmungen sehen die Möglichkeit vor, dass Bedienstete des anderen Vertragstaates im Inland anwesend sind und während relevanter Abschnitte steuerlicher Außenprüfungen zugegen sind (siehe Tz. 2.1.2). Darüber hinaus stehen dem ausländischen Bediensteten keine weiteren Befugnisse zu, insbesondere nicht das Recht, mit Zustimmung der betroffenen Personen Fragen zu stellen und Dokumente zu prüfen (kein aktives Prüfungsrecht).

Artikel 9 des Amtshilfeübereinkommens sieht ebenfalls die Möglichkeit vor, dass Vertreter der zuständigen Behörde der ersuchenden Vertragspartei im Inland anwesend sind. Darüber hinaus steht ausländischen Bediensteten, deren Anwesenheit sich auf Artikel 9 des Amtshilfeübereinkommens stützt, nicht das Recht zur Befragung von Personen und Prüfung von Dokumenten zu (kein aktives Prüfungsrecht).

2.2.3 Entsendung inländischer Bediensteter in EU-Mitgliedstaaten

Das Verfahren der Entsendung inländischer Bediensteter erfolgt innerhalb der Europäischen Union (EU) nach den Vorschriften des anderen EU-Mitgliedstaates, insbesondere nach den Bestimmungen der EU-Amtshilferichtlinie, die in das nationale Recht dieses EU-Mitgliedstaates transformiert worden sind.

Halten sich entsandte inländische Bedienstete in anderen EU-Mitgliedstaaten auf, müssen sie jederzeit eine schriftliche Vollmacht vorlegen können, aus der ihre Identität und dienstliche Stellung hervorgeht (§ 11 in Verbindung mit § 10 Absatz 4 EUAHiG).

2.2.4 Befugnisse inländischer Bediensteter in EU-Mitgliedstaaten und Drittstaaten

Für die Durchführung der zwischenstaatlichen Amtshilfe durch Informationsaustausch richten sich die Befugnisse der inländischen Bediensteten nach den für die Steuern im Sinne von § 1 AO geltenden Vorschriften (§ 117 Absatz 4 Satz 1 AO, § 4 Absatz 1 und 2 EUAHiG). Nimmt der Außenprüfer Prüfungshandlungen im Ausland vor, wird er im Rahmen der nach deutschem Recht angeordneten Außenprüfungen tätig (§§ 193 ff. AO).

Die erforderlichen Ermittlungen durch die ausländische Finanzbehörde werden nach dem für diese maßgebenden nationalen Recht durchgeführt (vgl. Tz. 4.2.3 Merkblatt zur zwischenstaatlichen Amtshilfe durch Informationsaustausch in Steuersachen). Dem in das Ausland entsandten Bediensteten stehen dort lediglich die Befugnisse zu, die sich nach deutschem Recht und dem nationalen Recht des ersuchten Staates ergeben. Sollten nach dem Recht des ersuchten EU-Mitgliedstaates oder Drittstaates weitergehende Ermittlungsmöglichkeiten oder Rechte bestehen als nach deutschem Recht, kann sich der entsandte Bedienstete dieser Informationsmöglichkeiten nicht bedienen (vgl. Ziffer 15 des Musterkommentars zu Artikel 26 OECD-Musterabkommen für DBA).

Sofern der ersuchte EU-Mitgliedstaat oder Drittstaat in Kenntnis der eingeschränkten Befugnisse des anwesenden inländischen Außenprüfers gleichwohl bereit ist, seine umfangreicheren Rechte für die Sachverhaltsermittlung wahrzunehmen, müssen die entsprechenden Ermittlungen durch Bedienstete des ersuchten EU-Mitgliedstaates oder Drittstaates erfolgen. Daraus ergibt sich keine Erweiterung der Ermittlungsbefugnisse inländischer Bediensteter. Die durch den ersuchten Staat bereitgestellten Informationen unterliegen keinen Beschränkungen hinsichtlich der Auswertung durch die deutschen Finanzbehörden, da diese auch ohne Anwesenheit des in das Ausland entsandten Bediensteten hätten übermittelt werden können.

Die vom entsandten Außenprüfer zu beachtenden Verpflichtungen und Beschränkungen schließen besondere Erfordernisse aufgrund des nationalen Rechts des ersuchten Staates ein (z. B. besondere Formvorschriften für die Anforderung von Unterlagen), die zusätzlich zu den deutschen Verfahrensvorschriften zu beachten sind. Sich aus dem deutschen Verfahrensrecht ergebende Beschränkungen sind aber auch dann zu berücksichtigen, wenn das nationale Recht des ersuchten Staates keine vergleichbaren Regelungen beinhalten sollte (vgl. z. B. zu den Auskunfts- und Vorlageverweigerungsrechten Tz. 4.2.1 des Merkblatts zur zwischenstaatlichen Amtshilfe durch Informationsaustausch in Steuersachen).

Sofern die zentralen Verbindungsbüros[3] dies vereinbaren, können inländische Bedienstete in den Amtsräumen der Finanzbehörden im anderen EU-Mitgliedstaat anwesend und bei behördlichen Ermittlungen zugegen sein, die im anderen EU-Mitgliedstaat durchgeführt werden (passives Prüfungsrecht, siehe Artikel 11 Absatz 1 EU-Amtshilferichtlinie). Hat der andere EU-Mitgliedstaat die Möglichkeit in Artikel 11 Absatz 2 EU-Amtshilferichtlinie in seinem innerstaatlichen Recht umgesetzt und haben die zuständigen zentralen Verbindungsbüros dies entsprechend vereinbart, dürfen inländische Bedienstete im Beisein ausländischer Bediensteter auch Personen befragen und Unterlagen prüfen (aktives Prüfungsrecht). Inwieweit hierfür die Zustimmung des Steuerpflichtigen/Beteiligten notwendig ist, richtet sich nach dem nationalen Recht des anderen EU-Mitgliedstaates. Über dieses aktive Prüfungsrecht hinausgehende Ermittlungsmöglichkeiten für inländische Bedienstete im anderen EU-Mitgliedstaat kommen nur nach dem Recht des anderen EU-Mitgliedstaates in Betracht.

Zur Abstimmung über die gleichzeitige oder gemeinsame steuerliche Außenprüfung und ihrer Vorbereitung dürfen alle erforderlichen Kenntnisse ausgetauscht werden, soweit dies nach § 4 EUAHiG zulässig ist. Die Ergebnisse der jeweiligen Prüfung sind während und nach der Prüfung auszutauschen (§§ 4, 6, 8 EUAHiG). Hierfür ist es erforderlich, dass den inländischen Bediensteten, insbesondere Prüfern, die Eigenschaft der für den zwischenstaatlichen Auskunftsaustausch zuständigen Behörde übertragen wurde.

Sind Informationen in Unterlagen enthalten, zu denen die ausländische Finanzbehörde Zugang hat, soll der andere EU-Mitgliedstaat dafür Sorge tragen, dass den inländischen Bediensteten Kopien dieser Unterlagen ausgehändigt werden.

[3] Zentrales Verbindungsbüro nach dem EUAHiG ist gemäß § 2 Absatz 2 EUAHiG das BZSt.

Die von inländischen Bediensteten in anderen EU-Mitgliedstaaten oder Drittstaaten ermittelten Informationen und Daten unterfallen ebenso dem Steuergeheimnis gemäß § 30 AO wie im Inland ermittelte Informationen und Daten des Steuerpflichtigen oder Dritter.

2.2.5 Entsendung Bediensteter der EU-Mitgliedstaaten oder Drittstaaten in das Inland

Die im Inland anwesenden ausländischen Bediensteten sind keine Amtsträger im Sinne der §§ 7 und 30 Absatz 1 AO und des § 355 Strafgesetzbuch.

Bedienstete der entsendenden ausländischen Steuerverwaltung dürfen Ermittlungshandlungen im Inland nur vornehmen, sofern dies nach den gesetzlichen Regelungen des entsendenden EU-Mitgliedstaates oder Drittstaates und den deutschen Verfahrensvorschriften zulässig ist. Verfügt der ausländische Bedienstete nach den im entsendenden ausländischen EU-Mitgliedstaat oder Drittstaat geltenden gesetzlichen Regelungen über weitergehende Befugnisse, ergibt sich daraus keine Rechtsgrundlage für die Ermittlungen im Inland.

Außenprüfer aus anderen EU-Mitgliedstaaten oder Drittstaaten dürfen Befugnisse lediglich im Beisein inländischer Bediensteter ausüben. Gemäß § 114 AO ist der inländische Außenprüfer für die Rechtmäßigkeit der Durchführung der inländischen Ermittlungsmaßnahmen zuständig und muss darauf achten, dass Bedienstete anderer EU-Mitgliedstaaten oder Drittstaaten die ihnen im Inland zustehenden Befugnisse nicht überschreiten (siehe § 114 Absatz 2 AO).

2.2.6 Befugnisse Bediensteter der EU-Mitgliedstaaten oder Drittstaaten im Inland

Die sich nach den nationalen Vorschriften des anderen EU-Mitgliedstaates oder Drittstaates im Vergleich zu deutschen Verfahrensvorschriften ergebenden Einschränkungen bzw. Verpflichtungen hat der anwesende ausländische Bedienstete zu beachten. Seine Geheimhaltungspflicht ergibt sich aus den nationalen Vorschriften des Entsendestaates sowie den völkerrechtlichen Vereinbarungen, auf die sich der Informationsaustausch stützt, bzw. aus der EU-Amtshilferichtlinie.

Halten sich Bedienstete anderer EU-Mitgliedstaaten insbesondere zum Zweck der Durchführung von koordinierten Außenprüfungen auf deutschem Hoheitsgebiet auf, müssen diese jederzeit eine schriftliche Vollmacht vorlegen können, aus der ihre Identität und dienstliche Stellung hervorgeht (§ 10 Absatz 4 EUAHiG).

Bedienstete anderer EU-Mitgliedstaaten können in den Amtsräumen der inländischen Finanzbehörde anwesend und bei behördlichen Ermittlungen zugegen sein, sofern die zuständigen zentralen Verbindungsbüros dies vereinbaren (passives Prüfungsrecht; § 10 Absatz 1 EUAHiG). Die Vereinbarung kann auch vorsehen, dass die Bediensteten des anderen EU-Mitgliedstaates im Beisein inländischer Bediensteter Personen befragen und Dokumente prüfen dürfen. Weitere Voraussetzung für das aktive Prüfungsrecht ist, dass die Personen der Befragung und Dokumentenprüfung zustimmen (§ 10 Absatz 3 EUAHiG). Die Verpflichtungen und Beschränkungen nach den deutschen Verfahrensvorschriften gelten ebenso für die Bediensteten anderer EU-Mitgliedstaaten.

2.2.7 Steuergeheimnis und Datenschutz

Dem Steuergeheimnis (§ 30 AO) unterliegen grundsätzlich alle Angaben, die sich in den Steuerakten befinden, unabhängig davon, ob sich die Angaben auf den Steuerpflichtigen selbst oder auf sein persönliches oder geschäftliches Umfeld beziehen. Das Steuergeheimnis ist deshalb sowohl bei der Inanspruchnahme als auch beim Leisten von Amtshilfe zu beachten.

Eine Offenbarung der erlangten Erkenntnisse ist nach § 30 Absatz 4 Nummer 2 AO zulässig, wenn ein Gesetz dies ausdrücklich bestimmt. Eine ausdrückliche gesetzliche Zulassung enthält insbesondere § 117 Absatz 2 AO, wonach die Finanzbehörden auf Grund innerstaatlich anwendbarer völkerrechtlicher Vereinbarungen, innerstaatlich anwendbarer Rechtsakte der EU sowie des EUAHiG zwischenstaatliche Amtshilfe leisten können.

Zur Vorbereitung und im Zuge der koordinierten Außenprüfung dürfen alle erforderlichen Kenntnisse ausgetauscht werden, soweit dies nach § 4 EUAHiG in Verbindung mit § 117 Absatz 4 AO zulässig ist. Organisatorisch ist jedoch sicherzustellen, dass Handels-, Gewerbe- oder Berufsgeheimnisse oder Geschäftsverfahren den ausländischen Bediensteten nicht offenbart werden.

Sind die für den anderen EU-Mitgliedstaat relevanten Informationen in Unterlagen enthalten, zu denen die inländische Finanzbehörde Zugang hat, kann die inländische Finanzbehörde den Bediensteten des anderen EU-Mitgliedstaates Kopien dieser Unterlagen oder Auszüge hieraus aushändigen, sofern hierdurch keine Rechte Dritter betroffen sind. Nicht relevante Inhalte sind gegebenenfalls zu schwärzen.

Eine Maßnahme, die auf § 117 Absatz 2 AO in Verbindung mit § 4 EUAHiG gestützt ist, stellt kein unbefugtes Offenbaren und damit keine Verletzung des Steuergeheimnisses dar, solange die Voraussetzungen des EUAHiG eingehalten werden. § 4 Absatz 1 Satz 1 EUAHiG regelt, dass die deutsche Finanzverwaltung alle Antworten zu erteilen hat, die für die Festsetzung von Steuern im EU-Ausland voraussichtlich erheblich sind.

Nach § 4 Absatz 6 Satz 1 EUAHiG kann ein Ersuchen aus dem Ausland nicht aus dem Grund abgelehnt werden, dass die zu übermittelnden Informationen nach deutschem Recht nicht für steuerliche Zwecke benötigt werden. Die Erheblichkeit der begehrten Auskunft für die Besteuerung im ersuchenden ausländischen EU-Mitgliedstaat muss nicht feststehen. Es reicht daher aus, wenn aus einer ex-ante-Perspektive die Information für die Steuerfestsetzung erheblich sein kann. Die ersuchten Behörden haben in Form von Berichten, Bescheinigungen und anderen Schriftstücken oder beglaubigten Kopien von Schriftstücken alle sachdienlichen Informationen, über die sie verfügen, zu übermitteln, soweit die Voraussetzungen vorliegen. Die ausländischen Bediensteten anderer EU-Mitgliedstaaten der EU sind gemäß Artikel 25 der EU-Amtshilferichtlinie – umgesetzt in deutsches Recht in § 19 EUAHiG – zum Datenschutz verpflichtet und dürfen die erlangten Informationen nur unter den dort genannten Voraussetzungen verwenden.

Ausländische Bedienstete aus Drittstaaten haben die Geheimhaltungsbestimmungen in den völkerrechtlichen Vereinbarungen, auf die der Informationsaustausch gestützt wird (Amtshilfeübereinkommen, DBA, Abkommen über den steuerlichen Informationsaustausch [TIEA]), und ihre jeweiligen nationalen Geheimhaltungsbestimmungen zu beachten (siehe auch Tz. 1.6.2 Merkblatt zur zwischenstaatlichen Amtshilfe durch Informationsaustausch in Steuersachen).

3. Praktische Durchführung koordinierter Prüfungen

BMF-Schr.

3.1 Zuständigkeiten

Das BZSt hat die Funktion der zuständigen Behörde auf dem Gebiet der steuerlichen Amtshilfe (§ 5 Absatz 1 Nummer 5 Finanzverwaltungsgesetz [FVG]). Das Bundesministerium der Finanzen (BMF) hat das BZSt als zentrales Verbindungsbüro im Sinne von Artikel 4 Absatz 2

Unterabsatz 1 der EU-Amtshilferichtlinie benannt. Zudem ist das BZSt gemäß § 5 Nummer 25 FVG die für die Verwaltung der Steuern auf Versicherungsprämien einschließlich der Durchführung von Außenprüfungen zuständige Finanzbehörde. Soweit in den nachfolgenden Bestimmungen die für die Außenprüfung zuständigen Finanzämter angesprochen werden, gelten diese sinngemäß für das für die Versicherungsteuer- und Feuerschutzsteuer-Außenprüfung zuständige Referat des BZSt. Das zentrale Verbindungsbüro übernimmt die Kommunikation mit den anderen EU-Mitgliedstaaten.

Das zentrale Verbindungsbüro nimmt Vorschläge ausländischer Steuerverwaltungen für koordinierte Außenprüfungen entgegen und übermittelt Prüfungsvorschläge der deutschen Steuerverwaltung an die betreffenden ausländischen Steuerverwaltungen. Dabei prüft das zentrale Verbindungsbüro die rechtliche Zulässigkeit eingehender und ausgehender Prüfungsvorschläge.

Das für die Außenprüfung zuständige Finanzamt bestimmt, welche Prüfungsfälle es aus welchen Gründen für eine koordinierte Außenprüfung vorschlägt (§ 12 Absatz 1 EUAHiG). Das zentrale Verbindungsbüro unterrichtet die betroffenen EU-Mitgliedstaaten über diese Vorschläge, begründet die Auswahl und gibt den Zeitraum an, in welchem die koordinierten Außenprüfungen durchgeführt werden sollen (§ 12 Absatz 2 EUAHiG). Darüber hinaus schließt das zentrale Verbindungsbüro Vereinbarungen mit anderen EU-Mitgliedstaaten über die Durchführung koordinierten Außenprüfungen (§ 12 EUAHiG, § 10 Absatz 3 EUAHiG).

Schlägt ein anderer EU-Mitgliedstaat eine koordinierte Außenprüfung vor, unterrichtet das zentrale Verbindungsbüro das für die Außenprüfung zuständige Finanzamt sowie die Bundesbetriebsprüfung zeitgleich über diesen Vorschlag. Die landesinternen Zuständigkeiten bleiben unberührt.

Das für die Außenprüfung zuständige Finanzamt entscheidet, ob es an der Prüfung teilnimmt. Das zentrale Verbindungsbüro teilt dem anderen EU-Mitgliedstaat das Einverständnis oder die begründete Ablehnung mit (§ 12 Absatz 3 EUAHiG). Die landesinternen Zuständigkeiten bleiben unberührt.

Darüber hinaus kann das BZSt (Bundesbetriebsprüfung) die Durchführung und Mitwirkung an einer koordinierten Außenprüfung gegenüber dem für die Außenprüfung zuständigen Finanzamt anregen.

Das zentrale Verbindungsbüro koordiniert jede koordinierte Außenprüfung in Abstimmung mit den zuständigen Landesfinanzbehörden (§ 12 Absatz 4 EUAHiG). Das zentrale Verbindungsbüro ist regelmäßig und zeitnah über den Verlauf der koordinierten Außenprüfung zu informieren.

Die Außenprüfung wird von den nach § 195 AO zuständigen Finanzbehörden durchgeführt, gegebenenfalls unter Mitwirkung der Bundesbetriebsprüfung des BZSt (§ 19 Absatz 1 Satz 1 FVG).

Für Prüfungen mit Drittstaaten gelten die oben gemachten Ausführungen entsprechend.

3.2 Anhörung des Steuerpflichtigen im Rahmen einer koordinierten Außenprüfung

Zwischenstaatliche Amtshilfe für koordinierte Außenprüfungen stellt einen Eingriff in die Rechte der betroffenen inländischen Beteiligten dar. Der Steuerpflichtige und alle weiteren vom Informationsaustausch betroffenen inländischen Beteiligten sind grundsätzlich rechtzeitig zu hören (§ 117 Absatz 4 Satz 3 AO in Verbindung mit § 91 AO). Hierdurch soll ihnen Gelegenheit gegeben werden, sich zu äußern und gegebenenfalls Einwände vorzubringen.

Anhörungsbedarf besteht dem Grunde nach bereits dann, wenn zwischenstaatlich Informationen ausgetauscht werden sollen mit dem Ziel, Unternehmen für koordinierte Außenprüfungen auszuwählen. Von der Anhörung des Steuerpflichtigen kann jedoch bis zur Bekanntgabe der Prüfungsanordnung abgesehen werden, wenn ansonsten der Prüfungserfolg gefährdet würde (§ 12 Absatz 5 EUAHiG). Ob darüber hinaus im Ausnahmefall auf eine Anhörung verzichtet werden kann, hat die zuständige Finanzbehörde ebenfalls nach pflichtgemäßem Ermessen und unter Berücksichtigung der allgemeinen Grundsätze des § 91 AO zu entscheiden. Die jeweilige Ermessensausübung ist aktenkundig zu machen (vgl. Tz. 3.7 zu Auswahlsitzungen).

Im Rahmen der Anhörung ist der inländische Steuerpflichtige auf Folgendes hinzuweisen:

- die beabsichtigte Anwesenheit Bediensteter anderer EU-Mitgliedstaaten – im Inland und inländischer Bediensteter im anderen EU-Mitgliedstaat (§§ 10 Absatz 1, 11 EUAHiG),
- den beabsichtigten Informationsaustausch zwischen dem Inland und dem EU-Mitgliedstaat (§§ 10 Absatz 2, 12 Absatz 1 EUAHiG),
- das Recht zur Befragung des vom anderen Mitgliedstaat geprüften Steuerpflichtigen (§ 10 Absatz 3 Satz 1 1. Alternative EUAHiG), vorbehaltlich der gegebenenfalls erforderlichen Zustimmung des ausländischen Steuerpflichtigen,
- das Recht zur Prüfung von Aufzeichnungen des vom anderen EU-Mitgliedstaat geprüften Steuerpflichtigen (§ 10 Absatz 3 Satz 1 2. Alternative EUAHiG), vorbehaltlich der gegebenenfalls erforderlichen Zustimmung des ausländischen Steuerpflichtigen.

Wurde der zu prüfende Steuerpflichtige im Hinblick auf den beabsichtigten Informationsaustausch bereits im Zusammenhang mit koordinierten Außenprüfungen gehört, so bedarf es regelmäßig keiner erneuten Anhörung, wenn im Zuge der Außenprüfung Informationen ausgetauscht oder offenbart werden sollen.

Für die Anhörung ist das die Außenprüfung durchführende deutsche Finanzamt und in den Fällen des § 19 Absatz 3 FVG das BZSt zuständig. Diese informieren das zentrale Verbindungsbüro über das Ergebnis der Anhörung bzw. das Unterlassen einer Anhörung.

Die Anhörung kann mündlich oder schriftlich erfolgen (mit Vordruck, siehe Anlage)[4]. Die Anhörung kann mit der Prüfungsanordnung verbunden werden und ebenso mit der Aufforderung zur Zustimmung nach § 10 Absatz 3 EUAHiG. Bei mündlicher Anhörung sind die Anhörung und die Stellungnahme des Beteiligten aktenkundig zu machen. Die Anhörungsfrist soll im Regelfall vier Wochen betragen, wenn nicht im Einzelfall eine längere Frist geboten erscheint.

3.3 Einwendungen des Steuerpflichtigen

Einwendungen gegen den beabsichtigten Informationsaustausch und die Anwesenheit ausländischer Bediensteter während der inländischen Ermittlungen sind gegenüber dem für die Außenprüfung zuständigen deutschen Finanzamt und in den Fällen des § 19 Absatz 3 FVG gegenüber dem BZSt geltend zu machen.

---

[4] Hier nicht abgedruckt.

Das zuständige Finanzamt leitet die Einwendungen auf dem Dienstweg an das zentrale Verbindungsbüro weiter und fügt alle für die Entscheidung sachdienlichen Unterlagen bei. In diesem Zusammenhang kann das Finanzamt zu den Einwendungen des Steuerpflichtigen auch eine Stellungnahme abgeben. Das zentrale Verbindungsbüro entscheidet über die Einwendungen des Steuerpflichtigen und unterrichtet den Steuerpflichtigen und das für die Prüfung zuständige Finanzamt über diese Entscheidung.

Hält das zentrale Verbindungsbüro die Einwendungen des Steuerpflichtigen für begründet, so wird die koordinierte Außenprüfung nicht durchgeführt. Mit der nationalen Außenprüfung kann ungeachtet der Einwendungen gegen den Informationsaustausch und die Anwesenheit ausländischer Bediensteter begonnen werden.

Werden die Einwendungen für unbegründet gehalten, so erfolgt die Unterrichtung des Steuerpflichtigen rechtzeitig vor der Informationsweitergabe in das Ausland (siehe Tz. 3.2.1 Merkblatt zur zwischenstaatlichen Amtshilfe durch Informationsaustausch in Steuersachen).

3.4 Zustimmung des Steuerpflichtigen nach § 10 Absatz 3 EUAHiG

Sind Bedienstete anderer EU-Mitgliedstaaten während der gemeinsamen steuerlichen Außenprüfungen im Inland zugegen, so dürfen sie im Beisein inländischer Bediensteter Personen befragen sowie Dokumente prüfen. Voraussetzung hierfür ist, dass die zentralen Verbindungsbüros dies vereinbaren und die Personen der Befragung und Dokumentenprüfung zustimmen. Verweigert eine Person die Mitwirkung, gilt diese Verweigerung wie eine Verweigerung gegenüber inländischen Bediensteten (§ 10 Absatz 3 Satz 3 EUAHiG). Die Zustimmung ist von dem für die Außenprüfung zuständigen deutschen Finanzamt einzuholen. Dies soll in Verbindung mit der Anhörung erfolgen.

Die Anforderung der Zustimmung kann schriftlich oder mündlich erfolgen. Zwecks beweissicherer Dokumentation sollte um Zustimmung in schriftlicher Form gebeten werden. Wird die Zustimmung mündlich erteilt, ist dies zur Niederschrift aufzunehmen. Das Finanzamt informiert das zentrale Verbindungsbüro zeitnah sowohl über die Anforderung der Zustimmung als auch über die erteilte oder abgelehnte Zustimmung.

Dies gilt insbesondere auch dann, wenn eine zuvor gegebene Zustimmung – auch partiell – im Prüfungsverlauf widerrufen wird. Das zentrale Verbindungsbüro weist das zentrale Verbindungsbüro des anderen EU-Mitgliedstaates auf die verweigerte oder widerrufene Zustimmung hin. Widerruft der Steuerpflichtige seine Zustimmung nach § 10 Absatz 3 EUAHiG, bleiben die bis zu diesem Zeitpunkt erlangten Erkenntnisse dennoch uneingeschränkt verwertbar.

Verweigert der Steuerpflichtige seine Zustimmung zur Befragung und zur Dokumenteneinsichtnahme durch ausländische Bedienstete, stehen den ausländischen Bediensteten insoweit keine eigenständigen und unmittelbaren Frage- und Prüfungsrechte zu (§ 10 Absatz 3 EUAHiG). Dies beschränkt jedoch nicht die Möglichkeiten der Anwesenheit im Sinne des § 10 Absatz 1 EUAHiG. Ausländische Bedienstete dürfen daher weiterhin in den Amtsräumen und während der behördlichen Ermittlungen zugegen sein, wenn die zentralen Verbindungsbüros der beteiligten Staaten dies vereinbaren. Im Verhältnis zum Steuerpflichtigen hat der ausländische Bedienstete bei fehlender Zustimmung die Stellung eines passiven Beobachters. Gleichwohl können weiterhin die Informationen und Unterlagen eingefordert werden, die im Rahmen des Informationsaustauschs nach § 4 EUAHiG übermittelt werden dürfen (vgl. § 10 Absatz 2 EUAHiG).

3.5 Initiierung einer koordinierten Außenprüfung durch die deutsche Steuerverwaltung

Die landesinternen Zuständigkeitsregelungen für etwaige Vorschläge für eine koordinierte Außenprüfung sind zu beachten. Die inländischen Vorschläge sind an das zentrale Verbindungsbüro auf dem Dienstweg zu senden. Dazu kann der Vordruck „Auskunftsersuchen zur Zusammenarbeit der Verwaltungen im Bereich der direkten Steuern" genutzt werden[5].

Das Übersendungsschreiben soll auch eine Aussage über die Anhörung des Steuerpflichtigen entsprechend Anlage 3 des Merkblatts zur zwischenstaatlichen Amtshilfe durch Informationsaustausch in Steuersachen enthalten.

Der Vorschlag über die beabsichtigte Durchführung einer koordinierten Außenprüfung muss die folgenden Punkte enthalten:

- genaue Bezeichnung des/der im Ausland betroffenen Steuerpflichtigen,
- Nennung des ausländischen Staates/der ausländischen Staaten, mit dem/denen die koordinierte Außenprüfung durchgeführt werden soll,
- möglichst konkrete Benennung der Themenschwerpunkte, um die ausländischen Steuerbehörden in die Lage zu versetzen, der erbetenen koordinierten Außenprüfung zuzustimmen,
- eigene Einschätzung, warum sich eine koordinierte Außenprüfung besonders dazu eignet, die Aufklärung der Sachverhalte und deren steuerliche Würdigung vorzunehmen,
- Benennung der für die Prüfung in Frage kommenden Kalenderjahre/Wirtschaftsjahre.

Das zentrale Verbindungsbüro prüft die rechtliche Zulässigkeit des Vorschlags für eine gleichzeitige oder gemeinsame Außenprüfung und leitet ihn der zuständigen Behörde des/der betroffenen Staats/Staaten bzw. EU-Mitgliedstaates/Mitgliedstaaten mit der Bitte um Beteiligung an der koordinierten Außenprüfung zu. Das zentrale Verbindungsbüro setzt erforderlichenfalls einen Prüfungskoordinator ein, der die weiteren Abstimmungen mit den in- und ausländischen Behörden vornimmt. Der Prüfungskoordinator übernimmt dann für den Einzelfall die Aufgaben des zentralen Verbindungsbüros (siehe Tz. 3.6).

Stimmt die zuständige Behörde des anderen Staates bzw. EU-Mitgliedstaates der Teilnahme an der Prüfung zu, überträgt das zentrale Verbindungsbüro auf dem Dienstweg die Zuständigkeit für den Informationsaustausch auf die von der zuständigen Landesfinanzbehörde benannten Außenprüfer und den gegebenenfalls beteiligten Bundesbetriebsprüfer.

Gemeinsame steuerliche Außenprüfungen eignen sich zur Klärung sämtlicher Sachverhalte mit grenzüberschreitendem Bezug, insbesondere aber für Verrechnungspreisfragen, Betriebsstättenfragen, Ermittlung grenzüberschreitender Steuergestaltungs- und Steuervermeidungsmodelle und zur Ermittlung komplexer Unternehmensumstrukturierungen.

3.6 Initiierung einer koordinierten Außenprüfung durch ausländische Finanzbehörden

Das zentrale Verbindungsbüro prüft den ausländischen Vorschlag für koordinierte Außenprüfungen und setzt erforderlichenfalls einen Prüfungskoordinator ein, der die weiteren Abstimmungen mit den zuständigen Landesbehörden und dem BZSt (Bundesbetriebsprüfung) vor-

[5] Auf elektronischem Wege an das zentrale Verbindungsbüro mit folgenden Kontaktdaten zuzuleiten: BZSt, Zentrales Verbindungsbüro, Referat St I 7, 53221 Bonn, Telefon: +49(0)228/406-2880, Fax: +49(0)228/406-3119, E-Mail: de.sia@bzst.bund.de.

nimmt. Der Prüfungskoordinator übernimmt dann für den Einzelfall die Aufgaben des zentralen Verbindungsbüros.

Die zuständige Finanzbehörde des Landes übermittelt dem zentralen Verbindungsbüro auf dem Dienstweg die Zustimmung oder die begründete Ablehnung zur Weiterleitung an die ausländische Finanzbehörde (§ 12 Absatz 3 EUAHiG). Stimmt die zuständige Finanzbehörde der Teilnahme an der Prüfung zu, überträgt das zentrale Verbindungsbüro die Zuständigkeit für den Informationsaustausch auf die vom zuständigen Finanzamt benannten Außenprüfer und die gegebenenfalls beteiligten Bundesbetriebsprüfer. Entsprechendes gilt in Drittstaatenfällen.

3.7 Auswahlsitzungen

Wollen zwei oder mehrere EU-Mitgliedstaaten Informationen mit dem Ziel austauschen, Unternehmen für koordinierte Außenprüfungen auszuwählen, kann ein Treffen zu einer Auswahlsitzung stattfinden (§ 12 Absatz 1 Satz 2 EUAHiG). In dieser soll unter Teilnahme der Vertreter der anderen EU-Mitgliedstaaten, der zuständigen inländischen Bediensteten sowie des zentralen Verbindungsbüros geklärt werden, ob koordinierte Außenprüfungen rechtlich zulässig und praktisch mit angemessenem Aufwand durchführbar sind. Entsprechendes gilt in Drittstaatenfällen.

Die Initiierung einer Auswahlsitzung erfolgt durch formlose Mitteilung an das zentrale Verbindungsbüro.

Bereits im Vorfeld, während der Vorbereitung koordinierter Außenprüfungen und insbesondere während der Auswahlsitzungen werden Informationen, die voraussichtlich steuerlich erheblich sind, ausgetauscht (§§ 4 bzw. 6 EUAHiG in Verbindung mit § 117 Absatz 4 AO). Die Bediensteten dürfen Informationen in den Auswahlsitzungen nur austauschen, sofern ihnen die Zuständigkeit für den Informationsaustausch durch das zentrale Verbindungsbüro oder den Prüfungskoordinator bereits übertragen wurde.

Grundsätzlich ist der vom Datenaustausch betroffene Beteiligte rechtzeitig über den Datenaustausch zu unterrichten und vorher anzuhören (§ 117 Absatz 4 Satz 3 AO). Von der vorherigen Anhörung kann im Ausnahmefall abgesehen werden, wenn der Informationsaustausch nach dem EUAHiG stattfindet oder die Anhörung nach den Umständen des Einzelfalles nicht geboten ist (§ 91 Absatz 2 und 3 AO) und der Verzicht auf die Anhörung nach einer pflichtgemäßen Ermessensausübung gemäß § 91 AO erfolgt (siehe Tz. 3.1.2 Merkblatt zur zwischenstaatlichen Amtshilfe durch Informationsaustausch in Steuersachen).

Zudem kann von der vorherigen Anhörung bis zur Bekanntgabe der Prüfungsanordnung abgesehen werden, wenn durch die vorherige Anhörung der Prüfungserfolg gefährdet würde (§ 12 Absatz 5 EUAHiG).

Erzielen die beteiligten EU-Mitgliedstaaten eine Einigung über die Durchführung einer koordinierten Außenprüfung, so kann die Sitzung auch als Auftaktsitzung (Tz. 3.8) fortgeführt werden, sofern die Anhörung des Steuerpflichtigen die koordinierte Außenprüfung bereits mit erfasst hat.

3.8 Auftaktsitzung zur koordinierten Außenprüfung

Im Rahmen der Auftaktsitzung soll Einvernehmen über die Ziele und den Rahmen der koordinierten Außenprüfung zwischen den beteiligten Steuerverwaltungen hergestellt werden. Ziel der koordinierten Außenprüfung ist die gemeinsame einvernehmliche Feststellung des Sachverhalts. Weiteres Ziel einer gemeinsamen steuerlichen Außenprüfung kann eine rechtlich verbindliche Verständigung über die ertragsteuerliche Beurteilung des einvernehmlich festgestellten Sachverhalts im Wege eines Verständigungsverfahrens sein (siehe Tz. 1. 1).

Die Auftaktsitzung dient der Vorstellung des Prüfungsfalles. Die beteiligten Außenprüfer sollen sich über die Prüfungsschwerpunkte austauschen, die Prüfungsgesamtplanung diskutieren und entwickeln sowie Festlegungen treffen, wie die Zusammenarbeit gestaltet werden soll. Bereits im Vorfeld der Auftaktsitzung sollten möglichst viele Informationen über die zu prüfenden Steuerpflichtigen und zum Sachverhalt gesammelt werden, der Gegenstand der koordinierten Außenprüfungen sein soll.

Das Protokoll der Auftaktsitzung sollte mindestens folgende Punkte vorsehen:

- Namen der beteiligten Steuerpflichtigen,
- Zielsetzung der koordinierten Außenprüfung,
- Darstellung der zu klärenden Sachverhalte und Prüfungsfelder,
- zu prüfende Steuerart(en),
- Prüfungszeitraum (Klärung der formellen und materiellen Änderbarkeit der Steuerfestsetzung, insbesondere unter Beachtung einseitig gegebener Zusagen eines beteiligten Staates („Rulings"),
- Festlegung der Arbeitssprache,
- Zeitplan und Art der geplanten Prüfungstätigkeiten (Anwesenheit des Prüferteams beim Steuerpflichtigen u. a.),
- Kontaktinformationen der zuständigen Bediensteten.

3.9 Kommunikation und Sprache

Amtssprache für das deutsche Besteuerungsverfahren ist unverändert Deutsch. Als Arbeitssprache können im Einvernehmen mit allen Beteiligten auch Fremdsprachen bestimmt werden.

Die inländischen Bediensteten, denen die Eigenschaft der für den Informationsaustausch zuständigen Behörde übertragen wurde, erteilen den ausländischen Außenprüfern alle Auskünfte, die für die Festsetzung der Steuern im anderen EU-Mitgliedstaat/Staat voraussichtlich erheblich sind. Die inländischen Bediensteten sind nach erfolgter Zuständigkeitsübertragung zum mündlichen Austausch und zum Austausch von Dokumenten und sonstigen Gegenständen an Ort und Stelle befugt. Dies gilt auch für den Austausch von Informationen auf dem Postweg. Für die Akten und zur Information des zentralen Verbindungsbüros sind alle Vorgänge in geeigneter Weise zu dokumentieren.

Sofern eine digitale Kommunikation notwendig wird, sind alle Datenübermittlungen, welche die Belange des § 30 AO berühren können, ausschließlich über das CCN-Netzwerk[6]) oder eine vergleichbar sichere Leitung zu veranlassen.

3.10 Protokoll über die Ergebnisse der gemeinsamen steuerlichen Außenprüfung

Die an der gemeinsamen steuerlichen Außenprüfung beteiligten inländischen und ausländischen Bediensteten sollen ein abgestimmtes Ergebnisprotokoll über die gemeinsame Außenprüfung fertigen. In diesem Ergebnisprotokoll sollen insbesondere der festgestellte Sachverhalt und die jeweils nationalen rechtlichen Würdigungen dargestellt werden. Das Ergebnisprotokoll soll außerdem die jeweilige Würdigung des Sachverhalts im Hinblick auf das jeweils anwendbare DBA enthalten.

Prüfungsfeststellungen, die nicht Gegenstand der gemeinsamen Prüfungen waren, sind nicht in das gemeinsame Ergebnisprotokoll, sondern nur in den nationalen Prüfungsbericht aufzunehmen.

4. Rechtliche Grundlagen und Verfahrensablauf für das Verständigungsverfahren bzw. Vorabverständigungsverfahren

Von den Verständigungs- und Vorabverständigungsverfahren sind gemeinsame steuerliche Außenprüfungen (Tz. 2.2) abzugrenzen. Die Ausübung der Funktion der zuständigen Behörde für Verständigungs- und Vorabverständigungsverfahren wird **nicht** auf die an der Prüfung beteiligten inländischen Außenprüfer delegiert.

Die Rechtsgrundlagen für Verständigungsverfahren sind die Verständigungsklauseln des jeweiligen DBA (entsprechend Artikel 25 Absatz 1 des OECD-Musterabkommens für DBA) oder Artikel 6 der EU-Schiedskonvention. Diese enthalten Bestimmungen, nach denen die zuständige Behörde in Deutschland mit den zuständigen Behörden anderer Staaten eine Einigung über Einzelfälle herbeiführen kann, um einen Besteuerungskonflikt oder eine abkommenswidrige Besteuerung zu beseitigen.

Die Einzelheiten über den Ablauf eines Verständigungsverfahrens ergeben sich aus dem Merkblatt zum internationalen Verständigungs- und Schiedsverfahren auf dem Gebiet der Steuern vom Einkommen und vom Vermögen.

Enthält ein DBA eine Klausel über das Verständigungsverfahren entsprechend Artikel 25 Absatz 1 des OECD-Musterabkommens für DBA, kann auf dieser Grundlage auf Antrag des Steuerpflichtigen auch eine Vorabverständigungsvereinbarung mit dem anderen Staat abgeschlossen werden. Die Einzelheiten zum Vorabverständigungsverfahren sind im Merkblatt für „Advance Pricing Agreements – APAs".

5. Möglicher Zusammenhang von Verständigungsverfahren bzw. Vorabverständigungsverfahren und gemeinsamen steuerlichen Außenprüfungen

Steuerpflichtige können neben oder nach gemeinsamen steuerlichen Außenprüfungen (Tz. 2.2) ein auf den Prüfungszeitraum bezogenes Verständigungsverfahren beantragen, so-

---

[6] Die gemeinsame Plattform auf der Grundlage des Gemeinsamen Kommunikationsnetzes (common communication network – CCN), die von der Union für jegliche elektronische Datenübertragung zwischen den zuständigen Behörden im Bereich Zoll und Steuern entwickelt wurde (Artikel 3 Nummer 13 EU-Amtshilferichtlinie).

weit das nach einschlägigen Rechtsgrundlagen möglich ist. Ein entsprechender Antrag kommt insbesondere in Betracht, wenn

1. sich im Verlauf der gemeinsamen Außenprüfung konkrete Anhaltspunkte dafür ergeben, dass eine aus der Sicht des Steuerpflichtigen abkommenswidrige Besteuerung droht,
2. die aus Sicht des gemeinsamen Ergebnisprotokolls zutreffende Besteuerung aus Sicht des Steuerpflichtigen eine abkommenswidrige Besteuerung darstellt,
3. die aus Sicht des gemeinsamen Ergebnisprotokolls zutreffende Besteuerung aus Sicht des Steuerpflichtigen dem DBA entspricht, eine der beteiligten Verwaltungen dies aber nicht in Steuerbescheiden umsetzt,
4. es in den gemeinsamen steuerlichen Außenprüfungen schon nicht gelingt, den Sachverhalt einvernehmlich festzustellen, oder
5. in den gemeinsamen steuerlichen Außenprüfungen keine gemeinsame Sichtweise der beteiligten Prüfer erreicht wird, welche Besteuerung dem DBA entspricht.

Die allgemeinen Regeln für Verständigungs- und Schiedsverfahren sind zu beachten. Darüber hinaus können gemeinsame steuerliche Außenprüfungen auch die Grundlage für ein Vorabverständigungsverfahren sein. Die Einleitung eines Vorabverständigungsverfahrens kann vom Steuerpflichtigen neben oder nach gemeinsamen steuerlichen Außenprüfungen beantragt werden. In diesem Fall ist das Merkblatt für „Advance Pricing Agreements – APAs" zu beachten. Hinsichtlich der für das Vorabverständigungsverfahren noch zusätzlich vorzulegenden Unterlagen (vgl. Tz. 3.5 des Merkblatts für „Advance Pricing Agreements – APAs") werden die Anforderungen aber im Regelfall gering sein, wenn für den Prüfungszeitraum der gemeinsamen steuerlichen Außenprüfungen

- der Sachverhalt bereits hinreichend aufgeklärt ist,
- die Angemessenheit der Verrechnungspreise bereits hinreichend dokumentiert ist und
- für den von der beantragten Vorabverständigung umfassten Zeitraum keine wesentliche Änderung zu erwarten ist.

Über die schon im Rahmen der gemeinsamen steuerlichen Außenprüfungen geklärten Umstände hinaus werden für eine Vorabverständigung aber im Regelfall noch zusätzlich die Vereinbarung über die Gültigkeitsbedingungen (Tz. 3.7 des Merkblatts für „Advance Pricing Agreements – APAs"), über die Laufzeit (Tz. 3.8 des Merkblatts für „Advance Pricing Agreements – APAs") und über die Berichtspflichten (Tz. 6.1 des Merkblatts für „Advance Pricing Agreements – APAs") erforderlich sein. Auch für Vorabverständigungsverfahren nach einer gemeinsamen steuerlichen Außenprüfung gelten die in § 178a AO vorgesehenen Gebührenregelungen.

Wird nach einer gemeinsamen steuerlichen Außenprüfung ein Antrag auf Durchführung eines Verständigungsverfahrens oder eines Vorabverständigungsverfahrens gestellt, leitet das zentrale Verbindungsbüro das gemeinsame Ergebnisprotokoll über die gemeinsame steuerliche Außenprüfung den für Verständigungs- und Vorabverständigungsverfahren zuständigen Referaten im BZSt zu.

BMF v. 11.7.2017 - IV B 5 - S 1300/16/10010: 002, BStBl 2017 I S. 974

Anforderungen an den länderbezogenen Bericht multinationaler Unternehmensgruppen (Country-by-Country Report)

Nach dem Ergebnis der Erörterung mit den obersten Finanzbehörden der Länder gilt für die Erstellung und Abgabe von länderbezogenen Berichten im Sinne des § 138a der Abgabenordnung Folgendes:

Durch das Gesetz zur Umsetzung der Änderungen der EU-Amtshilferichtlinie und von weiteren Maßnahmen gegen Gewinnkürzungen und -verlagerungen vom 20.12.2016 (BGBl. 2016 I S. 3000) wurde unter anderem die Verpflichtung multinational tätiger Unternehmensgruppen zur Erstellung und Abgabe von länderbezogenen Berichten in einem neu eingefügten § 138a der Abgabenordnung (AO) geregelt. Soweit die dort genannten Voraussetzungen vorliegen, ist der länderbezogene Bericht erstmals für Wirtschaftsjahre, die nach dem 31. Dezember 2015 beginnen, zu übermitteln. Eine Übermittlung an das BZSt hat in der von der OECD vorgegebenen XML-Dokumentenversion zu erfolgen. Technische Details ergeben sich aus dem auf der OECD-Internetseite unter „Tax" veröffentlichten „User Guide", derzeit zu finden unter: http://www.oecd.org/tax/country-by-country-reporting-xml-schema-user-guide-for-tax-administrations-and-taxpayers.htm.

Unter Beachtung der internationalen Vereinbarungen und der entsprechenden Umsetzung in § 138a AO sind die in der Anlage aufgeführten Angaben im Rahmen der länderbezogenen Berichte zu machen. Dieses ergibt sich aus dem BEPS-Bericht „Verrechnungspreisdokumentation und länderbezogene Berichterstattung – Aktionspunkt 13" sowie der Richtlinie (EU) 2016/881 des Rates vom 25. Mai 2016 (ABl. L 146/8 vom 3.6.2016) zur Änderung der Richtlinie 2011/16/EU bezüglich der Verpflichtung zum automatischen Austausch von Informationen im Bereich der Besteuerung.

Der länderbezogene Bericht ist nach einem amtlich vorgeschriebenen Datenformat (XML-Format) zu erstellen und dem BZSt durch Datenfernübertragung zu übermitteln. Das XML-Format entspricht nicht den in der Anlage aufgeführten Tabellen. Diese dienen lediglich der Veranschaulichung. Der länderbezogene Bericht kann insgesamt in englischer Sprache übermittelt werden. Die in Tabelle 3 enthaltenen Informationen oder Erläuterungen sind gemäß Artikel 2b der Durchführungsverordnung (EU) 2015/2378 (eingefügt durch die Durchführungsverordnung (EU) 2016/1963 vom 9. November 2016 (ABl. EU L 303/4)) verpflichtend in englischer Sprache zu übermitteln.

Informationen zur Übermittlung des länderbezogenen Berichts, zu Rechtsgrundlagen und über aktuelle internationale Entwicklungen, insbesondere auch im Hinblick auf ein international einheitliches Begriffsverständnis der geforderten Angaben, ergeben sich aus den vorgesehenen Veröffentlichungen des BZSt auf der Internetseite (Rubrik „CbCR"): http://www.bzst.de/DE/Steuern_International/CbCR/cbcr_node.html.

Dieses Schreiben wird im Bundessteuerblatt I veröffentlicht.

Anlage

Tabelle 1 Übersicht über die Aufteilung der Einkünfte, Steuern und Geschäftstätigkeiten nach Steuerhoheitsgebieten

Tabelle 1 sieht im Einzelnen entsprechend § 138a Absatz 2 Nummer 1 AO – jeweils gegliedert nach Steuerhoheitsgebiet – Angaben vor zu:

- den Umsatzerlösen und sonstigen Erträgen aus Geschäftsvorfällen mit nahestehenden und fremden Unternehmen sowie die Summe hieraus,
- den im Wirtschaftsjahr gezahlten Ertragsteuern,
- den im Wirtschaftsjahr für dieses Wirtschaftsjahr gezahlten und zurückgestellten Ertragsteuern,
- dem Jahresergebnis vor Ertragsteuern,
- dem Eigenkapital,
- dem einbehaltenen Gewinn,
- der Zahl der Beschäftigten und
- den materiellen Vermögenswerten.

Name des multinationalen Konzerns:
Betrachtetes Wirtschaftsjahr:
Währung der angegebenen Beträge:

Steuerhoheitsgebiet	Umsatzerlöse und sonstige Erträge			Jahresergebnis vor Ertragsteuern	Im Wirtschaftsjahr gezahlte Ertragsteuern	Die im Wirtschaftsjahr für dieses Wirtschaftsjahr gezahlten und zurückgestellten Ertragsteuern	Eigenkapital	Einbehaltener Gewinn	Zahl der Beschäftigten	Materielle Vermögenswerte
	Fremde Unternehmen	Nahestehende Unternehmen	Summe							

BMF-Schr.

Tabelle 2 Auflistung aller Unternehmen und Betriebsstätten des Konzerns nach Steuerhoheitsgebieten unter Angabe deren wichtigster Geschäftstätigkeiten

Die nachfolgend abgedruckte **Tabelle 2** beinhaltet entsprechend § 138a Absatz 2 Nummer 2 AO eine nach Steuerhoheitsgebieten gegliederte Auflistung aller Unternehmen und Betriebsstätten, zu denen Angaben in der Übersicht nach § 138a Absatz 2 Nummer 1 AO erfasst sind, jeweils unter Angabe deren wichtigster Geschäftstätigkeiten.

Name des multinationalen Konzerns: Betrachtetes Wirtschaftsjahr:														
Steuerhoheitsgebiet	Im Steuerhoheitsgebiet ansässige Unternehmen und Betriebsstätten des Konzerns	Wichtigste Geschäftstätigkeit(en)												
		Forschung und	Besitz oder Verwaltung von	Einkauf oder Beschaffung	Verarbeitung oder Produktion	Verkauf, Marketing oder Ver-	Verwaltungs-, Management- oder Support-	Erbringung von Dienstleistungen für unverbunde-	Konzerninterne Finanzierung	Regulierte Finanzdienstleistungen	Versicherungen	Besitz von Aktien oder anderen Wertpapieren mit Beteili-	Ruhende Tätigkeit	Sonstige (Bitte geben Sie die

Tabelle 3 Zusätzliche Informationen

In **Tabelle 3** können gemäß § 138a Absatz 2 Nummer 3 AO zusätzliche Informationen aufgenommen werden, die nach Ansicht der inländischen Konzernobergesellschaft zum Verständnis der Übersicht nach § 138a Absatz 2 Nummer 1 AO und der Auflistung nach § 138a Absatz 2 Nummer 2 AO erforderlich sind.

Name des multinationalen Konzerns: Betrachtetes Wirtschaftsjahr:
Bitte geben Sie hier kurz alle weiteren Angaben oder Erläuterungen an, die Sie für notwendig erachten oder die das Verständnis der vorgeschriebenen Informationen im länderbezogenen Bericht erleichtern können.

BMF v. 17.8.2017 - IV B 6 - S 1320/16/10002:014, BStBl 2017 I S. 1228

Merkblatt zum verpflichtenden automatischen und spontanen Austausch verbindlicher Auskünfte, verbindlicher Zusagen und Vorabzusagen zu Verrechnungspreisen im Zusammenhang mit grenzüberschreitenden Sachverhalten

Unter Bezugnahme auf das Ergebnis der Erörterungen mit den Vertretern der obersten Finanzbehörden der Länder gelten für den verpflichtenden automatischen Informationsaustausch nach der Richtlinie 2015/2376/EU des Rates vom 8. Dezember 2015 zur Änderung der Richtlinie 2011/16/EU bezüglich der Verpflichtung zum automatischen Austausch von Informationen im Bereich der Besteuerung und zum verpflichtenden spontanen Informationsaustausch entsprechend den Vereinbarungen zu Aktionspunkt 5 des Projektes „Base Erosion and Profit Shifting" (Gewinnverkürzung und Gewinnverlagerung) mit OECD- und G20-Staaten sowie IF-Staaten (BEPS-Projekt) nachfolgende Grundsätze:

Inhalt

Anlagen[1]

1. Formular für den spontanen Informationsaustausch zu „Rulings" nach BEPS Aktionspunkt 5
2. OECD Publikation: „Wirksamere Bekämpfung schädlicher Steuerpraktiken unter Berücksichtigung von Transparenz und Substanz, Aktionspunkt 5 – Abschlussbericht 2015"
3. Liste der OECD-, IF- und G20-Staaten
4. Liste ausgewählter rechtlicher Grundlagen für den spontanen Informationsaustausch im Verhältnis zu den OECD-, IF- und G20-Staaten
5. Vorläufige Verfahrensbeschreibung

BMF-Schr.

[1] Hier nicht abgedruckt.

A. Einführung

1 Der Rat der Europäischen Union hat mit der Richtlinie 2015/2376/EU vom 8. Dezember 2015 (ABl. L 332 vom 18. Dezember 2015 , S. 1) eine Ergänzung der Richtlinie 2011/16/EU (EU-Amtshilferichtlinie) beschlossen, die den automatischen Austausch von Informationen über grenzüberschreitende steuerliche Vorbescheide und Vorabverständigungen über Verrechnungspreise zwischen international verbundenen Unternehmen (sogenannte „Tax Rulings") zum 1. Januar 2017 betrifft. Das EU-Amtshilfegesetz (EUAHiG) ist dazu mit dem Gesetz zur Umsetzung der Änderungen der EU-Amtshilferichtlinie und von weiteren Maßnahmen gegen Gewinnkürzungen und -verlagerungen vom 20. Dezember 2016 (BGBl 2016 I S. 3000)[2] geändert worden.

2 Darüber hinaus hat die Organisation für wirtschaftliche Zusammenarbeit und Entwicklung (OECD) in enger Kooperation mit den G20-Staaten in 2015 im Rahmen des BEPS-Projekts Berichte zu insgesamt 15 Aktionspunkten veröffentlicht. Einzelheiten dazu sind auf der Homepage des Bundesministeriums der Finanzen (BMF) abrufbar: http://www.bundesfinanzministerium.de/Content/DE/FAQ/2017-06-02-faq-beps.html.

3 BEPS Aktionspunkt 5 (siehe Anlage 2[3], insbesondere Kapitel 5) widmet sich dem Thema Transparenz im Steuerrecht und sieht unter anderem einen verpflichtenden spontanen Austausch von Informationen zu bestimmten grenzüberschreitenden Steuervorbescheiden und zu Vorabzusagen über Verrechnungspreise vor (sogenannte „Tax Rulings", näheres unter C. Sachlicher Anwendungsbereich). Mit seiner Einwilligung zu dem Abschlussbericht zu BEPS Aktionspunkt 5 hat Deutschland gleichzeitig bekräftigt, die darin enthaltenen Empfehlungen im Rahmen seiner bestehenden zwischenstaatlichen Verpflichtungen innerstaatlich umzusetzen.

4 Dem verpflichtenden spontanen Informationsaustausch im Sinne des BEPS Aktionspunktes 5 sind in der Folgezeit die Mitgliedstaaten des „Inclusive Framework on BEPS", die nicht zugleich OECD- oder G20-Staaten sind (IF-Staaten; vgl. Anlage 3[4]), beigetreten.

5 Die international als „grenzüberschreitende Tax Rulings" bekannten Maßnahmen werden im Folgenden als „steuerliche Vorbescheide" bezeichnet.

B. Rechtsgrundlagen

1. Rechtsgrundlage im Verhältnis zu EU-Mitgliedstaaten

6 Mit Mitgliedstaaten der Europäischen Union (EU-Mitgliedstaaten) sind für den Informationsaustausch über „steuerliche Vorbescheide" die Regelungen des EUAHiG anzuwenden, die die Vorgaben der EU-Amtshilferichtlinie 2011/16/EU des Rates vom 15. Februar 2011[5] in deutsches Recht umsetzen.

7 Das EUAHiG sieht vor, dass zwischen den EU-Mitgliedstaaten Informationen zu grenzüberschreitenden Vorbescheiden sowie Vorabverständigungen über die Verrechnungsprei-

---

[2] BStBl 2017 I S. 5.

[3] Hier nicht abgedruckt.

[4] Hier nicht abgedruckt.

[5] EU-Amtshilferichtlinie 2011/16/EU des Rates vom 15. Februar 2011 (ABl. EU L 64/1), zuletzt geändert durch die Richtlinie 2016/2258/EU des Rates vom 6. Dezember 2016 (ABl. EU L 342/1).

se zwischen international verbundenen Unternehmen **automatisch** ausgetauscht werden. „Steuerliche Vorbescheide" im Sinne des BEPS Aktionspunktes 5 sind hiervon bereits abgedeckt. Bei Unternehmen natürlicher Personen sind im Verhältnis zu den betroffenen EU-Mitgliedstaaten von BEPS Aktionspunkt 5 erfasste „steuerliche Vorbescheide" nach den Vorgaben von § 8 EUAHiG **spontan** auszutauschen, soweit der „steuerliche Vorbescheid" ausschließlich die Steuerangelegenheiten von natürlichen Personen betrifft (vgl. D. 1.).

8 Bei der praktischen Durchführung sind insbesondere die Regelungen der §§ 5 und 21 des Finanzverwaltungsgesetzes zu beachten.

2. Rechtsgrundlage im Verhältnis zu übrigen OECD-, IF- und G20-Staaten

9 Mit den OECD-, IF- und G20-Staaten, die nicht gleichzeitig EU-Mitgliedstaaten sind (übrige OECD-, IF- und G20-Staaten), sind die von BEPS Aktionspunkt 5 erfassten „steuerlichen Vorbescheide" nach Maßgabe der im Verhältnis der beteiligten Staaten jeweils geltenden Regelungen **spontan** auszutauschen. Zu diesen Regelungen zählen vor allem die Doppelbesteuerungsabkommen (DBA) sowie das Gesetz zu dem Übereinkommen über die gegenseitige Amtshilfe in Steuersachen vom 16. Juli 2015, mit dem das Übereinkommen vom 25. Januar 1988 und das Protokoll zur Änderung des Übereinkommens über die gegenseitige Amtshilfe in Steuersachen vom 27. Mai 2010 in nationales Recht umgesetzt worden sind[6]. Im Einzelnen wird auf die als Anlage 4[7] beigefügte Liste zu den derzeit geltenden Rechtsgrundlagen verwiesen.

3. Verhältnis der Rechtsgrundlagen zueinander

10 Im Verhältnis zu EU-Mitgliedstaaten erfolgt jeglicher Informationsaustausch bezüglich „steuerlicher Vorbescheide" ausschließlich auf Basis des EUAHiG. Eine zusätzliche Meldung im Verhältnis zu den betroffenen EU-Mitgliedstaaten nach Maßgabe der vorstehend in Nummer 2 erläuterten Regelungen ist nicht vorgesehen. Innerhalb der EU hat die Anwendung des EUAHiG insoweit Vorrang.

11 Neben dem verpflichtenden automatischen Austausch auf Basis des EUAHiG sind „steuerliche Vorbescheide" im Verhältnis zu den übrigen OECD-, IF- und G20-Staaten nach Maßgabe der für diese Staaten geltenden Regelungen spontan auszutauschen, wenn ein grenzüberschreitender Bezug zu diesen Staaten besteht (vgl. F. 2.).

12 **Beispiel:**

Ein französisches Unternehmen (französische SARL) plant, seine Geschäftstätigkeiten auf dem deutschen Markt auszuweiten, und beantragt diesbezüglich die Erteilung einer verbindlichen Auskunft, die sich auf Fragen der Betriebsstättengründung bezieht. Der Sitz der obersten Muttergesellschaft der französischen SARL (Konzernspitze) ist in Luxemburg.

Lösung: Die erteilte verbindliche Auskunft unterfällt den Regelungen des EUAHiG zum automatischen Austausch. Es gelten die Ausführungen dieses BMF-Schreibens über den automatischen Austausch im Verhältnis zu EU-Mitgliedstaaten. Ein spontaner Austausch auf Basis des BEPS Aktionspunktes 5 hat nicht zusätzlich zu erfolgen.

[6] BGBl 2015 II S. 966.

[7] Hier nicht abgedruckt.

13 **Abwandlung:**

Der Sitz der obersten Muttergesellschaft der französischen SARL (Konzernspitze) ist in der Schweiz.

Lösung: Die erteilte verbindliche Auskunft unterfällt den Regelungen des EUAHiG zum automatischen Austausch. Insoweit gelten die Ausführungen dieses BMF-Schreibens über den automatischen Austausch im Verhältnis zu EU-Mitgliedstaaten. Zusätzlich hat im Verhältnis zur Schweiz auf Basis des BEPS Aktionspunktes 5 ein spontaner Austausch zu erfolgen. Insoweit gelten die Ausführungen dieses BMF-Schreibens über den spontanen Austausch im Verhältnis zu OECD-, IF- und G20-Staaten.

C. Sachlicher Anwendungsbereich

14 Nach deutschem Recht handelt es sich bei den vom EUAHiG und durch BEPS Aktionspunkt 5 erfassten „steuerlichen Vorbescheiden" um:

a. verbindliche Auskünfte im Sinne des § 89 Absatz 2 Abgabenordnung (AO),

b. verbindliche Zusagen gemäß § 204 AO und

c. Vorabzusagen über Verrechnungspreise als sonstige Verwaltungsakte.

1. Sachlicher Anwendungsbereich im Verhältnis zu EU-Mitgliedstaaten

15 Im Verhältnis zu EU-Mitgliedstaaten ergibt sich der sachliche Anwendungsbereich aus § 2 Absatz 3 EUAHiG. Als „steuerliche Vorbescheide" werden hiernach Vorbescheide erfasst, die:

16 a. sich auf eine grenzüberschreitende Transaktion oder auf die Frage beziehen, ob durch die Tätigkeiten, denen eine Person nicht im Inland nachgeht, eine Betriebsstätte begründet wird oder nicht, und

17 b. vor den Transaktionen oder den Tätigkeiten im Ausland, die möglicherweise als Gründung einer Betriebsstätte zu betrachten sind, oder vor Abgabe der Steuererklärung für den Zeitraum, in dem die Transaktion oder die Tätigkeiten erfolgten, erteilt werden.

18 Dies gilt für neue, geänderte oder erneuerte „steuerliche Vorbescheide" gleichermaßen (u. a. im Zusammenhang mit einer Außenprüfung).

19 Eine „grenzüberschreitende Transaktion" im Sinne von § 2 Absatz 3 des EUAHiG ist ein wirtschaftlicher Vorgang (Geschäftsvorfall) oder es sind mehrere zusammenhängende wirtschaftliche Vorgänge (eine Reihe von Geschäftsvorfällen), bei dem oder denen

20 a. nicht alle an dem Geschäftsvorfall oder an der Reihe von Geschäftsvorfällen Beteiligten in der Bundesrepublik Deutschland, in der der „steuerliche Vorbescheid" erteilt, geändert oder erneuert wird, steuerpflichtig[8] sind,

21 b. einer der an dem Geschäftsvorfall oder an der Reihe von Geschäftsvorfällen Beteiligten gleichzeitig in mehreren Staaten oder Gebieten steuerpflichtig ist

22 c. einer der an dem Geschäftsvorfall oder an der Reihe von Geschäftsvorfällen Beteiligten über eine Betriebsstätte Geschäftstätigkeiten in einem anderen Staat oder Gebiet nachgeht und bei der der Geschäftsvorfall oder die Reihe von Geschäftsvorfällen Teil

[8] Die DBA-rechtliche Beurteilung der steuerlichen Ansässigkeit ist hier nicht entscheidend.

der Geschäftstätigkeiten der Betriebsstätte ist oder deren gesamte Geschäftstätigkeiten ausmachen. Bei einer grenzüberschreitenden Transaktion oder einer Reihe von grenz überschreitenden Transaktionen kann es sich auch um Maßnahmen handeln, die von einer Person in Bezug auf Geschäftstätigkeiten in einem anderen Staat oder Gebiet getroffen werden, denen sie über eine Betriebsstätte nachgeht, oder

23 d. es sich um einen Geschäftsvorfall oder eine Reihe von Geschäftsvorfällen handelt, die grenzüberschreitenden Bezug hat.

24 Unter „steuerlichen Vorbescheiden" im Sinne des EUAHiG sind ferner Vorabverständigungen über die Verrechnungspreise erfasst. Hierbei handelt es sich gemäß § 2 Absatz 4 des EUAHiG um grenzüberschreitende Vorbescheide, die im Vorfeld grenzüberschreitender Transaktionen zwischen verbundenen Unternehmen:

25 a. geeignete Kriterien zur Bestimmung der Verrechnungspreise für die betreffenden Transaktionen festlegen oder

26 b. die Zuweisung oder Zuordnung von Gewinnen an eine Betriebsstätte regeln.

27 Eine „grenzüberschreitende Transaktion" im Sinne von § 2 Absatz 4 des EUAHiG ist ein wirtschaftlicher Vorgang (Geschäftsvorfall) oder es sind mehrere zusammenhängende wirtschaftliche Vorgänge (eine Reihe von Geschäftsvorfällen), an denen verbundene Unternehmen beteiligt sind, die nicht im Gebiet ein und desselben Staates oder ein und desselben Gebietes steuerlich ansässig sind, oder die grenzüberschreitende Auswirkungen haben.

28 Nach § 2 Absatz 5 des EUAHiG liegt ein „verbundenes Unternehmen" vor, wenn ein Unternehmen unmittelbar oder mittelbar an der Geschäftsleitung, der Kontrolle oder dem Kapital eines anderen Unternehmens beteiligt ist oder wenn ein und dieselben Personen unmittelbar oder mittelbar an der Geschäftsleitung, der Kontrolle oder dem Kapital beider Unternehmen beteiligt sind; diese Voraussetzungen gelten bei Unternehmen im Sinne des § 1 Absatz 2 AStG als erfüllt.

29 Verrechnungspreise im Sinne des § 2 Absatz 6 des EUAHiG sind die Preise, zu denen ein Unternehmen materielle oder immaterielle Vermögenswerte auf ein verbundenes Unternehmen überträgt, Vermögenswerte zur Nutzung überlässt oder Dienstleistungen für ein verbundenes Unternehmen erbringt.

30 Unternehmen im Sinne von § 2 Absatz 4 und 5 des EUAHiG ist jede Form von Geschäftstätigkeit.

2. Sachlicher Anwendungsbereich im Verhältnis zu übrigen OECD-, IF- und G20-Staaten

31 Im Verhältnis zu OECD-, IF- und G20-Staaten betrifft der spontane Informationsaustausch die im BEPS Aktionspunkt 5 als „Tax Rulings" definierten „steuerlichen Vorbescheide". Für folgende Fälle hat Deutschland mit seiner Zustimmung zu dem Abschlussbericht zu BEPS Aktionspunkt 5 bekräftigt, auf Basis bestehender bi- oder multilateraler vertraglicher Vereinbarungen Informationen über erteilte „steuerliche Vorbescheide", die zu grenzüberschreitenden Gewinnverkürzungen oder Gewinnverlagerungen führen können,

zu übermitteln (vgl. Anlage 2[9] Abschlussbericht 2015 zu BEPS Aktionspunkt 5 Kapitel 5, II. B., C., D., E. und F.):

33 a. „Steuerliche Vorbescheide" zu Präferenzregimen (Vorzugsbesteuerung) im Sinne des OECD-Forums für schädlichen Steuerwettbewerb: In Deutschland fällt gegenwärtig nur die Tonnagebesteuerung (§ 5a EStG) in den Anwendungsbereich.

33 b. Unilaterale Vorabzusagen über Verrechnungspreise (unilaterale Advance Pricing Agreements [APAs]) sowie sonstige unilaterale Zusagen zu Verrechnungspreisen; Deutschland erteilt regelmäßig weder unilaterale APAs noch sonstige unilaterale Zu sagen zu Verrechnungspreisen. Zur weiteren Erläuterung vgl. das APA Merkblatt (BMF-Schreiben vom 5. Oktober 2006, BStBl 2006 I S. 594).

34 c. Unilaterale „steuerliche Vorbescheide", die zu einer einseitigen Minderung des zu versteuernden Gewinns in Deutschland führen (vgl. Anlage 2[10] Abschlussbericht 2015 zu BEPS Aktionspunkt 5 Beispiel in Kapitel 5, II, D. Nummer 115).

35 d. „Steuerliche Vorbescheide", die sich auf das (Nicht-) Vorhandensein von Betriebsstätten bzw. die Gewinnabgrenzung bei Betriebsstätten mit grenzüberschreitender Auswirkung beziehen.

36 e. „Steuerliche Vorbescheide", die sich auf Gestaltungen beziehen, bei denen Zahlungen von in Deutschland ansässigen Durchleitungsgesellschaften direkt oder indirekt in einen anderen Staat weitergeleitet werden (vgl. Anlage 2[11] Abschlussbericht 2015 zu BEPS Aktionspunkt 5 Beispiel in Kapitel 5, II, F. Nummer 119).

D. Persönlicher Anwendungsbereich

1. Persönlicher Anwendungsbereich im Verhältnis zu EU-Mitgliedstaaten

37 Auszutauschen sind grenzüberschreitende „steuerliche Vorbescheide" in Bezug auf Unternehmen von:

a. juristischen Personen und

b. Personengesellschaften.

38 Bei Unternehmen von ausschließlich natürlichen Personen findet der automatische Informationsaustausch im Verhältnis zu EU-Mitgliedstaaten keine Anwendung, wenn der „steuerliche Vorbescheid" nur die Steuerangelegenheiten dieser natürlichen Personen behandelt. Im Verhältnis zu EU-Mitgliedstaaten sind aber in Fällen von Unternehmen natürlicher Personen „steuerliche Vorbescheide" im Sinne von BEPS Aktionspunkt 5 unter den in C. bis E. genannten Voraussetzungen nach den Vorgaben von § 8 EUAHiG **spontan** auszutauschen.

39 **Beispiel:**

An einer deutschen KG sind ausschließlich mehrere in Deutschland und im Ausland ansässige natürliche Personen beteiligt. Ein an die Gesellschafter der KG gerichteter „steuerli-

---

[9] Hier nicht abgedruckt.

[10] Hier nicht abgedruckt.

[11] Hier nicht abgedruckt.

cher Vorbescheid" unterliegt nicht dem automatischen Austausch (§ 7 Absatz 6 EUAHiG).

Unter den in C. bis E. genannten Voraussetzungen kann aber ein spontaner Austausch auf Basis des BEPS Aktionspunktes 5 in Betracht kommen.

40 Ist neben den natürlichen Personen auch eine juristische Person an der KG beteiligt, greift die Ausnahme des § 7 Absatz 6 EUAHiG nicht und es gelten die Regelungen dieses Schreibens zum automatischen Austausch (unter Beachtung von § 7 Absatz 7 Satz 1 Nummer 1 und 11 EUAHiG).

41 **Abwandlung:**

An einer deutschen KG ist neben mehreren in Deutschland und im Ausland ansässigen natürlichen Personen auch eine in Deutschland ansässige KG2 beteiligt. An dieser KG2 ist neben den natürlichen Personen auch eine juristische Person beteiligt.

Da an der KG2 nicht ausschließlich natürliche Personen beteiligt sind, gilt die Ausnahme des § 7 Absatz 6 EUAHiG nicht und es gelten die Regelungen dieses Schreibens zum automatischen Austausch (unter Beachtung von § 7 Absatz 7 Satz 1 Nummer 1 und 11 EUAHiG).

2. Persönlicher Anwendungsbereich im Verhältnis zu übrigen OECD-, IF- und G20-Staaten

42 Auszutauschen sind grenzüberschreitende „steuerliche Vorbescheide" in Bezug auf Unternehmen von:

a. natürlichen Personen (Einzelunternehmen),

b. juristischen Personen und

c. Personengesellschaften.

E. Zeitlicher Anwendungsbereich

1. Zeitlicher Anwendungsbereich im Verhältnis zu EU-Mitgliedstaaten

43 Das Bundeszentralamt für Steuern (BZSt) übermittelt im Rahmen seiner Funktion als zentrales Verbindungsbüro zu nach dem 31. Dezember 2016 erteilten, getroffenen, geänderten oder erneuerten „steuerlichen Vorbescheiden" („neue steuerliche Vorbescheide") im Wege des automatischen Austauschs die Informationen nach § 7 Absatz 7 des EUAHiG an die zuständigen Behörden aller anderen EU-Mitgliedstaaten sowie der Europäischen Kommission unter Berücksichtigung der Einschränkung, die für die Fälle nach Artikel 8a Absatz 8 der Richtlinie 2011/16/EU gilt (§ 7 Absatz 3 EUAHiG).

44 Das BZSt übermittelt im Rahmen seiner Funktion als zentrales Verbindungsbüro den zuständigen Behörden aller anderen EU-Mitgliedstaaten sowie der Europäischen Kommission, unter Berücksichtigung der Einschränkung, die für die Fälle nach Artikel 8a Absatz 8 der Richtlinie 2011/16/EU gilt, Informationen über grenzüberschreitende Vorbescheide und Vorabverständigungen über die Verrechnungspreisgestaltung, die zwischen dem 1. Januar 2012 und dem 31. Dezember 2016 erteilt, getroffen, geändert oder erneuert wurden (§ 7 Absatz 4 EUAHiG).

Dabei gilt Folgendes:

45 a. „steuerliche Vorbescheide", die ab dem 1. Januar 2012 bis zum 31. Dezember 2013 - erteilt, getroffen, geändert oder erneuert wurden, werden nur dann ausgetauscht, wenn sie am 1. Januar 2014 noch gültig waren, sowie

46 b. „steuerliche Vorbescheide", die ab dem 1. Januar 2014 bis zum 31. Dezember 2016 erteilt, getroffen, geändert oder erneuert wurden („alte steuerliche Vorbescheide"), werden unabhängig von ihrer Gültigkeit ausgetauscht (§ 7 Absatz 4 EUAHiG).

47 Ein am 1. Januar 2014 gültiger „steuerlicher Vorbescheid" liegt vor, wenn sich der Steuerpflichtige am oder nach dem 1. Januar 2014 darauf berufen hat und die Finanzverwaltung an den „steuerlichen Vorbescheid" rechtlich gebunden ist. Dementsprechend liegt ein am 1. Januar 2014 gültiger „steuerlicher Vorbescheid" insbesondere dann nicht vor, wenn offenkundig ist, dass dieser am oder nach dem 1. Januar 2014 keine rechtliche Bindungswirkung hat, weil sich die rechtlichen und oder tatsächlichen Gegebenheiten, die dem „steuerlichen Vorbescheid" zugrunde liegen, geändert haben.

48 Ausgenommen von der vorgenannten Übermittlungspflicht sind „steuerliche Vorbescheide", die vor dem 1. April 2016 für eine bestimmte Person oder für eine Gruppe von Personen erteilt, getroffen, geändert oder erneuert wurden, und deren gruppenweiter Jahresnettoumsatzerlös[12] in dem Geschäftsjahr, das vor dem Zeitpunkt liegt, zu dem der „steuerliche Vorbescheid" erteilt, getroffen, geändert oder erneuert wurde, weniger als 40 Millionen Euro oder dem entsprechenden Betrag in einer anderen Währung betragen hat.

49 Die vorgenannte begünstigende Ausnahme von der Übermittlungspflicht gilt nicht für erteilte „steuerliche Vorbescheide", die für eine bestimmte Person oder für eine Gruppe von Personen, die hauptsächlich Finanz- und Investitionstätigkeiten[13] ausüben, erteilt, getroffen, geändert oder erneuert werden.

2. Zeitlicher Anwendungsbereich im Verhältnis zu übrigen OECD-, IF- und G20-Staaten

50 Auch bei BEPS Aktionspunkt 5 ist im Hinblick auf die Frage, mit welchem Staat Informationen auszutauschen sind und bis wann dieser Austausch zu erfolgen hat, zwischen „alten steuerlichen Vorbescheiden" und „neuen steuerlichen Vorbescheiden" zu unterscheiden:

51 a. „Steuerliche Vorbescheide", die ab dem 1. Januar 2010 bis 31. Dezember 2013 erteilt, geändert oder erneuert wurden und am 1. Januar 2014 noch gültig waren, sowie „steuerliche Vorbescheide", die ab dem 1. Januar 2014 bis 31. März 2016 erteilt, geändert oder erneuert wurden, sind unabhängig von ihrer Gültigkeit auszutauschen („alte steuerliche Vorbescheide").

52 Ein am 1. Januar 2014 gültiger „steuerlicher Vorbescheid" liegt vor, wenn sich der Steuerpflichtige am oder nach dem 1. Januar 2014 darauf berufen hat und die Finanzverwaltung an den „steuerlichen Vorbescheid" rechtlich gebunden ist. Dementsprechend liegt ein am 1. Januar 2014 gültiger „steuerlicher Vorbescheid" insbesondere dann nicht vor, wenn of-

[12] „Nettoumsatzerlöse" sind die Beträge, die sich aus dem Verkauf von Produkten und der Erbringung von Dienstleistungen nach Abzug von Erlösschmälerungen und der Mehrwertsteuer sowie sonstigen direkt mit dem Umsatz verbundenen Steuern ergeben, Artikel 2 Nummer 5 der Richtlinie 2013/34/EU (ABl. EU L 182/19).

[13] Hierunter fallen insbesondere Bank-, Fonds- und sonstige Kapitalmarktgeschäfte.

fenkundig ist, dass der „steuerliche Vorbescheid" am oder nach dem 1. Januar 2014 keine rechtliche Bindungswirkung hat, weil sich die rechtlichen und oder tatsächlichen Gegebenheiten, die dem „steuerlichen Vorbescheid" zugrunde liegen, geändert haben.

53 a. „Steuerliche Vorbescheide", die ab dem 1. April 2016 erteilt, geändert oder erneuert werden, sind unabhängig von ihrer Gültigkeit auszutauschen („neue steuerliche Vorbescheide").

54 Dies gilt im Verhältnis zu IF-Staaten für „steuerliche Vorbescheide", die ab dem 1. April 2017 erteilt, geändert oder erneuert werden.

55 Die Regelung zu „alten steuerlichen Vorbescheiden" im vorstehenden Sinne (E. 2. a.) ist im Verhältnis zu den EU-Mitgliedstaaten anzuwenden.

F. Staaten, mit denen ausgetauscht wird

1. Austausch im Verhältnis zu EU-Mitgliedstaaten

56 Innerhalb der Europäischen Union werden „steuerliche Vorbescheide" im Sinne der in C., D. und E. für EU-Mitgliedstaaten genannten Kriterien mit allen EU-Mitgliedstaaten ausgetauscht. Die Europäische Kommission erhält die Informationen mit den Einschränkungen, die in Artikel 8a Absatz 8 der Richtlinie 2011/16/EU genannt werden.

2. Austausch im Verhältnis zu übrigen OECD-, IF- und G20-Staaten

57 Erfüllt ein „steuerlicher Vorbescheid" die Voraussetzungen unter C. bis E. im Verhältnis zu den übrigen OECD-, IF- und G20-Staaten, sind die Staaten zu bestimmen, die voraussichtlich von dem erteilten „steuerlichen Vorbescheid" betroffen sind.

58 a. Der Austausch erfolgt immer mit dem Staat, in dem die unmittelbare Muttergesellschaft ansässig ist, sowie mit dem Staat, in dem die oberste Muttergesellschaft (Konzernspitze) ansässig ist.

59 Darüber hinaus erfolgt eine Übermittlung an weitere Staaten entsprechend der sachlichen Einordnung des „steuerlichen Vorbescheides".

60 a. „Steuerliche Vorbescheide" zu Präferenzregimen sind ergänzend zu Buchstabe a) mit den Staaten auszutauschen, in denen verbundene Unternehmen ansässig sind, mit denen der Steuerpflichtige Transaktionen durchführt, für die das Präferenzregime gilt. Dies gilt dann, wenn eine mindestens 25 %ige Beteiligung eines verbundenen ausländischen Unternehmens an einem deutschen Unternehmen besteht oder umgekehrt. Entsprechendes gilt für Transaktionen unter Beteiligung von Betriebsstätten.

61 b. Bei unilateralen APAs findet der Austausch ergänzend zu Buchstabe a) mit dem Staat statt, in dem das verbundene Unternehmen, mit dem der Steuerpflichtige von dem „steuerlichen Vorbescheid" erfasste Transaktionen durchführt, ansässig ist (keine Mindestbeteiligungsgrenze).

62 c. Für Gewinnminderungen im Sinne von C. 2. c) gilt Buchstabe c) entsprechend.

63 d. „Steuerliche Vorbescheide" zu dem (Nicht-)Vorhandensein von Betriebsstätten sind ergänzend zu Buchstabe a) mit dem Staat auszutauschen, in dem sich der Mittelpunkt der geschäftlichen Oberleitung befindet.

64 e. Bei „steuerlichen Vorbescheiden", die eine Durchleitungsgesellschaft betreffen, findet der Austausch ergänzend zu Buchstabe a) mit dem Staat statt, in dem das verbundene Unternehmen ansässig ist, welches Zahlungen an die Durchleitungsgesellschaft leistet.

65 Bei „alten steuerlichen Vorbescheiden" im Sinne von E. 2. a) ist die Information nur mit den Staaten auszutauschen, die sich anhand der entsprechenden Steuerakten sowie gegebenenfalls aus der Sammlung der Konzernverzeichnisse beim BZSt ergibt. Eine Mitwirkung des Steuerpflichtigen ist insoweit nicht erforderlich.

66 Bei „neuen steuerlichen Vorbescheiden" im Sinne von E. 2. b) muss der Antragsteller vor Erteilung des „steuerlichen Vorbescheides" mitteilen, wo das verbundene Unternehmen sowie die unmittelbare und die oberste Muttergesellschaft seinen bzw. ihren Sitz haben (§ 90 Absatz 2 AO).

67 Im Übrigen gilt das übliche Verfahren zur spontanen Auskunft (Merkblatt zur zwischenstaatlichen Amtshilfe durch Informationsaustausch in Steuersachen – Stand: 1. Januar 2013 vom 23. November 2015, BStBl 2015 I S. 928 [Amtshilfe-Merkblatt]).

G. Anhörung

1. Automatischer Austausch im Verhältnis zu EU-Mitgliedstaaten

68 Nach § 7 Absatz 8 des EUAHiG ist eine Anhörung der Beteiligten in den Fällen des automatischen Informationsaustauschs nach § 7 Absatz 1 bis 5 EUAHiG gemäß § 117 Absatz 4 Satz 3, Halbsatz 2 der AO nicht erforderlich.

2. Spontaner Austausch im Verhältnis zu EU-Mitgliedstaaten

69 Im Falle des spontanen Informationsaustauschs gelten die üblichen Regelungen[14].

3. Spontaner Austausch im Verhältnis zu übrigen OECD-, IF- und G20-Staaten

70 Gemäß § 117 Absatz 4 Satz 3 AO hat eine Anhörung des inländischen Beteiligten bei einem spontanen Austausch nach BEPS Aktionspunkt 5 abweichend von § 91 Absatz 1 AO[15] stets zu erfolgen, es sei denn, es liegt eine Ausnahme nach § 91 Absatz 2 oder 3 AO vor.

71 Vor der Erteilung einer Spontanauskunft zu „alten steuerlichen Vorbescheiden" im Sinne von E. 2. a) ist eine Anhörung durchzuführen. Einwendungen sind mit der Auskunft dem BZSt zu übersenden.

72 Bei der Erteilung „neuer steuerlicher Vorbescheide" im Sinne von E. 2. b) ist der Antragsteller bereits im Rahmen des Antragsverfahrens auf die Übermittlung der Informationen gemäß BEPS Aktionspunkt 5 hinzuweisen und anzuhalten, die Informationen mitzuteilen, wo das verbundene Unternehmen seinen sowie die unmittelbare und die oberste Muttergesellschaft ihren Sitz haben.

H. Zeitpunkt der Übermittlung

1. Zeitpunkt der Übermittlung im Verhältnis zu EU-Mitgliedstaaten

73 Der Informationsaustausch nach § 7 EUAHiG erfolgt

[14] Amtshilfe-Merkblatt, Tz. 3.1.2.

[15] Amtshilfe-Merkblatt, Tz. 3.1.2.

a. in Bezug auf die gemäß § 7 Absatz 3 EUAHiG („neue steuerliche Vorbescheide”) auszutauschenden Informationen innerhalb von drei Monaten nach Ablauf des Kalenderhalbjahrs, in dem der „steuerliche Vorbescheid” erteilt, getroffen, geändert oder erneuert wurde. Zu diesem Zweck haben die erteilenden Behörden (Landesfinanzbehörden, BZSt) die „steuerlichen Vorbescheide” unmittelbar nach Erteilung, spätestens jedoch zum 31. Juli bzw. 31. Januar eines jeden Jahres, gemäß der vorläufigen Verfahrensbeschreibung (Anlage 5[16]) dem BZSt als zentrales Verbindungsbüro zur Verfügung zu stellen.

b. in Bezug auf die gemäß § 7 Absatz 4 EUAHiG („alte steuerliche Vorbescheide”) auszutauschenden Informationen vor dem 1. Januar 2018. Zu diesem Zweck haben die erteilenden Behörden (Landesfinanzbehörden, BZSt) die „steuerlichen Vorbescheide” gemäß der vorläufigen Verfahrensbeschreibung (Anlage 5[17]) dem BZSt als zentrales Verbindungsbüro spätestens bis zum 31. Oktober 2017 zur Verfügung zu stellen.

74 Soweit bei Unternehmen natürlicher Personen im Verhältnis zu den EU-Mitgliedstaaten die von BEPS Aktionspunkt 5 erfassten „steuerlichen Vorbescheide” nach den Vorgaben von § 8 EUAHiG spontan auszutauschen sind (vgl. D. 1.), gelten die nachfolgenden Regelungen zum „Zeitpunkt der Übermittlung im Verhältnis zu übrigen OECD-, IF- und G20-Staaten”.

2. Zeitpunkt der Übermittlung im Verhältnis zu übrigen OECD-, IF- und G20-Staaten

75 Für die Übermittlung der Informationen an das Ausland ist die zuständige Behörde das BZSt. Die Informationen über „neue steuerliche Vorbescheide” im Sinne von E. 2. b) sind unverzüglich, nachdem die „steuerlichen Vorbescheide” erteilt, geändert oder erneuert wurden, durch die zuständigen Landesfinanzbehörden an das BZSt zu übermitteln und von dort unverzüglich, spätestens innerhalb von drei Monaten nach Kenntnisnahme von dem „steuerlichen Vorbescheid” durch das BZSt, an die betroffenen Staaten zu übermitteln.

76 Informationen über „alte steuerliche Vorbescheide” im Sinne von E. 2. a) waren durch die zuständigen Landesfinanzbehörden bis zum 31. Oktober 2016 an das BZSt und von dort bis zum 31. Dezember 2016 an die betroffenen Staaten zu übermitteln. Gegebenenfalls unterlassene Übermittlungen sind nachzuholen.

I. Verfahren der Übermittlung

1. Verfahren der Übermittlung im Verhältnis zu EU-Mitgliedstaaten

77 Bei der automatischen Übermittlung der Informationen über „steuerliche Vorbescheide” sind die praktischen Regelungen, die von der Europäischen Kommission zur Umsetzung von Artikel 8a der Richtlinie 2011/16/EU mit der Durchführungsverordnung 2016/1963/EU vom 9. November 2016[18] erlassen worden sind, gemäß § 7 Absatz 7 des EUAHiG anzuwenden. Danach sind die in § 7 Absatz 7 Nummern 1 bis 12 EUAHiG aufgezählten Informationen zu übermitteln. Auf die beiliegende vorläufige Verfahrensbe-

[16] Hier nicht abgedruckt.

[17] Hier nicht abgedruckt.

[18] ABl. EU L 303/4.

schreibung, die die Regelungen der vorgenannten Durchführungsverordnung berücksichtigt, wird verwiesen (siehe Anlage 5[19]).

2. Verfahren der Übermittlung im Verhältnis zu übrigen OECD-, IF- und G20-Staaten

78 Der spontane Informationsaustausch zu „steuerlichen Vorbescheiden" mit den OECD-, IF- und G20-Staaten beinhaltet ein zweistufiges Verfahren und erfolgt, wie unter B. beschrieben, nach den jeweils geltenden Regelungen mit den betroffenen Staaten sowie nach den geltenden Regelungen des Amtshilfe-Merkblatts[20] zum spontanen Informationsaustausch.

79 Konkret ist hierzu in einem ersten Schritt das Formular, welches diesem Merkblatt als Anlage 1[21] beigefügt ist, durch die zuständige Landesfinanzbehörde auszufüllen und dem BZSt elektronisch auf dem Dienstweg mit Übersendungsschreiben als Anlage zum EU-Standardformblatt SIF (Spontaneous Exchange of Information) zu übersenden. Der „steuerliche Vorbescheid" wird zunächst nicht übersandt. Die weitere Bearbeitung im BZSt erfolgt dann entsprechend der mit den betroffenen Staaten gültigen Rechtsgrundlagen für den Informationsaustausch und den getroffenen Vereinbarungen.

80 Eingehende Spontanauskünfte über „steuerliche Vorbescheide" aus anderen Staaten werden entsprechend Tz. 1.5.2 Buchstabe d des Amtshilfe-Merkblatts an die zuständigen Landesfinanzbehörden auf elektronischem Weg weitergeleitet und dort ausgewertet.

81 In einem zweiten Schritt kann von den OECD-, IF- und G20-Staaten, denen durch das BZSt Informationen über einen „steuerlichen Vorbescheid" spontan übermittelt wurden, der „steuerliche Vorbescheid" selbst erbeten werden. Bei der Beantwortung derartiger Ersuchen und Übersendung der „steuerlichen Vorbescheide" ist der Amtshilfeweg entsprechend Tz. 1.5.2 Buchstabe b des Amtshilfe-Merkblatts einzuhalten. Es ist darauf zu achten, dass bei „steuerlichen Vorbescheiden", die mehrere Staaten betreffen, nur die Angaben, die sich auf den jeweiligen Staat beziehen, mitgeteilt werden.

J. Schlussbestimmung

82 Das Merkblatt zum verpflichtenden spontanen Informationsaustausch nach den Vereinbarungen zu Aktionspunkt 5 des Projektes „Base Erosion and Profit Shifting" (Gewinnverkürzung und Gewinnverlagerung) der OECD- und G20-Staaten (BEPS) und Ausblick im Hinblick auf die Änderungen der EU-Amtshilferichtlinie vom 28. Juli 2016, BStBl 2016 I S. 806, wird hiermit aufgehoben.

Dieses Merkblatt ist auf den Internetseiten des BZSt unter http://www.bzst.de abrufbar.

[19] Hier nicht abgedruckt.

[20] Tz. 1.5.2 Buchstabe c „Auskünfte deutscher Finanzbehörden ohne Ersuchen (Spontaner Informationsaustausch)".

[21] Hier nicht abgedruckt.

BMF-Schreiben v. 29.5.2019 - IV B 6 - S 1320/07/10004 :008, BStBl 2019 I S. 480

Merkblatt zur zwischenstaatlichen Amtshilfe durch Informationsaustausch in Steuersachen

Stand: 1. Januar 2019

Unter Bezugnahme auf das Ergebnis der Erörterungen mit den Vertretern der obersten Finanzbehörden der Länder gelten für die Amtshilfe, die in- und ausländische Finanzbehörden einander zur Festsetzung ihrer Steuern, mit Ausnahme der Mehrwertsteuer, durch Informationsaustausch leisten, die nachfolgenden Grundsätze.

Innerhalb der Zollverwaltung nimmt das Zollkriminalamt (Generalzolldirektion – Direktion VIII) die Aufgaben einer Zentralstelle für die in ihren Zuständigkeitsbereich fallenden Steuern auf dem Gebiet der internationalen Amts- und Rechtshilfe wahr (§ 3 Abs. 6 Nr. 1 ZFdG, § 11 Abs. 3 ZollVG). Ferner ist die Bundesstelle Vollstreckung Zoll (BVZ) beim Hauptzollamt Hannover für diese Steuern die Kontaktstelle der Zollverwaltung für die gegenseitige Amtshilfe bei der Zustellung und Beitreibung nach zwei- und mehrseitigen völkerrechtlichen Verträgen.

Für die Zollverwaltung gelten gesonderte Dienstvorschriften, Erlasse und Verfügungen.

Verzeichnis der Abkürzungen

Abs.	Absatz
ACK/ABI/FTL/SAE	Acknowledgement of Receipt of the Request for Information/Request for Additional Background Information (about the Request for Information)/Failure with Time Limits/Specific Administrative Enquiries = elektronisches EU-Standardformblatt zur Erteilung einer Eingangsbestätigung eines Ersuchens und ggf. Anforderung weiterer Hintergrundinformationen sowie zur Übermittlung von Fristproblemen und Bestätigung der Durchführung spezieller behördlicher Ermittlungen
AO	Abgabenordnung
Art.	Artikel
BEPS	Base Erosion and Profit Shifting/15-Punkte-Aktionsplan der OECD und der G20-Staaten gegen Gewinnkürzung und Gewinnverlagerung
BEPS Aktionspunkt 5	„Wirksamere Bekämpfung schädlicher Steuerpraktiken unter Berücksichtigung von Transparenz und Substanz"
BEPS Aktionspunkt 13	„Leitlinien zur Verrechnungspreisdokumentation und länderbezogenen Berichterstattung"
BewG	Bewertungsgesetz
BFH	Bundesfinanzhof
BGBl.	Bundesgesetzblatt
BMF	Bundesministerium der Finanzen

BStBl	Bundessteuerblatt
BZSt	Bundeszentralamt für Steuern
bzw.	beziehungsweise
CbCR	Country-by-Country Reporting
CRS	Common Reporting Standard
DAC	Directive Administrative Cooperation/EUAHiRL
DAC1	EUAHiRL 2011/16/EU des Rates vom 15. Februar 2011
DAC2	EUAHiRL 2014/107/EU des Rates vom 9. Dezember 2014
DAC3	EUAHiRL: Richtlinie (EU) 2015/2376 des Rates vom 8. Dezember 2015
DAC4	EUAHiRL: Richtlinie (EU) 2016/881 des Rates vom 25. Mai 2016
DAC5	EUAHiRL: Richtlinie (EU) 2016/2258 des Rates vom 6. Dezember 2016
DAC3-Anwendung	Browserbasierte Webanwendung zur Nutzung des Zentralverzeichnisses
DBA	Abkommen zur Vermeidung der Doppelbesteuerung
d. h.	das heißt
eFCA	zentrale Webanwendung (electronic Forms Central Application)
EG	Europäische Gemeinschaft
EGAO	Einführungsgesetz zur Abgabenordnung
ErbSt	Erbschaftsteuer
ESt	Einkommensteuer
EStDV	Einkommensteuer-Durchführungsverordnung
EStG	Einkommensteuergesetz
etc.	et cetera
EU	Europäische Union
EUAHiDV	Durchführungsverordnung (EU) 2018/99 der Kommission vom 22. Januar 2018 zur Änderung der Durchführungsverordnung (EU) 2015/2378 in Bezug auf die Form und die Bedingungen für die Übermittlung der jährlichen Bewertung der Wirksamkeit des automatischen Informationsaustausches und der Liste statistischer Angaben, die die EU-MS zur Bewertung der EUAHiRL vorlegen müssen (Amtsblatt EU L 17 vom 23. Januar 2018, S. 29)
EUAHiG	Gesetz über die Durchführung der gegenseitigen Amtshilfe in Steuersachen zwischen den Mitgliedstaaten der Europäischen Union (EU-Amtshilfegesetz vom 26. Juni 2013, BGBl. 2013 I S. 1809, zuletzt geändert durch Art. 4 des Gesetzes vom 20. Dezember 2016, BGBl. 2016 I S. 3000)
EUAHiRL	Richtlinie 2011/16/EU des Rates vom 15. Februar 2011 über die Zusammenarbeit der Verwaltungsbehörden im Bereich der Besteuerung und zur Aufhebung der Richtlinie 77/799/EWG (Amtsblatt EU L 64 vom 11. März 2011, S. 1) in der Fassung der Richtlinie (EU) 2016/2258 vom 6. Dezember 2016 (Amtsblatt EU L 342 vom 16. Dezember 2016, S. 1)

EU-KOM	Europäische Kommission
EU-MS	Mitgliedstaat(en) der Europäischen Union
EWG	Europäische Wirtschaftsgemeinschaft
FATCA	Foreign Account Tax Compliance Act
FATCA-Abkommen	Gesetz zu dem Abkommen vom 31. Mai 2013 zwischen der Bundesrepublik Deutschland und den Vereinigten Staaten von Amerika zur Förderung der Steuerehrlichkeit bei internationalen Sachverhalten und hinsichtlich der als Gesetz über die Steuerehrlichkeit bezüglich Auslandskonten bekannten US-amerikanischen Informations- und Meldebestimmungen vom 10. Oktober 2013 (BGBl. 2013 II S. 1362)
FATCA-USA-UmsV	FATCA-USA-Umsetzungsverordnung (Verordnung zur Umsetzung der Verpflichtungen aus dem Abkommen zwischen der Bundesrepublik Deutschland und den Vereinigten Staaten von Amerika zur Förderung der Steuerehrlichkeit bei internationalen Sachverhalten und hinsichtlich der als Gesetz über die Steuerehrlichkeit bezüglich Auslandskonten bekannten US-amerikanischen Informations- und Meldebestimmungen vom 23. Juli 2014 (BGBl. 2014 I S. 1222, die zuletzt durch Art. 15 des Gesetzes vom 20. Dezember 2016, BGBl. 2016 I S. 3000 geändert worden ist)
FGO	Finanzgerichtsordnung
FIF	Feedback on Exchange of Information = elektronisches EU-Standardformblatt für die Erteilung von Rückmeldungen (Anhang IV der EUAHiDV)
FKAustG	Finanzkonten-Informationsaustauschgesetz/Gesetz zum automatischen Austausch von Informationen über Finanzkonten in Steuersachen vom 21. Dezember 2015 (BGBl. 2015 I S. 2531), das durch Art. 6 des Gesetzes vom 20. Dezember 2016 (BGBl. 2016 I S. 3000) geändert wurde
FVG	Finanzverwaltungsgesetz
G20	Gruppe der 20/ein seit 1999 bestehender informeller Zusammenschluss aus 19 Staaten und der EU
GewSt	Gewerbesteuer
GG	Grundgesetz
ggf.	gegebenenfalls
Global Forum	Global Forum on Transparency and Exchange of Information for Tax Purposes/Globales Forum zur Transparenz und zum Informationsaustausch für Besteuerungszwecke
GZD	Generalzolldirektion
IF-Staaten	Mitgliedstaaten des „Inclusive Framework on BEPS"
IRS	Internal Revenue Service/Sundessteuerbehörde der Vereinigten Staaten von Amerika
i. S. d.	im Sinne der/im Sinne des
i. V. m.	in Verbindung mit
JITSIC	Joint International Taskforce on Shared Intelligence and Collaboration

Joint Audit	Koordinierte steuerliche Außenprüfungen mit Steuerverwaltungen anderer Staaten und Gebiete
KONSENS	Koordinierte neue Software-Entwicklung der Steuerverwaltung
KSt	Körperschaftsteuer
MCAA CbC	Multilateral Competent Authority Agreement on the Exchange of Country-by-Country Reports/Gesetz zu der Mehrseitigen Vereinbarung vom 27. Januar 2016 zwischen den zuständigen Behörden über den Austausch länderbezogener Berichte vom 19. Oktober 2016 (BGBl. 2016 II S. 1178)
MCAA CRS	Multilateral Competent Authority Agreement on Automatic Exchange of financial Account Information/Gesetz zu der Mehrseitigen Vereinbarung vom 29. Oktober 2014 zwischen den zuständigen Behörden über den automatischen Informationsaustausch zu Finanzkonten vom 21. Dezember 2015 (BGBl. 2015 II S. 1630)
MLI	Multilateral Instrument/Mehrseitiges Übereinkommen zur Umsetzung steuerabkommensbezogener Maßnahmen zur Verhinderung der Gewinnkürzung und Gewinnverlagerung
Nr.	Nummer
OECD	Organization for Economic Cooperation and Development (Organisation für wirtschaftliche Zusammenarbeit und Entwicklung)
OECD-MA	OECD-Musterabkommen
OFD	Oberfinanzdirektion
RIF	Request for Exchange of Information = elektronisches EU-Standardformblatt für Ersuchen RIF (Anhang I der EUAHiDV)
S.	Seite
SFRJ	Sozialistische Föderative Republik Jugoslawien
SIF	Spontaneous Exchange of Information = elektronisches EU-Standardformblatt für Spontanauskünfte SIF (Anhang II der EUAHiDV)
sog.	sogenannte(s)
SPOC	Single Point of Contact
Tax Rulings	grenzüberschreitende steuerliche Vorbescheide und Vorabverständigungen über Verrechnungspreise zwischen international verbundenen Unternehmen
TIEA	Tax Information Exchange Agreement = Informationsaustauschabkommen
TIEA-MA	TIEA-Musterabkommen
Tz.	Textziffer/Textziffern
u. a.	unter anderem
UdSSR	Union der Sozialistischen Sowjetrepubliken
Übereinkommen	Übereinkommen über die gegenseitige Amtshilfe in Steuersachen (Gesetz zu dem Übereinkommen vom 25. Januar 1988 über die gegenseitige Amtshilfe in Steuersachen und zu dem Protokoll vom 27. Mai 2010 zur Änderung des Übereinkommens über die gegenseitige Amtshilfe in Steuersachen, BGBl. 2015 II S. 966)

vgl.	vergleiche
VSt	Vermögensteuer
VwZG	Verwaltungszustellungsgesetz
XML	Erweiterbare Auszeichnungssprache (englisch: Extensible Markup Language)
z. B.	zum Beispiel
Zentralverzeichnis	Zentralverzeichnis der EU-MS gemäß Art. 21 Abs. 5 EUAHiRL, von der EU-KOM zur Verfügung gestellte Plattform, in dem die gemäß Art. 8a Abs. 1 und 2 EUAHiRL zu übermittelnden Informationen erfasst werden
ZFdG	Zollfahndungsdienstgesetz (Gesetz über das Zollkriminalamt und die Zollfahndungsämter vom 16. August 2002, BGBl. 2002 I S. 3202, zuletzt geändert durch Art. 15 des Gesetzes vom 17. August 2017, BGBl. 2017 I S. 3202)
ZKA	Zollkriminalamt
ZollVG	Zollverwaltungsgesetz vom 21. Dezember 1992 (BGBl. 1992 I S. 2125; 1993 I S. 2493), zuletzt geändert durch Art. 10 des Gesetzes vom 23. Juni 2017 (BGBl. 2017 I S. 1822)

Verzeichnis der Anlagen und Formulare

Anlage 2e
Ersuchen/Antwort/Mitteilung/Spontanauskunft ausländischen Staat/ausländisches Gebiet Übersendungsschreiben

Anlage 2f
Anhörung

Anlage 2g
Aktenbogen zur Ermessensausübung nach § 117 Abs. 4 Satz 3 AO – Anhörung

Die elektronischen EU-Standardformblätter (RIF, SIF, ACK, Zustellungsersuchen, FIF) sind zwischen den EU-MS abgestimmt und werden von der EU-KOM elektronisch zur Verfügung gestellt. Die EU-Standardformblätter werden diesem Merkblatt nicht als Anlagen beigefügt.

Anlage 3
Nicht amtliche konsolidierte Fassung des Übereinkommens (EN – FR – DE)

Anlage 4
Geschäftsweg- und Delegierungsregelung nach § 3 Abs. 6 ZFdG (Internationale Amts- und Rechtshilfe); Aktualisierung (BMF-Schreiben vom 16. August 2017 – III B 2 – Z 4601/16/10019 – / – 2017/0058975 –)

Abschnitt 1 – Allgemeine Regelungen

1 Allgemeines

Dieses Schreiben gilt für die zwischenstaatliche Amtshilfe bei der Festsetzung von Steuern. Ausgenommen ist die Mehrwertsteuer.

Die Durchführung des Informationsaustauschs nach den TIEAs, die sowohl Informationsaustausch im Wege der Amtshilfe wie auch im Wege der Rechtshilfe vorsehen, ist in dem gesonderten BMF-Schreiben „Anwendung der Abkommen über den steuerlichen Informationsaustausch (Tax Information Exchange Agreement TIEA)" vom 10. November 2015 – IV B 6 – S 1301/11/10002 –, BStBl 2016 I S. 138, geregelt.

Die Grundsätze für die Durchführung koordinierter steuerlicher Außenprüfungen sind in dem BMF-Schreiben „Merkblatt über koordinierte steuerliche Außenprüfungen mit Steuerverwaltungen anderer Staaten und Gebiete" vom 9. Januar 2017 – IV B 6 – S 1315/16/10016: 002 –, BStBl 2017 I S. 89, beschrieben.

Anwendungsfragen im Zusammenhang mit dem verpflichtenden automatischen und spontanen Austausch zu sog. „Tax Rulings/steuerliche Vorbescheide" sind in dem BMF-Schreiben „Merkblatt zum verpflichtenden automatischen und spontanen Austausch verbindlicher Auskünfte, verbindlicher Zusagen und Vorabzusagen zu Verrechnungspreisen im Zusammenhang mit grenzüberschreitenden Sachverhalten" vom 17. August 2017 – IV B 6 – S 1320/16/10002: 014 –, BStBl 2017 I S. 1228, geregelt.

Hinweise zu den Anforderungen an den länderbezogenen Bericht multinationaler Unternehmensgruppen (CbCR) sind dem BMF-Schreiben vom 11. Juli 2017 – IV B 5 – S 1300/16/10010: 002 –, BStBl 2017 I S. 974, zu entnehmen.

Anwendungsfragen im Zusammenhang mit einem gemeinsamen Meldestandard sowie dem FATCA-Abkommen sind in dem BMF-Schreiben vom 1. Februar 2017 – IV B 6 – S 1315/13/10021: 044 –, BStBl 2017 I S. 305, geändert durch BMF-Schreiben vom 21. September 2018; BStBl 2018 I S. 1026, zum Standard für den automatischen Austausch von Finanzinformationen in Steuersachen erläutert.

Für die Durchführung der zwischenstaatlichen Amtshilfe bei der Steuererhebung gilt das mit BMF-Schreiben vom 23. Januar 2014 – IV B 6 – S 1320/07/10011: 011 – , BStBl 2014 I S. 188, veröffentlichte Merkblatt zur zwischenstaatlichen Amtshilfe bei der Steuererhebung (Beitreibung) Stand: 1. Juli 2013.

Für die Durchführung der zwischenstaatlichen Rechtshilfe in Steuerstrafsachen gilt das mit BMF-Schreiben vom 16. November 2006 – IV B 1 – S 1320 – 66/06 – , BStBl 2006 I S. 698, veröffentlichte Merkblatt zur zwischenstaatlichen Rechtshilfe in Steuerstrafsachen. Der Informationsaustausch zwischen den Strafverfolgungsbehörden der EU-MS im Bereich der Steuerfahndung (sog. „Schwedische Initiative") wird in gesonderten gleich lautenden Erlassen der obersten Finanzbehörden der Länder geregelt.

1.1 Zwischenstaatliche Amtshilfe durch Informationsaustausch

Die deutschen Finanzbehörden beanspruchen und gewähren zwischenstaatliche Amtshilfe durch Informationsaustausch nach Maßgabe der in diesem Schreiben dargestellten Grundsätze.

Zwischenstaatliche Amtshilfe durch Informationsaustausch wird beansprucht und gewährt, wenn die Finanzbehörden grenzüberschreitende Sachverhalte nicht angemessen aufklären können, weil sie bei ihren Ermittlungen auf das eigene Staatsgebiet beschränkt sind. Der zwischenstaatliche Informationsaustausch dient auch der Sachverhaltsaufklärung zugunsten des Steuerpflichtigen.

Der zwischenstaatliche Informationsaustausch soll auch bei grenzüberschreitenden Sachverhalten den deutsehen Finanzbehörden eine den deutschen Steuergesetzen und den Finanzbehörden des anderen Staates eine den dort geltenden Steuergesetzen entsprechende gleichmäßige und wettbewerbsneutrale Besteuerung ermöglichen (**BFH vom 20. Februar 1979,** BStBl 1979 II S. 268, und vom 8. Februar 1995, BStBl 1995 II S. 358).

Bei der Durchführung des Informationsaustauschs haben die Finanzbehörden den Grundsatz der Verhältnismäßigkeit, den gesetzmäßigen Schutz des Steuerbürgers (einschließlich der Wahrung des Steuergeheimnisses) sowie die Gegenseitigkeit und Ausgewogenheit des Informationsaustauschs zu wahren.

1.2 Verhältnis zur Rechtshilfe im Steuerstraf- und Bußgeldverfahren

Zwischenstaatliche Amtshilfe liegt vor, wenn Behörden und Gerichte für Zwecke des Besteuerungsverfahrens Informationen austauschen. Von der zwischenstaatlichen Amtshilfe in Steuersachen ist die zwischenstaatliche Rechtshilfe in Steuerstrafsachen zu unterscheiden. Zwischenstaatliche Rechtshilfe in Steuerstrafsachen ist jede Unterstützung, die für ein Steuerstrafverfahren beansprucht oder gewährt wird, unabhängig davon, ob das Verfahren von einem Gericht oder einer Behörde betrieben wird und ob die Rechtshilfehandlung von einem Gericht oder einer Behörde durchgeführt werden soll. Insoweit wird auf das Merkblatt zur zwischenstaatlichen Rechtshilfe in Steuerstrafsachen vom **16. November 2006 – IV B 1 – S 1320 – 66/06** – , BStBl 2006 I S. 698, hingewiesen. Auch nach Einleitung eines Steuerstraf- oder Bußgeldverfahrens können noch Informationen auf dem Amtshilfeweg zum Zweck der Ermittlung der Besteuerungsgrundlagen unter Beachtung des **§ 393 Abs. 1 AO** eingeholt und erteilt werden. In Frage kommen Behörden oder Gerichten bereits vorliegende Informationen, z. B. aus Steuerakten oder öffentlichen Registern. Grundlage hierfür sind **§ 117 AO** , die DBA mit großer bzw. umfassender Auskunftsklausel, zweiseitige Amtshilfe-Verträge, TIEAs, die EUAHiRL und das Übereinkommen. Die so erlangten Erkenntnisse können nach dem **EUAHiG** (**§ 19 Abs. 2 Satz 1 Nr. 4 EUAHiG**) sowie einer Vielzahl von DBA und dem Übereinkommen auch unmittelbar für das Steuerstraf- oder Bußgeldverfahren verwendet werden. Eine Bekanntgabe erhaltener Informationen in öffentlichen Gerichtsverhandlungen oder Gerichtsentscheidungen ist nach dem **EUAHiG**, einer Vielzahl der DBA und TIEAs sowie dem Übereinkommen zulässig (Anlage 1).

Wird die Finanzbehörde ausschließlich als Strafverfolgungsbehörde in einem Steuerstrafverfahren zur Ermittlung einer Steuerstraftat (§ 386 Abs. 2, § 399 Abs. 1, **§ 208 Abs. 1 Satz 1 Nr. 1 AO**) oder als zuständige Verwaltungsbehörde in einem Bußgeldverfahren zur Ermittlung einer Steuerordnungswidrigkeit (§§ **409**, **410**, **208** Abs. 1 Satz 1 Nr. 1 AO) tätig, sind Informationen nach den Regeln über die zwischenstaatliche Rechtshilfe in Strafsachen einzuholen (insbesondere zur Vermeidung von Verwertungsverboten) bzw. Ermittlungen aufgrund eines ausländischen Rechtshilfeersuchens nur nach den straf- und bußgeldrechtlichen Vorschriften vorzunehmen. Das gilt z. B. für die Durchsuchung von Personen und Räumen, die

Beschlagnahme von Beweismitteln und die Vernehmung von Beschuldigten, Zeugen und Sachverständigen.

Die Ermittlungsergebnisse des Steuerstraf- oder Bußgeldverfahrens können in der Regel unmittelbar im Besteuerungsverfahren verwendet werden (zur Ausnahme Schweiz vgl. Tz. 6.4 des Merkblatts zur zwischenstaatlichen Rechtshilfe in Steuerstrafsachen vom **16. November 2006 – IV B 1 – S 1320 – 66/06** –, BStBl 2006 I S. 698).

1.3 Rechtsgrundlagen der zwischenstaatlichen Amtshilfe durch Informationsaustausch

1.3.1 Überblick/Allgemeines

Völkerrechtliche Vereinbarungen mit zahlreichen Staaten oder Gebieten (z. B. DBA, TIEAs, das FATCA-Abkommen, das Übereinkommen), sowie Rechtsakte der EU enthalten Regelungen über die zwischenstaatliche Amtshilfe durch Informationsaustausch in Steuersachen (vgl. **§ 117 Abs. 2 AO**). Die völkerrechtlichen Vereinbarungen werden durch Zustimmungsgesetz innerstaatliches Recht (**Art. 59 Abs. 2 Satz 1 GG**). Auf das jährlich aktualisierte BMF-Schreiben zum „Stand der Doppelbesteuerungsabkommen und Doppelbesteuerungsverhandlungen", veröffentlicht im BStBl und aufgenommen in das vom BMF herausgegebene „Amtliches Einkommensteuer-Handbuch", dort Anhang 12 I, wird hingewiesen.

Inländische Rechtsgrundlage für die Gewährung und Inanspruchnahme von Amtshilfe nach dem Recht der EU ist das **EUAHiG.**

Außerdem kann Amtshilfe unter den Voraussetzungen des **§ 117 Abs. 3 AO** geleistet werden.

Soweit Amtshilfe durch Informationsaustausch nach mehreren Rechtsgrundlagen in Anspruch genommen bzw. geleistet werden kann, stehen diese Rechtsgrundlagen gleichwertig nebeneinander. Im Verhältnis zu anderen EU-MS wird Amtshilfe jedoch grundsätzlich nur dann nach einer anderen Rechtsgrundlage als dem **EUAHiG** geleistet bzw. in Anspruch genommen, wenn und soweit diese eine umfassendere Zusammenarbeit mit dem anderen EU-MS ermöglicht.

1.3.2 Abkommen zur Vermeidung der Doppelbesteuerung

Die DBA sehen regelmäßig den Informationsaustausch in Steuersachen vor. Dieser bezieht sich entweder auf die unter das DBA fallenden Steuern, also stets auf die Einkommen- und Körperschaftsteuer, regelmäßig auch auf die Gewerbe-, Vermögen- und Grundsteuer (direkte Steuern) sowie die Erbschaftsteuer oder auf alle Steuern, die von den Vertragsstaaten und ihren Gebietskörperschaften erhoben werden (Anlage 1). Der Informationsaustausch in Erbschaftsteuersachen kann dabei auch in einem gesonderten Erbschaftsteuer-DBA geregelt sein.

Soweit sich die DBA am Aufbau des **OECD-MA** orientieren, ist der Informationsaustausch regelmäßig in Art. 26 des jeweiligen DBA geregelt.

1.3.3 Amts- und Rechtshilfevereinbarungen/Informationsaustauschabkommen

Mit einigen Staaten/Gebieten bestehen eigenständige Rechts- und Amtshilfevereinbarungen (z. B. mit Österreich, vgl. Tz. 1.5.1.3), oder besondere Vereinbarungen zur Unterstützung in Steuer- und Steuerstrafsachen durch Informationsaustausch (TIEAs).

Eine Aufstellung über die Abkommen auf dem Gebiet der Rechts- und Amtshilfe und der TIEAs ist dem jährlich aktualisierten BMF-Schreiben zum „Stand der Doppelbesteuerungsabkommen und Doppelbesteuerungsverhandlungen", dort unter „4.", zu entnehmen (vgl. Tz. 1.3.1).

1.3.4 EU-Amtshilferichtlinie und EU-Amtshilfegesetz

Nach Maßgabe der EUAHiRL gewähren sich die Finanzbehörden der EU-MS gegenseitig Amtshilfe durch Informationsaustausch und können Amtshilfe in Anspruch nehmen. Die deutschen Finanzbehörden gewähren Amtshilfe durch Informationsaustausch nach dem **EU-AHiG.** Die Amtshilfe erstreckt sich auf jede Art von Steuern, die von einem oder für einen EU-MS oder dessen Gebiets- oder Verwaltungseinheiten einschließlich der örtlichen Behörden erhoben werden. Das **EUAHiG** ist allerdings nicht auf die Umsatzsteuer, die Einfuhrumsatzsteuer, Zölle und die harmonisierten Verbrauchsteuern anzuwenden. Es umfasst ferner nicht Beiträge, Umlagen und Gebühren.

Die EUAHiRL und das **EUAHiG** umfassen mittlerweile auch Regelungen zum verpflichtenden automatischen Informationsaustauch zu bestimmten Einkunftskategorien, über Finanzkonten in Steuersachen (CRS) sowie zur Umsetzung der BEPS-Empfehlungen zu den Aktionspunkten 5 („Tax Rulings/steuerliche Vorbescheide") und 13 (Austausch länderbezogener Berichte [CbCR]). Die EUAHiRL regelt auch den Zugang der Steuerbehörden zu Informationen zur Bekämpfung der Geldwäsche.

Zur praktischen Umsetzung der Regelungen der EUAHiRL hat die EU-KOM gemeinsam mit den EU-MS Regelungen getroffen, die in den EUAHiDV veröffentlicht werden.

1.3.5 FATCA-Abkommen

Durch das FATCA-Abkommen verpflichten sich die Bundesrepublik Deutschland und die Vereinigten Staaten von Amerika, bestimmte Daten über Finanzkonten von inländischen und US-amerikanischen Finanzinstituten zu erheben und regelmäßig auszutauschen. Die FATCA-USA-UmsV regelt die Erhebung der erforderlichen Daten durch die Finanzinstitute und deren Übermittlungsform. Meidende deutsche Finanzinstitute sind verpflichtet, sich beim IRS zu registrieren und die zu erhebenden Daten zu US-amerikanischen meldepflichtigen Konten an das BZSt zu melden. Das BZSt übermittelt die gemeldeten Daten im Rahmen des vereinbarten automatischen Informationsaustauschs an die zuständige Behörde der Vereinigten Staaten von Amerika. Die von der zuständigen Behörde der Vereinigten Staaten von Amerika dem BZSt automatisch übermittelten Daten werden vom BZSt an die inländischen Landesfinanzverwaltungen weitergeleitet.

1.3.6 Übereinkommen über die gegenseitige Amtshilfe in Steuersachen

Das Übereinkommen über die gegenseitige Amtshilfe in Steuersachen ist für die Bundesrepublik Deutschland nach seinem Art. 28 am 1. Dezember 2015 in Kraft getreten.

Zum 1. Dezember 2015 ist das Übereinkommen jeweils zweiseitig gegenüber den folgenden 70 Staaten und Gebieten unter Berücksichtigung der hinterlegten Vorbehalte und Erklärungen grundsätzlich anwendbar: Albanien, Anguilla, Argentinien, Aruba, Australien, Österreich, Aserbaidschan, Belgien, Belize, Bermuda, Britische Jungferninseln, Kamerun, Kanada, Kaimaninseln, Kolumbien, Costa Rica, Kroatien, Curaçao, Zypern, Tschechien, Dänemark, Estland, Färöer, Finnland, Frankreich, Georgien, Ghana, Gibraltar, Griechenland, Grönland, Guernsey, Ungarn, Island, Indien, Indonesien, Irland, Isle of Man, Italien, Japan, Jersey, Kasachstan, Südkorea, Lettland, Litauen, Luxemburg, Malta, Mauritius, Mexiko, Moldawien,

Montserrat, Niederlande, Neuseeland, Nigeria, Norwegen, Polen, Portugal, Rumänien, Russland, San Marino, Seychellen, Sint Maarten, Slowakei, Slowenien, Südafrika, Spanien, Schweden, Tunesien, Turks- und Caicosinseln, Ukraine, Großbritannien.

Da die Vereinigten Staaten von Amerika das Protokoll zum Übereinkommen bisher nicht ratifiziert haben, ist zweiseitig das Übereinkommen in seiner Fassung vom 25. Januar 1988, das am 1. April 1995 in Kraft getreten ist, ab dem 1. Dezember 2015 anzuwenden.

Der aktuelle Stand der Unterzeichnungen und Ratifizierungen des Übereinkommens kann auf der Internetseite der OECD eingesehen werden (vgl. Tz. 2.3).

1.3.7 MCAA CRS und Finanzkonten-Informationsaustauschgesetz

Am 29. Oktober 2014 haben die Finanzminister von 51 OECD-Partnerstaaten die Mehrseitige Vereinbarung über den automatischen Informationsaustausch in Steuersachen (MCAA) unterzeichnet. Diese definiert den globalen Standard für den automatischen Informationsaustausch über Finanzkonten (CRS). Mit der MCAA verpflichtet sich die Bundesrepublik Deutschland, Informationen über Finanzkonten mit den Vertragsstaaten auszutauschen, beginnend im September 2017 für den Meldezeitraum 2016. Der MCAA sind zwischenzeitlich weitere Staaten und Gebiete beigetreten (vgl. Tz. 6.3.1.2).

Auf EU-Ebene wurde der CRS im Rahmen der Revision der EUAHiRL umgesetzt. Die nationale Umsetzung der MCAA und der EUAHiRL erfolgte durch das **FKAustG.** Die von den zuständigen Behörden anderer Staaten und Gebiete dem BZSt automatisch übermittelten Daten werden vom BZSt an die inländischen Landesfinanzverwaltungen weitergeleitet.

1.3.8 MCAA CbC

Am 5. Oktober 2015 veröffentlichte die OECD die Ergebnisse zum gemeinsamen Projekt BEPS von G20 und OECD, welche u. a. ein Maßnahmenpaket gegen Gewinnkürzungen und -verlagerungen vorschlagen. Der BEPS-Aktionspunkt 13 sieht die Erstellung von länderbezogenen Berichten für multinational tätige Unternehmen und deren automatischen Austausch (CbCR) vor.

Zwischen den EU-MS wurde die BEPS-Empfehlung zum Aktionspunkt 13 durch entsprechende Änderungen der EUAHiRL und national durch die Änderung des **EUAHiG** durch das „Gesetz zur Umsetzung der Änderungen der EU-Amtshilferichtlinie und von weiteren Maßnahmen gegen Gewinnkürzungen und -verlagerungen" vom 20. Dezember 2016 (BGBl. 2016 I S. 3000) umgesetzt.

Der Austausch der länderbezogenen Berichte mit Drittstaaten erfolgt auf Grundlage der am 27. Januar 2016 unterzeichneten Mehrseitigen Vereinbarung (MCAA CbC). Die Maßnahmen wurden durch das vorgenannte „Gesetz zur Umsetzung der Änderungen der EU-Amtshilferichtlinie und von weiteren Maßnahmen gegen Gewinnkürzungen und -verlagerungen" u. a. durch die Aufnahme des **§ 138a AO** „Länderbezogener Bericht multinationaler Unternehmensgruppen" in nationales Recht umgesetzt.

Die meldepflichtigen deutschen Unternehmen i. S. d. **§ 138a Abs. 1 AO** haben einen länderbezogenen Bericht des Konzerns zu erstellen und an das BZSt nach amtlich vorgeschriebenem Datensatz durch Datenfernübertragung zu übermitteln. Es besteht die Möglichkeit der Beauftragung i. S. d. **§ 138a Abs. 3 AO**. Die meldepflichtigen deutschen Unternehmen haben den länderbezogenen Bericht erstmalig für Wirtschaftsjahre, die nach dem 31. Dezember 2015 beginnen, bis zum 31. Dezember 2017 und in den Folgejahren jeweils bis zum 31. Dezember des auf den Meldezeitraum folgenden Kalenderjahres an das BZSt zu übermitteln.

Das BZSt übermittelt alle ihm zugegangenen länderbezogenen Berichte im Rahmen des automatischen Informationsaustauschs an die jeweils zuständige Finanzbehörde des Empfängerstaates.

1.3.9 Informationsaustausch aufgrund von zweiseitigen Verwaltungsabsprachen

Die folgenden Verwaltungsabsprachen sind weiterhin gültig:

- Niederlande vom 16. Oktober 1997, BStBl 1997 I S. 970,
- Frankreich vom 18. Oktober 2001, BStBl 2001 I S. 801,
- Dänemark vom 24. Februar 2005, BStBl 2005 I S. 498,
- Tschechien vom 30. August 2005, BStBl 2005 I S. 904,
- Litauen vom 27. Oktober 2005, BStBl 2005 I S. 1008,
- Estland vom 10. Mai 2006, BStBl 2006 I S. 355,
- Lettland vom 18. Mai 2006, BStBl 2006 I S. 359,
- Ungarn vom 26. Oktober 2006, BStBl 2006 I S. 694,
- Spanien vom 9. April 2013, BStBl 2013 I S. 364,
- Österreich vom 6. November 2013, BStBl 2013 I S. 1460,
- Niederlande vom 14. Juli 2015, BStBl 2015 I S. 555.

1.3.10 Informationsaustausch ohne völkerrechtliche Vereinbarungen und Rechtsakte der Europäischen Union (§ 117 Abs. 1 und 3 AO)

Ausländische Finanzbehörden können gemäß **§ 117 Abs. 1 AO** auch um Informationen ersucht werden, wenn die unter Tz. 1.3.2 bis 1.3.4 und 1.3.6 genannten Rechtsgrundlagen nicht gegeben sind oder ein Ersuchen durch diese Rechtsgrundlage nicht gedeckt ist. Es besteht jedoch grundsätzlich keine völkerrechtliche Verpflichtung des ersuchten Staates zur Erteilung von Informationen.

Ausländischen Ersuchen kann auch dann entsprochen werden, wenn die unter Tz. 1.3.2 bis 1.3.4 und 1.3.6 genannten Rechtsgrundlagen nicht gegeben sind oder ein Ersuchen durch diese Rechtsgrundlagen nicht gedeckt ist. Antworten werden in diesen Fällen nur unter den Voraussetzungen des **§ 117 Abs. 3 AO** erteilt.

Die Aufnahme eines Informationsaustauschs mit Staaten/Gebieten, die nicht unter den Anwendungsbereich der EUAHiRL fallen, das Übereinkommen nicht ratifiziert haben und mit denen auch kein Informationsaustausch in einem DBA, einem Amts- und Rechtshilfevertrag oder TIEA vereinbart worden ist, beschränkt sich auf Fälle mit besonderer Bedeutung.

Einer ausländischen Finanzbehörde können außerdem Informationen zur Entlastung einer Person auf deren Antrag übermittelt werden.

1.4 Auskunftsarten

Zu unterscheiden sind folgende Auskünfte:

- Auskünfte auf Ersuchen in Einzelfällen (Tz. 4 und 5)
- Spontanauskünfte (Tz. 6.1 und 6.2)
- Automatischer Informationsaustausch (Tz. 6.3)
- Informationsaustausch im Rahmen einer gleichzeitigen Prüfung (Tz. 7)
- Gemeinsame Prüfungstätigkeiten mehrerer Steuerverwaltungen (Tz. 8)

Abschnitt 2 – Informationsaustausch auf Ersuchen und Spontanauskünfte

1.5 Zuständigkeiten und Amtshilfeweg des Informationsaustauschs auf Ersuchen und bei Spontanauskünften

1.5.1 Zuständigkeiten für den Informationsaustausch mit ausländischen Finanzbehörden

1.5.1.1 BMF/BZSt/ZKA

Das BMF hat seine Zuständigkeit für die zwischenstaatliche Amtshilfe bei der Steuerfestsetzung gemäß **§ 5 Abs. 1 Satz 1 Nr. 5 FVG** auf das BZSt übertragen (siehe zuletzt **BMF-Schreiben vom 20. Juni 2011 – IV B 5 – O 1000/09/10507-04 –**, BStBl 2011 I S. 674). Das BZSt ist zuständige Behörde für den Informationsaustausch in Einzelfällen nach den DBA, den TIEAs und dem Übereinkommen (Art. 3 Abs. 1 Buchstabe d i. V. m. Anlage B des Übereinkommens).

Das BMF hat das BZSt als zentrales Verbindungsbüro im Sinne von Art. 4 Abs. 2 Satz 1 EUAHiRL und **§ 3 Abs. 2 Satz 1 EUAHiG** benannt. Das BZSt übernimmt als zentrales Verbindungsbüro die Kommunikation mit den anderen EU-MS und prüft eingehende und ausgehende Ersuchen bzw. Spontanauskünfte auf die Zulässigkeit nach dem **EUAHiG (§ 3 Abs. 3 Satz 1 EUAHiG)**.

Das BMF hat das ZKA als Verbindungsstelle gemäß Art. 4 Abs. 3 EUAHiRL bzw. **§ 3 Abs. 2 Satz 2 EUAHiG** sowie als zuständige Behörde für den Informationsaustausch nach den DBA, den TIEAs und nach dem Übereinkommen (Art. 3 Abs. 1 Buchstabe d i. V. m. Anlage B des Übereinkommens) für die Steuern im Zuständigkeitsbereich des Zolls benannt. Einzelheiten können dem nicht veröffentlichten BMF-Schreiben vom 16. August 2017 – III B 2 – Z 4601/16/10019 – 2017/0058975 (Anlage 4) entnommen werden.

1.5.1.2 Landesfinanzbehörden

Das BMF (BZSt) kann im Einzelfall beim Informationsaustausch auf Ersuchen die Auskunftserteilung durch die zuständige oberste Landesfinanzbehörde zulassen. Das gilt nicht für Steuern auf Versicherungsprämien, da sie vom BZSt selbst verwaltet werden (**§ 5 Abs. 1 Satz 1 Nr. 25 FVG**).

Im Einzelfall kann mit Zustimmung der zuständigen obersten Landesfinanzbehörde die Befugnis zum Informationsaustausch mit den zuständigen ausländischen Finanzbehörden auf eine der obersten Landesfinanzbehörde nachgeordnete Behörde übertragen werden (vgl. z. B. Tz. 5.2.4).

Zum Informationsaustausch im Rahmen einer gleichzeitigen Prüfung siehe Tz. 7. Zum Informationsaustausch im Rahmen einer gemeinsamen Prüfungstätigkeit mehrerer Steuerverwaltungen siehe Tz. 8.

Das BMF kann in Abstimmung mit der zuständigen obersten Landesfinanzbehörde den Informationsaustausch auf eine Landesfinanzbehörde übertragen (vgl. Tz. 1.5.1.4).

1.5.1.3 Unmittelbarer Informationsaustausch mit Österreich

Durch die deutsch-österreichische Konsultationsvereinbarung vom 6. November 2013, BStBl 2013 I S. 1460 wurde die Zusammenarbeit der Verwaltungsbehörden im Bereich des Informationsaustauschs in Steuersachen an die neue Rechtslage in der EU angepasst. Danach sind mit Wirkung vom 1. Januar 2013 für den Informationsaustausch in Steuersachen mit Österreich die Bestimmungen der EUAHiRL vorrangig gegenüber dem deutsch-österreichischen Vertrag über Rechtsschutz und Rechtshilfe in Abgabensachen vom 4. Oktober 1954, BStBl 1955 I S. 434 (AHV-1954) und dem zwischen den Vertragsstaaten abgeschlossenen DBA vom 24. August 2000 (**DBA-Österreich**) in der Fassung des Änderungsprotokolls vom 29. Dezember 2010 , anzuwenden. Die Bestimmungen des AHV-1954,. die sich auf die Leistung von Amtshilfe durch Informationsaustausch in Steuersachen beziehen, finden daher grundsätzlich mit Wirkung vom 1. Januar 2013 keine Anwendung mehr. Ergänzend wurde vereinbart, dass der unmittelbare Verkehr zwischen den örtlich zuständigen Finanzbehörden in dringenden Fällen nach Art. 4 Abs. 2 des AHV-1954 weiter zulässig ist, sofern dieser Verkehr nicht die durch die EUAHiRL vorgesehenen elektronischen Verfahren betrifft. Die Entsendung von Bediensteten und gleichzeitige oder gemeinsame Prüfungen erfolgen nach den Bestimmungen der EUAHiRL.

1.5.1.4 Delegation von Zuständigkeiten

Den Finanzämtern im Zuständigkeitsbereich des Ministeriums für Finanzen Baden-Württemberg, des Ministeriums der Finanzen Rheinland-Pfalz und des Ministeriums für Finanzen und Europa des Saarlandes wurde die Aufgabe der zuständigen Behörde für den Informationsaustausch mit den Steuerbehörden der französischen Interrégion Est im Bereich der Steuern vom Einkommen und Vermögen mit Wirkung ab 1. Januar 2005 übertragen, **BMF-Schreiben vom 7. Dezember 2004 – IV B 4 – S 1320 – 12/04** –, BStBl 2004 I S. 1184.

Dem Bayerischen Landesamt für Steuern im Zuständigkeitsbereich des Bayerischen Staatsministeriums der Finanzen und für Heimat und dem Finanzamt Chemnitz-Süd im Zuständigkeitsbereich des Sächsischen Staatsministeriums der Finanzen wurde die Aufgabe der zuständigen Behörde für den Informationsaustausch mit dem Ministerium der Finanzen der Tschechischen Republik im Bereich der Steuern vom Einkommen und Vermögen mit Wirkung ab 1. Januar 2006 übertragen, **BMF-Schreiben vom 6. Oktober 2005 – IV B 1 – S 1321 CZE – 1/05** –, BStBl 2005 I S. 904, und vom **18. August 2006 – IV B 1 – S 1321 CZE – 3/06** –, BStBl 2006 I S. 487.

1.5.1.5 Gemeinden und Gemeindeverbände

Zwischenstaatliche Amtshilfe können auch Gemeinden und Gemeindeverbände nach Maßgabe der in diesem Schreiben dargestellten Grundsätze beanspruchen, soweit ihnen gemäß **Art. 108 Abs. 4 Satz 2 GG** die Verwaltung von Steuern durch die Länder übertragen worden ist. Sie gelten insoweit als Finanzbehörden im Sinne dieses Schreibens. Eine Verpflichtung der Gemeinden und Gemeindeverbände zur Leistung von Amtshilfe besteht nicht.

1.5.2 Amtshilfeweg

Der Amtshilfeweg beim Informationsaustausch bestimmt sich nach Tz. 1.5.1 sowie den Dienstwegregelungen der Länder. Darüber hinaus ist Folgendes zu beachten:

a. Ersuchen an ausländische Finanzbehörden

Die mit der Sache befasste inländische Finanzbehörde legt das Ersuchen dem BZSt auf dem Dienstweg mit Übersendungsschreiben (Anlagen 2a, 2b oder EU-Standardformblatt RIF jeweils mit Anlage 2e) vor. Das BZSt übermittelt das Ersuchen an das Ausland und leitet die Antwort der ausländischen Finanzbehörde auf dem Dienstweg der anfragenden inländischen Finanzbehörde zu.

Die Gemeinden und Gemeindeverbände übermitteln Ersuchen in Fällen der Tz. 1.5.1.5 unmittelbar an das BZSt.

b. Ersuchen an deutsche Finanzbehörden

Die zuständige ausländische Finanzbehörde übermittelt das Ersuchen dem BZSt. Von dort gelangt das Ersuchen auf dem Dienstweg an die mit den Ermittlungen zu betrauende örtliche Finanzbehörde, die Vornahmebehörde (vgl. Tz. 5.2.6). Das Ermittlungsergebnis wird dem BZSt auf dem Dienstweg mit Übersendungsschreiben (Anlage 2e) vorgelegt.

Ersuchen, die Gemeinden oder Gemeindeverbände betreffen, sind den Landesfinanzbehörden zu übermitteln. Die zuständige Landesfinanzbehörde kann von der Gemeinde oder dem Gemeindeverband Informationen im Wege der allgemeinen Amtshilfe erbitten.

Gehen Ersuchen bei einer anderen Behörde als dem BZSt ein, so sind diese Ersuchen (mit Ausnahme der Ersuchen bei Delegation der Zuständigkeiten nach Tz. 1.5.1.4) dem BZSt unverzüglich zuzuleiten (**§ 3 Abs. 4 EUAHiG**).

c. Spontanauskünfte deutscher Finanzbehörden

Für ausländische Finanzbehörden bestimmte Spontanauskünfte werden dem BZSt auf dem Dienstweg mit Übersendungsschreiben (EU-Standardformblatt SIF, ggf. mit Anlage 2c und mit Anlage 2.e) vorgelegt. Die Dienstwegregelungen der Länder sind zu beachten, insbesondere die Ausnahmeregelungen, z. B. wenn der inländische Beteiligte nicht angehört wurde oder Einwendungen erhoben hat.

Spontanauskünfte über Arbeitslöhne von in der Bundesrepublik Deutschland ansässigen und in anderen EU-MS tätigen Arbeitnehmern im Zusammenhang mit einem Freistellungsantrag im Lohnsteuer-Abzugsverfahren können direkt von den Finanzämtern dem BZSt vorgelegt werden (Tz. 2.3.5 „Informationsaustausch" des Merkblatts zur steuerlichen Behandlung des Arbeitslohns nach den Doppelbesteuerungsabkommen vom 3. Mai 2018 – IV B 2 – S 1300/08/10027 –, BStBl 2018 I S. 643).

Die Gemeinden und Gemeindeverbände übermitteln Spontanauskünfte unmittelbar an das BZSt.

d. Spontanauskünfte ausländischer Finanzbehörden

Das BZSt übersendet Spontanauskünfte ausländischer Finanzbehörden der zuständigen Oberfinanzdirektion bzw. den Landesämtern für Steuern und in den Ländern, in denen keine Oberfinanzdirektionen bzw. Landesämter für Steuern bestehen, der obersten Landesfinanzbehörde bzw. im Land Sachsen-Anhalt dem Finanzamt Magdeburg und in der Freien und Hansestadt

Hamburg dem Finanzamt für Großunternehmen in Hamburg. Spontanauskünfte über Steuern auf Versicherungsprämien sind dem im BZSt zuständigen Referat zu übermitteln.

Zu den Ausnahmen beim Amtshilfeweg wird auf die Tz. 1.5.1.4 (Delegation von Zuständigkeiten) hingewiesen.

Spontanauskünfte, die ausschließlich Gemeinden oder Gemeindeverbände betreffen, d. h., die für Besteuerungszwecke der ausschließlich von diesen verwalteten Steuern übermittelt werden, sind diesen unmittelbar zuzuleiten.

e. Amtshilfeweg der Zollverwaltung

Zollseitig ist ausschließlich die Geschäftsweg- und Delegierungsregelung nach § 3 Abs. 6 ZFdG anzuwenden (Anlage 4).

1.6 Steuergeheimnis und Geheimhaltung

1.6.1 Geheimhaltung im Inland

Das Steuergeheimnis (**§ 30 AO**) gilt auch gegenüber ausländischen Finanzbehörden. Es steht jedoch dem Informationsaustausch nicht entgegen, soweit

a. die mit einem deutschen Ersuchen notwendigerweise verbundene Mitteilung steuerlicher Verhältnisse nach **§ 30 Abs. 4 Nr. 1 AO** zulässig ist;

b. die mit der Erledigung eines ausländischen Ersuchens oder der Erteilung einer Spontanauskunft notwendigerweise verbundene Mitteilung steuerlicher Verhältnisse durch völkerrechtliche Vereinbarungen, das **EUAHiG** oder **§ 117 Abs. 3 AO** ausdrücklich zugelassen ist (**§ 30 Abs. 4 Nr. 2 AO**).

Alle Angaben, die die deutschen Finanzbehörden im Zusammenhang mit dem Informationsaustausch erhalten, unterliegen dem Steuergeheimnis. Außerdem unterliegen sie dem besonderen – ggf. weitergehenden – Geheimhaltungsschutz der völkerrechtlichen Vereinbarungen und des **§ 19 EUAHiG**. Sollen erhaltene Informationen für andere Zwecke verwendet werden, als in den völkerrechtlichen Vereinbarungen oder dem **EUAHiG** festgelegt wurde, ist dies nur zulässig, wenn der übermittelnde Staat seine Einwilligung erteilt (**§ 19 Abs. 2 Satz 2 EUAHiG**).

Informationen, die von einem EU-MS oder einem Drittstaat im Rahmen eines Informationsaustauschs übermittelt wurden, können vom BZSt bzw. ZKA an einen anderen EU-MS oder einen Drittstaat weitergegeben werden, wenn diese Informationen für die zutreffende Steuerfestsetzung des anderen Staates von Nutzen oder erheblich sein können. Regelungen zu den Voraussetzungen für die Weitergabe von Informationen wurden u. a. in § 15 Abs. 2, **§ 18 EUAHiG**. sowie Art. 22 Abs. 4 Satz 2 des Übereinkommens getroffen.

Die zuständigen Landesfinanzbehörden werden durch das BZSt in geeigneter Form auf die Einhaltung der Geheimhaltungsbestimmungen hingewiesen, es sei denn, der Hinweis ist bereits im Anschreiben der ausländischen Behörde enthalten. Gleiches gilt zollseitig für das ZKA.

1.6.2 Geheimhaltung im Ausland

Alle Angaben, die deutsche Finanzbehörden im Zusammenhang mit dem Informationsaustausch gegenüber ausländischen Finanzbehörden machen, unterliegen den dort bestehenden Bestimmungen über die Geheimhaltung. Darüber hinaus unterliegen sie dem besonderen

Geheimhaltungsschutz der völkerrechtlichen Vereinbarungen und der EUAHiRL. Darauf wird grundsätzlich in allen Äußerungen gegenüber ausländischen Finanzbehörden hingewiesen. Dieser besondere Geheimhaltungsschutz ist im Ausland auch dann zu wahren, wenn nach dortigem nationalen Recht die Finanzbehörde Informationen an andere Stellen weitergeben könnte oder müsste.

Erfährt die Landesfinanzbehörde oder die Dienststelle der Zollverwaltung von besonderen Vorkommnissen im Ausland, die die Geheimhaltung berühren, oder befürchten inländische Beteiligte, dass die Geheimhaltung im Ausland aufgrund besonderer Umstände im Einzelfall nicht gewährleistet ist, unterrichtet die Landesfinanzbehörde oder die Dienststelle der Zollverwaltung hierüber das BZSt bzw. das ZKA. Falls erforderlich, wird das BZSt bzw. das ZKA von Amts wegen die Angelegenheit aufklären und ggf. in Abstimmung mit dem BMF unter Berücksichtigung der Ergebnisse der Datenschutz- und Geheimhaltungsüberprüfung des Global Forums die zur Wahrung der Rechte, einschließlich der Rechte der Beteiligten, notwendigen Schritte einleiten. Dazu gehört ggf. auch die zusätzliche Einholung einer Zusicherung der ausländischen Steuerbehörde über die Geheimhaltung im Ausland.

Ist eine Landesfinanzbehörde für den Informationsaustausch unmittelbar zuständig (vgl. Tz. 1.5.1.4), obliegt es dieser Landesfinanzbehörde, die erforderlichen rechtlichen Schritte einzuleiten und ggf. die entsprechende Zusicherung der ausländischen Steuerbehörde einzuholen. Das BZSt ist in diesen Fällen lediglich zu unterrichten.

1.7 Übersetzungen

Übersetzungen von Ersuchen und Spontanauskünften deutscher Finanzbehörden werden durch das BZSt bzw. das ZKA veranlasst. Ersuchen und Spontanauskünfte ausländischer Finanzbehörden werden regelmäßig vom BZSt bzw. ZKA in die deutsche Sprache übersetzt. Aus der englischen Sprache wird in einfach gelagerten Fällen nicht übersetzt. Die Landesfinanzbehörden können in der vorgenannten Fallkonstellation jederzeit eine vollständige oder Teilübersetzung der Antwort unmittelbar beim BZSt nachfordern.

1.8 Vordrucke und Formblätter

Bei der zwischenstaatlichen Amtshilfe sind grundsätzlich die EU-Standardformblätter und die in den Anlagen 2a bis 2f aufgeführten Formulare zu verwenden.

Die elektronischen EU-Standardformblätter, die für deren Nutzung erforderlichen Programmdateien sowie ein E-Learning-Modul, das die Handhabung der Formblätter erläutert, wurden den zuständigen Landesfinanzbehörden durch das Auftrag nehmende Land Niedersachsen im Rahmen des Vorhabens KONSENS bis zum 31. Dezember 2018 zur Verfügung gestellt. Für ihre Zuständigkeitsbereiche stehen den Zollbehörden die elektronischen EU-Standardformblätter, die erforderlichen Programmdateien sowie ein E-Learning-Modul zur Verfügung. Das BZSt informiert die zuständigen Landesfinanzbehörden sowie das ZKA jeweils über die Änderungen der EU-KOM an den Standardformblättern und Programmdateien.

Gemeinden und Gemeindeverbände können die EU-Standardformblätter sowie die Programmdateien und das E-Learning-Modul bei Bedarf und nach Anforderung eines Passwortes beim BZSt auf den Internetseiten des BZSt unter **http://www.bzst.de/DE/Steuern_International/Internationale_Amtshilfe/Direkte_Steuern**

/direkte_steuern_node.html;jsessionid=633DA85B0E2B1F2E924C83E81B821A63.live68 12 abrufen.

Ab dem 1. Januar 2019 hat die EU-KOM den EU-MS die zentrale Webanwendung, die eFCA, zur Nutzung der EU-Standardformblätter verpflichtend zur Verfügung gestellt. Ein Parallelbetrieb der eFCA und des bisherigen Verfahrens ist so lange gewährleistet, bis inhaltliche Änderungen an den EU-Standardformblättern durch die EU-KOM erfolgen. Der Zugang zur eFCA wird den zuständigen Landesfinanzbehörden durch das auftragnehmende Land Niedersachsen im Rahmen des Vorhabens KONSENS im laufe des Jahres 2019 bereitgestellt.

Die EU-Standardformblätter, die Programmdateien und das E-Learning-Modul sind Eigentum der EU-KOM. Die EU-KOM behält sich alle Rechte daran vor.

2 Umfang des zwischenstaatlichen Informationsaustauschs

Es ist im Allgemeinen zwischen dem großen bzw. umfassenden und dem kleinen Informationsaustausch nach den DBA zu unterscheiden. Die Tz. 2.1 und 2.2 geben einen allgemeinen Überblick. Die Abgrenzung im Einzelnen ist der jeweiligen Rechtsgrundlage zu entnehmen (Anlage 1).

2.1 Großer bzw. umfassender Informationsaustausch

Nach einer Vielzahl von DBA (Anlage 1) können auf dem Gebiet der Steuern vom Einkommen und vom Vermögen alle Informationen übermittelt werden, die zur Anwendung der DBA oder des innerstaatlichen Rechts eines Vertragsstaates über die unter das Abkommen fallenden Steuern erforderlich sind (großer Informationsaustausch). Neuere Abkommen lassen entsprechend **Art. 26 OECD-MA** „Informationsaustausch" in der aktuellen Fassung vom 17. Juli 2012 einen Informationsaustausch auch bei Steuern jeder Art und Bezeichnung zu, die für Rechnung der Vertragsstaaten oder ihrer Gebietskörperschaften erhotien werden (umfassender Informationsaustausch). Informationen können z. B. über die Richtigkeit von Tatsachenbehauptungen oder über Beweismittel angefordert werden, die zur steuerlichen Beurteilung erforderlich sind.

Das **EUAHiG** (Tz. 1.3.4) sieht den umfassenden Informationsaustausch vor.

Fallbeispiele zur Anwendung des innerstaatlichen Rechts (siehe Tz. 8 des OECD-Kommentars zu **Art. 26 OECD-MA**):

a. Eine Gesellschaft in Deutschland liefert Waren an eine unabhängige Gesellschaft im Staat B. Deutschland möchte vom Staat B Auskunft darüber, welchen Preis die Gesellschaft im Staat B für die Waren gezahlt hat, um das innerstaatliche Recht richtig anwenden zu können. Es bestehen Zweifel, ob der gesamte „Kaufpreis" ins Inland bezahlt wurde oder ob noch weitere Zahlungen erfolgt sind, die nicht in der inländischen Buchhaltung erfasst sind.

b. „Dreiecksverhältnisse": Eine Gesellschaft in Deutschland verkauft Waren über eine Gesellschaft im Staat C (möglicherweise ein Staat mit einem niedrigen Steuerniveau, sog. „Steueroasenland") an eine Gesellschaft im Staat B. Die Gesellschaften können, müssen aber nicht, miteinander verbunden sein. Weder zwischen Deutschland und dem Staat C noch zwischen den Staaten B und C bestehen DBA. Aufgrund des DBA zwischen Deutschland und dem Staat B ersucht Deutschland zwecks richtiger Anwendung seines innerstaatlichen Rechts auf die Gewinne, die die in seinem Gebiet bestehende Gesellschaft erzielt hat, den Staat B um Auskunft über die von der Gesellschaft im Staat B für die Waren gezahlten Preise.

c. Deutschland ersucht für die Zwecke der Besteuerung einer in seinem Gebiet bestehenden Gesellschaft den Staat B aufgrund des zwischen Deutschland und dem Staat B bestehenden DBA um Auskunft über die Preise, die eine Gesellschaft oder ein Konzern im Staat B ohne Geschäftsbeziehungen zur Gesellschaft in Deutschland berechnet, um durch Vergleich die von der Gesellschaft in Deutschland geforderten Preise (z. B. Preise, die von einer Gesellschaft oder einem Konzern in beherrschender Stellung berechnet werden) zu überprüfen.

2.2 Kleiner Informationsaustausch

Beinhaltet ein DBA noch die kleine Auskunftsklausel, können nur Informationen erbeten oder übermittelt werden, die zur Durchführung des DBA selbst notwendig sind. Eine Auskunft wird dann zur Durchführung des DBA benötigt, wenn die abkommensrechtliche Rechtsfolge je nach dem Ergebnis der Auskunft eine andere ist. Dazu zählen beispielsweise Informationen über die Ansässigkeit eines Steuerpflichtigen und das Vorliegen einer Betriebsstätte.

Tz. 7 des OECD-Kommentars zu **Art. 26 OECD-MA** nennt u. a. folgende Fallbeispiele:

a. Bei Anwendung des **Art. 12 OECD-MA** ersucht Deutschland, in dem der Empfänger ansässig ist, den Staat B, in dem der Schuldner ansässig ist, um Auskünfte über die Höhe der gezahlten Lizenzgebühren.

b. Staat B ersucht Deutschland um Auskunft, ob der Empfänger der Zahlungen tatsächlich in Deutschland ansässig ist und Nutzungsberechtigter der Lizenzgebühren ist, um die in **Art. 12 OECD-MA** vorgesehene Befreiung gewähren zu können.

c. Ferner können Informationen benötigt werden, um verbundenen Unternehmen in verschiedenen Staaten einen angemessenen Gewinn zuzurechnen oder die Gewinne zu berichtigen, die in den Büchern einer Betriebsstätte in dem einen Staat und den Büchern des Hauptsitzes in dem anderen Staat ausgewiesen sind (**Art. 7 OECD-MA** „Unternehmensgewinne", **Art. 9 OECD-MA** „verbundene Unternehmen", **Art. 23 A OECD-MA** „Befreiungsmethode" und **Art. 23 B OECD-MA** „Anrechnungsmethode").

Informationen zur Durchführung rein innerstaatlichen Rechts können im Rahmen des kleinen Informationsaustauschs nicht erbeten oder übermittelt werden.

2.3 Informationsaustausch nach dem Übereinkommen

Das Übereinkommen gilt für die bestehenden Steuern, die ein Vertragsstaat in Anlage A des Übereinkommens aufgelistet hat, sofern keine Vorbehalte nach Art. 30 Abs. 1 Buchstabe a des Übereinkommens hinterlegt wurden. Vorbehalte und Erklärungen nach Art. 30 Abs. 1 des Übereinkommens können jederzeit neu angebracht sowie ganz oder teilweise zurückgenommen werden. Neue Vorbehalte treten am ersten Tag des Monats in Kraft, der auf einen Zeitabschnitt von drei Monaten nach Eingang des Vorbehalts bei einem der Verwahrer des Übereinkommens folgt. Rücknahmen werden mit dem Eingang der Notifikation bei dem Verwahrer des Übereinkommens wirksam.

Ein Informationsaustausch mit dem jeweils anderen Vertragsstaat nach dem Übereinkommen erfordert insofern die Gegenseitigkeit.

Eine nicht amtliche konsolidierte Fassung des Übereinkommens ist als Anlage 3 in englischer, französischer und deutscher Sprache beigefügt. Das Übereinkommen sowie der Kommentar zum Übereinkommen können in englischer Sprache auf der Internetseite der OECD unter **http://www.oecd.org/ctp/exchange-of-tax-information/Explanatory_Report_ENG_%2015_04_2010.pdf** eingesehen werden.

Der tagesaktuelle Stand der Unterzeichnungen und Ratifikationen des Übereinkommens kann auf der Webseite der OECD unter **http://www.oecd.org/tax/exchangeof-tax-information/Status_of_convention.pdf** eingesehen werden. Der tagesaktuelle Stand der Vorbehalte und Erklärungen der Vertragsstaaten nach Art. 30 des Übereinkommens ist in englischer und französischer Sprache auf der Internetseite des Europarats unter **http://www.coe.int/en/web/conventions/search-on-treaties/-/conventions/treaty/127/declarations** veröffentlicht.

2.4 Informationsaustausch mit mehreren Staaten und/oder Gebieten

Berührt ein steuerlicher Sachverhalt mehrere Staaten und/oder Gebiete, so kann mit jedem dieser Staaten oder Gebiete nach Maßgabe der bestehenden Rechtsgrundlagen (Tz. 1.3) ein Informationsaustausch durchgeführt werden. Die Bestimmungen über die Geheimhaltung sind zu beachten.

2.5 Anwendungszeiträume

Für die Bewilligung und Durchführung der zwischenstaatlichen Amtshilfe sind die spezifischen Anwendungszeiträume der jeweiligen Rechtsgrundlagen zu beachten.

2.5.1 Anwendungszeiträume nach EUAHiRL und EUAHiG

Die EUAHiRL und das **EUAHiG** gelten grundsätzlich auch für Auskünfte, die Besteuerungszeiträume vor dem Inkrafttreten dieser Rechtsgrundlagen betreffen.

Nach Art. 18 Abs. 3 EUAHiRL kann ein anderer EU-MS die Übermittlung der erbetenen Informationen verweigern, wenn diese Informationen vor dem 1. Januar 2011 liegende Besteuerungszeiträume betreffen und die Übermittlung nach Art. 8 Abs. 1 der Richtlinie 77/799/EWG hätte verweigert werden können, wenn das Ersuchen vor dem 11. März 2011 gestellt worden wäre.

2.5.2 Anwendungszeiträume nach DBA

Nach den meisten von der Bundesrepublik Deutschland abgeschlossenen DBA kann grundsätzlich nur um Informationen für Besteuerungszeiträume ersucht werden, die am Tag oder nach dem Tag des Inkrafttretens des DBA beginnen. Einige von der Bundesrepublik Deutschland abgeschlossene DBA sehen einen abweichenden Beginn des Informationsaustauschs vor.

2.5.3 Anwendungszeiträume nach TIEA

Ausführungen zu den Anwendungszeiträumen der TIEA können dem BMF-Schreiben vom 10. November 2015 zur Anwendung der Abkommen über den steuerlichen Informationsaustausch (Tax Information Exchange Agreement – TIEA)" – IV B 6 – S 1301/11/10002 –, BStBl 2016 I S. 138 (vgl. Tz. 1) entnommen werden.

2.5.4 Anwendungszeiträume nach dem Übereinkommen

Das Übereinkommen ist nach seinem Art. 28 Abs. 3 sowie das Protokoll nach seinem Art. IX Abs. 3 für die Bundesrepublik Deutschland zum 1. Dezember 2015 in Kraft getreten. Der aktuelle Stand der Unterzeichnungen und Ratifikationen des Übereinkommens durch die anderen Vertragsstaaten sowie das Datum des Inkrafttretens im jeweiligen Vertragsstaat kann auf der Internetseite der OECD (vgl. Tz. 2.3) eingesehen werden.

Nach seinem Art. 28 Abs. 6 Satz 1 gilt das Übereinkommen im Inland für Besteuerungszeiträume, die am oder nach dem 1. Januar 2016 beginnen, bzw. wenn es keinen Besteuerungszeitraum gibt, für Steuerverbindlichkeiten, die am oder nach dem 1. Januar 2016 entstanden sind. Im Verhältnis zu Vertragsstaaten, die das Übereinkommen nach dem 1. Januar 2016 in Kraft gesetzt haben, gilt das Übereinkommen für Besteuerungszeiträume oder Steuerverbindlichkeiten des späteren Zeitpunktes. Vereinbarungen nach Art. 28 Abs. 6 Satz 2 des Übereinkommens über die Ausdehnung der Amtshilfe auf frühere Besteuerungszeiträume oder Steuerverbindlichkeiten wurden von der Bundesrepublik Deutschland nicht getroffen.

Nach Art. 28 Abs. 7 des Übereinkommens leistet die Bundesrepublik Deutschland auf Ersuchen Amtshilfe für Steuersachen in Zusammenhang mit vorsätzlichem Verhalten, das nach dem Strafrecht des ersuchenden Vertragsstaates der strafrechtlichen Verfolgung unterliegt, für frühere Besteuerungszeiträume oder Steuerverbindlichkeiten. Deutsche Finanzbehörden können nach Art. 28 Abs. 7 des Übereinkommens um Amtshilfe für Steuersachen in Zusammenhang mit vorsätzlichem Verhalten, das nach deutschem Strafrecht der strafrechtlichen Verfolgung unterliegt, für frühere Besteuerungszeiträume oder Steuerverbindlichkeiten ersuchen, es sei denn, der andere Vertragsstaat hat einen Vorbehalt nach Art. 30 Abs. 1 Buchstabe f zu Art. 28 Abs. 7 des Übereinkommens hinterlegt und damit den Anwendungszeitraum der Rückwirkung auf drei Jahre vor Inkrafttreten begrenzt.

3. Rechtliches Gehör

3.1 Anhörung inländischer Beteiligter

3.1.1 Grundsatz

Zwischenstaatliche Amtshilfe durch Informationsaustausch, auch im Rahmen einer gleichzeitigen Prüfung bzw. einer gemeinsamen Prüfungstätigkeit mehrerer Steuerverwaltungen, kann einen Eingriff in die Rechte eines oder mehrerer betroffenen inländischen Beteiligten darstellen. Um seine Rechte als Verfahrensbeteiligter wahren zu können, muss jeder inländische Beteiligte grundsätzlich rechtzeitig darüber informiert werden, dass und in welchem Umfang Informationen an eine ausländische Steuerverwaltung übermittelt werden sollen. Dem inländischen Beteiligten soll durch die Gewährung rechtlichen Gehörs in Form der Anhörung – unabhängig davon, ob die Informationen/Unterlagen aus den Steuerakten oder aus besonderen Ermittlungen stammen – die Gelegenheit gegeben werden, sich zu äußern und ggf. begründete Einwände vorzubringen. Sind auch Daten Dritter, die als inländische Beteiligte i. S. d. Tz. 3.1.3 anzusehen sind, zu übermitteln, sind diese Dritten ebenfalls anzuhören. Sofern Informationen zu Personen übermittelt werden, die keine inländischen Beteiligten sind, ist eine Anhörung nicht erforderlich.

Für die Durchführung der Anhörung ist die Behörde zuständig, die die Informationen/Unterlagen bereitstellt (die Vornahmebehörde). Sie informiert die für die Übermittlung ins Ausland zuständige Finanzbehörde (Tz. 1.5.1) über das Ergebnis der Anhörung bzw. den Verzicht auf eine Anhörung mittels Übersendungsschreiben (Anlage 2e). Enthalten die zu übermittelnden Unterlagen Informationen aus Steuerakten oder steuerlichen Ermittlungen, die nicht voraussichtlich steuerlich erheblich sind, sind diese durch die zuständige Vornahmebehörde zu entfernen und/oder zu anonymisieren.

3.1.2 Ausnahmen von der Anhörungspflicht

a. § 117 Abs. 4 Satz 3 AO

Nach § 117 Abs. 4 Satz 3 AO hat abweichend von § 91 AO eine Anhörung aller inländischen Beteiligten stets stattzufinden, es sei denn,

aa) es findet ein Informationsaustausch aufgrund des EUAHiG statt oder

bb) es liegt eine Ausnahme nach§ 91 Abs. 2 oder 3 AO vor (z. B. bei Gefahr im Verzug oder wenn der Anhörung ein zwingendes öffentliches Interesse entgegensteht).

Ob auf die Anhörung nach den Doppelbuchstaben aa oder bb verzichtet werden kann, hat die Vornahmebehörde in jedem Einzelfall nach pflichtgemäßem Ermessen unter Berücksichtigung der allgemeinen Grundsätze des § 91 AO zu entscheiden. Die Ermessensausübung ist aktenkundig zu machen. Hierfür kann der Aktenbogen (Anlage 2g) genutzt werden.

Bei der Entscheidung über den Verzicht auf eine Anhörung hat die Vornahmebehörde die berechtigten Interessen des/der inländischen Beteiligten zu berücksichtigen. Bestehen Zweifel, ob die berechtigten Interessen des/der Beteiligten berücksichtigt wurden, ist anzuhören. Eine Anhörung hat grundsätzlich zu erfolgen, wenn die Gefahr besteht, dass dem/den inländischen Beteiligten bei Übermittlung von Informationen und Unterlagen im Rahmen des Informationsaustauschs ein mit dem Informationsaustausch nicht zu vereinbarender Schaden drohen könnte (vgl. z. B. Tz. 5.3.1.3), bzw. wenn die in Tz. 5.3.1.1 aufgeführten Rechte des/der inländischen Beteiligten berührt sein könnten.

Ermessensgerecht erscheint in Fällen des EUAHiG (Doppelbuchstabe aa) grundsätzlich der Verzicht auf eine Anhörung z. B.:

- wenn Informationen übermittelt werden, die auf eigenen Angaben des Steuerpflichtigen basieren, die dieser zu Besteuerungszwecken erteilt hat,
- bei Anschriftenübermittlungen oder
- wenn bei Außenprüfungen oder bei sonstigen Prüfungen, die sich auf Auslandsbeziehungen erstrecken, bereits ein Hinweis gegeben wurde, dass sich die Finanzbehörden die Nachprüfung der Angaben des Steuerpflichtigen und die weitere Aufklärung des Sachverhalts durch ein Ersuchen im Rahmen der zwischenstaatlichen Amtshilfe vorbehalten.

Zur Anhörung bei Ankündigung einer gleichzeitigen Prüfung bzw. einer gemeinsamen Prüfungstätigkeit mehrerer Steuerverwaltungen vgl. BMF-Schreiben „Merkblatt über koordinierte steuerliche Außenprüfungen mit Steuerverwaltungen anderer Staaten und Gebiete" vom 9. Januar 2017 – IV B 6 – S 1315/16/10016: 002 –, BStBl 2017 I S. 89, sowie auch Tz. 7 bzw. Tz. 8.

Im Hinblick auf§ 91 Abs. 2 AO (Doppelbuchstabe bb) ist ein Verzicht auf die Anhörung beispielsweise ermessensgerecht, wenn aufgrund einer Anhörung der Erfolg des Informationsaustauschs, insbesondere die Auswertung der ausgetauschten Informationen, gefährdet erscheint. Die Aufzählung in § 91 Abs. 2 AO ist nicht abschließend.

b. Weitere Ausnahmen, in denen von einer Anhörung abgesehen werden kann, liegen u. a. vor:

- bei der Beschaffung von allgemein zugänglichem Material und dessen Weitergabe an ausländische Finanzbehörden (z. B. Name und Anschrift aufgrund einfacher Melderegisterauskunft oder Angaben aus Veröffentlichungen in Amtsblättern, Zeitungen und elektronischen Medien);
- bei Weitergabe von Informationen, die auf tatsächlichen Angaben eines Steuerpflichtigen beruhen, die dieser in einem Antrag oder einer Erklärung gemacht hat. Dies gilt jedoch bei der Weitergabe von Informationen über unbeschränkt Steuerpflichtige an Drittstaaten nur, soweit auf die Möglichkeit einer entsprechenden Informationsweitergabe an den anderen Staat bereits im entsprechenden Steuererklärungs- oder Antragsvordruck hingewiesen worden ist;
- bei der Weitergabe von Informationen über Grundstücksveräußerungen und Anteilsübertragungen (z.B. bei Kapitalgesellschaften), soweit diese Informationen auf Angaben des Steuerpflichtigen beruhen (z. B. aufgrund § 54 EStDV, § 29 Abs. 4 BewG);
- bei Geldwäscheverdachtsmitteilungen nach dem Geldwäschegesetz, sofern diese keine Informationen zu inländischen Beteiligten enthalten;
- bei der Weitergabe von Daten aus dem Rentenbezugsmitteilungsverfahren (§ 22a EStG);
- bei Mitteilungen aufgrund der Mitteilungsverordnung zu § 93a AO;
- bei Übermittlung von Informationen, die der inländische Arbeitgeber im Rahmen der elektronischen Lohnsteuerbescheinigung nach § 41b Abs. 1 EStG gemeldet hat, wenn der Arbeitnehmer kein inländischer Beteiligter ist.

Für das Vorliegen dieser Ausnahmetatbestände trägt die Vornahmebehörde die Feststellungslast.

3.1.3 Inländischer Beteiligter

Inländischer Beteiligter i. S. d. § 117 Abs. 4 Satz 3 AO ist derjenige, der im Zeitpunkt des Informationsaustauschs z. B. seinen Wohnsitz, seinen gewöhnlichen Aufenthalt, seine Geschäftsleitung oder seinen Sitz, eine Betriebsstätte oder einen ständigen Vertreter im Inland hat und in dessen Rechte eingegriffen wird (z. B. ein von der Informationserteilung Betroffener oder ein Dritter, dessen Informationen übermittelt werden sollen). Regelmäßig handelt es sich bei unbeschränkt Steuerpflichtigen, aus deren Steuerakten die erbetenen Auskünfte oder Unterlagen entnommen werden, um inländische Beteiligte. Es können aber auch Dritte inländische Beteiligte sein. Letztlich ist derjenige, den die Vornahmebehörde nach den §§ 93 bis 100 AO in Anspruch nimmt oder der von der Informationserteilung betroffen ist und der einen Anspruch auf Schutz vor der unbefugten Weitergabe von Daten hat, als inländischer Beteiligter anzusehen.

3.1.4 Formen der Anhörung

Die Anhörung kann schriftlich (Anlage 2f) oder mündlich erfolgen. Bei mündlicher Anhörung sind die Anhörung und die Stellungnahme des/der inländischen Beteiligten unbedingt aktenkundig zu machen.

In Fällen, in denen für die Beantwortung eines ausländischen Ersuchens die Anforderung von Informationen bzw. Unterlagen beim inländischen Beteiligten erforderlich ist, sollte die Anhörung zur Beschleunigung des Verfahrens grundsätzlich gemeinsam mit dem Anschreiben an den Beteiligten zur Anforderung der Informationen/Unterlagen vorgenommen werden.

3.1.5 Anhörungsfrist

Die Anhörungsfrist soll im Regelfall zwei Wochen betragen, wenn nicht im Einzelfall eine längere Frist geboten erscheint.

3.2 Rechtsschutz

3.2.1 Behandlung von Einwendungen

Einwendungen gegen

a. ein Ersuchen an eine ausländische Finanzbehörde,

b. die Erteilung von Auskünften oder die Übermittlung von Unterlagen an ausländische Finanzbehörden bei Erledigung eines Ersuchens,

c. die Erteilung einer Spontanauskunft

sind der Vornahmebehörde vorzutragen. Hält sie die Einwendungen für unbegründet, hat sie die Einwendungen der zuständigen Finanzbehörde (vgl. Tz. 1.5.1) auf dem Dienstweg zur Entscheidung vorzulegen (Anlage 2e) und den Beteiligten hierüber zu unterrichten. Der zuständigen Finanzbehörde sind sämtliche Unterlagen zu übermitteln, die zur Entscheidung über die Einwendungen sachdienlich sind. Dazu gehören auch der Schriftverkehr (Anlage 2f), bzw. die Aktenvermerke zur Anhörung des inländischen Beteiligten, der gegen die Übermittlung der Informationen Einwendungen erhebt.

Hält die Vornahmebehörde in den Fällen der Buchstaben a und c die Einwendungen für begründet, so kann sie von einer Vorlage an die zuständige Finanzbehörde absehen.

In Fällen des Buchstabens b sind die Einwendungen der zuständigen Finanzbehörde stets vorzulegen.

Über das Ergebnis der Prüfung der Einwendungen wird die zuständige Finanzbehörde den Beteiligten informieren. In Fällen unbegründeter Einwendungen erfolgt die Mitteilung des Ergebnisses der Prüfung rechtzeitig vor der tatsächlichen Übersendung ins Ausland.

Der Beteiligte hat die Möglichkeit, sich gegen Maßnahmen i. S. d. Buchstaben a bis c durch vorbeugende Unterlassungsklage (§ 40 FGO) gegen die zuständige Finanzbehörde (Tz. 1.5.1) zu wenden. Ggf. kann eine einstweilige Anordnung (§ 114 FGO) beantragt werden. Dieses Recht steht in den Fällen der Buchstaben b und c auch dem betroffenen ausländischen Steuerpflichtigen zu (BFH vom 20. Januar 1988, BStBl 1988 II S. 412, und BFH vom 17. Mai 1995, BStBl 1995 II S. 497). Einwendungen gegen den ausländischen Steueranspruch, der einem ausländischen Ersuchen zugrunde liegt, können nur gegenüber dem ausländischen Staat oder Gebiet erhoben werden.

3.2.2 Rechtsbehelfe gegen Ermittlungsmaßnahmen

Ermittlungsmaßnahmen der Vornahmebehörde aufgrund eines ausländischen Ersuchens, die sich gegen einen inländischen Beteiligten richten, sind Verwaltungsakte, die dieser gemäß § 347 AO mit dem Einspruch anfechten kann.

Über den Einspruch gegen die Ermittlungsmaßnahmen hat die Vornahmebehörde zu entscheiden.

4 Ersuchen an ausländische Finanzbehörden

4.1 Einleitung des Auskunftsverfahrens

4.1.1 Allgemeines

Die Finanzbehörden können bei der Sachverhaltsermittlung (§§ 85, 88 AO) zwischenstaatliche Amtshilfe in Anspruch nehmen (§ 117 Abs. 1 AO). Dabei ist, wie auch bei inländischen Ermittlungen, der Grundsatz der Verhältnismäßigkeit zu beachten. Die Gefahr, dass dem inländischen Beteiligten ein mit dem Zweck der Amtshilfe nicht zu vereinbarender Schaden entstehen kann, ist zu berücksichtigen (§ 117 Abs. 3 Satz 1 Nr. 4 AO analog). Ob eine ausländische Finanzbehörde um Auskunft oder Übersendung von Unterlagen ersucht wird, ist nach pflichtgemäßem Ermessen zu entscheiden (§§ 88, 92, 112 Abs. 1 AO). Im Rahmen eines Ersuchens können Informationen erbeten werden, die für die Besteuerung voraussichtlich erheblich sind (siehe § 6 Abs. 1 Satz 1 i. V. m. § 1 Abs. 1 Satz 1 EUAHiG, Art. 26 OECD-MA sowie Art. 1 TIEA-MA, Art. 4 Abs. 1 i. V. m. Art. 5 Abs. 1 des Übereinkommens).

Als voraussichtlich erheblich sind Informationen anzusehen, die der Ermittlung von steuerlichen Sachverhalten eines oder mehrerer Steuerpflichtiger dienen, die entweder namentlich benannt oder anderweitig konkret identifiziert werden können (vgl. Tz. 5 ff. des OECD-Kommentars zu Art. 26 OECD-MA und Tz. 50 des Übereinkommen-Kommentars zu Art. 4 Abs. 1 des Übereinkommens). Maßgeblich ist, dass zum Zeitpunkt des Ersuchens eine realistische Möglichkeit besteht, dass die erbetenen Informationen für die Besteuerung erheblich sein werden. Ob die erteilten Informationen dann tatsächlich steuerlich erheblich sind, ist nicht von Bedeutung.

Nicht zulässig sind Ersuchen zur bloßen Beweisausforschung (sog. „fishing expeditions"), d. h. Ersuchen ohne eine offensichtliche Verbindung zu einer Sachverhaltsermittlung in Steuerangelegenheiten eines bestimmten Steuerpflichtigen oder einer konkreten Gruppe von Steuerpflichtigen (vgl. Tz. 4.1.3 Gruppenersuchen). Entsprechend Art. 26 Abs. 5 OECD-MA, Art. 5 Abs. 4 TIEA-MA, Art. 18 Abs. 2 EUAHiRL sowie Art. 21 Abs. 4 des Übereinkommens kann ein ersuchter Staat die Erteilung von Informationen jedoch nicht nur deshalb ablehnen, weil sich diese bei einer Bank, einem sonstigen Finanzinstitut, einem Bevollmächtigten, Vertreter oder Treuhänder befinden oder sich auf Eigentumsanteile an einer Person beziehen. Ein ersuchter Staat kann ferner die Ermittlung von Informationen nicht deshalb ablehnen, weil er diese nicht für die eigene Besteuerung benötigt (vgl. u. a. Art. 18 Abs. 1 EUAHiRL, Art. 21 Abs. 3 des Übereinkommens).

Nach § 6 Abs. 1 Satz 3 EUAHiG können auch Originaldokumente erbeten werden, wenn diese für das weitere Verfahren benötigt werden.

4.1.2 Vorherige Ermittlungen

Die nach der AO vorgesehenen inländischen Ermittlungsmöglichkeiten sind grundsätzlich zunächst auszuschöpfen. Amtshilfe soll erst in Anspruch genommen werden, wenn die Sachverhaltsaufklärung durch den Beteiligten (§ 90 Abs. 2 AO) mit unverhältnismäßig großen Schwierigkeiten verbunden wäre oder keinen Erfolg verspricht (vgl. auch § 6 Abs. 3 EUAHiG).

Dabei entscheiden die Finanzbehörden nach pflichtgemäßem Ermessen, inwieweit Ermittlungen als zweckmäßig und Erfolg versprechend anzusehen sind. Wird z. B. die Steuerfahndung im Besteuerungsverfahren tätig (§ 208 Abs. 1 Satz 1 Nr. 2 und 3 AO), kann ein Ersuchen auch ohne vorherige Ermittlungen beim Steuerpflichtigen gestellt werden, wenn ansonsten die Erreichung des Ermittlungsziels gefährdet erscheint.

4.1.3 Gruppenersuchen

Ein Ersuchen kann auch zur Ermittlung steuerlicher Sachverhalte gestellt werden, die eine Gruppe von Steuerpflichtigen (Gruppenersuchen) betreffen. Bezieht sich das Ersuchen auf eine Gruppe von nicht einzeln identifizierbaren Steuerpflichtigen, ist es zur Abgrenzung, dass es sich bei dem Ersuchen nicht um eine bloße Beweisausforschung handelt, erforderlich, dass im Ersuchen die Gruppe anhand des konkreten Sachverhalts, der ein bestimmtes Verhaltensmuster beinhaltet, und der Umstände, die zu dem Ersuchen geführt haben, ausführlich beschrieben wird, und anhand von Fakten erläutert wird, warum Grund zu der Annahme besteht, dass die Steuerpflichtigen der Gruppe, über die Informationen eingeholt werden, ihre steuerlichen Pflichten verletzt haben (Tz. 5.2 des OECD-Kommentars zu Art. 26 OECD-MA). Für Gruppenersuchen ist das Formular der Anlage 2b zu nutzen.

Tz. 8 des OECD-Kommentars zu Art. 26 OECD-MA führt folgende Fallbeispiele zulässiger Gruppenersuchen auf:

1) Die Steuerbehörden eines Staates A führen eine steuerliche Prüfung der Angelegenheiten des Steuerpflichtigen X durch. Auf der Grundlage dieser Prüfung erhalten die Steuerbehörden Hinweise, dass der Steuerpflichtige X ein nicht angegebenes Bankkonto oder mehrere nicht angegebene Bankkonten bei Bank B im Staat B besitzt. Nach der Erfahrung von Staat A ist es nicht unwahrscheinlich, dass die Bankkonten, um eine Aufdeckung zu verhindern, auf Namen von Verwandten des Nutzungsberechtigten geführt werden. Staat A ersucht daher um Informationen über alle bei der Bank B geführten Konten, für die der Steuerpflichtige X Nutzungsberechtigter ist, sowie über alle auf den Namen seiner Ehefrau und seiner Kinder geführten Konten.

2) Die im Staat A ansässige Gesellschaft A befindet sich im Besitz der im Staat B ansässigen ausländischen nicht börsennotierten Gesellschaft B. Die Steuerbehörden des Staates A vermuten, dass sich Gesellschaft B mittelbar oder unmittelbar im Besitz der Geschäftsführer X, Y und Z der Gesellschaft A befindet. In diesem Fall wären die von Gesellschaft A an die Gesellschaft B ausgezahlten Dividenden auf Ebene der Geschäftsführer zu versteuern, da sie im Staat A ansässige Anteilseigner sind und daher die dort geltenden Regelungen für durch unbeschränkt steuerpflichtige beherrschte ausländische Gesellschaften Anwendung finden. Der Verdacht beruht auf Informationen, die ein ehemaliger Angestellter der Gesellschaft A an die Steuerbehörden des Staates A übermittelt hat. Als die drei Geschäftsführer der Gesellschaft A mit den Behauptungen konfrontiert werden, leugnen sie, Eigentumsanteile an Gesellschaft B zu besitzen. Die Steuerbehörden des Staates A haben sämtliche innerstaatlichen Mittel zur Beschaffung von Informationen über die Eigentumsverhältnisse von Gesellschaft B ausgeschöpft. Staat A ersucht Staat B um Auskunft darüber, ob X, Y und Z Anteilseigner der Gesellschaft B sind. Da sich Eigentumsrechte in diesen Fällen häufig z. B. in den Händen von Briefkastengesellschaften und nominellen Anteilseignern befinden, ersucht er Staat B ferner um Auskunft darüber, ob X, Y und Z mittelbar an Gesellschaft B beteiligt sind. Kann Staat B nicht ermitteln, ob X, Y oder Z

mittelbar beteiligt sind, ersucht er um Auskunft über die Anteilseigner, sodass er seine Ermittlungen fortführen kann.

3) Der Finanzdienstleister B ist im Staat B niedergelassen. Die Steuerbehörden des Staates A haben festgestellt, dass B ein Finanzprodukt an im Staat A ansässige Personen mithilfe irreführender Informationen vermarktet, die nahelegen, dass durch das Produkt die im Staat A geltende Einkommensteuerpflicht für die mit dem Produkt akkumulierten Einkünfte entfällt. Das Produkt erfordert die Eröffnung eines Kontos bei Finanzdienstleister B zur Tätigung der Investition. Die Steuerbehörden des Staates A haben eine Warnung an Steuerpflichtige herausgegeben, in der sämtliche Steuerpflichtige vor dem Produkt gewarnt werden und klargestellt wird, dass der implizierte Steuereffekt damit nicht erzielt wird und die durch das Produkt erzielten Einkünfte zu erklären sind. B vermarktet das Produkt jedoch weiterhin auf seiner Internetseite und Staat A hat Beweise, dass B das Produkt ebenfalls durch ein Netzwerk von Beratern vermarktet. Staat A hat bereits verschiedene in seinem Hoheitsgebiet ansässige Steuerpflichtige ermittelt, die in das Produkt investiert haben und die Einkünfte aus ihren Investitionen nicht erklärt haben. Staat A hat alle inländischen Ermittlungsmöglichkeiten zur Beschaffung von Informationen über die Identität der in seinem Hoheitsgebiet ansässigen Personen, die in das Produkt investiert haben, ausgeschöpft. Staat A ersucht die zuständige Behörde des Staates B um Auskunft über sämtliche in Staat A ansässigen Personen, die (i) ein Konto bei B besitzen und (ii) in das Finanzprodukt investiert haben. Staat A übermittelt in dem Ersuchen die oben genannten Informationen einschließlich Einzelheiten zum Finanzprodukt und zum Stand der Untersuchung.

Nach Tz. 8.1 des OECD-Kommentars zu Art. 26 OECD-MA besteht hingegen für einen ersuchten Staat keine Verpflichtung, folgende Ersuchen zu beantworten, falls diese nicht durch weitere Informationen begründet werden:

a. Ersuchen zu Kontoinformationen (Namen, Geburtsdaten und -orte sowie Kontoständen) von im ersuchenden Staat ansässigen Personen, die ein Konto bei einer Bank B in dem ersuchten Staat besitzen, wenn im Ersuchen lediglich ausgeführt wird, dass bekannt ist, dass Bank B über eine große Gruppe ausländischer Kontoinhaber verfügt.

b. Ersuchen um Mitteilung von Informationen über Anteilseigner einer im ersuchten Staat ansässigen Gesellschaft B (Namen aller im ersuchenden Staat ansässigen Anteilseigner sowie alle Dividendenzahlungen an diese Anteilseigner), wenn im Ersuchen lediglich ausgeführt wird, dass die Gesellschaft B erhebliche Geschäftstätigkeiten im ersuchenden Staat ausübt und daher vermutlich Anteilseigner hat, die im ersuchenden Staat ansässig sind, bzw. wenn im Ersuchen ausgeführt wird, dass allgemein bekannt ist, dass Steuerpflichtige im ersuchenden Staat häufig Einkünfte oder Vermögen aus ausländischen Quellen nicht steuerlich erklären.

4.1.4 Zustellungsersuchen nach dem EUAHiG

Ein Ersuchen um Zustellung bezieht sich nach § 13 Abs. 1 EUAHiG auf die. Zustellung von Dokumenten und Verwaltungsakten im anderen EU-MS. Die Finanzbehörden übermitteln das Zustellungsersuchen an das BZSt zur Weiterleitung an. den anderen EU-MS.

Die Finanzbehörden können grundsätzlich ansässigen Personen in anderen EU-MS Dokumente per Einschreiben oder auf elektronischem Weg übermitteln (§ 13 Abs. 4 EUAHiG i. V. m. § 9 Abs. 1 Nr. 1 bzw. § 9 Abs. 1 Nr. 4 VwZG).

Daher ist ein Zustellungsersuchen nur dann zulässig, wenn die inländische Finanzbehörde nicht in der Lage ist, die Zustellung nach den oben genannten Vorschriften des VwZG im anderen EU-MS vorzunehmen, oder die Zustellung mit unverhältnismäßig großen Schwierigkeiten verbunden wäre (§ 13 EUAHiG).

4.1.5 Zustellungsersuchen nach dem Übereinkommen

Ein Ersuchen um Zustellung bezieht sich nach Art. 17 Abs. 1 des Übereinkommens auf die Zustellung von Dokumenten und Verwaltungsakten im anderen Vertragsstaat des Übereinkommens. Eine Zustellung nach Art. 17 Abs. 1 des Übereinkommens ist nur zulässig, sofern der andere Vertragsstaat keinen Vorbehalt nach Art. 30 Abs. 1 Buchstabe d des Übereinkommens hinterlegt hat. Die Finanzbehörden übermitteln das Zustellungsersuchen an das BZSt zur Weiterleitung an den anderen Vertragsstaat.

Die Finanzbehörden können grundsätzlich ansässigen Personen in anderen Vertragsstaaten des Übereinkommens Dokumente per Post übermitteln oder per Einschreiben zustellen (Art. 17 Abs. 3 des Übereinkommens i. V. m. § 9 Abs. 1 Nr. 1 VwZG), sofern der andere Vertragsstaat keinen Vorbehalt nach Art. 30 Abs. 1 Buchstabe e des Übereinkommens hinterlegt hat.

Daher ist ein Zustellungsersuchen nach Art. 17 Abs. 1 des Übereinkommens nur dann an den anderen Vertragsstaat zu übermitteln, wenn die inländische Finanzbehörde nicht in der Lage ist, die Zustellung nach den oben genannten Vorschriften des VwZG im anderen Vertragsstaat des Übereinkommens vorzunehmen (Tz. 162 des Übereinkommen-Kommentars zu Art. 17 Abs. 3 des Übereinkommens, vgl. Tz. 2.3).

4.2 Form, Inhalt, Übermittlung und Erledigung des Ersuchens

4.2.1 Form und Inhalt des Ersuchens

Für Ersuchen nach einem TIEA ist das Formular der Anlage 2a (für das Fürstentum Liechtenstein speziell das Formular der Anlage 2aa), für Gruppenersuchen das Formular der Anlage 2b und bei Ersuchen zu Steuern auf Versicherungsprämien das Formular der Anlage 2d zu nutzen. Für Ersuchen nach allen anderen Rechtsgrundlagen ist das EU-Standardformblatt RIF (Anhang I der EUAHiDV) zu verwenden. Für Zustellungsersuchen nach dem EUAHiG ist das EU-Standardformblatt (Anhang III der EUAHiDV) zu verwenden.

Auf ein nach deutschem Recht bestehendes Auskunfts- und Vorlageverweigerungsrecht (§§ 101 bis 106 AO) sowie auf das im deutschen Recht bestehende Verbot, im Besteuerungsverfahren Zwangsmittel gegen den Steuerpflichtigen zu verwenden, wenn dieser dadurch gezwungen würde, sich selbst wegen einer von ihm begangenen Steuerstraftat oder Steuerordnungswidrigkeit zu belasten (§ 393 Abs. 1 AO), ist hinzuweisen. Ggf. ist der einschlägige Gesetzestext, soweit er von Bedeutung sein kann, in Kopie beizufügen.

Beim Ausfüllen der Formulare und EU-Standardformblätter sind folgende Grundsätze zu beachten:

- deutsche Sprache,
- einfache Satzstruktur,
- Fachausdrücke vermeiden,

- keine Abkürzungen verwenden,
- Angabe der betroffenen Jahre und Steuerarten,
- knappe, präzise Sachverhaltsdarstellung,
- steuerrechtliche zusammenhänge verständlich darstellen,
- detaillierte, zielführende Fragestellung,
- genaue Angabe von benötigten Unterlagen,
- keine bloße Benennung von gesetzlichen Vorschriften und keine Hinweise auf behördeninterne Datenbankabfragen.

Das Ersuchen ist so zu formulieren, dass der ersuchten Behörde die Beantwortung so weit wie möglich erleichtert wird.

Es ist darauf zu achten, dass Informationen zum Ausschöpfen der inländischen Ermittlungsmöglichkeiten sowie die Versicherung der Geheimhaltung der erlangten Informationen stets enthalten sind.

Die Eintragungen zu der Gegenseitigkeit nimmt die für den Informationsaustausch zuständige Finanzbehörde (Tz. 1.5) vor. Zur Frage des Erfordernisses der Anhörung des inländischen Beteiligten vgl. Tz. 3.1.

4.2.2 Übermittlung des Ersuchens

Die mit der Sache befasste Finanzbehörde übermittelt das Ersuchen elektronisch einschließlich Anlagen und Übersendungsschreiben dem BZSt bzw. dem ZKA (Ausnahme: Delegation von Zuständigkeiten Tz. 1.5.1.4) auf dem Dienstweg (Anlage 2e).

4.2.3 Entsendung von Bediensteten deutscher Finanzbehörden in andere Staaten oder Gebiete

Die ausländische Finanzbehörde führt die zur Erteilung einer Auskunft erforderlichen Ermittlungen nach dem für sie maßgebenden nationalen Recht durch.

Zur Beschleunigung und Erleichterung des Informationsaustauschs kann die für den Informationsaustausch zuständige Finanzbehörde Bedienstete zur ausländischen Ermittlungsbehörde entsenden, die dort das Ersuchen erläutern, die Ermittlungsergebnisse entgegennehmen und etwaige Hinweise für weitere Ermittlungen geben.

Der Informationsaustausch mit Bediensteten des ersuchten Staates oder Gebietes erfolgt entweder im Beisein eines Vertreters des BZSt oder wird an die entsandten Bediensteten durch das BZSt oder die nach Tz. 1.5.1.4 zuständige Behörde delegiert. Die Offenbarung von Informationen ist nur insoweit zulässig, wie dies durch die völkerrechtlichen Vereinbarungen bzw. das EUAHiG gedeckt ist.

Die Entsendung bedarf der Zustimmung der zuständigen ausländischen Finanzbehörde und des BZSt oder der nach Tz. 1.5.1.4 zuständigen Behörde.

Die mit der Sache befasste Finanzbehörde trägt die mit der Entsendung zusammenhängenden Kosten.

In Bezug auf die weiterreichenden Regelungen zwischen den EU-MS gilt das Folgende:

Nach § 11 i. V. m. § 10 Abs. 1 Nr. 1 und 2 EUAHiG können inländische Bedienstete auch in den Amtsräumen der ausländischen Behörde eines anderen EU-MS sowie bei behördlichen Ermittlungen zugegen sein, die in einem anderen EU-MS durchgeführt werden, wenn dies die

Komplexität des Ersuchens erfordert. Sofern dies nach dem nationalen Recht des anderen EU-MS zulässig ist, können die entsandten Bediensteten, die bei einer behördlichen Ermittlung in einem anderen EU-MS zugegen sind, auch Personen befragen und Aufzeichnungen prüfen (§ 11 i. V. m. § 10 Abs. 3 EUAHiG).

4.2.4 Erledigung des Ersuchens

Die Antwort der ausländischen Finanzbehörde – mit der Übersetzung, vgl. Tz. 1.7 – wird der ersuchenden Finanzbehörde auf dem Dienstweg übersandt.

Durch ein Ersuchen wird die Festsetzungsverjährung nicht gehemmt. Deswegen ist durch geeignete Maßnahmen sicherzustellen, dass zwischenzeitlich keine Festsetzungsverjährung eintritt. Eine solche Maßnahme kann die vorläufige Steuerfestsetzung nach § 165 Abs. 1 Satz 1 AO darstellen. Der Grund und der Umfang der Vorläufigkeit sind dabei möglichst genau anzugeben.

4.2.5 Anschlussersuchen, Richtigstellung

Ist die Auskunft unzureichend oder ergibt sich in diesem Zusammenhang ein zusätzliches Aufklärungsbedürfnis, so kann ein ergänzendes Ersuchen (Anschlussersuchen) gestellt werden. Ergeben sich bei der Auswertung einer Auskunft Anhaltspunkte, dass sich der Sachverhalt anders darstellt, als von der ausländischen Finanzbehörde übermittelt, so ist sie davon zu unterrichten.

4.2.6 Rückmeldungen an andere EU-MS

Bittet ein anderer EU-MS um eine Rückmeldung des Ergebnisses der Verwendung der von ihm übermittelten Antwort, hat die zuständige Finanzbehörde die Rückmeldung unverzüglich, spätestens jedoch drei Monate, nachdem das Ergebnis bekannt geworden ist, an das BZSt bzw. das ZKA, mit Ausnahme bei Delegation der Zuständigkeit nach Tz. 1.5.1.4, zu übermitteln (§ 16 Abs. 2 Satz 1 EUAHiG). Für die Rückmeldung und die Mitteilung des steuerlichen Mehrergebnisses ist grundsätzlich das EU-Standardformblatt FIF (Anhang IV der EUAHiDV) zu verwenden. Es ist dem BZSt bzw. dem ZKA elektronisch zu übermitteln. Das BZSt wird die von der zuständigen Finanzbehörde übermittelten Angaben an den anderen EU-MS weiterleiten, sofern die Vorschriften zum Datenschutz und zum Schutz des Steuergeheimnisses dem nicht entgegenstehen (§ 16 Abs. 2 Satz 2 und 3 EUAHiG).

5 Ersuchen an deutsche Finanzbehörden

5.1 Zulässigkeitsprüfung

Die deutschen Finanzbehörden leisten aufgrund innerstaatlich anwendbarer völkerrechtlicher Vereinbarungen oder des EUAHiG zwischenstaatliche Amtshilfe durch Auskunftserteilung. Sie können außerdem unter den Voraussetzungen des § 117 Abs. 3 AO Auskünfte erteilen. Auf Ersuchen werden alle Antworten übermittelt, die für die Festsetzung von Steuern nach Tz. 1 voraussichtlich erheblich sind (§ 4 Abs. 1 Satz 1 i. V. m. § 1 Abs. 1 Satz 1 EUAHiG, Art. 26 OECD-MA sowie Art. 1 TIEA-MA, Art. 4 Abs. 1 i. V. m. Art. 5 Abs. 1 des Übereinkommens).

Die zuständigen Finanzbehörden (Tz. 1.5.1; in den Fällen des § 117 Abs. 3 AO auch das BZSt und die oberste Finanzbehörde des Landes) prüfen, ob einem ausländischen Ersuchen entsprochen werden kann, bzw. es vollständig ist. Ergeben sich bei der Erledigung des Ersuchens Anhaltspunkte dafür, dass der Auskunftserteilung Hinderungsgründe entgegenstehen könnten, so ist das BZSt bzw. das ZKA (Ausnahmen: Delegation von Zuständigkeiten Tz. 1.5.1.4) unverzüglich zu unterrichten; zu den Versagungsgründen vgl. Tz. 5.3.

Falls das ausländische Ersuchen unter Verwendung des EU-Standardformblattes RIF (Anhang I der EUAHiDV) übermittelt wurde, sind die Eintragungen zu Hinderungs- oder Ablehnungsgründen sowie zusätzlich anzufordernde Unterlagen in dieses Formblatt einzutragen und auf dem Dienstweg elektronisch weiterzuleiten. In Drittstaatenfällen sind die Hinderungsgründe bzw. für die Auskunftserteilung zusätzlich benötigte Informationen dem BZSt bzw. dem ZKA mittels EU-Standardformblatt ACK auf dem Dienstweg elektronisch zu übermitteln.

5.2 Erledigung des Ersuchens

5.2.1 Ermittlungsbefugnisse

Die Vornahmebehörde beschafft die Informationen, die der andere Staat benötigt, in derselben Weise, als wäre die deutsche Besteuerung betroffen (§ 117 Abs. 4 AO). Sie kann dazu sowohl eigene Erkenntnisquellen nutzen als auch nach den Vorschriften der AO ermitteln (§§ 88, 92 bis 100, 208 Abs. 1 AO).

Ein Kontenabruf nach § 93 Abs. 7 AO ist für die Erledigung eines ausländischen Ersuchens nicht zulässig.

Bei Vorliegen der Voraussetzungen nach Maßgabe der AO sind z. B. dritte Personen zur Auskunft auch im Interesse der ausländischen Besteuerung verpflichtet (BFH vom 20. Februar 1979, BStBl 1979 II S. 268). Die Verpflichtung, den inländischen Beteiligten anzuhören (Tz. 3.1) und Jeweils über seine Rechtsstellung zu unterrichten (§ 89 Abs. 1 Satz 2 AO), ist zu beachten. Vgl. ferner Tz. 5.3.2.1.

5.2.2 Verfahren

Die Vornahmebehörde entscheidet nach pflichtgemäßem Ermessen, ob Ermittlungen durchzuführen sind (§ 86 AO). Sie bestimmt Art und Umfang der erforderlichen Ermittlungen (§ 88 AO). Sie kann insbesondere

- Akten beiziehen (§ 92 AO),
- Auskünfte einholen (§ 93 AO),
- die Vorlage von Urkunden verlangen (§ 97 AO),
- den Augenschein einnehmen (§§ 98, 99 AO).

Die Vornahmebehörde fordert, soweit notwendig, den Beteiligten oder andere Personen zur Mitwirkung auf (§§ 93 bis 100 AO). Gegen diese Maßnahme sind die Rechtsbehelfe zulässig, die bei Ermittlungen für deutsche Besteuerungszwecke gegeben sind (vgl. Tz. 3.2).

Die Erfüllung der Mitwirkungspflichten kann erzwungen werden (§§ 328 bis 335 AO). Die Rechte der zur Mitwirkung Verpflichteten sind zu beachten (Tz. 5.3.1.1).

Die Vornahmebehörde erteilt die Auskünfte so schnell wie möglich. Bei Übersendung des Ersuchens wird der Vornahmebehörde das unter Berücksichtigung der internationalen Standards ermittelte Fristende durch die nach Tz. 1.5 für den Informationsaustausch zuständige Finanzbehörde mitgeteilt.

Liegen die Informationen bereits bei der Vornahmebehörde vor und ist eine Anhörung nicht erforderlich, so ist die Auskunft umgehend zu erteilen. Dies gilt auch für Teilantworten.

Ist die Vornahmebehörde nicht in der Lage, auf ein Ersuchen fristgerecht zu antworten, unterrichtet sie die nach Tz. 1.5 für den Informationsaustausch zuständige Finanzbehörde auf dem Dienstweg unverzüglich über die Gründe für eine nicht fristgerechte Beantwortung sowie über den Zeitpunkt, an dem sie dem Ersuchen voraussichtlich nachkommen kann.

5.2.3 Außenprüfung

Es ist grundsätzlich nicht zulässig, eine Außenprüfung nach den §§ 193, 194 Ao ausschließlich zum Zweck der Erledigung eines Ersuchens bei einem inländischen Steuerpflichtigen durchzuführen.

Zur Erledigung eines Ersuchens kann eine Außenprüfung unter den Voraussetzungen des § 193 AO nur bei einem ebenfalls am ausländischen Besteuerungsverfahren Beteiligten durchgeführt werden (z. B. der Wohnsitzstaat ersucht um Prüfung der deutschen Betriebsstätte eines ausländischen Steuerpflichtigen), nicht aber bei einer anderen Person.

Eine Außenprüfung ist unter den Voraussetzungen der §§ 193, 194 und 208 AO bei einer anderen Person auch dann zulässig, wenn sich aus dem Ersuchen Anhaltspunkte dafür ergeben, dass ein Sachverhalt bei der Besteuerung dieser Person unzutreffend behandelt wurde.

Soweit eine Außenprüfung bei einem am inländischen Besteuerungsverfahren Beteiligten zulässig ist, kann ein Ersuchen im Einzelfall auch Anlass für eine gleichzeitige Prüfung (Tz. 7) oder eine gemeinsame Prüfungstätigkeit mehrerer Steuerverwaltungen (Tz. 8) sein.

Ermittlungen zur Erledigung eines Ersuchens sind ferner im Rahmen von Außenprüfungen zulässig, die zeitgleich aus anderen Gründen durchgeführt werden.

5.2.4 Anwesenheit von Bediensteten anderer Staaten oder Gebiete im Inland

Zur Beschleunigung und Erleichterung des Verfahrens können Bedienstete des ersuchenden Staates oder Gebietes mit Zustimmung des BZSt bzw. des ZKA und der zuständigen obersten Landesfinanzbehörde anwesend sein. Sie können das Ersuchen erläutern, die Ermittlungsergebnisse entgegennehmen und etwaige Hinweise für weitere Ermittlungen geben. Bedienstete anderer EU-MS dürfen Amtshandlungen vornehmen (z. B. Personen befragen und Bücher oder Geschäftspapiere prüfen), sofern dies im Rahmen der Entsendung gesondert vereinbart wurde und die befragten Personen der Befragung und Prüfung zustimmen (vgl. § 10 Abs. 3 EUAHiG).

Der Informationsaustausch mit Bediensteten des ersuchenden Staates oder Gebietes erfolgt entweder im Beisein eines Vertreters des BZSt bzw. des ZKA oder wird an die entsprechende Vornahmebehörde delegiert. Die zuständige Landesfinanzbehörde darf Auskünfte nur erteilen, wenn das BZSt bzw. das ZKA zuvor der Auskunftserteilung zugestimmt hat. Die Tz. 1.5.1.4 bleibt unberührt. Die Offenbarung von Informationen ist im Übrigen nur insoweit zulässig, wie dies durch die völkerrechtlichen Vereinbarungen bzw. das EUAHiG gedeckt ist.

Bedienstete anderer EU-MS, die sich im Inland zur Durchführung eines Informationsaustauschs aufhalten, müssen zu ihrer Legitimation jederzeit eine schriftliche Vollmacht des zentralen Verbindungsbüros vorlegen können (§ 10 Abs. 4 EUAHiG).

5.2.5 Zustellungsersuchen nach dem EUAHiG bzw. dem Übereinkommen

Die Erledigung von Zustellungsersuchen anderer EU-MS nach Art. 13 EUAHiRL bzw. anderer Vertragsstaaten des Übereinkommens nach Art. 17 Abs. 1 des Übereinkommens erfolgt nach den Vorschriften des VwZG (vgl. § 14 Abs. 1 Satz 3 EUAHiG).

5.2.6 Zuständigkeit

Für die Ermittlungen ist die Finanzbehörde zuständig, in deren Bezirk die Ermittlungshandlungen vorzunehmen sind (§ 24 AO); bei Steuern auf Versicherungsprämien das BZSt selbst. Sind im Bezirk mehrerer Finanzbehörden Ermittlungen durchzuführen, so wird die zuständige Finanzbehörde durch die gemeinsame fachlich zuständige Aufsichtsbehörde bestimmt. Fehlt eine gemeinsame Aufsichtsbehörde, so treffen die fachlich zuständigen Aufsichtsbehörden die Entscheidung gemeinsam (§ 25 AO). Die Koordinierung kann dem BZSt bzw. dem ZKA übertragen werden.

5.2.7 Antwort

Die zuständige Finanzbehörde legt dem BZSt bzw. dem ZKA (Ausnahme: Delegation Tz. 1.5.1.4) die Antwort ggf. mit Anlagen auf dem Dienstweg vor (Anlage 2e). Tz. 5.3.1 ist zu beachten. Führen Ermittlungen zu steuerlich erheblichen Feststellungen, auf die das Ersuchen nicht zielte, z. B. weil die anfragende Finanzbehörde einen abweichenden Geschehensablauf vermutet hat, so sind auch diese Feststellungen mitzuteilen. Zur Anhörung des inländischen Beteiligten vgl. Tz. 3.1.

Es ist darauf zu achten, dass alle Fragen vollständig beantwortet werden. Ggf. ist anzugeben, aus welchen Gründen eine Beantwortung nicht möglich ist. Dies gilt für angeforderte Unterlagen entsprechend.

Für Antworten auf Ersuchen anderer EU-MS, die mit EU-Standardformblättern RIF (Anhang I der EUAHiDV) übermittelt wurden, sind diese zu verwenden. Die Antworten sind in das vom anderen EU-MS übermittelte EU-Standardformblatt einzutragen und dem BZSt bzw. dem ZKA auf dem Dienstweg elektronisch zu übermitteln (§ 17 EUAHiG).

Die Vornahmebehörde kann die ersuchende Behörde um eine Rückmeldung über die Verwendung der erbetenen Informationen bitten (Art. 14 Abs. 1 Satz 1 EUAHiRL).

5.2.8 Gegenersuchen

Ergeben sich bei der Bearbeitung des Ersuchens Anhaltspunkte, dass deutsche Steuern verkürzt worden sein könnten, so kann die ausländische Finanzbehörde um die zur Aufklärung erforderlichen Informationen gebeten werden. Hierfür ist ein gesondertes Ersuchen an die ausländische Finanzbehörde zu richten. Es gelten die allgemeinen Voraussetzungen nach Tz. 4. Auf das ursprüngliche Ersuchen der ausländischen Finanzbehörde ist zu verweisen.

5.2.9 Kosten

Die durch die Erledigung des ausländischen Ersuchens der zuständigen Finanzbehörde entstehenden Kosten gehen zu deren Lasten (z. B. in den Fällen des § 107 AO). Außergewöhnliche Kosten gehen zu Lasten der ersuchenden Behörde. Bevor Maßnahmen getroffen werden, die außergewöhnliche Kosten verursachen, ist die Zusicherung der Kostenübernahme durch den ersuchenden Staat auf dem Dienstweg einzuholen.

5.3 Grenzen der Informationsübermittlung

Die Informationsübermittlung ist in den Fällen des § 4 Abs. 3 EUAHiG untersagt (vgl. Tz. 5.3.1.1 und Tz. 5.3.1.3 bis Tz. 5.3.1.5). In den Fällen des § 4 Abs. 4 EUAHiG kann sie verweigert werden (vgl. Tz. 5.3.2.1).

Bei einer Informationsübermittlung, die auf einer anderen Rechtsgrundlage als dem EUAHiG beruht (z. B. DBA, TIEA, Übereinkommen), sind die im jeweiligen Abkommen genannten Grenzen zu beachten.

Die Bundesrepublik Deutschland hat in ihrer „Auslegungserklärung und Erklärung zu Schutzbestimmungen unter Bezugnahme auf Art. 21 des Übereinkommens und Art. V des Protokolls des Übereinkommens sowie auf Art. 22 des Übereinkommens und Art. VI des Protokolls" Festlegungen zum Schutz der Person und Grenzen der Verpflichtung zur Leistung von Amtshilfe und Geheimhaltung mit Hinterlegung der deutschen Ratifikationsurkunde am 28. August 2015 beim Generaldirektor der OECD in Paris getroffen (vgl. Tz. 2.3).

5.3.1 Verbot der Informationsübermittlung

5.3.1.1 Beschränkungen aufgrund nationalen Rechts

Informationen, die nach deutschem Recht nicht beschafft werden können oder deren Beschaffung der deutschen Verwaltungspraxis widerspricht (Tz. 5.2.1), dürfen nicht übermittelt werden (§ 4 Abs. 3 Nr. 1 EUAHiG, Art. 26 Abs. 3 Buchstabe b OECD-MA, Art. 21 Abs. 2 Buchstabe c des Übereinkommens). Danach sind insbesondere

- die Auskunfts- und Vorlageverweigerungsrechte nach §§ 101 bis 106 AO zu beachten (z. B. Angehörige des Steuerpflichtigen sollen über dessen Verhältnisse Auskunft geben);
- Mitteilungen von Daten über einen Vergleichsbetrieb nur zulässig, wenn sie keine Rückschlüsse auf die Identität des Betroffenen zulassen, es sei denn, der Betroffene stimmt zu;
- Zwangsmittel unzulässig, wenn der Betroffene dadurch gezwungen würde, sich wegen einer von ihm begangenen Steuerstraftat oder Steuerordnungswidrigkeit zu belasten (§ 393 Abs. 1 Satz 2, § 410 Abs. 1 Nr. 4 AO).

5.3.1.2 Abkommenswidrige Besteuerung

Informationen dürfen nicht übermittelt werden, wenn dies zu einer Besteuerung führen würde, die gegen völkerrechtliche Vereinbarungen, insbesondere DBA, verstößt (Art. 26 Abs. 1 Satz 1 OECD-MA: „Die zuständigen Behörden … tauschen die Informationen aus, die … erforderlich sind, soweit die diesem Recht entsprechende Besteuerung nicht dem Abkommen widerspricht."). Deshalb sind keine Informationen zu übermitteln, die erkennbar auf eine abkommenswidrige Besteuerung durch den anderen Vertragsstaat abzielen. Die bloße Möglichkeit einer Doppelbesteuerung, z. B. in Folge unterschiedlicher Einkünftequalifikationen durch die Vertragsstaaten, ist jedoch kein rechtliches Hindernis für die Informationsübermittlung (BFH vom 10. Mai 2005, I B 218/04, BFH/NV S. 1503).

5.3.1.3 Geschäfts- und Betriebsgeheimnis

Ein Geschäfts- oder Betriebsgeheimnis liegt vor, wenn es sich um Tatsachen und Umstände handelt, die von erheblicher wirtschaftlicher Bedeutung und praktisch nutzbar sind und deren unbefugte Nutzung zu beträchtlichen Schäden führen kann (BFH vom 20. Februar 1979, BStBl 1979 II S. 268). Die Art der Abwicklung der Geschäftsbeziehungen zwischen zwei Unternehmen, die vom Informationsaustausch betroffen sind, ist kein Geschäfts- oder Betriebsgeheimnis. Das gilt auch dann, wenn die Geschäftsbeziehung unter Einschaltung eines Dritten bzw. über einen dritten Staat oder ein Gebiet abgewickelt wird.

Erstreckt sich das ausländische Ersuchen auf ein Handels-, Industrie-, Gewerbe- oder Berufsgeheimnis oder ein Geschäftsverfahren (Geschäfts- oder Betriebsgeheimnis), so darf eine Auskunft nicht erteilt werden, wenn die Gefahr besteht, dass dem inländischen Beteiligten (Tz. 3.1.3) dadurch ein mit dem Zweck der Auskunft nicht zu vereinbarender Schaden entstehen kann (vgl. § 4 Abs. 3 Nr. 3 EUAHiG, Art. 26 Abs. 3 Buchstabe c OECD-MA, Art. 7 Nr. 2 TIEA-MA, Art. 21 Abs. 2 Buchstabe d des Übereinkommens).

Eine Preisgabe oder Offenbarung, die zu einem Schaden führen könnte, droht aufgrund der gegenseitigen Zusicherung der Geheimhaltung i. S. d. Art. 16 Abs. 1 EUAHiRL (internationales Steuergeheimnis) grundsätzlich nicht bei der Weiterleitung von Informationen an Steuerbehörden innerhalb der EU. Der Beteiligte kann im Rahmen einer Anhörung (Tz. 3.1) geltend machen, dass in seinem Einzelfall die konkrete Gefahr einer unbefugten Offenbarung oder Preisgabe i. S. d. § 4 Abs. 3 Nr. 3 EUAHiG durch die empfangende Steuerverwaltung des anderen EU-MS droht. In diesem Fall gelten die Ausführungen zu Tz. 1.6.2. Ein Schaden liegt dabei jedenfalls nicht in der Erwartung einer angemessenen und zutreffenden Besteuerung.

5.3.1.4 Ausschöpfen der ausländischen Ermittlungsmöglichkeiten

Informationen sind nicht zu übermitteln, wenn der ersuchende Staat die üblichen Ermittlungsquellen, die ihm zur Erlangung der erbetenen Informationen zur Verfügung stehen, ohne dabei die Erreichung des Ziels zu gefährden, nicht ausgeschöpft hat (z. B. § 4 Abs. 3 Nr. 2 EUAHiG, Art. 21 Abs. 2 Buchstabe g des Übereinkommens).

5.3.1.5 Ordre Public

Informationen sind nicht zu übermitteln, wenn hierdurch die öffentliche Ordnung verletzt werden würde (§ 4 Abs. 3 Nr. 4 EUAHiG, Art. 26 Abs. 3 Buchstabe c OECD-MA, Art. 7 Nr. 4 TIEA-MA, Art. 21 Abs. 2 Buchstabe b des Übereinkommens).

5.3.2 Verweigerung der Informationsübermittlung

5.3.2.1 Beschränkungen aufgrund ausländischen Rechts

Es besteht keine Verpflichtung, Informationen zu übermitteln, wenn die Informationen durch Verwaltungsmaßnahmen beschafft werden müssten, die das Recht des ersuchenden Staates oder Gebietes nicht vorsieht (vgl. z. B. § 4 Abs. 4 EUAHiG).

5.3.2.2 Vorbehalt der Streitschlichtung

Sofern kein Verbot der Informationsübermittlung nach Tz. 5.3.1 vorliegt, aber eine Doppelbesteuerung möglich erscheint (Tz. 5.3.1.2), kann der Beteiligte schon während des Auskunftsverfahrens ein Verständigungsverfahren beantragen, wenn die Voraussetzungen hierfür vorliegen. Dies kann z. B. bei der Überprüfung von Verrechnungspreisen zwischen verbundenen Unternehmen in Betracht kommen (Merkblatt zum internationalen Verständigungs- und Schiedsverfahren auf dem Gebiet der Steuern vom Einkommen und vom Vermögen vom 9. Oktober 2018 – IV B 2 – S 1304/17/10001 –, BStBl 2018 I S. 1122).

6 Informationsaustausch ohne Ersuchen

6.1 Spontanauskünfte deutscher Finanzbehörden

Spontaner Informationsaustausch ist die nicht systematische Übermittlung von Informationen an einen anderen Staat ohne dessen vorheriges Ersuchen.

6.1.1 Spontanauskünfte nach dem EUAHiG

Einem anderen EU-MS können nach pflichtgemäßem Ermessen alle Informationen übermittelt werden, wenn diese für die zutreffende Besteuerung eines Steuerpflichtigen im anderen EU-MS von Nutzen sein können (§ 8 Abs. 1 EUAHiG).

Informationen sind nach § 8 Abs. 2 EUAHiG zu übermitteln, wenn

a. Gründe für die Vermutung einer Steuerverkürzung in dem anderen EU-MS vorliegen,
b. ein Sachverhalt vorliegt, aufgrund dessen eine Steuerermäßigung oder Steuerbefreiung gewährt worden ist, und die zu übermittelnden Informationen für den Steuerpflichtigen zu einer Besteuerung oder Steuererhöhung im anderen EU-MS führen könnten,
c. Geschäftsbeziehungen zwischen einem in Deutschland Steuerpflichtigen und einem in einem anderen EU-MS Steuerpflichtigen über einen oder mehrere weitere Staaten in einer Weise geleitet werden, die in einem oder beiden EU-MS zur Steuerersparnis führen kann,
d. Gründe für die Vermutung vorliegen, dass durch künstliche Gewinnverlagerungen zwischen verbundenen Unternehmen eine Steuerersparnis eintritt, oder
e. ein Sachverhalt, der im Zusammenhang mit der Informationserteilung eines anderen EU-MS ermittelt wurde, auch für die zutreffende Steuerfestsetzung in einem weiteren EU-MS erheblich sein könnte.

Sollte in Fällen der Tz. 6.1.1 Buchstabe e die Weitergabe von Informationen und Dokumenten beabsichtigt sein, die im Rahmen der Informationserteilung des anderen EU-MS übermittelt wurden, so ist dieser EU-MS vom BZSt bzw. dem ZKA oder von der nach Tz. 1.5.1.4 für den Informationsaustausch zuständigen Behörde zu informieren und eine Weitergabe der Informationen und Unterlagen nur dann zulässig, wenn dieser EU-MS nicht innerhalb von zehn Arbeitstagen nach Eingang der Mitteilung widerspricht (§ 15 Abs. 2 EUAHiG).

Für die Vermutung, dass die in § 8 Abs. 2 EUAHiG genannten Sachverhalte vorliegen, reicht es aus, wenn das Verhalten des Steuerpflichtigen nach der allgemeinen Lebenserfahrung den Schluss erlaubt, er wolle verhindern, dass die zuständigen Finanzbehörden Kenntnis von einem steuerlich relevanten Sachverhalt erlangen (BFH vom 17. Mai 1995, BStBl 1995 II S. 497).

Informationen sind grundsätzlich unter Verwendung des EU-Standardformblattes SIF (Anhang II der EUAHiDV) sowie Anlage 2e zu übermitteln. Die Regelungen zur Anhörung (Tz. 3.1) sind zu beachten. Die Übermittlung von Informationen an EU-MS erfolgt auf elektronischem Weg. Die Auskünfte müssen der ausländischen Steuerverwaltung eine Identifizierung des Betroffenen ermöglichen.

Spontanauskünfte nach § 8 Abs. 2 EUAHiG sollen unverzüglich übermittelt werden, spätestens jedoch einen Monat, nachdem die Informationen verfügbar geworden sind (§ 8 Abs. 3 EUAHiG).

Die inländischen Finanzbehörden können in Spontanauskünften an andere EU-MS um eine Rückmeldung der ausländischen Behörde zu den übermittelten Informationen bitten (Art. 14 Abs. 1 Satz 1 EUAHiRL).

6.1.2 Spontanauskünfte nach anderen Rechtsgrundlagen

Spontanauskünfte nach den DBA sind auch gegenüber Drittstaaten zulässig, mit denen eine große bzw. umfassende Auskunftsklausel vereinbart ist. Sie sind gegenüber Staaten zulässig, mit denen eine kleine Auskunftsklausel vereinbart ist, soweit sie zur Durchführung des DBA erforderlich sind, z. B. in den Fällen der Freistellung des Arbeitslohnes vom Steuerabzug aufgrund eines DBA, und die Gegenseitigkeit vorliegt.

Nach Art. 7 Abs. 1 des Übereinkommens sind Spontanauskünfte auch dem jeweils anderen Vertragsstaat zu übermitteln, wenn

a. Gründe für die Vermutung einer Steuerverkürzung in dem anderen Vertragsstaat vorliegen,
b. ein Sachverhalt vorliegt, aufgrund dessen eine Steuerermäßigung oder Steuerbefreiung gewährt worden ist, und die zu übermittelnden Informationen für den Steuerpflichtigen zu einer Besteuerung oder Steuererhöhung im anderen Vertragsstaat führen könnten,
c. Geschäftsbeziehungen zwischen einem in Deutschland Steuerpflichtigen und einem in einem anderen Vertragsstaat steuerpflichtigen über einen oder mehrere weitere Staaten in einer Weise geleitet werden, die in einem oder beiden Vertragsstaaten zur Steuerersparnis führen kann,
d. ein Vertragsstaat Gründe für die Vermutung einer künstlichen Gewinnverlagerung innerhalb eines Konzerns hat, oder
e. im Zusammenhang mit Informationen, die der deutschen Finanzbehörde von einem anderen Vertragsstaat übermittelt worden sind, ein Sachverhalt ermittelt ist, der für die Steuerfestsetzung in dem anderen Vertragsstaat erheblich sein kann.

Spontaninformationen gegenüber Drittstaaten sind grundsätzlich ebenfalls unter Verwendung des EU-Standardformblattes SIF (Anhang II der EUAHiDV) sowie Anlage 2e zu übermitteln (vgl. Tz. 6.1.1). Die Regelungen zur Anhörung (Tz. 3.1) sind zu beachten.

Bei TIEAs sind Spontanauskünfte nur bei ausdrücklichen Vereinbarungen im jeweiligen Abkommen zulässig.

6.1.3 Spontanauskünfte und Ermessen der Finanzbehörden

Die Informationserteilung steht zwar – mit Ausnahme der Informationsübermittlung nach § 8 Abs. 2 EUAHiG und Art. 7 Abs. 1 des Übereinkommens – im Ermessen der Finanzbehörden, sie liegt aber im überwiegenden öffentlichen Interesse, wenn die Bundesrepublik Deutschland in einem DBA auf die Besteuerung von Einkünften zugunsten des anderen Staates verzichtet hat. Der deutsche Steuerverzicht beruht auf der Erwartung der Besteuerung im anderen Staat. Kommt es insoweit nicht zu einer Besteuerung, findet eine Ungleichbehandlung statt, die sowohl die Steuergerechtigkeit berührt als auch wettbewerbsverzerrend wirken kann (BFH vom 8. Februar 1995, BStBl 1995 II S. 358). Eine Spontanauskunft ist schon dann rechtmäßig, wenn die ernstliche Möglichkeit besteht, dass der andere Vertragsstaat abkommensrechtlich ein Besteuerungsrecht hat und ohne die Auskunft von dem Gegenstand dieses Besteuerungsrechts keine Kenntnis erlangen würde (BFH vom 10. Mai 2005, I B 218/04, BFH/NV S. 1503).

Die Auskünfte können sich auf steuerlich bedeutsame Fälle beschränken (z. B. hohe Zahlungsbeträge oder Verdacht einer Steuerstraftat oder einer Steuerordnungswidrigkeit). Die

Übersendung einer Spontanauskunft ist nicht grundsätzlich von dem Überschreiten bestimmter Betragsgrenzen abhängig.

6.1.4 Verpflichtender spontaner Informationsaustausch zu „Tax Rulings/steuerliche Vorbescheide"

Ein verpflichtender spontaner Informationsaustausch entsprechend den Vereinbarungen zu BEPS Aktionspunkt 5 besteht mit OECD-, G20- sowie IF-Staaten. Die von Aktionspunkt 5 des BEPS Projekts erfassten „steuerlichen Vorbescheide" (vgl. Tz. 1 des BMF-Schreibens „Merkblatt zum verpflichtenden automatischen und spontanen Austausch verbindlicher Auskünfte, verbindlicher Zusagen und Vorabzusagen zu Verrechnungspreisen im Zusammenhang mit grenzüberschreitenden Sachverhalten" (sog. „Tax Rulings") vom 17. August 2017 – IV B 6 – S 1320/16/10002 :014 –, BStBl 2017 I S. 1228) sind nach Maßgabe der im Verhältnis zu dem anderen Staat, der nicht EU-MS ist, geltenden Rechtsgrundlage spontan auszutauschen.

Im Verhältnis zu anderen EU-MS sind die „steuerlichen Vorbescheide" i. S. d. BEPS Aktionspunktes 5 bei Unternehmen natürlicher Personen nach den Vorgaben von § 8 EUAHiG verpflichtend spontan auszutauschen, soweit der steuerliche Vorbescheid ausschließlich die Steuerangelegenheiten von natürlichen Personen betrifft, da in diesen Fällen ein automatischer Informationsaustausch nicht vorgesehen ist (vgl. Tz. 7 und 37 des vorgenannten BMF-Schreibens vom 17. August 2017).

Für den verpflichtenden spontanen Informationsaustausch nach Aktionspunkt 5 des BEPS Projekts ist das ausgefüllte Formular (Anlage 2c) in Form einer pdf-Datei dem EU-Standardformblatt SIF für den spontanen Informationsaustausch zu „Tax Rulings/steuerliche Vorbescheide" beizufügen.

6.1.5 Grenzen der Informationserteilung

Die Ausführungen über die Grenzen der Informationserteilung in Tz. 5.3 gelten entsprechend. Dabei ist zu beachten, dass § 4 Abs. 3 Nr. 1 EUAHiG grundsätzlich darauf abstellt, dass die inländische Finanzbehörde die Informationen in einem Besteuerungsverfahren nach den Vorschriften der AO beschaffen könnte. Es ist jedoch zulässig, Zufallserkenntnisse und Zufallsfunde, die in einem – auch gegen Dritte gerichteten – Steuerstrafverfahren gewonnen werden, mitzuteilen. Dies gilt auch, wenn diese in keinem Besteuerungsverfahren nach den Vorschriften der AO hätten mitgeteilt werden müssen. Insoweit besteht bezüglich der Weitergabe der erlangten Kenntnisse kein Verwertungsverbot, solange die Informationsgewinnung auf einer Durchsuchungsanordnung beruht, gegen die kein Rechtsmittel mehr möglich ist (BFH vom 17. Mai 1995, BStBl 1995 II S. 497).

6.2 Spontanauskünfte ausländischer Finanzbehörden

Spontanauskünfte ausländischer Finanzbehörden werden vom BZSt bzw. ZKA geprüft, regelmäßig übersetzt (vgl. Tz. 1.7) und an die zuständigen inländischen Finanzbehörden oder bei Steuern auf Versicherungsprämien an das zuständige Referat im BZSt weitergeleitet.

Die Informationen sind zeitgerecht auszuwerten. Hierbei gelten die gleichen Grundsätze wie bei der Auswertung inländischen Kontrollmaterials. Wird der Inhalt vom betroffenen inländischen Steuerpflichtigen bestritten (z. B. bei dem Empfang einer Zahlung oder dem Erwerb bzw. dem Verkauf von Vermögen) ist von der örtlich zuständigen Finanzbehörde zu entscheiden, ob zur Überprüfung der Angaben des Steuerpflichtigen ein formelles Ersuchen an die ausländische Finanzbehörde nach Tz. 4.1 zu richten ist.

Bittet ein anderer EU-MS um eine Rückmeldung des Ergebnisses der Verwendung der Informationen aus einer Spontanauskunft, hat die zuständige Finanzbehörde die Rückmeldung unverzüglich, spätestens jedoch drei Monate, nachdem das Ergebnis bekannt geworden ist, an das BZSt bzw. ZKA weiterzuleiten (§ 16 Abs. 2 Satz 1 EUAHiG). Die Rückmeldung ist dem BZSt bzw. ZKA elektronisch auf dem Dienstweg weiterzuleiten. Für die Rückmeldung sowie die Mitteilung des steuerlichen Mehrergebnisses ist grundsätzlich das EU-Standardformblatt FIF (Anhang IV der EUAHiDV) zu verwenden. Das BZSt wird die von der zuständigen Finanzbehörde übermittelten Angaben an den anderen EU-MS weiterleiten, sofern die Vorschriften zum Datenschutz und zum Schutz des Steuergeheimnisses dem nicht entgegenstehen (§ 16 Abs. 2 Satz 2 und 3 EUAHiG).

Abschnitt 3 – Verpflichtender automatischer Informationsaustausch

6.3 Automatischer Austausch von Informationen – Umfang, Allgemeines, Grenzen und Geheimhaltungsvorschriften

Bei verpflichtenden automatischen Auskünften handelt es sich um die systematische Übermittlung zuvor festgelegter Informationen über gleichartige Sachverhalte in regelmäßigen, im Voraus festgelegten Abständen.

Das BZSt ist gemäß § 3 Abs. 2 Satz 1 i. V. m. § 7 Abs. 1 Satz 2 EUAHiG und § 5 Abs. 1 Nr. 5a – 5e FVG für die Entgegennahme und ggf. Weiterleitung der dort genannten Informationen zuständig. Bei dem verpflichtenden automatischen Austausch von Informationen über grenzüberschreitende steuerliche Vorbescheide und Vorabverständigungen über Verrechnungspreise zwischen international verbundenen Unternehmen (sog. „Tax Rulings/steuerliche Vorbescheide") ist das Verfahren nach Art. 21 Abs. 5 der EUAHiRL anzuwenden (§ 5 Abs. 1 Satz 1 Nr. 5c FVG), vgl. Tz. 6.3.2.3 letzter Absatz.

In den Fällen des verpflichtenden automatischen Informationsaustauschs findet eine Anhörung der Beteiligten nicht statt (§ 91 Abs. 2 Nr. 4, § 117c Abs. 2 Satz 1, § 117c Abs. 4 Satz 2 AO, § 7 Abs. 8 EUAHiG).

Die Ausführungen über die Grenzen der Informationserteilung (vgl. Tz. 5.3) und zur Geheimhaltung (vgl. Tz. 1.6) gelten entsprechend.

6.3.1 Automatische Übermittlung von Informationen an andere Staaten

6.3.1.1 Automatische Übermittlung von Informationen nach dem EUAHiG/DAC1

Ab dem Besteuerungszeitraum 2014 sind jährlich folgende verfügbare Informationen über im anderen EU-MS ansässige Personen an den anderen EU-MS zu übermitteln (§ 7 Abs. 1 Satz 1 EUAHiG):

- Vergütungen aus unselbständiger Arbeit,
- Aufsichtsrats- oder Verwaltungsratsvergütungen,
- Lebensversicherungsprodukte, die nicht von anderen Rechtsakten der EU über den Austausch von Informationen oder vergleichbaren Maßnahmen erfasst sind,

- Ruhegehälter, Renten und ähnliche Zahlungen und
- Eigentum an unbeweglichem Vermögen und Einkünfte daraus.

Verfügbare Informationen i. S. d. § 7 Abs. 1 Satz 1 EUAHiG sind Informationen, die in den Steuerakten enthalten sind und die im Einklang mit den Verfahren für die Erhebung und Verarbeitung von Informationen abgerufen werden können.

Die Übermittlung an den anderen Staat erfolgt durch das BZSt auf elektronischem Weg (§ 7 Abs. 1 Satz 1 EUAHiG). Das elektronische Format für den verpflichtenden automatischen Informationsaustausch über bestimmte Arten von Einkünften und Vermögen wurde in Art. 2 Abs. 1 EUAHiDV festgelegt. Die Übermittlung der Daten erfolgte erstmals ab dem 1. Januar 2015 (§ 21 Abs. 1 EUAHiG).

6.3.1.2 Automatische Übermittlung von Informationen über Finanzkonten

FATCA

Der verpflichtende automatische Informationsaustausch über Finanzkonten mit den Vereinigten Staaten von Amerika wird durch das FATCA-Abkommen umgesetzt. Von den darin festgelegten Pflichten sind nur Finanzinstitute i. S. d. FATCA-USA-UmsV betroffen. Finanzinstitute sind grundsätzlich meldende Finanzinstitute. Einige Finanzinstitute werden als „nicht meldende Finanzinstitute" jedoch von diesen Pflichten ausgenommen. Meidende deutsche Finanzinstitute sind verpflichtet, mit Beginn des Kalenderjahres 2014 für jedes meldepflichtige Konto die in der FATCA-USA-UmsV aufgeführten Daten zu erheben und bis zum 31. Juli des jeweiligen folgenden Kalenderjahres nach amtlich vorgeschriebenem Datensatz an das BZSt zu übermitteln. Das BZSt übermittelt die von den Finanzinstituten gemeldeten Informationen automatisch elektronisch bis zum 30. September des Kalenderjahres, das auf das Kalenderjahr folgt, auf das sich die Daten beziehen, an den IRS.

Der amtlich vorgeschriebene Datensatz und die Nichtbeanstandungsregelung bei Meldungen der Finanzinstitute für das Kalenderjahr 2016 wurde mit BMF-Schreiben vom 2. Juni 2017 – IV B 6 – S 1316/11/10052 :124 –, BStBl 2017 I S. 877, bekannt gegeben. Die Veröffentlichung von Änderungen am amtlich vorgeschriebenen Datensatz erfolgt grundsätzlich ausschließlich auf der Internetseite des BZSt, http://www.bzst.de. Eine Veröffentlichung des amtlich vorgeschriebenen Datensatzes im BStBl erfolgt zukünftig nur noch bei weitreichenden Änderungen des Datensatzes.

CRS

Zur Bekämpfung grenzüberschreitender Steuerhinterziehung sowie sonstiger Formen mangelnder Steuerdisziplin entwickelte die OECD den weltweiten Standard für den verpflichtenden automatischen Austausch von Informationen über Finanzkonten (CRS). Der Meldestandard ist demjenigen, der für den Austausch nach dem FATCA-Abkommen verwendet wird, angelehnt. Die Einzelheiten bestimmt das FKAustG. Meldende deutsche Finanzinstitute sind verpflichtet, mit Beginn des Kalenderjahres 2016 für jedes meldepflichtige Konto die im FKAustG aufgeführten Daten zu erheben und bis zum 31. Juli des jeweiligen folgenden Kalenderjahres nach amtlich vorgeschriebenem Datensatz an das BZSt, welches als zuständige Behörde bestimmt wurde, zu übermitteln. Das BZSt übermittelt diese Informationen automatisch elektronisch an den anderen Vertragsstaat.

Zwischen den EU-MS wurde der CRS durch die Änderung der EUAHiRL (DAC2) umgesetzt. Informationen nach dem CRS werden den anderen EU-MS automatisch elektronisch übermittelt. Die Übermittlung erfolgt nach dem in der EUAHiDV vorgeschriebenen Datensatz. Der Austausch erfolgte erstmalig ab dem 30. September 2017 für Informationen der Besteuerungszeiträume ab dem 1. Januar 2016 (§ 21 Abs. 2 EUAHiG).

Der automatische Austausch von Informationen über Finanzkonten mit Vertragsstaaten des Übereinkommens wurde durch das MCAA CRS geregelt. Danach sind Informationen über Finanzkonten automatisch zu übermitteln, sofern die Vertragsstaaten zweiseitig die Voraussetzungen des § 7 Abs. 1 MCAA CRS erfüllen. Die Vertragsstaaten haben die Erfüllung der Voraussetzungen dem Sekretariat des Koordinierongsgremiums des Übereinkommens zu notifizieren. Das Sekretariat des Koordinierungsgremiums überwacht die Notifizierungen und veröffentlicht auf der Internetseite der OECD eine Liste der zuständigen Behörden der Vertragsstaaten, für die die Vereinbarung eine wirksame Vereinbarung darstellt. Der Mehrseitigen Vereinbarung sind auch Staaten beigetreten, dieh das Übereinkommen nicht gezeichnet haben.

Der Austausch mit Vertragsstaaten der Mehrseitigen Vereinbarung erfolgte erstmalig ab dem 30. September 2017 für Informationen der Besteuerungszeiträume ab dem 1. Januar 2016. Die Übermittlung erfolgt nach amtlich vorgeschriebenem Datensatz (BMF-Schreiben vom 6. Juni 2017 – IV B 6 – S 1315/13/10021: 036 –, BStBl 2017 I S. 847). In seiner aktuellsten Fassung ist der amtlich vorgeschriebene Datensatz auf der Internetseite des BZSt http://www.bzst.de veröffentlicht. Für den ersten automatischen Austausch von Informationen über Finanzkonten in Steuersachen am 30. September 2017 wurde die finale Staatenaustauschliste 2017 mit BMF-Schreiben vom 2. Juni 2017 – IV B 6 – S 1315/13/10021: 046 –, BStBl 2017 I S. 866, bekannt gegeben. Aktualisierungen der Staatenaustauschliste sind auf der Internetseite des BZSt http://www.bzst.de einzusehen.

6.3.1.3 Automatische Übermittlung von Informationen über „Tax Rulings/steuerliche Vorbescheide" nach dem EUAHiG/DAC3

Für den verpflichtenden automatischen Austausch von Informationen über grenzüberschreitende steuerliche Vorbescheide und Vorabverständigungen über Verrechnungspreise zwischen international verbundenen Unternehmen („Tax Rulings/steuerliche Vorbescheide") erfolgte eine Änderung der EUAHiRL zum 1. Januar 2017. Das EUAHiG ist zur Umsetzung dieser Änderungen in nationales Recht mit dem Gesetz zur Umsetzung der Änderungen der EU-Amtshilferichtlinie und von weiteren Maßnahmen gegen Gewinnkürzungen und -verlagerungen vom 20. Dezember 2016 (BGBl. 2016 I S. 3000) geändert worden.

Weitere Einzelheiten zum sachlichen, persönlichen und zeitlichen Anwendungsbereich und das Verfahren der Übermittlung sind im BMF-Schreiben „Merkblatt zum verpflichtenden automatischen und spontanen Austausch verbindlicher Auskünfte, verbindlicher Zusagen und Vorabzusagen zu Verrechnungspreisen im Zusammenhang mit grenzüberschreitenden Sachverhalten" vom 17. August 2017 – IV B 6 – S 1320/16/10002: 014 –, BStBl 2017 I S. 1228, veröffentlicht.

6.3.1.4 Automatische Übermittlung länderbezogener Berichte

Am 5. Oktober 2015 veröffentlichte die OECD die Ergebnisse zum gemeinsamen Projekt BEPS von G20 und OECD, welche u. a. ein Maßnahmenpaket gegen Gewinnkürzungen und Gewinnverlagerungen vorschlagen. Der BEPS Aktionspunkt 13 sieht die Erstellung von länderbezogenen Berichten für multinational tätige Unternehmen und deren automatischen Austausch (CbCR) vor. Meldepflichtige deutsche Unternehmen i. S. d. § 138a Abs. 1 AO haben einen länderbezogenen Bericht des Konzerns zu erstellen und an das BZSt nach amtlich vorgeschriebenem Datensatz durch Datenfernübertragung zu übermitteln. Es besteht die Möglichkeit der Beauftragung i. S. d. § 138a Abs. 3 AO. Die meldepflichtigen deutschen Unternehmen haben den länderbezogenen Bericht erstmalig für Wirtschaftsjahre, die nach dem 31. Dezember 2015 beginnen, bis zum 31. Dezember 2017 und in den Folgejahren jeweils bis zum 31. Dezember des auf den Meldezeitraum folgenden Kalenderjahres an das BZSt zu übermitteln.

Das BZSt übermittelt alle ihm zugegangenen länderbezogenen Berichte im Rahmen des automatischen elektronischen Informationsaustauschs zum einen an die jeweils zuständige inländische Finanzbehörde (§ 138a Abs. 7 Satz 1 AO) bzw. im Rahmen des automatischen Informationsaustauschs automatisch elektronisch an die anderen Vertragsstaaten (§ 138a Abs. 7 Satz 2 AO).

Im Verhältnis zu anderen EU-MS wurde die BEPS-Empfehlung zum Aktionspunkt 13 durch entsprechende Änderungen der EUAHiRL (DAC4) und national durch die Änderung des EUAHiG umgesetzt. Nach § 7 Abs. 10 EUAHiG übermittelt das BZSt die länderbezogenen Berichte, die ihm nach § 138a Abs. 6 AO übermittelt wurden, automatisch elektronisch an die zuständige Behörde des anderen EU-MS, sofern Angaben nach § 138a Abs. 2 AO in dem länderbezogenen Bericht enthalten sind. Nach § 7 Abs. 11 EUAHiG teilt das BZSt den anderen EU-MS zusätzlich automatisch mit, wenn sich die ausländische Konzernobergesellschaft der einbezogenen inländischen Konzerngesellschaft geweigert hat, die erforderlichen Informationen zur Erstellung des länderbezogenen Berichts bereitzustellen (§ 138a Abs. 4 Satz 1 AO).

Der verpflichtende automatische Austausch länderbezogener Berichte mit Vertragsstaaten des Übereinkommens wird durch das MCAA CbC geregelt. Danach sind diese Informationen automatisch zu übermitteln, sofern die Vertragsstaaten zweiseitig die Voraussetzungen des § 8 Nr. 2 MCAA CbC erfüllen. Die Vertragsstaaten haben die Erfüllung der Voraussetzungen dem Sekretariat des Koordinierungsgremiums des Übereinkommens zu notifizieren. Das Sekretariat des Koordinierungsgremiums überwacht die Notifizierungen und veröffentlicht auf der Internetseite der OECD eine Liste der zuständigen Behörden der Vertragsstaaten, für die die Vereinbarung eine wirksame Vereinbarung darstellt. Dieser Mehrseitigen Vereinbarung sind auch Staaten beigetreten, die das Übereinkommen nicht gezeichnet haben.

Nach § 4 MCAA CbC teilt das BZSt den anderen Vertragsstaaten Fehler, unvollständige Informationsmeldungen sowie Fälle der Nichteinhaltung ebenfalls mit.

6.3.2 Automatische Informationen von anderen Staaten und Gebieten

Automatisch entgegengenommene Informationen sind zeitgerecht auszuwerten. Hierbei gelten grundsätzlich die gleichen Grundsätze wie bei der Auswertung inländischen Kontrollmaterials. Wird der Inhalt vom betroffenen inländischen Steuerpflichtigen bestritten (z. B. der Empfang einer Zinszahlung), ist von der örtlich zuständigen Finanzbehörde zu entscheiden, ob zur Überprüfung der Angaben des Steuerpflichtigen ein formelles Ersuchen an die ausländische Finanzbehörde nach Tz. 4.1 zu richten ist.

Die automatisch entgegengenommenen Informationen dürfen nur für die in den völkerrechtlichen Vereinbarungen oder dem EUAHiG festgelegten Zwecke verwendet werden. Sollen erhaltene Informationen für andere Zwecke verwendet werden, als in den völkerrechtlichen Vereinbarungen oder dem EUAHiG festgelegt wurde, ist dies nur zulässig, wenn der übermittelnde Staat seine Einwilligung erteilt (§ 19 Abs. 2 Satz 2 EUAHiG). Dies ist auf Seiten der Landesfinanzbehörden entsprechend zu beachten und sicherzustellen.

6.3.2.1 Automatische Informationen von anderen EU-MS nach DAC1

Das BZSt nimmt Informationen nach § 7 Abs. 1 Satz 2 EUAHiG (vgl. Tz. 6.3.1.1), die von anderen EU-MS automatisch übermittelt wurden, entgegen, speichert sie und leitet sie zur Durchführung des Besteuerungsverfahrens nach Maßgabe des § 88 Abs. 3 und 4 AO an die zuständige Finanzbehörde weiter.

Auf die Bestimmungen zum Geheimhaltungsschutz und zur Verwendungsbeschränkung (vgl. Tz. 6.3 und Tz. 6.3.2) wird verwiesen. Im Rahmen der automatisierten Weiterleitung der Informationen nach § 7 Abs. 1 Satz 2 EUAHiG an die Landesfinanzbehörden erfolgt kein gesonderter Hinweis zum Geheimhaltungsschutz durch das BZSt.

6.3.2.2 Automatische Informationen über Finanzkonten von anderen Staaten und Gebieten

Das BZSt nimmt nach § 9 Abs. 2 FATCA-USA-UmsV und § 5 Abs. 3 FKAustG die von anderen Staaten und Gebieten übermittelten Daten (vgl. Tz. 6.3.1.2) entgegen, speichert sie und leitet sie zur Durchführung des Besteuerungsverfahrens nach Maßgabe des § 88 Abs. 3 und 4 AO an die zuständige Landesfinanzbehörde weiter.

Auf die Bestimmungen zum Geheimhaltungsschutz und zur Verwendungsbeschränkung (vgl. Tz. 6.3 und Tz. 6.3.2) wird verwiesen. Im Rahmen der automatisierten Weiterleitung der Informationen nach § 9 Abs. 2 FATCA-USA-UmsV und § 5 Abs. 3 FKAustG an die Landesfinanzbehörden erfolgt kein gesonderter Hinweis zum Geheimhaltungsschutz durch das BZSt.

6.3.2.3 Automatische Informationen über „Tax Rulings/steuerliche Vorbescheide" von anderen EU-MS nach DAC3

Das BZSt und die Landesfinanzbehörden nutzen für die Entgegennahme von Informationen nach Art. 8a der EUAHiRL (DAC3) das Zentralverzeichnis, § 7 Abs. 9 Satz 2 EUAHiG.

Das BZSt leitet die die Bundesrepublik Deutschland betreffenden und eindeutig zuordnungsfähigen Daten an die zuständigen Landesfinanzbehörden weiter.

6.3.2.4 Automatische Übermittlung länderbezogener Berichte von anderen Staaten und Gebieten

Das BZSt nimmt die von anderen Staaten und Gebieten übermittelten länderbezogenen Berichte entgegen und leitet die eindeutig zuzuordnenden Daten der jeweils zuständigen Landesfinanzbehörde zu (§ 7 Abs. 12 Satz 1 und 2 EUAHiG, § 138a Abs. 7 Satz 3 AO).

Abschnitt 4 – Besondere Formen der Zusammenarbeit

7. Informationsaustausch Im Rahmen einer gleichzeitigen Prüfung

In- und ausländische Finanzbehörden können einander die gleichzeitige Prüfung eines Steuerpflichtigen oder mehrerer Steuerpflichtiger vorschlagen, um

- Doppelbesteuerungen bzw. -belastungen zu verhindern, besonders durch übereinstimmende Abgrenzung der Gewinne verbundener Unternehmen;

- grenzüberschreitende Sachverhalte durch Informationsaustausch aufzuklären.

Rechtsgrundlage für den Informationsaustausch anlässlich einer gleichzeitigen Prüfung in zwei oder mehreren EU-MS ist § 12 EUAHiG . Im Übrigen gelten für den Informationsaustausch die allgemeinen Grundsätze. Danach ist ein Informationsaustausch im Rahmen einer gleichzeitigen Prüfung auch im Verhältnis zu Staaten oder Gebieten zulässig, die nicht EU-MS sind, soweit der Informationsaustausch auf der Grundlage einer Informationsaustauschklausel in einem DBA, einem besonderen Rechts- und Amtshilfeabkommen, einem TIEA, dem Übereinkommen oder § 117 Abs. 1 oder 3 AO erfolgt.

Weitere Einzelheiten, auch zu gleichzeitigen Prüfungen mit Staaten oder Gebieten, die nicht EU-MS sind, ergeben sich aus dem BMF-Schreiben „Merkblatt über koordinierte steuerliche Außenprüfungen mit Steuerverwaltungen anderer Staaten und Gebiete" vom 9. Januar 2017 – IV B 6 – S 1315/16/10016: 002 –, BStBl 2017 I S. 89.

8. Gemeinsame Prüfungstätigkeit mehrerer Steuerverwaltungen

Für gleichzeitige Prüfungen mit einem oder mehreren EU-MS kann im Rahmen der §§ 10 bis 12 EUAHiG zum Zweck des Informationsaustauschs vereinbart werden, dass befugte Bedienstete des anderen EU-MS

- in den Amtsräumen zugegen sein dürfen, in denen die deutsche Finanzbehörde ihre Tätigkeit ausübt, oder
- bei den behördlichen Ermittlungen zugegen sein dürfen, die auf deutschem Hoheitsgebiet durchgeführt werden.

Für die Anwesenheit inländischer Bediensteter im anderen EU-MS gelten nach § 11 EUAHiG diese Regelungen sinngemäß.

Das BZSt trifft hierüber eine Vereinbarung mit den zuständigen in- und ausländischen Behörden.

Weitere Einzelheiten, auch zu gemeinsamen Prüfungen mit Staaten, die nicht EU-MS sind, ergeben sich aus dem BMF-Schreiben „Merkblatt über koordinierte steuerliche Außenprüfungen mit Steuerverwaltungen anderer Staaten und Gebiete" vom 9. Januar 2017 – IV B 6 – S 1315/16/10016: 002 –, BStBl 2017 I S. 89.

9. JITSIC/SPOC

JITSIC ist ein seit März 2015 bestehendes Netzwerk der zwei- oder mehrseitigen Zusammenarbeit von Steuerverwaltungen zwischen 38 Mitgliedstaaten und Nicht-Mitgliedstaaten der OECD. Deutschland nimmt an dieser Zusammenarbeit teil. Im Rahmen des Netzwerkes benennt jeder teilnehmende Staat einen Ansprechpartner, den JITSIC SPOC. Die Funktion des JITSIC SPOC für Deutschland wird durch das BMF, Referat IV B 6, wahrgenommen.

Ziel von JITSIC ist es, mittels initiierter Projekte bzw. durch koordinierte zwei- oder mehrseitige Kontakte Strategien zur besseren Zusammenarbeit bei konkreten internationalen Steuersachverhalten zu erarbeiten. Dies erfolgt im Rahmen der entsprechenden gesetzlichen Regelungen zur internationalen Zusammenarbeit in Steuersachen.

Dieses Schreiben ist auf den Internetseiten des BZSt (http://www.bzst.de) abrufbar. Es ersetzt das Merkblatt zur zwischenstaatlichen Amtshilfe durch Informationsaustausch in Steuersachen vom 23. November 2015 – IV B 6 – S 1320/07/10004: 007 –, BStBl 2015 I S. 928 ff.

BMF-Schreiben v. 25.6.2019 - IV B 3 - S 1317/16/10058 :010, BStBl 2019 I S. 647

Anwendung des Regelungsgehalts der Richtlinie (EU) 2017/1852 des Rates vom 10. Oktober 2017 über Verfahren zur Beilegung von Besteuerungsstreitigkeiten in der Europäischen Union (Streitbeilegungsrichtlinie) ab 1. Juli 2019; Rückwirkung des Gesetzes zur Umsetzung der Richtlinie (EU) 2017/1852 des Rates vom 10. Oktober 2017 über Verfahren zur Beilegung von Besteuerungsstreitigkeiten in der Europäischen Union (EU-Doppelbesteuerungsabkommen-Streitbeilegungsgesetz – EU-DBA-SBG)

Rückwirkung des Gesetzes zur Umsetzung der Richtlinie (EU) 2017/1852 des Rates vom 10. Oktober 2017 über Verfahren zur Beilegung von Besteuerungsstreitigkeiten in der Europäischen Union (EU-Doppelbesteuerungsabkommen-Streitbeilegungsgesetz – EU-DBA-SBG)

Nach Artikel 23 UA 2 der Streitbeilegungsrichtlinie können ab dem 1. Juli 2019 (Streitbeilegungs-)Beschwerden zu Streitfragen im Zusammenhang mit Einkommen oder Vermögen eingereicht werden, die in einem Steuerjahr erwirtschaftet werden, das am oder nach dem 1. Januar 2018 beginnt.

Im Einvernehmen mit den obersten Finanzbehörden der Länder findet auf (Streitbeilegungs-) Beschwerden, die unter Berufung auf die Streitbeilegungsrichtlinie eingereicht werden, der Regelungsgehalt der Streitbeilegungsrichtlinie Anwendung. Für die Entgegennahme und Bearbeitung der Streitfragen zuständige Behörde ist das Bundeszentralamt für Steuern.

Für das EU-DBA-SBG ist eine Rückwirkung auf den 1. Juli 2019 vorgesehen. Die aktuelle Fassung des Gesetzentwurfs ist auf der Internetseite des Bundesministeriums der Finanzen veröffentlicht und unter dem folgenden Link abrufbar:

http://go.nwb.de/r5svn

Mit Inkrafttreten des EU-DBA-SBG wird dieses Schreiben gegenstandslos.

BMF-Schreiben v. 17.12.2019 - IV B 5 - S 1341/19/10010 :003, BStBl 2020 I S. 84

Betriebsstätten ohne Personalfunktion (sog. funktionslose Betriebsstätten)

Unter Bezugnahme auf das Ergebnis der Erörterungen mit den obersten Finanzbehörden der Länder werden die Verwaltungsgrundsätze Betriebsstättengewinnaufteilung - VWG BsGa in der Fassung vom 22.12.2016 (BMF IV B 5 - S 1341/12/10001-03; BStBl I 2017 S. 182) um die nachfolgend aufgeführte Textziffer 6a (Neu) ergänzt:

„Im Fall einer Betriebsstätte ohne maßgebliche Personalfunktion (z. B. Wind-, Solarkraftanlagen usw.) kann die Zugehörigkeit der Betriebsstätte zum Unternehmen ebenfalls eine andere Behandlung erfordern. Für die Frage der Zuordnung von Wirtschaftsgütern und der Gewinnaufteilung können die Grundsätze der Textziffern 66[1] und 75[2] des Berichtes über die

---

[1] Ein interessanter Fall kann sich im Bereich des E-Commerce unter Bedingungen ergeben, bei denen anerkannt ist, dass der Standort eines Servers an sich bereits als Betriebsstätte gilt, da an diesem Standort Funktionen ohne Personal wahrgenommen werden können. Es sind jedoch dieselben Grundsätze anzuwenden, und bei der Funktionsanalyse wird ermittelt, welche automatisierten Funktionen von der Server-Betriebsstätte wahrgenommen werden sowie welche Vermögenswerte eingesetzt und welche Risiken übernommen werden. Der Diskussionsentwurf der Business Profits Technical Advisory Group mit dem Titel „Attribution of Profit to a Permanent Establishment Involved in Electronic Commerce Transactions“ von 2001 wie auch der 2004 fertiggestellte Abschlussbericht dieser Arbeitsgruppe mit dem Titel „Are the Current Treaty Rules for Taxing Business Profits Appropriate for E-Commerce?“ kamen zu dem Schluss, dass der Automatisierungsaspekt der Funktionen bedeutet, dass es sich bei den der Betriebsstätte zugerechneten Vermögenswerten und zugeordneten Risiken wahrscheinlich nur um diejenigen handelt, die direkt mit der Server-Hardware verbunden sind. Da eine Server-Betriebsstätte angesichts des Fehlens von für das Unternehmen tätigem Personal keine für die Zurechnung des Eigentums an Wirtschaftsgütern oder Vermögenswerten und/oder die Zuordnung von Risiken wesentlichen Personalfunktionen wahrnimmt, könnten dieser Betriebsstätte im Rahmen des AOA tatsächlich keine Vermögenswerte oder Risiken zugeordnet werden, was die Schlussfolgerung bestätigt, dass einer solchen Betriebsstätte nur ein geringer bzw. gar kein Gewinn zugerechnet würde.

[2] Bei den Beratungen der OECD-Mitgliedstaaten über die Zuordnung materieller Wirtschaftsgüter im Gesamtunternehmen wurden unterschiedliche Auffassungen zum Ausdruck gebracht. An einem Ende des Spektrums der geäußerten Ansichten wurde befürwortet, auf materielle Wirtschaftsgüter die in Abschnitt B-3 Tz. 3 (i) dargelegten allgemeinen Grundsätze anzuwenden, d. h. materielle Wirtschaftsgüter auf der Basis einer Bestimmung der für das wirtschaftliche Eigentum an den besagten Gütern relevanten wesentlichen Personalfunktionen mittels einer Funktions- und Sachverhaltsanalyse des jeweiligen Falls zuzuordnen. Am anderen Ende des Spektrums wurde die Ansicht vertreten, dass der Ort der Nutzung der materiellen Wirtschaftsgüter das einzige Kriterium sein solle, um sie einer Betriebsstätte zuzuordnen, vor allem in den Fällen, in denen eine feste Geschäftseinrichtung (Artikel 5 Absatz 1) gerade wegen des Vorhandenseins dieser materiellen Wirtschaftsgüter im Betriebsstättenstaat existiere. Nach Erörterung der praktischen Auswirkungen jeder dieser beiden Optionen zogen die OECD-Mitgliedstaaten den Schluss, dass sie in der Praxis in den meisten Fällen mit beiden Optionen zu denselben bzw. nicht wesentlich unterschiedlichen Ergebnissen gelangen dürften, d. h.:

- Wenn eine Betriebsstätte als wirtschaftlicher Eigentümer des materiellen Wirtschaftsguts behandelt wird, hat sie in der Regel Anspruch auf Steuerabzüge auf Grund von Wertminderung (im Fall abschreibbarer Güter) und Zinszahlungen (im Fall ganz oder teilweise durch Schuldenaufnahme finanzierter Güter).
- Wenn eine Betriebsstätte wie der Mieter/Pächter eines materiellen Wirtschaftsguts behandelt wird, hat sie in der Regel Anspruch auf bestimmte Abzüge, z. B. für Mietzahlungen.

Die während der wirtschaftlichen Lebensdauer des Vermögenswerts gewährten Abzüge dürften zwar in der Praxis in beiden Fällen nicht wesentlich voneinander abweichen, doch können natürlich beide Fälle in einem bestimmten Jahr oder über mehrere Jahre hinweg zu recht unterschiedlichen Gewinnzurechnungen führen. Auf Grund dieser Tatsache herrschte unter den OECD-Mitgliedstaaten allgemeines Einvernehmen darüber, dass für die Zuordnung des wirtschaft-

Zurechnung von Gewinnen zu Betriebsstätten der OECD vom 22. Juli 2010[3] angewandt werden."

lichen Eigentums an materiellen Wirtschaftsgütern die Nutzung als Grundlage dienen sollte, soweit nicht in einem besonderen Fall Umstände gegeben sind, die eine andere Auffassung rechtfertigen würden. Dies wird als pragmatische Lösung für die Zuordnung des wirtschaftlichen Eigentums an materiellen Wirtschaftsgütern im Rahmen des AOA betrachtet.

[3] Englischer Titel: „Report on the attribution of profits to permanent establishments, 22 July 2010".

BMF-Schreiben v. 3.12.2020 - IV B 5 - S 1341/19/10018 :001, BStBl 2020 I S. 1325

Verwaltungsgrundsätze 2020

Unter Bezugnahme auf das Ergebnis der Erörterung mit den Vertretern der obersten Finanzbehörden der Länder gilt für die Prüfung der Einkunftsabgrenzung zwischen international verbundenen Unternehmen in Bezug auf Mitwirkungspflichten sowie Schätzung von Besteuerungsgrundlagen und Zuschlägen Folgendes:

Inhalt

1. Mitwirkungspflichten der Beteiligten (§ 90 AO)

1.1 Allgemeines zu den Mitwirkungspflichten

1 Die Amtsermittlungspflicht der Finanzbehörde und die Mitwirkungspflicht der Beteiligten stehen nebeneinander (BFH-Urteil vom 15.2.1989, X R 16/86, BStBl II S. 462). Die Pflicht des Beteiligten zur Mitwirkung an der Sachverhaltsaufklärung hängt nicht davon ab, dass die Finanzbehörde diesen zur Mitwirkung auffordert.

BMF-Schr.

2 Die allgemeine Mitwirkungspflicht des § 90 Abs. 1 Satz 1 AO betrifft die Ermittlung des Sachverhalts und wird für bestimmte Sachverhaltskonstellationen in § 90 Abs. 2 und Abs. 3 AO erweitert. Die Mitwirkungspflicht wird zudem durch gesonderte verfahrens-

rechtliche (z. B. in §§ 93 bis 100, 140 ff., 149, 150, 153, 154, 160, 200, 210 ff. AO) und einzelsteuergesetzliche Regelungen (z. B. in §§ 16, 17 AStG; §§ 33, 34 ErbStG; §§ 18, 19 GrEStG und § 22 UStG) ausgestaltet.

3 § 200 AO tritt im Rahmen der Außenprüfung neben § 90 AO und ergänzt und erweitert die gemäß §§ 90 ff. AO bereits bestehenden allgemeinen Mitwirkungs-pflichten für die Außenprüfung (BFH-Urteil vom 6.6.2012, I R 99/10, BStBl II 2013 S. 196; BFH-Urteil vom 4.11.2003, VII R 28/01, BStBl II 2004 S. 1032). Auch die Pflichten des Steuerpflichtigen mit Bezug zum Datenzugriff gemäß § 147 Abs. 6 AO werden durch § 200 Abs. 1 Satz 2 AO erweitert. Die Vorlagepflicht gemäß § 200 Abs. 1 Satz 2 AO erfasst ferner auch solche Urkunden, für welche den Steuerpflichtigen zwar keine gesetzliche Aufbewahrungspflicht gemäß § 147 Abs. 1 AO trifft, diese Urkunden aber vorhanden sind und folglich vorgelegt werden können (BFH-Urteil vom 28.10.2009, VIII R 78/05, BStBl II 2010 S. 455).

4 Hinsichtlich des durch § 393 AO geregelten Verhältnisses des Strafverfahrens zum Besteuerungsverfahren und den damit einhergehenden Pflichten zur Mitwirkung des Steuerpflichtigen, vgl. Nr. 16 der AStBV (St) 2020.

5 Der Umfang der Mitwirkungspflicht richtet sich nach den Umständen des Einzelfalls. Die Verantwortung des Beteiligten für die Aufklärung des Sachverhalts ist umso größer, je mehr Tatsachen und Beweismittel der von ihm beherrschten Informations- oder Tätigkeitssphäre angehören (BFH-Urteil vom 15.2.1989, X R 16/86, BStBl II S. 462). Der Umfang der allgemeinen Mitwirkungspflicht wird durch den Verhältnismäßigkeitsgrundsatz begrenzt.

6 Ist ein Bevollmächtigter bestellt, so soll sich die Finanzbehörde an ihn wenden. Nur bei Vorliegen besonderer Gründe soll sich die Finanzbehörde an den Beteiligten selbst wenden, z. B. um ihn um Auskünfte zu bitten, die nur er selbst als Wissensträger geben kann. In diesem Fall ist der Bevollmächtigte zu unterrichten (vgl. AEAO zu § 80).

7 Ein Mitwirkungsverweigerungsrecht für Beteiligte besteht nicht. Ein Mitwirkungsverweigerungsrecht steht nach §§ 101 bis 106 AO nur Dritten zu.

8 Die Möglichkeit der Durchführung eines Verständigungsverfahrens nach den DBA, der EU-Schiedskonvention (EWG/90/463; ABl. L 225 vom 20.8.1990, S. 10) oder dem Streitbeilegungsgesetz (12.12.2019, BGBl. I S. 2103) oder der Antrag auf Eröffnung oder die tatsächliche Eröffnung eines Verständigungs- oder Schieds-verfahrens im Laufe einer Außenprüfung entbindet die Beteiligten nicht von ihren Mitwirkungspflichten gemäß § 90 AO.

1.2 Erhöhte Mitwirkungspflichten bei Auslandssachverhalten (§ 90 Abs. 2 AO)

9 § 90 Abs. 2 AO bestimmt eine gegenüber § 90 Abs. 1 AO erhöhte Mitwirkungs- und Aufklärungspflicht bei Sachverhalten mit Auslandsbezug (Auslandssachverhalte). § 90 Abs. 2 AO soll insbesondere verhindern, dass die Aufklärung von Auslands-sachverhalten an der Beschränkung der Hoheitsrechte der deutschen Gerichte und Behörden auf das Inland scheitert oder durch sie erschwert wird. Der Beteiligte hat den Auslandssachverhalt aufzuklären und die erforderlichen Beweismittel zu beschaffen (BFH-Urteil vom 16.4.1980, I R 75/78, BStBl II 1981 S. 492). Dies verlangt eine vollständige und wahr-

heitsgemäße Darstellung des gesamten besteuerungsrelevanten Sachverhalts, und zwar unabhängig davon, ob sich die einzelnen Umstände und Tatsachen zugunsten oder zuungunsten des Beteiligten auswirken. Die Erforderlichkeit eines Beweismittels hängt vom jeweiligen Einzelfall ab (BFH-Urteil vom 3.6.1987, III R 205/81, BStBl II S. 675; BFH-Urteil vom 2.12.2004, III R 49/03, BStBl II 2005 S. 483).

10 Der Beteiligte ist bei Auslandssachverhalten insbesondere zur Sachverhaltsaufklärung, Beweismittelbeschaffung und Beweisvorsorge verpflichtet. Im Verfahren vor den Finanzgerichten gelten diese Pflichten nach § 76 Abs. 1 Satz 4 FGO sinngemäß.

11 Der Beteiligte muss deshalb unter anderem zum Zweck der Beweisvorsorge im Rahmen seiner rechtlichen und tatsächlichen Möglichkeiten (§ 90 Abs. 2 Satz 2 AO) sicherstellen, dass Aufzeichnungen, Unterlagen und Daten einer ausländischen nahestehenden Person, welche für seine Besteuerung relevant sind, nicht vor Ablauf der inländischen Aufbewahrungsfristen vernichtet werden.

12 Bei der Sachverhaltsaufklärung und Beweismittelbeschaffung genügt es nicht, wenn der Beteiligte solche im Ausland befindlichen bzw. verfügbaren Beweismittel nur benennt. Der Beteiligte hat alle für ihn bestehenden rechtlichen und tatsächlichen Möglichkeiten auszuschöpfen. Danach hat der Beteiligte den zur Aufklärung des Auslandssachverhalts und Beschaffung der erforderlichen Beweismittel im jeweiligen Einzelfall zumutbaren Aufwand zu betreiben. Die erhöhte Mitwirkungspflicht bei der Aufklärung von Auslandssachverhalten unterliegt dem Grundsatz der Verhältnismäßigkeit.

13 Zu den Beweismitteln gehören auch die Bücher, Aufzeichnungen, Geschäftspapiere oder andere Unterlagen sowie Daten ausländischer nahestehender Personen, ohne die eine vollständige Ermittlung des Sachverhalts nicht möglich ist. Dies gilt auch für die Unterlagen und Daten nahestehender Personen, die der Finanzbehörde unabhängig von der vom Beteiligten angewandten Methode eine Verprobung der Angemessenheit der Preise bzw. Ergebnisse von Geschäftsvorfällen ermöglichen. Die Vorlagepflicht gilt auch für Gutachten und Stellungnahmen zu Verrechnungspreisen (vgl. § 1 Abs. 1 Satz 1 AStG), soweit sie für die Festsetzung von Verrechnungspreisen oder für die Einkünfteermittlung in Zusammenhang mit Verrechnungspreisen für bedeutsam erachtet werden, sowie für E-Mails, Messengerdienstnachrichten oder Nachrichten mittels anderer elektronischer Kommunikationsmedien, soweit diese geschäftliche Inhalte mit steuerlichem Bezug aufweisen und damit insbesondere als Handels- oder Geschäftsbrief anzusehen sind.

14 Bei Auslandssachverhalten hat der Beteiligte Beweisvorsorge zu treffen, damit er seine erhöhte Mitwirkungspflicht erfüllen kann. Er kann sich daher nicht darauf berufen, einen entsprechenden Sachverhalt nicht aufklären oder Beweismittel nicht beschaffen zu können, wenn er sich bei der Gestaltung seiner Verhältnisse die Möglichkeit dazu hätte einräumen lassen können (§ 90 Abs. 2 Satz 4 AO). Der Beteiligte ist während und nach der Verwirklichung eines Auslandssachverhalts verpflichtet, alle Möglichkeiten auszuschöpfen, um im Verwaltungsverfahren seiner erhöhten Mitwirkungspflicht nachkommen zu können (BFH-Urteil vom 14.5.1982, VI R 266/80, BStBl II S. 772). Die Verpflichtung zur Beweismittelvorsorge beschränkt sich auf das im Einzelfall für den Beteiligten zumutbare Maß sowie die rechtliche und tatsächliche Möglichkeit der Vorsorge. Der Beteiligte muss daher z. B. schon bei Abschluss eines Vertrages durch entsprechende vertragliche Regelungen dafür Sorge tragen, dass er auch später auf die im Ausland befindlichen Beweis-

mittel zugreifen kann, um diese der Finanzbehörde vorlegen zu können. Dies gilt insbesondere dann, wenn Geschäftsbeziehungen zwischen nahestehenden Personen vereinbart werden, da die Vorlage der im Ausland befindlichen Beweismittel eine notwendige Voraussetzung dafür ist, die Angemessenheit der der Geschäftsbeziehung zugrunde liegenden Verrechnungspreise zu prüfen und eine derartige Beweisvorsorge auch für die Beteiligten rechtlich und tatsächlich möglich ist. Der Beteiligte kann im Einzelfall zur Vorlage derjenigen Unterlagen eines Dritten verpflichtet sein, auf deren Überlassung er zwar keinen Anspruch hat, welche er sich aber tatsächlich mit zumutbarem Aufwand beschaffen kann. Ein ordentlicher Geschäftsleiter würde sich beispielsweise in folgenden Fällen eine Vorlage der Unterlagen vertraglich vorbehalten:

a. Nachweise über Abgabepreise einer nahestehenden Vertriebsgesellschaft gegenüber fremden Dritten bei Anwendung der Wiederverkaufspreismethode,
b. Kalkulationsunterlagen einer ausländischen Dienstleistungsgesellschaft bei Anwendung der Kostenaufschlagsmethode,
c. Nachweise über die geleisteten Beiträge der zusammenwirkenden Unternehmen bei Beteiligung an einer Kostenumlagevereinbarung,
d. Nachweise über die vom Lizenznehmer mit diesen Werten erwirtschafteten Umsatzerlöse bei Überlassung von immateriellen Werten gegen umsatzabhängige Lizenzgebühren oder
e. Unterlagen über den Gesamtgewinn bzw. -verlust sowie den Aufteilungsschlüssel bei Anwendung der geschäftsvorfallbezogenen Gewinnaufteilungsmethode.

15 Ist der Beteiligte unmittelbar oder mittelbar Mehrheitsgesellschafter einer Gesellschaft oder kontrolliert er die Mehrheit der Stimmrechte einer Gesellschaft, ist davon auszugehen, dass er über (gesellschafts-)rechtliche Möglichkeiten der Informations- und Beweismittelbeschaffung von dieser ihm nahestehenden Gesellschaft verfügt. Er kann sich in diesen Fällen nicht mit Erfolg auf eine Verweigerung der Mitwirkung der ihm nahestehenden Gesellschaft berufen.

16 Beruft sich ein Beteiligter darauf, dass er Informationen nicht erteilen oder Beweismittel nicht vorlegen kann, weil ausschließlich eine nahestehende Person darüber verfügt und diese die Herausgabe verweigert, liegt nur insoweit kein Verstoß des Beteiligten gegen seine Mitwirkungspflichten vor, als er weder rechtlich (z. B. gesellschaftsrechtlich) noch tatsächlich die Möglichkeiten hat, die Informationen oder Unterlagen bei dem Nahestehenden zu beschaffen und ihm auch eine Beweisvorsorge nicht möglich oder nicht zumutbar war. Die Verweigerung der Mitwirkung einer nahestehenden Person kann durch Vorlage des entsprechenden Schriftverkehrs glaubhaft gemacht werden. Verweigert eine nahestehende Person nachweislich ihre Mitwirkung, hat der Steuerpflichtige seine erhöhten Mitwirkungs-pflichten dennoch zu erfüllen, soweit ihm dies möglich ist. Die Möglichkeiten der internationalen Rechts- und Amtshilfe bleiben davon unberührt.

17 Sind in einer inländischen Gesellschaft und einer ihr nahestehenden ausländischen Gesellschaft, zwischen denen Geschäftsbeziehungen bestehen, dieselben natürlichen Personen als Geschäftsführer tätig (Personalunion), kann davon ausgegangen werden, dass diese Personen über tatsächliche Möglichkeiten zur Auskunftserteilung und zur Nachweisbeschaffung verfügen. Ist in solchen Fällen eine Prüfungsanordnung nicht nur gegen die in-

ländische Gesellschaft, sondern auch gegen die ausländische Gesell-schaft erlassen worden, können die inländische Gesellschaft und die ausländische Gesellschaft jeweils in ihren eigenen Steuerangelegenheiten (einschließlich der steuerlichen Aspekte der Geschäftsbeziehung zur jeweils anderen Gesellschaft) als Beteiligte nach § 93 Abs. 1 Satz 1 AO um Auskunft ersucht werden; dabei ist unerheblich, ob die beiden Gesellschaften durch dieselbe Person als Geschäftsführer vertreten werden.

18 Ist die Erteilung bestimmter Auskünfte an die Behörden nach den Vorschriften anderer Staaten unzulässig oder sogar strafbewehrt, entbindet dieses Verbot den Beteiligten nicht von seiner Mitwirkungspflicht nach § 90 Abs. 2 AO (BFH-Urteil vom 16.4.1980, I R 75/78, BStBl II 1981 S. 492; BFH-Urteil vom 31.5.2006, II R 66/04, BStBl II 2007 S. 49). Die den Beteiligten treffende Pflichtenkollision ist von der Finanzbehörde im Rahmen der Schätzung nach § 162 Abs. 1 AO zu berücksichtigen.

19 Die Berücksichtigung des ausländischen Rechts sowie die Auslegung von Verträgen oder ähnlichen Dokumenten und deren Würdigung obliegen der Finanzbehörde. Das ausländische Recht ist dabei so anzuwenden, wie es der ausländische Staat auslegt und anwendet. Die erhöhte Mitwirkungspflicht gemäß § 90 Abs. 2 AO trifft den Beteiligten aber insoweit, als er nachzuweisen hat, dass er die Voraussetzungen der ausländischen Rechtsnorm erfüllt oder aber nicht.

20 § 90 Abs. 2 AO bezieht sich auf sämtliche Sachverhalte, die für die Festsetzung von Steuern oder steuerlichen Nebenleistungen im Sinne des § 3 AO relevant sind. Dass ein für die Anwendung einer steuerlichen Norm maßgeblicher Sachverhalt nur zum Teil Auslandsbezug hat, ist für die Anwendung von § 90 Abs. 2 AO ohne Bedeutung.

21 Die Finanzbehörde hat dem Beteiligten für die Sachverhaltsaufklärung und die Nachweisbeschaffung eine angemessene Frist einzuräumen.

22 Die Finanzbehörde kann Dokumente in fremder Sprache entgegennehmen. Auf Anforderung sind diese unabhängig von ihrer Form in die deutsche Sprache zu übersetzen. Ein Übersetzungsverlangen ist auf das notwendige Maß zu beschränken. Ist bei umfangreichen Dokumenten eine Übersetzung ins Deutsche tatsächlich notwendig, ist eine Anforderung von Übersetzungen regelmäßig auf die wesentlichen Teile zu beschränken.

Wurden Dokumente nur teilweise übersetzt, führt dies nicht dazu, dass der Finanzbehörde Informationen aus den nicht übersetzten Teilen der vorgelegten Unterlagen als bekannt gelten müssen.

In begründeten Fällen kann die Vorlage einer beglaubigten oder von einem öffentlich bestellten oder vereidigten Dolmetscher oder Übersetzer angefertigte Übersetzung verlangt werden. Wird eine angeforderte und für die Prüfung notwendige Übersetzung nicht unverzüglich vorgelegt, kann die Finanzbehörde eine Übersetzung auf Kosten des Beteiligten anfertigen lassen (§ 87 Abs. 2 Satz 3 AO) oder die Unterlagen als unbeachtlich behandeln. Die Finanzbehörde soll den Beteiligten vorher auf diese Folgen hinweisen.

Die Amtssprache ist Deutsch. Die Finanzbehörde äußert sich gegenüber ausländischen Beteiligten oder deren Bevollmächtigten oder Beiständen grundsätzlich nicht in einer anderen Sprache. Die Finanzbehörde zieht bei Verhandlungen mit dem Beteiligten deshalb auch keinen Dolmetscher auf eigene Kosten hinzu.

23 Verletzt ein Steuerpflichtiger seine Pflichten gemäß § 90 Abs. 2 AO und ist der Sachverhalt nicht anderweitig aufklärbar, so kann zu seinem Nachteil von einem Sachverhalt ausgegangen werden, für den unter Berücksichtigung der Beweisnähe des Steuerpflichtigen und seiner Verantwortung für die Aufklärung des Sachverhalts eine gewisse Wahrscheinlichkeit spricht. Insbesondere dann, wenn die Mitwirkungspflicht sich auf Tatsachen und Beweismittel aus dem alleinigen Verantwortungsbereich des Steuerpflichtigen bezieht, können aus seiner Pflichtverletzung für ihn nachteilige Schlussfolgerungen gezogen werden. Siehe insbesondere § 162 Abs. 2 AO zur Schätzung (vgl. AEAO zu § 162).

24 Bei Nichterfüllung der Mitwirkungspflicht können Zwangsmittel (§ 328 AO) oder ein Verzögerungsgeld (§ 146 Abs. 2b AO) festgesetzt werden.

1.3 Besondere Mitwirkungspflichten (§ 90 Abs. 3 AO)

1.3.1 Grundsätze der Aufzeichnungspflicht (§ 90 Abs. 3 Satz 1 AO)

25 Die Verordnung zu Art, Inhalt und Umfang von Aufzeichnungen im Sinne des § 90 Absatz 3 der Abgabenordnung (Gewinnabgrenzungsaufzeichnungs-Verordnung - GAufzV; 12.7.2017, BGBl. I S. 2367) bestimmt Art, Inhalt und Umfang der zu erstellenden Aufzeichnungen. Ergänzend hierzu enthalten die Anhänge I und II zu Kapitel V der OECD-Verrechnungspreisleitlinien für multinationale Unternehmen Steuerverwaltungen 2017 (OECD-Verrechnungspreisleitlinien 2017) eine Auflistung von Informationen, die regelmäßig in der Verrechnungspreisdokumentation enthalten sein sollten.

26 Die Aufzeichnungspflicht als besondere Ausprägung der allgemeinen Mitwirkungspflichten zielt insbesondere darauf ab (vgl. auch Tz. 5.5 ff. OECD-Verrechnungspreisleitlinien 2017), dass

a. sichergestellt wird, dass der Steuerpflichtige die Anforderungen des Fremdvergleichsgrundsatzes berücksichtigt,

b. die Steuerverwaltung die notwendigen Informationen erhält, um eine sach-verständige Risikobeurteilung vornehmen zu können und

c. die Steuerverwaltung die steuerlich relevanten Informationen erhält, die sie bei der Durchführung einer Prüfung der grenzüberschreitenden Geschäftsbeziehungen zwischen einander nahestehenden Personen (Verrechnungspreisprüfungen) benötigt.

Demzufolge tragen die Aufzeichnungen gemäß § 90 Abs. 3 AO (sog. Verrechnungspreisdokumentation) dazu bei, dass es einem sachverständigen Dritten ermöglicht wird, innerhalb einer angemessenen Frist festzustellen, welche Sachverhalte der Steuerpflichtige im Zusammenhang mit seinen Geschäftsbeziehungen tatsächlich verwirklicht hat und ob und inwieweit er dabei den Fremdvergleichsgrundsatz beachtet hat (siehe auch BT-Drs. 15/119, S. 52).

27 Die Aufzeichnungspflicht ist mit dem Unionsrecht vereinbar (BFH-Urteil vom 10.4.2013, I R 45/11, BStBl II S. 771).

28 Unter § 90 Abs. 3 AO fallen die Geschäftsbeziehungen im Sinne des § 1 Abs. 4 AStG eines Steuerpflichtigen. Im Einklang mit § 1 AStG ist ein Steuerpflichtiger in diesem Sinne auch eine Personengesellschaft oder eine Mitunternehmerschaft.

29 Gesellschaftsvertragliche Vereinbarungen (z. B. Vermögenseinlagen) gehören nicht zu den Geschäftsbeziehungen. Damit die Finanzbehörde prüfen kann, ob ein Vorgang als gesellschaftsrechtliche Vereinbarung oder als Geschäftsbeziehung anzusehen ist, hat der Steuerpflichtige entsprechende Unterlagen aller Beteiligten (z. B. Bilanzen) vorzulegen.

30 Die Aufzeichnungspflichten gelten auch für anzunehmende schuldrechtliche Beziehungen zwischen einer Betriebsstätte und dem übrigen Unternehmen gemäß § 1 Abs. 4 Nr. 2 AStG.

31 Die Aufzeichnungspflicht nach § 90 Abs. 3 AO ersetzt nicht die Pflicht zu Erstellung einer Hilfs- und Nebenrechnung gemäß § 3 Betriebsstättengewinnaufteilungs-verordnung (BsGaV; 13.10.2014, BGBl. I S. 1603, die zuletzt durch Artikel 5 der Verordnung vom 12.7.2017, BGBl. I S. 2360 geändert worden ist) und umgekehrt.

32 Auf grenzüberschreitende Geschäftsbeziehungen einer Personengesellschaft oder Mitunternehmerschaft mit ihr nahestehenden Personen ist der Fremdvergleichsgrundsatz anzuwenden; entsprechend sind Aufzeichnungen im Sinne des § 90 Abs. 3 AO und der GAufzV vorzulegen. Dies gilt für grenzüberschreitende Beziehungen im Bereich des Sonderbetriebsvermögens gleichermaßen.

33 Für Geschäftsbeziehungen einer nicht buchführungspflichtigen Personengesellschaft ist auch die Personengesellschaft oder Mitunternehmerschaft selbst aufzeichnungs-pflichtig. Ist für die inländischen Gesellschafter der Personengesellschaft ein Treuhänder oder ein anderer Vertreter bestellt, reicht es aus, wenn die Aufzeichnungen von dieser Person erstellt werden und der inländische Gesellschafter die fristgerechte Vorlage sicherstellt.

34 Aufzeichnungen sind grundsätzlich in deutscher Sprache vorzulegen. Auf Antrag des Steuerpflichtigen kann die Finanzbehörde die Vorlage der Aufzeichnungen in einer anderen lebenden Sprache (insbesondere in englischer Sprache) zulassen, wenn ein sachgerechtes Verständnis innerhalb eines angemessenen Zeitraums sichergestellt werden kann. Bei Aufzeichnungen gemäß § 90 Abs. 3 Satz 3 AO (Stamm-dokumentation - master file) gilt dies im Besonderen.

Einem solchen Antrag ist jedoch nur unter der Bedingung zu entsprechen, dass von einer Finanzbehörde später angeforderte Übersetzungen innerhalb einer angemessenen Frist vorgelegt werden. Über den Antrag hat die im Zeitpunkt des Eingangs des Antrags für die Festsetzung oder Feststellung der Einkünfte, auf die der Antrag sich bezieht, örtlich und sachlich zuständige Finanzbehörde unverzüglich zu entscheiden. Wird der Antrag nach Bekanntgabe der Prüfungsanordnung gestellt, entscheidet die für die Prüfung zuständige Finanzbehörde. Wird dem Antrag entsprochen, befreit dies den Steuerpflichtigen nicht davon, in einem etwaigen finanzgerichtlichen Verfahren die Aufzeichnungen in deutscher Sprache vorzulegen; § 52 Abs. 1 FGO, § 184 GVG.

Der Antrag kann bereits vor der Anfertigung der Aufzeichnungen gestellt werden. Er ist vom Steuerpflichtigen spätestens unverzüglich nach der Anforderung von Aufzeichnungen durch die Finanzbehörde zu stellen. Die Antragstellung hat keine Auswirkung auf den Fristlauf des § 90 Abs. 3 Satz 7 und 8 AO.

Bei der Anforderung von Übersetzungen ist der Grundsatz der Verhältnismäßigkeit zu beachten. Aufzeichnungen, die in fremder Sprache vorgelegt werden, können unverwertbar sein. So ist z. B. eine Verrechnungspreisdokumentation im Wesentlichen unverwertbar, wenn die Aufzeichnungen ohne Zustimmung der Finanzbehörde in fremder Sprache vorgelegt werden und der Steuerpflichtige diese trotz Aufforderung nicht übersetzt.

35 Für die Erstellung der Aufzeichnungen sind die wirtschaftlichen und rechtlichen Verhältnisse in dem Zeitpunkt maßgeblich, in dem der Vertrag (Verpflichtungs-geschäft) für den Geschäftsvorfall abgeschlossen worden ist bzw. in dem sich die wirtschaftlichen Bedingungen ggf. so wesentlich geändert haben, dass fremde Dritte eine Anpassung der Geschäftsbedingungen vereinbart oder den Vertrag gekündigt hätten. Hierbei ist unerheblich, ob der Vertrag mündlich, schriftlich oder durch konkludentes Handeln geschlossen wurde.

36 Die Aufzeichnungen gemäß § 90 Abs. 3 AO müssen das ernsthafte Bemühen des Steuerpflichtigen belegen, seine Geschäftsbeziehungen unter Beachtung des Fremdvergleichsgrundsatzes zu gestalten (§ 2 Abs. 1 GAufzV). Das ernsthafte Bemühen ist anhand objektivierter Umstände glaubhaft zu machen.

37 Hinsichtlich der Folgen der Verletzung der Aufzeichnungspflicht wird auf § 162 Abs. 3 und 4 AO verwiesen (Rn. 80 ff.).

38 Die Erleichterungen des § 6 Abs. 1 GAufzV bestehen in erster Linie darin, dass die Verpflichtung zur Vorlage von Aufzeichnungen auch dadurch erfüllt werden kann, fristgerecht (§ 90 Abs. 3 Satz 7 AO) mündliche Auskünfte zu erteilen und bereits vorhandene Unterlagen vorzulegen. § 93 Abs. 4 Satz 2 AO bleibt davon unberührt.

39 Bei der Prüfung, ob die Betragsgrenzen im Sinne des § 6 Abs. 2 GAufzV überschritten werden, sind die Entgelte für die von ausländischen nahestehenden Personen empfangenen und für die an sie erbrachten Lieferungen bzw. Leistungen aller zusammenhängenden inländischen Unternehmen im Sinne der §§ 13, 18 und 19 der allgemeinen Verwaltungsvorschrift für die Betriebsprüfung – Betriebsprüfungsordnung (BpO 2000 vom 15.3.2000, BStBl I S. 368, zuletzt geändert durch die allgemeine Verwaltungsvorschrift vom 20.7.2011, BStBl I S. 710) zusammenzurechnen. Güter und Waren im Sinne der Vorschrift können alle materiellen Wirtschaftsgüter und immateriellen Werte sein. Geschäftsbeziehungen zu inländischen nahestehenden Personen bleiben bei der Berechnung unberücksichtigt.

1.3.2 Sachverhalts- und Angemessenheitsdokumentation (§ 90 Abs. 3 Satz 2 AO)

1.3.2.1. Sachverhaltsdokumentation

40 Für die Sachverhaltsdokumentation hat der Steuerpflichtige Aufzeichnungen über Art, Inhalt und Umfang seiner Geschäftsbeziehungen zu nahestehenden Personen sowie über die wirtschaftlichen und rechtlichen Rahmenbedingungen zu erstellen (vgl. § 1 Abs. 2 und § 4 GAufzV).

41 Zum Beispiel können folgende Informationen in Abhängigkeit von der Art der Geschäftsbeziehung von besonderer Bedeutung sein:

Aktivität	Funktionen	Eingesetzte Vermögenswerte	Risiken
Forschung und Entwicklung als eigenständige Aktivität	Grundlagenforschung, Produktentwicklung, Produktdesign, Lizensierung, Patententwicklung, Kontrolle und Management der Risiken	Patente, Lizenzen, wesentliche immaterielle	Fehlgeschlagene Forschung, Marktvorteile aus erfolgreicher Forschung, Chance auf Lizenzeinnahme Substitutionsrisiko, Marktrisiko, Patentrisiken
Herstellung von Produkten	Design, Forschung und Entwicklung, Produktmanagement, Produktionsplanung, Einkauf Rohstoffe etc., Lagerhaltung Rohstoffe etc., Fertigung, Verpackung, Montage, Qualitätssicherung, Beschaffung, Lagerhaltung Produkte, Logistik, ggf. Vertrieb, Verwaltung, Kontrolle und Management der Risiken	Lizenzen, Produkt- und/oder Prozess-Know-how, Marken, Grundstücke, Fertigungsanlagen, Abnahmegarantien	Investitionsrisiko, Kapazitäts- oder Auslastungsrisiko, Qualitätsrisiken, Umweltrisiken, Produkthaftungsrisiken, Risiko staatlicher Eingriffe (z. B. Umweltschutz-bestimmungen, Mindestlöhne), Gewährleistungsrisiko
Vertrieb	Lagerhaltung, Werbung, Vertrieb, Finanzierung, Transport, Verzollung, Montage, technische Unterstützung, Kundendienst, Preisgestaltung, Kontrolle und Management der Risiken	Vertriebsrecht, Markenrecht, Kundenstamm, Fahrzeuge, Lagervorrichtung	Absatzrisiko (Änderung des Publikumsgeschmacks, Konjunkturschwäche), Chance auf einen Reingewinn aus Handels- bzw. Vertriebstätigkeit, Marktpreisrisiko, Inkassorisiko, Wechselkursrisiko, Transportrisiko, Lagerrisiko
Unternehmensverwaltung	Leitung, Koordination, Strategieentwicklung, Controlling, Finanzierung, Rechnungslegung, Mitarbeitersuche und -schulung, Kontrolle und Management der Risiken	spezifische Software, Know-how, Grundstücke, Gebäude	Geschäftsrisiko, Liquiditätsrisiko
Finanzierung	Kreditgeschäft, Diskontgeschäft, Garantiegeschäft, Kryptoverwahrgeschäft, Factoring, Leasing, Kontrolle und Management der Risiken	Sicherungsübereignete Vermögenswerte, Know-how	Wechselkursrisiko, Fristentransformationsrisiko, Liquiditätsrisiko, Debitorenrisiko
Versicherung	Absicherung Risiken, Vermittlung, Kontrolle und Management der Risiken	-	Risikotransfer, versicherungstechnisches Risiko

42 Die Aufzeichnungen müssen einem sachverständigen Dritten in angemessener Zeit ein grundlegendes Verständnis der Wertschöpfung innerhalb der Unternehmensgruppe (vgl. Tz. 1.51 OECD-Verrechnungspreisleitlinien 2017) bzw. innerhalb des einheitlichen Unternehmens (Rn. 30), des Geschäftsmodells und des Funktions- und Risikoprofils der Transaktionspartner vermitteln. Nur dann ist eine Beurteilung der Angemessenheit des Verrechnungspreises möglich.

43 Die mit den einzelnen nahestehenden Personen abgewickelten Geschäftsbeziehungen sind in einer Übersicht hinsichtlich ihrer Art und des betragsmäßigen Umfangs der Entgelte darzustellen (Transaktionsübersicht). Bei Darlehensverhältnissen ist auch die Darlehenssumme aufzuzeichnen. Die Vorlage der zugrunde liegenden Verträge ist zur Beurteilung grundsätzlich erforderlich.

1.3.2.2. Angemessenheitsdokumentation

44 Daneben sind Aufzeichnungen über die Angemessenheit der Verrechnungspreise zu erstellen (Angemessenheitsdokumentation; vgl. § 1 Abs. 3 und § 4 GAufzV). Diese beziehen sich auf die wirtschaftlichen und rechtlichen Grundlagen, aus denen sich ergibt, dass der Steuerpflichtige den Fremdvergleichsgrundsatz beachtet hat.

Die Angemessenheitsdokumentation muss das ernsthafte Bemühen des Steuer-pflichtigen belegen, für Zwecke der steuerlichen Einkünfteermittlung den Fremdvergleichsgrundsatz zu beachten. Die Aufzeichnungen haben die angestellten Überlegungen widerzuspiegeln und für einen sachverständigen Dritten innerhalb einer angemessenen Frist nachvollziehbar zu machen.

45 Hierfür muss der Steuerpflichtige die Eignung der tatsächlich angewendeten Verrechnungspreismethode bzw. des hypothetischen Fremdvergleichs sowie die Angemessenheit der steuerlich zugrunde gelegten Preise bzw. des Ergebnisses begründen (§ 4 Abs. 1 Nr. 4 Buchstabe d GAufzV). Der Steuerpflichtige ist daher verpflichtet, aufzuzeichnen, weshalb er die von ihm jeweils angewandte Verrechnungspreismethode für die am besten geeignete Methode hält bzw. weshalb der hypothetische Fremdvergleich anzuwenden ist. Zu einer Verprobung seiner Ergebnisse nach anderen Methoden ist der Steuerpflichtige nicht verpflichtet.

46 Die Finanzbehörden wählen die richtige Verrechnungspreismethode selbst aus, und zwar diejenige, die sich als geeignetste Methode erweist. Verwendet die Finanzbehörde bei ihrer Prüfung eine andere Methode als der Steuerpflichtige, kann dies nur zu einer Berichtigung führen, wenn die Ergebnisse der Alternativmethode wahrscheinlicher sind. Die hierfür erforderlichen Informationen sind vom Steuerpflichtigen der Finanzbehörde gegenüber vorzulegen. Können beispielsweise Unsicherheiten über die Vergleichbarkeit von Daten im Zuge einer Außenprüfung nicht beseitigt werden, kann die Finanzbehörde ihrerseits Verprobungsrechnungen durchführen, um zu beurteilen, ob das Ergebnis des Steuerpflichtigen anzuerkennen oder zu verwerfen ist. Die Zulässigkeit und das Erfordernis, die Ergebnisse einer Methode mit Hilfe des Einsatzes einer anderen Methode zu ermitteln, zu konkretisieren bzw. zu verproben, ergibt sich auch aus der ständigen Rechtsprechung (BFH-Urteil vom 17.10.2001, I R 103/00, BStBl 2004 II S. 171; BFH-Urteil vom 6.4.2005; I R 22/04, BStBl 2007 II S. 658).

47 Bei der Anwendung des hypothetischen Fremdvergleichs ist aufgrund der Bedeutung der zugrunde gelegten Annahmen und Bewertungsparameter eine sachgerechte Beurteilung der Bewertung nur dann möglich, wenn alle bei der Erstellung des Bewertungsmodells zugrunde gelegten relevanten Annahmen genau dargelegt und die Basis für die Auswahl der Bewertungsparameter beschrieben werden. Die Angemessenheit dieser Annahmen und Bewertungsparameter für den konkreten Geschäftsvorfall ist darzulegen. Darüber hinaus sollten Sensitivitätsanalysen Aufschluss darüber geben, wie sich der ermittelte Wert des Bewertungsobjekts verändert, wenn für das Modell alternative Annahmen und Parameter gewählt werden (siehe auch Tz. 6.160 OECD-Verrechnungspreisleitlinien 2017).

48 Die Angemessenheitsdokumentation hat sich auf die tatsächlich abgeschlossene und durchgeführte Vereinbarung des Steuerpflichtigen mit der ihm nahestehenden Person zu beziehen. Hat der Steuerpflichtige beispielsweise einen anderen als den zivilrechtlich vereinbarten Preis der Besteuerung zugrunde gelegt, müssen die Aufzeichnungen den für die Besteuerung angesetzten Verrechnungspreis darstellen. Hat der Steuerpflichtige Verträge geschlossen, diese aber nicht entsprechend dem Verein-barten durchgeführt, haben sich die Aufzeichnungen auf die tatsächlichen Verhältnisse und damit die tatsächlich durchgeführte Geschäftsbeziehung zu beziehen.

49 Maßgebender Zeitpunkt für den Fremdvergleich ist grundsätzlich der Abschluss des Vertrages, nicht der Erfüllungszeitpunkt (BFH-Urteil vom 9.3.1983, I R 182/78, BStBl II S. 744). Abzustellen ist daher auf die Verhältnisse zum Zeitpunkt der Vereinbarung des Geschäftsvorfalls. Der Steuerpflichtige kann sich auf nachträglich bekannt gewordene externe Fremdvergleichsdaten stützen, soweit sich diese auf den Zeitpunkt der Vereinbarung des Geschäftsvorfalls beziehen. Maßgebend bleiben daher die Verhältnisse zum Zeitpunkt der Vereinbarung des Geschäftsvorfalls. Entsprechend soll die Angabe über den Zeitpunkt der Verrechnungspreisbestimmung der Finanzverwaltung die Möglichkeit eröffnen, eine bessere Einschätzung vornehmen zu können, mit welcher zeitlichen Distanz die tatsächlich durchgeführten Geschäftsbeziehungen auf ihre Fremdüblichkeit hin überprüft wurden.

50 Eine Angemessenheitsdokumentation, welche auf Planrechnungen zurückgreift, ist soweit wie möglich auf Vergleichsdaten, wie fremdübliche Gewinnaufschläge oder eine marktübliche Kapitalverzinsung, zu stützen. Die zugrunde gelegten Planannahmen sind anhand der Erfahrungen aus bereits abgelaufenen Zeiträumen und auf Basis kaufmännischer, betriebswirtschaftlich fundierter, vorsichtiger Prognosen im Einzelnen zu begründen (BFH-Urteil vom 17.2.1993, I R 3/92, BStBl II S. 457). Der Steuerpflichtige hat regelmäßig einen Abgleich zwischen den Planzahlen und den tatsächlichen Zahlen durchzuführen, um rechtzeitig auf einen geänderten Geschäftsverlauf reagieren zu können. Dazu getroffene Maßnahmen sind zu begründen und aufzuzeichnen. Weicht die tatsächlich eingetretene Entwicklung erheblich von der erstellten Prognose ab, hat der Steuerpflichtige die Abweichungen aufzuzeichnen und darzulegen, dass diese auf unerwarteten Umständen (z. B. außergewöhnlichen Kosten, Wirtschaftskrisen, Naturkatastrophen) beruhen, die er in seiner vorsichtigen kauf-männischen Prognose nicht berücksichtigen konnte.

51 Für die Durchführung der Angemessenheitsprüfung sind die steuerlich relevanten Unterlagen und Bilanzen aller Beteiligten unter Einschluss der konsolidierungsfähigen Einzelabschlüsse (sog. Handelsbilanzen II) vorzulegen.

52 Verrechnungspreisrichtlinien des Steuerpflichtigen und der Unternehmensgruppe, zu der dieser gehört, sind Bestandteil der Aufzeichnungen (§ 2 Abs. 3 Satz 5 GAufzV). Für sie gelten die entsprechenden Anforderungen.Weicht der Steuerpflichtige im Einzelfall von der Verrechnungspreisrichtlinie ab, muss er die Abweichung begründen und die Gründe bezogen auf den jeweiligen Geschäftsvorfall aufzeichnen und die Angemessenheit der abweichenden Preisbestimmung darlegen.

53 Werden Informationen aus Datenbanken herangezogen, ist Voraussetzung für eine Prüfung durch die Finanzbehörde, dass der in einer Datenbank vorgenommene Suchprozess im Rahmen des technisch Möglichen nachvollziehbar und prüfbar ist. Es muss der Finanzbehörde ermöglicht werden, auf Basis der vom Steuerpflichtigen genutzten Daten selbständig Alternativrechnungen vornehmen und feststellen zu können, ob der Steuerpflichtige alle relevanten Informationen unter Verwendung verschiedener, angemessener Suchkriterien berücksichtigt hat. Da Ergebnisse eines reinen Datenbankscreenings für die Prüfung der Vergleichbarkeit der Sachverhalte und somit der Angemessenheitsdokumentation regelmäßig nicht ausreichen, sind ergänzende Suchschritte und Auswahlverfahren entsprechend aufzuzeichnen und zu dokumentieren (vgl. § 4 Abs. 3 GAufzV). Die hierzu vom Steuerpflichtigen erstellten und zusammengetragenen Daten sind der Finanzbehörde im Rahmen des § 147 Abs. 5 und 6 AO in elektronischer Form zugänglich zu machen.

1.3.3 Stammdokumentation (§ 90 Abs. 3 Satz 3-4 AO)

54 Im Rahmen der Verrechnungspreisdokumentation hat der Steuerpflichtige nach § 90 Abs. 3 Satz 3 AO unter bestimmten Voraussetzungen eine sog. Stammdokumentation („master file") für ein Unternehmen zu erstellen. Mit dieser Regelung hat Deutschland die Empfehlungen des OECD/G20-Abschlussberichtes zu Aktionspunkt 13 des BEPS-Projekts vom 5. Oktober 2015 in nationales Recht umgesetzt. Die Inhalte dieses Abschlussberichtes wurden in das Kapitel V und den Anhang I zu Kapitel V der OECD-Verrechnungspreisleitlinien 2017 übernommen. Das Ziel und der Zweck der Stammdokumentation besteht darin, den Steuerverwaltungen einen Überblick über die Art der weltweiten Geschäftstätigkeit und über die Systematik der Verrechnungspreisbestimmung der multinationalen Unternehmensgruppe zu geben.

55 Für die Voraussetzungen zur Erstellung der Stammdokumentation gilt Folgendes:

a. Das Unternehmen ist Teil einer multinationalen Unternehmensgruppe.

b. Als Unternehmen im Sinne dieser Vorschrift sind Betriebe zu verstehen, die Einkünfte aus Gewerbebetrieb gemäß § 15 Abs. 1 Satz 1 Nr. 1 EStG erzielen.

c. Der Umsatz des Unternehmens betrug im vorangegangenen Wirtschaftsjahr mindestens 100 Millionen Euro. Der Umsatzbegriff richtet sich nach § 277 Abs. 1 HGB. Maßgeblich sind die nicht-konsolidierten Inlands- und Auslandsumsätze des Unternehmens mit fremden Dritten sowie mit nahestehenden Personen im Sinne des § 1 Abs. 2 AStG. Innenumsätze zwischen dem Unternehmen und seiner Betriebsstätte sind nicht einzubeziehen. Für die Überschreitung der Umsatzgrenze von 100 Millionen Euro ist es unerheblich, wie hoch der Anteil der Auslandsumsätze an den Gesamtumsätzen ist. Eine Stammdokumentation ist auch zu erstellen, wenn die Auslandsumsätze nur einen geringfügigen Teil der relevanten Gesamtumsätze ausmachen.

56 Der Umfang der Stammdokumentation ist in § 5 Abs. 1 Satz 1 GAufzV und der Anlage zu § 5 GAufzV geregelt. Die Anlage listet die vorzulegenden Aufzeichnungen und Unterlagen im Einzelnen auf. Die Liste ist abschließend, § 90 Abs. 3 Satz 10 AO (Rn. 66) und § 2 Abs. 5 GAufzV sind dennoch zu beachten.

57 Nach § 5 Abs. 2 GAufzV soll das Ziel der Stammdokumentation mit angemessenem Aufwand für den Steuerpflichtigen erreicht werden können (Verhältnismäßigkeitsgrundsatz). Der Überblickscharakter der Stammdokumentation soll gewahrt werden. Unterlagen, die im Rahmen der Stammdokumentation gefordert sind, den Finanzbehörden aber bereits vorliegen, müssen vom Steuerpflichtigen daher nicht erneut eingereicht werden (z. B. der Konzernabschluss); ein entsprechender Verweis in der Stammdokumentation genügt.

58 Der in Satz 2 der Anlage zu § 5 GAufzV eingeräumte Beurteilungsspielraum bei der Auslegung der unbestimmten Rechtsbegriffe, die in der Anlage enthalten sind, soll sich an den Empfehlungen des OECD/G20 Abschlussberichtes zu Aktionspunkt 13 des BEPS-Projekts und Kapitel V der OECD-Verrechnungspreisleitlinien 2017 orientieren. Dadurch wird eine international einheitliche Umsetzung der Stammdokumentation gewährleistet.

59 Die Stammdokumentation nach § 90 Abs. 3 Satz 3 AO ergänzt zwar inhaltlich die landesspezifische unternehmensbezogene Verrechnungspreisdokumentation nach § 90 Abs. 3 Satz 1 und Satz 2 AO. Für die Stammdokumentation nach § 90 Abs. 3 Satz 3 AO ist aber ein gesonderter Bericht oder Berichtsteil zu erstellen, in welchem ggf. auf die länderspezifische, unternehmensbezogene Verrechnungspreisdokumentation und bei der Finanzbehörde bereits vorliegende Unterlagen verwiesen werden kann.

60 Bei Nichterfüllung der Aufzeichnungspflicht gemäß § 90 Abs. 3 Satz 3 AO können Zwangsmittel (§ 328 AO) oder ein Verzögerungsgeld (§ 146 Abs. 2b AO) festgesetzt werden.

1.3.4 Vorlageverlangen (§ 90 Abs. 3 Satz 5-6 AO, § 2 Abs. 6 GAufzV)

61 Nach § 90 Abs. 3 Satz 5 AO in Verbindung mit § 2 Abs. 6 GAufzV liegt es im Ermessen der Finanzbehörde, ob und wann sie die Vorlage der Aufzeichnungen verlangt. In der Regel soll dies nur für die Durchführung einer Außenprüfung erfolgen. In begründeten Einzelfällen können die Aufzeichnungen auch außerhalb der Außenprüfung angefordert werden. So kann die Durchführung eines Verständigungsverfahrens Anlass sein, im Sinne von § 90 Abs. 3 Satz 5 AO die Vorlage von Aufzeichnungen auch außerhalb einer Außenprüfung zu verlangen.

62 Zur Beschleunigung eines etwaigen Verständigungsverfahrens, kann der Steuerpflichtige der hierfür zuständigen Behörde bereits vorab mitteilen, dass bei einer nahestehenden Person oder einer Betriebsstätte im Ausland eine Einkünftekorrektur vorgenommen wurde. Es ist seitens dieser Behörde dann anzuregen, dass der Steuerpflichtige alle erforderlichen Unterlagen (§ 90 Abs. 2 AO) vorlegt und Aufzeichnungen nach § 90 Abs. 3 AO auch außerhalb einer Außenprüfung erstellt.

1.3.5 Vorlagefrist und Verlängerung (§ 90 Abs. 3 Sätze 7 und 9 AO)

63 Die Vorlagefrist beginnt mit der Bekanntgabe der Anforderung, nicht mit dem Prüfungsbeginn im Unternehmen des Steuerpflichtigen. Die Finanzbehörde kann die Vorlage auch dann innerhalb der Frist verlangen, wenn die Außenprüfung auf Antrag des Steuerpflichtigen verschoben wird.

64 Es obliegt dem Steuerpflichtigen, die erforderlichen Vorkehrungen zu treffen, um die Vorlagefrist einhalten zu können. Die Finanzbehörde geht davon aus, dass der Steuerpflichtige die für die Verrechnungspreisbestimmung wesentlichen Daten und Fakten regelmäßig und zeitnah sammelt sowie sachgerecht und geordnet verfügbar hält.

65 Zeichnen sich im konkreten Fall bei den Bemühungen des Steuerpflichtigen, sich auf die Erfüllung der Aufzeichnungspflichten vorzubereiten, erhebliche Schwierigkeiten ab, können diese im Vorhinein mit der für die Außenprüfung zuständigen Finanzbehörde erörtert werden. Eine Anerkennung der vom Steuerpflichtigen angesetzten Verrechnungspreise ist damit nicht verbunden.

1.3.6 Ergänzung auf Anforderung (§ 90 Abs. 3 Satz 10 AO)

66 Die Finanzbehörde kann den Steuerpflichtigen gemäß § 90 Abs. 3 Satz 10 AO dazu auffordern, die vorgelegten Aufzeichnungen innerhalb einer angemessenen Frist um detailliertere oder weitere Unterlagen zu ergänzen. Eine Ergänzung ist insbesondere dann notwendig, wenn sich aus Sicht der Finanzbehörde aufgrund der bereits vorgelegten Aufzeichnungen Anhaltspunkte für weitere Nachfragen ergeben.

2. Schätzung von Besteuerungsgrundlagen und Zuschläge (§ 162 AO)

2.1 Allgemeines

67 Die Mitwirkungspflichten nach §§ 90 Abs. 1 bis 3 Satz 1 und 2, 200 AO sind insbesondere verletzt, wenn ein Beteiligter Tatsachen, die ausschließlich oder überwiegend seiner Wissenssphäre zugehören, nicht gegenüber der Finanzbehörde offenlegt. Die Finanzbehörde ist dann befugt zu schätzen. Der „Beweisverderber" soll aus seinem Verhalten keinen Vorteil ziehen (BFH-Urteil vom 15.2.1989, X R 16/86, BStBl II S. 462).

68 Grundsätzlich trägt die Finanzbehörde die Feststellungslast für diejenigen Tatsachen, die einen Steueranspruch begründen bzw. erhöhen. Die Frage der Feststellungslast stellt sich, wenn ein entscheidungserheblicher Sachverhalt trotz Ausschöpfung aller zugänglichen und zumutbaren Ermittlungsmöglichkeiten nicht vollständig aufgeklärt werden kann. Aus der gemeinsamen Verantwortung des Steuerpflichtigen einerseits und der Finanzbehörde andererseits für die vollständige Sachaufklärung folgt u. a., dass sich dann, wenn ein Steuerpflichtiger ihm obliegende allgemeine oder besondere Mitwirkungs-, Informations- oder Nachweispflichten verletzt, grundsätzlich die Ermittlungspflicht der Finanzbehörde entsprechend reduziert. Kriterien und Ausmaß der Reduzierung von Sachaufklärungspflicht und Beweismaß lassen sich nicht generell festlegen, sondern nur im Einzelfall bestimmen. Die Verletzung der Mitwirkungspflichten kann insbesondere dann, wenn sie Tatsachen oder Beweismittel aus dem alleinigen Verantwortungsbereich des Steuerpflichtigen betrifft, dazu führen, dass aus seinem Verhalten für ihn nachteilige Schlüsse gezogen werden. Besondere Bedeutung kommt in diesem Zusammenhang dem Gedanken der Beweis-

nähe zu: Die Verantwortung des Steuerpflichtigen für die Aufklärung des Sachverhalts ist umso größer, je mehr Tatsachen oder Beweismittel der von ihm beherrschten Informations- und/oder Tätigkeitssphäre angehören (BFH-Urteil vom 15.2.1989, X R 16/86, BStBl II S. 462). Die Finanzbehörde hat dennoch auch in diesen Fällen den Sachverhalt aufzuklären, soweit ihr dies zumutbar ist.

69 Wirkt sich die Verletzung der Mitwirkungspflichten auf mehrere Tatbestandsmerkmale einer Einkünftekorrekturvorschrift aus, tritt eine Beweismaßreduzierung für alle betroffenen Tatbestandsmerkmale der Berichtigungsvorschrift ein.

70 Grundlage der Schätzung ist es, in einem Akt wertenden Schlussfolgerns (BFH-Urteil vom 26.2.2002, X R 59/98, BStBl II S. 450) von dem Sachverhalt auszugehen, der der Wirklichkeit am nächsten kommt. Das Schätzungsergebnis soll dem wahren Sach-verhalt möglichst nahekommen (BFH-Urteil vom 11.3.1999, V R 78/98, BFHE 188 S. 160). Die Schätzergebnisse müssen daher schlüssig, wirtschaftlich möglich und vernünftig sein (BFH-Urteil vom 20.3.2017, X R 11/16, BStBl II S. 992). Unschärfen aufgrund der Schätzung gehen zulasten des Steuerpflichtigen.

71 Für die Überprüfung des tatsächlich vereinbarten Verrechnungspreises und als Grundlage für die Schätzung nach § 162 Abs. 1 AO kann im konkreten Einzelfall der Fremdvergleichspreis mittels einer geeigneten Verrechnungspreismethode mit der größtmöglichen Wahrscheinlichkeit der Richtigkeit ermittelt werden (BFH-Urteil vom 17.10.2001, I R 103/00, BStBl II 2004 S. 171).

72 Datenbankstudien sind eine zulässige Schätzungsmethode im Sinne des § 162 AO. Bei Vergleichsunternehmen handelt es sich um einzeln festzustellende Grundlagen. Schätzungen müssen insoweit insgesamt in sich schlüssig sein.

73 Die Vorlage verwertbarer Aufzeichnungen schließt Einkünfteberichtigungen nicht aus. Die Finanzbehörde kann über solche Aufzeichnungen hinaus weitere Auskünfte und Unterlagen anfordern (§ 88 AO) und Verprobungen nach anderen Methoden vornehmen. Dabei kann die Finanzbehörde die Verprobung im Einklang mit Rn. 49 auch auf nachträglich bekannt gewordene externe Fremdvergleichsdaten stützen. Verwertbare Aufzeichnungen sind lediglich Ausgangspunkt für die Prüfung. Die Vorlage verwertbarer Aufzeichnungen schließt daher auch die Schätzungsbefugnis der Finanzbehörde gemäß § 162 Abs. 1 und 2 AO nicht aus. Für eine Einkünfteberichtigung reichen allein Mängel in der Begründung für deren Angemessenheit seitens des Steuerpflichtigen nicht aus. Voraussetzung einer Einkünfteberichtigung ist vielmehr, dass die vom Steuerpflichtigen angewandten Verrechnungspreise mit hoher Wahrscheinlichkeit nicht dem Fremdvergleich entsprechen und dass der von der Finanzbehörde ermittelte Verrechnungspreis zumindest wahrscheinlicher ist.

74 Die Finanzverwaltung des Staates, die die Erstkorrektur vornimmt, trägt die Feststellungslast im Verständigungsverfahren (vgl. Tz. 4.17 OECD-Verrechnungspreisleitlinien 2017).

2.2 Schätzungen nach § 162 Abs. 1 AO

75 Eine Schätzung ist nicht schon deswegen unrechtmäßig, weil sie nicht den tatsäch-lichen Verhältnissen entspricht. Abweichungen von den tatsächlichen Verhältnissen sind nicht zu

vermeiden, weil die volle Kenntnis der wahren Gegebenheiten fehlt. Eine Schätzung ist erst dann rechtswidrig, wenn der Schätzungsrahmen überschritten wird, der durch die Kenntnisse der Finanzbehörde über den Fall vorgegeben ist. Schätzt die Finanzbehörde bewusst und willkürlich zum Nachteil des Steuerpflichtigen (Strafschätzung), kann dies zur Nichtigkeit des Schätzungsbescheides führen (BFH-Urteil vom 1.10.1992, IV R 34/90, BStBl 1993 II S. 259; BFH-Urteil vom 20.12.2000, I R 50/00, BStBl 2001 II S. 381).

2.3 Schätzungen nach § 162 Abs. 2 AO

76 Hat es der Steuerpflichtige zu vertreten, dass die Besteuerungsgrundlagen geschätzt werden müssen, weil er z. B. seine Mitwirkungspflichten nach § 90 Abs. 2 AO verletzt, gehen Unsicherheiten zu seinen Lasten (gemindertes Beweismaß). Bei groben Verstößen des Steuerpflichtigen, die erhebliche Änderungen gegenüber seinen

Angaben in der Steuererklärung notwendig machen, ist die Finanzbehörde im Allgemeinen berechtigt und verpflichtet, die Besteuerungsgrundlagen nach dem für den Steuerpflichtigen ungünstigsten, aber noch möglichen Sachverhalt festzustellen (BFH-Urteil vom 9.3.1967, IV 184/63, BStBl II S. 349). Strafschätzungen sind auch in diesen Fällen nicht zulässig.

77 In Verrechnungspreisfällen soll eine Schätzung nach § 162 Abs. 2 AO zur Besteuerung des Gewinns führen, der erzielt worden wäre, wenn dem Fremdvergleich entsprechende Verrechnungspreise angesetzt worden wären. An die Nachweise, die von der Finanzbehörde dafür zu erbringen sind, dürfen keine überspitzten Anforderungen gestellt werden (BFH-Urteil vom 23.6.1993, I R 72/92, BStBl II S. 801).

78 Sind die Voraussetzungen für eine Schätzung nach § 162 Abs. 2 AO erfüllt, dürfen die Besteuerungsgrundlagen nach Methoden und aufgrund von Daten geschätzt werden, deren Beweiswert außerhalb einer solchen Schätzung nicht für eine Einkünfteberichtigung ausreicht (z. B. Richtsatzvergleich, Branchendurchschnittswerte).

79 Die Berechtigung zur Vornahme einer Schätzung ist nicht davon abhängig, dass die Finanzbehörde vorher die internationale Rechts- und Amtshilfe in Anspruch genommen hat.

2.4 Schätzungen nach § 162 Abs. 3 AO und Zuschlag nach § 162 Abs. 4 AO

80 Verstößt der Steuerpflichtige dadurch gegen seine Aufzeichnungspflichten nach § 90 Abs. 3 AO, dass er

a. trotz Anforderung durch die Finanzbehörde keine Aufzeichnungen oder im Wesentlichen unverwertbare Aufzeichnungen vorlegt oder

b. verwertbare Aufzeichnungen für außergewöhnliche Geschäftsvorfälle nicht zeitnah (§ 3 GAufzV) erstellt hat,

wird nach § 162 Abs. 3 Satz 1 AO widerlegbar vermutet, dass die Einkünfte aus Geschäftsbeziehungen im Sinne des § 1 Abs. 4 AStG durch eine nicht fremdübliche Gestaltung gemindert worden sind. In diesen Fällen trifft den Steuerpflichtigen die Beweisführungslast, dass es zu keiner Einkünfteminderung gekommen ist.

81 Im Fall der verspäteten Erstellung von Aufzeichnungen für außergewöhnliche Geschäftsvorfälle ist deren Beweiswert unter Berücksichtigung der Tatsache der Verspätung (Indiz) zu würdigen

82 Im Wesentlichen unverwertbar sind die Aufzeichnungen dann, wenn sie es einem sachverständigen Dritten innerhalb eines angemessenen Zeitraums nicht ermöglichen, festzustellen und zu prüfen, welchen Sachverhalt der Steuerpflichtige verwirklicht und ob er dabei den Fremdvergleichsgrundsatz beachtet hat. Die Frage der Verwertbarkeit bezieht sich damit sowohl auf die Sachverhalts- als auch auf die Angemessenheits-dokumentation. Die Maßstäbe für eine ordnungsmäßige Buchführung (vgl. AEAO zu § 158) gelten entsprechend. Unverwertbar sind die Aufzeichnungen insbesondere dann, wenn

a. eine Sachverhaltsdokumentation fehlt oder ein unzutreffender Sachverhalt dargestellt wird (verbunden mit erheblichen Auswirkungen auf das Funktions- und Risikoprofil, z. B. Entrepreneur wird als Routineunternehmen beschrieben, Beschreibung der vertragli-chen Situation anstelle des tatsächlich abweichend Verwirklichten)
b. eine Angemessenheitsdokumentation fehlt oder die vorgelegten Fremddaten nicht zum Funktions- und Risikoprofil passen,
c. die Angemessenheitsanalyse keine hinreichende Begründung der Vergleichbarkeit der verwendeten Fremddaten (z. B. Fremdpreise oder Fremdunternehmen) enthält (Vergleichbarkeitsanalyse, Tz. 3.1 ff. OECD-Verrechnungspreisleitlinien 2017), oder
d. die Anwendung der gewählten Verrechnungspreismethode nicht dargestellt wird.

Aufzeichnungen sind nicht deshalb in jedem Fall im Wesentlichen unverwertbar, weil sich die Angemessenheitsdokumentation auf eine geringe Anzahl von Fremdvergleichsdaten stützt. Für die Entscheidung im Allgemeinen kommt es nicht auf die Quantität der vorgelegten Aufzeichnungen, sondern auf ihre Qualität an. Die Unvollständigkeit oder Fehlerhaftigkeit von Aufzeichnungen in einzelnen Punkten allein führt regelmäßig nicht dazu, dass Aufzeichnungen im Wesentlichen unverwertbar sind.

83 Von einer Entscheidung über die Verwertbarkeit bestimmter Aufzeichnungen sind die Aufzeichnungen zu anderen Prüfungsgegenständen nicht betroffen.

84 Stellt die Finanzbehörde fest, dass Aufzeichnungen im Wesentlichen unverwertbar sind, hat sie den Steuerpflichtigen unverzüglich darauf hinzuweisen und ihm Gelegenheit zur Nachbesserung zu geben. Unabhängig davon ist im Einzelfall zu prüfen, ob es der Finanzbehörde möglich und zumutbar ist, die Verwertbarkeit ohne weitere Mitwirkung des Steuerpflichtigen herbeizuführen, um Steuerzuschläge zu vermeiden oder so gering wie möglich zu halten (Verhältnismäßigkeitsgrundsatz).

85 Die Rechtsfolgen der Verletzung der Aufzeichnungspflicht nach § 90 Abs. 3 Satz 1 und 2 AO treten gemäß § 162 Abs. 3 und 4 AO geschäftsvorfallbezogen ein. Damit lösen die nicht zeitnah erfolgte Aufzeichnung eines außergewöhnlichen Geschäftsvorfalls, die Nichtvorlage von Aufzeichnungen oder die Unverwertbarkeit von Aufzeichnungen über einen Geschäftsvorfall keine Rechtsfolgen bezüglich anderer Geschäftsvorfälle aus. Die grundsätzlich zulässige Zusammenfassung von Geschäftsvorfällen ist zu beachten (§ 3 GAufzV). Kommt der Steuerpflichtige dem Ergänzungsverlangen der Finanzbehörde entsprechend § 90 Abs. 3 Satz 10 AO (Rn. 66) nicht nach oder sind die dann vorgelegten Aufzeichnungen im Wesentlichen unverwertbar, greifen § 162 Abs. 3 und 4 AO ebenfalls geschäftsvorfallbezogen. § 162 Abs. 3 und 4 AO gelten nicht für die Aufzeichnungspflicht nach § 90 Abs. 3 Satz 3 AO.

86 Wird wegen der in § 162 Abs. 3 Satz 1 AO genannten Verstöße des Steuerpflichtigen eine Schätzung nach § 162 Abs. 3 Satz 2 AO notwendig und hat die Finanzbehörde einen Schätzungsrahmen festgestellt, kann sie diesen Rahmen zu Lasten des Steuerpflichtigen ausschöpfen.

87 Eine Schätzung kann in einem sich anschließenden Verständigungs- oder Schiedsverfahren (EU) überprüft und berichtigt werden. Dem Steuerpflichtigen obliegt es dabei jedoch, durch die Darlegung seiner Verhältnisse, Bezeichnung und ggf. Beibringung seiner Beweisunterlagen zu dem Verfahren beizutragen.

88 § 162 Abs. 3 und 4 sind auch anwendbar, wenn der Steuerpflichtige die Voraussetzungen des § 6 GAufzV erfüllt, aber seine hieraus resultierenden Pflichten verletzt.

89 Bei der Festsetzung und der rechtlichen Beurteilung des Zuschlags ist Folgendes zu beachten:

a. Der Zuschlag ist eine steuerliche Nebenleistung gemäß § 3 Abs. 4 AO, der auf die Einkommen- bzw. Körperschaftsteuer entfällt. Er ist nicht abzugsfähig (§ 12 Nr. 3 EStG und § 10 Nr. 2 KStG).

b. Die Festsetzung eines Zuschlags nach § 162 Abs. 4 AO schließt weder die Festsetzung eines Verspätungszuschlags (§ 152 AO) noch die Durchführung eines Straf- oder Ordnungswidrigkeitsverfahrens (§§ 369 ff. AO) aus.

c. Der Zuschlag kann gegen jeden durch § 90 Abs. 3 AO Verpflichteten festgesetzt werden, von dem die Finanzbehörde die Vorlage der Aufzeichnungen verlangt hat, auf die sich § 162 Abs. 4 Satz 1 AO bezieht, nicht aber für denselben Sachverhalt doppelt, z. B. gegen eine Personengesellschaft und gegen die an ihr beteiligten Gesellschafter, wenn Aufzeichnungen für denselben Sachverhalt sowohl von der Personengesellschaft als auch von deren Gesellschaftern angefordert worden sind. In solchen Fällen besteht ein Gesamtschuldverhältnis im Sinne des § 44 AO.

d. Der Zuschlag ist einheitlich für jeden Veranlagungszeitraum, für den Aufzeichnungen angefordert wurden, festzusetzen. Die Anforderung kann sich z. B. auf Aufzeichnungen für das von der Finanzbehörde ausgewählte Prüfungsfeld und letztlich auf Aufzeichnungen für einen einzelnen (z. B. außergewöhnlichen) Geschäftsvorfall beziehen. Die grundsätzlich zulässige Zusammenfassung von Geschäftsvorfällen ist zu beachten (§ 3 GAufzV). Deswegen kann der Zuschlag nebeneinander und jeweils in Bezug zu verschiedenen Anforderungen der Finanzbehörde auf mehreren Pflichtverletzungen beruhen: auf der Nichtvorlage von Aufzeichnungen, auf der Vorlage unverwertbarer Aufzeichnungen, auf der verspäteten Vorlage verwertbarer Aufzeichnungen. Die Zusammensetzung des Zuschlags ist bei der Festsetzung jeweils im Einzelnen darzulegen. Die Ermessensausübung ist jeweils zu begründen. Dabei sind vor allem das Verschulden des Steuerpflichtigen, die Dauer der Fristüberschreitung und insbesondere die vom Steuerpflichtigen gezogenen Vorteile zu berücksichtigen.

e. Soweit ein nach § 162 Abs. 4 Satz 1 und 2 AO festgesetzter Zuschlag darauf beruht, dass der Steuerpflichtige in einer Außenprüfung keine bzw. nur im Wesentlichen unverwertbare Aufzeichnungen vorgelegt hat und dass eine Einkünfteerhöhung aufgrund einer rechtmäßigen Schätzung nach § 162 Abs. 3 AO vorgenommen wurde, können im Rahmen der §§ 130 ff. AO Änderungen des Zuschlags möglich sein, wenn die betreffenden Einkünfte in einem Rechtsbehelfsverfahren, in einem Verständigungsverfahren oder in einem Schiedsverfahren (EU) niedriger angesetzt werden als aufgrund der Außenprüfung. Eine Änderung des Zuschlags (Neuberechnung) kommt in diesen Fällen nur in Betracht, soweit der Steuer-pflichtige verwertbare Aufzeichnungen vorlegt. Werden in den genannten Verfahren nachträglich verwertbare Aufzeichnungen vorgelegt, ist der Zuschlag als solcher aufgrund des § 162 Abs. 4 Satz 3 und 4 AO wegen verspäteter Vorlage neu zu berechnen, wenn im Rahmen der §§ 130 ff. AO Änderungen des Zuschlags möglich sind.

f. Der Zuschlag nach § 162 Abs. 4 Satz 3 AO wegen verspäteter Vorlage kann höher sein als der Zuschlag nach § 162 Abs. 4 Satz 1 AO bei einer Nichtvorlage oder einer Vorlage im Wesentlichen unverwertbarer Unterlagen.

90 § 162 Abs. 4 Satz 1 bis 3 AO sind nicht anwendbar, wenn die Nichterfüllung der Pflichten nach § 90 Abs. 3 AO entschuldbar erscheint oder nur ein geringfügiges Verschulden vorliegt. Ein solcher Fall kann z. B. vorliegen, wenn Aufzeichnungen deswegen erst nach Ablauf der 60-Tage-Frist in deutscher Sprache vorgelegt werden, weil die Finanzbehörde nach Anforderung der Aufzeichnungen nicht unverzüglich über einen Antrag auf Erstellung und Vorlage in fremder Sprache entschieden hat oder höhere Gewalt es dem Steuerpflichtigen unmöglich gemacht hat, seine Pflichten rechtzeitig zu erfüllen.

3. Aufhebung von Verwaltungsregelungen

91 Das BMF-Schreiben vom 12. April 2005 (IV B 4 - S 1341 - 1/05; BStBl 2005 I S. 570) ist weiterhin anzuwenden, soweit nicht Fragen der Anwendung der §§ 90 und 162 AO betroffen sind. Dies gilt insbesondere bezüglich der Textziffern

a. 1 (entsprechende Anwendung des BMF-Schreibens auf Betriebsstätten),

b. 2 (Pflichten der Finanzbehörden),

c. 3.4.10.2 (Unternehmenscharakterisierung und Verrechnungspreisbildung),

d. 3.4.10.3 (Verrechnungspreismethoden),

e. 3.4.12.5 (Bandbreiten und ihre Einengung),

f. 3.4.12.7 (Vergleichbarkeit),

g. 3.4.12.8 (Nachträgliche Preisfestlegungen bzw. -anpassungen),

h. 3.4.12.9 (Mehrjahresanalysen),

i. 5 (Durchführung von Berichtigungen und ihre steuerliche Behandlung),

j. 6 (Abwicklung von Verrechnungspreisberichtigungen und Verständigungs- bzw. Schiedsverfahren) und

k. 7 (Aufhebung von Verwaltungsregelungen).

Dieses Schreiben wird im Bundessteuerblatt Teil I veröffentlicht. Es steht ab sofort auf den Internetseiten des Bundesministeriums der Finanzen zum Herunterladen bereit.

Im Auftrag

BMF-Schreiben v. 5.1.2022 - IV C 2 -S 2144-g/20/10002 :007

Anwendungsfragen zur Lizenzschranke (§ 4j EStG)

Aufwendungen für Rechteüberlassungen sind beim Schuldner nach Maßgabe des § 4j Absatz 3 EStG nicht oder nur anteilig abziehbar, wenn die Einnahmen des Gläubigers einer von der Regelbesteuerung abweichenden, niedrigen Besteuerung unterliegen (Präferenzregelung) und der Gläubiger eine dem Schuldner nahestehende Person im Sinne des § 1 Absatz 2 AStG ist (§ 4j Absatz 1 Satz 1 EStG).

Die Abzugsbeschränkung findet keine Anwendung, soweit die auf die entsprechenden Einnahmen beim Gläubiger angewandte Präferenzregelung dem Nexus-Ansatz der OECD entspricht (§ 4j Absatz 1 Satz 4 EStG). Dieser wurde in Kapitel 4 des Abschlussberichts 2015 zu OECD-BEPS Aktionspunkt 5[1] definiert.

Nach Erörterung mit den obersten Finanzbehörden der Länder gilt zur Anwendung des § 4j EStG Folgendes:

I. Präferenzregelung i. S. d. § 4j Absatz 1 Satz 1 EStG

Voraussetzung der Abzugsbeschränkung für Aufwendungen für Rechteüberlassungen (sog. Lizenzschranke) ist die Besteuerung der korrespondierenden Einnahmen des Gläubigers im Rahmen einer Präferenzregelung i. S. d. § 4j Absatz 1 Satz 1 EStG.

Eine Präferenzregelung i. S. d. Lizenzschranke liegt vor, wenn

1. die Einnahmen des Gläubigers aus der Rechteüberlassung einer von der Regelbesteuerung abweichenden Besteuerung unterliegen (s. I. 1.) und
2. die auf diese Einnahmen entfallende Ertragsteuerbelastung weniger als 25 % beträgt (s. I. 2.).

1. Abweichen von der Regelbesteuerung

Die tatsächliche Besteuerung der Einnahmen des Gläubigers aus der Rechteüberlassung ist mit der Regelbesteuerung anderer Einkünfte in demselben Staat zu vergleichen.

Die „Regelbesteuerung" als Vergleichsmaßstab ist der reguläre Steuersatz, der auf die Einkünfte einer dem Gläubiger vergleichbaren Rechtspersönlichkeit ohne jede Vergünstigung (insbesondere aufgrund der Rechtsform oder Ansässigkeit des Gläubigers oder für bestimmte Einkunftsarten oder Einkunftsquellen) angewendet werden würde. Es ist dabei ohne Bedeutung, ob die Abweichung von der Regelbesteuerung einen Antrag des Steuerpflichtigen voraussetzt.

Eine Präferenzregelung muss nicht ausschließlich für Einnahmen aus Rechteüberlassungen gelten. Präferenzregelungen sind nicht nur auf sog. „Intellectual Property"(IP)-Regime wie z. B. Lizenzboxen, IP-Boxen oder Patentboxen beschränkt, sondern können auch Einnahmen oder Einkünfte begünstigen, die über die Einnahmen aus Rechteüberlassungen hinausgehen. Anknüpfungspunkt der Präferenzbesteuerung muss dabei nicht das Erzielen einer bestimmten Einkunftsart sein, sondern kann z. B. auch eine Einkunftsquelle sowie die Rechtsform oder

BMF-Schr.

[1] https://www.oecd.org/publications/wirksamere-bekampfung-schadlicher-steuerpraktiken-unter-berucksichtigung-von-transparenz-und-substanz-aktionspunkt-5-abschlussbericht-9789264258037-de.htm.

der Ort der Geschäftsleitung oder der Sitz des Gläubigers sein. Zwingende Voraussetzung ist jedoch, dass **auch** die Einnahmen aus Rechteüberlassungen von der Präferenzregelung erfasst werden.

Sogenannte „Tax Rulings“, also einzelfallbezogene Absprachen zwischen ausländischen Finanzbehörden und Empfängern von Lizenzzahlungen, können ebenfalls die Voraussetzungen einer Präferenzregelung im Sinne der Lizenzschranke erfüllen.

2. Niedrige Besteuerung i. S. d. § 4j Absatz 2 Satz 1 EStG

Eine niedrige Besteuerung i. S. d. § 4j Absatz 1 Satz 1 EStG liegt unter den Voraussetzungen des § 4j Absatz 2 Satz 1 EStG vor. Die Einnahmen aus Rechteüberlassungen unterliegen demnach entweder keiner Besteuerung oder einer Ertragsteuerbelastung von unter 25 %. Ob der niedrigen Besteuerung auch weitere Einnahmen oder Einkünfte des Gläubigers der Einnahmen aus Rechteüberlassungen unterliegen, ist unbeachtlich (vgl. I. 1.).

Durch den Verweis auf § 8 Absatz 5 Satz 2 und 3 AStG (§ 4j Absatz 2 Satz 4 EStG) kommt es bei der Prüfung der Niedrigbesteuerung nicht auf die rechtlich geschuldete, sondern auf die tatsächlich erhobene und abgeführte Steuer an. Etwaige nachgelagerte Erstattungsansprüche sind folglich ebenfalls einzubeziehen (§ 8 Absatz 5 Satz 3 AStG). Zudem sind auch rechtssubjektübergreifende Steuererstattungen zu berücksichtigen, die dem Gesellschafter der die Einnahmen aus der Rechteüberlassung empfangenden Gesellschaft im Fall einer Gewinnausschüttung zustehen (§ 8 Absatz 5 Satz 2 AStG).

Ein allgemein niedriges Besteuerungsniveau im Staat des Gläubigers erfüllt allein nicht die Voraussetzung einer Präferenzregelung für Zwecke der Lizenzschranke. Vielmehr muss die Niedrigbesteuerung im Zusammenhang mit einem Abweichen von der Regelbesteuerung (vgl. I. 1.) stehen. Es ist für das Vorliegen einer Präferenzregelung unbeachtlich, ob der Gläubiger neben den der Präferenzregelung unterliegenden Einnahmen weitere, nicht präferenziell besteuerte Einkünfte erzielt.

Werden die Einnahmen für die Überlassung der Nutzung oder des Rechts auf Nutzung von Rechten einer anderen Person ganz oder teilweise zugerechnet oder erfolgt die Besteuerung aus anderen Gründen ganz oder teilweise bei einer anderen Person als dem Gläubiger oder dem weiteren Gläubiger, ist auf die Summe der Belastungen abzustellen (§ 4j Absatz 2 Satz 3 EStG).

II. Nexus-Konformität i. S. d. § 4j Absatz 1 Satz 4 EStG

§ 4j Absatz 1 Satz 4 EStG enthält eine Ausnahme von der Abzugsbeschränkung, wenn die angewandte Präferenzregelung dem in Kapitel 4 des Abschlussberichts 2015 zu OECD-BEPS Aktionspunkt 5 definierten Nexus-Ansatz entspricht. Entspricht die Präferenzregelung nicht dem Nexus-Ansatz, ist die Anwendung der Ausnahmeregelung des § 4j Absatz 1 Satz 4 EStG auch dann ausgeschlossen, wenn der Gläubiger selbst die Kriterien für eine substanzielle Geschäftstätigkeit erfüllt.

1. Prüfung der Nexus-Konformität durch die OECD

Das Forum on Harmful Tax Practices (FHTP) der OECD analysiert international bestehende Präferenzregime und stuft diese ggf. als Instrument schädlichen Steuerwettbewerbs ein. Die

Analysen des FHTP werden im Rahmen von Reviews laufend aktualisiert und auf den Internetseiten der OECD bereitgestellt[2].

Das FHTP differenziert bei der Prüfung zwischen IP-Regimen, die ausschließlich Lizenzeinnahmen begünstigen und sonstigen Präferenzregimen, die nicht oder nicht ausschließlich für Lizenzeinnahmen gelten.

Die Mitgliedstaaten der OECD haben sich hinsichtlich der als schädlich eingestuften IP-Regime zu einer Abschaffung oder Nexus-konformen Anpassung der Regelungen bis spätestens 30. Juni 2021 verpflichtet.

a) IP-Regime

Soweit es sich um IP-Regime handelt, werden diese vom FHTP hinsichtlich ihrer Nexus-Konformität geprüft. IP-Regime gelten nur dann als schädlich, wenn sie nicht dem Nexus-Ansatz entsprechen.

Soweit das FHTP die geprüften IP-Regime als nicht mit dem Nexus-Ansatz vereinbar deklariert, sind die Voraussetzungen des § 4j Absatz 1 Satz 4 EStG nicht erfüllt und die Abzugsbeschränkung kommt zur Anwendung. Eine Arbeitshilfe mit einer nicht abschließenden Liste der vom FHTP als nicht Nexus-konform eingestuften Präferenzregime hat BMF für die Veranlagungszeiträume 2018 bis 2020 bereitgestellt; vgl. BMF-Schreiben vom 6. Januar 2022 (BStBl I 2022 S. 103). Die Abzugsbeschränkung nach § 4j Absatz 1 Satz 1 EStG findet auch bei Nexus-konformer Anpassung des jeweiligen IP-Regimes bis zum Ende des Übergangszeitraums am 30. Juni 2021 Anwendung, soweit die Einnahmen auf Ebene des Gläubigers noch dem nicht Nexus-konformen IP-Regime unterlegen haben.

b) Sonstige Präferenzregime

Vom FHTP als „Sonstige Regelungen" kategorisierte Präferenzregime werden ebenfalls auf Elemente schädlichen Steuerwettbewerbs analysiert, jedoch im Gegensatz zu reinen IP-Regimen nicht hinsichtlich ihrer Nexus-Konformität geprüft. Für „Sonstige Regelungen" besteht ebenfalls die Verpflichtung, diese aufzuheben oder anzupassen, sofern sie vom FHTP als schädlich eingestuft wurden. Werden die beanstandeten Regelungen vor Abschluss der Prüfung aufgehoben, so läuft die Verpflichtung ins Leere.

2. Prüfung der Nexus-Konformität auf nationaler Ebene

Soweit Präferenzregelungen im Sinne der Lizenzschranke (vgl. I.) nicht vom FHTP auf ihre Nexus-Konformität geprüft wurden, muss diese Prüfung im Rahmen des inländischen Besteuerungsverfahrens vorgenommen werden. Dies kann insbesondere der Fall sein, wenn

- das FHTP das als Präferenzregelung i. S. d. Lizenzschranke anzusehende Präferenzregime als „Sonstige Regelung" eingestuft hat und deshalb keine Prüfung der Nexus-Konformität erfolgt,
- das Präferenzregime im Übergangszeitraum bis zum 30. Juni 2021 aufgehoben oder Nexus-konform angepasst wurde, sodass sich eine Prüfung durch das FHTP erübrigt hat oder eingestellt wurde oder

BMF-Schr.

[2] https://www.oecd.org/tax/beps/beps-actions/action5/.

- individuelle „Tax Rulings“ vorliegen, die die Voraussetzungen einer Präferenzregelung im Sinne der Lizenzschranke erfüllen (vgl. I.1.).

Darüber hinaus kann es aufgrund des Übergangszeitraumes bis zum 30. Juni 2021, in dem nicht Nexus-konforme Präferenzregime weiterbestehen und angewendet werden durften, zu einer Überschneidung des Anwendungszeitraumes von zwei Präferenzregimen in einem Staat kommen. So kann ein nicht Nexus-konformes „Altregime“ neben einem neuen, Nexus-konformen Präferenzregime bestehen. In diesen Fällen ist für die Anwendung des § 4j Absatz 1 Satz 4 EStG zu prüfen, ob die zum Abzug begehrten Aufwendungen beim Gläubiger tatsächlich dem Nexus-konformen Präferenzregime unterlegen haben.

III. Beweislastverteilung

Für die Beweislastverteilung bei Anwendung der Lizenzschranke gelten die allgemeinen Grundsätze. Danach trägt die Finanzverwaltung grundsätzlich die Beweislast für steuererhöhende und der Steuerpflichtige die Beweislast für steuermindernde Tatsachen.

1. Betriebsausgabenabzug und Abzugsbeschränkung

Die objektive Beweislast für die Höhe und betriebliche Veranlassung der Lizenzaufwendungen trägt der Steuerpflichtige.

Das Vorliegen einer Präferenzregelung i. S. d. § 4j Absatz 1 Satz 1 EStG mit daraus grundsätzlich resultierender Abzugsbeschränkung nach § 4j Absatz 3 EStG ist als steuererhöhende Tatsache in der objektiven Beweislast der Finanzverwaltung angesiedelt. Ein Rückgriff auf die vom FHTP bereitgestellten Reviews zum Nachweis einer Präferenzregelung ist dabei möglich, allerdings ist die Liste der geprüften Regime in den Reviews nicht als abschließende Aufzählung aller bestehenden Präferenzregelungen anzusehen.

2. Mitwirkungspflichten des Steuerpflichtigen

Bei der Prüfung der Abzugsbeschränkung hat der Steuerpflichtige wegen des Vorliegens eines Auslandssachverhalts den erhöhten Mitwirkungs- und Beweisvorsorgepflichten des § 90 Absatz 2 AO nachzukommen und die für die Prüfung im Einzelfall erforderlichen Unterlagen zur Verfügung zu stellen. Anderenfalls kann die Finanzbehörde ggf. nachteilige Schlüsse für den Steuerpflichtigen auch hinsichtlich solcher Tatsachen ziehen, für welche die Finanzverwaltung grundsätzlich die Beweislast trägt.

Soweit im Staat des Empfängers der Lizenzaufwendungen das Vorliegen einer Präferenzregelung festgestellt wurde, kann grundsätzlich von deren tatsächlicher Anwendung auf die Lizenzeinnahmen ausgegangen werden. Die Anwendung der Präferenzregelung kann vom Steuerpflichtigen jedoch durch entsprechende Nachweise widerlegt werden.

3. Nachweis der Regelbesteuerung

Der Nachweis, dass eine Lizenzzahlung an einen ausländischen Empfänger keiner Präferenzregelung unterlegen hat, kann grundsätzlich nur durch Vorlage von Unterlagen aus der Buchf ührung des Gläubigers der Lizenzaufwendungen sowie dem für den Veranlagungs-zeitraum ergangenen ausländischen Steuerbescheid nebst Berechnungsgrundlagen geführt werden.

Im Einzelnen muss sich aus den einzureichenden Unterlagen insbesondere ergeben, dass

- die Lizenzeinnahme in der Gewinnermittlung des Empfängers erfasst wurde,
- die Einnahme nicht durch einen fiktiven Betriebsausgabenabzug oder ähnlich begünstigende Regelungen verringert wurde, die an die Lizenzeinnahme anknüpfen,
- der Lizenzertrag in voller Höhe in die Steuerberechnung einbezogen wurde,
- kein ermäßigter Steuersatz / keine gänzliche Steuerbefreiung auf die Lizenzerträge angewendet wurde,
- das zur Nutzung überlassene Recht sich im zivilrechtlichen Eigentum bzw. im wirtschaftlichen Eigentum nach § 39 Absatz 2 Nummer 1 AO des Empfängers der Lizenzzahlungen befindet oder in Fällen der Unterlizenzierung, wer zivilrechtlicher bzw. wirtschaftlicher Eigentümer des überlassenen Rechtes ist und aus welcher Rechtsposition heraus die Unterlizenzierung an den deutschen Steuerpflichtigen erfolgt.

4. Ausnahme bei Nexus-Konformität der Präferenzregelung

Die Nexus-Konformität als Voraussetzung der Ausnahme in § 4j Absatz 1 Satz 4 EStG ist als begünstigende, steuermindernde Tatsache grundsätzlich vom Steuerpflichtigen nachzuweisen.

Bei einer durch das FHTP bestätigten Nexus-Konformität einer Präferenzregelung sind die Voraussetzungen des Ausnahmetatbestandes erfüllt. Es bedarf insoweit keines weiteren Nachweises durch den Steuerpflichtigen. Zum zeitgleichen Bestehen sowohl Nexus-konformer als auch nicht Nexus-konformer Präferenzregelungen im gleichen Staat s. II. 2. In diesen Fällen hat der Steuerpflichtige nachzuweisen, dass die Lizenzzahlung der Nexus-konformen Regelung unterlegen hat. Wenn der Steuerpflichtige eine Bestätigung der ausländischen Finanzbehörde vorlegen kann, dass die fraglichen Einnahmen der Nexus-konformen Präferenzregelung unterlegen haben, ist der Nachweis durch den Steuerpflichtigen erbracht.

Soweit das FHTP die fehlende Nexus-Konformität eines Präferenzregimes festgestellt hat, liegen die Voraussetzungen der Ausnahme nach § 4j Absatz 1 Satz 4 EStG nicht vor.

Bei Präferenzregelungen, die vom FHTP nicht auf Nexus-Konformität geprüft wurden, hat der Steuerpflichtige den diesbezüglichen Nachweis anhand geeigneter Unterlagen zu erbringen. Erkenntnisse der Finanzverwaltung zur Nexus-Konformität einer Präferenzregelung, die aus vorangegangenen Prüfungen resultieren, sind jedoch zu berücksichtigen. Die Nexus-Konformität einer Präferenzregelung ist insoweit grundsätzlich keine Einzelfallprüfung.

Dieses Schreiben wird im Bundessteuerblatt Teil I veröffentlicht.

Im Auftrag

Dieses Dokument wurde elektronisch erstellt und ist ohne Unterschrift gültig.

BMF-Schreiben v. 6.1.2022 - IV C 2 - S 2144-g/20/10002 :005, BStBl 2022 I S. 103

Anwendungsregelungen zu § 4j EStG; Nicht Nexus-konforme Präferenzregelungen in den Veranlagungszeiträumen 2018, 2019 und 2020

Mit dem Gesetz gegen schädliche Steuerpraktiken im Zusammenhang mit Rechteüberlassungen vom 27. Juni 2017 (BGBl 2017 I S. 2074; BStBl 2017 I S. 1202) wurde § 4j EStG eingeführt. Die Regelung sieht nach Maßgabe des § 4j Absatz 3 EStG ein (anteiliges) Abzugsverbot für Aufwendungen aus der Rechteüberlassung vor, soweit die korrespondierenden Einnahmen des Gläubigers einer niedrigen Besteuerung im Rahmen einer Präferenzregelung unterliegen.

Entspricht diese Präferenzregelung jedoch dem sog. „Nexus-Approach" der OECD[1], greift das (Teil-) Abzugsverbot insoweit nicht (§ 4j Absatz 1 Satz 4 EStG). Grundlage für die Untersuchung anhand des sog. Nexus-Ansatzes stellt das Kapitel 4 des Abschlussberichts 2015 zu Aktionspunkt 5, OECD (2016) dar.

Zu Anwendungsfragen des Abzugsverbots vgl. BMF-Schreiben vom 5. Januar 2022 (BStBl 2022 I S. 100)

Nach dem Ergebnis der Erörterung mit den obersten Finanzbehörden der Länder gilt für die Veranlagungszeiträume (VZ) 2018, 2019 und 2020 hinsichtlich der Nexus-Konformität folgendes:

I. Zur Anwendung des § 4j Absatz 1 Satz 4 EStG

Soweit die geleistete Zahlung in einer der unter II. aufgeführten Regelungen, die nicht die Voraussetzungen von **§ 4j Absatz 1 Satz 4 EStG** erfüllt, besteuert wird, führt dies zur Kürzung des Betriebsausgabenabzugs beim Schuldner nach **§ 4j Absatz 1 Satz 1 i. V. mit Absatz 2 und 3 EStG**.

In Fällen, in denen Zahlungen im Sinne des **§ 4j Absatz 1 Satz 1 oder Satz 2 EStG** unmittelbar oder mittelbar in Präferenzregelungen besteuert werden, die unter III. als noch nicht abschließend geprüft aufgeführt sind, ist nach **§ 164 AO** unter dem Vorbehalt der Nachprüfung zu veranlagen. Gleichwohl ist der Lizenzaufwand als abziehbare Betriebsausgabe zu behandeln, sofern keine Gründe außerhalb von **§ 4j EStG** dem Abzug entgegenstehen.

II. Präferenzregelungen, die in den VZ 2018, 2019 und 2020 dem Nexus-Ansatz nicht entsprechen

Für die VZ 2018, 2019 und 2020 wurden nachfolgende Präferenzregelungen festgestellt, die dem Nexus-Ansatz nicht entsprechen. Insoweit ist **§ 4j Absatz 1 Satz 4 EStG** nicht anwendbar, da die aufgeführten Regelungen nicht dem Substanzerfordernis des Nexus-Ansatzes entsprechen.

BMF-Schr.

[1] Nexus-Ansatz gemäß Kapitel 4 des Abschlussberichts 2015 zu Aktionspunkt 5, OECD (2016) „Wirksamere Bekämpfung schädlicher Steuerpraktiken unter Berücksichtigung von Transparenz und Substanz", OECD/G20 Projekt Gewinnverkürzung und Gewinnverlagerung.

1. Von der OECD untersuchte Präferenzregime

Bei den in der folgenden Tabelle aufgeführten Präferenzregelungen handelt es sich um eine nicht abschließende Aufzählung schädlicher Regelungen, die dem Nexus-Ansatz der OECD nicht entsprechen. Die Regelungen der in dieser Tabelle aufgeführten Länder sind zum größten Teil bis 2021 „ausgelaufen". Die betroffenen Staaten haben entweder Nexus-konforme Neuregelungen geschaffen oder ihre als nicht Nexus-konform eingestuften Regelungen aufgehoben. In der Tabellenspalte „Anwendungszeitraum" wird berücksichtigt, dass die Staaten gemäß den BEPS Vereinbarungen für die nicht Nexus-konformen Regelungen bis zum 30. Juni 2021 Bestandsschutz gewähren konnten. Eine entsprechende Bestandsschutzregelung ist für die Anwendung des **§ 4j EStG** unbeachtlich. Anhand der von der OECD vorgenommenen Untersuchungen konnte festgestellt werden, dass die abzuschaffenden Regelungen nicht Nexus-konform waren bzw. sind. Die Tabelle stellt eine Arbeitshilfe dar. Es ist zu beachten, dass in manchen Staaten neue, unschädliche Präferenzregelungen, die dem Nexus-Ansatz im Sinne des **§ 4j Absatz 1 Satz 4 EStG** entsprechen, neben den unter II. aufgeführten schädlichen Präferenzregelungen bestehen, die die Bestandsschutzregelung bis zum 30. Juni 2021 nutzen.

Auf Grundlage der von der OECD abgegebenen Einschätzungen einzelner ausländischer Präferenzregelungen wurde folgende Liste zur Anwendung des **§ 4j EStG** erstellt:

Staat	Bezeichnung der Regelung (inoffiziell in Englisch) und Jahr der Einführung	Art der Begünstigung	Begünstigte Personen (Ansässigkeit und Steuersysteme des jeweiligen Staates sind maßgeblich)[2]	Begünstigte immaterielle Werte	Anwendungszeitraum
Andorra	Special regime for exploitation of certain intangibles (früher: Companies involved in the international exploitation of intangible assets) 2012	Befreiung der Einkünfte aus immateriellen Werten i.H.v. 80 %. Die Befreiung wird ab 2017 um jährlich 25 % abgeschmolzen. 2018: nominaler KSt-Regelsteuersatz: 10 % 2019: nominaler KSt-Regelsteuersatz: 10 % 2020: nominaler KSt-Regelsteuersatz: 10 %	Körperschaften	Patente, Gebrauchsmuster, Software	Letztmals anzuwenden für immaterielle Werte, die erstmals vor dem 1.7.2017 von dieser Regelung profitiert haben, bis 31.12.2020. Keine Bestandschutzregelungen für nach dem 31.12.2016 von verbundenen Unternehmen erworbenen immateriellen Werte.
Aruba	Exempt company	Freistellung von Einkünften aus immateriellen Werten	Körperschaften	Immaterielle Wirtschaftsgüter	Regelung wurde zum 31.12.2019 aufgehoben. Letztmals anzuwenden für Körperschaften, die erstmals vor dem 16.11.2018 von dieser Regelung profitiert haben, bis 30.6.2021.

[2] Umfasst in der Regel auch in diesem Staat ansässige Betriebsstätten.

Aruba	Free Zone	Niedriger Steuersatz 2% 2018: nominaler KSt-Regelsteuersatz: 25 % 2019: nominaler KSt-Regelsteuersatz: 25 % 2020: nominaler KSt-Regelsteuersatz: 25 %	Körperschaften	Immaterielle Wirtschaftsgüter	Regelung wurde zum 31.12.2019 aufgehoben. Letztmals anzuwenden für Körperschaften, die erstmals vor dem 2.9.2018 von dieser Regelung profitiert haben, bis 30.6.2021.
Barbados	International societies with restricted liability Societies With Restricted Liability (SRL) Act Cap 318B (1996)	Niedriger Steuersatz (0,25 % - 2,5 %) 2018: nominaler KSt-Regelsteuersatz: 30 % 2019: bis zu 1 Mio. 5,5 % ab 1 Mio. bis 20 Mio. 3 % ab 20 Mio. bis 30 Mio. 2,5 % mehr als 30 Mio. 1 % 2020: bis zu 1 Mio. 5,5 % ab 1 Mio. bis 20 Mio. 3 % ab 20 Mio. bis 30 Mio. 2,5 % mehr als 30 Mio. 1 %	Gesellschaft (kann als Körperschaft oder Personengesellschaft behandelt werden)	Nutzungsrechte, Urheberrechte an literarischen, künstlerischen oder wissenschaftlichen Werken, Kinofilme oder Werke auf Film, Band oder Vervielfältigungen zur Verwendung in Verbindung mit Radio oder Fernsehen, Patente, Marken, Designs oder Modelle, Pläne, geheime Formeln oder Verfahren, wissenschaftliche Erfahrungen	Bestimmungen gelten bis zum 30.6.2021 für Gesellschaften, die über eine gültige am oder vor dem 30.6.2018 ausgestellte Lizenz verfügen und die bereits begünstigte immaterielle Werte besitzen, die nach dem 17.10.2017 und vor dem 1.7.2018 von einem nicht verbundenen Unternehmen erworben wurden. Bestimmungen gelten bis zum 31.12.2018 für Gesellschaften, die über eine gültige am oder vor dem 30.6.2018 ausgestellte Lizenz verfügen und die immaterielle Werte besitzen, die nach dem 17.10.2017 von einem verbundenen Unternehmen erworben wurden.
Barbados	International business companies International Business Companies (IBC) Act Cap 77 (1992)	Niedriger Steuersatz (0,25 % - 2,5 %) 2018: nominaler KSt-Regelsteuersatz: 30 % 2019: bis zu 1 Mio. 5,5 % ab 1 Mio. bis 20 Mio. 3 % ab 20 Mio. bis 30 Mio. 2,5 % mehr als 30 Mio. 1 % 2020: bis zu 1 Mio. 5,5 % ab 1 Mio. bis 20 Mio. 3 % ab 20 Mio. bis 30 Mio. 2,5 % mehr als 30 Mio. 1 %	Körperschaften	Nutzungsrechte, Urheberrechte an literarischen, künstlerischen oder wissenschaftlichen Werken, Kinofilme oder Werke auf Film, Band oder Vervielfältigungen zur Verwendung in Verbindung mit Radio oder Fernsehen, Patente, Marken, Designs oder Modelle, Pläne, geheime Formeln oder Verfahren, wissenschaftliche Erfahrungen	Bestimmungen gelten bis zum 30.6.2021 für Körperschaften, die über eine gültige am oder vor dem 30.6.2018 ausgestellte Lizenz verfügen und die bereits begünstigte immaterielle Werte besitzen, die nach dem 17.10.2017 und vor dem 1.7.2018 von einem nicht verbundenen Unternehmen erworben wurden Bestimmungen gelten bis zum 31.12.2018 für Körperschaften, die über eine gültige am oder vor dem 30.6.2018 ausgestellte Lizenz verfügen und die immaterielle Werte besitzen, die nach dem 17.10.2017 von einem verbundenen Unternehmen erworben wurden
Belgien	Patent income deduction (Deduction for innovation income)	Befreiung der Einkünfte aus immateriellen Werten i.H.v. 85%	Körperschaften	Patente (nationale, EU- und Nicht-EU-Patente) und ergänzende Schutzzertifikate sowie	Letztmals anzuwenden für immaterielle Werte, die erstmals vor dem 1.7.2016 von dieser

	2008 Art. 205 Abs. 1 – 5 Belgian Income Tax Code i.d.F.d. Programm Law vom 27.04.2007 (veröffentlic ht am 8.5.2007).	2018: nominaler KSt-Regelsteuersatz: 29 % 2019: nominaler KSt-Regelsteuersatz: 29 % 2020: nominaler KSt-Regelsteuersatz: 25 %		damit in Zusammenhang stehende Fertigkeiten (Know-How). Explizit ausgeschlossen sind Fertigkeiten, Warenzeichen (Trademarks), Pläne, Muster, geheime Rezepturen oder Prozesse, gewerbliche oder wissenschaftliche Erfahrungen.	Regelung profitiert haben, bis 30.6.2021. Keine Bestandschutzregelungen für nach dem 01.01.2016 von verbundenen Unternehmen erworbenen immateriellen Werte.
Belize	International business companies 1990 International Business Companies Act	Befreiung der Einkünfte aus immateriellen Werten i.H.v. 100%	Körperschaften	Sämtliche Einkünfte dieser Unternehmen werden begünstigt. Dies umfasst somit sämtliche immateriellen Werte.	Regelung wurde zum 31.12.2018 aufgehoben. Übergangsregelung bis zum 30.6.2021 für vor dem 16.10.2017 gegründete Körperschaften für immaterielle Werte, die erstmals vor dem 30.6.2018 von dieser Regelung profitiert haben.
Botswana	International financial services center (IFSC) regime Income Tax (Amendments) Act 1999	Niedriger Steuersatz (15 %) 2018: nominaler KSt-Regelsteuersatz: 22 %	Körperschaften	Geistiges Eigentum, Softwareentwicklung	Regelung wurde zum 31.12.2018 aufgehoben, keine Bestandsschutzregelungen
Brunei Darussalam	Investment incentives regime (vorher: Pioneer services companies) Investment Incentive Order 2001	Befreiung der Einkünfte für 8-11 Jahre bzw. 5-10 Jahre für den Finanzsektor	Körperschaften	u.a. Forschung und Entwicklung, Computerdienstleistunge n, Industriedesign	Regelung wurde bislang noch nicht geändert oder aufgehoben.
Cookinseln	International companies	Befreiung der Einkünfte von registrierten „International Companies“	Körperschaften	Sämtliche Einkünfte der Unternehmen werden begünstigt. Dies umfasst somit sämtliche immateriellen Werte.	Regelung wurde zum 17.12.2019 aufgehoben, Bestandschutz bis zum 31.12.2021
Curaçao	Tax exempt company/entity (Curacao investment company) (ab 1.7.2018 werden Tax exempt companies als nicht schädliche Investment companies betrachtet)	Befreiung der Einkünfte aus immateriellen Werten i.H.v. 100%	Körperschaften	Sämtliche Einkünfte dieser Unternehmen werden begünstigt. Dies umfasst somit sämtliche immateriellen Werte.	Regelung wurde zum 1.7.2018 aufgehoben, keine Bestandschutzregelung
Curaçao	Export facility company	Niedriger Steuersatz (3,19 %) 2018: nominaler KSt-Regelsteuersatz: 22 %	Körperschaften	Sämtliche Einkünfte dieser Unternehmen werden begünstigt. Dies umfasst somit sämtliche immateriellen Werte.	Regelung wurde zum 1.7.2018 aufgehoben, keine Bestandsschutzregelung
Dominica	International business companies	Befreiung der Einkünfte von internationalen Unternehmen	Körperschaften	Sämtliche Einkünfte der Unternehmen werden begünstigt. Dies umfasst somit sämtliche immateriellen Werte.	Regelung wurde zum 24.1.2019 aufgehoben. Letztmals anzuwenden für immaterielle Werte, die erstmals vor dem 1.1.2019 von dieser Regelung profitiert haben, bis 30.6.2021.
Frankreich	Reduced corporation tax rate on IP income (früher: Reduced rate for long term	Niedriger Steuersatz Effektive Höhe der	Körperschaften natürliche	Körperschaften: Französische und europäische Patente	Regelung wurde zum 31.12.2018 aufgehoben, keine Bestandsschutzregelun

	capital gains and profits from the licencing of IP rights) 1971 2001	Präferenzbesteuerung: 15 % 2018: nominaler KSt-Regelsteuersatz: 33,33 %	Personen, bei denen die Lizenzeinnahmen aus unternehmerisch er Tätigkeit resultieren	und patentierbare Erfindungen bzw. Entwicklungen sowie damit in Zusammenhang stehende Weiterentwicklungen, sofern diese als eigenständige Wirtschaftsgüter aktiviert werden können, und industrielle Fertigungsprozesse. Explizit ausgeschlossen sind Fertigkeiten (Know-How), Warenzeichen (Trademarks) und Software. Natürliche Personen: Patente, technische Verfahren, Know-How Explizit ausgeschlossen sind andere geistige Eigentumsrechte (z.B. Markenlizenzen)	gen
Griechenland	Patent incentive Art. 71 of Law 2842/2010; überarbeitet in Art 71A of Law 4512/2018 (2018)	3-jährige Steuerbefreiung (Erfassung der freigestellten Gewinne in einem Sonderposten mit Rücklageteil)	Körperschaften	Gewinne aus der Veräußerung international anerkannter Patente, Erbringung von Dienstleistungen auf Grundlage der Verwertung eines Patents	Regelung wurde bislang noch nicht geändert oder aufgehoben.
Großbritannien	Patent box 1.4.2013 Part 8A Corporation Taxes Act 2010 i.d.F.d. Finance Act 2012	Niedriger Steuersatz Effektive Höhe der Präferenzbesteuerung: 10 % 2018: nominaler KSt-Regelsteuersatz: 19 % 2019: nominaler KSt-Regelsteuersatz: 19 % 2020: nominaler KSt-Regelsteuersatz: 19 %	Körperschaften	Britische und europäische Patente [3], ergänzende Schutzzertifikate, Sortenschutz, Zulassungen von medizinischen (einschl. veterinärmedizinischen) Produkten. Ausgeschlossen sind Handelsmarken, Urheberrechte, Entwürfe, Know-How	Letztmals anzuwenden für Körperschaften, die erstmals vor dem 1.7.2016 von dieser Regelung profitiert haben, bis 30.6.2021. Keine Bestandschutzregelungen für nach dem 1.1.2016 von verbundenen Unternehmen erworbenen immateriellen Werte.
Israel	Amended preferred enterprise regime Encouragement Law 2011	Ermäßigter KSt-Satz Ermäßigter Steuersatz für Dividenden Effektive Höhe der Präferenzbesteuerung: 16 % für begünstigtes Einkommen außerhalb der Entwicklungszone A 7,5 % ab 1.1.2017 für begünstigtes Einkommen	Körperschaften	Software, Patente, auch auf Pflanzenzucht, geistiges Eigentum	Letztmals anzuwenden für immaterielle Werte, die erstmals vor dem 1.7.2016 von dieser Regelung profitiert haben, bis 30.6.2021. Keine Bestandschutzregelungen für nach dem 1.1.2016 von verbundenen Unternehmen erworbenen immateriellen Werte.

BMF-Schr.

		innerhalb der Entwicklungszone A 20% für Dividenden 2018: nominaler KSt-Regelsteuersatz: 23 % 2019: nominaler KSt-Regelsteuersatz: 23 % 2020: nominaler KSt-Regelsteuersatz: 23 %			
Italien	Taxation of income from intangible assets 2014 Paragraphs 37 - 45 of Law no. 190/20144 (2015 Stability Law) In Kraft ab 1.1.2015	Befreiung der Einkünfte aus immateriellen Werten i.H.v. 50 % (ab 2017; 40 % für 2016; 30% für 2015). Befreiung der Veräußerungsgewinne aus immateriellen Werten i.H.v. 100 %. 2018: nominaler KSt-Regelsteuersatz: 24 % 2019: nominaler KSt-Regelsteuersatz: 24 % 2020: nominaler KSt-Regelsteuersatz: 24 %	Körperschaften	Geistiges Eigentum, industrielle Patente, marketingbezogene geistige Eigentumswerte (insb. Trademarks), Pläne, Muster sowie Formeln und Erfahrungen, die aus industrieller, kommerzieller und wissenschaftlicher Tätigkeit hervorgehen, sofern diese rechtlich geschützt sind, Urheberrechtlich geschützte Software	Letztmals anzuwenden für Einkünfte aus marketingbezogenen geistigen Eigentumswerten (insb. Trademarks), die erstmals vor dem 31.12.2016 von dieser Regelung profitiert haben, bis 30.6.2021.
Jordanien	Development zones 2008 Development zones Law 2008 Investment Law 30 of 2014	Ermäßigter Steuersatz (5 %)	Körperschaften	Sämtliche Einkünfte der Unternehmen werden begünstigt. Dies umfasst somit sämtliche immateriellen Werte.	Letztmals anzuwenden bis 31.12.2020, keine Bestandsschutzregelun gen
Kasachstan	Special economic zones	Befreiung der Einkünfte aus immateriellen Werten i.H.v. 100%	Körperschaften	Sämtliche Einkünfte der Unternehmen werden befreit. Dies umfasst somit sämtliche immateriellen Werte.	Regelung wurde bislang noch nicht geändert oder aufgehoben.
Katar	Free zone at science & technology park	Befreiung der Einkünfte aus Aktivitäten innerhalb der Free Zone	Körperschaften	Forschung und Entwicklung, Produktentwicklung, technische Aktivitäten	Regelung wurde bislang noch nicht geändert oder aufgehoben.
Katar	Free zone areas	20 Jahre Steuerbefreiung für Einkünfte aus bestimmte Aktivitäten innerhalb der Free Zone	Körperschaften	Technologie, inklusive Forschung und Entwicklung	Regelung wurde bislang noch nicht geändert oder aufgehoben.
Liechtenstein	IP Box 2011	Befreiung der Einkünfte aus immateriellen Werten i.H.v. 80 % 2018: nominaler	Körperschaften	Patente, Marken, Muster, Gebrauchsmuster, die in ein inoder ausländisches oder internationales Register eingetragen sind und	Letztmals anzuwenden für immaterielle Werte, die erstmals vor dem 1.1.2017 von dieser Regelung profitiert haben, bis zum 31.12.2020.

		KSt-Regelsteuersatz: 12,5 % 2019: nominaler KSt-Regelsteuersatz: 12.5 % 2020: nominaler KSt-Regelsteuersatz: 12,5 %		nach dem 1.1.2011 erworben oder geschaffen worden sind (maßgebend ist Registereintrag). Begünstigt sind auch Erlöse aus Software sowie wissenschaftlichen und technischen Datenbanken.	
Luxemburg	Partial exemption for income/gains derived from certain IP rights 2007 Art. 50bis LUX Income Tax Law (i.d.F.v. 21.12.2007)	Befreiung der Einkünfte aus immateriellen Werten i.H.v. 80% 2018: nominaler KSt-Regelsteuersatz: 18 % 2019: nominaler KSt-Regelsteuersatz: 17 % 2020: nominaler KSt-Regelsteuersatz: 17 %	Körperschaften und natürliche Personen, bei denen die Lizenzeinnahmen aus unternehmerisch er Tätigkeit resultieren.	Patente, ergänzende Schutzzertifikate, marketingbezogene geistige Eigentumswerte, Pläne, Muster, Internet-Domains und urheberrechtlich geschützte Software.	Letztmals anzuwenden für immaterielle Werte, die erstmals vor dem 1.7.2016 von dieser Regelung profitiert haben, bis 30.6.2021. Nach dem 31.12.2016 keine Bestandschutzregelung en für nach dem 31.12.2015 von verbundenen Unternehmen erworbenen immateriellen Werte.
Macau (China)	Macau offshore institution	Befreiung der Einkünfte von Unternehmen mit bestimmten Offshore-Aktivitäten i.H.v. 100%	Körperschaften und natürliche Personen, bei denen die Lizenzeinnahmen aus unternehmerisch er Tätigkeit resultieren.	Sämtliche Einkünfte dieser Unternehmen werden begünstigt. Dies umfasst somit sämtliche immateriellen Werte.	Letztmals anzuwenden für immaterielle Werte, die erstmals vor dem 16.10.2017 von dieser Regelung profitiert haben, bis 31.12.2020.
Malta	Exemption on royalties from patents (auch: Patent box) 2010	Befreiung der Einkünfte aus immateriellen Werten i.H.v. 100 %	Körperschaften	Patente	Letztmals anzuwenden für immaterielle Werte, die erstmals vor dem 1.7.2016 von dieser Regelung profitiert haben, bis 30.6.2021.
Malaysia	MSC Malaysia Status 1996	Befreiung für 5 oder 10 Jahre der Einkünfte von Unternehmen im Multimedia-Bereich i.H.v. 70 % bzw. 100 % 2018: nominaler KSt-Regelsteuersatz: 24 % 2019: nominaler KSt-Regelsteuersatz: 24 % 2020: nominaler KSt-Regelsteuersatz: 24 %	Körperschaften [4]	Sämtliche Einkünfte des Unternehmens werden begünstigt, sofern diese Unternehmen den MSC Malaysia Status halten. Dies umfasst somit sämtliche immateriellen Werte.	Letztmals anzuwenden für immaterielle Werte, die erstmals vor dem 16.10.2017 von dieser Regelung profitiert haben, bis 30.6.2021
Malaysia	Biotechnology industry 2005	Befreiung für 5 oder 10 Jahre der Einkünfte von Unternehmen der Biotechnologie i.H.v. 100 %	Körperschaften [5]	Sämtliche Einkünfte des Unternehmens werden begünstigt, sofern diese Unternehmen den BioNexus Status halten. Dies	Letztmals anzuwenden für immaterielle Werte, die erstmals vor dem 16.10.2017 von dieser Regelung profitiert haben, bis 30.6.2021

BMF-Schr.

				umfasst somit sämtliche immateriellen Werte.	
Malaysia	Pioneer status - High technology 1986	Befreiung für 5 oder 10 Jahre der Einkünfte von Unternehmen in besonders geförderten Wirtschaftsbereichen i.H.v. 70 % bzw. 100 % (0 % bzw. 7,2 %) 2018: nominaler KSt-Regelsteuersatz: 24 % 2019: nominaler KSt-Regelsteuersatz: 24 % 2020: nominaler KSt-Regelsteuersatz: 24 %	Körperschaften [6]	Sämtliche Einkünfte des Unternehmens werden begünstigt, sofern diese Unternehmen den Pioneer Status halten. Dies umfasst somit sämtliche immateriellen Werte.	Letztmals anzuwenden für immaterielle Werte, die erstmals vor dem 16.10.2017 von dieser Regelung profitiert haben, bis 30.6.2021
Malaysia	Principle Hub 2015	Niedriger Steuersatz für bestimmte Unternehmen mit ihrem Hauptsitz in Malaysia (0 %,5 % bzw. 10 %) 2018: nominaler KSt-Regelsteuersatz: 24 % 2019: nominaler KSt-Regelsteuersatz: 24 % 2020: nominaler KSt-Regelsteuersatz: 24 %	Körperschaften	Sämtliche Einkünfte dieser Gesellschaften werden begünstigt. Dies umfasst somit sämtliche immateriellen Werte.	Letztmals anzuwenden für immaterielle Werte, die erstmals vor dem 16.10.2017 von dieser Regelung profitiert haben, bis 30.6.2021.
Mauritius	Global Business License I	Niedriger Steuersatz Effektive Höhe der Präferenzbesteuerung: 3 % (Höhe der effektiven Besteuerung ergibt sich aus Regelkörperschaftsteu ersatz i.H.v. 15 % und einer erhöhten Anrechnung auf ausländische Einkünfte auf bis zu 80 %). 2018: nominaler KSt-Regelsteuersatz: 15 % 2019: nominaler KSt-Regelsteuersatz: 15 % 2020: nominaler KSt-Regelsteuersatz: 15 %	Körperschaften	Sämtliche Einkünfte dieser Gesellschaften werden begünstigt. Dies umfasst somit sämtliche immateriellen Werte.	Letztmals anzuwenden für Körperschaften 16.10.2017 von dieser Regelung profitiert haben, bis 30.6.2021.
Mauritius	Global Business License II	Befreiung der Einkünfte aus immateriellen	Körperschaften	Sämtliche Einkünfte dieser Gesellschaften werden begünstigt.	Letztmals anzuwenden für Körperschaften, die erstmals vor dem 16.10.2017 von

		Werten i.H.v. 100 %		Dies umfasst somit sämtliche immateriellen Werte.	dieser Regelung profitiert haben, bis 30.6.2021
Mongolei	Free trade zones erste Gesetzgebung 1995	Steuerbefreiung für 5 Jahre	Körperschaften	Immaterielle Wirtschaftsgüter	Aufhebung der Regelung zum 1.1.2020 ohne Bestandschutz
Niederlande	Innovation box 2007 Art. 12b Corporate Income Tax Law	Befreiung der Einkünfte aus immateriellen Werten i.H.v. 80 % 2018: nominaler KSt-Regelsteuersatz: 25 % 2019: nominaler KSt-Regelsteuersatz: 25 % 2020: nominaler KSt-Regelsteuersatz: 25 %	Körperschaften	Patente, Sortenschutz und sonstige immaterielle Werte, für die ein „R&D Statement" der niederländischen Behörden erteilt wurde.	Letztmals anzuwenden für immaterielle Werte, die erstmals vor dem 1.7.2016 von dieser Regelung profitiert haben, bis 30.6.2021.
Panama	City of knowledge technical zone 1998	Befreiung der Einkünfte aus immateriellen Werten i.H.v. 100 %	Körperschaften	Sämtliche Einkünfte, die im Zusammenhang mit Forschung und Entwicklung stehen, werden begünstigt. Dies umfasst somit sämtliche aus diesen Aktivitäten resultierenden immateriellen Werte.	Letztmals anzuwenden bis 27.12.2018, kein Bestandschutz.
Portugal	Partial exemption for income from patents and other industrial property rights 2014 Art. 50-A IRC (Law No 2/2014)	Befreiung der Einnahmen aus immateriellen Werten i.H.v. 50% 2018: nominaler KSt-Regelsteuersatz: 21 % 2019: nominaler KSt-Regelsteuersatz: 21 % 2020: nominaler KSt-Regelsteuersatz: 21 %	Körperschaften	Patente, Lizenzen, Warenzeichen, und Muster.	Letztmals anzuwenden für immaterielle Werte, die erstmals vor dem 1.7.2016 von dieser Regelung profitiert haben, bis 30.6.2021.
St. Kitts und Nevis	Companies act	Steuerbefreiung für sog. Offshore-Gesellschaften i.H.v. 100 %	Körperschaften	Sämtliche Einkünfte dieser Gesellschaften werden begünstigt. Dies umfasst somit sämtliche immateriellen Werte.	Letztmals anzuwenden für immaterielle Werte, die erstmals vor dem 1.1.2019 von dieser Regelung profitiert haben, bis 30.6.2021.
St. Kitts und Nevis	Nevis business corporation	Steuerbefreiung für sog. Offshore-Gesellschaften i.H.v. 100 %	Körperschaften	Sämtliche Einkünfte dieser Gesellschaften werden begünstigt. Dies umfasst somit sämtliche immateriellen Werte.	Letztmals anzuwenden für immaterielle Werte, die erstmals vor dem 1.1.2019 von dieser Regelung profitiert haben, bis 30.6.2021.
St. Kitts und Nevis	Nevis LLC	Steuerbefreiung für sog. Offshore-Gesellschaften i.H.v. 100 %	Körperschaften	Sämtliche Einkünfte dieser Gesellschaften werden begünstigt. Dies umfasst somit sämtliche immateriel-	Letztmals anzuwenden für immaterielle Werte, die erstmals vor dem 1.1.2019 von dieser Regelung profitiert haben,

				len Werte.	bis 30.6.2021.
St. Lucia	International business company	Steuerbefreiung i.H.v. 100 % oder 1 % Einkommensteuer 2018: nominaler KSt-Regelsteuersatz: 30 % 2019: nominaler KSt-Regelsteuersatz: 30 % 2020: nominaler KSt-Regelsteuersatz: 30 %	Körperschaften	Sämtliche Einkünfte dieser Gesellschaften werden begünstigt. Dies umfasst somit sämtliche immateriellen Werte.	Letztmals anzuwenden für immaterielle Werte, die erstmals vor dem 1.12.2018 von dieser Regelung profitiert haben, bis 30.6.2021.
St. Lucia	International partnership	Steuerbefreiung i.H.v. 100%	Körperschaften	Sämtliche Einkünfte dieser Gesellschaften werden begünstigt. Dies umfasst somit sämtliche immateriellen Werte.	Letztmals anzuwenden für immaterielle Werte, die erstmals vor dem 1.12.2018 von dieser Regelung profitiert haben, bis 30.6.2021.
St. Lucia	International trust	Steuerbefreiung i.H.v. 100 %	Körperschaften	Sämtliche Einkünfte dieser Gesellschaften werden begünstigt. Dies umfasst somit sämtliche immateriellen Werte.	Letztmals anzuwenden für immaterielle Werte, die erstmals vor dem 1.12.2018 von dieser Regelung profitiert haben, bis 30.6.2021.
St. Vincent und die Grenadinen	International business companies 2007	Steuerbefreiung i.H.v. 100 % oder niedriger Steuersatz (1 %)	Körperschaften	Sämtliche Einkünfte dieser Gesellschaften werden begünstigt. Dies umfasst somit sämtliche immateriellen Werte.	Letztmals anzuwenden für immaterielle Werte, die erstmals vor dem 1.1.2019 von dieser Regelung profitiert haben, bis 30.6.2021.
St. Vincent und die Grenadinen	International trusts 1996	Steuerbefreiung i.H.v. 100 %	Körperschaften	Sämtliche Einkünfte dieser Gesellschaften werden begünstigt. Dies umfasst somit sämtliche immateriellen Werte.	Letztmals anzuwenden für immaterielle Werte, die erstmals vor dem 1.1.2019 von dieser Regelung profitiert haben, bis 30.6.2021.
San Marino	New companies regime provided by art. 73, law no. 166/2004	Niedriger Steuersatz Effektive Höhe der Präferenzbesteuerung: 8,5 % 2018: nominaler KSt-Regelsteuersatz: 17 % 2019: nominaler KSt-Regelsteuersatz: 17 % 2020: nominaler KSt-Regelsteuersatz: 17 %	Körperschaften	Sämtliche Einkünfte dieser Gesellschaften werden begünstigt. Dies umfasst somit sämtliche immateriellen Werte.	Letztmals anzuwenden für immaterielle Werte, die erstmals vor dem 28.6.2018 von dieser Regelung profitiert haben, bis 30.6.2021. Die Bestandschutzregelung gilt nicht für immaterielle Werte die nach dem 16.10.2017 von einem verbundenen Unternehmen erworben wurden
San Marino	Regime for high-tech start-up companies under law no. 71/2013 and delegated decree no. 116/2014	Befreiung der Einkünfte aus immateriellen Werten	Körperschaften	Patente, Software	Letztmals anzuwenden für immaterielle Werte, die erstmals vor dem 28.6.2018 von dieser Regelung profitiert haben, bis 30.6.2021. Die Bestandschutzregelung gilt nicht für immaterielle Werte die nach

					dem 16.10.2017 von einem verbundenen Unternehmen erworben wurden
Schweiz, Kanton Nidwalden	Lizenzbox 2011	Befreiung der Einkünfte aus immateriellen Werten i.H.v. 80% von der kantonalen und kommunalen Steuer 2018: nominaler KSt-Regelsteuersatz: 6 % Zuzüglich nominaler KSt-Regelsteuersatz des Bundes: 8,5 % 2019: nominaler KSt-Regelsteuersatz: 6 % Zuzüglich nominaler KSt-Regelsteuersatz des Bundes: 8,5 % 2020: nominaler KSt-Regelsteuersatz: 6 % Zuzüglich nominaler KSt-Regelsteuersatz des Bundes: 8,5 %	Körperschaften	Urheberrechte an literarischen, künstlerischen oder wissenschaftlichen Werken, einschließlich kinematographischer Filme, Patente, Marken, Muster oder Modelle, Pläne, geheimen Formeln oder Verfahren oder für die Mitteilung gewerblicher, kaufmännischer oder wissenschaftlicher Erfahrungen	Letztmals anzuwenden für immaterielle Werte, die erstmals vor dem 1.1.2016 von dieser Regelung profitiert haben, bis 31.12.2020.
Seychellen	International Trade Zone Seychelles International Trade Zone Act 1995	Befreiung der Einkünfte aus immateriellen Werten i.H.v. 100 %	Körperschaften	Sämtliche Einkünfte dieser Unternehmen werden begünstigt. Dies umfasst somit sämtliche immateriellen Werte.	Für Körperschaften, die über eine gültige am oder vor dem 16.10.2017 ausgestellte Lizenz verfügen, letztmals anzuwenden bis 30.6.2021 für immaterielle Werte, die erstmals vor dem 16.10.2017 von dieser Regelung profitiert haben.
Seychellen	Companies (Special Licences) Companies (Special Licences) Act 2003	Niedriger Steuersatz (1,5 %) 2018: nominaler KSt-Regelsteuersatz: 30 % 2019: nominaler KSt-Regelsteuersatz: 30 % 2020: nominaler KSt-Regelsteuersatz: 30 %	Körperschaften	Sämtliche Einkünfte dieser Unternehmen werden begünstigt Dies umfasst somit sämtliche immateriellen Werte.	Letztmals anzuwenden für Körperschaften, die am oder vor dem 16.10.2017 gegründet wurden, bis 30.6.2021.
Seychellen	International business companies International business companies Act 1994	Befreiung der Einkünfte aus immateriellen Werten i.H.v. 100%	Körperschaften	Sämtliche Einkünfte dieser Unternehmen werden begünstigt Dies umfasst somit sämtliche immateriellen Werte.	Regelung wurde zum 31.12.2018 aufgehoben, keine Bestandschutzregelungen
Singapur	Development and expansion incentive – services (DEI-S)	Niedriger Steuersatz (5 % bzw. 10 %) 2018: nominaler KSt-Regelsteuersatz: 17 %	Körperschaften	Sämtliche Einkünfte dieser Unternehmen werden begünstigt Dies umfasst somit sämtliche immateriellen Werte.	Letztmals anzuwenden für immaterielle Werte, die erstmals vor dem 1.7.2018 von dieser Regelung profitiert haben, bis 30.6.2021.

		2019: nominaler KSt-Regelsteuersatz: 17 % 2020: nominaler KSt-Regelsteuersatz: 17 %			
Singapur	Pioneer incentive	Befreiung der Einkünfte aus immateriellen Werten i.H.v. 100 %	Körperschaften	Sämtliche Einkünfte dieser Unternehmen werden begünstigt Dies umfasst somit sämtliche immateriellen Werte.	Letztmals anzuwenden für immaterielle Werte, die erstmals vor dem 1.7.2018 von dieser Regelung profitiert haben, bis 30.6.2021
Spanien (national)	Partial exemption of income from certain intangible assets 2008 Art. 23 Corporate Tax Law Roxal Degree 4/2004 and 16/2007	Befreiung der Einnahmen aus immateriellen Werten i.H.v. 50 % (bis 28.09.2013) Befreiung der Einkünfte aus immateriellen Werten i.H.v. 60% (ab 29.09.2013) 2018: nominaler KSt-Regelsteuersatz: 25 % 2019: nominaler KSt-Regelsteuersatz: 25 % 2020: nominaler KSt-Regelsteuersatz: 25 %	Körperschaften	Patente, Zeichnungen, Pläne, Muster, geheime Formeln, Verfahren und Fertigkeiten (Know-How) Explizit ausgenommen sind Markenzeichen, Literatur, künstlerische und wissenschaftliche Arbeiten, Filme, dingliche Rechte wie z.B. Rechte am Bild, Computerprogramme, industrielle, kommerzielle oder wissenschaftliche Ausrüstung.	Letztmals anzuwenden für immaterielle Werte, die erstmals vor dem 1.7.2016 von dieser Regelung profitiert haben, bis 30.6.2021.
Spanien (Navarra)	Partial exemption of income from certain intangible assets 2008 Art 2 Regional Law 2/2008 Ley Foral 24/1996	Befreiung der Einkünfte aus immateriellen Werten i.H.v. 30 % bzw. 60 % 2018: nominaler KSt-Regelsteuersatz: 28 % 2019: nominaler KSt-Regelsteuersatz: 28 % 2020: nominaler KSt-Regelsteuersatz: 28 %	Körperschaften	Patente, Zeichnungen, Pläne, geheime Formeln und Verfahren und Fertigkeiten (Know-How) und marketingbezogene geistige Eigentumswerte. Explizit ausgenommen sind literarische, künstlerische oder wissenschaftliche Werke; Industrieausrüstung; Bildrechte; Computerprogramme	Letztmals anzuwenden für immaterielle Werte, die erstmals vor dem 1.7.2016 von dieser Regelung profitiert haben, bis 30.6.2021.
Spanien (Baskenland)	Partial exemption of income from intellectual or industrial property 2008 Álava-Araba: Norma Foral 14/2008, 37/2013 Bizkaia: Norma Foral 3/1996, 5/2008, 11/2013 Gipuzkoa: Norma Foral 7/1996, 8/2008, 7/1996	Befreiung der Einnahmen aus immateriellen Werten i.H.v. 30% bzw. 60% Explizit ausgenommen sind Veräußerungsgewinne 2018: nominaler KSt-Regelsteuersatz: 26 %	Körperschaften	Patente, Pläne, Muster, geheime Formeln und Verfahren, Fertigkeiten (Know-How) und marketingbezogene geistige Eigentumswerte. Explizit ausgenommen sind Urheberrechte an literarischen, künstlerischen oder wissen-	Letztmals anzuwenden für immaterielle Werte, die erstmals vor dem 1.7.2016 von dieser Regelung profitiert haben, bis 30.6.2021.

		2019: nominaler KSt-Regelsteuersatz: 24 % 2020: nominaler KSt-Regelsteuersatz: 24 %		schaftlichen Werken, einschließlich kinematographischer Filme, Bildrechte und Software.	
Türkei	Technology Development Zone 2001 Technology Development Zones Law 4691	Befreiung der Einkünfte aus immateriellen Werten i.H.v. 100 %	Körperschaften und natürliche Personen, bei denen die Lizenzeinnahmen aus unternehmerisch er Tätigkeit resultieren.	Türkische Patente und Software	Letztmals anzuwenden für immaterielle Werte, die erstmals vor dem 20.10.2017 von dieser Regelung profitiert haben, bis 30.6.2021.
Ungarn	Hungarian intellectual properties (IP) regime Conditional deductibility of the capital gains from the sale of intangible assets embodying rights to royalties and the deductibility of 50 per cent of the amount of royalties (Auch IP regime for royalities and capital gains oder "Intangible property for royalties and capital gains,,) 2003 geändert 2012 Act CLVI 2011 Act XLII 2002	Befreiung der Einkünfte aus immateriellen Werten i.H.v. 50 % Befreiung der Veräußerungsgewinne aus immateriellen Werten i.H.v. 100 % 2018: nominaler KSt-Regelsteuersatz: 9 % 2019: nominaler KSt-Regelsteuersatz: 9 % 2020: nominaler KSt-Regelsteuersatz: 9 %	Körperschaften	Patente, industrielle Pläne, Fertigkeiten (Know-How), marketingbezogene geistige Eigentumswerte und Urheberrechte	Letztmals anzuwenden für immaterielle Werte, die erstmals vor dem 1.7.2016 von dieser Regelung profitiert haben, bis 30.6.2021.
Uruguay	Benefits under lit S art. 52 del Texto Ordenado 1996 for biotechnology and for software	Befreiung der Einkünfte aus immateriellen Werten i.H.v. 100 %	Körperschaften	Patente, Software	Letztmals anzuwenden für immaterielle Werte, die erstmals vor dem 1.1.2018 von dieser Regelung profitiert haben, bis 30.6.2021.
Uruguay	Free trade zones 1987 Law 15.921	Befreiung der Einkünfte aus immateriellen Werten i.H.v. 100 %	Körperschaften natürliche Personen	Sämtliche Einkünfte dieser Unternehmen werden begünstigt Dies umfasst somit sämtliche immateriellen Werte.	Letztmals anzuwenden bis 7.3.2018, Keine Bestandschutzregelung
Zypern	Cyprus Intellectual Property Regime 2012 Amendment L102(I)/2012 to the Income Tax Law L118(I)/2002	Befreiung der Einkünfte aus immateriellen Werten i.H.v. 80% 2018: nominaler KSt-Regelsteuersatz: 12,5 % 2019: nominaler KSt-Regelsteuersatz: 12,5 % 2020: nominaler KSt-Regelsteuersatz: 12,5 %	Körperschaften	Patente, marketingbezogene geistige Eigentumswerte und Urheberrechte	Letztmals anzuwenden für immaterielle Werte, die erstmals vor dem 1.7.2016 von dieser Regelung profitiert haben, bis 30.6.2021.

BMF, Schreiben v. 26.4.2022– IV B 5 - S 0301/19/10009 :001; BStBl 2022 I S. 576

Mitteilungspflichten bei Auslandsbeziehungen nach § 138 Absatz 2 AO und § 138b AO in der Fassung des Steuerumgehungsbekämpfungsgesetzes (StUmgBG)

Nach Erörterung mit den obersten Finanzbehörden der Länder gilt für die Mitteilungspflicht der Steuerpflichtigen nach § 138 Absatz 2 AO und die Mitteilungspflicht Dritter nach § 138b AO Folgendes:

Inhaltsverzeichnis **Rn.**

1. Anwendungsregelungen

1 Nach Artikel 97 **§ 32 EGAO** gelten folgende Anwendungsregelungen:

1. § 138 Absatz 2 bis 5, § **138b** und § **379** Absatz 2 Nummer 1d AO in der Fassung des StUmgBG sind erstmals auf mitteilungspflichtige Sachverhalte anzuwenden, die nach dem 31. Dezember 2017 verwirklicht worden sind.
2. Auf Sachverhalte, die vor dem 1. Januar 2018 verwirklicht worden sind, ist **§ 138 Absatz 2 und 3 AO** alte Fassung weiterhin anzuwenden.
3. Inländische Steuerpflichtige (**§ 138 Absatz 2 Satz 1 AO**), die vor dem 1. Januar 2018 erstmals unmittelbar oder mittelbar einen beherrschenden oder bestimmenden Einfluss auf die gesellschaftsrechtlichen, finanziellen oder geschäftlichen Angelegenheiten einer Drittstaat-Gesellschaft im Sinne des **§ 138 Absatz 3 AO** ausüben konnten, ohne dass bisher eine Mitteilungspflicht nach **§ 138 Absatz 2 AO** alte Fassung bestand, haben das Bestehen des beherrschenden oder bestimmenden Einflusses dem für sie nach den §§ **18** bis **20** AO zuständigen Finanzamt mitzuteilen, wenn dieser Einfluss auch noch am 1. Januar 2018 fortbesteht. **§ 138 Absatz 5 AO** in der Fassung des StUmgBG gilt in diesem Fall entsprechend.

2 Dieses Schreiben ersetzt die BMF-Schreiben vom 5. Februar 2018 (BStBl I 2018 S. 289), vom 18. Juli 2018 (BStBl I 2018 S. 815), vom 18. September 2020 (BStBl I 2020 S. 971) und vom 28. Dezember 2020 (BStBl I 2021 S. 55) mit Wirkung vom 1. Januar 2022. Es wird im Bundessteuerblatt Teil I veröffentlicht und auf den Internetseiten des BMF zur Ansicht und zum Herunterladen bereitgestellt. Der dem BMF-Schreiben vom 5. Februar 2018 (BStBl I 2018 S. 289) als Anlage 2 beigefügte Vordruck „Mitteilung nach **§ 138b der Abgabenordnung** (AO)“ gilt unverändert fort.

2. Mitteilungspflicht nach § 138 Absatz 2 AO

2.1 Allgemeines

3 Nach **§ 138 Absatz 2 Satz 1 AO** haben Steuerpflichtige mit Wohnsitz, gewöhnlichem Aufenthalt, Geschäftsleitung oder Sitz im Inland (inländische Steuerpflichtige) dem für sie nach den §§ **18** bis **20** AO zuständigen Finanzamt mitzuteilen, wenn sie einen der in **§ 138 Absatz 2 Satz 1 Nummer 1 bis 4 AO** genannten Tatbestände erfüllen. Daneben haben sie die Art der wirtschaftlichen Tätigkeit des Betriebs, der Betriebsstätte, der Personengesellschaft, Körperschaft, Personenvereinigung, Vermögensmasse oder der Drittstaat-Gesellschaft anzugeben (**§ 138 Absatz 2 Satz 1 Nummer 5 AO**).

4 Steuerpflichtige im Sinne der Vorschrift sind auch Personengesellschaften.

2.2 Mitteilungspflicht in den Fällen des § 138 Absatz 2 Satz 1 Nummer 2 AO

5 Sind im Falle des Erwerbs, der Aufgabe oder der Veränderung einer Beteiligung im Sinne des **§ 138 Absatz 2 Satz 1 Nummer 2 AO** die Einkünfte der inländischen Beteiligten aus einer ausländischen Personengesellschaft gesondert und einheitlich festzustellen, bestehen keine Bedenken, wenn die Mitteilungspflicht von der ausländischen Personengesellschaft, einem Treuhänder oder einer anderen die Interessen der inländischen Beteiligten vertretenden Person wahrgenommen wird. Voraussetzung ist, dass die ausländische Personengesellschaft, der Treuhänder oder die andere Person dem für die gesonderte und einheitliche Feststellung der Einkünfte zuständigen Finanzamt innerhalb der nach **§ 138 Absatz 5**

AO genannten Frist Namen, Anschrift, Eintritts- oder Austrittsdatum, Wohnsitzfinanzamt, Steuernummer und Identifikationsnummer nach **§ 139b AO** bzw. Wirtschafts-Identifikationsnummer nach **§ 139c AO** sowie die Höhe der Beteiligung des inländischen Steuerpflichtigen mitteilt. Die Mitteilung ist auf die meldepflichtigen Ereignisse zu beschränken (keine Übersendung fortgeschriebener Listen). Unterlässt die ausländische Personengesellschaft, der Treuhänder oder die andere Person die Mitteilung, treffen die Rechtsfolgen den Beteiligten persönlich (vergleiche Textziffer 4). Zur Zuständigkeit der Finanzämter für Personengesellschaften vergleiche Nummer 6 des Anwendungserlasses zu **§ 18 AO**.

2.3 Mitteilungspflicht in den Fällen des § 138 Absatz 2 Satz 1 Nummer 3 AO

2.3.1 Erwerb von Beteiligungen

6 Der Ausdruck „Vermögensmasse" schließt ausländische Investmentfonds und Spezialinvestmentfonds (**§ 6 Absatz 1 InvStG**) ein. Der Ausdruck „Körperschaft" umfasst auch inländische Investmentfonds, bei denen sich die Geschäftsleitung des gesetzlichen Vertreters außerhalb des Geltungsbereichs dieses Gesetzes befindet (**§ 4 Absatz 2 InvStG**). Unmittelbare und mittelbare Beteiligungen sind zusammenzurechnen (**§ 138 Absatz 2 Satz 2 AO**).

2.3.1.1 Mitteilung bei Überschreiten der Beteiligungsgrenze

7 Die Mitteilungspflicht nach **§ 138 Absatz 2 Satz 1 Nummer 3 AO** besteht nur dann, wenn beim Erwerb einer Beteiligung die maßgebenden Beteiligungsgrenzen (erstmalig oder nach zwischenzeitlichem Unterschreiten der Grenze erneut) erreicht bzw. überschritten werden. Die Mitteilungspflicht besteht bei Vorliegen der Voraussetzungen nur für die Beteiligungen, die der inländische Steuerpflichtige selbst entgeltlich oder unentgeltlich erworben hat. Eine mittelbare Beteiligung ist immer dann mitzuteilen, wenn sie gleichzeitig durch den Erwerb einer unmittelbaren Beteiligung an einer Körperschaft, Personenvereinigung oder Vermögensmasse miterworben wurde, soweit die übrigen Voraussetzungen für die Mitteilungspflicht vorliegen; dies gilt auch bei Beteiligung an einer Personengesellschaft.

Beispiel 1:

Die B-Inc. ist seit Jahren an der C-Inc. zu 100 Prozent beteiligt. Im Jahr 2018 erwirbt die A-GmbH sämtliche Anteile an der B-Inc. Somit erwirbt die A-GmbH unmittelbar 100 Prozent der Anteile an der B-Inc. und ist mitteilungspflichtig. Sie erwirbt aber auch mittelbar 100 Prozent der Anteile an der C-Inc., wofür sie ebenfalls mitteilungspflichtig ist.

Beispiel 2:

Im Jahr 2019 erwirbt die B-Inc. 100 Prozent der Anteile an der D-Inc. Eine Mitteilungspflicht für die A-GmbH ergibt sich hieraus jedoch nicht, da die A-GmbH als inländischer Steuerpflichtiger die Beteiligung nicht selbst entgeltlich oder unentgeltlich erworben hat.

2.3. 1.2 10 Prozent-Grenze

8 Für die Ermittlung der 10 Prozent-Grenze sind die unmittelbaren und mittelbaren Beteiligungen zusammenzurechnen.

Beispiel:

Die A-GmbH ist seit Jahren an der B-Inc. zu 100 Prozent beteiligt. Die B-Inc. hält 5 Prozent der Anteile an der C-Inc. Im Jahr 2018 erwirbt die A-GmbH unmittelbar 5 Prozent der Anteile an der C-Inc. Sie ist damit unmittelbar und mittelbar an der C-Inc. zu insgesamt 10 Prozent beteiligt und damit mitteilungspflichtig.

2.3.1.3 150.000 Euro-Grenze

9 Für die Ermittlung der 150.000 Euro-Grenze sind die Anschaffungskosten aller - also auch mittelbarer - Beteiligungen im Sinne des **§ 138 Absatz 2 Satz 1 Nummer 3 AO** zu berücksichtigen. Die 150.000 Euro-Grenze ist gesellschaftsbezogen zu ermitteln. Die Anschaffungskosten früher erworbener Beteiligungen sind ebenfalls in die Berechnung einzubeziehen. Aus Vereinfachungsgründen kann auf die Anschaffungskosten der unmittelbaren Beteiligung des Mitteilungspflichtigen abgestellt werden, wenn der Erwerb einer weiteren mittelbaren Beteiligung an der Gesellschaft innerhalb eines Jahres erfolgt.

Beispiel:

Der Steuerpflichtige A ist zu 8 Prozent an einer ausländischen Kapitalgesellschaft B unmittelbar beteiligt (Anschaffungskosten = 100.000 Euro). Ferner erwirbt A eine weitere unmittelbare Beteiligung von ebenfalls 8 Prozent an der ausländischen Kapitalgesellschaft C zu Anschaffungskosten in Höhe von 60.000 Euro, die ihrerseits mit 4 Prozent an der Kapitalgesellschaft B beteiligt ist. Der Steuerpflichtige A ist somit unmittelbar zu 8 Prozent und mittelbar zu 0,32 Prozent (8 Prozent x 4 Prozent / 100 Prozent) beteiligt. Die unmittelbare und mittelbare Beteiligung des Steuerpflichtigen A an der B beträgt somit insgesamt 8,32 Prozent.

Für die Berechnung der Anschaffungskosten muss folgerichtig auf die mittelbaren Anschaffungskosten des Steuerpflichtigen A an der B abgestellt werden. Dieser Wert lässt sich aus den vorliegenden Angaben jedoch nicht ableiten. Aus Vereinfachungsgründen kann der Wert der mittelbaren Beteiligung des Steuerpflichtigen A an der B somit aus den Anschaffungskosten für die 8-prozentige Beteiligung des A an der B in Höhe von 100.000 Euro bei unterstelltem Erwerb innerhalb eines Jahres ermittelt werden und beträgt demzufolge 0,32 Prozent / 8 Prozent von 100.000 Euro = 4.000 Euro.

10 Der Erwerb oder die Veräußerung von Beteiligungen an einer Gesellschaft von weniger als 1 Prozent muss trotz Überschreitens der 150.000 Euro-Grenze nicht mitgeteilt werden, wenn mit der Hauptgattung der Aktien der ausländischen Gesellschaft ein wesentlicher und regelmäßiger Handel an einer Börse in einem EU-/EWR-Staat oder an einer in einem anderen Staat nach **§ 193 Absatz 1 Satz 1 Nummer 2 und 4 KAGB** von der Bundesanstalt für Finanzdienstleistungsaufsicht (BaFin) zugelassenen Börse stattfindet. Ein wesentlicher und regelmäßiger Handel an einer Börse liegt vor, wenn der Handel aktiv erfolgt und in kurzen Zeitabständen wiederholt stattfindet; die bloße Notierung an der Börse und nur vereinzelte Aktienübertragungen reichen hierfür nicht aus. Für die Ermittlung der 1 Prozent-Grenze sind alle gehaltenen Beteiligungen zu berücksichtigen. Wird die 150.000 EuroGrenze mittels börsennotiertem Erwerb bzw. Veräußerung überschritten, so dass deshalb keine Meldepflicht besteht, und folgt darauf ein Erwerb bzw. eine Veräußerung, der bzw. die nicht unter die sogenannte Börsenklausel fällt, ist der vorangegangene börsennotierte Erwerb bzw. die Veräußerung hinsichtlich der 150.000 Euro-Grenze außer Betracht zu lassen. Die sogenannte Börsenklausel gilt sinngemäß auch für Investmentanteile, wenn

deren übrige Voraussetzungen erfüllt sind. Die aktuelle Liste der nach **§ 193 Absatz 1 Satz 1 Nummer 2 und 4 KAGB** zugelassenen Börsen ist auf der Internetseite der BaFin abrufbar: (derzeit **https://www.bafin.de/SharedDocs/Veroeffentlichungen/DE/Auslegungsentscheidung/WA/ae_080208_boersenInvG.html**).

2.3.2 Veräußerung von Beteiligungen

11 Die Veräußerung einer Beteiligung ist nach **§ 138 Absatz 2 Satz 1 Nummer 3 AO** mitteilungspflichtig, wenn die Anschaffungskosten aller veräußerten Beteiligungen an einer ausländischen Körperschaft, Personenvereinigung oder Vermögensmasse 150.000 Euro überschreiten oder mindestens eine 10-prozentige Beteiligung veräußert wird. Die Mitteilungspflicht besteht bei Vorliegen dieser Voraussetzungen nur für die unmittelbaren Beteiligungen, die der Steuerpflichtige selbst veräußert hat. Im Fall der Veräußerung einer unmittelbaren Beteiligung an einer Körperschaft, Personenvereinigung oder Vermögensmasse hat der inländische Steuerpflichtige auch die hierdurch gleichzeitig mitveräußerten mittelbaren Beteiligungen mitzuteilen, soweit die übrigen Voraussetzungen hierfür vorliegen; dies gilt auch bei der Beteiligung an einer Personengesellschaft.

2.3.3 Mitteilungspflichten der Kreditinstitute und Finanzdienstleistungsinstitute

12 Die Mitteilungspflichten nach **§ 138 Absatz 2 Satz 1 Nummer 3 AO** gelten nicht für Anteile an Kapitalgesellschaften, die bei Kreditinstituten und Finanzdienstleistungsinstituten im Sinne des Gesetzes über das Kreditwesen (**KWG**) dem Handelsbuch zuzurechnen sind.

2.3.4 Mitteilungspflichten der Versicherungsunternehmen und der berufsständischen Versorgungseinrichtungen

13 Die Mitteilungspflichten nach **§ 138 Absatz 2 Satz 1 Nummer 3 AO** gelten nicht für Anteile an Kapitalgesellschaften, die auf der Aktivseite der Bilanz der Versicherungsunternehmen entsprechend Formblatt 1 zu **§ 2 der Verordnung über die Rechnungslegung von Versicherungsunternehmen** vom 8. November 1994 (BGBl 1994 I S. 3378), die zuletzt durch Artikel 2 Absatz 5 des Gesetzes vom 1. April 2015 (BGBl 2015 I S. 434) geändert worden ist, in der jeweils geltenden Fassung unter C Nummer III 1 und D auszuweisen sind.

14 Ausgenommen von der Mitteilungspflicht nach **§ 138 Absatz 2 Satz 1 Nummer 3 AO** sind auch die in **§ 341b Absatz 4 HGB** aufgeführten Verträge, die von Pensionsfonds bei Lebensversicherungsunternehmen zur Deckung von Verpflichtungen gegenüber Versorgungsberechtigten eingegangen werden, sowie Anteile an Kapitalgesellschaften, die berufsständische Versorgungseinrichtungen unter der Bilanzposition „Aktien, Investmentanteile und andere nicht rechtsverzinsliche Wertpapiere" ausweisen.

2.3.5 Mitteilungspflicht eines Anlegers in Bezug auf die vom Investmentfonds und vom Spezial-Investmentfonds gehaltenen ausländischen Beteiligungen

15 Die Mitteilungspflicht nach **§ 138 Absatz 2 Satz 1 Nummer 3 AO** besteht für Anleger in- und ausländischer Investmentfonds und Spezial-Investmentfonds nicht in Bezug auf die mittelbar über diese Investmentfonds bzw. Spezial-Investmentfonds erworbenen und veräußerten Beteiligungen; sie besteht bei Vorliegen der Voraussetzungen dieser Vorschrift

jedoch für Erwerbe und Veräußerungen unmittelbarer und mittelbarer Beteiligungen an ausländischen Investmentfonds und Spezial-Investmentfonds.

2.3.6 Mitteilungspflicht inländischer Investmentfonds und Spezial-Investmentfonds

16 Inländische Investmentfonds und Spezial-Investmentfonds im Sinne des **§ 6 Absatz 1 Satz 1 InvStG** sind als inländische Steuerpflichtige im Sinne des **§ 138 Absatz 2 Satz 1 AO** mitteilungspflichtig.

2.4 Mitteilungspflicht in den Fällen des § 138 Absatz 2 Satz 1 Nummer 4 AO

2.4.1 Drittstaat-Gesellschaft

17 Drittstaat-Gesellschaft ist nach **§ 138 Absatz 3 AO** eine Personengesellschaft, Körperschaft, Personenvereinigung oder Vermögensmasse mit Sitz oder Geschäftsleitung in Staaten oder Territorien, die nicht Mitglieder der Europäischen Union (EU) oder der Europäischen Freihandelsassoziation (EFTA) sind. Dementsprechend gilt als Drittstaat-Gesellschaft auch eine Personengesellschaft, Körperschaft, Personenvereinigung oder Vermögensmasse, die zwar ihren Sitz in Deutschland, ihre Geschäftsleitung aber in einem Staat oder Territorium hat, der oder das nicht Mitglied der EU oder der EFTA ist (und umgekehrt).

2.4.2 Beherrschender oder bestimmender Einfluss

18 Die Mitteilungspflicht besteht, wenn der Steuerpflichtige allein oder zusammen mit Personen im Sinne des **§ 1 Absatz 2 AStG** unmittelbar oder mittelbar einen beherrschenden oder bestimmenden Einfluss auf die gesellschaftsrechtlichen, finanziellen oder geschäftlichen Angelegenheiten einer Drittstaat-Gesellschaft ausüben kann. Ein beherrschender oder bestimmender Einfluss kann auf rechtlicher oder tatsächlicher Grundlage beruhen oder auf dem Zusammenwirken beider. Rechtlicher Einfluss kann insbesondere auf beteiligungsähnlichen Rechten beruhen (Kapitalbeteiligung, Stimmrechte) oder auf vertraglichen Beziehungen, z. B. einem Treuhandvertrag. Einfluss außerhalb rechtlicher Einflussmöglichkeiten kann z. B. aufgrund der finanziellen Abhängigkeit der Drittstaat-Gesellschaft bestehen oder aufgrund anderer tatsächlicher Abhängigkeiten der Gesellschaft bzw. ihrer Geschäftsführung.

19 Ein beherrschender oder bestimmender Einfluss auf die gesellschaftsrechtlichen, finanziellen oder geschäftlichen Angelegenheiten einer Gesellschaft äußert sich insbesondere in der Möglichkeit, alle wesentlichen Entscheidungen der Geschäftsführung, der Geschäftspolitik sowie sonstige wesentliche unternehmerische Entscheidungen zu treffen, und zwar auch unabhängig vom Bestehen einer unmittelbaren oder mittelbaren Beteiligung am Kapital oder am Vermögen oder dem Innehaben von Stimmrechten der Drittstaat-Gesellschaft.

20 Die Einflussnahmemöglichkeiten von Personen, die dem inländischen Steuerpflichtigen im Sinne des **§ 1 Absatz 2 AStG** nahestehen, sind dem inländischen Steuerpflichtigen zuzurechnen.

21 Es ist nicht erforderlich, dass der inländische Steuerpflichtige tatsächlich beherrschenden oder bestimmenden Einfluss nimmt oder genommen hat; die objektive Möglichkeit einer solchen Einflussnahme reicht aus.

2.5 Form und Frist für die Mitteilungen

22 Die Mitteilungen nach **§ 138 Absatz 2 AO** sind grundsätzlich zusammen mit der Einkommensteuer-, Körperschaftsteuer- oder Feststellungserklärung für den Besteuerungszeitraum, in dem der mitzuteilende Sachverhalt verwirklicht wurde, spätestens jedoch bis zum Ablauf von 14 Monaten nach Ablauf dieses Besteuerungszeitraums, nach amtlich vorgeschriebenem Datensatz über die amtlich bestimmten Schnittstellen zu erstatten (**§ 138 Absatz 5 Satz 1 AO**). Diese Frist ist nicht nach **§ 109 AO** verlängerbar, da es sich weder um eine behördlich bestimmte Frist noch um eine Steuererklärungsfrist handelt.

23 Inländische Steuerpflichtige, die nicht verpflichtet sind, ihre Einkommensteuer-, Körperschaftsteuer- oder Feststellungserklärung nach amtlich vorgeschriebenem Datensatz über die amtlich bestimmte Schnittstelle abzugeben, haben die Mitteilungen nach **§ 138 Absatz 2 AO** nach amtlich vorgeschriebenem Vordruck zu erstatten (Vordruck BZSt 2), es sei denn, sie geben ihre Einkommensteuer-, Körperschaftsteuer- oder Feststellungserklärung freiwillig nach amtlich vorgeschriebenem Datensatz über die amtlich bestimmte Schnittstelle ab (**§ 138 Absatz 5 Satz 2 AO**).

24 Inländische Steuerpflichtige, die nicht zur Abgabe einer Einkommensteuer-, Körperschaftsteuer- oder Feststellungserklärung verpflichtet sind, haben die Mitteilungen nach **§ 138 Absatz 2 AO** nach amtlich vorgeschriebenem Vordruck (BZSt 2) bis zum Ablauf von 14 Monaten nach Ablauf des Kalenderjahrs zu erstatten, in dem der mitzuteilende Sachverhalt verwirklicht worden ist (**§ 138 Absatz 5 Satz 3 AO**). Diese Frist ist nicht nach **§ 109 AO** verlängerbar, da es sich weder um eine behördlich bestimmte Frist noch um eine Steuererklärungsfrist handelt.

25 Die alleinige Übersendung von Depotauszügen bzw. Transaktionslisten reicht zur Erfüllung der Mitteilungspflicht nach **§ 138 Absatz 2 AO** nicht aus. Sind die den Steuerpflichtigen zur Verfügung stehenden Informationen zu den meldepflichtigen Beteiligungen in dem amtlich vorgeschriebenen Datensatz bzw. Vordruck nicht ordnungsgemäß darstellbar, können Depotauszüge bzw. Transaktionslisten im Anhang des elektronischen Datensatzes bzw. als Anlage zu dem amtlich vorgeschriebenen Vordruck (BZSt 2) übersandt werden. Die Pflichtfelder in dem amtlich vorgeschriebenen Datensatz sind stets auszufüllen.

3. Mitteilungspflicht nach § 138b AO

3.1 Allgemeines

26 Verpflichtete im Sinne des **§ 2 Absatz 1 Nummer 1 bis 3 und 6 Geldwäschegesetz (GwG)** in der ab 26. Juni 2017 geltenden Fassung (mitteilungspflichtige Stelle) haben dem für sie nach den §§ **18** bis **20** AO zuständigen Finanzamt von ihnen hergestellte oder vermittelte Beziehungen inländischer Steuerpflichtiger im Sinne des **§ 138 Absatz 2 Satz 1 AO** zu Drittstaat-Gesellschaften im Sinne des **§ 138 Absatz 3 AO** mitzuteilen.

27 Mitteilungspflichtige Stellen sind damit:

- Kreditinstitute nach **§ 1 Absatz 1 KWG**, mit Ausnahme der in **§ 2 Absatz 1 Nummer 3 bis 8 KWG** genannten Unternehmen, und im Inland gelegene Zweigstellen und Zweigniederlassungen von Kreditinstituten mit Sitz im Ausland,
- Finanzdienstleistungsinstitute nach **§ 1 Absatz 1a KWG**, mit Ausnahme der in **§ 2 Absatz 6 Satz 1 Nummer 3 bis 10 und 12 und Absatz 10 des KWG** genannten

BMF-Schr.

Unternehmen, und im Inland gelegene Zweigstellen und Zweigniederlassungen von Finanzdienstleistungsinstituten mit Sitz im Ausland,

- Zahlungsinstitute und E-Geld-Institute nach **§ 1 Absatz 2a des Zahlungsdiensteaufsichtsgesetzes (ZAG)** und im Inland gelegene Zweigstellen und Zweigniederlassungen von Instituten im Sinne des **§ 1 Absatz 2a ZAG** mit Sitz im Ausland,
- Finanzunternehmen nach **§ 1 Absatz 3 KWG**, die nicht unter **§ 2 Absatz 1 Nummer 1 oder Nummer 4 GwG** fallen und deren Haupttätigkeit einer der in **§ 1 Absatz 3 Satz 1 KWG** genannten Haupttätigkeiten oder einer Haupttätigkeit eines durch Rechtsverordnung nach **§ 1 Absatz 3 Satz 2 KWG** bezeichneten Unternehmens entspricht, und im Inland gelegene Zweigstellen und Zweigniederlassungen solcher Unternehmen mit Sitz im Ausland.

28 Die Mitteilungspflicht gilt nach **§ 138b Absatz 1 Satz 2 AO** allerdings nur für solche Fälle, in denen

1. der mitteilungspflichtigen Stelle bekannt ist, dass der inländische Steuerpflichtige auf Grund der von ihr hergestellten oder vermittelten Beziehung allein oder zusammen mit nahestehenden Personen im Sinne des **§ 1 Absatz 2 AStG** erstmals unmittelbar oder mittelbar einen beherrschenden oder bestimmenden Einfluss auf die gesellschaftsrechtlichen, finanziellen oder geschäftlichen Angelegenheiten einer Drittstaat-Gesellschaft ausüben kann (vgl. dazu Tz. 2.4.2),

   oder
2. der inländische Steuerpflichtige eine von der mitteilungspflichtigen Stelle hergestellte oder vermittelte Beziehung zu einer Drittstaat-Gesellschaft erlangt, wodurch eine unmittelbare Beteiligung von insgesamt mindestens 30 Prozent am Kapital oder am Vermögen der Drittstaat-Gesellschaft erreicht wird. Anderweitige Erwerbe des inländischen Steuerpflichtigen hinsichtlich der gleichen DrittstaatGesellschaft sind hierbei miteinzubeziehen, soweit sie der mitteilungspflichtigen Stelle bekannt sind oder bekannt sein mussten.

29 Die Mitteilungspflicht umfasst die Herstellung und Vermittlung von Beziehungen sowohl im Rahmen eines persönlichen Kontakts zwischen inländischem Steuerpflichtigen und mitteilungspflichtiger Stelle als auch im Rahmen des Onlinegeschäftes. Voraussetzung sind aktive Tätigkeiten der mitteilungspflichtigen Stellen. Darunter fallen z. B. die Anschaffung und die Veräußerung von Anteilen und Beteiligungen an Drittstaat-Gesellschaften im eigenen Namen und auf eigene Rechnung, die Anschaffung und die Veräußerung von Anteilen und Beteiligungen an Drittstaat-Gesellschaften im eigenen Namen und auf fremde Rechnung sowie die Vermittlung von Geschäften über die Anschaffung und Veräußerung von Anteilen und Beteiligungen an Drittstaat-Gesellschaften.

30 Mitteilungen nach **§ 138b AO** sind für jeden inländischen Steuerpflichtigen und jeden mitteilungspflichtigen Sachverhalt gesondert zu erstatten (**§ 138b Absatz 2 AO**).

31 Das für die mitteilungspflichtige Stelle zuständige Finanzamt hat die Mitteilung an das für den inländischen Steuerpflichtigen nach den §§ **18** bis **20** AO zuständige Finanzamt weiterzuleiten (**§ 138b Absatz 5 Satz 1 AO**).

3.2 Inhalt der Mitteilung und Mitwirkungspflicht der inländischen Steuerpflichtigen

32 Die mitteilungspflichtige Stelle hat bei Vorliegen der Voraussetzungen des **§ 138b Absatz 1 Satz 2 AO** nach **§ 138b Absatz 3 AO** anzugeben:

1. die Identifikationsnummer des inländischen Steuerpflichtigen nach **§ 139b AO** und
2. die Wirtschafts-Identifikationsnummer des inländischen Steuerpflichtigen nach **§ 139c AO** oder, solange noch keine Wirtschafts-Identifikationsnummer vergeben wurde und es sich bei dem inländischen Steuerpflichtigen nicht um eine natürliche Person handelt, die für die Besteuerung des inländischen Steuerpflichtigen nach dem Einkommen geltende Steuernummer.

33 Der inländische Steuerpflichtige hat der mitteilungspflichtigen Stelle nach **§ 138b Absatz 6 AO** diese Daten mitzuteilen.

34 Kann die mitteilungspflichtige Stelle die Identifikationsnummer und die WirtschaftsIdentifikationsnummer oder die Steuernummer des inländischen Steuerpflichtigen nicht in Erfahrung bringen, hat sie nach **§ 138b Absatz 3 Satz 2 AO** in der Mitteilung ein amtlich bestimmtes Ersatzmerkmal anzugeben.

Das Ersatzmerkmal ist bei natürlichen Personen wie folgt zu bilden:

1. bis 4. Stelle:	Erste vier Buchstaben des Familiennamens des inländischen Steuerpflichtigen – Hat ein Name weniger als vier Buchstaben, sind fehlende Stellen mit „X“ aufzufüllen. – Statt Ä, Ö und Ü ist AE, OE oder UE zu verwenden.
5. bis 8. Stelle:	Erste vier Buchstaben des Vornamens des inländischen Steuerpflichtigen – Hat ein Vorname weniger als vier Buchstaben, sind fehlende Stellen mit „X“ aufzufüllen. – Statt Ä, Ö und Ü ist AE, OE oder UE zu verwenden.
9. und 10. Stelle:	Geburtsjahr des inländischen Steuerpflichtigen – Es sind nur die beiden letzten Ziffern zu verwenden (Beispiel: aus 1960 wird 60).
11. und 12. Stelle:	Geburtsmonat des inländischen Steuerpflichtigen in Ziffern (immer zweistellig, ggf. mit führender „0“)
13. und 14. Stelle:	Geburtstag des inländischen Steuerpflichtigen in Ziffern (immer zweistellig, ggf. mit führender „0“)
15. bis 19. Stelle:	fünfstellige Postleitzahl der Adresse des inländischen Steuerpflichtigen.

35 Handelt es sich bei dem inländischen Steuerpflichtigen nicht um eine natürliche Person, ist kein Ersatzmerkmal zu bilden. In diesem Fall sind lediglich die vollständigen Angaben zum inländischen Steuerpflichtigen entsprechend dem Vordruck „Mitteilung nach **§ 138b der Abgabenordnung** (AO)" anzugeben.

3.3 Form und Frist für die Mitteilungen

36 Die Mitteilungen sind dem Finanzamt nach dem amtlich vorgeschriebenen Vordruck „Mitteilung nach **§ 138b der Abgabenordnung** (AO)" bis zum Ablauf des Monats Februar des Jahres, das auf das Kalenderjahr folgt, in dem der mitzuteilende Sachverhalt verwirklicht wurde, zu erstatten (**§ 138b Absatz 4 AO**).

4. Rechtsfolgen bei Verstößen gegen die Mitteilungspflichten nach § 138 Absatz 2 und § 138b AO

37 Wer vorsätzlich oder leichtfertig seiner Mitteilungspflicht nach **§ 138 Absatz 2 Satz 1 AO** oder **§ 138b Absatz 1 bis 3 AO** nicht, nicht vollständig oder nicht rechtzeitig nachkommt, begeht eine Ordnungswidrigkeit im Sinne des **§ 379 Absatz 2 Nummer 1 oder 1d AO**, die vorbehaltlich des **§ 378 AO** mit einer Geldbuße bis zu 25.000 Euro geahndet werden kann (**§ 379 Absatz 7 AO**).

38 Die Verfolgungsverjährung infolge Unterlassens der Mitteilung nach **§ 138 Absatz 2 AO** und **§ 138b Absatz 1 bis 3 AO** beginnt nicht mit dem Ablauf der Frist nach **§ 138 Absatz 5 AO** bzw. der Frist nach **§ 138b Absatz 4 Satz 1 AO**, sondern gewöhnlich zu dem Zeitpunkt, zu dem an der Erfüllung kein Interesse mehr besteht, zum Beispiel, weil im Rahmen einer Betriebsprüfung die entsprechenden Feststellungen getroffen worden sind.

39 Bei Verstößen gegen diese Mitteilungspflichten ist im Regelfall die zuständige Bußgeld- und Strafsachenstelle einzuschalten.

5. Beachtung und Auswertung der Mitteilungen nach § 138 Absatz 2 und § 138b AO

40 Die Mitteilungspflichten dienen der zutreffenden steuerlichen Erfassung und Überwachung grenzüberschreitender Sachverhalte. Auf die Erfüllung der Mitteilungspflichten ist nachdrücklich zu achten.

41 Die für die inländischen Steuerpflichtigen zuständigen Finanzämter werten Mitteilungen nach § **138** Absatz 2 und § **138b** AO aus und leiten diese bzw. einen Abdruck hiervon bei einer Meldung in Papierform dem BZSt, Informationszentrale für steuerliche Auslandsbeziehungen - IZA zu.

42 Das BZSt sammelt die Informationen und wertet sie aus (**§ 5 Absatz 1 Satz 1 Nummer 6 Finanzverwaltungsgesetz**).

Im Auftrag
Kreienbaum

BMF-Schreiben v. 19.4.2023 - IV B 2 -S 1301/22/10002 :004

Bedeutung des OECD-Musterkommentars für die Auslegung von Abkommen zur Vermeidung der Doppelbesteuerung; Urteil des BFH vom 11. Juli 2018 -I R 44/16 –

Der BFH hat im Urteil vom 11. Juli 2018 - I R 44/16 - (BStBl 2023 II S. XXX) u. a. zur Bedeutung des OECD-Musterkommentars für die Auslegung von Abkommen zur Vermeidung der Doppelbesteuerung (DBA) Stellung genommen. Nach dem Ergebnis der Erörterungen mit den obersten Finanzbehörden der Länder gilt bei der Anwendung von DBA-Bestimmungen, die dem OECD-Musterabkommen entsprechen, Folgendes:

Der OECD-Kommentar ist - unter Berücksichtigung der in ihm enthaltenen Bemerkungen („observations") der OECD-Mitgliedsstaaten - als ein widerlegliches Indiz für die Staatenpraxis der OECD-Mitgliedsstaaten bei der Auslegung der dem OECD-Musterabkommen entsprechenden Vorschriften ihrer DBA anzusehen. Zu berücksichtigen ist, dass der OECD-Kommentar von Delegationen der OECD-Mitgliedsstaaten unter Beteiligung der für die Verhandlung von DBA und regelmäßig für die Aufsicht über ihre Anwendung zuständigen Personen erarbeitet wird. Er wird mit seinen regelmäßigen Aktualisierungen jeweils formell auf der Ebene des OECD-Council von den Botschaftern der OECD-Mitgliedsstaaten beschlossen. Zugrunde liegt ein - zuletzt am 23. Oktober 1997 (C (97)195/FINAL) erneuerter -Beschluss des OECD-Council, nach dessen Ziffern I.2. und I.3. den Regierungen der OECD-Mitgliedsstaaten empfohlen wird,

> *"2. when concluding new bilateral conventions or revising existing bilateral conventions, to conform to the Model Tax Convention, as interpreted by the Commentaries thereon;*
>
> *3. that their tax administrations follow the Commentaries on the Articles of the Model Tax Convention, as modified from time to time, when applying and interpreting the provisions of their bilateral tax conventions that are based on these Articles."*

Dies bedeutet, dass der OECD-Rat empfiehlt, die OECD-Kommentierung in ihrer jeweils zum Anwendungszeitpunkt aktuellen Fassung zu befolgen.

Ferner bleiben die Regierungen der OECD-Mitgliedsstaaten in Ziffer II. des o. a. Beschlusses weiterhin aufgefordert,

> *"to continue to notify the Committee on Fiscal Affairs of their reservations on the Articles and observations on the Commentaries."*

Dies erlaubt es, in Abwesenheit anderer Indizien prima facie darauf zu schließen, dass ein OECD-Mitgliedsstaat, der keine Bemerkung gegen eine von seinem Botschafter im OECD-Council mitbeschlossene Kommentierung im OECD-Kommentar eingelegt hat, diese Kommentierung teilt.

Gemäß Artikel 31 Absatz 1 des Wiener Übereinkommens über das Recht der Verträge (WÜRV), BGBl. II 1985 S. 926, ist ein Vertrag

> *„nach Treu und Glauben in Übereinstimmung mit der gewöhnlichen, seinen Bestimmungen in ihrem Zusammenhang zukommenden Bedeutung und im Lichte seines Zieles und Zweckes auszulegen."*

Artikel 31 Absatz 3 Buchstabe a) und Buchstabe b) WÜRV sehen vor, dass außer dem Zusammenhang in gleicher Weise zu berücksichtigen sind:

„*a) jede spätere Übereinkunft zwischen den Vertragsparteien über die Auslegung des Vertrags oder die Anwendung seiner Bestimmungen;*

b) jede spätere Übung bei der Anwendung des Vertrags, aus der die Übereinstimmung der Vertragsparteien über seine Auslegung hervorgeht;“

Dies bedeutet grundsätzlich, dass die Auslegung eines Abkommens nicht auf den Zeitpunkt seines Abschlusses „eingefroren“ wird.

Für die in Artikel 31 Absatz 3 Buchstabe b) WÜRV in Betracht kommende Staatenpraxis ist keine besondere Form erforderlich (Völkerrechtskommission der Vereinten Nationen, Spätere Übereinkünfte und spätere Praxis bei der Auslegung von Verträgen, Schlussfolgerung Nummer 6, Paragraph 2, in: Resolution der Generalversammlung vom 20. Dezember 2018, UN-Doc.: A/Res/73/202, S. 4). Neben nationalen Gesetzgebungsakten und Gerichtsentscheidungen sind insbesondere auch Voten und Resolutionen in internationalen Organisationen zu berücksichtigen (vgl. Nummer 22 des Kommentars der Völkerrechts-kommission der Vereinten Nationen zu Schlussfolgerung Nummer 6 Paragraph 2 a. a. O., in: UN-Doc.: A/73/10, S. 50).

Daraus ergibt sich, dass der OECD-Kommentar in Übereinstimmung mit Artikel 31 Absatz 3 Buchstabe b) WÜRV in seiner jeweils zum Anwendungszeitpunkt geltenden Fassung bei der Bestimmung der Auslegung von Vorschriften des OECD-Musterabkommens bzw. diesen entsprechenden Vorschriften von zwischen OECD-Mitgliedsstaaten bestehenden DBA im Sinne der oben beschriebenen Indizwirkung zu berücksichtigen ist. Dies gilt insbesondere für nachträgliche Ergänzungen und Präzisierungen der Kommentierung.

Die Indizwirkung des OECD-Kommentars ist für die innerstaatliche Anwendung widerlegt, wenn sich ein anderes Abkommensverständnis aus einem BMF-Schreiben oder einer sonstigen Verwaltungsanweisung ergibt. Die Bindungswirkung von BMF-Schreiben oder anderen Verwaltungsanweisungen für die Finanzverwaltung wird daher durch den OECD-Kommentar nicht berührt.

Dieses Schreiben wird im Bundessteuerblatt Teil I veröffentlicht.

BMF-Schreiben v. 6.6.2023 - IV B 5 – S 1341/19/10017 :003, BStBl 2023 I S. 1093

Verwaltungsgrundsätze Verrechnungspreise
Grundsätze für die Korrektur von Einkünften gemäß § 1 AStG

Nach der Erörterung mit den obersten Finanzbehörden der Länder gelten folgende Grundsätze für die internationale Einkunftsabgrenzung nach dem Maßstab des Fremdvergleichs in den Regelungen des innerstaatlichen Rechts und der Doppelbesteuerungsabkommen:

BMF-Schr.

Kapitel I Grundsätze der Einkünftekorrektur

A. Regelungen zur Einkünftekorrektur und Konkurrenzverhältnis

1.1 Bei Geschäftsbeziehungen zum Ausland eines Steuerpflichtigen zu ihm nahestehenden Personen ist zu prüfen, ob die darauf beruhenden Einkünfte unter Berücksichtigung des Fremdvergleichsgrundsatzes ermittelt worden sind. Bei Einzelunternehmen und Personengesellschaften sind dabei insbesondere die Regelungen zur

- Einlage (§ 4 Absatz 1 Satz 8 Einkommensteuergesetz – EStG) und
- Entnahme (§ 4 Absatz 1 Satz 2 ff. EStG)

zu berücksichtigen. Bei Körperschaften können insbesondere die Regelungen zur

- verdeckten Gewinnausschüttung (§ 8 Absatz 3 Satz 2 Körperschaftsteuergesetz – KStG) und
- verdeckten Einlage (§ 8 Absatz 3 Satz 3 ff. KStG)

Anwendung finden.

Unabhängig von der Rechtsform des Steuerpflichtigen ist zusätzlich § 1 Außensteuergesetz (AStG) zu beachten, um die zutreffenden inländischen Einkünfte zu ermitteln.

1.2 In Betriebsstättensachverhalten sind § 1 Absatz 5 AStG sowie die Betriebsstättengewinnaufteilungsverordnung (BsGaV) zu beachten. Danach werden Betriebsstätten für Zwecke des Fremdvergleichsgrundsatzes weitgehend wie eigenständige und unabhängige Unternehmen behandelt. Auf die Verwaltungsgrundsätze Betriebsstättengewinnaufteilung (VWG BsGa) vom 22. Dezember 2016, BStBl I 2017 S. 182, sowie auf das BMF-Schreiben vom 17. Dezember 2019 - IV B 5 - S 1341/19/10010 :003, BStBl I 2020 S. 84 zu Betriebsstätten ohne Personalfunktion wird in diesem Zusammenhang verwiesen.

1.3 Die Einkünftekorrekturvorschriften sind grundsätzlich voneinander unabhängig und nebeneinander anwendbar. Aus der Formulierung „unbeschadet anderer Vorschriften" in § 1 Absatz 1 Satz 1 AStG ergibt sich kein Wahlrecht für die Anwendung des § 1 AStG oder einer daneben anwendbaren anderen Einkünftekorrekturnorm. § 1 AStG ist ergänzend (vergleiche insbesondere Rn. 1.4) oder in besonderen Fällen anstelle der anderen Korrekturnormen anzuwenden, soweit durch diese Korrekturnormen die Erfassung des zutreffenden Inlandsgewinns nicht sichergestellt wird. Die Höhe des zutreffenden Inlandsgewinns ist in einer Gesamtschau unter Berücksichtigung von Korrekturen und Gegenkorrekturen zu ermitteln, wobei die Auswirkungen auf die Einkünfte im Sinne des § 20 Absatz 1 Nummer 1 Satz 2 EStG außer Betracht zu lassen sind. Ist danach die Erfassung des zutreffenden Inlandsgewinns bereits durch die Regelungen zur verdeckten Gewinnausschüttung oder verdeckten Einlage sichergestellt, erübrigt sich die Anwendung des § 1 AStG. Sofern sich Korrektur und Gegenkorrektur (Vorteilsverbrauch) im Inland kompensieren, ist ausschließlich § 1 AStG anzuwenden und die Anwendung der anderen Korrekturnormen – auch auf Gesellschafterebene – wird suspendiert. Ein solcher Fall ist gegeben, wenn ein aus einer Korrektur nach § 8 Absatz 3 Satz 2 KStG resultierender Vorteilsverbrauch wiederum im Inland zu berücksichtigen wäre, da sich die verdeckte Gewinnausschüttung und der sich daraus ergebende Vorteilsverbrauch insoweit neutralisieren (vgl. BFH vom 27. November 2019, I R 40/19 [ehem. I R 14/16], BFH/NV 2020 S. 1307).

1.4 Sollten sich im Einzelfall nur der Höhe nach weitergehende Rechtsfolgen aus der Anwendung des § 1 AStG ergeben, sind die weitergehenden Berichtigungen neben den Rechtsfolgen der anderen Vorschriften durchzuführen (§ 1 Absatz 1 Satz 4 AStG).

Beispiel (verdeckte Gewinnausschüttung): Die M-AG (Sitz im Ausland) liefert an ihre Tochtergesellschaft, die T-AG (Sitz im Inland), Waren zu einem Preis von zehn Millionen Euro. Festgestellt wird eine Bandbreite fremdüblicher Preise für diese Waren von fünf Millionen Euro bis sieben Millionen Euro. Der gemeine Wert soll sieben Millionen Euro betragen. Sämtliche Waren wurden sofort weiterveräußert, weitergehende innerbilanzielle Anpassungen sind daher nicht veranlasst. Im Rahmen der Regelungen zur verdeckten Gewinnausschüttung erfolgt nun eine Einkünftekorrektur auf den gemeinen Wert (hier sieben Millionen Euro), sodass eine Einkünftekorrektur in Höhe von drei Millionen Euro bei der T-AG nach § 8 Absatz 3 Satz 2 KStG vorzunehmen ist. Da der von der Steuerpflichtigen angesetzte Wert außerhalb der fremdüblichen Bandbreite liegt und die Steuerpflichtige keinen anderen dem Fremdvergleichsgrundsatz entsprechenden Wert glaubhaft gemacht hat, erfolgt eine weitergehende Berichtigung nach § 1 AStG auf den Median (§ 1 Absatz 3a Satz 4 AStG); hier annahmegemäß sechs Millionen Euro. Die weitergehende Berichtigung nach § 1 AStG beträgt damit eine Million Euro.

Beispiel (verdeckte Entnahme): Die M-AG (Sitz im Ausland) liefert an ihre Tochterpersonengesellschaft, die T-GmbH & Co. KG (Verwaltungssitz im Inland), Waren zu einem Preis von zehn Millionen Euro. Festgestellt wird eine Bandbreite fremdüblicher Preise für diese Waren von fünf Millionen Euro bis sieben Millionen Euro. Der Teilwert soll sieben Millionen Euro betragen. Sämtliche Waren wurden sofort weiterveräußert, weitergehende innerbilanzielle Anpassungen sind daher nicht veranlasst. Im Rahmen der Regelungen zur verdeckten Entnahme erfolgt nun eine Einkünftekorrektur auf den Teilwert (hier sieben Millionen Euro), sodass eine Einkünftekorrektur in Höhe von drei Millionen Euro bei der T-GmbH & Co. KG nach § 4 Absatz 1 Satz 2 EStG vorzunehmen ist. Da der von der Steuerpflichtigen angesetzte Wert außerhalb der fremdüblichen Bandbreite liegt und die Steuerpflichtige keinen anderen dem Fremdvergleichsgrundsatz entsprechenden Wert glaubhaft gemacht hat, erfolgt eine weitergehende Berichtigung nach § 1 AStG auf den Median (§ 1 Absatz 3a Satz 4 AStG); hier annahmegemäß sechs Millionen Euro. Die weitergehende Berichtigung nach § 1 AStG beträgt damit eine Million Euro.

Weitere Beispiele zur Anwendungskonkurrenz dem Grunde nach:

Beispiel (Nutzungsvorteil): Die M-AG (Sitz im Inland) ist Alleingesellschafterin sowohl der T1 GmbH (Sitz im Inland) als auch der T2 s.r.o mit Sitz und Ort der Geschäftsleitung in Tschechien. Die T1 GmbH gewährt der T2 s.r.o. ein zinsloses Darlehen. Der angemessene Zins beträgt zehn Millionen Euro p.a.

Ungeachtet von Artikel 9 DBA-Tschechien ist das Einkommen der T1 GmbH nach § 8 Absatz 3 Satz 2 KStG außerbilanziell um zehn Millionen Euro zu erhöhen. Als Folge dieser verdeckten Gewinnausschüttung erzielt die M-AG sonstige Bezüge im Sinne der § 20 Absatz 1 Nummer 1 Satz 2 EStG, § 8 Absatz 1 KStG in Höhe von zehn Millionen Euro, die innerhalb der Bilanz grundsätzlich als Ertrag zu erfassen sind. Da dem aber in gleicher Höhe auf der Aufwandsseite ein Vorteilsverbrauch gegenübersteht, ändert sich die Steuerbilanz nicht. Mangels Einlagefähigkeit des Vermögensvorteils erhöhen sich die Anschaffungskosten der Beteiligung an der T2 s.r.o. nicht. Außerhalb der Bilanz ist das Einkommen der M-AG um die steuerfreien Bezüge nach § 8b Absatz 1 Satz 1 KStG und unter Berücksichtigung der nichtabziehbaren Betriebsausgaben nach § 8b Absatz 5 KStG um insgesamt -9,5 Millionen Euro zu korrigieren.

Aufgrund von Artikel 9 DBA-Tschechien hat die Gegenberichtigung bei der T2 s.r.o. als Vorteilsempfängerin und nicht bei der M-AG zu erfolgen. Insofern hat nun § 1 AStG gegenüber § 8 Absatz 3 Satz 2 KStG Vorrang, so dass es insgesamt nur noch zu einer außerbilanziellen Einkünfteberichtigung nach § 1 AStG in Höhe von zehn Millionen Euro bei der T1 GmbH kommt.

Beispiel (einlagefähiges Wirtschaftsgut): Die M-AG (Sitz im Inland) ist Alleingesellschafterin sowohl der T1 GmbH (Sitz im Inland) als auch der T2 s.r.o mit Sitz und Ort der Geschäftsleitung in Tschechien. Die T1 GmbH überträgt der T2 s.r.o. unentgeltlich ein Wirtschaftsgut. Der gemeine Wert entspricht dem Fremdvergleichspreis und beträgt zehn Millionen Euro.

Ungeachtet von Artikel 9 DBA-Tschechien ist das Einkommen der T1 GmbH nach § 8 Absatz 3 Satz 2 KStG außerbilanziell um zehn Millionen Euro zu erhöhen. Als Folge dieser verdeckten Gewinnausschüttung erzielt die M-AG sonstige Bezüge im Sinne der § 20 Absatz 1 Satz 2 Nummer 1 EStG, § 8 Absatz 1 KStG in Höhe von zehn Millionen

Euro, die innerhalb der Bilanz grundsätzlich als Ertrag zu erfassen sind. Außerhalb der Bilanz ist das Einkommen der M-AG um die steuerfreien Bezüge nach § 8b Absatz 1 Satz 1 KStG und unter Berücksichtigung der nichtabziehbaren Betriebsausgaben gemäß § 8b Absatz 5 KStG um insgesamt -9,5 Millionen Euro zu korrigieren. Da es sich um einen einlagefähigen Vermögensvorteil handelt, liegt eine verdeckte Einlage vor und es erhöhen sich die Anschaffungskosten der Beteiligung an der T2 s.r.o. entsprechend. Ein Vorteilsverbrauch ist somit nicht als Aufwand bei der M-AG zu erfassen. Bei der T2 s.r.o liegt eine verdeckte Einlage in Höhe von zehn Millionen Euro vor, die – wäre sie mit ihrem Einkommen im Inland steuerpflichtig – bei der Einkommensermittlung nach § 8 Absatz 3 Satz 3 KStG abzuziehen und dem steuerlichen Einlagekonto nach § 27 KStG zuzuführen wäre.

Aufgrund von Artikel 9 DBA-Tschechien hat die Gegenberichtigung bei der T2 s.r.o. als Vorteilsempfängerin zu erfolgen. Da bei ihr eine verdeckte Einlage vorliegt, findet nur § 8 Absatz 3 Satz 2 KStG Anwendung. Zu einer weitergehenden außerbilanziellen Einkünfteberichtigung nach § 1 AStG kommt es somit nicht.

1.5 Der Fremdvergleichsgrundsatz ist in von Deutschland abgeschlossenen Abkommen zur Vermeidung der Doppelbesteuerung (DBA) enthalten (entsprechend Artikel 9 Absatz 1 OECD-/UN-Musterabkommen [MA]). Die Artikel 9 Absatz 1 OECD-/UN-MA nachgebildeten Artikel im jeweiligen DBA erlauben damit eine Berichtigung der Einkünfte auf Basis des Fremdvergleichsgrundsatzes. Rechtsgrundlage für die Berichtigung der Einkünfte sind die Regelungen zur Einkünftekorrektur des nationalen deutschen Steuerrechts. § 1 AStG setzt den internationalen Fremdvergleichsgrundsatz um (vgl. BT-Drs. VI/2883, 23 ff.). Dabei bezieht sich die Anwendung des Fremdvergleichsgrundsatzes auch auf den Grund und die weiteren Bedingungen einer Geschäftsbeziehung und nicht allein auf die Korrektur eines Verrechnungspreises (vgl. BFH vom 27. Februar 2019, I R 81/17, BStBl. II 2020, S. 443 und BFH vom 9. Juni 2021, I R 32/17, BStBl. II 2023, S. XXX, Rn. 26 f.).

1.6 Die Regelungen zur Einkünftekorrektur des nationalen deutschen Steuerrechts bleiben dabei auch in den Fällen der Interessenverflechtung anwendbar, die in den DBA nicht genannt sind. Die Anwendung wird auch diesbezüglich nicht durch ein DBA gesperrt.

B. Konkurrenz zur Hinzurechnungsbesteuerung

1.7 Die Regelungen zur Einkünftekorrektur, mit grundsätzlicher Ausnahme des § 1 AStG (vgl. BFH vom 20. April 1988, I R 41/82, BStBl II 1988 S. 868), gelten auch für Geschäftsbeziehungen der zwischengeschalteten Gesellschaften im Sinne des § 5 AStG oder der Zwischengesellschaften im Sinne der §§ 7 ff. AStG.

Beispiel: Die M-AG (Sitz im Inland) ist zu 100 Prozent an der T-AG im niedrig besteuernden Ausland beteiligt. Diese ist Zwischengesellschaft i. S. d. §§ 7 ff. AStG; ihre gesamten Einkünfte sind als passiv zu qualifizieren. Die T-AG steht mit der E-AG (ansässig in einem anderen ausländischen Staat) in einer Geschäftsbeziehung. Die T-AG begibt an die E-AG ein Darlehen in Höhe von einer Million Euro zu einem unangemessen niedrigen Zinssatz (ein Prozent, fremdüblich wären zehn Prozent). Eine Korrektur seitens der ausländischen Finanzverwaltung wurde nicht vorgenommen. Im Rahmen der Anwendung der Regelungen über die Hinzurechnungsbesteuerung wird eine Einkommenserhöhung in Höhe von 90 000 Euro bei der T-AG nicht vorgenommen, da § 1 AStG bei der Ermittlung der dem Hinzurechnungsbetrag zugrundeliegenden Einkünfte keine Anwendung findet. Die Voraussetzungen für eine Einkommenskorrektur nach den Grundsätzen der verdeckten Einlage oder der verdeckten Gewinnausschüttung liegen ebenfalls nicht vor. Damit werden bei der M-AG nur 10 000 Euro aus dem Darlehensverhältnis hinzugerechnet.

1.8 Eine etwaige hieraus resultierende doppelte Besteuerung derselben Einkünfte ist sachgerecht aufzulösen. So ist bei der Ermittlung der hinzurechnungspflichtigen Einkünfte der Zwischengesellschaft (§ 10 Absatz 3 AStG) ggf. eine Gegenberichtigung vorzunehmen (vgl. BFH vom 19. März 2002, I R 4/01, BStBl II 2002 S. 644).

Beispiel: Die M-AG (Sitz im Inland) steht in Geschäftsbeziehung zu ihrer Tochtergesellschaft (T-AG) im Ausland. Diese ist Zwischengesellschaft i. S. d. §§ 7 ff. AStG; ihre gesamten Einkünfte sind als passiv zu qualifizieren. Sollten die Einkünfte der M-AG aufgrund dieser Geschäftsbeziehung gemindert sein, sind diese zunächst nach dem Fremdvergleichsgrundsatz zu korrigieren.

Variante 1 (Nutzungsüberlassung): Die M-AG vergibt ein Darlehen in Höhe von einer Million Euro an die T-AG zu einem fremdunüblich niedrigen Zinssatz (ein Prozent, fremdüblich wären zehn Prozent). Die Berichtigung nach § 1 AStG führt zu einer Einkommenserhöhung in Höhe von 90 000 Euro bei der M-AG. Im Ausland wurde bei der T-AG keine Gegenberichtigung nachvollzogen. Für Zwecke der Anwendung der Hinzurechnungsbesteuerung ist eine fiktiv korrespondierende Gegenberichtigung in Form eines Zinsabzugs bei der T-AG vorzunehmen, um eine Doppelbesteuerung der Einkünfte der Zwischengesellschaft im Rahmen der Anwendung der Regelungen über die Hinzurechnungsbesteuerung zu vermeiden. Die nach § 10 AStG a. F. abziehbaren oder nach § 12 AStG anzurechnenden Steuern sind entsprechend zu kürzen, auch wenn im Ausland keine Gegenberichtigung stattfindet.

Sollte die Erstberichtigung in einem anschließenden Verständigungs- oder Schiedsverfahren rückgängig gemacht werden, kann die fiktiv korrespondierende Gegenberichtigung insoweit rückgängig zu machen und bei der Hinzurechnungsbesteuerung entsprechend zu berücksichtigen sein; auf §§ 174, 175a Abgabenordnung (AO) wird hingewiesen. Sofern der ausländische Staat eine Gegenberichtigung vornimmt, sind auch die anrechenbaren Steuern zu berichtigen.

Variante 2: Die M-AG überträgt unentgeltlich ein Wirtschaftsgut mit einem Teilwert in Höhe von 900 000 Euro an die T-AG. Der Fremdvergleichspreis beträgt eine Million Euro. Die Berichtigung nach § 1 AStG führt zu einer Einkommenserhöhung in Höhe von 100 000 Euro bei der M-AG (900 000 Euro haben schon innerbilanziell die Anschaffungskosten der Beteiligung an der T-AG erhöht, da es sich um eine verdeckte Einlage des Wirtschaftsguts gehandelt hat). Im Ausland wurde bei der T-AG das Wirtschaftsgut mit 900 000 Euro ergebnisneutral erfasst, und es wird linear über zehn Jahre abgeschrieben. Für Zwecke der Anwendung der Hinzurechnungsbesteuerung ist eine fiktiv korrespondierende Gegenberichtigung in Form eines zusätzlichen jährlichen AfA-Betrags in Höhe von einem Zehntel von 100 000 Euro = 10 000 Euro bei der T-AG vorzunehmen, um eine Doppelbesteuerung der Einkünfte der Zwischengesellschaft im Rahmen der Anwendung der Regelungen über die Hinzurechnungsbesteuerung zu vermeiden. Die nach § 10 AStG a. F. abziehbaren beziehungsweise nach § 12 AStG anzurechnenden Steuern sind entsprechend zu kürzen, auch wenn im Ausland keine Gegenberichtigung stattfindet.

C. Nahestehende Personen (§ 1 Absatz 2 AStG)

1.9 Eine Einkünfteberichtigung gemäß § 1 AStG setzt voraus, dass dieser eine Geschäftsbeziehung des Steuerpflichtigen mit einer ihm nahestehenden Person zugrunde liegt (§ 1 Absatz 2 AStG). Dem Steuerpflichtigen nahestehende Personen in diesem Sinne können natürliche und juristische Personen sein sowie gemäß § 1 Absatz 1 Satz 2 Halbsatz 2 AStG auch Personengesellschaften oder Mitunternehmerschaften.

1.10 Die Verflechtung durch beherrschenden Einfluss (vgl. § 1 Absatz 2 Nummer 2 und Nummer 3 Buchstabe c AStG) kann auf rechtlicher oder tatsächlicher Grundlage oder dem Zusammenwirken beider beruhen. Unter beherrschendem Einfluss anderer können auch natürliche Personen stehen. Die Verflechtung wird bereits durch die Möglichkeit begründet, einen beherrschenden Einfluss auszuüben.

1.11 Unmittelbare und mittelbare Beteiligungen eines Steuerpflichtigen sind für die Beurteilung, ob ein Nahestehen im Sinne des § 1 Absatz 2 AStG vorliegt, zusammenzurechnen (vgl. BFH vom 28. Juni 1978, I R 90/76, BStBl II 1978 S. 590).

Beispiel: A ist zu 15 Prozent an der ausländischen Gesellschaft T1 unmittelbar beteiligt. Ferner erwirbt A eine weitere unmittelbare Beteiligung in Höhe von 20 Prozent an der ausländischen Gesellschaft T2, die ihrerseits mit zehn Prozent an der Gesellschaft T1 beteiligt ist. Somit ist A sowohl unmittelbar als auch mittelbar an T1 beteiligt. Die Ermittlung der Beteiligungsquote folgt einer wirtschaftlichen Betrachtungsweise. Das bedeutet, dass die Beteiligungsquoten der mittelbaren Beteiligungen anteilsmäßig berechnet werden. 10 Prozent x 20 Prozent / 100 Prozent = zwei Prozent. Die unmittelbare und mittelbare Beteiligung des A an der T1 beträgt somit bei einer wirtschaftlichen Betrachtungsweise insgesamt 17 Prozent.

1.12 Für das Vorliegen eines Einflusses außerhalb der Geschäftsbeziehung (vgl. § 1 Absatz 2 Nummer 4 erste Alternative AStG) ist kein beherrschender Einfluss erforderlich. Die nahestehende Person oder der Steuerpflichtige müssen aber tatsächlich dazu imstande sein, einen allgemeinen außerhalb der Geschäftsbeziehung begründeten Einfluss auf den jeweils anderen auszuüben. Es muss also eine Möglichkeit bestehen, dass bei der Gestaltung der jeweiligen Geschäftsbeziehungen aufgrund des Einflusses kein für die fremdübliche Aushandlung von deren Bedingungen genügender Interessengegensatz besteht.

1.13 Ein eigenes Interesse an der Erzielung der Einkünfte eines anderen (vgl. § 1 Absatz 2 Nummer 4 zweite Alternative AStG) kann sowohl wirtschaftlicher als auch persönlicher Natur sein (vgl. BFH vom 19. Januar 1994, I R 93/93, BStBl II 1994 S. 725). Das Interesse muss sich auf die zu überprüfenden Einkünfte selbst beziehen.

1.14 Von einem eigenen Interesse an der Erzielung der Einkünfte des anderen kann auch bei allen Beteiligten an Netzwerken und deren Organisationseinheiten auszugehen sein. Ein Netzwerk liegt vor, wenn Personen bei ihrer Berufsausübung zur Verfolgung gemeinsamer wirtschaftlicher Interessen für eine gewisse Dauer zusammenwirken (vgl. § 319b Handelsgesetzbuch). Mithin können auch rechtlich selbständige Unternehmen in einem globalen Netzwerk, die sich insbesondere durch eine enge strategische und fachliche Vernetzung dieses Netzwerks ausweisen, einander nahestehende Personen sein.

1.15 Ebenso kann im Einzelfall von dem Vorliegen eines eigenen Interesses an den Einkünften eines anderen bei pyramidalen Organisationsstrukturen ausgegangen werden. Pyramidale Organisationen zeichnen sich beispielsweise dadurch aus, dass die Mitglieder sich einem einheitlichen Regelwerk beziehungsweise Statuten unterwerfen und ein gemeinsames Ziel verfolgen (zum Beispiel die Durchführung eines Wettbewerbs). Dabei ist es grundsätzlich für alle Mitglieder von Interesse, dass das in der Hierarchie beziehungsweise im pyramidalen Aufbau höchste Mitglied insbesondere finanziell gut gestellt ist, da dies wiederum positive Auswirkungen auf alle anderen Mitglieder haben kann.

D. Geschäftsbeziehung (§ 1 Absatz 4 AStG)

1.16 Geschäftsbeziehungen sind einzelne oder mehrere zusammenhängende wirtschaftliche Vorgänge (Geschäftsvorfälle) zwischen einem Steuerpflichtigen und einer ihm nahestehenden Person (vgl. § 1 Absatz 4 AStG). Hierunter fallen beispielsweise Warenlieferungen, Dienstleistungen, Finanzierungsbeziehungen, die Überlassung oder Übertragung von immateriellen Werten, Arbeitnehmerüberlassungen und Umlagen. Maßgebend ist eine wirtschaftliche Betrachtung. Es kommt dabei nicht darauf an, ob ein angemessenes, ein unangemessenes oder kein Entgelt vereinbart worden ist.

1.17 Geschäftsbeziehungen zum Ausland zwischen einander nahestehenden Personen können auch mittels inländischer oder ausländischer Betriebsstätten bestehen.

Beispiel 1: Eine inländische Gesellschaft unterhält zu einer ihr nahestehenden inländischen Gesellschaft Geschäftsbeziehungen, die steuerlich einer ausländischen Betriebsstätte der nahestehenden Gesellschaft zuzuordnen sind.

Beispiel 2: Eine ausländische Gesellschaft unterhält zu einer ihr nahestehenden ausländischen Gesellschaft Geschäftsbeziehungen, die steuerlich einer inländischen Betriebsstätte der nahestehenden Gesellschaft zuzuordnen sind.

Beispiel 3: Eine ausländische Gesellschaft unterhält zu einer ihr nahestehenden ausländischen Gesellschaft eine Geschäftsbeziehung, die steuerlich einer inländischen Betriebsstätte der ausländischen Gesellschaft zuzuordnen ist.

Beispiel 4: Eine inländische Gesellschaft unterhält zu einer ihr nahestehenden inländischen Gesellschaft eine Geschäftsbeziehung, die steuerlich einer ausländischen Betriebsstätte der inländischen Gesellschaft zuzuordnen ist.

1.18 Geschäftsbeziehungen zum Ausland können auch bestehen, wenn ein Geschäftsvorfall zwischen ausländischen einander nahestehenden Personen vorliegt, der sich auf die Höhe der inländischen Einkünfte einer der Personen auswirkt (zum Beispiel im Fall der Vermietung inländischen Grundbesitzes).

1.19 Gesellschaftsvertragliche Vereinbarungen sind keine Geschäftsbeziehungen. Unter einer gesellschaftsvertraglichen Vereinbarung im Sinne des § 1 Absatz 4 AStG ist eine Vereinbarung zu verstehen, die unmittelbar zu einer rechtlichen Änderung der Gesellschafterstellung führt (zum Beispiel der Beteiligungshöhe oder der Beteiligungsrechte); mithin eine Vereinbarung, die das Verhältnis zwischen Gesellschaft und Gesellschafter regelt.

1.20 Die formale Aufnahme eines Geschäftsvorfalls oder einer Geschäftsbeziehung in den Gesellschaftsvertrag führt als solche nicht zu einer gesellschaftsvertraglichen Vereinbarung, die den Anwendungsbereich des § 1 AStG ausschließt, es sei denn, der Geschäftsvorfall oder die Geschäftsbeziehung führt zu einer tatsächlichen Änderung der materiellen Gesellschafterstellung. Die bloße Aufnahme in den Gesellschaftsvertrag kann bereits deshalb nicht genügen, weil sie das Merkmal der Geschäftsbeziehungen und damit den Tatbestand des § 1 Absatz 4 AStG in das Belieben der Beteiligten stellen würde. Entscheidend ist vielmehr, ob der Geschäftsvorfall unter Heranziehung des für die nahestehende Person geltenden Gesellschaftsrechts auf einer gesellschaftsvertraglichen Abrede beruht, die mit einer Änderung der materiellen Gesellschafterstellung verbunden ist (vgl. BFH vom 27. April 2000, I R 58/99, BStBl II 2001 S. 168 zur „Kapitalrücklage" im ausländischen Handels- und Gesellschaftsrecht).

1.21 Die Übertragung von Stimmrechten kann eine Geschäftsbeziehung darstellen, wenn mit ihr ein wirtschaftlicher Vorteil einhergeht, der unter fremden Dritten vergütet werden würde.

Beispiel: Die A GmbH ist an der im Ausland ansässigen B Corp. zu sechs Prozent und an der im Ausland ansässigen C Corp. zu 30 Prozent beteiligt. Die C Corp. wiederum ist zu 24 Prozent an der B Corp. beteiligt. Die C Corp. benötigt zur Erzielung bestimmter steuerlicher und wirtschaftlicher Vorteile eine Sperrminorität der Stimmrechte an der B Corp. Die C Corp. könnte sich daher mit der A GmbH zu einem Aktionärspool zusammenschließen und einen Stimmbindungsvertrag abschließen.

1.22 Im Rahmen der Geschäftsbeziehungen werden Bedingungen vereinbart oder auferlegt, die dem Fremdvergleich zugänglich sind. Zu diesen Bedingungen gehören insbesondere Vereinbarungen über Preise, Vertragslaufzeiten, (Rück-)Zahlungsmodalitäten, Durchführungsbedingungen, Rabatte oder Boni, Preisanpassungsklauseln, Sicherheiten sowie Vertragsänderungs- und -kündigungsmöglichkeiten. Die aufgrund der fehlenden Fremdüblichkeit einzelner Bedingungen veranlassten Einkunftsminderungen unterfallen dem Berichtigungsbefehl von § 1 AStG (vgl. BFH vom 9. Juni 2021, I R 32/17, BStBl. II 2023, S. XXX Rn. 34 f.). Allein die Fremdunüblichkeit einzelner Bedingungen führt aber nicht dazu, dass die Geschäftsbeziehung als solche als fremdunüblich zu qualifizieren ist. Es bedarf der Würdigung aller Gesamtumstände im Einzelfall.

1.23 Nicht zu diesen Bedingungen gehören Umstände, die nicht von den einander nahestehenden Personen beeinflusst werden können. Sie sind als gegeben hinzunehmen. Ihre Auswirkungen auf den Preis sind zu beachten. Hierzu gehören zum Beispiel gesetzliche Rahmenbedingungen oder die Gegebenheiten des jeweiligen Marktes.

Kapitel II Bedeutung der OECD-Verrechnungspreisleitlinien für die Prüfung der grenzüberschreitenden Geschäftsbeziehungen

2.1 Für die Prüfung der Einkunftsabgrenzung wird auf die Anlage 1 verwiesen, um eine internationale Ausrichtung und eine Orientierung an den OECD-Verrechnungspreisleitlinien (OECD Transfer Pricing Guidelines for Multinational

Enterprises and Tax Administrations) zu gewährleisten. Nur auf diese Weise kann sichergestellt werden, dass eine international einheitliche Umsetzung des Fremdvergleichsgrundsatzes erfolgt und hierdurch eine Doppelbesteuerung sowie (doppelte) Nichtbesteuerung vermieden werden.

2.2 Die OECD-Verrechnungspreisleitlinien unterstützen sowohl die Steuerpflichtigen als auch Finanzverwaltungen, um den jeweiligen Einzelfall einer im internationalen Kontext sachgerechten Lösung zuzuführen. Entsprechend orientiert sich die deutsche Finanzverwaltung im Rahmen des geltenden innerstaatlichen Rechts grundsätzlich an den OECD-Verrechnungspreisleitlinien und zwar unabhängig davon, ob es sich um einen Sachverhalt handelt, bei dem ein DBA anwendbar ist, das mit einem OECD-Mitgliedstaat oder Nicht-OECD-Mitgliedstaat vereinbart wurde, oder ob kein DBA anwendbar ist.

2.3 Ob eine statische oder dynamische Auslegung von Artikel 9 Absatz 1 OECD-MA oder UN-MA nachgebildeten Artikeln in den jeweiligen DBA zu erfolgen hat (allgemein für eine statische Auslegung von Abkommensvorschriften etwa BFH vom 11. Juli 2018, I R 44/16,. BStBl. II 2023, S. XXX). w. N.), ist in Bezug auf den Fremdvergleichsgrundsatz nicht entscheidungserheblich (diese Annahme zugrunde legend BFH vom 17. Oktober 2001, I R 103/00, BStBl 2004 II S. 171 sowie vom 18. Mai 2021, I R 4/17, BStBl. II 2023, S. 430 Rn. 39). Aus einem Artikel 9 Absatz 1 OECD-/UN-MA nachgebildeten Artikel und § 1 AStG folgt nur, dass der Fremdvergleichsgrundsatz zur Anwendung zu bringen ist. Der Fremdvergleichsgrundsatz basiert vor allem auf der Anwendung von ökonomischen Prinzipien, die zeit- und kontextabhängig sind (vgl. Art. 9 OECD-Musterkommentar 2017 Rn. 1). Der Fremdvergleichsgrundsatz enthält daher genügend Flexibilität, um auf aktuelle Entwicklungen, wie die fortschreitende Digitalisierung der Wirtschaft, zu reagieren und diese, ohne weitere gesetzliche Maßnahmen, berücksichtigen zu können. Entsprechend ist auch die fortwährende Entwicklung der OECD-Verrechnungspreisleitlinien zu verstehen. Die fortlaufende Überarbeitung der OECD-Verrechnungspreisleitlinien erfolgt im Rahmen der Auslegungsmöglichkeiten des Artikels 9 Absatz 1 OECD-MA und stellt damit nicht jeweils eine neue Interpretation dieses Artikels dar.

2.4 Die nachfolgenden Randnummern enthalten gegenüber den OECD-Verrechnungspreisleitlinien weitergehende Konkretisierungen, die zur Sicherstellung einer gleichmäßigen Besteuerung notwendig sind.

2.5 Darüber hinaus können für die Prüfung von grenzüberschreitenden Geschäftsbeziehungen auch die Verlautbarungen des Gemeinsamen EU-Verrechnungspreisforums (EU Joint Transfer Pricing Forum – JTPF) hilfreich sein, insbesondere wenn ein Sachverhalt in Bezug zu einem EU-Mitgliedstaat zu würdigen ist.

2.6 Insbesondere in Bezug zu Entwicklungs- und Schwellenländern enthält auch das Verrechnungspreishandbuch der Vereinten Nationen für Entwicklungsländer (United Nations Practical Manual on Transfer Pricing for Developing Countries) unterstützende, praktische und hilfreiche, aber nicht bindende Leitlinien.

Kapitel III Leitlinien

A. Fremdvergleichsgrundsatz

3.1 Geschäftsbeziehungen zwischen einem Steuerpflichtigen und einer ihm nahestehenden Person sind steuerlich danach zu beurteilen, ob sich die Beteiligten wie voneinander unabhängige Dritte verhalten haben oder verhalten (Fremdvergleich). Zugrunde zu legen ist die verkehrsübliche Sorgfalt eines ordentlichen und gewissenhaften Geschäftsleiters gegenüber Fremden (vgl. BFH vom 16. März 1967, I 261/63, BStBl III 1967 S. 626; BFH vom 10. Mai 1967, I 187/64, BStBl III 1967 S. 498). Ein ordentlicher und gewissenhafter Geschäftsleiter wird mit der gebotenen Sorgfalt den Fremdvergleichspreis aus den verfügbaren oder ihm zugänglichen Daten ableiten. Ob eine Vergütung zu entrichten und ggf. in welcher Höhe ein Fremdvergleichspreis anzusetzen ist, richtet sich dabei stets nach der Denkfigur des doppelten ordentlichen und gewissenhaften Geschäftsleiters.

3.2 Maßgebend für die Betrachtung der Geschäftsbeziehungen zwischen einem Steuerpflichtigen und einer ihm nahestehenden Person sind gemäß § 1 Absatz 3 Satz 1 AStG die dem jeweiligen Geschäftsvorfall zugrundeliegenden tatsächlichen Verhältnisse nach ihrem wirtschaftlichen Gehalt (vgl. BFH vom 30. Juli 1965, VI 288/63 U, BStBl III 1965 S. 613; vom 26. Februar 1970, I R 42/68, BStBl II 1970 S. 419 und vom 15. Januar 1974, VIII R 63/68, BStBl II 1974 S. 606), also die tatsächlich durchgeführte Geschäftsbeziehung. Die Anwendung des Fremdvergleichsgrundsatzes erfordert daher eine umfassende Sachverhaltsaufklärung durch die Steuerpflichtigen, um eine sachgerechte Würdigung des Einzelfalls zu ermöglichen.

3.3 Der Fremdvergleichsgrundsatz als solcher ist im In- und Outboundfall einheitlich anzuwenden.

3.4 Die Zugehörigkeit des Steuerpflichtigen zu einer multinationalen Unternehmensgruppe ist bei der Prüfung der Verrechnungspreise in dem nachfolgend dargestellten Rahmen zu berücksichtigen. Es sind nicht die Gewinne zu ermitteln, die der Steuerpflichtige erzielt hätte, wenn er gänzlich unabhängig gewesen wäre, sondern diejenigen, die er als ein einer Unternehmensgruppe zugehöriges Unternehmen bei Vereinbarung von Bedingungen wie zwischen voneinander unabhängigen Dritten erzielt hätte (siehe beispielsweise Rn. 3.71 und 3.126 zum Konzernrückhalt). In diesem Zusammenhang sind auch die nicht dispositiven rechtlichen Gegebenheiten als Umstand hinzunehmen, die den Preis zwischen einander nahestehenden Personen beeinflussen (vgl. Rn. 1.23). Sieht zum Beispiel das Insolvenzrecht eines Staates vor, dass nahestehende Personen stets nachrangig zu befriedigen sind, ist dieser Umstand bei der Bepreisung des Geschäftsvorfalls sachgerecht zu berücksichtigen (vgl. BFH vom 18. Mai 2021, I R 62/17, BStBl. II 2023, S. XXX, Rn. 15).

3.5 Bei der Durchführung des Fremdvergleichs ist in einem ersten Schritt eine Funktions- und Risikoanalyse der an dem Geschäftsvorfall Beteiligten vorzunehmen, § 1 Absatz 3 Satz 2 AStG. Den Kern bildet hierbei der Risikokontrollansatz, wonach eine Zuordnung von Risiken auf Grundlage von (Personal-)Funktionen zur Kontrolle der Risiken erfolgt sowie von den finanziellen Mitteln zur Übernahme von Risiken abhängt. Kontrolle wird dabei definiert als die Fähigkeit, darüber zu entscheiden, Risiken einzugehen und Risiken zu managen, und diese Entscheidungsfunktionen auch auszuüben (Tz. 1.65 der Anlage 1).

3.6 Es ist daher zu analysieren, welche an dem Geschäftsvorfall Beteiligten (insbesondere Unternehmen) die personellen Ressourcen sowie die tatsächliche Möglichkeit zur Kontrolle von Risiken und die finanziellen Mittel zur Tragung von Risiken haben (Tz. 1.61 der Anlage 1). Voraussetzung hierfür ist grundsätzlich, dass die Entscheidungsträger die notwendigen Erfahrungen und Kompetenzen haben und über eine ausreichende Informationsbasis verfügen (Tz. 1.66 der Anlage 1).

3.7 Die nach dieser Analyse einem Unternehmen zugeordneten Funktionen, Risiken und eingesetzten Vermögenswerte sind ein Maßstab für die Wertigkeit der Tätigkeit im Rahmen der Gesamttätigkeit der multinationalen Unternehmensgruppe. Auf der Basis der Beschreibung des Wertschöpfungsprozesses der multinationalen Unternehmensgruppe kann eine Wertschöpfungsanalyse durchgeführt werden. Diese ist Grundlage für die funktions- und risikoadäquate Zuordnung des anteiligen Gewinns am Gesamtgewinn der multinationalen Unternehmensgruppe.

3.8 Bei der Durchführung des Fremdvergleichs sind die realistischerweise zur Verfügung stehenden Handlungsalternativen einzubeziehen. Die Anerkennung und Beachtung der Zugehörigkeit zu einer Unternehmensgruppe sowie geschäftspolitische Strategien der multinationalen Unternehmensgruppe stehen dem Fremdvergleichsgrundsatz nicht entgegen.

B. Verrechnungspreismethoden und Bewertungstechniken

3.10 Für die Ermittlung und Prüfung von Verrechnungspreisen sind die Grundsätze des Kapitels II der Anlage 1 anzuwenden. Verrechnungspreismethoden sind insbesondere die

a) Preisvergleichsmethode,

b) Wiederverkaufspreismethode,

c) Kostenaufschlagsmethode,

d) geschäftsvorfallbezogene Nettomargenmethode und

e) geschäftsvorfallbezogene Gewinnaufteilungsmethode (vgl. hierzu insbesondere als praktische Prüfungshilfe auch das Arbeitspapier zur Anwendung des Profit Split in der EU „The application of the profit split method within the EU, DOC: JTPF/002/2019/EN des JTPF)".

3.10 Die angeführten Methoden stellen keine abschließende Aufzählung dar. Zwar führt auch die OECD nur diese fünf Methoden als Verrechnungspreismethoden an, jedoch kann auch eine Kombination der Methoden im Einzelfall angebracht sein.

3.11 Bei der Verwendung von Nettogewinnindikatoren zur Bestimmung von Fremdvergleichspreisen mittels der geschäftsvorfallbezogenen Nettomargenmethode ist zu beachten, dass nicht betriebliche Elemente wie Zinserträge und Zinsaufwendungen, Erträge und Aufwendungen aus Beteiligungen, Wertpapieren und anderen Finanzanlagen sowie Ertragsteuern grundsätzlich bei der Bestimmung des Nettogewinns ausgeschlossen werden (Tz. 2.86 der Anlage 1). Im Einzelfall können bestimmte Finanzierungserträge oder -aufwendungen sachgerecht zu berücksichtigen sein (vgl. Tz. 2.87 der Anlage 1). Auch rechnerische Finanzierungsanteile betrieblicher Einnahmen und Aufwendungen (z.B. Zinsanteil der Zuführungen zu Pensionsrückstellungen) können bei der Ermittlung des Nettogewinns einzubeziehen sein. Dies erfordert eine genaue Sachverhaltsermittlung hinsichtlich der Gründe für den Finanzierungsbedarf und der Auswirkung auf die Preisgestaltung. Hinsichtlich der Kriterien zur Ermittlung der geeigneten Bezugsgröße für den Nettogewinn vgl. Tz. 2.92 ff. der Anlage 1.

3.12 Können für die Bestimmung eines Fremdvergleichspreises keine Vergleichswerte festgestellt werden, ist der Fremdvergleichspreis nach dem hypothetischen Fremdvergleich im Sinne des § 1 Absatz 3 Satz 7 AStG unter Beachtung des § 1 Absatz 1 Satz 3 AStG zu bestimmen. Hiervon ist grundsätzlich auszugehen,

a) wenn immaterielle Werte oder Rechte Gegenstand eines Geschäftsvorfalls sind,
b) wenn eine Funktionsverlagerung stattfindet oder
c) soweit bei Anwendung der in Rn. 3.9 Buchstabe e genannten Methode keine Vergleichswerte für die Ermittlung von Werten festgestellt werden können.

3.13 Beim hypothetischen Fremdvergleich wird auf ökonomisch anerkannte Bewertungsmethoden abgestellt. Solche anerkannten Methoden sind insbesondere die Ertragswertmethoden und Discounted-Cashflow-Methoden, die auf dem abgezinsten Wert prognostizierter zukünftiger Einnahmeströme oder Cashflows des Bewertungsobjekts basieren. Grundsätzlich erfordern alle anerkannten Bewertungsmethoden u. a. realistische und verlässliche Werte in Bezug auf finanzielle Prognosen, Wachstumsraten, Abzinsungssätze, Lebens- oder Nutzungsdauern und steuerliche Effekte.

3.14 Bei der Prüfung einer Bewertungsmethode sollen der Bewertungszweck sowie gegebenenfalls die Annahmen und Bewertungsparameter in vom Steuerpflichtigen für nichtsteuerliche Zwecke durchgeführten anderen Bewertungen berücksichtigt werden. Bei Inkonsistenzen zwischen den Annahmen in einer für Verrechnungspreiszwecke durchgeführten Bewertung und den Annahmen in einer für andere Zwecke durchgeführten Bewertung, die in einem zeitlich zusammenhängenden Kontext steht, soll vom Steuerpflichtigen eine Erklärung verlangt werden.

3.15 Ein nach §§ 9, 11 Absatz 2 Satz 2 Bewertungsgesetz (BewG) ermittelter gemeiner Wert für Anteile an Kapitalgesellschaften, Beteiligungen an Personengesellschaften oder Vermögensmassen kann als Anhaltspunkt für den Fremdvergleichspreis dienen. Der Substanzwert nach § 11 Absatz 2 Satz 3 BewG ist regelmäßig kein Fremdvergleichspreis. Das vereinfachte Ertragswertverfahren nach §§ 199 ff. BewG ist ein stark vereinfachtes Bewertungsmodell, bei dem die Ergebnisse der Vergangenheit als Anhaltspunkt für die voraussichtlichen künftigen Ergebnisse dienen. Es kann zum Beispiel bei Schätzungen wegen mangelnder Mitwirkung des Steuerpflichtigen, bei erheblichen Schwierigkeiten bei der Ermittlung von künftigen Ergebnissen auf den Zeitpunkt des Geschäftsvorfalls oder nicht plausiblen Prognoserechnungen im Rahmen des Fremdvergleichsgrundsatzes angewandt werden.

3.16 Auf den Bericht des JTPF über den Einsatz von Methoden zur wirtschaftlichen Bewertung von Verrechnungspreisen „Report on the use of economic valuation techniques in transfer pricing (DOC: JTPF/003/2017/FINAL/EN)“ und Kapitel VI der Anlage 1, insbesondere D.2.6.3 – D.2.6.4.5 wird verwiesen.

3.17 Ist der bei der Anwendung des hypothetischen Fremdvergleichs bestimmte Mindestpreis des Leistenden höher als der Höchstpreis des Leistungsempfängers, ist zu prüfen, ob die Ursache hierfür in einer weiteren Geschäftsbeziehung begründet liegt. Ist dies nicht der Fall, ist die Differenz zwischen den am Geschäftsvorfall beteiligten Unternehmen aufzuteilen (Tz. 28 des Berichts des JTPF über den Einsatz von Methoden zur wirtschaftlichen Bewertung von Verrechnungspreisen, a. a. O.).

C. Vergleichbarkeitsanalyse

C.1 Grundsatz

3.18 Für die Prüfung der Vergleichbarkeit nach § 1 Absatz 3 Satz 3 AStG sind die Grundsätze des Kapitels III der Anlage 1 anzuwenden. Auf den Bericht des JTPF zur Nutzung von Vergleichswerten in der EU “Report on the use of comparables in the EU (DOC: JTPF/007/2016/FINAL/EN)“ wird besonders hingewiesen.

3.19 Ein Vergleich der Geschäftsbeziehungen, wie sie einerseits zwischen fremden Dritten und andererseits zwischen einander nahestehenden Personen zustande kommen, und ein Vergleich der Ergebnisse unabhängiger Unternehmen mit denen des geprüften Unternehmens sind nur dann aussagefähig, wenn die Verhältnisse, die den Geschäftsbeziehungen jeweils zugrunde liegen, identifiziert wurden und vergleichbar sind. Für die Vergleichbarkeitsprüfung sind alle Faktoren heranzuziehen, die sich auf die Preisgestaltung auswirken könnten. Dazu gehören

a) die vertraglichen Bedingungen, die dem Geschäftsvorfall zugrunde liegen (vgl. Tz. 1.42 bis 1.50 der Anlage 1),

b) die von den einzelnen am Geschäftsvorfall beteiligten Unternehmen ausgeübten Funktionen unter Berücksichtigung der genutzten Vermögenswerte und übernommenen Risiken, einschließlich der Zusammenhänge zwischen diesen Funktionen und der allgemeinen Wertschöpfung der multinationalen Unternehmensgruppe, der die Beteiligten angehören, der Begleitumstände des Geschäftsvorfalls und der branchenüblichen Gepflogenheiten (Funktions- und Risikoanalyse, vgl. Tz. 1.51 ff. der Anlage 1),

c) die Eigenschaften des übertragenen Wirtschaftsguts oder der geleisteten Dienste (vgl. Tz. 1.127 bis 1.129 der Anlage 1),

d) die wirtschaftlichen Verhältnisse der Beteiligten und des Markts, auf dem sie tätig sind (vgl. Tz. 1.130 bis 1.133 der Anlage 1) sowie

e) die von den Beteiligten verfolgten Geschäftsstrategien (vgl. Tz. 1.134 bis 1.138 der Anlage 1).

Insbesondere diese Faktoren sind im Rahmen der Aufzeichnungspflicht nach § 90 Absatz 3 AO zu erfassen (vgl. Verwaltungsgrundsätze 2020 vom 3. Dezember 2020, BStBl I 2020 S. 1325).

3.20 Die sachgerechte Durchführung der Vergleichbarkeitsanalyse erfordert

a) eine Bestimmung der Jahre, die erfasst werden;

b) eine sorgfältige Analyse der Umstände des Steuerpflichtigen;

c) eine Funktions- und Risikoanalyse;

d) eine Bewertung von existierenden internen Vergleichswerten;

e) eine Feststellung von zugänglichen Informationsquellen zu externen Vergleichswerten;

f) eine Auswahl der am besten geeigneten Verrechnungspreismethode;

g) eine Identifizierung von potenziellen Vergleichswerten;

h) Feststellungen und Durchführung von Vergleichbarkeitsanpassungen;

i) eine Interpretation und Nutzung der erfassten Daten.

3.21 Bei der Analyse greift grundsätzlich das Prinzip der Abschnittsbesteuerung. Um die wirtschaftlichen Auswirkungen von Geschäfts-, Produkt- und Konjunkturzyklen sowie Sondereffekte zu berücksichtigen, kann es jedoch zweckmäßig sein, Mehrjahresanalysen durchzuführen. Durchschnittswerte von Vergleichswerten mehrerer Vorjahre dürfen daher verwendet werden, wenn dies zu einer besseren Qualität der Vergleichswerte führt als die Betrachtung von Vergleichswerten nur eines Wirtschaftsjahrs (vgl. Buchstabe e) bis i) der Empfehlung 6 des Berichts des JTPF zur Nutzung von Vergleichswerten in der EU, a. a. O.).

3.22 Eine Vergleichbarkeit ist nicht gegeben, wenn Geschäftsbedingungen oder Umstände eines zum Vergleich herangezogenen Geschäftsvorfalls, die eine nicht unwesentliche Auswirkung auf den Preis oder den Gewinn haben, sich so erheblich voneinander unterscheiden, dass die Unterschiede durch Anpassungsrechnungen nicht beseitigt werden können. Dies gilt insbesondere, wenn spezielle, besonders wertvolle immaterielle Werte oder Rechte daran Gegenstand der Geschäftsbeziehung sind oder sich die maßgeblichen Funktionen oder Risiken im Rahmen von Geschäftsbeziehungen erheblich unterscheiden. Gleiches gilt, wenn für einen zum Vergleich herangezogenen Geschäftsvorfall die für die Beurteilung seiner Vergleichbarkeit relevanten Daten so lückenhaft, unüberprüfbar oder im Hinblick auf ihre Qualität so unzuverlässig sind, dass ihnen keine Aussagekraft beigemessen werden kann. In diesen Fällen sind verwendbare Vergleichswerte nicht feststellbar.

C.2 Zusammenfassung von Geschäftsvorfällen

3.23 Die Vergleichbarkeitsanalyse ist grundsätzlich für den einzelnen Geschäftsvorfall vorzunehmen. Sind einzelne Geschäftsvorfälle eines Steuerpflichtigen so eng miteinander verbunden oder folgen so eng aufeinander, dass eine sachgerechte Beurteilung jedes einzelnen Geschäftsvorfalls nicht möglich ist, sollten diese unter Anwendung der am besten geeigneten Verrechnungspreismethode zusammen beurteilt werden (Tz. 3.9 der Anlage 1). Dies gilt insbesondere in Fällen

a) langfristiger Verträge über Warenlieferungen und Dienstleistungen,

b) einheitlicher Preisgestaltung für im Hinblick auf Art, Produktion oder Vertrieb eng miteinander verbundener Produkte (Palettenbetrachtung).

Entspricht es der Geschäftsstrategie des Steuerpflichtigen, bestimmte Geschäftsvorfälle zu bündeln, um über die Gesamtheit der Geschäftsvorfälle und nicht unbedingt durch ein bestimmtes Produkt innerhalb dieses Portfolios einen angemessenen Gewinn zu erzielen (Portfolioansatz), sind diese Geschäftsvorfälle ebenfalls zusammen zu analysieren (Tz. 2.96 und 3.10 der Anlage 1). Dies bedeutet aber nicht, dass für diese bei einem Steuerpflichtigen zusammengefassten Geschäftsvorfälle immer eine einheitliche Verrechnungspreismethode anzuwenden ist. Zudem ist es nicht fremdvergleichskonform, wenn bei Anwendung des Portfolioansatzes auf Ebene der Unternehmensgruppe ein Steuerpflichtiger eine unter dem fremdvergleichsüblichen Niveau liegende Vergütung erhält, um einem anderen Unternehmen dieser Unternehmensgruppe Vorteile zu verschaffen (Tz. 3.10, Tz. 1.130 der Anlage 1).

3.24 Werden mehrere unterschiedliche Leistungen im Rahmen eines Vertrags als Gesamtpaket zur Verfügung gestellt (Paketbetrachtung, Tz. 3.11 der Anlage 1) und wird hierfür ein Gesamtpreis vereinbart, kann von der Bestimmung von Einzelpreisen für die einzelnen Leistungen nur dann abgesehen werden, wenn für das Gesamtpaket verlässliche Fremddaten vorgelegt werden oder ein Wert auf Basis des hypothetischen Fremdvergleichs verlässlich bestimmt werden kann.

C.3 Vorteilsausgleich

3.25 Ein Ausgleich von Vorteilen mit Nachteilen aus Geschäftsvorfällen ist grundsätzlich nur dann fremdüblich, wenn der Steuerpflichtige bei Geschäftsvorfällen mit der ihm nahestehenden Person nachteilige Bedingungen im Hinblick darauf vereinbart hat, dass er von dieser nahestehenden Person im Rahmen der in Betracht stehenden Geschäftsbeziehung im Gegenzug Vorteile erhält (Tz. 3.13 bis 3.16 der Anlage 1).

3.26 Der Vorteilsausgleich setzt voraus, dass

a) die Geschäfte in einem inneren Zusammenhang zueinander stehen,

b) die Vor- und Nachteile bei den einzelnen Geschäftsvorfällen quantifiziert werden können und

c) die Vorteilsverrechnung bewusst vereinbart war oder zur Geschäftsgrundlage des nachteiligen Geschäfts gehörte.

3.27 Ergibt sich für einen Geschäftsvorfall bereits im Rahmen der Preisbestimmung ein Verlust oder ein unangemessen niedriger Gewinn, ist dieser Nachteil nur anzuerkennen, wenn er durch einen anderen Geschäftsvorfall mit demselben Vertragspartner ausgeglichen wird.

3.28 Sind die nachteiligen Bedingungen nicht während des Wirtschaftsjahres, in dem sie sich ausgewirkt haben, ausgeglichen worden, so verhindert ein Ausgleich nur dann die eigentlich vorzunehmende Einkünfteberichtigung, wenn spätestens zum Ende dieses Wirtschaftsjahres bestimmt ist, wann und durch welche Vorteile die Nachteile ausgeglichen werden. Die Nachteile müssen innerhalb eines überschaubaren Zeitraums ausgeglichen werden (Tz. 3.14 der Anlage 1; siehe auch Grundsätze im Zusammenhang mit Verlusten Kapitel III; C.5). Ein Ausgleich ist auch dann gegeben, wenn die den Vorteil begründende Leistung aktiviert wird.

C.4 Bandbreitenbetrachtung

3.29 Die Anwendung des Fremdvergleichsgrundsatzes führt regelmäßig zu einer Bandbreite von Vergleichswerten, von denen alle mehr oder minder gleich zuverlässig sind

(Tz. 3.55 bis 3.62 der Anlage 1). Sofern feststellbar ist, dass manche dieser Werte auf Geschäftsvorfällen beruhen, die einen geringeren Grad an Vergleichbarkeit aufweisen als andere, sollten diese ausgeschlossen werden, § 1 Absatz 3a Satz 2 AStG. Hierdurch soll erreicht werden, dass nur Werte in der Bandbreite verbleiben, die für einen Vergleich am besten geeignet sind.

3.30 Geben die danach verbleibenden Werte selbst keinen Anhaltspunkt für eine bestimmte Einengung und verbleibt eine Anzahl von Werten, die es zulassen, statistische Methoden zur Einengung von Bandbreiten sinnvoll anzuwenden, ist gemäß § 1 Absatz 3a Satz 3 AStG zur Einengung der Bandbreite die sog. Interquartilsmethode zu verwenden.

C.5 Verluste

3.31 Unabhängige Unternehmen würden verlustbringende Geschäftsaktivitäten einstellen, wenn keine vernünftige, betriebswirtschaftlich fundierte Erwartung besteht, innerhalb eines überschaubaren Zeitraums einen angemessenen Totalgewinn erzielen zu können (vgl. BFH vom 17. Februar 1993, I R 3/92, BStBl II 1993 S. 457; BFH vom 17. Oktober 2001, I R 103/00, BStBl II 2004 S. 171; BFH vom 6. April 2005, I R 22/04, BStBl II 2007 S. 658; Tz. 3.64 der Anlage 1). Im Gegensatz dazu kann es für eine multinationale Unternehmensgruppe ökonomisch sinnvoll sein, wenn ein zur Unternehmensgruppe zugehöriges Unternehmen seinen unwirtschaftlichen Geschäftsbetrieb fortführt (Tz. 1.149 der Anlage 1). In solchen Fällen ist dieses Unternehmen von den davon profitierenden Unternehmen zu vergüten. Maßgebend ist das Jahresergebnis vor Steuern und ggf. vor Ergebnisabführung.

3.32 Die Organisation der betrieblichen Abläufe liegt in der unternehmerischen Dispositionsfreiheit. Im Falle von Verlusten ist es erforderlich, neben den tatsächlich ausgeübten Funktionen, übernommenen Risiken und eingesetzten Vermögenswerten auch die Verlustursachen (beispielsweise lokales Missmanagement oder Markteroberung im Unternehmensgruppeninteresse) festzustellen. Verfügt ein Unternehmen weder über die maßgeblichen Entscheidungskompetenzen, Risiken einzugehen oder zu vermindern, noch über die finanzielle Kapazität, solche Risiken übernehmen zu können, ist eine steuerliche Zuweisung von Risiken mit den daraus resultierenden Aufwendungen zu diesem Unternehmen fremdunüblich.

3.33 Nicht als Strategieträger zu qualifizierende unabhängige Unternehmen dürften daher im Regelfall keine länger andauernde Verlustperiode hinnehmen (Tz. 3.64 der Anlage 1), ohne einen angemessenen Totalgewinn innerhalb eines bestimmten überschaubaren Kalkulationszeitraums zu erwarten. Erzielt ein solches vergleichbares abhängiges Unternehmen aus einer Geschäftsbeziehung innerhalb von fünf Wirtschaftsjahren keinen angemessenen Gesamtgewinn, ist grundsätzlich davon auszugehen, dass

a) die Verrechnungspreise unangemessen sind,

b) Geschäftsvorfälle nicht identifiziert und bepreist wurden, oder

c) Aufwendungen durch Interessen anderer Gruppenmitglieder mitverursacht sind (zum Beispiel Markenwerbung, Statthalterfunktion in einem bestimmten Markt). In solchen Fällen bemisst sich die Höhe einer Berichtigung nach einem Aufwendungsersatz zuzüglich Gewinnaufschlag und nicht etwa nach den an andere

Gruppenmitglieder ggf. entrichteten Leistungsentgelten (zum Beispiel Lizenzen, Zinsen, Wareneinkauf).

Beispiel (Anfangsverluste): Die T1 GmbH erzielt nach Beginn ihrer Geschäftstätigkeit Verluste in den Jahren 01 bis 03. Um einen angemessenen Totalgewinn über den Zeitraum der Jahre 01 bis 05 vorzuweisen, ist ein ausreichend kompensierender Gewinn in den Jahren 04 und 05 erforderlich.

Abwandlung: Die T-GmbH erzielt aus ihrer Geschäftstätigkeit Gewinne in den Jahren 01 bis 10 und Verluste in den Jahren 11 bis 13 (zum Beispiel infolge der Einführung eines neuen Produkts). Um einen angemessenen Totalgewinn über den Zeitraum der Jahre 11 bis 15 vorzuweisen, ist ein ausreichend kompensierender Gewinn in den Jahren 14 und 15 erforderlich.

3.34 Der Zeitraum kann aufgrund besonderer Umstände länger (zum Beispiel bei Geschäftsmodellen, die zu Beginn hohe Anfangsinvestitionen erfordern oder in Zeiten schwieriger, von der Unternehmensgruppe nicht beeinflussbarer Marktbedingungen) oder kürzer (zum Beispiel bei Produkten mit kurzem Lebenszyklus) als fünf Jahre sein. Ist im Zeitpunkt der Prüfung noch ungewiss, ob ein angemessener Totalgewinn erzielt werden kann, sollten die Steuerfestsetzungen vorläufig durchgeführt werden (§ 165 Absatz 1 Satz 1 AO).

3.35 Die Prüfung, ob ein Unternehmen aus der Ausübung von Routinefunktionen innerhalb eines überschaubaren Zeitraums einen angemessenen (Total-)Gewinn erzielt, umfasst auch die Frage, ob der erzielte Gewinn gemessen am Funktions- und Risikoprofil des Unternehmens angemessen hoch ist. Grundsätzlich ist das angemessene handelsrechtliche Jahresergebnis vor Steuern und ggf. Ergebnisabführung maßgebend, wobei bei Vorliegen mehrerer Geschäftsbeziehungen das Ergebnis jeder einzelnen Geschäftsbeziehung zu betrachten ist; es sei denn, es liegen die Voraussetzungen von Rn. 3.23 vor.

3.36 Eine Berichtigung der vom Steuerpflichtigen angesetzten Verrechnungspreise kann auch dann erfolgen, wenn eine Vertriebsgesellschaft zu gleichen Preisen beliefert wird wie fremde Dritte, sich die sonstigen Geschäftsbedingungen aber unterscheiden (zum Beispiel Marktverhältnisse, Umsatz- oder Kostensituation oder vertragliche Verhältnisse, wie zum Beispiel Verpflichtung zur Abnahme des gesamten Sortiments).

3.37 Werden Verluste eines Unternehmens durch Kapitalzuführungen oder kapitalersetzende Maßnahmen (zum Beispiel Forderungsverzicht, Patronatserklärung) anderer gruppenzugehöriger Unternehmen ausgeglichen, ist dies ein Indiz dafür, dass die Fortführung der unrentablen Geschäftstätigkeit im (Mit-)Interesse der multinationalen Unternehmensgruppe liegt.

C.6 Zeitpunkt des Fremdvergleichs

3.38 Maßgebender Zeitpunkt für den Fremdvergleich ist grundsätzlich der Abschluss des Vertrags, nicht der Erfüllungszeitpunkt (vgl. BFH vom 9. März 1983, I R 182/78, BStBl II 1983 S. 744), § 1 Absatz 3 Satz 4 AStG. Hierfür hat der Steuerpflichtige alle zu diesem Zeitpunkt verfügbaren, zur Preisbestimmung notwendigen Informationen zu ermitteln und nur diese zu berücksichtigen. Der Steuerpflichtige kann sich auf nachträglich bekannt gewordene externe Vergleichswerte stützen, soweit sich diese auf den Zeitpunkt der Vereinbarung des Geschäftsvorfalls beziehen.

3.39 Ein ordentlicher und gewissenhafter Geschäftsleiter würde bei der Verhandlung von Verträgen auch die Vereinbarung etwaiger Kündigungs- und Änderungsoptionen eruieren und entsprechend auch insbesondere Vereinbarungen mit längerer Laufzeit daraufhin überprüfen, ob eine Änderung der Vereinbarung rechtlich möglich und für sein Unternehmen wirtschaftlich vorteilhaft ist oder andere realistisch zur Verfügung stehende Handlungsalternativen bestehen. In derartigen Fällen ist für den Fremdvergleich grundsätzlich auf den Zeitpunkt abzustellen, an dem ein ordentlicher und gewissenhafter Geschäftsleiter eine bestehende Geschäftsbeziehung neu ausgestaltet hätte oder auf Basis einer anderen realistisch zur Verfügung stehenden Handlungsalternative eine neue Geschäftsbeziehung eingegangen wäre.

3.40 Steuerpflichtige können Verrechnungspreise unter Berücksichtigung innerbetrieblicher Plandaten (zum Beispiel Absatzzahlen und Umsatzerlöse, Stückzahlen und Produktionskosten, Vertriebskosten und sonstige betriebliche Kosten) und vorsichtiger Gewinnprognosen festlegen (Planrechnungen). Die Verwendung von Planrechnungen kommt insbesondere in Betracht, wenn mit der jeweiligen Verrechnungspreismethode nicht unmittelbar Fremdvergleichspreise ermittelt werden, sondern lediglich angemessene Werte für bestimmte Renditekennziffern (zum Beispiel Rohgewinnmarge, Kostenaufschlagsatz, operative Marge, Kapital- oder Anlagenrendite).

3.41 Planrechnungen sind anhand der Erfahrungen bereits abgelaufener Zeiträume und kaufmännischer, betriebswirtschaftlich fundierter, vorsichtiger Prognosen zu begründen (vgl. BFH vom 17. Februar 1993, I R 3/92, BStBl II 1993 S. 457). Die tatsächliche Entwicklung der zugrundeliegenden Plandaten und Renditekennziffern sollte unterjährig abgeglichen werden (Soll-Ist-Vergleich), um rechtzeitig auf einen geänderten Geschäftsverlauf reagieren zu können. Wird unterjährig kein Soll-Ist-Vergleich durchgeführt, ist zumindest zum Abschluss des Wirtschaftsjahres ein Vergleich der Planrechnung mit dem tatsächlichen Ergebnis durchzuführen.

3.42 Liegt das tatsächliche Ergebnis außerhalb der Bandbreite fremdüblicher Ergebnisse für die jeweilige Renditekennziffer, ist insoweit eine nachträgliche Anpassung des Ergebnisses vorzunehmen.

3.43 Planrechnungen sollen fremdübliches Verhalten widerspiegeln. Die Planrechnungen sollen als Element der Vergleichbarkeitsanalyse dazu beitragen, die Bedingungen zu identifizieren, die bei Preisvereinbarungen unter voneinander unabhängigen Unternehmen zustande kommen würden. Bei Geschäftsvorfällen zwischen voneinander unabhängigen Unternehmen hat jedes Unternehmen, auch wenn es nur Routinefunktionen ausübt, die Chance und das Risiko, aufgrund der eigenen Geschäftstätigkeit in einem bestimmten Rahmen bessere oder schlechtere Ergebnisse zu erzielen. Mit den festgesetzten Verrechnungspreisen und den prognostizierten Plandaten sollte daher bei einer vorsichtigen Gewinnprognose ein mittlerer Wert innerhalb einer Bandbreite für die jeweilige Renditekennziffer erreicht werden.

3.44 Führen nachträgliche Anpassungen nach Vornahme des Soll-Ist-Vergleichs dazu, dass ein Unternehmen bevorzugt oder benachteiligt wird (zum Beispiel durch das stetige Abstellen auf den obersten oder untersten Wert einer Bandbreite angemessener Ergebnisse), deuten solche Anpassungen grundsätzlich auf fremdunübliche (Vertrags-)Bedingungen hin.

D. Verwaltungsansätze zur Vermeidung und Beilegung von Verrechnungspreiskonflikten

3.45 Es wird auf das Merkblatt zu internationalen Verständigungs- und Schiedsverfahren (Streitbeilegungsverfahren) auf dem Gebiet der Steuern vom Einkommen und vom Vermögen vom 27. August 2021 (BStBl I 2021 S. 1495) sowie das Merkblatt über koordinierte steuerliche Außenprüfungen mit Steuerverwaltungen anderer Staaten und Gebiete vom 9. Januar 2017 (BStBl I 2017 S. 89) hingewiesen.

E. Dokumentation

3.46 Auf die Verwaltungsgrundsätze 2020 vom 3. Dezember 2020 (BStBl I 2020 S. 1325) und den Anwendungserlass zur Abgabenordnung insbesondere zu §§ 90, 138a und 162 wird hingewiesen.

F. Immaterielle Werte

F.1 Grundsatz

3.47 Für die Prüfung der Einkunftsabgrenzung bezüglich der Übertragung oder Überlassung von immateriellen Werten zwischen nahestehenden Personen sind die Grundsätze des Kapitels VI der Anlage 1 anzuwenden. Immaterielle Werte sind im Einklang mit Kapitel VI der Anlage 1 Vermögenswerte,

a) die weder materielle Wirtschaftsgüter oder Beteiligungen noch Finanzanlagen sind,

b) die Gegenstand eines Geschäftsvorfalls sein können, ohne einzeln übertragbar sein zu müssen, und

c) die einer Person eine tatsächliche oder rechtliche Position über diesen Vermögenswert vermitteln können.

3.48 Die Übertragung oder Überlassung zur Nutzung eines immateriellen Werts ist zu vergüten, wenn diese auf der Grundlage einer Geschäftsbeziehung erfolgt und hiermit eine finanzielle Auswirkung für den Übernehmer, den Nutzenden, den Übertragenden oder den Überlassenden verbunden ist.

3.49 Eine Entgeltfähigkeit der Höhe nach ist daher nur dann anzunehmen, wenn der Nutzende aus einer tatsächlichen oder rechtlichen Einräumung der Nutzung, zum Beispiel der Nutzung eines Unternehmenskennzeichens, einer Firma oder einer Marke, einen wirtschaftlichen Vorteil erwarten kann (vgl. BFH vom 21. Januar 2016, I R 22/14, BStBl II 2017 S. 336 konkret auf die unternehmerische Tätigkeit bezogene Analyse der Vorteilhaftigkeit), unabhängig davon, ob dieser Vorteil tatsächlich eintritt (Exante-Betrachtung). Die Bewertung richtet sich dann nach dem voraussichtlich eintretenden Nutzen. Tritt der erwartete wirtschaftliche Vorteil nicht ein, so würden voneinander unabhängige Dritte ihre Vereinbarungen überprüfen (Rn. 3.39).

3.50 Die Verrechnung von Nutzungsentgelten entspricht nicht dem Fremdvergleichsgrundsatz, wenn die Nutzungsüberlassung im Zusammenhang mit Lieferungen oder Leistungen steht, bei denen unter Fremden die Überlassung des immateriellen Werts im Preis der Lieferung oder Leistung mit abgegolten sein würde. Dies kann insbesondere bei immateriellen Werten angenommen werden, die lediglich in Zusammenhang mit Vertriebsaktivitäten eines Unternehmens einer multinationalen Unternehmensgruppe genutzt werden, welches ausschließlich und erkennbar Produkte der multinationalen Unternehmensgruppe vertreibt. Ein Ausgleich von Vor- und Nachteilen bei gesonderter Inrechnungstellung von Lieferungen und Leistungen einerseits und für derartige Nutzungsüberlassungen andererseits ist anzuerkennen.

3.51 Ein Entgelt wird von einem ordentlichen Geschäftsleiter nur bis zu der Höhe gezahlt, bei der für ihn ein angemessener Betriebsgewinn aus der Nutzung des immateriellen Werts verbleibt.

3.52 Die in Tz. 6.186 bis 6.195 der Anlage 1 vorgenommene Differenzierung von immateriellen Werten in schwer zu bewertende immaterielle Werte und andere immaterielle Werte ist unbeachtlich, da § 1a AStG eine eigenständige Preisanpassungsklausel normiert.

F.2 DEMPE-Funktion

3.53 Grundsätzlich erfolgt die Zuordnung von Erträgen aus immateriellen Werten nach den übernommenen Funktionen und Risiken und deren Kontrolle und folgt damit nicht alleine dem Eigentum oder der Inhaberschaft. Es ist daher auf die Wertschöpfungsbeiträge, die aus der Ausübung von sog. DEMPE-Funktionen resultieren, abzustellen. Für diese beschreibende Betrachtung ist eine eigene Funktions- und Risikoanalyse erforderlich. Maßgebend ist, welche Gesellschaften in Bezug auf die Entwicklung (development), Verbesserung (enhancement), Erhaltung (maintenance), den Schutz (protection) und die Verwertung (exploitation) immaterieller Werte die maßgeblichen (Personal-)Funktionen ausüben, die personellen und finanziellen Kapazitäten zur Übernahme und Kontrolle der damit verbundenen Risiken haben und in welchem Umfang sie wertvolle immaterielle Werte einsetzen (Tz. 6.32 der Anlage 1). Dies führt dazu, dass der Inhaber oder Eigentümer eines immateriellen Werts nicht zwingend berechtigt ist, die Erträge aus einem immateriellen Wert abschließend zu vereinnahmen. Übernehmen andere Unternehmen DEMPE-Funktionen im Hinblick auf den immateriellen Wert, steht diesen ein fremdüblicher Anteil an den aus dem immateriellen Wert erzielten Erträgen zu (vgl. zur funktionsorientierten Vergütung auch BFH vom 9. August 2000, I R 12/99, BStBl II 2001 S. 140). Eine bestimmte Verrechnungspreismethode ist damit nicht verbunden. Es ist stets die am besten geeignete Verrechnungspreismethode anzuwenden.

3.54 Die allgemeinen Bestimmungen über die Zurechnung von Vermögenswerten und Einkünften sowie über die Ermittlung der Steuerbemessungsgrundlage (zum Beispiel §§ 39 bis 42 AO) bleiben hiervon unberührt.

F.3 Nutzung von Unternehmenskennzeichen und Marken

3.55 Die bloße Nutzung eines Unternehmenskennzeichens innerhalb einer multinationalen Unternehmensgruppe ohne die Überlassung von Markenrechten oder anderen immateriellen Werten ist grundsätzlich nicht entgeltfähig. Dies gilt nicht, wenn sich allein aus der Nutzung von Unternehmenskennzeichen wirtschaftliche Vorteile ergeben und Dritte von dieser Nutzung ausgeschlossen werden können.

3.56 Die Nutzung eines Markenrechts innerhalb einer multinationalen Unternehmensgruppe ist zu entgelten, wenn sich aus der Nutzung des Markenrechts wirtschaftliche Vorteile ergeben und Dritte von dieser Nutzung nach einer für ein geographisches Gebiet, in dem die Nutzung erfolgt, geltenden Rechtsordnung ausgeschlossen werden könnten.

3.57 Auch in den Fällen, in denen die Marke mit dem Unternehmenskennzeichen identisch oder nach wirtschaftlichen Aspekten untrennbar verbunden ist, kann die Nutzung des Markenrechts unter den genannten Voraussetzungen dem Grunde nach entgeltfähig sein.

Beispiel: Die A-GmbH (ansässig im Inland) räumt der Konzerngesellschaft B-SARL (ansässig in Frankreich) ein Nutzungsrecht an der Marke A ein, sodass die B-SARL dieses auf dem französischen Markt nutzen darf.

Variante 1: Der Markenrechtsschutz für die Marke A gilt nur in Deutschland. Dem Grunde nach ist die Einräumung des Nutzungsrechts schon nicht entgeltfähig, da die B-SARL die Marke auf dem französischen Markt auch frei nutzen könnte.

Variante 2: Der Markenrechtsschutz für die Marke A gilt auch in Frankreich. Dem Grunde nach ist die Einräumung des Nutzungsrechts entgeltfähig, da die B-SARL die Marke auf dem französischen Markt nicht frei nutzen dürfte. Die A-GmbH könnte die B-SARL von der Nutzung ausschließen.

Variante 3: Wie Variante 2, allerdings folgt aus der Nutzung der Marke A auf dem französischen Markt kein wirtschaftlicher Vorteil für die B-SARL, da die Marke in Frankreich gänzlich unbekannt ist. Die B-SARL muss die Marke erst noch mittels Marketingmaßnahmen bekannt machen. Damit mag die Nutzungsüberlassung dem Grunde nach entgeltfähig sein, sie ist aber nicht werthaltig.

3.58 Beim Vertrieb von Markenerzeugnissen ist die Benutzung von Marken und Unternehmenskennzeichen regelmäßig nicht separat zu vergüten, da der wirtschaftliche Vorteil hieraus bereits im Abgabepreis für diese Erzeugnisse berücksichtigt wurde.

3.59 Die Höhe einer etwaigen Lizenzgebühr bemisst sich im Regelfall nach dem hypothetischen Fremdvergleich.

3.60 Der Ansatz eines Schadensersatzanspruchs für eine ggf. vorliegende Rechtsverletzung genügt dem Fremdvergleichsgrundsatz im Regelfall nicht, da

a) sonst ignoriert würde, dass die Nutzungsmöglichkeit im Regelfall vom Berechtigten ermöglicht wird, und

b) sonst lediglich eine einseitige Betrachtung vorgenommen und ein Preisbildungsprozess nicht abgebildet würde.

3.61 Als Ausgangspunkt der vorzunehmenden Einzelfallprüfung können die vom Bundesgerichtshof (vgl. BGH vom 29. Juli 2009, I ZR 169/07, GRUR 2010, S. 239) anerkannten Grundsätze der Lizenzanalogie dienen. Etwaige Verletzerzuschläge sind herauszurechnen.

G. Warenlieferungen und Dienstleistungen

G.1 Warenlieferungen

3.62 Werden im Zusammenhang mit der Lieferung von Gütern oder Waren Finanzierungsleistungen (zum Beispiel nicht handelsübliche Zahlungsziele, Kundenfinanzierung), Beistellungen oder Nebenleistungen vereinbart, hat der Fremdvergleichspreis dies zu berücksichtigen. Soweit über diese Leistungen gesonderte Verträge abgeschlossen werden, kann ein Vorteilsausgleich zulässig sein.

3.63 Sind Güter oder Waren unter Nutzung eines immateriellen Werts (zum Beispiel eines gewerblichen Schutzrechts, eines Geschmacksmusterrechts, eines Urheberrechts, einer nicht geschützten Erfindung oder einer sonstigen die Technik bereichernden Leistung, eines Sortenschutzrechts, eines Geschäfts- oder Betriebsgeheimnisses oder eines ähnlichen Rechts oder Wertes) hergestellt worden, liegt in deren Erwerb und dem anschließenden Gebrauch oder Verbrauch durch den Erwerber regelmäßig keine entgeltfähige und entgeltpflichtige Nutzung des immateriellen Werts.

G.2 Dienstleistungen

G.2.1 Grundsatz

3.64 Für die Prüfung der Einkunftsabgrenzung bei Dienstleistungen zwischen einander nahestehenden Personen sind die Grundsätze des Kapitels VII der Anlage 1 anzuwenden.

3.65 Eine Dienstleistung ist nur dann entgeltfähig (Tz. 7.6 bis 7.8 der Anlage 1), wenn

a) ein unabhängiger Dritter als Leistender dazu bereit wäre, diese Dienstleistung gegen Entgelt zu erbringen, und ein unabhängiger Dritter bereit wäre, eine Vergütung für diese Dienstleistung zu entrichten, oder

b) ein unabhängiger Dritter im eigenen Unternehmen die Dienstleistung als Eigenleistung erbringen würde.

3.66 Die Vermittlung einer Dienstleistung stellt eine eigenständige Dienstleistung dar. Es sind nur die Kosten der Vermittlungstätigkeit zu berücksichtigen. Die Kosten der vermittelten Dienstleistung bleiben unberücksichtigt.

3.67 Die Leistungen müssen tatsächlich erbracht und benötigt worden sein. Das bloße Angebot in einer multinationalen Unternehmensgruppe genügt nicht. Es ist nicht zu beanstanden, wenn bei schwankendem Leistungsfluss Durchschnittsentgelte verrechnet werden, die der tatsächlichen Abnahme innerhalb eines mehrjährigen Zeitraumes entsprechen.

3.68 Die Vergütungsfähigkeit von Dienstleistungen auf Abruf ist nur dann gegeben, wenn auch ein unabhängiger Dritter für die Möglichkeit einer Verfügbarkeit im Bedarfsfall ein Entgelt zu entrichten bereit gewesen wäre (Optionswert). Ein unabhängiger Dritter würde eine Vergütung für auf Abruf zur Verfügung stehende Dienstleistungen grundsätzlich nicht entrichten, wenn

a) die Wahrscheinlichkeit, dass die Dienstleistung benötigt wird, gering ist,

b) der Vorteil von auf Abruf zur Verfügung stehenden Dienstleistungen unerheblich ist oder

c) die fraglichen Dienstleistungen zeitnah aus anderen Quellen bezogen werden könnten und die Vergütungen hierfür in der Summe geringer wären als die für den Abruf.

3.69 Gesellschafteraufwand ist nicht entgeltfähig. Gesellschafteraufwand ist der durch die Tätigkeit oder Leistung eines Unternehmens der multinationalen Unternehmensgruppe veranlasste Aufwand, der aufgrund der Stellung oder der Pflichten einer kapital- oder vermögensmäßigen Beteiligung verursacht ist, Tz. 7.9 der Anlage 1. Insbesondere sind dies Tätigkeiten oder Leistungen

a) des Vorstands oder des Aufsichtsrats oder vergleichbarer ausländischer Leitungs- oder Kontrollgremien;

b) im Zusammenhang mit Gesellschafterversammlungen, der Ausgabe von Anteilen am Kapital und der Börsennotierung des Gesellschafters;

c) im Zusammenhang mit der rechtlichen Organisation der multinationalen Unternehmensgruppe als solcher;

d) im Zusammenhang mit dem Schutz und der Verwaltung der Beteiligungen einschließlich Führungs- und Kontrolltätigkeiten;

e) im Zusammenhang mit der Unternehmensgruppenführung.

3.70 Eine Dienstleistung, die ein Unternehmen im Interesse des Gesellschafters erbringt, ist vom Gesellschafter gegenüber dem Leistungserbringer fremdüblich zu vergüten.

3.71 Vorteile, die sich aus der Zugehörigkeit zur multinationalen Unternehmensgruppe und ohne aktives Zutun ergeben, wie etwa ein Rückhalt in der multinationalen Unternehmensgruppe, sind nicht vergütungsfähig.

3.72 Für die Bestimmung von Fremdvergleichspreisen von Dienstleistungen ist grundsätzlich die Kostenaufschlagsmethode unter Einbezug aller hierfür notwendigen direkten und indirekten Kosten anzuwenden, wenn die Anwendung der Preisvergleichsmethode nicht die geeignetste Methode ist. Dies gilt grundsätzlich auch für Finanzierungsdienstleistungen und Versicherungs- und Rückversicherungsdienstleistungen.

3.73 Stehen Dienstleistungen im Zusammenhang mit Warenlieferungen, können sie nicht gesondert verrechnet werden, wenn sie üblicherweise zwischen Dritten durch den Warenpreis abgegolten sind (zum Beispiel Garantie-, Wartungs- oder branchenübliche Kulanzleistungen).

G.2.2 Routinedienstleistungen mit geringer Wertschöpfung

3.74 Für eine entgeltfähige Routinedienstleistung mit geringer Wertschöpfung innerhalb einer multinationalen Unternehmensgruppe ist der Fremdvergleichspreis grundsätzlich nach der Kostenaufschlagsmethode zu bestimmen. Ein Kostenaufschlag in Höhe von fünf Prozent kann im Regelfall als fremdüblich angesehen werden, wenn dies in der multinationalen Unternehmensgruppe nachweislich einheitlich tatsächlich umgesetzt wird (Tz. 7.61 der Anlage 1).

3.75 Eine Routinedienstleistung mit geringer Wertschöpfung (Tz. 7.45 der Anlage 1) ist eine Dienstleistung, die von einem oder mehreren Mitgliedern einer multinationalen Unternehmensgruppe im Auftrag eines oder mehrerer anderer Gruppenmitglieder ausgeübt wird, und

a) die einen unterstützenden Charakter aufweist,
b) die nicht Gegenstand der Haupttätigkeit der multinationalen Unternehmensgruppe im Außenverhältnis zu Dritten ist,
c) zu deren Erbringung weder einzigartige noch wertvolle immaterielle Werte verwendet oder geschaffen werden,
d) die für den Leistenden weder mit der Übernahme oder der Kontrolle wesentlicher Risiken verbunden ist noch die Entstehung wesentlicher Risiken zur Folge hat.

3.76 Routinedienstleistungen mit geringer Wertschöpfung können demzufolge beispielsweise Dienstleistungen im Bereich des Rechnungswesens (u. a. Buchhaltung) oder der Erfüllung öffentlich-rechtlicher Verpflichtungen (zum Beispiel der Erstellung von Steuererklärungen) sowie Aufgaben des Personalwesens (u. a. Personaleinstellung) sein (Tz. 7.49 der Anlage 1).

3.77 Keine Routinedienstleistung mit geringer Wertschöpfung sind insbesondere folgende Tätigkeiten (Tz. 7.47 der Anlage 1):

a) Forschung und Entwicklung,
b) Herstellung und Produktion,
c) Verkauf, Marketing und Vertrieb.

G.2.3 Konzernumlage

3.78 Bei Konzernumlagen gelten die bisher in diesem Kapitel dargelegten allgemeinen Grundsätze zu Dienstleistungen. Werden durch ein Unternehmen einer multinationalen Unternehmensgruppe zentral wahrgenommene Lenkungs- und Verwaltungsaufgaben für andere gruppeninterne Unternehmen erbracht, kann die Zuordnung der in diesem Zusammenhang entstandenen Einzel- und Gemeinkosten (zum Beispiel allgemeine Konzernverwaltung, zentrales Finanzmanagement) gegenüber den die Leistungen empfangenden Unternehmen anhand eines sachgerechten Verteilungsschlüssels (indirekte Abrechnung, Konzernumlage) anerkannt werden, wenn eine direkte Zuordnung den beteiligten Unternehmen nur mit unverhältnismäßigem Aufwand möglich gewesen wäre (Tz. 7.24 der Anlage 1). Ein sachgerechter Verteilungsschlüssel kann in Abhängigkeit von der jeweiligen Aufgabe beispielsweise der Umsatz, die Anzahl der Mitarbeiter oder die Anzahl der Computerarbeitsplätze sein (Tz. 7.25 der Anlage 1). Um der Finanzbehörde eine Beurteilung der Sachgerechtigkeit der Konzernumlage und des Umlageschlüssels zu ermöglichen, sind insbesondere der Umfang der tatsächlich im Interesse des jeweiligen Empfängers erbrachten Dienstleistungen sowie die Angemessenheit der hierfür dem Steuerpflichtigen oder von dem Steuerpflichtigen in Rechnung gestellten Verrechnungspreise vom Steuerpflichtigen im Rahmen seiner Mitwirkungspflichten darzulegen.

3.79 Die Berechnung hat auf Istkostenbasis zu erfolgen. Sollte zunächst eine Berechnung auf Plankostenbasis vorgenommen worden sein, ist spätestens zum Jahresende ein Abgleich mit den Istkosten und eine entsprechende Aufteilung vorzunehmen.

G.3 Arbeitnehmerentsendung

3.80 Auf das BMF-Schreiben betreffend „Grundsätze für die Prüfung der Einkunftsabgrenzung zwischen international verbundenen Unternehmen in Fällen der Arbeitnehmerentsendung“ vom 9. November 2001 (BStBl I 2001 S. 796) wird verwiesen.

H. Kostenumlage

3.81 Für die Prüfung der Einkunftsabgrenzung durch Umlageverträge zwischen nahestehenden Personen sind die Grundsätze des Kapitels VIII der Anlage 1 anzuwenden.

3.82 Wirken mehrere Unternehmen einer multinationalen Unternehmensgruppe im gemeinsamen Interesse zusammen, übernehmen gemeinsam Risiken und leisten Beiträge,

a) um Vermögenswerte gemeinsam zu entwickeln (Entwicklungskostenumlage) oder

b) um Dienstleistungen in Anspruch zu nehmen (Dienstleistungskostenumlage),

sind die Beiträge zu Fremdvergleichspreisen zu bewerten und von den Unternehmen anhand der jeweils zu erwartenden Vorteile zu vergüten (Tz. 8.12 und 8.13 der Anlage 1). Kapitel I der Anlage 1 ist daher auch für die Bewertung der jeweiligen Beiträge anzuwenden (Tz. 8.4 der Anlage 1). Rein kostenbasierte Bewertungen der Beiträge sind grundsätzlich nicht fremdüblich.

3.83 Auf die möglichen Ausnahmen hiervon, die in Tz. 8.27 und 8.28 der Anlage 1 beschrieben werden, wird besonders hingewiesen. Die Voraussetzungen hierfür können insbesondere dann vorliegen, wenn

a) die Kosten-Wert-Differenz marginal ist (etwa bei der Erbringung von Dienstleistungen mit geringer Wertschöpfung),

b) der administrative Aufwand erheblich wäre, oder

c) die Werte der Beiträge betragsmäßig korrespondieren und damit ausgewogen sind.

3.84 Als Teilnehmer einer Entwicklungskostenumlage kann nur anerkannt werden, wer

a) über eine berechtigte Erwartung verfügt, einen Vorteil aus der Entwicklungskostenumlage zu erzielen (Tz. 8.14 der Anlage 1), und

b) die Möglichkeit besitzt, die Risiken, die mit einer solchen Entwicklungskostenumlage für ihn verbunden sind, zu kontrollieren (Tz. 8.15 der Anlage 1).

3.85 Beenden Unternehmen die Entwicklungskostenumlage, steht diesen jeweils ein fremdüblicher Anteil an den Ergebnissen der Tätigkeit zu (Tz. 8.49 der Anlage 1). Dies gilt entsprechend, wenn ein Unternehmen aus der Entwicklungskostenumlage austritt (Tz. 8.46 der Anlage 1). Beteiligt sich ein Unternehmen an einer schon bestehenden Entwicklungskostenumlage, hat dieses ein fremdübliches Entgelt für die Beteiligung an den bisher entwickelten Vermögenswerten an die übrigen Teilnehmer der Entwicklungskostenumlage zu entrichten (Tz. 8.44 der Anlage 1). Es kann auch dem Fremdvergleich entsprechen, signifikante Veränderungen bei der Zuordnung der Vorteile nach dem gleichen Prinzip auszugleichen.

3.86 Die Umlageverträge sollten regelmäßig auf mögliche notwendige Anpassungen der Umlageschlüssel hin überprüft werden (Tz. 8.22 der Anlage 1).

I. Funktionsverlagerung

I.1 Grundsätze

3.87 Für die Prüfung der Einkunftsabgrenzung bezüglich einer Funktionsverlagerung sind ergänzend die Grundsätze der Kapitel I, VI und insbesondere IX der Anlage 1 in Übereinstimmung mit § 1 Absatz 3 Satz 7 und Absatz 3b, § 1a AStG und den Regelungen der Funktionsverlagerungsverordnung (FVerlV) anzuwenden.

I.2 Begriffsbestimmung der Funktion

3.88 Funktionen i. S. d. § 1 Absatz 1 FVerlV sind Ausdruck der Aufgabenteilung innerhalb eines Unternehmens. Eine Funktion ist ein organischer Teil eines Unternehmens, wenn sie sich entweder beim verlagernden oder beim übernehmenden Unternehmen als eine zweckgerichtete, abgrenzbare Tätigkeit unter Nutzung von bestimmten Wirtschaftsgütern, immateriellen Werten oder sonstigen Vorteilen zur Erwirtschaftung von Ergebnisbeiträgen darstellt. Es ist ausreichend, dass die betroffenen Teilaufgaben einen inneren wirtschaftlichen und organisatorischen Zusammenhang erkennen lassen und somit für die fragliche Geschäftstätigkeit im Falle der Verlagerung für die beteiligten Unternehmen konkrete Zahlungsflüsse bzw. sachgerecht abgrenzbare Gewinnauswirkungen festgestellt werden können. Dies gilt auch bei Geschäftstätigkeiten innerhalb einer Unternehmensgruppe.

3.89 Als Funktionen kommen beispielsweise in Betracht: Geschäftstätigkeiten, die aus Geschäftsleitung, Forschung und Entwicklung, Materialbeschaffung, Lagerhaltung, Produktion, Verpackung, Vertrieb, Montage, Bearbeitung oder Veredelung von Produkten, Qualitätskontrolle, Finanzierung, Transport, Organisation, Verwaltung, Marketing oder Kundendienst bestehen. Auch die Ausübung der Kontrolle von Risiken sowie DEMPE-Funktionen (vgl. dazu bereits Rn. 3.53) stellen Funktionen i. S. d. § 1 Absatz 3b AStG dar.

3.90 Zur eindeutigen Abgrenzung einer Funktion von der übrigen Geschäftstätigkeit ist es in Verlagerungsfällen notwendig, die betreffende Funktion anhand der verwendeten Wirtschaftsgüter und insbesondere der immateriellen Werte sowie der sonstigen Vorteile und der mit der bestimmten Geschäftstätigkeit konkret verbundenen Chancen und Risiken tätigkeitsbezogen und objektbezogen zu definieren. Dieses Verständnis liegt § 1 Absatz 2 Satz 1 FVerlV für die Verlagerung von Funktionen und §§ 2 und 3 Absatz 1 FVerlV für deren Bewertung zugrunde. Eine Funktion kann insoweit z. B. die Produktion eines bestimmten Produkts oder einer bestimmten Produktgruppe, der Vertrieb eines bestimmten Produkts, einer bestimmten Produktgruppe oder eine bestimmte Geschäftstätigkeit für eine bestimmte Region sein.

I.3 Verlagerung einer Funktion

3.91 Funktionsverlagerungen setzen eine Funktionseinschränkung bis hin zur Funktionseinstellung beim verlagernden Unternehmen voraus. Auch die Abschmelzung von Funktionen und Risiken von einem Unternehmen mit hohem Funktions- und Risikoprofil auf ein Unternehmen mit niedrigem Funktions- und Risikoprofil gehört dazu. Auf Kapitel IX Abschnitt B.1.1. der Anlage 1 wird verwiesen. Typische Beispiele sind insbesondere:

- Umstellung eines Eigenproduzenten zum Lohnfertiger
- Umstellung eines Eigenhändlers zum Kommissionär
- Umstellung eines Eigenforschers/-entwicklers zum Auftragsforscher/-entwickler

3.92 Maßgebend für die Beurteilung einer Funktionsverlagerung sind die Ergebnisse der Funktions- und Risikoanalysen vor und nach der Umstrukturierung und die sich hieraus ergebenden Veränderungen (Kapitel IX Abschnitt B der Anlage 1).

3.93 Für die Beurteilung, ob das übernehmende Unternehmen eine Funktion ausüben kann, kommt es nicht darauf an, ob das übernehmende Unternehmen die Funktion auch in gleicher Weise wie das verlagernde Unternehmen ausübt. Eine Funktionsverlagerung liegt nach § 1 Absatz 2 FVerlV auch vor, wenn das übernehmende Unternehmen eine vergleichbare Funktion bereits vorher ausgeübt hat und diese durch die Übernahme der Funktion vom verlagernden Unternehmen ausweiten kann.

Beispiel: Das in Deutschland ansässige Unternehmen (X) produziert und vertreibt ein Produkt in den Varianten A, B und C für den inländischen Markt und für ausländische Märkte, einschließlich des ausländischen Staates Y. Der weltweite Vertrieb aller Produkte von X wird von dessen Vertriebsabteilung ausgeübt. Das Unternehmen Y, eine Tochter von X, produziert und vertreibt in Staat Y das Produkt von X in den lokalen Varianten D und E. Außerdem vertreibt Y auch die Varianten A, B und C, die es von X bezieht, im lokalen Markt. X stellt im Wirtschaftsjahr 01 den eigenen Vertrieb der Variante A nach Staat Y ein. Dieser wird künftig von Y organisiert. Im Wirtschaftsjahr 03 übernimmt Y auch die Produktion der Variante A für den lokalen Markt Y. Sowohl die im Wirtschaftsjahr 01 verwirklichte Verlagerung des Vertriebs der Variante A im Staat Y als auch die im Wirtschaftsjahr 03 verwirklichte Verlagerung der Produktion der Variante A stellen jeweils eine Funktionsverlagerung dar. Es kommt nicht darauf an, dass Y zuvor bereits vergleichbare Funktionen ausgeübt hat. Unerheblich ist auch, ob Y die übernommene Produktionsfunktion mit eigenen Maschinen, eigenem Produktions-Know-how etc. ausführt oder solche Wirtschaftsgüter in dem Transferpaket enthalten sind. Falls derartige Wirtschaftsgüter mit der Produktionsfunktion übertragen worden sein sollten, würden sie zu der Funktion als Ganzes im Sinne des § 1 Absatz 3b Satz 1 AStG, also zum Transferpaket, gehören.

3.94 Wird Personal des verlagernden Unternehmens im unmittelbaren wirtschaftlichen Zusammenhang mit einer Funktionsverlagerung für das übernehmende Unternehmen tätig, ist im Regelfall davon auszugehen, dass es im Auftrag des verlagernden Unternehmens Dienstleistungen erbringt. Derartige Dienstleistungen und die damit verbundenen Vorteile für das übernehmende Unternehmen sind Teil des Transferpakets. Zu den Vorteilen können z. B. gehören: Kenntnisse des Produkt- oder Prozess-Know-hows, Kenntnisse über Forschungsprojekte, Kenntnisse über die Betriebsorganisation, persönliche Netzwerkbeziehungen zu anderen Konzernunternehmen, Markt- oder Branchenkenntnisse oder personengebundene Aufträge im Beratungsgeschäft.

3.95 Die Entsendung von Personal im Konzern stellt als solche regelmäßig noch keine Funktionsverlagerung dar. Eine Funktionsverlagerung kann in Personalentsendungsfällen aber z. B. dann vorliegen, wenn das entsandte Personal seinen bisherigen Zuständigkeitsbereich aus dem entsendenden Unternehmen mitnimmt und im aufnehmenden Unternehmen die gleiche Tätigkeit ausübt. Dies führt in der Regel zu einer Einschränkung der Geschäftstätigkeit des entsendenden Unternehmens, es werden Wirtschaftsgüter und Vorteile übertragen oder zur Nutzung überlassen bzw. es gehen Chancen und Risiken über. In solchen Fällen gelten vorrangig die Regelungen zur Funktionsverlagerung.

3.96 Der Vorgang einer Funktionsverlagerung kann sich über mehrere Wirtschaftsjahre erstrecken. Nach § 1 Absatz 2 Satz 3 FVerlV sind Geschäftsvorfälle zusammenzufassen, die innerhalb von fünf Wirtschaftsjahren verwirklicht werden und sich wirtschaftlich als Bestandteile eines einheitlichen Verlagerungsvorgangs darstellen. Soweit nachträglich festgestellt wird, dass eine Funktionsverlagerung vorliegt, ist diese zu dem Zeitpunkt verwirklicht, zu dem die Tatbestandsvoraussetzungen durch ihre gemeinsame Verwirklichung wirtschaftlich erfüllt sind, d. h. der Tatbestand vollendet ist. Für die Annahme eines einheitlichen, sich über mehrere Veranlagungszeiträume erstreckenden Verlagerungsvorgangs ist auf objektive Kriterien abzustellen, nicht auf die Absicht in den beteiligten Unternehmen.

Beispiel: Das inländische Unternehmen P ist Hersteller von bestimmten Bauteilen. Im November 01 entscheidet die Geschäftsführung, dass für den asiatischen Markt vor Ort ein neuer Produktionsstandort für eine bestimmte Produktreihe errichtet werden soll, die bisher ausschließlich im Inland produziert wurde. Es ist beabsichtigt, dem neuen ausländischen Tochterunternehmen T die erforderlichen immateriellen Werte zur Nutzung zu überlassen. Im Januar 02 werden verschiedene fremde Dritte beauftragt, Entscheidungsgrundlagen für die Standortwahl zu erarbeiten. Im Dezember 02 wird der Bauauftrag für das neue Werk der T erteilt. Die Produktion wird von T im Februar 04 aufgenommen, gleichzeitig stellt P die Produktion im Inland ein. Da sich die Funktionsverlagerung über mehrere Wirtschaftsjahre erstreckt, ist eine zusammenfassende Betrachtung notwendig. Das ergibt sich schon aus der Planung der P. Soweit einzelne Geschäftsvorfälle für sich betrachtet keine Funktionsverlagerung darstellen, führt die wirtschaftliche Verknüpfung zu einer einheitlichen Funktionsverlagerung, die im Wirtschaftsjahr 04 verwirklicht wurde.

3.97 In Fällen von Funktionsverlagerungen sind immaterielle Wirtschaftsgüter wesentlich i. S. d. § 1 Absatz 3 FVerlV, wenn sie für die verlagerte Funktion erforderlich sind (qualitativer Maßstab) und ihr Fremdvergleichspreis insgesamt mehr als 25 Prozent der Summe der Einzelpreise aller Wirtschaftsgüter des Transferpakets beträgt (quantitativer Maßstab). Für die Bestimmung, ob der quantitative Maßstab erfüllt ist, sind die Bestandteile des Transferpakets (ggf. einschließlich der geschäftswertbildenden Faktoren) unabhängig von deren Ausweis als Wirtschaftsgut zu berücksichtigen. Ist ein sonstiger Vorteil Bestandteil des Transferpakets, kommt die Anwendung von § 1 Absatz 3b Satz 2 AStG nicht in Betracht.

3.98 Erbringt ein übernehmendes Unternehmen die bisher ausschließlich gegenüber dem verlagernden Unternehmen erbrachten Routineleistungen in Zukunft auch als eigenständiger Vertragspartner, ganz oder teilweise, gegenüber anderen Unternehmen, sind zwei Fallgestaltungen zu unterscheiden:

- Das übernehmende Unternehmen nutzt für seine Leistungen keine vom verlagernden Unternehmen beigestellten immateriellen Wirtschaftsgüter und sonstigen Vorteile. Indiz dafür ist, dass die von fremden Dritten gezahlte Vergütung dem entspricht, was bisher vom verlagernden Unternehmen für die erbrachten Leistungen vergütet worden ist. Die Regelungen zu Funktionsverlagerungen sind nicht anzuwenden.
- Das übernehmende Unternehmen erzielt gegenüber den anderen Unternehmen Preise, die höher sind als das Entgelt, das bisher vom verlagernden Unternehmen für die erbrachten Leistungen vergütet worden ist, bzw. die Preise wären entsprechend dem Fremdvergleichsgrundsatz höher anzusetzen (§ 1 Absatz 4 FVerlV). Zum Zeitpunkt der erstmaligen Erbringung gegenüber den anderen Unternehmen ist im Hinblick auf die Umsätze mit diesen Unternehmen für bisher unentgeltlich vom verlagernden Unternehmen für die Leistungserbringung zur Verfügung gestellte Wirtschaftsgüter und sonstige Vorteile ein Entgelt zu verrechnen. Die betreffenden Wirtschaftsgüter und sonstigen Vorteile gelten als ein Transferpaket, soweit hierfür im Einzelfall die Voraussetzungen gegeben sind, z. B. wenn ein bisheriger Lohnfertiger zum Eigenfertiger wird.

3.99 Wenn innerhalb von fünf Jahren nach der Aufnahme einer Funktion durch das übernehmende Unternehmen keine entsprechende Einschränkung beim verlagernden Unternehmen festzustellen ist, liegt keine Funktionsverlagerung, sondern i. S. d. § 1 Absatz 5 Satz 1 FVerlV eine Funktionsverdoppelung vor. Eine Funktionsverdoppelung liegt z. B. vor, wenn trotz Aufnahme einer Produktion im Ausland die bisherige Produktions- und Vertriebstätigkeit des inländischen Unternehmens unverändert ausgeübt wird. Eine Funktionsverlagerung liegt dagegen vor, wenn im Ausland die Vertriebsfunktion neu aufgenommen wird und dadurch die Vertriebsfunktion des verlagernden Unternehmens eingeschränkt wird (Indikator: Umsatz), z. B. weil das übernehmende Unternehmen bisherige Kunden des verlagernden Unternehmens beliefert. Die Frage, ob eine Funktion eingestellt oder eingeschränkt wird, bezieht sich auf den mit der konkreten Funktion erzielten Umsatz und erfasst auch Fälle der Substitution einer Funktion durch eine andere. Nach § 1 Absatz 5 Satz 2 FVerlV liegt keine Funktionsverlagerung vor, wenn die Einschränkung nicht in unmittelbarem wirtschaftlichen Zusammenhang mit der Funktionsverdoppelung steht. Das ist beispielsweise der Fall, wenn die Einschränkung auf höhere Gewalt (etwa einen Brand in einer Produktionsstätte) zurückgeht.

BMF-Schr.

Beispiel a (Funktionseinstellung ohne Substitution): Ein Produkt A, das bisher ausschließlich von der inländischen Konzernmuttergesellschaft (M) hergestellt und vertrieben wurde, wird zukünftig nur noch von ihrer ausländischen Tochtergesellschaft (T) hergestellt und vertrieben. Die materiellen und die immateriellen Wirtschaftsgüter werden auf T übertragen. Die Herstellung und der Vertrieb des Produkts A stellen Funktionen dar. Die Ausübung dieser Funktionen stellt M im Rahmen des Vorganges ein.

Beispiel b (Funktionseinstellung mit Substitution): Wie Beispiel a, aber die Muttergesellschaft (M) produziert und vertreibt in Zukunft das von ihr entwickelte Nachfolgeprodukt B, das im Wesentlichen auf anderen immateriellen Werten beruht. Sie erzielt damit bei unverändertem Personaleinsatz einen höheren Umsatz als mit dem Vorgängerprodukt A. Eine Funktionseinstellung liegt vor, da die konkreten Funktionen „Produktion und Vertrieb von Produkt A" im Inland entfallen. M erzielt aus diesen Funktionen keinen Umsatz mehr. Bei der Produktion von Produkt A sowie der Produktion von Produkt B handelt es sich jeweils um verschiedene Funktionen, da im Wesentlichen andere immaterielle Werte eingesetzt werden. Unerheblich ist, dass M keinen Personalabbau vornimmt und mit Produkt B sogar einen höheren Umsatz erzielt.

Beispiel c (Funktionseinschränkung): Wie Beispiel a, aber das Produkt A wird zukünftig sowohl von M im Inland als auch von T im Ausland selbständig hergestellt und sowohl von M als auch von T an bisherige Kunden von M vertrieben. Für M führt dies zu einem Produktionsrückgang und zu entsprechenden Umsatzeinbußen. Insofern erfolgt eine Einschränkung der Funktionen, da die Ausübung der Funktionen Produktion und Vertrieb von Produkt A durch M aufgrund des Vorgangs reduziert wird.

3.100 Für sämtliche zum Zweck der Funktionsverdoppelung übertragenen oder zur Nutzung überlassenen Wirtschaftsgüter, immateriellen Werte oder sonstigen Vorteile und für alle in diesem Zusammenhang erbrachten Dienstleistungen sind in Anwendung des Fremdvergleichsgrundsatzes angemessene Verrechnungspreise anzusetzen.

I.4 Transferpaket und Wertermittlung

3.101 Für ein Transferpaket wird es grundsätzlich nicht möglich sein, uneingeschränkt oder eingeschränkt vergleichbare Fremdvergleichswerte festzustellen. Deshalb wird in Fällen von Funktionsverlagerungen im Ergebnis regelmäßig der hypothetische Fremdvergleich nach § 1 Absatz 3 Satz 7 AStG anzuwenden sein. Für die Verrechnungspreisbestimmung in diesen Fällen ist insbesondere der zukünftig zu erwartende finanzielle Nutzen aus dem Transferpaket maßgebend, der sich aufgrund einer betriebswirtschaftlichen Bewertung nach einem kapitalwertorientierten Verfahren ergibt, das als Bewertungsstandard anerkannt und auch im gewöhnlichen Geschäftsverkehr für nichtsteuerliche Zwecke üblich ist

3.102 Im hypothetischen Fremdvergleich können Elemente eines tatsächlichen Fremdverhaltens zu berücksichtigen sein. Das gilt z. B., wenn ein internes Berechnungs- bzw. Kalkulationsschema in vergleichbaren Situationen von Steuerpflichtigen sowohl gegenüber nahestehenden Unternehmen als auch gegenüber fremden Dritten für Funktionsverlagerungen (bzw. für die Nutzungsüberlassung von Wirtschaftsgütern, immateriellen Werten oder sonstigen Vorteilen) verwendet wird, etwa ein an den erwarteten Ertrag des Lizenznehmers anknüpfendes Lizenzsystem, das betriebswirtschaftlichen Grundsätzen genügt. Das bedeutet aber keineswegs, dass im hypothetischen Fremdvergleich Lizenzraten aus Datenbanken abgeleitet werden können.

3.103 Die bei der Ermittlung der finanziellen Überschüsse zu berücksichtigenden Steuern sind die voraussichtlich festzusetzenden oder tatsächlich festgesetzten und gezahlten und um einen ggf. bestehenden Ermäßigungsanspruch gekürzten Steuern vom Ertrag des jeweiligen Unternehmens. Auf den nominalen Steuersatz kommt es nicht an. Persönliche Ertragsteuern der Gesellschafter bleiben bei Kapitalgesellschaften unberücksichtigt. Bei Personenunternehmen kann auf die Berücksichtigung der persönlichen Ertragsteuern grundsätzlich nicht verzichtet werden. Typisierend können die anzusetzenden Steuern jedoch in Höhe der Ertragsteuern angesetzt werden, die entstanden wären, wenn statt Personenunternehmen Kapitalgesellschaften an der Funktionsverlagerung beteiligt gewesen wären. Eine (ggf. fiktive) Steuerbelastung auf Gewinnausschüttungen ist nicht zu berücksichtigen.

I.5 Bestandteile des Transferpakets

3.104 Im Rahmen einer Funktionsverlagerung werden häufig gesonderte Verträge für die Übertragung von Wirtschaftsgütern (Verkauf), für die Nutzungsüberlassung von Wirtschaftsgütern (z. B. Miete, Lizenzierung) und für die Erbringung von Dienstleistungen (z. B. Personalüberlassung) vorliegen oder entsprechend dem Fremdvergleichsgrundsatz anzunehmen sein (§ 1 Absatz 4 Satz 2 AStG). Übersteigt der Wert des Transferpakets nach § 2 FVerlV (Wert des Transferpakets als Ganzem) die Summe der Einzelverrechnungspreise, ist nach § 1 AStG eine Korrektur auf den Wert des Transferpakets vorzunehmen.

3.105 In den in § 3 Absatz 2 FVerlV genannten Fällen sind die Verrechnungspreise für die zuletzt verwirklichten Geschäftsvorfälle dem Fremdvergleichsgrundsatz entsprechend so anzusetzen, dass sie zusammen mit den zuerst verwirklichten Geschäftsvorfällen in der Summe dem Wert des Transferpakets (§ 2 FVerlV) entsprechen. Dadurch können Änderungen der Verrechnungspreise für die zuerst verwirklichten Geschäftsvorfälle und damit internationale Doppelbesteuerungskonflikte vermieden werden.

I.6 Kapitalisierungszinssatz und Kapitalisierungszeitraum (§§ 4 und 5 FVerlV)

3.106 Der angemessene Kapitalisierungszins stellt die Rendite einer zum Bewertungsobjekt hinsichtlich Laufzeit, Risiko und Besteuerung äquivalenten Alternativanlage dar. Je nach Wahl des konkreten Bewertungsverfahrens ist dabei die Eigenkapitalrendite oder die Rendite aus Eigen- und Fremdkapital zu berücksichtigen. Zur Ermittlung des Kapitalisierungszinssatzes ist auf die Risikozuschlagmethode abzustellen. Im Rahmen dieser Methode wird der Kapitalisierungszinssatz in seine Komponenten Basiszinssatz und Risikozuschlag aufgeteilt. Der Risikozuschlag ergibt sich als Produkt aus Marktrisikoprämie und Betafaktor. Für den Zeitraum einer ewigen Rente ist im Kapitalisierungszinssatz ein Wachstumsabschlag zu berücksichtigen.

3.107 In Fällen von Funktionsabschmelzungen werden die vertraglichen Beziehungen der im Inland verbleibenden Routinefunktionen regelmäßig neu vereinbart. Die insoweit abgeschlossenen Verträge enthalten oftmals Kündigungsklauseln mit oder ohne Anspruch auf Entschädigung für den Fall einer vertragsgemäßen Kündigung. Diese

Regelungen sind entsprechend Kapitel IX Abschnitt F der Anlage 1 unter dem Gesichtspunkt der Fremdvergleichs zu prüfen.

3.108 In Fällen, in denen eine fremdübliche Kündigungsklausel vereinbart wurde, sind der Bewertung der Routinefunktion im Wege einer Szenario-Betrachtung Erwartungswerte zugrunde zu legen, die sowohl die finanziellen Überschüsse bei Fortführung der Funktion als auch die finanziellen Überschüsse im Fall der Kündigung des Routinevertrags (beispielsweise Schließungskosten oder Entschädigungszahlungen) in Höhe ihrer jeweiligen Eintrittswahrscheinlichkeit berücksichtigen.

3.109 Sind bei der Ermittlung der Erwartung der finanziellen Überschüsse des übernehmenden Unternehmens eigene Aufwendungen für den Erhalt bzw. Ersatz immaterieller Werte berücksichtigt worden, spricht dies für einen längeren Nutzungs- und damit Kapitalisierungszeitraum der Funktion. Unabhängig davon, ob in den Erwartungen der finanziellen Überschüsse solche Aufwendungen berücksichtigt worden sind, kann es sachgerecht sein, für betroffene wesentliche immaterielle Werte innerhalb der Nutzungsdauer von sinkenden Erwartungen auszugehen. Sind in den Erwartungen der finanziellen Überschüsse des übernehmenden Unternehmens keine Aufwendungen für den Erhalt bzw. Ersatz immaterieller Werte enthalten, führt dies nicht zwingend zu einem kurzen Kapitalisierungszeitraum.

3.110 Sowohl für das verlagernde als auch für das übernehmende Unternehmen kann aus Vereinfachungsgründen typisierend von einem einheitlichen Kapitalisierungszeitraum ausgegangen werden.

I.7 Bestimmung des Einigungsbereichs

3.111 Beispiele zur Bestimmung des Einigungsbereichs sind in Anlage 3 dargestellt.

3.112 Für das verlagernde Unternehmen können die in der Vergangenheit aus der Funktion erzielten Ergebnisse erste Anhaltspunkte für die wegfallenden finanziellen Überschüsse sein (Vergangenheitsanalyse). Für den Mindestpreis des verlagernden Unternehmens kann es außerdem von Bedeutung sein, ob es zum Zeitpunkt der Funktionsverlagerung aus tatsächlichen oder rechtlichen Gründen in der Lage war, die betreffende Funktion selbst in Zukunft uneingeschränkt auszuüben.

3.113 In Verlustfällen wird die Untergrenze des Einigungsbereichs des verlagernden Unternehmens durch die zu erwartenden Verluste und durch die Schließungskosten bestimmt. Auch ein unabhängiges Unternehmen stünde vor der Alternative, die Funktion entweder mit laufenden Verlusten fortzuführen oder sie einzustellen und die Schließungskosten hinzunehmen.

Beispiel 1: Der Barwert der Ergebnisse aus der verlagerten Funktion beträgt -0,5 Millionen Euro, die Schließungskosten betragen 1,5 Millionen Euro. Sofern die Schließungskosten (-1,5 Millionen Euro) die zu erwartenden Verluste (-0,5 Millionen Euro) übersteigen, wird ein unabhängiges Unternehmen als Entgelt für die Übertragung der Funktion mindestens den übersteigenden Betrag (1 Million Euro) verlangen, da ihm insoweit durch die Funktionsverlagerung zusätzliche Kosten entstehen. Als Mindestpreis sind 1 Million Euro anzusetzen.

Beispiel 2: Der Barwert der Ergebnisse aus der verlagerten Funktion beträgt -2,5 Millionen Euro, die Schließungskosten betragen 1,5 Millionen Euro. Sind die Schließungskosten (-1,5 Millionen Euro) niedriger als die zu erwartenden Verluste (-2,5 Millionen Euro), kann es für ein unabhängiges Unternehmen betriebswirtschaftlich sinnvoll sein, diese Funktion einzustellen. Durch die Verlagerung der Funktion entstehen daher keine wirtschaftlichen Nachteile für das verlagernde Unternehmen. Der Mindestpreis ist mit 0 Euro anzusetzen. Ein unabhängiges Unternehmen würde gleichwohl versuchen, seine Kosten mit Hilfe der erzielbaren Erlöse für die Funktion zu mindern. Ein fremder Übernehmer kann durchaus bereit sein, ein Entgelt für das Transferpaket zu zahlen, sofern er aus der Übernahme der Funktion Gewinne erzielen kann.

Beispiel 3: Der Barwert der Ergebnisse aus der verlagerten Funktion beträgt -2,5 Millionen Euro, die Schließungskosten aufgrund der Verlagerung betragen 1,25 Millionen Euro. Ohne Verlagerung der Funktion wären Schließungskosten von 1,75 Millionen Euro angefallen. Soweit durch die Funktionsverlagerung Schließungskosten oder zu erwartende laufende Verluste aus dieser Funktion für das verlagernde Unternehmen vermieden werden (hier: geringere Schließungskosten i. H. v. 0,5 Millionen Euro), ist dies bei der Ermittlung des Mindestpreises zu berücksichtigen. Der Mindestpreis beträgt deshalb -0,5 Millionen Euro.

Beispiel 4: Der Barwert der Ergebnisse aus der verlagerten Funktion beträgt -1,5 Millionen Euro, die Schließungskosten aufgrund der Verlagerung 1,25 Millionen Euro. Ohne Verlagerung hätten die Schließungskosten 3 Millionen Euro betragen. Die Verlagerung (-1,25 Millionen Euro) ist die günstigere Handlungsalternative gegenüber der Weiterführung der verlustträchtigen Funktion (- 1,5 Millionen Euro). Die Schließung ohne Verlagerung (-3 Millionen Euro) wäre keine ernstliche Handlungsoption. Der Mindestpreis ist in Höhe der Ersparnis mit -0,25 Millionen Euro anzusetzen.

3.114 Für die Berechnung des Mindestpreises des verlagernden Unternehmens ist auch die zu erwartende Steuerbelastung hinsichtlich der Verlagerung der Funktion zu berücksichtigen (Steuerzuschlag, Tax Gross Up/Exit-Steuer, vgl. Tz. 9.56 i. V. m. Tz. 6.178 der Anlage 1).

3.115 In Fällen der Substitution eines technisch oder wirtschaftlich veralteten Produkts ist es nicht zu beanstanden, wenn unter folgenden, kumulativ vorliegenden Voraussetzungen für das verlagernde Unternehmen von einem Mindestpreis von Null ausgegangen wird:

- Das Produkt wird wegen eines Nachfolgeprodukts auf den bisher hauptsächlich belieferten Märkten nicht mehr abgesetzt.
- Die Verlagerung war erforderlich, um die Produktion eines direkten Nachfolgeprodukts mit höherer Gewinnerwartung im Inland aufnehmen zu können.
- Die für die verlagerte Produktion notwendigen immateriellen Werte, einschließlich des Prozess-Know-hows, werden nicht veräußert, sondern lizenziert.

BMF-Schr.

3.116 Ein Fall, in dem das verlagernde Unternehmen i. S. d. § 6 Absatz 2 FVerlV nicht mehr in der Lage ist, die Funktion mit eigenen Mitteln auszuüben, kann beispielsweise vorliegen, wenn ein Kunde die Verlagerung zwingend verlangt oder wenn wegen der räumlichen Entfernung zum Markt eine direkte Belieferung durch das verlagernde Unternehmen zukünftig nicht mehr sinnvoll ist. Der Liquidationswert i. S. d § 6 Absatz 2 FVerlV ist die Differenz aus dem Liquidationserlös der übertragenen Wirtschaftsgüter und immateriellen Werte abzüglich der damit in wirtschaftlichem Zusammenhang stehenden zu tilgenden Schulden und der Schließungskosten. Der Liquidationswert kann auch negativ sein.

3.117 Für die Berechnung des Höchstpreises des übernehmenden Unternehmens sind auch die steuerlichen Auswirkungen aus der Übernahme der verlagerten Funktion zu berücksichtigen (z. B. Abschreibungen auf erworbene Wirtschaftsgüter, Tax Amortisation Benefit, Tz. 9.56 i. V. m. Tz. 6.178 der Anlage 1).

3.118 Kommt es zu einem negativen Einigungsbereich, können die Gründe dafür in unzutreffenden Annahmen im Bewertungsmodell liegen. Zusätzlich wird auf Rn. 3.17 verwiesen.

I.8 Schadensersatz-, Entschädigungs- und Ausgleichsansprüche

3.119 Auf Tz. 9.79 der Anlage 1 wird verwiesen. Schadensersatz-, Entschädigungs- und Ausgleichsansprüche sind beispielsweise:

- gesetzliche Ausgleichsansprüche des Handelsvertreters, Kommissionärs, Agenten oder Vertragshändlers aus § 89b HGB bzw. aus dessen analoger Anwendung,
- vertraglich vereinbarter Schadensersatz, z. B. für nicht amortisierte Investitionen eines Vertragshändlers, die auf Veranlassung des Herstellers vorgenommen wurden,
- vertraglich vereinbarter Schadensersatz, z. B. für entgangene Gewinne und für entstandene Schließungskosten (z. B. weiterlaufende Miete) bei vorzeitiger Vertragsauflösung,
- Ansprüche aufgrund eines Verstoßes gegen ein Wettbewerbsverbot.

Daneben sind auch Ansprüche aus einem vertraglichen oder tatsächlichen Ausschluss von bestehenden Handlungsalternativen für eines der beteiligten Unternehmen – wie zwischen voneinander unabhängigen Dritten – denkbar. In diesen Fällen ist eine zweiseitige Betrachtung notwendig (Tz. 9.116 der Anlage 1).

I.9 Anwendung auf Betriebsstättenfälle (§ 8 FVerlV)

3.120 Die Regelungen zur Funktionsverlagerung sind auch auf Funktionsverlagerungen zwischen einer Betriebsstätte und dem übrigen Unternehmen oder zwischen Betriebsstätten eines Unternehmens anzuwenden. Auf den OECD-Betriebsstättenbericht 2010 wird hingewiesen. Die VWG BsGa (BMF-Schreiben vom 22. Dezember 2016, BStBl I 2017, S. 182) bleiben unberührt.

J. Finanzierungsbeziehungen

J.1 Allgemein

3.121 Für die Prüfung der Einkunftsabgrenzung bei Finanzierungsbeziehungen zwischen nahestehenden Personen sind die Grundsätze des Kapitels X der Anlage 1 anzuwenden.

3.122 Wie auch bei anderen unternehmensgruppeninternen Geschäftsbeziehungen hat die sachgerechte Abgrenzung der Geschäftsvorfälle im Zusammenhang mit Finanzierungsaktivitäten auf Basis einer Funktions- und Risikoanalyse zu erfolgen.

3.123 Bei Finanzierungsleistungen ist in einem ersten Schritt zu prüfen, ob es sich steuerrechtlich um Fremdkapital handelt.

3.124 Damit ein Darlehensverhältnis und damit auch die diesbezüglichen Zinszahlungen als fremdüblich anerkannt werden können, muss die Finanzierung auch wirtschaftlich benötigt worden sein. Ein ordentlicher und gewissenhafter Geschäftsleiter wird kein Fremdkapital am Markt aufnehmen, wenn damit nicht wenigstens eine begründete Aussicht auf eine Rendite besteht, die die Finanzierungskosten deckt. Die Verwendung des Fremdkapitals soll im Einklang mit dem Unternehmenszweck stehen. Ein ordentlicher und gewissenhafter Geschäftsleiter wird bemüht sein, das Kapital für den Zweck des Unternehmens einzusetzen und beispielsweise nicht als Anlage auf dem Tagesgeldkonto oder als Einlage in einen unternehmensgruppeninternen Cash Pool.

3.125 Stellt eine gruppenzugehörige Finanzierungsgesellschaft einem Steuerpflichtigen Kapital zur Verfügung und verfügt diese Finanzierungsgesellschaft nicht über die Fähigkeit und die Befugnis, das Risiko dieses Finanzierungsgeschäfts zu kontrollieren oder es zu tragen, steht ihr als Vergütung für die Hingabe des Kapitals nur eine risikolose Rendite zu (Tz. 1.100, 1.103, 1.108 bis 1.116, 10.25 der Anlage 1). Findet die Kostenaufschlagsmethode als am besten geeignete Methode Anwendung, ist das Entgelt auf der Grundlage der nachgewiesenen und direkt zurechenbaren Betriebskosten anzusetzen; Refinanzierungskosten sind grundsätzlich nicht in die Kostenbasis einzubeziehen. Daneben sind Refinanzierungskosten mit einer risikolosen Rendite zu berücksichtigen. Fallen die Ausreichung des Darlehens und die tatsächliche Kontrolle der damit verbundenen Funktionen oder Risiken auseinander, liegen ggf. weitere Transaktionen zwischen der Finanzierungsgesellschaft und der Gesellschaft, die die tatsächliche Kontrolle der mit der Ausreichung des Darlehens verbundenen Funktionen oder Risiken ausübt, vor (dies andeutend BFH, 18. Mai 2021, I R 4/17 BStBl. II 2023, XXX). Ist letztere eine inländische Gesellschaft, ist zu prüfen, welche Vergütung dieser zuzuordnen ist. Auf die Dokumentationsverpflichtungen (§ 90 Absatz 3 AO, GAufzV, BMF-Schreiben vom 3. Dezember 2020, BStBl. I 2020, S. 1325) und den Informationsaustausch im Rahmen der internationalen Verwaltungszusammenarbeit (BMF-Schreiben vom 17. August 2017, BStBl. I 2017, S. 1228) wird hingewiesen.

3.126 Der Konzernrückhalt beschreibt lediglich den rechtlichen und wirtschaftlichen Rahmen der Unternehmensverflechtung. Der Konzernrückhalt stellt damit keine eigenständige rechtlich durchsetzbare Sicherheit dar und ist auch nicht stellvertretend hierfür heranzuziehen. Dem Konzernrückhalt kommt jedoch bei der Bemessung der subjektiven Ausfallwahrscheinlichkeit des Darlehensnehmers Bedeutung zu und er wirkt sich damit de facto auf dessen Bonität aus (BFH vom 18. Mai 2021, I R 4/17, BStBl. II, XXX). Je nach der wirtschaftlichen Stellung und Bedeutung des jeweiligen Darlehensnehmers innerhalb der Unternehmensgruppe – auch unter Berücksichtigung des Zwecks der Darlehensgewährung – würde dieser für den Fall, dass er eine wirtschaftliche Schieflage erleidet, gestützt werden. Je bedeutender also der Darlehensnehmer für die Unternehmensgruppe ist, desto eher würde dieser eine Stützung seitens der Unternehmensgruppe erfahren. Im gleichen Maße tritt die isolierte Betrachtung des Darlehensnehmers bei der Beurteilung der Bonität in den Hintergrund.

3.127 Ein durch die gesellschaftsrechtlich begründeten Einfluss- und Kontrollmöglichkeiten vorhandener Wissensvorsprung würde zwischen fremden Dritten eingepreist werden, wenn er auf eine vertraglich eingeräumte Position zurückginge. Das Ausmaß und die Auswirkungen des auf die Unternehmensverflechtung zurückgehenden Wissensvorsprungs sind im jeweiligen Einzelfall sachgerecht zu berücksichtigen.

3.128 Sowohl eine Besicherung als auch eine Nichtbesicherung von Darlehen kann fremdüblich sein. Ob eine fehlende Darlehensbesicherung fremdvergleichskonform ist, hängt davon ab, ob auch ein fremder Dritter – ggf. unter Berücksichtigung möglicher Risikokompensationen – das Darlehen unter gleichen Bedingungen ausgereicht hätte (BFH vom 13. Januar 2022, I R 15/21, BStBl. II 2023, S. XXX,). Inwieweit eine Nichtbesicherung zwischen Nahestehenden fremdüblich sein kann, hängt von den Umständen des jeweiligen Einzelfalls ab. Bei der Beurteilung sind folgende Aspekte im Rahmen einer Gesamtschau von besonderer Bedeutung:

- Verhalten der Unternehmensgruppe gegenüber fremden Dritten: Werden Verbindlichkeiten im Außenverhältnis grundsätzlich besichert, so erscheint eine Nichtbesicherung innerhalb der Unternehmensgruppe fremdunüblich.
- Wirtschaftliche Vorteilhaftigkeit: Sollte die Vereinbarung einer Sicherheit aus wirtschaftlicher Sicht vorteilhaft sein, um beispielsweise einen niedrigeren Zinssatz zu erreichen, so würde ein fremder Dritter, um seinen Gewinn zu maximieren, auf eine Sicherheit nicht verzichten.
- Realistisch zur Verfügung stehende Handlungsalternativen: Würde beispielsweise der Darlehensnehmer zeitgleich noch ein Darlehen eines fremden Dritten benötigen und die Begebung der Sicherheit an den fremden Dritten zu einer gegenüber der nahestehenden Person erhöhten Kostenreduktion führen, so wäre es wirtschaftlich vorteilhafter, dieses Darlehen zu besichern. Eine Sicherheit stünde damit für das Darlehen zwischen den nahestehenden Personen nicht mehr realistisch zur Verfügung (vorausgesetzt, der Darlehensnehmer hätte sonst keine weiteren Vermögenswerte, die sich zur Besicherung eignen würden).
- Erwartete Befriedigung von Ansprüchen: Es ist von Bedeutung, ob ausreichend Vermögenswerte vorhanden sind bzw. im Rahmen einer etwaigen Insolvenz genügend Masse zur Verfügung stünde, um die entsprechenden Ansprüche zu befriedigen (vgl. u. a. § 39 InsO).
- Darlehenssumme: Nicht jede Kapitalüberlassung wird zwischen fremden Dritten besichert. Entscheidende Kriterien sind dabei auch die Höhe des Darlehensbe-

trags, der seitens des Darlehensgebers gewährt wird, und die Risikotragfähigkeit des Darlehensgebers.

- Geschäftsstrategie des Darlehensgebers: Verfolgt der Darlehensgeber im Rahmen seiner gewöhnlichen Geschäftstätigkeit typischerweise nicht (riskante) Finanzinvestitionen, so wird dieser regelmäßig versuchen, sein Risiko aufgrund dieser Tätigkeit zu minimieren. Hierzu kann es entsprechend gehören, dass Kapitalüberlassungen besichert vorzunehmen sind.

In diesen Fallkonstellationen ist jeweils auch zu berücksichtigen, welche Handlungsalternativen den nahestehenden Personen zur Verfügung stehen und ob diese zu vorteilhafteren Konditionen für den Schuldner geführt hätten (vgl. Tz. 10.19 der Anlage 1).

J.2 Vergütung für eine erhöhte Kreditwürdigkeit

3.129 Für die Vorteile einer nachgewiesenen erhöhten Kreditwürdigkeit eines Unternehmens ist ein dem Fremdvergleichsgrundsatz entsprechender Verrechnungspreis anzusetzen. Die Vorteile können sich daraus ergeben, dass mindestens ein Mitglied der multinationalen Unternehmensgruppe die Verpflichtung gegenüber einem fremden Dritten übernimmt, die Zahlungsverpflichtungen des Unternehmens sicherzustellen. Dies kann insbesondere durch eine Garantie, eine Bürgschaft, einen Kreditauftrag, eine harte Patronatserklärung oder durch Realsicherheiten erfolgen. Ein Verrechnungspreis ist nur anzusetzen, wenn der Verpflichtete eine tatsächliche Risikoposition übernimmt. Bei der Bestimmung des anzusetzenden Fremdvergleichspreises ist grundsätzlich davon auszugehen, dass sich die Vorteile einer erhöhten Kreditwürdigkeit auf die Differenz zwischen den Bedingungen für die multinationale Unternehmensgruppe als solche und den Bedingungen für das die Verpflichtung übernehmende Unternehmen beschränken.

3.130 Wird ein Unternehmen erst durch die Verpflichtung der multinationalen Unternehmensgruppe oder eines Mitglieds dieser multinationalen Unternehmensgruppe gegenüber einem fremden Dritten in die Lage versetzt, Kapital aufnehmen zu können, handelt es sich in EU/EWR-Fällen bei der Verpflichtungsübernahme um einen Gesellschafterbeitrag (Rn. 3.69), wenn ein wirtschaftlicher Grund im Sinne des EuGH-Urteils vom 31. Mai 2018 in der Rechtssache C-382/16 (Hornbach) vorliegt.

J.3 Cash Pool als Finanzierungsbeziehung innerhalb einer multinationalen Unternehmensgruppe

3.131 Cash Pooling stellt eine Liquiditätsbündelung in multinationalen Unternehmensgruppen dar. Der Cash Pool-Leiter erbringt dabei grundsätzlich lediglich eine funktions- und risiko-arme Dienstleistung (Tz. 10.130 der Anlage 1), wobei im jeweiligen Einzelfall das Funktions- und Risikoprofil entscheidend ist. Die Vergütung des Cash Pool-Leiters bestimmt sich entsprechend im Regelfall auf Basis einer kostenorientierten Methode. Es ist nicht zu beanstanden, wenn der Kostenaufschlag auf die direkt zuzurechnenden Kosten zwischen fünf Prozent und zehn Prozent beträgt. Finanzierungskosten gehen nicht in die Bemessungsgrundlage ein.

3.132 Die am Cash Pool beteiligten Unternehmen haben im Verhältnis zur Gesamtanzahl der Teilnehmer den Verrechnungspreis anteilig zu übernehmen. Cash Pooling-

Strukturen sind ein Beispiel für die Generierung von Synergieeffekten in multinationalen Unternehmensgruppen (Tz. 1.177 ff. der Anlage 1). Gerade aber die Aufteilung dieser Synergieeffekte auf die einzelnen Unternehmenseinheiten ist nicht verursachungsgerecht möglich. Entsprechend ist hier eine besondere Würdigung im Einzelfall unter Berücksichtigung der Akzeptanz der Struktur im Ausland vorzunehmen. Zur Vergütung der Cash Pool Teilnehmer wird auf Kapitel X Abschnitt C.2.3.2. der Anlage 1 hingewiesen.

Beispiel: Die M-AG (ansässig im Inland) stattet die FinCo. (ansässig im Ausland) zu 100 Prozent mit Eigenkapital aus. Die FinCo. agiert als Cash Pool Leiter und organisiert den Cash Pool innerhalb der multinationalen Unternehmensgruppe ohne die Kontrolle oder Übernahme von Risiken. Die Vergütung hängt von dem Ergebnis der Funktions- und Risikoanalyse ab. Das Entgelt für die Tätigkeit eines Cash Pool Leiters beschränkt sich dabei grundsätzlich auf die direkt zurechenbaren Betriebskosten, wie etwa den Personaleinsatz, samt einem fremdüblichen Gewinnaufschlag. Die Umlage der Kosten inklusive des Gewinnaufschlages könnte insbesondere im Wege einer Konzernumlage quotal auf Basis der Anzahl der Teilnehmer erfolgen.

3.133 Handelt es sich bei den jeweiligen Geldeinlagen und -aufnahmen der Cash Pool Teilnehmer nicht um kurzfristige Geldeinlagen und -aufnahmen, handelt es sich wirtschaftlich betrachtet insoweit nicht um einen Bestandteil des Cash Pools, sondern um einzelne längerfristige Darlehensbeziehungen, die entsprechend zu behandeln sind (Tz. 10.122 der Anlage 1).

J.4 Sonstige Finanzierungsinstrumente und Eigenversicherer

3.134 Der Einsatz von Finanzinstrumenten im Sinne des § 1 Absatz 11 des Kreditwesengesetzes innerhalb von multinationalen Unternehmensgruppen ist entsprechend den am Markt zum Zeitpunkt des Geschäftsabschlusses bestehenden Gegebenheiten und entsprechend dem Fremdvergleichsgrundsatz unter Beachtung der Risikoverteilung zwischen den Vertragsparteien zu vergüten.

3.136 Ein Eigenversicherer ist für die Übernahme seiner Tätigkeit entsprechend den am Markt zum Zeitpunkt des Geschäftsabschlusses bestehenden Gegebenheiten und entsprechend dem Fremdvergleichsgrundsatz unter Beachtung der Risikoübernahme, der Kapitalausstattungsanforderungen und der Synergieeffekte aufgrund der Gruppenzugehörigkeit zu vergüten.

K. Preisanpassungsklausel

3.136 In Fällen, in denen eine sachgerechte Preisanpassungsklausel vertraglich vereinbart wurde, ist die Anwendung von § 1a AStG ausgeschlossen.

Kapitel IV Weitere allgemeine Grundsätze

A. Erstkorrektur

4.1 Auf die Verwaltungsgrundsätze 2020 vom 3. Dezember 2020 (a. a. O.) wird verwiesen.

4.2 Eine Korrektur ist für den Veranlagungszeitraum vorzunehmen, in dem die jeweilige Einkünfteminderung eingetreten ist. Der Korrekturbetrag ist derselben Einkunftsart zuzurechnen wie die korrigierten Einkünfte.

B. Behandlung von Ausgleichszahlungen

4.3 Gleichen die Beteiligten in Verrechnungspreisfällen eine von der deutschen Finanzbehörde vorgenommene Korrektur dadurch aus, dass sie durch Ausgleichszahlungen den Zustand herbeiführen, der bei Beachtung des Grundsatzes des Fremdvergleichs eingetreten wäre, ist dieser Ausgleich

a) bei einer Korrektur wegen der Annahme einer verdeckten Gewinnausschüttung einer inländischen Körperschaft grundsätzlich als Einlage zu behandeln (vgl. BFH vom 29. Mai 1996, I R 118/93, BStBl II 1997 S. 92),

b) bei einer Korrektur wegen der Annahme einer verdeckten Einlage in eine ausländische Körperschaft grundsätzlich als Leistung zu behandeln, die beim Gesellschafter zu Bezügen im Sinne des § 20 Absatz 1 Nummer1 EStG führt,

c) bei einer Korrektur wegen der Annahme einer Entnahme als Einlage und bei der Berichtigung wegen einer Einlage als Entnahme zu behandeln,

d) bei Vorgängen, die zu einer auf § 1 AStG zu stützenden Berichtigung geführt haben, aus Billigkeitsgründen außerhalb der Bilanz mit dem zu Zwecken der Berichtigung vorgenommenen Zuschlag zu verrechnen (vgl. BFH vom 30. Mai 1990, I R 97/88, BStBl II 1990 S. 875). Dies gilt nur, wenn die Ausgleichszahlungen innerhalb eines Jahres nach Bekanntgabe des berichtigten Steuerbescheids tatsächlich geleistet worden sind.

4.4 Wird eine Beteiligung an einer nahestehenden ausländischen Gesellschaft veräußert oder wird eine solche Gesellschaft liquidiert und haben Vorgänge früherer Veranlagungszeiträume beim Gesellschafter zu einer Berichtigung nach § 1 AStG geführt, die noch nicht verrechnet worden ist (Rn. 4.3 Buchstabe d), ist das Vermögen der ausländischen Gesellschaft höher als es wäre, wenn die Gesellschaft einen dem Fremdvergleich entsprechenden Preis an den Gesellschafter gezahlt hätte. Zur Vermeidung einer Doppelbesteuerung kann in diesen Fällen der außerhalb der Bilanz angesetzte Berichtigungsbetrag aus Billigkeitsgründen (§ 163 AO) abgezogen werden. Die Kürzung kann auch zu einem Negativbetrag führen. Unterliegt ein nach dieser Billigkeitsregelung um den Berichtigungsbetrag nach § 1 AStG verminderter Veräußerungs- oder Liquidationsgewinn der Vorschrift des § 8b KStG, so sind die pauschalen nichtabziehbaren Betriebsausgaben im Sinne des § 8b Absatz 3 Satz 1 und Absatz 5 Satz 1 KStG nur vom verminderten Gewinn zu ermitteln. Ein sich durch die Anwendung dieser Billigkeitsregelung ergebender oder erhöhender Veräußerungs- oder Liquidationsverlust ist insgesamt nach § 8b Absatz 3 Satz 3 KStG außerbilanziell hinzuzurechnen, sodass sich im Verlustfall trotz Anwendung der Billigkeitsregelung keine Auswirkung auf das Einkommen der Anteilseigner-Kapitalgesellschaft ergibt. Ist auf Ebene des Anteilseigners das Teileinkünfteverfahren (§§ 3 Nummer 40c, 3c Absatz 2 EStG) anzuwenden, so kann der Berichtigungsbetrag nach § 1 AStG unter analoger Anwendung des § 3c Absatz 2 EStG nur zu 60 Prozent bei der Ermittlung des Gewinns oder Verlusts berücksichtigt werden. Entsprechendes gilt auch beim Gesellschafter, sofern die Berichtigung nach § 1 AStG nicht beim Gesellschafter selber, sondern bei dessen Tochtergesellschaft erfolgte und sofern § 1 AStG Vorrang gegenüber § 8 Absatz 3 Satz 2 KStG hat.

4.5 Im Fall der Liquidation ist die Kürzung in dem Veranlagungszeitraum vorzunehmen, in dem nach den Grundsätzen ordnungsmäßiger Buchführung ein etwaiger Liquidationserlös erfolgswirksam zu vereinnahmen ist. Eine Kürzung im Zeitpunkt des Liquidationsbeschlusses kommt deshalb nur in Betracht, wenn eine Abwicklung mangels Masse nicht stattfindet und ein Liquidationserlös nicht anfällt.

C. Gegenberichtigung

4.6 Eine Berichtigung der Einkünfte durch eine ausländische Steuerverwaltung kann zu einer Doppelbesteuerung im Hinblick auf die Einkünfte des inländischen nahestehenden Steuerpflichtigen führen. Passt der Steuerpflichtige daraufhin seine künftigen Verrechnungspreise an, unterliegt der Vorgang der Aufzeichnungspflicht gemäß § 90 Absatz 3 AO. Eine nachträgliche Gegenberichtigung ist nur anzuerkennen, soweit sie nach deutschem Steuerrecht materiell- und verfahrensrechtlich zulässig ist. Die Gegenberechtigung ist nach deutschem Steuerrecht materiell-rechtlich in der Weise durchzuführen, in der der Fremdvergleichsgrundsatz von Beginn an zutreffend berücksichtigt worden wäre; dementsprechend sind nationale Abzugsbeschränkungen wie beispielsweise die Zinsschranke (§ 4h EStG, § 8a KStG) bei der Gegenberichtigung zu beachten. Der Grundsatz der Abschnittbesteuerung ist zu beachten. Abkommensrechtlich eröffnen die Artikel 9 OECD-MA (insbesondere Artikel 9 Absatz 2 OECD-MA) nachgebildeten Artikel im jeweiligen DBA einen Anspruch auf Gegenberichtigung im anderen Vertragsstaat, soweit die Erstkorrektur nach Auffassung der Steuerverwaltung dieses anderen Vertragsstaats berechtigt ist. Als Änderungsvorschrift können innerhalb dieses Rahmens auf deutscher Seite neben den innerstaatlichen Abgrenzungsregelungen auch § 164 Absatz 2, § 173 Absatz 1 Nummer 2 AO zur Anwendung kommen, ohne dass zuvor ein Verständigungs- oder Schiedsverfahren durchgeführt worden ist (einseitige Abhilfe). Zwecks Umsetzung einer Verständigungsvereinbarung oder eines Schiedsspruchs, die gegebenenfalls auch zu einer weitergehenden Gegenberichtigung führen können, ist insoweit § 175a AO anzuwenden.

D. Zoll

4.7 Der für die Einkunftsabgrenzung maßgebliche Fremdvergleichspreis kann von dem der Verzollung zu Grunde liegenden Zollwert im Sinne des Artikel 70 Unionszollkodex (UZK; VO (EU) 952/2013 des Europäischen Parlaments vom 9. Oktober 2013, ABl. L 269, S. 1) oder von dem zur Erhebung der Einfuhrumsatzsteuer zu Grunde liegenden Einfuhrumsatzsteuerwert abweichen. Ungeachtet dessen kann die Zollwertermittlung eine ergänzende Hilfestellung bei der Bestimmung von Fremdvergleichspreisen leisten.

4.8 Nachträgliche Verrechnungspreisanpassungen in Form von Nachbelastungen durch den Verkäufer sind vom Anmelder dem zuständigen Hauptzollamt unverzüglich anzuzeigen (§ 153 AO). Bei nachträglichen Verrechnungspreisanpassungen in Form von Gutschriften des Verkäufers besteht mitunter ein Erstattungsanspruch. Voraussetzung ist jedoch, dass die Anpassung zwischen den Kaufvertragsparteien vor den Einfuhren dem Grunde und der Höhe nach vertraglich vereinbart wurde und produktbezogen erfolgt.

Kapitel V Glossar

5.1 Auf das Glossar in der Anlage 2 sowie das Glossar der OECD über steuerliche Begriffe (Glossary of Tax Terms) wird hingewiesen.

Kapitel VI Aufhebung von BMF-Schreiben und Anwendungsvorschrift

6.1 Die folgenden BMF-Schreiben werden mit Veröffentlichung dieses Schreibens im BStBl aufgehoben:

- BMF-Schreiben betr. die Veröffentlichung der BFH-Urteile v. 17. Dezember 2014 – I R 23/13, und v. 24. Juni 2015 – I R 29/14; Nichtanwendung der Urteilsgrundsätze in vergleichbaren Fällen vom 30. März 2016 (IV B 5 – S 1341/11/10004 :07, BStBl. I 2016, S. 455).
- BMF-Schreiben betr. die „Grundsätze für die Korrektur von Einkünften gemäß § 1 AStG" vom 14. Juli 2021 (IV B 5 – S 1341/19/10017 :001, BStBl. I S. 1098).

6.2 Dieses Schreiben ist mit Ausnahme der Regelungen zur Funktionsverlagerung (Kapitel I.) auf alle offenen Fälle anzuwenden; siehe insbesondere Rn. 2.3. Kapitel I. ist auf Funktionsverlagerungen anzuwenden, die nach dem 31. Dezember 2021 verwirklicht werden. Für Funktionsverlagerungen, die vor dem 1. Januar 2022 verwirklicht werden, gelten die Regelungen des BMF-Schreibens vom 13. Oktober 2010 (BMF-Schreiben betr. die „Grundsätze für die Prüfung der Einkunftsabgrenzung zwischen nahe stehenden Personen in Fällen von grenzüberschreitenden Funktionsverlagerungen – Verwaltungsgrundsätze Funktionsverlagerung" vom 13. Oktober 2010 (IV B 5 – S 1341/08/10003, BStBl. I 2010 S. 774).

Anlage 1

Die nachfolgende Abbildung der OECD-Verrechnunspreisleitlinien[1] erfolgt im Einvernehmen mit der OECD.[2]

[1] OECD (2022), OECD-Verrechnungspreisleitlinien für multinationale Unternehmen und Steuerverwaltungen 2022, OECD Publishing, Paris, https://doi.org/10.1787/148e4b28-de.

[2] **Anmerkung der Redaktion:** Abgedruckt in dieser Textsammlung (auf S. 1 bis 780) unter I. Internationale Materialien, OECD-Verrechnungspreisleitlinien 2022.

Anlage 2

Die Definitionen, die im Glossar in Anlage 1 angeführt sind, gelten entsprechend. Das nachfolgende Glossar enthält daher nur Definitionen, die dort nicht enthalten sind.

Cash Pool	Ein Cash Pool liegt vor, wenn die Salden der Zahlungsverkehrskonten von beteiligten Unternehmen einer multinationalen Unternehmensgruppe regelmäßig auf einem Sammelkonto eines Unternehmens dieser multinationalen Unternehmensgruppe virtuell oder tatsächlich konsolidiert werden.
Cash Pool-Leiter	Das Unternehmen der multinationalen Unternehmensgruppe, welches das Sammelkonto führt.
EBT	Earnings Before Taxes (Gewinn vor Steuern)
Eigenversicherer	Ein Unternehmen einer multinationalen Unternehmensgruppe oder mehrerer multinationalen Unternehmensgruppen, welches Versicherungen zu über 50 Prozent für Unternehmen dieser multinationalen Unternehmensgruppen anbietet. Für diese Beurteilung ist insbesondere auf die verdienten Beiträge für eigene Rechnung (Nettoprämie) abzustellen.
Fremdvergleichspreis	Der dem Fremdvergleichsgrundsatz entsprechende Verrechnungspreis.
Funktion	Eine Geschäftstätigkeit, die aus einer Zusammenfassung gleichartiger betrieblicher Aufgaben besteht, die von bestimmten Stellen oder Abteilungen eines Unternehmens erledigt werden. Sie ist ein organischer Teil eines Unternehmens, ohne dass ein Teilbetrieb im steuerlichen Sinn vorliegen muss.
Inbound-Sachverhalt	Geschäftsbeziehung, bei der eine Leistung vom inländischen Steuerpflichtigen empfangen wird.
Multinationale Unternehmensgruppe	Besteht aus mindestens zwei in verschiedenen Staaten ansässigen, i. S. d. § 1 Absatz 2 AStG einander nahestehenden Personen oder aus mindestens einer Person mit mindestens einer Betriebsstätte in einem anderen Staat. Der Begriff multinationale Unternehmensgruppe ist demnach nicht deckungsgleich mit dem Begriff Konzern.
Nettomarge	Der Nettogewinn eines Geschäftsvorfalls in Relation zu einer nach den Umständen des Einzelfalles geeigneten Bezugsgröße.
Outbound-Sachverhalt	Geschäftsbeziehung, bei der eine Leistung vom inländischen Steuerpflichtigen erbracht wird.

Risiko	Die einem Geschäftsvorfall im Sinne des § 1 Absatz 4 des Außensteuergesetzes immanente Möglichkeit, dass aus der Unvorhersehbarkeit der Zukunft resultierende Ereignisse eintreten, die zu einer Abweichung von geplanten Zielwerten führen können. Der Begriff Risiko umfasst auch die Chance, die eine positive Abweichung von geplanten Zielwerten darstellt.
Routineunternehmen	Ein Unternehmen, das als Ergebnis einer Funktions- und Risikoanalyse für den jeweiligen Geschäftsvorfall allein oder zusammen mit anderen nahestehenden Personen a. die Routinefunktionen ausübt, b. nur in geringem Umfang Vermögenswerte einsetzt und c. nur geringe Risiken trägt.
Rückhalt in der multinationalen Unternehmensgruppe (Konzernrückhalt)	Der Topos des sog. Konzernrückhalts beschreibt lediglich den rechtlichen und wirtschaftlichen Rahmen der Unternehmensverflechtung.
Strategieträger	Ein Unternehmen, das als Ergebnis einer Funktions- und Risikoanalyse für den jeweiligen Geschäftsvorfall allein oder zusammen mit anderen nahestehenden Personen a. die wesentlichen Funktionen ausübt, b. die wesentlichen materiellen Wirtschaftsgüter und immateriellen Werte einsetzt und c. die wesentlichen Risiken übernimmt.
Vergleichswerte	Insbesondere zum Vergleich herangezogene Preise und sonstige Geschäftsbedingungen, Kostenaufteilungen, Gewinnaufschläge, Bruttospannen, Nettospannen, Gewinnaufteilungen, wenn die Bedingungen der diesen zugrunde liegenden Geschäftsvorfälle vergleichbar sind.
Verhältnisse	Sind insbesondere a. die vertraglichen Bedingungen eines Geschäftsvorfalls, soweit diese dem tatsächlichen Verhalten der an dem jeweiligen Geschäftsvorfall Beteiligten entsprechen, b. die ausgeübten Funktionen der an dem Geschäftsvorfall Beteiligten unter Berücksichtigung der verwendeten Vermögenswerte und der übernommenen Risiken, einschließlich der Zusammenhänge zwischen diesen Funktionen und der allgemeinen Wertschöpfung der multinationalen Unternehmensgruppe, der Begleitum-

	stände des Geschäftsvorfalls und der branchenüblichen Gepflogenheiten, c. die Eigenschaften übertragener oder überlassener Vermögenswerte oder erbrachter Dienstleistungen, d. die wirtschaftlichen Verhältnisse der an dem Geschäftsvorfall Beteiligten und die Verhältnisse des für den Geschäftsvorfall relevanten Marktes, einschließlich Standortvorteilen sowie der rechtlichen Rahmenbedingungen und e. die von den an dem Geschäftsvorfall Beteiligten verfolgten Geschäftsstrategien.
Vermögenswerte	Wirtschaftsgüter und Vorteile. Zu den Vermögenswerten gehören insbesondere materielle Wirtschaftsgüter, immaterielle Werte einschließlich immaterieller Wirtschaftsgüter, Beteiligungen und Finanzanlagen.
Vorteile	Unter anderem eine eingespielte Betriebsorganisation, eingespielte Belegschaft/Mitarbeiterstamm (assembled work-force). Sie stellen die Möglichkeit der Steigerung des Einkommens oder liquider Mittel dar.
Wertschöpfung	Misst den Ertrag aus wirtschaftlicher Tätigkeit als Differenz zwischen der Leistung einer Wirtschaftseinheit und der zur Leistungserstellung benötigten Vorleistungen.

Anlage 3

Beispiel zu Wertermittlung für Funktionsverlagerungen[3]

Sachverhalt und allgemeine Annahmen

Eine inländische Mutter-Kapitalgesellschaft (MG) hat zum 01.01. des Jahres ein Transferpaket auf eine neu gegründete ausländische Tochter-Kapitalgesellschaft (TG) übertragen.

Der nachhaltig erzielbare finanzielle Überschuss (FÜ) i. S. § 2 FVerlV aus der übertragenen Funktion aus Sicht der verlagernden MG beträgt voraussichtlich jährlich 600 TEUR. Die übernehmende TG rechnet hingegen mit einem FÜ in Höhe von jährlich 700 TEUR. Die inländische Ertragsteuerbelastung der MG soll 25 % (s_{U_MG}), die ausländische Belastung der TG 20% (s_{U_TG}) betragen.

Für beide Unternehmen sollen folgende, weitere Annahmen gleichermaßen gelten:

- Nachschüssiger Zufluss der o. g. FÜ ab dem Bewertungsstichtag.
- Vollständige Eigenkapitalfinanzierung (MG und TG ist unverschuldet).
- Anwendung des Capital Asset Pricing Modells (CAPM).
- Laufzeitäquivalenter Kapitalisierungszinssatz (i) aller künftiger Perioden (T):

	Marktrisikoprämie vor persönlichen Ertragsteuern	MRP_{vSt}	8,00 %
x	Betafaktor für das Eigenkapital	β_{EK}	1,00
=	Risikozuschlag		8,00 %
+	Risikoloser (Basis-)Zinssatz	r_f	2,00 %
=	Erwartete Rendite der Eigenkapitalgeber	$r_{EK} = i$	10,00 %

1. Fallvariante

– Berücksichtigung von beispielhaften Synergie- und Steuereffekten (§ 2 FVerlV) –

Zusätzlich zu den allgemeinen Angaben (s. o.) sei ein unbegrenzter Kapitalisierungszeitraum anzunehmen. Zudem sollen die Buchwerte (BWMG) der im Transferpaket enthaltenen Wirtschaftsgüter im Inland steuerlich vollständig abgeschrieben sein. Im Ausland sollen diese Wirtschaftsgüter steuerlich linear auf 3 Jahre (stl_NDTG) abschreibbar sein. Die Summe der Werte dieser Wirtschaftsgüter soll dem Gesamtwert des Transferpakets entsprechen.

a) Ermittlung des Mindestpreises für MG (Beispiel EXIT-Steuer)

aa) Ertragswert (NPV) aus Sicht MG

$$\mathbf{NPV_{MG}} = \frac{FÜ_{MG}}{i_{MG}} = \frac{600\ \text{TEUR}}{10\ \%} = \mathbf{6.000\ TEUR}$$

[3] Die Kalkül-Variablen in den Beispielen wurden vereinfachend angenommen und sind daher nicht mit den reellen Marktgegebenheiten vergleichbar.

ab) Mindestpreis MG unter Berücksichtigung der EXIT-Steuer aus dem Transfer

$$\textbf{Mindestpreis}_{MG} = \frac{NPV_{MG} - (s_{U\_MG} \times BW_{MG})}{(1 - s_{U\_MG})} = \frac{6.000\ TEUR - (25\ \% \times 0\ TEUR)}{1 - 25\ \%} = \textbf{8.000 TEUR}$$

b) Ermittlung des Höchstpreises für TG (Beispiel Tax-Amortization-Benefit):

ba) Ertragswert (NPV) aus Sicht TG

$$\textbf{NPV}_{TG} = \frac{FÜ_{TG}}{i_{TG}} = \frac{700\ TEUR}{10\ \%} = \textbf{7.000 TEUR}$$

bb) Höchstpreis TG unter Berücksichtigung des „Tax-Amortization-Benefit“ (TAB)

Perioden$_{t1_bis_t3}$	**1**	**2**	**3**
Diskontsätze: $1 \div (1 + i_{TG})^t$	0,9091	0,8264	0,7513
x AfA in % p.a. für stl_ND$_{TG}$	33 %	33 %	33 %
= Barwerte der AfA	0,3030	0,2755	0,2504
x S_{U_TG}	20 %	20 %	20 %
= Steuerersparnis aus AfA	0,0606	0,0551	0,0501

→ Summe dieser Steuerersparnisse (StE): 0,1658

→ **Step-Up-Faktor$_{TAB}$:** 1 ÷ (1 – StE) = 1 ÷ (1 – 0,1658) = **1,1987**

Höchstpreis$_{TG}$ = NPV$_{TG}$ x Step-Up-Factor$_{TAB}$ = 7.000 TEUR x 1,1987 = **8.391 TEUR**

c) Ermittlung des Einigungswertes:

Der Mindestpreis ist mit 8.000 TEUR und der Höchstpreis mit 8.391 TEUR anzunehmen. Da keine Anhaltspunkte vorliegen, die gegen die Annahme des Mittelwertes des Einigungsbereichs als Einigungswert sprechen, entspricht dieser einem Wert in Höhe von 8.196 TEUR.

2. Fallvariante B

– Beschränkte Kapitalisierungszeiträume –

Zusätzlich zu den allgemeinen Angaben (s. o.) soll die Annahme gelten, dass aufgrund der künftig erwartbaren Entwicklungen der Kapitalisierungszeitraum für MG auf 3 Jahre (TMG = 3) und für TG auf 5 Jahre (TTG =5) zu beschränken ist. Die Gründe hierfür seien glaubhaft dargelegt worden (§ 5 FVerlV). Die jährlichen FÜ sollen unverändert in jeder Periode (t) im oben genannten Umfang anfallen. Zudem sollen die Buchwerte (BWMG) der im Transferpaket enthaltenen Wirtschaftsgüter im Inland noch 1.000 TEUR betragen. Für die TG sei der Step-Up-FactorTAB weiterhin 1,1987.

a) Ermittlung des Mindestpreises (Beispiel beschränkter Kapitalisierungszeitraum):

aa) Ertragswert (NPV) aus Sicht MG

Perioden$_{t1_bis_t3}$	**1**	**2**	**3**
Diskontsätze: $1 \div (1 + i_{MG})^t$	0,9091	0,8264	0,7513
x Zahlungsüberschüsse $FÜ_{MG}$	600 TEUR	600 TEUR	600 TEUR
= Barwerte in t_0	545 TEUR	496 TEUR	451 TEUR

Summe der Barwerte in t_0 = **NPV_{MG}: 1.492 TEUR**

ab) Mindestpreis MG unter Berücksichtigung der EXIT-Steuer aus dem Transfer

$$\textbf{Mindestpreis}_{MG} = \frac{NPV_{MG} - (s_{U\_MG} \times BW_{MG})}{(1 - s_{U\_MG})} = \frac{1.492\ TEUR - (25\ \% \times 1.000\ TEUR)}{1 - 25\ \%} = \textbf{1.656 TEUR}$$

b) Ermittlung des Höchstpreises für TG (Beispiel Tax-Amortisation-Benefit):

ba) Ertragswert (NPV) aus Sicht TG

Perioden$_{t1_bis_t3}$	**1**	**2**	**3**	**4**	**5**
Diskontsätze: $1 \div (1 + i_{TG})^t$	0,9091	0,8264	0,7513	0,6830	0,6209
x Zahlungsüberschüsse $FÜ_{TG}$	700 TEUR	700 TEUR	700 TEUR	700 TEUR	700 TEUR
= Barwerte in t_0	636 TEUR	579 TEUR	526 TEUR	478 TEUR	435 TEUR

Summe der Barwerte in t_0 = **NPV_{TG}: 2.654 TEUR**

bb) Höchstpreis TG unter Berücksichtigung des „Tax-Amortisation-Benefit" (TAB)

→ Step-Up-Factor$_{TAB}$ unverändert ggü. Fallvariante A: 1,1987

Höchstpreis$_{TG}$ = NPV_{TG} × Step-Up-Factor$_{TAB}$ = 2.654 TEUR x 1,1987 = **3.181 TEUR**

b) Ermittlung des Einigungswertes:

Der MindestpreisMG beträgt 1.656 TEUR und der HöchstpreisTG 3.181 TEUR. Da für die Bestimmung des Einigungswertes keine Anhaltspunkte gegen den Mittelwert (2.419 TEUR) des Einigungsbereiches sprechen, ist dieser Wert der Besteuerung zugrunde zu legen.

3. Abwandlung der Fallvariante B

– Preisanpassungsklausel –

Bei der Folgeprüfung wird festgestellt, dass die TG – abweichend von der ursprünglichen Planung (vgl. Fallvariante B, Buchstabe b)) – tatsächliche FÜ i. H. v. 805 TEUR (statt 700 TEUR) erzielt hat und im sechsten Jahr (nun TTG = 6) immer noch erzielt. Künftig sei nun aber mit keinen weiteren FÜ aus dem Transferpaket zu rechnen. Die Parteien (MG und TG) hatten weder eine Preisanpassungsklausel noch eine Lizenzvereinbarung getroffen. Die gesetzliche Vermutung des § 1a Satz 1 AStG, dass zum Zeitpunkt des Geschäftsabschlusses Unsicherheiten im Hinblick auf die Preisvereinbarung bestanden und unabhängige Dritte eine sachgerechte Anpassungsregelung vereinbart hätten, konnte der Steuerpflichtige nicht widerlegen. Der bisherige MindestwertMG i.H.v. 1.656 TEUR gilt unverändert fort. Der neue HöchstpreisTG ermittelt sich wie folgt:

a) Neuer Ertragswert (NPV) aus Sicht TG

Perioden$_{t1_bis_t5}$	**1**	**2**	**3**	**4**	**5**	**6**
Diskontsätze: $1 \div (1 + i_{TG})^t$ x Zahlungsüberschüsse $FÜ_{TG}$	0,9091 805 TEUR	0,8264 805 TEUR	0,7513 805 TEUR	0,6830 805 TEUR	0,6209 805 TEUR	0,545 805 TEUR
= Barwerte in t_0	732 TEUR	665 TEUR	605 TEUR	550 TEUR	500 TEUR	454 TEUR

Summe der Barwerte in t_0 = **NPV_{TG}: 3.506 TEUR**

b) Neuer Höchstpreis TG unter Berücksichtigung des „Tax-Amortisation-Benefit" (TAB)

→ Step-Up-Factor$_{TAB}$ unverändert ggü. Fallvariante A: 1,1987

Höchstpreis$_{TG}$ = NPV_{TG} × Step-Up-Factor$_{TAB}$ = 3.506 TEUR x 1,1987 = **4.203 TEUR**

Aufgrund der tatsächlichen Gewinnentwicklung der TG ergibt sich ein neuer Höchstpreis von 4.203 TEUR. Der Mittelwert des neuen Einigungsbereichs (1.656 TUER bis 4.203 TEUR) beträgt 2.930 TEUR. Eine erhebliche Abweichung i. S. § 1a Satz 1 AStG ist gegeben, da der tatsächliche Wert i. H. v. 2.930 TEUR über dem Wert von 2.903 TEUR (2.419 TEUR bisheriger hypothetischer Einigungswert zzgl. 20% hierauf) liegt (§ 1a Satz 3 AStG). Nach § 1a Satz 5 AStG lässt sich in Folge ein angemessener Anpassungsbetrag i. H. v. 511 TEUR (2.930 TEUR abzgl. 2.419 TEUR) ermitteln. Die Einkünfte sind entsprechend nach § 1 Absatz 1 Satz 1 AStG zu berichtigen.

BMF-Schreiben v. 23.6.2023 - IV D 1 - S 0223/20/10001 :003

Tatsächliche Verständigung über den der Steuerfestsetzung zugrunde liegenden Sachverhalt
Tatsächliche Verständigung - Anwendung in grenzüberschreitenden Sachverhalten

BEZUG: BMF-Schreiben vom 30. Juli 2008 (BStBl I S. 831), zuletzt ergänzt durch BMF-Schreiben vom 15. April 2019 (BStBl I S. 447)

DOK **2023/0596306**

Nach Erörterung mit den obersten Finanzbehörden der Länder wird das BMF-Schreiben vom 30. Juli 2008 (BStBl I S. 831), zuletzt ergänzt durch das BMF-Schreiben vom 15. April 2019 (BStBl I S. 447), wie folgt ergänzt:

In Textziffer 4.1 wird folgender Absatz am Ende ergänzt.

„Bei Vorliegen grenzüberschreitender Sachverhalte ist das Instrument der tatsächlichen Verständigung nur zurückhaltend anzuwenden. Auf die bestehenden Instrumente der internationalen Verwaltungszusammenarbeit, z. B. die Möglichkeit einer grenzüberschreitenden Betriebsprüfung, sowie insbesondere § 162 Absatz 2 bis 4 AO wird hingewiesen."

In Textziffer 5.5 wird nach Satz 1 folgender neuer Satz 2 eingefügt.

„Soll im Einzelfall der Abschluss einer tatsächlichen Verständigung in grenzüberschreitenden Sachverhalten erfolgen (Tz. 4.1. Absatz 2), sollte die tatsächliche Verständigung zusätzlich auch von der (ggf. im Ausland ansässigen) Konzernspitze unterzeichnet werden."

Dieses Schreiben wird im Bundessteuerblatt Teil I veröffentlicht. Es steht ab sofort für eine Übergangszeit auf den Internetseiten des Bundesministeriums der Finanzen unter der Rubrik *Themen - Steuern - Steuerverwaltung & Steuerrecht - Abgabenordnung - BMF-Schreiben/Allgemeines* (http://www.bundesfinanzministerium.de) zur Ansicht und zum Abruf bereit.

Im Auftrag

BMF-Schreiben v. 21.2.2024 - IV B 3 - S 1304/21/10005 :003

Merkblatt zu internationalen Verständigungs- und Schiedsverfahren (Streitbeilegungsverfahren) auf dem Gebiet der Steuern vom Einkommen und vom Vermögen

Unter Bezugnahme auf das Ergebnis der Erörterungen mit den Vertretern der obersten Finanzbehörden der Länder gilt für internationale Streitbeilegungsverfahren auf dem Gebiet der Steuern vom Einkommen und vom Vermögen folgendes Merkblatt:

Inhaltsübersicht

BMF-Schr.

Abkürzungsverzeichnis

Abs.	*Absatz*
AEAO	*Anwendungserlass zur Abgabenordnung*
AO	*Abgabenordnung*
Art.	*Artikel*
BFH	*Bundesfinanzhof*
BMF	*Bundesministerium der Finanzen*
BStBl	*Bundessteuerblatt*
BZSt	*Bundeszentralamt für Steuern*
bzw.	*beziehungsweise*
d. h.	*das heißt*
DBA	*Doppelbesteuerungsabkommen*
EStG	*Einkommensteuergesetz*
EU	*Europäische Union*

EUAHiG	*Gesetz über die Durchführung der gegenseitigen Amtshilfe in Steuersachen zwischen den Mitgliedstaaten der Europäischen Union*
EU-DBA-SBG	*EU-Doppelbesteuerungsabkommen-Streitbeilegungsgesetz*
EU-Schiedskonvention	*Übereinkommen vom 23. Juli 1990 über die Beseitigung der Doppelbesteuerung im Falle von Gewinnberichtigungen zwischen verbundenen Unternehmen (90/436/EWG)*
ff.	*folgende*
FVG	*Finanzverwaltungsgesetz*
gem.	*gemäß*
ggf.	*gegebenenfalls*
i. d. R.	*in der Regel*
i. V. m.	*in Verbindung mit*
Nr.	*Nummer*
OECD-MA	*OECD-Musterabkommen*
Rn.	*Randnummer*
Tz.	*Textziffer*
u. U.	*unter Umständen*
VerhGl.	*Verhandlungsgrundlage für Doppelbesteuerungsabkommen im Bereich der Steuern vom Einkommen und Vermögen vom 22. August 2013*
vgl.	*vergleiche*

A. Allgemeines

1. Allgemeines zu internationalen Streitbeilegungsverfahren

1.1 Rechtsgrundlagen und Rechtsnatur

1 Internationale Streitbeilegungsverfahren im Sinne dieses Merkblatts umfassen internationale Verständigungs- und Schiedsverfahren auf dem Gebiet der Steuern vom Einkommen und vom Vermögen. Sie beruhen auf den folgenden Rechtsgrundlagen:

- Artikel zu Verständigungs- und ggf. Schiedsverfahren des zwischen den betroffenen Vertragsstaaten anzuwendenden DBA (vgl. Art. 24 VerhGl),
- dem Übereinkommen vom 23. Juli 1990 über die Beseitigung der Doppelbesteuerung im Falle von Gewinnberichtigungen zwischen verbundenen Unternehmen (90/436/EWG)1 (im Weiteren als „EU-Schiedskonvention" bezeichnet) und
- dem EU-Doppelbesteuerungsabkommen-Streitbeilegungsgesetz (EU-DBA-SBG)[1].

2 Internationale Streitbeilegungsverfahren sind zwischenstaatliche Verfahren auf Antrag eines oder mehrerer Steuerpflichtiger zur übereinstimmenden Anwendung von DBA oder der EU-Schiedskonvention. Nicht Gegenstand dieses Merkblatts sind diejenigen Verfahren nach DBA, für die kein Antragsrecht Steuerpflichtiger vorgesehen ist (vgl. insbesondere Art. 24 Abs. 3 VerhGl.).

3 Vorabverständigungsverfahren nach § 89a AO sind von diesem Merkblatt grundsätzlich nicht betroffen. Allerdings können die Grundsätze dieses Merkblatts aufgrund der Vergleichbarkeit der Verfahren sinngemäß übertragen werden, soweit § 89a AO dieser Übertragung nicht entgegensteht.

4 Dieses Merkblatt bezieht sich, soweit es Ausführungen zu Streitbeilegungsverfahren nach dem Verständigungsartikel eines DBA enthält, auf die VerhGl3. Das zwischen den betroffenen Vertragsstaaten anzuwendende DBA kann hiervon abweichen und ist stets vorrangig zu beachten.

5 Liegen die in der jeweiligen Rechtsgrundlage festgelegten Voraussetzungen vor, sind der Zugang zu einem Verständigungsverfahren und – sofern vorgesehen – die Einleitung eines Schiedsverfahrens gesetzlich verankerte Rechte des Steuerpflichtigen, wenn nicht ausdrücklich ein Ermessen der Verwaltung hinsichtlich der Durchführung von Verständigungs- oder Schiedsverfahren besteht. Ein solches Ermessen kommt insbesondere in Betracht, wenn die Rechtsgrundlage für ein Verfahren als Kann-Vorschrift formuliert ist (vgl. z. B. Art. 25 Abs. 6 DBA Kanada 2002).

6 Ein Antrag auf Einleitung eines gesetzlich normierten Schiedsverfahrens kann von den zuständigen Behörden der Vertragsstaaten insbesondere abgelehnt werden, wenn

- bei einem Verfahren nach einem DBA Einschränkungen nach dem zwischen den betroffenen Vertragsstaaten anzuwendenden DBA vorliegen (vgl. z. B. Art. 25 Abs. 6 DBA Kanada 2002),
- bei einem Verfahren nach der EU-Schiedskonvention die Voraussetzungen des Art. 8 Abs. 1 der EU-Schiedskonvention erfüllt sind,

BMF-Schr.

[1] Fundstelle: http://www.gesetze-im-internet.de/eu-dba-sbg/index.html.

- bei einem Verfahren nach dem EU-DBA-SBG die Voraussetzungen des § 20 Abs. 1 oder 2 EU-DBASBG erfüllt sind (siehe auch Rn. 177).

7 Die jeweiligen Rechtsgrundlagen enthalten Bestimmungen, nach denen die zuständige Behörde in Deutschland mit den zuständigen Behörden anderer Staaten unmittelbar verkehren kann, um eine Einigung über Einzelfälle herbeizuführen, die die Besteuerung in Deutschland oder in einem anderen Staat betreffen. Die Verständigungsklauseln der DBA und der EU-Schiedskonvention sind durch die jeweiligen Zustimmungsgesetze innerstaatliches Recht geworden.

8 Im Einzelfall können auch multilaterale Verfahren in Betracht kommen. Ob ein multilaterales Verfahren möglich und sachgerecht ist, hängt von den Rechtsgrundlagen und den Gegebenheiten des Einzelfalls ab.

1.2 Verhältnis der Streitbeilegungsverfahren zueinander

9 Ist bereits ein Verfahren nach einem DBA beantragt worden und wird im Anschluss für denselben Sachverhalt ein Verfahren nach der EU-Schiedskonvention beantragt, so lehnt das BZSt das später beantragte Verfahren ab, wenn nicht der früher nach dem DBA gestellte Antrag zurückgenommen wird. Dasselbe gilt im umgekehrten Fall, wenn zuerst ein Verfahren nach der EU-Schiedskonvention beantragt wurde.

10 Bei gleichzeitiger Beantragung eines Verständigungsverfahrens sowohl nach dem Verständigungsartikel eines DBA als auch nach der EU-Schiedskonvention setzt das BZSt eine angemessene Frist, in der sich der Antragsteller schriftlich für eines der beiden Verfahren entscheiden soll. Entscheidet sich dieser innerhalb der gesetzten Frist nicht, legt das BZSt den Antrag nach pflichtgemäßem Ermessen zugunsten des Antragstellers aus.

11 Sobald die betroffene Person ein Verfahren nach dem EU-DBA-SBG initiiert, sind zuvor beantragte bzw. bereits eingeleitete Verfahren nach einem DBA oder der EU-Schiedskonvention von Amts wegen zu beenden (§ 4 Abs. 4 Satz 1 EU-DBA-SBG). Nach Einlegung der Streitbeilegungsbeschwerde oder nach Beendigung des Verfahrens nach dem EU-DBA-SBG ist ein Antrag auf Durchführung eines Verfahrens nach einem DBA oder der EU-Schiedskonvention als unzulässig abzulehnen (vgl. § 4 Abs. 4 EU-DBA-SBG). Entsprechend ist auch bei gleichzeitiger Beantragung eines Verfahrens nach dem EUDBA-SBG und eines Verfahrens nach einem DBA oder der EU-Schiedskonvention zu verfahren. In diesen Fällen sind die Anträge auf Durchführung eines Verfahrens nach einem DBA oder der EU-Schiedskonvention abzulehnen. Dieser Vorrang gilt nur, soweit das EU-DBA-SBG anwendbar ist (§ 33 EU-DBA-SBG, siehe auch Rn. 146 und Rn. 147).

1.3 Verhältnis der Streitbeilegungsverfahren zu innerstaatlichen Rechtsbehelfen

12 Einem Antrag auf Einleitung eines Verständigungsverfahrens steht nicht entgegen, dass zum Gegenstand des Streitbeilegungsverfahrens nach deutschem Steuerrecht oder nach dem Recht des anderen Staates ein Rechtsbehelf anhängig oder der Rechtsweg noch nicht erschöpft ist. Zu bedenken ist jedoch, dass das innerstaatliche Recht mancher Staaten es nicht zulässt, eine Verständigungsvereinbarung einzugehen oder umzusetzen, die zu einem von der Entscheidung eines innerstaatlichen Gerichts abweichenden Ergebnis führt. Der Antragsteller sollte daher ggf. zuvor prüfen, welches der Verfahren er verfolgen möchte.

13 Informationen zu zuständigen Behörden und Verfahrensvorschriften ausländischer Staaten enthält die OECD-Sammlung „Country Profiles on Mutual Agreement Procedures“[2].

14 Es ist zulässig, gleichzeitig ein innerstaatliches Rechtsbehelfsverfahren und ein internationales Streitbeilegungsverfahren über denselben Streitgegenstand zu führen (Rn. 12). Dabei sollte jedoch insbesondere Folgendes berücksichtigt werden:

a) Die Umsetzung von Verständigungsvereinbarungen erfolgt bei Verfahren nach allen drei Rechtsgrundlagen unter dem Vorbehalt der Rücknahme ggf. in Deutschland oder im Ausland anhängiger Rechtsbehelfe, soweit diese Rechtsbehelfe den Gegenstand der Verständigung betreffen (siehe auch Tz. 4.1).

b) Bei Verfahren nach einem DBA muss auf die ggf. im jeweils anzuwendenden DBA geregelten Rechtsfolgen geführter nationaler Rechtsbehelfe geachtet werden (vgl. Art. 24 Abs. 5 Satz 2 DBA Japan 2016).

c) Wird bei Verfahren nach der EU-Schiedskonvention der Besteuerungsfall im Rahmen eines eingelegten Rechtsbehelfs einem Gericht vorgelegt, beginnt die in Art. 7 Abs. 1 Satz 1 EU-Schiedskonvention genannte Zweijahresfrist (siehe Rn. 132) erst zu dem Zeitpunkt, an dem die in letzter Instanz im Rahmen der innerstaatlichen Rechtsbehelfe ergangene Entscheidung rechtskräftig geworden ist (Art. 7 Abs. 1 Satz 2 EU-Schiedskonvention).

   Können nach dem innerstaatlichen Recht eines der beteiligten Vertragsstaaten die zuständigen Behörden nicht von Entscheidungen der Gerichte abweichen, setzt das Schiedsverfahren voraus, dass das Unternehmen in diesem Vertragsstaat Rechtsbehelfe, soweit sie sich auf den Gegenstand des Schiedsverfahrens beziehen, zurücknimmt oder darauf verzichtet (Art. 7 Abs. 3 EU-Schiedskonvention).

d) Bei einem Verfahren nach dem EU-DBA-SBG beginnen die folgenden Fristen erst mit Ablauf des Tages, an dem eine im Rechtsbehelfsverfahren Deutschlands bzw. des anderen Staates ergangene Entscheidung rechtskräftig geworden ist, dieses Verfahren auf andere Weise endgültig abgeschlossen oder dieses Verfahren ausgesetzt oder ruhend gestellt oder das Ruhen des Verfahrens angeordnet worden ist:

   - Frist zur Entscheidung über die Zulassung der Streitbeilegungsbeschwerde (§ 8 Abs. 1 EUDBA-SBG, siehe auch Rn. 165),
   - Frist, die den zuständigen Behörden zur Lösung der Streitfrage im Verständigungsverfahren zur Verfügung steht (Einigungsfrist; § 13 Abs. 3 EU-DBA-SBG, siehe auch Rn. 171).

   Wenn in dem anderen Mitgliedstaat der EU ein innerstaatliches Urteil ergangen ist und dieser Mitgliedstaat nicht von dieser rechtskräftigen Entscheidung abweichen kann, ist das Verfahren von Amts wegen zu beenden (§§ 16 Abs. 3, 20 Abs. 4 EU-DBA-SBG).

1.4 Verhältnis der Streitbeilegungsverfahren zu Quellensteuer-Erstattungsverfahren

15 Ein Streitbeilegungsverfahren ersetzt nicht das Verfahren zur Erstattung einbehaltener Quellensteuer.

[2] Abrufbar unter http://www.oecd.org/tax/dispute/country-map-profiles.htm.

16 Das Recht zur Vornahme des Quellensteuerabzugs (für Steuern auf Dividenden, Zinsen, Lizenzgebühren oder sonstige von einer im anderen Vertragsstaat ansässigen Person bezogene Einkünfte, dazu gehören auch Einkünfte aus nichtselbständiger Arbeit) wird durch die DBA in der Regel nicht berührt. Fast alle neueren deutschen DBA enthalten entsprechende klarstellende Regelungen (siehe Art. 27 VerhGl.). Auch ohne eine solche Klarstellung im DBA gilt, soweit im spezifischen DBA nicht ausdrücklich abweichend geregelt, dass die Vornahme des Quellensteuerabzugs – auch in Fällen, in denen dem Quellenstaat nach dem DBA das Besteuerungsrecht nicht zugewiesen ist – nicht gegen das Abkommen verstößt, wenn der Quellenstaat seiner Verpflichtung im Rahmen eines Erstattungsverfahrens nachkommt (vgl. BFH vom 21. Mai 1997 -I R 79/96, BStBl 1998 II Seite 113). Ein Antrag auf Einleitung eines Verständigungsverfahrens hinsichtlich des Quellensteuerabzugs, ohne dass zuvor der Weg eines eingerichteten Erstattungsverfahrens beschritten worden wäre, ist deshalb in der Regel als unbegründet abzulehnen.

17 Ist im Ausland für Einkünfte, die dem Steuerabzug vom Kapitalertrag oder dem Steuerabzug, vergleichsweise dem inländischen § 50a EStG, unterliegen, ein Erstattungsverfahren eingerichtet, das im Wesentlichen dem Verfahren nach § 50c Abs. 3 EStG entspricht, ist ein solches Verfahren vom Antragsteller vorrangig in Anspruch zu nehmen. Das gilt auch für andere Verfahren, z. B. wenn die im Wege des Steuerabzugs einbehaltene Einkommensteuer (z. B. durch Abzug vom Arbeitslohn) im Rahmen eines Veranlagungsverfahrens, das für beschränkt Steuerpflichtige entsprechend § 50 Abs. 2 Satz 2 EStG durchzuführen wäre, angerechnet oder erstattet wird oder eine Erstattung vergleichbar der Regelung in § 37 Abs. 2 AO (Zahlung ohne rechtlichen Grund) erlangt werden kann. Ist ein entsprechendes Verfahren deshalb nicht erfolgreich, weil der Antragsteller die hierfür geltenden Voraussetzungen nicht beachtet hat, insbesondere die Erstattung nicht nach den im jeweiligen DBA oder, soweit dort keine Fristen für Erstattungsanträge geregelt sind, nach den im innerstaatlichen Recht des Quellenstaats geltenden Fristen beantragt hat, so liegt darin ebenfalls keine gegen das Abkommen verstoßende Besteuerung. Auch in einem solchen Fall ist ein Antrag auf Einleitung eines Verständigungsverfahrens hinsichtlich des Quellensteuerabzugs daher unbegründet.

18 Wird ein Erstattungsantrag aus anderen als den oben genannten Gründen von der jeweiligen zuständigen Behörde abgelehnt, ist die Ablehnung des Erstattungsantrags eine Maßnahme, die zu einer dem Abkommen nicht entsprechenden Besteuerung führen kann. Vorbehaltlich des Vorliegens der weiteren Voraussetzungen ist ein insofern gestellter Antrag auf Einleitung eines Verständigungsverfahrens dann begründet. Gegenstand des Verfahrens ist die Auslegung oder Anwendung des betreffenden Abkommens oder Übereinkommens (siehe Rn. 32).

19 Wird über einen unter Beachtung der Regeln eines eingerichteten Erstattungsverfahrens gestellten und materiell begründeten Erstattungsantrag nicht in angemessener Zeit entschieden, stellt dies eine nicht dem Abkommen entsprechende Besteuerung dar. Welche Bearbeitungszeit angemessen ist, hängt von den Umständen des Einzelfalls ab. In der Regel sind Bearbeitungszeiten bis zu zwei Jahren nicht als unangemessen anzusehen. Da in solchen Fällen Schwierigkeiten bestehen, für den Beginn der Frist für einen Antrag auf Einleitung eines Verständigungsverfahrens an etwas anderes als den ursprünglichen Quellensteuerabzug anzuknüpfen, sollte dieser Antrag so rechtzeitig gestellt werden, dass die

Antragsfrist auch bei unterstelltem Fristbeginn zum Zeitpunkt des Quellensteuerabzugs noch eingehalten wird.

20 Das Freistellungsverfahren ist ein Verfahren, in dem in der Regel vor Einbehalt der Quellensteuer das Absehen vom Quellensteuerabzug herbeigeführt werden kann. Ein ganz oder teilweise erfolglos gebliebenes Freistellungsverfahren führt grundsätzlich nicht dazu, dass das Bestreiten eines Erstattungsverfahrens nicht mehr erforderlich wäre. Somit wäre in diesem Fall ein Antrag auf Einleitung eines Verständigungsverfahrens unbegründet.

21 Besondere Schwierigkeiten können sich ergeben, wenn ein Steuerpflichtiger, auf dessen Rechnung im Quellenstaat ein Quellensteuerabzug durchgeführt wurde, im Ansässigkeitsstaat zunächst die entsprechenden Einkünfte als nach DBA freizustellen oder die Quellensteuer als anrechenbar erklärt, der Ansässigkeitsstaat aber später zu einer anderen abkommensrechtlichen Beurteilung gelangt.

22 Auch in diesen Fällen gilt, dass ein Streitbeilegungsverfahren nicht das Verfahren zur Erstattung oder Ermäßigung einbehaltener Quellensteuer ersetzt. Ist also der Quellenstaat nach dem DBA zur Steuerfreistellung verpflichtet und deshalb die Versagung der Freistellung oder Anrechnung durch den Ansässigkeitsstaat abkommensgemäß, dann ist ein diesbezüglicher Antrag auf Einleitung eines Verständigungsverfahrens als unbegründet abzulehnen, wenn zuvor keine Erstattung im Quellenstaat beantragt wurde.

23 Kann in solchen Fällen ausnahmsweise, auch unter Berücksichtigung von § 110 AO oder vergleichbaren ausländischen Vorschriften, nach dem Versagen der Freistellung oder Anrechnung durch den Ansässigkeitsstaat kein fristgerechter Erstattungsantrag mehr gestellt werden, weil zum Zeitpunkt des Versagens der Freistellung oder Anrechnung durch den Ansässigkeitsstaat die Frist für einen Erstattungsantrag im Quellenstaat bereits abgelaufen war, gilt Folgendes:

a) Im Grundsatz gilt auch in einem solchen Fall, dass die Vornahme des Quellensteuerabzugs nicht als Verstoß gegen das Abkommen einzustufen ist, wenn ein Erstattungsverfahren im Sinne der Rn. 17 Satz 1 und 2 eingerichtet war. Hat der Antragsteller die Regeln dieses Erstattungsverfahrens nicht beachtet, liegt auch im Ausbleiben einer Erstattung der Quellensteuer keine dem Abkommen nicht entsprechende Besteuerung vor. Dies gilt insbesondere, wenn die Erstattung nicht gemäß den im jeweiligen DBA oder, soweit dort keine Fristen für Erstattungsanträge geregelt sind, gemäß den im innerstaatlichen Recht des Quellenstaats geltenden Fristen beantragt wurde. Dass dem Antragsteller ein möglicher Erstattungsanspruch erst zum Zeitpunkt der Versagung der Freistellung oder Anrechnung durch den Ansässigkeitsstaat bewusstgeworden sein könnte, ändert hieran grundsätzlich nichts. Ist auch die Versagung der Freistellung oder Anrechnung durch den Ansässigkeitsstaat abkommensgemäß, dann liegt insgesamt keine gegen das Abkommen verstoßende Besteuerung vor, und ein Antrag auf Einleitung eines Verständigungsverfahrens ist als unbegründet abzulehnen.

b) Ist in einem solchen Fall Deutschland der Ansässigkeitsstaat und wird in Deutschland unter Hinweis auf die Doppelbesteuerung ein Antrag auf Einleitung eines Verständigungsverfahrens gestellt, wird das BZSt sich an die zuständige Behörde des Quellenstaats mit der Frage wenden, ob dort eine Möglichkeit zur Beseitigung der Doppelbesteuerung, ggf. auch durch Billigkeitsmaßnahmen, gesehen wird. Sieht die zuständige

Behörde des Quellenstaats unter Verweis auf den nicht rechtzeitig gestellten Erstattungsantrag keine solche Möglichkeit und hält das BZSt die Besteuerung in Deutschland für zutreffend, wird das BZSt den Antrag als unbegründet ablehnen. Das BZSt wird dann prüfen, ob die Beseitigung einer Doppelbesteuerung nach einer Regelung entsprechend Art. 24 Abs. 3 Satz 2 VerhGl. in Betracht kommt.

c) Ist in einem solchen Fall Deutschland der Quellenstaat, wird im ausländischen Ansässigkeitsstaat unter Hinweis auf die Doppelbesteuerung ein Antrag auf Durchführung eines Verständigungsverfahrens gestellt, und leitet die ausländische zuständige Behörde dann ein Verständigungsverfahren gegenüber Deutschland ein, so kann das BZSt im Einzelfall zur Vermeidung der Doppelbesteuerung eine Verständigungsvereinbarung abschließen, die die Erstattung der deutschen Quellensteuer vorsieht, obwohl innerhalb der Ausschlussfrist für Erstattungsanträge keine Erstattung beantragt wurde. Hierbei ist der Grad der Fahrlässigkeit hinsichtlich des Verstreichenlassens der Ausschlussfrist für den Erstattungsantrag zu beachten.

d) Die vorstehenden Grundsätze gelten entsprechend, wenn die Frist für einen Erstattungsantrag zum Zeitpunkt des Versagens der Freistellung oder Anrechnung durch den Ansässigkeitsstaat zwar noch nicht abgelaufen war, aber so kurz vor dem Ablauf stand, dass zwischen dem Bekanntwerden des Versagens der Freistellung oder Anrechnung durch den Ansässigkeitsstaat und dem Ablauf der Frist für einen Erstattungsantrag nicht ausreichend Zeit für den Steuerpflichtigen verblieben ist, sich über das Erstattungsverfahren zu informieren und einen entsprechenden Erstattungsantrag zu stellen. Davon wird in der Regel ausgegangen, wenn weniger als drei Monate zwischen dem Bekanntwerden des Versagens der Freistellung oder Anrechnung durch den Ansässigkeitsstaat und dem Ablauf der Frist für einen Erstattungsantrag liegen.

1.5 Allgemeiner Regelungsgehalt der verschiedenen Streitbeilegungsverfahren

1.5.1 Streitbeilegungsverfahren nach DBA

24 Die Verständigungsklauseln der DBA sehen in der Regel vor, dass ein Verständigungsverfahren eingeleitet werden kann, wenn eine Person dies beantragt und darlegt, dass Maßnahmen eines Vertragsstaats oder beider Vertragsstaaten für sie zu einer dem Abkommen nicht entsprechenden Besteuerung führen oder führen werden, und dem durch Maßnahmen des betreffenden Staates nicht abgeholfen werden kann.

25 Wenn in dem zwischen den betroffenen Vertragsstaaten anzuwendenden DBA ein Schiedsverfahren vereinbart ist, können regelmäßig noch offene Fragen des Falls – i. d. R. auf Antrag – einem Schiedsgremium vorgelegt werden (siehe Rn. 110).

1.5.2 Verfahren nach der EU-Schiedskonvention

26 Die EU-Schiedskonvention gilt im Verhältnis zu anderen Mitgliedstaaten der EU. Die Verständigungsklausel der EU-Schiedskonvention (Art. 6) sieht ein Verständigungsverfahren nur zu Fragen der Gewinnabgrenzung zwischen verbundenen Unternehmen und der Gewinnaufteilung bei Betriebsstätten vor. Im Gegensatz zu den Verfahren nach DBA und EU-DBA-SBG sind andere Fragen zur abkommenswidrigen Besteuerung nicht von der Verständigungsklausel der EU-Schiedskonvention erfasst. Insbesondere die Frage des Bestehens einer Betriebsstätte und Fragen der Ansässigkeit können nicht Gegenstand eines Verfahrens nach der EU-Schiedskonvention sein.

27 Einigen sich die zuständigen Behörden innerhalb der Zweijahresfrist (Art. 7 Abs. 1 EU-Schiedskonvention) nicht über die Beseitigung der Doppelbesteuerung, wird im Regelfall zwingend die Schiedsphase (sog. Schlichtungsverfahren) eingeleitet.

1.5.3 Verfahren nach dem EU-DBA-SBG

28 Das EU-DBA-SBG ist ausschließlich zur Beilegung von Streitigkeiten zwischen Deutschland und einem oder mehreren anderen Mitgliedstaaten der EU anwendbar.

29 Die Durchführung eines Verständigungsverfahrens nach dem EU-DBA-SBG setzt voraus, dass eine betroffene Person im Sinne des § 2 Abs. 1 Nr. 7 EU-DBA-SBG dies durch Einreichen einer „Streitbeilegungsbeschwerde" im Sinne des § 4 EU-DBA-SBG beantragt und darlegt, dass Streitigkeiten zwischen Deutschland und einem oder mehreren anderen Mitgliedstaaten der EU durch die Auslegung und Anwendung von Abkommen und Übereinkommen entstehen, die die Beseitigung der Doppelbesteuerung vom Einkommen und ggf. Vermögen vorsehen. Die Darlegung einer Streitigkeit zwischen Steuerpflichtigem und Verwaltung genügt nicht. Es muss dargelegt werden, dass eine Maßnahme im Ergebnis zu einer Streitfrage zwischen den Verwaltungen geführt hat oder führen wird.

30 Führt das Verständigungsverfahren nach dem EU-DBA-SBG innerhalb der Einigungsfrist zu keiner Einigung, kann die betroffene Person innerhalb der gesetzlichen Frist des § 17 Abs. 1 EU-DBA-SBG ein Schiedsverfahren beantragen (i. d. R. Einsetzung eines „Beratenden Ausschusses"; die zuständigen Behörden können sich aber auch für einen „Ausschuss für Alternative Streitbeilegung" entscheiden). Bei weiterhin ausbleibender Einigung der zuständigen Behörden müssen sich diese dann an die im Schiedsverfahren abgegebene Stellungnahme des „Beratenden Ausschusses" oder des „Ausschusses für Alternative Streitbeilegung" halten.

1.6 Verfahrensgegenstände und Verfahrensziele der verschiedenen Streitbeilegungsverfahren

31 Verfahrensgegenstände sind die aus dem DBA oder der EU-Schiedskonvention abzuleitenden völkerrechtlichen Ansprüche der jeweiligen Vertragsstaaten; diese richten sich auf eine dem zwischen den betroffenen Vertragsstaaten geltenden DBA oder der EU-Schiedskonvention entsprechende steuerliche Behandlung des Antragstellers. Die Überprüfung, ob die Tatbestandsvoraussetzungen einer Vorschrift des innerstaatlichen Rechts erfüllt sind, also die Frage der richtigen Anwendung des innerstaatlichen Rechts (ob z. B. ein Steuerpflichtiger nach § 49 EStG der beschränkten Steuerpflicht unterliegt oder die Voraussetzungen einer Schätzung nach § 162 AO vorliegen), ist in der Regel keine Frage über die Auslegung oder Anwendung des betreffenden Abkommens oder Übereinkommens. Gegenstand des Streitbeilegungsverfahrens ist vielmehr die Frage, ob die Ausübung eines innerstaatlichen Besteuerungsrechts (z. B. ein beschränktes Besteuerungsrecht gem. § 49 EStG oder das Ergebnis einer Schätzung nach § 162 AO) durch ein DBA beschränkt wird.

32 Ziel der Streitbeilegungsverfahren ist es, den Anspruch des Antragstellers auf abkommens- bzw. übereinkommensgemäße Besteuerung im Rahmen der jeweiligen Rechtsordnungen zu verwirklichen.

33 In Fällen, in denen aufgrund schwierig zu ermittelnder tatsächlicher Umstände – zum Beispiel zur Vermeidung eines unverhältnismäßig hohen Ermittlungsaufwands – eine tat-

sächliche Verständigung über den der Steuerfestsetzung zugrundeliegenden Sachverhalt (BMF-Schreiben vom 30. Juli 2008, BStBl I Seite 831, ergänzt durch die BMF-Schreiben vom 15. April 2019, BStBl I Seite 447 sowie vom 23. Juni 2023, BStBl I Seite 1074) abgeschlossen wird, ist es in einem späteren Verständigungs- oder Schiedsverfahren regelmäßig nicht mehr möglich, den Sachverhalt nachträglich beweissicher festzustellen. Die deutsche Finanzverwaltung wird im Verständigungsverfahren, soweit die auf dem Rechtsgrundsatz von Treu und Glauben beruhende Bindungswirkung einer tatsächlichen Verständigung reicht, keine Abweichung von der darin geregelten Sachverhaltsfestlegung akzeptieren.

1.7 Zuständigkeiten

34 Das BMF hat die Ausübung der Funktion der zuständigen Behörde für den Bereich der Streitbeilegungsverfahren nach den DBA, der EU-Schiedskonvention und dem EU-DBA-SBG auf das BZSt übertragen (siehe § 5 Abs. 1 Satz 1 Nr. 5 FVG und das BMF-Schreiben vom 23. Mai 2022, BStBl I Seite 838), sowie § 2 Abs. 1 Nr. 5 EU-DBA-SBG). Das BMF behält sich vor, in Einzelfällen mitzuwirken oder ein Verständigungsverfahren selbst zu führen.

35 Das BZSt handelt grundsätzlich im Einvernehmen mit der zuständigen obersten Landesfinanzbehörde oder mit der von dieser beauftragten Behörde (im Weiteren als „zuständige Landesfinanzbehörde" bezeichnet).

36 Aufgabe der Landesfinanzverwaltung ist es, die Einigung in Form einer Verständigungsvereinbarung bzw. eine (abschließende) Entscheidung der zuständigen Behörden (nach Art. 12 EU-Schiedskonvention und nach § 18 EU-DBA-SBG) innerstaatlich umzusetzen (vgl. Tz. 4).

37 Die Kontaktdaten des BZSt für Anträge und Anfragen zu Verständigungs- und Schiedsverfahren lauten wie folgt:

Bundeszentralamt für Steuern
Verständigungsverfahren
An der Küppe 1
53225 Bonn
Fax: 0228 406-3118
Telefon: 0228 406-0
E-Mail: vv_sv@bzst.bund.de
DE-Mail: vv_sv-DeMailPF@bzst.bund.de

B. Allgemeine Ausführungen zu Verständigungsverfahren

2. Einleitung des Verständigungsverfahrens

2.1 Antragstellung

38 Das Verständigungsverfahren setzt einen Antrag voraus. Dieser ist schriftlich einzureichen oder zur Niederschrift zu erklären. In dem Antrag ist deutlich zu machen, auf welche Rechtsgrundlage für Streitbeilegungsverfahren der Antrag gestützt wird.

39 Der Steuerpflichtige kann sich durch einen Bevollmächtigten vertreten lassen.

40 Der Antrag kann auch von einem Haftungsschuldner gestellt werden, soweit er durch die abkommensbzw. übereinkommenswidrige Besteuerung unmittelbar betroffen ist (d. h. soweit ein an ihn gerichteter Haftungsbescheid erlassen wurde).

41 Liegt lediglich ein Antrag des Haftungsschuldners vor, ist das Verständigungsverfahren auf die Frage nach der materiell-rechtlichen Begründetheit des Haftungsbescheids beschränkt.

42 Betrifft ein Sachverhalt mehrere in Deutschland ansässige Personen und kann der Sachverhalt nur einheitlich steuerlich beurteilt werden (wie beispielsweise bei Organschaften und Personengesellschaften), soll das Verständigungsverfahren nur von allen betroffenen Personen gemeinsam beantragt werden; Verfahrenshandlungen sollen in diesen Fällen nur gemeinsam vorgenommen werden. Hierfür soll ein gemeinsamer Vertreter benannt werden. Die Antragsteller sind angehalten, einen gemeinsamen Empfangsbevollmächtigten zu bestellen, der ermächtigt ist, für sie sämtliche Verwaltungsakte und Mitteilungen in Empfang zu nehmen.

43 Wird im Falle einer Personengesellschaft der Antrag nicht von allen Gesellschaftern gestellt oder sind nicht alle Gesellschafter abkommens- bzw. übereinkommensberechtigt (siehe Rn. 44), können im Feststellungsbescheid steuerliche Folgen auf Grundlage des Verständigungsverfahrens nur für antragstellende bzw. abkommens-oder übereinkommensberechtigte Gesellschafter gezogen werden.

44 Personengesellschaften sind nach Art. 4 Abs. 1 VerhGl. keine in Deutschland ansässigen Personen, da sie nicht aufgrund ihres Wohnsitzes, ihres ständigen Aufenthalts oder eines anderen steuerlichen Merkmals steuerpflichtig sind. Sie können daher im Regelfall keinen Antrag auf Durchführung eines Verständigungsverfahrens stellen. Abkommens- bzw. übereinkommensberechtigt ist jedoch jeder einzelne Gesellschafter einer Personengesellschaft, wenn er mindestens in einem der Vertragsstaaten ansässig ist (vgl. BMF-Schreiben vom 26. September 2014 zur Anwendung der DBA auf Personengesellschaften, BStBl I Seite 1258). Bei fehlender Abkommens- bzw. Übereinkommensberechtigung eines einzelnen Gesellschafters einer Personengesellschaft besteht die Möglichkeit der Prüfung durch das BZSt, ob die Beseitigung einer Doppelbesteuerung nach einer Regelung entsprechend Art. 24 Abs. 3 Satz 2 VerhGl. in Betracht kommt. Nach den Sonderregelungen einzelner DBA können auch Personengesellschaften als ansässige Personen gelten (Hinweis auf Anlage des BMF-Schreibens vom 26. September 2014, BStBl I Seite 1258).

44a Personengesellschaften, die nach § 1a KStG zur Körperschaftsbesteuerung optiert haben, sind entsprechend Art. 4 Abs. 1 VerhGl. in Deutschland ansässige Personen, wenn sie ihre Geschäftsleitung im Inland haben. Nur sie selbst sind daher abkommens- bzw. übereinkommensberechtigt und können einen Antrag auf Durchführung eines Verständigungsverfahrens stellen.

45 Der Antrag ist i. d. R. bei der zuständigen Behörde des Ansässigkeitsstaats einzureichen. Ist die Ansässigkeit strittig, kann der Antrag in jedem der möglichen Ansässigkeitsstaaten eingereicht werden. In Diskriminierungsfällen kann der Antrag i. d. R. auch bei der zuständigen Behörde des Staates eingereicht werden, dessen Staatsangehöriger der Antragsteller ist (vgl. Art. 24 Abs. 1 Satz 1 i. V. m. Art. 3 Abs. 1 Nr. 9 VerhGl.). Ein Antrag auf ein Verständigungsverfahren nach der EU-Schiedskonvention kann auch im Betriebsstät-

tenstaat gestellt werden, vorausgesetzt, es handelt sich um die Betriebsstätte eines Unternehmens mit Sitz in einem Mitgliedstaat der EU.

46 Sind mehrere Steuerpflichtige betroffen (z. B. eine Mutter- und eine Tochtergesellschaft), soll der Antrag zweckmäßigerweise in allen Ansässigkeitsstaaten aller betroffenen Steuerpflichtigen eingereicht werden. Soweit die zuständigen Behörden der betroffenen Staaten unterschiedliche Voraussetzungen an den Antrag stellen, ist seitens der Steuerpflichtigen sicherzustellen, dass die beteiligten Behörden dieselben Informationen erhalten.

47 Auf die mehrfache Antragstellung ist im Antrag hinzuweisen. Hierzu sollte dem BZSt eine Kopie des Antrags bei der zuständigen Behörde des anderen Staates übermittelt werden..

48 Für einen Antrag nach dem EU-DBA-SBG ist das Verständigungsverfahren (d. h. die Streitbeilegungsbeschwerde) zwingend bei allen zuständigen Behörden der betroffenen Mitgliedstaaten der EU gleichzeitig und mit den gleichen Angaben einzureichen (§ 4 Abs. 2 EU-DBASBG; siehe hierzu Rn. 155), sofern nicht die Verfahrenserleichterung für natürliche Personen und kleinere Unternehmen in Anspruch genommen werden kann (§ 28 EU-DBA-SBG; siehe hierzu Rn. 150).

49 Die in Deutschland zuständige Behörde ist nur das BZSt (Hinweis auf Rn. 34). Dessen Zuständigkeit bezieht sich ausschließlich auf die Streitbeilegungsverfahren. Weitere Anträge und Rechtsbehelfe, die das Besteuerungsverfahren betreffen, sind nicht von dieser Zuständigkeit umfasst.

50 Das BZSt leitet dort gestellte Anträge auf Verständigungsverfahren der ausländischen zuständigen Behörde zunächst zur Kenntnis zu bzw. informiert diese über den Eingang des Antrags. Das BZSt bestätigt dem Antragsteller den Eingang seines Antrags und leitet den Antrag unverzüglich der für die Besteuerung des Antragstellers zuständigen Landesfinanzbehörde, in der Regel mit der Bitte um Stellungnahme, zu.

51 Die zuständige Landesfinanzbehörde teilt in ihrer Stellungnahme auch ihre Einschätzung zur Zulässigkeit des Antrags und zur vom Antragsteller geltend gemachten abkommens- bzw. übereinkommenswidrigen Besteuerung mit.

2.2 Antragsfrist

52 Die geltenden Antragsfristen sind in den Abschnitten zu den jeweiligen Rechtsgrundlagen aufgeführt. Siehe hierzu Tz. 8.2 (Verfahren nach DBA), Tz. 10.2 (Verfahren nach der EU-Schiedskonvention) und Tz. 15.2 (Verfahren nach dem EU-DBA-SBG).

53 Für im Inland einzureichende Anträge ist für die Fristwahrung der Zeitpunkt des Antragseingangs beim BZSt maßgeblich.

54 Kann eine Verständigungsvereinbarung nach dem Recht eines ausländischen Staates dort zeitlich nicht unbegrenzt umgesetzt werden, sollte dies vom Antragsteller bezüglich des Zeitpunktes seiner Antragstellung bedacht werden.

2.3 Inhalt des Antrags

55 Für die Zulässigkeit eines Antrags auf Einleitung eines Verständigungsverfahrens ist insbesondere die Geltendmachung erforderlich, dass eine abkommens- bzw. übereinkommenswidrige Besteuerung vorliegt oder droht. Eine abkommens-bzw. übereinkommenswidrige Besteuerung droht beispielsweise bereits dann hinreichend konkret, wenn im

Rahmen einer laufenden Betriebsprüfung in einer schriftlichen Prüfungsfeststellung oder in einem Teilbericht eine entsprechende Besteuerung angekündigt wird, auch wenn die Prüfung im Übrigen noch nicht abgeschlossen ist und die Umsetzung in Steuerbescheide noch aussteht. Das Vorliegen bzw. das Drohen einer abkommens- bzw. übereinkommenswidrigen Besteuerung ist glaubhaft und nachvollziehbar darzulegen.

56 Beispiele für eine dem Abkommen bzw. Übereinkommen nicht entsprechende Besteuerung:

- Einkünfte, die in einem der Staaten aufgrund eines DBA bzw. Übereinkommens nicht zu versteuern sind, werden dort zur Besteuerung herangezogen;
- die in einem Staat zu besteuernden Einkünfte sind nicht zutreffend auf der gemeinsamen Rechtsgrundlage des DBA bzw. Übereinkommens abgegrenzt worden; dies gilt bei international verbundenen Unternehmen nach dem Grundsatz des Fremdverhaltens selbst dann, wenn Sonderklauseln im Sinne des Art. 9 Abs. 2 VerhGl. im DBA fehlen;
- die Besteuerung in einem der Staaten verstößt gegen ein Diskriminierungsverbot des DBA;
- einer der Staaten ist bei der Gewährung von Steuerentlastungen aufgrund eines DBA in einer Weise säumig, die die Rechte nach dem DBA nachhaltig beeinträchtigt;
- ein Qualifikationskonflikt verursacht eine Doppelbesteuerung, die ihrer Art nach durch das DBA vermieden werden soll.

57 Der Antrag hat die folgenden Angaben und Unterlagen zu enthalten:

- Name, Anschrift (Sitz), Steuernummer und örtlich zuständiges Finanzamt des Antragstellers (soweit einschlägig auch ausländische zuständige Finanzbehörde);
- eine Erläuterung zur Antragsberechtigung;
- detaillierte Angaben zu den für den Fall relevanten Tatsachen und Umständen;
- Angaben zu den vom Antrag betroffenen Besteuerungszeiträumen;
- Kopien der Steuerbescheide, des Betriebsprüfungsberichts oder vergleichbarer Dokumente, die zu der behaupteten Doppelbesteuerung geführt haben oder zu führen drohen, sowie weiterer bedeutsamer Dokumente (z. B. Verträge, Anträge auf Erstattung/Ermäßigung ausländischer Quellensteuer); dies gilt auch dann, wenn diese der örtlich zuständigen Behörde (Finanzamt) bereits vorliegen;
- Angaben über im Ausland gestellte Erstattungsanträge und – soweit verfügbar – die Antwort des ausländischen Staates;
- detaillierte Angaben zu etwaigen außergerichtlichen oder gerichtlichen Rechtsbehelfsverfahren und etwaigen den Fall betreffenden Gerichtsurteilen im In- und Ausland sowie Angaben, ob und ggf. in welcher Höhe die Aussetzung der Vollziehung beantragt wurde;
- eine Darlegung seitens des Antragstellers, inwiefern nach seiner Auffassung die Besteuerung im In- oder Ausland nicht dem Abkommen bzw. Übereinkommen entspricht;
- den Antrag des Abkommensberechtigten;

- bei Anträgen nach dem EU-DBA-SBG die zusätzlich in § 5 EU-DBA-SBG genannten Unterlagen, soweit sie nicht bereits in dieser Rn. aufgeführt sind;
- in Fällen der Gewinnabgrenzung zwischen verbundenen Unternehmen und bei Betriebsstätten zusätzlich:
  - Name, Anschrift (Sitz), Steuernummer und örtlich zuständiges Finanzamt (soweit einschlägig auch ausländische zuständige Finanzbehörde) des oder der anderen Beteiligten an den betreffenden Geschäftsvorfälle;
  - Einzelheiten über die Beziehungen zwischen dem antragstellenden Unternehmen und den anderen Beteiligten an den betreffenden Geschäftsvorfällen;
  - eine Darlegung seitens des antragstellenden Unternehmens, inwiefern nach seiner Auffassung der Fremdvergleichsgrundsatz nicht beachtet wurde;
  - in Betriebsstättenfällen: Betriebsstättengewinnaufteilung inkl. Hilfs- und Nebenrechnung und
  - Benennung des Sitzstaats der obersten Muttergesellschaft (dabei kann sich an dem international gängigen Begriff der „Ultimate Parent Entity" orientiert werden).

58 Werden bei Antragsstellung nicht alle in Rn. 57 – bei Verfahren nach der EU-Schiedskonvention zusätzlich alle in Rn. 121 – in Bezug genommenen Angaben und Unterlagen vorgelegt, kann dies dazu führen, dass der Antrag als verfristet abgelehnt wird.

59 Ändern sich für den Fall relevante Tatsachen oder Pflichtangaben gem. Rn. 57 nach der Antragstellung, ist der Antragsteller verpflichtet, unverzüglich alle zuständigen Behörden hiervon zu unterrichten.

60 Der Antrag ist grundsätzlich in deutscher Sprache zu stellen.

61 Zusätzlich sollte der Antragsteller eine Übersetzung in eine gemeinsame Arbeitssprache der zuständigen Behörden (regelmäßig Englisch), zwischen denen das Verständigungsverfahren geführt werden soll, zur Verfügung stellen.

62 Der Antragsteller kann den Antrag auch in der gemeinsamen Arbeitssprache der zuständigen Behörden stellen, wenn das BZSt und die jeweils zuständige Landesfinanzbehörde dem zuvor einvernehmlich zugestimmt haben. Wird das Einvernehmen erst nachträglich hergestellt, so gilt ein Antrag, der nur in einer gemeinsamen Arbeitssprache der zuständigen Behörden gestellt wurde, für Zwecke der Wahrung von Antragstellungsfristen als zum Zeitpunkt des Eingangs und für Zwecke des Beginns von Fristen als zum Zeitpunkt der Herstellung des Einvernehmens gestellt. Im Übrigen gelten § 87 Abs. 3 und 4 AO. Auf Anforderung der Finanzbehörden hat der Antragsteller in jeder Phase des Verfahrens von ihm eingereichte Unterlagen (ggf. teilweise) auf seine Kosten zu übersetzen (§ 87 Abs. 2 Satz 2 und 3 AO.

63 Für Verfahren nach dem EU-DBA-SBG ist § 3 EU-DBA-SBG (Verfahrenssprache) zu beachten.

2.4 Einleitung des Verständigungsverfahrens bei Antragstellung im Inland und Rechtsschutz

64 Vor Einleitung des Verständigungsverfahrens durch das BZSt gegenüber der ausländischen zuständigen Behörde ist zu prüfen, ob dem Begehren des Antragstellers der Sache

nach durch innerstaatliche Maßnahmen abgeholfen werden kann. Hierbei kommt als verfahrensrechtliche Möglichkeit zur Änderung ansonsten bestandskräftiger deutscher Steuerbescheide auch die unionsrechtskonforme Auslegung des § 174 Abs. 1 und 2 AO in Betracht (siehe hierzu AEAO zu § 174, Nr. 5). Gegebenenfalls ergreifen die zuständigen deutschen Finanzbehörden von Amts wegen die notwendigen Maßnahmen. Das BZSt informiert den Antragsteller und die zuständige Behörde des anderen Vertragsstaats unverzüglich über diese Entscheidung.

65 Ergibt die Prüfung des BZSt, dass der Antrag zulässig und die Einwendung begründet ist (d. h. auch aus Sicht des BZSt eine abkommenswidrige Besteuerung vorliegt) und dieser nicht durch innerstaatliche Maßnahmen entsprochen werden kann, leitet es das Verständigungsverfahren i. d. R. durch Übersendung eines Positionspapiers gegenüber der ausländischen zuständigen Behörde ein.

66 Lehnt das BZSt einen Antrag auf Einleitung eines Verständigungsverfahrens ab, unterrichtet es unverzüglich den Antragsteller, die ausländische zuständige Behörde und die zuständige Landesfinanzbehörde über diese Entscheidung.

67 Die Ablehnung des Antrags auf Einleitung eines Verständigungsverfahrens ist ein Verwaltungsakt im Sinne des § 118 AO, gegen den der Einspruch nach § 347 Abs. 1 Nr. 1 AO statthaft ist.

2.5 Vorgehen bei nur im Ausland beantragten Verständigungsverfahren

68 Das BZSt leitet von einer ausländischen zuständigen Behörde erhaltene Anträge oder die von dort erhaltene Information über den Eingang eines solchen Antrags unverzüglich an die zuständige Landesfinanzbehörde zur Kenntnis weiter. Bei Erhalt eines Positionspapiers der ausländischen zuständigen Behörde leitet das BZSt dieses unverzüglich i. d. R. mit der Bitte um Stellungnahme weiter.

69 Auch bei nur im Ausland beantragten Verständigungsverfahren prüft das BZSt die formellen Voraussetzungen (z. B. die fristgerechte Antragstellung).

2.6 Besonderheit bei Verfahren nach EU-DBA-SBG

70 Für Verfahren nach dem EU-DBA-SBG ist § 13 EU-DBA-SBG zu beachten. Siehe zum Rechtsschutz bei Zurückweisung der Streitbeilegungsbeschwerde Rn. 168.

2.7 Aussetzung der Vollziehung und Stundung

71 Aus den allgemeinen Regeln der AO ergibt sich, dass ein Antrag auf Aussetzung der Vollziehung (gem. § 361 AO) nur i. V. m. einem Einspruch beantragt werden kann. Hinsichtlich der Aussetzung der Vollziehung und der Stundung gelten die allgemeinen gesetzlichen Regelungen. Für die Gewährung einer Aussetzung der Vollziehung (gem. § 361 AO) oder einer Stundung ist das örtlich zuständige Finanzamt zuständig.

3. Durchführung des Verständigungsverfahrens

3.1 Allgemeine Verfahrensgrundsätze

72 Das BZSt führt das Verständigungsverfahren in unmittelbarem Verkehr mit der zuständigen Behörde des anderen Staates nach internationaler Staatenpraxis. Die Einzelheiten richten sich nach den Verhältnissen des Einzelfalls und dem Gebot der Zweckmäßigkeit. Es gelten die allgemeinen Verfahrensgrundsätze.

73 Personenbezogene Daten sowie fremde Betriebs- und Geschäftsgeheimnisse, die der deutschen Finanzverwaltung im Rahmen eines Verständigungsverfahrens bekannt werden, unterliegen dem Steuergeheimnis (§ 30 Abs. 2 AO). Für die im Rahmen eines Verständigungsverfahrens zwischenstaatlich ausgetauschten Informationen gilt auch im Ausland die im DBA bzw. Übereinkommen selbst verankerte Geheimhaltungspflicht der Bestimmungen zum zwischenstaatlichen Informationsaustausch.

74 Das BZSt unterrichtet die zuständige Landesfinanzbehörde über den Inhalt und den Fortgang des Verfahrens. Die zuständige Landesfinanzbehörde informiert das BZSt über Entwicklungen in dem Besteuerungsfall, soweit sie für das Verständigungsverfahren relevant sind.

75 Schreiben in englischer Sprache sowie Anlagen werden – sofern nicht im Einzelfall notwendig – nicht in die deutsche Sprache übersetzt. Schreiben ausländischer Finanzbehörden in einer anderen fremden Sprache werden vom BZSt in die deutsche Sprache übersetzt. Der Übersetzungsbedarf wird im Einzelfall zwischen dem BZSt und der zuständigen Landesfinanzbehörde abgestimmt.

3.2 Sachverhaltsaufklärung und Herbeiführung einer Einigung

76 Sollte im Rahmen der Durchführung eines Verständigungsverfahrens eine weitergehende Sachverhaltsermittlung notwendig werden – insbesondere bei Sachverhalten, die nicht einer inländischen Außenprüfung unterlegen haben – ist der Sachverhalt von Amts wegen zu ermitteln (§ 88 AO). Der Antragsteller ist zur – u. U. erhöhten – Mitwirkung verpflichtet (§§ 90 ff. AO) und wird hiervon durch die Eröffnung eines Verständigungsverfahrens nicht entbunden. Die Durchführung eines Verständigungsverfahrens kann Anlass sein, in Abweichung vom Regelfall des § 90 Abs. 3 Satz 5 AO, die Vorlage gem. § 90 Abs. 3 AO zu erstellender Aufzeichnungen auch außerhalb einer Außenprüfung zu verlangen. Zu den Mitwirkungspflichten nach § 90 AO siehe auch das BMF-Schreiben vom 3. Dezember 2020 (BStBl I Seite 1325).

77 Im Rahmen des Verständigungsverfahrens ist auch das Ergebnis der Ermittlung des Sachverhalts durch die Finanzbehörden des anderen Staates heranzuziehen.

78 Ergeben sich bei der Ermittlung des Sachverhalts durch die deutschen und die ausländischen Finanzbehörden Widersprüche, kann durch abgestimmte Ermittlungen beider Verwaltungen oder durch Verständigungsgespräche der Versuch einer Auflösung dieser Widersprüche unternommen werden.

79 Zur Ermittlung des Sachverhalts und zur Herbeiführung einer Verständigung kann

- ein mündlicher Meinungsaustausch mit der zuständigen Behörde des anderen Staates durchgeführt werden;
- eine besondere Kommission aus Vertretern der zuständigen Behörden für einen solchen Meinungsaustausch gebildet werden;
- eine aufgrund besonderer Erfahrung ausgewählte Person bestimmt werden, um die Einigung zu fördern, z. B. durch ein Sachverständigengutachten.

3.3 Mitwirkung und Rechte des Antragstellers

80 Beteiligte des Verständigungsverfahrens sind nur die zuständigen Behörden der Beteiligte des Verständigungsverfahrens sind nur die zuständigen Behörden der Vertragsstaaten. In-

formationen über von diesen geäußerten oder erhaltenen Rechtsauffassungen werden Dritten grundsätzlich nicht erteilt. Dem Antragsteller obliegt es, durch die Darlegung seiner Verhältnisse, Bezeichnung und ggf. Beibringung seiner Beweisunterlagen zu dem Verfahren beizutragen. Das BZSt soll den Antragsteller über den Stand und Fortgang des Verfahrens unterrichten. Der Antragsteller kann

- Anträge stellen;
- sich zu den für die Verständigung erheblichen Tatsachen und Rechtsfragen äußern;
- sich durch einen Bevollmächtigten vertreten lassen.

81 Das BZSt unterrichtet den Antragsteller über das Ergebnis des Verfahrens.

82 Zu der Frage, ob der Antragsteller zur Rücknahme von Rechtsbehelfen bereit ist, hat sich dieser erst zu äußern, wenn ihm ein Verständigungsvorschlag mitgeteilt worden ist.

3.4 Einigung

83 Die Einigung erfolgt zwischen den zuständigen Behörden. Sie erfolgt im Allgemeinen schriftlich (z. B. durch einen abschließenden Briefwechsel).

4. Umsetzung der Einigung

4.1 Zustimmung des Antragstellers

84 Die Umsetzung der Einigung (Verständigungsvereinbarung bzw. in den Fällen des Art. 12 EU-Schiedskonvention und § 18 EU-DBA-SBG die Entscheidung der zuständigen Behörden) steht unter dem Vorbehalt, dass

- sich der Antragsteller (und in Verrechnungspreisfällen ggf. auch das betroffene verbundene Unternehmen) mit der getroffenen Zuordnung der Besteuerungsrechte, auch der Höhe nach, und mit deren Umsetzung schriftlich einverstanden erklärt (Zustimmung);
- eingelegte und noch offene (in-und ausländische) Rechtsbehelfe, soweit sie sich auf den Gegenstand des Streitbeilegungsverfahrens beziehen und sich nicht anderweitig erledigen, zurückgenommen werden und
- der Antragsteller gegenüber der örtlich zuständigen Finanzbehörde vor Bekanntgabe des die Verständigungsvereinbarung bzw. Entscheidung der zuständigen Behörden umsetzenden Bescheides (§ 354 Abs. 1b AO bzw. § 18 Abs. 5 Satz 1 EU-DBA-SBG) auf einen Rechtsbehelf verzichtet, soweit damit diese Einigung zutreffend umgesetzt wird (Teilverzicht).

85 Lag dem Verfahren ein Antrag in Deutschland zugrunde, unterrichtet das BZSt den Antragsteller über den Inhalt der Einigung und den Zustimmungsvorbehalt. Dasselbe gilt, wenn von der Einigung Personen betroffen sind, die im von der Einigung umfassten Zeitraum der Besteuerung in Deutschland unterlegen haben (z. B. ein verbundenes Unternehmen in Deutschland), auch wenn dem Verfahren nur ein Antrag im Ausland zugrunde lag.

86 Das BZSt setzt dem Antragsteller bzw. der oder den betroffenen Person(en) eine angemessene Frist (mindestens 60 Tage) für die in Rn. 84 aufgeführte Zustimmung, die Rücknahme ggf. eingelegter und noch offener Rechtsbehelfe und den Rechtsbehelfsverzicht. Die Zustimmung ist gegenüber dem BZSt zu erklären. Die Rücknahme eingelegter und noch offener Rechtsbehelfe ist jeweils dort zu erklären, wo diese Rechtsbehelfe anhängig sind

(z. B. ein Einspruch gegenüber dem zuständigen Finanzamt und eine Klage gegenüber dem zuständigen Gericht). Der Rechtsbehelfsverzicht bzw. Teilverzicht hinsichtlich der die Einigung umsetzenden Steuerbescheide ist gegenüber dem örtlich zuständigen Finanzamt zu erklären.

87 Der Antragsteller bzw. die betroffene(n) Person(en) informieren das BZSt über die Rücknahme eingelegter und noch offener Rechtsbehelfe und Rechtsbehelfsverzichte bzw. Teilverzichte.

88 Die Umsetzung der Einigung kann auch unter dem Vorbehalt entsprechender Erklärungen ausländischer betroffener Personen gegenüber der ausländischen zuständigen Behörde oder ausländischen Gerichten stehen.

89 Erklären sich der Antragsteller oder die betroffene(n) Person(en) nicht innerhalb der gesetzten Frist, kann dies je nach den Umständen des Einzelfalls dazu führen, dass die Verständigung im In- und Ausland endgültig nicht umgesetzt wird.

90 Die Mitteilung über den Inhalt der Einigung ist kein Verwaltungsakt gemäß § 118 AO, da es sich um eine reine Informationsmitteilung ohne Regelungsgehalt handelt. Die Mitteilung kann deshalb nicht mit einem Einspruch angefochten werden. Es bleibt dem Antragsteller jedoch unbenommen, der Einigung nicht zuzustimmen.

91 Eine unter den in Rn. 84 genannten Vorbehalten stehende Einigung auf Grundlage eines Verfahrens nach der EU-Schiedskonvention oder des zwischen den betroffenen Vertragsstaaten anzuwendenden DBA wird vom örtlich zuständigen Finanzamt nur umgesetzt, wenn die in Rn. 84 genannten Voraussetzungen erfüllt sind. Das BZSt informiert die zuständige Landesfinanzbehörde, sobald die Voraussetzungen für die Umsetzung vorliegen und teilt ihr den Zeitpunkt des Wirksamwerdens der Verständigungsvereinbarung mit (vgl. Rn. 93 Satz 4).

92 Für Verständigungsvereinbarungen und abschließende Entscheidungen auf Grundlage eines Verfahrens nach dem EU-DBA-SBG gelten § 15 und § 18 EU-DBA-SBG.

4.2 Bestandskraft von Bescheiden und Verjährung

93 Die Verständigungsvereinbarung kann nach § 175a Satz 1 AO ungeachtet der Bestandskraft deutscher Bescheide umgesetzt werden. Für Verfahren nach dem EU-DBA-SBG gilt § 175a AO gem. § 15 Abs. 3 Satz 2 EU-DBA-SBG entsprechend. Die Festsetzungsfrist endet nach § 175a Satz 2 AO insoweit nicht vor Ablauf eines Jahres nach dem Wirksamwerden der Verständigungsvereinbarung. Die Verständigungsvereinbarung wird mit Ablauf des Tages der letzten Unterschrift der Zustimmung wirksam.

94 § 175a Satz 2 AO enthält eine aufschiebend bedingte Ablaufhemmung. Der Ablauf der Festsetzungsfrist ist im möglichen Umfang der Bindungswirkung der Verständigungsvereinbarung solange gehemmt, wie nach den für die Durchführung und den Abschluss einer Verständigungsvereinbarung maßgeblichen völkerrechtlichen Vereinbarungen die Einleitung eines Verständigungsverfahrens ungeachtet der nach nationalem Recht maßgebenden Festsetzungsfrist möglich ist.

95 Der Antrag auf Einleitung eines Verständigungsverfahrens bei einer inländischen Finanzbehörde hemmt den Ablauf der Festsetzungsfrist nach Maßgabe des § 171 Abs. 3 AO, wenn damit gleichzeitig die Änderung des Steuerbescheids beantragt wird.

5. Verständigungsverfahren und zwischenstaatlicher Auskunftsaustausch

96 Die Auskunftsklauseln der DBA und die Bestimmungen des EUAHiG finden auch im Verständigungsverfahren Anwendung. Soweit die Auskunftsklausel des zwischen den betroffenen Vertragsstaaten anzuwendenden DBA oder das EUAHiG es zulassen, können auch im Verständigungsverfahren alle erforderlichen Informationen ausgetauscht werden. Die Grundsätze des „Merkblatts zur zwischenstaatlichen Amtshilfe durch Auskunftsaustausch in Steuersachen" (BMF-Schreiben vom 29. Mai 2019 (BStBl I Seite 480 – Stand 1. Januar 2019)) sind zu beachten.

6. Vermeidung und Milderung einer verbliebenen Doppelbesteuerung im Anschluss an ein Verständigungsverfahren

97 Im Falle eines Scheiterns des Verständigungsverfahrens unterrichtet das BZSt unverzüglich den Antragsteller und die zuständige Landesfinanzbehörde über diese Entscheidung.

98 Sind die Voraussetzungen des § 34c Abs. 6 Satz 6 EStG erfüllt, erfolgt die Milderung der Doppelbesteuerung nach § 34c Abs. 3 EStG im Wege des Abzugs der festgesetzten und gezahlten und um einen entstandenen Ermäßigungsanspruch gekürzten ausländischen Steuer bei der Ermittlung der Einkünfte, soweit sie auf Einkünfte entfällt, die der deutschen Einkommensteuer unterliegen. Der Abzug ist gem. § 34c Abs. 6 Satz 6 2. Halbsatz EStG jedoch ausgeschlossen, wenn die Besteuerung ihre Ursache in einer Gestaltung hat, für die wirtschaftliche oder sonst beachtliche Gründe fehlen, oder das Abkommen dem anderen Staat die Besteuerung dieser Einkünfte gestattet. Billigkeitsmaßnahmen aufgrund sachlicher Unbilligkeit scheiden in den Fällen des § 34c Absatz 6 Satz 6 EStG regelmäßig aus.

99 Liegt kein Fall des § 34c Abs. 6 Satz 6 EStG vor, kann das örtlich zuständige Finanzamt auf Antrag prüfen, ob eine (ggf. verbleibende) Doppelbesteuerung unter den Voraussetzungen des § 163 AO aus sachlichen Billigkeitsgründen gemindert oder vermieden werden kann. Solche Billigkeitsmaßnahmen kommen insbesondere dann nicht in Betracht, wenn der Steuerpflichtige verfahrensrechtliche Vorschriften nicht beachtet hat (vgl. Rn. 17) sowie regelmäßig in Fällen, in denen der Steuerpflichtige

- seinen steuerlichen Pflichten im In- oder Ausland nicht ausreichend nachgekommen ist (z. B. mangelhafte Mitwirkung bei der Sachverhaltsaufklärung),
- falsche Angaben in einem steuerrechtlichen oder sonstigen Verwaltungsverfahren (z. B. in einem Arbeitsbewilligungsverfahren) gemacht hat (z. B. Scheindomizil),
- der Einigung nicht oder nicht fristgerecht zugestimmt oder die übrigen Voraussetzungen der Rn. 84 nicht oder nicht fristgerecht erfüllt hat (vgl. Rn. 86 bzw. § 15 Abs. 2 Satz 2 EU-DBA-SBG), oder
- ein Schiedsverfahren nicht beantragt hat, obwohl die Voraussetzungen hierfür vorlagen,

und hierdurch die eingetretene Doppelbesteuerung mitverursacht worden ist. Eine sachliche Billigkeitsmaßnahme entfällt regelmäßig auch dann, wenn der Steuerpflichtige als im anderen Vertragsstaat ansässig gilt oder zu gelten hat.

BMF-Schr.

Die gesonderten Zuständigkeitsregelungen und die Mitwirkung des BMF bei Billigkeitsmaßnahmen sind zu beachten.

7. Kosten

100 Die Vertragsstaaten tragen die ihnen durch das Verständigungsverfahren entstandenen Kosten selbst. Dem Antragsteller entstandene Kosten werden nicht erstattet.

C. Streitbeilegungsverfahren nach einem DBA

101 Die Bestimmungen dieses Abschnitts sind anzuwenden auf Anträge auf Einleitung eines Verständigungsverfahrens nach einem DBA (vgl. Tz. 1.5.1).

8. Einleitung des Verständigungsverfahrens

8.1 Antragstellung

102 Das Verständigungsverfahren setzt einen Antrag des Abkommensberechtigten voraus. Wird ein Verständigungsverfahren nach einem DBA begehrt, ist in dem Antrag deutlich zu machen, dass dieser auf die Verständigungsklausel des zwischen den betroffenen Vertragsstaaten anzuwendenden DBA gestützt wird.

8.2 Antragsfrist

103 Die Verständigungsklauseln der meisten DBA enthalten eine für dieses DBA maßgebliche Frist für die Antragstellung. Im größten Teil dieser Abkommen ist geregelt, dass der Antrag innerhalb von drei Jahren nach der ersten Maßnahme unterbreitet werden muss, die zu einer dem Abkommen nicht entsprechenden Besteuerung führt[3]. Beruht die Besteuerung auf Besteuerungsmaßnahmen der deutschen und ausländischen Finanzverwaltung, ist die Bekanntgabe der letzten Besteuerungsmaßnahme maßgebend.

104 Ist im zwischen den betroffenen Vertragsstaaten anzuwendenden DBA keine Antragsfrist festgelegt, stimmt die deutsche Finanzverwaltung grundsätzlich einer Einleitung des Verständigungsverfahrens nicht zu, wenn der Steuerpflichtige eine Zeit von mehr als vier Jahren zwischen der Bekanntgabe der maßgebenden Besteuerungsmaßnahme und seinem Antrag hat verstreichen lassen und nicht besondere Umstände eine frühere Geltendmachung ausgeschlossen haben.

8.3 Inhalt des Antrags

105 Der Antrag hat die in Rn. 57 aufgeführten Angaben und Unterlagen zu enthalten.

106 Das BZSt prüft, ob die zur Einleitung des Verständigungsverfahrens notwendigen Informationen gem. Rn. 57 vorliegen und fordert ggf. den Antragsteller zeitnah zur Übermittlung der fehlenden sowie u. U. weiterer Informationen auf. Die Anforderung soll innerhalb von drei Monaten nach Eingang des Antrags erfolgen. Fristen, die für die eventuelle Einleitung eines Schiedsverfahrens gelten, beginnen erst – soweit nicht anders geregelt – wenn alle vom BZSt angeforderten Unterlagen vorliegen und der Antrag damit vollständig ist.

106a Beantragen mehrere Arbeitnehmer ein Verständigungsverfahren durch einen gemeinsamen Bevollmächtigten, in dem sie eine abkommenswidrige Besteuerung für gleichgelagerte Sachverhalte im Zusammenhang mit einer Tätigkeit für denselben inländischen und/oder ausländischen Arbeitgeber geltend machen, kann das BZSt (zunächst) auf die

---

[3] Eine Zweijahresfrist ist in den DBA mit Belgien, Indonesien, Italien, Kanada, Pakistan, Portugal und Venezuela enthalten.

Anforderung weiterer ergänzender Unterlagen verzichten, wenn zumindest für einen Antragsteller alle in Rn. 57 in Bezug genommenen Angaben und Unterlagen fristgerecht eingereicht wurden, eine Identifizierung der übrigen Antragsteller für beide Vertragsstaaten möglich ist und die vom jeweiligen Antrag betroffenen Besteuerungszeiträume erkennbar sind. Die so gestellten Anträge gelten, soweit sie gleichgelagerte Sachverhalte betreffen, aus deutscher Sicht als innerhalb der Antragsfrist gestellt. Die übrigen Antragsvoraussetzungen (vgl. insbesondere Rn. 15 ff.) bleiben davon unberührt.

107 Dem BZSt bleibt es unbenommen, ergänzende Informationen zu einem späteren Zeitpunkt anzufordern.

9. Schiedsverfahren

9.1 Einleitung des Schiedsverfahrens

108 Soweit dies nach dem zwischen den betroffenen Vertragsstaaten anzuwendenden DBA vorgesehen ist, kann als unselbständiger Teil des Verständigungsverfahrens ein Schiedsverfahren in Betracht kommen, wenn innerhalb eines im DBA bestimmten Zeitrahmens keine Einigung der zuständigen Behörden zustande gekommen ist.

109 Das Schiedsverfahren muss i. d. R. vom Abkommensberechtigten beantragt werden, Antragsfristen und Voraussetzungen an diesen Antrag können in diesen Fällen dem zwischen den betroffenen Vertragsstaaten anzuwendenden DBA entnommen werden.

110 Die Anlage zu diesem Merkblatt enthält eine Übersicht über Schiedsklauseln in deutschen DBA und ggf. vorhandene Verständigungsvereinbarungen über die Anwendung des Schiedsverfahrens. Die DBA sind auf der Internetseite des Bundesministeriums der Finanzen abrufbar[4].

9.2 Kosten des Schiedsverfahrens

111 Gegebenenfalls vorhandene Regelungen zu den entstandenen Kosten eines Schiedsverfahrens finden sich in dem jeweils anzuwendenden DBA bzw. in einer anzuwendenden Verständigungsvereinbarung über die Anwendung des Schiedsverfahrens.

112 In der Regel tragen die Vertragsstaaten die ihnen durch das Verständigungs- bzw. Schiedsverfahren entstandenen Kosten selbst. Die dem Abkommensberechtigten entstandenen Kosten werden nicht erstattet.

D. Streitbeilegungsverfahren nach der EU-Schiedskonvention

113 Die Bestimmungen dieses Abschnitts sind anzuwenden auf Anträge auf Einleitung eines Verständigungsverfahrens nach Art. 6 Abs. 1 der EU-Schiedskonvention (vgl. Tz. 1.5.2).

10. Einleitung des Verständigungsverfahrens

10.1 Antragstellung

114 Das Verständigungsverfahren setzt nach Art. 6 Abs. 1 der EU-Schiedskonvention einen Antrag des betroffenen Unternehmens voraus. In diesem Antrag ist deutlich zu machen, dass dieser auf die EU-Schiedskonvention gestützt wird. Der Antrag ist nur zulässig,

[4] http://www.bundesfinanzministerium.de; Rubrik „Themen – Steuern – Internationales Steuerrecht – Staatenbezogene Informationen".

wenn geltend gemacht wird, dass die in Art. 4 der EU-Schiedskonvention genannten Grundsätze nicht beachtet worden sind (Art. 6 Abs. 1 Satz 1 EU-Schiedskonvention).

115 Der Antrag soll zweckmäßigerweise in allen Ansässigkeitsstaaten der betroffenen Steuerpflichtigen gestellt werden. Entsprechendes gilt, wenn eine Betriebsstättengewinnaufteilung nach Art. 4 Nr. 2 der EU-Schiedskonvention in Frage steht. Eine Betriebsstätte eines Unternehmens eines Vertragsstaats, die in einem anderen Vertragsstaat gelegen ist, gilt für Zwecke der EU-Schiedskonvention als Unternehmen dieses anderen Vertragsstaats (Art. 1 Abs. 2 EU-Schiedskonvention).

116 Zur Vermeidung von Verzögerungen sollte ein schriftlicher Antrag in dreifacher Ausfertigung eingereicht werden.

10.2 Antragsfrist

117 Der Antrag ist nach Art. 6 Abs. 1 Satz 2 der EU-Schiedskonvention innerhalb von drei Jahren nach der ersten Mitteilung der Maßnahme zu unterbreiten, die eine Doppelbesteuerung im Sinne des Art. 1 der EU-Schiedskonvention, z. B. infolge einer Verrechnungspreiskorrektur, herbeigeführt hat oder herbeiführen könnte. Diese Frist beginnt mit der Bekanntgabe des ersten Bescheides, der zu einer Doppelbesteuerung führt (z. B. geänderter Steuerbescheid).

118 Für Fälle, die das Vereinigte Königreich betreffen, gilt die EU-Schiedskonvention nur bis zum Ende der Übergangsphase am 31. Dezember 2020. Anträge, die nach diesem Datum eingehen, sind abzulehnen.

10.3 Inhalt des Antrags

119 Der Antrag hat die in Rn. 57 aufgeführten Angaben und Unterlagen zu enthalten.

120 Bei einem Verfahren nach der EU-Schiedskonvention gehört zu den Mindestangaben auch eine Zusage des Unternehmens, dass es so umfassend und so schnell wie möglich alle Nachfragen einer zuständigen Behörde beantworten und den zuständigen Behörden die erforderlichen Unterlagen zur Verfügung stellen wird.[5]

121 Eine ausführlichere Darstellung der standardmäßig benötigten Angaben und Unterlagen kann auf der Internetseite des BZSt8 abgerufen werden.

122 Das BZSt prüft, ob die zur Einleitung eines Verständigungsverfahrens notwendigen Angaben und Unterlagen gemäß Rn. 119 und Rn. 120 vorliegen und fordert ggf. das Unternehmen innerhalb von zwei Monaten nach Eingang des Antrags zur Übermittlung der fehlenden Angaben und Unterlagen, sowie u. U. weiterer Informationen, auf. Auf Rn. 132 wird hingewiesen.

123 Dem BZSt bleibt es unbenommen, ergänzende Informationen zu einem späteren Zeitpunkt anzufordern.

---

[5] Überarbeiteter Verhaltenskodex zur wirksamen Durchführung des Übereinkommens über die Beseitigung der Doppelbesteuerung im Falle von Gewinnberichtigungen zwischen verbundenen Unternehmen (2009/C 322/01), Ziffer 5 Buchstabe a Absatz vii https://eur-lex.europa.eu/legal-content/DE/TXT/?uri=celex:42009X1230(01).

10.4 Einleitung des Verständigungsverfahrens bei Antragstellung im Inland

124 Ergibt die Prüfung, dass der Antrag zulässig und hinreichend begründet ist und können die zuständigen deutschen Finanzbehörden keine zufriedenstellende Lösung herbeiführen, leitet das BZSt das Verständigungsverfahren nach Art. 6 Abs. 2 der EU-Schiedskonvention gegenüber den zuständigen Behörden der anderen an dem Fall beteiligten Vertragsstaaten ein. Dies soll spätestens vier Monate nach dem späteren der nachfolgenden Zeitpunkte erfolgen:

a) Datum des Steuerbescheids, mit dem die endgültige Entscheidung über die Einkommenserhöhung festgesetzt oder festgestellt worden ist, oder

b) Datum, an dem der Antrag des Unternehmens sowie die Informationen gem. Rn. 122 dem BZSt vorliegen.

125 Wird von Rechtsbehelfen nach dem deutschen Steuerrecht oder dem Recht der anderen an dem Fall beteiligten Vertragsstaaten Gebrauch gemacht, liegt eine endgültige Entscheidung über die Einkommenserhöhung zu dem Zeitpunkt vor, zu dem die in letzter Instanz ergangene Entscheidung rechtskräftig geworden ist.

126 Das BZSt unterrichtet das antragstellende Unternehmen über die Einleitung des Verständigungsverfahrens und teilt diesem mit, an welchem Tag die Zweijahresfrist gem. Art. 7 Abs. 1 der EU-Schiedskonvention begonnen hat. Auf Rn. 132 wird hingewiesen.

127 Zum Vorgehen bei nur im Ausland beantragten Verständigungsverfahren siehe Tz. 2.5.

11. Durchführung des Verständigungsverfahrens

11.1 Allgemeine Verfahrensgrundsätze

128 Die Vertragsstaaten sind an den Fremdvergleichsgrundsatz des Art. 4 der EU-Schiedskonvention gebunden. Dieser entspricht dem Fremdvergleichsgrundsatz des Art. 9 Abs. 1 und des Art. 7 Abs. 2 der VerhGl.

11.2 Verfahrensablauf

129 Das BZSt richtet sich hinsichtlich des Verfahrensablaufs, einschließlich der zu erstellenden Positionspapiere, nach dem überarbeiteten Verhaltenskodex zur wirksamen Durchführung des Übereinkommens über die Beseitigung der Doppelbesteuerung im Falle von Gewinnberichtigungen zwischen verbundenen Unternehmen[6]. Die dort genannten Fristen sollen regelmäßig eingehalten werden.

130 Die zuständigen Landesfinanzbehörden übermitteln die von ihnen erbetenen Stellungnahmen, soweit möglich, spätestens einen Monat vor Ablauf der im Verhaltenskodex für das BZSt als deutsche zuständige Behörde vorgesehenen Fristen.

12. Schiedsverfahren

12.1 Allgemeines

131 Führt das Verständigungsverfahren nicht innerhalb von zwei Jahren zu einer Einigung, so sind die zuständigen Behörden der beteiligten Vertragsstaaten verpflichtet, einen Beratenden Ausschuss einzusetzen und dessen Stellungnahme einzuholen (sog. Schlich-

[6] Fundstelle siehe Fußnote 7.

tungsverfahren gem. Art. 7 EU-Schiedskonvention). Die zuständigen Behörden können die Frist von zwei Jahren im Einvernehmen mit den beteiligten Unternehmen verlängern (Art. 7 Abs. 4 EU-Schiedskonvention).

132 Die in Art. 7 Abs. 1 der EU-Schiedskonvention genannte Frist von zwei Jahren beginnt an dem Tag, an dem der Fall erstmals einer der zuständigen Behörden (BZSt oder im Falle der Antragstellung bei einer ausländischen Finanzverwaltung, die zuständige Behörde dieses anderen Vertragsstaats) unterbreitet worden ist. Dabei ist der Fall zu dem späteren der nachfolgend genannten Zeitpunkte als erstmals einer der zuständigen Behörden unterbreitet anzusehen:

- Datum des Steuerbescheids, mit dem die endgültige Entscheidung über die Einkommenserhöhung festgesetzt oder festgestellt worden ist;
- Tag des Eingangs sämtlicher der unter Rn. 119 und Rn. 120 genannten Angaben und Unterlagen bei der zuständigen Behörde sowie jeder weiteren Information, die die zuständige Behörde innerhalb von zwei Monaten nach Eingang des Antrags des Unternehmens angefordert hat.

133 Innerstaatliche Rechtsbehelfe können dazu führen, dass die in Rn. 131 und Rn. 132 genannte Frist später beginnt oder im Ergebnis ein Schiedsverfahren vollständig ausgeschlossen ist. Insoweit wird auf Rn. 14 Buchstabe c hingewiesen.

12.2 Einsetzung des Beratenden Ausschusses

134 Sofern die zuständigen Behörden der an dem Fall beteiligten Vertragsstaaten nichts anderes vereinbaren, ergreift der Vertragsstaat, der den ersten Steuerbescheid, d. h. die endgültige Entscheidung der Finanzverwaltung über die Einkommenserhöhung oder eine gleich bedeutende Maßnahme erlassen hat, die zu einer Doppelbesteuerung im Sinne des Art. 1 der EU-Schiedskonvention geführt hat oder führen könnte, die Initiative zur Einsetzung des Beratenden Ausschusses und organisiert dessen Sitzungen in Absprache mit den zuständigen Behörden der anderen an dem Fall beteiligten Vertragsstaaten.

135 Das BZSt übermittelt dem Beratenden Ausschuss vor seiner ersten Sitzung alle den Fall betreffenden sachdienlichen Unterlagen und Informationen, insbesondere sämtliche Dokumente, Berichte, Korrespondenzen und Schlussfolgerungen aus dem Verständigungsverfahren.

12.3 Zusammensetzung des Beratenden Ausschusses

136 Der Beratende Ausschuss besteht in der Regel aus einem unabhängigen Vorsitzenden, je zwei Vertretern der zuständigen Behörden und einer geraden Anzahl – i. d. R. zwei – unabhängigen Personen (Art. 9 Abs. 1 EU-Schiedskonvention). Die Mitglieder des Beratenden Ausschusses unterliegen den Geheimhaltungsvorschriften des Art. 9 Abs. 6 der EU-Schiedskonvention.

12.4 Rechte und Pflichten der betroffenen Unternehmen

137 Die betroffenen Unternehmen haben ein Recht auf Anhörung oder Vertretung (Art. 10 Abs. 2 EU-Schiedskonvention). Es steht ihnen frei, zur Sach-und Rechtslage gegenüber dem Beratenden Ausschuss Stellung zu nehmen und die ihnen notwendig erscheinenden Beweismittel und Schriftstücke vorzulegen (Art. 10 Abs. 1 EU-Schiedskonvention). Auf Aufforderung des Beratenden Ausschusses sind die betroffenen Unternehmen verpflich-

tet, Auskünfte zu erteilen oder Beweismittel oder Schriftstücke vorzulegen und vor dem Ausschuss zu erscheinen oder sich dort vertreten zu lassen. Stellungnahmen und Unterlagen, die von einem betroffenen Unternehmen erstmals im Schiedsverfahren abgegeben oder vorgelegt werden, sind von diesem in die Verfahrenssprache(n) gemäß Rn. 60 ff. zu übersetzen.

12.5 Stellungnahme des Beratenden Ausschusses und Entscheidung der zuständigen Behörden

138 Der Beratende Ausschuss gibt seine Stellungnahme binnen sechs Monaten ab. Er ist hierbei an den Fremdvergleichsgrundsatz des Art. 4 der EU-Schiedskonvention gebunden (Art. 11 Abs. 1 EU-Schiedskonvention). Die Stellungnahme ergeht mit einfacher Mehrheit seiner Mitglieder (Art. 11 Abs. 2 EU-Schiedskonvention).

139 Die Frist zur Abgabe der Stellungnahme beginnt an dem Tag, an dem der Vorsitzende bestätigt, dass die Ausschussmitglieder alle sachdienlichen Unterlagen und Informationen entsprechend Rn. 119 von allen zuständigen Behörden der an dem Fall beteiligten Vertragsstaaten erhalten haben.

140 Nach Abgabe der Stellungnahme des Beratenden Ausschusses haben die zuständigen Behörden der an dem Fall beteiligten Vertragsstaaten sechs weitere Monate Zeit, sich zu einigen. Sie können von der Stellungnahme des Beratenden Ausschusses abweichen, sofern auch dann die Doppelbesteuerung vermieden wird. Können sie sich nicht auf eine abweichende Regelung einigen, sind sie an die Stellungnahme des Beratenden Ausschusses als Schiedsspruch gebunden (Art. 12 Abs. 1 EU-Schiedskonvention).

12.6 Bekanntgabe der Stellungnahme des Beratenden Ausschusses und der Entscheidung der zuständigen Behörden

141 Nachdem die an dem Fall beteiligten zuständigen Behörden eine Entscheidung über die Vermeidung der Doppelbesteuerung getroffen haben, übermittelt die zuständige Behörde, der der Fall unterbreitet wurde, jedem der beteiligten Unternehmen die Entscheidung der zuständigen Behörden und die Stellungnahme des Beratenden Ausschusses.

142 Bezüglich der Umsetzung der Entscheidung gilt Tz. 4.

12.7 Weitere Einzelheiten zum Schiedsverfahren

143 Hinsichtlich weiterer Einzelheiten zum Schiedsverfahren nach der EU-Schiedskonvention wird auf den überarbeiteten Verhaltenskodex zur wirksamen Durchführung des Übereinkommens über die Beseitigung der Doppelbesteuerung im Falle von Gewinnberichtigungen zwischen verbundenen Unternehmen[7] hingewiesen.

13. Kosten des Schiedsverfahrens

144 Die Verfahrenskosten des Beratenden Ausschusses werden von den an dem Fall beteiligten Vertragsstaaten zu gleichen Teilen getragen (Art. 11 Abs. 3 EU-Schiedskonvention). Zu diesen gehören die Verwaltungskosten des Beratenden Ausschusses sowie die Honorare und Auslagen der unabhängigen Personen.

BMF-Schr.

[7] Überarbeiteter Verhaltenskodex zur wirksamen Durchführung des Übereinkommens über die Beseitigung der Doppelbesteuerung im Falle von Gewinnberichtigungen zwischen verbundenen Unternehmen (2009/C 322/01), Ziffer 5 Buchstabe a Absatz vii: https://eur-lex.europa.eu/legal-content/DE/TXT/?uri=celex:42009X1230(01).

145 Kosten, die den betroffenen Unternehmen im Zusammenhang mit dem Schiedsverfahren entstehen, werden den Unternehmen nicht ersetzt (Art. 11 Abs. 3 EU-Schiedskonvention).

E. Streitbeilegungsverfahren nach dem EU-DBA-SBG

14. Allgemeines

146 Das EU-DBA-SBG ist grundsätzlich erstmals für Steuerjahre, die am oder nach dem 1. Januar 2018 beginnen, anwendbar (§ 33 EU-DBA-SBG). Nur insoweit gilt auch der Vorrang des EU-DBA-SBG (siehe Rn. 11).

147 Die deutsche zuständige Behörde hat zum Zeitpunkt der Veröffentlichung dieses Merkblatts mit keiner zuständigen Behörde eines anderen Mitgliedstaats vereinbart, auf Grundlage von § 33 Abs. 2 EU-DBASBG die Verfahren nach dem EU-DBA-SBG auch auf Streitbeilegungsbeschwerden anzuwenden, die vor dem 1. Juli 2019 oder in Bezug auf frühere Steuerjahre als 2018 eingereicht werden. Betrifft eine Streitbeilegungsbeschwerde, die ab dem 1. Juli 2019 eingereicht ist, sowohl Steuerjahre ab 2018 als auch frühere Steuerjahre, so wird die deutsche zuständige Behörde bei Vorliegen eines entsprechenden Antrags gemeinsam mit der zuständigen Behörde des anderen betroffenen Mitgliedstaats im Einzelfall und ohne Präzedenzwirkung erwägen und ggf. vereinbaren, dieses Verfahren nach dem EU-DBA-SBG auch auf diese früheren Steuerjahre anzuwenden.

148 Die Antragsvoraussetzungen und Verfahrensabläufe mit allen geltenden Fristen für ein Verständigungsverfahren sind dem EU-DBA-SBG[8] zu entnehmen. Hervorzuheben sind die nachfolgend aufgeführten Punkte zur Anwendung dieses Gesetzes und zur Regelung von Verfahrensabläufen.[9]

149 Der Antrag auf Durchführung eines Streitbeilegungsverfahrens nach dem EU-DBA-SBG (Streitbeilegungsbeschwerde, Rn. 154), ggf. die Rücknahme dieses Antrags (Rn. 158), die Antwort auf Ersuchen um zusätzliche Informationen (Rn. 163), der Antrag auf Einsetzung eines Beratenden Ausschusses (Schiedsverfahren, Rn. 174) und ggf. die Rücknahme dieses Antrags (im Weiteren zusammengefasst als „Benachrichtigungen“ bezeichnet) sind gleichzeitig und mit gleichem Inhalt an alle zuständigen Behörden der betroffenen Mitgliedstaaten zu übermitteln.

14.1 Verfahrenserleichterungen für natürliche Personen und kleinere Unternehmen

150 Sind die Voraussetzungen des § 28 Abs. 1 EU-DBA-SBG für die in § 28 EU-DBA-SBG aufgeführten Verfahrenserleichterungen für natürliche Personen und kleinere Unternehmen erfüllt, kann der Antragsteller die in Rn. 149 genannten Benachrichtigungen, abweichend von dem dort genannten Grundsatz, auch nur bei der zuständigen Behörde des Mitgliedstaats einreichen, in dem die betroffene Person ansässig ist (in Deutschland beim BZSt).

---

[8] Fundstelle: http://www.gesetze-im-internet.de/eu-dba-sbg/index.html.

[9] Weiterführend wird auf die Gesetzesbegründung zum Gesetzesentwurf hingewiesen (abrufbar im gemeinsamen Dokumentations-und Informationssystem von Bundestag und Bundesrat (DIP)), https://dip21.bundestag.de/dip21/btd/19/121/1912112.pdf.

151 Das in § 28 Abs. 1 Nr. 2 EU-DBA-SBG enthaltene Größenmerkmal muss zum Ende des letzten abgeschlossenen Veranlagungszeitraums vor Antragstellung erfüllt sein, damit die Rechtsfolgen der Vorschrift eintreten können. Der Antragsteller hat gegenüber dem BZSt das Vorliegen der Voraussetzungen darzulegen. Ergibt eine Prüfung, dass die Größenmerkmale im jeweiligen Fall überschritten sind, weist das BZSt den Antragsteller innerhalb von drei Monaten auf die Verpflichtung zur zeit-und inhaltsgleichen Antragstellung in allen betroffenen Mitgliedstaaten hin.

152 Ist in Fällen der Verfahrenserleichterung im Sinne des § 28 EU-DBA-SBG Deutschland der Ansässigkeitsstaat, teilt das BZSt den zuständigen Behörden der anderen betroffenen Mitgliedstaaten gleichzeitig und innerhalb von zwei Monaten nach Eingang der in Rn. 149 genannten Benachrichtigungen deren Inhalt mit (§ 28 Abs. 2 EU-DBA-SBG). Sobald eine Mitteilung durch das BZSt erfolgt ist, gilt eine Benachrichtigung mit dem Ablauf des Tages, an dem die Mitteilung abgesendet wurde, als an alle betroffenen Mitgliedstaaten übermittelt (§ 28 Abs. 3 EU-DBA-SBG).

153 In Fällen der Verfahrenserleichterung im Sinne des § 28 EU-DBA-SBG gelten die zusätzlichen Informationen im Sinne der Rn. 163 zum Zeitpunkt ihres Eingangs im BZSt in allen betroffenen Mitgliedstaaten als zugegangen (§ 28 Abs. 4 EU-DBA-SBG). Das BZSt übermittelt unverzüglich eine Kopie der eingegangenen Informationen den zuständigen Behörden aller anderen betroffenen Mitgliedstaaten (§ 28 Abs. 5 EU-DBA-SBG).

15. Einleitung des Verständigungsverfahrens

15.1 Antragstellung

154 Das Verständigungsverfahren setzt einen Antrag der betroffenen Person im Sinne des § 2 Abs. 1 Nr. 7 EU-DBA-SBG voraus (Streitbeilegungsbeschwerde). In diesem Antrag ist von der betroffenen Person deutlich zu machen, dass sie ein Verfahren nach dem EU-DBA-SBG anstrebt.

155 Die Streitbeilegungsbeschwerde ist bei allen zuständigen Behörden der betroffenen Mitgliedstaaten gleichzeitig einzulegen und mit den gleichen Angaben einzureichen (§ 4 Abs. 2 EU-DBA-SBG). Bei zeitversetztem Eingang kommt es in den betroffenen Mitgliedstaaten zu verschiedenen Fristläufen. Auf die Ausnahmeregelung in Rn. 150 wird hingewiesen.

156 Das BZSt übersendet dem Antragsteller innerhalb von zwei Monaten nach Zugang der Streitbeilegungsbeschwerde eine Eingangsbestätigung (§ 6 Abs. 1 EU-DBA-SBG). Es soll im Rahmen dieser Eingangsbestätigung auf die zwingende Regelung der gleichzeitigen Antragstellung in allen betroffenen Mitgliedstaaten und, sofern nicht bereits im Antrag auf die Verfahrenserleichterungen für natürliche Personen und kleinere Unternehmen Bezug genommen wird, auf die Ausnahmeregelungen in § 28 EU-DBA-SBG hinweisen.

157 Innerhalb von zwei Monaten nach Zugang unterrichtet das BZSt die zuständigen Behörden der anderen betroffenen Mitgliedstaaten über den Eingang einer Streitbeilegungsbeschwerde (§ 6 Abs. 2 EU-DBA-SBG).

158 Der Antragsteller kann den Antrag jederzeit schriftlich zurücknehmen. Auf Rn. 149 und Rn. 150 wird hingewiesen. Durch die Rücknahme der Streitbeilegungsbeschwerde werden alle diesbezüglichen Verfahren nach dem EU-DBA-SBG mit sofortiger Wirkung beendet (§ 11 EU-DBA-SBG).

15.2 Antragsfrist

159 Die Streitbeilegungsbeschwerde ist innerhalb von drei Jahren, nachdem der betroffenen Person die erste Mitteilung der Maßnahme, die im Ergebnis zu einer Streitfrage geführt hat oder führen wird, bekannt gegeben worden ist, einzureichen (§ 4 Abs. 3 EU-DBA-SBG).

160 Zum Verständigungsverfahren kommt es erst, wenn alle zuständigen Behörden der betroffenen Mitgliedstaaten die Streitbeilegungsbeschwerde zugelassen haben. Dazu ist es i. d. R. erforderlich, dass in den betroffenen Mitgliedstaaten eine fristgerechte Streitbeilegungsbeschwerde eingereicht wird. Auf Rn. 150 wird hingewiesen.

15.3 Inhalt des Antrags

161 Der Antrag hat die in § 5 EU-DBA-SBG aufgeführten Angaben und Unterlagen zu enthalten.

162 Das BZSt prüft, ob die zur Einleitung des Verständigungsverfahrens notwendigen Informationen gem. Rn. 57 bzw. Rn. 161 vorliegen und fordert ggf. die Person, die die Streitbeilegungsbeschwerde eingelegt hat, innerhalb von drei Monaten nach dem Eingang der Streitbeilegungsbeschwerde zur Übermittlung der fehlenden sowie u. U. weiterer Informationen auf (§ 7 Abs. 1 EU-DBA-SBG).

163 Dieses Informationsersuchen ist innerhalb von drei Monaten, gerechnet ab dem Tag, der auf den Tag folgt, an dem das Informationsersuchen der betroffenen Person bekannt gegeben worden ist, zu beantworten. Die betroffene Person hat eine Kopie ihrer Antwort auf das Informationsersuchen gleichzeitig und mit gleichem Inhalt auch den zuständigen Behörden der anderen betroffenen Mitgliedstaaten zu übermitteln (§ 7 Abs. 2 EU-DBA-SBG).

164 Dem BZSt bleibt es unbenommen, ergänzende Informationen zu einem späteren Zeitpunkt anzufordern. Der Ablauf der Einigungsfrist (Rn. 171) wird durch diese späteren Informationsersuchen nicht gehemmt. (§ 14 EU-DBA-SBG).

15.4 Einleitung des Verständigungsverfahrens und Rechtsschutz

165 Das BZSt trifft innerhalb von sechs Monaten ab Eingang der Streitbeilegungsbeschwerde eine Entscheidung über ihre Zulassung oder Zurückweisung. Hat das BZSt ein Informationsersuchen im Sinne der Rn. 162 gestellt, so beginnt die Frist erst an dem Tag, der auf den Tag folgt, an dem die Antwort zugegangen ist (§ 8 Abs. 1 Satz 1 und 2 EU-DBA-SBG).

166 Hat die betroffene Person ein Rechtsbehelfsverfahren nach dem nationalen Recht eines der betroffenen Mitgliedstaaten eingeleitet, so ist die Anlaufhemmung der Frist zur Entscheidung über die Zulassung aus Rn. 14 Buchstabe d bzw. § 8 Abs. 1 Satz 3 EU-DBA-SBG zu beachten.

167 Hat das BZSt mit Ablauf der in Rn. 165 genannten Frist keine Entscheidung über die Zulassung oder Zurückweisung der Streitbeilegungsbeschwerde getroffen, so gilt die Beschwerde als zugelassen (§ 8 Abs. 4 EU-DBA-SBG).

168 Wurde die Streitbeilegungsbeschwerde von der zuständigen Behörde mindestens eines Mitgliedstaats, jedoch nicht von allen Mitgliedstaaten zurückgewiesen, kann die betroffene Person die Einsetzung des Beratenden Ausschusses beantragen, damit dieser über die Zulassung der Streitbeilegungsbeschwerde entscheidet. Der Antrag ist nur zulässig, wenn gegen die Zurückweisung der Streitbeilegungsbeschwerde kein Rechtsbehelf gegeben ist, kein nationales Rechtsbehelfsverfahren anhängig ist oder auf ein solches Rechtsbehelfsverfahren verzichtet wurde (§ 10 Abs. 1 EU-DBA-SBG). Bezüglich dieses Schiedsverfahrens gilt Tz. 16 entsprechend.

169 Wenn in einem betroffenen Mitgliedstaat die Zurückweisung der Streitbeilegungsbeschwerde durch die zuständige Behörde im nationalen Rechtsweg rechtskräftig bestätigt wurde und die Verwaltung des betroffenen Mitgliedstaats von dieser Entscheidung nicht abweichen darf, ist ein Antrag im Sinne der Rn. 168 ausgeschlossen (§ 9 Abs. 2 EU-DBA-SBG).

170 Hat der Beratende Ausschuss entschieden, dass ein Antrag im Sinne der Rn. 168 zulässig ist, wird i. d. R. das BZSt das Verfahren einleiten (§ 10 Abs. 5 Satz 1 EU-DBA-SBG).

16. Schiedsverfahren

16.1 Antragstellung

171 Die Einigungsfrist für ein Verständigungsverfahren beträgt zwei Jahre ab dem Zugang der letzten Mitteilung über die Zulassung der Streitbeilegungsbeschwerde durch die zuständigen Behörden der betroffenen Mitgliedstaaten bei der betroffenen Person. In Fällen der Ersetzung der Zulassung durch den Beratenden Ausschuss (Rn. 168) beginnt die Einigungsfrist an dem Tag, der auf den Tag folgt, an dem die Mitteilung über die Zulassung der Streitbeilegungsbeschwerde durch den Beratenden Ausschuss der betroffenen Person zugegangen ist (§ 13 Abs. 2 EU-DBA-SBG).

172 Hat die betroffene Person ein Rechtsbehelfsverfahren nach dem nationalen Recht der betroffenen Mitgliedstaaten eingeleitet, so ist die Anlaufhemmung der in Rn. 14 Buchstabe d bzw. § 13 Abs. 3 EUDBA-SBG genannten Einigungsfrist zu beachten..

173 Wurde innerhalb der Zweijahresfrist keine Einigung über die Lösung der Streitfrage erzielt, teilt das BZSt der betroffenen Person unverzüglich die Gründe hierfür mit (§ 16 Abs. 1 EU-DBA-SBG).).

174 Die betroffene Person kann im Falle einer fehlenden Einigung die Einsetzung des Beratenden Ausschusses (Schiedsverfahren) beim BZSt beantragen (§ 17 Abs. 1 Satz 1 EU-DBA-SBG).

175 Die betroffene Person hat diesen Antrag schriftlich und innerhalb von 50 Tagen nach Bekanntgabe der Mitteilung über die fehlende Einigung bei den zuständigen Behörden aller betroffenen Mitgliedstaaten gleichzeitig und mit gleichen Angaben einzureichen (§ 17 Abs. 1 Satz 2 EU-DBA-SBG). Auf Rn. 150 wird hingewiesen.

176 Im Falle der Rn. 168 beginnt die 50-Tage-Frist mit dem Tag, der auf den Tag folgt, an dem der betroffenen Person die gerichtliche Entscheidung bekannt gegeben wurde, wel-

che die Zurückweisung der Streitbeilegungsbeschwerde durch eine zuständige Behörde der betroffenen Mitgliedstaaten ersetzt (§ 10 Abs. 2 Satz 1 EU-DBA-SBG).

177 Das BZSt kann den Antrag auf Einsetzung des Beratenden Ausschusses im Einzelfall ablehnen, wenn es bei der Streitfrage nicht um eine Frage der Doppelbesteuerung geht (z. B. bei vorgetragenem Verstoß gegen die Diskriminierungsverbote, bei einem im Abkommen bzw. Übereinkommen festgelegten ausschließlichem Besteuerungsrecht oder lediglich bei „virtueller" Doppelbesteuerung; siehe auch Rn. 6).

178 Im Falle der Ablehnung des Antrags informiert das BZSt unverzüglich die betroffene Person und die zuständigen Behörden der anderen betroffenen Mitgliedstaaten (§ 20 Abs. 2 EU-DBA-SBG).

16.2 Einsetzung und Zusammensetzung des Beratenden Ausschusses

179 Der Beratende Ausschuss muss innerhalb von 120 Tagen nach Eingang des Antrags eingesetzt werden (§ 22 Satz 1 EU-DBA-SBG). Dieser besteht i. d. R. aus einem Vorsitzenden, jeweils einem Vertreter der zuständigen Behörde jedes betroffenen Mitgliedstaats und jeweils einer unabhängigen Person, die von der zuständigen Behörde eines jeden betroffenen Mitgliedstaats aus der in § 26 EU-DBA-SBG genannten Liste ausgewählt wird (§ 21 EU-DBA-SBG).

180 Die Vertreter der zuständigen Behörden der betroffenen Mitgliedstaaten und die benannten unabhängigen Personen wählen innerhalb der 120-Tage-Frist aus der in § 26 EU-DBA-SBG genannten Liste von Personen einen Vorsitzenden, der, sofern von diesen Personen nicht anders vereinbart, ein Richter sein muss (§ 24 Abs. 5 EU-DBA-SBG).

181 Nach Einsetzung des Beratenden Ausschusses informiert der Vorsitzende die betroffene Person unverzüglich hierüber (§ 22 Satz 2 EU-DBA-SBG).

182 Mitglieder des Beratenden Ausschusses, die keine Amtsträger im Sinne des § 30 Abs. 1 i. V. m. § 7 AO sind, haben als amtlich zugezogene Sachverständige das Steuergeheimnis zu wahren (§ 23 Abs. 5 EUDBA-SBG).

16.3 Rechte und Pflichten der betroffenen Person

183 Eine betroffene Person kann dem Beratenden Ausschuss für Zwecke des Schiedsverfahrens jegliche Informationen, Nachweise oder Unterlagen vorlegen, die für die Stellungnahme relevant sein könnten, sofern die zuständigen Behörden aller betroffenen Mitgliedstaaten zustimmen. Sie hat auf Anfrage des Beratenden Ausschusses alle Informationen, Nachweise und Unterlagen vorzulegen, die für die Stellungnahme erforderlich sind (§ 23 Abs. 1 und 2 EU-DBA-SBG).

184 Eine betroffene Person kann auf eigenen Antrag und mit Zustimmung der zuständigen Behörden aller betroffenen Mitgliedstaaten vor dem Beratenden Ausschuss selbst erscheinen oder sich vertreten lassen. Auf entsprechende Aufforderung des Beratenden Ausschusses hat diese Person oder ihr Vertreter vor dem Beratenden Ausschuss zu erscheinen (§ 23 Abs. 4 EU-DBA-SBG).

185 Die betroffene Person und ihre Vertreter verpflichten sich, sämtliche Informationen einschließlich der Unterlagen, von denen sie während eines Verfahrens Kenntnis erhal-

ten, geheim zu halten (§ 23 Abs. 6 Satz 1 EU-DBA-SBG). Der Beratende Ausschuss soll damit vor Beeinflussung durch öffentliche Kommentare zu einem laufenden Schiedsverfahren geschützt werden.

16.4 Stellungnahme des Beratenden Ausschusses und abschließende Entscheidung durch die zuständigen Behörden

186 Der Beratende Ausschuss gibt seine Stellungnahme spätestens sechs Monate nach dem Tag der Einsetzung gegenüber dem BZSt und den zuständigen Behörden der anderen betroffenen Mitgliedstaaten in schriftlicher Form ab (§ 17 Abs. 3 Satz 1 EU-DBA-SBG).

187 Ist nach Auffassung des Beratenden Ausschusses die Streitfrage so beschaffen, dass die Abgabe einer Stellungnahme mehr als sechs Monate in Anspruch nehmen wird, so kann er beschließen, diese Frist um drei Monate zu verlängern. In diesem Fall setzt er die zuständigen Behörden aller betroffener Mitgliedstaaten und die betroffene Person über die Verlängerung in Kenntnis (§ 17 Abs. 3 Satz 3 und 4 EU-DBA-SBG).).

188 Das BZSt einigt sich mit den zuständigen Behörden der anderen betroffenen Mitgliedstaaten innerhalb von sechs Monaten nach Übermittlung der Stellungnahme des Beratenden Ausschusses darüber, wie die Streitfrage zu lösen ist. Dabei kann eine von der Stellungnahme abweichende Entscheidung getroffen werden. Erzielen die zuständigen Behörden keine Einigung über die Lösung der Streitfrage, sind sie bei der Entscheidung an die Stellungnahme des Beratenden Ausschusses gebunden (§ 18 Abs. 1 und 2 EU-DBA-SBG).

16.5 Bekanntgabe der Stellungnahme des Beratenden Ausschusses und der Entscheidung der zuständigen Behörden

189 Das BZSt gibt der betroffenen Person die abschließende Entscheidung über die Lösung der Streitfrage bekannt. Erfolgt die Bekanntgabe nicht innerhalb von 30 Tagen, gerechnet ab dem Tag, der auf den Tag folgt, an dem die Entscheidung getroffen worden ist, gilt § 347 Abs. 1 Satz 2 AO entsprechend (§ 18 Abs. 3 EU-DBA-SBG).

190 Die abschließende Entscheidung der zuständigen Behörden wird umgesetzt, sofern die betroffene Person innerhalb von 60 Tagen nach dem Tag der Bekanntgabe der Entscheidung mit gesondertem Schreiben gegenüber dem BZSt schriftlich oder zur Niederschrift auf die Einlegung von Rechtsbehelfen gegen die Steuerbescheide, die die abschließende Entscheidung umsetzen, für den Fall verzichtet, dass die Ergebnisse des Streitbeilegungsverfahrens zutreffend umgesetzt werden (§ 18 Abs. 5 Satz 1 EUDBA-SBG). Nach Ablauf der Frist gilt das Verfahren als beendet (§ 18 Abs. 5 Satz 4 EU-DBA-SBG).

191 Das BZSt informiert auf dem Dienstweg das örtlich zuständige Finanzamt über den Rechtsmittelverzicht (§ 18 Abs. 5 Satz 2 EU-DBA-SBG).

192 § 15 Abs. 1 Satz 2, Abs. 2 und Abs. 3 EU-DBA-SBG (zur Umsetzung von Verständigungsvereinbarungen) gelten entsprechend (§ 18 Abs. 5 Satz 3 EU-DBA-SBG). Insbesondere hat die betroffene Person Maßnahmen zu treffen, die laufenden nationalen Rechtsbehelfe, soweit sie sich auf den Streitgegenstand beziehen, einzustellen.

17. Kosten des Schiedsverfahrens

193 Die beteiligten Vertragsstaaten tragen die durch die Einsetzung und die Tätigkeiten des Beratenden Ausschusses oder des Ausschusses für Alternative Streitbeilegung entstandenen Kosten zu gleichen Teilen (§ 31 Abs. 1 EU-DBA-SBG). Die der betroffenen Person entstandenen Verfahrenskosten werden von der Bundesrepublik Deutschland nicht ersetzt (§ 31 Abs. 2 EU-DBA-SBG).

194 Wenn die betroffene Person eine Streitbeilegungsbeschwerde nach § 11 EU-DBA-SBG zurückgenommen oder wenn der Beratende Ausschuss die Zurückweisung der Streitbeilegungsbeschwerde nach § 10 EU-DBA-SBG bestätigt hat, sind die Kosten im Sinne des § 31 Abs. 1 EU-DBA-SBG von der betroffenen Person selbst zu tragen, soweit das BZSt und die zuständigen Behörden der anderen betroffenen Mitgliedstaaten der Kostentragung durch die betroffene Person im jeweiligen Fall zustimmen (§ 31 Abs. 3 EU-DBA-SBG).

F. Anwendungsregelung und Veröffentlichung

195 Dieses Merkblatt tritt an die Stelle des Merkblatts vom 27. August 2021 (BStBl I Seite 1495) und wird im Bundessteuerblatt veröffentlicht.

Anlage (siehe Rn. 110)

Übersicht über Schiedsklauseln in deutschen DBA und ggf. vorhandene Verständigungsvereinbarungen über die Anwendung des Schiedsverfahrens Stand: 1. Januar 2024

DBA	DBA-Regelung	Verständigungsvereinbarung über die Anwendung des Schiedsverfahrens	Quelle
EU-/EWR-Staaten			
Frankreich	Art. 25 Abs. 5 Auf Antrag des Steuerpflichtigen.	Nein	
Liechtenstein	Art. 25 Abs. 5 bis 7 Von Amts wegen.	Nein	
Niederlande	Art. 25 Abs. 5 Auf Antrag des Steuerpflichtigen.	Ja	BStBl 2016 I Seite 71
Österreich	Art. 25 Abs. 5 Auf Antrag des Steuerpflichtigen	Verweis auf Art. 239 EG-Vertrag (Art. 273 AEUV)	
Nicht-EU-/EWR-Staaten			
Armenien	Art. 24 Abs. 5 Auf Antrag eines der Vertragsstaaten.	Nein	
Australien	Art. 25 Abs. 5 Auf Antrag des Steuerpflichtigen.	Nein	
Japan	Art. 24 Abs. 5 (siehe auch Protokoll Nr. 10) Auf Antrag des Steuerpflichtigen.	Nein	
Jersesy	Art. 9 Abs. 5 Mit Zustimmung beider Vertragsparteien.	Nein	
Kanada	Art. 25 Abs. 6 Mit Zustimmung beider Vertragsstaaten.	Nein	
Mauritius	Art. 25 Abs. 5 Auf Antrag des Steuerpflichtigen.	Nein	

BMF-Schr.

DBA	DBA-Regelung	Verständigungsvereinbarung über die Anwendung des Schiedsverfahrens	Quelle
Schweiz	Art. 26 Abs. 5 ff. Von Amts wegen.	Ja	BStBl 2017 I Seite 379 BStBl 2019 I Seite 1014 BStBl 2022 I Seite 1228
USA	Art.25 Abs. 5 und 6 i. V. m. Protokoll Nr. 22 Von Amts wegen.	Ja	BStBl 2009 I Seite 345
Vereinigtes Königreich	Art. 26 Abs. 5 Auf Antrag des Steuerpflichtigen	Ja	BStBl 2011 I Seite 956

BMF-Schreiben v. 26.6.2024 - IV B 5 - S 1305/19/10003 :008

Änderung des Anwendungserlasses zur Abgabenordnung zu §§ 89 und 89a sowie Aufhebung des BMF-Schreibens vom 5.10.2006 - IV B 4 - S 1341 - 38/06 - (BStBl I S. 594)

I. Änderung des Anwendungserlasses zur Abgabenordnung

Unter Bezugnahme auf das Ergebnis der Erörterungen mit den obersten Finanzbehörden der Länder wird der Anwendungserlass zur Abgabenordnung (AEAO) vom 31. Januar 2014 (BStBl I S. 290), der zuletzt durch das BMF-Schreiben vom 22. März 2024 (BStBl I S. 694) geändert worden ist, wie folgt geändert:

1. Im AEAO wird folgende Regelung zu **§ 89a AO** eingefügt:

„AEAO zu § 89a – Vorabverständigungsverfahren:

Inhaltsübersicht

1. Eröffnung des Vorabverständigungsverfahrens
2. Inhalt und Umfang des Antrags
3. Abschluss oder anderweitige Beendigung des Vorabverständigungsverfahrens
4. Bindungswirkung der Vorabverständigungsvereinbarung
5. Widerruf
6. Geltungszeitraum und Roll Back
7. Gebühren

1. Eröffnung des Vorabverständigungsverfahrens

Zuständigkeiten

1.1. Zuständig für die Durchführung eines Vorabverständigungsverfahrens ist das BZSt als zuständige Behörde gemäß § 5 Abs. 1 Satz 1 Nr. 5 FVG in Verbindung mit der Delegation durch das BMF-Schreiben vom 23. Mai 2022, BStBl I S. 838. Das BZSt handelt gemäß § 89a Abs. 1 Satz 1 AO im Einvernehmen mit der zuständigen obersten Landesfinanzbehörde oder der von dieser beauftragten Behörde (zuständige Landesfinanzbehörde). Dies gilt für die gesamte Dauer des Vorabverständigungs-verfahrens (vgl. AEAO zu § 89a, Nr. 1.3, 1.19, 2.3, 2.7, 3.5, 5.1 und 7.3). Ist in diesem Abschnitt von „den Finanzbehörden" die Rede, sind das BZSt und die zuständige Landesfinanzbehörde gemeinsam gemeint.

Antragstellung

1.2. Das Vorabverständigungsverfahren bezieht sich auf die steuerliche Beurteilung eines im Zeitpunkt der Antragstellung noch nicht verwirklichten Sachverhalts auf Grundlage anwendbarer DBA mit einem oder mehreren Staaten. Es wird nur unter den Voraussetzungen des § 89a AO geführt.

1.3. In grenzüberschreitenden Fällen, in denen die Auslegung und Anwendung von DBA in Rede steht, soll das Vorabverständigungsverfahren nach § 89a AO grundsätzlich vorrangig gegenüber einer verbindlichen Auskunft (§ 89 AO), einer verbindlichen Zusage (§ 204 AO) oder einer Anrufungsauskunft (§ 42e EStG) beantragt werden. Wird ein Antrag nach § 89, § 204 AO oder § 42e EStG gestellt und kommt nach summarischer Prüfung auch ein Vorabverständigungsverfahren nach § 89a AO in Betracht, soll der Antragsteller in der Regel auf das antragsgebundene Vorab-verständigungsverfahren verwiesen werden.

1.4. Die Entscheidung über einen Antrag nach § 89, § 204 AO oder § 42e EStG ist bis zum Abschluss einer Vorabverständigungsvereinbarung oder der Ablehnung eines Vorabverständigungsverfahrens durch den anderen Staat zurückzustellen, soweit er denselben Sachverhalt oder dieselbe Rechtsfrage betrifft. Kommt es mit dem anderen Staat zum Abschluss einer Vorabverständigungsvereinbarung, ist ein Antrag nach § 89, § 204 AO oder § 42e EStG, der denselben Sachverhalt oder dieselbe Rechtsfrage betrifft, mangels berechtigten Interesses abzulehnen. Vor der Ablehnung ist der Antragsteller auf die Möglichkeit der Antragsrücknahme hinzuweisen.

1.5. Wird die Eröffnung des Vorabverständigungsverfahrens durch den anderen Staat abgelehnt, kann – auf Antrag des Steuerpflichtigen – eine verbindliche Auskunft (§ 89 AO), eine verbindliche Zusage (§ 204 AO) oder eine Anrufungsauskunft (§ 42e EStG) in Betracht kommen. Zu Fragen der grenzüberschreitenden Gewinn-abgrenzung und Fragen der Betriebsstättengewinnaufteilung sollen unilateral keine verbindlichen Auskünfte erteilt werden.

1.6. Gegenstand eines Vorabverständigungsverfahrens können sämtliche Fragen der Auslegung und Anwendung von DBA sein, die im Zeitpunkt der Antragstellung noch nicht verwirklichte Sachverhalte betreffen. Damit kommen neben Fragen der grenzüberschreitenden Gewinnabgrenzung zwischen einander nahestehenden Personen oder der Gewinnzuordnung zu Betriebsstätten weitere Sachverhalte als Verfahrensgegenstand in Betracht, sofern in diesen Fällen nach dem Recht anderer beteiligter Staaten Vorabverständigungsverfahren möglich sind.

1.7. Nur Abkommensberechtigte nach dem zwischen den betroffenen Vertragsstaaten anzuwendenden DBA sind berechtigt, beim BZSt einen Antrag auf Durchführung eines Vorabverständigungsverfahrens zu stellen.

1.8. Personengesellschaften sind nach Artikel 4 Abs. 1 OECD-MA keine in Deutschland ansässigen Personen, da sie nicht aufgrund ihres Wohnsitzes, ihres ständigen Aufenthalts oder eines anderen steuerlichen Merkmals steuerpflichtig sind, und können daher im Regelfall keine Anträge auf die Durchführung eines Vorab-verständigungsverfahrens stellen. Abkommens- und damit antragsberechtigt sind jedoch Personengesellschaften, die gemäß § 1a KStG zur Körperschaftsbesteuerung optiert haben. Haben Personengesellschaften nicht zur Körperschaftsbesteuerung optiert, ist im Regelfall jeder einzelne Gesellschafter einer Personengesellschaft abkommensberechtigt, wenn er in einem der Vertragsstaaten ansässig ist. Die Abkommensberechtigung richtet sich nach dem antragsgegenständlichen DBA (vgl. AEAO zu § 89a, Nr. 1.6). Für die Mitunternehmer von Personengesellschaften gilt, insbesondere mit Blick auf die gesonderte und einheitliche Feststellung nach § 180 AO, § 89a Abs. 1 Satz 4 AO.

1.9. Bei einer ertragsteuerlichen Organschaft ist die Abkommensberechtigung im Sinne des Artikels 1 Abs. 1 OECD-MA in Bezug auf den Organträger und die Organgesellschaft jeweils gesondert nach dem antragsgegenständlichen DBA zu prüfen. Ein Organträger genießt in Bezug auf die von der Organgesellschaft erzielten Einkünfte sowie das ihm zugerechnete Einkommen der Organgesellschaft keinen Abkommensschutz; in den Fällen des § 15 Satz 2 KStG gilt § 89a Abs. 1 Satz 4 AO. Soweit der Antrag des Organträgers Geschäftsvorfälle der Organgesellschaft betrifft, kann sich dieser auf das Abkommen nur berufen, soweit die betreffenden Geschäftsvorfälle der Organgesellschaft ihn unmittelbar betreffen und bei ihm zu eigenen Einkünften führen. Zur Gebührenfolge von Anträgen, die mehrere Organgesellschaften betreffen, vgl. AEAO zu § 89a, Nr. 7.3.

1.10. Auch der zum Steuerabzug verpflichtete Arbeitgeber ist berechtigt, einen Antrag auf Einleitung eines Vorabverständigungsverfahrens zu stellen (vgl. auch BMF-Schreiben vom 12. Dezember 2023, BStBl I S. 2179, Rn. 425). Das Antragsrecht eines abkommensberechtigten Arbeitnehmers bleibt hiervon unberührt. Betrifft der gleiche Sachverhalt eine Vielzahl von Arbeitnehmern, ist es ausreichend, wenn der Arbeitgeber einen zusammengefassten Antrag stellt. Die Bindungswirkung einer allein vom Arbeitgeber beantragten Vorabverständigungsvereinbarung erstreckt sich ausschließlich auf das Lohnsteuerabzugsverfahren und nicht auch auf das Einkommensteuerveranlagungsverfahren der Arbeitnehmer.

1.11. Der Antrag bestimmt den Gegenstand des Verfahrens. Der Antrag hat den genau bestimmten, im Zeitpunkt der Antragstellung noch nicht verwirklichten Sachverhalt sowie den zeitlichen Anwendungsbereich, auf den sich das Vorabverständigungs-verfahren beziehen soll, darzustellen (vgl. auch § 89a Abs. 2 Satz 1 Nr. 5 AO und AEAO zu § 89a, Nr. 2 ff.). Die Ausführungen im AEAO zu § 89, Nr. 3.4.2 Satz 2 zu noch nicht verwirklichten Sachverhalten gelten entsprechend. Bei Dauersachverhalten ist ein Vorabverständigungsverfahren möglich, sofern im Zeitpunkt der Antrag-stellung noch Dispositionen möglich sind. Unter den Voraussetzungen des § 89a Abs. 6 Satz 2 und 3 AO kann die Vorabverständigungsvereinbarung auch auf den bereits verwirklichten Teil eines Dauersachverhalts angewendet werden (sog. Roll Back). Ferner kann der Geltungszeitraum der Vorabverständigungs-vereinbarung für Dauersachverhalte mit dem Beginn des antragsgegenständlichen Veranlagungszeitraums beginnen (zur Abgrenzung zum Roll Back-Zeitraum vgl. AEAO zu § 89a, Nr. 6 ff.).

1.12. Für die Bestimmung einer angemessenen Geltungsdauer sind u. a. die folgenden Gesichtspunkte zu berücksichtigen:

- die Dauerhaftigkeit und Stabilität der erfassten Geschäftsbeziehungen,
- das Interesse des Antragstellers an und ggf. die Bedenken der Finanzbehörden gegenüber einer langfristigen Bindung,
- die Praxis des beteiligten anderen Staates.

Der Geltungszeitraum soll in der Regel fünf Jahre nicht überschreiten, § 89a Abs. 1 Satz 1 AO.

1.13. Die Vorabverständigungsvereinbarung kann nur auf den in der Vorabverständigungsvereinbarung bezeichneten Abkommensberechtigten angewandt werden. Eine Anwendung etwa auf vergleichbare Geschäftsvorfälle eines anderen Abkommens-berechtigten im gleichen Staat oder bei Übergang der Geschäftsvorfälle auf einen anderen Abkommensberechtigten im gleichen Staat durch Umstrukturierung (vgl. jedoch AEAO zu § 89a, Nr. 3.4) ist nicht möglich. Vielmehr ist in solchen Fällen ein neuer Antrag nach § 89a AO zu stellen. Für Fälle der Gesamtrechts-nachfolge vgl. AEAO zu § 89a, Nr. 3.7.

1.14. Ein Anspruch des Antragstellers auf Einleitung des Vorabverständigungsverfahrens sowie auf einen Abschluss des Vorabverständigungsverfahrens besteht nicht. Die Einleitung des Vorabverständigungsverfahrens steht im Ermessen des BZSt, das dieses im Einvernehmen mit der zuständigen Landesfinanzbehörde ausübt (siehe AEAO zu § 89a, Nr. 1.1). Vorabverständigungsverfahren sind Ausdruck einer kooperativen Zusammenarbeit zwischen Steuerpflichtigen und der Finanzverwaltung. Das BZSt soll die Einleitung eines Vorabverständigungsverfahrens insbesondere ablehnen, wenn bei dem dargestellten Sachverhalt die Erzielung eines ungerecht-fertigten Steuervorteils (etwa einer doppelten Nichtbesteuerung, einer doppelten Verlustnutzung oder der Inanspruchnahme von steuerlichen Präferenzregimen) verfolgt wird. Eine Einleitung kann auch versagt werden, wenn für das BZSt erkennbar ist, dass mit der zuständigen Behörde eines anderen Staates keine überein-stimmende Abkommensauslegung erzielt werden kann oder in Verrechnungspreis-fällen die beantragte Methode aus Sicht der deutschen Finanzverwaltung nicht geeignet ist. Zudem kann die Einleitung abgelehnt werden, wenn der inländische Antragsteller als Steuerpflichtiger im Besteuerungsverfahren, insbesondere im Rahmen von Außenprüfungen, seinen Mitwirkungspflichten nicht nachgekommen ist. Die Ablehnung der Einleitung eines Vorabverständigungsverfahrens erfolgt durch einen Verwaltungsakt (§ 118 AO).

1.15. Da der Antragsteller kein Verfahrensbeteiligter des Vorabverständigungsverfahrens ist, entscheidet das BZSt bei Bedarf gemeinsam mit den anderen beteiligten Vertragsstaaten über die persönliche Anwesenheit des Antragstellers oder seines Vertreters bei Vorabverständigungsgesprächen für Zwecke der Sachverhaltsdarstellung bzw. -aufklärung sowie einer persönlichen Darstellung der durch den Antragsteller vertretenen Position.

1.16. Ein Antrag auf ein Vorabverständigungsverfahren hat keine unmittelbare Auswirkung auf gerichtliche und außergerichtliche Verfahren (z. B. Rechtsbehelfsverfahren oder Aussetzung der Vollziehung). Das Ruhenlassen eines Einspruchsverfahrens mit Zustimmung des Antragstellers nach § 363 Abs. 2 Satz 1 AO kann jedoch zweck-mäßig sein, wenn die Ergebnisse des Vorabverständigungsverfahrens (ggf. nach einem Roll Back nach § 89a Abs. 6 Satz 2 AO) auch Bedeutung für das Einspruchs-verfahren haben.

1.17. Der Durchführung eines Vorabverständigungsverfahrens steht es nicht entgegen, wenn die steuerliche Beurteilung eines Sachverhalts, der Gegenstand des Antrags ist, zugleich Gegenstand einer Außenprüfung ist. Die Durchführung, Fortsetzung oder Beendigung einer Außenprüfung wird durch die Beantragung, Einleitung oder Durchführung eines Vorabverständigungsverfahrens nicht verhindert. Im Einzelfall kann aber eine Unterbrechung der Außenprüfung hinsichtlich des vom Vorab-verständigungsverfahren betroffenen Sachverhalts sinnvoll sein, wenn die Ergebnisse des Vorabverständigungsverfahrens (ggf. nach einem Roll Back nach § 89a Abs. 6 Satz 2) auch Bedeutung für die Außenprüfung haben und der Steuerpflichtige die Unterbrechung beantragt.

Vorgespräch (Prefiling Meeting)

1.18. Abkommensberechtigte (Antragsteller) können vor einem Antrag auf ein Vorabverständigungsverfahren die Durchführung eines unverbindlichen Vorgesprächs (sog. Prefiling Meeting) gegenüber dem BZSt formlos anregen, um das Verfahren, beispielsweise im Hinblick auf die Voraussetzungen und den Inhalt des Antrags, zu erörtern. Die vom BZSt erbetenen Unterlagen (z. B. Präsentation des Sachverhalts sowie steuerrechtliche Darstellung und Beurteilung) sind rechtzeitig vor dem Prefiling Meeting einzureichen. Im Prefiling Meeting kann erörtert werden, wie die Verwaltung die Aussichten auf eine erfolgreiche Antragstellung sowie eine Einigung mit den zuständigen Behörden anderer in Betracht kommender Vertragsstaaten im Vorabverständigungsverfahren einschätzt.

2. Inhalt und Umfang des Antrags

Allgemeines

2.1. Die in § 89a Abs. 2 Satz 1 AO aufgezählten Antragsinhalte stellen eine Mindestvoraussetzung dar. Die Finanzbehörden können jederzeit zusätzliche Fragen stellen und weitere Informationen und Unterlagen zum Antrag anfordern. Ergeben sich nach Antragstellung Änderungen im zugrunde gelegten Sachverhalt oder in der betreffenden Planung des Antragstellers, hat dieser das BZSt unverzüglich zu informieren. Eine wesentliche Änderung führt dazu, dass der ursprünglich gestellte Antrag ganz oder teilweise hinfällig wird. Die Mitteilung über die Änderung kann nach Rücksprache mit dem Antragsteller als Rücknahme oder Beschränkung des Antrags und Neuantrag angesehen werden. Die Finanzbehörden können einen entsprechenden Neuantrag auch ablehnen, wenn Grund für die Annahme besteht, dass der Antragsteller das Verfahren nicht ernsthaft betreibt oder dass außerhalb des Verfahrens liegende Zwecke (vgl. z. B. AEAO zu § 89a, Nr. 1.14) verfolgt werden.

Vorzulegende Unterlagen und Aufzeichnungen

2.2. Der Antragsteller muss seinen Antrag auch im Sinne des § 90 AO umfassend erläutern und alle erforderlichen Aufzeichnungen und Unterlagen beifügen. Welche Unterlagen bzw. Aufzeichnungen vorzulegen sind, hängt von den Umständen des jeweiligen Einzelfalles ab. Der Antragsteller hat z. B. auf Aufforderung des BZSt die Aufzeichnungen nach § 90 Abs. 3 AO für Zeiträume, die dem beantragten Geltungszeitraum der Vorabverständigung vorangehen, einzureichen, sofern dies für die Beurteilung des Sachverhaltes von Bedeutung ist. Werden keine über die Jahre hinweg inhaltlich konsistenten Aufzeichnungen vorgelegt oder bessert der Antragsteller diese auf Aufforderung durch das BZSt nicht nach, kann das BZSt die Einleitung des Verfahrens ablehnen oder das Verfahren beenden (vgl. auch AEAO zu § 89a, Nr. 2.7).

2.3. Der Antrag ist grundsätzlich in deutscher Sprache zu stellen. Der Antragsteller kann den Antrag, insbesondere in Verrechnungspreisfällen, auch nur auf Englisch stellen, wenn die gemeinsame Arbeitssprache der zuständigen Behörden der beteiligten Staaten nicht Deutsch ist. Auf Anforderung der Finanzbehörden hat der Antragsteller in jeder Phase des Verfahrens von ihm eingereichte Unterlagen und Schreiben (oder ggf. Teile davon) auf seine Kosten zu übersetzen (§ 87 Abs. 2 AO). Reicht der Antragsteller einen Antrag in deutscher Sprache ein, sollte er zusätzlich eine Übersetzung in eine gemeinsame Arbeitssprache der zuständigen Behörden der beteiligten Staaten, zwischen denen das Vorabverständigungsverfahren geführt werden soll, zur Verfügung stellen. Die gemeinsame Arbeitssprache der zuständigen Behörden der beteiligten Staaten ist regelmäßig Englisch; das BZSt teilt dem Antragsteller auf Nachfrage vor Antragstellung die gemeinsame Arbeitssprache formlos mit, insbesondere im Rahmen eines Prefiling Meetings (vgl. AEAO zu § 89a, Nr. 1.18).

2.4. Ein nur im Ausland gestellter Antrag auf Durchführung eines Vorabverständigungsverfahrens stellt keinen wirksamen Antrag nach § 89a Abs. 1 AO dar. Vielmehr ist in einem solchen Fall im Inland ebenfalls ein eigener inhaltsgleicher Antrag zu stellen. Sofern im Ausland bereits unilateral über den Sachverhalt entschieden wurde, ist dies im Antrag anzugeben und zu erläutern.

2.5. Informationen, die im Vorabverständigungsverfahren erteilt werden, muss der Antragsteller den zuständigen Behörden der beteiligten Staaten zur Verfügung stellen. Hierbei ist nicht zu unterscheiden zwischen Informationen, die der Antragsteller auf eigene Veranlassung oder auf Nachfrage einer der zuständigen Behörden der beteiligten Staaten erteilt. Auf diese Weise werden eine umfassende Informations-transparenz sowie der gleiche Informationsstand der zuständigen Behörden der beteiligten Staaten sichergestellt.

2.6. Im Rahmen eines Vorabverständigungsverfahrens gewonnene Erkenntnisse können auch im Rahmen anderer Besteuerungsverfahren verwendet werden (§ 88 AO).

2.7. Informationen, die im Laufe koordinierter steuerlicher Außenprüfungen über bestimmte Sachverhalte gewonnen werden, sollen auch im Vorabverständigungs-verfahren beachtet werden. Dies insbesondere dann, wenn für den Prüfungszeitraum

- der Sachverhalt bereits hinreichend aufgeklärt ist,
- die Angemessenheit von Verrechnungspreisen hinreichend dokumentiert ist und
- für den von der beantragten Vorabverständigungsvereinbarung umfassten Zeitraum keine wesentliche Änderung zu erwarten ist.

Verfügt der Abkommensberechtigte im Zeitpunkt der Antragstellung über das Protokoll über die Ergebnisse der gemeinsamen steuerlichen Außenprüfung (vgl. BMF-Schreiben vom 9. Januar 2017, BStBl I S. 89, Tz. 3.10), ist dieses zur Beschleunigung des Verfahrens dem Antrag beizufügen.

Verletzung Mitwirkungspflichten

2.8. Kommt der Antragsteller seinen Mitwirkungspflichten nach § 90 AO nicht, nicht vollständig oder nicht rechtzeitig nach, kann das BZSt das Verfahren im Einvernehmen mit der zuständigen Landesfinanzbehörde beenden. Die Entscheidung über die Beendigung des Verfahrens stellt einen Verwaltungsakt (§ 118 AO) dar.

3. Abschluss oder anderweitige Beendigung des Vorabverständigungsverfahrens

Allgemeines

3.1. Eine Vorabverständigungsvereinbarung wird im Einvernehmen mit der zuständigen Landesfinanzbehörde zwischen dem BZSt und der zuständigen Behörde des anderen

Vertragsstaates oder aller anderen Vertragsstaaten unter den aufschiebenden Bedingungen der fristgerechten Zustimmung des Antragstellers und ggf. der Zustimmung von Antragstellern in anderen beteiligten Staaten sowie des form- und fristgerecht erklärten wirksamen Rechtsbehelfsverzichts nach § 89a Abs. 3 Satz 1 Nr. 2 AO (siehe AEAO zu § 89a, Nr. 3.2) geschlossen; vgl. zu weiteren, auflösenden Gültigkeitsbedingungen AEAO zu § 89a, Nr. 4.4. Stimmt der Antragsteller nicht oder nicht fristgerecht zu oder erklärt er keinen wirksamen Rechtsbehelfsverzicht, wird die Vorabverständigungsvereinbarung ihm gegenüber nicht wirksam. Eine verbindliche Vorabzusage durch die örtlich zuständige Finanzbehörde, die den Inhalt einer Vorabverständigungsvereinbarung wiedergibt, ist nicht notwendig.

3.2. Die Mitteilung über den Inhalt der Vorabverständigungsvereinbarung ist kein Verwaltungsakt gemäß § 118 AO. Es handelt sich um eine reine Wissensmitteilung ohne Regelungsgehalt. Die Mitteilung kann deshalb nicht mit einem Einspruch angefochten werden. Es bleibt dem Abkommensberechtigten jedoch unbenommen, der Vereinbarung nicht zuzustimmen.

Fristen

3.3. Mit der Mitteilung über den Inhalt der Vorabverständigungsvereinbarung setzt das BZSt dem Antragsteller eine angemessene Frist für die Erfüllung der Bedingungen nach § 89a Abs. 3 Satz 1 AO. In der Regel ist eine Frist von zwei Monaten angemessen. Wird die Frist versäumt, gelten die Bedingungen als nicht erfüllt, und der andere Staat wird vom BZSt zeitnah über das Scheitern des Verfahrens unterrichtet. Diese Frist kann in begründeten Ausnahmefällen gemäß § 109 Abs. 1 Satz 1 AO verlängert werden; eine rückwirkende Verlängerung gemäß § 109 Abs. 1 Satz 2 AO ist nach der Unterrichtung des anderen Staats über das Scheitern des Verfahrens grundsätzlich ausgeschlossen. Der Rechtsbehelfsverzicht nach § 89a Abs. 3 Satz 1 Nr. 2 AO des Antragstellers hat mit gesondertem Schreiben schriftlich oder zur Niederschrift gegenüber dem BZSt zu erfolgen. Die Zustimmung ist dem BZSt zu erklären und bedarf keiner Form. Sie kann mit dem Rechtsbehelfsverzicht nach § 89a Abs. 3 Satz 1 Nr. 2 AO verbunden werden.

Rechtsbehelfsverzicht

3.4. Der Verzicht nach § 89a Abs. 3 Satz 1 Nr. 2 AO gilt nur, soweit die Ergebnisse des Vorabverständigungsverfahrens für den bestimmten Geltungszeitraum mit dem Steuerbescheid zutreffend umgesetzt werden. Aufgrund des durch den Antragsteller erklärten Rechtsbehelfsverzichts ist ein Rechtsbehelf gegen den die Vereinbarung umsetzenden Bescheid hinsichtlich der Sachverhalte, die Gegenstand der Vorabverständigungsvereinbarung sind, nur insoweit möglich, als eine fehlerhafte Umsetzung der Vereinbarung gerügt wird.

3.5. Kann ein einer Vorabverständigungsvereinbarung zu Grunde gelegter Sachverhalt gegenüber mehreren Personen nur einheitlich steuerlich beurteilt werden, ist der Rechtsbehelfsverzicht durch alle zum Rechtsbehelf Befugten zu erklären. Im Falle einer Organschaft nach § 14 KStG ist der Rechtsbehelfsverzicht nach § 89a Abs. 3 Satz 1 Nr. 2 AO daher sowohl vom Organträger als auch von der antragstellenden Organgesellschaft zu erklären, da die Feststellung gemäß § 14 Abs. 5 KStG gegenüber beiden erfolgt.

Scheitern des Vorabverständigungsverfahrens, Gründe des Scheiterns

3.6. Der andere Staat ist nicht zur Durchführung eines Vorabverständigungsverfahrens verpflichtet. Wird die Einleitung des Verfahrens daher seitens dieses Staates versagt, ist das Verfahren von Seiten der deutschen zuständigen Behörde zu beenden. Das Verfahren kann auch beendet werden, wenn sich zu einem späteren Zeitpunkt herausstellt, dass ein Grund vorgelegen hätte, das Verfahren nicht einzuleiten (vgl. AEAO zu § 89a, Nr. 1.14). Die Herbeiführung eines einvernehmlichen Abschlusses des Vorabverständigungsverfahrens kann ebenfalls nicht erzwungen werden. Demzufolge kann ein Vorabverständigungsverfahren auch ohne den Abschluss einer Vorabverständigungsvereinbarung enden. Ferner kann ein Vorab-verständigungsverfahren auch scheitern, wenn in der Vorabverständigungs-vereinbarung aufschiebende Bedingungen hinsichtlich einer betroffenen Person gegenüber der zuständigen Behörde eines anderen beteiligten Vertragsstaates vereinbart wurden und die zuständige Behörde des anderen beteiligten Vertrags-staates das BZSt darüber unterrichtet, dass diese nicht oder nicht fristgerecht erfüllt wurden. Für die Mitteilung über das Scheitern des Verfahrens gilt Nr. 3.2 entsprechend.

Fortgeltung der Vorabverständigungsvereinbarung

3.7. In den Fällen der Gesamtrechtsnachfolge (§ 45 AO, vgl. auch AEAO zu § 45, Nr. 1 bis 3) oder einer Änderung der Rechtsform der in der Vorabverständigungs-vereinbarung bezeichneten Abkommensberechtigten gilt die Vorabverständigungs-vereinbarung regelmäßig unverändert fort. Maßgeblich dafür ist, dass das rechtliche und tatsächliche Verhältnis, für das die Vorabverständigungsvereinbarung abgeschlossen wurde (in Verrechnungspreisfällen die Transaktion) von den Rechts-nachfolgern bzw. nach der Rechtsformänderung fortgeführt wird und die Gültigkeits-bedingungen nach § 89a Abs. 4 Satz 1 Nr. 1 AO (dazu AEAO zu § 89a, Nr. 4.4) eingehalten werden.

4. Bindungswirkung der Vorabverständigungsvereinbarung

Bindungswirkung

4.1. Die örtlich zuständige Finanzbehörde ist an die unterzeichnete Vorabverständigungsvereinbarung nicht gebunden, wenn das BZSt im Einvernehmen mit der zuständigen Landesfinanzbehörde aufgrund einer Überprüfung der Vorabverständigungsvereinbarung zu dem Ergebnis kommt, dass eine der Voraussetzungen nach § 89a Abs. 4 Satz 1 AO erfüllt ist. Die Bindungswirkung der Vorabverständigungs-vereinbarung entfällt in dem Zeitpunkt, in dem mindestens eine der Voraussetzungen nach § 89a Abs. 4 Satz 1 AO vorliegt.

Compliance Report

4.2. Bestandteil der Vorabverständigungsvereinbarung mit dem anderen Staat ist in der Regel die Verpflichtung der Steuerpflichtigen, einen jährlichen Bericht („Compliance Report") zu erstellen und vorzulegen. In diesem ist darzulegen, dass der der Vereinbarung zu Grunde gelegte Sachverhalt im betreffenden Wirtschaftsjahr verwirklicht worden ist und dass insbesondere die Bedingungen nach § 89a Abs. 4 Satz 1 AO eingehalten wurden. Dabei müssen die Steuerpflichtigen auf jede Abweichung ausdrücklich hinweisen und mitteilen, ob und welche Anpassungen sie vorgenommen haben. In diesem Zusammenhang gestellte, ergänzende Fragen der Finanzbehörden haben die Steuerpflichtigen fristgerecht zu beantworten. Der Bericht ist innerhalb der vertraglich vereinbarten Frist gleichzeitig beim BZSt und der örtlich zuständigen Finanzbehörde in deutscher Sprache oder in anderer Sprache mit deutscher Übersetzung abzugeben. Er ist jedenfalls mit der Vorlage im anderen Staat abzugeben.

4.3. Der örtlich zuständigen Finanzbehörde bleibt es unbenommen, auch unabhängig vom Vorliegen eines Compliance Reports zu prüfen, ob die Gültigkeitsbedingungen nach § 89a Abs. 4 Satz 1 AO eingehalten wurden, insbesondere ob der Sachverhalt verwirklicht wurde. Stellt die örtlich zuständige Finanzbehörde einen Fall im Sinne des § 89a Abs. 4 Satz 1 AO fest, unterrichtet sie das BZSt über die zuständige Landesfinanzbehörde mit der Bitte um Prüfung gemäß § 89a Abs. 4 Satz 2 AO.

Gültigkeitsbedingungen

4.4. Der Vorabverständigungsvereinbarung werden regelmäßig bestimmte Annahmen zu Grunde gelegt, die als Gültigkeitsbedingungen nach § 89a Abs. 4 Satz 1 Nr. 1 AO die Geschäftsbeziehungen maßgeblich beeinflussen. Solche Gültigkeitsbedingungen stellen zwischen den Vertragspartnern der Vorabverständigungsvereinbarung eine ausdrücklich vereinbarte Vertragsgrundlage dar.

Beispiel: Im Falle von Vereinbarungen betreffend die Gewinnabgrenzung zwischen einander nahestehenden Personen oder die Gewinnzuordnung zu Betriebsstätten wird üblicherweise vereinbart, dass die geschäftlichen Aktivitäten, ausgeübten Funktionen, übernommenen Risiken sowie eingesetzten Vermögenswerte grundlegend dem Antrag und ggf. den im Laufe des Verfahrens vorgebrachten weiteren Informationen entsprechen. In solchen Fällen kann es sinnvoll sein, weitere (ergänzende) Gültigkeitsbedingungen zu vereinbaren, wie etwa:

- vergleichbare Verhältnisse bezüglich Marktbedingungen, Marktanteil, Geschäfts-volumen, Verkaufspreise, jeweils unter Vorgabe eines Rahmens;
- vergleichbare Verhältnisse, z. B. im Hinblick auf Aufsichtsrecht, Zölle, Import- und Exportbeschränkungen, internationalen Zahlungsverkehr;
- vergleichbare Verhältnisse bezüglich Währungskurse und Zinssätze;
- Durchführung der Besteuerung entsprechend der Vorabverständigungsvereinbarung in anderen beteiligten Staaten;
- keine wesentlichen Änderungen der steuerlichen Rahmenbedingungen im anderen Staat (z. B. Einführung oder Ausweitung von steuerlichen Präferenzregelungen);
- Verrechnungspreiskorrekturen eines an der Vorabverständigungsvereinbarung nicht beteiligten Drittstaates, die Auswirkungen auf die Vorabverständigungsvereinbarung haben.

4.5. Die Rechtsvorschriften im Sinne des § 89a Abs. 4 Satz 1 Nr. 3 AO können sowohl das deutsche Recht, einschließlich des Abkommensrechts, als auch das Recht der anderen beteiligten Staaten sowie internationale Rechtsvorschriften, die die beteiligten Vertragsstaaten unmittelbar binden, umfassen. Rechtsvorschriften sind nur solche, die alle staatlichen Gewalten zugleich binden. Die Vorabverständigungs-vereinbarung beruht auf einer Rechtsvorschrift, wenn diese für den zu beurteilenden Sachverhalt sowie für die

Auslegung des verfahrensgegenständlichen DBA maßgeblich war. Die Änderung einer Rechtsvorschrift liegt insbesondere vor, wenn hierdurch eine andere Rechtsfolge eintritt.

4.6. Zeigt sich, dass der zugrundeliegende Sachverhalt anders verwirklicht werden wird als im Antrag dargelegt, bleibt es dem Abkommensberechtigten unbenommen, den eingereichten Antrag anzupassen bzw. einen neuen Antrag zu stellen. Der Antragsteller ist nicht dazu verpflichtet, den zugrunde gelegten Sachverhalt der Vorabverständigungsvereinbarung zu verwirklichen. Er kann sich im Fall der Verwirklichung eines anderen Sachverhalts allerdings nicht auf den Inhalt der Vorabverständigungsvereinbarung berufen.

5. Widerruf

5.1. Die Widerrufsmöglichkeit nach § 89a Abs. 5 Satz 1 AO ist eine durch Rechtsvorschrift zugelassene Widerrufsmöglichkeit im Sinne des § 131 Abs. 2 Satz 1 Nr. 1 AO. Ein Widerruf nach § 89a Abs. 5 AO sollte vor der Unterzeichnung der Vorabverständigungsvereinbarung erfolgen und unter der aufschiebenden Bedingung stehen, dass die Vorabverständigungsvereinbarung gegenüber dem Antragsteller wirksam wird (vgl. dazu AEAO zu § 89a, Nr. 3.1); er ist jedoch auch noch nach dem Abschluss einer Vorabverständigungsvereinbarung möglich.

5.2. Die Erklärung nach § 89a Abs. 5 Satz 2 AO stellt keinen Verwaltungsakt dar, sondern ist eine Wissensmitteilung, die keine eigenständige Regelung enthält.

6. Geltungszeitraum und Roll Back

Geltungszeitraum

6.1. Der Geltungszeitraum einer Vorabverständigungsvereinbarung kann in Dauersachverhalten den gesamten Veranlagungszeitraum der Antragstellung umfassen (vgl. auch AEAO zu § 89a, Nr. 1.11).

6.2. Eine Verlängerung der wirksamen Vorabverständigungsvereinbarung über den bestimmten Geltungszeitraum nach § 89a Abs. 6 Satz 1 AO ist mit Zustimmung des anderen Staates und im Einvernehmen mit der zuständigen Landesfinanzbehörde möglich. Voraussetzung hierfür ist, dass, sofern keine anderslautende vertragliche Vereinbarung getroffen wurde, vor Ablauf des bestimmten Geltungszeitraums ein entsprechender Antrag beim BZSt gestellt und glaubhaft gemacht wird, dass der zukünftig zu verwirklichende Sachverhalt dem Sachverhalt entspricht, der dem Vorabverständigungsverfahren zu Grunde gelegt wurde. In solchen Fällen kann in einem informellen Vorgespräch mit den zuständigen Behörden der beteiligten Staaten geklärt werden, ob die Verlängerung (ggf. mit gewissen Anpassungen) in einem einfachen und schnellen Verfahren durchgeführt werden kann.

Roll Back

6.3. Beantragt der Abkommensberechtigte ein Roll Back nach § 89a Abs. 6 Satz 2 AO (vgl. auch AEAO zu § 89a, Nr. 1.11), kann diesem Antrag im Einvernehmen mit der zuständigen Landesfinanzbehörde und der zuständigen Behörde des anderen Vertragsstaates unter Beachtung der Fristen für Verständigungsverfahren der jeweils maßgebenden DBA gefolgt werden, wenn der Antragsteller nachweist, dass der verwirklichte Sachverhalt in den betreffenden Vorjahren (möglicher Roll Back-Zeitraum) dem Sachverhalt, der der Vorabverständigungsvereinbarung zugrunde liegt, im Wesentlichen entspricht (vgl. auch AEAO zu § 89a, Nr. 1.11). Zudem sind Aufzeichnungen und Unterlagen zur Beurteilung dieser Jahre vorzulegen. Das Roll Back erfolgt durch Verständigungsvereinbarungen, mit denen die Vorab-verständigungsvereinbarung auf den Roll Back-Zeitraum angewendet wird. Eine Erweiterung der Vorabverständigungsvereinbarung ist mangels Erfüllung der dafür erforderlichen gesetzlichen Voraussetzungen (die Sachverhalte sind im Zeitpunkt des Antrags für ein Roll Back bereits verwirklicht, vgl. § 89a Abs. 1 Satz 1 AO) nicht möglich. Trotzdem können das Roll Back und die Vorabverständigung gemeinsam vereinbart werden. In diesem Fall können die Zustimmung und der Rechtsbehelfs-verzicht der betroffenen Personen nach § 89a Abs. 3 Satz 1 AO sowie ein Rechts-behelfsverzicht nach § 354 Abs. 1b AO nur einheitlich erfolgen.

7. Gebühren

Allgemeines

7.1. Soweit sich die rechtliche Beurteilung auf einen Sachverhalt bezieht, handelt es sich um einen Antrag nach § 89a Abs. 1 Satz 1 oder Abs. 6 Satz 1 AO. Dieser Sachverhalt kann sich auch auf mehrere Steuerarten auswirken und mehrere Jahre umfassen.

7.2. Kann gemäß § 89a Abs. 1 Satz 4 AO ein Sachverhalt nur einheitlich steuerlich beurteilt werden und das Vorabverständigungsverfahren deshalb nur von allen Abkommensberechtigten gemeinsam beantragt und betrieben werden, liegt gemäß § 89a Abs. 7 Satz 9 AO nur ein Antrag vor, für den nur eine Gebühr festzusetzen und zu entrichten ist.

7.3. Stellen hingegen mehrere Abkommensberechtigte einen Antrag gemeinsam und kann der zugrundeliegende Sachverhalt nicht nur einheitlich steuerlich beurteilt werden, liegen rechtlich mehrere Anträge vor, auch wenn die Abkommensberechtigten gleiche Geschäftsbeziehungen zu einer nahestehenden Person im anderen Staat unterhalten. Dies gilt auch, wenn die Abkommensberechtigten eine ertragsteuerliche Organschaft bilden (außer in den Fällen des § 15 Satz 2 KStG; hier gilt § 89a Abs. 1 Satz 4 AO, vgl. AEAO zu § 89a, Nr. 1.9 und 7.2).

Gebührenfestsetzung und Folgen bei Nichtzahlung

7.4. Die Gebühr ist durch schriftlichen Bescheid gegenüber dem Antragsteller oder den Antragstellern festzusetzen; die Bekanntgabevollmachten sind zu beachten.

7.5. Solange die Gebühr nicht unanfechtbar festgesetzt und entrichtet wurde, wird der Antrag nicht bearbeitet (§ 89a Abs. 7 Satz 4 AO). Die Nichtentrichtung der Gebühr innerhalb eines Monats nach der Bekanntgabe ihrer Festsetzung führt in der Regel zur Ablehnung des Antrags auf Durchführung eines Vorabverständigungsverfahrens im Rahmen der Ermessensentscheidung über die Einleitung gemäß § 89a Abs. 1 Satz 1 AO. Für zu spät gezahlte Gebühren vgl. auch AEAO zu § 89a, Nr. 7.7.

7.6. Eine spezifische Gebühr für Anträge, die die Änderung eines schon gestellten Antrags zum Gegenstand haben, ist in § 89a Abs. 7 AO nicht vorgesehen. Bei einer wesentlichen Änderung (vgl. AEAO zu § 89a, Nr. 2.1) ist von einem neuen Antrag auszugehen. Wenn eine Änderung nur unwesentlich ist und keine Qualität hat, die es rechtfertigt, sie als neuen Antrag gemäß § 89a Abs. 1 AO zu werten, ist keine weitere Gebühr festzusetzen.

Antragsrücknahme und Antragsablehnung

7.7. Wird der Antrag auf Einleitung eines Vorabverständigungsverfahrens zurück-genommen oder abgelehnt oder scheitert das Vorabverständigungsverfahren, nachdem die Festsetzung einer Gebühr unanfechtbar geworden ist, ist die bis zu diesem Zeitpunkt nicht entrichtete Gebühr trotz der Ablehnung, der Rücknahme oder des Scheiterns zu zahlen; eine bereits entrichtete Gebühr wird nicht erstattet (§ 89a Abs. 8 Satz 2 AO). Dasselbe gilt für den Fall, dass das Vorabverständigungsverfahren vorzeitig beendet wird (vgl. Nr. 2.8).“

2. In Nr. 3.5.4. des **AEAO zu § 89** wird folgender Absatz angefügt:

„Verbindliche Auskünfte sollen ferner nicht erteilt werden, wenn für den maßgeblichen Sachverhalt auch ein Vorabverständigungsverfahren nach § 89a AO in Betracht kommt, insbesondere wenn Verrechnungspreise oder Betriebsstättengewinnabgrenzungen Gegenstand der beantragten verbindlichen Auskunft sind.“

II. Anwendungsregelung und Aufhebung des BMF-Schreibens vom 5. Oktober 2006 - IV B 4 - S 1341 - 38/06 -

Der neue **AEAO zu § 89a** gilt für alle Vorabverständigungsverfahren, deren Anträge nach dem 8. Juni 2021 bei der zuständigen Behörde eingegangen sind (vgl. Artikel 97 § 34 Satz 1 EGAO). Der neue Absatz 2 der Nr. 3.5.4. des **AEAO zu § 89** gilt für alle verbindlichen Auskünfte, die nach dem 8. Juni 2021 bei der zuständigen Behörde beantragt wurden.

Das **BMF-Schreiben vom 5. Oktober 2006 - IV B 4 - S 1341 - 38/06 -, BStBl I S. 594** („Merkblatt für bilaterale oder multilaterale Vorabverständigungsverfahren auf der Grundlage der Doppelbesteuerungsabkommen zur Erteilung verbindlicher Vorabzusagen über Verrechnungspreise zwischen international verbundenen Unternehmen (sog. „Advance Pricing Agreements" - APAs)“), wird mit sofortiger Wirkung aufgehoben. Auf bereits anhängige Vorabverständigungsverfahren, deren Anträge bis zum 8. Juni 2021 bei der zuständigen Behörde eingegangen sind, ist es weiterhin anzuwenden.

Dieses Schreiben wird im Bundessteuerblatt Teil I veröffentlicht.

Im Auftrag

Dieses Dokument wurde elektronisch erstellt und ist ohne Unterschrift gültig.

VI. Nationale Rechtsprechung zu Verrechnungspreisen

1) Verfahrensrecht (Ermittlungs- u. Mitwirkungspflichten, Sanktionen, Amtshilfe, Schiedsverfahren)

Amtsermittlungsgrundsatz – Auskunfts- u. Vorlagepflichten des Stpfl. – Dokumentationspflichten – Datenzugriff – Steuergeheimnis – Rechtsfolgen bei Verstoß gegen Mitwirkungspflichten – sphärenorientierte Beweislastverteilung – Beweismaß – Schätzung – Sicherheitszuschlag – Verzögerungsgeld – Ausschöpfung von Bandbreiten – Versagung des Betriebsausgabenabzugs wegen fehlender Empfängerbenennung (§ 160 AO) – tatsächliche Verständigung über eine Sachbehandlung – internationale Verständigungs- u. Schiedsverfahren – zwischenstaatlicher Auskunftsverkehr – Amtshilfe

2) Preisfestsetzung, Einkommensermittlung, -zurechnung und -korrektur, Schrankenwirkung

Fremdvergleich (tatsächlich und hypothetisch) – doppelter ordentlicher Geschäftsleiter – Vergleichbarkeit – Nahestehensbeziehung – Geschäftsbeziehungen – vorherige Vereinbarungen (Rückwirkungsverbot) – Vorteilsausgleich – nachträgliche Preisfestsetzung u. -änderung – Bandbreiten – Wegfall der Geschäftsgrundlage – Handlungsalternativen – Gestaltungsmissbrauch (§ 42 AO) – Teilwertabschreibungen – Berichtigungsvorschriften (vGA, Entnahmen, Einlagen, vE, § 1 AStG) – Schrankenwirkung des internationalen Rechts — EU-Widrigkeit von nationalen Rechtsvorschriften — Verlustabzug ausländischer TG

3) Lieferverkehr

Zollpreise – Bedeutung von Fremdpreisen – Dauerverluste – Lieferrabatte – Anlaufkosten

4) Immaterielle Wirtschaftsgüter, Funktionsverlagerung, § 89 b HGB

Übertragung/Überlassung von IWG – Funktionsverlagerungen – Betriebsaufgabe – Wegzug – Geschäftschancen – Geschäftswert – Kundenstamm – Ausgleichsanspruch des Handelsvertreters – Zuzahlungen des Veräußerers bei Anteilserwerb

5) Dienstleistungen

Einzelabrechnung – Konzernumlagen/Leistungsumlagen – Poolumlagen – Finanzierung – Cash Pool

6) Personalentsendung im Konzern, stock options

7) Betriebsstättenbesteuerung

Einkommensermittlung – AuslInvG – Theorie der finalen Entnahme bzw. Betriebsaufgabe – Verlustverrechnung ausländischer BSt

1) Verfahrensrecht (Ermittlungs- u. Mitwirkungspflichten, Sanktionen, Amtshilfe, Schiedsverfahren)

Amtsermittlungsgrundsatz – Auskunfts- u. Vorlagepflichten des Stpfl. – Dokumentationspflichten – Datenzugriff – Steuergeheimnis – Rechtsfolgen bei Verstoß gegen Mitwirkungspflichten – sphärenorientierte Beweislastverteilung – Beweismaß – Schätzung – Sicherheitszuschlag – Verzögerungsgeld – Ausschöpfung von Bandbreiten – Versagung des Betriebsausgabenabzugs wegen fehlender Empfängerbenennung (§ 160 AO) – tatsächliche Verständigung über eine Sachbehandlung – internationale Verständigungs- u. Schiedsverfahren – zwischenstaatlicher Auskunftsverkehr – Amtshilfe

BFH, Urt. v. 1.2.1967 – I 220/64, BStBl. III 1967, 495:

Die Einleitung eines **Verständigungsverfahrens**wegen vermuteter Doppelbesteuerung schließt das Ergehen eines Urteils im gleichzeitig anhängigen Revisionsverfahren nicht aus. Wenn eine Vertriebsgesellschaft über eine normale Anlaufzeit hinaus nur mit Verlust abschließt, würde das FG – ggf. durch eine ergänzende Betriebsprüfung – vor allem zu ermitteln haben, welche Gewinnspanne die Stpfl. kalkulatorisch (getrennt nach den von ihr vertriebenen Artikeln) angesetzt hatte. Diese Spanne würde mittels inneren und äußeren Betriebsvergleichs auf die steuerrechtliche Vertretbarkeit zu prüfen sein. Es würde auch festzustellen sein, mit welcher Rohgewinnspanne andere inländische Vertriebsgesellschaften rechnen. Die Stpfl. würde die erforderlichen Ermittlungen des FG im Rahmen des Möglichen zu unterstützen haben, anderenfalls dieses zur Schätzung berechtigt wäre.

BFH, Beschl. v. 13.2.1968 – GrS 5/67, BStBl. II 1968, 365:

Zur **Vorlagepflicht von Protokollen** über Sitzungen des Vorstands und Aufsichtsrats bei juristischen Personen des Handelsrechts, die keine Individualsphäre haben.

BFH, Urt. v. 27.6.1968 – VII 243/63, BStBl. II 1968, 592:

Zur Frage des Ermessensmissbrauchs beim Verlangen des FA, die **Protokolle** über die **Sitzungen des Vorstands** und des Aufsichtsrats einer AG in ihrer Gesamtheit (en bloc) vorzulegen.

BFH, Urt. v. 20.5.1969 – II 25/61, BStBl. II 1969, 550:

Vereitelt oder erschwert der Stpfl. durch **schuldhafte Verletzung seiner Mitwirkungspflicht** die Sachverhaltsfeststellung, kann hieran eine Tatsachenfeststellung geknüpft werden, die der durch die Feststellungslast belasteten Behörde günstig ist.

BFH, Urt. v. 28.11.1973 – I R 66/71, BStBl. II 1974, 70:

Das FA kann den ihm obliegenden Beweis über den **Beweis des ersten Anscheins** führen, indem es Tatsachen beweist, die für den typischen Geschehensablauf sprechen.

BFH, Urt. v. 18.9.1974 – I R 94/72, BStBl. II 1975, 217:

Eine **Gewinn- und Umsatzschätzung** darf bei einem formell ordnungsgemäß ermittelten Buchführungsergebnis in der Regel nicht allein darauf gestützt werden, der erklärte Gewinn oder Umsatz weiche von den Zahlen der amtlichen Richtsatzsammlung ab. Es müssen sonstige Umstände hinzutreten, die die Vermutung der sachlichen Richtigkeit der Buchführung entkräften.

BFH, Urt. v. 21.1.1976 – I R 234/73, BStBl. II 1976, 513:

Eine Empfehlung schweizerischer Steuerbehörden, das auf deutsches Steuerrecht gestützte Auskunftsverlangen zurückzuweisen, begründet nach den deutschen Vorschriften kein **Auskunftsverweigerungsrecht**.

BFH, Urt. v. 20.1.1978 – VI R 193/74, BStBl. II 1978, 338:

Begehrt ein Stpfl. eine Steuerermäßigung, so trägt er die **objektive Beweislast** für die Tatsachen, die die Steuerermäßigung begründen. Handelt es sich dabei um Sachverhalte, die sich auf Vorgänge außerhalb der Bundesrepublik beziehen, so muss der Stpfl. sich im Rahmen des Zumutbaren im besonderen Maße um die Aufklärung dieser Umstände und um die Beschaffung geeigneter, u.U. auch zusätzlicher Beweismittel bemühen, um seiner Beweislast zu genügen, weil die Verhältnisse im Ausland ohne Mitwirkung des Stpfl. entweder nicht oder nur unter unverhältnismäßigen Schwierigkeiten ermittelt werden können.

BFH, Urt. v. 20.2.1979 – VII R 16/78, BStBl. II 1979, 268:

Zur Durchführung ihrer Aufgabe haben die Finanzbehörden eine grundsätzlich unbeschränkte **Ermittlungspflicht**, deren Korrelat die Offenbarungs- und Mitwirkungspflichten der Betroffenen sind. Da im Rahmen des **Amtshilfeverkehrs das Steuergeheimnis** auch durch ausländische Finanzbehörden gewahrt werden muss, ist auskunftspflichtigen Dritten nicht das Recht zu geben, sich auf ihr Geschäftsgeheimnis zu berufen.

BFH, Urt. v. 5.3.1980 – II R 148/76, BStBl. II 1980, 402:

Das FG kann seine Entscheidung nur dann darauf abstellen, dass ein Beteiligter der ihm obliegenden **objektiven Beweislast** (**Feststellungslast**) nicht genügt habe, wenn es sich auf Grund der aus dem Gesamtergebnis des Verfahrens gewonnenen Erkenntnisse keine Überzeugung über den Geschehensablauf bilden kann.

BFH, Urt. v. 16.4.1980 – I R 75/78, BStBl. II 1981, 492:

Die **Grenze der Sachverhaltsaufklärungspflicht** liegt dort, wo es sich um Verhältnisse handelt, die ohne Mitwirkung des Stpfl. nicht oder nur unter unverhältnismäßigen Schwierigkeiten ermittelt werden können. ... Wenn eine TG voraussehen konnte, dass sie wegen eines Geschäfts mit ihrer ausländischen MG in Nachweisschwierigkeiten geraten könnte, muss sie für einen späteren Nachweis vorsorgen. ... Etwaige Auswirkungen der **schweizerischen Strafvorschrift** braucht kein anderer Staat gegen sich gelten zu lassen.

BFH, Urt. v. 17.11.1981 – VIII R 174/77, BStBl. II 1982, 430:

Keine Pflicht des Stpfl., eine **Nachkalkulation** von sich aus zu erstellen. Jedoch bestehen Auskunfts- und Vorlagepflichten, wenn der Betriebsprüfer eine solche erstellen möchte.

BFH, Urt. v. 2.2.1982 – VIII R 65/80, BStBl. II 1982, 409:

Für eine **Schätzung** bedarf es der Feststellung, dass eine weitere Sachaufklärung nicht möglich oder nicht zumutbar ist. ... Sind Bücher und Aufzeichnungen nach anderen Gesetzen als den Steuergesetzen auch im Interesse der Besteuerung zu führen und ordnen die anderen Gesetze Aufbewahrungsfristen an, die kürzer als die allgemeinen steuerrechtlichen Aufbewahrungsfristen sind, sind auch steuerrechtlich die kürzeren Fristen maßgeblich.

BFH, Urt. v. 26.5.1982 – I R 16/78, BStBl. II 1982, 583[1]:

Es ist nicht ermessensfehlerhaft, wenn die oberste Finanzbehörde die **Einleitung eines Verständigungsverfahrens** mit der Schweiz deshalb ablehnt, weil diese steuerliche Doppelbelastung nach Ansicht der Behörde dadurch entstanden ist, dass der inländische Steuerpflichtige im Wege des Rechtsmissbrauchs Vermögensgegenstände auf eine von ihm in der Schweiz gegründete Basisgesellschaft übertragen habe.

BFH, Urt. v. 26.4.1983 – VIII R 38/82, BStBl. II 1983, 618:

Die **Schätzung** ist ein Verfahren, mit Hilfe von Wahrscheinlichkeitsüberlegungen die Besteuerungsgrundlagen zu ermitteln, wenn eine sichere Feststellung trotz des Bemühens um eine Aufklärung nicht möglich ist. Die so ermittelte Besteuerungsgrundlage enthält einen Unsicherheitsbereich, der vom Wahrscheinlichkeitsgrad der Schätzung abhängig ist. … Diese Unschärfe, die jeder Schätzung anhaftet, kann im allgemeinen vernachlässigt werden. Soweit sie sich zuungunsten des Steuerpflichtigen auswirkt, muss er sie hinnehmen, zumal wenn er den Anlass für die Schätzung gegeben hat. Anders verhält es sich, wenn über einzelne Besteuerungsgrundlagen formell ordnungsmäßige Aufzeichnungen geführt worden sind, deren sachliche Richtigkeit zu vermuten ist (§ 158 AO). Die Schätzung (z. B. durch Nachkalkulation) soll dann Aufzeichnungen des Stpfl. widerlegen, die jedoch bis zum Beweis des Gegenteils als exakt zu gelten haben. Geht es darum, ob eine Schätzung dem Grunde nach gerechtfertigt ist, können **Schätzungsunschärfen** nicht vernachlässigt werden. Vielmehr muss die Schätzung unterbleiben, wenn sich ein Hinzurechnungsbetrag im Unschärfebereich hält. Eine formell ordnungsmäßige Buchführunganhand eines äußeren Betriebsvergleichs zu widerlegen, ist nur ausnahmsweise zulässig, da die Schätzungsunschärfe im allgemeinen erheblich sein dürfte, da kaum ein Betrieb dem anderen gleicht. Eine Schätzungaufgrund eines inneren Betriebsvergleichs ist zuverlässiger – zumal wenn sie nach den strengen Anforderungen der Rechtsprechung durchgeführt wird (BStBl II 1975, 96 und BStBl 1982 II, 430) – auch wenn eine Nachkalkulation nicht frei von Unsicherheiten ist.

BFH, Urt. v. 7.7.1983 – VII R 43/80, BStBl. II 1983, 760:

Wenn die **Unaufgeklärtheit**des Sachverhalts in der **Verantwortungssphäre** des Stpfl. liegt, kommen die Regelungen über die objektive Feststellungslast nicht zur Anwendung.

[1] Zur neuen Fassung des DBA-Schweiz siehe aber FG Köln, Urt. v. 14.4.2016 – 2 K 1205/15, (Rev. eingelegt; Az BFH: 2 K 1205/15).

BFH, Urt. v. 23.2.1984 – IV R 154/82, BStBl. II 1984, 512:

Der Stpfl. muss eine als Verwaltungsakt anzusehende **Prüfungsmaßnahme** anfechten, um ihr die Wirksamkeit zu nehmen und die Verwertung der mit ihrer Hilfe festgestellten Tatsachen zu vermeiden.

BFH, Urt. v. 18.12.1984 – VIII R 195/82, BStBl. II 1986, 226:

Schätzungen müssen in sich schlüssig sein. Ihre Ergebnisse müssen wirtschaftlich vernünftig und möglich sein. ... Das **Steuergeheimnis** lässt nicht zu, dass die **Vergleichsbetriebe** der Klägerin genannt werden. Das Steuergeheimnis schließt aber nicht aus, dass das FG an Hand der Steuerakten prüft, ob gegen die Zahlen der Vergleichsbetriebe Bedenken bestehen. Außerdem ist es erforderlich, dem Stpfl. Gelegenheit zu geben, zur Frage des Betriebsvergleichs und nach Möglichkeit auch zu den Vergleichszahlen Stellung zu nehmen.

BFH, Urt. v. 13.3.1985 – I R 7/81, BStBl. II 1986, 318:

Das FG kann in aller Regel auf die weitere **Sachverhaltsaufklärung verzichten**, wenn ein Beteiligter keine Auskunft über Tatsachen gibt, die in sein Wissen gestellt sind und deren Mitteilung schon wegen der persönlichen Nähe zu der zu erteilenden Information seine Sache ist. ... Auf die **Empfängerbezeichnung** (§ 160 AO) kann nur dann verzichtet werden, wenn der Empfänger mit an Sicherheit grenzender Wahrscheinlichkeit im Inland nicht steuerpflichtig ist.

BFH, Beschl. v. 9.7.1986 – I B 36/86, BStBl. II 1987, 487:

Die **Feststellungslast** trifft den Stpfl. jedenfalls dann, wenn die aufzuklärenden Tatsachen allein in seiner Verantwortungssphäre liegen.

BFH, Beschl. v. 25.8.1986 – IV B 76/86, BStBl. II 1987, 481:

Das nach **§ 160 Satz 1 AO** vom FA auszuübende Ermessen vollzieht sich nach einhelliger Meinung in der Rechtsprechung wie im Schrifttum auf zwei Stufen: Auf der ersten entscheidet das FA nach pflichtgemäßem Ermessen, ob es das **Benennungsverlangen** an den Stpfl. richten soll. Auf der zweiten trifft es eine Ermessenentscheidung darüber, ob und inwieweit es die in § 160 Satz 1 AO genannten Ausgaben, bei denen der Empfänger nicht genau benannt ist, zum Abzug zulässt. Das Benennungsverlangen steht in besonderem Maße unter dem Gesichtspunkt der Zumutbarkeit. Das bedeutet insbesondere, dass das Verlangen nicht unverhältnismäßig sein darf und die für den Stpfl. zu befürchtenden Nachteile (z. B. wirtschaftliche Existenzgefährdung) nicht außer Verhältnis zum beabsichtigten Aufklärungserfolg stehen dürfen. ... **Empfänger** der in § 160 Satz 1 AO bezeichneten Ausgaben ist nach dem BFH-Urteil vom 8. Februar 1972 (VIII R 41/66, BStBl. II 1972, 442) derjenige, dem der in der Betriebsausgabe enthaltene wirtschaftliche Wert übertragen worden ist. Bei zwischengeschalteten natürlichen oder juristischen Personen ist Empfänger i.S. des § 160 AO nicht die zwischengeschaltete Person, sondern die hinter ihr stehenden Dritten, an die die Gelder letztlich gelangt sind. Zur Empfängerbenennung gehört die Angabe des vollen Namens sowie der Adresse. ... Insbesondere auch im Hinblick auf die erhöhte Mitwirkungspflicht des Stpfl. bei Auslandssachverhalten wäre es Aufgabe des Klägers gewesen, von sich aus die erforderlichen Angaben über die wirklichen Empfänger der Honorare zu machen.

BFH, Urt. v. 15.10.1986 – VIII B 30/86, BFH/NV 1987, 44:

Die **Ermittlungspflicht findet ihre Grenze** dort, wo es sich um Verhältnisse handelt, die ohne Mitwirkung des Stpfl. nicht oder nur unter unverhältnismäßigen Schwierigkeiten ermittelt werden können.

BFH, Urt. v. 20.7.1988 – I R 49/84, BStBl. II 1989, 140:

Der beschränkt Stpfl. ist verpflichtet, im Einzelnen darzulegen, welche Leistungen der Hauptniederlassung den Aufwendungen zugrunde liegen, deren Abzug als Betriebsausgabe geltend gemacht wird. Er muss außerdem den wirtschaftlichen **Zusammenhang** dartun, der **zwischen den Leistungen der Hauptniederlassung und der inländischen Zweigniederlassung** besteht. Ferner muss er die Angemessenheit des angewandten Verteilungsschlüssels plausibel machen. Schließlich muss er die Aufwendungen der Höhe nach nachweisen. Die insoweit bestehenden **Mitwirkungs- und Nachweispflichten** beurteilen sich nach § 90 Abs. 2 AO.

Die Klägerin kann nicht mit dem Einwand gehört werden, an ihre Mitwirkungspflichten dürften keine überspitzten Anforderungen gestellt werden. Es ist der **Sinn der in § 90 Abs. 2 AO** 1977 getroffenen Regelung, dass sowohl **Gewinnverlagerungen** in niedrig besteuernde Gebiete als auch der Abzug derselben Aufwendungen in mehreren Staaten verhindert wird. Der Stpfl. hat deshalb seinen Mitwirkungspflichten erst dann Genüge getan, wenn nach Überzeugung des FA bzw. des FG solche Gewinnverlagerungen nicht drohen.

BFH, Urt. v. 15.2.1989 – X R 16/86, BStBl. II 1989, 462:

Die Ungewissheit im Sachverhalt *[hier: Herkunft von Geldern, die ein Stpfl. = Kläger auf sein betriebliches Bankkonto eingezahlt hat]* ist aus tatsächlichen wie aus rechtlichen Gründen als endgültig anzusehen. Das führt jedoch nicht – wie der Kläger meint – zu einer Entscheidung nach den **Regeln der objektiven Beweislast** (Feststellungslast). Nach diesen Regeln geht die Unerweislichkeit entscheidungserheblicher steuerbegründender Tatsachen zu Lasten der Finanzbehörde, diejenige steuerbefreiender oder steuermindernder Tatsachen zu Lasten des Steuerpflichtigen. Danach würde im Streitfall der Ansatz von zusätzlichen Betriebseinnahmen oder Umsätzen allein daran scheitern, dass die hierzu erforderlichen steuerbegründenden Tatsachen nicht feststehen.

Die Beweislastregeln knüpfen ausschließlich an die allgemeine verfahrensrechtliche Rollenverteilung unter den Beteiligten (als Kläger oder Beklagter) an und sind allein an deren (materiell-rechtlich) normiertem Interesse am Ausgang des Prozesses ausgerichtet. Ein solches starres Verteilungsschema passt – als ultima ratio – nur, wenn ein entscheidungserheblicher Sachverhalt trotz Ausschöpfung aller zugänglichen und zumutbaren Ermittlungsmöglichkeiten nicht oder nicht vollständig aufgeklärt werden kann, nicht aber dann, wenn die mangelhafte Sachaufklärung nur darauf beruht, dass der Rechtsuchende abgabenrechtliche Mitwirkungspflichten verletzt hat, die ihm gerade zu dem Zweck auferlegt sind, derartige Mängel zu vermeiden.

Schon den allgemeinen, im Steuerrechtsverhältnis wurzelnden Vorschriften, wie z. B. den §§ 88, 89 AO einerseits und den §§ 90ff., 140ff., 200 AO andererseits, ist der Grundsatz zu entnehmen, dass für die wahrheitsgemäße und vollständige **Aufklärung** abgabenrechtlich bedeutsamer Tatsachen **Finanzbehörde und Stpfl. g e m e i n s a m verantwortlich** sind.

Besonders deutlich wird die **Mitverantwortung des Stpfl**. in der Regelung des § 162 Abs. 2 Satz 1 AO, die die Finanzbehörden (über § 96 Abs. 1 Satz 1 2.Halbsatz FGO auch die FG im finanzgerichtlichen Verfahren) bei Verletzung bestimmter Mitwirkungspflichten **zur Schätzung verpflichtet** und es ihnen somit erlaubt, sich mit einem geringeren Grad an Überzeugung zu begnügen, als dies in der Regel geboten ist (sog. **Reduzierung des Beweismaßes**; vgl. BFH-Urteil v. 13.3.1985 – I R 7/81, BStBl. II 1986, 318.

Aus der gemeinsamen Verantwortung von Stpfl. einerseits und Finanzbehörde sowie FG andererseits für die vollständige Sachaufklärung im Geltungsbereich des Abgabenrechts folgt u.a., dass sich dann, wenn ein Stpfl. ihm auferlegte allgemeine oder besondere Mitwirkungs-, Informations- oder Nachweispflichten verletzt, grundsätzlich die **Ermittlungspflicht der Finanzbehörde** (§ 88 Abs. 1 AO) oder des FG (§ 76 Abs. 1 Sätze 2 bis 4 und § 96 Abs. 1 Satz 1 FGO) entsprechend **mindert**.

Besondere Bedeutung kommt in diesem Zusammenhang dem Gedanken der **Beweisnähe** zu: Die Verantwortung des Stpfl. für die Aufklärung des Sachverhalts ist umso größer (die von Finanzbehörden und FG umso geringer), je mehr Tatsachen oder Beweismittel der von ihm beherrschten **Informations- und/oder Tätigkeitssphäre** angehören. Die gleiche Erwägung liegt der gesetzlichen Sonderregelung für die Abgrenzung von Sachaufklärungs- und Mitwirkungspflichten in § 90 Abs. 2 AO zugrunde: Sie ist die gesetzliche Konkretisierung eines allgemeinen Prinzips, demzufolge sich die Verantwortung für die Sachaufklärung im Abgabenrecht maßgeblich nach den Möglichkeiten der Einflussnahme auf die Sachverhaltsgestaltung und Sachverhaltsermittlung bestimmt.

Die Verletzung abgabenrechtlicher Mitwirkungspflichten kann dann, wenn sie **Tatsachen oder Beweismittel aus dem alleinigen Verantwortungsbereich des Stpfl**. betrifft, sogar dazu führen, dass aus seinem Verhalten für ihn **nachteilige Schlüsse** gezogen werden. Solche Schlussfolgerungen können auch nicht bezifferbare Besteuerungsgrundlagen betreffen. Auch für diejenigen, welche die in § 162 Abs. 2 Satz 1 AO vorgesehene Rechtsfolge in ihrem Wortsinn enger verstehen, besteht kein Zweifel daran, dass der ‚**Beweisverderber**' oder ‚**Beweisvereitler**' aus seinem Verhalten keinen Vorteil ziehen darf. Zur Vermeidung eines solchen Ergebnisses sind auch belastende Unterstellungen oder nachteilige Schlüsse im Rahmen der Beweiswürdigung gerechtfertigt.

Der Kläger kann sich auch nicht auf die formelle **Ordnungsmäßigkeit seiner Buchführung** berufen. Es geht nicht um eine Gesamtkorrektur des Buchführungswerkes, sondern um eine punktuelle Berichtigung. ‚Soweit' die Auswirkungen der Pflichtverletzung reichen, besteht Anlass, die sachliche Richtigkeit der Buchführung zu beanstanden.

BFH, Urt. v. 24.1.1990 – I R 157/86, BStBl. II 1990, 645:

Zu **mündlich abgeschlossenen Vereinbarungen** einer Kapitalgesellschaft mit ihrem beherrschenden Gesellschafter.

BFH, Urt. v. 21.8.1990 – VIII R 25/86, BStBl. II 1991, 564:

Ob eine Absicht zur Gewinnerzielung vorliegt, ist wie jede innere Tatsache anhand äußerer Merkmale zu beurteilen. Aus objektiven Umständen muss auf das Vorliegen oder Fehlen der Absicht geschlossen werden, wobei einzelne Umstände einen **Anscheinsbeweis** liefern können, der vom Steuerpflichtigen entkräftet werden kann.

BFH, Urt. v. 9.8.1991 – III R 129/85, BStBl. II 1992, 55:

Die **erhöhten Mitwirkungspflichten** gem. § 90 (2) AO **führen nicht** zu einer **Umkehr der Beweislast**. ... Aus einer Verletzung der Mitwirkungspflicht können im Wege der Beweiswürdigung negative Schlüsse gezogen werden; dabei bleibt häufig für die Anwendung der Regeln der **objektiven Beweislast** wenig Raum.

BFH, Urt. v. 1.10.1992 – IV R 34/90, BStBl. II 1993, 259:

Eine **Schätzung** erweist sich erst dann als **rechtswidrig**, wenn sie den Schätzungsrahmen verlässt, nicht jedoch bereits dann, wenn sie von den tatsächlichen Verhältnissen abweicht. Wird die Schätzung erforderlich, weil der Stpfl. seiner Erklärungspflicht nicht genügt, kann sich das FA an der oberen Grenze des Schätzungsrahmens orientieren. Auch mehrere grobe Schätzungsfehler führen regelmäßig nicht zu der Annahme, das FA habe bewusst zum Nachteil des Stpfl. geschätzt. Die Nichtigkeit eines Schätzungsbescheides ist allenfalls zu erwägen, wenn sich das FA nicht nach den wahrscheinlichen Besteuerungsgrundlagen orientiert, sondern bewusst zum Nachteil des Stpfl. geschätzt hat.

BFH, Urt. v. 19.1.1993 – VIII R 128/84, BStBl. II 1993, 594:

Bei einer Schätzung müssen alle Umstände berücksichtigt werden, auch wenn sie sich zugunsten des Stpfl. auswirken und zur Anerkennung eines Verlustes führen. **Schätzungen müssen vernünftig** und in sich schlüssig sein.

BFH, Urt. v. 27.10.1993 – I R 25/92, BStBl. II 1994, 210:

Eine mathematisch-statistische Auswertung der anlässlich eines Besteuerungsverfahrens erhobenen personenbezogenen Daten zu steuerlichen Zwecken bedarf keiner besonderen gesetzlichen Ermächtigungsgrundlage. **Statistische Vergleichswerte** sind keine personenbezogenen Daten im Sinne des Rechts auf informationelle Selbstbestimmung.

BFH, Urt. v. 3.12.1996 – I B 8, 9/96, BFH/NV 1997, 580:

Ein Stpfl., der vor dem FG einen Sachverhalt geltend macht, der sich auf Vorgänge außerhalb der Bundesrepublik Deutschland bezieht, hat dem FG die erforderlichen Beweismittel, z. B. einen **im Ausland lebenden Zeugen**, zu präsentieren.

BFH, Beschl. v. 17.3.1997 – I B 123/95, BFH/NV 1997, 730:

Verletzt der Stpfl. seine Pflichten nach § 90 (2) AO, kann das FA zum Nachteil des Stpfl. von einem Sachverhalt ausgehen, für den unter Berücksichtigung der **Beweisnähe** des Stpfl. und seiner Verantwortung für die Aufklärung eine gewisse Wahrscheinlichkeit spricht. ... Die Beweiswürdigung des FG ist durch den BFH nur sehr eingeschränkt (auf Verstöße gegen allgemeine Erfahrungssätze oder Denkgesetze) nachprüfbar.

BFH, Urt. v. 10.11.1998 – I R 108/97, BStBl. II 1999, 121:

Die Aufforderung zur **Benennung** der hinter einer **Domizilgesellschaft** stehenden Personen ist auch dann nicht ermessensfehlerhaft, wenn der inländische Stpfl. die Namen der Leistungsträger nicht selbst kennt. Wenn für den Stpfl. erkennbar ist, dass die Domizilgesellschaft die Leistungen nicht selbst, sondern durch branchenkundige Personen erfüllen lassen muss, ist es nicht ermessensfehlerhaft, dem Stpfl. das Risiko aufzuerlegen, dass die Domizilgesellschaft die Leistungserbringer nicht bekannt gibt, zumal sich jeder Stpfl., der Zahlungen an liechtensteinische Gesellschaften leistet, der Gefahr bewusst ist oder sein müsste, dass in Liechtenstein ansässige Gesellschaften nicht selten zur Umgehung der Steuerpflicht von Inländern eingeschaltet werden.

BFH, Urt. v. 10.11.1998 – VIII R 3/98, BStBl. II 1999, 199:

Bei **Prüfungsmaßnahmen** während einer Außenprüfung handelt es sich nur dann um **Verwaltungsakte** und nicht um bloße **Realakte**, wenn dem Stpfl. ein bestimmtes Verhalten aufgegeben wird, das nach §§ 328 ff. AO erzwingbar ist.

BFH, Beschl. v. 1.12.1998 – III B 78/97, BFH/NV 1999, 741:

In der Rechtsprechung ist geklärt, dass bei schwerwiegenden Pflichtverletzungen, wie in Fällen nachgewiesener, in der Buchführung nicht erfasster Mehreinnahmen, ohne Bindung an das Maß einer großen oder gar überwiegenden Wahrscheinlichkeit griffweise ein **Sicherheitszuschlag** im Wege einer **Schätzung** angesetzt werden darf.

Eine **Schätzung** erweist sich erst dann als **rechtswidrig**, wenn sie den durch die Umstände des Einzelfalles gezogenen Schätzungsrahmen verlässt. Das FA darf sich am **oberen Rahmen des Schätzungsermessens** orientieren. **Willkür** ist erst anzunehmen, wenn das FA bewusst zum Nachteil des Stpfl. schätzt.

BFH, Urt. v. 11.2.1999 – V R 40/98, BStBl. II 1999, 382:

Ein wegen unterlassener Abgabe einer Steuererklärung ergangener **Schätzungsbescheid** erfordert grundsätzlich keine über die Wertangaben hinausgehende **Begründung** der Besteuerungsgrundlagen. Dagegen ist ein Schätzungsbescheid auch der Höhe nach zu begründen, wenn hierfür ein besonderer Anlass besteht (z. B. wenn das FA wegen Nichtabgabe von Jahressteuererklärungen die Umsatzsteuer schätzt und hierbei deutlich von den vom Stpfl. vorangemeldeten Umsätzen abweicht).

BFH, Urt. v. 15.4.1999 – IV R 68/98, BStBl. II 1999, 481:

Auch wenn der Stpfl. nicht gezwungen war, seine BE/BA aufzuzeichnen und entsprechende Belege **aufzubewahren**, so trägt er doch wie jeder andere Stpfl. die Gefahr, dass das FA die Besteuerungsgrundlagen nicht ermitteln/berechnen kann und deshalb die Voraussetzungen für eine **Schätzung** nach § 162 Abs. 1 AO erfüllt sind.

BGH, Urt. v. 10.11.1999 – 5 StR 221/99, HFR 2000, 676:

Dem Stpfl. steht es frei, jeweils die ihm **günstigste** steuerrechtliche **Gestaltung** zu wählen. Er macht jedenfalls dann keine **unrichtigen Angaben** i.S. von § 370 Abs. 1 Nr. 1 AO 1977, wenn er offen oder verdeckt eine ihm günstige unzutreffende Rechtsansicht vertritt, aber die steuerlich erheblichen Tatsachen richtig und vollständig vorträgt und es dem FA dadurch ermöglicht, die Steuer unter abweichender rechtlicher Beurteilung zutreffend festzusetzen. Wegen der Formalisierung der Steuererklärungen erschöpfen sich die Angaben gegenüber dem FA jedoch regelmäßig in der Wiedergabe quantifizierter Beträge ohne Sachverhaltsschilderung. Die Bestimmung dieser Summen ist das Ergebnis einer auch von der Rechtsauffassung abhängigen steuerrechtlichen Beurteilung. ... Der Umfang der für den Stpfl. bestehenden Mitwirkungspflichten ergibt sich indes unmittelbar aus dem Gesetz. So steht es dem Stpfl. nicht etwa frei, den Steuerbehörden aus einem Gesamtsachverhalt nur einen Teil der Tatsachen richtig vorzutragen und sie im übrigen nach Maßgabe einer nicht offen gelegten, ersichtlich strittigen eigenen rechtlichen Bewertung des Vorgangs zu verschweigen, obwohl die Einzelheiten für die steuerliche Beurteilung bedeutsam sein können. Nach § 90 Abs. 1 Satz 2 AO 1977 haben die Beteiligten die für die Besteuerung erheblichen Tatsachen vollständig und wahrheitsgemäß offenzulegen. Da sich hinter den mitgeteilten Zahlen die verschiedensten Sachverhalte verbergen können, die für das FA nicht erkennbar sind, besteht zumindest eine **Offenbarungspflicht** für diejenigen Sachverhaltselemente, deren rechtliche Relevanz objektiv zweifelhaft ist. Dies ist insbesondere dann der Fall, **wenn die von dem Stpfl. vertretene Auffassung von der Rechtsprechung, Richtlinien der Finanzverwaltung** oder der regelmäßigen Veranlagungspraxis **abweicht**.

FG Münster, Urt. v. 22.8.2000 – 6 K 2712/00 AO, EFG 2001, 4:

Die **Vorlagepflicht** erstreckt sich nicht nur auf gesetzlich vorgeschriebene Bücher, sondern auch auf **freiwillig erstellte Unterlagen**.

BFH, Urt. v. 20.12.2000 – I R 50/00, BStBl. II 2001, 381:

Eine **Schätzung** ist nicht schon deswegen **rechtswidrig**, weil sie von den tatsächlichen Verhältnissen abweicht; solche **Abweichungen** sind notwendig mit einer Schätzung verbunden, die in Unkenntnis der wahren Gegebenheiten erfolgt: Die Schätzung erweist sich vielmehr erst dann als rechtswidrig, wenn sie den durch die Umstände des Falles gezogenen Schätzungsrahmen verlässt.

Wird die Schätzung erforderlich, weil der Stpfl. seiner **Erklärungspflicht nicht genügt**, kann sich das FA an der **oberen Grenze des Schätzungsrahmens** orientieren, weil der Stpfl. möglicherweise Einkünfte verheimlichen will.

Verlässt eine überzogene Schätzung diesen Rahmen, hat dies im Allgemeinen nur die Rechtswidrigkeit der Schätzung, nicht aber bereits ihre **Nichtigkeit** zur Folge. Nichtigkeit ist selbst bei groben Schätzungsfehlern, die auf einer Verkennung der tatsächlichen Gegebenheiten oder der wirtschaftlichen Zusammenhänge beruhen, regelmäßig nicht anzunehmen. Etwas anderes ist allenfalls zu erwägen, wenn sich das FA nicht gemäß dem Auftrag des § 162 Abs. 1 AO an den wahrscheinlichen Besteuerungsgrundlagen orientiert, sondern bewusst zum Nachteil des Stpfl. geschätzt hat.

BFH-Urteil vom 19.1.2000 - I R 94/97, BStBl. 2001 II S. 222:

Die Beteiligung einer inländischen Kapitalgesellschaft an einer Kapitalanlagegesellschaft im niedrig besteuerten Ausland (hier: an einer gemeinschaftsrechtlich geförderten sog. IFSC Gesellschaft in den irischen Dublin Docks) ist jedenfalls nicht deshalb gemäß § 42 AO 1977 rechtsmissbräuchlich, weil die Abwicklung der Wertpapiergeschäfte im Ausland durch eine **Managementgesellschaft** erfolgt.

Nach ständiger höchstrichterlicher Rechtsprechung (vgl. Senatsurteile vom 29. Januar 1975 I R 135/70, BFHE 115, 107, BStBl II1975, 553; vom 5. März 1986 I R 201/82, BFHE 146, 158, BStBl II 1986, 496;vom 10. Juni 1992 I R 105/89, BFHE 168, 279, BStBl II 1992, 1029; vom 23.Oktober 1992 I R 40/89, BFHE 166, 323, BStBl II 1992, 1026; Urteile des Bundesfinanzhofs - BFH - vom 29. Juli 1976 VIII R 142/73, BFHE 120, 116,BStBl II 1977, 263; vom 9. Dezember 1980 VIII R 11/77, BFHE 132, 198, BStBl II 1981, 339) erfüllt die **Zwischenschaltung von Basisgesellschaften** in der Rechtsform einer Kapitalgesellschaft im niedrig besteuernden Ausland den Tatbestand des **Rechtsmissbrauchs**, wenn für ihre Zwischenschaltung in bestimmte Rechtsgestaltungen wirtschaftliche oder sonst beachtliche Gründe fehlen. Die Rechtsprechung ist Ausdruck des Grundsatzes, dass das Steuerrecht grundsätzlich die gewählte zivilrechtliche Gestaltung respektiert. Dies gilt jedoch nicht für solche Gestaltungen, die nur der Manipulation dienen. Sie können der Besteuerung nur dann zugrunde gelegt werden, wenn mit ihnen ein angemessener wirtschaftlicher Zweck verfolgt wird.

Der Senat ist des Weiteren davon ausgegangen, dass die Anwendung des **§ 42 AO 1977 aus logischen Gründen vorrangig vor derjenigen der §§ 7 ff. AStG** sei (Senatsurteile in BFHE 168, 279, BStBl II1992, 1029, und in BFHE 166, 323, BStBl II 1992, 1026). … Der Senat hat den so verstandenen Vorrang des § 42 AO 1977 jedoch wieder eingeschränkt, indem er darauf hingewiesen hat, dass § 42 AO 1977 einen Missbrauch von Gestaltungsmöglichkeiten des Rechts voraussetze, der am Gesetzeszweck der §§ 7 ff. AStG zu messen sei. Diese Vorschriften seien darauf angelegt, auch und gerade der "Steuerflucht" durch Einschaltung sog. Basisgesellschaften zu begegnen. Aus diesen Zwecken sei abzuleiten, dass das bloße Erzielen von Einkünften aus passivem Erwerb für sich genommen keinen Missbrauchsvorwurf rechtfertigen könne, sondern nur die Hinzurechnungsbesteuerung auslöse. Um § 42 AO 1977 daneben anwenden zu können, müssten deshalb weitere Umstände hinzutreten, die die Gestaltung als missbräuchlich kennzeichnen, was insbesondere bei Einschaltung bloßer Briefkastenfirmen der Fall sei.

Nach dieser Rechtsprechung bleibt es im Streitfall im Grundsatz bei den in §§ 7 ff. AStG i.V.m. Art. XXII Abs. 2 Satz 1 Buchst. a Doppelbuchst. aa DBA-Irland bestimmten Rechtsfolgen, also - zunächst - der Hinzurechnung der von der S erwirtschafteten Kapitaleinkünfte gemäß § 7 Abs.1 i.V.m. § 10 Abs. 1 AStG und - sodann - der Freistellung des hinzugerechneten Betrages gemäß Art. XXII Abs. 2 Satz 1 Buchst. A Doppelbuchst. aa Satz 3 DBA-Irland, § 10 Abs. 5 AStG. Die dagegen gerichteten Erwägungen des FG und des FA, die S sei als ausländische Basisgesellschaft in rechtsmissbräuchlicher Weise nur zu dem Zwecke eingeschaltet worden, um die Klägerin in den Genuss des abkommensrechtlichen Schachtelprivilegs gelangen zu lassen (sog. rule shopping), und die fraglichen Kapitalerträge seien deshalb ihr und nicht der S zuzurechnen, sind nicht tragfähig.

Zwar erzielte die S nach den getroffenen Feststellungen nur passive Einkünfte. Sie ist jedoch keine bloße Briefkastengesellschaft. Solche wären in Irland im Rahmen des IFSC auch nicht anerkannt. Ihre „Passivität" beschränkt sich vielmehr darauf, das Kapitalanlagegeschäft zu betreiben. Zu diesem Zweck verfügte sie über einen eigenen Board of directors, dem die eigentliche Entscheidung darüber, in welcher Weise das Kapital anzulegen war, oblag und die dieser auch - im Einvernehmen mit denGesellschaftern - wahrnahm. Damit ist sie nicht eigenwirtschaftlich funktionslos. Sie überlässt vielmehr auf eigene Rechnung und Gefahr Kapitalvermögen gegen Entgelt zur Nutzung und bezieht dadurch entsprechende - eigene - (positive oder auch negative) Einkünfte.

Dass die **Ausführung der einzelnen Anlagegeschäfte in wesentlichen Bereichen der C überlassen** worden ist, vermag daran nichts zu ändern. Es ist im Kapitalanlagegeschäft üblich, sich einschlägig versierter Dienstleistender, in erster Linie Banken und Kreditinstitute, zu bedienen, die getroffene Anlageentscheidung - auch in Zusammenarbeit mit diesen - vorzubereiten und sodann durch diese durchführen zu lassen. Im Rahmen der gemeinschaftsrechtlichen IFSC Förderung ist insbesondere der Abschluss entsprechender Managementverträge regelmäßig sogar Förderungsvoraussetzung. Die im Streitfallgewählte Vorgehensweise ist sonach für Kapitalanlagegeschäfte geradezu typisch; sie rechtfertigt ohne Hinzutreten weiterer, hier nicht ersichtlicher Umstände, wie sie bei bloßen Briefkastenfirmen bestehen mögen (siehe dazu den Sachverhalt, über den der Senat durch Urteil in BFHE 168, 279, BStBl II 1992, 1029 entschieden hat; ferner Senatsurteil vom 27. August 1997 I R 8/97, BFHE 184, 329, BStBl II 1998, 163), **keine von den zivilrechtlichen Vorgaben abweichende steuerliche Zuordnung**. Insbesondere lässt sich nichts daraus herleiten, dass die S in Irland keine besonderen sächlichen und personellen Voraussetzungen für die Unterhaltung eines Geschäftsbetriebs vorhielt. Gleichermaßen ist nach den vom FG getroffenen Feststellungen nicht erkennbar, dass die S der Klägerin gegenüber lediglich treuhänderisch tätig geworden wäre; sie handelte danach vielmehr - dem Zweck einer Kapitalanlagegesellschaft entsprechend -, indem sie bei ihr eingelegtes Geld im eigenen Namen verwaltete.

BFH, Urt. v. 27.3.2001 – I R 40/00, BStBl. II 2001, 655:

Nach Angaben in der Literatur erhielten im Jahr 1996 ca. 30 % der 471 dazu befragten GmbH-Geschäftsführer Überstundenvergütungen. Diese Verbreitung von Überstundenvergütungen lässt zwar den Schluss zu, dass entsprechende Vergütungsvereinbarungen nicht unüblich waren. Die sich aus den **statistischen Daten ergebende Üblichkeit** lässt allein aber noch nicht erkennen, ob solche Vergütungen dem entsprechen, was fremde Dritte unter Beachtung des Verhaltens eines ordentlichen und gewissenhaften Geschäftsleiters vereinbaren. Der Fremdvergleich erfordert vielmehr auch eine wertende Beurteilung der empirisch gewonnenen Erkenntnisse. Angelegt wird ein normativer Maßstab, kein statistischer.

BFH, Urt. v. 29.3.2001 – IV R 67/99, BStBl. II 2001, 484:

Wird die Schätzung wegen Verletzung der Buchführungs- oder Aufzeichnungspflichten erforderlich, so kann sich das FA an der oberen Grenze des **Schätzungsrahmens** orientieren, weil der Stpfl. möglicherweise Einkünfte verheimlichen will.

BFH, Beschl. v. 10.5.2001 – I S 3/01, DB 2001, 1180:

Die **Dokumentation** dient lediglich dem Nachweis, dass der Steuerpflichtige sich bei der Festsetzung seines Verrechnungspreises von Überlegungen leiten ließ, die auch ein fremder Dritter angestellt hätte. ... In keinem Fall dient sie dem Nachweis des angemessenen Fremdvergleichspreises der Höhe nach. Aus dem Fehlen einer Dokumentation bzw. aus der Nichtbeantwortung der diesbezüglichen Fragen kann allenfalls die Schlussfolgerung gezogen werden, dass die Antragstellerin keine eigenen Überlegungen bezüglich des angemessenen Verrechnungspreises anstellte und sich insoweit möglicherweise dem „Diktat" ihrer (ausländischen Produktions-)Muttergesellschaft fügte. **Die Frage der Angemessenheit des Verrechnungspreises ist losgelöst von einer möglichen Verletzung von § 90 (2) AO 1977 zu beurteilen.**[2]

... Das FA wirft der Antragstellerin ferner vor, sie habe keine Kalkulationsunterlagen der ausländischen Produktionsmuttergesellschaft vorgelegt, weshalb im Inland nicht erkennbar sei, welchen Produktionsgewinn die Muttergesellschaft erzielt habe und wie das Verhältnis zum Vertriebsgewinn der Antragstellerin sei. Dieser Vorwurf würde dann durchgreifen, wenn die Antragstellerin i.S. des § 90 Abs. 2 Satz 2 AO 1977 die rechtliche oder zumindest tatsächliche Möglichkeit gehabt hätte, an die genannten Kalkulationsunterlagen heranzukommen. Davon kann nicht ausgegangen werden. Eine Tochtergesellschaft hat **gesellschaftsrechtlich keine Möglichkeit, Kalkulationsunterlagen ihrer Muttergesellschaft zu beschaffen**. Dass für die Antragstellerin etwas anderes gelten sollte, hat das FA nicht schlüssig dargelegt. Zwar kann man daran denken, dass die Antragstellerin sich entsprechende **Auskünfte ihrer Muttergesellschaft habe vertraglich vorbehalten** müssen. Ein solcher Vorbehalt ist jedoch **zwischen fremden Dritten** nicht nur **unüblich**, sondern für den Regelfall ausgeschlossen. Unabhängige Vertragspartner sind nicht bereit, ihre wechselseitig erzielten Gewinne dem jeweils anderen Vertragsteil mitzuteilen.[3] Sie tun dies schon deshalb nicht, weil sie zusätzlichen Druck des anderen Geschäftspartners auf die eigenen Preise befürchten. Sie verzichten auch nicht auf das Geschäft, wenn der andere Vertragspartner sich weigert, Auskunft über seine Gewinne zu erteilen. ... Eine Tochtergesellschaft mag im Einzelfall eine entsprechende **tatsächliche Möglichkeit** haben. Auch dies muss dann jedoch durch konkrete Umstände festgestellt und belegt werden.

---

[2] Dieser Rechtsprechung ist mittlerweile durch anderweitige neue gesetzliche Regelungen weitgehend der Boden entzogen worden. Zwar ist die Angemessenheit eines Verrechnungspreises nach wie vor losgelöst von der Erfüllung der Mitwirkungspflichten nach § 90 **(2)** AO, nicht jedoch losgelöst von der Erfüllung der – mittlerweile neu geschaffenen - Mitwirkungspflicht nach § 90 **(3)** AO zu sehen. Seit der Schaffung gesetzlicher Dokumentationspflichten und entsprechender Sanktionen durch das StVergAbG darf das Finanzamt die Unangemessenheit eines Verrechnungspreises der Höhe nach bereits dann vermuten (= Beweislastumkehr), wenn der Stpfl. keine bzw. keine verwertbare Dokumentation vorgelegt hat oder wenn er die Dokumentation für die sog. ‚außergewöhnlichen' Geschäftsvorfälle nicht zeitnah erstellt hat (vgl. §§ 90 Abs. 3 und 162 Abs. 3 AO). Festgehalten hat der Gesetzgeber an der Auffassung des BFH, dass der Stpfl. nicht – auch nicht durch die neu geschaffene Dokumentationspflicht - den **objektiven Nachweis** für die Richtigkeit/Angemessenheit eines Verrechnungspreises erbringen muss. Es reicht aus, wenn er eine **Begründung** für die Angemessenheit aus seiner **subjektiven Sicht** abgibt (ausführlich hierzu *Schreiber*, in: Kroppen (Hrsg.), Handbuch Internationale Verrechnungspreise, Kapitel VerwGr.Verf., Rz 181 – 195).

[3] Wegen dieser Ausführungen des BFH muss es als äußerst fraglich erscheinen, ob die durch das UntStRefG 2008 gesetzlich neu eingeführte sogenannte ‚Informationstransparenz' im Konzern (siehe § 1 Abs. 1 Satz 2 AStG), wonach für die Anwendung des Fremdvergleichsgrundsatzes davon auszugehen ist, dass die Konzernunternehmen alle wesentlichen Umstände ihrer konzerninternen Geschäftsbeziehungen kennen, tatsächlich erfüllbar - und damit verfassungskonform - ist und ob sie tatsächlich dem Fremdvergleich entspricht. Laut Regierungsbegründung soll durch § 1 AStG lediglich der international anerkannte Fremdvergleichsgrundsatz konkretisiert werden.

BFH, Urt. v. 17.10.2001[4] *– I R 103/00, BStBl. II 2004, 171 und DB 2001, 2474 und FR 2002, 154:*

Jede **Schätzung** des FA ist im Klageverfahren voll nachprüfbar. Das bedeutet auch, dass das FG seine Wahrscheinlichkeitsüberlegungen an die Stelle der des FA stellen darf, ohne deshalb die Schätzung des FA als rechtsfehlerhaft einstufen zu müssen. Es ist Sache des FG, die im Einzelfall geeignetste Methode zu bestimmen. Dies ist jeweils diejenige, mit der der Fremdvergleichspreis im konkreten Einzelfall mit der größtmöglichen Wahrscheinlichkeit seiner Richtigkeit ermittelt werden kann.

Im Streitfall durfte das FG seine Verrechnungspreisermittlung nicht auf die Wiederverkaufspreismethode stützen, da es dafür nur auf die Einkäufe von drei unverbundenen Produzenten zurückgreifen konnte, die entsprechenden Einkäufe sich nicht über alle Streitjahre erstreckten und die Einkäufe nur zu höchstens 5 v.H. des Gesamtumsatzes führten. Es kommt hinzu, dass das FG von bestimmten Rohgewinnmargen ausgegangen und hiervon Abschläge vorgenommen hat (**Anpassungsrechnungen**). Der Senat kann sie zwar dem Grunde, nicht aber der Höhe nach nachvollziehen. Ohne eine Begründung zur Höhe der Abschläge ist die Ermittlung des FG in diesem Bereich willkürlich.

Die Ermittlung des FG ist auch deshalb fehlerhaft, weil sie erkennbar von der Zielvorstellung getragen wird, den ‚einen' angeblich richtigen Fremdvergleichspreis ermitteln zu müssen. Das FG hat nicht erkannt, dass der Fremdvergleichspreis in der Regel aus einer **Bandbreite** von Preisen besteht, was sich nicht nur aus dem Unterschied zwischen übernommenen Funktionen und Risiken, sondern ebenso z. B. aus unterschiedlichen Unternehmensstrategien und Zielsetzungen erklären kann.[5]

Geht man von einer Bandbreite angemessener Verrechnungspreise aus, stellt sich die letztlich entscheidende Folgefrage, ob sich eine Schätzung an der **Unter- oder an der Obergrenze dieser Bandbreite orientieren** muss oder ob ein sog. Mittelwert angesetzt werden kann. Insoweit gilt der Grundsatz, dass für die Anwendung einer **Mittelwertmethode** im deutschen Steuerrecht eine Rechtsgrundlage fehlt. Vorbehaltlich einer anderen Beweisrisikoverteilung muss sich eine Schätzung an dem für den Stpfl. günstigeren Ober- oder Unterwert der Bandbreite von Fremdvergleichspreisen orientieren.[6] Allerdings kann das FA bzw. das FG eine zunächst festgestellte Bandbreite an Preisen durch

[4] Das BFH-Urteil hat Kontroversen ausgelöst und ist in der Literatur vielfach diskutiert worden (vgl. u.a. *Wassermeyer*, DB 2001, 2465 und *Kuckhoff/Schreiber*, Ist die Prüfung von Verrechnungspreisen noch sinnvoll?, IWB 2002, Fach 3 Gruppe 1, Seite 1863ff.). Letztlich war dieses BFH-Urteil mit ausschlaggebend dafür, dass der Gesetzgeber zunächst durch das StVergAbG vom 16.5.2003 Dokumentations- und Strafvorschriften (§§ 90 Abs. 3, 162 Abs. AO) und dann durch das UnStRefG 2008 vom 14.8.2007 neue Vorschriften zur Ermittlung von Verrechnungspreisen eingeführt hat (vgl. § 1 Abs. 1-3 AStG). Die Neufassung des § 1 AStG sowie die darauf basierende Funktionsverlagerungsverordnung wiederum sind auf eine außergewöhnlich heftige und breitgefächerte Kritik gestoßen (vgl. *Schreiber*, in: Kroppen (Hrsg.), Handbuch Internationale Verrechnungspreise, Kommentierung der Funktionsverlagerungsverordnung, Rz. 5).

[5] Anm. der Herausgeber: Wenn Preise deshalb anders sind, weil Funktionen, Risiken, Geschäftsstrategien etc. vom zu prüfenden Referenzgeschäft abweichen, kann es sich folglich nicht um ‚Vergleichspreise' handeln und kann sich somit hieraus auch keine Bandbreite von Vergleichspreisen ergeben.

[6] Anm. der Herausgeber: Seit dem VZ 2008 ist bei Verrechnungspreiskorrekturen im grenzüberschreitenden Bereich § 1 (3) S. 4 AStG zu beachten, wonach für eine Korrektur der Median der Bandbreite – und nicht mehr der für den Stpfl. steuerlich günstigste Wert der Bandbreite - maßgeblich ist.

anderweitige Überlegungen (Verprobungsmethoden) einzuengen versuchen. Auch kann mit Hilfe einer **Vergleichbarkeitsanalyse die Bandbreite begrenzt** oder der Streitfall an das Vergleichsunternehmen angepasst werden. Ferner kann der vom erkennenden Senat schon in seinem Urteil vom 17.2.1993 (I R 3/92, BStBl. II 1993, 457) herausgearbeitete Erfahrungssatz zu berücksichtigen sein, dass eine unabhängige Vertriebsgesellschaft auf Dauer keine Produkte vertreiben wird, mit denen sie nur Verluste erzielt.

Ein FG darf die Verwertung der vom FA eingebrachten **anonymisierten Daten** über Vergleichsbetriebe nicht schon vom Grundsatz ablehnen. Die Zulässigkeit der Vorlage anonymisierter Daten ist unabhängig davon, ob sie allgemein zugänglich sind oder nicht. Insbesondere darf die Finanzverwaltung **Datenbanken** aufbauen und verwenden, die nicht allgemein zugänglich sind. Allerdings muss die im Einzelfall zu verwendende Datenbank Mindestanforderungen an die Qualität der Datenerfassung erfüllen. Deshalb kann ein FG gehalten sein, Rückfragen über die Zusammenstellung und Ableitung der anonymisierten Vergleichsdaten zu stellen. Sollten diese aus Gründen des Steuergeheimnisses oder aus anderen Gründen nicht beantwortet werden können, ginge dies zu Lasten des **Beweiswertes der Vergleichsdaten**.

Rechtsfehlerfrei hat das FG von der Anforderung der Akten der **Vergleichsbetriebe** gem. § 86 Abs. 1 FGO abgesehen. Es hat zutreffend angenommen, dass sich das **Akteneinsichtsrecht** des Stpfl. gem. § 78 Abs. 1 FGO auch auf derart beigezogene Akten erstreckt. Soweit der VIII. Senat in seinem Urteil vom 18.12.1984 (VIII R 195/82, BStBl. II 1986, 226) eine andere Auffassung vertreten hat, schließt sich der erkennende Senat ihr nicht an. Läuft ein Richter Gefahr, § 30 AO zu verletzen, wenn er einem Beteiligten die Einsicht in beigezogene Akten gestattet, kann er von der Beiziehung absehen.

Soweit der Fremdvergleichspreis nicht anderweitig ermittelt werden kann, ist er gemäß § 162 Abs. 1 Satz 1 AO zu schätzen.

Der BFH kann die Schätzung des FG nur darauf überprüfen, ob sie zulässig war, ob sie verfahrensrechtlich einwandfrei zustande gekommen ist und ob das FG anerkannte Schätzungsgrundsätze, Denkgesetze und allgemeine Erfahrungssätze beachtet hat, d. h. ob das Ergebnis der Schätzung schlüssig und plausibel ist. Es ist nicht die Aufgabe des BFH, eine eigene ‚richtigere' Schätzung an die Stelle der des FG zu setzen.

Die Klägerin hatte nur den verwirklichten Sachverhalt nachzuweisen[7]. Dazu gehörte die Darlegung, wie der tatsächlich vereinbarte Verrechnungspreis zustande kam, welche Risiken und Funktionen übernommen worden waren und welchen Einfluss die Muttergesellschaft auf das Zustandekommen der tatsächlich vereinbarten Preise nahm. Die **Prüfung**, ob der tatsächlich vereinbarte Preis **mit dem Fremdvergleichspreis übereinstimmt**, ist dagegen im Verwaltungsverfahren **allein die Sache des FA**.[8] Zu diesem

---

[7] Seit der gesetzlichen Einführung von Dokumentationspflichten (§ 90 Abs. 3 AO) für Wj., die nach dem 31.12.2002 beginnen, muss der Stpfl. nicht nur das Zustandekommen seiner Verrechnungspreise darlegen (= *Sachverhaltsdokumentation*), sondern auch eine Begründung für die Fremdüblichkeit seiner Preisvereinbarungen abgeben (= *Angemessenheitsdokumentation*).

[8] Ausdrücklich anderer Auffassung FG Saarland im rechtsk. Urt. v. 26.01.2010 (1 K 1178/07, EFG 2010, 904): Die Höhe des fremdüblichen Entgelts ist unter Würdigung aller Umstände des konkreten Einzelfalls zu ermitteln, wobei eine Schätzung (§ 162 Abs. 1 Satz 1 AO) zulässig und geboten ist. … **An der Aufklärung hat** – vor allem wenn es um interne Daten geht – **der Stpfl. mitzuwirken**. Er hat - sowohl im finanzamtlichen als auch im finanzgerichtlichen

Zweck hatte das FA sowohl die maßgeblichen Vergleichspreise zu ermitteln als auch den Vergleich als solchen durchzuführen.

BFH, Urt. v. 7.11.2001 – I R 14/01, BStBl. II 2002, 861 und DStR 2002, 668:

Die **Nichtbeschaffung** von Beweismitteln kann nur dann zu nachteiligen Rechtsfolgen führen, wenn Anhaltspunkte dafür bestehen, dass mit Hilfe der betreffenden Beweismittel eine weitere Sachverhaltsaufklärung möglich gewesen wäre.

BFH, Beschl. v. 4.4.2002 – I B 140/01, BFH/NV 2002, 1179 = DStRE 2002, 1072:

Die **objektive Feststellungslast** sowohl für das Vorliegen einer Vermögensminderung als auch für die Veranlassung dieser Vermögensminderung durch das Gesellschaftsverhältnis obliegt grundsätzlich dem FA.

BFH, Urt. v. 15.5.2002 – X R 33/99, BFH/NV 2002, 1415:

Eine Schätzung der Besteuerungsgrundlagen, zu der die Finanzbehörden insbesondere bei Verletzung von Mitwirkungspflichten berechtigt und verpflichtet sind, verlangt die Berücksichtigung aller für die anzuwendende Rechtsnorm einschlägigen Umstände. Die Vorschriften über die Schätzung erlauben es, Tatsachenfeststellungen mit einem geringeren Grad an Überzeugung zu treffen, als dies in der Regel geboten ist (sog. **Reduzierung des Beweismaßes**; vgl. Senatsurteile vom 15.2.1989, BStBl II 1989, 462 u. vom 14.8.1991, BStBl II 1992, 128). Dies bedeutet, dass sich das Gericht hinsichtlich nicht feststehender Tatsachen über gegebene Zweifel hinwegsetzen darf. Eine Schätzung ist nicht schon deswegen rechtswidrig, weil sie von den tatsächlichen Verhältnissen abweicht; solche Abweichungen sind notwendig mit einer Schätzung verbunden, die in Unkenntnis der wahren Gegebenheiten erfolgt. Die Schätzung erweist sich vielmehr erst dann als rechtswidrig, wenn sie den durch die Umstände des Falles gezogenen **Schätzungsrahmen** verlässt. Wird die Schätzung erforderlich, weil der Stpfl. seiner Erklärungspflicht nicht nachkommt, kann sich das FA an der oberen Grenze des Schätzungsrahmens orientieren, weil der Stpfl. möglicherweise Einkünfte verheimlichen will. Verlässt eine überzogene Schätzung diesen Rahmen, hat dies im Allgemeinen nur die **Rechtswidrigkeit der Schätzung**, nicht aber bereits ihre Nichtigkeit zur Folge. Nichtigkeit ist selbst bei groben Schätzungsfehlern, die auf Verkennung der tatsächlichen Gegebenheiten beruhen, regelmäßig nicht anzunehmen. Etwas anderes ist zu erwägen, wenn sich das FA nicht gemäß § 162 Abs. 1 AO an den wahrscheinlichen Besteuerungsgrundlagen orientiert, sondern bewusst zum Nachteil des Stpfl. geschätzt hat. Willkürlich und damit nichtig i. S. von § 125 Abs. 1 AO ist ein Schätzungsbescheid nicht nur bei subjektiver Willkür des handelnden Bediensteten. Auch wenn das Schätzungsergebnis trotz vorhandener Möglichkeiten, den Sachverhalt aufzuklären und Schätzungsgrundlagen zu ermitteln, krass von den tatsächlichen Gegebenheiten abweicht und in keiner Weise erkennbar ist, dass überhaupt und ggfs. welche Schätzungserwägungen angestellt wurden, ist Nichtigkeit i.S. von § 125 Abs. 1 AO gegeben. Die Schätzung darf nicht dazu verwendet werden, die Steuererklärungspflichtverletzung zu

Verfahren – alle für die Besteuerung erheblichen Tatsachen vollständig und wahrheitsgemäß offen zulegen und die ihm bekannten Beweismittel anzugeben (§ 90 Abs. 1 AO).

sanktionieren. Strafschätzungen eher enteignungsgleichen Charakters gilt es zu vermeiden.

BFH, Urt. v. 7.8.2002 – I R 64/01, BFH/NV 2003, 205 und DStRE 2003, 104:

Die **objektive Feststellungslast** dafür, ob die Voraussetzungen einer **vGA** vorliegen, obliegt grundsätzlich dem FA.

BFH, Urt. v. 13.11.2002 – I R 13/02, BStBl II 2003, 795:

Dem EuGH werden die folgenden Fragen zur Vorabentscheidung vorgelegt: (1) Widerspricht es Art. 43 und Art. 56 EG, wenn eine in Deutschland unbeschränkt steuerpflichtige natürliche Person, die hier Einkünfte aus nichtselbständiger Arbeit erzielt, in Deutschland Verluste aus Vermietung u. Verpachtung, die in einem anderen Mitgliedstaat entstehen, bei der Einkommenserzielung nicht abziehen kann? (2) Für den Fall, dass diese Frage zu verneinen ist: Widerspricht es Art. 43 und Art. 56 EG, wenn die erwähnten Verluste nicht im Wege des sog. **negativen Progressionsvorbehalts** berücksichtigt werden können?

BFH, Urt. v. 18.12.2002 – I R 92/01, DB 2003, 1147:

Kommt ein Stpfl. seinen Mitwirkungspflichten nach § 90 (2) AO nicht nach, kann das FG gem. § 162 (2) AO seiner Entscheidung den Sachverhalt zugrunde legen, für den die **größte Wahrscheinlichkeit** spricht.

BFH, Urt. v. 12.6.2003 – XI B 8/03, BFH/NV 2003, 1323:

Die Frage, ob sog. **Strafschätzungen** zulässig sind, ist offenkundig zu verneinen (vgl. z. B. BFH-Urteil vom 20.12.2000 – I R 50/00, BStBl. II 2001, 381.

BFH, Beschl. v. 18.6.2003 – I B 178/02, BFH/NV 2003, 1450 und IWB Nr. 20 v. 22.10.2003 F. 1 S. 789:

Für den Nachweis der **Herkunft von Geldzugängen** auf Privatkonten ihres Gesellschafter-Geschäftsführers darf einer GmbH nicht aufgrund der gesellschaftsrechtlichen Stellung eine Mitwirkungspflicht zugewiesen werden, deren Verletzung eine Schätzung rechtfertigen könnte.

BFH, Beschl. v. 25.2.2004 – I B 66/02, BFH/NV 2004, 919:

Auf die **Benennung des Empfängers** i.S. des § 160 AO kann nur dann verzichtet werden, wenn er mit an Sicherheit grenzender Wahrscheinlichkeit im Inland nicht steuerpflichtig ist. Die bloße Möglichkeit, dass er im Inland nicht steuerpflichtig ist, reicht allein nicht aus, um von der Rechtsfolge des § 160 AO abzusehen. Die Rechtsfolge der Norm ist somit nicht schon dann ausgeschlossen, wenn keine konkreten Anhaltspunkte für eine inländische Steuerpflicht des Empfängers bestehen, sondern erst dann, wenn dem FA oder dem FG Tatsachen bekannt sind, nach denen er mit sehr hoher Wahrscheinlichkeit im Inland nicht steuerpflichtig ist.

BFH, Urt. v. 15.9.2004 – I R 7/02, BStBl. II 2005, 867:

Der steuerlich anzusetzende **Fremdvergleichspreis** ist **im gerichtlichen Verfahren** vom FG anhand aller Umstände des jeweiligen Einzelfalls festzustellen. Können keine konkreten **Vergleichswerte** ermittelt werden, so muss das FG den **hypothetischen** zwischen fremden Dritten ausgehandelten Preis im Schätzungswege festlegen. Dabei ist zu beachten, dass häufig nicht nur ein bestimmter Preis, sondern eine ganze **Bandbreite** von Preisen als fremdüblich angesehen werden kann; in einem solchen Fall ist, wenn es um eine vGA wegen der Veräußerung von Wirtschaftsgütern zu einem unüblich niedrigen Preis geht, der niedrigste innerhalb dieser Bandbreite liegende Preis als Vergleichswert anzusetzen. Eine vom FG vorgenommene Schätzung eines Fremdvergleichspreises kann im **Revisionsverfahren** nur daraufhin überprüft werden, ob sie in verfahrensfehlerhafter Weise zustande gekommen ist oder ob sie gegen Denkgesetze oder gegen allgemeine Erfahrungssätze verstößt. Ist beides nicht der Fall, so ist der vom FG ermittelte Wert auch dann maßgeblich, wenn ein anderer Wert gleichermaßen oder sogar besser begründbar erscheint.

BFH, Urt. v. 15.3.2005 – X R 39/03, BStBl. II 2005, 817:

Überlässt der Unternehmer eine in seinem Betrieb erwirtschaftete Erwerbschance aus privaten Gründen einem anderen zur Nutzung, verfügt er damit über bezogenes Einkommen. Für die einkommensteuerrechtliche Beurteilung ist es ohne Bedeutung, wenn der originäre Bezieher von Einkünften vor oder nach dem Zufluss der Erträge durch Abtretung oder in sonstiger Weise zugunsten eines Dritten darüber verfügt und damit das bezogene Einkommen verwendet (§ 12 Nr. 1 und 2 EStG). Überlässt mithin der Händler, der Produzent oder der Dienstleistende den erzielten Gewinn einem Anderen, der hier weder das An- und Verkaufs- bzw. das Produktions- oder Leistungsgeschehen beherrscht noch in anderer Weise einen unternehmerischen Erfolgsbeitrag beigesteuert hat, liegt hierin eine Verfügung des Urhebers der unternehmerischen Tätigkeit über den ihm selbst zuzurechnenden Gewinn. Wenn und soweit der Stpfl. den steuerbaren Handlungstatbestand des § 2 Abs. 1 i. V. m. § 15 EStG verwirklicht und ihm deswegen der steuerliche **Handlungserfolg** zuzurechnen ist, bedarf es keines **Rückgriffs auf § 42 AO**.

BFH, Urt. v. 4.4.2005– VII B 305/04, BFH/NV 2005, 1226:

Sollte der Prüfer aufgrund des vorgelegten Wertpapierprovisionskontos tatsächlich Erkenntnisse über steuerrelevante Daten der Kunden der Antragstellerin gewinnen, die ihn zum Erstellen von Kontrollmitteilungen veranlassen, wird er durch das rechtmäßige Vorlageverlangen nicht von der (weiteren) Prüfung entbunden, ob eine **Verwertung der gewonnenen Erkenntnisse anhand von Kontrollmitteilungen** zulässig ist.

Gemäß § 200 Abs. 1 Satz 2 AO 1977 hat der Steuerpflichtige bei einer Außenprüfung u.a. Aufzeichnungen, Bücher, Geschäftspapiere und andere Urkunden zur Einsicht und Prüfung vorzulegen. Nach der Rechtsprechung des BFH (vgl. Senatsurteil vom 15. September 1992 VII R 66/91, BFH/NV 1993, 76, 77; Senatsbeschluss vom 11. September 1996 VII B 176/94, BFH/NV 1997, 166, 169) hat die Finanzbehörde bei einer Außenprüfung nach pflichtgemäßem Ermessen zu entscheiden, ob und in welcher Form sie die Mitwirkung des Steuerpflichtigen nach § 200 Abs. 1 Satz 2 AO 1977 in Anspruch nimmt. Dabei darf eine **Mitwirkung nur verlangt werden, soweit sie zur Feststellung des steuererheblichen Sachverhalts notwendig, verhältnismäßig, erfüllbar und zumutbar** ist (vgl. Senatsurteil in BFH/NV 1993, 76, 77, und Senatsbeschluss in BFH/NV 1997, 166, 169).

Die Ermessensentscheidung ist - auch im AdV-Verfahren (vgl. Gräber/Koch, Finanzgerichtsordnung, 5. Aufl., § 69 Rz. 126) - nach § 102 FGO vom Gericht daraufhin zu überprüfen, ob sie rechtswidrig ist, weil die gesetzlichen Grenzen des Ermessens überschritten sind oder von dem Ermessen in einer dem Zweck der Ermächtigung nicht entsprechenden Weise Gebrauch gemacht worden ist. Wegen der Befugnis und Verpflichtung des Gerichts zur Überprüfung behördlicher Ermessensentscheidungen, die dem Gericht keinen Raum für eigene Ermessenserwägungen lässt, muss die Ermessensentscheidung der Verwaltung in dem Verwaltungsakt, spätestens in der außergerichtlichen Rechtsbehelfsentscheidung begründet werden (vgl. § 121 Abs. 1 AO 1977), anderenfalls sie im Regelfall fehlerhaft ist (ständige Rechtsprechung; zuletzt Senatsurteil vom 11.3.2004 - VII R 52/02, BStBl II 2004, 579, m.w.N.).

BFH, Urt. v. 6.4.2005 – I R 22/04, BStBl. II 2007, 658:

Wenn die Vertriebsgesellschaft aus dem Vertrieb von Produkten von Fremdlieferanten höhere Rohgewinnmargen erzielt als mit dem Vertrieb von Produkten des nahe stehenden Lieferanten oder wenn ausweislich der Veröffentlichungen des statistischen Bundesamtes andere Betriebe derselben Struktur, Branche und Größenordnung höhere Rohgewinnsätze oder Umsatzrenditen erzielen, muss sich das FG hiermit auseinander setzen. Das FG muss den maßgeblichen Fremdvergleichspreis unter Berücksichtigung aller Umstände des konkreten Einzelfalls ermitteln, was im Regelfall eine Schätzung gemäß § 162 Abs. 1 AO notwendig macht. Hierbei ist zu beachten, dass es häufig für die betreffende Leistung eine **Bandbreite** von Preisen geben wird und dass für die Berechnung einer vGA von dem für den Stpfl. **günstigsten Vergleichspreis** auszugehen ist.

BFH, Urt. v. 21.4.2005 – X B 115/04 ***(juris)****:*

Im Fall der Begleichung einer **Scheinrechnung** ist ein **Betriebsausgabenabzug** nur anzuerkennen, wenn feststeht, dass die Aufwendungen betrieblich veranlasst waren. Steht zwar fest, dass dem Stpfl. im Hinblick auf erlangte Fremdleistungen dem Grunde nach Betriebsausgaben entstanden sein müssen, ist aber nicht nachgewiesen, dass Aufwendungen in der geltend gemachten Höhe betrieblich veranlasst waren, dann ist diese nicht feststellbare Besteuerungsgrundlage gemäß § 162 Abs. 2 Satz 2 AO zu schätzen. Die **formelle Ordnungsmäßigkeit der Buchführung** entfaltet keine Beweiskraft zugunsten der sachlichen Richtigkeit des verbuchten einzelnen Geschäftsvorfalls.

BFH, Urt. v. 9.6.2005 – IX R 75/03, BFH/NV 2005, 1765:

Eine Entscheidung nach **Beweislastregeln** kommt nicht in Betracht, wenn die mangelnde Sachaufklärung darauf beruht, dass der Stpfl. seine **Mitwirkungspflichten verletzt**, die gerade dem Zweck dienen sollen, Lücken bei der Sachaufklärung zu vermeiden. Wirkt er nicht mit, mindert sich die **Ermittlungspflicht** des FA und das **Beweismaß**. Das FA kann sich damit begnügen, zu einem geringeren Grad als nach § 88 AO geboten davon überzeugt zu sein, dass ein bestimmter Sachverhalt vorliegt. Berühren die verletzten abgabenrechtlichen Mitwirkungspflichten Tatsachen oder Beweismittel aus dem alleinigen **Verantwortungsbereich** des Stpfl., kann das FA aus seinem Verhalten nachteilige Schlüsse ziehen. Es kann auch einen belastenden Sachverhalt im Rahmen der Beweiswürdigung unterstellen, um zu vermeiden, dass demjenigen, der sich seinen Mitwirkungspflichten entzieht, daraus ein Vorteil entsteht. Als Kriterien für die Minderung der Sachaufklärungspflicht und des Beweismaßessind die Schwere der Pflichtverletzung, die Verhältnismäßigkeit und Zumutbarkeit sowie das vorausgegangene Tun des Stpfl. und insbesondere die Beweisnäheheranzuziehen. Seine Verantwortung für die Aufklärung des Sachverhalts ist umso größer und die des FA umgekehrt umso geringer, je mehr Tatsachen und Beweismittel der von ihm beherrschten Informations- und **Tätigkeitssphäre** angehören (BFH-Urteil vom 15.2.1989 – X R 16/86, BFHE 156, 38, BStBl II 1989, 462).

BFH, Beschl. v. 11.7.2005 – X B 11/05, BFH/NV 2005, 1801:

Nach ständiger Rechtsprechung kann das FG im Rahmen der nach § 96 Abs. 1 Satz 1 FGO gebotenen freien Beweiswürdigung die Grundsätze über den **Anscheinsbeweis** (Beweis des ersten Anscheins oder prima-facie-Beweis) heranziehen. Es bedarf grundsätzlich nicht des vollen Gegenbeweises, um den Anscheinsbeweis zu entkräften; es genügt vielmehr, dass ein Sachverhalt dargelegt wird, der die ernstliche Möglichkeit eines anderen als des der allgemeinen Erfahrung entsprechenden Geschehensablaufs ergibt.

BFH, Beschl. v. 15.2.2006 – I B 87/06, BStBl. II 2006, 616:

Eine **Spontanauskunft** an die Steuerverwaltung eines anderen Mitgliedstaates der EU setzt tatsächliche Anhaltspunkte für die Vermutung voraus, dass Steuern gerade dieses Mitgliedstaates verkürzt worden sind oder werden könnten.[9]

FG Rheinland-Pfalz, Urt. v. 13.6.2006 – 1 K 1743/05, EFG 2006, 1634 und DStRE 2006, 1550:

Auch nach der Neufassung des § 147 (6) AO ist einerseits ein Anspruch der Finanzverwaltung auf einen ‚allumfassenden' Datenzugriff nicht anzunehmen, andererseits ergibt sich daraus aber auch, dass die Entscheidung darüber, welche Daten dem Datenzugriff unterliegen, im Einzelfall zwar dem **Erstqualifikationsrecht des Steuerpflichtigen** obliegt, diese Entscheidung aber im Ergebnis nicht im Ermessen des zu prüfenden Stpfl. stehen kann, ohne dass sie bei konkreten Anhaltspunkten der Nachprüfung durch die Finanzverwaltung unterläge.

Kostenstellen unterliegen dem Zugriff der Finanzbehörde nur, soweit sie für die Bewertung von Wirtschaftsgütern oder Passiva von Bedeutung sind. Kostenstellen, die Beteiligungen oder die Bewertung von Vermögensgegenständen oder Rückstellungen zum Gegenstand haben, sind ebenso aufbewahrungspflichtig und vorlagepflichtig wie solche, die die Grundlage für die **Bemessung von Verrechnungspreisen** enthalten. Kostenstellen sind Bestandteile der innerbetrieblichen Kostenstellenrechnung. Diese dient als einer der drei Hauptteile der betrieblichen Kostenrechnung der Steuerung und Kontrolle der Kostenstellenkosten sowie als Basis zur Berechnung von Kostensätzen oder Zuschlags- und Verrechnungssätzen für die Kalkulation.

Das Verlangen **der Finanzbehörde auf Gewährung eines Datenzugriffs auf Kostenstellen** ist nicht ermessensgerecht, da unverhältnismäßig, wenn die Zugriffsgewährung für die steuerliche Aufklärung nicht notwendig ist, weil die Daten (hier: zu sofort ab-

[9] Beachte aber die neue Fassung des durch Art. 17 des Jahressteuergesetzes 2008 (BGBl. 2008 I 3150, 3173) geänderten § 2 Abs. 2 Satz 1 EG-Amtshilfegesetz und das Urteil des FG Köln vom 30.4.2008, EFG 2008, 1177.

ziehbaren Betriebsausgaben) sich bereits aus der dem Zugriff der Finanzbehörde unterliegenden Finanzbuchhaltung oder Anlagenbuchhaltung ergeben. Der **Umfang des Datenzugriffes** richtet sich infolge der Verweisung in § 147 (6) Satz 1 AO unverändert nach dem Umfang der in Abs. 1 dieser Vorschrift näher beschriebenen **Aufbewahrungspflichten.** Das Ziel, **effektivere Prüfungsmethoden** anwenden zu können, ist gegenüber der gesetzgeberischen und auch vom BMF übernommenen grundlegenden Wertung, keine Erweiterung des sachlichen Umfangs der Außenprüfung zuzulassen, nicht übergeordnet anzusetzen.

Die **Vorlagepflicht** beschränkt sich dabei, entgegen der Auffassung der Klägerin, nicht auf die gesetzlich vorgeschriebenen Aufzeichnungen. Nach der Rechtsprechung des BFH, der sich der Senat insoweit anschließt, sind auch solche steuerlich bedeutsamen Aufzeichnungen und Urkunden vorzulegen, die weder durch Gesetz noch durch die Grundsätze ordnungsgemäßer Buchführung gefordert werden, wenn sie tatsächlich geführt werden (BFH-Beschluss vom 17.3.1982, Az.: II B 58/81, BStBl. II 1982, 510).

BFH, Beschl. v. 6.9.2006 – XI R 26/04, BFH/NV 2006, 2351:

Der von einer Vorschrift des EStG „Betroffene" ist der Steuerpflichtige, nicht sein Steuerberater. Es reicht nicht aus, dass sich die Rechtsfolgen einer Norm allenfalls Experten erschließen. Ebenso wie sich der Steuerpflichtige persönlich durch unrichtige oder unvollständige Angaben strafbar macht, muss er grundsätzlich anhand des ihm zugehenden Steuerbescheids dessen Rechtmäßigkeit beurteilen können. Die Rechtsprechung des BVerfG fordert für die **Voraussehbarkeit und Berechenbarkeit der Steuerlasten** eine Einfachheit und Klarheit der gesetzlichen Regelung, die es dem ‚nicht steuerrechtskundigen Pflichtigen' erlaubt, seinen Erklärungspflichten nachzukommen. Der Betroffene muss anhand der gesetzlichen Regelung die Rechtslage so erkennen können, dass er sein Verhalten danach auszurichten vermag (Beschlüsse in BVerfGE 113,348 und BVerfGE 112, 304 m. w. N.). Allein in § 2 Abs. 3 Sätze 2 ff. EStG kumulieren sämtliche Merkmale einer dem **Gebot der Klarheit** widersprechenden Norm: Eine gehäufte Verwendung sprachlich kaum abgrenzbarer unbestimmter Rechtsbegriffe, eine umfangreiche Textlänge, ein unübersichtlicher Gesetzesaufbau, ein unklarer Satzbau, eine Häufung und Stufung von Regel-Ausnahme-Techniken, Mehrfachverweisungen und widersprüchliche Rechtsfolgenanordnungen.

BFH, Urt. v. 7.11.2006 – VIII R 81/04, BStBl. II 2007, 364:

Die für das Vorliegen einer Steuerhinterziehung gemäß § 169 Abs. 2 Satz 2 AO 1977 erforderlichen Feststellungen sind nicht nach den Vorschriften der Strafprozessordnung (StPO), sondern nach denjenigen der AO 1977 und der FGO zu treffen. Indessen ist auch im Besteuerungs- und Finanzgerichtsverfahren der strafverfahrensrechtliche Grundsatz „in dubio pro reo" zu beachten. Dies bedeutet keine Übernahme von Grundsätzen des Strafverfahrensrechts, sondern lässt sich daraus ableiten, dass die Finanzbehörde im finanzgerichtlichen Verfahren die objektive Beweislast für steueranspruchsbegründende Tatsachen trägt. … Bei nicht behebbaren Zweifeln ist die **Feststellung einer Steuerhinterziehung** mittels **reduzierten Beweismaßes** – mithin im Schätzungswege – nicht zulässig. Im Steuerhinterziehungsverfahren darf dem Stpfl. anders als bei einer Schätzung von Besteuerungsgrundlagen nach § 162 AO die Verletzung von Mitwirkungspflichten nicht zum Vorwurf gemacht werden. Das gilt auch bei Verletzung sog.

erweiterter Mitwirkungspflichten bei internationalen Steuerpflichten nach § 90 Abs. 2 AO. … Die Schätzungder Höhe hinterzogener Steuern bleibt trotz Geltung des Grundsatzes „in dubio pro reo" möglich. Dieser Grundsatz schließt es allerdings aus, die Schätzung der hinterzogenen Steuern entsprechend den allgemeinen Grundsätzen im Falle der Verletzung von Mitwirkungspflichten im Besteuerungsverfahren an der oberen Grenze des für den Einzelfall zu beachtenden **Schätzrahmens** auszurichten (vgl. BFH-Urteil vom 20. Dezember 2000, BStBl II 2001, 381).

BFH, Beschl. v. 9.1.2007 – VIII B 180/05, BFH/NV 2007, 751:

Bei Sachverhalten mit Auslandsbezug treffen den Kläger erhöhte Mitwirkungspflichten, im Rahmen seiner rechtlichen und tatsächlichen Möglichkeiten den Sachverhalt aufzuklären, Beweismittel zu beschaffen und ggfs. bereits **Beweisvorsorge** zu treffen. Im Ausland ansässige **Zeugen** sind nicht vom FG zu laden, sondern von dem Beteiligten zum Termin vor dem FG selbst zu präsentieren.

BFH, Urt. v. 20.6.2007 – II R 66/06, BFH/NV 2007, 2057:

Beweismaßerleichterungen, die im Besteuerungs- und Finanzgerichtsverfahren in Folge verweigerter Mitwirkung des Steuerpflichtigen an der Aufklärung des Sachverhaltes eintreten, dürfen bei der Feststellung einer **Steuerhinterziehung** dem Grunde nach nicht genutzt werden. Vielmehr sind die Voraussetzungen einer Steuerhinterziehung dem Grunde nach auch bei einer Verletzung von Mitwirkungspflichten mit an Sicherheit grenzender Wahrscheinlichkeit festzustellen.

FG Köln, Urt. v. 23.8.2007 – 2 K 3911/06, EFG 2009, 80:

Verlangt die niederländische Finanzverwaltung durch förmliches Auskunftsersuchen an die deutsche Finanzbehörde Auskunft über eine grenzüberschreitende Geschäftstätigkeit, bei der angenommen wird, dass die Geschäftsleitung einer Gesellschaft in den Niederlanden begründet worden ist und darüber hinaus eine deutsche Betriebsstätte besteht, so sind spätere **spontane Auskünfte** des deutschen Finanzamts über den inländischen Schriftwechsel des steuerlichen Beraters der deutschen Betriebsstätte mit dem Finanzamt nicht rechtswidrig, sondern bleiben von dem ursprünglichen Auskunftsersuchen gedeckt.

BFH, Beschl. v. 26.9.2007 – I B 53, 54/07, DB 2007, 2628:

Der Stpfl. ist gehalten, der Außenprüfung im Original in Papierform erstellte und später durch Scannen **digitalisierte** Ein- und **Ausgangsrechnungen** über sein Computersystem per Bildschirm lesbar zu machen. Er kann diese Verpflichtung nicht durch das Angebot des Ausdruckens auf Papier abwenden. … Der **Datenzugriff** der Finanzverwaltung gemäß § 147 Abs. 6 AO erstreckt sich u. a. auf die Finanzbuchhaltung. Der Stpfl. ist nicht berechtigt, gegenüber der Außenprüfung bestimmte Einzelkonten der Finanzbuchhaltung zu sperren. Die steuerliche Relevanz von Konten entfällt nicht etwa deshalb, weil der Stpfl. Minderungsbeträge (z. B. nicht abziehbare Betriebsausgaben) im Rahmen der Überleitungsrechnung dem steuerlich maßgeblichen Gewinn wieder hinzugerechnet hat. Denn diese Hinzurechnung ist ein Teilakt der steuerlichen Ergebnisermittlung und unterliegt als solcher der uneingeschränkten Prüfung durch das FA. Auch eine Ergebniskorrektur nach unten und die dementsprechende Festsetzung einer niedrigeren Steuer wären steuerrelevante Maßnahmen, die vom Zweck der Außenprüfung gedeckt wären. Diese soll nämlich gemäß § 199 Abs. 1 AO der Prüfung der Besteuerungsgrundlagen zugunsten sowie zuungunsten des Stpfl. dienen. Es steht nicht im Belieben des Stpfl., diesen gesetzlich vorgegebenen Zweck der Außenprüfung durch Unterlassen der Vorlage bzw. die Sperrung einzelner Konten beim Datenzugriff dahin zu reduzieren, dass das FA nur noch auf eine Steuererhöhung gerichtete Prüfungsmaßnahmen durchführen kann. Für die von der Antragstellerin in Anspruch genommene ‚Option' zur Festsetzung einer ‚höchstmöglichen Steuerbemessung, d. h. zur Höchststeuer' besteht keine Rechtsgrundlage. Die Finanzverwaltung darf keine ‚Höchststeuer' festsetzen, sondern hat im Rahmen der Außenprüfung die gesetzliche Steuer zu ermitteln.

BFH, Beschl. v. 2.8.2007 – IX B 92/07, BFH/NV 2007, 2270 und DStR 2007, 2150:

Rechtsschutz im Wege der Aussetzung der Vollziehung kann nach ständiger Rechtsprechung auch bei ernstlichen verfassungsrechtlichen Bedenken gegen eine einem angefochtenen Verwaltungsakt zugrunde liegende Rechtsnorm gewährt werden. Ernstliche **Zweifel** an der **Verfassungsmäßigkeit** der … Norm des § 2b EStG ergeben sich aus der **fehlenden Folgerichtigkeit** (Art. 3 Abs. 1 GG) und der **Unbestimmtheit** (Art. 20 Abs. 3 GG) ihrer Regelungsaussage. Aus § 2b EStG ergibt sich nicht hinreichend klar, welche Merkmale eine Verlustzuweisungsgesellschaft sowie ein ‚ähnliches Modell' aufweisen muss. Der unbestimmte Rechtsbegriff ‚steuerbarer Vorteil' erfährt weder aus dem systematischen Zusammenhang des § 2 b EStG im Einkommensteuerrecht noch aus § 2b Satz 3 EStG eine hinreichend eindeutige Bestimmung. Die in einem BMF-Schreiben festgehaltene Handhabung der Norm durch die Finanzverwaltung kann ein hinreichend konkretes Gesetz nicht ersetzen.

BFH, Beschl. v. 17.9.2007 – I B 30/07, BFH/NV 2008, 51 und IStR 2008, 31:

Eine **Spontanauskunft** an die Steuerverwaltung der USA ist schon dann zulässig, wenn die ernstliche Möglichkeit besteht, dass ein bestimmter Vorgang zu einem abkommensrechtlichen Besteuerungsrecht der USA führt und dass die dortigen Behörden ohne die Auskunft von dem Vorgang keine Kenntnis erhalten. Soweit der in Deutschland verwirklichte Vorgang schon Gegenstand von in den USA abgegebenen Steuererklärungen ist, ist eine Auskunft nicht ‚erforderlich'. Das Spontanauskunftsverfahren bezweckt nicht, die ausländische Behörde zur Umsetzung der eigenen Rechtsmeinung zur Höhe des dortigen Steueranspruchs zu bewegen. … Die vom BZSt [= *Bundeszentralamt für Steuern, Bonn*] beabsichtigte Auskunft ist keine unbefugte Offenbarung der Verhältnisse, soweit sie durch Gesetz ausdrücklich zugelassen ist (§ 30 Abs. 4 Nr. 2 AO). Rechtsgrundlage der beabsichtigten Auskunft – als ‚Auskunft im Einzelfall ohne besonderes Ersuchen' (sog. Spontanauskunft) – ist § 117 Abs. 2 AO. Nach dieser Regelung dürfen die Finanzbehörden zwischenstaatliche Amtshilfe u.a. aufgrund innerstaatlich anwendbarer völkerrechtlicher Vereinbarungen leisten. Eine derartige Vereinbarung stellt das Abkommen zwischen der Bundesrepublik Deutschland und den Vereinigten Staaten von Amerika zur Vermeidung der Doppelbesteuerung und zur Verhinderung der Steuerverkürzung auf dem Gebiet der Steuern vom Einkommen und vom Vermögen und einiger anderer Steuern vom 29.8.1989 (BStBl. I 1991, 95) dar, dessen Art. 26 Abs. 1 aufgrund des Gesetzes vom 11.1.1991 (BStBl. I 1991, 94) innerstaatlich anwendbares Recht ist. Nach Art. 26 Abs. 1 Satz 1 DBA-USA 1989 können die zuständigen Behörden der Vertragsstaaten die Informationen austauschen, die zur Durchführung des Abkommens oder des innerstaatlichen Rechts der Vertragsstaaten betreffend die unter das Abkommen fallenden Steuern erforderlich sind *(Anm.: sog. ‚**Große Auskunftsklausel**')*[10]. Art. 26 Abs. 1 Satz 1 DBA-USA 1989 gestattet den deutschen Behörden nicht nur die Beantwortung von Anfragen, sondern auch unaufgeforderte Auskünfte an die zuständigen Dienststellen der USA

FG Düsseldorf, Urteil v. 14.11.2007 – 9 K 1270/04 E, EFG 2008, 1006:

Nach der Rechtsprechung des Bundesfinanzhofs, von der abzuweichen keine Veranlassung besteht, folgt aus der **gemeinsamen Verantwortung** von Steuerpflichtigen einerseits und Finanzbehörde sowie Finanzgericht andererseits für die vollständige **Sachaufklärung** im Abgabenrecht, dass sich dann, wenn ein Steuerpflichtiger ihm auferlegte allgemeine oder besondere Mitwirkungs-, Informations- oder Nachweispflichten verletzt, grundsätzlich die **Ermittlungspflicht** der Finanzbehörde oder des Finanzgerichtes entsprechend mindert. ... Nach § 90 Abs. 1 Satz 2 AO kommen die Beteiligten ihrer Mitwirkungspflicht insbesondere dadurch nach, dass sie die für die Besteuerung erheblichen Tatsachen vollständig und wahrheitsgemäß darlegen und die ihnen bekannten Beweismittel angeben. Hieraus ergab sich für den Stpfl. die Pflicht, auch ungefragt seine Beteiligungsverhältnisse an den ...gesellschaften offen zu legen und ggfs. Veränderungen in den Beteiligungsquoten nachzuweisen. Hierzu hat der Stpfl. lediglich vorgetragen, dass eine lückenlose und vollständige Aufstellung über seine Beteiligungsverhältnisse nach der inzwischen abgelaufenen Zeit nicht mehr erfüllbar sei. Allerdings ist das Aufklärungsverlangen weder unverhältnismäßig noch unzumutbar. Es handelt sich bei den Beteiligungsquoten um Umstände, die ausschließlich in der Sphäre des Stpfl. liegen. Soweit der Stpfl. behauptet, dass er Anteile treuhänderisch für seine Ehefrau gehalten habe, kann der Senat diesem Vorbringen nicht folgen. Wer behauptet, ein Recht, das auf seinen Namen lautet, nur als Treuhänder oder Vertreter eines anderen innezuhaben, muss dies nach § 159 AO nachweisen. Bei der Prüfung ist ein strenger Maßstab anzulegen. Die **Unerweislichkeit** der entscheidungserheblichen Tatsachen geht insoweit zu Lasten desjenigen, der sich auf die **Treuhand** beruft. Dies gilt umso mehr, soweit eine Treuhand zwischen Familienangehörigen behauptet wird. ... Es kommt nicht darauf an, dass es für die Übertragung von Inhaberaktien keine gesetzliche Aufzeichnungs- oder Dokumentationspflicht gibt. Letztlich liegt es in der Hand des Steuerpflichtigen, zum Zwecke eines nachträglichen Nachweises entsprechende Übertragungen zu dokumentieren. Er hätte daher eine entsprechende **Beweisvorsorge** treffen können und müssen.

FG Rheinland-Pfalz, Urt. v. 17.1.2008 – 4 K 1347/03, DStRE 2008, 1056 (Rev. eingelegt):

Die bisherige ständige Rechtsprechung des BFH, wonach eine **Wohnsitzverlegung** eines gewerblichen Einzelunternehmens in das EU-Ausland zwingend zu einer Betriebsaufgabe und damit zu einer vollständigen Auflösung der stillen Reserven führen soll, ist mit der Niederlassungsfreiheit nach Art. 43 EG nicht mehr vereinbar. Somit darf jeden-

[10] Während die kleine Auskunftsklausel die Durchführung eines DBA und damit die Vermeidung der Doppelbesteuerung bezweckt, dient die große Auskunftsklausel allein den jeweiligen nationalen Interessen der Vertragsstaaten zur Durchführung ihres innerstaatlichen Steuerrechts.

falls bei der Ermittlung eines Aufgabegewinns ein originärer Geschäftswert nicht mit einbezogen werden.

BFH, Urt. v. 29.4.2008 – I R 79/07, BFH/NV 2008, 1807:

Im Rahmen einer sog. **kleinen Auskunftsklausel** (hier nach Art. 27 Abs. 1 DBA-China) haben sich sog. **Spontanauskünfte** der inländischen an ausländische Finanzbehörden auf jene Gesichtspunkte zu beschränken, die zur Durchführung des Abkommens für die Festsetzung der Steuer im Adressatstaat unerlässlich sind. Dabei ist es anerkannt, dass der **Informationsaustausch** im Wege einer ‚unaufgeforderten Auskunft' stattfinden kann.

FG Köln, Urt. v. 30.4.2008 – 2 V 1158/08, EFG 2008, 1177:

Nach der neuen Gesetzesfassung von § 2 Abs. 2 Satz 1 EG-Amtshilfegesetz können **Spontanauskünfte** deutscher Finanzbehörden an ausländische Steuerbehörden schon dann erteilt werden, wenn inländische Sachverhalte für die zutreffende Besteuerung eines ausländischen Steuerpflichtigen geeignet sein können. Auf tatsächliche Anhaltspunkte für die Vermutung, dass Steuern des ausländischen Mitgliedstaats verkürzt werden oder verkürzt werden könnten, kommt es nicht mehr an.

FG München, Beschl. v. 4.7.2008 – 7 V 1196/08, DStRE 2009, 520:

Werden Geldeinlagen bzw. ihre Herkunft geprüft, ist der Stpfl. wegen der von ihm selbst hergestellten Verbindung zwischen Privat- und Betriebsvermögen verstärkt zur Mitwirkung verpflichtet. Bei Verletzung dieser Pflicht kann ein Sachverhalt dahin gewürdigt werden, dass **unaufgeklärte Geldzuflüsse** auf nicht versteuerten Einnahmen bzw. Umsätzen beruhen, mit der Folge, dass die Buchführung als sachlich unrichtig zu betrachten ist (z. B. BFH v. 30.7.2002, X B 40/02, BFH/NV 2003, 56). Auch gegen die **Hinzuschätzung eines Sicherheitszuschlags** bestehen bei summarischer Prüfung keine rechtlichen Bedenken. Die aufgedeckten Buchführungsmängel hinsichtlich der ungeklärten Geldzuflüsse lassen es wahrscheinlich erscheinen, dass weitere Betriebseinnahmen bzw. umsatzsteuerpflichtige Entgelte nicht erfasst worden sind. Zudem ist durch die höchstrichterliche Rechtsprechung des BFH geklärt, dass bei schwerwiegenden Verletzungen der Mitwirkungspflicht ohne Bindung an das Maß einer großen oder gar überwiegenden Wahrscheinlichkeit ein Sicherheitszuschlag im Wege der Schätzung angesetzt werden darf (z. B. BFH v. 1.12.1998, III B 78/97, BFH/NV 1999, 741).

FG Köln, Beschl. v. 20.8.2008 – 2 V 1948/08, EFG 2008, 1764:

Die Offenbarung steuerlicher Verhältnisse, die dem **Steuergeheimnis** nach § 30 Abs. 2 AO unterliegen, ist ausnahmsweise zulässig, wenn sie durch Gesetz ausdrücklich zugelassen ist (§ 30 Abs. 4 Nr. 2 AO). Die einzige im Streitfall in Betracht kommende ausdrückliche gesetzliche Zulassung in diesem Sinne enthält § 117 Abs. 2 AO, wonach die Finanzbehörden u.a. auf Grund innerstaatlich anwendbarer völkerrechtlicher Vereinbarungen sowie des EG-Amtshilfe-Gesetzes **Amtshilfe** leisten können. Durch eine Maßnahme, die sich in diesem Rahmen hält, wird deshalb das Steuergeheimnis nicht verletzt (BFH-Beschluss vom 29.4.1992 – I B 12/92, BStBl. II 1992, 645). Als innerstaatlich anwendbare völkerrechtliche Vereinbarung im Sinne des § 117 Abs. 2 AO kommt im vorliegenden Fall allein Art. 26 Abs. 1 DBA-Türkei in Betracht. … Aufgrund der Würdigung eines vorgelegten Privatgutachtens ist bei summarischer Prüfung die Wahrung des Steuergeheimnisses in der Türkei faktisch nicht hinreichend gewährleistet, mit der Folge, dass das FA nicht befugt ist, der türkischen Steuerverwaltung eine **Spontanauskunft** zu erteilen.

FG München, Urt. v. 4.9.2008 – 2 K 1865/08, EFG 2009, 2:

Steuerbescheide sind nichtig, wenn das FA die Grundordnung des Verfahrens so verletzt, dass der Stpfl. nicht von der Verbindlichkeit der festgesetzten Steuer ausgehen kann. Dies ist insbesondere der Fall, wenn die Festsetzung endgültig erfolgt, ohne dass Zwangsmittel nach § 328 AO angewandt wurden, wenn die Schätzung nicht plausibel ist, wenn durch die Höhe der Steuerlast nur Druck auf den Stpfl. ausgeübt oder wenn lediglich das Verfahren beschleunigt werden soll.

FG Köln, Beschl. v. 24.9.2008 – 2 V 2821/08 - rechtskräftig, EFG 2011, 2124:

Gemäß § 117 Abs. 2 AO i.V.m. den Art. 5 Abs. 1, Art. 1 Abs. 2 der VO (EG) 1798/2003 des Rates vom 7.10.2003 über die **Zusammenarbeit der Verwaltungsbehörden** auf dem Gebiet der MWSt und zur Aufhebung der VO (EWG 218/92 (Abl. EG Nr. L 264, 1) darf eine deutsche Finanzbehörde auf Ersuchen einer ausländischen Steuerverwaltung grundsätzlich alle Auskünfte erteilen, die für die korrekte Festsetzung der USt geeignet sind.

Die Entscheidung über die **Weitergabe von Informationen**, die Geschäfts- oder Betriebsgeheimnisse betreffen, ist im Einzelfall aber nur ermessensfehlerfrei, wenn eine Geheimhaltung durch die ausländischen Finanzbehörden rechtlich und tatsächlich gewährleistet ist. Außerdem darf dem Betroffenen durch die Auskunftserteilung kein unverhältnismäßiger oder unzumutbarer Schaden drohen. ... Der erkennende Senat teilt in diesem Zusammenhang die Auffassung des FA, dass gerade die Überprüfung der einzelnen Liefergeschäfte innerhalb eines möglichen ‚Karussells' zur wirksamen Bekämpfung der daraus resultierenden Steuerhinterziehung geeignet sein kann. Im Streitfall besteht aufgrund der von der lettischen Finanzbehörde mitgeteilten außergewöhnlichen Sachverhalte zumindest der weiter aufklärungsbedürftige Anfangsverdacht, dass die von der Stpfl. an die lettischen Firmen gelieferten Stahlbleche (Metallschrott) Gegenstand eines grenzüberschreitenden **‚Karussellgeschäfts'** waren.

FG Düsseldorf, Urt. v. 2.12.2008 – 6 K 2722/06 K, EFG 2010, 546:

Auch eine Verständigung über die Nichtabziehbarkeit von Betriebsausgaben nach § 160 AO ist als **tatsächliche Verständigung** wirksam. Bei der Verständigung vom … handelt es sich um eine zulässige Verständigung über eine Sachbehandlung und damit nicht, wie der Stpfl. meint, um eine solche über eine Rechtsfrage, die unzulässig wäre. Aus der Vereinbarung ergibt sich durch die Zitierung des § 160 AO hinreichend klar, dass es an einer Benennung des tatsächlichen Empfängers der Zahlungen fehlte. Zwar ist mit der Vereinbarung der Nichtabziehbarkeit zugleich eine rechtliche Folge beschrieben worden; dies ist aber mögliche und notwendige Konsequenz der insoweit als Vorfrage anzusehenden fehlenden Empfängerbenennung. Eine Verständigung über tatsächliche (Vor-) Fragen ist nach der Rspr. des BFH durchaus zulässig (vgl. Urteil v. 13.08.1997 – I R

12/97, BFH/NV 1998, 498). Mit der Vereinbarung über die Höhe der nichtabziehbaren BA haben sich die Beteiligten zugleich über den schwer festzustellenden Sachverhalt der Höhe der vermutlich ausgefallenen Steuer verständigt. Diese Festlegung ist regelmäßig erforderlich, um die Höhe des nichtabziehbaren Teils der BA zu bestimmen.

BFH, Urt. v. 24.6.2009 – VIII R 80/06, BStBl. I 2010, 452 und BFHE 225, 302 und BFH/NV 2009, 1857 und DStR 2009, 2006 und DB 2009, 2136:

Die Befugnisse aus § 147 Abs. 6 AO stehen der Finanzbehörde nur in bezug auf Unterlagen zu, die der Steuerpflichtige nach § 147 Abs. 1 AO aufzubewahren hat. Der sachliche Umfang der **Aufbewahrungspflicht** in § 147 Abs. 1 AO ist grundsätzlich abhängig vom Bestehen und Umfang einer gesetzlichen **Aufzeichnungspflicht**. Aufzubewahren sind danach alle Unterlagen, die zum Verständnis und zur Überprüfung der für die Besteuerung gesetzlich vorgeschriebenen Aufzeichnungen im Einzelfall von Bedeutung sein können. Führt der Steuerpflichtige **Aufzeichnungen,** zu denen er **gesetzlich nicht verpflichtet** ist, so sind die Aufzeichnungen dann nicht gemäß § 146 Abs. 6 AO „für die Besteuerung von Bedeutung", wenn sie der Besteuerung nicht zugrunde zu legen sind. Ein Recht auf Einsichtnahme auf sämtliche im Unternehmen gespeicherten Daten besteht nicht. Mit dieser Auslegung weicht der Senat nicht von dem Beschluss des Großen Senats vom 13.2.1968 (GrS 5/67, BStBl. II 1968, 365) ab, wo zu § 195 AO a.F. entschieden wurde, dass die Vorlegungspflicht nicht auf die vom Gesetz vorgeschriebenen Bücher beschränkt sei: „Werden im oder für den Betrieb Bücher oder Aufzeichnungen oder Verzeichnisse geführt, so unterliegen sie der Prüfung, gleichviel ob ihre Führung vorgeschrieben ist oder nicht. Auch Aufzeichnungen, die weder durch Gesetz noch durch die Grundsätze ordnungsgemäßer Buchführung gefordert werden, unterliegen der Vorlegungspflicht, wie z. B. Buchungsanweisungen und dergleichen, wenn sie tatsächlich geführt werden." Es kann offen bleiben, ob sich die nach heutigem Recht aus § 200 Abs. 1 Satz 2 AO ergebende Vorlegungspflicht auch auf (vorhandene) Aufzeichnungen, Bücher, Geschäftspapiere und andere Urkunden bezieht, die keiner gesetzlichen Aufbewahrungspflicht unterliegen. Rechtlich ist die Verpflichtung zur Datenvorlage nicht vergleichbar mit der Verpflichtung zur Vorlage von Papierdokumenten. Unterlagen und Daten, die nicht aufzeichnungspflichtige Vorgänge betreffen, können – soweit sich für sie eine Aufbewahrungspflicht nicht aus anderen Gesetzen ergibt – vom Steuerpflichtigen jederzeit vernichtet oder gelöscht werden.

BFH, Urteil v. 2.9.2009 – I R 90/08, BFH/NV 2009, 2041 und IStR 2009, 817 und DStRE 2009, 1377:

Das BMF und das Finanzministerium des Königreichs Belgien haben sich in einer Verständigungsvereinbarung darauf verständigt, das Besteuerungsrecht (von Abfindungszahlungen an einen in Belgien wohnenden, aber im Inland tätigen, unbeschränkt steuerpflichtigen Arbeitnehmer) der beiden Vertragsstaaten danach zuzuteilen, ob der Abfindung Versorgungscharakter beizumessen ist oder ob es sich um eine Nachzahlung von Löhnen, Gehältern oder anderen Vergütungen handelt. Hintergrund dieser Vereinbarung ist der Umstand, dass aufgrund der unterschiedlichen Spruchpraxis der Steuergerichte in Deutschland und in Belgien über die Besteuerungszuordnung die Gefahr weißer Einkünfte, also der doppelten Nichtbesteuerung, bestand. Die Frage nach der **Bindungswirkung einer Verständigungsvereinbarung** ist indes umstritten. Überwiegend wird angenommen, dass zwischen der (völkerrechtlichen) Bindung gegenüber dem anderen Vertragsstaat, der Bindung innerstaatlicher Rechtsanwendungsorgane und der Selbstbindung der die Verständigungsvereinbarung abschließenden und der ihnen nachgeordneten Behörden zu unterscheiden ist. Innerstaatliche Wirkungen kann eine solche Vereinbarung für die rechtsanwendenden Organe, also vor allem die Rechtsprechung, nur nach Maßgabe der verfassungsrechtlichen Vorgaben des einzelnen Vertragsstaats entfalten. Das kann im Einzelfall ihre unmittelbare Wirksamkeit zur Folge haben. Es kann aber auch, wie im Regelfall in Deutschland, voraussetzen, dass die Vereinbarung zunächst nach den Grundsätzen des einschlägigen Verfassungsrechts in einfaches Gesetzesrecht transformiert werden muss (vgl. Art. 59 Abs. 2 Satz 1 des Grundgesetzes). Andernfalls bleibt es bei der Letztverbindlichkeit des Abkommens in seiner in diesem Sinne in nationales Recht umgesetzten Fassung. Diese Fassung allein ist vor dem Hintergrund des grundgesetzlichen Gesetzesvorbehalts für die Abkommensauslegung maßgeblich. Denn aus innerstaatlicher Sicht handelt es sich bei der nicht transformierten Verständigungsvereinbarung der beteiligten Finanzverwaltungen lediglich um ein Verwaltungsabkommen und damit der Rechtsnatur nach um eine Verwaltungsvorschrift, die nicht auf einer ihrerseits demokratisch legitimierten Rechtsverordnung i.S. von Art. 80 Abs. 1 GG beruht und die deswegen nicht geeignet ist, positives Recht in verbindlicher Weise zu verändern.[11] In Einklang mit diesen Vorgaben hat der Senat bereits durch seine Urteile vom 1.2.1989 (I R 74/86, BStBl. II 1990, 4) sowie vom 10.7.1997 (I R 4/96, BStBl. II 1997, 15) entschieden. Der Streitfall gibt keine Veranlassung, davon abzurücken. Das schließt nicht aus, die Abkommenspraxis der Vertragsstaaten, wie sie in der Verständigungsvereinbarung zum Ausdruck kommt, bei der Abkommensauslegung zu berücksichtigen; es gilt der **Grundsatz der Entscheidungsharmonie**. Ein Vertrag ist danach nach Treu und Glauben in Übereinstimmung mit der gewöhnlichen, seiner Bestimmung in ihrem Zusammenhang zukommenden Bedeutung im Lichte seines Zieles und Zweckes auszulegen. Der Abkommenstext ist aus Sicht des erkennenden Senats aus den beschriebenen Gründen hinreichend eindeutig. Wenn eine Staatenpraxis dennoch wechselseitig von der bisherigen Abkommensauslegung abweicht, so wird dadurch nicht eine Auslegung, die insbesondere auf dem Abkommenswortlaut gründet, bestätigt. Vielmehr läuft dies auf eine – für den Stpfl. steuerverschärfende und damit belastende – Abkommensänderung hinaus und ist es allein aus dem bilateralen Bemühen zu erklären,

[11] Das BMF hat mit seinem Schreiben vom 13.4.2010 (BStBl. I 2010, 353) angekündigt, dass durch das JStG 2010 in § 2 (2) AO eine gesetzliche Grundlage geschaffen werde, die das BMF ermächtige, Rechtsverordnungen zur Umsetzung von Konsultationsvereinbarungen in deutsches Gesetzesrecht zu erlassen. Der zwischenzeitlich vorliegende Entwurf des § 2 (2) AO (Stand 29.3.2010) hat folgenden Wortlaut:

„Das Bundesministerium der Finanzen wird ermächtigt, zur Sicherung der Gleichmäßigkeit der Besteuerung sowie zur Vermeidung einer Doppelbesteuerung oder doppelten Nichtbesteuerung durch Rechtsverordnung mit Zustimmung des Bundesrates die näheren Einzelheiten der Durchführung eines Doppelbesteuerungsabkommens im Einvernehmen mit den zuständigen Behörden des jeweils anderen Vertragsstaats zu regeln und dabei insbesondere ergänzende Bestimmungen zur Auslegung oder Anwendung des Doppelbesteuerungsabkommens auf der Grundlage einer Verständigung im Sinne der Artikel 25 Absatz 3 des Musterabkommens der OECD zur Vermeidung der Doppelbesteuerung auf dem Gebiet der Steuern vom Einkommen und vom Vermögen in der Fassung vom 17. Juli 2008 entsprechenden Regelung des Doppelbesteuerungsabkommens zu erlassen.“

etwaigen Nichtbesteuerungen der betreffenden Abfindungen vorzubeugen. Es gilt erneut der **verfassungsrechtliche Gesetzesvorbehalt**.

BFH, Urteil v. 2.9.2009 – I R 111/08, BStBl. II 2010, 387 und BFH/NV 2009, 2044 und IStR 2009, 814 und DStR 2009, 2235:

Das BMF und die Eidgenössische Steuerverwaltung haben sich in einer Verständigungsvereinbarung darauf verständigt, das Besteuerungsrecht (von Abfindungszahlungen an eine in die Schweiz verzogene, zuvor im Inland tätige Arbeitnehmerin) der beiden Vertragsstaaten danach zuzuteilen, ob der Abfindung Versorgungscharakter beizumessen ist oder ob es sich um eine Nachzahlung von Löhnen, Gehältern oder Tantiemen aus dem früheren Arbeitsverhältnis handelt oder die Abfindung allgemein für das vorzeitige Ausscheiden aus dem Dienst gewährt wird. Hintergrund dieser Vereinbarung ist der Umstand, dass andernfalls aufgrund der unterschiedlichen Verwaltungspraxis in Deutschland und der Schweiz über die Besteuerungszuordnung die Gefahr weißer Einkünfte, also der doppelten Nichtbesteuerung, bestand. Die Frage nach der **Bindungswirkung einer Verständigungsvereinbarung** ist indes umstritten. Innerstaatliche Wirkungen kann eine solche Vereinbarung für die rechtsanwendenden Organe, also vor allem die Rechtsprechung, nur nach Maßgabe der verfassungsrechtlichen Vorgaben des einzelnen Vertragsstaats entfalten. Das kann ihre unmittelbare Wirksamkeit zur Folge haben. Es kann aber auch, wie im Regelfall in Deutschland, voraussetzen, dass die Vereinbarung zunächst nach den Grundsätzen des einschlägigen Verfassungsrechts in einfaches Gesetzesrecht transformiert werden muss[12] (vgl. Art. 59 Abs. 2 Satz 1 des Grundgesetzes). Andernfalls bleibt es bei der Letztverbindlichkeit des Abkommens in seiner in diesem Sinne in nationales Recht umgesetzten Fassung. Diese Fassung allein ist vor dem Hintergrund des grundgesetzlichen Gesetzesvorbehalts für die Abkommensauslegung maßgeblich.

BFH, Urt. v. 28.10.2009 – VIII R 78/05, BStBl. I 2010, 455 und DStR 2010, 326:

1. Lässt sich der Regelungsgehalt eines Verlangens zur Vorlage von Unterlagen auch nicht durch Auslegung unter Berücksichtigung der dem Adressaten bekannten Umstände hinreichend klar ermitteln, ist das Verlangen rechtswidrig und nicht nach §§ 328 ff. AO vollstreckbar.

2. Ein **Vorlageverlangen** ist in der Regel übermäßig und damit rechtswidrig, wenn es sich auf Unterlagen richtet, deren Existenz beim Steuerpflichtigen **ihrer Art nach nicht erwartet werden** kann.

16 … Vorlageverlangen sind **Verwaltungsakte** (s. etwa die BFH-Beschlüsse vom 4.4.2005 - VII B 305/04, BFH/NV 2005, 1226; v. 21.5.2001 - VII B 296/00, juris; vgl. ferner Tipke in Tipke/Kruse, Abgabenordnung, Finanzgerichtsordnung, § 118 AO Rz 16, m.w.N.; abgrenzend Senatsurteil vom 10. November 1998 VIII R 3/98, BFHE 187, 386, BStBl II 1999, 199, betreffend **unselbständige Vorbereitungsmaßnahmen**, die ausschließlich der Ermittlung steuermindernder Umstände dienen und nicht erzwingbar sind).

---

[12] Siehe hierzu die Fußnote zum BFH-Urteil v. 2.9.2009, I R 90/08, BFH/NV 2009, 2041.

21 Im Rahmen der angeordneten Prüfung durfte das FA grundsätzlich auch die **Vorlage von Unterlagen** vom Kläger verlangen. Seine Tätigkeit als Rechtsanwalt, Steuerberater und Notar stand einer Prüfung nicht entgegen. … Grenzen einer Inanspruchnahme aufgrund der Mitwirkungspflicht ergeben sich daraus, dass die Finanzbehörde im Rahmen ihrer gesetzlichen Pflicht zur Sachverhaltsermittlung (§ 88 Abs. 1 AO) nach pflichtgemäßem Ermessen zu entscheiden hat, ob und in welcher Form sie die Mitwirkung des Steuerpflichtigen in Anspruch nimmt.

22 Die Ermessensentscheidung des FA ist nach § 102 Satz 1 FGO vom Gericht daraufhin zu überprüfen, ob die gesetzlichen Grenzen des Ermessens überschritten sind oder vom Ermessen in einer dem Zweck der Ermächtigung nicht entsprechenden Weise Gebrauch gemacht worden ist. Eine **Mitwirkung** darf nur verlangt werden, soweit sie zur Feststellung des steuererheblichen Sachverhalts **notwendig, verhältnismäßig, erfüllbar und zumutbar** ist (vgl. BFH-Urteil vom 15.9.1992 - VII R 66/91, BFH/NV 1993, 76, und BFH-Beschlüsse vom 11.9.1996 - VII B 176/94, BFH/NV 1997, 166, 169; BFH-Urt. v. 4.4.2005– VII B 305/04, BFH/NV 2005, 1226). Der Umfang der Ermittlungspflicht des FA wie auch der Mitwirkungspflichten des Steuerpflichtigen bestimmt sich jeweils nach den Umständen des Einzelfalles (§§ 88 Abs. 1 Satz 3, 90 Abs. 1 Satz 3, 200 AO).

33 Da der Kläger die Vorlage von Unterlagen zuvor umfassend verweigert hatte, kann der Versuch des FA, über umfängliche **Vorlageverlangen** eine sachliche Prüfungsbasis zu schaffen, im konkreten Einzelfall nicht als unangemessen oder unverhältnismäßig angesehen werden. Das FA war nicht gehalten, die Steuererklärungen des Klägers prüfungslos zu akzeptieren oder sich statt des Bemühens um Sachaufklärung auf die Möglichkeit einer ergänzenden **Schätzung von Besteuerungsgrundlagen** nach § 162 AO verweisen zu lassen (vgl. BFH-Urt. vom 23.8.1994 - VII R 143/92, BStBl II 1995, 194, 198). Die Offenlegung steuererheblicher Vorgänge aus der **Sphäre des Beteiligten**, über die nur er Bescheid weiß oder doch am besten Bescheid weiß, ist im Allgemeinen zumutbar (Söhn in HHSp, § 90 AO Rz 106). Der Steuerpflichtige ist primärer Wissensträger und hat die größte **Beweisnähe** ohne die verschiedenen Mitwirkungspflichten müsste eine gleichmäßige Durchsetzung der Steueransprüche nach Maßgabe der Gesetze scheitern (Söhn in HHSp, § 90 AO Rz 24).

*FG Saarland, Urt. v. 26.1.2010 – 1 K **1184**/07 (rechtskräftig), EFG 2010, 904:*

Erbringt eine GmbH Bauleistungen an ihre Gesellschafter, so ist darauf abzustellen, ob ein ordentlicher und gewissenhafter Geschäftsleiter an einen Fremden für die erbrachten Leistungen ein Entgelt in gleicher Höhe verlangt und erhalten hätte. Dies beurteilt sich nach Marktpreisen für vergleichbare Leistungen. ... Die **Höhe des fremdüblichen Entgelts** ist unter Würdigung aller Umstände des konkreten Einzelfalls zu ermitteln, wobei eine **Schätzung (§ 162 Abs. 1 Satz 1 AO) zulässig und geboten** ist. Eine Schätzung kommt gem. § 162 Abs. 1 AO in Betracht, wenn der Sachverhalt nicht ermittelt werden kann. An der **Aufklärung** hat – vor allem wenn es um **interne Daten** geht – der Stpfl.

mitzuwirken[13]. Er hat - sowohl im finanzamtlichen als auch im finanzgerichtlichen Verfahren – alle für die Besteuerung erheblichen Tatsachen vollständig und wahrheitsgemäß offen zulegen und die ihm bekannten Beweismittel anzugeben (§ 90 Abs. 1 AO).

Die Besteuerungsgrundlagen sind nach Maßgabe ihrer **größten Wahrscheinlichkeit zu schätzen**. Bei der Schätzung nach Wahrscheinlichkeitsgrundsätzen besteht stets eine Bandbreite möglicher Wertansätze (Schätzungsrahmen). Der Schätzungsrahmen ist umso größer, je ungesicherter das Tatsachenmaterial ist, auf dem die Schätzung basiert.

Der Stpfl. hat keinen Anspruch darauf, dass sich die Schätzung bei Einnahmen u.ä. im untersten Rahmenbereich bewegt. Der seine Mitwirkungspflicht verletzende Stpfl. soll nicht besser dastehen als derjenige, der die Besteuerungsgrundlagen ordnungsgemäß aufzeichnet und erklärt. Bei **groben Pflichtverletzungen** (z. B. keine Abgabe der Steuererklärung), die darauf hindeuten, dass Einkünfte verheimlicht werden sollen, kann sich das FA im Gegenteil an der **oberen Grenze des Schätzungsrahmens** orientieren. Aber auch dann muss die Schätzung in sich schlüssig, ihre Ergebnisse müssen wirtschaftlich vernünftig und möglich sein. ... Das FA ist nicht verpflichtet, das durch eine Schätzungsmethode gewonnene Ergebnis **durch eine weitere Schätzungsmethode zu untermauern** (BFH-Beschl. v. 3.9.1998 – XI B 209/95, BFH/NV 1999, 290). Die **Methodenwahl** steht im pflichtgemäßen Ermessen des FA; der Stpfl. hat keinen Anspruch auf Anwendung einer bestimmten Schätzungsmethode (BFH/NV 1999, 290). **Die Qualität der Aufzeichnungen und die Mitwirkungsbereitschaft des Stpfl. bestimmen den Sorgfaltsmaßstab für die Schätzung.**

Auf die Frage des Berichterstatters, **welche Überlegungen bei der Bemessung des Pauschalpreises eine Rolle gespielt haben**, hat die GmbH (= Klägerin) lediglich geantwortet: „Für die Ermittlung und Bemessung musste sich die Geschäftsführung an den marktüblichen Preisen orientieren." Hierdurch ist die Klägerin ihren Mitwirkungspflichten auch nicht annähernd nachgekommen. Bereits im Prüfungsverfahren wurden dem Prüfer entsprechende Informationen vorenthalten. Erst im Anschluss an die Schlussbesprechung ist dem FA eine Baukostenaufstellung übersandt worden. Dieser ist aber nicht zu entnehmen, inwiefern sich die Klägerin **bei dem Vertragsabschluss an den „marktüblichen Preisen" orientiert und sie für ihr Unternehmen Gewinne erzielt haben will**. Die inhaltliche Vollständigkeit und Richtigkeit dieser Aufstellung ist in keiner Weise glaubhaft gemacht. Vor dem weiteren Hintergrund, dass die Klägerin für 1999 und 2000 erhebliche Verluste erklärt hat und normalerweise ein nicht unerheblicher Teil des Gewinns einer solchen Transaktion beim Bauträger verbleibt, hat der Senat keine Bedenken, dass das fremdübliche Entgelt durch Schätzung ermittelt wird.

BFH, Urt. v. 24.2.2010 – II R 57/08, BStBl. II 2011, 5 und BFH/NV 2010, 968 und DB 2010, 1046 (**Vorrang eines Auskunftsersuchens** nach § 93 AO **gegenüber einem Vorlageverlangen** nach § 97 AO):

---

[13] Anders der BFH im Urt. v. 17.10.2001(I R 103/00, BStBl. II 2004, 171 und DB 2001, 2474 und FR 2002, 154): „Die Klägerin hatte nur den verwirklichten Sachverhalt nachzuweisen. … Die Prüfung, ob der tatsächlich vereinbarte Preis **mit dem Fremdvergleichspreis übereinstimmt**, ist dagegen im Verwaltungsverfahren **allein die Sache des FA.** Zu diesem Zweck hatte das FA sowohl die maßgeblichen Vergleichspreise zu ermitteln als auch den Vergleich als solchen durchzuführen.

Das FA darf im Besteuerungsverfahren eines Bankkunden von der Bank im Regelfall erst dann die Vorlage von Kontoauszügen als Urkunden i.S. von § 97 AO verlangen, wenn die Bank eine zuvor geforderte Auskunft über das Konto nach § 93 AO nicht erteilt hat, wenn die Auskunft unzureichend ist oder Bedenken gegen ihre Richtigkeit bestehen. … § 97 Abs. 2 Satz 1 AO dient der Wahrung des Verhältnismäßigkeitsgrundsatzes. Die Finanzbehörden müssen einen Sachverhalt in erster Linie durch die Einholung von Auskünften aufklären. Das **Vorlageverlangen** ist lediglich hilfsweise zulässig, weil Aufklärungsmaßnahmen Eingriffscharakter haben und deshalb unter mehreren Alternativen das mildeste Mittel auszuwählen ist. Der Gesetzgeber ist insoweit in § 97 Abs. 2 Satz 1 AO in Ausgestaltung des verfassungsrechtlich verankerten Grundsatzes der Erforderlichkeit davon ausgegangen, dass die Verpflichtung zur Auskunftserteilung nach § 93 AO regelmäßig das weniger belastende Mittel als die Verpflichtung zur Vorlage von Urkunden ist. Entsprechend den vorgenannten Erwägungen hat der Gesetzgeber § 97 Abs. 2 Satz 1 AO als Sollvorschrift abgefasst, weshalb die Finanzbehörde in der Regel nach ihr verfahren muss und nur in atypischen Fällen von ihr abweichen darf. … Die **Vorlage von Urkunden ohne vorheriges Auskunftsersuchen** kann gefordert werden, wenn das Vorliegen steuerrelevanter Tatsachen nur durch die Vorlage eines Schriftstückes beweisbar oder eine Auskunft zur Wahrheitsfindung untauglich ist. Da es sich bei der Subsidiaritätsklausel in § 97 Abs. 2 Satz 1 AO um eine Vorschrift im Interesse und zugunsten des Vorlagepflichtigen handelt, berechtigt allerdings allein die Tatsache, dass die Vorlage einer Urkunde in der Sache das geeignetste Aufklärungsmittel ist, die Finanzbehörde nicht dazu, von vornherein von einem Auskunftsersuchen abzusehen und sofort die Urkundenvorlage zu verlangen.

BFH, Beschl. v. 3.3.2010 – I B 102/09, BFH/NV 2010, 1131:

Das Gesetz knüpft die **steuerlichen Folgen** grundsätzlich **an den objektiv verwirklichten Sachverhalt**. Es bietet keine Handhabe dafür, einen Steueranspruch als nicht gegeben anzusehen, wenn die betreffende Maßnahme mit einem vergleichbaren wirtschaftlichen Ergebnis zivilrechtlich anders hätte gestaltet werden können, ohne dass die Steuerfolge eingetreten wäre. Für einen Grundsatz der ‚Umkehrung des Missbrauchs' in Anlehnung an § 42 AO fehlt es an einer gesetzlichen Grundlage.

BVerfG, Beschl. v. 2.11.2010 – 2 BvR 2101/09, BFH/PR 2011, 112:

Kein Beweisverwertungsverbot hinsichtlich der Daten einer **„Steuer-CD"** mit Angaben zu Kunden liechtensteinischer Finanzinstitute im strafrechtlichen Ermittlungsverfahren.

FG Köln, Beschl. v. 15.12.2010 – 14 V 2484/10 – rechtskräftig, DStRE 2011, 1076:

Der Ankauf einer **CD mit Steuerdaten** stellt keinen qualifiziert materiell-rechtlichen Verstoß dar, der zu einem **Beweisverwertungsverbot** führt. Ernsthafte Zweifel an der Rechtmäßigkeit der angefochtenen Bescheide sind schon deswegen nicht hinreichend dargetan, weil der Ast. seiner Mitwirkungspflicht nicht nachgekommen ist. Für Vorgänge, die sich im Ausland ereignet haben, trifft den Stpfl. eine erhöhte Mitwirkungspflicht. … Dies gilt in verstärktem Maße dann, wenn der Sachverhalt – wie im vorliegenden Verfahren – (etwa durch Vorlage von Kontounterlagen über die Geldanlagen bei der B [= *schweizerische Bank*]) leicht transparent zu machen wäre. Eine Überschreitung des

Schätzungsrahmens durch den Ag. ist nicht feststellbar, da dieser die Hinzuschätzungen auf der Grundlage des sich aus der CD ergebenden Kontostands und einer nicht unangemessenen Verzinsung von 5 % im Jahr vorgenommen hat.

Der ASt. kann sich auch nicht mit Erfolg darauf berufen, dass die CD mit den Kontendaten von der B-Bank … nicht verwertet werden durfte. Nach der Rechtsprechung des BVerfG obliegt die Beurteilung der Frage, welche Folgen ein möglicher Verstoß gegen **strafprozessuale** Verfahrensfolgen hat und ob hierzu insbesondere ein Beweisverwertungsverbot zählt, in erster Linie den zuständigen Finanzgerichten und ist nach den Umständen des Einzelfalls, insbesondere nach der Art des Verbots und dem Gewicht des Verstoßes unter Abwägung der widerstreitenden Interessen zu entscheiden (BVerfG v. 9.11.2010, 2 BvR 2101/09, DStR 2010, 2512 …)

Unter welchen Voraussetzungen ein **steuerrechtliches Verwertungsverbot** anzunehmen ist, ist im Gesetz nicht geregelt. … Der BFH unterscheidet in ständiger Rechtsprechung (grundlegend BFH v. 25.11.1997, VIII R 4/94, BStBl. II 1998, 461) bei der Frage, ob rechtswidrig ermittelte Tatsachen einem Verwertungsverbot unterliegen, zwischen verfahrensrechtlichen Mängeln, die grundsätzlich nicht zu einem endgültigen Verwertungsverbot führen, und sog. qualifizierten materiell-rechtlichen Verstößen. Ein qualifiziertes materielles Verwertungsverbot liegt vor, wenn die Ermittlung der Tatsachen einen verfassungsrechtlich geschützten Bereich des Stpfl. verletzen oder in strafbarer Weise von der Finanzbehörde erlangt worden sind. Die so ermittelten Tatsachen sind schlechthin und ohne Ausnahme unverwertbar.

FG Schleswig-Holstein, Urt. v. 1.2.2011 – 3 K 64/10 – rechtskräftig, EFG 2011, 846:

Die Festsetzung eines **Verzögerungsgeldes** ist auch dann möglich, wenn – ohne Buchführungsverlagerung – Unterlagen im Rahmen einer Bp nicht fristgerecht vorgelegt werden. Das Verzögerungsgeld wurde durch Art. 10 Nr. 8 JStG 2009 vom 19. Dezember 2008 (BGBl. I 2008, 2794) mit Wirkung vom 25. Dezember 2008 als neue steuerliche Nebenleistung (§ 3 Abs. 4 AO) eingeführt. Es kann nach dem Wortlaut von § 146 Abs. 2b AO auf Grund der dort vorgenommenen Aufzählung auch dann verhängt werden, wenn ein Stpfl. einer Aufforderung des FA zur Erteilung von Auskünften oder zur Vorlage angeforderter Unterlagen i.S. von § 200 Abs. 1 AOP im Rahmen einer Ap innerhalb einer angemessenen Frist nicht nachkommt. Zwar spricht die systematische Verortung dieser neuen Sanktionsmöglichkeit in § 146 AO nach dessen Abs. 2a dafür, das Verzögerungsgeld nur im Zusammenhang einer ohne Bewilligung der Finanzbehörde erfolgten Verlagerung der Buchführung ins Ausland zu sehen. Auch die Überschrift des § 146 AO „Ordnungsvorschriften für die Buchführung und für Aufzeichnungen" deutet nicht darauf hin, dass in dieser Norm Sanktionsvorschriften für eine Verletzung von Mitwirkungspflichten im Rahmen einer Außenprüfung enthalten sind. Die Wortauslegung lässt solche systematischen Bedenken aber in den Hintergrund treten. Sie wird zudem durch die Gesetzesbegründung gestützt, wonach das Verzögerungsgeld im Falle der Verletzung von (sonstigen) Mitwirkungspflichten gleichermaßen gelte, um eine Ungleichbehandlung von Stpfl., die ihre Bücher und sonstigen Aufzeichnungen im Ausland führten, gegenüber solchen Stpfl., die dies im Inland täten, zu vermeiden (vgl. BT-Drs. 16/10189, 81).

... Bedenken gegen die verfassungsrechtlichen Grundsätze der Normenbestimmtheit und -klarheit (vgl. BVerfG-Urteil vom 24.November 2010 1 BvF 2/05, BGBl. I 2010, 1862) hat das Gericht ... nicht.

... Die mit Schreiben vom 11. August 2009 der Klägerin erläuterte Ermessensentscheidung des Bekl., die Bp mit Zustimmung des FA Hamburg durchzuführen, ist rechtlich nicht zu beanstanden. Der Bekl. durfte deshalb auch die **Aufforderung** an die Klägerin **vom 11.9.2009 zur Vorlage** der dort näher genannten **Unterlagen bis zum 2.10.2009** erlassen. Unabhängig von der Frage, ob es sich bei dieser Aufforderung um einen **Verwaltungsakt** i.S. von § 118 AO handelt, wofür der Hinweis auf die Möglichkeit der Festsetzung eines Verzögerungsgeldes spricht, war die Aufforderung von der Klägerin zu befolgen. ... Die Fristsetzung, die auf Grund eines Telefongesprächs vom Bekl. noch bis zum 5.10.2009 verlängert wurde, war angemessen.

... Nach § 146 Abs. 2b AO „kann" ein Verzögerungsgeld von 2.500 bis 250.000 € festgesetzt werden. Es handelt sich somit um eine Ermessensentscheidung der Finanzbehörde, die zunächst entscheiden muss, ob sie ein Verzögerungsgeld festsetzt („Entschließungsermessen") und auf der nächsten Stufe in welcher Höhe („Auswahlermessen"). Das Entschließungsermessen ist ... nicht dergestalt vorgeprägt, dass eine Verletzung der Mitwirkungspflicht im Rahmen der Ap zur Festsetzung eines Verzögerungsgeldes regelmäßig ausreicht und insbesondere Verschuldensaspekte beim Entschließungsermessen nicht zu berücksichtigen sind. ... Bei der Ausübung des Auswahlermessens hat sich der Bekl. am Mindestbetrag für die Festsetzung eines Verzögerungsgeldes von 2.500 € orientiert, der von ihm nicht überschritten wurde. Deshalb war keine Begründung der Ausübung des Auswahlermessens erforderlich.

... § 335 AO ist sowohl vom Wortlaut als auch seiner systematischen Stellung direkt nur auf die Zwangsmittel des § 328 AO anwendbar. Eine entsprechende Anwendung des § 335 AO auf die vorliegende Fallkonstellation kommt auch nicht in Betracht. Das Verzögerungsgeld ist wie der Verspätungszuschlag nach § 152 AO ein Druckmittel eigener Art, das auf die Bedürfnisse des Steuerrechts zugeschnitten ist und zugleich einen repressiven und präventiven Charakter hat. Aufgrund seines zugleich repressiven Charakters ist sein Zweck nicht erfüllt, wenn der Stpfl. seiner Verpflichtung nach der Festsetzung nachkommt.

FG Berlin-Brandenburg, Urt. v. 9.3.2011 – 12 K 12267/07 – rechtskräftig, EFG 2011, 1737:

Die **Feststellungslast** für das **Vorliegen von BA** ... trägt der Stpfl. (BFH-Beschluss v. 21.4.2005 – X B 115/04. Die Anerkennung von BA ist nicht nur dann zu versagen, wenn dem Stpfl. nachgewiesen werden kann, dass Aussteller einer Rechnung bzw. Empfänger einer Zahlung nicht der Leistungserbringer war). Vielmehr kann im Hinblick auf **unklare Verhältnisse** in Frage gestellt werden, dass eine behauptete Zahlung durch den Betrieb des Stpfl. veranlasst war. Das hat zur Folge, dass der Stpfl. den Umstand der Zahlung und deren betriebliche Veranlassung nachweisen muss. ... Die formelle **Ordnungsmäßigkeit der Buchführung** entfaltet **keine Beweiskraft** zugunsten der sachlichen Richtigkeit des verbuchten einzelnen Geschäftsvorfalls.

BFH, Urt. v. 23.3.2011 – X R 44/09, FR 2011, 824.

17 Im zweiten Rechtsgang wird das FG hinsichtlich des Maßstabs, den es seiner Überzeugungsbildung zugrunde legt (§ 96 Abs. 1 Satz 1 FGO), zu beachten haben, dass die Anwendung der Regeln der **Feststellungslast** nicht etwa das vorrangige Instrument richterlicher Entscheidungsfindung ist, sondern es sich dabei regelmäßig um eine „ultima ratio" handelt (vgl. hierzu und zum Folgenden grundlegend Senatsurteil vom 15.2.1989 X R 16/86, BStBl. II 1989, 462; seither ständige Rechtsprechung, vgl. z.B. BFH-Entscheidungen vom 21.12.2004 I B 128/04, BFH/NV 2005, 994 und v. 9.6.2005 IX R 75/03, BFH/NV 2005, 1765).

18 Vorrangig sind in jedem Fall *eigene* Bemühungen des FG zur Aufklärung des entscheidungserheblichen Sachverhalts (§ 76 Abs. 1 Satz 1 FGO). Dabei sind die Beteiligten mit heranzuziehen (§ 76 Abs. 1 Satz 2 FGO).

19 Bleiben die gerichtlichen Versuche zur Sachaufklärung erfolglos, weil ein Beteiligter, der über eine besondere **Beweisnähe** verfügt, die ihm zumutbare Mitwirkung an der Sachaufklärung (§ 76 Abs. 1 Satz 3 FGO) verweigert, hat das FG **vor einer Anwendung der Regeln über die Feststellungslast** zu erwägen, ob das im konkreten Einzelfall für die richterliche Überzeugungsbildung erforderliche, aber auch ausreichende Beweismaß gegenüber dem **Regelbeweismaß** zu reduzieren ist. Das Beweismaß kann sich dann auf eine „größtmögliche Wahrscheinlichkeit" verringern (BFH-Beschl. v. 7.5.2004 IV B 221/02, BFH/NV 2004, 1367).

21 [In einer] prozessualen Konstellation, in der das Regelbeweismaß nach Ausschöpfung der Sachverhaltsaufklärungsbemühungen des FG infolge fehlender Mitwirkung des beweisnahen Beteiligten reduziert ist, kann das Vorliegen einer „Tatsache" i.S. des § 173 AO auch dann prozessordnungsgemäß „festgestellt" werden, wenn zwar keine förmliche und volle Überzeugungsbildung möglich ist, aber mit größtmöglicher Wahrscheinlichkeit auf das Vorliegen einer konkreten Tatsache geschlossen werden kann. Dadurch werden Vermutungen und Wahrscheinlichkeiten nicht etwa selbst zur Tatsache; sie können aber – in der gesteigerten Form der „größtmöglichen Wahrscheinlichkeit" – in den dargestellten prozessualen Ausnahmekonstellationen den Schluss auf das tatsächliche Vorliegen oder Nichtvorliegen konkreter Tatsachen ermöglichen.

Hessisches Finanzgericht, Urt. v. 23.3.2011 – 4 K 419/10, ***juris*** *(siehe hierzu auch BFH, Urt. v. 10.4.2013 – I R 45/11 BFH/NV 2013, 1657 und DStR 2013, 1824):*

1. Das Finanzamt ist berechtigt, im Rahmen der Außenprüfung zum Zwecke der Angemessenheitsprüfung eine Verrechnungspreisdokumentation (§ 90 Abs. 3 AO) anzufordern, wenn zwischen den in- und ausländischen Vertragsparteien eine mittelbare Einflussnahmemöglichkeit besteht.
2. Die Regelung des § 90 Abs. 3 AO selbst ist mit dem europäischen Gemeinschaftsrecht vereinbar. Die **Dokumentationspflicht** berührt zwar bei grenzüberschreitend tätigen Steuerpflichtigen das **Diskriminierungsverbot** und die Niederlassungsfreiheit (Art. 43 und 48 EGV), diese **Beeinträchtigungen sind** aber **zur Gewährleistung einer wirksamen Steueraufsicht gerechtfertigt**.

47 Der EuGH hat insoweit wiederholt entschieden, dass die Wirksamkeit der Steueraufsicht ein zwingender Grund des Allgemeininteresses ist, der eine Beschränkung der von dem EG-Vertrag gewährleisteten Grundfreiheiten rechtfertigen kann. Die zur steuerlichen Beurteilung von Verrechnungspreisen erforderliche Sachverhaltsermittlung gestaltet sich bei grenzüberschreitenden Konzernverhältnissen erheblich schwieriger als bei Entgeltvereinbarungen zwischen zwei inländischen Konzerngesellschaften. Die im Inland bestehenden Ermittlungsmöglichkeiten ermöglichen es bei beiden beteiligten Unternehmen Ermittlungen durchzuführen (insbesondere durch Anordnung einer Außenprüfung) und darüber hinaus ggf. auch die Entwicklung des inländischen Marktes bzw. die Entwicklung inländischer Preise zu verfolgen. Diese Möglichkeiten bestehen für die inländische Finanzverwaltung bei grenzüberschreitenden Preisvereinbarungen nicht in vergleichbarem Maße, weil lediglich Ermittlungsmöglichkeiten für den Bereich der beteiligten inländischen Konzerngesellschaft bestehen. Auch die Richtlinie 77/799/EWG des Rates vom 19.12.1977 über die **gegenseitige Amtshilfe** zwischen den zuständigen Behörden der Mitgliedstaaten im Bereich der direkten Steuern und der Mehrwertsteuer (Abl. EG Nr. L 336 S. 15) zuletzt geändert durch die Richtlinie 2006/98/EG des Rates vom 20.11.2006 (Abl. EU Nr. L 363 S. 129) gewährleistet hinsichtlich der beteiligten ausländischen Konzerngesellschaft und hinsichtlich des ggf. im Ausland bestehenden Preisniveaus keine vergleichbare Ermittlungsmöglichkeit, weil sie nur auf die Erteilung von Einzelauskünften gerichtet ist. Die EG-Amtshilfe-Möglichkeiten beschränken sich auf einen lediglich passiven Informationsaustausch (vgl. auch *Seer* in Tipke/Kruse, Abgabenordnung Finanzgerichtsordnung, Rz. 37 zu § 90 AO m.w.N.). Darüber hinaus unterliegt die Amtshilfe nach Art. 2 Abs. 1 Satz 2 der EG-Amtshilferichtlinie dem Subsidiaritätsgrundsatz.

BFH, Beschl. v. 16.6.2011 – IV B 120/10, DB 2011, 1619:

39 Das **Verzögerungsgeld** wurde durch Art. 10 Nr. 8 des Jahressteuergesetzes 2009 vom 19. Dezember 2008 (BGBl. I 2008, 2794) mit Wirkung vom 25. Dezember 2008 (Art. 39 Abs. 1, Abs. 8 JStG 2009) als neue steuerliche Nebenleistung (§ 3 Abs. 4 AO) eingeführt. Die Einführung des Verzögerungsgelds stand im engen Kontext mit der ebenfalls durch das JStG 2009 eingeführten Regelung in § 146 Abs. 2a AO. Danach kann das Finanzamt dem Steuerpflichtigen unter bestimmten Voraussetzungen bewilligen, seine Buchführung in das Ausland zu verlagern. Für den Fall, dass die Voraussetzungen nicht oder nicht mehr vorliegen, kann die Bewilligung widerrufen und die unverzügliche Rückverlagerung verlangt werden (§ 146 Abs. 2a Satz 3 AO). Um den Steuerpflichtigen in diesem Fall zu einer zeitnahen Rückverlagerung der Buchführung anzuhalten, ist die Möglichkeit der Festsetzung eines Verzögerungsgelds normiert worden.

40 Über diesen direkten Normzusammenhang hinaus kann nach dem zuvor dargelegten Wortlaut ein **Verzögerungsgeld** aber **auch verhängt werden, wenn ein Stpfl.** einer Aufforderung des Finanzamts zur **Erteilung von Auskünften oder zur Vorlage angeforderter Unterlagen i.S. von § 200 Abs. 1 AO im Rahmen einer Außenprüfung innerhalb einer angemessenen Frist nicht nachkommt** (Urteil des Schleswig-Holsteinischen FG vom 1.2.2011 3 K 64/10, EFG 2011, 846). Es erscheint zwar

systematisch missglückt, die Regelung des Verzögerungsgelds wegen der Verletzung von Mitwirkungspflichten bei einer Außenprüfung mit einem Verzögerungsgeld im Zusammenhang mit anderen Verpflichtungen zu verbinden. Sie hätte, worauf *Drüen* in Tipke/Kruse, Abgabenordnung, Finanzgerichtsordnung, § 146 AO Rz 51 zutreffend hinweist, besser in § 200 AO verortet werden sollen. Angesichts des eindeutigen Wortlauts kann aber allein aus der unzureichenden systematischen Verortung nicht darauf geschlossen werden, dass ein Verzögerungsgeld nur im Zusammenhang mit einer ohne Bewilligung der Finanzbehörde erfolgten Verlagerung der Buchführung ins Ausland oder unterbliebener Rückverlagerung der Buchführung aus dem Ausland festgesetzt werden darf (so aber *Drüen* in Tipke/Kruse, § 146 AO Rz 51). Dieses Verständnis der Norm wird durch die Gesetzesbegründung gestützt. Danach soll das Verzögerungsgeld im Falle der Verletzung von Mitwirkungspflichten gleichermaßen gelten, um eine Ungleichbehandlung von Steuerpflichtigen, die ihre Bücher und sonstigen Aufzeichnungen im Ausland führen, gegenüber solchen Steuerpflichtigen, die dies im Inland tun, zu vermeiden (vgl. BT-Drucks 16/10189, S. 81). Unerheblich ist in diesem Zusammenhang, ob eine Erstreckung des Verzögerungsgelds auch auf Fälle sonstiger Mitwirkungsverletzungen aus Gründen der Gleichbehandlung überhaupt erforderlich gewesen wäre.

44 Im Streitfall bedarf es keiner Ausführungen dazu, ob und inwieweit § 146 Abs. 2b AO eine **Vervielfachung der Festsetzung des Verzögerungsgelds** dadurch ermöglicht, dass sich die vorherige Aufforderung auf eine Vielzahl von Unterlagen erstreckt.

50 Es ist ernstlich zweifelhaft, ob die mehrfache Festsetzung eines Verzögerungsgelds wegen fortdauernder Nichtvorlage derselben angeforderten Unterlagen i.S. des § 200 Abs. 1 AO von § 146 Abs. 2b AO gedeckt ist (für zulässig erachtet von … Schreiben des BMF v. 22.4.2010, DStR 2011, 676).

51 Die Zulässigkeit einer mehrfachen Festsetzung wegen derselben Verpflichtung lässt sich weder aus dem Wortlaut noch aus dem Sinn und Zweck der Regelung des § 146 Abs. 2b AO entnehmen. … Das Schweigen des Gesetzgebers zu der Möglichkeit einer **erneuten Festsetzung eines Verzögerungsgelds** deutet eher darauf hin, dass ein Verzögerungsgeld wegen derselben Verpflichtung nur einmal festgesetzt werden kann. Eine analoge Anwendung des § 332 Abs. 3 AO kommt nach Auffassung des Senats nicht in Betracht, weil nicht zu erkennen ist, dass das Fehlen einer Regelung zur wiederholten Festsetzung eines Verzögerungsgelds auf einem Versehen des Gesetzgebers beruht.

Hessisches Finanzgericht, Beschl. v. 8.8.2011 – 8 V 1281/11 – rechtskräftig, EFG 2011, 1949:

Die auf die einzelne Pflichtverletzung bezogene eigenständige Bewertung eines **Verzögerungsgeldes** und die damit verbundene „tatbestandliche **Vervielfältigung**" begegnet ernstlichen rechtlichen Zweifeln. … Der Gesetzgeber hat durch die Aufzählung diverser Pflichtverletzungen i.V.m. der Umschreibung „oder" im Tatbestand der Vorschrift zum Ausdruck gebracht, dass die Finanzbehörde ein Verzögerungsgeld festsetzen kann, wenn der Stpfl. zumindest eine der genannten Pflichten verletzt. Selbstverständlich kann die Finanzbehörde auch dann ein Verzögerungsgeld festsetzen, wenn der Stpfl. gleich mehrere Pflichten oder eine bestimmte Pflicht mehrfach (fortdauernd) verletzt. Gerade in den zuletzt genannten Fällen sind Verstöße des Stpfl. **im Rahmen des Auswahlermessens zu gewichten** und zu bewerten. … Die teilweise im Schrifttum vertretene Ansicht, es könnten für jede einzelne Pflichtverletzung gesonderte Verzögerungsgelder festgesetzt werden, findet im Gesetz keine Stütze. … Weiterhin ist – entgegen der vom FA vertretenen Auffassung – das **Entschließungsermessen** durch das Vorliegen der Tatbestandsvoraussetzungen des § 146 Abs. 2 b AO nicht vorgeprägt. Der Gesetzgeber hat durch die Normierung eines recht hohen Mindestbetrages von immerhin 2.500 € und eines ganz erheblichen Höchstbetrages von 250.000 € eine sehr große Spannbreite des festzusetzenden Verzögerungsgeldes geschaffen, die im Ermessen der Finanzbehörde steht. Gleichzeitig hat der Gesetzgeber keine konkreten Ermessensleitlinien oder -grenzen umschrieben, die bei der Ermessensausübung Berücksichtigung finden sollen. Deshalb scheint sich zu Recht in Literatur und Rechtsprechung die Tendenz abzuzeichnen, die Anwendung der Vorschrift auf wesentliche Fälle zu begrenzen … bzw. in das Entschließungsermessen alle entscheidungserheblichen Umstände einzubeziehen, insbesondere Verschuldensaspekte [*und diese Umstände zu dokumentieren und im Rahmen des Verhältnismäßigkeitsgrundsatzes zu würdigen*]. … Da in der finanzgerichtlichen Rechtsprechung zu Recht die Ansicht vertreten wird, dass eine Begründung des **Auswahlermessens** … dann nicht erforderlich ist, wenn das FA den gesetzlich bestimmten Mindestbetrag i.H.v. 2.500 € festsetzt, würde [*ohne Heranziehung des Verhältnismäßigkeitsgrundsatzes auf der Ebene des Entschließungsermessens*] eine Anwendung des Grundsatzes der Verhältnismäßigkeit völlig entfallen. Dies würde der Bedeutung des Grundsatzes in jedem Falle nicht gerecht.

FG des Saarlandes, Urt. v. 6.3.2012 – 1 K 1032/10 – rechtskräftig, EFG 2012, 1514:

Eine Steuerfestsetzung kann nach § 173 Abs. 1 Nr. 1 AO nicht zum Nachteil des Stpfl. geändert werden, wenn die neuen Tatsachen dem FA infolge Verletzung seiner Ermittlungspflicht (§ 88 AO) trotz ordnungsgemäßer Mitwirkung des Stpfl. (§ 90 AO) zunächst unbekannt geblieben sind.

Liegen sowohl eine **Verletzung der Ermittlungspflicht** [*im vorliegenden Fall die Nichtanforderung eines Nachweises über die tatsächliche Zahlung der vom Stpfl. geltend gemachten Zinszahlungen i.H.v. rd. 87 T€ bei Einkünften aus § 21 EStG*] **als auch eine Verletzung der Mitwirkungspflicht** vor [*im vorliegenden Fall die Deklaration von Zinsaufwendungen durch den Stpfl. und seinen Berater unter Benennung eines Kontos, das bereits im Vorjahr aufgelöst worden war*], sind die beiderseitigen Pflichtverstöße grundsätzlich gegeneinander abzuwägen. In der Regel trifft dabei die Verantwortung den Stpfl. [*so nach Auffassung des Gerichts auch im vorliegenden Fall*], so dass der Steuerbescheid geändert werden kann. Etwas anderes gilt nur, wenn die Pflichtverletzung des FA diejenige des Stpfl. deutlich überwiegt.

FG Münster, Urt. v. 20.4.2012 – 14 K 4222/11 AO – rechtskräftig, EFG 2012, 1516:

Die erneute **Prüfung eines bereits geprüften Zeitraums** (sog. Zweitprüfung) ist grundsätzlich zulässig, ... wenn festgestellt werden soll, ob Steuern hinterzogen oder leichtfertig verkürzt worden sind und daher eine verlängerte Festsetzungsfrist greift.

Dies gilt auch dann, wenn im Rahmen der früheren Ap eine **tatsächliche Verständigung** geschlossen wurde. Zwar ist eine tatsächliche Verständigung grundsätzlich bindend und der von ihr erfasste Sachverhalt einer einseitigen abweichenden Regelung entzogen. Dies gilt allerdings nur, wenn die tatsächliche Verständigung auch **wirksam** war. Hat der Stpfl. oder sein Vertreter bei den zugrundeliegenden Erörterungen bewusst den Sachverhalt verfälscht oder verschleiert oder für die Besteuerung wesentliche Tatsachen gegenüber der FinVerw. verschwiegen, kann die tatsächliche Verständigung keine Bindungswirkung entfalten.[14]

Niedersächsisches FG, Urt. v. 10.05.2012 – 6 K 27/12 – rechtskräftig, EFG 2012, 1519:

Das Schreiben des Prüfers vom ... [*mit welchem um Vorlage bestimmter Unterlagen und Erteilung bestimmter Auskünfte gebeten und auf die Möglichkeit der Festsetzung eines Verzögerungsgeldes hingewiesen wurde*] ist ... ein **Verwaltungsakt**, da es die allgemeinen Mitwirkungspflichten des Stpfl. im Einzelfall mit Regelungswillen konkretisiert. ... Es handelt sich um ein detailliertes, schriftliches Auskunftsverlangen, das nach seinem Erklärungsgehalt als rechtsverbindliche Anordnung zu verstehen ist und der Klägerin ein konkret bestimmtes Verhalten aufgibt. Das Schreiben enthält auch eine ... Fristsetzung. Zwar enthält das Schreiben ... noch keine konkrete Androhung, nach Ablauf einer bestimmten Frist werde ein Verzögerungsgeld festgesetzt. Gleichwohl ist das streitbefangene Schreiben aus Sicht des Stpfl. als rechtlich verbindliche Regelung zu verstehen.

FG des Saarlandes, Urt. v. 1.6.2012 –1 K 1533/10 – rechtskräftig, EFG 2012, 2083:

Ein **ungeklärter Geldzuwachs** im Privatvermögen oder eine **ungeklärte Einlage in das BV** rechtfertigen auch bei einer formell ordnungsmäßigen Buchführung die Annahme, dass höhere Betriebseinnahmen erzielt und höhere Privatentnahmen getätigt als gebucht wurden. Einzahlungen auf betriebliche Bankkonten aus dem Privatvermögen, die als Einlagen verbucht werden, führen zu einer **verstärkten Mitwirkungspflicht** des Stpfl., weil dieser durch die Mittelzuführung selbst eine Verbindung zwischen seinem Privat- und Betriebsvermögen herstellt. Entsprechendes gilt für Zahlungen, die der Stpfl. von einem betrieblichen Konto auf eigene private Konten überweist. ... Verletzt der Stpfl. seine Mitwirkungspflichten, bleibt die Mittelherkunft ungeklärt und kann das FA höhere Betriebseinnahmen nicht nachweisen, führt dies nicht zwangsläufig dazu, nach **Beweislastgrundsätzen** zu Lasten des FA zu entscheiden. Vielmehr wird im finanzgerichtlichen Verfahren dann, wenn der Sachverhalt nicht vollständig aufgeklärt werden kann, weil der Stpfl. seine Mitwirkungspflicht verletzt hat, nach den Umständen des Einzelfalls die **Sachaufklärungspflicht begrenzt** und das **Beweismaß** für die vom FA nachzuweisenden steuerbegründenden Tatsachen **gemindert**. Das FG kann den Sachverhalt dahin würdigen, dass ungeklärte Einlagen auf nicht versteuerten Einnahmen beruhen, ohne dass es weiterer Verprobungsmethoden wie einer Geldverkehrsrechnung bedarf.

[14] Anmerkung der Herausgeber: Eine Wirksamkeit ist z.B. auch dann nicht gegeben, wenn keine Verständigung über Tatsachen, sondern eine über Rechtsfragen oder wenn ein offensichtlich unzutreffendes steuerliches Ergebnis erzielt wurde.

BFH, Urt. v. 10.4.2013 – I R 45/11 BFH/NV 2013, 1657und ISR 2013, 347 und DStR 2013, 1824:

1. Eine Person steht einem Stpfl. i.S. von § 1 Abs. 2 Nr. 2 Altern. 1 AStG nahe, wenn eine dritte Person am Grundkapital oder Stammkapital sowohl der Person als auch des Stpfl. unmittelbar oder mittelbar wesentlich beteiligt ist. Beschränkungen im Innenverhältnis aufgrund einer **Treuhand** sind ebenso unbeachtlich wie Stimmrechtsbeschränkungen. Gleiches gilt im Ergebnis für die Annahme eines **Nahestehens** im Zusammenhang mit dem Vorliegen einer vGA.

2. Die Verpflichtung, bei Sachverhalten, die Vorgänge mit Auslandsbezug betreffen, über die Art und den Inhalt seiner Geschäftsbeziehungen mit nahe nahestehenden Personen i.S. des § 1 Abs. 2 AStG **Aufzeichnungen zu erstellen und diese auf Verlangen der Finanzbehörde vorzulegen (§ 90 Abs. 3 AO**, ist **mit der Dienstleistungsfreiheit des Art. 49 EG vereinbar**.

17 … Maßgebend für die Definition der Geschäftsbeziehung ist – trotz der unterlassenen redaktionellen Anpassung in § 1 Abs. 1 Satz 1 GAufzV – § 1 Abs. 5 AStG i.d.F. des Unternehmenssteuerreformgesetzes 2008 vom 14.8.2007 (BStBl I 2007, 630).

21 … Eine wesentliche Beteiligung liegt nach der Legaldefinition in § 1 Abs.2 Nr. 1 AStG vor, wenn die dritte Person an der Person und an dem Stpfl. unmittelbar oder mittelbar mindestens zu einem Viertel beteiligt ist. … Hierfür kommt es bei Kapitalgesellschaften allein auf die Beteiligung am Grund- oder Stammkapital an; der Anteil an den Stimmrechten ist hingegen nicht von Belang. …

23 Entgegen der von der Klägerin vorgetragenen Auffassung ist es für das Bestehen der wesentlichen Beteiligung der L Holding an der Klägerin unerheblich, dass die Anteile an der Klägerin durch die L S.A. treuhänderisch für den L Fonds gehalten werden. Aus den Feststellungen und der Auslegung des FG zum luxemburgischen Investmentrecht, an die der erkennende Senat gemäß § 118 Abs. 2 FGO wie an Tatsachenfeststellungen gebunden ist, folgt, dass die Anteile selbst nicht dem L Fonds zuzurechnen sind. Denn nach dem luxemburgischen Recht stehen die Vermögensgegenstände des L Fonds im Eigentum der treuhänderisch agierenden Verwaltungsgesellschaft, die lediglich im Innenverhältnis zu den Anlegern des Fonds besonderen Bedingungen unterliegt und sich bei deren Verletzung schadensersatzpflichtig machen kann.

26 § 1 Abs. 2 Nr. 2 Altern. 1 AStG ist im Streitfall nicht einschränkend dahingehend auszulegen, dass er bei Beschränkungen des Anteilsinhabers im Innenverhältnis aufgrund einer Treuhand nicht anzuwenden ist.

27 Entgegen der Auffassung der Klägerin ist die Aufforderung zur Vorlage einer Verrechnungspreisdokumentation nicht deshalb ermessensfehlerhaft, weil sie zur Aufklärung eines steuerlich erheblichen Sachverhalts ungeeignet wäre.

28 Die Aufforderung ist zur Aufklärung geeignet, wenn die verlangte Dokumentation die Frage klären hilft, ob die Voraussetzungen entweder für eine Einkommenskorrektur gemäß § 8 Abs. 3 Satz 2 KStG oder für eine Einkünftekorrektur gemäß § 1 Abs. 1 Satz 1 AStG vorliegen (zum Zweck des § 90 Abs. 3 AO vgl. BTDrucks. 15/119,52).

Informatorische Eingriffe der Finanzverwaltung sind solange geeignet, als eine steuerliche Bedeutung nach dem Gesetz und der dazu vorliegenden Rechtsprechung ernstlich in Betracht kommt. Es kann der Finanzverwaltung nicht verwehrt sein, einen Sachverhalt näher zu untersuchen, wenn sie mit vertretbaren rechtlichen Erwägungen zu dem Ergebnis gelangt ist, dass der Sachverhalt steuerliche Auswirkung haben kann. Nur wenn klar und eindeutig jeglicher Anhaltspunkt für die Steuererheblichkeit fehlt, ist der informatorische Eingriff rechtswidrig (vgl. Senatsbeschluss v. 29.2.2012, I B 88/11, BFH/NV 2012, 1089, m.w.N.).

31 Das Vorliegen [*der Voraussetzungen einer vGA*] kommt im Streitfall ernstlich in Betracht. Denn die Klägerin hat aufgrund des „Service Agreement" Zahlungen an die L AG, eine der L S.A. nahe stehende Person geleistet. Ob die Zahlungen der Höhe nach mit dem unter Fremden Üblichen übereinstimmen und bei der Anteilseignerin einen sonstigen Bezug auslösen können, kann ohne die angeforderte Dokumentation nicht abschließend beantwortet werden.

33 Für das **Nahestehen** genügt jede Beziehung zwischen einem Gesellschafter und dem Dritten, die den Schluss zulässt, sie habe die Vorteilszuwendung der Kapitalgesellschaft an den Dritten beeinflusst. Derartige Beziehungen können familienrechtlicher, gesellschaftsrechtlicher, schuldrechtlicher oder auch rein tatsächlicher Art sein. … Eine solche Verbindung besteht insbesondere bei in einem Konzern verbundenen Unternehmen, etwa – wie auch im Streitfall - Schwestergesellschaften. … Aufgrund der Verbundenheit in einem Konzern kann auch nicht auf einen natürlichen **Interessengegensatz** zwischen der Klägerin und der L AG geschlossen werden, der eine Veranlassung der Zahlungen durch das Gesellschaftsverhältnis ausschließen könnte.

35 [*Eine vGA scheidet*] nicht deshalb von vornherein aus, weil die Zahlungen der Klägerin an die L AG nicht geeignet wären, einen **sonstigen Bezug** i.S. des § 20 Abs. 1 Nr. 1 Satz 2 EStG 2002 bei der Gesellschafterin [= *L. S.A. als Treuhänderin für den L Fonds*] auszulösen. Für die **Vorteilsgeeignetheit** … kann entgegen der Auffassung der Klägerin nicht auf den Willen der Anleger des L Fonds abgestellt werden. Maßgebend ist vielmehr, ob der Vorgang zu einem Zufluss bei der nahe stehenden Person und somit zur Zurechnung einer vGA bei dem Anteilseigner führen kann. Erforderlich ist hierfür allein, dass der Vorteil dem Dritten im Interesse des Anteilseigners zugewendet wurde.

38 Entgegen der Auffassung der Klägerin verstößt § 90 Abs. 3 AO nicht gegen die unionsrechtlichen Grundfreiheiten. Insbesondere wird die **Dienstleistungsfreiheit** gemäß § 49 des Vertrages zur Gründung der Europäischen Gemeinschaft, … nunmehr Art. 56 des Vertrages über die Arbeitsweise der Europäischen Union (AEUV) … **nicht verletzt**. …

42 [*Zwar greift § 90 Abs. 3 AO*] in den Schutzbereich der Dienstleistungsfreiheit ein. Denn die Vorschrift wirkt sich ausschließlich nachteilig bei grenzüberschreitend erbrachten Dienstleistungen aus. Die Vorschrift begründet besondere Dokumentations- und Aufzeichnungspflichten allein bei „Vorgänge[n] mit Auslandsbezug mit nahe stehenden Personen". Dies führt nicht nur zu einem erhöhten administrativen Aufwand, sondern kann auch zu einer erheblichen materiellen Mehrbelastung für den Stpfl. führen, die ihn davon abhalten können, die Dienstleistung grenzüberschreitend

in Anspruch zu nehmen. Die durch § 90 Abs. 3 AO begründeten Pflichten führen einem gesteigerten Beratungsbedarf der Stpfl. und damit verbunden zu höheren Kosten als bei rein innerstaatlichen Sachverhalten. Insbesondere werden die Mehrkosten durch notwendig werdende Verrechnungspreisstudien zur Verteidigung der Höhe der vereinbarten Entgelte hervorgerufen.

43 Diese Ungleichbehandlung zu Lasten grenzüberschreitender Dienstleistungen ist jedoch durch zwingende Gründe des Allgemeininteresses gerechtfertigt…

44 Als zwingender Grund des **Allgemeininteresses** ist insbesondere das **Erfordernis einer wirksamen Steueraufsicht** in der ständigen Rechtsprechung des EuGH anerkannt, nach dem Mitgliedstaaten befugt sind, Maßnahmen anzuwenden, um die Besteuerungsgrundlagen klar und eindeutig feststellen zu können … . Sie sind befugt – als milderes Mittel im Vergleich zu einer materiell-rechtlich nachteiligen steuerrechtlichen Behandlung – dem Stpfl. entsprechende Mitwirkungspflichten abzuverlangen, die ihnen zur Verifikation der Besteuerungsgrundlagen nach den nationalen Vorschriften notwendig erscheinen. … Zulässig ist insbesondere, für grenzüberschreitende Fälle spezifische Verfahrensregeln zu erlassen, um es den zuständigen Finanzbehörden zu ermöglichen, den steuerlich erheblichen Sachverhalt aufzuklären. … Dass hierdurch faktische Mehrbelastungen für den grenzüberschreitend agierenden Stpfl. resultieren können, widerspricht dem nicht, soweit die mitgliedstaatliche Maßnahme zur Erreichung dieses Ziels geeignet ist und nicht über das hinausgeht, was zur Erreichung des Ziels erforderlich ist. …

45 Entgegen der Auffassung der Klägerin ist das Allgemeininteresse an einer wirksamen Steueraufsicht zur Sicherung eines gleichmäßigen Gesetzesvollzugs unabhängig vom (möglichen) Vorliegen eines Missbrauchs tauglicher **Rechtfertigungsgrund für eine Ungleichbehandlung**. …

46 Die erhöhte Mitwirkungspflicht *[= Erstellung einer Verrechnungspreisdokumentation]* ist in ihrer Ausgestaltung auch verhältnismäßig.

47 Ohne diese Regelung ist es nicht möglich, die Einkünfteabgrenzung zwischen international verbundenen Unternehmen (Verrechnungspreisprüfung) durch die Finanzverwaltung zu prüfen. Wie der Senat durch Urteil vom 17.10.2001 (I R 103/00, BStBl II 2004, 171) entschieden hat, ergibt sich eine Pflicht zur Erstellung von Aufzeichnungen für die Prüfung von Verrechnungspreisen bei der Aufklärung von Sachverhalten mit Auslandsbezug nicht bereits aus den erhöhten Mitwirkungspflichten gemäß § 90 Abs. 2 AO.

48 § 90 Abs. 3 AO geht nicht über das zur Erreichung dieses Zwecks erforderliche Maß hinaus.

49 Insbesondere ist die Ermittlung des Fremdvergleichspreises allein durch die Finanzverwaltung nicht in gleich effektiver Weise möglich. Die zur Vornahme eines Fremdvergleichs erforderlichen Informationen stammen vornehmlich aus der Sphäre des Stpfl., der deshalb besser als die Finanzverwaltung in der Lage ist, die notwendigen Informationen zu dokumentieren.

50 An der Erforderlichkeit fehlt es nicht deshalb, weil die Finanzverwaltung die für die Besteuerung erforderlichen Informationen auch mit den Mitteln der Richtlinie 77/799/EWG des Rates vom 19.12.1977 über die gegenseitige Amtshilfe zwischen den zuständigen Behörden der Mitgliedstaaten … erlangen könnte … .Nach der Rechtsprechung des EuGH schließen sich die **Amtshilfe** und die Mitwirkungspflichten des Stpfl. nicht aus. Sie stehen vielmehr grundsätzlich nebeneinander … und dienen der Sachverhaltsaufklärung in unterschiedlichen Fallgestaltungen. Mitwirkungspflichten – wie § 90 Abs. 3 AO – können die Mitgliedstaaten insbesondere für die Fälle vorsehen, in denen trotz Amtshilfe die Verifikation eines steuerlich erheblichen Sachverhalts sehr schwierig oder gar ausgeschlossen ist. So liegt der Fall hier. Denn die ausländische Finanzverwaltung, die um Auskunft ersucht wird, verfügt ebenso wenig wie die inländische über die notwendigen internen Informationen, sondern wäre ebenso wie diese darauf angewiesen, sie durch Mitwirkung des Stpfl. zu erlangen. Dies gilt beispielsweise für die Markt- und Wettbewerbsverhältnisse des Stpfl., die vereinbarten Bedingungen oder die Daten zu vergleichbaren Geschäften des Stpfl. oder einer ihm nahe stehenden Person mit fremden Dritten.

52 Die grundsätzliche Verhältnismäßigkeit des § 90 Abs. 3 AO kann schließlich nicht mit dem Argument in Frage gestellt werden, einzelne Bestimmungen der den § 90 Abs. 3 AO und die GAufzV ausfüllenden Verwaltungsgrundsätze-verfahren gingen über das zur Sachverhaltsaufklärung erforderliche, zumindest aber angemessene Maß hinaus. Nr. 3.4 der Verwaltungsgrundsätze stellt lediglich eine Verwaltungsvorschrift dar, die keine rechtlichen Verpflichtungen der Stpfl. begründet, sondern ausschließlich die Verwaltung bindet. Sollte das FA gestützt auf die Verwaltungsgrundsätze von überzogenen Anforderungen an die Sachverhalts- und Angemessenheitsdokumentation ausgehen und wegen Nichterfüllung dieser Vorgaben eine Hinzuschätzung vornehmen (§ 162 Abs. 3 AO) oder gemäß §v 162 Abs. 4 AO einen Zuschlag festsetzen, bleibt es der Klägerin unbenommen, sich hiergegen durch Einspruch und Klage zur Wehr zu setzen. …

53 Einer Vorlage an den EuGH zu der Frage der Unionsrechtmäßigkeit des § 90 Abs. 3 AO bedurfte es nicht. Die Rechtslage ist für den erkennenden Senat derart offenkundig, dass für vernünftige Zweifel an der Unionsrechtskonformität des § 90 Abs. 3 AO kein Raum bleibt.

BFH, Urt. v. 3.7.2014 – III R 53/12, BFH/NV 2014, 1919:

Das FG hat zu Recht entschieden, dass das FA den **Erlass von Nachzahlungszinsen** ermessensfehlerfrei abgelehnt hat. Eine Billigkeitsmaßnahme ist nicht geboten, weil die Verrechnungspreiskorrektur dazu geführt hat, dass die Erhöhung der Einkommensteuerschuld der Kl. zu Nachzahlungszinsen geführt hat, während die österreichische GesmbH keine Erstat**tungszinsen beanspruchen kann.**

Die in § 233a AO angeordnete Verzinsung bezweckt, den möglichen Liquiditätsvorteil abzuschöpfen, der einem einzelnen Steuerpflichtigen durch die verspätete Festsetzung der Steuer entsteht. Auf die Frage, ob dem Steuergläubiger insgesamt ein Schaden entstanden ist, kommt es insoweit nicht an. Deshalb ist bei der Frage, ob die Festsetzung von Zinsen unbillig ist, nur auf die Verhältnisse des jeweiligen Zinsschuldners abzustellen; die Verhältnisse eines anderen Rechtssubjekts bleiben insoweit außer Betracht.

FG Münster, Beschl. v. 18.8.2014 – 6 V 1932/14 AO, EFG 2014, 1936:

Der Senat hat bei summarischer Prüfung ernstliche – die Aussetzung der Vollziehung rechtfertigende – Zweifel daran, ob ein **Due Diligence-Bericht** zu den im Rahmen einer Außenprüfung vorlagepflichtigen Urkunden i.S.v. § 200 AO oder sonstigen Unterlagen i.S.v. § 147 Abs. 1 Nr. 5 AO gehört.

Sollte es sich bei einem Due Diligence-Bericht um eine vorlagepflichtige Unterlage handeln, verbleibt weiterhin zweifelhaft, ob dann der gesamte Bericht "en bloc" vorzulegen ist oder nur einzelne Passagen offenbart werden müssen. Denn ein Due Diligence-Bericht ist wegen seines Inhalts und der enthaltenen Informationen eine "Urkunde besonderer Art", die grundsätzlich nicht herausgegeben werden muss.

BFH, Urt. v. 16.12.2014 – X R 29/13, BFH/NV 2015, 790:

1. Voraussetzung für die Datenanforderung ist das Bestehen einer Aufzeichnungspflicht. Die Befugnisse aus § 147 Abs. 6 AO stehen der Finanzbehörde nur in Bezug auf solche Unterlagen zu, die der Steuerpflichtige nach § 147 Abs. 1 AO aufzubewahren hat. Der sachliche Umfang der **Aufbewahrungspflicht** in § 147 Abs. 1 AO wird wiederum grundsätzlich begrenzt durch die Reichweite der zugrunde liegenden **Aufzeichnungspflicht**) (vgl. BFH-Urteil vom 24.06.2009 VIII R 80/06).

9. Dem Datenzugriff unterfallen grundsätzlich auch die Daten aus vorgeschalteten Systemen oder Nebensystemen. Dies ist jedenfalls dann der Fall, wenn die in einem Vorsystem - wie einem Kassensystem - erzeugten (steuerrelevanten und aufbewahrungspflichtigen) Daten in verdichteter Form in das eigentliche Buchführungssystem übergeben werden (vgl. BMF-Schreiben vom 14.11.2014 in BStBl I 2014, 1450).

11. Soweit der Einzelhändler der Ansicht sein sollte, einzelne in der Datei enthaltene Daten seien nicht steuerrelevant, obliegt es ihm, diese zu **selektieren** (sog. Erstqualifikationsrecht; vgl. BMF-Schreiben vom 14.11.2014 in BStBl I 2014, 1450, Rz. 160 ff.). Ist ihm dies nicht möglich, kann er den Zugriff auf die Verkaufsdatei mit den Kasseneinzeldaten nicht verweigern. **Er trägt die Verantwortung und damit auch das Risiko, wenn er steuerrelevante und nicht steuerrelevante Daten ununterscheidbar vermengt haben sollte**).

BFH, Urt. v. 29.7.2015 – X R 4/14, DStR 2015, 2846:

3 Eine Außenprüfung *[bei dem Kläger]* für die Vorjahre hatte zu einer Erhöhung der Erlöse um 8.530,69 DM geführt. Grundlage hierfür war eine Kontrollmitteilung, in der von einer „Ausgleichszahlung" bzw. „Bonuszahlung" der A, einer Geschäftspartnerin des Klägers, die Rede war.

4 Am 16.10.2008 richtete das FA für die Streitjahre *[2002 bis 2004]* ein Auskunftsersuchen betreffend Provisionszahlungen an die A. Diese antwortete am 21.10.2008, dem Kläger in den Jahren 2003 und 2004 insgesamt drei „Ausgleichszahlungen" geleistet zu haben.

5 Am 22.10.2008 richtete das FA – ohne den Kläger hierzu vorab um Auskunft gebeten zu haben – das im vorliegenden Verfahren streitgegenständliche Auskunftsersuchen an die B, einer weiteren Geschäftspartnerin des Klägers … und führte aus: „in der og Steuersache ist die Sachaufklärung mit den Beteiligten nicht möglich.“

7 Am 27.10.2008 legte der Kläger Einspruch gegen das an die B gerichtete Auskunftsersuchen ein *[den das FA als unzulässig verwarf]*.

9 Der Kläger hat in der mündlichen Verhandlung vor dem FG vorgetragen, im Zuge einer aktuell laufenden steuerlichen Außenprüfung seien nach seinem Erkenntnisstand Auskunftsersuchen zu ausländischen Sachverhalten ergangen, ohne dass er zuvor gehört oder befragt worden sei. Die Vertreter des FA konnten in der mündlichen Verhandlung hierzu keine Auskunft geben und erklärten, dass sie sich zu der zukünftigen Praxis bei Auskunftsersuchen nicht äußern wollten.

11 Das FG ging davon aus, die Fortsetzungsfeststellungsklage sei zulässig, da Wiederholungsgefahr drohe *[in Bezug auf weitere Auskunftsersuchen an Dritte]*.

15 Mit der Revisi0on rügt das FA, das FG habe gegen materielles Recht verstoßen.

16 Das FA habe die Vorgaben des § 93 Abs. 1 S. 3 AO eingehalten. Es habe konkrete Hinweise auf nicht vollständig erklärte Betriebseinnahmen gegeben. Zusätzlich zu der einschlägigen Kontrollmitteilung anlässlich der Betriebsprüfung in den Vorjahren habe eine konkrete Auskunft der A zu Provisionszahlungen in der laufenden Bp vorgelegen. Eine anlasslose Ermittlung oder eine solche „ins Blaue hinein“ lägen nicht vor.

17 Der Prüfer habe im Rahmen seiner Prognose durchaus die Antwort des Klägers vorwegnehmen dürfen und von einer voraussichtlichen Erfolglosigkeit einer solchen Anfrage ausgehen können. Die Antwort des Klägers abzuwarten und sich anschließend trotzdem an den Dritten zu wenden, sei eine leere Formalie und verletze den Grundgedanken des § 93 Abs. 1 S. 3 AO.

25 Die Klage ist zulässig. Der Kläger hat ein berechtigtes Interesse an der Feststellung, dass das streitige Auskunftsersuchen des FA rechtswidrig gewesen ist.

26a Im Streitfall haben die Prüfer Auskunft über Provisionen verlangt. Ein solches **Auskunftsersuchen** ist ein anfechtbarer **Verwaltungsakt** iSd § 118 S. 1 AO (vgl. zum Auskunftsersuchen als Verwaltungsakt z.B. Urteil des BFH v. 5.4.1984 – IV R 244/83, BStBl. II 1984, 790). **Aufgrund der am 29.10.2008 von der B erteilten Auskunft hat sich dieser Verwaltungsakt vor der Klageerhebung erledigt.**

28 *[Eine Wiederholungsgefahr]* ist im Streitfall gegeben, weil … das FA nicht ausschließen wollte, auch künftig … wiederum Auskunftsersuchen an Dritte zu richten, ohne dass der Kläger vorher zu dem Sachverhalt befragt werde.

33a Im Rahmen ihrer Verpflichtung, den maßgebenden Sachverhalt zur Durchsetzung materiell-rechtlich begründeter Steueransprüche aufzuklären (§§ 85, 88 AO), darf sich die Finanzbehörde derjenigen Beweismittel bedienen, die sie nach pflichtgemäßem Ermessen zur Ermittlung des Sachverhalts für erforderlich hält. Zu diesen Beweismitteln zählen auch Auskünfte anderer Personen … .

37 Die Finanzbehörden dürfen das nach ihrer Auffassung zweckmäßigste Mittel für die die Feststellung der Besteuerungsgrundlagen auswählen und zwar auch im Hinblick auf eine mögliche Straftat.

39 Danach dürfen Auskünfte von anderen Personen schon dann eingeholt werden, wenn die Finanzbehörde im Rahmen ihrer Tätigkeit – sei es aufgrund konkreter Momente, sei es aufgrund allgemeiner Erfahrung – zu dem Ergebnis gelangt ist, die Auskünfte könnten zur Aufdeckung steuererheblicher Tatsachen führen … .

41 Die in diesem Sinne erheblichen, mitzuteilenden „Tatsachen" müssen lediglich im Rahmen einer Prognoseentscheidung möglich sein. Die Finanzbehörde hat hierüber im Wege einer vorweggenommenen Beweiswürdigung zu befinden. Im Interesse der gesetzmäßigen und gleichmäßigen Besteuerung und zur Verwirklichung des verfassungsrechtlich gebotenen Verifikationsprinzips sind die Anforderungen an diese Prognoseentscheidung nicht zu hoch anzusetzen. Insbesondere darf noch unklar sein, ob der Vorgang steuerbar ist und ob er im Ergebnis zu einer Steuerpflicht führt. § 93 Abs. 1 AO ist nicht auf die Fälle beschränkt, in denen Anhaltspunkte vorliegen, die die Annahme rechtfertigen, dass möglicherweise eine Steuerschuld entstanden oder die Steuer verkürzt worden ist. Nur dann, wenn klar und eindeutig jeglicher Anhaltspunkt für die Steuererheblichkeit fehlt, ist das Auskunftsverlangen rechtswidrig.

42cc Nach § 93 Abs. 1 S. 3 AO sollen andere Personen als die Beteiligten erst dann zur Auskunft angehalten werden, wenn die Sachverhaltsaufklärung durch die Beteiligten nicht zum Ziel führt oder keinen Erfolg verspricht. Durch die Ausgestaltung der Norm als Sollvorschrift kommt zum Ausdruck, dass die Behörde in der Regel nach ihr verfahren muss.

43 Folglich gilt außerhalb der Tätigkeit der Steuerfahndung die besondere Herangehensweise bei Auskunftsersuchen an Dritte: **Vor dem Auskunftsersuchen an Dritte ist im Regelfall der Steuerpflichtige zu befragen.** Dieses **Subsidiaritätsprinzip** ist eine spezielle Ausprägung des Verhältnismäßigkeitsgrundsatzes.

44 Hierdurch wird dem doppelten Zweck des § 93 Abs. 1 S. 3 AO entsprochen. Danach soll zum einen vermieden werden, dass Nichtbeteiligte Einblick in die steuerlich relevanten Verhältnisse der Beteiligten erhalten, zum anderen sollen dem Dritten die mit der Auskunft verbundenen Mühen erspart werden.

46 Ausnahmen vom sog. **Subsidiaritätsprinzip** hat die bisherige BFH-Rechtsprechung dann angenommen, wenn

- der Beteiligte unbekannt ist oder
- der Beteiligte nicht mitwirkt.

49 Es liegt im Interesse des Klägers, dass Dritte jedenfalls zunächst nichts über eine laufende Betriebsprüfung und … möglicherweise nicht erklärte Provisionserlöse erfahren. Er hat ein Anrecht darauf, dass seine Reputation nicht beschädigt wird und seine Geschäftspartner nicht den Eindruck bekommen, er vernachlässige seine steuerlichen Pflichten. Dies ist Ausdruck seines Grundrechts auf **informationelle Selbstbestimmung**.

50 Etwas anders könnte nur gelten, wenn von vornherein feststeht, dass der Beteiligte entweder nicht mitwirken wird oder – was vorliegend allein relevant erscheint – die Erfolglosigkeit seiner Mitwirkung offenkundig ist. Auf letztes kann eine Finanzbehörde aufgrund des bisherigen Verhaltens des Beteiligten bei konkreten nachweisbaren Fakten im Rahmen einer vorweggenommenen Beweiswürdigung schließen.

51 Ermächtigt eine Norm wie § 93 Abs. 1 AO zu Eingriffen in das Recht auf informationelle Selbstbestimmung, so muss dieser – auch im engeren Sinne – verhältnismäßig sein. … Dabei muss beachtet werden, welche Möglichkeiten der Grundrechtsträger hat, eine eventuelle Grundrechtsbeeinträchtigung oder jedenfalls weitere Folgen des Eingriffs abwehren zu können Wird eine Maßnahme heimlich durchgeführt, so ist es dem Betroffenen faktisch verwehrt, sich gegen sie im Voraus zu Wehr zu setzen.

53 Im Streitfall konnte die Finanzbehörde im Rahmen der vorweggenommenen Beweiswürdigung nicht aufgrund konkreter Tatsachen davon ausgehen, dass die Mitwirkung des Klägers erfolglos bleiben wird.

FG Köln, Urt. v. 14.4.2016 – 2 K 1205/15, (Rev. eingelegt; Az. BFH: 2 K 1205/15):

1 Zwischen den Beteiligten ist streitig, ob ein **Verständigungsverfahren** einzuleiten ist oder ob der Kläger insoweit die **Antragsfrist versäumt** hat.

2 Der Kläger hat seinen Wohnsitz in der Bundesrepublik Deutschland. Im Streitjahr 2005 war er als Geschäftsführer der in der Schweiz ansässigen B-AG tätig. Aus dieser Tätigkeit erzielte er Einkünfte aus nichtselbständiger Tätigkeit. Diese Einkünfte wurden sowohl in der Schweiz als auch in der Bundesrepublik Deutschland der Einkommensteuer unterworfen.

5 Die bezüglich des Streitjahres 2005 am 24.2.2011 beim zuständigen FG Baden-Württemberg eingelegte Klage war mangels wirksamen Einspruchs unzulässig.

6 Mit Schreiben vom 9.12.2011 stellte der Kläger einen Antrag auf Einleitung eines Verständigungsverfahrens nach Art. 26 Abs. 1 DBA-Schweiz.

7 Mit Bescheid vom 14.4.2015 wurde der Antrag wegen Versäumung der Antragsfrist im Wesentlichen mit folgenden Argumenten abgelehnt:

8 Der Kläger habe die in dem BMF-Schreiben vom 13.7.2006 (Merkblatt zum internationalen Verständigungs- und Schiedsverfahren auf dem Gebiet der Steuern vom Einkommen und vom Vermögen, BStBl I 2006, 461) in Tz. 2.2.3. geregelte Vierjahresfrist nicht eingehalten.

10 Die Vierjahresfrist des BMF-Schreibens … korrespondiere im Übrigen mit der regulären Festsetzungsfrist nach §169 Abs. 2 Nr. 2 AO, die anzuwenden sei, da insoweit eine vergleichbare Situation vorliege.

11 Im Übrigen sei der allgemeine Rechtsgrundsatz der Verwirkung, also der illoyalen Rechtsausübung aufgrund zeitlicher Verspätung, einschlägig.

44 Die Klage ist zulässig und begründet.

46 **Die vom Beklagten angewandte Antragsfrist entbehrt einer rechtlichen Grundlage und hat folglich keine Geltung.**

47 Die Antragsfrist ist weder in dem DBA-Schweiz noch in dem Transformationsgesetz vom 5.9.1972 (BGBl. II 1972, 1021), zuletzt vom 2.11.2011 (BGBl. II 2011, 1090), enthalten. Soweit das OECD-MA in Art. 25 Abs. 1 Satz 2 eine dreijährige Frist vorsieht, ist diese unbeachtlich, da sie keine Bindungswirkung zwischen den Vertragsstaaten des DBA-Schweiz hat. Auch im Übrigen ist keine Rechtsgrundlage ersichtlich. Insbesondere das Merkblatt des BMF vom 13.7.2006 (BStBl I 2006, 461) stellt als reine Verwaltungsregelung keine Rechtsgrundlage dar.

48 Die Frist des BMF-Merkblatts (Abschn. 2.2.3.) ist auch nicht als Ermessensrichtlinie erheblich.

49 Art. 26 DBA-Schweiz ist keine Ermessensvorschrift.

50 Dem Wortlaut nach normiert Art. 26 Abs. 2 DBA-Schweiz folgendes: Hält die zuständige Behörde die Einwendung für begründet und ist sie selbst nicht in der Lage, eine befriedigende Lösung herbeizuführen, so wird sie sich bemühen, den Fall durch Verständigung mit der zuständigen Behörde des anderen Vertragsstaates so zu regeln, dass eine dem Abkommen nicht entsprechende Besteuerung vermieden wird. Das heißt, dass immer dann, wenn die abkommenswidrige Besteuerung gegeben ist, und die zuständige Behörde diese nicht durch Abhilfe im eigenen Staat beseitigen kann, ein Bemühen um bilaterale Verständigung vorgesehen ist. **Das Bemühen um bilaterale Verständigung beginnt mit der Einleitung des Verständigungsverfahrens. Nach Auffassung des Senats besteht insoweit kein Ermessen der zuständigen Behörde**. Das Bemühen steht nicht im Ermessen der Behörde, sondern ist als Rechtsfolge vorgesehen, sofern die Voraussetzungen des Art. 26 DBA-Schweiz vorliegen.

52 Der BFH hatte in seinem Urteil vom 26.5.1982 (I R 16/78, BStBl. II 1982, 583) zwar entschieden, dass der zuständigen Behörde ein Ermessen hinsichtlich der Einleitung des Verständigungsverfahrens nach dem DBA-Schweiz zustehe. Allerdings betrifft diese Entscheidung das DBA-Schweiz in seiner Fassung von 1931/1959. Die im Streitfall anwendbare Fassung des DBA-Schweiz weicht hiervon ab.

54 Auch die Verwaltung selbst sieht in dem BMF-Merkblatt vom 13.7.2006 keine Ermessensausübung vor, wenn die materiellen Voraussetzungen für das Verständigungsverfahren hinreichend dargelegt sind (s. Abschn. 2.4.3. des BMF-Merkblatts vom 13.7.2006). Denn dann „leitet" das BZSt hiernach das Verständigungsverfahren ein. Es besteht kein Ermessensspielraum. Insbesondere ist der noch im Vorgängermerkblatt von 1997 enthaltene Hinweis auf ein Ermessen und auf das BFH-Urteil von 1982 entfallen.

56 Entgegen der Auffassung des Beklagten ergibt sich die Rechtmäßigkeit der Frist auch nicht aus einer entsprechenden Anwendung von § 169 Abs. 2 Satz 1 Nr. 2 AO. Insoweit ist bereits keine Regelungslücke gegeben.

FG Köln, Urt. v. 18.1.2017– 2 K 930/13:

61 Der Verpflichtung zur Einleitung eines Verständigungsverfahrens steht ... Art. 8 Abs. 1 der EU-Schiedskonvention entgegen. Danach ist die zuständige Behörde – hier der Beklagte – zur **Einleitung eines Verständigungsverfahrens nicht verpflichtet**, wenn durch ein Gerichts- oder Verwaltungsverfahren endgültig festgestellt ist, dass eines der beteiligten Unternehmen durch Handlungen, die eine Gewinnberichtigung gem. Art. 4 der EU-Schiedskonvention zur Folge haben, einen **empfindlich zu bestrafenden Verstoß gegen steuerliche Vorschriften** begangen haben.

62 Das Abgrenzungsmerkmal „empfindlich zu bestrafender Verstoß gegen steuerliche Vorschriften" hat die Bundesrepublik durch einseitige Erklärung näher bestimmt, um rechtsstaatlichen Erfordernissen zu genügen. Diese einseitige Erklärung ist Teil der Schiedskonvention und wurde in deutsches Recht mit umgesetzt (BGBl 1993 II, 1308, 1312). Nach der Erklärung gehört dazu „jeder Verstoß gegen die Steuergesetze, der mit Freiheitsstrafe, Geldstrafe oder Bußgeld geahndet wird", schließt also Ordnungswidrigkeiten ein. In Betracht kommen damit grundsätzlich alle in §§ 369 bis 394 AO enthaltenen Straftaten bzw. Steuerordnungswidrigkeiten. Als „empfindlich zu bestrafen" wird typisierend jede mit diesen Sanktionen geahndete Tat behandelt, ohne dass es auf die Höhe der Strafe/des Bußgeldes ankommt. Diese typisierende, allgemeine Abgrenzung entspricht der in anderen EU-Mitgliedstaaten (vgl. Menck in Gosch/Kroppen/Grotherr, DBA, Art. 25 OECD-MA, C. Anhang, IV. EU-Schiedsstellenübereinkommen, Art. 8, Rz. 2f.).

63 Ein solcher empfindlich zu bestrafender Verstoß gegen steuerliche Vorschriften i.S.d. Art. 8 Abs. 1 der EU-Schiedskonvention ist – unabhängig von der einseitigen Erklärung Deutschlands – jedenfalls im Falle einer Steuerhinterziehung gegeben.

65 Der Geschäftsführer der Klägerin zu 1) wurde mit Strafbefehl zu einer Gesamtgeldstrafe von 200 Tagessätzen wegen Beihilfe zur Steuerhinterziehung bei der Klägerin zu 2) in sechs Fällen rechtskräftig verurteilt. In diesem Zusammenhang wurde somit endgültig festgestellt, dass im Hinblick auf „eines der beteiligten Unternehmen", nämlich der Klägerin zu 2), eine Steuerhinterziehung begangen wurde. Diese Steuerhinterziehung wurde durch die Verurteilung von Herrn R auch empfindlich bestraft.

67 Soweit die Klägerin zu 1) einwendet, die einseitige Erklärung Deutschlands sei zu weit und führe dadurch zu einer Aushöhlung des gebundenen Anspruchs auf Einleitung des Verständigungsverfahrens, so kann dem nicht gefolgt werden. Sie weicht insbesondere nicht in erheblichem Maße von den einseitigen Erklärungen anderer EU-Länder ab. Soweit in Tz. 3 des überarbeiteten Verhaltenskodex vom 30. Dezember 2009 (a.a.O.) ausgeführt wird, dass „den Mitgliedstaaten in Anbetracht der seit 1995 gewonnenen praktischen Erfahrungen empfohlen [wird], ihre einseitigen Erklärungen im Anhang zum Schiedsübereinkommen zu präzisieren oder zu überarbeiten, um besser zum Ausdruck zu bringen, dass ein empfindlich zu bestrafender Verstoß nur in Ausnahmefällen, etwa bei Betrug, vorliegt", so ist diese Empfehlung nicht geeignet, die Legaldefinition der einseitigen Erklärung Deutschlands, der aufgrund der Umsetzung Gesetzesqualität zukommt, auszuhebeln. Auch lässt sich daraus nicht ableiten, dass die einseitige Erklärung Deutschlands zu weitgehend ist.

68 Die Garantie der Vermeidung der Doppelbesteuerung wird nur eingeschränkt, wenn die Straftat/Ordnungswidrigkeit „die Gewinnberichtigung gem. Art. 4 der EU-Schiedskonvention zur Folge hatte". Grundgedanke ist, dass sie für in strafbarer Weise verkürzte Steuern nicht gewährt werden soll (vgl. Menck in Gosch/Kroppen/Grotherr, DBA, Art. 25 OECD-MA, C. Anhang, IV. EUSchiedsstellenübereinkommen, Art. 8, Rz. 5). Damit wird in zeitlicher und sachlicher Hinsicht die Verbindung zum Gegenstand des Verständigungs- und Schlichtungsverfahrens hergestellt. Taten, die sachlich und zeitlich mit dem Gegenstand dieser Verfahren nichts zu tun haben, bleiben außer Betracht. Eine Tat hat eine Gewinnberichtigung gem. Art. 4 der EU-Schiedskonvention zur Folge, wenn i.S.d. Art. 4 Nr. 1 der EU-Schiedskonvention Bedingungen unter Abweichung vom Grundsatz des fremdüblichen Verhaltens vereinbart oder auferlegt oder i.S.d. Art. 4 Nr. 2 der EU-Schiedskonvention Gewinne unter Abweichung vom Grundsatz des fremdüblichen Verhaltens zugerechnet werden und dadurch der Gewinn geschmälert wird. Dabei spielt es keine Rolle, ob die Abweichung vom Grundsatz des fremdüblichen Verhaltens als solche mit Strafe oder Bußgeld bedroht ist oder erst die Abgabe der Steuererklärung mit dem zu niedrig ausgewiesenen Gewinn den Straf- oder Bußgeldtatbestand darstellt (vgl. Krabbe in Debatin/Wassermeyer, DBA, Art. 8, Rz. 3). Schädlich sind demnach Vorgänge, die zur unrichtigen Darstellung der Gewinne führen (vgl. Menck in Gosch/Kroppen/Grotherr, DBA, Art. 25 OECD-MA, C. Anhang, IV. EU-Schiedsstellenübereinkommen, Art. 8, Rz. 6).

69 In Anwendung dieser Grundsätze geht der Einwand der Klägerin zu 1), dass die erforderliche Kausalität zwischen der Gewinnberichtigung nach Art. 4 der EU-Schiedskonvention und dem Steuervergehen nicht gegeben sei, weil sich die strafrechtlich als verkürzt festgestellte Steuer nicht komplett mit dem sich aus der Korrektur ergebenden Mehrergebnis der steuerlichen Betriebsprüfung decke, ins Leere. Denn die mittels eines Antrags auf Einleitung des Verständigungsverfahrens dargestellte Doppelbesteuerung hängt sowohl inhaltlich als auch zeitlich mit dem erlassenen Strafbefehl zusammen.

70 Insbesondere kann die Tatsache, dass strafrechtlich nur ein Teil der verkürzten Steuer geahndet wurde, keine teilweise Einleitung des Verständigungsverfahrens nach sich ziehen.

73 Die zuständige Behörde kann nach ihrem Ermessen die Einleitung des Verständigungsverfahrens verweigern. Das Verständigungsverfahren wird zwar nach Art. 6 Abs. 2 der EU-Schiedskonvention von der zuständigen Behörde eines Vertragsstaats in Gang gesetzt, unter Einleitung des Verständigungsverfahrens i.S.d. Abs. 1 ist jedoch auch die Reaktion der zuständigen Behörde des anderen Vertragsstaates gemeint, so dass das Verfahren von jeder zuständigen Behörde blockiert werden kann (vgl. Krabbe in Debatin/Wassermeyer, DBA, Art. 8, Rz. 5).

78 Die Revision wird wegen grundsätzlicher Bedeutung der Sache zugelassen, § 115 Abs. 2 Nr. 1 FGO.

FG Düsseldorf, Urt. v. 4.4.2017 – 6 K 1128/15 AO, EFG 2017, 1052 (NZB anhängig; Az. des BFH: I B 55/17):

Auskunfts- und Vorlageverlangen des Betriebsprüfers sind i.d.R. **nicht selbständig anfechtbare** Vorbereitungshandlungen

24 Im Streitfall fehlt es an einer anfechtbaren, verbindlichen Regelung im Sinne eines Verwaltungsaktes. Ein **Verwaltungsakt** ist nach § 118 Satz 1 AO jede Verfügung, Entscheidung oder andere hoheitliche Maßnahme, die eine Behörde zur Regelung eines Einzelfalles auf dem Gebiet des öffentlichen Rechts trifft und die auf unmittelbare Rechtswirkung nach außen gerichtet ist. Die Auskunfts- bzw. Vorlageverlangen des Beklagten sind keine Verwaltungsakte, weil es am Merkmal der rechtlichen "Regelung" fehlt.

25 Bereits mit der Prüfungsanordnung verbunden ist die Anordnung einer allgemeinen Duldungspflicht. § 200 AO verpflichtet den Steuerpflichtigen zur Mitwirkung. Sofern eine Prüfungsanfrage den prüfungsbefangenen Zeitraum betrifft, handelt es sich im Regelfall daher um eine nicht selbständige anfechtbare Vorbereitungshandlung, welche von der Prüfungsanordnung gedeckt ist (Gosch in Beermann/Gosch, AO/FGO, § 196 AO Rn. 107; Kuhfus/Schmitz, Steuer und Wirtschaft 1992, 333, 335). Zu diesen Vorbereitungshandlungen gehören alle im Rahmen eines Verwaltungsverfahrens ergehenden Maßnahmen, die zwar geeignet sind, dieses zu fördern, die es aber nicht abschließen (BFH-Urteil vom 20. April 1988 I R 67/84, Bundessteuerblatt – BStBl. – II 1988, 927 m.w.N.).

26 Etwas anderes gilt lediglich dann, wenn der Prüfer deutlich macht, dass sein Verlangen isoliert neben der eigentlich, durch die Prüfungsanordnung eingeleiteten Außenprüfung steht (Gosch in Beermann/Gosch, AO/FGO, § 196 AO Rn. 109). Dementsprechend liegt ein anfechtbarer **Verwaltungsakt** vor, wenn der Steuerpflichtige die Aufforderung, bestimmte Fragen zu beantworten und bezeichnete Unterlagen vorzulegen, **nach ihrem objektiven Erklärungsinhalt als Maßnahme zur Schaffung einer Rechtsgrundlage für die Einleitung eines Erzwingungsverfahrens verstehen musste** (BFH-Urteil vom 10. November 1998 VIII R 3/98, BStBl. II 1999, 199). Wenn hingegen das auferlegte Verhalten im Falle einer Weigerung nicht zwangsweise durchgesetzt werden kann, ist in Abgrenzung hierzu von einer bloßen Vorbereitungshandlung auszugehen (BFH-Urteil vom 20. April 1988 I R 67/84, BStBl. II 1988, 927 m.w.N.).

27 Die streitgegenständlichen Auskunfts- und Vorlageverlangen des Beklagten entsprechen dem Typ einer Maßnahme ohne unmittelbare Rechtswirkung. Von der Einleitung eines Erzwingungsverfahrens musste die Klägerin unter Berücksichtigung sämtlicher Äußerungen des Beklagten nicht ausgehen. Der Beklagte hat zwar in seinem Schreiben vom 6. Oktober 2014 darauf hingewiesen, dass nach seinerzeitigem Informationsstand eine „Einkommenshinzurechnung“ und ein „Strafzuschlag“ im Sinne des § 162 Abs. 4 AO anstehe, sollte er anhand der verlangten Unterlagen und der verlangten Auskünfte nicht zu einer anderen Erkenntnis gelangen. Darüber hinaus ergibt sich aus der email des früheren steuerlichen Beraters der Klägerin ... vom 26. Juli 2014, dass die Betriebsprüferin ... die Festsetzung von Straf- und Verspätungszu-

schlägen angekündigt hat, sofern die Klägerin „nichts aus Sicht der Finanzverwaltung verwertbares zur Verfügung“ stellen würde.

28 Beides betrifft jedoch nur etwaige Schlussfolgerungen, die der Beklagte im Rahmen der laufenden Betriebsprüfung ggf. zu ziehen bereit wäre und welche durch die Vorlage der angeforderten Unterlagen aus Sicht des Beklagten ggf. abgewendet werden könnten. Das **Aufzeigen denkbarer steuerlicher Konsequenzen** bei einer Nichtvorlage von Unterlagen spricht aber gerade nicht für die Einleitung eines Erzwingungsverfahrens zur Erlangung dieser Unterlagen. Dass jedwede Reaktion des Steuerpflichtigen auf eine Anfrage des Betriebsprüfers (sei es die Vorlage von Unterlagen oder wie im Streitfall die Verweigerung der Vorlage von Unterlagen) eine gedankliche Würdigung beim Betriebsprüfer und somit - mittelbar - eine steuerliche Konsequenz auslöst, ist zunächst einmal eine Selbstverständlichkeit. Dies allein führt noch nicht dazu, dass jedwede Anfrage des Betriebsprüfers während der laufenden Betriebsprüfung einen eigenständigen Verwaltungsakt darstellt.

29 Nach Wortlaut und Duktus konnte ein objektiver Dritter sowohl die Prüferanfrage Nr. 17 vom 16.April 2014 als auch das Schreiben des Beklagten vom 6. Oktober 2014 gerade nicht als Maßnahme zur Schaffung einer Rechtsgrundlage für die Einleitung eines Erzwingungsverfahrens verstehen. So heißt es in der Prüferanfrage Nr. 17: „[…] ich bitte Sie um die Beantwortung der nachfolgenden Fragen und um Vorlage der gewünschten Unterlagen.“ Im Schreiben vom 6. Oktober 2014 führt der Beklagte aus: „Vor diesem Hintergrund hatten wir uns darauf verständigt, dass die Betriebsprüfung Ihnen nunmehr eine letzte Gelegenheit gibt, die noch offenen Fragen zu beantworten, andernfalls die Betriebsprüfung wie oben dargestellt abgeschlossen wird.“ An anderer Stelle heißt es: „Sämtliche nun angeforderten Unterlagen dienen nur noch dazu den Schätzungsrahmen zu verifizieren.“ Der Beklagte lässt somit keinen Zweifel daran, dass er die „Bitte“ um die Vorlage von Unterlagen primär als Gelegenheit für die Klägerin versteht, eine ohnehin vorzunehmende Schätzung im Hinblick auf die Höhe günstig zu beeinflussen. Explizit erklärt der Beklagte, dass er beabsichtigt, die Betriebsprüfung abzuschließen, wenn die Klägerin dieser Bitte weiterhin nicht nachkommen sollte. Als Verwaltungsakte, deren Durchsetzung ggf. erzwungen werden soll, stellen sich die Vorlageverlangen unter Berücksichtigung des objektiven Empfängerhorizonts hingegen nicht dar.

30 Insofern gilt im Hinblick auf die streitgegenständlichen Vorlageverlangen nichts anderes als bei dem Verlangen der Empfängerbenennung nach § 160 Satz 1 AO. Ein solches Verlangen ist nach ständiger Rechtsprechung kein Verwaltungsakt, sondern eine nicht selbständig anfechtbare Vorbereitungshandlung (BFH-Urteile vom 12. September1985 VIII R 371/83, BStBl. II 1986, 537; vom 20. April 1988 I R 67/84, BStBl. II 1988, 927; vom 5. November 1992 I R 8/91, BFH/NV 1994, 357), obwohl der Steuerpflichtige regelmäßig mit steuerlichen Konsequenzen in Form der Nichtberücksichtigung von Ausgaben und Schulden zu rechnen hat, wenn er dem Benennungsverlangen nicht nachkommt. Die Erwartung derartiger Konsequenzen ändert aber nichts daran, dass es sich bei dem Auskunftsverlangen um eine Maßnahme ohne unmittelbare Rechtswirkung handelt (BFH-Urteil vom 20. April 1988 I R 67/84, BStBl. II 1988, 927 m.w.N.).

31 Insbesondere Zwangsmittel i.S.d. §§ 328 ff. AO hat die Klägerin im Streitfall nicht zu befürchten. Im Hinblick auf die angeforderten Unterlagen aus ... wären solche Maßnahmen rechtwidrig, da für die Klägerin gesellschaftsrechtlich keine Möglichkeit besteht, diese Unterlagen zu erlangen. Derartige Maßnahmen sind vom Beklagten dementsprechend schon gar nicht angedroht worden und – legt man die vom Beklagten getätigten Äußerungen zugrunde – auch nicht beabsichtigt. Vielmehr betont der Beklagte wiederholt, dass ihm daran gelegen sei, dass das FG feststelle, dass die Klägerin im Hinblick auf die angeforderten Unterlagen Beweisvorsorgepflichten träfen. Daran wird deutlich, dass den Vertretern des Beklagten durchaus bewusst ist, die Unterlagen von der Klägerin nicht zwangsweise herausverlangen zu können, sondern dass es ihnen stattdessen um die Klärung der Frage geht, ob die Klägerin nicht im Vorfeld eine entsprechende Beweisvorsorge hätte treffen müssen. Die Klärung dieser Frage muss aber aus oben genannten Gründen einem etwaigen Verfahren gegen vom Beklagten etwaig zu erlassende Steuerbescheide vorbehalten bleiben. Etwas anderes ergibt sich auch nicht daraus, dass der Beklagte die Vorlageverlangen … als Verwaltungsakte bezeichnet hat. …

32 Schließlich kann auch dem Urteil des BFH vom 28. September 2011 (VIII R 8/09, BStBl. II 2012, 395) entgegen der Auffassung der Klägerin nicht entnommen werden, dass der BFH bereits bei einem Hinweis auf eine Schätzungsmöglichkeit von einer Erzwingbarkeit eines Auskunftsverlangens ausgehe. Nach dem diesem Urteil zugrundeliegenden Sachverhalt hatte der Betriebsprüfer in einem ersten Auskunftsverlangen vom 8. März 2005 auf § 162 Abs. 1 und 2 AO hingewiesen. Im Urteil heißt es: „Im Streitfall zeigt aber die mit einer Androhung von Zwangsmitteln verbundene Wiederholung der Aufforderung zu einem späteren Zeitpunkt gerade, dass es sich um ein erzwingbares (Auskunfts-)Verlangen […] handelte.“ Daraus ergibt sich, dass die mit der Androhung von Zwangsmitteln verbundene Aufforderung gerade nach dem 8. März 2005 erfolgt sein muss, da es sich offenbar um eine spätere Wiederholung der Aufforderung handelte. Aus dem Kontext ergibt sich somit, dass jedenfalls nicht der Hinweis auf § 162 AO vom BFH als Androhung eines Zwangsmittels verstanden wurde.

34 Auch im Übrigen ist die Klage unzulässig. Der hilfsweise gestellte Feststellungsantrag der Klägerin ist unzulässig. Nach § 41 Abs. 1 FGO kann durch Klage die Feststellung des Bestehens oder Nichtbestehens eines Rechtsverhältnisses begehrt werden, wenn der Kläger ein berechtigtes Interesse an der baldigen Feststellung hat. Gemäß § 41 Abs. 2 Satz 1 FGO fehlt es an einem berechtigten Feststellungsinteresse, wenn der Kläger sein Recht durch eine Gestaltungsoder Leistungsklage verfolgen kann oder hätte verfolgen können. Im Streitfall kann die Klägerin ihr Rechtsschutzbegehren im Steuerfestsetzungsverfahren verfolgen. Stellt die Prüferhandlung – wie im Streitfall das Vorlageverlangen – keinen selbständig anfechtbaren Verwaltungsakt dar, kann die (von der Klägerin behauptete) Rechtswidrigkeit der Prüfungshandlung erst im Veranlagungsverfahren eingewendet werden (BFH-Urteil vom 14. August 1985 I R 188/82, BStBl. II 1986, 2 m.w.N.; vgl. auch von Groll in Gräber, FGO, § 41 Rn. 33).

FG Köln, Beschl. v. 23.05.2017 – 2 V 2498/16, EFG 2017, 1322 (rechtskräftig):

1. Ein Amtshilfeersuchen einer deutschen Finanzbehörde an eine andere Finanzbehörde eines Mitgliedstaats der EU im Vorfeld einer geplanten **gemeinsamen Betriebsprüfung** i.S. des § 12 EUAHiG ist, nachdem die deutsche Finanzbehörde ihre Ermittlungsmöglichkeiten im Inland ausgeschöpft hat, zulässig, um den Untersuchungsgrundsatz zu erfüllen und an voraussichtlich erhebliche Informationen zur Frage der Angemessenheit von Verrechnungspreisen einer in Hongkong ansässigen Tochtergesellschaft und der Gewinnverteilung im Konzern zu gelangen. Darauf ob die übermittelte Information für Zwecke der deutschen Besteuerung tatsächlich relevant ist, kommt es nicht an und dies macht das ursprüngliche Ersuchen nicht unzulässig (Rn. 62, Rn. 65, Rn. 73).

2. Es lässt sich nicht aus § 12 EUAHiG folgern, dass gleichzeitig durchzuführende Betriebsprüfungsverfahren auch gleichzeitig beginnen müssen (Rn. 77).

3. Die Durchführung einer gleichzeitigen bilateralen Betriebsprüfung ist **unabhängig von der Zustimmung** des zu prüfenden Steuerpflichtigen möglich (Rn.78).

4. Die Informationsweitergabe zum Zwecke der Vorbereitung, Vereinbarung und Durchführung einer gleichzeitigen Betriebsprüfung steht dem **Steuergeheimnis** gem. § 30 Abs. 4 Nr. 2 AO i.V.m. § 117 AO **nicht entgegen**, so dass kein Anordnungsanspruch i.S. des § 114 Abs. 1 FGO gegeben ist, der deutschen Finanzverwaltung zu untersagen mit der Finanzverwaltung eines Mitgliedstaats der EU eine gleichzeitige Betriebsprüfung der in Deutschland ansässigen GmbH und der im anderen Mitgliedstaat ansässigen Muttergesellschaft zu vereinbaren und durchzuführen (Rn. 54, Rn. 57).

53 Die Antragstellerin begehrt den Erlass einer Sicherungsanordnung, denn durch die gerichtliche Anordnung möchte sie verhindern, dass der Antragsgegner mit der Finanzverwaltung der Niederlande in Kontakt tritt, dieser Informationen über die Antragstellerin übermittelt und eine gleichzeitige Betriebsprüfung der Antragstellerin und der A NL vereinbart und durchführt.

54 Ein Anordnungsanspruch ist jedoch nicht gegeben.

55 Ein solcher ergibt sich nicht aus § 1004 Abs. 1 S. 1 BGB analog i.V.m. § 30 AO im Hinblick auf die Weiterleitung von Informationen zur Vorbereitung und Vereinbarung einer gleichzeitigen Betriebsprüfung, denn die Antragstellerin hat eine entsprechende Informationsweitergabe gemäß § 1004 Abs. 2 BGB zu dulden.

56 § 30 Abs. 4 Nr. 2 AO erlaubt die Offenbarung der Verhältnisse eines Steuerpflichtigen, soweit sie durch Gesetz ausdrücklich zugelassen ist. Zu diesen Gesetzen gehören auch die Rechtsgrundlagen der Auskunftserteilung bzw. -einholung (Bozza-Bodden, DStJG Band 36, 2013, 133, 154).

57 Die Informationsweitergabe zum Zwecke der Vorbereitung, Vereinbarung und Durchführung einer gleichzeitigen Betriebsprüfung ist zulässig, da sie durch Gesetz ausdrücklich zugelassen ist. Das **Steuergeheimnis steht einer Informationsweitergabe gemäß § 30 Abs. 4 Nr. 2 AO nicht entgegen**, da dem Antragsgegner gemäß § 117 Abs. 1 AO das Recht zusteht, zwischenstaatliche Amtshilfe in Anspruch zu nehmen und gemäß Abs. 2 zwischenstaatliche Amtshilfe zu leisten, da die Voraus-

setzungen für die Vereinbarung einer gleichzeitigen Prüfung gemäß § 12 EUAHiG vorliegen.

58 Gemäß § 117 Abs. 1 AO können Finanzbehörden zwischenstaatliche Amtshilfe nach Maßgabe des deutschen Rechts in Anspruch nehmen. Gemäß Abs. 2 können die Finanzbehörden zwischenstaatliche Amtshilfe aufgrund innerstaatlich anwendbarer völkerrechtlicher Vereinbarungen, innerstaatlich anwendbarer Rechtsakte der Europäischen Union sowie des EU- Amtshilfegesetzes (EUAHiG, welches die Richtlinie 2011/16/EU des Rates vom 15.2.2011 umsetzt) leisten.

59 Gemäß § 1 Abs. 1 EUAHiG regelt das Gesetz den Austausch von voraussichtlich erheblichen Informationen in Steuersachen zwischen Deutschland und anderen Mitgliedstaaten der Europäischen Union. Es ist anzuwenden auf jede Art von Steuern, die von einem oder für einen Mitgliedstaat für dessen Gebiets- oder Verwaltungseinheiten einschließlich der örtlichen Behörden erhoben werden. Ausnahmen regelt Abs. 2.

60 Nach § 12 Abs. 1 EUAHiG kann auf Vorschlag einer Finanzbehörde das zentrale Verbindungsbüro (im vorliegenden Fall der Antragsgegner) mit einem oder mehreren Mitgliedstaaten vereinbaren, im jeweils eigenen Hoheitsgebiet eine gleichzeitige Prüfung einer oder mehrerer Personen von gemeinsamem oder ergänzendem Interesse durchzuführen. Soweit nach § 4 EUAHiG zulässig, sind die hierbei erlangten Informationen sowie die für die Vereinbarung der Prüfung im Vorfeld erforderlichen Kenntnisse auszutauschen.

61 Gemäß § 12 Abs. 2 EUAHiG bestimmt die Finanzbehörde, welche Personen oder welche Personen sie für eine gleichzeitige Prüfung vorschlägt. Das zentrale Verbindungsbüro unterrichtet die betroffenen Mitgliedstaaten darüber, begründet die Auswahl und gibt den Zeitraum an, in welchem die gleichzeitige Prüfung durchgeführt werden soll.

62 Gemäß § 199 Abs. 1 AO hat die Betriebsprüfung die tatsächlichen rechtlichen Verhältnisse, die für die Besteuerungspflicht und die Bemessung der Steuer maßgebend sind, zu Gunsten und zu Ungunsten des Steuerpflichtigen zu prüfen. Die Finanzbehörde trägt also die Verantwortung für die Sachaufklärung, sie hat zugleich die **Verfahrensherrschaft** bei der Sachaufklärung. **Sie bestimmt Art und Umfang der Ermittlungen** (Seer in Tipke/Kruse, § 199 AO, Rn. 1 mit Verweis auf § 88, Rn. 1). Soweit eigene Sachaufklärungen im Ausland unzulässig sind, muss sich die Finanzbehörde der zwischenstaatlichen Amtshilfe bedienen, um dem **Untersuchungsgrundsatz** zu entsprechen (Seer in Tipke/Kruse, § 88 Rn. 6).

63 Amtshilfeersuchen deutscher Finanzbehörden an ausländische Behörden stehen im Ermessen der deutschen Finanzverwaltung. Grundsätzlich **muss die begehrte Auskunft für Zwecke der deutschen Besteuerung erforderlich** sein. Dieser für die Amtshilfe allgemeingültige Grundsatz ergibt sich aus § 111 Abs. 1 AO, aber auch aus § 6 Abs. 1 S. 2 EUAHiG, wonach eine Finanzbehörde befugt ist, um „sachdienliche behördliche Ermittlungen" zu ersuchen. Es entspricht der Rechtsprechung des EuGH, dass ein auf der Richtlinie 2011/16 beruhendes Informationsersuchen eines Mitgliedstaates an einen anderen Mitgliedstaat voraussetzt, dass die begehrte Infor-

mation für eine Besteuerung im ersuchenden Staat „voraussichtlich erheblich ist" (EuGH vom 16.5.2017, C-682/15, BERLIOZ Investment Fund S.A.). Für die Vorbereitung einer gleichzeitigen Prüfung wurde dies in § 12 Abs. 1 S. 2 EUAHiG durch den Verweis auf § 4 ausdrücklich geregelt.

64 Mit dem Tatbestandsmerkmal der „**voraussichtlichen Erheblichkeit**" wurde der OECD-Standard (vgl. Art. 26 OECD-MA) im EUAHiG übernommen. Hierdurch soll gewährleistet werden, dass ein Informationsaustausch in Steuerangelegenheiten im größtmöglichen Umfang stattfindet (Schwarz in Schwarz/Pahlke, § 1 EUAHiG, Rn. 3). Zugleich soll klargestellt werden, dass es den Mitgliedstaaten nicht gestattet ist, sich an Beweisausforschungen ("Fishing Expeditions") zu beteiligen oder um Informationen zu ersuchen, bei denen es unwahrscheinlich ist, dass sie für die Steuerangelegenheiten eines bestimmten Steuerpflichtigen erheblich sind (vgl. Begründung zum Entwurf des EUAHiG vom 25. Mai 2012, BR-Drucks. 302/12, S. 66 f.; FG Köln, Beschluss vom 07. September 2015, 2 V 1375/15, EFG 2015, 1769; EuGH vom 16.5.2017, C-682/15, BERLIOZ).

65 Das Tatbestandsmerkmal der „voraussichtlichen Erheblichkeit" verlangt, dass zum Zeitpunkt des Ersuchens und der Informationsweitergabe eine vernünftige Möglichkeit aus Sicht des ersuchenden Vertragsstaates besteht, dass die begehrte Information für steuerliche Zwecke relevant sein wird (vgl. EuGH vom 16.5.2017, C-682/15, BERLIOZ; FG Köln, Beschluss vom 07. September 2015, 2 V 1375/15, EFG 2015, 1769; Hendricks in Debatin/Wassermeyer, DBA, Art. 26 Rn. 29; Czakert in Schönfeld/Ditz, DBA, Art. 26 Rn. 55). Die Daten müssen für die Subsumtion unter Besteuerungstatbestände des ersuchenden Vertragsstaates von Bedeutung sein (Hendricks in Debatin/Wassermeyer, DBA, Art. 26 Rn. 29). Darauf, ob die Information nach ihrer Übermittlung tatsächlich relevant ist, kommt es nicht an und dies macht das ursprüngliche Ersuchen nicht unzulässig (Hendricks in Debatin/Wassermeyer, DBA, Art. 26 Rn. 29; Czakert in Schönfeld/Ditz, DBA, Art. 26 Rn. 55).

66 Nach dieser Maßgabe ist der beabsichtigte Informationsaustausch für die Festsetzung von Steuern voraussichtlich erheblich und die Entscheidung, eine gemeinsame Betriebsprüfung anzustreben, ermessensfehlerfrei.

67 Die Frage der Angemessenheit von Verrechnungspreisen zwischen der Antragstellerin und im Ausland ansässigen Konzerngesellschaften sowie die Gewinnverteilung ist unzweifelhaft für die Besteuerung in Deutschland erheblich.

68 Der Antragsgegner hat nachvollziehbar dargestellt, welche steuerlichen Optimierungsmöglichkeiten sich aus der Einschaltung der in Hongkong ansässigen Gesellschaft ergeben können und weshalb aufgrund der in Hongkong bestehenden Steuerfreiheit von so genannten „offshore-Gewinnen" ein besonderer Anreiz besteht, Gewinne dorthin zu verlagern und daher der Aspekt der Verrechnungspreisgestaltung eine besondere Prüfungsrelevanz hat.

69 Darüber hinaus hat die Betriebsprüfung unter Rückgriff auf öffentlich zugängliche Datenquellen Indizien dafür, dass Gewinne in einem erheblichen Umfang in Hongkong angefallen sind, während die Gewinne im Restkonzern verhältnismäßig niedrig ausfallen.

70 Vor diesem Hintergrund ist die Erwartungshaltung der Betriebsprüfung schlüssig, dass im Falle der tatsächlichen Durchführung einer gleichzeitigen Betriebsprüfung Informationen, die für die Angemessenheitsprüfung der Verrechnungspreisgestaltung relevant sind, gewonnen werden können, da in diesem Fall die niederländische Finanzverwaltung die Konzernmutter prüfen würde, welche ihrerseits unter anderem Auskunft über die bilanzielle Situation ihrer in Hongkong ansässigen Tochtergesellschaft geben könnte. Im Rahmen einer gleichzeitigen Prüfung ließe sich ableiten, in welchem Umfang Gewinne bei den jeweiligen Konzerngesellschaften entstanden sind. In dem Zusammenhang ließe sich auch die Behauptung der Antragstellerin prüfen, dass die Gesellschaft in Hongkong in erheblichem Umfang eigene Außenumsätze außerhalb des Konzerns getätigt habe. Unter Berücksichtigung der behaupteten Außenumsätze ließe sich auch die tatsächliche Gewinnverteilung im Konzern feststellen.

71 Auf diesem Weg ließe sich auch die von der Antragstellerin vorgetragene Behauptung überprüfen, die gewählte Verrechnungspreismethode habe tatsächlich auch im Ergebnis (also nicht nur bei der von der Antragstellerin gewählten ex ante Betrachtung) zu einer angemessenen Verteilung der Erträge geführt. Ohne Berücksichtigung der begehrten Bilanzunterlagen der A Hongkong hätte die Betriebsprüfung keine Möglichkeit, die aufgestellten Behauptungen tatsächlich zu überprüfen. Es gehört allerdings zur Aufgabe einer Betriebsprüfung, den Vortrag eines Steuerpflichtigen auch zu **verifizieren**. Soweit die Antragstellerin vorträgt, dass die Bilanzunterlagen aus Hongkong tatsächlich schon nicht geeignet seien, eine entsprechende Verifikation vorzunehmen, so muss die Betriebsprüfung im Rahmen ihres gesetzlichen Auftrags wenigstens den Versuch unternehmen, auch diese entsprechende Behauptung zu überprüfen.

72 Soweit die Antragstellerin darüber hinaus die Auffassung vertritt, der Antragsgegner gehe von einer falschen bei der Klägerin angewendeten Verrechnungspreismethode aus, so ist zu berücksichtigen, dass die Auffassung des aktuellen steuerlichen Beraters über die tatsächlich verwendete Methode von der Auffassung des früheren steuerlichen Beraters abweicht und vor diesem Hintergrund die Betriebsprüfung das Recht und die Pflicht hat, diese bereits in der Sphäre der Antragstellerin liegenden Unstimmigkeiten aufzuklären und dabei sämtliche zur Verfügung stehenden Informationen heranzuziehen. Hierzu gehören auch die Bilanzunterlagen der A Hongkong, soweit die Möglichkeit besteht, diese im Rahmen einer gleichzeitigen Betriebsprüfung heranziehen zu können.

73 Gemäß § 6 Abs. 3 EUAHiG sind Amtshilfeersuchen gegenüber anderen Mitgliedstaaten subsidiär, d.h. vor einem Ersuchen muss eine Finanzbehörde alle nach der Abgabenordnung vorgesehenen Ermittlungsmöglichkeiten ausgeschöpft haben, es sei denn die Durchführung der Ermittlungen wäre mit unverhältnismäßig großen Schwierigkeiten verbunden oder stellt sich nicht als erfolgversprechend dar. Dieser Grundsatz der Subsidiarität gilt allgemein und folgt im deutschen Recht auch aus § 93 Abs. 1 S. 3 AO (Matthes in Pfirrmann/Rosenke/Wagner, BeckOK AO, § 117, Rn. 80).

74 Entgegen der Auffassung der Antragstellerin hat die Betriebsprüfung im Hinblick auf die Bilanzunterlagen der A Hongkong sämtliche nach der Abgabenordnung vorgesehenen Ermittlungsmöglichkeiten ausgeschöpft. Unstreitig ist die Antragstellerin nicht in der Lage, diese der Betriebsprüfung vorzulegen, und die A Hongkong ist nicht bereit diese zu übersenden. Vor diesem Hintergrund ist eine gleichzeitige Betriebsprüfung mit der Finanzverwaltung der Niederlande unter Einbeziehung der A NL eine Möglichkeit, im Wege der Amtshilfe zu versuchen, Einblick in die entsprechenden Daten zu erhalten.

75 Offenbleiben kann insoweit, ob das Erfordernis des Ausschöpfens inländischer Ermittlungsmöglichkeiten im Falle einer gleichzeitigen Betriebsprüfung überhaupt besteht.

76 Aus der Tatsache, dass die begehrten Informationen für eine Besteuerung in Deutschland voraussichtlich steuerlich erheblich sind und die Betriebsprüfung sämtliche inländischen Ermittlungsmaßnahmen ausgeschöpft hat, folgt, dass das Verfahren hinsichtlich einer gleichzeitigen Betriebsprüfung in ermessensfehlerfreier Weise eingeleitet werden kann.

77 Dem steht auch nicht entgegen, dass das bei der Antragstellerin laufende Betriebsprüfungsverfahren bereits über einen längeren Zeitraum geführt wird. Aus § 12 EUAHiG folgt nicht, dass **gleichzeitig durchzuführende Betriebsprüfungsverfahren auch gleichzeitig beginnen müssen**. Ein gleichzeitiger Beginn ließe sich im vorliegenden Fall auch nicht mit dem von der Antragstellerin hervorgehobenen Erfordernis in Einklang bringen, zuvor sämtliche inländischen Ermittlungsmaßnahmen auszuschöpfen.

78 Die Zustimmung der Antragstellerin zur Durchführung einer gleichzeitigen Betriebsprüfung ist nicht erforderlich. Ein entsprechendes Zustimmungserfordernis für die Einleitung und Durchführung einer gleichzeitigen Betriebsprüfung ergibt sich nicht aus § 117 Abs. 4 AO oder dem EUAHiG.

79 Soweit – wie von der Antragstellerin angeführt – von Spensberger/Steiner (ISR 2015, 156 ff.) die Auffassung vertreten wird, eine Zustimmungspflicht ergebe sich aus § 117 Abs. 4 S. 2 und 3 AO, so bleiben diese eine Begründung hierfür schuldig. Bereits vom Wortlaut her wird in der Vorschrift nur die **Anhörung** geregelt, nicht jedoch ein Zustimmungsvorbehalt normiert. Ein solcher ist auch nicht unter teleologischen Gesichtspunkten anzunehmen. Im Gegenteil würde das Ziel, welches mit einer gleichzeitigen Betriebsprüfung verfolgt wird, nämlich eine effiziente Prüfung sicherzustellen, konterkariert, wenn eine gleichzeitige Betriebsprüfung von der Zustimmung der Berichtsfirma abhinge.

80 Die gleichzeitige Betriebsprüfung hängt auch nicht von einem Antrag der Antragstellerin ab. Die Betriebsprüfung will überprüfen, ob es gegebenenfalls zu Gewinnverlagerungen nach Hongkong gekommen ist. Es kann davon ausgegangen werden, dass die niederländischen Finanzbehörden an der Prüfung dieser Frage ebenfalls ein Interesse haben. Dies bedeutet allerdings nicht, dass das Ziel der Betriebsprüfung bereits

zum jetzigen Zeitpunkt darin gesehen werden kann, eine rechtlich verbindliche Verständigung über die ertragsteuerliche Behandlung eines einvernehmlich festgestellten Sachverhaltes mit der niederländischen Finanzverwaltung herzustellen. Hierfür müsste es Anhaltspunkte geben, dass Gewinne von Deutschland in die Niederlande oder umgekehrt verlagert worden sind und vor diesem Hintergrund zwischen Deutschland und den Niederlanden eine Verständigung herbeigeführt werden soll. Hiervon geht die Betriebsprüfung allerdings nicht aus. Vielmehr soll die Möglichkeit geprüft werden, ob Gewinne nach Hongkong verlagert worden sind. Ob und inwieweit dies dazu führt, dass es zu einer Doppelbesteuerung in Deutschland und den Niederlanden kommt, die durch eine Verständigung beseitigt werden könnte, ist derzeit überhaupt nicht absehbar. Vor diesem Hintergrund kann das Ziel der gleichzeitigen Betriebsprüfung – wie vom Antragsgegner dargestellt – derzeit nur eine Feststellung des entscheidungserheblichen Sachverhalts zum Ziel haben.

81 Vor diesem Hintergrund besteht somit kein Antragsbedürfnis, da kein Verständigungsverfahren im Raum steht.

82 Es liegt auch kein Verfahrensfehler im Hinblick auf eine fehlende Anhörung vor.

83 Gemäß § 117 Abs. 4 S. 3 AO in Verbindung mit § 91 AO ist der betroffene inländische Steuerpflichtige vor Übersendung von Informationen an eine ausländische Finanzverwaltung zwecks Einleitung einer gleichzeitigen Außenprüfung anzuhören, es sei denn, es liegt ein Ausnahmefall gemäß § 12 Abs. 5 EUAHiG vor.

84 Gemäß Ziffer 3.2 des „Merkblatts über koordinierte steuerliche Außenprüfungen mit Steuerverwaltungen anderer Staaten und Gebiete" (BMF vom 9.1.2017, BStBl. I 2017, 89) bzw. Ziffer 3.1.1 des „Merkblatts zur zwischenstaatlichen Amtshilfe durch Informationsaustausch in Steuersachen" (BMF vom 23.11.2015, BStBl. I 2015, 928) ist für die Anhörung die Behörde zuständig, die die Außenprüfung durchführt, im vorliegenden Fall also das Finanzamt für GKBp.

85 Gemäß § 91 AO steht die Art und Weise der Anhörung im pflichtgemäßen Ermessen des Finanzamts (Rätke in Klein, § 91 AO, Rn. 1 m. w. N.). Eine unterbliebene notwendige Anhörung stellt einen Verfahrensfehler dar, die allerdings nach § 126 Abs. 1 Nr. 3, Abs. 2 AO bis zum Abschluss eines finanzgerichtlichen Verfahrens nachgeholt und damit geheilt werden kann. In Fällen des europäischen Auskunftsverkehrs wird spätestens durch das Bundeszentralamt für Steuern die Anhörung eines betroffenen Steuerpflichtigen gewährleistet, wenn diese vor Weiterleitung des Ersuchens an die ausländische Behörde erfolgt (Matthes in Pfirrmann/Rosenke/Wagner, BeckOK AO, § 117, Rn. 230).

86 Vorliegend hat das Finanzamt für GKBp mit Schreiben vom 28.1.2016 die Antragstellerin darauf hingewiesen, dass beabsichtigt sei, eine multilaterale Betriebsprüfung unter Beteiligung mehrerer europäischer Finanzverwaltungen, unter anderem der niederländischen, durchzuführen.

87 Mit Schreiben vom 25.8.2016 hat der Antragsgegner die Antragstellerin darauf hingewiesen, dass beabsichtigt sei, eine gleichzeitige Prüfung mit der Finanzverwaltung der Niederlande durchzuführen.

88 Unabhängig von der Frage, ob – wie von der Antragstellerin vertreten – die Anhörung vom 28.1.2016 für das geplante gleichzeitige Betriebsprüfungsverfahren mit den Niederlanden keine Bedeutung hatte, da es sich auf eine multilaterale und nicht eine bilaterale Betriebsprüfung bezogen hat, so ist der Antragstellerin jedenfalls durch Schreiben des Antragsgegners vom 25.8.2016 die Gelegenheit gegeben worden, Einwendungen gegen die geplante Weitergabe von Informationen vorzubringen. Dabei mag dahinstehen, ob der Antragsgegner nach den in den Merkblättern des BMF aufgestellten Grundsätzen verwaltungsintern für eine entsprechende Anhörung zuständig war. Unter Berücksichtigung von Sinn und Zweck einer Anhörung vor Weiterleitung von Informationen an eine Finanzverwaltung eines anderen Staates wurde der Antragstellerin rechtzeitig Gelegenheit gegeben, sich vor Weitergabe von Informationen an die Behörden der Niederlande zu äußern. Vor diesem Hintergrund kann die Antragstellerin nicht mit Erfolg geltend machen, sie sei nicht vor einer Weitergabe von Informationen gehört worden, da bis zum jetzigen Zeitpunkt Informationen überhaupt noch nicht weitergegeben wurden, die Antragstellerin im vorliegenden Verfahren – sowie in einem früheren Verfahren des einstweiligen Rechtsschutzes (2 V 519/16) – jedoch umfangreich ihre Bedenken gegen die Informationsweitergabe an niederländische Finanzbehörden vortragen konnte. Dies betrifft auch die Frage des voraussichtlichen Prüfungszeitraums, da der Antragsgegner im vorliegenden gerichtlichen Verfahren ausdrücklich klargestellt hat, dass die Jahre 2008-2015 aus deutscher Sicht Gegenstand einer gleichzeitigen Betriebsprüfung sein sollten. Diesbezüglich konnte sich die Antragstellerin auch äußern.

89 Vor dem Hintergrund ist der geplante Vorschlag einer gleichzeitigen Betriebsprüfung auch entgegen der Auffassung der Antragstellerin hinreichend bestimmt, da der Antragsgegner als geeignete Prüfungszeiträume die Veranlagungszeiträume 2008-2015 benannt hat.

90 Soweit mit dem Hilfsantrag begehrt wird, dem Antragsgegner einstweilen zu untersagen, der niederländischen Finanzverwaltung zum Zwecke der Vereinbarung einer gleichzeitigen Prüfung Informationen weiterzugeben, so ist über die Zulässigkeit bereits im Rahmen des Hauptantrages entschieden worden, da die Vereinbarung und Durchführung einer gleichzeitigen Prüfung auf Vorschlag der deutschen Finanzverwaltung hin zwingend die vorherige Weiterleitung der hierfür notwendigen Informationen an die niederländische Finanzverwaltung voraussetzt.

91 Der Hilfsantrag hat also keinen Erfolg.

92 Der Hilfsantrag im Hinblick auf die Aussetzung des Verfahrens bis zum Abschluss des Verfahrens beim FG ..., Az. ..., hat keinen Erfolg, da die Klage inzwischen abgewiesen wurde.

93 Die Kostenentscheidung folgt aus § 135 Abs. 1 FGO.

94 Die Beschwerde gemäß § 128 Abs. 3 FGO war nicht zuzulassen, da die Sache weder grundsätzliche Bedeutung hat, noch zur Fortbildung des Rechts oder der Sicherung einer einheitlichen Rechtsprechung erforderlich ist.

95 Eine Beschwerde ist insbesondere nicht im Hinblick auf die Frage des Umfangs der Anhörungspflicht zuzulassen, da die Antragstellerin vor Weitergabe von Informationen an die niederländische Finanzverwaltung angehört wurde und sich aus dem Vorbringen des Antragsgegners eindeutig ergibt, welche Prüfungszeiträume Gegenstand einer gleichzeitigen Betriebsprüfung sein sollen.

96 Auch die Frage, ob eine gleichzeitige Prüfung noch durchgeführt werden darf, wenn eine Betriebsprüfung bereits begonnen hat, rechtfertigt nicht die Zulassung einer Beschwerde, da der Antragsgegner in Entsprechung mit der Rechtsauffassung der Antragstellerin zunächst versucht hat, inländische Ermittlungsmöglichkeiten auszuschöpfen.

97 Schließlich ist die Frage, was unter dem Begriff der „voraussichtlichen Erheblichkeit" zu verstehen ist, eine Beschwerde nicht zuzulassen. Eine Erläuterung des Begriffs ergibt sich bereits aus der Rechtsprechung des EuGH (EuGH vom 16.5.2017, C-682/15, BERLIOZ). Die Frage, ob eine voraussichtliche Erheblichkeit nur dann nicht angenommen werden kann, wenn die Annahme, steuerlich relevante Informationen zu erlangen, „ausgeschlossen, fernliegend oder abstrus" ist, ist im vorliegenden Verfahren nicht entscheidungserheblich. Entscheidend ist, ob „vernünftigerweise die Möglichkeit besteht", dass sich erbetene Auskünfte als erheblich erweisen. Hiervon ist das Gericht im Streitfall ausgegangen.

FG Köln, Urt. v. 20.10.2017 – 2 V 1055/17, EFG 2018, 351 (u. DStRE 2018, 33):

65 Gemäß § 6 Abs. 1 EUAHiG ist die deutsche Finanzbehörde befugt, ein Ersuchen an eine Finanzbehörde in einem anderen Mitgliedstaat zu stellen. Gemäß Abs. 3 hat die Behörde alle nach der Abgabenordnung vorgesehenen Ermittlungsmöglichkeiten auszuschöpfen, bevor sie ein Ersuchen stellt, es sei denn die Durchführung der Ermittlungen wäre mit unverhältnismäßig großen Schwierigkeiten verbunden oder stellt sich als nicht erfolgversprechend dar (Subsidiarität).

66 Gemäß § 11 EUAHiG können bevollmächtigte inländische Bedienstete in andere Mitgliedstaaten entsandt werden, sofern die Komplexität eines Ersuchens dies erfordert. Voraussetzung ist eine Vereinbarung im Sinne von § 10 EUAHiG mit dem ersuchten Mitgliedstaat. Von einer Komplexität des Ersuchens ist auszugehen, wenn ohne Anwesenheit des inländischen Bediensteten die Beantwortung des Ersuchens erschwert wird (Rätke in Klein, § 117 AO Rn. 200).

67 Nach Maßgabe dieser Grundsätze darf der Antragsgegner Informationen an die schwedische Finanzverwaltung zur Vorbereitung einer Prüferentsendung zum Zwecke der Einholung von Auskünften übersenden.

69 Gemäß § 117 Abs. 1 AO können Finanzbehörden **zwischenstaatliche Amtshilfe** „nach Maßgabe des deutschen Rechts" in Anspruch nehmen. Dies bedeutet, dass neben anderen gegebenenfalls einschlägigen zwischenstaatlichen Rechtsnormen alle Normen des nationalen Rechts zwingend beachtet werden müssen (vgl. Hendricks in Beermann/Gosch, 3 117 AO, Rn. 50). Zum deutschen Recht gehört jedenfalls auch

das EUAHiG, welches seinerseits Rechtsgrundlagen für die zwischenstaatliche Amtshilfe enthält. § 1 Abs. 1 EUAHiG bestimmt, dass in dem Gesetz der Austausch von „voraussichtlich erheblichen Informationen“ in Steuersachen geregelt ist. Mit dem Tatbestandsmerkmal der „voraussichtlichen Erheblichkeit“ wurde der OECD-Standard (vgl. Art. 26 OECD-MA) im EUAHiG übernommen. Hierdurch soll gewährleistet werden, dass ein Informationsaustausch in Steuerangelegenheiten im größtmöglichen Umfang stattfindet (vgl. Schwarz in Schwarz/Pahlke, § 1 EUAHiG, Rn. 3). Zugleich soll klargestellt werden, dass es den Mitgliedstaaten nicht gestattet ist, sich an Beweisausforschungen ("Fishing Expeditions") zu beteiligen oder um Informationen zu ersuchen, bei denen es unwahrscheinlich ist, dass sie für die Steuerangelegenheiten eines bestimmten Steuerpflichtigen erheblich sind.

70 Entscheidend ist, dass die begehrten Daten für die Subsumtion unter Besteuerungstatbestände in Deutschland **vernünftigerweise für bedeutsam gehalten werden können**. Stellt sich später heraus, dass die Daten tatsächlich nicht steuerlich relevant sind, kann hierdurch ein Ersuchen nicht rechtswidrig werden, auch wenn nach einem strengen Wortlautverständnis das Ersuchen um Daten, die im Ergebnis steuerlich nicht relevant sind, nicht erforderlich sein kann. Da die Frage, ob ersuchte Auskünfte tatsächlich für eine Besteuerung erforderlich sind, erst beantwortet werden kann, wenn die Auskünfte tatsächlich gegeben werden, muss das Merkmal der Erforderlichkeit dahingehend verstanden werden, dass die begehrten Auskünfte für die Besteuerung „voraussichtlich erheblich“ sein müssen.

71 Gemäß § 199 Abs. 1 AO hat die Betriebsprüfung die tatsächlichen rechtlichen Verhältnisse, die für die Besteuerungspflicht und die Bemessung der Steuer maßgebend sind, zu Gunsten und zu Ungunsten des Steuerpflichtigen zu prüfen. Die Finanzbehörde trägt also die Verantwortung für die Sachaufklärung, sie hat zugleich die **Verfahrensherrschaft bei der Sachaufklärung. Sie bestimmt Art und Umfang der Ermittlungen** (vgl. Seer in Tipke/Kruse, § 199 AO, Rn. 1 mit Verweis auf § 88, Rn. 1). Die Finanzverwaltung hat in diesem Zusammenhang das Recht und die Pflicht, Angaben eines Steuerpflichtigen zu **verifizieren**. Soweit eigene Sachaufklärungen im Ausland unzulässig sind, **muss** sich die Finanzbehörde der **zwischenstaatlichen Amtshilfe** bedienen, um dem **Untersuchungsgrundsatz** zu entsprechen (vgl. FG Köln, Beschluss vom 23. Mai 2017, 2 V 2498/16, EFG 2017, 1322; Seer in Tipke/Kruse, § 88 AO Rn. 6; Hendricks in Beermann/Gosch, § 117 AO, Rn. 7; Schäffkes/Fechner/Schreiber, Simultane Betriebsprüfung mit dem EU-Ausland, DB 2017, 1668).

72 Ziel der bayerischen Finanzverwaltung ist es, die Angaben der Antragstellerin hinsichtlich der Markenbewertungen zu prüfen und zu verifizieren. Im Betriebsprüfungsverfahren ergaben sich Anhaltspunkte dafür, dass in Schweden Entstrickungswerte angesetzt wurden, die mehrere Millionen € unter den Wertansätzen lagen, die in Deutschland im Rahmen der Verstrickung angegeben wurden. Aufgrund dieser deutlichen Diskrepanz hat die Finanzverwaltung das Recht und die Pflicht, die Angaben der Antragstellerin im Zusammenhang mit der Einbuchung der Markenrechte kritisch zu hinterfragen.

73 **Die Art und Weise der Prüfungsmethoden steht im Ermessen der Finanzverwaltung**. Die Finanzverwaltung verfolgt die Absicht, durch **Entsendung eines Prüfers** nach Schweden festzustellen, welche Entstrickungswerte dort steuerlich angesetzt wurden und welcher Sachverhalt und welche Bewertungsmethoden zur Wertermittlung geführt haben. Ein solches Vorgehen ist sachgerecht, um zu prüfen, ob die Antragstellerin gegebenenfalls gegenüber der schwedischen Finanzverwaltung andere Angaben zur Markenbewertung gemacht hat, als gegenüber der deutschen Finanzverwaltung. Die Erkenntnisse hieraus sind für die deutsche Besteuerung insoweit von Bedeutung, als die Klärung der Frage, ob in Schweden möglicherweise andere Angaben als in Deutschland der Besteuerung zugrunde gelegt wurden, dazu dienen kann, eine Verifikation der im deutschen Besteuerungsverfahren vorgetragenen Ausführungen durchzuführen.

75 Die bayerische Finanzverwaltung hat auch gemäß § 6 Abs. 3 EUAHiG sämtliche Ermittlungsmaßnahmen hinsichtlich der in Schweden angesetzten Entstrickungswerte ausgeschöpft, da die Antragstellerin zwar im gerichtlichen Verfahren ein Bewertungsgutachten vorgelegt hat, entscheidende Wertansätze jedoch unkenntlich gemacht hat. Außerhalb einer grenzüberschreitenden Amtshilfe ist die Finanzverwaltung nicht in der Lage, die begehrten Informationen zu erhalten.

76 Das Vorgehen der Finanzverwaltung ist ermessensgerecht. Grundsätzlich hat die Finanzverwaltung im Rahmen einer Betriebsprüfung einen weiten Ermessensspielraum, **in welcher Weise und in welcher Prüfungstiefe** sie Angaben eines Steuerpflichtigen prüft. Sie ist insofern „Herrin des Verfahrens". Vor dem Hintergrund der angenommenen erheblichen Diskrepanzen zwischen den Wertansätzen in beiden Ländern, die von der Antragstellerin nicht substantiiert bestritten wurden, ist es nicht unverhältnismäßig, wenn sich die deutsche Finanzverwaltung mit der schwedischen Finanzverwaltung über die Ermittlung der Wertansätze austauscht. Dies gilt auch im Hinblick auf die beabsichtigte **Entsendung eines Prüfers** nach Schweden gemäß § 11 EUAHiG. Der Antragsgegner vertritt insoweit die Auffassung, dass ein schlichtes Übersenden eines Fragenkatalogs nicht in gleicher Weise geeignet wäre, beabsichtigte Ermittlungen zu einem Abschluss zu bringen, da durch die Anwesenheit eines Prüfers in Schweden Rückfragen vermieden und Unklarheiten vor Ort beseitigt werden könnten. Diese Einschätzung ist für das Gericht nachvollziehbar. Das Gericht geht insoweit auch von einer hinreichenden Komplexität des Ersuchens aus, da die Frage der Bewertung von Markenrechten – und dies zeigt bereits das Erstellen umfangreicher Gutachten seitens der Antragstellerin – von zahlreichen Aspekten (Bewertungsmethode, Grundannahmen, Vergleichszahlen etc.) abhängig ist.

77 Die beabsichtigte Prüferentsendung dient auch den Zielen der dem EUAHiG zu Grunde liegenden Richtlinie 2011/16/EU vom 11.3.2011. Die Richtlinie hat der Rat der EU vor dem Hintergrund der Einschätzung erlassen, dass im Zeitalter der Globalisierung der Bedarf der Mitgliedstaaten an gegenseitiger Amtshilfe im Bereich der Besteuerung immer vordringlicher werde, da durch die erhebliche Zunahme der Mobilität der Steuerpflichtigen sowie der Anzahl der grenzüberschreitenden Transaktionen es den Mitgliedstaaten immer schwieriger werde, die geschuldeten Steuern ordnungsgemäß festzusetzen (Erwägungsgrund 1). Ein einzelner Mitgliedstaat sei daher

nicht in der Lage, sein internes Steuersystem zu verwalten, ohne Informationen aus anderen Mitgliedstaaten zu erhalten, weshalb es unumgänglich sei, eine neue Verwaltungszusammenarbeit zwischen den Steuerbehörden der Mitgliedstaaten zu entwickeln (Erwägungsgrund 2). Daher solle es mehr direkte Kontakte zwischen den für die Zusammenarbeit zuständigen lokalen und nationalen Behörden der Mitgliedstaaten geben, da das Fehlen direkter Kontakte die Effizienz beeinträchtige (Erwägungsgrund 8). In diesem Zusammenhang sei es wichtig, dass sich Bedienstete der Steuerverwaltung eines Mitgliedstaats im Hoheitsgebiet eines anderen Mitgliedstaats aufhalten dürften (Erwägungsgrund 13).

78 Es entspricht also dem ausdrücklichen Willen des Richtliniengebers, dass grenzüberschreitende Transaktionen durch eine grenzüberschreitende Verwaltungszusammenarbeit der Finanzbehörden begleitet werden. Es soll verhindert werden, dass Steuerpflichtige einzelnen nationalen Finanzbehörden gegenüber im Rahmen grenzüberschreitender Transaktionen unterschiedliche Angaben machen und die Unterschiedlichkeit der Angaben aufgrund nationaler Grenzen den Finanzverwaltungen der jeweils beteiligten Mitgliedstaaten nicht bekannt werden. Da im vorliegenden Fall die Möglichkeit besteht, dass in Schweden und Deutschland Bewertungsansätze erklärt wurden, die erheblich voneinander abweichen, ist es erforderlich, verhältnismäßig und auch zumutbar, wenn die deutsche Finanzverwaltung das Instrument des grenzüberschreitenden Auskunftsersuchens sowie einer Prüferentsendung nutzt, um die Steuern in Deutschland ordnungsgemäß festzusetzen.

FG Köln, Urt. v. 23.2.2018 – 2 V 814/17, EFG 2018, 852:

72 Die Antragstellerin hat keinen Anspruch, dem Antragsgegner einstweilen zu untersagen, mit der Steuerverwaltung der Niederlande eine **koordinierte Prüfung** betreffend die Antragstellerin und die niederländischen Schwestergesellschaften (A Logistics B.V.; A N.V.) zu vereinbaren, hierzu eine sog. Auswahlsitzung zur Vorbereitung der Prüfung durchzuführen und in diesem Zusammenhang die für die Besteuerungsverfahren erforderlichen Informationen auszutauschen.

94 Mit dem durch die gesetzlichen Regelungen vor allem in § 12 EUAHiG den Finanzbehörden zur Verfügung gestellten Institut der grenzüberschreitend koordinierten Außenprüfung wird letztendlich der Ermittlungsansatz des grenzüberschreitenden Informationsaustausches zwischen den EU-Mitgliedstaaten auf die Ebene der umfassenden steuerlichen Prüfung übertragen. Eine entsprechende europarechtliche Ermächtigungsgrundlage bestand schon nach der EG-Amtshilferichtlinie (Art. 8b), wurde jedoch erst mit § 12 EUAHiG in deutsches Recht umgesetzt. **Simultanprüfungen** i.S.v. § 12 EUAHiG entsprechen einer Konzernprüfung auf dem Gebiet der EU. Die maßgebliche Schwelle der voraussichtlichen Erheblichkeit der Informationen, die im Rahmen einer gleichzeitigen Prüfung ausgetauscht werden sollen, ist insoweit ähnlich niedrig wie nach den Vorschriften der Abgabenordnung bezüglich der Durchführung einer Außenprüfung (vgl. FG Köln, Beschluss vom 23. Mai 2017, 2 V 2498/16, EFG 2017, 1322; Müller, DB 2017, 1744). Für eine Außenprüfung nach §§ 193 ff. AO bedarf es grundsätzlich keines besonderen Anlasses. Ausreichend ist bereits, wenn es der Betriebsprüfung darum geht, die Angaben des Steuerpflichtigen

zu **verifizieren** (vgl. FG Köln, Beschlüsse vom 23. Mai 2017, 2 V 2498/16, EFG 2017, 1322; vom 20. Oktober 2017, 2 V 1055/17, n.v., Juris; Schäffkes/Fechner/Schreiber, DB 2017, 1668, 1673).

FG Nürnberg, Beschl. v. 12.4.2018 – 2 V 15232/17 - EFG 2018, 902:

Bei einer **Schätzung** gem. § 162 AO muss das FA im Verfahren des einstweiligen Rechtsschutzes ausreichende Belege vorlegen, die Zweifel an einer **Schätzungsbefugnis** des FA ausräumen und zudem seine **Schätzung der Höhe** nach durch die Offenlegung einer nachvollziehbaren Kalkulation substantiieren.

FG Köln, Urt. v. 4.7.2018 – 2 K 2679/17, EFG 2018, 1745:

35 Haben sich zwei Staaten auf eine Lösung verständigt, besteht kein Bedürfnis, ein weiteres Verfahren mit dem Ziel einer Verständigung durchzuführen, auch wenn die Umsetzung der Verständigung an der fehlenden Zustimmung des Betroffenen scheitert.

36 Im Streitfall haben die französischen Behörden bereits mitgeteilt, dass sie an der getroffenen Verständigungslösung weiterhin festhalten.

37 Der Prozessvertreter des Beklagten hat im Erörterungstermin anschaulich dargestellt, dass an einem Verständigungsverfahren nach der **EU-Schiedskonvention** dieselben Personen beteiligt wären und dort dieselbe Verständigung erzielt werden würde, welche bereits im Rahmen des **Verständigungsverfahrens nach DBA** erzielt wurde. Soweit die Klägerin die Absicht verfolgt, dass ein beratender Ausschuss eingesetzt wird, würde dieses Begehren bereits daran scheitern, dass gemäß Art. 7 Abs. 1 der Schiedskonvention ein Fall einem beratenden Ausschuss nur vorzulegen ist, wenn die zuständigen Behörden nicht innerhalb einer bestimmten Frist zu einem „Einvernehmen über die Beseitigung der Doppelbesteuerung“ kommen. Sind sich die beteiligten Staaten jedoch einig, liegt ein Einvernehmen vor, so dass ein Fall nicht mehr vorzulegen ist. Das Schiedsverfahren als solches wird nur zwischen den beteiligten Staaten geführt. Der Einsatz eines beratenden Ausschusses dient ausschließlich dem Ziel, eine Lösung zwischen den Staaten herbeizuführen und nicht, um eine Lösung nach dem Wunsch eines betroffenen Steuerpflichtigen zu erzielen.

38. Vor dem Hintergrund der bereits getroffenen und von den beteiligten Staaten zuletzt bestärkten Verständigungslösung hat die Klägerin keinen Anspruch darauf, dass der Beklagte verpflichtet wird, ein weiteres Verständigungsverfahrens einzuleiten. Aufgrund der bereits getroffenen Verständigung wären auch die Voraussetzungen für die Vorlage des Falles an den beratenden Ausschuss nicht gegeben.

FG Berlin-Brandenburg, Urt. v. 30.8.2018 – 9 K 9099/16, EFG 2019, 313 (Rev. eingelegt, Az. BFH: X R 37/18):

2. **Auskunftsersuchen an Dritte** gem. § 93 Abs. 1 AO sind nur zulässig, wenn die Sachverhaltsaufklärung mithilfe des Beteiligten keinen Erfolg verspricht (**Subsidiaritätsprinzip**). Ein atypischer Fall, der ein Abgehen von dem Subsidiaritätsprinzip rechtfertigt, liegt vor, wenn feststeht, dass der Beteiligte nicht mitwirken wird, oder wenn offenkundig ist, dass seine Mitwirkung nicht zur Sachverhaltsaufklärung führen wird.

3. Die Finanzbehörde darf davon **absehen, den Stpfl**. über ein geplantes Auskunftsersuchen **zu unterrichten**, wenn anderenfalls der Ermittlungserfolg gefährdet erscheint.

73 Im Rahmen ihrer **Verpflichtung**, den maßgebenden Sachverhalt zur Durchsetzung materiell-rechtlich begründeter **Steueransprüche aufzuklären** (§§ 85, 88 AO), darf sich die Finanzbehörde derjenigen **Beweismittel** bedienen, die sie nach pflichtgemäßem Ermessen zur Ermittlung des Sachverhalts für erforderlich hält. Zu diesen Beweismitteln zählen auch Auskünfte anderer Personen als der Beteiligten im Besteuerungsverfahren. … Die **gerichtliche Überprüfung** der Ermittlungsmaßnahmen ist in diesem Fall gem. § 102 FGO darauf gerichtet, ob die Behörde von ihrem Ermessen fehlerfrei Gebrauch gemacht hat. Demgegenüber hat das Gericht nicht darüber zu befinden, ob andere Maßnahmen zur Aufklärung des Sachverhalts aus seiner Sicht besser, zweckmäßiger oder sachgerechter gewesen wären (vgl. BFH Urt. V. 29.7.2015 – X R 4/14, BStBl. II 2016, 135).

79 Ermächtigt eine Norm wie § 93 Abs. 1 AO zu einem Eingriff in das Recht auf **informationelle Selbstbestimmung**, so muss dieser Eingriff – auch im engeren Sinne - verhältnismäßig sein. Dies bedeutet, dass die Schwere des Eingriffs bei einer Gesamtabwägung nicht außer Verhältnis zu dem Gewicht der ihn rechtfertigenden Gründe stehen darf. … Wird eine Maßnahme heimlich durchgeführt, so ist es dem Betroffenen faktisch verwehrt, sich gegen sie im Voraus zur Wehr zu setzen. Folglich muss die Finanzbehörde es im Rahmen der vorweggenommenen Beweiswürdigung aufgrund konkreter Tatsachen als zwingend ansehen, dass die Mitwirkung des Beteiligten erfolglos bleiben wird (vgl. BFH-Urt. v. 29.7.2015 – X R 4/14, BStBl II 2016, 135, Rz. 52 m.w.N.).

FG Köln, Urt. v. 12.09.2018 – 2 K 814/18:

3 Simultanprüfungen im Sinne von § 12 EUAHiG entsprechen letztendlich einer Konzernprüfung auf dem Gebiet der EU. Die maßgebliche Schwelle der voraussichtlichen Erheblichkeit der Informationen, die im Rahmen einer gleichzeitigen Prüfung ausgetauscht werden sollen, ist insoweit ähnlich niedrig wie nach den Vorschriften der Abgabenordnung bezüglich der Durchführung einer Außenprüfung (vgl. FG Köln, Beschluss vom 23. Mai 2017, 2 V 2498/16, EFG 2017, 1322).

4 "**Voraussichtliche Erheblichkeit**" im Sinne des § 4 Abs. 1 S. 1 EUAHiG setzt voraus, dass zum Zeitpunkt des Ersuchens und der Informationsweitergabe aus Sicht des ersuchenden Vertragsstaates eine vernünftige Möglichkeit besteht, dass die begehrte Information für steuerliche Zwecke relevant sein wird. Darauf, ob die Information nach ihrer Übermittlung tatsächlich relevant ist, kommt es nicht an und eine mangelnde Relevanz macht das ursprüngliche Ersuchen nicht unzulässig.

5 Weder aus § 117 AO oder dem EUAHiG noch aus anderen Vorschriften ergibt sich ein **Zustimmungserfordernis** des Steuerpflichtigen zur Einleitung und Durchführung einer grenzüberschreitend koordinierten Außenprüfung.

BFH, Beschl. v. 11.12.2018 – XI B 123/17:

Es bedarf vorliegend keiner Entscheidung, wie die Vorlage- und Auskunftsverlangen *[der Betriebsprüfung]* ursprünglich rechtlich einzuordnen waren *[d.h. ob es anfechtbare*

Verwaltungsakte waren oder nicht], wobei im Umfeld von Außenprüfungen die Grenze zwischen reinen Hilfs- und Vorbereitungsmaßnahmen ohne Regelungscharakter und Verwaltungsakten nicht immer eindeutig zu ziehen ist (vgl. BFH-Urt. v. 28.9.2011, BStBl II 2012, 395, Rz 33). Denn das FA hat mit **Einspruchsentscheidung** vom … **den betreffenden Vorlage- und Auskunftsverlangen die Gestalt eines Verwaltungsakts gegeben**, in dem die entsprechenden Einsprüche nicht als unzulässig verworfen, sondern als unbegründet zurückgewiesen und ausgeführt hat, die betreffenden Ermittlungshandlungen seien rechtmäßig gewesen (vgl. Urt. BVerwG v. 26.6.1987, 8 C 21/86, BVerwGE 78, 3 und BVerwG-Beschluss v. 10.5.2017 – 2 B 44/16).

Ein Verwaltungsakt, der die Anfechtungsklage eröffnet, liegt daher auch dann vor, wenn zwar (ggfs.) der ursprüngliche Akt kein Verwaltungsakt war, jedoch der Widerspruchsbescheid – hier die Einspruchsentscheidung – aus der schlichten Willenserklärung der Behörde einen **Verwaltungsakt** macht.

BFH, Urt. v. 25.9.2019 – I R 82/17 ***(kein Verständigungsverfahren nach EU-Schiedsabkommen bei empfindlich zu bestrafenden Verstoß gegen steuerliche Vorschriften)***:

2. Wenn durch ein Gerichts- oder Verwaltungsverfahren endgültig festgestellt ist, dass eines der beteiligten Unternehmen durch Handlungen, die eine Gewinnberichtigung zur Folge haben, einen empfindlich zu bestrafenden Verstoß gegen steuerliche Vorschriften begangen hat, dann besteht keine Verpflichtung zur Verfahrensdurchführung [= *Verständigungsverfahren nach dem EU-Schiedsübereinkommen*]. …

3. Bei der Beurteilung, ob ein empfindlich zu bestrafender Verstoß vorliegt, ist auf die für das Unternehmen verantwortlich handelnde Person abzustellen. Ob diese Person tatsächlich bestraft wurde, ist nicht entscheidend. Es genügt die gerichtliche Feststellung einer straf- oder bußgeldbewehrten Gesetzesverletzung durch diese Person, die abstrakt betrachtet zu einer Ahndung führen kann.

37 Dem gegen [*Herrn N als Anteilseigner der Firmengruppe und Geschäftsführer der spanischen Schwestergesellschaft der inländischen AG*] ergangenen Strafbefehl wegen Beihilfe zur Steuerhinterziehung liegt zugleich die strafgerichtliche Feststellung zugrunde, dass eine Steuerhinterziehung i.S. des § 370 AO (Haupttat) gegeben ist. Als Täter dieser Steuerhinterziehung kommt nach den Feststellungen des FG nur W [= *ehemalige Ehefrau von N*] als Organ (Vorstandsvorsitzende) der AG in Betracht. Dass wegen der geringen Schuld der W ihr gegenüber von einer weiteren Strafverfolgung gemäß § 153a StPO abgesehen wurde, ändert nichts an der strafgerichtlichen Feststellung, dass die für die AG handelnde Person einen strafbewehrten Verstoß gegen die Steuergesetze begangen hat, zu dem N Beihilfe geleistet hat.

FG Nürnberg, Urt. v. 20.7.2021 - 1 K 1388/19 ***(Beweiswert anonymisierter Daten)***

3.1. Soweit sich die Beteiligten im Rahmen der Betriebsprüfung dahingehend geeinigt haben, dass A3-GMBH in den Streitjahren fremdüblich mit einer Nettomarge von 6,0 - 6,5 % des von ihr erzielten Umsatzes vergütet worden sei, hat das Finanzamt keine Anhaltspunkte dargelegt, aus denen zu schließen wäre, dass diese Marge - die nach unbestrittenem Vortrag der Klägerin deutlich oberhalb des Medians der Vergleichsunternehmen liegt und von der Finanzverwaltung in zahlreichen Fällen als fremdüblich anerkannt wurde - nicht auch die Parallelimporte in den Streitjahren abgegolten hat.

3.2. Soweit es sich diesbezüglich auf veröffentlichte Marktstudien stützt, ist zu bedenken, dass es sich hierbei um privat veranlasste, ggf. interessensorientierte Marktforschungsberichte handelt, die die Finanzverwaltung ohne weitere Überprüfung ihren Berechnungen zu Grunde gelegt hat. Den Beweiswert dieser Berichte stuft der erkennende Senat daher als sehr niedrig und als nicht relevant ein.

3.3. Bei seinen Berechnungen hat das Finanzamt **Erkenntnisse aus der Prüfung anderer Steuerpflichtiger der Branche** einfließen lassen. Hierbei hat es seine Erkenntnisquellen jedoch **unter Berufung auf das Steuergeheimnis nicht offengelegt**. Nachdem das Finanzamt insofern dem Aufklärungsersuchen der Klägerin nicht nachgekommen ist und sich zu den geäußerten Zweifeln an dem Zahlenmaterial nicht substantiiert geäußert hat, kann seitens des Gerichts **keine Überprüfung dieser Daten** erfolgen. **Den für den Ansatz einer vGA erforderlichen Nachweis hat das Finanzamt mithin** bzgl. des betragsmäßigen Ansatzes der behaupteten vGA **nicht erbracht**.

FG Köln, Beschl. v. 17.1.2022 - 2 V 827/21 ***(Mitwirkung an einer koordinierten grenzüberschreitenden steuerlichen Außenprüfung (Joint Audit))***

1. Eine gemeinsame Außenprüfung mit den Steuerverwaltungen der Länder Belgien, Frankreich, Italien, den Niederlanden, Österreich und Spanien ist zulässig, wenn geprüft werden soll, ob mithilfe eines Franchisemodells **Gewinne von den beteiligten Staaten** einschließlich Deutschland, in denen Konzerntochtergesellschaften ansässig sind, **nach Luxemburg verlagert** werden sollen.

2. § 30 Abs. 4 Nr. 2a AO erlaubt eine Offenbarung der Verhältnisse eines Steuerpflichtigen, wenn sie durch Unionsrecht vorgeschrieben oder zugelassen ist, wozu auch die Rechtsgrundlagen des zwischenstaatlichen Auskunftsverkehrs gehören.

3. Unter **koordinierten Außenprüfungen** werden sowohl in mehreren Staaten gleichzeitig nebeneinander durchgeführte **Simultanprüfungen** als auch in einem Staat unter Beteiligung ausländischer Bediensteter durchgeführte **gemeinsame Prüfungen** verstanden, wobei die Rechtsgrundlage für Simultanprüfungen mit ausländischen Finanzbehörden sich für die deutschen Finanzbehörden in § 12 Abs. 1 EUAHiG findet.

3. Die Rechtsgrundlage für **gemeinsame Prüfungen (sog. Joints Audits)**, bei welcher entweder ausländische Bedienstete an einer Betriebsprüfung in Deutschland oder umgekehrt deutsche Finanzbeamte an einer im Ausland durchgeführten Prüfung teilnehmen, findet sich in §§ 10, 11 EUAHiG.

4. Es ist gesetzlich zulässig, die im Zuge einer Simultanprüfung erlangten Informationen und die für die Vereinbarung der Prüfung im Vorfeld erforderlichen Kenntnisse auszutauschen.

5. Das Tatbestandsmerkmal der „voraussichtlichen Erforderlichkeit" in § 4 Abs. 1 S. 1 EUAHiG verlangt, dass zum Zeitpunkt des Ersuchens und der Informationsweitergabe aus Sicht des ersuchenden Vertragsstaates eine vernünftige Möglichkeit besteht, dass die begehrten Informationen steuerlich relevant sind.

6. Das Steuergeheimnis kann nur durch aktive Offenbarung von geschützten Informationen oder allenfalls durch pflichtwidriges Unterlassen von gebotenen Schutzmaßnahmen verletzt werden, nicht aber durch die bloße Entgegennahme von Informationen.

Entgegen der Ansicht der Antragstellerinnen kommt es in diesem Zusammenhang **nicht entscheidend auf eine Teilnahme Luxemburgs** an der koordinierten Außenprüfung an, um die voraussichtliche steuerliche Relevanz der auszutauschenden Informationen bejahen zu können. Zwar wäre die Teilnahme Luxemburgs als Ansässigkeitsstaat der Konzernmuttergesellschaft aus Sicht der beteiligten Steuerverwaltungen für die Prüfung sicherlich förderlich. Jedoch kann bereits der mögliche Austausch von Informationen über die Grundlagen der Franchise Fee, die von zwei Tochtergesellschaften aus verschiedenen Staaten an die Muttergesellschaft im dritten Staat gezahlt wird, in den beiden Ansässigkeitsstaaten **voraussichtlich erheblich sein, selbst wenn keine Informationen von Seiten des Ansässigkeitsstaats der Muttergesellschaft erlangt werden** können. Jedenfalls sind für den Senat hier nach Maßgabe der anzustellenden Schlüssigkeitsprüfung keine Bedenken hinsichtlich der vom Antragsgegner angeführten Gesichtspunkte, die im Hinblick auf die Berechnungsgrundlage für die Franchise Fee einen Informationsaustausch zwischen den an der geplanten Außenprüfung beteiligten Staaten – ohne Luxemburg – voraussichtlich erheblich erscheinen lassen.

BFH, Beschl. v. 15.2.2022 - I B 55, 56/21 ***(Zuschlag nach § 162 Abs. 4 AO bei Nichtexistenz einer Betriebsstätte)***

Hat der Steuerpflichtige steuerfreie ausländische Betriebsstätteneinkünfte erklärt und sich während der Außenprüfung weiterhin auf die Existenz einer ausländischen Betriebsstätte berufen, steht der Festsetzung eines Zuschlags nach § 162 Abs. 4 AO aufgrund Unterlassens der Vorlage der angeforderten Verrechnungspreisdokumentation nicht entgegen, dass die Außenprüfung zu dem Ergebnis gekommen ist, die Existenz der Betriebsstätte sei weder belegt noch glaubhaft nachgewiesen.

FG Hamburg, Urt. v. 23.3.2023 - 2 K 172/19 ***(Datenzugriffsrecht der Bp)***

1. Die Befugnisse aus § 147 Abs. 6 AO stehen der Finanzverwaltung nur in Bezug auf solche Unterlagen zu, die der Steuerpflichtige nach § 147 Abs. 1 AO aufzubewahren hat.

2. Handelsbriefe i.S.d. § 147 Abs. 1 Nr. 2 und 3 AO i.V.m. §§ 257 Abs. 2, 343 HGB sind nicht auf eine bestimmte Form beschränkt, sodass auch E-Mails Handelsbriefe sein können. Schriftstücke betreffen ein Handelsgeschäft i.S.d. §§ 343 ff. HGB, wenn sie seine Vorbereitung, Durchführung oder Rückgängigmachung zum Gegenstand haben.

3. Die im Rahmen eines Vertragsverhältnisses, welches seinerseits als Handelsgeschäft i.S.d. § 343 HGB qualifiziert, zu erbringenden Erfüllungsgeschäfte wie die Auskunftserteilung oder Serviceleistungen betreffen die Durchführung dieses Handelsgeschäfts und qualifizieren ebenfalls als Handelsgeschäfte. Sind derartige Erfüllungsgeschäfte in einem Schriftstück verkörpert, unterliegen diese der Aufbewahrungspflicht nach § 147 Abs. 1 Nr. 2 und 3 AO.

4. Es besteht kein Anspruch der Finanzverwaltung auf Vorlage eines **elektronischen Gesamtjournals**, welches nach den Vorgaben der Finanzverwaltung Informationen zu

jeder einzelnen empfangen bzw. versandten E-Mail des Steuerpflichtigen enthalten soll. Die Aufforderung zur Vorlage eines Gesamtjournals, in dem **auch nicht nach § 147 Abs. 1 AO aufbewahrungspflichtige E-Mails aufgelistet** bzw. nach den Vorgaben der Finanzverwaltung dargestellt werden sollen, überschreitet die Befugnisse der Finanzverwaltung aus § 147 Abs. 6 AO und ist damit rechtswidrig.

5. Eine allgemein formulierte Aufforderung zur Vorlage von elektronischen Unterlagen "en bloc" kann, unter Berücksichtigung des **Erstqualifikationsrechts** des Steuerpflichtigen, sowohl dem Bestimmtheitsgebot des § 119 AO genügen als auch von dem Datenzugriffsrecht der Finanzverwaltung nach § 147 Abs. 6 AO gedeckt bzw. verhältnismäßig sein.

2) Preisfestsetzung, Einkommensermittlung, -zurechnung und -korrektur, Schrankenwirkung

Fremdvergleich (tatsächlich und hypothetisch) – doppelter ordentlicher Geschäftsleiter – Vergleichbarkeit – Nahestehensbeziehung – Geschäftsbeziehungen – vorherige Vereinbarungen (Rückwirkungsverbot) – Vorteilsausgleich – nachträgliche Preisfestsetzung u. -änderung – Bandbreiten – Wegfall der Geschäftsgrundlage – Handlungsalternativen – Gestaltungsmissbrauch (§ 42 AO) – Teilwertabschreibungen – Berichtigungsvorschriften (vGA, Entnahmen, Einlagen, vE, § 1 AStG) – Schrankenwirkung des internationalen Rechts — EU-Widrigkeit von nationalen Rechtsvorschriften — Verlustabzug ausländischer TG

BFH, Urt. v. 1.2.1967 – I 220/64, BStBl. III 1967, 495:

Der **zollrechtliche** Normalpreis der eingeführten Waren ist für die Bemessung der vGA nicht maßgebend.

BFH, Urt. v. 18.2.1970 – I R 12/67, BStBl. II 1970, 526:

Vereinbart eine Kapitalgesellschaft mit ihrem Gesellschafter für Leistungen des Gesellschafters einen Preis, der unter dem verkehrsüblichen Preis liegt, so stellt eine spätere **Nachzahlung**der Gesellschaft im allgemeinen eine vGA dar. Es ist zwar richtig, dass im Falle eines gegenseitigen Vertrages eine vGA nur so weit vorliegt, wie die Leistung der Gesellschaft die Gegenleistung des Gesellschafters übersteigt, das gilt im allgemeinen aber nur für den Abschluss des ursprünglichen Vertrages und nicht für spätere Änderungen dieses Vertrags. Haben sich die Vertragspartner auf einen bestimmten Preis geeinigt, mag dieser nun angemessen sein oder nicht, so sind sie grundsätzlich daran gebunden. Die **Änderung** bedürfte eines neuen Vertrages (§ 305 BGB).

BFH, Urt. v. 21.12.1972 – I R 70/70, BStBl. II 1973, 449:

Zahlt eine Kapitalgesellschaft an eine Schwestergesellschaft zu laufenden Verlusten führende überhöhte Preise für die Lieferung von waren, so können darin **verdeckte Gewinnausschüttungen an die gemeinsame ausländische Muttergesellschaft** liegen, die bei dieser als Einkünfte aus Kapitalvermögen zu besteuern sind. In Fortführung der Rechtsprechung muß dieser Sachverhalt so gesehen werden, dass der überhöhte Preis lediglich im **abgekürzten Zahlungsweg an die Schwestergesellschaft** entrichtet, wirtschaftlich jedoch an die Muttergesellschaft gezahlt und von dieser in Form einer verdeckten Einlage an die durch Erhöhung ihres Aktivvermögens begünstigte Tochtergesellschaft weitergeleitet worden ist. Diese Betrachtungsweise muß zu der Annahme führen, dass der Muttergesellschaft in Form des überhöhten Preises geldwerte Vorteile im Sinne der §§ 8, 20 EStG zugeflossen sind. **Dieser Zufluss in Form verdeckter Gewinnausschüttungen** bei der Muttergesellschaft **kann nicht mit der Gewährung der verdeckten Einlage,** die sich bei der begünstigten Tochtergesellschaft gewinnneutral auswirkt, **verrechnet werden**. Denn mit dem Empfang des überhöhten Kaufpreises hat die Muttergesellschaft Einkünfte erzielt, wohingegen die Gewährung der verdeckten Einlage dem Vermögensbereich der Muttergesellschaft zuzurechnen ist. ... **Vorteile**, die dem Gesellschafter nur mit Rücksicht auf die Gesellschaftereigenschaft gewährt werden, können durch Leistungen der Gesellschafter an die Gesellschaft nur **aufgewogen** werden, wenn – außer einem zeitlichen Zusammenhang der Leistungen – die Beteiligten eindeutige Abmachungen getroffen haben, die die gewährten Vorteile als Gegenleistung für Leistungen der Gesellschafter an die Gesellschaft erkennbar machen.

BFH, Urt. v. 14.8.1974 – I R 168/72, BStBl. II 1975, 123:

Der Senat bezweifelt, ob es ein Lieferant stets als ein Gebot des eigenen Interesses ansehen darf, schlechte Absatzbedingungen seiner Abnehmer durch eine nachträgliche Herabsetzung seiner Verkaufspreise zu berücksichtigen. Die Frage kann im Einzelfall zu bejahen sein, wenn etwa ohne ein Entgegenkommen des Lieferanten gegenüber dem Abnehmer dieser seine Geschäftsbeziehungen zu dem Lieferanten abzubrechen droht und dies für den Lieferanten einen größeren Schaden bedeutete als **nachträgliche Preissenkungen**. Aber von solchen Sonderfällen abgesehen, pflegt ein Kaufmann weder als Käufer Nachzahlungen auf vereinbarte Preise zu leisten, selbst wenn diese unter dem Marktpreis lagen, noch als Verkäufer nachträgliche Preissenkungen vorzunehmen. Die Tatsache, dass eine Vertriebsgesellschaft vom ausschließlichen Vertrieb der Erzeugnisse eines bestimmten Lieferanten lebt, reicht für sich allein nicht aus, um nachträgliche Preissenkungen als Maßnahme des schuldrechtlichen Leistungsaustausches zu rechtfertigen.

BFH, Urt. v. 27.11.1974 – I R 250/72, BStBl. II 1975, 306:

Eine ausdrückliche Vorschrift über die **Bewertung der verdeckten Gewinnausschüttungen** fehlt im KStG. Daher ist nach §§ 1, 10 Abs. 1 BewG a.F. der gemeine Wert zugrunde zu legen. Der Begriff des gemeinen Werts nach dem BewG gilt jedoch nicht uneingeschränkt. Die Einschränkungen ergeben sich aus dem Begriff der vGA. Eine vGA liegt nach der neueren Rechtsprechung des BFH vor, wenn die Kapitalgesellschaft ihrem Gesellschafter einen Vermögenswert zuwendet, den sie bei Anwendung der Sorgfalt eines ordentlichen und gewissenhaften Geschäftsleiters unter sonst gleichen Umständen einem Nichtgesellschafter nicht gewährt hätte. Demnach ist auch die Höhe der vGA in der Weise zu ermitteln, dass die Vergütung, die der Gesellschafter für einen von der Gesellschaft erworbenen Vermögensgegenstand entrichtet hat, mit der Vergütung verglichen wird, die ein ordentlicher und gewissenhafter Geschäftsleiter von einem Nichtgesellschafter gefordert und erhalten hätte. Damit wird der Wert der vGA durch den erzielbaren Erlös bestimmt. Für die Bewertung der vGA gilt auch, dass alle Umstände, die den Preis beeinflussen, zu berücksichtigen sind. Dagegen bestehen Bedenken gegen die Anwendung des § 10 Abs. 2 Satz 2 BewG a.F., der vorschreibt, dass **ungewöhnliche oder persönliche Verhältnisse** nicht zu berücksichtigen sind. Bei der Bewertung der vGA sind auch diese Umstände zu berücksichtigen, wenn sie ein ordentlicher und gewissenhafter Geschäftsleiter bei dem Geschäft mit einem Nichtgesellschafter in Betracht gezogen hätte.

BFH, Urt. v. 19.3.1975, – I R 137/73, BStBl. II 1975, 722:

Die Gewinnlosigkeit einer GmbH ist ein Anzeichen für das Vorliegen verdeckter Gewinnausschüttungen, weil die Tätigkeit einer GmbH, die am Wirtschaftleben teilnimmt, üblicherweise darauf gerichtet ist, Gewinn zu erzielen, der eine angemessene **Verzinsung des investierten Kapitals** erbringt. Das bedeutet aber nicht, dass die Höhe der verdeckten Gewinnausschüttungen durch eine **Globalschätzung** der angemessenen Rendite des eingezahlten Kapitals ermittelt werden dürfte.

BFH, Urt. v. 6.4.1977 – I R 86/75, BStBl. II 1977, 569:

Richtig ist, dass dann, wenn die Schwimmhalle einem Geschäftsführer überlassen worden wäre, der weder Gesellschafter noch eine dem Gesellschafter nahestehende Person ist, die damit verbundenen Aufwendungen steuerrechtlich abzugsfähig und nicht wieder als vGA hinzuzurechnen gewesen wären. Darin liegt **kein Verstoß gegen Art. 3, 6 des Grundgesetzes**. Die Sachverhalte gleichen sich nicht. Im Streitfall war der Empfänger der Leistung der Sohn des Alleingesellschafters. Hier kann die Leistung ihre Ursache auch im Gesellschaftsverhältnis haben.

Der **Wert der vGA** wird grundsätzlich durch die erzielbare Vergütung bestimmt. Das steht im Einklang mit § 15 Abs. 2 BewG, dass Nutzungen oder Leistungen, die nicht in Geld bestehen, mit den üblichen Mittelpreisen des Verbrauchsorts anzusetzen sind. Im Streitfall bedeutet dies, dass zu ermitteln ist, welches Entgelt die GmbH für die Überlassung der Schwimmhalle mit Nebenräumen von einem Geschäftsführer, der nicht Gesellschafter ist, verlangt und erhalten hätte.[1]

BFH, Urt. v. 12.3.1980, – I R 186/76, BStBl. II 1980, 531:

Der Verzicht einer Vertriebsgesellschaft, die an Kunden gewährten Boni, **Rabatte** u. Skonti an den verbundenen Lieferanten weiterzubelasten, ist steuerlich nicht als Zuwendung eines Vermögensvorteils an den Lieferanten anzusehen, auch wenn die Vertriebsgesellschaft **Verluste** erleidet. Es hätte eine Verpflichtung des Lieferanten bestehen müssen, diese Kosten wenigstens zum Teil zu übernehmen – sei es aufgrund eines Vertrages oder einer Übung (vgl. BStBl 1967 III 495). Auch die Tatsache, dass die KG Verluste erlitt, während Großhandelsunternehmen in der BRD einen Reingewinnsatz von 3 bis 5 % des wirtschaftlichen Umsatzes erzielten, rechtfertigt allein noch nicht die Annahme einer verdeckten Gewinnausschüttung, solange nicht feststeht, dass der Aufwand, der den Verlust verursacht hat, nicht betrieblich veranlasst war. Auch wenn das Betriebsergebnis der KG unter dem des Lieferanten oder anderer Unternehmen dieser Branche in der BRD lag, rechtfertigt das keine **Schätzung des Gewinns**.

BFH, Urt. v. 16.4.1980 – I R 75/78, BStBl. II 1981, 492 und DB 1981, 1752 und GmbHR 1981, 173:

Eine verdeckte Gewinnausschüttung setzt voraus, dass eine Kapitalgesellschaft ihrem Gesellschafter Vermögensvorteile zuwendet, die sie unter sonst gleichen Umständen bei Anwendung der Sorgfalt eines ordentlichen Geschäftsleiters einem Nichtgesellschafter nicht gewährt hätte. Dem Geschäftsleiter wird zwar ein gewisser **Ermessensspielraum** eingeräumt, sein Handeln muss jedoch an den Gegebenheiten des Unternehmens ausgerichtet sein. Grundsätzlich kommt es für die Prüfung der Frage, ob eine vGA vorliegt, auf den **am Markt erzielbaren Erlös an**. Ein ordentlicher und gewissenhafter Geschäftsleiter wird bestrebt sein, den Marktpreis zu fordern; seine Aufgabe als Geschäfts-

[1] Der BFH stellt bei der Nutzungsüberlassung von WG somit in erster Linie auf die erzielbare Vergütung ab, die anhand von Marktpreisen zu bestimmen ist. Sind solche Preise feststellbar, ist somit unmaßgeblich, welche Kosten durch die Nutzungsüberlassung hervorgerufen werden. Sind jedoch Marktpreise nicht feststellbar, ist – so der BFH im Urteil vom 6.4.1977 – ein Anhaltspunkt für die Bewertung der vGA auch die Kostenmiete.

führer eines **Erwerbsunternehmens ist es, Gewinn zu erzielen** und diesen **Gewinn nach Möglichkeit zu steigern**.

BFH, Urt. v. 21.7.1982 – I R 56/78, BStBl. II 1982, 761 und DB 1982, 2272 und GmbHR 1982, 267:

Das **Wesen einer verdeckten Gewinnausschüttung**besteht darin, dass den Gesellschaftern oder ihnen nahestehenden Personen von der Gesellschaft Gewinn in einer Form zugeführt wird, in der er nicht als Gewinn erscheint, sondern unter anderen Bezeichnungen verborgen ist. Dies ist der Fall, wenn Beträge, die mit Rücksicht auf das Gesellschaftsverhältnis bezahlt werden, **als Betriebsausgaben verschleiert** werden. ...

[*Eine*] verdeckte Gewinnausschüttung [*kommt*] angesichts der verschiedenen Möglichkeiten, die Rechtsverhältnisse zu gestalten, auch dann in Betracht, wenn nicht von vornherein klar und eindeutig bestimmt ist, ob und in welcher Höhe ein Entgelt für eine Leistung des Gesellschafters bezahlt wird. In solchen Fällen kommt es darauf an, ob der betreffende Gesellschafter im Zeitpunkt der Vereinbarung oder der Zuwendung – allein oder zusammen mit anderen, gleichgerichtete Interessen verfolgenden Gesellschaftern – einen beherrschenden Einfluss auf die Gesellschaft ausüben konnte. ... Gegen diese Rechtsprechung wird insbesondere vorgebracht, sie schaffe ein Sonderrecht für beherrschende Gesellschafter, Der BFH stelle für diese eine unwiderlegbare Vermutung auf, dass ohne vorherige klare Vereinbarung rückwirkend an den beherrschenden Gesellschafter geleistete Zahlungen stets verdeckte Gewinnausschüttung seien. Der Senat vermag sich dieser Kritik nicht anzuschließen. Das Institut der verdeckten Gewinnausschüttung stellt Finanzverwaltung und FG vor die Aufgabe, echte Betriebsausgaben von solchen Zahlungen abzugrenzen, die in das Gewand von Betriebsausgaben gekleidet, in Wahrheit aber Zahlungen auf Grund des Gesellschaftsverhältnisses sind. Beherrschende Gesellschafter haben es in der Regel ohne weiteres in der Hand, Gewinne in der verschleierten Form der Betriebsausgaben auszuschütten und dadurch den zur Besteuerung heranzuziehenden Gewinn nach ihrem Belieben ‚abzusaugen' (vgl. im einzelnen hierzu auch BFH-Urteil v. 15.12.1971 – I R 5/69, BStBl. II 1972, 438). In solchen Fällen ist es nicht nur **verfassungsrechtlich unbedenklich**, sondern im Interesse einer gleichmäßigen Besteuerung auch geboten, an die Verdeutlichung der betrieblichen Veranlassung erhöhte Anforderungen zu stellen.

BFH, Urt. v. 11.12.1985 – I R 164/82, BStBl. II 1986, 469:

Fehlt eine klare, eindeutige und im voraus getroffene Regelung oder wird eine solche nicht durchgeführt, so besteht wegen des fehlenden Interessengegensatzes zwischen Gesellschaft und beherrschendem Gesellschafter-Geschäftsführer im allgemeinen die Möglichkeit, den Gewinn der Gesellschaft mehr oder weniger beliebig festzusetzen und ihn so zu beeinflussen, wie es bei der steuerlichen Gesamtbetrachtung des Einkommens der Gesellschaft und der Gesellschafter jeweils am günstigsten ist.

BFH, Beschluss v. 26.10.1987 – GrS 2/86, BStBl. II 1988, 348:

Nur **bilanzierungsfähige Wirtschaftsgüter** können **Gegenstand einer Einlage** i. S. von § 4 Abs. 1 EStG sein. Der in §§ 4 ff. EStG verwendete Begriff des Wirtschaftsguts entspricht dem handelsrechtlichen Begriff des Vermögensgegenstandes (§ 39 Abs. 1 HGB a. F., § 246 Abs. 1 HBG n. F.). Überträgt eine Tochterkapitalgesellschaft ihrer Schwestergesellschaft unentgeltlich ein Wirtschaftsgut, das Gegenstand einer (verdeckten) Einlage sein kann, fließt der gemeinsamen Muttergesellschaft eine verdeckte Gewinnausschüttung zu. Der Muttergesellschaft entstehen gleichzeitig aus der Verwendung des erlangten Vorteils **nachträgliche Anschaffungskosten** auf ihre Beteiligung, die sich in einer Erhöhung ihres bilanzierten Vermögens niederschlagen. Auf Grund der vGA ergibt sich eine Gewinnerhöhung sowohl bei der das WG übertragenden Kapitalgesellschaft als auch bei der gemeinsamen Muttergesellschaft. Bei der Schwestergesellschaft hingegen ergibt sich auf Grund der Einlage eine Ermäßigung des Gewinns entsprechend der Verwendung des eingelegten Wirtschaftsguts. ... Zu erwartende **Nutzungsvorteile** sind weder selbständige Wirtschaftsgüter noch Vermögensgegenstände. Der von einem Gesellschafter einer Kapitalgesellschaft gewährte Vorteil, ein Darlehen zinslos nutzen zu können, ist steuerrechtlich kein einlagefähiges Wirtschaftsgut. Eine Kapitalgesellschaft, die einer anderen, ihr unmittelbar nachgeschalteten Kapitalgesellschaft einen unentgeltlichen Nutzungsvorteil gewährt, kann diesen Vorteil steuerrechtlich nicht gewinnerhöhend ansetzen. Die fehlende Gegenleistung lässt sich auch nicht durch eine Fiktion des Inhalts ersetzen, der Gesellschafter habe zunächst ein angemessenes Nutzungsentgelt vereinbart oder aber das Entgelt erhalten und eingelegt. Fiktionen müssen gesetzlich angeordnet sein; dies ist im Fall der Nutzungsüberlassung nicht geschehen. Soweit in § 1 AStG angeordnet ist, dass Geschäftsbeziehungen mit nahestehenden Unternehmen im Ausland so angesetzt werden, wie sie zwischen unabhängigen Dritten vereinbart worden wären, versteht sich diese Vorschrift als Ausnahmebestimmung für Auslandsbeziehungen. Gewährt eine Tochterkapitalgesellschaft ihrer Schwestergesellschaft einen Nutzungsvorteil, fließt der gemeinsamen Muttergesellschaft eine verdeckte Gewinnausschüttung zu, der jedoch ein gleich hoher Aufwand gegenübersteht; zu einer verdeckten Einlage bei der Schwestergesellschaft kommt es nicht. Aufwendungen des Gesellschafters für die Nutzungsüberlassung bilden keine nachträglichen Anschaffungskosten auf die Beteiligung. (Im Ergebnis erhöht sich der Gewinn bei der den Vorteil gewährenden Gesellschaft, wohingegen er bei der Muttergesellschaft sowie bei der Schwestergesellschaft unverändert bleibt.)

BFH, Urt. v. 27.7.1988 – I R 104/84, BStBl. II 1989, 274 und DB 1989, 302 und GmbHR 1989, 134:

Bei einer Beteiligung an einem neu gegründeten Unternehmen kommt eine **Teilwertabschreibung wegen Anlaufverlusten** regelmäßig nicht in Betracht. Dies gilt insbesondere dann, wenn der Gesellschafter zur Beseitigung von Verlusten und zur Erreichung der Rentabilität erhebliche neue Mittel zuführt. Andererseits kann eine Teilwertabschreibung dann geboten sein, wenn die Beteiligung – z. B. infolge nachhaltig hoher Verluste – eine nachträgliche Wertminderung erfahren hat. Allerdings genügt in einem solchen Fall nicht allein die Feststellung, dass hohe Verluste eingetreten sind. Für den Wert einer Beteiligung im Rahmen des Gesamtunternehmens sind nicht nur die Ertragslage und die Ertragsaussichten, sondern auch der Vermögenswert und die funktionale Bedeutung des Beteiligungs-Unternehmens für die Wertzumessung entscheidend. Die Voraussetzungen für eine Teilwertabschreibung sind deshalb in einem solchen Fall nur dann gegeben, wenn zwischen dem Anschaffungszeitpunkt und dem Bilanzstichtag Umstände eingetreten sind, die die Annahme rechtfertigen, dass die Wiederbeschaffungskosten unter den derzeitigen Anschaffungskosten liegen.

Ein in der **Anlaufphase** einer Kapitalgesellschaft eingetretener Verlust ist nur dann kein ‚Anlaufverlust', wenn er auf einer **Fehlmaßnahme** beruht. Dabei kommt es nicht darauf an, ob die Beteiligung im nachhinein als Fehlmaßnahme von Anfang an zu beurteilen ist. Entscheidend ist vielmehr, ob zum Bilanzstichtag entsprechend dem Erkenntnisstand eines ordentlichen und gewissenhaften Kaufmanns nach betriebswirtschaftlichen Grundsätzen eine Erfolgsaussicht bestand oder ob die Fehlmaßnahme als solche schon zu erkennen war. Die Frage kann nicht nur nach den in der Vergangenheit tatsächlich erzielten Verlusten beurteilt werden. Zu berücksichtigen ist u.a. auch, dass der Mehrheitsgesellschafter in allen Jahren seit der Gründung erhebliche **Zuschüsse** geleistet hatte, was dafür spricht, dass jedenfalls er die Chance für eine grundlegende Änderung der Ertragsaussichten sah. Außerdem erhöhten die Gesellschafter noch am 22.9.1970 das Kapital um 100 %. Die Klägerin erwarb damals neue Anteile an der TG gegen Zahlung von 25 Mio Yen. Dies löste die Vermutung aus, dass jedenfalls die neuen Anteile am 22.9.1970 25 Mio Yen wert waren.

Im Regelfall können als **Anlaufphase** für eine im Inland gegründete Kapitalgesellschaft drei Jahre und für eine im Ausland gegründete Kapitalgesellschaft fünf Jahre angenommen werden. Der Regelsatz von fünf Jahren ergibt sich dabei aus dem Rechtsgedanken der § 1 Abs. 1 und § 3 Abs. 1 des Auslandsinvestitionsgesetzes.

Hessisches FG v. 17.10.1988 – IV 293/82, EFG 1989, 200 (und Original-Urteilstext):

Trägt eine inländische Vertriebs-GmbH zum Teil Verluste, die daraus resultieren, dass die ausländische Herstellerfirma und einzige Gesellschafterin der Vertriebsgesellschaft Produkte zu Preisen liefert, die wegen der nicht ausreichend bemessenen Rohgewinnspanne keinen Gewinn ermöglichen, so liegt hierin eine verdeckte Gewinnausschüttung. Diesem Ergebnis steht nicht entgegen, dass die ausländische Muttergesellschaft unter ihren **Selbstkosten** geliefert hat und die in Rechnung gestellten Preise auf niedrigem Niveau liegen. Zweck eines Erwerbsunternehmens ist es, Gewinn zu erzielen und nicht, die Verluste der Muttergesellschaft zu übernehmen. **Verluste** trägt das Unternehmen, das sie verursacht und nicht jenes Unternehmen, dem sie kraft Konzerngewalt - über Verrechnungspreise - zudiktiert werden. … Die BFH-Entscheidungen v. 1.2.1967 und v. 25.2.1970 beruhen auf Erwägungen, die der Senat nicht nachvollziehen kann. Dass sowohl die Verrechnungspreise als auch die Verkaufspreise über denjenigen der deutschen Konkurrenz gelegen hätten, rechtfertigt denkgesetzlich nicht den Schluss, dass die "*Gewinnspanne ausreichend groß*" – so der BFH – war. Die Gewinnspanne ist eine Differenzgröße und die Größe dieser Differenz wird nicht davon bestimmt, ob sich Ein- und Verkaufspreis auf hohem oder niedrigem Niveau bewegen.

BFH, Urt. v. 28.2.1990 – I R 83/87, BStBl. II 1990, 649:

Der **Zinsverzicht** einer GmbH gegenüber ihrem Gesellschafter ist eine durch das Gesellschaftsverhältnis veranlasste verhinderte Vermögensmehrung, die das Einkommen mindert und pro rata temporis aus dem Vermögen der GmbH abfließt. Die Tatsache, dass der Gesellschafter seinerseits der GmbH zinslose Darlehen gewährte, ändert an der Veranlassung der Vorteilszuwendung durch das Gesellschaftsverhältnis nichts. Der Gesellschafter konnte das Darlehen auch dann zinslos überlassen, wenn die Gesellschaft für ihre Darlehen angemessene Zinsen verlangt hätte. Bei **beherrschenden Gesellschaftern** kann ein betrieblich veranlasster Leistungsaustausch nur dann angenommen werden, wenn er auf einer im voraus getroffenen, klaren und eindeutigen Vereinbarung beruht. Eine andere steuerrechtliche Beurteilung ist auch nicht unter dem Gesichtspunkt des **Vorteilsausgleichs** möglich. Ist der betroffene Gesellschafter ein beherrschender, so setzt die steuerrechtliche Berücksichtigung eines Vorteilsausgleichs voraus, dass er auf einer im voraus getroffenen, klaren und eindeutigen Vereinbarung beruht (vgl. BFH v. 7.12.1988, BStBl II 1989, 248). Diese Rechtsprechung rechtfertigt sich aus der Überlegung, dass jeder Gesellschafter – insbesondere aber der beherrschende Gesellschafter – seiner Gesellschaft Vorteile aller Art als verlorenen Gesellschafterzuschuss zuführen kann. Die zinslose Darlehensüberlassung durch einen beherrschenden Gesellschafter an seine Gesellschaft sagt deshalb nichts darüber aus, ob der Nutzungsvorteil als Vorteilsausgleich oder aber als verlorener **Gesellschafterzuschuss** gewährt wird. Dann aber kann von einem Vorteilsausgleich steuerrechtlich nur ausgegangen werden, wenn er als solcher von vornherein klar und eindeutig vereinbart wurde. Anderenfalls hätten Gesellschafter und Gesellschaft es jeweils in der Hand, sich im nachhinein für die günstigere Gestaltung zu entscheiden. Fehlt es an einer von vornherein abgeschlossenen, klaren und eindeutigen Vereinbarung, so muss zu Lasten der Gesellschaft und des Gesellschafters von einem verlorenen Gesellschafterzuschuss ausgegangen werden, der die Annahme einer vGA nicht ausschließt.

BFH, Urt. v. 30.5.1990 – I R 97/88, BStBl. II 1990, 875:

Nachträgliche Anschaffungskosten auf eine Beteiligung (und **keine Geschäftsbeziehung nach § 1 AStG**) liegen vor, wenn eine deutsche MG ihrer ausländischen TG ein zinsloses Darlehen gewährt, wenn nach ausländischem **Geschäftsstatut** die Zuführung von **Eigenkapital** anzunehmen ist.

§ 1 AStG ist auch dann anzuwenden, wenn die **Geschäftsbeziehungen** zum Ausland **von einer inländischen Personengesellschaft** gehalten werden, obwohl § 1 AStG nach seinem Wortlaut nur auf ‚Steuerpflichtige' Anwendung findet und die inländische Personengesellschaft weder einkommen- noch körperschaftsteuerpflichtig ist.

BFH, Urt. v. 21.8.1990 – VIII R 25/86, BStBl. II 1991, 564:

Ob eine **Absicht zur Gewinnerzielung** vorliegt, ist wie jede **innere Tatsache** anhand äußerer Merkmale zu beurteilen. Aus objektiven Umständen muss auf das Vorliegen oder Fehlen der Absicht geschlossen werden, wobei einzelne Umstände einen **Anscheinsbeweis** liefern können, der vom Steuerpflichtigen entkräftet werden kann.

BFH, Urt. v. 12.12.1990 – I R 73/89, BStBl. II 1991, 593:

Überlässt der Gesellschafter einer Kapitalgesellschaft dieser eine **Erwerbschance** und verzichtet die Kapitalgesellschaft später auf die Nutzung der Erwerbschance wiederum zugunsten des Gesellschafters, so ist eine vGA in Höhe der Differenz zwischen den nicht erzielten Einnahmen und den ggfs. angefallenen Aufwendungen anzunehmen. Der Wert einer **verdeckten Einlage** ist nicht geeignet, die Höhe einer vGA zu mindern.

BFH, Urt. v. 1.7.1992 – I R 6/92, BStBl. II 1993, 222:

19 Das FG ist in tatsächlicher Hinsicht stillschweigend davon ausgegangen, daß die A-AG in allen Wirtschaftsjahren, für die sie ausschüttete, ihre Bruttoerträge ausschließlich oder fast ausschließlich aus dem Import und Export von Waren bezog, wobei sie die entsprechenden Tätigkeiten nicht selbst ausübte, sondern von der J-AG ausüben ließ. Das FG hat diese Tätigkeiten der J-AG steuerrechtlich der A-AG zugerechnet und sie als Handel i.S. des § 8 Abs.1 Nr.4 AStG beurteilt. Diese Beurteilung ist nicht zwingend.

20 Dazu geht der erkennende Senat davon aus, daß die Frage, welche **Tätigkeiten einer ausländischen Gesellschaft steuerrechtlich zuzurechnen** sind, auch für den Bereich des § 8 Abs.1 AStG nach den allgemeinen ertragsteuerlichen Grundsätzen zu beurteilen ist. Insoweit kommt es weder auf die Teilnahme am allgemeinen wirtschaftlichen Verkehr als Tatbestandsmerkmal des § 15 Abs.2 EStG noch auf die im AStG geltende funktionale Betrachtungsweise an. Das Merkmal der Teilnahme am allgemeinen wirtschaftlichen Verkehr betrifft nur die Abgrenzung zwischen den Einkunftsarten i.S. des § 2 Abs.1 Nrn.1 bis 3 EStG und den Einkünften aus Vermögensverwaltung i.S. des § 2 Abs.1 Nrn.5 und 6 EStG. Mit Hilfe der funktionalen Betrachtungsweise läßt sich nur die Frage beantworten, ob mehrere zuzurechnende Tätigkeiten einheitlich unter den Katalog des § 8 Abs.1 AStG zu subsumieren sind. Nach den allgemeinen ertragsteuerlichen Grundsätzen ist dagegen zu beurteilen, wer Unternehmer ist. Das ist derjenige, der persönlich selbständig, d.h. auf eigene Rechnung und Gefahr gewerblich tätig ist (vgl. BFH-Urteile vom 13.Februar 1980 I R 17/78, BFHE 129, 565, BStBl II 1980, 303; vom 13.Dezember 1989 I R 98-99/86, BFHE 159, 452, BStBl II 1990, 468). Dies entspricht dem § 5 Abs.1 Satz 2 des Gewerbesteuergesetzes (GewStG). Danach gilt als Unternehmer derjenige, für dessen Rechnung das Gewerbe betrieben wird: Folglich ist eine Ein- **oder Verkaufstätigkeit demjenigen zuzurechnen, für dessen Rechnung sie ausgeübt wurde**.

BFH, Urt. v. 17.2.1993 – I R 3/92, BStBl. II 1993, 457:

Der ordentliche Geschäftsleiter einer Vertriebsgesellschaft wird nur dann ein neues **Produkt** am Markt **einführen**, wenn er daraus bei vorsichtiger und vorheriger **Prognose** innerhalb eines **überschaubaren Zeitraums** einen angemessenen **Gesamtgewinn** erwarten kann. Die Gewinnerwartung ist betriebswirtschaftlich zu belegen; insb. sind dafür die vorab erstellte Absatzplanung, Werbestrategie und Gewinnplanung für den erwartbaren Absatzzeitraum geeignet.

BFH, Urt. v. 10.3.1993 – I R 51/92, BStBl. II 1993, 635 und DB 1993, 1550 und GmbHR 1993, 512:

Eine im Laufe des Jahres verwirklichte verdeckte Gewinnausschüttung wird nicht dadurch ganz oder teilweise rückgängig gemacht, dass der mit der Zuwendung verbundene Aufwand [*hier: Zahlung von Urlaubsgeld an die Gesellschafter-Geschäftsführer*] den nach Jahresende entstehenden Anspruch der Gesellschafter auf Gewinntantiemen vermindert.

Ein **Gesellschafter beherrscht eine Kapitalgesellschaft**, wenn er den Abschluss des zu beurteilenden Geschäfts erzwingen kann. Dabei können **Stimmrechte mehrerer Ge-**

sellschafter zusammengerechnet werden, wenn die Interessen dieser Gesellschafter für das zu beurteilende Geschäft so gleichgerichtet sind, dass das Rechtsgeschäft als Ausdruck dieser gleichgerichteten Interessen anzusehen ist.

Eine spätere Vermögenserhöhung könnte die einmal eingetretene verdeckte Gewinnausschüttung allenfalls überlagern, wenn ein auch steuerlich zu berücksichtigender **'Vorteilsausgleich'** vorläge. Er setzt zum einen voraus, dass Leistungen der Gesellschaft durch Leistungen des Gesellschafters aufgewogen werden. [*Weitere*] Voraussetzung ... ist bei Gesellschaften mit beherrschenden Gesellschaftern, dass der Vorteilsausgleich auf einer im voraus getroffenen, klaren und eindeutigen Vereinbarung beruht.

BFH, Urt. v. 23.6.1993 – I R 72/92, BStBl. II 1993, 801:

Das Ziel des § 8 (3) Satz 2 KStG darf nicht durch überspitzte Anforderungen an den **Nachweis des mutmaßlich erzielten Gewinns** in sein Gegenteil verkehrt werden.

BFH, Urt. v. 19.1.1994 – I R 93/93, BStBl. II 1994, 725:

Wird ein Darlehen unter den Voraussetzungen des § 1 Abs. 1 AStG zu unangemessen niedrigen Zinsen ins Ausland gewährt, so muss für die Ermittlung des Korrekturbetrages festgestellt werden, in welcher Währung das Darlehen zurückgezahlt werden sollte. Im Übrigen muss sich die Erhöhung daran orientieren, dass sich Darlehensgläubiger und Darlehensschuldner im Zweifel die **Spanne** zwischen **banküblichen Haben- und Sollzinsen**.

BFH, Urt. v. 2.2.1994 – I R 78/92, BStBl 1994 II 479:

Es ist Sinn und Zweck des § 8 Abs. 3 Satz 2 KStG, dem Steuerbilanzgewinn solche Minderungen wieder hinzuzurechnen, die durch das Gesellschaftsverhältnis veranlasst sind. Die Körperschaften werden insoweit nicht nach ihrem tatsächlich erzielten, sondern **partiell nach einem 'Soll-Gewinn'** besteuert. Die Frage, ob eine konkrete Minderung des Steuerbilanzgewinnes durch das Gesellschaftsverhältnis veranlasst ist, beurteilt sich nach den Grundsätzen des Fremdvergleichs. Im Einzelfall kann sich eine **Veranlassung im Gesellschaftsverhältnis trotz gleichartiger Zahlungen an fremde Dritte** aus anderen Umständen ergeben.

Die Rechtsfolge des § 8 Abs. 3 S. 2 KStG greift auch dann ein, wenn die vorgenommene Gewinnverlagerung auf den Gesellschafter oder eine ihm nahestehende Person durch den Gesellschaftszweck abgedeckt ist. Entsprechendes gilt, wenn alle Gesellschafter einer **vGA** an einen von ihnen **zustimmen**.

BFH, Urt. v. 14.9.1994 – I R 6/94, BStBl. II 1997, 89:

Die Behandlung des Verzichts auf die Geltendmachung eines Schadensersatzanspruchs durch eine GmbH gegenüber ihrem Gesellschafter-Geschäftsführer als vGA setzt die Entstehung eines zivilrechtlichen **Schadensersatzanspruchs** voraus, der – ohne den Verzicht – nach den Grundsätzen ordnungsmäßiger Bilanzierung zu aktivieren wäre. Die bloße **Nichtgeltendmachung** eines Anspruchs der GmbH gegenüber ihren Gesellschafter begründet so lange keinen Abfluss i.S. des § 27 (1) KStG 1984, als der Anspruch zivilrechtlich fortbesteht und durchgesetzt werden kann.

BFH, Urt. v. 30.8.1995 – I R 155/94, DB 1995, 2451 (BFHE 178, 371):

Die Annahme einer vGAi.S. des § 8 Abs. 3 S. 2 KStG wegen Verstoßes des Gesellschafter-Geschäftsführers gegen ein **Wettbewerbsverbot** setzt voraus, dass der Gesellschafter-Geschäftsführer Informationen oder Geschäftschancen der Kapitalgesellschaft nutzt, für deren Überlassung ein fremder Dritter ein Entgelt gezahlt hätte. Das Erfordernis einer klaren und von vornherein abgeschlossenen Vereinbarung ist ein steuerliches Kriterium, das nicht zur Beurteilung der Existenz zivilrechtlicher Ansprüche herangezogen werden kann. Sollte die Existenz eines zivilrechtlichen Anspruchs auf Vorteilsherausgabe und/oder **Schadensersatz** zu verneinen sein, so würde dies noch nicht die **Annahme einer vGA** i.S. des § 8 Abs. 3 S. 2 KStG ausschließen. ... Selbst wenn der Gesellschafter-Geschäftsführer Informationen der Kapitalgesellschaft für sich genutzt hätte, stünde dieser kein Anspruch auf die Herausgabe des gesamten [*ihr dadurch entgangenen*] Gewinns zu. Ein etwaiger zivilrechtlicher Anspruch [*bzw. die Höhe einer vGA*] wäre der Höhe nach auf den Betrag zu begrenzen, den ein fremder Dritter für die Überlassung der Information als Entgelt bezahlt hätte bzw. in dessen Höhe auf Seiten der Kapitalgesellschaft ein Schaden eingetreten ist.

BFH, Urt. v. 12.10.1995 – I R 127/94, BFH/NV 1996, 81 und DB 1996, 507 und BFHE 179, 258:

Ob eine GmbH die sich ihr bietende Geschäftschance mit eigenen personellen oder sachlichen Mitteln nutzt, oder aber ihren Gesellschafter als Subunternehmer beauftragt, unterliegt ihrer **freien unternehmerischen Entscheidung**. Die Finanzbehörden und FG können sie nur daraufhin überprüfen, ob sie durch Umstände beeinflusst wurde, die ihre Veranlassung im Gesellschaftsverhältnis haben. Bei dieser Prüfung kann auf den Verhaltensmaßstab des Handelns eines ordentlichen und gewissenhaften Geschäftsleiters abgestellt werden. Dieser wird in der Regel die sich der Kapitalgesellschaft bietenden Geschäftschancen nutzen. **Zivilrechtliche Ansprüche** einer GmbH gegen ihren Gesellschafter-Geschäftsführer, die in der Steuerbilanz erfolgswirksam zu aktivieren sind, können nicht gleichzeitig die Rechtsfolge des § 8 Abs. 3 S. 2 KStG auslösen. Wird eine entsprechende Forderung von der GmbH tatsächlich nicht aktiviert, so ist die **Steuerbilanz** als solche zu berichtigen. ... Die Besonderheit des Streitfalles liegt darin, dass P [= *Gesellschafter*] schon lange vor Gründung der Klägerin [= *Kapitalgesellschaft*] ein Einzelunternehmen unterhielt, das er auch bei Gründung der Klägerin nicht aufgab. Damit war auch für die Klägerin von Anfang an klar, dass P ihr gegenüber als Wettbewerber aufzutreten beabsichtigte. Dies ist grundsätzlich zulässig und auch steuerlich zu berücksichtigen. Nach der Rechtsprechung des BGH unterliegt der Allein-Gesellschafter-Geschäftsführer einer GmbH solange keinem **Wettbewerbsverbot**, als er der GmbH kein Vermögen entzieht, das zur **Deckung des Stammkapitals** benötigt wird (vgl. BGH-Urteil vom 10.5.1993, GmbHR 1993, 427).

BFH, Urt. v. 6.12.1995 – I R 88/94, BStBl. II 1996,383:

Der **Fremdvergleich** erfordert jedoch auch die **Einbeziehung des Vertragspartners**. Es ist darauf abzustellen, ob das Vereinbarte von dem abweicht, was unabhängige Dritte unter gleichen oder ähnlichen Verhältnissen untereinander vereinbart hätten. So gesehen ist der Maßstab des Handelns eines ordentlichen und gewissenhaften Geschäftsleiters nur ein Teilaspekt des Fremdvergleichs, der allerdings in vielen Fällen schon zu einem zutreffenden Ergebnis führt. ... Der Streitfall weist deutliche Anhaltspunkte dafür auf, dass der Vertrag, den die Kapitalgesellschaft (Klägerin) mit ihrem Gesellschafter (D) abschloss, von Anfang an nicht ernstlich gemeint war. So wurde D zwar zum Geschäftsführer der Klägerin bestellt. Angeblich sollte er diese Funktion jedoch unentgeltlich ausüben. Gleichzeitig vereinbarte er aber ein pauschales Monatshonorar für Beratungsleistungen, ohne dass die im Einzelnen erbrachten Beratungsleistungen als Bemessungsgrundlage für das vereinbarte Honorarfestgehalten wurden. Damit übernahm das Monatshonorar die Funktion eines Geschäftsführergehaltes, ohne dass dieses der Lohnsteuer und anderen gesetzlichen Abzügen unterworfen wurde. Ab dem ... wurde anstelle des Monatshonorars ein Jahreshonorar vereinbart. Das Jahreshonorar wurde in den Folgejahren ständig angehoben, ohne dass auch nur Teile davon ausbezahlt wurden. Für das Jahr ... verzichtete D auf das Honorar. Zum 31.12.1983 betrugen die Verbindlichkeiten der Klägerin gegenüber D rd. 665.000 DM. Die Klägerin war nicht in der Lage, diese Verbindlichkeit zu erfüllen. Ein fremder Dritter würde sich so nicht verhalten haben. Er würde entweder zeitnahe Zahlungen oder doch zumindest Sicherheiten verlangen oder jede Tätigkeit für die Klägerin einstellen. Wenn das Verhalten des D auf die Dauer von mehr als elf Jahren nicht dem entspricht, was ein fremder Dritter getan haben würde, so erlaubt dies die Schlussfolgerung, dass die getroffene Vereinbarung nicht ernstlich gemeint war und nur dem Zweck diente, die Klägerin gewinnlos zu stellen.

BFH, Urt. v. 11.6.1996 – I R 97/95, BFHE 181, 122 und DB 1996, 2366:

Überlässt der Gesellschafter-Geschäftsführer einer GmbH Wissen, das er als Ausfluss seiner Geschäftsführertätigkeit für die GmbH erwarb, entgeltlich einem Dritten, so ist eine vGA i.S. des § 8 Abs. 3 S. 2 KStG in der Form einer **verhinderten Vermögensmehrung** anzunehmen. Die Annahme einer vGA nur i.S. des § 8 Abs. 3 S. 2 KStG muss auch dann in Betracht gezogen werden, wenn ein zivilrechtlicher Anspruch der Kapitalgesellschaft gegen ihren Gesellschafter-Geschäftsführer nicht besteht. Dies ergibt sich aus der Überlegung, dass zivilrechtlich gesehen die **Zustimmung** der Gesellschafter **zu einer vGA** gegenüber einem Gesellschafter deren Rückforderung ausschließt. Steuerrechtlich kann jedoch die Rechtsfolge des § 8 Abs. 3 S. 2 KStG nicht durch das Einvernehmen aller Gesellschafter mit einer vGA ausgeschlossen werden.

BFH, Urt. v. 4.12.1996 – I R 54/95, BFHE 182, 123 und DB 1997, 707:

Unterhält eine Kapitalgesellschaft im Interesse eines oder mehrerer Gesellschafter ein **Wirtschaftsgut** und entstehen ihr nur aus diesem Anlass **Verluste**ohne dass sich der oder die Gesellschafter zu einem **Verlustausgleich** zzgl. der Zahlung eines angemessenen **Gewinnaufschlags** verpflichtet haben, so ist in dem Verzicht auf die Vereinbarung eines Aufwendungsersatzanspruchs i.H. des im jeweiligen Veranlagungszeitraum angefallenen Verlusts zzgl. eines angemessenen Gewinnaufschlags eine vGA i. S. des § 8 Abs. 3 Satz 2 KStG und eine andere Ausschüttung i.S. des § 27 Abs. 3 Satz 2 KStG anzunehmen. Unter Berücksichtigung des Verhaltens eines ordentlichen und gewissenhaften Geschäftsleiters liegt dann regelmäßig eine verhinderte Vermögensmehrung vor. Dieser würde für die Kapitalgesellschaft eine Verlusttätigkeit nicht ohne die Vereinbarung eines Aufwendungsersatzes zzgl. eines angemessenen Gewinnaufschlags übernehmen.

BFH, Urt. v. 19.3.1997 – I R 75/96, FR 1997, 683:

Die **Unüblichkeit der Zuwendung** eines Vermögensvorteils ist weder ein (ungeschriebenes) gesetzliches Tatbestandsmerkmal der vGA noch ein Element der von der Rechtsprechung entwickelten Definition der vGA. Sie ist lediglich ein als Indiz wirkendes Kriterium bei der Prüfung, ob eine Vereinbarung dem **Fremdvergleich** standhält. Ihm liegt die Erkenntnis zugrunde, dass ein Vergleich mit dem unter fremden Dritten üblichen Verhalten am ehesten erkennen lässt, ob die zu beurteilende Zuwendung durch das Gesellschaftsverhältnis veranlasst ist. Die Unüblichkeit der Zuwendung bzw. der ihr zugrundeliegenden Vereinbarung lässt jedoch nicht stets den Schluss zu, ein ordentlicher und gewissenhafter Geschäftsleiter hätte sie mit einem Nichtgesellschafter nicht abgeschlossen. Es kann im Einzelfall überzeugende betriebliche Gründe geben, die für die unübliche Vereinbarung sprechen. Sie müssen jedoch von dem Steuerpflichtigen plausibel dargelegt werden.

BFH, Beschl. v. 9.6.1997 – GrS 1/94, BStBl. II 1998, 307:

Ein auf dem Gesellschaftsverhältnis beruhender **Verzicht** eines Gesellschafters **auf** seine **nicht mehr vollwertige Forderung** gegenüber seiner Kapitalgesellschaft führt bei dieser zu einer **Einlage in Höhe des Teilwerts der Forderung**. Dies gilt auch dann, wenn die entsprechende Verbindlichkeit auf abziehbare Aufwendungen zurückgeht. Ein solcher Verzicht führt durch den Wegfall der zuvor passivierten Verbindlichkeit bei der Kapitalgesellschaft zu einer Vermögensmehrung, die nach handelsrechtlichen Grundsätzen als Gewinn ausgewiesen werden kann. Dem ist steuerrechtlich jedoch durch den Abzug einer verdeckten Einlage zu begegnen, wenn der Gesellschafter den Erlass im Hinblick auf das Gesellschaftsverhältnis gewährt hat. … Der Verzicht des Gesellschafters auf eine Forderung gegenüber seiner Kapitalgesellschaft im Wege der verdeckten Einlage führt bei ihm zum Zufluss des noch werthaltigen Teils der Forderung; dies gilt unabhängig davon, ob der Verzicht durch einen Erlaßvertrag (§ 397 BGB), die Abtretung eines Anspruchs, einen Schuldaufhebungsvertrag oder durch eine Teilentlastung im Wege eines Abänderungsvertrages bewirkt wird. Es kommt insoweit lediglich auf die einverständliche Entlastung der Gesellschaft von der passivierten Verpflichtung zum Zwecke der Einlage an.

BFH, Urt. v. 12.6.1997 – I R 14/96, BFHE 183, 459 und DB 1997, 1798 und DStR 1997, 1360:

Das Rechtsinstitut der vGA rechtfertigt es nicht, einer Kapitalgesellschaft ein **Rechtsgeschäft ‚aufzudrängen'**, was sie, gemessen am Fremdvergleich, unter keinen Umständen abgeschlossen hätte. Es ist am Maßstab des Handelns eines ordentlichen und gewissenhaften Geschäftsleiters zu beurteilen, ob eine Kapitalgesellschaft eine sich ihr bietende **Geschäftschance auch wahrgenommen** hätte. Das Ziel der Klägerin, möglichst Gewinne zu erzielen, legt die Annahme nahe, dass sie jede interessante und risikoarme Geschäftschance genutzt hätte, soweit sie die dafür erforderlichen personellen und sachlichen Mittel besaß. Eine Geschäftschance kann auch dann bestehen, wenn sie zwar rechtlich nicht abgesichert ist, sich jedoch die Vertragsparteien an die getroffene Vereinbarung halten.

BFH, Urt. v. 29.7.1997 – VIII R 57/94, BStBl. II 1998, 652:

Verzichtet eine KG zugunsten ihrer Gesellschafter auf eine **Forderung** gegenüber einer personenidentischen GmbH, liegt in Höhe des werthaltigen Teils der Forderung eine **verdeckte Einlage** der Gesellschafter in das Betriebsvermögen der GmbH vor.

BFH, Urt. v. 15.10.1997 – I R 80/96, BFH/NV 1998, 624:

Ob und inwieweit eine nicht den gesellschaftsrechtlichen Vorschriften entsprechende **Zuwendung eines Vermögensvorteils durch das Gesellschaftsverhältnis veranlasst** ist (und zu einer verdeckten Einlage führt), muss – wie hinsichtlich der Vermögensminderung bzw. verhinderten Vermögensmehrung aufgrund einer verdeckten Gewinnausschüttung – durch einen **Fremdvergleich** festgestellt werden. Eine Veranlassung durch das Gesellschaftsverhältnis ist daher zu bejahen, wenn und soweit ein Nichtgesellschafter bei Anwendung der Sorgfalt eines ordentlichen Kaufmanns der Gesellschaft den Vermögensvorteil nicht eingeräumt hätte. Der Begriff Nichtgesellschafter wird in der Regel für einen (gedachten) fremden Dritten verwendet, der weder Gesellschafter ist noch einem Gesellschafter nahe steht. Ist – wie im Streitfall – der **Gesellschafter gleichzeitig (Haupt-)Lieferant** der Gesellschaft, betrifft der vorzunehmende Fremdvergleich jedoch nicht die Frage, ob irgendein (gedachter) fremder Dritter der Gesellschaft den Vermögensvorteil gewährt hätte. Vielmehr ist zu entscheiden, ob das Gesellschaftsverhältnis oder das zwischen dem Gesellschafter und der Gesellschaft bestehende Lieferantenverhältnis Anlass für die Gewährung des Vermögensvorteils war. Dabei ist von wesentlicher Bedeutung, für welche Zwecke der Vermögensvorteil eingeräumt wurde und ob und inwieweit die Wahrnehmung dieser Zwecke zum Aufgabenbereich des Lieferanten oder der Gesellschaft gehört. Dient die Zuwendung des Vermögensvorteils z. B. dazu, die Kosten der Markteinführung eines Produktes abzudecken und werden diese Kosten üblicherweise ganz oder teilweise vom Lieferanten getragen, ist dies ein starkes Indiz dafür, dass der Gesellschafter bei Anwendung der Sorgfalt eines ordentlichen Kaufmanns der Gesellschaft den Vermögensvorteil auch dann eingeräumt hätte, wenn er kein Gesellschafter, sondern nur Lieferant gewesen wäre.

Maßgebender **Zeitpunkt für den Fremdvergleich** ist grundsätzlich der Abschluss des Vertrages. nicht der Erfüllungszeitpunkt (BFH-Urteil in BFHE 139, 139, BStBl 1983 II S. 744).

BFH, Urt. v. 29.10.1997 – I R 24/97, BStBl. II 1998, 573:

Einzelne Kriterien des Fremdvergleichs, dem die Geschäftsbeziehungen einer Kapitalgesellschaft zu der ihrem beherrschenden Gesellschafter nahestehenden Person zu unterziehen sind, können nicht im Sinne von absoluten Tatbestandsvoraussetzungen verstanden werden. Sie sind indiziell zu würdigen, ob sie den Rückschluss auf eine Veranlassung durch das Gesellschaftsverhältnis zulassen. … **Der Fremdvergleich verlangt** nur **das ‚Wegdenken' der Nahestehensbeziehung**. Das Fortbestehen aller übrigen Beziehungen wird unterstellt. Dazu gehören z. B. die Ausstattung der Kapitalgesellschaft mit Eigenkapital durch den Gesellschafter, die gesellschaftsvertraglichen Vorgaben, der durch den Konzernrückhalt entstehende Geschäftswert und auch eine faktisch vorhandene Sicherheit.

BFH, Urt. v. 4.11.1997 – VIII R 18/94, BStBl. II 1999, 344:

26 Dementsprechend geht auch der BGH davon aus, dass Darlehen oder andere Finanzierungsmaßnahmen stets als **kapitalersetzend** anzusehen sind, wenn sie von vornherein (auch) auf eine Krisenfinanzierung hin angelegt sind. Zu diesen Finanzierungsmaßnahmen zählen z. B. die Gewährung einer **Bürgschaft** für den Fall einer Verschlechterung der Vermögensverhältnisse der Gesellschaft, **ein Garantieversprechen** oder eine Erklärung der Gesellschafter, dass die Darlehensforderung im **Range** hinter die Forderungen der übrigen Gesellschaftsgläubiger **zurücktreten** solle.

29 Auf die Prüfung, wann die Krise der Gesellschaft eingetreten ist und wann die Gesellschafter hiervon Kenntnis erlangt haben, kann außer bei einem auf **Krisenfinanzierung** hin angelegten Darlehen auch bei einem Darlehen verzichtet werden, das von vornherein in die **Finanzplanung** der Gesellschaft in der Weise einbezogen ist, dass die zur Aufnahme der Geschäfte erforderliche Kapitalausstattung der Gesellschaft durch eine **Kombination von Eigen- und Fremdfinanzierung** erreicht werden soll. Solche von den Gesellschaftern gewährten "**finanzplanmäßigen**" Kredite zur Finanzierung des Unternehmenszwecks werden nach Gesellschaftsrecht den Einlagen gleichgestellt (sog. "gesplittete" Pflichteinlage“). Entscheidend ist, ob sich die planmäßige Gesellschafterfinanzierung aus einer Gesamtwürdigung des Gesellschaftsvertrages und/oder des Darlehensvertrages und der im Zeitpunkt des Abschlusses dieser Verträge vorliegenden Umstände ergibt … .

31 Auch bei dem von B gewährten Darlehen handelt es sich um einen solchen "**Finanzplankredit**". Für diese Beurteilung sprechen folgende Indizien (zu diesen vgl. u. a. BGH-Urteil in BGHZ 104, 33, 41 ff.):

- Das Darlehen war für die Verwirklichung des Gesellschaftszwecks **unentbehrlich**; die M-GmbH hätte ohne den Kredit den beabsichtigten Aufbau eines Elektrohandels und die Zusammenarbeit mit der F-KG nicht in Angriff nehmen können. Der Darlehensvertrag wurde deshalb **zeitlich noch vor dem Gesellschaftsvertrag** abgeschlossen.
- Ein außenstehender Kreditgeber hätte der M-GmbH bei einem Stammkapital von 20.000 DM keinen Kreditrahmen von 2,5 Mio. DM eingeräumt; die Gesellschaft war wegen **fehlender Sicherheiten** im Zeitpunkt ihrer Gründung für ein Darlehen in dieser Höhe **nicht kreditwürdig**.
- Das Darlehen sollte erkennbar **nicht nur einen vorübergehenden Geldbedarf** ausgleichen. Der Darlehensvertrag enthält zwar in § 3 einen Tilgungsplan, er enthält aber keine Regelungen über den Fortbestand des Vertragsverhältnisses, wenn dieser Plan nicht eingehalten wird; er ist auf unbestimmte Zeit geschlossen und unterlag vollständig dem Einfluss des B als Geschäftsführer und beherrschenden Gesellschafters der GmbH.
- Das Darlehen wurde auch **nicht zu marktüblichen Bedingungen** gewährt; ein außenstehender Kreditgeber hätte sich nicht mit der bloßen Erstattung des ihm selbst in Rechnung gestellten Zinses und der Rückzahlung des Kredites nach Maßgabe der

eingehenden Kundenzahlungen bzw. der Vorausabtretung der Kundenforderungen zufriedengegeben.

- Der schon ein halbes Jahr nach Abschluss des Darlehensvertrages vereinbarte **Rangrücktritt** - dem für sich betrachtet neben dem Finanzplandarlehen im Rahmen des § 17 EStG keine zusätzliche Bedeutung zukommt (vgl. bereits BFH-Urteil in BFHE 168, 551, BStBl II 1993, 333 unter 2. b cc der Gründe) - und das unveränderte Stehenlassen des Darlehens bei Verschärfung der Krise bestätigen die Annahme, dass das Darlehen von Anfang an einlagegleichen Charakter haben sollte.

BFH, Beschl. v. 17.12.1997 – I B 96/97, BStBl. II 1998, 321:

Stpfl. i. S. d. § 1 AStG ist **keine Personengesellschaft**, sondern nur die an der Personengesellschaft beteiligten Gesellschafter. Ist der Gesellschafter einer Personengesellschaft zugleich Alleingesellschafter einer ausländischen Kapitalgesellschaft, so steht die Kapitalgesellschaft dem Personengesellschafter i.S. des § 1 Abs. 2 AStG mit der Folge nahe, daß der Gewinnanteil des Gesellschafters (§ 15 Abs. 1 Nr. 2 EStG) unter Anwendung des § 1 Abs. 1 AStG zu ermitteln ist, soweit die übrigen Tatbestandsvoraussetzungen der Vorschrift erfüllt sind. Es ist ernstlich zweifelhaft, ob nicht die Rechtsfolge des § 4 Abs. 1 Satz 1 EStG, soweit sie sich auf sog. Sach- und/oder Leistungsentnahmen bezieht, die Anwendung des § 1 Abs. 1 AStG ausschließt, da **§ 1 Abs. 1 AStG nur „unbeschadet anderer Vorschriften“ anwendbar** ist. Ernstlich zweifelhaft ist ferner, ob sich nicht die Annahmen einer Sach- und/oder Leistungsentnahme i.S. des § 4 Abs. 1 Satz 1 EStG und einer Geschäftsbeziehung i. S. des § 1 Abs. 1 AStG in der vor Erlass des Steueränderungsgesetzes 1992 geltenden Fassung wechselseitig ausschließen. Der Senat verweist dazu auf die Ausführungen von *Baranowski*, der im Grundsatz zutreffend ausführt, daß die **Entnahme** auf der steuerlichen Wertung eines Vorganges im Privatbereich und damit **außerhalb von Geschäftsbeziehungen** liegend beruht. Zwar will *Baranowski* § 1 Abs. 1 AStG angewendet wissen, wenn grenzüberschreitende Geschäftsbeziehungen mit nahestehenden Personen außerbetrieblich beeinflusst werden. § 1 Abs. 1 AStG enthält jedoch keine Rechtsgrundlage dafür, um eine Privatbeziehung in eine Geschäftsbeziehung umzuwandeln.

BFH, Urt. v. 8.7.1998 – I R 123/97, BFHE 186, 540 und DStR 1999, 269:

Kapitalgesellschaften haben steuerlich gesehen keine **außerbetriebliche Sphäre**. Es ist Sache der jeweiligen unternehmerischen Entscheidung, risikobehaftete Geschäfte und die damit verbundenen Chancen, zugleich aber auch Verlustgefahren wahrzunehmen. Ziel des Tatbestands der vGA ist die Abgrenzung zur Gesellschaftersphäre, nicht die Vermeidung betrieblicher Risiken. Auch unternehmerische **Fehlmaßnahmen** und –entscheidungen, so krass sie sich auch für den Außenstehenden darstellen mögen, bleiben betrieblich veranlasst und ziehen nicht automatisch vGA nach sich.

BFH, Urt. v. 18.2.1999 – I R 62/98, BFH/NV 1999, 1515:

Zu Recht weist das FG darauf hin, dass es durchaus Aufgabe des Gesellschafters sein kann, seiner **in der Krise befindlichen GmbH** zuzuführen, wenn diese anderweitig kreditunwürdig ist (vgl. Urteil des BGH v. 18.11.1991 – II ZR 258/90, DB 1992, 366).

BFH, Urt. v. 15.3.2000 – I R 74/99, BStBl. II 2000, 547:

Für die Frage nach der **Angemessenheit**kann es immer nur auf diejenigen Umstände und Überlegungen ankommen, die im **Zeitpunkt des Vertragsabschlusses** vorgelegen haben und angestellt worden sind.

Niedersächsisches FG, Urt. v. 23.3.1999[2] *– VI 357/95, IStR 2000, 312:*

Nach Auffassung des Senats kommt es für die **Abgrenzung von Geschäftsbeziehungen zu gesellschaftsrechtlichen Beziehungen** entscheidend darauf an, welche **wirtschaftlichen Interessen** die Kl. bei der Abgabe bei der **Abgabe der Bürgschafts- und Patronatserklärungen** verfolgt hat. Die Produktionstochtergesellschaften hatten teils selbst produziert, teils Rohstoffe für die Produktion der Kl. geliefert, teils Produkte der Kl. vertrieben. Sie hat damit in einem ganz erheblichen Maße zwar ihre eigenen wirtschaftlichen Interessen gefördert, zugleich aber diesen Tochtergesellschaften Produktions- und Vertriebsfunktionen zugeordnet. ... Bürgschafts- und Patronatserklärungen können in diesem Fall zur Dokumentation der wirtschaftlichen Stärke des Gesamtkonzerns dienen. Sie sind dann durch den Betrieb der Konzernmutter veranlasst (vgl. BFH v. 19.3.1975, I R 173/73, BStBl. II 1975, 615) [*d.h. keine Korrektur bei der Kl. nach § 1 AStG um fiktive Bürgschaftsprovision*].

Anders ist die Lage zu beurteilen, wenn für **einzelne geschäftliche Maßnahmen** Kredite aufgenommen werden und die **Kreditgeber Bürgschaften verlangen**. Werden diese von der Muttergesellschaft gegeben, so sind banküblich Provisionszinsen als angemessene Preise zugrunde zu legen. Voraussetzung ist aber stets, dass es sich um eine harte Patronats- oder Bürgschaftserklärung handelt.

Hinsichtlich **weicher Patronatserklärungen** folgt der Senat der Auffassung des FG Baden-Württemberg [*vgl. Urt. v. 26.9.1996, 10 K 156/93, EFG 1997, 456, in dem eine Korrektur nach § 1 AStG um fiktive Bürgschaftsprovisionen abgelehnt wurde*]. Soweit die Kl. die Zusage abgegeben hat, während der Laufzeit des Kredites die Beteiligung an der Tochtergesellschaft nicht aufzuheben oder zu ändern, handelt es sich um eine weiche Patronatserklärung.

In allen übrigen Fällen der Produktionsgesellschaften gibt das Verhältnis von Eigenkapital zu Fremdkapital keine Veranlassung, die Bürgschafts- bzw. Patronatserklärungen in einen Zusammenhang mit Eigenkapitalersatz zu bringen. Auch auf einen entsprechenden Hinweis des Gerichts hat die Kl. nichts dergleichen vorgetragen. Die von den Tochtergesellschaften aufgenommenen Kredite haben sich über Jahre erstreckt und hängen somit offenbar nicht mit der Gründung der Gesellschaften zusammen. Nach dem Inhalt der Akten geht der erk. Senat davon aus, dass es sich um **übliche Betriebsmittelkredite** gehandelt hat. Dafür spricht auch die Größenordnung der Bankkredite, die sich jeweils im Hinblick auf de Bilanzsumme in einem üblichen Rahmen gehalten haben. In diesen Fällen hat die Kl. durch die Übernahme eigener Verpflichtungen ihren Tochtergesellschaften Aufwendungen Banken gegenüber erspart. ... Entscheidend ist, dass sie für ihre Tochtergesellschaften eine Leistung übernommen hat, die diese nur gegen Entgelt am

[2] Bestätigt durch BFH-Urteil vom 29.11.2000 (I R 89/99, BStBl. II 2002, 720) sowie durch BFH-Urt. vom 23.6.2010 (I R 37/09, BStBl. II 2010, 895).

Markt hätten erwerben können und die Übernahme im überwiegenden Interesse der Tochtergesellschaften erfolgt ist. … Insoweit ist der Ansatz der Provisionen durch den Bekl. berechtigt.

Dies gilt jedoch nicht für die niederländische Finanzierungsgesellschaft. Für die Errichtung von ausländischen **Finanzierungsgesellschaften** sind vor allem Gründe des Gesamtkonzerns maßgebend. Eine Finanzierungsgesellschaft bündelt den Finanzbedarf des gesamten Konzerns und schafft somit Nachfragemacht, aufgrund derer sie günstigere Konditionen am Anleihemarkt erzielen kann, als wenn jede einzelne Konzerngesellschaft Anleihen aufnähme. Sie gibt dann die Anleihen an die Konzerngesellschaften weiter und bezieht von diesen Zinsen. Es ist dann das Eigeninteresse der Muttergesellschaft, das sie zur Abgabe einer Patronatserklärung veranlasst. Dafür spricht auch die relativ geringe Eigenkapitalausstattung der Finanzierungsgesellschaft. Ohne entsprechende Garantieerklärungen der Muttergesellschaft hätte die Finanzierungsgesellschaft die ihr zugedachte Aufgabe nicht erfüllen können.

BFH, Urt. v. 17.5.2000 – I R 79/99, BStBl. II 2000, 480:

Lässt eine TG ein Gutachten zur Ermittlung ihres Unternehmenswerts erstellen, um auf diese Weise ihre eigene Veräußerung vorzubereiten, so stellt die Übernahme der **Gutachterkosten** durch die TG eine vGA an den Gesellschafter dar. Nach gefestigter Rechtsprechung des Senats ist eine vGA u.a. dann gegeben, wenn eine Kapitalgesellschaft Kosten trägt, die durch eine Maßnahme im Interesse ihres Gesellschafters ausgelöst worden sind. Zu den Aufwendungen, die in diesem Sinne für den Gesellschafter übernommen werden, gehören auch diejenigen für ein Gutachten zur Feststellung des Unternehmenswerts. Das gilt jedenfalls dann, wenn die Bewertung dem Ziel dient, einen ins Auge gefassten Verkauf der Gesellschaftsanteile vorzubereiten.

BFH, Urt. v. 29.11.2000 – I R 85/99, BStBl. II 2002, 720 und IStR 2001, 318:

Maßnahmen einer Muttergesellschaft (z. B. harte **Patronatserklärung**), die ihre Tochtergesellschaft erst kreditwürdig machen, sind **keine Geschäftsbeziehungen**, entziehen sich einem Fremdvergleich und können nicht die Rechtsfolgen des § 1 AStG auslösen.

BFH, Urt. v. 17.10.2001 – I R 103/00, BStBl. II 2004, 171:

Die Annahme von vGA führt zu einer Einkünftekorrektur außerhalb der Steuerbilanz. Der Höhe nach erfasst diese Einkünftekorrektur die Differenz zwischen dem tatsächlich vereinbarten und dem Preis, den voneinander unabhängige Vertragspartner unter vergleichbaren Umständen vereinbart hätten. Soweit dieser Fremdvergleichspreis nicht anderweitig ermittelt werden kann, ist er gemäß § 162 Abs. 1 AO 1977 zu schätzen.

Geht man von einer Bandbreite angemessener Verrechnungspreise aus, stellt sich die letztlich entscheidende Folgefrage, ob sich eine Schätzung an der **Unter- oder an der Obergrenze dieser Bandbreite orientieren** muss oder ob ein sog. Mittelwert angesetzt werden kann. Insoweit gilt der Grundsatz, dass für die Anwendung einer **Mittelwertmethode** im deutschen Steuerrecht eine Rechtsgrundlage fehlt. Vorbehaltlich einer anderen Beweisrisikoverteilung muss sich eine Schätzung an dem für den Stpfl. günstigeren

Ober- oder Unterwert der Bandbreite von Fremdvergleichspreisen orientieren.[3] Allerdings kann das FA bzw. das FG eine zunächst festgestellte Bandbreite an Preisen durch anderweitige Überlegungen (Verprobungsmethoden) einzuengen versuchen. Auch kann mit Hilfe einer **Vergleichbarkeitsanalyse die Bandbreite begrenzt** oder der Streitfall an das Vergleichsunternehmen angepasst werden. Ferner kann der vom erkennenden Senat schon in seinem Urteil vom 17.2.1993 (I R 3/92, BStBl. II 1993, 457) herausgearbeitete Erfahrungssatz zu berücksichtigen sein, dass eine unabhängige Vertriebsgesellschaft auf Dauer keine Produkte vertreiben wird, mit denen sie nur Verluste erzielt. Der Senat versteht seine unter Beweisrisikoverteilungsgesichtspunkten getroffene Entscheidung im Urteil vom 17.2.1993 dahin, dass immer dann, wenn eine Vertriebsgesellschaft die Produkte einer ihr nahestehenden Produktionsgesellschaft vertreibt und drei Jahre lang nur ins Gewicht fallende Verluste erzielt, eine **widerlegbare Vermutung** dahin ausgelöst wird, dass der vereinbarte Verrechnungspreis unangemessen und durch das Gesellschaftsverhältnis veranlasst ist. Im Rahmen seiner Darlegungslast kann der Stpfl. z. B. begründen, weshalb die tatsächliche Entwicklung entweder auf **Fehlmaßnahmen** oder auf anderen Gründen beruht, die nicht vorhergesehen wurden, und dass vor allem rechtzeitig **Anpassungsmaßnahmen** ergriffen wurden. Gelingt der Nachweis nicht und ergreift der Stpfl. auch keine Anpassungsmaßnahmen, so kann in den Grenzen des Vermuteten geschätzt werden, d.h. es können im Rahmen der Schätzung vGA in Höhe der Differenz zwischen dem erklärten Verlust und einem angemessenen Totalgewinn angesetzt und auf die Jahre verteilt werden. Die Schätzung kann sich auch auf die Einkaufspreise der ersten drei Jahre beziehen, ohne dass sie deshalb für diese Jahre zu einem Gewinn führen müsste.

Verdeckte Gewinnausschüttungen können auch dann vorliegen, wenn der von der Vertriebsgesellschaft gezahlte Einkaufspreis zwar innerhalb der Bandbreite von Vergleichspreisen liegt, ihr jedoch keine Gewinnerzielung ermöglicht.

Soweit **Zuschüsse** nur dem Ausgleich erzielter Verluste dienten, die im Gesellschaftsverhältnis veranlasst waren, stellen sie sich als **Rückgewähr von vGA** dar, die nach ständiger höchstrichterlicher Rechtsprechung als Einlagen zu behandeln sind. Sie mindern dann nicht die für die Streitjahre anzunehmenden vGA.

FG Düsseldorf, Urt. v. 23.4.2002 – 6 K 3453/99, EFG 2003, 342:

vGA bei unklaren Vereinbarungen, nicht nachvollziehbaren Abweichungen von dem Vereinbarten und vielfachen Verstößen gegen das Gebot des Handelns eines ordentlichen u. gewissenhaften Geschäftsleiters.

BFH, Urt. v. 31.7.2002 – X R 103/96, BFH/NV 2003, 26:

Darlehenszinsen sind nicht als Betriebsausgaben abziehbar, wenn der als Darlehen bezeichnete Geldbetrag zuvor vom Betriebsinhaber einem Angehörigen mit der Maßgabe zugewendet wurde, ihn dem Betrieb sogleich wieder zur Verfügung zu stellen und die Hingabe sowie die Rückgabe des Geldes durch einen **Gesamtplan** miteinander verbun-

[3] Seit dem VZ 2008 ist bei Verrechnungspreiskorrekturen im grenzüberschreitenden Bereich § 1 (3) S. 4 AStG zu beachten, wonach für eine Korrektur der Median der Bandbreite – und nicht mehr der für den Stpfl. steuerlich günstigste Wert der Bandbreite - maßgeblich ist.

den sind. Ob ein solcher Gesamtplan vorliegt, ist vom Finanzgericht anhand von Indizien festzustellen.

BFH, Urt. v. 29.1.2003 – I R 6/99, BFHE 201, 463:

Entscheidungen des EuGH *(hier: grenzüberschreitende Organschaft; „Überseering", GmbHR 2002, 1137)* wirken sich zwar unmittelbar nur auf die EG-Mitgliedstaaten aus. Juristische Personen anderer (**Dritt-)Staaten** können im Hinblick darauf keine **Gleichbehandlung** mit Angehörigen der **Mitgliedstaaten** einfordern. Wegen des in Art. 24 Abs. 4 DBA-USA enthaltenen bilateralen Diskriminierungsverbots verhält es sich für eine US-Kapitalgesellschaft jedoch anders. Besteuerungsnachteile inländischer Tochterunternehmen von US-amerikanischen Unternehmen gegenüber anderen ähnlichen inländischen Unternehmen sind hiernach nicht hinzunehmen ... .

BFH, Urt. v. 6.3.2003 – IV R 21/01, BFH/NV 2003, 1542:

Ob ein Darlehensvertrag einem **Fremdvergleich** standhält, ist aufgrund einer **Gesamtwürdigung aller Umstände** zu entscheiden. Entsprechend der Rechtsprechung zu der vGA gegenüber beherrschenden Gesellschaftern und zu den Verträgen zwischen Angehörigen können die einzelnen **Kriterien des Fremdvergleichs** dabei nicht im Sinne von absoluten Tatbestandsvoraussetzungen verstanden werden. Sie sind vielmehr indiziell zu würdigen, ob sie den Rückschluss auf eine Veranlassung durch das Gesellschaftsverhältnis zulassen. Nicht jede **Abweichung vom Üblichen** schließt notwendigerweise die betriebliche Veranlassung aus. Je mehr Umstände auf eine gesellschaftliche Veranlassung hindeuten, desto strengere Anforderungen sind an den Fremdvergleich zu stellen.

BFH, Urt. v. 18.9.2003 – X R 2/00, BStBl. II 2004, 17:

Die Erhebung der Gewerbesteuer führt weder zu einem übermäßigen Eingriff in Freiheitsrechte des Gewerbetreibenden noch stellt sie eine Verletzung des Gleichheitssatzes dar. Die Erhebung der Gewerbesteuer verstößt auch nicht gegen eine der **Grundfreiheiten** des EGV. Insbesondere stellt die Beschränkung der Erhebung der Gewerbesteuer auf Gewerbebetriebe, soweit sie im Inland betrieben werden, keine Diskriminierung im Sinne des Gemeinschaftsrechts dar.

BFH, Urt. v. 28.1.2004 – I R 87/02, BFH/NV 2004, 736:

Es ist geboten, in einen anzustellenden Fremdvergleich auch die Position des – gedachten – Vertragspartners einzubeziehen und darin ein Indiz für die angemessene Preisgestaltung zu erkennen (sog. **doppelter Fremdvergleich**, vgl. Senatsurteile vom 17.5.1995, BStBl. II 1996, 204; vom 6.12.1995, BStBl. II 1996, 383 und 19.5.1998, BStBl. II 1998, 689). Stehen diesem Vertragspartner sonstige Möglichkeiten offen, die ihm angebotene Leistung auf preislich günstigere Weise zu erlangen, wird er regelmäßig nicht bereit sein, dem Anbieter einen vollen Kostenausgleich zu gewähren. Er wird vielmehr versuchen, seinen infolge der **Handlungsalternativen** bestehenden Verhandlungsvorteil auszuspielen. Andererseits wird der ordentliche und gewissenhafte Geschäftsleiter des leistenden Unternehmens seinerseits nicht ohne weiteres bereit sein, einen wirtschaftlichen Vorteil ganz oder teilweise unentgeltlich abzugeben. Er wird vielmehr versuchen, bei den Preisvereinbarungen das für die von ihm vertretene Kapitalgesellschaft Maximale zu erreichen und – neben einem angemessenen Gewinnaufschlag –

eine Deckung seiner Vollkosten durchzusetzen. Um dieses Ziel zu erreichen, kommt es darauf an, wie stark seine Position gegenüber dem Vertragspartner und wie groß dessen Interesse daran ist, das ihm Angebotene anzunehmen, obwohl die Inanspruchnahme alternativer Möglichkeiten ggf. kostengünstiger wäre. Es ist Aufgabe des Fremdvergleichs, diesem Interessengegensatz unter den konkreten Gegebenheiten des zu beurteilenden Sachverhalts nachzugehen.

BFH, Urt. v. 25.5.2004 – VIII R 4/01, BFH/NV 2005, 105 und DStR 2004, 2143:

Gewährt ein mit 20 % des Stammkapitals an einer GmbH beteiligter Gesellschafter-Geschäftsführer dem Betrieb seiner Ehefrau überhöhte Preisnachlässe, liegt eine vGA bereits im Zeitpunkt der Lieferung vor. Die von der GmbH gegen ihren Geschäftsführer geltend gemachten **Ersatzansprüche** haben auf die Beurteilung des Vorgangs als vGA keinen Einfluss mehr: Zahlungen zur Tilgung dieser Ansprüche sind unabhängig davon, ob er oder seine Ehefrau die Zahlungen leistet, verdeckte Einlagen. Tilgt die Ehefrau die Ersatzansprüche, führt dies bei ihr zu **nachträglichen Anschaffungskosten** auf die bezogenen Waren.

BFH, Urt. v. 15.9.2004 – I R 7/02, BStBl. II 2005, 867:

Der steuerlich anzusetzende Fremdvergleichspreis ist im gerichtlichen Verfahren vom FG anhand aller Umstände des jeweiligen Einzelfalls festzustellen. Können keine konkreten Vergleichswerte ermittelt werden, so muss das FG den **hypothetischen** zwischen fremden Dritten ausgehandelten **Preis** im Schätzungswege festlegen. Dabei ist zu beachten, dass häufig nicht nur ein bestimmter Preis, sondern eine ganze **Bandbreite von Preisen** als fremdüblich angesehen werden kann; in einem solchen Fall ist, wenn es um eine vGA wegen der Veräußerung von Wirtschaftsgütern zu einem unüblich niedrigen Preis geht, der niedrigste innerhalb dieser Bandbreite liegende Preis als Vergleichswert anzusetzen. Eine vom FG vorgenommene Schätzung eines Fremdvergleichspreises kann im Revisionsverfahren nur daraufhin überprüft werden, ob sie in verfahrensfehlerhafter Weise zustande gekommen ist oder ob sie gegen Denkgesetze oder gegen allgemeine Erfahrungssätze verstößt. Ist beides nicht der Fall, so ist der vom FG ermittelte Wert auch dann maßgeblich, wenn ein anderer Wert gleichermaßen oder sogar besser begründbar erscheint.

BFH, Urt. v. 23.2.2005 – I R 70/04, BStBl. II 2005, 882 und DB 2005, 1145 und DStR 2005, 918:

Eine vertraglich nicht geregelte private Kfz-Nutzung durch den Geschäftsführer und Ehemann der Alleingesellschafterin einer Kapitalgesellschaft stellt in Höhe der Vorteilsgewährung eine vGA dar. … Allerdings ist die dadurch bedingte vGA nicht mit dem lohnsteuerlichen Wert (i.H.v. 1 % des Listenpreises des Fahrzeugs) zu bewerten. Zwar mag dieser Wert beim Gesellschafter-Geschäftsführer für die einkommensteuerliche Erfassung des Nutzungsvorteils unbeschadet dessen Qualifizierung als Arbeitslohn (§ 19 Abs. 1 Satz 1 EStG) oder als vGA (§ 20 Abs. 1 Nr. 1 EStG) maßgeblich sein. Im Einzelnen kann dies unbeantwortet bleiben. Denn für die **Bewertung einer vGA** im Rahmen des § 8 Abs. 3 Satz 2 KStG auf Ebene der Kapitalgesellschaft ist § 6 Abs. 1 Nr. 4 Satz 2 EStG (i.V. mit § 8 Abs. 1 KStG) nicht einschlägig. Der Vorteil ist vielmehr **ausschließlich nach Fremdvergleichsmaßstäben** zu bewerten, was in der Regel zum Ansatz des **gemeinen Wertes führt** und damit einen **angemessenen Gewinnaufschlag** einbezieht. Bei der erforderlich werdenden Schätzung können – unter Beachtung einer Bandbreite – die marktmäßigen Mietraten eines professionellen Fahrzeugvermieters nur grobe Orientierungspunkte liefern, weil Kapitalgesellschaften im Allgemeinen keine solchen Vermieter sind. Der Nutzungsüberlassende und der Nutzungsempfänger werden deswegen gemeinhin auf Kostenbasis abrechnen und sich etwaige **Gewinnaufschläge teilen.**

BFH, Urt. v. 15.3.2005 – X R 39/03, BStBl. II 2005, 817:

Überlässt der Unternehmer eine in seinem Betrieb erwirtschaftete **Erwerbschance** aus privaten Gründen einem anderen zur Nutzung, verfügt er damit über bezogenes Einkommen. Für die einkommensteuerrechtliche Beurteilung ist es ohne Bedeutung, wenn der originäre Bezieher von Einkünften vor oder nach dem Zufluss der Erträge durch Abtretung oder in sonstiger weise zugunsten eines Dritten darüber verfügt und damit das bezogene Einkommen verwendet (§ 12 Nr. 1 und 2 EStG). Überlässt mithin der Händler, der Produzent oder der Dienstleistende den erzielten Gewinn einem Anderen, der hier weder das An- und Verkaufs- bzw. das Produktions- oder Leistungsgeschehen beherrscht noch in anderer Weise einen unternehmerischen Erfolgsbeitrag beigesteuert hat, liegt hierin eine **Verfügung** des Urhebers der unternehmerischen Tätigkeit **über den** ihm selbst zuzurechnenden **Gewinn**. Wenn und soweit der Stpfl. den steuerbaren Handlungstatbestand des § 2 Abs. 1 i. V. m. § 15 EStG verwirklicht und ihm deswegen der steuerliche Handlungserfolg zuzurechnen ist, bedarf es keines **Rückgriff auf § 42 AO.**

BFH, Urt. v. 6.4.2005 – I R 22/04, BStBl. II 2007, 658:

Ein Einkaufspreis hält nicht schon deshalb dem **Fremdvergleich** stand, weil er sich an einer **Preisliste**orientiert, die für alle Kunden des betreffenden Lieferanten gleichermaßen gilt.

Wenn der Lieferant die Preise erhöht und der Vertreiber diese Erhöhungen nicht an seine Kunden weitergeben kann und damit rechnen muss, bei Fortsetzung dieser Entwicklung keine positive Rendite mehr erzielen zu können, würde der ordentliche u. gewissenhafte Geschäftsleiter eines unabhängigen Vertriebsunternehmens zumindest den Versuch unternehmen, durch Verhandlungen mit seinem Lieferanten eine Preisvereinbarung zu erreichen, die die Erzielung eines angemessenen Vertriebsgewinns ermöglicht. Erfolgt dieser Versuch nicht, kann hieraus eine Veranlassung der Preisgestaltung durch das Gesellschaftsverhältnis abgeleitet werden. In diesem Zusammenhang kommt es nicht darauf an, ob sich der Lieferant in **wirtschaftlichen Schwierigkeiten** befand (ebenso Hessisches FG v. 17.10.1988, EFG 1989, 200).

Wenn die Vertriebsgesellschaft aus dem Vertrieb von Produkten von Fremdlieferanten höhere Rohgewinnmargen erzielt als mit dem Vertrieb von Produkten des nahe stehenden Lieferanten oder wenn ausweislich der Veröffentlichungen des statistischen Bundesamtes andere Betriebe derselben Struktur, Branche und Größenordnung höhere Rohgewinnsätze oder Umsatzrenditen erzielen, muss sich das FG hiermit auseinander setzen. Das FG muss den maßgeblichen Fremdvergleichspreis unter Berücksichtigung aller Umstände des konkreten Einzelfalls ermitteln, was im Regelfall eine Schätzung gemäß

§ 162 Abs. 1 AO notwendig macht. Hierbei ist zu beachten, dass es häufig für die betreffende Leistung eine Bandbreite von Preisen geben wird und dass für die Berechnung einer vGA von dem für den Stpfl. **günstigsten Vergleichspreis** auszugehen ist.

BFH, Beschl. v. 15.12.2005 – IX B 131/05, BFH/NV 2006, 904:

Den Ausführungen des Klägers zur geltend gemachten grundsätzlichen Bedeutung der Frage, ob § 90 Abs. 2 AO **mit Europäischem Gemeinschaftsrecht vereinbar** ist ... fehlt es schon an der erforderlichen Auseinandersetzung mit der bereits vorhandenen Rechtsprechung des Bundesfinanzhofs. Sie hat nämlich hinreichend geklärt, dass den Steuerpflichtigen bei Auslandssachverhalten eine besondere Mitwirkungspflicht bei der Aufklärung des Sachverhalts und bei der Beschaffung der erforderlichen Beweismittel trifft (vgl. u. a. BFH-Urteil vom 29.1.1992 – X R 145/90, BFH/NV 1992, 439). Diese Grundsätze haben nach der Rechtsprechung gleichermaßen Gültigkeit für Sachverhalte im – außerdeutschen – Bereich der Europäischen Union, weil auch dort die erhöhte Mitwirkungspflicht von Auslandssachverhalten eine Folge der auf das Inland beschränkten Hoheitsrechte der deutschen Gerichte und Behörden ist (vgl. BFH-Beschluss vom 16.9.1993 – IV B 50/93, BFH/NV 1994, 449).

FG Düsseldorf, Urt. v. 17.1.2006 – 6 K 2154/04 K,G,F – rechtskräftig, EFG 2008, 1741:

Verzichtet ein Gesellschafter einer KapG im Hinblick auf das Gesellschaftsverhältnis auf eine Forderung, die er dieser gegenüber hat, so ist die dadurch bei der KapG entstandene Vermögensmehrung als **Einlage** des Gesellschafters **mit dem Teilwert der Forderung**, auf die verzichtet wurde, **zu bewerten** (BFH-Beschlüsse vom 9.6.1997 GrS 1/94, BStBl. II 1998, 307; v. 16.5.2001 – I B 143/00, BFH/NV 2001, 1353). Der Teilwert einer Forderung wird durch die Zahlungsfähigkeit und die Zahlungswilligkeit des Schuldners sowie durch ihre Verzinslichkeit beeinflusst. … Im Zeitpunkt des Verzichts auf die Darlehensforderung (= 715.425 DM) bestand ein nicht durch Eigenkapital gedeckter Fehlbetrag von 570.612 DM. Der darüberhinausgehende Teil der Darlehensforderung von 144.812 DM war im Verzichtszeitpunkt folglich werthaltig.

BFH, Urt. v. 3.5.2006 – I R 124/04, BFH/NV 2006, 1729:

Eine **Hinzurechnungsbesteuerung** (§§ 7 ff. AStG) setzt die **‚niedrige Besteuerung'** (§ 8 Abs. 3 AStG) der ausländischen Beteiligungsgesellschaft (sog. Zwischengesellschaft) voraus. Entspricht die nach dem maßgeblichen ausländischen Recht geschuldete Steuer dem in § 8 Abs. 3 AStG angeführten Schwellenwert der Steuerbelastung, liegt auch dann keine ‚niedrige Besteuerung' vor, wenn der ausländischen Steuerfestsetzung ein behördliches Verfahren vorausgegangen ist, in dem auf gesetzlicher Grundlage und unter Mitwirkung des Steuerpflichtigen der Umfang einer Steuerermäßigung festgelegt wurde (hier: gesetzlich eingeräumte Möglichkeit einer anpassenden Erhöhung der Steuerbelastung durch sec. 41 subsec. 9 des irischen Finance Act 1980/1992 für irische Tochtergesellschaften im International Financial Services Centre in Dublin). Die Inkaufnahme einer höheren Belastung mit ausländischer Körperschaftsteuer durch eine ausländische (hier: irische) Kapitalanlagegesellschaft zieht auch dann keine verdeckte Gewinnausschüttung nach sich, wenn hierdurch bei den inländischen Anteilseignern die Hinzurechnung gemäß § 7 ff. AStG vermieden wird.

BFH, Urt. v. 27.3.2007 – VIII R 62/05, BStBl. II 2010, 159:

Gutachterkosten, die im Zusammenhang mit der Anschaffung von GmbH-Geschäftsanteilen anfallen, sind keine Werbungskosten, sondern Anschaffungsnebenkosten, wenn sie nach einer grundsätzlich gefassten Erwerbsentscheidung entstehen und die Erstellung des Gutachtens nicht lediglich eine Maßnahme zur Vorbereitung einer noch unbestimmten, erst später zu treffenden Erwerbsentscheidung darstellt (Anschluss an das Senatsurteil vom 20.4.2004, BStBl. II 2004, 597). Ob Aufwendungen als Anschaffungskosten zu beurteilen sind, bestimmt sich sowohl für die Gewinneinkünfte als auch für die Überschusseinkünfte nach § 255 HGB.

BFH, Urt. v. 7.11.2007 – II R 28/06, BStBl. II 2008, 258:

Zahlt eine GmbH auf Veranlassung eines Gesellschafters einer diesem nahestehenden Person überhöhte Vergütungen, liegt regelmäßig keine **freigebige Zuwendung des** Gesellschafters an die nahestehende Person gemäß **§ 7 Abs. 1 Nr. 1 ErbStG** vor. Eine freigebige Zuwendung kann jedoch im Verhältnis der GmbH zur nahestehenden Person gegeben sein. Eine Vermögensverschiebung zwischen dem Zuwendenden und dem Bedachten kann auch unter Einbeziehung eines Dritten bewirkt werden, und zwar dadurch, dass ein Schuldner des Zuwendenden auf dessen Aufforderung hin eine diesem zustehende Forderung durch unmittelbare Leistung an den Bedachten gemäß § 362 Abs. 2 i.V.m. § 185 BGB erfüllt. ... Ein derartiger abgekürzter Leistungsweg liegt nicht vor, wenn eine GmbH an eine Person, die einem ihrer Gesellschafter nahe steht, **überhöhte Vergütungen für erbrachte Arbeitsleistungen** zahlt und – wie im Streitfall – die unangemessenen Teile der Vergütungen ertragsteuerrechtlich **als vGA zu beurteilen** sind. In einem solchen Fall fehlt es an der für eine freigebige Zuwendung erforderlichen Vermögensverschiebung zwischen dem Gesellschafter und der diesem nahestehenden Person. ... Liegt eine vGA vor, so ist die Zuwendung zu Lasten der GmbH ertragsteuerrechtlich so zu beurteilen, als hätte der Gesellschafter den Vorteil erhalten und diesen an die nahestehende Person weitergegeben. Bei dem Gesellschafter handelt es sich um eine einkommensteuerrechtlich unbeachtliche Einkommensverwendung. ... Die Zahlungen überhöhter Vergütungen an die Klägerin [= *Ehefrau des Gesellschafters*] können als gemischte freigebige Zuwendungen der GmbH an diese zu beurteilen sein. **Schenkungssteuerrechtlich** erfasst wird nicht nur die reine, sondern auch eine gemischte freigebige Zuwendung. Sie ist dann gegeben, wenn einer höherwertigen Leistung eine Leistung von geringerem Wert gegenübersteht und die höherwertige Zuwendung neben Elementen der Freigebigkeit auch Elemente eines Austauschvertrags enthält, ohne dass sich die höherwertige Leistung in zwei selbständige Leistungen aufteilen lässt. Hinsichtlich des subjektiven Tatbestands der freigebigen Zuwendung reicht bei Unausgewogenheit gegenseitiger Verträge regelmäßig das Bewusstsein des einseitig benachteiligten Vertragspartners über den Mehrwert seiner Leistung aus; auf die Kenntnis des genauen Ausmaßes der Wertunterschied kommt es hingegen nicht an.

FG Schleswig-Holstein, Urt. v. 6.12.2007 – 1 K 147/04 (rechtskräftig), EFG 2008, 637:

Die Einkommensermittlungsvorschriften des EStG sind auf Körperschaften nur insoweit anwendbar, als ihnen nicht spezielle Regelungen des KStG vorgehen. Das körperschaftsteuerliche Institut der **vGA geht der Bilanzberichtigung** nach § 4 Abs. 2 EStG und sonstigen Bilanzkorrekturen als speziellere Regelung **vor**. Die Rechtsfolge des § 8 Abs. 3 S. 2 KStG besteht weder in der Versagung des BA-Abzugs noch in der Korrektur der Steuerbilanz, sondern in einer außerbilanziellen Gewinnkorrektur. Die gewinnerhöhende Wirkung hat ausschließlich im **Entstehungsjahr der vGA** anzusetzen. Einer vGA, die in einem früheren VZ stattgefunden hat (hier: Passivierung einer Verbindlichkeit gegenüber einem Gesellschafter für – nicht erbrachte – Dienstleistungen) kann nicht durch eine spätere Bilanzkorrektur (erfolgswirksame Auflösung der Verbindlichkeit im ersten, nicht bestandskräftigen Veranlagungsjahr) der Boden entzogen werden.

FG Düsseldorf, Urt. v. 19.2.2008 – 17 K 894/05 E, IStR 2008, 449:

Die Gewährung von Eigenkapital an eine nahestehende ausländische Kapitalgesellschaft und andere (**Stützungs-)Maßnahmen** sind gesellschaftsrechtlich veranlasst und erfüllen daher nicht den Tatbestand der **Geschäftsbeziehung** i. S. von § 1 Abs. 4 AStG in der Fassung des Standortsicherungsgesetzes vom 13.9.1993. Gegen einen ernst gemeinten schuldrechtlichen Leistungsaustausch spricht, dass es an einem schriftlichen Darlehensvertrag fehlt, das Kapital unentgeltlich zur Nutzung überlassen wurde und Vereinbarungen zu Sicherheiten, Laufzeiten und Rückzahlungen fehlen. Eine Zurechnung von Zinsen nach § 1 AStG verstößt mit hoher Wahrscheinlichkeit auch gegen die **Niederlassungsfreiheit** des Art. 43 EG-Vertrag sowie die Kapitalverkehrfreiheit des Art. 56 EG-Vertrag. Die Finanzverwaltung weist zur Rechtfertigung der von ihr vorgenommenen Einkünftezurechnung darauf hin, dass mit § 1 AStG der Grundsatz des Fremdvergleichs des Art. 9 OECD-MA im deutschen Steuerrecht umgesetzt werde und der Grundsatz der Gewinnabgrenzung und Einkünftezuordnung zwischen den Staaten international anerkannt sei. Der Senat hat Bedenken, ob damit die Benachteiligung der Auslandsinvestition gegenüber der Inlandsinvestition zu rechtfertigen ist, ob zwingende Gründe des Allgemeininteresses § 1 AStG gerechtfertigt erscheinen lassen und ob § 1 AStG nicht über das hinaus geht, was zur Erreichung des von Deutschland angestrebten Ziels erforderlich ist.

FG Sachsen-Anhalt, Urt. v. 21.2.2008 – 3 K 307/01, HaufeIndex 2021230:

Bei der Prüfung der Angemessenheit der Verzinsung eines an die GmbH ausgereichten Gesellschafterdarlehens kann angesichts der neueren BFH-Rechtsprechung nicht mehr davon ausgegangen werden, dass sich im Zweifel Darlehensnehmer und Darlehensgeber die Spanne zwischen **banküblichen Sollzinsen und Habenzinsen** teilen. Die Verzinsung ist nicht bereits dann als unangemessen anzusehen, wenn sie die von der Bundesbank im Internet für vergleichbare Kredite im maßgeblichen Zeitraum veröffentlichten **Jahresdurchschnittswerte** überschreitet.

BFH, Beschl. v. 26.2.2008 – I B 51/08, BFH/NV 2009, 1280:

Die **Veräußerung eigener Anteile** einer GmbH an die Gesellschafter kann als vGA zu werten sein. ... Das FG weicht im Hinblick auf die Ermittlung der Höhe der vGA nicht von der Senatsrechtsprechung ab, wonach in den Fällen, in denen für die Entgeltlichkeit einer Leistung nicht ein bestimmter Preis oder Wert bestimmt, sondern nur eine gewisse Bandbreite von fremdüblichen Werten festgestellt werden kann, grundsätzlich der für den Steuerpflichtigen günstigste Unter- oder Oberwert in Betracht zu ziehen ist. Es hat die Senatsrechtsprechung grundsätzlich anerkannt, meinte aber im Streitfall **keine**

‚Bandbreite' möglicher Veräußerungspreise für die Geschäftsanteile berücksichtigen zu müssen, weil durch die dem Erwerb durch die Altgesellschafter zeitlich unmittelbar nachfolgende Weiterveräußerung konkrete Anhaltspunkte für einen auch durch die Klägerin erzielbaren Preis vorgelegen hätten.

BFH, Urt. v. 5.3.2008 – I R 45/07, DStRE 2008, 1138:

Erwirbt eine Kapitalgesellschaft von ihrem Alleingesellschafter ein Wirtschaftsgut (hier: unbebautes Grundstück) aus gesellschaftsrechtlicher Veranlassung zu einem überhöhten Kaufpreis, so handelt es sich bei den **Kosten der Finanzierung** des Kaufpreises **bezogen auf den Überpreis** nicht um vGA, sondern um abzugsfähige Betriebsausgaben. Die Zinszahlungen sind nicht geeignet (ebenso wie die Finanzierung einer offenen Gewinnausschüttung), beim Gesellschafter einen entsprechenden Vorteil i.S. des § 20 Abs. 1 Nr. 1 Satz 2 EStG auszulösen (Bestätigung des Senatsurt. v. 31.3.2004, I R 83/03, DStR 2004, 1519). … Unterhält eine Kapitalgesellschaft ein Wirtschaftsgut und entstehen ihr dadurch Verluste, ist eine vGA nur dann anzunehmen, wenn das Wirtschaftsgut im gesellschaftlichen Interesse gehalten wird, ohne dass sich der Gesellschafter zu einem **Verlustausgleich zuzüglich der Zahlung eines angemessenen Gewinnaufschlags** verpflichtet hat. Im Gegensatz zu den Senatsurteilen in Zusammenhang mit Segeljachten (vgl. BFH v. 4.12.1996, DStR 1997, 492; v. 15.5.2002, DStR 2002, 1660) wurde im Streitfall das unbebaute Grundstück von der Kapitalgesellschaft nicht unterhalten, sondern nur gehalten. Es besteht anhand der Feststellungen des FG kein Anhalt dafür, dass nicht nur der Erwerb, sondern auch das Behalten des Grundstücks den persönlichen Interessen des Gesellschafters diente. Somit sind die damit verbundenen Ausgaben der Klägerin auch objektiv nicht geeignet, beim Gesellschafter einen Bezug i.S. von § 20 Abs. 1 Nr. 1 Satz 2 EStG auszulösen. Allerdings hätte sich fragen lassen und hätte es wohl auch nahe gelegen, ob nicht der Ankauf des Grundstücks als solcher infolge des festgestellten gesellschaftlichen Kaufmotivs eine vGA in Höhe des gesamten – und nicht nur des überhöhten – Kaufpreises nach sich gezogen hat (vgl. auch BFH v. 17.11.2004 – I R 56/03, BFHE 208, 519, DStR 2005, 594), oder auch, ob dieser Geschäftsvorfall i.S. von § 42 AO missbräuchlich war.

BFH, Beschl. v. 5.3.2008 – I B 171/07, GmbHR 2008, 596:

Der steuerrechtlich maßgebliche **Fremdvergleich stellt** nicht nur auf einzelne Elemente, sondern **auch auf den Gesamtbetrag der Vergütung ab**. So kann es einen Unterschied machen, ob eine Kapitalgesellschaft ein bestimmtes Stundenhonorar für den zeitlich begrenzten Einsatz eines externen Beraters vereinbart oder ob sie denselben Stundensatz im Zusammenhang mit der umfassenden und dauerhaften Beschäftigung einer vergleichbar qualifizierten Person zahlt; dieser Unterschied tritt jedenfalls dann zu Tage, wenn – wie im Streitfall – jene Zahlungen für die Kapitalgesellschaft erkennbar zu einem Verlustrisiko führen. Der entscheidende Punkt ist daher im Streitfall nicht die Höhe der vereinbarten Stundensätze; er liegt vielmehr darin, dass durch die Kombination von Stundensätzen und vereinbarter Arbeitszeit ein Aufwand entstand, der das Maß des Fremdüblichen übersteigt und im Ergebnis zu einer Gewinnabsaugung führen konnte. Ob das niederländische Steuerrecht vergleichbare Vereinbarungen als fremdüblich behandelt, ist für die Beurteilung des Streitfalls ebenso unerheblich wie der Umstand, dass der notwendige Arbeitsumfang durch den Auftraggeber vorgegeben gewesen sei.

FG Saarland, Urt. v. 26.6.2008 – 1 K 1208/03, EFG 2008, 1742:

Übersteigt die Gesamtausstattung des Gesellschafter-Geschäftsführers im konkreten Falle das, was an seiner Stelle ein fremder Dritter erhalten hätte, dann ist insofern von einer gesellschaftsrechtlichen Zahlungsveranlassung auszugehen, ungeachtet dessen, wie sich im Einzelnen die Gesamtausstattung zusammensetzt. Die gesellschaftsrechtliche Veranlassung von Geschäftsführerbezügen kann unabhängig von der Angemessenheit oder Unangemessenheit der Gesamtausstattung anzunehmen sein, wenn der Gesellschafter-Geschäftsführer eine unübliche Zuwendung erhält, die ein gewissenhafter Geschäftsleiter einem Dritten nicht oder nicht so gewährt hätte. Die durchaus **gute Umsatz- und Ertragslage steht der Begrenzung** der Gesamtausstattung **auf das ‚Angemessene' nicht entgegen** und zwar auch dann nicht, wenn die Tätigkeit des Geschäftsführers in erheblichem Maße zum Geschäftserfolg beigetragen hat.

BFH, Urt. v. 20.8.2008 – I R 19/07, BStBl. II 2011, 60:

Eine Rückstellung für die Verpflichtung einer GmbH, einer Schwestergesellschaft die von dieser geleisteten Mietzahlungen nach den Grundsätzen der eigenkapitalersetzenden Gebrauchsüberlassung zu erstatten, führt zu einer vGA. Der gesellschaftsrechtliche Tatbestand der **eigenkapitalersetzenden Gebrauchsüberlassung** ist dadurch gekennzeichnet, dass ein Gesellschafter oder ein diesem nahestehender Dritter der **in der Krise befindlichen** Gesellschaft einen Gegenstand zur Nutzung überlässt bzw. einen bereits vorher überlassenen Gegenstand nicht abzieht. Rechtsfolge ist, dass die auf schuldrechtlicher Ebene vereinbarte Gebrauchsüberlassung während der andauernden Krise bei der notleidenden Gesellschaft in funktionales Eigenkapital umqualifiziert wird und ein etwa vereinbartes Nutzungsentgelt in diesem Zeitraum nicht eingefordert werden darf. Gegen diese Durchsetzungssperre verstoßende Zahlungen der notleidenden Gesellschaft sind dieser entweder gemäß § 32b Satz 1 GmbHG oder – im Anwendungsbereich der sog. Rechtsprechungsgrundsätze des BGH zum Eigenkapitalersatz – entsprechend § 31 GmbHG zu erstatten (vgl. z.B. BGH-Urteil vom 16. Oktober 1989 II ZR 307/88, BGHZ 109, 55 ...).

Bei dem aus § 32b Satz 1 GmbHG bzw. aus der entsprechenden Anwendung von § 31 GmbHG folgenden Erstattungsanspruch der notleidenden Gesellschaft gegen den Gesellschafter handelt es sich demzufolge um eine aus dessen gesellschaftsrechtlicher Finanzierungsverantwortung abzuleitende Verpflichtung ähnlich einer Einlageverpflichtung. ... Nach gefestigter Rechtsprechung des Senats reicht für den Tatbestand der **vGA eine Mitveranlassung durch das Gesellschaftsverhältnis** aus (Senatsurteile vom 6.4.2005 I R 86/04, BStBl. II 2005, 666; vom 14.7.2004 I R 57/03, BFHE 206, 431, m.w.N.). ... Die Beurteilung einer Gesellschafterhilfe als eigenkapitalersetzend führt nur dazu, dass sie im Interesse der Gesellschaftsgläubiger nicht zurückgefordert werden darf; für das Innenrecht der Gesellschaft verbleibt es demgegenüber bei der Behandlung als Fremdkapital.

BFH, Urt. v. 27.8.2008 – I R 28/07, BFH/NV 2009, 123:

Der Senat hat zu der im Jahr 1985 geltenden Rechtslage entschieden, dass die **Garantieerklärung** einer Konzern-Obergesellschaft zugunsten eines anderen konzernangehörigen Unternehmens nicht im Rahmen einer Geschäftsbeziehung zwischen den beiden Unternehmen abgegeben wird, wenn die begünstigte Gesellschaft mangels ausreichender Eigenkapitalausstattung ohne diese Garantie ihre konzerninterne Funktion nicht erfüllen könnte (Senatsurteil in BFHE 194,53, BStBl II 2002, 720). Daran hält er auch für die im Streitjahr (= 1995) geltende Rechtslage fest. Die seinerzeit getroffene Entscheidung geht von der Überlegung aus, dass die **Zuführung von Eigenkapital keine Geschäftsbeziehung** i.S. des § 1 Abs. 1 AStG begründet (ebenso schon Senatsurteil vom 30.5.1990 I R 97/88, BStBl. II 1990, 875). Auf dieser Basis hat der Senat sodann angenommen, dass es unter bestimmten Umständen geboten sein kann, **eigenkapitalersetzende Finanzierungsmaßnahmen** im Hinblick auf die Anwendung des § 1 AStG a.F. der Zuführung von Eigenkapital gleichzustellen. Vor diesem Hintergrund geht der Hinweis des FA und des BMF fehl, dass nach der Rechtsprechung des BFH eigenkapitalersetzende Darlehen steuerrechtlich nicht dem Eigenkapital, sondern dem Fremdkapital des Darlehensnehmers zuzuordnen seien. Der Streitfall bietet keinen Anlass, der von den Beteiligten angesprochenen Frage nachzugehen, ob nach der Neufassung des § 1 Abs. 4 AStG durch das StVergAbG v. 16.5.2003 Vorgänge der hier in Rede stehenden Art in den Bereich der „Geschäftsbeziehungen" einzuordnen sind. Denn jene Fassung ist erstmals mit Wirkung zum Veranlagungszeitraum 2003 anzuwenden. Zwar wird in der Gesetzesbegründung zum StVergAbG die Änderung es § 1 Abs. 4 AStG als „klarstellende" Maßnahme bezeichnet. Indem das Gesetz jedoch den Veranlagungszeitraum 2003 als denjenigen der erstmaligen Anwendung benennt, bringt es klar zum Ausdruck, dass die Neuregelungen Veranlagungen für frühere Zeiträume gerade nicht erfassen soll. Das FG hat in tatsächlicher Hinsicht festgestellt, dass die ausländische TG als **Konzernfinanzierungsgesellschaft** fungieren sollte, dass eine erste Finanzierungsmaßnahme die Aufnahme einer Anleihe in Höhe von 250 Mio. DM erforderte und dass die TG über ein autorisiertes Eigenkapital von 200.000 Gulden verfügte. Es handelte sich mithin um eine Gesellschaft, deren Eigenkapitalausstattung so gering war, dass sie ohne die Garantieerklärung seitens der Klägerin die ihr zugedachte Funktion nicht hätte erfüllen können. Unter diesen Umständen steht die Abgabe der Garantieerklärung der Zuführung von Eigenkapital gleich.

BFH, Beschl. v. 23.9.2008 – I B 92/08, BStBl. II 2009, 524:

Es ist nicht ernstlich zweifelhaft, dass die sog. **Wegzugssteuer** nach § 6 Abs. 1 AStG i.d.F. bis zur Änderung durch das SEStEG vom 7.12.2006 weder gegen Gemeinschaftsrecht noch gegen Verfassungsrecht verstößt. Es wird geltend gemacht, § 6 AStG a.F. verstoße gegen die gemeinschaftsrechtlich verbürgte Niederlassungsfreiheit. Die – letztlich einhellig vertretene – Rechtsauffassung stützt sich auf die Urteile des EuGH vom 11.3.2004 (Rs. C-9/02 „de Lasteyrie du Saillant", IStR 2004, 236) und vom 7.9.2006 (Rs. C-470/04 „N", IStR 2006, 702). Der Gesetzgeber hat diesen Vorwurf ersichtlich geteilt (vgl. BTDrucks 16/2710 dort zu Art. 7 Nr. 1). Denn er hat, um ihm entgegenzutreten, den Grundtatbestand des Besteuerungszugriffs durch § 6 Abs. 1 AStG a.F. durch das SEStEG für den Fall des Wegzugs innerhalb der EU um eine Reihe von Vorschriften ergänzt, vor allem um § 6 Abs. 5 Satz 1 bis 3 AStG n.F. Danach bleibt es zwar bei der Festsetzung der Steuer beim Wegzug; die Steuer wird jedoch für Staatsangehörige eines Mitgliedstaates der EU oder eines anderen Staates, auf den das Abkommen über den Europäischen Wirtschaftsraum anwendbar ist, und bei Wegzug des Steuerpflichtigen in einen dieser Staaten – im Grundsatz zeitlich unbegrenzt – zinslos gestundet. Die zinslose Stundung ohne Sicherheitsleistung bewirkt, dass die zusätzliche Steuer zwar im Rahmen der Einkommensteuerveranlagung des Steuerpflichtigen festgesetzt wird, eine tatsächliche Belastung indes (zunächst) nicht eintritt. Es entspricht deswegen allgemeiner Ansicht, dass die nunmehrige Regelungslage prinzipiell und unbeschadet von Einzelfragen der gesetzlichen Ausgestaltung gemeinschaftsrechtlichen Anforderungen genügt. Der Senat schließt sich dieser Auffassung nach der im Verfahren des einstweiligen Rechtsschutzes genügenden summarischen Prüfung an. Der EuGH geht in seinem Urteil in IStR 2006, 702 für die mit § 6 AStG n.F. vergleichbare niederländische Regelung ersichtlich davon aus, dass es den Mitgliedstaaten in Ermangelung gemeinschaftsrechtlicher Vereinheitlichungs- oder Harmonisierungsmaßnahmen freistehe, insbesondere zur Beseitigung der Doppelbesteuerung die Kriterien für die Aufteilung ihrer Steuerhoheit vertraglich oder einseitig festzulegen (Tz. 44 des Urteils). In dieser Hinsicht sei es, so fährt der EuGH (in Tz. 45) fort, „für die Mitgliedstaaten nicht sachfremd, sich an der internationalen Praxis und den von der OECD erarbeiteten Musterabkommen zu orientieren". Der EuGH verweist sodann (Tz. 46) auf den erwähnten Art. 13 Abs. 5 OECDMustAbk, wonach Gewinne aus der Veräußerung von Vermögensgegenständen in dem Staat der Steuer unterliegen, in dem der Veräußerer ansässig ist. Es entspreche diesem – mit einem zeitlichen Element, nämlich dem Aufenthalt im Inland während der Entstehung des steuerpflichtigen Gewinns, verbundenen – Grundsatz der steuerlichen **Territorialität**, dass die streitigen nationalen Bestimmungen die Beitreibung der beim Wegzug des betreffenden Steuerpflichtigen festgesetzten und bis zur tatsächlichen Veräußerung der Anteile gestundeten Steuer auf den in den Niederlanden angefallenen Wertzuwachs vorsehen. Der EuGH sieht den Territorialitätsgrundsatz, wie er in Art. 13 Abs. 5 OECDMustAbk niedergelegt ist, aus gemeinschaftsrechtlicher Sicht also als hinreichend an, um die Besteuerung des Wertzuwachses im Wegzugsstaat zu ermöglichen. Das steht in Einklang mit dem allseits vertretenen Abkommensverständnis: Danach ist ein unilateraler Zugriff des jeweiligen Wegzugsstaates auf Wertzuwächse, die bis zum Wegzug innerhalb seines Territoriums entstanden sind, zwar als Besteuerung eines Veräußerungsgewinns i.S. von Art. 13 OECDMustAbk aufzufassen und unterfällt dementsprechend dessen Regelungsbereich und nicht dem des Art. 21 OECDMustAbk. Art. 13 Abs. 5 OECDMustAbk belässt jedoch gleichwohl Raum für eine derartige Wegzugsteuer; die Vorschrift ermöglicht den unilateralen Zugriff des jeweiligen Wegzugsstaates auf die beschriebenen Wertzuwächse. Von dieser Möglichkeit hat der deutsche Gesetzgeber mit § 6 Abs. 1 AStG a.F. / n.F. Gebrauch gemacht. Die Regelung sichert den entsprechenden Steuerzugriff in der letzten juristischen Sekunde der unbeschränkten Steuerpflicht des Wegziehenden.

BFH, Urt. v. 8.10.2008 – I R 61/07, BFH/NV 2009, 504 und DStR 2009, 217 und DB 2009, 317 und FR 2009, 583:

> Eine vGA an eine dem Gesellschafter nahe stehende Kapitalgesellschaft setzt nicht voraus, dass der Gesellschafter in der vorteilsgewährenden oder der empfangenden Kapitalgesellschaft eine **beherrschende Stellung** innehat. ... Da das ‚**Nahestehen**' lediglich ein Indiz für eine Veranlassung durch das Gesellschaftsverhältnis ist, reicht zu dessen Begründung jede Beziehung zwischen einem Gesellschafter und dem Dritten aus, die den Schluss zulässt, sie habe die Vorteilszuwendung der Kapitalgesellschaft an den Dritten beeinflusst. Derartige Beziehungen können familienrechtlicher, gesellschaftsrechtlicher, schuldrechtlicher oder auch rein tatsächlicher Art sein (BFH v. 18.12.1996 – I R 139/94, BStBl. II 1997, 301). Eine **geringe Beteiligungshöhe** mag deshalb ggfs. die Indizwirkung des Nahestehens für die Veranlassung durch das Gesellschaftsverhältnis abschwächen; den Tatbestand des Nahestehens beseitigt sie jedoch nicht.
>
> Nach der Senatsrechtsprechung kann eine vGA vorliegen, wenn eine Kapitalgesellschaft ihrem Gesellschafter oder einer diesem nahe stehenden Person aus im Gesellschaftsverhältnis liegenden Gründen ein **ungesichertes Darlehen** gegeben hat und sie die Darlehensforderung in der Folge auf einen niedrigeren Teilwert abschreiben muss (Senatsurteile vom 14.7.2004 – I R 16/03, BStBl. II 2004, 1010 und vom 7.3.2007 – I R 45/06, BFH/NV 2007, 1710).
>
> Allerdings kann nach den Feststellungen des FG nicht ausgeschlossen werden, dass die den Wertberichtigungen zugrunde liegenden Darlehensforderungen wegen der kritischen Finanzsituation des Schuldners bereits von Beginn an nicht werthaltig gewesen sind. In diesem Fall wären bei korrekter Bilanzierung die Forderungen sogleich auszubuchen und die Ausbuchungen in den betreffenden Veranlagungszeiträumen als vGA zu neutralisieren gewesen. Da indes davon ausgegangen werden muss, dass die betreffenden Ertragsteuerbescheide inzwischen in Bestandskraft erwachsen sind, wären **versäumte Teilwertabschreibungen** nach den Grundsätzen des formellen **Bilanzzusammenhangs** im nächsten noch offenen Veranlagungszeitraum nachzuholen. Auch in diesem Fall hätten entsprechende Teilwertabschreibungen vorgenommen werden müssen, die dann dem Gewinn als vGA hinzuzurechnen wären; denn die Rechtsfolge des § 8 Abs. 3 Satz 2 KStG erfordert insoweit keine Zeitkongruenz.

FG Berlin-Brandenburg, Urt. v. 12.11.2008 – 12 K 8423/05 B (rechtskräftig), EFG 2009, 433:

Bei einem nicht beherrschenden Gesellschafter einer KapG reicht es zur Annahme einer vGA nicht aus, dass ein Vertrag zwischen Gesellschaft und Gesellschafter in für die Gesellschaft günstiger Weise nicht wie vereinbart durchgeführt wird (sog. **doppelter Fremdvergleich**). ... Zwar hat der BFH in einer Entscheidung aus dem Jahr 1996 (BFH-Urteil vom 13.11.1996 – I R 53/95, BFH/NV 1997, 622) ausgesprochen, dass die Veranlassung durch das Gesellschaftsverhältnis auch darin begründet sein könne, dass das zwischen der KapG und ihrem nicht beherrschenden Gesellschafter abgeschlossene Rechtsgeschäft zwar für die KapG günstig sei, jedoch aus Gründen des Fremdvergleichs zu dem Schluss zwinge, dass es von Anfang an nicht ernstlich gewollt gewesen sei. Diese Rechtsprechung hat der BFH mittlerweile allerdings wieder relativiert und entschieden, dass es nicht zwingend sei, in derartigen Fällen von einer vGA auszugehen. Maßgebend seien vielmehr die Gesamtumstände des Einzelfalles (BFH-Urteil v. 19.5.1998, BStBl. II 1998, 689). Grund für diese Einschränkung dürfte die Erkenntnis gewesen sein, dass der doppelte Fremdvergleich mittels einer quasi-analogen Anwendung des § 1 AStG bzw. Art. 9 (1) OECD-MA hergeleitet worden ist, obwohl ein Bedürfnis für eine Analogie gar nicht bestand, sondern mithilfe der **Denkfigur des ordentlichen und gewissenhaften Geschäftsleiters**, also mit dem ‚einseitigen' Fremdvergleich, in aller Regel vertretbare Ergebnisse erlangt werden können. Da § 1 AStG und das OECD-MA zudem andere Ziele verfolgen als § 8 Abs. 3 Satz 2 KStG, nämlich die Beurteilung von Geschäftsbeziehungen von Geschäftspartnern im Hinblick auf angemessene Verrechnungspreise gegenüber der Verhinderung von durch das Gesellschaftsverhältnis veranlassten Vermögensminderungen, bedarf es des doppelten Fremdvergleichs jedenfalls nicht in allen Fällen. Wenn es dem ordentlichen und gewissenhaften Geschäftsleiter einer KapG gelungen ist, eine für die Gesellschaft günstige Vereinbarung zu erzielen, so ist dies steuerrechtlich grundsätzlich hinzunehmen. Lediglich Vereinbarungen, die zwischen fremden Dritten schlechthin undenkbar sind, sind auf Grund des doppelten Fremdvergleichs als unüblich zu verwerfen und können – ganz oder partiell – zu der Annahme einer vGA führen.

BFH, Urt. v. 19.2.2009 – IV R 83/06, BFH/PR 2009, 246:

Ist ein Angehöriger als typisch stiller Gesellschafter an einer Familienpersonengesellschaft beteiligt, so muss eine zunächst angemessene Rendite bei Veränderung der tatsächlichen Verhältnisse (hier: **nicht erwarteter Gewinnsprung**) nach dem Maßstab des Fremdvergleichs korrigiert werden.

FG Berlin-Brandenburg, Beschl. v. 2.4.2009 – 12 B 8173/06 B, EFG 2009, 1147:

Aufwendungen für das dauerhafte Anmieten eines Oldtimer-Busses von der Gesellschafterin (B.V.) zum Zwecke der Nutzung als Werbeträger können eine vGA darstellen, wenn das **wirtschaftliche Interesse der Gesellschafterin** an dem Erfolg der Werbung ebenso groß ist wie dasjenige der anmietenden Tochtergesellschaft. Im vorliegenden Fall entsprach das wirtschaftliche Interesse der B.V. exakt dem der Antragstellerin (Astin). Wenn in dieser Situation zweier gleichrangig an einer Produktvermarktung Interessierter der eine (B.V.) über ein so außergewöhnliches Werbemittel wie einen Oldtimer-Bus verfügt, so läge eine betriebswirtschaftlich vernünftige und nachvollziehbare

Lösung allenfalls darin, dass dieser den Bus für Werbezwecke zur Verfügung stellt und sich beide Parteien die laufenden **Bewirtschaftungskosten** für den Bus teilen. Keinesfalls aber ist es in einer solchen Situation betriebswirtschaftlich vernünftig und nachvollziehbar, dass der eine (B.V.) den Bus mit einem mutmaßlich erheblichen Gewinnaufschlag langfristig fest vermietet, damit der andere mit dem Bus für das gemeinsame Produkt wirbt. Auch der Umstand, dass die Astin. den Bus sofort für ein ganzes Jahr fest anmietete, ohne die Wirksamkeit der **Werbemaßnahme** zuvor etwa anhand des Einsatzes des Busses auf einer einzelnen Messe zu testen, spricht deutlich gegen eine Marktüblichkeit dieses Vertragsverhältnisses. Schließlich ist auch die Höhe der Mietkosten nicht geeignet, die Anmietung des Busses als betriebswirtschaftlich sinnvolle Maßnahme erscheinen zu lassen. Zwar mag es sein, dass ein vergleichbarer Oldtimer-Bus, wenn man ihn für einen Tag anmietet, in etwa soviel kostet wie der von der B.V. angemietete Bus – auf einen Tag umgerechnet – die Astin. gekostet hat. Das **tageweise Vermieten** eines Busses ist jedoch mit dem hier zu beurteilenden **dauerhaften Mietverhältnis** für ein ganzes Jahr in keiner Weise zu vergleichen; so muss derjenige Vermieter, der einen Bus tageweise an verschiedene Kunden vermietet, beispielsweise von vornherein einen erheblich höheren Werbeaufwand und das naheliegende Risiko, dass eine Vermietung tatsächlich nur für einen Bruchteil der Zeit gelingt, mit in seine Miete einkalkulieren.

BFH, Urt. v. 23.4.2009 – IV R 24/08, BFH/NV 2009, 1427:

Lassen die Vertragsbeteiligten **zivilrechtliche Formerfordernisse** unbeachtet, so führt dieses Beweisanzeichen gegen die Ernsthaftigkeit der getroffenen Vereinbarung – anders als z. B. das Nichterfüllen eines gesetzlichen Tatbestandsmerkmals – nicht allein und ausnahmslos dazu, das Vertragsverhältnis steuerrechtlich nicht anzuerkennen. Entgegen der Auffassung des FA gilt dies auch dann, wenn sich das Formerfordernis eindeutig aus dem Wortlaut des Gesetzes ergibt. Die zivilrechtliche **Wirksamkeit des Vertragsschlusses** ist nur ein Indiz gegen den vertraglichen Bindungswillen der Beteiligten. Dieses Indiz darf nicht zu einem Tatbestandsmerkmal verselbständigt werden, das schon für sich genommen die steuerrechtliche Anerkennung eines Vertragsverhältnisses ausschließt (vgl. Beschluss des BVerfG v. 7.11.1995 – 2 BvR 802/90, BStBl. II 1996, 34).

BFH, Beschl. v. 29.4.2009 – I R 88/08 (noch nicht veröffentlicht):

Der Senat hat zu der im Jahr 1985 geltenden Rechtslage entschieden (BStBl. II 2002, 720), dass die **Garantieerklärung** einer Konzern-Obergesellschaft zugunsten eines anderen konzernangehörigen Unternehmens nicht im Rahmen einer **Geschäftsbeziehung** zwischen den beiden Unternehmen abgegeben wird, wenn die begünstigte Gesellschaft mangels ausreichender Eigenkapitalausstattung ohne sie ihre **konzerninterne Funktion** nicht erfüllen konnte. Er hat ferner entschieden, dass diese Beurteilung gleichermaßen für diejenige Fassung des AStG gilt, die durch das Steueränderungsgesetz 1992 geschaffen worden ist und seit dem 1. Januar 1992 gilt (Senatsurteil v. 27.8.2008, BFH/NV 2009, 123). Diese Gesetzeslage ist erst durch das StVergAbG mit erstmaliger Wirkung zum Veranlagungszeitraum 2003 erneut geändert worden. … Das FG hat revisionsrechtlich bindend festgestellt, dass die konzernangehörigen Unternehmen mit einem sehr geringen Eigenkapital ausgestattet waren (25 DM), dass ihre Mittel für einen Auftritt am

Markt nicht ausreichten und dass die Klägerin ihnen deshalb zinslose Lieferkredite zur Verfügung gestellt hatte. … Der Vortrag des FA gibt dem Senat keinen Anlass, von seiner bisherigen Beurteilung der Rechtslage abzurücken. Dies gilt insbesondere für die Argumentation des FA, dass die darlehensweise Zuführung von Finanzierungsmitteln nur dann außerhalb einer ‚Geschäftsbeziehung' i. S. des § 1 Abs. 1 AStG erfolge, wenn sie sich aus der Sicht des maßgeblichen Gesellschaftsrechts als Zuführung von Eigenkapital darstelle. Dies hat der Senat in seinem Urteil in BFH/NV 2009, 123 mit näherer Begründung verworfen. Daher ist für den Streitfall davon auszugehen, dass unabhängig von der gesellschaftsrechtlichen Situation eine ‚Geschäftsbeziehung' i.S. des § 1 Abs. 1 AStG nicht vorliegt, wenn eine von Anfang an nicht ausreichend mit Eigenkapital ausgestattete Kapitalgesellschaft die zur Wahrnehmung ihrer Funktion notwendigen Finanzmittel von ihrem Gesellschafter unentgeltlich erhält.

BFH, Urt. v. 14.7.2009 – VIII R 10/07, DStR 2009, 2142:

Die im Gesellschaftsverhältnis veranlasste **Rückzahlung** offener oder verdeckter **Gewinnausschüttungen ist** sowohl aus Sicht der Kapitalgesellschaft als auch des Gesellschafters **als Einlage zu behandeln**, wenn die Rückzahlung auf einer Satzungsklausel, einer gesellschaftsrechtlichen Regelung oder der gesellschaftsvertraglichen Treuepflicht beruht. Seine frühere Rechtsprechung, wonach bei Bestehen einer rechtlichen oder tatsächlichen Rückzahlungsverpflichtung keine Einlage, sondern eine negative Einnahme anzunehmen sei, hat der erk. Senat ausdrücklich aufgegeben (BFH-Urt. V. 29.8.2000, BStBl. II 2001, 173).

FG München, Urt. v. 17.7.2009 – 2 K 2798/06, EFG 2010, 22 (Revision anhängig; Az. des BFH: I R 72/09):

Eine zinslose Überlassung von Kapital an eine kanadische Ltd. durch einen zu 100 % beteiligten Gesellschafter, die sich als **eigenkapitalersetzende Maßnahme** darstellt, **begründet keine Geschäftsbeziehung** i.S. von § 1 AStG und rechtfertigt keine Zurechnung von fiktiven Zinseinnahmen. ... Entscheidend dafür, ob ein zinslos gewährtes Darlehen im Rahmen eines Leistungsaustausches erfolgt ist oder als Gesellschafterbeitrag zu werten ist, ist allein, ob die jeweilige Maßnahme die funktionsgerechte Ausstattung der Gesellschaft mit Eigenkapital ersetzt. Das in den Streitjahren an die kanadische Ltd. überlassene Kapital ist als Darlehen mit Eigenkapitalersatzfunktion zu werten. Nach den unstreitigen Angaben ersetzte die Darlehensgewährung eine funktionsgerechte Eigenkapitalausstattung, da diese lediglich mit einem kanadischen Dollar Eigenkapital ausgestattet war und erst mithilfe des hier streitigen daneben überlassenen Kapitals die Verfolgung des Gesellschaftszwecks, nämlich die Errichtung eines Hotels in Kanada bzw. auch nur die Zuführung weiterer Fremdmittel ermöglicht wurde. Entgegen der Auffassung des FA kommt es weder darauf an, unter welcher Rubrik das Kapital in der Bilanz der Ltd. ausgewiesen ist, noch, ob bei einem Ausweis als Darlehen nach ausländischem Recht von Eigenkapitalersatzfunktion auszugehen ist oder nicht.

BFH, Urt. v. 28.10.2009 – IX R 17/09, BStBl. II 2010, 539:

Wird der Verkauf eines Anteils an einer Kapitalgesellschaft durch die Parteien des Kaufvertrages wegen **Wegfalls der Geschäftsgrundlage** tatsächlich und vollständig rückgängig gemacht, kann dieses Ereignis steuerlich auf den Zeitpunkt der Veräußerung zurückwirken. Es kommt … nicht darauf an, ob das Rücktrittsbegehren wegen Wegfalls der Geschäftsgrundlage vor den Zivilgerichten erfolgreich gewesen wäre, wenn die Kaufvertragsparteien diesen Vertrag – wie hier – tatsächlich und vollständig wegen Wegfalls der Geschäftsgrundlage rückabwickeln und sich infolgedessen so stellen, wie sie stünden, wenn der Kaufvertrag nicht abgeschlossen worden wäre.

FG Nürnberg, Urt. v. 20.11.2009 – VII 141/2006 (Az. BFH: VIII B 8/10), DStRE 2010, 1043:

Stellt eine GmbH einer anderen GmbH **Scheinrechnungen** für nicht erbrachte Leistungen aus und ist der Steuerpflichtige jeweils Alleingesellschafter, liegt in Höhe der erteilten Rechnung eine **verdeckte Gewinnausschüttung** an den Gesellschafter vor, die als Einkünfte aus Kapitalvermögen zu besteuern sind.

BFH, Urt. v. 17.12.2009 – III R 101/06, BStBl. II 2010, 541:

Die persönlichen oder finanziellen Beweggründe für die Veräußerung … sind … unerheblich; dies gilt auch für **wirtschaftliche Zwänge** wie z. B. Druck der finanzierenden Bank.

FG München, Beschl. v. 20.1.2010 – 7 V 3723/09, Juris:

Bei einem **Wiederkehrschuldverhältnis** liegt kein einheitliches Vertragsverhältnis vor, vielmehr wird ein sogenannter Rahmenvertrag oder Grundvertrag vereinbart, in dem die generellen Bedingungen für die einzelnen noch zu schließenden Bezugsverträge festgelegt sind. Mit jeder einzelnen Leistung wird dann ein gesonderter Bezugsvertrag geschlossen.

Auf den Nachweis einer **klaren und im Voraus getroffenen Vereinbarung** einer Kapitalgesellschaft mit einer nahe stehenden Person (**Schwestergesellschaft**) kann nicht verzichtet werden, wenn aus der Rechnungsstellung nicht nachvollziehbar ist, welche Preise und Konditionen dem Vertragsverhältnis zugrunde gelegt worden sind, wenn für die in Rechnung gestellten Produktionen unterschiedliche Preise berechnet werden.

Nicht die Angemessenheit der Bezugspreise führt zum Vorliegen von verdeckten Gewinnausschüttungen, sondern der Umstand, dass es keinen Hinweis darauf gibt, welche Vertragsbedingungen für die Produktion von Zeitschriften galten. Aus den vorgelegten Rechnungen lässt sich keine Regelmäßigkeit erkennen und auch die in Rechnung gestellten Beträge für die einzelnen Zeitschriften sind unterschiedlich hoch, so dass daraus auf bestimmte Bemessungsgrundlagen für die Berechnung der Entgelte nicht geschlossen werden kann.

BGH, Urt. v. 1.2.2010 – II ZR 173/08 ('EUROBIKE'), GmbHR 2010, 421:

Die Grundsätze der **verdeckten Sacheinlage** finden auf Dienstleistungen, die der Bezieher neuer Aktien im zeitlichen Zusammenhang mit einer Kapitalerhöhung entgeltlich für die AG erbracht hat oder durch eine von ihm abhängige Gesellschaft hat erbringen lassen, keine Anwendung. Entgeltliche Dienstverträge zwischen der Gesellschaft und dem Inferenten sind im Aktienrecht nicht verboten. Die **Bezahlung von Beratungsleistungen** vor Leistung der Einlage ist **keine verdeckte Finanzierung** durch die Gesellschaft im Sinn eines rechtlich dem Hin- und Herzahlen gleichstehenden Her- und Hinzahlens, wenn eine tatsächlich erbrachte Leistung entgolten wird, die dafür gezahlte

Vergütung einem Drittvergleich standhält und die objektiv werthaltige Leistung nicht aus der Sicht der Gesellschaft für sie unbrauchbar und damit wertlos ist.

Niedersächsisches FG, Urt. v. 11.2.2010 – 6 K 406/08, EFG 2010, 815 und DStRE 2010, 474 und IStR 2010, 260:

Möglicherweise sind die Grundsätze der **EuGH-Entscheidung „Marks & Spencer"** (Urt. v. 13.12.2005, C – 446/03) auf die deutsche Organgesellschaft zu übertragen, so dass sog. **definitive Verluste ausländischer Tochtergesellschaften** aus gemeinschaftsrechtlichen Gründen in entsprechender Anwendung der §§ 14 ff. KStG vom Einkommen der Muttergesellschaft abgezogen werden können. Dies setzt jedoch voraus, dass sich die inländische Muttergesellschaft vor Beginn der „grenzüberschreitenden Organschaft" rechtsverbindlich für eine Dauer von mindestens fünf Jahren zur Übernahme der Verluste ihrer im Gemeinschaftsgebiet ansässigen Tochtergesellschaften verpflichtet hat.

Die **Beschränkung** einer **Organschaft auf innerstaatliche Sachverhalte behindert** die **Niederlassungsfreiheit** der Muttergesellschaft.

Die Vorschriften der §§ 14 ff. KStG sind nur insoweit anzuwenden, als sie mit dem Gemeinschaftsrecht vereinbar sind (sog. geltungserhaltende Reduktion). Das Erfordernis eines **grenzüberschreitenden Gewinnabführungsvertrages** verletzt – wegen vielfacher gesellschaftsrechtlicher Unmöglichkeit – die Niederlassungsfreiheit.

Die geltungserhaltende Reduktion der §§ 14 ff. KStG ergibt, dass eine grenzüberschreitende Organschaft nicht in Betracht kommt, wenn eine Muttergesellschaft Verluste der ausländischen Tochtergesellschaft nicht zeitnah durch Zufuhr von Eigenkapital ausgleicht, sondern – zunächst – Fremdkapital in Form eines Gesellschafterdarlehns zur Verfügung stellt, auch wenn dieses später durch Darlehensverzicht in Eigenkapital umgewandelt wird.

BFH, Beschl. v. 3.2.2010 – I B 89/09, BFH/NV 2010, 1129:

Trägt eine GmbH, die an der GbR beteiligt ist, dort entstandene **‚entnahmebedingte' Schuldzinsen**, die nach Maßgabe des BFH-Beschlusses vom 8. Dezember 1997 (GrS 1-2/95 (‚Zwei-Konten-Modell') dort als Betriebsausgaben anzusehen sind, können **vGA** vorliegen.

BFH, Urt. v. 23.6.2010 – I R 37/09, BStBl. I 2010, 895:

Es muss nicht erörtert werden, ob die Entscheidung des EuGH (Urteil vom 21.01.2010 – C – 311/08, „SGI", IStR 2010, 144) auf die gemeinschaftsrechtliche Beurteilung des § 1 Abs. 1 AStG a.F. übertragen werden kann. Denn die dort angesprochene Frage nach der Vereinbarkeit der Korrektur mit der **Niederlassungsfreiheit** gemäß Art. 43 des Vertrages zur Gründung der Europäischen Gemeinschaft i.d.F. v. 2.10.1997 ... stellt sich im Streitfall nicht, da die Niederlassungsfreiheit nur im Verhältnis zwischen den Mitgliedstaaten besteht und Ungarn [*im Streitfall war die Darlehensnehmerin in Ungarn ansässig*] in den Streitjahren nicht der Europäischen Gemeinschaft angehörte. Die Freiheit des **Kapitalverkehrs** (Art. 56 Abs. 1 EG in der für die Streitjahre maßgeblichen Fassung) ist im Streitfall nicht berührt, da § 1 Abs. 1 AStG a.F. eine Beteiligung von mindestens einem Viertel oder eine einen beherrschenden Einfluss vermittelnde Beteiligung voraussetzt. Die dort getroffene Regelung bezieht sich mithin nach ihrem Gegenstand nur auf

Beteiligungen, die es nach den vom EuGH entwickelten Maßstäben (z.B. EuGH-Beschluss vom 10.5.2007 – C – 492/04, „Lasertec", IStR 2007, 439) ermöglichen, einen sicheren Einfluss auf die Entscheidungen der Gesellschaft auszuüben und deren Tätigkeit zu bestimmen (sog. Direktinvestitionen) und unterfällt daher ausschließlich dem Anwendungsbereich der Niederlassungsfreiheit.

BFH, Urt. v. 23.6.2010 – I R 37/09, BStBl. II 2010, 895:

Die Vergabe eines **zinslosen Gesellschafterdarlehens** kann eine **„Geschäftsbeziehung"** i.S. des § 1 AStG i.d.F. des StÄndG 1992 begründen. ... Das Gesetz lässt es für die Annahme einer Geschäftsbeziehung ... genügen, dass der Vorgang aus der Sicht der dem Stpfl. nahe stehenden Person einer der in § 1 Abs. 4 AStG a.F. genannten Einkunftsarten unterfällt. Es reicht deshalb aus, wenn der inländische Stpfl. der ihm nahe stehenden Person ein Darlehen gewährt, das diese ihrerseits zur Erzielung von Einkünften i.S. des § 1 Abs. 4 AStG a.F. verwendet. So liegen die Dinge im Streitfall, da [*die nahe stehende Person*] nach den Feststellungen des FG den Darlehensbetrag im Zusammenhang mit der Vermietung eines Grundstücks eingesetzt hat und diese Vermietung ihrer Art nach § 21 EStG unterfällt. ... [*Die Gewährung eines unverzinslichen Gesellschafterdarlehens*] ist nur dann nicht Gegenstand einer „Geschäftsbeziehung", wenn sie entweder nach den Vorschriften des für die Darlehensnehmerin maßgeblichen Gesellschaftsrechts als Zuführung von Eigenkapital anzusehen ist (Senatsurteil vom 30.05.1990 – I R 97/88, BStBl. II 1990, 875) oder wenn sie der Zuführung von Eigenkapital in einer Weise nahe steht, die eine steuerrechtliche Gleichbehandlung mit jener gebietet (Senatsurteil vom 27.08.2008 – I R 28/07, BFH/NV 2009, 123). Letzteres ist insbesondere dann der Fall, wenn die Darlehensgewährung eine unzureichende Eigenkapitalausstattung der Kapitalgesellschaft ausgleicht und eine notwendige Bedingung dafür ist, dass diese Gesellschaft die ihr zugedachte Funktion erfüllen kann (Senatsurteil in BFH/NV 2009, 123). ... Eine [*Geschäftsbeziehung*] ist ... unter dem Gesichtspunkt der „funktionsgerechten Kapitalausstattung" nur dann zu verneinen, wenn die Darlehensnehmerin so offensichtlich **unterkapitalisiert** ist, dass sich die Darlehensgewährung von vornherein dem Fremdvergleich entzieht. Letzteres kann in der hier zu beurteilenden Situation, in der T [= *Darlehnsnehmerin*] über ein Eigenkapital von umgerechnet 65 000 € verfügte und ein Darlehen in Höhe von 370 500 DM erhalten hat, nicht ohne Weiteres angenommen werden. ... Im Ergebnis tragen die vom FG getroffenen Feststellungen daher nicht dessen Annahme, dass im Streitfall eine Berichtigung von Einkünften nach § 1 Abs. 1 AStG a.F. ausscheide. Richtigerweise ergibt sich diese Rechtsfolge nur dann, wenn entweder der **Darlehensbetrag** aus gesellschaftsrechtlicher Sicht **als Eigenkapital** zu beurteilen ist, wenn T im vorstehend beschriebenen Sinne offensichtlich unterkapitalisiert war oder wenn aus anderen Gründen das in Rede stehende Darlehen im Verhältnis **zwischen fremden Dritten unverzinslich** gewährt worden wäre. Letzteres kann z.B. dann anzunehmen sein, wenn eine Darlehensgewährung in erster Linie im Interesse der Klägerin – und nicht der T – erfolgt ist (vgl. dazu BMF-Schreiben vom 23. Februar 1983, BStBl I 1983, 218, Tz. 4.3.2; Niedersächsisches FG, Urteil vom 23. März 1999 VI 357/95, IStR 2000, 312).

FG Köln, Urt. v. 6.10.2010 – 13 K 4188/07, EFG 2011, 264:

Nach Fassung der grundsätzlichen Erwerbsentscheidung angefallene **Gutachterkosten** bzgl. des Zielobjekts sind regelmäßig **Anschaffungsnebenkosten**. Die Erwerbsentscheidung ist regelmäßig vor einer **Due Dilligence**, z.B. bei Abschluss eines Vorvertrags (letter of intent) gefallen. Die bloße Möglichkeit der späteren Aufgabe des Entschlusses ist nicht entscheidungserheblich.

BFH, Urt. v. 8.10.2010 – I R 61/07, BStBl. II 2011, 62:

Eine **vGA** an eine dem Gesellschafter nahe stehende Kapitalgesellschaft **setzt nicht** voraus, dass der Gesellschafter in der vorteilsgewährenden oder der empfangenden Kapitalgesellschaft eine **beherrschende Stellung** inne hat. ... Da das ‚**Nahestehen’** lediglich ein Indiz für eine Veranlassung durch das Gesellschaftsverhältnis ist, reicht zu dessen Begründung jede Beziehung zwischen einem Gesellschafter und dem Dritten aus, die den Schluss zulässt, sie habe die Vorteilszuwendung der Kapitalgesellschaft an den Dritten beeinflusst. Derartige Beziehungen können familienrechtlicher, gesellschaftsrechtlicher oder auch rein tatsächlicher Art sein. ... Eine beherrschende Stellung in der vorteilsgewährenden Kapitalgesellschaft ist nur erforderlich, wenn die vGA allein auf das **Fehlen einer klaren, im Voraus getroffenen,** zivilrechtlich wirksamen und tatsächlich durchgeführten **Vereinbarung** gestützt wird. ... Eine geringe Beteiligungshöhe [*an der empfangenden Kapitalgesellschaft*] mag gegebenenfalls die Indizwirkung des Nahestehens für die Veranlassung durch das Gesellschaftsverhältnis abschwächen; den Tatbestand des Nahestehens beseitigt sie jedoch nicht.

Wurde eine durch das Gesellschaftsverhältnis veranlasste, nicht vollwertige **Darlehensforderung** im Jahr der Darlehensgewährung fehlerhaft nicht wertberichtigt und wird die **Wertberichtigung** aufgrund des Grundsatzes des formellen Bilanzzusammenhangs in einem nachfolgenden Veranlagungszeitraum nachgeholt, so kann die **Nachholung** in dem nachfolgenden VZ zu einer **vGA** führen Nach den Darlegungen im angefochtenen Urteil [*der Vorinstanz*] hätte ein ordentlicher und gewissenhafter Geschäftsleiter die später wertberichtigten, **unzureichend abgesicherten Darlehen** an eine nicht mit den Gesellschaftern verbundene fremde Kapitalgesellschaft in der prekären wirtschaftlichen Lage der [*Darlehensempfängerin* nicht ausgereicht. ... Soweit die Klägerin sich im Hinblick auf die vom FG als unzureichend eingeschätzten Sicherungsmittel auf die Rechtsprechung des BFH stützt, nach der in Konzernverhältnissen unter Umständen auch ungesicherte Darlehensverträge anerkannt werden können, wenn die **Konzernbeziehungen selbst eine Sicherheit darstellen** (vgl. Senatsurteile vom 21. Dezember 1994 I R 65/94, BFHE 176, 571; vom 29. Oktober 1997 I R 24/97, BStBl II 1998, 573, so betrifft diese Rechtsprechung Darlehen, die ein beherrschender Gesellschafter der Kapitalgesellschaft gewährt hat; sie ist nicht übertragbar auf die Darlehensgewährung einer Kapitalgesellschaft an eine Gesellschaft, an der sie selbst nicht beteiligt ist (vgl. auch Senatsurteil in BFH/NV 1999, 1515). Die Schlussfolgerung des FG, die Wertberichtigungen auf die sonach durch das Gesellschaftsverhältnis veranlassten Darlehensforderungen führten zu vGA, steht im Einklang mit der Senatsrechtsprechung; danach kann eine vGA vorliegen, wenn eine Kapitalgesellschaft ihrem Gesellschafter oder einer diesem nahe stehenden Person aus im Gesellschaftsverhältnis liegenden Gründen ein ungesichertes Darlehen gegeben hat und sie die Darlehensforderung in der Folge auf einen niedrigeren Teilwert abschreiben muss.[4] Dass die Beteiligten die Darlehensausreichung bilanziell – zu Recht – entsprechend ihrem zivilrechtlichen Charakter als Gewährung von Fremdkapital erfasst haben, steht dazu nicht in Widerspruch. Allerdings kann aufgrund der Feststellungen des FG nicht ausgeschlossen werden, dass die den Wertberichtigungen zugrunde liegenden Darlehensforderungen wegen der kritischen Finanzsituation der Y-GmbH [= *Darlehensempfängerin*] bereits von Beginn an nicht werthaltig gewesen sind. In diesem Fall wären bei korrekter Bilanzierung die Forderungen sogleich auszubuchen und die Ausbuchungen als vGA zu neutralisieren gewesen. Da indes davon ausgegangen werden muss, dass die die VZ 1992 bis 1994 betreffenden Ertragssteuerbescheide auf der Grundlage vollumfänglich aktivierter Darlehensforderungen inzwischen in Bestandskraft erwachsen sind, wären versäumte Teilwertabschreibungen nach den Grundsätzen des formellen Bilanzzusammenhangs (vgl. Senatsurteil v. 13. Februar 2008 I R 44/07, BStBl II 2008, 673, m.w.N.) im nächsten noch offenen VZ – mithin im Streitjahr 1995 – nachzuholen. Auch in diesem Fall hätten mithin in 1995 entsprechende Teilwertabschreibungen vorgenommen werden müssen, die dann dem Gewinn der Klägerin als vGA hinzuzurechnen wären; denn die Rechtsfolge des § 8 Abs. 3 Satz 2 KStG erfordert insoweit **keine Zeitkongruenz**.

BFH, Urt. v. 13.10.2010 – I R 61/09, BStBl. II 2011, 249:

14 Ein in **kaufmännischer Weise eingerichteter Geschäftsbetrieb** i.S. von § 8 Abs. 1 Nr. 3 AStG a.F. ist gegeben, wenn das Unternehmen so ausgestattet ist, dass es über eine personelle und sachliche Mindestausstattung für Bank- oder Versicherungsgeschäfte verfügt und für die Geschäfte eines Bank- oder Versicherungsunternehmens die nach dem jeweiligen ausländischen Recht erforderlichen Handelsbücher führt und Bilanzen aufstellt. Das Erfordernis des in **kaufmännischer Weise eingerichteten Betriebs** betrifft also unmittelbar nur die Organisation des Betriebs, nicht aber das Erfordernis, selbst und ausschließlich eine entsprechende Tätigkeit "am Markt" auszuüben.

15 Nach der den Senat gemäß § 118 Abs. 2 FGO bindenden Beweiswürdigung der Vorinstanz hat die X-Ltd. im Jahr 1995 das Versicherungsgeschäft in der Weise betrieben, dass sie über ihren von Irland aus agierenden Managing Director D und unter Zuhilfenahme der Dienste der XYZ-Ltd. in beträchtlichem Umfang (Rück-)Versicherungsverträge akquiriert, dabei die Versicherungsrisiken und -prämien selbständig abgeschätzt und den für das Rückversicherungsgeschäft erforderlichen Kapitalstock angelegt hat. Die X-Ltd. --nicht aber die XYZ-Ltd.-- verfügte über die für das von ihr betriebene Geschäft in Irland notwendige versicherungsaufsichtsrechtliche Erlaubnis und hat die dafür erforderlichen Handelsbücher geführt, die Geschäftskorrespondenz aufbewahrt und eine Bilanz aufgestellt. Mithin hat die X-Ltd. für die fraglichen Einkünfte über eine in kaufmännischer Weise eingerichtete Organisation verfügt, mit der sie in der Lage war, die von ihr ausgeübten Versicherungsgeschäfte im Sitzstaat abzuschließen und abzuwickeln.

[4] Im Urteil v. 1.2.2010 (I R 62/10, BFH/NV 2011, 2116) hat der BFH auch die Frage bejaht, ob eine vGA der hier vorliegenden Art geeignet ist, einen Bezug beim Gesellschafter auszulösen.

16 An diesem Befund ändert es nichts, dass Herr D zugleich auch Managing Director der XYZ-Ltd. gewesen ist und dass die X-Ltd. sich durch den **Betriebsführungsvertrag** für ihre Tätigkeit der Dienste und damit letztlich auch der Betriebsorganisation dieser Gesellschaft bedient hat. Denn die XYZ-Ltd. hat in der Weise für die X-Ltd. agiert, dass sie die Versicherungsgeschäfte ausschließlich im Namen und auf Rechnung der Geschäftsherrin abgeschlossen hat, die X-Ltd. mithin aus allen abgeschlossenen Verträgen unmittelbar selbst berechtigt und verpflichtet worden ist. Allein die X-Ltd. hat folglich die mit dem Geschäft verbundenen **Gewinnchancen innegehabt und dessen unternehmerische Risiken getragen**. Das führt nach den allgemeinen ertragsteuerlichen Grundsätzen, die auch für das Außensteuerrecht maßgeblich sind, dazu, dass die aufgrund des Betriebsführungsvertrags ausgeübte Tätigkeit steuerlich der X-Ltd. zuzurechnen ist (vgl. Senatsurteil vom 1. Juli 1992 I R 6/92, BFHE 169, 138, BStBl II 1993, 222). Ist der X-Ltd. als Geschäftsherrin aber die Tätigkeit der Betriebsführungsgesellschaft außensteuerrechtlich zuzurechnen, ist es nur konsequent, den Betriebsführungsvertrag auch im Rahmen der Prüfung der Voraussetzungen des § 8 Abs. 1 Nr. 3 AStG a.F. nicht als aktivitätsfeindlich zu erachten.

17 Dem Zweck dieser Vorschrift läuft das nicht zuwider. Denn das Versicherungsgeschäft der X-Ltd. ist letztlich in dem erforderlichen Umfang und im Rahmen einer sachlich und personell dafür hinreichend ausgestatteten betrieblichen Organisation im Sitzstaat tatsächlich ausgeübt worden. Zudem entspricht es der ständigen Rechtsprechung des Senats, dass die Übertragung der Betriebsführung durch sog. "Managementverträge" steuerlich grundsätzlich anzuerkennen und nicht als missbräuchlich i.S. des § 42 der Abgabenordnung anzusehen ist (vgl. Senatsurteil vom 25. Februar 2004 I R 42/02, BFHE 206, 5, BStBl II 2005, 14, m.w.N.).

BFH, Beschl. v. 9.11.2010 – I R 16/10, BFHE 231, 554 und DStR 2011, 169 und IStR 2011, 110 und DB 2011, 213:

[*Die Klägerin = inländische Holdinggesellschaft*] beantragte, ihr Einkommen in den Streitjahren [= *2002 bis 2005*] um die in diesen Jahren erlittenen – und nach ihren Angaben nach deutschem Steuerrecht ermittelten – **Verluste der italienischen Tochtergesellschaft** in Höhe von insgesamt 23,2 Mio. € zu **kürzen**.

9 Der Senat entscheidet gemäß § 126a FGO durch Beschluss. Er hält die Revision [*der Klägerin*] einstimmig für unbegründet und eine mündliche Verhandlung für nicht erforderlich. ...

10 Zur Begründung genügt im Grundsatz der – den Beteiligten bereits gegebene – Hinweis auf das Senatsurteil[5] vom 9.6.2010 (I R 107/09, BFHE 230, 35). Durch dieses Urteil hat der Senat entschieden, dass der Abzug der Verluste einer im Ausland unterhaltenen Betriebsstätte nur ausnahmsweise aus Gründen des Gemeinschaftsrechts ... und frühestens im Veranlagungszeitraum des Eintritts der **‚Verlustfinalität'** in Betracht kommen kann. Das ist für die im Streitfall in Rede stehende Situation einer ausländischen Tochterkapitalgesellschaft gleichermaßen einschlägig. Die Verluste

[5] Die wesentlichsten Passagen des BFH-Urt. v. 9.6.2010 sind in diesem Buch im Abschnitt ‚Nationale Rechtsprechung – Betriebsstättenbesteuerung' abgedruckt.

der italienischen Tochterkapitalgesellschaften der Klägerin könnten hiernach selbst im Falle ihrer prinzipiellen Abzugsfähigkeit im Inland aufgrund unterstellter ‚faktischer' Organschaftsverhältnisse frühestens in den jeweiligen ‚Finalitätsjahren' – also frühestens nach Beendigung ihrer Geschäftstätigkeit oder ggf. einer Liquidation – berücksichtigt werden.

BFH, Urt. v. 22.12.2010 – I R 47/10, BFH/NV 2011, 1019:

Die **Bewertung einer vGA** (hier: private Nutzung eines betrieblichen Flugzeugs durch den Gesellschafter-Geschäftsführer) erfolgt auf der Grundlage eines Fremdvergleichs, was in der Regel zum Ansatz des gemeinen Werts führt und einen angemessenen Gewinnaufschlag einbezieht. Der erkennende Senat hat im Urteil vom 23.2.2005 (I R 70/04, BStBl. II 2005, 882) entschieden, dass für die Bewertung der vGA auf der Ebene der Kapitalgesellschaft die für Privatentnahmen geltende Regelung des § 6 Abs. 1 Nr. 4 Satz 2 EStG nicht einschlägig ist. Es kommt daher nicht in Betracht, dass eine vGA in Form einer Nutzungsentnahme mit dem durch sie verursachten Aufwand bewertet wird. Der Vorteil ist vielmehr ausschließlich nach Fremdvergleichsmaßstäben zu bewerten. Bei der erforderlich werdenden Schätzung können – unter Beachtung einer Bandbreite – die marktmäßigen Mieten eines professionellen Vermieters nur grobe Orientierungspunkte liefern, weil Kapitalgesellschaften im Allgemeinen keine solchen Vermieter sind. Der Nutzungsüberlassende und der Nutzungsempfänger werden deswegen gemeinhin auf Kostenbasis abrechnen und sich **etwaige Gewinnaufschläge teilen**. ... Das FG hat bei seiner Würdigung einen Nachweis von **Marktmieten** auch **nicht in Mietangeboten** gesehen, die von privaten Gelegenheitsvermietern oder nicht erkennbar gewinnorientierten Vermietern zu erhalten waren. Das FG hat ohne Rechtsfehler auf die im jeweiligen Streitjahr tatsächlich angefallenen Einkommensminderungen durch den Betrieb des Flugzeugs (einschließlich Darlehenszinsen und AfA) abgestellt und eine nutzungsanteilige Aufteilung vorgenommen. ... Die verhinderte Vermögensmehrung besteht im Streitfall darin, kein (angemessenes) Entgelt für den durch das Gesellschaftsverhältnis veranlassten Nutzungsvorteil vom Gesellschafter erlangt zu haben. Dieser Nutzungsvorteil ist ohne Zweifel geeignet, beim Gesellschafter einen sonstigen Bezug i.S. des § 20 Abs. 1 Nr. 1 Satz 2 EStG auszulösen.

*BFH, Urt. v. 9.2.2011 – I R 54/10, DStR 2011, 762[6]: **grenzüberschreitende Organschaft***

Die wirtschaftliche Eingliederung eines (beherrschten) Unternehmens in ein anderes (herrschendes) gewerbliches Unternehmen i.S. von § 14 Nr. 2 Satz 1 KStG 1999 i.V.m. § 2 Abs. 2 Satz 2 GewStG 1999 setzt nicht voraus, dass das eine Unternehmen unmittelbar an dem anderen Unternehmen beteiligt ist. Sie kann auch dadurch begründet werden, dass die Beteiligung im Rahmen einer Organkette über die Zwischenschaltung einer vermögensverwaltenden Holdinggesellschaft gehalten wird. Alleinige Organträgerin ist dann aber das herrschende Unternehmen und nicht (auch) die zwischengeschaltete Hol-

[6] Zu diesem Urteil ist ein Nichtanwendungserlass ergangen (vgl. BMF-Schreiben vom 27.12.2011 – IV C 2 – S 2770/11/10002, DB 2012, 21), der damit begründet wurde, dass das BFH-Urteil nicht im Einklang mit der in Rdn. 77 OECD-MK 2010 zu Art. 24 Abs. 5 OECD-MA wiedergegebenen einhelligen Auslegung des Diskriminierungsverbots durch die OECD-Mitgliedstaaten stehe.

dinggesellschaft (Fortführung und Klarstellung des Senatsurteils v. 22.4.1998, I R 132/97, BStBl. II 1998, 687).

Eine **Kapitalgesellschaft mit Geschäftsleitung und Sitz im Inland kann** im Rahmen einer gewerbesteuerlichen Organschaft **Organgesellschaft eines in Großbritannien ansässigen gewerblichen Unternehmens** als Organträger seinDie entgegenstehende Beschränkung in § 14, 2. Halbsatz und § 14 Nr. 3 Satz 1 KStG 1999 i.V.m. § 2 Abs. 2 Satz 2 GewStG 1999 auf ein Unternehmen mit Geschäftsleitung und Sitz im Inland als Organträger ist nicht mit dem **Diskriminierungsverbot** des Art. XX Abs. 4 und 5 DBA-Großbritannien 1964/1970 vereinbar (entgegen BMF v. 8.12.2004, BStBl. I 2004, 1181, DStR 2005, 25).

FG Berlin-Brandenburg, Urt. v. 9.3.2011 – 12 K 12267/07 – rechtskräftig, EFG 2011, 1737:

Das Finanzgericht muss die maßgebliche Fremdvergleichsvergütung unter Berücksichtigung aller Umstände des konkreten Einzelfalles ermitteln, was im Regelfall eine Schätzung notwendig macht. Die Entscheidung darüber, **wie** der **Fremdvergleich** im Einzelfall **durchzuführen** ist, obliegt grundsätzlich dem FG. Dieses muss wie ansonsten auch (z.B. bei der Prüfung der Angemessenheit von Konzernverrechnungspreisen) bei der Ermittlung der ‚fremdüblichen' Vergütung allerdings beachten, dass es häufig für die betreffende Leistung nicht nur eine zutreffende Fremdvergleichsvergütung gibt, sondern regelmäßig eine gewisse Bandbreite, die in vollem Umfang einen zutreffenden objektiven Wert widerspiegelt und deswegen auch in ihrem unteren und oberen Bereich als ‚richtig' zugrunde zu legen ist.

Hessisches FG, Urt. v. 17.5.2011 – 4 K 2561/09 – rechtskräftig, EFG 2012, 75:

Veräußerte eine KapG eine **Auslandsbeteiligung** an ihren Gesellschafter zu einem unangemessen niedrigen Preis und verwirklichte sie dadurch eine vGA gem. § 8 Abs. 3 Satz 2 KStG, **erfasste** die **Steuerbefreiung des § 8b Abs. 2 KStG** 1999 nicht nur den innerbilanziellen Veräußerungsgewinn, sondern **auch die außerbilanzielle Hinzurechnung der vGA** (Anschluss an BFH-Beschluss vom 6.7.2000 (I B 34/00, BStBl. II 2002, 490).

BFH, Beschl. v. 21.7.2011 – I B 27/11, BFH/NV 2011, 2116:

Die Klägerin meint offenbar ..., die vom FG angewendete Senatsrechtsprechung zur **vGA-Eigenschaft der Teilwertabschreibung auf** durch das Gesellschaftsverhältnis veranlasste **Darlehen** stehe in Widerspruch zu der Senatsrechtsprechung, nach der das **Vorliegen einer vGA die Eignung** der Unterschiedsbetragsminderung **zur Auslösung eines ‚sonstigen Bezugs' beim Gesellschafter** erfordere. Das trifft indes nicht zu. Denn das letztgenannte Erfordernis verlangt lediglich die abstrakte Eignung, einen ‚sonstigen Bezug' auslösen zu können. Diese liegt bei der Hingabe eines dem Fremdvergleich nicht standhaltenden Darlehens grundsätzlich vor. Davon zu unterscheiden sind die Fragen, zu welchem Zeitpunkt die Darlehenshingabe im jeweiligen Einzelfall zu einer konkreten ---die vGA vollendenden -- Vermögensminderung bei der Gesellschaft führt und -- insoweit nicht mehr von Relevanz für den vGA-Tatbestand – ob bzw. wann es zu einem tatsächlichen Mittelabfluss bei der Gesellschaft bzw. zu einem Zufluss beim Gesellschafter kommt.

BFH, Urt. v. 6.9.2011 – VIII R 55/10, BFH/NV 2012, 269 und GmbHR 2012, 221:

Erst mit § 32a KStG ist das **Korrespondenzprinzip für verdeckte Gewinnausschüttungen** eingeführt worden; zuvor bestand keine rechtliche Bindung zwischen Einkommensteuerbescheid und Körperschaftsteuerbescheid, vielmehr musste bei Streitigkeiten über Grund und Höhe einer Gewinnausschüttung im jeweiligen Besteuerungsverfahren selbständig entschieden werden (vgl. BFH-Urteil vom 22.9.2004 III R 9/03).

FG Hamburg, Urt. v. 31.10.2011 – 6 K 179/10, IStR 2012, 190:

Die Regelung des Art. 6 DBA Niederlande zu verbundenen Unternehmen (entspricht Art. 9 des OECD-Musterabkommens) entfaltet eine „**Sperrwirkung**" gegenüber § 8 Abs. 3 Satz 2 KStG in den Fällen, in denen das Finanzamt eine Gewinnkorrektur nach nationalem Recht auf **rein formale Beanstandungen** stützt.

Rz 10: Der Beklagte [= *Finanzamt*] stellte ... fest, ... dass eine klare und von vornherein abgeschlossene Vereinbarung über die [*von der ausländischen MG als beherrschendem Gesellschafter erbrachten Dienstleistungen, die im Wege einer Kostenumlage mit einem Aufschlag von 2 – 5 % abgerechnet wurden*] fehle. Die Ende des Jahres abgeschlossene mündliche Vereinbarung genüge nicht, da ein außen stehender Dritter nicht zweifelsfrei hätte erkennen können, ob die Leistungen ... auf Grund einer entgeltlichen Vereinbarung ... erbracht worden seien. ... Des weiteren habe die [*MG*] entgegen dem Wortlaut der vorliegenden vertraglichen Vereinbarung keinen Einzelnachweis für die ihr entstandenen Aufwendungen erbracht. Die Aufstellungen über die Jahresarbeitsstunden und die damit im Zusammenhang stehenden Kosten seien nicht so detailliert, dass ein ordentlicher und gewissenhafter Geschäftsleiter sie als Grundlage für die Zahlung des Rechnungsbetrags akzeptiert hätte.

29 Die Bedeutung [*der Regelung in Art. 6 DBA Niederlande*] liegt darin, dass sie (wie DBA-Regelungen im Allgemeinen) die nach innerstaatlichem Recht bestehenden **Besteuerungsbefugnisse beschränkt** und auf diese Weise festlegt, welcher der beteiligten Staaten einen Gewinn der Besteuerung unterwerfen darf. Das legt den Schluss nahe, dass Gewinnkorrekturen im Anwendungsbereich des Art. 6 DBA Niederlande tatsächlich auch nur dann vorgenommen werden dürfen, wenn die jeweiligen zwischen den verbundenen Unternehmen getroffenen Vereinbarungen hinsichtlich der Angemessenheit, also der Höhe der vereinbarten Leistung, nicht dem entsprechen, was ein ordentlicher und gewissenhafter Geschäftsleier einem Nichtgesellschafter gewährt hätte.

30 In diesem Sinne hat das FG Köln mit Urteil vom 22.8.2007 (Az. 13 K 647/03, EFG 2008, 161 – rechtskräftig) entschieden, dass Art. 4 DBA Großbritannien, der seinem Inhalt nach ebenfalls Art. 9 OECD-MustAbk (und damit Art. 6 DBA Niederlande) entspricht, eine Sperrwirkung gegenüber § 8 Abs. 3 KStG für diejenigen Fälle entfaltet, in denen die Gewinnkorrektur nach nationalem Recht auf rein formale Beanstandungen gestützt wird. Eine Gewinnkorrektur sei – so das FG Köln nur in Bezug auf solche Sachverhaltsumstände zulässig, die die Angemessenheit (also die Höhe) der Vereinbarung berühren. ...

31 Diese Ansicht entspricht der ganz überwiegenden Auffassung im Schrifttum, der zufolge insbesondere die formalen Sonderbedingungen, denen nach der Rechtsprechung zu § 8 Abs. 3 Satz 2 KStG beherrschende Gesellschafter unterworfen werden, bei grenzüberschreitend verbundenen Unternehmen unberücksichtigt bleiben müssen; …

32 Dem wird entgegen gehalten, dass Rechtsbeziehungen zwischen verbundenen Unternehmen, die auf gesellschaftsrechtlichen Grundlagen beruhen, nicht in den Regelungsbereich des Art. 9 OECD-MustAbk fielen; das Tatbestandsmerkmal „kaufmännische oder finanzielle Beziehungen" schließe solche Beziehungen nicht ein (vgl. *Wassermeyer* in Debatin/Wassermeyer, Doppelbesteuerung, MA Art. 9 Rz 128.8 …). Ebenso vertritt die Finanzverwaltung die Auffassung, dass Leistungen an einen beherrschenden Gesellschafter ohne vorherige, klare und eindeutige Vereinbarung vom Regelungsbereich des Art. 9 OECD-MustAbk – von vornherein – nicht erfasst werden (vgl. BMF-Schreiben vom 12.4.2005, BStBl. I 2005, 570, Tz. 6.1.1 – Verwaltungsgrundsätze-Verfahren).

33 Der erkennende Senat schließt sich der Auffassung des FG Köln an. Er versteht das in Art. 6 DBA-Niederlande verwendete Tatbestandsmerkmal „wirtschaftliche oder finanzielle Bedingungen" – entsprechend dem Tatbestandsmerkmal „kaufmännische oder finanzielle Bedingungen" in Art. 9 DBA-MustAbk – in einem umfassenden Sinne, der alle zwischen verbundenen Unternehmen vorkommenden Leistungsbeziehungen mit einschließt.

Schleswig-Holsteinisches FG, Urt. v. 22.3.2012 – 1 K 264/08 – Rev. eingelegt, Az. BFH: I R 32/12, DStRE 2012, 1447:

1. Die Vergabe eines **zinslosen Darlehens durch eine TG 1 an ihre Schwestergesellschaft** (TG 2) stellt eine **vGA** an die Mutterkapitalgesellschaft (= Klägerin) dar, der mangels Einlagefähigkeit der Nutzungsvorteile aus dem Darlehen ein gleich hoher **Aufwand aus dem Nutzungsverbrauch** gegenübersteht (Anschluss an BFH v. 26.10.1987, GrS 2/86, BStBl II 1988, 348. Die vGA an die MG ist gemäß **§ 8b Abs. 1 KStG steuerfrei**.

2. Gewährt die darlehensbegünstigte TG 2 ihrerseits ein zinsloses Darlehen an eine weitere TG (TG 3 der MG), dann erzielt die MG aus derselben Beteiligung einerseits einen Ertrag aus einer steuerfreien vGA und hat andererseits einen Aufwand in Gestalt eines Nutzungsverbrauchs. Zwischen dem Ertrag und dem Aufwand besteht dabei ein **unmittelbarer wirtschaftlicher Zusammenhang i.S. von § 3c Abs. 1 EStG**.

Die TG 1 gewährte der TG 2 ein zinsloses Darlehen (Darlehen 1). Der Zinsvorteil belief sich im Streitjahr auf 7.225,11 €. Zugleich gewährte die TG 2 der TG 3 ein zinsloses Darlehen (Darlehen 2). Der Zinsvorteil betrug im Streitjahr 20.028,61 €. Zwischen den Beteiligten steht außer Streit, dass wegen der Zinsvorteile aus den Darlehen 1 und 2 jeweils der Tatbestand einer vGA zugunsten der Klägerin realisiert ist und dass insoweit die Steuerbefreiung gemäß § 8b Abs. 1 KStG eingreift. Unstreitig ist weiterhin, dass der Verbrauch der Nutzungsvorteile aus den zinslosen Darlehen bei der Klägerin zu (fiktiven) Beteiligungsaufwendungen führt. Umstritten ist, ob ein unmittelbarer wirtschaftlicher Zusammenhang zwischen dem steuerfreien vGA-Ertrag der Klägerin aus dem Darlehen 2 i.H. von 20.028,61 € und ihren (fiktiven) Aufwendungen aus Vorteilsverbrauch aus dem Darlehen 1 i.H. von 7.225,11 € besteht.

Das FA hat der Besteuerung zu Recht nicht abzugsfähige Betriebsausgaben i.H. von 7.225,11 € zugrunde gelegt.

Der Aufwand der Klägerin ist entstanden und veranlasst durch die mangelnde Einlagefähigkeit des der TG 2 gewährten Nutzungsvorteils. Die TG 2 hat aber im gleichen Veranlagungszeitraum eine vGA an die Klägerin vorgenommen, und zwar durch Vergabe eines zinslosen Darlehens an ihre Schwester (TG 3). Aufwendungen und Einnahme der Klägerin betreffen nicht nur dieselbe Beteiligung (TG 2), sie weisen auch der Höhe nach einen inneren Zusammenhang insofern aus, als die Aufwendungen für die Beteiligung an der TG 2 i.H. von 7.225,11 € die steuerfreien Einnahmen aus der Beteiligung an der TG 2 i.H. von 20.028,61 € nicht übersteigen.

BFH, Urt. v. 11.10.2012 – I R 75/11, BStBl. II 2013, 1046 und BFH/NV 2013, 324:

Der **abkommensrechtliche Grundsatz** des „dealing at arm's length" (**nach Art. 9 OECD-MA**, hier: nach Art. 6 Abs. 1 DBA-NL 1959) **entfaltet** bei verbundenen Unternehmen eine **Sperrwirkung** gegenüber den sog. Sonderbedingungen, denen beherrschende Unternehmen im Rahmen der Einkommenskorrektur nach § 8 Abs. 3 Satz 2 KStG bei Annahme einer vGA unterworfen sind [*hier: Rückwirkungsverbot*]. ...

3 Der Beklagte [= *das Finanzamt*] vertrat – unter Hinweis auf Tz. 6.1.1 ... im Schreiben des Bundesministeriums der Finanzen vom 12.April 2005 (BStBl I 2005, 570) – die Auffassung, dass die Kostenumlage mangels wirksamer vorheriger Vereinbarung gemäß § 8 Abs. 3 Satz 2 KStG 2002 als vGA zu behandeln ... sei. ...

7 2. Das FG ... hat unbeantwortet gelassen, ob in den von der Klägerin geleisteten Zahlungen [*deshalb*] vGA zu sehen sind, weil die mit der D-BV [= *beherrschender Gesellschafter*] getroffenen vertraglichen Abmachungen den steuerlichen Anforderungen nicht genügten. Daran [*dass die Vereinbarungen den steuerlichen Anforderungen genügten*] bestünden Bedenken, weil nach den Angaben der Klägerin zwar ursprünglich – Ende 2003 – eine mündlich getroffene Abmachung über die Kostenumlage getroffen worden sein soll, diese aber erst am 29. Dezember 2004 schriftlich und rückwirkend gefasst worden ist und weil erst in dieser schriftlichen Fassung entsprechende Spezifikationen der Umlage enthalten sind. Das FG hat entsprechende Überlegungen aber zurückgestellt, weil die einschlägigen Sonderbedingungen zur Annahme einer vGA zwischen der Kapitalgesellschaft und ihrem **beherrschenden Gesellschafter** infolge der abkommensrechtlichen **Sperrwirkung des Art. 6 Abs. 1 des Abkommens** zwischen der Bundesrepublik Deutschland und dem Königreich der Niederlande zur Vermeidung der Doppelbesteuerung ... ohnehin unanwendbar blieben. Letzterem ist beizupflichten (ebenso z.B. FG Köln, Urt. v. 22.8.2007, EFG 2008, 161 ...). ...

9. Als solche bestimmt die Abkommensvorschrift den Fremdvergleichsmaßstab zwar konstitutiv. Sie erfordert allerdings eine innerstaatliche Rechtsgrundlage, die ihrerseits die Gewinnkorrektur nach Maßgabe des Art. 6 Abs. 1 DBA-NL 1959 ermöglicht; die Regelung dient – als abkommensrechtliche Vorschrift – der Gewinnabgren-

zung, nicht aber der (unmittelbaren) Gewinnkorrektur (**keine** sog. **„self executing-Wirkung**. … Zugleich kommt der Vorschrift als Ausprägung der sog. **Schrankenwirkung des Abkommens** begrenzende Wirkung zu. …

10. Die sog. Sonderbedingungen für beherrschende Gesellschafter scheiden damit als Korrektiv im Rahmen des Fremdvergleichs, der nach Maßgabe von § 8 Abs. 3 Satz 2 KStG 2002 als der einschlägigen innerstaatlichen Korrekturvorschrift anzustellen ist, aus. Denn Art. 6 Abs. 1 DBA-NL verknüpft die Korrektur mit den „wirtschaftlichen oder finanziellen Bedingungen“, welche das abhängige Unternehmen mit dem an ihm beteiligten Unternehmen vermöge dessen Beteiligung vereinbart hat oder die ihm auferlegt worden sind. Die Beteiligungsverhältnisse an der Geschäftsführung oder am finanziellen Aufbau in diesem Sinne sind – in Einklang mit den „kaufmännischen oder finanziellen“ Beziehungen in Art. 9 Abs. 1 OECD-MA sowohl schuldrechtlich – also „wirtschaftlich“ – als auch durch das Gesellschaftsverhältnis – nämlich „finanziell“ – veranlasste Verhältnisse. Letzteres – die Einbeziehung (auch) durch das Gesellschaftsverhältnis veranlasster Verhältnisse – verdeutlicht sich daran, dass gerade die Beteiligung des einen Unternehmens im „finanziellen Aufbau“ des anderen Unternehmens, also die gesellschaftlichen Beteiligungsverhältnisse, den Fremdvergleich nach Art. 6 Abs. 1 DBA-NL erzwingt; ...

11. Die auf dieser Basis vereinbarten oder auferlegten Bedingungen sind an jenen Bedingungen zu „messen“, die voneinander unabhängige Unternehmen miteinander vereinbart hätten. Das entspricht zwar im Kern dem Maßstab des ordentlichen und gewissenhaften Geschäftsleiters bei der vGA. Anders als bei § 8 Abs. 3 Satz 2 KStG 2002 sind aber nur diejenigen (Sachverhalts-)Umstände einbezogen, welche sich auf die besagten „wirtschaftlichen oder finanziellen Bedingungen“ auswirken, also die Angemessenheit (Höhe) des Vereinbarten berühren; **eine Gewinnkorrektur, die sich nicht nur auf die Angemessenheit (Höhe) des Vereinbarten erstreckt, sondern** – in einem zweistufigen Vorgehen – **gleichermaßen auf dessen „Grund“ (Üblichkeit, Ernsthaftigkeit), ist den Vergleichsmaßstäben des „dealing at arm's length“ fremd**. Diese Vergleichsmaßstäbe sind – **schon um** mangels einer entsprechenden Gegenkorrektur andernfalls **drohenden doppelten Besteuerungen** sowohl in dem einen wie in dem anderen Vertragsstaat **vorzubeugen** – einem abkommenseigenen und damit einheitlichen Begriffsverständnis unterworfen, der innerstaatlichen Modifikationen des Fremdvergleichsbegriffs ex ante entgegensteht. Dem lässt sich nicht entgegenhalten, durch das Gesellschaftsverhältnis veranlasste Beziehungen entzögen sich von vornherein einem Fremdvergleich und damit dem Regelungsbereich von Art. 9 Abs. 1 OECD-MA. Vielmehr ist es gerade Aufgabe des Fremdvergleichs, den gesellschaftsrechtlich von dem schuldrechtlich veranlassten Gestaltungsbereich zu trennen. ...

12. Bestätigt wird dieses Ergebnis zum einen durch solche Abkommen zur Vermeidung der Doppelbesteuerung, welche explizit einen Vorbehalt für innerstaatlich weiterreichende Fremdvergleichskorrekturen vorsehen (z.B. Prot. Nr. 7 zu Art. 9 DBA-USA 2006), und zum anderen durch die neuen Entwicklungen im Zusammenhang mit dem sog. „Authorised OECD Approach“ (AOA), wonach international-abkommensrechtlich ein Gleichlauf der Grundsätze des „dealing at arm's length“

nach Art. 9 Abs. 1 OECD-MA (für Kapitalgesellschaften) einerseits und Art. 7 Abs. 2 OECD-MA (für Betriebsstätten) andererseits angestrebt wird ... . Die damit beabsichtigte „virtuell-fiktive" Durchbrechung des Einheitsunternehmens und dessen steuerliche Aufspaltung zwischen Stammhaus und Betriebsstätte für Zwecke des Fremdvergleichs setzt indes in keinem Fall auf irgendwelchen Sonderbedingungen der hier behandelten Art auf; sie betrifft gleichermaßen allein die (kaufmännische oder finanzielle) Angemessenheit der Geschäftsbeziehungen.

Schleswig-Holsteinisches Finanzgericht, Urt. v. 29.11.2012 – 1 K 118/07, EFG 2013, 279-282 (Rev. BFH, I R 88/12, BFH/NV 2015, 57):

25 Die Gewährung eines **unverzinslichen Gesellschafterdarlehens** ist nach der Rechtsprechung des Bundesfinanzhofes (z.B. Urteil vom 23. Juni 2010, I R 37/07, BFHE 230, 156, BStBl. II 2010, 895) dann nicht Gegenstand einer "**Geschäftsbeziehung**", wenn sie entweder nach den Vorschriften des für die Darlehensnehmerin maßgeblichen Gesellschaftsrechts als Zuführung von Eigenkapital anzusehen ist oder wenn sie der Zuführung von Eigenkapital in einer Weise nahe steht, die eine steuerrechtliche Gleichbehandlung mit jener gebietet. Letzteres ist insbesondere dann der Fall, wenn die Darlehensgewährung eine unzureichende Eigenkapitalausstattung der Kapitalgesellschaft ausgleicht und eine notwendige Bedingung dafür ist, dass die Gesellschaft die ihr zu gedachte wirtschaftliche Funktion erfüllen kann.

26 Es ist nichts dafür vorgetragen oder sonst ersichtlich, dass die in Rede stehende Darlehensgewährung nach dem für [*die ausländische TG als Darlehensnehmerin*] **maßgeblichen belgischen**-Recht als Zuführung von Eigenkapital anzusehen ist. Es ist allerdings davon auszugehen, dass das Darlehen mit einem Teilbetrag der Zuführung von Eigenkapital in der Weise nahe steht, die eine steuerrechtliche Gleichbehandlung mit jener gebietet.

27 Ein **eigenkapitalersetzendes Darlehen** liegt u.a. dann vor, wenn das Darlehen von vornherein in die Finanzplanung der Gesellschaft in der Weise einbezogen ist, dass die zur Aufnahme der Geschäfte erforderliche Kapitalausstattung der Gesellschaft durch eine Kombination von Eigen- und Fremdfinanzierung erreicht werden soll (so genanntes **Finanzplandarlehen**). Entscheidend ist dabei, ob sich die planmäßige Gesellschafterfinanzierung aus einer Gesamtwürdigung des Gesellschaftsvertrages und/oder deVIII R 18/94s Darlehensvertrages und der im Zeitpunkt des Abschlusses dieser Verträge vorliegenden Umstände ergibt (vgl. z.B. BFH, Urteil vom 4. November 1997, VIII R 18/94, BStBl II 1999, 344). Eine deutliche **Unterkapitalisierung** ist zwar ein Indiz für das Vorliegen eines eigenkapitalersetzenden Darlehens, reicht aber für die Annahme, dass – in voller Höhe – ein Finanzplandarlehen vorliegt, nicht aus (vgl. BFH, Urteil vom 23. Juni 2010, I R 37/09, BFHE 230, 156, BStBl II 2010, 895).

28 Die danach vorzunehmende Gesamtwürdigung ergibt, dass sich das Darlehen teilweise – nämlich bezogen auf das Streitjahr 2001 mit einem Anteil von 35 % des zum Beginn des Jahres bestehenden Restdarlehens – als eigenkapitalersetzend darstellte.

29 Für das Vorliegen eines **Finanzplandarlehens** (vgl. z.B. BFH, Urt.vom 4. November 1997, VIII R 18/94, BStBl II 1999, 344 m.w.N.) spricht, dass das Darlehen für die Verwirklichung des Gesellschaftszwecks unentbehrlich war; [*die ausländische TG als Darlehensnehmerin*] hätte ohne die durch den Kredit zugeführten Mittel das Wirtschaftsgut nicht erwerben und daher ihren Geschäftsbetrieb nicht aufnehmen können. Ein außenstehender Kreditgeber hätte der [*TG*] D im Hinblick auf die geringe Eigenkapitalausstattung und die zu prognostizierende Kapitaldienstfähigkeit keinen Kreditrahmen in der erforderlichen Höhe eingeräumt. Zwar hätte das zu erwerbende Wirtschaftsgut als Sicherheit für einen Kredit dienen können, ein fremder Kapitalgeber hätte jedoch auch die Kapitaldienstfähigkeit der Darlehensnehmerin geprüft, also die Fähigkeit, die Zins- und Tilgungsleistungen (Kapitaldienst) des gewährten Kredites aus der eigenen Ertragskraft zu erbringen, ohne dass es dazu der Verwertung etwaiger Kreditsicherheiten bedarf. Hierzu hat die Klägerin nachvollziehbar dargelegt, dass die [*TG*] nicht in der Lage gewesen wäre, die im Falle einer verzinslichen Kreditgewährung erforderlichen Zins- und Tilgungsleistungen in voller Höhe zu erbringen. … Das Gericht geht daher davon aus, dass in dem Umfang, in dem nach den eigenen Berechnungen der Klägerin – denen das beklagte Finanzamt nicht entgegengetreten ist – die prognostizierten Erträge nicht ausreichten, um ein fremdüblich verzinstes Darlehen zu bedienen, die Gewährung des zinslosen Darlehens nicht innerhalb einer Geschäftsbeziehung im Sinne des § 1 Abs. 1 AStG erfolgt ist. Dieser Anteil beträgt für das Streitjahr … gerundet 35 Prozent der Restdarlehenssumme.

FG Berlin-Brandenburg, Urt. v. 30.1.2013 – 12 K 12056/12 – Rev. eingelegt, Az. BFH: I R 23/13, DStRE 2013, 1494:

Da nach dem Wortlaut des § 1 Abs. 1 AStG a.F **„jede" schuldrechtliche Beziehung** ausreichend ist – ausgenommen sind nur gesellschaftsvertragliche Vereinbarungen –, ist es unbedeutend, ob die strittige Vereinbarung gesellschaftsrechtlich veranlasst ist oder nicht. Der für die Veranlagungszeiträume vor 2003 bestehende Streit, ob eigenkapitalersetzende Gesellschafterleistungen in den Anwendungsbereich des § 1 Abs. 1 AStG fallen, ist damit nach der Auffassung des Senats nicht mehr relevant, so dass auch das einer ausländischen Tochtergesellschaft gewährte **Darlehen** – ob **eigenkapitalersetzend oder nicht** – als Geschäftsbeziehung i.S. des § 1 AStG a. F. anzusehen ist.

Im Rahmen der Prüfung des § 1 Abs. 1 AStG in der in den Jahren 2004 bis 2007 geltenden Fassung ist bei der Frage, ob ein Darlehen an die ausländische TG zu fremdvergleichskonformen Bedingungen gewährt wurde, auch die (fehlende oder unzureichende) **Besicherung des Darlehens** als Bedingung im Sinne dieser Vorschrift zu berücksichtigen.

BFH, Urt. v. 10.4.2013 – I R 45/11 BFH/NV 2013, 1657und ISR 2013, 347 und DStR 2013, 1824:.

1. Eine Person steht einem Stpfl. i.S. von § 1 Abs. 2 Nr. 2 Altern. 1 AStG nahe, wenn eine dritte Person am Grundkapital oder Stammkapital sowohl der Person als auch des Stpfl. unmittelbar oder mittelbar wesentlich beteiligt ist. Beschränkungen im Innenverhältnis aufgrund einer **Treuhand** sind ebenso unbeachtlich wie Stimmrechtsbeschrän-

kungen. Gleiches gilt im Ergebnis für die Annahme eines **Nahestehens** im Zusammenhang mit dem Vorliegen einer vGA.

2. Die Verpflichtung, bei Sachverhalten, die Vorgänge mit Auslandsbezug betreffen, über die Art und den Inhalt seiner Geschäftsbeziehungen mit nahe nahestehenden Personen i.S. des § 1 Abs. 2 AStG **Aufzeichnungen zu erstellen und diese auf Verlangen der Finanzbehörde vorzulegen (§ 90 Abs. 3 AO)**, ist **mit der Dienstleistungsfreiheit des Art. 49 EG vereinbar**.

17 … Maßgebend für die Definition der Geschäftsbeziehung ist – trotz der unterlassenen redaktionellen Anpassung in § 1 Abs. 1 Satz 1 GAufzV – § 1 Abs. 5 AStG i.d.F. des Unternehmenssteuerreformgesetzes 2008 vom 14.8.2007 (BStBl I 2007, 630).

21 … Eine wesentliche Beteiligung liegt nach der Legaldefinition in § 1 Abs.2 Nr. 1 AStG vor, wenn die dritte Person an der Person und an dem Stpfl. unmittelbar oder mittelbar mindestens zu einem Viertel beteiligt ist. … Hierfür kommt es bei Kapitalgesellschaften allein auf die Beteiligung am Grund- oder Stammkapital an; der Anteil an den Stimmrechten ist hingegen nicht von Belang. …

23 Entgegen der von der Klägerin vorgetragenen Auffassung ist es für das Bestehen der wesentlichen Beteiligung der L Holding an der Klägerin unerheblich, dass die Anteile an der Klägerin durch die L S.A. treuhänderisch für den L Fonds gehalten werden. Aus den Feststellungen und der Auslegung des FG zum luxemburgischen Investmentrecht, an die der erkennende Senat gemäß § 118 Abs. 2 FGO wie an Tatsachenfeststellungen gebunden ist, folgt, dass die Anteile selbst nicht dem L Fonds zuzurechnen sind. Denn nach dem luxemburgischen Recht stehen die Vermögensgegenstände des L Fonds im Eigentum der treuhänderisch agierenden Verwaltungsgesellschaft, die lediglich im Innenverhältnis zu den Anlegern des Fonds besonderen Bedingungen unterliegt und sich bei deren Verletzung schadensersatzpflichtig machen kann.

26 § 1 Abs. 2 Nr. 2 Altern. 1 AStG ist im Streitfall nicht einschränkend dahingehend auszulegen, dass er bei Beschränkungen des Anteilsinhabers im Innenverhältnis aufgrund einer Treuhand nicht anzuwenden ist.

33 Für das **Nahestehen** genügt jede Beziehung zwischen einem Gesellschafter und dem Dritten, die den Schluss zulässt, sie habe die Vorteilszuwendung der Kapitalgesellschaft an den Dritten beeinflusst. Derartige Beziehungen können familienrechtlicher, gesellschaftsrechtlicher, schuldrechtlicher oder auch rein tatsächlicher Art sein. … Eine solche Verbindung besteht insbesondere bei in einem Konzern verbundenen Unternehmen, etwa – wie auch im Streitfall - Schwestergesellschaften. … Aufgrund der Verbundenheit in einem Konzern kann auch nicht auf einen natürlichen **Interessengegensatz** zwischen der Klägerin und der L AG geschlossen werden, der eine Veranlassung der Zahlungen durch das Gesellschaftsverhältnis ausschließen könnte.

35 [*Eine vGA scheidet*] nicht deshalb von vornherein aus, weil die Zahlungen der Klägerin an die L AG nicht geeignet wären, einen **sonstigen Bezug** i.S. des § 20 Abs. 1 Nr. 1 Satz 2 EStG 2002 bei der Gesellschafterin [*= L. S.A. als Treuhänderin für den*

L Fonds] auszulösen. Für die **Vorteilsgeeignetheit** … kann entgegen der Auffassung der Klägerin nicht auf den Willen der Anleger des L Fonds abgestellt werden. Maßgebend ist vielmehr, ob der Vorgang zu einem Zufluss bei der nahe stehenden Person und somit zur Zurechnung einer vGA bei dem Anteilseigner führen kann. Erforderlich ist hierfür allein, dass der Vorteil dem Dritten im Interesse des Anteilseigners zugewendet wurde.

38 Entgegen der Auffassung der Klägerin verstößt § 90 Abs. 3 AO nicht gegen die unionsrechtlichen Grundfreiheiten. Insbesondere wird die **Dienstleistungsfreiheit** gemäß § 49 des Vertrages zur Gründung der Europäischen Gemeinschaft, … nunmehr Art. 56 des Vertrages über die Arbeitsweise der Europäischen Union (AEUV) … **nicht verletzt**. …

42 [*Zwar greift § 90 Abs. 3 AO*] in den Schutzbereich der Dienstleistungsfreiheit ein. Denn die Vorschrift wirkt sich ausschließlich nachteilig bei grenzüberschreitend erbrachten Dienstleistungen aus. Die Vorschrift begründet besondere Dokumentations- und AufEU Rechtzeichnungspflichten allein bei „Vorgänge[n] mit Auslandsbezug mit nahe stehenden Personen". Dies führt nicht nur zu einem erhöhten administrativen Aufwand, sondern kann auch zu einer erheblichen materiellen Mehrbelastung für den Stpfl. führen, die ihn davon abhalten können, die Dienstleistung grenzüberschreitend in Anspruch zu nehmen. Die durch § 90 Abs. 3 AO begründeten Pflichten führen einem gesteigerten Beratungsbedarf der Stpfl. und damit verbunden zu höheren Kosten als bei rein innerstaatlichen Sachverhalten. Insbesondere werden die Mehrkosten durch notwendig werdende Verrechnungspreisstudien zur Verteidigung der Höhe der vereinbarten Entgelte hervorgerufen.

43 Diese Ungleichbehandlung zu Lasten grenzüberschreitender Dienstleistungen ist jedoch durch zwingende Gründe des Allgemeininteresses gerechtfertigt…

44 Als zwingender Grund des **Allgemeininteresses** ist insbesondere das **Erfordernis einer wirksamen Steueraufsicht** in der ständigen Rechtsprechung des EuGH anerkannt, nach dem Mitgliedstaaten befugt sind, Maßnahmen anzuwenden, um die Besteuerungsgrundlagen klar und eindeutig feststellen zu können … . Sie sind befugt – als milderes Mittel im Vergleich zu einer materiell-rechtlich nachteiligen steuerrechtlichen Behandlung – dem Stpfl. entsprechende Mitwirkungspflichten abzuverlangen, die ihnen zur Verifikation der Besteuerungsgrundlagen nach den nationalen Vorschriften notwendig erscheinen. … Zulässig ist insbesondere, für grenzüberschreitende Fälle spezifische Verfahrensregeln zu erlassen, um es den zuständigen Finanzbehörden zu ermöglichen, den steuerlich erheblichen Sachverhalt aufzuklären. … Dass hierdurch faktische Mehrbelastungen für den grenzüberschreitend agierenden Stpfl. resultieren können, widerspricht dem nicht, soweit die mitgliedstaatliche Maßnahme zur Erreichung dieses Ziels geeignet ist und nicht über das hinausgeht, was zur Erreichung des Ziels erforderlich ist. …

45 Entgegen der Auffassung der Klägerin ist das Allgemeininteresse an einer wirksamen Steueraufsicht zur Sicherung eines gleichmäßigen Gesetzesvollzugs unabhängig vom (möglichen) Vorliegen eines Missbrauchs tauglicher **Rechtfertigungsgrund für eine Ungleichbehandlung**. …

46 Die erhöhte Mitwirkungspflicht [= *Erstellung einer Verrechnungspreisdokumentation*] ist in ihrer Ausgestaltung auch verhältnismäßig.

47 Ohne diese Regelung ist es nicht möglich, die Einkünfteabgrenzung zwischen international verbundenen Unternehmen (Verrechnungspreisprüfung) durch die Finanzverwaltung zu prüfen. Wie der Senat durch Urteil vom 17.10.2001 (I R 103/00, BStBl II 2004, 171) entschieden hat, ergibt sich eine Pflicht zur Erstellung von Aufzeichnungen für die Prüfung von Verrechnungspreisen bei der Aufklärung von Sachverhalten mit Auslandsbezug nicht bereits aus den erhöhten Mitwirkungspflichten gemäß § 90 Abs. 2 AO.

48 § 90 Abs. 3 AO geht nicht über das zur Erreichung dieses Zwecks erforderliche Maß hinaus.

49 Insbesondere ist die Ermittlung des Fremdvergleichspreises allein durch die Finanzverwaltung nicht in gleich effektiver Weise möglich. Die zur Vornahme eines Fremdvergleichs erforderlichen Informationen stammen vornehmlich aus der Sphäre des Stpfl., der deshalb besser als die Finanzverwaltung in der Lage ist, die notwendigen Informationen zu dokumentieren.

50 An der Erforderlichkeit fehlt es nicht deshalb, weil die Finanzverwaltung die für die Besteuerung erforderlichen Informationen auch mit den Mitteln der Richtlinie 77/799/EWG des Rates vom 19.12.1977 über die gegenseitige Amtshilfe zwischen den zuständigen Behörden der Mitgliedstaaten … erlangen könnte … .Nach der Rechtsprechung des EuGH schließen sich die **Amtshilfe** und die Mitwirkungspflichten des Stpfl. nicht aus. Sie stehen vielmehr grundsätzlich nebeneinander … und dienen der Sachverhaltsaufklärung in unterschiedlichen Fallgestaltungen. Mitwirkungspflichten – wie § 90 Abs. 3 AO – können die Mitgliedstaaten insbesondere für die Fälle vorsehen, in denen trotz Amtshilfe die Verifikation eines steuerlich erheblichen Sachverhalts sehr schwierig oder gar ausgeschlossen ist. So liegt der Fall hier. Denn die ausländische Finanzverwaltung, die um Auskunft ersucht wird, verfügt ebenso wenig wie die inländische über die notwendigen internen Informationen, sondern wäre ebenso wie diese darauf angewiesen, sie durch Mitwirkung des Stpfl. zu erlangen. Dies gilt beispielsweise für die Markt- und Wettbewerbsverhältnisse des Stpfl., die vereinbarten Bedingungen oder die Daten zu vergleichbaren Geschäften des Stpfl. oder einer ihm nahe stehenden Person mit fremden Dritten.

52 Die grundsätzliche Verhältnismäßigkeit des § 90 Abs. 3 AO kann schließlich nicht mit dem Argument in Frage gestellt werden, einzelne Bestimmungen der den § 90 Abs. 3 AO und die GAufzV ausfüllenden Verwaltungsgrundsätze-verfahren gingen über das zur Sachverhaltsaufklärung erforderliche, zumindest aber angemessene Maß hinaus. Nr. 3.4 der Verwaltungsgrundsätze stellt lediglich eine Verwaltungsvorschrift dar, die keine rechtlichen Verpflichtungen der Stpfl. begründet, sondern ausschließlich die Verwaltung bindet. Sollte das FA gestützt auf die Verwaltungsgrundsätze von überzogenen Anforderungen an die Sachverhalts- und Angemessenheitsdokumentation ausgehen und wegen Nichterfüllung dieser Vorgaben eine Hinzuschätzung vornehmen (§ 162 Abs. 3 AO) oder gemäß §v 162 Abs. 4 AO einen Zuschlag fest-

setzen, bleibt es der Klägerin unbenommen, sich hiergegen durch Einspruch und Klage zur Wehr zu setzen. …

53 Einer Vorlage an den EuGH zu der Frage der Unionsrechtmäßigkeit des § 90 Abs. 3 AO bedurfte es nicht. Die Rechtslage ist für den erkennenden Senat derart offenkundig, dass für vernünftige Zweifel an der Unionsrechtskonformität des § 90 Abs. 3 AO kein Raum bleibt.

BFH, Urt. v. 16.1.2014 – I R 30/12, BStBl II 2014, 721:

Gewährt eine nicht zur Anrechnung von Körperschaftsteuer berechtigte (ausländische) Kapitalgesellschaft ihrer unbeschränkt steuerpflichtigen (inländischen) Schwester-Kapitalgesellschaft ein **Darlehen**, werden die dafür gezahlten **Zinsen** nur dann nach § 8a Abs. 1 S. 1 Nr. 2 i.V.m. S. 2 KStG 1999 a.F. **in verdeckte Gewinnausschüttungen umqualifiziert**, wenn auch die (gemeinsame) **Muttergesellschaft nicht zur Anrechnung** von Körperschaftsteuer **berechtigt** ist (Klarstellung des Senatsurteils v. 8.9.2010, I R 6/09, BStBl II 2013, 186; entgegen BMF v. 15.12.1994, IV B 7 - S 2742a - 63/94, BStBl I 1995, 25).

§ 8a Abs. 1 S. 1 Nr. 2 i.V.m. S. 2 KStG 1999 a.F. ist nicht mit dem **Diskriminierungsverbot** des Art. 24 Abs. 4 **DBA**-USA 1989 vereinbar (Anschluss an Senatsurteil v. 8.9.2010, I R 6/09, BStBl II 2013, 186 zum DBA-Schweiz).

BFH, Beschl. v. 5.2.2014 – X B 138/13, BFH/NV 2014, 720:

Der Senat weist darauf hin, dass der EuGH zwischenzeitlich zu einer – mit § 1 AStG vergleichbaren – Norm des belgischen Steuerrechts entschieden hat, es sei denkbar, dass die **Berührung der Niederlassungsfreiheit durch zwingende Gründe des Allgemeinwohls** (Sicherung der Steuerhoheit) **gerechtfertigt** sei (EuGH v. 21.1.2010, SGI, Rs. C-311/08, IStR 2010, 144). Das nationale Gericht müsse sich davon überzeugen, dass die Regelung nicht über das hinausgehe, was zur Erreichung der mit ihr verfolgten Ziele in ihrer Gesamtheit erforderlich sei. Dabei sei entscheidend, dass dem Steuerpflichtigen die Möglichkeit eingeräumt werde, wirtschaftliche Gründe für die Bedingungen des Geschäfts darzulegen, und sich die steuerliche Berichtigung auf dasjenige beschränke, was ohne das Näheverhältnis vereinbart worden wäre. Es soll **Einiges dafür sprechen**, dass die Regelung des **§ 1 AStG** diese **Voraussetzungen erfüllt**.

FG Düsseldorf, Urt. v. 28.3.2014 – 6 K 4087/11 F (Rev. eingelegt, Az. BFH: I R 29/14), EFG 2014, 1275:

Die Gewährung eines **unverzinslichen Gesellschafterdarlehens** ist nach der Rechtsprechung des BFH dann **nicht** Gegenstand einer **"Geschäftsbeziehung" i.S. des § 1 Abs. 1 AStG** 2002, wenn sie entweder nach den Vorschriften des für die Darlehensnehmerin maßgeblichen Gesellschaftsrechts als Zuführung von **Eigenkapital** anzusehen ist **oder** wenn sie der Zuführung von Eigenkapital in einer Weise nahesteht, die eine steuerrechtliche Gleichbehandlung mit jener gebietet.

Letzteres ist insbesondere dann der Fall, wenn die Darlehensgewährung eine unzureichende Eigenkapitalausstattung der Kapitalgesellschaft ausgleicht und eine notwendige Bedingung dafür ist, dass diese Gesellschaft die ihr zugedachte wirtschaftliche Funktion erfüllen kann.

Dass die Darlehen – anders als in den vom BFH entschiedenen Fällen – zu verzinsen waren, ändert nichts daran, dass sie im Hinblick auf die Anwendung des § 1 AStG a.F. der Zuführung von Eigenkapital gleichzustellen sind. Denn die Verzinsung ändert nichts daran, dass die Darlehen notwendig waren, dass die Tochtergesellschaft die ihr zugedachte wirtschaftliche Funktion erfüllen konnte. Im **Eigenkapitalersatzrecht** wird **nicht** danach **unterschieden**, ob das Darlehen **verzinst oder nicht verzinst** wird.

Im Übrigen entspricht die Annahme, dass es sich bei dem hier zu beurteilenden Vorgang nicht um eine "Geschäftsbeziehung" handelt, den Anliegen des Gemeinschaftsrechts besser als die ansonsten vorzunehmende Erhöhung der Einkünfte nach § 1 AStG 2002. Im Hinblick auf das SGI-Urteil des EuGH (Urt. v. 21.1.2010, Rs. C-311/08, IStR 2010, 144) ist der Senat nicht davon überzeugt, dass eine Einschränkung der Teilwertabschreibung zur Wahrung einer ausgewogenen Aufteilung der Besteuerungsbefugnis zwischen den Mitgliedstaaten notwendig ist, weil eine **Teilwertabschreibung auf ein Darlehen nicht** zu einer **Gewinnverlagerung ins Ausland** führt. Der Gewinnminderung im Inland steht keine korrespondierende Gewinnerhöhung der ausländischen Tochtergesellschaft gegenüber, da sich die Teilwertabschreibung auf die Darlehensforderung bei der Tochtergesellschaft weder bilanziell noch im Rahmen der Gewinnermittlung auswirkt.

BFH, Urt. v. 25.6.2014 – I R 88/12, BFH/NV 2015, 57:

§ 1 Abs. 1 AStG in der im Streitjahr 2001 geltenden Fassung (a.F.) ermöglicht im Fall der Gewährung eines **zinslosen Darlehens** an eine ausländische TG eine Einkünfteberichtigung auf der Grundlage des (allgemeinen) Fremdvergleichs, **soweit** das Darlehen **Gegenstand einer "Geschäftsbeziehung"** (§ 1 Abs. 4 AStG a.F.) ist. Eine solche Einkünfteberichtigung, die den Einfluss der wirtschaftlichen Verflechtung zwischen den Geschäftspartnern auf die Preisbildung im konkreten Fall ausschließt, nicht aber sachbezogene wirtschaftliche Gründe der Parteien, ist als Maßnahme zur Wahrung einer ausgewogenen Aufteilung der Besteuerungsrechte zwischen den Mitgliedstaaten geeignet und jedenfalls nicht unverhältnismäßig, sodass insoweit nach Maßgabe des EuGH-Urteils vom 21. Januar 2010 C-311/08 "SGI" (Slg 2010, I-487) **keine unionsrechtlichen Bedenken** bestehen.

12 Der Senat hat zu der im Jahr 1985 geltenden Rechtslage entschieden, dass die Garantieerklärung einer Konzern-Obergesellschaft zugunsten eines anderen konzernangehörigen Unternehmens **nicht im Rahmen einer Geschäftsbeziehung** zwischen den beiden Unternehmen abgegeben wird, wenn die begünstigte Gesellschaft **mangels ausreichender Eigenkapitalausstattung** ohne sie ihre konzerninterne Funktion nicht erfüllen könnte (Senatsurteil in BFHE 194, 53, BStBl II 2002, 720). … Die insoweit maßgebliche Gesetzesfassung ist erst durch das Steuervergünstigungsabbaugesetz vom 16. Mai 2003 (BStBl I 2003, 321) erneut geändert worden, und zwar mit erstmaliger Wirkung zum VZ 2003.

13 Die genannte Rechtsprechung besagt indessen nicht, dass nach der hier maßgeblichen Rechtslage die Gewährung eines unverzinslichen Gesellschafterdarlehens in keinem Fall die Rechtsfolge des § 1 Abs. 1 AStG a.F. auslösen könne. Vielmehr ist sie nur dann nicht Gegenstand einer "Geschäftsbeziehung", wenn sie entweder nach den Vorschriften des für die Darlehensnehmerin maßgeblichen Gesellschaftsrechts als

Zuführung von Eigenkapital anzusehen ist (Senatsurteil vom 30. Mai 1990 - I R 97/88, BStBl II 1990, 875) oder wenn sie der Zuführung von Eigenkapital in einer Weise nahe steht, die eine steuerrechtliche Gleichbehandlung mit jener gebietet (Senatsurteil in BFH/NV 2009, 123). Letzteres ist insbesondere dann der Fall, wenn die Darlehensgewährung eine **unzureichende Eigenkapitalausstattung der Kapitalgesellschaft ausgleicht** und eine notwendige Bedingung dafür ist, dass diese Gesellschaft die ihr zugedachte **wirtschaftliche Funktion erfüllen** kann (Senatsurteile in BStBl II 2002, 720; in BFH/NV 2009, 123; in BFH/NV 2009, 1648; in BStBl II 2010, 895).

14 Das FG ist nach diesen Maßgaben im Wege einer Gesamtwürdigung des **Gesellschaftsvertrags** und des **Darlehensvertrags** und der im Zeitpunkt des Abschlusses dieser Verträge vorliegenden **Umstände** (Urt. BFH v. 4.11.1997 - VIII R 18/94, BStBl II 1999, 344) zu dem Schluss gekommen, dass sich das Darlehen teilweise – bezogen auf das Streitjahr 2001 mit einem Anteil von 35 % des zum Beginn des Jahres bestehenden Restdarlehens - als eigenkapitalersetzend darstellte. In dem Umfang, in dem die **prognostizierten Erträge nicht ausreichen** würden, um ein fremdüblich verzinstes Darlehen zu bedienen, sei die Gewährung des zinslosen Darlehens nicht innerhalb einer Geschäftsbeziehung i.S. des § 1 Abs. 1 und 4 AStG a.F. erfolgt. Diese Würdigung, die mit der Revision ausdrücklich nicht angegriffen wird, ist nachvollziehbar und für das Revisionsverfahren bindend (§ 118 Abs. 2 FGO). Es bestehen insbesondere auch keine Zweifel daran, dass es möglich ist, das im Ausgangspunkt **einheitliche Rechtsgeschäft** der Darlehensgewährung nach den steuerrechtlichen Maßgaben einer Qualifizierung als eigenkapitalersetzend zu **zerlegen** und für den Tatbestand des § 1 Abs. 1 AStG a.F. ("Geschäftsbeziehung") einer unterschiedlichen Würdigung zuzuführen.

20 Der Entscheidung des EuGH zu einer im belgischen Recht vorgesehenen Einkünftekorrektur (EuGH v. 21.1.2010, SGI, Rs. C-311/08, IStR 2010, 144) entnimmt der Senat, dass eine solche Regelung **mit der Niederlassungsfreiheit** gemäß Art. 49 AEUV **vereinbar** sein kann, da sie zur Wahrung einer ausgewogenen **Aufteilung der Besteuerungsbefugnis** zwischen den Mitgliedstaaten und der **Notwendigkeit der Verhinderung einer Steuerumgehung** gerechtfertigt sein kann. Sie ist aber nur dann verhältnismäßig, wenn die Regelung eine Prüfung objektiver und nachprüfbarer Umstände vorsieht, damit festgestellt werden kann, ob ein geschäftlicher Vorgang eine **rein künstliche Konstruktion** zu steuerlichen Zwecken darstellt. Dabei muss in jedem Fall, in dem der Verdacht besteht, dass ein geschäftlicher Vorgang über das hinausgeht, was die betreffenden Gesellschaften unter Bedingungen des freien Wettbewerbs vereinbart hätten, dem Steuerpflichtigen, ohne ihn übermäßigen Verwaltungszwängen zu unterwerfen, die Möglichkeit eingeräumt werden, Beweise für etwaige wirtschaftliche Gründe für den Abschluss dieses Geschäfts beizubringen. Darüber hinaus muss sich, wenn die Prüfung solcher Umstände zu dem Ergebnis führt, dass der in Rede stehende geschäftliche Vorgang über das hinausgeht, was die betreffenden Gesellschaften unter Bedingungen des freien Wettbewerbs vereinbart hätten, die steuerliche Berichtigung auf den Teil beschränken, der über das hinausgeht, was ohne die gegenseitige Verflechtung dieser Gesellschaften vereinbart worden wäre.

21 … Jedenfalls eine **Korrektur einer unentgeltlichen Darlehensgewährung auf der Grundlage des (allgemeinen) Fremdvergleichs**, der zwar den Einfluss der wirtschaftlichen Verflechtung zwischen den Geschäftspartnern auf die Preisbildung ausschließt, nicht aber **sachbezogene wirtschaftliche Gründe** der Parteien, ist als Maßnahme zur Wahrung einer ausgewogenen **Aufteilung der Besteuerungsrechte geeignet und jedenfalls nicht unverhältnismäßig**.

BFH, Urt. v. 17.9.2014 – I R 30/13, DStR 2014, 2561:

Die bei der [*inländischen*] Muttergesellschaft nach § 8 Nr. 1 GewStG 1999 vorzunehmende Hinzurechnung von [*Dauerschuld-*]Zinsen, die diese für ein ihr gewährtes Darlehen an [*ihre belgische*] Tochtergesellschaft gezahlt hat, verstößt nicht gegen die unionsrechtliche Niederlassungsfreiheit.

BFH, Urt. v. 17.12.2014 – I R 23/13, BFH/NV 2015, 626[7]*:*

16 … Selbst wenn alle Voraussetzungen des § 1 Abs. 1 AStG a.F. erfüllt wären, müsste eine Einkünftekorrektur wegen einer fehlenden Darlehensbesicherung hiernach nämlich ausscheiden, weil sie nicht mit der im Streitfall einschlägigen Abkommenslage nach Maßgabe von Art. 9 Abs. 1 des [*DBA Deutschland/USA v. 29.8.1989*] und dem darin bestimmten Fremdvergleichsmaßstab … vertrüge.

19 … in den maßgeblichen Vergleichsmaßstab des Art. 9 Abs. 1 OECD-MA [*sind*] nur diejenigen (Sachverhalts-)Umstände einbezogen, welche sich auf die besagten „wirtschaftlichen oder finanziellen Bedingungen" auswirken, also die Angemessenheit (Höhe) des Vereinbarten berühren; **eine Gewinnkorrektur, die sich nicht nur auf die Angemessenheit (Höhe) des Vereinbarten erstreckt, sondern – in einem zweistufigen Vorgehen – gleichermaßen auf dessen „Grund", (Üblichkeit der Konditionen, Ernsthaftigkeit), ist den Vergleichsmaßstäben des „dealing at arm's length" als Gegenstand der Angemessenheitsprüfung fremd … - schon um mangels einer entsprechenden Gegenkorrektur andernfalls drohenden doppelten Besteuerungen … vorzubeugen.**[8]

20 Zwar ist unter dem Ausdruck der „vereinbarten Bedingungen" in Art. 9 Abs. 1 OECD-MA grundsätzlich alles zu subsumieren, was Gegenstand der kaufmännischen und finanziellen Beziehungen und damit Gegenstand des schuldrechtlichen Leistungsaustauschs zwischen den verbundenen Unternehmen ist, so dass neben dem Preis sämtliche weiteren Geschäftsbedingungen einbezogen sind. Es bleibt indessen dabei, dass sich die Vereinbarungskonditionen … nur insofern auswirken, als deren „Qualität" die Zinshöhe im Fremdvergleich „nach oben" oder „nach unten" beeinflusst.

[7] Siehe hierzu auch den BMF-Nichtanwendungserlass vom 30.3.2016, BStBl. 2016 I 455 sowie das Urteil des FG Berlin-Brandenburg vom 16.3.2016 (11 K 12022/15) im zweiten Rechtszug.

[8] Im Gegensatz zum BFH befürwortet die OECD in ihren BEPS-Papieren 2015 (siehe z.B. Tz 1.60 in action 8-10) den **zweistufigen** Fremdvergleichsmaßstab, der sich auf der ersten Stufe mit der Frage befasst, ob die Geschäfte so auch zwischen fremden Dritten abgeschlossen worden wären (und ob das Vereinbarte auch tatsächlich wirtschaftlich durchgeführt wurde) und sich auf der zweiten Stufe mit der Angemessenheit der Preise der Höhe nach befasst.

21 Entgegen der Annahme des FA und (wohl auch) des beigetretenen BMF ändern das in casu anzuwendende DBA-USA 1989 und hier dessen Art. 9 Abs. 1 sowie die dazu vereinbarte Nr. 7 des Protokolls vom 29.8.1989 … daran nichts. Nach dieser Protokollvereinbarung kann jeder Vertragsstaat die Bestimmungen seines innerstaatlichen Rechts, nach denen Einnahmen, abzuziehende Beträge, Steueranrechnungs- oder Freibeträge zwischen verbundenen Personen aufzuteilen oder zuzurechnen sind, anwenden …

22 Art. 9 Abs. 1 DBA-USA 1989 entfaltet mithin wegen besagter Nr. 7 des Protokolls „keine Sperrwirkung" hinsichtlich der Art und Weise von Berichtigungen zwischen verbundenen Unternehmen und der Berichtigung von Einkünften zwischen Unternehmen bzw. Personen, die auf andere Weise als den nach in Art. 9 Abs. 1 genannten Kriterien verbunden sind.

23 Bedingungen, welche im Rahmen einer Geschäftsbeziehung zwischen verbundenen Unternehmen vereinbart worden sind, können sich nach dem zuvor Gesagten deswegen in Einklang mit dem abkommensrechtlich zulässigen Korrekturmaßstab auf die nach § 1 Abs. 1 AStG a.F. vorzunehmende Einkommenskorrektur regelmäßig bloß dann auswirken, wenn sie tatsächlichen Einfluss auf die Höhe der Leistungsbedingungen nehmen. Dazu gehören im Einzelfall auch die Risiken, die aus einer fehlenden Darlehensbesicherung resultieren. Anders kann es sich allerdings unter den … Gegebenheiten des sog. **Konzernrückhalts** verhalten, welcher alle Vorteile eines Unternehmens beschreibt, die sich allein aus der Zugehörigkeit zum Unternehmensverbund ergeben. **Bei Vorliegen eines solchen Rückhalts kann sich die Kompensation durch den vereinbarten Zinssatz erübrigen**, solange der beherrschende Gesellschafter die Zahlungsfähigkeit der Gesellschaft sicherstellt, solange diese also ihren Außenverpflichungen nachkommt. … Der Konzernrückhalt stellt für sich genommen eine ausreichende Sicherheit dar.

25 So oder so kann sich eine über § 1 Abs. 1 AStG a.F. ermöglichte Einkommenskorrektur infolge der aufgezeigten abkommensrechtlichen Relevanzen dann aber ohnehin immer nur auf jene Beträge beziehen, welche durch einen nicht fremdvergleichsgerechten, zu niedrigen Zins bewirkt werden; im Umfang der Teilwertabschreibung scheidet eine Korrektur hiernach hingegen aus.

BFH, Urt. v. 24.6.2015 – I R 29/14, BFH/NV 2015, 1506[9]*:*

1. Aufgrund des sog. Rückhalts im Konzern kann es fremdvergleichsgerecht sein, bei einer Darlehensgewährung zwischen Kapitalgesellschaften in einem Konzern von Sicherheiten abzusehen. Der **Konzernrückhalt** lässt jedoch keinen Schluss auf die Rückzahlung der Darlehensverbindlichkeit durch die Tochtergesellschaft und damit die Werthaltigkeit des Rückforderungsanspruchs aus dem gewährten Darlehen zu

2. Der abkommensrechtliche Grundsatz des „dealing at arm's length" nach Art. 9 Abs. 1 OECD-MustAbk (hier: nach Art. IV DBA-GB 1964) ermöglicht eine Einkünftekorrektur nach nationalen Vorschriften der Vertragsstaaten (hier: nach § 1 Abs. 1 AStG i.d.F. bis zur Änderung durch das StVergAbG v. 16.5.2003, BStBl I 2003, 321) nur

[9] Siehe hierzu auch den BMF-Nichtanwendungserlass vom 30.3.2016, BStBl. 2016 I 455.

dann, wenn der zwischen den verbundenen Unternehmen vereinbarte Preis (hier: der darlehenszins) seiner Höhe, also seiner Angemessenheit, nach dem Fremdvergleichsmaßstab nicht standhält. Er ermöglicht indessen nicht die Korrektur einer Abschreibung, die (nach § 6 Abs. 1 Nr. 2 satz 2 EStG 2002) auf den Teilwert der Forderung auf Rückzahlung der Darlehensvaluta und auf Zinsrückstände vorzunehmen ist, weil die inländische Muttergesellschaft das Darlehen ihrer ausländischen (hier:L englischen) Tochtergesellschaft in (ggfs.) fremdunüblicher Weise unbesichert begeben hat (Bestätigung des Senatsurteils vom 17.12.2014, I R 23/13, BFH/NV 2015, 306 u. BFHE 248, 170; Abweichung vom BMF-Schreiben vom 29.3.2011, BStBl I 2011, 277, dort unter 3.). Die fehlende Besicherung schlägt sich insoweit nur im entsprechend bepreisten Zins nieder (Bestätigung des Senatsurteils vom 21.12.1994, I R 65/94, BFHE 176, 571).

Sächsisches Finanzgericht, Urt. v. 26.1.2016 – 3 K 653/11, EFG 2016, 1328-1331:

1 Die Beteiligten streiten wegen Körperschaftsteuer und Gewerbesteuermessbetrag 2003 und 2004. Streitig ist, ob der **Verzicht auf Darlehenszinsen** gegenüber einer ausländischen Tochterbzw. Schwestergesellschaft zu einer **verdeckten Einlage** bzw. zu einer **Hinzurechnung nach § 1 AStG** führt und ob bei einer Hinzurechnung nach § 1 AStG der Gewerbeertrag der Klägerin entsprechend § 9 Nr. 3 Satz 1 GewStG zu kürzen ist.

3 Zur Finanzierung eines Grundstückskaufes und zur Erschließung eines Grundstücks durch die C s.r.o. sowie zur Bestreitung laufender Ausgaben gewährte die A GmbH ihrer Schwestergesellschaft C s.r.o mit Vertrag vom … ein Darlehen iHv. … €. Das Darlehen hatte eine Laufzeit von 10 Jahren und war mit 6,3 % p.a. zu verzinsen. In mehreren Nachträgen wurde das Darlehen um … € erhöht. Mit Vertrag vom übernahm die Klägerin von der A GmbH den Erhöhungsbetrag iHv. … zum Nennwert. Bei der A GmbH verblieb die ursprüngliche Darlehensforderung.. Auch die Klägerin gewährte ihrer Tochtergesellschaft C s.r.o. in den Jahren 1999 und 2000 Darlehen iHv. insgesamt … € . Diese Darlehen hatten ebenfalls jeweils eine Laufzeit von 10 Jahren und waren mit 6,3 % p.a. zu *verzinsen.*

28 Soweit die Klägerin bzw. ihre Tochtergesellschaft A GmbH auf vor dem 18. September 2003 entstandene **Zinsforderungen verzichtet** haben, liegt bei der Klägerin eine **verdeckte Einlage** gegenüber der C s.r.o. vor. Soweit die Klägerin ihrer Tochtergesellschaft nach dem 18. September 2003 ein **zinsloses Darlehen** gewährt hat, ist nach **§ 1 AStG eine Hinzurechnung des unstreitig angemessenen Zinses** iHv. 6,3 % p.a. vorzunehmen. Eine **Kürzung des Gewerbeertrages** nach § 9 Nr. 3 Satz 1 GewStG ist in diesem Zusammenhang nicht zulässig. Gleiches gilt für das Darlehen der A GmbH an die C s.r.o.: Wegen der bestehenden Organschaft ist insoweit eine Geschäftsbeziehung iSd. § 1 AStG zwischen der Klägerin und der C s.r.o. anzunehmen.

29 In dem Verzicht der Klägerin auf die bis zum 18. September 2003 entstandenen Darlehensforderungen gegenüber der Tochtergesellschaft C s.r.o. liegt eine verdeckte Einlage. Die hieraus resultierende Erhöhung des Einkommens der Klägerin, über die der Höhe nach zwischen den Beteiligten kein Streit besteht, ist daher vom Finanzamt rechtmäßig angesetzt worden.

30 Bei einer **verdeckten** Einlage handelt es sich nach ständiger Rechtsprechung um die Zuwendung eines einlagefähigen Vermögensvorteils an eine Kapitalgesellschaft durch deren Gesellschafter oder eine dem Gesellschafter nahestehende Person, für die der Gesellschafter keine neuen Anteile erhält und die ihre Ursache im Gesellschaftsverhältnis hat, dh. die ein Nichtgesellschafter nicht vorgenommen hätte.

31 Die Gesellschafter können eine verdeckte Einlage nicht nur durch die Zuführung von Wirtschaftsgütern, sondern auch durch den Verzicht auf Forderungen gegenüber der Gesellschaft bewirken; auch insofern liegt ein einlagefähiger Vermögensvorteil vor (vgl. BFH-Beschluss vom 9. Juni 1997 GrS 1/94, BStBl. II 1998, S. 307). Dass die Forderung nicht werthaltig gewesen sei, hat die Klägerin nicht vorgetragen und ist auch aus den Akten nicht ersichtlich. Die von der Klägerin vorgetragenen "wirtschaftlichen Schwierigkeiten" der C s.r.o. können die Wertlosigkeit der Zinsforderung nicht begründen. Hiergegen spricht auch, dass das Darlehen später zurückgeführt worden ist.

32 Der Verzicht auf die entstandenen Zinsen hatte auch seine Ursache im Gesellschaftsverhältnis. Maßgebend ist, ob auch der Gläubiger der Forderung auch ohne das Gesellschaftsverhältnis ohne weiteres vollständig auf die Forderung verzichtet hätte. Nach Auffassung des Senates ist dies klar zu verneinen. Die "vernünftigen kaufmännischen Gründe", die die Klägerin ins Feld führt, sind Gründe, die im Gesellschaftsverhältnis liegen. Der Umstand, dass sich der Schuldner der Forderung in Zahlungsschwierigkeiten befindet, ist unter fremden Dritten gewöhnlich kein Grund für einen – zumal, wie hier, vollständigen - Erlass. Erst recht gilt dies für den Umstand, dass der Schuldner erklärt, die Zinszahlungen steuerlich nicht berücksichtigen zu können.

33 Auch beim Verzicht der A GmbH auf gegenüber ihrer Schwestergesellschaft C s.r.o. bis zum 18. September 2003 entstandene Zinsforderungen liegt bei der Klägerin eine verdeckte Einlage vor; die entsprechende Gewinnerhöhung um € ist nicht zu beanstanden.

34 Eine verdeckte Einlage kann auch vorliegen, wenn der Zuwendende eine dem Gesellschafter des Zuwendungsempfängers nahestehende Person ist. Wendet eine Kapitalgesellschaft einer anderen Kapitalgesellschaft einen Vermögensvorteil zu und sind an beiden Gesellschaften dieselben Personen beteiligt, so ist darin – sofern die übrigen Voraussetzungen erfüllt sind – eine **mittelbare verdeckte Gewinnausschüttung** der ersten Kapitalgesellschaft an ihre Anteilseigner zu sehen, die ihrerseits das zugewendete Wirtschaftsgut in die zweite Kapitalgesellschaft einlegen (vgl. m.w.N. BFH-Urteil vom 28. Januar 1992 VIII R 207/85, BStBl. II 1992, S. 605).

35 Bezogen auf den Streitfall bedeutet dies, dass bei der A GmbH der Gewinn außerbilanziell um den Verzicht auf entstandene Zinsen zu erhöhen ist. Wegen der bestehenden Organschaft handelt es sich nach übereinstimmender Auffassung um eine vorweggenommene Gewinnabführung (vgl. R 61 Abs. 4 KStR). Da die Klägerin den Zinsvorteil aber wieder an die C s.r.o. weitergegeben hat, ist ein beteiligungsbedingter Aufwand in derselben Höhe anzusetzen, so dass sich Ertrag und Aufwand in gleicher Höhe gegenüberstehen. Hinsichtlich der Weitergabe des Vorteils liegt – da bei dem Verzicht auf entstandene Forderungen ein einlagefähiger Vermögensvorteil vorliegt, der seine Ursache im Gesellschaftsverhältnis hat – eine verdeckte Einlage vor.

36 Soweit der Verzicht auf zukünftige Darlehenszinsen bei dem Darlehen der Klägerin an die C s.r.o. betroffen ist, sind bei der Klägerin dem Einkommen Darlehenszinsen in Höhe von 6,3 % p.a. (€ für 2003 und € für 2004) nach § 1 AStG hinzuzurechnen, da mangels einlagefähigen Wirtschaftsguts eine verdeckte Einlage nicht anzunehmen ist.

Eine Kürzung des Gewerbeertrages nach § 9 Nr. 3 GewStG entsprechend dem BFH-Urteil vom 11. März 2015 (I R 10/14) hat nicht zu erfolgen.

37 Eine verdeckte Einlage liegt bei dem Verzicht auf Zinsen nach dem 18. September 2003 nicht mehr vor, da der **Verzicht auf zukünftig entstehende Zinsen kein einlagefähiges Wirtschaftsgut** darstellt (BFH-Beschluss vom 26. Oktober 1987 GrS 2/86, BStBl. II 1988, S. 348).

38 Eine Erhöhung der Einkünfte der Klägerin hat aber nach **§ 1 Abs. 1 AStG** zu erfolgen. Die Vorschrift in der in den Streitjahren 2003 und 2004 geltenden Fassung bestimmt für den Fall, dass Einkünfte eines Steuerpflichtigen aus Geschäftsbeziehungen mit einer ihm nahestehenden Person dadurch gemindert werden, dass er im Rahmen solcher Geschäftsbeziehungen zum Ausland Bedingungen vereinbart, die von denen abweichen, die voneinander unabhängige Dritte unter gleichen oder ähnlichen Verhältnissen vereinbart hätten, dass die Einkünfte des Steuerpflichtigen unbeschadet anderer Vorschriften so anzusetzen sind, wie sie unter den zwischen unabhängigen Dritten vereinbarten Bedingungen angefallen wären. Die Voraussetzungen dieser Vorschrift sind im Streitfall erfüllt. Über die Höhe der Hinzurechnung besteht zwischen den Beteiligten kein Streit.

39 Unstreitig ist zwischen den Beteiligten, dass der ursprünglich vereinbarte Zinssatz von 6,3 % p.a. der unter unabhängigen Dritten unter gleichen Bedingungen vereinbarte Zinssatz gewesen wäre und damit dieser Zinssatz auch bei einer Korrektur nach § 1 AStG anzusetzen wäre. Ebenfalls nicht in Streit steht, dass die Klägerin und die C s.r.o. nach § 1 Abs. 2 Nr. 1 3. Alternative AStG nahestehende Personen sind, da die Klägerin zu 100 % an der C s.r.o. beteiligt war.

40 Es liegt zwischen der Klägerin und der C s.r.o. auch eine "Geschäftsbeziehung" iSd. § 1 Abs. 4 AStG vor.

41 Maßgebend ist für die Beurteilung des Streitfalles die ab Veranlagungszeitraum 2003 (§ 21 Abs. 11 Satz 1 idF des Gesetzes zum Abbau von Steuervergünstigungen und Ausnahmeregelungen vom 16. Mai 2003, BStBl. I 2003, S. 321) geltende Fassung des § 1 Abs. 4 AStG. Nach dieser Vorschrift ist eine Geschäftsbeziehung im Sinne der Absätze 1 und 2 jede den Einkünften zugrunde liegende schuldrechtliche Beziehung, die keine gesellschaftsvertragliche Vereinbarung ist und entweder beim Steuerpflichtigen oder bei der nahestehenden Person Teil einer Tätigkeit ist, auf die die §§ 13, 15, 18 oder § 21 des Einkommensteuergesetzes anzuwenden sind oder im Fall eines ausländischen Nahestehenden anzuwenden wären, wenn die Tätigkeit im Inland vorgenommen würde. Eine schuldrechtliche Beziehung zwischen der Klägerin und der C s.r.o. lag im Streitfall mit dem Abschluss der Darlehensverträge vor. Es kommt nach dieser in den Streitjahren geltenden Fassung des Gesetzes nicht darauf an, ob die Darlehen mit der Zuführung von Eigenkapital gleichzusetzen ist.

42 Die zu § 1 Abs. 4 AStG in der bis 2002 geltenden Fassung ergangene Rechtsprechung ist auf den Streitfall nicht mehr anzuwenden. Nach § 1 Abs. 4 AStG aF lag eine Geschäftsbeziehung im Sinne der Absätze 1 und 2 vor, wenn die den Einkünften zugrunde liegende Beziehung entweder beim Steuerpflichtigen oder bei der nahestehenden Person Teil einer Tätigkeit ist, auf die die §§ 13, 15, 18 oder § 21 des Einkommensteuergesetzes anzuwenden sind oder wären, wenn die Tätigkeit im Inland vorgenommen würde.

43 Die Rechtsprechung zu § 1 AStG in der bis 2002 geltenden Fassung hatte angenommen, dass eine Geschäftsbeziehung iSd. § 1 Abs. 4 AStG nicht vorliege, wenn eine Muttergesellschaft eine Leistung an ihre Tochtergesellschaft erbringe, die durch das Gesellschaftsverhältnis veranlasst sei (BFH-Urteil vom 29. November 2000 (I R 85/99, BStBl. 2002, S. 720). Die Gewährung eines unverzinslichen Gesellschafterdarlehens sei nicht Gegenstand einer Geschäftsbeziehung im Sinne des § 1 Abs. 4 AStG, wenn sie entweder nach den Vorschriften des für die Darlehensnehmerin maßgeblichen Gesellschaftsrechts als Zuführung von Eigenkapital anzusehen ist oder wenn sie der Zuführung von Eigenkapital in einer Weise nahesteht, die eine steuerliche Gleichbehandlung mit jener gebietet. Dies sei insbesondere dann der Fall, wenn die Darlehensgewährung eine unzureichende Eigenkapitalausstattung der Kapitalgesellschaft ausgleiche und eine notwendige Bedingung dafür sei, dass diese Gesellschaft die ihr zugedachte wirtschaftliche Funktion erfüllen könne. Seien diese Voraussetzungen erfüllt, so sei für eine Anwendung des § 1 AStG kein Raum (vgl. m.w.N. BFH-Urteil vom 23. Juni 2010 I R 37/09 unter Hinweis auf die BFH-Urteile I R 97/88, I R 28/07, I R 26/08; ebenso der von der Klägerin zur Begründung ihrer Auffassung herangezogene BFH-Beschluss vom 29. April 2009 I R 88/08).

44 Nach der Gesetzesbegründung zu der ab 2003 geltenden Fassung (BT-Drucks 15/119 vom 2. Dezember 2002, zitiert nach Flick/Wassermeyer/Baumhoff/Schönfeld, Anhang zu § 1 AStG G 10) soll die Änderung des § 1 Abs. 4 AStG klarstellen, dass eine nach den Grundsätzen des Fremdvergleichs zu würdigende Geschäftsbeziehung zwischen dem Steuerpflichtigen und einen ihm Nahestehenden immer anzunehmen ist, wenn es sich um eine auf schuldrechtlichen Vereinbarungen beruhende Beziehung handelt. Für das Bestehen einer Geschäftsbeziehung als solcher habe es keine Bedeutung, ob sie betrieblich oder gesellschaftsrechtlich veranlasst sei und ob und inwieweit ihr also betriebliche oder gesellschaftliche Interessen zugrunde lägen. Deshalb gehörten, so die Gesetzesbegründung, zinslose oder zinsgünstige Darlehen einer inländischen Kapitalgesellschaft an ihre ausländische Tochtergesellschaft zu den "Geschäftsbeziehungen" unabhängig davon, ob sie fehlendes Eigenkapital der Tochtergesellschaft ersetzen oder die wirtschaftliche Betätigung dieser Gesellschaft stärken sollen.

45 Die Annahme einer "Geschäftsbeziehung" scheitert nach der Rechtsprechung des Bundesfinanzhofs auch nicht daran, dass die Gewährung eines Darlehens für den Darlehensgeber zu Einkünften nach § 20 EStG führt, die in § 1 Abs. 4 AStG nicht genannt sind. Das Gesetz lässt es für die Annahme einer Geschäftsbeziehung genügen, dass der Vorgang aus der Sicht der dem Steuerpflichtigen nahestehenden Person einer der in § 1 Abs. 4 AStG genannten Einkunftsarten unterfällt; es reicht deshalb

aus, wenn der inländische Steuerpflichtige der ihm nahestehenden Person ein Darlehen gewährt, das diese ihrerseits zur Erzielung von Einkünften im Sinne des § 1 Abs. 4 AStG verwendet (vgl. m.w.N. BFH-Urteil vom 23. Juni 2010 I R 37/09, BStBl. II 2010, S. 895). Nach Angaben der Klägerin wurde das Darlehen in Tschechien zur Finanzierung des dortigen Gewerbebetriebes verwendet.

46 § 1 AStG ist nach Auffassung des Senates auch **nicht unionrechtswidrig**. Die vom Finanzamt aufgeworfene Frage, ob ein eventueller Verstoß gegen EU-Recht zumindest bis zum Beitritt von Tschechien hinzunehmen wäre, weil lediglich ein Assoziierungsabkommen (Amtsblatt der EU Nr. L 360 vom 31. Dezember 1994, S. 2 ff.) bestand, stellt sich damit für den Senat nicht.

47 Nach der Rechtsprechung des Bundesfinanzhofs, der sich der Senat anschließt, war § 1 AStG a.F. **nicht unionsrechtswidrig** (vgl. BFH-Urteil vom 25. Juni 2014 I R 88/12, BFH/NV 2015, S. 57 unter Hinweis auf das EuGH-Urteil vom 21. Januar 2010 C-311/08 "SGI"), denn die belastende Wirkung der Rechtsnorm beschränkte sich im Streitfall darauf, dem Umstand einer unentgeltlichen Darlehensgewährung der Muttergesellschaft an die Tochtergesellschaft durch Ansatz eines fremdvergleichsgerechten Leistungsentgelts Rechnung zu tragen. Dem EuGH-Urteil C-311/08 "SGI" sei zu entnehmen, dass eine solche Regelung mit der Niederlassungsfreiheit zu vereinbaren sein könne, da sie zur Wahrung einer ausgewogenen Besteuerungsbefugnis zwischen den Mitgliedsstaaten und wegen der Notwendigkeit der Verhinderung einer Steuerumgehung gerechtfertigt sein könne. Sie sei aber nur dann verhältnismäßig, wenn die Regelung eine Prüfung objektiver und nachprüfbarer Umstände vorsehe, damit festgestellt werden könne, ob ein geschäftlicher Vorgang eine rein künstliche Konstruktion zu steuerlichen Zwecken darstelle. Es müsse dem Steuerpflichtigen die Möglichkeit eingeräumt werden, Beweise zu etwaigen wirtschaftlichen Gründen für den Abschluss dieses Geschäfts beizubringen. Der BFH hat im Urteil vom 25. Juni 2014 (I R 88/12, aaO) festgestellt, die Korrektur einer unentgeltlichen Darlehensgewährung auf der Grundlage des allgemeinen Fremdvergleichs, der zwar den Einfluss der wirtschaftlichen Verflechtung zwischen den Geschäftspartnern auf die Preisbildung ausschließe, aber sachbezogene wirtschaftliche Gründe der Parteien zulasse, sei als Maßnahme zur Wahrung einer ausgewogenen Aufteilung der Besteuerungsrechte geeignet und jedenfalls nicht unverhältnismäßig.

48 Diese Wertung ist nach Auffassung des Senates uneingeschränkt auf die in den Streitjahren 2003/2004 geltende Fassung des § 1 AStG übertragbar, da sich hinsichtlich der Möglichkeit der Geltendmachung wirtschaftlicher Gründe für das Geschäft durch die Gesetzesänderung mit Wirkung ab 2003 nichts geändert hat.

50 Auch soweit die Klägerin für die Gewerbesteuer geltend macht, dass dann eine Kürzung des Gewerbeertrages entsprechend dem BFH-Urteil I R 10/14, BStBl. II 2015, S. 1049 in Höhe der Zurechnung des § 1 AStG zu erfolgen habe, vermag der Senat dem nicht zu folgen.

51 In dem genannten Urteil hat der Bundesfinanzhof entschieden, dass es sich bei dem Hinzurechnungsbetrag nach § 10 Abs. 1 Satz 1 AStG um einen Teil des Gewerbeertrages eines inländischen Unternehmens handelt, der auf eine nicht im Inland belege-

ne Betriebsstätte entfällt, so dass nach § 9 Nr. 3 Satz 1 GewStG eine Kürzung des Gewerbeertrages in Höhe des ausländischen Betriebsstättengewinns zu erfolgen habe. Unerheblich sei, dass es sich nicht um die Betriebsstätte des Steuerpflichtigen handele. Im Streitfall geht es indes nicht um eine Hinzurechnung des Gewinns einer ausländischen Zwischengesellschaft nach §§ 7 ff. AStG wie in dem vom BFH entschiedenen Streitfall, sondern um eine Gewinnerhöhung bei der inländischen Gesellschaft nach § 1 AStG, die im Inland angefallen ist.

52 Die Klage ist auch unbegründet, soweit das Finanzamt das Einkommen der Klägerin nach § 1 AStG erhöht hat (€ für 2003 und € für 2004), weil die A GmbH gegenüber der C s.r.o. auf die ab dem 18. September 2003 zu zahlenden Zinsen verzichtet hat.

53 Unstreitig sind die Klägerin und die C s.r.o. nahestehende Personen (vgl. § 1 Abs. 2 Nr. 1 AStG), ebenso wie die A GmbH und die C s.r.o. im Verhältnis zueinander (vgl. § 1 Abs. 2 Nr. 2 AStG).

54 Der Darlehensvertrag besteht im Streitfall zivilrechtlich zwischen der A GmbH und der C s.r.o. Es kann aber offenbleiben, ob im Verhältnis zwischen der A GmbH und der C s.r.o. § 1 AStG zur Anwendung käme (ablehnend hierzu Wassermeyer in Flick/Wassermeyer/Baumhoff/Schönfeld, Außensteuerrecht, § 1 Rz. 419; dort Beispiel 2, keine Einkünfteminderung iSd. § 1 AStG wegen Annahme einer verdeckten Gewinnausschüttung auf der Ebene der darlehensgewährenden Tochtergesellschaft).

FG Rheinland-Pfalz, Beschl. v. 28.6.2016 – 1 K 1472/13, IStR 2016, 675:

Dem EuGH wird die Rechtsfrage zur Vorabentscheidung vorgelegt, [***ob § 1 AStG mit den Artikeln 49 u. 54 AEUV vereinbar ist**, weil er einem*] gebietsansässigen Steuerpflichtigen nicht die Möglichkeit des Nachweises einräumt, dass [*fremdunübliche Geschäftsbedingungen*] aus **wirtschaftlichen Gründen**, die sich aus seiner Stellung als Gesellschafter der in dem anderen Mitgliedstaat ansässigen Gesellschaft ergeben, vereinbart wurden.

2 Die Klägerin ist eine in Deutschland ansässige AG. Gegenstand ihres Unternehmens ist das Betreiben von [*Verkaufsläden*] im In- und Ausland.

3 Die Klägerin hielt im Streitjahr 2003 Beteiligungen an mehreren Gesellschaften im EU-Ausland sowie in Drittstaaten, für die sie gegenüber Gläubigern bzw. Banken jeweils **Garantie- und Patronatserklärungen abgegeben hatte, ohne hierfür ein Entgelt zu verlangen**. … Hintergrund dessen war, dass die ausländischen Konzerngesellschaften ein negatives Eigenkapital hatten und für die Fortführung ihres Geschäftsbetriebs sowie für [*eine beabsichtigte Investition*] auf Bankkredite i.H.v. … angewiesen waren. Die finanzierende Bank hatte die Gewährung der Kredite von der Gestellung von Patronatserklärungen abhängig gemacht.

5 [*Das FA*] ging davon aus, dass aufgrund der … abgegebenen Garantie- u. Patronatserklärungen Geschäftsbeziehungen im Sinne von § 1 AStG begründet worden und die Einkünfte der Klägerin deshalb um (fiktive) Haftungsvergütungen zu erhöhen seien, da voneinander unabhängige Dritte solche Haftungsvergütungen vereinbart hätten. … Die von der Klägerin gegen die daraufhin erlassenen Bescheide für 2003

über KöSt und Gewerbesteuermessbetrag eingelegten Einsprüche wies das FA als unbegründet zurück.

6 Im Rahmen des Klageverfahrens macht die Klägerin geltend, die vom FA vorgenommene Erhöhung ihrer steuerpflichtigen Einkünfte um (fiktive) Haftungsvergütungen sei wegen Verstoßes gegen das Gemeinschaftsrecht unzulässig. § 1 AStG führe zu einer Ungleichbehandlung von in- und ausländischem Sachverhalt, weil im reinen Inlandssachverhalt eine fiktive Erhöhung des Einkommens nicht erfolge, wohingegen die Gewährung von Garantien an ausländische Tochtergesellschaften „bestraft" werde. Soweit die Finanzverwaltung die Europarechtswidrigkeit des § 1 AStG verneine, sei diese Auffassung durch die Entscheidung des EuGH in der Rechtssache „SGI" (Urteil vom 21.1.2010, C-311/08, Slg. 2010, I-487) entkräftet worden. Die Beschränkung der Niederlassungsfreiheit durch eine Gewinnkorrekturvorschrift für Vorteilsgewährungen gegenüber verbundenen Unternehmen im Ausland sei hiernach nur verhältnismäßig, soweit dem Steuerpflichtigen die Möglichkeit eingeräumt werde, wirtschaftliche Gründe für eventuell nicht dem Fremdvergleichsgrundsatz entsprechende Geschäfte beizubringen, und zwar ohne ihn übermäßigen Verwaltungszwängen zu unterwerfen. § 1 AStG sehe keine ausdrückliche Regelung zur Möglichkeit der Darlegung von wirtschaftlichen Gründen zur Erklärung der fremdunüblichen Transaktion vor und verstoße von daher gegen den Verhältnismäßigkeitsgrundsatz. Steuerliche Gründe für die unentgeltliche Stellung der streitgegenständlichen Patronatserklärungen lägen nicht vor. Vielmehr handele es sich um eigenkapitalersetzende Stützungsmaßnahmen. Eine Hinzurechnung von Haftungsvergütungen dürfe somit unter europarechtlichen Aspekten nicht erfolgen, da wirtschaftliche Gründe für die Unentgeltlichkeit der Kreditbesicherung gegeben seien.

17 Nach der ständigen Rechtsprechung des EuGH ist für die Feststellung, ob eine nationale Regelung in den Geltungsbereich der **Niederlassungsfreiheit** oder des freien **Kapitalverkehrs** (Art. 63 AEUV bzw. Art. 56 AEUV) fällt, auf den Gegenstand der betreffenden Regelung abzustellen. So fällt eine nationale Regelung, die nur auf Beteiligungen anwendbar ist, die es ermöglichen, einen sicheren Einfluss auf die Entscheidungen einer Gesellschaft auszuüben und deren Tätigkeiten zu bestimmen, in den Anwendungsbereich der Niederlassungsfreiheit, während nationale Bestimmungen über Beteiligungen, die in der alleinigen Absicht der Geldanlage erfolgen, ohne dass auf die Verwaltung und Kontrolle des Unternehmens Einfluss genommen werden soll, ausschließlich im Hinblick auf den freien Kapitalverkehr zu prüfen sind (vgl. EuGH, Urt. v. 10.6.2015, X, C-686/13, E-CLI:EU:C:2015:375, Rz 16 ff., m.w.N.). … Die Korrektur von Einkünften nach § 1 Abs. 1 AStG 2003 fällt mithin in den Geltungsbereich der Niederlassungsfreiheit gemäß Art. 49, 54 AEUV (Art. 43, 48 EGV).

30 Der BFH hat in einem Urteil vom 25.6.2014 zur Gewährung eines zinslosen Darlehens durch eine deutsche Kapitalgesellschaft an eine Kapitalgesellschaft belgischen Rechts zudem ausgeführt, eine Korrektur einer unentgeltlichen Darlehensgewährung auf der Grundlage des allgemeinen **Fremdvergleichs, der zwar den Einfluss der**

wirtschaftlichen Verflechtung zwischen den Geschäftspartnern auf die Preisbildung ausschließe, nicht aber sachbezogene wirtschaftliche Gründe der Parteien (z.B. eine unentgeltliche Darlehensgewährung im Interesse des Darlehensgebers), sei als Maßnahme zur Wahrung einer ausgewogenen Aufteilung der Besteuerungsrechte geeignet und jedenfalls nicht unverhältnismäßig. Für diese Frage bestehe keine weitergehender Klärungsbedarf durch eine Vorlage an den EuGH auf der Grundlage des Art. 267 AEUV (vgl. BFH, Urt. v. 25.6.2014, I R 88/12, BFH/NV 2015, 57).

31c Der wohl überwiegende Teil des Schrifttums geht hingegen davon aus, dass § 1 Abs. 1 AStG 2003 zumindest teilweise über das hinausgeht, was zur Erreichung der Ausgewogenheit der Aufteilung der Besteuerungsbefugnis zwischen den Mitgliedstaaten und zur Verhinderung von Steuerumgehungen erforderlich ist … . **Auch der vorlegende Senat hält für fraglich, ob die durch § 1 Abs. 1 AStG 2003 bewirkte Beschränkung der Niederlassungsfreiheit gemeinschaftsrechtlich vollumfänglich gerechtfertigt ist.**

32 Die Zweifel an der Gemeinschaftsrechtkonformität der Vorschrift ergeben sich daraus, dass der Stpfl. zwar im Rahmen der Fremdvergleichsprüfung nach § 1 Abs. 1 AStG 2003 die Möglichkeit hat, Gründe dafür vorzulegen und nachzuweisen, dass die mit der ausländischen Gesellschaft vereinbarten Bedingungen den Bedingungen entsprechen, die auch voneinander unabhängige Dritte unter gleichen oder ähnlichen Verhältnissen vereinbart hätten. So kann er z.B. geltend machen, dass **auch ein unabhängiger Dritter für die Lieferung von Waren einen unter dem Marktpreis liegenden Preis verlangt hätte, um den eigenen Absatz im Zielmarkt zu fördern** (vgl. Glahe, IStR 2015, 97, 98).

33 § 1 Abs. 1 AStG 2003 sieht jedoch keine Möglichkeit vor, **wirtschaftliche Gründe** für den Abschluss eines Geschäfts zu **nicht fremdüblichen Bedingungen** nachzuweisen, die in der **gesellschaftsrechtlichen** Verbundenheit der beteiligten Personen liegen. Die Überlegung, dass sich wirtschaftliche Gründe im Sinne des EuGH-Urteils in der Rechtssache „SGI" gerade aus der Beteiligung des Stpfl. an der ausländischen Gesellschaft ergeben könnten, erscheint insbesondere in solchen Fällen naheliegend, in denen der Gesellschaft Fremdkapital zugeführt wird. Denn der durch § 1 Abs. 1 AStG 2003 vorgesehene Vergleich der zwischen gesellschaftsrechtlich verbundenen Personen vereinbarten Bedingungen mit denjenigen Bedingungen, die voneinander unabhängige Dritte unter gleichen oder ähnlichen Verhältnissen vereinbart hätten, lässt zum einen unberücksichtigt, dass der Gesellschafter ein wirtschaftliches Eigeninteresse am geschäftlichen Erfolg „seiner" Gesellschaft hat, weil er an diesem geschäftlichen Erfolg über Gewinnausschüttungen partizipiert. In der Literatur wird deshalb darauf hingewiesen, dass z.B. die **Gewährung eines zinslosen Darlehens an eine Tochtergesellschaft, die sich in einer wirtschaftlichen Notlage befinde, beachtliche wirtschaftliche Gründe haben könne** (vgl. *Scheipers/Linn*, IStR 2010, 469, 473; *Glahe*, IStR 2010, 870, 875; ähnlich bereits Generalanwalt Geelhoed, Schlussanträge v. 29.6.2006, Thin Cap, C-524/04, Slg 2007, I-2107-2212, Rz 67, 1. Spiegelstrich).

34 Zum anderen könnte für die Beurteilung der Frage, ob ein geschäftlicher Vorgang eine rein künstliche Konstruktion zu steuerlichen Zwecken darstellt, die sog. **Finanzierungsverantwortung der Gesellschafter** zu berücksichtigen sein. Die Gesellschafter tragen die Verantwortung dafür, dass die Gesellschaft über eine ausreichende, den betrieblichen Erfordernissen entsprechende Kapitalausstattung verfügt. Erweist sich die **Kapitalausstattung als unzureichend, haben sie die Wahl, die Gesellschaft mit zusätzlichem Eigenkapital** auszustatten (z.B. über eine Kapitalerhöhung) **oder ihr Fremdkapital zuzuführen**, indem sie der Gesellschaft entweder selbst ein Darlehen gewähren **oder durch die Stellung von Sicherheiten eine Finanzierung durch Dritte ermöglichen**. Die Situation des Gesellschafters, der einer mit ihm verbundenen Gesellschaft Fremdkapital zuführt, ist folglich mit der Situation eines mit der Gesellschaft nicht verbundenen Darlehensgläubigers nur eingeschränkt vergleichbar. **Denn der Gesellschafter handelt bei der Zuführung von Fremdkapital an die nur unzureichend mit Eigenkapital ausgestattete Gesellschaft im Zweifel nicht im Rahmen eines Leistungsaustauschs, sondern aus Gründen im Gesellschaftsverhältnis.**

35 Wirtschaftliche Gründe für die Vereinbarung nicht fremdüblicher Bedingungen bei der Überlassung von Kapital durch einen Gesellschafter könnten dementsprechend z.B. auch dann vorliegen, wenn die Tochtergesellschaft für die Erweiterung ihres Geschäftsbetriebs auf die Zuführung von Kapital angewiesen ist, weil sie über kein ausreichendes Eigenkapital verfügt. Entscheidet sich der Gesellschafter in einer solchen Situation dafür, der Gesellschaft statt Eigenkapital Fremdkapital zuzuführen und hierfür kein Entgelt zu verlangen, erscheint fraglich, ob hierin eine rein künstliche Konstruktion zu steuerlichen Zwecken gesehen werden kann, zumal auch für die Zuführung von Eigenkapital kein Entgelt zu zahlen wäre.

36 Die vorstehenden Überlegungen gelten in besonderem Maße für – wie im Streitfall – Patronatserklärungen innerhalb eines Konzerns. **Patronatserklärungen** haben für den Gesellschafter im Vergleich zur Zuführung von Eigen- oder Fremdkapital den Vorteil, dass er sich auf die Übernahme der Verpflichtung gegenüber dem Kreditinstitut beschränken kann, die Gesellschaft finanziell so auszustatten, dass sie ihre Verpflichtungen aus dem Kreditverhältnis erfüllen kann. Die Liquidität des Gesellschafters bleibt demnach uneingeschränkt erhalten, solange die Gesellschaft die Kreditverpflichtungen bedienen kann. Zudem verpflichtet sich der Gesellschafter mit der Abgabe einer Patronatserklärung nicht zur finanziellen Ausstattung der Gesellschaft in einer bestimmten Weise. Vielmehr belässt ihm die Ausstattungsverpflichtung die Wahl, der Gesellschaft erforderlichenfalls Eigenkapital zuzuführen oder Fremdkapital zu gewähren. **Im Übrigen würde er das mit der Abgabe der Patronatserklärung übernommene Haftungsrisiko auch dann tragen, wenn er der Gesellschaft sogleich Eigenkapital zuführen würde**. Aus Sicht der Gesellschaft ist ferner zu berücksichtigen, dass sie bereits an die finanzierende Bank Kreditzinsen zahlen muss und durch die Zahlung eines Entgelts für die Abgabe der Patronatserklärung zusätzlich wirtschaftlich belastet würde.

37 Der vorlegende Senat hält deshalb für klärungsbedürftig, ob eine Rechtsvorschrift wie § 1 Abs. 1 i.V.m. Abs. 2 Nr. 1 3. Alt. AStG 2003 den gemeinschaftsrechtlichen Anforderungen an die Möglichkeit des Nachweises von wirtschaftlichen Gründen für das Abweichen einer zwischen gesellschaftsrechtlich verbundenen Personen begründeten Geschäftsbeziehung vom Fremdüblichen vollumfänglich genügt.

BFH, Urt. v. 17.1.2018 – I R 74/15, BFH/NV 2018 S. 836

1 Alleinige Gesellschafterin der Klägerin … war im Streitjahr (2009) die P-GmbH, deren Anteile wiederum von der A-AG [*Obergesellschaft*] gehalten wurden. Die Klägerin war mit der P-GmbH ab dem Wirtschaftsjahr 1. Oktober 2007 bis 30. September 2008 über einen Ergebnisabführungsvertrag organschaftlich verbunden. Am ... meldeten die A-AG und die P-GmbH Insolvenz an. Infolgedessen kündigte die Klägerin den Ergebnisabführungsvertrag mit der P-GmbH mit Wirkung zum ... 2009. Noch im Streitjahr wurde über die Vermögen der A-AG und der P-GmbH das Insolvenzverfahren eröffnet.

2 Die Klägerin hatte seit August 2007 am (konzerninternen) Cash-Pooling der A-AG teilgenommen. Schriftliche Vereinbarungen hierzu wurden zwischen der Klägerin und der A-AG nicht getroffen. Nach den Feststellungen des Finanzgerichts (FG) München sollten die Cash-Pool-Guthaben **in Höhe von ... bis ... %** verzinst werden. Die Zinssätze orientierten sich an den Refinanzierungszinsen der A-AG in Höhe von ... bis ... %. **Sicherheiten** für Forderungen der Klägerin aus dem Cash-Pool wurden nicht vereinbart. Für die Klägerin ergaben sich während der Teilnahme am Cash-Pool keine Darlehensverpflichtungen. …

3 Nachdem die Konsolidierungsbemühungen der A-AG gescheitert waren, **schrieb** die Klägerin die **Forderungen** sowie eine nicht gesondert ausgewiesene Zinsforderung zum 30. September 2009 in vollem Umfang (... EUR) ab … .

4 Der Beklagte (das Finanzamt) erkannte im Körperschaftsteuerbescheid für das Streitjahr die Teilwertabschreibung der Forderungen aus dem Cash-Pool unter Hinweis auf das Abzugsverbot nach **§ 8b Abs. 3** Satz 4 und 5 des Körperschaftsteuergesetzes 2002 i.d.F. des Jahressteuergesetzes 2008 vom 20. Dezember 2007 (BStBl I 2008, 218) - KStG 2002 n.F. - nicht an und rechnete die Gewinnminderung aus der Teilwertabschreibung dem Einkommen der Klägerin wieder hinzu.

5 Einspruch und Klage blieben ohne Erfolg. Das FG München (Urteil vom 7. Juli 2014 7 K 2688/11) war zwar der Auffassung, dass § 8b Abs. 3 Satz 5 KStG 2002 n.F. nicht einschlägig sei, weil weder die Klägerin als Darlehensgeberin noch die P-GmbH als dieser nahe stehenden Person an der A-AG als Darlehensnehmerin beteiligt seien, ging aber im Weiteren aufgrund der fehlenden Besicherung der Darlehen von einer verdeckten Gewinnausschüttung [*der Klägerin*] an die … A-AG aus.

11 Die Klage ist abzuweisen.

12 Dem FG ist darin beizupflichten, dass die Klägerin der A-AG nach der konzerninternen **Cash-Pooling**-Abrede Liquidität in Form von *(Geld-)Darlehen* zur Verfügung gestellt hat (vgl. Urteil des BGH v. 16.1.2006 - II ZR 76/04, BGHZ 166, 8; Senatsbeschluss v. 10.12.2001 - I B 43, 44/01, BFH/NV 2002, 536; BFH-Urteil v. 29.3.2007 - IX R 10/06, BStBl II 2007, 645). … . Ob *[§ 8b KStG anwendbar ist]*,

bedarf im Streitfall keiner Entscheidung, da die mit der Teilwertabschreibung verbundene Gewinnminderung - wie von der Vorinstanz im Ergebnis zutreffend entschieden - jedenfalls durch den außerbilanziellen Ansatz einer vGA zu neutralisieren ist (§ 8 Abs. 3 Satz 2 KStG).

15 Ist der begünstigte Gesellschafter ein beherrschender, so kann eine vGA … anzunehmen sein, wenn die Kapitalgesellschaft eine Leistung an ihn oder an eine ihm nahe stehende Person erbringt, für die es an einer klaren, im Voraus getroffenen, zivilrechtlich wirksamen und tatsächlich durchgeführten Vereinbarung fehlt - sog. **formeller Fremdvergleich** - (ständige Rechtsprechung, vgl. z.B. Senatsurteile v. 17.12.1997 - I R 70/97, BStBl II 1998, 545; v. 27.3.2001 - I R 27/99, BStBl II 2002, 111, jeweils m.w.N.). Zu berücksichtigen ist hierbei allerdings, dass das Fehlen von Nebenabreden nicht zwangsläufig mit der Annahme einer vGA und damit einer durch das Gesellschaftsverhältnis veranlassten Zuwendung einhergeht. Vielmehr bedarf es in einem solchen Fall der **Gesamtwürdigung der Abrede und ihrer tatsächlichen Handhabung**; auch können die Vorschriften des Bürgerlichen Gesetzbuchs ergänzend heranzuziehen sein (Senatsurteile vom 28.10.1987 - I R 110/83, BStBl II 1988, 301; v. 29.4.1992 - I R 21/90, BStBl II 1992, 851; s.a. Senatsbeschluss vom 13.3.1997 - I B 124/96, BFH/NV 1997, 712).

16 Der Senat stimmt dem FG zwar darin zu, dass das der A-AG eingeräumte Cash-Pool-Darlehen i.V.m. der Teilwertabschreibung zu einer vGA geführt hat. Insoweit ist weder die Vermögensminderung noch die Stellung der A-AG (Konzernmutter) als eine der Gesellschafterin der Klägerin (P-GmbH) nahe stehende Person im Streit. Soweit die Vorinstanz das Vorliegen einer vGA jedoch in materieller Hinsicht aus dem Umstand der fehlenden Besicherung dieses Darlehens abgeleitet hat, ist hierauf im Streitfall nicht einzugehen. Vielmehr ergibt sich der Anfall einer vGA vorliegend bereits daraus, dass die **Darlehensabrede nicht den Anforderungen des formellen Fremdvergleichs** entspricht.

17 Hiernach muss eine im Hinblick auf die Vergütung des beherrschenden Gesellschafters getroffene Vereinbarung zwischen der Gesellschaft und dem Gesellschafter dem Grunde und der Höhe nach **klar und eindeutig** sein. Dies gilt insbesondere im Hinblick auf die **Bemessungsgrundlage (Prozentsätze, Zuschläge, Höchst- und Mindestbeträge) der Vergütungsansprüche des Gesellschafters** (Senatsurteile vom 27.2.1985 - I R 187/81, BFH/NV 1986, 430, m.w.N.; vom 11.12.1985 - I R 164/82, BStBl II 1986, 469, unter I.2. der Gründe; vom 26.4.1989 - I R 96/85, BFH/NV 1990, 63).

18 Im Streitfall wird dem nach den bindenden Feststellungen des FG nicht genügt. Hiernach sollten die Cash-Pool-Darlehen mit Sätzen zwischen ... bis ... % verzinst werden. Diese sollten sich an den Refinanzierungskosten der A-AG in Höhe von ... bis ... % orientieren. Der Senat vermag hierin - mangels weiterer konkretisierender Abreden - keine im Vorhinein gefasste klare und eindeutige Vereinbarung der Pflichten des jeweiligen Darlehensnehmers zu sehen. Letzteres erfordert nach ständiger Rechtsprechung, dass die **Berechnungsgrundlagen in der Weise vereinbart werden, dass allein durch Rechenvorgänge** die Höhe der Vergütung ermittelt werden

kann und es deshalb auch **keiner Ermessensausübung** durch die Geschäftsführung oder die Gesellschafterversammlung bedarf (Senatsurteile in BStBl II 1992, 851; in BStBl II 1998, 545; vom 1.4.2003 - I R 78/02, I R 79/02, BFH/NV 2004, 86, unter III.3. der Gründe, m.w.N.). Dem wird durch die Festlegung eines Mindest- und eines Höchstzinssatzes nicht entsprochen. Auch kann der Cash-Pool-Abrede kein Hinweis auf einen bestimmten Referenzzinssatz der A-AG entnommen werden; ebenso bleibt unklar, ob die Zinsvereinbarung an die Bonität der Darlehensschuldnerin gekoppelt war.

19 Auch wenn - wie erläutert - nicht jede vertragliche Regelungslücke die Annahme eines Verstoßes gegen den formellen Fremdvergleich trägt, ist im Streitfall jedenfalls - bei der gebotenen Gesamtwürdigung - aus der Unbestimmtheit der Zinsverpflichtung das Vorliegen einer Vorteilszuwendung abzuleiten, die ihre Veranlassung in der Beteiligung der P-GmbH an der Klägerin hat. Hierfür spricht nicht nur, dass die aufgezeigten Unsicherheiten bei der Bestimmung des tatsächlich geschuldeten Zinses im Zusammenhang mit der signifikanten Spreizung von Mindest- und Höchstzinssatz (annähernd 40 v.H.) zu würdigen ist. Hinzu kommt vor allem, dass die Zinsverpflichtung des Darlehensnehmers keine Nebenrede, sondern eine Hauptleistungsverpflichtung des Darlehensverhältnisses betrifft (§ 488 Abs. 1 Satz 2 BGB; Palandt/Weidenkaff, Bürgerliches Gesetzbuch, 77. Aufl., § 488 Rz 14; zur Unterscheidung zwischen Haupt- und Nebenpflichten s. Senatsurteil in BStBl II 1988, 301).

20 Nichts anderes lässt sich daraus ableiten, dass dem konzerninternen Cash-Pooling ein Dauerrechtsverhältnis zugrunde liegt, das nach dem Vortrag der Klägerin entsprechend der Praxis gehandhabt worden sei. Die Erwägung lässt außer Acht, dass allein die **tatsächliche Durchführung** des Cash-Management-Systems keinen Anlass gibt, im Hinblick auf die Vereinbarung der hierbei bestehenden Hauptleistungsverpflichtung **von den Anforderungen des formellen Fremdvergleichs abzurücken**.

BFH, Beschl. v. 12.9.2018 – I R 77/16, GmbHR 2019, 368

1 Die Klägerin und Revisionsklägerin (Klägerin), eine GmbH, betrieb bis zum Jahr 2005 ein Unternehmen für … . 50 v.H. der Anteile an der Klägerin hielt A, die weiteren 50 v.H. hielt sie treuhänderisch für B.

2 Im Streitjahr (1995) zahlte die Klägerin Beratungshonorare und Reisekosten an A in Höhe von insgesamt 249.957 DM und an B in Höhe von 9.120 DM. Dem lagen Beraterverträge vom 15. März 1991 bzw. vom 30. November 1991 zugrunde. Danach wurde für kaufmännische und betriebswirtschaftliche (A) bzw. technische Beratungen (B) ein Stundensatz von 96 DM vereinbart. Reisekosten sollten jeweils zusätzlich „in Rechnung gestellt werden". Die Abrechnung sollte monatlich durch Rechnungserstellung mit Stundennachweis erfolgen. Weitere Vereinbarungen enthielten die Verträge nicht. Außerdem konnte A einen betrieblichen PKW auch privat nutzen. Von den anfallenden Kosten wurden ihr 30 v.H. in Rechnung gestellt.

18 … die Prüfung [*muss sich nach der Rechtsprechung des Senats, z.B. BFH-Urt. v. 22.4.1971 – I R 114/70, BStBl II 1971, 600*] daran orientieren, ob ein ordentlicher und gewissenhafter Geschäftsleiter eine derartige Vereinbarung mit einem fremden Dritten **im Zeitpunkt des Vertragsabschlusses** getroffen hätte.

19 Im Streitfall ist dies zu verneinen … .

20 Dieser Beurteilung steht nicht entgegen, dass die von der Klägerin vereinbarten **Stundenhonorare** von 96 DM denjenigen entsprechen mögen, die im Streitjahr allgemein für Leistungen vergleichbar qualifizierter Berater gezahlt wurden und in diesem Sinne marktüblich waren. Die hiervon abweichende Sicht der Klägerin verkennt, dass im Rahmen des steuerrechtlich maßgeblichen Fremdvergleichs nicht nur auf einzelne Elemente der in Rede stehenden Vergütung abzustellen ist, sondern eine **Gesamtbetrachtung** vorzunehmen ist (vgl. z.B. Senatsbeschluss vom 5.3.2008 - I B 171/07, BFHE 220, 463).

23 Ausgehend von den oben wiedergegebenen Rechtsmaßstäben für einen Fremdvergleich hätte ein ordentlicher und gewissenhafter Geschäftsleiter angesichts der ebenso umfänglichen wie **unbestimmten Beschreibung der** von B **zu erbringenden Leistungen** eine Vereinbarung, bei der **weder das „Ob“ noch das „Wie bzw. Wann“ der vertraglichen Leistungserbringung** durch B seitens der Klägerin erkennbar war, nicht abgeschlossen. Darauf, ob die finanziellen Belastungen für die Klägerin im Falle des B „**überschaubar**“ gewesen sind, kommt es nicht an. Die Unbestimmtheit der von der Klägerin eingegangenen vertraglichen Verpflichtungen führt bereits dazu, dass die Beraterverträge mit B einem steuerrechtlichen Fremdvergleich nicht standhalten. …

24 Schließlich bleibt auch die Annahme des FG, in der teilweisen unentgeltlichen Überlassung des betrieblichen PKW an A sei eine vGA zu sehen, revisionsrechtlich unbeanstandet. Die Würdigung der Vorinstanz, ein ordentlicher und gewissenhafter Geschäftsleiter würde einem externen Berater keinen betrieblichen PKW zur Nutzung überlassen, wenn diesem vertraglich ohnehin die Möglichkeit eingeräumt worden sei, Reisekosten gesondert geltend zu machen und abzurechnen, ist möglich; sie verstößt weder gegen Denkgesetze noch Erfahrungssätze.

BFH, Urt. v. 27.2.2019 – I R 73/16, BStBl 2019 II S. 394:

3. Die fehlende Darlehensbesicherung gehört grundsätzlich zu den nicht fremdüblichen "Bedingungen" i.S. des § 1 Abs. 1 AStG. Gleiches gilt für Art. 9 Abs. 1 OECD-MustAbk (hier: Art. 9 DBA Belgien 1967) (Rn.21)(Rn.23)(Rn.24).

4. Art. 9 Abs. 1 OECD-MustAbk (hier: Art. 9 DBA-Belgien 1967) beschränkt den Korrekturbereich des § 1 Abs. 1 AStG nicht auf sog. Preisberichtigungen, sondern ermöglicht auch die Neutralisierung der gewinnmindernden Ausbuchung einer Darlehensforderung oder einer Teilwertabschreibung hierauf (entgegen Senatsurteile vom 24. Juni 2015 I R 29/14, BFHE 250, 386, BStBl II 2016, 258, und vom 17. Dezember 2014 I R 23/13, BFHE 248, 170, BStBl II 2016, 261) (Rn.27)(Rn.28).

5. Ob einer Korrektur nach § 1 Abs. 1 AStG der Verhältnismäßigkeitsgrundsatz des Unionsrechts entgegensteht, bestimmt sich nach einer Gesamtwürdigung der Umstände des jeweiligen Einzelfalls. Dabei sind das wirtschaftliche Eigeninteresse und die Finanzierungsverantwortung auf der einen Seite sowie die strukturelle Nähe zur Eigenkapitalausstattung und die Änderung des Vermögens- und Liquiditätsstatus des Darlehensgebers auf der anderen Seite zu berücksichtigen (Rn.32)(Rn.33).

21 Das Darlehensverhältnis zwischen der [*inländischen Konzernobergesellschaft*] A GmbH und der [*ausländischen Enkelgesellschaft*] B N.V. ist eine … Geschäftsbeziehung, zu deren Bedingungen die Nichtbesicherung der Ansprüche gehört (noch offen gelassen im Senatsurteil in BStBl II 2016, 261, Rz 15). Der Begriff der Bedingung ist zwar gesetzlich nicht definiert, im gewöhnlichen Geschäftsverkehr sind hierzu jedoch – neben Vereinbarungen über die Laufzeit, Art und Weise der Rückzahlung sowie Höhe und Zahlungszeitpunkt der Zinsen – üblicherweise auch Vereinbarungen über die zu stellenden Sicherheiten zu rechnen … .

22 Die Nichtbesicherung weicht … vom Fremdüblichen ab, weil ein fremder Gläubiger die Darlehensgewährung (hier Verrechnungskonto) von der Einräumung werthaltiger Sicherungsrechte abhängig gemacht hätte. Gegen die Annahme fehlender Fremdüblichkeit kann nicht eingewendet werden, dass die dem Schuldsaldo zugrunde liegende Abrede steuerrechtlich als Darlehen angesehen wird. Letzteres beruht … auf der Würdigung der Gesamtabrede, die trotz fehlender Fremdüblichkeit einzelner Indizien (hier: keine Besicherung) dazu führen kann, nicht von einer durch das Gesellschaftsverhältnis (Beteiligungsverhältnis) veranlassten Einlage, sondern einer darlehensweisen Kapitalausreichung auszugehen. Folge hiervon ist indes nicht, dass der Vertrag in seiner Gesamtheit dem entspräche, was einander Fremde vereinbaren würden. Vielmehr bleibt die Qualifikation der betroffenen und vom Marktüblichen (Banküblichen) abweichenden Vertragsteile als nicht fremdüblich erhalten.

Nichts anderes ergibt sich aus § 1 AStG. Im Gegenteil: auch diese Vorschrift unterscheidet nach ihrer Struktur (Tatbestand und Rechtsfolge) die "Geschäftsbeziehung" zum Ausland – hier das steuerrechtlich anzuerkennende Darlehen – von den einzelnen, nicht fremdüblichen "Bedingungen" mit der weiteren Folge, dass nur die hierdurch --d.h. die fehlende Fremdüblichkeit einzelner Bedingungen (hier: fehlende Besicherung)-- veranlassten Einkunftsminderungen dem Berichtigungsbefehl der Norm unterfallen.

23 Die Einkünfteminderung ist weiterhin i.S. von § 1 AStG durch ("dadurch") die fehlende Besicherung eingetreten … . Maßgeblich hierfür ist – im Sinne des Veranlassungsprinzips (dazu Senatsurteil vom 18.4.2018 - I R 37/16, BStBl II 2019, 73, Rz 23) – das die gewinnmindernde Forderungsausbuchung "auslösende Moment". Bei der hierfür gebotenen wertenden Betrachtung ist nicht auf die Zahlungsunfähigkeit der B N.V., sondern deshalb vorrangig auf den Sicherungsverzicht abzustellen, weil die A GmbH durch eben diesen Verzicht ihren Darlehensrückzahlungsanspruch an die wirtschaftliche Entwicklung ihrer Tochtergesellschaft geknüpft hat und eine solche "Vermischung der Vermögensrisiken" im Falle der Einräumung werthaltiger Sicherungsrechte nicht eingetreten wäre.

24 Die hierdurch bedingte Einkünftekorrektur gemäß § 1 Abs. 1 AStG wird nicht durch Art. 9 des Abkommens zwischen der Bundesrepublik Deutschland und dem Königreich Belgien zur Vermeidung der Doppelbesteuerungen … vom 11. April 1967 (BGBl II 1969, 18, BStBl I 1969, 39) ausgeschlossen (Aufgabe der bisherigen Senatsrechtsprechung).

25 Art. 9 DBA-Belgien 1967 sieht u.a. vor, dass dann, wenn ein Unternehmen eines Vertragsstaats unmittelbar oder mittelbar an der Geschäftsleitung, Kontrolle oder Fi-

nanzierung eines Unternehmens des anderen Vertragsstaats beteiligt ist und zwischen den beiden Unternehmen hinsichtlich ihrer kaufmännischen oder finanziellen Beziehungen Bedingungen vereinbart oder auferlegt werden, die von denen abweichen, die unabhängige Unternehmen miteinander vereinbaren würden, die Gewinne, die eines der Unternehmen ohne diese Bedingungen erzielt hätte, wegen dieser Bedingungen aber nicht erzielt hat, den Gewinnen dieses Unternehmens zugerechnet und besteuert werden dürfen.

26 Geht man bei der Ermittlung des Regelungsgehalts eines völkerrechtlichen Vertrags vom Wiener Übereinkommen über das Recht der Verträge vom 23. Mai 1969 --WÜRV-- (BGBl II 1985, 927) aus (Senatsurteil vom 11. Juli 2018 I R 44/16, BFHE 262, 354), so ist ein solches Abkommen nach Treu und Glauben in Übereinstimmung mit der gewöhnlichen, seinen Bestimmungen in ihrem Zusammenhang zukommenden Bedeutung und im Lichte seines Zieles und Zweckes auszulegen (Art. 31 Abs. 1 WÜRV).

27 Maßgeblich ist mithin der Wortlaut des Vertrags und die "gewöhnliche Bedeutung" der verwendeten Ausdrücke. Hiernach handelt es sich bei der fehlenden Besicherung um zwischen der A GmbH und der B N.V. "vereinbarte Bedingungen", die … vom Fremdüblichen abweichen. Der Senat hat zwar bisher das Merkmal der Bedingung im Falle der Darlehensgewährung allein auf den vereinbarten Zinssatz – i.S. einer Preiskorrektur – beschränkt (Senatsurteile in BFHE 250, 386, BStBl II 2016, 258, und in BFHE 248, 170, BStBl II 2016, 261). An dieser Rechtsprechung wird indes nicht festgehalten. Unberührt hiervon bleiben hingegen die Grundsätze des Senatsurteils vom 11. Oktober 2012 I R 75/11 (BFHE 239, 242, BStBl II 2013, 1046). Die in dieser Entscheidung zu beurteilende sog. **Sonderbedingung** in Form einer "klaren, im Voraus getroffenen, zivilrechtlich wirksamen und tatsächlich durchgeführten Vereinbarung", denen beherrschende Unternehmen im Rahmen der Einkommenskorrektur nach § 8 Abs. 3 Satz 2 KStG unterworfen sind (sog. formeller Fremdvergleich), ist unverändert nicht zu den Bedingungen i.S. des Art. 9 Abs. 1 des Musterabkommens der Organisation for Economic Cooperation and Development (OECD-Musterabkommen -- OECD-MustAbk --) zu rechnen.

28 Bestätigung findet dieses Verständnis im Zweck des Art. 9 DBA-Belgien 1967. Die Regelung zielt auf die Einkünfteabgrenzung bei grenzüberschreitenden Geschäftsbeziehungen am Maßstab des vom Territorialitäts- und Veranlassungsprinzip getragenen Fremdvergleichs (*Schwenke/Greil* in Wassermeyer MA Art. 9 Rz 2). Sie will zudem die gleichen Wettbewerbsbedingungen zwischen unabhängigen und verbundenen Unternehmen sicherstellen.

29 Aus dem Vorstehenden sowie dem prinzipiellen Einklang mit den Erläuterungen zu § 1 AStG ergibt sich weiterhin, dass der Senat einer abschließenden Entscheidung darüber enthoben ist, ob der Auslegung des Art. 9 DBA-Belgien 1967 die Grundsätze des WÜRV oder gemäß Art. 3 Abs. 2 DBA-Belgien 1967 (sog. lex-fori-Klausel) das Recht des Anwenderstaats zugrunde zu legen ist … .

30 Schließlich widerstreitet auch das Unionsrecht nicht einer Einkünftekorrektur nach § 1 AStG.

31 Nach der Rechtsprechung des Gerichtshofs der Europäischen Union … stellt eine Regelung wie diejenige des § 1 Abs. 1 AStG eine zur Wahrung der ausgewogenen Aufteilung der Besteuerungsbefugnis zwischen den Mitgliedstaaten gerechtfertigte Beschränkung der Niederlassungsfreiheit … dar (… EuGH-Urteil Hornbach-Baumarkt vom 31. Mai 2018 C-382/16, EU:C:2018:366, Höchstrichterliche Finanzrechtsprechung 2018, 580).

32 Soweit der EuGH mit der zuletzt genannten Entscheidung für die unentgeltliche Übernahme von Garantie- und Patronatszusagen im Rahmen seiner Erwägungen zur Verhältnismäßigkeit erkannt hat, dass das wirtschaftliche Eigeninteresse der Konzernobergesellschaft an ihren Beteiligungsgesellschaften sowie die gewisse Verantwortung als Gesellschafterin bei der Finanzierung dieser Gesellschaften Geschäftsabschlüsse unter nicht fremdüblichen Bedingungen rechtfertigen ("erklären") und damit einer Berichtigung nach § 1 AStG entgegenstehen können, kommt diese Einschränkung vorliegend nicht zum Tragen.

33 Auszugehen ist hierbei davon, dass die genannten wirtschaftlichen Gründe (hier: "gewisse" Finanzierungsverantwortung der A GmbH für B N.V.; Partizipation an deren Erfolg z.B. über Gewinnausschüttungen) nach dem EuGH-Urteil Hornbach-Baumarkt (EU:C:2018:366, HFR 2018, 580) nicht im Sinne eines Automatismus dazu führen, dass die Wahrung der territorialen Besteuerungsrechte der Mitgliedstaaten (durchgängig) verdrängt werden. Aus den Formulierungen des Urteils (vgl. dort Rz 54, 56 f: "können") ergibt sich vielmehr zweifelsfrei, dass das nationale Gericht Gründe dieser Art zu berücksichtigen und damit im Rahmen einer Abwägung daran zu messen hat, mit welchem Gewicht die jeweils zu beurteilende Abweichung vom Maßstab des Fremdüblichen in den Territorialitätsgrundsatz und die hierauf gründende Zuordnung der Besteuerungsrechte eingreift (gl.A. zur gebotenen Einzelfallabwägung *Graw*, DB 2018, 2655, 2657; *Rasch/Chwalek/Bühl*, ISR 2018, 275, 279; *Schreiber/Greil*, DB 2018, 2527, 2534; a.A. wohl BMF-Schreiben vom 6. Dezember 2018, BStBl I 2018, 1305).

34 Hiernach kommt im Streitfall eine Einschränkung der Berichtigung nach § 1 AStG nicht in Betracht.

35 Zwar hatte die A GmbH – im Gegensatz zu einander fremden Dritten – die Wahl, die B N.V. entweder mit Fremd- oder mit Eigenkapital auszustatten. Gleicht die **Ausreichung von Fremdkapital aber eine unzureichende Eigenkapitalausstattung aus** und ist sie damit zugleich Voraussetzung dafür, dass die darlehensempfangende Gesellschaft die ihr **zugedachte wirtschaftliche Funktion (weiter) erfüllen** kann, so steht dies nicht nur strukturell der Zuführung von Eigenkapital nahe (vgl. jeweils zu § 1 AStG a.F. Senatsurteile vom 23. Juni 2010 I R 37/09, BFHE 230, 156, BStBl II 2010, 895; vom 27. August 2008 I R 28/07, BFH/NV 2009, 123; vgl. auch § 8b Abs. 3 Satz 4 ff. KStG n.F.), sondern hat des Weiteren zur Folge, dass eine unterschiedliche Behandlung von Einlage … und Darlehensverzicht mit Rücksicht auf den auch unionsrechtlich anerkannten Geltungsanspruch der Gewinnabgrenzung nach Maßgabe fremdüblicher Bedingungen ausgeschlossen ist.

36 Welche Weiterungen sich hieraus für unentgeltliche Garantie- und Patronatserklärungen ergeben, die dem EuGH-Urteil Hornbach-Baumarkt (EU:C:2018:366, HFR

2018, 580) zugrunde lagen, bedarf vorliegend bereits deshalb keiner weiteren Erörterung, weil Verpflichtungen der zuletzt genannten Art mit keiner Änderung des Vermögens- und Liquiditätsstatus der betroffenen Gesellschaften einhergehen, wohingegen die im anhängigen Verfahren zu beurteilenden Verzichtserklärungen – gleich der Leistung einer Einlage – bis zum Eintritt des Besserungsfalls auf einen Kapitalverlust, jedenfalls aber auf einen Kapitaltransfer gerichtet waren. Auch dem ist im Rahmen der gebotenen Abwägung … das ihm zukommende Gewicht zu geben mit der Folge, dass die unionsrechtliche Niederlassungsfreiheit einer Einkunftskorrektur nach § 1 AStG nicht entgegensteht.

BFH, Urt. v. 27.2.2019 – I R 51/17, BFHE 264, 292 u. DB 2019, 1999 u. DStR 2019, 1857 u. IStR 2019, 793:

1. Die fehlende Besicherung einer Forderung aus Lieferbeziehungen gehört grundsätzlich zu den nicht fremdüblichen "Bedingungen" i.S. des § 1 Abs. 1 AStG. Gleiches gilt für Art. 9 Abs. 1 OECDMustAbk (hier: Art. 9 DBA-China 1985).

2. Art. 9 Abs. 1 OECD-MustAbk (hier: Art. 9 DBA-China 1985) beschränkt den Korrekturbereich des § 1 Abs. 1 AStG nicht auf sog. Preisberichtigungen, sondern ermöglicht auch die Neutralisierung der gewinnmindernden Forderungsausbuchung oder -abschreibung (entgegen Senatsurteile vom 24.6.2015 - I R 29/14, BStBl II 2016, 258, und vom 17.12.2014 - I R 23/13, BStBl II 2016, 261).

3. Einer Einkünftekorrektur nach § 1 Abs. 1 AStG steht im Zusammenhang mit Tochtergesellschaften aus Drittstaaten das Unionsrecht nicht entgegen.

Tatbestand

I.

1 Die Beteiligten streiten über die Rechtmäßigkeit einer Einkünftekorrektur nach § 1 des Gesetzes über die Besteuerung bei Auslandsbeziehungen (Außensteuergesetz) i.d.F. des Unternehmensteuerreformgesetzes 2008 vom 14.82007 (BStBl I 2007, 630).

2 Die Klägerin und Revisionsbeklagte (Klägerin) ist eine KG … . Im Streitjahr (2008) war die Klägerin Alleingesellschafterin der chinesischen A Ltd. Gegenüber dieser Gesellschaft war 2007 und 2008 eine Forderung in Höhe von … € offen, die noch aus Lieferungen in den Jahren 2004 und 2005 stammte. Die Forderung war **unbesichert und unverzinslich**.

3 Am 20.12.2007 verzichtete die Klägerin gegen Besserungsschein zunächst in Höhe von … € auf ihre Forderung und buchte diese insoweit gewinnmindernd in ihrer Handelsbilanz aus. Zum 30.6.2008 schrieb die Klägerin die Forderung wegen anhaltender Wertlosigkeit in ihrer Handelsbilanz um … € ab und erklärte am 6.12.2008 schließlich einen Forderungsverzicht.

4 Der Beklagte und Revisionskläger (FA) ließ die Wertberichtigungen im Rahmen der gesonderten und einheitlichen Feststellung der Besteuerungsgrundlagen unberücksichtigt u. erhöhte den Gewinn wegen der fehlenden Verzinsung der Forderung außerbilanziell in Höhe von 3 % der Forderung.

BFH-/FG-Urt.

6 Die Klage hatte hinsichtlich der Forderungsausbuchung und -abschreibung Erfolg (Urteil des FG Köln vom 17.5.2017 (9 K 1361/14, EFG 2017, 1738). Demgegenüber sah das FG hinsichtlich der unverzinsten Forderung einen Zinssatz von 10,5 % als angemessen an und erhöhte dementsprechend den Gewinn –beschränkt auf den Zeitraum bis zum Forderungsverzicht- um weitere 7,5 % ihres Nennbetrags.

II.

9 Die Revision des FA ist begründet. Sie führt zur Aufhebung der Vorentscheidung und zur Zurückverweisung der Sache an das FG zur anderweitigen Verhandlung und Entscheidung. …

11 1. Werden Einkünfte eines Steuerpflichtigen aus Geschäftsbeziehungen mit einer ihm nahestehenden Person dadurch gemindert, dass er im Rahmen solcher Geschäftsbeziehungen zum Ausland Bedingungen vereinbart, die von denen abweichen, die voneinander unabhängige Dritte unter gleichen oder ähnlichen Verhältnissen vereinbart hätten, so sind seine Einkünfte unbeschadet anderer Vorschriften gemäß § 1 Abs. 1 AStG so anzusetzen, wie sie unter den zwischen unabhängigen Dritten vereinbarten Bedingungen angefallen wären. Geschäftsbeziehung in diesem Sinne ist gemäß § 1 Abs. 4 AStG jede den Einkünften zugrunde liegende schuldrechtliche Beziehung, die keine gesellschaftsvertragliche Vereinbarung ist und entweder beim Steuerpflichtigen oder bei der nahestehenden Person Teil einer Tätigkeit ist, auf die die §§ 13, 15, 18 oder 21 EStG anzuwenden sind oder im Fall eines ausländischen Nahestehenden anzuwenden wären, wenn die Tätigkeit im Inland vorgenommen würde.

12 2. Danach kommt eine außerbilanzielle Hinzurechnung der im Streitfall in Rede stehenden Gewinnminderungen nach § 1 AStG in Betracht.

13 a) Die Lieferbeziehung zwischen der Klägerin und der A Ltd. ist eine solche Geschäftsbeziehung, zu deren Bedingungen die Nichtbesicherung der Ansprüche gehört (noch offen gelassen im Senatsurteil vom 17.12.2014 - I R 23/13, BStBl II 2016, 261). Der Begriff der Bedingung ist zwar gesetzlich nicht definiert, im gewöhnlichen Geschäftsverkehr sind hierzu jedoch bei Lieferbeziehungen üblicherweise auch Vereinbarungen über ggf. zu stellende Sicherheiten zu rechnen.

14 b) Zu der Frage, ob die fehlende Besicherung der Zahlungsforderungen aus den Lieferverhältnissen dem entspricht, was ein fremder, nicht durch ein Gesellschaftsverhältnis mit der Abnehmerin verbundener Lieferant (ex ante) im konkreten Lieferverhältnis (Kaufpreis von … €, keine Verzinsung) mit der A Ltd. vereinbart hätte, hat das FG keine Feststellungen getroffen. Auch ist dem angefochtenen Urteil nichts dazu zu entnehmen, ob und wann ein fremder Dritter ggf. (zumindest) zu einem späteren Zeitpunkt (nach der Lieferung) auf einer werthaltigen Besicherung der Ausstände bestanden hätte (vgl. Senatsbeschluss vom 15.5.2018 - I B 114/17, BFH/NV 2018, 1092, zu "stehengelassenen" Forderungen aus Lieferungen und Leistungen).

15 Das FG hat sich … mit der Fremdvergleichsproblematik nicht näher befasst, weil es der bisherigen Senatsrechtsprechung (Urteile in BFHE 248, 170, BStBl II 2016, 261, und vom 24. Juni 2015 - I R 29/14, BFHE 250, 386, BStBl II 2016, 258) gefolgt ist. Dieser Rechtsprechung zufolge sollte unter der Geltung der Art. 9 Abs. 1 des Musterabkommens der OECD (OECDMustAbk) nachgebildeten Bestimmungen, zu de-

nen auch der im Streitfall einschlägige Art. 9 des DBA-China 1985 vom 10.6.1985 (BStBl I 1986, 330) gehört, eine Einkünftekorrektur nach § 1 Abs. 1 AStG nur dann möglich sein, wenn der zwischen den verbundenen Unternehmen vereinbarte Preis seiner Höhe (seiner Angemessenheit) nach dem Fremdvergleichsmaßstab nicht standhalte. An dieser Rechtsprechung hält der Senat indessen nicht fest. …

16 c) Die Vornahme eines Fremdvergleichs im Rahmen des § 1 Abs. 1 AStG ist nicht aus anderen Gründen entbehrlich.

17 aa) Wäre ein fremder Dritter als Lieferant in der Situation der Klägerin nicht bereit gewesen, ohne werthaltige **Besicherung** der Zahlungsforderungen mit der Warenlieferung in Vorleistung zu treten, würde der sog. **Rückhalt im Konzern** die Tatbestandsmäßigkeit nach § 1 AStG nicht hindern. … Eine fremdübliche (werthaltige) Besicherung des Rückzahlungsanspruchs im Sinne einer aktiven Einstandsverpflichtung kann allein in den Einflussnahmemöglichkeiten des beherrschenden Gesellschafters auf den Schuldner dass [*Konzernrückhalt*] jedoch nicht gesehen werden. …

18 bb) Die Einkünfteminderung wäre i.S. von § 1 AStG durch ("dadurch") die fehlende Besicherung eingetreten (noch offen gelassen in Senatsurteilen in BStBl II 2016, 258, Rz 16, und in BStBl II 2016, 261, Rz 15). Maßgeblich hierfür ist - im Sinne des Veranlassungsprinzips (dazu Senatsurteil vom 18.4.2018 - I R 37/16, BStBl II 2019, 73) - das die gewinnmindernde Forderungsausbuchung und -abschreibung "auslösende Moment". Bei der hierfür gebotenen wertenden Betrachtung ist nicht auf die Zahlungsunfähigkeit der A Ltd., sondern deshalb vorrangig auf die fehlende Besicherung abzustellen, weil die Klägerin hierdurch ihren Zahlungsanspruch an die wirtschaftliche Entwicklung ihrer Tochtergesellschaft geknüpft hat und eine solche "Vermischung der Vermögensrisiken" im Falle der Einräumung werthaltiger Sicherungsrechte nicht eingetreten wäre.

19 cc) Schließlich widerstreitet auch das Unionsrecht nicht einer Einkünftekorrektur nach § 1 Abs. 1 AStG.

20 Sofern angesichts der nach § 1 Abs. 2 AStG erforderlichen "wesentlichen Beteiligung" die Niederlassungsfreiheit (Art. 43 des Vertrags zur Gründung der Europäischen Gemeinschaft i.d.F. des Vertrags von Nizza … jetzt Art. 49 des Vertrags über die Arbeitsweise der Europäischen Union (AEUV, Amtsblatt der Europäischen Union 2008, Nr. C 115, 47) einschlägig ist, ist diese im Streitfall nicht anwendbar, weil die Niederlassungsfreiheit nur im Hoheitsgebiet der Mitgliedstaaten der Europäischen Union gewährleistet ist, zu denen die Volksrepublik China nicht gehört.

21 Die grundsätzlich auch im Verkehr mit **Drittstaaten geschützte Kapitalverkehrsfreiheit** (Art. 56 EG, jetzt Art. 63 AEUV) ist wegen der sog. **Standstill-Klausel** des … Art. 64 Abs. 1 AEUV auf die Rechtsfolgen des § 1 Abs. 1 AStG nicht anwendbar. Nach Art. 57 Abs. 1 EG berührt Art. 56 EG nicht die Anwendung derjenigen Beschränkungen auf dritte Länder, die am 31.12.1993 aufgrund einzelstaatlicher oder gemeinschaftlicher Rechtsvorschriften für den Kapitalverkehr mit dritten Ländern im Zusammenhang mit Direktinvestitionen einschließlich Anlagen in Immobilien, mit der Niederlassung, der Erbringung von Finanzdienstleistungen oder der Zulassung

von Wertpapieren zu den Kapitalmärkten bestehen. Die Standstill-Klausel ist in den Anwendungsfällen des § 1 Abs. 1 AStG einschlägig, weil diese Vorschrift bereits am 31.12.1993 bestanden hat und in ihrem Kern unverändert geblieben ist.

23 3. Das angefochtene Urteil beruht auf einer abweichenden rechtlichen Beurteilung. Es ist daher aufzuheben. Die Sache ist an das FG zurückzuverweisen, damit dieses die erforderlichen Feststellungen zur Fremdüblichkeit der Nichtbesicherung der Forderungen treffen kann. …

BFH, Urt. v. 27.2.2019 – I R 81/17, BFHE 264, 297 u. IStR 2019, 791 u. DB 2019, 2221:

2 Die Klägerin und Revisionsbeklagte (Klägerin), eine inländische GmbH, war seit Mai 2001 in Höhe von 50 % an der in Österreich ansässigen A GmbH beteiligt. Die übrigen 50 % wurden von natürlichen, der Klägerin nicht nahestehenden Personen gehalten, die zugleich geschäftsführend für die A GmbH tätig waren. Die Klägerin gewährte der A GmbH insgesamt fünf Darlehen mit einer Laufzeit zwischen neun und 362 Tagen über einen Betrag in Höhe von insgesamt … €. Die Darlehen waren jeweils mit 5,5 % p.a. **verzinst**. Zur **Sicherheit wurden jeweils unterschiedliche Maschinen übereignet**. Darüber hinaus übernahm die Klägerin mit Vertrag vom 9.4.2003 eine Bürgschaft über … € für ein Darlehen der B Bank in Österreich an die A GmbH.

3 Die A GmbH zahlte am 22. Januar 2002 einen Teilbetrag in Höhe von … € und am 16. Juni 2002 einen weiteren Teilbetrag in Höhe von … € an die Klägerin zurück. Aufgrund negativer Geschäftsentwicklung der A GmbH nahm die Klägerin am 31.12.2003 eine **Teilwertabschreibung auf die Darlehen** in Höhe von … € vor. Nachdem über das Vermögen der A GmbH am 7.12.2004 das Konkursverfahren eröffnet worden war, wurde die Klägerin von der B Bank mit Schreiben vom 17.12.2004 aus dem **Bürgschaftsvertrag** in Höhe von … € in Anspruch genommen. Insoweit bildete die Klägerin zum 31.12.2004 eine Rückstellung für Verbindlichkeiten. Darüber hinaus hat sie den Restwert der Darlehen an die A GmbH in Höhe von … € abgeschrieben. Der Beklagte und Revisionskläger (FA) neutralisierte die durch die Teilwertabschreibungen und die Rückstellung bewirkten Gewinnminderungen nach § 1 Abs. 1 AStG durch außerbilanzielle Hinzurechnungen und erhöhte das zu versteuernde Einkommen um … € (2003) und … € (2004).

4 Die Klage hatte Erfolg (Urteil des FG Baden-Württemberg v. 23.11.2017 - 3 K 2804/15, EFG 2018, 269).

12 a) Das Darlehensverhältnis und das der Bürgschaft zugrunde liegende Auftrags- bzw. unentgeltliche Geschäftsbesorgungsverhältnis zwischen der Klägerin und der A GmbH sind … Geschäftsbeziehungen, zu deren Bedingungen die (Nicht-) Besicherung der Ansprüche gehört. …

13 b) Zu der Frage, ob die Besicherung der Rückzahlungsforderungen aus den Darlehen mit den sicherungsübereigneten Maschinen und die fehlende Besicherung der Bürgen-Regressforderung - auch unter Berücksichtigung des österreichischen Rechts - dem entsprechen, was ein fremder, nicht durch ein Gesellschaftsverhältnis mit der A

GmbH verbundener Darlehensgeber bzw. Bürge (ex ante) vereinbart hätte, hat das FG keine Feststellungen getroffen.

14 c) Die Vornahme eines Fremdvergleichs im Rahmen des § 1 Abs. 1 AStG ist nicht aus anderen Gründen entbehrlich.

15 aa) Wäre ein fremder Dritter als Darlehensgeber bzw. Bürge in der Situation der Klägerin nicht bereit gewesen, die mit den sicherungsübereigneten Maschinen besicherten Darlehen an die A GmbH auszureichen bzw. die Bürgschaft gegenüber der B Bank ohne werthaltige Besicherung der Regressforderung zu übernehmen, würde der sog. **Rückhalt im Konzern** die Tatbestandsmäßigkeit nach § 1 AStG nicht hindern. Zum einen verfügte die Klägerin mit ihrem 50 %-Anteil nicht über eine Mehrheitsbeteiligung an der A GmbH, sodass bereits das Vorliegen eines Konzernverhältnisses zweifelhaft ist. Zum anderen beschreibt der Topos des sog. Konzernrückhalts lediglich den rechtlichen und wirtschaftlichen Rahmen der Unternehmensverflechtung und bringt die Üblichkeit zum Ausdruck, innerhalb eines Konzerns Kreditansprüche nicht wie unter Fremden abzusichern. Eine fremdübliche (werthaltige) Besicherung des Rückzahlungsanspruchs im Sinne einer aktiven Einstandsverpflichtung kann allein in den Einflussnahmemöglichkeiten des beherrschenden Gesellschafters auf den Darlehensnehmer jedoch nicht gesehen werden. …

16 bb) Die Einkünfteminderung wäre i.S. von § 1 AStG durch ("dadurch") die fehlende bzw. nicht ausreichende Besicherung eingetreten. … Maßgeblich hierfür ist - im Sinne des Veranlassungsprinzips (dazu Senatsurteil vom 18.4.2018 - I R 37/16, BStBl II 2019, 73, Rz 23) - das die gewinnmindernde Forderungsausbuchung bzw. Rückstellungsbildung "auslösende Moment". Bei der hierfür gebotenen wertenden Betrachtung ist nicht auf die Zahlungsunfähigkeit der A GmbH, sondern deshalb vorrangig auf die nicht ausreichende Besicherung abzustellen, weil die Klägerin hierdurch ihren Darlehensrückzahlungs- bzw. Regressanspruch an die wirtschaftliche Entwicklung ihrer Tochtergesellschaft geknüpft hat und eine solche "Vermischung der Vermögensrisiken" im Falle der Einräumung werthaltiger Sicherungsrechte nicht eingetreten wäre.

17 cc) Schließlich widerstreitet auch das Unionsrecht nicht einer Einkünftekorrektur nach § 1 Abs. 1 AStG.

18 Nach der Rechtsprechung des EuGH stellt eine Regelung wie diejenige des § 1 Abs. 1 AStG eine zur Wahrung der ausgewogenen Aufteilung der Besteuerungsbefugnis zwischen den Mitgliedstaaten gerechtfertigte Beschränkung der Niederlassungsfreiheit … dar (EuGH-Urteil Hornbach-Baumarkt vom 31.5.2018 - C-382/16, EU:C:2018:366, Höchstrichterliche Finanzrechtsprechung 2018, 580).

19 Soweit der EuGH mit seiner Entscheidung für die **unentgeltliche Übernahme von Garantie und Patronatszusagen** im Rahmen seiner Erwägungen zur Verhältnismäßigkeit erkannt hat, dass das wirtschaftliche Eigeninteresse der Konzernobergesellschaft an ihren Beteiligungsgesellschaften sowie die gewisse Verantwortung als Gesellschafterin bei der Finanzierung dieser Gesellschaften Geschäftsabschlüsse unter nicht fremdüblichen Bedingungen rechtfertigen ("erklären") und damit einer Berich-

tigung nach § 1 AStG entgegenstehen können, kommt diese Einschränkung vorliegend nicht zum Tragen.

20 Der Senat hat in dem Urteil zur Parallelsache (BStBl II 2019, 394, Rz 13, 18) ausgeführt, dass dann, wenn die **Ausreichung von Fremdkapital** durch einen Gesellschafter eine **unzureichende Ausstattung der Gesellschaft mit Eigenkapital ausgleicht** und diese Finanzierung die Voraussetzung dafür ist, dass die darlehensempfangende Gesellschaft die **ihr zugedachte wirtschaftliche Funktion (weiter) erfüllen** kann, eine **unterschiedliche Behandlung von Einlage und Darlehensausfall** mit Rücksicht auf den auch unionsrechtlich anerkannten Geltungsanspruch der Gewinnabgrenzung nach Maßgabe fremdüblicher Bedingungen **ausgeschlossen** ist. Entsprechendes würde für den Streitfall gelten.

21 Das angefochtene Urteil beruht auf einer anderen rechtlichen Beurteilung. Es ist daher aufzuheben. Die Sache ist an das FG zurückzuverweisen, um diesem die Nachholung der erforderlichen Feststellungen zum Fremdvergleich [*siehe Rz 13 b*)] zu ermöglichen.

BFH, Urt. v. 19.6.2019 – I R 32/17, DStR 2020, 25:

1. Die fehlende Darlehensbesicherung gehört grundsätzlich zu den nicht fremdüblichen "Bedingungen" i.S. des § 1 Abs. 1 AStG. Gleiches gilt für Art. 9 Abs. 1 OECD-MustAbk (hier: Art. 9 Abs. 1 DBA-USA 1989 und Art. 5 DBAFrankreich 1959, Bestätigung des Senatsurteils vom 27.02.2019 - I R 73/16, BStBl II 2019, 394). **Für eine am Bilanzgewinn orientierte Darlehensverzinsung gilt nichts anderes.**

2. Die **Ausreichung unbesicherter Darlehen durch fremde Dritte an die Konzernobergesellschaft** ist nicht geeignet, die Würdigung des einer (Tochter-)Gesellschaft eingeräumten Darlehens am Maßstab einer fremdüblichen Kreditgewährung zu ersetzen.

3. Art. 9 Abs. 1 OECD-MustAbk (hier: Art. 9 Abs. 1 DBA-USA 1989 und Art. 5 DBA-Frankreich 1959) **beschränkt den Korrekturbereich des § 1 Abs. 1 AStG nicht auf sog. Preisberichtigungen, sondern ermöglicht auch die Neutralisierung der gewinnmindernden Ausbuchung** einer Darlehensforderung oder einer Teilwertabschreibung hierauf (Bestätigung des Senatsurteils vom 27.02.2019 - I R 73/16, BStBl II 2019, 394).

4. Einer Einkünftekorrektur nach § 1 Abs. 1 AStG steht bei Tochtergesellschaften aus Drittstaaten das Unionsrecht nicht entgegen (Senatsurteil vom 27.02.2019 - I R 51/17, BFHE 264, 292). Ob im Zusammenhang mit Tochtergesellschaften aus EU-Mitgliedstaaten einer Korrektur nach § 1 Abs. 1 AStG der Verhältnismäßigkeitsgrundsatz des Unionsrechts entgegensteht, bestimmt sich nach einer Gesamtwürdigung der Umstände des jeweiligen Einzelfalls. Dabei sind das **wirtschaftliche Eigeninteresse und die Finanzierungsverantwortung** auf der einen Seite sowie die strukturelle **Nähe zur Eigenkapitalausstattung und die Änderung des Vermögens- und Liquiditätsstatus** des Darlehensgebers auf der anderen Seite zu berücksichtigen (Senatsurteil vom 27.02.2019 - I R 73/16, BStBl II 2019, 394).

5. Das Vorliegen einer "**gesellschaftsvertraglichen Vereinbarung**" i.S. des § 1 Abs. 4 AStG i.d.F. des StVergAbG ist unter **Heranziehung des für die ausländische Tochtergesellschaft maßgebenden materiellen Gesellschaftsrechts** zu beurteilen.

1 Die Beteiligten streiten über die **Rechtmäßigkeit von Einkünftekorrekturen nach § 1 AStG** i.d.F. des … Steuervergünstigungsabbaugesetz vom 16.05.2003 (BStBl I 2003, 321) sowie die **Umqualifizierung von Zinsen in vGA nach § 8a KStG 2002** i.d.F. des Gesetzes zur Umsetzung der Protokollerklärung der Bundesregierung zur Vermittlungsempfehlung zum Steuervergünstigungsabbaugesetz (Korb II-Gesetz) vom 22.12.2003 (BStBl I 2004, 14) --KStG 2002 n.F.--.

2 Die Klägerin, Revisionsklägerin und Revisionsbeklagte (Klägerin), eine inländische Kapitalgesellschaft, war im Streitjahr (2005) an in- und ausländischen Gesellschaften beteiligt. Die Klägerin und mit dieser gemäß §§ 14 ff. KStG verbundene Organgesellschaften gewährten verschiedenen nachgeordneten - in Frankreich und den USA ansässigen und jeweils nicht organschaftlich verbundenen - Gesellschaften Darlehen. Diese waren **überwiegend festverzinst**. In einem Fall wurde statt eines festen Zinssatzes als Gegenleistung eine jährliche **Beteiligung in Höhe von 12,5 % am Bilanzgewinn** der nachgeordneten Gesellschaft, begrenzt durch einen Höchstbetrag in Höhe von 25 % des Darlehensvolumens, festgeschrieben. **Sicherheiten** wurden sowohl im Fall der festverzinslichen Darlehen wie des variablen Darlehens **nicht vereinbart**. Im Streitjahr **schrieb** die Klägerin diese **Darlehen gewinnmindernd** in Höhe von ... EUR **ab**.

3 Zudem übertrug die Klägerin im Streitjahr **Wirtschaftsgüter zu Buchwerten auf** eine **maltesische Tochterkapitalgesellschaft**, deren Alleingesellschafterin sie war, und brachte die Anteile an dieser Gesellschaft gemäß § 23 Abs. 4 des im Streitjahr geltenden Umwandlungssteuergesetzes ebenfalls zu Buchwerten im Rahmen einer Kapitalerhöhung gegen Gewährung von Gesellschaftsrechten in eine weitere in Malta ansässige Kapitalgesellschaft ein.

5 Der Beklagte, Revisionskläger und Revisionsbeklagte (das Finanzamt) rechnete die **Gewinnminderungen** aufgrund der **Teilwertabschreibungen außerbilanziell wieder hinzu**, erhöhte den **Bilanzansatz für die übertragenen Wirtschaftsgüter** um ... EUR und behandelte die Zinseinnahmen in voller Höhe als steuerpflichtig.

10 Hinsichtlich der gewinnmindernden Teilwertabschreibungen auf die Darlehen kommt eine außerbilanzielle Hinzurechnung gemäß § 1 Abs. 1 AStG in Betracht.

13 Zu der Frage, ob die fehlende Besicherung der Darlehensrückzahlungsforderung dem entspricht, was fremde, nicht mit den nachgeordneten Gesellschaften verbundene Darlehensgeber (ex ante) vereinbart hätten, hat das FG keine Feststellungen getroffen. Es hat sich … mit der Fremdvergleichsproblematik nicht näher befasst, weil es der bisherigen Senatsrechtsprechung (Urteile vom 17.12.2014, BStBl II 2016, 261 und vom 24.06.2015, BStBl II 2016, 258) gefolgt ist. … An dieser Rechtsprechung hält der Senat indessen nicht fest. … .

14 Die Prüfung anhand dessen, was fremde Dritte vereinbart hätten (§ 1 Abs. 1 AStG), ist auch nicht aus anderen Gründen entbehrlich.

15 Wäre ein fremder Dritter als Darlehensgeber in der Situation der Klägerin oder der Organgesellschaften nicht bereit gewesen, die Darlehen an die jeweiligen

BFH-/FG-Urt.

Gesellschaften auszureichen, würde der sog. **Rückhalt im Konzern**.die Tatbestandsmäßigkeit nach § 1 Abs. 1 AStG nicht hindern. Der Topos des sog. **Konzernrückhalts** beschreibt lediglich den rechtlichen und wirtschaftlichen Rahmen der Unternehmensverflechtung und bringt die Üblichkeit zum Ausdruck, innerhalb eines Konzerns Kreditansprüche nicht wie unter Fremden abzusichern. Eine fremdübliche (werthaltige) Besicherung des Rückzahlungsanspruchs im Sinne einer aktiven Einstandsverpflichtung kann allein in den Einflussnahmemöglichkeiten des beherrschenden Gesellschafters auf den Darlehensnehmer jedoch nicht gesehen werden. …

17 Schließlich widerstreitet auch das Unionsrecht nicht einer Einkünftekorrektur nach § 1 Abs. 1 AStG.

19 Für die in Frankreich ansässigen Darlehensnehmerinnen stellt eine Regelung wie diejenige des § 1 Abs. 1 AStG nach der Rechtsprechung des EuGH eine zur Wahrung der ausgewogenen Aufteilung der Besteuerungsbefugnis zwischen den Mitgliedstaaten gerechtfertigte Beschränkung der Niederlassungsfreiheit … dar (EuGH-Urteil Hornbach-Baumarkt vom 31.05.2018 - C-382/16, HFR 2018, 580). Soweit der EuGH mit dieser Entscheidung für die unentgeltliche Übernahme von **Garantie- und Patronatszusagen** im Rahmen seiner Erwägungen zur Verhältnismäßigkeit erkannt hat, dass das wirtschaftliche Eigeninteresse der Konzernobergesellschaft an ihren Beteiligungsgesellschaften sowie die gewisse Verantwortung als Gesellschafterin bei der Finanzierung dieser Gesellschaften Geschäftsabschlüsse unter nicht fremdüblichen Bedingungen rechtfertigen ("erklären") und damit einer Berichtigung nach § 1 AStG entgegenstehen können, kommt diese Einschränkung vorliegend nicht zum Tragen. Der Senat hat in seinem Urteil in BStBl II 2019, 394, Rz 35 ausgeführt, dass dann, wenn die Ausreichung von Fremdkapital durch einen Gesellschafter eine **unzureichende Ausstattung der Gesellschaft mit Eigenkapital ausgleicht** und diese Finanzierung die Voraussetzung dafür ist, dass die darlehensempfangende Gesellschaft die ihr **zugedachte wirtschaftliche Funktion (weiter) erfüllen** kann, eine unterschiedliche Behandlung von Einlage und Darlehensverzicht mit Rücksicht auf den unionsrechtlich anerkannten Geltungsanspruch der Gewinnabgrenzung nach Maßgabe fremdüblicher Bedingungen ausgeschlossen ist.

20 Für die **Gewinnminderung**, die auf der **Übertragung der Wirtschaftsgüter zu Buchwerten** auf die maltesische Tochtergesellschaft beruht, kommt ebenfalls eine außerbilanzielle Hinzurechnung gemäß § 1 Abs. 1 AStG in Betracht.

21 a) Voraussetzung hierfür ist … eine Einkünfteminderung, die durch eine nicht fremdübliche Bedingung im Rahmen einer Geschäftsbeziehung zum Ausland veranlasst ist. Geschäftsbeziehung in diesem Sinne ist gemäß § 1 Abs. 4 AStG wiederum jede den Einkünften zugrunde liegende schuldrechtliche Beziehung, die keine gesellschaftsvertragliche Vereinbarung ist und entweder beim Steuerpflichtigen oder bei der nahestehenden Person Teil einer Tätigkeit ist, auf die die §§ 13, 15, 18 oder 21 EStG anzuwenden sind oder im Fall eines ausländischen Nahestehenden anzuwenden wären, wenn die Tätigkeit im Inland vorgenommen würde.

22 b) Das FG hat keine ausreichenden Feststellungen dazu getroffen, ob die Übertragung der Wirtschaftsgüter auf die maltesische Tochtergesellschaft auf einer solchen Geschäftsbeziehung beruht. Der Annahme einer Geschäftsbeziehung i.S. des § 1 Abs. 4 AStG steht nicht entgegen, dass die Klägerin die Wirtschaftsgüter verdeckt in die maltesische Tochtergesellschaft eingelegt hat. Eine **verdeckte Einlage**. ist gegeben, wenn der Gesellschafter oder eine ihm nahestehende Person aus Gründen, die im Gesellschaftsverhältnis wurzeln, eine Einlage erbringt, ohne eine wertadäquate Gegenleistung zu erhalten. Diese Voraussetzung liegt hier vor. Zwar sind die **Anteile der Klägerin an der maltesischen Tochtergesellschaft durch die Einlage der Wirtschaftsgüter wertvoller** geworden. Nach ständiger Senatsrechtsprechung führt diese Wertsteigerung jedoch nicht zu einem greifbaren Vermögensvorteil und ist daher nicht als Gegenleistung, sondern lediglich als Wertreflex zu beurteilen (z.B. Senatsurteil vom 04.03.2009 - I R 32/08, BStBl II 2012, 341, m.w.N.). Allerdings ist das Verhältnis zwischen einer verdeckten Einlage und einer Geschäftsbeziehung i.S. des § 1 Abs. 4 AStG umstritten.

24 bb) Nach überwiegender Ansicht, die sich auf die Formulierung der "**gesellschaftsvertraglichen Vereinbarung**" bezieht, sind nur diejenigen Geschäftsvorfälle [*nicht als Geschäftsbeziehung anzusehen und somit aus der Anwendung des § 1 AStG*] auszuklammern, die einen formal-rechtlichen Niederschlag im Gesellschaftsvertrag gefunden und zusätzlich zu einer materiell-rechtlichen Änderung der Organisationsstruktur der Gesellschaft geführt haben (z.B. *Blümich/Pohl*, § 1 AStG Rz 188 f.; *Kaminski* in Strunk/Kaminski/ Köhler, AStG/DBA, § 1 AStG Rz 1464; *Kraft*, Außensteuergesetz, § 1 Rz 631; *T. Schmidt*, Außensteuergesetz, § 1 Rz 10 …). Die spätere Änderung des § 1 Abs. 4 AStG durch das … Zollkodexanpassungsgesetz (BStBl I 2015, 58) sei insofern nur von klarstellender Bedeutung (*Blümich/Pohl*, § 1 AStG Rz 188 f.).

25 cc) Auch nach Auffassung des Senats schließt eine verdeckte Einlage den Tatbestand der Geschäftsbeziehung i.S. des § 1 AStG nicht aus.

26 (1) Weder der Gesetzeswortlaut des § 1 Abs. 4 AStG, der eine "schuldrechtliche Beziehung, die keine gesellschaftsvertragliche Vereinbarung ist" voraussetzt, noch die Gesetzesbegründung, wonach es "für das Bestehen einer Geschäftsbeziehung (...) keine Bedeutung [hat], ob sie betrieblich oder gesellschaftsrechtlich veranlasst ist" (BTDrucks 15/119, S. 53), lassen eine solche Schlussfolgerung zu. Vielmehr sollen insbesondere auch "die unentgeltliche oder teilentgeltliche Gewährung anderer Leistungen einer inländischen Kapitalgesellschaft an ihre (…) ausländische Tochtergesellschaft" zu den Geschäftsbeziehungen gehören "unabhängig davon, ob sie fehlendes Eigenkapital der Tochtergesellschaft ersetzen oder die wirtschaftliche Betätigung dieser Gesellschaft stärken sollen" (BT-Drucks 15/119, S. 53).

27 (2) Entscheidend ist daher, ob der im Streit stehenden Übertragung der Wirtschaftsgüter von der Klägerin auf die maltesische Tochtergesellschaft eine **gesellschaftsvertragliche Vereinbarung** zugrunde liegt. Dies setzt wiederum voraus, dass die Übertragung nicht nur (formal) zu den gesellschaftsvertraglichen Abreden gehört, sondern auch zu einer **Änderung der Gesellschafterstellung der Klägerin** (z.B. Änderung

der Beteiligungshöhe oder der Beteiligungsrechte) führt. Die bloße Aufnahme der Abrede in den Gesellschaftsvertrag kann bereits deshalb nicht genügen, weil sie das Merkmal der Geschäftsbeziehungen und damit den Tatbestand des § 1 Abs. 4 AStG in das Belieben der Beteiligten stellen würde (vgl. auch Urteil des Bundesfinanzhofs vom 05.11.2003 - X R 55/99, BStBl II 2004, 706, zur Auslegung von Willenserklärungen; …).

28 (3) Nach den bindenden Feststellungen des FG (§ 118 Abs. 2 FGO) wurde die Übertragung der Wirtschaftsgüter nicht im Gesellschaftsvertrag geregelt. Hierauf kommt es jedoch nach dem Vorstehenden nicht an. Entscheidend ist vielmehr, wie die **Übertragung der Wirtschaftsgüter** unter Heranziehung des für die auf Malta ansässige Tochtergesellschaft **geltenden maltesischen Gesellschaftsrechts** auf einer (ggf. ergänzenden) gesellschaftsvertraglichen Abrede beruht, die mit einer Änderung der materiellen Gesellschafterstellung verbunden war (vgl. auch Senatsurteil vom 27.04.2000 - I R 58/99, BStBl II 2001, 168 zur "Kapitalrücklage" im ausländischen Handels- und Gesellschaftsrecht). Dies hat das FG jedoch nicht festgestellt.

29 c) Die Feststellungen zum maltesischen Gesellschaftsrecht im Rahmen des § 1 Abs. 1 und Abs. 4 AStG sind auch nicht aus anderen Gründen entbehrlich.

30 aa) Zwar ist § 1 Abs. 1 AStG "unbeschadet anderer Vorschriften" anzuwenden und es käme möglicherweise auch eine Korrektur über den Bilanzansatz der übertragenen Wirtschaftsgüter mit dem Teilwert nach § 8 Abs. 1 Satz 1 KStG i.V.m. § 6 Abs. 6 Satz 2 EStG in Betracht (vgl. zum Meinungsstand: *Blümich/Ehmcke*, § 6 EStG Rz 1423; *Eckstein* in Herrmann/Heuer/Raupach, § 6 EStG Rz 1735; *Füger/Rieger*, DStR 2003, 628, 630; *Gosch/Roser*, KStG, 3. Aufl., § 8 Rz 117; *Korn/Strahl* in Korn, § 6 EStG Rz 539; *Neumann* in Rödder/Herlinghaus/Neumann, KStG, § 8 Rz 1308; BeckOK EStG/*Oellerich*, § 6 Rz 3052; *Schmidt/Kulosa*, EStG, 38. Aufl., § 6 Rz 752; *KKB/ Teschke/C. Kraft*, 4. Aufl., § 6 EStG Rz 403; *Werndl* in Kirchhof/Söhn/Mellinghoff, EStG, § 6 Rz M 15). Dies würde jedoch zu einer Sofortbesteuerung von in der Bundesrepublik Deutschland entstandenen und nicht realisierten Wertzuwächsen und damit zu einer Steuerbelastung führen, die nach der Rechtsprechung des EuGH zur Wahrung des Verhältnismäßigkeitsgrundsatzes durch eine Stundungsmöglichkeit abzumildern wäre (vgl. EuGH-Urteile DMC vom 23.01.2014 - C-164/12, HFR 2014, 271; National Grid Indus vom 29.11.2011 - C- 371/10, HFR 2012, 226). Eine solche Stundungsmöglichkeit sieht die Regelung des § 6 Abs. 6 Satz 2 EStG indes nicht vor.

31 bb) Die unentgeltliche Übertragung der Wirtschaftsgüter entspräche nach den bindenden Feststellungen des FG (§ 118 Abs. 2 FGO) auch nicht dem, was ein fremder, nicht durch das Gesellschaftsverhältnis mit der maltesischen Gesellschaft verbundener Dritter vereinbart hätte. Zudem wäre eine Einkünfteminderung - hier: keine Realisierung der stillen Reserven - i.S. von § 1 Abs. 1 AStG durch ("dadurch") die unentgeltliche Übertragung der Wirtschaftsgüter eingetreten.

32 cc) Schließlich würde auch das Unionsrecht einer Einkünftekorrektur nach § 1 Abs. 1 AStG nicht widerstreiten.

33 Zwar hat der EuGH … im Urteil Hornbach-Baumarkt (Rz 56, HFR 2018, 580) im Rahmen seiner Erwägungen zur Verhältnismäßigkeit erkannt, dass wirtschaftliche Gründe den Abschluss von Geschäften unter nicht fremdüblichen Bedingungen rechtfertigen können. Auch sei es Sache des nationalen Gerichts, zu überprüfen, ob dem Steuerpflichtigen die Möglichkeit eingeräumt wurde, Beweise für die wirtschaftlichen Gründe des in Frage stehenden Geschäfts beizubringen (EuGH-Urteil Hornbach-Baumarkt, Rz 57, HFR 2018, 580). Nach den bindenden Feststellungen des FG (§ 118 Abs. 2 FGO) hat die Klägerin jedoch keinen sachbezogenen wirtschaftlichen Grund für die unentgeltliche Übertragung der Wirtschaftsgüter vorgetragen.

34 3. Das angefochtene Urteil beruht auf anderen rechtlichen Beurteilungen. Es ist daher aufzuheben. Die Sache ist an das FG zurückzuverweisen, um es diesem zu ermöglichen, die erforderlichen Feststellungen zum maltesischen Gesellschaftsrecht sowie zum Fremdvergleich der unbesicherten Darlehen nachzuholen.

35 a) Bei Letzterem wird das FG zu berücksichtigen haben, dass im Fall der am Bilanzgewinn orientierten variablen Darlehensverzinsung keine abweichenden Maßstäbe zur Fremdüblichkeit gelten. Insbesondere wird zu prüfen sein, ob ein fremder Dritter angesichts der konkreten Ertragssituation der darlehensnehmenden Gesellschaft bereit gewesen wäre, eine entsprechende Vereinbarung einzugehen. Im Rahmen der Feststellungen zum Fremdvergleich wird das FG zudem zu berücksichtigen haben, dass die Ausreichung unbesicherter Darlehen durch fremde Dritte an die Konzernobergesellschaft eine Würdigung des einer (Tochter-)Gesellschaft eingeräumten Darlehens am Maßstab der fremdüblichen Kreditgewährung nicht ersetzen kann. Der Senat weist in diesem Zusammenhang erneut darauf hin, dass sich der Fremdvergleich an der konkreten darlehensnehmenden (Tochter-)Gesellschaft - und insbesondere deren Ertragssituation - zu orientieren hat und deshalb die Konzernüblichkeit der fehlenden Anspruchsbesicherung (dazu Senatsurteil vom 21.12.1994 - I R 65/94, BFHE 176, 571) nicht deren Fremdüblichkeit begründen kann (vgl. Senatsurteil in BStBl II 2019, 394).

40 (1) § 8a Abs. 1 Satz 1 KStG 2002 n.F. setzt "Vergütungen für Fremdkapital, das eine Kapitalgesellschaft nicht nur kurzfristig von einem Anteilseigner erhalten hat", voraus. Die Norm verlangt nach ihrem Wortlaut mithin keine - unbeschränkte oder beschränkte - Steuerpflicht der kapitalempfangenden Gesellschaft (*Benecke/Schnitger*, IStR 2004, 44; *Grotherr*, BB 2004, 411, 414; ebenso *Gosch*, a.a.O., § 8a Rz 18).

41 (2) Demgegenüber rechtfertigen weder die Gesetzeshistorie des § 8a Abs. 1 KStG 2002 n.F. noch die Regelung des § 8a Abs. 2 Satz 5 KStG 2002 n.F. eine gegenüber dem eindeutigen Gesetzeswortlaut einschränkende Auslegung. Ausweislich der Gesetzesbegründung sollte der Anwendungsbereich des § 8a Abs. 1 KStG 2002 n.F. "künftig auch auf beschränkt steuerpflichtige Kapitalgesellschaften erstreckt" (BT-Drucks 15/1518, S. 14; BR-Drucks 560/03, S. 16) sowie mit der Regelung des § 8a Abs. 2 Satz 5 KStG 2002 n.F. "z.B. beschränkt steuerpflichtige Kapitalgesellschaften" erfasst werden (BT-Drucks 15/1518, S. 15; BR-Drucks 560/03, S. 17). Dieses gesetzgeberische Ziel der Ausdehnung des Anwendungsbereichs auch auf beschränkt

steuerpflichtige Kapitalgesellschaften wurde jedoch durch den Wortlaut der Neuregelung erreicht und zwingt nicht zu einer einschränkenden Auslegung (a.A. *Gosch*, a.a.O., § 8a Rz 18).

BFH, Urt. v. 19.6.2019 – I R 5/17:

2 Die Klägerin und Revisionsbeklagte (Klägerin), eine inländische GmbH, war seit dem 20.09.2001 zur Hälfte an der in der Schweiz ansässigen A S.A. beteiligt; die restlichen Anteile an der A S.A. hielt die ebenfalls in der Schweiz ansässige B S.A.

3 Zum 31.12.2001 war das Eigenkapital der A S.A. aufgebraucht. Daraufhin gewährte die Klägerin - wie auch die B S.A. - der A S.A. mit Darlehensvertrag vom 23.11.2002 ab dem 01.01.2002 ein Darlehen über ... CHF für eine feste Laufzeit bis zum 31.12.2003. Ein **bestimmter** - fester oder variabler - **Zinssatz wurde nicht vereinbart**, sondern nur ein Höchstbetrag, der sich an Vorgaben der Eidgenössischen Steuerverwaltung orientierte und zwischen 0 und 6,5 % bewegen konnte. **Sicherheiten** wurden keine vereinbart; die A S.A. sagte jedoch zu, anderen Gläubigern ohne ausdrückliche Zustimmung der Klägerin und der B S.A. keine Kreditsicherheiten einzuräumen, die über die Sicherheiten für die beiden Gesellschafterinnen hinausgehen.

4 Für das Geschäftsjahr 2002 wies die A S.A. einen Verlust über ... CHF aus, der zur **bilanziellen Überschuldung** der Gesellschaft führte. Die Klägerin verkaufte daraufhin in 2003 ihre Beteiligung an der A S.A. an die B S.A. für einen symbolischen Kaufpreis in Höhe von 2 CHF und verzichtete unwiderruflich auf die Rückzahlung des Darlehens zuzüglich fälliger Zinsen. Aufgrund der Beteiligungsveräußerung und des Verzichts nahm die Klägerin erfolgswirksame **Wertberichtigungen** in Höhe von insgesamt ... € vor, wovon ... € auf die Ausbuchung der Darlehensforderung entfielen. Der Verlust aus der Beteiligungsveräußerung in Höhe von ... € wurde - anders als die Ausbuchung der Darlehensforderung - nach § 8b Abs. 3 des Körperschaftsteuergesetzes in der für das Streitjahr (2003) geltenden Fassung (KStG) außerbilanziell hinzugerechnet. Der Beklagte und Revisionskläger (das Finanzamt) **neutralisierte** demgegenüber die durch die Ausbuchung der Darlehensforderung eingetretene **Gewinnminderung nach § 1 Abs. 1 AStG** und erhöhte das zu versteuernde Einkommen um ... €.

9 Der Senat hat wegen der unbestimmten Zinsabrede Zweifel, ob das zwischen der Klägerin und der A S.A. vereinbarte Darlehen ernstlich gewollt und damit steuerrechtlich anzuerkennen ist (vgl. Senatsurteil vom 17.01.2018 - I R 74/15, BFH/NV 2018, 836, zum **formellen Fremdvergleich bei einer unbestimmten Zinsabrede**). Dies kann jedoch offen bleiben, da sowohl im Fall einer durch das Gesellschaftsverhältnis veranlassten Einlage als auch bei einem steuerrechtlich anzuerkennenden Darlehen die Gewinnminderung außerbilanziell zu berichtigen ist.

10 Im Fall einer Einlage hätten sich insoweit die Anschaffungskosten der Klägerin auf die Beteiligung an der A S.A. erhöht. Eine gewinnmindernde Teilwertabschreibung auf diese Beteiligung wäre gemäß § 8b Abs. 3 Satz 3 KStG ausgeschlossen.

11 Im Fall der Ausbuchung einer betrieblich veranlassten Darlehensforderung wäre hingegen … die Minderung des Steuerbilanzgewinns nach § 1 Abs. 1 AStG zu neutrali-

sieren (vgl. Senatsurteil vom 27.02.2019 - I R 73/16, BFHE 263, 525, BStBl II 2019, 394, Rz 17 ff.).

13 Das Darlehensverhältnis zwischen der Klägerin und der A S.A. wäre eine Geschäftsbeziehung i.S. von § 1 Abs. 4 AStG, zu deren Bedingungen die Nichtbesicherung der Ansprüche gehört. …

14 Die Nichtbesicherung der Rückzahlungsforderung aus dem Darlehen weicht auch von den Bedingungen ab, die voneinander unabhängige Dritte unter gleichen oder ähnlichen Verhältnissen vereinbart hätten (sog. Fremdvergleich).

16 Die Prüfung anhand dessen, was fremde Dritte vereinbart hätten (§ 1 Abs. 1 AStG) ist auch nicht aufgrund des sog. **Rückhalts im Konzern** entbehrlich. Zum einen verfügte die Klägerin mit ihrem 50 %-Anteil nicht über eine Mehrheitsbeteiligung an der A S.A., so dass bereits das Vorliegen eines Konzernverhältnisses zweifelhaft ist. Zum anderen beschreibt der Topos des sog. Konzernrückhalts lediglich den rechtlichen und wirtschaftlichen Rahmen der Unternehmensverflechtung und bringt die Üblichkeit zum Ausdruck, innerhalb eines Konzerns Kreditansprüche nicht wie unter Fremden abzusichern. Eine fremdübliche (werthaltige) Besicherung des Rückzahlungsanspruchs im Sinne einer aktiven Einstandsverpflichtung kann allein in den **Einflussnahmemöglichkeiten des (beherrschenden) Gesellschafters** auf den Darlehensnehmer jedoch nicht gesehen werden.…

17 Der Senat kann die erforderliche Würdigung nach Maßgabe des Fremdvergleichs jedoch selbst nachholen, da aufgrund der vom FG getroffenen Feststellungen zur Vermögenssituation der A S.A. ein fremder Darlehensgeber das konkrete Darlehen - insbesondere auch unter Berücksichtigung der unbestimmten Zinsabrede - nur gegen werthaltige Sicherungsrechte gewährt hätte. Dass die B S.A. ein **Darlehen zu vergleichbaren Konditionen gewährt hat,** führt zu keinem anderen Ergebnis. Insofern ist zu berücksichtigen, dass **die B S.A. als 50 %iger Mitgesellschafter nicht zum Kreis der "fremden" Dritten gehört**.

20 Nach dem Ausgeführten ist das Urteil des FG aufzuheben und die Klage abzuweisen.

BFH, Urt. v. 19.6.2019 – I R 54/17:

2 Die Klägerin und Revisionsbeklagte (Klägerin), eine inländische GmbH mit abweichendem Wirtschaftsjahr vom 1. Juli bis zum 30. Juni, war seit dem 07.12.2005 Alleingesellschafterin der M Ltd. mit Sitz in Großbritannien und gewährte dieser einen Kontokorrentkredit von bis zu ... EUR mit einer Verzinsung von 6,5 % p.a., welcher der **Anschubfinanzierung** und zur Abdeckung der laufenden Kosten dienen sollte. Eine **Sicherheit wurde nicht vereinbart**. Im Jahr 2007 belief sich die Forderung der Klägerin gegenüber der M Ltd. inklusive aufgelaufener Zinsen auf ... EUR. Zum Bilanzstichtag 30.06.2007 buchte die Klägerin die **Beteiligung an der M Ltd. gewinnmindernd aus**. Gleichzeitig übertrug sie die Gesellschaftsanteile an der M Ltd. unentgeltlich auf die Anteilseigner der Klägerin, woraufhin die M Ltd. liquidiert wurde. Die Klägerin buchte die Forderung gegenüber der M Ltd. zwar in voller Höhe gewinnmindernd aus, jedoch neutralisierte der Beklagte und Revisionskläger (das

Finanzamt) die Gewinnminderung mit Rücksicht auf die fehlende Forderungsbesicherung nach § 1 Abs. 1 AStG durch eine außerbilanzielle Hinzurechnung.

6 Die Revision ist begründet. Das angefochtene Urteil ist aufzuheben und die Klage abzuweisen (§ 126 Abs. 3 Satz 1 Nr. 1 FGO). Die Vorinstanz hat zu Unrecht angenommen, dass das Einkommen der Klägerin nicht zu korrigieren ist.

7 Der Senat konnte gemäß § 121 Satz 1 i.V.m. § 91 Abs. 2 FGO auch bei Ausbleiben der Klägerin [*zur mündlichen Verhandlung*] ohne diese verhandeln und entscheiden (vgl. Senatsbeschluss vom 15.4.2015 - I B 101/14, BFH/NV 2015, 1095).

8 Das FG hat keine ausreichenden Feststellungen getroffen, um entscheiden zu können, ob es sich bei dem Kontokorrentkredit um ein betrieblich veranlasstes und damit steuerrechtlich anzuerkennendes Darlehen der Klägerin handelte oder ob dieses Konto durch das Gesellschaftsverhältnis veranlasste Einlagen in das Vermögen der M Ltd. und damit in Höhe der Forderung nachträgliche Anschaffungskosten auf den Beteiligungsansatz der Klägerin ausweist. Dies kann jedoch offen bleiben, da sowohl im Fall einer durch das Gesellschaftsverhältnis veranlassten Einlage als auch bei einem steuerrechtlich anzuerkennenden Darlehen die Gewinnminderung außerbilanziell zu berichtigen ist.

16 Die vom FG festgestellten Umstände lassen es ausgeschlossen erscheinen, dass ein nicht mit der M Ltd. verbundener Darlehensgeber dieser das mit der Klägerin vereinbarte Kontokorrentdarlehen ohne Gewährung einer werthaltigen Sicherheit gewährt hätte. Dabei ist insbesondere zu berücksichtigen, dass es sich bei der M Ltd. um ein **neu gegründetes Unternehmen** gehandelt hat, dessen wirtschaftlicher Erfolg nicht absehbar gewesen ist; auch ist - noch nicht einmal ansatzweise - erkennbar, dass - nach Maßgabe dessen, was fremde Dritte vereinbaren würden - der **vereinbarte Festzins von 6,5 % die fehlende Besicherung und das hiermit verbundene Ausfallrisiko kompensieren könnte**. Einer Zurückverweisung der Sache an das FG zur weiteren Sachaufklärung bedarf es bei dieser Sachlage nicht.

20 Soweit der EuGH mit seiner Entscheidung für die unentgeltliche Übernahme von Garantie- und Patronatszusagen im Rahmen seiner Erwägungen zur Verhältnismäßigkeit erkannt hat, dass das wirtschaftliche Eigeninteresse der Konzernobergesellschaft an ihren Beteiligungsgesellschaften sowie die gewisse Verantwortung als Gesellschafterin bei der Finanzierung dieser Gesellschaften Geschäftsabschlüsse unter nicht fremdüblichen Bedingungen rechtfertigen ("erklären") und damit einer Berichtigung nach § 1 AStG entgegenstehen können, kommt diese Einschränkung vorliegend nicht zum Tragen.

21 Der Senat hat in seinem Urteil [*v. 27.2.2019 – I R 73/16*] in BStBl II 2019, 394, Rz 13, 18 ausgeführt, dass dann, wenn die Ausreichung von Fremdkapital durch einen Gesellschafter eine **unzureichende Ausstattung der Gesellschaft mit Eigenkapital ausgleicht** und diese Finanzierung die Voraussetzung dafür ist, dass die darlehensempfangende Gesellschaft die ihr **zugedachte wirtschaftliche Funktion (weiter) erfüllen** kann, eine unterschiedliche Behandlung von Einlage und Darlehensausfall mit Rücksicht auf den unionsrechtlich anerkannten Geltungsanspruch der Gewinnab-

grenzung nach Maßgabe fremdüblicher Bedingungen ausgeschlossen ist. Entsprechendes gilt für den Streitfall.

BFH, Urt. v. 9.8.2023 - I R 54/19 zum Konkurrenzverhältnis zwischen § 1 AStG und § 8 Abs. 3 S. 2 KStG (vGA)

Der Senat hat zwar in seinem Urteil vom 27.11.2019 - I R 40/19 (I R 14/16) (BFHE 268, 1) unter Hinweis auf den Wortlaut des § 1 Abs. 1 AStG („unbeschadet anderer Vorschriften") dahin erkannt, dass der Regelung in § 8 Abs. 3 Satz 2 KStG kein Vor-rang gegenüber der Regelung des § 1 Abs. 1 AStG zukommt, dass beide Vorschriften vielmehr „[einander] überlagern". Die Entscheidung ist jedoch zu § 1 Abs. 1 AStG i.d.F. des Gesetzes zum Abbau von Steuervergünstigungen und Ausnahmeregelungen (Steuervergünstigungsabbaugesetz) vom 16.05.2003 (BGBl I 2003, 660, BStBl I 2003, 321) ergangen. § 1 Abs. 1 AStG ist indessen durch das Unternehmensteuerreformgesetz 2008 (UntStRefG 2008) vom 14.08.2007 (BGBl I 2007, 1912, BStBl I 2007, 630) … um einen Satz 3 beziehungsweise Satz 4 ergänzt worden, wonach „die weitergehenden Berichtigungen neben den Rechtsfolgen der anderen Vorschriften durchzuführen" sind. Dies ist dahin zu verstehen, dass **§ 1 Abs. 1 AStG gegenüber anderen Einkünftekorrekturvorschriften (hier § 8 Abs. 3 Satz 2 KStG) grundsätzlich zurücktritt und nur dann (subsidiär) zur Anwendung kommt, wenn die andere Norm Berichtigungen nur in einem geringeren Umfang zulässt**. Damit ist § 1 Abs. 1 AStG nur dann und nur insoweit anzuwenden, als mit dieser Rechtsgrundlage eine weiterreichende Einkünftekorrektur ausgelöst wird.

Finanzgericht Rheinland-Pfalz v. 16.8.2023 - 1 K 1472/13 zu den Folgen des Hornbach-Urteils des EuGH für die Beurteilung der Gemeinschaftsrechtmäßigkeit von § 1 AStG 2003

1. Soweit die Voraussetzungen des § 1 Abs. 2 Nr. 1 3. Alt. AStG 2003 vorliegen, kann sich der Steuerpflichtige in **Drittstaatenfällen** weder auf die Niederlassungsfreiheit (Art. 49 AEUV) noch auf die Kapitalverkehrsfreiheit (Art. 63 AEUV) berufen.

2. § 1 AStG 2003 ist gemeinschaftsrechtskonform und im Einklang mit den regelungsimmanenten Wertungen dahin auszulegen, dass der Steuerpflichtige die Möglichkeit erhält, aus seiner Gesellschafterstellung resultierende **wirtschaftliche Gründe für die Vereinbarung nicht fremdüblicher Bedingungen** mit einer nahestehenden Person im Ausland darzulegen und nachzuweisen.

3. Von einer Einkünftekorrektur nach § 1 AStG 2003 kann aus Gründen der Verhältnismäßigkeit dann abzusehen sein, wenn ein Konzern Tochtergesellschaften in anderen EU-Mitgliedstaaten gründet, die dort das Geschäft des Konzerns aufbauen sollen, und die Konzernmuttergesellschaft im Hinblick auf den durch die Marktexpansion bedingten erheblichen Kapitalbedarf der Tochtergesellschaften unentgeltlich Patronats- und Garantieerklärungen abgibt, obwohl von unabhängigen Dritten hierfür Haftungsvergütungen verlangt worden wären.

3) Lieferverkehr

Zollpreise – Bedeutung von Fremdpreisen – Dauerverluste – Lieferrabatte – Anlaufkosten

BFH, Urt. v. 1.2.1967 – I 220/64, BStBl. III 1967, 495:

Der **zollrechtliche Normalpreis** der eingeführten Waren ist für die Bemessung der vGA nicht maßgebend. … Wenn eine Vertriebsgesellschaft über eine normale Anlaufzeit hinaus nur mit Verlust abschließt, würde das FG – ggf. durch eine ergänzende Betriebsprüfung – vor allem zu ermitteln haben, welche Gewinnspanne die Stpfl. kalkulatorisch (getrennt nach den von ihr vertriebenen Artikeln) angesetzt hatte. Diese Spanne würde mittels inneren und äußeren Betriebsvergleichs auf die steuerrechtliche Vertretbarkeit zu prüfen sein. Es würde auch festzustellen sein, mit welcher Rohgewinnspanne andere inländische Vertriebsgesellschaften rechnen. Die Stpfl. würde die erforderlichen Ermittlungen des FG im Rahmen des Möglichen zu unterstützen haben, anderenfalls dieses zur Schätzung berechtigt wäre.

BFH, Urt. v. 21.12.1972 – I R 70/70, BStBl. II 1973, 449:

Ergeben sich im Rahmen eines Konzerns bei einer Vertriebsgesellschaft **laufend Verluste**, so sind die Vertragsbedingungen und die Verrechnungspreise daraufhin zu untersuchen, ob sie den zwischen voneinander unabhängigen Unternehmen der gleichen Branche vereinbarten entsprechen (vgl. BFH-Urt. v. 1.2.1967, BStBl. III 1967, 495). Das trifft bereits aufgrund der vom FG ohne Rechtsverstoß festgestellten Tatsachen im Streitfall nicht zu. Daß das Händlergeschäft für die Klägerin ein Verlustgeschäft war, ergibt sich aus den eigenen Ausführungen der Klägerin, im Händlergeschäft wäre selbst bei den vom FA als angemessen angesehenen Einstandspreisen Gewinn nicht zu erzielen gewesen. Das FG hat hierzu überzeugend ausgeführt, dass für die Händler die Belieferung durch die Klägerin nur unter der Voraussetzung interessant gewesen sei, dass ihnen eine eigene Handelsspanne verblieb. Die Klägerin hätte unter diesen Umständen mit Gewinnen aus dem Händlergeschäft nur rechnen können, wenn sie das in diesem Rahmen abzusetzende Produkt zu Einstandspreisen erworben hätte, die wesentlich unter den gezahlten Preisen lagen. Daß die Klägerin an den Konzernlieferanten gleichwohl Weltmarktpreise gezahlt hat, durfte das FG ohne Rechtsirrtum auf die Konzernverbindung der Klägerin zurückführen. Es ist davon auszugehen, dass Verträge zwischen Kaufleuten so gestaltet sind, dass der eine Vertragspartner über eine längere Zeit hinaus nicht leer ausgeht. ... Das FG war auch nicht verpflichtet, dem Vortrag der Klägerin näher nachzugehen, dass auch ein weiteres Unternehmen bei dem Konzernlieferanten zu den gleichen Preisen wie die Klägerin abgenommen habe. Selbst wenn dies zutreffen sollte, besagt dies nichts für die Beurteilung des Streitfalles, weil nicht dargetan ist, dass die Verhältnisse dieses Unternehmens mit denen der Klägerin vergleichbar sind.

BFH, Urt. v. 14.8.1974 – I R 168/72, BStBl. II 1975, 123:

Der Senat bezweifelt, ob es ein Lieferant stets als ein Gebot des eigenen Interesses ansehen darf, schlechte Absatzbedingungen seiner Abnehmer durch eine nachträgliche Herabsetzung seiner Verkaufspreise zu berücksichtigen. Die Frage kann im Einzelfall zu bejahen sein, wenn etwa ohne ein Entgegenkommen des Lieferanten gegenüber dem Abnehmer dieser seine Geschäftsbeziehungen zu dem Lieferanten abzubrechen droht und dies für den Lieferanten einen größeren Schaden bedeutete als **nachträgliche Preissenkungen**. Aber von solchen Sonderfällen abgesehen, pflegt ein Kaufmann weder als Käufer Nachzahlungen auf vereinbarte Preise zu leisten, selbst wenn diese unter dem Marktpreis lagen, noch als Verkäufer nachträgliche Preissenkungen vorzunehmen. Die Tatsache, dass eine Vertriebsgesellschaft vom ausschließlichen Vertrieb der Erzeugnisse eines bestimmten Lieferanten lebt, reicht für sich allein nicht aus, um nachträgliche Preissenkungen als Maßnahme des schuldrechtlichen Leistungsaustausches zu rechtfertigen.

BFH, Urt. v. 19.3.1975 – I R 137/73, BStBl. II 1975, 722:

Die **Gewinnlosigkeit** einer GmbH ist ein Anzeichen für das Vorliegen verdeckter Gewinnausschüttungen, weil die Tätigkeit einer GmbH, die am Wirtschaftleben teilnimmt, üblicherweise darauf gerichtet ist, Gewinn zu erzielen, der eine **angemessene Verzinsung des investierten Kapitals** erbringt. Das bedeutet aber nicht, dass die Höhe der verdeckten Gewinnausschüttungen durch eine Globalschätzung der angemessenen Rendite des eingezahlten Kapitals ermittelt werden dürfte.

BFH, Urt. v. 12.3.1980 – I R 186/76, BStBl. II 1980, 531:

Der Verzicht einer Vertriebsgesellschaft, die an Kunden gewährten Boni, Rabatte u. **Skonti** an den verbundenen Lieferanten weiterzubelasten, ist steuerlich nicht als Zuwendung eines Vermögensvorteils an den Lieferanten anzusehen, auch wenn die Vertriebsgesellschaft Verluste erleidet. Es hätte eine Verpflichtung des Lieferanten bestehen müssen, diese Kosten wenigstens zum Teil zu übernehmen – sei es aufgrund eines Vertrages oder einer Übung (vgl. BStBl 1967 III 495). Auch die Tatsache, dass die KG Verluste erlitt, während Großhandelsunternehmen in der BRD einen Reingewinnsatz von 3 bis 5 % des wirtschaftlichen Umsatzes erzielten, rechtfertigt allein noch nicht die Annahme einer verdeckten Gewinnausschüttung, solange nicht feststeht, dass der Aufwand, der den Verlust verursacht hat, nicht betrieblich veranlasst war. Auch wenn das Betriebsergebnis der KG unter dem des Lieferanten oder anderer Unternehmen dieser Branche in der BRD lag, rechtfertigt das keine Schätzung des Gewinns.

BFH, Urt. v. 16.4.1980 – I R 75/78, BStBl. II 1981, 492 und DB 1981, 1752 und GmbHR 1981, 173:

Eine verdeckte Gewinnausschüttung setzt voraus, dass eine Kapitalgesellschaft ihrem Gesellschafter Vermögensvorteile zuwendet, die sie unter sonst gleichen Umständen bei Anwendung der Sorgfalt eines ordentlichen Geschäftsleiters einem Nichtgesellschafter nicht gewährt hätte. Dem Geschäftsleiter wird zwar ein gewisser Ermessensspielraum eingeräumt, sein Handeln muss jedoch an den Gegebenheiten des Unternehmens ausgerichtet sein. Grundsätzlich kommt es für die Prüfung der Frage, ob eine vGA vorliegt, **auf den am Markt erzielbaren Erlös** an. Ein ordentlicher und gewissenhafter Geschäftsleiter wird bestrebt sein, den Marktpreis zu fordern; seine Aufgabe als Geschäftsführer eines Erwerbsunternehmens ist es, **Gewinn zu erzielen und diesen Gewinn nach Möglichkeit zu steigern**.

Im Streitfall kommt es demnach darauf an, was die Klägerin einem Kunden in der Schweiz, der nicht ihr Gesellschafter ist, aber **90 % ihrer gesamten Produktion abnimmt**, als Abnahmepreis … zugestanden hätte [*im vorliegenden Fall hatte das FG bei*

Lieferungen eines bestimmten Maschinentyps durch eine inländische Produktions-GmbH (= Klägerin) an ihre schweizerische Muttergesellschaft einen um 24 % unter dem ‚Normalpreis' liegenden Verrechnungspreis festgestellt und war deshalb zu vGA gelangt.] Dieser Kunde befindet sich gegenüber dem Lieferanten in einer starken Position, die es ihm erlaubt, auf die Preisgestaltung der von ihm bezogenen Produkte Einfluss zu nehmen. Der gewissenhafte Geschäftsleiter des liefernden Unternehmens wird sich Preisvorstellungen eines solchen Abnehmers, von dem schließlich die Existenz des Unternehmens abhängt, nicht verschließen können und auf einen Teil der Gewinnmarge bei diesen Erzeugnissen verzichten.

[*Der Klägerin*] oblag die Pflicht, nicht nur die Beweismittel zu benennen, sondern auch die erforderlichen Unterlagen für ihre Behauptung zu beschaffen, dass wirtschaftlich beachtliche Gründe maßgebend gewesen seien, eines ihrer Erzeugnisse abweichend von der Preisgestaltung für die übrigen an die Muttergesellschaft gelieferten Produkte weit unter Preis zu veräußern. Die Klägerin hat zwar in der mündlichen Verhandlung vor dem FG ihre Selbstkosten je ...Maschine während der Streitjahre genannt, sie hat sich aber – aus tatsächlichen und rechtlichen Gründen – außerstande gesehen, anhand von Belegen der **Schweizer Muttergesellschaft deren Verkaufspreise und deren Sondervertriebskosten offenzulegen**. Zu Recht hat das FG ausgeführt, die Vorlage dieser Nachweise sei der Klägerin zuzumuten gewesen ... . Schließlich hätte die Klägerin voraussehen können, dass sie wegen des in Rede stehen-den Geschäfts mit der Muttergesellschaft in Nachweisschwierigkeiten geraten könne; notfalls hätte sie für einen späteren Nachweis vorsorgen müssen. Der Senat tritt auch der Auffassung des FG bei, dass sich die Klägerin nicht darauf berufen kann, der Offenle-gung der Verhältnisse der Schweizer Muttergesellschaft stehe Art. 273 des Schweizeri-schen Strafgesetzbuches entgegen. ... Etwaige Auswirkungen der **schweizerischen Strafvorschrift** braucht kein anderer Staat gegen sich gelten zu lassen.

Da sich die entscheidungserheblichen Tatsachen hinsichtlich des Vertriebs der ...Maschinen durch die Muttergesellschaft und insbesondere ihre Sondervertriebskosten nicht haben aufklären lassen, fällt dies zum Nachteil dessen aus, der sich hinsichtlich einer bestimmten Rechtsfolge darauf beruft.

BFH, Urt. v. 9.3.1983 – I R 182/78, BStBl. II 1983, 744:

Langandauernde Verluste mussten allerdings im weiteren Verlauf zu einer schwerwiegenden Äquivalenzstörung führen, mit der Folge, dass ein ordentlicher Kaufmann oder Geschäftsleiter wegen Erschütterung oder sogar Wegfalls der Geschäftsgrundlage auf eine Aufhebung oder Änderung des ...vertrages hätte hinwirken müssen.

BFH, Urt. v. 15.11.1984 – IV R 139/81, BStBl. II 1985, 205:

Unter Liebhaberei im steuerlichen Sinne ist eine Betätigung zu verstehen, die ohne Gewinnerzielungsabsicht (= innere Tatsache) ausgeübt wird, sondern aus persönlichen Gründen der Lebensführung betrieben wird. ... **Andauernde Verluste** über die Anlaufzeit hinaus sind **allein kein Beweis der Liebhaberei**. Es muss in jedem Fall die Feststellung dazukommen, dass der Betrieb aus persönlichen Gründen unterhalten wird. ... Der Beweis, dass ein über Jahre hin mit Verlusten arbeitender Betrieb nicht mit der Absicht der Gewinnerzielung geführt wird, kann i. d. R. dann als erbracht gelten, wenn feststeht, dass der Betrieb nicht nach betriebswirtschaftlichen Grundsätzen geführt wird und nach seiner Wesensart und der Art seiner Bewirtschaftung auf die Dauer gesehen nicht nachhaltig mit Gewinnen arbeiten kann. Diese Grundsätze gelten i.d.R. für die Anlaufzeit eines erworbenen Betriebes vor allem dann nicht, wenn dieser Betrieb neu aufgebaut werden muss. **Verluste der Anlaufzeit** können nur dann steuerlich nicht anerkannt werden, wenn aufgrund der bekannten Entwicklung des Betriebes eindeutig feststeht, dass er, so wie er vom Stpfl. betrieben wurde, von vornherein nicht in der Lage war, nachhaltige Gewinne zu erzielen und deshalb nach objektiver Beurteilung von Anfang an keine Einkunftsquelle im Sinne des Einkommensteuerrechts darstellte. … Eine mit andauernden Verlusten arbeitende Reitschule mit Pferdeverleih und Pensionspferdehaltung stellt jedenfalls dann keine Liebhaberei im steuerlichen Sinne dar, wenn der Stpfl. aus der Erkenntnis, dass mit dem Betrieb keine Gewinne zu erzielen sind, die Konsequenzen zieht, indem er ihn nach den Anlaufjahren einstellt.

FG Hamburg, Urt. v. 13.4.1984 – II 117/81, EFG 1984, 624:

Eine Vereinbarung zwischen einer GmbH und ihrem Alleingesellschafter, dass die Verrechnungspreise über vom Alleingesellschafter zu liefernde Waren ‚von Fall zu Fall ausgehandelt werden', ohne dass dabei die Grundlagen der Preisabsprachen festgelegt werden, ist keine klare und eindeutige Preisabsprache. **Nachbelastungen zum Jahresende** zu Lasten der GmbH auf die vorläufigen Preise sind deshalb verdeckte Gewinnausschüttungen zugunsten des Alleingesellschafters der GmbH.

BFH, Urt. v. 19.11.1985 – VIII R 4/83, BStBl. II 1986, 289 und DB 1986, 836 und DStR 1986, 271:

Gewinnerzielungsabsicht als Merkmal des gewerblichen Unternehmens ist das Streben nach Betriebsvermögensmehrung in Gestalt eines **Totalgewinns**. Dabei ist unter dem Begriff ‚Totalgewinn' das positive Gesamtergebnis des Betriebs von der Gründung bis zur Veräußerung, Aufgabe oder Liquidation zu verstehen. Ob der Stpfl. in diesem Sinne eine Gewinnerzielungsabsicht hatte, kann nicht aus seinen Absichtserklärungen, sondern nur anhand äußerer Merkmale festgestellt werden. Es muss deshalb im Einzelfall aufgrund objektiver Umstände auf das Vorliegen oder Fehlen dieser Absicht geschlossen werden. Das bedeutet jedoch nicht, dass die objektive Eignung des Betriebs zur Erzielung eines Totalgewinns entscheidend ist. Die objektiven Verhältnisse (Wesensart des Betriebs, Art der Betriebsführung, Ertragsaussichten) sind lediglich Beweisanzeichen für die subjektiven Vorstellungen des Stpfl. in dem zu beurteilenden Veranlagungszeitraum. Maßgebend ist immer, wie sich die Verhältnisse aus der Sicht des an objektiven Gegebenheiten orientierten Stpfl. dargestellt haben.

Bei einem Großhandelsunternehmen spricht der Beweis des ersten Anscheins dafür, dass es in der Absicht der Gewinnerzielung betrieben wird.

Es ist nicht zu beanstanden, dass das FG in seine Beweiswürdigung [*hier: der Streitjahre 1971 bis 1973*] die Entwicklung des Betriebs in den Jahren 1974 bis 1981 einbezogen hat. Die Beantwortung der Frage, ob ein Betrieb nach seiner Wesensart und der Art seiner Betriebsführung auf die Dauer gesehen dazu geeignet ist, mit Gewinn zu arbeiten, **erfordert eine in die Zukunft gerichtete Beurteilung**, für die die Verhältnisse eines bereits abgelaufenen Zeitraums wichtige Anhaltspunkte bieten können. … Das FG hat ausgeführt, der Kläger habe keine innerbetrieblichen Strukturmaßnahmen zur Erzielung positiver Ergebnisse ergriffen und auch nicht dargetan, dass er aussichtsreiche Anstrengungen zu einer Steigerung des Umsatzes unternommen habe. Zu derartigen Darlegungen war der Kläger, den die objektive Beweislast für das Vorliegen der Gewinnerzielungsabsicht als Merkmal des Gewerbebetriebs trifft, verpflichtet. Kann der Stpfl. nicht vortragen und ggf. nachweisen oder glaubhaft machen, dass er sich bemüht hat, die **Verlustursachen** zu ermitteln und ihnen mit **geeigneten Maßnahmen zu begegnen**, so ist es nicht zu beanstanden, wenn das FG hieraus den Schluss zieht, dass für die Fortführung der verlustbringenden Tätigkeit nicht das Streben nach einem Totalgewinn, sondern persönliche Gründe ursächlich waren.

Hessisches FG v. 17.10.1988, EFG 1989, 200 (und Original-Urteilstext):

Trägt eine inländische Vertriebs-GmbH zum Teil Verluste, die daraus resultieren, dass die ausländische Herstellerfirma und einzige Gesellschafterin der Vertriebsgesellschaft Produkte zu Preisen liefert, die wegen der nicht ausreichend bemessenen Rohgewinnspanne keinen Gewinn ermöglichen, so liegt hierin eine verdeckte Gewinnausschüttung. Diesem Ergebnis steht nicht entgegen, dass die ausländische Muttergesellschaft **unter ihren Selbstkosten**geliefert hat und die in Rechnung gestellten Preise auf niedrigem Niveau liegen. Zweck eines Erwerbsunternehmens ist es, Gewinn zu erzielen und nicht, die Verluste der Muttergesellschaft zu übernehmen. Verluste trägt das Unternehmen, das sie verursacht und nicht jenes Unternehmen, dem sie kraft Konzerngewalt – über Verrechnungspreise – zudiktiert werden. ... Die BFH-Entscheidungen v. 1.2.1967 und v. 25.2.1970 beruhen auf Erwägungen, die der Senat nicht nachvollziehen kann. Dass sowohl die Verrechnungspreise als auch die Verkaufspreise über denjenigen der deutschen Konkurrenz gelegen hätten, rechtfertigt denkgesetzlich nicht den Schluss, dass die "*Gewinnspanne ausreichend groß*" – so der BFH – war. Die Gewinnspanne ist eine Differenzgröße und die Größe dieser Differenz wird nicht davon bestimmt, ob sich Ein- und Verkaufspreis auf hohem oder niedrigem Niveau bewegen.

BFH, Urt. v. 17.2.1993 – I R 3/92, BStBl. II 1993, 457:

Der ordentliche Geschäftsleiter einer Vertriebsgesellschaft wird nur dann ein **neues Produkt am Markt einführen**, wenn er daraus bei vorsichtiger und vorheriger Prognose innerhalb eines **überschaubaren Zeitraums** einen angemessenen **Gesamtgewinn** erwarten kann. Die **Gewinnerwartung** ist betriebswirtschaftlich zu belegen; insb. sind dafür die vorab erstellte Absatzplanung, Werbestrategie und Gewinnplanung für den erwartbaren Absatzzeitraum geeignet.

FG Saarland, Urteil vom 25.10.1995 – 1 K 240/94, EFG 1996, 49:

Inländische Kapitalgesellschaften, die zu einem international tätigen Konzern gehören, sind nach Maßgabe des § 1 AStG ertragsmäßig so auszustatten, als würden die Geschäftsbeziehungen unter unabhängigen Dritten bestehen. Dies ist nicht der Fall, wenn der inländischen Kapitalgesellschaft, die den Zwischenhandel mit landwirtschaftlichen Produkten der Konzernmutter betreibt – im 8 Jahresdurchschnitt gesehen – bei einem durchschnittlichen Jahresumsatz von rd. 73 Mio. DM ein durchschnittlicher Jahresgewinn von rd. 27.300 DM (= 0,037 %) verbleibt. Selbst bei der **Annahme eines Reinge-**

winns von nur 0,75 % des getätigten Umsatzes wäre im zu entscheidenden Fall die streitige Körperschaftsteuer nicht zu hoch festgesetzt worden.

FG Düsseldorf v. 11.7.1996, EFG 1996, 566:

Die **nachträgliche Erhöhung des Lieferrabatts**, den eine GmbH von ihrem Gesellschafter erhält, ist keine verdeckte Einlage, wenn eine Anpassung des Rabatts dem Grunde nach vorab vereinbart war. … Die Vertriebsgesellschaft hatte im X-Bereich keine Möglichkeit, diesen Geschäftsbereich zu den bisherigen Konditionen aufrechtzuerhalten, geschweige einen entsprechenden Marktanteil aufzubauen. Bei dieser Sachgestaltung hätte ein ordentlich und gewissenhaft handelnder Geschäftsleiter auch gegenüber einem fremden Lieferanten eine Anpassung des Funktionsrabatts in der Weise durchgesetzt, dass ein ausreichender Spielraum unter Berücksichtigung der Kosten und der eingeräumten Verbraucherpreise verblieben wäre.

BFH, Urt. v. 4.12.1996 – I R 54/95, DB 1997, 707:

Unterhält eine **Kapitalgesellschaft** im Interesse eines oder mehrerer Gesellschafter ein **Wirtschaftsgut** und entstehen ihr nur aus diesem Anlass **Verluste**, ohne dass sich der oder die Gesellschafter zu einem **Verlustausgleich zzgl. der Zahlung eines angemessenen Gewinnaufschlags** verpflichtet haben, so ist in dem Verzicht auf die Vereinbarung eines Aufwendungsersatzanspruchs i.H. des im jeweiligen Veranlagungszeitraum angefallenen Verlusts zzgl. eines angemessenen Gewinnaufschlags eine vGA i.S. des § 8 Abs. 3 Satz 2 KStG und eine andere Ausschüttung i. S. des § 27 Abs. 3 Satz 2 KStG anzunehmen. Unter Berücksichtigung des Verhaltens eines ordentlichen und gewissenhaften Geschäftsleiters liegt dann regelmäßig eine verhinderte Vermögensmehrung vor. Dieser würde für die Kapitalgesellschaft eine Verlusttätigkeit nicht ohne die Vereinbarung eines Aufwendungsersatzes zzgl. eines angemessenen Gewinnaufschlags übernehmen.

FG Saarland, Urteil vom 18.12.1996, EFG 1997, 485 (und Original-Urteilstext):

Der bei der Frage, ob verdeckte Gewinnausschüttungen vorliegen, als Maßstab dienende ordentliche und gewissenhafte Geschäftsleiter hätte aber auf jeden Fall seine Preise so gestaltet, dass sie **kostendeckend** gewesen wären und darüber hinaus einen Gewinn zugelassen hätten. Die vom FA hierzu herangezogene **Kostenaufschlagsmethode** ist von ihrem Ansatz her **geeignet, den erforderlichen Fremdvergleich anzustellen**.

BFH, Urt. v. 15.10.1997 – I R 80/96, BFH/NV 1998, 624:

Dient die Zuwendung eines Vermögensvorteils z. B. dazu, die **Kosten der Markteinführung** eines Produkts abzudecken und werden diese Kosten üblicherweise ganz oder teilweise vom Lieferanten getragen, ist dies ein starkes Indiz dafür, dass der Gesellschafter bei Anwendung der Sorgfalt eines ordentlichen Kaufmanns der Gesellschaft den Vermögensvorteil auch dann eingeräumt hätte, wenn er kein Gesellschafter, sondern nur Lieferant gewesen wäre (vgl. Senatsurteil vom 17.2.1993, I R 3/92, BStBl. 1993 II S. 457).

FG Düsseldorf, Urteil vom 8.12.1998[1] *– 6 K 3661/93 K, G, F, IStR 1999, 311 und DStRE 1999, 787:*

Zahlungen einer inländischen GmbH an das ausländische Konzernunternehmen (produzierende Muttergesellschaft) für konzerneigene Ware stellen verdeckte Gewinnausschüttungen dar, wenn eine bestimmte Rohgewinnmarge nicht erreicht wird. Denn ein ordentlicher und gewissenhafter Geschäftsführer wird eine angemessene Rohgewinnmarge nur akzeptieren, wenn er dadurch einen **angemessenen Gewinn erwarten darf.**

Werden von der produzierenden Muttergesellschaft die Kalkulationsunterlagen nicht vorgelegt, aus denen sich die Berechnung der Verkaufspreise ergibt, ist zur Ermittlung des angemessenen Preises für Lieferungen innerhalb verbundener Unternehmen im Rahmen eines internen Betriebsvergleichs der Einkaufspreis und die daraus resultierende Rohgewinnmarge anhand von Fremdprodukten festzustellen.

Ausgangspunkt sämtlicher Überlegungen zur Angemessenheit von Leistungsentgelten, die ein Stpfl. für den Erwerb von konzerneigenen Produktlinien an die Muttergesellschaft zu zahlen hat, ist die Frage, ob ein ordentlicher und gewissenhafter Geschäftsleiter für den Bezug von Waren von einem Dritten einen Kaufpreis in derselben Höhe akzeptiert hätte (BFH v. 23.6.1993 – I R 72/92, BStBl. II 1993, 801). Dieses ist der Fall, wenn die vereinbarten Lieferpreise üblich waren. … Dennoch sind auch Sachverhaltsgestaltungen denkbar, bei deren Vorliegen auch ein ordentlicher und gewissenhafter Geschäftsleiter mehr als den Marktpreis bezahlen würde. Dieses ist anzunehmen, wenn die von ihm vertriebene Ware nicht allgemein bei einer Vielzahl von Anbietern zu erwerben ist, sondern nur von einer zahlenmäßig eng begrenzten Anzahl von Unternehmen überhaupt angeboten wird und **exklusiv an einen oder wenige Abnehmer** tatsächlich geliefert wird. Bei solchen Marktgegebenheiten wird er auch einen höheren als den Marktpreis bereit sein zu zahlen, wenn er das Vertriebsrecht von einem Anbieter eingeräumt bekommt und für ihn – trotz des im Vergleich zu anderen Vertriebsunternehmen mit vergleichbaren Waren erhöhten Einkaufspreises – ein seiner wirtschaftlichen Tätigkeit angemessener Gewinn verbleibt.

Andererseits ist auch durch die Feststellung, dass die zwischen verbundenen Unternehmen vereinbarten **Lieferpreise dem Marktpreis entsprechen, eine vGA noch nicht ausgeschlossen**. Ziel einer Kapitalgesellschaft ist es, Gewinne zu erwirtschaften. Daher kann auch in der Zahlung eines dem Marktpreis entsprechenden Kaufpreises eine vGA zu sehen sein, denn ein ordentlicher und gewissenhafter Geschäftsleiter wäre grundsätzlich nicht bereit, den Marktpreis für eine Ware zu zahlen, wenn es ihm bei vorsichtiger und vorheriger kaufmännischer Prognose erkennbar nicht möglich wäre, aufgrund des bestehenden oder zukünftig notwendig werdenden Kostenapparates innerhalb eines überschaubaren Zeitraums Gewinn aus dem Handel mit diesem Produkt zu erzielen (vgl. BFH-Urteil vom 17.2.1993 – I R 3/92, BStBl. II 1993, 457). Gleiches gilt, wenn sich die Möglichkeit bietet, die geschäftliche Tätigkeit auszuweiten oder zusätzliche Aufgaben und Funktionen innerhalb der Produktions- und Vertriebskette zu übernehmen. Ziel des

[1] Siehe hierzu auch die Revisionsentscheidung des BFH (BFH-Urt. v. 17.10.2001 – I R 103/00, BStBl.2004, 171), die in zentralen Streitfragen – vornehmlich allerdings auf dem Gebiet des Verfahrensrechts – zu anderen Ergebnissen gekommen ist.

Kaufmanns wird es sein, in einem absehbaren Zeitraum laufende – angemessene – Gewinne aus der Tätigkeit zu erzielen, um damit letzten Endes einen Totalgewinn aus diesem neuen Tätigkeitsbereich zu erwirtschaften (BFH-Urteil v. 17.2.1993 – I R 3/92, BStBl. II 1993, 457 für die Einführung eines neuen Produkts).

Unabhängig von diesen Überlegungen ist dennoch nicht ausgeschlossen, dass zu Beginn einer Tätigkeit zunächst Verluste anfallen (Anlaufverluste: BFH-Urteil vom 27.7.1988 – I R 104/84, BStBl. II 1989, 274, 275). Zwar ist davon auszugehen, dass Verträge zwischen Kaufleuten so gestaltet sind, dass der eine Vertragspartner über eine längere Zeit hinweg nicht ‚leer ausgeht' (BFH v. 1.2.1967 – I 220/64, BStBl. III 1967, 495), mit der Folge, dass bei einem konzerneigenen Vertriebsunternehmen, das **laufend Verluste** erzielt, die Vermutung naheliegt, dieses beruhe auf Vertragsbedingungen und Verrechnungspreisen, die nicht denjenigen zwischen unabhängigen Unternehmen der gleichen Branche entsprechen (vgl. BFH v. 21.12.1972 – I R 70/70, BStBl. II 1973, 449, 452). Allerdings ist es nicht ungewöhnlich, dass eine Kapitalgesellschaft zu Beginn ihrer Tätigkeit zunächst Verluste erzielt. Dieses ist insbesondere darauf zurückzuführen, dass sie sich zunächst im Markt positionieren und entsprechende Geschäfte aufbauen muss. Für eine im Inland ansässige Kapitalgesellschaft kann insoweit ein **Zeitraum von 3 Jahren** als angemessen angesehen werden (vgl. BFH v. 27.7.1988 – I R 104/84, BStBl. II 1989, 274), wobei aber im Einzelfall auch eine kürzere oder längere Anlaufphase in Betracht kommt (BFH v. 17.2.1993 – I R 3/92, BStBl. 1993, 457).

Ob es sich bei dem zwischen den Vertragsparteien vereinbarten Lieferpreis um einen in dem vorgenannten Sinne angemessenen Preis handelt, ist grundsätzlich anhand des konkreten Schuldverhältnisses als ganzem zu überprüfen. Die Einbeziehung eines weiteren oder sogar mehrerer Geschäfte in die Angemessenheitsprüfung in dem Sinne, dass eine unangemessene Entgeltsvereinbarung durch die Entgeltsvereinbarung bei einem weiteren Geschäft kompensiert wird, ist grundsätzlich nicht möglich. Eine solche Kompensation (**Vorteilsausgleich**) kommt nur in Betracht, wenn beide Geschäfte wirtschaftlich als einheitliches Rechtsgeschäft anzusehen sind und die Leistungen der Gesellschaft an den Gesellschafter durch Leistungen des Gesellschafters an die Kapitalgesellschaft aufgewogen werden (BFH-Urteil v. 10.3.1993 – I R 51/92, BStBl. II 1993, 635). Die Annahme eines einheitlichen Geschäfts setzt den Abschluss beider Geschäfte zum gleichen Zeitpunkt voraus. Zwar ist auch denkbar, dass die beiden Geschäfte zu unterschiedlichen Zeitpunkten abgeschlossen werden, Die Annahme eines Vorteilsausgleichs ist dann jedoch nur möglich, wenn das für die Kapitalgesellschaft günstige Geschäft auf einer im voraus getroffenen, klaren und eindeutigen Vereinbarung beruht und deshalb das spätere für die Kapitalgesellschaft für die vorteilhafte Geschäft bei der Bemessung der Gegenleistung im Rahmen des ersten Vertragsabschlusses bereits konkret berücksichtigt wurde (BFH-Urteil v. 10.3.1993 – I R 51/92, BStBl. II 1993, 635).

Der – unstreitig – erheblich über dem vergleichbarer Betriebe liegende Fixkostenapparat legt die Vermutung nahe, dass dieser durch das entsprechende **Repräsentationsbedürfnis** nicht nur der inländischen GmbH, sondern insbesondere auch der ausländischen produzierenden Muttergesellschaft bedingt war. Dieses wird auch aus dem Umstand deutlich, dass die GmbH mittlerweile auf ihren Briefbögen mit dem Logo der Muttergesellschaft wirbt und sich somit nicht nur als Großhändlerin, sondern auch als Repräsentantin der Muttergesellschaft sieht. Ein ordentlicher und gewissenhafter Geschäftsleiter hätte einen erhöhten Kostenumfang aber ebenfalls nur in Kauf genommen, wenn die Gewinnmargen die im Vergleich höheren Fixkosten berücksichtigt hätten.

Den Umstand, dass in den Jahren … erhebliche Verluste erwirtschaftet wurden, hat die GmbH nachvollziehbar mit außergewöhnlichen Umständen begründet. Durch die Beendigung der Tätigkeit des Herrn Geschäftsführers … sind dieser einige **Produktlinien entzogen** worden, was angesichts der weiterhin angefallenen Kosten zu den erklärten Verlusten geführt hat. Da diese Entwicklung für die GmbH bei Aufnahme ihrer Tätigkeit nicht erkennbar war, kann insoweit nicht davon gesprochen werden, dass die über einen Zeitraum von 3 Jahren hinausgehende Verlustsituation auf die unangemessene Rohgewinnmarge zurückzuführen ist.

BFH, Beschl. v. 10.5.2001 – I S 3/01, DB 2001, 1180:

Das FA wirft der Antragstellerin ferner vor, sie habe keine **Kalkulationsunterlagen der ausländischen Produktionsmuttergesellschaft** vorgelegt, weshalb im Inland nicht erkennbar sei, welchen **Produktionsgewinn** die Muttergesellschaft erzielt habe und wie das Verhältnis zum Vertriebsgewinn der Antragstellerin sei. Dieser Vorwurf würde dann durchgreifen, wenn die Antragstellerin i.S. des § 90 Abs. 2 Satz 2 AO 1977 die rechtliche oder zumindest tatsächliche Möglichkeit gehabt hätte, an die genannten Kalkulationsunterlagen heranzukommen. Davon kann nicht ausgegangen werden. Eine Tochtergesellschaft hat gesellschaftsrechtlich keine Möglichkeit, Kalkulationsunterlagen ihrer Muttergesellschaft zu beschaffen. Dass für die Antragstellerin etwas anderes gelten sollte, hat das FA nicht schlüssig dargelegt. Zwar kann man daran denken, dass die Antragstellerin sich entsprechende Auskünfte ihrer Muttergesellschaft habe vertraglich vorbehalten müssen. Ein solcher Vorbehalt ist jedoch zwischen fremden Dritten nicht nur unüblich, sondern für den Regelfall ausgeschlossen. **Unabhängige Vertragspartner sind nicht bereit, ihre wechselseitig erzielten Gewinne dem jeweils anderen Vertragsteil mitzuteilen**. Sie tun dies schon deshalb nicht, weil sie zusätzlichen **Druck des anderen Geschäftspartners auf die eigenen Preise** befürchten.[2] Sie verzichten auch nicht auf das Geschäft, wenn der andere Vertragspartner sich weigert, Auskunft über seine Gewinne zu erteilen. ... Eine Tochtergesellschaft mag im Einzelfall eine entsprechende tatsächliche Möglichkeit haben. Auch dies muss dann jedoch durch konkrete Umstände festgestellt und belegt werden.

BFH, Urt. v. 17.10.2001 – I R 103/00, BStBl. II 2004, 171:

Geht man von einer Bandbreite angemessener Verrechnungspreise aus, stellt sich die letztlich entscheidende Folgefrage, ob sich eine Schätzung an der **Unter- oder an der Obergrenze dieser Bandbreite orientieren** muss oder ob ein sog. Mittelwert angesetzt werden kann. Insoweit gilt der Grundsatz, dass für die Anwendung einer **Mittelwertme-**

[2] Wegen dieser Ausführungen des BFH muss es als äußerst fraglich erscheinen, ob die durch das UntStRefG 2008 gesetzlich neu eingeführte sogenannte ‚Informationstransparenz' im Konzern (siehe § 1 Abs. 1 Satz 2 AStG), wonach für die Anwendung des Fremdvergleichsgrundsatzes davon auszugehen ist, dass die Konzernunternehmen alle wesentlichen Umstände ihrer konzerninternen Geschäftsbeziehungen kennen, tatsächlich erfüllbar - und damit verfassungskonform - ist und ob sie tatsächlich dem Fremdvergleich entspricht. Laut Regierungsbegründung soll durch § 1 AStG lediglich der international anerkannte Fremdvergleichsgrundsatz konkretisiert werden.

thode im deutschen Steuerrecht eine Rechtsgrundlage fehlt. Vorbehaltlich einer anderen Beweisrisikoverteilung muss sich eine Schätzung an dem für den Stpfl. günstigeren Ober- oder Unterwert der Bandbreite von Fremdvergleichspreisen orientieren.[3] Allerdings kann das FA bzw. das FG eine zunächst festgestellte Bandbreite an Preisen durch anderweitige Überlegungen (Verprobungsmethoden) einzuengen versuchen. Auch kann mit Hilfe einer **Vergleichbarkeitsanalyse die Bandbreite begrenzt** oder der Streitfall an das Vergleichsunternehmen angepasst werden. Ferner kann der vom erkennenden Senat schon in seinem Urteil vom 17.2.1993 (I R 3/92, BStBl. II 1993, 457) herausgearbeitete Erfahrungssatz zu berücksichtigen sein, dass eine unabhängige Vertriebsgesellschaft auf Dauer keine Produkte vertreiben wird, mit denen sie nur Verluste erzielt. Sie würde den Vertrieb von **verlustreichen Produkten** rechtzeitig einstellen bzw. sich nach anderen Produkten umsehen, deren Vertrieb Gewinne verspricht. So gesehen muss eine verbundene Vertriebsgesellschaft auch bei Anerkennung von **Anlaufverlusten** im Regelfall innerhalb eines überschaubaren Kalkulationszeitraums mit einem **angemessenen Totalgewinn** rechnen können.

Der Senat hat im Urteil vom 17.2.1993 angenommen, dass die **Verlustphase der Anlaufzeit** – abgesehen von besonderen Umständen im Einzelfall – einen Zeitraum von **drei Jahren** nicht übersteigen wird. Er hat sich indessen bezüglich des überschaubaren **Kalkulationszeitraums**, innerhalb dessen ein **angemessener Totalgewinn** erzielt werden muss, zeitlich nicht festgelegt. Der Ansatz einer längstens 3-jährigen Verlustphase betraf damals neu auf dem Inlandsmarkt eingeführte Produkte. Er muss erst recht für den Weitervertrieb von bereits vorher auf dem Inlandsmarkt eingeführten Produkten gelten. Der Senat versteht seine unter Beweisrisikoverteilungsgesichtspunkten getroffene Entscheidung im Urteil vom 17.2.1993 dahin, dass immer dann, wenn eine Vertriebsgesellschaft die Produkte einer ihr nahestehenden Produktionsgesellschaft vertreibt und drei Jahre lang nur ins Gewicht fallende Verluste erzielt, eine **widerlegbare Vermutung** dahin ausgelöst wird, dass der vereinbarte Verrechnungspreis unangemessen und durch das Gesellschaftsverhältnis veranlasst ist. Im Rahmen seiner Darlegungslast kann der Stpfl. z. B. begründen, weshalb die tatsächliche Entwicklung entweder auf **Fehlmaßnahmen** oder auf anderen Gründen beruht, die nicht vorhergesehen wurden, und dass vor allem rechtzeitig **Anpassungsmaßnahmen** ergriffen wurden. Gelingt der entsprechende Nachweis, so können einerseits Verluste auch über den Zeitraum von drei Jahren hinaus anerkannt werden. Andererseits kann es geboten sein, den Zeitraum, innerhalb dessen ein Totalgewinn erzielt werden muss, zu verlängern. Gelingt der Nachweis dagegen nicht und ergreift der Stpfl. auch keine Anpassungsmaßnahmen, so kann in den Grenzen des Vermuteten geschätzt werden, d.h. es können im Rahmen der Schätzung vGA in Höhe der Differenz zwischen dem erklärten Verlust und einem angemessenen Totalgewinn angesetzt und auf die Jahre verteilt werden. Die Schätzung kann sich auch auf die Einkaufspreise der ersten drei Jahre beziehen, ohne dass sie deshalb für diese Jahre zu einem Gewinn führen müsste. … Verdeckte Gewinnausschüttungen können auch dann vorliegen, wenn der von der Vertriebsgesellschaft gezahlte Ein-

[3] Seit dem VZ 2008 ist bei Verrechnungspreiskorrekturen im grenzüberschreitenden Bereich § 1 (3) S. 4 AStG zu beachten, wonach für eine Korrektur der Median der Bandbreite – und nicht mehr der für den Stpfl. steuerlich günstigste Wert der Bandbreite - maßgeblich ist.

kaufspreis zwar innerhalb der Bandbreite von Vergleichspreisen liegt, ihr jedoch keine Gewinnerzielung ermöglicht.

Soweit **Zuschüsse** nur dem Ausgleich erzielter Verluste dienten, die im Gesellschaftsverhältnis veranlasst waren, stellen sie sich als Rückgewähr von vGA dar, die nach ständiger höchstrichterlicher Rechtsprechung als Einlagen zu behandeln sind. Sie mindern dann nicht die für die Streitjahre anzunehmenden vGA.

BFH, Urt. v. 15.5.2002 – I R 92/00, BFH/NV 2002, 1538 und DB 2002, 2082 und DStR 2002, 1660:

Der Grundsatz, dass die **Anlaufphase** bis zum Eintritt in die Gewinnzone regelmäßig einen Zeitraum von drei Jahren nicht überschreitet, gilt nicht für den Fall der **Neugründung** eines Unternehmens.

Ob das Handeln der Gesellschaft im eigenen oder im Interesse der Gesellschafter erfolgt, ist grundsätzlich nach denjenigen Regeln zu beurteilen,, die bei natürlichen Personen und Personengesellschaften für die Abgrenzung der auf Einkunftserzielung gerichteten Tätigkeit von der steuerlich unbeachtlichen „Liebhaberei" gelten.

Es ist nicht darauf abzustellen, ob die Tätigkeit bei **rückschauender Betrachtung** wirtschaftlich erfolgversprechend war oder nicht. Ferner ist zu beachten, dass sich die Gewinnaussichten einer neu begonnenen Tätigkeit häufig erst nach einer Anlaufphase beurteilen lassen und dass deshalb Verluste in dieser Phase jedenfalls dann nicht auf ein Fehlen der Gewinnerzielungsabsicht hindeuten, wenn der Unternehmer auf sie mit betriebswirtschaftlich sinnvollen Maßnahmen reagiert.

Schließlich gilt auch für Kapitalgesellschaften, dass Maßstab für die Abgrenzung zwischen einer im Gesellschaftsinteresse und einer im Gesellschafterinteresse übernommenen Tätigkeit die Erzielbarkeit eines Totalgewinns ist, also auf die Gewinnerwartungen für die Zeit von der Aufnahme bis zur voraussichtlichen Beendigung der Tätigkeit abgestellt werden muss.

Die Rechtsprechung im Urteil vom 17.2.1993 ist nicht einschlägig, wenn es sich nicht um die **Erweiterung der Produktpalette** eines bereits etablierten Unternehmens, sondern um die **Neugründung eines Unternehmens** handelt. In einer solchen Situation kann die **Anlaufphase** den Zeitraum von drei Jahren im Einzelfall deutlich übersteigen.

FG Baden-Württemberg, Urt. v. 22.5.2003[4] – 3 K 143/98, DStRE 2004, 965:

Sobald die AG [= *schweizerischer Konzernhersteller*] – von der Basis (noch) angemessener Preise aus – **Preiserhöhungen** vornahm, die von dem Vertriebsunternehmen [= *Generalimporteur und Klägerin*] an den Einzelhandel nicht mehr in annähernd der gleichen prozentualen Höhe weitergegeben werden konnten, konnte ein Vertriebsunternehmen diese einseitige Preisfestlegung nicht mehr ohne Weiteres hinnehmen, sondern musste zur Wahrung seiner Gewinnchancen mit seinem Lieferanten in **Preisverhandlungen** eintreten.

[4] Siehe hierzu das BFH-Urteil vom 6.4.2005 (I R 22/04, BStBl. II 2007, 658), wodurch den Revisionen von FA und Stpfl. stattgegeben und die Sache an das FG zurück verwiesen wurde.

Der Senat verkennt nicht, dass in vielen (allerdings nicht in allen) Branchen die Marktmacht der Warenhersteller die Möglichkeiten der Vertriebsunternehmen, sich dem Preisdiktat der Hersteller zu entziehen, stark einschränkt. Andererseits sind umgekehrt auch Produzenten nicht selten abhängig von ihren Großabnehmern mit der Folge, dass diese den Einkaufspreis bis zur Grenze der Selbstkosten des Produzenten (manchmal sogar noch darunter) drücken können. Bei der Angemessenheit von Verrechnungspreisen für den Warenverkehr unter verbundenen Unternehmen ist weder die eine noch die andere Marktsituation zugrunde zu legen. Vielmehr ist **Maßstab des Fremdvergleichs der faire Umgang** dieser Unternehmen miteinander. Das bedeutet, dass jedes Unternehmen einerseits das Ziel der Gewinnmaximierung verfolgt, dabei aber andererseits auch auf die berechtigten Belange seines Geschäftspartners Rücksicht nimmt.

Die Klägerin hatte ihren Rohgewinnsatz von 23 % (1984 – 1988) auf knapp 27 % (1989) und ihre Umsatzrendite von 0,65 % (1984 – 1988) auf 4,4 % (1989) erhöhen können. Sie lag damit bei einem Vergleich mit den vom Statistischen Bundesamt für den Bereich ‚Großhandel mit Hausrat aus Eisen, Metall und Kunststoff (ohne elektronische Erzeugnisse) betreffend das Jahr 1988 veröffentlichten Werten über den für die Gesamtzahl der Betriebe angegebenen Durchschnittswerten (Rohgewinnsatz: 26,7 %; Umsatzrendite: 1,9 %), allerdings unter den für Betriebe mit einer Gesamtleistung zwischen 5 und 25 Mio. DM angegebenen Durchschnittswerten (Rohgewinnsatz: 28,7 %; Umsatzrendite: 5,3 %). Abgesehen davon, dass für die im Streitfall gebotene Schätzung nicht **Durchschnittswerte**, sondern noch angemessene Verrechnungspreise am unteren Ende der hierfür zu ermittelnden Bandbreite maßgebend sind, lässt die von der Klägerin vorgelegte – aus Veröffentlichungen des Statistischen Bundesamtes entnommene – Übersicht nicht erkennen, wie viele Vergleichsbetriebe in die dortige Erhebung für 1988 einbezogen worden sind. Die … ausgewiesenen Werte weisen … so große Differenzen auf, dass jedenfalls für die einzelnen Größenklassen Zweifel an einer ausreichend **repräsentativen Stichprobe** gegeben sind. Die Daten geben deshalb lediglich einen groben Anhalt für einen **externen Betriebsvergleich** und sind insofern nur sehr eingeschränkt ergiebig. Sie erlauben jedenfalls angesichts der entsprechenden Daten der Klägerin nicht den Schluss, dass nicht auch bei höheren Verrechnungspreisen der AG und einem dementsprechend niedrigeren Rohertrag bzw. Betriebsergebnis noch angemessene Verrechnungspreise vorgelegen haben könnten. Kann aber für das Jahr 1989 nicht festgestellt werden, dass die Verrechnungspreise der AG an der oberen Grenze angemessener Verrechnungspreise gelegen haben, dann kann aus – bezogen auf dieses Basisjahr – überproportionalen Preissteigerungen allein noch nicht abgeleitet werden, dass in den Folgejahren unangemessen hohe Verrechnungspreise vorgelegen hätten.

Der Kurs des Schweizer Franken war von jeweils über 120 [*DM*] (in den Jahren 1984 – 1988) auf 115,07 (im Jahr 1989) gefallen und hatte eine entsprechende Verbilligung von Importen zur Folge. Dass im Anschluss an eine Verschlechterung des Kurses einer **ausländischen Währung** Hersteller mit einem Standort in einem entsprechenden Währungsgebiet versuchen, ihre verbesserte Wettbewerbssituation durch Preiserhöhungen zu nutzen, ist … nicht ungewöhnlich und bei einer Abhängigkeit von ausländischen Rohstofflieferungen mindestens teilweise auch deshalb unumgänglich, um den (ebenfalls wechselkursbedingten) Anstieg der Herstellungskosten aufzufangen. Wenn in einer solchen Situation die Preise gegenüber einem verbundenen Vertriebsunternehmen über das hinaus erhöht werden, was dieses an seine Abnehmer weitergeben kann, sind solche Preiserhöhungen deshalb noch kein hinreichender Beleg dafür, dass sie durch das Gesellschaftsverhältnis veranlasst sind.

Zwar lagen die von der Klägerin im Handel mit ...Artikeln erzielten Roherträge bereits in den Jahren 1990 und 1991 mit 21,07 bzw. 21,22 % unterhalb des Schwellenwertes [*das FG hielt eine Rohgewinnmarge i.H. von 22 % für angemessen*]. Da indessen die Klägerin in den genannten Jahren mit diesen Produkten noch **positive Umsatzrenditen** erzielt hat, die mit 1,28 % (1990) bzw. 1,23 % (1991) auch im Bereich der für die Branche ermittelten Durchschnittswerte (1988: 1,9 %; 1992: 1,0 %) lagen, und sich erst im Verlauf dieser beiden Jahre herausgestellt hat, dass sie die ihr von der AG auferlegten Preissteigerungen ihren Abnehmern gegenüber nicht in vollem Umfang weitergeben konnte, vermag der Senat für diese Zeiträume noch nicht festzustellen, dass die Klägerin ... überhöhte Verrechnungspreise hingenommen hätte. ... Anders verhält es sich indessen ab dem Jahr 1992. ... Dabei wird nicht verkannt, dass die AG ... die **Preiserhöhungen einheitlich auch gegenüber ihren Abnehmern in anderen Ländern** vorgenommen hat. Denn auch dieser Gesichtspunkt würde ein unabhängiges inländisches Vertriebsunternehmen nicht mehr daran gehindert haben, den neuerlichen Preiserhöhungen des ausländischen Herstellers entgegen zu treten, wenn diese nur noch Roherträge in einer Höhe erwarten ließen, die – wie bei der Klägerin in den Jahren 1992 und 1993 – keine (positive) Umsatzrendite mehr versprachen. Durch die Hinnahme überhöhter Verrechnungspreise [*in den Jahren 1992 und 1993*] hat die Klägerin in Höhe des unangemessenen teils dieser Preise auf eine Mehrung ihres Vermögens verzichtet. Da dieses Verhalten auf der gesellschaftsrechtlichen Verbundenheit der beiden Unternehmen beruht, sind die Differenzbeträge als vGAen zu beurteilen.

BFH, Urt. v. 6.4.2005 – I R 22/04, BStBl. II 2007, 658:

Ein Einkaufspreis hält nicht schon deshalb dem Fremdvergleich stand, weil er sich an einer **Preisliste** orientiert, die für alle Kunden des betreffenden Lieferanten gleichermaßen gilt.

. ... Wenn der Lieferant die Preise erhöht und der Vertreiber diese Erhöhungen nicht an seine Kunden weitergeben kann und damit rechnen muss, bei Fortsetzung dieser Entwicklung keine positive Rendite mehr erzielen zu können, würde der ordentliche u. gewissenhafte Geschäftsleiter eines unabhängigen Vertriebsunternehmens zumindest den Versuch unternehmen, durch Verhandlungen mit seinem Lieferanten eine Preisvereinbarung zu erreichen, die die Erzielung eines **angemessenen Vertriebsgewinns** ermöglicht. Erfolgt dieser Versuch nicht, kann hieraus eine Veranlassung der Preisgestaltung durch das Gesellschaftsverhältnis abgeleitet werden. In diesem Zusammenhang kommt es nicht darauf an, ob sich der Lieferant in **wirtschaftlichen Schwierigkeiten** befand (ebenso Hessisches FG v. 17.10.1988, EFG 1989, 200).

BFH, Urt. v. 22.8.2007 – I R 32/06, BStBl. II 2007, 961:

Wenn eine Kapitalgesellschaft ohne angemessenes Entgelt Geschäfte tätigt, die im Interesse ihrer Gesellschafter liegen und bei der Gesellschaft selbst zu **Verlusten** führen, sind die von der Gesellschaft erzielten Verluste außerbilanziell um die angefallenen **Verlustbeträge sowie einen angemessenen Gewinnaufschlag** zu erhöhen. ... Der Senat verlangt für die Annahme einer vGA auf der Ebene der Körperschaft, dass sich daraus beim Gesellschafter **objektiv ein zurechenbarer (materieller) Vorteil** i. S. von § 20 Abs. 1 Nr. 1 Satz 2 EStG ergeben kann.

FG Rheinland-Pfalz, Beschl. v. 28.6.2016 – 1 K 1472/13, IStR 2016, 675:

Dem EuGH wird die Rechtsfrage zur Vorabentscheidung vorgelegt, [***ob § 1 AStG mit den Artikeln 49 u. 54 AEUV vereinbar ist****, weil er einem*] gebietsansässigen Steuerpflichtigen nicht die Möglichkeit des Nachweises einräumt, dass [*fremdunübliche Geschäftsbedingungen*] aus **wirtschaftlichen Gründen**, die sich aus seiner Stellung als Gesellschafter der in dem anderen Mitgliedstaat ansässigen Gesellschaft ergeben, vereinbart wurden.

Die Zweifel an der Gemeinschaftsrechtkonformität der Vorschrift ergeben sich daraus, dass der Stpfl. zwar im Rahmen der Fremdvergleichsprüfung nach § 1 Abs. 1 AStG 2003 die Möglichkeit hat, Gründe dafür vorzulegen und nachzuweisen, dass die mit der ausländischen Gesellschaft vereinbarten Bedingungen den Bedingungen entsprechen, die auch voneinander unabhängige Dritte unter gleichen oder ähnlichen Verhältnissen vereinbart hätten. So kann er z.B. geltend machen, dass **auch ein unabhängiger Dritter für die Lieferung von Waren einen unter dem Marktpreis liegenden Preis verlangt hätte, um den eigenen Absatz im Zielmarkt zu fördern** (vgl. Glahe, IStR 2015, 97, 98).

BFH, Urt. v. 17.5.2022 – VII R 2/19 ***(Zollwerte bei Jahresendanpassungen)****:*

1. Nach der Rechtsprechung des EuGH (EuGH, Urt. v. 20.12.2017 - C-529/16, ISR 2018, 214 - Hamamatsu Photonics Deutschland) lassen es die Art. 28 bis 31 ZK nicht zu, als Zollwert einen vereinbarten Transaktionswert zugrunde zu legen, der sich teilweise aus einem **zunächst in Rechnung gestellten und angemeldeten Betrag** und teilweise aus einer pauschalen **Berichtigung nach Ablauf des Abrechnungszeitraums** zusammensetzt, ohne dass sich sagen lässt, ob am Ende des Abrechnungszeitraums diese Berichtigung nach oben oder nach unten erfolgen wird.

2. Dies gilt auch für die Wertermittlung nach der Schlussmethode gem. Art. 31 ZK. Denn steht im Zeitpunkt der Annahme der Zollanmeldung nicht fest, ob am Ende des Abrechnungszeitraums überhaupt eine Berichtigung vorzunehmen sein wird und ob, falls dies der Fall ist, die Berichtigung nach oben oder nach unten zu erfolgen hat, dann ist ein demzufolge erst noch zu ermittelnder Warenwert im Zeitpunkt der Annahme der Zollanmeldung nicht i.S.v. Art. 8 Abs. 3 des Übereinkommens zur Durchführung des Art. VII des Allgemeinen Zoll- und Handelsabkommens von 1994 quantifizierbar.

FG Mecklenburg-Vorpommern, Urt. v. 1.2.2023 - 3 K 398/19 ***(steuerliche Behandlung von Markteroberungszuschüssen beim Zuschussgeber – BA oder IWG)****:*

1. Nur Zuschüsse, die der Zuschussgeber aus betrieblichem Anlass auf privatrechtlicher oder öffentlich-rechtlicher Grundlage zahlt, sind nach der jeweiligen Funktion des Zuschusses entweder **sofort abziehbar** (Aufwendungen auf den eigenen Firmenwert) oder **zusätzliche Anschaffungskosten vorhandener Wirtschaftsgüter oder als Anschaffungskosten eines entgeltlich erworbenen (immateriellen) Wirtschaftsgutes** oder als aktive Rechnungsabgrenzungsposten zu aktivieren. Eine betriebliche Veranlassung kann

gegeben sein, wenn ein unmittelbarer oder mittelbarer Veranlassungszusammenhang mit der konkreten betrieblichen Tätigkeit besteht.

2. Die Gewährung eines ungesicherten Markterschließungszuschusses durch ein zu einer – in verschiedenen europäischen Ländern tätigen – Unternehmensgruppe gehörendes Unternehmen an ein anderes zur selben Unternehmensgruppe gehörendes Unternehmen, das als Zentralgesellschaft in einem anderen Land dort überschuldete Vertriebsgesellschaften aus kartellrechtlichen Gründen unter anderem mit den Mittel des Zuschusses sanieren soll, ist weder unmittelbar noch mittelbar durch den eigenen Betrieb der Zuschussgeberin veranlasst, sondern liegt vielmehr im Interesse der Unternehmensgruppe und kann daher nicht als immaterielles Wirtschaftgut aktiviert sowie über 15 Jahre abgeschrieben werden, wenn unter anderem

- die Zuschussgeberin keine eigenen Geschäftsbeziehungen mit den Vertriebsgesellschaften unterhält,
- wesentliche Ursache für die Zuschussgewährung nicht die Markerschließung und die Steigerung der Lizenzeinnahmen der Unternehmensgruppe bzw. der Zuschussgeberin als Franchisegeberin, sondern kartellrechtliche Ermittlungen gegen die Vertriebsgellschaften in dem Land und die damit einhergehende Verpflichtung zur Entschuldung der Vertriebsgesellschaften sind.

3. Handelt es sich bei Zuschussgeberin und Zuschussempfängerin trotz fehlender gesellschaftsrechtlicher Verbindung infolge der Zugehörigkeit zur selben Unternehmensgruppe um einander nahestehende Gesellschaften, so müssen die vertraglichen Vereinbarungen dem Fremdvergleich standhalten.

Es ist nicht fremdüblich, wenn unter anderem

- die Zuschussgeberin als Franchisegeberin keine direkten Geschäftsbeziehungen zu den zu sanierenden Vertriebsgesellschaften, sondern lediglich Geschäftsbeziehungen mit der Zentralgesellschaft in dem Land (Großhändlerin) unterhält und die Sanierung der Vertriebsgesellschaften somit keine Aufgabe der Zuschussgeberin ist,
- ein fremder dritter Franchisegeber bei dem gegebenen Überschuldungsgrad der Vertriebsgesellschaften keine ungesicherten Zuschüsse gegeben hätte,
- die Vergabe des Zuschusses selbst bezogen auf einen mittelfristigen Zeitraum sich nicht als ausschließlich vorteilhaft für die Zuschussgeberin darstellt.

4) Immaterielle Wirtschaftsgüter, Funktionsverlagerung, § 89 b HGB

Übertragung/Überlassung von IWG – Funktionsverlagerungen – Betriebsaufgabe – Wegzug – Geschäftschancen – Geschäftswert – Kundenstamm – Ausgleichsanspruch des Handelsvertreters – Zuzahlungen des Veräußerers bei Anteilserwerb

BFH, Urt. v. 28.4.1971 – I R 55/66, BStBl. II 1971, 630:

Die Wohnsitz- oder **Betriebsverlegung ins Ausland** führt zu einem Aufgabegewinn, wenn der Stpfl. dadurch nach den Bestimmungen des einschlägigen DBA aus der inländischen Besteuerung ausscheidet. Dies hat die sofortige Versteuerung der stillen Reserven zur Folge, weil diese nicht endgültig der inländischen Besteuerung entgehen dürfen.

BFH, Urt. v. 3.11.1971 – I R 68/70,, BStBl. II 1972, 227:

Der zugunsten eines Gesellschafters ausgesprochene **Verzicht** der Kapitalgesellschaft auf die **Annahme eines günstigen Kaufangebots** beinhaltet eine vGA.

BFH, Urt. v. 31.10.1974 – III R 135/73, BStBl. II 1975, 85:

Ausgleichszahlungen nach § 89 b HGB an ausgeschiedene Handelsvertreter können bei der Einheitsbewertung des Betriebsvermögens des Unternehmens nicht als selbstständig bewertbares IWG angesetzt werden. Der Ausgleichsanspruch hat den Zweck, dem Handelsvertreter eine Entschädigung dafür zu geben, dass er durch sein Ausscheiden in Zukunft für Geschäfte mit von ihm geworbenen Kunden keine Provision mehr erhält. Der Unternehmer erhält durch diese Ausgleichszahlungen nicht etwa zukünftige neue Vorteile. Denn die Gewinnchancen aus den Geschäften mit den vom Handelsvertreter bereits geworbenen Kunden stehen ihm ohnehin zu. Die vom Handelsvertreter geworbenen Kunden gehören zum **Kundenstamm** des Unternehmens und damit zum allgemeinen **Geschäftswert**.

BFH, Urt. v. 7.12.1977 – I R 54/75, BStBl. II 1978, 355:

Eine **zeitlich begrenzte Überlassung von Rechten** liegt auch dann vor, wenn bei Abschluss des Vertrages ungewiss ist, ob und wann die Überlassung zur Nutzung endet. Die Frage, ob es sich um eine zeitlich begrenzte oder um eine endgültige Überlassung von Rechten handelt, ist nach dem Vertrag und damit auch nach den Verhältnissen zu beurteilen.

FG Münster, Urt. v. 8.6.1979, EFG 1980 S. 44:

Eine vGA einer GmbH zugunsten ihres Alleingesellschafters kann auch darin bestehen, dass die GmbH auf die **Chance zum Erwerb eines Grundstücks** zu einem unter dem Verkehrswert liegenden Preis verzichtet und ihrem Alleingesellschafter den Ankauf überlässt, obwohl die Erwerbschancen nach der Interessenlage der Beteiligten und der Kapitalausstattung der GmbH zuzurechnen war.

BFH, Urt. v. 20.1.1983 – IV R 168/81, BStBl. II 1983, 375:

Ein Kaufmann ist handelsrechtlich nicht verpflichtet und damit einkommensteuerrechtlich nicht befugt, für **künftige Ausgleichsverpflichtungen** gegenüber Handelsvertretern nach § 89 b HGB bereits vor Beendigung des Vertragsverhältnisses Rückstellungen zu bilden. Ausgleichsverpflichtungen sind nicht wesentlich wirtschaftlich in der Vergangenheit verursacht. Der Ausgleichsanspruch entsteht zivilrechtlich erst mit der Beendigung des Vertragsverhältnisses (BFH-Urteil v. 26.3.1969, BStBl. II 1969, 485; BGH-Urt. v. 5.12.1968, BB 1969,107) und nur dann, wenn dem Unternehmer mit hoher Wahrscheinlichkeit aus den Geschäftsverbindungen mit den vom Handelsvertreter geworbenen Kunden auch noch nach Beendigung es Vertragsverhältnisses erhebliche Vorteile verbleiben. Die Tätigkeit des Handelsvertreters als solche reicht somit nicht aus. Wenn demgegenüber im Schrifttum geltend gemacht wird, die durch den Ausgleichsanspruch abgegoltene Leistung des Handelsvertreters bestehe in der Schaffung eines Kundenstamms, den der Unternehmer bereits vor Beendigung des Vertragsverhältnisses mit dem Handelsvertreter erworben habe, demgemäß sei der Ausgleichsanspruch eine **Nachvergütung für** die sukzessive **Schaffung eines Kundenstamms** in der Zeit der Tätigkeit des Handelsvertreters und deshalb wirtschaftlich mit dieser Zeit verknüpft, so kann dies den Senat nicht überzeugen.

BGH v. 23.9.1985, GmbHR 1986 S. 42:

Der Geschäftsführer einer GmbH hat in allen Angelegenheiten, die das Interesse der Gesellschaft berühren, allein deren und nicht den eigenen Vorteil zu suchen; das gilt grundsätzlich auch, wenn er privat Kenntnis von einer **Geschäftschance** erhält.

BFH, Urt. v. 20.8.1986 – I R 151/82, BFH/NV 1987 S. 468:

Die unentgeltliche **Übertragung eines** bestimmten **Exportmarktes** durch eine TG auf ihre MG ist keine Teilbetriebsveräußerung, sondern nur die Übertragung eines geschäftswertähnlichen IWG „Kundenstamm". Die unentgeltliche Übertragung eines bestimmten Exportmarktes durch eine TG auf ihre MG ist nur dann vGA, wenn der MG ein Vermögenswert zufließt, den sie vorher nicht gehabt hat. Eine Vorteilszuwendung an die MG kann auch darin liegen, dass die TG in die sofortige Auflösung eines seit Jahren bestehenden Vertragsverhältnisses einwilligt, ohne dafür eine Entschädigung zu verlangen.

BFH, Urt. v. 20.8.1986 – I R 150/82, BStBl. II 1987, 455:

Überträgt eine Kapitalgesellschaft einen bisher von ihr geführten Teilbetrieb auf ihre Schwestergesellschaft ohne Entgelt für den tatsächlich vorhandenen Geschäftswert, so ist die **Übertragung des Geschäftswerts** ertragsteuerlich als eine vGA an die MG und als eine sich anschließende verdeckte Einlage an die empfangende Schwesterkapitalgesellschaft zu beurteilen.

BFH, Urt. v. 24.3.1987 – I R 202/83, BStBl. II 1987, 705:

Verkauft ein Stpfl. sein Einzelunternehmen an eine zuvor von ihm bar gegründete GmbH und bemisst sich der Kaufpreis nur nach den von dem Einzelunternehmen bilanzierten Aktiva u. Passiva, kann der **übergehende Geschäftswert** Gegenstand einer **verdeckten Einlage** sein.

BFH, Urt. v. 27.7.1988 – I R 130/84, BStBl. II 1989, 101:

Nach § 49 (1) Nr. 6 EStG führt nur die entgeltliche **Nutzungsüberlassung von Rechten**, nicht dagegen auch die entgeltliche Übertragung von Rechten zu inländischen Einkünften. Das **Alleinvertriebsrecht ist** ein **immaterielles WG**, das derjenige, der zum Alleinvertrieb berechtigt wird, als eigenen Vermögensgegenstand erwirbt. Das Alleinvertriebsrecht wird, soweit ein Entgelt gezahlt wird, von seinem Inhaber angeschafft. Er nutzt es als eigenes und nicht als fremdes Recht. Die Übertragung eines Alleinvertriebsrechts kann deshalb nicht unter § 49 (1) Nr. 6 EStG fallen. ...

Nach deutschem Warenzeichenrecht vermittelt jedes Warenzeichen seinem Inhaber (nur) das Recht, Waren der angemeldeten Art oder ihre Verpackung oder Umhüllung mit dem Warenzeichen zu versehen, die so bezeichneten Waren in Verkehr zu setzen sowie auf Ankündigungen, Preislisten, Geschäftsbriefen, Empfehlungen, Rechnungen oder dergleichen anzubringen (§ 15 Abs. 1 des Warenzeichengesetzes – WZG -). Das Recht des Zeicheninhabers „erschöpft" sich jedoch mit dem ersten Inverkehrsetzen der Ware (vgl. Urteile des BGH vom 22.1.1964, BGHZ 41, 84 und vom 2.2.1973, BGHZ 60, 185). Es wird im Hinblick auf die von dem Rechtsinhaber oder seinem Lizenznehmer rechtmäßig gekennzeichnete und in Verkehr gesetzte Ware nicht dadurch verletzt, dass ein Erwerber sie weitervertreibt. Der Weitervertrieb kann nur nach § 24 WZG untersagt werden, wenn die Ware widerrechtlich gekennzeichnet wurde. Daran fehlt es, wenn der Inhaber des Warenzeichenrechts oder sein Lizenznehmer die jeweils von ihnen rechtmäßig gekennzeichnete Ware in Verkehr setzen. Das Zeichenrecht dient nur dem Schutz der Herkunftsfunktion des Zeichens. Es begründet jedoch kein Vertriebsmonopol. Die Klägerin konnte deshalb die von ihr erworbenen und mit dem Warenzeichen „X" versehenen Bausätze weitervertreiben, ohne dazu eine Lizenz besitzen zu müssen. Bei dem Verkauf der Bausätze handelte sie nicht „auf grund" einer ihr eingeräumten Lizenz. Die von der Klägerin geleisteten „Lizenzzahlungen" könnten deshalb nur dann unter § 49 Abs. 1 Nr. 6 EStG subsumiert werden, wenn das FG zu der Überzeugung gelangt, dass es das wirtschaftliche Ziel des Vertrages ... war, der Klägerin das Recht einzuräumen, selbst Waren der angemeldeten Art oder ihre Verpackung oder Umhüllung mit dem Warenzeichen „X" zu versehen.

BFH, Urt. v. 18.1.1989 – X R 10/86, BStBl. II 1989, 549:

Löst ein Handelsvertreter durch Vereinbarung mit dem Geschäftshe rrn den **Ausgleichsanspruch** (§ 89 b HGB) seines **Vorgängers** ab, erwirbt er damit entgeltlich ein immaterielles WG ‚**Vertreterrecht**.' Die Einstandszahlung ist die Gegenleistung für die ihm vom Geschäftsherrn verschaffte – rechtlich verfestigte – wirtschaftliche Chance, Provisionseinnahmen zu erzielen. Der Senat lässt ausdrücklich offen, ob dies auch dann gilt, wenn der Handelsvertreter in unmittelbare Rechtsbeziehungen zu seinem Vorgänger tritt, der seinerseits seinem Nachfolger keine **gesicherte Rechtsposition** verschaffen kann. Die Einstandszahlung ist sofort abziehbare BA, wenn sie von einer schwankenden Bezugsgröße (z. B. Umsatz) abhängt, damit nur schwer bewertbar ist und wenn zugleich auch die Nutzungsdauer nicht eindeutig bestimmt werden kann. Ansonsten ist das IWG „Vertreterrecht" zu aktivieren und kann auf 5 Jahre abgeschrieben werden.

BFH, Urt. v. 25.7.1990 – X R 111/88, BStBl. II 1991, 218:

Nach ständiger Rechtsprechung des BFH **unterliegt** der **Ausgleichsanspruch**, den ein Handelsvertreter gemäß § 89 b HGB erhält, **der Gewerbesteuer**, und zwar auch dann, wenn die Beendigung des Vertragsverhältnisses mit der Veräußerung oder Aufgabe des Betriebes des Handelsvertreters zusammenfällt. Maßgebend hierfür ist, dass die Ausgleichszahlung auf einem Anspruch beruht, der seiner rechtlichen und wirtschaftlichen Natur nach ein zusätzlicher Vergütungsanspruch des Handelsvertreters für die vor Vertragsende geleisteten und nach Vertragsende fortwirkenden Dienste ist (vgl. auch BGH-Urteil vom 28.4.1988 – I ZR 66/87, BB 1988, 2199), der unmittelbar aus dem Handelsvertreterverhältnis folgt und keinen besonderen Willensentschluss voraussetzt, wie ihn die Aufgabe einer Tätigkeit oder eines Gewerbebetriebes erfordert. Die Entstehung des Ausgleichsanspruchs ist auch einkommensteuerrechtlich dem laufenden Gewinn, nicht dem Aufgabe- oder Veräußerungsgewinn zuzuordnen.

BFH, Urt. v. 6.12.1990 – IV R 3/89, BStBl. II 1991, 346:

Ein Kaufvertrag über die Veräußerung von Grund und Boden macht darin enthaltene **bodenschatzführende Schichten** (z. B. Salzvorkommen) nicht zu einem gegenüber dem Grund u. Boden selbständigen Wirtschaftsgut, wenn dieses weder abgebaut noch einem anderen Nutzungs- u. Funktionszusammenhang als der Grund u. Boden zugeführt werden sollen.

BFH, Urt. v. 12.12.1990 – I R 73/89, BStBl. II 1991, 593:

Überlässt der Gesellschafter einer Kapitalgesellschaft dieser eine Erwerbschance und **verzichtet** die **Kapitalgesellschaft** später **auf die Nutzung der Erwerbschance** wiederum zugunsten des Gesellschafters, so ist eine vGA in Höhe der Differenz zwischen den nicht erzielten Einnahmen und den ggfs. angefallenen Aufwendungen anzunehmen. Der **Wert einer verdeckten Einlage** ist nicht geeignet, die Höhe einer vGA zu mindern.

BFH, Urt. v. 26.8.1992 – I R 24/91, BStBl. II 1992, 977:

Transferentschädigungen, die gemäß § 29 LSpSt des DFB beim Wechsel eines Spielers an den abgebenden Verein gezahlt werden, sind AK für die vom DFB zu erteilende **Spielerlaubnis**. Diese ist ein immaterieller Vermögensgegenstand i.S. des § 266 (2) HGB und damit gleichzeitig immaterielles Wirtschaftsgut. Zu den **Vermögensgegenständen** und Wirtschaftsgütern gehören neben Gegenständen im Sinne des bürgerlichen Rechts alle vermögenswerten **Vorteile** des Betriebs einschließlich tatsächlicher Zustände und konkreter Möglichkeiten, sofern ihnen im Geschäftsverkehr ein selbständiger Wert beigelegt wird und sie – allein oder mit dem Betrieb – verkehrsfähig sind. Die Spielerlaubnis ist keine Konzession i.S. des § 266 (2) A I 1 HGB, weil es sich nicht um eine behördliche Genehmigung zur Ausübung einer bestimmten Tätigkeit handelt.

BFH, Urt. v. 14.9.1994 – I R 6/94, BStBl. II 1997, 89:

Die Behandlung des **Verzichts auf die Geltendmachung eines Schadensersatzanspruchs** durch eine GmbH gegenüber ihrem Gesellschafter-Geschäftsführer als vGA setzt die Entstehung eines zivilrechtlichen Schadensersatzanspruchs voraus, der – ohne den Verzicht – nach den Grundsätzen ordnungsmäßiger Bilanzierung zu aktivieren wäre.

BFH, Urt. v. 17.5.1995 – I R 147/ 93, BStBl. II 1995, 204:

Der Fremdvergleich erfordert auch die **Einbeziehung des Vertragspartners**. Der Fremdvergleich soll jedoch dem Gesellschafter nicht die Möglichkeit nehmen, der Kapitalgesellschaft Dienstleistungen oder Nutzungsüberlassungen unter Marktwert zu erbringen.

BFH, Urt. v. 30.8.1995 – I R 155/94, BFHE 178, 371 und DB 1995, 2451:

Die Annahme einer vGA i. S. des § 8 Abs. 3 S. 2 KStG wegen Verstoßes des Gesellschafter-Geschäftsführers gegen ein **Wettbewerbsverbot** setzt voraus, dass der Gesellschafter-Geschäftsführer Informationen oder **Geschäftschancen** der Kapitalgesellschaft nutzt, für deren Überlassung ein fremder Dritter ein Entgelt gezahlt hätte.

BFH, Urt. v. 12.10.1995 – I R 127/94, DB 1996, 507 (= BFHE 179, 258):

Ob eine GmbH die sich ihr bietende **Geschäftschance** mit eigenen personellen oder sachlichen Mitteln nutzt, oder aber ihren Gesellschafter als Subunternehmer beauftragt, unterliegt ihrer **freien unternehmerischen Entscheidung**. Die Finanzbehörden und FG können sie nur daraufhin überprüfen, ob sie durch Umstände beeinflusst wurde, die ihre Veranlassung im Gesellschaftsverhältnis haben. Zivilrechtliche Ansprüche einer GmbH gegen ihren Gesellschafter-Geschäftsführer, die in der Steuerbilanz erfolgswirksam zu aktivieren sind, können nicht gleichzeitig die Rechtsfolge des § 8 Abs. 3 S. 2 KStG auslösen. Wird eine entsprechende Forderung von der GmbH tatsächlich nicht aktiviert, so ist die Steuerbilanz als solche zu berichtigen.

BFH-Urteil vom 6.12.1995 – I R 40/95, BStBl. II 1997, 118:

Überlässt ein Gesellschafter einer Kapitalgesellschaft die **Chance**, aus dem Einkauf und Verkauf von Waren einen Vermögensvorteil zu erzielen, ohne dass diese das Unternehmerrisiko übernimmt, so handelt es sich bei der Vorteilsüberlassung steuerlich um **Einlage von Geld**.

Eine Kapitalgesellschaft nimmt eine **verdeckte Gewinnausschüttung** an ihre Gesellschafter vor, wenn sie einer Schwestergesellschaft die **Chance überlässt**, einen Vermögensvorteil aus dem Einkauf und Verkauf von Waren zu erzielen. Gegenstand dieser verdeckten Gewinnausschüttung ist die **Marktchance**.

Den Tatbestand des § 15 Abs. 1 Nr. 1 und Abs. 2 EStG verwirklicht derjenige, der persönlich selbständig, d.h. auf eigene Rechnung und Gefahr gewerblich tätig ist. Insoweit kommt es darauf an, wer das **Unternehmerrisiko** trägt. Dies muss nicht notwendigerweise derjenige sein, der die Tätigkeit persönlich ausübt.

Dass eine Gesellschaft als **Domizilgesellschaft**, d.h. eine Gesellschaft ohne eigenes Personal, ohne eigene Geschäftsräume und ohne eigene Geschäftsausstattung anzusehen ist, schließt die Zurechnung eines **Unternehmerrisikos** an diese nicht aus. Die höchstrichterliche Rechtsprechung zu sog. Oasengesellschaften belegt, dass eine von den allgemeinen ertragsteuerlichen Grundsätzen[1] abweichende Zurechnung nur mit Hilfe des § 42 AO möglich ist (vgl. BFH-Urteil vom 28.1.1992 – VIII R 7/88, BStBl II 1993, 84).

[1] Diese allgemeinen Grundsätze besagen, dass den Tatbestand des § 15 Abs. 1 und 2 EStG derjenige verwirklicht, der persönlich selbständig, d.h. auf eigene Rechnung und Gefahr (Risiko) tätig wird.

Jedoch ist es **unter Fremden unüblich**, einen Vertrag mit einer Gesellschaft abzuschließen, die einerseits nur Domizilgesellschaft ist und andererseits auf Grund ihrer fehlenden Geschäftsausstattung die vertraglich zu versprechende Leistung gar nicht erbringen kann. Daran ändert auch das im modernen Wirtschaftsleben geübte **„Outsourcing"** von Unternehmen nicht. Ein solches „Outsourcing" wird nicht im Verhältnis zu Domizilgesellschaften betrieben. Die Funktion der A-AG als einer Domizilgesellschaft spricht deshalb indiziell gegen die Übernahme eines Unternehmerrisikos durch die A-AG.

BGH v. 5.6.1996, DB 1996 S. 2330:

Wirtschaftlich betrachtet nehmen die **Rabatte**, die ein Vertragshändler auf den Listenpreis des Herstellers von diesem erhält, die Stelle der Provisionen eines Handelsvertreters ein. Um eine Vergleichbarkeit beider zu erzielen, ist es jedoch notwendig, diejenigen Teile des Rabatts herauszurechnen, die der **Vertragshändler** aufgrund seiner vom Handelsvertreter abweichenden Stellung für Leistungen erhält, die der Handelsvertreter üblicherweise nicht zu erbringen hat. Dazu gehört z. B. die Vergütung für das Absatz-, Lager-, Kredit- und Preisschwankungsrisiko sowie der Gegenwert für sonstige Kosten des Absatzes. Der **Ausgleich nach § 89 b HGB** ist eine Vergütung für die Überlassung des vom Handelsvertreter geschaffenen Kundenstamms an den Unternehmer, so dass bei der Ermittlung des Provisionsverlusts nach § 89 b HGB andere Provisionen oder Provisionsanteile als solche für **vertretertypische Tätigkeiten** nach ständiger Rechtsprechung grundsätzlich außer Betracht bleiben.

BFH, Urt. v. 11.6.1996 – I R 97/95, BFHE 181, 122 und DB 1996, 2366:

Überlässt der Gesellschafter-Geschäftsführer einer GmbH **Wissen**, das er als Ausfluss seiner Geschäftsfüh rertätigkeit für die GmbH erwarb, entgeltlich einem Dritten, so ist eine vGA i. S. des § 8 Abs. 3 S. 2 KStG in der Form einer verhinderten Vermögensmehrung anzunehmen. Die Annahme einer vGA nur i. S. des § 8 Abs. 3 S. 2 KStG muss auch dann in Betracht gezogen werden, wenn ein **zivilrechtlicher Anspruch** der Kapitalgesellschaft gegen ihren Gesellschafter-Geschäftsführer nicht besteht. Dies ergibt sich aus der Überlegung, dass zivilrechtlich gesehen die **Zustimmung** der Gesellschafter **zu einer vGA** gegenüber einem Gesellschafter deren Rückforderung ausschließt. Steuer-rechtlich kann jedoch die Rechtsfolge des § 8 Abs. 3 S. 2 KStG nicht durch das Einver-nehmen aller Gesellschafter mit einer vGA ausgeschlossen werden.

BFH, Urt. v. 24.7.1996 – X R 139/93, BFH/NV 1997, 105:

Der **Begriff Wirtschaftsgut** umfasst … sämtliche vermögenswerten Vorteile, die selbständig bewertbar und längerfristig nutzbar sind. Selbständige Wirtschaftsgüter sind deshalb auch entgeltlich erworbene **Optionsrechte**.

BFH, Urt. v. 13.11.1996 – I R 149/94, BFHE 181, 494 und DStR 1997, 323:

Hat eine GmbH auf Grund des Vertrages mit einem Dritten eine konkrete **Geschäftschance**, so ist nach dem Maßstab des Handelns eines ordentlichen und gewissenhaften Geschäftsleiters darüber zu entscheiden, ob die GmbH die Geschäftschance selbst wahrnehmen muss oder ob sie einen Subunternehmer (Gesellschafter) beauftragen darf. Dies hängt zum einen von den Funktionen ab, die der Klägerin durch den Gesellschaftsvertrag und den tatsächlichen Gegenstand der Gesellschaft vorgegeben waren. Außerdem ist darauf abzustellen, ob die Klägerin personell, finanziell und sachlich in der Lage war, die Geschäftschancen persönlich wahrzunehmen. Wird durch die Beauftragung eines Gesellschafter-Geschäftsführers der Tatbestand einer vGA verwirklicht, kann sich deren Höhe am Gewinn, der der GmbH entgangen ist, orientieren.[2] Geschäftschancen können nicht nach formalen Kriterien zugeordnet werden. Auch besteht kein Gebot der klaren Aufgabenabgrenzung.

BFH, Urt. v. 18.12.1996 – I R 26/95, BFH/NV 1997, 232 und BFHE 182, 190 und FR 1997, 386:

Die **fehlende Abgrenzung der wechselseitigen Geschäftsbereiche** [*zwischen einer Kapitalgesellschaft und ihrem Gesellschafter-Geschäftsführer*] hat nichts mit der Rechtsprechung zu Vereinbarungen einer Kapitalgesellschaft mit einem beherrschenden Gesellschafter zu tun. Die angesprochene Rechtsprechung baut auf der Überlegung auf, dass die Kapitalgesellschaft und ihr Gesellschafter von **vornherein** klarstellen sollen, ob sie einen Leistungsaustausch untereinander auf schuldrechtlicher oder auf gesellschaftsrechtlicher Ebene beabsichtigen. Eine darüber hinausgehende detaillierte Abgrenzung wechselseitiger Geschäftsbereiche kann nicht gefordert werden. Sie wäre eine wettbewerbseinschränkende Vereinbarung. Es ist Sache der Gesellschafter, die Aufgaben einer Kapitalgesellschaft zu bestimmen. Das Steuerrecht muss die **Aufgabenzuweisung** durch die Gesellschafter im Grundsatz akzeptieren. Eine Grenze wird durch § 8 Abs. 3 Satz 2 KStG nur für den Fall gezogen, dass die Kapitalgesellschaft im Interesse eines oder mehrerer Gesellschafter tätig werden soll, ohne dafür ein angemessenes Entgelt zu erhalten. ... Der Senat folgt auch nicht der Auffassung des FG, dass ein **Dispens von einem Wettbewerbsverbot** nur gegen ein angemessenes Entgelt hätte erteilt werden dürfen. Ob für die Erteilung eines entsprechenden Dispenses ein Entgelt gefordert werden kann, ist von der konkreten Marktsituation im Einzelfall abhängig. Eine Kapitalgesellschaft wird ein solches Entgelt gegenüber dem Geschäftsführer nur dann durchsetzen können, wenn sie sich in der stärkeren Marktposition befindet.

BFH, Urt. v. 12.6.1997 – I R 14/96, BFHE 183, 459 und DB 1997, 1798 und DStR 1997, 1360:

Es ist am Maßstab des Handelns eines ordentlichen und gewissenhaften Geschäftsleiters zu beurteilen, ob eine Kapitalgesellschaft eine sich ihr bietende **Geschäftschance auch wahrgenommen** hätte. Das FG wird sich im zweiten Rechtszug vor dem Hintergrund des satzungsmäßigen Unternehmensgegenstandes der Kapitalgesellschaft, deren tatsächlich ausgeübter Geschäftstätigkeit, der Risiken des Grunderwerbs und der ihr zur Verfügung stehenden finanziellen und sonstigen Mittel eine eigene Überzeugung darüber bilden müssen, ob ein mit der Gesellschaft vergleichbarer Dritter [*die Chance, ein Grundstück zu erwerben*] genutzt hätte, um es später zu einem höheren Preis zu **veräußern,**

[2] Gemäß BFH-Urt. v. 30.8.1995 (I R 155/94, DB 1995, 2451, BFHE 178, 371) stünde der Kapitalgesellschaft, selbst wenn der Gesellschafter-Geschäftsführer Informationen der Kapitalgesellschaft für sich genutzt hätte, kein Anspruch auf die Herausgabe des gesamten ihr dadurch entgangenen Gewinns zu. Ein etwaiger zivilrechtlicher Anspruch bzw. die Höhe einer vGA wäre der Höhe nach auf den Betrag zu begrenzen, den ein fremder Dritter für die Überlassung der Information als Entgelt bezahlt hätte bzw. in dessen Höhe auf seiten der Kapitalgesellschaft ein Schaden eingetreten ist.

oder ob er sich mit einer **Maklerprovision**, berechnet von dem angemessenen Kaufpreis, begnügt hätte. ... Zwar hat der Senat schon in seinem Urteil vom 11.6.1996 (I R 97/95, BFHE 181, 122) entschieden, dass eine GmbH eine sich ihr bietende **Geschäftschance** auch dann nutzen wird, wenn sie **nicht zum Unternehmensgegenstand gehört**. Dies gilt jedoch nur, wenn es sich um eine Einmalchance handelt, die mehr oder weniger risikolos wahrgenommen werden kann. Das Ziel der Klägerin, möglichst Gewinne zu erzielen, legt die Annahme nahe, dass sie jede interessante und **risikoarme Geschäftschance** genutzt hätte, soweit sie die dafür erforderlichen **personellen und sachlichen Mittel** besaß. ... Eine **Geschäftschance** kann auch dann bestehen, wenn sie zwar **rechtlich nicht abgesichert** ist, sich jedoch die Vertragsparteien an die getroffene Vereinbarung halten.

BFH-Urt. v. 19.6.1997 – IV R 16/95, BStBl. II 1997, 808:

Die Maklerkosten können nicht als **Anschaffungsnebenkosten** eines selbständigen Wirtschaftsguts „Maklerleistung" behandelt werden. Allerdings ist der **Begriff des Wirtschaftsguts** weit gespannt. Nach der Rechtsprechung gehören dazu Sachen, Rechte oder tatsächliche Zustände, konkrete Möglichkeiten oder Vorteile für den Betrieb, deren Erlangung der Kaufmann sich etwas kosten lässt, die einer besonderen Bewertung zugänglich sind, in der Regel eine Nutzung für mehrere Wirtschaftsjahre erbringen und zumindest mit dem Betrieb übertragen werden können. Die Maklertätigkeit erschöpft sich nach § 652 (1) BGB im Nachweis oder in der Vermittlung des Vertragsabschlusses. Der hieraus erlangte Vorteil bleibt dem Unternehmen nicht erhalten, ist nicht selbständig bewertbar und wird im Rechtsverkehr nicht als eigenständiges Bewertungsobjekt behandelt. Die Maklerkosten können auch nicht als AK eines erlangten Nutzungsrechts aktiviert werden. Nutzungsrechte sind zwar grundsätzlich als WG anzusehen. Auch ein rein schuldrechtliches Nutzungsrecht, wie es durch den Abschluss eines Mietvertrages entsteht, ist danach ein immaterielles WG. Nach § 5 (2) ESTG darf ein IWG in der StB aber nur aktiviert werden, wenn es entgeltlich erworben wurde. Das aus einem Mietverhältnis folgende Nutzungsrecht ist zwar entgeltlich erworben, weil als Entgelt ein laufend zu entrichtender Mietzins gezahlt wird. Gleichwohl ist das Nutzungsrecht nicht zu bilanzieren, weil ihm ein schwebendes Geschäft zugrunde liegt, das nach den Grundsätzen ordnungsmäßiger Buchführung nicht in die Bilanz aufzunehmen ist, solange das bestehende Gleichgewicht zwischen Rechten und Pflichten nicht durch Vorleistungen oder Erfüllungsrückstände gestört ist.

BFH, Urt. v. 24.3.1998 – I R 93/96, BFHE 186, 61 und DB 1998, 1842:

Ist im Gesellschaftsvertrag einer GmbH ein Wettbewerbsverbot i. S. des § 112 HGB vereinbart, so lässt die Einwilligung aller Gesellschafter die **Wettbewerbshandlung** erlaubt sein. Die bloße **Nichtgeltendmachung** eines **zivilrechtlich bestehenden Anspruchs** der GmbH gegen den Gesellschafter hat **keine Erfüllungswirkung**. Die Nichtgeltendmachung kann auf den verschiedensten Gründen beruhen (z. B. einer unzutreffenden Beurteilung der Zivilrechtslage). Sie würde deshalb zunächst nur eine „Nach"-Aktivierung auslösen. Erst im Erfüllungszeitpunkt könnte die Ausschüttungsbelastung hergestellt werden. Als Erfüllung kommt dabei jede Form des Erlöschens der Forderung gem. §§ 362 ff des BGB in Betracht.

BFH, Urt. v. 25.6.1998 – V R 57/97, BStBl. II 1999, 102:

Der **Ausgleichsanspruch nach § 89 b HGB** ist nach ständiger Rechtsprechung des BFH Gegenleistung für bereits erbrachte Vermittlungsleistungen des Handelsvertreters; er ist die zusätzliche Vergütung für die vor dem Vertragsende geleisteten und nach Vertragsende fortwirkenden Dienste des Handelsvertreters. Damit wird keine gegenüber den Vermittlungsleistungen selbständige Leistung durch Übertragung eines Kundenstammes vergütet.

BFH, Urt. v. 17.5.2000 – I R 79/99, BStBl. II 2000, 480:

Lässt eine TG ein **Gutachten zur Ermittlung ihres Unternehmenswerts** erstellen, um auf diese Weise ihre eigene Veräußerung vorzubereiten, so stellt die Übernahme der Gutachterkosten durch die TG eine vGA an den Gesellschafter dar. Nach gefestigter Rechtsprechung des Senats ist eine vGA u.a. dann gegeben, wenn eine Kapitalgesellschaft Kosten trägt, die durch eine Maßnahme im Interesse ihres Gesellschafters ausgelöst worden sind. Zu den Aufwendungen, die in diesem Sinne für den Gesellschafter übernommen werden, gehören auch diejenigen für ein Gutachten zur Feststellung des Unternehmenswerts. Das gilt jedenfalls dann, wenn die Bewertung dem Ziel dient, einen ins Auge gefassten Verkauf der Gesellschaftsanteile vorzubereiten.

BFH, Beschl. v. 7.8.2000 – GrS 2/99, DStR 2000, 1682:

Die Begriffe „**Wirtschaftsgut**" und „Vermögensgegenstand" umfassen nicht nur Sachen und Rechte i.S. des BGB, sondern auch tatsächliche Zustände und konkrete Möglichkeiten, d.h. sämtliche Vorteile für den Betrieb, deren Erlangung sich der Kaufmann etwas kosten lässt ... . Sie sind auf der Grundlage einer wirtschaftlichen Betrachtungsweise auszulegen (vgl. BFH v. 12.4.1984, IV R 112/81, BFHE 141, 45, BStBl II 1984, 554). Deshalb ist nicht jeder Vermögenswert ein Wirtschaftsgut (Vermögensgegenstand). Seine Greifbarkeit macht erst das Wirtschaftsgut (Vermögensgegenstand) aus. Es muss als Einzelheit ins Gewicht fallen (vgl. BFH v. 18.6.1975, I R 24/73, BFHE 116, 474, BStBl II 1975, 809). Es muss sich um eine objektiv werthaltige Position handeln. Das Vorsichtsprinzip verlangt die Berücksichtigung aller Risiken, die hinsichtlich der künftigen Erstarkung zu einer Zivilrechtsposition noch bestehen.

BFH, Urt. v. 9.8.2000 – I R 12/99, BStBl. II 2001, 140:

Die **Überlassung des Konzernnamens** an ein konzernverbundenes Unternehmen stellt in der Regel einen sog. Rückhalt im Konzern dar, für den Lizenzentgelte steuerlich nicht verrechenbar sind. Ist der Konzernname jedoch zugleich als Markenname oder Markenzeichen geschützt, gilt etwas anderes, soweit der überlassenen Marke ein eigenständiger Wert zukommt. Entscheidend dafür, ob der überlassenen Marke ein eigenständiger Wert zukommt, ist nicht allein, ob deren Einräumung bei dem Lizenznehmer tatsächlich zu einer Absatzsteigerung und/oder zu einer Erhöhung des einschlägigen Marktanteils geführt hat. Vielmehr kommt es darauf an, ob die mit der Einräumung verbundenen besonderen und marktfähigen Schutzrechte geeignet sind, zur Absatzförderung beizutragen. Diese Eignung ist grundsätzlich unabhängig davon, ob der Lizenznehmer seinerseits über einen guten Ruf und ein gewisses ‚Standing' am Markt verfügt. Auch ein solcher Lizenznehmer wird geneigt sein, seine Situation zu verbessern; dies kann ihm durch die Lizenzierung einer eingeführten Marke gelingen, und zwar auf jeder Absatzstufe. Die Marke verkörpert auch dann einen vermarktungsfähigen Eigenwert, wenn sie gegenüber dem Endkonsumenten nicht eigenständig in Erscheinung tritt. Für die Frage des Wertes und der Entgeltfähigkeit der Marke ist bedeutend, welche Preise für die Markenprodukte erzielbar sind, welchen Bekanntheitsgrad die Marke hat, wie sich die regionale Präsens darstellt und wer die Aufwendungen für die Begründung und den Erhalt der Marke getragen hat (Weiterentwicklung, Werbung).

*EuGH v. 9.11.2000 – Rs. C-381/98 – **Ingmar GB Ltd. / Eaton Leonard Technologies** (IStR 2001, 327): **Kein Ausschluss des Ausgleichsanspruchs für Handelsvertreters durch Recht eines Drittstaates***

Artikel 17 und 18 der Richtlinie 86/653/EWG des Rates vom 18.12.1986 zur Koordinierung der Rechtsvorschriften der Mitgliedstaaten betreffend die selbständigen Handelsvertreter, die dem **Handelsvertreter** nach Vertragsbeendigung gewisse **Ansprüche gewähren**, sind **auch dann anzuwenden**, **wenn** der Handelsvertreter seine Tätigkeit in einem Mitgliedstaat ausgeübt hat, **der Unternehmer seinen Sitz** aber **in einem Drittland hat** und der Vertrag vereinbarungsgemäß dem Recht dieses Landes unterliegt.[3]

FG München, Urt. v. 18.12.2000 – 6 K 2809/98, EFG 2001, 457:

Nach den vom BFH entwickelten Grundsätzen zur Geschäftschancen-Lehre kann eine vGA vorliegen, wenn die alleinige Gesellschafter-Geschäftsführerin der GmbH – anstatt mit den Gläubigern der GmbH einen **Teilerlass** auszuhandeln – deren Forderungen gegen die GmbH zu einem deutlich unter dem Nennwert liegenden Betrag erwirbt und damit die Chance zur Entschuldung der GmbH nicht nutzt. Es ist sachgerecht, die **Geschäftschancenlehre** auch in Fällen anzuwenden, in denen sich der Gesellschafter-Geschäftsführer zwar nicht wirtschaftlich als Konkurrent der Kapitalgesellschaft betätigt, aber dennoch sein eigenes Interesse über das der Gesellschaft stellt und ihr damit eine Geschäftschance entzieht. Ob diese Chance marktgängig ist – d. h. ob ein fremder Dritter dafür ein Entgelt zahlen würde – ist insoweit unbeachtlich.

BFH, Urt. v. 27.3.2001 – I R 42/00, BStBl. II 2001, 771:

Der **Geschäftswert** ist Ausdruck der Gewinnchancen eines Unternehmens, soweit diese nicht in einzelnen Wirtschaftsgütern verkörpert sind, sondern durch den Betrieb eines lebenden Unternehmens gewährleistet erscheinen. Angesichts dessen ist er untrennbar mit dem Betrieb als solchem verwoben, so dass er grundsätzlich nicht ohne diesen veräußert oder entnommen werden kann. Von der hiernach unzulässigen **isolierten Übertragung des Geschäftswerts** ist indessen der Fall zu unterscheiden, in dem ein Unternehmen den Betrieb eines anderen ganz oder teilweise übernimmt und hierbei **geschäftswertbildende Faktoren** von dem übertragenden Unternehmen auf das übernehmende übergehen. In dieser Situation geht der Geschäftswert des übertragenden Unternehmens weder notwendigerweise unter (Senatsurteil in BFHE 180, 548, BStBl. II 1996, 576, 577 m.w.N.) noch verbleibt er immer bei dem übertragenden Unternehmen. Vielmehr folgt er denjenigen geschäftswertbildenden Faktoren, die durch ihn verkörpert werden. Das gilt nicht nur im Fall der Übertragung eines Betriebs, eines Teilbetriebs

[3] Fraglich ist, ob das Urteil analog auch für Vertragshändler gilt. Dies ablehnend u.a. *Emde*, DStR 2009, 1478 (1479) und *Hagemeister*, RIW 2006, 502.

oder eines Mitunternehmeranteils, sondern ebenso im Fall der Realteilung und bei der Aufspaltung und Veräußerung eines für sich lebensfähigen Betriebsteils.

FG Saarland, Urt. v. 31.5.2001 – I K 152/99, EFG 2001, 1165:

Soweit eine GmbH ein Geschäft (die Errichtung eines Bauparks) weitgehend projektiert hat, bleibt es ihr unbenommen, die weitere **Ausführung des Geschäfts** einer Schwestergesellschaft **zu überlassen**. Geschieht die Überlassung der **Geschäftschance** ohne entsprechendes Entgelt, kann hierin eine mittelbare verdeckte Gewinnausschüttung liegen. Die Bemessung der vGA ist vom Fortschritt der Planung und Durchführung sowie von dem Risiko des Geschäfts abhängig.

BFH, Urt. v. 7.8.2002 – I R 64/01, BFH/NV 2003, 205 und DStRE 2003, 104:

Wird einer GmbH von dritter Seite ein konkretes Geschäft angeboten, stellt es regelmäßig eine verdeckte Gewinnausschüttung dar, wenn die Geschäftschance ohne entsprechendes Entgelt einer Schwestergesellschaft überlassen wird. Der (gemeinsame) ordentliche und gewissenhafte Geschäftsleiter beider Gesellschaften würde die sich bietende Chance auch nicht wahlweise für diejenige der beiden Gesellschaften ergreifen, die daraus den größtmöglichen wirtschaftlichen Nutzen (hier: den Verlustabzug) ziehen kann. Vielmehr geht die Gewinnmaximierung derjenigen Gesellschaft, der das Geschäft angeboten wurde, der Gewinnmaximierung der anderen Gesellschaft vor. … Verfügt die Gesellschaft bei Wahrnehmung der Chance durch den Gesellschafter-Geschäftsführer oder durch eine diesem nahe stehende Person über keinen zivilrechtlichen Anspruch auf Schadensersatz oder Vorteilsherausgabe, kann dennoch eine vGA anzunehmen sein, wenn ein fremder Dritter für die **Überlassung der Geschäftschance** ein Entgelt gezahlt hätte (BFH/NV 1999, 1125).

BFH, Urt. v. 9.7.2003 – I R 100/02, BFH/NV 2003, 1666 und BFHE 203, 77 und DStR 2003, 1969 und FR 2004, 33:

Es ist am Maßstab des Handelns eines ordentlichen u. gewissenhaften Geschäftsleiters zu beurteilen, ob eine Kapitalgesellschaft eine sich ihr bietende **Geschäftschance** auch wahrgenommen hätte. Ob sie die Chance mit **eigenen personellen und sachlichen Mitteln** nutzt oder aber ihren Gesellschafter als **Subunternehmer** beauftragt, unterliegt ihrer **freien unternehmerischen Entscheidung**. Im Vorhinein zu treffende Abmachungen darüber, wo der Pflichtenkreis des [*hier: Gesellschafter-*]Geschäftsführers endet und wo [*dessen*] Recht zur Ausübung einer selbständigen Tätigkeit beginnt, können auch aus steuerlichen Gründen nicht verlangt werden (Senatsurteil vom 8.4.1997 I R 39/96, BFH/NV 1997, 902). Wie der Senat in diesem Urteil ausgeführt hat, haben die Beteiligten es grundsätzlich in der Hand, sämtliche Tätigkeiten dem Geschäftsführervertrag zu unterwerfen oder aber einzelne Aufgaben aus dem Geschäftsführervertrag auszuklammern und sie einem gesonderten Vertrag zu unterwerfen. Wie weit diese **Aufgabenteilung** geht, ist dabei Sache des Einzelfalles. Sie lässt sich – entgegen dem FA – nicht ohne weiteres **im Vorhinein** festlegen und hängt u.a. davon ab, ob es sich um Aufträge handelt, die der Gesellschaft oder aber dem Gesellschafter[*geschäftsführer*] persönlich von den (fremden) Auftraggebern erteilt worden sind.[4] ... Schaltet eine Kapitalgesellschaft [*ihren Gesellschaftergeschäftsführer*] als **Subunternehmer** ein, um einen von ihr übernommenen Auftrag zu erfüllen, dann hat sie dem Subunternehmer jenen Preis zu zahlen, der für die erbrachte Leistung marktüblich ist. Erstreckt sich dieser Preis auf eine gewisse Bandbreite von Beträgen, dann sind nur diejenigen Beträge als unangemessen anzusehen, die den oberen Rand dieser Bandbreite übersteigen. Lässt sich die Zahlung des marktüblichen Preises an den Subunternehmer unter betriebswirtschaftlichen Gesichtspunkten nicht rechtfertigen, dann kann die Gesellschaft den ihr angetragenen Auftrag nicht annehmen. Sie kann aber nicht stattdessen das dem Subunternehmer zu zahlende Entgelt pauschal kürzen, um sich selbst ein Viertel des Geschäftserfolgs zu sichern. Ein solches, an dem zu erwartenden (Gesamt-)Gewinn orientiertes Vorgehen wäre nicht fremdvergleichsgerecht. Richtig ist lediglich, dass ein ordentlicher und gewissenhafter Geschäftsleiter dem Subunternehmer keine Vergütung für einen ihm erteilten Auftrag zahlen würde, die der Gesellschaft selbst keine **Gewinnmöglichkeit** beließe. Er wird regelmäßig nur eine Vergütung akzeptieren, die der Gesellschaft eine Gewinnmöglichkeit aus dem betreffenden Geschäftsvorfall belässt. Insbesondere muss es sich deshalb auf die Höhe der Vergütung niederschlagen, wenn es sich bei dem Geschäftsvorfall um eine **Geschäftschance** der Gesellschaft handelt.

BFH, Urt. v. 17.12.2003 – I R 25/03, BFH/NV 2004, 819 und GmbHR 2004, 744:

Eine vGA kann darin bestehen, dass der Gesellschafter-Geschäftsführer **Geschäftschancen**, die der Kapitalgesellschaft gebühren, als Eigengeschäfte wahrnimmt oder Kenntnisse der Gesellschaft über geschäftliche Möglichkeiten tatsächlicher oder rechtsgeschäftlicher Art an sich zieht und für eigene Rechnung nutzt (BFH v. 9.7.2003, GmbHR 2002 oder 2003 ? Seite 1497). Andererseits ist es nicht zu beanstanden, wenn die Gesellschaft die sich ihr bietende Geschäftschance in der Weise wahrnimmt, dass sie mit der Durchführung des Geschäfts ihren Gesellschafter-Geschäftsführer als Subunternehmer beauftragt. Eine solche unternehmerische Entscheidung hängt regelmäßig vor allem davon ab, ob die Gesellschaft über die erforderlichen **personellen und sachlichen Mittel zur Wahrnehmung des Geschäfts** verfügt.

BFH, Urt. v. 28.1.2004 – I R 87/02, BFH/NV 2004, 736:

Es ist geboten, in einen anzustellenden Fremdvergleich auch die **Position des – gedachten – Vertragspartners** einzubeziehen und darin ein Indiz für die angemessene Preisgestaltung zu erkennen (sog. **doppelter Fremdvergleich**, vgl. Senatsurteile vom 17.5.1995, BStBl. II 1996, 204; vom 6.12.1995, BStBl. II 1996, 383 und 19.5.1998, BStBl. II 1998, 689). Stehen diesem Vertragspartner sonstige Möglichkeiten offen, die ihm angebotene Leistung auf preislich günstigere Weise zu erlangen, wird er regelmäßig nicht bereit sein, dem Anbieter einen vollen Kostenausgleich zu gewähren. Er wird vielmehr versuchen, seinen infolge der **Handlungsalternativen** bestehenden Verhandlungsvorteil auszuspielen. Andererseits wird der ordentliche und gewissenhafte Ge-

[4] Anders der BFH im Urteil v. 13.11.1996 (I R 149/94, BFHE 181, 494 und DStR 1997, 323 und BFH/NV 1997, 315). Dort hieß es, dass die Gesellschafter-Geschäftsführer im Zweifel als Geschäftsführer der GmbH zu handeln verpflichtet seien. Dies gelte indiziell jedenfalls solange, als es für eine Tätigkeit der Gesellschafter-Geschäftsführer außerhalb ihrer Geschäftsführeraufgaben an einer klaren und im Vorhinein abgeschlossenen Vereinbarung fehlte.

schäftsleiter des leistenden Unternehmens seinerseits nicht ohne weiteres bereit sein, einen wirtschaftlichen Vorteil ganz oder teilweise unentgeltlich abzugeben. Er wird vielmehr versuchen, bei den Preisvereinbarungen das für die von ihm vertretene Kapitalgesellschaft Maximale zu erreichen und – neben einem angemessenen Gewinnaufschlag – eine Deckung seiner Vollkosten durchzusetzen. Um dieses Ziel zu erreichen, kommt es darauf an, wie stark seine Position gegenüber dem Vertragspartner und wie groß dessen Interesse daran ist, das ihm Angebotene anzunehmen, obwohl die Inanspruchnahme alternativer Möglichkeiten ggf. kostengünstiger wäre. Es ist **Aufgabe des Fremdvergleichs,** diesem **Interessengegensatz** unter den konkreten Gegebenheiten des zu beurteilenden Sachverhalts **nachzugehen**.

BFH v. 16.6.2004 – X R 34/03, BStBl. II 2005, 378:

Im vorliegenden Fall, in dem die Klägerin mit Ausnahme des Grundbesitzes, der nach den Bedürfnissen des Betriebes ausgestaltet war, alle Aktiva und Passiva auf eine von ihr beherrschte GmbH übertragen hatte, ist das FG zutreffend davon ausgegangen, dass zu den von der Klägerin übertragenen Werten ein etwaiger originärer Geschäftswert gehörte. Für die erforderliche **Zuordnung der geschäftswertbildenden Faktoren** muss das FG feststellen, ob und inwieweit **Gewinnaussichten** des bislang bestehenden auf das neu gegründete Unternehmen übergegangen sind. Dies war im vorliegenden Fall zu bejahen, da die GmbH in der Lage war, das bisherige Einzelunternehmen der Klägerin langfristig fortzuführen. Die Klägerin hatte ihr zu diesem Zweck nicht nur sämtliche bilanziell erfassten Aktiva mit Ausnahme des Immobiliarvermögens, sondern auch die maßgeblichen geschäftswertbildenden immateriellen Faktoren, wie insbesondere den Ruf ihres Unternehmens, den Kundenstamm und die **Betriebsorganisation** übertragen. Mit Recht hat das FG auch darauf abgehoben, dass der GmbH auch die Handelsfirma übertragen wurde. Überdies waren auch die Rechte und Pflichten aus den Arbeitsverhältnissen auf die GmbH übergegangen. Die Argumentation der Klägerin, dass der **Geschäftswert** in vollem Umfang in ihrem Betriebsvermögen verblieben sei und allenfalls für die Dauer des Immobilien-Pachtverhältnisses zur Nutzung überlassen worden sei und schon deshalb nicht (partiell) aus ihrem Betriebsvermögen habe entnommen werden können, weil er nicht „privatisierbar" sei, kann im vorliegenden Fall keinen Erfolg haben. Die von der Klägerin in diesem Zusammenhang herangezogenen BFH-Urteile betreffen Sachverhalte, in denen im entscheidungserheblichen Unterschied zum vorliegenden Fall die *gesamten* wesentlichen Betriebsgrundlagen lediglich verpachtet und die Betriebsaufgabe erklärt worden war.

BFH v. 15.9.2004 – I R 7/02, BStBl. II 2005, 868 (und DStZ 2005, 122 mit Anmerkung von *Buciek):*

Da die Klägerin nach den Feststellungen des FG ihr gesamtes Unternehmen übertragen und nur die Betriebsgrundstücke zurückbehalten hat, ist davon auszugehen, dass auch immaterielle Wirtschaftsgüter und insbesondere ein **Geschäftswert übergegangen** sind. Soweit ein solcher von einem fremden Dritten entgolten worden wäre, kann im Streitfall eine vGA vorliegen; das gilt auch dann, wenn der Geschäftswert des ursprünglich von der Klägerin betriebenen Unternehmens zum Teil auf der günstigen Lage der Betriebsgrundstücke beruht haben sollte. … Das FG ist zutreffend davon ausgegangen, dass der

Wert eines Unternehmens vor allem von dessen **Ertragskraft** bestimmt wird und dass Grundlage für deren Berechnung der **nachhaltig erzielbare Reingewinn** ist. Dieser wiederum ist, wenn keine Anhaltspunkte für eine konkret bevorstehende Veränderung der wirtschaftlichen Verhältnisse bestehen, anhand der Erfahrungen aus der Vergangenheit zu schätzen. … In Rechtsprechung und Schrifttum ist anerkannt, dass zur Ermittlung des Ertragswerts von Einzelunternehmen und Personengesellschaften von dem jeweils maßgeblichen Ertrag u. a. ein angemessener Unternehmerlohn abgezogen werden muss. Ein Erwerber des Betriebs würde denjenigen Teil des Ertrags, der dem angemessenen Unternehmerlohn entspricht, nach erfolgtem Erwerb entweder durch eigene Arbeitsleistung erwirtschaften oder für die Honorierung eines Arbeitnehmers verwenden müssen und deshalb dem Veräußerer nicht vergüten. Dasselbe gilt sinngemäß für die Bewertung von Unternehmen, die von Kapitalgesellschaften betrieben werden; hier wird deshalb der Ertragswert durch denjenigen Ertrag bestimmt, der nach Abzug angemessener Geschäftsführerbezüge verbleibt. Hat eine GmbH ihrem Gesellschafter überhöhte Vergütungen zugesagt und ihr Unternehmen auf den Gesellschafter unentgeltlich übertragen, ist für die Berechnung der vGA von dem Unternehmenswert auszugehen, der sich bei Vereinbarung angemessener Bezüge ergäbe … Der ermittelte Durchschnittsertrag muss mit einem Kapitalisierungsfaktor multipliziert werden. Es ist zu beachten, dass der Erwerber eines mittelständischen Unternehmens in der Regel nicht mit dem Kapitalmarktzins zufrieden sein, sondern eine höhere Verzinsung des von ihm eingesetzten Kapitals voraussetzen wird. Es verstößt nicht gegen Denkgesetze, wenn das FG diese – vom FA als ‚Risikozuschlag' bezeichnete – zusätzliche Verzinsung mit 3,5 % bemessen hat, was ungefähr einem Aufschlag von 50 v. H. auf den Kapitalmarktzins von 6,5 v. H. entspricht. … Nach der Rechtsprechung des BFH ist bei der **Ermittlung eines Unternehmenswerts** neben dem **Ertragswert** auch der **Substanzwert** des Unternehmens zu berücksichtigen. Dabei hat der BFH wiederholt angenommen, dass beide Werte das gleiche Gewicht haben und dass deshalb der Unternehmenswert dem arithmetischen Mittel zwischen Ertrags- und Substanzwert entspricht. Das FG hat zutreffend erkannt, dass diese Verteilung nicht für alle Fälle zwingend ist, sondern im Einzelfall der von einem Erwerber zu zahlende Preis stärker durch den Ertrag als durch die Substanz des Unternehmens bestimmt sein kann. Es war jedoch auf dieser Basis nicht verpflichtet, im Streitfall allein auf den Ertragswert abzustellen und den Substanzwert vollständig zu vernachlässigen.

BFH, Urt. v. 15.3.2005 – X R 39/03, BStBl. II 2005, 817:

Überlässt der Unternehmer eine in seinem Betrieb erwirtschaftete **Erwerbschance** aus privaten Gründen einem anderen zur Nutzung, verfügt er damit über bezogenes Einkommen. Für die einkommensteuerrechtliche Beurteilung ist es ohne Bedeutung, wenn der originäre Bezieher von Einkünften vor oder nach dem Zufluss der Erträge durch Abtretung oder in sonstiger weise zugunsten eines Dritten darüber verfügt und damit das bezogene Einkommen verwendet (§ 12 Nr. 1 und 2 EStG). Überlässt mithin der Händler, der Produzent oder der Dienstleistende den erzielten Gewinn einem Anderen, der hier weder das An- und Verkaufs- bzw. das Produktions- oder Leistungsgeschehen beherrscht noch in anderer Weise einen unternehmerischen Erfolgsbeitrag beigesteuert hat, liegt hierin eine Verfügung des Urhebers der unternehmerischen Tätigkeit über den ihm selbst zuzurechnenden Gewinn. Wenn und soweit der Stpfl. den steuerbaren Handlungstatbestand des § 2 Abs. 1 i. V. m. § 15 EStG verwirklicht und ihm deswegen der steuerliche Handlungserfolg zuzurechnen ist, bedarf es keines Rückgriffs auf § 42 AO.

BFH, Urt. v. 27.10.2005 – IX R 76/03, BStBl. II 2006, 359:

Die – in ihren Einzelheiten durch die Rechtsprechung noch nicht abschließend geklärte und im Schrifttum teilweise kritisch beurteilte **Gesamtplanrechtsprechung**– beruht darauf, dass eine auf einheitlicher Planung beruhende und in engem zeitlichen und sachlichen Zusammenhang stehende Mehrzahl von Rechtsakten für die steuerliche Beurteilung zu einem **einheitlichen wirtschaftlichen Vorgang** zusammenzufassen und sodann unter den Steuertatbestand ... zu subsumieren ist. Ist aufgrund dieser zusammenfassenden – wirtschaftlichen – Betrachtung eine rechtsmißbräuchliche Gestaltung zu bejahen, entsteht der Steueranspruch gemäß § 42 Abs. 1 Satz 2 AO 1977 entsprechend einer den wirtschaftlichen Vorgängen angemessenen rechtlichen Gestaltung.

FG Münster, Urt. v. 16.3.2006 - 8 K 2348/02 E, Original-Urteilstext und EFG 2006, 1562 und IStR 2006, 794:

Bei **Verlagerung von Produktionsvorgängen** in östliche Länder ist es ein ganz normales Geschäft, dass sowohl die Maschinen für die entsprechenden Arbeiten als auch das Material ohne Berechnung zur Verfügung gestellt werden und die Partner lediglich einen Lohnauftrag für die Fertigung erhalten. Auch ein unabhängiger Dritter (Lohnfertiger) hätte die hälftige Teilung des bestehenden **Kostenvorteils** durchgesetzt.

Der Kläger erzielt unter anderem Einkünfte aus Gewerbebetrieb aus einem Einzelunternehmen, das selbstentwickelte Kunststoffspezialteile für den Fensterbau produziert. Anfang 1993 gründete der Kläger [*als Alleingesellschafter*] eine Tochtergesellschaft (TG) [*in Osteuropa*]. Hintergrund der Gründung ist die Auslagerung der Fertigung arbeitsintensiver Produkte ins Ausland. Der Kl. beliefert die TG mit Rohstoffen, aus denen die bisher vom Einzelunternehmen produzierten Spezialteile [*Sprossenkreuzverbinder und Gasfüllstopfen*] gefertigt werden. Die fertigen Produkte werden von der TG an das Einzelunternehmen geliefert. Der Kl. überließ der TG [*eine geleaste Spritzgußmaschine*] und außerdem das zum Einsatz der Maschine notwendige Zubehör unentgeltlich.

Im Rahmen einer Bp vertrat das FA unter Hinweis auf das Urteil des BFH v. 3.11.1976 (BStBl. II 1977, 172) die Auffassung, dass die unentgeltliche Überlassung der Maschine und des Zubehörs zu einem Hinzurechnungsbetrag nach § 1 AStG führe.

Hiergegen legte der Kl. Einspruch ein. Die TG sei gar nicht in der Lage gewesen, einen entsprechenden Leasingvertrag abzuschließen und auch zu finanzieren. Da die Produkte sowieso nicht im Ausland hätten verkauft werden sollen, habe auch keine Veranlassung für die TG bestanden, die [*Spritzguss-*]Maschine zu erwerben. Denn sie sei damit beauftragt worden, ausschließlich für das deutsche Einzelunternehmen zu produzieren und zwar entsprechend dem Bedarf, den diese gehabt habe. Es handele sich hierbei um ein ganz normales übliches Geschäft, dass deutsche Hersteller ausländischen Firmen Maschinen oder Stoffe beistellen würden, damit diese dort in einer Art Lohnauftrag fertigen würden. Die Sprossenkreuzverbinder seien vom Einzelunternehmen zunächst für 0,13 DM und später für 0,17 DM [*bei der TG*] eingekauft worden. Die Verkaufspreise hätten bei mindestens 0,47 DM gelegen. Für einen Preis von 0,13 DM hätte kein Betrieb der Welt die Artikel erstellen können, wenn er die dazu notwendigen Maschinenkosten mitberücksichtigen [*d.h. seinerseits zunächst tragen und dann in seinen Abgabepreis einkalkulieren*] würde. Gehe man von einer Produktionsmenge von 312.000 Artikeln pro Jahr und Leasingkosten von 42.848 DM pro Jahr aus, würden allein die Leasingkosten je Artikel 0,137 DM ausmachen. Die reinen Anfertigungskosten [*d.h. Löhne, Gebäudekosten etc.*] ohne Maschinenkosten, Material- und Verwaltungskosten, Gewinn, AfA und dergleichen betrügen in Deutschland 0,24 DM und im Ausland bei der TG 0,10 DM pro Stück. Im Übrigen seien die Vereinbarungen klar und eindeutig gewesen, nämlich ein Abnahmepreis am Anfang von 0,13 DM bei den Sprossenkreuzverbindern [*je nach Größe bis 0,17 DM*] und 0,02 DM bei den Gasfüllstopfen, wobei Maschinen sowie Zubehör und Material vom Einzelunternehmen gestellt worden seien. Die übrigen Kosten habe die TG zu tragen. [*Zudem gab der Kl. an*], dass bei den Sprossenkreuzverbindern [*im ersten Jahr des Prüfungszeitraums = 1993*) 199.050 Stück, im zweiten Jahr 313.200 und im letzten Jahr 87.350 Stück von der TG an das Einzelunternehmen geliefert worden sind. Zudem sind 93.000 Gasfüllstopfen in 1993 und 236.200 Gasfüllstopfen in 1994 geliefert worden.

Die Klage ist begründet. Das FA hat zu Unrecht die Einkünfte des Kl. um Hinzurechnungsbeträge gemäß § 1 Abs. 1 und 4 AStG berichtigt. Durch die kostenlose Zurverfügungstellung der Spritzgußmaschine mit Zubehör und Material an die TG gegen Lieferung von Sprossenkreuzverbindern zum Preis von 0,13 DM und Gasfüllstopfen von 0,02 DM/Stück minderte der Kl. seine Einkünfte nicht. Entgegen der Auffassung des FA ist das Geschäft des Kl., nämlich die Maschinen-, Zubehör- und Materialgestellung, nicht grundsätzlich getrennt von der Lieferung der mit diesen Maschinen hergestellten Produkte zu beurteilen. Der wirtschaftliche Gehalt liegt darin, dass beide Seiten von diesem einheitlichen Geschäft profitieren. Es ist nichts ersichtlich und auch vom FA nichts dafür vorgetragen worden, dass der von der TG kalkulierte Unterschiedsbetrag zwischen dem Herstellungsaufwand von 0,10 DM und dem Lieferpreis gegenüber dem Kl. von 0,13 DM/Stück nicht dem entspricht, was auch ein vom Kl. unabhängiger Dritter für Verwaltungskosten, Gewinn etc. angesetzt hätte. Dieser Aufschlagsatz dürfte jedenfalls nicht zu hoch angesetzt sein. Auch für den Kl. liegt der Vorteil der mit der TG durchgeführten Geschäftsbeziehungen auf der Hand. Er kann in Deutschland dadurch einen höheren Gewinn erzielen, weil der Stückpreis je Sprossenkreuzverbinder viel niedriger liegt als bei einer Produktion in Deutschland. Der von der TG gewählte Aufschlagsatz von 30 % [*je nach Größe der Sprossenkreuzverbinder bis zu 70 %*] bewegt sich in einem Bereich, der betriebswirtschaftlichen Grundsätzen entspricht. Er ist jedenfalls nicht als überhöht anzusehen, weil sie mit diesem Aufschlag auch noch eigene weitere Kosten für Verwaltung usw. abdecken musste und hiermit außerdem auch einen angemessenen Gewinn erzielen wollte. Nach der unwidersprochen gebliebenen schriftlichen Kalkulation hätte die Herstellung der Sprossenkreuzverbinder bezogen auf die Lohnfertigung, d.h. ohne Maschinenkosten, Materialaufwand, Verwaltung, Gewinn, AfA usw. bei Fertigung der Teile in Deutschland 0,24 DM gekostet. Daraus folgt, dass auch bei einem von der TG in Rechnung gestellten Stückpreis von 0,17 DM sich der Kl. und die TG den Vorteil, der sich aus der Produktion im Ausland ergeben hat, hälftig geteilt haben. Es kann davon ausgegangen werden, dass auch ein vom Kl. unabhängiger Dritter bei einer Lieferung unter vergleichbaren Produktionsbedingungen im Ausland **um die Höhe des Kostenvorteils der Produktion im Ausland für den Kl. gewusst hätte**. Es spricht nichts gegen die Annahme, dass dieser Dritte ebenfalls einen Preis von bis zu 0,17 DM je Stück und je nach Größe und damit **ca. eine hälftige Teilung des für den Kl. bestehenden Kostenvorteils hätte durchsetzen können**. Entgegen der Auffassung des FA hat der Senat unter Berücksichtigung der tatsächlichen Geschäftsabwicklung keine Zweifel, dass diesbezüglich der Kl. und die TG im Voraus klare und eindeutige Vereinbarungen getroffen haben. Dies musste – was auch vom FA nicht bestritten wird – nicht schriftlich niedergelegt werden.

BFH, Urt. v. 26.4.2006 – I R 49, 50/04, BStBl. II 2006, 656:

Werden Anteile an einer Kapitalgesellschaft gegen eine **Zuzahlung des Veräußerers** erworben, kann beim Erwerber ein **passiver Ausgleichsposten** auszuweisen sein. Zu den wesentlichen GoB zählt das Gebot, Gewinne nur zu berücksichtigen, wenn sie am Abschlussstichtag realisiert sind (§ 252 Abs. 1 Nr. 4 Halbsatz 2 HGB). Daraus folgt u.a., dass Anschaffungsvorgänge erfolgsneutral zu behandeln sind. Zu den – erfolgsneutral zu behandelnden - Anschaffungskosten gehören neben den Nebenkosten die nachträglichen Anschaffungskosten als Folgekosten des Erwerbsvorgangs. Dementsprechend sind andererseits nachträgliche Minderungen des Anschaffungspreises – gegebenenfalls bis zum Wert 0 - erfolgsneutral zu berücksichtigen. Die erfolgsneutrale Behandlung eines „Anschaffungsertrags“ würde allerdings voraussetzen, dass die Zuzahlung als Entgelt für die Übernahme der Anteile selbst (Gesellschaft mit negativen Ertragserwartungen und einem Kapitalfehlbetrag) geleistet und bemessen worden wäre. Wird die Zuzahlung hingegen geleistet, weil der Erwerber sich selbstschuldnerisch für Bankverbindlichkeiten des Veräußerers verbürgt hat und mit der Inanspruchnahme aus der Bürgschaft zu rechnen ist, kann dies für die Qualifizierung der Zuzahlung als Entgelt für die Risikoübernahme sprechen. Der Zufluss der Zuzahlung wäre dann vom eigentlichen Anschaffungsvorgang zu trennen mit der Folge seiner erfolgswirksamen Behandlung.

BGH, Urt. v. 28.6.2006 – VIII ZR 350/04, BB 2006, 1648:

Der **Ausgleichsanspruch eines Vertragshändlers** analog § 89 b HGB ist nicht deshalb von vornherein ausgeschlossen, weil der Vertragshändler nach Beendigung des Vertragsverhältnisses seine Kundenkartei einem Dritten überlässt, nachdem er zuvor in Erfüllung einer entsprechenden Vertragspflicht dem Hersteller die Daten der von ihm neu geworbenen Kunden bekannt gegeben hat. Die **Weitergabe der Kundenkartei** kann sich jedoch auf die Höhe des Anspruchs auswirken, soweit die Vorteile des Herstellers oder die Nachteile des Vertragshändlers infolge der Nutzung der Kundendaten durch den Dritten voraussichtlich geringer ausfallen werden. … Zutreffend ist das Berufungsgericht davon ausgegangen, dass die Regelung über den Ausgleichsanspruch des Handelsvertreters in **§ 89 b HGB auf das Vertragshändlerverhältnis entsprechende Anwendung findet**. Voraussetzung dafür sind nach der ständigen Rechtsprechung des Bundesgerichtshofs die Einbindung des Vertragshändlers in die Absatzorganisation des Herstellers oder Lieferanten und die Verpflichtung des Vertragshändlers, dem Hersteller oder Lieferanten seinen Kundenstamm zu übertragen, so dass sich dieser bei Vertragsende die Vorteile des Kundenstamms sofort und ohne weiteres nutzbar machen kann. … Die Weitergabe der Kundenkartei an einen Dritten ändert nichts daran, dass der Vertragshändler seinen Kundenstamm dem Hersteller übertragen hat, indem er ihn, seiner vertraglichen Verpflichtung folgend, fortlaufend über das Verkaufsgeschäft berichtet, insbesondere unverzüglich die Auftragseingangs- und Zulassungsmeldungen zugeleitet hat. dadurch war der Hersteller nach Vertragsende in der Lage, die Kundenadressen zu nutzen und die Kunden seinerseits anzusprechen. ... Es ist nicht richtig, dass der Hersteller durch die Zahlung des Ausgleichs die Möglichkeit erwerben soll, den Kundenstamm ohne störende Einflüsse durch den Handelsvertreter zu nutzen. Der **Zweck des Ausgleichsanspruchs** besteht vielmehr nach der ständigen Rechtsprechung des Bundesgerichtshofs darin, die Nachteile auszugleichen, die der Handelsvertreter dadurch erleidet, dass er infolge der Vertragsbeendigung die von ihm geschaffenen Kundenkontakte nicht mehr nutzen kann. Bei einer Konkurrenztätigkeit des ausgeschiedenen Handelsvertreters unter Ausnutzung der während des Bestehens des Handelsvertreterverhältnisses kommt deshalb ein Ausschluss des Ausgleichsanspruchs nicht von vornherein insgesamt, sondern nur insoweit in Betracht, als dadurch einerseits die Vorteile des Herstellers aus Geschäften mit den betreffenden Kunden und andererseits die Nachteile des Handelsvertreters infolge von Provisionsverlusten gemindert werden. Der Konkurrenztätigkeit ist bei der Prognose der Herstellervorteile und der Nachteile des Handelsvertreters bzw. des Vertragshändlers sowie bei einem etwaigen Billigkeitsabzug Rechnung zu tragen.

FG München[5], Urt. v. 28.11.2006 – 6 K 578/06 (bisher nicht veröffentlicht):

Soweit eine überlassene **Marke** werthaltig ist, kann sie einer Konzerntochtergesellschaft unter den gleichen Umständen und Bedingungen wie einem fremden Dritten überlassen werden (vgl. Urteil des BFH vom 9.8.2000). Allerdings konnte im vorliegenden Fall die Vertriebsgesellschaft die Produkte auf der Grundlage eines Alleinvertriebsvertrages vertreiben. Für den legitimen Vertrieb der Produkte der Marke ... war dieser **Alleinvertriebsvertrag** ausreichend. Für die konkrete Tätigkeit der Vertriebsgesellschaft war der Abschluss eines zusätzlichen Lizenzvertrages nicht erforderlich. Die Käufer haben die Produkte zusammen mit der Marke von der Vertriebsgesellschaft in einem einheitlichen Vorgang erworben. Das Markenprodukt hat dabei einen Kaufpreis, mit dem auch anteilig die entsprechende Marke mit abgegolten ist. Ein fremder Dritter würde bei einem solchen Kauf nicht gesondert **neben der Bezahlung des Kaufpreises** an den Verkäufer noch eine **zusätzliche Lizenzgebühr** an eine am direkten Kauf unbeteiligte Firma bezahlen. Aus diesem Grund können die von der Vertriebsgesellschaft an ihre Mutter bezahlten Lizenzgebühren einem Fremdvergleich nicht standhalten. Ein ordentlicher und gewissenhafter Geschäftsleiter wäre auch keine Verpflichtung zur Zahlung einer Lizenzgebühr für ein Markenzeichen eingegangen, das bei Abschluss des Lizenzvertrages nicht durch einen Eintrag im deutschen **Markenregister** geschützt gewesen ist. Im Übrigen kann es dahingestellt bleiben, ob es sich bei der konzerninternen Lieferung um ein **erstmaliges Inverkehrbringen** handelt. Liegt insoweit eine **markenrechtliche Einheit** des Konzerns vor, so bewirkt eine solche, dass die Vertriebsgesellschaft als Teil der markenrechtlichen Konzerneinheit auch unmittelbar in den Genuss des Markenschutzrechtes kommt, ohne dass es hierfür eines weiteren Lizenzvertrages bedarf.

---

[5] Die Nichtzulassungsbeschwerde des Stpfl. hat der BFH zwischenzeitlich als unzulässig verworfen (BFH, Beschl. v. 6.11.2007 – I B 7/07; bisher nicht veröffentlicht).

BFH, Urt. v. 12.7.2007 – X R 5/05, BStBl. II 2007, 959 und DB 2007, 2231:

In den Entscheidungen vom 25.7.1990 – X R 111/88 (BStBl. II 1991, 218) und vom 13.1.1993 – X R 86/91 (BFH/NV 1993, 412) hat der Senat bereits dargelegt, dass in den häufig vorkommenden Fällen, in denen es dem Geschäftsherrn gelingt, den **Ausgleichsanspruch des scheidenden Vorgänger-Handelsvertreters** gem. § 89 b HGB auf dessen Nachfolger mittels Schuldübernahme abzuwälzen, der Nachfolger seinerseits vom Geschäftsherrn ein ‚Vertreterrecht' erwirbt, wobei das Entgelt darin besteht, dass er den an seinen Vorgänger zu zahlenden Ausgleichanspruch ablöst. Bei dem angeschafften ‚Vertreterrecht' handelt es sich um ein derivativ erworbenes immaterielles Wirtschaftsgut. Die hierauf vorzunehmende AfA bemisst sich nach der im Schätzungswege zu bestimmenden betriebsgewöhnlichen Nutzungsdauer (kein Ansatz einer typisierenden Nutzungsdauer von 15 Jahren).

FG Berlin-Brandenburg, Urt. v. 12.12.2007 – 12 K 8179/04 B, DStRE 2008, 755 (rechtskräftig):

Der **Firmenwert** ist der Wert, der einem Unternehmen über den **Substanzwert** der einzelnen materiellen und immateriellen Wirtschaftsgüter hinaus innewohnt. Er ist Ausdruck der **Gewinnchancen** eines Unternehmens, soweit diese nicht in einzelnen Wirtschaftsgütern verkörpert sind, sondern durch den Betrieb eines lebenden Unternehmens gewährleistet erscheinen (BFH v. 27.3.2001, I R 42/00, BStBl. II 2001, 771). Es ist nicht möglich, den Firmenwert in einzelne Positionen aufzuspalten und jeder dieser besonderen Positionen einen bestimmten Wert beizumessen. Das Wesen des Firmenwertes besteht gerade darin, dass die ihm zugrunde liegenden Umstände nicht einzeln in Erscheinung treten. Für die Annahme eines Firmenwertes müssen Gegebenheiten vorliegen, die einen Erwerber dieses Unternehmens veranlassen, diese Faktoren als besondere Vorteile gegenüber anderen Unternehmen mit sonst vergleichbaren Wirtschaftsgütern anzusehen (BFH v. 27.3.1996, I R 60/95, BStBl. II 1996, 576). Das können etwa besonders günstige Konditionen eines Mietvertrages, besonderes Know-how des Personals o. ä. sein. Allein die Möglichkeit, einen Mietvertrag zu übernehmen oder das vorhandene Personal – mag es auch kompetent und freundlich sein – weiterzubeschäftigen, führt nicht zur Entstehung eines Firmenwertes.

FG Rheinland-Pfalz, Urt. v. 17.1.2008 – 4 K 1347/03, DStRE 2008, 1056 (Rev. eingelegt):

Die bisherige ständige Rechtsprechung des BFH, wonach eine **Wohnsitzverlegung** eines gewerblichen Einzelunternehmens in das EU-Ausland zwingend zu einer Betriebsaufgabe und damit zu einer vollständigen Auflösung der stillen Reserven führen soll, ist mit der Niederlassungsfreiheit nach Art. 43 EG nicht mehr vereinbar. Somit darf jedenfalls bei der Ermittlung eines **Aufgabegewinns** ein **originärer Geschäftswert** nicht mit einbezogen werden.

FG Köln, Urt. v. 18.3.2008 – 1 K 4110/04, DStRE 2009, 419 (Rev. eingelegt):

Verlegt ein Freiberufler seinen **Wohnsitz** ins EU-Ausland, führt dies nicht zur **Aufgabe seines Betriebes**, wenn er diesen dort unverändert fortführt. Die Besteuerung einer Betriebsaufgabe in diesem Fall verstößt gegen die Niederlassungsfreiheit innerhalb der EU.

FG Saarland, Urt. v. 26.6.2008 – 1 K 1208/03, EFG 2008, 1742:

Vergütungen einer GmbH an ihren Ges-GF für die Überlassung einer **Geschäftsidee**, die die Grundlage des Unternehmens der GmbH darstellt und die zu ihrer Gründung führte, sind vGA, wenn die Geschäftsidee im Zeitpunkt der Gründung der GmbH noch nicht konkretisiert war. Anders als bei Know-how handelt es sich bei einer bloßen Geschäftsidee nicht um ein selbständiges überlassungsfähiges IWG. ... Auch Know how kann ein immaterielles WG sein. Denn Patente und das Know-how zur Herstellung eines unter Patentschutz stehenden Erzeugnisses sind untrennbar miteinander verbunden. Der Begriff des Know-how kann vom einfachen Erfahrungswissen bis zur (nicht geschützten) Erfindung reichen. Der Wert des Spezialwissens besteht darin, dass es einem Dritten Zeit und Kosten erspart. Eine bloße Geschäftsidee beinhaltet normalerweise noch kein Spezialwissen. Kein Unternehmer ist bereit, einem fremden Dritten etwas für eine Idee zu zahlen, die im Wirtschaftsleben erst noch erprobt und durchgesetzt werden muss und die – nachdem sie sich bewährt hat – von jedem Konkurrenten ohne weiteres übernommen werden kann.

BFH, Urt. v. 20.8.2008 – I R 16/08, BFH/NV 2009, 49:

Vermietet der alleinige Gesellschafter und Geschäftsführer einer GmbH an diese Räumlichkeiten, darf er auch dann hierfür ein verkehrsübliches Entgelt verlangen, wenn er die Räume selbst zu einem Zeitpunkt, als die GmbH noch nicht existent war, zu einem geringeren Preis gemietet hat. ... Eine andere Beurteilung kommt nur dann in Betracht, wenn sich der Kapitalgesellschaft – etwa wegen besonderer geschäftlicher Kontakte ihres Geschäftsführers – die Möglichkeit bietet, Räume zu einem niedrigeren als dem ortsüblichen Entgelt zu mieten. Nimmt stattdessen der Gesellschafter-Geschäftsführer diese **Geschäftschance**, die der Kapitalgesellschaft gebührt, als Eigengeschäft wahr oder nutzt er in anderer Weise geschäftliche Möglichkeiten für eigene Rechnung, kann dies nach der Rechtsprechung des Senats als vGA zu beurteilen sein (Senatsurteil v. 17.12.2003 – I R 25/03, BFH/NV 2004, 819).

BFH, Urt. v. 2.9.2008 – X R 32/05, BStBl II 2009, 634 und BFH/NV 2009, 997 und GmbHR 2009, 718:

Maßgebendes Kriterium für den **Übergang des Geschäftswerts** von einem Einzelunternehmen auf eine Kapitalgesellschaft im Wege der **verdeckten Einlage** ist, dass dem nutzenden Unternehmen die materiellen und immateriellen Wirtschaftsgüter sowie die sonstigen Faktoren, welche sich im Geschäftswert niederschlagen, auf einer vertraglichen Grundlage überlassen werden, die Nutzung auf Dauer angelegt ist und gegen den Rechtsträger des nutzenden Unternehmens kein Rechtsanspruch auf Rückgabe dieser Wirtschaftsgüter besteht. ... Nicht ausreichend ist eine verfestigte tatsächliche Nutzungsmöglichkeit oder der tatsächliche Verbrauch der geschäftswertbildenden Faktoren. Ansonsten wäre bei einer Betriebsverpachtung im Ganzen regelmäßig bei längerer Dauer ein Geschäftswertübergang anzunehmen. Der **Geschäftswert** bleibt **bei der Betriebsverpachtung** im Ganzen aber regelmäßig im Verpächterunternehmen (u.a. BFH v. 27.3.2001, BStBl. II 2001, 771; v. 16.6.2004, BStBl. II 2005, 378). ... Der Geschäftswert ist der Wert, der einem gewerblichen Unternehmen über den Substanzwert (Verkehrswert) der einzelnen materiellen und immateriellen Wirtschaftsgüter hinaus innewohnt (BFH v. 27.3.1996, BStBl. II 1996, 576; v. 27.3.2001, BStBl. II 2001, 771). Er ist Ausdruck der Gewinnchancen eines Unternehmens, soweit diese nicht in einzelnen Wirtschaftsgütern verkörpert sind, sondern durch den Betrieb eines lebenden Unternehmens gewährleistet erscheinen (BFH v. 14.1.1998, GmbHR 1998, 692). Angesichts dessen ist er untrennbar mit dem Betrieb als solchem verwoben, so dass er grundsätzlich nicht ohne diesen eräußert oder entnommen werden kann. Übernimmt ein Unternehmen den Betrieb eines anderen ganz oder teilweise und gehen hierbei **geschäftswertbildende Faktoren** von dem übertragenden Unternehmen auf das übernehmende über, kann auch der Geschäftswert übergehen (BFH v. 27.3.2001, BStBl. II 2001, 771).

BFH, Beschl. v. 17.3.2009 – X B 225/08, BFH/NV 2009, 967:

Nach ständiger Rechtsprechung des BFH **unterliegt der Ausgleichsbetrag,** den ein **Handelsvertreter** gemäß § 89 b HGB erhält, **der Gewerbesteuer**, und zwar auch dann, wenn die Beendigung des Vertragsverhältnisses mit der Veräußerung oder Aufgabe des Betriebs des Handelsvertreters zusammenfällt (BFH-Urt. v. 19.2.1987 – IV R 72/83, BStBl. II 1987, 570 m.w.N.). Maßgebend hierfür ist, dass die Ausgleichszahlung auf einem Anspruch besteht, der seiner rechtlichen und wirtschaftlichen Natur nach ein zusätzlicher Vergütungsanspruch des Handelsvertreters für die vor Vertragsende geleisteten und nach Vertragsende fortwirkenden Dienste ist, der unmittelbar aus dem Handelsvertreterverhältnis folgt und keinen besonderen Willensentschluss voraussetzt, wie ihn die Aufgabe einer Tätigkeit oder eines Gewerbebetriebes erfordert.

EuGH, Urt. v. 26.3.2009 – C–348/07 (Turgay Semen ./. Deutsche Tamoil GmbH), DStR 209, 759:

Art. 17 Abs. 2 Buchst. A der Richtlinie 86/653/EWG des Rates vom 18.12.1996 zur Koordinierung der Rechtsvorschriften der Mitgliedstaaten betreffend die selbständigen Handelsvertreter ist dahin auszulegen, dass er nicht erlaubt, dass der **Ausgleichsanspruch des Handelsvertreters** von vornherein **durch** seine **Provisionsverluste** infolge der Beendigung des Vertragsverhältnisses **begrenzt** wird[6], auch wenn die dem Unternehmer verbleibenden Vorteile höher zu bewerten sind. Daraus folgt, dass die deutsche Rechtsprechung, die es von vornherein ausschließt, dass der Ausgleich im Rahmen der Anwendung des Billigkeitskriteriums erhöht wird, fehlgeht. ... Gehört der Unternehmer einem Konzern an, sind die den anderen Konzerngesellschaften zufließenden Vorteile

---

[6] Der deutsche Gesetzgeber hat aufgrund des hier in Rede stehenden EuGH-Urteils v. 26.3.2009 die Vorschrift des § 89b HGB mit Wirkung ab 5.8.2009 geändert, indem er die bisherige Nr. 2 des Absatzes 1 ersatzlos gestrichen hat (vgl. BGBl. I 2009, 2519). Der Ausgleichsanspruch ist dem Grunde nach nunmehr nicht mehr davon abhängig, dass *„der Handelsvertreter infolge der Beendigung des Vertragsverhältnisses Ansprüche auf Provision verliert, die er bei Fortsetzung desselben aus bereits abgeschlossenen oder künftig zustande kommenden Geschäften mit den von ihm geworbenen Kunden hätte.“* Allerdings sind gemäß dem neuen § 89b Abs. 1 Nr. 2 HGB die dem Handelsvertreter entgehenden Provisionen bei Berechnung der Höhe des Ausgleichsanspruchs als ein Faktor für die Billigkeitsprüfung anzusehen.

grundsätzlich nicht als Vorteile des Unternehmers anzusehen und damit bei der Berechnung des Ausgleichsanspruchs des Handelsvertreters nicht notwendig zu berücksichtigen.

Niedersächsisches FG, Urt. v. 13.5.2009 – 6 K 476/06, EFG 2009, 1721 und IStR 2009, 624 und BB 2009, 2297 (Rev. eingelegt, Az. des BFH: I R 61/09):

Eine **Auslagerung aller Geschäftsaktivitäten** auf eine eigens zu diesem Zweck gegründete Tochtergesellschaft führt nicht zwingend zur Hinzurechnungsbesteuerung nach dem AStG.

BFH, Urt. v. 28.10.2009 – I R 99/08, BStBl. II 2011, 1019 und FR 2010, 183:

Die **Verlegung des Betriebs** eines selbständigen Erfinders in das Ausland (hier: nach Belgien) führt auch dann nicht zur Annahme einer (fiktiven) Betriebsaufgabe, wenn die künftigen Gewinne der ausländischen festen Einrichtung (Betriebsstätte) im Inland nicht steuerbar oder aufgrund eines DBA von der Besteuerung im Inland freigestellt sind (Änderung der Rechtsprechung: Aufgabe der sog. Theorie der **finalen Betriebsaufgabe**). Eine **Betriebsaufgabe** liegt vor, wenn aufgrund eines Entschlusses des Stpfl., den Betrieb aufzugeben, die bisher in diesem Betrieb entfaltete gewerbliche Tätigkeit endgültig eingestellt wird, alle wesentlichen Betriebsgrundlagen in einem einheitlichen Vorgang entweder insgesamt in das Privatvermögen überführt bzw. anderen betriebsfremden Zwecken zugeführt oder insgesamt einzeln an verschiedene Erwerber veräußert werden und dadurch der Betrieb als selbständiger Organismus des Wirtschaftslebens zu bestehen aufhört. Im Streitfall liegt danach kein Fall der Betriebsaufgabe vor. Denn … der Kläger hat seine bis zum August 1995 vom Inland aus ausgeübte Erfindertätigkeit nach dem Umzug nach Belgien von dort aus in identischer Form fortgeführt. Allerdings wird es nach der Rechtsprechung des BFH wie eine Betriebsaufgabe behandelt, wenn der Betrieb als wirtschaftlicher Organismus zwar bestehen bleibt, aber durch eine Handlung bzw. einen Rechtsvorgang in seiner ertragsteuerlichen Einordnung so verändert wird, dass die Erfassung der stillen Reserven nicht gewährleistet ist (vgl. Beschluss des Großen Senats, BStBl. II 1975, 168). In ähnlicher Weise bestimmt jetzt der für das Streitjahr noch nicht anwendbare § 4 Abs. 1 Satz 3 EStG 2002 (in der Fassung des SEStEG vom 7.12.2006, BStBl. I 2007, 4), einer Entnahme für betriebsfremde Zwecke stehe der Ausschluss oder die Beschränkung des Besteuerungsrechts der Bundesrepublik Deutschland aus der Veräußerung oder der Nutzung eines Wirtschaftsguts gleich. Wendet man diese Grundsätze auf den Streitfall an, so ist ein Realisationstatbestand zu bejahen. Der Senat hält indes an der Rechtsprechung zur finalen Betriebsaufgabe aus den gleichen Gründen nicht fest, die ihn zur Aufgabe der sog. Theorie der finalen Entnahme bei der Überführung von Einzelwirtschaftsgütern in eine ausländische Betriebsstätte des gleichen Unternehmens bewogen haben (Senatsurteil vom 17.7.2008, BStBl. II 2009, 464)[7]. Denn soweit ein späterer Veräußerungsgewinn auf der Realisierung der vormals im Inland erwirtschafteten stillen Reserven beruht, handelt es sich um der inländischen Besteuerung unterliegende Einkünfte.

---

[7] In diesem Buch abgedruckt im Kapitel: Nationale Rechtsprechung zur Betriebsstättenbesteuerung.

BFH, Urt. v. 28.10.2009 – I R 28/08, IStR 2010, 103:

Der Senat hält an der Rechtsprechung zur **finalen Betriebsaufgabe** aus den gleichen Gründen nicht fest, die ihn zur Aufgabe der **Theorie der finalen Entnahme** bei der Überführung von Einzelwirtschaftsgütern in eine ausländische Betriebsstätte des gleichen Unternehmens bewogen haben. Der Betriebsinhaber bleibt nämlich mit dem Veräußerungsgewinn, soweit dieser auf der Realisierung der im Inland gebildeten stillen Reserven beruht, gemäß § 1 Abs. 4 i.V. mit § 49 Abs. 1 Nr. 2 Buchst. a EStG 1990 beschränkt steuerpflichtig, denn entscheidend für die Zuordnung ist nicht der zeitliche, sondern der wirtschaftliche Zusammenhang mit der inländischen Betriebsstätte. Deshalb können auch nachträgliche Einkünfte, die durch eine nicht mehr bestehende inländische Betriebsstätte veranlasst worden sind, als inländische Einkünfte der beschränkten Steuerpflicht unterfallen.

BFH, Urt. v. 26.11.2009 – III R 40/07, BFH/NV 2010, 721 und DStR 2010, 371 und DB 2010, 367:

Der Geschäfts- oder Firmenwert ist der Mehrwert, der einem gewerblichen Unternehmen über den Substanzwert der einzelnen materiellen und immateriellen Wirtschaftsgüter abzüglich der Schulden hinaus innewohnt. Er ist Ausdruck der **Gewinnchancen** eines Unternehmens, soweit diese nicht in einzelnen Wirtschaftsgütern oder der Person des Unternehmers verkörpert sind, sondern durch den Betrieb eines lebenden Unternehmens (z. B. Ruf, Kundenkreis, Organisation, etc.) gewährleistet erscheinen. Der **Geschäftswert** ist grundsätzlich mit dem Betrieb verwoben und kann daher weder separat veräußert noch entnommen werden. Abgesehen von Sonderfällen wie z. B. der Begründung einer Betriebsaufspaltung oder der Realteilung folgt der Geschäftswert dem übertragenen Betrieb und kann nur mit diesem erworben werden. Auch personenbezogene Gewerbebetriebe wie Friseurbetriebe oder Apotheken können einen Geschäftswert aufweisen. Soweit die Gewinne aber von der Person des Unternehmers abhängen und nicht von den Eigenschaften des Unternehmens wie seinem Ruf, dem Kundenkreis oder seiner Organisation, fehlt es an einem Geschäftswert. Eine Bindung von Kunden an die Person des Unternehmers statt an das Unternehmen kommt auch bei Handelsunternehmen in Betracht, wenn überwiegend der Unternehmer nach außen in Erscheinung tritt und die Mitarbeiter, die **Betriebsorganisation** oder die Lage des Betriebes für den Erfolg unbedeutend sind.

FG Münster, Urt. v. 19.1.2010 – 15 K 379/06 U (rechtskräftig), EFG 2010, 757):

Nach ständiger Rechtsprechung des BFH, der der Senat folgt, ist der **Ausgleichsanspruch eines Handelsvertreters** eine Gegenleistung für bereits erbrachte Vermittlungsleistungen; er ist die zusätzliche Vergütung für die vor dem Vertragsende geleisteten und nach Vertragsende fortwirkenden (Vermittlungs-)Dienste des Handelsvertreters. … Dem Ausgleichsanspruch liegt insoweit auch keine sonstige Leistung eigener Art zugrunde, die im Aufbau und der Überlassung bleibender Kundenbeziehungen besteht, da die bei seinen Vermittlungsleistungen überlassenen Informationen über die Kunden bereits unselbständiger Bestandteil der Vermittlungsleistungen waren (vgl. BFH-Urteil v. 25.6.1998 – V R 57/97, BStBl. II 1999, 102). … Der Ort der durchgeführten Vermittlungen von Möbelverkäufen bestimmte sich abweichend von der ‚Grundregel' des § 3a

Abs. 1 UStG nach § 3a Abs. 2 Nr. 4 Satz 1 UStG. Danach waren die (laufenden) Vermittlungsleistungen an dem Ort erbracht worden, an dem der jeweils vermittelte Umsatz (die Lieferung der Möbel durch den Geschäftsherrn) ausgeführt worden war[8] (im Streitfall mithin in Italien), so dass die Vermittlungsleistungen im Inland nicht steuerbar waren. Entgegen der Auffassung des FA gilt für den Ausgleichsanspruch nichts anderes. Der Ausgleichsanspruch … stellt kein Entgelt für eine weitere Leistung des Handelsvertreters bei Beendigung des Vertragsverhältnisses dar.

BGH, Urt. v. 17.11.2010 – VIII ZR 322/09, DB 2011, 173:

Auch bei besonders **langlebigen Wirtschaftsgütern** (hier: Industriefußböden mit einer Haltbarkeit von 25 Jahren) können dem Unternehmer bei Beendigung des Handelsvertretervertrages aus der Geschäftsverbindung ausgleichspflichtige Unternehmervorteile insoweit verbleiben, als mit Folgeaufträgen von expandierenden Unternehmen oder mit Nachbestellungen von Kunden zu rechnen ist, die während der Lebensdauer der bezogenen Produkte außerhalb von Gewährleistungsarbeiten gleichartiges Material zur Behebung von Schäden benötigen.

Der **Ausgleichsanspruch** nach § 89 b HGB dient dem **Zweck**, die Unternehmervorteile und Provisionsverluste auszugleichen, die sich daraus ergeben, dass der Unternehmer voraussichtlich für einige Zeit noch Folgegeschäfte mit solchen Kunden (Stamm- oder Mehrfachkunden) abschließen wird, zu denen der inzwischen ausgeschiedene Handelsvertreter eine Geschäftsbeziehung hergestellt hat, der Handelsvertreter aber an dieser Spätwirkung seiner früheren Vermittlungstätigkeit nicht mehr in Form von Provisionen partizipiert. Als **Stammkunden** sind dabei diejenigen Kunden anzusehen, die in einem überschaubaren Zeitraum, in dem üblicherweise mit Nachbestellungen zu rechnen ist, mehr als nur ein Geschäft mit dem Unternehmer abgeschlossen haben oder voraussichtlich abschließen werden. Dabei reicht es für die Annahme einer Geschäftsverbindung mit den vom Handelsvertreter geworbenen neuen Kunden aus, dass die Werbetätigkeit des Handelsvertreters zumindest mitursächlich gewesen ist. … Zwar sind angesichts der langen Lebensdauer der von der Klägerin vertriebenen Industriefußböden … Aufträge zur vollständigen Erneuerung typischerweise nur mit großem zeitlichen Abstand zu erwarten. Gleichwohl sind, wie die Revision zu Recht geltend macht, auch bei sehr langlebigen Produkten Folgeaufträge zu erwarten, z.B. von expandierenden Unternehmen, die zusätzlichen Bedarf an Industriefußböden für Produktions- und Lagerflächen haben, oder für Reparaturaufträge, die entgegen der Auffassung des Berufungsgerichts ohne Weiteres als ausgleichspflichtige Folgeaufträge zu berücksichtigen sind. … Die Vorteile, die der Unternehmer durch den Abschluss von Geschäften mit dem vom Handelsvertreter neu geworbenen Kundenstamm erlangt, sind durch eine **Umsatzprognose** zu ermitteln, bei der das Gericht regelmäßig auf eine Schätzung nach § 287 Abs. 2 ZPO angewiesen ist. Das gilt auch für die dabei zugrunde zu legende **Abwanderungsquote**. … Mangels konkreter anderweitiger Erkenntnisse kann als Anhaltspunkt die üblicherweise

[8] Für Vermittlungsleistungen an Unternehmer gilt ab 1.1.2010 das Empfängerortprinzip des § 3a Abs. 2 UStG n.F., so dass für Vermittlungsleistungen eines Handelsvertreters grundsätzlich der Betriebssitz des Geschäftsherrn maßgeblich ist (vgl. *Meyer*, EFG 2010, 758).

zugrunde gelegte und hier von der Klägerin geltend gemachte Abwanderungsquote von 20 % dienen.

BFH, Urt. v. 9.2.2011 – IV R 37/08, BFH/NV 2011, 1120:

Für den Veranlagungszeitraum 2002 bestehen keine verfassungsrechtlichen Bedenken, dass eine **Tarifbegünstigung des Ausgleichsanspruchs nach § 89b HGB** als Veräußerungsgewinn i.S. von § 34 Abs. 2 Nr. 1 und Abs. 3 EStG auch dann ausscheidet, wenn dieser Anspruch in zeitlichem Zusammenhang mit dem Eintritt des Berechtigten in den Ruhestand entsteht.

BFH, Urt. v. 21.1.2016 – I R 22/14, IStR 2016, 505 u. DStR 2016, 1155:

1 Streitig ist der einkommenserhöhende Ansatz eines Korrekturbetrags gemäß § 1 (1) AStG aF in der für die Jahre 2004 bis 2006 (Streitjahre) maßgebenden Fassung.

3 An der [*polnischen BT Sp.z oo*] beteiligte sich der Kläger zu 51 %.

4 In § 2 des Gesellschaftsvertrags (GV) zur Gründung der BT heißt es: „1. Die Firma der Gesellschaft lautet: ‚BT' Gesellschaft mit beschränkter Haftung. 2. Die Gesellschaft kann eine Abkürzung des Firmennamens ‚BT' Sp.z oo und ein sie auszeichnendes graphisches Zeichen gebrauchen." Darüber hinaus bestimmt § 8 GV: „Die Patent- und Lizenzrechte sowie technisches Know-how und später die Schutzrechte auf dem Gebiet der Republik Polen bleiben grundsätzlich im Eigentum des ursprünglichen Patent- bzw. Lizenzgebers …"

5 Auf der Grundlage eines bereits am 1.1.1999 abgeschlossenen Lizenzvertrages … überließ die [*schweizerische*] B.AG, an der der Kläger in den Streitjahren zu 90 % beteiligt war, der BT die Nutzung von Patenten zur Herstellung von B. Vorrichtungen.

6 Die BT verwendete das (graphisch gestaltete) Markenzeichen „B", dessen Inhaber der Kläger war, in ihrem Internetauftritt, auf Geschäftspapieren und Fahrzeugen, ohne dafür ein Entgelt zu zahlen. Der Kläger … hatte das Markenzeichen „B." im Jahr 1985 beim Deutschen Patent- und Markenamt als geschütztes Markenzeichen eintragen lassen, es zugleich auch international … registriert und den Markenschutz im Jahr 1994 auf weitere europäische Staaten, darunter Polen, erstreckt.

9 Der Beklagte (FA) war der Meinung, … [*dass*] aufgrund der unentgeltlichen Überlassung u.a. des Markenrechts („B.") an die BT in allen Streitjahren eine Gewinnkorrektur nach § 1 Abs. 1 AStG aF anzusetzen [*sei*].

10 Das vom Kläger angerufene FG Münster folgte im Urteil v. 14.2.2014 (4 K 1053/11 E, abgedruckt in EFG 2014, 921 = IStR 2014, 489) im Kern der Auffassung des FA, schränkte die Einkommenskorrektur allerdings der Höhe nach ein unter Hinweis auf zivilrechtliche Maßgaben einer Schadensersatzbemessung.

17 Der Senat ist an die von der Vorinstanz vorgenommene Auslegung von § 2 Nr. 2 GV nicht gebunden. Er erkennt darin keine Grundlage für die Überlassung der dem Kläger als Recht eingeräumten – und auch in Polen geschützten – Marke.

19b Allerdings hat das FG den § 2 Nr. 2 GV zugleich in einen schuldrechtlichen Zusammenhang gestellt, indem es unter Verweis auf diese Regelung auf eine Geschäftsbeziehung zwischen dem Kläger und der BT iSd § 1 Abs. 1, 4 AStG aF geschlossen hat. Für einen solchen Schluss fehlt aber sowohl nach dem Wortlaut der Regelung als auch den Gesamtumständen der Errichtung der Gesellschaft eine tragfähige Grundlage;

20c Der Wortlaut der Regelung des § 2 GV sieht mit Blick auf eine Marke „B." in Nr. 1 lediglich vor, dass sie Bestandteil des Firmennamens ist und dass die Gesellschaft eine Abkürzung des Firmennamens und ein sie auszeichnendes graphisches Zeichen gebrauchen darf (Nr. 2). Auch wenn man aus der unstreitigen und vom FG für die Streitjahre festgestellten Nutzung des Firmenlogos „B." durch die BT darauf schließen kann, dass die Nutzung des „graphischen Zeichens" im Zusammenhang mit dem abgekürzten Firmennamen satzungskonform war, war die BT in der konkreten Gestaltung jedoch frei – eine Bindung an das konkrete Firmenlogo, das Gegenstand der Marke des Klägers ist, ist nicht ersichtlich. Darüber hinaus ergeben sich keine Anhaltspunkte dafür, dass die Regelung des § 2 GV in einem anderen Zusammenhang als dem des Firmennamens der polnischen Gesellschaft steht. Dies ist auch aus § 8 GV zu schließen, der ausdrücklich (und offensichtlich abschließend) die Patent- und Lizenzrechte (bzw. Schutzrechte) auf dem Gebiet der Republik Polen regelt.

21d Nach den Grundsätzen, die der Senat in seinem Urteil v. 9.8.2000 – I R 12/99 (BStBl. II 2001, 140 = IStR 2001, 54) zur Sorgfalt eines ordentlichen und gewissenhaften Geschäftsleiters im Zusammenhang mit der Nutzung des Konzernnamens entwickelt hat und an denen er festhält, liegt im Streitfall lediglich eine Überlassung des Firmennamens durch einen Gesellschafter an die Gesellschaft als Gegenstand der gesellschaftsvertraglichen Vereinbarung – iS einer Erlaubnis, den Namen als Bestandteil des eigenen **Firmennamens** und damit iSd deutschen Handelsrechts zur Unternehmensunterscheidung (§ 18 HGB) zu nutzen – vor (s.a. Senatsurteil in BFH/NV 2011, 312). **Für eine solche Erlaubnis sind aber in der Regel Lizenzentgelte steuerlich nicht verrechenbar** (Senatsurteil in BFHE 193, 274, BStBl. II 2001, 140 = IStR 2001, 54. Nur wenn – wie im dortigen Streitfall (BStBl. 2001, 140 = IStR 2001, 54) – durch einen Warenzeichen-Lizenzvertrag, der ein Recht zur Benutzung des Konzernnamens und des Firmenlogos als Warenzeichen für die im Gebiet verkauften oder zum Verkauf angebotenen Produkte einräumt, **ein untrennbarer Zusammenhang zwischen Namensrecht und produktbezogenem Markenrecht** hergestellt wird, **kann die Überlassung des Markenrechts, wenn insoweit ein eigenständiger Wert festzustellen ist, im Vordergrund stehen und insoweit insgesamt (einheitlich) nach Maßgabe der Sorgfalt eines ordentlichen und gewissenhaften Geschäftsleiters ein fremdübliches Entgelt gefordert werden**.

22 Für Letzteres bestehen im Streitfall jedoch keine hinreichenden Anhaltspunkte. Soweit das FG nach Maßgabe der Grundsätze im Senatsurteil (BStBl. 2001, 140 = IStR 2001, 54) einen eigenständigen Wert der produktbezogenen Marke für den Geschäftsbetrieb der BT ermittelt haben will, ohne dazu konkret auf die unternehmerische Tätigkeit der BT bezogene Analysen einer Vorteilhaftigkeit iS eines „erwarteten Nutzens" vorzunehmen, kommt einer solchen Einschätzung bezogen auf den hier einschlägigen Sachumstand der Nutzung der Marke in ihrem Firmennamen keine Bedeutung zu.

FG Niedersachsen, Urt. v. 16.03.2023 – 10 K 310/19 ***(Voraussetzungen für die Verlagerung einer Funktion bzw. Geschäftschance)*** *– Rev. Az BFH: I R 43/23)*

10 Eine vGA kommt im Streitfall lediglich als verhinderte Vermögensmehrung in Betracht, und zwar in Gestalt einer Überlassung einer Geschäftschance. Der Beklagte geht davon aus, dass die Einstellung der Produktion zu einer Übertragung von Geschäftschancen geführt hat und deshalb nur gegen Entschädigung hätte erfolgen dürfen. Dieser Auffassung folgt der Senat nicht.

11 Der Begriff der **Geschäftschance** ist gesetzlich nicht bestimmt. Allgemein ist darunter die Aussicht zu verstehen, aus einem (tatsächlichen oder einem sich erst anbahnenden) Geschäft, ggf. auch aus einer betrieblichen Funktion, zukünftig Gewinne zu erzielen. Voraussetzung ist dabei, dass die so verstandene Chance hinreichend verselbständigt ist und von anderen Wirtschaftsgütern unterschieden werden kann. Die Chance muss über ein **gewisses Gewinnpotential** verfügen, für das einerseits ein ordentlicher und gewissenhafter Geschäftsleiter gewöhnlich ein Entgelt einfordern würde, und für das ein **fremder Dritter bereit wäre, ein entsprechendes Entgelt zu leisten**. Ob diese Voraussetzungen anzunehmen sind, ist nach den Grundsätzen des Fremdvergleichs zu entscheiden. Nach gefestigter Rechtsprechung des BFH (vgl. BFH-Beschluss v. 9. Juli 2003, I B 194/02, BFH/NV 2003, 1349; BFH Urteile v. 24. März 1998, I R 93/96, BFHE 186, 61; BFH v. 12. Juni 1997, I R 14/96, BFHE 183, 459; BFH v. 6. Dezember 1995, I R 40/95, BFHE 180, 35; BFH v. 30. August 1995, I R 155/94, BFHE 178, 371 wird als **Geschäftschance überwiegend die konkrete Möglichkeit verstanden, aus einem Geschäft oder einer betrieblichen Funktion (vgl. BFH Urteil v. 6. Dezember 1995, I R 40/95, BFHE 180, 38) künftig einen Vermögensvorteil erzielen zu können, soweit sich dieser nicht bereits aus einem anderen Wirtschaftsgut ergibt** (so Borstell StbJb 2001/2002, 207; Brüninghaus WPg-Sonderheft 2006, 132; Wassermeyer/Andresen/Ditz Betriebsstätten-Handbuch/Ditz Rz. 4.55; einschränkend Wassermeyer GmbHR 1993, 332).

12 In aller Regel handelt es sich bei der Geschäftschance folglich um ein immaterielles Wirtschaftsgut, wie einen Kunden- oder Mandantenstamm, ein Belieferungsrecht oder einen bestimmten Exportmarkt, der entgeltlich übertragen werden kann. Der Vorteil, der der Chance erwächst oder erwachsen könnte, kann dabei ein solcher sein, der einmalig anfällt (z.B. der Einstieg in ein Vertragswerk), er kann aber auch ein fortlaufender sein, der sich in mehreren Wirtschaftsjahren niederschlägt. Der Vorteil muss jedoch stets derart konkretisiert sein, dass er für die Beteiligten auch eigenständig bewertbar ist. Als wesentliches Kriterium wird eine gewisse Marktgängigkeit der Chance erforderlich sein. Fehlt eine Marktgängigkeit, handelt es sich regelmäßig um eine „Chance", die nicht eigenständig verwertbar ist.

13 Allerdings muss es sich bei einer Geschäftschance nicht zwingend um eine rechtlich abgesicherte Rechtsposition handeln (BFH Urteil v. 12. Juni 1997, I R 14/96, BFHE 183, 459), jedoch muss die Geschäftschance **wenigstens so weit konkretisiert** sein, dass **sie einer Bewertung zugänglich ist**, zumal es anderenfalls nicht möglich wäre, ein angemessenes Entgelt für sie zu bestimmen (vgl. Ditz DStR 2005, 1916 f.; Wassermeyer/Andresen/Ditz Betriebsstätten-Handbuch/Ditz Rz. 4.55; a.A. Wassermeyer

GmbHR 1993, 332). Ob damit eine Geschäftschance bereits als immaterielles Wirtschaftsgut zu qualifizieren ist, hat der BFH bislang weitgehend offen gelassen (BFH Urteil v. 13. November 1996, I R 149/94, DStR 1997, 325; BFH Urteil v. 6. Dezember 1995, I R 40/95, BFHE 180, 38 f.).

14 b) Im vorliegenden Streitfall fehlt es an einer konkreten Geschäftschance im Sinne des § 8 Abs. 3 KStG. Die Annahme einer vGA durch den Beklagten beruht auf der Überlegung, dass die Einstellung einer gewinnbringenden Produktion durch einen fremden Dritten nicht ohne eine Entschädigung erfolgt wäre und folglich hieraus eine verhinderte Vermögensmehrung folge. Allerdings vermochte der Beklagte nicht darzulegen, worin die konkrete Überlassung einer Gewinnchance in Gestalt einer vermögenswerten Position durch die X gelegen haben soll.

15 Vielmehr fehlt es nach Auffassung des Senats an der Übertragung einer vermögenswerten Position durch die X. **Die Produktion beruhte im Wesentlichen auf der Zuweisung von Produktionsmengen für konzernangehörige Vertriebsgesellschaften durch die Konzernspitze. Vertragliche Zusagen** durch die Konzernmutter gegenüber der X, die ihr eine werthaltige Rechtsposition in Form eines Belieferungsrechts oder eine lediglich bestimmte Auftragszuteilung im Konzern gesichert hätten, **lagen nicht vor. Eigene schuldrechtliche Verträge in Form von Lieferaufträgen mit Dritten** bestanden im Zeitpunkt der Schließung nur in einem geringen Umfang. So beliefen sich die konzernfremden Umsätze der X in diesem Bereich in den Jahren vor dem Streitjahr lediglich zwischen 1,46 und 3,43% des Gesamtumsatzes. Demensprechend **resultierten die Gewinne ganz überwiegend aus der Produktion und Belieferung von konzerneigenen Vertriebsgesellschaften aufgrund von Aufträgen, die der X durch die Konzernmutter ohne Rechtsanspruch auf Beibehaltung der Auftragsmenge zugeteilt wurden**. Im Rahmen einer solchen Konstellation wäre es der Y ohne weiteres möglich gewesen, die konzerninterne Auftragszuteilung an die X wegen der gesunkenen Auftragslage im Konzern entschädigungslos zu reduzieren. Richtete sich der Produktionsumfang der X aber bereits nach der „im Belieben der Konzernspitze" liegenden Auftragszuweisung durch die Konzernmutter, **hatte die X keine eigenständige Geschäftschance, die sie der Konzernmutter überlassen konnte**. Dabei ist insbesondere zu berücksichtigen, dass die X gegenüber der Konzernmutter **keine rechtlich gefestigte Position** auf einen bestimmten Umfang an Aufträgen hatte. Werthaltige Marktpositionen in Form von Vertragsbeziehungen zu Dritten und abgeschlossenen Lieferverträgen standen im Wesentlichen der Konzernmutter und nicht der X zu. Insofern scheidet das Vorliegen einer Geschäftschance für die X, die sie der Konzernmutter unentgeltlich überlassen hat, aus.

16 Auch soweit der Beklagte meint, dass die X als selbständiges Unternehmen zu betrachten sei und im Rahmen des Fremdvergleichs die Konzerngesellschaften wie fremde Dritte zu behandeln seien, **hatte vornehmlich die Y Zugriff auf die Kundenbeziehungen zu ihren Töchtern**. Hierfür spricht insbesondere, dass die Y der X das Auftragsvolumen zugeteilt hat und nicht die X eigene Aufträge durch vertragliche Vereinbarungen mit konzerneigenen Gesellschaften abgeschlossen hatte. Die Y

war daher selbst in der Lage, die Kundenbeziehungen zu beherrschen. Die Übertragung einer Geschäftschance scheidet folglich aus.

17 Ebenso fehlt es an der Einräumung einer Geschäftschance durch Überlassung der **Kundenbeziehungen zu Fremdkunden** oder eines Kundenstamms für konzernfremde Abnehmer. Geschäftsbeziehungen zu konzernfremden Dritten und demgemäß einen Kundenstamm im Sinne von Fremdkunden außerhalb des Konzernverbundes gab es für die X – wie dargelegt – in keinem nennenswerten Umfang. Eine vertragliche Vereinbarung zur Übertragung des Kundenstamms oder der Geschäftsbeziehungen zu konzernfremden Dritten liegt nicht vor. Der Beklagte vermochte zudem nicht konkret darzulegen und nachzuweisen, dass tatsächlich Geschäftsbeziehungen zu konzernfremden Dritten von der X auf die Konzernmutter übergegangen sind. So ist nach dem Streitjahr kein einziger Vertrag zwischen einem konzernfremden früheren Auftraggeber der X und der Konzernmutter oder anderen Konzerngesellschaften bekannt. Vielmehr sind die bisherigen Fremdkunden der X nach Einstellung der Produktion zu anderen Fremdanbietern gewechselt. Nach alledem kann der Senat nicht feststellen, dass eine Vermögensmehrung aufgrund gesellschaftsrechtlicher Veranlassung verhindert wurde.

18 Eine Einkünftekorrektur aufgrund einer **Funktionsverlagerung** nach § 1 Abs. 3 Satz 9 AStG scheidet ebenfalls aus.

19 a) Nach § 1 Abs. 3 S. 9 AStG in der im Streitjahr geltenden Fassung liegt eine Funktionsverlagerung vor, wenn „eine Funktion einschließlich der dazugehörigen Chancen und Risiken und der mit übertragenen oder überlassenen Wirtschaftsgüter und sonstigen Vorteile verlagert“ wird. Diese Legaldefinition wird durch § 1 Abs. 2 FVerlV ergänzt. Hiernach handelt es sich um eine Funktionsverlagerung i. S. d. § 1 Abs. 3 S. 9 AStG, „wenn ein Unternehmen (verlagerndes Unternehmen) einem anderen, nahe stehenden Unternehmen (übernehmendes Unternehmen) Wirtschaftsgüter und sonstige Vorteile sowie die damit verbundenen Chancen und Risiken überträgt oder zur Nutzung überlässt, damit das übernehmende Unternehmen eine Funktion ausüben kann, die bisher von dem verlagernden Unternehmen ausgeübt worden ist, und dadurch die Ausübung der betreffenden Funktion durch das verlagernde Unternehmen eingeschränkt wird“. Es genügt demnach, dem übernehmenden Unternehmen die Grundlagen für die Funktionsausübung zur Verfügung zu stellen; eine Ausübung der Funktion in gleicher Weise ist nicht erforderlich (Begründung zu § 1 Abs. 2 S. 1 FVerlV). Werden ausschließlich (materielle oder immaterielle) Wirtschaftsgüter überlassen oder Dienstleistungen erbracht, ohne dass damit betriebliche Aufgaben i. S. d. § 1 Abs. 1 FVerlV verbunden sind, liegt gemäß § 1 Abs. 7 S. 1 FVerlV keine Funktionsverlagerung vor.

20 b) Im Streitfall liegt entgegen der Ansicht der Klägerin eine nach der gesetzlichen Regelung erforderliche Funktion vor.

21 Eine gesetzliche Definition des Begriffs Funktion findet sich im AStG nicht. § 1 Abs. 1 FVerlV definiert eine Funktion als „Geschäftstätigkeit, die aus einer Zusammenfassung gleichartiger betrieblicher Aufgaben besteht, die von bestimmten Stellen oder Abteilungen eines Unternehmens erledigt werden.“ Sie ist ein organischer Teil-

BFH-/FG-Urt.

bereich der unternehmerischen Gesamtaufgabe (vgl. Brockhagen Funktionsverlagerung S. 13; Wassermeyer/Andresen/Ditz Betriebsstätten-Handbuch/Ditz Rz. 4.2; Eisele Funktionsverlagerung S. 23 f.), ohne dass ein steuerlicher Teilbetrieb vorliegen muss (§ 1 Abs. 1 S. 2 FVerlV; ebenso BT-Drs. 16/4841, 86). Die Ausübung einer Geschäftstätigkeit ist regelmäßig mit der Begründung von Rechtspositionen und der Übernahme von Chancen und Risiken verbunden (vgl. Eisele, Funktionsverlagerung S. 22 f., 193). Da eine sachgerechte Zuordnung der daraus resultierenden Erträge und Aufwendungen möglich sein muss, ist eine **gewisse Eigenständigkeit** unerlässlich (Begründung zu § 1 Abs. 1 S. 2 FVerlV).

22 Die Finanzverwaltung geht neben diesem tätigkeitsbezogenen Begriffsverständnis zudem von einem objekt- bzw. produktbezogenen Begriffsverständnis aus (vgl. BMF v. 13. Oktober 2010, BStBl. I 2010, 774, Rz. 16). Demgegenüber wird in der Literatur (vgl. Baumhoff/Ditz/Greinert DStR 2007, 1449 f.; Borstell/Schäperclaus IStR 2008, 275; Frotscher FR 2008, 49 f.; Schaumburg/Piltz Besteuerung von Funktionsverlagerungen/Frischmuth 86 f.; Kroppen, Internationale Verrechnungspreise/Schreiber Rz. 44; Baumhoff/Ditz/Greinert Ubg 2011, 162; Vögele Verrechnungspreise/Borstell/Wehnert Rz. R 23 ff.) nicht die Produktion eines bestimmten Produkts bzw. einer bestimmten Produktgruppe als eine Funktion angesehen (vgl. Hentschel/Kraft IStR 2015, 194), sondern auf einen Geschäftsbereich abgestellt. Der Senat kann dahingestellt sein lassen, welcher Auffassung er folgen würde, da im Streitfall nicht auf ein einzelnes Produkt (Bohrmeißel) abgestellt werden kann, **sondern auf eine Produktlinie und damit auf einen wesentlichen Geschäftsbereich der X**. Insofern ist nach beiden Auffassungen in dem Betriebsteil Bohrmeißelproduktion eine Funktion zu sehen, da es sich dabei um einen eigenständigen Teilbereich des Gesamtorganismus des Unternehmens der X handelt, dem Erträge und Aufwendungen sachgerecht zugeordnet werden können.

23 Insoweit bedarf es entgegen der Ansicht der Klägerin auch nicht bereits für die Annahme einer Funktion der Feststellung, dass aus dem Betriebsteil resultierende Chancen und Risiken mitübertragen wurden. Nach § 1 Abs. 2 Satz 1 FVerlV ist jedoch die Feststellung erforderlich, dass Wirtschaftsgüter und sonstige Vorteile „sowie die damit verbundenen Chancen und Risiken" übertragen werden, damit das übernehmende Unternehmen die Funktion ausüben kann.

24 Als Chance bezeichnet man die als solche erkannte Möglichkeit, durch gezieltes Handeln einen im eigenen Interesse liegenden Zustand zu erreichen. Betriebswirtschaftlich wird es sich dabei um die Teilhabe am zukünftigen wirtschaftlichen Erfolg einer Unternehmung handeln. Eine Risikosituation ist dagegen grundsätzlich dadurch charakterisiert, dass (subjektive oder objektive) Wahrscheinlichkeiten für das Eintreten der verschiedenen Zustände der Realität bekannt sind (Kraft AStG § 1 Rn. 365).

25 Nach § 1 Abs. 3 S. 9 AStG sollen nicht nur konkrete Geschäftschancen, sondern nach Satz 5 sämtliche Gewinnpotenziale der Besteuerung unterworfen werden. Unter Gewinnpotenzial ist hierbei die Summe der (positiv wirkenden) unternehmerischen Chancen und (negativ wirkenden) Risiken zu verstehen (Jahndorf FR 2008, 105). Insoweit geht es nicht allein um die Realisierung der bereits unter deutscher Steuerhoheit entstandenen stillen Reserven, sondern vielmehr sollen auch zukünftige, im Aus-

land möglicherweise erst entstehende Gewinne der inländischen Besteuerung zugeführt werden (Blumers BB 2007, 1757; Hey BB 2007, 1308; Wulf DB 2007, 2283).

26 Nach diesen Grundsätzen liegt keine Funktionsverlagerung vor, da **weder Wirtschaftsgüter und sonstige Vorteile sowie Geschäftschancen** von der X auf die Y übertragen worden sind **noch eine kausale Verknüpfung** zwischen der Übertragung von Vorteilen im weitesten Sinne und der Übertragung der Befähigung, eine Funktion auszuüben, besteht. Dabei ist zwar entgegen der Auffassung der Klägerin nicht erforderlich, dass Chancen und Risiken kumulativ übertragen werden müssen. Vielmehr verlangt die gesetzliche Regelung, dass Wirtschaftsgüter und sonstige Vorteile übertragen werden und in diesem Zusammenhang die damit verbundenen Chancen und Risiken übergehen. Trägt der verlagernde Unternehmer keine Risiken, bedarf es auch nicht des Übergangs von Risiken neben der Übertragung von Chancen.

27 Im Streitfall **fehlt aber unstreitig die Übertragung von Wirtschaftsgütern** auf die Y. Denn soweit die X Wirtschaftsgüter auf Dritte übertragen hat, erfolgte dies im Rahmen entgeltlicher fremdvergleichsgerechter Geschäfte ohne Beteiligung der Y. Die Produktionsanlagen wurden an andere Konzerngesellschaften bzw. Dritte veräußert. Gerade unter dem Blickwinkel, dass im Rahmen der Fremdvergleichsbetrachtung alle Konzerngesellschaften selbständig zu betrachten sind, kann die Veräußerung der Wirtschaftsgüter an die anderen Tochtergesellschaften der Konzernmutter nicht zugerechnet werden.

28 Die X hat schließlich auch **keine immateriellen Wirtschaftsgüter übertragen**. Wie sich aus den **Cost Sharing Agreements** ergibt, standen die jeweiligen technischen Entwicklungen sowohl der X als auch der Y zu. Damit konnte die Y auch ohne die X auf die Patente und das technische Wissen zugreifen und selbständig derartige Produkte fertigen. Eine Übertragung von Know-How oder Schutzrechten erfolgte deshalb nicht.

29 Desgleichen wurde auch **kein Kundenstamm** übertragen. Soweit der Beklagte in diesem Zusammenhang darauf abstellt, dass die X als selbständiges Unternehmen zu betrachten ist und im Rahmen des Fremdvergleichs die Konzerngesellschaften wie fremde Dritte zu behandeln sind, wird übersehen, dass die Y ihrerseits eigenen Zugriff auf dieselben Kundenbeziehungen zu ihren Töchtern hatte. Hierfür spricht insbesondere, dass die Y der X das Auftragsvolumen zugeteilt hat. Die Y hatte aufgrund ihrer Stellung im Konzern allein das Wissen und die Fähigkeit, Aufträge mit Konzerngesellschaften abzuschließen und die Belieferung mit Hilfe verschiedener Produktionsstandorte durchzuführen. Sie allein war folglich in der Lage, die Kundenbeziehungen zu beherrschen. Insofern konnte auch kein immaterielles Wirtschaftsgut in Gestalt eines Kundenstamms von der X auf die Y übertragen werden.

30 Unter Berücksichtigung der bisherigen Ausführungen sind auch **keine sonstigen Vorteile übergegangen**, da die X mit der Produktion keine wirtschaftlich selbständige Position innehatte, die sie in die Lage versetzt hätte, etwas zu übertragen oder etwas an Dritte zu veräußern. Ein irgendwie gearteter wirtschaftlicher Vorteil, der entgeltlich verwertbar gewesen wäre, hat lediglich insoweit vorgelegen, als eine Belieferung an fremde Dritte erfolgt ist. Nach den Feststellungen des Senats erfolgte in-

soweit aber gerade kein Übergang von einer vermögenswerten Position von der X auf die Y, sondern durch die **Einstellung der Produktion gingen diese Geschäftsbeziehungen** unter.

31 Ferner ist die in § 1 Abs. 2 FVerlV verlangte Voraussetzung der Übertragung, „**damit** das übernehmende Unternehmen eine Funktion ausüben kann, die bisher von dem verlagernden Unternehmen ausgeübt worden ist", nicht erfüllt.

32 Die Y war unstreitig bereits vor der Aufgabe des Standorts in der Lage und hat dies für andere Teile des Gesamtmarktes auch getan, selbst entsprechende Produkte zu fertigen und zu vertreiben. Damit fehlt es an der kausalen Verknüpfung der Überlassung von Wirtschaftsgütern und/oder sonstigen Vorteilen mit der Möglichkeit der Ausübung einer Funktion. Demgemäß liegen die Voraussetzungen zur Gewinnkorrektur aufgrund einer Funktionsverlagerung nicht vor. Die durch den Beklagten vorgenommene Gewinnerhöhung erfolgt deshalb zu Unrecht.

BFH, Urt. v. 09.08.2023 - I R 54/19, Einkünftekorrektur bei ***Produktionsverlagerung*** *auf eine Schwestergesellschaft im Ausland*

1. **§ 1 Abs. 1 des Außensteuergesetzes (AStG) tritt gegenüber anderen Einkünftekorrekturvorschriften (hier: § 8 Abs. 3 Satz 2 des Körperschaftsteuergesetzes - KStG -) grundsätzlich zurück** und kommt nur dann und insoweit zur Anwendung, als die andere Norm in geringerem Umfang Einkünftekorrekturen anordnet (§ 1 Abs. 1 Satz 3 beziehungsweise 4 AStG).

2. Eine Gesamtbetrachtung einzelner Geschäftsvorfälle (hier: Materiallieferungen sowie rückläufige Erwerbe des bearbeiteten Materials) ist möglich, wenn eine Trennung der Vorgänge dem wirtschaftlichen Gehalt des Geschehens nicht gerecht würde.

3. Zur Berücksichtigung von Materialkosten eines Produktionsunternehmens im Rahmen der Kostenaufschlagsmethode, wenn der Auftraggeber die zu bearbeitenden Materialien zum Einstandspreis an das Produktionsunternehmen verkauft und nach Bearbeitung zurückkauft.

4. § 1 Abs. 1 Satz 2 der Funktionsverlagerungsverordnung (FVerlV) setzt voraus, dass die Funktion ein **organischer Teil eines Unternehmens** ist, ohne dass ein Teilbetrieb im steuerlichen Sinn vorliegen muss. Dies setzt voraus, dass die Produktion für einen Kunden als eigenständige Produktion im Unternehmen und damit als organischer Teil des Unternehmens angesehen werden kann.

5. Der Einbezug von Plankosten ist am ehesten geeignet, der bei der Ermittlung von Verrechnungspreisen anzuwendenden sogenannten ex-ante-Betrachtung (s.a. § 1 Abs. 3 Satz 4 AStG) Rechnung zu tragen.

6. Zur Berücksichtigung von **Standortvorteilen** ist zunächst der Umfang der Standortvorteile zu bestimmen und anhand der jeweiligen Funktionen, Risiken, eingesetzten Wirtschaftsgüter und realistisch verfügbaren Handlungsalternativen eine Aufteilung vorzunehmen.

Vorinstanz: FG München v. 26.11.2019 - 6 K 1918/16

Tatbestand

I.

Die Klägerin, Revisionsklägerin und Revisionsbeklagte (Klägerin), eine GmbH, entwickelt, produziert und vertreibt Produkte auf dem Gebiet der Trenn- und Zerspantechnik. Alleiniger Gesellschafter und Geschäftsführer der Klägerin ist K.

Im Jahr 2007 gründete K als Alleingesellschafter in der Föderation von Bosnien und Herzegowina (BIH) die C D.o.o. (C), eine Gesellschaft mit beschränkter Haftung, deren Geschäftsführer er wurde.

C ist ausschließlich auf dem Gebiet der Trenn-, Schleif- und Zerspantechnik (Drehen/Fräsen) tätig und stellt auch Fertig- und Halbfertigprodukte her (Aufnahme der Produktion im Jahr 2008). Für den Zeitraum von fünf Jahren erhielt C in BIH eine „Tax Holiday". Die Finanzierung der Standortgründung erfolgte durch die Klägerin. Diese entsandte zudem zwei Mitarbeiter, die das Personal der C in BIH schulten. Ab April 2012 arbeitete ein Mitarbeiter der Klägerin in BIH, der die Fertigung der C leitete; die Personalkosten trug C.

Die Gründung der C war nach der Darlegung der Klägerin eine Reaktion auf die wirtschaftliche Situation als Automobilzulieferer im Jahr 2006 am Standort Bundesrepublik Deutschland (Deutschland). Der überwiegende Teil ihrer Verkaufsartikel unterlag einer mehrstufigen Fertigung, die verschiedene Kombinationen von Fertigungsverfahren umfassen konnte. Insbesondere bei den arbeitszeitintensiven Fertigungsverfahren (Trennschleifen, Drehen, Fräsen) sei man aufgrund des hohen Lohnniveaus nicht mehr wettbewerbsfähig gewesen. Gute Deckungsbeiträge aus den Hightech-Verfahren (Adiabatisches Trennen, Doppelplanschleifen) mussten in zunehmendem Maße die Verluste der lohnintensiven Verfahren subventionieren. Einzelne Fertigungsstufen konnten aus Zertifizierungs- und Geheimhaltungsgründen indes nicht an externe Produzenten vergeben werden.

Zudem hätte bei einer Fremdvergabe auch die Gefahr bestanden, dass eine Drittfirma das Know-how der Klägerin abschöpft und sodann das Geschäft mit dem Kunden der Klägerin übernimmt.

Außerdem mussten die lohnkostenintensiven Arbeiten zum Teil auch eine oder mehrere Fertigungsstufen der Hightech-Verfahren abdecken, so dass bei einer Fremdvergabe auch dieses Geschäft gefährdet gewesen wäre. Daher habe man die lohnintensiven Fertigungsprozesse nach BIH ausgegliedert. Dort habe es unter anderem deutschsprachiges Personal mit der nötigen Fachkunde, geringe Zölle und ein geringes Wechselkursrisiko gegeben. C übernahm in diesem Zusammenhang Funktionen in den Prozessen Produktion, Qualitätssicherung und unterhielt eine kleine Verwaltungseinheit.

Die Klägerin belieferte C mit dem zur Produktion benötigten Material. Die Lieferungen wurden zivilrechtlich als Materialverkäufe abgewickelt. Die Klägerin erhielt als Gegenleistung ihre Einstandspreise ohne Verrechnung von Gewinnzuschlägen beziehungsweise Handling Fees/Provisionen.

Diese Abwicklung (Materialeinkauf und Lieferung an C) beruhte darauf, dass die Klägerin günstigere Einkaufspreise als C erzielen konnte.

Die von der Klägerin in Auftrag gegebenen Arbeiten führte C mit dem gekauften Material und ihrem Personal aus. Alsdann verkaufte C die Produkte an die Klägerin; zum

Teil wurden die Produkte unmittelbar von C an die Endkunden der Klägerin geliefert, zum Teil wurden sie von der Klägerin oder von Drittfirmen weiterbearbeitet. Die Klägerin ermittelte die Verrechnungspreise für die von ihr gekauften Produkte anhand einer „Deckungsbeitragsrechnung“.

Bis zum Jahr 2012 nahm die Klägerin alle von C in BIH hergestellten Produkte ab. Ab 2013 erzielte C eigene Umsätze mit der Fremdfirma P. Dabei handelte es sich um einen früheren Kunden der Klägerin. Da diese bei einer Produktion in Deutschland dem Kunden P keine konkurrenzfähigen Preise anbieten konnte, übernahm C die Aufträge und belieferte P mit den von ihr hergestellten Produkten. Einen eigenen Vertrieb hatte C in den Jahren 2011 bis 2013 (Streitjahre) nicht.

Für die Streitjahre wurde die Klägerin zunächst erklärungsgemäß unter anderem auf Basis ihrer Deckungsbeitragsrechnung veranlagt. Im Rahmen einer Außenprüfung unter Beteiligung eines Fachprüfers für Auslandsbeziehungen ging dieser davon aus, dass die Verlagerung von Funktionen und Risiken auf C in den Jahren 2007/2008 dem Grunde nach den Tatbestand einer Funktionsverlagerung erfülle. Da lediglich eine Routinefunktion übertragen worden sei, habe die Klägerin die Funktionsverlagerung aber zu Recht ohne Bezahlung eines besonderen Entgelts durchgeführt.

Im Hinblick auf die Warenkäufe der Klägerin von C seien die durch die Deckungsbeitragsrechnung ermittelten Verrechnungspreise nicht der Besteuerung zugrunde zu legen, vielmehr müssten einkommenserhöhend verdeckte Gewinnausschüttungen (vGA) angesetzt werden. Aufgrund einer Funktions- und Risikoanalyse kam der Fachprüfer zu dem Ergebnis, C sei aus den nachfolgenden Gründen ein sogenannter Lohnfertiger:

- Die Klägerin nehme den Großteil der Produktion ab;
- die Klägerin habe die Disposition über die in BIH hergestellten Produkte inne und bestimme, welche Fertigungsschritte die Schwestergesellschaft wie auszuführen habe;
- die Klägerin beschaffe die zur Produktion erforderlichen Roh-, Hilfs- und Betriebsstoffe, die lediglich aus zolltechnischen Gründen an den Lohnfertiger fakturiert würden;
- C sei als eigenständiges Unternehmen nicht lebensfähig;
- C sei nur relativ geringen unternehmerischen Risiken ausgesetzt.

Aufgrund der Freistellung der C von wesentlichen Risiken vertrat der Fachprüfer die Ansicht, dass für die Verrechnungspreisermittlung die Kostenaufschlagsmethode anzuwenden sei. Dabei ging er von einem Gewinnaufschlagsatz von 12 % aus, wobei er das von der Klägerin fakturierte Material (sowie angefallene Schrotterlöse) nicht in die Kostenbemessungsgrundlage einbezog. Für das Streitjahr 2013 berücksichtigte er, dass der Kunde P ausschließlich Verträge mit C abgeschlossen hatte, und kürzte die Kostenbemessungsgrundlage um die entsprechenden Kosten.

Die Frage, ob für die Materialverkäufe der Klägerin an C fremdübliche Kaufpreise vereinbart wurden, griff der Fachprüfer nur die Materialverkäufe auf, die dazu dienten, dass C Produkte für P herstellen konnte. Fremdüblich sei bei eigenen Materialkosten der Klägerin von ... € ein Gemeinkostenzuschlag und ein Gewinnaufschlagsatz in Höhe von jeweils 5 % (für 2013: weitere vGA von ... €). Da der Gewinn der C aus dem Geschäft mit P eine Vergütung für eine Routinefunktion darstelle, sah der Prüfer davon ab, eine vGA wegen der Übertragung des Kunden P von der Klägerin auf C anzusetzen.

Der Beklagte, Revisionsbeklagte und Revisionskläger (Finanzamt —FA—) übernahm die Prüfungsfeststellungen und erließ unter dem 18.09.2015 entsprechend geänderte Bescheide für die Streitjahre.

Der Einspruch blieb hinsichtlich der aufgezeigten Punkte ohne Erfolg (Einspruchsentscheidung vom 17.06.2016).

Während des finanzgerichtlichen Verfahrens reichte die Klägerin weitere Unterlagen ein, aus denen hervorging, dass C die Frachtkosten für die Materiallieferungen, die zur Durchführung des Geschäfts mit P angefallen waren, getragen hatte. Das FA nahm aufgrund dieser Unterlagen an, bei der Ermittlung der vGA aus diesen Materiallieferungen sei der bisher angesetzte Gemeinkostenzuschlag von 5 % nicht gerechtfertigt und erließ unter dem 02.01.2017 entsprechend geänderte Bescheide für 2013.

Die Klage hatte lediglich insoweit Erfolg, als das Finanzgericht (FG) im Rahmen des Fremdvergleichs durch Anwendung der Kostenaufschlagsmethode zugunsten der Klägerin die Standortvorteile der C höher bewertete als das FA (Gewinnaufschlagsatz nun 17 %). Das FG hat die Bescheide zu den Streitjahren 2012 und 2013 entsprechend geändert; zum Streitjahr 2011 ist eine Änderung unterblieben, weil das FG eine Saldierung mit einem sich zugunsten der Klägerin auswirkenden anderweitigen Fehlers der betreffenden Bescheide vorgenommen hat (FG München, Außensenate Augsburg, Urteil vom 26.11.2019 - 6 K 1918/16, EFG 2020, 764). Sowohl die Klägerin als auch das FA haben gegen das FG-Urteil Rechtsmittel eingelegt.

Die Klägerin macht mit ihrer Revision insbesondere die Verletzung materiellen Rechts geltend und beantragt, das Urteil der Vorinstanz aufzuheben und die Körperschaftsteuerbescheide für 2011 sowie 2012, die Gewerbesteuermessbescheide für 2011 sowie 2012, sämtlich in Gestalt der Einspruchsentscheidung vom 17.06.2016, sowie den Körperschaftsteuerbescheid 2013 und den Gewerbesteuermessbescheid 2013 jeweils vom 02.01.2017, dahingehend abzuändern, dass die in den genannten Bescheiden festgesetzte Hinzurechnung in Gestalt der vGA … entfallen.

Das FA macht die Verletzung materiellen Rechts geltend und beantragt, das Urteil der Vorinstanz aufzuheben, die Klage abzuweisen sowie die Revision der Klägerin zurückzuweisen.

Das Bundesministerium der Finanzen (BMF) ist dem Verfahren gemäß § 122 Abs. 2 der Finanzgerichtsordnung (FGO) beigetreten, ohne einen Antrag zu stellen.

Gründe

II.

Das Rechtsmittel des FA ist ungeachtet der Bezeichnung als „Anschlussrevision" in der innerhalb der Revisionsfrist beim Bundesfinanzhof (BFH) eingegangenen Revisionsschrift vom 30.12.2019 eine selbständige Revision des durch das angefochtene Urteil (im Hinblick auf die Teilstattgabe) beschwerten FA. Das folgt aus dem ausdrücklichen

Hinweis des FA auf eine (nachzureichende) Begründung der „Revision" in einem gesonderten Schriftsatz sowie der Bitte, die Frist nach § 120 Abs. 2 FGO zu verlängern.

III.

Die Revisionen der Klägerin und des FA sind begründet. Sie führen zur Aufhebung der Vorentscheidung und zur Zurückverweisung der Sache an das FG zur anderweitigen Verhandlung und Entscheidung (§ 126 Abs. 3 Satz 1 Nr. 2 FGO). Der von der Vorinstanz durchgeführte Fremdvergleich zur Ermittlung der Verrechnungspreise für den Erwerb bearbeiteter Produkte von C durch die Klägerin ist nicht frei von Rechtsfehlern. Er ist nach Maßgabe der Entscheidungsgründe erneut vorzunehmen.

Unter Beachtung des sogenannten Verböserungsverbots wird das FG auch zu prüfen haben, ob mit Blick auf die Verlagerung des Kunden P auf C (Übertragung der Kundenbeziehung) eine vGA anzusetzen ist.

1. Die Vorinstanz hat den einkommens- und gewerbeertragserhöhenden Ansatz von vGA wegen der Höhe der von der Klägerin bezahlten Preise für den Erwerb der von ihrer Schwestergesellschaft C bearbeiteten Produkte ohne Rechtsfehler nach Maßgabe eines Fremdvergleichs durchgeführt.

a) Nach § 8 Abs. 3 Satz 2 des Körperschaftsteuergesetzes in der für die Streitjahre geltenden Fassung (KStG) mindern vGA das Einkommen der Kapitalgesellschaft (und in der Folge auch den Gewerbeertrag, § 7 Satz 1 des Gewerbesteuergesetzes in der für die Streitjahre geltenden Fassung) nicht. Unter einer vGA ist bei einer Kapitalgesellschaft eine Vermögensminderung (verhinderte Vermögensmehrung) zu verstehen, die durch das Gesellschaftsverhältnis veranlasst ist, sich auf die Höhe des Unterschiedsbetrags gemäß § 4 Abs. 1 Satz 1 des Einkommensteuergesetzes in der für die Streitjahre geltenden Fassung (EStG) i.V.m. § 8 Abs. 1 KStG auswirkt und in keinem Zusammenhang zu einer offenen Ausschüttung steht. Für den größten Teil der entschiedenen Fälle hat der Senat die Veranlassung durch das Gesellschaftsverhältnis angenommen, wenn die Kapitalgesellschaft ihrem Gesellschafter einen Vermögensvorteil zuwendet, den sie bei der Sorgfalt eines ordentlichen und gewissenhaften Geschäftsleiters einem Nichtgesellschafter nicht gewährt hätte (ständige Rechtsprechung des Senats seit Urteil vom 16.03.1967 - I 261/63, BFHE 89, 208, BStBl III 1967, 626). Außerdem muss der Vorgang geeignet sein, bei dem begünstigten Gesellschafter einen sonstigen Bezug im Sinne des § 20 Abs. 1 Nr. 1 Satz 2 EStG auszulösen (z.B. Senatsurteil vom 22.2.2023 - I R 27/20, BFHE 280, 55, BStBl II 2023, 840, m.w.N.).

b) Der sachliche Anwendungsbereich des § 8 Abs. 3 Satz 2 KStG ist nicht davon berührt, dass es im Streitfall um eine grenzüberschreitende Geschäftsbeziehung zwischen nahestehenden Personen geht und folglich auch der Tatbestand der Einkünftekorrekturvorschrift des § 1 Abs. 1 des Gesetzes über die Besteuerung bei Auslandsbeziehungen in der für die Streitjahre geltenden Fassung (Außensteuergesetz —AStG—) angesprochen ist. Der Senat hat zwar in seinem Urteil vom 27.11.2019 - I R 40/19 (I R 14/16) (BFHE 268, 1) unter Hinweis auf den Wortlaut des § 1 Abs. 1 AStG („unbeschadet anderer Vorschriften") dahin erkannt, dass der Regelung in § 8 Abs. 3 Satz 2 KStG kein Vorrang gegenüber der Regelung des § 1 Abs. 1 AStG zukommt, dass beide Vorschriften vielmehr „[einander] überlagern". Die Entscheidung ist jedoch zu § 1 Abs. 1 AStG i.d.F.

des Gesetzes zum Abbau von Steuervergünstigungen und Ausnahmeregelungen (Steuervergünstigungsabbaugesetz) vom 16.05.2003 (BGBl I 2003, 660, BStBl I 2003, 321) ergangen. § 1 Abs. 1 AStG ist indessen durch das Unternehmensteuerreformgesetz 2008 (UntStRefG 2008) vom 14.08.2007 (BGBl I 2007, 1912, BStBl I 2007, 630) —und damit für die Streitjahre— um einen Satz 3 (für 2011, 2012) beziehungsweise Satz 4 (für 2013) ergänzt worden, wonach „die weitergehenden Berichtigungen neben den Rechtsfolgen der anderen Vorschriften durchzuführen" sind. **Dies ist dahin zu verstehen, dass § 1 Abs. 1 AStG gegenüber anderen Einkünftekorrekturvorschriften (hier § 8 Abs. 3 Satz 2 KStG) grundsätzlich zurücktritt und nur dann (subsidiär) zur Anwendung kommt, wenn die andere Norm Berichtigungen nur in einem geringeren Umfang zulässt. Damit ist § 1 Abs. 1 AStG nur dann und nur insoweit anzuwenden, als mit dieser Rechtsgrundlage eine weiterreichende Einkünftekorrektur ausgelöst wird** (so im Ergebnis auch z.B. Ditz/Wassermeyer in Wassermeyer/Baumhoff/Ditz, Verrechnungspreise international verbundener Unternehmen, 2. Aufl., Rz 2.202; Kraft in Kraft, AStG, 2. Aufl., § 1 Rz 20; Kaminski in Strunk/Kaminski/Köhler, AStG/DBA, § 1 AStG Rz 14; Hofacker in Haase, AStG/DBA, 3. Aufl., § 1 AStG Rz 46; Brandis/Heuermann/Pohl, § 1 AStG Rz 18). Diese Auslegung, der auch die Finanzverwaltung folgt (BMF-Schreiben vom 06.06.2023 – Verwaltungsgrundsätze Verrechnungspreise, Grundsätze für die Korrektur von Einkünften gemäß § 1 AStG, BStBl I 2023, 1093, Rz 1.3 und 1.4), wird durch die Gesetzesmaterialien bestätigt, in denen ausgeführt wird, dass „Berichtigungen nach Satz 1 andere Regelungen, die unverändert grundsätzlich Vorrang haben, ergänzen" (BTDrucks 16/4841, S. 85).

c) Nach der Rechtsprechung des Senats gelten für den Fremdvergleich im Rahmen der vGA im Grundsatz keine anderen Maßgaben als im Rahmen des § 1 Abs. 1 AStG (Senatsurteile vom 27.11.2019 - I R 40/19 (I R 14/16), BFHE 268, 1; vom 18.05.2021 - I R 4/17, BFHE 273, 440, BStBl II 2023, 678). Für die Rechtslage der Streitjahre —nach Einfügung des § 1 Abs. 3 AStG i.d.F. des UntStRefG 2008 (sogenannter erweiterter Fremdvergleich)— kann jedoch der Prüfungsmaßstab voneinander abweichen, was für jeden einzelnen Geschäftsvorfall gesondert zu prüfen ist.

d) Das in den Streitjahren geltende Abkommen zwischen der Bundesrepublik Deutschland und der Sozialistischen Föderativen Republik Jugoslawien zur Vermeidung von Doppelbesteuerung auf dem Gebiet der Steuern vom Einkommen und vom Vermögen vom 26.03.1987 —DBA-Jugoslawien — (BGBl II 1988, 745, BStBl I 1988, 373), dessen unveränderte Fortgeltung Deutschland und BIH am 13.11.1992 (BGBl II 1992, 1196) vereinbart haben, hindert weder die Anwendung des § 8 Abs. 3 Satz 2 KStG noch des § 1 Abs. 1 AStG in der vorliegenden Konstellation. Dass Art. 10 DBAJugoslawien —im Kern mit Art. 9 Abs. 1 OECD-Musterabkommen übereinstimmend— eine am Fremdvergleich orientierte Korrektur der von der Klägerin und C vereinbarten Entgelte (unabhängig von der konkret anwendbaren nationalen Rechtsgrundlage) gestattet, ist zwischen den Beteiligten nicht im Streit und bedarf keiner weiteren Erläuterungen.

e) Ob und gegebenenfalls in welchem Umfang die zwischen der Klägerin und C tatsächlich vereinbarten Preise für die Erwerbe bearbeiteter Produkte von denjenigen abweichen, die zwischen fremden Dritten vereinbart worden wären, ist eine tatsächliche Frage, deren Beantwortung im gerichtlichen Verfahren in erster Linie dem FG obliegt.

aa) Die Tatsacheninstanz muss den maßgeblichen Fremdvergleichspreis unter Berücksichtigung aller Umstände des konkreten Einzelfalls ermitteln, wobei auch eine **Schätzung** gemäß § 162 **Abs. 1** AO zugelassen ist. Die Entscheidung darüber, wie der Fremdvergleich im Einzelfall durchzuführen ist, obliegt grundsätzlich dem FG (z.B. Senatsurteile vom 27.11.2019 - I R 40/19 (I R 14/16), BFHE 268, 1; vom 18.05.2021 - I R 4/17, BFHE 273, 440, BStBl II 2023, 678, jeweils m.w.N. aus der Rechtsprechung). Dieses muss bei der Ermittlung des „fremdüblichen" Preises allerdings beachten, dass es für die betreffende Leistung in aller Regel nicht „den" Fremdvergleichspreis geben wird, vielmehr jeder Preis im Rahmen einer bestimmten Bandbreite fremdvergleichsgerecht sein wird. In einem solchen Fall ist bei der Berechnung der vGA von dem für den Steuerpflichtigen günstigsten Vergleichspreis auszugehen (z.B. Senatsurteil vom 17.10.2001 I R 103/00, BFHE 197, 68, BStBl II 2004, 171). Dies gilt im Grundsatz auch bei der Anwendung von § 1 Abs. 1 AStG, wobei sich allerdings hier eine Einengung der Bandbreite nach Maßgabe des § 1 Abs. 3 Satz 3 AStG ergeben kann, die zu einer weitergehenden Berichtigung führen könnte. Davon abgesehen kann die vom FG angestellte Würdigung jedoch im Revisionsverfahren nur daraufhin überprüft werden, ob sie in verfahrensfehlerhafter Weise zustande gekommen ist und ob sie gegen Denkgesetze oder gegen allgemeine Erfahrungssätze verstößt. Ist dies nicht der Fall, muss sie auch dann Bestand haben, wenn sich aus den vom FG vorgefundenen tatsächlichen Umständen gleichermaßen andere Beträge hätten ableiten lassen (z.B. Senatsurteile vom 27.11.2019 - I R 40/19 (I R 14/16), BFHE 268, 1; vom 18.05.2021 - I R 4/17, BFHE 273, 440, BStBl II 2023, 678, jeweils m.w.N. aus der Rechtsprechung).

bb) Zur Ermittlung fremdvergleichskonformer Verrechnungspreise im Rahmen von Lieferungs- und sonstigen Leistungsverhältnissen zwischen verbundenen Unternehmen werden **vorrangig die sogenannten transaktionsbezogenen Standardmethoden** — Preisvergleichsmethode, Wiederverkaufspreismethode, Kostenaufschlagsmethode— angewendet (z.B. Senatsurteile vom 27.11.2019 - I R 40/19 (I R 14/16), BFHE 268, 1; vom 18.05.2021 - I R 4/17, BFHE 273, 440, BStBl II 2023, 678, jeweils m.w.N. aus der Rechtsprechung). Dabei ist die im Einzelfall **geeignetste Methode diejenige, mit der der Fremdvergleichspreis im konkreten Einzelfall mit der größtmöglichen Wahrscheinlichkeit seiner Richtigkeit ermittelt** werden kann (z.B. Senatsurteile vom 17.10.2001 - I R 103/00, BFHE 197, 68, BStBl II 2004, 171; vom 18.05.2021 - I R 4/17, BFHE 273, 440, BStBl II 2023, 678; ebenso Tz. 2.2 der OECD-Verrechnungspreisleitlinien für multinationale Unternehmen und Steuerverwaltungen vom September 2022, abgedruckt als Anlage 1 zum BMF-Schreiben vom 06.06.2023 - Verwaltungsgrundsätze Verrechnungspreise, Grundsätze für die Korrektur von Einkünften gemäß § 1 AStG, BStBl I 2023, 1093). Für Veranlagungszeiträume ab 2008 —und damit für die Streitjahre— ordnet § 1 Abs. 3 Satz 1 AStG den Vorrang der Standardmethoden für den Anwendungsbereich der Korrekturvorschrift des § 1 Abs. 1 AStG ausdrücklich an.

2. Die Ermittlung der Fremdvergleichspreise für die verfahrensgegenständlichen Erwerbe bearbeiteter Produkte wird diesen (durch § 1 AStG im Streitfall nicht modifizierten) allgemeinen Maßgaben im Rahmen der vGA-Bemessung nicht gerecht.

a) Das FG hat zur Ermittlung der fremdvergleichskonformen Preise für die Erwerbe bearbeiteter Produkte von C an die Klägerin die Kostenaufschlagsmethode gewählt. Zur Methodenwahl hat es ausgeführt, dass die Kostenaufschlagsmethode als Standardmethode bei der Lohnfertigung verwendet werde. Das FA habe diese Methode zu Recht angewendet, da eine andere Methode, die zu realitätsnäheren Ergebnissen führe, nicht ersichtlich sei. Allerdings hätten weder uneingeschränkt vergleichbare Fremdvergleichswerte (zum Beispiel unter Fremden übliche Verkaufspreise, Bruttomargen oder Kostenaufschlagsätze) noch eingeschränkt vergleichbare Fremdvergleichswerte festgestellt werden können. Weitere Ermittlungsmöglichkeiten seien von keinem Beteiligten vorgetragen worden und auch nicht ersichtlich, so dass § 1 Abs. 3 Satz 5 AStG anzuwenden sei. Nach dieser Vorschrift habe der Steuerpflichtige für seine Einkünfteermittlung einen hypothetischen Fremdvergleich vorzunehmen. Nicht ausreichend berücksichtigt seien (bei dem vom FA vorgenommenen Gewinnaufschlagsatz von 12 %) die Standortvorteile der C. Da die Klägerin nur durch eine Auslandsproduktion Gewinne habe erzielen können, sei sie darauf angewiesen, dass eine ausländische Firma mit ihr zusammenarbeite. Ein fremder Geschäftsführer der C hätte diese Abhängigkeit der Klägerin geltend machen können, denn die Klägerin hätte gegebenenfalls einen anderen qualitativ und kostenmäßig gleichwertigen Vertragspartner suchen müssen. Man halte daher einen Gewinnaufschlagsatz von 17 % für geboten. Bei der Berechnung der Kostenbasis sei der Ansatz der Materialkosten nicht gerechtfertigt. Denn ansonsten wäre der gebotene Vorteilsausgleich aufgrund der verbilligten Materiallieferungen nicht mehr sichergestellt. Ein ordentlicher Geschäftsführer würde nicht verbilligt Material an einen Dritten liefern, um dem Dritten aus dem Verkauf von bearbeiteten Produkten an ihn selbst einen Gewinn zu ermöglichen.

b) Die Erwägungen des FG zur Methodenwahl sind nicht frei von Rechtsfehlern; insbesondere leidet die Bemessung des Gewinnaufschlagsatzes von 17 % an einem inhaltlichen Mangel.

aa) Soweit das FG die von der Klägerin vorgelegte Ermittlung der Verrechnungspreise anhand einer Deckungsbeitragsrechnung (basierend auf Wertschöpfungsanalysen) als nicht geeignete Methode zur Bestimmung von Fremdvergleichspreisen (im Sinne einer geschäftsvorfallbezogenen Angemessenheitsanalyse) angesehen hat, hält dies einer revisionsrechtlichen Prüfung stand. Die Würdigung der Vorinstanz, dass der Deckungsbeitragsrechnung keine individuelle, geschäftsvorfallbezogene Fremdvergleichsprüfung zu entnehmen ist, ist weder in verfahrensfehlerhafter Weise zustande gekommen noch verstößt sie gegen Denkgesetze oder gegen allgemeine Erfahrungssätze.

Der Senat ist an diese Würdigung gebunden (§ 118 Abs. 2 FGO).

bb) Die Anwendung der Kostenaufschlagsmethode auf die gekauften Produkte durch das FG ist methodisch nicht zu beanstanden. Zwar ist die Preisvergleichsmethode die Grundmethode zur Bestimmung angemessener Verrechnungspreise, weil sie unmittelbar zur Feststellung des Vergleichspreises führt (z.B. Senatsurteil vom 18.05.2021 - I R 4/17, BFHE 273, 440, BStBl II 2023, 678, m.w.N. aus der Literatur). Sind allerdings konkrete Vergleichswerte, aus denen der Fremdvergleich abgeleitet werden kann, nicht feststellbar, ist eine andere Verrechnungspreismethode heranzuziehen.

cc) Bei der Kostenaufschlagsmethode handelt es sich um eine Standardmethode, die regelmäßig bei der Lohnfertigung verwendet wird (Ditz/Kluge in Wassermeyer/Baumhoff/Ditz, Verrechnungspreise international verbundener Unternehmen, 2. Aufl., Rz 6.31; Ditz in Flick/Wassermeyer/Baumhoff/Schönfeld, Außensteuerrecht, § 1 AStG Rz 1631; ähnlich Elbert/von Jesche in Vögele/Borstell/Bernhardt, Verrechnungspreise, 5. Aufl., Kap. N Rz 543; s.a. Tz. 2.60 sowie 7.40 der OECDVerrechnungspreisleitlinien für multinationale Unternehmen und Steuerverwaltungen vom September 2022, abgedruckt als Anlage 1 zum BMF-Schreiben vom 06.06.2023 - Verwaltungsgrundsätze Verrechnungspreise, Grundsätze für die Korrektur von Einkünften gemäß § 1 AStG, BStBl I 2023, 1093, die von der Anwendung der Kostenaufschlagsmethode als am besten geeignete Methode ausgehen). Die Qualifikation der C als Lohnfertiger durch das FG ist im Revisionsverfahren bindend.

aaa) Die tatrichterlichen Feststellungen des FG gehen dahin, dass die Klägerin das zur Produktion benötigte Material an C geliefert und jedenfalls bis 2012 alle von C hergestellten Produkte abgenommen hat, C in den Streitjahren keinen eigenen Vertrieb hatte und der Kundenstamm als wesentliches immaterielles Wirtschaftsgut bei der Klägerin verblieben war.

bbb) Eine tatrichterliche Würdigung des FG ist im Revisionsverfahren nur daraufhin überprüfbar, ob sie in verfahrensfehlerhafter Weise zustande gekommen ist und ob sie gegen Denkgesetze oder gegen allgemeine Erfahrungssätze verstößt. Ist dies nicht der Fall, ist der BFH auch dann an die Beurteilung des FG gebunden, wenn eine abweichende Würdigung gleichermaßen möglich oder naheliegend ist (ständige Rechtsprechung, vgl. z.B. Senatsbeschluss vom 13.7.2021 - I R 16/18, BFHE 274, 36, BStBl II 2022, 119, Rz 26).

ccc) So liegt der Fall hier. Das FG hat seine Feststellungen maßgeblich darauf gestützt, dass C mit Blick auf die Kosten der Materiallieferungen kein wesentliches Absatzrisiko (im Urteil als „Verkaufsrisiko“ bezeichnet) getragen hat. Dem kann die Klägerin nicht mit Erfolg entgegenhalten, das Risiko bestehe, weil über die jeweiligen Materiallieferungen beziehungsweise -erwerbe jeweils einzelvertragliche Schuldgeschäfte abgeschlossen worden seien und es deshalb an einer langfristigen Abnahmeverpflichtung beziehungsweise -garantie zwischen C und der Klägerin fehle. Denn dieses Vorbringen lässt unberücksichtigt, dass die Vorinstanz offensichtlich von einer faktischen Abnahmeverpflichtung beziehungsweise -garantie (vgl. hierzu z.B. Ditz/Kluge in Wassermeyer/Baumhoff/Ditz, Verrechnungspreise international verbundener Unternehmen, 2. Aufl., Rz 6.17, 6.27) ausgegangen ist. Dieser Schluss ist nach Auffassung des Senats naheliegend, zumindest jedoch möglich. Ein Verstoß gegen Denkgesetze oder allgemeine Erfahrungssätze ist nicht ersichtlich.

dd) Soweit die Vorinstanz davon ausgegangen ist, dass die Materiallieferungen der Klägerin an C untrennbar mit den Erwerben des von C bearbeiteten Materials durch die Klägerin verbunden sind und deshalb eine Trennung der zusammengehörenden Vorgänge dem wirtschaftlichen Gehalt des Geschehens nicht gerecht würde, ist dies revisionsrechtlich nicht zu beanstanden. Dieser Schluss ist insbesondere im Hinblick darauf, dass die Klägerin nach den Feststellungen des FG das zur Produktion erforderliche Material für C beschafft hat und diese im Hinblick auf die Beschaffung des Materials keine nennenswerten Funktionen und Risiken ausgeübt hat, nach Auffassung des Senats naheliegend und jedenfalls möglich. Dies gilt unabhängig davon, dass der Gesetzgeber ab dem Jahr 2013 eine zusammenfassende Betrachtung von Geschäftsvorfällen nach § 1 Abs. 4 Satz 1 AStG gesetzlich geregelt hat.

ee) Ausgehend von der Annahme der Vorinstanz, dass im Streitfall eine faktische Abnahmeverpflichtung beziehungsweise -garantie bestanden hat, ist in diesem Zusammenhang revisionsrechtlich **nicht zu beanstanden**, dass die **Kosten für die beigestellten Materialien nicht in die Kostenbasis einbezogen worden** sind. Dies ergibt sich bereits daraus, dass —auch wenn C zivilrechtlich Eigentum am Material erworben hat— **ein eigener Wertschöpfungsbeitrag der C als reines Produktionsunternehmen, das keinerlei Funktionen insbesondere im strategischen Beschaffungsprozess** (z.B. Auswahl der Lieferanten, Verhandlung von Preisen, Bestimmung der Qualität, Ermittlung der Menge, Verhandlung der Lieferkonditionen etc.; vgl. hierzu auch Neumann/Stollenwerk, Der Betrieb —DB— 2023, 1054) ausgeübt hat, **nicht feststellbar ist**. Es handelt sich damit bei den Materialkosten nicht um wertschöpfende Kosten, die in die Kostenbemessungsgrundlage bei Anwendung der Kostenaufschlagsmethode einzubeziehen wären (im Ergebnis ebenso Elbert/von Jesche in Vögele/Borstell/Bernhardt, Verrechnungspreise, 5. Aufl., Kap. N Rz 543; BMF-Schreiben vom 13.10.2010 - Verwaltungsgrundsätze Funktionsverlagerung, Grundsätze für die Prüfung der Einkünfteabgrenzung zwischen nahe stehenden Personen in Fällen von grenzüberschreitenden Funktionsverlagerungen, BStBl I 2010, 774, Rz 207; ähnlich Neumann/Stollenwerk, DB 2023, 1054).

ff) Soweit die Vorinstanz im Rahmen der Anwendung der Kostenaufschlagsmethode davon ausgegangen ist, dass ein hypothetischer Fremdvergleich nach § 1 Abs. 3 Satz 5 ff. AStG vorzunehmen sei, versteht der Senat dies dahin, dass das FG lediglich eine Schätzung des Gewinnaufschlagsatzes vorgenommen hat. Einen methodischen Fehler, wie vom beigetretenen BMF angenommen, vermag der Senat darin nicht zu erkennen. Hiergegen spricht insbesondere, dass das FG zwar den hypothetischen Fremdvergleich als anzuwendende Methode genannt, aber tatsächlich weder einen Einigungsbereich (Mindestpreis des Leistenden, Höchstpreis des Leistungsempfängers) noch die jeweiligen Gewinnerwartungen auch nur annäherungsweise ermittelt hat. Vielmehr hat es im Ergebnis lediglich den Gewinnaufschlagsatz des FA, korrigiert um eine stärkere Berücksichtigung von Standortvorteilen der C, im Schätzungswege übernommen.

gg) Die vom FG im Rahmen der Kostenaufschlagsmethode durchgeführte **Schätzung des Gewinnaufschlagsatzes auf 17 % leidet allerdings an inhaltlichen Mängeln**.

aaa) Für den Senat ist schon nicht ersichtlich, dass das FG bei der Bestimmung des Gewinnaufschlagsatzes in ausreichendem Maße eigene Schätzungserwägungen angestellt hat. Im Ergebnis hat das FG den Gewinnaufschlagsatz des FA von 12 % (Grundaufschlag von 10 % und zusätzlich 2 % für Standortvorteile) übernommen und einen zusätzlichen Aufschlagsatz von 5 % für bislang nicht ausreichend berücksichtigte Standortvorteile der C hinzugefügt. Nicht nachvollziehbar ist bereits, dass das FG den Grundaufschlagsatz des FA im Ausgangspunkt übernommen hat, obwohl es ersichtlich davon ausgegangen ist, dass die **Hinweise des FA auf einige Presse- und Internetartikel den Ansprüchen für einen Fremdvergleich nicht genügten**.

bbb) Den Akten ist auch zu entnehmen, dass der Fachprüfer den Grundaufschlagsatz von 10 % mit

„allgemeiner Erfahrung" begründet (Bericht des Fachprüfers über die Prüfung der Auslandsbeziehungen, Seite 4) und das FA dazu auf „Internetrecherchen . der erzielbaren Kostenaufschläge in der KFZ-Zuliefererbranche" (Einspruchsentscheidung vom 17.6.2016, Seite 10) verwiesen hat. Durch das FA wurde im finanzgerichtlichen Verfahren ergänzend vorgetragen (Schriftsatz vom 7.10.2016), dass aufgrund von Internetrecherchen (Artikel der Automobilwoche vom 10.4.2015 und der Automobil-Industrie vom 9.4.2014 sowie der Wirtschaftswoche vom 7.7.2016) Fremdvergleichswerte für die Branche der Automobilzulieferer ermittelt worden seien. Danach würde sich der Mittelwert der erzielbaren Aufschläge im Prüfungszeitraum bei rund 5,5 % bewegen.

Es könne dabei von einer Bandbreite von rund 2 % bis rund 10 % ausgegangen werden. Allerdings **lässt sich diesen Darlegungen eine Auseinandersetzung beispielsweise mit der Frage, welche Unternehmen, welcher Größenordnung, aus welchem Bereich der Automobilzulieferbranche Gegenstand der den Presseartikeln zugrunde liegenden Studien waren, welche Funktionen und Risiken diese Unternehmen ausgeübt und auf welchen Märkten sie agiert haben, nicht ansatzweise entnehmen**. Der Senat kann damit den Kostenaufschlagsatz zwar dem Grunde, nicht aber der Höhe nach nachvollziehen. Das FG hätte begründen müssen, woraus sich im Fall der Klägerin angesichts der von ihr übernommenen Funktionen und Risiken ein Grundaufschlagsatz von 10 % rechtfertigt.

3. Im Ergebnis zutreffend hat die Vorinstanz die **Verlagerung des Kunden P auf C nicht als Funktionsverlagerung im Sinne des § 1 Abs. 3 Satz 9 AStG eingestuft**. Allerdings hat das FG nicht geprüft, ob eine etwaige vGA hinsichtlich der unentgeltlichen Übertragung eines möglichen Wirtschaftsguts (hier: Kundenbeziehung zu P), die vom Fachprüfer erwogen („Lizenzgebühr?"), aber letztlich in seinem Bericht nicht berücksichtigt worden ist, anzusetzen ist.

a) Wird eine Funktion einschließlich der dazugehörigen Chancen und Risiken und der mitübertragenen oder überlassenen Wirtschaftsgüter und sonstigen Vorteile verlagert und können keine eingeschränkt vergleichbaren Fremdvergleichswerte für diese Verlagerung der Funktion als Ganzes (Transferpaket) festgestellt werden (§ 1 Abs. 3 Satz 5 AStG), hat der Steuerpflichtige das Transferpaket zu bewerten (§ 1 Abs. 3 Satz 9 AStG). Nach der Begriffsbestimmung in § 1 Abs. 2 Satz 1 der Verordnung zur Anwendung des Fremdvergleichsgrundsatzes nach § 1 Abs. 1 des Außensteuergesetzes in Fällen grenzüberschreitender Funktionsverlagerungen (Funktionsverlagerungsverordnung) vom 12.08.2008 (BGBl I 2008, 1680, BStBl I 2009, 34) in der für die Streitjahre geltenden Fassung (FVerlV) liegt eine Funktionsverlagerung im Sinne des § 1 Abs. 3 Satz 9 AStG vor, wenn das verlagernde Unternehmen dem übernehmenden Unternehmen Wirtschaftsgüter und sonstige Vorteile sowie die damit verbundenen Chancen und Risiken überträgt oder zur Nutzung überlässt, damit das übernehmende Unternehmen eine Funktion ausüben kann, die bisher von dem verlagernden Unternehmen ausgeübt worden ist, und dadurch die Ausübung der betreffenden Funktion durch das verlagernde Unternehmen eingeschränkt wird.

b) Ausgehend von der Annahme, die Konjunktion „und dadurch" in § 1 Abs. 2 Satz 1 FVerlV sei dahingehend zu verstehen, dass eine **kausale Beziehung** zwischen der Funktionseinschränkung beim abgebenden und der Funktionsausübung beim aufnehmenden Unternehmen vorliegen müsse (vgl. hierzu Sommer/Kundt/Cockx, Internationale Steuer-Rundschau —ISR— 2020, 246, 250; Haverkamp/Meinert, Die Unternehmensbesteuerung 2020, 689), hat das FG eine Funktionsverlagerung im Streitfall abgelehnt, da die Funktionseinschränkung durch die Markt- beziehungsweise Wettbewerbssituation der Klägerin (kein Angebot wettbewerbsfähiger Preise möglich) ausgelöst worden sei. Der Senat hat Zweifel, ob er diesem Normverständnis des FG folgen könnte, da **für die Tatbestandsverwirklichung einer Funktionsverlagerung zunächst unerheblich ist, ob die Funktion im Inland zukünftig uneingeschränkt weiter ausgeübt werden könnte**. Im Rahmen des Fremdvergleichs ist **lediglich von Bedeutung, ob ein fremder Dritter bereit gewesen wäre, für das inländische Steuersubstrat** (Funktion als Ganzes) **ein Entgelt zu bezahlen**. Reserveursachen spielen angesichts dieses Telos des § 1 Abs. 3 Satz 9 AStG (BTDrucks 16/4841, S. 84) für die Verwirklichung des Tatbestandes keine Rolle und können **allenfalls für die Preisbestimmung relevant** sein (ebenso BMF-Schreiben vom 13.10.2010 - Verwaltungsgrundsätze Funktionsverlagerung, Grundsätze für die Prüfung der Einkünfteabgrenzung zwischen nahe stehenden Personen in Fällen von grenzüberschreitenden Funktionsverlagerungen, BStBl I 2010, 774, Rz 20).

Der Senat muss diese Rechtsfrage jedoch nicht abschließend entscheiden, da **im Streitfall bereits keine Funktion im Sinne von § 1 Abs. 3 Satz 9 AStG übertragen worden** ist. Denn § 1 Abs. 1 Satz 2 FVerlV setzt voraus, dass die Funktion ein **organischer Teil** eines Unternehmens ist, ohne dass ein Teilbetrieb im steuerlichen Sinn vorliegen muss. Es ist weder vorgetragen noch für den Senat ersichtlich, dass die Produktion für den Kunden P als eigenständige Produktion im Unternehmen der Klägerin und damit als organischer Teil angesehen werden kann (s. allgemein Ditz/Greinert in Flick/Wassermeyer/Baumhoff/Schönfeld, Außensteuerrecht, § 1 AStG Rz 1209; a.A. wohl BMFSchreiben vom 13.10.2010 - Verwaltungsgrundsätze Funktionsverlagerung, BStBl I 2010, 774, Rz 16).

Die Vorinstanz hätte allerdings prüfen müssen, ob ein fremder Dritter ein Entgelt für die Übertragung der Kundenbeziehung zu P verlangt hätte. Überlässt eine Gesellschaft ihrer Schwestergesellschaft eine **bestehende Geschäftsbeziehung zu einem Kunden** und verzichtet damit auf zukünftige Gewinne aus der Geschäftsbeziehung, kann darin eine vGA liegen (Überlassung einer **Geschäftschance**, vgl. Senatsurteil vom 30.08.1995 - I R 155/94, BFHE 178, 371; Gosch, KStG, 4. Aufl., § 8 Rz 850a ff.; Neumann in Rödder/Herlinghaus/Neumann, KStG, 2. Aufl., § 8 Rz 1220 ff., 1224; Brandis/Heuermann/Rengers, § 8 KStG Rz 776 ff.).

4. Unbegründet ist die Revision der Klägerin im Hinblick auf den vGA-Ansatz für die Materialverkäufe der Klägerin an C zur Abwicklung deren Geschäfts mit dem Kunden P. Ohne Rechtsfehler hat die Vorinstanz bei der Ermittlung der fremdvergleichskonformen Preise einen Aufschlagsatz von 5 % auf die Einkaufspreise der Klägerin angesetzt.

a) Das FG hat zur Ermittlung der fremdvergleichskonformen Preise für diese Materialverkäufe der Klägerin an C die Preisvergleichsmethode gewählt. Zur Methodenwahl hat es ausgeführt, dass die Einkaufspreise der Klägerin bekannt seien und damit als Fremdvergleichswerte zur Verfügung stünden (uneingeschränkt vergleichbare Werte). Als Anpassung zur Anwendung der Preisvergleichsmethode sei nur zu berücksichtigen, dass die Klägerin als Großkunde günstigere Einkaufspreise habe erzielen können als C. Entscheidend sei, dass die Klägerin das Material an C zu ihren Einkaufspreisen verkauft und später nicht durch Erwerbe bei C „zurück erhalten" habe. Die Klägerin habe damit ein Verlustgeschäft getätigt, denn sie habe die bei ihr durch die Materialbeschaffung angefallenen Aufwendungen nicht ersetzt erhalten. In solchen Fällen sei eine Korrektur dahingehend geboten, dass ein Aufschlag zum Ausgleich der eigenen Kosten der Klägerin und für eine gewisse Gewinnspanne angesetzt werde. Der Höhe nach habe das FA einen Aufschlagsatz von 5 % angesetzt. Dies sei nicht zu beanstanden. Die Klägerin habe keinerlei tatsächliche Umstände vorgetragen, aus denen die Höhe der Einkaufsvorteile ersichtlich werde. Das FG halte eine Schätzung der Einkaufsvorteile mit mindestens 5 % für sachgerecht.

b) Diese Erwägungen des FG halten einer revisionsrechtlichen Überprüfung stand.

aa) Ausgehend von der Feststellung, dass die Klägerin das Material an C zu ihren Einkaufspreisen verkauft hat und damit weder die bei ihr durch die Materialbeschaffung angefallenen Aufwendungen ersetzt erhalten noch einen Gewinn erzielt hat, ist dem FG zunächst darin beizupflichten, dass der Fremdvergleich in einem solchen Fall eine Korrektur dahingehend gebietet, dass eine Marge auf den Wert der eingekauften Materialien anzusetzen ist.

bb) Methodisch nicht zu beanstanden ist die Anwendung der Preisvergleichsmethode auf die eingekauften Produkte. Wenn man mit dem FG davon ausgeht, dass die Einkaufspreise der Klägerin als uneingeschränkt vergleichbare Werte zur Verfügung stehen und diese als Grundlage einer Schätzung des FG der auf die Einkaufspreise der Klägerin anzusetzenden Verkaufsmarge dienen können, und weiter davon ausgeht, dass C als reines Produktionsunternehmen anzusehen ist, das keinerlei Funktionen insbesondere im strategischen Beschaffungsprozess (z.B. Auswahl der Lieferanten, Verhandlung von Preisen, Bestimmung der Qualität, Ermittlung der Menge, Verhandlung der Lieferkonditionen etc.; vgl. hierzu Neumann/Stollenwerk, DB 2023, 1054 f.) ausgeübt hat, liegt die Annahme nahe, dass die wesentliche Wertschöpfung bei der Klägerin stattgefunden hat und damit die durch höhere Stückzahlen generierten Einkaufsvorteile (nahezu) vollständig bei dieser verblieben sind (s.a. Neumann/Stollenwerk, DB 2023, 1054, 1056). Ausgehend hiervon hält der Senat den von FA und FG zugrunde gelegten Aufschlagsatz von 5 % für so niedrig bemessen, dass er als Mindestsatz jedenfalls möglich und daher revisionsrechtlich nicht zu beanstanden ist.

5. Aus den zu 2. und 3. angeführten Gründen kann das angefochtene Urteil keinen Bestand haben. Es ist aufzuheben und die Sache ist an das FG zurückzuverweisen, damit dieses die noch erforderlichen tatsächlichen Feststellungen treffen kann; dies erledigt zugleich die von der Klägerin erhobene Sachaufklärungsrüge. Das FG wird Folgendes zu beachten haben:

a) Zur Ermittlung der fremdvergleichskonformen Preise für die Erwerbe bearbeiteter Produkte von C könnte erwogen werden, ob möglicherweise die **Preiskalkulation der C für die an den Kunden P verkauften Produkte als Basis eines Fremdvergleichs nach der Preisvergleichsmethode zur Anwendung gebracht werden** kann. Dies würde voraussetzen, dass die von C gegenüber P verlangten Preise als uneingeschränkt vergleichbare oder eingeschränkt vergleichbare Fremdvergleichswerte für die Erwerbe der Klägerin angesehen werden könnten.

b) Sollte dies nicht der Fall sein und das FG zur Ermittlung der Fremdvergleichspreise für die Erwerbe bearbeiteter Produkte von C wiederum die Kostenaufschlagsmethode als am besten geeignete Methode anwenden, wird es nach Abzug der Materialkosten als nicht wertschöpfende Kosten (siehe die Ausführungen oben) zu ermitteln haben, welche Kosten im Einzelnen in die Kostenbemessungsgrundlage einzufließen haben. Dabei wird es insbesondere zu berücksichtigen haben, dass der Einbezug von Plankosten am ehesten geeignet ist, der bei der Ermittlung von Verrechnungspreisen anzuwendenden sogenannten ex-ante-Betrachtung (§ 1 Abs. 3 Satz 4 AStG; z.B. Baumhoff in Flick/Wassermeyer/Baumhoff/Schönfeld, Außensteuerrecht, § 1 AStG Rz 741; Brandis/Heuermann/Pohl, § 1 AStG Rz 78; s.a. Senatsurteil vom 22.4.1971 - I R 114/70, BFHE 102, 268, BStBl II 1971, 600 zum maßgeblichen Zeitpunkt für die vGA-Prüfung; übereinstimmend BMF-Schreiben vom 06.06.2023 - Verwaltungsgrundsätze Verrechnungspreise, Grundsätze für die Korrektur von Einkünften gemäß § 1 AStG, BStBl I 2023, 1093, Rz 3.38) Rechnung zu tragen. Der Ansatz von sogenannten Ist-Kosten bedarf vor diesem Hintergrund einer Erläuterung.

c) Im Rahmen der Anwendung der Kostenaufschlagsmethode wird das FG schließlich einen angemessenen Kostenaufschlagsatz zu ermitteln haben. Es wird dabei, falls keine vergleichbaren betriebsinternen Gewinnaufschläge zur Verfügung stehen, zumindest eingeschränkt vergleichbare Fremdvergleichswerte (zum Beispiel **branchenübliche Gewinnspannen**) festzustellen haben. Zu deren Ermittlung wird das FG möglicherweise **—gegebenenfalls unter Heranziehung eines Sachverständigen— auf Datenbankstudien beziehungsweise -analysen** (s. insoweit z.B. Neumann/Stollenwerk, DB 2023, 1054, 1057) zurückgreifen müssen. Die (erst) während des Revisionsverfahrens von der Klägerin vorgelegte —und damit als neuer Tatsachenvortrag im Revisionsverfahren nicht verwertbare— Benchmark-Studie ist möglicherweise (bei entsprechenden Anpassungen) geeignet, erste Hinweise zu geben. Dabei wird das FG auch zu beachten haben, dass die Kostenbasis vergleichbar sein muss.

Den damit verbundenen Aspekt der Berücksichtigung von **Standortvorteilen** hat das FG im angefochtenen Urteil zu Recht nach Maßgabe einer Aufteilung anhand der jeweiligen Funktionen, Risiken, eingesetzten Wirtschaftsgüter und realistisch verfügbaren Handlungsalternativen vorgenommen (z.B. allgemein Ditz/Kluge in Wassermeyer/Baumhoff/Ditz, Verrechnungspreise international verbundener Unternehmen, 2. Aufl., Rz 6.37; hierzu auch Tz. 9.126 bis 9.131 der OECD-Verrechnungspreisleitlinien für multinationale Unternehmen und Steuerverwaltungen vom September 2022, abgedruckt als Anlage 1 zum BMF-Schreiben vom 6.6.2023 - Verwaltungsgrundsätze Verrechnungspreise, Grundsätze für die Korrektur von Einkünften gemäß § 1 AStG, BStBl I 2023, 1093). In diesem Zusammenhang hat es zutreffend **einer konkret sachbezogenen**

Aufteilung nach einzelfallkonkretisierten Maßgaben gegenüber einer pauschalen hälftigen Aufteilung der Standortvorteile (so FG Münster, Urteil vom 16.3.2006 - 8 K 2348/02 E, EFG 2006, 1562) **den Vorrang gegeben** (s.a. Tiedchen, EFG 2020, 770, 771).

d) Mit Blick auf die Verlagerung der Kundenbeziehung zu P auf C im Jahr 2013 ist zu prüfen, ob ein fremder Dritter unter ansonsten gleichen Umständen ein Entgelt von C verlangt hätte. Hierbei wird sich das FG gegebenenfalls auch mit dem Vorbringen der Klägerin zu befassen haben, eine Fortführung des Geschäfts mit P durch sie selbst wäre wirtschaftlich für sie nicht tragbar gewesen.

Im Übrigen ist das sogenannte Verböserungsverbot zu beachten. …

5) Dienstleistungen

Einzelabrechnung – Konzernumlagen/Leistungsumlagen – Poolumlagen – Finanzierung – Cash Pool

BFH, Urt. v. 28.2.1974 – V R 55/72, BStBl. II 1974, 345:

Zahlungen im Rahmen einer sogenannten **Erlöspoolung**, die nicht leistungsbezogen sind, fehlt der Entgeltcharakter.

BFH, Urt. v. 28.2.1990 – I R 83/87, BStBl. II 1990, 649:

Der **Zinsverzicht** einer GmbH gegenüber ihrem Gesellschafter ist eine durch das Gesellschaftsverhältnis veranlasste verhinderte Vermögensmehrung, die das Einkommen mindert und pro rata temporis aus dem Vermögen der GmbH abfließt. … Hat die Gesellschaft selbst Kredit aufgenommen, bemisst sich die Höhe der verhinderte Vermögensmehrung nach den in Rechnung gestellten Sollzinsen, wenn und soweit davon ausgegangen werden kann, dass der dem Gesellschafter zinslos überlassene Darlehensbetrag andernfalls zur Kreditrückzahlung verwendet worden wäre. Hat die Gesellschaft selbst keinen Kredit aufgenommen, so bilden die banküblichen Habenzinsen die Untergrenze und die banküblichen Sollzinsen die Obergrenze der verhinderten Vermögensmehrung. Der im Einzelfall angemessene B21.12.1994etrag ist innerhalb der genannten Marge durch Schätzung zu ermitteln, wobei dem Risiko, dass das Darlehen nicht zurückgezahlt werden kann, besondere Bedeutung zukommt. In der Regel ist aber der Ansatz der Sollzinsen jedenfalls dann nicht gerechtfertigt, wenn die Gesellschaft keine Bankgeschäfte betreibt und deshalb auch nicht den damit verbundenen Aufwand hat. Sind keine anderen Anhaltspunkte für die Schätzung erkennbar, ist es nicht zu beanstanden, wenn von dem Erfahrungssatz ausgegangen wird, dass sich private Darlehensgeber und –nehmer die bankübliche Marge zwischen Soll- und Habenzinsen teilen.

BFH, Urt. v. 14.3.1990 – I R 6/897, BStBl. II 1990, 795:

Die durch den **Ausfall einer Darlehensforderung** eingetretene Vermögensminderung findet ihre Veranlassung im Gesellschaftsverhältnis, wenn es die Kapitalgesellschaft unterlassen hat, rechtzeitig, insbesondere bei Ausreichung des Darlehens, die erforderlichen Maßnahmen zu treffen, um das ihrem Gesellschafter gewährte Darlehen zu sichern und zurückzuerhalten.

BFH, Urt. v. 30.5.1990 – I R 97/88, BStBl. II 1990, 875:

Nachträgliche Anschaffungskosten auf eine Beteiligung (und keine Geschäftsbeziehung nach § 1 AStG) liegen vor, wenn eine deutsche MG ihrer ausländischen TG ein **zinsloses Darlehen** gewährt, wenn nach **ausländischem Geschäftsstatut** die Zuführung von Eigenkapital anzunehmen ist.

BFH, Urt. v. 30.5.1990 – I R 41/87, BStBl. II 1991, 588:

Verzichtet ein Gesellschafter auf eine Forderung gegen seine GmbH unter der auflösenden Bedingung, dass im **Besserungsfall** die Forderung wiederaufleben soll, so ist die Erfüllung der Forderung nach Bedingungseintritt weder verdeckte Gewinnausschüttung noch andere Ausschüttung i.S. des § 27 Abs. 3 Satz 2 KStG, sondern eine steuerlich anzuerkennende Form der **Kapitalrückzahlung**. Umfasst der Forderungsverzicht auch den Anspruch auf Darlehenszinsen, so sind nach Bedingungseintritt Zinsen auch für die Dauer der Krise als Betriebsausgaben anzusetzen.

BFH, Urt. v. 23.6.1993 – I R 72/92, BStBl. II 1993, 801:

Dem Konzern stand es grundsätzlich frei, entweder eine konzerneigene Steuerabteilung zu halten oder eine konzerneigene Steuerberatungsgesellschaft zu gründen. Wenn er eine Steuerberatungsgesellschaft gründete, so war er gehalten, deren Tätigkeit mit den **standesrechtlich üblichen Gebühren** zu entgelten. Eine konzerneigene Steuerabteilung ist dagegen nicht in vergleichbarer Weise an den Gebührenrahmen der Steuerberater gebunden. Entsprechend ist ein Entgeltsvergleich unzulässig. ... Besteht die verdeckte Gewinnausschüttung i.S. des § 8 Abs.3 Satz 2 KStG 1977 in der Geltendmachung eines unangemessen niedrigen Entgeltes für Dienstleistungen, so ist es aus der Sicht der §§ 96 Abs.1 Satz 1 Halbsatz 2 FGO, 162 der Abgabenordnung (AO 1977) nicht zu beanstanden, wenn das FG von den Personalaufwendungen ausgeht und diese um einen angemessenen **Gewinnaufschlag** erhöht, um durch einen Vergleich der sich so ergebenden Soll-Einnahmen mit den Ist-Einnahmen die verhinderte Vermögensmehrung zu ermitteln. … Das FG hat der Höhe nach den Gewinnaufschlagssatz mit 153 v.H. geschätzt. Demgegenüber ist das FA nur von einem solchen in Höhe von 134,9 v.H. ausgegangen. Die Schätzung des FG ist revisionsrechtlich nicht zu beanstanden. Revisionsrechtlich kann der BFH eine Schätzung des FG nur auf Denkfehler oder auf Verstöße gegen Erfahrungssätze hin überprüfen. Es bedeutet aber keinen Denkfehler, wenn das FG von einem Gewinnaufschlagssatz in Höhe von 153 v.H. ausgegangen ist. Zwar hat die Klägerin zutreffend darauf hingewiesen, daß sich die höhere Qualifikation der Mitarbeiter schon in einem höheren Personalaufwand niederschlage. Dies schließt jedoch denkgesetzlich nicht aus, daß der qualifiziertere Mitarbeiter einen auch relativ im Verhältnis zu seinem Gehalt höheren Umsatz erarbeitet. Der Senat hat jedenfalls revisionsrechtlich keine Bedenken, aus der besonderen Qualifikation der Mitarbeiter, aus den hohen Gegenstandswerten und aus dem Fehlen jeglicher Buchhaltungstätigkeit auf einen relativ höheren Aufschlagsatz auf die Personalkosten zu schließen.

BFH, Urt. v. 19.1.1994 – I R 93/93, BStBl. II 1994, 725:

Wird ein Darlehen zu unangemessen niedrigen Zinsen an nahestehende Personen ins Ausland gewährt, so muss für die Ermittlung des Korrekturbetrages festgestellt werden, in welcher Währung das Darlehen zurückgezahlt werden sollte. Im übrigen muss sich die Erhöhung daran orientieren, dass sich Darlehensgläubiger und Darlehensschuldner im Zweifel die **Spanne zwischen banküblichen Haben- und Sollzinsen** teilen. Sollte sich das FG bei seiner Schätzung bezgl. der Höhe der Einkünfteverlagerung an den banküblichen Habenzinsen orientieren, so wird es diese um den Gesichtspunkt korrigieren müssen, dass im Streitfall die Darlehen von Privatpersonen gewährt wurden *(die keine Bankgeschäfte betreiben und deshalb auch nicht den damit verbundenen Aufwand haben).* Ggfs. ist zinserhöhend zu berücksichtigen, wenn für die Darlehen keine ausreichenden Sicherheiten bestellt worden sein sollten.

BFH, Urt. v. 21.12.1994 – I R 65/94, BFHE 176, 571 und DB 1995, 1312:

Entgegen der Auffassung des FA ist die Rechtsprechung zu Darlehensgewährungen zwischen nahen Angehörigen auf Darlehen zwischen miteinander verbundenen Unternehmen jedenfalls dann nicht übertragbar, wenn das **Darlehen von einem beherrschenden Gesellschafter** an eine Kapitalgesellschaft gewährt wird. Für die Kapitalgesellschaft gilt § 8 Abs. 3 Satz 2 KStG 1977. Die Vorschrift geht dem § 12 EStG vor. Die unterschiedliche Behandlung ist auch unter dem Gesichtspunkt des Fremdvergleichs gerechtfertigt. Die ‚Besicherung des Darlehensrückzahlungsanspruchs' liegt regelmäßig schon in den Einflußnahmemöglichkeiten, die jedenfalls der beherrschende Gesellschafter auf seine Kapitalgesellschaft regelmäßig hat. Zwischen Kapitalgesellschaften, die demselben Konzern angehören, ist die **Besicherung von Darlehensforderungen** unüblich.[1] Gerade deshalb kann als **angemessener Zins** nur derjenige angesetzt werden, der für besicherte Darlehen gilt.

BFH, Urt. v. 9.5.1996 – IV R 64/93, BStBl. II 1996, 642:

Gewährt eine Personengesellschaft einem Gesellschafter ein **zinsloses und ungesichertes Darlehen**, gehört die Darlehensforderung zum notwendigen Privatvermögen der Gesellschaft. Wird die Darlehensforderung uneinbringlich, entfällt mithin nicht nur die steuerliche Berechtigung einer Teilwertabschreibung, sondern auch die Möglichkeit, dass beim Ausscheiden des Schuldners aus der Gesellschaft die verbleibenden Gesellschafter einen steuerlichen Verlust geltend machen können.

BFH, Urt. v. 29.10.1997 – I R 24/97, BStBl. II 1998, 573:

In der Regel kann ein **unvollständiger Darlehensvertrag** zwischen einer Kapitalgesellschaft und ihrem beherrschenden Gesellschafter nicht in die **Zuführung von Eigenkapital** umgedeutet werden. Darlehensgewährungen im Konzern können nicht allein deshalb als vGA beurteilt werden, weil für sie keine Sicherheit vereinbart wurde. Die Vereinbarung einer **Sicherheitsleistung für Darlehensansprüche** hat keinen Selbstzweck. Sie kann nur gefordert werden, wenn auch ein fremder Gläubiger unter gleichen oder ähnlichen Verhältnissen eine Sicherheit gefordert hätte. Dies kann jedenfalls dann zu verneinen sein, wenn der fremde Gläubiger aus tatsächlichen Gründen die Möglichkeit hat, auf den Darlehensschuldner Einfluss zu nehmen und für die Darlehensrückzahlung Sorge zu tragen. Deshalb hat der BFH in seinem Urteil vom 21.12.1994 (I R 65/94, BFHE 176, 571) entschieden, dass bei **Darlehensgewährungen** zwischen Kapitalgesellschaften **in einem Konzern** keine Sicherheiten gefordert werden können, wenn die **Konzernbeziehungen** für sich gesehen eine Sicherheit bedeuten. Diese Überlegung ist auch mit dem Fremdvergleich vereinbar. Dieser verlangt nur das **‚Wegdenken' der Nahestehensbeziehung**. Das Fortbestehen aller übrigen Beziehungen wird unterstellt. Dazu gehören z. B. die Ausstattung der Kapitalgesellschaft mit Eigenkapital durch den Gesellschafter, die gesellschaftsvertraglichen Vorgaben, der durch den **Konzernrückhalt** entstehende **Geschäftswert** und auch eine **faktisch vorhandene Sicherheit**. Fehlt es an einer vertraglichen Vereinbarung über den **Rückzahlungszeitpunkt**, so greifen die gesetzlichen Bestimmungen ein (§ 609 BGB). Es kann deshalb nur geprüft werden, ob die gesetzliche **Kündigungsfrist** von nur drei Monaten (§ 609 Abs. 2 BGB) die Annahme rechtfertigt, dass ein entgeltlicher Darlehensvertrag ernstlich nicht gemeint sein kann.

[1] Die hier angestellte Vorgehensweise des BFH, Verhältnisse zwischen *verbundenen* Unternehmen als Vergleichsmaßstab heranzuziehen und als ‚Fremdvergleich' zu bezeichnen, ist äußerst fragwürdig.

BFH, Urt. v. 1.10.1998 – V R 31/98, UR 1999, 36:

Erwerben mehrere Landwirte gemeinsam als Bruchteilsberechtigte einen Mähdrescher, um diesen in ihren eigenen landwirtschaftlichen Betrieben einzusetzen, so sind sie umsatzsteuerrechtlich Leistungsempfänger, wenn die Bruchteilsgemeinschaft selbst keine Umsätze ausführt. In diesem Fall steht jedem der Landwirte der **Vorsteuerabzug** entsprechend seinem Anteil an der Bruchteilsgemeinschaft zu, wenn seine Umsätze nicht der Besteuerung nach Durchschnittssätzen unterliegen. Ist in der an die **Bruchteilsgemeinschaft** gerichteten Rechnung über die Lieferung des Mähdreschers Umsatzsteuer in einem Gesamtbetrag gesondert ausgewiesen, können die auf die einzelnen Landwirte entfallenden Vorsteuerbeträge gesondert und einheitlich festgestellt werden.

BFH, Urt. v. 18.2.1999 – I R 62/98, BFH/NV 1999, 1515:

Die Gewährung von Darlehen durch eine GmbH an eine Schwestergesellschaft und die **Übernahme von Schulden** dieser Gesellschaft stellt eine **vGA** dar, wenn die GmbH nicht gleichzeitig werthaltige Gegenansprüche erhält und aktiviert. Das FG ist zutreffend davon ausgegangen, dass sowohl die Gewährung des Darlehens als auch die Übernahme von Fremdverbindlichkeiten durch die GmbH letztlich nicht in ihrem eigenen, sondern allein im Interesse des Gesellschafters erfolgte. Dass ein Lieferant von seinem Kunden verlangt, die Existenz eines anderen, notleidenden Kunden, zu dem ansonsten keine Geschäftsbeziehungen bestehen, zu sichern, lässt sich nicht plausibel erklären und ist im Wirtschaftsleben nicht vorstellbar. Diese Sachverhaltswürdigung wird nachhaltig durch den Umstand gestützt, dass die GmbH bei Hingabe des Darlehens und bei den Schuldübernahmen von jedwelchen Besicherungen abgesehen hat. Aus dem Senatsurteil vom 21.12.1994 (I R 65/94, BFHE 176, 571) zu den Besonderheiten im Konzern ergibt sich nichts anderes, da dieses nicht die Darlehensgewährung durch die Kapitalgesellschaft betrifft. Zu Recht weist das FG auch darauf hin, dass es durchaus Aufgabe des Gesellschafters sein kann, seiner **in der Krise befindlichen GmbH** zumindest dann Kapital zuzuführen, wenn diese anderweitig kreditunwürdig ist (vgl. Urteil des BGH v. 18.11.1991 – II ZR 258/90, DB 1992, 366).

Niedersächsisches FG, Urt. v. 23.3.1999[2] – VI 357/95, IStR 2000, 312:

Die Parteien streiten um eine Gewinnberichtigung gemäß § 1 AStG wegen von der Klägerin gegebenen Patronatserklärungen zugunsten ausländischer Tochtergesellschaften. [*Der Außenprüfer*] stellte in seinem Bericht vom 9.3.1990 Folgendes fest: Die Klägerin habe zugunsten einer Reihe von ausländischen Tochtergesellschaften Garantieerklärungen abgegeben. Er stellte weiter fest, dass für die Jahre 1981 bis 1983 von vier Produktionstochtergesellschaften Bürgschaftsprovisionen erhoben wurden. Zudem ermittelte er, dass bei vier weiteren Gesellschaften in unterschiedlichen Jahren innerhalb des gleichen Zeitraums wegen der schlechten finanziellen Situation der Tochtergesellschaften und dem sich daraus ergebenden wirtschaftlichen Interesse der Kl. auf die Erhebung von Bürgschaftsprovisionen verzichtet wurde. …

---

[2] Bestätigt durch BFH-Urteil vom 29.11.2000 (I R 89/99, BStBl. II 2002, 720) sowie durch BFH-Urt. vom 23.6.2010 (I R 37/09, BStBl. II 2010, 895).

Nach Auffassung des Senats kommt es für die **Abgrenzung von Geschäftsbeziehungen zu gesellschaftsrechtlichen Beziehungen** entscheidend darauf an, welche **wirtschaftlichen Interessen** die Kl. bei der Abgabe bei der **Abgabe der Bürgschafts- und Patronatserklärungen** verfolgt hat. Die Produktionstochtergesellschaften hatten teils selbst produziert, teils Rohstoffe für die Produktion der Kl. geliefert, teils Produkte der Kl. vertrieben. Sie hat damit in einem ganz erheblichen Maße zwar ihre eigenen wirtschaftlichen Interessen gefördert, zugleich aber diesen Tochtergesellschaften Produktions- und Vertriebsfunktionen zugeordnet. … Bürgschafts- und Patronatserklärungen können in diesem Fall zur Dokumentation der wirtschaftlichen Stärke des Gesamtkonzerns dienen. Sie sind dann durch den Betrieb der Konzernmutter veranlasst (vgl. BFH v. 19.3.1975, I R 173/73, BStBl. II 1975, 615) [*d.h. keine Korrektur bei der Kl. nach § 1 AStG um fiktive Bürgschaftsprovision*].

Anders ist die Lage zu beurteilen, wenn für **einzelne geschäftliche Maßnahmen** Kredite aufgenommen werden und die **Kreditgeber Bürgschaften verlangen**. Werden diese von der Muttergesellschaft gegeben, so sind banküblich Provisionszinsen als angemessene Preise zugrunde zu legen. Voraussetzung ist aber stets, dass es sich um eine harte Patronats- oder Bürgschaftserklärung handelt.

Hinsichtlich **weicher Patronatserklärungen** folgt der Senat der Auffassung des FG Baden-Württemberg [*vgl. Urt. v. 26.9.1996, 10 K 156/93, EFG 1997, 456, in dem eine Korrektur nach § 1 AStG um fiktive Bürgschaftsprovisionen abgelehnt wurde*]. Soweit die Kl. die Zusage abgegeben hat, während der Laufzeit des Kredites die Beteiligung an der Tochtergesellschaft nicht aufzuheben oder zu ändern, handelt es sich um eine weiche Patronatserklärung.

In allen übrigen Fällen der Produktionsgesellschaften gibt das Verhältnis von Eigenkapital zu Fremdkapital keine Veranlassung, die Bürgschafts- bzw. Patronatserklärungen in einen Zusammenhang mit Eigenkapitalersatz zu bringen. Auch auf einen entsprechenden Hinweis des Gerichts hat die Kl. nichts dergleichen vorgetragen. Die von den Tochtergesellschaften aufgenommenen Kredite haben sich über Jahre erstreckt und hängen somit offenbar nicht mit der Gründung der Gesellschaften zusammen. Nach dem Inhalt der Akten geht der erk. Senat davon aus, dass es sich um **übliche Betriebsmittelkredite** gehandelt hat. Dafür spricht auch die Größenordnung der Bankkredite, die sich jeweils im Hinblick auf de Bilanzsumme in einem üblichen Rahmen gehalten haben. In diesen Fällen hat die Kl. durch die Übernahme eigener Verpflichtungen ihren Tochtergesellschaften Aufwendungen Banken gegenüber erspart. … Entscheidend ist, dass sie für ihre Tochtergesellschaften eine Leistung übernommen hat, die diese nur gegen Entgelt am Markt hätten erwerben können und die Übernahme im überwiegenden Interesse der Tochtergesellschaften erfolgt ist. … Insoweit ist der Ansatz der Provisionen durch den Bekl. berechtigt.

Dies gilt jedoch nicht für die niederländische Finanzierungsgesellschaft. Für die Errichtung von ausländischen **Finanzierungsgesellschaften** sind vor allem Gründe des Gesamtkonzerns maßgebend. Eine Finanzierungsgesellschaft bündelt den Finanzbedarf des gesamten Konzerns und schafft somit Nachfragemacht, aufgrund derer sie günstigere Konditionen am Anleihemarkt erzielen kann, als wenn jede einzelne Konzerngesellschaft Anleihen aufnähme. Sie gibt dann die Anleihen an die Konzerngesellschaften weiter und bezieht von diesen Zinsen. Es ist dann das Eigeninteresse der Muttergesellschaft, das sie zur Abgabe einer Patronatserklärung veranlasst. Dafür spricht auch die relativ geringe Eigenkapitalausstattung der Finanzierungsgesellschaft. Ohne entsprechende Garantieerklärungen der Muttergesellschaft hätte die Finanzierungsgesellschaft die ihr zugedachte Aufgabe nicht erfüllen können.

BFH, Urt. v. 28.3.2000 – VIII R 68/96, SIS 00 10 39:

Trägt ein Gesellschafter einer Kapitalgesellschaft Aufwendungen für ein Wirtschaftsgut, das er der Kapitalgesellschaft, an der nahe Angehörige beteiligt sind, unentgeltlich zur Nutzung überlässt, so kommt grundsätzlich ein Abzug der Aufwendungen als Werbungskosten bzw. Betriebsausgaben in Betracht. Soweit der Nutzungsbeitrag der Beteiligungsquote des Gesellschafters entspricht, ist eine private (Mit-)Veranlassung hinsichtlich der Aufwendungen regelmäßig zu verneinen. Soweit aber der Nutzungsbeitrag des Gesellschafters über seine Beteiligungsquote hinausgeht, ist im Rahmen des Fremdvergleichs zu prüfen, ob auch ein fremder Dritter einen die Beteiligungsquote übersteigenden Beitrag geleistet hätte. Ist dies zu verneinen, sind die Aufwendungen nur in Höhe des Vomhundertsatzes abziehbar, der der prozentualen Beteiligung des Gesellschafters an der Kapitalgesellschaft entspricht. Die restlichen Aufwendungen können dann nach den Grundsätzen über den Drittaufwand nicht von den Mitgesellschaftern abgezogen werden.

BFH, Urt. v. 29.11.2000 – I R 85/99, BStBl. II 2002, 720 und IStR 2001, 318:

Maßnahmen einer Muttergesellschaft (z. B. harte **Patronatserklärung**), die ihre Tochtergesellschaft erst kreditwürdig machen, sind keine Geschäftsbeziehungen, entziehen sich einem Fremdvergleich und können nicht die Rechtsfolgen des § 1 AStG auslösen.

FG Hamburg, Urt. v. 16.7.2002 – VII 230/99[3], juris:

Am 18. Dezember 1990 haben die Klägerin und ihre US-Muttergesellschaft einen Vertrag geschlossen, wonach die Klägerin sich verpflichtet hat, für die MG bestimmte Dienstleistungen zu erbringen: In dem Vertrag heißt es, dass die MG die Klägerin als Gegenleistung für ihre Dienste „on a cost plus basis“ mit einem Gewinnaufschlag von 5 % auf die tatsächlichen Kosten, die entstehen, um die Klägerin zu betreiben, vergüten wird. In der Gewinn- und Verlustrechnung für das Streitjahr hat die Klägerin Bewirtungskosten und Aufwendungen für Geschenke über 75 DM ausgewiesen und sie nicht dem Gewinn wieder hinzugerechnet. Entgegen den Erklärungen der Klägerin hat das FA diese Beträge dem Gewinn als nicht abzugsfähige BA gemäß § 4 Abs. 5 Nr. 1 und 2 EStG hinzugerechnet. Hiergegen wendet sich die Klägerin in ihrer Klage, zu deren Begründung sie ausführt, eine Hinzurechnung der in Rede stehenden Beträge zum Gewinn komme nicht in Betracht, da diese Aufwendungen den Gewinn nicht gemindert hätten,

---

[3] Bestätigt durch BFH-Beschl. vom 18.6.2003 – I B 164 (BFH/NV 2003, 1555): „Durch die Rechtsprechung des BFH ist indessen geklärt, dass die Erstattung nicht abziehbarer Betriebsausgaben grundsätzlich jedenfalls dann zu steuerpflichtigen Betriebseinnahmen führt, wenn sie durch einen Dritten erfolgt und für den Erstattungsempfänger betrieblich veranlasst ist (BFH-Urteile v. 4.12.1991 – I R 26/91, BFHE 167, 32, BStBl. II 1992, 686; v. 29.8.1996 – VIII R 24/95, BFHE 182, 307). ... Könnte sich ein Unternehmer nicht abziehbare Aufwendungen von einem Geschäftspartner steuerfrei erstatten lassen, so müsste er diese Aufwendungen im Ergebnis nicht aus versteuertem Einkommen bestreiten, was mit dem Zweck des Abzugsverbots nicht vereinbar wäre.“

da sie vollständig von der MG erstattet worden seien. Im übrigen dürften **Erstattungen von nicht abzugsfähigen Betriebsausgaben** nicht zu steuerpflichtigen Einnahmen führen. ...

Das Einkommen bzw. der Gewinn ist für steuerlicher Zwecke nach den Vorschriften des EStG zu ermitteln (§ 8 Abs. 1 KStG) und nicht nach dem Vertrag vom 18.12.1990. Eine Saldierung von Einnahmen und Ausgaben ist dabei nach dem Prinzip der Einzelbewertung nicht zulässig. Entgegen der Auffassung der Klägerin führt der Umstand, dass ihr die nicht abziehbaren Betriebsausgaben erstattet worden sind, nicht dazu, dass diese Erstattungen, die wie gezeigt zu den Einnahmen der Klägerin gehören, nicht der Besteuerung unterliegen. Denn der Grundsatz des § 3c Abs. 1 EStG, wonach Ausgaben, soweit sie mit steuerfreien Einnahmen in unmittelbarem wirtschaftlichen Zusammenhang stehen, nicht als Betriebsausgaben abgezogen werden dürfen, ist nicht umkehrbar. ... Hier fließt nicht der Bewirtungsaufwand zurück, indem die Wirte die Rechnungsbeträge erstatten. Vielmehr erstattet ein Dritter die der Klägerin entstandenen Spesen, sodass mit der Erstattung durch die MG ein neuer Geschäftsvorfall entsteht.

BFH, Urt. v. 6.3.2003 – IV R 21/01, BFH/NV 2003, 1542:

Gewährt eine Personengesellschaft einer GmbH, an der ihre beiden Hauptgesellschafter zusammen zu 50 % beteiligt sind und als Geschäftsführer bestellt sind, verzinsliche Darlehen, so kann allein aus dem Umstand, dass die **Darlehen ohne hinreichende Sicherheiten** gegeben worden sind, nicht rückgeschlossen werden, dass die Darlehenshingabe durch das Gesellschaftsverhältnis veranlasst ist. Ob ein Darlehensvertrag einem Fremdvergleich standhält, ist aufgrund einer Gesamtwürdigung aller Umstände zu entscheiden. Entsprechend der Rechtsprechung zu der vGA gegenüber beherrschenden Gesellschaftern und zu den Verträgen zwischen Angehörigen können die einzelnen Kriterien des Fremdvergleichs dabei nicht im Sinne von absoluten Tatbestandsvoraussetzungen verstanden werden. Sie sind vielmehr indiziell zu würdigen, ob sie den Rückschluss auf eine Veranlassung durch das Gesellschaftsverhältnis zulassen. Nicht jede Abweichung vom Üblichen schließt notwendigerweise die betriebliche Veranlassung aus. Je mehr Umstände auf eine gesellschaftliche Veranlassung hindeuten, desto strengere Anforderungen sind an den Fremdvergleich zu stellen. Im vorliegenden Fall muss z. B. der Umstand Berücksichtigung finden, dass die Beteiligungsverhältnisse bei der KG und der GmbH nur teilweise identisch sind und insoweit nicht von einem gänzlich fehlenden Interessengegensatz ausgegangen werden kann. Zudem darf nicht außer Betracht bleiben, dass die Darlehen mit 10 % verzinslich vereinbart worden sind und die Zinsen in nicht unerheblichem Umfang gezahlt worden sind. Insoweit unterscheidet sich der Streitfall erheblich von den vom BFH entschiedenen Sachverhalten in den Urteilen in BFHE 142, 42 (BStBl. II 1985, 6) und in BFHE 180, 380 (BStBl. II 1996, 642), in denen die Darlehen nicht nur ohne Sicherheiten, sondern auch unverzinslich bzw. ohne Zinsabrede gewährt worden sind.

FG Düsseldorf, Urt. v. 19.2.2008 – 17 K 894/05 E, IStR 2008, 449:

Die **Gewährung von Eigenkapital** an eine nahestehende ausländische Kapitalgesellschaft und andere **(Stützungs-)Maßnahmen** sind gesellschaftsrechtlich veranlasst und erfüllen daher nicht den Tatbestand der Geschäftsbeziehung i. S. von § 1 Abs. 4 AStG in der Fassung des Standortsicherungsgesetzes vom 13.9.1993. Gegen einen ernst gemeinten schuldrechtlichen Leistungsaustausch spricht, dass es an einem schriftlichen Darlehensvertrag fehlt, das Kapital unentgeltlich zur Nutzung überlassen wurde und Vereinbarungen zu Sicherheiten, Laufzeiten und Rückzahlungen fehlen.

FG Sachsen-Anhalt, Urt. v. 21.2.2008 – 3 K 305/01 (rechtskräftig), HaufeIndex 1999813:

Ob der für ein Gesellschafterdarlehen an eine Kapitalgesellschaft vereinbarte **Darlehenszins** angemessen ist oder nicht, kann nicht durch den Vergleich mit einem fixen, aus den banküblichen Haben- und Sollzinsen abgeleiteten **Mittelwert** bestimmt werden. Vielmehr liegt der „angemessene" Zinssatz innerhalb einer bestimmten Bandbreite; der Prüfung, ob der konkret vereinbarte Zinssatz zu einer verdeckten Gewinnausschüttung führt, ist daher der für die Steuerpflichtigen **günstigste Wert** aus der Bandbreite zugrunde zu legen. ... Eine **Mittelwertmethode** – wie sie das FA im Ergebnis angewendet hat – lässt sich aus § 8 Abs. 3 Satz 2 KStG und dem in diesem Zusammenhang anzustellenden Fremdvergleich nicht entnehmen (BFH-Urteile vom 17.10.2001, I R 103/00, BStBl. II 2004, 171; v. 6.4.2005 I R 22/04, BStBl. II 2007, 658). … Sofern keine geeigneten statistischen Vergleichswerte vorhanden sind, muss das Finanzgericht ggf. unter Berücksichtigung aller Umstände des Einzelfalles die Bandbreite schätzen, innerhalb derer ein vom Gesellschafter mit der Kapitalgesellschaft für die Darlehensgewährung vereinbarter Zinssatz noch als angemessen zu erachten ist. ... Das Gericht konnte für die Streitjahre nicht feststellen, dass die Höhe der vereinbarten Zinsen die Bandbreite dessen überschreitet, was fremde Dritte miteinander vereinbart hätten. Das FA, das für das Vorliegen einer vGA die Feststellungslast trägt, hat nichts dazu vorgetragen, dass es für den Zeitpunkt der Abschlüsse der Darlehensverträge statistische Erhebungen darüber gäbe, zu welchen Zinskonditionen Gesellschafter-Geschäftsführer „ihren" Kapitalgesellschaften üblicherweise Darlehen gewähren. Ebenso wenig sind allgemeine Erfahrungssätze zu Zinsen für Darlehen, die Nichtgesellschafter, die keine Kreditinstitute sind, an Kapitalgesellschaften ausreichen, ersichtlich. Die Sparkasse in ... erklärte mit Bescheinigung vom 28.4.2000, dass sie der Klägerin seit dem 1.1.1996 für Kontoüberziehungen einen Zinssatz von mindestens 14,75 v.H. in Rechnung stelle. Die in den Gesellschafterdarlehen vereinbarten Zinsen liegen darunter.

FG Sachsen-Anhalt, Urt. v. 21.2.2008 – 3 K 307/01 (rechtskräftig), HaufeIndex 2021230:

Bei der Prüfung der Angemessenheit der Verzinsung eines an die GmbH ausgereichten Gesellschafterdarlehens kann angesichts der neueren BFH-Rechtsprechung nicht mehr davon ausgegangen werden, dass sich im Zweifel Darlehensnehmer und Darlehensgeber die Spanne zwischen banküblichen Sollzinsen und Habenzinsen teilen. Die Verzinsung ist nicht bereits dann als unangemessen anzusehen, wenn sie die von der Bundesbank im Internet für vergleichbare Kredite im maßgeblichen Zeitraum veröffentlichten Jahresdurchschnittswerte überschreitet. Auch eine **geringfügige Überschreitung der Obergrenze** der Streubreite ist noch hinzunehmen, ohne dass dies zu einer vGA führt.

FG Münster, Urt. v. 22.2.2008 – 9 K 509/07 K, EFG 2008, 923 (rechtskräftig):

Erleidet ein inländischer Stpfl. eine Gewinnminderung durch den **Ausfall** eines **ungesicherten Darlehens**, das er einer **(notleidenden) nahe stehenden Person** im Ausland gegeben hat, und stellt sich die fehlende Besicherung als nicht fremdüblich dar, ist in Höhe der Gewinnminderung eine Hinzurechnung nach § 1 AStG vorzunehmen. Entgegen der Auffassung der Klägerin ist die nach § 1 Abs. 1 AStG vorzunehmende Gewinnkorrektur nicht lediglich auf eine Anpassung des Zinssatzes (Verrechnungspreises) an den Zinssatz für Risikodarlehen begrenzt. Bereits nach ihrem Wortlaut berechtigt die genannte Vorschrift zu einer Korrektur der Einkünfte dahin gehend, ‚wie sie unter den zwischen unabhängigen Dritten vereinbarten Bedingungen angefallen wären.' Zwischen unabhängigen Dritten wäre aber eine hinreichende Besicherung der Darlehen vorgenommen worden, so dass keine **Teilwertabschreibungen auf die Darlehensforderungen** hätten vorgenommen werden müssen.

BFH, Beschl. v. 5.3.2008 – I B 171/07, GmbHR 2008, 596:

Der steuerrechtlich maßgebliche **Fremdvergleich stellt** nicht nur auf einzelne Elemente, sondern **auch auf den Gesamtbetrag der Vergütung ab**. So kann es einen Unterschied machen, ob eine Kapitalgesellschaft ein bestimmtes Stundenhonorar für den zeitlich begrenzten Einsatz eines externen Beraters vereinbart oder ob sie denselben **Stundensatz** im Zusammenhang mit der umfassenden und dauerhaften Beschäftigung einer vergleichbar qualifizierten Person zahlt; dieser Unterschied tritt jedenfalls dann zu Tage, wenn – wie im Streitfall – jene Zahlungen für die Kapitalgesellschaft erkennbar zu einem Verlustrisiko führen. Der entscheidende Punkt ist daher im Streitfall nicht die Höhe der vereinbarten Stundensätze; er liegt vielmehr darin, dass durch die Kombination von Stundensätzen und vereinbarter Arbeitszeit ein Aufwand entstand, der das Maß des Fremdüblichen übersteigt und im Ergebnis zu einer Gewinnabsaugung führen konnte.

BFH, Urt. v. 19.8.2008 – IX R 23/07, BFH/NV 2009, 12

Bei einem Darlehen ist die **Fremdüblichkeit** anhand der Vereinbarung über die Laufzeit und Rückzahlbarkeit des Darlehens, der regelmäßigen Entrichtung der Zinsen sowie der **Darlehensbesicherung** zu überprüfen (vgl. BFH-Urteil vom 25.1.2000 – VIII R 50/97, BStBl. II 2000, 393). Dass der Darlehnsnehmer wirtschaftlich nicht oder nur schwer in der Lage ist, die Zins- und/oder Tilgungsleistungen aufzubringen, kann ein Beweisanzeichen für das Vorliegen eines **Scheingeschäfts** sein (vgl. BFH-Urteil vom 7.11.2006 – IX R 4/06, BStBl. II 2007, 372).

BFH, Urt. v. 27.8.2008 – I R 28/07, BFH/NV 2009, 123:

Der Senat hat zu der im Jahr 1985 geltenden Rechtslage entschieden, dass die **Garantieerklärung** einer Konzern-Obergesellschaft zugunsten eines anderen konzernangehörigen Unternehmens nicht im Rahmen einer Geschäftsbeziehung zwischen den beiden Unternehmen abgegeben wird, wenn die begünstigte Gesellschaft mangels ausreichender Eigenkapitalausstattung ohne diese Garantie ihre konzerninterne Funktion nicht erfüllen könnte (Senatsurteil in BFHE 194,53, BStBl II 2002, 720). Daran hält er auch für die im Streitjahr (= 1995) geltende Rechtslage fest. Die seinerzeit getroffene Entscheidung geht von der Überlegung aus, dass die **Zuführung von Eigenkapital** keine Geschäftsbeziehung i.S. des § 1 Abs. 1 AStG begründet (ebenso schon Senatsurteil vom 30.5.1990 I R 97/88, BStBl. II 1990, 875). Auf dieser Basis hat der Senat sodann angenommen, dass es unter bestimmten Umständen geboten sein kann, **eigenkapitalersetzende Finanzierungsmaßnahmen** im Hinblick auf die Anwendung des § 1 AStG a.F. der Zuführung von Eigenkapital gleichzustellen. Vor diesem Hintergrund geht der Hinweis des FA und des BMF fehl, dass nach der Rechtsprechung des BFH eigenkapitalersetzende Darlehen steuerrechtlich nicht dem Eigenkapital, sondern dem Fremdkapital des Darlehensnehmers zuzuordnen seien. Der Streitfall bietet keinen Anlass, der von den Beteiligten angesprochenen Frage nachzugehen, ob nach der Neufassung des § 1 Abs. 4 AStG durch das StVergAbG v. 16.5.2003 Vorgänge der hier in Rede stehenden Art in den Bereich der „Geschäftsbeziehungen" einzuordnen sind. Denn jene Fassung ist erstmals mit Wirkung zum Veranlagungszeitraum 2003 anzuwenden. Zwar wird in der Gesetzesbegründung zum StVergAbG die Änderung es § 1 Abs. 4 AStG als „klarstellende" Maßnahme bezeichnet. Indem das Gesetz jedoch den Veranlagungszeitraum 2003 als denjenigen der erstmaligen Anwendung benennt, bringt es klar zum Ausdruck, dass die Neuregelungen Veranlagungen für frühere Zeiträume gerade nicht erfassen soll. Das FG hat in tatsächlicher Hinsicht festgestellt, dass die ausländische TG als Konzernfinanzierungsgesellschaft fungieren sollte, dass eine erste Finanzierungsmaßnahme die Aufnahme einer Anleihe in Höhe von 250 Mio. DM erforderte und dass die TG über ein autorisiertes Eigenkapital von 200.000 Gulden verfügte. Es handelte sich mithin um eine Gesellschaft, deren Eigenkapitalausstattung so gering war, dass sie ohne die Garantieerklärung seitens der Klägerin die ihr zugedachte Funktion nicht hätte erfüllen können. Unter diesen Umständen steht die Abgabe der Garantieerklärung der Zuführung von Eigenkapital gleich.

BFH, Beschl. v. 22.9.2008 – I B 69-71/08, I B 69/08, I B 70/08, I B 71/08, Quelle: juris; bisher noch nicht amtlich veröffentlicht):

Das FA meint, das FG (= Urteile des FG Sachsen-Anhalt v. 21.2.2008 – 3 K 305/01 und 3 K 307/01) sei von der Rechtsprechung des Bundesfinanzhofs abgewichen. Es zitiert dazu mehrere Entscheidungen des beschließenden Senats, nach denen bei der steuerlichen Überprüfung von Darlehensverträgen zwischen einer Kapitalgesellschaft und ihrem Gesellschafter davon auszugehen ist, dass sich die Gesellschaft und der Gesellschafter im Zweifel die **Spanne zwischen banküblichen Soll- und Habenzinsen** teilen (Senatsurteile v. 28.2.1990 – I R 83/87, BStBl. II 1990, 649; v. 19.1.1994 – I R 93/93, BStBl. II 1994, 725; v. 22.10.2003 – I R 36/03, BStBl. II 2004, 307). Diese Rechtsprechung habe das FG zu Unrecht als überholt angesehen und deshalb nicht angewandt. Eine Nichtzulassungsbeschwerde ist indessen nur dann zulässig, wenn der geltend gemachte Zulassungsgrund in der Beschwerdebegründung dargelegt wird. Eine solche Darlegung setzt, wenn die Nichtzulassungsbeschwerde mit einer Abweichung des FG-Urteils von Entscheidungen des BFH begründet wird, die Benennung einander widersprechender abstrakter Rechtssätze aus dem angefochtenen Urteil einerseits und den Entscheidungen des BFH andererseits voraus. Daran fehlt es im Streitfall. Das FA hat keine gegenläufigen abstrakten Rechtssätze formuliert, sondern nur vorgetragen, dass das FG „zu Unrecht die ... Urteile des BFH zur Margenteilung nicht angewandt" habe.

BFH, Urt. v. 8.10.2008 – I R 61/07, FR 2009, 583:

Wurde eine durch das Gesellschaftsverhältnis veranlasste, **nicht vollwertige Darlehensforderung** im Jahr der Darlehensgewährung fehlerhaft nicht wertberichtigt und wird die Wertberichtigung aufgrund des Grundsatzes des formellen **Bilanzzusammenhangs** in einem nachfolgenden Veranlagungszeitraum nachgeholt, so kann die Nachholung in dem nachfolgenden Veranlagungszeitraum zu einer vGA führen. … Soweit die Klägerin sich im Hinblick auf die vom FG als unzureichend eingeschätzten Sicherungsmittel auf die Rechtsprechung des BFH stützt, nach der in Konzernverhältnissen unter Umständen auch ungesicherte Darlehensverträge anerkannt werden könnten, wenn die Konzernbeziehungen selbst eine Sicherheit darstellen (vgl. BFH v. 29.10.1997, BStBl. II 1998, 482), so betrifft diese Rechtsprechung Darlehen, die ein beherrschender Gesellschafter der Kapitalgesellschaft gewährt hat; sie ist nicht übertragbar auf die Darlehensgewährung der Kapitalgesellschaft an eine Gesellschaft, an der sie selbst nicht beteiligt ist (vgl. auch Senatsurteil in BFH/NV 1999, 1515). Die Schlussfolgerung des FG, die Wertberichtigungen auf die sonach durch das Gesellschaftsverhältnis veranlassten Darlehensforderungen führten zu vGA, steht im Einklang mit der Senatsrechtsprechung; danach kann eine vGA vorliegen, wenn eine Kapitalgesellschaft ihrem Gesellschafter oder einer diesem nahe stehenden Person aus im Gesellschaftsverhältnis liegenden Gründen ein ungesichertes Darlehen gegeben hat und sie die Darlehensforderung in der Folge auf einen niedrigeren Teilwert abschreiben muss (BFH v. 7.3.2007 – I R 45/06, BFH/NV 2007, 1710).

FG Köln, Urt. v. 22.10.2008 – 13 K 1164/05, EFG 2009, 509:

Art. 25 Abs. 3 DBA-Schweiz (inhaltsgleich mit Art. 24 Abs. 5 OECD-Musterabkommen) beschränkt das Besteuerungsrecht der Bundesrepublik Deutschland aus § 8a Abs. 1 KStG. Die Gewährung **unbefristeter und unbesicherter Darlehen**, bei denen die Zinsen über einen längeren Zeitraum abweichend von der ursprünglichen Vereinbarung am Jahresende dem Darlehenskonto gutgeschrieben werden, führt nicht zwingend zu vGA.

BFH, Urt. v. 14.1.2009 – I R 52/08, BStBl. II 2009, 674:

Teilwertabschreibungen auf sog. eigenkapitalersetzende Darlehen sind keine bei der Gewinnermittlung nicht zu berücksichtigende Gewinnminderungen i.S. von § 8b Abs. 3 KStG 2002 i.d.F. bis zur Änderung durch das Jahressteuergesetz 2008 v. 20.12.2007 (BStBl. I 2008, 218). § 8b Abs. 3 KStG 2002 wurde durch das Jahressteuergesetz 2008 neu gefasst und bezieht nunmehr in seinen Sätzen 4 bis 7 ausdrücklich auch Wertverluste von Gesellschafterdarlehen in den Abzugsausschluss mit ein. Diese Regelungsergänzung wirkt rechtsbegründend. Sie ist nicht lediglich als redaktionelle Klarstellung anzusehen. Daraus, dass es in der Gesetzesbegründung zum Jahressteuergesetz 2008 heißt, durch die Änderung des § 8b KStG 2002 werde ‚klargestellt', dass die „Gesellschafterfinanzierung durch Eigenkapital oder durch nicht fremdübliche … Gewinnminderungen gleich behandelt wird", ergibt sich nichts anderes. Eine Rückbeziehung der neuen Fassung auf Veranlagungszeiträume vor 2008 kann daraus schon deshalb nicht abgeleitet werden, weil das Gesetz den Veranlagungszeitraum 2008 als denjenigen der erstmaligen Anwendung benennt; es bringt dadurch klar zum Ausdruck, dass die Neuregelung Veranlagungen für frühere Zeiträume gerade nicht erfassen soll.

BFH, Urt. v. 18.3.2009 – I R 13/08, DStRE 2009, 1108:

Eine verdeckte **Gewinnausschüttung i.S. des § 8a KStG** 1999 führt im Zeitpunkt der Leistung der Fremdkapitalvergütungen zu einem Beteiligungsertrag des Anteilseigners i.S. des § 20 Abs. 1 Nr. 1 Satz 2 EStG 1997. Von den Fremdkapitalvergütungen ist im Zeitpunkt der Leistung gemäß § 43 Abs. 1 Satz 1 Nr. 1 EStG 1997 **Kapitalertragsteuer** einzubehalten und abzuführen. Es ist schuldhaft i.S. von § 44 Abs. 5 Satz 1 letzter Halb- BFH-/FG-Urt.

satz EStG 1997, wenn der abführungsverpflichtete Kapitalnehmer wegen bestehender Ungewissheiten über die Rechtswirkungen des § 8a KStG von der ordnungsgemäßen Einbehaltung und Abführung der Kapitalertragsteuer absieht.

BFH, Beschl. v. 29.4.2009 – I R 88/08 (noch nicht veröffentlicht):

Der Senat hat zu der im Jahr 1985 geltenden Rechtslage entschieden (BStBl. II 2002, 720), dass die **Garantieerklärung** einer Konzern-Obergesellschaft zugunsten eines anderen konzernangehörigen Unternehmens nicht im Rahmen einer Geschäftsbeziehung zwischen den beiden Unternehmen abgegeben wird, wenn die begünstigte Gesellschaft mangels ausreichender Eigenkapitalausstattung ohne sie ihre konzerninterne Funktion nicht erfüllen konnte. Er hat ferner entschieden, dass diese Beurteilung gleichermaßen für diejenige Fassung des AStG gilt, die durch das Steueränderungsgesetz 1992 geschaffen worden ist und seit dem 1. Januar 1992 gilt (Senatsurteil v. 27.8.2008, BFH/NV 2009, 123). Diese Gesetzeslage ist erst durch das StVergAbG mit erstmaliger Wirkung zum Veranlagungszeitraum 2003 erneut geändert worden. … Das FG hat revisionsrechtlich bindend festgestellt, dass die konzernangehörigen Unternehmen mit einem sehr geringen Eigenkapital ausgestattet waren (25 DM), dass ihre Mittel für einen Auftritt am Markt nicht ausreichten und dass die Klägerin ihnen deshalb zinslose Lieferkredite zur Verfügung gestellt hatte. … Der Vortrag des FA gibt dem Senat keinen Anlass, von seiner bisherigen Beurteilung der Rechtslage abzurücken. Dies gilt insbesondere für die Argumentation des FA, dass die darlehensweise Zuführung von Finanzierungsmitteln nur dann außerhalb einer ‚Geschäftsbeziehung' i.S. es § 1 Abs. 1 AStG erfolge, wenn sie sich aus der Sicht des maßgeblichen Gesellschaftsrechts als Zuführung von Eigenkapital darstelle. Dies hat der Senat in seinem Urteil in BFH/NV 2009, 123 mit näherer Begründung verworfen. Daher ist für den Streitfall davon auszugehen, dass unabhängig von der gesellschaftsrechtlichen Situation eine ‚Geschäftsbeziehung' i.S. des § 1 Abs. 1 AStG nicht vorliegt, wenn eine von Anfang an nicht ausreichend mit Eigenkapital ausgestattete Kapitalgesellschaft die zur Wahrnehmung ihrer Funktion notwendigen Finanzmittel von ihrem Gesellschafter unentgeltlich erhält.

FG München, Urt. v. 17.7.2009 – 2 K 2798/06, EFG 2010, 22 (Revision anhängig; Az des BFH: I R 72/09):

Eine **zinslose Überlassung von Kapital** an eine kanadische Ltd. durch einen zu 100 % beteiligten Gesellschafter, die sich als **eigenkapitalersetzende Maßnahme** darstellt, begründet keine Geschäftsbeziehung i.S. von § 1 AStG und rechtfertigt keine Zurechnung von fiktiven Zinseinnahmen. ... Entscheidend dafür, ob ein zinslos gewährtes Darlehen im Rahmen eines Leistungsaustausches erfolgt ist oder als Gesellschafterbeitrag zu werten ist, ist allein, ob die jeweilige Maßnahme die funktionsgerechte Ausstattung der Gesellschaft mit Eigenkapital ersetzt. Das in den Streitjahren an die kanadische Ltd. überlassene Kapital ist als Darlehen mit Eigenkapitalersatzfunktion zu werten. Nach den unstreitigen Angaben ersetzte die Darlehensgewährung eine **funktionsgerechte Eigenkapitalausstattung**, da diese lediglich mit einem kanadischen Dollar Eigenkapital ausgestattet war und erst mithilfe des hier streitigen daneben überlassenen Kapitals die Verfolgung des Gesellschaftszwecks, nämlich die Errichtung eines Hotels in Kanada bzw. auch nur die Zuführung weiterer Fremdmittel ermöglicht wurde. Entgegen der Auffassung des FA kommt es weder darauf an, unter welcher Rubrik das Kapital in der Bilanz der Ltd. ausgewiesen ist, noch, ob bei einem Ausweis als **Darlehen nach ausländischem Recht** von Eigenkapitalersatzfunktion auszugehen ist oder nicht.

BFH, Urt. v. 23.6.2010 – I R 37/09, BStBl. II 2010, 895:

Die Vergabe eines **zinslosen Gesellschafterdarlehens** kann eine „Geschäftsbeziehung" i.S. des § 1 AStG i.d.F. des StÄndG 1992 begründen.. ... Das Gesetz lässt es für die Annahme einer Geschäftsbeziehung ... genügen, dass der Vorgang aus der Sicht der dem Stpfl. nahe stehenden Person einer der in § 1 Abs. 4 AStG a.F. genannten Einkunftsarten unterfällt. Es reicht deshalb aus, wenn der inländische Stpfl. der ihm nahe stehenden Person ein Darlehen gewährt, das diese ihrerseits zur Erzielung von Einkünften i.S. des § 1 Abs. 4 AStG a.F. verwendet. So liegen die Dinge im Streitfall, da [*die nahe stehende Person*] nach den Feststellungen des FG den Darlehensbetrag im Zusammenhang mit der Vermietung eines Grundstücks eingesetzt hat und diese Vermietung ihrer Art nach § 21 EStG unterfällt. Eine [*Geschäftsbeziehung*] ist ... unter dem Gesichtspunkt der „funktionsgerechten Kapitalausstattung" nur dann zu verneinen, wenn die Darlehensnehmerin so offensichtlich **unterkapitalisiert** ist, dass sich die Darlehensgewährung von vornherein dem Fremdvergleich entzieht. Letzteres kann in der hier zu beurteilenden Situation, in der T [= *Darlehensnehmerin*] über ein Eigenkapital von umgerechnet 65 000 € verfügte und ein Darlehen in Höhe von 370 500 DM erhalten hat, nicht ohne Weiteres angenommen werden. ... Im Ergebnis tragen die vom FG getroffenen Feststellungen daher nicht dessen Annahme, dass im Streitfall eine Berichtigung von Einkünften nach § 1 Abs. 1 AStG a.F. ausscheide. Richtigerweise ergibt sich diese Rechtsfolge nur dann, wenn entweder der **Darlehensbetrag** aus gesellschaftsrechtlicher Sicht **als Eigenkapital** zu beurteilen ist, wenn T im vorstehend beschriebenen Sinne **offensichtlich unterkapitalisiert** war oder wenn aus anderen Gründen das in Rede stehende Darlehen im Verhältnis **zwischen fremden Dritten unverzinslich** gewährt worden wäre. Letzteres kann z.B. dann anzunehmen sein, wenn eine Darlehensgewährung in erster Linie im Interesse der Klägerin – und nicht der T – erfolgt ist (vgl. dazu BMF-Schreiben vom 23. Februar 1983, BStBl I 1983, 218, Tz. 4.3.2; Niedersächsisches FG, Urteil vom 23. März 1999 VI 357/95, IStR 2000, 312).

FG Berlin-Brandenburg, Urt. v. 9.3.2011 – 12 K 12267/07 – rechtskräftig, EFG 2011, 1737:

Das Finanzgericht muss ... bei der Ermittlung der ‚fremdüblichen' Vergütung allerdings beachten, dass es häufig für die betreffende Leistung nicht nur eine zutreffende Fremdvergleichsvergütung gibt, sondern regelmäßig eine gewisse Bandbreite, die in vollem Umfang einen zutreffenden objektiven Wert widerspiegelt und deswegen auch in ihrem unteren und oberen Bereich als ‚richtig' zugrunde zu legen ist. Bei der Berechnung der vGA ist von der für den Stpfl. günstigsten Vergleichsvergütung auszugehen; eine Mittelwertmethode – wie sie der Bekl. [= *FA*] unter Bezugnahme auf die Entscheidung des BFH vom 28.2.1990 (I R 83/87 – BStBl. II 1990, 649) im Ergebnis anwendet – lässt sich § 8 Abs. 3 Satz 2 KStG und dem in diesem Zusammenhang anzustellenden Fremdvergleich nicht entnehmen.[4] Soweit der BFH in der Vergangenheit ... angenommen hat,

[4] Anm. der Herausgeber: Bei grenzüberschreitenden Geschäftsbeziehungen ist allerdings ab VZ 2008 § 1 Abs. 3 Satz 4 AStG zu beachten, wonach eine Korrektur auf den Median der Bandbreite zu erfolgen hat.

dass sich im Zweifel **Darlehensgläubiger und Darlehensschuldner die Spanne zwischen banküblichen Haben- und Sollzinsen teilen**, ist diese Betrachtung angesichts der neueren Rspr. nicht mehr haltbar (vgl. FG des Landes Sachsen-Anhalt, Urt. v. 21.2.2008 – 3 K 305/01 und *Gosch*, KStG, 2. Aufl., § 8 Rz. 693). Eher ist darauf abzustellen, **zu welchen Konditionen** die Kapitalgesellschaft **anderweitig einen Kredit hätte erhalten können**. Der Bekl., den insoweit die Feststellungslast trifft, hat nicht nachgewiesen, dass die Klägerin in den Streitjahren ein Darlehen zum Zinssatz von 6 v.H. hätte erhalten können. ... Nach der Statistik der Bundesbank ... lag die **Obergrenze** der Streuwerte der **Sollzinsen der Banken** – die als für die Klägerin günstigste Variante in Ansatz zu bringen ist – für Kontokorrentkredite unter 100.000 € in den Jahren 2001 bis 2003 zwischen 13 und 13,5 v.H., und damit deutlich über dem von der Klägerin mit ihren Gesellschaftern vereinbarten Zinssatz. Die Obergrenze der Streuwerte für Dispositionskredite an Privatkunden lag relativ konstant bei 13,5 v.H., die Obergrenze der langfristigen Festzinskredite an Unternehmen und Selbständige zwischen 100.000 € und 500.000 € lag zwischen 7,5 und 8,89 %. Bei der gebotenen Gesamtwürdigung aller Umstände gelangt der Senat danach nicht zu der Überzeugung, dass der den Gesellschaftern gewährte Zinssatz von 10,5 v.H. p.a. überhöht war, sodass der Ansatz einer vGA insoweit entfallen muss.

BFH, Urt. v. 30.11.2011 – I R 100/10, BStBl. II 2012,332:

Eine ***Verbindlichkeit***, die ***nur aus künftigen Gewinnen oder einem etwaigen Liquidationsüberschuss erfüllt*** zu werden braucht, kann ***mangels gegenwärtiger wirtschaftlicher Belastung nicht ausgewiesen*** werden.

Die finanzielle Ausstattung der Klägerin [= *GmbH*] war unzureichend. Die B-GmbH [= *MG*] schloss mit der Klägerin am 18.9.1995 einen Darlehns- und Rangrücktrittsvertrag, worin sie sich verpflichtete, der Klägerin ... ein entsprechend dem finanziellen Bedarf abrufbares verzinsliches Darlehen mit einem Kreditrahmen bis zu ... DM zu gewähren. Sicherheiten wurden keine gestellt.

2 und 3 [*In den Vereinbarungen heisst es*]: *‚Im Falle des Eintritts einer Überschuldung der Schuldnerin tritt die sich aus dem jeweiligen Saldo des Darlehens-Verrechnungskontos ergebende Forderung der Gläubigerin automatisch in Höhe des Betrags der Überschuldung im Rang hinter die Forderungen aller übrigen Gläubiger zurück. ... Die Gläubigerin kann die Befriedigung ihrer Gesamtforderung nur aus künftigen Jahresüberschüssen, soweit sie bestehende Verlustvorträge übersteigen, oder ggfs. aus einem Liquidationsüberschuss verlangen.'*

5 Zum 31.12.1995 und zum 31.12.1996 war die Klägerin bilanziell überschuldet. Dies änderte sich auch in den folgenden Jahren nicht.

6 Nach einer Außenprüfung kam [*das Finanzamt*] ... zu der Auffassung, dass die in der Bilanz zum 31.12.1999 enthaltene Verbindlichkeit gegenüber der B-GmbH ... gewinnwirksam aufzulösen sei.

11 ... Eine Verbindlichkeit ist zu bilanzieren, wenn der Unternehmer zu einer dem Inhalt und der Höhe nach bestimmten Leistung an einen Dritten verpflichtet ist, die vom Gläubiger erzwungen werden kann und eine wirtschaftliche Belastung darstellt. ...

12 An dieser wirtschaftlichen Belastung fehlt es im Streitfall. ...

14 Gemäß § 5 Abs. 2a EStG 1997 sind für Verpflichtungen, die nur zu erfüllen sind, soweit künftig Einnahmen oder Gewinne anfallen, Verbindlichkeiten oder Rückstellungen erst anzusetzen, wenn die Einnahmen oder Gewinne angefallen sind. ...

17 ... Soweit in der Literatur die Auffassung vertreten wird, § 5 Abs. 2a EStG sei für den Fall des ***Rangrücktritts*** generell nicht einschlägig, weil bei einem Rangrücktritt die Forderung rechtlich bereits entstanden sei ..., ist dem nicht zu folgen. Zum einen lässt sich diese Einschränkung dem Wortlaut der Vorschrift nicht entnehmen; ... Zum anderen wäre ein Ausweis der Verbindlichkeit auch nicht gerechtfertigt. Denn der Schuldner ist, solange die Gewinne noch nicht erzielt sind, in seinem gegenwärtigen Vermögen zum Bilanzstichtag noch nicht belastet. Seine Situation gleicht wirtschaftlich der eines Schuldners, dem eine Verbindlichkeit gegen Besserungsschein erlassen wurde ... .

20 ... Eine Rangrücktrittsvereinbarung, nach der eine Verbindlichkeit nur aus künftigen Gewinnen oder einem eventuellen Liquidationsüberschuss zu bedienen ist, belastet den Schuldner aber nicht stärker, als wäre die Verbindlichkeit gegen entsprechende Besserungsabrede erlassen worden (insoweit anders als Rangrücktrittsvereinbarungen, die auch aus sonstigem Vermögen zu bedienen sind).

22 Die Darlehen sind nicht als Einlagen zu beurteilen.

23 Unterliegt die Rückzahlung von Gesellschafterdarlehen denselben Voraussetzungen wie die Rückzahlung von Eigenkapital, dann entsteht für den Schuldner Eigenkapital und die Verbindlichkeit ist auszubuchen. ...

FG Münster, Urt. v. 29.3.2012 – 3 K 3819/10 Erb – Rev. eingelegt, EFG 2012, 1950:

Die in der Gewährung eines **zinslosen Darlehens** liegende Kapitalnutzungsmöglichkeit stellt eine **freigebige Zuwendung** i.S. des § 7 Abs. 1 Nr. 1 **ErbStG** dar. Der **Zinssatz** ist in § 12 Abs. 3 Satz 2 BewG mit **5,5 v.H.** festgelegt. Eine Abweichung davon sieht das BewG nicht vor.[5]

FG Hamburg, Urt. v. 7.8.2012, 6 K 25/10:

Durch Darlehensvertrag vom … 2003 gewährte die Klägerin der B-GmbH *[= ihre Schwestergesellschaft]* ein Darlehen in Höhe von 600.000 EUR zu den gleichen Zins- und Tilgungskonditionen, wie sie im Darlehen von der Bank … enthalten waren. … Die Klägerin erließ zum 31.12.2003 *[einen Teilbetrag von]* 200.000 EUR wegen der drohenden Insolvenz der B GmbH. … Zum 31.12.2004 erließ die Klägerin weitere 200.000 EUR … und erfasste 200.000 EUR gewinnmindernd als Forderungsabschreibung. … Der Betriebsprüfer wertete *[im Rahmen einer Bp für den Zeitraum 2004 bis 2006]* den Erlass der 200.000 EUR als verdeckte Gewinnausschüttung, da die Darle-

[5] Der Zinssatz von 5,5 % ist als pauschalierter Satz auch dann anzusetzen, wenn er tatsächlich am Kapitalmarkt nicht zu erzielen ist (so der BFH v. 20.4.2011, BFH/NV auch zum Zinssatz von 6 % gemäß § 233a AO unter Berufung auf BverfG-Beschluss v. 3.9.2009, BFH/NV 2009, 2115).

hensgewährung durch die Klägerin an ihre Schwestergesellschaft ausschließlich durch das Gesellschaftsverhältnis begründet gewesen sei. …

Am 8.2.2010 hat die Klägerin Klage erhoben. …

Die zulässige Klage ist unbegründet. …

Die Vereinbarung einer **Sicherheitsleistung für Darlehensansprüche** hat keinen Selbstzweck. Sie kann nur gefordert werden, wenn auch ein fremder Gläubiger unter gleichen oder ähnlichen Verhältnissen eine Sicherheit gefordert hätte. Dies kann jedenfalls dann zu verneinen sein, wenn der fremde Gläubiger aus tatsächlichen Gründen die Möglichkeit hat, auf den Darlehensschuldner Einfluss zu nehmen und für die Darlehensrückzahlung Sorge zu tragen. Deshalb hat der BFH in seinem Urteil vom 21.12.1994 (I R 65/94, BFHE 176, 571) entschieden, dass bei Darlehensgewährungen zwischen Kapitalgesellschaften in einem Konzern keine Sicherheiten gefordert werden können, wenn die Konzernbeziehungen für sich gesehen eine Sicherheit bedeuten. … Hingegen stellt die Gewährung von Darlehen durch eine GmbH an eine Schwestergesellschaft und die Übernahme von Schulden dieser Gesellschaft eine verdeckte Gewinnausschüttung dar, wenn die GmbH nicht gleichzeitig werthaltige Gegenansprüche erhält und aktiviert (BFH-Urteil v. 18.2.1999, I R 62/98, BFH/NV 1999, 918). Verzichtet eine GmbH bei der Hingabe eines Darlehens an eine Schwestergesellschaft auf eine ordentliche Besicherung des Darlehens, so kann die spätere Wertberichtigung der Darlehensforderung eine verdeckte Gewinnausschüttung darstellen. Die Gewinnausschüttung fließt allerdings erst in dem Zeitpunkt ab, in dem die Forderung aus dem Vermögen der Gesellschaft dinglich ausscheidet (FG Hamburg v. 28.11.2007, 6 K 256/05). Übertragen auf den Streitfall folgt hieraus, dass die Voraussetzungen für eine vGA vorliegen. Denn die Klägerin hat ihrer Schwestergesellschaft einen Vermögensvorteil zugewendet, indem sie ihr ein Darlehen gewährt hat, welches ein fremder Dritter nicht gewährt hätte. … Die Klägerin hat das Darlehen zu den gleichen Zins- und Tilgungskonditionen weitergeleitet, zu denen sie es selbst von der Bank erhalten hat. Insbesondere hat sie keinen Zinsaufschlag vereinbart. Zusätzlich hat sie selbst auf Sicherheiten verzichtet, obwohl sie für die Gestellung des Darlehens der Bank Sicherheiten stellen musste..

BFH, Urt. v. 24.10.2012 – I R 43/11, DB 2013, 31:

Die auf der **Unverzinslichkeit** einer im Anlagevermögen gehaltenen **Forderung** (hier: Darlehnsforderung gegen eine Tochtergesellschaft) beruhende Teilwertminderung ist **keine voraussichtlich dauernde Wertminderung** und **rechtfertigt deshalb keine Teilwertabschreibung**.

16 ... [*Zwar ist*] der aktuelle Wert der Forderung zu den Bilanzstichtagen, die vor dem Fälligkeitszeitpunkt liegen, gemindert. Jedoch steigt der Wert in der Folge zwangsläufig sukzessive an und erreicht im Fälligkeitszeitpunkt den Nominalbetrag der Forderung. ... Die mit dem Fehlen der Fälligkeit einer unverzinslichen Forderung verbundene Wertminderung erweist sich somit unter dem zeitlichen Blickwinkel jedenfalls dann, wenn sich darin nicht ein Risiko hinsichtlich der Rückzahlung widerspiegelt, als nur vorübergehend und folglich als nicht dauerhaft. ...

18 ... Dass die Ausreichung des unverzinslichen Darlehens für die Klägerin wirtschaftlich nachteilig gewesen sein mag, ändert nichts daran, dass zum Bilanzstichtag davon

auszugehen war, der Teilwert der Rückzahlungsforderung werde zum Fälligkeitszeitpunkt ihrem Nominalwert entsprechen und die momentane Wertminderung werde mithin nicht von Dauer sein. ...

19 Auch die Tatsache, dass nach der Rechtsprechung ... die Darlehnsnehmerin in ihrer Bilanz die Rückzahlungsverpflichtung nach Maßgabe des § 6 Abs. 1 Nr. 3 Satz 1 EStG 2002 ungeachtet dessen abzuzinsen hat[6], dass es sich um ein Gesellschafterdarlehen handelt, lässt den Ausschluss einer Teilwertabschreibung hinsichtlich der Rückzahlungsforderung nicht entfallen. Die sich daraus ergebende Asymmetrie, die z.T. als ‚umgekehrte Imparität' bezeichnet wird, ist den gesetzlichen Regelungen immanent.

FG Berlin-Brandenburg, Urt. v. 30.1.2013, 12 K 12056/12, DStRE 2013, 1494 (das FG-Urteil wurde durch BFH-Urteil v. 17.12.2014, I R 23/13, BFH/NV 2015, 626 aufgehoben und zurückverwiesen.[7] *Die neue Entscheidung des FG Berlin-Brandenburg erging am 16.3.2016, 11 K 12022/15)*

Im Rahmen der Prüfung des § 1 Abs. 1 AStG in der in den Jahren 2004 bis 2007 geltenden Fassung ist bei der Frage, ob ein Darlehen an die ausländische TG zu fremdvergleichskonformen Bedingungen gewährt wurde, auch die (fehlende oder unzureichende) **Besicherung des Darlehens** als Bedingung im Sinne dieser Vorschrift zu berücksichtigen.

[*Im vorliegenden Fall lagen zwar*] die Voraussetzungen für eine Teilwertabschreibung der Darlehensforderungen nach den **gegenüber § 1 AStG a.F. vorrangig** zu prüfenden Regelungen des § 6 Abs. 1 Nr. 2 Satz 2 EStG i.V.m. § 8 Abs. 1 KStG sowie § 7 Satz 1 GewStG vor, … jedoch [*hat das FA den Einkünften der inländischen MG = Darlehnsgeberin*] **zu Recht die Teilwertabschreibungen der Darlehen gemäß § 1 AStG a.F. wieder hinzugerechnet**. … Ist die Erfüllung der Forderung nach den am Bilanzstichtag vorliegenden Umständen (Vermögensverhältnisse, Zahlungsfähigkeit des Schuldners) zweifelhaft, bestimmt sich ihr Teilwert danach, in welchem Umfang der Ausfall der Forderung mit einiger Wahrscheinlichkeit droht. Diese Gesichtspunkte führen hier dazu, dass eine vollständige Abschreibung der strittigen Darlehen vorzunehmen war. Neben der bilanziellen Überschuldung der [*ausländischen TG = Darlehensnehmerin*], die in den Streitjahren erheblich angewachsen ist, verdeutlicht der unstrittige Vortrag der Klägerin [*inländische MG*], dass sich die TG in einer tatsächlichen Krise befand. … Insbesondere die unbestrittene negative wirtschaftliche und finanzielle Entwicklung der TG ließ die Rückführung der Darlehensbeträge unwahrscheinlich werden … .Überdies ist zu berücksichtigen, dass die bilanzielle Überschuldung der TG bis zum 31.12.auf … US-$ anwuchs und die Gesamtsumme der durch die MG gewährten Darlehen deutlich überstieg.

[*Daran ändert auch nichts der*] behauptete **Konzernrückhalt.** [*Im vorliegenden Fall*] wird in den US-amerikanischen Jahresabschlüssen der TG darauf hingewiesen, dass die

---

[6] Kritisch hierzu *Hoffmann*, DStR 2013, 23 (24), der darauf hinweist, dass der sich aus der Abzinsung ergebende *„Anschaffungsgewinn (international: day one gain) der vom 1. BFH-Senat sonst so hochgehaltenen Neutralität des (angeblichen) Anschaffungsvorgangs von Verbindlichkeiten"* widerspricht.

[7] Siehe hierzu den BMF-Nichtanwendungserlass vom 30.3.2016, BStBl. 2016 I 455.

BFH-/FG-Urt.

MG die TG weiterhin unterstützen werde. … Denn bei dieser Erklärung handelt es sich insoweit nur um ein ‚Geschäft mit sich selbst' … . Allenfalls gegenüber Dritten, die ihrerseits Forderungen gegenüber der TG haben, könnten die Absichtserklärungen in den Jahresabschlüssen Geltung erlangen und u.U. gegen eine Teilwertabschreibung solcher Drittforderungen sprechen.

Die in zulässiger Weise … vorgenommenen Teilwertabschreibungen waren jedoch in vollem Umfang zu korrigieren … . § 1 Abs. 1 AStG a.F. setzt voraus, dass Einkünfte dadurch gemindert werden, dass der Einkünfteermittlung andere als fremdübliche Bedingungen zugrunde gelegt werden. …Zu den Konditionen eines Darlehens gehört neben der Zinsvereinbarung auch die Frage der Besicherung der Darlehensforderung. … Hier beruhte die Einkünfteminderung, die durch die Teilwertabschreibung, also den Substanzverlust des Darlehens eingetreten ist, auf den Konditionen der Darlehensgewährung in Gestalt der (fehlenden) Besicherung der Darlehen. Es ist nicht fremdüblich, dass Darlehen ohne jede Sicherheit gewährt werden. Dies gilt im Streitfall umso mehr, als dass die MG über die Streitjahre hinweg Darlehen in insgesamt siebenstelliger Höhe hingab und sich während der gesamten Zeit die wirtschaftliche, finanzielle und bilanzielle Situation der TG verschlechterte. Ein fremder Dritter hätte daher auf einer Absicherung der gewährten Darlehen bestanden. Diese fehlende Absicherung kann hier weder durch den vereinbarten Darlehenszinssatz – der mit 5 % insoweit zu niedrig ist, als dass damit eine **fehlende Besicherung ausgeglichen** werden könnte – noch durch einen etwaigen **Konzernrückhalt** ausgeglichen werden. … Auf die Frage, ob die Zinsvereinbarung fremdüblich ist, kommt es dann nicht mehr an. … Zwar hat die MG vorgetragen, sie habe sich an dem maßgeblichen LIBOR-Zinssatz orientiert und … einen **Risikoaufschlag** vereinbart. Allerdings hat sie weder dem steigenden LIBOR-Zinssatz Rechnung getragen … noch hat sie die sich verschlechternde wirtschaftliche bzw. finanzielle Situation der TG durch steigende Darlehenszinssätze berücksichtigt, was fremde Dritte im Zweifel getan hätten.

FG Hamburg, Urt. v. 20.2.2013, 2 K 89/12 (NZB eingelegt; Az. BFH: I B 60/13), DStRE 2013, 1176:

Für die Beurteilung der für eine **Teilwertberichtigung** erforderlichen dauerhaften Wertminderung von Darlehensforderungen der Muttergesellschaft gegen ihre Tochtergesellschaft bedarf es auch der Betrachtung des Vermögenswertes und der funktionalen Bedeutung des Beteiligungsunternehmens im Unternehmensverband, sofern die Darlehen eigenkapitalersetzenden Charakter haben.

Darlehen sind dann **eigenkapitalersetzend** [*i.S. von § 32a GmbGG a.F.*], wenn sie zu einem Zeitpunkt hingegeben werden, in dem sich die Gesellschaft bereits in der Krise befindet, oder wenn ein Darlehen für den Fall der Krise bestimmt ist. Weiterhin können Darlehen eigenkapitalersetzenden Charakter erlangen, wenn sie zu einem Zeitpunkt gewährt wurden, in dem sich die Gesellschaft noch nicht in der Krise befand, sie aber bei Eintritt der Krise stehengelassen wurden. Krise ist nach der Legaldefinition des § 32a Abs. 1 Satz 1 GmbHG der Zeitpunkt, in dem ein Gesellschafter der Gesellschaft als ordentlicher Kaufmann Eigenkapital statt eines Darlehens gewährt hätte, wobei nach den zu §§ 30, 31 GmbHG entwickelten zivilrechtlichen Rechtsprechungsgrundsätzen (BGH v. 13.7.1992, II ZR 269/91, DStR 1992, 1519) und über § 32a Abs. 3 Satz 1 GmbHG a.F. das Stehenlassen eines Gesellschafterdarlehens in der Krise dem gleichgestellt wird … .

Teilwertabschreibungen auf eigenkapitalersetzende Darlehen sind aber keine bei der Gewinnermittlung nicht zu berücksichtigende Gewinnminderungen i.S. von § 8b Abs. 3 KStG a.F. …

Nach der ständigen Rechtsprechung des BFH gelten für die **Bewertung kapitalersetzender Darlehen** Besonderheiten. Und zwar sind diese nach den für die Bewertung von Beteiligungen geltenden Kriterien zu bewerten, d.h. auch der Substanzwert und die funktionale Bedeutung der Beteiligung sind einzubeziehen (BFH v. 18.4.2012, X R 7/10, DStRE 2012, 1105). Die Teilwertabschreibung erfordert, dass sich die Anschaffung als Fehlmaßnahme erweist oder sich der innere Wert des Beteiligungsunternehmens gemindert hat. Eine derartige Wertminderung ist nicht bereits deshalb anzunehmen, weil das Beteiligungsunternehmen hohe Verluste erwirtschaftet hat. Vielmehr sind für den Wert der Beteiligung nicht nur die Ertragslage und die Ertragsaussichten von Bedeutung, sondern auch der Vermögenswert und die funktionale Bedeutung des Beteiligungsunternehmens im Unternehmensverbund maßgeblich (BFH v. 28.4.2004, I R 20/03, BFH/NV 2005, 19). …

Eine voraussichtlich dauernde Wertminderung liegt vor, wenn der Teilwert nachhaltig unter den maßgeblichen Buchwert gesunken ist und deshalb aus der Sicht des Bilanzstichtags aufgrund objektiver Anzeichen ernstlich mit einem langfristigen Anhalten der Wertminderung gerechnet werden muss. … Abzustellen ist darauf, ob aus Sicht des Bilanzstichtages mehr Gründe für ein Andauern sprechen als dagegen (BFH v. 21.9.2011, I R 89/10, DStR 2012, 21). …

[*Im vorliegenden Fall fehlt es zum Bilanzstichtag 31.12.2004*] an der erforderlichen Wertminderung. Denn die Kl. hat, wie in den Jahren zuvor, auch in 2003 und 2004 über das in Rede stehende Verrechnungskonto Mittel ihrer TG zur Verfügung gestellt, um den Betrieb aufrecht zu erhalten und deren Ertragsfähigkeit herzustellen. … Leistet der Gesellschafter seiner Beteiligungsgesellschaft aber aus kaufmännischen Erwägungen derartige Sanierungszuschüsse und dienen die Zahlungen nicht allein der Abwendung der Insolvenz, kommt eine Teilwertberichtigung nicht in Betracht (BFH v. 28.4.2004, I R 20/03, BFH/NV 2005, 19).

FG Düsseldorf, Urt. v. 28.3.2014, 6 K 4087/11 (Rev. eingelegt; Az. BFH: I R 29/14), EFG 2014, 1275:

1. Eine Teilwertabschreibung auf ein der ausländischen Tochtergesellschaft aufgrund eines Darlehensvertrages hingegebenes verzinsliches (eigenkapitalersetzendes) Darlehen führt nicht zu einer Gewinnverlagerung in das Ausland i.S. des § 1 AStG. Die eigenkapitalersetzende – zur Erfüllung der zugedachten wirtschaftlichen Funktion notwendige - Darlehensgewährung ist im Hinblick auf die Anwendung des § 1 AStG der Zuführung von Eigenkapital gleichzustellen.
2. Die Einschränkung einer Teilwertabschreibung auf ein Darlehen ist nicht zur Wahrung einer ausgewogenen Aufteilung der Besteuerungsbefugnis zwischen den Mitgliedstaaten notwendig.

BFH, Urt. v. 25.6.2014 – I R 88/12, BFH/NV 2015, 57:

Die in Betracht kommende **Anwendung des § 1 Abs. 1 AStG a.F. ist nicht unionsrechtswidrig.**

Die belastende Wirkung der Rechtsnorm beschränkt sich im Streitfall darauf, dem Umstand einer **unentgeltlichen Darlehensgewährung** der Muttergesellschaft an die Tochtergesellschaft durch Ansatz eines fremdvergleichsgerechten Leistungsentgelts Rechnung zu tragen.

Der Entscheidung des EuGH zu einer im belgischen Recht vorgesehenen Einkünftekorrektur (EuGH v. 21.1.2010, SGI, Rs. C-311/08, IStR 2010, 144) entnimmt der Senat, dass eine solche Regelung **mit der Niederlassungsfreiheit** gemäß Art. 49 AEUV **vereinbar** sein kann, da sie zur Wahrung einer ausgewogenen **Aufteilung der Besteuerungsbefugnis** zwischen den Mitgliedstaaten und der **Notwendigkeit der Verhinderung einer Steuerumgehung** gerechtfertigt sein kann. Sie ist aber nur dann verhältnismäßig, wenn die Regelung eine Prüfung objektiver und nachprüfbarer Umstände vorsieht, damit festgestellt werden kann, ob ein geschäftlicher Vorgang eine rein künstliche Konstruktion zu steuerlichen Zwecken darstellt. Dabei muss in jedem Fall, in dem der Verdacht besteht, dass ein geschäftlicher Vorgang über das hinausgeht, was die betreffenden Gesellschaften unter Bedingungen des freien Wettbewerbs vereinbart hätten, dem Steuerpflichtigen, ohne ihn übermäßigen Verwaltungszwängen zu unterwerfen, die Möglichkeit eingeräumt werden, Beweise für etwaige wirtschaftliche Gründe für den Abschluss dieses Geschäfts beizubringen. Darüber hinaus muss sich, wenn die Prüfung solcher Umstände zu dem Ergebnis führt, dass der in Rede stehende geschäftliche Vorgang über das hinausgeht, was die betreffenden Gesellschaften unter Bedingungen des freien Wettbewerbs vereinbart hätten, die steuerliche Berichtigung auf den Teil beschränken, der über das hinausgeht, was ohne die gegenseitige Verflechtung dieser Gesellschaften vereinbart worden wäre.

Jedenfalls eine **Korrektur einer unentgeltlichen Darlehensgewährung auf der Grundlage des (allgemeinen) Fremdvergleichs**, der zwar den Einfluss der wirtschaftlichen Verflechtung zwischen den Geschäftspartnern auf die Preisbildung ausschließt, nicht aber **sachbezogene wirtschaftliche Gründe** der Parteien, ist als Maßnahme zur Wahrung einer ausgewogenen **Aufteilung der Besteuerungsrechte geeignet und jedenfalls nicht unverhältnismäßig.**

BFH, Urt. v. 17.12.2014 – I R 23/13, BFH/NV 2015, 626 u. DStR 2015, 466[8]:

1 Die Klägerin ist … kraft Verschmelzung zum 31.12.2007 Rechtsnachfolgerin der C-GmbH. Die C-GmbH war alleinige Gesellschafterin der I-GmbH und dieser als Organträgerin … verbunden.

2 Die I-GmbH hatte im Jahr 2000 zusammen mit einem anderen Unternehmen zur Erschließung des US-amerikanischen Marktes … die H-Inc. Gegründet, an der sie

[8] Siehe hierzu auch den BMF-Nichtanwendungserlass vom 30.3.2016, BStBl. 2016 I 455 sowie das Urteil des FG Berlin-Brandenburg vom 16.3.2016 (11 K 12022/15) im zweiten Rechtszug. Das hier zitierte Urteil vom 17.12.2014 ist in weiten Teilen durch die neuere Rechtsprechung (vgl. BFH-Urteil vom 27.2.2019 - I R 73/16, BStBl 2019 II S. 394) überholt.

selbst 60 v.H. der Anteile hielt. Die H-Inc. war von beiden Gesellschaftern mit Eigenkapital ausgestattet worden. Sie erhielt zudem ein Bankdarlehen von rd. 1,5 Mio US-Dollar (USD), das die Gesellschafter durch Bürgschaften absicherten. Zum 31.12.2003 wies die Bilanz der H-Inc. einen nicht durch Eigenkapital gedeckten Fehlbetrag in Höhe von rd. 950.000 USD aus. Am 30.6.2004 schied der andere Gesellschafter aus … . Daraufhin stellte die Bank das der H-Inc. gewährte Darlehen fällig. Da diese nicht in der Lage war, das Bankdarlehen zu bedienen, zahlte die [*Klägerin*] auf die Darlehensforderung. Zum 31.12.2004 wies die Bilanz der H-Inc. sodann einen nicht durch Eigenkapital gedeckten Fehlbetrag in Höhe von rd. 450.000 USD aus, der zum 31.12.2005 auf rd. 1,6 Mio USA, zum 31.12.2006 auf rd. 2,5 Mio USA und zum 31.12.2007 auf rd. 3,5 Mio USA anwuchs.

3 In den Streitjahren 2004 bis 2007 gewährte die I-GmbH ihrer US-amerikanischen TG mit jährlich 5 % verzinste, unbesicherte Darlehen von 261.756,22 € (2004), 1.103.140 € (2005), 158.553,39 € (2006) und 75.000 € (2007), die aus der Liquidität zukünftiger Gewinne der H-Inc. zurückgezahlt werden sollten. Bereits in dem jeweiligen Jahr ihrer Hingabe wurden die Darlehensforderungen [*auf nahezu Null*] einzelwertberichtigt.

4 Das für die Besteuerung der I-GmbH zuständige FA erkannte die Wertberichtigungen dem Grunde nach an, rechnete sie aber in den Jahren 2004 bis 2006 in jeweils voller Höhe, in 2007 in Höhe von 30.800 € dem Einkommen gemäß § 1 AStG … hinzu.

12 Der Aufwand aus den (hier zunächst als regelungskonform unterstellten) Teilwertabschreibungen ist in der Tat nicht nach § 8b Abs. 3 KStG 2002 a.F. außerhalb der Bilanz einkommenserhöhend hinzuzurechnen. Es fehlt am Tatbestand. Der Senat verweist … auf sein Urteil vom 14.1.2009, I R 52/08, BStBl II 2009, 674.

13 Ob und in welchem Umfang § 1 AStG a.F. im Ergebnis zu einer Einkünftekorrektur führt, lässt sich gegenwärtig nicht abschließend beantworten.

16 … Selbst wenn alle Voraussetzungen des § 1 Abs. 1 AStG a.F. erfüllt wären, müsste eine Einkünftekorrektur wegen einer fehlenden Darlehensbesicherung hiernach nämlich ausscheiden, weil sie nicht mit der im Streitfall einschlägigen Abkommenslage nach Maßgabe von Art. 9 Abs. 1 des [*DBA Deutschland/USA v. 29.8.1989*] und dem darin bestimmten Fremdvergleichsmaßstab … vertrüge.

19 … in den maßgeblichen Vergleichsmaßstab des Art. 9 Abs. 1 OECD-MA [*sind*] nur diejenigen (Sachverhalts-)Umstände einbezogen, welche sich auf die besagten „wirtschaftlichen oder finanziellen Bedingungen“ auswirken, also die Angemessenheit (Höhe) des Vereinbarten berühren; **eine Gewinnkorrektur, die sich nicht nur auf die Angemessenheit (Höhe) des Vereinbarten erstreckt, sondern – in einem zweistufigen Vorgehen – gleichermaßen auf dessen „Grund“, (Üblichkeit der Konditionen, Ernsthaftigkeit), ist den Vergleichsmaßstäben des „dealing at arm’s length“ als Gegenstand der Angemessenheitsprüfung fremd … - schon**

BFH-/FG-Urt.

um mangels einer entsprechenden Gegenkorrektur andernfalls drohenden doppelten Besteuerungen … vorzubeugen.[9]

20 Zwar ist unter dem Ausdruck der „vereinbarten Bedingungen" in Art. 9 Abs. 1 OECD-MA grundsätzlich alles zu subsumieren, was Gegenstand der kaufmännischen und finanziellen Beziehungen und damit Gegenstand des schuldrechtlichen Leistungsaustauschs zwischen den verbundenen Unternehmen ist, so dass neben dem Preis sämtliche weiteren Geschäftsbedingungen einbezogen sind. Es bleibt indessen dabei, dass sich die Vereinbarungskonditionen … nur insofern auswirken, als deren „Qualität" die Zinshöhe im Fremdvergleich „nach oben" oder „nach unten" beeinflusst.

21 Entgegen der Annahme des FA und (wohl auch) des beigetretenen BMF ändern das in casu anzuwendende DBA-USA 1989 und hier dessen Art. 9 Abs. 1 sowie die dazu vereinbarte Nr. 7 des Protokolls vom 29.8.1989 … daran nichts. Nach dieser Protokollvereinbarung kann jeder Vertragsstaat die Bestimmungen seines innerstaatlichen Rechts, nach denen Einnahmen, abzuziehende Beträge, Steueranrechnungs- oder Freibeträge zwischen verbundenen Personen aufzuteilen oder zuzurechnen sind, anwenden … .

22 Art. 9 Abs. 1 DBA-USA 1989 entfaltet mithin wegen besagter Nr. 7 des Protokolls „keine Sperrwirkung" hinsichtlich der Art und Weise von Berichtigungen zwischen verbundenen Unternehmen und der Berichtigung von Einkünften zwischen Unternehmen bzw. Personen, die auf andere Weise als den nach in Art. 9 Abs. 1 genannten Kriterien verbunden sind.

23 Bedingungen, welche im Rahmen einer Geschäftsbeziehung zwischen verbundenen Unternehmen vereinbart worden sind, können sich nach dem zuvor Gesagten deswegen in Einklang mit dem abkommensrechtlich zulässigen Korrekturmaßstab auf die nach § 1 Abs. 1 AStG a.F. vorzunehmende Einkommenskorrektur regelmäßig bloß dann auswirken, wenn sie tatsächlichen Einfluss auf die Höhe der Leistungsbedingungen nehmen. Dazu gehören im Einzelfall auch die Risiken, die aus einer fehlenden Darlehensbesicherung resultieren. Anders kann es sich allerdings unter den … Gegebenheiten des sog. **Konzernrückhalts** verhalten, welcher alle Vorteile eines Unternehmens beschreibt, die sich allein aus der Zugehörigkeit zum Unternehmensverbund ergeben. **Bei Vorliegen eines solchen Rückhalts kann sich die Kompensation durch den vereinbarten Zinssatz erübrigen**, solange der beherrschende Gesellschafter die Zahlungsfähigkeit der Gesellschaft sicherstellt, solange diese also ihren Außenverpflichungen nachkommt. … Der Konzernrückhalt stellt für sich genommen eine ausreichende Sicherheit dar.

[9] Im Gegensatz zum BFH befürwortet die OECD in ihren BEPS-Papieren 2015 (siehe z.B. Tz 1.60 in action 8-10) den **zweistufigen** Fremdvergleichsmaßstab, der sich auf der ersten Stufe mit der Frage befasst, ob die Geschäfte so auch zwischen fremden Dritten abgeschlossen worden wären (und ob das Vereinbarte auch tatsächlich wirtschaftlich durchgeführt wurde) und sich auf der zweiten Stufe mit der Angemessenheit der Preise der Höhe nach befasst. Der BFH hat mit Urteil vom 27.2.2019 (I R 73/16, BStBl 2019 II S. 394) die bisherige Rechtsprechung zur Sperrwirkung aufgegeben.

25 So oder so kann sich eine über § 1 Abs. 1 AStG a.F. ermöglichte Einkommenskorrektur infolge der aufgezeigten abkommensrechtlichen Relevanzen dann aber ohnehin immer nur auf jene Beträge beziehen, welche durch einen nicht fremdvergleichsgerechten, zu niedrigen Zins bewirkt werden; im Umfang der Teilwertabschreibung scheidet eine Korrektur hiernach hingegen aus.

26 Bei Letzterem muss es unter den Gegebenheiten des Streitfalls aber nicht unbedingt verbleiben: Die Eröffnung des zweiten Rechtsgangs gibt dem FG die Gelegenheit, zum einen der Frage nachzugehen, ob die von der I-GmbH begebenen Darlehen überhaupt als solche verstanden und in diesem Zusammenhang als ernstlich gemeint angesehen werden können; daran mag man nach den tatrichterlich bislang getroffenen Feststellungen zu der prekären wirtschaftlichen Lage der H-Inc. in den Zeitpunkten der Darlehensgewährungen auf den ersten Blick durchaus Zweifel haben. **Sollte sich dieser Zweifel bewahrheiten, wäre die Hingabe der „Darlehens"-Valuta von vornherein als (verdeckte) Einlagen der I-GmbH in die H-Inc. zu qualifizieren, was zugleich Zweifel an einer periodenidentischen Teilwertabschreibung aufwerfen würde**[10] (s. z.B. BFH-Urteil vom 7.5.2014, X R 19/11, BFH/NV 2014, 1736). Verneinendenfalls bietet sich zum anderen nochmals Gelegenheit zu prüfen, ob die Teilwertabschreibungen … von den tatsächlichen Umständen getragen werden. **Das hängt (auch) damit zusammen, ob ein Konzernrückhalt bei Darlehensbegebung zunächst bestanden, ein solcher später – im Zeitpunkt der Abschreibungen – jedoch entfallen** wäre.[11]

BFH, Urt. v. 24.6.2015 – I R 29/14, BFH/NV 2015, 1506[12]*:*

3. Aufgrund des sog. Rückhalts im Konzern kann es fremdvergleichsgerecht sein, bei einer Darlehensgewährung zwischen Kapitalgesellschaften in einem Konzern von Sicherheiten abzusehen. Der **Konzernrückhalt** lässt jedoch keinen Schluss auf die Rückzahlung der Darlehensverbindlichkeit durch die Tochtergesellschaft und damit die Werthaltigkeit des Rückforderungsanspruchs aus dem gewährten Darlehen zu.

4. Der abkommensrechtliche Grundsatz des „dealing at arm's length" nach Art. 9 Abs. 1 OECD-MustAbk (hier: nach Art. IV DBA-GB 1964) ermöglicht eine Einkünftekorrektur nach nationalen Vorschriften der Vertragsstaaten (hier: nach § 1

[10] Infolge der zwischenzeitlichen Neuformulierung des § 1 Abs. 4 Satz 2 AStG, wonach davon auszugehen **ist**, dass voneinander unabhängige ordentliche und gewissenhafte Geschäftsleiter eine **schuldrechtliche** Vereinbarung getroffen hätten, wird nach dem eigenkapialersetzenden Charakter im Grundsatz nicht mehr gefragt (so auch *Gosch*, BFH/PR 2015, 173 (175).

[11] In einer Kommentierung der BFH-Rechtsprechung zu den Korrekturmöglichkeiten bei TW-Abschreibungen auf Gesellschafterdarlehen weist der BFH-Richter *Gosch* allerdings darauf hin (vgl. BFH/PR 2015, 407), dass einem Konzernrückhalt nicht per se eine tatsächliche, immerwährende und unbeschränkte Besicherung zu entnehmen sei. Soweit die Finanzverwaltung im Hinblick auf den Konzernrückhalt eine an sich gebotene TW-AfA gemäß § 6 Abs. 1 Nr. 2 Satz 2 EStG mangels dauernder Wertminderung ausschließen wolle, verkenne sie, dass es dem BFH nur darum gehe, *„für den Fall der Konzernierung die Kreditbedingungen zu justieren."* Zuvor hatte *Gosch* in einer Kommentierung des BFH-Urteils vom 17.12.2014 (I R 23/13) hingegen noch ausgeführt (vgl. BFH/PR 2015, 173, 175), dass ein etwaiger Konzernrückhalt zu beachten sei und dass *„genau deswegen aber oftmals ohnehin kein tragfähiger Grund dafür"* bestehe, *" die Forderung auf Rückzahlung des Darlehens überhaupt auf ihren Teilwert abzuschreiben: Im Rahmen des Konzernrückhalts ist die Rückzahlung doch nicht ernsthaft gefährdet.*"

[12] Siehe hierzu auch den BMF-Nichtanwendungserlass vom 30.3.2016, BStBl. 2016 I 455.

Abs. 1 AStG i.d.F. bis zur Änderung durch das StVergAbG v. 16.5.2003, BStBl I 2003, 321) nur dann, wenn der zwischen den verbundenen Unternehmen vereinbarte Preis (hier: der darlehenszins) seiner Höhe, also seiner Angemessenheit, nach dem Fremdvergleichsmaßstab nicht standhält. Er ermöglicht indessen nicht die Korrektur einer Abschreibung, die (nach § 6 Abs. 1 Nr. 2 satz 2 EStG 2002) auf den Teilwert der Forderung auf Rückzahlung der Darlehensvaluta und auf Zinsrückstände vorzunehmen ist, weil die inländische Muttergesellschaft das Darlehen ihrer ausländischen (hier:L englischen) Tochtergesellschaft in (ggfs.) fremdunüblicher Weise unbesichert begeben hat (Bestätigung des Senatsurteils vom 17.12.2014, I R 23/13, BFH/NV 2015, 306 u. BFHE 248, 170; Abweichung vom BMF-Schreiben vom 29.3.2011, BStBl I 2011, 277, dort unter 3.). Die fehlende Besicherung schlägt sich insoweit nur im entsprechend bepreisten Zins nieder (Bestätigung des Senatsurteils vom 21.12.1994, I R 65/94, BFHE 176, 571).

FG Berlin-Brandenburg, Urt. v. 16.3.2016, 11 K 12022/15 (Rev. nicht erneut zugelassen)[13]:

I Die auf die Darlehensforderungen vorgenommenen Teilwertabschreibungen waren zwar nicht gemäß § 1 Abs. 1 AStG zu korrigieren; sie konnten jedoch im Ergebnis schon deshalb keinen Bestand haben, weil die tatbestandlichen Voraussetzungen für den Ansatz eines unter den Anschaffungskosten liegenden Wertes nicht vorlagen.

1. Mit der Klägerin ist allerdings davon auszugehen, dass es sich bei den streitgegenständlichen Darlehensforderungen tatsächlich um solche – und nicht etwa um verdeckte Einlagen in das Stammkapital der H-Inc. – gehandelt hat. Soweit der BFH in seinem Revisionsurteil ausgeführt hat, man könne an der Ernstlichkeit der Darlehensvereinbarung angesichts der prekären wirtschaftlichen Lage der H-Inc. zum Zeitpunkt der Ausreichung der Darlehen durchaus Zweifel haben, bewahrheiten diese Zweifel sich nach der Überzeugung des Senats nicht.

a) Nach ständiger Rechtsprechung des BFH, dem der Senat folgt, erkennt das Steuerrecht die Entscheidung des Gesellschafters, die Gesellschaft statt mit Eigenkapital mit Darlehen zu finanzieren, grundsätzlich an (vgl. BFH, Urteile vom 5.2.1992, I R 127/90, BStBl II 1992, 532; vom 28.11.2001, I R 30/01, BFH/NV 2002, 677; Beschluss vom 2.8.2006, I B 35/06, BFH/NV 2006, 2074). … Auch eine prekäre wirtschaftliche Situation der Darlehensnehmerin und eine angesichts dessen offenkundige Veranlassung der Gesellschafterhilfen durch das Gesellschaftsverhältnis können nach dieser Rechtsprechung keinen Anhalt dafür bieten, dass die Beteiligten die zivilrechtliche Gestaltung der Hilfen als Darlehen nicht ernst genommen haben könnten (BFH, Beschluss v. 6.11.2007, I B 50/07, BFH/NV 2008, 616). Erst recht vermag allein der Umstand, dass ein Gesellschafterdarlehen mi einem hohen wirtschaftlichen Risiko verbunden ist, es nicht zu rechtfertigen, dessen Hingabe oder Weitergewährung als verlorenen Zuschuss zu werten. **Ebenso kann ein Darlehensvertrag nicht allein wegen des Fehlens einer** Besicherungsabrede (vgl. BFH, Urteil v. 29.10.1997, I R 24/97, BStBl II

[13] Siehe hierzu das erstinstanzliche Urteil des FG Berlin-Brandenburg Urt. v. 30.1.2013, 12 K 12056/12, DStRE 2013, 1494. Dieses Urteil wurde durch den BFH mit Urteil v. 17.12.2014, I R 23/13, BF/NV 2015, 626 aufgehoben und zurückverwiesen.

1998, 573) **oder wegen einer zu niedrig vereinbarten** Verzinsung (vgl. dazu FG Köln, 22.8.2007, 13 K 4234/03, EFG 2008, 154) **in die Zuführung von Eigenkapital umgedeutet werden**.

Auch **eigenkapitalersetzende Darlehen** stellen aus steuerrechtlicher ebenso wie aus zivilrechtlicher Sicht für die Darlehensnehmerin Fremdkapital dar (vgl. BFH, Urteile v. 5.2.1992, I R 127/90, BStBl II 1992, 532; v. 26.9.1996, IV R 105/94, BStBl II 1997, 277; v. 28.3.2000, IV R 28/98, BStBl II 2000, 347; v. 18.12.2001, VIII R 27/00, BStBl II n2002, 733, 736; v. 6.11.2003, IV R 10/01, BStBl II 2004, 416; v. 6.10.2009, I R 4708, BStBl II 2010, 177). Eigenkapitalersetzende Darlehen dürfen zwar unter bestimmten Umständen nicht zurückgezahlt und in der Insolvenz der Gesellschaft nur nachrangig bedient werden (§ 32 a GmbHG a.F.). … Eine Gleichstellung der Darlehensgewährung mit der Zuführung von Eigenkapital kommt nur dann in Betracht, wenn die Darlehensgewährung in einer Weise ausgestaltet ist, dass sie sich nach den Grundsätzen des Zivilrechts als Zuführung von Eigenkapital („gesplittete Einlage") darstellt (BFH, Urt. v. 7.4.2005, IV R 24/03, BStBl II 2005, 598).

b) Der Senat versteht den Hinweis des BFH in der Revisionsentscheidung, wonach die prekäre wirtschaftliche Lage der H-Inc. an der Ernstlichkeit der Darlehensgewährung zweifeln lassen könne, nicht dahingehend, dass der BFH ein Abweichen von den vorstehenden Rechtsgrundsätzen erwägt. Von diesen Grundsätzen ausgehend erweisen sich etwaige Zweifel aber als unbegründet. Die HI-GmbH hat die Ausreichungen finanzieller Mittel an die H-Inc. jeweils ausdrücklich auf der Grundlage eines entsprechenden Darlehensvertrages vorgenommen; sie hat die ausgereichte Darlehensvaluta in Gestalt von Forderungen aktiviert sowie jährliche Berechnungen der aufgelaufenen Darlehenszinsen vorgenommen und die errechneten Beträge als Ertrag gebucht. Ebenso hat die H-Inc. die erhaltenen Beträge als Verbindlichkeit passiviert. Die Darlehensgeberin hat zu keinem Zeitpunkt auf ihre Forderungen verzichtet. Sie hat auch weder einen Rangrücktritt … erklärt noch sonst deutlich gemacht, dass sie eine Rückzahlung der Darlehensforderungen nur unter bestimmten Voraussetzungen verlangen werde.

2. Die Voraussetzungen für eine Teilwertabschreibung auf null sieht der Senat … jedoch nicht gegeben.

a) Ist der Teilwert einer Forderung aufgrund einer **voraussichtlich dauernden Wertminderung** niedriger als ihr Nennwert, kann der niedrigere Teilwert angesetzt werden (§ 6 Abs. 1 Nr. 2 Satz 2 EStG). Bei der Teilwertermittlung handelt es sich um eine Schätzung nach § 162 AO. … Eine voraussichtlich dauernde Wertminderung liegt vor, wenn der Teilwert nachhaltig unter den maßgeblichen Buchwert gesunken ist und deshalb aus der Sicht des Bilanzstichtags aufgrund objektiver Anzeichen ernstlich mit einem langfristigen Anhalten der Wertminderung gerechnet werden muss. Ob eine Wertminderung „voraussichtlich dauernd" ist, muss unter Berücksichtigung der Eigenart des jeweils in Rede stehenden Wirtschaftsguts beurteilt werden. Abzustellen ist darauf, ob aus Sicht des Bilanzstichtages mehrt Gründe für ein Andauern sprechen als dagegen. Die Darlegungslast … trifft, da es sich um einen steuermindernden Umstand handelt, den Stpfl.

Bei Darlehensverhältnissen zwischen Kapitalgesellschaften kann darüber hinaus der so genannte „Konzernrückhalt“ Einfluss auf die Werthaltigkeit der Darlehensforderung haben. … Der BFH beschränkt sich in jüngeren Urteilen (vgl. insbesondere Urteil v. 24.6.2015, I R 29/14, BFH/NV 2015, 2182) auf die Feststellung, ein Konzernrückhalt „könne zur Folge haben, dass die Obergesellschaft für den etwaigen Ausfall der Darlehenssumme geradestehe“. Andererseits sei dies keineswegs zwangsläufig: **Dem Konzernrückhalt sei keine „immerwährende Besicherung“ zu entlehnen**, die Einfluss auf die Werthaltigkeit des der Tochtergesellschaft gewährten Darlehens nähme. … „So gesehen“ beeinflusse der Konzernrückhalt die handels- wie steuerrechtlich gebotene Teilwertabschreibung einer konzerninternen Darlehensforderung prinzipiell nicht.

b) Bei seiner hiernach vorzunehmenden Schätzung gelangt der Senat zu der Überzeugung, dass der Teilwert der streitgegenständlichen Darlehensforderungen zu den jeweiligen Bilanzstichtagen nicht aufgrund einer voraussichtlich dauernden Wertminderung unter den Buchwert (AK) gesunden war. Maßgeblich hierfür ist insbesondere die eigene Einschätzung der Klägerin, wonach sie bei Ausreichung der jeweiligen Darlehen davon ausging, dass die Tilgung der Darlehensforderungen bei Fälligkeit aufgrund der wirtschaftlichen Entwicklung der H-Inc. möglich sein werde. Der Senat versteht das „möglich sein“ hier nicht im Sinne einer bloß theoretisch in Betracht kommenden „Möglichkeit“, sondern dahingehend, dass die HI-GmbH von einer vertragsgemäßen Tilgung ausging; denn die Klägerin hat in überzeugender Weise dargetan, dass anderenfalls – also bei durchgreifenden Zweifeln an der Tilgungsfähigkeit – die HI-GmbH die fortlaufende Finanzierung der H-Inc. gestoppt und ihre Tochtergesellschaft stattdessen liquidiert hätte. … Waren die Darlehensforderungen aber jeweils bei Ausreichung der Darlehen als langfristig werthaltig anzusehen, so ist nicht erklärbar, weshalb **die Werthaltigkeit zum nächst folgenden Bilanzstichtag wesentlich gemindert – gar auf null reduziert – hätten sein sollen, während die HI-GmbH kurz darauf weitere (wiederum als voll werthaltig angesehene) Darlehen an die H-Inc. ausreichte** (vgl. FG Baden-Württemberg v. 24.11.2014, EFG 2015, 764).

FG Rheinland-Pfalz, Beschl. v. 28.6.2016 – 1 K 1472/13:

Dem EuGH wird die Rechtsfrage zur Vorabentscheidung vorgelegt, [***ob § 1 AStG mit den Artikeln 49 u. 54 AEUV vereinbar ist**, weil er einem*] gebietsansässigen Steuerpflichtigen nicht die Möglichkeit des Nachweises einräumt, dass [*fremdunübliche Geschäftsbedingungen*] aus **wirtschaftlichen Gründen**, die sich aus seiner Stellung als Gesellschafter der in dem anderen Mitgliedstaat ansässigen Gesellschaft ergeben, vereinbart wurden.

3 Die Klägerin hielt im Streitjahr 2003 Beteiligungen an mehreren Gesellschaften im EU-Ausland sowie in Drittstaaten, für die sie gegenüber Gläubigern bzw. Banken jeweils **Garantie- und Patronatserklärungen abgegeben hatte, ohne hierfür ein Entgelt zu verlangen**. … Hintergrund dessen war, dass die ausländischen Konzern-

gesellschaften ein negatives Eigenkapital hatten und für die Fortführung ihres Geschäftsbetriebs sowie für [*eine beabsichtigte Investition*] auf Bankkredite i.H.v. ... angewiesen waren. Die finanzierende Bank hatte die Gewährung der Kredite von der Gestellung von Patronatserklärungen abhängig gemacht.

5 [*Das FA*] ging davon aus, dass aufgrund der ... abgegebenen Garantie- u. Patronatserklärungen Geschäftsbeziehungen im Sinne von § 1 AStG begründet worden und die Einkünfte der Klägerin deshalb um (fiktive) Haftungsvergütungen zu erhöhen seien, da voneinander unabhängige Dritte solche Haftungsvergütungen vereinbart hätten. ... Die von der Klägerin gegen die daraufhin erlassenen Bescheide für 2003 über KöSt und Gewerbesteuermessbetrag eingelegten Einsprüche wies das FA als unbegründet zurück.

6 Im Rahmen des Klageverfahrens macht die Klägerin geltend, die vom FA vorgenommene Erhöhung ihrer steuerpflichtigen Einkünfte um (fiktive) Haftungsvergütungen sei wegen Verstoßes gegen das Gemeinschaftsrecht unzulässig. § 1 AStG führe zu einer Ungleichbehandlung von in- und ausländischem Sachverhalt, weil im reinen Inlandssachverhalt eine fiktive Erhöhung des Einkommens nicht erfolge, wohingegen die Gewährung von Garantien an ausländische Tochtergesellschaften „bestraft" werde.

30 Der BFH hat in einem Urteil vom 25.6.2014 zur Gewährung eines zinslosen Darlehens durch eine deutsche Kapitalgesellschaft an eine Kapitalgesellschaft belgischen Rechts zudem ausgeführt, eine Korrektur einer unentgeltlichen Darlehensgewährung auf der Grundlage des allgemeinen **Fremdvergleichs, der zwar den Einfluss der wirtschaftlichen Verflechtung zwischen den Geschäftspartnern auf die Preisbildung ausschließe, nicht aber sachbezogene wirtschaftliche Gründe** der Parteien (z.B. eine unentgeltliche Darlehensgewährung im Interesse des Darlehensgebers), sei als Maßnahme zur Wahrung einer ausgewogenen Aufteilung der Besteuerungsrechte geeignet und jedenfalls nicht unverhältnismäßig.

32 Die Zweifel an der Gemeinschaftsrechtkonformität der Vorschrift ergeben sich daraus, dass der Stpfl. zwar im Rahmen der Fremdvergleichsprüfung nach § 1 Abs. 1 AStG 2003 die Möglichkeit hat, Gründe dafür vorzulegen und nachzuweisen, dass die mit der ausländischen Gesellschaft vereinbarten Bedingungen den Bedingungen entsprechen, die auch voneinander unabhängige Dritte unter gleichen oder ähnlichen Verhältnissen vereinbart hätten.

33 § 1 Abs. 1 AStG 2003 sieht jedoch keine Möglichkeit vor, **wirtschaftliche Gründe** für den Abschluss eines Geschäfts zu **nicht fremdüblichen Bedingungen** nachzuweisen, die in der **gesellschaftsrechtlichen** Verbundenheit der beteiligten Personen liegen. Die Überlegung, dass sich wirtschaftliche Gründe im Sinne des EuGH-Urteils in der Rechtssache „SGI" gerade aus der Beteiligung des Stpfl. an der ausländischen Gesellschaft ergeben könnten, erscheint insbesondere in solchen Fällen naheliegend, in denen der Gesellschaft Fremdkapital zugeführt wird. Denn der durch § 1 Abs. 1 AStG 2003 vorgesehene Vergleich der zwischen gesellschaftsrechtlich verbundenen Personen vereinbarten Bedingungen mit denjenigen Bedingungen, die voneinander unabhängige Dritte unter gleichen oder ähnlichen Verhältnissen vereinbart hätten, lässt zum einen unberücksichtigt, dass der Gesellschafter ein wirtschaftliches Eigen-

interesse am geschäftlichen Erfolg „seiner" Gesellschaft hat, weil er an diesem geschäftlichen Erfolg über Gewinnausschüttungen partizipiert. In der Literatur wird deshalb darauf hingewiesen, dass z.B. die **Gewährung eines zinslosen Darlehens an eine Tochtergesellschaft, die sich in einer wirtschaftlichen Notlage befinde, beachtliche wirtschaftliche Gründe haben könne** (vgl. *Scheipers/Linn*, IStR 2010, 469, 473; *Glahe*, IStR 2010, 870, 875; ähnlich bereits Generalanwalt Geelhoed, Schlussanträge v. 29.6.2006, Thin Cap, C-524/04, Slg 2007, I-2107-2212, Rz 67, 1. Spiegelstrich).

34 Zum anderen könnte für die Beurteilung der Frage, ob ein geschäftlicher Vorgang eine rein künstliche Konstruktion zu steuerlichen Zwecken darstellt, die sog. **Finanzierungsverantwortung der Gesellschafter** zu berücksichtigen sein. Die Gesellschafter tragen die Verantwortung dafür, dass die Gesellschaft über eine ausreichende, den betrieblichen Erfordernissen entsprechende Kapitalausstattung verfügt. Erweist sich die **Kapitalausstattung als unzureichend, haben sie die Wahl, die Gesellschaft mit zusätzlichem Eigenkapital** auszustatten (z.B. über eine Kapitalerhöhung) **oder ihr Fremdkapital zuzuführen**, indem sie der Gesellschaft entweder selbst ein Darlehen gewähren **oder durch die Stellung von Sicherheiten eine Finanzierung durch Dritte ermöglichen**. Die Situation des Gesellschafters, der einer mit ihm verbundenen Gesellschaft Fremdkapital zuführt, ist folglich mit der Situation eines mit der Gesellschaft nicht verbundenen Darlehensgläubigers nur eingeschränkt vergleichbar. **Denn der Gesellschafter handelt bei der Zuführung von Fremdkapital an die nur unzureichend mit Eigenkapital ausgestattete Gesellschaft im Zweifel nicht im Rahmen eines Leistungsaustauschs, sondern aus Gründen im Gesellschaftsverhältnis.**

35 Wirtschaftliche Gründe für die Vereinbarung nicht fremdüblicher Bedingungen bei der Überlassung von Kapital durch einen Gesellschafter könnten dementsprechend z.B. auch dann vorliegen, wenn die Tochtergesellschaft für die Erweiterung ihres Geschäftsbetriebs auf die Zuführung von Kapital angewiesen ist, weil sie über kein ausreichendes Eigenkapital verfügt. Entscheidet sich der Gesellschafter in einer solchen Situation dafür, der Gesellschaft statt Eigenkapital Fremdkapital zuzuführen und hierfür kein Entgelt zu verlangen, erscheint fraglich, ob hierin eine rein künstliche Konstruktion zu steuerlichen Zwecken gesehen werden kann, zumal auch für die Zuführung von Eigenkapital kein Entgelt zu zahlen wäre.

36 Die vorstehenden Überlegungen gelten in besonderem Maße für – wie im Streitfall – Patronatserklärungen innerhalb eines Konzerns. **Patronatserklärungen** haben für den Gesellschafter im Vergleich zur Zuführung von Eigen- oder Fremdkapital den Vorteil, dass er sich auf die Übernahme der Verpflichtung gegenüber dem Kreditinstitut beschränken kann, die Gesellschaft finanziell so auszustatten, dass sie ihre Verpflichtungen aus dem Kreditverhältnis erfüllen kann. Die Liquidität des Gesellschafters bleibt demnach uneingeschränkt erhalten, solange die Gesellschaft die Kreditverpflichtungen bedienen kann. Zudem verpflichtet sich der Gesellschafter mit der Abgabe einer Patronatserklärung nicht zur finanziellen Ausstattung der Gesellschaft in einer bestimmten Weise. Vielmehr belässt ihm die Ausstattungsverpflichtung die Wahl, der Gesellschaft erforderlichenfalls Eigenkapital zuzuführen oder Fremdkapi-

tal zu gewähren. **Im Übrigen würde er das mit der Abgabe der Patronatserklärung übernommene Haftungsrisiko auch dann tragen, wenn er der Gesellschaft sogleich Eigenkapital zuführen würde**. Aus Sicht der Gesellschaft ist ferner zu berücksichtigen, dass sie bereits an die finanzierende Bank Kreditzinsen zahlen muss und durch die Zahlung eines Entgelts für die Abgabe der Patronatserklärung zusätzlich wirtschaftlich belastet würde.

Schleswig-Holsteinisches Finanzgericht, Urt. v. 4.7.2017– 1 K 31/16 (Revision nicht zugelassen):

Der Ansatz eines **Risikozuschlags bei der Bemessung des Zinssatzes** für ein im Konzernverbund gewährtes unbesichertes Darlehen ist grundsätzlich als fremdüblich i.S.d. § 1 Abs. 1 AStG anzusehen. Von einer Fremdunüblichkeit ist nur auszugehen, wenn ein fremder Dritter angesichts der tatsächlichen Gegebenheiten des konkreten Einzelfalls einen Zinszuschlag nicht für erforderlich erachtet hätte.

7 [*Das Finanzamt = Beklagter*] stellte sich auf den Standpunkt, dass der … vereinbarte Darlehenszinssatz fremdunüblich hoch sei. Der Rechtsprechung des BFH zufolge sei bei Darlehenshingaben durch eine beherrschende Gesellschaft an eine beherrschte Gesellschaft im Konzernverbund eine Besicherung der Darlehen unüblich, weil die Darlehensrückzahlung im Einflussbereich der beherrschenden Gesellschaft - und damit im Einflussbereich des Kreditgebers selbst - liege; angesichts dessen sei in diesen Fällen als angemessen derjenige Zinssatz anzusehen, der für besicherte Darlehen gelte (Hinweis auf das BFH-Urteil vom 21.Dezember 1994 - I R 65/94, BFHE 176, 571, NJW 1995, 847).

29 Von der BFH-Rechtsprechung ist die Auffassung des Beklagten nicht gedeckt. Zwar hat der BFH in seinem Urteil vom 21. Dezember 1994 (I R 65/94, BFHE 176, 571, NJW 1995, 2375) erkannt, dass bei der Vergabe eines Darlehens vom beherrschenden Gesellschafter an "seine" Kapitalgesellschaft eine Besicherung schon in den Einflussnahmemöglichkeiten zu sehen sei, die der Gesellschafter regelmäßig habe, so dass die (weitere) Besicherung von Darlehensforderungen zwischen Kapitalgesellschaften, die demselben Konzern angehörten, unüblich sei; in diesen Fällen könne als angemessener Zins nur derjenige angesetzt werden, der für besicherte Darlehen gelte. Die letztgenannte Aussage gehörte aber nicht zu den tragenden Urteilsgründen. Vielmehr ging es dem BFH ersichtlich darum, im Rahmen der erfolgten Zurückverweisung der Sache an das Finanzgericht vorsorglich (und ohne Bindungswirkung für den zweiten Rechtszug) darauf hinzuweisen, dass die steuerliche Anerkennung des in Rede stehenden Darlehens nicht schon daran scheitere, dass es formal nicht besichert worden war, sondern dass demgegenüber bei der Betrachtung der Fremdüblichkeit von Darlehensgewährungen in einem Konzern keine Sicherheiten gefordert werden können, wenn die Konzernbeziehungen für sich gesehen eine Sicherheit bedeuten. Das hat der BFH in einem Urteil vom 29. Oktober 1997 (I R 24/97, BFHE 184, 482, BStBl II 1998, 573) nochmals ausdrücklich betont. Weitere Klarstellungen sind mit den Urteilen vom 17. Dezember 2014 (I R 23/13, BFHE 248, 170, BStBl II 2016, 261) und vom 24. Juni 2015 (I R 29/14, BFHE 250, 386, BStBl II 2016, 258) erfolgt. Dort führt der BFH wiederholend aus, dass es - **ausnahmsweise - fremdvergleichsgerecht sein könne, wenn bei Darlehensgewährungen zwischen Kapitalgesell-**

schaften in einem Konzern von Sicherheiten abgesehen werde, weil die Konzernbeziehungen für sich gesehen eine Sicherheit bedeuteten. Unabhängig davon müsse aber auch der Darlehenszinssatz einem Fremdvergleich standhalten. Im Falle einer (steuerlich zu akzeptierenden) fehlenden Besicherung sei er - der Zinssatz - unter Berücksichtigung der Umstände des Einzelfalls - insbesondere auch der Konzernbeziehungen - um einen angemessenen Risikozuschlag zu erhöhen. Folglich geht der BFH davon aus, dass auch bei Finanzierungen im Konzernverbund eine individuelle Risikobetrachtung vorzunehmen und der fremdübliche Zinssatz auf dieser Grundlage zu bestimmen ist. Eine solche Betrachtung mag in Ausnahmefällen theoretisch zwar unter Umständen dazu führen können, dass der anzusetzende Zinssatz für ein nachrangiges unbesichertes Darlehen unter Berücksichtigung individueller konzerninterner Gegebenheiten demjenigen für ein voll besichertes erstrangiges Darlehen entspricht. Keinesfalls lässt sich aus der angeführten BFH-Rechtsprechung jedoch ableiten, dass ein solcher Gleichlauf regelmäßig oder gar stets anzunehmen sei.

33 ... Der Senat sieht davon ab, der Frage nachzugehen, welche Einflussmöglichkeiten konkret bestanden haben mögen und inwiefern diese durch die Sicherungsabtretung beeinträchtigt gewesen sein könnten. Denn etwaige Einflussnahmemöglichkeiten auf die Klägerin fielen bei der Bemessung des Zinssatzes ohnehin nicht ins Gewicht. Bei der Durchführung des Fremdvergleichs ist zwar davon auszugehen, dass der **Darlehensnehmer weiterhin in einen Konzern eingebunden** ist. **Allerdings ist das Nähe-Verhältnis zum Darlehensgeber zu eliminieren** und demzufolge zu prüfen, zu welchen Konditionen ein fremder - außerhalb des Konzerns stehender - Dritter der zu dem Konzern gehörigen Gesellschaft ein Darlehen gegeben hätte. Einem solchen Darlehensgeber fehlt aber gerade die Möglichkeit der Einflussnahme auf den Darlehensnehmer, so dass eine solche Möglichkeit auch keine positive Auswirkung auf den fremdüblichen Zinssatz haben kann (vgl. dazu *Greil/Wargowske*, IStR 2016, 273, 275).

37 Selbst wenn man aber davon ausgeht, dass schon die bloße **Konzernzugehörigkeit** sich positiv auf die Darlehensgewährung durch Dritte auswirken kann, ließe sich dies nur damit begründen, dass der Darlehensgeber glaubt, für den Fall einer Krise der Darlehensnehmerin deren finanzielle Unterstützung durch den Konzern antizipieren (und einpreisen) zu dürfen (vgl. *Nientimp/Stein/Worm*, IStR 2016, 781, 782; *Krüger*, DStZ 2017, 284, 296). Für die Bemessung der Höhe des sich daraus ergebenden Zinsvorteils käme es dann entscheidend auf den Grad der **operativen Einbindung** der Darlehensnehmerin in den Konzern sowie ihre **strategische und praktische Bedeutung für den Gesamtkonzern** an (vgl. *Krüger*, DStZ 2017, 284, 296). Denn vor allem aus diesen Parametern ergäbe sich, ob und inwieweit im Konzern Bereitschaft bestünde, die Darlehensnehmerin im Falle einer Krise - auch ohne rechtliche Verpflichtung - zu unterstützen.

38 Ausgehend von dieser - zu antizipierenden - Bereitschaft würde der fremde Dritte die Beurteilung des Risikos bei der Bemessung des Zinssatzes vornehmen. Einen vollständigen Verzicht auf einen Risikozuschlag bei der Zinsbemessung für ein unbesichertes und nachrangiges Darlehen würde ein fremder Dritter nur akzeptieren, wenn er davon ausginge, dass der Gesamtkonzern im Falle einer Krise der Darlehensneh-

merin in vollem Umfang für die Verbindlichkeiten der Klägerin einstehen könnte und dies auch tun würde.

39 Der Beklagte hat keine Umstände dargelegt, die darauf schließen ließen, dass dies vorliegend der Fall gewesen sein könnte, auch sonst sind solche Umstände nicht ersichtlich.

40 Demgegenüber hat die Klägerin unwidersprochen vorgetragen, dass sie im Falle einer wirtschaftlichen Krise nicht auf Hilfe seitens der übrigen Konzerngesellschaften hätte hoffen dürfen und dass dieser Umstand potentiellen fremden Kreditgebern auch bekannt gewesen sei. Das erscheint plausibel. Denn erkennbar handelte es sich bei der Klägerin um eine bloße Zweckgesellschaft innerhalb eines sogenannten "geschlossenen Immobilienfonds", dessen gesellschaftsrechtliche Struktur von vornherein darauf angelegt war, etwa aus den Investitionsobjekten resultierende Risiken auf die jeweilige Objektgesellschaft zu begrenzen und dafür zu sorgen, dass solche Risiken nicht auch weitere Gesellschaften bzw. gar den Gesamtkonzern ergriffen. Als eine von diversen Objektgesellschaften war die Klägerin zudem für den Gesamtkonzern von nur untergeordneter Bedeutung, eine operative Einbindung in den Gesamtkonzern lag - anders etwa als hinsichtlich der Teil(fertigungs)gesellschaften in einem produzierenden Konzern – ohnehin nicht vor. Die Funktion der Klägerin beschränkte sich nach seinem Erwerb allein auf das Halten des Anlageobjekts. Angesichts dieser Umstände erscheint hätte ein fremder Dritter gerade nicht allein aufgrund der Konzernzugehörigkeit der Klägerin - ausnahmsweise - auf einen Risikozuschlag bei der Bemessung des Darlehenszinssatzes verzichtet.

41 Der Beklagte hat auch weder Umstände dargelegt, noch sind sonst Umstände zutage getreten, die dafürsprächen, dass die Klägerin selbst (ohne Berücksichtigung von Konzernwirkungen) wirtschaftlich so aufgestellt war, dass das Ausfallrisiko so gering und/oder die Bonität der Klägerin so gut war, dass ein fremder Dritter ausnahmsweise auf einen Risikozuschlag bei der Bemessung der Zinshöhe verzichtet hätte. Vielmehr beschränkte sich das Aktivvermögen der Klägerin im Wesentlichen auf die von ihr erworbenen Grundstücke, die bis zur für erstrangige Immobiliendarlehen üblichen Beleihungsgrenze beliehen waren und auf denen die Grundschulden zugunsten des Kreditinstituts lasteten.

42 Demnach ist mit Blick auf das in Rede stehende Darlehen nicht lediglich der fremdübliche Zinssatz für ein erstrangiges voll besichertes Darlehen anzusetzen, sondern es ist ein Risikozuschlag vorzunehmen. …

BFH, Urt. v. 27.2.2019 – I R 73/16, BStBl 2019 II S. 394 Aufgehoben durch BVerfG, Beschluss v. 4.3.2021 - 2 BvR 1161/19 und Zurückverweisung an den BFH I R 15/21:

1. Die Abgrenzung zwischen betrieblich veranlassten Darlehen und durch das Gesellschaftsverhältnis veranlassten Einlagen ist anhand der Gesamtheit der objektiven Gegebenheiten vorzunehmen. Einzelnen Kriterien des Fremdvergleichs ist dabei nicht die Qualität unverzichtbarer Tatbestandsvoraussetzungen beizumessen (Bestätigung des Senatsurteils vom 29. Oktober 1997 I R 24/97, BFHE 184, 482, BStBl II 1998, 573, unter II.2.) (Rn.11)(Rn.12).

2. Der Topos des sog. Konzernrückhalts beschreibt lediglich den rechtlichen und wirtschaftlichen Rahmen der Unternehmensverflechtung und bringt die Üblichkeit zum Ausdruck, innerhalb eines Konzerns Kreditansprüche nicht wie unter Fremden abzusichern (insoweit entgegen Senatsurteile vom 24. Juni 2015 I R 29/14, BFHE 250, 386, BStBl II 2016, 258, und vom 29. Oktober 1997 I R 24/97, BFHE 184, 482, BStBl II 1998, 573, unter II.3.d) (Rn.13).

3. Die fehlende Darlehensbesicherung gehört grundsätzlich zu den nicht fremdüblichen "Bedingungen" i.S. des § 1 Abs. 1 AStG. Gleiches gilt für Art. 9 Abs. 1 OECD-MustAbk (hier: Art. 9 DBABelgien 1967) (Rn.21)(Rn.23)(Rn.24).

4. Art. 9 Abs. 1 OECD-MustAbk (hier: Art. 9 DBA-Belgien 1967) beschränkt den Korrekturbereich des § 1 Abs. 1 AStG nicht auf sog. Preisberichtigungen, sondern ermöglicht auch die Neutralisierung der gewinnmindernden Ausbuchung einer Darlehensforderung oder einer Teilwertabschreibung hierauf (entgegen Senatsurteile vom 24. Juni 2015 I R 29/14, BFHE 250, 386, BStBl II 2016, 258, und vom 17. Dezember 2014 I R 23/13, BFHE 248, 170, BStBl II 2016, 261) (Rn.27)(Rn.28).

5. Ob einer Korrektur nach § 1 Abs. 1 AStG der Verhältnismäßigkeitsgrundsatz des Unionsrechts entgegensteht, bestimmt sich nach einer Gesamtwürdigung der Umstände des jeweiligen Einzelfalls. Dabei sind das wirtschaftliche Eigeninteresse und die Finanzierungsverantwortung auf der einen Seite sowie die strukturelle Nähe zur Eigenkapitalausstattung und die Änderung des Vermögens- und Liquiditätsstatus des Darlehensgebers auf der anderen Seite zu berücksichtigen (Rn.32)(Rn.33).

BFH, Urt. v. 27.2.2019 – I R 51/17, BStBl 2020 II S. 440:

1. Die fehlende Besicherung einer For0derung aus Lieferbeziehungen gehört grundsätzlich zu den nicht fremdüblichen "Bedingungen" i.S. des § 1 Abs. 1 AStG. Gleiches gilt für Art. 9 Abs. 1 OECD-MustAbk (hier: Art. 9 DBA-China 1985).

2. Art. 9 Abs. 1 OECD-MustAbk (hier: Art. 9 DBA-China 1985) beschränkt den Korrekturbereich des § 1 Abs. 1 AStG nicht auf sog. Preisberichtigungen, sondern ermöglicht auch die Neutralisierung der gewinnmindernden Forderungsausbuchung oder -abschreibung (entgegen Senatsurteile vom 24. Juni 2015 - I R 29/14, BFHE 250, 386, BStBl II 2016, 258, und vom 17.Dezember 2014 - I R 23/13, BFHE 248, 170, BStBl II 2016, 261).

3. Einer Einkünftekorrektur nach § 1 Abs. 1 AStG steht im Zusammenhang mit Tochtergesellschaften aus Drittstaaten das Unionsrecht nicht entgegen.

BFH, Urt. v. 27.2.2019 – I R 81/17, BStBl 2020 II S. 443:

1. Die nicht ausreichende Besicherung eines Darlehens oder eines Regressanspruchs aus der Inanspruchnahme einer Bürgschaft gehören grundsätzlich zu den nicht fremdüblichen "Bedingungen" i.S. des § 1 Abs. 1 AStG. Gleiches gilt für Art. 9 Abs. 1 OECD-MustAbk (hier: Art. 9 Abs. 1 DBA-Österreich 2000).

2. Art. 9 Abs. 1 OECD-MustAbk (hier: Art. 9 Abs. 1 DBA-Österreich 2000) beschränkt den Korrekturbereich des § 1 Abs. 1 AStG nicht auf sog. Preisberichtigungen, sondern ermöglicht auch die Neutralisierung der gewinnmindernden Ausbuchung einer Darlehensforderung oder einer Teilwertabschreibung hierauf (entgegen Senatsurteile vom 24.

Juni 2015 - I R 29/14, BFHE 250, 386, BStBl II 2016, 258, und vom 17. Dezember 2014 - I R 23/13, BFHE 248, 170, BStBl II 2016, 261).

3. Ob einer Korrektur nach § 1 Abs. 1 AStG der Verhältnismäßigkeitsgrundsatz des Unionsrechts entgegensteht, bestimmt sich nach einer Gesamtwürdigung der Umstände des jeweiligen Einzelfalls. Bei der Korrektur von Gesellschafterforderungen aus Darlehen oder Bürgschaften sind das wirtschaftliche Eigeninteresse und die Finanzierungsverantwortung auf der einen Seite sowie die strukturelle Nähe zur Eigenkapitalausstattung und die Änderung des Vermögens- und Liquiditätsstatus des Darlehensgebers bzw. Bürgen auf der anderen Seite zu berücksichtigen.

FG Münster, Urt. v. 12.4.2019 – 13 K 3923/16 K,G, EFG 2019, 1327 (rkr.):

1 Die Beteiligten streiten über **verdeckte Gewinnausschüttungen** aufgrund von **Forderungsberichtigungen** von Darlehen in den Streitjahren 2010 und 2011.

30 Ihre Klage begründet die Klägerin damit, die Änderungsbescheide seien zumindest für das Jahr 2011 verfahrensrechtlich zu beanstanden, da die Voraussetzungen für eine Änderung gemäß § 173 Abs. 1 Nr. 1 AO, § 35 Abs. 1 GewStG nicht vorgelegen hätten. Es seien keine Tatsachen nachträglich bekannt geworden. Bereits aus dem Anhang zur Bilanz habe sich ergeben, dass sich die Forderungsausfälle in Höhe von … € auf … drei Darlehen gegenüber den … dort namentlich genannten Personen bezogen hätten. Die Verflechtung zwischen diesen Personen sei dem Beklagten bekannt gewesen.

31 In der Sache seien die Darlehensgewährungen nicht geeignet, beim Empfänger einen sonstigen Bezug i.S.d. § 20 Abs. 1 Nr. 1 Satz 2 EStG auszulösen. Der Darlehensgewährung stehe nämlich eine Rückzahlungsverpflichtung gegenüber, so dass es nicht zu einem „sonstigen Bezug“ beim Gesellschafter gekommen sein könne.

32 Darüber hinaus fehle es für die Annahme von vGA an einer Veranlassung durch das Gesellschaftsverhältnis, weil ab dem 7.10.2010 die Geschäftsführer der Klägerin und der [*der Darlehensnehmerin-GmbH*] nicht mehr personenidentisch gewesen seien. Hierbei komme es auf die Person des Geschäftsführers an, da dieser die Gesellschaft organschaftlich vertrete.

33 Außerdem hielten die Darlehensgewährungen dem Fremdvergleich stand. Zum Zeitpunkt der jeweiligen Darlehensgewährung sei nicht zu erkennen gewesen, dass eine Rückzahlung nicht würde erfolgen können. Ansonsten wären die Darlehenshingaben nicht erfolgt. Insbesondere seien die im Gutachten des vorläufigen Insolvenzverwalters der [*der Darlehensnehmerin-GmbH*] vom 25.3.2011 beschriebenen Umstände, wonach es bei [*der Darlehensnehmerin-GmbH*] im dritten Quartal 2010 zu einem dramatischen Umsatzeinbruch gekommen sei, der Klägerin bei der jeweiligen Darlehensauszahlung nicht bekannt gewesen. Bis zum Wegfall des Hauptauftraggebers sei es auch niemals zu Zahlungsschwierigkeiten der Darlehensnehmerin gekommen.

41 Die Klage ist nur für das Jahr 2011 teilweise begründet.

43 Die angefochtenen Bescheide sind nicht aus verfahrensrechtlichen Gründen zu beanstanden. Die Voraussetzungen für eine Änderung der Körperschaftsteuerbescheide

gem. § 173 Abs. 1 Nr. 1 AO und – in der Folge – der Gewerbesteuermessbescheide gem. § 35b Abs. 1 GewStG lagen vor.

48 Die in den Jahresabschlüssen enthaltenen Kontennachweise zu den Gewinn- und Verlustrechnungen wiesen Forderungsverluste in Höhe von … € zum 31.12.2010 und von … € zum 31.12.2011 aus. Daraus ergab sich nicht, gegenüber welchen Personen und aufgrund welcher Umstände die Forderungsverluste realisiert wurden.

53 Wird bei einer Darlehensvereinbarung ein Darlehensbetrag ausgereicht, so genügt dies allein nicht, um eine Vermögensminderung anzunehmen, da der Darlehenshingabe ein Rückzahlungsanspruch als aktives Betriebsvermögen gegenübersteht; löst hingegen eine Uneinbringlichkeit der Forderung eine Teilwertabschreibung aus, so ist hierin eine Einkommens- und Vermögensminderung zu sehen (BFH-Urteile vom 11.11.2015 I R 5/14, BFHE 252, 353, BStBl II 2016, 491, Rz. 14; vom 5.6.2013 I R 37/12, BFH/NV 2013, 1628, Rz. 25). Ebenso führt ein von vornherein **nicht ernstlich vereinbartes Darlehen** zu einer Vermögensminderung, und zwar bereits im Zeitpunkt der Hingabe der „Darlehensvaluta" (BFH-Urteil vom 16.6.2015 IX R 28/14, BFH/NV 2015, 2489, Rz. 27, 28; Rengers in Blümich, EStG/KStG/GewStG, § 8 KStG, Rz. 571). Eine **Vermögensminderung** liegt also vor, wenn bereits bei **Darlehensauszahlung** aufgrund der wirtschaftlichen Situation des Gesellschafters mit einer Rückzahlung der „Darlehensbeträge" nicht gerechnet werden kann, da in diesem Fall der Darlehensgewährung von vornherein kein Gegenwert gegenübersteht und davon auszugehen ist, dass eine Rückzahlungsverpflichtung nicht begründet werden sollte (BFH-Urteil vom 16.6.2015 IX R 28/14, BFH/NV 2015, 2489, Rz. 28).

54 Das Merkmal der Veranlassung der Vermögensminderung durch das Gesellschaftsverhältnisentscheidet sich in Darlehensfällen nicht nach der Verwendung der Mittel bzw. dem Zweck der Darlehensaufnahme, sondern nach den geschäftlichen Bedingungen der Darlehensvergabe (Verzinsung, Sicherheiten, Rückzahlungsrisiko) nach Maßgabe eines Fremdvergleichs (BFH-Urteil vom 5.6.2013 I R 37/12, BFH/NV 2013, 1628, Rz. 28). Eine Veranlassung der Vermögensminderung durch das Gesellschaftsverhältnis kann deshalb nicht dadurch begründet werden, dass eine wirtschaftlich vollwertige Darlehensforderung später aus in der Sphäre des Schuldners liegenden Gründen uneinbringlich wird (BFH-Urteil vom 5.6.2013 I R 37/12, BFH/NV 2013, 1628, Rz. 28; Gosch, KStG, 3. Aufl., § 8, Rz. 688; Rengers in Blümich, EStG/KStG/GewStG, § 8 KStG, Rz. 579). Eine **vGA kann hingegen im Zeitpunkt der Darlehensgewährung** anzunehmen sein, wenn eine behauptete Darlehensvereinbarung zwischen der Kapitalgesellschaft und dem Gesellschafter **mangels Fremdüblichkeit** nicht anzuerkennen ist, weil der Darlehensvertrag von Anfang an mangels nennenswerter Tilgungsleistungen und Zinszahlungen seitens des Gesellschafters nicht ernsthaft durchgeführt worden ist (vgl. BFH-Urteile vom 16.6.2015 IX R 28/14, BFH/NV 2015, 2489, Rz. 28; vom 7.11.1990 I R 35/89, BFH/NV 1991, 839, Rz. 25; Rengers in Blümich, EStG/KStG/GewStG, § 8 KStG, Rz. 575). Im Übrigen kann in einem späteren ausdrücklichen oder stillschweigenden **Verzicht auf Rückzahlung der Darlehensvaluta** eine vGA zu sehen sein (BFH-Urteil vom 16.6.2015 IX R 28/14, BFH/NV 2015, 2489, Rz. 29). Wird das Darlehen nach seiner Hingabe uneinbringlich und hat es die Gesellschaft unterlassen, **rechtzeitig die er-**

forderlichen Maßnahmen zu treffen, um das Darlehen zu sichern und zurückzuerhalten, kann dies einem Verzicht auf Rückzahlung gleichkommen und damit als vGA anzusehen sein (BFH Urteile vom 16.6.2015 IX R 28/14, BFH/NV 2015, 2489, Rz. 29; vom 11.11.2015 I R 5/14, BFHE 252, 353, BStBl II 2016, 491, Rz. 14; vom 7.3.2007 I R 45/06, BFH/NV 2007, 1710, Rz. 18; vom 14.3.1990 I R 6/89, BFHE 160, 459, BStBl II 1990, 795, Rz. 15; Rengers in Blümich, EStG/KStG/GewStG, § 8 KStG, Rz. 578).

66 Zu dieser Würdigung [*dass das Darlehen von vornherein nicht ernstlich vereinbart war*] gelangt der Senat aufgrund folgender Umstände: Zwar wurde der Antrag auf Eröffnung des Insolvenzverfahrens der X-GmbH erst am 31.1.2011 gestellt. Jedoch ist im Sachverständigengutachten vom 25.3.2011 des vorläufigen Insolvenzverwalters auf Seite 8 und 9 ausgeführt, nach den Angaben des Geschäftsführers sei es bei der X-GmbH im dritten Quartal 2010 zu einem „dramatischen Umsatzeinbruch" gekommen, weil ein Hauptauftraggeber die Vertragsbeziehungen fristlos gekündigt habe. Der damit verbundene Umsatzrückgang von rund 60 % habe angabegemäß nicht mehr kompensiert werden können. Der Geschäftsbetrieb sei bereits im dritten Quartal 2010 weitestgehend zum Erliegen gekommen. Der Senat schließt aus diesen Angaben, dass sich die wirtschaftliche Situation der X-GmbH spätestens ab Beginn des vierten Quartals 2010 nachhaltig verschlechtert hatte und mit einer Rückzahlung von Darlehensbeträgen nicht gerechnet werden konnte. …

67 In diesem Zusammenhang kann sich die Klägerin nicht darauf berufen, zum Zeitpunkt der jeweiligen Darlehensgewährung sei nicht zu erkennen gewesen, dass eine Rückzahlung nicht würde erfolgen können, und die im Gutachten des vorläufigen Insolvenzverwalters der [*Darlehensnehmer-GmbH*] vom 25.3.2011 beschriebenen Umstände seien der Klägerin bei der jeweiligen Darlehensauszahlung nicht bekannt gewesen. Denn da die Gesellschafter der Klägerin und der [*Darlehensnehmer-GmbH*] personenidentisch waren, ist davon auszugehen, dass die entsprechenden Sachverhaltskenntnisse bei beiden Gesellschaften vorhanden waren.

83 Nach der zitierten Rechtsprechung entscheidet sich in Darlehensfällen das Merkmal der Veranlassung der Vermögensminderung durch das Gesellschaftsverhältnis nach den geschäftlichen Bedingungen der Darlehensvergabe (Verzinsung, Sicherheiten, Rückzahlungsrisiko) nach Maßgabe eines **Fremdvergleichs** (BFH-Urteil vom 5.6.2013 I R 37/12, BFH/NV 2013, 1628, Rz. 28). Im Streitfall waren die Darlehen an die [*drei Darlehensnehmer*] nicht besichert. Darüber hinaus gab es ausweislich der Entwicklung der drei Darlehenskonten in den Streitjahren keine Zinszahlungen. Es ist auch nicht ersichtlich, dass Zinszahlungen vereinbart gewesen wären.
Weiterhin hat es bei den an … und an … gewährten Darlehen auch keine Rückzahlungen gegeben. Der Senat schließt aus diesen Umständen, dass die Darlehensvergabe nicht fremdüblich war.

FG Münster, Urt. v. 15.5.2019 - 13 K 2556/15 K,G EFG 2019 S. 1553:

Gewährt eine GmbH an die beherrschende Gesellschafterin ihrer Muttergesellschaft ein **Darlehen** (hier in Höhe von 720.000 €) ist die steuerliche Anerkennung nicht bereits deswegen zu versagen, weil das Darlehen **nicht besichert** ist und eine lange Laufzeit aufweist (Tilgung 1%), wenn im Übrigen keine Anhaltspunkte gegen die **Ernsthaf-**

BFH-/FG-Urt.

tigkeit der schriftlichen Darlehensvereinbarung erkennbar sind und infolge einer Tilgung in Höhe von 13.000 € in den ersten beiden Jahren nach Darlehensabschluss nicht zu erwarten ist, dass das Darlehen zu einem überwiegenden Teil nicht getilgt werden wird.

BFH, Urt. v. 19.6.2019 – I R 54/17, BFH/NV 2020, 185 (NV):

1. NV: Die fehlende Darlehensbesicherung gehört grundsätzlich zu den nicht fremdüblichen "Bedingungen" i.S. des § 1 Abs.1 AStG. Gleiches gilt für Art. 9 Abs. 1 OECD-MustAbk (hier: Art. IV DBA-Großbritannien 1964/1970, Bestätigung des Senatsurteils vom 27.02.2019 - I R 73/16, BFHE 263, 525, BStBl II 2019, 394).
2. NV: Art. 9 Abs. 1 OECD-Mustabk (hier: Art. IV DBA-Großbritannien 1964/1970) beschränkt den Korrekturbereich des § 1 Abs. 1 AStG nicht auf sog. Preisberichtigungen, sondern ermöglicht auch die Neutralisierung der gewinnmindernden Ausbuchung einer Darlehensforderung oder einer Teilwertabschreibung hierauf (Bestätigung des Senatsurteils vom 27.02.2019 - I R 73/16, BFHE 263, 525, BStBl II 2019, 394).
3. NV: Ob einer Korrektur nach § 1 Abs. 1 AStG der Verhältnismäßigkeitsgrundsatz des Unionsrechts entgegensteht, bestimmt sich nach einer Gesamtwürdigung der Umstände des jeweiligen Einzelfalls. Dabei sind das wirtschaftliche Eigeninteresse und die Finanzierungsverantwortung auf der einen Seite sowie die strukturelle Nähe zur Eigenkapitalausstattung und die Änderung des Vermögens- und Liquiditätsstatus des Darlehensgebers auf der anderen Seite zu berücksichtigen (Bestätigung des Senatsurteils vom 27.02.2019 - I R 73/16, BFHE 263, 525, BStBl II 2019, 394).

BFH, Urt. v. 19.6.2019 – I R 5/17, BFH/NV 2020, 183 (NV):

1. NV: Die fehlende Darlehensbesicherung gehört grundsätzlich zu den nicht fremdüblichen "Bedingungen" i.S. des § 1 Abs. 1 AStG. Gleiches gilt für Art. 9 Abs. 1 OECD-Mustabk (hier: Art. 9 DBA-Schweiz 1971/1992, Bestätigung des Senatsurteils vom 27.02.2019 - I R 73/16, BFHE 263, 525, BStBl II 2019, 394).
2. NV: Art. 9 Abs. 1 OECD-MustAbk (hier: Art. 9 DBA-Schweiz 1971/1992) beschränkt den Korrekturbereich des § 1 Abs. 1 AStG nicht auf sog. Preisberichtigungen, sondern ermöglicht auch die Neutralisierung der gewinnmindernden Ausbuchung einer Darlehensforderung oder einer Teilwertabschreibung hierauf (Bestätigung des Senatsurteils vom 27.02.2019 - I R 73/16, BFHE 263, 525, BStBl II 2019, 394).

BFH, Urt. v. 14.8.2019 – I R 14/18, BFH/NV 2020, 755 (NV):

1. 1. NV: Die fehlende Besicherung der Forderung aus einem Schuldscheindarlehen gehört grundsätzlich zu den nicht fremdüblichen "Bedingungen" i.S. des § 1 Abs. 1 AStG. Gleiches gilt für Art. 9 Abs. 1 OECD-MustAbk (hier: Art. 9 Abs. 1 DBA-USA 1989).
2. NV: Art. 9 Abs. 1 OECD-MustAbk (hier: Art. 9 Abs. 1 DBA-USA 1989) beschränkt den Korrekturbereich des § 1 Abs. 1 AStG nicht auf sog. Preisberichtigungen, sondern ermöglicht auch die Neutralisierung der gewinnmindernden Ausbuchung einer

Darlehensforderung oder einer Teilwertabschreibung hierauf (Bestätigung des Senatsurteils vom 27.02.2019 - I R 73/16, BFHE 263, 525, BStBl II 2019, 394).

3. NV: Einer Einkünftekorrektur nach § 1 Abs. 1 AStG steht bei Geschäftsbeziehungen mit Tochtergesellschaften aus Drittstaaten das Unionsrecht nicht entgegen (Bestätigung des Senatsurteils vom 27.02.2019 - I R 51/17, BFHE 264, 292).

BFH, Urt. v. 14.8.2019 – I R 34/18, BFH/NV 2020, 757 (NV); (Verfassungsbeschwerde anhängig: 2 BvR 1079/20):

1. NV: Die fehlende Darlehensbesicherung gehört grundsätzlich zu den nicht fremdüblichen "Bedingungen" i.S. des § 1 Abs. 1 AStG. Gleiches gilt für Art. 9 Abs. 1 OECD-MustAbk (hier: Art. 9 DBA-Italien 1989).
2. NV: Art. 9 Abs. 1 OECD-MustAbk (hier: Art. 9 DBA-Italien 1989) beschränkt den Korrekturbereich des § 1 Abs. 1 AStG nicht auf sog. Preisberichtigungen, sondern ermöglicht auch die Neutralisierung der gewinnmindernden Ausbuchung einer Darlehensforderung oder einer Teilwertabschreibung hierauf (Bestätigung des Senatsurteils vom 27.02.2019 - I R 73/16, BFHE 263, 525, BStBl II 2019, 394).
3. NV: § 1 Abs. 1 AStG ist mit dem Recht der EU vereinbar, soweit die Vorschrift die Minderung des Bilanzgewinns aufgrund der Ausbuchung von Darlehensforderungen korrigiert.

BFH, Urt. v. 14.8.2019 – I R 21/18, BFH/NV 2020, 759 (NV):

1. NV: Die Abgrenzung zwischen betrieblich veranlassten Darlehen und durch das Gesellschaftsverhältnis veranlassten Einlagen ist anhand der Gesamtheit der objektiven Gegebenheiten vorzunehmen. Einzelnen Kriterien des Fremdvergleichs ist dabei nicht die Qualität unverzichtbarer Tatbestandsvoraussetzungen beizumessen (Bestätigung des Senatsurteils vom 27.02.2019 - I R 73/16, BFHE 263, 525, BStBl II 2019, 394).
2. NV: Der Topos des sog. Konzernrückhalts beschreibt lediglich den rechtlichen und wirtschaftlichen Rahmen der Unternehmensverflechtung und bringt die Üblichkeit zum Ausdruck, innerhalb eines Konzerns Kreditansprüche nicht wie unter Fremden abzusichern (Bestätigung des Senatsurteils vom 27.02.2019 - I R 73/16, BFHE 263, 525, BStBl II 2019, 394).
3. NV: Die fehlende Darlehensbesicherung gehört grundsätzlich zu den nicht fremdüblichen "Bedingungen" i.S. des § 1 Abs. 1 AStG. Gleiches gilt für Art. 9 Abs. 1 OECD-MustAbk (hier: Art. 5 DBA-Frankreich 1959).
4. NV: Art. 9 Abs. 1 OECD-MustAbk (hier: Art. 5 DBA-Frankreich 1959) beschränkt den Korrekturbereich des § 1 Abs. 1 AStG nicht auf sog. Preisberichtigungen, sondern ermöglicht auch die Neutralisierung der gewinnmindernden Ausbuchung einer Darlehensforderung oder einer Teilwertabschreibung hierauf (Bestätigung des Senatsurteils vom 27.02.2019 - I R 73/16, BFHE 263, 525, BStBl II 2019, 394).
5. NV: § 1 Abs. 1 AStG ist mit dem Recht der EU vereinbar, soweit die Vorschrift die Minderung des Bilanzgewinns aufgrund der Ausbuchung von Darlehensforderungen korrigiert (Bestätigung des Senatsurteils vom 27.02.2019 - I R 73/16, BFHE 263, 525, BStBl II 2019, 394).

BFH, Urt. v. 27.11.2019 – I R 40/19 (I R 14/16), BFH/NV 2020, 1307:

1. Für das Vorliegen einer Geschäftsbeziehung iSd § 1 Abs. 4 AStG kommt es seit der Neufassung durch das Steuervergünstigungsabbaugesetz nicht mehr darauf an, ob die Darlehensnehmerin ihre unternehmerische Funktion mangels Eigenkapitalausstattung nicht erfüllen könnte.
2. Wird die Einkünftekorrektur nach § 1 Abs. 1 AStG auf einen Zinsverzicht gegenüber einer ausländischen Darlehensnehmerin gestützt, muss dem Steuerpflichtigen die Möglichkeit eingeräumt werden, den Nachweis für etwaige wirtschaftliche Gründe für den Abschluss des (nicht fremdüblichen) Geschäfts zu erbringen (EuGH v. 31.5.2018 – C-382/16, Hornbach-Baumarkt, EU:C:2018:366, DStR 2018, 1221 mAnm Cloer/Hagemann). Diese Prüfung ist den nationalen Gerichten vorbehalten und vorrangig Aufgabe der FG.
3. Die Bestimmungen des Unionsrechts sind vom Zeitpunkt des Beitritts eines Mitgliedstaats an verbindlich, so dass sie für zukünftige Auswirkungen vor dem Beitritt entstandener Sachverhalte gelten; demgegenüber entfalten diese keine „Vorwirkung" für vor dem Beitritt bereits abgeschlossene Sachverhalte.
4. Aus der Formulierung „unbeschadet anderer Vorschriften" in § 1 Abs. 1 AStG ergibt sich kein Vorrang des § 8 Abs. 3 S. 2 KStG. Beide Vorschriften überlagern einander vielmehr in dem Sinne, dass sich eine Gewinnkorrektur nach der einen Vorschrift erübrigt, wenn sie bereits nach der anderen vollzogen wurde. Soweit die Rechtsfolgen der beiden Vorschriften nicht voneinander abweichen, kann der Rechtsanwender wählen, welche von ihnen er vorrangig prüft.

BFH, Urt. v. 18.12.2019 – I R 72/17, BFH/NV 2020, 1049 (NV); (Verfassungsbeschwerde anhängig 2 BvR 2002/20):

1. Die fehlende Darlehensbesicherung gehört grundsätzlich zu den nicht fremdüblichen „Bedingungen" iSd § 1 Abs. 1 AStG. Gleiches gilt für Art. 9 Abs. 1 OECD-MA (hier: Art. 9 Abs. 1 DBA-Polen 2003).
2. Art. 9 Abs. 1 OECD-MA (hier: Art. 9 Abs. 1 DBA-Polen 2003) beschränkt den Korrekturbereich des § 1 Abs. 1 AStG nicht auf sog. Preisberichtigungen, sondern ermöglicht auch die Neutralisierung der gewinnmindernden Ausbuchung einer Darlehensforderung oder einer Teilwertabschreibung hierauf (Bestätigung des Senatsurteils v. 27.2.2019 – I R 73/16, BFHE 263, 525, BStBl. II 2019, 394, IStR 2019, 549).
3. § 1 Abs. 1 AStG ist mit dem Recht der EU vereinbar, soweit die Vorschrift die Minderung des Bilanzgewinns aufgrund der Abschreibung von Darlehensforderungen korrigiert (Bestätigung des Senatsurteils v. 27.2.2019 – I R 73/16, BFHE 263, 525, BStBl. II 2019, 394, IStR 2019, 549).

BFH, Urt. v. 19.2.2020 – I R 19/17, BStBl. II 2021, 223

1. Art. 9 Abs. 1 OECD-MustAbk (hier: Art. 9 Abs. 1 DBA-Türkei 2011) beschränkt den Korrekturbereich des § 1 Abs. 1 AStG nicht auf sog. Preisberichtigungen, sondern ermöglicht auch die Neutralisierung der gewinnmindernden Ausbuchung einer Darlehens- und Zinsforderung oder einer Teilwertabschreibung hierauf (Bestätigung

des BFH v. 27.2.2019 – I R 73/16, BFHE 263, 525, BStBl. II 2019, 394, DStR 2019, 1034 mAnm Wacker).

2. Einer Einkünftekorrektur nach § 1 Abs. 1 AStG steht bei Geschäftsbeziehungen mit Tochtergesellschaften aus Drittstaaten das Unionsrecht nicht entgegen (Bestätigung des BFH v. 27.2.2019 – I R 51/17, BFHE 264, 292, DStR 2019, 1857; und der Folgeurteile v. 19.6.2019 – I R 5/17, BFH/NV 2020, 183, BeckRS 2019, 33483; und v. 14.8.2019 – I R 14/18, BeckRS 2019, 43274).

3. § 68 S. 1 FGO ist anwendbar, wenn das FA in dem Gewinnfeststellungsbescheid einer Mitunternehmerschaft, den es während des gegen den ursprünglichen Gewinnfeststellungsbescheid gerichteten Klageverfahrens erlässt, für die streitige Korrektur einer gewinnmindernden Teilwertabschreibung nicht mehr auf § 1 Abs. 1 AStG, sondern auf § 8b Abs. 3 S. 4 iVm Abs. 6 S. 1 KStG abstellt und gleichzeitig den Nettoausweis der Einkünfte aus Gewerbebetrieb in einen Bruttoausweis mit gesonderter Feststellung der unter § 8b KStG fallenden Einkünfte ändert.

BFH, Urt. v. 18.5.2021 – I R 4/17:

1. Für die Ermittlung fremdüblicher Darlehenszinssätze ist vor Anwendung der sog. Kostenaufschlagsmethode zu prüfen, ob die Vergleichswerte mithilfe der **Preisvergleichsmethode** ermittelt werden können. Das gilt auch für unbesichert gewährte Konzerndarlehen und unabhängig davon, ob die Darlehen von der Muttergesellschaft oder von einer als Finanzierungsgesellschaft fungierenden anderen Konzerngesellschaft gewährt worden sind. (Rn. 27 – 44)

2. Für die Beurteilung der Bonität ist nicht die durchschnittliche Kreditwürdigkeit des Gesamtkonzerns, sondern die **Bonität der darlehensnehmenden Konzerngesellschaft maßgebend ("Stand alone"-Rating).** Ein nicht durch rechtlich bindende Einstandsverpflichtungen anderer Konzernunternehmen verfestigter Konzernrückhalt ist nur zu berücksichtigen, falls ein konzernfremder Darlehensgeber der Konzerngesellschaft dadurch eine Kreditwürdigkeit zuordnen würde, die die "Stand alone"-Bonität der Gesellschaft übersteigt. (Rn. 53 – 57)

BFH, Urt. v. 18.5.2021 – I R 62/17:

1. Bei der Ermittlung des fremdüblichen Darlehenszinses für ein unbesichertes Gesellschafterdarlehen steht die gesetzlich angeordnete **Nachrangigkeit von Gesellschafterdarlehen** (§ 39 Abs. 1 Nr. 5 InsO) einem Risikozuschlag bei der Festlegung der Zinshöhe zum Ausgleich der fehlenden Darlehensbesicherung nicht entgegen.

2. Es widerspricht allgemeinen Erfahrungssätzen, wenn das Tatgericht ohne gegenteilige Tatsachenfeststellungen davon ausgeht, dass ein fremder Dritter für ein nachrangiges und unbesichertes Darlehen denselben Zins vereinbaren würde wie für ein besichertes und vorrangiges Darlehen.

BFH, Urt. v. 9.6.2021 – I R 32/17 ***(Fremdvergleich*** *und* ***TW-AfA bei Konzerndarlehen****):*

1. Die fehlende **Darlehensbesicherung** gehört zu den "Bedingungen" i.S. des § 1 Abs. 1 AStG, die im Rahmen einer Gesamtbetrachtung zur Fremdunüblichkeit der Geschäftsbeziehung führen kann; (Rn.29) Gleiches gilt für Art. 9 Abs. 1 OECD-MustAbk (hier: Art. 9 Abs. 1 DBA-USA 1989 und Art. 5 DBA-Frankreich 1959).

2. Ob ein unbesichertes Konzerndarlehen im Rahmen einer Gesamtbetrachtung aller Umstände des Einzelfalles fremdvergleichskonform ist, hängt davon ab, ob auch ein fremder Dritter - ggf. unter Berücksichtigung möglicher Risikokompensationen - das Darlehen unter gleichen Bedingungen ausgereicht hätte. Als "fremde Dritte" kommen insoweit **nicht nur Banken, sondern auch andere Kreditgeber** in Betracht, wenn es für die konkrete Finanzierung einen Markt gibt, auf dem solche Kreditgeber tätig sind.

3. Wäre ein **unbesichertes Konzerndarlehen nur mit einem höheren als dem tatsächlich vereinbarten Zinssatz fremdüblich**, hat eine Einkünftekorrektur vorrangig in Höhe dieser Differenz zu erfolgen.

4. Im Rahmen von Feststellungen zum Fremdvergleich ist die Ausreichung unbesicherter Darlehen durch fremde Dritte an die Konzernobergesellschaft nicht geeignet, die Würdigung des einer (Tochter-)Gesellschaft eingeräumten Darlehens am Maßstab einer fremdüblichen Kreditgewährung zu ersetzen.

5. Art. 9 Abs. 1 OECD-MustAbk (hier: Art. 9 Abs. 1 DBA-USA 1989 und Art. 5 DBA-Frankreich 1959) beschränkt den Korrekturbereich des **§ 1 Abs. 1 AStG** nicht auf sog. Preisberichtigungen, sondern **ermöglicht auch die Neutralisierung der gewinnmindernden Ausbuchung einer Darlehensforderung oder einer Teilwertabschreibung** hierauf (Bestätigung der Senatsrechtsprechung).

6. Das Vorliegen einer "gesellschaftsvertraglichen Vereinbarung" i.S. des § 1 Abs. 4 AStG i.d.F. des StVergAbG ist unter Heranziehung des für die ausländische Tochtergesellschaft maßgebenden materiellen Gesellschaftsrechts zu beurteilen.

15 aa) Die Klägerin stützt sich darauf, dass § 1 AStG "tatbestandsinhärent" eine **Gewinnverlagerung** über die Grenze verlange. ... Im Fall einer Teilwertabschreibung im Inland liege eine solche gerade nicht vor. Die aus einer Wertminderung der Darlehensforderungen resultierende Teilwertabschreibung führe nicht zu einer Gewinnverlagerung ins Ausland, da der Gewinnminderung im Inland bei der Klägerin keine korrespondierende Gewinnerhöhung bei ihren ausländischen Tochtergesellschaften gegenüberstehe. Die Wertminderung der Darlehensforderung wirke sich bei den Tochtergesellschaften in den USA und Frankreich weder bilanziell noch im Rahmen der Gewinnermittlung aus.

16 bb) Der Senat folgt dieser Auffassung nicht. Weder der Gesetzeswortlaut des § 1 AStG noch die Begründung des Gesetzentwurfs lassen eine solche Auslegung zu.

17 Der Gesetzeswortlaut des § 1 AStG knüpft ausschließlich daran an, dass "Einkünfte eines Steuerpflichtigen aus Geschäftsbeziehungen mit einer ihm nahestehenden Person ... gemindert" werden. Vom Begriff der **Einkünfteminderung** wird der streitgegenständliche Fall einer **Teilwertabschreibung** im Inland damit erfasst. Die Notwendigkeit, dass die inländische **Einkünfteminderung** mit einer **Gewinnverlagerung** über die Grenze einhergeht, **ist dem Wortlaut der Norm dagegen nicht zu entnehmen**.

18 Zwar mag es zutreffen, dass der Gesetzgeber bei Schaffung des § 1 AStG zunächst den (Grund-)Fall im Blick hatte, dass ein international verflochtenes deutsches Unternehmen durch Vereinbarung entsprechender Bedingungen es in der Hand hat,

Gewinne nicht im Inland, sondern im Ausland entstehen zu lassen (vgl. BTDrucks VI/2883, S. 23), und deshalb vordringlich Fälle der Gewinnverlagerung in das Ausland von der Norm erfasst werden sollten. Darüber hinaus dient § 1 AStG aber ausweislich der Begründung des Gesetzentwurfs "der Erfassung des **zutreffenden Inlandsgewinns", wobei dies von einer korrespondierenden Anpassung** der Besteuerung im Ausland **unabhängig** ist (vgl. hierzu BTDrucks VI/2883, S. 23). Damit erlaubt die am abkommensrechtlichen Grundsatz des Fremdvergleichs (vgl. insbesondere Art. 9 Abs. 1 des OECD-MA ausgerichtete Regelung des § 1 AStG eine sachlich gebotene (nationale) Berichtigung von Einkünften. Dies entspricht auch dem Sinn und Zweck des abkommensrechtlichen Fremdvergleichsgrundsatzes, der gerade nicht eine sachlich gebotene Berichtigung von Einkünften für bestimmte Fälle verbieten will (ebenso noch Tz. 1.2.1. des Schreibens des Bundesministeriums der Finanzen --BMF-- vom 23.02.1983, BStBl I 1983, 218 -- Verwaltungsgrundsätze 1983--). Demnach ist entgegen der Auffassung der Klägerin weder mit Blick auf den Sinn und Zweck der Regelung noch aufgrund des historischen Willens des Gesetzgebers und auch nicht wegen der Systematik, in die die Regelung des § 1 AStG gestellt ist, eine einschränkende Auslegung der Norm erforderlich. Im Ergebnis **genügt es für die Anwendung von § 1 AStG, dass die Bundesrepublik Deutschland (Deutschland) als Ansässigkeitsstaat entsprechend der ihr zugewiesenen Steuerhoheit eine Einkünftekorrektur vornimmt, wenn grenzüberschreitend verbundene Unternehmen** deren wirtschaftliche oder finanzielle Beziehungen **an fremdunüblich vereinbarte oder auferlegte Bedingungen knüpfen.**

19 cc) Es spricht auch gegen die von der Klägerin angestrebte Auslegung von § 1 AStG, dass eine Wertminderung der Darlehensforderung im Inland für den Fall eines (rechtsgeschäftlichen) **Forderungsverzichtes** zu einem **außerordentlichen Buchgewinn** bei der ausländischen Tochtergesellschaft führen würde (vgl. Beschluss des Bundesverfassungsgerichts --BVerfG-- vom 04.03.2021 - 2 BvR 1161/19, Internationales Steuerrecht --IStR- - 2021, 363, dort unter Rz 19). Wenn in diesem Fall ein korrespondierender Gewinn im Ausland entsteht, käme dies einer Gewinnverlagerung über die Grenze nahe. Damit würde, wiederum unterstellt, eine Gewinnverlagerung ins Ausland wäre dem § 1 AStG tatbestandsinhärent, die Anwendung des § 1 AStG auf die inländische Wertminderung davon abhängig sein, ob es zu einem rechtsgeschäftlichen Verzicht auf die uneinbringliche Forderung gekommen ist oder nicht. Die Anwendung der gesetzlichen Regelung des § 1 AStG wäre damit in das Belieben der Steuerpflichtigen gestellt.

20 Im Übrigen ist die Wertminderung der Darlehensforderungen im Inland Folge der wirtschaftlichen Gegebenheiten bei den ausländischen Tochtergesellschaften. Es kommt

damit im **wirtschaftlichen Ergebnis zu einer Verlagerung eines im Ausland verursachten Verlustes ins Inland**, was nach Auffassung des Senats dem Fall einer **Verlagerung von Gewinnen ins Ausland gleichzustellen** wäre. Dass dieser Verlust nicht vorhersehbar und planbar ist … , ändert an dieser Beurteilung nichts.

21 dd) Dem kann auch nicht mit Erfolg entgegen gehalten werden, dass im Jahr 1972, als § 1 AStG in Kraft trat, der Einbezug von Substanzverlusten in den Regelungsbe-

reich des § 1 AStG "wenig sinnhaft" gewesen sei, da sämtliche Wertminderungen (sowohl bezüglich Fremd- als auch Eigenkapital) ohnehin voll abzugsfähig waren … Diese Betrachtung vermag dem Wortlaut des § 1 AStG aus den o.g. Gründen keinen anderen Bedeutungsgehalt zu geben.

22 c) Die **Einkünfteminderung** i.S. von § 1 Abs. 1 AStG kann entgegen der Ansicht der Klägerin auch **durch ("dadurch") die fehlende Besicherung** eingetreten sein.

23 aa) Die Klägerin führt hierzu aus, dass § 1 AStG mit dem Tatbestandsmerkmal "dadurch" eine Kausalvorgabe enthalte, die nicht im Sinne eines weit verstandenen Veranlassungszusammenhangs auszulegen sei. Denn unmittelbar auslösend für die streitige Korrektur sei die Forderungsabschreibung und nicht die fehlende Vereinbarung einer Sicherheit.

24 bb) Dem ist nicht zu folgen. Der Senat hält an seiner bisherigen Rechtsauffassung fest (vgl. Senatsurteile vom 27.02.2019 - I R 81/17, BFHE 264, 297, BStBl II 2020, 443; I R 51/17, BFHE 264, 292, BStBl II 2020, 440; vom 19.06.2019 - I R 5/17, BFH/NV 2020, 183; I R 54/17, IStR 2020, 230; vom 14.08.2019 - I R 34/18, BFH/NV 2020, 757; I R 14/18, BFH/NV 2020, 755; vom 18.12.2019 - I R 72/17, BFH/NV 2020, 1049; vom 14.08.2019 - I R 21/18, BFH/NV 2020, 759; vom 19.02.2020 - I R 19/17, BFHE 269, 243, BStBl II 2021, 223). Maßgeblich im Sinne des Veranlassungsprinzips ist das die gewinnmindernde Forderungsausbuchung "auslösende Moment". Bei der hierfür gebotenen wertenden Betrachtung ist **nicht auf die Zahlungsunfähigkeit** der Tochtergesellschaften in den USA und Frankreich, **sondern vorrangig auf den Sicherungsverzicht** abzustellen. Die Klägerin hat durch eben diesen Verzicht ihren Darlehensrückzahlungsanspruch an die wirtschaftliche Entwicklung ihrer Tochtergesellschaften geknüpft. Eine solche "Vermischung der Vermögensrisiken" wäre im Falle der Einräumung werthaltiger Sicherungsrechte nicht eingetreten.

25 Soweit in der Literatur geltend gemacht wird, als unmittelbar auslösendes Element sei auf die gewinnmindernde Forderungsausbuchung abzustellen … , ist dem nicht zu folgen. Das Veranlassungsprinzip wird nicht durch die (naturwissenschaftliche) Kausalität, sondern durch das Prinzip der wertenden Selektion der Aufwandsursachen gekennzeichnet (vgl. dazu Senatsurteil vom 18.04.2018 - I R 37/16, BFHE 261, 166, BStBl II 2019, 73, Rz 23, m.w.N. aus der Rechtsprechung des Senats). Die --bedingt durch die Zahlungsunfähigkeit der Tochtergesellschaften in den USA und Frankreich-- gewinnmindernde Forderungsausbuchung kann daher für sich allein im Streitfall nicht als "auslösendes Moment" für die Vermögensminderung bei der Klägerin angesehen werden. Erst der Sicherungsverzicht bei Abschluss der Darlehensverträge der Klägerin mit ihren Tochtergesellschaften hat die Voraussetzungen dafür geschaffen, dass es bei der Klägerin überhaupt zu einer Einkünfteminderung kommen konnte. Hierauf ist dann auch im Rahmen der vorzunehmenden Veranlassungsprüfung als "auslösendes Moment" abzustellen.

26 d) Die **Einkünftekorrektur** gemäß § 1 Abs. 1 AStG **wird im Streitfall nicht durch Art. 9 Abs. 1 des Abkommens zwischen der Bundesrepublik Deutschland** und den Vereinigten Staaten von Amerika zur Vermeidung der Doppelbesteuerung und zur Verhinderung der Steuerverkürzung auf dem Gebiet der Steuern vom Einkom-

men und vom Vermögen und einiger anderer Steuern vom 29.08.1989 (BGBl II 1991, 355, BStBl I 1991, 95) --DBA-USA 1989-- sowie Art. 5 des Abkommens zwischen der Bundesrepublik Deutschland und der Französischen Republik zur Vermeidung der Doppelbesteuerungen und über gegenseitige Amts- und Rechtshilfe auf dem Gebiete der Steuern vom Einkommen und vom Vermögen sowie der Gewerbesteuern und der Grundsteuern vom 21.07.1959 (BGBl II 1961, 398, BStBl I 1961, 343) --DBA-Frankreich 1959-- **ausgeschlossen**. Der Senat hat seine bisherige Rechtsprechung zur sog. **Sperrwirkung** der dem Art. 9 Abs. 1 OECD-MustAbk nachgebildeten abkommensrechtlichen Vorschriften (vgl. Senatsurteile vom 24.06.2015 - I R 29/14, BFHE 250, 386, BStBl II 2016, 258, und vom 17.12.2014 - I R 23/13, BFHE 248, 170, BStBl II 2016, 261) mittlerweile aufgegeben (vgl. Senatsurteile in BFHE 264, 297, BStBl II 2020, 443; in BFHE 264, 292, BStBl II 2020, 440; in BFH/NV 2020, 183; in IStR 2020, 230; in BFH/NV 2020, 757; in BFH/NV 2020, 755; in BFH/NV 2020, 1049; in BFH/NV 2020, 759; in BFHE 269, 243, BStBl II 2021, 223).

27 Hieran ist nach erneuter Überprüfung festzuhalten. Der Senat hat sich dabei maßgeblich davon leiten lassen, dass das Tatbestandsmerkmal der "vereinbarten **Bedingungen**" im Falle der Darlehensgewährung **nicht allein auf den vereinbarten Zinssatz** --im Sinne einer Preiskorrektur-- beschränkt ist. Dem kann die Klägerin nicht mit Erfolg entgegen halten, dass nicht die fehlende Besicherung als "Bedingung" die Einkünfteminderung verursacht habe, sondern die Teilwertabschreibung als Folge einer zutreffenden Bewertung nach nationalem Recht. Es gilt das unter II.1.c Ausgeführte. Dem Hinweis auf die Zwecksetzung von Art. 9 Abs. 1 OECD-MustAbk, der eine Einkünfterealisierung im Ausland erfordere, wohingegen im Streitfall aufgrund der Abschreibung allein inländische Einkünfte betroffen seien, ist nicht zu folgen. Denn der abkommensrechtliche Fremdvergleichsgrundsatz will gerade nicht eine sachlich gebotene Berichtigung von Einkünften für bestimmte Fälle verbieten (s. bereits oben). Der Fremdvergleichsgrundsatz gestattet vielmehr, dass Deutschland als Ansässigkeitsstaat entsprechend der ihm zugewiesenen Steuerhoheit eine Einkünftekorrektur vornimmt, wenn grenzüberschreitend verbundene Unternehmen deren wirtschaftliche oder finanzielle Beziehungen an fremdunüblich vereinbarte oder auferlegte Bedingungen knüpfen.

6) Personalentsendung im Konzern, stock options

BFH, Urt. v. 11.4.1984 – I R 175/79, BStBl. II 1984, 535:

Leisten ausländische Muttergesellschaften in ausländischer Währung **zusätzliche Zahlungen an Arbeitnehmer**, die von ihnen entlohnt werden und auf Zeit an ihre inländische Tochtergesellschaft abgeordnet wurden, so liegen nicht ohne weiteres verdeckte Einlagen der Muttergesellschaften an die inländische TG vor. Das Vorliegen einer verdeckten Einlage in solchen Fällen ist davon abhängig, dass eine Lohnschuld der TG gegenüber den abgeordneten Arbeitnehmern bestanden hat, die Muttergesellschaften diese Schuld getilgt haben und die Schuldtilgung ihren Grund im Gesellschaftsverhältnis hat.

BFH, Urt. v. 21.8.1985 – I R 63/80, BStBl. II 1986, 4:

Unter **Arbeitgeber** i. S. des DBA Spanien ist derjenige zu verstehen, der die Vergütungen für die ihm geleistete unselbständige Arbeit wirtschaftlich trägt, sei es, dass er die Vergütung unmittelbar dem Arbeitnehmer auszahlt, sei es, dass ein anderer für ihn mit diesen Vergütungen in Vorlage tritt. Der Vertragsstaat, in dem der Arbeitnehmer vorübergehend tätig ist, soll auf sein Besteuerungsrecht für die Lohneinkünfte nur dann verzichten, wenn der gezahlte Arbeitslohn den seiner Steuerhoheit unterliegenden Gewinn des Betriebs nicht gemindert hat.

BFH, Urt. v. 23.10.1985 – I R 274/82, BStBl. II 1986, 133:

Wenn ein Arbeitnehmer für ein Jahr an ein spanisches Schwesterunternehmen abgeordnet worden ist und seine Wohnung im Inland beibehält, kommt es für die Frage, in welchem Land der Stpfl. letztlich als **ansässig** gilt, darauf an, welcher der beiden Orte als der bedeutungsvollere anzusehen ist.

BFH, Urt. v. 29.1.1986 – I R 109/85, BStBl. II 1986, 442:

Arbeitgeber i. S. des DBA-Schweden ist die rechtlich selbständige Person, die die Vergütung für die ihr geleistete nichtselbständige Arbeit wirtschaftlich trägt.

BFH, Urt. v. 24.3.1999 – I R 64/98, BStBl. II 2000, 41:

Arbeitgeber i. S. des Abkommensrechts muss nicht notwendigerweise Arbeitgeber i. S. des Lohnsteuerrechts sein. Überlässt eine im Ausland ansässige Kapitalgesellschaft von ihr eingestellte Arbeitnehmer an eine inländische Tochtergesellschaft gegen Erstattung der von ihr gezahlten Lohnkosten, so ist die inländische Gesellschaft nicht Arbeitgeber i. S. des § 38 Abs. 1 S. 1 Nr. 1 EStG.

BFH, Urt. v. 1.4.1999 – VII R 51/98, BFH/NV 2000, 46:

Zahlt ein Dritter in **Erfüllung der Lohnfortzahlungspflicht** des Arbeitgebers – ohne selbst Arbeitgeber zu werden – den Arbeitslohn an den Arbeitnehmer aus, ist die LoSt aus der Sicht des AN i. S. d. § 36 (2) S. 2 Nr. 2 EStG erhoben, wenn der Zahlende die Steuerabzugsbeträge vom Bruttoentgelt des AN entsprechend den Eintragungen auf der LoSt-Karte einbehalten hat. Die einbehaltene LoSt ist bei der Veranlagung des AN zur ESt anzurechnen, es sei denn der AN weiß, dass die einbehaltene LoSt nicht vorschriftsmäßig angemeldet worden ist.

BFH, Beschl. v. 23.7.1999 – VI B 116/99, BStBl. II 1999, 684:

Stock options werden im Zeitpunkt ihrer Erfüllung, also bei Begebung der Aktien an den Bezugsberechtigten, bezogen.

BFH, Beschl. v. 27.4.2000 – I B 114/99, BFH/NV 2001, 6 und IStR 2000, 568:

Ob im Fall einer konzerninternen **Arbeitnehmerüberlassung** die Vergütung des Arbeitnehmers von der oder für die überlassende Gesellschaft gezahlt wird, ist auf der Basis eines **wirtschaftlichen Arbeitgeberbegriffs** zu beurteilen. Hiernach ist Arbeitgeber im Sinne des Doppelbesteuerungsrechts im Zweifel derjenige Unternehmer, der die Vergütungen für die ihm geleistete Arbeit wirtschaftlich trägt (wer den Lohn auszahlt, ist unmaßgeblich).

BFH, Urt. v. 24.1.2001 – I R 100/99, BFH/NV 2001, 1402 und IStR 2002, 349:

Ein inländischer Wohnsitz führt auch dann zur unbeschränkten Steuerpflicht, wenn der Stpfl. den Mittelpunkt seiner Lebensinteressen nicht im Inland hat. Es gibt keinen allgemeinen Grundsatz des internationalen Steuerrechts, nach dem jede Person nur von dem Staat als unbeschränkt steuerpflichtig behandelt werden darf, in dem sich der **Mittelpunkt der Lebensinteressen** befindet.

BFH, Urt. v. 19.12.2001 – I R 63/00, BStBl. II 2003, 302 und IWB 2002, F. 3a, Gr. 1, S. 1017:

Die nach dem am 8.3.1997 erfolgten Wegzug vom Inland in die USA erzielten ausländischen Einkünfte dürfen nicht in die BMG der deutschen ESt einbezogen werden. Sie sind jedoch gemäß § 32 b (1) Nr. 2 EStG im Wege des **Progressionsvorbehalts** zu berücksichtigen.

BFH, Beschl. v. 5.3.2008 – I B 171/07, BFH/NV 2008, 1060 und DStRE 2008, 692 und DB 2008, 1017 und GmbHR 2008, 596:

Der steuerrechtlich maßgebliche Fremdvergleich stellt nicht nur auf einzelne Elemente, sondern auch auf den **Gesamtbetrag der Vergütung** ab. So kann es einen Unterschied machen, ob eine Kapitalgesellschaft ein bestimmtes Stundenhonorar für den zeitlich begrenzten Einsatz eines externen Beraters vereinbart oder ob sie denselben Stundensatz im Zusammenhang mit der umfassenden und dauerhaften Beschäftigung einer vergleichbar qualifizierten Person zahlt; dieser Unterschied tritt jedenfalls dann zu Tage, wenn – wie im Streitfall – jene Zahlungen für die Kapitalgesellschaft erkennbar zu einem Verlustrisiko führen. Der entscheidende Punkt ist daher im Streitfall nicht die Höhe der vereinbarten **Stundensätze**; er liegt vielmehr darin, dass durch die Kombination von Stundensätzen und vereinbarter Arbeitszeit ein Aufwand entstand, der das Maß des Fremdüblichen übersteigt und im Ergebnis zu einer Gewinnabsaugung führen konnte. Ob das niederländische Steuerrecht vergleichbare Vereinbarungen als fremdüblich behandelt, ist für die Beurteilung des Streitfalls ebenso unerheblich wie der Umstand, dass der notwendige Arbeitsumfang durch den Auftraggeber vorgegeben gewesen sei.

FG Saarland, Urt. v. 26.6.2008 – 1 K 1208/03, EFG 2008, 1742:

Übersteigt die **Gesamtausstattung** des Gesellschafter-Geschäftsführers im konkreten Falle das, was an seiner Stelle ein fremder Dritter erhalten hätte, dann ist insofern von einer gesellschaftsrechtlichen Zahlungsveranlassung auszugehen, ungeachtet dessen, wie sich im Einzelnen die Gesamtausstattung zusammensetzt.

Sächsisches FG, Urt. v. 14.4.2010 – 8 K 1786/04, GmbHR 2010, 1115 und DStRE 2011, 550:

18 [*Als vGA anzusehen sind*] insbesondere an einen Gesellschafter-Geschäftsführer gezahlte Vergütungen, die ein ordentlicher und gewissenhafter Geschäftsführer einem gesellschaftsfremden Geschäftsführer unter ansonsten vergleichbaren Verhältnissen nicht gewähren würde. Der hiernach anzustellende **Fremdvergleich bezieht sich** grundsätzlich auf die **Gesamtausstattung** der Vergütung. ... Liegt die ... Gesamtausstattung des Geschäftsführers im Bereich des Angemessenen, kann ein hoher Festvergütungsanteil eine vGA regelmäßig nicht auslösen (vgl. FG-München, Urt. v. 4.1.2005 – 7 K 4620/02). **Maßgeblicher Bezugspunkt für die Beurteilung der Angemessenheit** einer Gehaltsvereinbarung ist der **Zeitpunkt ihres Abschlusses**. Zu berücksichtigen sind dabei alle in diesem Zeitpunkt ernsthaft absehbaren Entwicklungen (vgl. BFH-Urt. v. 27.2.2003 – I R 46/01, BStBl. II 2004, 132). Die angemessene Gesamtausstattung des Geschäftsführers ist im Einzelfall durch Schätzung zu ermitteln. Bei dieser Schätzung ist zu berücksichtigen, dass häufig nicht nur ein bestimmtes Gehalt als angemessen angesehen werden kann. Der Bereich des Angemessenen erstreckt sich vielmehr über eine gewisse **Bandbreite** von Beträgen. Unangemessen im Sinne einer vGA sind dann nur diejenigen Bezüge, die den oberen Rand dieser Bandbreite übersteigen. Zu den Maßstäben für die Beurteilung der Angemessenheit können diejenigen Entgelte gehören, die gesellschaftsfremde Arbeitnehmer des betreffenden Unternehmens beziehen (**interner Fremdvergleich**) oder die – unter ansonsten vergleichbaren Bedingungen – an Fremdgeschäftsführer anderer Unternehmen gezahlt werden (**externer Fremdvergleich**). Im letzteren Sinne können im Rahmen der Angemessenheitsprüfung auch Gehaltsstrukturuntersuchungen herangezogen werden. Fehlt es an hinreichend aussagefähigen Vergleichswerten, so ist ein **hypothetischer Fremdvergleich**) erforderlich, der sich an den mutmaßlichen Überlegungen eines ordentlichen und gewissenhaften Geschäftsführers orientiert (vgl. BFH in BStBl. II 2004, 132). Dabei können Gesichtspunkte wie eine verbleibende angemessene Kapitalverzinsung, ein angemessener, den Gesellschaftern verbleibender Gewinn (keine Gewinnabsaugung) und das Verhältnis der Geschäftsführervergütung zu den höchsten Tariflöhnen berücksichtigt werden. ...

21 Für den externen Fremdvergleich gibt vor allem die von der BBE-Unternehmensberatung GmbH veröffentlichte Gehaltsuntersuchung ... zur Überzeugung des erkennenden Senats hinreichend aussagefähige Vergleichswerte. ...

23 [*Im externen Fremdvergleich*] zeigt sich, dass die Gesamtvergütung des Gesellschafter-Geschäftsführers der Klägerin hinsichtlich der Unternehmensgröße, festgemacht an der Mitarbeiterzahl, deutlich unterhalb des Medians vergleichbarer Vergütungen liegt und hinsichtlich der Umsatzkraft des Unternehmens den Durchschnitt im oberen Quartil der Vergütungen vergleichbarer Fremdgeschäftsführer um rd. 7 v.H. übersteigt. Insgesamt kann damit nicht mit der erforderlichen richterlichen Überzeugung

von einer Unangemessenheit der Geschäftsführervergütung im Streitjahr ausgegangen werden (das FG Mecklenburg-Vorpommern hält sogar einen Sicherheitszuschlag von 20 v.H. auf den Wert des oberen Quartils der BBE-Studien nach Branche und Umsatzgröße für geboten, vgl. Urt. v. 14.11.2007 – 1 K 2/04). ...

25 Die vorgelegten Ausdrucke der programmmäßigen Vergütungsermittlung von Kienbaum ... erweisen sich schon deshalb als ungeeignet, weil der Beklagte hierbei im Wirtschaftszweig Dienstleistungsunternehmen unter der Branche sonstige Dienstleistungen recherchiert hat, während es sich beim Unternehmen der Klägerin um einen Handwerksbetrieb in der Gesundheitsbranche ... handelt.

BFH, Urt. v. 25.8.2010 – I R 103/09, BStBl. I 2011, 215:

Die Ausgabe von **Aktienoptionen** an Mitarbeiter durch eine AG im Rahmen eines Aktienoptionsplans, der mit einer bedingten Kapitalerhöhung verbunden ist, führt im Zeitpunkt der Einräumung der unenetgeltlich gewährten Bezugsrechte nicht zu einem gewinnwirksamen Personalaufwand. ... Das FG hat ohne Rechtsfehler entschieden, dass die Erfassung einer **Verbindlichkeitsrückstellung** (§ 249 Abs. 1 Satz 1 HGB) nicht in Betracht kommt. Es ist schon fraglich, ob bei der im Streitfall vereinbarten Planbedingung [= *Erreichung bestimmter Aktienkursziele*] überhaupt davon ausgegangen werden kann, dass der Optionsplan eine Vergütung bereits geleisteter Dienste (Arbeitsleistungen) darstellen kann. Jedenfalls bestand für die bis zur Aufstellung des Aktienoptionsplans von den Arbeitnehmern evtl. erbrachte überobligationsmäßige Arbeitsleistung keine mit einer gegenwärtigen wirtschaftlichen Belastung verbundene tatsächliche Verbindlichkeit der Klägerin gegenüber den Arbeitnehmern. Auch kann nicht mit Blick auf die zukünftige – völlig ungewisse – Arbeitsmehrleistung ein Erfüllungsrückstand aus dem Arbeitsverhältnis (als rückständiger Arbeitslohn) angenommen werden.

7) Betriebsstättenbesteuerung

Einkommensermittlung – AuslInvG – Theorie der finalen Entnahme bzw. Betriebsaufgabe – Verlustverrechnung ausländischer BSt

BFH, Urteil v. 20.7.1988 - I R 49/84, BStBl. II 1989, 140:

Die in der inländischen Zweigniederlassung (Betriebsstätte) einer ausländischen Bank erzielten gewerblichen Einkünfte sind nach § 5 Abs. 1 EStG zu ermitteln. Dabei sind alle Aufwendungen als Betriebsausgaben abziehbar, die mit der inländischen Zweigniederlassung (Betriebsstätte) in einem **wirtschaftlichen Veranlassungszusammenhang** stehen

Für den Betriebsausgabenabzug bei der Gewinnermittlung einer inländischen Betriebsstätte ist es unerheblich, ob die Aufwendungen im Inland oder im Ausland anfallen, ob sie von dem Stammhaus oder von der Betriebsstätte getragen und wo sie verbucht werden. Ggf. ist das buchmäßige Ergebnis der Betriebsstätte um die vom Stammhaus getragenen und/oder dort verbuchten Aufwendungen zu korrigieren.

Bei der Zuordnung von Aufwendungen im Rahmen einer Betriebsstättengewinnermittlung ist zu berücksichtigen, dass die Betriebsstätte stets nur unselbständiger Teil des Gesamtunternehmens ist.

Geschäftsführungs- und allgemeine Verwaltungskosten einer Hauptniederlassung sind anteilig der Betriebsstätte zuzurechnen, wenn und soweit die Aufwendungen durch eine spezielle Leistung der Hauptniederlassung an die Betriebsstätte ausgelöst sind oder wenn und soweit die den Aufwendungen zugrunde liegenden Leistungen im Gesamtunternehmensinteresse liegt und damit auch der inländischen Betriebsstätte zugute kommt.

Der beschränkt Stpfl. ist verpflichtet, im einzelnen darzulegen, welche Leistungen der Hauptniederlassung den Aufwendungen zugrunde liegen, deren Abzug als Betriebsausgabe geltend gemacht wird. Er muß außerdem den wirtschaftlichen **Zusammenhang** dartun, der **zwischen den Leistungen der Hauptniederlassung und der inländischen Zweigniederlassung** besteht. Ferner muß er die Angemessenheit des angewandten **Verteilungsschlüssels** plausibel machen. Schließlich muß er die Aufwendungen der Höhe nach nachweisen. Die insoweit bestehenden **Mitwirkungs- und Nachweispflichten** beurteilen sich nach § 90 Abs. 2 AO.

BFH v. 3.2.1993 I R 80-81/91, BStBl II 1993, 462

Übernimmt eine ausländische Management-Kapitalgesellschaft die Leitung eines im Inland belegenen und von einem Steuerinländer betriebenen Hotels und übt sie die **Leitungstätigkeit** durch einen von ihr angestellten und bezahlten General Manager aus, dem ein **eigener Arbeitsraum in dem Hotel** zur Verfügung gestellt wird, so hat die ausländische Gesellschaft im Inland eine Betriebsstätte; sie erzielt beschränkt körperschaftsteuerpflichtige und gewerbesteuerpflichtige Einkünfte.

BFH, Urteil v. 30.10.1996 - II R 12/92, BStBl. II 1997, 12:

Eine unterirdisch verlaufende **Rohrleitung** stellt eine **„feste" Geschäfteinrichtung** i.S. des § 12 Satz 1 AO 1977 dar. Der Betriebsstättenbegriff erfordert nicht, dass die Geschäftseinrichtung oder Anlage einen Bezug zur Erdoberfläche hat und deshalb dort auch sichtbar sein muss.

Eine Anlage oder Geschäftseinrichtung dient der Tätigkeit eines Unternehmens i.S. von § 12 Satz 1 AO 1977, wenn der Unternehmer diese für eine gewisse Dauer zu unternehmerischen Zwecken benutzt. Diese Voraussetzungen liegen bereits beim bloßen Durchleiten (Transport) von Rohöl durch eine vor.

BFH, Beschl. v. 10.11.1998 - I B 80/97, BFH/NV 1999, 665:

Es ist nicht ernstlich zweifelhaft, dass Räume der Wohnung eines Arbeitnehmers, die aufgrund arbeitsvertraglicher Vereinbarungen für die gewerbliche Tätigkeit des Arbeitgebers genutzt werden und von ihm mit den dafür erforderlichen Einrichtungen ausgestattet worden sind, dann keine Betriebsstätten sind, wenn die jederzeitige **Verfügungsmacht** des Arbeitgebers **für die Räume** nicht unbestritten ist.

BFH v. 20.3.2002 – II R 84/99, IStR 2002, 487 - Eigenkapitalausstattung einer inländischen Betriebsstätte

Die **Aufteilung nach der direkten Methode** schließt es nicht aus, Wirtschaftsgüter, die nicht eindeutig dem Stammhaus (Zentrale) oder der inländischen Betriebsstätte zugerechnet werden können, im Wege der Schätzung sachgerecht aufzuteilen.

Eine Schätzung z. B. nach der **Kapitalspiegelmethode** scheidet aber dann aus, wenn ein konkreter (zeitlicher bzw. sachlicher) Zusammenhang zwischen der Aufnahme allgemeiner Darlehensschulden durch das Stammhaus und den Sach- und Finanzzuweisungen an die inländische Betriebsstätte entweder nicht vorhanden ist oder das Unternehmen mangels ausreichender Beweisvorsorge einen solchen Zusammenhang nicht nachweisen kann. (*Leitsätze nicht amtlich)*

BFH, Urteil v. 14.7.2004 - I R 106/03, BFH/NV 2005, 154:

Eine Betriebsstätte i.S. des § 12 AO 1977 setzt weder eine ausdrücklich vereinbarte noch eine auf einen bestimmten Arbeitsplatz bezogene Rechtsposition voraus.

Eine **Einrichtung kann auch dann Betriebsstätte** sein, wenn der Unternehmer und seine Arbeitnehmer sie jeweils erst im Anschluss an personenbezogene Kontrollmaßnahmen erreichen können.

Hessisches FG, Urteil v. 7.7.2005 13 K 3854/04 (rkr.), DStRE 2006, 325

Der **Büroraum eines selbstständigen Handelsvertreters** stellt ein häusliches Arbeitszimmer und keine Betriebsstätte dar, wenn der streitgegenständliche Raum in die Privatsphäre des Steuerpflichtigen eingebunden ist. Das ist der Fall, wenn im gleichen Geschoss ein anderer Raum privat genutzt wird, zwischen den verschiedenen Geschossen ein Austausch stattfindet, ohne dass fremde Dritte stören und Besuche von Untervertretern eine untergeordnete Rolle spielen. Dabei kommt es nicht darauf an, dass zeitweise eine fremde Angestellte in den Büroräumen gearbeitet hat.

BFH, Urt. v. 17.7.2008 – I R 84/04, BStBl. II 2009, 630:

Verluste einer luxemburgischen Betriebsstätte sind nach Art. 20 Abs. 2 i.V.m. Art. 5 Abs. 1 DBA-Luxemburg im deutschen Stammhaus auch nach Streichung von § 2a Abs. 3 EStG 1997 prinzipiell nicht abzugsfähig. Sie werden ebenso wie entsprechende Gewinne von der inländischen Besteuerungsgrundlage ausgenommen. Ein **phasengleicher Verlustabzug** kommt abweichend davon nur ausnahmsweise in Betracht, sofern und soweit der Steuerpflichtige nachweist, dass die Verluste im Quellenstaat steuerlich unter keinen Umständen anderweitig verwertbar sind (Anschluss an EuGH-Urteil vom 13. Dezember 2005 Rs. C-446/03 ‚**Marks and Spencer**', EuGHE I 2005, 10837).[1]

FG Köln, Urt. v. 18.3.2008 – I K 4110/04, IStR 2008, 855:

Die **Verlegung einer inländischen Betriebsstätte** in das EU-Ausland führt wegen des Rechts auf nicht zur Sofortbesteuerung der stillen Reserven aufgrund einer (fiktiven) Betriebsaufgabe.

BFH, Urteil v. 4.6.2008 - I R 30/07, DStR 2008, 1828:

Eine Betriebsstätte i.S. von § 12 Satz 1 AO erfordert, dass der Unternehmer eine nicht nur vorübergehende über die von ihm genutzte **Geschäftseinrichtung** oder Anlage hat (Bestätigung der ständigen Rechtsprechung).

Das **bloße Tätigwerden** in den Räumlichkeiten des Vertragspartners genügt für sich genommen selbst dann nicht zur Begründung der erforderlichen Verfügungsmacht, wenn die Tätigkeit über mehrere Jahre hinweg erbracht wird. Neben der zeitlichen Komponente müssen zusätzliche Umstände auf eine auch örtliche Verfestigung der Tätigkeit schließen lassen (Abgrenzung zum Senatsurteil vom 14.07. 2004 - I R 106/03, BFH/NV 2005, 154).

BFH, Urteil v. 17.7.2008[2] – I R 77/06, BStBl. II 2009, 464 und IStR 2008, 814 (Aufgabe der sog. Theorie der finalen Entnahme):

Die Einbringung eines Wirtschaftsguts als Sacheinlage in eine KG ist ertragsteuerrechtlich auch insoweit als Veräußerungsgeschäft anzusehen, als ein Teil des Einbringungswerts in eine Kapitalrücklage eingestellt worden ist (entgegen BMF-Schreiben v. 26.11.2004, BStBl I 2004, 1190).

Die das gesamte Nennkapital umfassende Beteiligung an einer Kapitalgesellschaft ist kein Teilbetrieb i.S. von § 24 Abs. 1 UmwStG 1995. Die Fiktion des § 16 Abs. 1 Satz 1 Nr. 1 EStG ist nicht entsprechend anwendbar (entgegen BMF-Schreiben v. 16.6.1978, BStBl I 1978, 235, Tz. 81; v. 25.3.1998, BStBl I 1998, 268, Tz. 24.03).

Die Überführung eines Einzelwirtschaftsguts aus einem inländischen Stammhaus in eine ausländische (hier: österreichische) Betriebsstätte führte im Zeitraum vor Inkrafttreten des § 6 Abs. 5 EStG 1997 durch das StEntlG 1999/2000/2002 auch dann nicht zur sofortigen Gewinnrealisation, wenn die ausländischen Betriebsstättengewinne aufgrund eines Doppelbesteuerungsabkommens von der Besteuerung im Inland freigestellt waren (Än-

[1] Während der BFH einen phasengleichen Abzug ausländischer Betriebsstättenverluste nur für zulässig erachtet, wenn die Möglichkeiten zur Berücksichtigung der Verluste im Ausland ‚tatsächlich' ausgeschöpft worden sind, kommt es nach Auffassung des BMF allein darauf an, ob ‚rechtliche' Möglichkeiten der Verlustberücksichtigung im Ausland bestehen. Ob tatsächlich ein Verlustabzug erfolge bzw. der Stpfl. diesen in Anspruch nehme, sei unerheblich (vgl. Nichtanwendungsschreiben des BMF vom 13.07.2009, BStBl. I 2009, 835).

[2] Siehe zu diesem Urteil den Nichtanwendungserlass der Finanzverwaltung (BMF Schreiben vom 20.5.2009 – IV C 6 – S 2134/07/10005, BStBl. I 2009, 671). Durch die mit dem SEStEG und dem JStG 2010 in § 4 Abs. 1 S. 3 und 4 EStG gesetzlich normierte Entnahmefiktion (für Kapitalgesellschaften siehe insoweit § 12 Abs. 1 Satz 1 KStG) wurde dem BFH-Urteil v. 17.7.2008 entgegengetreten und gesetzlich geregelt, dass die stillen Reserven – soweit sie bis zur Überführung der WG in eine ausländische Betriebsstätte entstanden sind – im Zeitpunkt der Überführung aufzudecken und zu versteuern sind. Bei Überführung von WG des Anlagevermögens in eine EU-Betriebsstätte kann der Stpfl. für eine Verteilung der Besteuerung auf einen Zeitraum von längstens 5 Jahren optieren– vgl. hierzu § 4g EStG.

derung der Rechtsprechung: Aufgabe der sog. **Theorie der finalen Entnahme**). Das gilt auch für die Einbringung einer Sacheinlage durch eine Personengesellschaft in eine Tochter-Personengesellschaft.

In seiner früheren Rechtsprechung hat der Senat in der Überführung von Einzelwirtschaftsgütern aus einem inländischen Stammhaus in eine ausländische Betriebsstätte allerdings stets eine gewinnverwirklichende Entnahme i.S. von § 4 Abs. 1 Satz 2 EStG gesehen, wenn ... die ausländischen **Betriebsstättengewinne aufgrund eines DBA von der Besteuerung im Inland freigestellt** sind (sog. **Theorie der finalen Entnahme** ...). Der Senat hält an dieser Rechtsprechung nicht mehr fest. Sie findet im Gesetz keine hinreichende Grundlage und beruht auf einer unzutreffenden Beurteilung der Abgrenzung zwischen den inländischen und den ausländischen Einkünften (§ 34d Nr. 2 Buchst. a EStG) und der Wirkungen der abkommensrechtlichen Freistellung.

Die Gewinnrealisation durch Entnahme setzt nach der Legaldefinition in § 4 Abs. 1 Satz 2 EStG voraus, dass der Stpfl. das Entnahmeobjekt für private Interessen („seinen Haushalt") oder für andere betriebsfremde Interessen entnimmt. Die Überführung eines Wirtschaftsguts in eine ausländische Betriebsstätte des gleichen Unternehmens führt jedoch nicht zur Lösung des bisherigen betrieblichen Funktionszusammenhangs und kann deshalb mangels Außenumsatzes nicht als Realisationstatbestand angesehen werden ... . Die frühere Rechtsprechung basierte im Wesentlichen auf der Überlegung, dass die stillen Reserven, die in den Wirtschaftsgütern des Betriebsvermögens ruhen, nicht endgültig der Besteuerung entgehen dürften (vgl. etwa Senatsurteil in BFHE 102, 374, BStBl II 1971, 630). Abkommensrechtlich wird jedoch nach heutiger Erkenntnis die (spätere) Besteuerung im Inland entstandener stiller Reserven durch eine Freistellung der ausländischen Betriebsstättengewinne nicht beeinträchtigt, so dass die frühere Rechtsprechung als überholt angesehen werden muss. Anders als bei den von Art. 13 Abs. 5 OECD-MA erfassten Veräußerungsgewinnen ... geht der inländische Besteuerungszugriff auf Gewinne aus der Veräußerung beweglichen Vermögens, das Betriebsvermögen einer Betriebsstätte ist, die ein Unternehmen eines Vertragsstaates im anderen Vertragsstaat hat (Art. 13 Abs. 2 OECD-MA), bei Vereinbarung der Freistellungsmethode (Art. 23A OECD-MA) nur in jenem Umfang verloren, in dem das Vermögen der Betriebsstätte auch tatsächlich zuzuordnen ist und in dem die realisierten Gewinne durch jene Betriebsstätte erwirtschaftet wurden. Deshalb fehlen jedenfalls nach der im Streitfall maßgeblichen Rechtslage vor Inkrafttreten des § 4 Abs. 1 Satz 3 EStG i.d.F. des SEStEG sowohl eine Rechtsgrundlage als auch ein Bedürfnis dafür, die **Überführung von Wirtschaftsgütern** eines inländischen Unternehmens in dessen ausländische Betriebsstätte als Gewinnrealisierungstatbestand anzusehen.

Diese Überlegungen greifen auch im Streitfall durch. Nach Art. 4 Abs. 2 DBA-Österreich ... sollen der Betriebsstätte nur diejenigen Einkünfte zugewiesen werden, die sie als selbständiges Unternehmen durch eine gleiche oder ähnliche Tätigkeit unter denselben oder ähnlichen Bedingungen und ohne jede Abhängigkeit von dem Unternehmen, dessen Betriebsstätte sie ist, erzielt hätte. Dieser Grundsatz ermöglicht abkommensrechtlich eine **Aufteilung des künftigen Veräußerungsgewinns zwischen Stammhaus und Betriebsstätte nach Verursachungsbeiträgen** und lässt damit das Besteuerungsrecht des Stammhauses auf die dem Stammhaus zuzurechnenden Gewinnanteile unberührt.

Zu der Frage, nach welchen konkreten Maßstäben die Aufteilung des bei einer Weiterveräußerung entstehenden Gewinns einerseits der ausländischen Betriebsstätte und andererseits dem Stammhaus zu erfolgen hat, werden unterschiedliche Ansätze vertreten. Erwähnt sei an dieser Stelle die **Theorie der aufgeschobenen Gewinnrealisierung**, nach der für die Gewinnabgrenzung auf jenen Wert abzustellen ist, der erzielt worden wäre, wenn im Zeitpunkt der Überführung in die Betriebsstätte ein Außenumsatz hätte getätigt werden können. Dieser nach Fremdvergleichsgrundsätzen ermittelte Wert soll zunächst in Form eines außerbilanziellen Erinnerungspostens festgehalten und im Falle der späteren Gewinnrealisierung durch die Außentransaktion der Gewinnabgrenzung zugrunde gelegt werden; die Theorie der aufgeschobenen Gewinnrealisierung lag in modifizierter Form und als Billigkeitserweis verstanden den Betriebsstättenerlassen der Verwaltung zugrunde (BMF-Schreiben vom 12.2.1990, BStBl I 1990, 72; vom 24.12.1999, BStBl I 1999, 1076). Nach anderer Auffassung soll für die Abgrenzung der Gewinnanteile nicht auf den Zeitpunkt der Innentransaktion, sondern ausschließlich auf den Zeitpunkt der tatsächlichen Realisation durch den Außenumsatz abgestellt werden und der sich aus diesem ergebende Erlös und Aufwand nach den jeweils erbrachten Wertschöpfungsbeiträgen auf die verschiedenen Unternehmensteile aufgeteilt werden. Daneben werden in der Literatur eine Reihe anderer Abgrenzungsvorschläge unterbreitet.

Der sofortige Besteuerungszugriff nach der Theorie der finalen Entnahme lässt sich entgegen der Auffassung des BMF nicht mit der von der OECD favorisierten Selbständigkeitsfiktion der Betriebsstätte nach dem „Functionally Separate Entity Approach“, der z.B. dem „Report on the Attribution of Profits to Permanent Establishments“ der OECD vom 17.7.2008 zugrunde liegt, begründen. Denn der **OECD-Ansatz**, wonach im Einheitsunternehmen Leistungsbeziehungen zwischen den Unternehmensteilen fingiert und beim Transfer von Wirtschaftsgütern im Gesamtunternehmen noch nicht erzielte Gewinne besteuert werden können, ist jedenfalls nach der Rechtslage des Streitjahres (= 1995) im deutschen Steuerrecht nicht nachvollziehbar und **vermag keine nationalen Steueransprüche zu begründen**; er lässt sich deshalb – ganz abgesehen von gemeinschaftsrechtlichen Bedenken – für die Beurteilung des Streitfalls nicht dienstbar machen. Im Übrigen **entspricht der** nach der Theorie der finalen Entnahme als Besteuerungsgrundlage dienende **Teilwert auch nicht den Fremdvergleichsgrundsätzen**, die nach dem OECD-Ansatz für die Besteuerung maßgeblich sein sollen.

Soweit das BMF schließlich meint, außer einer Zugriffsmöglichkeit auf die zum Überführungszeitpunkt vorhandenen, im Inland entstandenen stillen Reserven ... bedürfe es zur Vermeidung eines sofortigen Besteuerungszugriffs auch noch einer **Besteuerungsmöglichkeit hinsichtlich künftiger Wertsteigerungen** und künftiger Dividenden, vermag der Senat dem nicht zu folgen. Denn auf künftige Wertsteigerungen und Dividenden könnte der deutsche Fiskus auch im Falle einer Sofortbesteuerung der stillen Reserven nicht zugreifen.

Der Senat sieht keine rechtliche Handhabe für die Anregung des BMF, mit Blick auf das Vertrauen der Finanzverwaltung in die Kontinuität der Rechtsprechung an der Theorie der finalen Entnahme für die Vergangenheit festzuhalten und die Rechtsprechungsänderung erst mit Wirkung für die Zukunft anzukündigen: Die an verfassungsrechtliche Vertrauensschutzgrundsätze anknüpfenden Erwägungen im Beschluss des Großen Senats des BFH vom 17.12.2007 GrS 2/04 (BStBl II 2008, 606) zur Möglichkeit der Schaffung von Übergangsregelungen bei Rechtsprechungsänderungen rechtfertigen es nicht, geltendes Recht zu Lasten des Stpfl. nicht anzuwenden.

BFH, Urteil v. 21.10.2009 – I R 114/08, BFH/NV 2010, 279 und IStR 2010, 149 und DB 2010, 94:

Die sog. Umschaltklauseln des § 20 Abs. 2 und 3 AStG i.d.F. des Mißbrauchsbekämpfungs- und Steuerbereinigungsgesetzes vom 21. Dezember 1993 setzen die fiktive **Steuerpflicht der Betriebsstätteneinkünfte** nach Maßgabe der §§ 7 ff. AStG voraus. Eine solche ist nicht gegeben, soweit eine Besteuerung nach 7 ff. AStG gegen die gemeinschaftsrechtlich verbürgten Grundfreiheiten verstößt.

Die §§ 7 ff. AStG i.d.F. des Mißbrauchsbekämpfungs- und Steuerbereinigungsgesetzes vom 21. Dezember 1993 verstoßen gegen die in Art. 43 EG garantierte Niederlassungsfreiheit.

BFH, Urt. v. 28.10.2009 – I R 28/08, IStR 2010, 103:

Der Senat hält an der Rechtsprechung zur finalen Betriebsaufgabe aus den gleichen Gründen nicht fest, die ihn zur Aufgabe der Theorie der finalen Entnahme bei der Überführung von Einzelwirtschaftsgütern in eine ausländische Betriebsstätte des gleichen Unternehmens bewogen haben. Der Betriebsinhaber bleibt nämlich mit dem **Veräußerungsgewinn**, soweit dieser auf der Realisierung der im Inland gebildeten stillen Reserven beruht, gemäß § 1 Abs. 4 i.V. mit § 49 Abs. 1 Nr. 2 Buchst. a EStG 1990 beschränkt steuerpflichtig, denn entscheidend für die Zuordnung ist nicht der zeitliche, sondern der wirtschaftliche Zusammenhang mit der inländischen Betriebsstätte. Deshalb können auch **nachträgliche Einkünfte**, die durch eine **nicht mehr bestehende inländische Betriebsstätte** veranlasst worden sind, als inländische Einkünfte der beschränkten Steuerpflicht unterfallen.

BFH, Urt. v. 3.2.2010 – I R 23/09, BFH/NV 2010, 1163 und DStR 2010, 918:

Die im Inland ansässige und hier mit ihren sämtlichen Einkünften unbeschränkt steuerpflichtige GmbH erwirtschaftete aus ihrer Beteiligung an der luxemburgischen KG Einkünfte aus einem gewerblichen Unternehmen i.S. von Art. 5 Abs. 1 DBA-Luxemburg. Da es sich bei der KG um eine Personengesellschaft handelt, vermittelte diese ihren Gesellschaftern und damit auch der GmbH jeweils Betriebsstätten, die in Luxemburg belegen sind. Die Einkünfte aus diesen Betriebsstätten dürfen gemäß Art. 5 Abs. 1 Satz 2 DBA-Luxemburg in Luxemburg besteuert werden und sind von der Bemessungsgrundlage der deutschen Steuer auszunehmen. Die insoweit anzustellende **Einkünfteermittlung richtet sich nach deutschem Recht.**

Da sich der Begriff der Betriebsstätteneinkünfte auf einen Nettobetrag bezieht, entspricht es ständiger Rechtsprechung des Senats, dass auch **Betriebsstättenverluste** aus der Bemessungsgrundlage der deutschen Steuer auszunehmen sind; das gilt auch für die mit Luxemburg vereinbarte Abkommenslage.

Allerdings wirkt sich die geschilderte Abkommenslage für gewerbliche Einkünfte aus einer in einem ausländischen Staat belegenen Betriebsstätte nach § 2 Abs. 1 Satz 1, § 5 AuslInvG (i.V. mit § 8 Abs. 1 KStG) nicht aus, falls der Stpfl. beantragt, einen Verlust nach Maßgabe dieser Vorschriften bei der Ermittlung des Gesamtbetrags der Einkünfte abzuziehen. Ein solcher Antrag wurde im Streitfall gestellt; das FA ist dementsprechend verfahren.

Der abgezogene Betrag ist aber, soweit sich in einem der folgenden Veranlagungszeiträume bei den nach dem betreffenden DBA zu befreienden Einkünften aus gewerblicher Tätigkeit aus in diesem ausländischen Staat belegenen Betriebsstätten insgesamt ein positiver Betrag ergibt, nach § 2 Abs. 1 Satz 3 AuslInvG in dem betreffenden Veranlagungszeitraum bei der Ermittlung des Gesamtbetrags der Einkünfte wieder hinzuzurechnen. Davon ist nach § 2 Abs. 1 Satz 4 AuslInvG nur dann abzusehen, wenn der Stpfl. nachweist, dass nach den für ihn geltenden Vorschriften des ausländischen Staates ein Abzug von Verlusten allgemein nicht beansprucht werden kann. … Die GmbH hat u.a. im Streitjahr positive Einkünfte aus ihrer Beteiligung in Luxemburg und ihrer dort belegenen Betriebsstätte erzielt. Der **Nachversteuerungstatbestand des § 2 Abs. 1 Satz 3 AuslInvG** ist sonach erfüllt.

Streitig ist jedoch, ob die GmbH nach Satz 4 dieser Vorschrift von der Nachversteuerung zu verschonen ist. Das ist mit dem FG zu verneinen. Davon, dass die GmbH einen Abzug ihrer Betriebsstättenverluste in Luxemburg ‚allgemein' nicht hätte beanspruchen können, kann keine Rede sein. Nach dem einschlägigen luxemburgischen Steuerrecht konnte sie dies nur deswegen nicht, weil das luxemburgische Steuerrecht einen auf fünf Jahre begrenzten Verlustvortrag vorsah und dieser Zeitraum hier abgelaufen war. ‚Allgemein' stand ihr der Verlustabzug also in anderen Jahren als dem Verlustjahr zu, er verbot sich lediglich konkret aus Gründen der verwirklichten Gegebenheiten des Einzelfalles.

Die so verstandene Regelungslage widerspricht gemeinschaftsrechtlichen Anforderungen und hierbei der in Art. 43 i.V. m. Art. 48 EGV (jetzt Art. 49 i.V.m. Art. 54 des Vertrages über die Arbeitsweise der Europäischen Union – AEUV) verbürgten freien Wahl der Niederlassung nicht. Dies ergibt sich aus dem EuGH-Urteil v. 23.10.2008, C-157/07, ‚**Krankenheim Ruhesitz am Wannsee**-Seniorenheimstatt' (IStR 2008, 769).

BFH, Urt. v. 9.6.2010 – I R 100/09, BStBl. II 2010, 1065 und BFH/NV 2010, 1742 und DStRE 2010, 1059:

Der Senat hält auch für Art. 4 Abs. 1 Satz 2 i.V.m. Art. 20 Abs. 1 Buchst. a DBA-Frankreich daran fest, dass Deutschland für **Verluste**, die ein in Deutschland ansässiges Unternehmen **in seiner in Frankreich belegenen Betriebsstätte** erwirtschaftet, kein Besteuerungsrecht hat (ständige Rechtsprechung).

Ein **Verlustabzug** kommt abweichend davon aus Gründen des Gemeinschaftsrechts nur ausnahmsweise in Betracht, sofern und soweit der Steuerpflichtige nachweist, dass die Verluste im Quellenstaat steuerlich unter keinen Umständen anderweitig verwertbar sind. An einer derartigen „**Finalität**" fehlt es, wenn der Betriebsstättenstaat nur einen zeitlich begrenzten Vortrag von Verlusten zulässt (Anschluss an EuGH-Urteil v. 23.10.2008, C-157/07, *Krankenheim Ruhesitz am Wannsee-Seniorenheimstatt*, Slg. 2008, I-8061, DStRE 2009, 556).

BFH, Urt. v. 9.6.2010 – I R 107/09, BFH/NV 2010, 1744 und DStR 2010, 1611:

Der Senat hält auch für Art. 4 Abs. 1 Satz 2 i.V.m. Art. 20 Abs. 1 Buchst. a DBA-Frankreich daran fest, dass Deutschland für **Verluste**, die ein in Deutschland ansässiges

Unternehmen **in seiner in Frankreich belegenen Betriebsstätte** erwirtschaftet, kein Besteuerungsrecht hat (ständige Rechtsprechung).

Ein **Verlustabzug** kommt abweichend davon aus Gründen des Gemeinschaftsrechts nur ausnahmsweise in Betracht, sofern und soweit der Steuerpflichtige nachweist, dass die Verluste im Quellenstaat steuerlich unter keinen Umständen anderweitig verwertbar sind (sog. finale Verluste, Anschluss an EuGH-Urteil v. 15.5.2008, C-414/06, *Lidl Belgium*, Slg. 2008, I-3601, BStBl II 2009, 692, DStR 2008, 1030). An einer derartigen „Finalität" fehlt es zwar, wenn der Betriebsstättenstaat nur einen zeitlich begrenzten Vortrag von Verlusten zulässt (Anschluss an EuGH-Urteil v. 23.10.2008, C-157/07, *Krankenheim Ruhesitz am Wannsee-Seniorenheimstatt*, Slg. 2008, I-8061, DStRE 2009, 556). Daran fehlt es jedoch nicht, wenn der Betriebsstättenverlust aus tatsächlichen Gründen nicht mehr berücksichtigt werden kann (z. B. bei Umwandlung der Auslandsbetriebsstätte in eine Kapitalgesellschaft, ihrer entgeltlichen oder unentgeltlichen Übertragung oder ihrer „endgültigen" Aufgabe; entgegen BMF v. 13.7.2009, BStBl I 2009, 835, DStR 2009, 1585).

Der ausnahmsweise **Abzug der Betriebsstättenverluste** ist **nicht im Veranlagungszeitraum des Entstehens der Verluste**, sondern in jenem Veranlagungszeitraum vorzunehmen, in welchem sie „final" geworden sind (ebenso wie BMF v. 13.7.2009, BStBl I 2009, 835, DStR 2009, 1585).

Die in den Gewinn ausnahmsweise einbezogenen „finalen" **Betriebsstättenverluste sind auch in die Ermittlung des Gewerbeertrags einzubeziehen**. Sie sind nicht gemäß § 9 Nr. 3 GewStG 1999 wieder hinzuzurechnen.

17 ... [*Es entspricht*] dem gegenwärtigen Stand der Steuerharmonisierung, jedem Mitgliedstaat die Freiheit zu belassen, die ihm abkommensrechtlich zugewiesenen Einkünfte nach Maßgabe seines nationalen Steuerrechts (in gleichheitsgerechter Weise) vorzunehmen. Zu dieser Steuerhoheit gehört es auch, den Verlustabzug – sei es durch eine zeitliche Befristung des Verlustvortrags, sei es durch ähnliche Maßnahmen – zu beschränken. Es ist dann hier wie dort aber nicht dem Ansässigkeitsstaat zu überantworten, dadurch endgültig unberücksichtigte bleibende Verlustvorträge durch den Abzug jener Verluste auszugleichen. ...

18 Anders verhält es sich indessen dann, wenn nicht die Verlustabzugsbeschränkungen und –verbote desjenigen Mitgliedstaates für die „Finalität" der fraglichen Verluste ausschlaggebend sind, sondern wenn dies – auch unter Berücksichtigung der rechtlichen Rahmenbedingungen im Quellenstaat – auf tatsächliche Gegebenheiten zurückzuführen ist. ...

19 Ob und unter welchen Voraussetzungen vermieden werden kann, dass die **Verluste ggf. mehrfach abgezogen werden**, falls im Quellenstaat in den Folgejahren doch noch eine Verlustberücksichtigung in Betracht kommt (beispielsweise für den Fall einer späteren Neubegründung einer Betriebsstätte in jenem Staat unter Weiternutzung der in der Vergangenheit aufgelaufenen Verluste), kann im Streitfall dahinstehen; ... Der Senat weist aber darauf hin, dass unter einer derartigen Gegebenheit die „Finalität" der Verluste nachträglich entfiele und ein rückwirkendes Ereignis vorlie-

gen dürfte, das über § 175 Abs. 1 Satz 1 Nr. 2 AO eine Bescheidänderung ermöglicht.

21 [*Dass sich der Verlustabzug uneingeschränkt nach den dafür einschlägigen innerstaatlichen Regelungen richtet, bedeutet*] noch nicht, dass die Verluste, welche im Streitjahr 2000 entstanden sind, auch in jenem Jahr zu berücksichtigen wären. Dafür könnten zwar der Grundsatz der Leistungsfähigkeit und die Gleichbehandlung mit gleichgelagerten Inlandssachverhalten sprechen. Doch sind beide Aspekte infolge der abkommensrechtlich vereinbarten und gemeinschaftlich konsentierten „Symmetrie" der Freistellung auch von Verlusten für das Verlustentstehungsjahr im Ansässigkeitsstaat gewissermaßen suspendiert. So gesehen kann es auf der Basis der sog. **Symmetriethese** für den ausnahmsweisen **Verlustabzug** im Ansässigkeitsstaat **nur auf jenen Veranlagungszeitraum ankommen**, in welchem die **Verluste tatsächlich „final"** geworden sind. ... Das korrespondiert wiederum damit, dass andernfalls – bei einem ausgenutzten Verlustvortrag im Betriebsstättenstaat in einem dem Verlustentstehungsjahr nachfolgenden Veranlagungszeitraum – ebenfalls eine Verlustberücksichtigung nur in diesem späteren Veranlagungszeitraum gegriffen hätte, nicht aber im Veranlagungszeitraum der Verlustentstehung.

27 Die Klägerin unterliegt als im Inland unbeschränkt steuerpflichtige Kapitalgesellschaft der Gewerbesteuer zwar nur, soweit sie ihren Gewerbebetrieb im Inland betreibt (§ 2 Abs. 1 Satz 1 GewStG 1999). Als Konsequenz der Begrenzung des Objekts der Gewerbesteuer auf das Inland bestimmt § 9 Nr. 3 GewStG 1999, dass die zur Berechnung des Gewerbeertrags führende Summe des Gewinns und der Hinzurechnungen um den Teil des **Gewerbeertrags des inländischen Unternehmens gekürzt wird, der auf eine nicht im Inland belegene Betriebsstätte entfällt**. ...

28 Dieser speziellen (und unilateralen) gewerbesteuerlichen Freistellung bedarf es nicht, wenn die abkommensrechtlich (also bilateral) vereinbarte symmetrische Freistellung im Rahmen der Ermittlung des zu versteuernden Einkommens greift; jene **Freistellung wirkt sich dann bereits über § 7 Satz 1 GewStG** 1999 (i.V.m. § 8 Abs. 1 KStG 1999) auf die Ermittlung des Gewerbeertrages aus. Anders verhält es sich dann, wenn kein Abkommen oder ein solches mit der Vermeidung der Doppelbesteuerung durch Anrechnung oder wenn ein Abkommen mit Freistellung vereinbart wurde, wenn aber zugleich die gemeinschaftlichen Grundfreiheiten die Einbeziehung „finaler" Auslandsbetriebsstättenverluste bei der Gewinnermittlung erzwingen. Es ist kein Grund dafür ersichtlich, die gemeinschaftlichen Erfordernisse und deren Anwendungsvorrang unter diesen Umständen nicht auch auf die Gewerbesteuer durchschlagen zu lassen. Der strukturelle Inlandsbezug der Gewerbesteuer und damit das Territorialitätsprinzip widersprechen dem schon deswegen nicht, weil sich die Ausgangslagen dort und bei zwischenstaatlicher Vereinbarung der Freistellungsmethode nicht unterscheiden. Denn hier wie dort werden Auslandseinkünfte prinzipiell „symmetrisch" bei der Einkünfte- und Gewerbeertragsermittlung abgeschirmt; dementsprechend sind sowohl die Körperschaft- als auch die Gewerbesteuern gleichermaßen in den sachlichen Geltungsbereich der Abkommen zur Vermeidung der Doppelbesteuerung ... einbezogen. Vor diesem Hintergrund geht es darum, die „finalen" Auslandsverluste unbeschadet ihrer Freistellung – unabhängig davon, auf welcher

Rechtsgrundlage diese beruht, ob auf einer DBA Freistellung oder gewinnkorrigierend durch negative Kürzung gemäß § 9 Nr. 3 GewStG – einmal zum Abzug zuzulassen; sie sollen nicht im „steuerlichen Niemandsland" verschwinden.

Niedersächsisches FG, Urt. v. 16.6.2011 – 6 K 445/09, EFG 2011, 2088:

Die Frage der Verrechenbarkeit von **Verlusten aus ausländischen Betriebsstätten** ist durch die Rspr. des EuGH hinreichend geklärt.

Die **Veräußerung** einer ausländischen Betriebsstätte **führt zur Finalität** der Betriebsstättenverluste (Anschluss an BFH-Rspr. vom 9.6.2010 I R 107/09, BFH/NV 2010, 1744).

BFH, Urt. v. 22.8.2011 – I B 169/10, BFH/NV 2011, 2119:

Es bedarf keiner Klärung, dass

1. ein im EU-Ausland ansässiges Kreditinstitut seiner inländischen Zweigniederlassung für steuerliche Zwecke **Dotationskapital** (Eigenkapital) zurechnen muss, auch wenn das Kreditinstitut aufgrund des EU-Passes der ausschließlichen bankenaufsichtsrechtlichen Zulassung, Kontrolle und Überwachung in seinem Herkunftsland unterliegt, und dass
2. die Bemessung des Dotationskapitals nach Maßgabe der Verwaltungsgrundsätze Dotationskapital unter Anwendung der Mindestkapital- oder Kapitalausstattungsmethode mit den deutschen Grundsätzen zur Betriebsstättengewinnermittlung (i.V. mit dem DBA) bzw. mit der **Niederlassungsfreiheit vereinbar** ist.

BFH, Urt. v. 24.8.2011 – I R 5/10, BFH/NV 2012, 271:

Eine **verdeckte Gewinnausschüttung** ist einer **inländischen Betriebsstätte zuzurechnen,** wenn sie auf einem Vorgang beruht, der sich im Aufwand dieser Betriebsstätte niedergeschlagen hat.

Bei der Bestimmung des anzuwendenden Betriebsstättensteuersatzes beschränkt steuerpflichtiger Kapitalgesellschaften sind nichtabziehbare Aufwendungen möglichst wie in der Gliederung des verwendbaren Eigenkapitals unbeschränkt steuerpflichtiger Kapitalgesellschaften bei unterstellter Vollausschüttung bis zur Höhe des gesetzlichen Steuersatzes gemäß § 23 Abs. 3 i.V.m. Abs. 2 Nr. 1 KStG zu berücksichtigen. Dagegen bestehen keine unionsrechtlichen Bedenken.

24 Die Klägerin ist eine Kapitalgesellschaft niederländischen Rechts mit Sitz in den Niederlanden, die in den Streitjahren in Deutschland Betriebsstätten unterhielt [*und Zahlungen für die Erbringung von Managementleistungen an ihre niederländischen Gesellschafter leistete, die vom FA z.T. als überhöht und demzufolge als vGA behandelt wurden*]. Dem liegt die von den Beteiligten nicht gerügte Annahme zugrunde, dass sich auch der Ort der Geschäftsleitung in den Niederlanden befindet.

25 Der beschränkten Steuerpflicht der Klägerin unterliegen die von ihr in ihren inländischen Betriebsstätten erzielten Einkünfte. Zu diesem Zweck sind die Gesamteinkünfte der Klägerin nach Maßgabe des deutschen Rechts zu ermitteln und sodann, soweit sie durch die deutschen Betriebsstätten erzielt worden sind, diesen Betriebsstätten zuzurechnen.

27 Nach § 8 Abs. 3 Satz 2 KStG 1991/1996/1999 mindern vGA das Einkommen nicht. Unter einer vGA ist bei einer Kapitalgesellschaft eine Vermögensminderung oder verhinderte Vermögensmehrung zu verstehen, die nicht auf einer offenen Gewinnausschüttung beruht, sich auf den Unterschiedsbetrag i.S. des § 4 Abs. 1 Satz 1 EStG 1990/1997 auswirkt und durch das Gesellschaftsverhältnis veranlasst oder mitveranlasst ist. Eine Veranlassung durch das Gesellschaftsverhältnis hat der BFH für den größten Teil der zu entscheidenden Fälle angenommen, wenn die Kapitalgesellschaft ihrem Gesellschafter einen Vermögensvorteil zuwendet, den sie einem Gesellschaftsfremden unter ansonsten vergleichbaren Umständen nicht zugewandt hätte. Maßstab für den hiernach anzustellenden Fremdvergleich ist das Handeln eines ordentlichen und gewissenhaften Geschäftsleiters, der gemäß § 43 Abs. 1 GmbHG die Sorgfalt eines ordentlichen Geschäftsmannes anwendet. Zudem muss der Vorgang geeignet sein, einen sonstigen Bezug i.S. des § 20 Abs. 1 Nr. 1 EStG 1990/1997 auszulösen.

30 Wie die maßgeblichen [*Management*]Verträge zivilrechtlich einzuordnen sind, ist ... ebenso **ohne Belang** wie die Frage, ob Gestaltungen der in Rede stehenden Art in den Niederlanden üblich sind und **wie die niederländischen Behörden die Zahlungen bei den Empfängern steuerrechtlich qualifiziert** haben.

37 Allerdings ist dem FG nicht darin zuzustimmen, dass auf die ermittelte **Körperschaftsteuer-Bemessungsgrundlage ein „gesplitteter" Körperschaftsteuersatz** dergestalt anzuwenden ist, dass für den „ausschüttungsfähigen" Teil des zu versteuernden Einkommens der jeweils maßgebliche Ausschüttungssteuersatz und für den restlichen Teil (einschließlich des Betrags der Körperschaftsteuer als nicht abzugsfähige Ausgabe) der jeweils maßgebliche Thesaurierungssteuersatz greift.

38 Zu Unrecht begründet das FG die Notwendigkeit eines „gesplitteten" Steuersattzes damit, dass sich die im BMF-Schreiben in BStBl I 2007, 766 dargestellte Berechnungsformel, mittels derer die Vorgaben des EuGH-Urteils in Slg. 2006, I-1831, sowie des Senatsurteils in BStBl II 2007, 838 umgesetzt werden sollen, beim Vorliegen nichtabziehbarer Betriebsausgaben nicht erklären ließe.

BFH, Urt. v. 5.2.2014 – I R 48/11, BFH/NV 2014, 963 und DStR 2014, 837

1. Der Senat hält auch für Art. 23 … DBA-Belgien daran fest, dass Deutschland (für laufende und Veräußerungs-)**Verluste**, die ein in Deutschland ansässiges Unternehmen in seiner **in Belgien belegenen Betriebsstätte** erwirtschaftet hat, kein Besteuerungsrecht hat (sog. **Symmetriethese**; ständige Rechtsprechung).

2. Ein Verlustabzug kommt abweichend davon aus Gründen des Unionsrechts nur dann ausnahmsweise in Betracht, sofern und soweit der Stpfl. nachweist, dass die Verluste im [*ausländischen*] Quellenstaat – als sog. finale Verluste – steuerlich unter keinen Umständen anderweitig verwertbar sind. Eine derartige „Finalität" ist gegeben, wenn die Verluste im Quellenstaat aus tatsächlichen Gründen nicht mehr berücksichtigt werden können oder ihr Abzug in jenem Staat zwar theoretisch noch möglich, aus tatsächlichen Gründen aber so gut wie ausgeschlossen ist und ein wider Erwarten dennoch erfolgter späterer Abzug im Inland verfahrensrechtlich noch rückwirkend nachvollzogen werden könnte.

11 Der Senat hat … keinen Grund, seine Rechtsprechung, welche auf der EuGH-Judikatur aufbaut, in Frage zu stellen oder abermals den EuGH anzurufen; die einschlägigen Rechtsfragen sind geklärt.

13 Zwar ist es Sache des Stpfl., die „finale" Nichtverwertbarkeit der Auslandsverluste im Betriebsstättenstaat nachzuweisen: Das aber ist nach den Feststellungen des FG … geschehen. Allerdings lassen sich die streitgegenständlichen Betriebsstättenverluste danach womöglich bei einem neuerlichen Engagement der Klägerin in Belgien in irgendeiner Weise- beispielsweise durch Wiedereröffnung einer Betriebsstätte – steuerlich zukünftig effektuieren. Doch ist de facto nichts dafür dargetan oder ersichtlich … . Sollte sich eine solche Verlustnutzung dennoch ergeben haben oder noch ergeben, böte das deutsche allgemeine Abgabenrecht vermittels § 175 Abs. 1 Satz 1 Nr. 2 AO die verfahrensrechtliche Handhabe, **dem rückwirkend Rechnung zu tragen** [*d.h. die in Deutschland erfolgte Verlustverrechnung mit ausländischen Betriebsstättenverlusten wieder rückgängig zu machen*]. Dem vom FA … ins Feld geführten Argument, allein die nach belgischem Steuerrecht rechtlich bestehende abstrakte Möglichkeit einer künftigen Verlustnutzung genüge, um eine **„Finalität"** der Verluste im unionsrechtlichen Sinne auszuschließen, folgt der Senat jedenfalls dann nicht, wenn eine solche Möglichkeit nur „auf dem Papier steht" und keinen Bezug zu den **tatsächlichen Gegebenheiten** aufweist und deswegen aus tatsächlichen Gründen so gut wie ausgeschlossen ist. Dass der Verlustabzug im anderen Vertragsstaat aus **rechtlicher** – und aus unionsrechtlich damit prinzipiell unbeachtlicher … – Sicht nicht gänzlich ausgeschlossen ist, tritt dann für die Frage nach der endgültigen Unverwertbarkeit der ausländischen Verluste zurück … .

14 Ebenso wenig bietet der festgestellte Sachverhalt Anhaltspunkte dafür, dass die Klägerin sich vermittels des Verkaufs ihrer belgischen Betriebsstätte „willkürlich" oder „freiwillig" in die ihr unter den gegebenen Umständen steuerlich günstige Situation „finaler" Verluste begeben hätte. Vielmehr ist davon auszugehen, dass der Betriebsstättenverkauf im Rahmen der unternehmerischen Gestaltungsfreiheit aus betriebswirtschaftlicher Notwendigkeit erfolgt ist. Soweit das FA in der mündlichen Verhandlung insoweit einen „Beliebigkeitsfaktor" angesprochen hat, ist das deshalb nicht weiterführend. Missbräuchlichen oder beliebigen Transaktionen der beteiligten Stpfl., um „finale Verluste" zu generieren, unterfallen – wie sonst auch – dem allgemeinen abgabenrechtlichen **Missbrauchsvorbehalt (§ 42 AO).** … Dass der Verkauf der Betriebsstätte an eine konzernverbundene Gesellschaft erfolgt ist, gibt für sich genommen dafür jedenfalls keine Handhabe.

FG Hamburg, Urt. v. 6.8.2014 – 2 K 355/1 (NZB eingelegt, Az des BFH: I B 95/14), EFG 2014, 2084:

3. Die **Verluste einer ausländischen Betriebsstätte** sind im Jahr der „Finalität" aus Gründen des Unionsrechts ausnahmsweise abzugsfähig, wenn sie im Quellenstaat steuerlich unter keinen Umständen anderweitig verwertbar sind.
4. Eine derartige **„Finalität"** ist gegeben, wenn auf Grund der rechtlichen Gegebenheiten im Betriebsstättenstaat ein Verlustabzug möglich gewesen wäre, die Verluste jedoch auf Grund der tatsächlichen Umstände definitiv keiner anderweitigen Berücksichtigung mehr zugänglich sind.

5. **Der Höhe nach richtet sich der im Fall der „Finalität“ zuzulassende Verlustabzug nach innerstaatlichem Recht**, weil eine Gleichbehandlung der steuerlichen Folgen eines inländischen und eines grenzüberschreitenden Sachverhalts nur dann erfolgen kann, wenn die Verluste nach dem Steuerrecht des Sitzstaates der übernehmenden Gesellschaft berechnet werden (im Anschluss an EuGH-Urteil vom 21.2.2013 Rs. C-123/11 A Oy, IStR 2013, 239).

   Die Berücksichtigung der „finalen“ Verluste der aufgegebenen Betriebsstätte umfasst die Verluste der gesamten Tätigkeitsperiode *[= Jahre 2004 bis 2008*] und beschränkt sich nicht auf den Verlust nur des Jahres der Aufgabe der Betriebsstätte 2008.

BFH, Urt. v. 20.5.2015 – I R 75/14, BFH/NV 2015, 1687-1688

Der (nachträgliche) Ertrag aus der Auflösung einer Rückstellung, die während der Zeit des Bestehens einer in Belgien gelegenen Betriebsstätte für deren Tätigkeiten gebildet worden war, ist nach Art. 23 Abs. 1 Nr. 1 Satz 1 i.V.m. Art. 7 Abs. 1 DBA-Belgien 1969 in Deutschland von der Steuer befreit. Dass die Betriebsstätte zwischenzeitlich aufgegeben worden ist, ändert daran nichts (Rn.7) (Rn.8).

FG Hessen, Urt. v. 4.9.2018 – 4 K 385/17 DStR 2018, 2566 (anhängig beim BFH - I R 32/18):

Die Besteuerung nach der wirtschaftlichen Leistungsfähigkeit gebietet, dass von einem unbeschränkt Steuerpflichtigen in einem anderen Mitgliedstaat erzielte Verluste abgezogen werden können, wenn aufgrund der Einstellung der Tätigkeit in dem anderen Mitgliedstaat dort dauerhaft kein Abzug der Verluste mehr möglich sein wird.

FG Schleswig-Holstein, Urt. v. 13.3.2019 – 1 K 218/15 (anhängig beim BFH - I R 26/19):

Die Verrechnung von sog. „finalen“ Verlusten einer in einem EU-Mitgliedstaat ansässigen TG mit Gewinnen der im Inland ansässigen MG („Organschaft über die Grenze“) setzt eine verbindliche schuldrechtliche Vereinbarung zwischen den Gesellschaften voraus, die jedenfalls eine Verpflichtung zur Verlustübernahme durch die MG für den Fall der Verlustentstehung der TG beinhalten muss.

BFH Beschluss vom 24.11.2021 – I B 44/21

1. § 1 Abs. 5 Satz 3 AStG lässt sich bei summarischer Prüfung nicht entnehmen, dass außerhalb des Anwendungsbereiches des § 1 AStG und insbesondere für die allgemeine Gewinnermittlung nach §§ 4 ff. EStG eine Veranlassungsprüfung (allein) nach den in den jeweiligen Unternehmensteilen ausgeübten Personalfunktionen vorzunehmen wäre (entgegen BMF-Schreiben vom 22.12.2016, BStBl I 2017, 182, Rz 451).
2. Auch wenn der bisherigen Senatsrechtsprechung bei der Zuordnung von Wirtschaftsgütern zu einer Betriebsstätte eine funktionsgetragene Betrachtungsweise zugrunde liegt, ist ihr jedenfalls nicht zu entnehmen, dass allein die Personalfunktion als maßgebender Zuordnungsparameter anzusehen ist (entgegen BMF-Schreiben vom 26.09.2014, BStBl I 2014, 1258, Tz. 2.2.4.1).
3. Bei Betriebsstätten ohne maßgebliche Personalfunktion ist eine nutzungsbezogene Zuordnung von materiellen Wirtschaftsgütern nicht ausgeschlossen (BMF-Schreiben vom 17.12.2019, BStBl I 2020, 84).

FG Nürnberg, Urt. v. 27.9.2022 – 1 K 1595/20, Rev. beim BFH anhängig unter I R 45/22

1. Ist der Anwendungsbereich der einschlägigen Vorschriften von § 1 AStG nicht erfüllt, kommt auch eine Anwendung der Betriebsstättengewinnaufteilungsverordnung nicht in Betracht.
2. In Ermangelung einer anzunehmenden schuldrechtlichen Beziehung zwischen Stammhaus und Betriebsstätte ist der Vorschrift des § 1 Abs. 5 AStG kein Ansatz fiktiver Aufschlagsätze zu entnehmen.

*BFH, Urt. v. 12.4.2023, I R 44/22 (I R 49/19, I R 17/16); **(finale Betriebsstättenverluste)***

1. Die qualifizierte Rückfallklausel des Abschn. 16 Buchst. d des Protokolls zum DBA-Italien 1989, nach der die Einkünfte einer in einem Vertragsstaat ansässigen Person (nur dann) als aus dem anderen Vertragsstaat stammend gelten, wenn sie im anderen Vertragsstaat in Übereinstimmung mit dem Abkommen effektiv besteuert worden sind, ist auch auf negative Einkünfte anzuwenden. **Von einer effektiven Besteuerung durch den anderen Staat ist im Falle von Verlusten** jedenfalls dann auszugehen**, wenn der andere Staat die Verluste** in die steuerliche Bemessungsgrundlage einbezieht **und einen Ausgleich mit positiven Einkünften eines anderen Veranlagungszeitraums ermöglicht. Nicht erforderlich ist hingegen, dass es zu irgend einem Zeitpunkt tatsächlich zu einem solchen Ausgleich** kommt.
2. Der auf einem DBA (hier: DBA-Italien 1989) beruhende Ausschluss der Berücksichtigung von Verlusten einer in einem anderen Mitgliedstaat belegenen Betriebsstätte (sog. Symmetriethese) verstößt auch im Hinblick auf endgültige ("finale") Verluste weder gegen die unionsrechtliche Niederlassungsfreiheit (Anschluss an EuGH-Urteil W vom 22.09.2022 - C- 538/20, EU:C:2022:717, DStR 2022, 1993; Bestätigung der Senatsrechtsprechung) noch gegen Art. 20 der Charta der Grundrechte der EU und das verfassungsrechtliche Gleichbehandlungsgebot.

FG München, Urteil vom 10.7.2023 – 7 K 1938/22, Rev. beim BFH anhängig unter I R 49/23

1. Die Anwendung des § 1 Abs. 5 AStG steht im unmittelbaren Kontext zu dessen Abs. 1 und knüpft damit tatbestandlich an eine Einkünfteminderung an, die durch eine Vereinbarung nicht fremdvergleichsgerechter Bedingungen (Verrechnungspreise) entsteht.
2. Dem Wortlaut des § 1 Abs. 5 AStG und insbesondere dessen Satz 3 lässt sich auch nicht entnehmen, dass außerhalb des Anwendungsbereichs des § 1 AStG und insbesondere für die allgemeine Gewinnermittlung nach §§ 4 ff. Einkommensteuergesetz (EStG) eine Veranlassungsprüfung (allein) nach den in den jeweiligen Unternehmensteilen ausgeübten Personalfunktionen vorzunehmen wäre. Eine entsprechende „Ausstrahlwirkung“ kann in § 1 Abs. 5 AStG auch wegen der systematischen Stellung der Vorschrift im AStG nicht hineingelesen werden
3. Bei der Zuordnung der Umsätze aus an fremde Dritte erbrachten Werkvertragsleistungen handelt es sich um keine Verrechnungspreisproblematik, die einer Korrektur nach § 1 Abs. 5 AStG unterliegen kann. § 1 Abs. 5 AStG stellt eine reine Korrekturnorm dar und ist keine eigenständige Regelung zur Betriebsstättengewinnermittlung. Die Korrekturnorm des § 1 Abs. 5 AStG bleibt für die Zuordnung von Erträgen und Aufwendungen aus Außentransaktionen bedeutungslos.

VII. EuGH-Urteile zu Verrechnungspreisen

EuGH v. 28.1.1986 – Rs. C-270/83 – ***avoir fiscal*** *(NJW 1987, 569):* ***Ungleiche Behandlung von Steuerguthaben***

Die Französische Republik hat dadurch gegen ihre Verpflichtungen aus Art. 52 EWG-Vertrag verstoßen, dass sie den in Frankreich gelegenen Zweigniederlassungen und Agenturen von Versicherungsgesellschaften mit Sitz in einem anderen Mitgliedstaat nicht unter den gleichen Bedingungen wie Versicherungsgesellschaften mit Sitz in Frankreich ein Steuerguthaben für die von diesen Zweigniederlassungen und Agenturen bezogenen Dividenden französischer Gesellschaften gewährt hat.

EuGH v. 12.4.1994 – Rs. C-1/93 – ***Halliburton*** *(IStR 1994, 235):* ***Niederlassungsfreiheit – Grunderwerbsteuer***

Die Art. 52 (*jetzt: 43*) und 58 (*jetzt: 48*) EWG-Vertrag stehen einer rechtlichen Regelung eines Mitgliedstaates entgegen, die die Befreiung von der Grunderwerbsteuer, die gewöhnlich bei Veräußerungen oder Verkäufen geschuldet wird, die anlässlich der Umstrukturierung innerhalb eines Konzerns erfolgen, auf die Fälle beschränkt, in denen die Gesellschaft, der diese Steuerbefreiung zugute kommen soll, unbewegliches Vermögen von einer Gesellschaft erwirbt, die nach nationalem Recht errichtet worden ist, und diese Vergünstigung versagt, wenn die veräußernde Gesellschaft nach dem Recht eines anderen Mitgliedstaats errichtet worden ist.

EuGH v. 14.2.1995 – Rs. C-279/93 – ***Schumacker*** *(DB 1995, 407 = IStR 1995, 126):* ***Besteuerung des Einkommens von Gebietsfremdenn***

Art. 48 (*jetzt: 39*) EWG-Vertrag ist so auszulegen, dass er das Recht eines Mitgliedstaates, die Voraussetzungen und die Modalitäten der Besteuerung der in seinem Hoheitsgebiet von Angehörigen eines anderen Mitgliedstaates erzielten Einkünfte festzulegen, insoweit einschränken kann, als er es einem Mitgliedstaat nicht erlaubt, einen Staatsangehörigen eines anderen Mitgliedstaates, der in Ausübung seines Rechts auf Freizügigkeit im Hoheitsgebiet des erstgenannten Staates eine nichtselbständige Beschäftigung ausübt, bei der Erhebung der direkten Steuern (*z. B. Lohn- und Einkommensteuern*) schlechter zu behandeln als einen eigenen Staatsangehörigen, der sich in der gleichen Lage befindet.

EuGH v. 11.8.1995 – Rs. C-80/94 – ***Wielockx*** *(ABl. EG 199, Nr. C 268 S. 8 = IStR 1995, 431):* ***Gleichbehandlung des Einkommens von Gebietsfremden***

Eine von einem Mitgliedstaat erlassene Vorschrift, die es den in diesem Staat ansässigen Personen gestattet, vom steuerpflichtigen Einkommen die Gewinne aus unternehmerischer Tätigkeit abzuziehen, die sie zur Bildung einer Altersrücklage verwenden, diesen Vorteil aber steuerpflichtigen Gemeinschaftsangehörigen verweigert, die zwar in einem anderen Mitgliedstaat wohnen, aber im erst genannten Mitgliedstaat nahezu ihre gesamten Einkünfte erzielen, kann nicht durch den Umstand gerechtfertigt werden, dass die Rentenzahlungen, die der gebietsfremde Stpfl. später aus der Altersrücklage bezieht, nicht in diesem Staat besteuert werden, sondern in dem Staat seines Wohnsitzes – mit dem der erstgenannte Staat ein DBA geschlossen hat -, auch wenn es infolge der generellen Gewährung des Vorteils nicht möglich ist, innerhalb des im erstgenannten Staat geltenden Steuersystems eine genaue Übereinstimmung der Bezüge aus dieser Rücklage zu gewährleisten.

EuGH v. 15.5.1997 – Rs. C-250/95 – ***Futura Singer*** *(DB 1997, 1211):* ***Verlustvortrag***

Es verstößt nicht gegen Art. 52 EG-Vertrag (*heute: Art. 43*), wenn ein Mitgliedstaat den Verlustvortrag aus früheren Jahren bei einem Stpfl., der in seinem Gebiet eine Zweigniederlassung, nicht aber seinen Sitz hat, davon abhängig macht, dass die Verluste in wirtschaftlichem Zusammenhang mit Einkünften stehen, die der Stpfl. in diesem Staat erzielt hat, sofern Steuerinländer nicht besser behandelt werden. Es verstößt hingegen gegen Art. 52 EG-Vertrag, wenn Voraussetzung des Verlustvortrags ist, dass der Stpfl. während des Geschäftsjahres, in dessen Verlauf die Verluste entstanden sind, in diesem Staat entsprechend dem einschlägigen nationalen Recht Bücher über seine dortigen Tätigkeiten geführt und aufbewahrt hat. Der Mitgliedstaat kann jedoch verlangen, dass der Steuerausländer klar und eindeutig belegt, dass die von ihm geltend gemachten Verluste nach dem im fraglichen Geschäftsjahr einschlägigen inländischen Recht über die Berechnung der Einkünfte und der Verluste den dem Steuerausländer in diesem Mitgliedstaat tatsächlich entstandenen Verlusten der Höhe nach entsprechen.

EuGH v. 9.3.1999 – Rs. C-212/97 – ***Centros*** *(IStR 1999, 253):* ***Eintragung einer Zweigniederlassung***

Ein Mitgliedstaat, der die Eintragung einer Zweigniederlassung einer Gesellschaft verweigert, die in einem anderen Mitgliedstaat, in dem sie ihren Sitz hat, rechtmäßig errichtet worden ist, aber keine Geschäftstätigkeit entfaltet, verstößt gegen Art. 52 und 58 EGV (*heute: 43 und 48*), wenn die Zweigniederlassung es der Gesellschaft ermöglichen soll, ihre gesamte Geschäftstätigkeit in dem Staat auszuüben, in dem diese Zweigniederlassung errichtet wird, ohne dort eine Gesellschaft zu errichten und damit das dortige Recht über die Errichtung von Gesellschaften zu umgehen, das höhere Anforderungen an die Einzahlung des Mindestgesellschaftskapitals stellt.

EuGH v. 21.9.1999 – Rs. C-307/97 – ***Saint-Gobain*** *(DB 1999, 2037):* ***DBA Schachtelprivileg und Anrechnung ausländischer Körperschaftsteuer***

Die Art. 52 (*heute: Art. 43*) und 58 (*heute: Art. 48*) EG-Vertrag stehen einer Regelung entgegen, nach der einer in Deutschland gelegenen Betriebsstätte einer Kapitalgesellschaft mit Sitz in einem anderen Mitgliedstaat nicht unter den gleichen Voraussetzungen wie Kapitalgesellschaften mit Sitz in Deutschland folgende steuerlichen Vergünstigungen gewährt werden:

- Befreiung von der Körperschaftsteuer für die Dividenden, die in Drittstaaten ansässige Gesellschaften ausgeschüttet haben (internationales körperschaftsteuerliches Schachtelprivileg), aufgrund eines DBA mit einem Drittstaat;
- Anrechnung der Körperschaftsteuer, die in einem anderen Mitgliedstaat als der BRD auf die Gewinne einer dort ansässigen Tochtergesellschaft erhoben worden ist, auf die deutsche Körperschaftsteuer gem. den nationalen Rechtsvorschriften.

EuGH v. 9.11.2000 – Rs. C-381/98 – ***Ingmar GB Ltd. / Eaton Leonard Technologies*** *(IStR 2001, 327):* ***Ausgleichsanspruch des Handelsvertreters bei Sitz des Unternehmers in Drittstaat***

Artikel 17 und 18 der Richtlinie 86/653/EWG des Rates vom 18.12.1986 zur Koordinierung der Rechtsvorschriften der Mitgliedstaaten betreffend die selbständigen Handelsvertreter, die dem **Handelsvertreter** nach Vertragsbeendigung gewisse **Ansprüche gewähren**, sind **auch dann anzuwenden**, **wenn** der Handelsvertreter seine Tätigkeit in einem Mitgliedstaat ausgeübt hat, **der Unternehmer seinen Sitz** aber **in einem Drittland hat** und der Vertrag vereinbarungsgemäß dem Recht dieses Landes unterliegt.[1]

EuGH v. 14.12.2000 – Rs. C-141/99 – ***AMID*** *(IStR 2001, 86):* ***Verlustabzug bei in- und ausländischer Betriebsstätte***

Einer Regelung eines Mitgliedstaats, nach der eine Gesellschaft innerstaatlichen Rechts mit Sitz im Inland bei der Veranlagung zur Körperschaftssteuer einen in einem bestimmten Jahr erlittenen Verlust nur dann vom steuerpflichtigen Gewinn des darauf folgenden Jahres abziehen kann, wenn dieser Verlust nicht dem Gewinn einer ihrer festen Betriebsstätten in einem anderen Mitgliedstaat in den beiden Vorjahren hat zugeordnet werden können, steht insofern Art. 52 (*heute: Art. 43*) EG-Vertrag entgegen, als ein so zugeordneter Verlust in keinem der betroffenen Mitgliedstaaten vom steuerpflichtigen Einkommen abgezogen werden kann, während dies sehr wohl möglich wäre, wenn sich die Betriebsstätten der Gesellschaft ausschließlich in dem Mitgliedstaat befänden, in dem sie ihren Sitz hat.

EuGH v. 5.11.2002 – Rs. C-208/00 – ***Überseering BV*** *(IStR 2002, 809):* ***Rechts- und Parteifähigkeit***

Es verstößt gegen die Art. 43 und 48 EGV, wenn einer Gesellschaft, die nach dem Recht des Mitgliedstaates, in dessen Hoheitsgebiet sie ihren satzungsmäßigen Sitz hat, gegründet worden ist und von der nach dem Recht eines anderen Mitgliedstaates angenommen wird, dass sie ihren tatsächlichen Verwaltungssitz dorthin verlegt hat, in diesem Mitgliedstaat die Rechtsfähigkeit und damit die Parteifähigkeit vor seinen nationalen Gerichten für das Geltendmachen von Ansprüchen aus einem Vertrag mit einer in diesem Mitgliedstaat ansässigen Gesellschaft abgesprochen wird. Macht eine Gesellschaft, die nach dem Recht des Mitgliedstaates gründet worden ist, in dessen Hoheitsgebiet sie ihren satzungsmäßigen Sitz hat, in einem anderen Mitgliedstaat von ihrer Niederlassungsfreiheit Gebrauch, so ist dieser andere Mitgliedstaat nach den Art. 43 und 48 EGV verpflichtet, die Rechtsfähigkeit und damit die Parteifähigkeit zu achten, die diese Gesellschaft nach dem Recht ihres Gründungsstaats besitzt.

EuGH v. 12.12.2002 – Rs. C-324/00 – ***Lankhorst-Hohorst GmbH*** *(IStR 2003, 55):* ***Gesellschafterfremdfinanzierung (§ 8a KStG)***

Die direkten Steuern fallen nach ständiger Rechtsprechung zwar in die Zuständigkeit der Mitgliedstaaten, doch müssen diese ihre Befugnisse unter Wahrung des Gemeinschaftsrechts ausüben und deshalb insb. jede Diskriminierung auf Grund der Staatsan-

[1] Fraglich ist, ob das Urteil analog auch für Vertragshändler gilt. Dies ablehnend u.a. *Emde*, DStR 2009, 1478 (1479) und *Hagemeister*, RIW 2006, 502.

gehörigkeit unterlassen. § 8a Abs. 1 Nr. 2 KStG ist ausschließlich anwendbar auf Vergütungen für Fremdkapital, das eine unbeschränkt steuerpflichtige Kapitalgesellschaft von einem nicht ur Anrechnung von Körperschaftsteuer berechtigten Anteilseigner erhalten hat. Eine solche Einschränkung bewirkt in Bezug auf die Besteuerung von Zinsen, die TGs an ihre MGs als Vergütung für Fremdkapital zahlen, eine unterschiedliche Behandlung gebietsansässiger TGs, je nachdem, ob ihre MG ihren Sitz in Deutschland hat oder nicht. Eine solche, vom Sitz der MG abhängige unterschiedliche Behandlungsweise von gebietsansässigen Tochtergesellschaften stellt eine Beschränkung der Niederlassungsfreiheit dar, die nach Art. 43 grundsätzlich untersagt ist.

Zu prüfen bleibt, ob eine nationale Maßnahme ein legitimes Ziel verfolgt, das mit dem EGV vereinbar und durch zwingende Gründe des Allgemeininteresses gerechtfertigt ist. Erforderlich ist zudem, dass die Maßnahme zur Erreichung des fraglichen Ziels geeignet ist und nicht über das hinausgeht, was hierzu erforderlich ist. Eine die Freizügigkeit beschränkende Regelung kann gerechtfertigt sind, um die Kohärenz eines Steuersystems zu gewährleisten.

Steuermindereinnahmen sind nicht als zwingender Grund des Allgemeininteresses anzusehen, mit dem eine Maßnahme gerechtfertigt werden kann, die grundsätzlich einer Grundfreiheit zuwiderläuft. Im Gegensatz zur Rechtssache *Bachmann*, bei der es sich um ein und denselben Stpfl. handelte, der zur Wahrung der Kohärenz der betroffenen Steuerregelung zu schützen war, wird durch § 8a KStG die TG einer gebietsfremden MG im Vergleich zur TG einer gebietsansässigen MG steuerlich nachteilig behandelt, ohne dass bei dieser TG die Benachteiligung durch einen Steuervorteil ausgeglichen wird.

*EuGH v. 12.6.2003 – Rs. C-234/01 – **Gerritse** (BStBl II.2003, 859 = IStR 2003, 458): **Steuerabzug nach § 50a EStG***

Die Art. 59 (*jetzt: Art. 49*) und Art. 60 (*jetzt: Art. 50*) EGV stehen einer nationalen Regelung entgegen, nach der in der Regel bei Gebietsfremden die Bruttoeinkünfte ohne Abzug der Betriebsausgaben, wohingegen bei Gebietsansässigen die Nettoeinkünfte nach Abzug der Betriebsausgaben besteuert werden. Dagegen stehen diese Artikel des EGV einer nationalen Regelung nicht entgegen, soweit nach ihr in der Regel die Einkünfte Gebietsfremder einer definitiven Besteuerung zu einem einheitlichen Steuersatz von 25 % durch Steuerabzug unterliegen, während die Einkünfte Gebietsansässiger nach einem progressiven Steuertarif mit einem Grundfreibetrag besteuert werden, sofern der Steuersatz von 25 % nicht höher ist als der Steuersatz, der sich für den Betroffenen tatsächlich aus der Anwendung des progressiven Steuertarifs auf die Nettoeinkünfte zzgl. eines Betrages in Höhe des Grundfreibetrages ergeben würde.

*EuGH v. 18.9.2003 – Rs. C-168/01 – **Bosal Holding BV** (IStR 2003, 666): **Abzugsbeschränkung für Finanzierungsaufwendungen***

Die Richtlinie 90/435/EWG des Rates v. 23.7.1990 über das gemeinsame Steuersystem der Mutter- und Tochtergesellschaften verschiedener Mitgliedstaaten steht einer nationalen Vorschrift entgegen, nach der bei der Besteuerung der Gewinne einer in einem Mitgliedstaat niedergelassenen Muttergesellschaft die Kosten, die mit einer von dieser gehaltenen Beteiligung an dem Kapital einer in einem anderen Mitgliedstaat niedergelassenen Tochtergesellschaft verbunden sind, nur dann abzugsfähig sind, wenn diese Kosten mittelbar der Erzielung von Gewinnen dienen, die in dem Mitgliedstaat, in dem die Muttergesellschaft niedergelassen ist, steuerpflichtig sind.

*EuGH v. 11.3.2004 – Rs. C-9/02 – **de Lasteyrie du Saillant** (BFH/NV Beilage 2004, 211): **Wegzugsbesteuerung***

Der in Art. 52 EGV verankerte Grundsatz der Niederlassungsfreiheit ist dahin auszulegen, dass er es einem Mitgliedstaat verwehrt, zur Vorbeugung gegen die Steuerflucht eine Regelung einzuführen, wonach stille Reserven in Wertpapieren nicht erst bei Veräußerung der Wertpapiere besteuert werden, sondern bereits dann, wenn ein Steuerpflichtiger seinen steuerlichen Wohnsitz ins Ausland verlegt.

*EuGH v. 7.9.2004 – Rs. C-319/02 – **Manninen** (IStR 2004, 313): **Grenzüberschreitende Anrechnung von Körperschaftsteuer - Kohärenz***

Die Art. 56 und 58 EGV stehen einer Regelung entgegen, wonach der Anspruch einer in einem Mitgliedstaat unbeschränkt steuerpflichtigen Person auf eine Steuergutschrift für die Dividenden ausgeschlossen ist, die ihr von Aktiengesellschaften gezahlt werden, die ihren Sitz nicht in diesem Staat haben.

*EuGH v. 13.12.2005 – Rs. C-446/03 – **Marks & Spencer** (IStR 2006, 19): **Verrechnung von Verlusten ausländischer Tochtergesellschaften***

Eine Regelung in einem Mitgliedstaat; die es einer gebietsansässigen Muttergesellschaft verwehrt, von ihrem steuerpflichtigen Gewinn Verlusteabzuziehen, die einer in einem anderen Mitgliedstaat ansässigen Tochtergesellschaft dort entstanden sind, während sie einen solchen Abzug für Verluste einer gebietsansässigen Tochtergesellschaft zulässt, beschränkt die Niederlassungsfreiheit i. S. des Art. 43 und 48 EGV, da die MG dadurch von der Gründung von Tochtergesellschaften in anderen Mitgliedstaaten abgehalten wird. Eine solche Beschränkung kann nur zulässig sein, wenn mit ihr ein berechtigtes und mit dem EGV zu vereinbarendes Ziel verfolgt wird und wenn sie durch zwingende Gründe des Allgemeininteresses gerechtfertigt ist. In einem solchen Fall muss allerdings ihre Anwendung zur Erreichung des damit verfolgten Ziels geeignet sein und darf nicht über das hinausgehen, was hierzu erforderlich ist.

Es kann zur Wahrung der Aufteilung der Besteuerungsbefugnis zwischen den Mitgliedstaaten erforderlich sein, auf die wirtschaftliche Tätigkeit der in einem dieser Staaten niedergelassenen Gesellschaften sowohl in Bezug auf Gewinne als auch auf Verluste nur dessen Steuerrecht anzuwenden.

Ferner ist anzuerkennen, dass die Mitgliedstaaten eine doppelte Verlustberücksichtigung verhindern können müssen. Die Ausdehnung des Konzernabzugs (Verlustverrechnung) auf gebietsfremde Tochtergesellschaften ist mit einer solchen Gefahr verbunden.

Letztlich ist anzuerkennen, dass die Möglichkeit der Übertragung von Verlusten einer gebietsfremden TG auf eine gebietsansässige Gesellschaft eine Steuerfluchtgefahr dergestalt birgt, dass die Verlustübertragungen in Richtung der Gesellschaften geleitet werden, die in den Mitgliedstaaten ansässig sind, in denen die höchsten Steuersätze gelten und folglich der steuerliche Wert der Verluste am höchsten ist. Allerdings verstößt es gegen die Art. 43 und 48 EGV, einer gebietsansässigen MG die Möglichkeit der Verrechnung ihrer Gewinne mit Verlusten einer gebietsfremden TG zu verwehren, wenn die gebietsfremde TG die im Staat ihres Sitzes vorgesehenen Möglichkeiten zur Berücksichtigung von Verlusten ausgeschöpft hat (ggfs. durch Verrechnung mit früheren Gewinnen oder durch Übertragung der Verluste auf einen Dritten) und die Verluste im Staat des Sitzes der TG weder in künftigen Jahren von ihr selbst noch von einem Dritten verrechnet werden können.

EuGH v. 23.2.2006 – C-253/03 – ***CLT-UFA*** *(IStR 2006, 200): Körperschaftssteuer:* ***Ehemaliger Betriebsstättensteuersatz***

Art. 52 EGV (nach Änderung jetzt Art. 43 EG) und Art. 58 EGV (jetzt Art. 48 EG) stehen einer nationalen Regelung wie der im Ausgangsverfahren fraglich entgegen, wonach die Gewinne einer Zweigniederlassung einer Gesellschaft, die ihren Sitz in einem anderen Mitgliedstaat hat, mit einem höheren Steuersatz belastet werden als die Gewinne einer Tochtergesellschaft einer solchen Gesellschaft, die ihre Gewinne voll an die Muttergesellschaft ausschüttet.

Es ist Sache des nationalen Gerichts, den Steuersatz, der auf die Gewinne einer Zweigniederlassung wie der im Ausgangsverfahren in Rede stehenden anzuwenden ist, nach Maßgabe des Steuersatzes zu ermitteln, der im Fall der Ausschüttung der Gewinne einer Tochtergesellschaft an die Muttergesellschaft insgesamt anzuwenden gewesen wäre.

EuGH v. 23.2.2006 – C-471/04 – ***Keller Holding GmbH*** *(BStBl. II 2008, 834):* ***Abzug von Finanzierungsaufwendungen, die auf steuerfreie Auslandsdividenden entfallen***

Art. 52 EG-Vertrag (nach Änderung jetzt Artikel 43 EG) und 31 des Abkommens über den Europäischen Wirtschaftsraum vom 2. Mai 1992 sind dahin auszulegen, dass sie einer Regelung eines Mitgliedstaats entgegenstehen, nach der Finanzierungsaufwendungen einer in diesem Mitgliedstaat unbeschränkt steuerpflichtigen Muttergesellschaft für den Erwerb von Beteiligungen an einer Tochtergesellschaft steuerlich nicht abzugsfähig sind, soweit diese Aufwendungen auf Dividenden entfallen, die von der Steuer befreit sind, weil sie von einer in einem anderen Mitgliedstaat oder Vertragsstaat des genannten Abkommens ansässigen mittelbaren Tochtergesellschaft stammen, obwohl solche Aufwendungen dann abzugsfähig sind, wenn sie auf Dividenden entfallen, die von einer mittelbaren Tochtergesellschaft, die in demselben Mitgliedstaat wie dem Staat des Geschäftssitzes der Muttergesellschaft ansässig ist, ausgeschüttet werden und die faktisch ebenfalls von der Steuer entlastet sind.

EuGH v. 12.9.2006 – Rs. C-196/04 – ***Cadbury Schweppes*** *(IWB 18/2006 F 11a S. 1065):* ***Hinzurechnung von Gewinnen beherrschter Gesellschaften***

Ein Verstoß gegen die Niederlassungsfreiheit liegt vor, wenn in die Steuerbemessungsgrundlage einer in einem Mitgliedstaat ansässigen Gesellschaft die von einer in einem anderen Mitgliedstaat ansässigen Tochtergesellschaft erzielten Gewinne einbezogen werden, weil diese Gewinne einem niedrigeren Besteuerungsniveau als im erstgenannten Staat unterliegen, es sei denn, eine solche Einbeziehung erstreckt sich auf künstliche Gestaltungen, die dazu bestimmt sind, der normalerweise geschuldeten Steuer zu entgehen. Von der Hinzurechnungsbesteuerung ist somit abzusehen, wenn sich anhand objektiver und nachprüfbarer Anhaltspunkte erweist, dass die Tochtergesellschaft tatsächlich im anderen Mitgliedstaat angesiedelt ist und dort einer wirtschaftlichen Tätigkeit nachgeht.

EuGH, v. 29.3.2007 – C-347/04, Rewe Zentralfinanz (BStBl. II 2007, 492): ***Teilwertabschreibung auf ausländische Tochtergesellschaft***

Unter Umständen wie denen des Ausgangsverfahrens, unter denen eine Muttergesellschaft eine Beteiligung an einer gebietsfremden Tochtergesellschaft hält, die es ihr ermöglicht, einen sicheren Einfluss auf die Entscheidungen dieser ausländischen Tochtergesellschaft auszuüben und deren Tätigkeiten zu bestimmen, stehen die Art. 52 EG-Vertrag (nach Änderung jetzt Art. 43 EG) und 58 EG-Vertrag (jetzt Art. 48 EG) einer Regelung eines Mitgliedstaates entgegen, die für eine in diesem Mitgliedstaat ansässige Muttergesellschaft die Möglichkeiten einschränkt, Verluste aus der Abschreibung auf Beteiligungswerte an in anderen Mitgliedstaaten niedergelassenen Tochtergesellschaften steuerlich auszugleichen.

Nach der im Ausgangsverfahren streitigen Regelung [= *§ 2 Abs. 3 EStG 1990*] fließen Vermögensverluste aus der Abschreibung auf Beteiligungswerte an in Deutschland ansässigen Tochtergesellschaften sofort und ohne Einschränkung in die Ermittlung des steuerpflichtigen Gewinns von in Deutschland unbeschränkt steuerpflichtigen Muttergesellschaften ein. Wie sich aus § 2a Abs. 1 und 2 EStG 1990 ergibt, sind hingegen gleichartige Verluste aus der Beteiligung an einer in einem anderen Mitgliedstaat niedergelassenen Tochtergesellschaft für die in Deutschland unbeschränkt steuerpflichtige Muttergesellschaft nur unter bestimmten Voraussetzungen abzugsfähig. Auch wenn die Verluste bei einer in Deutschland ansässigen Muttergesellschaft aus der Beteiligung an einer ausländischen Tochtergesellschaft berücksichtigt werden, wenn die Tochtergesellschaft später positive Einkünfte erzielt, bleibt es dabei, dass eine solche Muttergesellschaft im Vergleich zu einer Muttergesellschaft mit in Deutschland niedergelassenen Tochtergesellschaften nicht in den Genuss einer sofortigen Berücksichtigung ihrer Verluste kommen kann, so dass ihr ein Liquiditätsvorteil vorenthalten wird. ... Wegen dieses Unterschieds könnte eine Muttergesellschaft davon abgehalten werden, ihre Tätigkeiten über in anderen Mitgliedstaaten niedergelassene Tochter- oder Enkelgesellschaften auszuüben. Die Regelung stellt daher eine **Beschränkung der Niederlassungsfreiheit** dar. Eine solche Beschränkung **kann** nur **zulässig sein**, wenn mit ihr ein berechtigtes und mit dem Vertrag zu vereinbarendes Ziel verfolgt wird und wenn sie durch zwingende Gründe des Allgemeininteresses gerechtfertigt ist. In einem solchen Fall muss aber außerdem ihre Anwendung zur Erreichung des damit verfolgten Ziels geeignet sein und darf nicht über das hinausgehen, was hierzu erforderlich ist.

Die deutsche Regierung führt unter Hinweis u.a. auf das Urteil *Marks & Spencer*, in dem der Gerichtshof den Grundsatz der **Ausgewogenheit der Aufteilung der Besteuerungsbefugnis** zwischen den Mitgliedstaaten berücksichtigt habe, einen ersten Rechtfertigungsgrund an. Diesem Vorbringen kann nicht gefolgt werden. Der Gerichtshof hat diesen Rechtfertigungsgrund im Urteil *Marks & Spencer* nur in Verbindung mit zwei weiteren Rechtfertigungsgründen, der Gefahr einer doppelten Verlustberücksichtigung und der Steuerfluchtgefahr, zugelassen. Würde den Gesellschaften die Möglichkeit eingeräumt, für die Berücksichtigung ihrer Verluste im Mitgliedstaat oder in einem anderen Mitgliedstaat zu optieren, würde dadurch die Ausgewogenheit der Aufteilung der Besteuerungsbefugnis zwischen den Mitgliedstaaten erheblich beeinträchtigt. Jedoch kann eine unterschiedliche steuerliche Behandlung der gebietsansässigen Muttergesellschaften nicht allen damit gerechtfertigt werden, dass sie sich dafür entschieden haben, wirtschaftliche Tätigkeiten in einem anderen Mitgliedstaat auszuüben, in dem der betroffene Staat seine Besteuerungszuständigkeit nicht ausüben kann. Außerdem können die Verluste einer Muttergesellschaft aus Abschreibungen auf Beteiligungswerte an in Deutschland niedergelassenen Tochtergesellschaften mit ihren positiven Einkünften ausgeglichen werden, auch wenn ihre Tochtergesellschaften in dem betreffenden Steuerjahr keinen steuerpflichtigen Gewinn erzielt haben.

Die deutsche Regierung macht zweitens geltend, dass die hier fragliche Regelung erforderlich sei, um zu verhindern, dass Muttergesellschaften mehrfach Steuervorteile in Form der **doppelten Berücksichtigung von im Ausland erlittenen Verlusten** in Anspruch nehmen könnten. Dieses Vorbringen ist im Rahmen des Ausgangsverfahrens unerheblich. Zwar müssen die Mitgliedstaaten eine doppelte Verlustberücksichtigung verhindern können, doch sind die hier streitigen Verluste [= *aus Teilwertabschreibungen auf Tochtergesellschaften*] nicht vergleichbar mit Verlusten, die Tochtergesellschaften im Ausland erlitten haben und deren Übertragung die gebietsansässige Muttergesellschaft beantragt, um ihren steuerpflichtigen Gewinn zu verringern, wie dies in der Rechtssache *Marks & Spencer* der Fall war. Verluste aus der Abschreibungen auf den niedrigeren Teilwert von Beteiligungen werden nur bei der Muttergesellschaft berücksichtigt und erfahren gegenüber der Behandlung von Verlusten, die die Tochtergesellschaften selbst erlitten haben, eine getrennte steuerliche Behandlung. Eine solche getrennte Berücksichtigung kann keinesfalls als doppelte Berücksichtigung derselben Verluste qualifiziert werden. Zudem ist eine in Deutschland niedergelassene Muttergesellschaft berechtigt, die Teilwertabschreibung auf Beteiligungswerte an ihren gebietsansässigen Tochtergesellschaften von ihrem steuerpflichtigen Gewinn abzuziehen, ohne dass die Tochtergesellschaften gehindert wären, ihre eigenen Verluste im Rahmen ihrer eigenen steuerlichen Veranlagung in Deutschland zu nutzen.

Die deutsche Regierung trägt drittens vor, mit der streitigen Regelung solle eine besondere Art der Steuerumgehung bekämpft werden, die darin bestehe, dass in Deutschland ansässige Muttergesellschaften verlustträchtige Tätigkeiten in andere Mitgliedstaaten verlagerten, indem sie dort Tochtergesellschaften gründeten, nur um ihre in Deutschland steuerbaren Gewinne zu verringern. In der mündlichen Verhandlung hat die deutsche Regierung ergänzend ausgeführt, dass der Gerichtshof seine Rechtsprechung zu dieser Frage lockern müsse, weil das Erfordernis, dass die Regelung speziell bezwecken müsse, **rein künstliche Konstruktionen zu bekämpfen**, zu eng erscheine. Es sei unumgänglich, den Mitgliedstaaten grundsätzlich zu gestatten, allgemeine Maßnahmen zur Bekämpfung der Steuerumgehung zu erlassen. Hierzu genügt der Hinweis, dass allein der Umstand, dass die Steuerbehörden eines Mitgliedstaats Fälle erheblicher und anhaltender Verluste ausländischer Tochtergesellschaften in einem bestimmten Wirtschaftszweig festgestellt haben, nicht ausreichen kann, um das Vorliegen rein künstlicher Konstruktionen zu beweisen, die darauf ausgerichtet sind, Verluste aus der Abschreibung auf Beteiligungswerte an in anderen Mitgliedstaaten niedergelassenen Tochtergesellschaften zu generieren. Im vorliegenden Fall kann eine Bestimmung wie § 2a Abs. 1 Nr. 3a EStG 1990, die allgemein jeden Ansatz von niedrigeren Teilwerten einer Beteiligung erfasst, nicht – ohne über das hinauszugehen, was zur Erreichung des mit ihr angeblich verfolgten Ziels erforderlich ist – als durch die Gefahr der Steuerumgehung gerechtfertigt angesehen werden. Denn eine solche Bestimmung bezweckt nicht speziell, rein künstliche Konstruktionen von einem Steuervorteil auszuschließen, sondern erfasst allgemein jede Situation, in der die Tochtergesellschaften, aus welchen gründen auch immer, außerhalb Deutschlands niedergelassen sind.

Viertens kann sich die deutsche Regierung zur Rechtfertigung der streitigen Regelung auch nicht auf die Notwendigkeit berufen, die **Wirksamkeit steuerlicher Kontrollen von Auslandssachverhalten** zu erleichtern. Die Wirksamkeit der Steuerkontrollen kann einen Mitgliedstaat zwar dazu berechtigen, Maßnahmen zu ergreifen, die eine klare und eindeutige Feststellung der Höhe der in diesem Staat aufgrund von Beteiligungen am Kapital ausländischer Tochtergesellschaften abzugsfähigen Aufwendungen ermöglichen (vgl. Urteil v. 15.5.1997, *Futura Participations und Singer*, C-250/95, Slg. 1997, I-2471, Rn. 31), sie kann jedoch nicht rechtfertigen, dass der Mitgliedstaat diesen Abzug von unterschiedlichen Voraussetzungen abhängig machen kann, je nachdem, ob die Beteiligung im Inland oder in einem anderen Mitgliedstaat niedergelassene Tochtergesellschaften betreffen.

EuGH v. 18.7.2007 – C-231/05, Oy AA (IStR 2007, 631): ***Ein Mitgliedstaat darf für Konzernbeiträge (= Stützungsmaßnahmen) einer gebietsansässigen Tochtergesellschaft an deren ausländische Muttergesellschaft auch dann den Betriebsausgabenabzug versagen, wenn Konzernbeiträge an eine gebietsansässige Muttergesellschaft abzugsfähig wären (kein ‚Gewinnexport')***

Art. 43 EG steht einer Regelung eines Mitgliedstaates wie der im Ausgangsfall streitigen nicht entgegen, wonach eine in diesem Mitgliedstaat ansässige Tochtergesellschaft einen an ihre Muttergesellschaft gezahlten Konzernbeitrag nur dann von ihren steuerpflichtigen Einkünften abziehen kann, wenn die Muttergesellschaft ihren Sitz in diesem Mitgliedstaat hat.

Wie aus der Vorlageentscheidung und der Stellungnahme der finnischen Regierung hervorgeht, soll die in Finnland geltende Konzernbeitragsregelung die durch die Konzernstruktur bedingten steuerlichen Nachteile beseitigen, indem sie einen Gewinnausgleich innerhalb eines Konzerns ermöglicht, der sowohl Gesellschaften umfasst, die Gewinne erzielen, als auch solche, die Verluste erwirtschaften.

Im vorliegenden Fall führt die im Ausgangsverfahren in Rede stehende Regelung hinsichtlich der Möglichkeit, den an eine Muttergesellschaft gezahlten Beitrag als Ausgaben abzuziehen, eine Ungleichbehandlung der in Finnland ansässigen Tochtergesellschaften ein, je nachdem, ob deren Muttergesellschaft ihren Sitz in diesem Mitgliedstaat hat oder nicht. ... Eine unterschiedliche Behandlung gebietsansässiger Tochtergesellschaften je nach dem Ort des Sitzes ihrer Muttergesellschaft stellt eine Beschränkung der Niederlassungsfreiheit dar. ... Eine **Beschränkung der Niederlassungsfreiheit** ist nur statthaft, wenn sie durch **zwingende Gründe des Allgemeininteresses** gerechtfertigt ist. In diesem Fall muss die Beschränkung aber außerdem geeignet sein, die Erreichung des fraglichen Ziels zu gewährleisten und darf nicht über das hinausgehen, was hierzu erforderlich ist. ... Wie in Rn. 51 des Urteils *Marks & Spencer* zu entnehmen ist, ist die Notwendigkeit der **Wahrung einer ausgewogenen Aufteilung der Besteuerungsbefugnis** zwischen den Mitgliedstaaten zusammen mit zwei weiteren Rechtfertigungsgründen, der Gefahr einer **doppelten Verlustberücksichtigung** und der **Steuerfluchtgefahr**, anerkannt worden. Es ist auch daran zu erinnern, dass die Mitgliedstaaten in Ermangelung gemeinschaftsrechtlicher Vereinheitlichungs- oder Harmonisierungsmaßnahmen befugt bleiben, die Kriterien für die Aufteilung ihrer Besteuerungsbefugnis vertraglich oder einseitig festzulegen. ... Der Rechtfertigungsgrund der Wahrung einer ausgewogenen Besteuerungsbefugnis ist anzuerkennen, wenn mit der betreffenden Regelung Verhaltensweisen verhindert werden sollen, die geeignet sind, das Recht eines Mitgliedstaats auf Ausübung seiner Besteuerungszuständigkeit für die in seinem Hoheitsgebiet durchgeführten Tätigkeiten zu gefährden (vgl. Urteil *Rewe Zentralfinanz*). Würde die Möglichkeit zugelassen, einen grenzüberschreitenden Konzernbeitrag wie den im Ausgangsverfahren in Rede stehenden von den steuerpflichtigen Einkünften des Gebers abzuziehen, hätte dies gleichermaßen zur Folge, dass Unternehmensgruppen nach Belieben den Mitgliedstaat wählen könnten, in dem die Gewinne der Tochtergesellschaft besteuert würden, indem sie sie der steuerlichen Bemessungsgrundlage der Tochtergesellschaft entzögen und, wenn dieser Beitrag als steuerpflichtige Einnahme im Mitgliedstaat der Muttergesellschaft angesehen würde, in die Bemessungsgrundlage der Muttergesellschaft einbezögen.

Hinsichtlich der Vermeidung einer Steuerumgehung ist schließlich einzuräumen, dass die Möglichkeit, die steuerpflichtigen Einkünfte einer Tochtergesellschaft auf eine in einem anderen Mitgliedstaat ansässige Muttergesellschaft zu übertragen, die Gefahr in sich birgt, dass durch rein künstliche Gestaltungen Einkünfte innerhalb einer Unternehmensgruppe auf Gesellschaften übertragen werden, deren Sitz sich in den Mitgliedstaaten befindet, die die niedrigsten Steuersätze anwenden, oder die in den Mitgliedstaaten ansässig sind, in denen diese Einkünfte nicht besteuert werden. Diese Gefahr wird noch dadurch verstärkt, dass die finnische Konzernbeitragregelung nicht erfordert, dass der Beitragsempfänger Verluste erwirtschaftet hat.

EuGH v. 6.11.2007 – C-415/06 – ***Stahlwerk Ergste Westig GmbH*** *(IStR 2008, 107 und DB 2007, 2747):* ***Abziehbarkeit von Betriebsstättenverlusten aus Drittstaaten***

Eine nationale Steuerregelung, wonach eine Gesellschaft, die ihren Sitz in einem Mitgliedstaat hat, bei der Ermittlung ihres Gewinns nicht die Verluste aus einer Betriebsstätte in einem Drittstaat abziehen kann, berührt vorwiegend die Ausübung der Niederlassungsfreiheit i. S. der Art. 43 bis 48 EG. Diese Bestimmungen können bei einem Sachverhalt, der eine Betriebsstätte in einem Drittstaat betrifft, nicht geltend gemacht werden. Der BFH hat mit Beschluss vom 22.8.2006 (I R 116/04, BStBl. II 2006, 864) dem EuGH die Rechtsfrage zur Vorabentscheidung vorgelegt, ob es mit Art. 56 bis 58 EG vereinbar ist, wenn ein deutsches Unternehmen mit Einkünften aus Gewerbebetrieb Verluste aus einer Betriebsstätte in einem Drittstaat bei der Gewinnermittlung nicht abziehen kann, weil nach dem maßgeblichen DBA entsprechende Betriebsstätteneinkünfte nicht der deutschen Besteuerung unterliegen.

Rz 14: In dieser Hinsicht hat der Gerichtshof festgestellt, dass nationale Vorschriften über den Besitz einer Beteiligung, die es ermöglicht, einen bestimmenden Einfluss auf die Entscheidungen einer Gesellschaft auszuüben und deren Tätigkeiten zu bestimmen, in den sachlichen Anwendungsbereich der Vorschriften des Vertrages über die **Niederlassungsfreiheit** fallen.

Rz 16: Selbst wenn die im Ausgangsverfahren streitige nationale Steuerregelung beschränkende Auswirkungen auf den freien Kapitalverkehr haben sollte, sind diese Auswirkungen als eine zwangsläufige Folge der evt. Beschränkung der Niederlassungsfreiheit anzusehen, sodass sie keine Prüfung an Hand der Art. 56 bis 58 EG rechtfertigen.

Rz 18: Es ist zu berücksichtigen, dass die Vorschriften des Vertrags über die **Niederlassungsfreiheit keine Regelung enthalten**, die den Anwendungsbereich dieser Bestimmungen auf Sachverhalte erstreckt, die eine Niederlassung betreffen, **die eine Gesellschaft** mit Sitz in einem Mitgliedstaat **in einem Drittstaat** unterhält.

EuGH v. 28.2.2008 – C-293/06 – ***Deutsche Shell GmbH*** *(DStRE 2008, 1263):* ***Verletzung der Niederlassungsfreiheit durch Steuerfreistellung von Währungsverlusten beim Dotationskapitel einer Betriebsstätte im EU-Ausland***

Art. 52 EG-Vertrag (jetzt: Art. 43 EG) i. V. m. Art. 58 EG-Vertrag (jetzt Art. 48 EG) steht der Regelung eines Mitgliedstaats entgegen, nach der bei der Festsetzung der nationalen Besteuerungsgrundlage die Berücksichtigung eines Währungsverlusts eines in diesem Mietgliedstaat ansässigen Unternehmens aus der Rückführung des Dotationskapitals, das es in einem anderen Mitgliedstaat belegene Betriebsstätte gewährt hatte, ausgeschlossen ist.

Art. 52 EG-Vertrag (jetzt: Art. 43 EG) i. V. m. Art. 58 EG-Vertrag (jetzt: Art. 48 EG) steht auch einer Regelung entgegen, nach der ein Währungsverlust als Betriebsausgabe eines in einem anderen Mitgliedstaat ansässigen Unternehmens nur in dem Umfang abgezogen werden darf, in dem seine in einem anderen Mitgliedstaat belegene Betriebsstätte keine steuerfreien Gewinne erzielt hat.

EuGH v. 15.5.2008 – C-414/06 – ***Lidl Belgium GmbH & Co. KG*** *(IStR 2008, 400):* ***Abzugsfähigkeit von Betriebsstättenverlusten aus anderem EU-Mitgliedstaat bei DBA-Freistellung***

Art. 43 EG steht dem nicht entgegen, dass eine in einem Mitgliedstaat ansässige Gesellschaft von ihrer Steuerbemessungsgrundlage nicht die Verluste einer Betriebsstätte abziehen kann, die ihr gehört und in einem anderen Mitgliedstaat belegen ist, sofern nach einem Abkommen zur Vermeidung der Doppelbesteuerung die Einkünfte dieser Betriebsstätte im letztgenannten Mitgliedstaat besteuert werden, in dem diese Verluste bei der Besteuerung der Einkünfte dieser Betriebsstätte für künftige Steuerzeiträume berücksichtigt werden können.

EuGH v. 23.10.2008 – C-157/07 – ***Krankenheim Ruhesitz am Wannsee*** *(IStR 2008, 769):* ***Verluste einer EWR-Betriebsstätte einer deutschen Gesellschaft***

Art. 31 des Abkommens über den Europäischen Wirtschaftsraum vom 2.5.1992 steht einer nationalen Steuerregelung nicht entgegen, nach der die Verluste einer Betriebsstätte, die in einem anderen Staat als dem Ansässigkeitsstaat ihres Stammhauses belegen ist, bei der Festsetzung der Einkommensteuer des Stammhauses berücksichtigt werden können, später aber, sobald die Betriebsstätte Gewinne erwirtschaftet, steuerlich wieder hinzugerechnet werden müssen, wenn der Betriebsstättenstaat keinen Vortrag von Verlusten einer Betriebsstätte einer in einem anderen Staat ansässigen Gesellschaft zulässt und wenn nach einem zwischen den beiden betreffenden Staaten abgeschlossenen Abkommen zur Vermeidung von Doppelbesteuerung die Einkünfte einer solchen Einheit im Ansässigkeitsstaat ihres Stammhauses von der Steuer befreit sind.

*EuGH v. 26.3.2009 – C-348/07 – **Deutsche Tamoil GmbH** (DStR 2009, 759): **Ausgleichsanspruch des Handelsvertreters***

Art. 17 Abs. 2 Buchst. a der Richtlinie 86/653/EWG des Rates vom 18. Dezember 1986 zur Koordinierung der Rechtsvorschriften der Mitgliedstaaten betreffend die selbständigen Handelsvertreter ist dahin auszulegen, dass er nicht erlaubt, dass der Ausgleichsanspruch des Handelsvertreters von vornherein durch seine Provisionsverluste infolge der Beendigung des Vertragsverhältnisses begrenzt wird, auch wenn die dem Unternehmer verbleibenden Vorteile höher zu bewerten sind.[2]

Art. 17 Abs. 2 Buchst. a der Richtlinie ist dahin auszulegen, dass, falls der Unternehmer einem Konzern angehört, die den Konzerngesellschaften zufließenden Vorteile grundsätzlich nicht zu den Vorteilen des Unternehmens gehören und damit bei der Berechnung des Ausgleichsanspruchs des Handelsvertreters nicht notwendig zu berücksichtigen sind.

*EuGH, v. 21.1.2010 – C-311/08, **Société de Gestion Industrielle SA - SGI** (BFH/NV 2010, 571): **Eine Beschränkung der Niederlassungsfreiheit kann zur Wahrung einer ausgewogenen Aufteilung der Besteuerungsbefugnis und zur Verhinderung von Steuerumgehungen gerechtfertigt sein***

Die Niederlassungsfreiheit ist dahin auszulegen, dass er Rechtsvorschriften eines Mitgliedstaats wie den belgischen Verrechnungspreisregelungen nicht grundsätzlich entgegensteht, wonach ein außergewöhnlicher oder unentgeltlicher Vorteil bei der gebietsansässigen Gesellschaft besteuert wird, wenn er einer in einem anderen Mitgliedstaat niedergelassenen und mit der erstgenannten Gesellschaft unmittelbar oder mittelbar verflochtenen Gesellschaft gewährt worden ist, während eine gebietsansässige Gesellschaft nicht bezüglich eines solchen Vorteils besteuert werden kann, wenn dieser einer anderen gebietsansässigen Gesellschaft gewährt worden ist, mit der sie in dieser Weise verflochten ist. Rechtsvorschriften eines Mitgliedstaates beschränken bereits dann die Niederlassungsfreiheit, wenn sie geeignet sind, die Ausübung der Niederlassungsfreiheit zu behindern, ohne dass es des Nachweises bedürfte, dass diese Rechtsvorschriften tatsächlich die Wirkung haben, zum Verzicht auf den Erwerb, die Gründung oder die Aufrechterhaltung einer Tochtergesellschaft zu bewegen. Die Möglichkeit zur Anwendung des Schiedsübereinkommens steht dem nicht entgegen.

56 Nach ständiger Rechtsprechung kann eine Maßnahme, die geeignet ist, die Niederlassungsfreiheit zu beschränken, nur zulässig sein, wenn mit ihr ein berechtigtes und mit dem Vertrag zu vereinbarendes Ziel verfolgt wird und wenn sie durch zwingende Gründe des Allgemeininteresses gerechtfertigt ist. In einem solchen Fall muss aller-

[2] Der deutsche Gesetzgeber hat aufgrund des hier in Rede stehenden EuGH-Urteils v. 26.3.2009 die Vorschrift des § 89b HGB mit Wirkung ab 5.8.2009 geändert, indem er die bisherige Nr. 2 des Absatzes 1 ersatzlos gestrichen hat (vgl. BGBl. I 2009, 2519). Der Ausgleichsanspruch ist dem Grunde nach nunmehr nicht mehr davon abhängig, dass *„der Handelsvertreter infolge der Beendigung des Vertragsverhältnisses Ansprüche auf Provision verliert, die er bei Fortsetzung desselben aus bereits abgeschlossenen oder künftig zustande kommenden Geschäften mit den von ihm geworbenen Kunden hätte."* Allerdings sind gemäß dem neuen § 89b Abs. 1 Nr. 2 HGB die dem Handelsvertreter entgehenden Provisionen bei Berechnung der Höhe des Ausgleichsanspruchs als ein Faktor für die Billigkeitsprüfung anzusehen.

dings ihre Anwendung zur Erreichung des fraglichen Ziels geeignet sein und darf nicht über das hinausgehen, was hierzu erforderlich ist.

60 Erstens ist zur ausgewogenen Aufteilung der Besteuerungsbefugnis zwischen den Mitgliedstaaten daran zu erinnern, dass eine derartige Rechtfertigung u.a. dann anerkannt werden kann, wenn mit der betreffenden Regelung Verhaltensweisen verhindert werden sollen, die geeignet sind, das Recht eines Mitgliedstaats auf Ausübung seiner Steuerhoheit für die in seinem Hoheitsgebiet durchgeführten Tätigkeiten zu gefährden (u.a. Urteile Marks & Spencer, Randnr. 46 u. Rewe Zentralfinanz, Randnr. 42).

62 Würde nämlich den Gesellschaften die Möglichkeit eingeräumt, für die Berücksichtigung ihrer Verluste oder ihrer Gewinne im Mitgliedstaat ihrer Niederlassung oder für deren Berücksichtigung in einem anderen Mitgliedstaat zu optieren, könnte die Ausgewogenheit der Aufteilung der Besteuerungsbefugnis zwischen den Mitgliedstaaten erheblich beeinträchtigt werden ... .

65 Zweitens ist zur Verhütung von Steuerumgehungen darauf hinzuweisen, dass eine nationale Maßnahme, die die Niederlassungsfreiheit beschränkt, gerechtfertigt sein kann, wenn sie sich speziell auf rein künstliche Konstruktionen bezieht, die darauf ausgerichtet sind, der Anwendung der Rechtsvorschriften des betreffenden Mitgliedstaates zu entgehen.

66 In diesem Kontext kann eine nationale Regelung, die nicht speziell bezweckt, rein künstliche, jeder wirtschaftlichen Realität bare Gestaltungen ... auszuschließen, gleichwohl durch das Ziel der Verhütung von Steuerumgehungen bei einer Gesamtbetrachtung mit dem Ziel der Wahrung der ausgewogenen Aufteilung der Besteuerungsbefugnis zwischen den Mitgliedstaaten gerechtfertigt sein (vgl. in diesem Sinne Urteil Oy AA).

71 Allerdings muss dem Steuerpflichtigen, ohne ihn übermäßigen Verwaltungszwängen zu unterwerfen, die Möglichkeit eingeräumt werden, Beweise für etwaige wirtschaftliche Gründe für den Abschluss des Geschäfts beizubringen.

72 Zweitens muss sich ... die steuerliche Berichtigung auf den Teil beschränken, der über das hinausgeht, was ohne die gegenseitige Verflechtung dieser Gesellschaften vereinbart worden wäre.

EuGH, v. 25.2.2010 – C-337/08, ***X Holding BV*** *- (IStR 2010, 213 und DStR 2010, 427)****: Ein Mitgliedstaat darf einer grenzüberschreitenden steuerlichen Einheit (Organschaft) auch dann die steuerliche Anerkennung versagen, wenn nach seinen Regelungen eine steuerliche Einheit mit einer gebietsansässigen Tochtergesellschaft anzuerkennen ist***

Die Art. 43 und 48 EG stehen nicht der Regelung eines Mitgliedstaats entgegen, die es einer Muttergesellschaft ermöglicht, mit ihrer gebietsansässigen Tochtergesellschaft eine steuerliche Einheit zu bilden, die Bildung einer solchen Einheit mit einer gebietsfremden Tochtergesellschaft aber nicht zulässt, weil deren Gewinne nicht den Steuervorschriften dieses Mitgliedstaats unterliegen.

Die durch das niederländische Recht gebietsansässigen Muttergesellschaften und ihren gebietsansässigen Tochtergesellschaften eröffnete Möglichkeit, so besteuert zu werden, als ob sie eine steuerliche Einheit bildeten, d.h. einer Regelung der steuerlichen Integration unterworfen zu werden, stellt für die betreffenden Gesellschaften einen Vorteil dar. Diese Regelung ermöglicht es insbesondere, die Gewinne und Verluste der in die steuerliche Einheit einbezogenen Gesellschaften auf Ebene der Muttergesellschaft zu konsolidieren und innerhalb der Gruppe getätigte Transaktionen steuerlich neutral zu halten.

Wird einer Muttergesellschaft mit einer in einem anderen Mitgliedstaat ansässigen Tochtergesellschaft dieser Vorteil verwehrt, kann es für die Muttergesellschaft weniger attraktiv werden, von ihrer Niederlassungsfreiheit Gebrauch zu machen, weil sie davon abgehalten wird, in anderen Mitgliedstaaten Tochtergesellschaften zu gründen.

Eine solche ungleiche Behandlung ist nur dann mit den Bestimmungen des Vertrags über die Niederlassungsfreiheit vereinbar, wenn sie Situationen betrifft, die nicht miteinander vergleichbar sind, oder durch einen zwingenden Grund des Allgemeininteresses gerechtfertigt ist.

Die Situation einer gebietsansässigen Muttergesellschaft, die eine steuerliche Einheit mit einer gebietsansässigen Tochtergesellschaft bilden will, und die Situation einer gebietsansässigen Muttergesellschaft, die eine steuerliche Einheit mit einer gebietsfremden Tochtergesellschaft bilden will, sind aber im Hinblick auf das Ziel einer Steuerregelung wie der im Ausgangsverfahren in Rede stehenden objektiv vergleichbar, da sowohl die eine als auch die andere Muttergesellschaft danach streben, die Vorteile dieser Regelung in Anspruch zu nehmen.

Damit eine Ungleichbehandlung gerechtfertigt sein kann, muss sie zur Erreichung des angeführten Ziels geeignet sein und darf nicht über das hinausgehen, was hierzu erforderlich ist. ... Da die Muttergesellschaft nach Belieben entscheiden kann, eine steuerliche Einheit mit ihrer Tochtergesellschaft zu bilden und es ihr ebenso freisteht, diese Einheit von einem Jahr zum anderen aufzulösen, liefe die Möglichkeit, eine gebietsfremde Tochtergesellschaft in die steuerliche Einheit einzubeziehen, darauf hinaus, dass sie die freie Wahl hätte, welches Steuersystem auf die Verluste ihrer Tochtergesellschaft anwendbar ist und wo die Verluste berücksichtigt werden. Eine Sonderregelung wie die im Ausgangsverfahren in Rede stehende ist folglich durch das Erfordernis gerechtfertigt, die Aufteilung der Besteuerungsbefugnis zwischen den Mitgliedstaaten zu wahren. ... Eine Ausweitung der Möglichkeit zur Bildung einer steuerlichen Einheit auf grenzüberschreitende Sachverhalte würde bewirken, dass die Muttergesellschaften frei entscheiden könnten, in welchem Mitgliedstaat sie die Verluste ihrer gebietsfremden Tochtergesellschaft geltend machen. Nach alledem ist eine Steuerregelung wie die im Ausgangsverfahren in Rede stehende im Hinblick auf die mit ihr verfolgten Ziele verhältnismäßig.

EuGH, v. 29.11.2011 – C-371/10, ***National Grid Indus BV*** *- (BFH/NV 2012, 364 und DStR 2011, 2334 und IStR 2012, 27 und GmbHR 2012, 56)****: Ein Mitgliedstaat darf zwar Steuern auf noch nicht realisierte Wertzuwächse festsetzen, wenn eine Gesellschaft ihren Verwaltungssitz in einen anderen Mitgliedstaat verlegt, diese Steuern jedoch nicht sofort einziehen.***

33 [*Eine*] nach dem Recht eines Mitgliedstaats gegründete Gesellschaft, die ihren tatsächlichen Verwaltungssitz in einen anderen Mitgliedstaat verlegt, ohne dass die

Verlegung des Sitzes ihre Eigenschaft als Gesellschaft nach dem Recht des ersten Mitgliedstaats berührt, [*kann sich*] auf Art. 49 AEUV berufen ..., um die Rechtmäßigkeit einer ihr von dem ersten Mitgliedstaat anlässlich dieser Sitzverlegung auferlegten Steuer in Frage zu stellen.

37 Es ist festzustellen, dass im Ausgangsverfahren eine Gesellschaft nach niederländischem Recht, die ihren tatsächlichen Verwaltungssitz ... wegverlegen will, im Vergleich zu einer ähnlichen Gesellschaft, die ihren tatsächlichen Verwaltungssitz in den Niederlanden belässt, einen Liquiditätsnachteil erleidet. Denn nach der im Ausgangsverfahren streitigen nationalen Regelung zieht die Verlegung des tatsächlichen Verwaltungssitzes einer Gesellschaft nach niederländischem Recht in einen anderen Mitgliedstaat die sofortige Besteuerung der nicht realisierten Wertzuwächse beim verlegten Vermögen nach sich, während solche Wertzuwächse nicht besteuert werden, wenn eine solche Gesellschaft ihren Sitz innerhalb des niederländischen Hoheitsgebiets verlegt. Die Wertzuwächse beim Vermögen einer Gesellschaft, die eine Sitzverlegung innerhalb des betreffenden Mitgliedstaats vornimmt, werden nur besteuert, wenn und soweit sie sich tatsächlich realisiert haben. Diese unterschiedliche Behandlung bei der Besteuerung der Wertzuwächse ist geeignet, eine Gesellschaft nach niederländischem Recht davon abzuhalten, ihren Sitz in einen anderen Mitgliedstaat zu verlegen (vgl. in diesem Sinne Urteile de Lasteyrie du Saillant, Randnr. 46, und N, Randnr. 35).

42 Eine **Beschränkung der Niederlassungsfreiheit** ist nach ständiger Rechtsprechung **nur statthaft**, wenn sie durch zwingende Gründe des Allgemeininteresses gerechtfertigt ist. In diesem Fall muss die Beschränkung aber außerdem geeignet sein, die Erreichung des fraglichen Ziels zu gewährleisten, und darf nicht über das hinausgehen, was zur Erreichung dieses Ziels erforderlich ist ... .

46 Die Verlegung des tatsächlichen Verwaltungssitzes einer Gesellschaft eines Mitgliedstaats in einen anderen Mitgliedstaat kann nicht bedeuten, dass der Herkunftsmitgliedstaat auf sein Recht zur Besteuerung eines Wertzuwachses, der im Rahmen seiner Steuerhoheit vor dieser Verlegung erzielt wurde, verzichten muss ... . Der Gerichtshof hat daher festgestellt, dass ein Mitgliedstaat nach dem Grundsatz der steuerlichen Territorialität, verbunden mit einem zeitlichen Element, nämlich der Steueransässigkeit des Steuerpflichtigen im Inland während der Entstehung der nicht realisierten Wertzuwächse, das Recht hat, diese Wertzuwächse zum Zeitpunkt des Wegzugs des Steuerpflichtigen zu besteuern (vgl. Urteil N, Randnr. 46). Eine solche Maßnahme soll nämlich Situationen verhindern, die das Recht des Herkunftsmitgliedstaats auf Ausübung seiner Steuerhoheit für die in seinem Hoheitsgebiet durchgeführten Tätigkeiten gefährden können, und kann daher aus Gründen zur **Wahrung der Aufteilung der Besteuerungsbefugnis** zwischen den Mitgliedstaaten gerechtfertigt sein (vgl. Urteile Marks & Spencer, Randnr. 46, Oy AA, Randnr. 54, sowie vom 21. Januar 2010, SGI, C-311/08, Slg. 2010, I-487, Randnr. 60).

51 Es ist in diesem Zusammenhang darauf hinzuweisen, dass nach der in Rede stehenden nationalen Regelung sowohl die Festsetzung der Höhe der Steuerschuld als auch die Einziehung dieser Schuld zu dem Zeitpunkt stattfinden, zu dem die betreffende Gesellschaft aufhört, in den Niederlanden steuerpflichtige Gewinne zu erzielen, im

vorliegenden Fall zum Zeitpunkt der Verlegung des tatsächlichen Verwaltungssitzes der Gesellschaft in einen anderen Mitgliedstaat. Zur Beurteilung der **Verhältnismäßigkeit** einer solchen Regelung ist zwischen der **Festsetzung des Steuerbetrags und der Einziehung** desselben zu unterscheiden.

84 Allerdings kann aus dem Umstand allein, dass eine Gesellschaft ihren Sitz in einen anderen Mitgliedstaat verlegt, nicht die allgemeine Vermutung der Steuerhinterziehung begründen und keine die Ausübung einer vom Vertrag garantierten Grundfreiheit beeinträchtigende Maßnahme rechtfertigen ... .

86 Demnach ist ... Art. 49 AEUV dahin auszulegen ..., dass

- er einer Regelung eines Mitgliedstaats nicht entgegensteht, wonach der Betrag der **Steuer auf die nicht realisierten Wertzuwächse** beim Vermögen einer Gesellschaft endgültig – ohne Berücksichtigung möglicherweise später eintretender Wertminderungen oder Wertzuwächse – zu dem Zeitpunkt **festgesetzt** wird, zu dem die Gesellschaft aufgrund der Verlegung ihres tatsächlichen Verwaltungssitzes in einen anderen Mitgliedstaat aufhört, in dem ersten Mitgliedstaat steuerpflichtige Gewinne zu erzielen. Es ist in diesem Zusammenhang unerheblich, ob sich die besteuerten nicht realisierten Wertzuwächse auf Kursgewinne beziehen, die im Aufnahmemitgliedstaat angesichts der dort geltenden Steuerregelung nicht zum Ausdruck kommen können;
- er einer Regelung eines Mitgliedstaats entgegensteht, die die **sofortige Einziehung der Steuer** auf die nicht realisierten Wertzuwächse bei den Vermögensgegenständen einer Gesellschaft, die ihren tatsächlichen Verwaltungssitz in einen anderen Mitgliedstaat verlegt, zum Zeitpunkt dieser Verlegung vorschreibt.

*EuGH, v. 6.9.2012 – C-18/11, **Philips Electronics - IStR 2012, 847): Ein Mitgliedstaat darf eine Verrechnung von Verlusten einer gebietsansässigen Betriebsstätte mit Gewinnen einer ebenfalls gebietsansässigen TG nicht verweigern.***

Art 43 EG [*jetzt Art. 49 AEUV*] ist dahin auszulegen, dass es eine Beschränkung der Freiheit eines gebietsfremden Unternehmens, sich in einem anderen Mitgliedstaat niederzulassen, darstellt, wenn nationale Rechtsvorschriften die Möglichkeit der **Übertragung von Verlusten**, die eine in diesem Mitgliedstaat ansässige **Betriebsstätte** einer gebietsfremden Gesellschaft erlitten hat, auf eine gebietsansässige Gesellschaft im Wege des Konzernabzugs von der Voraussetzung abhängig machen, dass die Verluste nicht für die Zwecke einer ausländischen Steuer verwendet werden können, obwohl für die Übertragung von Verlusten, die eine gebietsansässige Gesellschaft in diesem Mitgliedstaat erlitten hat, keine entsprechende Voraussetzung gilt.

Eine Beschränkung der Freiheit einer gebietsfremden Gesellschaft, sich in einem anderen Mitgliedstaat niederzulassen, wie sie im Ausgangsverfahren in Rede steht, kann nicht durch zwingende Gründe des Allgemeininteresses gerechtfertigt werden, die auf eine Verhinderung der doppelten Berücksichtigung von Verlusten, die Wahrung einer ausgewogenen Aufteilung der Besteuerungsbefugnisse zwischen den Mitgliedstaaten oder die Kombination dieser beiden Ziele gerichtet sind.

EuGH, v. 22.10.2013 – C-276/12, ***Jiri Sabou*** *- DStRE 2014, 695):* ***Keine Informations- oder Mitwirkungsrechte des Stpfl. im Rahmen zwischenstaatlicher behördlicher Amtshilfeersuchen***

Das Unionsrecht, wie es sich insbesondere aus der Richtlinie 77/799/EWG des Rates vom 19.12.1977 über die gegenseitige Amtshilfe zwischen den zuständigen Behörden der Mitgliedstaaten im Bereich der direkten Steuern und der Steuern auf Versicherungsprämien in der durch die Richtlinie 2006/98/EG des Rates vom 20.11.2006 geänderten Fassung und aus dem Grundrecht auf rechtliches Gehör ergibt, ist dahin auszulegen, dass es dem Stpfl. eines Mitgliedstaats weder das Recht verleiht, **über** das **Amtshilfeersuchen informiert** zu werden, das dieser Staat an einen anderen Mitgliedstaat stellt, um u.a. die von diesem Stpfl. im Rahmen seiner Einkommensteuererklärung gemachten Angaben zu überprüfen, noch das Recht, an der Formulierung des an den ersuchten Mitgliedstaat gestellten Ersuchens mitzuwirken, noch das Recht, an von diesem letztgenannten Staat organisierten Zeugenvernehmungen teilzunehmen.

EuGH v. 3.10.2013 – Rs. C-282/12 – ***Itelcar*** *- (IStR 2013, 871):* ***Abziehbarkeit von Zinszahlungen in Drittstaaten; 10%-Beteiligung an sich begründet keinen sicheren Einfluss***

Art. 63 AEUV ist dahin auszulegen, dass er der Regelung eines Mitgliedstaats entgegensteht, die es nicht ermöglicht, bei der Ermittlung des steuerpflichtigen Gewinns als Kosten die auf den als übermäßig eingestuften Teil einer Verschuldung entfallenden Zinsen abzuziehen, die eine gebietsansässige Gesellschaft einer in einem Drittstaat ansässigen Darlehen gebenden Gesellschaft zahlt, zu der sie besondere Beziehungen unterhält, aber den Abzug solcher Zinsen zulässt, die an eine gebietsansässige Darlehen gebende Gesellschaft gezahlt worden sind, zu der die Darlehen nehmende Gesellschaft Beziehungen dieser Art unterhält, sofern nach dieser Regelung auch dann, wenn die in einem Drittstaat ansässige Darlehen gebende Gesellschaft keine Beteiligung am Kapital der gebietsansässigen Darlehen nehmenden Gesellschaft hält, vermutet wird, dass jede Verschuldung der letztgenannten Gesellschaft Teil einer Gestaltung ist, mit der die normalerweise geschuldete Steuer umgangen werden soll, oder sofern die betreffende Regelung nicht die Möglichkeit bietet, von vornherein hinreichend genau ihren Anwendungsbereich zu bestimmen.

Die deutschen Zinsabzugsbeschränkungen (§ 4h EStG, § 8a KStG) differenzieren nicht nach der Ansässigkeit und sind daher nicht unmittelbar betroffen. Allerdings hat der EuGH in seiner Begründung angeführt, dass eine **Beteiligung von 10% nicht zwingend** auf einen **sicheren Einfluss** schließen lässt, wie es der BFH zuletzt in seinem Urteil vom 6.3.2013 – I R 10/11, BFH/NV 2013, 1335 angenommen hatte. Dies erlangt besonders dann Bedeutung, wenn Drittstaaten betroffen sind und die **Verhältnis** zwischen **Kapitalverkehrsfreiheit**, die auch bei Drittstaatenbeteiligung anwendbar ist, und **Niederlassungsfreiheit** bedeutsam ist (vgl. FII Group Litigation 2, Rs. C-35/11, IStR 2012, 924).

EuGH-Urt.

EuGH v. 31.1.2014 – Rs. C-164/12 – DMC Beteiligungsgesellschaft mbH - (IStR 2014, 106): ***Stundung und Forderung nach Stellung einer Banksicherheit bei Sofortbesteuerung nicht realisierter Wertzuwächse***

Eine Regelung eines Mitgliedstaats, nach der in seinem Hoheitsgebiet entstandene **nicht realisierte Wertzuwächse sofort besteuert werden**, geht nicht über das hinaus, was erforderlich ist, um das Ziel der Wahrung der Aufteilung der Besteuerungsbefugnis zwischen den Mitgliedstaaten zu erreichen, sofern für den Fall, dass der Stpfl. eine Stundung wählt, die Obliegenheit zur **Stellung einer Banksicherheit** nach Maßgabe des tatsächlichen Risikos der Nichteinbringung der Steuer auferlegt wird.

EuGH v. 17.7.2014 – Rs. C- 48/13 – ***Nordea Bank Danmark A/S*** *- (IStR 2014, 563):* ***Nachbesteuerung***

Art. 49 AEUV in Verbindung mit Art. 54 AEUV und Art. 31 des Abkommens über den Europäischen Wirtschaftsraum vom 2.5.1992 in Verbindung mit dessen Art. 34 stehen einer Regelung eines Mitgliedstaats entgegen, wonach dann, wenn eine gebietsansässige Gesellschaft eine in einem anderen Mitgliedstaat oder in einem anderen Staat des Abkommens über den Europäischen Wirtschaftsraum belegene Betriebsstätte an eine verbundene gebietsfremde Gesellschaft veräußert, die **zuvor für die veräußerte Betriebsstätte abgezogenen Verluste** bei der veräußernden Gesellschaft **nachbesteuert** werden, sofern der erstgenannte Mitgliedstaat sowohl die von der Betriebsstätte vor ihrer Veräußerung realisierten Gewinne als auch die Gewinne besteuert, die aus dem bei der Veräußerung erzielten Wertzuwachs resultieren.

EuGH v. 16.5.2017 – Rs. C - 682/15 – ***Berlioz Investment Fund S.A.*** *-- (EuZW 2017, 654):* ***voraussichtliche Erheblichkeit bei Informationsersuchen***

21 Berlioz ist eine Aktiengesellschaft luxemburgischen Rechts, die Dividenden erhielt, die ihr ihre Tochtergesellschaft, die vereinfachte Aktiengesellschaft französischen Rechts Cofima, unter Befreiung von der Quellensteuer gezahlt hatte.

22 Am 3. Dezember 2014 richtete die französische Steuerverwaltung aufgrund von Zweifeln, ob die von Cofima in Anspruch genommene Befreiung die Voraussetzungen nach französischem Recht erfüllt, an die luxemburgische Steuerverwaltung ein u. a. auf die Richtlinie 2011/16 gestütztes Informationsersuchen, das Berlioz betraf.

23 Infolge dieses Ersuchens erließ der Directeur am 16. März 2015 eine Entscheidung, in der er darauf hinwies, dass die französischen Steuerbehörden die Steuerangelegenheiten von Cofima prüften und Auskünfte benötigten, um sich zur Anwendung der Quellensteuer auf die von Cofima an Berlioz ausgeschütteten Dividenden äußern zu können. In der Entscheidung forderte er Berlioz gemäß Art. 2 Abs. 2 des Gesetzes vom 25. November 2014 auf, ihm eine Reihe von Informationen mitzuteilen, und bat sie u.a. um

- …
- Mitteilung, ob zwischen Berlioz und Cofima ein Vertrag bestehe, und gegebenenfalls um Einreichung einer Kopie dieses Vertrags;
- Mitteilung der Namen und Anschriften ihrer Anteilsinhaber sowie der Höhe und der Beteiligungsquote der von ihnen jeweils gehaltenen Kapitalanteile;

24 Am 21. April 2015 äußerte Berlioz, dass sie der Anordnung vom 16. März 2015 Folge leiste, außer in Bezug auf die Namen und Anschriften ihrer Gesellschafter sowie auf die Höhe und die Beteiligungsquote der von den einzelnen Gesellschaftern jeweils gehaltenen Kapitalanteile, und begründete das damit, dass diese Informationen **nicht** im Sinne der Richtlinie 2011/16 **voraussichtlich erheblich seien** für die Beurteilung, ob die Dividendenausschüttungen ihrer Tochtergesellschaft dem Quellenabzug unterlägen, was von der französischen Steuerverwaltung geprüft werde.

25 Mit Entscheidung vom 18. Mai 2015 verhängte der Directeur gemäß Art. 5 Abs. 1 des Gesetzes vom 25. November 2014 eine Geldbuße in Höhe von 250.000 Euro gegen Berlioz, weil sie sich geweigert hatte, diese Informationen mitzuteilen.

26 Am 18. Juni 2015 erhob Berlioz beim Tribunal administratif (Verwaltungsgericht, Luxemburg) Klage gegen die Entscheidung des Directeur, mit der eine Sanktion gegen sie verhängt worden war, und beantragte die Prüfung der Begründetheit der Anordnung vom 16. März 2015.

27 Mit Urteil vom 13. August 2015 gab das Tribunal administratif (Verwaltungsgericht) dem Hauptantrag auf Abänderung teilweise statt und setzte die Geldbuße auf 150.000 Euro herab, wies die Klage im Übrigen jedoch unter Hinweis darauf ab, dass über den hilfsweise gestellten Aufhebungsantrag nicht zu entscheiden sei.

28 Hiergegen legte Berlioz mit Berufungsschrift vom 31. August 2015 Berufung bei der Cour administrative (Verwaltungsgerichtshof, Luxemburg) ein, in der sie vortrug, dass die auf Art. 6 Abs. 1 des Gesetzes vom 25. November 2014 gestützte Weigerung des Tribunal administratif (Verwaltungsgericht), die Begründetheit der Anordnung vom 16. März 2015 zu prüfen, sie in ihrem durch Art. 6 Abs. 1 der am 4. November 1950 in Rom unterzeichneten Europäischen Konvention zum Schutz der Menschenrechte und Grundfreiheiten (im Folgenden: EMRK) garantierten Recht auf einen wirksamen gerichtlichen Rechtsbehelf verletze.

30 Die Cour administrative (Verwaltungsgerichtshof) fragt sich, ob ein Verwaltungsunterworfener wie Berlioz ein Recht auf einen wirksamen Rechtsbehelf habe, wenn er die Gültigkeit der die Grundlage der gegen ihn verhängten Sanktion darstellenden Anordnung – zumindest auf eine Einrede hin – nicht überprüfen lassen könne. Er stellt insbesondere Fragen zu dem in Art. 1 Abs. 1 der Richtlinie 2011/16 enthaltenen **Begriff der voraussichtlichen Erheblichkeit der erbetenen Informationen** und zum Umfang der Kontrolle, die die Steuerbehörden und die Gerichte des ersuchten Staates insoweit auszuüben hätten, ohne den Zweck der Richtlinie zu beeinträchtigen.

31 Unter diesen Umständen hat die Cour administrative (Verwaltungsgerichtshof) das Verfahren ausgesetzt und dem EuGH [*fünf*] Fragen zur Vorabentscheidung vorgelegt, [*die der EuGH wie folgt beantwortet*]:

102 …

1. Art. 51 Abs. 1 der Charta der Grundrechte der Europäischen Union ist dahin auszulegen, dass ein Mitgliedstaat im Sinne dieser Vorschrift das Unionsrecht durchführt und daher die Charta der Grundrechte der Europäischen Union anwendbar ist, wenn er in seinen Rechtsvorschriften eine Geldbuße gegen einen Verwaltungsunterworfe-

EuGH-Urt.

nen vorsieht, der sich im Rahmen eines u. a. auf die Bestimmungen der Richtlinie 2011/16/EU des Rates vom 15. Februar 2011 über die Zusammenarbeit der Verwaltungsbehörden im Bereich der Besteuerung und zur Aufhebung der Richtlinie 77/799/EWG gestützten Austauschs zwischen Steuerbehörden weigert, Informationen mitzuteilen.

2. Art. 47 der Charta der Grundrechte der Europäischen Union ist dahin auszulegen, dass ein Verwaltungsunterworfener, gegen den eine Geldbuße verhängt wurde, weil er eine Verwaltungsentscheidung nicht befolgt hat, mit der im Rahmen eines Austauschs zwischen nationalen Steuerbehörden aufgrund der Richtlinie 2011/16 von ihm die Mitteilung von Informationen verlangt wurde, das Recht hat, die Rechtmäßigkeit dieser Entscheidung anzufechten.

3. Art. 1 Abs. 1 und Art. 5 der Richtlinie 2011/16 sind dahin auszulegen, dass die **„voraussichtliche Erheblichkeit“** der von einem Mitgliedstaat bei einem anderen Mitgliedstaat erbetenen Informationen eine Voraussetzung ist, die das Informationsersuchen erfüllen muss, damit der ersuchte Mitgliedstaat verpflichtet ist, ihm zu entsprechen, und dadurch eine Voraussetzung der Rechtmäßigkeit der von diesem Mitgliedstaat an einen Verwaltungsunterworfenen gerichteten Anordnung und der gegen ihn wegen Nichtbefolgung dieser Anordnung verhängten Sanktion ist.

4. Art. 1 Abs. 1 und Art. 5 der Richtlinie 2011/16 sind dahin auszulegen, dass sich die Prüfung durch die ersuchte Behörde, die von der ersuchenden Behörde aufgrund dieser Richtlinie mit einem Informationsersuchen befasst wird, nicht auf die formelle Ordnungsmäßigkeit des Ersuchens beschränkt, sondern es der ersuchten Behörde ermöglichen muss, sich zu vergewissern, dass den erbetenen Informationen im Hinblick auf die Identität des betreffenden Steuerpflichtigen und die des Dritten, dem gegebenenfalls Auskunft erteilt wird, sowie auf die Bedürfnisse der fraglichen Steuerprüfung **nicht völlig die voraussichtliche Erheblichkeit fehlt**. Diese Bestimmungen der Richtlinie 2011/16 und Art. 47 der Charta der Grundrechte der Europäischen Union sind dahin auszulegen, dass das nationale Gericht im Rahmen einer Klage eines Verwaltungsunterworfenen gegen eine Sanktion, die die ersuchte Behörde gegen ihn wegen Nichtbefolgung einer Anordnung verhängt hat, die sie infolge eines von der ersuchenden Behörde nach der Richtlinie 2011/16 an sie gerichteten Informationsersuchens erlassen hat, außer einer Befugnis zur Abänderung der verhängten Sanktion auch eine Befugnis zur Prüfung der Rechtmäßigkeit dieser Anordnung hat. **Die gerichtliche Kontrolle der Rechtmäßigkeitsvoraussetzung der Anordnung im Zusammenhang mit der voraussichtlichen Erheblichkeit der erbetenen Informationen ist auf die Prüfung beschränkt, ob diese Erheblichkeit offenkundig fehlt**.

5. Art. 47 Abs. 2 der Charta der Grundrechte der Europäischen Union ist dahin auszulegen, dass ein Gericht des ersuchten Mitgliedstaats im Rahmen der Ausübung seiner gerichtlichen Kontrolle Zugang zu dem vom ersuchenden Mitgliedstaat an den ersuchten Mitgliedstaat gerichteten Informationsersuchen haben muss. Der betreffende Verwaltungsunterworfene hat hingegen kein Recht auf Zugang zu dem gesamten Informationsersuchen, das gemäß Art. 16 der Richtlinie 2011/16 ein geheimes Dokument bleibt. Für eine im Hinblick auf das Fehlen der voraussichtlichen

Erheblichkeit der erbetenen Informationen umfassende Verhandlung seiner Sache reicht es grundsätzlich aus, dass er Zugang zu den in Art. 20 Abs. 2 der Richtlinie genannten Informationen hat.

EuGH v. 31.5.2018 – Rs. C – 382/16 – ***Hornbach-Baumarkt AG****, IStR 2018, S. 461 (Wenn eine nationale Regelung wie § 1 AStG eine Ungleichbehandlung von Inlands- u. Auslandssachverhalten vorsieht, können wirtschaftliche Gründe einer Verrechnungspreiskorrektur entgegenstehen. Beim Nachweis solcher Gründe durch den Stpfl. dürfen Gründe, die sich aus der Gesellschafterstellung ergeben, nicht von vornherein ausgeschlossen werden)*

Art. 43 EG (jetzt Art. 49 AEUV) in Verbindung mit Art. 48 EG (jetzt Art. 54 AEUV) ist dahin auszulegen, dass er einer nationalen Regelung wie der im Ausgangsverfahren in Rede stehenden grundsätzlich nicht entgegensteht, nach der die Einkünfte einer in einem Mitgliedstaat ansässigen Gesellschaft, die einer in einem anderen Mitgliedstaat niedergelassenen mit ihr verflochtenen Gesellschaft unter Bedingungen Vorteile gewährt hat, die von denen abweichen, die voneinander unabhängige Dritte unter gleichen oder ähnlichen Verhältnissen vereinbart hätten, so anzusetzen sind, wie sie angefallen wären, wenn die zwischen solchen Dritten vereinbarten Bedingungen anwendbar gewesen wären, und zu berichtigen sind, während eine solche Berichtigung der steuerpflichtigen Einkünfte nicht erfolgt, wenn eine gebietsansässige Gesellschaft einer anderen gebietsansässigen mit ihr verflochtenen Gesellschaft dieselben Vorteile gewährt hat. Es ist jedoch Sache des nationalen Gerichts, zu prüfen, ob diese Regelung dem gebietsansässigen Steuerpflichtigen die Möglichkeit des Nachweises einräumt, dass die Bedingungen aus wirtschaftlichen Gründen vereinbart wurden, die sich aus seiner Stellung als Gesellschafter der gebietsfremden Gesellschaft ergeben.

Ausgangsrechtsstreit und Vorlagefrage

4 Die Hornbach-Baumarkt AG ist eine Aktiengesellschaft mit Sitz in Deutschland, die in diesem Mitgliedstaat und in anderen Mitgliedstaaten Baumärkte betreibt.

5 Im Jahr 2003 war die Hornbach-Baumarkt AG über ihre Tochtergesellschaft Hornbach International GmbH und deren niederländische Tochtergesellschaft Hornbach Holding BV mittelbar zu 100 % am Kapital der Hornbach Real Estate Groningen BV und der Hornbach Real Estate Wateringen BV, zweier Gesellschaften mit Sitz in den Niederlanden (im Folgenden: ausländische Konzerngesellschaften), beteiligt.

6 Die ausländischen Konzerngesellschaften hatten ein negatives Eigenkapital und waren für die Fortführung ihres Geschäftsbetriebs sowie für die Finanzierung der beabsichtigten Errichtung eines Bau- und Gartenmarkts auf Bankkredite in Höhe von … angewiesen.

7 Die diese Gesellschaften finanzierende Bank hatte die Gewährung der Kredite von der Gestellung von Garantie- und Patronatserklärungen durch die Hornbach-Baumarkt AG abhängig gemacht.

8 Am 25. September 2002 gab die Hornbach-Baumarkt AG diese Patronatserklärungen ab, ohne hierfür ein Entgelt einzufordern.

11 Da das Finanzamt davon ausging, dass voneinander unabhängige Dritte unter gleichen oder ähnlichen Umständen eine Haftungsvergütung vereinbart hätten, ent-

schied es, dass die Einkünfte der Hornbach-Baumarkt AG gemäß § 1 Abs. 1 und 4 AStG um einen Betrag erhöht werden müssten, der der angenommenen Haftungsvergütung entspreche, und es änderte die Körperschaftsteuer und den Gewerbesteuermessbetrag dieser Gesellschaft für das Jahr 2003. Dabei nahm das Finanzamt Einkünftekorrekturen um ... Euro und um ... Euro aufgrund der ... abgegebenen Garantien vor.

12 Da das Finanzamt die gegen diese berichtigenden Bescheide eingelegten Einsprüche als unbegründet zurückgewiesen hatte, erhob die Hornbach-Baumarkt AG gegen diese Bescheide Klage beim Finanzgericht Rheinland-Pfalz (Deutschland).

13 Im Rahmen dieses Klageverfahrens machte die Hornbach-Baumarkt AG geltend, § 1 AStG führe zu einer **Ungleichbehandlung von in- und ausländischem Sachverhalt**, weil bei rein inländischen Sachverhalten keine Berichtigung der Höhe der Einkünfte erfolge, um die angenommene Haftungsvergütung für die den Tochtergesellschaften gewährten Garantien zu berücksichtigen.

14 In diesem Zusammenhang ergebe sich insbesondere aus dem Urteil vom 21. Januar 2010, SGI (C-311/08, EU:C:2010:26), in Bezug auf eine Bestimmung des belgischen Steuerrechts, die § 1 AStG entspreche, dass diese Bestimmung als Beschränkung der Niederlassungsfreiheit anzusehen sei, die aufgrund ihrer Unverhältnismäßigkeit nicht gerechtfertigt sei. Entgegen den sich aus diesem Urteil ergebenden Anforderungen enthalte § 1 AStG nämlich keine Bestimmung, die die Möglichkeit einräume, wirtschaftliche Gründe zur Rechtfertigung eines nicht fremdüblichen Geschäfts beizubringen. Vorliegend rechtfertigten wirtschaftliche Gründe die Tatsache, dass für die im Ausgangsverfahren in Rede stehenden Patronatserklärungen kein Entgelt vorgesehen gewesen sei. Es handele sich um eigenkapitalersetzende Stützungsmaßnahmen zugunsten der ausländischen Konzerngesellschaften.

15 Das Finanzamt wendet hierzu ein, wenn auch § 1 AStG keine eigenständige Regelung zum Vorbringen von Beweisen für etwaige wirtschaftliche Gründe für den Abschluss des Geschäfts enthalte, so habe der Steuerpflichtige jedoch die Möglichkeit, Beweise für die Angemessenheit des abgeschlossenen Geschäfts vorzubringen.

16 Dem vorlegenden Gericht zufolge ist das Finanzamt zu Recht davon ausgegangen, dass die zwischen der Hornbach-Baumarkt AG und den ausländischen Konzerngesellschaften vereinbarten Bedingungen von denjenigen Bedingungen abwichen, die voneinander unabhängige Dritte unter gleichen oder ähnlichen Verhältnissen vereinbart hätten. Voneinander unabhängige Geschäftspartner würden für die Abgabe einer Garantie- und Patronatserklärung wegen des für den Patron hiermit verbundenen Haftungsrisikos nämlich ein Entgelt vereinbaren. Die tatbestandlichen Voraussetzungen von § 1 Abs. 1 in Verbindung mit Abs. 2 Nr. 1 3. Alt. AStG für eine Einkünftekorrektur bei der Hornbach-Baumarkt AG seien damit erfüllt.

17 Das vorlegende Gericht hat jedoch Zweifel an der Vereinbarkeit einer Regelung wie der des Ausgangsverfahrens mit der Niederlassungsfreiheit.

36 Nach ständiger Rechtsprechung des Gerichtshofs ist eine steuerliche Maßnahme, die geeignet ist, die in Art. 43 EG verankerte Niederlassungsfreiheit zu beschränken, nur statthaft, wenn sie Situationen betrifft, die nicht objektiv miteinander vergleichbar

sind, oder wenn sie durch vom Unionsrecht anerkannte zwingende Gründe des Allgemeininteresses gerechtfertigt ist. In diesem Fall muss die Beschränkung aber außerdem geeignet sein, die Erreichung des fraglichen Ziels zu gewährleisten, und darf nicht über das hinausgehen, was zur Erreichung dieses Ziels erforderlich ist (vgl. in diesem Sinne Urteile vom 29. November 2011, National Grid Indus, C-371/10, EU:C:2011:785, Rn. 42, vom 17. Dezember 2015, Timac Agro Deutschland, C-388/14, EU:C:2015:829, Rn. 26 und 29, vom 21. Dezember 2016, Masco Denmark und Damixa, C-593/14, EU:C:2016:984, Rn. 28, sowie vom 23. November 2017, A, C-292/16, EU:C:2017:888, Rn. 28).

38 Der deutschen Regierung zufolge unterscheidet sich die steuerliche Situation einer gebietsansässigen Muttergesellschaft, je nachdem, ob sie Geschäftsbeziehungen mit einer gebietsfremden oder mit einer gebietsansässigen Tochtergesellschaft unterhalte. Die Bundesrepublik Deutschland verfüge nämlich über keine Besteuerungsbefugnis über die Einkünfte von in anderen Mitgliedstaaten niedergelassenen Tochtergesellschaften.

39 Der Verzicht auf eine Korrektur bei einer Muttergesellschaft in Bezug auf Einkünfte aus Geschäftsbeziehungen mit reinem Inhaltssachverhalt liege in dem Umstand begründet, dass der von dieser Muttergesellschaft unentgeltlich gewährte Vorteil die Einkünfte ihrer Tochtergesellschaft erhöhe und die Bundesrepublik Deutschland sowohl die Einkünfte der Muttergesellschaft als auch den Gewinn der in ihrem Hoheitsgebiet niedergelassenen Tochtergesellschaft besteuere. Anders verhalte es sich bei den in den Niederlanden niedergelassenen Tochtergesellschaften der Hornbach-Baumarkt AG, da die Bundesrepublik Deutschland deren Gewinne nicht besteuern könne.

40 Dazu ist festzustellen, dass es sich bei diesen Argumenten **nicht um die Frage der Vergleichbarkeit der Situationen** handelt, sondern um Rechtfertigungen, die auf den Grundsatz der Territorialität gestützt sind, dem zufolge die Mitgliedstaaten berechtigt sind, die in ihrem Hoheitsgebiet erzielten Einkünfte zu besteuern, oder um Rechtfertigungen, die mit der Notwendigkeit der Wahrung der Aufteilung der Besteuerungsbefugnis zwischen den Mitgliedstaaten verbunden sind, bei der es sich um ein vom Gerichtshof anerkanntes legitimes Ziel handelt (vgl. in diesem Sinne Urteile vom 17. Juli 2014, Nordea Bank Danmark, C-48/13, EU:C:2014:2087, Rn. 27, und vom 23. November 2017, A, C-292/16, EU:C:2017:888, Rn. 30).

41 In dieser Hinsicht machen sowohl die deutsche als auch die schwedische Regierung geltend, dass eine Regelung wie die im Ausgangsverfahren in Rede stehende durch den in der Wahrung einer ausgewogenen Aufteilung der Besteuerungsbefugnis zwischen den Mitgliedstaaten liegenden zwingenden Grund des Allgemeininteresses gerechtfertigt sei, und berufen sich in dieser Hinsicht auf das Urteil vom 21. Januar 2010, SGI (C-311/08, EU:C:2010:26, Rn. 69).

42 Die schwedische Regierung hebt darüber hinaus hervor, dass die Bestimmungen des deutschen Rechts, in denen das sogenannte Arm's-length-Prinzip zum Ausdruck komme, eine natürliche Folge des **Grundsatzes der Territorialität** seien und dass sie erforderlich dafür seien, dass dieses Prinzip und eine ausgewogene Aufteilung der Besteuerungsbefugnis gewährleistet werden könnten.

43 Nach ständiger Rechtsprechung kann die **Notwendigkeit, eine ausgewogene Aufteilung der Besteuerungsbefugnis zwischen den Mitgliedstaaten zu wahren, eine Ungleichbehandlung dann rechtfertigen**, wenn mit der untersuchten Regelung Verhaltensweisen verhindert werden sollen, die geeignet sind, das Recht eines Mitgliedstaats auf Ausübung seiner Besteuerungszuständigkeit für die in seinem Hoheitsgebiet durchgeführten Tätigkeiten zu gefährden (Urteile vom 29. März 2007, Rewe Zentralfinanz, C-347/04, EU:C:2007:194, Rn. 42, vom 18. Juli 2007, Oy AA, C-231/05, EU:C:2007:439, Rn. 54, vom 21. Februar 2013, A, C-123/11, EU:C:2013:84, Rn. 41, sowie vom 21. Dezember 2016, Masco Denmark und Damixa, C-593/14, EU:C:2016:984, Rn. 35).

44 Der Gerichtshof hat festgestellt, dass es zu einer **Beeinträchtigung der ausgewogenen Aufteilung der Besteuerungsbefugnis** zwischen den Mitgliedstaaten kommen kann, wenn den gebietsansässigen Gesellschaften eines Mitgliedstaats erlaubt würde, ihre **Gewinne in Form von außergewöhnlichen oder unentgeltlichen Vorteilen auf mit ihnen verflochtene Gesellschaften, die in anderen Mitgliedstaaten niedergelassen sind, zu übertragen**, und dass die Regelung eines Mitgliedstaats, die die Besteuerung solcher Vorteile bei der gebietsansässigen Gesellschaft vorsieht, die diese einer in einem anderen Mitgliedstaat niedergelassenen Gesellschaft gewährt hat, dem ersten Mitgliedstaat ermöglicht, seine Steuerhoheit für die in seinem Hoheitsgebiet durchgeführten Tätigkeiten auszuüben. Zudem verfolgt eine solche nationale Regelung berechtigte und mit dem Vertrag zu vereinbarende Ziele, die zwingenden Gründen des Allgemeininteresses entsprechen, und ist zur Erreichung dieser Ziele geeignet (vgl. in diesem Sinne Urteil vom 21. Januar 2010, SGI, C-311/08, EU:C:2010:26, Rn. 63, 64 und 69).

45 **Dies gilt auch für die im Ausgangsverfahren in Rede stehende nationale Regelung**. Gewährt nämlich eine gebietsansässige Gesellschaft einer mit ihr verflochtenen in einem anderen Mitgliedstaat niedergelassenen Gesellschaft Vorteile unter Bedingungen, die nicht auf Marktbedingungen beruhen, könnte der gebietsansässigen Gesellschaft die Übertragung der Gewinne in Form von Vorteilen an ihre gebietsfremde Tochtergesellschaft ermöglicht und die ausgewogene Aufteilung der Besteuerungsbefugnis zwischen den Mitgliedstaaten beeinträchtigt werden.

47 Eine nationale Regelung wie die im Ausgangsverfahren in Rede stehende, die verhindern soll, dass in dem betreffenden Mitgliedstaat erzielte Gewinne im Wege von Geschäften, die nicht auf Marktbedingungen beruhen, unversteuert aus dem Steuerhoheitsgebiet dieses Staates hinaus transferiert werden, ist daher **geeignet, die Wahrung der Aufteilung der Steuerhoheit zwischen den Mitgliedstaaten sicherzustellen**.

48 Schließlich ist zu prüfen, ob eine solche nationale Regelung nicht über das hinausgeht, was zur Erreichung des verfolgten Ziels **erforderlich** ist.

49 In dieser Hinsicht hat der Gerichtshof festgestellt, dass eine nationale Regelung, die eine Prüfung objektiver und nachprüfbarer Umstände vorsieht, damit festgestellt werden kann, ob ein geschäftlicher Vorgang eine rein künstliche Konstruktion zu steuerlichen Zwecken darstellt, nicht über das hinausgeht, was zur Erreichung der Ziele der Notwendigkeit, die Ausgewogenheit der Aufteilung der Besteuerungsbe-

fugnis zwischen den Mitgliedstaaten zu wahren, und der Notwendigkeit, Steuerumgehungen zu verhindern, erforderlich ist, wenn **erstens** in jedem Fall, in dem der Verdacht besteht, dass ein geschäftlicher Vorgang über das hinausgeht, was die betreffenden Gesellschaften unter Marktbedingungen vereinbart hätten, **dem Steuerpflichtigen, ohne ihn übermäßigen Verwaltungszwängen zu unterwerfen, die Möglichkeit eingeräumt wird, Beweise für etwaige wirtschaftliche Gründe** für den Abschluss dieses Geschäfts beizubringen. **Zweitens** muss sich **die steuerliche Berichtigung** gegebenenfalls auf **den Teil beschränken, der über das hinausgeht, was die betreffenden Gesellschaften unter Marktbedingungen vereinbart hätten** (Urteil vom 21. Januar 2010, SGI, C-311/08, EU:C:2010:26, Rn. 71 und 72).

50 Was zunächst die Berechnung des Betrags der Berichtigung der Einkünfte des betreffenden Steuerpflichtigen angeht, ist hervorzuheben, dass diese Frage von der Hornbach-Baumarkt AG und dem Finanzamt vor dem Gerichtshof nicht erörtert wurde. Allerdings hat die **deutsche Regierung unwidersprochen geltend** gemacht, dass sich die Berichtigungen, die die deutschen Steuerbehörden in Fällen wie denen des Ausgangsverfahrens vornähmen, **auf den Teil beschränkten**, der über das hinausgehe, was ohne die gegenseitige Verflechtung zwischen den betreffenden Gesellschaften vereinbart worden wäre.

51 Was sodann die Möglichkeit angeht – die dem Steuerpflichtigen offenstehen muss –, Nachweise zu möglichen wirtschaftlichen Gründen zu führen, um den Abschluss von Geschäften unter nicht fremdüblichen Bedingungen zu rechtfertigen, geht es bei der Frage des vorlegenden Gerichts insbesondere darum, ob diese **wirtschaftlichen Gründe** solche umfassen können, die sich **aus dem alleinigen Vorliegen von Verflechtungen** zwischen der im betreffenden Mitgliedstaat ansässigen Muttergesellschaft und ihren in einem anderen Mitgliedstaat ansässigen Tochtergesellschaften ergeben.

52 Der deutschen Regierung zufolge ist der Begriff „wirtschaftliche Gründe" nach Rn. 71 des Urteils vom 21. Januar 2010, SGI (C-311/08, EU:C:2010:26), unter **Berücksichtigung des Grundsatzes des freien Wettbewerbs auszulegen**, der **naturgemäß die Statthaftigkeit von wirtschaftlichen Gründen ausschließe, die sich aus der Stellung als Gesellschafter ergäben**. Zur Beurteilung der Verhältnismäßigkeit einer Regelung wie der im Ausgangsverfahren in Rede stehenden sei außerdem zwischen der Möglichkeit, die Gründe für die Gewährung von unentgeltlichen Vorteilen zwischen Gesellschaften derselben Gruppe vorzubringen, und der Prüfung der Begründetheit dieser Gründe zu unterscheiden. Die Hornbach-Baumarkt AG habe die Gelegenheit gehabt, die Gründe für ihre Entscheidung darzulegen. Sie habe jedoch nicht nachzuweisen vermocht, dass diese wirtschaftlichen Gründen entsprächen.

53 In der vorliegenden Rechtssache geht aber aus der Vorlageentscheidung hervor, dass die ausländischen Konzerngesellschaften über ein **negatives Eigenkapital** verfügten und dass die **finanzierende Bank** die Gewährung der **für die Fortführung und Erweiterung des Geschäftsbetriebs dieser Gesellschaften erforderlichen Kredite** von der **Gestellung einer Patronatserklärung** durch die Hornbach-Baumarkt AG abhängig gemacht hatte.

54 Ist die Tochtergesellschaft für die Erweiterung ihres Geschäftsbetriebs auf die Zuführung von Kapital angewiesen, weil sie über **kein ausreichendes Eigenkapital** verfügt, so **können** wirtschaftliche Gründe die Überlassung von Kapital durch die Muttergesellschaft **unter nicht fremdüblichen Bedingungen rechtfertigen**.

55 Im Übrigen wurde in der vorliegenden Rechtssache keine Gefahr einer Steuerumgehung geltend gemacht. Die deutsche Regierung hat **weder das Vorliegen einer rein künstlichen Gestaltung** im Sinne der Rechtsprechung des Gerichtshofs angeführt, noch die Absicht der Klägerin des Ausgangsverfahrens, ihre in Deutschland steuerpflichtigen Gewinne zu mindern.

56 **Unter diesen Umständen könnten** mit der von der Hornbach-Baumarkt AG eingenommenen Stellung als Gesellschafterin der ausländischen Konzerngesellschaften zusammenhängende **wirtschaftliche Gründe** den Abschluss des im Ausgangsverfahren in Rede stehenden Geschäfts unter nicht fremdüblichen Bedingungen **rechtfertigen**. Da nämlich die Fortführung oder Ausweitung des Geschäftsbetriebs dieser ausländischen Gesellschaften mangels ausreichendem Eigenkapital von einer Zuführung von Kapital abhing, ließe sich die unentgeltliche Abgabe von Garantie- und Patronatserklärungen – **obgleich voneinander unabhängige Gesellschaften eine Haftungsvergütung für solche Garantien vereinbart hätten** – durch das wirtschaftliche **Eigeninteresse** der Hornbach- Baumarkt AG **am geschäftlichen Erfolg** der ausländischen Konzerngesellschaften erklären, an dem sie über **Gewinnausschüttungen** partizipiert, sowie durch eine gewisse Verantwortung der Klägerin des Ausgangsverfahrens als Gesellschafterin bei der Finanzierung dieser Gesellschaften.

57 Im vorliegenden Fall ist es **Sache des vorlegenden Gerichts, zu überprüfen**, ob der Hornbach-Baumarkt AG, ohne sie übermäßigen Verwaltungszwängen zu unterwerfen, die Möglichkeit eingeräumt wurde, Beweise für etwaige wirtschaftliche Gründe für den Abschluss der im Ausgangsverfahren in Rede stehenden Geschäfte beizubringen, **ohne dabei auszuschließen**, dass wirtschaftliche Gründe, die sich **aus ihrer Stellung als Gesellschafterin** der gebietsfremden Gesellschaft ergeben, berücksichtigt werden können.

58 Daher geht eine Regelung wie die im Ausgangsverfahren in Rede stehende **nicht über das hinaus**, was zur Erreichung des von ihr verfolgten Ziels **erforderlich** ist, **sofern** die mit der **Anwendung dieser Regelung betrauten Behörden** dem ansässigen Steuerpflichtigen die Möglichkeit einräumen, zu beweisen, dass die Bedingungen aus wirtschaftlichen Gründen vereinbart wurden, die sich aus seiner Stellung als Gesellschafter der gebietsfremden Gesellschaft ergeben können; dies zu prüfen, ist Sache des vorlegenden Gerichts.

*EuGH v. 12.6.2018 – Rs. C – 650/16 – **A/S Bevola**, BB 2018, 1697 **(Verrechnung finaler Verluste von gebietsfremden Betriebsstätten)***

Art. 49 AEUV ist dahin auszulegen, dass er Rechtsvorschriften eines Mitgliedstaats entgegensteht, die es einer gebietsansässigen Gesellschaft, die nicht eine Regelung der internationalen gemeinsamen Besteuerung wie die im Ausgangsverfahren in Rede stehende gewählt hat, auch dann verwehrt, von ihrem steuerpflichtigen Gewinn Verluste einer in einem anderen Mitgliedstaat belegenen Betriebsstätte abzuziehen, obgleich sie zum einen alle Möglichkeiten zum Abzug dieser Verluste ausgeschöpft hat, die ihr das Recht des Mitgliedstaats bietet, in dem diese Betriebsstätte belegen ist, und zum anderen über diese Betriebsstätte keine Einnahmen mehr erzielt, so dass keine Möglichkeit mehr besteht, dass die Verluste in diesem Mitgliedstaat berücksichtigt werden, was zu prüfen Sache des vorlegenden Gerichts ist.

EuGH v. 4.7.2018 – Rs. C – 28/17 – NN A/S - Skatteministeriet, DStRE 2019, 224 ***(Verrechnung finaler Verluste von gebietsfremden Betriebsstätten)***

Art. 49 AEUV ist dahin auszulegen, dass er einer nationalen Regelung, nach der die gebietsansässigen Gesellschaften eines Konzerns nur dann berechtigt sind, von ihrem konsolidierten Ergebnis die **Verluste einer gebietsansässigen Betriebsstätte einer gebietsfremden Tochtergesellschaft** dieses Konzerns in Abzug zu bringen, wenn es die in dem Mitgliedstaat, in dem diese Tochtergesellschaft ihren Sitz hat, anzuwendenden Rechtsvorschriften nicht ermöglichen, diese Verluste von dem Ergebnis der Tochtergesellschaft in Abzug zu bringen, grundsätzlich nicht entgegensteht, sofern die Anwendung dieser Regelung in Verbindung mit der eines Abkommens zur Vermeidung der Doppelbesteuerung erfolgt, das in letzterem Mitgliedstaat den Abzug der Körperschaftsteuer ermöglicht, die von der Tochtergesellschaft in dem Mitgliedstaat, in dessen Hoheitsgebiet diese Betriebstätte gelegen ist, geschuldet wird, und zwar in einer Höhe, die der für deren Tätigkeiten gezahlten Körperschaftsteuer entspricht. Art. 49 AEUV ist gleichwohl dahin auszulegen, dass er einer solchen Regelung entgegensteht, wenn ihre Anwendung dazu führt, diesem Konzern jede Möglichkeit zu nehmen, diese Verluste von seinem konsolidierten Ergebnis tatsächlich in Abzug zu bringen, obwohl eine Anrechnung derselben Verluste auf das Ergebnis der Tochtergesellschaft in dem Mitgliedstaat, in dessen Hoheitsgebiet sie ihren Sitz hat, unmöglich ist, was zu prüfen Sache des vorlegenden Gerichts ist.

*EuGH-Urt. v. 19.6.2019 – C-607/17, Skatteverket/**Memira Holding AB**, IStR 2019, 597 (Verrechnung finaler Verluste ausländischer EU-**Tochtergesellschaften** – Eine gebietsansässige MG kann die Verluste einer EU-TG abziehen, wenn sie nachweisen kann, dass es unmöglich ist, die Verluste zukünftig im Ausland zu nutzen. Die Tatsache, dass z.B. in Deutschland keine Verluste im Rahmen einer Fusion übertragen werden können, ist nicht allein entscheidend, sondern weitere Möglichkeiten zur Übernahme der Verluste müssen geprüft werden (z.B. durch Übertragung auf Dritte).*

1. Bei der Beurteilung der Frage, ob die **Verluste einer gebietsfremden Gesellschaft** im Sinne von Rn. 55 des Urteils vom 13. Dezember 2005, Marks & Spencer (C-446/03, EU:C:2005:763), endgültig sind, ist der Umstand, dass der Sitzmitgliedstaat der Tochtergesellschaft bei einer Fusion keine Übertragung der Verluste einer Gesellschaft auf einen anderen Steuerpflichtigen zulässt, während der Sitzmitgliedstaat der Muttergesellschaft bei der Fusion inländischer Gesellschaften eine solche Übertragung vorsieht, nicht entscheidend ist, sofern nicht die Muttergesellschaft nachweist, dass es ihr unmöglich ist, diese Verluste, insbesondere durch eine Übertragung, so geltend zu machen, dass sie bei einem Dritten für künftige Zeiträume steuerlich berücksichtigt werden können.

2. Für den Fall, dass der in der ersten Frage genannte Umstand relevant sein sollte, kommt es nicht darauf an, dass es im Sitzstaat der Tochtergesellschaft kein anderes

Rechtssubjekt gibt, das die Verluste im Rahmen einer Fusion hätte geltend machen können, wenn dort ein Abzug zulässig gewesen wäre.

EuGH v. 8.10.2020 – Rs. C – 558/19 – NN A/S - Impresa Pizzarotti, IStR 2021, 103 ***(Berichtigung der steuerpflichtigen Einkünfte der Zweigniederlassung einer gebietsfremden Gesellschaft)***

33 Indem die im Ausgangsverfahren in Rede stehende Regelung die Besteuerung der Betriebsstätte in Höhe des angenommenen Entgelts für den der Muttergesellschaft ohne Gegenleistung gewährten Vorteil vorsieht, um den Betrag zu berücksichtigen, den diese Betriebsstätte als Teil ihrer Gewinne hätte angeben müssen, wäre das Geschäft unter Marktbedingungen abgeschlossen worden, ermöglicht die Regelung Rumänien die Ausübung seiner Besteuerungszuständigkeit für die in seinem Hoheitsgebiet durchgeführten Tätigkeiten.

34 Eine nationale Regelung wie die im Ausgangsverfahren in Rede stehende, die verhindern soll, dass in dem betreffenden Mitgliedstaat erzielte Gewinne über Geschäfte, die nicht den Marktbedingungen entsprechend, unversteuert aus dem Steuerhoheitsgebiet dieses Staates hinaus transferiert werden, ist daher geeignet, die Wahrung der Aufteilung der Besteuerungszuständigkeit zwischen den Mitgliedstaaten sicherzustellen.

35 Unter diesen Umständen ist schließlich zu prüfen, ob eine Regelung wie die im Ausgangsverfahren in Rede stehende nicht über das hinausgeht, was zur Erreichung des verfolgten Ziels erforderlich ist.

36 Insoweit ist darauf hinzuweisen, dass nicht davon auszugehen ist, dass eine nationale Regelung, die eine Prüfung objektiver und nachprüfbarer Umstände vorsieht, um festzustellen, ob ein Geschäft eine rein künstliche Konstruktion zu steuerlichen Zwecken darstellt, über das hinausgeht, was erforderlich ist, um die Ziele hinsichtlich der Notwendigkeit, die Ausgewogenheit der Aufteilung der Besteuerungsbefugnis zwischen den Mitgliedstaaten zu wahren, und der Notwendigkeit, Steuerumgehungen zu verhindern, zu erreichen, wenn erstens in jedem Fall, in dem der Verdacht besteht, dass ein Geschäft über das hinausgeht, was die betreffenden Gesellschaften unter Bedingungen des freien Wettbewerbs vereinbart hätten, dem Steuerpflichtigen, ohne ihn übermäßigen Verwaltungszwängen zu unterwerfen, die Möglichkeit eingeräumt wird, Beweise für etwaige wirtschaftliche Gründe für den Abschluss dieses Geschäfts beizubringen. Zweitens muss sich, wenn die Prüfung solcher Umstände zu dem Ergebnis führt, dass das fragliche Geschäft über das hinausgeht, was die betreffenden Gesellschaften unter Bedingungen des freien Wettbewerbs vereinbart hätten, die steuerliche Berichtigung auf den Teil beschränken, der über das hinausgeht, was ohne die gegenseitige Verflechtung dieser Gesellschaften vereinbart worden wäre (EuGH v. 21.1.2010 – C-311/08, SGI, EU:C:2010:26, IStR 2010, 144 Rn. 71 und 72).

37 Im vorliegenden Fall scheint sich aus den dem Gerichtshof vorliegenden Akten zu ergeben, dass nach den im Ausgangsverfahren anwendbaren Steuervorschriften die Anpassung der steuerpflichtigen Einkünfte, die Art. 29 Abs. 3 des Steuergesetzbuchs vorschreibt, nur die Differenz zwischen dem Marktpreis des fraglichen Geschäfts –

der unter uneingeschränkten Wettbewerbsbedingungen nicht gegolten hätte – und dem von den Beteiligten angewandten Preis betrifft. Der Steuerpflichtige hat auch jederzeit die Möglichkeit, nachzuweisen, dass es objektive Gründe dafür gab, das Geschäft zu einem nicht den Marktpreis widerspiegelnden Preis abzuschließen.

38 Vorbehaltlich einer Überprüfung durch das vorlegende Gericht geht die in Rede stehende rumänische Regelung daher offenbar nicht über das hinaus, was zur Erreichung der ihr zugrunde liegenden Ziele erforderlich ist.

39 Nach alledem ist auf die Vorlagefrage zu antworten, dass Art. 49 AEUV dahin auszulegen ist, dass er grundsätzlich einer Regelung eines Mitgliedstaats nicht entgegensteht, nach der eine Mittelübertragung von einer gebietsansässigen Zweigniederlassung zugunsten ihrer in einem anderen Mitgliedstaat ansässigen Muttergesellschaft als „einnahmeerzeugender Umsatz" eingestuft werden kann, mit der Folge, dass die Verrechnungspreisregelungen verpflichtend anzuwenden sind, wohingegen, wenn der gleiche Umsatz zwischen einer Zweigniederlassung und einer Muttergesellschaft mit Sitz in demselben Mitgliedstaat stattgefunden hätte, er nicht in dieser Weise eingestuft worden wäre und die Verrechnungspreisregelungen nicht angewendet worden wären.

EuGH v. 22.9.2022– Rs. C-538/20 – Finanzamt B gegen W AG, (Abzug ***finaler Betriebsstättenverluste*** *bei Freistellungsmethode)*

Die Art. 49 und 54 AEUV sind dahin auszulegen, dass sie einer Steuerregelung eines Mitgliedstaats nicht entgegenstehen, nach der eine dort gebietsansässige Gesellschaft die **endgültigen Verluste ihrer in einem anderen Mitgliedstaat belegenen Betriebsstätte von ihrem steuerpflichtigen Gewinn nicht abziehen** kann, wenn der Ansässigkeitsmitgliedstaat **aufgrund eines Doppelbesteuerungsabkommens auf seine Befugnis zur Besteuerung der Einkünfte** dieser Betriebsstätte verzichtet hat.

EuGH v. 13.10.2022 – Rs. C-431/21– ***X GmbH & Co. KG gegen Finanzamt Bremen,*** *(EU-Konformität von* ***Strafzuschlägen*** *nach § 162 Abs. 4 AO und gleichzeitigen* ***Einkommenshinzuschätzungen*** *nach § 162 Abs. 3 AO)*

Art. 49 AEUV ist dahin auszulegen, dass er nationalen Rechtsvorschriften nicht entgegensteht, nach denen erstens der Steuerpflichtige einer **Dokumentationspflicht** im Hinblick auf Art und Inhalt sowie die wirtschaftlichen und rechtlichen Grundlagen von Preisen und anderen geschäftlichen Bedingungen seiner grenzüberschreitenden Geschäftsvorfälle mit Personen unterliegt, zu denen eine auf das Kapital oder andere Punkte bezogene Verflechtung besteht, die es diesem Steuerpflichtigen oder diesen Personen ermöglicht, auf den oder die jeweils anderen einen sicheren Einfluss auszuüben, und nach denen zweitens vorgesehen ist, dass bei einem **Verstoß gegen diese Pflicht** nicht nur **widerlegbar vermutet wird, dass seine steuerbaren Einkünfte im betreffenden Mitgliedstaat höher sind als die erklärten Einkünfte**, wobei die Steuerbehörde zulasten des Steuerpflichtigen eine Schätzung vornehmen kann, **sondern auch ein Zuschlag verhängt** wird, der mindestens 5 % und höchstens 10 % des ermittelten Mehrbetrags der Einkünfte bei einem Mindestbetrag von 5 000Euro beträgt, es sei denn, die Nichterfüllung dieser Pflicht ist entschuldbar oder das Verschulden geringfügig.

Stichwortverzeichnis

A

B

E

J

K

L

M

N